Wolf Klimpe-Auerbach
Ewald Bartl
Hanna Binder
Hermann Burr
Anja Reinke
Carsten Scholz
Michael Wirlitsch

Landespersonal-vertretungsgesetz Baden-Württemberg

Basiskommentar
mit Wahlordnung und
ergänzenden Vorschriften

5., aktualisierte und überarbeitete Auflage

BUND
VERLAG

Bibliografische Information der Deutschen Nationalbibliothek
Die Deutsche Nationalbibliothek verzeichnet diese Publikation in der Deutschen Nationalbibliografie; detaillierte bibliografische Daten sind im Internet über http://dnb.d-nb.de abrufbar.

5., überarbeitete und aktualisierte Auflage 2023

Umschlag: Ute Weber, Geretsried
Satz: Dörlemann Satz, Lemförde
Druck: Druckerei C.H. Beck, Bergerstraße 3–5, 86720 Nördlingen

ISBN 978-3-7663-7216-1

www.bund-verlag.de

Vorwort

Die Autorinnen und Autoren der 5. Auflage des erstmals im Herbst 2005 in der Reihe Basiskommentare erschienenen Werks zum Landespersonalvertretungsgesetz Baden-Württemberg haben die Erfahrungen der Praxis in den Wahlperioden nach der umfassenden Reform des Landespersonalvertretungsrechts durch das Gesetz zur Änderung des Landespersonalvertretungsgesetzes, des Landesrichter- und -staatsanwaltsgesetzes und anderer Vorschriften vom 3.12.2013, neu bekanntgemacht am 12.3.2015 eingearbeitet.
Das novellierte und verbesserte Landespersonalvertretungsgesetz mit dem Grundsatz der vertrauensvollen und partnerschaftlichen Zusammenarbeit von Personalräten und Dienststellenleitungen, der Erweiterung des Beschäftigtenbegriffs, der Verbesserung der Arbeitsmöglichkeiten für Personalräte und der Anhebung der Freistellungsstaffeln hat sich in Praxis bewährt. Die stufenweisen Entscheidungsprozesse in den Mitbestimmungsverfahren, die Erweiterung der Mitbestimmungstatbestände, der Ausbau des Initiativrechts der Personalvertretungen und der Befugnisse zum Abschluss von Dienstvereinbarungen haben die Gestaltungsmöglichkeiten der Interessenvertretungen erheblich gesteigert. Auch die umstrittene Möglichkeit, einen Wirtschaftsausschuss zu bilden, ist von den Personalvertetungen in Anspruch genommen worden, wenn sich auch die Einschränkung, dass die Mitglieder im Gegensatz zum Betriebsverfassungsgesetz und zu den Landespersonalvertretungsgesetzen Niedersachsen und Nordrhein-Westfalen nicht vom Personalrat, sondern von der Dienststelle im Einvernehmen mit dem Personalrat bestellt werden, als hinderlich herausgestellt hat. Das geänderte Evokationsrecht, wonach die Landesregierung bzw. die obersten Organe in den nicht gestuften Verwaltungen der kommunalen Rechtsträger und den Anstalten, Körperschaften und Stiftungen des öffentlichen Rechts des Landes immer noch ein Instrument in der Hand haben, Beschlüsse der Einigungsstelle, die wegen ihrer Auswirkungen auf das Gemeinwesen wesentlicher Bestandteil der Regierungsgewalt sind, aufzuheben und endgültig zu entscheiden, hat in der Praxis weiterhin keine Rolle gespielt. Gerichtliche Auseinandersetzungen über die Ausübung dieses umstrittenen Rechts konnten die Autorinnen und Autoren nicht feststellen.

Vorwort

Das novellierte BPersVG vom 9. 6. 2021 und die bis zum Redaktionsschluss am 16. 6. 2023 die Neufassung berücksichtigende Kommentarliteratur sind in die 5. Auflage eingearbeitet.
Die Autorinnen und Autoren haben sich bemüht, den hohen Standard der Vorauflagen beizubehalten und den mit dem Personalvertretungsrecht befassten Personalräten und Gewerkschaften, aber auch den Dienststellen ein verständliches und an ihren Bedürfnissen der täglichen Praxis ausgerichtetes Werk als Hilfsmittel für ihre Arbeit an die Hand zu geben.
Für die Unterstützung und die angenehme Zusammenarbeit bedanken wir uns herzlich bei unserer Lektorin, Frau Ass. jur. Sandra Schübel.
Anregungen und Kritik sind uns stets willkommen.

Im Juni 2023
Die Autorinnen und Autoren

Vorbemerkungen

Der nunmehr in 5. Auflage vorliegende Basiskommentar erläutert in seinem **Hauptteil** die Vorschriften des Personalvertretungsgesetzes für das Land Baden-Württemberg (LPVG) in der **Fassung der Neubekanntmachung** vom 12.3.2015 (GBl. S. 221) unter Berücksichtigung der zwischenzeitlich ergangengen gesetzlichen Änderungen, insbesondere durch das Gesetz vom 12.11.2020 (GBl. S. 1046, 1047) und das 2. KIT-Weiterentwicklungsgesetz vom 4.2.2021 (GBl. S. 83, 110) sowie – zuletzt – durch das Gesetz über die Anpassung von Dienst- und Versorgungsbezügen in Baden-Württemberg 2022 und zur Änderung dienstrechtlicher Vorschriften vom 15.11.2022 (GBl. S. 540, 548). In seinem **Anhang** enthält er Auszüge aus dem Bundespersonalvertretungsgesetz mit Erläuterungen sowie den Text der Wahlordnung zum LPVG und weitere ergänzende Vorschriften.
Die **Vorschriften des LPVG** sind in der durch das Gesetz vorgegebenen Paragrafenfolge kommentiert. Die für das LPVG auch nach der Neufassung des BPersVG unmittelber geltenden **Vorschriften der §§ 127 und 128 des Bundespersonalvertretungsgesetzes** n.F. (BPersVG) sind im Anhang 1 abgedruckt und erläutert.
Die Vorbemerkungen vor § 68 LPVG enthalten einen Überblick über die **Beteiligungsrechte**, über die **verfassungsrechtlichen Grundlagen und Grenzen** der Mitbestimmung sowie über die wichtigsten Etappen der **Entwicklung der Mitbestimmung** in Baden-Württemberg.
Im Hauptteil und im Anhang 1 wird vor jeder Kommentierung eines **Paragrafen** zunächst der Text der Vorschrift mit ihrer amtlichen Überschrift wiedergegeben (in Ausnahmefällen beim Fehlen einer amtlichen Überschrift mit einer in eckige Klammern gesetzten nichtamtlichen Überschrift). In Paragrafen oder in Untergliederungen von Paragrafen, die jeweils aus mehreren Sätzen bestehen, sind diese Sätze in der Weise fortlaufend nummeriert, dass an den Satzanfängen hochgestellte nichtamtliche Ziffern hinzugefügt sind. Die **vergleichbaren Vorschriften** des BPersVG in der Fassung des Gesetzes vom 9.6.2021 und des Betriebsverfassungsgesetzes (BetrVG) unter Berücksichtigung der Fassung des Betriebsrätemodernisierungsgesetzes vom 18.6.2021 sind aufgeführt. Dabei sind die vergleichbaren Vorschriften zu den §§ 74 bis 76, 81, 87 LPVG in einer nach den Untergliederungen dieser

Paragrafen unterteilten Synopse vor § 74 zusammengefasst. Den Erläuterungen vorangestellt sind Überschriften, die die Handhabe erleichtern sollen. Die Kommentierungen sind nach Absätzen gegliedert, die mit fortlaufenden **Randnummern** bezeichnet sind. Enthält ein Paragraf mehrere Absätze, wird der Kommentierung des jeweiligen Absatzes in der Regel ein auf den Absatz hinweisender halbfetter Klammervermerk – z. B. »(Abs. 1)« – vorangestellt. Ist ein Paragraf oder ein Absatz nach Nummern untergliedert, wird dies meistens durch einen entsprechenden Zusatz – z. B. »(Nr. 2)« oder »(Abs. 2 Nr. 3)« – gekennzeichnet.
Die Texte der Paragrafen sind in **halbfetter Schrift**, die sich jeweils anschließenden Erläuterungen in magerer Schrift gedruckt. Um die Übersicht über die Erläuterungen zu erleichtern, sind jedoch bestimmte Textstellen durch halbfetten Druck hervorgehoben. Einzelne Wörter und Textpassagen sind durch **Kursivschrift** gekennzeichnet. Dabei handelt es sich vor allem um längere Zitate, insbesondere von Rechtsvorschriften oder aus Parlamentsdrucksachen, sowie um die Namen zitierter Gerichte und Autoren. Hinweise auf Rechtsprechung und Literatur sind in **Fußnoten** angefügt; dabei steht der Fußnotentext am Ende derselben Seite wie das Fußnotenzeichen. Die Fußnoten sind, mit jedem Paragrafen des Gesetzes neu beginnend, fortlaufend nummeriert. Die in den Erläuterungen verwendeten **Abkürzungen** sind im alphabetischen Abkürzungsverzeichnis erklärt. Angeführte **Paragrafen** ohne Gesetzesangabe sind solche des LPVG.
Die Kommentierung erläutert den Inhalt der gesetzlichen Vorschriften in systematischer, praxisbezogener und gestraffter **Darstellung**. Sie berücksichtigt die Kommentierungen zum LPVG von *Rooschüz/Bader/Gerstner-Heck/Abel/Mausner* (Kommentar, 16. Aufl. 2019) und von *Leuze/Wörz/Bieler/Flintorp/Isenburg/Mitsch* (Loseblatt-Kommentar, Stand 31. Erg.-Lfg., Okt. 2022), die Standardkommentare zum BPersVG von *Altvater/Baden/Baunack/Berg/Dierßen/Herget/Kröll/Lenders/Noll* (11. Aufl. 2023), *Lorenzen †/Gerhold/Schlatmann/Rehak/Hebeler/Ramm/Sachadae* (Loseblatt-Kommentar, Stand 233. Aktualisierung März 2023), *Fischer/Goeres/Gronimus/Lechtermann* (Loseblatt-Kommentar), *Ilbertz/Widmaier/Kascherus/Knorz/Spitzlei/Süllwold* (15. Aufl. 2022) und *Richardi/Dörner/Weber* (5. Aufl. 2020) sowie die Rechtsprechung zum gesamten Personalvertretungsrecht. Die wichtigsten Entscheidungen, vor allem die des *Bundesverwaltungsgerichts*, des *Verwaltungsgerichtshofs Baden-Württemberg* und des *Bundesarbeitsgerichts*, sind zitiert. Falls eine bestimmte Rechtsauslegung **umstritten** ist, wird auf die in Rechtsprechung oder Literatur vertretene abweichende Ansicht hingewiesen.
Bei der Behandlung strittiger, insbesondere in der personalvertretungsrechtlichen Rechtsprechung noch nicht geklärter Fragen wird ggf. auch auf Rechtsprechung und Literatur zu **vergleichbaren betriebsverfassungsrechtlichen Vorschriften** eingegangen. Dabei werden vor allem die Ent-

scheidungen des *Bundesarbeitsgerichts* sowie die Standardkommentare zum BetrVG von *Däubler/Klebe/Wedde* (18. Aufl. 2020) und *Fitting/Schmidt/Trebinger/Linsenmaier/Schelz* (31. Aufl. 2022) zitiert.
Das alphabetische **Literaturverzeichnis** listet die zitierten Buchveröffentlichungen auf und gibt deren Zitierweise an. **Gerichtliche Entscheidungen** werden mit Datum und Aktenzeichen und in der Regel unter Angabe (nur) einer Fundstelle zitiert. Die Angabe von Datum und Aktenzeichen soll das Auffinden in anderen als den angegebenen Fundstellen erleichtern. Soweit es sich um jüngere Entscheidungen zum Personalvertretungsrecht handelt, wird vorwiegend auf die monatlich erscheinende Zeitschrift »Der Personalrat« (PersR) verwiesen, die seit 1984 insbesondere die Rechtsprechung des Bundesverwaltungsgerichts wohl am schnellsten und umfangreichsten veröffentlicht. Bei älteren verwaltungsgerichtlichen Entscheidungen zum Personalvertretungsrecht werden in erster Linie die Veröffentlichungen in der seit 1958 ebenfalls monatlich erscheinenden Zeitschrift »Die Personalvertretung« (PersV) angegeben. Entscheidungen des Bundesarbeitsgerichts werden vor allem nach »Arbeitsrechtliche Praxis (Nachschlagewerk des Bundesarbeitsgerichts)« (AP) zitiert.
Im **Anhang 1** sind (in der Nummernfolge der Paragrafen) die Vorschriften des **BPersVG** für die Personalvertretung in den Ländern zu finden: die **gemäß Teil 2** unmittelbar für die Länder geltenden Vorschriften der §§ 126–128 sowie von den Schlussvorschriften **des Teils 3** § 131 BPersVG und die noch bis 31.12.2024 weitergeltenden Bestimmungen der §§ 94 bis 109 a.F.
Die übrigen Anhänge enthalten den Wortlaut weiterer, das LPVG ergänzender Vorschriften: der **Anhang 2** den vollständigen Text der **Wahlordnung** zum LPVG, der **Anhang 3** aus dem **Landesrichter- und -staatsanwaltsgesetz** die Vorschriften über Richtervertretungen und Richterrat (§§ 15 bis 31) sowie über die Vertretung der Staatsanwälte (§§ 88 und 89), der **Anhang 4** aus dem **Kündigungsschutzgesetz** die Vorschriften über den Kündigungsschutz im Rahmen der Personalvertretung (§ 15 Abs. 2, 3, 4 und 5 sowie § 16) und der **Anhang 5** aus dem **Bürgerlichen Gesetzbuch** die Bestimmungen über Fristen und Termine (§§ 186 bis 193).
Männliche **Bezeichnungen von Personen und Personengruppen** (z.B. der Beamte, die Beamten) werden – soweit sie nicht ausnahmsweise geschlechtsspezifische Bedeutung werden – durchweg **sexusinklusive** verstanden, mit denen sowohl Männer als auch Frauen gemeint sind. Aus Gründen der Lesbarkeit wird davon abgesehen, Paarformeln (z.B. Arbeitnehmer und Arbeitnehmerin, Arbeitnehmer und Arbeitnehmerinnen), Schrägstrich-Kombinationen mit maskuliner Grundform und femininer Endung (z.B. Arbeitnehmer/in, Arbeitnehmer/innen) oder Schreibweisen mit großem Binnen-I (z.B. BeamtIn, BeamtInnen) zu verwenden. Ausnahmen können dann vorkommen, wenn kommentierte oder in Bezug genommene Vor-

schriften männliche und weibliche Bezeichnungen additiv aufführen. Amtsbezeichnungen mit der Endsilbe »-mann« werden durch entsprechende auf »-frau« endende Bezeichnungen ergänzt, es sei denn, dass sich solche Bezeichnungen ausschließlich auf Männer beziehen.
Die Erläuterungen beruhen auf dem im **Mai 2023** erreichten **Stand** der Rechtsetzung und berücksichtigen grundsätzlich die bis **Mai 2023** veröffentlichte Rechtsprechung, insbesondere die des *Bundesverwaltungsgerichts und des Verwaltungsgerichtshofs Baden-Württemberg* sowie des *Bundesarbeitsgerichts.*

Inhaltsverzeichnis

Abschnitt 2: Amtszeit

Abschnitt 3: Geschäftsführung

Abschnitt 4: Rechtsstellung der Personalratsmitglieder

Anhang

Bearbeiterverzeichnis

Der Basiskommentar ist ein Gemeinschaftswerk.
Die Bearbeitung im Einzelnen lag bei:

Wolf Klimpe-Auerbach	Vorbemerkungen, Vorbemerkungen vor § 6, §§ 6, 8–21, 56, 57, 67, 72, 95, 98–103, 105–112, Anhang 1, Synopse vor § 74
Hanna Binder	§§ 74, 75, 104
Ewald Bartl	§§ 22–34, 37–48, 113–116
Hermann Burr	§§ 58–64, 66
Anja Reinke	§§ 73, 76, 77, 80–84, 86–91
Carsten Scholz	§§ 1–5, 49–55, 65, 92–94, 96, 97
Michael Wirlitsch	§§ 7, 35, 36, vor § 68, §§ 68–71, 78, 79, 85, 88–91

Autoren der Vorauflagen

1. Auflage:
Lothar Altvater/Christian Coulin
2. Auflage:
Lothar Altvater/Christian Coulin/Wolf Klimpe-Auerbach
3. Auflage:
Wolf Klimpe-Auerbach/Ewald Bartl/Hanna Binder/Hermann Burr/Michael Wirlitsch
4. Auflage:
Wolf Klimpe-Auerbach/Ewald Bartl/Hanna Binder/Hermann Burr/Anja Reinke/Carsten Scholz/Michael Wirlitsch

Abkürzungsverzeichnis

a. A.	anderer Ansicht
a. a. O.	am angegebenen Ort
Abg.	Abgeordnete(r)
abgedr.	abgedruckt
abl.	ablehnend
Abl. und ABl.	Amtsblatt
Abs.	Absatz
Abschn.	Abschnitt
a. E.	am Ende
AEUV	Vertrag über die Arbeitsweise der Europäischen Union
a. F.	alte Fassung
AG	Aktiengesellschaft, Amtsgericht
AGFlurbG	Gesetz zur Ausführung des Flurbereinigungsgesetzes
AGG	Allgemeines Gleichbehandlungsgesetz
AGVwGO	Gesetz zur Ausführung der Verwaltungsgerichtsordnung
AiB	Arbeitsrecht im Betrieb (Zeitschrift)
allg.	allgemein
Alt.	Alternative
AltTZG	Altersteilzeitgesetz
ÄndG 1975	Gesetz zur Änderung des Landespersonalvertretungsgesetzes v. 8. 7. 1975 (GBl. S. 525)
ÄndG 1986	Gesetz zur Änderung des Landespersonalvertretungsgesetzes v. 14. 7. 1986 (GBl. S. 222)
ÄndG 1995	Gesetz zur Änderung des Landespersonalvertretungsgesetzes v. 21. 12. 1995 (GBl. S. 879)
ÄndG 2013	Gesetz zur Änderung des Landespersonalvertretungsgesetzes v. 3. 12. 2013 (GBl. S. 329, ber. 2014 S. 76)
ÄndTV	Änderungstarifvertrag
ÄndVO	Änderungsverordnung

Anh.	Anhang
Anm.	Anmerkung
AP	Nachschlagewerk des Bundesarbeitsgerichts – Arbeitsrechtliche Praxis (Sammlung von Gerichtsentscheidungen)
APR	Ausbildungspersonalrat(-räte)
APrONot	Ausbildungs- und Prüfungsverordnung für Bezirksnotare
APrORpfl	Verordnung über die Ausbildung und Prüfung der Rechtspfleger
APrOVwgD/hD/mD	Ausbildungs- und Prüfungsverordnung für den gehobenen/höheren allgemeinen/mittleren Verwaltungsdienst
ArbG	Arbeitsgericht
ArbGG	Arbeitsgerichtsgesetz
ArbMedVV	Arbeitsmedizinvorsorgeverordnung
ArbNErfG	Gesetz über Arbeitnehmererfindungen
ArbPlSchG	Arbeitsplatzschutzgesetz
ArbSchG	Arbeitsschutzgesetz
ArbSchGZuVO	Arbeitsschutzgesetz-Zuständigkeitsverordnung
ArbStättV	Arbeitsstättenverordnung
ArbZG	Arbeitszeitgesetz
ArbZZuVO	Arbeitszeitzuständigkeitsverordnung
Art.	Artikel
ArtG	Artikelgesetz
ASiG	Gesetz über Betriebsärzte, Sicherheitsingenieure und andere Fachkräfte für Arbeitssicherheit (hier: Arbeitssicherheitsgesetz)
AT	Allgemeiner Teil
aufgeh.	aufgehoben
Aufl.	Auflage
AÜG	Arbeitnehmerüberlassungsgesetz
AuR	Arbeit und Recht (Zeitschrift)
ausf.	ausführlich
AVwV	Allgemeine Verwaltungsvorschrift(en)
AzUVO	Verordnung der Landesregierung über die Arbeitszeit, den Urlaub, den Mutterschutz, die Elternzeit, die Pflegezeiten und den Arbeitsschutz der Beamtinnen, Beamten, Richterinnen und Richter (Arbeitszeit- und Urlaubsverordnung BaWü)

BAG	Bundesarbeitsgericht
BAnz.	Bundesanzeiger
BAT	Bundes-Angestelltentarifvertrag (außer Kraft)
BAuA	Bundesanstalt für Arbeitsschutz und Arbeitsmedizin
BaWü	Baden-Württemberg
BayPVG	Bayerisches Personalvertretungsgesetz
BayVGH	Bayerischer Verwaltungsgerichtshof
BB	Der Betriebs-Berater (Zeitschrift)
BBesG	Bundesbesoldungsgesetz
BBesO	Bundesbesoldungsordnung
BBG	Bundesbeamtengesetz
Bbg	Land Brandenburg
BBiG	Berufsbildungsgesetz
BDSG	Bundesdatenschutzgesetz
BE	Berlin
BeamtStG	Beamtenstatusgesetz
BeamtVG	Beamtenversorgungsgesetz
BeamtZuVO	Beamtenrechtszuständigkeitsverordnung
BEEG	Gesetz zum Elterngeld und zur Elternzeit
Begr.	Begründung
behDSB	behördlicher Datenschutzbeauftragter
Beil.	Beilage
Bek.	Bekanntmachung
ber.	berichtigt
Beschl.	Beschluss, Beschlüsse
BesGr.	Besoldungsgruppe
betrDSB	betrieblicher Datenschutzbeauftragter
BetrSichV	Betriebssicherheitsverordnung
BetrVerf-Reformgesetz	Gesetz zur Reform des Betriebsverfassungsgesetzes v. 23. 7. 2001 (BGBl. I S. 1852)
BetrVG	Betriebsverfassungsgesetz
BetrVR	Betriebsverfassungsrecht
BeurtVO	Verordnung der Landesregierung über die dienstliche Beurteilung der Beamtinnen und Beamten (Beurteilungsverordnung)
BfC	Beauftragte für Chancengleichheit (vormals: Frauenvertreterin)
BFDG	Bundesfreiwilligendienstgesetz
BfDI	Bundesbeauftragter für den Datenschutz und die Informationsfreiheit
BGB	Bürgerliches Gesetzbuch
BGBl. I, II	Bundesgesetzblatt Teil I, Teil II

BGBW	Bewährungs- und Gerichtshilfe Baden-Württemberg
BGG	Behindertengleichstellungsgesetz
BildscharbV	Bildschirmarbeitsverordnung
BMI	Bundesministerium des Innern und für Heimat
BMT-G II	Bundesmanteltarifvertrag für Arbeiter gemeindlicher Verwaltungen und Betriebe
BNichtrSchG	Bundesnichtraucherschutzgesetz
BPersVG	Bundespersonalvertretungsgesetz
BPersVG 1974	Bundespersonalvertretungsgesetz v. 15. 3. 1974 (BGBl. I S. 693)
BPersVG 2021	Bundespersonalvertretungsgesetz in der Fassung des Gesetzes zur Novellierung des Bundespersonalvertretungsgesetzes v. 9. 6. 2021 (BGBl. I S. 1614)
BPersVWO	Wahlordnung zum Bundespersonalvertretungsgesetz
BPR	Bezirkspersonalrat(-räte)
BRAO	Bundesrechtsanwaltsordnung
BRRG	Beamtenrechtsrahmengesetz
bspw.	beispielsweise
BT	Bundestag
BT-Dr.	Bundestagsdrucksache
Buchh.	Buchholz, Sammel- und Nachschlagewerk der Rechtsprechung des Bundesverwaltungsgerichts
Buchst.	Buchstabe(n)
BUrlG	Bundesurlaubsgesetz
BVerfG	Bundesverfassungsgericht
BVerfGE	Entscheidungen des Bundesverfassungsgerichts
BVerfGG	Gesetz über das Bundesverfassungsgericht
BVerwG	Bundesverwaltungsgericht
BVerwGE	Entscheidungen des Bundesverwaltungsgerichts
BVO	Beihilfeverordnung
BW	Baden-Württemberg
BWVPr	Baden-Württembergische Verwaltungspraxis (Zeitschrift)
BY	Bayern
BZRG	Bundeszentralregistergesetz
bzw.	beziehungsweise
Chancen-ArtG	Gesetz zur Verwirklichung der Chancengleichheit von Frauen und Männern im öffentlichen Dienst des Landes Baden-Württemberg und zur Ände-

	rung anderer Gesetze v. 11. 10. 2005 (GBl. S. 650); hier: Chancengleichheits-Artikelgesetz
ChancenG	Chancengleichheitsgesetz
CDU	Christlich-Demokratische Union
DB	Der Betrieb (Zeitschrift)
DGB	Deutscher Gewerkschaftsbund
d. h.	das heißt
DH-ErrichtG	Gesetz zur Errichtung der Dualen Hochschule Baden-Württemberg
DKW	s. Literaturverzeichnis unter Däubler/Klebe/Wedde (Hrsg.)
DHZ	s. Literaturverzeichnis unter Deinert/Heuschmid/Zwanziger (Hrsg.)
DNeuG	Dienstrechtsneuordnungsgesetz
DO	Dienstordnung
DÖD	Der Öffentliche Dienst (Zeitschrift)
DÖV	Die Öffentliche Verwaltung (Zeitschrift)
DokBer	Dokumentarische Berichte aus dem Bundesverwaltungsgericht
DRG	Dienstrechtsreformgesetz v. 9. 11. 2010 (GBl. S. 793)
DRiG	Deutsches Richtergesetz
DRK	Deutsches Rotes Kreuz
DSGVO	Verordnung (EU) 2016/679 des Europäischen Parlaments und des Rates vom 27. 4. 2016 zum Schutz natürlicher Personen bei der Verarbeitung personenbezogener Daten, zum freien Datenverkehr und zur Aufhebung der Richtlinie 95/46/EG (Datenschutz-Grundverordnung)
DVBl.	Deutsches Verwaltungsblatt (Zeitschrift)
DVO PolG	Verordnung zur Durchführung des Polizeigesetzes
ebd.	ebenda
EDPS	European Data Protection Supervisor
EDSB	European Data Protection Supervisor (Europäischer Datenschutzbeauftragter)
EDV	Elektronische Datenverarbeitung
EG	Europäische Gemeinschaft(en)
EG-DSRL	EG-Datenschutzrichtlinie (RL 95/46/EG)
EGr.	Entgeltgruppe

EG-V	Vertrag zur Gründung der Europäischen Gemeinschaft
eingef.	eingefügt
Einl.	Einleitung
einschl.	einschließlich
entspr.	entsprechend
Epl.	Einzelplan
ErfK	s. Literaturverzeichnis unter Erfurter Kommentar zum Arbeitsrecht
ErgLfg.	Ergänzungslieferung
Erl.	Erläuterung(en)
ErnG	Ernennungsgesetz
ErrichtG	Errichtungsgesetz
ErrichtVO	Errichtungsverordnung
ESVGH	Entscheidungssammlung des Hessischen und Baden-Württembergischen Verwaltungsgerichtshofs
EU	Europäische Union
e. V.	eingetragener Verein
EWG	Europäische Wirtschaftsgemeinschaft
EWR	Europäischer Wirtschaftsraum
F.	Fassung
FAG	Finanzausgleichsgesetz
FDP/DVP	Freie Demokratische Partei, Landesverband Baden-Württemberg
f., ff.	folgend(e)
FlurbG	Flurbereinigungsgesetz
FM	Finanzministerium Baden-Württemberg
FüAkG	Gesetz zur Neuorganisation der Führungsakademie des Landes BW
FVG	Gesetz über die Finanzverwaltung
FZK	(ehemals) Forschungszentrum Karlsruhe (s. u. KIT)
G	Gesetz
GABl.	Gemeinsames Amtsblatt
GBl.	Gesetzblatt für Baden-Württemberg
GbR	Gesellschaft bürgerlichen Rechts
GE	Gesetzentwurf
geänd.	geändert
GefStoffV	Gefahrstoffverordnung
gem.	gemäß

GemHVO	Gemeindehaushaltsverordnung
GemO	Gemeindeordnung
GenDG	Gendiagnostikgesetz
GenTG	Gentechnikgesetz
GenTSV	Gentechnik-Sicherheitsverordnung
GerichtsorgG	Gesetz über die Organisation der ordentlichen Gerichte in Baden-Württemberg
GewO	Gewerbeordnung
GewOZuVO	Verordnung über Zuständigkeiten nach der Gewerbeordnung
GG	Grundgesetz
ggf.	gegebenenfalls
GJAV	Gesamt-Jugend- und Auszubildendenvertretung(en)
GKV	Gesetz über den Kommunalen Versorgungsverband Baden-Württemberg
GKZ	Gesetz über die kommunale Zusammenarbeit
GmbH	Gesellschaft mit beschränkter Haftung
GMBl.	Gemeinsames Ministerialblatt
GmS-OGB	Gemeinsamer Senat der obersten Gerichtshöfe des Bundes
GO	Geschäftsordnung
GPR	Gesamtpersonalrat(-räte)
GRÜNE	Bündnis 90/Die Grünen
GS	Großer Senat
GVG	Gerichtsverfassungsgesetz
GVRS	Gesetz über die Errichtung des Verbands Region Stuttgart
HAG	Heimarbeitsgesetz
HB	(Hansestadt) Bremen
HE	Hessen
HebG	Hebammengesetz
HessLAG	Hessisches Landesarbeitsgericht
HessVGH	Hessischer Verwaltungsgerichtshof
HessVGRspr.	Rechtsprechung der Hessischen Verwaltungsgerichte (Beilage zum Staatsanzeiger für das Land Hessen)
HGrG	Haushaltsgrundsätzegesetz
HH	(Hansestadt) Hamburg
HinSchG	Hinweisgeberschutzgesetz
Hinw.	Hinweis
h. M.	herrschende Meinung

HmbOVG	Hamburgisches Oberverwaltungsgericht
HmbPersVG	Hamburgisches Personalvertretungsgesetz
HMG	Hochschulmedizinreform-Gesetz
HNTVO	Hochschulnebentätigkeitsverordnung
HPR	Hauptpersonalrat(-räte)
HPVG	Hessisches Personalvertretungsgesetz
2. HRÄG	Zweites Hochschulrechtsänderungsgesetz
HRG	Hochschulrahmengesetz
Hrsg.	Herausgeber
Hs.	Halbsatz
i. d. F.	in der Fassung
i. d. R.	in der Regel
i. E.	im Einzelnen
i. e. S.	im engeren Sinne
IM	Ministerium des Innern, für Digitalisierung und Kommunen Baden-Württemberg
IMK-IFU	Institute of Meteorology and Climate Research – Atmospheric Environmental Research
i. S.	im Sinne
i. S. d.	im Sinne des (der)
i. S. v.	im Sinne von
i. V. m.	in Verbindung mit
i. w. S.	im weiteren Sinne
JAG	Juristenausbildungsgesetz
JArbSchG	Jugendarbeitsschutzgesetz
JArbSchGZuVO	Verordnung über Zuständigkeiten nach dem Jugendarbeitsschutzgesetz und der nach diesem Gesetz ergangenen Rechtsverordnungen
JAV	Jugend- und Auszubildendenvertretung(en)
jew.	jeweilig, jeweils
JFDG	Jugendfreiwilligendienstegesetz
JSVG	Gesetz über den Kommunalverband für Jugend und Soziales Baden-Württemberg (Jugend- und Sozialverbandsgesetz)
JuM	Ministerium für Justiz und für Migration Baden-Württemberg
juris	juris Rechtsprechung (Datenbank der juris GmbH)
Justiz	Die Justiz (Amtsblatt des JuM)
JVEG	Justizvergütungs- und -entschädigungsgesetz
JVollzGB	Justizvollzugsgesetzbuch

KAV	Kommunaler Arbeitgeberverband
KdöR	Körperschaft des öffentlichen Rechts
KG	Kommanditgesellschaft
KHG	Kunsthochschulgesetz
KIT	Karlsruher Institut für Technologie
KiTaG	Kindertagesbetreuungsgesetz
KIT-ErrichtG	KIT-Errichtungsgesetz
KITG	Gesetz über das Karlsruher Institut für Technologie
KIT-WG	Gesetze zur Weiterentwicklung des Karlsruher Instituts für Technologie (KIT-Weiterentwicklungsgesetze)
KM	Ministerium für Kultus, Jugend und Sport (Kultusministerium) Baden-Württemberg
krit.	kritisch(er)
KrPflG	Gesetz über die Berufe in der Krankenpflege (Krankenpflegegesetz)
KSchG	Kündigungsschutzgesetz
KUM	Körperschaft(en) für Universitätsmedizin
K. u. U.	Kultus und Unterricht (Amtsblatt des KM)
kw	künftig wegfallend
LAG	Landesarbeitsgericht
LBeamtVGBW	Landesbeamtenversorgungsgesetz Baden-Württemberg
LBesGBW	Landesbesoldungsgesetz Baden-Württemberg
LBesO	Landesbesoldungsordnung
LBG	Landesbeamtengesetz
L-BGG	Landes-Behindertengleichstellungsgesetz
LDG	Landesdisziplinargesetz
LDNOG	Gesetz zur Neuordnung des Landesdisziplinarrechts
LDO	Landesdisziplinarordnung (außer Kraft)
LDSG	Landesdatenschutzgesetz
LfDI	Landesbeauftragter für den Datenschutz und die Informationsfreiheit
LfV	Landesamt für Verfassungsschutz
LGL	Landesamt für Geoinformation und Landentwicklung
LHG	Landeshochschulgesetz
LHO	Landeshaushaltsordnung für Baden-Württemberg
lit.	Buchstabe(n)
LKrO	Landkreisordnung

LNRSchG	Landesnichtraucherschutzgesetz
LNTVO	Landesnebentätigkeitsverordnung
LPersVG	Landespersonalvertretungsgesetz
LPersVR	Landespersonalvertretungsrecht
LPersVR-ÄndG 2005	Gesetz zur Änderung des Landespersonalvertretungsrechts v. 11. 10. 2005 (GBl. S. 658)
LplG	Landesplanungsgesetz
LPVG	Personalvertretungsgesetz für das Land Baden-Württemberg (Landespersonalvertretungsgesetz)
LPVGWO	Wahlordnung zum Landespersonalvertretungsgesetz
LRiStAG	Landesrichter- und -staatsanwaltsgesetz
LRKG	Landesreisekostengesetz
Ls.	Leitsatz
LSA	Sachsen-Anhalt
LSÜG	Landessicherheitsüberprüfungsgesetz
LT	Landtag
LT-Dr.	Landtags-Drucksache
LTGO	Geschäftsordnung des Landtags von Baden-Württemberg
LT-PlPr.	Landtags-Plenarprotokoll
LUKG	Landesumzugskostengesetz
LVerf	Verfassung des Landes Baden-Württemberg
LVG	Landesverwaltungsgesetz
LVO	Landeslaufbahnverordnung
LVOPol	Polizei-Laufbahnverordnung
LVSG	Landesverfassungsschutzgesetz
LVwVfG	Landesverwaltungsverfahrensgesetz
LWG	Landtagswahlgesetz
m. Anm.	mit Anmerkung
MBG SH	Mitbestimmungsgesetz Schleswig-Holstein
MinG	Ministergesetz
Mio.	Million(en)
m. krit. Anm.	mit kritischer Anmerkung
MLR	Ministerium für Ernährung, Ländlichen Raum und Verbraucherschutz Baden-Württemberg
m. N.	mit Nachweisen
MTArb	Manteltarifvertrag für Arbeiterinnen und Arbeiter des Bundes und der Länder (außer Kraft)
MTV	Manteltarifvertrag
MTV-Azubi	Manteltarifvertrag für Auszubildende

MTW	Manteltarifvertrag für Waldarbeiter der Länder und Gemeinden (abgelöst durch den TV-Forst)
MuSchG	Mutterschutzgesetz
MV	Mecklenburg-Vorpommern
MWK	Ministerium für Wissenschaft, Forschung und Kunst (Wissenschaftsministerium) Baden-Württemberg
m. w. N.	mit weiteren Nachweisen
Nachtr.	Nachtrag
NdsOVG	Niedersächsisches Oberverwaltungsgericht
NdsPersVG	Niedersächsisches Personalvertretungsgesetz
n. F.	neue Fassung
NI	Niedersachsen
NJW	Neue Juristische Wochenschrift (Zeitschrift)
NPersVG	Niedersächsisches Personalvertretungsgesetz
Nr., Nrn.	Nummer, Nummern
n. v.	nicht veröffentlicht
NVerbG	Viertes Gesetz zur Verwaltungsreform (Nachbarschaftsverbandsgesetz)
NVwZ	Neue Zeitschrift für Verwaltungsrecht
NVwZ-RR	Neue Zeitschrift für Verwaltungsrecht Rechtsprechungs-Report
NW	Nordrhein-Westfalen
NZA	Neue Zeitschrift für Arbeitsrecht
NZA-RR	NZA-Rechtsprechungs-Report Arbeitsrecht
OFD	Oberfinanzdirektion
OHG	Offene Handelsgesellschaft
OLG	Oberlandesgericht
Os.	Orientierungssätze der Richterinnen und Richter des BAG
OVG	Oberverwaltungsgericht
PC	Personalcomputer
PersR	Der Personalrat (Zeitschrift)
PersV	Die Personalvertretung (Zeitschrift)
PersVG	Personalvertretungsgesetz
PersVG 1955	Personalvertretungsgesetz (Bund) v. 5.8.1955 (BGBl. I S. 477)
PersVR	Personalvertretungsrecht
PflG	Gesetz über die Pflegeberufe (Pflegeberufegesetz – PflBG)

PM	Pressemitteilung
PolG	Polizeigesetz
PolRG	Gesetz zur Umsetzung der Polizeistrukturreform (Polizeistrukturreformgesetz)
PR	Personalrat(-räte)
RDG	Rechtsdienstleistungsgesetz
RechtsVO	Rechtsverordnung
RegE	Regierungsentwurf
RHG	Rechnungshofgesetz
RiA	Recht im Amt (Zeitschrift)
rkr.	rechtskräftig
RL	Richtlinie(n)
Rn.	Randnummer(n)
RöV	Röntgenverordnung (abgelöst durch Strahlenschutzverordnung)
RP	Rheinland-Pfalz
Rspr.	Rechtsprechung
RStV	Rundfunkstaatsvertrag
RVO	Reichsversicherungsordnung
RVOrgG	Gesetz zur Organisationsreform in der gesetzlichen Rentenversicherung
S.	Satz, Seite
s.	siehe
SächsPersVG	Sächsisches Personalvertretungsgesetz
SchG	Schulgesetz
SDR	(ehemals) Süddeutscher Rundfunk
SGB	Sozialgesetzbuch
sog.	so genannt
SPD	Sozialdemokratische Partei Deutschlands
StAnz.	Staatsanzeiger für Baden-Württemberg
StGB	Strafgesetzbuch
StGHG	Gesetz über den Staatsgerichtshof
StiftG	Stiftungsgesetz für Baden-Württemberg
StPO	Strafprozessordnung
str.	streitig
StrlSchG	Gesetz zum Schutz vor der schädlichen Wirkung ionisierender Strahlung (Strahlenschutzgesetz – StrlSchG)
StrlSchV	Strahlenschutzverordnung
st. Rspr.	ständige Rechtsprechung
StWG	Studierendenwerksgesetz

SWF	(ehemals) Südwestfunk
SWR	Südwestrundfunk
SWRG	Gesetze zu dem Staatsvertrag über den Südwestrundfunk
SWRStV	Staatsverträge über den Südwestrundfunk
TB	Tätigkeitsbericht(e)
TdL	Tarifgemeinschaft deutscher Länder
teilw.	teilweise
TH	Thüringen
ThürPersVG	Thüringer Personalvertretungsgesetz
TKG	Telekommunikationsgesetz
TMG	Telemediengesetz
TV	Tarifvertrag
TVA-L BBiG	Tarifvertrag für Auszubildende der Länder in Ausbildungsberufen nach dem Berufsbildungsgesetz
TVA-L Pflege	Tarifvertrag für Auszubildende der Länder in Pflegeberufen
TVAöD	Tarifvertrag für Auszubildende des öffentlichen Dienstes
TV FlexAZ	Tarifvertrag zur Regelung flexibler Arbeitszeiten für ältere Beschäftigte
TV-Forst	Tarifvertrag zur Regelung der Arbeitsbedingungen von Beschäftigten in forstwirtschaftlichen Verwaltungen, Einrichtungen und Betrieben der Länder
TVG	Tarifvertragsgesetz
TV-L	Tarifvertrag für den öffentlichen Dienst der Länder
TVöD	Tarifvertrag für den öffentlichen Dienst
TVöD-Wald BaWü	Tarifvertrag für den öffentlichen Dienst für die Beschäftigten der Mitglieder des KAV BW in forstwirtschaftlichen Verwaltungen, Einrichtungen und Betrieben
TVPöD	Tarifvertrag für Praktikantinnen/Praktikanten des öffentlichen Dienstes
TVÜ-Forst	Tarifvertrag zur Überleitung der Beschäftigten der Länder aus dem Geltungsbereich des MTW/MTW-O in den TV-Forst und zur Regelung des Übergangsrechts

TVÜ-L	Tarifvertrag zur Überleitung der Beschäftigten der Länder in den TV-L und zur Regelung des Übergangsrechts
TVÜ-VKA	Tarifvertrag zur Überleitung der Beschäftigten der kommunalen Arbeitgeber in den TVöD und zur Regelung des Übergangsrechts
TVÜ-Wald BaWü	Tarifvertrags zur Überleitung der Beschäftigten des KAV BW aus dem Geltungsbereich des MTW und TV-Forst in den TVöD-Wald BaWü und zur Regelung des Übergangsrechts
TZ, Tz.	Textziffer
TzBfG	Teilzeit- und Befristungsgesetz
u.	und
u. a.	und andere, unter anderem
UAbs.	Unterabsatz
UBuchst.	Unterbuchst.
UGr	Unterstützungsgrundsätze des FM
UniMed	Universitätsmedizin
UniMed-ErrichtG	Universitätsmedizin-Errichtungsgesetz
UniMedG	Universitätsmedizingesetz
UniMed-RüG	UniMed-Rückabwicklungsgesetz
Urt.	Urteil(e)
u. U.	unter Umständen
UVAV	Unfallversicherungs-Anzeigeverordnung
UVEG	Unfallversicherungs-Einordnungsgesetz
UVM	Ministerium für Umwelt, Klima und Energiewirtschaft Baden-Württemberg
v.	vom
v. a.	vor allem
VBlBW	Verwaltungsblätter für Baden-Württemberg (Zeitschrift)
ver.di	Vereinte Dienstleistungsgewerkschaft
VerfGH	Verfassungsgerichtshof
VergGr.	Vergütungsgruppe
VG	Verwaltungsgericht
VGH	Verwaltungsgerichtshof
vgl.	vergleiche
VKA	Vereinigung der kommunalen Arbeitgeberverbände
VO	Verordnung(en)
Voraufl.	Vorauflage

Vorbem.	Vorbemerkung(en)
VR	Vorschussrichtlinien des FM
VRG	Verwaltungsstruktur-Reformgesetz v. 1.7.2004 (GBl. S. 469, ber. 653)
VRWG	Verwaltungsstrukturreform-Weiterentwicklungsgesetz v. 14.10.2008 (GBl. S. 313)
VS	Verschlusssache
VwGO	Verwaltungsgerichtsordnung
VwV	Verwaltungsvorschrift
WaldG	Waldgesetz für Baden-Württemberg
WissZeitVG	Wissenschaftszeitvertragsgesetz
WO	Wahlordnung
z. B.	zum Beispiel
ZAfTDa	Zentralarchiv für Tätigkeitsberichte des Bundes- und der Landesbeauftragten für den Datenschutz und der Aufsichtsbehörden für den Datenschutz
ZBR	Zeitschrift für Beamtenrecht
ZDG	Zivildienstgesetz
ZDVG	Zivildienstvertrauensmann-Gesetz
ZfPR	Zeitschrift für Personalvertretungsrecht
Ziff.	Ziffer(n)
ZPO	Zivilprozessordnung
z. T.	zum Teil
ZTR	Zeitschrift für Tarif-, Arbeits- und Sozialrecht des öffentlichen Dienstes
zul.	zuletzt
zust.	zustimmend
zutr.	zutreffend

Literaturverzeichnis

Die in dieses Literaturverzeichnis aufgenommenen Titel sind, soweit im Folgenden nichts anderes angegeben ist, in den Erläuterungen in der Regel nur mit den Namen der Verfasser zitiert. Dabei verwendete Abkürzungen sind auch im Abkürzungsverzeichnis aufgeführt.

Altvater/Baden/Baunack/Berg/Dierßen/Herget/Kröll/Lenders/Noll, Bundespersonalvertretungsgesetz mit Wahlordnung und ergänzenden Vorschriften, Kommentar für die Praxis mit vergleichenden Anmerkungen zu den Landespersonalvertretungsgesetzen, 11. Aufl. 2022, 10. Aufl. 2019 (zitiert: Altvater-*Bearbeiter*)

Altvater/Baden/Baunack/Berg/Dierßen/Herget/Kröll/Lenders/Noll, Bundespersonalvertretungsgesetz, Basiskommentar mit Wahlordnung und ergänzenden Vorschriften für Gerichte, Bahn, Post, Bundeswehr und NATO, 9. Aufl. 2020

Battis, Bundesbeamtengesetz, Kommentar, 6. Aufl. 2022

Berg/Kocher/Schumann (Hrsg.), Tarifvertragsgesetz und Arbeitskampfrecht, Kompaktkommentar, 7. Aufl. 2020

Blanke/Fedder, Privatisierung – Ein Rechtshandbuch für die Verwaltungspraxis, Personal- wie Betriebsräte und deren Berater, 2. Aufl. 2010

Braun, Kommentar zur Verfassung des Landes Baden-Württemberg, 1984

Bruse/Görg/Hamer/Hannig/Mosebach/Pieper/Rzadkowski/Schelter/Schmalz/Wolf, BAT und BAT-O – Bundes-Angestelltentarifvertrag, Kommentar für die Praxis, 2. Aufl. 1993 (zitiert: PK-BAT-*Bearbeiter*)

Cramer/Fuchs/Ritz/Rosenow, SGB IX – Kommentar zum Recht schwerbehinderter Menschen und Erläuterungen zum AGG und BGG, 7. Aufl. 2021

Däubler, Gewerkschaftsrechte im Betrieb, 12. Aufl. 2017 (zitiert: *Däubler*, Gewerkschaftsrechte)

Däubler/Deinert/Zwanziger (Hrsg.), KSchR – Kündigungsschutzrecht, Kommentar für die Praxis, 11. Aufl. 2020 (zitiert: DDZ-*Bearbeiter*)

Däubler/Klebe/Wedde (Hrsg.), Betriebsverfassungsgesetz mit Wahlordnung und EBR-Gesetz, Kommentar für die Praxis, 18. Aufl. 2022 (zitiert: DKW-*Bearbeiter*)

Daniels/Kunze/Pätzel/Witt, Personalvertretungsgesetz Berlin, Basiskommentar mit Wahlordnung und ergänzenden Vorschriften, 4. Aufl. 2019

Deinert/Heuschmid/Zwanziger (Hrsg.), Arbeitsrecht. Handbuch für die Praxis, 10. Aufl. 2019 (zitiert: DHZ-*Bearbeiter*)

Dürig/Herzog/Scholz, Kommentar zum Grundgesetz, Loseblattwerk, 1958 ff. (zitiert: Dürig-*Bearbeiter*)

Feldes/Helbig/Hüthig/Krämer/Kuntz/Rehwald/Salomon/Westermann, Schwerbehindertenrecht, Basiskommentar zum SGB IX mit Wahlordnung, 16. Aufl. 2022 (zitiert: Feldes-*Bearbeiter*)

Fischer/Goeres/Gronimus/Lechtermann, Gesamtkommentar Öffentliches Dienstrecht, Band V: Personalvertretungsrecht des Bundes und der Länder, Loseblattwerk, 1974 ff.

Fitting/Schmidt/Trebinger/Linsenmaier/Schelz, Betriebsverfassungsgesetz mit Wahlordnung, Handkommentar, 31. Aufl. 2022 (zitiert: *Fitting*)

Fricke/Bender/Dierßen/Otte/Thommes, Niedersächsisches Personalvertretungsgesetz, Basiskommentar, 7. Aufl. 2020 (zitiert: Fricke-*Bearbeiter*)

Germelmann/Binkert/Germelmann, PersVG Berlin – Personalvertretungsgesetz Berlin, Kommentar für die Praxis, 4. Aufl. 2022

Gola/Heckmann, BDSG – Bundesdatenschutzgesetz, Kommentar, 13. Aufl. 2019

Görg/Guth, Tarifvertrag für den öffentlichen Dienst, Basiskommentar zum TVöD, 9. Aufl. 2021

Grüneberg (vormals Palandt), Bürgerliches Gesetzbuch, Kommentar, 82. Aufl. 2023

Ilbertz/Widmaier (Hrsg.), Bundespersonalvertretungsgesetz mit Wahlordnung unter Einbeziehung der Landespersonalvertretungsgesetze, 15. Aufl. 2022 (zitiert: Ilbertz-*Bearbeiter*)

Jarass/Pieroth, Grundgesetz für die Bundesrepublik Deutschland, Kommentar, 17. Aufl. 2022

Kamp, Telearbeit – Analyse und Handlungsempfehlungen, 2000

Kempen/Zachert (Hrsg.), Tarifvertragsgesetz, Kommentar für die Praxis, 5. Aufl. 2013

Köhler/Baunack, BDG – Bundesdisziplinargesetz und materielles Disziplinarrecht, Kommentar für die Praxis, 7. Aufl. 2020

Kopp/Ramsauer, Verwaltungsverfahrensgesetz, Kommentar, 23. Aufl. 2022

Kopp/Schenke, Verwaltungsgerichtsordnung, Kommentar, 28. Aufl. 2022

Lakies/Malottke, BBiG – Berufsbildungsgesetz mit Kurzkommentierung des Jugendarbeitsschutzgesetzes (JArbSchG), 7. Aufl. 2020

Leibholz/Rinck, Grundgesetz für die Bundesrepublik Deutschland, Kommentar anhand der Rechtsprechung des Bundesverfassungsgerichts, Loseblattwerk, 1975/1993 ff.

Leuze/Wörz/Bieler (Hrsg.), Das Personalvertretungsrecht in Baden-Württemberg, Kommentar, Loseblattausgabe, 1989ff., Stand 31. Erg.-Lieferung Okt. 2022 (zitiert: Leuze-*Bearbeiter*)

Lorenzen/Etzel/Gerhold/Schlatmann/Rehak/Faber, Bundespersonalvertretungsgesetz, Kommentar, Loseblattwerk, 1975ff. (zitiert: Lorenzen-*Bearbeiter*)

Müller-Glöge/Preis/Schmidt (Hrsg.), Erfurter Kommentar zum Arbeitsrecht, 22. Aufl. 2022 (zitiert: ErfK-*Bearbeiter*)

Münchener Handbuch zum Arbeitsrecht, Kiel/Lunk/Oetker (Hrsg.), Band 1: Individualarbeitsrecht I, Band 2: Individualarbeitsrecht II; Band 3: Kollektives Arbeitsrecht I; Band 4: Kollektives Arbeitsrecht II, Arbeitsgerichtsverfahren, 5. Aufl. 2021/2022 (zitiert: MünchArbR-*Bearbeiter*)

Neumann/Pahlen/Winkler/Jabben/Greiner/Wilrodt, Sozialgesetzbuch IX, Rehabilitation und Teilhabe behinderter Menschen, Kommentar, 14. Aufl. 2020

Plander, Personalvertretungen als Grundrechtshilfe im demokratischen und sozialen Rechtsstaat. Eine rechtswissenschaftliche Studie, 1995

Reich, Beamtenstatusgesetz, Kommentar, 3. Aufl. 2018

Richardi/Dörner/Weber, Personalvertretungsrecht – Bundespersonalvertretungsgesetz und Personalvertretungsgesetze der Länder, Kommentar, 5. Aufl. 2020 (zit.: Richardi-*Bearbeiter*)

v. Roetteken/Rothländer (Hrsg.), HBR – Hessisches Bedienstetenrecht, Teil I, Kommentar zum Hessischen Personalvertretungsgesetz, 1994ff. (zit.: v. Roetteken/Rothländer-*Bearbeiter*)

Rooschüz/Bader (Hrsg.), Landespersonalvertretungsgesetz für Baden-Württemberg, Kommentar, 16. Aufl. 2019 (zitiert: Rooschüz-*Bearbeiter*)

Sabottig, Entscheidungen des Bundesverwaltungsgerichts zum Personalvertretungsrecht, Entscheidungssammlung in Leitsätzen und Stichworten, 1993 (zitiert: Sabottig ES)

Schaub, Arbeitsrechts-Handbuch, 19. Aufl. 2021 (zitiert: Schaub-*Bearbeiter*)

Schiek/Dieball/Horstkötter/Seidel/Vieten/Wankel, Frauengleichstellungsgesetze des Bundes und der Länder, Kommentar für die Praxis, 2. Aufl. 2002 (zitiert: Schiek-*Bearbeiter*)

Seidel, Personalvertretungsgesetz Brandenburg, Basiskommentar mit Wahlordnung, 7. Aufl. 2020

Wedde, Beschäftigtendatenschutz, Basiskommentar zu EU-DSGVO und BDSG, 2022

Welkoborsky/Baumgarten/Berg/Schmid, Landespersonalvertretungsgesetz Nordrhein-Westfalen, Basiskommentar mit Wahlordnung, 9. Aufl. 2022 (zitiert *Welkoborsky u. a.*)

Gesetzestext und Kommentierung zum Personalvertretungsgesetz für das Land Baden-Württemberg (Landespersonalvertretungsgesetz – LPVG)[1]

in der Fassung vom 12. März 2015 (GBl. S. 221), zuletzt geändert durch Art. 5 des Gesetzes vom 15. November 2022 (BGBl. S. 540, 548)

Teil 1
Allgemeine Vorschriften

§ 1 Allgemeiner Grundsatz

In den Verwaltungen und Betrieben des Landes, der Gemeinden und Gemeindeverbände sowie der sonstigen Körperschaften, Anstalten und Stiftungen des öffentlichen Rechts, die der Aufsicht des Landes unterstehen, sowie in den Gerichten des Landes werden Personalvertretungen gebildet.

Vergleichbare Vorschriften:
§ 1 BPersVG; § 1 i. V. m. § 130 BetrVG

Das in der Bundesrepublik Deutschland geltende Recht der kollektiven betrieblichen Interessenvertretung der abhängig Beschäftigten ist uneinheitlich geregelt. Das **Betriebsverfassungsgesetz** (BetrVG) gilt nur für die Arbeitnehmer in Betrieben privaten Rechts. Es bestimmt in § 130, dass es keine Anwendung auf Verwaltungen und Betriebe des Bundes, der Länder, der Gemeinden und sonstiger Körperschaften, Anstalten und Stiftungen des öffentlichen Rechts findet. Das **Bundespersonalvertretungsgesetz von 2021**[2] (BPersVG) enthält in seinem Teil 1 (§§ 1–125) die Bestimmungen für die Personalvertretungen im Bundesdienst. § 1 BPersVG trägt nunmehr die 1

1 Dieses Gesetz dient auch der Umsetzung der Richtlinie 2002/14/EG des Europäischen Parlaments und des Rates vom 11. März 2002 zur Festlegung eines allgemeinen Rahmens für die Unterrichtung und Anhörung der Arbeitnehmer in der Europäischen Gemeinschaft (ABl. L 80 vom 23. 3. 2002, S. 29) in der jeweils geltenden Fassung. [**amtliche Fußnote**]

2 Gesetz v. 9. 6. 21, BGBl. I 1614.

Überschrift »Anwendungsbereich«. Für die Personalvertretungen der Beschäftigten in den Ländern enthält es in Teil 2 (im Anh. 1 abgedruckt und z. T. erläutert) die noch unmittelbar für die Länder geltenden Vorschriften (§§ 126–128) sowie in Teil 3 (Schlussvorschriften) in § 131 die bis zum Ablauf des 31. 12. 2024 befristete Übergangsregelung für die Weitergeltung der §§ 90, 94 bis 107 S. 1 und des § 109 BPersVG v. 15. März 2014. Nach Übergang der Gesetzgebungskompetenz auf die Länder im Zuge der Föderalismusreform ist die Rahmengesetzgebungskompetenz des Bundes entfallen (Wegfall des Art. 75 GG). § 131 BPersVG räumt den Ländern eine Übergangsfrist bis zum 31. 12. 24 ein. Die §§ 126–128 n. F. beschränken sich auf Regelungen, die weiter der Gesetzgebungskompetenz des Bundes unterfallen. Diese bundesgesetzliche Verpflichtung hat das Land Baden-Württemberg bereits in den §§ 47 Abs. 4, 48, 75 Abs. 1 Nr. 12 sowie in § 87 Abs. 1 Nr. 9 LPVG umgesetzt.

1a Das LPVG dient auch der Umsetzung der **Richtlinie 2002/14/EG** des Europäischen Parlaments und des Rates zur Festlegung eines allgemeinen Rahmens für die Unterrichtung und Anhörung der Arbeitnehmer in der Europäischen Gemeinschaft v. 11. 3. 02[3] in der jeweils geltenden Fassung.[4] Durch Art. 6 Nr. 1 DRG hat die **Überschrift des LPVG** (aufgrund des Zitiergebotes in Art. 11 Abs. 2 der Richtlinie) eine **amtliche Fußnote** mit einem entsprechenden Hinweis erhalten.[5] Daran ist bei der Novellierung durch das ÄndG 2013 festgehalten worden.[6]

2 Die **Rahmenvorschrift des § 95 Abs. 1 Hs. 1 BPersVG a. F.** ist vorbehaltlich § 131 BPersVG n. F. ersatzlos entfallen.[7] § 131 BPersVG sieht neue Übergangsregelungen für die Personalvertretungen der Länder vor. § 90, die §§ 94 bis 107 S. 1 und § 109 des Bundespersonalvertretungsgesetzes vom 15. März 1974 (BGBl. I S. 693) sind bis zum Ablauf des 31. 12. 2024 weiter anzuwenden. Der Anwendungsbereich des für die Personalvertretungen in den Ländern zu schaffenden Rechts ist damit ebenso abgegrenzt wie der Anwendungsbereich des für die Personalvertretungen im Bundesdienst geltenden Rechts. Vertretungsfreie Räume sollten damit ausgeschlossen sein.

2a Wegen des Sonderrechts der kirchlichen Mitarbeitervertretungen wird auf § 115 Rn. 1 ff. verwiesen.

3 Das LPVG legt in § 1 den **sachlichen Geltungsbereich** des Gesetzes fest. Entsprechend den bundesrechtlichen Vorgaben (vgl. Rn. 2) ist § 1 so auszulegen, dass weder ein personalvertretungsfreier noch ein betriebsverfassungsfreier

---

3 ABl. Nr. L 80/29.

4 Vgl. *Richardi,* Einl. Rn. 3; DKW-*Däubler*, Einl. Rn. 251 ff.; ausf. *v. Roetteken*, PersR 03, 181.

5 Vgl. LT-Dr. 14/6694, S. 562.

6 LT-Dr. 15/4224, S. 84 [zu Art. 1].

7 Altvater-*Baunack*, § 126 Rn. 2, 6, 7.

Raum entsteht.[8] Zum Anwendungsbereich des LPVG gehören deshalb neben den Gerichten des Landes alle i. w. S. zu verstehenden Verwaltungen und Betriebe, deren Träger das Land oder eine seiner Aufsicht unterstehende juristische Person des öffentlichen Rechts ist. Anders als § 95 Abs. 1 Hs. 1 BPersVG a. F. dies vorsah und anders als dies in Bayern (Art. 1 BayPVG) sowie in Bremen, Hessen, Mecklenburg-Vorpommern und Rheinland-Pfalz (§ 1 des jeweiligen LPersVG) geregelt ist, erstreckt sich der in § 1 festgelegte Anwendungsbereich des LPVG jedoch nicht auf die Verwaltungen und Betriebe derjenigen nicht bundesunmittelbaren Körperschaften, Anstalten und Stiftungen des öffentlichen Rechts, die nicht der Aufsicht des Landes unterstehen. Daraus ergibt sich die im Widerspruch zum Bundesrecht stehende Konsequenz, dass das staatliche PersVR bei bestimmten öffentlich-rechtlichen Einrichtungen von Religionsgemeinschaften, die nicht unter § 112 BPersVG und § 115 LPVG fallen, nicht anwendbar ist (vgl. Rn. 15 und § 115 Rn. 1).

Verwaltungen i. e. S. sind alle Behörden und Verwaltungsstellen, die Aufgaben der öffentlichen Verwaltung wahrnehmen (vgl. i. E. § 5 Rn. 3 ff.). **Betriebe** sind organisatorische Einheiten, die keine materielle Verwaltungstätigkeit ausüben, sondern – insb. im Rahmen der öffentlichen Versorgung – andere arbeitstechnische Zwecke erfüllen (vgl. § 5 Rn. 3 f., 7 f.). In der auch nach der Föderalismusreform I jedenfalls übergangsweise weiterhin gebotenen bundesrechtskonformen Auslegung (vgl. Rn. 3) umfasst der Oberbegriff »Verwaltungen und Betriebe« nicht nur Behörden, Verwaltungsstellen und Betriebe im vorstehenden Sinne, sondern auch alle **sonstigen Einrichtungen** des Landes und der seiner Aufsicht unterstehenden juristischen Personen des öffentlichen Rechts, die nicht Organe der Gesetzgebung oder der Rechtsprechung sind. Dazu gehören z. B. auch die in §§ 98 bis 103 ausdrücklich aufgeführten Dienststellen, welche bildenden, wissenschaftlichen oder künstlerischen Zwecken dienen, v. a. Schulen, Hochschulen und andere Forschungseinrichtungen, Museen und Bibliotheken, Theater und Orchester sowie nach § 105 der SWR. 4

Körperschaften des öffentlichen Rechts sind mitgliedschaftlich organisierte, rechtsfähige Verbände des öffentlichen Rechts, die bestimmte öffentliche Aufgaben i. d. R. mit hoheitlichen Befugnissen unter staatlicher Aufsicht erfüllen. Hauptarten sind die Gebietskörperschaften, bei denen sich die Mitgliedschaft kraft Gesetzes für natürliche Personen aus dem Wohnsitz und für juristische Personen aus ihrem Sitz ergibt, die Personal- oder Vereinskörperschaften, bei denen der freiwillige Beitritt oder die Zugehörigkeit zu einer bestimmten Gruppe für die Mitgliedschaft maßgebend ist, und die Verbandskörperschaften, deren Mitglieder ausschließlich juristische Personen sind. Gebietskörperschaften sind die in § 1 ausdrücklich genannten 5

8 Altvater-*Baunack*, § 131 Rn. 6.

Gemeinden (zu denen auch die zu Stadtkreisen und Großen Kreisstädten erklärten Gemeinden zählen) und **Gemeindeverbände.** Der Begriff der Gemeindeverbände wurde durch das ÄndG 2013 eingefügt. Die **Landkreise** sind **Gebietskörperschaften** (vgl. § 1 Abs. 4, § 3 GemO, § 1 Abs. 2 LKrO). Die Personal- oder Vereins- und die Verbandskörperschaften sind in § 1 als **sonstige Körperschaften** des öffentlichen Rechts erfasst. Dazu gehören u. a.:

- **soziale Versicherungsträger**, deren Zuständigkeit sich nicht über das Gebiet des Landes hinaus erstreckt (Art. 87 Abs. 2 S. 1 GG, § 90 Abs. 2 SGB IV), z. B. die Deutsche Rentenversicherung BW und die Allgemeine Ortskrankenkasse;
- **soziale Versicherungsträger**, deren Zuständigkeit sich zwar über das Gebiet des Landes, aber nicht über mehr als drei Länder hinaus erstreckt und die ihren Sitz im Land BW haben (Art. 87 Abs. 2 S. 2 GG i. V. m. dem Gesetz zu dem Staatsvertrag v. 9. 7. 96 über die Bestimmung aufsichtsführender Länder [GBl. S. 728], § 90 Abs. 3 SGB IV);[9]
- **Organisationen der gewerblichen Wirtschaft**: die (landesunmittelbaren) Handwerkskammern und die ihrer Aufsicht unterstehenden (landesmittelbaren) Handwerksinnungen und Kreishandwerkerschaften sowie die Industrie- und Handelskammern;
- **Berufskammern**: Rechtsanwaltskammern Freiburg, Karlsruhe, Stuttgart und Tübingen, Notarkammer BW, Steuerberaterkammern Nordbaden, Stuttgart und Südbaden, Landesärztekammer BW, Landeszahnärztekammer BW, Landesapothekerkammer BW, Landestierärztekammer BW und Landespsychotherapeutenkammer BW, Architektenkammer BW, Ingenieurkammer BW;
- **staatliche Hochschulen**: Universitäten, das Karlsruher Institut für Technologie (KIT), in seiner Eigenschaft als Universität, Pädagogische Hochschulen, Kunsthochschulen, Hochschulen für angewandte Wissenschaft, die nach § 69 LHG errichteten besonderen Hochschulen für den öffentlichen Dienst[10] und die Duale Hochschule BW; sie sind zugleich staatliche Einrichtungen (vgl. § 8 Abs. 1 S. 1 und § 67 LHG);
- das **Karlsruher Institut für Technologie** (KIT) das in die Definition der Dienststelle (§ 5 Abs. 1) neu aufgenommen worden ist, soweit es auch Großforschungsaufgaben wahrnimmt;[11]

---

9 Vgl. Altvater-*Baunack*, § 88 a. F. Rn. 3.

10 Sie sind besondere staatliche Hochschulen für angewandte Wissenschaften und als solche Hochschulen für angewandte Wissenschaften i. S. d. § 1 Abs. 2 Nr. 4 LHG.

11 §§ 1, 2 KITG; LT-Dr. 15/4224, S. 87 zu Nr. 6 [§ 9 zu Buchstabe a]. Die Regelung steht in unmittelbarem Zusammenhang mit § 101 Nr. 1, der die interne Dienststellengliederung des KIT näher bestimmt.

- **Verbandskörperschaften**: die kommunalen Zweckverbände der Gemeinden und Landkreise, die Verwaltungsgemeinschaften benachbarter Gemeinden eines Landkreises, die Nachbarschaftsverbände, die Regionalverbände, insbesondere der »Verband Region Stuttgart«, der Kommunale Versorgungsverband BW, der Kommunalverband für Jugend und Soziales BW, der Sparkassenverband BW, der Medizinische Dienst der Krankenversicherung BW.

Anstalten des öffentlichen Rechts sind von einem Träger öffentlicher Ver- 6
waltung errichtete Organisationen zur Erfüllung bestimmter Verwaltungsaufgaben, die im Unterschied zu den Körperschaften des öffentlichen Rechts nicht mitgliedschaftlich organisiert sind und auf deren Willensbildung der Anstaltsträger i.d.R. maßgebenden Einfluss nimmt. In § 1 sind nur vollrechtsfähige Anstalten aufgeführt, also nur solche, die durch Gesetz als juristische Personen des öffentlichen Rechts geschaffen oder zugelassen sind. Nicht gemeint sind hingegen teilrechtsfähige Anstalten wie die sog. Sondervermögen, die in die unmittelbare Staatsverwaltung eingegliedert und nur Dritten gegenüber vermögensrechtlich verselbstständigt sind (so z.B. das Bundeseisenbahnvermögen), sowie nichtrechtsfähige Anstalten (z.B. Schulen, Theater, Museen, Bibliotheken, Studienakademien, Justizvollzugsanstalten). Zu den vollrechtsfähigen Anstalten i.S.d. § 1 gehören u.a. die Sparkassen, die Landesbank BW, die Landesbausparkasse BW, die Universitätsklinika, die Zentren für Psychiatrie und die Studierendenwerke.

Stiftungen des öffentlichen Rechts sind rechtsfähige Organisationen zur 7
Verwaltung und Verwertung eines Vermögensbestandes für einen vom Stifter bestimmten Zweck, welcher der dauernden und nachhaltigen Erfüllung einer öffentlichen Aufgabe von besonderem Interesse dient (vgl. §§ 17ff. StiftG). Beispiele sind das Deutsche Krebsforschungszentrum in Heidelberg und das TECHNOSEUM – Landesmuseum für Technik und Arbeit in Mannheim –.

Die Gerichte sind Einrichtungen, denen die Rechtsprechung obliegt. Zu den 8
Gerichten des Landes gehören: der Staatsgerichtshof für das Land BW (vgl. aber § 5 Rn. 5), die Verwaltungsgerichte und der Verwaltungsgerichtshof BW, die Amtsgerichte, die Landgerichte und die Oberlandesgerichte Karlsruhe und Stuttgart, die Sozialgerichte und das Landessozialgericht BW, die Arbeitsgerichte und das Landesarbeitsgericht BW sowie das Finanzgericht BW. Keine eigenständigen Gerichte i.S.d. § 1 LPVG sind das Dienstgericht für Richter (Dienstgericht) und der Dienstgerichtshof für Richter (Dienstgerichtshof). Sie sind als Kammern bzw. Senate beim Landgericht Karlsruhe und beim Oberlandesgericht Stuttgart errichtet (vgl. § 62 LRiStAG). Auch die berufsständischen Gerichte wie Anwaltsgerichte und der Anwaltsgerichtshof sowie andere, die bei den Berufskammern der Ärzte, der Zahnärzte, der Apotheker, der Tierärzte, der Psychologischen Psychotherapeuten

und Kinder- und Jugendlichenpsychotherapeuten sowie der Architekten gebildet sind, fallen nicht unter den Begriff des Gerichts i. S. des § 1.

9 Zum sachlichen Geltungsbereich des LPVG BW gehört auch der als gemeinnützige rechtsfähige Anstalt des öffentlichen Rechts in den Ländern Baden-Württemberg und Rheinland-Pfalz errichtete »**Südwestrundfunk**« (SWR). Das ergibt sich aus dem Gesetz zu dem Staatsvertrag über den Südwestrundfunk und zur Änderung medienrechtlicher und datenschutzrechtlicher Vorschriften v. 3. 12. 2013.[12] Er legt in § 1 Abs. 1 S. 3 fest, dass der Dienstort des Intendanten Stuttgart ist, und bestimmt in § 38 Abs. 1, dass für den SWR das PersVG des Landes in der jeweils gültigen Fassung Anwendung findet, in dem der Dienstort des Intendanten liegt. In § 105 stellt das LPVG klar, dass dieses Gesetz für den SWR gilt, allerdings nur nach Maßgabe der Vorschriften der §§ 106 bis 112 (vgl. § 105 Rn. 2).

10 **Länderübergreifende öffentlich-rechtliche Einrichtungen**, deren personalvertretungsrechtliche Zuordnung nicht durch Staatsvertrag der sie tragenden Länder geregelt ist, gehören nicht zum Geltungsbereich des BPersVG, sondern des LPVG. Welches PersVG für sie gilt, richtet sich mangels staatsvertraglicher Regelung nach dem Sitz der Einrichtung. So gilt z. B. für die Zentrale Stelle der Landesjustizverwaltungen zur Aufklärung nationalsozialistischer Verbrechen in Ludwigsburg das LPVG.[13]

11 Die personalvertretungsrechtliche Zuordnung **gemeinsamer Dienststellen des Bundes und des Landes BW** ist jetzt in § 6 Abs. 2 BPersVG geregelt (vgl. § 5 Rn. 32 f.). Unverändert gelten bei gemeinsamen Dienststellen des Bundes und anderer Körperschaften nur die im Bundesdienst Beschäftigten als zur Dienststelle gehörig. Diese Vorschrift gilt auch für gemeinsame Dienststellen verschiedener juristischer Personen des öffentlichen Rechts, die teils der Aufsicht des Bundes, teils der des Landes unterstehen.

12 Für die **Abgrenzung** der **Anwendungsbereiche des BetrVR und des PersVR** kommt es **ausschließlich auf die formelle Rechtsform der jeweiligen Einrichtung**, nicht aber auf ihre Funktion an.[14] Ist der Träger einer Verwaltung oder eines Betriebes eine **juristische Person des öffentlichen Rechts**, findet das PersVR Anwendung, und zwar das LPVG, wenn der Träger das Land BW oder eine seiner Aufsicht unterstehende juristische Person des öffentlichen Rechts ist. Dies gilt z. B. für einen Versorgungsbetrieb, der von einer Gemeinde unmittelbar als Regiebetrieb oder in Gestalt eines Sondervermögens als Eigenbetrieb geführt wird. Ist der Träger eines solchen Versorgungsbetriebes dagegen eine **natürliche oder juristische Person des Privatrechts** (z. B. eine AG oder eine GmbH) oder eine **Personengesellschaft** (z. B. eine OHG oder eine KG), gilt das BetrVG, und zwar auch dann, wenn der öffent-

12 GBl. 2013 S. 314.

13 *BVerwG* v. 5. 5. 76 – VII P 7.74 –, Buchh 238.31 § 4 Nr. 1.

14 *BVerwG* v. 9. 12. 80 – 6 P 23.79 –, PersV 81, 506.

lichen Hand durch Organisationsmaßnahmen oder Eigentumsverhältnisse der entscheidende oder sogar der alleinige Einfluss zukommt. Dabei ist es auch unerheblich, dass auf die Arbeitsverhältnisse der Beschäftigten die Tarifverträge des öffentlichen Dienstes angewandt werden.[15]

Sind an einem **gemeinschaftlichen Betrieb** sowohl eine juristische Person 13
des Privatrechts als auch eine solche des öffentlichen Rechts beteiligt, findet das BetrVG Anwendung, wenn sich die Betriebsführung mangels entgegenstehender Anhaltspunkte auf der Grundlage einer privatrechtlichen Vereinbarung in der Rechtsform einer BGB Gesellschaft vollzieht.[16] Nicht entscheidend ist, ob der Betrieb öffentliche oder rein wirtschaftliche Aufgaben wahrnimmt. Irrelevant ist auch, wer wirtschaftlich Inhaber eines Betriebes ist. Deshalb ist auch bei einer GmbH oder Aktiengesellschaft, bei der alle oder ein Teil der Anteile von einer Körperschaft des öffentlichen Rechts gehalten werden, das BetrVG anzuwenden.[17] Schließlich ist auch nicht maßgeblich, ob in einem Betrieb Tarifverträge für den öffentlichen Dienst angewendet werden.[18]

Bilden ein Universitätsinstitut und ein privates Forschungsinstitut einen 13a
»gemeinsamen Betrieb« i. S. d. Rechtsprechung des *BAG*, so werden auch die Arbeitnehmer des Universitätsinstituts von dem Betriebsrat des Gemeinschaftsbetriebs vertreten.[19] Eine Zuständigkeit des PR der Universität ist nicht gegeben.[20]

Im Rahmen der Privatisierung der Bewährungs- und Gerichtshilfe wurde 13b
diese an einen freien Träger der NEUSTART gGmbH mit Beleihungs-, Durchführungs- und Dienstleistungsüberlassungsvertrag »Bewährungs- und Gerichtshilfe (Generalvertrag)« v. 6. 12. 2006 vergeben. Der Vertrag ist zum 31. 12. 2016 beendet worden. Die Bewährungs- und Gerichtshilfe Baden-Württemberg (BGBW) ist seit 1. 1. 2017 als Anstalt des öffentlichen Rechts wieder in ausschließlicher staatlicher Trägerschaft organisiert. Sie nimmt die Aufgaben der Bewährungshilfe, Gerichtshilfe und des Täter-Opfer-Ausgleichs wahr.[21] Demgemäß wählen die Beschäftigten der BGBW Personalräte.

Die Verwaltungen der **Betriebskrankenkassen**, die nach den §§ 147 ff. 14
SGB V i. V. m. § 29 Abs. 1 SGB IV die Rechtsform einer Körperschaft des

15 So zu einem in der Rechtsform einer GbR betriebenen städtischen Theater *BAG* v. 7. 11. 75 – 1 AZR 74/74 –, AP Nr. 1 zu § 130 BetrVG 1972.

16 *BAG* v. 24. 1. 96 – 7 ABR 10/95 –, PersR 97, 26; *BVerwG* v. 13. 6. 01 – 6 P 8.00 –, PersR 01, 418.

17 *LAG Baden-Württemberg* v. 11. 2. 16 – 3 TaBV 2/14 –, juris.

18 *BAG* v. 3. 12. 85 – 4 ABR 60/85 –, AP Nr. 2 zu § 74 BAT.

19 *BAG* v. 24. 6. 96 – 7 ABR 10/95 –, BAGE 82, 112 = PersR 97, 26.

20 *BVerwG* v. 13. 6. 01 – 6 P 8.00 –, PersR 01, 418.

21 Gesetz über die Sozialarbeit der Justiz (GSJ) v. 26. 10. 2016, GBl. 2016, 578.

öffentlichen Rechts haben, gehören zum Geltungsbereich des PersVR, und zwar unabhängig davon, ob es sich bei ihnen um Betriebskrankenkassen öffentlicher Verwaltungen handelt (§ 156 SGB V) oder ob sie von privaten Arbeitgebern errichtet sind.[22] Ob für sie das LPVG gilt, hängt wie bei anderen sozialen Versicherungsträgern davon ab, ob sie der Aufsicht des Landes BW unterstehen (vgl. Rn. 5).

15 Die **Religionsgemeinschaften** und ihre karitativen und erzieherischen Einrichtungen sind unabhängig von ihrer Rechtsform nach § 118 Abs. 2 BetrVG, § 112 BPersVG und § 115 LPVG sowohl aus dem Geltungsbereich des BetrVG als auch aus dem des PersVR ausgeklammert (vgl. i. E. § 115 Rn. 1 f.). Das gilt auch für die von diesen Vorschriften nicht erfassten öffentlich-rechtlich organisierten kirchlichen Wirtschaftsbetriebe, weil § 1 LPVG entgegen der bundesgesetzlichen Vorgabe nicht die Verwaltungen und Betriebe aller nicht bundesunmittelbaren (sondern nur die der Aufsicht des Landes unterstehenden) juristischen Personen des öffentlichen Rechts in seinen sachlichen Geltungsbereich einbezieht (vgl. Rn. 3 und § 115 Rn. 2).

16 **Besondere Vorschriften**, die die allgemeinen Vorschriften des Gesetzes abwandeln, gelten für die Justizverwaltung (§ 95), für die Polizei und für das Landesamt für Verfassungsschutz (§§ 96, 97), für Dienststellen, die bildenden, wissenschaftlichen und künstlerischen Zwecken dienen (§§ 98–103), für die Forstverwaltung (§ 104) sowie für den Südwestrundfunk (§§ 105–112).

17 Der **persönliche Geltungsbereich** des LPVG wird durch den in § 4 definierten Kreis der Beschäftigten bestimmt. Der **räumliche Geltungsbereich** ist nicht ausdrücklich geregelt. Aus den §§ 1 und 4 lässt sich aber ableiten, dass er das Gebiet des Landes umfasst. In anderen Ländern der Bundesrepublik Deutschland oder im Ausland gelegene Organisationseinheiten und dort tätige Beschäftigte können jedoch ebenfalls vom LPVG erfasst sein. Das gilt nicht nur für unselbstständige Außenstellen von Dienststellen mit Sitz im Land BW, sondern grundsätzlich auch für jene Dienststellen und die bei ihnen Beschäftigten, die das Land BW oder eine seiner Aufsicht unterstehende juristische Person des öffentlichen Rechts in einem anderen Bundesland oder im Ausland errichtet hat oder dort unterhält.[23] Für Dienststellen in anderen Bundesländern ergibt sich das daraus, dass andernfalls eine mit § 51 BeamtStG nicht zu vereinbarende Vertretungslücke entstünde (vgl. oben Rn. 2 f.). Für das KIT ist in § 101 ausdrücklich geregelt, dass die Einrichtungen, Institute und sonstigen Stellen des KIT in Garmisch-Partenkirchen eine Dienststelle i. S. d. LPVG sind. Für Dienststellen im Ausland

22 *BVerwG* v. 12. 1. 06 – 6 P 6.05 –, PersR 06, 164; *BAG* v. 10. 10. 06 – 1 AZR 811/05 –, PersR 07, 209.

23 Nunmehr auch Leuze-*Bieler*, § 1 Rn. 17, unter Aufgabe seiner in den Vorkommentierungen vertretenen abweichenden Meinung.

ist die Erwägung maßgebend, dass das PersVR als öffentliches Recht (vgl. Rn. 26) zwar grundsätzlich nur auf dem Gebiet des eigenen Staates gilt, sich aber im Wesentlichen auf Vorschriften beschränkt, die die innerdienstlichen Beziehungen zwischen den Beschäftigten und ihrem Arbeitgeber bzw. Dienstherrn regeln. Bei den im Ausland gelegenen Dienststellen ist allerdings zwischen den aus dem Inland entsandten Beschäftigten und den lokal Beschäftigten (früher: Ortskräfte) zu unterscheiden. Da für die Arbeitsverhältnisse der lokal Beschäftigten unabhängig von ihrer Staatsangehörigkeit vorrangig zwingendes Ortsrecht des Gaststaates gilt, muss das deutsche PersVR, wenn und soweit es damit kollidiert, zurücktreten.[24]

Geht eine Dienststelle aus der Trägerschaft einer juristischen Person des öffentlichen Rechts in die Trägerschaft einer natürlichen oder juristischen Person des Privatrechts oder einer Personengesellschaft über, so verlässt sie mit dieser **Privatisierung** ohne Weiteres den durch § 1 abgegrenzten Geltungsbereich des LPVG und tritt als Betrieb in den durch die §§ 1 und 130 BetrVG abgegrenzten Geltungsbereich des BetrVG ein. Während das nach dem PersVR auszuübende Amt des PR mit dem Vollzug der Privatisierung automatisch erlischt, muss die Wahl des Betriebsrats erst noch eingeleitet und durchgeführt werden. Damit die Interessen der Arbeitnehmer auch in der Zeit bis zur Konstituierung des Betriebsrats wirksam vertreten werden können, steht dem PR aber ein **Übergangsmandat** zu, das nach den Vorschriften des BetrVG wahrzunehmen ist. Dieses Mandat kann vom Landesgesetzgeber in einer den jeweiligen Privatisierungsfall betreffenden **spezialgesetzlichen Vorschrift** geregelt werden.[25] Ist das nicht geschehen, ergibt sich das Übergangsmandat zum einen aus einer **Gesamtanalogie** zu verschiedenen einzelgesetzlichen Vorschriften des Bundesrechts.[26] Zum anderen ist es daraus abzuleiten, dass der durch das BetrVerf-Reformgesetz v. 23.7.01[27] geschaffene **§ 21a BetrVG** ein allgemein gültiges Übergangsmandat für den Betriebsrat vorsieht. Zwischenzeitlich hat der Bundesgesetzgeber mit § 29 BPersVG ein umfassendes Übergangs- und Restmandat für den PR geschaffen. Bei Umwandlungen oder anderweitigen Privatisierungsmaßnahmen bleibt nach § 29 Abs. 6 BPersVG der PR im Amt und führt die Geschäfte unter den Voraussetzungen des § 1 Abs. 1 S. 1 BetrVG weiter, wenn kein Betriebsrat besteht.[28] Unter diesen Umständen ist es geboten, 18

24 Vgl. Altvater-*Baunack*, § 119 Rn. 4.

25 Vgl. *BAG* v. 23.11.04 – 9 AZR 639/03 –, PersR 05, 331.

26 Str.; vgl. Altvater-*Dierßen*, § 1 Rn. 31–34; offengelassen in *BAG* v. 25.5.00 – 8 AZR 416/99 – u.v. 31.5.00 – 7 ABR 78/98 –, PersR 01, 92 u. 131; a.A. *LAG Köln* v. 11.2.00 – 4 TaBV 2/00 – u.v. 10.3.00 – 13 TaBV 9/00 –, PersR 00, 378 bzw. 380.

27 BGBl. I S. 1852.

28 DKW-*Buschmann*, § 21a Rn. 15.

ein allgemein gültiges Übergangsmandat des PR bei Privatisierungen anzuerkennen, weil sonst eine Schutzlücke für die betroffenen Beschäftigten einträte, die sachlich nicht gerechtfertigt wäre.[29] Zu einer entsprechenden ausdrücklichen gesetzlichen Regelung ist auch der Landesgesetzgeber im Übrigen aufgrund des Gemeinschaftsrechts der EU verpflichtet (Art. 6 Abs. 1 UAbs. 4 der RL 2001/23/EG des Rates zur Angleichung der Rechtsvorschriften der Mitgliedstaaten über die Wahrung von Ansprüchen der Arbeitnehmer beim Übergang von Unternehmen, Betrieben oder Unternehmens- oder Betriebsteilen v. 12. 3. 01 – **Betriebsübergangsrichtlinie**[30]). Solange umfassende gesetzliche Regelungen zur Schließung von Vertretungslücken bei privatisierenden Umwandlungen fehlen, können Übergangsmandate auch **tarifvertraglich vereinbart** werden (str.; vgl. § 3 Rn. 2)[31].

19 Falls das Übergangsmandat des PR bei einer Privatisierung nicht in einer auf den konkreten Fall bezogenen gesetzlichen Vorschrift oder in einem Tarifvertrag geregelt wird und demnach das **generelle Übergangsmandat** des PR zum Zuge kommt (vgl. Rn. 18), gilt dafür Folgendes: Der PR bleibt übergangsweise als Organ und in seiner bisherigen personellen Zusammensetzung bestehen. Er gilt als Betriebsrat. Für seine Aufgaben und Befugnisse und für seine interne Willensbildung gelten grundsätzlich die Vorschriften des BetrVG. Entsprechend § 21a BetrVG hat er insbesondere unverzüglich einen Wahlvorstand zu bestellen; das Übergangsmandat endet, sobald der Betriebsrat gewählt und das Wahlergebnis bekannt gegeben ist, spätestens jedoch sechs Monate nach dem Wirksamwerden der Privatisierung.

20 Das Gesetz stellt in § 1 den **allgemeinen Grundsatz** auf, dass in allen zu seinem Anwendungsbereich gehörenden Verwaltungen, Betrieben und Gerichten **Personalvertretungen** gebildet werden. Ihre Legitimation erhalten diese dadurch, dass sie **periodisch wiederkehrend gewählt** werden. Der Begriff »Personalvertretungen« umfasst als Oberbegriff verschiedene Arten von Vertretungen:

- In allen Dienststellen i. S. d. § 5, die i. d. R. mindestens fünf Wahlberechtigte beschäftigen, von denen drei wählbar sind, werden nach § 10 Abs. 1 (örtliche) **Personalräte** (PR) gebildet. Das Nähere regeln die §§ 8 ff. In den Fällen des § 5 Abs. 2, in denen Außenstellen, Nebenstellen oder Teile einer Dienststelle zu selbstständigen Dienststellen erklärt sind, wird neben den einzelnen PR ein **Gesamtpersonalrat** (GPR) gebildet (§ 54). Für den Geschäftsbereich mehrstufiger Verwaltungen werden **Stufenvertretungen**, und zwar **bei den Mittelbehörden Bezirkspersonalräte**

29 Ebenso Altvater-*Dierßen*, § 1 Rn. 34; DKW-*Buschmann*, § 21a Rn. 14; *Fitting*, § 130 Rn. 15; jew. m. w. N.

30 ABl. Nr. L 82 S. 16; vgl. dazu DKW-*Buschmann*, § 21a Rn. 18 ff.; DKW-*Trümner*, § 130 Rn. 11 ff.; *Fitting*, § 130 Rn. 16.

31 Altvater-*Dierßen*, § 1 Rn. 34; a. A. *LAG Köln* v. 11. 2. 00 u. v. 10. 3. 00, a. a. O.

(BPR), bei den obersten Dienstbehörden **Hauptpersonalräte** (HPR) gebildet (§ 55). Durch Rechtsverordnung kann bestimmt werden, dass für Auszubildende in öffentlich-rechtlichen Ausbildungsverhältnissen, Beamte im Vorbereitungsdienst und für Beschäftigte in entsprechender Berufsausbildung als Sondervertretung ein **Ausbildungspersonalrat** (APR) gebildet wird (§ 58).

- In Dienststellen, bei denen PR gebildet sind und denen i. d. R. mindestens fünf wahlberechtigte Beschäftigte angehören, die das 18. Lebensjahr noch nicht vollendet haben oder die sich in einer beruflichen Ausbildung befinden, werden als weitere Sondervertretungen nach § 59 Abs. 1 **Jugend- und Auszubildendenvertretungen** (JAV) gebildet. Das Nähere regeln die §§ 59 ff. Bestehen in den Fällen des § 5 Abs. 2 mehrere solcher Vertretungen, ist neben diesen eine **Gesamt-Jugend- und Auszubildendenvertretung** (GJAV) zu bilden (§ 66 Abs. 1–3). Bei den BPR können Bezirks-JAV, bei den HPR Haupt-JAV gebildet werden (§ 66 Abs. 4).

Die Vorschriften zur Bildung von Personalvertretungen sind **zwingend**. 21
Das Gesetz sieht jedoch keine Sanktion vor, falls mangels hinreichender Bereitschaft der wahlberechtigten und wählbaren Beschäftigten eine vorgesehene Personalvertretung nicht gebildet wird. Da dann allerdings deren Befugnisse niemand wahrnehmen kann, führt das für die betroffenen Beschäftigten zu erheblichen **Nachteilen** bei der Wahrung und Durchsetzung ihrer Interessen.

Der PR ist innerhalb der Dienststelle **Repräsentant** der Gesamtheit der 22
Beschäftigten. Er hat die Aufgabe, die Beteiligung der Beschäftigten an der Regelung des Dienstes und der Dienst- und Arbeitsverhältnisse zu verwirklichen und die Interessen der Beschäftigten zu vertreten, soweit sie von der Tätigkeit in der Dienststelle berührt werden.[32] In dieser Funktion steht er dem Leiter der Dienststelle gegenüber, der als Repräsentant des Dienstherrn und öffentlichen Arbeitgebers Partner des PR ist (vgl. § 5 Rn. 11). Für die dienststellenübergreifenden Personalvertretungen gilt dies innerhalb ihres jeweiligen Zuständigkeitsbereichs entsprechend.

Die gesetzlichen Regelungen über die Bildung der Personalvertretungen 23
beruhen auf dem **Sozialstaatsprinzip** (Art. 20 Abs. 3 GG) und folgenden **Grundrechtsverbürgungen** des GG: Schutz der Menschenwürde (Art. 1), Recht auf freie Entfaltung der Persönlichkeit (Art. 2 Abs. 1), Meinungsfreiheit (Art. 5 Abs. 1) und Berufsfreiheit (Art. 12 Abs. 1).[33] Die Personalvertretung dient der Verwirklichung der Grundrechte der Beschäftigten[34]

32 Vgl. *BVerfG* v. 26. 5. 70 – 2 BvR 311/67 –, AP Nr. 18 zu Art. 9 GG.

33 *BVerfG* v. 26. 5. 70, a. a. O., u. v. 18. 12. 85 – 1 BvR 143/83 –, NJW 86, 1601; Näheres bei *Plander*, 1995, Rn. 72 ff.

34 Vgl. *Plander*, Rn. 56 ff.

(zu den **verfassungsrechtlichen Grenzen** der Mitbestimmung vgl. vor § 68 Rn. 9 ff.).

24 Die Personalvertretungen verfügen nach h. M. ebenso wie der Betriebsrat[35] über **keine eigene Rechtspersönlichkeit** und sind grundsätzlich nicht rechtsfähig und nicht vermögensfähig.[36] Im Rahmen der Aufgaben, die ihnen durch das LPVG und andere Gesetze zugewiesen sind, können und sollen sie jedoch als Repräsentativorgane der Beschäftigten gegenüber den jeweiligen Repräsentanten des Dienstherrn und Arbeitgebers wirksame Erklärungen abgeben und mit ihnen Vereinbarungen (u. a. Dienstvereinbarungen nach § 85) schließen. Insoweit stehen den Personalvertretungen materielle Rechte zu, die sie im eigenen Namen geltend machen und nach Maßgabe der §§ 92 und 93 i. V. m. den Vorschriften des ArbGG im personalvertretungsrechtlichen Beschlussverfahren vor dem Verwaltungsgericht durchsetzen können. Der PR hat nach h. M. zwar keine generelle Rechts- und Vermögensfähigkeit und ist daher nicht wie andere Personenvereinigungen oder juristische Personen in der Lage, am allgemeinen Rechtsverkehr teilzunehmen.[37] Er kann jedoch Inhaber vermögensmäßiger Rechtspositionen sein, soweit er innerhalb des ihm vom LPVG zugewiesenen Wirkungskreises tätig wird.[38] Daraus, dass nach der Rspr. des *BAG* dem Betriebsrat wegen der durch seine Tätigkeit entstehenden (erforderlichen) Kosten aus § 40 BetrVG und entsprechend dem PR aus § 41 ein vermögensrechtlicher Anspruch auf Freistellung von den Kosten gegenüber dem Arbeitgeber erwächst,[39] ist zu schließen, dass der PR als Gremium befähigt ist, im Rahmen seines gesetzlichen Wirkungskreises in eigenem Namen Verträge mit Dritten abzuschließen. Denn der Anspruch auf Freistellung gegen die Dienststelle »in Höhe der dadurch entstandenen erforderlichen Kosten«, der abgetreten werden kann und sich dann z. B. in einen Zahlungsanspruch des Beraters oder beauftragten Rechtsanwalts verwandelt,[40] setzt eine entsprechende Verpflichtung des PR gegenüber externen Gläubigern voraus.[41] Als Folge daraus ist dem PR nicht nur eine partielle Rechtsfähigkeit im Rahmen seines Wirkungskreises im Verhältnis zu Dritten zuzubilligen, sondern

35 Vgl. *Fitting*, § 1 Rn. 194 ff. m. w. N.

36 Vgl. Altvater-*Dierßen*, § 1 Rn. 40 u. Altvater-*Kröll*, vor § 34 Rn. 3.

37 Vgl. *BGH* v. 25. 10. 12 – III ZR 266/11 –, NZA 12, 1382 = AiB 13, 385 (Rn. 11 ff. nach juris) unter Hinweis u. a. auf *BAG* v. 24. 4. 86 – 6 AZR 607/83 –, NZA 87, 100, v. 24. 10. 01 – 7 ABR 20/00 –, AP Nr. 71 zu § 40 BetrVG 1972.

38 Altvater-*Kröll*, vor § 34 Rn. 3; *BAG* v. 23. 8. 06 – 7 ABR 51/05 –, AP Nr. 12 zu § 54 BetrVG 1972 (Rn. 50) m. w. N.

39 So z. B. *BAG* v. 9. 12. 09 – 7 ABR 90/07 –, AP Nr. 96 zu § 40 BetrVG 1972.

40 Vgl. nur *BAG* v. 29. 7. 09, AP Nr. 93 zu § 40 BetrVG 1972 (Rn. 20) und v. 9. 12. 09, a. a. O., jew. m. w. N.

41 *BGH* v. 25. 10. 12, a. a. O. (Rn. 31).

er ist in seinem Wirkungskreis insoweit geschäftsfähig.[42] (zur Befugnis zum Abschluss von Geschäftsbesorgungsverträgen mit Rechtsanwälten vgl. § 41 Rn. 9 u. 15). Soweit den Personalvertretungen materielle und prozessuale Rechte übertragen sind, sind sie auch **Träger von Grundrechten** und grundrechtsgleichen Rechten.[43]

Die Personalvertretung steht dem Dienststellenleiter bei der Ausübung ihrer Funktionen als **gleichberechtigter Partner** gegenüber (vgl. § 2 Rn. 4).[44] Sie bestimmt selbstständig und **eigenverantwortlich** – d.h. ohne den Weisungen oder der Rechtsaufsicht des Dienststellenleiters zu unterliegen – darüber, wie sie ihre Geschäfte führt und die ihr obliegenden Aufgaben und Befugnisse wahrnimmt.[45] Die Unabhängigkeit und Funktionsfähigkeit der Personalvertretung als Institution wird dabei ebenso wie die ihrer Mitglieder durch verschiedene **Schutzvorschriften** gewährleistet: v.a. durch die Verbote der Behinderung, Benachteiligung und Begünstigung in § 6 und die diese Verbote konkretisierenden Spezialvorschriften des § 127 Abs. 1 u. 2 BPersVG und der Bestimmungen über die Rechtsstellung der PR-Mitglieder (§§ 43–48). 25

Während das BetrVR zum Privatrecht gehört, ist das PersVR grundsätzlich öffentliches Recht, und zwar ein **Teil des öffentlichen Dienstrechts**.[46] Eine Ausnahme gilt für die Schutzvorschriften der §§ 127 und 128 BPersVG, soweit diese Arbeitnehmer betreffen und einen arbeitsrechtlichen Bezug haben. § 127 Abs. 2 S. 2 BPersVG bleibt als arbeitsrechtliche Regelung in der Gesetzgebungskompetenz des Bundes und bindet die Länder weiter. Dies gilt auch für § 127 Abs. 1 BPersVG (besonderer Schutz von Funktionsträgern). 26

Ein wesentlicher Grund für die Zuordnung des PersVR zum öffentlichen Recht wird darin gesehen, dass die Personalvertretungen zum organisatorischen Aufbau der öffentlichen Verwaltung gehören, der öffentlich-rechtlich geordnet ist.[47] Die h.M.[48] betrachtet die Personalvertretung als **Bestandteil der Dienststelle**.[49] Zwar stehe sie intern dem Dienststellenleiter gegen- 27

---

42 *BGH* v. 25.10.12, a.a.O. (Rn. 13, 14, 16); näher dazu auch *BVerwG* v. 9.3.92 – 6 P 11.90 –, PersR 92, 243; *BAG* v. 20.10.99 – 7 ABR 25/98 –, AP Nr. 67 zu § 40 BetrVG 1972 und v. 24.10.01 – 7 ABR 20/00 –, a.a.O.; Altvater-*Kröll*, vor § 32 Rn. 3ff. m.w.N.

43 I.E. str.; vgl. Altvater-*Dierßen*, § 1 Rn. 43ff.; a.A. Lorenzen-*Hebeler*, § 1 Rn. 74; jew. m.w.N.

44 *BVerwG* v. 12.3.86 – 6 P 5.85 –, PersR 86, 116.

45 *BVerwG* v. 24.11.86 – 6 P 3.85 –, PersR 87, 84.

46 *BVerfG* v. 3.10.57 – 2 BvL 7/56 –, BVerfGE 7, 120; *GmS-OGB* v. 11.3.87 – 6/86 –, PersR 87, 263; vgl. Lorenzen-*Hebeler*, § 1 Rn. 69.

47 Vgl. *Richardi*, Einl. Rn. 80.

48 Vgl. Altvater-*Kröll*, vor § 34 Rn. 11 u. 12.

49 So z.B. *BVerwG* v. 7.12.94 – 6 P 36.93 –, PersR 95, 179.

über und sei insofern Träger eigenständiger personalvertretungsrechtlicher Rechte und Pflichten, im Übrigen aber sei sie nicht aus der Dienststelle – als von ihr rechtlich verselbstständigter Teil – ausgegliedert[50] und unterliege deshalb im Prinzip auch denselben haushaltsmäßigen Bindungen wie die Dienststelle insgesamt (vgl. § 41 Rn. 7).[51] Diese auf eine nahezu vollständige Eingliederung in den internen Verwaltungsaufbau hinauslaufende Auffassung ist jedoch mit der Funktion der Personalvertretungen, in erster Linie die Interessen der Beschäftigten wahrzunehmen, nicht vereinbar. Die Personalvertretungen haben deshalb den Charakter von Organen, die nicht Bestandteil der Verwaltung sind, sondern zum **Rechtskreis der Beschäftigten** gehören.[52] Sie üben auch keine Staatsgewalt aus (vgl. vor § 68 Rn. 11).[53]

§ 2 Aufgaben der Dienststelle, der Personalvertretung, der Gewerkschaften und der Arbeitgebervereinigungen

(1) Dienststelle und Personalvertretung arbeiten unter Beachtung der Gesetze und Tarifverträge partnerschaftlich vertrauensvoll und im Zusammenwirken mit den in der Dienststelle vertretenen Gewerkschaften und Arbeitgebervereinigungen zum Wohle der Beschäftigten und zur Erfüllung der der Dienststelle obliegenden Aufgaben zusammen.
(2) Zur Wahrnehmung der in diesem Gesetz genannten Aufgaben und Befugnisse der in der Dienststelle vertretenen Gewerkschaften ist deren Beauftragten nach Unterrichtung der Dienststelle Zugang zu der Dienststelle zu gewähren, soweit dem nicht unumgängliche Notwendigkeiten des Dienstablaufs, zwingende Sicherheitsvorschriften oder der Schutz von Dienstgeheimnissen entgegenstehen.
(3) Die Aufgaben der Gewerkschaften und der Vereinigungen der Arbeitgeber, insbesondere die Wahrnehmung der Interessen ihrer Mitglieder, werden durch dieses Gesetz nicht berührt.

Vergleichbare Vorschriften:
§ 2 Abs. 1, § 9 Abs. 1 u. 2 BPersVG; § 2 BetrVG

Inhaltsübersicht Rn.

---

50 *BVerwG* v. 15.3.95 – 6 P 23.93 –, PersR 95, 334.
51 *BVerwG* v. 24.11.86, a.a.O. [Fn. 30].
52 *v. Roetteken*, PersR 97, 233, 237.
53 So aber *BVerfG* v. 24.5.95 – 2 BvF 1/92 –, PersR 95, 483.

1. Allgemeines

Die Bestimmung trifft drei unterschiedliche Regelungen mit grundlegender Bedeutung für das Personalvertretungsrecht. Im neuen BPersVG finden sich nun in § 2 Abs. 1 die Grundsätze der Zusammenarbeit, in § 9 Abs. 1 die Stellung der Gewerkschaften und Arbeitgebervereinigungen sowie in § 9 Abs. 2 die Zutrittsbefugnisse der Gewerkschaftbeauftragten in die Dienststelle. 1

(Abs. 1) Der in Abs. 1 normierte **Grundsatz der partnerschaftlich, vertrauensvollen Zusammenarbeit** zwischen Dienststelle und Personalvertretung ist keine Beschreibung der sozialen Wirklichkeit, sondern ein Gebot des Gesetzgebers. Es handelt sich um **unmittelbar geltendes und zwingendes Recht**.[1] Der Wortlaut des Grundsatzes der vertrauensvollen Zusammenarbeit wurde ausdrücklich um »Partnerschaft« zwischen Dienststelle und Personalvertretung ergänzt. In der Gesetzesbegründung[2] wurde dazu ausgeführt, dass der Grundsatz der vertrauensvollen Zusammenarbeit um den diesen schon bisher prägenden Aspekt der »Partnerschaft« zwischen Dienststelle und Personalvertretung ergänzt werden solle. Der neue Begriff der »Partnerschaft« muss daher eine über den Begriff der »vertrauensvollen Zusammenarbeit« hinausgehende Bedeutung haben. Ziel ist es, im Rahmen gegenseitiger Verpflichtung sich »auf Augenhöhe« zu begegnen und dieses zu ermöglichen. Für die Dienststelle bedeutet dies die Verpflichtung, dem Personalrat Informationen umfassend zur Verfügung zu stellen. 1a

2. Gebot der partnerschaftlich, vertrauensvollen Zusammenarbeit

Das **Gebot** der partnerschaftlich, vertrauensvollen Zusammenarbeit richtet sich sowohl an den **Dienststellenleiter**, der als Repräsentant des Dienstherrn und öffentlichen Arbeitgebers für die Dienststelle handelt (vgl. § 5 Rn. 11 ff.), als auch an die **Personalvertretung**, die Repräsentantin der Beschäftigten der Dienststelle ist (vgl. § 1 Rn. 22). Es ändert nichts an den **unterschiedlichen Funktionen** beider Adressaten, also nichts daran, dass der Dienststellenleiter die Verantwortung für die Erfüllung der Aufgaben der Dienststelle trägt, während die Personalvertretung das gesetzlich vorgesehene Organ zur Interessenvertretung der Beschäftigten der Dienststelle ist. Aus diesen unterschiedlichen Funktionen ergeben sich jeweils **spezifische Interessen**, deren Verfolgung zu Konflikten führen kann. Für das Austragen dieser Konflikte der beiden »**Gegenspieler**«[3] schreibt das Gesetz einen **institutionellen Weg** vor. Dieser besteht in einem ständigen **Dialog** zwischen der Personalvertretung und dem Dienststellenleiter und in der Beteiligung 2

---

1 *BVerwG* v. 24.10.69 – VII P 14.68 –, PersV 70, 131.

2 LT-Drs. 15/4224, S. 84.

3 *BVerwG* v. 21.10.93 – 6 P 18.91 –, PersR 94, 165.

der Personalvertretung an Entscheidungen in innerdienstlichen, sozialen und personellen Angelegenheiten der Beschäftigten einschl. der Möglichkeit, in den Fällen der Mitbestimmung eine unabhängige Einigungsstelle zur Schlichtung anzurufen. Das Gebot der vertrauensvollen Zusammenarbeit ist ein Ausdruck der dem Gesetz zugrunde liegenden Konzeption einer **Konfliktlösung durch Kooperation.**[4]

3 **Ziele** der Zusammenarbeit sind zum einen das Wohl der Beschäftigten und zum anderen die Erfüllung der der Dienststelle obliegenden Aufgaben. Das **Wohl der Beschäftigten** besteht in der Wahrung ihrer sozialen Interessen. Die **Aufgaben der Dienststelle** sind durch deren Bindung an Gesetz und Recht vorgegeben. Ihre Erfüllung liegt im Interesse des Gemeinwohls. Beide Ziele sind **gleichrangig.**[5] Beiden Seiten ist vorgegeben, bei der Wahrnehmung der von ihnen jeweils zu verfolgenden Interessen die **Interessenlage der anderen Seite** nicht auszublenden.[6]

4 Das Gebot der partnerschaftlich, vertrauensvollen Zusammenarbeit ist ein **allgemeines Verhaltensgebot.**[7] Es soll sicherstellen, dass jede Seite es der anderen ermöglicht, die ihr obliegenden Aufgaben zu erfüllen, und dass Meinungsverschiedenheiten in den vom Gesetz vorgesehenen Formen ausgetragen werden.[8] Es verpflichtet zu Verhaltensweisen, die geeignet sind, Vertrauen beim jeweils anderen zu bilden. Zu diesen Verhaltenspflichten gehört das Gebot einer **fairen Verfahrensweise** und das Verbot jeglicher Schikane sowie die in § 68 Abs. 1 S. 5 konkretisierte jederzeitige **Gesprächsbereitschaft** (vgl. § 68 Rn. 8). Dabei stehen sich Dienststellenleiter und Personalvertretung als grundsätzlich **gleichberechtigte Partner** gegenüber.[9] Mit der Betonung der partnerschaftlichen Zusammenarbeit durch das ÄndG 2013 wird der Aspekt der Partnerschaft zwischen Dienststelle und Personalvertretung hervorgehoben.[10]

5 Das Gebot der partnerschaftlich, vertrauensvollen Zusammenarbeit verpflichtet zu gegenseitiger **Rücksichtnahme** und zu **rechtmäßigem Verhalten**. Dazu gehört die Bereitschaft, gesetzliche Verpflichtungen einzuhalten und rechtliche Grenzen zu akzeptieren. So hat der Dienststellenleiter z. B.

---

4 Altvater-*Berg*, § 2 Rn. 3; *Richardi*, Rn. 4 ff.; *BVerfG* v. 1. 3. 79 – 1 BvR 532/77, 1 BvR 533/77, 1 BvR 419/78, 1 BvL 21/78 –, AP Nr. 1 zu § 1 MitbestG.

5 Vgl. *BVerwG* v. 25. 6. 84 – 6 P 2.83 –, PersV 84, 500.

6 Vgl. Altvater-*Berg*, § 2 Rn. 5, 7.

7 *BVerwG* v. 8. 8. 12 – 6 PB 8.12 –, PersR 12, 461, v. 9. 3. 90 – 6 P 15.88 –, PersR 90, 177, v. 12. 11. 02 – 6 P 2.02 –, PersR 03, 152, u. v. 8. 8. 12 – 6 PB 8.12 –, PersR 12, 461.

8 *BVerwG* v. 26. 2. 60 – VII P 4.59 –, PersV 60, 152, v. 23. 5. 86 – 6 P 23.83 –, PersR 86, 223, u. v. 12. 11. 02, a. a. O.

9 *BVerwG* v. 12. 3. 86 – 6 P 5.85 –, PersR 86, 116.

10 LT-Drs. 15/4224, S. 84 [zu § 2].

alles in seiner Macht Stehende zu tun, um sicherzustellen, dass die Personalvertretung ihre Beteiligungsrechte wahrnehmen kann,[11] und alles zu unterlassen, was der Ausübung dieser Rechte entgegensteht. Das Gebot bindet Dienststellenleiter und Personalvertretung hinsichtlich der Art und Weise ihres gesamten personalvertretungsrechtlichen Tätigwerdens.[12] Es beinhaltet auch eine **Auslegungsregel** für die im LPVG konkret normierten Rechte und Pflichten der Dienststelle und der Personalvertretung.[13] Ihr kommt besondere Bedeutung dort zu, wo das Gesetz Spielräume für die Ausformung der Aufgaben und Befugnisse der Personalvertretung und der damit korrespondierenden Verpflichtungen der Dienststelle bietet, v.a. im Anwendungsbereich der in den §§ 68 bis 72 enthaltenen allgemeinen Vorschriften über die Beteiligung des PR.[14] Beide Partner sollen nicht gegeneinander, sondern miteinander zum Wohl der Beschäftigten und zur Erfüllung der dienstlichen Aufgaben tätig werden.

3. Beachtung der Gesetze und Tarifverträge

6 Abs. 1 schreibt Zusammenarbeit »**unter Beachtung der Gesetze und Tarifverträge**« vor. Gesetze i.S.d. Abs. 1 sind alle **Gesetze im materiellen Sinne.** Dazu gehören das Grundgesetz, die Verfassung des Landes, grundsätzlich alle Gesetze im formellen Sinne (entgegen der h.M. mit Ausnahme der Haushaltsgesetze), die Rechtsverordnungen, die öffentlich-rechtlichen Satzungen, das Verwaltungsgewohnheitsrecht, das arbeitsrechtliche Gewohnheitsrecht, das unmittelbar anzuwendende Recht der EU sowie allgemeinverbindliche Entscheidungen des Bundesverfassungsgerichts, die Gesetzeskraft haben.[15] Das Gebot zur Beachtung der Tarifverträge bezieht sich auf die für die Dienststelle maßgebenden **Tarifverträge**. Tarifverträge sind privatrechtliche Verträge zwischen Gewerkschaften einerseits und einzelnen Arbeitgebern oder Vereinigungen von Arbeitgebern andererseits, die in ihrem normativen Teil Rechtsnormen enthalten, die den Inhalt, den Abschluss und die Beendigung von Arbeitsverhältnissen sowie betriebliche und betriebsverfassungsrechtliche Fragen ordnen können.[16]

7 Abs. 1 sieht vor, dass die Zusammenarbeit von Dienststelle und Personalvertretung im **Zusammenwirken mit** den in der Dienststelle vertretenen

---

11 *BVerwG* v. 15.11.95 – 6 P 2.94 –, PersR 96, 278.

12 Vgl. i.E. Altvater-*Berg*, § 2 Rn. 9.

13 *BVerwG* v. 9.3.90 – 6 P 15.88 –, PersR 90, 177; Leuze-*Flintorp*, § 2 Rn. 4.

14 Näher dazu Altvater-*Berg*, § 2 Rn. 11.

15 Vgl. Altvater-*Berg*, § 2 Rn. 15.

16 Vgl. Altvater-*Berg*, § 2 Rn. 16ff.; wegen der Problematik der Beachtung unterschiedlicher Tarifverträge in der Dienststelle unter der Geltung des Tarifeinheitsgesetzes vgl. Altvater-*Berg*, § 12 Rn. 17a–17 d.

Gewerkschaften und Arbeitgebervereinigungen erfolgt. Für die Definition dieser Organisationen gelten grundsätzlich die für das gesamte Arbeitsrecht maßgeblichen Begriffsbestimmungen. Eine **Gewerkschaft im arbeitsrechtlichen Sinne** ist nach st. Rspr. des *BAG*[17], der das *BVerwG*[18] für das PersVR gefolgt ist, eine **tariffähige** Arbeitnehmervereinigung. Sie muss sich als satzungsgemäße Aufgabe die Wahrnehmung der Interessen ihrer Mitglieder in deren Eigenschaft als Arbeitnehmer gesetzt haben und willens sein, Tarifverträge abzuschließen. Sie muss frei gebildet, gegnerfrei, unabhängig und auf überbetrieblicher Grundlage organisiert sein und das geltende Tarifrecht als verbindlich anerkennen. Damit sie ihre Aufgabe als Tarifpartnerin sinnvoll erfüllen kann, muss sie Durchsetzungskraft gegenüber dem sozialen Gegenspieler haben und über eine leistungsfähige Organisation verfügen, aber auch[19] die Bereitschaft und Fähigkeit zum Arbeitskampf besitzen. Besonderheiten gelten jedoch für die **Vereinigungen der Beamten.** Da das gegenwärtige Recht es nach h. M. nicht zulässt, die Arbeits- und Wirtschaftsbedingungen der Beamten durch den Abschluss von Tarifverträgen zu gestalten und den Beamtenstreik verbietet, sieht die Rspr. auch solche Vereinigungen, die sich ausschließlich aus Beamten zusammensetzen und die weder tariffähig noch streikbereit sind, als Gewerkschaften i. S. d. PersVR an.[20] **Arbeitgebervereinigungen** sind freiwillige Zusammenschlüsse von einzelnen Arbeitgebern, deren Aufgabe darin besteht, die Arbeits- und Wirtschaftsbedingungen ihrer Mitglieder gegenüber den Gewerkschaften insbesondere durch die Aushandlung von Tarifverträgen zu fördern. Arbeitgebervereinigungen im Geltungsbereich des LPVG sind v. a. die Tarifgemeinschaft deutscher Länder (TdL) sowie der Kommunale Arbeitgeberverband (KAV) BW und die Vereinigung der kommunalen Arbeitgeberverbände e. V. (VKA), welcher der KAV BW als Mitglied angehört. Dagegen sind die kommunalen Landesverbände keine Arbeitgebervereinigungen, auch wenn sie nach § 90 LBG bei der Vorbereitung allgemeiner Regelungen der beamtenrechtlichen Verhältnisse mitwirken.[21] Die beteiligten Koalitionen haben nur beratende Funktionen, Weisungsrechte stehen ihnen nicht zu.

---

17 Vgl. *BAG* v. v. 22.6.21 – 1 ABR 28/20 –, NZA 22, 575, v. 14.12.04 – 1 ABR 51/03 – u. v. 28.3.06 – 1 ABR 58/04 –, AP Nr. 1 und 4 zu § 2 TVG Tariffähigkeit; v. 5.10.10 – 1 ABR 88/09 –, AiB 11, 410; *LAG Hamm* v. 23.9.11 – 10 TaBV 14/11 –, NZA-RR 12, 25.

18 *BVerwG* v. 25.7.06 – 6 P 17.05 –, PersR 06, 512; *BVerfG* v. 31.7.07 – 2 BvR 1831/06, 2 BvR 1832/06, 2 BvR 1833/06, 2 BvR 1834/06 –, AP Nr. 2 zu § 22 LPVG NW (Polizeigewerkschaft, Nichtannahmebeschluss).

19 Entgegen der Rspr. des *BAG*, vgl. Beschl. v. 9.7.68 – 1 ABR 2/67 –, AP Nr. 25 zu § 2 TVG.

20 *BVerwG* v. 23.11.62 – VII P 4.62 –, PersV 63, 159, u. v. 25.7.06, a. a. O.

21 Rooschüz-*Mausner*, § 2 Rn. 51.

Abs. 1 sieht ein Zusammenwirken mit den »**in der Dienststelle vertretenen**« Gewerkschaften und Arbeitgebervereinigungen vor. Bei Letzteren ist diese Voraussetzung erfüllt, wenn der Rechtsträger der Dienststelle als öffentlicher Arbeitgeber Mitglied der Vereinigung ist. Gewerkschaften sind in der Dienststelle i. S. d. Gesetzes vertreten, wenn sie nachweisen können, dass ihnen mindestens ein Mitglied angehört, das i. S. d. § 4 Beschäftigter der Dienststelle ist[22] und nach der Satzung nicht offensichtlich zu Unrecht als Mitglied aufgenommen worden ist. Es kommt bei einer Gewerkschaft i. S. d. Arbeitsrechts nicht darauf, ob diese für die Dienststelle tarifzuständig ist.[23] 8

Das Zusammenwirken der Dienststelle und Personalvertretung mit den Koalitionen (Gewerkschaften und Arbeitgebervereinigungen) erfolgt i. d. R. durch **getrennte Kontakte** des Dienststellenleiters mit der Arbeitgebervereinigung sowie der Personalvertretung mit den Gewerkschaften. Es bezieht sich nicht nur auf die Fälle des § 36 Abs. 3, des § 40 Abs. 1 S. 2 und des § 53, in denen das LPVG dies ausdrücklich vorsieht, sondern erstreckt sich auf den **gesamten Zuständigkeitsbereich der Personalvertretung**. Diese kann sich damit einer umfassenden **Unterstützungsfunktion der Gewerkschaften** bedienen. Verbandspolitische Interessengegensätze dürfen nicht in die Personalratsarbeit hineingetragen werden. Dies gilt auch für die Mitglieder des PR selbst. Die Gewerkschaften haben kein allgemeines Kontrollrecht über die Tätigkeit des PR, insbesondere nicht über dessen Geschäftsführung. 9

4. Zugangsrecht der Gewerkschaften

(Abs. 2) In Abs. 2 ist ausdrücklich festgelegt, dass **Beauftragte der Gewerkschaften** (vgl. Rn. 7), die in der Dienststelle vertreten sind (vgl. Rn. 8), zur Wahrnehmung ihrer im LPVG genannten Aufgaben und Befugnisse ein **Zugangsrecht zur Dienststelle** haben. Da das LPVG keine erschöpfende Aufzählung dieser Aufgaben und Befugnisse enthält, ist ein Zugangsrecht auch in im Gesetz nicht aufgeführten Fällen gegeben, wenn sie in einem »inneren Zusammenhang« mit dem LPVG stehen und an deren Lösung die in der Dienststelle vertretenen Gewerkschaften ein berechtigtes Interesse haben.[24] Dazu gehören vor allem Gespräche mit Personalratsmitgliedern, 10

---

22 *BVerwG* v. 11.2.81 – 6 P 20.80 –, PersV 82, 112.

23 *BAG* v. 10.11.04 – 7 ABR 19/04 –, AP Nr. 7 zu § 17 BetrVG, u. v. 13.3.07 – 1 ABR 24/06 –, AP Nr. 21 zu § 2 TVG Tarifzuständigkeit.

24 *BAG* v. 26.6.73 – 1 ABR 24/72 –, AP Nr. 2 zu § 2 BetrVG 1972, u. v. 17.1.89 – 1 AZR 805/87 –, PersR 89, 138; zust. Altvater-*Berg*, § 9 Rn. 36; DKW-*Berg*, § 2 Rn. 84; *Fitting*, § 2 Rn. 64; enger *Richardi*, § 2 a. F. Rn. 76; a. A. Lorenzen-*Hebeler*, § 2 a. F.Rn. 89; *Fischer/Goeres/Gronimus/Lechtermann*, § 2 Rn. 28; Leuze-*Flintorp*, § 2 Rn. 23.

nicht dagegen die Beratung von Beschäftigten oder die Kontrolle der Dienststellenleitung.

11 Das Zugangsrecht wird von **Beauftragten** ausgeübt, deren **Auswahl** allein Sache der entsendenden Gewerkschaft ist.[25] Beabsichtigt die Gewerkschaft, einen Beauftragten zu entsenden, hat sie die Dienststelle vor dem Besuch zu **unterrichten**, soweit nicht der Dienststellenleiter darauf verzichtet hat. Die bisherige Verpflichtung, den Dienststellenleiter oder dessen Vertreter zu unterrichten, ist mit dem ÄndG 2013 entfallen. Die Frage, wer den in der Dienststelle vertretenen Gewerkschaften den Zugang zur Dienststelle einräumen soll, liegt bei der jeweiligen Dienststelle. Das Zugangsrecht besteht nicht, soweit dem einer der in Abs. 2 abschließend aufgezählten **Gründe entgegensteht.** Diese sind wegen ihres Ausnahmecharakters eng auszulegen und haben kaum praktische Bedeutung. Soweit das LPVG den Gewerkschaften in den §§ 36 Abs. 3, und 53 sowie in darauf verweisenden Vorschriften **Teilnahmerechte** an Sitzungen der Personalvertretungen und an Personalversammlungen einräumt, handelt es sich um **Sonderregelungen**, aus denen sich unmittelbar auch ein Recht der zu diesen Sitzungen oder Versammlungen entsandten Gewerkschaftsbeauftragten auf ungehinderten Zutritt zur Dienststelle ergibt (vgl. § 32 Rn. 10 und § 53 Rn. 11). Die allgemeine Vorschrift des Abs. 2 mit den in ihr enthaltenen Einschränkungen ist insoweit nicht anwendbar.

5. Aufgaben der Gewerkschaften und Arbeitgeberverereinigungen

12 **(Abs. 3)** Nach **Abs. 3 werden die koalitionspolitischen Aufgaben** der Gewerkschaften und Arbeitgebervereinigungen durch das LPVG nicht berührt. Das gilt nach dem Gesetzeswortlaut insb. für die Wahrnehmung der Interessen der Mitglieder der Koalitionen. Die Vorschrift hat klarstellenden Charakter und ist v. a. für die Gewerkschaften von Bedeutung. Sie wird u. a. durch § 68 Abs. 2 S. 3 ergänzt, wonach Arbeitskämpfe tariffähiger Parteien durch das an Dienststelle und Personalvertretung gerichtete Arbeitskampfverbot nicht berührt werden (vgl. § 68 Rn. 13). Der Schutz umfasst nach der Rspr. des *BVerfG* **alle koalitionsspezifischen Verhaltensweisen.**[26] Dazu gehören v. a. das Aushandeln und der Abschluss von Tarifverträgen und ggf. die darauf abzielende Führung von Arbeitskämpfen, die Überwachung der Einhaltung der Tarifverträge, die Information, Schulung und Beratung der Mitglieder und die Vertretung ihrer auf das Arbeitsverhältnis bezogenen Interessen gegenüber dem Arbeitgeber sowie ihre Prozessvertretung. Für die Beamten gilt das entsprechend mit den durch das geltende Beamtenrecht

25 *BVerwG* v. 14.6.68 – VII P 21.66 –, PersV 68, 276.

26 Beschl. v. 14.11.95 – 1 BvR 601/92 –, PersR 96, 131.

bedingten Abweichungen (vgl. Rn. 7). Eine besonders bedeutsame koalitionsspezifische Verhaltensweise besteht in der Mitgliederwerbung in der Dienststelle durch betriebsfremde Gewerkschaftsbeauftragte.[27] Auch die Tätigkeit der **gewerkschaftlichen Vertrauensleute**, die Beschäftigte der Dienststelle sind, gehört dazu. Zur Wahrnehmung koalitionsspezifischer Aufgaben, insbesondere zur Information und Betreuung der Mitglieder und zur Durchführung von Maßnahmen der Mitgliederwerbung, haben nicht in der Dienststelle beschäftigte Gewerkschaftsbeauftragte ein allgemeines **koalitionsrechtliches Zugangsrecht** zur Dienststelle. Die dieses Recht einschränkende ältere Rspr. des *BVerfG* und des *BAG* ist überholt.[28] Eine tarifzuständige Gewerkschaft ist aufgrund ihrer verfassungsrechtlich geschützten Betätigungsfreiheit grundsätzlich berechtigt, **E-Mails zu Werbezwecken** auch ohne Einwilligung des Arbeitgebers und ohne Aufforderung durch die Arbeitnehmer an die betrieblichen E-Mail-Adressen der Beschäftigten zu versenden.[29] Der Arbeitgeber ist aber nicht verpflichtet, die Nutzung eines für dienstliche Zwecke eingerichteten E-Mail-Accounts durch die bei ihm Beschäftigten zu Zwecken des Arbeitskampfs zu dulden. Eine derartige Duldungspflicht folgt nicht aus Art. 9 Abs. 3 GG zum Schutz der individuellen Koalitionsfreiheit der Arbeitnehmer. Die Mobilisierung von Arbeitnehmern zur Streikteilnahme ist Aufgabe der jeweiligen Koalition und ihrer Mitglieder. Vom Arbeitgeber kann nicht verlangt werden, hieran durch Bereitstellung eigener Betriebsmittel mitzuwirken.[30] Das sich aus Art. 9 Abs. 3 GG ergebende koalitionsrechtliche Zugangsrecht zur Dienststelle kann im Hinblick auf die Häufigkeit, den zeitlichen Umfang und die sonstigen Modalitäten seiner Wahrnehmung nur beschränkt werden, wenn dies zum Schutz von Rechtsgütern und Gemeinwohlbelangen mit Verfassungsrang von der Sache her geboten ist. Kommt es zu einer Kollision des Zugangsrechts mit derartigen Rechtsgütern, ist zwischen den kollidierenden Verfassungsrechten praktische Konkordanz herzustellen.[31]

§ 3 Ausschluss abweichender Regelungen

Durch Tarifvertrag oder Dienstvereinbarung kann das Personalvertretungsrecht nicht abweichend von diesem Gesetz geregelt werden.

---

27 Vgl. *BVerfG* v. 14.11.95, a.a.O.

28 Vgl. *BAG* v. 28.2.06 – 1 AZR 460/04 –, AP Nr. 127 zu Art. 9 GG = PersR 06, 398 (Ls.).

29 Altvater-*Berg*, § 9 Rn. 52; *BAG* v. 20.1.09 – 1 AZR 515/08 –, AP Nr. 137 zu Art. 9 GG.

30 *BAG* v. 15.10.13 – 1 ABR 31/12 –, PersR 14, 142.

31 Altvater-*Berg*, § 9 Rn. 51.

Vergleichbare Vorschriften:
§ 3 BPersVG; § 3 BetrVG

Inhaltsübersicht Rn.

1. Allgemeines

1 Die mit § 3 BPersVG im Wesentlichen inhaltsgleiche Vorschrift (der Begriff Dienstvereinbarung ist dort nunmehr auch aufgeführt) des § 3 bestimmt, dass durch Tarifvertrag oder Dienstvereinbarung (vgl. Rn. 3) eine von den gesetzlichen Vorschriften abweichende Regelung des PersVR nicht zugelassen werden darf. Darin liegt ein bedeutsamer **Unterschied zum BetrVG.** Zum einen lässt das BetrVG zu, nach Maßgabe einzelner Vorschriften, u. a. seines § 3, durch Tarifvertrag Abweichungen von den gesetzlichen Vorschriften über die Organisation der Betriebsverfassung zu bestimmen. Zum anderen können, so das *BAG* in st. Rspr., die gesetzlichen Beteiligungsrechte des Betriebsrats zumindest in sozialen und personellen Angelegenheiten durch Tarifvertrag erweitert werden.

Das vorgegebene Verbot, das PersVR abweichend vom LPVG durch **Dienstvereinbarung** zu regeln, ist wegen der Erweiterung des Umfangs zulässiger Dienstvereinbarungen durch das ÄndG 2013 klarstellend in § 3 aufgenommen. Es bleibt allerdings dabei, dass nach § 85 Abs. 1 S. 1 und 2 Dienstvereinbarungen nur in den dort ausdrücklich aufgeführten Fällen zulässig sind (vgl. § 85 Rn. 2) oder soweit sie im LPVG selbst oder in tarifvertraglichen Vereinbarungen vorgesehen sind.

1a § 3 ist ebenso wie § 3 BPersVG **verfassungsrechtlich problematisch.**[1] Ein verfassungsrechtlicher Grund, der eine so einschneidende Beeinträchtigung der durch Art. 9 Abs. 3 GG geschützten Tarifautonomie rechtfertigen könnte, ist nicht ersichtlich.[2]

2 Die Möglichkeiten zur tarifvertraglichen Regelung personalvertretungsrechtlicher Fragen sind entgegen der h. M. durch § 3 LPVG aber **nicht gänzlich ausgeschlossen**, sondern nur eingeschränkt.[3] Verboten sind lediglich Tarifverträge, die vom LPVG abweichen, nicht aber solche, die den **gesetzlichen Rahmen nur ausfüllen**. Zulässig sind deshalb Tarifverträge, die die gesetzlichen Bestimmungen **konkretisieren**, z. B. indem sie den »erforder-

---

1 Anders aber die h. M.; vgl. u. a. Lorenzen-*Hebeler*, § 3 a. F. Rn. 8; Leuze-*Bieler*, § 3 Rn. 2a.

2 Vgl. Altvater-*Berg*, § 3 Rn. 6 m. w. N.

3 Näher dazu Altvater-*Berg*, § 3 Rn. 5; a. A. die h. M.; vgl. Rooschüz-*Mausner*, § 3 Rn. 3, 4; Leuze-*Bieler*, § 3 Rn. 6 ff. m. w. N.

lichen Umfang« des dem PR zur Verfügung zu stellenden Geschäftsbedarfs nach **§ 41 Abs. 2** näher bestimmen, indem sie die allgemeine Aufgabe des PR zur Behandlung von Beschwerden nach **§ 70 Abs. 1 Nr. 4** ausgestalten (z. B. durch die Einrichtung paritätischer betrieblicher Kommissionen nach § 17 Abs. 2 S. 4 bis 6 TVöD bzw. TV-L[4]), ferner indem sie die Informationspflichten der Dienststelle nach **§ 71 Abs. 1 S. 1 und 2** präzisieren oder indem sie die Mitbestimmungsrechte des PR bei der Verwaltung einer von den Tarifvertragsparteien geschaffenen Sozialeinrichtung nach **§ 74 Abs. 2 Nr. 6** spezifizieren. Nicht ausgeschlossen sind außerdem tarifvertragliche Bestimmungen, die **neben einer Regelung für den Inhalt der Einzelarbeitsverhältnisse** auch eine Beteiligung des PR vorsehen;[5] Beispiele dafür sind § 3 Abs. 4 S. 2 TVöD bzw. § 3 Abs. 5 S. 2 TV-L (Bestimmung eines »beauftragten Arztes«) sowie § 10 Abs. 6 TVöD bzw. TV-L (Einrichtung eines Langzeitkontos). Bei **Privatisierungen** sind lückenschließende tarifvertragliche Vereinbarungen zur Schaffung von Übergangsmandaten von Personalvertretungen möglich (vgl. § 1 Rn. 18). **Unzulässig** sind aber Tarifverträge, die die gesetzlich festgelegte Organisation der Personalvertretung ändern oder die gesetzlich vorgesehenen Beteiligungsrechte des PR erweitern oder einschränken oder neue Beteiligungsrechte schaffen.[6]

Das *BVerwG*[7] hat klargestellt, dass § 3 in der **Hierarchie der Rechtsnormen** 3
nicht über anderen Vorschriften des LPVG steht. Es sieht den Gesetzgeber deshalb als befugt an, vom **Grundsatz** des § 3 in speziellen Bestimmungen **Ausnahmen** vorzusehen, so wie dies mit einem speziellen Tarifvorbehalt hinsichtlich der Mitbestimmung bei der Ein-, Höher-, Um- oder Rückgruppierung einschließlich Stufenzuordnung sowie Verkürzung und Verlängerung der Stufenlaufzeit nach Entgeltgrundsätzen, Bestimmung der Fallgruppe innerhalb einer Entgeltgruppe in § 75 Abs. 1 Nr. 3 geschehen ist. Das *BVerwG*[8] hat dies zutreffend damit begründet, dass der Rechtsordnung vom staatlichen Gesetz **abweichende Regelungen** des Rechts der betrieblichen Interessenvertretung durch Tarifvertrag nicht fremd sind, und dabei ausdrücklich auf § 1 Abs. 1 und § 3 Abs. 2 TVG sowie § 3 BetrVG hingewiesen.

---

4 *BVerwG* v. 27. 8. 08 – 6 P 3.08 –, PersR 08, 500.

5 *BAG* v. 10. 10. 06 – 1 AZR 822/05 –, PersR 07, 209.

6 *BAG* v. 20. 3. 74 – 4 AZR 266/73 –, AP Nr. 2 zu § 29 MTB II, v. 15. 7. 86 – 1 AZR 654/84 –, AP Nr. 1 zu Art. 3 LPVG Bayern, u. v. 10. 10. 06, a. a. O.; ferner *BVerwG* v. 27. 8. 08 – 6 P 3.08 –, PersR 08, 500: keine »Definitionshoheit« der Tarifvertragsparteien über die Mitbestimmungstatbestände.

7 *BVerwG* v. 13. 10. 09 – 6 P 15.08 –, PersR 09, 501.

8 *BVerwG* v. 13. 10. 09, a. a. O.

2. Sinn und Zweck der Regelung

4 Die **Organisation wie die Beteiligungsrechte** der Personalvertretung dürfen **nicht abgeändert** werden, weder einengend noch ausdehnend. Für alle Dienststellen und für alle Beschäftigten soll das gleiche Personalvertretungsrecht gelten. Diese Einheitlichkeit wäre gestört, wenn die Bestimmungen des LPVG zur Disposition stünden und für einzelne Dienststellen abweichende Regelungen gälten. Wäre das Personalvertretungsrecht durch Tarifvertrag abänderbar, erfassten die abändernden Regelungen zudem nicht die Beamtinnen und Beamten, da sie von Tarifverträgen nicht erfasst werden.

3. Streitigkeiten

5 Ein Streit, ob ein Tarifvertrag in unzulässiger Weise einen personalvertretungsrechtlichen Gegenstand des LPVG regelt, ist nach § 2 Abs. 1 Nr. 1 ArbGG von den **Arbeitsgerichten** zu entscheiden. Über die Gültigkeit einer Dienstvereinbarung im Hinblick auf § 3 entscheiden die Verwaltungsgerichte nach § 92 Abs. 1 Nr. 4.

§ 4 Beschäftigte, Gruppen

(1) [1]Beschäftigte im Sinne dieses Gesetzes sind Personen, die
1. weisungsgebunden in die Arbeitsorganisation der Dienststelle eingegliedert und innerhalb dieser tätig sind oder arbeitnehmerähnliche Personen im Sinne von § 12a des Tarifvertragsgesetzes sind,
2. sich in der Ausbildung für eine Beamtenlaufbahn oder in sonstiger beruflicher Ausbildung befinden,

unabhängig davon, ob sie in einem Dienst-, Arbeits- oder Ausbildungsverhältnis mit einer juristischen Person nach § 1 stehen. [2]Beschäftigte sind auch Personen, die unter Fortsetzung eines bestehenden unmittelbaren Dienst- oder Arbeitsverhältnisses zur Dienststelle nach beamtenrechtlichen oder tariflichen Vorschriften zu einer anderen Stelle abgeordnet oder dieser zugewiesen sind oder dort ihre geschuldete Arbeitsleistung erbringen.

(2) Als Beschäftigte im Sinne dieses Gesetzes gelten nicht
1. Personen in einem öffentlich-rechtlichen Amtsverhältnis,
2. Richter sowie Staatsanwälte, es sei denn
   a) die Richter auf Lebenszeit oder Staatsanwälte auf Lebenszeit sind an eine andere Dienststelle als ein Gericht oder eine Staatsanwaltschaft abgeordnet,
   b) die Richter auf Probe oder die Richter kraft Auftrags sind einer anderen Dienststelle als einem Gericht oder einer Staatsanwaltschaft zur Verwendung zugewiesen,

3. **Personen, die ehrenamtlich tätig sind, es sei denn, sie stehen in einem Ehrenbeamtenverhältnis,**
4. **Personen, die vorwiegend zu ihrer Heilung, Wiedereingewöhnung oder Erziehung beschäftigt werden,**
5. **Personen, die in der Dienststelle auf der Grundlage von Werk-, Werklieferungs- oder Geschäftsbesorgungsverträgen tätig sind; Absatz 1 Satz 1 Nummer 1 bleibt unberührt.**

(3) [1]Unter den Beschäftigten bilden die Beamten im Sinne der Beamtengesetze eine Gruppe. [2]Als Beamte im Sinne dieses Gesetzes gelten auch Personen, die sich, ohne in ein Beamtenverhältnis berufen zu sein, in der Ausbildung für eine Beamtenlaufbahn in einem öffentlich-rechtlichen Ausbildungsverhältnis befinden oder als Richter oder Staatsanwälte nach Absatz 2 Nummer 2 verwendet werden.

(4) [1]Die übrigen Beschäftigten bilden die Gruppe der Arbeitnehmer. [2]Die dieser Gruppe angehörenden Beschäftigten gelten als Arbeitnehmer im Sinne dieses Gesetzes.

Vergleichbare Vorschriften:
§ 4 Abs. 1 Nr. 1, 3, 5, § 4 Abs. 2 und 5 BPersVG; § 5 BetrVG

Inhaltsübersicht Rn.

1. Allgemeines

Die Vorschrift definiert den Kreis der Beschäftigten und legt damit den **persönlichen Geltungsbereich** des LPVG fest. Bereits mit dem **LPersVR-ÄndG 2005** hat der Landesgesetzgeber die bisherige Gliederung der Beschäftigten in die drei Gruppen Beamte, Angestellte und Arbeiter durch die Aufteilung in die zwei personalvertretungsrechtlichen Gruppen **Beamte und Arbeit-** 1

nehmer abgelöst (wegen der Einzelheiten vgl. die Kommentierung in der Vorauflage zu §§ 5–7).

2. Erweiterter Beschäftigtenbegriff

2 Mit dem ÄndG 2013 hat der Gesetzgeber den Beschäftigtenbegriff grundlegend umgestaltet. Beschäftigte i. S. d. Gesetzes sind nunmehr alle Personen, die **weisungsgebunden** in die Arbeitsorganisation der Dienststelle **eingegliedert** und **innerhalb dieser tätig** sind, oder dort ausgebildet werden, unabhängig vom formalen Bestehen eines Dienst-, Arbeits- oder Ausbildungsverhältnisses. Beschäftigte der Dienststelle bleiben nach Abs. 1 S. 2 nunmehr auch Personen, deren Dienst- oder Arbeitsverhältnis zur Dienststelle noch besteht, die aber durch Abordnung, Zuweisung oder Personalgestellung (§ 4 Abs. 3 TVöD)[1] außerhalb der Dienststelle eingesetzt werden.

Grundsätzlich sind alle Personen, die weisungsabhängig von der Dienststellenleitung in der Dienststelle arbeiten, **ohne Rücksicht auf die Art des Rechtsverhältnisses** Beschäftigte in der Dienststelle. Sie können damit den Personalrat mitwählen. Ihre Interessen werden vom PR nunmehr gesetzlich abgesichert vertreten. Mit dem Weisungs- oder Direktionsrecht der Dienststelle korrespondieren im Allgemeinen Fürsorge- und Schutzpflichten, beispielsweise im Bereich des Arbeitsschutzes, deren Einhaltung der PR zu überwachen hat. Deshalb ist es gerechtfertigt, den Beschäftigtenbegriff umfassender als bisher zu bestimmen. Außerdem wird mit dem erweiterten Beschäftigtenbegriff die Vielfalt heutiger Beschäftigungsverhältnisse erfasst. Entscheidend ist weniger die Art der rechtlichen Bindung an die Dienststelle, mehr die tatsächliche Eingliederung in die Dienststelle.

Mit der grundsätzlichen **Neubestimmung des Beschäftigtenbegriffs** hat der Gesetzgeber in Abs. 1 S. 2 ausdrücklich den Umstand berücksichtigt, dass gelegentlich Beschäftigte zwar noch dienst- oder arbeitsvertraglich einer Dienststelle zuzurechnen sind, sie aber aufgrund beamtenrechtlicher oder tarifvertraglicher Vorschriften im Wege der Abordnung, Zuweisung oder Personalgestellung tatsächlich bei einer anderen Stelle eingesetzt sind, beispielsweise in Jobcentern. Nach der Regelung des § 11 Abs. 2 a. F. hatten diese Beschäftigten nach drei Monaten ihre Wahlberechtigung bei ihrer (Stamm-)Dienststelle verloren, ihr Band zu ihrer Dienststelle war zerschnitten. Da diese Beschäftigten aber zumindest formal ihrer Stammdienststelle

---

1 Das *BAG* hat die umstrittene Privilegierung der Personalgestellung nach § 4 Abs. 3 TVöD dem *EuGH* zur Prüfung vorgelegt, ob die Regelung oder inhaltsgleiche Regelungen in den Tarifverträgen des öffentlichen Dienstes des Bundes und der Länder Arbeitnehmerüberlassung i. S. d. RL 2008/104/EG ist und damit grundsätzlich in ihren Anwendungsbereich fällt; *BAG*, Vorlagebeschluss v. 16. 6. 21 – 6 AZR 390/20 A –, NZA 21, 1269.

verbunden bleiben und diese gewisse personelle Maßnahmen ihnen gegenüber trifft, gelten sie nunmehr personalvertretungsrechtlich weiterhin auch noch als Beschäftigte ihrer Stammdienststelle.[2]

Vom Beschäftigtenbegriff nach **Abs. 1** werden somit insbesondere erfasst: 3

- Personen i. S. v. § 12a des Tarifvertragsgesetzes, weil sie bei Erfüllung ihres Vertrags arbeitnehmerähnlich in der Dienststelle eingesetzt werden,
- Personen in Leiharbeitsverhältnissen nach dem AÜG und Personen, die aufgrund eines Gestellungsvertrages in der Dienststelle tätig sind oder ausgebildet werden,
- Personen, die im Rahmen von Arbeitsbeschaffungsmaßnahmen in der Dienststelle eingesetzt werden, soweit die Maßnahme vor dem 31.3.12 bewillig worden ist,
- erwerbsfähige Arbeitsuchende, die in der Dienststelle eine Arbeitsgelegenheit nach § 16d des SGB II wahrnehmen (MAE-Kräfte; sog. Ein-Euro-Jobs),
- geringfügig Beschäftigte, Vertretungen, Aushilfen, Praktikanten, Volontäre,
- Telearbeiter, d. h. Personen, die gelegentlich oder regelmäßig ihre Tätigkeit außerhalb der Dienststelle ausüben,
- Ehrenbeamte nach § 91 LBG und der zugrundeliegenden Rechtsvorschriften, z. B. ehrenamtliche Bürgermeister, ehrenamtliche Amtsverweser und ehrenamtliche Ortsvorsteher,
- Personen in Freiwilligendiensten, z. B. die einen Dienst nach dem Bundesfreiwilligendienstgesetz vom 28.4.11[3] leisten oder nach dem Jugendfreiwilligendienstegesetz vom 16.5.08[4] ein freiwilliges soziales oder ökologisches Jahr absolvieren.[5]

Voraussetzung für die Eigenschaft als Beschäftigter bleibt die **Zugehörigkeit** 4
zu einer Dienststelle. Das ergibt sich daraus, dass diese die Organisationseinheit ist, in welcher der PR als Repräsentant der in ihr Beschäftigten gebildet wird (vgl. § 5 Rn. 1). Eine Person kann aber nunmehr **Beschäftigte mehrerer Dienststellen** sein, wobei unerheblich ist, ob sie dabei aufgrund ihres jeweiligen Status verschiedenen Gruppen zugeordnet ist oder ob es sich um Dienststellen verschiedener Rechtsträger handelt.[6] Die Vorschrift ist **zwingend** und abschließend, soweit das LPVG keine abweichenden Regelungen trifft (vgl. § 99 Abs. 1 u. § 107).

---

2 LT-Dr. 15/4224, S. 84, 85 [zu § 4].

3 BGBl. I, S. 687.

4 BGBl. I, S. 842.

5 LT-Dr. 15/224, S. 84–86 [zu § 4].

6 Vgl. *OVG HB* v. 23.8.88 – PV-B 1/88 –, PersV 90, 265.

3. Oberbegriff

5 **(Abs. 1)** Der **Oberbegriff »Beschäftigte«** umfasst grundsätzlich alle Personen, die persönlich in eine Dienststelle eingegliedert sind und durch ihre Tätigkeit an der Erfüllung der Aufgaben der Dienststelle mitwirken oder sich im Rahmen einer Berufsausbildung auf eine solche Mitwirkung vorbereiten.[7] Auch die **Beamten** mit Ausnahme der Staatsanwälte gehören zum Kreis der Beschäftigten (vgl. Rn. 25 ff. u. 33 ff.).

6 Zu den Beschäftigten gehört, von Ausnahmen abgesehen, auch der Dienststellenleiter (vgl. § 5 Rn. 16). I. d. R. liegen die **rechtliche Zugehörigkeit** zur Dienststelle und die durch die **tatsächliche Beschäftigung** bewirkte Eingliederung in die Dienststelle gleichzeitig vor. Von einer Eingliederung ist regelmäßig auszugehen, wenn Daueraufgaben der Dienststelle wahrgenommen werden, es sich insbesondere ihrer Art und Zielsetzung nach um Aufgaben handelt, die auch den bereits in der Dienststelle tätigen Beschäftigten obliegen.

7 Die Beschäftigteneigenschaft kann auch dann gegeben sein, wenn nur eines der beiden vorgenannten Merkmale vorliegt. Die rechtliche Zugehörigkeit zur Dienststelle reicht z. B. aus, wenn ein Beamter oder ein Arbeitnehmer unter Wegfall der Bezüge längere Zeit **beurlaubt** ist oder die **Elternzeit** (§§ 15 ff. BEEG bzw. §§ 40 ff. AzUVO) in Anspruch nimmt, er zu einer anderen Dienststelle **abgeordnet** oder einer anderen Einrichtung **zugewiesen** ist, oder wenn ein Auszubildender während der Ausbildungszeit **teilweise in einem Privatunternehmen ausgebildet** wird. Das gilt auch dann, wenn er dadurch seine Wählbarkeit in der (alten) Dienststelle verliert. Andererseits reicht die tatsächliche Beschäftigung aus, wenn die zur Berufung in das Beamtenverhältnis erforderliche **Ernennung nichtig oder rücknehmbar** ist (vgl. Rn. 26) oder wenn lediglich ein **faktisches Arbeitsverhältnis** vorliegt (vgl. Rn. 22).

4. Arbeitnehmer

7a Beschäftigte, die in einem privatrechtlichen Arbeitsverhältnis zum Rechtsträger der Dienststelle stehen (Arbeitnehmer i. S. d. Arbeitsrechts), sind immer **weisungsgebunden** in die Arbeitsorganisation der Dienststelle eingegliedert und innerhalb dieser tätig. Darüber hinaus sind aber auch Arbeitnehmer eines anderen Arbeitsgebers, soweit sie weisungsgebunden in der Dienststelle eingegliedert und tätig sind, also wie die Arbeitnehmer der Dienststelle Arbeitsleistungen in der Dienststelle erbringen, Beschäftigte i. S. d. LPVG (vgl. Rn. 11 ff.).

---

7 Vgl. *GmS-OGB* v. 11. 3. 87 – 6/86 –, PersR 87, 263.

Arbeitnehmer sind aufgrund eines Arbeitsvertrages im Dienste eines anderen (des Arbeitgebers) zur **Leistung fremdbestimmter Arbeit** in persönlicher Abhängigkeit verpflichtet. Arbeitnehmer ist, wer aufgrund eines privatrechtlichen Vertrages im Dienste eines anderen zur Leistung weisungsgebundener, fremdbestimmter Arbeit in persönlicher Abhängigkeit verpflichtet ist (§ 611a BGB).[8] Das Weisungsrecht kann Inhalt, Durchführung, Zeit, Dauer und Ort der Tätigkeit betreffen. Arbeitnehmer ist derjenige Mitarbeiter, der nicht im Wesentlichen frei seine Tätigkeit gestalten und seine Arbeitszeit bestimmen kann[9] (vgl. § 84 Abs. 1 S. 2 u. Abs. 2 HGB); der Grad der persönlichen Abhängigkeit hängt dabei auch von der Eigenart der jeweiligen Tätigkeit ab. Ausreichend ist auch ein noch nicht rechtlich bestehendes oder unwirksames Dienst- oder Arbeitsverhältnis, wenn eine Eingliederung in einer Dienststelle und eine tatsächliche Aufgabenerfüllung vorliegen (sog. faktisches Arbeitsverhältnis).[10] 8

Arbeitnehmer i. S. d. LPVG sind auch diejenigen Beschäftigten, die nach der **Dienstordnung** Arbeitnehmer sind. Bei diesen sog. **DO-Angestellten** handelt es sich insbesondere um Beschäftigte von Berufsgenossenschaften sowie Orts- und Innungskrankenkassen, deren Dienstverhältnis auf einem privatrechtlichen Arbeitsvertrag beruht, aber durch eine vom Versicherungsträger als autonomes Satzungsrecht erlassene, inhaltlich weitgehend dem Beamtenrecht entsprechende Dienstordnung ausgestaltet ist (§§ 144 ff. SGB VII bzw. §§ 351 ff. RVO).[11] Nach § 358 RVO dürfen seit dem 1. 1. 1993 keine Verträge mehr mit Angestellten abgeschlossen werden, die der Dienstordnung unterstehen sollen, es sei denn, der Angestellte unterstand am 31. 12. 1992 bereits einer Dienstordnung. Damit laufen diese beamtenrechtsähnlichen Arbeitsverhältnisse in Zukunft aus. 8a

Vom **freien Dienstverhältnis** unterscheidet sich das Arbeitsverhältnis durch den Grad der persönlichen Abhängigkeit, in welchem der zur Dienstleistung Verpflichtete jeweils zum Dienstberechtigten steht. Demnach ist Arbeitnehmer, wer seine Dienste (Arbeit) gegenüber einem Dritten (Arbeitgeber) im Rahmen der von diesem Dritten bestimmten Arbeitsorganisation erbringt. Dabei wird die Eingliederung in die Arbeitsorganisation der Dienststelle besonders dadurch deutlich, dass der Arbeitnehmer hinsichtlich Art, Zeit 9

---

8 S. auch *BAG* v. 15. 2. 12 – 10 AZR 301/10 –, NZA 12, 731 = PersR 12, 280 (Ls.) Rn. 13; v. 14. 3. 07 – 5 AZR 499/06 –, AP Nr. 13 zu § 611 BGB Arbeitnehmerähnlichkeit = PersR 07, 450 (red. Ls.), Rn. 13 m. w. N.; *Klimpe-Auerbach*, PersR 6/17, 51.

9 *BAG* v. 29. 8. 12 – 10 AZR 499/11 –, NZA 12, 1433 Rn. 15; v. 15. 2. 12 – 10 AZR 301/10 –, NZA 12, 731 = PersR 12, 280 (Ls.) Rn. 13; v. 25. 5. 05 – 5 AZR 347/04 –, AP Nr. 117 zu § 611 BGB Abhängigkeit zu I der Gründe m. w. N.

10 *OVG NW* v. 13. 12. 00, PersR 01, 386.

11 Vgl. Altvater-*Noll*, § 4 Rn. 15.

und Ort der Ausführung der übernommenen Arbeit einem umfassenden Weisungsrecht des Arbeitgebers unterliegt.[12]

10 Für die Arbeitnehmereigenschaft sind der Umfang der wöchentlichen oder täglichen **Arbeitszeit** und die Höhe des **Arbeitsentgelts** unerheblich.[13] Deshalb sind auch **Teilzeitkräfte, Abrufkräfte** und **geringfügig Beschäftigte** i. S. d. § 8 Abs. 1 SGB IV Beschäftigte i. S. d. LPVG.[14] Auch auf die **Dauer** des Arbeitsverhältnisses kommt es nicht an. Deshalb sind auch Arbeitnehmer in einem **befristeten** Arbeitsverhältnis mit dem Tag der Arbeitsaufnahme Beschäftigte.[15] Mit der Abschaffung der Arbeitsgelegenheiten in der Entgeltvariante und des Beschäftigungszuschusses durch das Gesetz zur Verbesserung der Eingliederungschancen am Arbeitsmarkt ist als Folgeinstrument die Förderung von Arbeitsverhältnissen (FAV) nach § 16e SGB II geschaffen worden. Danach können gem. § 16e Abs. 3 SGB II unter bestimmten Voraussetzungen über 18 Jahre alte langzeitarbeitslose Menschen auch einem öffentlichen Arbeitgeber zugewiesen werden. Sie sind Beschäftigte der Dienststelle.[16] Ebenfalls sind sog. MAE-Kräfte i. S. d. § 16d Abs. 1 u. 7 SGB II (früher: Ein-Euro-Jobber) Beschäftigte i. S. d. LPVG (vgl. Rn. 23).[17] **Werkstudenten**, die weisungsabhängige Tätigkeiten in der Dienststellenorganisation erbringen, sind ebenfalls Arbeitnehmer i. S. d. allgemeinen Arbeitnehmerbegriffs.[18] Da für die Zugehörigkeit zur Dienststelle nicht das Tätigwerden in deren Räumlichkeiten, sondern die Eingliederung in ihre Arbeitsorganisation entscheidend ist, gehören zu den Beschäftigten auch im **Außendienst** eingesetzte Arbeitnehmer[19] sowie **Telebeschäftigte**, die z. B. in ihrer Wohnung oder in einem Satellitenbüro unter Einsatz neuer Informations- und Kommunikationstechniken im Online- oder Offlinebetrieb für die Dienststelle tätig sind; Letzteres ergibt sich auch aus der allgemeinen Aufgabe des PR gem. § 70 Abs. 1 Nr. 9 (vgl. § 70 Rn. 29). Unter Heimarbeit ist nach § 2 Abs. 1 HAG das Erbringen der Arbeitsleistung in eigener Arbeitsstätte, insbesondere in eigener Wohnung zu verstehen. Fernarbeit

---

12 Vgl. *BAG* v. 29. 1. 92 – 7 ABR 27/91 –, AP Nr. 1 zu § 7 BetrVG 1972, u. v. 11. 11. 08 – 1 ABR 68/07 –, AP Nr. 127 zu § 99 BetrVG 1972; *BVerwG* v. 18. 6. 02 – 6 P 12.01 –, PersR 02, 467, u. v. 8. 1. 03 – 6 P 8.02 –, PersR 04, 148; Altvater-*Noll,* § 4 Rn. 8.

13 So im Grundsatz auch *BVerwG* v. 25. 9. 95 – 6 P 44.93 –, PersR 96, 147.

14 *BVerwG* v. 3. 2. 93 – 6 P 28.91 –, PersR 93, 260, u. v. 25. 9. 95, a. a. O.

15 A. A. *BVerwG* v. 25. 9. 95, a. a. O., für Tätigkeiten von nicht mehr als zwei Monaten.

16 Vgl. zum früheren § 19 BSHG: *BVerwG* v. 26. 1. 00 – 6 P 2.99 –, PersR 00, 243; früher auch Arbeitsgelegenheiten in einem sozialversicherungspflichtigen Beschäftigungsverhältnis (Entgeltvariante).

17 *BVerwG* v. 2. 5. 14 – 6 PB 11.13 –, juris; v. 21. 3. 07 – 6 P 4. 06 –, PersR 07, 301.

18 *BAG* v. 11. 11. 08 – 1 ABR 68/07 –, AP Nr. 127 zu § 99 BetrVG 1972.

19 Vgl. *BAG* v. 29. 1. 92 – 7 ABR 27/91 –, AP Nr. 1 zu § 7 BetrVG 1972.

(Telearbeit) bedeutet eine auf Programm gesteuerte Arbeitsmittel gestützte Tätigkeit an einem vom Arbeitgeber getrennten, aber mit ihm durch elektronische Kommunikationsmittel verbundenen Arbeitsplatz.

Die Regelung in § 4 Abs. 2 LPVG a. F., die den Kreis der Beschäftigten durch Personen erweiterte, die zwar in der Dienststelle weisungsgebunden beschäftigt waren, jedoch nicht in einem unmittelbaren Dienstverhältnis zu einer Körperschaft i. S. d. § 1, d. h. zum jeweiligen Rechtsträger der Dienststelle, standen, konnte entfallen, da das Gesetz jetzt allgemein nicht auf das Rechtsverhältnis, sondern auf die weisungsgebundene Eingliederung abstellt. Deshalb sind die aufgrund eines Gestellungsvertrages eingesetzten Krankenschwestern/Krankenpfleger und Kinderkrankenschwestern/Kinderkrankenpfleger ebenso wie die im Kirchendienst stehenden Religionslehrer an Schulen Beschäftigte der jeweiligen Dienststelle. (Kinder-)Krankenpflegeschülerinnen und -schüler, die aufgrund eines Gestellungsvertrages zu ihrer Ausbildung in der Dienststelle beschäftigt sind, werden von § 4 Abs. 1 Nr. 2 ebenfalls umfasst. 11

Leiharbeitnehmer, die im Rahmen eines **unechten Leiharbeitsverhältnisses** von einem privaten Arbeitgeber (als Verleiher) »im Rahmen seiner wirtschaftlichen Tätigkeit« gem. § 1 Abs. 1 S. 1 AÜG (vgl. § 87 Rn. 20 ff.) einem Dritten (als Entleiher) zur Arbeitsleistung überlassen werden, bleiben nach § 14 Abs. 1 AÜG auch während der Zeit ihrer Arbeitsleistung bei dem Entleiher Angehörige des entsendenden Betriebes des Verleihers. Während der Zeit ihrer Überlassung sind sie aber weisungsgebunden im aufnehmenden Betrieb bzw. in der aufnehmenden Dienststelle des entleihenden Unternehmens bzw. des entleihenden Trägers der Dienststelle tätig.[20] Weil bei Leiharbeitnehmern die Arbeitgeberfunktion v. a. in der Weise aufgespalten ist, dass dem Entleiher das Weisungsrecht hinsichtlich der Ausführung der Arbeitsleistung zusteht und der Verleiher für die Zahlung der Vergütung und die Erfüllung der sozialversicherungs- und steuerrechtlichen Pflichten einzustehen hat, sind sie für die Dauer der Überlassung in die Organisation der Dienststelle eingegliedert und sind demnach Beschäftigte der Dienststelle, die nach Abs. 4 personalvertretungsrechtlich der Gruppe der Arbeitnehmer zugeordnet sind. Auch Leiharbeitnehmer, die im Rahmen eines **echten Leiharbeitsverhältnisses** vom Inhaber eines Betriebes privaten Rechts nicht »im Rahmen seiner wirtschaftlichen Tätigkeit« an den Träger der Dienststelle »verliehen« werden, sind aus den gleichen Gründen wie unechte Leih- 12

---

20 Zum BetrVG wie hier u. a. DKW-*Trümner*, § 5 Rn. 90; *Fitting*, § 5 Rn. 262 ff.; a. A. (nur teilweise Eingliederung) *BAG* v. v. 24. 8. 16 – 7 ABR 2/15 –, NZA 17, 269; zum PersVR wie hier *VG Frankfurt a. M.* v. 3. 11. 08 – 23 K 1568/08. F.PV –, PersR 09, 84, u. *HessVGH* v. 18. 11. 10 – 22 A 959/10.PV –, PersR 11, 85; *Boemke*, PersV 04, 404; *Klimpe-Auerbach*, PersR 10, 437; Altvater-*Noll*, § 4 Rn. 20 m. w. N.; Leuze-*Isenburg*, § 4 Rn. 9.

arbeitnehmer Beschäftigte der Entleiher-Dienststelle.[21] Die im Rahmen von Arbeitnehmerüberlassungs- oder Gestellungsverträgen in der Dienststelle eingestzten Personen sind während der Überlassungszeit Beschäftigte der Dienststelle. Sie stehen in unmittelbaren bzw. in mittelbaren dienst- oder arbeitsrechtlichen Beziehungen zur Dienststelle und sind dort in den Dienstbetrieb eingegliedert. Die dienst- oder arbeitsrechtlichen Weisungsbefugnisse sind während des Überlassungszeitraums der Dienststelle zugeordnet.

13 Arbeitnehmer eines anderen – privaten oder öffentlichen – Arbeitgebers, die nur nach dessen Weisungen zur Ausführung eines mit dem Träger der Dienststelle vereinbarten Dienst- oder Werkvertrages in der Dienststelle eingesetzt werden, sind bei einem solchen **Fremdfirmeneinsatz** lediglich **Erfüllungsgehilfen** (§ 278 BGB) ihres Arbeitgebers und keine Beschäftigten i. S. d. LPVG.[22] Etwas anderes gilt dann, wenn ein **Schein-Dienstvertrag** bzw. **Schein-Werkvertrag** deshalb vorliegt, weil die dabei eingesetzten Personen so in die Arbeitsorganisation der Dienststelle eingegliedert sind, dass der Dienststellenleiter die für den Arbeitseinsatz typischen Arbeitgeberentscheidungen trifft.

5. Arbeitnehmerähnliche Beschäftigte

14 Mit dem ÄndG 2013 wurden die **arbeitnehmerähnlichen Personen** i. S. v. **§ 12a TVG** in den Kreis der Beschäftigten einbezogen. Arbeitnehmerähnliche Personen sind keine Arbeitnehmer i. S. d. Arbeitsrechts, sondern werden aufgrund eines sog. freien Dienst- oder Werkvertrages tätig (**freie Mitarbeiter**).[23] Sie sind aber wirtschaftlich vom Auftraggeber abhängig und vergleichbar einem Arbeitnehmer sozial schutzbedürftig.

15 Ein Arbeitsverhältnis unterscheidet sich von dem Rechtsverhältnis eines Selbstständigen maßgeblich durch den **Grad der persönlichen Abhängigkeit**.[24] Für die Beantwortung der Frage, welches Rechtsverhältnis im konkreten Fall vorliegt, kommt es auf eine Gesamtwürdigung aller maßgebenden Umstände des **Einzelfalls** an. Der jeweilige Vertragstyp ergibt sich aus dem wirklichen Geschäftsinhalt. Die zwingenden gesetzlichen Regelungen für Arbeitsverhältnisse können nicht dadurch abbedungen werden, dass

---

21 Zum BetrVG wie hier DKW-*Trümner*, § 5 Rn. 95 ff.; *Fitting*, § 5 Rn. 234 a ff.; *BAG* v. 13. 3. 13 – 7 ABR 69/11 –, NZA 13, 789 – unter Aufgabe seiner entgegenstehenden Rspr., u. a. v. 10. 3. 04 – 7 ABR 49/03 –, AP Nr. 11 zu § 9 BetrVG 1972; zum PersVR wie hier *Boemke*, a. a. O.; Altvater-*Noll*, § 4 Rn. 21 m. w. N.; a. A. Leuze-*Isenburg*, § 4 Rn. 9.

22 Vgl. *NdsOVG* v. 15. 9. 93 – 18 L 1684/92 –, PersR 94, 469; *BAG* v. 18. 10. 94 – 1 ABR 9/94 –, PersR 95, 269; *BVerwG* v. 8. 1. 03 – 6 P 8.02 –, PersR 04, 148.

23 *BAG* v. 25. 9. 13 – 10 AZR 282/12 –, NZA 13, 1348.

24 *BGH* v. 25. 6. 02 – X ZR 83/00 –, NZA 02, 1086 zu I 2b aa der Gründe.

die Parteien ihrem Arbeitsverhältnis eine andere Bezeichnung geben. Der objektive Geschäftsinhalt ist den ausdrücklich getroffenen Vereinbarungen und der praktischen Durchführung des Vertrages zu entnehmen. Widersprechen sich Vereinbarung und tatsächliche Durchführung, ist Letztere maßgebend.[25]

Für die Abgrenzung des Werkvertrages zum Dienstvertrag ist maßgebend, **16** ob ein **bestimmtes Arbeitsergebnis** bzw. ein **bestimmter Arbeitserfolg** (dann Werkvertrag) oder nur eine **bestimmte Dienstleistung** als solche (dann Dienstvertrag) geschuldet wird.[26]

Liegt ein **Dienstvertrag über Unterrichtstätigkeiten** vor, kommt es ent- **17** scheidend darauf an, wie intensiv die Lehrkraft in den Unterrichtsbetrieb eingebunden ist, in welchem Umfang sie den Unterrichtsinhalt, die Art und Weise der Unterrichtserteilung, ihre Arbeitszeit und die sonstigen Umstände der Dienstleistung mitgestaltet und inwieweit sie zu Nebenarbeiten herangezogen werden kann. Wer an einer allgemeinbildenden Schule unterrichtet, ist i. d. R. Arbeitnehmer, auch wenn er seinen Beruf nebenberuflich ausübt. Dagegen könnten etwa bei Volkshochschuldozenten, die außerhalb schulischer Lehrgänge unterrichten, oder Lehrkräften, die nur Zusatzunterricht erteilen, freie Mitarbeitsverhältnisse angenommen werden.[27]

Durch einen **Werkvertrag** wird der Unternehmer zur Herstellung des ver- **18** sprochenen Werks und der Besteller zur Entrichtung der vereinbarten Vergütung verpflichtet (§ 631 Abs. 1 BGB). Gegenstand eines Werkvertrages können sowohl die Herstellung oder Veränderung einer Sache als auch ein anderer durch Arbeit oder Dienstleistung herbeizuführender Erfolg sein (§ 631 Abs. 2 BGB). Der Werkunternehmer ist selbstständig. Er organisiert die für die Erreichung eines wirtschaftlichen Erfolgs notwendigen Handlungen nach eigenen betrieblichen Voraussetzungen und ist für die Herstellung des geschuldeten Werks gegenüber dem Besteller verantwortlich.[28]

Legen die Parteien die zu erledigende Aufgabe und den Umfang der Arbeiten konkret fest, kann das für das Vorliegen eines Werkvertrages sprechen.[29] Fehlt es dagegen an einem abgrenzbaren, dem Auftragnehmer als eigene Leistung zurechenbaren und abnahmefähigen Werk, kommt ein Werkvertrag kaum in Betracht, weil der »Auftraggeber« durch weitere Weisungen

---

25 *BAG* v. 25. 9. 13 – 10 AZR 282/12 –, NZA 13, 1348; v. 20. 5. 09 – 5 AZR 31/08 –, AP Nr. 16 zu § 611 BGB Arbeitnehmerähnlichkeit Nr. 16 Rn. 19 m. w. N.

26 *BGH* v. 16. 7. 02 – X ZR 27/01 –, NJW 02, 3323 zu II 1 der Gründe.

27 *BAG* v. 15. 2. 12 – 10 AZR 301/10 –, NZA 12, 731 = PersR 12, 280 (Ls.); v. 20. 1. 10 – 5 AZR 106/09 –, AP Nr. 120 zu § 611 BGB Abhängigkeit Rn. 19 m. w. N.

28 Vgl. *BAG* v. 18. 1. 12 – 7 AZR 723/10 –, NZA-RR 12, 455 Rn. 27 nach juris; v. 13. 8. 08 – 7 AZR 269/07 –, juris Rn. 14.

29 Vgl. *BGH* v. 16. 7. 02 – X ZR 27/01 –, NJW 02, 3323 zu II 1 der Gründe.

den Gegenstand der vom »Auftragnehmer« zu erbringenden Leistung erst bestimmen und damit Arbeit und Einsatz erst bindend organisieren muss.[30] Wird mit der Bestimmung von Leistungen auch über Inhalt, Durchführung, Zeit, Dauer und Ort der Tätigkeit entschieden, spricht das gegen einen Werkvertrag und für eine arbeitsvertragliche Beziehung. Wesentlich ist, inwiefern Weisungsrechte ausgeübt werden und in welchem Maß der Auftragnehmer in einen bestellerseitig organisierten Produktionsprozess eingegliedert ist. Zwar steht auch einem Werkbesteller gegenüber dem Werkunternehmer das Recht zu, Anweisungen für die Ausführung des Werks zu erteilen (vgl. § 645 Abs. 1 Satz 1 BGB zu den Auswirkungen auf die Vergütungsgefahr). Davon abzugrenzen ist aber die Ausübung von Weisungsrechten bezüglich des Arbeitsvorgangs und der Zeiteinteilung.[31] Weisungen, die sich ausschließlich auf das vereinbarte Werk beziehen, können auch im Rahmen eines Werkvertrages erteilt werden.[32] Wird die Tätigkeit aber durch den »Besteller« geplant und organisiert und wird der »Werkunternehmer« in einen arbeitsteiligen Prozess in einer Weise eingegliedert, die eine eigenverantwortliche Organisation der Erstellung des vereinbarten »Werks« faktisch ausschließt, liegt ein Arbeitsverhältnis vor.[33] Ein abhängig beschäftigter Arbeitnehmer wird nicht durch Auferlegung einer Erfolgsgarantie zum Werkunternehmer.[34]

19 § 12a TVG setzt nach Abs. 1 Nr. 1 voraus, dass die arbeitnehmerähnliche Person die geschuldeten Leistungen **persönlich** und **im Wesentlichen ohne Mitarbeit** von Arbeitnehmern erbringt. Aus dem Begriff »im Wesentlichen« ergibt sich, dass nicht jede Mitarbeit von Arbeitnehmern ausgeschlossen ist. Sofern die arbeitnehmerähnliche Person gelegentlich von Familienangehörigen oder einer Aushilfskraft unterstützt wird, bleibt ihre Leistung noch persönlich. Dasselbe gilt für eine Entlastung bei technischen Hilfsarbeitern (z. B., wenn ein Journalist als freier Mitarbeiter eine Sekretärin beschäftigt oder mehrere Orchestermusiker einen Fahrer beschäftigen). Die eigentlich geschuldete Kern-Arbeitsleistung muss jedoch »in Person« und nicht von mehreren in Arbeitsteilung erbracht werden.

20 Die in § 12a Abs. 1 Nr. 1 TVG vorausgesetzte wirtschaftliche Abhängigkeit umschreibt das Gesetz selbst unter den Buchstaben a und b abschließend alternativ: Entweder ist man wirtschaftlich abhängig i. S. d. § 12a Abs, 1 TVG, weil man

1. überwiegend für eine Person tätig ist oder
2. ihm von einer Person im Durchschnitt mehr als die Hälfte des Entgelts zusteht, das ihm für seine Erwerbstätigkeit insgesamt zusteht.

---

30 Vgl. *BAG* v. 9. 11. 94 – 7 AZR 217/94 –, NZA 95, 572 zu III 2b der Gründe.
31 Vgl. DHZ-*Deinert,* § 3 Rn. 137.
32 Vgl. ErfK-*Preis*, § 611a BGB Rn. 104.
33 *BAG* v. 15. 2. 12 – 10 AZR 301/10 –, NZA 12, 731 = PersR 12, 280 (Ls.).
34 *BAG* v. 25. 9. 13 – 10 AZR 282/12 –, NZA 13, 1348.

Überwiegend für eine Person tätig sind diejenigen arbeitnehmerähnlichen Personen, die für einen Auftraggeber mehr als die Hälfte ihrer persönlichen Arbeitszeit aufwenden. Ist dies nicht der Fall, weil mehrere Auftraggeber vorhanden sind, kann sich die wirtschaftliche Abhängigkeit aus § 12a Abs. 1 Nr. 1b TVG ergeben.

§ 12a Abs. 1 Nr. 1b TVG wird durch § 12a Abs. 3 TVG erweitert. Danach besteht bei künstlerischen, schriftstellerischen oder journalistischen Leistungen wirtschaftliche Abhängigkeit bereits dann, wenn dem Leistungserbringer im Durchschnitt mindestens ein **Drittel des Entgelts** zusteht, das ihm für seine **Erwerbstätigkeit insgesamt** zusteht.

Bei arbeitnehmerähnlichen Personen tritt an die Stelle der das Arbeitsverhältnis prägenden persönlichen Abhängigkeit ihre **wirtschaftliche Abhängigkeit**. Wirtschaftliche Abhängigkeit ist regelmäßig anzunehmen, wenn der Betroffene auf der Verwertung seiner Arbeitskraft und auf die Einkünfte aus der Dienstleistung zur Sicherung seiner Existenzgrundlage angewiesen ist.[35] Vorausgesetzt wird weiter eine gewisse Dauerbeziehung.[36] Der Beschäftigte muss außerdem seiner gesamten sozialen Stellung nach einem Arbeitnehmer vergleichbar schutzbedürftig sein.[37] Das ist dann anzunehmen, wenn das Maß der Abhängigkeit nach der Verkehrsanschauung einen solchen Grad erreicht, wie er im Allgemeinen nur in einem Arbeitsverhältnis vorkommt und die geleisteten Dienste nach ihrer soziologischen Typik mit denen eines Arbeitnehmers vergleichbar sind.[38] Maßgebend ist eine Gesamtwürdigung aller Umstände des Einzelfalls.[39]

Dabei zählen zum Gesamteinkommen stets nur die tatsächlichen Einkünfte, nicht das, »was erzielt werden könnte« und nur die Einkünfte aus Erwerbstätigkeit. Einkommen aus Urheberrechten, Versorgungsleistungen, Versicherungen oder Vermögen ist in diesem Zusammenhang (vgl. aber auch unten Rn. 21) unerheblich.

§ 12a Abs. 1 TVG setzt ferner voraus, dass die arbeitnehmerähnliche Person **21**
»vergleichbar einem Arbeitnehmer sozial schutzbedürftig« ist. Das Merkmal des **sozialen Schutzbedürfnisses** dient der Abgrenzung zu den Selbstständigen, die zwar möglicherweise wirtschaftlich abhängig sind, aber nicht des arbeitsrechtlichen Schutzes bedürfen.[40] Der Beschäftigte muss also seiner

---

35 *BAG* v. 17.1.06 – 9 AZR 61/05 –, EzTVöD 100 § 1 TVöD-AT = PersR 06, 442 (red. Ls.); v. 26.9.02 – 5 AZB 19/01 –, NZA 02, 1412.

36 *BAG* v. 6.12.74 – 5 AZR 418/74 –, AP Nr. 14 zu § 611 BGB Abhängigkeit.

37 *BAG* in st. Rspr., vgl. z.B. *BAG* v. 30.8.00 – 5 AZB 12/00 –, AP Nr. 75 zu § 2 ArbGG 1979.

38 *BAG* v. 2.10.90 – 4 AZR 106/90 –, AiB 91, 128; v. 13.12.62 – 2 AZR 128/62 –, AP Nr. 3 zu § 611 BGB Abhängigkeit.

39 *BAG* v. 17.1.06 – 9 AZR 61/05, a.a.O.

40 *BAG* v. 17.1.06 – 9 AZR 61/05, a.a.O.

gesamten sozialen Stellung nach einem Arbeitnehmer vergleichbar schutzbedürftig sein.[41]

22 Die Beschäftigteneigenschaft der Arbeitnehmer wird i. d. R. durch den **Abschluss eines Arbeitsvertrages** und die tatsächliche Aufnahme der vorgesehenen **Tätigkeit** erworben. Sie erlischt mit der **Beendigung** des Arbeitsverhältnisses (vgl. § 25 Rn. 6). Ist der Arbeitsvertrag anfechtbar oder nichtig, wird die Beschäftigteneigenschaft allein durch die Aufnahme der Tätigkeit begründet.[42] Sie besteht dann so lange, bis das durch die Arbeitsaufnahme entstandene **faktische Arbeitsverhältnis** durch die Anfechtung des Vertrages oder die Berufung auf seine Nichtigkeit beendet wird. **Gekündigte** Arbeitnehmer, die aufgrund eines im Kündigungsrechtsstreit ergangenen Urteils oder eines Spruchs der Einigungsstelle nach § 75 Abs. 7 weiterbeschäftigt werden, sind nach dem Ablauf der Kündigungsfrist für die Dauer ihrer tatsächlichen Beschäftigung auch dann Beschäftigte, wenn später rechtskräftig festgestellt wird, dass die Kündigung rechtswirksam ist (vgl. § 75 Rn. 284).[43]

6. Helfer in Freiwilligendiensten

23 **Beschäftigte** i. S. d. LPVG sind nunmehr auch die in Rechtsverhältnissen eigener Art stehenden **Helfer im freiwilligen sozialen oder ökologischen Jahr** (vgl. § 13 JFDG)[44], **Freiwillige im Bundesfreiwilligendienst** (vgl. § 13 BFDG) sowie **erwerbsfähige Leistungsberechtigte**, die nach § 16d Abs. 1 u. 7 SGB II im Rahmen von Arbeitsgelegenheiten im öffentlichen Interesse liegende, zusätzliche Arbeiten leisten und zuzüglich zum Arbeitslosengeld II »eine angemessene Entschädigung für Mehraufwendungen« erhalten (»**MAE-Kräfte [früher: Ein-Euro-Jobber]**«, die ein Sozialrechtsverhältnis begründen),[45] und zwar deshalb, weil das Gesetz nicht mehr auf das zugrunde liegende Rechtsverhältnis sondern auf die weisungsgebundene Eingliederung in die Dienststelle abstellt.

---

41 *BAG* in st. Rspr., vgl. nur *BAG* v. 30. 8. 00 – 5 AZB 12/00 –, AP Nr. 75 zu § 2 ArbGG 1979; ErfK-*Preis,* § 611a BGB Rn. 80.

42 Vgl. *BVerwG* v. 27. 11. 91 – 6 P 15.90 –, PersR 92, 198, u. v. 20. 5. 92 – 6 P 4.90 –, PersR 92, 405.

43 *BAG* v. 15. 1. 91 – 1 AZR 105/90 –, PersR 91, 307.

44 *BAG* v. 12. 2. 92 – 7 ABR 42/91 –, AP Nr. 52 zu § 5 BetrVG 1972.

45 Vgl. *BVerwG* v. 21. 3. 07 – 6 P 4.06 –, PersR 07, 268; v. 2. 5. 14 – 6 PB 11.14 –, öAT 14, 149; *BAG* v. 8. 11. 06 – 5 AZB 36/06 –, AP Nr. 89 zu § 2 ArbGG 1979 = PersR 07, 46 (Ls.); v. 26. 9. 07 – 5 AZR 857/06 –, AP Nr. 3 zu § 16 SGB II = PersR 07, 407 (Kurzwiedergabe); v. 20. 2. 08 – 5 AZR 290/07 –, AP Nr. 4 zu § 16 SGB II = PersR 08, 223 (red. Ls.).

7. Personen in der Ausbildung für eine Beamtenlaufbahn oder in sonstiger beruflicher Ausbildung

Nach § 4 Abs. 1 S. 1 Nr. 2 sind Personen, die sich in der **Ausbildung** für eine Beamtenlaufbahn oder in sonstiger beruflicher Ausbildung befinden, unabhängig davon, ob sie in einem Dienst-, Arbeits- oder Ausbildungsverhältnis mit einer juristischen Person nach § 1 stehen, Beschäftigte. Mit der Formulierung »oder in sonstiger beruflicher Ausbildung befinden« sind Personen gemeint, die in einem **privatrechtlichen Ausbildungsverhältnis** stehen. Diese Beschäftigten gelten nach § 4 Abs. 4 als Arbeitnehmer i. S. d. LPVG. Das sind nicht nur Auszubildende, die aufgrund eines Berufsausbildungsvertrages nach den §§ 10 ff. BBiG in einem anerkannten Ausbildungsberuf i. S. d. § 4 BBiG ausgebildet werden, sondern auch Personen in Ausbildungsverhältnissen anderer Art, so z. B. Schülerinnen und Schüler in Ausbildungsverhältnissen nach dem Krankenpflegegesetz oder dem Hebammengesetz, oder nach einem vergleichbaren Spezialgesetz für einen nichtakademischen Gesundheitsfachberuf (vgl. § 48 Rn. 2a), Schülerinnen und Schüler in praxisintegrierter Ausbildung und Prüfung an den Fachschulen für Sozialpädagogik – Berufskollegs, die einen Ausbildungsvertrag mit einem i. d. R. kommunalen Träger einer Kindertageseinrichtung abgeschlossen haben, § 9 BKSPIT-VO, Personen, die sich in einer Maßnahme der beruflichen Umschulung nach § 62 BBiG befinden, aber auch Anlernlinge, Volontäre und Praktikanten, für die § 26 BBiG gilt.[46] Ob die zu ihrer Berufsausbildung beschäftigten Personen vom Arbeitgeber eine Geldleistung erhalten, ist für ihre Beschäftigteneigenschaft unerheblich.[47] Die für die Beschäftigteneigenschaft erforderliche Eingliederung der zu ihrer Berufsausbildung Beschäftigten in die Dienststelle ist nach der Rspr. nur dann gegeben, wenn die Berufsausbildung ihrem **Gegenstand** nach geeignet ist, die Auszubildenden auf einen Beruf vorzubereiten, in dem sie an der Erfüllung der Aufgaben mitwirken können, die der Dienststelle obliegen.[48] Die Beschäftigteneigenschaft der Auszubildenden wird regelmäßig durch den **Abschluss eines Ausbildungsvertrages** und die tatsächliche Aufnahme der vorgesehenen **Ausbildung** erworben. Sie erlischt mit der **Beendigung** des Ausbildungsverhältnisses. 24

---

46 Vgl. *BAG* v. 17. 7. 07 – 9 AZR 1031/06 –, AP Nr. 3 zu § 19 BBiG.

47 Vgl. *BAG* v. 10. 2. 81 – 6 ABR 86/78 – u. v. 25. 10. 89 – 7 ABR 1/88 –, AP Nr. 25 u. 40 zu § 5 BetrVG 1972.

48 *BVerwG* v. 19. 6. 80 – 6 P 1.80 –, PersV 81, 368, v. 18. 3. 82 – 6 P 8.79 –, PersV 83, 69, v. 3. 7. 84 – 6 P 39.82 –, ZBR 84, 382, u. v. 23. 10. 84 – 6 P 15.84 –, Buchh 238.32 § 3 Nr. 1; bestätigt durch *GmS-OGB* v. 11. 3. 87, – 6/86 –, PersR 87, 263; vgl. Altvater-*Noll*, § 4 Rn. 27.

8. Beamte

25 **Abs. 1 S. 1 Nr. 1 erfasst auch** die **Beamten**. Mit Ausnahme der Staatsanwälte (§ 4 Abs. 2 Nr. 2) gehören sie zum Kreis der Beschäftigten. Wer Beamter ist, bestimmen die Beamtengesetze (vgl. Rn. 33 ff.). Danach sind zwar auch die **Staatsanwälte** Beamte. Im Unterschied zum BPersVG sind sie jedoch grundsätzlich keine Beschäftigten i. S. d. LPVG, weil ihre Vertretung nach den §§ 88 Abs. 1, 3 und 89 LRiStAG durch Staatsanwaltsräte wahrgenommen wird. Etwas anderes gilt nur im Falle des § 4 Abs. 2 Nr. 2 (vgl. Rn. 27 ff.). Die dort genannten Staatsanwälte gelten nach § 4 Abs. 3 S. 2 als Beamte. Auszubildende in einem öffentlich-rechtlichen Ausbildungsverhältnis und **Rechtsreferendare** sind **Beschäftigte**.

26 Die Beschäftigteneigenschaft der Beamten wird regelmäßig durch die **Ernennung** zur Begründung eines Beamtenverhältnisses (§ 8 Abs. 1 Nr. 1 BeamtStG, § 9 LBG) und die tatsächliche Aufnahme der **Beschäftigung** erworben und endet mit der **Beendigung** des Beamtenverhältnisses (vgl. § 25 Rn. 5). Ist die Ernennung nichtig oder rücknehmbar (§§ 11, 12 BeamtStG), wird die Beschäftigteneigenschaft allein durch die Aufnahme der Beschäftigung begründet und endet erst dann, wenn die Feststellung der Nichtigkeit oder die Rücknahme der Ernennung bestandskräftig oder rechtskräftig wird.

27 **Abs. 2 S. 1 Nr. 2 Hs. 1** stellt klar, dass Richter und Staatsanwälte mit Ausnahme der in Abs. 2 S. 1 Nr. 2 Buchstabe a und b geregelten Fälle **keine Beschäftigten** i. S. d. LPVG sind.

9. Aufrechterhaltung der Beschäftigteneigenschaft

28 **(Abs. 1 Satz 2)** Die Beschäftigteneigenschaft bleibt nunmehr auch dann erhalten, wenn nur noch die rechtliche Zugehörigkeit zur Dienststelle vorliegt. Das ist z. B. dann der Fall, wenn Beamte oder Arbeitnehmer unter Wegfall der Bezüge längere Zeit **beurlaubt** sind[49] oder **Elternzeit** (§§ 15 ff. BEEG bzw. §§ 40 ff. AzUVO) in Anspruch nehmen. Sie verlieren u. U. aber die Wahlberechtigung gem. § 11 Abs. 1 Nr. 2–3. Auch bei Abordnung, Zuweisung zu einer anderen Dienststelle oder einer anderen Einrichtung sowie bei der Personalgestellung bleibt die Beschäftigteneigenschaft zur Dienststelle erhalten. Gleiches gilt, wenn ein Auszubildender während der Ausbildungszeit **teilweise in einem Privatunternehmen ausgebildet** wird (zum Verlust der Wahlberechtigung vgl. § 11 Abs. 1 Nr. 4).[50]

---

49 *BVerwG* v. 15. 11. 06 – 6 P 1.06 –, PersR 07, 119.

50 Vgl. *BVerwG* v. 15. 5. 02 – 6 P 8.01 –, PersR 02, 434, u. v. 18. 9. 03 – 6 P 2.03 –, PersR 03, 500.

10. Ausschluss von der Eigenschaft als Beschäftigte

Nicht zum Kreis der Beschäftigten gehört der in **Abs. 2 aufgeführte Personenkreis.** 29

(Nr. 1) Personen in einem öffentlich-rechtlichen Amtsverhältnis sind keine Beschäftigten, z. B. Minister und Politische Staatssekretäre.[51] 29a

(Nr. 2a und b) Richter und Staatsanwälte, außer in Fällen einer Verwendung in Verwaltungsbehörden und ähnlichem außerhalb von Gerichten und Staatsanwaltschaften (vgl. hierzu Rn. 27 ff.). 29b

Die Vertretung der **Richter** wird grundsätzlich durch die bei den Gerichten zu bildenden Richterräte und deren Stufenvertretungen Bezirksrichterräte und Landesrichter- und Staatsanwaltschaftsrat sowie durch die für die Gerichtszweige zu errichtenden Präsidialräte für die Beteiligung an Personalangelegenheiten der Richter wahrgenommen (§§ 15 ff. LRiStAG [Anh. 3]), die der **Staatsanwälte** (und der bei den Staatsanwaltschaften beschäftigten Richter auf Probe und Richter kraft Auftrags) durch die bei den Staats- bzw. Generalstaatsanwaltschaften zu bildenden Staatsanwaltsräte bzw. Bezirksstaatsanwaltschaftsräte und durch den beim Justizministerium zu errichtenden Hauptstaatsanwaltsrat (§§ 88 ff. LRiStAG). Richter und Staatsanwälte gehören deshalb gem. Abs. 2 Nr. 2 grundsätzlich nicht zum persönlichen Geltungsbereich des LPVG. Die Ausnahmen sind in **Abs. 2 Nr. 2** festgelegt. 29c

(Nr. 3) Ehrenamtliche Tätige, mit Ausnahme von Ehrenbeamten. **Ehrenamtlich Tätige** sind keine Beschäftigten i. S. d. § 4, weil die Beschäftigteneigenschaft eine gewisse Stetigkeit und einen gewissen Umfang der Beschäftigung voraussetzt, die bei ehrenamtlich Tätigen (etwa Nachmittagsbetreuer an Schulen) weniger vorliegen, weshalb von einer tatsächlichen Eingliederung in die Belegschaft und die Arbeitsorganisation der Dienststelle i. d. R. nicht ausgegangen werden kann.[52] 29d

(Nr. 4) Personen, die überwiegend zu ihrer Heilung, Wiedereingewöhnung oder Erziehung beschäftigt werden, sind nach Nr. 4 aus dem Kreis der Beschäftigten i. S. d. LPVG ausgenommen. Die den § 5 Abs. 2 Nr. 4 BetrVG und § 4 Abs. 2 Nr. 2 BPersVG entsprechende Vorschrift hat klarstellende Bedeutung.[53] Sie kommt nicht zum Zuge, wenn die Beschäftigung in einem echten Arbeitsverhältnis erfolgt, etwa bei Arbeitsunfähigen in Beschäftigungen zur stufenweisen **Wiedereingliederung** nach § 74 SGB V,[54] sondern nur, wenn 29e

---

51 LT-Dr. 15/4224, S. 85 [zu § 4].

52 LT-Dr. 15/224, S. 85 zu § 4; s. auch *BAG* v. 29.8.12 – 10 AZR 499/11 –, NZA 12, 1433, wonach ehrenamtlich Tätige mangels Weisungsrechts des Arbeitgebers und i. d. R. fehlender Vergütungserwartung keine Arbeitnehmer sind.

53 Vgl. DKW-*Trümner*, § 5 Rn. 189 ff.; Altvater-*Noll*, § 4 Rn. 40 f.

54 Vgl. *BAG* v. 29.1.92 – 5 AZR 37/91 –, u. v. 19.4.94 – 9 AZR 462/92 –, AP Nr. 1 und 2 zu § 74 SGB V.

sie vorrangig als Mittel zur Behebung physischer, psychischer oder sonstiger in der Person des Beschäftigten liegender Mängel eingesetzt wird.[55] Das trifft u. a. zu bei Kranken und Behinderten in ärztlich angeordneten **arbeitstherapeutischen Maßnahmen**.

29f **(Nr. 5)** Personen, die aufgrund eines Werk-, Werklieferungs- oder Geschäftsbesorgungsvertrages in den Räumlichkeiten der oder für die Dienststelle arbeiten, z. B. Mitarbeiter des Kantinenpächters, Angehörige einer externen Reinigungsfirma. Sie unterliegen dem Direktionsrecht des Unternehmens, das in der Dienststelle die vertraglich vereinbarte Leistung erbringt, nicht aber unmittelbaren Weisungen der Dienststelle. Gleiches gilt etwa für selbstständige Handwerker, die Aufträge für die Dienststelle erledigen (vgl. hierzu Rn. 16 ff.).

30 **Nicht erfasst** werden von diesen Ausnahmen aber die **arbeitnehmerähnlich Beschäftigten** nach § 12a TVG, die ausdrücklich (Abs. 1) als Beschäftigte gelten.

31 Es handelt sich hierbei um eine **abschließende Aufzählung**. Im Zweifel sind daher Personen, die nicht den Fallgruppen des Abs. 2 zugeordnet werden können, als Beschäftigte anzusehen.

11. Gruppenprinzip

32 **(Abs. 3)** Die Bestimmung der **Gruppe der Beamten** i. S. d. Gesetzes in Abs. 3 entspricht mit redaktionellen Anpassungen § 5 Nr. 1 und § 6 a. F. Beschäftigte, die nicht der Gruppe der Beamten zugehören, bilden nach Abs. 4 die Gruppe der Arbeitnehmer und gelten als Arbeitnehmer i. S. d. Gesetzes. Das Gruppenprinzip ist als tragendes Strukturelement des Personalvertretungsrechts in Bund und Ländern gleichermaßen verbindlich und beherrscht das gesamte Personalvertretungsrecht. Es gehört zu den hergebrachten Grundsätzen des Berufsbeamtentums i. S. v. Art. 33 Abs. 5 GG, da es sich während der Geltung der Weimarer Reichsverfassung als Grundsatz durchgesetzt hat, dass die Beamtinnen und Beamten das Recht auf eigene Personalvertretungen haben. Das Gruppenprinzip gilt sowohl für die PR wie auch für die Stufenvertretungen und Gesamtpersonalräte, nicht jedoch für die Jugend- und Auszubildendenvertretungen.

12. Beamte

33 Wer Beamter i. S. d. LPVG ist, bestimmen die **Beamtengesetze**, nämlich das Bundesbeamtengesetz (BBG) sowie das Beamtenstatusgesetz (BeamtStG), das Landesbeamtengesetz (LBG) und die Beamtengesetze der anderen Bundesländer.

55 *BVerwG* v. 26. 1. 00 – 6 P 2.99 –, PersR 00, 243.

Für die Beamten des Landes, der Gemeinden, der Gemeindeverbände und der sonstigen der Aufsicht des Landes unterstehenden Körperschaften, Anstalten und Stiftungen des öffentlichen Rechts gelten das Beamtenstatusgesetz (§ 1 BeamtStG) und das Landesbeamtengesetz (§ 1 LBG). Nach § 3 BeamtStG stehen diese Beamten zu ihrem Dienstherrn – nämlich dem Land, einer Gemeinde, einem Gemeindeverband oder einer sonstigen (nach § 2 BeamtStG und § 2 LBG) dienstherrnfähigen Körperschaft, Anstalt oder Stiftung des öffentlichen Rechts – in einem **öffentlich-rechtlichen Dienst- und Treueverhältnis** (Beamtenverhältnis). Zur Begründung des Beamtenverhältnisses bedarf es einer Ernennung, die durch Aushändigung einer Ernennungsurkunde erfolgt (§ 8 BeamtStG). Auf die Art des Beamtenverhältnisses kommt es dabei nicht an. Es kann auf Lebenszeit, auf Zeit, auf Probe oder auf Widerruf begründet sein (§ 4 BeamtStG). Auch wer als Ehrenbeamter berufen ist (§ 5 BeamtStG), gehört dazu. **34**

Ist ein Beamter des Bundes oder eines Dienstherrn eines anderen Landes zu einer Dienststelle im Geltungsbereich des LPVG **abgeordnet** (vgl. § 14 BeamtStG), bestimmt sich dessen Beamteneigenschaft nach dem für ihn geltenden Bundesbeamtengesetz oder nach dem Beamtenstatusgesetz sowie dem Beamtengesetz des betreffenden Landes. **35**

Keine Beamten sind die **Ruhestandsbeamten**, weil ihr Beamtenverhältnis mit dem Eintritt oder der Versetzung in den Ruhestand geendet hat (§ 21 Nr. 4, §§ 25 ff. BeamtStG; §§ 36 ff. LBG). Keine Beamten i. S. d. LPVG sind auch: **Amtsträger**, die – wie die Mitglieder der Landesregierung und die politischen Staatssekretäre – in einem öffentlich-rechtlichen Amtsverhältnis besonderer Art stehen; die **DO-Angestellten** von Sozialversicherungsträgern sowie die nicht in Abs. 2 Nr. 2a und b aufgeführten **Richter und Staatsanwälte** (vgl. Rn. 29 ff.). **36**

Soweit Richter und Staatsanwälte nach **§ 4 Abs. 2 Nr. 2 Buchst. a und b** Beschäftigte i. S. d. LPVG sind, gelten sie als Beamte. **37**

Ein **Richter auf Lebenszeit**, der vom Gericht an eine andere Dienststelle **abgeordnet** wird, verliert Wahlberechtigung und Wählbarkeit für den Richterrat, sobald die Abordnung länger als drei Monate gedauert hat; gehört er dem Richterrat an, so scheidet er zum gleichen Zeitpunkt aus diesem Gremium aus (§ 23 Abs. 3 LRiStAG). Hinsichtlich des Staatsanwaltsrats gilt dies für einen **Staatsanwalt auf Lebenszeit**, der von der Staatsanwaltschaft an eine andere Dienststelle abgeordnet wird, entsprechend (§ 89 Abs. 3 LRiStAG). **Abs. 1 S. 1 Nr. 3 Buchst. a** trifft eine darauf abgestimmte Regelung für den Fall, dass die Abordnung zu einer Dienststelle erfolgt, die weder ein Gericht noch eine Staatsanwaltschaft ist. Der abgeordnete Richter oder Staatsanwalt wird in dieser Dienststelle sofort Beschäftigter i. S. d. LPVG und erwirbt nach § 11 gleichzeitig die Wahlberechtigung für den dort gebildeten PR. **38**

Richter auf Probe und **Richter kraft Auftrags**, die nicht mehr bei einem Gericht, sondern bei einer Staatsanwaltschaft oder einer anderen Behörde **39**

verwendet werden, verlieren ihre Wahlberechtigung und ihre Wählbarkeit für den Richterrat in dem Zeitpunkt, in dem sie einer dieser Behörden zur Verwendung **zugewiesen** werden. Gehören sie dem Richterrat des bisherigen Gerichts an, so scheiden sie zum gleichen Zeitpunkt aus diesem Gremium aus (§ 21a LRiStAG). Für **Richter auf Probe und Richter kraft Auftrags**, die bisher bei einer Staatsanwaltschaft verwendet wurden, gilt hinsichtlich des Staatsanwaltsrats Entsprechendes, sobald sie einem Gericht oder einer anderen Behörde zur Verwendung zugewiesen worden sind (§ 89 Abs. 4 LRiStAG). Erfolgt die Zuweisung zu einer Dienststelle, die kein Gericht und keine Staatsanwaltschaft ist, sind die zugewiesenen Richter nach **Abs. 2 S. 1 Nr. 2 Buchst. b** vom Zeitpunkt der Zuweisung an in dieser Dienststelle Beschäftigte i. S. d. LPVG und als solche nach § 11 für den dortigen PR wahlberechtigt.

40 Das Gleiche gilt für diejenigen Beschäftigten, die sich, ohne in ein Beamtenverhältnis berufen zu sein, in der Ausbildung für eine Beamtenlaufbahn befinden und nicht Arbeitnehmer sind. Dabei handelt es sich um **Auszubildende** in öffentlich-rechtlichen Ausbildungsverhältnissen, bspw. um **Praktikanten** nach den Ausbildungs- und Prüfungsordnungen für den mittleren und gehobenen Verwaltungsdienst, aber auch um **Rechtsreferendare** im Vorbereitungsdienst (näher dazu und zur Wahlberechtigung § 11 Rn. 16 sowie zum Ausbildungspersonalrat § 56 Rn. 1 ff.).

13. Arbeitnehmerinnen und Arbeitnehmer

41 **(Abs. 4)** Alle Beschäftigten die **nicht** zur **Gruppe der Beamten** gehören, bilden nach Abs. 4 die **Gruppe der Arbeitnehmer**. Sie gelten damit als Arbeitnehmer i. S. d. LPVG.

42 Das **Gruppenprinzip** kommt in vielen Einzelvorschriften des Gesetzes zum Ausdruck, die sich v. a. auf folgende **Regelungskomplexe** beziehen: Repräsentanz im PR (§§ 11, 12); Vorrang der Gruppenwahl (§ 13 Abs. 2); Vertretung im Wahlvorstand (§ 15 Abs. 1 S. 2), im Vorstand des PR, bei der Bestimmung des PR-Vorsitzenden und seines Stellvertreters sowie bei der Vertretung des PR (§ 28); getrennte Beschlussfassung des PR in Gruppenangelegenheiten (§ 34 Abs. 4); aufschiebendes Vetorecht einer Gruppe gegen PR-Beschlüsse (§ 37 Abs. 1 und 2); Repräsentanz in der Einigungsstelle (§ 79 Abs. 1 S. 6) sowie in den Fachspruchkörpern für Personalvertretungssachen bei den Verwaltungsgerichten und beim Verwaltungsgerichtshof (§ 93 Abs. 3 S. 2 und Abs. 4 S. 2).

14. Streitigkeiten

43 Streitigkeiten entscheidet das zuständige **Verwaltungsgericht** gem. § 92 im personalvertretungsrechtlichen Beschlussverfahren. Wird einer Person die

Eigenschaft als Beschäftigte/r oder die Zugehörigkeit zu einer bestimmten Gruppe streitig gemacht, besitzt sie ein Klagerecht.[56]

§ 5 Dienststellen

(1) Dienststellen im Sinne dieses Gesetzes sind die einzelnen Behörden, Stellen und Betriebe der in § 1 genannten juristischen Personen sowie die Gerichte, die Hochschulen, das Karlsruher Institut für Technologie (KIT) und die Schulen, soweit in diesem Gesetz nichts anderes bestimmt ist.

(2) Eigenbetriebe mit in der Regel nicht mehr als 50 Beschäftigten gelten nicht als Dienststelle im Sinne von Absatz 1; ihre Beschäftigten gelten als Beschäftigte der Verwaltungsbehörde der Gemeinde oder des Gemeindeverbands.

(3) [1]Außenstellen, Nebenstellen und Teile einer Dienststelle nach Absatz 1 oder einer nach Absatz 4 zusammengefassten Dienststelle können auf Antrag der Mehrheit der betroffenen wahlberechtigten Beschäftigten oder von Amts wegen vom Leiter der Hauptdienststelle oder der zusammengefassten Dienststelle unter Berücksichtigung dienstlicher Belange und der Belange der Beschäftigten zu einer selbständigen Dienststelle im Sinne diesen Gesetzes erklärt oder zu solchen zusammengefasst werden. [2]Der Personalrat ist vor der Entscheidung anzuhören. [3]Für die Aufhebung der Verselbständigung gilt Satz 1 entsprechend. [4]Vor der Aufhebung sind der Personalrat der Dienststelle nach Satz 1, der Personalrat der Hauptdienststelle und der Gesamtpersonalrat anzuhören. [5]Die Verselbständigung und ihre Aufhebung sind jeweils ab der folgenden Wahl wirksam.

(4) [1]Mehrere Dienststellen eines Verwaltungszweigs können von der obersten Dienstbehörde zu einer Dienststelle im Sinne dieses Gesetzes zusammengefasst werden, wenn die Mehrheit ihrer wahlberechtigten Beschäftigten in geheimen Abstimmungen zustimmt. [2]Für die Aufhebung gilt Satz 1 mit der Maßgabe entsprechend, dass es nur der Zustimmung der Mehrheit der wahlberechtigten Beschäftigten der Dienststellenteile bedarf, die aus dem Zusammenschluss ausscheiden wollen oder sollen; eine Verselbständigung nach Absatz 3 Satz 1 gilt dadurch ebenfalls als aufgehoben. [3]Die Zusammenfassung und ihre Aufhebung sind jeweils ab der folgenden Wahl wirksam.

(5) [1]Bei gemeinsamen Dienststellen verschiedener juristischer Personen gelten die Beschäftigten jeder juristischen Person als Beschäftigte einer besonderen Dienststelle. [2]Das Landratsamt gilt als einheitliche Dienststelle.

---

56 *BVerwG* v. 16.7.63, BVerwGE 16, 230, PersV 63, 233, ZBR 64, 90.

Vergleichbare Vorschriften:
§§ 4 Abs. 1 Nr. 6, 7 BPersVG; §§ 1, 4 BetrVG

Inhaltsübersicht Rn.

1. Allgemeines

1 **(Abs. 1)** Die Vorschrift umschreibt den **Begriff der Dienststelle** und definiert damit jene Organisationseinheit, in der unter den Voraussetzungen des § 10 Abs. 1 ein (örtlicher) PR gebildet wird und in der dieser als Repräsentant der Beschäftigten seine gesetzlichen Aufgaben und Befugnisse wahrnimmt (vgl. § 1 Rn. 22). Sie führt dabei ebenso wie der vergleichbare § 4 Abs. 1 Nr. 6 BPersVG die einzelnen Behörden, Stellen und Betriebe der in § 1 genannten juristischen Personen sowie die Gerichte auf und ergänzt diese Aufzählung durch die Hochschulen, das Karlsruher Institut für Technologie (KIT) und die Schulen.

2 Der Begriff der Dienststelle entspricht weitgehend dem Begriff des Betriebes i. S. d. BetrVG. Dienststelle ist der Oberbegriff für Behörden, Verwaltungsstellen, Betriebe und Gerichte. In Anlehnung daran können als Dienststellen i. S. d. PersVR diejenigen von einer juristischen Person des öffentlichen Rechts getragenen und innerhalb der Verwaltungsorganisation verselbstständigten Einheiten angesehen werden, in denen die dort Beschäftigten mit Hilfe von sächlichen und immateriellen Mitteln Aufgaben der öffentlichen Verwaltung oder andere arbeitstechnische Zwecke fortgesetzt verfolgen und ihr Einsatz von einer einheitlichen Leitung gesteuert wird.[1] Entscheidend für die Dienststelleneigenschaft solcher Einheiten ist dabei nicht die von ihnen jeweils wahrzunehmende Aufgabe, sondern ihre **organisatorische Selbstständigkeit**. Diese ist nur dann gegeben, wenn der Leiter der Einheit – in den Grenzen der für die öffentliche Verwaltung allgemein bestehenden Weisungsgebundenheit – hinsichtlich der Mehrzahl der bedeutsamen personellen, sozialen, organisatorischen und sonstigen innerdienstlichen Angelegenheiten einen eigenen Entscheidungs- und Handlungsspielraum hat und somit einer Personalvertretung als verantwortlicher Partner gegenübertreten kann.[2] Ausschlaggebend für die Dienststelleneigenschaft ist also nicht,

---

1 Vgl. DKW-*Trümner*, § 1 Rn. 40 ff., 68 ff.; *Fitting*, § 1 Rn. 68 ff.

2 *BVerwG* in st. Rspr.; vgl. Beschl. v. 29.3.01 – 6 P 7.00 –, PersR 01, 298, u. v. 25.6.03 – 6 P 1.03 –, PersR 03, 361.

ob die Dienststelle Verwaltungsaufgaben wahrnimmt, sondern dass sie über einen selbstständigen organisatorischen Aufgabenbereich verfügt, innerhalb der Verwaltungsorganisation in dem in der öffentlichen Verwaltung möglichen Umfang verselbstständigt ist und dem Leiter der Einrichtung eine mit deren organisatorischer Verselbstständigung verbundene Regelungskompetenz im personellen, sachlichen oder sozialen Bereich zukommt, die Grundlage für das in § 2 geforderte vertrauensvolle und partnerschaftliche Zusammenwirken zwischen Dienststelle und Personalvertretung ist.[3] Fehlt dem Leiter der Einrichtung ein derartiger Spielraum, ist diese auch dann keine Dienststelle i. S. d. PersVR, wenn sie räumlich und hinsichtlich ihrer Aufgabenstellung von anderen Einrichtungen des gleichen Verwaltungsträgers abgetrennt ist.[4] PR können nur bei selbstständigen Dienststellen gebildet werden. Eine Dienststelle verliert ihre Selbstständigkeit im personalvertretungsrechtlichen Sinne, wenn sie nicht mehr eine organisatorische Einheit ist, die einen selbstständigen Aufgabenbereich hat und innerhalb der Verwaltungsorganisation verselbständigt ist.[5]

Da die von einer Organisationseinheit wahrzunehmende Aufgabe für ihre **3** Eigenschaft als Dienststelle unerheblich ist, kommt es letztlich nicht entscheidend darauf an, wie die in Abs. 1 aufgeführten Einrichtungen voneinander abgegrenzt sind. Die in § 1 genannten **Verwaltungen** sind in Behörden und Verwaltungsstellen untergliedert. Diese unterscheiden sich im Wesentlichen darin, dass **Behörden** staatliche Verwaltungsaufgaben wahrnehmen, während die **anderen Stellen** andere Aufgaben der öffentlichen Verwaltung erfüllen. Mit dem ÄndG 2013 wurde der früher in § 9 Abs. 1 a. F. enthaltene Begriff »Verwaltungsstellen« zur Klarstellung in »Stellen« geändert. Im Unterschied dazu und zu dem bei den Gerichten gebildeten Verwaltungsapparat (vgl. Rn. 5) üben **Betriebe** keine materielle Verwaltungstätigkeit aus, sondern verfolgen – wie Betriebe eines privaten Rechtsträgers – andere arbeitstechnische Zwecke, v. a. solche der öffentlichen Versorgung.[6] Träger der Behörden, der anderen Stellen sowie Betriebe müssen die in § 1 genannten **juristischen Personen** sein, also das Land oder eine andere in § 1 aufgeführte juristische Person des öffentlichen Rechts. Der noch in § 9 Abs. 1 a. F. enthaltene Begriff der »Körperschaften« wurde durch »juristische Personen« ersetzt. Damit ist keine inhaltliche Änderung verbunden. Wie bisher werden damit alle Körperschaften, Anstalten und Stiftungen des öffentlichen Rechts erfasst, die unter Aufsicht des Landes stehen.[7]

---

3 LT-Dr. 15/4224, S. 86 [zu § 9].

4 *BVerwG* v. 13.8.86 – 6 P 7.85 –, PersR 87, 20.

5 *OVG Bln* v. 27.7.98 – OVG 60 PV 9.98 –, n. v.

6 Vgl. *BVerwG* v. 13.8.86, a. a. O., u. v. 10.1.08 – 6 P 4.07 –, PersR 08, 342 Ls. [zu II 2b cc (1)].

7 LT-Dr. 15/4224, S. 86 [zu § 9].

2. Dienststellen im Sinne des LPVG

4 Zu den Dienststellen des Landes gehören u. a. die **Verwaltungsbehörden des Landes**. Das sind, mit Ausnahme der Organe der Rechtspflege (vgl. Rn. 5 f.), alle staatlichen Behörden, die Verwaltungsaufgaben zu erfüllen haben. Ihren Aufbau regelt das Landesverwaltungsgesetz (§ 1 Abs. 1 LLVwG).[8] Danach gliedern sich die Verwaltungsbehörden in die obersten Landesbehörden, die allgemeinen Verwaltungsbehörden und die besonderen Verwaltungsbehörden (§ 1 Abs. 2 LVwG). **Oberste Landesbehörden** sind die Landesregierung, der Ministerpräsident, die Ministerien, der Rechnungshof und der Landesbeauftragte für Datenschutz und Informationsfreiheit (§ 7 LVwG).[9] Die Aufgaben des Landesbeauftragten für Datenschutz und Informationsfreiheit ergeben sich aus der Verordnung (EU) 2016/679 des Europäischen Parlaments und des Rates vom 27. April 2016 zum Schutz natürlicher Personen bei der Verarbeitung personenbezogener Daten, zum freien Datenverkehr und zur Aufhebung der Richtlinie 95/46/EG (DSGVO)[10] in der jeweils geltenden Fassung und sonstigen Gesetzen (vgl. § 8 Abs. 2 LVwG). Das aus dem Ministerpräsidenten, den Ministern und weiteren Mitgliedern bestehende Kollegialorgan Landesregierung, dessen Geschäfte vom Ministerpräsidenten geleitet werden (Art. 45 Abs. 2 und 49 Abs. 1 S. 2 LVerf), sowie der Ministerpräsident selbst sind allerdings keine Dienststellen i. S. d. LPVG;[11] Dienststelle ist vielmehr das Staatsministerium, das als Kanzlei des Ministerpräsidenten fungiert.[12] **Allgemeine Verwaltungsbehörden** sind die Regierungspräsidien und die unteren Verwaltungsbehörden (§ 10 LVwG). **Regierungspräsidien** bestehen für die Regierungsbezirke Stuttgart, Karlsruhe, Freiburg und Tübingen (§§ 11–14 LVwG). **Untere Verwaltungsbehörden** sind in den Landkreisen die Landratsämter sowie – nach Maßgabe des § 19 LVwG – die Großen Kreisstädte und die nach § 17 LVwG gebildeten Verwaltungsgemeinschaften; außerdem in den Stadtkreisen die Gemeinden (§ 15 LVwG). Davon ist allerdings nur das Landratsamt als untere Verwaltungsbehörde Staatsbehörde (§ 1 Abs. 3 LKrO) und damit Dienststelle des Landes (vgl. auch Rn. 35 f.). Die **besonderen Verwaltungsbehörden** gliedern sich in Landesoberbehörden, höhere und untere Sonderbehörden (§ 23 Abs. 1 LVwG). **Landesoberbehörden** sind die Behörden, deren Zuständigkeit sich auf das ganze Landesgebiet erstreckt (§ 23 Abs. 2 LVwG). **Höhere Sonderbehörden** sind die Körperschaftsforstdirektion, die Staatlichen Rechnungs-

8 Landesverwaltungsgesetz v. 14. 10. 08, GBl. 08, 313, 314.

9 LVwG BW letzte berücksichtigte Änderung: §§ 7, 8, 20 und 28, geändert durch Art. 2 des Gesetzes v. 12. 6. 18, GBl. S. 173, 185

10 ABl. L 119 v. 4. 5. 2016, S. 1, ber. ABl. L 314 v. 22. 11. 2016, S. 72.

11 Zur Landesregierung vgl. *BVerwG* v. 8. 10. 08 – 6 PB 21.08 –, PersR 08, 507.

12 Vgl. *Braun*, Art. 45 Rn. 11.

prüfungsämter, die Nationalparkverwaltung im Nationalpark Schwarzwald und die Anstalt des öffentlichen Rechts Forst Baden-Württemberg (§ 23 Abs. 3 LVwG). **Untere Sonderbehörden** sind alle übrigen Behörden, denen ein fachlich begrenzter Aufgabenbereich für einen Teil des Landesgebiets zugewiesen ist (§ 23 Abs. 4 LVwG). Verwaltungsbehörde ist auch die Landtagspräsidentin, die nach Art. 32 Abs. 3 LVerf mit Hilfe der ihr unterstehenden **Landtagsverwaltung** die Verwaltungsaufgaben des Landtags wahrnimmt;[13] Dienststelle i. S. d. LPVG ist die Landtagsverwaltung. **Landesbetriebe** i. S. d. § 26 Abs. 1 LHO, soweit sie lediglich »den kaufmännischen Mantel um eine bestehende Behördenstruktur herum« bilden[14] und über keine eigenständigen Organisationsformen der Landesverwaltung verfügen, sind (entgegen der 1. Aufl.) auch keine Dienststellen i. S. d. LPVG. Das gilt z. B. für den Landesbetrieb »Bundesbau Baden-Württemberg«, der aus Staatlichen Hochbauämtern und der Landesbauabteilung der Oberfinanzdirektion Karlsruhe mit Sitz in Freiburg als Betriebsleitung besteht. Anders verhält es sich dagegen z. B. bei dem durch Art. 1 § 1 des Gesetzes zur Reform der Staatlichen Vermögens- und Hochbauverwaltung Baden-Württemberg v. 14. 12. 04[15] errichteten Landesbetrieb »Vermögen und Bau Baden-Württemberg«; er ist »ein rechtlich unselbständiger, organisatorisch abgetrennter Teil der unmittelbaren Landesverwaltung mit unternehmerischer Ausrichtung«, bestehend aus der Betriebsleitung und nachgeordneten Betriebsteilen, die den Namenszusatz »Amt« führen (Art. 1 § 1 Abs. 2 und 3 des Gesetzes v. 14. 12. 2004).[16] Dasselbe gilt für die Landesbetriebe, Württembergisches Staatstheater Stuttgart und Wilhelma Stuttgart. An Stelle des ehemaligen Landesbetriebs Forst ist gem. Art. 2 des Gesetzes zur Umsetzung der Neuorganisation der Forstverwaltung Baden-Württemberg v. 21. Mai 2019[17] die Anstalt des öffentlichen Rechts Forst Baden-Württemberg (ForstBW) für die Bewirtschaftung des Staatswaldes errichtet worden, während die dreistufige staatliche Landesforstverwaltung (LFV)[18] die hoheitliche Aufsicht über alle Waldbesitzarten ausübt und für die Beratung und Betreuung des Privat- und Kommunalwaldes in Baden-Württemberg zuständig ist.

Dienststellen i. S. d. LPVG sind grundsätzlich auch die in Abs. 1 ausdrücklich 5
genannten **Gerichte** des Landes (vgl. § 1 Rn. 8). Eine Ausnahme gilt lediglich für den Staatsgerichtshof, weil dessen Geschäfte von der Geschäftsstelle des

13 *Braun*, Art. 32 Rn. 2 und 9.

14 LT-Dr. 13/3787, S. 4.

15 GBl. S. 891.

16 Näher dazu LT-Dr. 13/3720, S. 10.

17 GBl. S. 161.

18 Untere Landesforstbehörden sind die Landratsämter und kreisfreien Städte, höhere Forstbehörde ist das Regierungspräsidium Freiburg, oberste Forstbehörde ist das Ministerium für Ländlichen Raum und Verbraucherschutz.

Oberlandesgerichts Stuttgart geführt werden. Die bei den Gerichten beschäftigten Richter gehören nach § 4 Abs. 1 allerdings nicht zum persönlichen Geltungsbereich des LPVG. Für ihre Beteiligung werden nach den §§ 15 ff. LRiStAG eigene Richtervertretungen errichtet (vgl. § 31 Rn. 1 ff. u. Anh. 3). Die bei den Gerichten gebildeten PR vertreten deshalb nur die dort beschäftigten Beamten und Arbeitnehmer.

6 Auch die **Staatsanwaltschaften** sind Dienststellen i. S. d. LPVG. Im Unterschied zu den bei der Bundesanwaltschaft beschäftigten Staatsanwälten sind die bei ihnen tätigen Staatsanwälte nach § 4 Abs. 1 aber keine Beschäftigten i. S. d. LPVG. Ihre Vertretung wird nach den §§ 88, 89 LRiStAG durch Staatsanwaltsräte wahrgenommen (vgl. § 31 Rn. 9 ff. u. Anh. 3). Die bei den Staatsanwaltschaften gebildeten PR vertreten deshalb nur die übrigen Beamten und die Arbeitnehmer, die dort beschäftigt sind. Nach § 19a LRiStAG kann die oberste Dienstbehörde die Richter und die Spitzenorganisationen der Berufsverbände der Richter im Land unmittelbar zu justizpolitischen Themen von landesweiter Bedeutung anhören.

7 Bei den Gemeinden ist die **Gemeindeverwaltung**, bei den Landkreisen das **Landratsamt** Dienststelle i. S. d. LPVG (vgl. auch Rn. 35 f.). Kommunale **Betriebe**, die nicht als Eigenbetrieb geführt werden, sind dabei als Teil der Gemeindeverwaltung bzw. des Landratsamtes einzuordnen. Das gilt auch für kommunale **Krankenhäuser**, die in Anwendung der Vorschriften des Landeskrankenhausgesetzes als wirtschaftlich selbständiger Betrieb mit eigener Leitung ausgestaltet sind, wenn die Krankenhausleitung in den für die Zusammenarbeit mit einer Personalvertretung wesentlichen Bereichen nicht entscheidungsbefugt ist.[19]

8 Dagegen werden Einrichtungen, die von der Gemeinde oder vom Landkreis als **Eigenbetrieb** geführt werden und von der Betriebssatzung mit eigenen Organen ausgestattet sind, von der Rspr. in personalvertretungsrechtlicher Hinsicht nicht als Teil der Gemeindeverwaltung bzw. des Landratsamtes angesehen, sondern als selbständige Dienststellen i. S. d. Abs. 1.[20] Dies wird im Wesentlichen damit begründet, dass einem solchen Eigenbetrieb nicht nur die selbständige Wirtschaftsführung gestattet und er finanzwirtschaftlich als Sondervermögen der Gemeinde bzw. des Landkreises gesondert zu verwalten und nachzuweisen ist, sondern dass seine eigenen Organe (Gemeinderat/Kreistag, Betriebsausschuss, Bürgermeister/Landrat und Betriebsleitung) auch umfassende Kompetenzen mit eigenem Entschei-

---

19 *BVerwG* v. 13. 8. 86 – 6 P 7.85 –, PersR 87, 20; *VGH BW* v. 3. 9. 91 – 15 S 2225/90 –, PersR 92, 336 Ls.

20 Vgl. *VGH BW* v. 17. 3. 98 – PL 15 S 232/96 –, PersR 98, 340, v. 29. 6. 99 – PL 15 S 1670/98 –, PersR 99, 505, v. 27. 7. 99 – PL 15 S 2927/98 –, PersR 00, 120, u. v. 24. 7. 07 – PL 15 S 3/06 –, juris.

dungs- und Handlungsspielraum in den wirtschaftlichen und personellen Angelegenheiten haben.[21]

Durch das ÄndG 2013 wurde Abs. 2 eingefügt. Eigenbetriebe mit i. d. R. nicht mehr als 50 Beschäftigten gelten danach im Interesse einer effektiven Personalvertretung nicht mehr als Dienststelle i. S. d. Abs. 1; ihre Beschäftigten gelten als Beschäftigte der Verwaltungsbehörde der Gemeinde oder des Gemeindeverbands. Sie gehören nunmehr zu den Beschäftigten der Gemeinde oder des Gemeindeverbands. Damit wird insbesondere bei Gemeinden mit kleinen Eigenbetrieben einer »Zersplitterung« der PR entgegengewirkt. Die Möglichkeit, nach Abs. 3 auch kleine Eigenbetriebe durch Entscheidung des Dienststellenleiters (auf Antrag der Beschäftigten oder vom Amts wegen) zu selbstständigen Dienststellen zu erklären, bleibt jedoch erhalten. Die Regelung des Abs. 2 soll aber das Regel-Ausnahme-Verhältnis umkehren.[22]

Die **Hochschulen** (vgl. § 1 Rn. 5), das Karlsruher Institut für Technologie 9
(KIT) und die **Schulen**, die Abs. 1 ausdrücklich nennt, sind jeweils selbständige Dienststellen i. S. d. LPVG, soweit dieses nichts anderes bestimmt (vgl. § 98 Rn. 3 ff.). Neu aufgenommen wurde aus systematischen Gründen das Karlsruher Institut für Technologie (KIT), das nicht von dem herkömmlichen Hochschulbegriff erfasst wird, weil es Universität und Forschungseinrichtung ist. Die Regelung steht in unmittelbarem Zusammenhang mit § 101 Nr. 1, der die interne Dienststellengliederung des KIT näher bestimmt.[23]

Besondere Vorschriften für die Bildung von Dienststellen und (örtlichen) 10
PR enthält das LPVG für die **Polizei** in § 96 Abs. 1, für den **Schulbereich** in § 98 Abs. 1, für die **Duale Hochschule** in § 99 Abs. 4, für das **Karlsruher Institut für Technologie** in § 101 Nr. 1 und für den **Südwestrundfunk** in § 106.

3. Leiter der Dienststelle

Im Unterschied zu § 8 S. 1 BPersVG und zu den entsprechenden Regelun- 11
gen aller anderen LPersVG fehlt im LPVG eine allgemeine Vorschrift, die ausdrücklich festlegt, dass für die Dienststelle ihr Leiter handelt. Zahlreiche Einzelbestimmungen des Gesetzes, die dem **Leiter der Dienststelle** Aufgaben und Befugnisse zuweisen, lassen jedoch erkennen, dass auch im Geltungsbereich des LPVG die Dienststelle durch den Dienststellenleiter vertreten wird (vgl. §§ 16 bis 18, 21 Abs. 1, § 24 Abs. 1, § 30 Abs. 2–4, § 32 Abs. 3, 7, 8, § 38 Abs. 2, §§ 40 Abs. 1, 50 Abs. 2, 53 Abs. 4, § 54 Abs. 4, § 55

---

21 Zur Bedeutung der Betriebssatzung eines Eigenbetriebes und der Reichweite der Leitungsmacht vgl. *VGH BW* v. 4. 12. 12 – PL 15 S 696/12 –, juris; nachfolgend *BVerwG* v. 13. 3. 13 – 6 PB 4.13 –, juris

22 LT-Dr. 15/4224, S. 87 [zu § 9].

23 LT-Dr. 15/4224, S. 87 [zu § 9].

Abs. 5, §§ 68, 71 Abs. 6, 72 Abs. 6, 84, 106 Abs. 3). Daraus ergibt sich, dass der Dienststellenleiter als **Repräsentant des Dienstherrn und öffentlichen Arbeitgebers** Partner des PR ist.[24] Grundsätzlich ist deshalb nur er befugt, im Rahmen des PersVR für die Dienststelle rechtswirksam zu handeln.[25] Zu seiner Vertretung unten vgl. Rn. 17 f.

12 Entscheidendes Kriterium für die Eigenschaft des Dienststellenleiters ist die Kompetenz zur **verantwortlichen Leitung des gesamten Dienstbetriebes.** Wem diese Kompetenz zusteht, ergibt sich aus den für die Organisation der jeweiligen Dienststelle maßgebenden Vorschriften.[26] Dabei kann es sich um eine **natürliche Person** oder um ein aus natürlichen Personen bestehendes **Kollegialorgan** handeln.

13 Im Bereich des Landes ergibt sich die Eigenschaft des Dienststellenleiters bei den **obersten Landesbehörden** teils aus der Verfassung, teils aus dem Gesetz: Dienststellenleiter bei den **Ministerien** ist der jeweilige Minister (Art. 49 Abs. 1 S. 4 LVerf), beim **Rechnungshof** dessen Präsident (§ 4 Abs. 1 RHG) und bei der **Landtagsverwaltung** der Landtagspräsident (§ 9 Abs. 4 S. 2 LTGO). Bei den **nachgeordneten Dienststellen** ergibt sich diese Eigenschaft aus Befugnissen, die vom Minister übertragen sind. Dabei ist es unschädlich, dass der Dienststellenleiter im Innenverhältnis an **Weisungen** übergeordneter Dienststellen gebunden ist.[27]

14 Bei den **Körperschaften, Anstalten und Stiftungen** des öffentlichen Rechts besteht häufig die Besonderheit, dass die Leitungsbefugnisse auf verschiedene Organe verteilt sind. Für den Bereich der Sozialversicherung sieht § 114 Abs. 2 BPersVG für Körperschaften abweichend von § 8 S. 1 BPersVG vor, dass der Vorstand die Dienststellenleitung innehat, soweit ihm Entscheidungsbefugnisse zustehen.[28] Für den Bereich der Agenturen für Arbeit, bei denen eine Geschäftsführung gebildet ist, und für die Regionaldirektionen bestimmt § 114 Abs. 3 BPersVG, dass abweichend von § 8 S. 1 BPersVG das vorsitzende Mitglied der Geschäftsführung die Dienststellenleitung innehat.[29] Diese Sonderregelungen haben im LPVG keine Entsprechung. Deshalb kann in seinem Geltungsbereich nur **das für die laufenden Geschäfte zuständige Organ oder das vom Gesetz bestimmte Organ** Dienststellenleiter sein.

---

24 *BVerwG* v. 14. 1. 83 – 6 P 93.78 –, PersV 84, 30.

25 Vgl. *BVerwG* v. 6. 4. 89 – 2 C 26.88 –, PersR 89, 203.

26 Vgl. *BVerwG* v. 26. 8. 87 – 6 P 11.86 –, PersR 88, 45; *VGH BW* v. 21. 10. 80 – 13 S 1056/80.

27 *BVerwG* v. 16. 6. 89 – 6 P 10.86 –, PersR 89, 296, u. v. 30. 3. 09 – 6 PB 29.08 –, PersR 09, 332.

28 Vgl. Altvater-*Baunack*, § 114 Rn. 47 ff.

29 Vgl. Altvater-*Baunack*, § 114 Rn. 53.

15 Bei den **Gemeinden** ist der Bürgermeister nach § 42 Abs. 2 S. 1, § 44 Abs. 1 GemO Leiter der Gemeindeverwaltung und damit auch dann maßgeblicher Dienststellenleiter, wenn Angelegenheiten, die der Beteiligung des PR unterliegen, vom Gemeinderat oder einem seiner Ausschüsse beraten und beschlossen werden[30] (vgl. § 89 Rn. 10, 11). Entsprechendes gilt bei den **Landkreisen** für den Landrat, der nach § 37 Abs. 1 S. 1, § 42 Abs. 1 LKrO das Landratsamt leitet, sowie grundsätzlich bei den der Aufsicht des Landes unterstehenden **Sozialversicherungsträgern** (vgl. § 1 Rn. 5) für den Geschäftsführer, der nach § 36 Abs. 1 SGB IV die laufenden Verwaltungsgeschäfte führt. Etwas anderes gilt für die Orts-, Betriebs- und Innungskrankenkassen sowie die Ersatzkassen, bei denen der aus bis zu drei Personen bestehende hauptamtliche Vorstand Dienststellenleiter ist, weil er nach § 35a Abs. 1 SGB IV für die gesamte Verwaltung der **Krankenkasse** einschl. der laufenden Geschäfte zuständig ist.[31] Für die Abwicklung der Geschäfte einer geschlossenen Betriebskrankenkasse i. S. v. § 155 Abs. 1 S. 2 SGB V steht dem PR ein Restmandat zu.[32]

16 Auf den **dienstrechtlichen Status** des Inhabers der Leitungsfunktion kommt es nicht an. Er braucht nicht zugleich Beschäftigter i. S. d. LPVG zu sein, was z. B. bei den Ministern, den Präsidenten oder Direktoren der Gerichte sowie den Leitenden Oberstaatsanwälten und den Generalstaatsanwälten der Fall ist. Handelt es sich jedoch um einen **Beschäftigten i. S. d. LPVG**, stehen ihm grundsätzlich die gleichen Rechte wie anderen Beschäftigten der Dienststelle zu. Er ist zum PR wahlberechtigt (vgl. § 8 Rn. 3), im Hinblick auf die von ihm zu vertretenden Interessen als Repräsentant des öffentlichen Arbeitgebers jedoch nicht wählbar (§ 9 Abs. 2 S. 1 Nr. 2). Nach § 17 Abs. 4 S. 4 a. F. durfte der Dienststellenleiter oder sein ständiger Vertreter auch keine Wahlvorschläge machen oder unterzeichnen, da er nicht nach § 12 Abs. 3 a. F. wählbar war. Dass nach dem Wortlaut des § 13 Abs. 4 S. 3 i. d. F. des ÄndG 2013 nur die nach § 9 Abs. 2 S. 1 Nr. 3 und 4 nicht wählbaren Beschäftigten keine Wahlvorschläge machen oder unterzeichnen dürfen und damit nicht mehr auf den in § 9 Abs. 2 Nr. 2 aufgeführten Leiter der Dienststelle und seinen ständigen Vertreter verwiesen wird, beruht auf einem offensichtlichen Versehen des Gesetzgebers bei der Fassung der Verweisungsnorm des § 13 Abs. 4 S. 4. Weder aus der Gesetzesbegründung noch aus sonstigen Äußerungen während des Gesetzgebungsverfahrens ist ersichtlich, dass ausgerechnet der nicht zum PR wählbare Dienststellenleiter und sein Vertreter nunmehr Wahlvorschläge unterbreiten oder unterzeichnen dürfen. Da allerdings der Leiter der Dienststelle und sein ständiger Vertreter ohnehin regelmäßig zu selbstständigen Personalentscheidungen befugt sein dürften,

30 *BVerwG* v. 14. 1. 83, a. a. O.

31 Vgl. Altvater-*Baunack*, § 114 Rn. 48.

32 *VGH BW* v. 20. 12. 11 – PB 15 S 2128/11 –, NZS 12, 381

schließt sie jedenfalls nach § 9 Abs. 2 S. 1 Nr. 3 davon aus, Wahlvorschläge zu machen oder zu unterzeichnen. Außerdem haben sich der Leiter der Dienststelle und sein ständiger Vertreter bei der PR-Wahl strikt neutral zu verhalten (vgl. § 20 Rn. 3).

17 Das LPVG sieht in verschiedenen Einzelbestimmungen vor, dass der Dienststellenleiter sich bei der Wahrnehmung seiner personalvertretungsrechtlichen Aufgaben und Befugnisse **vertreten lassen** kann, und zwar durch »eine von ihm beauftragte Person« (§ 30 Abs. 4, § 38 Abs. 2, § 53 Abs. 4 u. § 68 Abs. 1 S. 1), wobei dies für die Teilnahme an einer Sitzung des PR stets nur im Verhinderungsfall (vgl. § 30 Rn. 12) und für die Teilnahme an einer Personalversammlung nur dann gilt, wenn diese nicht auf seinen Wunsch einberufen worden ist (vgl. § 53 Rn. 17). Auch in den anderen Fällen, in denen das LPVG dem »Leiter der Dienststelle« oder lediglich der »Dienststelle« Rechte einräumt oder Pflichten auferlegt, schließt es die Vertretung des Dienststellenleiters nicht aus.

18 Als Beauftragter kommt in erster Linie der **ständige Vertreter** in Betracht, also derjenige, der den Dienststellenleiter in allen Angelegenheiten laufend vertritt und i. d. R. befugt ist, »in Vertretung« zu zeichnen. Darüber hinaus dürfte es jedenfalls in größeren Dienststellen zulässig sein, auch **andere leitende Beschäftigte** mit der Vertretung zu beauftragen, allerdings unter der Voraussetzung, dass diese insoweit entscheidungsbefugt sind.[33] Lässt sich ein **Kollegialorgan** (vgl. Rn. 12, 14 f.) durch eines seiner Mitglieder vertreten, muss dieses grundsätzlich befugt sein, verbindlich für das gesamte Organ zu handeln.[34] Mit **Vorbesprechungen** und Vorverhandlungen können auch andere Beschäftigte beauftragt werden, sofern der PR damit einverstanden ist.[35] Der ständige Vertreter und andere vergleichbare Beschäftigte sind nach § 9 Abs. 2 zum PR nicht wählbar (vgl. § 9 Rn. 8).

4. Verselbstständigungen

19 **(Abs. 3)** Außenstellen, Nebenstellen und Teile einer Dienststelle können **personalvertretungsrechtlich verselbstständigt** werden. Nebenstellen und Teile einer Dienststelle (**Außenstellen und Nebenstellen**) sind wegen der Art der von ihnen wahrzunehmenden, örtlich oder sachlich abgegrenzten Aufgaben räumlich aus der Hauptstelle ausgegliedert. Es handelt sich um organisatorisch verselbständigte Verwaltungseinheiten. Diese sind einer Hauptdienststelle angegliedert und von ihr abhängig, auch wenn sie eigene, meist abgegrenzte Funktionen und Zuständigkeiten haben.[36] **Teile einer**

33 Vgl. *Fischer/Goeres/Gronimus*, § 7 a. F. Rn. 20.
34 Vgl. Altvater-*Baden*, § 8 Rn. 2; Altvater-*Baunack*, § 114 Rn. 54, 55.
35 Vgl. Altvater-*Baden*, § 8 Rn. 15.
36 Vgl. *Ritter-Stütz*, PersR 3/21, 22.

Dienststelle sind Untergliederungen (z. B. Abteilungen), die aus organisatorischen, technischen oder räumlichen Gründen von den übrigen Untergliederungen abgegrenzt sind.[37] Sie sind organisatorisch, räumlich oder sachlich abgegrenzte Untergliederungen einer Dienststelle, mit oder ohne ein gewisses Maß an organisatorischer Selbstständigkeit. Auf eine genaue Unterscheidung kommt es für die Anwendung des Abs. 3 nicht an. Eigenbetriebe mit i. d. R. nicht mehr als 50 Beschäftigten gelten zwar nicht mehr als Dienststelle i. S. v. Abs. 1, sie können aber weiterhin personalvertretungsrechtlich verselbstständigt werden.

Durch Art. 4 Nr. 1 des Gesetzes v. 30. 7. 09[38] ist Abs. 3 S. 1 mit Wirkung vom **19a** 8. 8. 09 in der Weise geändert worden, dass nach den Worten »Teile einer Dienststelle« die Worte »nach Absatz 1 oder einer nach Absatz 3 zusammengefassten Dienststelle« sowie nach dem Wort »Hauptdienststelle« die Worte »oder der zusammengefassten Dienststelle« eingefügt worden sind. Damit ist gesetzlich klargestellt, dass sich die Möglichkeit der Verselbständigung bei Vorliegen der sonstigen Voraussetzungen des Abs. 2 auch auf Außenstellen, Nebenstellen und **Teile einer Dienststelle** erstreckt, die **zuvor** nach Abs. 3 **durch die Zusammenfassung mehrerer ursprünglich selbstständiger Dienststellen entstanden** ist. Die gegenteilige Rspr. des *VGH BW*[39] ist damit überholt.[40] Das gilt auch für kommunale Eigenbetriebe von Landkreisen, was zur Folge hat, dass für den Bereich des Eigenbetriebs und nicht auf Landkreisebene ein GPR zu bilden ist.[41]

Nach dem **bis zum 31. 12. 04** geltenden § 9 Abs. 2 a. F. konnten Außen- **20** stellen, Nebenstellen und Teile einer Dienststelle durch Beschluss oder mit Zustimmung der Mehrheit ihrer wahlberechtigten Beschäftigten verselbständigt werden. Diese Regelungen wurden durch Art. 18 Nr. 1 VRG grundlegend geändert. Der **seit dem 1. 1. 05** geltende Abs. 3 soll den mit der **Verwaltungsreform** verfolgten Zielen der Integration und der Verschlankung der Verwaltung dienen.[42] Er sieht nun in S. 1 vor, dass Außenstellen, Nebenstellen und Teile einer Dienststelle nur durch den **Leiter der Hauptdienststelle** oder – seit der erneuten Änderung zum 8. 8. 09 – durch den **Leiter der zusammengefassten Dienststelle** (vgl. Rn. 19a) zu einer selbstständigen Dienststelle erklärt oder zu solchen zusammengefasst werden können. Dabei kann der Leiter der Hauptdienststelle bzw. der Leiter der zusammengefassten Dienststelle auf Antrag der Mehrheit der betroffenen

37 Vgl. *NdsOVG* v. 1. 4. 98 – 17 L 5256/96 –, PersR 98, 428, m. w. N.
38 GBl. S. 363.
39 Beschl. v. 24. 7. 07 – PL 15 S 3/06 –, juris.
40 Vgl. LT-Dr. 14/4780, S. 36 f.; *Altvater*, PersR 10, 287, 291.
41 *VGH BW* v. 4. 2. 12 – PL 15 S 696/12 –, juris; *BVerwG* v. 13. 3. 13 – 6 PB 4/13 –, juris (Klinikum Ortenaukreis).
42 LT-Dr. 13/3201, S. 288 f.

wahlberechtigten Beschäftigten (vgl. Rn. 23) oder von Amts wegen, also von sich aus, entscheiden.

21 Die Entscheidung nach Abs. 3 S. 1 ist nach **pflichtgemäßem Ermessen** unter Berücksichtigung dienstlicher Belange und der Belange der Beschäftigten zu treffen. Beide Belange sind gleichrangig. Während die **dienstlichen Belange** darin bestehen, die Effektivität und Effizienz der Verwaltung zu gewährleisten, geht es bei den **Belangen der Beschäftigten** vorrangig darum, diesen eine effektive, insb. orts- und sachnahe Vertretung ihrer Interessen zu ermöglichen. Dass die in Abs. 3 S. 1 genannten Teileinheiten **räumlich weit von der Dienststelle entfernt** liegen, ist anders als in § 7 geregelt, nicht vorgeschrieben. Die räumliche Entfernung ist jedoch ein bei der Berücksichtigung der Belange der Beschäftigten zu prüfendes Kriterium.[43] Dabei kommt es v. a. auf die Verkehrsverhältnisse und darauf an, ob der Kontakt zwischen dem PR und den Beschäftigten in dem von der Hauptdienststelle räumlich getrennten Bestandteil der Dienststelle derart erschwert ist, dass die sachgerechte Wahrnehmung der Aufgaben des PR darunter leidet.[44] Das ist i. d. R. zu vermuten, wenn sich die Hauptdienststelle und die Teileinheit in verschiedenen, mehr als 20 Kilometer voneinander entfernt liegenden Dienstorten befinden.[45] Nach Abs. 3 S. 1 ist auch die **Zusammenfassung** von Teileinheiten einer Dienststelle zu einer einzigen selbstständigen Dienststelle, also eine **gemeinsame Verselbständigung**, zulässig.

22 Die Verselbständigungsfähigkeit einer Teileinheit hängt von **zwei »ungeschriebenen« Voraussetzungen** ab. Zum einen müssen dort im Hinblick auf § 10 Abs. 1 i. d. R. mindestens fünf Wahlberechtigte beschäftigt sein, von denen drei wählbar sind.[46] Zum anderen muss dort eine Person vorhanden sein, die als Dienststellenleiter handeln kann, ohne dass ihr allerdings »personalvertretungsrechtlich relevante Befugnisse« zustehen müssen.[47]

23 Für den **Antrag der Mehrheit der betroffenen wahlberechtigten Beschäftigten** gibt das Gesetz kein bestimmtes Verfahren vor. Eine nach § 4 LPVGWO durchzuführende Abstimmung ist nicht vorgeschrieben, aber auch nicht ausgeschlossen (vgl. auch Rn. 30). Der Antrag kann nicht durch Einreichen einer Unterschriftenliste gestellt werden, da Abs. 4 S. 1 ausdrücklich die geheime Abstimmung fordert (a. A. noch die Vorauflage).

---

43 Ähnlich Leuze-*Isenburg*, § 5 Rn. 22.

44 *BVerwG* v. 26. 11. 08 – 6 P 7.08 –, PersR 09, 267.

45 *BVerwG* v. 14. 7. 87 – 6 P 9.86 –, PersR 87, 195, u. v. 29. 5. 91 – 6 P 12.89 –, PersR 91, 334.

46 *BVerwG* v. 29. 5. 91, a. a. O., v. 7. 1. 03 – 6 P 7.02 –, PersR 03, 153, u. v. 26. 11. 08 – 6 P 7.08 –, PersR 09, 267.

47 Str.; wie hier *BVerwG* v. 29. 5. 91, a. a. O.; a. A. jetzt aber *BVerwG* v. 13. 9. 10 – 6 P 14.09 –, PersR 10, 494, wonach für eine verselbstständigte Nebendienststelle kein Nebendienststellenleiter bestellt werden muss; s. auch *Howald*, öAT 12, 99.

Das Erfordernis der geheimen Abstimmung verlangt die Verwendung von Stimmzetteln;[48] auch muss das unbeobachtete Ausfüllen der Stimmzettel sichergestellt sein.[49] Die Stimmabgabe kann persönlich oder – in entsprechender Anwendung der §§ 23 und 24 LPVGWO über die Briefwahl – auch schriftlich erfolgen.[50] Wird die Zusammenfassung mehrerer Teileinheiten beantragt, muss sich die Mehrheit aller wahlberechtigten Beschäftigten dieser Einheiten dafür aussprechen. Eine stattgebende Entscheidung des Leiters der Hauptdienststelle ist allerdings nicht erzwingbar.

Nach Abs. 3 S. 2 ist »der Personalrat« vor der Entscheidung anzuhören. Damit ist immer der **PR der Hauptdienststelle** (oder ggf. der zusammengefassten Dienststelle) gemeint. Für die **Anhörung** gelten die gleichen Grundsätze wie in den Fällen des § 86 (vgl. dort Rn. 3). 24

Die Entscheidung nach Abs. 3 S. 1 kann **jederzeit**, aber **nur für die Zukunft**, erfolgen. Sie wird nach Abs. 3 S. 5 erst **ab der folgenden Wahl wirksam**. Entsprechend § 4 LPVGWO kann sie nur dann berücksichtigt werden, wenn sie vom Leiter der Hauptdienststelle oder der zusammengefassten Dienststelle dem **Wahlvorstand** spätestens binnen sechs Arbeitstagen nach dessen Bekanntmachung über seine Zusammensetzung vorliegt.[51] 25

Die Verselbständigung nach Abs. 3 S. 1 gilt bis zu ihrer in Abs. 3 S. 3 und 4 ausdrücklich geregelten **Aufhebung**. Dazu bedarf es einer auf die Zukunft gerichteten **Entscheidung des Leiters der Hauptdienststelle** (oder ggf. der zusammengefassten Dienststelle), für die grundsätzlich das Gleiche gilt wie im Falle der Verselbständigung (vgl. Rn. 20–24). Die frühere Verselbstständigungsentscheidung bleibt bestehen, da sie die Rechtsgrundlage für den bisherigen PR darstellt, wird aber für die Zukunft mit Wirksamkeit ab der nächsten Personalratswahl hinfällig. Eine Abweichung besteht nach Abs. 3 S. 4 darin, dass vor der Aufhebung folgende **Personalvertretungen anzuhören** sind: der PR »der Dienststelle nach Satz 1«, also der PR derjenigen Dienststelle, die durch die Verselbständigung entstanden ist, der PR der Hauptdienststelle und der GPR der Gesamtdienststelle. Die Aufhebung der Verselbständigung ist nach Abs. 2 S. 5 **ab der folgenden Wahl wirksam**. Wegen der rechtzeitigen Information des Wahlvorstandes s. Rn. 25. 26

Die Verselbständigung hat keinen Einfluss auf die **Verwaltungsorganisation** und auf die außerhalb des PersVR bestehenden Befugnisse des Leiters der Hauptdienststelle und des Leiters der verselbständigten Teileinheit(en).[52] Personalvertretungsrechtlich wird die verselbstständigte Teileinheit wie eine 27

48 *BVerwG* v. 21.7.80 – 6 P 13.80 –, PersV 81, 501

49 *OVG NW* v. 14.9.77 – CB 23/77 –, PersR 87, 238 (Ls.).

50 *BVerwG* v. 21.7.1980, a.a.O.

51 So auch Rooschüz-*Mausner*, § 5 Rn. 77.

52 *BVerwG* v. 14.4.61 – VII P 4.60 –, BVerwGE 12,194, u.v. 6.4.84 – 6 P 12.82 –, Buchh 238.36 § 6 Nr. 1; *VGH BW* v. 27.9.94 – PL 15 S 2803/93 –.

selbstständige Dienststelle i. S. d. Abs. 1 behandelt. Außerdem wird nach § 54 Abs. 1 neben den einzelnen PR ein **GPR** gebildet.

27a § 9 Abs. 2 LPVG in den bis zum 7. 8. 2009 (Änderung durch Art. 4 des Gesetzes zur Änderung des Landesverwaltungsverfahrensgesetzes und anderer Gesetze v. 30. 7. 2009; jetzt § 5 Abs. 3 LPVG n. F.) geltenden Fassungen ließ lediglich eine Ausnahme von dem allgemeinen Grundsatz zu, dass PR nur bei Dienststellen i. S. d. § 9 Abs. 1 LPVG (= § 5 Abs. 1 LPVG n. F.) zu bilden sind, ermöglichte aber nicht die **Verselbstständigung** von selbstständigen Dienststellen i. S. d. § 9 Abs. 1 LPVG.

27b **Beteiligungslücken**, die sich aus dem Nebeneinander der Kommunalverwaltung und der kommunalen Eigenbetriebe als selbstständige Dienststellen i. S. d. § 5 Abs. 1 ergeben, sind dadurch zu schließen, dass der PR des kommunalen Eigenbetriebs auch dann beteiligt wird, wenn nicht die Betriebsleitung, sondern kommunale Organe für dessen Beschäftigte beteiligungspflichtige Maßnahmen treffen.[53]

27c Ob ein **Antrag auf Verselbstständigung »sinnvoll«** erscheint, lässt sich nicht losgelöst von den konkreten Umständen beantworten und liegt zu Recht allein in der Hand der Beschäftigten. Bei den überwiegenden Fallkonstellationen dürfte eine Verselbständigung in deren Interesse liegen. Dies gilt insbesondere für Teileinheiten mit eigener Leitung.[54]

5. Zusammenfassung von Dienststellen

28 **(Abs. 4)** Nach Abs. 4 ist es zulässig, **mehrere Dienststellen** zu einer Dienststelle i. S. d. LPVG **zusammenzufassen**. Dabei muss es sich um Dienststellen des gleichen Verwaltungszweiges handeln. Für die Zugehörigkeit zu einem **Verwaltungszweig** ist nicht auf das inhaltliche Kriterium der Gleichartigkeit der zu erfüllenden Aufgaben abzustellen, sondern auf das formale Kriterium der hierarchischen Verknüpfung der Dienststellen. Danach gehören zu einem Verwaltungszweig alle Dienststellen, die eine **gemeinsame oberste Dienstbehörde** haben. Bei den kommunalen Gebietskörperschaften bildet die gesamte Verwaltung einschl. der Eigenbetriebe einen einzigen Verwaltungszweig, so dass z. B. die Gemeindeverwaltung mit den Eigenbetrieben der Gemeinde zu einer einzigen Dienststelle i. S. d. LPVG zusammengefasst werden kann.[55] Dabei besteht nach Abs. 3 S. 1 auch die Möglichkeit zur anschließenden Aufgliederung der so entstandenen einheitlichen Dienststelle (vgl. Rn. 19a).

29 Über die Zusammenfassung von Dienststellen und über deren Aufhebung entscheidet die **oberste Dienstbehörde.** Das ist nach § 3 Abs. 2 LBG die

53 *VGH BW* v. 25. 8. 16 – PL 15 S 1966/15 –, juris.

54 Vgl. *Ritter-Stütz*, PersR 3/21, 24.

55 So auch Rooschüz-*Mausner*, § 5 Rn. 99.

oberste Behörde des Dienstherrn, in deren Geschäftsbereich die Beamten ein Amt wahrnehmen. Für Arbeitnehmer gilt Entsprechendes. Oberste Dienstbehörde ist bei den Beschäftigten des Landes z. B. das Ministerium, in dessen Geschäftsbereich sie tätig sind (§ 8 Abs. 3 Nr. 2 LVwG). Bei den Gemeinden ist es der Gemeinderat (§ 24 Abs. 1 GemO) und bei den Landkreisen der Kreistag (§ 19 Abs. 1 LKrO), die gem. § 89 Abs. 1 Nr. 1 an die Stelle der obersten Dienstbehörde treten.

Die **oberste Dienstbehörde** hat nach pflichtgemäßem Ermessen zu ent- 30
scheiden. Ihre Entscheidung wird aber nur wirksam, wenn die **Mehrheit der wahlberechtigten Beschäftigten** der jeweils betroffenen Dienststellen in geheimer Abstimmung zustimmt. Insoweit können die Vorschriften des § 4 LPVGWO über Vorabstimmungen entsprechend angewandt werden. Für die Entscheidung der obersten Dienstbehörde über die **Aufhebung** der Zusammenfassung ist in § 5 Abs. 4 S. 2 geregelt, dass S. 1 mit der Maßgabe entsprechend gilt, dass es nur der Zustimmung der Mehrheit der wahlberechtigten Beschäftigten **der Dienststellenteile** bedarf, die aus dem Zusammenschluss ausscheiden wollen oder sollen, weil das bisherige Zustimmungserfordernis der Mehrheit der wahlberechtigten Beschäftigten die Entscheidungsfreiheit erheblich eingeschränkt hat. Vor allem beim Zusammenschluss von Dienststellen mit erheblich voneinander abweichenden Beschäftigtenzahlen, konnte der bisherige Zustimmungsvorbehalt ein Ausscheiden oder eine Aufhebung des Zusammenschlusses nahezu unmöglich machen, wenn sich die Beschäftigten der größeren Dienststelle nicht betroffen fühlten und deshalb der Abstimmung fernblieben. Da die Aufhebung eines solchen Zusammenschlusses von Dienststellen aber in erster Linie die personalvertretungsrechtliche Situation der wahlberechtigten Beschäftigten der Dienststellenteile, die aus dem Zusammenschluss ausscheiden wollen oder sollen, berührt, ist das Zustimmungserfordernis auf sie beschränkt worden.[56] Die Entscheidung über die Zusammenfassung oder Aufhebung ist ebenfalls in die Zukunft gerichtet und ab **der folgenden Wahl wirksam** (vgl. Rn. 25 f.).

Nach dem durch Art. 4 Nr. 2 des Gesetzes v. 30. 7. 09 (vgl. Rn. 19a) angefüg- 30a
ten Hs. 2 des Abs. 4 S. 2 führt die **Aufhebung einer Zusammenfassung** ggf. dazu, dass **damit zugleich** eine nach Abs. 3 S. 1 erklärte **Verselbstständigung** von Außenstellen, Nebenstellen oder Teilen der zusammengefassten Dienststelle als **aufgehoben** gilt. Dadurch wird vermieden, dass bei einer Aufhebung eines Zusammenschlusses zuvor eine zeitaufwendige, formale Rückabwicklung der Verselbständigung stattzufinden hat.[57]

---

56 LT-Dr. 15/4224, S. 87 [zu § 9].

57 Vgl. LT-Dr. 14/4780, S. 37.

31 Der **organisationsrechtliche Status** der Dienststellen wird durch die Zusammenfassung nicht berührt.[58] Das gilt auch für die außerhalb des PersVR liegenden Befugnisse der Leiter der zusammengefassten Dienststellen. Zur Wahrnehmung derjenigen personalvertretungsrechtlichen Rechte und Pflichten, die nur einheitlich wahrgenommen werden können, muss die oberste Dienstbehörde einem der Leiter der ursprünglichen Dienststellen für die gesamte Dienststelle die Funktion des **Dienststellenleiters** übertragen. Soweit die Leiter der ursprünglichen Dienststellen weiterhin entscheidungsbefugt sind, bleiben sie – wie im Falle des § 10 Abs. 2 – ggf. auch für die Beteiligung des PR zuständig und fungieren dabei ebenfalls als Dienststellenleiter.[59] Sie sind deshalb nach § 9 Abs. 3 nicht wählbar.[60]

6. Gemeinsame Dienststellen verschiedener juristischer Personen

32 **(Abs. 5)** Die Regelung in Abs. 5 S. 1 ergänzt u. a. die Vorschrift des § 6 Abs. 2 BPersVG. Sie war in der Zeit vor dem 1. 1. 08 vor allem für die **OFD Karlsruhe von Bedeutung**, die als Mittelbehörde sowohl der Bundes- als auch der Landesfinanzverwaltung eine **gemeinsame Dienststelle des Bundes und des Landes** war.

33 Durch Art. 1 des Gesetzes v. 20. 12. 07[61] sind die bisher als gemeinsame Mittelinstanz der Finanzverwaltung des Bundes und des jeweiligen Landes eingerichteten Oberfinanzdirektionen **in Bundesfinanzdirektionen** als Mittelbehörden der Bundesfinanzverwaltung **und Oberfinanzdirektionen** als Mittelbehörden der Landesfinanzverwaltung **getrennt** worden. Das hat u. a. zur Folge, dass die auf die vorherige Organisationsstruktur zugeschnittene Regelung in **§ 6 Abs. 2 BPersVG** insoweit **keinen Anwendungsbereich mehr** findet.[62]

34 Die Regelung in **§ 6 Abs. 2 BPersVG** gilt nur für **gemeinsame Dienststellen von Rechtsträgern verschiedener Rechtskreise**, also von Rechtsträgern, die einerseits auf Bundesrecht, andererseits auf Landesrecht beruhen. Im Unterschied dazu gilt **§ 5 Abs. 5 S. 1 LPVG** aber nicht nur für gemeinsame Dienststellen von juristischen Personen, für die verschiedene PersVG gelten, sondern auch für **gemeinsame Dienststellen**, die ausschließlich **im Geltungsbereich des LPVG** liegen. Letzteres trifft z. B. für öffentliche **Schulen** zu, die (als Anstalten gemischter Art) von einer kommunalen Gebiets- oder Verbandskörperschaft gemeinsam mit dem Land getragen werden (vgl. § 98 Rn. 1, 3).

---

58 LT-Dr. 11/6312, S. 33.

59 So auch Rooschüz-*Mausner*, § 5 Rn. 85.

60 Auch Rooschüz-*Mausner*, § 5 Rn. 86.

61 BGBl. I, S. 2897.

62 Näher dazu *Altvater*, PersR 09, 60 [zu III].

Abs. 5 S. 2 enthält eine Sonderregelung für die **Landratsämter**, die Behörde des Landkreises und zugleich als untere Verwaltungsbehörde (Janusköpfigkeit) staatliche Behörde sind (§ 1 Abs. 3 LKrO). Bei ihnen werden die für die Aufgaben der unteren Verwaltungsbehörde erforderlichen Beamten des höheren Dienstes oder vergleichbare Arbeitnehmer grundsätzlich vom Land, die übrigen Beschäftigten vom Landkreis gestellt (§ 52 Abs. 1 LKrO). Nach dem Sonderbehörden-Eingliederungsgesetz v. 12.12.94[63] kommen als Beschäftigte des Landes jene Beamten und Arbeitnehmer der eingegliederten Staatlichen Veterinärämter, Staatlichen Gesundheitsämter und der Ämter für Wasserwirtschaft und Bodenschutz hinzu, die eine Versetzung zur Körperschaft des Landkreises abgelehnt haben.[64] Außerdem kommen hinzu jene Personen (Beamte des einfachen, mittleren und gehobenen Dienstes und vergleichbare Arbeitnehmer des Landes), die aus Anlass der Aufgabenübertragung nach dem Verwaltungsstruktur-Reformgesetz v. 1.7.04[65] einem Dienstherrnwechsel nicht zugestimmt haben bzw. kein neues Arbeitsverhältnis eingegangen sind (vgl. Art. 9 VRG).[66] 35

Nach dem neugefassten Abs. 5 S. 2 ist das Landratsamt eine einheitliche Dienststelle, bei der ein **gemeinsamer PR** gebildet wird, der sowohl von den Beschäftigten des Landkreises als auch von den dort tätigen Beschäftigten des Landes gewählt wird.[67] Damit ist die zusätzliche Bildung eines besonderen PR, der nur von den Beschäftigten des Landes gewählt wird, entfallen. Ihm war bei Maßnahmen übergeordneter Dienststellen, die einzelne Beschäftigte des Landes bei Landratsämtern betrafen, von der zuständigen Stufenvertretung lediglich Gelegenheit zur Äußerung gegeben. Mithin kam ihm nur die Funktion eines »Anhörungspersonalrats« zu. Die Bedeutung einer Sondervertretung für Beschäftigte des Landes ist weitgehend entfallen, weil durch die Kreisreform räumlich größere Landkreise entstanden und vor allem durch die Verwaltungsstrukturreform weitere Geschäftsbereiche in die Landratsämter eingegliedert worden sind. Deshalb sind mittlerweile verhältnismäßig mehr Beschäftigte des Landes in den Landratsämtern tätig. Diesen Beschäftigten ist es daher eher möglich, eigene Vertreter in den (gemeinsamen) PR zu wählen, der auch für die Interessen der Beschäftigten des Landes gegenüber der Stufenvertretung eintritt. Gefördert wird die Vertretung von Landesbeschäftigten im (gemeinsamen) PR nunmehr durch die Neuregelung in § 14 Abs. 2.[68] Dem PR beim Landratsamt sollen Beschäfigte des Landkreises und des Landes entsprechend ihren Anteilen an den i. d. R. 36

63 GBl. S. 653.
64 Leuze-*Isenburg*, § 5 Rn. 39.
65 GBl. S. 469.
66 LT-Dr. 13/3201, S. 269.
67 Leuze-*Isenburg*, § 5 Rn. 37.
68 LT-Dr. 15/4224, S. 88 [zu § 9].

Beschäftigten des Landratsamts angehören. Dies gilt entsprechend für die Vertretung in den Gruppen im PR.

Vorbemerkungen vor § 6 zur Weitergeltung der §§ 107 und 109 BPersVG a. F. bis 31. 12. 2024 und zur unmittelbaren Geltung der §§ 127 und 128 BPersVG (= § 108 BPersVG a. F.)

1 Mit den §§ 127 und 128 BPersVG 2021 hat der Bundesgesetzgeber nur noch zwei Regelungen zu **für die Länder geltenden Vorschriften** bestimmt. Beim Erlass des BPersVG 1974 hatte der Bund für § 109 BPersVG a. F. noch die **Gesetzgebungskompetenz** nach Art. 75 Nr. 1 und Art. 74a GG a. F. (vgl. Anh. 1 § 131 BPersVG Rn. 29 [zu § 107 BPersVG a. F.]). Mit der am 1. 9. 06 in Kraft getretenen **Föderalismusreform I** sind diese Kompetenztitel aber aufgehoben worden. Die Vorschrift des § 109 BPersVG a. F. kann seitdem nicht mehr als Bundesrecht erlassen werden, gilt aber gem. § 131 BPersVG bis zum 31. 12. 2024 als Bundesrecht fort.

1a Mit dem durch Art. 6 Nr. 2 DRG geschaffenen § 9a LPVG a. F. ist die bisherige unmittelbar für die Länder geltende Vorschrift des **§ 107 S. 1 BPersVG** a. F. ohne inhaltliche Änderung in das LPVG übernommen worden.[1]

2 Die **Vorschriften des Grundgesetzes über die Gesetzgebung des Bundes** wurden, soweit sie für das Gebiet der Personalvertretung bedeutsam sind, **zweimal geändert:** durch das am 15. 11. 94 in Kraft getretene Gesetz v. 27. 10. 94[2] und durch das am 1. 9. 06 in Kraft getretene Gesetz v. 28. 8. 06.[3] Nachdem das **Änderungsgesetz des Jahres 1994** zunächst die Voraussetzungen für die Rahmengesetzgebung des Bundes verschärft hatte, hat das **Änderungsgesetz des Jahres 2006** (die Föderalismusreform I) die Rahmengesetzgebung als Typus der Gesetzgebung des Bundes aufgehoben und zugleich dessen Kompetenzen zur Gesetzgebung auf dem Gebiet der Personalvertretung in den Ländern weitgehend reduziert.

3 Das **Recht der Personalvertretungen** im öffentlichen Dienst gehört nach der Rspr. des *BVerfG* nicht zum »Arbeitsrecht einschließlich der Betriebsverfassung« i. S. d. Art. 74 Nr. 12 GG a. F. (= Art. 74 Abs. 1 Nr. 12 GG F. 1994), das dem Bereich der konkurrierenden Gesetzgebung des Bundes zugeordnet ist. Es bildet vielmehr einen **Teil des öffentlichen Dienstrechts**.[4] Daraus folgte **vor der Föderalismusreform I** (vgl. Rn. 2), dass der Bund einerseits aufgrund seiner Kompetenz zur ausschließlichen Gesetzgebung nach **Art. 73 Nr. 8 GG a. F.** die Personalvertretung für die »im Dienste des Bundes und der bundesunmittelbaren Körperschaften des öffentlichen Rechtes ste-

1 Vgl. LT-Dr. 14/6694, S. 562.
2 BGBl. I S. 3146.
3 BGBl. I S. 2034.
4 Beschl. v. 3. 10. 57 – 2 BvL 7/56 –, BVerfGE 7, 120.

henden Personen« durch **unmittelbar geltende Rechtsvorschriften** regeln konnte, während er andererseits – unter den (1994 verschärften) Voraussetzungen des Art. 72 GG – nach **Art. 75 Nr. 1 GG a. F. (= Art. 75 Abs. 1 S. 1 Nr. 1 GG F. 1994)** für die Personalvertretung der »im öffentlichen Dienste der Länder, Gemeinden und anderen Körperschaften des öffentlichen Rechtes stehenden Personen« nur **Rahmenvorschriften für die Gesetzgebung der Länder** erlassen konnte.

Zur Zeit des Erlasses des BPersVG 1974 mussten die Rahmenvorschriften 4 des Bundes als Ganzes der **Ausfüllung durch die Länder** fähig und bedürftig sein. Dabei durfte der Bund auch **einzelne abschließende Bestimmungen** vorsehen und sogar **unmittelbar geltende Rechtsvorschriften** für bestimmte Gebiete erlassen, wenn an einer einheitlichen Regelung ein besonders starkes und legitimes Interesse bestand. Seit dem Inkrafttreten des Gesetzes v. 27. 10. 94[5] konnten Rahmenvorschriften grundsätzlich nur noch »für die Gesetzgebung der Länder« erlassen werden (Art. 75 Abs. 1 Eingangssatz GG F. 1994) und durften nur in Ausnahmefällen in Einzelheiten gehende oder unmittelbar geltende Regelungen enthalten (Art. 75 Abs. 2 GG F. 1994). Soweit der Bund in der Vergangenheit aufgrund seiner Rahmengesetzgebungskompetenz Vorschriften erlassen hatte, die nach Art. 75 Abs. 2 GG F. 1994 nicht mehr hätten erlassen werden können, galten diese Vorschriften aber nach Art. 125a Abs. 2 S. 3 GG F. 1994 als Bundesrecht fort und durften durch Landesrecht nur ersetzt werden, soweit ein Bundesgesetz dies bestimmte.[6]

Die **Föderalismusreform I** durch das Gesetz v. 28. 8. 06[7] ist für das PersVR 5 v. a. deshalb bedeutsam, weil sie die **Gesetzgebungskompetenzen zwischen Bund und Ländern neu verteilt** hat. Der zum Bereich der konkurrierenden Gesetzgebung des Bundes gehörende Kompetenztitel »Arbeitsrecht einschließlich der Betriebsverfassung« (**Art. 74 Abs. 1 Nr. 12 GG a. F. und n. F.**) ist ebenso wie der zum Bereich der ausschließlichen Gesetzgebung des Bundes gehörende Kompetenztitel »die Rechtsverhältnisse der im Dienste des Bundes und der bundesunmittelbaren Körperschaften des öffentlichen Rechtes stehenden Personen« (**Art. 73 Nr. 8 GG a. F. = Art. 73 Abs. 1 Nr. 8 GG n. F.**) unverändert geblieben. Jedoch ist die **Rahmengesetzgebung** als Typus der Gesetzgebung des Bundes durch die Aufhebung des Art. 75 GG a. F. gänzlich **entfallen** und damit auch die Befugnis des Bundes, unter den Voraussetzungen des Art. 72 GG a. F. über »die Rechtsverhältnisse der im öffentlichen Dienste der Länder, Gemeinden und anderen Körperschaften des öffentlichen Rechtes stehenden Personen« Rahmenvorschriften für die Gesetzgebung der Länder zu erlassen (**Art. 75 Abs. 1 S. 1 Nr. 1 GG a. F.**).

5 BGBl. I S. 3146.
6 Vgl. *BVerwG* v. 18. 9. 03 – 6 P 2.03 –, PersR 03, 500.
7 BGBl. I S. 2034.

Insbesondere aus diesem Kompetenztitel war bislang das Recht des Bundes zum Erlass der im Zweiten Teil des BPersVG enthaltenen Vorschriften für die Personalvertretungen in den Ländern hergeleitet worden (vgl. Rn. 7). An die Stelle des Art. 75 Abs. 1 Nr. 1 GG a. F. ist **Art. 74 Abs. 1 Nr. 27 GG n. F.** getreten. Danach hat der Bund nunmehr die **konkurrierende Gesetzgebung** über »die Statusrechte und -pflichten der Beamten der Länder, Gemeinden und anderen Körperschaften des öffentlichen Rechts sowie der Richter in den Ländern mit Ausnahme der Laufbahnen, Besoldung und Versorgung«.

6 Welche Gesetzgebungskompetenzen dem Bund hinsichtlich der **Personalvertretung in den Ländern** nach der Föderalismusreform I noch zustehen, ist noch weitgehend ungeklärt. Das gilt insbesondere für die Frage, ob und inwieweit diese Materie vom neuen Kompetenztitel des **Art. 74 Abs. 1 Nr. 27 GG** (»Statusrechte und -pflichten der Beamten der Länder«) erfasst ist. Die bisherigen Überlegungen sind v. a. deshalb unbefriedigend, weil sich mit ihnen Gesetzgebungskompetenzen des Bundes lediglich für die Personalvertretung der Beamten, nicht jedoch für alle Beschäftigten in den Ländern begründen lassen. Im Hinblick auf den mit der Föderalismusreform I verfolgten Zweck, die Personal- und Organisationshoheit der Länder zu stärken, ist zu erwarten, dass der Bund ihm zustehende Gesetzgebungskompetenzen auf dem Gebiet der Personalvertretung in den Ländern in absehbarer Zeit nicht offensiv nutzen wird. Dementsprechend bestimmt das Gesetz zur Regelung des Statusrechts der Beamtinnen und Beamten in den Ländern (**Beamtenstatusgesetz** – BeamtStG) v. 17. 6. 08[8] – geändert durch Art. 15 Abs. 16 DNeuG v. 5. 2. 09[9] – in seinem § 51 lediglich: »Die Bildung von Personalvertretungen zum Zweck der vertrauensvollen Zusammenarbeit zwischen der Behördenleitung und dem Personal ist unter Einbeziehung der Beamtinnen und Beamten zu gewährleisten.«[10] Daran ist u. a. bemerkenswert, dass diese Regelung die Länder (nur) zur **Gewährleistung einer Personalvertretung** verpflichtet, **die das gesamte Personal (Beamte und Arbeitnehmer) repräsentiert**, und dass die Verpflichtung zur Einbeziehung der Beamten gesonderte Personalvertretungen der beiden Statusgruppen nicht zulässt.[11] Im Übrigen ist die Bundesregierung jedoch davon ausgegangen, dass die Kompetenz zur materiellen Gestaltung des PersVR bei den Ländern liegt.[12] Soweit die Gewährleistung der Personalvertretung die **Arbeitnehmer** betrifft, hat der Bund die Gesetzkompetenz dafür allerdings nach **Art. 74 Abs. 1 Nr. 12 GG** (»Arbeitsrecht einschließlich der

8 BGBl. I S. 1010.

9 BGBl. I S. 160.

10 Näher dazu *Reich*, § 51 Rn. 1 ff.

11 Vgl. BT-Dr. 16/4027, S. 35 [zu § 52].

12 BT-Dr. 16/4027, S. 40 [zu C, letzter Abs.].

Betriebsverfassung«). Da § 51 BeamtStG – mit Ausnahme der (durch Art. 74 Abs. 1 Nr. 27 GG gedeckten) Einbeziehung der Beamten – zur Ausgestaltung der Personalvertretung keine Vorgaben macht, handelt es sich in Bezug auf die Arbeitnehmer um eine die Besonderheiten des öffentlichen Dienstes nicht berührende allgemeine arbeitsrechtliche Vorschrift, die wegen ihrer Beschränkung auf eine »reine Existenzgarantie«[13] kompetenzrechtlich unbedenklich ist.

Mit dem **Erlass des Zweiten Teils des BPersVG** (§§ 94–109) und den Än- 7
derungen einzelner Vorschriften dieses Teils in den Jahren 1974, 1986, 1988, 1994 und 2005 (vgl. Rn. 1) hat der Bund von seiner damaligen Kompetenz zur **Rahmengesetzgebung** Gebrauch gemacht (Art. 75 [Abs. 1 S. 1] Nr. 1 i. V. m. Art. 72 GG a. F.). Dabei konnte er sich indessen beim Erlass einzelner Vorschriften auch auf Kompetenztitel im Bereich der **konkurrierenden Gesetzgebung** stützen. Das gilt insbesondere für Vorschriften des Zweiten Kapitels (§§ 107–109 BPersVG), für die der Bund teilweise auch die Kompetenzen aus Art. 74 Nr. 12 und Art. 74a GG a. F. in Anspruch nehmen konnte (vgl. Rn. 10 u. 15).

Für das Schicksal jener Vorschriften des BPersVG, die vor der Föderalismus- 8
reform I aufgrund des weggefallenen Kompetenztitels in Art. 75 [Abs. 1 S. 1] Nr. 1 GG a. F. i. V. m. Art. 72 GG a. F. erlassen wurden, gelten **Übergangsvorschriften.** In Betracht kommen dabei die Übergangsvorschriften des Art. 125a GG (vgl. Rn. 9) oder die des Art. 125b GG (vgl. Rn. 10).

Der durch das Gesetz v. 28. 8. 06[14] neugefasste **Art. 125a Abs. 1 GG** bestimmt, 9
dass Recht, das als Bundesrecht erlassen worden ist, aber (u. a. wegen der Aufhebung des Art. 75 GG) **nicht mehr als Bundesrecht erlassen werden könnte,** als Bundesrecht fortgilt (S. 1), jedoch durch Landesrecht ersetzt werden kann (S. 2). Diese Übergangsvorschriften sind maßgebend, soweit die §§ 94 bis 109 BPersVG a. F. nicht auf andere (seit dem 1. 9. 06 bestehende) Kompetenztitel gestützt werden können. Soweit dies nicht der Fall ist, gelten die genannten Vorschriften des BPersVG nunmehr **nach § 131 BPersVG 2021 bis 31. 12. 2024 als Bundesrecht weiter** (mit der Folge, dass ihnen widersprechendes Landesrecht nach Art. 31 GG nichtig ist [vgl. Rn. 12]), bis sie **vom Landesgesetzgeber ersetzt** werden. Die Ersetzung des Bundesrechts erfordert, dass der Landesgesetzgeber die Materie in eigener Verantwortung regelt; dabei ist er nicht gehindert, ein weitgehend mit dem bisherigen Bundesrecht gleich lautendes Landesrecht zu erlassen.[15] Der Landesgesetzgeber ist befugt, die Ersetzung des Bundesrechts auf den abgrenzbaren Teilbereich einer Materie zu beschränken, soweit dabei eine unübersichtliche Gemen-

---

13 BT-Dr. 16/4027, ebd.

14 BGBl. I S. 2034.

15 *BVerfG* v. 9. 6. 04 – 1 BvR 636/02 –, NJW 04, 2363; vgl. auch *BVerwG* v. 29. 10. 09 – 2 C 82.08 –, NVwZ-RR 10, 243.

gelage von Bundes- und Landesrecht vermieden wird.[16] Die Ersetzung kann nicht in einer Änderung des Bundesrechts, wohl aber in dessen bloßer Aufhebung bestehen.[17] Der maßgeblichen landesrechtlichen Norm muss aber zu entnehmen sein, dass eine Ersetzung vorgenommen wird.[18] Macht ein Landesgesetzgeber von dieser Ersetzungskompetenz Gebrauch, so gilt dies nur für das jeweilige Land. In den anderen Ländern, welche die fraglichen Vorschriften des BPersVG (noch) nicht ersetzt (oder aufgehoben) haben, gelten diese aber als partikulares Bundesrecht weiter.

10 Der durch das Gesetz v. 28. 8. 06[19] eingefügte **Art. 125b Abs. 1 S. 1 GG** bestimmt, dass Recht, das aufgrund des Art. 75 GG in der bis 1. 9. 06 geltenden Fassung erlassen worden ist und das **auch nach diesem Zeitpunkt als Bundesrecht erlassen werden könnte,** als Bundesrecht fort gilt. Dies betrifft die §§ 94 bis 109 BPersVG a. F. aber nur, soweit diese auch auf Kompetenztitel gestützt werden können, die (spätestens seit dem 1. 9. 06) zum Bereich der ausschließlichen oder konkurrierenden Gesetzgebung des Bundes gehören. Einschlägig können insoweit folgende Kompetenztitel der konkurrierenden Gesetzgebung sein: **Art. 74 Abs. 1 Nr. 1 GG** (Gerichtsverfassung und gerichtliches Verfahren), **Art. 74 Abs. 1 Nr. 12 GG** (Arbeitsrecht, soweit es um Vorschriften geht, die nicht speziell die Belange des öffentlichen Dienstes betreffen) und **Art. 74 Abs. 1 Nr. 27 GG** (Statusrechte und -pflichten der Beamten der Länder …). Durch einen dieser Kompetenztitel dürften folgende Vorschriften des Zweiten Teils des BPersVG a. F. gedeckt sein: **§ 100 Abs. 2** hinsichtlich der Arbeitnehmer durch Art. 74 Abs. 1 Nr. 12 GG, hinsichtlich der Beamten durch Art. 74 Abs. 1 Nr. 27 GG; **§ 106** durch Art. 74 Abs. 1 Nr. 1 GG; **§ 107 S. 1** hinsichtlich der Arbeitnehmer durch Art. 74 Abs. 1 Nr. 12 GG, hinsichtlich der Beamten durch Art. 74 Abs. 1 Nr. 27 GG; **§ 107 S. 2 i. V. m. § 9** durch Art. 74 Abs. 1 Nr. 12 GG und z. T. durch Art. 74 Abs. 1 Nr. 1 GG; **§ 108 Abs. 1** durch Art. 74 Abs. 1 Nr. 12 GG und z. T. durch Art. 74 Abs. 1 Nr. 1 GG; **§ 108 Abs. 2** durch Art. 74 Abs. 1 Nr. 12 GG.[20] Soweit Rahmenvorschriften des BPersVG nach dem S. 1 des Art. 125b Abs. 1 GG als Bundesrecht fortgelten, bleiben nach dessen S. 2

---

16 *BVerwG* v. 23. 6. 10 – 6 P 8.09 –, PersR 10, 442.

17 Vgl. hierzu und zum Folgenden *Jarass/Pieroth,* Art. 125a Rn. 8.

18 Vgl. dazu *BVerwG* v. 23. 6. 10, a. a. O.: keine Ablösung der Bestimmungen des Zweiten Teils des BPersVG durch das vom Land Berlin erlassene Siebte Gesetz zur Änderung des PersVG v. 17. 7. 08 (GVBl. S. 206), das in seinem Schwerpunkt die Anpassung des Berliner PersVR an die Rspr. des *BVerfG* zum demokratischen Prinzip betraf.

19 BGBl. I S. 2034.

20 I. E. str.; vgl. *Altvater,* 10. Aufl., § 94 Rn. 11, und Altvater-*Baunack*, § 131 Rn. 76 ff. zu § 100 a. F., Rn. 136 ff. zu § 106 a. F., Rn. 143 ff. zu § 107; *Klimpe-Auerbach*, Anh. 1 § 128 BPersVG Rn. 1 ff.

Befugnisse und Verpflichtungen der Länder zur Gesetzgebung bestehen. Diese Rahmenvorschriften bedürfen damit (weiterhin) der Umsetzung und Ausfüllung durch den Landesgesetzgeber, bis der Bundesgesetzgeber insoweit von seiner Befugnis zum Erlass von unmittelbar geltenden Rechtsvorschriften Gebrauch gemacht hat.[21]

Mit dem Gesetz zur Reform des öffentlichen Dienstrechts (**Dienstrechtsreformgesetz – DRG**) v. 9.11.10[22] hat der Gesetzgeber des Landes **Baden-Württemberg** Folgerungen daraus gezogen, dass im Rahmen der Föderalismusreform I die Gesetzgebungskompetenzen des Bundes und der Länder neu geordnet worden sind. Das gilt ohne Zweifel für die in Art. 1 bis 3 DRG enthaltenen Hauptgegenstände des DRG (also das neue Landesbeamtengesetz [LBG], das Landesbesoldungsgesetz Baden-Württemberg [LBesGBW] und das Landesbeamtenversorgungsgesetz Baden-Württemberg [LBeamtVGBW]). Für die in Art. 6 DRG normierten **Änderungen des LPVG BW** gilt dies aber nur eingeschränkt. Diese Änderungen (die sich auf 39 von bisher insgesamt 114 Paragrafen des LPVG beziehen) sollen v.a. folgenden Zielen dienen: **rechtssystematische Angleichung an das neue Dienstrecht** durch notwendige Anpassungen an das BeamtStG (vgl. Rn. 6), an das neue LBG und an Entwicklungen in anderen Rechtsgebieten;[23] **Anpassung an die Rechtsprechung des BVerfG**[24] (näher dazu vor § 68 Rn. 11ff., 18); **Übernahme unmittelbar für die Länder geltender Vorschriften des BPersVG.**[25] Zur Realisierung des letztgenannten Ziels wurden folgende **Schutzvorschriften**, die im BPersVG im Zweiten Kapitel des Zweiten Teils als unmittelbar für die Länder geltende Vorschriften normiert sind, inhaltlich unverändert in das LPVG übernommen: das **Verbot der Behinderung, Benachteiligung und Begünstigung** aus § 107 S. 1 BPersVG in § 9a a.F.; der Schutz durch **Übernahme von Auszubildenden** nach erfolgreicher Beendigung des Berufsausbildungsverhältnisses in ein Arbeitsverhältnis auf unbestimmte Zeit aus § 107 S. 2 und § 9 BPersVG in § 48a Abs. 1 bis 5 a.F.; der **Schutz vor außerordentlicher Kündigung** aus § 108 Abs. 1 BPersVG in § 48 Abs. 3 a.F.; der Schutz durch entsprechende Anwendung der **beamtenrechtlichen Unfallfürsorgebestimmungen** aus § 109 BPersVG in § 47a a.F. Zur Begründung der Übernahme der vorgenannten Vorschriften hat die Landesregierung im Gesetzgebungsverfahren unter Hinweis auf die Föderalismusreform I u.a. erklärt, damit solle auch »**dem Wegfall von Schutzvorschriften vorgebeugt**« werden, falls der Bund die entsprechenden Vorschriften des BPersVG aufhebt, was mit dem BPersVG 2021 mittlerweile 11

21 Vgl. *Altvater,* 10. Aufl., § 94 Rn. 12; krit. dazu Richardi-*Kersten,* § 94 a.F. Rn. 5.
22 GBl. S. 793.
23 Vgl. LT-Dr. 14/6694, S. 384.
24 Beschl. v. 24.5.95 – 2 BvF 1/92 –, PersR 1995, 483.
25 Vgl. LT-Dr. 14/6694, S. 386f.

weitgehend umgesetzt worden ist.[26] Daraus dürfte zu schließen sein, dass der baden-württembergische Landesgesetzgeber mit den neuen landesgesetzlichen Vorschriften **keine »Ersetzung« von Bundesrecht** (i. S. v. Art. 125a Abs. 1 S. 2 GG) vorgenommen hat. Mit dem ÄndG 2013 wurden die bislang enthaltenen amtlichen Fußnoten zur Überschrift des 4. Abschnitts des Zweiten Teils des LPVG (mit dem dort wiedergegebenen Wortlaut der §§ 107, 108 Abs. 1 und des § 109 sowie des § 9 BPersVG a. F.) aus dem LPVG herausgenommen. Nach der Gesetzesbegründung erfolgte die Herausnahme der amtlichen Fußnoten jedoch lediglich als redaktionelle Änderung. Die amtliche Fußnote zum Abschnitt 4 neu ist gestrichen worden, da sie sich auf unmittelbar für die Länder geltende Vorschriften des BPersVG, die inzwischen in das LPVG vollinhaltlich übernommen sind, bezogen hat.
An dem Zweck der Übernahme der Normen, nämlich »**dem Wegfall von Schutzvorschriften vorzubeugen**«, falls der Bund die Vorschriften des BPersVG aufhebt, ist jedoch nichts geändert worden. Der maßgeblichen landesrechtlichen Norm muss aber zu entnehmen sein, dass eine **Ersetzung** und nicht nur eine Übernahme der unmittelbar für die Länder geltenden Rechtsvorschriften vorgenommen wird.[27] Das kann bei einer bloßen redaktionellen Änderung aber nicht angenommen werden. Jedenfalls lässt sich dies mit der erforderlichen Klarheit weder dem Text des DRG noch den dazugehörigen Gesetzesmaterialien noch aus dem ÄndG 2013 und den dazugehörigen Materialien entnehmen (vgl. oben Rn. 9; ferner [auch zur insoweit zu hinterfragenden Gesetzkompetenz des Landes] Rn. 15, 17, 18).
Eine »Ersetzung« der im Ersten Kapitel des Zweiten Teils des BPersVG a. F. enthaltenen (ersetzungsfähigen) **Rahmenvorschriften** ist ebenfalls bislang nicht erfolgt.

12 Landesgesetzliche Vorschriften, die im **Widerspruch zum Grundgesetz oder zu sonstigem Bundesrecht**, insbesondere zu einer fortgeltenden Vorschrift des Zweiten Teils des BPersVG, stehen, sind nach der **Kollisionsnorm des Art. 31 GG** nichtig (»Bundesrecht bricht Landesrecht«). Darüber kann allerdings nur das **Bundesverfassungsgericht** entscheiden. Dies kann insbesondere im Verfahren der konkreten Normenkontrolle geschehen: Hält ein Gericht eine landesgesetzliche Bestimmung, auf deren Gültigkeit es bei der Entscheidung in einem bei ihm anhängigen Rechtsstreit ankommt, für unvereinbar mit einer bundesrechtlichen Vorschrift, so hat es nach Art. 100

26 LT-Dr. 14/6694, S. 387 [zu A. 2 a. E.].

27 Vgl. dazu *BVerwG* v. 23.6.10, a. a. O.: keine Ablösung der Bestimmungen des Zweiten Teils des BPersVG durch das vom Land Berlin erlassene Siebte Gesetz zur Änderung des PersVG v. 17.7.08 (GVBl. S. 206), das in seinem Schwerpunkt die Anpassung des Berliner PersVR an die Rspr. des BVerfG zum demokratischen Prinzip betraf.

Abs. 1 GG das Verfahren auszusetzen und die Entscheidung des BVerfG einzuholen.[28]

13 Über die Vereinbarkeit von landespersonalvertretungsgesetzlichen Vorschriften mit der **Verfassung des Landes Baden-Württemberg** kann nur der **Staatsgerichtshof** entscheiden. Dies kann in den Verfahren der abstrakten Normenkontrolle auf Antrag des Landtags oder der Regierung nach Art. 68 Abs. 1 Nr. 2 LVerf i. V. m. den §§ 48 ff. StGHG oder der konkreten Normenkontrolle auf Antrag eines Gerichts nach Art. 100 Abs. 1 GG i. V. m. Art. 68 Abs. 1 Nr. 3 LVerf und § 51 StGHG geschehen.

14 Die Rahmenvorschriften der **§§ 95 bis 106 BPersVG a. F.** haben sich ausschließlich an die Landesgesetzgeber gerichtet.

§ 6 Behinderungs-, Benachteiligungs- und Begünstigungsverbot, Unfallschutz

(1) Personen, die Aufgaben oder Befugnisse nach diesem Gesetz wahrnehmen, dürfen darin nicht behindert und wegen ihrer Tätigkeit nicht benachteiligt oder begünstigt werden; dies gilt auch für ihre berufliche Entwicklung.

(2) Erleiden Beamte, die Aufgaben oder Befugnisse nach diesem Gesetz wahrnehmen, dabei einen Unfall, der im Sinne der beamtenrechtlichen Unfallfürsorgevorschriften ein Dienstunfall wäre, oder erfahren sie einen Sachschaden, der nach § 80 des Landesbeamtengesetzes zu ersetzen wäre, so finden diese Vorschriften entsprechende Anwendung.

Vergleichbare Vorschriften:
§§ 10, 12 BPersVG; § 78 BetrVG

Inhaltsübersicht Rn.

28 Vgl. *Altvater*, 10. Aufl., § 94 Rn. 14.

1. Vorbemerkungen

1 Die landesgesetzliche Vorschrift des § 6 Abs. 1 hat nach der Neufassung des BPersVG[1] noch bis zum Ablauf des 31.12.24 nur deklaratorische Bedeutung. Maßgeblich ist bis dahin die inhaltsgleiche bundesrechtliche Vorschrift des § 107 S. 1 BPersVG a. F.[2]

2 § 107 a. F. enthält ebenso wie § 108 BPersVG a. F. keine von den Landesgesetzgebern erst umzusetzenden Rahmenvorschriften, sondern **unmittelbar geltende Rechtsnormen**. Bei ihrem Erlass im Jahr 1974 ergab sich die **Gesetzgebungskompetenz des Bundes** nicht nur aus **Art. 75 Nr. 1 GG a. F.**, sondern auch aus **Art. 74 Nr. 12 GG a. F.,** soweit die Vorschriften Arbeitnehmer betreffen und einen arbeitsrechtlichen Inhalt haben, sowie aus **Art. 74a GG a. F.,** soweit die Vorschriften die Besoldung und Versorgung von Beamten regeln. Die Auswirkungen der am 1.9.06 in Kraft getretenen **Föderalismusreform I** sind differenziert zu sehen (vgl. unten Rn. 4).

3 Die in den §§ 107 bis 108 BPersVG a. F. enthaltenen Vorschriften brauchten nicht in das LPVG übernommen zu werden. Aus Gründen der Rechtsklarheit waren sie jedoch bis zur lediglich redaktionellen Änderung durch das ÄndG 2013 in **amtlichen Fußnoten** zum LPVG wiedergegeben: §§ 107, 108 Abs. 1 sowie – aufgrund der Verweisung in § 107 S. 2 – § 9 BPersVG in Fußnoten beim 4. Abschnitt des Zweiten Teils (vor § 47 a. F.), ferner § 108 Abs. 2 BPersVG in einer Fußnote bei § 77 a. F.

2. Schutzzweck

4 **§ 6 Abs. 1** enthält eine Schutzvorschrift, die inhaltlich mit der für die Personalvertretungen im Bundesdienst geltenden Bestimmung des **§ 10 BPersVG** übereinstimmt. Der Streit, ob sie aufgrund von **Art. 74 Abs. 1 Nr. 12 und 27 GG** auch nach dem 1.9.06 als Bundesrecht erlassen werden könnte und deshalb gem. **Art. 125b Abs. 1 S. 1 GG** als Bundesrecht fortgilt, ohne dass sie durch Landesrecht ersetzt werden kann, hat sich durch die Neufassung der Teile 2 und 3 des BPersVG weitgehend erledigt. Der baden-württembergische Landesgesetzgeber ist beim Erlass des DRG zwar davon ausgegangen, dass § 107 S. 1 BPersVG nur nach **Art. 125a Abs. 1 GG** fortgilt und somit durch Landesrecht ersetzt werden kann. Mit der durch Art. 6 Nr. 2 DRG vorgenommenen Schaffung der nahezu wortgleichen und inhaltlich identischen Vorschrift des **§ 9a LPVG a. F.** hat er aber eine nur **vorbeugende landesgesetzliche Regelung** für den Fall treffen wollen, dass der Bund die Schutzvorschrift des § 107 S. 1 BPersVG in absehbarer Zeit aufheben sollte. Das trifft nun nach der Übergangsvorschrift des § 131 BPersVG mit Ablauf

---

1 Gesetz v. 9.6.21, BGBl. I, 1614.

2 *VG Karlsruhe* v. 4.11.16 – 11 K 1809/15 –, juris, Rn. 20.

des 31. 12. 24 zu. Bis dahin hat der § 6 Abs. 1 deshalb auch dann nur **deklaratorische Bedeutung**, wenn eine Ersetzungsbefugnis des Landesgesetzgebers zu bejahen ist.[3] Ab 1. 1. 25 ist § 6 Abs. 1 konstitutives Landesgesetz.

Das **Benachteiligungs- und Begünstigungsverbot** dient der inneren und äußeren Unabhängigkeit der Mitglieder des PR und aller anderen Personen, die Aufgaben oder Befugnisse nach dem PersVR wahrnehmen. Es untersagt jede nicht gerechtfertigte ungleiche Behandlung der durch **§ 6 Abs. 1** geschützten Personen gegenüber anderen vergleichbaren Beschäftigten. Benachteiligung ist dabei jede Zurücksetzung oder Schlechterstellung, Begünstigung jede Besserstellung oder Vorteilsgewährung. Für den Verstoß reicht die **objektiv ungleiche Behandlung** aus. Eine Absicht zur Benachteiligung oder Begünstigung oder ein Verschulden ist nicht erforderlich. Als **verbotene Benachteiligungen** kommen z. B. in Betracht: die Umsetzung auf einen geringerwertigen Dienstposten oder Arbeitsplatz; die Zuweisung einer weniger angenehmen Arbeit; der Ausschluss von der Beförderung oder Höhergruppierung; die Kündigung des Arbeitsverhältnisses oder die Entlassung aus dem Beamtenverhältnis; die Vorenthaltung von Vorteilen, die der Dienstherr bzw. Arbeitgeber Beschäftigten gewährt. **Verbotene Begünstigungen** sind z. B. sachlich unbegründete Beförderungen oder Höhergruppierungen sowie die Zahlung überhöhter Entschädigungen für Auslagen oder Reisekosten. Keine unzulässige Begünstigung von Personalratsmitgliedern liegt in der Inanspruchnahme von gesetzlich zuerkannten Rechten, z. B. in der Nutzung des begrenzten Beurteilungsspielraums bei der Anwendung reisekostenrechtlicher Bestimmungen nach § 41 Abs. 1 S. 2. 5

§ 6 Abs. 1 Hs. 2 stellt klar, dass das Benachteiligungs- und Begünstigungsverbot auch für die berufliche Entwicklung der personalvertretungsrechtlich tätigen Personen gilt, und hebt damit die besondere Bedeutung dieses Aspektes hervor. Danach darf z. B. einem PR-Mitglied eine konkrete Chance in der beruflichen Entwicklung nicht vereitelt werden. Eine ehrenamtliche personalvertretungsrechtliche Tätigkeit darf i. d. R. weder in einem Arbeitszeugnis noch in einer dienstlichen Beurteilung erwähnt werden. Die **Spezialvorschrift des § 46 Abs. 1** legt ergänzend fest, dass die Freistellung eines PR-Mitglieds nicht zur Beeinträchtigung des beruflichen Werdegangs führen darf (vgl. § 46 Rn. 2).[4] 6

3. Geschützter Personenkreis

Die in **§ 6 Abs. 1** enthaltenen **Verbote der Behinderung, Benachteiligung und Begünstigung** schützen alle Personen, die Aufgaben oder Befugnisse wahrnehmen, die im PersVR vorgesehen sind. Diese allgemeine Schutzvor- 7

3 Vgl. Altvater-*Baunack*, § 126 Rn. 11 ff.

4 *VG Karlsruhe* v. 4. 11. 16 – 11 K 1809/15 –, juris.

schrift wird durch verschiedene **Spezialvorschriften** konkretisiert. Dabei handelt es sich v. a. um die Verbote der Wahlbehinderung und sittenwidrigen Wahlbeeinflussung sowie der Wahlrechtsbeschränkung in § 20 Abs. 1 S. 1 und 2, die Vorschriften über den Schutz vor wirtschaftlichen und beruflichen Nachteilen in § 46, vor Versetzungen und Abordnungen in § 47 Abs. 1 und vor Kündigungen in den §§ 15, 16 KSchG und § 108 Abs. 1 BPersVG bzw. § 47 Abs. 4 sowie über die Weiterbeschäftigung von Auszubildenden in § 56 BPersVG bzw. § 48.

8 Der durch **§ 6 Abs. 1 geschützte Personenkreis** ist umfassend, weil in ihn alle Personen einbezogen sind, die Aufgaben oder Befugnisse nach dem PersVR wahrnehmen. Dazu gehören insb. die Mitglieder und Ersatzmitglieder der Personalvertretungen i. w. S. (PR, GPR, BPR, HPR, APR, JAV, GJAV und Stufen-JAV), des Wirtschaftsauschusses und der Wahlvorstände und Abstimmungsvorstände, der Dienststellenleiter und seine Vertreter und Beauftragten in ihrer personalvertretungsrechtlichen Funktion, die Beauftragten von Gewerkschaften und Arbeitgebervereinigungen, der Vorsitzende und die Beisitzer der Einigungsstelle, die vom Richterrat in den PR entsandten Mitglieder, die Vertrauensperson der schwerbehinderten Menschen sowie die Teilnehmer von Personalversammlungen und Jugend- und Auszubildendenversammlungen, die Besucher von Sprechstunden der Personalvertretungen sowie Beschäftigte, die sich mit Anregungen und Beschwerden an die Personalvertretung wenden. Zum Schutzbereich des **§ 6 Abs. 1** gehören nicht nur Einzelpersonen, sondern auch alle personalvertretungsrechtlichen **Institutionen**, insb. die Personalvertretungen, die Personalversammlung und die Jugend- und Auszubildendenversammlung, die Einigungsstelle sowie die Wahl- und Abstimmungsvorstände.

4. Umfang des Schutzes

9 Die Verbote richten sich gegen **jedermann**. Zu ihren Adressaten gehören v. a. der Dienststellenleiter und seine Vertreter und Beauftragten sowie die übergeordneten Dienststellen, aber auch die Beschäftigten und die Personalvertretungen sowie außenstehende Stellen.

10 Der Begriff der **Behinderung** i. S. d. **§ 6 Abs. 1** ist umfassend auszulegen. Er umfasst jede unzulässige Form der Beeinträchtigung der – durch das PersVR gedeckten – Wahrnehmung personalvertretungsrechtlicher Aufgaben oder Befugnisse, von der Erschwerung und Störung bis zur Verhinderung.[5] Eine Behinderung kann durch **positives Tun** oder, soweit eine Pflicht zum Handeln besteht, durch **Unterlassen** erfolgen. Eine Behinderungsabsicht oder ein Verschulden ist nicht erforderlich.[6] Es genügt vielmehr eine **objektiv**

---

5 *BVerwG* v. 27. 8. 90 – 6 P 26.87 –, PersR 90, 327.

6 Vgl. *BAG* v. 12. 11. 97 – 7 ABR 14/97 –, AP Nr. 27 zu § 23 BetrVG 1972.

feststellbare unzulässige Beeinträchtigung. **Beispiele** einer Behinderung des PR durch die Dienststelle sind: Verhinderung der Abhaltung von oder der Teilnahme an PR-Sitzungen; Ablehnung von Freistellungen zur Wahrnehmung von PR-Aufgaben; Hinderung von Beschäftigten am Besuch der Sprechstunde des PR; Weigerung der Übernahme der durch die PR-Tätigkeit entstandenen Kosten oder der Bereitstellung der notwendigen Räume oder des Geschäftsbedarfs; Nichterfüllung von Informationspflichten; Unterbindung der Weiterleitung einer Bekanntmachung des PR im zulässigerweise mitbenutzten dienststelleninternen E-Mail-System.[7] Die Aufzeichnung der **Telefondaten** des PR verstößt gegen das Behinderungsverbot, welches das Gebot der partnerschaftlichen und vertrauensvollen, Zusammenarbeit des § 2 konkretisiert. Bei Haus-, Orts- und Nahgesprächen ist die Aufzeichnung auch nach der Rechtsprechung nicht zulässig.[8] Weshalb die Speicherung der Zielnummern von Ferngesprächen des PR nebst Zeitpunkt und Dauer der Gespräche zum Zwecke der Kostenkontrolle zulässig sein soll, ist angesichts der heute auch in der öffentlichen Verwaltung weitgehend genutzten Tarife mit Telefonflatrates nicht überzeugend.[9]

5. Rechtsfolgen von Verstößen

Bei **Verstößen gegen das Behinderungsverbot** haben die davon betroffenen Personen und Institutionen einen Anspruch auf **Beseitigung der Beeinträchtigung** und **Unterlassung**,[10] der nach § 92 Abs. 1 Nr. 3 und Abs. 2 im **Beschlussverfahren** vor dem Verwaltungsgericht durchsetzbar ist.[11] 11

Ob **Anordnungen des Dienststellenleiters**, die gegen das Behinderungsverbot verstoßen, bis zu einer gerichtlichen Entscheidung befolgt werden müssen, ist umstritten. Dabei wird überwiegend die Auffassung vertreten, innerhalb der Ordnung der öffentlichen Verwaltung seien dienstliche Weisungen vorläufig bindend. Zur Begründung wird auf die Weisungsgebundenheit (Folgepflicht) der Beamten nach § 35 S. 2 BeamtStG (bzw. § 62 Abs. 1 S. 2 BBG) verwiesen. Eine entsprechende Folgepflicht gilt für die Arbeitnehmer des öffentlichen Dienstes jedoch nicht. Davon abgesehen wird das Verhältnis der Dienststellenleitung zu den personalvertretungsrechtlichen Institutionen und Funktionsträgern durch den Grundsatz der **gleichberechtigten** 12

---

7 *HmbOVG* v. 7. 3. 08 – 8 Bf 233/07.PVL –, PersR 08, 328; *BVerwG* v. 27. 10. 09 – 6 P 11.08 –, PersR 10, 74.

8 *BAG* v. 1. 8. 90 – 7 ABR 99/88 –, PersR 91, 35.

9 So zu Recht Altvater-*Noll,* § 10 Rn. 11 m. w. N. gegen *BVerwG* v. 28. 7. 89 – 6 P 1.88 –, PersR 89, 297; *BAG* v. 18. 1. 89 – 7 ABR 38/87 –, n. v., u. v. 1. 8. 90, a. a. O.

10 Vgl. *BAG* v. 12. 11. 97, a. a. O., u. v. 3. 9. 03 – 7 ABR 12/03 –, AP Nr. 78 zu § 40 BetrVG 1972.

11 Vgl. Altvater-*Noll,* § 10 Rn. 12.

Partnerschaft geprägt (§ 1 Rn. 25). Im Hinblick darauf brauchen jedenfalls solche dienstliche Anweisungen nicht befolgt zu werden, die offensichtlich gegen das Behinderungsverbot verstoßen.[12]

13 Da **§ 6 Abs. 1** ein Schutzgesetz i. S. d. § 823 Abs. 2 BGB ist, können **Verstöße gegen das Verbot der Benachteiligung oder Begünstigung**, wenn sie schuldhaft (d. h. vorsätzlich oder fahrlässig) begangen worden sind und dadurch ein materieller Schaden verursacht worden ist, **Schadensersatzansprüche** des Verletzten auslösen.[13] Es kommen aber auch **Beseitigungs- und Unterlassungsansprüche** nach dem entsprechend anzuwendenden § 1004 BGB in Betracht, ohne dass es insoweit auf ein Verschulden ankommt.[14] Unzulässige **rechtsgeschäftliche Handlungen**, insb. Personalmaßnahmen des Arbeitgebers gegenüber einem Arbeitnehmer, die gegen das Verbot der Benachteiligung oder Begünstigung verstoßen, sind nach § 134 BGB nichtig.[15] Unzulässige **Verwaltungsakte**, z. B. solche des Dienstherrn gegenüber einem Beamten, sind zwar nur ausnahmsweise **nichtig**, aber **anfechtbar;** Letzteres gilt grundsätzlich auch für **andere Formen hoheitlichen Handelns** (vgl. § 73 Rn. 13).[16]

6. Unfallfürsorge für Beamte (Abs. 2)

14 Die Vorschrift stimmt teilweise mit § 12 BPersVG überein und entspricht dem § 47a a. F., der aus systematischen Gründen von dem ÄndG 2013 als Abs. 2 in § 6 übernommen worden ist. Durch die Verschiebung des Regelungsorts wird klargestellt, dass zum geschützten Personenkreis nicht nur die Mitglieder von Personalvertretungen sowie Jugend- und Auszubildendenvertretungen gehören, sondern alle Beamtinnen und Beamte, die Aufgaben und Befugnisse nach dem LPVG wahrnehmen, also etwa auch Mitglieder von Wahlvorständen oder Mitglieder in Wirtschaftsausschüssen (vgl. § 72).[17]

15 Soweit Abs. 2 die entsprechende Anwendung der beamtenrechtlichen **Unfallfürsorgevorschriften** vorsieht, ist die bis 31. 12. 24 unmittelbar für das Land geltende Vorschrift des § 109 BPersVG a. F. inhaltlich in das LPVG übernommen worden. Aus dem Streichen der amtlichen Fußnote vor § 47

12 Vgl. Altvater-*Noll,* § 10 Rn. 13 m. w. N.
13 *BAG* v. 9. 6. 82 – 4 AZR 766/79 –, AP Nr. 1 zu § 107 BPersVG.
14 *BAG* v. 19. 8. 92 u. v. 16. 2. 05, jew. a. a. O.; vgl. Altvater-*Noll,* § 8 Rn. 18.
15 Altvater-*Noll,* § 10 Rn. 23, 24.
16 Ferner Altvater-*Noll,* § 10 Rn. 25.
17 LT-Dr. 15/4224, S. 88 [zu § 9a].

a. F. lässt sich der Wille des Gesetzgebers ableiten,[18] Abs. 2 ab 1.1.25 als eigenständige landesrechtliche Regelung anzusehen.

Abs. 2 bestimmt, dass die von Beamten ausgeübte personalvertretungsrechtliche Aufgabenwahrnehmung hinsichtlich der Unfallfürsorge wie eine beamtenrechtliche Tätigkeit anzusehen ist. Die Vorschrift ist auf **Beamte** i. S. d. beamtenrechtlichen Vorschriften anzuwenden (vgl. § 4 Rn. 6, 41 ff.) 16

Auch wenn **Richter** nicht als Beamte anzusehen sind, gelten aufgrund der Verweisungen in §§ 46, 71a DRiG die beamtenrechtlichen Vorschriften entsprechend. Auch **DO-Angestellte** sind aufgrund der jeweiligen Dienstordnung als Beamte im Sinne von § 6 Abs. 2 anzusehen.[19] 17

Abs. 2 bezieht sich auf die Wahrnehmung aller nach diesem Gesetz bestehenden **Aufgaben und Befugnisse**, gleich in welcher Funktion sie erfolgen, z. B. auch als Mitglieder des Wirtschaftsausschusses nach § 72, einer Einigungsstelle,[20] der Schlichtungsstelle nach § 101 Nr. 8 u. 9 oder bei Teilnahme an Schulungsmaßnahmen einschließlich der dazu erforderlichen Reisetätigkeiten. Eine Dienstreiseanordnung ist nicht erforderlich. Es reicht bereits ein Beschluss des PR zur Entsendung aus.[21] Die Vorschrift findet Anwendung, wenn ein **Unfall** mit **Körperschaden** bei Wahrnehmung der Aufgaben und Befugnisse nach dem LPVG eingetreten ist, der i. S. d. § 45 LBeamtVG BW ein Dienstunfall wäre. Sachschäden, z. B. zerstörte oder beschädigte Kleidung im Zusammenhang mit einem Unfall mit Körperschaden, werden unter den Voraussetzungen des § 47 LBeamtVG BW ersetzt. 18

Soweit Abs. 2 die entsprechende Anwendung der Vorschriften des § 80 LBG über den **Sachschadenersatz** (ohne gleichzeitig eingetretenen Körperschaden) für Beamte vorsieht, trifft er eine **eigenständige landesrechtliche Regelung**, die seit dem Inkrafttreten des Art. 6 DRG am 1.1.11 ohne Einschränkung anwendbar ist. Durch sie werden die Schadensfälle erfasst, in denen ein Unfallereignis lediglich einen Schaden an Sachen des (personalvertretungsrechtliche Rechte wahrnehmenden oder Pflichten erfüllenden) Beamten verursacht hat, gleichwohl aber die körperliche Unversehrtheit des Beamten gefährdet war. In Betracht kommen der Ersatz für beschädigte, zerstörte oder abhanden gekommene Kleidungsstücke oder sonstige Gegenstände, die der Beamte in Ausübung oder infolge der personalvertretungsrechtlichen Tätigkeit mit sich geführt hat, sowie der Ersatz für ein beschädigtes, zerstörtes oder abhanden gekommenes Kraftfahrzeug, das aus triftigem Grund benutzt wurde. Damit ist die frühere Praxis einer ent- 19

---

18 LT-Dr. 15/4224, S. 109 [zu Nummer 36 (Fußnote)]; vgl. *BVerwG* v. 23.6.10 – 6 P 8.09 –, PersR 10, 442; zu Art. 6 DRG *Altvater,* § 109, Rn. 1.

19 Vgl. Altvater-*Baden*, § 12 Rn. 1.

20 Vgl. LT-Dr. 14/6694, S. 563.

21 Ausführlich dazu *Baßlsperger*, PersV 14, 133.

sprechenden Anwendung der Regelung in § 102 LBG a. F. aus Gründen der »Rechtssicherheit und -einheit« gesetzlich abgesichert.

7. Von Absatz 2 ausgeschlossener Personenkreis

20 Abs. 2 **gilt nicht für Arbeitnehmer** (sofern sie keine DO-Angestellten sind [vgl. Rn. 17]). Die Forderung des DGB im Gesetzgebungsverfahren, die Regelungen zum Unfallausgleich auf tarifbeschäftigte Personalratsmitglieder auszuweiten, ist mit der Begründung abgelehnt worden, dass nach geltendem Recht derartige Tätigkeiten von Arbeitnehmern von der gesetzlichen Unfallversicherung umfasst sind.[22] Unfälle in Wahrnehmung der Aufgaben und Befugnisse nach diesem Gesetz sind zwar als **Arbeitsunfälle** und **Wegeunfälle** nach § 8 SGB VII versichert.[23] Allerdings sehen die Versicherungsleistungen keinen Ausgleich von Sachschäden vor (§ 26 SGB VII; anders bei Hilfeleistungen: § 13 SGB VII). Die in § 6 Abs. 2 getroffene Regelung über den Sachschadenersatz muss deshalb aus Gründen der Gleichbehandlung auch für **Arbeitnehmer** gelten (vgl. § 41 Rn. 24).

§ 7 Verschwiegenheitspflicht

(1) [1]Personen, die Aufgaben oder Befugnisse nach diesem Gesetz wahrnehmen oder wahrgenommen haben, haben über die ihnen dabei oder bei dieser Gelegenheit bekannt gewordenen Angelegenheiten und Tatsachen Verschwiegenheit zu bewahren. [2]Abgesehen von den Fällen des § 71 Absatz 1 Satz 3, des § 76 Absatz 4 und des § 94 gilt die Verschwiegenheitspflicht nicht

1. **für Mitglieder der Personalvertretung und der Jugend- und Auszubildendenvertretung gegenüber den übrigen Mitgliedern der Vertretung und gegenüber den für Mitglieder eingetretenen Ersatzmitgliedern,**
2. **für die in Satz 1 bezeichneten Personen gegenüber der zuständigen Personalvertretung und der zuständigen Jugend- und Auszubildendenvertretung,**
3. **gegenüber der übergeordneten Dienststelle, der obersten Dienstbehörde oder dem anzurufenden obersten Organ oder einem Ausschuss dieses Organs,**
4. **gegenüber der bei der übergeordneten Dienststelle oder der obersten Dienstbehörde gebildeten Stufenvertretung,**
5. **gegenüber dem Gesamtpersonalrat,**
6. **gegenüber der anzuhörenden Personalvertretung,**

22 Vgl. LT-Dr. 15/4224, S. 179 Stellungnahme 3.1 012 zu Nummer 7 (§ 9a Abs. 2).

23 Rooschüz-*Mausner*, § 6 Rn. 63.

7. für die Anrufung der Einigungsstelle,

8. für Mitglieder des Wirtschaftsausschusses gegenüber Mitgliedern der Personalvertretungen.

(2) Die Verschwiegenheitspflicht besteht nicht für Angelegenheiten oder Tatsachen, die offenkundig sind oder ihrer Bedeutung nach keiner Geheimhaltung bedürfen.

(3) Die Dienststelle kann im Einzelfall auf Antrag des Personalrats von der Verschwiegenheitspflicht entbinden; die Aussagegenehmigung nach beamtenrechtlichen oder entsprechenden tariflichen Vorschriften bleibt davon unberührt.

Vergleichbare Vorschriften:
§ 11 BPersVG; §§ 79[1], 80 Abs. 4, § 82 Abs. 2 S. 3, § 83 Abs. 1 S. 3, § 99 Abs. 1 S. 3 und § 102 Abs. 2 S. 5 BetrVG
Spezialgesetzliche Verschwiegenheitspflichten ergeben sich aus § 6 LDSG, § 5 BDSG, Art. 29 DSGVO, und § 116 i. V. m. § 93 Abs. 1 S. 3 AktG[2]

Inhaltsübersicht Rn.

1. Vorbemerkung

§ 7 LPVG ist weitgehend vorgegeben durch die Rahmenvorschrift des **§ 101 Abs. 2 BPersVG a. F.**[3], die seit dem Inkrafttreten der Föderalismusreform I am 1.1.06 gem. Art. 125a Abs. 1 GG allerdings nur noch übergangsweise 1

1 Zum BetrVG: *Wirlitsch*, ArbRAktuell 10, 415 ff.

2 *Wirlitsch/Hablitzel*, ArbRAktuell 09, 228 ff.

3 Nach dem Übergang der Gesetzgebungskompetenz auf die Länder im Zuge der Föderalismusreform (Wegfall von Art. 75 GG) entfällt die Möglichkeit einer Rahmengesetzgebung. Übergangsweise gelten die §§ 95 bis 106 a. F. gem. Art. 125a Abs. 1 GG fort, bis die Länder eigene entsprechende Regelungen erlassen haben; es wird vorsorglich in § 131 BPersVG eine Übergangsfrist bis Ende 2024 eingeräumt.

fort gilt und nach der Übergangsvorschrift des § 131 BPersVG 2021 zum 31.12.2024 endgültig ausläuft (Anh. 1 § 131 BPersVG Rn. 1).[4]
Der Umfang der Verschwiegenheitspflicht war in § 10 a.F. nicht klar abgegrenzt, was in der Praxis zu Rechtsunsicherheiten geführt hat. Die Vorschrift ist deshalb neu gefasst und systematisch klarer gegliedert worden. Die **Ausnahmen von der Verschwiegenheitspflicht** sind nunmehr aus Gründen der Rechtsklarheit **erschöpfend** aufgezählt. Insbesondere gilt die Verschwiegenheitspflicht über die bisherigen Ausnahmen hinaus nicht gegenüber den von Stufenvertretungen anzuhörenden PR, der JAV der übergeordneten Dienststelle, der obersten Dienstbehörde oder dem anzurufenden obersten Organ einer Körperschaft, der bei der übergeordneten Dienststelle oder der obersten Dienstbehörde gebildeten Stufenvertretung sowie für Mitglieder des Wirtschaftsausschusses gegenüber Mitgliedern der Personalvertretung. Letzteres ist notwendig, da der Wirtschaftsausschuss ein Gremium zur Unterrichtung der Personalvertretung über wirtschaftliche Angelegenheiten sein soll, jedoch die Verschwiegenheitspflicht nicht für Ausschussmitglieder, die nicht Personalratsmitglied sind, gegenüber den Mitgliedern des PR gilt.
Der durch das ÄndG 2013 eingefügte Abs. 3 ermöglicht es der Dienststelle, dass sie unabhängig von der gesetzlichen Regelung in Einzelfällen auf Antrag des PR von der Verschwiegenheitspflicht entbinden kann.[5]

a) Vergleichbare Vorschriften

2 Neben der personalvertretungsrechtlichen Verschwiegenheitspflicht nach § 7 besteht für die Beschäftigten aufgrund ihres Dienst- oder Arbeitsverhältnisses die **beamtenrechtliche oder arbeitsvertragliche Schweigepflicht.** Die Verschwiegenheitspflicht der **Beamten** des Landes und der seiner Aufsicht unterstehenden Körperschaften, Anstalten und Stiftungen des öffentlichen Rechts ist seit der beamtenrechtlichen Umsetzung der Föderalismusreform I nicht mehr in dem mit § 61 Abs. 1 BBG a.F. wortgleichen § 79 Abs. 1 LBG a.F., sondern im Wesentlichen in § 37 BeamtStG und ergänzend in § 37 LBG n.F. geregelt. Die Kernvorschriften, die dem bisherigen Recht inhaltlich entsprechen und mit § 67 Abs. 1 und 2 S. 1 Nr. 1 und 2 BBG n.F. wörtlich übereinstimmen, finden sich nunmehr in **§ 37 Abs. 1 und 2 S. 1 Nr. 1 und 2 BeamtStG**. Diese Vorschriften lauten wie folgt:

»(1) [1]Beamtinnen und Beamte haben über die ihnen bei oder bei Gelegenheit ihrer amtlichen Tätigkeit bekanntgewordenen dienstlichen Angelegenheiten

---

4 Im Einzelnen Altvater-*Herget*, § 11 Rn. 1ff.; *Feldmann/Wirlitsch*, NZA 22, 1317.
5 LT-Dr. 15/4224, S. 88, 89 [zu § 10].

Verschwiegenheit zu bewahren. [2]Dies gilt auch über den Bereich eines Dienstherrn hinaus sowie nach Beendigung des Beamtenverhältnisses.
(2) [1]Absatz 1 gilt nicht, soweit
1. *Mitteilungen im dienstlichen Verkehr geboten sind,*
2. *Tatsachen mitgeteilt werden, die offenkundig sind oder ihrer Bedeutung nach keiner Geheimhaltung bedürfen, oder*
3. *…*

[2] …«

Im Unterschied zu dieser umfassend angelegten »Amtsverschwiegenheit« der Beamten[6] erstreckt sich die Verschwiegenheitspflicht der **Arbeitnehmer** nicht auf alle bei ihrer dienstlichen Tätigkeit bekannt gewordenen Angelegenheiten. So bestimmt etwa **§ 3 Abs. 1 TVöD** ebenso wie **§ 3 Abs. 2 TV-L:**

»Die Beschäftigten haben über Angelegenheiten, deren Geheimhaltung durch gesetzliche Vorschriften vorgesehen oder vom Arbeitgeber angeordnet ist, Verschwiegenheit zu wahren; das gilt auch über die Beendigung des Arbeitsverhältnisses hinaus.«[7]

§ 5 Abs. 1 TVAöD legt ebenso wie **§ 5 Abs. 1 TVA-L BBiG** fest:

»Auszubildende haben in demselben Umfang Verschwiegenheit zu wahren wie die Beschäftigten des Ausbildenden.«

Fehlen entsprechende tarifvertragliche Bestimmungen über die Schweigepflicht, besteht eine vergleichbare, aus § 242 BGB abgeleitete arbeitsvertragliche Nebenpflicht.[8]

b) Systematik

Die personalvertretungsrechtliche Verschwiegenheitspflicht ist der beamtenrechtlichen Schweigepflicht nachgebildet. § 7 legt in Abs. 1 S. 1 (entsprechend § 37 Abs. 1 BeamtStG) den **Grundsatz** der Schweigepflicht fest (vgl. Rn. 7–11) und schränkt diesen Grundsatz in Abs. 1 S. 2 Nr. 1–8 und Abs. 3 sowie in Abs. 2 (entsprechend § 37 Abs. 2 S. 1 Nr. 1 und 2 BeamtStG) durch **Ausnahmen** ein. Dabei handelt es sich bei den Ausnahmen in Abs. 1 S. 2 (entsprechend dem beamtenrechtlichen Tatbestand »Mitteilungen im dienstlichen Verkehr«) um **Mitteilungen im personalvertretungsrechtli-** 3

6 *Battis*, § 67 Rn. 1.
7 Vgl. PK-TVöD-*Guth*, § 3 Rn. 2–11.
8 Vgl. DHZ-*Becker*, § 54 Rn. 4 ff.

chen Verkehr (vgl. Rn. 11–22) und bei den Ausnahmen in Abs. 2 (in nahezu wörtlicher Übereinstimmung mit den entsprechenden beamtenrechtlichen Ausnahmetatbeständen) um **offenkundige** Angelegenheiten oder Tatsachen und um **ihrer Bedeutung nach keiner Geheimhaltung bedürftige** Angelegenheiten oder Tatsachen (vgl. Rn. 23 f.). Die Verpflichtung zur Wahrung des **Datengeheimnisses** ist im Datenschutzrecht geregelt (vgl. Rn. 25).

4 Die Verschwiegenheitspflicht nach § 7 ist das Spiegelbild der weitreichenden **Informationspflicht** der Dienststelle nach § 71 Abs. 1 S. 1 und 2.[9] Der Dienststellenleiter soll nicht Informationen zurückhalten, weil er befürchten müsste, dass deren Weitergabe an Unbefugte Nachteile für die Dienststelle oder ihren Rechtsträger nach sich zieht.[10] Die Verschwiegenheitspflicht und die Informationspflicht sind also die zwei Seiten einer Medaille.[11]

c) Meinungsfreiheit

5 Das den Mitgliedern der Personalvertretung und den übrigen nach Abs. 1 S. 1 verpflichteten Personen (vgl. Rn. 7 f.) zustehende **Grundrecht der Meinungsfreiheit** nach Art. 5 Abs. 1 S. 1 GG[12] wird durch § 7 als allgemeines Gesetz i. S. d. Art. 5 Abs. 2 GG zulässigerweise eingeschränkt. Nach dem Grundsatz der Verhältnismäßigkeit ist bei der Anwendung des § 7 im Einzelfall jedoch zwischen dem Zweck der Verschwiegenheitspflicht (vgl. Rn. 6) und dem Grundrecht der Meinungsfreiheit abzuwägen, wobei dessen überragender Rang im freiheitlichen demokratischen Staat zu berücksichtigen ist.[13] Diese überragende Bedeutung der Meinungsfreiheit ist bei der Abwägung nicht zuletzt auch durch die Verurteilung Deutschlands durch den Europäischen Gerichtshof für Menschenrechte im Fall Heinisch gegen Deutschland wegen Verletzung von Art. 10 EMRK grundsätzlich verdeutlicht worden.[14]

5a In Reaktion auf den Fall Heinisch aus dem Jahr 2011 wurde diskutiert, ob in Deutschland eine ausdrückliche gesetzliche Normierung für sog. »**Whistleblower**« bzw. »hinweisgebende Personen« notwendig ist.[15] Whistleblowing bezeichnet die Enthüllung von gesetzeswidrigen Missständen oder unethischem Verhalten in Unternehmen und Behörden durch eine unternehmens-/behördeninterne Person (sog. Whistleblower oder Hinweisgeber), indem diese sich mit ihren Informationen an eine externe Stelle oder an die

---

9 Vgl. *BVerwG* v. 23.1.02 – 6 P 5.01 –, PersR 02, 201.
10 Vgl. Altvater-*Herget*, § 11 Rn. 5.
11 So auch Leuze-*Flintorp*, § 7 Rn. 2q.
12 Zweifelnd *BVerwG* v. 23.1.06 – 6 P 5.01 –, PersR 06, 300.
13 Vgl. *Jarass/Pieroth*, Art. 5 Rn. 57 m. w. N.; Lorenzen-*Hebeler*, § 11 Rn. 7.
14 *EGMR* v. 21.7.11 – 28274/08 –, NZA 11, 1269.
15 Befürwortend: *Groß/Platzer*, NZA 11, 1097; ablehnend: *Schmitt*, RdA 17, 365.

Öffentlichkeit wendet. Statt eines nationalen Gesetzes trat am 16.12.19 die EU-Richtlinie 2019/1937 zum Schutz von Personen, die Verstöße gegen das Unionsrecht melden (sog. Whistleblower-Richtlinie), in Kraft. Die Umsetzungsfrist zur Whistleblower-Richtlinie endete am 17.12.21 – ohne einen entsprechenden deutschen Gesetzentwurf.

Dem am 16.12.22 vom Bundestag beschlossenen Gesetz für einen besseren **5b**
Schutz hinweisgebender Personen (**Hinweisgeberschutzgesetz** – HinSchG) hatte der Bundesrat zunächst am 10.2.23 die erforderliche Zustimmung verweigert. Der Beschlussempfehlung des Vermittlungsausschusses vom 9.5.23[16] haben Bundestag und Bundesrat schließlich zugestimmt, so dass das vom Bundestagsbeschluss in einigen Punkten abweichende Gesetz v. 31.5.23[17] am 2.7.23[18] in Kraft treten konnte. Die Vorgaben aus Art. 1 § 41 zur Verordnungsermächtigung gelten bereits seit dem 3.6.23.

Durch das HinSchG soll der bislang lückenhafte und unzureichende Schutz von hinweisgebenden Personen ausgebaut und die Richtlinie (EU) 2019/1937 in nationales Recht umgesetzt werden. Gleichzeitig soll das Ziel eines verbesserten Hinweisgeberschutzes mit den Interessen von Unternehmen und öffentlicher Verwaltung, die zum Ergreifen von Hinweisgeberschutzmaßnahmen verpflichtet werden, so in Einklang gebracht werden, dass bürokratische Belastungen handhabbar bleiben.[19]

Ziel des HinSchG ist es insbesondere, **hinweisgebende Personen zu schüt- 5c**
zen (§ 1 Abs. 1 HinSchG). Diese sollen weder zivil-, straf- oder verwaltungsrechtlich haftbar gemacht werden können noch berufliche Repressalien fürchten müssen. Hinweisgebende sind dabei nicht nur Arbeitnehmer, sondern auch Selbstständige, Freiwillige und Organmitglieder von Gesellschaften. Darüber hinaus greift das Gesetz bei Personen, die bereits nicht mehr im betroffenen Unternehmen arbeiten. In jedem Fall müssen sie relevante Informationen über einen Verstoß besitzen, der unter den sachlichen Anwendungsbereich des Hinweisgeberschutzgesetzes fällt. Es werden aber auch solche Personen, die Bestandteil einer Meldung oder von ihr betroffen sind (Beschuldigte, potenzielle Zeugen etc.) geschützt. Ebenso sollen die Rechte und Geheimhaltungsinteressen der Unternehmen einen besonderen Schutz erhalten. Nicht geschützt sind hingegen solche Personen, die vorsätzlich oder grob fahrlässig falsche Informationen melden.

Nach § 36 Abs. 1 HinSchG wird der Hinweisgeber **vor sämtlichen Repressalien geschützt**. Art. 19 EU-RL enthält eine nicht abschließende Aufzählung verbotener Repressalien (u.a. Suspendierung, Kündigung, Herabstufung

16 BT-Dr. 20/6700.

17 BGBl. 2023 I, Nr. 140.

18 *https://www.recht.bund.de/eli/bund/bgbl_1/2023/140*

19 *https://www.bmj.de/SharedDocs/Gesetzgebungsverfahren/DE/Hinweisgeberschutz.html*

oder Versagung einer Beförderung, Änderung des Arbeitsortes oder der Arbeitszeit, Gehaltsminderung, Versagung von Weiterbildungsmaßnahmen, Ausstellung eines schlechten Arbeitszeugnisses, Disziplinarmaßnahmen, Nötigung, Einschüchterung, Mobbing oder Ausgrenzung, Diskriminierung, Erfassung des Hinweisgebers auf einer »schwarzen Liste«, Entzug einer Lizenz oder einer Genehmigung, psychiatrische oder ärztliche Überweisungen). Nach § 36 Abs. 2 HinSchG gilt zugunsten des Hinweisgebers eine **Beweislastumkehr**. Wenn dieser nach einer Meldung eine Benachteiligung im Zusammenhang mit seiner beruflichen Tätigkeit erleidet, wird widerleglich vermutet, dass diese Benachteiligung eine Repressalie ist. Gem. § 37 Abs. 1 HinSchG steht dem Hinweisgeber bei einem Verstoß gegen das Verbot von Repressalien ein **Schadensersatzanspruch** zu.

Der **sachliche Anwendungsbereich** der EU-RL bezieht sich auf das Melden von Verstößen gegen das Unionsrecht – u. a. Verstöße gegen das öffentliche Auftragswesen, Finanzdienstleistungen, Finanzprodukte und Finanzmärkte, Produktsicherheit und -konformität, Verkehrssicherheit, Umweltschutz, Lebensmittel- und Futtermittelsicherheit, Tierschutz, öffentliche Gesundheit, Verbraucherschutz, Schutz der Privatsphäre und personenbezogener Daten, Binnenmarktvorschriften i. S. v. Art. 26 Abs. 2 AEUV (Art. 2 EU-RL). Das HinSchG weitet den sachlichen Anwendungsbereich auf weitere Verstöße aus – insbesondere auf sämtliche strafbewehrte und bestimmte bußgeldbewehrte Verstöße gegen das nationale Recht (§ 2 HinSchG).

EU-RL und HinSchG verpflichten Unternehmer und öffentliche Verwaltung zur Einrichtung **interner und externer Meldekanäle**. Der Hinweisgeber soll die Möglichkeit erhalten, Meldungen telefonisch, schriftlich, persönlich oder über ein elektronisches Online-Portal abzugeben. Bei allen Meldewegen muss die Vertraulichkeit des Hinweisgebers geschützt sein. Zudem dürfen die personenbezogenen Daten – sowohl die des Hinweisgebers als auch die etwaiger beschuldigter Personen – nur entsprechend der DSGVO verarbeitet werden (Art. 17 EU-RL). Wer ein Hinweisgeberschutzsystem einrichten muss, definiert das HinSchG anhand der Beschäftigtenanzahl. Die Verpflichtung zur Bereitstellung sicherer interner Meldekanäle trifft alle Unternehmen mit mehr als 50 Mitarbeitern (§ 12 Abs. 2 HinSchG) sowie bestimmte Unternehmen unabhängig von der Zahl ihrer Beschäftigten (§ 12 Abs. 3 HinSchG), z. B. Einrichtungen des öffentlichen Sektors (§ 12 Abs. 1 HinSchG). Arbeitgeber mit regulär zwischen 50 und 249 Beschäftigten müssen bis zum 17. 12. 23 eine interne Meldestelle für Hinweisgebende einrichten. Unternehmen mit 50 bis 249 Mitarbeitern haben bis zum 17. 12. 23 Zeit, ein entsprechendes System einzurichten (§ 42 HinSchG). Unternehmen mit mindestens 250 Beschäftigten müssen voraussichtlich **innerhalb von drei Monaten** nach Verkündung (also bis zum Inkrafttreten) des Gesetzes ihre internen Meldekanäle betreiben. Als Unternehmen zählen dabei nicht nur natürliche und juristische Personen, sondern auch rechtsfähige Personengesellschaften und sonstige rechtsfähige Personenvereinigungen.

Gem. § 7 HinSchG hat der Hinweisgeber grundsätzlich die **Wahl**, ob er sich an eine **interne Meldestelle** (§ 12 HinSchG) oder eine **externe Meldestelle** (§§ 19–24 HinSchG) wendet. Gem. § 7 Abs. 1 S. 2 HinSchG sollen die Hinweisgeber in den Fällen, in denen intern wirksam gegen den Verstoß vorgegangen werden kann und sie keine Repressalien befürchten, die Meldung an eine interne Meldestelle bevorzugen.[20] Das HinSchG enthält zudem Vorschriften über das weitere Verfahren bei der Meldestelle (§ 17 Abs. 1, § 28 HinSchG), Folgemaßnahmen (§§ 18, 29 HinSchG), Bearbeitungsfristen und Informationspflichten (§ 17 Abs. 2, § 28 Abs. 1, 4 HinSchG). § 40 HinSchG enthält Sanktionen für den Fall, dass gegen den HinSchG verstoßen wird.

Das HinSchG stellt einen großen Fortschritt für den Schutz von Whistleblowern dar. Zu begrüßen sind der weite sachliche Anwendungsbereich und die teils detaillierten und praxisrelevanten Hinweise für die Einrichtung und Anwendung der Meldekanäle.

Ob das HinSchG zu einer Neujustierung der Rspr. Anlass gibt, bleibt ab- **5d**
zuwarten.[21] Das *BVerfG*[22] hat bislang die Zulässigkeit von Hinweisen am Rechtsstaatsprinzip gemessen und die Auffassung vertreten, dass es mit dem Rechtsstaatsprinzip unvereinbar sei, wenn derjenige, der die ihm auferlegten staatsbürgerlichen Pflichten erfülle und nicht wissentlich unwahre oder leichtfertig falsche Angaben mache, dadurch zivilrechtliche Nachteile erleide. Wörtlich hat das *BVerfG*[23] ausgeführt: »*Gerade die Zeugenpflicht ist eine allgemeine Staatsbürgerpflicht (vgl. BVerfGE 76, 363 [383] = NJW 1988, 897). Ferner kann die StA die Herausgabe bestimmter Gegenstände verlangen (vgl. §§ 94ff. StPO). Mit diesen Pflichten im Rechtsstaat ist es nicht vereinbar, wenn derjenige, der diese ihm gesetzlich auferlegten Pflichten erfüllt und nicht wissentlich unwahre oder leichtfertig falsche Angaben macht, dadurch zivilrechtliche Nachteile erleidet. Nur so kann die verfassungsrechtliche Pflicht des Staates, eine funktionsfähige Strafrechtspflege im Interesse der Allgemeinheit zu gewährleisten (vgl. BVerfGE 46, 214 [222] = NJW 1977, 2355), erfüllt werden.*«

---

20 Dies entspricht der Vorgabe des Art. 7 Abs. 2 EU-RL, die lautet: »Die Mitgliedstaaten setzen sich dafür ein, dass die Meldung über interne Meldekanäle gegenüber der Meldung über externe Meldekanäle in den Fällen bevorzugt wird, in denen intern wirksam gegen den Verstoß vorgegangen werden kann und der Hinweisgeber keine Repressalien befürchtet.«

21 So *Junker*, EuZA 2023, 1.

22 Vgl. *BVerfG* v. 2.7.20 – 1 BvR 2049/00 –, NZA 01, 888ff.

23 *BVerfG* v. 2.7.20 – 1 BvR 2049/00 –, NZA 01, 889f.

Das *BAG*[24] hat die Verhältnismäßigkeit in den Vordergrund gestellt und insbesondere die Motivation des Arbeitnehmers berücksichtigt und postuliert den Vorrang des innerbetrieblichen Hinweises.

d) Sinn und Zweck

6 Die Verschwiegenheitspflicht nach § 7 soll nicht nur die **dienstlichen Interessen** schützen, sondern auch die **persönlichen Interessen** der einzelnen Beschäftigten sowie das **Interesse der Personalvertretung** an der vertraulichen und ungestörten Meinungs- und Willensbildung, die auch durch den Grundsatz der Nichtöffentlichkeit ihrer Sitzungen gewährleistet werden soll (siehe Rn. 16, 18).[25] Dadurch wird die Unabhängigkeit der Personalratsmitglieder garantiert und die Funktionsfähigkeit der PR sichergestellt. Interna sollen nicht bekannt werden, solange die Beteiligten nicht die daraus zu resultierenden Folgerungen gezogen haben.[26] Ein Beschluss des PR, der bereits Außenwirkung erlangt hat, stellt grundsätzlich kein geheimhaltungsbedürftiges Internum mehr dar.[27]

2. Verschwiegenheitspflicht (Abs. 1)

a) Verschwiegenheitsverpflichtete Personen

7 (Abs. 1) Zur Bewahrung der Verschwiegenheit sind nach Abs. 1 S. 1 alle **Personen** verpflichtet, die Aufgaben oder Befugnisse nach dem LPVG wahrnehmen oder wahrgenommen haben. Dazu gehören insbesondere:

- die Mitglieder und eingetretenen Ersatzmitglieder der Personalvertretungen i. w. S. (PR, GPR, BPR, HPR, APR, JAV, GJAV, BJAV, HJAV);
- die Mitglieder und eingetretenen Ersatzmitglieder der Wahlvorstände und Abstimmungsvorstände sowie die Wahlhelfer;
- der Dienststellenleiter und seine Vertreter bzw. Beauftragten in ihrer personalvertretungsrechtlichen Funktion (vgl. § 5 Rn. 11 ff.)[28] sowie sachbearbeitende Beschäftigte, die zu gemeinschaftlichen Besprechungen hinzugezogen werden (vgl. § 68 Rn. 4);
- die Beauftragten von Gewerkschaften und Arbeitgebervereinigungen;
- der Vorsitzende und die Beisitzer der Einigungsstelle;
- die in die Personalvertretung entsandten Mitglieder des Richterrats und des Staatsanwaltsrats;

---

24 S. *BAG* v. 3.7.03 – 2 AZR 235/02 –, NZA 04, 427, und v. 7.12.06 – 2 AZR 400/05 –, NZA 07, 502.

25 Vgl. Lorenzen-*Hebeler*, § 11 Rn. 1; Leuze-*Flintorp*, § 7 Rn. 2.

26 *Vogelsang*, PersV 13, 47 f. m. w. N.

27 So auch *VG Karlsruhe* v. 24.5.13 – PL 12 K 3822/12.

28 *VG Darmstadt* v. 19.6.97 – 23 LG 861/97 (1) –, PersR 98, 171.

- die Vertrauensperson der schwerbehinderten Menschen, der Vertrauensmann der Zivildienstleistenden und die Beauftragte für Chancengleichheit, soweit sie personalvertretungsrechtlich geregelte Aufgaben oder Befugnisse wahrnehmen, z. B. dann, wenn sie an der Sitzung einer Personalvertretung teilnehmen;[29]
- die von der Personalvertretung hinzugezogenen Auskunftspersonen und Sachverständigen;[30]
- die den Personalvertretungen oder den Wahlvorständen zur Verfügung gestellten Schreibkräfte;
- Beschäftigte, die an Personalversammlungen oder an Jugend- und Auszubildendenversammlungen teilnehmen, die die Sprechstunden des PR oder der JAV aufsuchen oder die sich mit Anregungen und Beschwerden an den PR oder die JAV wenden, sofern diese keine eigenen Angelegenheiten betreffen.[31] Der in Abs. 1 S. 1 bezeichnete Personenkreis ist (mit Ausnahme des Merkmals »wahrgenommen haben«) der gleiche wie der, für den nach § 107 S. 1 BPersVG a. F.[32] (bzw. § 6) das Behinderungs-, Benachteiligungs- und Begünstigungsverbot gilt. Die von Leuze-*Flintorp* angenommene Einschränkung, die Personen i. S. d. Abs. 1 S. 1 müssten »gesteigerte, d. h. qualifizierte Funktionen nach dem LPVG erfüllen«,[33] sieht das Gesetz nicht vor.

Zu dem Personenkreis i. S. d. Abs. 1 S. 1 gehören dagegen nicht **Rechtsanwälte**, die die Dienststelle oder die Personalvertretung beraten oder in einem personalvertretungsrechtlichen Beschlussverfahren vertreten, weil sie nach § 43a Abs. 2 BRAO einer umfassenden berufsrechtlichen Verschwiegenheit unterliegen.[34] Nicht dazu gehören auch die **ehrenamtlichen Richter** der Fachkammern bei den Verwaltungsgerichten und des Fachsenats beim Verwaltungsgerichtshof, weil ihnen eine richterliche Aufgabe obliegt und weil sie aufgrund richterrechtlicher Vorschriften (§ 45 Abs. 1 S. 2 i. V. m. § 43 8

29 Vgl. Richardi-*Treber*, § 10 a. F. Rn. 9 f.; *VG Frankfurt a. M.* v. 16. 10. 03 – 23 LG 5583/03 (V) –, ZfPR 04, 201.

30 *BVerwG* v. 8. 11. 89 – 6 P 7.87 –, PersR 90, 102.

31 Str.; wie hier Altvater-*Herget*, § 11 Rn. 7; *Fischer/Goeres/Gronimus*, § 10 a. F. Rn. 6; Lorenzen-*Hebeler*, § 11 Rn. 11; a. A. Leuze-*Flintorp*, § 11 Rn. 8, u. wohl auch Richardi-*Treber*, § 10 a. F. Rn. 12.

32 § 107 S. 1 BPersVG a. F., entfällt nach § 131 BPersVG n. F. zum 31. 12. 24; für den Bund s. § 10 BPersVG n. F.; § 107 S. 2 BPersVG a. F. bleibt als arbeitsrechtliche Regelung in der Gesetzgebungskompetenz des Bundes und bindet die Länder nunmehr als § 127 Abs. 2 BPersVG n. F. weiter.

33 S. dort § 7 Rn. 8.

34 Str.; wie hier Altvater-*Herget*, § 11 Rn. 8; Lorenzen-*Hebeler*, § 11 Rn. 14; a. A. *Fischer/Goeres/Gronimus*, § 10 a. F. Rn. 7; Ilbertz-*Knorz*, § 11 Rn. 7 unter n).

DRiG) das Beratungsgeheimnis zu wahren haben.[35] Das gilt auch für die **Berufsrichter** der Fachkammern und des Fachsenats und des für Personalvertretungssachen zuständigen Revisionssenats beim Bundesverwaltungsgericht. Etwas anderes gilt jedoch für den **Präsidenten des Verwaltungsgerichtshofs**, soweit er bei der Bestellung des Vorsitzenden der Einigungsstelle nach § 79 Abs. 1 S. 5 tätig wird, weil es sich dabei nicht um einen Akt **der Rechtsprechung handelt** (vgl. § 79 Rn. 12).

b) Gegenstand und Umfang

9 **Gegenstand der Verschwiegenheitspflicht** sind die Angelegenheiten und Tatsachen, die den in Abs. 1 S. 1 genannten Personen bei der Wahrnehmung ihrer Aufgaben oder Befugnisse nach dem LPVG bekannt geworden sind. Ob es sich um **dienstliche** oder **private** Angelegenheiten und Tatsachen oder um solche aus dem **internen** Bereich der Personalvertretung handelt, ist unerheblich (vgl. Rn. 6). Die Verschwiegenheitspflicht erstreckt sich nicht nur auf Angelegenheiten und Tatsachen, die den in Abs. 1 S. 1 genannten Personen »dabei«, d. h. bei der Wahrnehmung von Aufgaben oder Befugnissen nach dem LPVG **bekannt geworden** sind, sondern auch auf solche, die »bei dieser Gelegenheit« **bekannt geworden** sind. Insbesondere sind dabei Willensbildungsprozesse innerhalb des PR (z. B. Wortmeldungen und Abstimmungsverhalten) erfasst.

9a Die Verletzung der Verschwiegenheitspflicht stellt sich regelmäßig – vorbehaltlich einer genauen Prüfung des Einzelfalls – als grobe Pflichtverletzung dar (vgl. hierzu Rn. 26).[36] Erforderlich ist jedoch, dass die Kenntnisnahme mit einer personalvertretungsrechtlichen Tätigkeit zusammenhängt. Es ist unerheblich, ob auf die Verschwiegenheitspflicht **hingewiesen** worden ist.

10 **Stillschweigen zu bewahren** heißt, eine Angelegenheit oder Tatsache nicht zu offenbaren, d. h. sie Dritten weder schriftlich noch mündlich noch in anderer Form mitzuteilen. Aus der Wendung »oder wahrgenommen haben« ergibt sich zeitlich, dass die **Dauer der Schweigepflicht nicht begrenzt** ist. Sie endet nicht dadurch, dass die personalvertretungsrechtliche Tätigkeit, bei deren Wahrnehmung die Angelegenheit oder Tatsache **bekannt geworden ist, nicht mehr wahrgenommen wird.**

11 Die Verschwiegenheitspflicht besteht **grundsätzlich gegenüber jedermann.** Ausnahmen gelten nach Abs. 1 S. 2 für Mitteilungen im personalvertretungsrechtlichen Verkehr (vgl. Rn. 14–21) sowie vor Gericht (vgl. Rn. 22). Die durch Abs. 1 S. 2 zugelassenen **Ausnahmen** sind notwendig, um die

35 Ebenso Leuze-*Flintorp*, § 11 Rn. 109; a. A. Ilbertz-*Knorz*, § 11 Rn. 7 unter k); Lorenzen-*Hebeler*, § 11 Rn. 11.

36 *VG Karlsruhe* v. 24. 5. 13 – PL 12 K 3822/12.

Funktionsfähigkeit der Personalvertretung zu gewährleisten. Sie sollen es den Personen und Organen, die personalvertretungsrechtliche Aufgaben und Befugnisse wahrnehmen, ermöglichen, im Rahmen ihrer jeweiligen Zuständigkeiten den Informationsaustausch zu pflegen, der zur sachgerechten Wahrnehmung dieser Aufgaben und Befugnisse erforderlich ist.[37]

Die Ausnahmen nach Abs. 1 S. 2 gelten »**abgesehen von den Fällen des** 12
§ 71 Abs. 1 S. 3 und des § 76 Abs. 4«. Nach **§ 71 Abs. 1 S. 3** dürfen **Personalakten** nur mit Zustimmung des Beschäftigten und nur von den von ihm bestimmten Mitgliedern der Personalvertretung eingesehen werden (vgl. § 71 Rn. 36ff.). Deshalb dürfen die durch die Einsichtnahme bekannt gewordenen Angelegenheiten und Tatsachen den dazu nicht ermächtigten Mitgliedern der Personalvertretung nicht offenbart und auch sonst im personalvertretungsrechtlichen Verkehr nicht mitgeteilt werden. Soweit dies dem betroffenen Beschäftigten gegenüber vertretbar und zur sachgerechten Beratung in der Personalvertretung erforderlich ist, ist es allerdings zulässig (und geboten), Schlussfolgerungen aus den durch die Einsichtnahme gewonnenen Kenntnissen mitzuteilen.[38] Der einschränkende Hinweis auf die **Fälle des § 94** bezieht sich auf die Vorschriften für die Behandlung von **Verschlusssachen** mindestens des Geheimhaltungsgrads »VS – VERTRAULICH«.[39]

Eine weitere Einschränkung besteht aufgrund **des § 76 Abs. 4**, wonach in bestimmten **sozialen Angelegenheiten** (§ 74 Abs. 1 Nr. 1 und Nr. 4) auf Verlangen der betroffenen Beschäftigten nur der Vorstand mitbestimmt (vgl. § 76 Rn. 15).[40] In diesen Fällen ist hinsichtlich der Einzelheiten nur ein Informationsaustausch innerhalb des Vorstands und im Stufenverfahren zwischen den Vorständen der beteiligten Personalvertretungen zulässig.

c) Ausnahmen

Nach **Abs. 1 S. 2 Nr. 1 und 2** gilt die Verschwiegenheitspflicht nicht für 13
Mitglieder der Personalvertretung (PR, GPR, BPR, HPR, APR) **und der Jugend- und Auszubildendenvertretung** (JAV, GJAV, BJAV, HJAV) gegenüber den **übrigen Mitgliedern** der Vertretung. Damit ist das Verhältnis zwischen den Mitgliedern derselben Personalvertretung gemeint.[41] Die Verschwiegenheitspflicht entfällt auch gegenüber **zeitweilig verhinderten Mitgliedern** und gegenüber **Ersatzmitgliedern**, wenn und solange diese in die

37 Vgl. Lorenzen-*Hebeler*, § 11 Rn. 37; *BVerwG* v. 21.10.93 – 6 P 18.91 –, PersR 94, 165.

38 Vgl. Altvater-*Herget*, § 11 Rn. 12 m. w. N.

39 Vgl. § 94 Rn. 3; Altvater-*Herget*, a. a. O.

40 Altvater-*Herget*, a. a. O.

41 *BayVGH* v. 8.12.99 – 17 P 99.1582 –, PersR 00, 423.

jeweilige Vertretung eingerückt sind, nicht aber gegenüber ausgeschiedenen Mitgliedern und gegenüber nur zeitweilig eingetretenen Ersatzmitgliedern nach Ende des Vertretungsfalls. Die Regelung des Abs. 1 S. 2 Nr. 1 und 2 gilt aber auch für **ausgeschiedene Mitglieder** (bzw. Ersatzmitglieder) gegenüber den übrigen Mitgliedern der Vertretung, der sie angehört haben, hinsichtlich solcher Angelegenheiten und Tatsachen, die ihnen während ihrer Mitgliedschaft (bzw. Ersatzmitgliedschaft) bekannt geworden sind. Der gegenteiligen Ansicht[42] ist nicht zu folgen, weil andernfalls die Kontinuität der Arbeit und die Funktionsfähigkeit der Personalvertretung beeinträchtigt wären. Da der Informationsaustausch innerhalb der Personalvertretung i.d.R. in den **Sitzungen** stattfindet (vgl. § 30 Rn. 8, 13), hat dies zur Folge, dass die Aufhebung der Verschwiegenheitspflicht durch Abs. 1 S. 2 Nr. 1 und 2 auch gegenüber solchen **Sitzungsteilnehmern** gilt, die zwar der Vertretung nicht angehören, aber berechtigterweise an der Sitzung teilnehmen (vgl. § 30 Rn. 9ff.).[43]

14 Nach Abs. 1 S. 2 Nr. 2 gilt die Verschwiegenheitspflicht nicht für »die in Satz 1 bezeichneten Personen«, also für alle **Personen**, die Aufgaben oder Befugnisse nach dem LPVG wahrnehmen oder wahrgenommen haben (vgl. Rn. 7), gegenüber der **zuständigen Personalvertretung**, wobei hier die jeweils zuständige Personalvertretung i.w.S. (PR, GPR, BPR, HPR, APR, JAV, GJAV, BJAV, HJAV) gemeint ist.[44]

15 Nach Abs. 1 S. 2 Nr. 3, 4, 5 und 6 entfällt die Verschwiegenheitspflicht ferner gegenüber der **übergeordneten Dienststelle**, der **obersten Dienstbehörde** oder dem anzurufenden **obersten Organ bzw. Ausschuss**, gegenüber der in der hierarchischen Verwaltung dort gebildeten **Stufenvertretung** (BPR oder HPR) und gegenüber dem **GPR.** Dies gilt aber nur, wenn der PR (oder ggf. der GPR oder BPR) als Organ die genannten Stellen im Rahmen ihrer Aufgaben und Befugnisse einschaltet.[45]

15a Nach Abs. 1 S. 2 Nr. 7 gilt die in S. 2 geregelte Ausnahme von der Verschwiegenheitspflicht auch für die Anrufung der **Einigungsstelle**, deren Verhandlung nach § 79 Abs. 3 S. 1 nicht öffentlich ist.

15b Nach **Abs. 1 S. 2 Nr. 8** gilt die in S. 2 geregelte Ausnahme von der Verschwiegenheitspflicht schließlich für Mitglieder des Wirtschaftsausschusses gegenüber Mitgliedern der Personalvertretung. Das ist notwendig, weil dem Wirtschaftsausschuss als Gremium zur Unterrichtung der Personalvertretung über wirtschaftliche Angelegenheiten auch zur Verschwiegenheit verpflichtete Ausschussmitglieder angehören können, die keine Personal-

---

42 Ilbertz-*Knorz*, § 11 Rn. 8; Leuze-*Flintorp*, § 11 Rn. 19.

43 *Fischer/Goeres/Gronimus*, § 10 a.F. Rn. 14.

44 Vgl. Lorenzen-*Hebeler*, § 11 Rn. 42.

45 Vgl. Lorenzen-*Hebeler*, § 11 Rn. 44; Leuze-*Flintorp*, § 11 Rn. 21; weitergehend *Fischer/Goeres/Gronimus*, § 10 a.F. Rn. 16.

ratsmitglieder sind. Ihre Verschwiegenheitspflicht besteht deshalb ausdrücklich nicht gegenüber den Mitgliedern der zu unterrichtenden Personalvertretung.

16 Auch gegenüber der vorgesetzten Dienststelle, einer anderen Personalvertretung oder der Einigungsstelle entfällt die Verschwiegenheitspflicht der Mitglieder (und Ersatzmitglieder) einer Personalvertretung nicht hinsichtlich solcher Angelegenheiten und Tatsachen, die zum **internen Bereich der Personalvertretung** gehören (vgl. Rn. 6). Das gilt v. a. für den Prozess der Meinungs- und Willensbildung in der PR-Sitzung, für die der Grundsatz der **Nichtöffentlichkeit** gilt (vgl. § 32 Rn. 1). Die durch die Beachtung dieses Grundsatzes zu gewährleistende unbeeinflusste Beratung und Beschlussfassung wäre in Frage gestellt, wenn ein PR-Mitglied damit rechnen müsste, dass sein Verhalten in der Sitzung – insbesondere seine Diskussionsbeiträge und sein Abstimmungsverhalten – Dritten gegenüber offengelegt würde. Deshalb sind solche Interna unbedingt vertraulich zu behandeln.[46] Zu diesen Interna gehören auch solche **Angelegenheiten einzelner Beschäftigter**, deren vertrauliche Behandlung sich aus der Natur der Sache ergibt oder dem Beschäftigten zugesagt worden ist.

17 Die in Abs. 1 S. 2 enthaltenen ausdrücklichen Regelungen über Ausnahmen von der Verschwiegenheitspflicht sind auf bestimmte **andere Mitteilungen im personalvertretungsrechtlichen Verkehr** entsprechend anzuwenden, weil auch sie zur Aufrechterhaltung der Funktionsfähigkeit der Personalvertretung notwendig sind. Danach gilt die Verschwiegenheitspflicht grundsätzlich nicht im Verhältnis zwischen der Personalvertretung und dem Leiter der Dienststelle, bei der sie gebildet ist (vgl. Rn. 18), sowie nicht gegenüber den in der Dienststelle vertretenen Gewerkschaften (vgl. Rn. 19) und außerdem nicht gegenüber

- dem **PR einer (nachgeordneten) Dienststelle**, soweit die Stufenvertretung oder der GPR ihm nach § 91 Abs. 3 oder 8 Gelegenheit zur Äußerung zu geben hat;
- den Mitgliedern der nach §§ 56, 57 gebildeten Arbeitsgemeinschaften;
- dem **obersten Organ** bzw. dem Hauptorgan einer Körperschaft, Anstalt oder Stiftung des öffentlichen Rechts, ggf. einem Ausschuss dieses Organs oder der Aufsichtsbehörde, soweit eine dieser Stellen nach **§ 89 Abs. 1** im Verfahren der Mitbestimmung nach § 77 Abs. 3 oder der Mitwirkung nach § 83 Abs. 2 angerufen wird;
- dem **Hauptorgan einer kommunalen Körperschaft** oder dem Ausschuss des Hauptorgans oder einem vergleichbaren Gremium, soweit der

46 *BVerwG* v. 11. 1. 06 – 6 PB 17.05 –, PersR 06, 300; *BayVGH* v. 31. 7. 85 – Nr. 17 C 85 A. 1513 –, PersV 87, 22, u. v. 14. 11. 01 – 17 P 01.1526 –, ZfPR 02, 172; *NdsOVG* v. 15. 12. 97 – 18 M 4676/97 –, PersR 98, 427; *OVG NW* v. 8. 5. 61 – CB 3/61 –, PersV 63, 111.

PR-Vorsitzende nach § **89 Abs. 2** an deren nichtöffentlichen Sitzungen teilnimmt;

- den für den **Arbeitsschutz** in Betracht kommenden Stellen, soweit die PR-Mitglieder ihre Unterstützungsaufgabe nach § 71 Abs. 7 oder § 70 Abs. 1 Nr. 3 wahrnehmen;[47]
- einem **Sachverständigen**, den die Personalvertretung zur gutachterlichen Beratung hinzugezogen hat (vgl. § 41 Rn. 18);
- dem **Verwaltungsgericht**, soweit dieses in einer personalvertretungsrechtlichen Streitigkeit zu entscheiden hat, und gegenüber den Beteiligten des verwaltungsgerichtlichen Beschlussverfahrens.[48]

18 Die Verschwiegenheitspflicht gilt grundsätzlich nicht im Verhältnis zwischen der Personalvertretung und dem **Leiter der Dienststelle**, bei der sie gebildet ist.[49] Dieses Verhältnis wird nach § 2 Abs. 1 durch den Grundsatz der partnerschaftlich vertrauensvollen Zusammenarbeit bestimmt (vgl. § 2 Rn. 4). Der Dienststellenleiter ist nach § 71 Abs. 1 verpflichtet, die Personalvertretung zur Durchführung ihrer Aufgaben rechtzeitig und umfassend zu unterrichten und ihr – mit Ausnahme der Personalakten – die hierfür erforderlichen Unterlagen vorzulegen. Seine Informationspflicht erstreckt sich allerdings nicht auf die verwaltungsinterne Vorbereitung seiner Entscheidungen (vgl. § 71 Rn. 33). Umgekehrt dürfen Angelegenheiten und Tatsachen, die zum internen Bereich der Personalvertretung gehören, dem Dienststellenleiter nicht mitgeteilt werden (vgl. Rn. 16). Die Teilnehmer an gemeinschaftlichen Besprechungen zwischen Personalvertretung und Dienststellenleiter sind hinsichtlich der Angelegenheiten und Tatsachen, die ihnen durch ihre Teilnahme bekannt geworden sind, nach Abs. 1 S. 1 zur Verschwiegenheit verpflichtet, soweit kein die Mitteilung gestattender Ausnahmetatbestand (vgl. Rn. 3, 23 f.) eingreift.

19 Gegenüber dem Beauftragten einer in der Dienststelle vertretenen **Gewerkschaft**, der Aufgaben oder Befugnisse nach dem LPVG wahrnimmt, sind die Mitglieder der Personalvertretung nicht zur Verschwiegenheit verpflichtet. Das ergibt sich aus dem in § 2 Abs. 1 vorgesehenen Zusammenwirken zwischen Personalvertretung und Gewerkschaft (vgl. § 2 Rn. 7 ff.) sowie daraus, dass der Gewerkschaftsbeauftragte gegenüber der zuständigen Personalvertretung ebenfalls keine Schweigepflicht hat (vgl. Rn. 14). Auch wenn Gewerkschaftsbeauftragte nicht an einer PR-Sitzung teilgenommen haben, dürfen PR-Mitglieder ihre Gewerkschaft über die bei der Sitzung behandelten Themen in allgemeiner Form unter Wahrung der Anonymität hinsichtlich personeller Angelegenheiten informieren.[50] Soweit es sich nicht

47 Wohl a. A. Leuze-*Flintorp*, § 11 Rn. 25.
48 Vgl. Lorenzen-*Hebeler*, § 11 Rn. 48.
49 Vgl. Lorenzen-*Hebeler*, § 11 Rn. 49; a. A. Richardi-*Treber*, § 10 a. F. Rn. 16.
50 Vgl. Ilbertz-*Knorz*, § 11 Rn. 24.; enger Richardi-*Treber*, § 10 a. F. Rn. 15.

um personenbezogene Daten handelt, sind die Gewerkschaftsbeauftragten ihrerseits nicht verpflichtet, gegenüber ihrer Organisation zu schweigen. Da den Organisationen selbst personalvertretungsrechtliche Aufgaben und Befugnisse zugewiesen sind, müssen die Gewerkschaftsbeauftragten ihrer Organisation zur koalitionsinternen Willensbildung berichten können.[51]

Bei der **Information der Beschäftigten** – insbesondere durch den Tätigkeitsbericht in der Personalversammlung (vgl. § 52 Rn. 3 f.), durch Bekanntmachungen und Anschläge an den Schwarzen Brettern, durch die Herausgabe von Informationsschriften oder mittels elektronischer Form (vgl. § 41 Rn. 35 ff.) – hat der PR die Verschwiegenheitspflicht nach Abs. 1 S. 1 zu beachten. Dem Informationsbedürfnis der Beschäftigten ist jedoch bei der Auslegung der Ausnahmetatbestände des Abs. 2 Rechnung zu tragen (vgl. Rn. 23 f.). Will sich der PR – z. B. durch eine Pressemitteilung – an die **Öffentlichkeit** wenden (vgl. § 68 Rn. 17), so ist er auch dabei an die Verschwiegenheitspflicht gebunden.[52] 20

Die Beschäftigten haben bei ihrer **Kommunikation mit dem PR** grundsätzlich die beamtenrechtliche oder arbeitsvertragliche Schweigepflicht zu beachten (vgl. Rn. 2). Diese gilt aber dann nicht, wenn Beschäftigte den PR in einer (auch) sie betreffenden Angelegenheit ansprechen, bei der dem PR allgemeine Aufgaben obliegen oder spezielle Beteiligungsrechte zustehen. In einem solchen Fall ist die Kommunikation mit dem PR als »dienstlicher Verkehr« i. S. d. § 37 Abs. 2 S. 1 Nr. 1 BeamtStG anzusehen.[53] 21

d) Aussagen vor Gericht

Ob und unter welchen Voraussetzungen eine Person, die der personalvertretungsrechtlichen Verschwiegenheitspflicht unterliegt, zur **Aussage vor Gericht** verpflichtet ist, ist im gerichtlichen Verfahrensrecht geregelt. Dabei ist zwischen den Vorschriften für den Strafprozess und für den Zivilprozess zu unterscheiden. 22

- Im **Strafverfahren** ist ein **Zeugnisverweigerungsrecht** für Personen i. S. d. Abs. 1 S. 1 in § 53 Abs. 1 StPO nicht vorgesehen. Einer **Aussagegenehmigung** nach § 54 Abs. 1 StPO bedarf es für diese Personen grundsätzlich nicht. Handelt es sich bei einer personalvertretungsrechtlichen

51 Str.; wie hier Altvater-*Herget*, § 11 Rn. 19; Lorenzen-*Hebeler*, § 11 Rn. 46; Ilbertz-*Knorz*, § 11 Rn. 24; Richardi-*Treber*, § 10 a. F. Rn. 27; einschränkend *Fischer/Goeres/Gronimus*, § 10 a. F. Rn. 12; a. A. *BayVGH* v. 9. 12. 65 – Nr. 4 IX 65 –, PersV 66, 256.

52 Vgl. Lorenzen-*Hebeler*, § 11 Rn. 27; *BAG* v. 16. 9. 87 – 5 AZR 254/86 –, PersR 89, 14.

53 Ähnlich *Fischer/Goeres/Gronimus*, § 10 a. F. Rn. 15, u. Richardi-*Treber*, § 10 a. F. Rn. 33; enger Lorenzen-*Hebeler*, § 11 Rn. 30.

Angelegenheit aber gleichzeitig um eine dienstliche Angelegenheit, auf die sich die beamtenrechtliche Verschwiegenheitspflicht erstreckt, ist eine Aussage erst möglich, wenn dem Beamten nach § 37 Abs. 3 bis 5 BeamtStG die Aussagegenehmigung des Dienstherrn erteilt worden ist.[54]

- Im **Zivilprozess** ist in § 383 Abs. 1 Nr. 6 ZPO ein **Zeugnisverweigerungsrecht** auch für Mitglieder von Personalvertretungen i. w. S. (PR, GPR, BPR, HPR, APR, JAV, GJAV, BJAV, HJAV) vorgesehen. Nach § 385 Abs. 2 ZPO können sie das Zeugnis jedoch nicht verweigern, wenn sie **von der Verpflichtung zur Verschwiegenheit entbunden** sind. Diese Befreiung kann nur von demjenigen erteilt werden, dem das Recht auf Verschwiegenheit zusteht. Das sind nach den Umständen des jeweiligen Einzelfalls sowohl der PR als auch der Dienststellenleiter und ggf. – insbesondere in Personalangelegenheiten – die betroffenen einzelnen Beschäftigten.[55] Handelt es sich gleichzeitig um eine Angelegenheit, die der beamtenrechtlichen Verschwiegenheitspflicht unterliegt, ist nach § 376 Abs. 1 ZPO i. V. m. § 37 Abs. 3 BeamtStG auch die **Aussagegenehmigung** des Dienstherrn erforderlich. Die Vorschriften des § 376 Abs. 1, § 383 Abs. 1 Nr. 6 und § 385 Abs. 2 ZPO gelten entsprechend für das **personalvertretungsrechtliche Beschlussverfahren** (§ 92 Abs. 2 i. V. m. § 80 Abs. 2 und § 46 Abs. 2 ArbGG), das **arbeitsgerichtliche Urteilsverfahren** (§ 46 Abs. 2 ArbGG) und das **verwaltungsgerichtliche Klageverfahren** (§ 98 VwGO).

3. Offenkundigkeit und geringe Bedeutung (Abs. 2)

23 Die Verschwiegenheitspflicht besteht nicht für Angelegenheiten oder Tatsachen, die **offenkundig** sind. Der Begriff »offenkundig« ist in Anlehnung an das Prozessrecht (vgl. § 291 ZPO, § 244 Abs. 3 S. 3 Nr. 1 StPO) und das Verwaltungsverfahrensrecht[56] – das zwischen »allgemeinkundig« und »gerichtskundig« bzw. »amtskundig« (»behördenkundig«) unterscheidet – als Oberbegriff zu verstehen, der die Begriffe »allgemeinkundig« und »dienststellenkundig« umfasst.[57] Angelegenheiten oder Tatsachen, sind **allgemeinkundig**, wenn sie allgemein, also auch außerhalb der Dienststelle, bekannt oder jederzeit feststellbar sind. Sie sind **dienststellenkundig**, wenn sie innerhalb der Dienststelle jedem Beschäftigten bekannt oder für ihn jederzeit erkennbar sind. Bei Allgemeinkundigkeit entfällt die Verschwiegenheits-

---

54 Vgl. Lorenzen-*Hebeler*, § 11 Rn. 79 ff.

55 Vgl. Lorenzen-*Hebeler*, § 11 Rn. 81.

56 Vgl. *Kopp/Ramsauer*, § 26 Rn. 14.

57 Str.; im Ergebnis ebenso *Fischer/Goeres/Gronimus*, § 10 a. F. Rn. 18; a. A. Lorenzen-*Hebeler*, § 11 Rn. 51; Richardi-*Treber*, § 10 a. F. Rn. 19; Leuze-*Flintorp*, § 11 Rn. 16; wohl auch Ilbertz-*Knorz*, § 11 Rn. 28.

pflicht gegenüber der gesamten Öffentlichkeit, also gegenüber jedermann. Bei (bloßer) Dienststellenkundigkeit entfällt sie nur gegenüber der auf die Dienststelle beschränkten Öffentlichkeit, also nur gegenüber ihren Beschäftigten.[58]

Nach Abs. 2 besteht die Verschwiegenheitspflicht des Weiteren nicht für Angelegenheiten oder Tatsachen, die ihrer **Bedeutung** nach keiner Geheimhaltung bedürfen. Ob diese Voraussetzung vorliegt, ist nach den Umständen des Einzelfalls zu beurteilen. Mit der wirksamen Bekanntgabe des Beschlusses über die Kündigung einer Dienstvereinbarung gegenüber dem Dienststellenleiter entfällt z. B. die Geheimhaltungsbedürftigkeit des in dieser Angelegenheit zuvor ergangenen Beschlusses der Personalvertretung.[59] Der Geheimhaltung bedürfen keinesfalls Angelegenheiten oder Tatsachen, die von so **geringem Gewicht** sind, dass weder der Dienststellenleiter noch die Personalvertretung noch ein einzelner Beschäftigter ein nennenswertes Interesse daran hat, dass sie nicht bekannt werden.[60] Handelt es sich um Angelegenheiten oder Tatsachen von größerem Gewicht, sind alle Umstände zu berücksichtigen und gegeneinander abzuwägen.[61] Das gilt insb. bei Angelegenheiten, die – wie geplante Vorhaben zur Änderung der Dienststellenstruktur oder zur Neuordnung der Arbeitsorganisation – mit **nachhaltigen Wirkungen für die Beschäftigten** verbunden sind.[62] In solchen Fällen kann es nicht nur zulässig, sondern geboten sein, dass der PR die Beschäftigten in der Personalversammlung über das Vorhaben unterrichtet und mit ihnen darüber diskutiert, weil die Teilnehmer dieser Versammlung selbst der personalvertretungsrechtlichen und darüber hinaus i. d. R. auch der beamtenrechtlichen oder arbeitsvertraglichen Verschwiegenheitspflicht unterliegen (vgl. Rn. 2, 7). Außerdem steht ihnen dabei auch das Grundrecht der Meinungsfreiheit zu (vgl. Rn. 5). So kann einerseits das Interesse der Dienststelle, die **öffentliche Verbreitung interner Vorgänge zu verhindern**, gewahrt und andererseits dem Interesse der Beschäftigten und ihrem PR, den für die **demokratische Interessenvertretung** unerlässlichen Informations- und Meinungsaustausch zu ermöglichen, entsprochen werden.[63] 24

Die Personalvertretungen haben bei der Verarbeitung personenbezogener Daten die datenschutzrechtlichen Vorschriften zu beachten (näher dazu § 67 Rn. 1 ff.). Ihren Mitgliedern ist es nach § 6 LDSG untersagt, personenbezogene Daten unbefugt zu verarbeiten oder sonst zu verwenden. Dieses Gebot zur **Wahrung des Datengeheimnisses** steht wegen seines eigenständigen 25

58 *OVG NW* v. 8. 4. 81 – CB 28/80; *Bieler*, ZfPR 95, 62, 64.
59 Vgl. *VG Karlsruhe* v. 24. 5. 13 – PL 12 K 3822/12 –, PersV 13, 430.
60 Vgl. Lorenzen-*Hebeler*, § 11 Rn. 53; Richardi-*Treber*, § 10 a. F. Rn. 21.
61 *Germelmann*, § 11 Rn. 19 f.
62 Vgl. *HessVGH* v. 12. 8. 81 – BPV TK 2/82 –, HessVGRspr. 82, 36.
63 Vgl. Altvater-*Herget*, § 11 Rn. 5.

Regelungsinhalts neben der personalvertretungsrechtlichen Verschwiegenheitspflicht.[64]

4. Antrag auf Entbindung (Abs. 3)

26 Nach dem durch das ÄndG 2013 eingefügten Abs. 3 kann unabhängig von der gesetzlichen Regelung die Dienststelle in Einzelfällen von der Verschwiegenheitspflicht entbinden. Dazu bedarf es eines entsprechenden Antrags des PR.

5. Verletzung der Verschwiegenheitspflicht

27 Die **Verletzung der Verschwiegenheitspflicht** ist bei Mitgliedern der Personalvertretung i. d. R. eine grobe Pflichtverletzung i. S. d. § 24 Abs. 1 und kann zum **Ausschluss aus der Personalvertretung** oder zu deren **Auflösung** führen.[65] **Disziplinarmaßnahmen** gegenüber Beamten oder **Abmahnungen** oder **Kündigungen** gegenüber Arbeitnehmern können nur in Betracht kommen, wenn außer der personalvertretungsrechtlichen zugleich die beamtenrechtliche oder arbeitsvertragliche Verschwiegenheitspflicht verletzt worden ist (i. E. str.; vgl. § 24 Rn. 3 f., 7).[66] Da § 7 ein Schutzgesetz i. S. d. § 823 Abs. 2 BGB ist, kann seine Verletzung auch **Schadensersatzansprüche** auslösen, wobei die Schadensersatzpflicht gegenüber dem Träger der Dienststelle oder gegenüber demjenigen eintreten kann, dessen Angelegenheit unzulässiger Weise offenbart worden ist. Unter bestimmten Voraussetzungen kann die Verletzung der Verschwiegenheitspflicht auch **strafrechtliche Folgen** haben. In Betracht kommen die Bestrafung wegen der Offenbarung oder Verwertung eines fremden Privatgeheimnisses nach § 203 Abs. 2 Nr. 3, Abs. 4, 5, §§ 204 und 205 StGB oder wegen der Verletzung einer besonderen Geheimhaltungspflicht nach § 353b Abs. 1 Nr. 3, Abs. 3, 4 StGB.[67]
Im Folgenden ein Überblick über die Rechtsprechung bei Verschwiegenheitsverletzungen:[68]

- zur Verbreitung von Betriebs- und Geschäftsgeheimnissen: *BAG* v. 26. 2. 87, BB 87, 2448
- zur Weitergabe von Gehaltslisten an außerbetriebliche Stellen: *BAG*, AP Nr. 3 zu § 23 BetrVG

---

64 Vgl. Altvater-*Herget*, § 11 Rn. 3 m. w. N.

65 *BVerwG* v. 15. 3. 68 – VII P 22.66 –, PersV 68, 190, v. 23. 1. 02 – 6 P 5.01 –, PersR 02, 201, u. v. 11. 1. 06 – 6 PB 17.05 –, PersR 06, 300.

66 Altvater-*Herget*, § 11 Rn. 26 m. w. N.

67 Näher dazu Altvater-*Herget, § 11 Rn. 27;* Anh. VIII, Erläuterung §§ 203–205, 353b StGB.

68 Vgl. *Ruppert/Lautenbach*, § 71 Rn. 17 (mit weiteren Rechtsprechungshinweisen).

- zu Äußerungen im PR über Abstimmungen, Anträge, Diskussionsbeiträge einzelner Mitglieder: *BVerwG* v. 6.2.79, PersV 80, 196, ZBR 80, 191; *BayVGH* v. 9.12.65, PersV 66, 256, ZBR 66, 65; *BayVGH* v. 31.7.85, ZBR 86, 92
- zu Informationen des Arbeitgebers über die Schwangerschaft einer Mitarbeiterin ohne deren Zustimmung: *BAG*, AP Nr. 1 zu § 58 BetrVG
- zu Lohn- und Gehaltsdaten als Geschäftsgeheimnis: *BAG* v. 26.2.87, BB 87, 2448
- zur Erstreckung der Verschwiegenheitspflicht auf politisch brisante Themen, die geeignet sind den Arbeitsfrieden zu stören, auch wenn außerhalb der Beratungen im PR in der Dienststelle über sie diskutiert wird: *BayVGH* v. 2.11.09, PersV 11, 111, ZfPR 11, 35

Teil 2
Der Personalrat

Abschnitt 1
Wahl und Zusammensetzung

§ 8 Wahlberechtigung

(1) Wahlberechtigt sind alle Beschäftigten, es sei denn, dass sie
1. infolge Richterspruchs das Recht, in öffentlichen Angelegenheiten zu wählen oder zu stimmen, nicht besitzen,
2. am Wahltag seit mehr als zwölf Monaten ohne Dienstbezüge oder Arbeitsentgelt beurlaubt sind,
3. eine Teilzeitbeschäftigung mit Freistellungsjahr ausüben und am Wahltag noch mehr als zwölf Monate vom Dienst freigestellt sind,
4. Altersteilzeit im Blockmodell ausüben und sich am Wahltag in der Freistellung befinden.

(2) [1]Auszubildende in öffentlich-rechtlichen Ausbildungsverhältnissen, Beamte im Vorbereitungsdienst und Beschäftigte in einer dem Vorbereitungsdienst entsprechenden Berufsausbildung sind nur bei ihrer Stammbehörde wahlberechtigt, soweit sich aus § 56 nichts anderes ergibt. [2]Sofern die Ausbildung bei mehreren Ausbildungsstellen erfolgt, bestimmt die oberste Dienstbehörde, welche Dienststelle Stammbehörde im Sinne dieses Gesetzes ist.

Vergleichbare Vorschriften:
§ 14 BPersVG; § 7 BetrVG

Inhaltsübersicht Rn.

1. Vorbemerkungen

Die Vorschrift regelt das **aktive Wahlrecht** zum PR. Die Wahlberechtigung muss **am Tag der Wahl** vorliegen. Erstreckt sich die Stimmabgabe über mehrere Tage, gilt der erste Tag der Wahlhandlung als Wahltag (§ 3 S. 4 LPVGWO). 1

§ 20 Abs. 1 LPVGWO bestimmt, dass nur wählen kann, wer in das vom Wahlvorstand nach § 6 LPVGWO aufzustellende **Wählerverzeichnis** eingetragen ist. Darin liegt jedoch lediglich eine formelle Voraussetzung für die Teilnahme an der Wahl. Eintragungen oder Unterlassungen von Eintragungen, die im Widerspruch zu der zwingenden Vorschrift des § 8 des Gesetzes stehen, können die Wahlberechtigung weder begründen noch beseitigen; das Wählerverzeichnis entscheidet also nicht verbindlich über die Wahlberechtigung.[1] 2

2. Beschäftigteneigenschaft und Wahlberechtigung

(Abs. 1) Nach Abs. 1 sind grundsätzlich **alle Beschäftigten** wahlberechtigt. Welche Personen dabei als Beschäftigte anzusehen sind, ist in dem neu gefassten § 4 definiert. Für die Wahlberechtigung kommt es auf die **Eingliederung in oder** auf die **dienstrechtliche und arbeitsvertragliche Bindung an die Dienststelle** an. Danach sind auch arbeitnehmerähnliche Personen i. S. v. § 12a TVG, Leiharbeitnehmer nach dem AÜG, Personen, die aufgrund eines Gestellungsvertrages in der Dienststelle tätig sind oder ausgebildet werden, erwerbsfähige Leistungsberechtigte zur Verrichtung von im öffentlichen Interesse liegender, zusätzlicher Arbeiten (»MAE-Kräfte« i. S. d. § 16d Abs. 1 u. 7 SGB II), geringfügig Beschäftigte, Vertretungen, Aushilfen, Telearbeitnehmer, Ehrenbeamte nach § 91 LBG (z. B. ehrenamtliche Bürgermeister, Amtsverweser und Ortsvorsteher) sowie Personen in Freiwilligendiensten, etwa nach dem BFDG oder dem JFDG, wahlberechtigt. 3

Wahlberechtigt sind ferner Schüler und Schülerinnen in Ausbildungsverhältnissen nach dem Krankenpflegegesetz oder Hebammengesetz, in praxisintegrierter Ausbildung und Prüfung an den Fachschulen für Sozialpädagogik – Berufskollegs (BKSPIT-VO), die einen Ausbildungsvertrag mit einem i. d. R. kommunalen Träger einer Kindertageseinrichtung abgeschlossen haben (§ 9 BKSPIT-VO)[2]; Personen, die sich in einer Maßnahme der beruflichen Umschulung nach den §§ 58 ff. BBiG befinden; andere nicht

---

1 *BVerwG* v. 21. 11. 58 – VII P 3.58 –, ZBR 59, 337, u. v. 26. 11. 08 – 6 P 7.08 –, PersR 09, 267; näher dazu Altvater-*Noll*, § 14 Rn. 6.

2 Verordnung des Kultusministeriums über die praxisintegrierte Ausbildung und Prüfung an den Fachschulen für Sozialpädagogik – Berufskollegs (BKSPIT-VO) v. 28. 6. 17, GBl. 17 S. 350.

in einem Arbeitsverhältnis stehende Personen, die eingestellt sind, um berufliche Fertigkeiten, Kenntnisse, Fähigkeiten oder berufliche Erfahrungen zu erwerben, vor allem Anlernlinge, Volontäre und Praktikanten, für die § 26 BBiG gilt; Studierende der Dualen Hochschule Baden-Württemberg im Ausbildungsverhältnis mit der ausbildenden Dienststelle (Rechtsfolge aus § 4 Abs. 1 Nr. 2).

Liegt die Beschäftigteneigenschaft vor, besteht die Wahlberechtigung unabhängig von der Staatsangehörigkeit, der Beschäftigungsart, der Dauer des Beschäftigungsverhältnisses, der Dauer der Arbeitszeit, der Höhe der Bezüge, der in der Dienststelle ausgeübten Funktion oder dem Lebensalter. Wahlberechtigt sind deshalb z. B. nicht nur deutsche, sondern auch **ausländische** und staatenlose Beschäftigte. Das Gleiche gilt für **leitende** Beschäftigte, also für den Dienststellenleiter und seinen ständigen Vertreter, sowie für die mit **Personalangelegenheiten** befassten Personen i. S. d. § 9 Abs. 2 Nr. 2–4.

3. Wahlberechtigung ohne Altersgrenze

4 Im Unterschied zum BPersVG ist ein bestimmtes **Mindestalter** (nämlich die Vollendung des 16. Lebensjahres; § 14 Abs. 1 BPersVG) nicht erforderlich. Beschäftigte, die das 18. Lebensjahr noch nicht vollendet haben oder die sich in einer beruflichen Ausbildung befinden und denen deshalb nach § 58 Abs. 1 die **Wahlberechtigung zur JAV** zusteht, sind auch zum PR wahlberechtigt; sie haben also ein **Doppelwahlrecht** (vgl. § 60 Rn. 1).

4. Wahlberechtigung erfordert Zugehörigkeit zur Dienststelle

5 Die Wahlberechtigung zum PR besteht grundsätzlich in der **Dienststelle** i. S. d. § 5, in der die Beschäftigten tätig sind oder ihr dienst- oder arbeitsrechtlich angehören.[3] Ist eine Dienststelle gem. § 10 Abs. 2 einer benachbarten Dienststelle zugeteilt, so sind ihre Beschäftigten in der aufnehmenden Dienststelle wahlberechtigt. Personen, die gleichzeitig mehreren Dienststellen als Beschäftigte angehören, haben in jeder dieser Dienststellen das aktive Wahlrecht.[4]

6 Die für die Wahlberechtigung in der Dienststelle erforderliche **Dienststellenzugehörigkeit beginnt** grundsätzlich mit Eintritt in die Dienststelle. Dieser kann insbesondere auf einer Einstellung, Versetzung, Abordnung, Zuweisung, Gestellung aus einer anderen Dienststelle oder auf Leihe beruhen (vgl. Rn. 14 ff.).

---

3 *BVerwG* v. 21. 11. 58, a. a. O., u. v. 15. 5. 02 – 6 P 8.01 –, PersR 02, 434; *VGH BW* v. 21. 10. 69 – VIII 618/69 –, PersV 70, 269.

4 *VGH BW* v. 9. 9. 86 – 15 S 2643/85 –, PersR 87, 176 Ls.

Nach der ausdrücklichen Regelung des § 4 Abs. 1 S. 2 bleibt den Beschäftigten, die unter Aufrechterhaltung ihres bestehenden unmittelbaren Dienst- oder Arbeitsverhältnisses zur (Stamm-)Dienststelle nach beamtenrechtlichen oder tariflichen Vorschriften zu einer anderen Dienststelle abgeordnet oder dieser zugewiesen sind oder dort ihre geschuldete Arbeitsleistung erbringen, die Wahlberechtigung in ihrer (Stamm-)Dienststelle erhalten. Sie verlieren ihre Wahlberechtigung selbst dann nicht, wenn sie in der Dienststelle, zu der sie abgeordnet, zugewiesen oder sonst wie dort ihre Arbeitsleistungen erbringen, wahlberechtigt sind. In diesen Fällen haben sie vielmehr ein **gesetzlich begründetes Doppelwahlrecht**.

Die **Dienststellenzugehörigkeit endet** mit dem Ausscheiden aus der Dienststelle (vgl. § 25 Rn. 8) oder durch die Beendigung des Dienst- bzw. Arbeitsverhältnisses (vgl. § 25 Rn. 4). Ein **Ausscheiden aus der Dienststelle** erfolgt insb. durch eine Versetzung zu einer anderen Dienststelle. Nach der **Kündigung des Arbeitsverhältnisses** bleibt der ordentlich oder außerordentlich gekündigte Arbeitnehmer über den Ablauf der Kündigungsfrist bzw. über den Zugang der Kündigung hinaus dann wahlberechtigt, wenn er die Kündigung beim Arbeitsgericht angegriffen hat und während des Kündigungsrechtsstreits **weiterbeschäftigt** wird (vgl. § 4 Rn. 22). Anders ist es bei gekündigten Arbeitnehmern, die während des Kündigungsrechtsstreits **nicht weiterbeschäftigt** werden. Bei ihnen ist nach der Rspr. des *BAG* zum BetrVG, die auf das LPVG übertragbar ist, zwischen aktivem und passivem Wahlrecht zu unterscheiden. Sie sind mangels ihrer tatsächlichen Eingliederung in die betriebliche Organisation des Arbeitgebers nicht wahlberechtigt, bleiben aber in den PR wählbar, weil die rechtswirksame Beendigung des Arbeitsverhältnisses durch die Kündigung bis zum rechtskräftigen Abschluss des Kündigungsrechtsstreits in der Schwebe bleibt.[5] Ein schwebendes **Disziplinarverfahren** hat auf die Wahlberechtigung eines Beamten auch dann keinen Einfluss, wenn der Beamte während des Disziplinarverfahrens nach § 31 Abs. 2 LDG vorläufig des Dienstes enthoben oder ihm die Führung der Dienstgeschäfte nach § 39 BeamtStG verboten ist (vgl. § 26 Rn. 2). Bei einem Beamten, der gegen seine **Entlassung** oder Versetzung in den **Ruhestand** Rechtsmittel eingelegt hat, ist es sachgerecht, ähnlich wie beim gekündigten Arbeitnehmer zu differenzieren. Hat das Rechtsmittel aufschiebende Wirkung, bleibt der Beamte wahlberechtigt. Ist jedoch die sofortige Vollziehung angeordnet, ist er nicht wahlberechtigt, wohl aber wählbar.[6] 7

Personen, die **regelmäßig wiederkehrend** nur an einzelnen Tagen in der Dienststelle beschäftigt sind und hierzu jeweils **befristete Arbeitsverträge** 8

5 *BAG* v. 10.11.04 – 7 ABR 12/04 –, AP Nr. 11 zu § 8 BetrVG 1972.

6 Altvater-*Noll*, § 14 Rn. 16.

abschließen, sind zur Wahl des PR auch dann wahlberechtigt, wenn sie am Wahltag nicht in der Dienststelle tätig sind.[7]

9 **Leiharbeitnehmer** sowie zur Dienststelle abgeordnete, ihr zugewiesene oder gestellte Beschäftigte haben unabhängig davon, ob sie etwa zum Betriebsrat des Verleiherbetriebs oder zum PR ihrer Stammdienststelle wahlberechtigt sind, die Wahlberechtigung zum PR der Entleiher- bzw. Einsatzdienststelle.[8]

10 Beschäftigte, die aus persönlichen Gründen (z. B. Krankheit, Erholungsurlaub, Dienst- oder Arbeitsbefreiung, Urlaub unter Fortzahlung der Bezüge) oder aus dienstlichen Anlässen (z. B. Fortbildungsveranstaltung, Dienstreise) am Wahltag **abwesend** sind, verlieren dadurch ihre Wahlberechtigung nicht. Das gilt auch für Telebeschäftigte, die ihre Arbeit (ggf. zeitweise) außerhalb der Dienststelle verrichten (vgl. § 4 Rn. 7). Für die Fälle der Beurlaubung unter Wegfall der Bezüge und der Altersteilzeit gelten die Sonderregelungen in Abs. 1 S. 1 Nr. 2–4 (vgl. Rn. 12 ff.).

5. Ausschluss von der Wahlberechtigung

11 Nicht wahlberechtigt sind Beschäftigte, die infolge Richterspruchs nicht das **Recht** besitzen, **in öffentlichen Angelegenheiten zu wählen oder zu stimmen** (vgl. dazu § 45 Abs. 5 StGB und § 39 Abs. 2 BVerfGG). Ebenfalls nicht wahlberechtigt sind entsprechend § 7 Abs. 2 Nr. 2 LWG Beschäftigte, für die das Vormundschaftsgericht nach den §§ 1896 ff. BGB – nicht nur durch einstweilige Anordnung – einen **Betreuer** zur Besorgung aller ihrer Angelegenheiten bestellt hat.

6. Verlust der Wahlberechtigung

12 Nach Abs. 1 S. 1 Nr. 2 sind Beschäftigte, die am Wahltag **seit mehr als zwölf Monaten ohne Dienstbezüge oder Arbeitsentgelt beurlaubt** sind, nicht wahlberechtigt. Die **Gründe** für die am Wahltag zwölf Monate überschreitende Beurlaubung ohne Dienstbezüge bzw. Arbeitsentgelt sind für die Wahlberechtigung grundsätzlich ohne Bedeutung (vgl. aber Rn. 13). In Betracht kommen z. B. »**Urlaub von längerer Dauer ohne Dienstbezüge**« nach § 72 LBG oder – soweit nicht von der Möglichkeit der Teilzeitbeschäftigung Gebrauch gemacht wird – **Elternzeit** nach den §§ 15 ff. BEEG oder

---

7 *BVerwG* v. 8. 12. 67 – VII P 17.66 –, PersV 68, 114.

8 Str.; wie hier *VG Frankfurt a. M.* v. 3. 11. 08 – 23 K 1568/08. F.PV –, PersR 09, 84, u. *HessVGH* v. 18. 11. 10 – 22 A 959/10.PV –, PersR 11, 85; vgl. *Klimpe-Auerbach*, PersR 10, 437, 440 f.; Altvater-*Noll*, § 14 Rn. 18; Rooschüz-*Mausner*, § 8 Rn. 4.

den §§ 40 ff. AzUVO.[9] Als Beurlaubung betrachtet das *BVerwG*[10] auch das in tarifvertraglichen Bestimmungen vorgesehene **Ruhen des Arbeitsverhältnisses wegen Beziehens einer befristeten Rente** wegen verminderter Erwerbsfähigkeit.[11] Ein arbeitsunfähig erkrankter Arbeitnehmer, der kein Arbeitsentgelt mehr von seinem Arbeitgeber erhält, gilt gilt allerdings nicht als ohne Arbeitsentgelt beurlaubt.[12] Ist ein Beschäftigter am Wahltag seit mehr als zwölf Monaten ausnahmsweise unter **Fortzahlung der Bezüge** beurlaubt, geht die Wahlberechtigung nicht verloren.[13] Bereits seit seiner Änderung durch Gesetz v. 3. 5. 05[14] ist klargestellt, dass Beschäftigte, die sich in der Freistellungsphase der **Altersteilzeit** befinden, nicht wahlberechtigt sind.[15] Das ist nunmehr in Abs. 1 S. 1 Nr. 4 geregelt und entspricht der Rspr. des *BVerwG*.[16]

Die Streitfrage, ob und wie sich die Einberufung zum **Grundwehrdienst** oder zum **Zivildienst** auf die Wahlberechtigung auswirkt (vgl. dazu die 1. Aufl.), hat sich mit der Aussetzung der Wehrpflicht und des Wehrersatzdienstes (Zivildienst) durch Art. 1 Wehrrechtsänderungsgesetz 2011 v. 28. 4. 11[17] und durch Art. 2 und 3 BFDG v. 28. 4. 11[18] bis auf weiteres erledigt. 13

7. Kein Verlust der Wahlberechtigung bei Abordnung, Zuweisung und Gestellung

Abordnung, Zuweisung oder Gestellung zu anderen Dienststellen oder privatrechtlich organisierten Unternehmen führt nach der Neufassung des § 8 nunmehr zu **keinem Verlust der Wahlberechtigung**, auch nicht in anderen Fällen der Entsendung zur Arbeitsleistung bei Dritten, und zwar unabhängig von deren Dauer. 14

9 *BVerwG* v. 15. 5. 02 – 6 P 8.01 –, PersR 02, 434; a. A. bezüglich der Elternzeit *VG Frankfurt a. M.* v. 25. 7. 05 – 22 K 1568/05 –, PersR 06, 174 (unzulässige mittelbare Diskriminierung wegen des Geschlechts).

10 Beschl. v. 15. 5. 02 – 6 P 18.01 –, PersR 02, 438; krit. Rooschüz-*Mausner*, § 8 Rn. 23.

11 Gleicher Ansicht auch *VGH BW* v. 25. 8. 16 – PL 15 S 152/15 –, NZA-RR 16, 67.

12 *VGH BW* v. 25. 8. 16, a. a. O.; a. A. *OVG NW* v. 15. 4. 03 – 1 A 3281/02.PVB –, PersR 03, 415.

13 *BVerwG* v. 15. 5. 02 – 6 P 8.01 –, PersR 02, 434.

14 GBl. S. 321.

15 LT-Dr. 13/3783, S. 26 [zu Art. 2 Nr. 1].

16 Beschl. v. 15. 5. 02 – 6 P 8.01 –, a. a. O.

17 BGBl. I S. 678.

18 BGBl. I S. 687.

8. Wahlberechtigung der Beamten im Vorbeitungsdienst und vergleichbarer Beschäftigter

15 **(Abs. 2)** Auszubildende in öffentlich-rechtlichen Ausbildungsverhältnissen, Beamte im Vorbereitungsdienst und Beschäftigte in einer dem Vorbereitungsdienst entsprechenden Berufsausbildung sind gem. Abs. 2 S. 1 nur bei ihrer Stammbehörde wahlberechtigt, soweit sich aus den Vorschriften des § 58 über den APR nichts anderes ergibt. Die Regelung beruht v. a. auf der Erwägung, dass die genannten Beschäftigten ihre **berufliche Ausbildung** in **häufig wechselnden Dienststellen** (Stationen) absolvieren und dass es deshalb sinnvoll ist, sie personalvertretungsrechtlich ausschließlich einer einzigen Dienststelle zuzuordnen.[19] Im Unterschied zu § 13 Abs. 3 BPersVG weist das LPVG in Abs. 2 S. 2 ausdrücklich der obersten Dienstbehörde (vgl. § 5 Rn. 29) die Aufgabe zu, festzulegen, welche Behörde **Stammbehörde** i. S. d Gesetzes ist. Dafür kommt insb. die zentrale Dienststelle in Betracht, welche die wesentlichen die Ausbildung betreffenden Entscheidungen trifft und auch sonst in Personalangelegenheiten der Auszubildenden zuständig ist,[20] oder die Dienststelle, der die Auszubildenden zugeteilt sind. Entsprechende Festlegungen sind in der Gemeinsamen Verwaltungsvorschrift v. 27. 10. 05 – geändert durch VwV v. 12. 9. 13 –[21] enthalten (vgl. § 114 Rn. 3).

16 Durch Art. 6 Nr. 4 Buchst. b DRG ist der in Abs. 3 S. 1 bisher verwendete Begriff »**Dienstanfänger**« durch den Begriff »**Auszubildende in öffentlich-rechtlichen Ausbildungsverhältnissen**« ersetzt worden. Es handelt sich um eine redaktionelle Anpassung an § 16 Abs. 5 LBG n. F., der an die Stelle von § 21 LBG a. F. getreten ist.[22] Die Auszubildenden in öffentlich-rechtlichen Ausbildungsverhältnissen stehen nicht in einem Beamtenverhältnis, sollen aber grundsätzlich die Rechte und Pflichten von Beamten auf Widerruf haben. Nähere Regelungen enthalten bspw. die Ausbildungs- und Prüfungsordnungen für den mittleren und den gehobenen Verwaltungsdienst (§§ 3–7, insb. § 5 APrOVw mD [Auszubildende in der dem Vorbereitungsdienst vorausgehenden Ausbildung]; §§ 13–17, insb. § 15 APrOVw gD [»Verwaltungspraktikant« im Einführungspraktikum]), aber auch das Juristenausbildungsgesetz (§§ 5–8 JAG [Rechtsreferendare im Vorbereitungsdienst]). Neben der zunehmend praktizierten Qualifizierung im Rahmen eines öffentlich-rechtlichen Ausbildungsverhältnisses ist der **im Beamtenverhältnis auf Widerruf** abzuleistende **Vorbereitungsdienst** (mit anschließender Laufbahnprüfung) die klassische Variante des Zugangs zu einer beamtenrechtlichen Laufbahn (vgl. § 16 Abs. 1 Nr. 1 Buchst. a LBG i. V. m. der

19 *BVerwG* v. 11. 9. 07 – 6 PB 9.07 –, PersR 07, 484.
20 *BVerwG* v. 18. 9. 03 – 6 P 2.03 –, PersR 03, 500.
21 GABl. S. 781; GABl. 2013, S. 430.
22 Vgl. LT-Dr. 14/6694, S. 401 u. 563.

jeweiligen APrO).[23] Die Probezeit (§ 19 LBG n. F.) und die Einführungszeit beim horizontalen Laufbahnwechsel und beim Aufstieg (§§ 21, 22 LBG n. F.) gehören nicht dazu. Beschäftigte in **einer dem Vorbereitungsdienst entsprechenden Berufsausbildung** sind nach § 4 Abs. 2 zwar als Arbeitnehmer i. S. d. LPVG anzusehen, sind aber ebenfalls nur bei ihrer Stammbehörde wahlberechtigt.

9. Wahlberechtigung von Auszubildenden nach dem BBiG und Studierender an der Dualen Hochschule Baden-Württemberg

Auszubildende in einer Ausbildung nach dem BBiG und Studierende an der 17
Dualen Hochschule Baden-Württemberg sind fest in einer Dienststelle eingegliedert und sind deshalb zum PR und zur JAV ihrer Ausbildungsdienststelle sowie zu den Stufenvertretungen wahlberechtigt.[24]

§ 9 Wählbarkeit

(1) Wählbar sind die wahlberechtigten Beschäftigten im Sinne von § 4 Absatz 1 Satz 1, die am Wahltag

1. seit zwei Monaten der Dienststelle angehören und
2. das 18. Lebensjahr vollendet haben.

(2) [1]Nicht wählbar sind

1. Beschäftigte, die infolge Richterspruchs die Fähigkeit, Rechte aus öffentlichen Wahlen zu erlangen, nicht besitzen,
2. der Leiter der Dienststelle und sein ständiger Vertreter,
3. Beschäftigte, die zu selbständigen Entscheidungen in Personalangelegenheiten der Dienststelle befugt sind,
4. die den Beschäftigten nach Nummer 3 zugeordneten unmittelbaren Mitarbeiter, die als Personalsachbearbeiter die Entscheidungen vorbereiten,
5. die Beauftragte für Chancengleichheit und ihre Stellvertreterin.

[2]Beschäftigte, die nicht ständig selbstständige Entscheidungen in Personalangelegenheiten treffen oder vorbereiten, sind von der Wählbarkeit nach Satz 1 Nummer 3 und 4 nicht ausgeschlossen, wenn nur zu einem untergeordneten Teil der Gesamtaufgaben des Beschäftigten Personalangelegenheiten entschieden oder vorbereitet werden.

Vergleichbare Vorschriften:
§ 15 BPersVG; § 8 Abs. 1 BetrVG

---

23 Dazu LT-Dr. 14/6694, S. 400.

24 *BVerwG* v. 11. 9. 07, a. a. O.; auch *OVG Lüneburg* v. 15. 5. 13 – 17 LP 8/12 –, PersR 13, 388.

Inhaltsübersicht Rn.

1. Vorbemerkung

1 Die Vorschrift regelt das **passive Wahlrecht** zum PR. Es muss **am Tag der Wahl** gegeben sein. Wird die Wahl an mehreren Tagen durchgeführt, reicht es aus, dass die Wählbarkeitsvoraussetzungen an einem der Wahltage vorliegen.

2. Wählbarkeit

2 **(Abs. 1)** Wählbar sind **alle wahlberechtigten** Beschäftigten i. S. v. § 4 Abs. 1 S. 1 unter Beachtung der Einschränkungen des § 8 Abs. 2, die am Wahltag grundsätzlich die in Abs. 1 und 2 aufgeführten Voraussetzungen erfüllen und bei denen keiner der die Wählbarkeit ausschließenden Tatbestände nach Abs. 2 vorliegt. Die in Abs. 2 aufgeführten Ausschlusstatbestände sind wegen ihres Charakters als Ausnahmevorschriften eng auszulegen. Daraus und aus dem abschließenden Charakter der gesetzlichen Regelungen ergeben sich u. a. folgende Konsequenzen: **Ausländische Beschäftigte** sind unter den gleichen Voraussetzungen wählbar wie deutsche. Das gilt auch für **Leiharbeitnehmer** (vgl. § 4 Rn. 12; § 8 Rn. 9), die i. S. v. § 1 Abs. 1 AÜG in der Dienststelle tätig sind. Denn das baden-württembergische Landesrecht (anders als in Niedersachsen § 12 Abs. 2 Nr. 4 i. V. m. § 4 Abs. 2 NPersVG) enthält keine dem § 14 Abs. 4 AÜG entsprechende Vorschrift, die die Wählbarkeit in sinngemäßer Anwendung des § 14 Abs. 2 S. 1 AÜG ausschließt.[1] **Beschäftigte**, die bereits **Mitglied des bisherigen PR** waren, können wieder gewählt werden.

2a Das gilt auch für Beschäftigte, die aus dem PR **ausgeschlossen** worden sind oder die einem **aufgelösten** PR angehört haben.[2] Beschäftigte, die schon Mitglied einer **anderen Personalvertretung**, z. B. eines GPR oder einer Stufenvertretung sind, sind wählbar. Das Gleiche gilt für Beschäftigte, die dem **Wahlvorstand** angehören.[3] Ein **gekündigter Arbeitnehmer** bleibt

---

1 Vgl. *HessVGH* v. 18. 11. 10 – 22 A 959/10.PV –, PersR 11, 85; *Klimpe-Auerbach*, PersR 10, 437, 441.

2 Vgl. *BVerwG* v. 23. 11. 62 – VII P 2.62 –, PersV 63, 62, v. 26. 9. 69 – VII P 13.68 –, PersV 70, 89, u. v. 7. 5. 03 – 6 P 17.02 –, PersR 03, 313 (zu §§ 25 und 28).

3 *BVerwG* v. 12. 1. 62 – VII P 10.60 –, PersV 62, 66.

auch dann wählbar, wenn er Kündigungsschutzklage erhoben hat und nicht weiterbeschäftigt wird (vgl. § 8 Rn. 7).[4]

3. Dauer der Zugehörigkeit zur Dienststelle

(Abs. 1 Nr. 1) Die Wahlberechtigten müssen am Wahltag **ihrer Dienststelle seit zwei Monaten angehören**. Davon ist auszugehen, wenn sie ihr in den zwei Monaten, die dem Wahltag vorausgegangen sind, **ununterbrochen** als Beschäftigte angehört haben.[5] Unerheblich sind Unterbrechungen der tatsächlichen Beschäftigung. Anders als bei der Wahlberechtigung stellt die neugefasste Vorschrift auf die tatsächliche Eingliederung der Beschäftigten in die Dienststelle ab. Durch den Verweis auf § 4 Abs. 1 S. 1 im Einleitungssatz ist klargestellt, *»dass Beschäftigte, die unter Fortsetzung ihres bestehenden unmittelbaren Dienst- oder Arbeitsverhältnisses nach beamtenrechtlichen oder tariflichen Vorschriften zu einer anderen Stelle abgeordnet oder dieser zugewiesen sind oder dort ihre geschuldeten Arbeitsleistungen erbringen«* (§ 4 Abs. S. 2), mangels tatsächlicher Eingliederung bei der abgebenden/ausgliedernden Dienststelle nicht wählbar sind.[6] Nach Beendigung einer Abwesenheit, die zum Verlust der Wahlberechtigung zum PR der Dienststelle geführt hat, **beginnt die Zweimonatsfrist grundsätzlich neu zu laufen**.[7] 3

Unterbrechungen aufgrund von **Beurlaubungen, Erkrankungen, Fortbildungsmaßnahmen** o. Ä. bleiben bei der Berechnung der Zweimonatsfrist unberücksichtigt, weil sie an der Eingliederung der Beschäftigten in der Dienststelle nichts ändern. Das ergibt sich u. a. auch aus § 8 Abs. 1 Nr. 2, wonach erst nach einer mehr als zwölf Monate andauernden Beurlaubung ohne Bezüge die Wahlberechtigung des Beschäftigten verloren geht. 3a

Die bisherigen Wählbarkeitsvoraussetzungen der **sechsmonatigen** bzw. **einjährigen Zugehörigkeit** zum Geschäftsbereich der obersten Dienstbehörde und zu öffentlichen Verwaltungen oder Betrieben sind entfallen. Die Beschäftigten sollen nämlich in ihrer Wahlentscheidung frei sein, ob sie Wahlbewerbern, die noch über keine lange Erfahrung in der Verwaltung verfügen, ihr Vertrauen schenken wollen.[8] 4

---

4 Vgl. *BAG* v. 14. 5. 97 – 7 ABR 26/96 –, AP Nr. 6 zu § 8 BetrVG 1972, u. v. 10. 11. 04 – 7 ABR 12/04 –, AP Nr. 11 zu § 8 BetrVG 1972.

5 *BVerwG* v. 4. 2. 10 – 6 PB 38.09 –, PersR 10, 260.

6 LT-Dr. 15/4224, S. 90 [zu § 12].

7 *BVerwG* v. 4. 2. 10, a. a. O.

8 LT-Dr. 15/4224, S. 90 [zu § 12].

4. Mindestalter

5 **(Abs. 1 Nr. 2)** Die Wahlberechtigten müssen am Wahltag das **18. Lebensjahr vollendet** haben. Dieses Wählbarkeitsalter ist mit Beginn des 18. Geburtstages erreicht (vgl. § 187 Abs. 2 S. 2 BGB). Hat ein Gewählter am Wahltag das 18. Lebensjahr noch nicht vollendet, so ist die Wahl nach § 21 anfechtbar. Wird die Wahl nicht angefochten und ist der Gewählte inzwischen wählbar geworden, so bleibt er Mitglied des PR, weil der Mangel der Wählbarkeit nach § 25 Abs. 1 Nr. 7 nicht mehr festgestellt werden kann (vgl. § 25 Rn. 11).[9]

5. Nichtwählbare Beschäftigte

6 **(Abs. 2 S. 1)** Der neu gestaltete Abs. 2 erfasst in den Nr. 1 bis 4 die bereits nach § 11 a. F. Abs. 2 und 3 nicht wählbaren Beschäftigten und erweitert den Kreis der zum PR nicht Wählbaren in Nr. 5 um die **Beauftragte für Chancengleichheit** (BfC) und deren Stellvertreterin.

7 **(Abs. 2 S. 1 Nr. 1) Nicht wählbar** sind Beschäftigte, die infolge Richterspruchs die **Fähigkeit, Rechte aus öffentlichen Wahlen zu erlangen**, nicht besitzen (vgl. dazu § 45 Abs. 1, 2, § 45a StGB u. § 39 Abs. 2 BVerfGG).

8 **(Abs. 2 S. 1 Nr. 2) Nicht wählbar** in den PR ihrer Dienststelle sind der **Leiter der Dienststelle** und sein **ständiger Vertreter** (vgl. § 5 Rn. 11 ff., 18). Dies gilt bei Außenstellen, Nebenstellen oder Teilen einer Dienststelle, die nach § 5 Abs. 2 verselbständigt sind, auch für den Leiter der verselbständigten Organisationseinheit und dessen ständigen Vertreter.[10]

9 **(Abs. 2 S. 1 Nr. 3)** Nicht wählbar sind weiterhin auch Beschäftigte, die zu **selbständigen Entscheidungen in Personalangelegenheiten** der Dienststelle befugt sind. Die Befugnis muss sich im Hinblick auf die Regelungen in § 75 Abs. 1–3, § 81 Abs. 1 Nr. 3–8, § 87 Abs. 1 Nr. 9 auf die dort aufgezählten Angelegenheiten beziehen.[11] Die Befugnis zur Abgabe dienstlicher Beurteilungen oder zur Erteilung von Urlaub oder Arbeits- bzw. Dienstbefreiung ist nicht gemeint.[12] Erforderlich ist die planmäßige Ausübung der selbständigen Entscheidungsbefugnis, eine nur vertretungsweise Wahrnehmung reicht nicht aus (Abs. 2 S. 2).[13] Die selbständige Entscheidungsbefugnis muss auf Dauer angelegt sein, mithin zu den regulären Aufgaben des betroffenen Beschäftigten gehören.[14] Sie kommt i. d. R. in der Befugnis

---

9 *BVerwG* v. 8.6.62 – VII P 7.61 –, PersV 62, 236.

10 *BVerwG* v. 22.6.62 – VII P 9.61 –, PersV 62, 257.

11 Vgl. *BVerwG* v. 11.3.82 – 6 P 8.80 –, PersV 83, 405.

12 *BVerwG* v. 10.5.82 – 6 P 2.81 –, PersV 83, 194.

13 Vgl. *BVerwG* v. 22.6.05 – 6 P 8.04 –, PersR 05, 414; *HmbOVG* v. 7.5.96 – OVG Bs PH 10/94 –, PersR 97, 119; jew. m. w. N.

14 *BVerwG* v. 6.9.05 – 6 PB 13.05 –, PersR 06, 37.

zur Schlusszeichnung zum Ausdruck und ist grundsätzlich nicht gegeben, wenn Entscheidungen nur vorzubereiten oder umzusetzen sind. In einem solchen Fall sind allerdings die Ausschlussgründe nach Nr. 4 zu prüfen. Die Entscheidungsbefugnis braucht sich allerdings nicht auf sämtliche in Betracht kommenden Personalangelegenheiten zu erstrecken, muss aber die personellen Einzelmaßnahmen nach § 75 Abs. 1 bis 3 umfassen.[15]

(Abs. 2 S. 1 Nr. 4) Die Regelung schließt die den Beschäftigten nach Nr. 3 **10**
zugeordneten **unmittelbaren Mitarbeiter** von der Wählbarkeit zum PR aus, die als **Personalsachbearbeiter** die Entscheidungen vorbereiten. Eine derartige Vorbereitung liegt aber nur dann vor, wenn der Mitarbeiter auf die Personalentscheidungen durch eigene Vorschläge Einfluss nimmt.[16]

(Abs. 2 S. 1 Nr. 5) Nr. 5 schließt die **BfC und ihre Stellvertreterin** von der **11**
Wählbarkeit zum PR aus. Das hat nach § 25 Abs. 1 Nr. 9 zum Erlöschen der Mitgliedschaft der damals von der Neuregelung Betroffenen im PR mit Wirkung vom 11. 12. 13 geführt (vgl. § 25 Rn. 9). Von einer Übergangsregelung für die zum Zeitpunkt des Inkrafttretens des Gesetzes im Amt befindlichen BfC, die gleichzeitig PR-Mitglieder waren, hat der Gesetzgeber (bewusst) abgesehen.

Nach der Gesetzesbegründung liegt ein die Wählbarkeit ausschließender Grund auch dann vor, wenn durch die gleichzeitige Vertretung von Belangen der Dienststelle und der Beschäftigten Interessenkollisionen unvermeidbar sind, was wegen der kraft ihres Amtes unmittelbar bestehenden Anbindung der BfC und ihrer Stellvertreterin an die Dienststellenleitung der Fall sein soll.[17] Gegen die gesetzliche Unvereinbarkeitsregelung der Ämter Personalratsmitglied und BfC lässt sich weder aus Gleichstellungsgesichtspunkten noch verfassungs- oder europarechtlich etwas einwenden. Auch im Bereich des BPersVG (§ 15 BGlG) und einzelner Länder (z. B. § 17 LGG R-Pf; § 22 NGG; § 11 LPVG NRW) bestehen gesetzliche Unvereinbarkeitsregelungen. Denn die BfC ist nach dem ChancG BW tatsächlich ein mit Personalangelegenheiten intensiv befasstes, der Dienststellenleitung angegliedertes Organ, das auch als solches umfangreiche eigene Rechte dem PR gegenüber wahrzunehmen hat (s. dazu §§ 18 ff. ChancG BW[18]).

Wegen des schwerwiegenden Eingriffs in das allgemeine Persönlichkeitsrecht ist die Ausschlussregelung des § 9 Abs. 1 Nr. 5 eng auszulegen. Bereits aus der Wortwahl »Beauftragte für Chancengleichheit« ist zu entnehmen, dass nur BfC i. S. d. ChancG BW von der Wählbarkeit zum PR ausgeschlossen sein sollen.

---

15 Rooschüz-*Mausner*, § 9 Rn. 34.

16 Vgl. Rooschüz-*Mausner*, § 9 Rn. 37; Leuze-*Isenburg*, § 9 Rn. 17.

17 LT-Dr. 15/4224, S. 91 [zu § 12].

18 ChancenG BW v. 23. 2. 16, GBl. 16, 108.

Nach § 3 Abs. 1 ChancG BW erstreckt sich der Geltungsbereich des Gesetzes auf die Behörden des Landes (Nr. 1), die Körperschaften, Anstalten und Stiftungen des öffentlichen Rechts, die der alleinigen Aufsicht des Landes unterstehen, mit Ausnahme der außeruniversitären wissenschaftlichen Einrichtungen, der kommunalen Stiftungen, der sozialkaritativen Stiftungen, der Landesbank Baden-Württemberg, der Landeskreditbank, der Sparkassen sowie ihrer Verbände und Verbundunternehmen, des Badischen Gemeinde-Versicherungs-Verbands, der Selbstverwaltungskörperschaften der Wirtschaft und der freien Berufe, der Sozialversicherungsträger sowie der Landesverbände der Betriebskrankenkassen und Innungskrankenkassen, des Medizinischen Dienstes der Krankenversicherung, der Kassenärztlichen Vereinigung Baden-Württemberg und der Kassenzahnärztlichen Vereinigung Baden-Württemberg (Nr. 2), die Hochschulen sowie das Karlsruher Institut für Technologie, soweit nicht das Landeshochschulgesetz (LHG) und das KIT-Gesetz (KITG) eigene Regelungen enthalten (Nr. 3), die Gerichte des Landes (Nr. 4 und den Südwestrundfunk dem Sinne nach (Nr. 5). Gem. § 3 Abs. 2 ChancG finden auf die Gemeinden, die Stadt- und Landkreise, die Zweckverbände, die Gemeindeverwaltungsverbände, den Kommunalverband für Jugend und Soziales, die Gemeindeprüfungsanstalt Baden-Württemberg, die ITEOS[19], den Kommunalen Versorgungsverband Baden-Württemberg, die Nachbarschaftsverbände, die Regionalverbände und den Verband Region Stuttgart ausschließlich Absatz 3 und die Vorschriften der Abschnitte 4 und 6 Anwendung.

6. Einschränkung des Kreises der nichtwählbaren Beschäftigten

12 **(Abs. 2 S. 2)** Satz 2 stellt klar, dass Beschäftigte, die nicht ständig selbstständige Entscheidungen in Personalangelegenheiten treffen oder vorbereiten, wählbar bleiben, sofern Personalentscheidungen nur einen untergeordneten Teil ihrer Gesamtaufgaben ausmachen (z. B. gelegentliche Entscheidungen im Rahmen dezentraler Budgetierung bzw. Einstellung von Saisonkräften). Gleiches gilt für Sachbearbeiter, die für Beschäftigte entsprechende Entscheidungen vorbereiten.[20]

§ 10 Bildung von Personalräten, Zahl der Mitglieder

(1) In allen Dienststellen, die in der Regel mindestens fünf Wahlberechtigte beschäftigen, von denen drei Beschäftigte wählbar sind, werden Personalräte gebildet.

---

19 ITEOS Anstalt des öffentlichen Rechts Rechts in gemeinsamer Trägerschaft von Land und Kommunen.

20 LT-Dr. 15/4224, S. 91 [zu § 12].

(2) Dienststellen, bei denen die Voraussetzungen des Absatzes 1 nicht vorliegen, werden von der übergeordneten Dienststelle im Einvernehmen mit der Stufenvertretung einer benachbarten Dienststelle zugeteilt, wenn die Mehrheit ihrer wahlberechtigten Beschäftigten in geheimer Abstimmung zustimmt.

(3) [1]Der Personalrat besteht in Dienststellen mit in der Regel

5 bis 14 wahlberechtigten Beschäftigten	**aus einer Person,**
15 wahlberechtigten Beschäftigten bis 50 Beschäftigten	**aus drei Mitgliedern,**
51 bis 150 Beschäftigten	**aus fünf Mitgliedern,**
151 bis 300 Beschäftigten	**aus sieben Mitgliedern,**
301 bis 600 Beschäftigten	**aus neun Mitgliedern,**
601 bis 1000 Beschäftigten	**aus elf Mitgliedern,**
1001 bis 1500 Beschäftigten	**aus 13 Mitgliedern,**
1501 bis 2000 Beschäftigten	**aus 15 Mitgliedern,**
2001 bis 3000 Beschäftigten	**aus 17 Mitgliedern,**
3001 bis 4000 Beschäftigten	**aus 19 Mitgliedern,**
4001 bis 5000 Beschäftigten	**aus 21 Mitgliedern,**
5001 bis 7500 Beschäftigten	**aus 23 Mitgliedern,**
7501 bis 10 000 Beschäftigten	**aus 25 Mitgliedern,**
10 001 und mehr Beschäftigten	**aus 27 Mitgliedern.**

(4) Liegen in Dienststellen mit in der Regel 601 und mehr Beschäftigten Außenstellen, Nebenstellen oder Teile der Dienststelle räumlich vom Dienstort der Hauptdienststelle entfernt, erhöht sich die Zahl der Mitglieder nach Absatz 3 um

1. **zwei Mitglieder, wenn mindestens ein Drittel der in der Regel Beschäftigten der Dienststelle,**
2. **vier Mitglieder, wenn mindestens die Hälfte der in der Regel Beschäftigten der Dienststelle**

zum überwiegenden Teil ihrer Arbeitszeit an einem anderen als dem Dienstort der Hauptdienststelle beschäftigt ist.

(5) Maßgebend für die Ermittlung der Zahl der Mitglieder des Personalrats ist der zehnte Arbeitstag vor Erlass des Wahlausschreibens. Der Wahlvorstand legt dabei den zu dem Stichtag absehbaren Beschäftigtenstand zugrunde, der voraussichtlich über die Hälfte der Amtszeit des Personalrats in der Dienststelle vorhanden sein wird.

Vergleichbare Vorschriften:
§§ 13, 16 BPersVG; §§ 1, 4 Abs. 2, §§ 9, 11 BetrVG

Inhaltsübersicht Rn.

1. Personalratsfähige Dienststellen

1 **(Abs. 1)** Die Regelung entspricht mit einer lediglich redaktionellen Änderung im dritten Halbsatz § 14 Abs. 1 a. F. Dienststellen sind unter zwei Voraussetzungen **personalratsfähig:** In ihnen müssen in der Regel mindestens **fünf Wahlberechtigte** (§ 8) beschäftigt sein, von denen mindestens **drei Beschäftigte wählbar** sein müssen (§ 9). Dienststellen sind alle Organisationseinheiten i. S. d. § 5, also auch Außenstellen, Nebenstellen und Teile von Dienststellen, die nach § 5 Abs. 2 verselbstständigt sind,[1] sowie Dienststellen, die nicht auf Dauer, sondern nur vorübergehend errichtet werden. Erfüllt eine Dienststelle die in Abs. 1 festgelegten Mindestvoraussetzungen nicht, ist die Regelung des Abs. 2 anzuwenden (vgl. Rn. 3 ff.). **Sinkt die Zahl** der in der Regel beschäftigten Wahlberechtigten während der Amtszeit des PR nicht nur vorübergehend **unter fünf**, so endet das Amt des PR, weil die Dienststelle dann nicht mehr personalratsfähig ist.[2] Auch wenn dieser Fall eintritt, ist Abs. 2 anzuwenden. Das Amt des PR endet dagegen nicht, wenn nur die Zahl der wählbaren Beschäftigten **unter drei** sinkt,[3] weil dieses Erfordernis lediglich dazu dient, den Wählern im Zeitpunkt der Wahl eine Auswahl unter verschiedenen Personen zu ermöglichen.[4]

2 Das Gesetz stellt auf die Zahl der »**in der Regel**« Beschäftigten ab. Den Sinn und Zweck dieses Kriteriums – das auch für die Größe des PR (vgl. Rn. 7) und für seine Zusammensetzung (vgl. § 11 Rn. 3) ausschlaggebend ist – sieht das *BVerwG* darin, einen aktualisierten, von zufälligen Verzerrungen bereinigten Regelstand der Beschäftigten zu bestimmen.[5] Danach ist zwar in erster Linie, aber nicht ausschließlich vom **Stellenplan** der Dienststelle auszugehen. Abweichungen trägt nunmehr die Neuregelung in Abs. 5 S. 2 Rechnung. Danach hat der Wahlvorstand den zum Stichtag **absehbaren Beschäftigtenstand** zugrunde zu legen, der voraussichtlich **über die Hälfte der**

---

1 *BVerwG* v. 29. 5. 91 – 6 P 12.89 –, PersR 91, 334.

2 Altvater-*Noll*, § 13 Rn. 5 m. w. N.; Roschüz-*Mausner*, § 10 Rn. 13.

3 Roschüz-*Mausner*, § 10 Rn. 13

4 Altvater-*Noll*, § 13 Rn. 5.

5 *BVerwG* v. 3. 7. 91 – 6 P 1.89 –, PersR 91, 369, u. v. 19. 12. 06 – 6 PB 12.06 –, PersR 07, 125.

Amtszeit des zu wählenden PR in der Dienststelle vorhanden sein wird. Um dies beurteilen zu können, bedarf es sowohl eines Rückblicks auf die Vergangenheit als auch einer Einschätzung der kommenden Entwicklung. Bei der Feststellung des tatsächlichen Beschäftigtenstandes sind z. B. **mitzuzählen:** Teilzeitbeschäftigte; Beschäftigte, die erkrankt sind oder sich im Urlaub befinden; Beschäftigte im Mutterschutz und in Elternzeit; Beschäftigte, die als Soldaten freiwilligen Wehrdienst als besonderes staatsbürgerliches Engagement leisten (§ 58b SG[6]) oder sich zu Diensten nach dem Bundesfreiwilligendienstgesetz, Jugendfreiwilligendienstegesetz o. Ä. verpflichtet haben; Beschäftigte, die nicht nur vorübergehend zur Dienststelle abgeordnet sind; Aushilfskräfte, wenn sie regelmäßig beschäftigt werden und nicht zur Vertretung bestimmter, mitzuzählender Beschäftigter eingestellt sind; ABM-Kräfte und sog. MAE-Kräfte, die nicht nur vorübergehend beschäftigt werden; zu ihrer Berufsausbildung Beschäftigte mit der Besonderheit, dass die in § 8 Abs. 2 S. 1 aufgeführten Beschäftigten entweder nur bei ihrer Stammbehörde oder in dem Bereich mitzuzählen sind, für den nach § 58 ein APR zu bilden ist. Bei der Feststellung der Zahl der »in der Regel« Beschäftigten sind also grundsätzlich alle Personen mitzuzählen, die nach § 4 Beschäftigte sind und die, soweit es um die Anwendung des Abs. 1 geht, außerdem nach § 8 wahlberechtigt sind; vgl. dazu § 4 Rn. 10 ff., § 8 Rn. 3.

Ob Beschäftigte, die längerfristig zu einer anderen Dienststelle abgeordnet, **2a** ihnen zugewiesen bzw. gestellt sind, mitzuzählen sind, ist umstritten: Jedenfalls für den Bereich des BPersVG und des BetrVG wird das abgelehnt.[7] Im Hinblick darauf, dass der Gesetzgeber in § 4 Abs. 1 S. 2 diesen Beschäftigten ausdrücklich den Beschäftigtenstatus und in § 8 Abs. 1 die Wahlberechtigung zuerkannt hat, gehören diese Beschäftigten zu den in der Regel Beschäftigten.[8] Dafür spricht im Übrigen auch der Wortlaut des Abs. 3, wonach die Größe des PR von der Zahl der wahlberechtigten Beschäftigten abhängig ist.

2. Kleindienststellen

(Abs. 2) Für Dienststellen, bei denen eine der in Abs. 1 genannten Voraus- **3** setzungen nicht vorliegt, schreibt der neugefasste Abs. 2 vor, dass sie von

6 SG i. d. F. des 15. Gesetzes zur Änderung des Soldatengesetzes v. 8. 4. 13 (BGBl. I, S. 730).

7 *BVerwG* v. 11. 10. 13 – 6 PB 27.13 –, PersR 2014, 38 (Job-Center nach § 44 g SGB II zugewiesene Beschäftigte zählen nach § 16 BPersVG nicht mehr zu den in der Regel Beschäftigten der Agentur für Arbeit); *BAG* v. 5. 12. 12 – 7 ABR 48/11 –, NZA 13, 793 (betreffend Beamte, denen nach § 4 Abs. 4 S. 1 und S. 2 PostPersRG eine Tätigkeit bei einem Unternehmen zugewiesen ist).

8 *Klimpe-Auerbach*, PersR 12, 282.

der übergeordneten Dienststelle im Einvernehmen mit der Stufenvertretung **einer benachbarten Dienststelle zugeteilt** werden, wenn die Mehrheit ihrer wahlberechtigten Beschäftigten in geheimer Abstimmung zustimmt.

Das Gesetz überlässt es der Entscheidung der Beschäftigten einer sog. **Kleinstdienststelle**, ob sie personalvertretungsrechtlich einer benachbarten Dienststelle zugeteilt und mithin von dem PR bei dieser Dienststelle vertreten werden oder ohne Personalvertretung bleiben wollen.[9] Das Abstellen auf das Zustimmungserfordernis der Beschäftigten ist dem Zustimmungserfordernis bei der Zusammenlegung von Dienststellen nach § 5 Abs. 4 nachgebildet.

3. Zuteilungsverfahren

3a Die für die Zuteilung zuständige übergeordnete Dienststelle ist die nächsthöhere Dienststelle, bei der eine Stufenvertretung (BPR oder HPR) besteht. Die zuständige Behörde ist zur Zuteilung verpflichtet, kann darüber aber nur im Einvernehmen mit (= mit Zustimmung) der bei ihr gebildeten Stufenvertretung entscheiden.[10] Das fehlende Einvernehmen kann weder durch die Einigungsstelle noch durch das Verwaltungsgericht ersetzt werden.[11]

4 Als **aufnehmende Dienststellen** kommen alle Dienststellen in Betracht, die zum Geschäftsbereich der zuständigen Behörde gehören[12] und die in räumlicher Nähe der zuzuteilenden Dienststelle liegen.[13] Die Zuteilung kann auch zu einer anderen Kleindienststelle erfolgen, wenn diese dadurch personalratsfähig wird.[14] Auf diese Weise kann auch durch die Zusammenlegung mehrerer Kleindienststellen eine personalratsfähige Dienststelle geschaffen werden.[15]

5 Mit der Zuteilung werden die Beschäftigten der zugeteilten Dienststelle unter den Voraussetzungen der §§ 8 und 9 in der aufnehmenden Dienststelle wahlberechtigt und wählbar. Der dort gebildete PR wird auch für die Vertretung dieser Beschäftigten zuständig und damit zum **gemeinsamen PR.** Die Zuteilung ändert aber nichts daran, dass zugeteilte und aufnehmende Dienststelle in verwaltungsorganisatorischer Hinsicht als getrennte Dienststellen mit jeweils eigenem Leiter weiterhin existieren. Dem gemeinsamen

9 LT-Dr. 15/4224, S. 91 [zu § 14]; Rooschüz-*Mausner*, § 10 Rn. 17.
10 Ebenso Rooschüz-*Mausner*, § 10 Rn. 16; Leuze-*Isenburg*, § 10 Rn. 14.
11 Z. T. str.; zustimmend Rooschüz-*Mausner*, § 10 Rn. 16 und Altvater-*Noll*, § 13 Rn. 9 m. w. N.
12 Rooschüz-*Mausner*, § 104 Rn. 18.
13 Vgl. hierzu und zum Folgenden Altvater-*Noll*, § 13 Rn. 10 m. w. N.
14 Leuze-*Isenburg*, § 10 Rn. 18; *Ilbertz*, § 13 Rn. 12.
15 Ebenso Rooschüz-*Mausner*, § 10 Rn. 18.

PR steht **jeder Dienststellenleiter** im Rahmen seiner jeweiligen Zuständigkeiten gegenüber.

Die Zuteilung kann nur durch die Behörde **aufgehoben** werden, die sie angeordnet hat. Dafür sind wiederum das Einvernehmen mit der Stufenvertretung und die Zustimmung der Mehrheit ihrer wahlberechtigten Beschäftigten notwendig. 6

Die Zuteilung wird von selbst wirkungslos, sobald die Kleindienststelle durch **Anwachsen der Beschäftigtenzahl** die Voraussetzungen des Abs. 1 für die Bildung eines eigenen PR erfüllt und aufgrund dessen unverzüglich ein eigener PR gewählt wird.[16] 6a

4. Zahl der Personalratsmitglieder

(Abs. 3) Die **Zahl der Mitglieder des PR** ergibt sich grundsätzlich aus der in Abs. 3 festgelegten erweiterten Staffel. Zunächst wird eine Vielzahl von sog. Ein-Personen-Personalräten dadurch verringert, dass solche nur noch in kleinen Dienststellen bis 14 und nicht mehr in Dienststellen bis 20 Beschäftigten gebildet werden. Mit der Größe von drei Mitgliedern bereits ab 15 wahlberechtigten Beschäftigten soll nützlicher Meinungsaustausch mehrerer Mitglieder gefördert werden.[17] Sie wird durch die in Abs. 4 bestimmte Höchstzahl von 27 Mitgliedern nach oben begrenzt. Die **Staffel** stellt bei Dienststellen mit bis zu 15 wahlberechtigten Beschäftigten auf die Zahl der **Wahlberechtigten** ab, bei den übrigen auf die Zahl der **Beschäftigten** (einschl. der nicht wahlberechtigten). Dabei ist jeweils die Zahl der »**in der Regel**« Wahlberechtigten bzw. Beschäftigten zugrunde zu legen (vgl. zu diesem Kriterium Rn. 2). Die Stufe, von der ab **allein die Zahl der Beschäftigten** maßgebend ist, beginnt mit 16 Beschäftigten. Sind in einer Dienststelle mit bis zu 50 Beschäftigten jedoch weniger als 15 Wahlberechtigte vorhanden, besteht der PR nur aus einer Person (vgl. § 5 S. 4 LPVGWO). 7

Die in Abs. 3 enthaltenen Regelungen über die Größe des PR sind **zwingend.** Jedoch sind **Abweichungen** dann zulässig, wenn weniger wählbare Beschäftigte vorhanden sind, als an sich zu wählen wären, oder wenn die Vorschlagslisten zu wenig Kandidaten enthalten oder bei Personenwahl zu wenig Kandidaten eine Stimme erhalten haben, oder wenn von den in ausreichender Zahl gewählten Bewerbern und Ersatzmitgliedern so viele die Wahl ablehnen, dass die gesetzliche Zahl der Mitglieder des PR unterschritten wird. In diesen Fällen besteht der PR aus der **höchstmöglichen Zahl** von Mitgliedern, ohne dass auf die nach der Staffel nächstniedrigere Größe 8

---

16 Vgl. Altvater-*Noll*, § 13 Rn. 12 m. w. N.; a. A. *OVG NW* v. 4. 11. 05 – 1 A 4756/04. PVB –, juris: Aufhebungsentscheidung erforderlich; *Ilbertz*, § 13 Rn. 16: Fortbestehen der Zuteilung bis zum Ende der Amtszeit des gemeinsamen PR.

17 LT-Dr. 15/4224, S. 91 f. [zu § 14].

zurückzugehen ist. Zu der Frage, wann in dem zuletzt genannten Fall eine Neuwahl nach § 23 Abs. 1 Nr. 2 notwendig werden kann, vgl. § 23 Rn. 5.

5. Erhöhung der Zahl der Personalratsmitglieder

8a **(Abs. 4)** Nach dem durch das ÄndG 2013 eingefügten Abs. 4 erhöht sich die Zahl der Mitglieder nach Abs. 3 in Fällen, in denen (nicht nach § 5 Abs. 3 verselbständigte) Außenstellen, Nebenstellen oder Teile von Dienststellen räumlich vom Dienstort der Hauptdienststelle entfernt liegen, in Dienststellen mit in der Regel 601 und mehr Beschäftigten um zwei Mitglieder, wenn der Anteil der außerhalb des Hauptorts Beschäftigten an der Gesamtbeschäftigtenzahl mindestens ein Drittel, bzw. um vier Mitglieder, wenn der Anteil mindestens die Hälfte beträgt. Als Dienstort der Hauptdienststelle ist von der politischen Gemeinde auszugehen. Die zusätzlichen Sitze sollen es den dort Beschäftigten ermöglichen, Bewerberinnen und Bewerber aus den Außenstellen zusätzlich vorzuschlagen und sie bei ihrer Wahlentscheidung auch zu berücksichtigen.

Werden Beschäftigte sowohl am Hauptsitz, als auch außerhalb eingesetzt, kommt es darauf an, an welchem Ort sie den **überwiegenden Teil ihrer Arbeitszeit** zu leisten haben. Nach der Begründung des Gesetzesentwurfs soll die erhöhte Sitzzahl es Beschäftigten in entfernt gelegenen Außenstellen erleichtern, Vertreter aus den eigenen Reihen in den PR zu wählen. Von verbindlichen Quoten oder Sitzzuteilungen hat der Gesetzgeber zu Recht abgesehen.[18]

6. Stichtag für die Ermittlung der Zahl der Personalratsmitglieder

9 **(Abs. 5 S. 1)** Satz 1 legt ausdrücklich fest, dass **Stichtag** für die Ermittlung der Zahl der PR-Mitglieder weder der Tag der Wahl (so noch § 5 S. 1 LPVGWO a. F.), noch der Zeitpunkt des Erlasses des Wahlausschreibens,[19] sondern der **zehnte Arbeitstag vor Erlass des Wahlausschreibens** ist. Es ist sachgerecht, diesen Tag auch für die nach Abs. 1 vorzunehmende Prüfung der Frage der Personalratsfähigkeit der Dienststelle als maßgebend anzusehen. Wie aus § 55 S. 2 LPVGWO zu entnehmen ist, sind unter Arbeitstagen i. S. d. Abs. 5 S. 1 die Wochentage Montag bis Freitag mit Ausnahme der gesetzlichen Feiertage, Heiligabend und Silvester zu verstehen.

18 LT-Dr. 15/4224, S. 92 [zu § 14].

19 So zum BPersVG *BVerwG* v. 19. 12. 06 – 6 PB 12.06 –, PersR 07, 125.

7. Prognose der Entwicklung der Zahl der Beschäftigten

(Abs. 5 S. 2) Satz 2 verpflichtet den Wahlvorstand, einen zu dem Stichtag des Satzes 1 absehbaren Personalbestand zugrunde zu legen, der voraussichtlich über die Hälfte der Amtszeit in der Dienststelle vorhanden sein wird. Der Sache nach fasst die Regelung klarstellend die Rspr. des *BVerwG* zur Prognose der zu Grunde zu legenden Zahl der in der Regel Beschäftigten[20] in Gesetzesform. Die prognostische Ermittlung der regelmäßigen Personalstärke hat in zwei Schritten zu erfolgen. Der erste Schritt besteht in der Aufstellung einer Regelvermutung, die in einem zweiten Schritt überprüft und ggf. korrigiert wird. Dies geschieht durch einen Rückblick auf die bisherige personelle Stärke der Dienststelle sowie die Einschätzung der zukünftigen Entwicklung. Der Regelvermutung ist der am Stichtag tatsächlich vorhandene Personalbestand nach Köpfen zugrunde zu legen, nicht die im Stellenplan ausgewiesenen Planstellen (vgl. Rn. 2). Auf den zeitlichen Umfang der von den Beschäftigten jeweils zu leistenden Dienste bzw. Arbeiten kommt es nicht an. Im zweiten Schritt hat der Wahlvorstand die bisherige und sich künftig abzeichnende personelle Entwicklung korrigierend zu berücksichtigen, und zwar unabhängig davon, ob Stellenplan oder tatsächliche Personalstärke im Zeitpunkt des Wahlausschreibens als Ausgangspunkt genommen wird. Diese gesetzlich vorgeschriebene Prognoseentscheidung ist in einer Sitzung des Wahlvorstands zu treffen, in der gem. § 10 Abs. 5 über die Zahl der zu wählenden Personalratsmitglieder entschieden wird. Der Beschluss ist in der Niederschrift nach § 19 S. 1 LPVGWO aufzuführen, aus der sich (gegebenenfalls in der Anlage), wenn auch nicht unbedingt alle tragenden Erwägungen, so doch zumindest die wesentlichen Kennzahlen und das Prognosematerial sowie die getroffenen Entscheidungen ergeben, und die zur Vermeidung von Manipulationsmöglichkeiten regelmäßig spätestens bis zur Personalratswahl fertig gestellt sein muss.[21] Hat z. B. der Gemeinderat Haushaltsmittel für zusätzliche Stellen für zukünftiges Kita-Personal bewilligt, so sind diese noch zu besetzenden Stellen dem tatsächlichen Personalbestand am Stichtag hinzuzurechnen.[22] 10

§ 11 Vertretung nach Gruppen und Geschlechtern

(1) [1]Besteht der Personalrat aus mindestens drei Mitgliedern, sollen im Personalrat Frauen und Männer entsprechend ihren Anteilen an den in der Regel Beschäftigten der Dienststelle vertreten sein. [2]Sind in der

---

20 *BVerwG* v. 19.12.06 – 6 PB 12.06 –, PersR 07, 125; v. 27.5.10 – 6 PB 2.10 –, NVwZ-RR 10, 649; v. 22.12.15 – 5 PB 19.15 –, ZfPR online 16, Nr. 9, 2–4.

21 *VGH BW* v. 15.2.22 – 15 S 2537/21 –, NZA-RR 22, 380.

22 *BVerwG* v. 19.12.06 – 6 PB 12.06 –, a. a. O.; v. 3.7.91 – 6 P 1.89 –, PersR 91, 369.

Dienststelle Beamte und Arbeitnehmer beschäftigt, sollen Frauen und Männer in jeder Gruppe, der mehr als ein Sitz im Personalrat zusteht, entsprechend ihrem Anteil an den in der Regel beschäftigten Gruppenangehörigen vertreten sein.

(2) [1]Besteht der Personalrat aus mindestens drei Mitgliedern und sind in der Dienststelle Beamte und Arbeitnehmer beschäftigt, so muss jede der Gruppen entsprechend der Zahl der in der Regel beschäftigten Gruppenangehörigen im Personalrat vertreten sein. [2]Sind beide Gruppen gleich groß, entscheidet das Los. [3]Macht eine Gruppe von ihrem Recht, im Personalrat vertreten zu sein, keinen Gebrauch, so verliert sie ihren Anspruch auf Vertretung für die Dauer der Amtszeit des Personalrats; die entsprechend zustehenden Sitze fallen der anderen Gruppe zu.

(3) [1]Der Wahlvorstand stellt fest, wie hoch der Anteil der Frauen und der Männer an den in der Regel Beschäftigten insgesamt und innerhalb der Gruppen ist. [2]Er errechnet nach den Grundsätzen der Verhältniswahl die Verteilung der Sitze

1. **im Personalrat auf die Gruppen,**
2. **im Personalrat auf die Geschlechter,**
3. **innerhalb einer Gruppe, der mehr als ein Sitz im Personalrat zusteht, auf die Geschlechter.**

(4) Eine Gruppe erhält mindestens bei in der Regel

weniger als 101 Gruppenangehörigen	**einen Vertreter,**
101 bis 300 Gruppenangehörigen	**zwei Vertreter,**
301 bis 1000 Gruppenangehörigen	**drei Vertreter,**
1001 bis 2500 Gruppenangehörigen	**vier Vertreter,**
2501 bis 5000 Gruppenangehörigen	**fünf Vertreter,**
5001 und mehr Gruppenangehörigen	**sechs Vertreter.**

(5) Eine Gruppe, der in der Regel nicht mehr als fünf Beschäftigte angehören, erhält nur dann eine Vertretung, wenn sie mindestens ein Zwanzigstel der Beschäftigten der Dienststelle umfasst.

Vergleichbare Vorschriften:
§ 17 Abs. 1 bis 3 und 5, § 18 Abs. 2 BPersVG; § 15 Abs. 2 BetrVG

Inhaltsübersicht Rn.

1. Vorbemerkung

1 Die Vorschrift regelt die **Verteilung der Sitze** in PR, die nach § 10 aus **drei oder mehr Mitgliedern** bestehen, auf die Geschlechter und die in § 4 Abs. 3

und 4 definierten Gruppen. Die durch das Landesgleichberechtigungsgesetz v. 21.12.95[1] in das LPVG eingefügten Soll-Vorschriften des § 15 Abs. 1 S. 1, 4 und Abs. 2 a.F. sind redaktionell überarbeitet und im Wesentlichen in die Abs. 1 und 3 n.F. übernommen worden, die Bestimmungen des Abs. 1 S. 2, 3 und 5 a.F. in den Abs. 2 n.F. Die Bestimmungen des Abs. 2 über die Vertretung nach **Gruppen** sind grundsätzlich zwingend. Von ihnen kann aber nach § 12 Abs. 1 abgewichen werden. Dagegen enthalten die nach wie vor als Soll-Vorschriften gefassten Bestimmungen über die Vertretung nach **Geschlechtern** in Abs. 1 kein zwingendes Recht. Es bleibt dabei, dass weiterhin nur angestrebt wird, beide Geschlechter im PR entsprechend ihrem Anteil an den Beschäftigten der Dienststelle sowie in jeder Gruppe vertreten zu sehen. Eine Verbesserung der Geschlechtergerechtigkeit setzt lediglich bei der Einreichung der Wahlvorschläge an (§ 13 Abs. 5). Die verpflichtende Geschlechterquote gilt auch für Wahlvorschläge bei den Wahlen der JAV (§ 62 Abs. 1) sowie bei den Wahlen für den GPR (§ 54 Abs. 4), die Stufenvertretungen (§ 55 Abs. 3) und den Ausbildungspersonalrat (§ 58 Abs. 3). Der Gesetzgeber hat bewusst davon abgesehen, zur Durchsetzung der Geschlechtergerechtigkeit in die Wahlentscheidung der Wahlberechtigten selbst durch eine bindende, die Sitzverteilung bestimmende Geschlechterquote einzugreifen.[2] Ihre Nichtbeachtung hat deshalb lediglich begrenzten Einfluss auf die Gültigkeit **eingereichter Wahlvorschläge** (§ 13 Abs. 5; § 12 Abs. 2, 15 Abs. 5 Nr. 7 LPVGWO), nicht aber unmittelbar auf die Gültigkeit der **Wahl**. Alle Bestimmungen über die Verteilung der Sitze auf die Gruppen und die Geschlechter gelten unabhängig davon, ob der PR nach § 13 Abs. 2 in **Gruppenwahl** oder in **gemeinsamer Wahl** gewählt wird.

2. Vertretung der Geschlechter

(Abs. 1) Die Soll-Vorschriften des **Abs. 1 S. 1 und 2** regeln die Vertretung 2
nach Geschlechtern. S. 1 bezieht sich auf den PR im Ganzen, S. 2 auf die Vertretung der Gruppen im PR. Nach **S. 1** sollen **Männer und Frauen** entsprechend ihrem zahlenmäßigen Anteil an den wahlberechtigten Beschäftigten der Dienststelle im **PR** vertreten sein. Nach **S. 2** sollen **Frauen und Männer in jeder Gruppe,** der mehr als ein Sitz zusteht, entsprechend ihrer Stärke im PR vertreten sein. Beide Bestimmungen sollen offenbar dem **Gleichberechtigungsgebot** des Art. 3 Abs. 2 GG Rechnung tragen.[3] Damit sollen die Regelungen in S. 1 und 2 der ungenügenden Berücksichtigung **weiblicher Beschäftigter** im PR insgesamt und in den Gruppen entgegenwirken. Deshalb sind gem. § 13 Abs. 5 Wahlvorschläge grundsätzlich quotenkonform

1 GBl. S. 890.

2 LT-Dr. 15/4224, S. 93 [zu § 15].

3 Vgl. *BVerfG* v. 28.1.92 – 1 BvR 1025/82 u.a. –, PersR 92, 166.

einzureichen. Im **Wahlausschreiben** sind sowohl die Anteile der Männer und Frauen an den wahlberechtigten Beschäftigten innerhalb der Gruppen der Beamten und Arbeitnehmer anzugeben, als auch wie viele Sitze im PR und in den Gruppen auf Frauen und Männer entfallen sollen (§ 9 Abs. 2 Nr. 5, 6 LPVGWO). Außerdem muss auf die gesetzlichen Vorschriften zur Vertretung nach Geschlechtern hingewiesen werden (§ 9 Abs. 2 Nr. 11 LPVGWO).

3. Vertretung der Gruppen

3 **(Abs. 2)** Besteht der PR aus mindestens drei Mitgliedern und sind in der Dienststelle Angehörige verschiedener **Gruppen** (also Beamte und Arbeitnehmer) beschäftigt, muss nach **Abs. 2 S. 1** jede Gruppe entsprechend ihrer **zahlenmäßigen Stärke** im PR vertreten sein. Die Stärke dieser Gruppen richtet sich nach der Zahl der Gruppenangehörigen, die »in der Regel« (vgl. dazu § 10 Rn. 2) beschäftigt sind. Auf die Wahlberechtigung kommt es dabei nicht an. **Stichtag** für die Verteilung der in der Regel Beschäftigten auf die Gruppen ist der zehnte Arbeitstag vor Erlass des Wahlausschreibens (vgl. § 10 Rn. 9 u. § 5 LPVGWO).

4 Nach § 10 Abs. 3 und 4 besteht der PR aus einer ungeraden Zahl von Mitgliedern. Deshalb können zwei Gruppen, die die gleiche Zahl von Angehörigen haben, nicht mit der gleichen Zahl von Mitgliedern im PR vertreten sein. In einem solchen Fall ist **Abs. 2 S. 2** anzuwenden. Danach entscheidet bei **gleicher Stärke der Gruppen** das Los, welcher Gruppe die höhere Zahl von Sitzen zufällt. Nach § 7 Abs. 1 S. 2 LPVGWO ist es Aufgabe des Wahlvorstands, den erforderlichen **Losentscheid** durchzuführen, wozu jedes Verfahren zulässig ist, das geeignet ist, ein nicht beeinflussbares Zufallsergebnis herbeizuführen, und den Teilnehmenden gleiche Chancen gibt.[4]

5 **Abs. 2 S. 3** regelt den Fall, dass **eine Gruppe von ihrem Recht,** im PR vertreten zu sein, **keinen Gebrauch macht**. Dies kann z. B. dadurch geschehen, dass

- die Gruppe keine wählbaren oder zur Kandidatur bereiten Angehörigen hat und die nach § 12 Abs. 2 mögliche Aufstellung gruppenfremder Bewerber unterbleibt oder
- für die Gruppe bei Gruppenwahl kein (gültiger) Wahlvorschlag eingereicht wird oder
- die Gesamtheit der Angehörigen der Gruppe durch ausdrückliche Erklärung auf ihre Vertretung im PR verzichtet. Eine derartige Erklärung muss auf einer einstimmigen Willensbildung beruhen und gegenüber dem Wahlvorstand abgegeben werden.[5]

---

4 *BVerwG* v. 15. 5. 91 – 6 P 15.89 –, PersR 91, 411.

5 Z. T. str.; wie hier Leuze-*Isenburg*, § 11 Rn. 8 m. w. N.

Macht eine Gruppe von ihrem Vertretungsrecht keinen Gebrauch, **verliert sie ihren Anspruch auf Vertretung** für die Dauer der Amtszeit des zu wählenden PR. Grundsätzlich werden die von dieser Gruppe nicht beanspruchten Sitze der anderen Gruppe zugeteilt.[6] Schlägt eine Gruppe **weniger Bewerber** zur Wahl vor, als ihr nach den gesetzlichen Vorschriften an Sitzen zustehen, so verliert sie nur insoweit ihren Anspruch auf Vertretung im PR.

(Abs. 3) Falls nicht der Ausnahmefall zweier gleich starker Gruppen vorliegt (vgl. Rn. 4), hat der Wahlvorstand gem. Abs. 3 nach den **Grundsätzen der Verhältniswahl** zu errechnen, wie sich die Sitze im PR auf die Gruppen (Nr. 1), im PR auf die Geschlechter (Nr. 2) sowie innerhalb einer Gruppe, der mehr als ein Sitz im PR zusteht, auf die Geschlechter (Nr. 3) verteilen. §§ 7 Abs. 2 und 8 LPVGWO schreiben vor, dass dabei das **d'Hondt'sche Höchstzahlverfahren** anzuwenden ist. Danach werden die Zahlen der in der Dienststelle in der Regel beschäftigten Beamten und Arbeitnehmer einerseits sowie Frauen und Männer andererseits nebeneinander gestellt und der Reihe nach durch die Zahlen 1, 2, 3 usw. geteilt. Auf die jeweils höchste Teilzahl (Höchstzahl) wird so lange ein Sitz zugeteilt, bis alle nach § 10 Abs. 3 und 4 ermittelten Sitze verteilt sind. Auf die größte Höchstzahl entfällt der erste Sitz, auf die zweitgrößte Höchstzahl der zweite Sitz usw. Jede Gruppe erhält so viele Sitze, wie Höchstzahlen auf sie entfallen, bzw. für jedes Geschlecht entfallen **sollen**. Nach § 7 Abs. 2 S. 4 LPVGWO entscheidet das **Los**, wenn **bei gleichen Höchstzahlen nur noch ein Sitz** zu vergeben ist (zum Losentscheid vgl. Rn. 4). **Berechnungsbeispiele** finden sich in der vom ver.di-Landesbezirk BW herausgegebenen **Broschüre »Wahlhilfe zur Personalratswahl«** (10. Aufl. 2018, Abschn. III. 11.1, S. 50 ff.). 6

4. Mindestvertretung der Gruppen

(Abs. 4) Das Gesetz sieht in Abs. 4 eine **Mindestvertretung der Gruppen** vor. Fallen einer Gruppe nach dem d'Hondt'schen System (vgl. Rn. 6) weniger Sitze zu als in Abs. 4 vorgesehen sind, so erhält sie die dort vorgeschriebene Mindestzahl von Sitzen, wobei sich die Zahl der Sitze der größeren Gruppe entsprechend vermindert (vgl. § 7 Abs. 3 LPVGWO). Der Minderheitenschutz ist abgeschwächt. So erhält die Minderheitengruppe mit 51 bis 100 Gruppenangehörigen statt bislang 2 nur noch einen Vertreter, mit 201 bis 300 Gruppenangehörigen statt bislang 3 nur noch 2 Vertreter, mit 601 bis 1000 Gruppenangehörigen statt bislang 4 nur noch 3 Vertreter, mit 1001 bis 2500 Gruppenangehörigen statt bislang 5 nur noch 4 Vertreter, mit 3001 bis 5000 Gruppenangehörigen statt bislang 6 nur noch 5 Vertreter. Ab 7

6 *BVerwG* v. 23.10.70 – VII P 3.70 –, PersV 71, 135.

5001 Gruppenangehörigen bleibt es wie bisher bei 6 Vertretern für die Minderheitsgruppe.

8 **(Abs. 5)** Das Gesetz sieht in Abs. 5 eine Ausnahmeregelung für eine Gruppe vor, der in der Regel nicht mehr als fünf Beschäftigte angehören. Eine solche **Kleinstgruppe** erhält nur dann eine Vertretung im PR, wenn sie mindestens ein Zwanzigstel der Beschäftigten der Dienststelle umfasst. Bei der Berechnung ist eine Abrundung auf ganze Zahlen nicht zulässig.[7]

§ 12 Andere Gruppeneinteilung

(1) [1]Die Verteilung der Mitglieder des Personalrats auf die Gruppen kann abweichend von § 11 geordnet werden, wenn die wahlberechtigten Angehörigen jeder Gruppe dies vor der Neuwahl in getrennten geheimen Vorabstimmungen beschließen. [2]Der Beschluss bedarf der Mehrheit der Stimmen aller Wahlberechtigten jeder Gruppe.
(2) [1]Für jede Gruppe können auch Angehörige der anderen Gruppe vorgeschlagen werden. [2]Die Gewählten gelten als Vertreter derjenigen Gruppe, für die sie vorgeschlagen worden sind. [3]Satz 2 gilt auch für Ersatzmitglieder.

Vergleichbare Vorschriften:
§ 17 Abs. 6 und 7 BPersVG; keine im BetrVG

1 **(Abs. 1)** Die Vorschrift eröffnet den Gruppen der Beamten und Arbeitnehmer in der Dienststelle die Möglichkeit, eine von der gesetzlichen Regelung des § 11 **abweichende Verteilung der Mitglieder des PR auf die Gruppen** festzulegen. Diese Möglichkeit besteht unabhängig davon, ob der PR nach § 13 Abs. 2 in Gruppenwahl oder in gemeinsamer Wahl gewählt wird. Die in § 10 Abs. 3 und 4 festgelegten Gesamtzahlen der PR-Mitglieder können nicht verändert werden.

2 Um eine abweichende Sitzverteilung herbeizuführen, ist es nach S. 2 erforderlich, dass die wahlberechtigten Angehörigen jeder Gruppe dies **vor jeder Neuwahl** des PR in getrennter geheimer Abstimmung beschließen. Aufgrund des identischen Kreises der Abstimmungsberechtigten (vgl. Rn. 3) kann diese **Vorabstimmung** auch mit der nach § 13 Abs. 2 durchzuführenden Vorabstimmung über die gemeinsame Wahl verbunden werden. Die von beiden Gruppen zu fassenden Beschlüsse müssen inhaltlich übereinstimmen. Sie müssen die abweichende Sitzverteilung durch die **konkrete zahlenmäßige Angabe** der auf die Gruppen entfallenden Sitze eindeutig festlegen.

---

7 *OVG Lüneburg* v. 11.4.67 – P OVG L 3/66 (Nds.) –, PersV 68, 45.

Erforderlich ist nach S. 2 auch für die Vorabstimmung nach § 12 Abs. 1 die **Mehrheit der Stimmen aller Wahlberechtigten jeder Gruppe** zur Annahme eines Vorschlags für eine abweichende Sitzverteilung. 3

Die erfolgreiche Vorabstimmung kann nach § 4 Abs. 1 LPVGWO nur berücksichtigt werden, wenn ihr Ergebnis dem **Wahlvorstand** binnen sechs Arbeitstagen nach der Bekanntmachung des Wahlvorstands über seine Zusammensetzung vorliegt und diesem die korrekte Durchführung der Vorabstimmung glaubhaft gemacht wird. Unabhängig von ihrem positiven oder negativen Ausgang gilt die Vorabstimmung immer nur für die **jeweils bevorstehende PR-Wahl.**[1] 4

(Abs. 2) Abs. 2 S. 1 lässt zu, dass für jede Gruppe **auch Angehörige der anderen Gruppe vorgeschlagen**, d.h. in einen gruppenfremden Wahlvorschlag aufgenommen werden. So kann z.B. ein Arbeitnehmer als Wahlbewerber für die Gruppe der Beamten vorgeschlagen werden. Da ein Beschäftigter nach § 13 Abs. 8 aber nur auf einem Wahlvorschlag benannt werden kann, kann ein gruppenfremder Bewerber nicht gleichzeitig auf einem Wahlvorschlag seiner eigenen Gruppe kandidieren. Die gruppenfremde Kandidatur ist sowohl bei Gruppenwahl als auch bei gemeinsamer Wahl (vgl. § 13 Abs. 7) zulässig. 5

Gruppenfremde Bewerber bleiben statusmäßig Angehörige der Gruppe, der sie aufgrund ihrer **dienst- bzw. arbeitsrechtlichen Stellung** § 4 zugeordnet sind. Sie sind deshalb z.B. nur in ihrer eigenen Gruppe wahlberechtigt und können deshalb bei Gruppenwahl den Wahlvorschlag, in dem sie benannt worden sind, weder unterzeichnen noch bei der Stimmabgabe mit ihrer Stimme unterstützen. 6

Werden gruppenfremde Bewerber in den PR gewählt, gelten sie nach Abs. 2 S. 2 als **Vertreter derjenigen Gruppe, für die sie vorgeschlagen worden sind**. Das gilt nach Abs. 2 S. 3 auch für gruppenfremde Bewerber, die lediglich als Ersatzmitglieder i.S.d. § 27 gewählt worden sind. So gilt etwa ein für die Arbeitnehmergruppe gewählter Beamter im PR als Vertreter der Gruppe der Arbeitnehmer. Als solcher kann er z.B. nach § 28 Abs. 1 S. 3 in den Vorstand des PR gewählt werden. Von ihrer personalvertretungsrechtlichen Funktion abgesehen, bleiben gruppenfremde PR- und Ersatzmitglieder auch nach der Wahl weiterhin Beschäftigte der Gruppe, der sie aufgrund ihres dienst- bzw. arbeitsrechtlichen Status angehören (vgl. Rn. 6). Auch im Fall eines Statuswechsels und damit der Gruppenzugehörigkeit nach der Wahl (z.B. dadurch, dass ein Arbeitnehmer Beamter wird), bleibt das PR-Mitglied bzw. Ersatzmitglied im PR Vertreter derjenigen Gruppe, für die es gewählt worden ist (vgl. § 25 Abs. 2 und § 27 Abs. 3). 7

1 Vgl. Altvater-*Noll*, § 17 Rn. 20.

§ 13 Wahl des Personalrats

(1) Der Personalrat wird in geheimer und unmittelbarer Wahl gewählt.

(2) [1]Besteht der Personalrat aus mehr als einer Person, so wählen die Beamten und Arbeitnehmer ihre Vertreter je in getrennten Wahlgängen, es sei denn, dass eine Gruppe nach § 11 Abs. 5 keine Vertretung erhält oder die wahlberechtigten Angehörigen jeder Gruppe vor der Neuwahl in getrennten geheimen Abstimmungen die gemeinsame Wahl beschließen. [2]Der Beschluss bedarf der Mehrheit der Stimmen aller Wahlberechtigten jeder Gruppe.

(3) [1]Die Wahl wird nach den Grundsätzen der Verhältniswahl durchgeführt. [2]Wird nur ein Wahlvorschlag eingereicht, so findet Mehrheitswahl statt. [3]In Dienststellen, deren Personalrat aus einer Person besteht, wird dieser mit einfacher Stimmenmehrheit gewählt. [4]Das Gleiche gilt für Gruppen, denen nur ein Vertreter im Personalrat zusteht.

(4) [1]Zur Wahl des Personalrats können die wahlberechtigten Beschäftigten und die in der Dienststelle vertretenen Gewerkschaften Wahlvorschläge machen. [2]Jeder Wahlvorschlag der Beschäftigten muss von mindestens einem Zwanzigstel der wahlberechtigten Gruppenangehörigen unterzeichnet sein. [3]In jedem Fall genügt die Unterzeichnung durch 50 wahlberechtigte Gruppenangehörige. [4]Die nach § 9 Absatz 2 Satz 1 Nummer 3 und 4 in Verbindung mit Satz 2 nicht wählbaren Beschäftigten dürfen keine Wahlvorschläge machen oder unterzeichnen.

(5) [1]Die Wahlvorschläge müssen mindestens so viele Bewerber enthalten, wie erforderlich sind, um die anteilige Verteilung der Sitze im Personalrat und innerhalb der Gruppen auf Frauen und Männer zu erreichen. [2]Wahlvorschläge, die diesem Erfordernis nicht entsprechen, hat der Wahlvorstand nach näherer Maßgabe der Wahlordnung als gültig zuzulassen, wenn die Abweichung schriftlich begründet wird. [3]Die Begründung ist mit dem Wahlvorschlag bekannt zu geben.

(6) Ist gemeinsame Wahl beschlossen worden, so muss jeder Wahlvorschlag der Beschäftigten von mindestens einem Zwanzigstel der wahlberechtigten Beschäftigten unterzeichnet sein; Absatz 4 Satz 3 und 4 gilt entsprechend.

(7) [1]Werden bei gemeinsamer Wahl für eine Gruppe gruppenfremde Bewerber vorgeschlagen, muss der Wahlvorschlag der Beschäftigten von mindestens einem Zwanzigstel der wahlberechtigten Gruppenangehörigen unterzeichnet sein, für die sie vorgeschlagen werden. [2]Absatz 4 Satz 3 und 4 gilt entsprechend.

(8) Jeder Beschäftigte kann nur auf einem Wahlvorschlag benannt werden.

Vergleichbare Vorschriften:
§§ 19, 20 BPersVG; §§ 14, 14a BetrVG

Inhaltsübersicht Rn.

1. Vorbemerkung

Die Vorschrift regelt die **Grundsätze** für die Wahl des PR einschließlich des Wahlvorschlagsrechts. Sie wird ergänzt durch die Durchführungsbestimmungen der **Wahlordnung** (LPVGWO; abgedruckt im **Anhang 2**) i. d. F. der Änderungsverordnung der Landesregierung vom 28. 1. 14., neu bekannt gemacht am 12. 3. 15.[1] Näheres zum **Wahlverfahren** (mit Ablaufplan und Musterformularen) in der vom ver.di-Landesbezirk BW herausgegebenen **Broschüre »Wahlhilfe zur Personalratswahl«**. 1

2. Allgemeine Wahlgrundsätze

(Abs. 1) Die Wahlen zu allen Personalvertretungen (örtlicher PR, GPR, Stufenvertretungen, Ausbildungspersonalrat, JAV) müssen in **geheimer Wahl** durchgeführt werden. Bei der Stimmabgabe muss deshalb sichergestellt werden, dass nicht festgestellt werden kann, wie ein einzelner Wähler abgestimmt hat. Sie muss durch vorgedruckte **Stimmzettel** erfolgen, die der Wähler unbeobachtet kennzeichnen kann. Welche Vorkehrungen ansonsten für die Geheimhaltung zu treffen sind, regelt die Wahlordnung (vgl. §§ 22–24 LPVGWO). 2

Der PR ist **unmittelbar** zu wählen. Eine Wahl über Wahlmänner oder eine andere Vertretung der Wahlberechtigten ist ausgeschlossen. Jeder Wähler hat seine Stimme **persönlich** abzugeben. Der Grundsatz der Unmittelbarkeit schließt die Briefwahl nicht aus. Die Verpflichtung zur persönlichen Stimmabgabe gilt nur dann nicht, wenn der Wähler wegen einer körperlichen Behinderung schreibunfähig ist und seine Stimme nur mit Hilfe einer Person seines Vertrauens abgeben kann (vgl. § 22 Abs. 2 LPVGWO). 3

1 GBl. S. 67, GBl. 2015, S. 260.

3a Die Wahl des PR muss nicht nur – wie in Abs. 1 ausdrücklich geregelt – geheim und unmittelbar, sondern wie in Art. 38 GG für die Bundestagswahlen vorgeschriebenen Recht, das als allgemeines Verfassungsrecht des Bundes auch bei Wahlen zu den Personalvertretungen gilt, **allgemein, frei und gleich** sein.[2] »**Allgemein**« heißt, dass grundsätzlich alle Beschäftigten zur Wahl zugelassen sein müssen und dass jeder wahlberechtigte Beschäftigte eine Stimme hat. »**Frei**« besagt, dass jeder Wahlberechtigte sein Wahlrecht ohne Zwang und ohne sonstige unzulässige Beeinflussung von außen ausüben kann. »**Gleich**« bedeutet gleichwertig, d.h. jeder Wahlberechtigte hat die gleiche Stimme. Bei der Verhältniswahl hat jede Stimme nicht nur den gleichen Zählwert, sondern grundsätzlich auch den gleichen Erfolgswert. Die Grundsätze der Allgemeinheit, Freiheit und Gleichheit der Wahl gelten auch für die **Wahlvorbereitungen**.[3] Allerdings gilt der Grundsatz der Wahlgleichheit für das Wahlvorschlagsrecht nicht uneingeschränkt (s. Abs. 5).

3. Gruppenwahl/gemeinsame Wahl

4 **(Abs. 2)** Der PR ist grundsätzlich dann in **Gruppenwahl** zu wählen, wenn er nach § 10 Abs. 3 nicht nur aus einer Person besteht und die Beschäftigten der Dienststelle sich aus den zwei Gruppen Beamte und Arbeitnehmer (§ 4) zusammensetzen. Bei der Gruppenwahl wählen die wahlberechtigten Beamten und Arbeitnehmer ihre Vertreter in getrennten Wahlgängen. Dabei kann jeder Wähler so viele **Stimmen** abgeben, wie Vertreter der Gruppe, der er angehört, zu wählen sind (§ 20 Abs. 4 S. 1 LPVGWO).

5 Der PR ist nur dann nicht in Gruppenwahl, sondern ausnahmsweise in zwei Fällen in **gemeinsamer Wahl** zu wählen, nämlich erstens, wenn eine Gruppe wegen der geringen Zahl ihrer Angehörigen nach § 11 Abs. 5 keine Vertretung im PR erhält (vgl. § 11 Rn. 8), zweitens, wenn vor der Neuwahl die gemeinsame Wahl beschlossen wird. Bei gemeinsamer Wahl wählen die wahlberechtigten Beamten und Arbeitnehmer die Vertreter der Gruppen in einem gemeinsamen Wahlgang. Die nach den §§ 11 und 12 Abs. 1 festgelegte Aufteilung der PR-Sitze auf die Gruppen ändert sich dabei nicht. Jedoch können alle wahlberechtigten Beschäftigten gemeinsam über die Vertreter beider Gruppen im PR entscheiden (vgl. aber Rn. 7).[4] Jeder Wähler kann insgesamt so viele **Stimmen** abgeben, wie PR-Mitglieder zu wählen sind, für die Bewerber der einzelnen Gruppen aber nur so viele Stimmen, wie Vertreter dieser Gruppen zu wählen sind (§ 20 Abs. 4 LPVGWO).

---

2 *BVerfG* v. 23.3.82 – 2 BvL 1/81 –, PersV 82, 329; *BVerwG* v. 29.8.00 – 6 P 7.99 –, PersR 00, 513; Leuze-*Isenburg*, § 13 Rn. 15.

3 Dazu ausf. *Altvater*, 10. Aufl., § 98 a.F. Rn. 4.

4 Rooschüz-*Mausner*, § 13 Rn. 14.

Die für eine gemeinsame Wahl erforderlichen Beschlüsse müssen rechtzeitig vor der PR-Wahl im Rahmen einer **Vorabstimmung** unter der Leitung eines Abstimmungsvorstands in geheimen und nach Gruppen getrennten Abstimmungen herbeigeführt werden. Für das **Verfahren** gilt § 4 Nr. 2 LPVGWO. **Abstimmungsberechtigt** sind nur die nach § 8 wahlberechtigten Angehörigen jeder Gruppe. Die gemeinsame Wahl ist beschlossen, wenn in beiden Gruppen jeweils die **Mehrheit** aller (nicht nur der an der Abstimmung teilnehmenden) wahlberechtigten Gruppenangehörigen dafür gestimmt hat. Der Beschluss über die gemeinsame Wahl gilt nur für die jeweils **bevorstehende PR-Wahl.** 6

Werden nach beschlossener gemeinsamer Wahl **nur für eine Gruppe gültige Wahlvorschläge** eingereicht, findet die Wahl nicht als gemeinsame Wahl, sondern als Gruppenwahl statt, an der die wahlberechtigten Angehörigen der »wahlmüden« Gruppe nicht teilnehmen können, weil sie ihren Anspruch auf Vertretung nach § 11 Abs. 1 S. 5 verloren haben (vgl. § 11 Rn. 5).[5] 7

4. Verhältniswahl/Mehrheitswahl

(Abs. 3) Unabhängig davon, ob der PR in Gruppenwahl oder in gemeinsamer Wahl zu wählen ist, kommen für die Wahl entweder die Grundsätze der **Verhältniswahl** oder der **Mehrheitswahl** in Betracht. Da im Falle der Gruppenwahl die wahlberechtigten Angehörigen jeder Gruppe ihre Vertreter in getrennten Wahlgängen wählen, muss die Frage, ob diese Wahl als Verhältnis- oder Mehrheitswahl durchgeführt wird, **für jeden Wahlgang gesondert beurteilt** werden. 8

Verhältniswahl findet statt, wenn bei Gruppenwahl für die Wahl mehrerer Gruppenvertreter oder bei gemeinsamer Wahl für die Wahl mehrerer PR-Mitglieder mehr als ein gültiger Wahlvorschlag eingereicht wird. Bei der Verhältniswahl kann der Wähler Bewerber innerhalb der gleichen Gruppe aus anderen Wahlvorschlägen übernehmen – **panaschieren** – und innerhalb der Gesamtzahl der für jede Gruppe zulässigen Stimmen einem Bewerber bis zu drei Stimmen geben – **kumulieren** – (§ 33 S. 1 LPVGWO). Findet Verhältniswahl statt, richtet sich die **Ermittlung der gewählten Gruppenvertreter** bei Gruppenwahl nach § 37 LPVGWO, bei gemeinsamer Wahl nach § 38 LPVGWO. 9

Mehrheitswahl findet statt, wenn 10

- für den PR nur ein Mitglied zu wählen ist,
- bei Gruppenwahl für eine Gruppe nur ein Vertreter zu wählen ist,
- bei Gruppenwahl für eine Gruppe mehrere Vertreter zu wählen sind, aber nur ein gültiger Wahlvorschlag eingereicht worden ist,

5 Rooschüz-*Mausner*, § 13 Rn. 16 u. 52 m. w. N.

- bei gemeinsamer Wahl mehrere PR-Mitglieder zu wählen sind, aber nur ein gültiger Wahlvorschlag eingereicht worden ist.

Bei der Mehrheitswahl kann der Wähler jedem Bewerber nur **eine Stimme** geben (§ 40 S. 1 LPVGWO). Die **Ermittlung der gewählten Bewerber** ist in § 43 LPVGWO geregelt.

5. Wahlvorschläge

11 **(Abs. 4)** Als PR-Mitglied können nur Beschäftigte gewählt werden, die wählbar (vgl. § 9) und auf einem Wahlvorschlag benannt worden sind. Dabei ist es nach § 12 Abs. 2 zulässig, für jede Gruppe auch Angehörige der anderen Gruppe vorzuschlagen. Nach Abs. 4 S. 1 können **Wahlvorschläge** für die Wahl des PR sowohl von wahlberechtigten Beschäftigten als auch von den in der Dienststelle vertretenen Gewerkschaften gemacht werden. Die Wahlvorschläge müssen bestimmten **Formvorschriften** entsprechen, die in der Wahlordnung enthalten sind (§§ 11–13 LPVGWO). Sie sind innerhalb der Einreichungsfrist des § 11 Abs. 2 S. 1 LPVGWO schriftlich beim Wahlvorstand einzureichen.

a) Wahlvorschläge der Gewerkschaften

12 Ein von einer in der Dienststelle vertretenen **Gewerkschaft** eingereichter Wahlvorschlag bedarf der Unterschrift eines zeichnungsberechtigten Mitglieds des Vorstands der Gewerkschaft auf Orts-, Bezirks-, Landes- oder Bundesebene (§ 12 Abs. 4 LPVGWO). In Zweifelsfällen hat der Wahlvorstand zu prüfen, ob es sich um eine in der Dienststelle mit mindestens einem Mitglied vertretene Gewerkschaft i. S. d. § 2 Abs. 1 handelt (vgl. § 2 Rn. 7) und ob der Wahlvorschlag von einem dazu befugten Vorstandsmitglied unterzeichnet worden ist.

b) Wahlvorschläge der Beschäftigten

13 Die Wahlvorschläge der **Beschäftigten** müssen von mindestens einem Zwanzigstel der **wahlberechtigten Gruppenangehörigen** unterzeichnet sein; die Unterzeichnung durch 50 wahlberechtigte Gruppenangehörige ist immer ausreichend (S. 2 und 3). Das Unterschriftenquorum ist in dem vom Wahlvorstand zu erlassenden Wahlausschreiben exakt anzugeben (§ 9 Abs. 2 Nr. 15 LPVGWO). Die Regelungen über die Unterzeichnung der Wahlvorschläge der Beschäftigten unterscheiden im Wesentlichen danach, ob der PR in Gruppenwahl oder in gemeinsamer Wahl gewählt wird. Sie sind in Abs. 4 S. 2 bis 4 und in den Abs. 6 und 7 enthalten. Die darin festgelegten **Unter-**

schriftenquoren sollen dazu dienen, den Wahlakt auf ernsthafte Bewerber zu beschränken.[6]

Der Leiter der Dienststelle und sein **Stellvertreter** sowie die **nach § 9 Abs. 2 S. 1 Nr. 3 und 4 nicht wählbaren Beschäftigten** dürfen keine Wahlvorschläge machen oder unterzeichnen.[7] 14

Dass der durch das ÄndG 2013 neugefasste S. 4 den Dienststellenleiter und seinen Stellvertreter nicht davon ausschließt, Wahlvorschläge zu unterbreiten oder zu unterzeichnen, **beruht auf einem offensichtlichen Versehen im Verlaufe des Gesetzgebungsverfahrens**. Der Gesetzgeber wollte lediglich der BfC und ihrer Stellvertreterin die Vorschlagsberechtigung nicht entziehen. Das ergibt sich aus der Begründung zu Nr. 14b des Einbringungsentwurfs (vgl. auch § 5 Rn. 16).[8] 14a

Aus dem Personenkreis der **nicht wählbaren Beschäftigten des § 9 Abs. 2 S. 1** sind deshalb nur Beschäftigte, die infolge Richterspruchs die Fähigkeit, Rechte aus öffentlichen Wahlen zu erlangen, nicht besitzen (Nr. 1) sowie die Beauftragte für Chancengleichheit und ihre Stellvertreterin (Nr. 5) berechtigt, Wahlvorschläge zu machen oder zu unterzeichnen. 14b

Mit dem Ausschluss des **Dienststellenleiters und seines Stellvertreters** sowie den nach § 9 Abs. 2 S. 1 Nr. 3 und 4 **nicht wählbaren Beschäftigten** soll eine sachwidrige Beeinflussung der wahlberechtigten Beschäftigten verhindert werden.

Jeder Beschäftigte, der berechtigt ist, Wahlvorschläge zu machen und zu unterzeichnen, kann seine Unterschrift rechtswirksam **nur für einen Wahlvorschlag** abgeben (§ 13 Abs. 3 S. 1 LPVGWO; zur Behandlung von Mehrfachunterzeichnungen vgl. § 15 Abs. 4 LPVGWO). 15

Wahlvorstandsmitglieder sind berechtigt, Wahlvorschläge zu unterzeichnen.[9] **Wahlbewerber** können auch den Wahlvorschlag unterzeichnen, auf dem sie selbst als Kandidaten benannt sind.[10] Dies gilt aber nicht bei gruppenfremder Kandidatur (vgl. § 12 Rn. 6). 15a

Nach Abs. 4 S. 2 muss im Falle der **Gruppenwahl** jeder Wahlvorschlag der Beschäftigten von mindestens einem Zwanzigstel der wahlberechtigten Gruppenangehörigen unterzeichnet sein. Nach S. 3 genügen aber in jedem Fall 50 Unterschriften. 16

---

6 Vgl. *BVerfG* v. 16. 10. 84 – 2 BvL 20/82 und 21/82 –, PersR 84, 93.

7 Rooschüz-*Mausner*, § 13 Rn. 59.

8 LT-Dr. 15/4224, S. 94 [zu § 17], dort heißt es zu Buchstabe b lapidar: »Redaktionelle Folgeänderung«. In § 14 Abs. 4 S. 4 LPVG a. F. hieß es aber: »Die nach § 12 Abs. 3 nicht wählbaren Beschäftigten dürfen keine Wahlvorschläge machen oder unterzeichnen.« Zu diesem Personenkreis hat der Dienststellenleiter gezählt.

9 *BVerwG* v. 12. 1. 62 – VII P 10.60 –, PersV 62, 66.

10 *BAG* v. 12. 2. 60 – 1 ABR 13/59 –, AP Nr. 11 zu § 18 BetrVG.

c) Geschlechterquote

16a **(Abs. 5)** Der zur Unterstützung der mit § 11 Abs. 1 beabsichtigten verstärkten Förderung der Geschlechtergerechtigkeit (vgl. § 11 Rn. 2) eingefügte Abs. 5 verlangt zwingend, dass Wahlvorschläge mindestens so viele Bewerberinnen und Bewerber enthalten müssen, wie erforderlich sind, um die anteilige Verteilung der Sitze auf Frauen und Männer im PR zu erreichen. Es reicht aus, dass auf dem Wahlvorschlag so viele Bewerberinnen und Bewerber aufgeführt werden, um die vom Wahlvorstand ermittelten Sitzzahlen für jedes Geschlecht zu erreichen. Sind auf einem Wahlvorschlag mehr Bewerberinnen und Bewerber aufgeführt, als Mitglieder zu wählen sind, muss die Geschlechterquote nicht auf die über die ermittelte Sitzzahl liegenden Bewerber übertragen werden. Ist in dem Wahlvorschlag der Verpflichtung, zumindest für die zu besetzende Sitzzahl der Personalvertretung die Geschlechterquote zu beachten, ohne Begründung nicht entsprochen, ist er vom Wahlvorstand dem Vertreter des Wahlvorschlags (§ 12 Abs. 4 S. 1 LPVGWO) zur Nachbesserung oder Begründung der Nichtberücksichtigung der Geschlechterquote unter Fristsetzung zurückzugeben. Erfolgt fristgerecht keine Nachbesserung oder wird keine ausreichende schriftliche Begründung abgegeben, ist der Wahlvorschlag als ungültig zurückzuweisen (§ 15 Abs. 5 Nr. 7 LPVGWO). Andererseits wird vom *VG Stuttgart* die Auffassung vertreten, der Wahlvorstand sei im Hinblick auf die Regelung in § 20 Abs. 4 S. 3 LPVGWO, wonach der Wähler nicht gebunden ist, eine bestimmte Anzahl von Stimmen eines bestimmten Geschlechts zu vergeben, verpflichtet, den gesetzlich vorgeschriebenen Hinweisen auf den Stimmzetteln nach §§ 34 Abs. 2 bzw. § 41 Abs. 3 LPVGWO den weiteren Hinweis hinzuzufügen, dass der Wähler nicht gebunden sei, eine bestimmte Anzahl von Stimmen eines bestimmten Geschlechts zu vergeben. Fehle der Hinweis, sei die Wahl ungültig.[11] Dieser Auffassung wird ausdrücklich entgegengetreten, Hätte der Gesetzgeber diesen Hinweis für geboten gehalten, hätte er ihn in den Katalog der zu erteilenden Hinweise nach § 34 Abs. 2 S. 3, § 41 Abs. 3 S. 2 LPVGWO aufgenommen. Enthält ein Wahlvorschlag weniger Bewerberinnen und Bewerber als PR-Mitglieder zu wählen sind, ist die Abweichung **doppelt** zu begründen, und zwar **erstens**, weshalb er keine ausreichende Bewerberanzahl enthält und **zweitens**, aus welchen Gründen von der Geschlechterquote abgewichen ist.[12] Steht einer Gruppe nur ein Sitz im PR zu, bedarf es keiner Begründung.[13]

16b **Begründete Abweichungen** von der Geschlechterquote müssen vom Wahlvorstand anerkannt werden. Als Begründung kommt jedes einleuchtende

---

11 *VG Stuttgart* v. 5.1.20 – PL 22 K 4511/19 –, juris.

12 S. dazu im Einzelnen LT-Dr. 15/4224, S. 94 [zu § 17, zu c)].

13 *VGH BW* v. 25.8.16 – PL 15 S 152/15 –, NZA-RR 16, 672, dort Rn. 55.

Vorbringen in Betracht, z. B. es haben sich nicht genügend Bewerberinnen und Bewerber bereitgefunden, auf dem eingereichten Wahlvorschlag zu kandidieren. Welche Begründungen vor den mit Anfechtungsverfahren befassten Verwaltungsgerichten bestehen werden, wird sich zeigen.

Die **Begründung für das Abweichen** von der für eine anteilige Verteilung 16c der Sitze im PR und innerhalb der Gruppen auf Frauen und Männer erforderlichen Mindestzahl von Bewerberinnen und Bewerbern hat der Wahlvorstand in die **Bekanntmachung** der als gültig zugelassenen Wahlvorschläge aufzunehmen. Damit soll die Abweichung von der Geschlechterquote für die Wahlberechtigten für ihre Wahlentscheidung transparent gestaltet werden.[14]

6. Wahlvorschläge bei gemeinsamer Wahl

(Abs. 6) Abs. 6 verlangt bei **gemeinsamer Wahl**, dass jeder Wahlvorschlag 17 der Beschäftigten von mindestens einem Zwanzigstel der wahlberechtigten Beschäftigten unterzeichnet sein muss, ohne dass es dabei auf deren Gruppenzugehörigkeit ankommt. Auch hier genügen in jedem Fall 50 Unterschriften.

(Abs. 7) Abs. 7 stellt ein zusätzliches Erfordernis für einen Wahlvorschlag 18 der Beschäftigten auf, wenn bei gemeinsamer Wahl **gruppenfremde Wahlbewerber** vorgeschlagen werden. Hier reicht das in Abs. 6 (vgl. Rn. 17) geforderte Unterschriftenquorum nicht aus. Vielmehr muss in diesem Fall mindestens ein Zwanzigstel der wahlberechtigten Angehörigen der Gruppe, für die gruppenfremde Bewerber vorgeschlagen werden, den Wahlvorschlag unterzeichnen, wobei wiederum in jedem Fall 50 Unterschriften genügen. Die in Abs. 7 **zusätzlich verlangte Zahl von Unterschriften** muss nicht durch weitere Unterschriften erbracht werden, die in der nach Abs. 6 verlangten Zahl von Unterschriften noch nicht enthalten sind. Es reicht aus, dass die zusätzlich geforderte Zahl der Unterschriften der jeweils wahlberechtigten Gruppenangehörigen in der Gesamtzahl der geleisteten Unterschriften der wahlberechtigten Beschäftigten enthalten ist.

7. Keine Mehrfachkandidatur

(Abs. 8) Nach Abs. 8 darf jeder Beschäftigte **nur auf einem Wahlvorschlag** 19 **benannt** werden (vgl. § 13 Abs. 1 LPVGWO; zur Behandlung von Mehrfachkandidaturen vgl. § 15 Abs. 3 LPVGWO). Es ist aber nicht ausgeschlossen, gleichzeitig für verschiedene Personalvertretungen zu kandidieren (PR, GPR und Stufenvertretungen).

14 LT-Dr. 15/4224, S. 94 [zu § 17, zu c].

§ 14 Zusammensetzung des Personalrats nach Beschäftigungsarten

(1) Der Personalrat soll sich aus Vertretern der verschiedenen Beschäftigungsarten und verschiedener Organisationseinheiten der Dienststelle zusammensetzen.
(2) [1]Dem Personalrat beim Landratsamt sollen Beschäftigte des Landkreises und des Landes entsprechend ihren Anteilen an den in der Regel Beschäftigten des Landratsamts angehören. [2]Dies gilt entsprechend für die Vertretung in den Gruppen im Personalrat.

Vergleichbare Vorschriften:
§ 18 Abs. 1 BPersVG; § 15 Abs. 1 BetrVG

1 **(Abs. 1)** Die Vorschrift appelliert an die Vorschlagsberechtigten und die Wähler, darauf zu achten, dass sich der PR soweit wie möglich aus Vertretern der verschiedenen in der Dienststelle vorhandenen Beschäftigungsarten zusammensetzt. Unter **Beschäftigungsarten** sind die Berufsgruppen und Tätigkeitsbereiche zu verstehen. Die Bestimmung soll gewährleisten, dass der PR bei seiner Meinungs- und Willensbildung die Besonderheiten der einzelnen Beschäftigungsarten berücksichtigt und die von seinen Entscheidungen ausgehenden Wirkungen auf die Beschäftigungsarten beachtet. Ergänzt wird der Appell um die Aufforderung an die Beschäftigten, darauf zu achten, dass der PR sich auch aus Vertretern verschiedener Organisationseinheiten der Dienststelle zusammensetzen soll. Damit wird herausgestellt, dass auch Bewerberinnen und Bewerber aus Außenstellen, Nebenstellen oder Teilen von Dienststellen auf Wahlvorschlägen zum Zuge kommen und bei der Wahlentscheidung berücksichtigt werden.[1] Die Ergänzung steht im Zusammenhang mit der Erhöhung der Personalratssitze in den Fällen des § 10 Abs. 4 (vgl. § 10 Rn. 4). Es handelt sich um eine **Soll-Vorschrift**, deren Nichtbeachtung keinen Einfluss auf die Gültigkeit der Wahl hat.

2 Der durch das ÄndG 2013 eingefügte Abs. 2 erweitert die Fallgestaltungen des Abs. 1 auf die **Landratsämter** als gemischte kommunale und staatliche Behörden. Die Regelung ist im Zusammenhang mit dem Wegfall der Einrichtung eines besonderen PR für die Beschäftigten des Landes bei dem Landratsamt für die Beteiligung in Angelegenheiten, in denen eine übergeordnete Dienststelle entscheidet (§ 5 Abs. 5 S. 2 a. F.), zu betrachten. Da das Landratsamt nach § 5 Abs. 5 S. 2 nunmehr ausnahmslos als eine Dienststelle gilt, sollen die Beschäftigten des Landkreises und des Landes entsprechend ihren Anteilen an den in der Regel Beschäftigten dem PR beim Landratsamt und den dort vertretenen Gruppen angehören. Auch Abs. 2 ist eine Soll-Vorschrift. Eine verbindliche Quote für Landes- und Kommunalbeschäftigte

1 LT-Dr. 15/4224, S. 95 [zu § 18].

wird damit nicht festgelegt. Es bleibt auch hier bei der Aufforderung an die Beschäftigten, bei der Einreichung der Wahlvorschläge und ihrer Wahlentscheidung »die Beschäftigten des Landkreises und des Landes entsprechend ihren Anteilen an den in der Regel Beschäftigten des Landratsamts und entsprechend ihren Anteilen an den Gruppen zu berücksichtigen.«[2]

§ 15 Wahlvorstand

(1) [1]Der Wahlvorstand besteht aus drei wahlberechtigten Beschäftigten. [2]Sind in der Dienststelle Angehörige verschiedener Gruppen beschäftigt, so muss jede Gruppe im Wahlvorstand vertreten sein. [3]Beide Geschlechter sollen im Wahlvorstand vertreten sein.
(2) Ein Mitglied des Wahlvorstands wird zum Vorsitzenden sowie ein weiteres Mitglied zum stellvertretenden Vorsitzenden bestimmt.
(3) [1]Für jedes Mitglied des Wahlvorstands können Ersatzmitglieder derselben Gruppe bestellt werden. [2]Ein Ersatzmitglied tritt in den Wahlvorstand ein, wenn ein Mitglied aus dem Wahlvorstand ausscheidet oder ein Mitglied des Wahlvorstands zeitweilig verhindert ist.
(4) [1]Ist der Vorsitzende des Wahlvorstands zeitweilig verhindert, vertritt ihn der stellvertretende Vorsitzende; scheidet der Vorsitzende aus dem Wahlvorstand aus, so ist der Vorsitz neu zu bestimmen. [2]Unabhängig davon tritt jeweils das Ersatzmitglied nach Absatz 3 Satz 2 ein.
(5) § 41 Absatz 1 Satz 2, § 43 Absatz 2 Satz 2 und § 47 Absatz 1 Satz 1 und Absatz 2 sowie Absatz 4 gelten entsprechend für die Mitglieder des Wahlvorstands und Ersatzmitglieder, solange sie in den Wahlvorstand eingetreten sind.

Vergleichbare Vorschriften:
§§ 21, 25 BPersVG; § 16 Abs. 1 BetrVG

Inhaltsübersicht Rn.

1. Vorbemerkungen

§ 15 regelt die Besetzung und die innere Organisation des Wahlvorstandes, 1
die Bestellung von Ersatzmitgliedern sowie über die Verweisung auf §§ 41 Abs. 1 S. 2, 43 Abs. 2 S. 2, 47 Abs. 1 S. 1 und Abs. 2 z. T. den Schutz vor

2 LT-Dr. 15/4224, S. 95 [zu § 18].

finanziellen Nachteilen aus Anlass der Amtsausübung sowie vor Versetzungen und ähnlichen Maßnahmen und vor fristloser Kündigung. Weiterer Entgeltschutz ergibt sich aus § 20 Abs. 2 S. 2. Regelungen über die Bestellung des Wahlvorstandes finden sich jetzt in § 16.

1a Der Wahlvorstand ist das vom Gesetz bestimmte **Organ für die Durchführung der Wahl** des PR. Ohne Wahlvorstand kann eine rechtmäßige Wahl nicht stattfinden.[3] Eine ohne Wahlvorstand durchgeführte Wahl ist nichtig.[4] Seine **Aufgaben** sind in §§ 17, 18, 19 und in der nach § 115 Abs. 1 erlassenen **Wahlordnung** (LPVGWO) geregelt. Diese ist in Anhang 1 abgedruckt. Besteht in der Dienststelle ein **PR**, ist es seine Pflicht, den Wahlvorstand zu bestellen (§ 16 Abs. 1).

2. Zusammensetzung des Wahlvorstands

2 **(Abs. 1)** Der Wahlvorstand besteht **zwingend** aus **drei Mitgliedern.** Davon darf nicht abgewichen werden. Die Mitglieder müssen **wahlberechtigte Beschäftigte** der Dienststelle sein; ob sie wählbar sind, ist unerheblich. Sind in der Dienststelle wahlberechtigte Angehörige verschiedener Gruppen beschäftigt, muss nach Abs. 1 S. 2 **jede Gruppe** im Wahlvorstand vertreten sein. Selbst dann, wenn eine Gruppe im PR deshalb nicht vertreten ist oder sein wird, weil ihr in der Regel nicht mehr als fünf Beschäftigte angehören, die auch kein Zwanzigstel der Beschäftigten ausmachen (§ 11 Abs. 5), darf davon nicht abgewichen werden. Ist allerdings kein wahlberechtigter Angehöriger einer Gruppe bereit, Mitglied des Wahlvorstands zu werden, so bleibt diese Gruppe unberücksichtigt.[5] Fehler bei der Bestimmung der Größe und der Zusammensetzung des Wahlvorstands nach Gruppen sind Verstöße gegen das Wahlrecht und führen nach § 21 Abs. 1 (vgl. § 21 Rn. 4) zur Anfechtbarkeit der durchgeführten Wahlen.[6] Bei der Bestellung des dritten Wahlvorstandsmitglieds ist der PR an die Gruppenzugehörigkeit nicht gebunden. Nach Abs. 1 S. 3 sollen **beide Geschlechter** im Wahlvorstand vertreten sein. Diese Vorschrift ist für den Regelfall verpflichtend. Ausnahmen sind allerdings zulässig. Das Gesetz schreibt nicht vor, dass ein Mitglied im Wahlvorstand einer der in der Dienststelle vertretenen **Gewerkschaften** angehören muss.[7] **Mitglieder des amtierenden PR** können als Wahlvorstandsmitglied bestellt werden. Wahlvorstandsmitglieder bleiben berechtigt, für den zu wählenden PR **Wahlvorschläge** zu machen und zu

---

3 *BVerwG* v. 20.6.58 – VII P 13.57 –, PersV 59, 111, u.v. 10.8.78 – 6 P 37.78 –, PersV 79, 417.

4 Rooschüz-*Mausner*, § 15 Rn. 12, § 21 Rn. 24.

5 Vgl. *BVerwG* v. 20.6.58, a.a.O.

6 Altvater-*Baden*, § 26 Rn. 7 m. w. N.

7 Vgl. *BVerwG* v. 23.9.66 – VII P 14.65 –, PersV 66, 276.

unterzeichnen und selbst als **Wahlbewerber** vorgeschlagen zu werden.[8] Sie dürfen allerdings nicht Vertreter eines Wahlvorschlags oder deren Stellvertreter sein (§ 12 Abs. 6 LPVGWO).

3. Das Amt des Wahlvorstands

Das **Amt** des Wahlvorstands **beginnt** mit seiner Bestellung i.d.R. durch den PR (§ 16 Abs. 1), durch die Personalversammlung in den Fällen des § 16 Abs. 2 und § 17 Abs. 3, durch den Leiter der Dienststelle im Fall des § 16 Abs. 3 oder im Fall der gerichtlichen Auflösung des PR durch den Vorsitzenden der zuständigen Fachkammer des VG (§ 24 Abs. 1 S. 1). Es **endet** grundsätzlich mit der Wahl des Wahlleiters in der konstituierenden Sitzung des neu gewählten PR (vgl. § 19). Wenn eine PR-Wahl nicht zustande kommt (§ 16 Abs. 4 Nr. 2 LPVGWO) oder wenn ein untätiger oder säumiger Wahlvorstand nach § 17 Abs. 3 S. 2 oder 3 durch einen neuen Wahlvorstand ersetzt wird, endet das Amt des Wahlvorstands vorzeitig. 3

Eine **Niederlegung des Amtes** als Wahlvorstandsmitglied ist jederzeit möglich. Entsprechend § 25 Abs. 2 wird die Mitgliedschaft im Wahlvorstand durch einen **Wechsel der Gruppenzugehörigkeit** nicht berührt. Beim **Verlust der Wahlberechtigung** scheidet das betroffene Mitglied automatisch aus dem Wahlvorstand aus.[9] Scheidet ein Mitglied des Wahlvorstands aus, rückt das dafür bestimmte Ersatzmitglied nach. Andernfalls ist der PR verpflichtet, den Wahlvorstand unverzüglich zu **ergänzen.** Ist die Amtszeit des PR nach § 22 Abs. 1 S. 2, Abs. 2 S. 1 bereits abgelaufen oder bleibt er untätig, ist nach § 16 Abs. 2 zu verfahren. 4

4. Bestimmung der Mitglieder des Wahlvorstands

(Abs. 2) Der PR bestimmt die Mitglieder des Wahlvorstands und eines von ihnen als **Vorsitzenden**. Der PR ist nunmehr auch verpflichtet, ein weiteres Mitglied des Wahlvorstands zum **stellvertretenden Vorsitzenden** zu bestimmen. Der Wahlvorstand ist dazu nicht berechtigt. 5

Der Wahlvorstand ist **nach seiner Bestellung** sofort **handlungsfähig**, einer Konstituierung bedarf es nicht. 5a

(Abs. 3) Der PR kann für die Fälle des vorzeitigen Ausscheidens und der zeitweiligen Verhinderung von Wahlvorstandsmitgliedern von Anfang an **Ersatzmitglieder** bestellen.[10] Da damit die jederzeitige Beschlussfähigkeit des Wahlvorstands sichergestellt werden kann, sollte davon auf jeden Fall 5b

8 Vgl. *BVerwG* v. 12.1.62 – VII P 10.60 –, PersV 62, 66.
9 Richardi-*Dörner*, § 23 a.F. Rn. 15.
10 *BVerwG* v. 5.11.57 – VII P 4.57 –, PersV 59, 209; näher zum BPersVG: Altvater-*Noll*, § 21 Rn. 17.

Gebrauch gemacht werden. Ansonsten müsste der PR für jeden Fall der Verhinderung nachträglich ein Ersatzmitglied bestimmen. Die Bestellung hat für jedes Wahlvorstandsmitglied einzeln zu erfolgen. Der Eintritt der Ersatzmitglieder erfolgt nach S. 2 in Anlehnung an die Vorschriften zum Eintritt von Ersatzmitgliedern für Mitglieder im PR (§ 27).

5c **(Abs. 4)** Im Fall der **zeitweiligen Verhinderung** des Vorsitzenden vertritt ihn der Stellvertreter. **Scheidet** der Vorsitzende **endgültig aus**, ist der Vorsitz neu zu bestimmen, S. 1. Unabhängig davon tritt jeweils das bestellte Ersatzmitglied in den Wahlvorstand ein, S. 2. Wegen seiner herausgehobenen Funktion für die Einleitung und Durchführung der Wahl wird der Vorsitzende nur bei vorübergehenden Verhinderungen durch den stellvertretenden Vorsitzenden vertreten. Sein Ersatzmitglied rückt als einfaches Mitglied in den Wahlvorstand nach. Scheidet der Vorsitzende jedoch endgültig aus dem Wahlvorstand aus, rückt nach S. 2 das Ersatzmitglied nicht zugleich in die Vorsitzfunktion ein, es sei denn, der Personalrat überträgt es ihm. Vielmehr muss nach S. 1 Hs. 2 der PR den Vorsitzenden unter den verbliebenen Mitgliedern des Wahlvorstands und dem (endgültig) eingerückten Ersatzmitglied neu bestimmen. Eine vollständige Neubestellung des Wahlvorstands durch den PR ist erforderlich, wenn weder das nachgerückte Ersatzmitglied noch die verbliebenen Mitglieder die Vorsitzfunktion zu übernehmen bereit sind und ihr Amt niederlegen. Wegen des entsprechend anzuwendenden § 27 Abs. 4 kommt es in diesem Fall nicht dazu, dass weitere Ersatzmitglieder einrücken.[11]

5. Schutz der Mitglieder des Wahlvorstands

6 **(Abs. 5)** Das Amt als Mitglied des Wahlvorstands ist ein unentgeltlich auszuübendes **Ehrenamt**, auf das die Schutzvorschriften der §§ 41 Abs. 1 S. 2, 43 Abs. 2 S. 2, 47 Abs. 1 S. 1 und Abs. 2 sowie Abs. 4 anzuwenden sind. Die Beschäftigten sind nicht verpflichtet, das Amt anzunehmen.

7 Arbeitnehmer sind als Mitglieder des Wahlvorstands vor **Kündigungen** nach § 15 Abs. 3 S. 1 KSchG **geschützt** (vgl. § 47 Rn. 2 ff.). Danach ist die **ordentliche Kündigung** grundsätzlich unzulässig. Die **außerordentliche Kündigung** bedarf nach Abs. 5 i. V. m. § 47 Abs. 4 der Zustimmung der Personalvertretung (vgl. Anhang 1 § 127 BPersVG Rn. 2; § 47 Rn. 20). Zuständig ist ausschließlich der PR, für den die Wahl durchgeführt wird.[12] Allerdings kann das Verwaltungsgericht die fehlende Zustimmung auf Antrag des Dienststellenleiters durch Beschluss ersetzen, wenn die außerordentliche Kündigung unter Berücksichtigung aller Umstände gerechtfertigt ist. In Dienststellen ohne PR ist unmittelbar die Zustimmung des Verwaltungs-

11 LT-Dr. 15/4224, S. 96 [zu § 20].

12 *BVerwG* v. 9. 7. 80 – 6 P 43.79 –, PersV 81, 370.

gerichts zur außerordentlichen Kündigung einzuholen (vgl. § 47 Rn. 35). Der Schutz steht auch den **Ersatzmitgliedern** zu, solange sie vertretungsweise in den Wahlvorstand eingerückt sind.
Die **Kündigung** kann erst nach Rechtskraft der verwaltungsgerichtlichen Entscheidung ausgesprochen werden.[13]

Innerhalb von sechs Monaten nach Bekanntgabe des Wahlergebnisses bzw. 8
nach der Amtsniederlegung eines Wahlvorstandsmitglieds besteht nach § 15 Abs. 3 S. 2 Hs. 1 KSchG sog. **nachwirkender Kündigungsschutz**.[14] Während dieses Zeitraums ist die ordentliche Kündigung grundsätzlich weiterhin unzulässig. Eine außerordentliche Kündigung bedarf jedoch nicht der Zustimmung des PR oder der die fehlende Zustimmung ersetzenden Entscheidung des Verwaltungsgerichts. Insoweit ist lediglich das Anhörungsrecht des PR nach § 87 Abs. 1 Nr. 9 zu beachten (vgl. § 87 Rn. 33 ff.). Der nachwirkende Kündigungsschutz steht auch nur zeitweilig nachgerückten Ersatzmitgliedern zu. Die Sechsmonatsfrist beginnt mit jedem Wegfall des Vertretungsgrundes von Neuem an zu laufen.

Nach Abs. 5 i. V. m. § 41 Abs. 1 S. 2 steht den Wahlvorstandsmitgliedern ein 9
Anspruch auf Reisekosten nach dem LRKG zu (§ 41 Rn. 11).

Abs. 5 sieht schließlich i. V. m. § 47 Abs. 1 S. 1 den **Schutz** vor Versetzungen 10
vor; gem. § 47 Abs. 2 vor Abordnungen, Zuweisungen, Personalgestellungen sowie der mit einem Wechsel des Dienstortes verbundene oder für eine Dauer von mehr als zwei Monate vorgesehenen Umsetzung in derselben Dienststelle. Gegen Mitglieder des Wahlvorstands dürfen diese Anordnungen gegen ihren Willen nur dann getroffen werden, wenn das aus wichtigen dienstlichen Gründen unvermeidbar ist.

In den Schutzbereich des Abs. 5 sind nunmehr auch ausdrücklich die Er- 11
satzmitglieder aufgenommen, und zwar soweit und solange sie **nachgerückt** sind.

§ 16 Bestellung oder Wahl des Wahlvorstands

(1) Spätestens zwölf Wochen vor Ablauf seiner Amtszeit bestellt der Personalrat den Wahlvorstand und bestimmt den Vorsitzenden und den stellvertretenden Vorsitzenden.
(2) [1]Auf Antrag von mindestens drei wahlberechtigten Beschäftigten oder einer in der Dienststelle vertretenen Gewerkschaft beruft der Leiter der Dienststelle eine Personalversammlung zur Wahl des Wahlvorstands und zur Bestimmung des Vorsitzes ein, wenn
1. **der Personalrat zehn Wochen vor Ablauf seiner Amtszeit keinen Wahlvorstand bestellt hat oder**

13 Altvater-*Noll*, § 25 Rn. 13 m. w. N.
14 Vgl. *BAG* v. 9. 10. 86 – 2 AZR 650/85 –, AP Nr. 23 zu § 15 KSchG 1969.

2. **in einer Dienststelle, die die Voraussetzungen des § 14 Absatz 1 erfüllt, kein Personalrat besteht.**

[2]Die Personalversammlung wählt einen Versammlungsleiter.

(3) Findet die einberufene Personalversammlung nicht statt oder wählt die Personalversammlung keinen Wahlvorstand, so bestellt ihn der Leiter der Dienststelle auf Antrag von mindestens drei wahlberechtigten Beschäftigten oder einer in der Dienststelle vertretenen Gewerkschaft.

Vergleichbare Vorschriften:
§§ 21, 22, 23 BPersVG; § 17 Abs. 1 bis 3, § 17a Nr. 3 BetrVG

Inhaltsübersicht Rn.

1. Vorbemerkung

1 Der § 16 regelt die Bestellung oder die Wahl des Wahlvorstands. Die Regelungsgegenstände der §§ 20, 21 und 22 a.F. sind in der Bestimmung zusammengefasst worden. Für die Wahlvorbereitungen besteht im Verhältnis zur bisherigen Regelung ein weitreichenderer Zeitraum, da die Zeitpunkte für die Bestellung des Wahlvorstands und für die Einberufung einer Personalversammlung durch den Leiter der Dienststelle um jeweils vier Wochen vorverlegt worden sind. Damit soll Zeitdruck von den Wahlvorständen genommen und so einer Fehleranfälligkeit entgegen gewirkt werden.[1]

2. Bestellung durch den Personalrat

1a **(Abs. 1)** Besteht in der Dienststelle ein **PR**, ist er verpflichtet, den Wahlvorstand rechtzeitig zu bestellen. Für den Regelfall bestimmt Abs. 1 S. 1, dass die Bestellung spätestens **zwölf Wochen vor dem Ablauf der Amtszeit** des PR (vgl. § 22 Abs. 1) vorzunehmen ist. Ist der PR in den Fällen des § 23 Abs. 1 Nr. 1 bis 3 neu zu wählen, hat der bisherige PR, der nach § 23 Abs. 1 S. 2 die Geschäfte weiterführt, den Wahlvorstand **unverzüglich** – d. h. ohne schuldhaftes Zögern (§ 121 Abs. 1 S. 1 BGB) – zu bestellen. Für den Fall der vorzeitigen Neuwahl von Gruppenvertretern gilt § 23 Abs. 2 (Vgl. § 23 Rn. 1).

Mit der Bestellung des Wahlvorstands bestimmt der PR zugleich den Vorsitzenden und den stellvertretenden Vorsitzenden (§ 15 Rn. 5). Über die Bestellung des Wahlvorstands entscheidet der PR nach § 34 durch **Beschluss**.

1 LT-Dr. 15/4224, S. 96 [zu § 21].

Es handelt sich um eine **gemeinsame Angelegenheit** der Beamten und Arbeitnehmer, über die nach § 34 Abs. 4 S. 1 der gesamte PR gemeinsam zu beraten und zu beschließen hat.[2]

3. Bestellung durch die Personalversammlung

2 **(Abs. 2)** Die Vorschrift regelt die Bestellung des Wahlvorstands durch die Personalversammlung. Hat der PR seine in Abs. 1 festgelegte Pflicht zur Bestellung des Wahlvorstands spätestens zehn Wochen vor Ablauf seiner Amtszeit noch nicht erfüllt, besteht nach **Abs. 2 S. 1 Nr. 1** die Möglichkeit, den Wahlvorstand in einer **Personalversammlung** zu wählen. Diese Regelung ist entsprechend anwendbar, wenn der PR in den Fällen des § 23 Abs. 1 S. 1 Nr. 1 bis 3 neu zu wählen ist und der nach § 23 Abs. 1 S. 2 die Geschäfte weiterführende PR innerhalb einer angemessenen Frist nach Eintritt der Voraussetzungen der Neuwahl noch keinen Wahlvorstand bestellt hat. Als angemessen kann eine Frist von zwei Wochen angesehen werden, die sich aus der Differenz der Frist von zwölf Wochen aus Abs. 1 und der Frist von zehn Wochen aus Abs. 2 S. 1 Nr. 2 ableiten lässt.[3]
Ebenfalls in einer Personalversammlung ist nach **Abs. 2 Nr. 2** der Wahlvorstand zu wählen, wenn in nach § 10 Abs. 1 personalratsfähigen Dienststellen – aus welchen Gründen auch immer – kein PR besteht.

3 Die Personalversammlung wird nur **auf Antrag** von **mindestens drei Wahlberechtigten** oder einer **in der Dienststelle vertretenen Gewerkschaft** (vgl. § 2 Rn. 7 f.) **vom Dienststellenleiter einberufen**. Auf die Gruppenzugehörigkeit der Wahlberechtigten kommt es nicht an. Die Personalversammlung findet grundsätzlich während der **Arbeitszeit** statt (vgl. § 20 Abs. 2 S. 2). Ihre **Kosten** trägt die Dienststelle (§ 20 Abs. 2 S. 1). Soweit sich aus Abs. 2 keine Besonderheiten ergeben, gelten im Übrigen die §§ 49 bis 53.

4 Die Versammlung besteht aus **allen Beschäftigten** der Dienststelle, unabhängig davon, ob sie wahlberechtigt sind (§ 49 Abs. 1). Sie ist **nicht öffentlich** (§ 53 Abs. 1). Jedoch ist je ein Beauftragter der in der Dienststelle vertretenen **Gewerkschaften** berechtigt, mit beratender Stimme an der Versammlung teilzunehmen, des Weiteren der Dienststellenleiter und ein Beauftragter der Arbeitgebervereinigung, der die Dienststelle angehört (§ 53 Abs. 2 S. 1 Nr. 1 und 2, Abs. 3).[4] Aus diesem Kreis der nicht Stimmberechtigten kann auch der Versammlungsleiter gewählt werden.[5]

5 Die Versammlung ist unabhängig von der Zahl der anwesenden Beschäftigten **beschlussfähig**. Nachdem der Dienststellenleiter sie eröffnet hat,

2 *BVerwG* v. 5.2.65 – VII P 10.64 –, PersV 65, 109.
3 Altvater-*Noll*, § 22 Rn. 3 zu den entsprechenden Fristen im BPersVG.
4 Ebenso Leuze-*Bieler*, § 16 Rn. 15.
5 Altvater-*Noll*, § 22 Rn. 8.

wählt sie sich nach Abs. 2 S. 2 einen **Versammlungsleiter**. Die Wahl erfolgt formlos, z. B. durch Zuruf oder Handzeichen. Gewählt ist, wer die Mehrheit der abgegebenen Stimmen erhält (vgl. Rn. 8).

6 Der Versammlungsleiter hat die **Wahl des Wahlvorstands** durchzuführen. Obwohl nicht mehr auf die Zusammensetzung des Wahlvorstands verwiesen wird, sind § 15 Abs. 1 und 2, Abs. 1 Hs. 2 entsprechend anzuwenden.[6] Daraus folgt, dass für die Größe und Zusammensetzung des Wahlvorstands sowie für die Bestimmung des Vorsitzenden, des Stellvertreters und der Ersatzmitglieder nichts anderes gilt als bei der Bestellung durch den PR (vgl. § 15 Rn. 2 ff.). **Vorschlags- und abstimmungsberechtigt** sind alle anwesenden Beschäftigten, aber nicht der Dienststellenleiter.[7]

7 Ein bestimmtes **Wahlverfahren** ist nicht vorgeschrieben. Wegen der erforderlichen Berücksichtigung der Gruppen sollte die Wahl jedes Wahlvorstandsmitglieds und jedes Ersatzmitglieds jedoch gesondert durchgeführt werden. Die Wahl erfolgt jeweils durch die gesamte Personalversammlung. Die Kandidaten können durch Zuruf vorgeschlagen werden. Die Wahl kann durch Handaufheben erfolgen, es sei denn, die Versammlung beschließt geheime Wahl mit Stimmzetteln.

8 Das LPVG legt nicht fest, welche Stimmenmehrheit für die Wahl erforderlich ist. Wie bei sonstigen Beschlüssen der Personalversammlung ist es ausreichend, aber auch notwendig, dass die **Mehrheit der abgegebenen Stimmen** erreicht wird, wobei Stimmenthaltungen nicht mitgezählt werden (vgl. § 52 Rn. 13).[8]

9 Sind die Mitglieder des Wahlvorstands gewählt, ist eines von ihnen in weiteren Wahlgängen zum **Vorsitzenden des Wahlvorstands, ein weiteres zum Stellvertreter** zu wählen. Ist das unterblieben, hat der Wahlvorstand selbst den Vorsitzenden und den Stellvertreter zu bestimmen.[9]

10 Nach Durchführung der Wahlen ist die Personalversammlung zu schließen. **Weitere Tagesordnungspunkte** dürfen nicht behandelt werden. Die Wahlergebnisse sollte der Versammlungsleiter zur Beweissicherung in einer **Niederschrift** festhalten, die – ggf. zusammen mit den Stimmzetteln – zu-

6 Siehe auch LT-Dr. 15/4224, S. 97 [zu § 21 Absatz 2]. Danach entsprechen die Regelungen in Abs. 2 »in redaktioneller Neufassung § 20 Absatz 2 und § 21 LPVG alt, ohne inhaltliche Änderung.«

7 Richardi-*Dörner*, § 20 a. F. Rn. 32 u. 35.

8 Altvater-*Noll*, § 22 Rn. 10; inhaltlich wie hier Lorenzen-*Schlatmann*, § 22 Rn. 12 (»die meisten Stimmen [Mehrheit der abgegebenen Stimmen]«); a. A. *Fischer/Goeres/Gronimus*, § 20 a. F. Rn. 29a, Ilbertz-*Süllwold*, § 22 Rn. 13, u. Richardi-*Dörner*, § 20 a. F. Rn. 37 (»die Mehrheit der Stimmen der anwesenden Beschäftigten«).

9 *BAG* v. 14. 12. 65 – 1 ABR 6/65 –, AP Nr. 5 zu § 16 BetrVG.

nächst dem Wahlvorstand zur Aufbewahrung zu übergeben ist (vgl. auch § 32 LPVGWO).

Kann nach den dienstlichen Verhältnissen, der Eigenart der Dienststelle oder anderen sachlichen Gegebenheiten eine gemeinsame Versammlung aller Beschäftigten nicht stattfinden, hat der Dienststellenleiter nach § 49 Abs. 2 **Teilversammlungen** einzuberufen.[10] In diesem Fall sind die Wahlergebnisse der einzelnen Teilversammlungen zusammenzufassen. 11

Wird der Wahlvorstand nach seiner Wahl durch die Personalversammlung infolge des Ausscheidens eines Mitglieds und des Fehlens eines Ersatzmitglieds unvollständig, ist im Fall des Abs. 2 S. 1 Nr. 1 der (säumig gebliebene) PR verpflichtet, den Wahlvorstand unverzüglich zu **ergänzen** (vgl. § 15 Rn. 4). Ist der PR wiederum untätig, hat der Dienststellenleiter nach Abs. 2 auf Antrag der Berechtigten eine neue Personalversammlung einzuberufen.[11] In Dienststellen ohne PR hat der Dienststellenleiter in entsprechender Anwendung des Abs. 2 Nr. 2 auf entsprechenden Antrag eine Personalversammlung zur Ergänzung des Wahlvorstands einzuberufen. 12

Kommt der Dienststellenleiter seiner Verpflichtung zur Einberufung einer Personalversammlung nicht nach, so können die nach Abs. 2 S. 1 Antragsberechtigten beim **Verwaltungsgericht** ein personalvertretungsrechtliches Beschlussverfahren mit dem Antrag einleiten, dem Dienststellenleiter aufzugeben, die Personalversammlung einzuberufen.[12] Dabei kann auch der Erlass einer einstweiligen Verfügung beantragt werden (§ 92 Abs. 1 Nr. 2, Abs. 2 i. V. m. § 85 Abs. 2 ArbGG).

4. Bestellung durch den Leiter der Dienststelle

(Abs. 3) Die Regelung kommt zur Anwendung, wenn eine nach Abs. 2 vom Dienststellenleiter ordnungsgemäß einberufene **Personalversammlung** zur Wahl eines Wahlvorstands entweder **nicht stattgefunden** hat (z. B. weil sie mangels Beteiligung der Beschäftigten nicht zustande gekommen ist) oder wenn sie **keinen Wahlvorstand gewählt** hat (z. B. weil nicht genügend Wahlberechtigte der zu berücksichtigenden Gruppen zur Übernahme des Amtes bereit waren). Durch die Formulierung »Findet die einberufene Personalversammlung nicht statt« ist klargestellt, dass vor Bestellung des Wahlvorstands durch den Leiter der Dienststelle zumindest eine Personalversammlung einberufen worden sein muss.[13] Erst wenn diese, etwa man- 13

10 Ebenso Leuze-*Flintrop*, § 49 Rn. 10; für das BPersVG jetzt auch Altvater-*Noll*, § 22 Rn. 7 u. ausf. zu den bei Teilversammlungen zu beachtenden Besonderheiten Rn. 14.

11 *Fischer/Goeres/Gronimus*, § 20 a. F. Rn. 30.

12 Altvater-*Noll*, § 22 Rn. 22.

13 LT-Dr. 15/4224, S. 97 [zu § 21].

gels Beteiligung, nicht stattgefunden hat, kommt es zur Zuständigkeit des Dienststellenleiters. Erst dann ist er berechtigt und verpflichtet, selbst den Wahlvorstand zu bestellen, und zwar wiederum nur **auf Antrag** von mindestens drei Wahlberechtigten oder einer in der Dienststelle vertretenen Gewerkschaft (vgl. Rn. 3).

14 Ist dem Dienststellenleiter ein zulässiger und begründeter Antrag zugegangen, ist er verpflichtet, **unverzüglich** – d. h. ohne schuldhaftes Zögern (§ 121 Abs. 1 S. 1 BGB) – tätig zu werden. Unter Beachtung des § 15 Abs. 1 und 2, Abs. 1 Hs. 2 hat er die Mitglieder des Wahlvorstands zu bestellen sowie den Vorsitzenden und den Stellvertreter zu bestimmen. Er sollte darüber hinaus auch eine angemessene Zahl von Ersatzmitgliedern bestellen. Dabei ist er an Personalvorschläge der Antragsteller nicht gebunden. Vielmehr steht ihm das gleiche Auswahlermessen zu wie dem PR und der Personalversammlung. Wird der Wahlvorstand durch Niederlegung des Amtes oder durch Verlust der Wählbarkeit eines Mitglieds unvollständig, so hat der Dienststellenleiter den Wahlvorstand von sich aus zu ergänzen, ein erneuter besonderer Antrag ist nicht erforderlich.[14] Da der Dienststellenleiter hier lediglich **ersatzweise** eine personalvertretungsrechtliche Aufgabe wahrnimmt und nicht für den Arbeitgeber oder Dienstherrn tätig wird, ist kein Beschäftigter verpflichtet, die ihm vom Dienststellenleiter angetragene Funktion im Wahlvorstand zu übernehmen.[15] Sollte die Bestellung des Wahlvorstands daran scheitern, dass überhaupt keine Beschäftigten oder nicht in ausreichender Zahl bereit sind, das Wahlvorstandsamt anzunehmen, kann eine PR-Wahl bis auf Weiteres nicht stattfinden.

15 Kommt der Dienststellenleiter der Verpflichtung, einen Wahlvorstand zu bestellen, nicht unverzüglich nach, können auch hier die nach Abs. 2 Antragsberechtigten beim **Verwaltungsgericht** ein personalvertretungsrechtliches Beschlussverfahren einleiten, in diesem Fall mit dem Antrag dem Dienststellenleiter aufzugeben, den Wahlvorstand zu bestellen (s. auch Rn. 12).[16]

§ 17 Einleitung und Durchführung der Wahl

(1) [1]Der Wahlvorstand führt die Wahl des Personalrats durch. [2]Er bestimmt den Tag, die Zeit und den Ort der Wahl. [3]Dabei hat er auf die Belange der Beschäftigten und der Dienststelle Rücksicht zu nehmen.
(2) [1]Der Wahlvorstand hat die Wahl spätestens zwei Monate vor dem vorgesehenen Wahltag einzuleiten. [2]Die Wahl soll rechtzeitig vor dem Ablauf der Amtszeit des Personalrats stattfinden. [3]Ist der Wahlvorstand durch

14 Richardi-*Dörner*, § 22 a. F. Rn. 7.
15 Altvater-*Noll*, § 23 Rn. 3; Lorenzen-*Schlatmann*, § 23 Rn. 7.
16 *BVerwG* v. 16. 12. 10 – 6 PB 18.10 –, PersR 11, 120 (zu 1b cc).

die Personalversammlung gewählt, durch den Leiter der Dienststelle bestellt oder findet eine nicht regelmäßige Personalratswahl nach § 27 Absatz 1 statt, soll die Wahl spätestens zwei Monate nach der Wahl oder Bestellung des Wahlvorstands stattfinden.

(3) [1]Kommt der Wahlvorstand den Verpflichtungen nach Absatz 1 Satz 1 und 2 und Absatz 2 nicht nach, so beruft der Leiter der Dienststelle eine Personalversammlung zur Wahl eines neuen Wahlvorstands ein. [2]§ 21 Absatz 2 Satz 2 und Absatz 3 gilt entsprechend.

(4) Bei einer Neubestellung des Wahlvorstands nach Absatz 3 gelten Absatz 1 Satz 2 und Absatz 2 mit der Maßgabe, dass der Wahlvorstand unverzüglich den Wahltag festzusetzen und die Wahl einzuleiten hat.

Vergleichbare Vorschriften:
§ 24 Abs. 1 BPersVG; § 18 Abs. 1, 3, § 18a BetrVG

Inhaltsübersicht Rn.

1. Vorbemerkungen

1 Der Wahlvorstand hat die Wahl des PR vorzubereiten und durchzuführen. Die ihm im Einzelnen obliegenden **Aufgaben** werden nunmehr als Abs. 1 S. 1 im Gesetz selbst und nicht mehr nur als in Verordnungsform gefasste Bestimmungen des § 1 Abs. 1 S. 1 der LPVGWO geregelt. S. 2 und 3 entsprechen § 3 S. 1 und 2 LPVGWO. Aus rechtssystematischen Gründen sind diese **wesentlichen Vorschriften** zur Vorbereitung und Durchführung der Wahl hierher übernommen worden.[1]

1a Die Dienststelle hat den Wahlvorstand bei der Erfüllung seiner Aufgaben zu **unterstützen** (§ 1 Abs. 2 LPVGWO) und die dadurch entstehenden Kosten zu tragen (§ 20 Abs. 2). Bei der Wahrnehmung seiner Aufgaben ist der Wahlvorstand **unabhängig**, also weder an Weisungen der Dienststelle noch an solche des PR, der Wahlberechtigten oder der in der Dienststelle vertretenen Gewerkschaften gebunden. Zu seiner Unterstützung kann er wahlberechtigte Beschäftigte als **Wahlhelfer** bestellen (§ 1 Abs. 1 S. 2 LPVGWO).

2. Aufgaben des Wahlvorstands

2 **(Abs. 1)** Die Aufgaben des Wahlvorstands für die Wahl des PR sind in der Wahlordnung (§§ 1–44 LPVGWO) im Einzelnen geregelt (zu den Aufgaben

1 LT-Dr. 15/4224, S. 97 [zu § 22].

bei der Wahlvorbereitung im Einzelnen Wahlhilfe zur Personalratswahl unter III., S. 25 ff.). Der Wahlvorstand bestimmt den **Wahltag, Wahlzeit** (das ist die Tageszeit der Stimmabgabe im Wahllokal) **und den Wahlort** (§§ 3, 9 Abs. 2 Nr. 2 LPVGWO). Bei der Auswahl von Tag, Zeit und Ort der Wahl hat der Wahlvorstand auf die Belange der Beschäftigten und der Dienststelle Rücksicht zu nehmen (s. auch § 3 LPVGWO).

Abs. 1 S. 1 Hs. 2 enthält zwei alternative Regelungen zu der Frage, wann die Wahl stattfinden soll (vgl. Rn. 3 f.).

3 **(Abs. 2)** Eingeleitet wird die Wahl mit dem Erlass des Wahlausschreibens (§ 9 Abs. 6 LPVGWO). Nach **S. 1** hat der Wahlvorstand die Wahl spätestens **zwei Monate** vor dem vorgesehenen Wahltag **einzuleiten.** Nach **S. 2** soll sie rechtzeitig vor Ablauf der Amtszeit des PR stattfinden. S. 1 und 2 beziehen sich auf die regelmäßigen PR-Wahlen nach § 22 Abs. 1. Deshalb soll der Wahltag so festgelegt werden, dass der neu gewählte PR sein Amt mit Ablauf der Amtszeit des bisherigen PR antreten kann und so vermieden wird, dass der amtierende PR nur geschäftsführend im Amt bleibt (§ 22 Abs. 2). Auf jeden Fall **muss** der Wahlvorstand den Wahltag auf einen Tag vor dem 31. Juli des Jahres, in dem die regelmäßigen Wahlen stattfinden, festlegen, damit eine personalvertretungslose Zeit vermieden wird.

4 **Abs. 2 S. 3** bezieht sich ausdrücklich auf die Fälle des § 16 Abs. 2 und 3 und des § 23 Abs. 1. Liegt einer dieser Fälle vor, soll die Wahl **spätestens zwei Monate nach der Wahl oder Bestellung des Wahlvorstands** stattfinden. Dabei handelt es sich um die Fälle des § 23 Abs. 1, in denen der Wahlvorstand entweder (in den Fällen des § 23 Abs. 1 Nr. 1 bis 3) entsprechend § 16 Abs. 1 vom geschäftsführend amtierenden PR (vgl. § 16 Rn. 1a) bestimmt oder nach § 16 Abs. 2 Nr. 2 in einer Personalversammlung gewählt worden ist, bzw. in den Fällen des § 23 Abs. 1 Nr. 4 und 5 nach § 21 Abs. 2 oder § 24 Abs. 3 vom Vorsitzenden der Fachkammer des Verwaltungsgerichts bestellt worden ist. Zum anderen sind das die Fälle, in denen die an sich vorgesehene Wahl des Wahlvorstands durch die Personalversammlung nicht zustande gekommen ist und stattdessen der Dienststellenleiter nach § 16 Abs. 3 den Wahlvorstand bestellt hat.[2]

3. Abwahl des Wahlvorstands

5 **Abs. 3 ermöglicht die Ersetzung** eines **untätigen oder säumigen Wahlvorstands** durch einen neuen Wahlvorstand. Die Vorschrift bezweckt, die Vereitelung oder ungerechtfertigte Verzögerung der Wahl zu vermeiden. **Voraussetzung** ist, dass der Wahlvorstand den Verpflichtungen nach Abs. 1 S. 1 und Abs. 2 nicht nachkommt. Damit ist nicht nur die in der Muss-Vorschrift des Abs. 2 S. 1 festgelegte Pflicht zur fristgerechten Einleitung der

2 Vgl. Rooschüz-*Mausner*, § 17 Rn. 27; Leuze-*Bieler*, § 17 Rn. 11.

Wahl gemeint, sondern auch die in der Soll-Vorschrift des Abs. 2 S. 2 normierte Pflicht, die Wahl so vorzubereiten und durchzuführen, dass sie rechtzeitig bzw. fristgemäß stattfindet. Die Brisanz der Sollvorschrift des S. 2 hat sich allerdings erheblich dadurch abgeschwächt, dass eine Wahlverzögerung über den Termin des Endes der Wahlzeit des amtierenden PR nicht mehr sofort, sondern erst nach Ablauf des 31. Juli des Jahres der regelmäßigen Wahlen zu einem personalratslosen Zustand in der Dienststelle führt.

Bei Untätigkeit oder Säumnis des Wahlvorstands ist der **Leiter der Dienststelle** berechtigt und verpflichtet, eine **Personalversammlung** zur Wahl eines neuen Wahlvorstands einzuberufen. **Dabei handelt er**, anders als in den Fällen des § 16 Abs. 2, nicht auf Antrag der dort aufgeführten Antragsberechtigten, sondern von **Amts wegen**.[3] **Abs. 3 S. 2** stellt durch Verweisung auf **§ 16 Abs. 2 S. 2** klar, dass die Personalversammlung von einem von ihr zu wählenden **Versammlungsleiter** geleitet wird. Abgesehen davon gilt für die Einberufung und Durchführung der Versammlung das Gleiche wie im Falle des § 16 Abs. 2 (vgl. § 16 Rn. 6 ff.). Die Personalversammlung hat die Aufgabe, den bisherigen Wahlvorstand insgesamt durch den von ihr zu wählenden **neuen Wahlvorstand** zu ersetzen. Ausgeschlossen ist allerdings nicht, dass einzelne Mitglieder des alten wieder in den neuen Wahlvorstand gewählt werden. Für die vorzunehmenden Wahlen gilt das Gleiche wie im Falle des § 16 Abs. 2 (vgl. § 16 Rn. 9 ff.). 6

Das Amt des untätigen bzw. säumigen Wahlvorstands endet mit der Wahl des neuen Wahlvorstands. Der neue Wahlvorstand **hat** die **Wahlvorbereitungen** des alten Wahlvorstands **fortzusetzen**. Dabei hat er zu prüfen, ob noch zu **behebende** Fehler unterlaufen sind. Diese hat er zu **korrigieren.** Ggf. muss er ein **neues Wahlausschreiben** erlassen und damit die Wahl neu einleiten, insbesondere wenn er feststellt, dass der bisherige Wahlvorstand hierbei Fehler gemacht hat, die nicht mehr korrigiert werden können.[4] 7

Scheitert der Versuch, den untätigen oder säumigen Wahlvorstand in der Personalversammlung zu ersetzen, ist der **Dienststellenleiter** nach **Abs. 3 S. 2 i. V. m. § 16 Abs. 3** verpflichtet, einen neuen Wahlvorstand zu bestellen. Dazu ist er allerdings nur dann verpflichtet, wenn diese **Ersatzbestellung** von mindestens drei Wahlberechtigten oder einer in der Dienststelle vertretenen Gewerkschaft beantragt wird.[5] 8

3 Vgl. Rooschüz-*Mausner*, § 17 Rn. 29.

4 Vgl. Altvater-*Noll*, § 24 Rn. 10; *Fischer/Goeres/Gronimus*, § 23 a. F. Rn. 16.

5 Str., wie hier: Leuze-*Bieler*, § 17 Rn. 13; krit. Rooschüz-*Mausner*, § 17 Rn. 32: »entsprechende Anwendung von § 16 Abs. 3 nicht unproblematisch«.

§ 18 Feststellung des Wahlergebnisses

[1]Unverzüglich nach Abschluss der Wahl nimmt der Wahlvorstand öffentlich die Auszählung der Stimmen vor, stellt deren Ergebnis in einer Niederschrift fest und gibt es den Angehörigen der Dienststelle durch Aushang bekannt. [2]Dem Leiter der Dienststelle, den in der Dienststelle vertretenen Gewerkschaften und den Vertretern der sonstigen gültigen Wahlvorschläge ist eine Abschrift der Niederschrift zu übersenden.

Vergleichbare Vorschriften:
§§ 20 Abs. 1, 21, 24 Abs. 2 BPersVG; § 18 Abs. 1, 3, § 18a BetrVG

1 Die Vorschrift wird durch die §§ 26 bis 31 LPVGWO ergänzt und ausgefüllt. Unverzüglich nach Abschluss der Wahl – d.h. ohne schuldhaftes Zögern (§ 121 Abs. 1 S. 1 BGB) – hat der Wahlvorstand **öffentlich** die **Auszählung der Stimmen** vorzunehmen, und zwar grundsätzlich am Stück. Der Wahlvorstand kann die Ermittlung des Wahlergebnisses nur unterbrechen, wenn besondere (wichtige) Gründe es erfordern, z. B. wenn der Wahlvorstand erschöpft ist und die Auszählung am nächsten (Werk-)Tag unverzüglich an dem im Wahlausschreiben für den Beginn der Auszählung genannten Ort fortsetzt. Einer Neubekanntmachung dieses Ortes bedarf es dann nicht.[1] Endet die Stimmabgabe aufgrund örtlicher oder dienstlicher Verhältnisse sehr spät, kann der Wahlvorstand die Auszählung der Stimmen am folgenden Arbeitstag vornehmen, auch dann wenn die Wahl in mehreren Wahllokalen durchgeführt wurde und die Wahlurnen nach Ende der Stimmabgabe erst zum Auszählungsraum transportiert werden müssen.[2] Öffentlich bedeutet, dass es den Beschäftigten der Dienststelle möglich sein muss, bei der Auszählung anwesend zu sein und die Handlungen des Wahlvorstands beobachten zu können.[3] Auch die in der Dienststelle vertretenen Gewerkschaften können Beauftragte entsenden. Das ergibt sich aus ihrer Stellung nach § 2 und dem Recht zur Wahlanfechtung nach § 21 Abs. 1.[4] Das **Wahlergebnis** ist in einer anschließenden Sitzung des Wahlvorstands, die ebenfalls öffentlich sein muss (vgl. § 26 Abs. 6 LPVGWO), durch Beschluss abschließend festzustellen. Ort und Zeit der Stimmenauszählung und der Sitzung des Wahlvorstands, in der das Wahlergebnis abschließend festgestellt wird, sind im Wahlausschreiben bekannt zu geben (§ 9 Abs. 2 Nr. 19 LPVGWO).

---

1 *VGH BW* v. 21. 9. 16 – PL 15 S 2666/15 –, PersR 9/17, 452 (Ls.) = ZfPR online 17, Nr. 1, 10.
2 Vgl. Altvater-*Noll*, § 20 BPersVWO Rn. 4.
3 *BayVGH* v. 22. 3. 82 – Nr. 18 CE 82 A. 317.
4 Vgl. *BAG* v. 16. 4. 03 – 7 ABR 29/02 –, AP Nr. 21 zu § 20 BetrVG 1972.

Das Wahlergebnis ist in einer **Niederschrift** festzuhalten und den Angehörigen der Dienststelle bekannt zu geben (vgl. §§ 29, 31, 39 u. 44 LPVGWO). Das Wahlergebnis ist für die Dauer von **zwei Wochen** an den gleichen Stellen wie das Wahlausschreiben **auszuhängen** und ggf. elektronisch zu veröffentlichen (§ 2 Abs. 2 LPVGWO). Der notwendige Inhalt dieser Bekanntmachung ist in § 31 Abs. 2 LPVGWO festgelegt. Auch die Namen der Ersatzmitglieder sind mit dem Wahlergebnis bekannt zu geben (vgl. § 31 Abs. 2 Nr. 5 LPVGWO).[5] Die Gewählten hat der Wahlvorstand unverzüglich schriftlich zu benachrichtigen (§ 30 LPVGWO). Eine **Abschrift** der Niederschrift ist sowohl dem Dienststellenleiter als auch den in der Dienststelle vertretenen Gewerkschaften sowie den Vertretern der sonstigen gültigen Wahlvorschläge zu **übersenden** (vgl. § 31 Abs. 4 LPVGWO). 2

§ 19 Konstituierende Sitzung des Personalrats

Spätestens sechs Arbeitstage nach dem Wahltag beruft der Wahlvorstand die Mitglieder des Personalrats zur Vornahme der vorgeschriebenen Wahlen ein und leitet die Sitzung, bis der Personalrat aus seiner Mitte einen Wahlleiter bestellt hat.

Vergleichbare Vorschriften:
§ 36 Abs. 1 BPersVG; § 29 Abs. 1 BetrVG

Inhaltsübersicht Rn.

1. Einberufung

Die **erste (konstituierende) Sitzung** des neu gewählten PR wird vom Wahlvorstand einberufen. Erforderlich ist ein Beschluss des Gremiums. Die konstituierende Sitzung dient der Vornahme der in den §§ 28 und 29 vorgeschriebenen Wahlen. Sie muss spätestens am **sechsten Arbeitstag nach dem Wahltag** stattfinden. Hat die PR-Wahl an mehreren Tagen stattgefunden, kommt es nicht auf den ersten, sondern auf den **letzten Tag der Wahlhand-** 1

5 Etwas anderes gilt für § 22 BPersVWO; vgl. *BVerwG* v. 23.10.03 – 6 P 10.03 –, PersR 04, 35.

lung an.[1] Die Gegenmeinung, die von *Mausner* mit der Definition des Wahltages in § 3 S. 4 LPVGWO begründet wird, verkennt, dass die Wahlordnung keine Vorschriften zur Anberaumung der Sitzungen des PR enthält.[2] Sie könnte, da die Wahl nach § 3 S. 3 LPVGWO an vier aufeinander folgenden Tagen stattfinden kann, die Einberufung der ersten Sitzung des PR aber erst nach der Feststellung des Wahlergebnisses möglich ist, zu einer sachwidrigen Verkürzung der Frist von sechs auf drei Arbeitstage führen. Dagegen ist es sachgerecht, entsprechend § 55 S. 2 LPVGWO die Wochentage Montag bis Freitag mit Ausnahme der gesetzlichen Feiertage, Heiligabend und Silvester auch als **Arbeitstage** i. S. d. § 19 anzusehen. Die konstituierende Sitzung ist auch dann fristgerecht durchzuführen, wenn der bisherige PR **noch im Amt** oder die Wahl des neuen PR **angefochten** ist (vgl. § 21 Rn. 12).

2 Die Einberufungsfrist beträgt für die Wahlvorstände der Wahlen zu Stufenvertretungen gem. § 55 Abs. 1 Nr. 3 **drei Wochen**.

2. Einzuladende und zur Teilnahme Berechtigte

3 Die **Einberufung** der konstituierenden Sitzung ist Aufgabe des **Wahlvorstands.** Die Einladung ist v. a. an die gewählten Mitglieder des PR und bei Verhinderung der Gewählten an die nach § 31 Abs. 1 an deren Stelle tretenden Ersatzmitglieder zu richten. Einzuladen sind außerdem ein **Vertreter der JAV** und die **Schwerbehindertenvertretung** (vgl. § 32 Rn. 20b), ferner die Beauftragten der im PR vertretenen **Gewerkschaften**, wenn dies nach § 32 Abs. 3 beantragt ist.[3] Der **Dienststellenleiter** hat dagegen kein Teilnahmerecht. Da die Gegenstände der konstituierenden Sitzung in Abs. 1 abschließend festgelegt sind, bedarf es keiner besonderen **Tagesordnung.** Die **Form** der Einberufung ist nicht vorgeschrieben. Jedoch empfiehlt es sich, schriftlich einzuladen.

3. Aufgaben des Wahlvorstands und Ende des Wahlvorstandsamtes

4 Der **Wahlvorstand**, üblicherweise der Vorsitzende, hat die Sitzung zu leiten, bis der PR aus seiner Mitte einen Wahlleiter bestellt hat. Er hat deshalb die Sitzung zu eröffnen, die Anwesenheit der Eingeladenen festzustellen und auf die **Bestellung des Wahlleiters** hinzuwirken. Als Wahlleiter kann nur ein Mitglied des PR – oder ggf. ein eingetretenes Ersatzmitglied – bestellt werden. Dies hat nach § 34 Abs. 1 durch einen mit einfacher Stimmenmehrheit zu fassenden Beschluss zu geschehen (vgl. § 34 Rn. 5). Sofort nach seiner

---

1 Leuze-*Bieler*, § 19, Rn. 3.

2 Rooschüz-*Mausner*, § 19 Rn. 21.

3 Str.; vgl. Altvater-*Kröll*, § 36 Rn. 5 m. w. N.; a. A. Rooschüz-*Mausner*, § 19 Rn. 17.

Bestellung übernimmt der Wahlleiter die Sitzungsleitung. Damit **endet das Amt des Wahlvorstandes**. Seine Mitglieder sind nicht berechtigt, an der weiteren Sitzung teilzunehmen, es sei denn, sie sind als Personalratsmitglieder gewählt worden.[4]

4. Weitere Durchführung der konstituierenden Sitzung

Der **Wahlleiter** hat die in den §§ 28 und 29 vorgeschriebenen **Wahlen** durchzuführen. Nach deren Abschluss ist die konstituierende Sitzung beendet. Sie kann nur dann mit erweiterter Tagesordnung unter der Leitung des zuvor gewählten **Vorsitzenden** als **Arbeitssitzung** fortgesetzt werden, wenn alle PR-Mitglieder – ggf. vertreten durch Ersatzmitglieder – anwesend und mit der Erweiterung einverstanden sind. 5

Ist die Amtszeit des bisherigen PR noch nicht abgelaufen, darf der neu gewählte PR nicht in dessen Amtsgeschäfte eingreifen.[5] In der Übergangszeit kann er nur über seine **internen Angelegenheiten**, z. B. über Ausschussbildungen und Übertragung von Aufgaben (§ 35), Übertragung von Befugnissen und Aufgaben auf den Vorstand (§ 36) oder über eine Geschäftsordnung (§ 39) beschließen. 5a

5. Selbstversammlungsrecht der gewählten PR-Mitglieder

Falls der Wahlvorstand es versäumt, die konstituierende Sitzung fristgerecht einzuberufen, können die neugewählten PR-Mitglieder **von sich aus zusammentreten** und die vorgeschriebenen Wahlen durchführen.[6] Initiativ werden kann jedes PR-Mitglied, das allerdings sicherzustellen hat, dass alle gewählten Mitglieder unter Mitteilung der Tagesordnung eingeladen werden.[7] Der PR kann dann unter der Leitung des lebensältesten PR-Mitglieds durch einen mit einfacher Mehrheit zu fassenden Beschluss aus seiner Mitte einen **Wahlleiter** bestimmen; falls es dazu nicht kommt, kann das **lebensälteste Mitglied** selbst die Funktion des Wahlleiters wahrnehmen.[8] 6

§ 20 Freiheit der Wahl, Kosten

(1) [1]Niemand darf die Wahl des Personalrats behindern oder in einer gegen die guten Sitten verstoßenden Weise beeinflussen. [2]Insbesondere darf kein Wahlberechtigter in der Ausübung des aktiven und passiven

---

4 *BVerwG* v. 18. 4. 78 – 6 P 34.78 –, PersV 79, 194.

5 *BVerwG* v. 9. 10. 59 – VII P 1.59 –, PersV 60, 19.

6 Rooschüz-*Mausner*, § 19 Rn. 9.

7 Altvater-*Kröll*, § 36 Rn. 10.

8 Vgl. Altvater-*Kröll*, § 36 Rn. 10.

Wahlrechts beschränkt werden. [3]§ 47 Abs. 1 Satz 1 und 2 sowie Abs. 4 gilt für die Mitglieder des Wahlvorstands und für Wahlbewerber entsprechend.
(2) [1]Die Kosten der Wahl trägt die Dienststelle. [2]Notwendiges Versäumnis von Arbeitszeit infolge der Ausübung des Wahlrechts, der Teilnahme an den in den § 16 Abs. 2 und § 17 Abs. 3 genannten Personalversammlungen oder der Betätigung im Wahlvorstand hat keine Minderung der Besoldung oder des Arbeitsentgelts zur Folge.

Vergleichbare Vorschriften:
§ 25 BPersVG; § 20 BetrVG

Inhaltsübersicht Rn.

1. Vorbemerkungen

1 **(Abs. 1)** Die in Abs. 1 S. 1 enthaltenen Verbote der Wahlbehinderung und der sittenwidrigen Wahlbeeinflussung schützen die **Freiheit der Wahl**. Sie richten sich gegen **jedermann** und wenden sich deshalb z. B. an den Leiter der Dienststelle, den Wahlvorstand, den PR, die Gewerkschaften und die Wahlbewerber.[1] Sie beziehen sich auf die **gesamte Wahl** und damit auf alle mit ihr zusammenhängenden und ihr dienenden Handlungen und Betätigungen.[2] Auch Vorabstimmungen (§ 12 Abs. 1, § 13 Abs. 2) gehören dazu.[3]

2 Das Verbot der **Wahlbehinderung** soll die ungehinderte Durchführung der Wahl gewährleisten. Eine Wahlbehinderung liegt vor, wenn der Ablauf der Wahl erschwert, verzögert oder unmöglich gemacht wird. Das Verbot der gegen die guten Sitten verstoßenden **Wahlbeeinflussung** schützt die freie Wahlentscheidung. Eine sittenwidrige Wahlbeeinflussung liegt vor, wenn eine Maßnahme in Anlehnung an den Begriff des sittenwidrigen Rechtsgeschäfts (§ 138 BGB) nach ihrem Inhalt, Beweggrund und Zweck gegen das »Gefühl aller billig und gerecht Denkenden« verstößt. Ob das zutrifft, hängt von den Umständen des Einzelfalls ab. Das in Abs. 1 S. 2 enthaltene

1 Vgl. *BVerwG* v. 7.11.69 – VII P 2.69 –, PersV 70, 155.
2 Vgl. *OVG NW* v. 13.6.60 – CL 1/60 –, PersV 61, 65.
3 *BayVGH* v. 24.4.79 – Nr. 18. C 564/79 –, PersV 80, 333.

Verbot der **Wahlrechtsbeschränkung** ist ein besonderer Tatbestand der in Abs. 1 S. 1 festgelegten Verbote. Eine Wahlrechtsbeschränkung und zugleich eine **Wahlbehinderung** liegt z. B. vor, wenn der Dienststellenleiter einen Beschäftigten daran hindert, sich als Kandidat aufstellen zu lassen, eine Wahlrechtsbeschränkung und zugleich eine **sittenwidrige Wahlbeeinflussung**, wenn er einem Beschäftigten für den Fall, dass dieser nicht wählt oder in einem bestimmten Sinne wählt, Vorteile verspricht oder gewährt oder Nachteile androht oder zufügt.[4]

2. Schutz der Freiheit der Wahl

Zur Wahl, deren Freiheit durch die Verbote des Abs. 1 S. 1 und 2 geschützt 3
werden soll, gehört auch die **Wahlwerbung**. Die **Beschäftigten** und die in der Dienststelle vertretenen **Gewerkschaften** (vgl. § 2 Rn. 7 f.) dürfen in der Dienststelle durch das Verteilen von Handzetteln, das Aushängen von Plakaten und auf andere Weise für sich selbst oder bestimmte Kandidaten oder Wahlvorschläge werben, aber auch Propaganda gegen andere Bewerber machen. Werbemaßnahmen sind nicht nur während der Arbeitspausen sowie vor und nach der Arbeit, sondern auch während der Arbeitszeit zulässig, soweit der Dienstbetrieb nicht erheblich beeinträchtigt wird. Die Dienststelle hat für alle Wahlbewerber und Wahlvorschläge Zugang zu entsprechenden Werbeflächen zu gewähren; neben der Bereitstellung von Anschlagflächen und der Zulassung zur Nutzung der Hauspost gehört dazu auch die Gestattung der Nutzung vorhandener moderner Kommunikationsmedien wie dienstliche E-Mail-Accounts und ggf. Intranet.[5] Unzulässsig ist allerdings die Wahlwerbung an nur bestimmten Wahlbewerbern zugänglich gemachte Privatadressen der Wahlberechtigten. Denn die Wahlberechtigten haben zum einen aus Datenschutzgründen ein überwiegendes Interesse daran, selbst zu bestimmen, ob und von wem sie außerhalb ihrer Berufstätigkeit und ihrer Arbeitsstätte aus dem Kreis der Arbeitskollegen kontaktiert werden,[6] zum anderen verschaffen sich damit die Wahlbewerber einen Vorteil gegenüber ihren Mitbewerbern, die ihre Wahlwerbung nur dienststellenintern vornehmen können.[7] Das Recht zur Wahlwerbung ist **verfassungsrechtlich** durch das Grundrecht der allgemeinen Meinungsfreiheit (Art. 5 Abs. 1 S. 1 GG), für die Gewerkschaften zusätzlich durch das Grundrecht

---

4 Altvater-*Noll*, § 25 Rn. 4 ff.

5 Ebenso *Fischer/Goeres/Gronimus*, § 24 a. F. Rn. 8a; zur zulässigen Versendung von E-Mails durch die Gewerkschaften vgl. *BAG* v. 20. 1. 09 – 1 AZR 515/08 –, AP Nr. 137 zu Art. 9 GG.

6 *LAG BW* v. 28. 11. 17 – 9 TaBV 4/17-, ZfPR online 18, Nr. 7–8, S. 20 (Rn. 33).

7 *Hess. LAG* v. 15. 6. 20 – 16 TaBV 116/19 –, ZfPR online 20, Nr. 12, S. 13.

der Koalitionsfreiheit (Art. 9 Abs. 3 GG)[8] und – wenn in Betriebszeitungen geworben wird – darüber hinaus durch das Grundrecht der Pressefreiheit (Art. 5 Abs. 1 S. 2 GG)[9] **geschützt**. Eine Schranke der Meinungs- und Pressefreiheit besteht nach Art. 5 Abs. 2 GG im Recht der persönlichen Ehre. Diffamierende oder grob wahrheitswidrige Propaganda ist unzulässig.[10] Dem **Leiter der Dienststelle**, der nicht wählbar ist (§ 9 Abs. 2 S. 1 Nr. 2) und auch keine Wahlvorschläge machen oder unterzeichnen darf (vgl. § 13 Rn. 14), steht das Recht der Wahlwerbung nicht zu. Als »Gegenspieler« des PR hat er sich strikt **neutral** zu verhalten. Das gilt auch für die übrigen nach § 9 Abs. 2 S. 1 Nr. 3 u. 4 **nicht wählbaren Beschäftigten.**

4 Keine sittenwidrige Wahlbeeinflussung i. S. d. Abs. 1 S. 1 und keine Wahlrechtsbeschränkung i. S. d. Abs. 1 S. 2 liegt vor, wenn eine **Gewerkschaft** verlangt, dass ihre Mitglieder nur auf der von ihr aufgestellten Wahlvorschlagsliste kandidieren, und ihnen bei einer Kandidatur auf einer konkurrierenden Liste den Ausschluss oder ein gewerkschaftliches Funktionsverbot androht. Das ergibt sich daraus, dass die Funktion der Gewerkschaften, die Arbeits- und Wirtschaftsbedingungen ihrer Mitglieder zu fördern und zu wahren, durch Art. 9 Abs. 3 GG geschützt ist und dass die Fähigkeit zur wirksamen Wahrnehmung dieser Funktion von der Solidarität ihrer Mitglieder und der Geschlossenheit ihres Auftretens abhängt.[11]

3. Schutz vor Kündigung, Versetzung, Abordnung

5 Nach **Abs. 1 S. 3** genießen Arbeitnehmer, die Wahlbewerber sind, gemäß § 15 Abs. 3 S. 1 KSchG **Kündigungsschutz** (vgl. § 47 Rn. 2 ff.). Danach ist die **ordentliche Kündigung** grundsätzlich unzulässig. Die **außerordentliche Kündigung** bedarf nach § 108 Abs. 1 BPersVG bzw. nach § 20 Abs. 1 S. 3 i. V. m. § 47 Abs. 4 der Zustimmung der zuständigen Personalvertretung (vgl. § 47 Rn. 20, 21). Zuständig ist der PR der Dienststelle, in der die Wahl durchgeführt wird.[12] Allerdings kann das Verwaltungsgericht die fehlende Zustimmung auf Antrag des Dienststellenleiters durch Beschluss ersetzen, wenn die außerordentliche Kündigung unter Berücksichtigung aller Umstände gerechtfertigt ist. Das gilt auch für Dienststellen, in denen bisher kein PR besteht (vgl. § 47 Rn. 35).

5a Der Schutz setzt zunächst voraus, dass bereits ein Wahlvorstand besteht. Der Schutz tritt dann mit der **Aufstellung des Wahlvorschlags** einer in der

---

8 Vgl. *BVerfG* v. 30. 11. 65 – 2 BvR 54/62 –, AP Nr. 7 zu Art. 9 GG.

9 Vgl. *BVerfG* v. 8. 10. 96 – 1 BvR 1183/90 –, NJW 97, 386.

10 Vgl. *BVerwG* v. 27. 6. 07 – 6 A 1.06 –, PersR 07, 443.

11 Vgl. *BVerfG* v. 24. 2. 99 – 1 BvR 123/93 –, NZA 99, 713; vgl. Altvater-*Noll*, § 25 Rn. 12 m. w. N.

12 *BVerwG* v. 9. 7. 80 – 6 P 43.79 –, PersV 81, 370.

Dienststelle vertretenen Gewerkschaft oder eines mit ausreichenden Unterstützungsunterschriften versehenen Wahlvorschlags der Beschäftigten ein, nicht erst mit der Einreichung beim Wahlvorstand.[13]

Innerhalb von sechs Monaten nach Bekanntgabe des Wahlergebnisses besteht für Wahlbewerber nach § 15 Abs. 3 S. 2 Hs. 1 KSchG ein sog. **nachwirkender Kündigungsschutz.**[14] Während dieses Zeitraums ist die ordentliche Kündigung grundsätzlich weiterhin unzulässig. Die zulässige außerordentliche Kündigung bedarf jedoch nicht der Zustimmung des PR oder der die fehlende Zustimmung ersetzenden Entscheidung des Verwaltungsgerichts; insoweit ist lediglich das Anhörungsrecht des PR nach § 87 Abs. 1 Nr. 9 zu beachten (vgl. § 87 Rn. 30, 33). 6

Abs. 1 S. 3 sieht i.V.m. § 47 Abs. 1 S. 1 und Abs. 2 einen **Versetzungs-, Abordnungs- und Zuweisungsschutz sowie den Schutz vor Personalgestellungen** für alle Wahlbewerber vor. Diese dürfen gegen ihren Willen nur dann versetzt, abgeordnet, zugewiesen oder gestellt werden, wenn dies aus wichtigen dienstlichen Gründen unvermeidbar ist, wobei als Versetzung auch die mit einem Wechsel des Dienstortes verbundene Umsetzung in derselben Dienststelle gilt (§ 75 Abs. 1 Nr. 11 u. Abs. 2; vgl. auch § 47 Rn. 2, 8). Solche Maßnahmen unterliegen anders als bei PR-Mitgliedern allerdings nicht der Zustimmungspflicht nach § 47 Abs. 1 S. 2 u. 3, sondern sind lediglich mitbestimmungspflichtig nach § 75 Abs. 1 Nr. 11 u. Abs. 2. 7

4. Kosten der Wahl

(Abs. 2) Die nach Abs. 2 S. 1 von der Dienststelle zu tragenden **Kosten der Wahl** sind alle notwendigen sächlichen und persönlichen Kosten, die aufgrund wahlrechtlicher Vorschriften durch die Vorbereitung und Durchführung der Wahl entstehen, einschl. der Kosten etwaiger Personalversammlungen und Vorabstimmungen. 8

Obwohl weder Abs. 2 noch § 15 Abs. 5 auf § 44 Abs. 1 verweisen, hat die Dienststelle auch die Kosten zu tragen, die den Wahlvorstandsmitgliedern und den Ersatzmitgliedern durch die Teilnahme an erforderlichen **Schulungsveranstaltungen** entstehen.[15] Die Wahl kann nur dann ordnungsgemäß durchgeführt werden, wenn die Mitglieder des Wahlvorstands über die komplizierten und schwer zu handhabenden Wahlvorschriften genau unterrichtet sind. Voraussetzung für die Teilnahme ist ein entsprechender 8a

13 *BVerwG* v. 13.6.07 – 1 WDS-VR 2.07 –, ZfPRonline 1/2008, S. 2; *BAG* v. 7.7.11 – 2 AZR 377/10 –, NZA 12, 107; Altvater-*Noll*, § 25 Rn. 14 m.w.N.

14 Vgl. *BAG* v. 9.10.86 – 2 AZR 650/85 –, AP Nr. 23 zu § 15 KSchG 1969.

15 Vgl. *BAG* v. 7.6.84 – 6 AZR 3/82 –, AP Nr. 10 zu § 20 BetrVG 1972; *BayVGH* v. 10.9.86 – 17 C 86.02076 –, PersV 88, 181; Altvater-*Noll*, § 25 Rn. 22 m.w.N.

Entsendebeschluss des Wahlvorstands und die darauf folgende Freistellungsentscheidung der Dienststelle.[16]

9 Ist der Wahlvorstand als Antragsteller oder sonstiger Beteiligter nach § 92 Abs. 1 Nr. 1 oder 2 an einem **personalvertretungsgerichtlichen Beschlussverfahren** zur Klärung seiner Befugnisse oder zur Abwehr von Wahlbehinderungen oder sittenwidrigen Wahlbeeinflussungen beteiligt und entstehen ihm dabei durch die Hinzuziehung eines Rechtsanwalts notwendige außergerichtliche Kosten, sind diese als Kosten der Wahl von der Dienststelle zu tragen.[17] Das gilt nur dann nicht, wenn die Rechtsverfolgung von vornherein aussichtslos (haltlos) oder mutwillig war (vgl. § 41 Rn. 15). Zu den von der Dienststelle zu tragenden Kosten können darüber hinaus die notwendigen außergerichtlichen Kosten eines Wahlanfechtungsverfahrens gehören.[18] Das Gleiche gilt für sonstige gerichtliche Verfahren zur Klärung von Streitfragen im Laufe des Wahlverfahrens, z. B. für ein von einer Gewerkschaft oder einem Beschäftigten eingeleitetes Verfahren zur Durchsetzung ihrer bzw. seiner im Zusammenhang mit der PR-Wahl stehenden personalvertretungsrechtlichen Rechte.[19]

5. Versäumnis von Arbeitszeit

10 **(Abs. 2 S. 2)** Die notwendige **Versäumnis von Arbeitszeit** infolge der Ausübung des Wahlrechts, der Teilnahme an den Personalversammlungen nach den §§ 16 Abs. 2 und 17 Abs. 3 oder der Betätigung im Wahlvorstand hat keine Minderung der Besoldung oder des Arbeitsentgelts zur Folge. Unter Besoldung sind nicht nur die eigentlichen »Dienstbezüge« sondern auch die »sonstigen Bezüge« im Sinne des LBesG erfasst.[20] Für das Arbeitsentgelt gilt das Lohnausfallprinzip (vgl. dazu § 43 Rn. 5). Zur Ausübung des Wahlrechts gehört z. B. auch die Teilnahme an einer Vorabstimmung – als Abstimmender, aber auch als Mitglied des Abstimmungsvorstands –, das Tätigwerden als Vertreter eines Wahlvorschlags (vgl. § 12 Abs. 5 LPVGWO) oder das Sammeln von Stützunterschriften für einen Wahlvorschlag.[21] Zur Betätigung im Wahlvorstand gehört auch die Tätigkeit von Wahlhelfern (vgl. § 1 Abs. 1 S. 3 LPVGWO). Für das **Verlassen des Arbeitsplatzes** gelten die gleichen Regeln wie bei Mitgliedern des PR (vgl. dazu § 43 Rn. 4 f.).

---

16 Altvater-*Noll*, § 25 Rn. 22.

17 Vgl. *BAG* v. 8. 4. 92 – 7 ABR 56/91 –, AP Nr. 15 zu § 20 BetrVG 1972.

18 Vgl. *BAG* v. 7. 7. 99 – 7 ABR 4/98 –, PersR 99, 541, sowie (für den Fall der erfolgreichen Wahlanfechtung) *BVerwG* v. 29. 8. 00 – 6 P 7.99 –, PersR 00, 513.

19 Vgl. *BAG* v. 16. 4. 03 – 7 ABR 29/02 –, AP Nr. 21 zu § 20 BetrVG 1972.

20 LT-Dr. 15/4224, S. 98 [zu § 24].

21 Str.; ebenso Altvater-*Noll*, § 25 Rn. 24; a. A. Leuze-*Bieler*, § 20 Rn. 51.

6. Freizeitausgleich

Werden Mitglieder des Wahlvorstands und Wahlhelfer durch die Erfüllung ihrer Aufgaben über die regelmäßige Arbeitszeit hinaus beansprucht, ist ihnen nach § 15 Abs. 5 i. V. m. § 43 Abs. 2 S. 2 **Freizeitausgleich** zu gewähren (vgl. dazu § 43 Rn. 6 f.). 11

7. Reisekosten

Mitglieder des Wahlvorstands und Wahlhelfer erhalten bei Reisen, die zur Erfüllung ihrer Aufgaben notwendig sind, nach § 15 Abs. 5 i. V. m. § 41 Abs. 1 S. 2 **Reisekostenvergütungen** nach dem Landesreisekostengesetz (vgl. dazu § 41 Rn. 11 ff.; § 1 Abs. 1 S. 3 LPVGWO). 12

§ 21 Anfechtung der Wahl

(1) Mindestens drei Wahlberechtigte, jede in der Dienststelle vertretene Gewerkschaft oder der Leiter der Dienststelle können binnen einer Frist von zwölf Arbeitstagen, vom Tag der Bekanntgabe des Wahlergebnisses an gerechnet, die Wahl beim Verwaltungsgericht anfechten, wenn gegen wesentliche Vorschriften über das Wahlrecht, die Wählbarkeit oder das Wahlverfahren verstoßen worden und eine Berichtigung nicht erfolgt ist, es sei denn, dass durch den Verstoß das Wahlergebnis nicht geändert oder beeinflusst werden konnte.

(2) [1]Ist die Wahl für ungültig erklärt, setzt der Vorsitzende der Fachkammer des Verwaltungsgerichts einen Wahlvorstand ein. [2]Dieser hat unverzüglich die Wiederholungswahl einzuleiten, durchzuführen und das Ergebnis festzustellen. [3]Der Wahlvorstand nimmt die dem Personalrat nach diesem Gesetz zustehenden Befugnisse und Pflichten bis zur Wiederholungswahl wahr.

Vergleichbare Vorschriften:
§ 26 BPersVG; § 19 BetrVG

Inhaltsübersicht Rn.

1. Vorbemerkungen

1 Die Vorschrift regelt die beim **Verwaltungsgericht** im Rahmen eines personalvertretungsrechtlichen Beschlussverfahrens durchzuführende **Anfechtung** einer fehlerhaften PR-Wahl (vgl. Rn. 3 ff.). Sie schließt die Möglichkeit nicht aus, Streitfragen, die im Laufe des Wahlverfahrens auftreten, bereits vor dessen Abschluss durch Entscheidung des Verwaltungsgerichts zu klären und insbesondere durch den Erlass einer **einstweiligen Verfügung** zu entscheiden (vgl. Rn. 19).

2. Nichtige Wahl

2 Die auch in Betracht kommende Feststellung der **Nichtigkeit** der Wahl ist nicht gesetzlich geregelt. **Nichtig** ist **die Wahl** des PR allerdings nur in ganz besonderen Ausnahmefällen, nämlich nur dann, wenn in so hohem Maße gegen allgemeine Grundsätze jeder ordnungsgemäßen Wahl verstoßen worden ist, dass selbst der Anschein einer dem Gesetz entsprechenden Wahl nicht mehr vorliegt.[1] Es muss ein sowohl offensichtlicher als auch ein besonders grober Verstoß gegen Wahlvorschriften vorliegen.[2] Nichtig ist eine Wahl z. B. wenn sie in einer Personalversammlung erfolgt ist oder unter Verzicht auf die Bestellung eines Wahlvorstands durchgeführt worden ist.
Das Fehlen einer personalratspflichtigen Dienststelle führt nur dann zur Nichtigkeit der Wahl, wenn dieser Mangel im Zeitpunkt der Wahl »offensichtlich« gewesen ist.[3]

2a Die Nichtigkeit kann von jedermann jederzeit und in jeder Form geltend gemacht werden. Ist die Wahl nichtig, sind alle Beschlüsse und sonstigen Rechtshandlungen des in nichtiger Wahl gewählten PR unwirksam.

3. Anfechtbare Wahl; Voraussetzungen

3 **(Abs. 1) Anfechtbar** ist die **Wahl** des PR, wenn die folgenden im Gesetz abschließend genannten **Anfechtungsvoraussetzungen** gegeben sind: erstens Verstoß gegen wesentliche Vorschriften über das Wahlrecht, die Wählbarkeit oder das Wahlverfahren (vgl. Rn. 4), zweitens keine Berichtigung des Verstoßes (vgl. Rn. 5), drittens Möglichkeit der Änderung oder Beeinflussung des Wahlergebnisses (vgl. Rn. 6).

4 **Wesentliche Vorschriften** sind alle zwingenden Vorschriften des Gesetzes und der Wahlordnung. Gegen wesentliche Vorschriften über das **aktive**

---

1 *BVerwG* v. 13. 5. 87 – 6 P 20.85 –, PersR 87, 193.
2 Vgl. *BAG* v. 19. 11. 03 – 7 ABR 24/03 –, AP Nr. 54 zu § 19 BetrVG 1972; Beispiele bei Fischer-*Lechtermann*, § 26 Rn. 44 f.
3 *BVerwG* v. 15. 3. 87 – 6 P 20.85 –, PersV 88, 401.

Wahlrecht (§ 8) wird z. B. dadurch verstoßen, dass nicht Wahlberechtigte zur Wahl zugelassen oder Wahlberechtigte ausgeschlossen werden. Wesentliche Vorschriften über die **Wählbarkeit** (§ 9) sind z. B. verletzt, wenn wählbare Beschäftigte als Wahlbewerber nicht zugelassen werden. Verstöße gegen wesentliche Vorschriften über das **Wahlverfahren** können alle Regelungen des LPVG und der LPVGWO zur Vorbereitung und Durchführung der Wahl betreffen.[4]

Liegen Verstöße gegen wesentliche Vorschriften vor, die ohne weiteres behoben werden können, kann der Wahlvorstand eine **Berichtigung** vornehmen. 5
Das gilt etwa für die Nichtberücksichtigung gültiger Stimmen bei der Feststellung des Wahlergebnisses.[5] Die Berichtigung erfolgt durch Beschluss des Wahlvorstandes.

Selbst wenn ein – nicht berichtigter – Verstoß gegen eine wesentliche Vorschrift vorliegt, ist die Wahlanfechtung nur dann begründet, wenn durch den Verstoß das **Wahlergebnis geändert oder beeinflusst** werden konnte. 6

Liegt allerdings ein Verstoß gegen wesentliche Wahlvorschriften vor, so reicht schon die **Möglichkeit einer Änderung oder Beeinflussung des Wahlergebnisses** aus, ohne dass es der Feststellung einer tatsächlich erfolgten Änderung oder Beeinflussung bedarf. Also genügt die theoretische Möglichkeit der Beeinflussung aufgrund eines konkreten Sachverhalts.[6] Eine nur denkbare Möglichkeit reicht aber nicht aus, wenn sie nach der Lebenserfahrung vernünftigerweise nicht in Betracht zu ziehen ist.[7] 6a

4. Anfechtungsberechtigte

Anfechtungsberechtigt sind nach der abschließenden Aufzählung in Abs. 1 S. 1 **Beschäftigte**, die bei der Wahl unstreitig **wahlberechtigt** waren,[8] aber auch jene, die zwar nicht zur Wahl zugelassen waren, jedoch mit beacht- 7

4 *BVerwG* v. 26. 11. 97 – 6 P 12.95 –, PersR 98, 161, u. v. 27. 6. 07 – 6 A 1.06 –, PersR 07, 443; *VG Karlsruhe* v. 1. 3. 21- PL 15 K 6844/19 –, juris: Fehler bei der Übersendung von Briefwahlunterlagen; *VGH BW* v. 15. 2. 22 – PL 15 S 2537/21 –, NZA-RR 22, 380: Verstoß gegen die Protokollierungspflicht in der Sitzung des Wahlvorstandes; angestrebte gleiche Vertretung der Geschlechter im PR; weitere Beispiele bei Fischer-*Lechtermann*, § 26 Rn. 17a f., Lorenzen-*Schlatmann*, § 25 a. F. Rn. 6 ff.; Leuze-*Bieler*, § 21 Rn. 12 ff.

5 Vgl. Fischer-*Lechtermann*, § 26 Rn. 22a.

6 *BVerwG* v. 26. 11. 08 – 6 P 7.08 –, PersR 09, 267; v. 8. 10. 75 – VII P 15.75 –, PersV 76, 420, u. v. 21. 12. 83 – 6 PB 18.83 –, Sabottig ES Nr. 593 Ls.

7 *BVerwG* v. 23. 9. 66 – VII P 14.65 –, PersV 66, 276, v. 7. 5. 03 – 6 P 17.02 –, PersR 03, 313, v. 26. 11. 08 – 6 P 7.08 –, PersR 09, 267, u. v. 11. 8. 09 – 6 PB 16.09 –, PersR 09, 418.

8 *BVerwG* v. 27. 4. 83 – 6 P 17.81 –, PersV 84, 322.

lichen Gründen geltend machen, dass ihnen das Wahlrecht zustand.[9] **Mindestens drei** von ihnen müssen während des gesamten Anfechtungsverfahrens als Antragsteller auftreten.[10] Ob die Anfechtenden ihr Wahlrecht ausgeübt haben, ist dabei ebenso unerheblich wie ihre Gruppenzugehörigkeit.[11]

7a Anfechtungsberechtigt ist ferner jede in der Dienststelle mit mindestens einem Mitglied vertretene **Gewerkschaft** (vgl. § 2 Rn. 7 f.). Auf die Wahlberechtigung des Gewerkschaftsmitglieds kommt es nicht an.[12]

7b Anfechtungsberechtigt ist schließlich der **Dienststellenleiter**. Die Anfechtungsbefugnis ist nicht an die Person des jeweiligen Amtsinhabers, sondern an das Amt gebunden. Ein Wechsel in der Person hat auf das Anfechtungsverfahren keinen Einfluss.[13]

5. Anfechtungsfrist

8 Die Wahl kann nur innerhalb der **Anfechtungsfrist** von **zwölf Arbeitstagen** angefochten werden. Die Frist wird vom Tag der Bekanntgabe des Wahlergebnisses (vgl. § 18 Rn. 2) an gerechnet. Der Tag der Bekanntgabe wird nicht mitgezählt (§ 187 Abs. 1 BGB). Als Arbeitstage gelten in entsprechender Anwendung des § 55 LPVGWO die Wochentage Montag bis Freitag mit Ausnahme der gesetzlichen Feiertage, Heiligabend und Silvester. Ist die Bekanntmachung des Wahlergebnisses an verschiedenen Orten an mehreren Stellen erfolgt, ist der Tag des Aushangs der letzten Bekanntmachung maßgebend. Nachträgliche Berichtigungen des Wahlergebnisses setzen neue Anfechtungsfristen in Gang.

8a Wird das Wahlergebnis nicht oder nicht ordnungsgemäß bekannt gemacht, kann die Anfechtungsfrist nicht zu laufen beginnen.[14] Die Anfechtung bleibt dann für die Dauer der gesamten Wahlperiode jederzeit zulässig.[15]

8b Die Anfechtungsfrist ist eine **Ausschlussfrist**, die nicht verlängert werden kann und gegen deren Versäumung eine Wiedereinsetzung in den vorigen Stand (§ 233 ZPO) nicht möglich ist.

8c Wird die Frist **versäumt**, ist die Anfechtung bereits deshalb unbegründet.[16] Ist keine Wahlanfechtung erfolgt und die Wahl nicht ausnahmsweise nichtig (vgl. Rn. 2), werden Anfechtungsgründe unbeachtlich. Der PR bleibt dann

9 *BVerwG* v. 26. 11. 08, a. a. O.
10 *BVerwG* v. 8. 2. 82 – 6 P 43.80 –, PersV 83, 63.
11 *BVerwG* v. 20. 6. 90 – 6 P 2.90 –, PersR 90, 291.
12 *BVerwG* v. 11. 5. 62 – VII P 6.61 –, PersV 62, 211.
13 *BVerwG* v. 10. 8. 78 – 6 P 37.78 –, PersV 79, 417.
14 *VGH BW* v. 30. 6. 81 – 13 S 596/81 –, ZBR 82, 250.
15 Altvater-*Baden*, § 26 Rn. 17 a. E.
16 *BVerwG* v. 23. 10. 03 – 6 P 10.03 –, PersR 04, 35.

mit allen personalvertretungsrechtlichen Befugnissen für die Dauer der Wahlperiode ungeachtet aller Regelverstöße im Amt.[17]

6. Anfechtungsverfahren

Örtlich zuständig ist das Verwaltungsgericht, in dessen Bezirk der Sitz der **Dienststelle** liegt, in der die Wahl stattgefunden hat (§ 92 Abs. 2 i. V. m. § 82 S. 1 ArbGG). Das gilt grundsätzlich auch für die Anfechtung der Wahl des PR bei einer nach § 5 Abs. 2 **verselbständigten Teildienststelle**.[18] 9

Der **Gegenstand der Anfechtung** wird durch den innerhalb der Anfechtungsfrist zu stellenden Anfechtungsantrag bestimmt. Die Anfechtung richtet sich grundsätzlich gegen die Gültigkeit der Wahl des **gesamten PR.** Bei Gruppenwahl kann sie ausnahmsweise auf die Wahl der **Vertreter einzelner Gruppen** beschränkt werden, wenn der geltend gemachte Verstoß das Wahlergebnis in den übrigen Gruppen nicht beeinflussen konnte.[19] Die Wahl eines **einzelnen PR-Mitglieds** kann nicht angefochten werden, es sei denn, es handelt sich um den einzigen Vertreter einer Gruppe (vgl. dazu aber § 25 Abs. 1 Nr. 7 u. 8).[20] Eine Wahl kann auch mit dem Antrag angefochten werden, nur ihr Ergebnis zu **berichtigen**.[21] Ein Antrag im Wahlanfechtungsverfahren auf Berichtigung des Wahlergebnisses kann nach Ablauf der Anfechtungsfrist des § 21 Abs. 1 aber nicht mehr um einen Antrag auf Ungültigerklärung der Wahl erweitert werden.[22] 9a

Für das **Verfahren** vor dem Verwaltungsgericht gelten die Vorschriften des Arbeitsgerichtsgesetzes über das Beschlussverfahren entsprechend (§ 92 Abs. 2). Für die Aufklärung des Sachverhalts gilt ein **eingeschränkter Untersuchungsgrundsatz** (§ 83 Abs. 1 ArbGG). Im Rahmen der gestellten Anträge ermittelt das Gericht den Sachverhalt von Amts wegen. Auch wenn das Gericht nicht verpflichtet ist, ungefragt sämtlichen hypothetischen Wahlrechtsverstößen nachzugehen, ist es nicht an den Vortrag der Antragsteller und an die von ihnen angeführten Anfechtungsgründe gebunden und damit nicht auf die von ihnen gerügten Mängel beschränkt.[23] 10

---

17 *BVerwG* v. 3.10.58 – VII P 9.57 –, PersV 59, 141; vgl. *BAG* v. 3.6.04 – 2 AZR 577/03 –, AP Nr. 141 zu § 76 BetrVG 1972.

18 Z.T. str.; näher dazu Altvater-*Baden*, § 26 Rn. 19 m. w. N.

19 *BVerwG* v. 6.6.91 – 6 P 8.89 –, PersR 91, 337, u. v. 26.11.08 – 6 P 7.08 –, PersR 09, 267.

20 *BVerwG* v. 8.6.62 – VII P 7.61 –, PersV 62, 236, u. v. 7.11.75 – VII P 11.74 –, PersV 77, 22.

21 *BVerwG* v. 8.5.92 – 6 P 9.91 –, PersR 92, 311.

22 *VGH BW* v. 7.6.11 – PL 15 S 147/11 – Rn. 24, juris.

23 *BVerwG* v. 13.5.98 – 6 P 9.97 –, PersR 98, 516, u. v. 28.5.09 – 6 PB 11.09 –, PersR 09, 364; Fischer-*Lechtermann*, § 26 Rn. 35.

10a Von der Einstellung des Verfahrens aufgrund der Zurücknahme des Anfechtungsantrags abgesehen kommen folgende **Entscheidungen** in Betracht: Das Gericht kann den Antrag als unzulässig oder unbegründet **zurückweisen**, die Wahl des PR insgesamt oder in einer Gruppe **für ungültig erklären**, das Wahlergebnis **berichtigen** oder das Vorliegen einen Verstoßes gegen wesentliche Wahlvorschriften **feststellen.** Die Erklärung der Ungültigkeit der Wahl und die Berichtigung des Wahlergebnisses sind gestaltende Entscheidungen, die nicht nur die Verfahrensbeteiligten binden, sondern gegen jedermann wirken.

10b Eine Berichtigung des Wahlergebnisses statt der Ungültigkeitserklärung kommt z. B. in Betracht, wenn lediglich eine rechnerisch unrichtigen Verteilung der Sitze nach der Wahl oder ein Rechenfehler bei der Ergebnisfeststellung vorliegt. Da der Wahlvorstand nach Beendigung seines Amts (§ 19) nicht mehr befugt ist, das Wahlergebnis zu berichtigen, kann nur noch das Gericht eine Berichtigung vornehmen.[24]

11 Nur solange die Amtszeit des mit der angefochtenen Wahl gewählten PR noch nicht abgelaufen ist, kann die Wahl für ungültig erklärt werden. Danach kann es nur noch zur gerichtlichen **Feststellung eines Wahlrechtsverstoßes** kommen, und zwar ausnahmsweise dann, wenn eine hohe Wahrscheinlichkeit dafür spricht, dass der Vorgang, der die Anfechtung ausgelöst hat, sich wiederholen wird und die mit ihm verknüpften Rechtsfragen sich unter denselben Verfahrensbeteiligten erneut stellen werden.[25]

7. Rechtsfolgen der Anfechtung

12 Die Wahlanfechtung hat **keine aufschiebende Wirkung.** Sie hat keinen Einfluss auf den Beginn der Amtszeit des aus der Wahl hervorgegangenen PR. Erst wenn das Verwaltungsgericht die Wahl für **ungültig** erklärt hat und diese Entscheidung **rechtskräftig** wird, endet das Amt des PR. Die erfolgreiche Wahlanfechtung wirkt nur **für die Zukunft**. Beschlüsse und sonstige Rechtshandlungen des PR aus der Zeit vor dem Eintritt der Rechtskraft der gerichtlichen Entscheidung bleiben wirksam.[26]

13 **(Abs. 2)** Für den Fall, dass die **Wahl des gesamten PR rechtskräftig für ungültig erklärt** ist, enthält das LPVG Vorschriften, die zum einen ausdrücklich bestimmen, dass eine Wiederholungswahl des PR durchzuführen ist (vgl. Rn. 14 ff.), und zum anderen sicherstellen, dass bis zum Abschluss dieser Wahl eine Zeit ohne Personalvertretung vermieden wird (vgl. Rn. 16).

---

24 *VG Karlsruhe* v. 16. 7. 10 – PL 12 K 1234/10 –, juris.

25 *BVerwG* v. 5. 10. 89 – 6 P 2.88 –, PersR 89, 362, v. 6. 6. 91 – 6 P 8.89 –, PersR 91, 337, u. v. 26. 11. 97 – 6 P 12.95 –, PersR 98, 161.

26 *BVerwG* v. 20. 3. 59 – VII P 12.58 –, PersV 59, 280; zu einem Ausnahmefall vgl. *BVerwG* v. 10. 8. 78 – 6 P 37.78 –, PersV 79, 417.

Sobald die Entscheidung rechtskräftig geworden ist, hat der **Vorsitzende der Fachkammer** des Verwaltungsgerichts nach Abs. 2 S. 1 von Amts wegen einen **Wahlvorstand** einzusetzen. Eines besonderen Antrags bedarf es nicht. Die Einsetzung hat unverzüglich zu erfolgen, da mit Eintritt der Rechtskraft der Entscheidung über die Ungültigkeit der Wahl das Amt des PR beendet ist und bis zur Einsetzung des Wahlvorstands ein vertretungsloser Zustand besteht. Das gilt auch dann, wenn das Verfahren in einer höheren Instanz beendet worden ist. Für die Größe und Zusammensetzung des Wahlvorstands sowie für die Bestimmung seines Vorsitzenden und von Ersatzmitgliedern gilt nichts anderes als bei der Bestellung des Wahlvorstands durch den PR (vgl. § 15 Rn. 2). Falls dies später notwendig werden sollte, hat der Vorsitzende der Fachkammer den Wahlvorstand zu ergänzen. Die vom **Vorsitzenden der Fachkammer allein** zu treffende Entscheidung über die Bestellung (oder spätere Ergänzung) des Wahlvorstands ergeht (entgegen der ersten Aufl.) nach § 92 Abs. 2 i. V. m. § 2a Abs. 1 Nr. 1 ArbGG im Rahmen eines personalvertretungsrechtlichen **Beschlussverfahrens**. Gegen sie kann nach § 87 ArbGG Beschwerde beim Verwaltungsgerichtshof eingelegt werden, über die dort entsprechend § 98 ArbGG der Vorsitzende des Fachsenats allein entscheidet.[27] 14

Abs. 2 S. 2 bestimmt, dass der (nach Abs. 2 S. 1 eingesetzte) Wahlvorstand unverzüglich die »**Wiederholungswahl**« (nicht mehr wie vor der Gesetzesänderung vom 9.11.10 die »Neuwahl«) des PR einzuleiten, durchzuführen und das Ergebnis festzustellen hat. Das gilt ungeachtet des Wortlauts des § 23 Abs. 1 S. 1 Nr. 5, der vorsieht, dass der PR »neu« zu wählen ist, wenn seine Wahl mit Erfolg angefochten worden ist. Im Unterschied zu einer Neuwahl ist eine Wiederholungswahl grundsätzlich unter den **ursprünglichen Bedingungen**, wenn auch unter **Vermeidung der früheren Fehler**, also soweit wie möglich nach den tatsächlichen und rechtlichen Verhältnissen der für ungültig erklärten Wahl, durchzuführen.[28] Demnach kommt es insbesondere für die Größe des zu wählenden PR und für die Verteilung seiner Sitze auf die Gruppen auf die Zahl der Beschäftigten und deren Gruppenzugehörigkeit im Zeitpunkt der angefochtenen Wahl an. Zwischenzeitlich neu eingestellte, wahlberechtigte (und wählbare) Beschäftigte dürfen an der 15

27 Vgl. Rooschüz-*Mausner*, § 21 Rn. 45; Richardi-*Schwarze*, § 28 a. F. Rn. 71; nach § 28 Abs. 3 BPersVG 2021 nimmt der gem. § 22 Abs. 2 bzw. § 23 BPersVG unverzüglich einzusetzende Wahlvorstand bis zur Neuwahl die Geschäfte des PR wahr, er hat die Neuwahl dann unverzüglich einzuleiten, s. dazu Altvater-*Baden*, § 26 Rn. 32 ff., u. Altvater-*Kröll*, § 28 Rn. 26 ff.

28 St. Rspr. des *BVerwG*, zuletzt v. 19.12.06 – 6 PB 12.06 –, PersR 07, 125, m. w. N.; näher dazu, dass nach § 28 Abs. 3 BPersVG 2021 nunmehr keine Wiederholungswahl, sondern eine Neuwahl durchzuführen ist: Altvater-*Baden*, § 26 Rn. 32–35.

Wiederholungswahl nicht als Wähler (und auch nicht als Wahlbewerber) teilnehmen.[29]

8. Rechtsstellung des eingesetzten Wahlvorstands

16 Der nach Abs. 2 S. 1 eingesetzte Wahlvorstand nimmt nach Abs. 2 S. 3 bis zur »Wiederholungswahl« auch **die dem PR nach dem LPVG zustehenden Befugnisse und Pflichten** wahr. Diese Funktion endet mit dem (letzten) Tag der Wahl.[30] Da die Amtszeit des neuen PR nach § 22 Abs. 1 S. 2 bereits mit dem Tag der Wahl beginnt, sollte der Wahlvorstand eine vertretungslose Zeit nach Möglichkeit dadurch vermeiden, dass er noch an diesem Tag das Wahlergebnis feststellt, die gewählten Bewerber benachrichtigt und das Wahlergebnis bekannt macht (§§ 26–31 LPVGWO) sowie die konstituierende Sitzung terminiert.[31]

17 Kommt der Wahlvorstand den ihm obliegenden Pflichten bei der Vorbereitung und Durchführung der Wahl oder in seiner Funktion als »Quasi-PR« nicht nach, kann er entsprechend § 17 Abs. 3 S. 1 vom Vorsitzenden der Fachkammer **durch einen anderen Wahlvorstand ersetzt** werden.[32]

18 Wird die **Wahl in einer Gruppe rechtskräftig für ungültig erklärt**, so ist die Wahl nur für diese Gruppe zu wiederholen. Der PR selbst bleibt im Amt und besteht bis zum Abschluss der Wiederholungswahl nur aus Vertretern der anderen Gruppe. Das gilt auch dann, wenn die Zahl der verbleibenden Mitglieder niedriger ist als die Mindestzahl nach § 23 Abs. 1 Nr. 2. Die vorübergehend freigewordenen Sitze können bis zur Wahl durch Ersatzmitglieder der anderen Gruppe nicht besetzt werden.[33] Der **Rest-PR** bleibt dennoch voll funktionsfähig. Er hat nach § 15 Abs. 1 unverzüglich einen Wahlvorstand zu bestellen, in dem alle in der Dienststelle vorhandenen Gruppen vertreten sein müssen.

18a Eine auf die Ungültigkeit der Wahl einer Gruppe beschränkter Antrag ist unzulässig, wenn der geltend gemachte Wahlrechtsverstoß das **Wahlergebnis auch in den anderen Gruppen beeinflusst** haben könnte. Denn die Wahlanfechtung dient der Herstellung der gesetzmäßigen Zusammen-

---

29 Vgl. *BVerwG* v. 15. 2. 94 – 6 P 9.92 –, PersR 94, 167.

30 A. A. Rooschüz-*Mausner*, § 21 Rn. 50, der vertritt, dass der Wahlvorstand die Personalratsfunktionen bis zur unverzüglich von ihm nach Feststellung des Wahlergebnisses einzuberufenden konstituierenden Sitzung des neugewählten PR wahrzunehmen hat.

31 Anders ist die Rechtslage nach dem BPersVG 2021: Das Amt des nach § 28 Abs. 3 eingestzten Wahlvorstands endet nach § 28 Abs. 3 letzter Hs. erst mit der Konstituierung des neugewählten PR; vgl. dazu Altvater-*Kröll*, § 28 Rn. 24, 29.

32 Str.; vgl. Altvater-*Kröll*, § 28 Rn. 27.

33 Vgl. Altvater-*Baden*, § 26 Rn. 37 m. w. N.

setzung des PR. Diesen Zweck verfehlt die auf eine Gruppe beschränkte Wahlanfechtung dann, wenn sich der festgestellte Wahlrechtsverstoß auf das Wahlergebnis insgesamt oder jedenfalls auch in einer weiteren Gruppe auswirken kann.[34]

Streitigkeiten über die Wahlberechtigung und die Wählbarkeit sowie über die Wahl des PR können auch **im Laufe des Wahlverfahrens** nach § 92 Abs. 1 Nr. 1 bzw. 2 zum Gegenstand eines personalvertretungsrechtlichen Beschlussverfahrens gemacht werden (vgl. § 92 Rn. 6ff.). Entscheidungen und Maßnahmen des Wahlvorstands sind auch bereits vor Abschluss der Wahl gerichtlich angreifbar.[35] **Antragsberechtigt** ist außer den Anfechtungsberechtigten (vgl. Rn. 7) jeder, der durch die Handlungen oder Unterlassungen des Wahlvorstands in seinem aktiven oder passiven Wahlrecht betroffen ist. Die gerichtliche Klärung der auftretenden Streitfragen ist häufig so dringlich, dass der Erlass **einstweiliger Verfügungen** in Betracht kommt. Dafür sind jedoch strenge Anforderungen zu stellen.[36] Die **Erklärung der Ungültigkeit** der Wahl kann nicht durch einstweilige Verfügung ausgesprochen werden.[37] Ein **vom Verwaltungsgericht verfügter Abbruch der Wahl** ist nur dann vertretbar, wenn so schwerwiegende Rechtsmängel festgestellt werden, dass die fortgeführte Wahl nicht nur ungültig, sondern nichtig wäre.[38] Dagegen sind nicht zur Aussetzung der Wahl führende »Leistungsverfügungen«, die in das Wahlverfahren lediglich **berichtigend eingreifen**, indem sie dem Wahlvorstand bestimmte Maßnahmen aufgeben oder untersagen, dann als zulässig anzusehen, wenn dadurch eine fehlerhafte Wahl vermieden werden kann.[39] 19

34 *BVerwG* v. 26.11.08 – 6 P 7/08 –, PersR 09, 267.

35 Vgl. *BAG* v. 15.12.72 – 1 ABR 8/72 –, AP Nr. 1 zu § 14 BetrVG 1972.

36 Vgl. *BVerwG* v. 14.4.08 – 6 P 6.08 –, PersR 08, 417; *VGH BW* v. 24.2.05 – PL 15 S 434/05 –, PersV 05, 435.

37 *BayVGH* v. 29.7.87 – 17 CE 87.01548 –, PersR 88, 138 Ls.

38 Str.; wie hier *BVerwG* v. 14.4.08, a.a.O.; *VGH BW* v. 24.2.05 – PL 15 S 434/05 –, juris; *LAG Köln* v. 29.3.01 – 5 TaBV 22/01 –, AiB 01, 602; *LAG BW* v. 25.4.06 – 21 TaBV 4/06 –, AiB 06, 638; vgl. auch *LAG Hmb* v. 26.4.06 – 6 TaBV 6/06 –, NZA 06, 936 (Abbruch bei rechtsmissbräuchlichem, willkürlichem Vorgehen des Wahlvorstands).

39 Vgl. *BayVGH* v. 27.2.02 – 17 PE 02 509 –, PersR 03, 121; *SächsOVG* v. 27.4.07 – PL 9 BS 83/07 –, PersR 07, 251; vgl. auch Altvater-*Baden*, § 26 Rn. 44f.

Abschnitt 2
Amtszeit

§ 22 Amtszeit, regelmäßiger Wahlzeitraum

(1) [1]Die regelmäßige Amtszeit des Personalrats beträgt fünf Jahre [2]Sie beginnt mit dem Tag der Wahl oder, wenn zu diesem Zeitpunkt noch ein Personalrat besteht, mit dem Ablauf der Amtszeit dieses Personalrats. [3]Die Amtszeit endet spätestens am 31. Juli des Jahres, in dem die regelmäßigen Personalratswahlen stattfinden.
(2) [1]Ist am Tag des Ablaufs der Amtszeit ein neuer Personalrat nicht gewählt, führt der Personalrat die Geschäfte weiter, bis der neue Personalrat gewählt ist, längstens bis zum Ablauf des 31. Juli. [2]Der geschäftsführende Personalrat ist nicht befugt, Maßnahmen nach § 84 zu beantragen oder Dienstvereinbarungen zu schließen.
(3) [1]Die regelmäßigen Personalratswahlen finden alle fünf Jahre in der Zeit vom 1. April bis 31. Juli statt. [2]Fand außerhalb dieses Zeitraums eine Personalratswahl statt, so ist der Personalrat in dem auf die Wahl folgenden nächsten Zeitraum der regelmäßigen Personalratswahlen neu zu wählen, wenn die Amtszeit des Personalrats zu Beginn des für die regelmäßigen Personalratswahlen festgelegten Zeitraums mehr als ein Jahr betragen hat. [3]War seine Amtszeit kürzer, so ist der Personalrat erst in dem übernächsten Zeitraum der regelmäßigen Personalratswahlen neu zu wählen.

Vergleichbare Vorschriften:
§ 27 BPersVG; §§ 21 bis 22 BetrVG

Inhaltsübersicht Rn.

1. Dauer der Amtszeit

1 **(Abs. 1)** Nach S. 1 beträgt die **Dauer der regelmäßigen Amtszeit** des PR nunmehr **fünf Jahre**. Die Dauer der tatsächlichen Amtszeit kann von der Dauer der regelmäßigen Amtszeit abweichen. Sie kann **kürzer** sein, wenn einer der Fälle des § 23 Abs. 1 Nr. 1 bis 5 vorliegt (vgl. § 23 Rn. 1 ff.), wenn ein nach § 23 Abs. 1 gewählter PR nach § 22 Abs. 3 S. 2 neu zu wählen ist (vgl. Rn. 10) oder wenn die Dienststelle aufgelöst, in eine andere Dienststelle ein-

gegliedert oder mit einer anderen Dienststelle zusammengeschlossen wird (vgl. § 113 Rn. 3 ff.).[1] Sie kann **länger** sein, wenn ein PR nach § 22 Abs. 3 S. 3 bei der regelmäßigen Wahl nicht neu zu wählen ist (vgl. Rn. 10). **Weitere Abweichungen** können in besonderen gesetzlichen Regelungen festgelegt sein.

2. Beginn der Amtszeit

Der **Beginn** der Amtszeit ist in Abs. 1 S. 2 geregelt. Besteht am (letzten) 2
Tag der Wahl noch ein PR, beginnt die Amtszeit des neu gewählten PR mit dem **Ablauf der Amtszeit des bisherigen PR** (Alt. 2 des Satzes 2). Besteht dagegen am Tag der Wahl kein PR, z. B. weil die Amtszeit des bisherigen PR schon vorher abgelaufen war, beginnt die Amtszeit des neu gewählten PR mit dem (letzten) **Tag der Wahl** (subsidiäre Alt. 1). Die **Konstituierung** des neuen PR hat gem. § 19 unabhängig vom Beginn seiner Amtszeit spätestens sechs Arbeitstage nach dem Wahltag stattzufinden (vgl. § 19 Rn. 2). Da das Amt des PR-Mitglieds durch die Wahl erworben wird,[2] gelten die **Schutzvorschriften** des § 47 und des § 15 Abs. 2 KSchG für die Mitglieder des neuen PR in jedem Falle bereits vom Tag der Wahl an,[3] wobei für die Erteilung einer erforderlichen Zustimmung nicht der alte, sondern der neue PR zuständig ist.

3. Ende der regelmäßigen Amtszeit

Die **regelmäßige Amtszeit endet** mit **Ablauf von fünf Jahren** seit ihrem 3
Beginn. Für die Berechnung gilt § 188 Abs. 2 Hs. 2 BGB.

Handelt es sich um einen **nach § 23 Abs. 1 gewählten PR**, dessen Amtszeit 4
nach § 22 Abs. 2 entweder kürzer oder länger ist als die regelmäßige Amtszeit von fünf Jahren, kommt die Regelung des Abs. 1 S. 3 zum Zuge. Danach endet die Amtszeit eines solchen PR am **31. Juli** desjenigen Jahres, in dem im Falle des § 22 Abs. 3 S. 2 die nächsten oder im Falle des § 22 Abs. 3 S. 3 die übernächsten regelmäßigen PR-Wahlen stattfinden, ohne dass es darauf ankommt, an welchem Tag der nachfolgende PR gewählt wird.[4]

---

1 *BVerwG* v. 20.2.76 – VII P 7.73 –, Buchh 238.3A § 29 Nr. 1.

2 *BVerwG* v. 9.10.59 – VII P 1.59 –, PersV 60, 19.

3 Altvater-*Kröll*, § 27 Rn. 9 m. w. N.; Leuze-*Isenburg*, § 22 Rn. 11.

4 *BVerwG* v. 10.6.98 – 6 P 7.97 –, PersR 98, 520, das die Unterschiedlichkeit zum BetrVG an diesem Punkt hervorhebt.

4. Ende der Amtszeit in anderen Fällen und Fortführung der Geschäfte

5 Abs. 1 S. 3 ist nicht anwendbar, wenn die regelmäßige Amtszeit des PR zu einem Zeitpunkt endet, zu dem **noch kein neuer PR gewählt** worden ist. Die Amtszeit verlängert sich dann nicht bis zum 31. Juli.[5] Der bisher gewählte PR führt aber nach dem mit dem ÄndG 2013 eingeführten **Abs. 2** die Geschäfte bis zur Neuwahl, längstens bis zum Ablauf des 31. Juli weiter (vgl. Rn. 7). Danach ist auch das Amt des geschäftsführenden PR beendet. Nach Ablauf des 31. Juli der regelmäßigen Amtszeit vorgenommene Rechtshandlungen des PR sind unwirksam. Jedermann kann sich jederzeit auf die Unwirksamkeit berufen.[6]

6 Für das **vorzeitige Ende** der Amtszeit **in anderen Fällen** als dem des § 22 Abs. 3 S. 2 gilt Folgendes: Ist der PR in den Fällen des § 23 Abs. 1 Nr. 1 bis 3 neu zu wählen, führt der bisherige PR die Geschäfte weiter bis zur Wahl des neuen PR (vgl. § 23 Rn. 8), längstens für vier Monate. Wird die Wahl des PR aufgrund einer Wahlanfechtung nach § 21 Abs. 1 für ungültig erklärt oder wird der PR nach § 24 Abs. 1 aufgelöst, endet dessen Existenz mit dem Eintritt der Rechtskraft der verwaltungsgerichtlichen Entscheidung. Die nach § 21 Abs. 2 und § 24 Abs. 3 vom Vorsitzenden der Fachkammer eingesetzten Wahlvorstände nehmen in diesen Fällen die Befugnisse und Pflichten des PR wahr (vgl. § 21 Abs. 2 S. 3, § 24 Abs. 3 S. 3). Legen alle Mitglieder und Ersatzmitglieder des PR ihr Amt nieder, hört der PR mit der letzten Amtsniederlegung auf zu bestehen. Es liegt jeweils kein Fall des Ablaufs der Amtszeit i. S. d. Abs. 2 vor. Wird die Dienststelle aufgelöst oder privatisiert,[7] in eine andere Dienststelle eingegliedert oder mit einer anderen Dienststelle zusammengeschlossen, geht der PR mit dem Vollzug einer solchen Maßnahme grundsätzlich unter.[8] Damit Lücken in der personalvertretungsrechtlichen Interessenvertretung vermieden werden, sieht § 113 **Übergangsregelungen** für die Fälle der Eingliederung und des Zusammenschlusses, insbesondere ein **personalvertretungsrechtliches Übergangsmandat** des PR vor (vgl. § 113 Rn. 2 ff.). Abgesehen davon bleibt der bisherige PR insoweit funktionsfähig, als mit dem Wegfall der Dienststelle verbundene, noch fortbestehende Aufgaben abzuwickeln sind (vgl. zu diesem **Restmandat** § 113 Rn. 11).[9]

7 **(Abs. 2)** Um etwaige Lücken zwischen Ablauf der Amtszeit des PR und dem Wahltag der Neuwahl zu schließen, bestimmt Abs. 2, dass der alte PR die

---

5 *BVerwG* v. 10. 6. 98, a. a. O.; Lorenzen-*Schlatmann*, § 26 a. F. Rn. 16.

6 *BAG* v. 15. 1. 74 – 1 AZR 234/73 –, PersV 75, 36.

7 *BAG* v. 27. 1. 11 – 2 AZR 825/09 –, NZA 11, 798 (zu III 2b aa) = PersR 11, 450; Altvater-*Kröll*, § 27 Rn. 8a.

8 Vgl. *BVerwG* v. 18. 1. 90 – 6 P 8.88 –, PersR 90, 108; *BAG* v. 27. 1. 11, a. a. O.

9 *BVerwG* v. 3. 10. 83 – 6 P 23.81 –, Buchh 238.3A § 83 Nr. 22.

Geschäfte bis zum Wahltag weiterführt, längstens bis zum 31. Juli. Damit ist gewährleistet, dass die laufenden PR-Geschäfte abgewickelt werden können. Der PR kann in diesem Zeitraum zu allen Angelegenheiten nach dem LPersVG wirksame Beschlüsse fassen; allerdings ist er nach Abs. 2 S. 2 nicht befugt, Maßnahmen nach § 84 zu beantragen oder Dienstvereinbarungen abzuschließen, weil diese den neu gewählten PR binden könnten.[10] Ansonsten ist die Geschäftsführungsbefugnis nicht eingeschränkt. Sie erstreckt sich nicht nur auf die Führung laufender Geschäfte, sondern auf die Wahrnehmung aller gesetzlichen Aufgaben und Befugnisse des PR und schließt die Pflicht ein, falls noch nicht geschehen, unverzüglich einen Wahlvorstand zu bestellen (vgl. § 16 Rn. 1a).

5. Regelmäßige Neuwahlen

(Abs. 3 S. 1) Das Gesetz schreibt in Abs. 3 S. 1 periodisch wiederkehrende Wahlen des PR in einem festen Zeitraum vor. Diese **regelmäßigen PR-Wahlen** finden seit 2014 **alle fünf Jahre** in der Zeit vom 1. April bis 31. Juli statt. Durch die Verlängerung der regelmäßigen Amtszeit ab 2014 auf fünf Jahre in Folge der Neuregelung in § 22 Abs. 1 des ÄndG 2013 finden die nächsten regelmäßigen Wahlen in den Jahren 2024, 2029, 2034 usw. statt. 8

Der **Wahltag** wird vom Wahlvorstand festgelegt (vgl. § 17 Rn. 2). Er muss jeweils innerhalb des Zeitraums der regelmäßigen PR-Wahlen liegen. Liegt ein Wahltag **vor dem Zeitraum** der regelmäßigen PR-Wahlen, also vor dem 1. April, ist die Wahl nichtig, wenn kein Fall des § 23 Abs. 1 Satz 2 gegeben ist. Dabei kommt es auf die **Wahlhandlung** an. Wird die Wahl an mehreren Tagen durchgeführt (vgl. § 3 S. 3 LPVGWO), müssen alle Wahltage innerhalb des regelmäßigen Wahlzeitraums liegen.[11] Liegt der Wahltag bei einer regelmäßigen Wahl **nach dem 31. Juli**, ist die Wahl gültig, weil dann der Fall des § 23 Abs. 1 Nr. 6 vorliegt.[12] 9

6. Anschluss an die regelmäßigen Personalratswahlen

(Abs. 3 S. 2 u. 3) Grundsätzlich sind auch die nach § 23 Abs. 1 zwischenzeitlich gewählten PR im **nächsten Zeitraum** der regelmäßigen PR-Wahlen neu zu wählen. Soweit nicht andere, spezialgesetzliche Regelungen Anwendung finden, gilt Folgendes: Die Amtszeit der zwischenzeitlich gewählten PR endet – falls nicht vorher eine erneute Neuwahl nach § 23 Abs. 1 stattfindet – nach § 22 Abs. 1 S. 3 immer spätestens am 31. Juli des Jahres, in dem die nächsten turnusmäßigen PR-Wahlen stattfinden (vgl. Rn. 4). Ist jedoch 10

10 LT-Dr. 15/4224, S. 99 [zu § 26 Abs. 1a].

11 Str.: vgl. Altvater-*Kröll*, § 27 Rn. 4 m. w. N.; Richardi-*Schwarze*, § 27 a. F. Rn. 6.

12 Str.: vgl. Altvater-*Kröll*, § 27 Rn. 4 m. w. N.

der neu gewählte PR am 1. April des Jahres, in dem die nächsten regelmäßigen PR-Wahlen durchgeführt werden, noch nicht ein Jahr im Amt, wird er erst im **übernächsten Zeitraum** der regelmäßigen PR-Wahlen neu gewählt. In diesem Falle endet seine Amtszeit – wiederum vorausgesetzt, dass nicht vorher eine erneute Neuwahl nach § 23 Abs. 1 stattfindet – am 31. Juli des Jahres, in dem die übernächsten PR-Wahlen stattfinden. Da die Amtszeit eines nach § 23 Abs. 1 gewählten PR nach § 22 Abs. 1 S. 2 mit dem (letzten) Wahltag beginnt, muss dieser Tag bei der **Berechnung der Jahresfrist** mitgezählt werden. Ein PR, der spätestens am 1. April des Jahres gewählt wurde, das dem Jahr der nächsten regelmäßigen PR-Wahlen vorausging, befindet sich demnach zu Beginn des nächsten regelmäßigen Wahlzeitraums bereits ein Jahr lang im Amt.[13]

§ 23 Vorzeitige Neuwahl

(1) [1]Der Personalrat ist außerhalb des für die regelmäßigen Personalratswahlen festgelegten Zeitraums neu zu wählen, wenn
1. mit Ablauf von 20 Monaten oder 40 Monaten, vom Tag der Wahl gerechnet, die Zahl der in der Regel Beschäftigten um ein Drittel, mindestens aber um 50 gestiegen ist oder
2. die Gesamtzahl der Mitglieder des Personalrats auch nach dem Eintreten sämtlicher Ersatzmitglieder um mehr als ein Viertel der Mitgliederzahl nach § 10 Absatz 3 gesunken ist oder
3. der Personalrat mit der Mehrheit seiner Mitglieder seinen Rücktritt beschlossen hat oder
4. der Personalrat durch gerichtliche Entscheidung aufgelöst ist oder
5. die Wahl des Personalrats mit Erfolg angefochten worden ist oder
6. in der Dienststelle kein Personalrat besteht.

[2]In den Fällen der Nummer 1 bis 3 führt der Personalrat die Geschäfte weiter, bis der neue Personalrat gewählt ist, längstens für vier Monate. [3]§ 22 Absatz 2 Satz 2 gilt entsprechend.

(2) [1]Ist eine in der Dienststelle vorhandene Gruppe, die bisher im Personalrat vertreten war, auch nach dem Eintreten sämtlicher Ersatzmitglieder durch kein Mitglied des Personalrats mehr vertreten, so wählt diese Gruppe für den Rest der Amtszeit des Personalrats neue Vertreter. [2]Die §§ 16 bis 18, 20 und 21 finden mit folgenden Maßgaben entsprechende Anwendung:
1. Eine Personalversammlung oder eine Gruppenversammlung zur Wahl eines Wahlvorstandes findet nicht statt.

13 Str.; vgl. Altvater-*Kröll*, § 27 Rn. 10.

2. **Die Bestellung des Wahlvorstandes durch einen Leiter der Dienststelle ist nur auf Antrag von drei wahlberechtigten Beschäftigten der Gruppe, für welche Neuwahlen stattfinden sollen, möglich. 3Das Antragsrecht einer Dienststelle bleibt unberührt.**

Vergleichbare Vorschriften:
§ 28 Abs. 1 bis 4 BPersVG; § 13 Abs. 2, § 21 S. 5 BetrVG

Inhaltsübersicht Rn.

1. Vorzeitige Neuwahl des Personalrats

(**Abs. 1**) Die Fälle, in denen der PR **außerhalb des regelmäßigen Wahlzeitraums neu zu wählen** ist, sind in Abs. 1 abschließend aufgeführt. Daneben enthält § 113 Abs. 5 Nr. 4 eine Sonderregelung, wonach Ministerien ermächtigt sind, bei Umbildungen von Dienststellen Rechtsverordnungen für Neuwahlen zu erlassen (siehe § 113 Rn. 9). Eine Pflicht zur Durchführung einer PR-Wahl besteht nach Abs. 1 Nr. 5 auch im Falle einer erfolgreichen **Wahlanfechtung** (vgl. Rn. 10). In den Fällen der Nrn. 1 bis 3 führt der PR die Geschäfte so lange weiter, bis der neue PR gewählt ist, jedoch nur längstens für vier Monate (Abs. 1 S. 2). Der geschäftsführende PR kann in diesem Zeitraum zu allen Angelegenheiten nach dem LPersVG wirksame Beschlüsse fassen; allerdings ist er nicht mehr befugt, Maßnahmen nach § 84 zu beantragen oder Dienstvereinbarungen abzuschließen (§ 23 Abs. 1 S. 3 i. V. m. § 22 Abs. 2 S. 2). In den Fällen der Nrn. 1 bis 3 wird der **Wahlvorstand** durch den noch amtierenden PR (§ 16 Abs. 1), in den Fällen der Nrn. 4 und 5 durch den Vorsitzenden der Fachkammer des Verwaltungsgerichts (§ 24 Abs. 3 und § 21 Abs. 2) und im Fall der Nr. 6 durch eine auf Antrag von mindestens drei Wahlberechtigten oder einer in der Dienststelle vertretenen Gewerkschaft vom Dienststellenleiter einzuberufenden Personalversammlung (§ 16 Abs. 2 Nr. 2) bestellt bzw. gewählt. Nach nicht überzeugender Meinung des *OVG Saarland* soll z. B. schon dann eine grobe Pflichtverletzung vorliegen, die eine Auflösung des PR rechtfertige, wenn der amtierende PR sich z. B. der Aufgabe, Neuwahlen durchzuführen, mit der Begründung verschließt, seine Funktionsfähigkeit bestehe fort, obwohl die Mitgliederzahl unter die gesetzlich vorgeschriebene Zahl von Mitgliedern abgesunken ist (§ 23 Abs. 1 Nr. 2).[1] Bei der Vorbereitung und Durchführung der Wahl ist von den **zur Zeit der Neuwahl bestehenden Verhältnissen** auszugehen. Das gilt jedoch 1

1 *OVG Saarland* v. 5.12.16 – 5 A 193/16.

nicht für die nach erfolgreicher Wahlanfechtung durchzuführende »Wiederholungswahl« des PR (vgl. § 21 Rn. 15 f.).

2 **(Abs. 1 Nr. 1)** Nach Abs. 1 Nr. 1 ist der PR vorzeitig neu zu wählen, wenn mit Ablauf von 20 oder 40 Monaten, vom Tag der Wahl gerechnet, die Zahl der »in der Regel« Beschäftigten um ein **Drittel**, mindestens aber um 50 gestiegen oder gesunken ist. Im Hinblick auf die fünfjährige Amtszeit des PR soll mit der Festlegung von zwei **Stichtagen** und mit dem Quorum von einem Drittel der Bedarf an Übergangsregelungen gemäß § 113 verringert werden.[2] Maßgebender Stichtag ist der **Ablauf von 20 oder 40 Monaten seit der Wahl**. Ist die Wahl an mehreren Tagen durchgeführt worden, kommt es (auch im Hinblick auf § 3 S. 4 LPVGWO) auf den ersten Tag der Wahl an.[3] Da das Gesetz nicht auf die Wahl, sondern auf den Tag der Wahl abstellt, ist die Frist nach § 187 Abs. 2 i. V. m. § 188 Abs. 2 BGB zu berechnen.[4]

3 Am Stichtag müssen gleichzeitig zwei Voraussetzungen erfüllt sein: Erstens muss die Zahl der **regelmäßig Beschäftigten** um ein **Drittel** gestiegen oder gesunken sein **und** zweitens muss dieser Anstieg oder Rückgang **mindestens 50** betragen. Dabei werden nur die »in der Regel« Beschäftigten (vgl. dazu § 10 Rn. 2) berücksichtigt, und zwar unabhängig davon, ob sie wahlberechtigt sind. Es ist unerheblich, ob sich die Verteilung der regelmäßig Beschäftigten auf die Gruppen verändert hat oder ob die Zu- oder Abnahme der Beschäftigtenzahl zu einer Veränderung der Zahl der PR-Mitglieder führt. Eine Verringerung oder Erhöhung der Beschäftigtenzahl außerhalb der Stichtage führt nicht zur Verpflichtung, Neuwahlen durchzuführen.

4 **(Abs. 1 Nr. 2)** Der PR ist neu zu wählen, wenn die **Gesamtzahl der Mitglieder des PR** auch nach Eintreten sämtlicher Ersatzmitglieder **um mehr als ein Viertel** der Mitgliederzahl nach § 10 Abs. 3 **gesunken** ist (z. B. durch Ausscheiden aus dem Beschäftigungsverhältnis, auch mit Eintritt in die Freistellungsphase der Altersteilzeit im Blockmodell).[5] Ob dies der Fall ist, ergibt sich aus einem Soll-Ist-Vergleich. **Sollgröße** ist die in § 10 Abs. 3 vorgeschriebene Zahl der PR-Mitglieder. Die Erhöhung der PR-Mitglieder nach § 10 Abs. 4 bleibt dabei unberücksichtigt. **Istgröße** ist die Zahl der PR-Mitglieder, die sich aufgrund eines nach der Wahl des PR erfolgenden dauernden Ausscheidens mindestens eines PR-Mitglieds unter Hinzurechnung aller nach § 27 eingetretenen Ersatzmitglieder (vgl. § 27 Rn. 4 ff.)

---

2 LT-Dr. 15/4224, S. 99 [zu § 27].

3 Ebenso Rooschüz-*Abel*, § 23 Rn. 3; a. A. Leuze-*Isenburg*, § 22 Rn. 10.

4 Str.; vgl. Altvater-*Kröll*, § 28 Rn. 6 m. w. N.; a. A. Rooschüz-*Abel*, § 23 Rn. 3; Leuze-*Wörz*, § 19 a. F. Rn. 11: § 187 Abs. 1 i. V. m. § 188 Abs. 2 BGB; Leuze-*Isenburg* äußert sich in der Neukommentierung des § 23 dazu nicht mehr.

5 *BVerwG* v. 15. 5. 02 – 6 P 8/01 –, PersR 02, 434.

ergibt. Beträgt die **Differenz** zwischen Soll- und Istgröße mehr als ein rechnerisches Viertel der Sollgröße, muss der PR neu gewählt werden.[6]

Im Unterschied zu Abs. 2 Nr. 1 kommt es nicht darauf an, zu welchem nach der Wahl des PR liegenden **Zeitpunkt** der Fall des Abs. 2 Nr. 2 eintritt. Ist ein PR gewählt worden, dessen Mitgliederzahl von Anfang an um mehr als ein Viertel niedriger ist als die vorgeschriebene Zahl (vgl. § 10 Rn. 8), hat eine Neuwahl erst dann zu erfolgen, wenn ein gewähltes Mitglied ausscheidet, für das kein Ersatzmitglied nachrückt.[7] 5

Der Tatbestand des Abs. 1 Nr. 2 liegt nicht vor, wenn die Gesamtzahl der Mitglieder des PR nach erfolgreicher Anfechtung der Wahl einer **Gruppe** um mehr als ein Viertel der vorgeschriebenen Zahl gesunken ist. In diesem Fall findet lediglich eine »Wiederholungswahl« in der Gruppe statt, deren Wahl für ungültig erklärt worden ist (vgl. § 21 Rn. 18). Führt dagegen ein sonstiges Ausscheiden aller Vertreter einer Gruppe einschl. der Ersatzmitglieder dazu, dass damit gleichzeitig die Sollgröße des PR um mehr als ein Viertel unterschritten wird, hat nicht eine Wiederholungswahl der Gruppenvertreter nach Abs. 2, sondern eine Neuwahl des gesamten PR nach Abs. 1 Nr. 2 stattzufinden. Denn der Gruppenschutz des Abs. 2 tritt nur dann ein, wenn die Voraussetzungen des Abs. 1 Nr. 2 nicht vorliegen.[8] 6

Da ein listenübergreifendes Nachrücken von Ersatzmitgliedern in den PR nicht stattfindet (vgl. § 27 Rn. 5),[9] kann auch das vorzeitige Erschöpfen einer Liste zur Neuwahl führen, wenn damit die Sollgröße des PR um mehr als ein Viertel unterschritten wird.[10]

(Abs. 1 Nr. 3) Der PR ist neu zu wählen, wenn er mit der Mehrheit seiner Mitglieder seinen **Rücktritt** beschlossen hat. Für den Beschluss reicht die Stimmenmehrheit der anwesenden Mitglieder des PR nicht aus; erforderlich ist vielmehr die Mehrheit aller seiner Mitglieder. Der Rücktrittsbeschluss wirkt auch gegen diejenigen Mitglieder des PR, die ihm nicht zugestimmt haben, auch gegen die Ersatzmitglieder. Er ist unwiderruflich.[11] Der Rücktritt kann jederzeit erfolgen. Welche Motive die Mehrheit zum Rücktritt bewogen haben, ist für die Wirksamkeit des Beschlusses ohne Bedeutung. Eine 7

---

6 *BayVGH* v. 26.10.94 – 17 PC 94.2893 u. 94.2485 –, PersR 95, 432.

7 Altvater-*Kröll*, § 28 Rn. 12 m. w. N.

8 *BVerwG* v. 18.3.82 – 6 P 30.80 –, PersV 83,71; Rooschüz-*Abel*, § 23 Rn. 22; Leuze-*Isenburg*, § 23 Rn. 15.

9 *BVerwG* v. 19.2.13 – 6 P 7.12 –, PersR 13, 217.

10 *BVerwG* v. 30.11.10, – 6 PB 16.10 –, PersR 11, 73; vorgehend *OVG Hamburg* v. 28.6.10 – 8 Bf 100/10.PVL; *Fischer/Goeres/Gronimus/Lechtermann*, § 28 Rn. 41; a. A. *Daniels*, PersR 09, 285.

11 *BayVGH* v. 31.7.85 – Nr. 17 C 85 A. 1173 –, PersV 86, 516.

gerichtliche Überprüfung auf Ermessensfehler findet nicht statt.[12] Zurücktreten kann auch der aus lediglich einem Mitglied bestehende PR,[13] nicht aber die Gruppenvertretung in ihrer Gesamtheit.[14]

8 Der Rücktritt des PR ist von der **Niederlegung des Amtes aller PR-Mitglieder** einschl. der Ersatzmitglieder (vgl. § 25 Rn. 1, 3) zu unterscheiden. Die Tatbestände lösen unterschiedliche Rechtsfolgen aus. Während die aus einer Summe von Einzelerklärungen bestehende kollektive Amtsniederlegung dazu führt, dass der PR – ohne Geschäftsführungsbefugnis bis zur Neuwahl – unmittelbar zu existieren aufhört, jedoch eine Neuwahl nach Abs. 1 Nr. 6 zu erfolgen hat, führt der PR nach seinem Rücktritt gem. Abs. 1 S. 2 die Geschäfte weiter, bis ein neuer PR gewählt ist, längstens für vier Monate.

9 **(Abs. 1 Nr. 4)** Der PR ist neu zu wählen, wenn er durch gerichtliche Entscheidung **aufgelöst** ist. Das ist dann der Fall, wenn das Verwaltungsgericht die Auflösung des PR nach § 24 Abs. 1 beschlossen hat und dieser Beschluss rechtskräftig geworden ist.

10 **(Abs. 1 Nr. 5)** Der PR ist nach dem Wortlaut des Eingangshalbsatzes des Abs. 1 auch dann »neu zu wählen«, wenn seine Wahl mit Erfolg **angefochten** worden ist.[15] Das ist der Fall, wenn das Verwaltungsgericht die Wahl des gesamten PR nach § 21 Abs. 1 für ungültig erklärt hat und der Beschluss rechtskräftig geworden ist. Die Bestimmung des Abs. 1 Nr. 5 steht im **Widerspruch** zu den Regelungen in § 21 Abs. 2 S. 2 und 3, die statt des Begriffs der »Neuwahl« den der »Wiederholungswahl« verwenden (vgl. § 21 Rn. 13, 15). Dieser Widerspruch ist **problematisch** im Hinblick auf die an Abs. 1 anknüpfenden Regelungen in § 22 Abs. 3 S. 2 (vgl. § 22 Rn. 10), aus denen sich ergibt, dass der PR auch dann erst im übernächsten Zeitraum der regelmäßigen PR-Wahlen neu zu wählen ist, wenn die Amtszeit des in einer Wiederholungswahl gewählten PR zu Beginn des für die regelmäßigen PR-Wahlen festgelegten nächsten Zeitraums noch nicht ein Jahr betragen hat. Da jene wahlberechtigten und wählbaren Beschäftigten, die nach der für ungültig erklärten früheren Wahl eingestellt worden sind, an der Wiederholungswahl nicht teilnehmen durften (vgl. § 21 Rn. 15), stellt die Verschiebung der darauf folgenden regelmäßigen PR-Wahl in den (fünf Jahre später liegenden) übernächsten Zeitraum die demokratische Legitimation eines solchen PR

---

12 *BVerwG* v. 26. 11. 92 – 6 P 14.91 –, PersR 93, 119, u. v. 7. 5. 03 – 6 P 17.02 –, PersR 03, 313; *VGH BW* v. 19. 11. 02 – PL 15 S 1413/02 –, PersR 03, 81.

13 Str.; vgl. Altvater-*Kröll*, § 28 Rn. 17 m. w. N.; ebenso Rooschüz-*Abel*, § 23 Rn. 10.

14 Vgl. Rooschüz-*Abel*, § 23 Rn. 11.

15 So auch § 13 Abs. 2 Nr. 4 BetrVG. Nach § 28 Abs. 1 Nr. 4 BPersVG findet nach erfolgreicher Wahlanfechtung eine **Neuwahl** statt; die Rspr. des *BVerwG*, vgl. Beschl. v. 19. 12. 06 – 6 PB 12. 06 –, PersR 07, 125 ist nicht mehr maßgeblich; vgl Altvater-*Kröll*, § 28 Rn. 19 m. w. N.

in Frage. Das verfassungsrechtliche **Demokratieprinzip**[16] verlangt auch im Bereich der Personalvertretung periodisch wiederkehrende Neuwahlen in angemessenen Zeitabständen[17] und unter Beachtung des Grundsatzes der Allgemeinheit der Wahl (vgl. § 13 Rn. 3a).

(Abs. 1 Nr. 6) Der PR ist neu zu wählen, wenn in der Dienststelle **kein PR** 11
besteht. Von den in Abs. 1 Nr. 4 und 5 geregelten Tatbeständen abgesehen, ist Abs. 1 Nr. 6 auf alle Fälle des Nichtbestehens eines PR anwendbar. Er enthält einen **generalklauselartigen Auffangtatbestand**,[18] der sicherstellt, dass in allen personalratsfähigen, aber personalratslosen Dienststellen auch außerhalb der in § 22 Abs. 3 S. 1 geregelten regelmäßigen Wahlzeiträume **zu jeder Zeit** ein PR gewählt werden kann.

2. Neuwahl der Vertreter einer Gruppe

(Abs. 2) Die Vorschrift regelt die vorzeitige Neuwahl der Vertreter einer in 12
der Dienststelle vorhandenen Gruppe, die zum einen bisher im PR vertreten war und zum anderen durch kein Mitglied des PR mehr vertreten ist. Sie dient dazu, die Repräsentanz dieser Gruppe wiederherzustellen. Die Voraussetzung, dass die Gruppe **bereits bisher im PR vertreten** war, ist nicht erfüllt, wenn die Gruppe von ihrem Recht, im PR vertreten zu sein, keinen Gebrauch gemacht hat (§ 11 Abs. 2 S. 3), wenn sie mangels ausreichender Größe keine Vertretung erhalten hat (§ 11 Abs. 5) oder wenn sie erst während der Amtszeit des PR die für eine Vertretung erforderliche Mindestgröße erreicht. Die Voraussetzung, dass die Gruppe **durch kein Mitglied des PR mehr vertreten** ist, liegt vor, wenn alle ihre Mitglieder samt der Ersatzmitglieder aus dem PR ausgeschieden sind. Die Gründe ihres Ausscheidens nach der Wahl sind grundsätzlich unerheblich.[19] Ist jedoch aufgrund einer **Wahlanfechtung** nach § 21 Abs. 1 die Wahl in einer Gruppe rechtskräftig für ungültig erklärt worden, so dürfte keine »Neuwahl« nach § 23 Abs. 2, sondern eine **»Wiederholungswahl«** durchzuführen sein (vgl. § 21 Rn. 13, 15 u. 18).[20] Sind die in S. 1 genannten Voraussetzungen gegeben, ist die **vorzeitige Neuwahl der Vertreter einer Gruppe** auch dann durchzuführen, wenn der **PR in gemeinsamer Wahl gewählt** worden ist.[21] Hat das Ausscheiden aller Mitglieder und Ersatzmitglieder einer Gruppe dazu geführt,

---

16 Vgl. *Jarass/Pieroth*, Art. 20 Rn. 6.
17 Vgl. *Altvater*, 10. Aufl., § 102 a.F. Rn. 1aff.
18 Lorenzen-*Schlatmann*, § 27 a.F. Rn. 40.
19 So auch Rooschüz-*Abel*, § 23 Rn. 22.
20 Leuze-*Isenburg*, § 23 Rn. 7.
21 Str.; wie hier: Rooschüz-*Abel*, § 23 Rn. 23; jetzt auch Altvater-*Kröll*, § 28 Rn. 30 m.w.N.; Leuze-*Isenburg*, § 23 Rn. 10. Die abweichende Ansicht ist weder mit dem Wortlaut noch mit dem Zweck der Vorschrift vereinbar.

dass die Gesamtzahl der Mitglieder des PR um mehr als ein Viertel der vorgeschriebenen Zahl gesunken ist, findet nach § 23 Abs. 1 Nr. 2 jedoch eine **vorzeitige Neuwahl des gesamten PR** statt.[22]

13 Es ist die **gleiche Anzahl** von Gruppenvertretern zu wählen wie bei der vorausgegangenen PR-Wahl. Die Wahl erfolgt für den **Rest der Amtszeit** des PR. S. 2 stellt klar, dass die **§§ 16 bis 18, 20 und 21, nicht jedoch § 19**, entsprechend anzuwenden sind. Daraus folgt, dass der **Wahlvorstand** vom **Rest-PR** zu bestellen ist. Nach § 15 Abs. 1 S. 2 muss jede in der Dienststelle vorhandene Gruppe im Wahlvorstand vertreten sein.[23] Nimmt der PR die Bestellung nicht unverzüglich vor (vgl. § 16 Rn. 2 u. 5), findet allerdings keine Personalversammlung oder Gruppenversammlung zur Wahl des Wahlvorstands statt (S. 2 Nr. 1). Für diesen Fall sieht S. 2 Nr. 2 vielmehr die Möglichkeit vor, den Wahlvorstand durch den **Dienststellenleiter** zu bestellen, wobei dieser **nur auf Antrag** von drei wahlberechtigten Beschäftigten der Gruppe, für die die Neuwahl stattfinden soll, oder auf Antrag einer in der Dienststelle vertretenen Gewerkschaft tätig werden darf (vgl. § 2 Rn. 7 f., § 17 Rn. 5 ff.).

14 Die vorzeitige Neuwahl von Vertretern einer Gruppe führt nicht zu einer vollständigen **Neukonstituierung** des PR. Die neu gewählten Gruppenvertreter wählen gemäß § 28 Abs. 1 S. 3 das auf sie entfallende Vorstandsmitglied. Zur Wahl beruft der Vorsitzende oder stellvertretende Vorsitzende des PR die Gewählten ein, **nicht der Wahlvorstand**; § 19 gilt insoweit nicht. Im Weiteren ist der Vorsitz nach § 29 Abs. 1 neu zu regeln, damit die neu in den PR gewählten Gruppenmitglieder die Gelegenheit haben, Vorsitzposten zu erlangen.[24]

§ 24 Ausschluss einzelner Mitglieder und Auflösung des Personalrats

(1) [1]Auf Antrag eines Viertels der Wahlberechtigten oder einer in der Dienststelle vertretenen Gewerkschaft kann das Verwaltungsgericht den Ausschluss eines Mitglieds aus dem Personalrat oder die Auflösung des Personalrats wegen grober Vernachlässigung seiner gesetzlichen Befugnisse oder wegen grober Verletzung seiner gesetzlichen Pflichten beschließen. [2]Der Personalrat kann aus den gleichen Gründen den Ausschluss eines Mitglieds beantragen. [3]Der Leiter der Dienststelle kann den Ausschluss eines Mitglieds aus dem Personalrat oder die Auflösung des

22 *BVerwG* v. 30.11.10, – 6 PB 16.10 –, PersR 11, 73; vorgehend *OVG Hamburg* v. 28.6.10 – 8 Bf 100/10.PVL; *Fischer/Goeres/Gronimus/Lechtermann*, § 28 Rn. 41; a. A. *Daniels*, PersR 09, 285.

23 Vgl. Richardi-*Schwarze*, § 27 a. F. Rn. 61 m. w. N.

24 LT-Dr. 15/4224, S. 100 [zu § 27].

Personalrats wegen grober Verletzung seiner gesetzlichen Pflichten beantragen.

(2) Ist über den Antrag auf Ausschluss eines Mitglieds bis zum Ablauf der Amtszeit noch nicht rechtskräftig entschieden, so ist das Verfahren mit der Wirkung für die folgende Amtszeit fortzusetzen, wenn das Mitglied für die folgende Amtszeit wieder gewählt worden ist.

(3) [1]Ist der Personalrat aufgelöst, so setzt der Vorsitzende der Fachkammer des Verwaltungsgerichts einen Wahlvorstand ein. [2]Dieser hat unverzüglich die Neuwahl einzuleiten, durchzuführen und das Ergebnis festzustellen. [3]Der Wahlvorstand nimmt bis zur Neuwahl die dem Personalrat nach diesem Gesetz zustehenden Befugnisse und Pflichten wahr.

Vergleichbare Vorschriften:
§§ 30, 28 Abs. 2 BPersVG; § 23 Abs. 1 und 2 BetrVG

Inhaltsübersicht Rn.

1. Ausschluss- oder Auflösungsantrag

(Abs. 1) Während der laufenden Wahlperiode kann der PR nur wegen grober Vernachlässigung seiner gesetzlichen Befugnisse oder wegen grober Verletzung seiner gesetzlichen Pflichten und nur durch eine Entscheidung des **Verwaltungsgerichts** aufgelöst werden. Das Gleiche gilt für den Ausschluss einzelner PR-Mitglieder. Da der PR kein imperatives, sondern ein **repräsentatives Mandat** hat[1], ist seine Abberufung durch ein Misstrauensvotum der Personalversammlung ebenso ausgeschlossen wie die Amtsenthebung seiner Mitglieder durch einen Beschluss der Personalversammlung oder des PR. 1

Das Verwaltungsgericht kann über die Auflösung des PR oder den Ausschluss eines Mitglieds nur auf Antrag entscheiden. Der Kreis der **Antragsberechtigten** und die **Gründe** eines Auflösungs- oder Ausschlussantrags sind in Abs. 1 **abschließend** festgelegt. Ein Viertel der Wahlberechtigten i. S. d. § 8 und jede in der Dienststelle vertretene **Gewerkschaft** (vgl. § 2 Rn. 7 f.) können nach Abs. 1 S. 1 sowohl wegen grober Vernachlässigung der gesetzlichen Befugnisse als auch wegen grober Verletzung der gesetzlichen Pflichten die Auflösung des PR oder den Ausschluss einzelner PR-Mitglieder beantragen. Dementsprechend kann der **PR** nach Abs. 1 S. 2 aus den 2

1 *BVerfG* v. 27. 3. 79 – 2 BvR 1011/78 –, AP Nr. 31 zu Art. 9 GG.

gleichen Gründen den Ausschluss eines seiner Mitglieder beantragen. Der **Leiter der Dienststelle** (vgl. § 21 Rn. 7b) dagegen kann nach Abs. 1 S. 3 nur wegen grober Verletzung der gesetzlichen Pflichten die Auflösung des PR oder den Ausschluss eines PR-Mitglieds beantragen.

2. Gründe für Ausschluss- oder Auflösungsantrag

3 **Materiell-rechtliche Voraussetzung** für die Auflösung des PR oder den Ausschluss eines PR-Mitglieds ist die **grobe Vernachlässigung** seiner gesetzlichen Befugnisse oder die **grobe Verletzung** seiner gesetzlichen Pflichten. Da der Dienststellenleiter einen Auflösungs- oder Ausschlussantrag nur auf eine grobe Verletzung gesetzlicher Pflichten, nicht aber auf eine grobe Vernachlässigung gesetzlicher Befugnisse stützen kann, ist es erforderlich, zwischen beiden Tatbeständen zu unterschieden. Es ist geboten, den Begriff der **Verletzung gesetzlicher Pflichten** eng auszulegen und auf solche Pflichten zu begrenzen, die der PR bzw. das PR-Mitglied (auch) gegenüber dem Leiter der Dienststelle zu erfüllen hat. Dagegen ist die **Vernachlässigung gesetzlicher Befugnisse** auf diejenigen Befugnisse zu beziehen, die dem PR zur Vertretung der Interessen der Beschäftigten der Dienststelle eingeräumt sind. Das sind pflichtgebundene Rechte, deren Nichtausübung eine Pflichtverletzung gegenüber den Beschäftigten darstellen kann.

4 Eine **grobe** Pflichtverletzung liegt nur dann vor, wenn sie **schwerwiegend und objektiv erheblich**[2] ist, ein **mangelndes Pflichtbewusstsein** erkennen lässt und auf die gesetzmäßige Tätigkeit des PR von **nicht unbedeutendem Einfluss** ist.[3] Der Verstoß gegen die gesetzlichen Pflichten muss von solchem Gewicht sein, dass er das Vertrauen in eine künftige ordnungsgemäße Amtsführung zerstört oder zumindest schwer erschüttert.[4] Das kann auch bei einem einmaligen Verstoß der Fall sein.[5] Auch eine grobe Vernachlässigung gesetzlicher Befugnisse ist nur dann gegeben, wenn sie objektiv schwerwiegend ist. Nach nicht überzeugender Meinung des *OVG Saarland* soll z. B. schon dann eine grobe Pflichtverletzung vorliegen, die eine Auflösung des PR rechtfertige, wenn der amtierende PR sich z. B. der Aufgabe,

---

2 So *VG Karlsruhe* v. 24. 5. 13 – PL 12 K 3822/12 –, PersV 13, 430, unter Berufung auf *Leuze*, § 28 (i. d. F. des Gesetzes. v. 9. 1. 10) Rn. 8 u. 9; so auch Leuze-*Flintorp*, § 24 Rn. 9.

3 *VG Karlsruhe* v. 19. 6. 15 – PL 12 K 3112/14.

4 *BVerwG* v. 22. 8. 91 – 6 P 10.90 –, PersR 91, 417, u. v. 14. 4. 04 – 6 PB 1.04 –, PersR 04, 268.

5 *BVerwG* v. 15. 12. 61 – VII P 3.61 –, PersV 62, 65, u. v. 13. 6. 88 – 6 PB 5.88 –, PersR 88, 336 Ls.; *VG Göttingen* v. 6. 8. 18 – 7 A 2/17: Information an die örtliche Presse ohne vorherigen internen Klärungsversuch; *VG Mainz* v. 19. 9. 18 – 5 K 192/18.MZ: eigenmächtige Vernichtung von Personalratsakten.

Neuwahlen durchzuführen, mit der Begründung verschließt, seine Funktionsfähigkeit bestehe fort, obwohl die Mitgliederzahl unter die gesetzlich vorgeschriebene Zahl von Mitgliedern abgesunken ist (§ 23 Abs. 1 Nr. 2).[6] Für den **Ausschluss eines PR-Mitglieds** ist zur Bejahung einer groben Verletzung gesetzlicher Pflichten bzw. einer groben Vernachlässigung gesetzlicher Befugnisse dagegen zusätzlich ein **schuldhaftes Verhalten** erforderlich.[7] Einfache Fahrlässigkeit genügt.[8] Nicht schuldhaft ist es, mit harten Ausdrücken und starker Sprache seine Meinung zu unterstreichen.[9] Nicht schuldhaft verhält sich z. B. der PR-Vorsitzende (Mitarbeiterbefragung in Kooperation mit einer Gewerkschaft), wenn ein entsprechender Vorstandsbeschluss zu Grunde liegt.[10]

3. Rechtsfolgen der Pflichtenvernachlässigung oder -verletzung

Stellt das **Verwaltungsgericht** fest, dass eine grobe Verletzung gesetzlicher 5
Pflichten bzw. eine grobe Vernachlässigung gesetzlicher Befugnisse vorliegt, muss es die Auflösung bzw. den Ausschluss beschließen. Ein Ermessen steht ihm dabei nicht zu.[11] Eine Erklärung, sich künftig den gesetzlichen Vorschriften entsprechend zu verhalten, wird als unbeachtlich angesehen.[12] Mit der Rechtskraft des **Beschlusses über den Ausschluss** endet das Amt des betreffenden PR-Mitglieds (§ 25 Abs. 1 Nr. 10). Es wird durch ein Ersatzmitglied ersetzt (§ 27 Abs. 1 S. 1). Mit der Rechtskraft des **Beschlusses über die Auflösung des PR** endet dessen Amtszeit (vgl. § 23 Rn. 1 ff.). Es erlöschen die Mitgliedschaften sämtlicher PR-Mitglieder (§ 25 Abs. 1 Nr. 10). Bei Auflösung des PR treten Ersatzmitglieder nicht ein (§ 27 Abs. 4). Das Verwaltungsgericht kann in besonders schwerwiegenden und unzweifelhaften Fällen auf Antrag des Antragstellers des Ausschlussverfahrens nach § 85 Abs. 2 ArbGG eine **einstweilige Verfügung** erlassen, mit der dem PR-Mitglied die Ausübung der PR-Tätigkeit vorläufig untersagt wird. Unzulässig ist jedoch eine einstweilige Verfügung, die den PR bis zum rechtskräftigen

6 *OVG Saarland* v. 5. 12. 16 – 5 A 193/16.

7 *BVerwG* v. 22. 8. 91, a. a. O.; Einzelbeispiele finden sich bei Altvater-*Kröll*, § 30 Rn. 20 u. 21; grobe Verletzung gesetzlicher Pflichten des PR: Altvater-*Kröll*, § 30 Rn. 23; grobe Vernachlässigung gesetzlicher Pflichten des PR Altvater-*Kröll*, § 30 Rn. 24.

8 *BVerwG* v. 14. 2. 69 – VII P 11.67 –, BVerwGE 31, 298; Rooschüz-*Abel*, § 24 Rn. 12.

9 *VG Karlsruhe* v. 24. 5. 13, a. a. O.

10 *VG Ansbach* v. 25. 1. 11 – AN 7 P 10.01476 –, BeckRS 11, 54551; weitere Beispiele: Altvater-*Kröll*, § 30 Rn. 22.

11 *BVerwG* v. 27. 11. 81 – 6 P 38.79 –, PersV 83, 408.

12 Vgl. *BVerwG* v. 14. 2. 69 – VII P 11.67 –, PersV 70, 60, v. 6. 2. 79 – 6 P 14.78 –, PersV 80, 196, u. v. 14. 4. 04 – 6 PB 1.04 –, a. a. O.

Abschluss des Auflösungsverfahrens einstweilen auflöst oder ihm die Ausübung seines Amtes vorläufig untersagt.[13] Der verwaltungsgerichtliche Auflösungsbeschluss wirkt ebenso wie die erfolgreiche Wahlanfechtung grundsätzlich nur für die Zukunft (vgl. § 21 Rn. 12).

6 Auf **Ersatzmitglieder** ist Abs. 1 unmittelbar anwendbar, sobald sie nach § 27 Abs. 1 S. 1 anstelle eines ausgeschiedenen PR-Mitglieds endgültig in den PR eingerückt sind. Auf Ersatzmitglieder, die nach § 27 Abs. 1 S. 2 während der zeitweiligen Verhinderung eines PR-Mitglieds oder während des Ruhens seiner Mitgliedschaft vorübergehend in den PR eingetreten sind, ist Abs. 1 entsprechend anzuwenden, wenn sie während dieser Zeit oder in der Zeit danach eine grobe Pflichtverletzung begehen, die im Zusammenhang mit ihrer vorübergehenden Zugehörigkeit zum PR steht.[14]

7 Nach h. M. kann die Amtspflichtverletzung eines PR-Mitglieds **zugleich** einen **Verstoß gegen die Pflichten aus dem Dienst- oder Arbeitsverhältnis** darstellen. Danach soll der Dienstherr bzw. Arbeitgeber die Möglichkeit haben, anstelle eines Antrags auf Ausschluss aus dem PR oder neben einem solchen Antrag **disziplinar- oder arbeitsrechtliche Maßnahmen** zu ergreifen. Damit wird jedoch das PR-Mitglied, das neben seinen Pflichten aus dem Beamten- oder Arbeitsverhältnis weitere, personalvertretungsrechtliche Pflichten übernommen hat, mit dem Risiko belastet, bei einer Fehleinschätzung dieser zusätzlichen Pflichten den Arbeitsplatz zu verlieren. Darin liegt eine gegen § 6 verstoßende **Benachteiligung**. Es ist deshalb erforderlich, **streng zu unterscheiden** zwischen der Verletzung personalvertretungsrechtlicher Amtspflichten einerseits und der Verletzung der Pflichten aus dem Beamten- oder Arbeitsverhältnis andererseits mit der Folge, dass Pflichtverletzungen, deren Ursache ganz oder teilweise im PR-Amt liegt, ausschließlich als Verletzungen des PR-Amtes zu werten sind.[15]

4. Ende der Amtszeit bei laufendem Verfahren

8 **(Abs. 2)** Tritt **während des Auflösungsverfahrens** das **Ende der Amtszeit des PR** ein (vgl. § 22 Rn. 3 f., 6), kann eine gestaltende, die Auflösung aussprechende Entscheidung nicht mehr ergehen. Das in der Hauptsache erledigte Verfahren kann jedoch – falls dafür ein Rechtsschutzinteresse besteht – mit dem **Antrag auf Feststellung** fortgeführt werden, dass die konkrete Handlung oder Unterlassung, die den Gegenstand des Verfahrens gebildet

---

13 Vgl. Altvater-*Kröll*, § 30 Rn. 32 m. w. N.

14 Vgl. Altvater-*Kröll*, § 30 Rn. 36 m. w. N.

15 Str.; vgl. Altvater-*Kröll*, § 30 Rn. 40 m. w. N.; wie hier auch: *BAG* v. 9.9.15 – 7 ABR 69/13 –, das dem Betriebsratsmitglied das Recht einräumt, im Beschlussverfahren die Entfernung einer Abmahnung zu verlangen.

hat, mit dem Gesetz nicht in Einklang steht.[16] **Erlischt die Mitgliedschaft im PR**, bevor das Ausschlussverfahren abgeschlossen ist (vgl. § 22 Rn. 1 ff.), ist dieses Verfahren grundsätzlich ebenfalls erledigt. Eine Ausnahme gilt nach Abs. 2 jedoch dann, wenn das Mitglied nach Ablauf der Amtszeit des PR für die folgende Amtszeit **wiedergewählt** worden ist. In diesem Fall ist das **Ausschlussverfahren für die folgende Amtszeit** fortzusetzen.

5. Neuwahl und vorübergehende Amtsbefugnis

(Abs. 3) Sobald der Auflösungsbeschluss rechtskräftig geworden ist, hat der Vorsitzende der Fachkammer des Verwaltungsgerichts für die in § 23 Abs. 1 Nr. 4 vorgeschriebene **Neuwahl des PR** nach Abs. 3 S. 1 einen **Wahlvorstand** einzusetzen. Dafür und für die in S. 2 und 3 geregelten Aufgaben des Wahlvorstands gilt das Gleiche wie für den nach § 21 Abs. 2 einzusetzenden Wahlvorstand, allerdings mit der Abweichung, dass – anders als nach einer erfolgreichen Wahlanfechtung – keine Wiederholungswahl, sondern eine Neuwahl durchzuführen ist (vgl. § 21 Rn. 13–17). 9

§ 25 Erlöschen der Mitgliedschaft im Personalrat

(1) Die Mitgliedschaft im Personalrat erlischt durch
1. **Ablauf der Amtszeit,**
2. **Niederlegung des Amts,**
3. **Rücktritt des gesamten Personalrats,**
4. **Beendigung des Dienst-, Arbeits- oder Ausbildungsverhältnisses,**
5. **Ausscheiden als Beschäftigter aus der Dienststelle,**
6. **Beurlaubung ohne Dienstbezüge oder Arbeitsentgelt, wenn diese länger als zwölf Monate gedauert hat; bei Mitgliedern die bereits bei Beginn der Amtszeit beurlaubt sind, beginnt die Frist ab diesem Zeitpunkt,**
7. **Teilzeitbeschäftigung mit Freistellungsjahr, wenn dieses bis zum Ruhestand andauert, mit dem Beginn der Freistellung,**
8. **Altersteilzeit im Blockmodell mit dem Beginn der Freistellung,**
9. **Verlust der Wählbarkeit,**
10. **gerichtliche Entscheidung nach § 24 Abs. 1 Satz 1,**
11. **Feststellung nach Ablauf der in § 21 Abs. 1 bezeichneten Frist, dass der Gewählte nicht wählbar war.**

(2) Die Mitgliedschaft im Personalrat wird durch einen Wechsel der Gruppenzugehörigkeit eines Mitglieds nicht berührt; dieses bleibt Vertreter der Gruppe, die es gewählt hat.

---

16 Vgl. *BVerwG* v. 6.2.79 – 6 P 14.78 –, PersV 80, 196; Altvater-*Kröll*, § 30 Rn. 33 m. w. N.

(3) Für Waldarbeiter gilt Absatz 1 Satz 1 Nummer 4 und 5 mit der Maßgabe, dass die Mitgliedschaft im Personalrat erst mit endgültigem Ausscheiden als Waldarbeiter erlischt.

Vergleichbare Vorschriften:
§ 31 BPersVG; § 24 BetrVG

Inhaltsübersicht Rn.

1. Erlöschen der Mitgliedschaft

1 **(Abs. 1)** Abs. 1 zählt die **Tatbestände** auf, die zum **Erlöschen der Mitgliedschaft** im PR führen. Er gilt entsprechend für nicht gewählte Wahlbewerber, die nach § 27 eine Anwartschaft auf eine **Ersatzmitgliedschaft** im PR haben.[1] In den Fällen des Abs. 1 Nr. 1 bis 9 erlischt die Mitgliedschaft unmittelbar **kraft Gesetzes** mit dem Eintritt der Voraussetzungen des Erlöschenstatbestandes. In den Fällen des Abs. 1 Nr. 10 und 11 erlischt sie dagegen erst mit dem Eintritt der **Rechtskraft der gerichtlichen Entscheidung.**

2 **(Abs. 1 Nr. 1)** Der Tatbestand erfasst den **Ablauf der regelmäßigen Amtszeit** des nach § 22 Abs. 3 gewählten PR sowie den **Ablauf der verkürzten oder verlängerten Amtszeit** des nach § 23 Abs. 1 gewählten PR (vgl. § 22 Rn. 4 f.). Dem Tatbestand lassen sich auch die Fälle zuordnen, in denen die **Amtszeit vorzeitig endet**, weil die Dienststelle die PR-Fähigkeit verliert (vgl. § 10 Rn. 1), weil sie untergeht oder weil die Wahl des gesamten PR aufgrund erfolgreicher Wahlanfechtung für ungültig erklärt wird (vgl. § 23 Rn. 10). Endet die Amtszeit des PR, so erlischt die Mitgliedschaft aller PR-Mitglieder. Ersatzmitglieder rücken nicht nach.

3 **(Abs. 1 Nr. 2)** Die **Niederlegung des Amtes** ist jederzeit, auch ohne Begründung möglich.[2] Das Mitglied muss sie gegenüber dem PR oder seinem Vorsitzenden erklären, bei einem aus einer Person bestehenden PR gegenüber dem Ersatzmitglied.[3] Fehlt bei einem einköpfigen PR das Ersatzmitglied, kann die Erklärung gegenüber der Belegschaft abgegeben werden. Ist auch eine Belegschaft nicht (mehr) vorhanden, kann die Amtsniederlegung des einzigen, das Restmandat des PR (vgl. § 113 Rn. 11) ausübenden PR-

---

1 *BVerwG* v. 4. 9. 95 – 6 P 20.93 –, PersR 96, 115.

2 *BVerwG* v. 16. 7. 63 – VII P 10.62 –, PersV 63, 233, u. v. 28. 2. 90 – 6 P 21.87 –, PersR 90, 133.

3 *OVG LSA* v. 26. 10. 94 – 5 M 1/94 –, PersR 95, 138.

Mitglieds ausnahmsweise gegenüber dem Dienststellenleiter erfolgen.[4] Hat sich der PR noch nicht konstituiert, ist die Erklärung an den Wahlvorstand zu richten.[5] Die Erklärung ist an keine Form oder Frist gebunden und muss lediglich den Willen, aus dem PR auszuscheiden, eindeutig erkennen lassen.[6] Das Amt erlischt mit dem Eingang der Erklärung beim Erklärungsempfänger, es sei denn, das PR-Mitglied hat einen späteren Zeitpunkt bestimmt. Eine vorübergehende Amtsniederlegung ist nicht möglich. Die Erklärung ist unwiderruflich und unanfechtbar.[7] Die **kollektive Amtsniederlegung** von allen PR-Mitgliedern gleichzeitig ist ebenso möglich. Auch in diesem Fall enden alle Mitgliedschaften unmittelbar.[8]

(Abs. 1 Nr. 3) Die Regelung knüpft an die Regelung in § 23 Abs. 1 S 1 Nr. 3 an. Damit wird klargestellt, dass die Mitgliedschaft des einzelnen Mitglieds durch **Rücktritt des gesamten Gremiums** erlischt, ohne dass es einer Niederlegung des Amtes i. S. v. § 25 Abs. 1 Nr. 2 von jedem Mitglied und jedem Ersatzmitglied bedarf. Ersatzmitglieder rücken in diesem Fall nicht nach, wie in § 27 Abs. 4 ergänzend klargestellt.[9] **3a**

(Abs. 1 Nr. 4) Der Tatbestand bezieht sich auf die **Beendigung von Dienstverhältnissen** von Beamten, auf die Beendigung von **Arbeitsverhältnissen** von Arbeitnehmern und auf die Beendigung von **Ausbildungsverhältnissen** von Auszubildenden. Es gilt der umfassende Beschäftigtenbegriff nach § 4.[10] Maßgeblich ist in jedem Fall das endgültige Ausscheiden aus der Dienststelle als Beschäftigter, wenn also die **Eingliederung in die Arbeitsorganisation** restlos **beseitigt** wird.[11] Wird mit einem aus dem Dienst-/Beschäftigungsverhältnis ausgeschiedenen Beschäftigten später ein neues Beschäftigungsverhältnis begründet, lebt die erloschene PR-Mitgliedschaft auch dann nicht wieder auf, wenn die Wiedereinstellung zugesichert war. **4**

Die Beendigung des **Beamtenverhältnisses** ist in § 31 ff. LBG n. F. (in der Fassung des DRG[12]) geregelt. Es endet außer durch Tod v. a. durch Entlassung (kraft Gesetzes oder durch Verwaltungsakt), Verlust der Beamtenrechte, Entfernung aus dem Beamtenverhältnis nach den Disziplinargesetzen, Versetzung zu einem anderen Dienstherrn[13] oder durch Eintritt oder Ver- **5**

---

4 Vgl. *BAG* v. 12. 1. 00 – 7 ABR 61/98 –, AP Nr. 5 zu § 24 BetrVG 1972; Altvater-*Kröll*, § 31 Rn. 8.
5 *BVerwG* v. 9. 10. 59 – VII P 1.59 –, PersV 60, 19.
6 *NdsOVG* v. 9. 9. 94 – 17 L 2835/93 –, PersR 94, 564; *OVG LSA* v. 26. 10. 94, a. a. O.
7 Vgl. Altvater-*Kröll*, § 31 Rn. 8.
8 Lorenzen-*Schlatmann*, § 29 a. F. Rn. 11 a. E. u. § 27 a. F. Rn. 31
9 LT-Dr. 15/4224, S. 100 [zu § 29].
10 LT-Dr. 15/4224, S. 100 [zu § 29].
11 LT-Dr. 15/4224, S. 100 [zu § 29].
12 Dienstrechtsreformgesetz v. 9. 11. 10, GBl. S. 793.
13 *VG Freiburg* v. 8. 5. 19 – PL 12 K 1953/19; Rooschüz-*Abel*, § 25 Rn. 6.

setzung in den Ruhestand (§ 21 BeamtStG; §§ 36 ff. LBG n. F.). Es endet auch durch die Feststellung der Nichtigkeit oder die Rücknahme der Ernennung (vgl. §§ 12, 13 LBG n. F.; §§ 11, 12 BeamtStG), sofern sie sich auf die Begründung des Beamtenverhältnisses bezieht.[14] Nach § 26 ruht die Mitgliedschaft lediglich, solange dem Beamten die Führung der Dienstgeschäfte verboten oder er wegen eines gegen ihn schwebenden Disziplinarverfahrens vorläufig des Dienstes enthoben ist.

6 Bei **Arbeitnehmern** endet das **Arbeitsverhältnis** außer durch Tod durch Auflösungsvertrag, Fristablauf, Zweckerreichung, Kündigung, Erreichen der Altersgrenze oder wegen Erwerbsminderung (vgl. z. B. Abschn. V TVöD bzw. TV-L), ferner durch erfolgreiche Anfechtung oder Feststellung der Nichtigkeit des Arbeitsvertrages. Einem PR-Mitglied kann ordentlich nur bei einer Stilllegung des Betriebes oder einer Betriebsabteilung und außerordentlich nur mit Zustimmung des PR oder mit einem die fehlende Zustimmung ersetzenden rechtskräftigen Beschluss des Verwaltungsgerichts gekündigt werden (vgl. §§ 127, 128 BPersVG u. § 47 LPVG Rn. 20, bei Auszubildenden § 48 LPVG). Erhebt das PR-Mitglied gegen eine vom Arbeitgeber in zulässiger Weise ausgesprochene Kündigung **Kündigungsschutzklage** vor dem Arbeitsgericht, bleibt die Rechtswirksamkeit der Kündigung bis zur rechtskräftigen Entscheidung des Kündigungsschutzprozesses offen. Bis zu dieser Entscheidung ist das PR-Mitglied grundsätzlich[15] an der Ausübung seines Amtes gehindert, so dass an seiner Stelle nach § 27 ein Ersatzmitglied in den PR eintritt. Wird rechtskräftig festgestellt, dass die Kündigung rechtsunwirksam ist, steht fest, dass das Arbeitsverhältnis fortbesteht und das PR-Mitglied somit sein PR-Amt nicht verloren hat. Im umgekehrten Fall steht fest, dass die Mitgliedschaft erloschen ist und dass das Ersatzmitglied demnach endgültig in den PR eintritt.[16] Eine ohne Zustimmung des PR ausgesprochene Kündigung ist dagegen unheilbar nichtig. Das PR-Mitglied bleibt in einem solchen Fall im Amt. Behält der PR nach Auflösung der Dienststelle ein Restmandat, erlischt die Mitgliedschaft im PR trotz Beendigung des Dienstverhältnisses während der Dauer des Restmandats (noch) nicht.[17]

7 Wird ein **Arbeitnehmer in das Beamtenverhältnis übernommen**, endet zwar das Arbeitsverhältnis, nicht jedoch das Dienstverhältnis, das in veränderter Form fortgesetzt wird. Letzteres gilt auch, wenn ein **Auszubildender** nach dem Berufsbildungsgesetz, dem Krankenpflegegesetz oder dem

---

14 Rooschüz-*Abel*, § 25 Rn. 6.

15 Anders im Falle der Entscheidung des *BVerwG* v. 4.2.21 – 5 VR 1.20 –, NVwZ 21, 1000: Ist die Kündigung **offensichtlich unwirksam**, ist das PR-Mitglied an der Ausübung des PR-Amtes **nicht verhindert**.

16 Vgl. Altvater-*Kröll*, § 31 Rn. 15.

17 *VGH BW* v. 20.12.11 – PB 15 S 2128/11 –, NZS 12, 381.

Hebammengesetz im Anschluss an das Berufsausbildungsverhältnis ohne Unterbrechung **in einem Arbeitsverhältnis weiterbeschäftigt** wird.[18]

(Abs. 1 Nr. 5) Maßgeblich ist nach der Gesetzesbegründung in jedem Fall 8
das längere oder dauerhafte Ausscheiden aus der Arbeitsorganisation der Dienststelle als Beschäftigter, wenn also die **Eingliederung in die Arbeitsorganisation beendet** wird.[19] Die Begründung ist missverständlich. Der Tatbestand »**Ausscheiden aus der Dienststelle**« liegt nur dann vor, wenn das PR-Mitglied bei fortbestehendem Dienstverhältnis aus derjenigen Dienststelle (i. S. d. LPersVG BW) endgültig ausscheidet, bei welcher der PR besteht, dem es angehört.[20] Dies kann insbesondere (unter Beachtung der Schutzvorschriften des § 47 Abs. 1 und 2 S. 3 und bei Auszubildenden § 48) durch **Versetzung**, nicht dagegen bei **zeitgleicher Rückabordnung** des PR-Mitglieds zur ursprünglichen Dienststelle,[21] auch nicht durch **Abordnung** oder **Zuweisung** (vgl. § 4 Abs. 1 S. 2; bzw. **Personalgestellung**[22] erfolgen,[23] die aber nach Abs. 1 Nr. 9 zum Erlöschen der Mitgliedschaft führen kann (z. B. Übertragung einer Funktion i. S. d. § 9 Abs. 2 Nr. 2–5; vgl. Rn. 9). Dass eine Abordnung oder Zuweisung (bzw. Personalgestellung) nicht zum Erlöschen der Mitgliedschaft im PR führt, ergibt sich bereits aus dem erweiterten Beschäftigungsbegriff nach § 4 Abs. 1 S. 2. Wer abgeordnet oder einer anderen Dienststelle zugewiesen bzw. gestellt wird, bleibt Beschäftigter der abordnenden bzw. zuweisenden Dienststelle, scheidet also nicht aus. Das PR-Mitglied verliert aber seine Wählbarkeit nach § 9 Abs. 1 Nr. 1, was dann zum Erlöschen der Mitgliedschaft im PR nach § 25 Abs. 1 Nr. 9 führt.[24] Sind Außenstellen, Nebenstellen oder Teile der Dienststelle nach § 5 Abs. 3 verselbständigt, so führt eine dauernde **Umsetzung** zu einem Ausscheiden aus der Dienststelle i. S. d. PersVR, wenn das PR-Mitglied dadurch in den Wahlbereich eines anderen PR gelangt. Die Mitgliedschaft im GPR oder im BPR wird damit dann nicht berührt, wenn der jeweilige Zuständigkeitsbereich nicht verlassen wird. Ist ein GPR-Mitglied zugleich Mitglied des örtlichen PR, führt eine Vollfreistellung für seine Tätigkeit im GPR allein nicht dazu, dass die Mitgliedschaft im örtlichen PR kraft Gesetzes erlischt oder für die Dauer der Vollfreistellung ruht.[25] Dem Tatbestand des Abs. 1 Nr. 5 lässt sich auch der Fall zuordnen, dass durch eine organisatorische Maßnahme der

---

18 Altvater-*Kröll*, § 31 Rn. 16.
19 LT-Dr. 15/4224, S. 100 [zu § 29].
20 Vgl. *VGH BW* v. 21. 9. 16 – PL 15 S 689/15 –, Rn. 40.
21 *VG Freiburg* v. 8. 5. 19 – PL 12 K 1953/19 –, juris.
22 *VG Frankfurt a. M.* v. 3. 6. 13 – 23 K 1700/13. F.PV –, PersR 13, 500.
23 Ebenso Leuze-*Isenburg*, § 25Rn 18; Rooschüz-*Abel*, § 25 Rn. 8.
24 Altvater-*Kröll*, § 31 Rn. 24.
25 *VGH BW* v. 21. 9. 16 – PL 15 S 689/15 –, Rn. 31, PersR 3/17, 40, m. Anm. *Melzer*.

Dienststellenteil ausgegliedert wird, in dem das PR-Mitglied beschäftigt ist.

8a **(Abs. 1 Nr. 6)** Durch diese Regelung erlischt die Mitgliedschaft im PR infolge **Beurlaubung** ohne Dienstbezüge oder Arbeitsentgelt, wenn diese länger als zwölf Monate gedauert hat. Die Vorschrift entspricht dem ebenfalls eingefügten § 8 Abs. 1 Nr. 2. In der Gesetzesbegründung wird ausgeführt, dass das längere oder dauerhafte Ausscheiden aus der Arbeitsorganisation durch Freistellungen ohne formale Beendigung des Dienstverhältnisses bisher schon zum Verlust der Mitgliedschaft im PR geführt habe.[26] Nach bisheriger Rspr. erlosch die Mitgliedschaft im PR bei einer Beurlaubung nicht zwingend.[27] Der Gesetzgeber hat als **Mindestdauer** der Beurlaubung zwölf Monate festgelegt. Ob diese Mindestdauer den Verlust der Mitgliedschaft im PR rechtfertigt, ist aus Gründen des Gleichbehandlungsgrundsatzes zweifelhaft. Jedenfalls tritt der Verlust der Mitgliedschaft erst ein, wenn zwölf Monate **abgelaufen** sind. Bei Mitgliedern, die bereits bei **Beginn der Amtszeit beurlaubt sind**, beginnt die Mindestdauer mit dem Beginn der Amtszeit des PR. Dies kann dazu führen, dass bei einem PR-Mitglied, das am Wahltag bereits beurlaubt ist (§ 8 Abs. 1 Nr. 2), die Beurlaubung auf knapp zwei Jahre (davon zwölf Monate Mitglied im PR) auflaufen kann, bevor die Mitgliedschaft im PR erlischt. Eine nach der Wahl ausgesprochene Beurlaubung ohne Dienstbezüge für weniger als zwölf Monate führt auch nach der Regelung der Nr. 6 nicht zum Verlust der Wählbarkeit.[28] Ob die (weitere) Inanspruchnahme von **Elternzeit** nach dem Wahltag ein Grund für ein Erlöschen der PR-Mitgliedschaft ist, ist zweifelhaft, da dies als unzulässige mittelbare Diskriminierung wegen des Geschlechts angesehen werden kann (vgl. § 8 Rn. 12).[29]

8b **(Abs. 1 Nr. 7)** Der Tatbestand regelt den Fall der Freistellung von **Beamtinnen und Beamten** unmittelbar vor dem Ruhestand. Nach § 69 Abs. 5 LBG kann Beamtinnen und Beamten Teilzeitbeschäftigung in der Weise bewilligt werden, dass der Teil, um den die regelmäßige Arbeitszeit im Einzelfall ermäßigt ist, zu einem zusammenhängenden Zeitraum zusammengefasst wird (**Freistellungsjahr**, auch **Sabbatjahr** genannt). Das Freistellungsjahr kann auf Antrag der Beamtin oder des Beamten bis vor Eintritt in den Ruhestand aufgeschoben werden, wobei mehrere Freistellungsjahre zusammengefasst

---

26 LT-Dr. 15/4224, S. 100 [zu § 29].

27 *VGH BW* v. 26.9.95 – PB 15 S 1138/95 –, PersR 96, 63 ff.; *BVerwG* v. 28.3.79 – 6 P 86/78 –, PersV 80, 428 f.; so auch die Kritik im Gesetzgebungsverfahren von DGB und ver.di: LT-Dr. 15/4224, S. 260, 300 [zu § 29].

28 Vgl. *BVerwG* v. 28.3.79 – 6 P 86.78 –, PersV 80, 428.

29 Kein Erlöschen der Mitgliedschaft: vgl. *VGH BW* v. 26.9.95 – PB 15 S 1138/95 –, PersR 96, 63; Lorenzen-*Schlatmann*, § 29 a. F. Rn. 33; **a. A.** *OVG NW* v. 10.11.14 – 20 A 679/14.PVL; *VG Greifswald* v. 20.4.16 – 7 A 700/15 HGW; kritisch dazu *Vogelgesang*, ZfPR 16, 105.

werden können. In Anlehnung an die Rspr. zur Freistellungsphase in der Altersteilzeit nach dem Blockmodell (vgl. Abs. 2 Nr. 8) erlischt die Mitgliedschaft im PR mit Beginn der Freistellungsphase, wenn die Freistellungsphase **bis zum Ruhestand** andauert. Das Freistellungsjahr kann auch von Beschäftigten im Arbeitsverhältnis in Anspruch genommen werden.

(Abs. 2 Nr. 8) Mit diesem Tatbestand wird die Rspr. des *BVerwG*[30] zur **Freistellungsphase in der Altersteilzeit** nach dem **Blockmodell** nachvollzogen. Bereits nach der bisherigen Rspr. mit **Beginn der Freistellung**, an die sich keine weitere Beschäftigung in der Dienststelle anschließt, erlischt die Mitgliedschaft im PR. 8c

(Abs. 1 Nr. 9) Der Tatbestand erfasst alle diejenigen Fälle des **nachträglichen Verlustes der Wählbarkeit**, die nicht durch die Beendigung des Dienstverhältnisses oder durch das Ausscheiden aus der Dienststelle eintreten (vgl. dazu bereits Rn. 4–8c). Dazu gehört der Fall der durch Richterspruch erfolgten Aberkennung, Rechte aus öffentlichen Ämtern zu erlangen (§ 9 Abs. 2 Nr. 1), oder der Fall der Übernahme einer Funktion i. S. d. § 9 Abs. 2 Nr. 1–5 (z. B. **Beauftragte für Chancengleichheit** und ihre Stellvertreterin)[31] sowie die Fälle der **Abordnung**,[32] **Zuweisung** und **Personalgestellung**[33] nach Beginn der Amtszeit.[34] Im Fall einer **Versetzung mit zeitgleicher Rückabordnung** geht die Wählbarkeit nicht verloren.[35] 9

(Abs. 1 Nr. 10) Eine **gerichtliche Entscheidung nach § 24 Abs. 1 S. 1**, durch die der PR **aufgelöst** wird, führt dazu, dass die Mitgliedschaften aller PR-Mitglieder und zugleich alle Anwartschaften auf eine Ersatzmitgliedschaft erlöschen (vgl. § 27 Abs. 4 i. V. m. § 23 Abs. 1 Nr. 4). Wird durch eine gerichtliche Entscheidung ein Mitglied aus dem PR **ausgeschlossen**, scheidet es aus dem PR aus und wird durch ein Ersatzmitglied ersetzt. 10

(Abs. 1 Nr. 11) Der Tatbestand betrifft – im Unterschied zu Abs. 1 Nr. 9 – den Fall, dass das PR-Mitglied **am Tag der Wahl nicht wählbar** war und deshalb nicht hätte gewählt werden dürfen. Ist dieser Mangel nicht im Rahmen der Wahlanfechtung nach § 21 Abs. 1 geltend gemacht worden (vgl. § 21 Rn. 4), kann nach § 92 Abs. 1 Nr. 1 jederzeit beim **Verwaltungsgericht** die **Feststellung** beantragt werden, dass der Gewählte nicht wählbar war.[36] Der Kreis der **Antragsberechtigten** ist derselbe wie der der Wahlanfechtungs- 11

---

30 *BVerwG* v. 15. 5. 02 – 6 P 8.01 –, PersR 02, 434.

31 Vgl. *VGH BW* v. 20. 1. 15 – PL 15 S 1102/14: danach seien § 9 Abs. 2 Nr. 5 i. V. m. § 25 Abs. 1 Nr. 9 nicht verfassungswidrig.

32 *VGH BW* v. 21. 9. 16 – PL 15 S 689/15 –, Rn. 31, PersR 3/17, 40.

33 *VG Göttingen* v. 3. 1. 17 – 7 B 3/16 –, PersV 17, 158.

34 Altvater-*Kröll*, § 31 Rn. 29.

35 *VG Freiburg* v. 8. 5. 19 – PL 12 K 1953/19.

36 *BVerwG* v. 7. 11. 75 – VII P 11.74 –, PersV 77, 22; *VG Karlsruhe* v. 30. 9. 11 – PL 16 K 701/11 –, juris.

berechtigten (vgl. § 21 Rn. 7).[37] Ein PR-Mitglied allein ist nicht antragsbefugt.[38] Für diese »kleine Wahlanfechtung« bedarf es entsprechend § 21 Abs. 1 einer Gruppe von mindestens drei Wahlberechtigten.[39] Die nachträgliche Feststellung der Nichtwählbarkeit ist jedoch ausgeschlossen, wenn der anfänglich gegebene **Mangel nicht mehr vorliegt** (so ausdrücklich § 24 Abs. 1 Nr. 6 BetrVG), so z. B., wenn das PR-Mitglied, das am Wahltag das 18. Lebensjahr noch nicht vollendet hatte, dieses Alter inzwischen erreicht hat (vgl. § 9 Rn. 5).[40]

12 Im Katalog der Tatbestände des Abs. 1 fehlt der Fall, dass das Verwaltungsgericht aufgrund einer erfolgreichen Wahlanfechtung die **PR-Wahl in einer Gruppe für ungültig erklärt** (vgl. § 21 Rn. 18). Sobald diese Entscheidung rechtskräftig wird, erlöschen sowohl die Mitgliedschaften aller PR-Mitglieder der betreffenden Gruppe als auch alle Anwartschaften auf eine Ersatzmitgliedschaft in der Vertretung dieser Gruppe. Die Wahl der Gruppenvertreter ist zu wiederholen (vgl. § 21 Rn. 18; § 23 Rn. 12).

2. Wechsel der Gruppenzugehörigkeit

13 **(Abs. 2)** Abs. 2 stellt in Hs. 1 klar, dass die Mitgliedschaft im PR nicht dadurch erlischt, dass nach der Wahl die **Gruppenzugehörigkeit** des PR-Mitglieds wechselt. In Hs. 2 bestimmt, dass das PR-Mitglied in einem solchen Fall Vertreter der Gruppe bleibt, für die es gewählt ist. Die Regelung gilt vor dem Eintritt des Ersatzmitglieds in den PR (§ 27 Abs. 3) entsprechend.

3. Waldarbeiter

14 **(Abs. 3)** Die besonderen Vorschriften für Waldarbeiter in Abs. 3 knüpfen an die in Baden-Württemberg geltenden einschlägigen **Tarifverträge** an. Der Manteltarifvertrag für Waldarbeiter der Länder und Gemeinden (**MTW**) v. 26. 1. 82 – zuletzt geändert durch den ÄndTV Nr. 28 v. 24. 2. 06 – (vgl. 1. Aufl.) ist durch folgende Tarifverträge ersetzt worden:

- im **Bereich des Landes** durch den Tarifvertrag zur Regelung der Arbeitsbedingungen von Beschäftigten in forstwirtschaftlichen Verwaltungen, Einrichtungen und Betrieben der Länder (**TV-L-Forst**) v. 18. 12. 07 (inzwischen jew. i. d. F. des ÄndTV Nr. 8 vom 11. 4. 2019) nach Maßgabe

37 *BVerwG* v. 17. 3. 83 – 6 P 30.82 –, PersV 84, 320.

38 *VGH BW* v. 10. 11. 16 – PL 15 S 743/16; *VG Karlsruhe* v. 30. 9. 11, a. a. O.; Rooschüz-*Abel*, § 25 Rn. 12; Altvater-*Kröll*, § 31 Rn. 36 m. w. N.; jetzt auch Ilbertz/Widmaier/*Knorz*, § 31 Rn. 26; vgl. auch *VGH BW* v. 9. 9. 86 – 15 S 3169/85 –, ZBR 87, 222 (jedenfalls eine Gruppe von mindestens drei Wahlberechtigten).

39 *VGH BW* v. 10. 11. 16 – PL 15 S 743/16.

40 Rooschüz-*Abel*, § 25 Rn. 12; Ilbertz/Widmaier/*Knorz*, § 31 Rn. 40 m. w. N.

des Tarifvertrags zur Überleitung der Beschäftigten der Länder aus dem Geltungsbereich des MTW/MTW-O in den TV-L-Forst und zur Regelung des Übergangsrechts (**TVÜ-Forst**), v. 18.12.07 (i.d.F. des ÄndTV Nr. 7 vom 11.4.2019),

- im **Bereich der Gemeinden** durch den Tarifvertrag für den öffentlichen Dienst für die Beschäftigten der Mitglieder des Kommunalen Arbeitgeberverbandes Baden-Württemberg in forstwirtschaftlichen Verwaltungen, Einrichtungen und Betrieben (**TVöD-Wald BaWü**) v. 3.2.09 (i.d.F. des ÄndTV Nr. 9 vom 26.10.2020) nach Maßgabe des Tarifvertrags zur Überleitung der Beschäftigten des Kommunalen Arbeitgeberverbandes Baden-Württemberg aus dem Geltungsbereich des MTW und TV-Forst in den TVöD-Wald BaWü und zur Regelung des Übergangsrechts (**TVÜ-Wald BaWü**), v. 3.2.09 (i.d.F. des ÄndTV Nr. 4 vom 22.6.2018).

Der TV-L-Forst und der TVöD-Wald BaWü gelten für solche (in den Überschriften der Tarifverträge bezeichneten) »**Arbeitnehmer, die Tätigkeiten in der Waldarbeit ausüben**«. Diese Beschäftigten sind nunmehr mit der in **Abs. 3** weiterhin verwendeten Bezeichnung »**Waldarbeiter**« gemeint.

Die einschlägigen Tarifverträge enthalten spezifische Regelungen für die Besonderheiten in der Waldarbeit. Zu diesen **waldspezifischen Regelungen** gehören Bestimmungen über die »**Beendigung des Arbeitsverhältnisses ohne Kündigung wegen winterlicher Arbeitsunterbrechung**« (§ 19 TVÜ-L-Forst; § 34a TVöD-Wald). Diese sehen im Wesentlichen Folgendes vor: Das Arbeitsverhältnis gilt ohne besondere Kündigung als beendet, wenn infolge außerordentlicher Witterungseinflüsse oder anderer nicht vorherzusehender Umstände die Weiterführung der Arbeiten unmöglich wird. Sobald die Arbeit wieder aufgenommen werden kann, ist der Beschäftigte **wieder einzustellen**, wobei die bis zur Unterbrechung des Arbeitsverhältnisses erworbenen tariflichen Rechte nach der Wiedereinstellung wieder aufleben. Die Verpflichtung zur Wiedereinstellung entfällt jedoch, wenn der Beschäftigte die Arbeit nach Aufforderung nicht unverzüglich wieder aufnimmt oder wenn während der Unterbrechung ein Sachverhalt eintritt, der den Arbeitgeber zur außerordentlichen Kündigung berechtigt hätte. 15

Die besondere Vorschrift des Abs. 3 soll der in den waldspezifischen Bestimmungen geregelten **berufstypischen Unterbrechung des Arbeitsverhältnisses** der Arbeitnehmer, die Tätigkeiten in der Waldarbeit ausüben (vgl. Rn. 13b), Rechnung tragen. Nach Abs. 3 gilt Abs. 1 Nr. 3 und 4 – der das **Erlöschen der Mitgliedschaft im PR** durch die Beendigung des Dienstverhältnisses bzw. durch das Ausscheiden aus der Dienststelle vorsieht – nur mit der Maßgabe, dass die Mitgliedschaft im PR **erst bei endgültigem Ausscheiden** als Waldarbeiter erlischt. Letzteres ist nur dann der Fall, wenn das Arbeitsverhältnis nicht nach § 19 TVÜ-L-Forst bzw. § 34a TVöD-Wald als beendet gilt, sondern aus anderen Gründen endet, insbesondere durch Fristablauf, bei Erreichen der Regelaltersgrenze, durch Auflösungsvertrag, wegen 16

Erwerbsminderung oder durch ordentliche oder außerordentliche Kündigung (§§ 30, 33 u. 34 TV-L-Forst bzw. TVöD-Wald Das Gleiche gilt, wenn die Verpflichtung zur Wiedereinstellung nach § 19 Abs. 1 S. 3 TVÜ-L-Forst bzw. § 34a Abs. 1 S. 3 TVöD-Wald entfällt.

§ 26 Ruhen der Mitgliedschaft im Personalrat

(1) Die Mitgliedschaft eines Beamten im Personalrat ruht, solange ihm die Führung der Dienstgeschäfte verboten oder er disziplinarrechtlich vorläufig des Dienstes enthoben ist.
(2) Die Mitgliedschaft der in § 8 Absatz 2 bezeichneten Beschäftigten im Personalrat ruht, solange sie entsprechend den Erfordernissen ihrer Ausbildung einen Ausbildungsabschnitt in einer anderen Dienststelle ableisten.
(3) Die Absätze 1 und 2 gelten sinngemäß für Arbeitnehmer.
(4) Die Mitgliedschaft von Waldarbeitern im Personalrat ruht, solange sie vorübergehend nicht im Beschäftigungsverhältnis stehen.

Vergleichbare Vorschriften:
§ 32 BPersVG (nur hinsichtlich Abs. 1), keine für Abs. 2–4; keine im BetrVG

Inhaltsübersicht Rn.

1. Beamte

1 **(Abs. 1)** Der für **Beamte** geltende **Abs. 1** sieht bei zwei alternativen Tatbeständen das kraft Gesetzes eintretende Ruhen der Mitgliedschaft im PR vor: bei einem Verbot der Führung der Dienstgeschäfte und bei einer vorläufigen Dienstenthebung. Die Regelung ist zwingend. Die Tatbestände können weder eingeschränkt noch erweitert werden. Eine analoge Anwendung auf andere Fälle scheidet aus.[1] Das **Verbot der Führung der Dienstgeschäfte** ist im BeamtStG und im LBG geregelt. Für die in § 11 BeamtStG normierten Fälle der Nichtigkeit der Ernennung ist im Wesentlichen festgelegt, dass dem Ernannten unverzüglich jede weitere Führung der Dienstgeschäfte zu verbieten ist (§ 13 Abs. 1 S. 4 u. 5 LBG). In anderen Fällen kann dem Beamten aus zwingenden dienstlichen Gründen die Führung der Dienstgeschäfte verboten werden (§ 39 BeamtStG). Die **vorläufige Dienstenthebung** ist eine

1 *VGH BW* v. 21.9.16 – PL 15 S 689/15 –, PersR 3/17, 40 (AOK BW); Altvater-*Kröll*, § 32 Rn. 1.

Maßnahme im Rahmen des Disziplinarverfahrens. Sie ist insbesondere dann zulässig, wenn der Beamte voraussichtlich aus dem Beamtenverhältnis entfernt wird oder wenn andernfalls der Dienstbetrieb oder die Ermittlungen wesentlich beeinträchtigt würden und die Enthebung im Hinblick auf die Bedeutung der Sache und die zu erwartende Disziplinarmaßnahme verhältnismäßig ist (§ 22 Abs. 1 LDG).

Die **Mitgliedschaft im PR ruht**, wenn und solange das Verbot der Führung der Dienstgeschäfte oder die Anordnung der vorläufigen Dienstenthebung wirksam besteht. Dies gilt auch dann, wenn der betroffene Beamte nach § 387 Abs. 3 SGB III »in-sich« beurlaubt ist.[2] Während dieser Zeit bleibt der Beamte zwar Mitglied des PR. Er ist jedoch **gehindert**, sein Amt auszuüben, so dass vorübergehend ein **Ersatzmitglied** an seine Stelle tritt (§ 27 Abs. 1 S. 2). Der besondere **Schutz** vor Versetzungen, Abordnungen und Umsetzungen nach § 47 Abs. 1 bleibt bestehen. **Wahlberechtigung** (§ 8) und **Wählbarkeit** (§ 9) bleiben unberührt. Damit der Beamte ggf. sein aktives und passives Wahlrecht wahrnehmen kann, darf ihm auch der Zutritt zur Dienststelle nicht verwehrt werden. 2

Abs. 1 gilt auch für Beamte, die als nicht gewählte Wahlbewerber nach § 27 eine Anwartschaft auf eine **Ersatzmitgliedschaft** im PR haben. Ihre Anwartschaft ruht, wenn und solange ihnen die Führung der Dienstgeschäfte verboten ist oder sie vorläufig des Dienstes enthoben sind. Wenn während des Ruhens ein Mitglied aus dem PR ausscheidet oder zeitweilig verhindert ist, können sie nicht in den PR eintreten.[3] 3

2. Beschäftigte in anderer Dienststelle zur Ausbildung

(Abs. 2) Diese Regelung stellt darauf ab, dass ein Ausbildungsabschnitt in **einer anderen Dienststelle abgeleistet** wird, was an sich zum Verlust der Mitgliedschaft im PR führen kann. Die Versetzung z. B. – u. U. auch die Umsetzung – führt zum Ausscheiden aus der Dienststelle und damit nach § 25 Abs. 1 Nr. 5 zum Erlöschen der Mitgliedschaft im PR (vgl. § 25 Rn. 8), die Abordnung kann nach § 8 Abs. 2 zum Verlust der Wählbarkeit und damit nach § 25 Abs. 1 Nr. 9 ebenfalls zum Erlöschen der Mitgliedschaft im PR führen (vgl. § 8 Rn. 14 f. und § 25 Rn. 9). Entsprechend sind die Fälle der Zuweisung und Personalgestellung zu behandeln. Abs. 2 vermeidet eine Aufzählung der möglichen Formen der Personalmaßnahmen, die Grundlage dafür sein können, dass Beschäftigte ihre Ausbildung oder einen Ausbildungsabschnitt in einer anderen Dienststelle ableisten. Abs. 2 beschränkt sich auf die Regelung, dass die PR-Mitgliedschaft ruht, solange die Auszubildenden in öffentlich-rechtlichen Ausbildungsverhältnissen, Beamten im Vorbereitungsdienst 4

2 *VG Saarland* v. 27.2.12 – 8 L 114/12 –, ZfPR online 10/12, 18.
3 Vgl. Altvater-*Kröll*, § 32 Rn. 7.

und die Beschäftigten in einer dem Vorbereitungsdienst entsprechenden Berufsausbildung entsprechend den Erfordernissen ihrer Ausbildung einen **Ausbildungsabschnitt** in einer anderen Dienststelle ableisten.[4] Wird allerdings die gesamte Ausbildung in einer anderen Dienststelle abgeleistet, kommt die Regelung des Abs. 2 nicht zur Anwendung. Während des Ruhens der Mitgliedschaft bleibt der betroffene Beschäftigte Mitglied des PR. Da er jedoch gehindert ist, sein Amt auszuüben, tritt für ihn nach § 27 Abs. 1 S. 2 ein Ersatzmitglied ein (vgl. Rn. 2). Die Sonderregelung des Abs. 2 gilt auch für Mitglieder (und Ersatzmitglieder) des GPR, BPR, HPR und APR (weil in § 58 Abs. 3 S. 1 § 26 Abs. 2 nicht ausgenommen),[5] sowie für Mitglieder der JAV (vgl. § 47 Rn. 16).

3. Arbeitnehmer

5 **(Abs. 3)** Im Unterschied zum BPersVG bestimmt **Abs. 3**, dass die Regelung des Abs. 1 **sinngemäß für Arbeitnehmer** gilt. Da das Arbeitsrecht keine dem Beamten- bzw. Disziplinarrecht entsprechenden Vorschriften kennt, ist Abs. 1 dann anzuwenden, wenn der Arbeitgeber einem Arbeitnehmer die Ausübung seiner arbeitsvertraglich vereinbarten Tätigkeit verbietet und dafür einen billigenswerten Grund hat. Eine derartige **Suspendierung** des Beschäftigungsanspruchs des Arbeitnehmers ist jedoch nur in seltenen Ausnahmefällen möglich, insbesondere dann, wenn der Arbeitnehmer in den Verdacht einer schweren Arbeitsvertragsverletzung geraten ist.[6] Da es sich um eine Spezialregelung für die drei in Abs. 1 und 2 genannten Sonderfälle handelt (s. Rn. 1), kommt eine analoge Anwendung auch nicht für den Fall in Betracht, dass ein öPR-Mitglied im GPR eine Vollfreistellung in Anspruch nimmt.[7]

4. Waldarbeiter

6 **(Abs. 4)** Die Regelung entspricht § 96 S. 2 a.F. Solange ein Waldarbeiter i.S.d. § 25 Abs. 3 (vgl. § 25 Rn. 13a) mangels seines endgültigen Ausscheidens vorübergehend nicht im Arbeitsverhältnis steht, **ruht seine Mitgliedschaft im PR.** Während der Zeit des Ruhens bleibt er PR-Mitglied. Er ist

---

4 Krit. dazu DGB BaWü (für Aufrechterhaltung der aktiven Mitgliedschaft im PR); LT-Dr. 15/4224, S. 13 [zu § 30].

5 Vgl. Begründung: LT-Dr. 15/4224, S. 101 [zu § 30]; ob es sich um ein redaktionelles Versehen handelt, weil eine Gesetzesänderung insoweit nicht vorgesehen war, mag dahinstehen.

6 Vgl. Leuze-*Isenburg*, § 26 Rn. 14; Schaub-*Ahrendt*, § 109 Rn. 10.

7 *VGH BW* v. 21.9.16 – PL 15 S 689/15 –, PersR 3/17, 40 (AOK BW).

zwar gehindert, sein Amt auszuüben, behält jedoch die den PR-Mitgliedern zustehenden Schutzrechte (vgl. Rn. 2).

Das LPVG legt im Unterschied zum **LPersVG RP** (§ 105) nicht fest, dass Waldarbeiter, deren Arbeitsverhältnis nur vorübergehend gelöst ist, während der Unterbrechung als Beschäftigte i. S. d. PersVR gelten. Daraus folgt auch, dass sie bei PR-Wahlen, die während der Unterbrechung stattfinden, nach den §§ 8 und 9 **weder wahlberechtigt noch wählbar** sind. 7

§ 27 Ersatzmitglieder

(1) [1]Scheidet ein Mitglied aus dem Personalrat aus, so tritt ein Ersatzmitglied ein. [2]Ist ein Mitglied des Personalrats zeitweilig verhindert oder ruht seine Mitgliedschaft, so tritt ein Ersatzmitglied für die Zeit der Verhinderung oder des Ruhens ein.

(2) [1]Die Ersatzmitglieder werden der Reihe nach aus den nicht gewählten Beschäftigten derjenigen Vorschlagslisten entnommen, denen die zu ersetzenden Mitglieder angehören. [2]Ist ein Mitglied nach Absatz 1 mit einfacher Stimmenmehrheit gewählt, so tritt der nicht gewählte Beschäftigte mit der nächsthöheren Stimmenzahl als Ersatzmitglied ein.

(3) § 25 Abs. 2 gilt entsprechend bei einem Wechsel der Gruppenzugehörigkeit vor dem Eintritt des Ersatzmitglieds in den Personalrat.

(4) In den Fällen des § 23 Absatz 1 Satz 1 Nummer 3 und 4 treten Ersatzmitglieder nicht ein.

Vergleichbare Vorschriften:
§§ 33, 41 Abs. 3 BPersVG; § 25 BetrVG

Inhaltsübersicht Rn.

1. Begriff und Funktion der Ersatzmitglieder

(Abs. 1) Ersatzmitglieder sind Wahlbewerber, die bei der Wahl zunächst kein Mandat erhalten haben, die aber gewählte PR-Mitglieder nach deren Ausscheiden, bei deren Verhinderung oder im Falle des Ruhens der Mitgliedschaft im PR (§ 26), ersetzen.[1] Scheidet ein Mitglied endgültig aus dem PR aus, so wird das Ersatzmitglied an dessen Stelle **ständiges Mitglied** des 1

1 *BVerwG* v. 27. 9. 84 – 6 P 38.83 –, PersV 86, 468.

PR. Ist ein Mitglied zeitweilig verhindert, tritt das Ersatzmitglied nur für die Dauer der Verhinderung an dessen Stelle. Es erwirbt dann keine eigene Mitgliedschaft, sondern hat lediglich als **Stellvertreter** die Rechte und Pflichten aus der Mitgliedschaft des Verhinderten vorübergehend wahrzunehmen.[2] Die Ersatzmitglieder treten bei Ausscheiden oder zeitweiliger Verhinderung eines PR-Mitglieds **kraft Gesetzes**, also ohne dass es dazu einer förmlichen Benachrichtigung oder einer Einladung zu einer PR-Sitzung bedarf, in den PR ein.[3] Sie übernehmen aber nicht automatisch die **besonderen Funktionen** des ausgeschiedenen oder zeitweilig verhinderten PR-Mitglieds, also z. B. nicht dessen Mitgliedschaft im Vorstand nach den §§ 28 und 29 oder dessen Freistellung nach § 45 Abs. 4. Es kann aber **für die Zeit der Verhinderung** zum Vorstandsmitglied **gewählt** werden, wenn mit einer längeren Verhinderung zu rechnen ist (z. B. wegen Mutterschutz und Elternzeit).[4]

2. Voraussetzung für den Eintritt in den PR

2 Ein **Ausscheiden** aus dem PR i. S. d. Abs. 1 S. 1 entspricht dem **Erlöschen der Mitgliedschaft im PR** gem. § 25 Abs. 1 Nr. 2 bis 11. Da es um das Ausscheiden **eines einzelnen Mitglieds** geht, treten im Falle des Rücktritts des gesamten PR (§ 25 Abs. 1 Nr. 3), sowie im Falle der gerichtlichen Auflösung des PR (§ 25 Abs. 1 Nr. 10 i. V. m. § 24 Abs. 1) Ersatzmitglieder nicht in den gesamten PR ein (Abs. 4). Tritt der gesamte PR zurück, führt er aber die Geschäfte – längstens für vier Monate – weiter (§ 23 Abs. 1 S. 2). In diesem Fall treten Ersatzmitglieder erforderlichenfalls in den PR ein (ebenso wie in den Fällen des § 23 Abs. 1 Nr. 1 und Nr. 2). Eine **zeitweilige Verhinderung** liegt vor, wenn ein Mitglied aus rechtlichen oder tatsächlichen Gründen sein Amt vorübergehend nicht ausüben kann.[5] Die Verhinderung muss **objektiv** vorliegen, was der PR-Vorsitzende zu prüfen hat, ein Beurteilungsspielraum oder Ermessen ist dem betreffenden Mitglied nicht eingeräumt.[6] **Rechtliche Gründe** für eine zeitweilige Verhinderung sind z. B. anzunehmen, wenn in einer PR-Sitzung eine Angelegenheit behandelt wird, die die persönlichen Interessen des PR-Mitglieds betrifft (vgl. § 33), ebenso

---

2 *BVerwG* v. 27. 4. 79 – 6 P 4.78 –, PersV 80, 237.

3 *BVerwG* v. 24. 10. 75 – VII P 14.73 –, PersV 77, 18; *BAG* v. 17. 1. 79 – 5 AZR 891/77 –, AP Nr. 5 zu § 15 KSchG 1969, v. 8. 9. 11 – 2 AZR 388/10 –, NZA 12, 400, v. 19. 4. 12 – 2 AZR 233/11 –, PersR 13, 5 (automatisches Nachrücken); Altvater-*Kröll*, § 33 Rn. 4.

4 *BayVGH* v. 14. 4. 15 – 18 P 14.2564 –, PersV 15, 341.

5 Vgl. *BVerwG* v. 24. 10. 75, a. a. O.

6 *BVerwG* v. 15. 5. 20 – 5 P 5.19 –, PersR 11/20, 42; v. 16. 5. 19 – 5 PB 16.18 –, PersR 11/20, 47; vorgehend *OVG BB* v. 23. 8. 18 – OVG 60 PV 8.17 –, PersR 1/20, 47; vgl. ausführlich dazu: *Gronimus*, PersV 19, 246.

wenn das Arbeitsverhältnis eines PR-Mitglieds außerordentlich gekündigt wurde und Kündigungsschutzklage erhoben worden ist, falls die Kündigung nicht offensichtlich unwirksam ist.[7] **Tatsächliche Gründe** liegen etwa vor, wenn das PR-Mitglied sein Amt z. B. wegen Krankheit oder Urlaubs nicht ausüben kann oder wenn ihm die Amtsausübung aus einem dieser Gründe nicht zumutbar ist.[8] Ein Verhinderungsfall kann nicht willkürlich dadurch herbeigeführt werden, dass ein PR-Mitglied trotz seiner Anwesenheit in der Dienststelle aus **persönlichen Gründen** fernbleibt, z. B. weil es an den Themen der Sitzung nicht interessiert ist oder weil es meint, die Erfüllung seiner dienstlichen Aufgaben sei vorrangig.[9] Im Einzelfall können **Ausbildungsbelange** von PR-Mitgliedern (oder JAV-Mitgliedern) ausnahmsweise als Verhinderungsfall gelten.[10] Ein doppelt mandatiertes PR-Mitglied, das Mitglied verschiedener Personalvertretungen ist, etwa eines örtlichen PR, des GPR oder einer Stufenvertretung, für das jeweils zum selben Termin eine Sitzung anberaumt ist, ist für die PR-Sitzung verhindert, deren Ladung ihm später zugeht.[11] Liegt ein Verhinderungsfall vor, so ist das PR-Mitglied **nicht verpflichtet, grundsätzlich aber auch nicht berechtigt,** seine personalvertretungsrechtlichen Aufgaben und Befugnisse wahrzunehmen; **Ausnahmen** können jedoch für Sitzungen und Personalversammlungen gelten, an denen das PR-Mitglied je nach den Umständen des Einzelfalls, z. B. während eines Erholungsurlaubs, einer krankheitsbedingten Arbeitsunfähigkeit oder einer Elternzeit teilnehmen kann.[12] Über seine Absicht, an einer PR-Sitzung teilzunehmen, hat das an sich verhinderte PR-Mitglied den PR-Vorsitzenden jedoch rechtzeitig zu unterrichten.[13]

3. Schutzrechte für die Dauer des Eintritts

Während der Dauer der zeitweiligen Verhinderung des PR-Mitglieds stehen auch dem vorübergehend in den PR eingetretenen Ersatzmitglied gemäß 3

7 *BVerwG* v. 4.2.21 – 5 VR 1.20 –, 5 VR 1.20 –, NVwZ 21, 1000.

8 Näher dazu Altvater-*Kröll*, § 33 Rn. 7 ff.

9 *NdsOVG* v. 7.11.12 – 17 LP 8/11 –, PersR 13, 39, für den Fall der Nichtteilnahme wegen dienstlicher Belastung; Altvater-*Kröll*, § 33 Rn. 13.

10 *BVerwG* v. 1.10.13 – 6 P 6.13 –, PersR 14, 173, unter Verweis auf § 46 Abs. 1, § 64 S. 1: Wenn es ausnahmsweise um wichtige **Ausbildungsbelange** geht, kann sich ein PR- oder JAV-Mitglied ausnahmsweise dafür entscheiden, einer PR- oder JAV-Sitzung fernzubleiben, was in diesem Fall als zeitweilige Verhinderung anzusehen ist.

11 *BVerwG* v. 15.5.20 – 5 P 5.19 –, PersR 11/20, 42.

12 Str.; zweifelnd: Altvater-*Kröll*, § 33, einerseits dafür: Rn. 11, andererseits dagegen: Rn. 12, 162 jeweils m. w. N.; ebenso *BAG* 8.9.2011 – 2 AZR 388/10; *Bartl*, PersR 5/18, 20, in Kritik zu *VG Köln* v. 28.3.14 – 33 K 5730/13.PVB.

13 Zur Mitteilungspflicht: *BAG* v. 8.9.11 – 2 AZR 388/10 –, NZA 12, 400.

§ 47 **Abs. 5 alle Schutzrechte** eines PR-Mitglieds zu. Dazu gehören z. B. das Behinderungs- und Benachteiligungsverbot nach § 6 LPVG, der besondere Kündigungsschutz nach § 15 KSchG, der Schutz vor Versetzungen, Abordnungen, Zuweisungen, Personalgestellungen und Umsetzungen, sowie vor außerordentlichen Kündigungen nach § 47 Abs. 1, 2 u. 4. Der nachwirkende Kündigungsschutz nach § 15 Abs. 2 S. 2 KSchG besteht unabhängig davon, wie lange der Vertretungsfall gedauert hat.[14] Ein wegen zeitweiliger Verhinderung nachgerücktes **Ersatzmitglied der JAV** kann die **Übernahme** in ein Arbeitsverhältnis nach § 48 verlangen, wenn der Vertretungsfall innerhalb des letzten Jahres vor Ausbildungsende stattgefunden und das Ersatzmitglied innerhalb der letzten drei Monate vor Ausbildungsende seine Weiterbeschäftigung beantragt hat.[15]

4. Reihenfolge des Eintretens

4 **(Abs. 2)** Mit der Formulierung »Mitglied nach Absatz 1« wird lediglich eine Wiederholung der Aufzählung der drei Fallkonstellationen des Abs. 1 (Ausscheiden, Verhinderung, Ruhen) vermieden. Für die **Reihenfolge**, in der nicht gewählte Wahlbewerber als Ersatzmitglieder in den PR nachrücken, kommt es darauf an, ob die Wahl des PR als Gruppenwahl oder als gemeinsame Wahl stattgefunden hat und ob dabei das ausgeschiedene oder verhinderte Mitglied, an dessen Stelle das Ersatzmitglied tritt, nach den Grundsätzen der Verhältniswahl oder der Mehrheitswahl gewählt worden ist (vgl. § 13 Rn. 8 ff.). PR-Mitglieder können sich **nicht beliebig** von Ersatzmitgliedern vertreten lassen.

5 Im Falle der **Verhältniswahl** werden die Ersatzmitglieder nach Abs. 2 S. 1 der Reihe nach aus den nicht gewählten Beschäftigten derjenigen Vorschlagsliste entnommen, der das zu ersetzende Mitglied angehört. Bei **Gruppenwahl** ist dafür die Reihenfolge der Stimmenzahlen maßgebend, die die nicht gewählten Bewerber erreicht haben (§ 37 Abs. 2 LPVGWO), bei **gemeinsamer Wahl** die Reihenfolge der Stimmenzahlen, die die nicht gewählten Bewerber derjenigen Gruppe erreicht haben, für die das zu ersetzende PR-Mitglied gewählt worden ist (§ 38 Abs. 2 LPVGWO). Ist die **Vorschlagsliste erschöpft**, kann weder auf andere Listen noch auf nicht gewählte gruppenfremde Bewerber der gleichen Liste zurückgegriffen werden Ein listenübergreifendes Nachrücken von Ersatzmitgliedern in den PR findet nicht statt. Das gilt auch dann, wenn die erschöpfte Liste nicht den Sollvorschriften des § 12 Abs. 1 LPVGWO an die Zahl der Bewerber entsprochen hat.[16]

---

14 Vgl. *BVerwG* v. 8.12.86 – 6 P 20.84 –, PersR 87, 110.

15 *BVerwG* v. 1.10.13 – 6 P 6.13 –, PersR 14, 173.

16 Vgl. *BVerwG* v. 16.7.63 – VII P 10.62 –, PersV 63, 233, u.v. 30.11.10 – 6 PB 16.10 –, PersR 11, 73; v. 19.2.13 – 6 P 7.12 –, PersR 13, 217.

Im Falle der **Mehrheitswahl** tritt nach Abs. 2 S. 2 der nicht gewählte Beschäftigte mit der nächsthöheren Stimmenzahl als Ersatzmitglied ein. Bei **Gruppenwahl** ist dafür die Reihenfolge der Stimmenzahlen maßgebend, die die nicht gewählten Bewerber erreicht haben, bei **gemeinsamer Wahl** die Reihenfolge der Stimmenzahlen, die die nicht gewählten Bewerber der entsprechenden Gruppe erreicht haben (§ 43 LPVGWO). Lediglich bei einem aus einer Person bestehenden PR kommt es für die Bestimmung des nachrückenden Ersatzmitglieds auf die Gruppenzugehörigkeit nicht an. 6

Die in Abs. 2 festgelegte Reihenfolge der Ersatzmitglieder ist zwingend. Das **»erste« Ersatzmitglied** hat stets **Vorrang** vor den nachfolgenden Ersatzmitgliedern.[17] Ist das »erste« Ersatzmitglied selbst **verhindert**, so tritt das nächstfolgende Ersatzmitglied so lange in den PR ein, bis die Verhinderung des ersten Ersatzmitglieds oder die des PR-Mitglieds beendet ist. 7

Ein nicht gewählter Wahlbewerber kann sein Nachrücken in den PR ablehnen. Dieser **Verzicht** entspricht der Amtsniederlegung eines PR-Mitglieds nach § 25 Abs. 1 Nr. 2.[18] Abgesehen davon kann die Anwartschaft auf eine Ersatzmitgliedschaft auch aus anderen, in § 25 Abs. 1 aufgeführten Gründen **erlöschen** (vgl. § 25 Rn. 1; § 24 Rn. 6). Eine Regelung für das Nachrücken der Ersatzmitglieder unter Einhaltung der **Geschlechterquote** hat der Gesetzgeber bewusst nicht getroffen, weil die mit der Neuregelung beabsichtigte Verbesserung der Geschlechtergerechtigkeit an der Einreichung der Wahlvorschläge ansetzt und nicht an der Wahlentscheidung der Wahlberechtigten. Deshalb rücken Ersatzmitglieder wie bisher zwingend in der Reihenfolge nach, die aufgrund des Wahlergebnisses vom Wahlvorstand festgelegt worden ist.[19] Zur Verwirklichung der mit dem ÄndG 2013 in § 11 Abs. 1 eingeführten Geschlechterquote hätte der Gesetzgeber aber konsequenterweise eine Frau nachrücken lassen müssen, wenn eine Frau ausscheidet.[20] 8

5. Gruppenwechsel

(Abs. 3) Auch beim Ersatzmitglied ist ein nach der Wahl eintretender **Wechsel der Gruppenzugehörigkeit** unerheblich (vgl. § 25 Rn. 13). Demnach bleibt ein Beschäftigter, der als Arbeitnehmer nicht in den PR gewählt wurde, danach aber in das Beamtenverhältnis berufen worden ist, Ersatzmitglied für die Gruppe der Arbeitnehmer.[21] 9

---

17 Vgl. Altvater-*Kröll*, § 33 Rn. 27.

18 Vgl. Altvater-*Kröll*, § 33 Rn. 29.

19 So ausdrücklich die Gesetzesbegründung, LT-Dr. 15/4224, S. 187 [zu § 31].

20 Vgl. Regelung im BetrVG: § 25 Abs. 2; so die Kritik des DGB zum Anhörungsentwurf LT-Dr. 15/4224, S. 260 [zu § 31].

21 Leuze-*Isenburg*, § 27 Rn. 31.

6. Rücktritt und gerichtliche Auflösung des PR

10 **(Abs. 4)** Die Regelung des Abs. 4 ordnet ausdrücklich an, dass beim Rücktritt des gesamten PR (vgl. § 23 Abs. 1 Nr. 3) und im Falle einer gerichtlichen **Auflösung des PR** (vgl. § 23 Abs. 1 Nr. 4) die Ersatzmitglieder nicht nachrücken (vgl. § 24 Rn. 5).

Abschnitt 3
Geschäftsführung[1]

§ 28 Vorstand

(1) [1]Der Personalrat bildet aus seiner Mitte den Vorstand. [2]Diesem muss ein Mitglied jeder im Personalrat vertretenen Gruppe angehören. [3]Die Vertreter jeder Gruppe wählen das auf sie entfallende Vorstandsmitglied.
(2) [1]Der Personalrat kann aus seiner Mitte mit der Mehrheit der Stimmen aller Mitglieder zwei weitere Mitglieder in den Vorstand wählen. [2]Sind Mitglieder des Personalrats aus Wahlvorschlägen mit verschiedenen Bezeichnungen gewählt worden und sind im Vorstand nach Absatz 1 Mitglieder aus dem Wahlvorschlag nicht vertreten, der die zweitgrößte Zahl aller von den Angehörigen der Dienststelle abgegebenen Stimmen erhalten hat, so ist eines der weiteren Vorstandsmitglieder aus diesem Wahlvorschlag zu wählen.
(3) Beide Geschlechter sollen im Vorstand vertreten sein.
(4) [1]Der Vorstand führt die laufenden Geschäfte. [2]Er kann dazu andere Mitglieder des Personalrats heranziehen.

Vergleichbare Vorschriften:
§ 34 BPersVG; §§ 26, 27 BetrVG

Inhaltsübersicht Rn.

---

1 Zur **Rechtsstellung und Haftung** des PR und des PR-Vorsitzenden siehe ausführlich Altvater-*Kröll,* vor § 32 Rn. 3 ff.; zur persönlichen Haftung des PR-Vorsitzenden vgl. *BGH* v. 25.10.12 – III ZR 266/11 -, NZA 12, 1382; dazu *T. Kloppenburg,* in JurisPR 1/2013; Zwangsvollstreckung gegenüber dem PR ist ausgeschlossen: *BAG* v. 22.5.12 – 1 ABR 11/11 -, NZA 12, 1176.

1. Vorbemerkung

Die Vorschrift trifft in Abs. 1 bis 3 Regelungen über die Bildung und Zusammensetzung des **Vorstands** des PR, die durch § 29 ergänzt werden, und bestimmt in Abs. 4 S. 1, dass der Vorstand die laufenden Geschäfte des PR führt. 1

2. Bildung des Vorstands

(Abs. 1 und Abs. 2 S. 1) Die **Wahlen** der Mitglieder des Vorstands sowie des Vorsitzenden und des stellvertretenden Vorsitzenden sind nach der Neuwahl des PR in der nach § 19 vom Wahlvorstand einzuberufenden **konstituierenden Sitzung** des neu gewählten PR durchzuführen. Falls während der Amtszeit des PR Nachwahlen notwendig werden, finden sie in einer der nach § 30 Abs. 1 einzuberufenden **weiteren Sitzungen** des PR statt. 2

Bei den Wahlen nach Abs. 1 sind nur die Vertreter der jeweiligen Gruppe **vorschlags- und abstimmungsberechtigt**, bei den Wahlen nach Abs. 2 dagegen alle PR-Mitglieder. Dabei wird ein zeitweilig verhindertes PR-Mitglied durch das nach § 27 Abs. 1 S. 2 vorübergehend nachgerückte Ersatzmitglied vertreten. **Wählbar** sind nur ordentliche PR-Mitglieder.[1] Über das **Abstimmungsverfahren** entscheiden die PR-Mitglieder, die im jeweiligen Wahlgang abstimmungsberechtigt sind. Falls ein im jeweiligen Wahlgang abstimmungsberechtigtes PR-Mitglied dies beantragt, ist **geheim** abzustimmen (näher dazu § 34 Rn. 3). Da die Wahlen Akte der Geschäftsführung des PR sind, gelten auch für sie die in § 34 getroffenen Regelungen über die Beschlussfassung.[2] Steht mehr als ein Kandidat zur Wahl und erreicht keiner der Kandidaten die erforderliche Mehrheit, findet eine **Stichwahl** statt, an der i. d. R. die zwei Kandidaten beteiligt sind, die die meisten Stimmen erhalten haben. Haben ausnahmsweise mehr als zwei Kandidaten die höchste oder zweithöchste Stimmenzahl erreicht, findet die Stichwahl zwischen ihnen statt. Ergibt die Stichwahl Stimmengleichheit, ist ein **Losentscheid** geboten.[3] Über das Ob und das Wie des Losverfahrens entscheiden die im jeweiligen Wahlgang Abstimmungsberechtigten. Zulässig ist jedes Verfahren, das den Kandidaten gleiche Chancen einräumt (vgl. § 11 Rn. 4). 3

Die **Größe des Vorstands** hängt davon ab, wie viele **Gruppen** im PR vertreten sind und wie viele Mitglieder ihm angehören. Der Vorstand besteht nach Abs. 1 S. 2 aus einem Mitglied jeder im PR vertretenen Gruppe – den sog. **Gruppenvorstandsmitgliedern** –, zu denen nach Abs. 2 zwei weitere 4

---

1 Ausnahme vgl. § 27 Rn. 1 zu *BayVGH* v. 14. 4. 15 – 18 P 14.2564 –, PersV 15, 341.

2 Vgl. *BVerwG* v. 3. 8. 83 – 6 P 15.81 –, PersV 85, 69, u. v. 15. 5. 91 – 6 P 15.89 –, PersR 91, 411.

3 *BVerwG* v. 15. 12. 61 – VII P 3.61 –, PersV 62, 65.

Mitglieder – die sog. zugewählten Vorstandsmitglieder oder **Ergänzungsmitglieder** – hinzukommen. Die Zahl der Vorstandsmitglieder beträgt danach mindestens eins und höchstens vier. Ist in einem PR nur eine Gruppe vertreten, besteht der Vorstand aus drei Vorstandsmitgliedern oder aus der **Mindestzahl von einem Mitglied**.

5 Nach Abs. 1 S. 2 erhält jede Gruppe ein Vorstandsmitglied, das nach S. 3 von den Vertretern der jeweiligen Gruppe gewählt wird. Nach § 34 Abs. 1 ist für die Wahl die **einfache Mehrheit** der Stimmen der anwesenden Abstimmungsberechtigten erforderlich (vgl. § 34 Rn. 5). Zum **Gruppenvorstandsmitglied** kann dabei nur ein Vertreter der jeweiligen Gruppe gewählt werden.[4] Hat eine Gruppe **nur einen Vertreter** im PR, ist dieser automatisch Vorstandsmitglied, ohne dass es einer Wahl bedarf.[5] Hat eine Gruppe **zwei Vertreter** und können diese sich nicht einigen, welches von ihnen Vorstandsmitglied wird, ist ein Losentscheid (vgl. Rn. 3) geboten.[6] Ist im PR **nur eine Gruppe** vertreten, ist das einzige nach Abs. 1 zu bestimmende Vorstandsmitglied von allen PR-Mitgliedern zu wählen, weil diese zugleich die Vertreter der einzigen Gruppe sind.[7] Dies gilt auch für den Fall, dass das einzige PR-Mitglied der Gruppe oder sein Stellvertreter im Verhinderungsfall auf die Kandidatur für das Amt des Vorsitzenden oder dessen Stellvertreter verzichtet.[8] Obwohl im Gesetz nicht ausdrücklich geregelt, ist es statthaft und empfehlenswert, dass jede Gruppe bereits in der konstituierenden Sitzung vorsorglich ein **Ersatzvorstandsmitglied** wählt, das bei einer Verhinderung des Gruppenvorstandsmitglieds dessen Aufgaben und Befugnisse im Vorstand wahrnimmt.[9]

6 Die Wahl als Vorstandsmitglied erfolgt grundsätzlich bis zum Ende der Amtszeit des PR. Jedoch **endet das Amt vorzeitig**, wenn die Mitgliedschaft im PR vorher erlischt (vgl. dazu § 25 Abs. 1 Nr. 2–11 u. § 25 Rn. 12), wenn das Vorstandsmitglied sein Vorstandsamt niederlegt oder wenn es aus dem Vorstandsamt abberufen wird. Die **Niederlegung** des Vorstandsamtes ist jederzeit möglich. Die **Abberufung** kann jederzeit (in einer nach § 30 Abs. 1 rechtzeitig und ordnungsgemäß einberufenen Sitzung des PR) ohne besondere Begründung durch einen PR-Beschluss erfolgen, der mit einfacher Mehrheit der Stimmen der anwesenden Vertreter der betreffenden Gruppe

---

4 *BVerwG* v. 3.10.58 – VII P 12.57 –, PersV 59, 42, 161.

5 *BVerwG* v. 28.2.79 – 6 P 81.78 –, PersV 80, 427, u.v. 4.10.05 – 6 P 12.04 –, PersR 06, 76; *VG Karlsruhe* v. 30.9.11 – PL 12 K 701/11 –, ZfPR online 5/12, 10; *BVerwG* v. 17.3.14 – 6 P 8.13 –, PersR 1/15, 54; *BayVGH* v. 22.4.13 – 17 P 12.1378 –, PersV 2013, 347.

6 Richardi-*Jacobs*, § 32 a.F. Rn. 23.

7 *BVerwG* v. 27.8.97 – 6 P 11.95 –, PersR 98, 113.

8 *VG Karlsruhe* v. 30.9.11 – PL 12 K 701/11 –, a.a.O.

9 *BVerwG* v. 21.4.92 – 6 P 8.90 –, PersR 92, 304.

zu fassen ist.[10] Hat das Amt eines Vorstandsmitglieds vorzeitig geendet, ist unverzüglich eine **Nachwahl** durchzuführen.

7 Die Wahlen der Vorstandsmitglieder sind Akte der Geschäftsführung des PR (vgl. Rn. 3). Auf sie ist die für die **Anfechtung** der PR-Wahl geltende Vorschrift des § 21 mangels einer Verweisungsvorschrift nicht entsprechend anwendbar. Die Unwirksamkeit der Wahl eines Vorstandsmitglieds kann jedoch ohne Bindung an eine Frist nach § 92 Abs. 1 Nr. 3, Abs. 2 vor dem Verwaltungsgericht im **personalvertretungsrechtlichen Beschlussverfahren** geltend gemacht werden.[11]

3. Minderheitenschutz

8 **(Abs. 2 S. 2)** Die die Regelungen des Abs. 1 ergänzende Vorschrift sieht in S. 1 vor, dass ein PR zusätzlich zu den nach Abs. 1 zu wählenden Gruppenvorstandsmitgliedern **zwei weitere Mitglieder** – sog. **Ergänzungsmitglieder** – in den Vorstand wählen kann, und legt dafür in S. 2 einen besonderen **Minderheitenschutz** fest. Die Zuwahl von zwei weiteren Mitgliedern in den Vorstand ist optional und **auch in kleineren PR** möglich.[12] Auch wenn S. 1 eine Kann-Vorschrift ist, ist die Vorschrift des in Abs. 2 S. 2 geregelten Minderheitenschutzes vom PR nicht weiter abwandelbar. Wenn sich der PR entschließt, Ergänzungsmitglieder hinzuzuwählen, kann er die Zuwahl nicht auf ein PR-Mitglied beschränken, sondern muss **zwei** weitere Mitglieder zuwählen. Die Wahl der Ergänzungsmitglieder ist in der **konstituierenden Sitzung** nach der Wahl der Gruppenvorstandsmitglieder und grundsätzlich vor der Bestimmung des Vorsitzenden und des stellvertretenden Vorsitzenden durchzuführen (vgl. Abs. 1).[13] Sie wird vom **gesamten PR** vorgenommen und kann in einem gemeinsamen Wahlgang oder in getrennten Wahlgängen erfolgen (zu weiteren Einzelheiten vgl. Rn. 3). Die Wahl der Ergänzungsmitglieder hat – in Abweichung zu Abs. 1 – **mit der Mehrheit der Stimmen aller Mitglieder**, also mit **absoluter Mehrheit** der Stimmen der PR-Mitglieder zu erfolgen. In diesem Fall ist ein Beschlussvorschlag nur dann angenommen, wenn die Mehrheit aller PR-Mitglieder (nicht nur die Mehrheit der Anwesenden) mit Ja stimmt. Bei einem elfköpfigen PR ist ein Ergänzungsmitglied nur dann gewählt, wenn mindestens sechs Mitglieder mit Ja stimmen. Es empfiehlt sich, für jedes Ergänzungsmitglied vorsorglich ein **Ersatzvorstandsmitglied** zu wählen, das das Ergänzungsmitglied im Falle seiner Verhinderung vertritt (vgl. Rn. 5).

---

10 *BVerwG* v. 23. 10. 70 – VII P 5.70 –, PersV 71, 140.

11 Näher dazu Altvater-*Kröll*, § 34 Rn. 6, 46, 47.

12 LT-Dr. 15/4224, S. 101 [zu § 32].

13 A. A. Rooschüz-*Abel*, § 28 Rn. 13.

8a Bei der Wahl hat der PR die Vorschrift des Abs. 3 zu beachten, wonach **beide Geschlechter** im PR vertreten sein sollen. Ferner sind seine Auswahlmöglichkeiten durch Abs. 2 S. 2 zugunsten einer starken **Wahlminderheit** eingeschränkt. Dieser Minderheitenschutz greift ein, wenn zwei Voraussetzungen erfüllt sind:

1. Mitglieder des PR sind aus Wahlvorschlägen mit verschiedenen Bezeichnungen gewählt worden (vgl. Rn. 8b) und
2. aus dem Wahlvorschlag, der die zweitgrößte Zahl aller von den Angehörigen der Dienststelle abgegebenen Stimmen erhalten hat, sind bisher keine Mitglieder im Vorstand des PR vertreten (vgl. Rn. 8c-e).

8b Hinsichtlich der ersten Voraussetzung weicht das LPVG von § 34 Abs. 2 S. 2 BPersVG dadurch ab, dass es anstelle des Begriffs der »Wahlvorschlagslisten« den der »**Wahlvorschläge**« verwendet. Das entspricht den unterschiedlichen Bezeichnungen in den Wahlordnungen. Während in den besonderen Vorschriften der BPersVWO für das »Wahlverfahren bei Vorliegen mehrerer Wahlvorschläge (Verhältniswahl)« die Begriffe »Verhältniswahl« und »Wahlvorschlag« durch die Begriffe »Listenwahl« bzw. »Vorschlagsliste« ergänzt werden (vgl. § 25 Abs. 1 BPersVWO), ist dies in den entsprechenden Vorschriften der §§ 33 ff. LPVGWO nicht der Fall. Darin liegt jedoch keine inhaltliche Abweichung,[14] weil die »Wahlvorschlagsliste« vom Oberbegriff »Wahlvorschlag« umfasst ist (vgl. §§ 7 ff. BPersVWO). Entscheidend für das Vorliegen der ersten Voraussetzung des S. 2 ist allein, dass Mitglieder des PR (nicht notwendig alle seine Mitglieder) aus **unterschiedlichen Wahlvorschlägen** gewählt worden sind. Verschieden bezeichnete Wahlvorschläge stehen immer dann zur Wahl, wenn die Wahl des PR gemäß § 13 Abs. 3 S. 1 ganz oder teilweise nach den Grundsätzen der **Verhältniswahl** durchgeführt wird (vgl. § 13 Rn. 8 f.), weil nach § 34 LPVGWO dabei auf den Stimmzetteln die vom Wahlvorstand nach § 17 LPVGWO vergebene **Ordnungsnummer** und ggf. auch das von den Einreichern nach § 12 Abs. 7 LPVGWO festgelegte **Kennwort** des jeweiligen Wahlvorschlags angegeben werden. Die erste Voraussetzung des S. 1 ist demnach erfüllt, wenn »Mitglieder« (nicht aber »die Mitglieder«) des PR aus Wahlvorschlagslisten mit verschiedenen Bezeichnungen gewählt worden sind. Das ist der Fall, wenn der PR zumindest teilweise – bei Gruppenwahl in wenigstens einer Gruppe – nach den Grundsätzen der Verhältniswahl (Listenwahl) gewählt worden ist.[15]

8c Bei der zweiten Voraussetzung liegt als erstes wieder die begriffliche Abweichung von § 34 S. 2 BPersVG vor: Es heißt »Wahlvorschlag« statt »Liste«, was wiederum nur redaktioneller Art ist (vgl. Rn. 8b). Nach der Rspr. des *BVerwG*[16] sollen Wahlvorschläge über die **Gruppengrenzen** hinweg als

---

14 A. A. Rooschüz-*Abel*, § 28 Rn. 16.

15 Altvater-*Kröll*, § 34 Rn. 23; *BVerwG* v. 17.3.14 – 6 P 8.13 –, PersR 1/15, 54.

16 *BVerwG* v. 23.2.79 – 6 P 39.78 –, PersV 81, 241.

ein **einheitlicher Wahlvorschlag** i. S. d. S. 2 zu behandeln sein, wenn sie die dieselbe Bezeichnung tragen und damit eine einheitliche gewerkschaftliche, verbandspolitische oder dienststelleninterne Interessenausrichtung erkennen lassen.[17] Dieselbe Bezeichnung liegt bei solchen Wahlvorschlägen vor, die **dasselbe Kennwort** tragen, was nur bei wörtlicher Übereinstimmung gegeben ist.[18]

Die zweite Voraussetzung verlangt weiter, dass ein Wahlvorschlag oder mehrere Wahlvorschläge, die wegen der Verwendung desselben Kennworts wie ein einheitlicher Wahlvorschlag zu behandeln sind, die **zweitgrößte Zahl aller Stimmen** erhalten haben, die von den Angehörigen der Dienststelle abgegeben worden sind. Um dies feststellen zu können, sind – auch hier über die Gruppengrenzen hinweg – alle Wahlvorschläge, die bei der Verhältniswahl zur Wahl standen, einschl. der zu einer Einheit zusammenzufassenden Wahlvorschläge miteinander zu vergleichen. Für jeden Wahlvorschlag (und für jede Einheit mehrerer Wahlvorschläge) sind die Summen zu ermitteln, die sich aus der Addition der Stimmen ergeben, die die auf dem Wahlvorschlag zur Wahl gestellten Bewerber (einschl. der durch das Panaschieren zugewendeten Stimmen) erhalten haben.[19] In die Berechnung sind ggf. auch die Stimmen solcher Wahlvorschläge einbeziehen, die keinen Sitz im PR erhalten haben. **8d**

Die zweite Voraussetzung ist erfüllt, wenn aus dem Wahlvorschlag, der die zweitgrößte Zahl aller abgegebenen Stimmen erhalten hat, bisher **kein Mitglied im Vorstand des PR vertreten** ist, weil keines von ihnen nach § 28 Abs. 1 zum Gruppenvorstandsmitglied gewählt worden ist. Eine Besonderheit muss dann gelten, wenn ein nach den Grundsätzen der Mehrheitswahl gewähltes Gruppenvorstandsmitglied auf einem Wahlvorschlag benannt wurde, der mit demselben Kennwort versehen war, wie der Wahlvorschlag mit der zweitgrößten Zahl aller abgegebenen Stimmen. In einem solchen Fall ist der Wahlvorschlag bereits im Vorstand vertreten, weil die Mehrheitswahl an der Interessenausrichtung nichts geändert hat.[20] **8e**

Abs. 2 S. 2 ist ausnahmsweise auf die Liste mit der **größten Stimmenzahl** entsprechend anzuwenden, wenn die PR-Mitglieder, die über die Liste mit der größten Stimmenzahl gewählt worden sind, davon abgesehen haben, bei den Vorstandswahlen nach § 28 Abs. 1 einen eigenen Kandidaten aufzustellen[21] Die Vorschrift ist über ihren ausdrücklichen Anwendungsbereich hi- **8f**

---

17 *BVerwG* v. 17.3.14 – 6 P 8.13 –, PersR 1/15, 54, m. Anm. *Altvater* = NZA-RR 14, 33; ebenso *Leuze-Flintorp*, § 28 Rn. 19; a. A. Rooschüz-*Abel*, § 28 Rn. 16; kritisch Altvater-*Kröll*, § 34 Rn. 26.

18 Vgl. Altvater-*Kröll*, § 34 Rn. 27.

19 Vgl. Rooschüz-*Abel*, § 28 Rn. 17.

20 Vgl. Altvater-*Kröll*, § 34 Rn. 30.

21 *BVerwG* v. 17.3.14 – 6 P 8/13 –, NZA-RR 14, 33.

naus auch dann auf die **stärkste Liste** anzuwenden, wenn die PR-Mitglieder aus dieser Liste bei der Wahl der Vorstandsmitglieder nach Abs. 1 infolge von Koalitionen bei Wahlvorschlägen keine Berücksichtigung gefunden haben.[22] Im BPersVG 2021 ist dies in § 34 Abs. 2 berücksichtigt worden.

9 **Welches Mitglied** der PR aus dem nach Abs. 2 S. 2 zu berücksichtigenden Wahlvorschlag als Ergänzungsmitglied wählt, ist grundsätzlich nicht vorgegeben. Stellt sich jedoch nur eines der auf diesem Wahlvorschlag gewählten Mitglieder als Ergänzungsmitglied zur Verfügung, so gelangt es nach der Rspr. des *BVerwG*[23] in den Vorstand, ohne dass es dazu einer Wahl bedarf.[24]

10 Die Ergänzungsmitglieder werden grundsätzlich bis zum Ende der Amtszeit des PR gewählt. Jedoch **endet das Amt vorzeitig**, wenn die Mitgliedschaft im PR vorher erlischt, wenn das Vorstandsmitglied sein Amt niederlegt oder wenn es (vom gesamten PR) aus diesem Amt abberufen wird (vgl. Rn. 6). Der spätere **Übertritt** eines Ergänzungsmitglieds, das aufgrund des Abs. 2 S. 2 gewählt worden ist, zu einer Gewerkschaft oder einem Verband, der einen anderen Wahlvorschlag getragen hat, berührt die Mitgliedschaft im Vorstand nicht.[25] Hat das Amt eines Ergänzungsmitglieds vorzeitig geendet, ist unverzüglich eine **Nachwahl** durchzuführen.

11 Die Ergänzungsmitglieder haben grundsätzlich die gleiche **Rechtsstellung** wie die Gruppenvorstandsmitglieder. Sie können jedoch bei der Wahl des Vorsitzenden nicht und bei der des stellvertretenden Vorsitzenden nur nachrangig berücksichtigt werden (vgl. § 29 Rn. 2). Das gilt auch bei der Mitvertretung des PR (vgl. § 29 Rn. 10) und u. U. bei der Freistellung von PR-Mitgliedern (vgl. § 45 Rn. 11).

4. Vertretung beider Geschlechter

11a **(Abs. 3)** Beide Geschlechter sollen im Vorstand vertreten sein. Die Soll-Vorschrift enthält den Auftrag an die PR-Mitglieder, durch ihre Wahlentscheidungen darauf hinzuwirken, eine mangelnde Repräsentanz von Frauen oder Männern im Vorstand des PR zu vermeiden (vgl. § 11 Rn. 2). Die Umsetzung in die Praxis wird allerdings durch die aus dem Gruppenprinzip abgeleiteten zwingenden Vorschriften in Abs. 1 S. 2 und 3 erschwert, wonach jede Gruppe ein von den anderen Gruppen unabhängiges Wahlgremium bildet und nur ein (ordentliches) Vorstandsmitglied wählen kann. Wählen jedoch die Gruppen jeweils auch ein Ersatzvorstandsmitglied (vgl. Rn. 5)

---

22 *VGH München* v. 14. 9. 17 – 17 P 17.778 (Bayerischer Rundfunk); vgl. *Schleicher*, PersV 2018, 54.

23 Beschl. v. 28. 2. 79 – 6 P 81.78 –, PersV 80, 427.

24 A. A. *BayVGH* v. 10. 9. 86 – Nr. 17 C 86.02134 –, PersR 87, 176 Ls.

25 *BVerwG* v. 12. 6. 84 – 6 P 13.83 –, PersV 86, 162.

und vergeben sie damit je zwei Mandate, können sie damit dem Auftrag des Abs. 3 entsprechen. Darüber hinaus hat auch das Plenum die Möglichkeit, bei der nach Abs. 2 vorzunehmenden Wahl der zwei zusätzlichen Vorstandsmitglieder – und der entsprechenden zwei Ersatzvorstandsmitglieder – den gesetzlichen Auftrag zu erfüllen.

5. Führung der laufenden Geschäfte

(Abs. 4) Nach Abs. 4 obliegt es dem Vorstand, die **laufenden Geschäfte** zu 11b
führen. Diese Aufgabe besteht im Wesentlichen darin, in technischer, organisatorischer und büromäßiger Hinsicht die **Beschlüsse des PR vorzubereiten und durchzuführen.**[26] Nach der Rspr. des *BVerfG* ist der Begriff der laufenden Geschäfte eng auszulegen, was dazu führt, dass in Zweifels- und Streitfällen die Zuständigkeit des PR in seiner Gesamtheit anzunehmen ist.[27] Darüberhinaus ist zu beachten, dass das Gesetz die Erledigung bestimmter Geschäfte ausschließlich dem Vorsitzenden zuweist (vgl. § 29 Rn. 8). Die Ausübung der Mitbestimmungs- und Beteiligungsrechte und der damit verbundenen Entscheidungsbefugnisse des PR gehört nicht zu den laufenden Geschäften.[28] Beteiligungsrechte können vom Vorstand deshalb nur dann wahrgenommen werden, wenn dies im Gesetz ausdrücklich zugelassen ist, so durch Beschluss des PR in **einfach gelagerten Mitbestimmungsangelegenheiten** und in **Mitwirkungsangelegenheiten**, mit Ausnahme der Fälle des § 81 Abs. 2, § 36.[29] Nicht zu den laufenden Geschäften gehört die **Einsichtnahme in Lohn- und Gehaltslisten.**[30]

Da die Zuweisung der laufenden Geschäfte an den Vorstand ausschließ- 11c
lich der Geschäftserleichterung des PR dient, ist dieser befugt, im Einzelfall jederzeit jedes laufende Geschäft **an sich zu ziehen** und im Plenum zu behandeln. Das gilt allerdings nicht für die dem Vorsitzenden gesetzlich zugewiesenen Aufgaben (vgl. § 29 Rn. 8) und für die dem Vorstand nach § 76 Abs. 4 zustehenden Mitbestimmungsrechte. Der PR kann auch – z. B. im Rahmen der Geschäftsordnung (vgl. § 39) – einen **Geschäftsverteilungsplan** aufstellen, in dem die vom Vorstand wahrzunehmenden Geschäfte auf die einzelnen Vorstandsmitglieder zur vorbereitenden Bearbeitung ver-

26 *BVerfG* v. 19.12.94 – 2 BvL 8/88 –, PersR 95, 165; *BVerwG* v. 5.2.71 – VII P 17.70 –, PersV 71, 271; *HessVGH* v. 22.5.74 – BPV TK 3/74 –, PersV 75, 64.

27 *BVerfG* v. 19.12.94 – 2 BvL 8/88 –, NVwZ 96, 157,158; so auch Richardi-*Jacobs*, § 32 a. F. Rn. 63.

28 *BVerwG* v. 7.11.69 – VII P 3.69 –, PersV 71, 15, u. v. 11.10.72 – VII P 2.72 –, PersV 73, 48.

29 Richardi-*Jacobs*, § 32 a. F. Rn. 62.

30 *BVerwG* v. 16.5.12 – 6 PB 2.12 –, PersR 12, 381.

teilt werden.[31] Die Arbeitsverteilung innerhalb des Vorstands ändert nichts daran, dass dieser seine Aufgaben als **Gremium** zu erfüllen hat. Dazu muss er Sitzungen durchführen und Beschlüsse fassen.[32] Für Beschlüsse des Vorstands gelten die §§ 30 ff. sinngemäß.[33]

12 Durch den eingefügten S. 2 ist klargestellt, dass es dem Vorstand möglich ist, **nicht dem Vorstand angehörende Mitglieder des PR** zur Erledigung der laufenden Geschäfte »heranzuziehen«.[34] Nicht geklärt ist, ob dem Vorstand vom Gesetzgeber damit gegenüber PR-Mitgliedern ein (personalvertretungsrechtliches) Weisungsrecht zugestanden werden soll und welche Folgewirkungen dieses haben kann. Im Hinblick darauf, dass kein PR-Mitglied gezwungen werden kann, ein Vorstandsamt anzunehmen, liegt es auch im Ermessen des Einzelnen, ob er sich zur Erledigung laufender Geschäfte des Vorstands »heranziehen« lässt.

§ 29 Vorsitz

(1) [1]Der Personalrat bestimmt, welches Vorstandsmitglied nach § 28 Absatz 1 den Vorsitz übernimmt. [2]Das Vorstandsmitglied der anderen Gruppe übernimmt den stellvertretenden Vorsitz, es sei denn, der Personalrat bestimmt dazu mit Zustimmung der Vertreter dieser Gruppe ein anderes Mitglied aus seiner Mitte. [3]Ist nur eine Gruppe im Vorstand vertreten, bestimmt der Personalrat aus seiner Mitte ein Mitglied, das den stellvertretenden Vorsitz übernimmt.

(2) [1]Der Vorsitzende vertritt den Personalrat im Rahmen der von diesem gefassten Beschlüsse. [2]In Angelegenheiten, die nur eine Gruppe betreffen, vertritt der Vorsitzende, wenn er nicht selbst dieser Gruppe angehört, gemeinsam mit einem der Gruppe angehörende Vorstandsmitglied den Personalrat.

Vergleichbare Vorschriften:
§ 35 BPersVG; § 26 BetrVG

Inhaltsübersicht Rn.

31 *BVerwG* v. 20.3.64 – VII P 3.63 –, PersV 64, 110, u. v. 7.11.69, a. a. O.
32 *BVerwG* v. 16.9.77 – VII P 1.75 –, PersV 78, 353.
33 Näher dazu Altvater-*Kröll*, § 34 Rn. 43.
34 LT-Dr. 15/4224, S. 102 [zu § 32].

1. Bestimmung des Vorsitzenden und stellvertretenden Vorsitzenden

(Abs. 1) Die Vorschrift regelt die **Bestimmung des Vorsitzenden und des stellvertretenden Vorsitzenden**. Der Vorsitzende ist aus den Gruppenvorstandsmitgliedern nach § 28 Abs. 1 zu bestimmen. Die Gruppenvorstandsmitglieder können nicht alle auf ihre Bestimmung zum Vorsitzenden verzichten.[1] Da für die Funktion des stellvertretenden Vorsitzenden alle Mitglieder des PR, somit auch die nach § 28 Abs. 2 gewählten Ergänzungsmitglieder in Betracht kommen, ist es sinnvoll, die Wahlen der Ergänzungsmitglieder vor der Bestimmung des Vorsitzenden und des stellvertretenden Vorsitzenden durchzuführen. Damit kann gesichert werden, dass der stellvertretende Vorsitzende über die Vertretung des PR hinaus (Abs. 2) auch die Aufgaben des Vorstands mit übernimmt (§ 28 Abs. 4). 1

Nach der Regelung des Abs. 1 bestimmt der PR durch Beschluss mit **einfacher Mehrheit,** »welches Vorstandsmitglied den Vorsitz übernimmt«. Als **Vorsitzender** kommt nur ein nach § 28 Abs. 1 S. 3 gewähltes Gruppenvorstandsmitglied in Betracht.[2] Nur wenn beide Gruppenvorstandsmitglieder auf die Wahl zum Vorsitzenden verzichten, kann auf **Ergänzungsmitglieder** zurückgegriffen werden.[3] Bei PR, in denen **nur eine Gruppe vertreten** ist, fällt die Wahl des Gruppenvorstandsmitglieds und die Wahl des Vorsitzenden in einem Akt zusammen.[4] 2

Für die Bestimmung des **stellvertretenden Vorsitzenden** gelten die Regelungen in Abs. 1 S. 2 und 3. Aus Abs. 1 S. 3 ergibt sich, dass der (aus mehreren Mitgliedern bestehende) PR **nur einen einzigen** stellvertretenden Vorsitzenden hat.[5] 3

Abs. 1 S. 2 legt fest, dass **»das Vorstandsmitglied der anderen Gruppe«** grundsätzlich stellvertretender Vorsitzender »ist«. Damit ist das von jener Gruppe nach § 28 Abs. 1 S. 3 gewählte **Vorstandsmitglied** gemeint, welcher der Vorsitzende nicht angehört. Dieses ist grundsätzlich stellvertretender Vorsitzender, ohne dass ein weiterer Wahlgang stattfindet. Etwas anderes gilt jedoch dann, wenn die (anwesenden) Vertreter »der anderen Gruppe« (mit einfacher Mehrheit) ihre Zustimmung dazu geben, dass der PR (also das gesamte Gremium mit einfacher Mehrheit der Stimmen aller anwesenden PR- 4

1 *BVerwG* v. 15.5.20 – 5 P 3.19 –, PersR 11/20, 45: andernfalls sind die Beschlüsse des PR unwirksam; s. dazu auch *Baden*, PersR 11/20, 27.

2 Beschl. v. 13.6.57, a.a.O., v. 10.10.57 – II CO 3.57 –, Sabottig ES Nr. 3 Ls., v. 24.10.57 – II CO 7.57 –, PersV 58, 41, v. 13.5.66 – VII P 4.66 –, PersV 66, 181, u.v. 7.6.84 – 6 P 29.83 –, Buchh 238.3A § 32 Nr. 4.

3 Rooschüz-*Abel*, § 29 Rn. 4.

4 *BVerwG* v. 27.8.97 – 6 P 11.95 –, PersR 98, 113.

5 Vgl. aber § 28 Rn. 5 a.E. mit Verweis auf *BVerwG* v. 21.4.92 – 6 P 8.90 –, PersR 92, 304.

Mitglieder) »**ein anderes Mitglied aus seiner Mitte**« zum stellvertretenden Vorsitzenden bestimmt oder wenn das einzige PR-Mitglied der Gruppe oder sein Stellvertreter auf die Kandidatur für das Amt des Vorsitzenden oder des Stellvertreters verzichtet (vgl. § 28 Rn. 5).[6] Dieses andere Mitglied kann ein nach § 28 Abs. 2 gewähltes **Ergänzungsmitglied**, aber auch ein **nicht dem Vorstand angehörendes PR-Mitglied** sein.[7] Dabei kommt den Ergänzungsmitgliedern kein Vorrang vor den übrigen PR-Mitgliedern zu.

5 Abs. 1 S. 3 trifft eine Regelung für den Fall, dass **im Vorstand des PR nur eine Gruppe vertreten** ist. Die Regelung besteht darin, dass der PR (also das gesamte Gremium) »**aus seiner Mitte ein Mitglied**« bestimmt, das den stellvertretenden Vorsitz übernimmt. Auch in diesem Fall kommt den Ergänzungsmitgliedern nach § 28 Abs. 2 kein Vorrang vor den übrigen PR-Mitgliedern zu.

6 Der Vorsitzende und der stellvertretende Vorsitzende werden grundsätzlich bis zum Ende der Amtszeit des PR bestimmt. Jedoch **endet ihr Amt vorzeitig**, wenn ihre Mitgliedschaft im PR erlischt. Beim Vorsitzenden und bei einem stellvertretenden Vorsitzenden, der »Vorstandsmitglied der anderen Gruppe« ist, gilt das Gleiche, wenn er sein Vorstandsamt durch Niederlegung oder Abberufung verliert (vgl. § 28 Rn. 6). Der Vorsitzende oder der stellvertretende Vorsitzende kann aber auch sein Amt als (stellvertretender) Vorsitzender jederzeit **niederlegen** oder aus diesem Amt jederzeit **abberufen** werden, ohne dass dadurch die Mitgliedschaft im PR oder ggf. das Vorstandsamt berührt wird. Hat das Amt als Vorsitzender oder stellvertretender Vorsitzender vorzeitig geendet, ist unverzüglich eine **Neuwahl** durchzuführen.

7 Die Wirksamkeit der Wahl des Vorsitzenden oder des stellvertretenden Vorsitzenden kann ebenso wie die Wahl der Vorstandsmitglieder im **personalvertretungsrechtlichen Beschlussverfahren** angegriffen werden (vgl. § 28 Rn. 7).

2. Aufgaben und Befugnisse des Vorsitzenden

8 **(Abs. 2)** Die **Aufgaben und Befugnisse des PR-Vorsitzenden** sind in verschiedenen Vorschriften des Gesetzes geregelt. Bestimmte Kompetenzen sind ihm zur **eigenständigen Wahrnehmung** zugewiesen. Die wichtigsten sind die Anberaumung der **weiteren Sitzungen des PR** einschl. der Festsetzung der Tagesordnung und der Einladung der PR-Mitglieder und weiterer Teilnahmeberechtigter (§ 30 Abs. 1 und § 31 Abs. 2) sowie der Benachrichtigung des Richterrats oder des Staatsanwaltsrats (§ 31 Abs. 1), der Gewerkschaften (§ 32 Abs. 3) und des Dienststellenleiters (§ 30 Abs. 2 und § 32

6 *VG Karlsruhe* v. 30.9.11 – PL 12 K 701/11 –, ZfPR online 5/12, 10.

7 Rooschüz-*Abel*, § 29 Rn. 4.

Abs. 3), die Leitung dieser Sitzungen (§ 30 Abs. 1 S. 2) und die Unterzeichnung der Niederschriften (§ 38 Abs. 1 S. 2) sowie die Leitung der **Personalversammlungen** (§ 50 Abs. 1 S. 2).

Nach Abs. 2 S. 1 **vertritt der Vorsitzende den PR** »im Rahmen der von diesem gefassten Beschlüsse«. Als Vollzugsorgan und Sprachrohr des PR hat er dessen Beschlüsse auszuführen und nach außen zum Ausdruck zu bringen.[8] Dabei muss er erkennbar im Namen des PR handeln.[9] Das gilt auch dann, wenn es sich um einen Beschluss des PR handelt, an dessen Zustandekommen der Vorsitzende wegen Befangenheit nicht mitwirken konnte.[10] Eine mangels Beschlusses des PR nicht gedeckte und damit unrichtige Erklärung des PR-Vorsitzenden ist **unwirksam** und kann dem PR nicht nach den Grundsätzen einer Anscheinsvollmacht zugerechnet werden.[11] Der Mangel kann durch (zeitlich unbegrenzt) **nachträglichen Beschluss** des PR, selbst bei Vereinbarungen, **genehmigt** werden.[12] Die Vertretungsbefugnis des Vorsitzenden erstreckt sich auch auf die Entgegennahme von Erklärungen, die dem PR gegenüber abzugeben sind.[13] Er hat eine **uneingeschränkte Informationspflicht** gegenüber den PR-Mitgliedern, auch bezüglich vorläufiger Informationen.[14] Da der PR-Vorsitzende lediglich Vertreter in der Erklärung ist, kann der PR in Einzelfällen von der Regel des Abs. 2 S. 1 abweichen und ein **anderes PR-Mitglied** mit seiner Vertretung beauftragen, was z. B. in gerichtlichen Verfahren sachgerecht sein kann.[15] 9

Nach Abs. 2 S. 2 ist die **alleinige Vertretungsbefugnis** des Vorsitzenden in Angelegenheiten, die nur eine Gruppe betreffen, **eingeschränkt.** Gehört er dieser Gruppe nicht selbst an, vertritt er den PR gemeinsam mit »einem« der Gruppe angehörenden Vorstandsmitglied. **Angelegenheiten, die nur eine Gruppe betreffen**, sind solche, in denen nach § 34 Abs. 4 S. 2 nur die Vertreter dieser Gruppe zur Beschlussfassung berufen sind. Um jederzeit die rechtmäßige Vertretung in Gruppenangelegenheiten zu gewährleisten, empfiehlt es sich, dass der PR **Ergänzungsmitglieder** und eventuell Er- 10

8 Vgl. *BVerwG* v. 21.7.82 – 6 P 14.79 –, PersV 81, 316; *BAG* v. 13.10.82 – 7 AZR 617/80 –, AP Nr. 1 zu § 40 LPVG Niedersachsen; *BVerfG* v. 19.12.94 – 2 BvL 8/88 –, PersR 95, 165.

9 Vgl. *BAG* v. 24.5.06 – 7 AZR 201/05 –, AP Nr. 5 zu § 29 BetrVG 1972.

10 Vgl. *BAG* v. 19.3.03 – 7 ABR 15/02 –, AP Nr. 77 zu § 40 BetrVG 1972.

11 Eine vom PR-Vorsitzenden unterzeichnete DV ist unwirksam, vgl. für das BetrVG *BAG* v. 8.2.22 – 1 AZR 233/21-, NZA 22, 984 (Vorinstanz: *LAG Düsseldorf* v. 15.4.21 – 11 Sa 490/20).

12 Vgl. *BAG* v. 8.2.22- 1 AZR 233/21 –, a.a.O.; v. 10.10.07 – 7 ABR 51/06; v. 9.12.14 – 1 ABR 19/13.

13 *OVG Bln* v. 18.12.02 – 4 S 41.02 –, PersR 03, 163.

14 *Ilbertz/Widmaier/Sommer*, 14. Aufl., § 32 a.F. Rn. 23, mit Kritik zu *OVG Saarlouis* v. 29.4.14 – 5 B 188/14.

15 *BVerwG* v. 21.7.82, a.a.O.

satzvorstandsmitglieder wählt (vgl. § 28 Rn. 5 u. 8). Erklärungen, die unter **Missachtung** der gemeinsamen Vertretungsbefugnis des Abs. 2 S. 2 abgegeben werden, sind **unwirksam.**[16] Dies bedeutet, dass z. B. die **Erklärung** der Zustimmungsverweigerung als solcher wie auch ihre **Begründung** der gemeinsamen Vertretungsbefugnis unterliegen.[17]

11 Der **stellvertretende Vorsitzende** hat die **Aufgabe**, den Vorsitzenden zu vertreten, wenn dieser zeitweilig verhindert ist (vgl. zum Begriff Verhinderung: § 27 Rn. 2 ff.). Das Gleiche gilt, wenn das Amt des bisherigen Vorsitzenden vorzeitig geendet hat, bis zur Neuwahl des Vorsitzenden (vgl. Rn. 6).

§ 30 Anberaumung der Sitzungen

(1) [1]Der Vorsitzende des Personalrats beraumt die Sitzungen an; dabei hat er auf die dienstlichen Erfordernisse Rücksicht zu nehmen. [2]Er setzt die Tagesordnung fest und leitet die Verhandlung. [3]Der Vorsitzende hat die Mitglieder des Personalrats, die Schwerbehindertenvertretung und das von der Jugend- und Auszubildendenvertretung nach § 32 Absatz 4 Satz 1 benannte Mitglied zu den Sitzungen rechtzeitig unter Mitteilung der Tagesordnung zu laden. [4]Zu den Sitzungen sind ebenso zu laden

1. **die weiteren Mitglieder der Jugend- und Auszubildendenvertretung,**
2. **Beauftragte von Stufenvertretungen,**
3. **Beauftragte des Gesamtpersonalrats,**
4. **die Beauftragte für Chancengleichheit,**

soweit sie allgemein oder auf Beschluss des Personalrats berechtigt sind, an der Sitzung teilzunehmen.

(2) Der Leiter der Dienststelle ist vom Zeitpunkt der Sitzung unter Mitteilung der Tagesordnung rechtzeitig zu verständigen und zu Tagesordnungspunkten, an denen er teilnehmen soll, zu laden.

(3) [1]Auf Antrag eines Viertels der Mitglieder des Personalrats, der Mehrheit der Vertreter einer Gruppe oder des Leiters der Dienststelle hat der Vorsitzende eine Sitzung anzuberaumen und den Gegenstand, dessen Beratung beantragt wird, auf die Tagesordnung zu setzen. [2]Entsprechendes gilt in Angelegenheiten, die

1. **besonders Beschäftigte im Sinne von § 59 betreffen, für die Mehrheit der Mitglieder der Jugend- und Auszubildendenvertretung;**

---

16 *BVerwG* v. 15. 5. 20 – 5 P 6.19 –, PersR 11/20, 45; v. 21. 4. 92 – 6 P 8.90 –, PersR 92, 304, v. 14. 7. 86 – 6 P 12.84 –, PersR 86, 233, v. 21. 4. 92 – 6 P 8.90 –, PersR 92, 304, u. v. 9. 12. 08 – 1 WDS-VR 15.08 –, PersV 09, 316; *BAG* v. 24. 4. 79 – 6 AZR 409/77 –, PersV 80, 328, u. v. 13. 10. 82 – 7 AZR 617/80 –, AP Nr. 1 zu § 40 LPVG Niedersachsen.

17 *BVerwG* v. 15. 5. 20 – 5 P 6.19 –, a. a. O., Rn. 23.

2. schwerbehinderte Beschäftigte besonders betreffen, für die Schwerbehindertenvertretung;

3. besonders die Gleichstellung von Frauen und Männern betreffen, für die Beauftragte für Chancengleichheit.

(4) Der Leiter der Dienststelle oder im Verhinderungsfall eine von ihm beauftragte Person nimmt an den Sitzungen, die auf sein Verlangen anberaumt sind, und an den Sitzungen, zu denen er ausdrücklich eingeladen ist, teil.

(5) [1]Der Personalrat kann von Fall zu Fall beschließen, dass Beauftragte von Stufenvertretungen und Beauftragte des Gesamtpersonalrats berechtigt sind, mit beratender Stimme an einer Sitzung teilzunehmen. [2]In diesem Fall kann die Ladung zur Sitzung nach Absatz 1 auch kurzfristig erfolgen.

Vergleichbare Vorschriften:
§§ 36, 37 BPersVG; §§ 29, 31, 67 Abs. 3 S. 1 BetrVG

Inhaltsübersicht Rn.

1. Anberaumung und Ladung zu PR-Sitzungen

1 **(Abs. 1)** Die **Anberaumung der Sitzungen** des PR ist nach Abs. 1 S. 1 Sache des **PR-Vorsitzenden.**[1] Soweit der PR in der Geschäftsordnung oder durch gesonderten Beschluss keine turnusmäßigen Sitzungen festgelegt hat, entscheidet der Vorsitzende nach pflichtgemäßem Ermessen, ob und wann eine Sitzung stattfindet. Dabei kann sein Ermessen durch einen nach Abs. 3 gestellten Antrag eingeschränkt sein (vgl. Rn. 10f.). Außerdem hat der Vorsitzende pflichtgemäß zu prüfen, ob und inwieweit in der Sitzung **Video- oder Telefonkonferenztechnik** zugelassen wird (§ 34 Abs. 1a). Will der Vorsitzende Video- oder Telefonkonferenztechnik zulassen, sollte er dies bereits in der Anberaumung ankündigen, damit die PR-Mitglieder Gelegenheit haben, dem Einsatz von Video- oder Telefonkonferenztechnik gem. § 34 Abs. 1a zu widersprechen, falls sie damit nicht einverstanden sind (vgl. § 34 Rn. 1c). Der Vorsitzende hat stets dann eine Sitzung – ggf. auch eine Sondersitzung – anzuberaumen, wenn dies zur Behandlung fristgebundener Angelegenhei-

1 Ausführlich zur Personalratssitzung: *Hohmann*, PersR 12, 239.

ten erforderlich ist. Versäumt es der Vorsitzende, eine notwendige Sitzung anzuberaumen, kann er durch einen Antrag nach Abs. 3 dazu aufgefordert werden. Entspricht er auch einem solchen Antrag nicht, kann der PR **ohne förmliche Einberufung** zu einer Sitzung zusammenzukommen.[2] Bei der Anberaumung der Sitzungen des PR hat der Vorsitzende nach Abs. 1 Hs. 2 auf die dienstlichen Erfordernisse Rücksicht zu nehmen. Vor der Festlegung des Sitzungstermins hat er zu prüfen, ob derartige Erfordernisse dem geplanten Zeitpunkt entgegenstehen.

2 Der Vorsitzende setzt nicht nur den Zeitpunkt und Ort, sondern nach Abs. 1 S. 2 auch die **Tagesordnung** für die jeweilige Sitzung fest. Auch darüber entscheidet er nach pflichtgemäßem Ermessen. Die Tagesordnung muss **sämtliche Punkte** enthalten, die behandelt werden sollen, und diese so **detailliert** benennen, dass die PR-Mitglieder sich aufgrund dieser Angaben ein genaues Bild über die zu behandelnden Angelegenheiten machen und sich auf deren Behandlung sachgerecht vorbereiten können.[3] Beabsichtigte beteiligungspflichtige Maßnahmen sind präzise und konkret zu bezeichnen.[4] Nach Abs. 1 S. 3 hat der Vorsitzende die Mitglieder des PR und die dort aufgeführten übrigen Teilnahmeberechtigten zu den Sitzungen **rechtzeitig unter Mitteilung der Tagesordnung zu laden**. Die Tagesordnung ist zu Nachweiszwecken möglichst schriftlich oder per E-Mail (vgl. § 126b BGB) zu fassen.[5] Die Tagesordnung kann auch auf einem **Fileserver** hinterlegt werden, wenn in der Einladung darauf verwiesen wird und wenn alle PR-Mitglieder und geladenen Ersatzmitglieder darauf Zugang haben.[6] Nicht ausreichend ist die für nicht zugangsberechtigte (Ersatz-)Mitglieder vorgesehene Verfahrensweise, sich die Tagesordnung in den Räumen des Personalrats **abholen** zu müssen oder diese vor der Personalratssitzung im Tagungsraum erhalten zu können.[7] **Änderungen und Ergänzungen**, die sich u.a. aus Anträgen nach Abs. 3 (vgl. Rn. 10 f.) oder aus der zwischenzeitlichen Einleitung neuer Beteiligungsverfahren durch die Dienststelle ergeben können, müssen rechtzeitig und hinreichend detailliert vor Sitzungsbeginn nachgereicht werden (zu den Auswirkungen auf die ordnungsgemäße Beschlussfassung vgl. § 34 Rn. 1). Eine Ergänzung der Tagesordnung kann regelmäßig nicht mehr als rechtzeitig mitgeteilt angesehen werden, wenn der Beratungsgegenstand erst

---

2 Vgl. Altvater-*Kröll*, § 36 Rn. 13.

3 *BayVGH* v. 4.2.04 – 18 P 03 692 –, PersV 04, 308; v. 16.10.14 – 17 P 13.91 –, PersR 6/15, 49.

4 St. Rspr.; vgl. *BVerwG* v. 29.8.75 – VII P 2.74 –, PersV 76, 385; *NdsOVG* v. 20.9.95 – 17 M 826/95 –, PersR 96, 35.

5 *BayVGH* v. 16.10.14 – 17 P 13.91 –, PersR 6/15, 49 ff.

6 *BayVGH* v. 16.10.14 – 17 P 13.91 –, PersR 6/15, 49 ff.; *Ilbertz*, § 36 Rn. 16; Altvater-*Kröll*, § 36 Rn. 20.

7 *BayVGH* v. 16.10.14, a.a.O.

am Tag der PR-Sitzung auf die Tagesordnung gesetzt worden ist.[8] Allerdings können die nach rechtzeitiger Einladung zur Sitzung erschienenen PR-Mitglieder, wenn der PR **beschlussfähig** ist (§ 34 Abs. 2: Anwesenheit mindestens der Hälfte der PR-Mitglieder), **Ergänzungen** bzw. **Änderungen der Tagesordnung einstimmig** beschließen (Beschlussfähigkeit und Einstimmigkeit). Dies gilt entsprechend für **Tischvorlagen**.[9] PR-Mitglieder können von der Rüge eines Ladungsmangels absehen. Jedes PR-Mitglied ist aber für die Ordnungsgemäßheit der PR-Beschlüsse mitverantwortlich. Will ein PR-Mitglied rügen, dass ein Ladungsmangel vorliegt, liegt es auch in seiner Verantwortung, den möglichen Verstoß rechtzeitig geltend zu machen, sobald er ihm bekannt ist oder bekannt sein muss, spätestens zu Beginn der Sitzung vor Eintritt in die Tagesordnung; andernfalls ist das PR-Mitglied mit dieser Rüge ausgeschlossen. Dies gilt auch für Ersatzmitglieder.[10]

Auch wenn PR-Mitglieder (und sonstige Teilnahmeberechtigte) keinen aus- 3
drücklich gesetzlich geregelten Anspruch haben, dass ihnen mit der Tagesordnung Abschriften oder Kopien aller **Unterlagen** übersandt werden, die dem Vorstand zu den angekündigten Punkten vorliegen, so ist der PR-Vorsitzende doch gehalten, zumindest die Unterlagen, die keinen übermäßigen Aufwand verursachen (z. B. Unterlagen in elektronischer Form) zur ordnungsgemäßen Sitzungsvorbereitung allen PR-Mitgliedern zu übermitteln und ihnen vor der Sitzung zur Vorbereitung Einsicht in die übrigen Unterlagen zu gewähren.[11] Die Auffassung des *BVerwG*[12], wonach die vorgeschriebene Informationsquelle die PR-Sitzung sei, weshalb PR-Mitglieder kein entsprechendes Einsichtsrecht in die Unterlagen hätten, ist nicht sachgerecht und muss abgelehnt werden (vgl. Rn. 8).[13] Außerdem steht die Auffassung des *BVerwG* nunmehr im Gegensatz zum Unterrichtungsanspruch der PR-Mitglieder, wenn nach der neuen Regelung des § 34 Abs. 1a die Teilnahme an PR-Sitzungen mittels Video- oder Telefonkonferenztechnik zugelassen wird, da diese Sitzungsteilnehmer eben nicht in der Sitzung präsent sind und daher diesen auf anderem Wege Einsicht in die Unterlagen gewährt werden muss. Der PR kann das Einsichtsrecht und die Übersendung von Unterla-

8 *OVG NW* v. 13. 12. 11 – 20 A 10/10.PVL –, PersR 12, 262.

9 *BVerwG* v. 29. 6. 15 – 5 PB 14.14; Vorinstanz: *OVG Koblenz* v. 6. 8. 14 – 5 A 10386/14; *OVG Münster* v. 27. 4. 15 – 20 A 122/14.PVB, unter Aufgabe der Anforderung der Vollzähligkeit der PR-Mitglieder in der PR-Sitzung. In Nachfolge zu *BAG* 15. 4. 14 – 1 ABR 2/13; *Ilbertz*, § 36 Rn. 18a; Altvater-*Kröll*, § 36 Rn. 20; *Kröll*, PersR 7–8/14, 20.

10 *BVerwG* v. 15. 5. 20 – 5 P 5.19 –, PersR 11/20, 42.

11 Vgl. auch *OVG NW* v. 13. 12. 11 – 20 A 10/10.PVL –, a. a. O.; *Hohmann*, PersR 11, 55, 58 u. PersR 12, 239; Altvater-*Kröll*, § 34 a. F. Rn. 16a.

12 *BVerwG* v. 29. 8. 75 – VII P 13.73 – u. – VII P 2.74 –, PersV 76, 305 bzw. 385.

13 Str.; vgl. Altvater-*Kröll*, § 36 Rn. 21 m. w. N und oben Rn. 6; auch *Klimpe-Auerbach*, PersR 08, 233.

gen aber in der Geschäftsordnung (§ 39) regeln und ausgestalten. Ob, in welchem Umfang und in welcher Weise der Vorstand **Vorabinformationen** zur Verfügung stellt, hat er ansonsten nach pflichtgemäßem Ermessen zu entscheiden. Wird eine Vorabinformation erteilt, müssen alle Teilnahmeberechtigten gleichbehandelt werden.[14] Das gilt auch für **Unterlagen in Dateiform**, die auf Datenträgern gespeichert sind. Diese sind, etwa durch Einräumung eines Leserechts, allen PR-Mitgliedern zugänglich zu machen (vgl. § 38 Rn. 5).[15]

3a Will der PR-Vorsitzende die Teilnahme von PR-Mitgliedern mittels **Video- oder Telefonkonferenztechnik** zulassen (§ 34 Abs. 1a), hat er sicherzustellen, dass alle Sitzungsteilnehmer rechtzeitig und umfassend zu den Beratungspunkten unterrichtet werden. Dies setzt faktisch voraus, dass allen Teilnehmern neben der Einladung auch die **Unterlagen elektronisch zugänglich** gemacht werden müssen, da alle Teilnehmer gleich zu informieren sind. Dies kann z. B. durch Hinterlegung der Unterlagen in einem elektronischen Ordner des IT-Laufwerks des PR erfolgen, zu dem ausschließlich die Teilnehmer dieser Sitzung Zugang erhalten. Allerdings ist für Ersatzmitglieder oder andere an dieser Sitzung zur Teilnahme Berechtigte der Zugang nach der Sitzung wieder zu schließen.[16] Werden die Unterlagen per E-Mail übersandt, bleibt ungelöst, wie Ersatzmitglieder oder andere an dieser Sitzung zur Teilnahme Berechtigte mit diesen Unterlagen nach Ende der Sitzung zu verfahren haben.

2. Einzuladende Teilnehmer

4 **Einzuladen** sind grundsätzlich alle ordentlichen **PR-Mitglieder** und, wenn dem Vorsitzenden die Verhinderung von PR-Mitgliedern bekannt ist, die jeweiligen, nach § 27 Abs. 1 S. 2 eintretenden **Ersatzmitglieder** sowie folgende Personen und Stellen:

- nach Abs. 1 S. 3 i. V. m. § 32 Abs. 5 die **Schwerbehindertenvertretung** zu allen Sitzungen;
- nach Abs. 1 S. 3 i. V. m. § 32 Abs. 4 **der von der JAV benannte Vertreter** zu allen Sitzungen;
- nach Abs. 1 S. 4 Nr. 1 i. V. m. § 32 Abs. 4 **die weiteren Mitglieder der JAV** zu Sitzungen, in denen Angelegenheiten behandelt werden, die besonders Beschäftigte i. S. v. § 59 betreffen (vgl. § 32 Rn. 17), soweit sie nach § 32 Abs. 4 berechtigt sind, an der Sitzung teilzunehmen;

---

14 *BVerwG* v. 29. 8. 75, a. a. O.; *BayVGH* v. 13. 7. 94 – 18 P 94.2 –, PersR 95, 87.

15 Vgl. *BAG* v. 12. 8. 09 – 7 ABR 15/08 –, AP Nr. 2 zu § 34 BetrVG 1972.

16 Fischer/Goeres-*Gronimus*, § 38 Rn. 81.

- nach Abs. 1 S. 4 Nr. 2 i. V. m. Abs. 5 **Beauftragte von Stufenvertretungen**, soweit sie auf Beschluss des PR berechtigt sind, an der Sitzung teilzunehmen (vgl. Rn. 13 f.);
- nach Abs. 1 S. 4 Nr. 3 i. V. m. Abs. 5 **Beauftragte des GPR**, soweit sie auf Beschluss des PR berechtigt sind, an der Sitzung teilzunehmen (vgl. Rn. 13 f.);
- nach Abs. 1 S. 4 Nr. 4 i. V. m. § 32 Abs. 6 die **Beauftragte für Chancengleichheit**, soweit sie auf ihren Antrag nach § 32 Abs. 6 Nr. 1 oder auf Beschluss des PR nach § 32 Abs. 6 Nr. 2 berechtigt ist, an der Sitzung teilzunehmen (vgl. § 32 Rn. 20c ff.);
- nach Abs. 2 i. V. m. § 30 Abs. 4 der **Leiter der Dienststelle** und zwar zu den Sitzungen, die auf sein Verlangen anberaumt sind oder zu denen er ausdrücklich eingeladen werden soll (vgl. Rn. 9);
- nach § 32 Abs. 3 die im PR vertretenen **Gewerkschaften**, wenn ein Viertel der PR-Mitglieder oder die Mehrheit einer Gruppe die beratende Teilnahme von Beauftragten dieser Gewerkschaften beantragt hat.

Falls das Teilnahmerecht der aufgeführten Personen oder Stellen auf einzelne Tagesordnungspunkte begrenzt ist, ist ihnen nur der **entsprechende Teil der Tagesordnung** mitzuteilen. Personen oder Stellen, denen ein Teilnahmerecht zusteht, sind auch dann zur Teilnahme berechtigt, wenn sie **nicht eingeladen** worden sind.[17]

Stehen bei Gerichten oder Staatsanwaltschaften in einer Sitzung des PR ge- 5
meinsame Angelegenheiten von Richterrat und PR oder von Staatsanwaltsrat und PR an, hat der PR-Vorsitzende nach § 31 Abs. 1 den **Richter**- oder den **Staatsanwaltsrat** rechtzeitig über den Zeitpunkt der Sitzung zu informieren, ihm den entsprechenden Teil der Tagesordnung mitzuteilen und ihm Gelegenheit zu geben, Mitglieder in die Sitzung des PR zu entsenden. In einem solchen Fall sind auch der **Schwerbehindertenvertretung der Richter bzw. der Staatsanwälte** der Sitzungstermin und der entsprechende Teil der Tagesordnung mitzuteilen. Entsprechendes gilt, wenn der Richter- oder Staatsanwaltsrat, die Schwerbehindertenvertretung der Richter oder der Staatsanwälte oder der (mit dem Leiter der Dienststelle i. S. d. LPVG nicht unbedingt identische) **Leiter des Gerichts oder der Staatsanwaltschaft** einen Antrag nach § 31 Abs. 2 S. 2 i. V. m. § 30 Abs. 3 gestellt hat (vgl. § 31 Rn. 6 f., 15).

Beschäftigte, Sachverständige oder **Auskunftspersonen**, deren Hinzuzie- 6
hung der PR oder der Vorstand beschlossen hat (vgl. zur Anhörung von Beschäftigten wegen personeller Einzelmaßnahmen § 32 Abs. 8), hat der Vorsitzende ebenfalls einzuladen und ihnen dabei mitzuteilen, worüber sie gehört werden sollen. Die Tagesordnung darf ihnen nicht mitgeteilt werden.

---

17 Vgl. *BVerwG* v. 24. 10. 75 – VII P 14.73 –, PersV 77, 18.

3. Leitung der PR-Sitzung

7 Nach Abs. 1 S. 2 obliegt dem Vorsitzenden auch die **Leitung der Sitzung**. Er eröffnet die Sitzung, stellt die Anwesenheit fest, führt die Rednerliste, erteilt das Wort, ruft ggf. zur Ordnung und entzieht – nach erfolgloser Abmahnung – das Wort, stellt die Beschlussfähigkeit fest, führt die Abstimmungen – auch die der Gruppen – durch und stellt deren Ergebnisse fest, sorgt für die Aufnahme der Sitzungsniederschrift und die Eintragungen in die Anwesenheitsliste und schließt die Sitzung. Ihm steht im Sitzungszimmer das **Hausrecht** zu.[18]

8 Die PR-Mitglieder – und ggf. die stimmberechtigten JAV-Mitglieder – haben einen umfassenden **Informationsanspruch**, der **während der Sitzung** vom Vorstand zu erfüllen ist. Die Mitglieder des PR haben darüber hinaus Anspruch auf Einsicht in alle Unterlagen des PR. Dazu zählen auch dessen elektronische Unterlagen, in die ihnen ein Leserecht einzuräumen ist.[19] Gelangt der PR zu der Auffassung, dass er noch weitere Unterlagen und Auskünfte benötigt, kann er den Vorstand durch Beschluss verpflichten, sie einzuholen.[20]

4. Unterrichtung und Ladung der Dienststellenleitung

8a **(Abs. 2)** Die Festlegung des Sitzungstermins ist allein Sache des PR-Vorsitzenden. Nach Abs. 2 hat dieser jedoch den **Leiter der Dienststelle** vom Zeitpunkt der anberaumten Sitzung rechtzeitig zu **verständigen**. Diese Unterrichtung soll es dem Dienststellenleiter ermöglichen, rechtzeitig erforderliche Vorkehrungen zu treffen, z. B. für Vertretungen an den Arbeitsplätzen der Sitzungsteilnehmer während der Dauer der Sitzung zu sorgen.[21] Ist der Dienststellenleiter der Ansicht, der Zeitpunkt einer Sitzung sei ohne Rücksicht auf dienstliche Erfordernisse festgelegt worden, kann er anregen, den Termin zu verlegen. Er darf die Sitzung aber **nicht eigenmächtig unterbinden** oder Teilnahmeberechtigte von der Teilnahme abhalten, sondern kann allenfalls versuchen, nach § 92 Abs. 1 Nr. 3 und Abs. 2 i. V. m. § 85 Abs. 2 ArbGG im **personalvertretungsrechtlichen Beschlussverfahren** vor dem Verwaltungsgericht den Erlass einer einstweiligen Verfügung zu erwirken, mit der der Sitzungstermin aufgehoben wird.

---

18 Vgl. Altvater-*Kröll*, § 36 Rn. 25 m. w. N.

19 Vgl. Altvater-*Köll*, § 36 Rn. 21, 22; vgl. *BAG* v. 12. 8. 09 – 7 ABR 15/08 –, AP Nr. 2 zu § 34 BetrVG 1972.

20 *BVerwG* v. 29. 8. 75 – VII P 13.73 –, PersV 76, 305, u. v. 19. 7. 94 – 6 P 12.92 –, PersR 94, 518.

21 Altvater-*Kröll*, § 37 Rn. 33; so auch *Hohmann*, PersR 12, 239, 241.

Abs. 2 sieht vor, dass der Dienststellenleiter vom Zeitpunkt der Sitzung »**unter Mitteilung der Tagesordnung**« zu verständigen ist. Zu dieser Regelung gibt es weder in den anderen PersVG noch im BetrVG eine Entsprechung. Sie steht im Widerspruch zu Abs. 4, der dem Dienststellenleiter nur ein begrenztes Recht zur Teilnahme an den PR-Sitzungen einräumt (vgl. Rn. 9). Da die Tagesordnung genaue Angaben über die zu behandelnden Angelegenheiten enthalten muss (vgl. Rn. 2), besteht bei vollständiger Mitteilung die Gefahr, dass der Dienststellenleiter Kenntnis von Angelegenheiten erhält, die auch ihm gegenüber geheim zu halten sind (vgl. § 7 Rn. 16, 18). In solchen Fällen hat die Schweigepflicht Vorrang gegenüber der Unterrichtungspflicht mit der Folge, dass dem Dienststellenleiter nur eine gekürzte Fassung der Tagesordnung mitgeteilt werden kann. 8b

Abs. 2 Hs. 2 dient der Klarstellung, dass der **Leiter der Dienststelle** zu Tagesordnungspunkten, an denen er teilnehmen soll, **zu laden** ist. Daraus folgt sein Teilnahmerecht an den Sitzungen nach Abs. 4 Hs. 2.[22] Die Entscheidung, den Leiter der Dienststelle einzuladen, kann der PR-Vorsitzende anders als in den Fällen des Abs. 5 von sich aus treffen. 9

5. Antrag auf Anberaumung von PR-Sitzungen

(Abs. 3) Das Ermessen des Vorsitzenden nach Abs. 1 S. 1 und 2 wird durch die in Abs. 3 geregelten **Antragsrechte** zur Anberaumung einer Sitzung des PR und zur Aufnahme eines bestimmten Beratungsgegenstandes in die Tagesordnung eingeschränkt. Der Kreis der dort aufgeführten **Antragsberechtigten** ist abschließend. Ein einzelnes PR-Mitglied kann dem Vorsitzenden lediglich unverbindliche Anregungen zukommen lassen.[23] Nach Abs. 3 S. 1 steht einem Viertel der PR-Mitglieder (vgl. § 32 Rn. 5), der Mehrheit der Vertreter einer Gruppe – unabhängig davon, ob es sich nach § 34 Abs. 4 um gemeinsame oder um Gruppenangelegenheiten handelt –, und dem Leiter der Dienststelle in **allen Angelegenheiten** ein Antragsrecht zu.[24] Dagegen haben die in Abs. 3 S. 2 Nr. 1 bis 3 genannten Antragsberechtigten nur in den dort **bestimmten Angelegenheiten** ein Antragsrecht. Der **JAV** steht das Antragsrecht bei Angelegenheiten, die besonders Beschäftigte i. S. v. § 59 betreffen (vgl. § 32 Rn. 17) dann zu, wenn die Mehrheit der Mitglieder der JAV dies beantragt. Das Antragsrecht der Schwerbehindertenvertretung ist dahingehend eingeschränkt, dass es sich um Angelegenheiten handeln muss, die schwerbehinderte Menschen besonders betreffen (vgl. § 178 Abs. 4 S. 1 10

---

22 LT-Dr. 15/4224, S. 101 [zu § 34].

23 *BVerwG* v. 15. 12. 78 – 6 P 10.78 –, PersV 80, 105.

24 Rooschüz-*Abel*, § 30 Rn. 14; Leuze-*Bieler*, § 30 Rn. 34.

Hs. 2 SGB IX).[25] Auch das Antragsrecht der **Beauftragten für Chancengleichheit** ist insoweit eingeschränkt, als ein Antrag nur in Angelegenheiten erzwingbar ist, die besonders die Gleichstellung von Frauen und Männern betreffen. Damit müssen aber auch die Fälle erfasst sein, in denen besonders Männer oder Frauen betroffen sind (entsprechend § 32 Abs. 5 S. 2).

11 Der Antrag nach Abs. 3 kann darauf gerichtet sein, eine Sitzung des PR anzuberaumen und den Gegenstand, dessen Beratung gefordert wird, auf die Tagesordnung dieser **eigens anzuberaumenden Sitzung** zu setzen. Er kann sich aber auch darauf beschränken, den geforderten Beratungsgegenstand in die Tagesordnung der **nächsten Sitzung** aufzunehmen, die vom Vorsitzenden noch anzuberaumen oder bereits anberaumt ist oder die turnusmäßig stattfindet.[26] Der Antrag, für den keine bestimmte Form vorgeschrieben ist, ist an den **Vorsitzenden** zu richten. Dieser hat zu prüfen, ob die gesetzlichen Voraussetzungen des Antrags vorliegen, und, wenn dies zu bejahen ist, dem Antrag zu entsprechen.

6. Teilnahme des Dienststellenleiters

12 **(Abs. 4)** Obwohl das Teilnahmerecht an den Sitzungen des PR im Allgemeinen in § 32 geregelt ist, sind für den **Leiter der Dienststelle** in Abs. 4 die dort genannten Fälle gesondert aufgenommen. Dabei handelt es sich zum einen um Sitzungen, die nach Abs. 4 Hs. 1 **auf sein Verlangen anberaumt** oder mit einer Tagesordnung einberufen sind, die von ihm beantragte Beratungsgegenstände enthält (vgl. Rn. 10), zum anderen um Sitzungen, zu denen er ausdrücklich **eingeladen** ist, wobei die Einladung auf bestimmte Tagesordnungspunkte begrenzt sein kann. Der Dienststellenleiter hat in den Fällen des Abs. 4 nicht nur das Recht, sondern die **Pflicht** zur Teilnahme.[27] Ist er verhindert, hat er einen (entscheidungsbefugten) **Beauftragten** zu entsenden (vgl. § 5 Rn. 17f.). Dezernenten, Referenten oder **Sachbearbeiter** darf er nur mitbringen, wenn der PR oder dessen Vorstand deren Hinzuziehung als Sachverständige oder Auskunftspersonen beschlossen hat (vgl. Rn. 6).[28] Einen **Vertreter der Arbeitgebervereinigung** kann er nur gemäß § 32 Abs. 3 mitbringen, also nur dann, wenn an der Sitzung Beauftragte der Gewerkschaften teilnehmen (vgl. § 32 Rn. 15). Bei der Behandlung der Gegenstände, die auf Verlangen des Dienststellenleiters in die Tagesordnung aufgenom-

---

25 Dass der Personenkreis der schwerbehinderten Beschäftigten **besonders** betroffen sein muss, entspricht § 178 Abs. 4 S. 1 Hs. 2 SGB IX, so LT-Dr. 15/4224, S. 102/103 [zu § 34].

26 *BVerwG* v. 29.8.75 – VII P 2.74 –, PersV 76, 385.

27 Leuze-*Bieler*, § 30 Rn. 47; Rooschüz-*Abel*, § 30 Rn. 16.

28 Rooschüz-*Abel*, § 30 Rn. 16.

men sind oder zu deren Erörterung er ausdrücklich eingeladen ist, hat er ein **Äußerungsrecht**. Er ist verpflichtet, erforderliche Auskünfte zu erteilen. Ihm steht aber weder eine beratende Stimme noch ein Stimmrecht noch das Recht zu, einen bestimmten Antrag zur Abstimmung zu stellen. Insbesondere nimmt er weder an der Beratung noch an der Beschlussfassung des PR teil. Unter keinen Umständen ist der Dienststellenleiter berechtigt, in den Verlauf der PR-Sitzung einzugreifen.[29] Auf Verlangen des Vorsitzenden muss er deshalb die Sitzung verlassen, wenn der PR in seiner Abwesenheit (weiter) beraten oder beschließen will.[30]

7. Teilnahme von Beauftragten der Stufenvertretungen und des GPR

(Abs. 5) Im Unterschied zum BPersVG gibt Abs. 5 dem PR das Recht, von Fall zu Fall zu beschließen, dass **Beauftragte von Stufenvertretungen und Beauftragte des GPR** berechtigt sind, mit beratender Stimme an einer Sitzung des PR teilzunehmen. Dabei handelt es sich um jene Stufenvertretungen (BPR und HPR), die im Nichteinigungsverfahren in Mitbestimmungs- oder Mitwirkungsfällen nach den §§ 73, 77 bzw. 83 oder aufgrund der Regelungen über die Abgrenzung der Zuständigkeiten der Personalvertretungen nach § 91 mit **Angelegenheiten** der (Beschäftigten der) Dienststelle befasst sind, bei welcher der PR besteht.[31] Die Einladung ist nicht nur für die Beratung von Angelegenheiten zulässig, für die die örtliche Dienststelle zuständig ist.[32] Das gilt zumindest hinsichtlich solcher Angelegenheiten, auf deren Behandlung der örtliche PR durch sein Äußerungsrecht nach § 91 Abs. 3 gegenüber den Stufenvertretungen, bzw. nach § 91 Abs. 8 gegenüber dem GPR Einfluss nehmen kann. 13

Die Einladung bedarf eines **Beschlusses des PR**. In diesem Fall kann nach S. 2 die **Ladung** zur PR-Sitzung auch **kurzfristig** erfolgen. Damit wird klargestellt, dass die Einberufung des PR nicht fehlerhaft ist, wenn nach der Entscheidung des PR die Einladung von Beauftragten der Stufenvertretung oder des GPR nur kurzfristig erfolgt.[33] Im Hinblick auf den Ausnahmecharakter der Vorschrift und die mit ihrer Anwendung i. d. R. verbundenen Kosten hat 14

---

29 Altvater-*Kröll*, § 36 Rn. 35; *Klimpe-Auerbach*, PersR 08, 233.

30 Vgl. Altvater-*Kröll*, § 36 Rn. 35 m. w. N.

31 Ebenso Leuze-*Bieler*, § 30 Rn. 50.

32 So aber Rooschüz-*Abel*, § 30 Rn. 17; eine entsprechende einschränkende Aussage in der Begründung des Entwurfs des ÄndG 1995 [LT-Dr. 11/6312, S. 38] hat im Gesetz keinen Ausdruck gefunden. Eine solche Einschränkung erfolgte außerdem nicht im ÄndG 2013.

33 LT-Dr. 15/4224, S. 103 [zu § 34].

der PR zu prüfen, ob durch die beratende Teilnahme eines Beauftragten des BPR oder HPR für seine eigene Meinungs- und Willensbildung Erkenntnisse zu erwarten sind, die er in anderer Weise mit geringerem Aufwand nicht ebenso gut erlangen kann.[34] Die Einladung des PR ist an die **Stufenvertretung** zu richten. Diese entscheidet, ob sie der Einladung folgen will und welches ihrer Mitglieder sie entsendet. Das Recht der **Teilnahme mit beratender Stimme** entspricht inhaltlich dem Recht der Gewerkschaftsbeauftragten zur beratenden Teilnahme (vgl. § 32 Rn. 11).

§ 31 Gemeinsame Aufgaben von Personalrat, Richterrat und Staatsanwaltsrat

(1) Sind an einer Angelegenheit sowohl der Personalrat als auch der Richterrat oder der Staatsanwaltsrat beteiligt, so teilt der Vorsitzende dem Richterrat oder dem Staatsanwaltsrat den entsprechenden Teil der Tagesordnung mit und gibt ihm Gelegenheit, Mitglieder in die Sitzung des Personalrats zu entsenden (§ 30 des Landesrichter- und -staatsanwaltsgesetzes).
(2) [1]Der Vorsitzende des Personalrats hat auf Antrag des Richterrats oder des Staatsanwaltsrats oder des Leiters der Dienststelle eine Angelegenheit, deren Beratung beantragt ist, auf die Tagesordnung zu setzen. [2]§ 30 Abs. 3 bis 5 gilt entsprechend.

Vergleichbare Vorschriften:
§ 53 DRiG; § 39 Abs. 3 BPersVG; keine im BetrVG

Inhaltsübersicht Rn.

1. Vorbemerkung

1 Für die Wahrnehmung der Interessen der Richter und Staatsanwälte, die nach § 4 Abs. 2 Nr. 2 grundsätzlich nicht Beschäftigte i. S. d. LPVG sind,

34 Vgl. LT-Dr. 11/6312, S. 18; Rooschüz-*Abel*, § 30 Rn. 17.

sieht das **Landesrichter- und -staatsanwaltsgesetz** (LRiStAG)[1] die Bildung von Richtervertretungen und Vertretungen der Staatsanwälte vor (vgl. § 4 Rn. 25 ff.). § 30 LRiStAG bestimmt, dass der zuständige Richterrat, Bezirksrichterrat, der zuständige Staatsanwaltsrat, Bezirksstaatsanwaltsrat oder der Landesrichter- und -staatsanwaltschaftsrat bei **gemeinsamen Angelegenheiten** mit dem Personalrat für die gemeinsame Beschlussfassung Mitglieder in den Personalrat entsendet.

2. Richtervertretungen

Als **Richtervertretungen** werden bei den Gerichten des Landes nach § 15 LRiStAG Richterräte und Präsidialräte (einschließlich **Gesamtrichterrat, Bezirksrichterräte** und beim Justizministerium der **Landesrichter- und -staatsanwaltsrat**) errichtet. **Richterräte** sind grundsätzlich bei allen Gerichten für die Beteiligung der Richter an allgemeinen und sozialen Angelegenheiten nach Maßgabe der §§ 20b und 23–23b LRiStAG, **Präsidialräte** für jeden Gerichtszweig in Beteiligungsangelegenheiten anlässlich der Ernennung von Richtern und an sonstigen personellen Angelegenheiten gem. § 32 LRiStAG zuständig. 2

Sind gem. § 20 Abs. 1 S. 5 LRiStAG[2] von der obersten Dienstbehörde Teile eines Gerichts zu einem selbständigen Gericht erklärt worden, kann gemäß § 31 Abs. 1 LRiStAG durch Beschluss der einzelnen Richterräte neben diesen ein **Gesamtrichterrat** errichtet werden. Die Mitglieder des Gesamtrichterrats werden von den Richtern des Gerichts in unmittelbarer Wahl gewählt (§ 31 Abs. 3 LRiStAG). 2a

3. Vertretungen der Staatsanwälte

Als **Vertretungen der Staatsanwälte** werden nach § 88 LRiStAG bei allen Staatsanwaltschaften **Staatsanwaltsräte**, für jeden Geschäftsbereich **Bezirksstaatsanwälte** und beim Justizministerium der **Landesrichter- und -staatsanwaltsrat** gebildet, wobei in Angelegenheiten der Staatsanwälte die Staatsanwaltsräte die Aufgaben des Richterrats haben, die Bezirksstaatsanwälte die Aufgaben der Bezirksrichterräte und der Hauptstaatsanwaltsrat die Aufgaben des Präsidialrats hat, § 89 Abs. 4 LRiStAG. Die Vorschriften über den Richterrat, Bezirksrichterrat für die Staatsanwaltsräte, Bezirksstaatsanwaltsräte und die Vorschriften über den Präsidialrat für den Hauptstaatsanwaltsrat sind insoweit entsprechend anzuwenden. Das trifft auch für 2b

1 LRiStAG v. 22. 5. 00, GBl. S. 503, zuletzt geändert durch Art. 1 des Gesetzes zur Änderung des Landesrichter- und -staatsanwaltsgesetzes Baden-Württemberg v. 18. 10. 22, GBl. S. 518.

2 In Anlehnung an die Regelung des § 5 Abs. 3 LPVG.

die Bildung eines **Gesamtstaatsanwaltschaftsrats** (§ 89 Abs. 4 i. V. m. § 31 LRiStAG), sowie für die Behandlung **gemeinsamer Angelegenheiten** gem. § 30 Abs. 1 LRiStAG zu, die Richter oder Staatsanwälte als auch Beschäftigte (i. S. d. LPVG) der Gerichte oder Staatsanwaltschaften betreffen, zu.

4. Unterschiedliche Vertretungen in der Dienststelle

3 Da Gerichte und Staatsanwaltschaften nach § 5 Abs. 1 Dienststellen i. S. d. LPVG sind (vgl. § 5 Rn 5 f.), sind bei ihnen i. d. R. nach § 10 Abs. 1 auch PR gebildet. Um ein unkoordiniertes Nebeneinander der bei diesen Dienststellen bestehenden Organe der Interessenvertretung zu vermeiden, besteht bei **gemeinsamen Angelegenheiten** nach § 30 LRiStAG für den Richterrat und für den Staatsanwaltschaftsrat (gem. § 89 Abs. 4 i. V. m. § 30 LRiStAG) auf jeder Stufe das Recht zur **gemeinsamen Beschlussfassung mit dem Personalrat**. Da das LRiStAG (infolge Gesetzesänderung seit 15. 10. 15) für die Beteiligung an allgemeinen und sozialen Angelegenheiten der Richter/Staatsanwälte **Stufenvertretungen der Richter und Staatsanwälte** vorsieht, ist die Rechtsprechung des *VGH BW*[3] überholt.

5. Gemeinsame Angelegenheiten

4 Der **Richterrat** bzw. der **Staatsanwaltsrat** (bzw. deren jeweilige Stufenvertretung oder der Gesamtrichterrat) wird nach § 23 Abs. 4 LRiStAG an den in § 70, nach § 23a Abs. 1 LRiStAG an den in § 74 Abs. 1 Nr. 5, Nr. 6, Abs. 2 Nr. 1, Nr. 6, Nr. 7, Nr. 8, § 75 Abs. 4 lit. a), lit. b), Nr. 2, Nr. 3 Nr. 10, Nr. 11, Nr. 12, Nr. 13, Nr. 14, Nr. 15, Nr. 16, Nr. 17, Abs. 3 Nr. 4, Nr. 9, nach § 23b Abs. 1 LRiStAG an den in § 81 Abs. 1 Nr. 1, Nr. 5, nach § 23b Abs. 2 LRiStAG an den in § 87 Abs. 1 Nr. 3, Nr. 4, Nr. 6 und Nr. 7 bezeichneten allgemeinen und sozialen Angelegenheiten der Richter bzw. der Staatsanwälte beteiligt. Der Staatsanwaltschaftsrat ist darüber hinaus nach § 88 Abs. 2 LRiStAG auch in den Fällen des §§ 74 Abs. 2 Nr. 2, Nr. 3 und Nr. 4 zu beteiligen. In allen diesen Fällen können auch die Beteiligungsrechte der in der jeweiligen Dienststelle gebildeten Personalräte betroffen sein, wenn die Maßnahmen auch die Beschäftigten der Dienststelle betreffen. Eine **gemeinsame Angelegenheit** liegt immer dann vor, wenn ohne die dafür vorgesehenen Regelungen in derselben Angelegenheit sowohl der Richterrat nach § 23 ff. LRiStAG als auch der PR nach den einschlägigen Vorschriften des LPVG zu beteiligen wäre.

3 *VGH BW* v. 21. 10. 86 – 15 S 2122/85 –, PersV 90, 124.

6. Anzahl der zu entsendenden Mitglieder

5 Sind nach § 30 Nr. 1 LRiStAG an einer Angelegenheit sowohl der Richterrat als auch der PR beteiligt, so **entsendet der Richterrat** für die gemeinsame Beschlussfassung[4] Mitglieder in den PR. Dadurch wird der PR durch eine Gruppe von Richter- bzw. Staatsanwaltsvertretern erweitert (§ 30 Abs. 3 LRiStAG). Nach § 28 Abs. 2 S. 1 LRiStAG muss die Zahl der entsandten Richter/Staatsanwälte zur Zahl der Richter/Staatsanwälte im gleichen Verhältnis stehen wie die Zahl der Mitglieder des PR zur Zahl der wahlberechtigten Beschäftigten (i. S. d. § 4), wobei als Beschäftigte auch die in § 4 Abs. 2 Nr. 2 genannten Richter sowie Staatsanwälte gelten (vgl. § 4 Rn. 29b, 29c). Daraus ergibt sich folgende **Berechnungsformel:**

$$\frac{\text{Zahl der Richter} \times \text{Zahl der PR-Mitglieder}}{\text{Zahl der wahlberechtigten Beschäftigten}} = \text{Zahl der zu entsendenden Richter}$$

Maßgebend ist entsprechend § 10 Abs. 5 die Zahl der wahlberechtigten Beschäftigten am zehnten Arbeitstag vor Erlass des Wahlausschreibens für die Wahl des PR (vgl. § 10 Rn. 9). Bei der Ermittlung der Zahl der Richter/Staatsanwälte ist auf diejenigen Richter/Staatsanwälte abzustellen, die berechtigt waren, an der nach § 21a Abs. 1 LRiStAG durchzuführenden Versammlung der wahlberechtigten Richter/Staatsanwälte teilzunehmen. Bruchzahlen, die sich bei der Berechnung ergeben, sind zu Ungunsten dieser Gruppe auf die nächstniedrigere Zahl abzurunden.[5] Nach der (eingeschränkten) **Minderheitenschutzregelung** des § 30 Abs. 2 S. 2 LRiStAG entsendet der Richter-/Staatsanwaltsrat mindestens die in § 11 Abs. 4 und 5 bestimmte Zahl von Mitgliedern (vgl. § 11 Rn. 7 f.). § 30 Abs. 2 S. 3 LRiStAG sieht eine Regelung für den Fall vor, dass die Zahl der nach § 30 Abs. 2 S. 1 (nicht nach S. 2) LRiStAG zu entsendenden Richter/Staatsanwälte größer ist als die Zahl der Mitglieder des Richter-/Staatsanwaltsrats: In diesem Fall sind, soweit vorhanden, **Ersatzmitglieder** des Richter-/Staatsanwaltsrats im erforderlichen Umfang heranzuziehen.

7. Einladung zur PR-Sitzung durch PR-Vorsitzenden

6 Liegt eine **gemeinsame Aufgabe** von Richter-/Staatsanwaltsrat und PR vor, ist der **Vorsitzende des PR** nach Abs. 1 verpflichtet, den Richter-/Staatsanwaltsrat über den Zeitpunkt der Sitzung zu informieren, ihm den entsprechenden Teil der Tagesordnung mitzuteilen und ihm Gelegenheit zu

4 Korrekt: gemeinsame Beratung und Beschlussfassung, da gemäß § 34 Abs. 4 auch das um Richter oder Staatsanwälte erweiterte PR-Gremium gemeinsam berät und beschließt.

5 Vgl. Altvater-*Baunack*, Anh. II DRiG Rn. 14 m. w. N.

geben, Mitglieder in die Sitzung des PR zu entsenden. Dies hat wie in den Fällen des § 30 Abs. 1 S. 3 rechtzeitig zu geschehen (vgl. § 30 Rn. 2). Andererseits hat der PR-Vorsitzende nach Abs. 2 S. 1 auf **Antrag des Richter-/ Staatsanwaltsrats** eine Angelegenheit, deren Beratung dieser beantragt, auf die Tagesordnung zu setzen, und zwar entweder auf die der nächsten oder – wie sich aus Abs. 2 S. 2 i. V. m. § 30 Abs. 3 S. 1 ergibt – auf die einer eigens einzuberufenden PR-Sitzung (vgl. § 30 Rn. 11). Das Gleiche gilt für einen **Antrag des »Leiters der Dienststelle«**. Damit sind der Präsident oder aufsichtführende Richter des Gerichts bzw. der leitende Oberstaatsanwalt gemeint, bei dem der Richter-/Staatsanwaltsrat gebildet ist und der diesem als Leiter des Gerichts/der Staatsanwaltschaft gegenübersteht (vgl. §§ 20, 89 LRiStAG). Dieses Antragsrecht kann in den Fällen Bedeutung haben, in denen die Dienststelle i. S. d. § 5 und das Gericht/die Staatsanwaltschaft i. S. d. § 20, 89 LRiStAG nicht identisch sind (vgl. Rn. 9). In derartigen Fällen **nimmt** nach Abs. 2 S. 2 i. V. m. § 30 Abs. 4 auch der Leiter des Gerichts/der Staatsanwaltschaft oder im Verhinderungsfalle sein Beauftragter **an den PR-Sitzungen teil** (vgl. § 30 Rn. 12).

6a Durch den Verweis auf § 30 LRiStAG im Klammerzusatz des Abs. 1 wird deutlich, dass die Vorschrift auch in Bezug auf die Zuständigkeiten der **Stufenvertretungen** anwendbar ist (dort § 30 Abs. 4 LRiStAG). Ferner folgt aus § 31 Abs. 4 S. 1 LRiStAG, der wiederum auf § 30 LRiStAG verweist, dass auch der **Gesamtrichterrat**, damit auch die Gesamtstaatsanwaltschaftsrat von § 31 Abs. 1 miterfasst ist, so dass auch Mitglieder derselben bei gemeinsamen Angelegenheiten zur gemeinsamen Beschlussfassung einzuladen sind. Durch die Verweisung des Abs. 2 S. 2 auf § 30 Abs. 5 wird ferner klargestellt, dass der PR **Beauftragte der Stufenvertretung** der Richter/Staatsanwälte und **Beauftragte des Gesamtrichterrats bzw. den Gesamtstaatsanwaltsrat** durch Beschluss von Fall zu Fall zur PR-Sitzung einladen kann. Die Einladung ist nicht nur für die Beratung von Angelegenheiten zulässig, für die die örtliche Dienststelle zuständig ist (vgl. § 30 Rn. 13).

7 Die nach § 177 Abs. 1 S. 2 SGB IX gebildete **Schwerbehindertenvertretung der Richter/Staatsanwälte** hat nach § 178 Abs. 4 S. 1 Hs. 1 SGB IX das Recht, an allen PR-Sitzungen (auch während der Abstimmungen)[6] **beratend teilzunehmen**, soweit diese unter Beteiligung der entsandten Mitglieder des Richterrats stattfinden. Damit sie dieses Recht wahrnehmen kann, hat der PR-Vorsitzende sie entsprechend § 30 Abs. 1 S. 3 rechtzeitig unter Mitteilung des einschlägigen Teils der Tagesordnung zu laden. Bei Vorliegen einer gemeinsamen Angelegenheit von Richter-/Staatsanwaltsrat und PR, die zugleich schwerbehinderte Richter/Staatsanwälte besonders betrifft, ist die Schwerbehindertenvertretung der Richter/Staatsanwälte nach Abs. 2 S. 2 i. V. m. § 30 Abs. 3 S. 2 Nr. 2 auch berechtigt, einen vom PR-Vorsitzenden

6 Altvater-*Baunack*, Anh. II DRiG Rn. 39.

umzusetzenden **Antrag auf Anberaumung einer PR-Sitzung** und auf Aufnahme eines Beratungsgegenstandes in die Tagesordnung zu stellen.

8. Gemeinsame Beratung und Beschlussfassung

Für die in § 30 Abs. 1 LRiStAG festgelegte **gemeinsame (Beratung und) Beschlussfassung** in der PR-Sitzung gelten grundsätzlich die einschlägigen Vorschriften des LPVG. Maßstab für die erforderliche **Stimmenmehrheit** sowie für die Beschlussfähigkeit des PR ist die um die Zahl der entsandten Mitglieder des Richter-/Staatsanwaltsrats erhöhte Zahl der Mitglieder des PR (vgl. § 34 Rn. 2, 5).[7] Daraus folgt, dass nach dem insoweit modifizierten § 34 Abs. 1 der Beschluss der einfachen Stimmenmehrheit der anwesenden Mitglieder bedarf, und zwar ohne Rücksicht darauf, wie sich die Stimmen auf die Mitglieder des erweiterten PR verteilen. Zum **Einspruchsrecht** der Mehrheit der entsandten Mitglieder des Richter-/Staatsanwaltsrats und deren Schwerbehindertenvertretungen mit der Folge der **Aussetzung eines PR-Beschlusses** vgl. § 37 Rn. 13. 8

9. Gesamtrichter-/-staatsanwaltsrat

Besonderheiten sind zu beachten, wenn die Dienststelle, für die der PR gebildet ist, und das Gericht/die Staatsanwaltschaft ausnahmsweise nicht deckungsgleich sind: Voneinander **abweichende Organisationseinheiten** können sich v. a. aus der unterschiedlichen Nutzung der Möglichkeiten des § 5 Abs. 3 bzw. 4 einerseits und des § 20 Abs. 1 S. 4 u. 5 LRiStAG andererseits ergeben. Hinzu kommt, dass die Verselbständigung von Teilen einer Dienststelle nach § 54 Abs. 1 zwingend zur Bildung eines GPR führt (vgl. § 54 Rn. 1), während die Verselbständigung von Teilen eines Gerichts/Staatsanwaltschaft nach § 31 Abs. 1 LRiStAG lediglich die Möglichkeit eröffnet, einen **Gesamtrichter-/-staatsanwaltsrat** zu bilden. Wird er gebildet, ist er nach § 31 Abs. 4 S. 5 LRiStAG in gemeinsamen, zu seiner Zuständigkeit gehörenden Angelegenheiten für die Entsendung der Mitglieder in den PR oder GPR zuständig. Ob eine gemeinsame Angelegenheit zur Zuständigkeit des Gesamtrichter-/-staatsanwaltsrats gehört, ergibt sich aus § 31 Abs. 2 S. 1 LRiStAG (vgl. für den PR: § 91 Rn. 29 u. 30). Es muss sich um eine Maßnahme handeln, die über den Bereich eines selbstständigen Gerichts i. S. v. § 20 Abs. 1 S. 5 hinausgeht. 9

Ist die **Zuständigkeit des Gesamtrichter-/-staatsanwaltsrats** nach § 31 Abs. 2 S. 1 LRiStAG gegeben, entfällt die Zuständigkeit der einzelnen Richter-/Staatsanwaltschaftsräte nach § 31 Abs. 3 S. 2 LRiStAG. Ist der Gesamtrichter-/-staatsanwaltsrat bei gemeinsamen Angelegenheiten zuständig, 10

7 Entgegen der noch in der 1. Aufl. vertretenen Auffassung.

Mitglieder in den Personalrat oder Gesamtpersonalrat zu entsenden, scheidet eine gleichzeitige Entsendung von Mitgliedern der Richter-/Staatsanwaltsräte aus.[8]

11, 12 *Nicht besetzt.*

10. Weitere Beteiligungsrechte

13 § 24b LRiStAG bestimmt, dass in gemeinsamen Angelegenheiten die von der Personalvertretung nach § 79 (LPVG) zu bestellenden Beisitzer der **Einigungsstelle** aufgrund gemeinsamer Beschlussfassung bestellt werden, wobei ein Beisitzer ein auf Lebenszeit ernannter Richter sein muss.

14 Werden in **Personalversammlungen** der Gerichte/Staatsanwaltschaften gemeinsame Angelegenheiten i. S. d. § 30 Abs. 1 LRiStAG behandelt, können die Richter bzw. Staatsanwälte nach § 30 Abs. 5 LRiStAG an diesen Personalversammlungen mit den gleichen Rechten wie die anderen Beschäftigten teilnehmen (vgl. dazu § 49 Rn. 6).

15 Soweit in einer **gemeinschaftlichen Besprechung** zwischen dem Leiter der Dienststelle und dem PR (§ 68 Abs. 1) Angelegenheiten behandelt werden, die zu den gemeinsamen Aufgaben von oder Richter-/Staatsanwaltsrat und PR gehören, sind die in den PR entsandten Mitglieder des Richter-/Staatsanwaltsrats entsprechend § 31 wie Mitglieder des PR teilnahmeberechtigt.[9] § 23 Abs. 4 LRiStAG steht dem nicht entgegen, da darin die Beteiligung des Richterrats/Staatsanwaltschaftsrats gegenüber den Gerichten/Staatsanwaltschaften, nicht aber in Bezug auf den PR und den Leiter der Dienststelle geregelt ist.

11. Rechtsstreitigkeiten

16 Für **Rechtsstreitigkeiten** aus der Bildung und Tätigkeit der Richter-/Staatsanwaltsvertretungen steht nach § 19 Abs. 1 S. 1 LRiStAG der Rechtsweg zu den **Verwaltungsgerichten** offen. Nach § 89 Abs. 4 LRiStAG gelten die Vorschriften des § 19 LRiStAG für die Vertretungen der Staatsanwälte entsprechend. Die Verwaltungsgerichte entscheiden zwar grundsätzlich in ihrer allgemeinen Besetzung, für das Verfahren gelten jedoch nach § 19 Abs. 1 S. 2 LRiStAG die Vorschriften über das **arbeitsgerichtliche Beschlussverfahren** entsprechend. Bei Rechtsstreitigkeiten aus der gemeinsamen Beteiligung von Richter-/Staatsanwaltsrat und PR entscheiden die Verwaltungsgerichte gemäß § 19 Abs. 2 LRiStAG i. V. m. § 92 Abs. 2 und § 93 nicht nur nach den dort in Bezug genommenen Verfahrensvorschriften über das arbeits-

8 Anders Voraufl. aufgrund LRiStAG i. d. F. bis 14. 10. 15, s. Rn. 10.

9 Vgl. *Altvater*, Basiskommentar, 10. Aufl., Anh. II Rn. 4b; Altvater-*Baunack*, Anh. II DRiG Rn. 20.

gerichtliche Beschlussverfahren, sondern auch in der dort geregelten Besetzung (vgl. § 93 Rn. 3 ff.).

§ 32 Durchführung der Sitzungen, Teilnahmerechte

(1) Die Sitzungen des Personalrats sind nicht öffentlich; sie finden in der Regel während der Arbeitszeit statt.
(2) Der Personalrat kann ihm zur Verfügung gestelltes Büropersonal zur Erstellung der Niederschrift hinzuziehen.
(3) [1]Auf Antrag eines Viertels der Mitglieder oder der Mehrheit einer Gruppe des Personalrats kann von Fall zu Fall je eine beauftragte Person der im Personalrat vertretenen Gewerkschaften an einer Sitzung beratend teilnehmen. [2]In diesem Fall sind der Zeitpunkt der Sitzung und die Tagesordnung den im Personalrat vertretenen Gewerkschaften rechtzeitig mitzuteilen. [3]Nimmt der Leiter der Dienststelle oder die von ihm beauftragte Person an der Sitzung teil, kann er oder sie einen Vertreter der Arbeitgebervereinigung, der die Dienststelle angehört, hinzuziehen. [4]Personelle und soziale Angelegenheiten einzelner Beschäftigter dürfen nur mit deren vorheriger Einwilligung in Anwesenheit von Beauftragten von Gewerkschaften oder der Arbeitgebervereinigung beraten werden.
(4) [1]Ein Mitglied der Jugend- und Auszubildendenvertretung, das von dieser benannt wird, kann an allen Sitzungen des Personalrats beratend teilnehmen. [2]An der Behandlung von Angelegenheiten, die besonders Beschäftigte im Sinne von § 59 betreffen, kann die gesamte Jugend- und Auszubildendenvertretung teilnehmen; die Mitglieder der Jugend- und Auszubildendenvertretung haben bei Beschlüssen des Personalrats in diesen Angelegenheiten Stimmrecht. [3]Der Vorsitzende des Personalrats soll Angelegenheiten, die besonders Beschäftigte im Sinne von § 5 betreffen, der Jugend- und Auszubildendenvertretung zur Beratung zuleiten.
(5) Die Schwerbehindertenvertretung kann an allen Sitzungen des Personalrats beratend teilnehmen.
(6) [1]Die Beauftragte für Chancengleichheit kann an den Beratungen des Personalrats von einzelnen Gegenständen auf der Tagesordnung teilnehmen, wenn
1. der Gegenstand auf ihren Antrag auf die Tagesordnung gesetzt wurde oder
2. der Personalrat dies im Einzelfall beschließt.
[2]Sie kann Anregungen zur Behandlung von Angelegenheiten geben, die besonders die Gleichstellung von Frauen und Männern betreffen.
(7) [1]Der Personalrat kann nach vorheriger Unterrichtung des Leiters der Dienststelle sachverständige Personen aus der Dienststelle oder sonstige

Auskunftspersonen aus der Dienststelle anhören, soweit dies zur Erfüllung seiner Aufgaben erforderlich ist. [2]Die Teilnahme dieser Personen an Beratung und Beschlussfassung ist nicht zulässig.
(8) [1]Der Personalrat kann nach vorheriger Unterrichtung des Leiters der Dienststelle in Mitbestimmungsangelegenheiten zu personellen Einzelmaßnahmen betroffene Beschäftigte anhören. [2]Absatz 7 Satz 2 gilt entsprechend.

Vergleichbare Vorschriften:
§§ 37, 38 BPersVG; §§ 30 bis 32, 67 BetrVG; § 178 Abs. 4 SGB IX

Inhaltsübersicht Rn.

1. Durchführung der Sitzungen

1 **(Abs. 1)** Nach Abs. 1 S. 1 Hs. 1 sind die **Sitzungen des PR nicht öffentlich.** Daraus folgt, dass an ihnen grundsätzlich nur die **Mitglieder des PR** und ggf. die nach § 27 Abs. 1 eingetretenen **Ersatzmitglieder** teilnehmen dürfen. **Andere Personen** können nur teilnehmen, soweit sie ein gesetzlich geregeltes Teilnahmerecht haben (vgl. § 30 Rn. 4 ff.). Nicht ausgeschlossen ist es allerdings, dass ein schwerbehindertes PR-Mitglied, soweit erforderlich, von einer **Hilfsperson**, etwa einem Gebärdensprachdolmetscher, begleitet wird. Zulässig ist auch die Hinzuziehung von **Bürokräften** (Abs. 2), von einzelnen betroffenen **Beschäftigten** der Dienststelle (Abs. 8) sowie von **Auskunftspersonen** und **sachkundigen Mitarbeitern der Dienststelle** (Abs. 7), darüber hinaus von nicht der Dienststelle angehörenden Auskunftspersonen und von **Sachverständigen** (vgl. § 41 Rn. 18).[1] Das Gebot der Nichtöffentlichkeit ist eine bloße Ordnungsvorschrift. Ein Verstoß dagegen führt grundsätzlich nicht zur Ungültigkeit der gefassten Beschlüsse,[2] es sei denn, es lägen An-

1 Vgl. *BVerwG* v. 8.11.89 – 6 P 7.87 –, PersR 90, 102; v. 6.9.84 – 6 P 17.82 –, PersR 85, 44.

2 *BVerwG* v. 21.6.17 – 1 WDS-VR 5.16 –, PersV 18, 18; *Sächs. OVG* v. 7.4.98 – P 5 S 20/97 –, PersR 99, 455; *LVG Hannover* v. 18.2.57, ZBR 1957, 183; Altvater-*Kröll*, § 38 Rn. 12.

haltspunkte dafür vor, dass die Beschlussfassung von dem Nichtteilnahmeberechtigten beeinflusst worden sein könnte.[3]

Infolge der seit 2020 grassierenden **Corona-Pandemie** wurde § 34 Abs. 1 a[4] eingeführt und damit ermöglicht, dass der PR-Vorsitzende »bei Vorliegen besonderer Umstände«, also nicht generell, unter den dort genannten weiteren Bedingungen alle oder einzelne PR-Mitglieder sowie sonstige teilnahmeberechtigte Personen zur Teilnahme an der PR-Sitzung mittels **Video- oder Telefonkonferenztechnik** zulassen kann (s. § 34 Rn. 1 ff.). 1a

Nach Abs. 1 S. 1 Hs. 2 finden die Sitzungen des PR i. d. R. **während der Arbeitszeit** statt. Davon kann nur ausnahmsweise aufgrund der besonderen Verhältnisse der Dienststelle abgewichen werden.[5] Wird im Schichtdienst gearbeitet und gehören die PR-Mitglieder verschiedenen Schichten an, ist es nicht zu vermeiden, dass die Sitzung nicht für alle PR-Mitglieder innerhalb ihrer individuellen Arbeitszeit stattfindet. Das kann auch bei teilzeitbeschäftigten PR-Mitgliedern der Fall sein. In diesem Fall haben sie Anspruch auf Dienstbefreiung (§ 43 Abs. 2 S. 2). 2

2. Büropersonal zur Erstellung der Niederschrift

(Abs. 2) Nach Abs. 2 ist der PR berechtigt, **Büropersonal[6] zur Erstellung der Niederschrift** in der PR-Sitzung hinzuzuziehen. Diese Möglichkeit gesteht mittlerweile auch § 38 Abs. 2 S. 2 BPersVG dem PR zu. Die dem entgegenstehende Rspr. des *BVerwG* ist gegenstandslos.[7] Denn ein PR-Mitglied, das die Protokollierung in der PR-Sitzung zu erledigen hat, ist möglicherweise gehindert, aktiv an den Beratungen des PR teilzunehmen oder es kann die Beratungen verzögern, weshalb mit der Neuregelung dem PR nunmehr ermöglicht wird, soweit ihm im Rahmen des Erforderlichen Büropersonal zur Verfügung steht, die Niederschrift durch eine Assistenzkraft aufnehmen zu lassen. Die hinzugezogene Assistenzkraft unterliegt dabei der Verschwiegenheitspflicht nach § 7.[8] Abs. 2 kann aber nicht dahin verstanden werden, dass der PR in diesem Fall eine Assistenzkraft für die allgemein zu erledigenden Büroaufgaben nicht mehr im bisherigen Umfang beanspruchen kann. Vielmehr ist nunmehr auch bei PR, bei denen bislang 3

---

3 *BVerwG* v. 21. 6. 17, a. a. O.; Richardi-*Jacobs*, § 35 a. F. Rn. 16; Lorenzen-*Gerhold*, § 35 a. F. Rn. 9; Fischer/Goeres-*Gronimus* § 38 Rn. 52.

4 § 34 Abs. 1a gültig m. W. v. 1. 7. 2021 durch Gesetz v. 12. 11. 2020 (GBl. S. 1046).

5 *VG Bremen* v. 2. 10. 15 – 7 V 1404/15; Lorenzen-*Gerhold*, § 35 a. F. Rn. 10.

6 Begriffliche Anpassung an das BPersVG, vgl. § 38 Abs. 2 BPersVG.

7 *BVerwG* v. 14. 7. 77 – VII P 24.76 –, PersV 78, 126, v. 27. 11. 81 – 6 P 38.79 –, PersV 83, 408, u. v. 2. 1. 92 – 6 PB 13.91 –, PersR 93, 383 Ls.; ebenfalls Altvater-*Kröll*, § 38 Rn. 12 m. w. N.

8 LT-Dr. 15/4224, S. 103 [zu § 36].

eine Assistenz für Büroaufgaben nicht erforderlich war, zumindest für die Erstellung der Niederschrift in der PR-Sitzung eine Bürokraft zur Verfügung zu stellen, da das aus den vom Gesetzgeber angeführten Gründen regelmäßig erforderlich ist.

3. Beratende Teilnahme von Gewerkschaftsbeauftragten

4 **(Abs. 3)** Die beratende Teilnahme von Gewerkschaftsbeauftragten an PR-Sitzungen hängt nach S. 1 davon ab, dass von Fall zu Fall eine qualifizierte **Minderheit von einem Viertel der PR-Mitglieder oder der Mehrheit einer Gruppe** einen entsprechenden Antrag stellt, bzw. das PR-**Gremium** selbst einen entsprechenden Beschluss fasst (vgl. Rn. 5).

5 Den Antrag auf Hinzuziehung von Gewerkschaftsbeauftragten kann entweder **ein Viertel der PR-Mitglieder** oder die **Mehrheit einer Gruppe im PR** stellen. Für die Berechnung der Zahl der PR-Mitglieder, die den Antrag stellen müssen, kommt es nicht darauf an, wie viele Mitglieder der PR nach § 10 Abs. 3 und 4 haben müsste (Sollstärke), sondern darauf, wie viele Mitglieder er zur Zeit der Antragstellung tatsächlich hat (Iststärke). Dasselbe gilt für den Antrag der Mehrheit einer Gruppe.[9]

6 Zur beratenden Teilnahme können nur Beauftragte von **Gewerkschaften** (vgl. § 2 Rn. 7) hinzugezogen werden, die **im PR vertreten** sind. Das ist bei einer Gewerkschaft der Fall, der mindestens ein PR-Mitglied angehört. Gehört einer Gewerkschaft lediglich ein Ersatzmitglied an, ist sie während des Zeitraums im PR vertreten, in dem dieses Ersatzmitglied nach § 27 Abs. 1 S. 2 vorübergehend in den PR eingerückt ist. Der Antrag kann nicht auf Beauftragte von Gewerkschaften ausgedehnt werden, die nicht im PR, sondern nur in der Dienststelle vertreten sind. Sind im PR mehrere Gewerkschaften vertreten, kann der Antrag im Unterschied zu § 37 Abs. 2 BPersVG aber auch nicht auf Beauftragte einer bestimmten Gewerkschaft beschränkt werden.

7 Der Antrag muss sich auf eine **bestimmte PR-Sitzung** (oder auf mehrere bestimmte Sitzungen, vgl. »von Fall zu Fall«) beziehen. Er kann auf **bestimmte Tagesordnungspunkte** oder Beratungsgegenstände beschränkt werden.[10] Für den Antrag ist weder eine bestimmte **Form** noch eine bestimmte **Frist** festgelegt. Im Hinblick auf die Regelung in S. 2 sollte er aber rechtzeitig vor der Sitzung gestellt werden. Kann einem in der bereits begonnenen Sitzung gestellten Antrag nicht sofort entsprochen werden, haben die Antragsteller keinen Anspruch darauf, dass der PR die Sitzung unterbricht, vertagt oder die einschlägigen Tagesordnungspunkte absetzt.[11]

---

9 Vgl. etwa *Ilbertz*, § 37 Rn. 18; Altvater-*Kröll*, § 37 Rn. 19 m. w. N.

10 Vgl. Altvater-*Kröll*, § 37 Rn. 22 m. w. N.; Leuze-*Widmaier*, § 37 a. F. Rn. 7.

11 Altvater-*Kröll*, § 37 Rn. 24.

Liegt ein ordnungsgemäß gestellter Antrag vor, bedarf es zu dessen Umsetzung weder eines bestätigenden Beschlusses des PR noch ist dieser befugt, die Umsetzung abzulehnen.[12] Allerdings ist es dem **PR** nicht verwehrt, selbst einen **Beschluss** zur Hinzuziehung von Gewerkschaftsbeauftragten zu fassen. Dabei handelt es sich nach § 34 Abs. 4 um einen Beschluss in einer gemeinsamen Angelegenheit, der nur zustande kommen kann, wenn der PR nach § 34 Abs. 2 beschlussfähig ist und die einfache Stimmenmehrheit der anwesenden Mitglieder des gesamten PR nach § 34 Abs. 1 erreicht wird. In einem solchen Beschluss ist immer auch ein entsprechendes Votum von (mindestens) einem Viertel der Mitglieder des PR enthalten. 8

Bei Vorliegen eines ordnungsgemäß gestellten Antrags nach S. 1 oder eines entsprechenden Beschlusses sind nach S. 2 der Zeitpunkt der Sitzung und die Tagesordnung den im PR vertretenen Gewerkschaften rechtzeitig mitzuteilen. Die einer Einladung gleichkommende **Mitteilung** hat der Vorsitzende vorzunehmen (vgl. § 30 Rn. 2, 4). Die Mitteilung ist dann rechtzeitig, wenn sie so frühzeitig erfolgt, dass die Gewerkschaften einen geeigneten Beauftragten auswählen können und diesem ausreichend Zeit zur Sitzungsvorbereitung verbleibt. 9

Die im PR vertretenen **Gewerkschaften** sind nach S. 1 berechtigt, aber nicht verpflichtet, je einen von ihnen auszuwählenden **Beauftragten** (nicht mehrere) zu entsenden. Der Beauftragte braucht weder Angestellter noch Mitglied der entsendenden Gewerkschaft zu sein. Der Dienststellenleiter muss den Gewerkschaftsbeauftragten den ungehinderten **Zutritt zur Dienststelle** gestatten. Dies ergibt sich unmittelbar aus S. 1. Da dieser gegenüber § 2 Abs. 2 eine Sonderregelung enthält, kann der Zutritt auch nicht aus den dort genannten Gründen verweigert werden. Eine Untersagung kann unter dem Gesichtspunkt des Rechtsmissbrauchs nur unter ganz außergewöhnlichen Umständen in Betracht kommen.[13] 10

In Ausübung des ihnen zustehenden Rechts der **beratenden Teilnahme** können die Gewerkschaftsbeauftragten sich ebenso wie ein PR-Mitglied aktiv an den **Beratungen** des PR beteiligen. Sie haben den gleichen Anspruch auf Informationen einschl. des Rechts, die Sitzungsunterlagen einzusehen.[14] Ihnen stehen zwar kein Stimmrecht und kein Antragsrecht zu. Sie dürfen jedoch Anregungen zur Stellung von Anträgen geben und im Übrigen auch während der Abstimmung anwesend sein.[15] Ebenso wie die anderen Sitzungsteilnehmer sind sie der Sitzungsleitung des Vorsitzenden unterworfen. 11

---

12 Vgl. *OVG NW* v. 8.5.95 – 1 A 146/92.PVL –, PersR 96, 202.

13 Vgl. Altvater-*Kröll*, § 37 Rn. 29 m. w. N.

14 Vgl. Lorenzen-*Ramm*, § 37 Rn. 43.

15 Insoweit str.; vgl. Altvater-*Kröll*, § 37 Rn. 30 m. w. N.; abl. Leuze-*Widmaier*, § 37 a. F. Rn. 12.

12 Nach S. 4 dürfen **personelle und soziale Angelegenheiten einzelner Beschäftigter** nur mit deren vorheriger **Einwilligung**[16] in Anwesenheit der Beauftragten von Gewerkschaften oder Arbeitgebervereinigung beraten werden. S. 4 leitet sich aus dem Grundrecht der Beschäftigten auf informationelle Selbstbestimmung ab. Danach können Beschäftigte zwar davon ausgehen, dass ihre Angelegenheiten, soweit sie der PR-Beteiligung unterliegen, im PR personenbezogen erörtert werden. Da die Hinzuziehung von externen Beauftragten den Beschäftigten jedoch nicht allgemein transparent ist, ist die vorherige Einwilligung des Beschäftigten erforderlich.[17] Die Regelung ist nur bedingt im Interesse der Beschäftigten. Es kann bei der Einstellungsbeteiligung und der Eingruppierungsbeteiligung oder bei der Vertragsgestaltung bspw. nur schwer die vorherige Einwilligung der jeweiligen (zukünftigen) Beschäftigten eingeholt werden.[18]

13 Die Gewerkschaftsbeauftragten unterliegen der **Schweigepflicht** (vgl. § 7 Rn. 7).

14 Liegt ein ordnungsgemäß gestellter Antrag nach S. 1 oder ein entsprechender Beschluss des PR vor, ist der Vorsitzende aus dem Gebot der vertrauensvollen Zusammenarbeit gehalten, dem **Leiter der Dienststelle** über § 30 Abs. 2 hinaus neben dem Zeitpunkt der fraglichen Sitzung und deren Tagesordnung auch die Einladung des Gewerkschaftsbeauftragten rechtzeitig mitzuteilen, damit er ggf. die Möglichkeit hat, einen Vertreter der Arbeitgebervereinigung hinzuzuziehen.[19] In der **Mitteilung** allein liegt aber noch keine **»ausdrückliche« Einladung** i. S. d. § 30 Abs. 4 vor. Der Dienststellenleiter – oder im Verhinderungsfall sein Beauftragter – hat deshalb nur dann ein Recht zur Teilnahme an der fraglichen Sitzung, wenn diese entweder auf sein Verlangen anberaumt ist oder wenn er über die bloße Mitteilung des S. 2 hinaus ausdrücklich zu der Sitzung eingeladen wird (vgl. § 30 Rn. 12).

4. Beratende Teilnahme eines Vertreters einer Arbeitgebervereinigung

15 Nimmt der Dienststellenleiter oder die von ihm beauftragte Person nach § 30 Abs. 4 speziell an »der« PR-Sitzung teil, an der auch Gewerkschaftsbeauftragte teilnehmen, kann er nach S. 3 »einen« (nicht mehrere) **Vertreter der Arbeitgebervereinigung**, der die Dienststelle angehört (z. B. TdL oder KAV BW), hinzuziehen (vgl. § 2 Rn. 7). Ein Teilnahmerecht an sons-

---

16 Das zuvor festgelegte Erfordernis der schriftlichen Zustimmung wurde zu Einwilligung geändert durch Art. 19 des Gesetzes v. 12. 6. 18 (GBl. S. 173, 191)

17 So die Gesetzesbegründung, s. LT-Dr. 15/4224, S. 104 [zu § 36].

18 Vgl. Stellungnahme DGB zum Gesetzesentwurf LT-Dr. 15/4224, S. 261/262 [zu § 36].

19 LT-Dr. 15/4224, S. 104 [zu § 36 Abs. 3].

tigen PR-Sitzungen besteht nicht. Der von der Arbeitgebervereinigung auszuwählende Vertreter hat aber gegenüber dem PR keine beratende Stimme, sondern ist darauf beschränkt, den Dienststellenleiter zu beraten.[20]

5. Teilnahme eines Vertreters der JAV oder der gesamten JAV

(Abs. 4) Zur Wahrung der spezifischen Interessen der in § 59 definierten, von der JAV vertretenen jugendlichen und auszubildenden Beschäftigten sieht Abs. 4 **abgestufte Rechte der JAV** zur Einflussnahme auf die Meinungs- und Willensbildung des PR vor. Abs. 4 S. 1 legt fest, dass **ein Vertreter der JAV**, der von dieser benannt wird, an **allen Sitzungen des PR** beratend teilnehmen kann. Dieses Recht besteht unabhängig davon, welche Gegenstände in der PR-Sitzung behandelt werden. Das gilt auch für die in § 19 geregelte konstituierende Sitzung des PR (vgl. § 19 Rn. 3).[21] Besteht die JAV aus mehreren Mitgliedern, hat sie durch Beschluss entweder für alle künftigen Sitzungen oder von Fall zu Fall eines ihrer Mitglieder als ihren Vertreter zu bestimmen und dem Vorsitzenden des PR zu **benennen**. Besteht die JAV nur aus einem einzigen Mitglied, kann dieses als »geborener Vertreter« ohne Weiteres an allen PR-Sitzungen teilnehmen. Das Recht der **beratenden Teilnahme** besteht auch dann, wenn die erforderliche Ladung (vgl. § 30 Rn. 4) nicht erfolgt ist. Es bezieht sich auf alle Beratungsgegenstände und hat den gleichen Inhalt wie das entsprechende Recht der Gewerkschaftsbeauftragten (vgl. Rn. 11). Der JA-Vertreter kann auch während der Abstimmungen anwesend sein. 16

Nach Abs. 4 S. 2 Hs. 1 kann die **gesamte JAV** an der Behandlung von **Angelegenheiten** teilnehmen, **die »besonders« Beschäftigte i. S. v. § 59 betreffen**. Solche Angelegenheiten liegen vor, wenn sie bedeutsame und schützenswerte Interessen von Jugendlichen oder Auszubildenden berühren. Es kommt nicht darauf an, dass die Angelegenheit ausschließlich oder überwiegend die Interessen der Beschäftigten i. S. d. § 59 berührt.[22] Das »besondere Betroffensein« ist v. a. bei Fragen des Jugendarbeitsschutzes und der Berufsbildung und bei allen weiteren Angelegenheiten zu bejahen, die nach § 63 Abs. 1 zu den allgemeinen Aufgaben der JAV gehören (vgl. § 63 Rn. 1 ff.). Es kann aber auch bei personellen Einzelmaßnahmen gegeben sein. 17

Die Mitglieder der JAV – oder ggf. die nach § 62 Abs. 4 S. 3 i. V. m. § 27 Abs. 1 vorübergehend eingetretenen Ersatzmitglieder der JAV – haben in Angelegenheiten, die besonders Beschäftigte i. S. v. § 59 betreffen, nicht nur das 18

20 So auch Leuze-*Widmaier*, § 37 a. F. Rn. 1; a. A. Rooschüz-*Abel*, § 32 Rn. 21.

21 *VG Ansbach* v. 19. 4. 05 – AN 7 P 04.00739; a. A. *Ilbertz*, § 37 Rn. 5, unter Verweis auf *ArbG Mainz* v. 12. 2. 15 – 3 BV 73/13.

22 *BVerwG* v. 8. 7. 77 – VII P 22.75 –, PersV 78, 309, u. v. 28. 10. 93 – 6 P 25.91 –, PersR 94, 119.

Recht der beratenden Teilnahme (vgl. Rn. 16), sondern (wie in Abs. 4 S. 2 Hs. 2 festgelegt) bei Beschlüssen des PR in diesen Angelegenheiten auch **Stimmrecht** (allerdings kein doppeltes, wenn ein JAV-Mitglied gleichzeitig PR-Mitglied ist, vgl. § 60 Rn. 6). Dieses kann auch bei Gruppenangelegenheiten nach § 34 Abs. 4 gegeben sein. Während die anwesenden JAV-Mitglieder bei der Prüfung der Beschlussfähigkeit des PR außer Betracht bleiben (vgl. § 34 Rn. 2), sind sie bei der Feststellung der jeweils erforderlichen Stimmenmehrheit mitzuzählen (vgl. § 34 Rn. 5).

19 Der Vorsitzende des PR ist verpflichtet, bei der Vorbereitung der PR-Sitzungen zu prüfen, ob Angelegenheiten zu behandeln sind, die besonders Beschäftigte i. S. v. § 59 betreffen. Ist dies der Fall, soll er diese Angelegenheiten nach Abs. 4 S. 3 **der JAV zur Beratung zuleiten**. Diese Soll-Vorschrift ist im Regelfall zu beachten, also immer dann, wenn kein atypischer Fall vorliegt. Darüber hinaus hat der PR-Vorsitzende nach § 30 Abs. 1 S. 4 Nr. 1 **alle (weiteren) Mitglieder der JAV** (also jeden Jugend- und Auszubildendenvertreter einzeln)[23] rechtzeitig unter Mitteilung der Tagesordnung[24] der JAV-Mitglieder zur Teilnahme an der Behandlung jener Punkte der PR-Sitzung zu **laden**, auf die sich das Teilnahmerecht der JAV bezieht.[25] Auch wenn die Ladung unterblieben ist, können die Mitglieder (und ggf. Ersatzmitglieder) der JAV mit Beratungs- und Stimmrecht an der Behandlung der fraglichen Tagesordnungspunkte teilnehmen.

20 Ein Beschluss des PR, der in **Abwesenheit** der ordnungsgemäß geladenen Mitglieder (bzw. Ersatzmitglieder) der JAV gefasst wird, ist wirksam. Dagegen ist ein Beschluss des PR, bei dessen Zustandekommen den Mitgliedern (bzw. Ersatzmitgliedern) der JAV die Ausübung ihres nach Abs. 4 S. 2 Hs. 2 bestehenden Stimmrechts nicht ermöglicht wird, **unwirksam**.[26]

6. Teilnahme der Schwerbehindertenvertretung

20a **(Abs. 5)** Die Interessenvertretung der schwerbehinderten Menschen in Betrieben und Dienststellen ist im Wesentlichen in Teil 3 Kapitel 5 (§§ 176 bis 183) SGB IX geregelt.[27] Danach besteht die **Schwerbehindertenvertretung** aus einem Mitglied, der **Vertrauensperson** der schwerbehinderten Menschen, das im Falle der Verhinderung durch ein **stellvertretendes Mitglied** vertreten wird (§ 177 Abs. 1 S. 1 SGB IX). In Dienststellen mit i. d. R. mehr als 100 schwerbehinderten Menschen kann die Vertrauensperson nach Unter-

23 Nicht die JAV als solche (so noch die 1. Aufl.).
24 So auch Leuze-*Bieler*, § 41 a. F. Rn. 22.
25 Vgl. Altvater-*Kröll*, § 37 Rn. 8 m. w. N.
26 *BVerwG* v. 8.7.77, a. a. O.; näher dazu Altvater-*Kröll*, § 37 Rn. 12 m. w. N.
27 Neugefasst durch Teilhabegesetz, gültig seit 1. 1. 18; vgl. dazu i. E. *Feldes u. a.* zu §§ 176 ff. SBG IX.

richtung des Arbeitgebers das mit der höchsten Stimmenzahl gewählte stellvertretende Mitglied auch zu bestimmten Aufgaben heranziehen, ab jeweils 100 weiteren beschäftigten schwerbehinderten Menschen kann jeweils auch das mit der nächsthöheren Stimmenzahl gewählte Mitglied herangezogen werden (**weitere stellvertretende Mitglieder**; § 178 Abs. 1 S. 4 u. 5 SGB IX). Die wesentlichen **Aufgaben** der Schwerbehindertenvertretung bestehen darin, die Eingliederung schwerbehinderter Menschen in die Dienststelle zu fördern, ihre Interessen in der Dienststelle zu vertreten und ihnen beratend und helfend zur Seite zu stehen (§ 178 Abs. 1 S. 1 SGB IX). Diese Aufgaben sind weitgehend identisch mit denen, die der Personalvertretung nach § 176 SGB IX und § 70 Abs. 1 Nr. 5 obliegen (vgl. § 70 Rn. 23 ff.). Deshalb und im Hinblick auf die stärkeren Beteiligungsrechte des PR ist ein enges Zusammenwirken von PR und Schwerbehindertenvertretung erforderlich.

Abs. 5 stellt ausdrücklich klar, dass die Schwerbehindertenvertretung **an allen Sitzungen beratend teilnehmen** kann. Es besteht allerdings keine Pflicht zur Teilnahme. Das Teilnahmerecht bezieht sich insoweit auch auf die **konstituierende Sitzung** des PR.[28] Die Bestimmung entspricht der Regelung des § 178 Abs. 4 S. 1 Hs. 1 SGB IX. Ist die Vertrauensperson verhindert, ist das stellvertretende Mitglied, das sie in diesem Falle vertritt, zur beratenden Teilnahme berechtigt. Sie haben den gleichen Anspruch auf Informationen einschließlich des Rechts, die Sitzungsunterlagen einzusehen, wie PR-Mitglieder.[29] Ihnen stehen zwar kein Stimmrecht und kein Antragsrecht zu. Sie dürfen jedoch Anregungen zur Stellung von Anträgen geben und sind berechtigt, auch während der Beschlussfassung und Abstimmung anwesend zu sein.[30] **20b**

7. Teilnahme der Beauftragten für Chancengleichheit

(Abs. 6) Das als Art. 1 des Gesetzes zur Verwirklichung der Chancengleichheit von Frauen und Männern im öffentlichen Dienst des Landes Baden-Württemberg und zur Änderung des Landeshochschulgesetzes v. 23. 2. 16[31] – im Folgenden: **Chancengleichheits-Artikelgesetz (ChancenArtG)** – verkündete Gesetz zur Verwirklichung der Chancengleichheit von Frauen und Männern im öffentlichen Dienst des Landes Baden-Württem- **20c**

28 Altvater-*Kröll*, § 37 Rn. 17 m. w. N.; Lorenzen-*Ramm*, § 37 Rn. 14; *Conrad-Giese*, PersR 10/21, 31; *VG Ansbach* v. 19. 4. 05 – AN 7 P 04.00739.

29 Vgl. Lorenzen-*Ramm*, § 37 Rn. 15.

30 Richardi-*Jacobs*, § 40 Rn. 58; Lorenzen-*Ramm*, § 37 Rn. 17; Fischer/Goeres/*Gronimus*, § 37 Rn. 106; *Welkoborsky u. a.*, § 36 Rn. 2; a. A. Rooschüz-*Abel*, § 32 Rn. 32.

31 Vgl. LT-Dr. 13/4483, S. 52 f. [zu Art. 3].

berg (**Chancengleichheitsgesetz – ChancenG**)[32] – hat das ChancenG v. 21.12.95 abgelöst.

20d Das ChancenG regelt im 3. Abschnitt (§§ 15 bis 20) u. a. Bestellung (einschl. Erlöschen der Bestellung, Widerruf und Neubestellung), Rechtsstellung, Grundsätze für die Zusammenarbeit sowie Aufgaben und Rechte der **Beauftragten für Chancengleichheit** (BfC, vormals: Frauenvertreterin). Danach wird u. a. in jeder Dienststelle mit 50 und mehr Beschäftigten nach vorheriger Wahl eine BfC und ihre Stellvertreterin bestellt (§ 15 Abs. 1 ChancenG). Die BfC ist der Dienststellenleitung unmittelbar zugeordnet; in der Ausübung ihrer Tätigkeit ist sie an Weisungen nicht gebunden (§ 18 Abs. 1 ChancenG). Sie achtet auf die Durchführung und Einhaltung des ChancenG und unterstützt die Dienststellenleitung bei dessen Umsetzung (§ 20 Abs. 1 S. 1 ChancenG). Das Gesetzesziel besteht nach Maßgabe des § 1 ChancenG in der Förderung der tatsächlichen Durchsetzung der Gleichberechtigung von Frauen und Männern im öffentlichen Dienst des Landes.

20e Im Hinblick auf die gleichgerichteten Aufgaben des PR insbesondere nach § 70 Abs. 1 Nr. 10 und § 75 Abs. 4 Nr. 19 (vgl. § 70 Rn. 30 u. § 75 Rn. 261 ff.) ist eine intensive Zusammenarbeit zwischen dem PR und der BfC erforderlich. Dem dient auch die Regelung in Abs. 6 S. 1, wonach die BfC **an den Beratungen des PR zu einzelnen Gegenständen auf der Tagesordnung teilnehmen** kann, wenn der Gegenstand auf ihren Antrag hin auf die Tagesordnung gesetzt wurde (Abs. 6 S. 1 Nr. 1) oder der PR dies im Einzelfall beschließt (Abs. 6 S. 1 Nr. 2). Das Recht, in diesen Fällen an der gesamten Sitzung und nicht nur zu bestimmten Tagesordnungspunkten teilzunehmen, wurde mit ÄndG 2013 eingeschränkt. Der Inhalt ihres Teilnahmerechts ist in Abs. 6 S. 2 definiert. Danach kann sie **Anregungen** zur Behandlung von Angelegenheiten geben, die besonders die Gleichstellung von Frau und Mann betreffen. Dazu ist ihr Gelegenheit zu geben.[33] Sie hat seit dem ÄndG 2013 das Recht zur Teilnahme an der Beratung des PR. Im Hinblick auf ihre Nähe zur Dienststellenleitung muss sie aber die Sitzung verlassen, wenn der PR einen Beschluss fassen will (vgl. § 30 Rn. 12). Ist die BfC verhindert, kann ihre Stellvertreterin an der PR-Sitzung teilnehmen.

8. Anhörung von Auskunftspersonen aus der Dienststelle

21 (**Abs. 7**) Der PR kann nach dieser Regelung im Einzelfall zu einzelnen Tagesordnungspunkten **sachkundige Personen** aus der Dienststelle sowie sonstige **Auskunftspersonen** aus der Dienststelle **anhören**. Damit wird dem allgemeinen Informationsanspruch des PR (§ 71) verstärkt Rechnung

32 GBl. 2016 S. 108, zuletzt geändert durch Art. 5 des Gesetzes zur Änderung. des ADV-ZusammenarbeitsG und anderer Vorschriften vom 17.6.2020, GBl. S. 401.

33 Leuze-*Isenburg*, § 32 Rn. 36 ff.

getragen. Der Leiter der Dienststelle ist im Hinblick auf die vertrauensvolle Zusammenarbeit zwar zuvor zu **unterrichten,**[34] einer vorausgehenden Zustimmung des Dienststellenleiters bedarf es in diesen Fällen nicht mehr.[35] Die angehörten Personen haben kein Recht auf Teilnahme an der Beratung und Beschlussfassung des PR (Abs. 7 S. 2). Das allgemeine Recht des PR, soweit erforderlich auch der Dienststelle **nicht angehörende Auskunftspersonen** oder **Sachverständige** anzuhören (vgl. Rn. 1 und § 41 Rn. 18)[36], wird durch Abs. 7 nicht eingeschränkt. Die vom *OVG NW*[37] in diesen Fällen für erforderlich gehaltene Mitbeurteilung des Dienststellenleiters widerspricht dem Recht des PR auf Selbstinformation.[38]

9. Anhörung betroffener Beschäftigter bei personellen Einzelmaßnahmen

(Abs. 8) Diese Bestimmung stellt klar,[39] dass der PR **betroffene Beschäftigte** in deren eigenen personellen Einzelmaßnahmen anhören kann. Zu **personellen Einzelmaßnahmen** zählen z. B. Einstellungen, Beförderungen, Höhergruppierungen, Versetzungen,[40] ordentliche, außerordentliche Kündigungen oder fristlose Entlassungen, also insbesondere die Fälle der § 75 Abs. 1–4 Nr. 2, § 87 Abs. 1 Nr. 9, Abs. 3. Eine Pflicht des PR zur Anhörung des betroffenen Beschäftigten besteht nicht. Die Pflicht zur vorherigen Unterrichtung des Dienststellenleiters und der Ausschluss des betroffenen Beschäftigten von Beratung und Beschlussfassung entsprechen Abs. 7 (vgl. Rn. 21). 22

§ 33 Befangenheit

(1) [1]Ein Mitglied des Personalrats darf weder beratend noch entscheidend mitwirken, wenn die Entscheidung einer Angelegenheit ihm selbst oder folgenden Personen einen unmittelbaren Vorteil oder Nachteil bringen kann:

1. dem Ehegatten oder dem Lebenspartner nach § 1 des Lebenspartnerschaftsgesetzes,

---

34 LT-Dr. 15/4224, S. 104 [zu § 36].

35 Insoweit ist *OVG NW* v. 13.8.96 – 1 A 91/95.PVL –, PersR 97, 173 nicht mehr von Relevanz.

36 Vgl. *BVerwG* v. 8.11.89 – 6 P 7.87 –, PersR 90, 102; v. 6.9.84 – 6 P 17.82 –, PersR 85, 44.

37 S. *OVG NW* v. 13.8.96 – 1 A 91/95.PVL –, a.a.O.

38 *Welkoborsky u.a.*, § 31 Rn. 3.

39 LT-Dr. 15/4224, S. 104 [zu § 36].

40 LT-Dr. 15/4224, S. 155 [zu § 79].

2. einem in gerader Linie oder in der Seitenlinie bis zum dritten Grad Verwandten,
3. einem in gerader Linie oder in der Seitenlinie bis zum zweiten Grad Verschwägerten oder als verschwägert Geltenden, solange die die Schwägerschaft begründende Ehe oder Lebenspartnerschaft nach § 1 des Lebenspartnerschaftsgesetzes besteht, oder
4. einer von ihm kraft Gesetzes oder Vollmacht vertretenen Person.

[2]Satz 1 gilt nicht,

1. wenn die Entscheidung nur die gemeinsamen Interessen einer Berufs- oder Beschäftigtengruppe berührt,
2. für Wahlen, die vom Personalrat aus seiner Mitte vorgenommen werden müssen,
3. für Wahlen, die von den Gruppen aus ihrer Mitte vorgenommen werden müssen.

(2) Ein Mitglied des Personalrats darf ferner weder beratend noch entscheidend mitwirken, wenn es die zur Beschlussfassung anstehende Maßnahme als Beschäftigter der Dienststelle vorbereitet oder daran verantwortlich mitgewirkt hat.

(3) [1]Das Mitglied des Personalrats, bei dem ein Tatbestand vorliegt, der Befangenheit zur Folge haben kann, hat dies vor Beginn der Beratung über diesen Gegenstand dem Vorsitzenden mitzuteilen. [2]Ob ein Ausschließungsgrund vorliegt, entscheidet in Zweifelsfällen in Abwesenheit des Betroffenen der Personalrat.

(4) Wer an der Beratung und Entscheidung nicht mitwirken darf, muss die Sitzung verlassen.

(5) Ein Beschluss ist rechtswidrig, wenn bei der Beratung oder Beschlussfassung ein Mitglied trotz Befangenheit mitgewirkt hat.

Vergleichbare Vorschriften:
§ 41 BPersVG; keine im BetrVG

Inhaltsübersicht Rn.

1. Befangenheitsgründe

1 (**Abs. 1**) Die Regelung über den **Ausschluss eines PR-Mitglieds wegen Befangenheit** hat ihr Vorbild in § 18 GemO und § 14 LKrO. Mit Art. 6 Nr. 7 DRG v. 9. 11. 10[1] wurden die Befangenheitsregelungen für Ehegatten auf die **Lebenspartner** i. S. d. § 1 LPartG ausgedehnt. Eine entsprechende Regelung

1 GBl. S. 793.

ist in § 41 BPersVG 2021 eingefügt worden. Nach Abs. 1 S. 1 darf ein PR-Mitglied weder an der Beratung noch an der Beschlussfassung über eine Angelegenheit mitwirken, wenn die Entscheidung über diese Angelegenheit ihm selbst oder einer der in Abs. 1 S. 1 Nr. 1 bis 4 aufgeführten Personen einen unmittelbaren Vorteil oder Nachteil **bringen kann**. Das gilt allerdings nur bei **individuellen Sonderinteressen**,[2] nicht dagegen, wie Abs. 1 S. 2 klarstellt, bei den gemeinsamen Interessen einer Berufs- oder Beschäftigtengruppe. Individuelle Interessen sind i. d. R. bei der Beteiligung an Einzelmaßnahmen in personellen oder sozialen Angelegenheiten gegeben. Für die erforderliche **Unmittelbarkeit eines möglichen Vor- oder Nachteils** sind fernerliegende Auswirkungen nicht ausreichend.[3] Bei einer Entscheidung über die Zustimmung zur Versetzung eines PR-Mitglieds ist zwar das davon betroffene PR-Mitglied ausgeschlossen, ebenso – nach nicht überzeugender Ansicht des *BVerwG* und entgegen *BAG* – das PR-Mitglied, das sich selbst um diese Stelle beworben hatte, aber nicht ausgewählt wurde,[4] nicht jedoch das Ersatzmitglied, das ggf. Mitglied des PR würde.[5] Nach Abs. 1 S. 2 Nr. 1 und 2 gelten die Vorschriften über den Ausschluss wegen Befangenheit nicht für **Wahlen**, die vom PR aus seiner Mitte oder von den Gruppen des PR aus ihrer Mitte vorgenommen werden müssen. Das trifft auf Wahlen nach den §§ 28 und 29 zu, aber auch auf **Entscheidungen zur Organisation und Geschäftsführung des PR**, die mit einer personellen Auswahl verbunden sind, z. B. solche nach § 44 Abs. 1 und § 45 Abs. 1.[6]

(Abs. 2) Infolge der Zulassung der Wählbarkeit der in Personalsachen von nicht umfassender Bedeutung **entscheidungsbefugten Personen und zuarbeitenden Sachbearbeitern** gemäß § 9 Abs. 2 S. 2 wurden die Befangenheitsregelungen des Abs. 1 durch Abs. 2 auf diesen Personenkreis der ansonsten wählbaren Beschäftigten bezogen. Der Ausschluss wegen Befangenheit bezweckt, dass PR-Mitglieder, die zur Beschlussfassung anstehende Maßnahmen bei der Dienststelle verantwortlich mit vorbereitet haben, in diesen Fällen im PR weder beratend noch beschließend mitwirken dürfen. Der Ausschluss gilt nicht nur in Personalangelegenheiten, sondern auch in anderen Angelegenheiten, welche die Dienststelle in den PR einbringt. Die Anhörung als sachverständige Person aus der Dienststelle wird dadurch 2

2 *VGH BW* v. 23. 2. 96 – PL 15 S 3328/94 –, DÖD 96, 154.

3 *BVerwG* v. 19. 10. 15 – 5 P 11.14, PersR 11/16, 48 ff.

4 *BVerwG* v. 19. 10. 15, a. a. O.; vgl. dazu *Hebeler*, PersV 2018, 4; die Entscheidung des *BVerwG* steht im Gegensatz zu *BAG* v. 24. 4. 13 – 7 ABR 82/11 –, das in einem entsprechenden Fall ein BR-Mitglied mit überzeugenden Gründen nicht als zeitweilig rechtlich verhindert angesehen hat.

5 *VGH BW* v. 1. 10. 85 – 4 S 2143/84 –, VBlBW 87, 193.

6 Vgl. Altvater-*Kröll*, § 41 Rn. 7 m. w. N.; keine Befangenheit bei Auswahl von Teilnehmern an Grundschulungen: *VG Düsseldorf* v. 6. 4. 22 – 40 L 452/22.PVL.

nicht ausgeschlossen.[7] Die Vorschrift müsste entsprechend anzuwenden sein, wenn bei PR-Initiativen zuständigkeitshalber zu erwarten ist, dass die Bearbeitung durch diese Personen zu erfolgen hat.

2. Anzeigepflicht, Abstandspflicht, Rechtswidrigkeit des Beschlusses

3 **(Abs. 3)** Abs. 3 verpflichtet das PR-Mitglied, bei dem ein Tatbestand vorliegt, der Befangenheit zur Folge **haben kann**, dies spätestens vor Beginn der Beratung über diesen Gegenstand dem Vorsitzenden **mitzuteilen**. Diese Pflicht besteht auch dann, wenn bei PR-Initiativen zuständigkeitshalber zu erwarten ist, dass die Bearbeitung in der Dienststelle durch Personen gemäß Abs. 2 zu erfolgen hat. Ist nicht zweifelhaft, dass Befangenheit vorliegt, hat der Vorsitzende ggf. von sich aus die erforderlichen Folgerungen zu ziehen. In **Zweifelsfällen** entscheidet nach Abs. 3 S. 1 der PR in Abwesenheit des Betroffenen, ob ein Ausschließungsgrund gegeben ist.

4 **(Abs. 4)** Ein PR-Mitglied, das nach Abs. 1 S. 1 nicht mitwirken darf, muss nach Abs. 4 die **Sitzung verlassen.** Da es dann zeitweilig verhindert ist (vgl. § 27 Rn. 2), tritt für die Zeit seiner Verhinderung nach § 27 Abs. 1 S. 2 ein **Ersatzmitglied** ein.

5 **(Abs. 5)** Hat ein PR-Mitglied trotz Befangenheit bei der Beratung oder Beschlussfassung mitgewirkt, so ist der gefasste Beschluss, wie Abs. 5 ausdrücklich festlegt, **rechtswidrig und unwirksam**.[8] Dabei ist es unerheblich, ob der Grund der Befangenheit erst nachträglich bekannt wird.[9]

§ 34 Beschlussfassung

(1) [1]Die Beschlüsse des Personalrats werden mit einfacher Stimmenmehrheit der anwesenden Mitglieder gefasst. [2]Bei Stimmengleichheit ist ein Antrag abgelehnt.

(1a) [1]Bei Vorliegen besonderer Umstände kann der Vorsitzende des Personalrats alle oder einzelne Mitglieder des Personalrats sowie sonstige teilnahmeberechtigte Personen zur Teilnahme mittels Video- oder Telefonkonferenztechnik an einer Sitzung zulassen,

1. **vorhandene Einrichtungen genutzt werden, die durch die Dienststelle zur dienstlichen Nutzung freigegeben sind und die datenschutzrechtlichen Voraussetzungen erfüllen,**

---

7 LT-Dr. 15/4224, S. 105 [zu § 37].

8 Vgl. bereits zum alten Recht *VGH BW* v. 23.2.96 – PL 15 S 3328/94 –, juris.

9 Leuze-*Isenburg*, § 33 Rn. 6.

2. der Personalrat geeignete organisatorische Maßnahmen trifft, um sicherzustellen, dass Dritte vom Inhalt der Sitzung keine Kenntnis nehmen können, und

3. vorbehaltlich einer abweichenden Regelung in der Geschäftsordnung nicht ein Viertel der Mitglieder des Personalrats unverzüglich nach Bekanntgabe der Absicht des Vorsitzenden zum Einsatz von Video oder Telefonkonferenztechnik diesem gegenüber widerspricht.

[2]Eine Aufzeichnung ist unzulässig. [3]Personalratsmitglieder sowie sonstige teilnahmeberechtigte Personen, die mittels Video- oder Telefonkonferenz an der Sitzung teilnehmen, gelten als anwesend. [4]§ 38 Absatz 1 Satz 3 findet mit der Maßgabe Anwendung, dass der Vorsitzende vor Beginn der Beratung die zugeschalteten Personalratsmitglieder feststellt und in die Anwesenheitsliste einträgt.

(2) Der Personalrat ist nur beschlussfähig, wenn mindestens die Hälfte seiner Mitglieder anwesend ist; Stellvertretung durch Ersatzmitglieder ist zulässig.

(3) [1]In einfach gelagerten Angelegenheiten, die durch die Geschäftsordnung nicht anderweitig übertragen sind, kann der Vorsitzende im schriftlichen oder elektronischen Umlaufverfahren beschließen lassen, wenn kein Mitglied des Personalrats diesem Verfahren widerspricht. [2]Die nähere Bestimmung einfach gelagerter Angelegenheiten und das Verfahren sind in der Geschäftsordnung zu regeln. [3]Das Ergebnis des Umlaufbeschlusses ist dem Personalrat in der nächsten Sitzung bekanntzugeben.

(4) [1]Die im Personalrat vertretenen Gruppen beraten und beschließen gemeinsam. [2]In Angelegenheiten, die lediglich die Angehörigen einer Gruppe betreffen, beschließen nach gemeinsamer Beratung im Personalrat nur die Vertreter dieser Gruppe, wenn getrennte Beschlussfassung in der Geschäftsordnung allgemein festgelegt ist oder im Einzelfall die Mehrheit der Vertreter dieser Gruppe die alleinige Beschlussfassung beantragt.

Vergleichbare Vorschriften:
zu Abs. 1 und 2: § 39 BPersVG; § 33 BetrVG; zu Abs. 3: keine in BPersVG und BetrVG; zu Abs. 4: § 40 BPersVG; keine im BetrVG

Inhaltsübersicht Rn.

1. Beschlussfassung (einfache Stimmenmehrheit)

1 **(Abs. 1)** Besteht der PR aus mehr als einer Person, bildet er seinen Willen durch **Beschlüsse.** Das Gesetz sieht u. a. vor, dass die Beschlüsse »nach gemeinsamer Beratung« (Abs. 4 S. 1) mit einfacher Stimmenmehrheit der »anwesenden« Mitglieder gefasst werden (Abs. 1 S. 1). Mit Ausnahme von einfach gelagerten Fällen i. S. d. Abs. 3 kann die Beschlussfassung in zulässiger Weise daher grundsätzlich in einer **Sitzung des PR** (bei körperlicher oder zulässiger virtueller [Abs. 1a S. 3] **Anwesenheit** der Teilnehmer) erfolgen. Infolge der seit 2020 grassierenden Corona-Pandemie, die auch Deutschland erfasst hat, wurde § 34 Abs. 1a[1] eingeführt. Damit ist es möglich, dass der PR-Vorsitzende »bei Vorliegen besonderer Umstände«, also nicht generell, unter den dort genannten weiteren Bedingungen alle oder einzelne PR-Mitglieder sowie sonstige teilnahmeberechtigte Personen zur Teilnahme an der PR-Sitzung mittels **Video- oder Telefonkonferenztechnik** zulassen kann. Er sollte dies bereits bei Anberaumung der Sitzung prüfen und in der Ladung bekannt geben (s. § 30 Rn. 1).

2. Virtuelle Sitzung oder Hybridsitzung

1a **(Abs. 1a)** Nach dem neu eingefügten Abs. 1a, der seit 1.7.2021 in dieser Form Anwendung findet, hat der Gesetzgeber auf die Schwierigkeiten zur Durchführung von Präsenzsitzungen während der Corona-Pandemie einerseits und andererseits auf die Erfahrungen der Dienststellen und der PR bei Anwendung von Video- oder Telefonkonferenztechnik reagiert und den Einsatz dieser technischen Mittel für alle PR-Mitglieder (virtuelle Sitzung) oder für einen Teil der PR-Mitglieder (Hybridsitzung) nun unter den genannten Maßgaben gesetzlich für zulässig erklärt. Der Gesetzgeber hat insoweit auf Bedenken in der Literatur und seitens der Gewerkschaften reagiert, dass er die Teilnahme mittels Video- oder Telefonkonferenztechnik nicht generell zugelassen hat, sondern nur bei **Vorliegen besonderer Umstände**. Damit wird ausgedrückt, dass die **Präsenzsitzung der Regelfall** zur Durchführung von Sitzungen bleibt. Während in der dieser Gesetzesänderung vorausgegangenen Empfehlung des IM zur Gewährleistung der Handlungsfähigkeit der Personalvertretungen in Zeiten der Coronavirus-CoV-2-Krise[2] noch gefordert wurde, dass der Einsatz von Video- oder Tele-

---

1 § 34 Abs. 1a gültig m. W. v. 1.7.2021 durch Gesetz v. 12.11.2020 (GBl. S. 1046).

2 Hinweise des Ministeriums für Inneres, Digitalisierung und Migration zur Gewährleistung der Handlungsfähigkeit der Personalvertretungen in Zeiten der Coronavirus SARS-CoV-2-Krise v. 31.3.20; *https://bawue.verdi.de/++file++5e836a40fcd4c95d4cc2490e/download/Hinweise%20IM%20zum%20LPVG.pdf* (Stand April 2020).

fonkonferenztechnik »insbesondere in Notsituationen wie der derzeitigen Coronavirus-CoV-2-Pandemie« beschränkt sein sollte, wurde der Maßstab nun erheblich abgesenkt. Unter welchen Voraussetzungen »besondere Umstände« (im Vergleich zu Notsituationen) gegeben sein sollen, ist gesetzlich nicht näher definiert. Besondere Umstände können einerseits Notsituationen, wie die Corona-Pandemie, andererseits aber auch Umstände sein, die keine zeitlich vorübergehenden Ausnahmesituationen darstellen. Dazu können auch weite Entfernungen zwischen Teilen der Dienststelle zählen, die für die PR-Mitglieder besondere Erschwernisse zur Sitzungsteilnahme darstellen können. **Kostengründe** auf Seiten der Dienststelle, z. B. Reisekosten oder Reisezeiten, können nicht als besondere Umstände i. S. d. Abs. 1a angesehen werden.[3] Es darf nicht übersehen werden, dass die im Vorrang der persönlichen Anwesenheit bei einer Sitzung (Abs. 1) enthaltenen Grundsätze weiter Gültigkeit haben: Nur wenn die Möglichkeit für eine umfassende Beratung[4] und die gemeinsame Willensbildung der PR-Mitglieder besteht, ist gewährleistet, dass wesentliche Argumente der Beteiligten wahrgenommen werden können.[5] Die Form der **Videokonferenz** kann insoweit für noch akzeptabel angesehen werden, da durch die Bildübertragung Mimik und Gestik mitübertragen werden,[6] **Telefonkonferenzen** oder der **Teilnahme** von PR-Mitgliedern **per Telefon** begegnen aber grundsätzlich Bedenken, weil kein synchroner Informationsaustausch von Ton und Bild gegeben ist.[7] Sie sind allenfalls ausnahmsweise und in Einzelfällen denkbar, wenn ein PR-Mitglied keinen Zugang zu einem PC mit Kamera hat und die Dienststelle, die dem PR diese **sachlichen Mittel** zur Verfügung zu stellen hat (§ 41 Rn. 30 f.), sie nicht rechtzeitig beschaffen kann.[8] Von der Nutzung von Telefonkonferenztechnik sollte daher zurückhaltend Gebrauch gemacht werden und zumindest jedes Veto eines PR-Mitglieds zum Anlass genommen werden, von der virtuellen Sitzung oder einer Hybridsitzung Abstand zu nehmen.

Der **PR-Vorsitzende entscheidet**, ob alle oder einzelne Mitglieder des PR sowie sonstige teilnahmeberechtigte Personen (z. B. Mitglieder der JAV, Beauftragte der Stufenvertretungen, des GPR, die Beauftragte für Chancen- **1b**

---

3 Vgl. Fischer/Goeres-*Gronimus*, § 38 Rn. 53 ff., 62.

4 Lorenzen-*Ramm*, § 39 Rn. 7; *Kunze*, PersV 95, 338.

5 Richardi-*Jacobs*, § 37 a. F. Rn. 7; *Ilbertz*, § 38 Rn. 15; *Richter*, PersV 17, 294.

6 Fischer/Goeres-*Gronimus* § 38 Rn. 53 f.; *Ilbertz*, § 38 Rn. 15; *Vogelsang*, PersV 14, 251; Bieler/Vogelsang u. a.-*Bieler*, LPersVG SA, § 32 Rn. 14a (Dezember 2019); *Britz*, PersV 12, 450.

7 *Vogelsang*, PersV 14, 256.

8 Zum Anspruch des BR-Mitglieds auf ein Tablet oder Notebook zur Ermöglichung der Teilnahme an BR-Sitzungen mittels Videokonferenz: *HessLAG* v. 14. 3. 22 – 16 TaBV 143/21.

gleichheit, Beauftragte der Gewerkschaften, der Leiter oder die Leiterin der Dienststelle, Mitglieder des Richterrats und des Staatsanwaltsrats, sachverständige Personen, sonstige Auskunftspersonen oder betroffene Beschäftigte, vgl. §§ 30, 31, 32 Abs. 7, 8) zur Teilnahme mittels Video- oder Telefonkonferenz an einer PR-Sitzung zugelassen werden. Ein Beschluss des PR ist dazu nicht erforderlich. Will der PR-Vorsitzende die Teilnahme mittels Video- oder Telefonkonferenztechnik zulassen, hat er mit der Einladung zur Sitzung sicherzustellen, dass alle Teilnehmer zusätzlich **elektronischen Zugang** zu sämtlichen **Sitzungsunterlagen** dieser PR-Sitzung haben (dazu näher: § 30 Rn. 4).

1c Allerdings steht die Absicht des PR-Vorsitzenden, Personen zur Teilnahme mittels Video- oder Telefonkonferenztechnik zuzulassen, vorbehaltlich einer abweichenden Regelung in der **Geschäftsordnung** unter dem gesetzlichen Vorbehalt (**Abs. 1a S. 1 Nr. 3**), dass nicht ein **Viertel der Mitglieder** des PR unverzüglich nach Bekanntgabe der Absicht des PR-Vorsitzenden diesem gegenüber **widerspricht**. Die Widerspruchserklärung ist an keine Form gebunden und bedarf keiner Begründung.[9] Indem das Gesetz davon spricht, dass die PR-Mitglieder der **Absicht** des PR-Vorsitzenden widersprechen können, wird deutlich, dass ein förmlicher Beschluss der PR-Mitglieder nicht erforderlich ist, weil es sich um keine Entscheidung handelt, die der PR-Vorsitzende trifft. Angesichts des Grundsatzes des Vorrangs der Präsenzsitzung (s. Rn. 1a) sollte ein PR-Vorsitzender erwägen, von einer virtuellen oder Hybridsitzung abzusehen, selbst wenn weniger als ein Viertel der Mitglieder des PR widersprochen hat. Die PR-Mitglieder müssen der Absicht des PR-Vorsitzenden **unverzüglich nach Bekanntgabe** widersprechen. Die Bekanntgabe kann in der Anberaumung der Sitzung, vor Beginn der Sitzung oder auch in der Sitzung erfolgen. Sinnvoll könnte es sein, bereits in der Anberaumung der Sitzung anzukündigen, dass die Sitzung (teilweise) virtuell durchgeführt wird und daneben ein Termin genannt wird, bis dahin noch Widersprüche dagegen zum Anlass genommen werden, die Absicht zur Durchführung der virtuellen Sitzung nicht weiterzuverfolgen. Dadurch könnte vermieden werden, dass es Meinungsverschiedenheiten im PR über die Frage gibt, bis wann Widersprüche noch für unverzüglich und damit für beachtlich anzusehen sind. Das Gesetz bietet an, dass der PR von **Abs. 1a S. 1 Nr. 3 abweichende Regelungen in der GO** (§ 39) treffen kann. Weitergehende Abweichungen hinsichtlich virtueller Sitzungen können durch GO nicht geregelt werden. In der GO könnte geregelt werden, dass der Widerspruch gegen eine virtuelle Sitzung auch bei geringerem Quorum von PR-Mitgliedern beachtlich ist, in welcher Form die Bekanntgabe zu erfolgen hat oder bis wann und in welcher Form ein Widerspruch beim PR-Vorsitzenden zugehen soll.

---

9 Fischer/Goeres-*Gronimus*, § 38 Rn. 78.

Die Durchführung von virtuellen Sitzungen oder Hybridsitzungen ist nur dann zulässig, wenn nach **Abs. 1a Nr. 1** technische Einrichtungen genutzt werden (können), die durch die Dienststelle **zur dienstlichen Nutzung freigegeben** sind. Dies gilt hinsichtlich der Hardware, aber auch hinsichtlich der Software, die der PR einsetzen will. Der PR hat zu prüfen, ob die Nutzung privater PC-Geräte oder Notebooks, Mobiltelefone oder Tablets und die von ihm zum Einsatz vorgesehene Software (Videokonferenzsysteme) von der Dienststelle genehmigt sind. Dies wird insbesondere dann der Fall sein, wenn die Dienststelle die Nutzung privater Geräte für dienstliche Zwecke ausdrücklich zugelassen hat (z. B. bei mobiler Arbeit oder bei dienstlicher Mitbenutzung privater Mobilfunkgeräte). Der Einsatz privater Festnetztelefone wird ohne ausdrückliche Genehmigung als zulässig anzusehen sein. **1d**

Ferner haben die zur Nutzung vorgesehenen Einrichtungen die **datenschutzrechtlichen Voraussetzungen** zu erfüllen. Insoweit hat auch der PR darauf zu achten, dass die eingesetzten Einrichtungen und Systeme die Voraussetzungen der EU-DSGVO und des Landesdatenschutzgesetzes erfüllen. **1e**

Der PR hat nach **Abs. 1a S. 1 Nr. 2** außerdem durch geeignete **organisatorische Maßnahmen** sicherzustellen, dass Dritte vom Inhalt der Sitzung keine Kenntnis nehmen können. Die Nichtöffentlichkeit der Sitzung (§ 32 Abs. 1) ist durch organisatorische Maßnahmen zu sichern. Daraus folgt, dass z. B. die einmalige Abgabe einer pauschalen Erklärung der PR-Mitglieder zu Beginn der Amtszeit, dass sie Kenntnis davon haben, dass Sitzungen nicht öffentlich sind, nicht ausreichen dürfte. Zur Wahrung der Anforderungen sollten die zugeschalteten PR-Mitglieder vorab oder bei Sitzungsbeginn zu Protokoll versichern, dass nur teilnahmeberechtigte Personen in dem Raum anwesend sind und dass sie die übrigen Mitglieder unverzüglich unterrichten, sobald nicht teilnahmeberechtigte Personen den Raum betreten.[10] Zu Beweiszwecken kann es sinnvoll erscheinen, diese Erklärung per E-Mail an den PR-Vorsitzenden zu senden. **1f**

Eine **Aufzeichnung** der virtuellen Sitzung ist unzulässig (Abs. 1a S. 2). Eine Aufzeichnung wäre außerdem nach § 201 Abs. 1 StGB strafbar.[11] Auch dies hat der PR durch geeignete organisatorische Maßnahmen (Abs. 1a S. 1 Nr. 2) sicherzustellen. Dafür können z. B. in Videokonferenzsystemen Aufnahmesperren eingeschaltet werden, die von den Teilnehmern nicht geändert werden können (technische Maßnahme). Ferner kann der PR von den PR-Mitgliedern auch diesbezüglich vorab eine ausdrückliche Erklärung, z. B. per E-Mail an den PR-Vorsitzenden, verlangen, worin diese versichern, dass sie keine Aufzeichnung der Sitzung vornehmen. **1g**

---

10 Fischer/Goeres-*Gronimus*, § 38 Rn. 87.

11 Fischer/Goeres-*Gronimus*, § 38 Rn. 92.

1h **Anwesenheitsfiktion:**[12] Personalratsmitglieder sowie sonstige teilnahmeberechtigte Personen, die mittels Video- oder Telefonkonferenz an der Sitzung teilnehmen, gelten i. S. d. Abs. 1 als **anwesend** (Abs. 1a S. 3), was der Vorsitzende nach Abs. 1a S. 4 in Abweichung zu § 38 Abs. 1 S. 3 vor Beginn der Beratung feststellt und in die Anwesenheitsliste einträgt. Dies ersetzt die eigenhändige Unterschrift der Teilnehmer als Nachweis ihrer persönlichen Anwesenheit. Um Misstrauen auszuschließen, empfiehlt es sich insoweit, die E-Mail-Bestätigungen der Teilnehmer dem Protokoll beizufügen.

3. Beschlussfähigkeit

2 Die **Beschlussfähigkeit** des PR ist nach Abs. 2 nur gegeben, wenn mindestens die Hälfte der Mitglieder des PR anwesend ist. Führt der PR eine Sitzung ganz oder zum Teil mittels Video- oder Telefonkonferenztechnik (virtuell oder hybrid) durch, ist Beschlussfähigkeit gegeben, wenn mindestens die Hälfte der Mitglieder (körperlich oder virtuell) anwesend oder der Sitzung zugeschaltet ist. Weicht die Zahl seiner Mitglieder von der gesetzlich vorgesehenen Mitgliederzahl ab, kommt es bei der Berechnung der Hälfte auf die tatsächliche Stärke des PR an. Bei der Berechnung der Zahl der anwesenden Mitglieder werden (wie Abs. 2 Hs. 2 klarstellt) die vorübergehend eingetretenen **Ersatzmitglieder** mitgezählt (bei Gerichten und Staatsanwaltschaften ggf. auch die nach bzw. entsprechend § 30 LRiStAG in den PR entsandten **Mitglieder des Richterrats bzw. Staatsanwaltsrats**.[13] Nicht berücksichtigt werden dagegen die sonstigen Stimmberechtigten. Das sind z. B. die nach § 32 Abs. 4 stimmberechtigten Mitglieder bzw. Ersatzmitglieder der JAV. Die Regelung des Abs. 2 gilt auch für die Beschlussfassung in **Gruppenangelegenheiten** nach Abs. 4. Eine (zusätzliche) gesonderte Beschlussfähigkeit der jeweiligen Gruppen ist für Gruppenbeschlüsse nicht erforderlich.[14] Die Beschlussfähigkeit muss im **Zeitpunkt** der Beschlussfassung vorliegen.

4. Abstimmungsverfahren

3 Das **Abstimmungsverfahren** ist im Gesetz nicht festgelegt. Zulässig ist jedes Verfahren, mit dem sich eindeutig feststellen lässt, ob die erforderliche

---

12 Vgl. Fischer/Goeres-*Gronimus*, § 38 Rn. 93 ff.

13 In BW sind nach § 30 Abs. 3 LRiStaG BW in den Personalrat entsandte Richter und Staatsanwälte als Vertreter einer Gruppe (mit entsprechenden Rechten und Pflichten) anzusehen und daher mitzuzählen; vgl. zum BPersVG: Altvater-*Kröll*, § 39 Rn. 7 m. w. N.

14 Str.; wie hier *OVG RP* v. 6. 2. 90 – 5 A 9/89 –, PersR 91, 221; a. A. Rooschüz-*Abel*, § 34 Rn. 34; wohl auch Leuze-*Bieler*, § 34 Rn. 10; zum Meinungsstand vgl. Altvater-*Kröll*, § 39 Rn. 8.

Mehrheit erreicht ist. Die Einzelheiten können nach § 39 in der Geschäftsordnung geregelt oder im Einzelfall vom PR beschlossen werden. Falls nichts anderes festgelegt ist, wird grundsätzlich offen abgestimmt. Führt der PR eine Sitzung virtuell oder hybrid durch (zur Zulässigkeit vgl. Rn. 1 ff.), können nicht körperlich anwesende PR-Mitglieder ihre Stimme durch alle Formen nicht manipulierbar Meinungsäußerung, z. B. durch Handzeichen am Bildschirm, durch technisches Handzeichensymbol oder mittels Abstimmungsmodul im Videokonferenzsystem, in Textform (einschließlich E-Mail und Textnachricht z. B. im Videokonferenzsystem) gegenüber der Sitzungsleitung abgeben. Eine **geheime Abstimmung** ist stets durchzuführen, wenn der PR dies mit einfacher Stimmenmehrheit der anwesenden PR-Mitglieder beschließt. Allein **auf Antrag eines einzelnen PR-Mitglieds** ist entgegen verbreiteter Ansicht nicht in jedem Falle, sondern nur bei solchen Gegenständen geheim abzustimmen, bei denen dies zum Schutz der Abstimmungsfreiheit erforderlich ist. Das ist der Fall bei der Vornahme der in den §§ 28 und 29 vorgeschriebenen **Wahlen**, ferner bei Entscheidungen, die **einer Wahl vergleichbar** sind (insb. bei Abberufungen aus den nach den §§ 28, 29 vergebenen Ämtern, bei Anträgen auf Ausschluss von PR-Mitgliedern gemäß § 24 Abs. 1, bei der Auswahl von nach § 45 freizustellenden PR-Mitgliedern und der Entsendung von PR-Mitgliedern zu erforderlichen Schulungs- oder Bildungsveranstaltungen nach § 44 und schließlich bei Entscheidungen, welche die **individuellen Sonderinteressen** eines PR-Mitglieds unmittelbar berühren und an denen dieses Mitglied wegen Befangenheit gemäß § 33 Abs. 1 nicht mitwirken darf.[15] Auch in **virtuellen Sitzungen oder Hybridsitzungen** können geheime Abstimmungen oder Wahlen im PR durchgeführt werden, falls die zum Einsatz kommenden technischen Systeme eine geheime Stimmabgabe ermöglichen, z. B. bei technischen Abstimmungsmodulen in Videokonferenzsystemen. Allein der Verzicht auf ein Veto gegen den Einsatz von Video- oder Telefonkonferenztechnik umfasst keinen Verzicht auf eine geheime Abstimmung.[16]

Der Wortlaut der Beschlüsse und die Stimmenmehrheit, mit der sie gefasst **3a**
sind, sind nach § 38 Abs. 1 S. 1 in die **Niederschrift** aufzunehmen. Der Dienststellenleiter kann vom PR keine Informationen darüber verlangen, auf welche Weise und mit welcher Stimmenmehrheit ein Beschluss zustande gekommen ist (vgl. auch § 7 Rn. 16, 18).[17]

Wer **stimmberechtigt** ist, hängt von der Angelegenheit ab, in der beschlos- **4**
sen werden soll. In **gemeinsamen Angelegenheiten** nach Abs. 4 sind alle anwesenden Mitglieder des PR und alle anwesenden Ersatzmitglieder, die

---

15 Differenzierung der in der 1. Aufl. vertretenen Ansicht; vgl. Altvater-*Kröll*, § 39 Rn. 12 m. w. N.

16 Fischer/Goeres-*Gronimus*, § 38 Rn. 81.

17 *OVG NW* v. 15. 11. 78 – CL 12/78.

nach § 27 Abs. 1 S. 2 vorübergehend in den PR eingetreten sind, stimmberechtigt. In **Gruppenangelegenheiten** nach Abs. 4 geht das Gesetz als Regelfall davon aus, dass alle anwesenden Mitglieder des PR darüber abstimmen, wenn nicht ausnahmsweise **getrennte Beschlussfassung** in der **Geschäftsordnung** (§ 39) allgemein festgelegt wurde oder **im Einzelfall** die Mehrheit der Vertreter dieser Gruppe die alleinige Beschlussfassung beantragt. Sind dagegen nur diejenigen anwesenden Mitglieder und Ersatzmitglieder des PR stimmberechtigt, die Vertreter der betroffenen Gruppe sind. In einer Angelegenheit, die besonders **Beschäftigte i. S. d. § 59** betrifft, haben nach § 32 Abs. 4 auch alle anwesenden JAV-Mitglieder und ggf. JAV-Ersatzmitglieder Stimmrecht (vgl. § 32 Rn. 18). In einer gemeinsamen Angelegenheit von PR und **Richterrat** bzw. PR und **Staatsanwaltsrat** sind die nach § 30 LRiStAG bzw. § 88 Abs. 2 i. V. m. § 30 LRiStAG in die Sitzung entsandten Mitglieder des Richter- bzw. Staatsanwaltsrats ebenfalls stimmberechtigt (vgl. § 31 Rn. 8, 15). In allen diesen Fällen haben die Stimmen aller Stimmberechtigten das **gleiche Gewicht.**

5 Die Beschlüsse des PR werden nach Abs. 1 S. 1 mit **einfacher Stimmenmehrheit der anwesenden Mitglieder** gefasst, soweit das Gesetz (wie z. B. in § 23 Abs. 1 Nr. 3 und § 39) nichts anderes bestimmt. Bei der **Berechnung der Stimmenmehrheit** der anwesenden Mitglieder ist die Zahl aller jeweils anwesenden Stimmberechtigten zugrunde zu legen, und zwar unter Einbeziehung jener Stimmberechtigten, die sich der Stimme enthalten.[18] Außer den anwesenden, nach Abs. 4 jeweils stimmberechtigten Mitgliedern und Ersatzmitgliedern des PR sind dabei ggf. auch die anwesenden sonstigen Stimmberechtigten mitzuzählen. Aus dem Erfordernis der Stimmenmehrheit der anwesenden Mitglieder ergibt sich nicht nur, dass (wie in Abs. 1 S. 2 klargestellt) ein Antrag bei **Stimmengleichheit** abgelehnt ist, sondern auch, dass **Stimmenthaltung** sich als Ablehnung auswirkt, ohne dass dies (anders als in § 37 Abs. 1 S. 2 BPersVG) ausdrücklich bestimmt ist.

6 Ein Beschluss, der unter Beachtung der gesetzlichen Vorschriften gefasst ist, wird **wirksam**, sobald der Vorsitzende das Abstimmungsergebnis festgestellt hat. Solange er noch nicht vollzogen ist und noch keine Rechtswirkung nach außen erlangt hat (z. B. durch Mitteilung an den Leiter der Dienststelle), kann der PR ihn jederzeit – unter Beachtung der für jede gültige Beschlussfassung geltenden Regeln – **ändern** oder **aufheben**. Dies kann auch schon **in derselben Sitzung** geschehen.[19]

7 Beschlüsse des PR sind **nichtig,** d. h. von Anfang an rechtsunwirksam, wenn sie einen **gesetzwidrigen Inhalt** haben oder wenn bei ihrem Zustandekommen ein besonders schwerwiegender und offenkundiger **Verfahrensfehler** begangen wurde. Letzteres ist nach allgemeinen verfahrensrechtlichen

18 Vgl. *OVG LSA* v. 25. 4. 01 – 5 L 12/00 –, PersR 01, 485.
19 *BVerwG* v. 5. 5. 89 – 6 P 13.86 –, PersR 89, 273.

Grundsätzen zu beurteilen, die der Regelung des § 44 LVwVfG über die Nichtigkeit von Verwaltungsakten zu entnehmen sind.[20] Die Rechtmäßigkeit der Beschlüsse des PR kann **gerichtlich überprüft** werden. Im **personalvertretungsrechtlichen Beschlussverfahren** nach § 92 Abs. 1 Nr. 3 und Abs. 2 kann die Feststellung der Unwirksamkeit eines Beschlusses (als Hauptfrage) beantragt werden. Für eine Antragstellung seitens einzelner PR-Mitglieder ist aber Voraussetzung, dass sie in ihren eigenen personalvertretungsrechtlichen Rechten betroffen sind.[21] Außerdem kann die Rechtmäßigkeit eines Beschlusses in jedem **anderen gerichtlichen Verfahren** als Vorfrage überprüft werden, v. a. auf Klage eines Beamten im allgemeinen Verfahren vor dem Verwaltungsgericht oder eines Arbeitnehmers im Urteilsverfahren vor dem Arbeitsgericht (vgl. § 92 Rn. 9).

5. Schriftliches Umlaufverfahren

(Abs. 3) Der PR-Vorsitzende kann ausnahmsweise im **schriftlichen oder elektronischen**[22] **Umlaufverfahren beschließen** lassen. Abs. 3 soll nach der Gesetzesbegründung die Geschäftsführung des PR erleichtern, in Routinefällen Entlastung bringen, eine rasche Beschlussfassung unterstützen und für Klarstellung in der Verfahrensweise sorgen.[23] Die Vorschrift gilt auch für den GPR (§ 54 Abs. 4). Stufenvertretungen können alle Angelegenheiten im schriftlichen Umlaufverfahren beschließen (§ 55 Abs. 3 Nr. 5). Die Beschlussfassung im Umlaufverfahren ist im Fall des PR auf **einfach gelagerte Angelegenheiten** beschränkt. Der Begriff »einfach gelagerte Angelegenheiten« ist weitergehend als der Begriff »in einfach gelagerten Mitbestimmungsangelegenheiten und in Mitwirkungsangelegenheiten« (vgl. § 35 Abs. 4, § 36 Abs. 1). Diese Fälle sind in Abs. 3 miterfasst. Das ergibt sich aus der Befugnis des PR, Angelegenheiten nach Abs. 3 durch Geschäftsordnung anderweitig zu übertragen, womit auch die Übertragung nach § 35 Abs. 4, § 36 Abs. 1 gemeint ist. Weil das Umlaufverfahren keine Beratung zwischen den PR-Mitgliedern gewährleistet[24], dürfen allenfalls Angelegenheiten, in denen kein besonderer Beratungsbedarf (mehr) besteht, z. B. weil sie bereits in einer vorangegangenen PR-Sitzung vorberaten worden sind, und die dazu auch keine besondere Bedeutung haben, im Umlaufverfahren beschlossen werden. Von der Möglichkeit der Beschlussfassung im Umlaufverfahren 8

20 *BVerwG* v. 13. 10. 86 – 6 P 14.84 –, PersR 87, 40.

21 *Ilbertz*, § 37 a. F. Rn. 18; vgl. für das BetrVG: *BAG* v. 7. 6. 16 – 1 ABR 30/14.

22 Eingefügt durch Art. 21 Nr. des Gesetzes zum Abbau verzichtbarer Formerfordernisse v. 11. 2. 20, GBl. S. 37, 40.

23 LT-Dr. 15/4224, S. 105 [zu § 38].

24 *Ilbertz*, § 39 Rn. 7; *Fischer/Goeres/Gronimus*, § 37 a. F. Rn. 14; Richardi-*Jacobs*, § 37 a. F. Rn. 7; kritisch: Altvater-*Kröll*, § 39 Rn. 2 a. E.

sollte, wenn überhaupt, nur in Ausnahmefällen Gebrauch gemacht werden. Wegen ihrer Bedeutung dürfen Beschlüsse über den Abschluss von Dienstvereinbarungen keinesfalls im Umlaufverfahren erfolgen; ebenso wenig wenn ein Beschäftigter nach § 81 Abs. 2 die Mitwirkung des PR beantragt hat (entsprechend § 35 Abs. 4 S. 1). Nur Angelegenheiten, die **durch die Geschäftsordnung nicht anderweitig übertragen sind**, können im Umlaufverfahren beschlossen werden. Damit sind alle Angelegenheiten vom Umlaufverfahren ausgeschlossen, die der PR oder der GPR durch Geschäftsordnung gemäß § 35 auf Ausschüsse oder gemäß § 36 auf den Vorstand des PR oder GPR übertragen hat. Die nähere Bestimmung einfach gelagerter Angelegenheiten und das Verfahren sind in der **Geschäftsordnung zu regeln** (Abs. 3 S. 2). Bei der Bestimmung »einfach gelagerter Angelegenheiten« steht dem PR allenfalls ein eng zu fassender Ermessensspielraum zu. Eine Überschreitung der Befugnisse führt zur Unwirksamkeit der im Umlaufverfahren gefassten Beschlüsse. Ob von der Möglichkeit des Umlaufverfahrens Gebrauch gemacht wird, entscheidet der **Vorsitzende** (S. 1). Die Beschlussfassung hat jedoch in einer Sitzung zu erfolgen, wenn im Einzelfall **ein PR-Mitglied widerspricht** (anders bei Stufenvertretungen, § 55 Abs. 3 Nr. 5). Dann muss eine begonnene Abstimmung abgebrochen und die Angelegenheit in die Tagesordnung der nächsten Sitzung aufgenommen werden.[25] Zur Wahrung der gleichberechtigten Mitarbeit aller PR-Mitglieder im Gremium ist das Ergebnis des Umlaufbeschlusses dem PR **in der nächsten Sitzung bekanntzugeben** (Abs. 3 S. 3).[26] Die weiteren Einzelheiten des Verfahrens sind in der **Geschäftsordnung zu regeln** (Abs. 3 S. 2).

6. Gruppenangelegenheiten

8a **(Abs. 4)** Die Vorschriften des Abs. 4[27] ergänzen die allgemeinen Bestimmungen der Abs. 1 und 2 über die Beschlussfassung des PR. Mit ÄndG 2013 wurde der Grundsatz eingeführt, dass generell **alle Angelegenheiten**, in denen der PR von der Dienststelle beteiligt wird oder die er von sich aus aufgreift und beraten will, in **gemeinsamer Beratung** zu erörtern sind.[28] Nach Abs. 4 werden damit nicht nur gemeinsame Angelegenheiten, sondern nunmehr **auch Angelegenheiten, die nur eine Gruppe betreffen**, wenn die Geschäftsordnung nichts anderes bestimmt oder die Mehrheit einer Gruppe nicht alleinige Beschlussfassung beantragt hat, auch **gemeinsam beschlos-**

25 Vgl. §§ 55 Rn. 14 unter Verweis auf LT-Dr. 11/6312, S. 40 [zu Nr. 22].

26 Vgl. die Kritik DGB u. ver.di, LT-Dr. 15/4224, S. 262, 300 [zu § 38].

27 Abs. 4 entspricht den Regelungen in den Landespersonalvertretungsgesetzen der Länder Hessen und NRW (vgl. *Welkoborsky u. a.*, § 34 Rn. 3).

28 Leuze-*Bieler*, § 34 Rn. 12.

sen (S. 1).[29] Die in Abs. 4 S. 2 geregelte Möglichkeit der **getrennten Beschlussfassung in Gruppenangelegenheiten** ist eine Folgerung aus dem Gruppenprinzip (vgl. § 4 Rn. 42). Durch Art. 1 **LPersVR-ÄndG 2005**[30] ist das Gruppenprinzip im LPVG in der Weise modifiziert worden, dass die bisherigen Gruppen der Angestellten und Arbeiter zur jetzigen Gruppe der **Arbeitnehmer** zusammengefasst worden sind, die Gruppe der **Beamten** aber beibehalten worden ist (vgl. § 4 Rn. 32 ff., 41).

9 Zu den **Gruppenangelegenheiten (S. 2)** gehören v. a. die beteiligungspflichtigen personellen Einzelmaßnahmen nach den §§ 75 Abs. 1, 2 und 3, 81 Abs. 2 Nr. 1 u. 2, 87 Abs. 1 Nr. 9, aber auch – z. T. abhängig von der Fallgestaltung – auf bestimmte Gruppen zugeschnittene generelle Regelungen in Personalangelegenheiten, so die Fälle nach § 75 Abs. 4 Nr. 3 bis 9, außerdem sonstige Angelegenheiten wie die Fälle nach § 74 Abs. 2 Nr. 5 und 75 Abs. 4 Nr. 5, 7 bis 9, – je nach Fallgestaltung – von Nr. 3, 4, 6 und 10 und § 81 Abs. 1 Nr. 5.[31]

9a Zu **Angelegenheiten**, die nicht als Gruppenangelegenheiten anzusehen sind, gehören i. d. R. die beteiligungspflichtigen Angelegenheiten nach § 74 (mit Ausnahme Abs. 2 Nr. 5) und § 75 Abs. 4 (mit Ausnahme von Nr. 5, 7, 9 und – je nach Fallgestaltung – von Nr. 3, 4, 6 und 10), nach § 81 Abs. 1 (mit Ausnahme von Nr. 5) und nach § 71 Abs. 7 sowie die im Rahmen der Geschäftsführung zu regelnden Angelegenheiten.

10 Die **Abgrenzung** von gemeinsamen Angelegenheiten und Gruppenangelegenheiten richtet sich danach, **welche Interessen unmittelbar berührt** werden. Sind unmittelbar die Interessen der Angehörigen beider Gruppen (Beamte und Arbeitnehmer) berührt, handelt es sich um eine gemeinsame Angelegenheit. Sind dagegen unmittelbar allein die Interessen der Angehörigen einer Gruppe berührt und allenfalls mittelbar die Interessen der Angehörigen der anderen Gruppe, liegt eine Angelegenheit vor, die lediglich die Angehörigen einer Gruppe betrifft. Ob die Interessen nur einer Gruppe oder die zweier Gruppen unmittelbar berührt sind (vgl. Rn. 9, 10), kann bei bestimmten personellen Einzelmaßnahmen fraglich sein. Das gilt v. a. für Maßnahmen, die mit einem Gruppenwechsel eines Beschäftigten verbunden sind. Dabei kommt es entscheidend darauf an, welchen **Rechtscharakter** die Maßnahme hat, auf die sich die Beschlussfassung des PR bezieht.[32] Soll z. B. ein Arbeitnehmer in das Beamtenverhältnis übernommen werden, hat der PR nach § 75 Abs. 1 Nr. 1 bei der Begründung des Beamtenverhältnisses mit-

---

29 LT-Dr. 15/4224, S. 105 [zu § 38]; vgl. zur Kritik des DGB: LT-Dr. 15/4224, S. 262 [zu § 38].

30 Abgedruckt in der 2. Auflage, Anh. 6.

31 Vgl. *BVerwG* 5. 2. 71 u. a., a. a. O.

32 *BVerwG* v. 6. 3. 62 – VII P 5.60 –, PersV 62, 231, u. v. 5. 2. 71 – VII P 11.70 –, PersV 71, 300.

zubestimmen, nicht jedoch bei dem kraft Gesetzes eintretenden Erlöschen des privatrechtlichen Arbeitsverhältnisses. Deshalb sind nur die Vertreter der aufnehmenden Gruppe der Beamten, nicht dagegen die der abgebenden Gruppe der Arbeitnehmer zur Beschlussfassung berufen.[33] Die Abgrenzung von gemeinsamen Angelegenheiten und Gruppenangelegenheiten hat in allen Fällen **nicht norm-, sondern maßnahmebezogen** zu erfolgen.[34]

11 Die Vorschrift des Abs. 4 schreibt ausnahmslos für alle Angelegenheiten eine der Beschlussfassung vorausgehende **gemeinsame Beratung des PR** vor. An dieser Aussprache können sich alle anwesenden Mitglieder und in die Sitzung nachgerückte Ersatzmitglieder des PR beteiligen. Das Gleiche gilt für alle anderen Personen, soweit sie zur beratenden Teilnahme an der Sitzung zugelassen sind. Im Einzelnen sind dies:

- stets der **Vertreter der JAV** (§ 32 Abs. 4) und die **Vertrauensperson der schwerbehinderten Menschen** bzw. das stellvertretende Mitglied der Schwerbehindertenvertretung (§ 32 Abs. 5 i. V. m. § 178 Abs. 4 S. 1 Hs. 1 SGB IX) mit einem uneingeschränkten Beratungsrecht (sie sind außerdem berechtigt, auch während der Beschlussfassung anwesend zu sein; vgl. § 32 Rn. 16, 20b);
- ggf. die entsandten **Mitglieder des Richter- oder Staatsanwaltsrats** (§ 31 Abs. 1 i. V. m. § 30 bzw. § 89 Abs. 4 i. V. m. § 30 LRiStAG) hinsichtlich der Punkte der Tagesordnung, die gemeinsame Aufgaben von PR und Richterrat bzw. PR und Staatsanwaltsrat betreffen, mit einem Beratungsrecht, das sich aus dem insoweit bestehenden Stimmrecht ergibt;
- ggf. die **Schwerbehindertenvertretung der Richter bzw. der Staatsanwälte** (§ 178 Abs. 4 S. 1 Hs. 1 SGB IX) ebenfalls hinsichtlich der Punkte der Tagesordnung, die gemeinsame Aufgaben von PR und Richterrat bzw. PR und Staatsanwaltsrat betreffen (mit dem Recht zur Anwesenheit bei Beschlussfassung; vgl. § 31 Rn. 7, 15);
- ggf. alle anwesenden **Mitglieder und Ersatzmitglieder der JAV** (§ 32 Abs. 4 S. 2) hinsichtlich der Angelegenheiten, die besonders Beschäftigte i. S. d. § 59 betreffen;
- ggf. die **Beauftragten von Stufenvertretungen** oder **die Beauftragten des Gesamtpersonalrats** (§ 30 Abs. 5) sowie der im PR vertretenen **Gewerkschaften** (§ 32 Abs. 3), bei denen der PR das Recht zur beratenden Teilnahme auf bestimmte Punkte der Tagesordnung oder bestimmte Beratungsgegenstände beschränken kann (mit dem Recht zur Anwesenheit bei Beschlussfassung; vgl. § 30 Rn. 13 f.; § 32 Rn. 4 ff.);
- ggf. **die Beauftragte für Chancengleichheit** (§ 32 Abs. 6), wenn der zu behandelnde Gegenstand auf ihren Antrag auf die Tagesordnung gesetzt

33 *BVerwG* v. 6. 3. 62, a. a. O.

34 So im Gegensatz zur bisherigen Kommentarliteratur *BVerwG* v. 16. 4. 08 – 6 P 8.07 –, PersR 08, 418; vgl. dazu Altvater-*Kröll*, § 38 a. F. Rn. 6.

wurde (Nr. 1) oder der PR dies im Einzelfall beschließt (Nr. 2), jedoch ohne Recht zur Anwesenheit bei Beschlussfassung (vgl. § 32 Rn. 20e). Dagegen erstreckt sich das Teilnahmerecht des **Leiters der Dienststelle** oder einer von ihm beauftragten Person (§ 30 Abs. 4) weder auf die Beschlussfassung noch auf die ihr vorausgehende Beratung des PR (vgl. § 30 Rn. 12). Das gilt auch für den nach § 32 Abs. 3 S. 3 hinzugezogenen **Vertreter der Arbeitgebervereinigung** (vgl. § 32 Rn. 12).

12 Die gesetzliche Festlegung der gemeinsamen Beratung lässt keine Ausnahme zu. Außerhalb der Sitzung des gesamten PR können deshalb auch in Gruppenangelegenheiten **keine gesonderten Beratungen der Gruppenvertreter** in getrennten Räumen durchgeführt werden.[35]

13 Ein **Gruppenbeschluss** über eine Angelegenheit ist nur zu treffen, wenn eine getrennte Beschlussfassung in der Geschäftsordnung allgemein bzw. für bestimmte Fälle festgelegt ist oder die Mehrheit der Gruppe in Bezug auf die beratene Angelegenheit **die alleinige Beschlussfassung beantragt** hat. Ein Vorrats- oder genereller Antrag ist unwirksam.[36] Die Gruppe kann stattdessen beantragen, dass die getrennte Beschlussfassung **in der Geschäftsordnung festgelegt** wird, wobei die Abstimmung über die Geschäftsordnung mit der Mehrheit der Stimmen der Mitglieder des PR und mit der Mehrheit der Stimmen der Gruppen erfolgt. Der Antrag auf alleinige Beschlussfassung ist gegenüber dem PR zu erklären, Gruppenmitteilungen an den Dienststellenleiter sind unbeachtlich.

14 Die **Beschlussfassung** über den Antrag auf alleinige Beschlussfassung kann – ebenso wie die Beschlussfassung über die Gruppenangelegenheit selbst – nur in der Sitzung des gesamten PR und nur nach gemeinsamer Beratung erfolgen. Die **Beschlussfähigkeit** des PR gemäß Abs. 2 muss auch während des Gruppenbeschlusses vorhanden sein;[37] eine gesonderte Beschlussfähigkeit der Gruppe ist hingegen nicht erforderlich (str.; vgl. Rn. 2). Stimmberechtigt sind grundsätzlich nur diejenigen anwesenden Mitglieder und Ersatzmitglieder des PR, die **Vertreter der betroffenen Gruppe** sind (vgl. Rn. 4). Handelt es sich bei der zu beschließenden Gruppenangelegenheit zugleich um eine Angelegenheit, die besonders Beschäftigte i. S. d. § 59 betrifft, haben nach Abs. 4 S. 2 Hs. 2 auch alle anwesenden JAV-Mitglieder und ggf. -Ersatzmitglieder Stimmrecht (vgl. § 32 Rn. 18). Ist die Gruppenangelegenheit ausnahmsweise nach § 30 LRiStAG bzw. § 89 Abs. 4 i. V. m. § 30 LRiStAG zugleich eine gemeinsame Angelegenheit von PR und Richterrat bzw. PR und Staatsanwaltsrat, sind auch die nach § 30 LRiStAG bzw. § 89 Abs. 4 i. V. m. § 30 LRiStAG in die Sitzung **entsandten Mitglieder des Richter- bzw. Staatsanwaltsrats** stimmberechtigt (vgl. § 31 Rn. 8, 15). Für einen

35 Vgl. Lorenzen-*Ramm*, § 40 Rn. 10, 26; Richardi-*Jacobs*, § 38 a. F. Rn. 25.

36 Vgl. *Welkoborsky u. a.*, § 34 Rn. 3.

37 Vgl. *Welkoborsky u. a.*, § 34 Rn. 3.

Gruppenbeschluss ist die **einfache Stimmenmehrheit** der anwesenden Stimmberechtigten erforderlich (vgl. Rn. 5). Der Gruppenbeschluss ist ein **Beschluss des PR**. Er ist nach § 29 Abs. 2 S. 2 vom Vorsitzenden des PR (ggf. gemeinsam mit einem **der Gruppe angehörenden Vorstandsmitglied**) im Namen des PR für und gegen diesen auszuführen (vgl. § 29 Rn. 9).[38] Haben die gemeinsame Beratung und Beschlussfassung stattgefunden, ist ein nachträglicher Antrag auf alleinige Beschlussfassung nicht mehr möglich.[39]

15 Findet in einer Gruppenangelegenheit, in der aufgrund Geschäftsordnung oder Antrags der Gruppe eine Abstimmung der Gruppe durchzuführen ist, dennoch eine gemeinsame Abstimmung des PR statt, so führt dieser Verfahrensfehler dann zur **Unwirksamkeit** der Beschlussfassung, wenn Auswirkungen auf das Abstimmungsergebnis nicht auszuschließen sind. Das ist jedoch i. d. R. nicht der Fall, wenn der gemeinsame Beschluss einstimmig zustande gekommen ist.[40] Anders ist es dann, wenn die betroffene Gruppe an der Beschlussfassung nicht teilgenommen hat. Nach Auffassung des *BVerwG*[41] soll ein gleichwohl gefasster Beschluss selbst dann unwirksam sein, wenn er einstimmig zustande gekommen ist und wenn der (einzige) Gruppenvertreter erkrankt und ein Ersatzmitglied nicht vorhanden ist. Das **Einspruchsrecht der Gruppen** bei einer erwarteten Benachteiligung der Gruppe (§ 37) infolge eines gemeinsamen Beschlusses schützt die Gruppen zusätzlich flankierend.

16 Ist eine **Gruppe nicht im PR vertreten**, beschließt der PR über die Angelegenheiten dieser nicht vertretenen Gruppe.

§ 35 Ausschüsse des Personalrats

(1) [1]In einem Personalrat mit elf und mehr Mitgliedern kann der Personalrat durch Regelung in der Geschäftsordnung zur Vorberatung seiner Beratungen und Vorbereitung von Beschlüssen aus seiner Mitte höchstens bis zum Ablauf seiner Amtszeit Ausschüsse bilden, in denen jeweils beide Gruppen vertreten sein müssen. [2]Beide Geschlechter sollen im Ausschuss vertreten sein.

(2) Den Vorsitz in den Ausschüssen führt der Vorsitzende des Personalrats, soweit in der Geschäftsordnung des Personalrats nichts anderes bestimmt ist.

(3) [1]Die § 30 Absatz 1, 2 und 4, § 32 Absatz 1, 2 und 4 Satz 1 sowie Absätze 5 bis 8, §§ 33, 34 Absatz 3 Satz 3 sowie Absatz 4 Satz 1 und § 38

38 *BVerwG* v. 28. 10. 93 – 6 P 25.91 –, PersR 94, 119.

39 *OVG Münster* v. 10. 2. 99 – 1 A 800/97.PVL –, PersR 99, 316.

40 *BVerwG* v. 10. 4. 84 – 6 P 10.82 –, Buchh 238.38 § 36 Nr. 1.

41 Beschl. v. 23. 3. 92 – 6 P 30.90 –, PersR 92, 302.

gelten entsprechend. [2]Das Weitere über die Zusammensetzung und das Verfahren regelt die Geschäftsordnung.

(4) [1]Der Personalrat kann seine Befugnisse in einfach gelagerten Mitbestimmungsangelegenheiten und in Mitwirkungsangelegenheiten, mit Ausnahme der Fälle des § 81 Absatz 2, höchstens bis zum Ablauf seiner Amtszeit auf Ausschüsse übertragen. [2]In welchem Umfang er die Ausübung seiner Befugnisse übertragen will, ist in der Geschäftsordnung zu bestimmen. [3]Für die Beschlussfassung in den Ausschüssen gelten § 32 Absatz 4 Satz 2 und § 34 Absatz 1, 2 und 4 Satz 2 entsprechend. [4]Der Personalrat ist über die Beschlüsse unverzüglich zu unterrichten.

(5) [1]Eine einem Ausschuss übertragene Angelegenheit ist dem Personalrat zur Beratung und Beschlussfassung vorzulegen, wenn

1. **der Ausschuss die Zustimmung zu einer beabsichtigten Maßnahme verweigern oder Einwendungen gegen eine beabsichtigte Maßnahme erheben will,**
2. **ein Ausschussmitglied einen Beschluss des Ausschusses als eine erhebliche Beeinträchtigung der Interessen der durch das Mitglied vertretenen Gruppe erachtet,**
3. **die Schwerbehindertenvertretung einen Beschluss des Ausschusses als erhebliche Beeinträchtigung wichtiger Interessen der schwerbehinderten Beschäftigten erachtet,**
4. **der Vertreter der Jugend- und Auszubildendenvertretung einen Beschluss des Ausschusses als eine erhebliche Beeinträchtigung wichtiger Interessen der Beschäftigten im Sinne von § 59 erachtet.**

[2]Die Vorlage an den Personalrat ist der Dienststelle schriftlich oder elektronisch mitzuteilen. [3]In den Fällen des Satzes 1 verlängert sich die Frist zur Zustimmung oder Erhebung von Einwendungen um eine Woche, soweit mit der Dienststelle nichts anderes vereinbart ist.

Vergleichbare Vorschriften:
BPersVG: keine; § 28 LPVG Rhl.-Pf.; §§ 27, 28 BetrVG

Inhaltsübersicht Rn.

1. Vorbemerkung

1 Durch die mit ÄndG 2013 neu in das Gesetz aufgenommene Regelung erhalten PR mit elf und mehr Mitgliedern die Möglichkeit, Ausschüsse zu bilden und diesen Aufgaben und Befugnisse, zu übertragen. Das Prinzip der generellen Behandlung im Gesamtgremium wird dadurch jedoch nicht aufgegeben.[1] Die Regelung soll vielmehr zur Verbesserung der PR-Arbeit beitragen. Die in den letzten Jahren gewachsene Aufgabenfülle und Vielfalt bedingt, dass die Gesamtheit der PR-Mitglieder zunehmend nicht mehr in der Lage sein kann, sich aller Aufgaben anzunehmen.[2] § 35 schafft neue Möglichkeiten, die Personalratsarbeit effektiver und flexibler zu gestalten und kann damit eine Vorbildfunktion für andere Personalvertretungsgesetze haben.[3]

1a Zur vorbereitenden Bearbeitung bestimmter Teilaufgaben kann der PR, wie nach bisheriger Rechtslage, auch ohne spezielle gesetzliche Regelung (vgl. § 28 a. E.), einzelne seiner Mitglieder als **Beauftragte**[4] einsetzen (vgl. auch § 28 Abs. 4 S. 2) oder besondere, ausschließlich aus PR-Mitgliedern bestehende **Ausschüsse** bilden,[5] wobei dem Vorstand – ohne spezielle gesetzliche Regelung – der überwiegende Teil der laufenden Geschäfte vorbehalten bleiben muss.[6] Auch die Bildung **gemeinsamer Ausschüsse** von PR und Dienststelle mit ausschließlich beratender Funktion ist danach zulässig.[7] Diese Ausschüsse können – ebenso wie der Vorstand – Informationen einholen, Vorbesprechungen mit den zuständigen Stellen führen und dem PR für die von ihm zu treffenden Entscheidungen Empfehlungen unterbreiten.[8] Davon können PR mit weniger als elf Mitgliedern ebenso Gebrauch machen, wie auch die übrigen PR, da § 35 dieses Recht nicht einschränkt, sondern lediglich für PR ab elf Mitgliedern erweitert.

---

1 LT-Dr. 15/4224, S. 106 [zu § 39].

2 So *Bieler*, PersV 93, 385 ff.; zit. nach Leuze-*Flintorp*, § 35 Rn. 4.

3 *Wirlitsch/Ekinci*, PersR 5/18, 23, 25.

4 Für Betriebsräte: *LAG BW* v. 10. 4. 13 – 2 TaBV 6/12 –, NZA-RR 13, 411 = AuR 13, 233.

5 *BVerwG* v. 13. 6. 69 – VII P 15.68 –, PersV 70, 15, u. v. 5. 2. 71 – VII P 12.70 –, PersV 72, 36; vgl. für das BetrVG: *LAG BW* v. 10. 4. 13 – 2 TaBV 6/12 –, a. a. O.

6 Vgl. *BAG* v. 19. 9. 85 – 6 AZR 476/83 –, PersR 86, 159.

7 *BVerwG* v. 13. 6. 69 – VII P 15.68 –, PersV 70, 15, u. v. 5. 2. 71 – VII P 12.70 –, PersV 72, 36: ebenso zustimmend für gemeinsame Ausschüsse; dagegen: Leuze-*Flintorp*, § 35 Rn. 11.

8 Vgl. Leuze-*Flintorp*, § 35 Rn. 4; Fischer-*Lechtermann*, § 34 Rn. 87.

2. Beratende und vorbereitende Ausschüsse

PR mit elf und mehr Mitgliedern können künftig, höchstens bis zum Ablauf ihrer Amtszeit, **Ausschüsse** nach § 35 bilden. Die Bildung von Ausschüssen steht dem PR frei. Er kann davon absehen. Soweit erforderlich können auch mehrere Ausschüsse für unterschiedliche Aufgaben gebildet werden. In jedem Ausschuss müssen jeweils **beide Gruppen** vertreten sein. Außerdem sollen in jedem Ausschuss **beide Geschlechter** vertreten sein. Ansonsten ist der PR frei, welche der PR-Mitglieder er in diese Ausschüsse entsendet (vgl. § 43 Rn. 3). 2

Voraussetzung für die Bildung von Ausschüssen nach § 35 ist ein Beschluss des PR und eine entsprechende **Regelung in der Geschäftsordnung** des PR (§ 39).[9] In der Geschäftsordnung muss unter Berücksichtigung der gesetzlich bindenden Regelungen (u.a. Abs. 3 S. 1) zumindest festgelegt werden, ob ein oder mehrere Ausschüsse gebildet werden, welche Aufgaben der jeweilige Ausschuss hat, für welche Dauer der jeweilige Ausschuss eingerichtet wird (Abs. 1 S. 1), wer den Vorsitz des jeweiligen Ausschusses führt (vgl. Abs. 2), wie der Ausschuss zusammengesetzt ist und welche Verfahrensregelungen gelten sollen (Abs. 3). 3

Der PR kann nach Abs. 1 S. 1 die Kompetenz, **Beratungen des PR vorzuberaten**, sowie die Kompetenz, **Beschlüsse des PR vorzubereiten**, auf Ausschüsse übertragen. Soweit in Ausschüssen überhaupt Beschlüsse im Rahmen des Abs. 1 gefasst werden, was nach Abs. 3 S. 1 nicht vorgesehen ist, kann es sich nur um verfahrensmäßige Festlegungen für die weitere Vorgehensweise im Ausschuss oder für die Abgabe von Stellungnahmen gegenüber dem PR handeln. Die Beschlüsse im Rahmen des Abs. 1 haben für den PR allenfalls empfehlenden Charakter (anders in den Fällen nach Abs. 4) und stellen keinen nach außen rechtswirksamen Beschluss des PR i. S. v. § 34 Abs. 1 dar. Die Ausschüsse können im Rahmen des Abs. 1 Aufgaben erledigen, die zu den laufenden Geschäften (vgl. § 28 Abs. 4) in Bezug auf eine bestimmte Aufgabe zu zählen sind, also Unterlagen sichten, herbeischaffen, auswerten und aufbereiten, Informationen einholen und die Unterlagen für die Sitzung des PR vorbereiten. 4

3. Vorsitzende der Ausschüsse (Abs. 2)

Hat der PR in der Geschäftsordnung nichts anderes bestimmt, ist nach dieser Regelung der Vorsitzende des PR gleichzeitig **Vorsitzender der Ausschüsse**. Eine solche abweichende Bestimmung in der Geschäftsordnung ist gerade bei mehreren Ausschüssen zu empfehlen, da ansonsten die Entlastungsfunk- 5

9 Vgl. *Lautenbach*, Personalvertretungsrecht Rheinland-Pfalz, § 28 Rn. 4.

tion beim Vorsitzenden des PR nicht eintritt.[10] Weiterhin ist es sinnvoll, in der Geschäftsordnung zusätzlich einen oder mehrere Stellvertreter für jeden Ausschuss zu bestimmen, damit der Ausschuss auch bei Verhinderung des jeweiligen Ausschussvorsitzenden handlungsfähig bleibt.

> **Formulierungsvorschlag für die Geschäftsordnung:**
> *»Die Ausschussmitglieder werden in Personalratssitzungen aus der Mitte des Personalrats gewählt. Die Ausschüsse wählen eine/n Sprecher/in nach eigenem Ermessen aus ihrer Mitte. Diese/r führt den Vorsitz in den Ausschüssen.«*[11]

4. Zwingende Vorschriften (Abs. 3)

6 Abs. 3 S. 1 enthält für die Ausschüsse **zwingend geltende Vorschriften**, von denen auch in der Geschäftsordnung nicht abgewichen werden darf. Danach hat der Vorsitzende des Ausschusses die Mitglieder des Ausschusses zu den Sitzungen unter Mitteilung der von ihm festgesetzten Tagesordnung einzuladen. Ebenso sind nach S. 1 die Schwerbehindertenvertretung (§ 32 Abs. 5), ein Mitglied der JAV (§ 32 Abs. 4 S. 1), nach Beschluss oder auf Antrag die Beauftragte für Chancengleichheit (§ 32 Abs. 6) oder der Leiter der Dienststelle (§ 32 Abs. 7) einzuladen (§ 30 Abs. 1 u. 2). Der Leiter der Dienststelle ist vom Zeitpunkt der Sitzung unter Mitteilung der Tagesordnung rechtzeitig zu verständigen (§ 30 Abs. 2). Der Vorsitzende des Ausschusses leitet die Ausschusssitzung (§ 30 Abs. 1). Die Sitzungen sind nicht öffentlich und finden während der Arbeitszeit statt (§ 32 Abs. 1). Der Ausschuss kann dem PR zur Verfügung gestelltes Büropersonal zur Erstellung der Niederschrift hinzuziehen (§ 32 Abs. 2). Ein Mitglied der JAV kann an den Sitzungen beratend teilnehmen (§ 32 Abs. 4 S. 1), ebenso die Schwerbehindertenvertretung (§ 32 Abs. 5), die Beauftragte für Chancengleichheit auf ihren Antrag oder auf Beschluss des Ausschusses im Einzelfall (§ 32 Abs. 6), sachverständige Personen aus der Dienststelle oder sonstige Auskunftspersonen aus der Dienststelle (§ 32 Abs. 7), darüber hinaus auch in Mitbestimmungsangelegenheiten zu personellen Einzelmaßnahmen betroffene Beschäftigte (§ 32 Abs. 8) können angehört werden. Eine Teilnahme von sachverständigen Personen oder betroffenen Beschäftigten an Beratungen und Beschlussfassungen ist jedoch nicht zulässig.[12] Beauftragte des Gesamtpersonalrats und der Stufenvertretung sowie der Gewerkschaften sind in Abs. 3 zwar nicht ausdrücklich erwähnt. Ihr Teilnahmerecht ergibt sich jedoch aus deren grundsätzlichen Recht zur Teilnahme an PR-Sitzungen.

---

10 *Wirlitsch/Ekinci*, PersR 5/18, 23.
11 *Wirlitsch/Ekinci*, PersR 5/18, 23, 24.
12 *Wirlitsch/Ekinci*, PersR 5/18, 23, 24.

Davon geht auch der Gesetzgeber aus.[13] Der Leiter der Dienststelle oder eine von ihm beauftragte Person kann an den Sitzungen ebenfalls teilnehmen, wenn sie auf sein Verlangen anberaumt oder er dazu eingeladen worden ist (§ 30 Abs. 4, § 32 Abs. 7). Die Regelungen zur Befangenheit (§ 33) sind zu beachten. Im PR sind jeweils auf der nächsten Sitzung die Beschlüsse der Ausschüsse bekanntzugeben (§ 34 Abs. 3 S. 3). Die in den Ausschüssen vertretenen Gruppen beraten und beschließen gemeinsam (§ 34 Abs. 4 S. 1). Über jede Verhandlung der Ausschüsse ist eine Niederschrift gem. § 38 zu fertigen und diese in den Fällen des § 38 Abs. 2 und Abs. 3 weiterzuleiten. **Weitere Details über das Verfahren** in den Ausschüssen können in der Geschäftsordnung festgelegt werden (S. 3).

5. Beschließende Ausschüsse

a) Übertragung der Befugnisse auf Ausschüsse (Abs. 4)

Nach dieser Vorschrift kann der PR in einfach gelagerten Mitbestimmungs- 7
und Mitwirkungsangelegenheiten mit Ausnahme der Fälle des § 81 Abs. 2 **seine Befugnisse auf Ausschüsse übertragen**. Es liegt im Ermessen des PR, von dieser Möglichkeit Gebrauch zu machen. Die Bildung beschließender Ausschüsse (Abs. 4) erfolgt ebenfalls wie bei beratenden und vorbereitenden Ausschüssen (Abs. 1) durch Beschlüsse des PR.[14] Diese Ausschüsse können auf gleiche Weise, nämlich durch erneute Beschlussfassung des PR wieder aufgelöst werden.[15] Die Übertragung der Befugnisse ist nur **bis zum Ablauf seiner Amtszeit** zulässig. Die Übertragung der Befugnisse auf Ausschüsse nach dieser Regelung ist nur wirksam, wenn sie in der **Geschäftsordnung** (§ 38) bestimmt wurde (S. 2). Von den in Abs. 3 aufgeführten Vorschriften kann dabei nicht abgewichen werden, diese können aber ergänzt werden (vgl. Abs. 3). Darüber hinaus ist zu beachten, dass bei Angelegenheiten, die besonders Beschäftigte i. S. v. § 59 betreffen, die gesamte JAV Teilnahme- und Stimmrecht hat (§ 32 Abs. 4 S. 2). Die Beschlüsse in den Ausschüssen werden entsprechend der Beschlüsse des PR mit einfacher Stimmenmehrheit der anwesenden Mitglieder gefasst (§ 34 Abs. 1). Dabei muss mindestens die Hälfte der Mitglieder anwesend sein (§ 34 Abs. 2). Bei Beschlussfassungen sind § 34 Abs. 1 und 2 einzuhalten. Ferner beschließen bei Angelegenheiten, die lediglich die Angehörigen einer Gruppe betreffen, nach gemeinsamer Beratung im Ausschuss nur die Vertreter dieser Gruppe, wenn dies in der

13 Vgl. Begründung LT-Dr. 15/4224, S. 106 [zu § 39].

14 Vgl. *Lautenbach*, Personalvertretungsrecht Rheinland-Pfalz, § 28 Rn. 4; *Wirlitsch/Ekinci*, PersR 5/18, 23, 25.

15 *Wirlitsch/Ekinci*, PersR 5/18, 23, 25.

Geschäftsordnung allgemein festgelegt ist oder im Einzelfall die Mehrheit der Vertreter dieser Gruppe beantragt hat (§ 34 Abs. 4 S. 2).

8 Die Übertragung der Befugnisse des PR ist nach Abs. 4 nur in einfach gelagerten Mitbestimmungsangelegenheiten und in Mitwirkungsangelegenheiten, nicht jedoch in Fällen des § 81 Abs. 2 zulässig. Der Begriff entspricht der Regelung in § 36, unterscheidet sich aber von den Fällen des in § 34 Abs. 3 geregelten Rechts auf Beschlussfassung im Umlaufverfahren. **Einfach gelagerte Mitbestimmungsangelegenheiten** sind die Fälle der uneingeschränkten Mitbestimmung nach § 74, ebenso die Fälle der eingeschränkten Mitbestimmung nach § 75. Welche Fälle als einfach gelagert anzusehen sind, ist an der Bedeutung für die Beschäftigten, an der Anzahl der von der Maßnahme betroffenen Beschäftigten und daran zu messen, ob es ein berechtigtes Interesse aller PR-Mitglieder an einer gemeinsamen Entscheidung im PR gibt. Generelle für die ganze Dienststelle geltende Regelungen werden nicht als einfach gelagert angesehen werden können. Ihrer Bedeutung wegen kann der Abschluss von Dienstvereinbarungen keinesfalls an Ausschüsse übertragen werden.[16] Das Recht auf Entscheidung in Ausschüssen besteht auch für **Mitwirkungsangelegenheiten**. Damit sind die Angelegenheiten der Mitwirkung gemäß § 81 erfasst. Dem Ausschuss kann kein Entscheidungsrecht für den Fall übertragen werden, dass ein **Beschäftigter nach § 81 Abs. 2 die Mitwirkung des PR beantragt** hat. In diesem Fall hat der PR und nicht der Ausschuss die Angelegenheit zu behandeln und zu beschließen. Grundsätzlich ist es empfehlenswert, die Begriffe der einfach gelagerten Mitbestimmungs- und Mitwirkungsangelegenheiten nicht zu weit zu fassen.[17] Der Umfang der Übertragung der Befugnisse ist in der Geschäftsordnung allgemein und nicht bezogen auf einen konkreten Mitbestimmungs- oder Mitwirkungsfall festzulegen.[18]

Formulierungsvorschlag für die Übertragung der Befugnisse am Beispiel der Dienstplangestaltung:
»Der Ausschuss Dienstplangestaltung kann für die Abteilung xy Dienstpläne (vgl. § 74 Abs. 2 Nr. 2 LPVG BW) mitbestimmen.«
Hierbei werden der konkrete Mitbestimmungstatbestand und die betroffenen Beschäftigten genannt.
Auf die Abhängigkeit der Gegebenheiten in der Dienststelle wird allerdings hingewiesen.

16 Dies ist für Betriebsräte ausdrücklich gesetzlich ausgeschlossen: § 27 Abs. 2 S. 2 und § 28 Abs. 1 S. 2 Hs. 2 BetrVG.

17 Zur Kritik an dieser Vorschrift: DGB, LT-Dr. 15/4224, S. 263 [zu § 39]; ver.di, a. a. O., S. 301.

18 Rooschüz-*Abel*, § 35 Rn. 7; *Wirlitsch/Ekinci*, PersR 5/18, 23, 24.

Über die Beschlüsse der Ausschüsse ist **der PR** unverzüglich, d. h. i. d. R. innerhalb einer Woche **zu unterrichten** (S. 4). 9

b) Rückübertragung der Befugnisse auf den PR (Abs. 5)

Durch Abs. 5 wird die Verantwortlichkeit des PR als Gesamtgremium gesichert. In Anlehnung an das Einspruchsrecht der Gruppen sowie der Schwerbehindertenvertretung und der JAV gegen Beschlüsse des PR nach § 37 ist in Abs. 5 eine **Rückübertragung** vom beschließenden Ausschuss auf den PR geregelt; desgleichen in den Fällen, in denen der Ausschuss die Zustimmung verweigern oder Einwendungen erheben will (S. 1).[19] Der Ausschussvorsitzende hat die Angelegenheit in diesen Fällen dem PR zur Beratung und Beschlussfassung vorzulegen. Er hat der **Dienststelle schriftlich mitzuteilen**, dass er die Angelegenheit dem PR vorgelegt hat (S. 2). Wenn die Voraussetzungen für eine wirksame Rückübertragung nach S. 1 vorliegen, **verlängert sich** mit Vorlage der Angelegenheit an den PR **die Frist** zur Zustimmung oder zur Erhebung von Einwendungen – von Beginn an gerechnet – um eine Woche (S. 3). Mit der Dienststelle kann im Einzelfall oder generell für die Fälle der Vorlage an den PR eine **weitergehende Fristverlängerung** nach S. 3 vereinbart werden. 10

In den Fällen, in denen der Ausschuss die **Zustimmung** zu einer beabsichtigten Maßnahme **verweigern** oder **Einwendungen** gegen eine beabsichtigte Maßnahme erheben will, besteht eine gesetzliche **Pflicht zur Vorlage** an den PR (S. 1 Nr. 1). Damit werden alle Angelegenheiten, bei denen eine Meinungsverschiedenheit zur Dienststelle besteht, zwingend zur Sache des PR erhoben. Die damit einhergehende Pflicht, die Rückübertragung an den PR der Dienststelle mitzuteilen, **beeinträchtigt die Unabhängigkeit der Ausschussmitglieder entscheidend**. Denn die Dienststelle kann sich bei einem zahlenmäßig kleinen Ausschuss leichter als bei einem Gremium von elf und mehr Mitgliedern ausrechnen, welche Mitglieder des Ausschusses durch ihr (negatives) Abstimmungsverhalten zur Vorlage an den PR beigetragen haben. 11

In den Fällen, in denen Interessen einer Gruppe, von schwerbehinderten Beschäftigten oder von Beschäftigten i. S. d. § 59 betroffen sind, besteht die Pflicht zur Vorlage an den PR nur, wenn die entsprechenden Ausschussmitglieder von dem in Abs. 5 Nr. 2 bis 4 vorgesehenen **Einspruchsrecht** Gebrauch machen. Das Einspruchsrecht besteht in Fällen, in denen ein Beschluss des Ausschusses als eine **erhebliche Beeinträchtigung** der Interessen (Nr. 2) oder wichtiger Interessen (Nr. 3 und 4) der jeweiligen Beschäftigten erachtet wird. Dies entspricht im Wesentlichen der Regelung des § 37 Abs. 1 (vgl. § 37 Rn. 1 f.). Allerdings hat es der Gesetzgeber bei möglichen Beein- 12

19 LT-Dr. 15/4224, S. 106 [zu § 39].

trächtigungen einer Gruppe zum Schutz der Gruppeninteressen genügen lassen, dass es sich um Interessen der Gruppe handeln muss, ohne dass diese darüber hinaus wichtig sein müssen. Das Recht zum Einspruch besteht also in den Fällen der möglichen Beeinträchtigung einer Gruppe bereits bei einer Beeinträchtigung geringeren Grades als in den Fällen des § 37 Abs. 1. Ausreichend ist, dass ein Beschluss des Ausschusses vom jeweiligen Einspruchsberechtigten als beeinträchtigend **erachtet** wird. Insoweit steht den jeweiligen Einspruchsberechtigten ein eigenes Beurteilungsrecht zu. Dabei kommt es darauf an, ob die Vertreter der Gruppe, der Vertreter der JAV oder die Schwerbehindertenvertretung aufgrund ihrer subjektiven Einschätzung eine solche Beeinträchtigung für gegeben halten.[20] Wichtige Interessen können auch die nur mittelbar berührten Interessen der jeweiligen Beschäftigten sein. Das Einspruchsrecht steht **jedem einzelnen Ausschussmitglied** zu, wenn es die Interessen der von ihm vertretenden **Gruppe** als beeinträchtigt erachtet (Nr. 2), ansonsten der **Schwerbehindertenvertretung** (Nr. 3) und dem **Vertreter der JAV** (Nr. 4). Dieser Einspruch kann nur so lange erfolgen, wie der Beschluss des Vorstands der Dienststelle noch nicht mitgeteilt worden ist (vgl. § 37 Rn. 5).

§ 36 Übertragung von Befugnissen auf den Vorstand des Personalrats

(1) [1]Der Personalrat kann seine Befugnisse in einfach gelagerten Mitbestimmungsangelegenheiten und in Mitwirkungsangelegenheiten, mit Ausnahme der Fälle des § 81 Absatz 2, höchstens bis zum Ablauf seiner Amtszeit auf den Vorstand übertragen. [2]In welchem Umfang er die Ausübung seiner Befugnisse auf den Vorstand übertragen will, ist in der Geschäftsordnung zu bestimmen.
(2) § 32 Absatz 5, § 34 Absatz 1, 2 und 3 Satz 3 sowie Absatz 4 Satz 2, § 35 Absatz 4 Satz 4 und Absatz 5 Satz 1 Nummer 1 bis 3 sowie Satz 2 und 3 gelten entsprechend.

Vergleichbare Vorschriften:
keine im BPersVG und BetrVG

1 Als weitere Option zur effektiven Gestaltung der PR-Arbeit wird mit der durch das ÄndG 2013 eingeführten Regelung die Übertragung von Entscheidungsbefugnissen des PR auf den Vorstand ermöglicht, wobei die bisherige Regelung des § 72 Abs. 8 und 9 a. F., wonach der PR seine Befugnisse

20 *BVerwG* v. 29. 1. 92 – 6 P 17.89 –, PersR 92, 208.

in Mitwirkungsangelegenheiten auf den Vorstand übertragen konnte, gestrichen und inhaltlich in vorliegende Regelung übernommen worden ist.[1]

(Abs. 1) Mit der Neuregelung des Abs. 1 kann der PR über die Regelung des § 72 Abs. 8 a.F. hinaus seine Befugnisse in **einfach gelagerten Mitbestimmungsangelegenheiten** und in **Mitwirkungsangelegenheiten**, mit Ausnahme der Fälle des § 81 Abs. 2, auf den Vorstand übertragen. Der Begriff entspricht der Regelung in § 35 Abs. 4, unterscheidet sich aber von den Fällen des in § 34 Abs. 3 geregelten Rechts auf Beschlussfassung im Umlaufverfahren. Dort sind einfach gelagerte Angelegenheiten geregelt. **Einfach gelagerte Mitbestimmungsangelegenheiten** (vgl. § 35 Abs. 4, dort Rn. 7) betreffen die Fälle der uneingeschränkten Mitbestimmung nach § 74, ebenso die Fälle der eingeschränkten Mitbestimmung nach § 75. Welche Fälle als einfach gelagert anzusehen sind, hängt von der Bedeutung für die Beschäftigten, der Anzahl der von der Maßnahme betroffenen Beschäftigten und davon ab, ob es ein berechtigtes Interesse aller PR-Mitglieder an einer gemeinsamen Entscheidung im PR gibt. Generelle für die ganze Dienststelle geltende Regelungen werden nicht als einfach gelagert angesehen werden können. Ihrer Bedeutung wegen kann der Abschluss von Dienstvereinbarungen keinesfalls an den Vorstand übertragen werden.[2] Das Recht, Entscheidungen auf den Vorstand zu übertragen, besteht auch für **Mitwirkungsangelegenheiten**. Damit sind die Angelegenheiten der Mitwirkung gemäß § 81 erfasst. Es kommt hier nicht darauf an, ob es sich um einfach gelagerte Fälle handelt. Der Vorstand hat allerdings kein Entscheidungsrecht, wenn ein **Beschäftigter nach § 81 Abs. 2 die Mitwirkung des PR beantragt** hat. In diesem Fall hat der PR und nicht der Vorstand die Angelegenheit zu behandeln und zu beschließen. 1a

Die Übertragung der Befugnisse erfolgt wegen der Regelung in S. 2 sinnvoller Weise in der Geschäftsordnung. Dabei ist der Umfang der übertragenen Befugnisse in der Geschäftsordnung allgemein und nicht bezogen auf einen konkreten Mitbestimmungs- oder Mitwirkungsfall festzulegen.[3] Die Übertragung ist **dem Dienststellenleiter mitzuteilen**, v.a. deshalb, damit dieser im Hinblick auf die Regelung des Abs. 2 i.V.m. § 35 Abs. 5 S. 3 die mögliche Dauer des Mitwirkungsverfahrens realistisch einschätzen kann. In welchem Umfang die Ausübung der Befugnisse übertragen wird, ist nach S. 2 in der Geschäftsordnung (§ 39) zu bestimmen. 2

In der Geschäftsordnung muss unter Berücksichtigung der gesetzlich bindenden Regelungen (u.a. Abs. 2) zumindest festgelegt werden, für welche 3

1 LT-Dr. 15/4224, S. 106 [zu § 39a].
2 Im BetrVG noch nicht einmal für Ausschüsse zugelassen: § 27 Abs. 2 S. 2 und § 28 Abs. 1 S. 2 Hs. 2 BetrVG.
3 Rooschüz-*Abel*, § 35 Rn. 7; *Wirlitsch/Ekinci*, PersR 5/18, 23, 24.

Dauer, für welche Mitbestimmungs- und Mitwirkungsangelegenheiten und nach welchen Maßgaben die Übertragung erfolgt.
Von der Möglichkeit der Übertragung sollte nur sehr zurückhaltend Gebrauch gemacht werden, da hierbei mit einem größeren Druck durch den Dienstvorgesetzten zu rechnen ist.[4] Die Gefahr besteht, dass die Übertragung auf den Vorstand das bisherige Team- durch ein Hierarchieprinzip ersetzt.[5]
Die Übertragung der Befugnisse ist nur **bis zum Ablauf der Amtszeit** des PR zulässig. Der Beschluss des PR kann bereits vorher durch gegenteiligen Beschluss des PR **aufgehoben** werden. Ist die Übertragung in der Geschäftsordnung geregelt, bedarf der Beschluss sowohl zur Festsetzung als auch zur Aufhebung der Ausschüsse aus der Geschäftsordnung, der absoluten Mehrheit der Mitglieder des PR.

4 **(Abs. 2)** Nach Abs. 2 hat die **Schwerbehindertenvertretung** (§ 32 Abs. 5 Rn. 20a) ein Teilnahmerecht und ist daher zu einer Sitzung des Vorstands, in der dem Vorstand übertragenen Angelegenheiten behandelt werden sollen, einzuladen. Bei der Beschlussfassung sind § 34 Abs. 1 und 2 einzuhalten. Das Recht zur Durchführung von Umlaufbeschlüssen nach § 34 Abs. 3 ist nach Abs. 2 ausgeschlossen. Allerdings soll der Vorstand das Ergebnis des Beschlusses dem PR in der nächsten Sitzung bekannt geben (S. 2 i.V.m. § 34 Abs. 3 S. 3). In Angelegenheiten, die lediglich die Angehörigen einer Gruppe betreffen, beschließen nach gemeinsamer Beratung im Vorstand nur die Vertreter dieser Gruppe, wenn getrennte Beschlussfassung in der Geschäftsordnung allgemein festgelegt ist oder im Einzelfall die Mehrheit der Vertreter dieser Gruppe die alleinige Beschlussfassung beantragt (§ 34 Abs. 4 S. 2, Rn. 9). Auch die Vorschrift des § 27 Abs. 4 S. 4 ist nach S. 2 anzuwenden. Danach ist der PR über die Beschlüsse unverzüglich zu unterrichten. Dies deckt sich mit dem Verweis auf § 34 Abs. 3 S. 3.

5 Will der Vorstand die **Zustimmung** zu einer beabsichtigten Maßnahme **verweigern** oder **Einwendungen** gegen eine beabsichtigte Maßnahme erheben, ist er **gesetzlich zur Vorlage an den PR verpflichtet** (§ 35 Abs. 5 S. 1 Nr. 1, dort Rn. 11). Damit werden die Fälle, in denen eine Meinungsverschiedenheit mit der Dienststelle besteht, zwingend wieder in die Zuständigkeit des PR zurück verlagert. In den Fällen, in denen Interessen einer Gruppe, von schwerbehinderten Beschäftigten betroffen sind, besteht die Pflicht zur Vorlage an den PR nur, wenn die entsprechenden Vorstandsmitglieder von dem in § 35 Abs. 5 Nr. 2 bis 4 vorgesehenen **Einspruchsrecht** Gebrauch machen. Das Einspruchsrecht besteht bei Beschlussfassungen des Vorstands, die eine **erhebliche Beeinträchtigung** der Interessen (§ 35 Abs. 5 Nr. 2) oder

---

4 *Wirlitsch/Ekinci*, PersR 5/18, 23, 25; LT-Dr. 15/4224, S. 454 [Arbeitsgemeinschaft der Hauptpersonalvorsitzenden des Landes].

5 *Wirlitsch/Ekinci*, PersR 5/18, 23, 25; LT-Dr. 15/4224, S. 486 [Arbeitsgemeinschaft der Betriebs- und Personalräte im Sparkassenverband BW].

wichtiger Interessen (§ 35 Abs. 5 Nr. 3 und 4) der jeweiligen Beschäftigten sein können (näher dazu § 35 Rn. 11). Es reicht aus, dass ein Beschluss des Vorstands von den jeweiligen Einspruchsberechtigten als beeinträchtigend **erachtet** wird. Insoweit steht ihnen ein Beurteilungsrecht zu. Es kommt also darauf an, dass ein Vertreter der Gruppe oder die Schwerbehindertenvertretung aufgrund ihrer subjektiven Einschätzung eine solche Beeinträchtigung für gegeben halten.[6] Wichtige Interessen können auch die nur mittelbar berührten Interessen der jeweiligen Beschäftigten sein. Das Einspruchsrecht steht **jedem einzelnen Vorstandsmitglied** zu, wenn es die Interessen der von ihm vertretenden **Gruppe** als beeinträchtigt erachtet (§ 35 Abs. 5 Nr. 2), ansonsten der **Schwerbehindertenvertretung** (§ 35 Abs. 5 Nr. 3). Der Einspruch kann nur so lange erfolgen wie der Beschluss des Vorstands der Dienststelle noch nicht mitgeteilt worden ist (vgl. § 37 Rn. 5).

Hat der Vorsitzende des PR die Angelegenheit dem PR pflichtgemäß zur Be- 6
ratung und Beschlussfassung vorgelegt (§ 35 Abs. 5 S. 1), muss er der **Dienststelle die Vorlage schriftlich oder elektronisch**[7] **mitteilen** (§ 35 Abs. 5 S. 2). Wenn die Voraussetzungen für eine wirksame Rückübertragung nach § 35 Abs. 5 S. 1 vorliegen, **verlängert sich** mit Vorlage der Angelegenheit an den PR **die Frist** zur Zustimmung oder zur Erhebung von Einwendungen – von Beginn an gerechnet – um eine Woche (§ 35 Abs. 5 S. 3). Mit der Dienststelle kann im Einzelfall oder generell für die Fälle der Vorlage an den PR eine **weitergehende Fristverlängerung** nach S. 3 vereinbart werden.

Die Bekämpfung der Verbreitung des Coronavirus (SARS-CoV-2) hat zahl- 7
reiche Folgeprobleme mit sich gebracht. Eines dieser Probleme war die **eingeschränkte Handlungsfähigkeit** der Personalvertretungen. In Ausnahmesituationen wie diesen oder bei zukünftigen Pandemien muss dennoch die Beteiligung des PR in Mitbestimmungs- und Mitwirkungsangelegenheiten gewährleistet sein.

Die **Übertragung von Befugnissen auf den Vorstand** des PR bietet dabei eine Handlungsmöglichkeit für einen flexibleren PR, denn der Vorstand des PR ist zahlenmäßig geringer als der PR. Dadurch kann die Beteiligung an einfach gelagerte Mitbestimmungs- und Mitwirkungsangelegenheiten von einer kleineren Gruppe von Menschen wahrgenommen und somit das Infektionsrisiko innerhalb des PR reduziert werden.

Zu empfehlen ist daher, für die Zeiten von Pandemien die Befugnisse des PR zeitlich befristet auf den **Vorstand** zu übertragen. Dabei sollte in der Geschäftsordnung zum einen die **zeitliche Befristung** aufgenommen sein und zum anderen möglichst genau bestimmt werden, in welchem **Umfang die**

6 *BVerwG* v. 29.1.92 – 6 P 17.89 –, PersR 92, 208.

7 Eingefügt durch Art. 21 Nr. des Gesetzes zum Abbau verzichtbarer Formerfordernisse v. 11.2.20, GBl. S. 37, 40; s. dazu auch die Begründung des Gesetzes, LT-Drs. 16/7352, S. 39 ff. (zu Art. 21).

Befugnisse übertragen werden. Die Geltungsdauer soll dabei durch den Personalrat mit einem ordnungsgemäßen Beschluss möglicherweise auch im Rahmen einer **Video- oder Telefonkonferenz** verlängert werden können, wobei hier darauf geachtet werden muss, dass die technischen und datenschutzrechtlichen Voraussetzungen erfüllt sind; im Einzelnen und detailliert § 31 Rn. 1a-g. Auch die sog. **IM-Pandemie-Empfehlung** des Ministeriums für Inneres, Digitalisierung und Migration enthält konkrete Hinweise. Das Selbsteintrittsrecht des PR gemäß § 30 Abs. 3 bleibt hiervon auf jeden Fall unberührt.

§ 37 Einspruch der Vertreter einer Gruppe, der Beschäftigten im Sinne von § 59 oder der schwerbehinderten Beschäftigten

(1) [1]Erachtet die Mehrheit der Vertreter einer Gruppe, die Mehrheit der Mitglieder der Jugend- und Auszubildendenvertretung oder die Schwerbehindertenvertretung einen Beschluss des Personalrats als eine erhebliche Beeinträchtigung wichtiger Interessen der durch sie vertretenen Beschäftigten, so ist auf ihren Antrag der Beschluss auf die Dauer von einer Woche vom Zeitpunkt der Beschlussfassung an auszusetzen. [2]In dieser Frist soll, gegebenenfalls mit Hilfe der unter den Mitgliedern des Personalrats vertretenen Gewerkschaften, eine Verständigung versucht werden. [3]Bei Aussetzung eines Beschlusses nach Satz 1 und der Unterrichtung der Dienststelle verlängern sich Fristen nach diesem Gesetz um die Dauer der Aussetzung.
(2) [1]Nach Ablauf der Frist ist über die Angelegenheit erneut zu beschließen. [2]Wird der erste Beschluss bestätigt, so kann der Antrag auf Aussetzung nicht wiederholt werden.

Vergleichbare Vorschriften:
§ 42 BPersVG; §§ 35, 66 BetrVG

Inhaltsübersicht Rn.

1. Vorbemerkung

1 Die Vorschriften des § 37 ergänzen die Regelung des § 34 über die Willensbildung des PR, indem sie der Mehrheit der Vertreter einer Gruppe, der

Mehrheit der Mitglieder der JAV und der Schwerbehindertenvertretung ein **Einspruchsrecht** gegen solche Beschlüsse des PR einräumen, in denen diese Interessenvertreter eine erhebliche Beeinträchtigung wichtiger Interessen der durch sie vertretenen Beschäftigten sehen. Der als Antrag auf **befristete Aussetzung eines Beschlusses** ausgestaltete Einspruch löst ein Verfahren aus, in dem die bisherige Beschlussfassung überprüft und nach Möglichkeit eine **Verständigung** der Beteiligten erreicht werden soll. Dieses aufschiebende Veto dient nicht nur dem Gruppen- und Minderheitenschutz, sondern soll auch sachgerechte Entscheidungen des PR fördern.[1]

2. Beschluss des Personalrats als Gegenstand des Einspruchs

(Abs. 1) Als Gegenstand eines Antrags auf Aussetzung kommt grundsätzlich jeder **Beschluss des PR**, selbst wenn er mittels Video- oder Telefonkonferenztechnik (§ 34 Abs. 1a) oder im schriftlichen Umlaufverfahren (§ 34 Abs. 3) gefasst wurde, in Betracht. Das gilt unabhängig davon, ob er nach § 34 Abs. 4 S. 1 gemeinsam oder nach § 34 Abs. 4 S. 2 von den Vertretern einer Gruppe gefasst worden ist. **Ausschussbeschlüsse** im Rahmen des § 35 sind nicht erfasst, da sie in § 35 Abs. 5 speziell geregelt sind. Da der Antrag jedoch nur mit der Beeinträchtigung von Interessen der von den jeweiligen Antragstellern vertretenen Beschäftigten begründet werden kann (vgl. Rn. 4) muss es sich um einen Beschluss handeln, der die nach den §§ 68 bis 90 wahrzunehmende Beteiligung des PR in den Angelegenheiten der Beschäftigten betrifft. Ausgenommen sind alle Akte der Willensbildung des PR, die dessen Geschäftsführung oder Rechtsstellung betreffen.[2] **Beschlüsse des Vorstands, soweit sie** die laufenden Geschäfte nach § 28 Abs. 4 betreffen, sind somit nicht erfasst. Beschlüsse des Vorstands in Mitbestimmungsangelegenheiten und Mitwirkungsangelegenheiten nach § 36 Abs. 1 sind nicht erfasst, soweit § 36 Abs. 2 i. V. m. § 35 Abs. 5 Nr. 2 und 3 den Vertretern der **Gruppe** und der **Schwerbehindertenvertretung** ein Einspruchsrecht zusteht. Demgegenüber erfasst die Einspruchsmöglichkeit nach § 37 Beschlüsse des Vorstands in Mitbestimmungsangelegenheiten und Mitwirkungsangelegenheiten[3] in den Fällen die nicht in § 36 Abs. 2 aufgeführt sind. Dies ist im Fall eines Beschlusses des Vorstands, der wichtige Interessen der Jugendlichen und Auszubildenden berührt, mangels Einspruchsmöglichkeit der **Jugend – und Auszubildendenvertretung** nach § 36 Abs. 2, gegeben. Ihr muss in diesem Fall das Einspruchsrecht nach § 37 zustehen, damit keine Schutzlücke verbleibt. Andernfalls könnte der Vorstand in Mitbestimmungsangelegenheiten und Mitwirkungsangelegenhei- 2

1 *BVerwG* v. 29. 1. 92 – 6 P 17.89 –, PersR 92, 208.

2 Vgl. Altvater-*Kröll*, § 42 Rn. 4.

3 Dagegen Leuze-*Flintrop*, § 36 Rn. 2.

ten Beschlüsse fassen, gegen die der JAV keine Einspruchsrechte zustünden, obwohl die JAV Einspruchsrechte nach § 37 geltend machen könnte, wenn statt des Vorstands der PR die Beschlüsse gefasst hätte.[4]

3. Antragsberechtigte

3 Nach Abs. 1 ist die **Mehrheit der Vertreter einer Gruppe** (vgl. § 32 Abs. 3, dort Rn. 5) neben der Mehrheit der Mitglieder der JAV und neben der Schwerbehindertenvertretung berechtigt, einen Antrag auf Aussetzung eines Beschlusses des PR zu stellen. Ein Antrag kann sich grundsätzlich gegen jeden Beschluss in Beteiligungsangelegenheiten richten (vgl. Rn. 2), wenn **die Mehrheit der Vertreter der betroffenen Gruppe** den Beschluss als eine erhebliche Beeinträchtigung wichtiger Interessen der durch sie vertretenen Beschäftigten erachtet. Nur bei einem nach § 34 Abs. 4 S. 2 gefassten Beschluss in den Angelegenheiten lediglich einer Gruppe ist die Mehrheit dieser (also der eigenen) Gruppe nicht zur Stellung eines Aussetzungsantrags befugt, weil ein solcher Antrag ein unzulässiges widersprüchliches Verhalten wäre.[5] Diese Ausnahme gilt allerdings bei solchen Beschlüssen einer einzigen Gruppe nicht, bei denen nach § 32 Abs. 4 auch die Mitglieder der JAV oder die Mitglieder des Richter- oder Staatsanwaltschaftsrats (§ 31) stimmberechtigt waren. Es können sich auch solche PR-Mitglieder an einem Aussetzungsantrag ihrer Gruppe beteiligen, die dem Beschluss zugestimmt haben, dessen Aussetzung beantragt wird.[6]

3a Das Einspruchsrecht steht ferner der **Mehrheit der JAV** (d. h. wie in § 30 Abs. 3 S. 2 Nr. 1 die »Mehrheit der Mitglieder der Jugend- und Auszubildendenvertretung«) und der **Schwerbehindertenvertretung** (vgl. § 32 Abs. 5 Rn. 20a) zu. Dabei müssen von der Mehrheit der JAV **wichtige Interessen der Beschäftigten i. S. v. § 59** und von der Schwerbehindertenvertretung **wichtige Interessen der schwerbehinderten Menschen** als erheblich beeinträchtigt erachtet werden. Die Schwerbehindertenvertretung kann den Aussetzungsantrag nach Abs. 4 S. 2 Hs. 1 des § 178 SGB IX auch darauf stützen, dass sie entgegen § 178 Abs. 2 S. 1 SGB IX vom Arbeitgeber **nicht beteiligt** worden ist.

4. Erhebliche Beeinträchtigung wichtiger Interessen

4 Voraussetzung eines Antrags auf Aussetzung eines Beschlusses ist, dass die Antragsteller den Beschluss als eine **erhebliche Beeinträchtigung wichtiger Interessen** der durch sie vertretenen Beschäftigten, also der Angehörigen

---

4 Vgl. Leuze-*Flintrop*, § 36 Rn. 10.

5 Vgl. *Fischer/Goeres/Gronimus*, § 39 a. F. Rn. 7.

6 Vgl. Altvater-*Kröll*, § 42 Rn. 5 m. w. N.

ihrer Gruppe, der Beschäftigten i. S. v. § 59 oder der schwerbehinderten Menschen **erachten**. Dabei kommt es darauf an, ob die Vertreter der Gruppe, die Mitglieder der JAV oder die Schwerbehindertenvertretung aufgrund ihrer subjektiven Einschätzung eine solche Beeinträchtigung für gegeben halten.[7] Wichtige Interessen können auch die nur mittelbar berührten Interessen der Gruppe sein.

5. Verfahren und Rechtswirkungen der Aussetzung

Für den an den Vorsitzenden des PR zu richtenden Antrag ist weder eine bestimmte **Form** noch eine bestimmte **Frist** vorgeschrieben. Er kann innerhalb oder außerhalb der Sitzung,[8] er kann aber nur so lange gestellt werden, solange der angegriffene Beschluss noch nicht vollzogen und damit (außen-) wirksam geworden ist und solange nicht mehr als eine Woche vom Zeitpunkt der Beschlussfassung an vergangen sind (vgl. Rn. 7). 5

Die Entscheidung über den Aussetzungsantrag obliegt dem **Vorsitzenden**.[9] Er hat aber lediglich zu **prüfen**, ob die **gesetzlichen Voraussetzungen** für den Antrag vorliegen (Rechtzeitigkeit, Antragsberechtigung, erforderliche Mehrheit der Antragsteller und deren Berufung auf die gesetzlichen Antragsgründe). Liegt eine dieser Voraussetzungen nicht vor, ist der Antrag zurückzuweisen. Eine Zurückweisung wegen Nichtvorliegens der gesetzlichen Antragsgründe ist ausnahmsweise und nur dann zulässig, wenn der Antrag **offensichtlich unbegründet** oder **rechtsmissbräuchlich** gestellt ist. 6

Wird ein rechtmäßiger Aussetzungsantrag gestellt, ist der Vorsitzende verpflichtet, den beanstandeten Beschluss nach S. 2 **für die Dauer von einer Woche** vom Zeitpunkt der Beschlussfassung an **auszusetzen und den Dienststellenleiter über diese Aussetzung zu informieren**. Die rechtliche Wirkung der Aussetzung besteht darin, dass der (weiterhin existente) Beschluss während der Dauer seiner Aussetzung **nicht vollzogen**, also z. B. der Dienststelle nicht mitgeteilt werden darf. So wird verhindert, dass der Beschluss Rechtswirkung nach außen erlangt und damit nicht mehr aufgehoben oder geändert werden könnte.[10] Die Berechnung der Dauer der Aussetzung richtet sich nach § 187 Abs. 1 und § 188 Abs. 1 BGB. 7

Im Gegensatz zu § 42 Abs. 1 S. 3 BPersVG bestimmt S. 3, dass sich die **Fristen nach dem LPVG** um die Dauer der Aussetzung, also um eine Woche **verlängern** (S. 2), wenn der Dienststellenleiter nach S. 3 davon in Kenntnis gesetzt worden ist.[11] Folgt man dem Gesetzeswortlaut, dann gilt diese Re- 8

---

7 *BVerwG* v. 29. 1. 92 – 6 P 17.89 –, PersR 92, 208.
8 Vgl. Altvater-*Kröll*, § 42 Rn. 9 m. w. N.
9 Vgl. dazu i. E. *BVerwG* v. 29. 1. 92 – 6 P 17.89 –, a. a. O.
10 Vgl. Altvater-*Kröll*, § 42 Rn. 12 m. w. N.
11 Vgl. Rooschüz-*Abel*, § 37 Rn. 11.

gelung für alle »Fristen nach diesem Gesetz«, insbesondere für die Fristen des § 76 Abs. 6, 8 und 9, des § 77, der §§ 82 Abs. 4, 83 Abs. 1 u. 2, sowie des § 91 Abs. 3 und 8. Die Regelung gilt nicht für die in § 87 Abs. 3 S. 2 festgelegte Äußerungsfrist von drei Arbeitstagen (vgl. § 87 Rn. 34). Die gleich lange Äußerungsfrist des § 47 Abs. 4 (vgl. dort Rn. 20 ff.), der wortgleich dem § 127 Abs. 1 BPersVG entspricht, verlängert sich nicht, da § 127 Abs. 1 BPersVG als arbeitsrechtliche Regelung unmittelbar auch für das Land geltendes Bundesrecht ist, das vom Landesgesetzgeber nicht modifiziert werden kann.[12] Von diesen Besonderheiten abgesehen, muss der Vorsitzende – um zu vermeiden, dass die Fiktion der Billigung der beabsichtigten Maßnahme mangels fristgerechter Äußerung des PR eintritt – nach S. 3 die **Dienststelle über den Einspruch** und die dadurch bewirkte Fristverlängerung unverzüglich **unterrichten**. **Nur dann tritt die Fristverlängerung ein.**[13]

6. Versuch der Verständigung

9 Nach Abs. 1 S. 2 soll innerhalb der Aussetzungsfrist versucht werden, eine **Verständigung** herbeizuführen. Dieser **Versuch** ist vom Vorsitzenden zu organisieren. Das kann auch außerhalb einer förmlichen Sitzung des PR geschehen.[14] Dabei kann auch die Hilfe der unter den PR-Mitgliedern vertretenen **Gewerkschaften** (vgl. dazu § 32 Rn. 6) in Anspruch genommen werden. Dies kann in der Weise geschehen, dass jedes PR-Mitglied von sich aus seine Gewerkschaft einbezieht.[15]

7. Erneute Beschlussfassung

10 **(Abs. 2)** Das Aussetzungsverfahren kann noch vor Ablauf der Aussetzungsfrist abgeschlossen werden, sobald eine **Verständigung erreicht** wird. Besteht diese darin, dass die Antragsteller ihre Bedenken nicht aufrechterhalten und ihren **Antrag zurücknehmen**, ist das Verfahren damit beendet mit der Folge, dass der ausgesetzte Beschluss nunmehr vollzogen werden kann. Geht die Verständigung dahin, dass der bisherige Beschluss aufgehoben oder geändert werden soll, bedarf es dazu einer **erneuten Beschlussfassung** im Rahmen einer förmlichen Sitzung des PR, die nach ordnungsgemäßer Anberaumung unverzüglich stattfinden kann.

---

12 Vgl. BT-Dr. 14/21, S. 78 zu BPersVG-2021; davor: str.; vgl. Altvater-*Baunack*, § 127 Rn. 3.

13 Rooschüz-*Abel*, § 37 Rn. 11.

14 Ebenso Rooschüz-*Abel*, § 37 Rn. 10 a. A. Leuze-*Bieler*, § 37 Rn. 26.

15 Vgl. Altvater-*Kröll*, § 42 Rn. 15 m. w. N.; a. A. Leuze-*Bieler*, § 37 Rn. 27, der die Einbeziehung aller im PR vertretenen Gewerkschaften verlangt.

Auch wenn eine **Verständigung nicht erreicht** wird, ist über die Angelegenheit erneut zu beschließen. Nach Abs. 2 S. 1 kann diese **erneute Beschlussfassung** erst in einer unmittelbar **nach Ablauf der Aussetzungsfrist** anberaumten PR-Sitzung erfolgen.[16] Dabei ist über den bisherigen Beschluss zu entscheiden. Dieser kann bestätigt, geändert oder aufgehoben werden. 11

Wird der **erste Beschluss bestätigt**, so ist der Einspruch damit zurückgewiesen. Dies hat zum einen zur Folge, dass der Beschluss ausgeführt werden kann, zum anderen (so Abs. 2 S. 2), dass der **Antrag auf Aussetzung nicht wiederholt** werden kann, und zwar auch nicht von anderen Antragstellern. Das gilt entsprechend § 35 Abs. 2 S. 2 Hs. 2 BetrVG auch dann, wenn der erste Beschluss nur unerheblich geändert wird.[17] Wird der erste Beschluss dagegen **nicht nur unerheblich geändert**, ist ein **neuer Aussetzungsantrag** nicht ausgeschlossen. Von den bisherigen Antragstellern kann dieser aber nur gestellt werden, wenn sie durch den neuen Beschluss in einem noch nicht beanstandeten Punkt beschwert sind.[18] 12

8. Gemeinsame Angelegenheiten

Auch auf Beschlüsse in gemeinsamen Angelegenheiten von PR und **Richterrat** sowie von PR und **Staatsanwaltsrat** (vgl. dazu § 31 Rn. 3–6, 8, 15) ist § 37 anzuwenden. Dabei gelten die in den PR entsandten Mitglieder des Richter- bzw. des Staatsanwaltsrats als Vertreter einer (weiteren) Gruppe (§ 30 Abs. 3 LRiStAG). Daraus folgt, dass insoweit der **Mehrheit der entsandten Mitglieder des Richter- bzw. des Staatsanwaltsrats** das gleiche Einspruchsrecht zusteht wie der Mehrheit der Vertreter einer Gruppe des PR nach Abs. 1 S. 1. Ggf. gilt Abs. 1 S. 1 für die nach § 177 Abs. 1 S. 2 oder 3 SGB IX gebildete **Schwerbehindertenvertretung der Richter bzw. der Staatsanwälte** entsprechend (vgl. § 31 Rn. 7, 15). 13

§ 38 Niederschrift

(1) [1]Über jede Verhandlung des Personalrats ist eine Niederschrift aufzunehmen, die mindestens den Wortlaut der Beschlüsse und die Stimmenmehrheit, mit der sie gefasst sind, enthält. [2]Die Niederschrift ist vom Vorsitzenden und einem weiteren Mitglied zu unterzeichnen. [3]Der Niederschrift ist eine Anwesenheitsliste beizufügen, in die sich jeder Teilnehmer eigenhändig einzutragen hat.

---

16 Leuze-*Bieler*, § 37 Rn. 28; vgl. Altvater-*Kröll*, 42 Rn. 18; Lorenzen-*Ramm*, § 42 Rn. 35.

17 Str.; vgl. Altvater-*Kröll*, 42 Rn. 18 m. w. N.

18 Str.; vgl. Altvater-*Kröll*, a. a. O., m. w. N.

(2) [1]Haben der Leiter der Dienststelle, die von ihm beauftragte Person oder Beauftragte von Gewerkschaften an der Sitzung teilgenommen, so ist ihnen der entsprechende Teil der Niederschrift abschriftlich zuzuleiten. [2]Einwendungen gegen die Niederschrift sind unverzüglich schriftlich oder elektronisch zu erheben und der Niederschrift beizufügen.
(3) [1]Die Beauftragte für Chancengleichheit, die Schwerbehindertenvertretung, Mitglieder der Jugend- und Auszubildendenvertretung und Beauftragte von Stufenvertretungen und des Gesamtpersonalrats können in die Niederschrift über den Teil der Sitzung Einsicht nehmen, an dem sie teilgenommen haben. [2]Entsprechende Abschriften können gefertigt werden.

Vergleichbare Vorschriften:
§ 43 BPersVG; § 34 BetrVG

Inhaltsübersicht Rn.

1. Erfordernis und Mindestvoraussetzungen der Niederschrift

1 **(Abs. 1)** Nach Abs. 1 S. 1 ist über jede »Verhandlung« des PR eine Niederschrift zu fertigen, die v.a. dazu dient, die vom PR gefassten Beschlüsse zu dokumentieren. Die Regelung gilt für die nach § 30 einberufenen **Sitzungen des PR**, aber auch für Sitzungen seines **Vorstandes** (vgl. § 28 Rn. 11c), insbesondere hinsichtlich der Entscheidungen, die ihm nach § 36 übertragen sind, für Sitzungen des nach § 94 Abs. 1 gebildeten **VS-Ausschusses** (vgl. § 94 Rn. 3), für Sitzungen der vom PR eingesetzten **Ausschüsse des PR** nach § 35, insbesondere hinsichtlich der Aufgaben nach § 35 Abs. 1 und der Entscheidungen, die ihm nach § 35 Abs. 4 übertragen sind und für Sitzungen der **beratenden Ausschüsse** (vgl. § 35 Rn. 1 ff.), weil auch in diesen Sitzungen im Rahmen der Geschäftsführung oder zur Wahrnehmung von Beteiligungsrechten Beschlüsse gefasst werden können. Die Vorschrift gilt auch für **virtuelle Sitzungen mittels Video- oder Telefonkonferenz** (§ 34 Abs. 1a). Über sonstige Zusammenkünfte von PR-Mitgliedern und über die gemeinschaftlichen Besprechungen mit dem Leiter der Dienststelle nach § 68 Abs. 1 brauchen keine Niederschriften gefertigt zu werden.[1] Auch für Personalversammlungen besteht keine Protokollierungspflicht.[2]

1 H. M.; vgl. Leuze-*Flintrop*, § 38 Rn. 3, 4.
2 *NdsOVG* v. 18.3.92 – 17 L 31/90 –, PersR 93, 127.

Die Niederschrift ist über die **gesamte Verhandlung** anzufertigen. Aus ihr muss sich ergeben, welche Gegenstände behandelt worden sind; die Tagesordnungspunkte sind aufzunehmen. Der **Ort** sowie das **Datum** und die **Uhrzeit** von Beginn und Ende der Sitzung sind stets anzugeben. Zwingend vorgeschriebener Mindestinhalt sind der Wortlaut der **Beschlüsse** und die Stimmenmehrheit, mit der sie gefasst sind. Dazu gehört auch der Wortlaut abgelehnter Anträge. Der PR hat Anspruch, das PR-Mitglied, das Protokoll führen soll, auf eine entsprechende **Schulung** zu entsenden.[3] In allen Fällen, selbst in den Fällen der §§ 76 Abs. 9 und 82 Abs. 4, § 87 Abs. 3, muss der PR keinen Beschluss über die der Dienststelle mitzuteilenden Gründe fassen. Die Abfassung des entsprechenden Schreibens obliegt allein dem PR-Vorsitzenden. Die Wirksamkeit einer vom PR-Vorsitzenden mitgeteilten Erklärung ist nicht davon abhängig, dass dieser die Motivation des PR bei dessen Beschlussfassung in seiner Mitteilung zutreffend wiedergibt. Wird vom Gesetz wie z. B. in § 76 Abs. 9 oder in § 82 Abs. 5 verlangt, dass der PR seine Entscheidung begründet, sind auch die zugrunde gelegten Tatsachen und Gründe in das Protokoll aufzunehmen.[4] Ggf. ist auch anzugeben, dass es sich um den Beschluss der Vertreter einer Gruppe gehandelt hat. Zur Angabe der **Stimmenmehrheit** gehört die Zahl der Ja- und Nein-Stimmen und die Zahl der Stimmenthaltungen, damit für jeden einzelnen Tagesordnungspunkt belegt ist, wie viele PR-Mitglieder an der jeweiligen Abstimmung teilgenommen haben. Eine Protokollnotiz, wonach die Abstimmung »einstimmig« erfolgte, hat in den meisten Fällen keinen ausreichenden Nachweischarakter. **Erklärungen zu Protokoll** sind grundsätzlich zu vermerken. Eine Niederschrift ist auch dann zu fertigen, wenn nur Beratungen oder Verhandlungen stattgefunden haben. In diesem Fall ist zumindest die **Tagesordnung** wiederzugeben. Die Niederschrift ist **unverzüglich**, d. h. ohne schuldhaftes Zögern (§ 121 Abs. 1 S. 1 BGB), **anzufertigen**. Nach Abs. 1 S. 2 ist sie vom Vorsitzenden und einem weiteren Mitglied des PR (nicht notwendigerweise von dem vom PR bestellten Schriftführer) **zu unterzeichnen**. Der PR soll in der Geschäftsordnung (§ 39) u. a. festlegen können, dass ihm die Niederschrift in seiner nächsten Sitzung zur **Genehmigung** vorgelegt wird.[5] 2

---

3 *VGH BW* 13.9.19 – PB 15 S 985/19 –, PersV 20, 26 (Schulung zu Protokollführung anerkannt), bestätigt v. *BVerwG* v. 14.10.20 – 5 PB 23.19 –, juris.

4 Altvater-*Kröll*, § 43 Rn. 3; anders für das BetrVG: *BAG* v. 30.9.14 – 1 ABR 32/13 –, AiB 7–8/15, 59.

5 So *HessVGH* v. 15.3.78 – BPV TK 2/78 –, PersV 80, 468. Dies erscheint zweifelhaft, da die PR-Mitglieder, die in der nächsten PR-Sitzung anwesend sind, nicht mit denen identisch sein müssen, die an der vorangegangenen PR-Sitzung teilgenommen haben. Sie würden an einer Abstimmung teilnehmen, wozu sie keine eigene Wahrnehmung hatten. Im Übrigen ist persönliche Erinnerung immer individuell, was § 38 Abs. 2 S. 2 berücksichtigt; vgl. *Bartl*, AiB 9/18, 40.

3 Nach Abs. 1 S. 3 hat sich jeder Sitzungsteilnehmer eigenhändig (handschriftlich und identifizierbar) in eine **Anwesenheitsliste** einzutragen. Das gilt auch für Sachverständige und Auskunftspersonen.[6] Ist eine **virtuelle oder hybride Sitzung** mittels Video- oder Telefonkonferenz nach § 34 Abs. 1a zugelassen, hat der PR-Vorsitzende vor Beginn der Beratung die zugeschalteten PR-Mitglieder festzustellen und in die Anwesenheitsliste einzutragen (vgl. § 34 Rn. 1g). Bei Personen, die nur zeitweise an der Sitzung teilnehmen, muss auch die Zeit der Anwesenheit eingetragen werden. Die Anwesenheitsliste ist der Niederschrift als **Anlage** beizufügen.

2. Anspruch auf Abschrift

4 **(Abs. 2)** Haben der **Leiter der Dienststelle** oder die von ihm beauftragte Person nach § 30 Abs. 4 oder **Beauftragte von Gewerkschaften** nach § 32 Abs. 3 an der Sitzung des PR teilgenommen, so ist ihnen nach Abs. 2 S. 1 der entsprechende Teil der Niederschrift als **Abschrift** (oder als Abdruck oder Fotokopie) zuzuleiten. Die **anderen** Sitzungsteilnehmer haben keinen Anspruch auf Zuleitung einer Abschrift. Die Übermittlung an die PR-Mitglieder ist jedoch nicht ausgeschlossen. Einzelne **Beschäftigte** haben selbst dann keinen Anspruch auf eine Abschrift, wenn in der Sitzung ein Beschluss gefasst worden ist, der ihre Angelegenheiten betrifft.[7]

3. Anspruch auf Einsicht

5 Obwohl das Gesetz dies anders als § 34 Abs. 3 BetrVG nicht ausdrücklich bestimmt, haben die **PR-Mitglieder** ein unbeschränktes, jederzeitiges **Recht auf Einsicht** in die **Unterlagen des PR** und seines Vorstandes.[8] Hierzu gehören auch die Niederschriften über PR-Sitzungen, und zwar auch solche über frühere Sitzungen. Falls der PR keine andere Regelung getroffen hat, haben sie zwar keinen Anspruch auf Zuleitung von Abschriften.[9] Sie können sich aber nicht nur Notizen machen, sondern auch Abschriften oder Kopien anfertigen. Nach der auf das PersVR übertragbaren Rspr. des *BAG*[10] erstreckt sich das Einsichtsrecht der Betriebsratsmitglieder auf **sämtliche Aufzeichnungen und Materialien**, die der Betriebsrat angefertigt hat und die ständig zur Verfügung stehen. Es besteht unabhängig davon, ob die Aufzeichnungen **in Papierform** verkörpert oder **in Dateiform** elektronisch auf Datenträgern gespeichert sind,

---

6 Vgl. Altvater-*Kröll*, § 43 Rn. 6 m. w. N.; insoweit a. A. *Fischer/Goeres/Gronimus*, § 41 a. F. Rn. 20.

7 *BVerwG* v. 24. 10. 69 – VII P 9.68 –, PersV 70, 107.

8 Vgl. Altvater-*Kröll*, § 43 Rn. 11.

9 *BayVGH* v. 21. 11. 75 – Nr. 1 XII 74 –, ZBR 76, 373 Ls.

10 Beschl. v. 12. 8. 09 – 7 ABR 15/08 –, AP Nr. 2 zu § 34 BetrVG 1972.

und umfasst auch das **elektronische Leserecht** der Dateien und der E-Mail-Korrespondenz des PR (zum Datenschutz vgl. § 67 Rn. 15 ff.).

Ersatzmitglieder haben in jedem Fall ein Einsichtsrecht in die Niederschriften der Sitzungen, an denen sie teilgenommen haben. Darüber hinaus dürfen sie Niederschriften anderer Sitzungen einsehen, soweit dies zur Vorbereitung auf eine Sitzung erforderlich ist, an der sie teilnehmen sollen.[11] Das Einsichtsrecht der Beauftragten für Chancengleichheit, der Schwerbehindertenvertretung, der Mitglieder der JAV sowie der Beauftragten der Stufenvertretungen und des GPR ist in Abs. 3 geregelt (Rn. 9). **Sonstige Sitzungsteilnehmer**, die mit (mindestens) beratender Stimme teilgenommen haben, haben nur ein Einsichtsrecht in Niederschriften solcher Sitzungen, an denen sie teilgenommen haben. Waren sie dabei nur zeitweise anwesend, ist ihr Einsichtsrecht auf den entsprechenden Teil der Niederschrift beschränkt. Dienststellenleiter und Gewerkschaftsbeauftragte haben zusätzlich zu ihrem Anspruch auf Zuleitung einer Abschrift kein Einsichtsrecht. Sachverständigen und Auskunftspersonen ist ebenfalls kein Einsichtsrecht eingeräumt. Das gilt auch für **Beschäftigte**, deren Angelegenheiten in der Sitzung behandelt worden sind (vgl. Rn. 4). 5a

4. Einwendungen gegen die Niederschrift

Nach Abs. 2 S. 2 sind **Einwendungen** gegen die Niederschrift unverzüglich, also ohne schuldhaftes Zögern, schriftlich oder elektronisch (z. B. per E-Mail), zu erheben und der Niederschrift beizufügen. Das Recht zur Erhebung von Einwendungen steht allen Personen zu, die mit (mindestens) beratender Stimme an der Sitzung teilgenommen haben.[12] Einwendungen können gegen die Richtigkeit, Vollständigkeit oder Ordnungsmäßigkeit der Niederschrift sowie der Anwesenheitsliste erhoben werden. Einwendungen sind Gegendarstellungen, nicht aber Gegenprotokolle. Sie sind dem PR-Vorsitzenden schriftlich oder elektronisch zu übermitteln. Dieser hat sie der Niederschrift auch dann beizufügen, wenn er oder der PR sie für unzutreffend hält.[13] Wird dem PR die Niederschrift zur Genehmigung vorgelegt (vgl. Rn. 2), können dabei auch mündlich vorgebrachte Einwendungen berücksichtigt werden. Gibt der PR den Einwendungen nicht statt, sind sie ebenfalls der Niederschrift beizufügen. 6

Die Niederschrift kann vom Vorsitzenden und dem PR-Mitglied, das sie mit unterzeichnet hat, **berichtigt** werden. Das hat so zu geschehen, dass die Vornahme der Berichtigung erkennbar bleibt. Eine vom PR genehmigte Niederschrift darf nur mit seiner Zustimmung berichtigt werden. Falls ein 7

11 Vgl. Altvater-*Kröll*, § 43 Rn. 13; a. A. *Fischer/Goeres/Gronimus*, § 41 a. F. Rn. 33.

12 Vgl. Altvater-*Kröll*, § 43 Rn. 15.

13 *HessVGH* v. 15. 3. 78 – BPV TK 2/78 –, PersV 80, 468.

Teil einer Niederschrift berichtigt wird, die dem Dienststellenleiter oder Gewerkschaftsbeauftragten abschriftlich zugeleitet worden ist, sind diese über die Berichtigung zu informieren.

5. Rechtliche Bedeutung der Niederschrift

8 Die Niederschrift ist **keine Wirksamkeitsvoraussetzung** für die Rechtsgültigkeit der in der Sitzung gefassten Beschlüsse. Sie erleichtert jedoch die **Beweisbarkeit** der Beschlussfassung.[14] Ihr Original ist als Bestandteil der Akten des PR **aufzubewahren**, solange ihr Inhalt von rechtlicher Bedeutung ist.[15] Nach § 67 Abs. 4 sind **personenbezogene Daten** spätestens am Ende des achten Jahres ab der Speicherung zu löschen (vgl. § 67 Rn. 24).

6. Einsichtsrechte weiterer Teilnehmer

9 **(Abs. 3)** Nach Abs. 3 können **die Beauftragte für Chancengleichheit, die Schwerbehindertenvertretung, Mitglieder der JAV und Beauftragte von Stufenvertretungen, sowie Beauftragte des GPR** in die Niederschrift über den Teil der Sitzung Einsicht nehmen, an dem sie teilgenommen haben. Entsprechende Abschriften können generell oder auf jeweiligen Wunsch gefertigt werden.[16] Eine entsprechende Regelung dazu kann in der Geschäftsordnung festgelegt werden.

§ 39 Geschäftsordnung

(1) Sonstige Bestimmungen über die Geschäftsführung können in einer Geschäftsordnung getroffen werden, die der Personalrat mit der Mehrheit der Stimmen seiner Mitglieder und in jeder Gruppe mit der Mehrheit der Stimmen der jeweiligen Gruppenmitglieder beschließt.
(2) [1]Hat der Personalrat mindestens fünf Mitglieder, so soll er sicherstellen, dass er an den regelmäßigen Arbeitstagen der für Personalratsbeteiligungen zuständigen Verwaltung der Dienststelle, bei der er eingerichtet ist, für die Einleitung förmlicher Beteiligungsverfahren erreichbar ist. [2]Andere Personalräte sollen die Dienststelle rechtzeitig vorher unterrichten, wenn absehbar ist, dass der Personalrat für mehrere zusammenhängende Arbeitstage nicht erreichbar ist. [3]Personalrat und Dienststelle können für die Dauer der Amtszeit des Personalrats abweichende Vereinbarungen für die Erreichbarkeit treffen.

---

14 Vgl. Altvater-*Kröll*, § 43 Rn. 17 m. w. N.; *BAG* v. 30. 9. 14 – 1 ABR 32/13.

15 *BAG* v. 30. 9. 14 – 1 ABR 32/13.

16 Siehe LT-Dr. 15/4224, S. 107 [zu § 42]: Schriftliche Auszüge sollen zulässig sein, aber nicht die Regel darstellen.

(3) Die Geschäftsordnung und Änderungen der Geschäftsordnung sind der Dienststelle zur Kenntnis zugeben.

Vergleichbare Vorschriften:
§ 44 BPersVG; § 36 BetrVG

Inhaltsübersicht Rn.

1. Beschluss über eine Geschäftsordnung

1 **(Abs. 1)** Die Vorschrift gibt dem PR die Befugnis, eine Geschäftsordnung zu beschließen und darin »**sonstige Bestimmungen über die Geschäftsführung**« zu treffen.[1] Damit sind Bestimmungen gemeint, die die Regelungen der §§ 28 bis 42 ergänzen. In der Geschäftsordnung dürfen aber auch gesetzliche Bestimmungen wiederholt werden. Dies kann sinnvoll sein, weil eine Zusammenfassung der für die Geschäftsführung geltenden Regelungen deren Handhabung erleichtert. Soweit die gesetzlichen Vorschriften, was weitgehend der Fall ist, zwingendes Recht enthalten, darf davon auch in der Geschäftsordnung nicht abgewichen werden.[2] Regelungen, die der PR nur im Einvernehmen mit dem Dienststellenleiter treffen kann (vgl. z.B. § 35 Abs. 5 S. 3, § 39 Abs. 2 S. 3, § 57 Abs. 4, § 76 Abs. 6), können nicht in der Geschäftsordnung festgelegt werden. Sie können aber ebenso wie die Wiederholung gesetzlicher Regelungen in der Geschäftsordnung zur Orientierung für die PR-Mitglieder wiedergegeben werden.

2 Ob der PR eine Geschäftsordnung beschließt und wie detailliert er sie ggf. ausgestaltet, liegt in seinem **Ermessen**. Für den Beschluss ist die Mehrheit der Stimmen aller seiner Mitglieder erforderlich. Zur Sicherstellung des Minderheitenschutzes von Gruppen ist nach der Neuregelung des Abs. 1 darüber hinaus erforderlich, dass zusätzlich in den Gruppen die Mehrheit der Gruppenangehörigen die Geschäftsordnung beschließt. Gegen die Auffassung auch einer kleinen Gruppe können Geschäftsführungsregelungen nicht herbeigeführt werden.[3] Kommen die erforderlichen Mehrheiten nicht zustande, bleibt es bei den gesetzlichen Regelungen. Das bedeutet im Übrigen, dass Regelungen nach §§ 34 Abs. 3 S. 2, 35 Abs. 1 u. 3, Abs. 4, 36 Abs. 1 und 73 Abs. 2 nicht gegen den Willen der Mehrheit einer Gruppe beschlossen werden können. Für diese **absoluten Mehrheiten** kommt es nicht

1 Vgl. allgemein: *Steiner*, PersV 17, 164; zu inhaltlichen Regelungen: *Thannheiser*, PersR 1/21, 21.

2 *BVerwG* v. 7.11.69 – VII P 3.69 –, PersV 71, 15.

3 LT-Dr. 15/4224, S. 107 [zu § 43].

darauf an, wie viele Mitglieder der PR und die Gruppen nach § 10 Abs. 3 und 4, § 11 Abs. 2 haben müssten (Sollstärke), sondern darauf, wie viele Mitglieder er zur Zeit der Beschlussfassung tatsächlich hat (Iststärke).

3 Anders als § 36 BetrVG sieht das LPVG zwar nicht ausdrücklich eine schriftliche Geschäftsordnung vor. Die **Schriftform** ist aber schon deshalb unerlässlich, weil der Beschluss sowohl nach § 38 Abs. 1 S. 1 im Wortlaut in die Sitzungsniederschrift aufzunehmen ist (ggf. durch Verweis auf eine der Niederschrift beigefügte Anlage), als auch nach Abs. 3 der Dienststelle zur Kenntnis zu geben ist. Die Geschäftsordnung bedarf zu ihrem Inkrafttreten keiner **Bekanntmachung**. Die Mitglieder des PR haben jedoch Anspruch auf Aushändigung einer Kopie.[4]

4 Die Geschäftsordnung ist statutarisches Recht.[5] Sie **bindet** die einzelnen PR-Mitglieder, insb. den Vorsitzenden und den Vorstand, nicht aber den PR in seiner Gesamtheit. Dieser kann die Geschäftsordnung jederzeit – mit absoluter Mehrheit – **ändern** oder **aufheben** oder durch eine neue Geschäftsordnung unter Beachtung der Mehrheitsentscheidungen der Gruppen ersetzen. Er ist auch – wiederum mit absoluter Mehrheit – befugt, im Einzelfall von ihr **abzuweichen**.[6] Die Geschäftsordnung gilt **für die Dauer der Amtszeit** des PR.[7] Der nachfolgende PR kann sie aber durch ausdrücklichen Beschluss unverändert (oder modifiziert) übernehmen.

2. Erreichbarkeit des Personalrats

5 **(Abs. 2)** Nach Abs. 2[8] soll der PR, wenn er aus mindestens fünf Mitgliedern besteht, sicherstellen, dass er an den regelmäßigen Arbeitstagen der für Personalratsbeteiligungen zuständigen Verwaltung der Dienststelle, bei der er eingerichtet ist, für die Einleitung förmlicher Beteiligungsverfahren erreichbar ist. Die **Pflicht zur ständigen Erreichbarkeit** besteht danach für **PR ab fünf Mitgliedern**. Bei der regelmäßigen Erreichbarkeit ist auf die **Funktionszeiten der Verwaltung**, die sich üblicherweise mit den **personalratsrelevanten Angelegenheiten befasst**, abzustellen, hingegen nicht auf die Gesamtarbeitszeit der Dienststelle, etwa in Dienststellen des Justizvollzugs und der Polizei, Versorgungsbetrieben oder Krankenhäusern, die rund um die Uhr und an Wochenenden und Feiertagen einsatzbereit sind.[9]

6 Die Vorschrift ist als **Sollregelung** ausgestaltet, weil unabhängig von der grundsätzlichen Verpflichtung zu Erreichbarkeit Verhältnisse eintreten kön-

---

4 Vgl. *ArbG München* v. 12.4.89 – 26b BV 42/89 –, AiB 89, 351 Ls.
5 *BVerwG* v. 7.11.69, a.a.O.
6 H.M.; vgl. Altvater-*Kröll*, § 44 Rn. 8; a.A. Leuze-*Flintrop*, § 39 Rn. 7.
7 Vgl. Altvater-*Kröll*, § 44 Rn. 9; Rooschüz-*Abel*, § 39 Rn. 7.
8 LT-Dr. 15/4224, S. 108 [zu § 43]; zur Kritik des DGB S. 264.
9 LT-Dr. 15/4224, S. 108 [zu § 43].

nen, welche die Erreichbarkeit des PR unvorhergesehen ausschließen, bspw. bei dringender dienstlicher Abwesenheit oder in Krankheitsfällen.[10]

Nach S. 2 besteht bei **PR mit weniger als fünf Mitgliedern** keine Pflicht, ständig erreichbar zu sein. Sie sollen die Dienststelle stattdessen **rechtzeitig vorher unterrichten**, wenn absehbar ist, dass der PR für **mehrere zusammenhängende Arbeitstage** nicht erreichbar ist. Das Gesetz hat offen gelassen, wie viele Tage vor Nichterreichbarkeit der PR die Abmeldung vornehmen muss und ab wieviel Tagen der Nichterreichbarkeit er zur Abwesenheitsmeldung verpflichtet ist. Die Pflicht kann frühestens entstehen, wenn der PR zumindest zwei Arbeitstage nicht erreichbar ist. Wenn der PR für eine gewisse Dauer nicht erreichbar ist, sollte er das der Dienststelle mitteilen, sobald es ihm bekannt geworden ist. Die Pflicht obliegt dem Vorsitzenden des PR bzw. dem Stellvertreter im Falle seiner Verhinderung. Die Verletzung der Pflicht zur ständigen Erreichbarkeit oder zur Abwesenheitsmeldung führt nicht dazu, dass Mitbestimmungs-, Mitwirkungs- oder Anhörungsrechte des PR entfallen oder in der Zeit der Nichterreichbarkeit keine Fristen zu laufen beginnen. Insbesondere für den Beginn einer Frist zur Stellungnahme des PR z. B. nach § 76 Abs. 6 kommt es nämlich nicht auf die Kenntnis des Vorsitzenden an, sondern auf den Zeitpunkt des Zugangs des Antrags beim PR. Schriftliche Mitteilungen sind zugegangen, wenn unter normalen Umständen mit der Kenntnisnahme des PR gerechnet werden kann.[11] Der PR ist also im eigenen Interesse gehalten, seine Nichterreichbarkeit der Dienststelle mitzuteilen. Bei ständiger grober Verletzung der Pflicht zur Erreichbarkeit für mündliche Zustimmungsanträge kann ggf. ein Antrag der Dienststelle nach § 24 in Betracht kommen. 7

Nach S. 3 können PR und Dienststelle für die Dauer der Amtszeit des PR **abweichende Vereinbarungen** für die Erreichbarkeit treffen. Insoweit können z. B. in Form einer Regelungsabrede, Vereinbarungen getroffen werden, wonach Zeiten der Nichterreichbarkeit für unschädlich angesehen werden und die Bedingungen, unter denen eine Mitteilung der Nichterreichbarkeit zu erfolgen hat, geregelt werden. 8

3. Mitteilung der Geschäftsordnung an die Dienststelle

(Abs. 3) Der PR ist verpflichtet, die **Geschäftsordnung** und **Änderungen** der Geschäftsordnung der **Dienststelle zur Kenntnis** zu geben. Die Dienststelle wird dadurch in die Lage versetzt, sich auf die Arbeitsstrukturen des PR einstellen zu können.[12] 9

10 LT-Dr. 15/4224, S. 108 [zu § 43].

11 Altvater-*Lenders*, § 70 Rn. 32 m. w. N.

12 LT-Dr. 15/4224, S. 108 [zu § 43].

§ 40 Sprechstunden

(1) [1]Der Personalrat kann Sprechstunden während der Arbeitszeit einrichten. [2]Zeit und Ort bestimmt er im Einvernehmen mit dem Leiter der Dienststelle.
(2) [1]Versäumnis von Arbeitszeit wegen des Aufsuchens der Sprechstunde des Personalrats oder sonstiger Inanspruchnahme des Personalrats hat keine Minderung der Besoldung oder des Arbeitsentgelts zur Folge. [2]Soweit der Besuch der Sprechstunde aus dienstlichen Gründen außerhalb der Arbeitszeit stattfinden muss, ist Beschäftigten Dienstbefreiung in entsprechendem Umfang zu gewähren. [3]Reisekosten, die durch den Besuch der Sprechstunde entstehen, werden in entsprechender Anwendung des Landesreisekostengesetzes erstattet.

Vergleichbare Vorschriften:
§ 45 BPersVG; § 39 BetrVG

Inhaltsübersicht Rn.

1. Einrichtung der Sprechstunde

1 **(Abs. 1)** Die Vorschrift bietet dem PR unabhängig von der Größe der Dienststelle die Möglichkeit, Sprechstunden während der Arbeitszeit einzurichten. Sie dienen der **Kommunikation** zwischen dem PR und den von ihm repräsentierten Beschäftigten.[1] Über die **Einrichtung** von Sprechstunden entscheidet der PR durch **Beschluss**. Die Entscheidung darüber liegt in seinem pflichtgemäßen **Ermessen** und bedarf keiner Zustimmung des Leiters der Dienststelle. Die alleinige Entscheidungsbefugnis des PR erstreckt sich auch darauf, die Sprechstunden **während der Arbeitszeit** einzurichten. Der PR ist aber auch berechtigt, Sprechstunden **außerhalb der Arbeitszeit** abzuhalten.

2 **Zeit und Ort** der während der Arbeitszeit einzurichtenden Sprechstunden bestimmt der PR im **Einvernehmen mit dem Dienststellenleiter**, also mit dessen Zustimmung. Damit soll sichergestellt werden, dass dienstliche Erfordernisse nicht unberücksichtigt bleiben. Unter **Zeit** sind der Zeitpunkt (Tag und Uhrzeit) und die Häufigkeit der Sprechstunden zu verstehen.[2] Bei der Frage, wann und wo die Sprechstunde abzuhalten ist, ist das Gebot der Sparsamkeit und Wirtschaftlichkeit zu beachten, jedenfalls dann, wenn

1 Vgl. *BVerwG* v. 12.12.05 – 6 P 7.05 –, PersR 06, 122.
2 Vgl. hierzu und zum Folgenden Altvater-*Kröll*, § 45 Rn. 3 f.

es um die Einrichtung zusätzlicher Sprechstunden geht.[3] Über die **Dauer** entscheidet allein der PR unter Berücksichtigung der Erforderlichkeit und Verhältnismäßigkeit.[4] Mit dem **Ort** ist in erster Linie der Raum gemeint, in dem die Sprechstunden abgehalten werden. Dazu gehört in räumlich verzweigten Dienststellen aber auch die Frage, an welchen Stellen (zusätzlich zur Zentrale auch in entfernt liegenden Untergliederungen) die Sprechstunden durchgeführt werden. Eine Ablehnung durch den Dienststellenleiter ist mit einem eigenen Vorschlag zu Zeit und Ort der Sprechstunde zu versehen.[5] Bei Nichteinigung kann die Sache der übergeordneten Dienststelle mit der Bitte um Vermittlung vorgelegt werden. Unabhängig davon hat der PR die Möglichkeit, den Streit vor dem Verwaltungsgericht klären zu lassen.[6]

2. Durchführung der Sprechstunden

Die **Durchführung** der eingerichteten Sprechstunden gehört nicht zu den vom Vorstand zu führenden laufenden Geschäften, sondern ist eine **Aufgabe des PR**.[7] Soweit dazu in der Geschäftsordnung nichts Näheres geregelt ist (vgl. § 39 Rn. 1), entscheidet der PR durch gesonderten Beschluss. Er hat insbesondere festzulegen, welches oder **welche seiner Mitglieder** die Sprechstunden abhalten. Dabei kommt es auf Sachkunde und Beratungskompetenz, nicht aber auf die Gruppenzugehörigkeit an.[8] Der PR kann, wenn dies sachdienlich erscheint, im Einzelfall auch Beauftragte der in der Dienststelle vertretenen **Gewerkschaften** zur Sprechstunde hinzuziehen.[9] Das ergibt sich aus der in § 2 Abs. 1 normierten allgemeinen Unterstützungsfunktion dieser Gewerkschaften (vgl. § 2 Rn. 8 f.).[10] Führt die **JAV** keine eigenen Sprechstunden durch (vgl. § 63 Rn. 14 f.), kann eines ihrer Mitglieder an der Sprechstunde des PR teilnehmen, soweit diese von jugendlichen oder auszubildenden Beschäftigten i. S. d. § 59 aufgesucht wird. Entsprechendes gilt hinsichtlich der **Vertrauensperson der schwerbehinderten Menschen**, wenn die Schwerbehindertenvertretung keine eigenen Sprechstunden eingerichtet hat. 3

3 Altvater-*Kröll*, § 45 Rn. 4; *VG Frankfurt a. M* v. 28.3.11 – 23 K 386/11. F.PV –, PersR 12, 133, bestätigt durch *HessVGH* v. 28.8.12 – 22A 1037/11.PV –, Mitbestimmung 2012, Nr. 9, 8.

4 So zu § 39 BetrVG: DKW-*Wedde*, Rn. 11 m. w. N., anders 2. Aufl., Rn. 2 unter Hinweis auf Altvater-*Kröll*, § 43 a. F. Rn. 3 f.

5 Vgl. *Fischer/Goeres/Gonimus/Lechtermann*, § 43 a. F. Rn. 20.

6 Altvater-*Kröll*, § 45 Rn. 4 f.

7 Str.; vgl. Altvater-*Kröll*, § 45 Rn. 5 m. w. N.

8 Str.; vgl. Altvater-*Kröll*, § 45 Rn. 5; a. A. insb. Leuze-*Flintrop*, § 40 Rn. 6; jew. m. w. N.

9 Str.; vgl. Altvater-*Kröll*, § 45 Rn. 6; a. A. insb. Leuze-*Flintrop*, a. a. O.

10 Vgl. *BAG* v. 17.1.89 – 1 AZR 805/87 –, PersR 89, 138; *Fitting*, § 39 Rn. 9.

4 **Gegenstand** der Sprechstunden können alle Angelegenheiten sein, auf die sich die Aufgaben des PR zur Vertretung der Interessen der Beschäftigten beziehen. Im Hinblick auf die allgemeinen Überwachungsaufgaben des PR nach § 69 Abs. 1 S. 1 und § 70 Abs. 1 Nr. 2 gehört dazu auch die **Erörterung von Rechtsfragen**, welche die Beschäftigungsverhältnisse der die Sprechstunde aufsuchenden Beschäftigten betreffen. Das ergibt sich aus § 2 Abs. 3 Nr. 3 des Gesetzes über außergerichtliche Rechtsdienstleistungen (Rechtsdienstleistungsgesetz – RDG v. 12.12.07[11]). Zu einer **rechtlichen Hilfestellung** (die nicht in der gerichtlichen oder verwaltungsförmlichen Rechtsdurchsetzung besteht) ist der PR auch dann befugt, wenn es an einer konkreten beteiligungsbedürftigen Maßnahme der Dienststelle fehlt. Soweit das *BVerwG* im Beschl. v. 18.8.03[12] zur Zulässigkeit einer »akzessorischen Rechtsberatung« eine engere Ansicht vertreten hat, ist diese seit der Ablösung des RBerG durch das RDG überholt (vgl. auch § 70 Rn. 14).

5 Die Beschäftigten der Dienststelle sind berechtigt, die Sprechstunden des PR **während ihrer Arbeitszeit aufzusuchen**, ohne dass es dafür einer Dienstbefreiung bedarf. Sie müssen sich allerdings rechtzeitig vorher bei ihrem unmittelbaren Vorgesetzten unter Angabe des Beginns und der voraussichtlichen Dauer ihrer Abwesenheit – nicht jedoch des Grundes für den Besuch – **abmelden** und nach ihrer Rückkehr wieder zurückmelden. Der Dienststellenleiter ist verpflichtet, dem einzelnen Beschäftigten **Gelegenheit zu geben**, die Sprechstunden des PR aufzusuchen.[13] Dazu hat er den ihm unterstellten Vorgesetzten die erforderlichen Anweisungen zu erteilen. Der Dienststellenleiter (oder der Vorgesetzte) kann allerdings die **Verschiebung** des Besuchs der Sprechstunde verlangen, wenn dies wegen **unaufschiebbarer dienstlicher Erfordernisse** geboten ist.[14] Untersagt der Dienststellenleiter (oder der Vorgesetzte) das Verlassen des Arbeitsplatzes, ohne dafür einen triftigen Grund zu haben, kann der betroffene Beschäftigte die Sprechstunde trotzdem aufsuchen.[15] Eine Behinderung wäre auch der Versuch des Dienststellenleiters, die Teilnahme an der Sprechstunde zu überwachen, registrieren zu lassen oder dazu aufzurufen, die Sprechstunde nicht in Anspruch zu nehmen.[16] Will der PR einzelne Beschäftigte in die Sprechstunde **einladen**, so muss er sich nach der Rspr. des *BVerwG* zuvor **mit dem Dienststellenleiter abstimmen**.[17]

---

11 BGBl. I S. 2840, zuletzt geändert durch Gesetz v. 10.8.21 (BGBl. I S. 3415) m. W. v. 1.10.2021.

12 6 P 2.03 –, PersR 03, 498.

13 *BVerwG* v. 12.12.05 – 6 P 7.05 –, PersR 06, 122.

14 *BVerwG* v. 12.12.05, a.a.O.

15 Umstritten; vgl. Altvater-*Kröll*, § 45 Rn. 10; vorsichtig unterstützend: Rooschüz-*Abel*, § 40 Rn. 7.

16 Vgl. *Welkoborsky u.a.*, § 39 Rn. 2.

17 Beschl. v. 12.12.05, a.a.O.; näher dazu Altvater-*Kröll*, § 45 Rn. 12.

6 Die Einrichtung von Sprechstunden schließt Kontakte zwischen PR und einzelnen Beschäftigten zu anderen Zeiten und an anderer Stelle nicht aus. Kann z.B. ein Beschäftigter die Sprechstunde wegen Krankheit nicht aufsuchen, ist der PR berechtigt, eines seiner Mitglieder zu einem **Besuch im Krankenhaus** oder im Hause des Beschäftigten zu entsenden, wenn dieser den Besuch ausdrücklich wünscht und dafür ein konkreter, im Aufgabenbereich des PR liegender Anlass besteht.[18] Falls erforderlich, können die Beschäftigten den **PR außerhalb der Sprechstunden aufsuchen**, ohne dass der Dienststellenleiter dies verbieten darf.[19] Hinzu kommt die in § 71 Abs. 6 geregelte Möglichkeit des PR, **Beschäftigte an ihrem Arbeitsplatz aufzusuchen** (vgl. § 71 Rn. 32).

7 Nach Maßgabe des § 41 Abs. 1 und 2 trägt die Dienststelle die notwendigen **Kosten**, die durch die Einrichtung und Abhaltung der Sprechstunden entstehen.[20]

3. Zeitausgleich und Sachaufwand

8 **(Abs. 2)** Abs. 2 stellt klar, dass das Recht der Beschäftigten zum Aufsuchen der Sprechstunden des PR ohne Verlust von Arbeitszeit sowie Besoldung oder Arbeitsentgelt erfolgt.[21] S. 1 anerkennt ausdrücklich, dass Arbeitszeitversäumnisse, die zum Aufsuchen der Sprechstunde – oder aufgrund **sonstiger Inanspruchnahme** des PR – erforderlich sind, keine Minderung der Besoldung oder des Arbeitsentgelts zur Folge haben. Mit S. 2 werden eventuell bestehende Hemmschwellen, z.B. für Teilzeitbeschäftigte oder Beschäftigte in Außenstellen ohne eigene Personalvertretung, abgebaut.[22] Damit ist gesetzlich klargelegt, dass sowohl Teilzeitbeschäftigte als auch Beschäftigte in Schichtdiensten Sprechstunden aufsuchen können, wenn diese außerhalb ihrer persönlichen Arbeitszeit liegen. Zum Ausgleich erhalten sie für den damit verbundenen Zeitaufwand **Dienstbefreiung** und **Reisekostenerstattung** (S. 2 Hs. 2). Sind in räumlich verzweigten Dienststellen keine auswärtigen Sprechstunden eingerichtet, sind Beschäftigten aus den Außenstellen die durch den Besuch entstehenden **Reisekosten** ebenfalls zu erstatten. Das gilt bei Telebeschäftigten und anderen auswärtigen Beschäftigten auch für die Wegezeiten.

---

18 *BVerwG* v. 24.10.69 – VII P 14.68 –, PersV 70, 131.

19 Vgl. *BAG* v. 23.6.83 – 6 ABR 65/80 –, AP Nr. 45 zu § 37 BetrVG 1972; Altvater-*Kröll*, § 45 Rn. 31 m.w.N.

20 Vgl. Altvater-*Kröll*, § 45 Rn. 32.

21 LT-Dr. 15/4224, S. 109 [zu § 44]; vgl. § 39 Abs. 2 LPVG NRW: dazu näher *Welkoborsky u.a.*, § 39 Rn. 4.

22 LT-Dr. 15/4224, S. 109 [zu § 44].

§ 41 Kosten

(1) [1]Die durch die Tätigkeit des Personalrats entstehenden notwendigen Kosten trägt die Dienststelle. [2]Mitglieder des Personalrats erhalten bei Reisen, die zur Erfüllung ihrer Aufgaben notwendig sind, Reisekostenvergütungen nach dem Landesreisekostengesetz.
(2) Für die Sitzungen, die Sprechstunden und die laufende Geschäftsführung hat die Dienststelle in erforderlichem Umfang Räume, Geschäftsbedarf, die üblicherweise in der Dienststelle genutzte Informations- und Kommunikationstechnik und Büropersonal zur Verfügung zu stellen.
(3) [1]Dem Personalrat werden in allen Dienststellen geeignete Plätze für Bekanntmachungen und Anschläge zur Verfügung gestellt und er kann erforderliche schriftliche Mitteilungen an die Beschäftigten verteilen. [2]Er kann die Beschäftigten auch über die üblicherweise in der Dienststelle genutzten Informations- und Kommunikationseinrichtungen unterrichten. [3]Die Kosten für erforderliche Informationsmedien des Personalrats trägt die Dienststelle.

Vergleichbare Vorschriften:
§§ 46–48 BPersVG; § 40 BetrVG

Inhaltsübersicht Rn.

1. Vorbemerkungen

1 § 41 bestimmt in **Abs. 1 S. 1**, dass die Dienststelle die durch die Tätigkeit des PR entstehenden Kosten trägt. Er konkretisiert diese Festlegung durch die Vorschriften in **Abs. 1 S. 2** hinsichtlich der Kosten notwendiger

Reisen von PR-Mitgliedern, in **Abs. 2** hinsichtlich des erforderlichen Sachaufwandes und Büropersonals und in **Abs. 3** hinsichtlich geeigneter Plätze für Bekanntmachungen und Anschläge sowie erforderlicher Informationsmittel des PR.

2. Kosten der Personalratstätigkeit

(Abs. 1) Nach der **Grundnorm des Abs. 1 S. 1** hängt die Kostentragung durch die Dienststelle von zwei Voraussetzungen ab: Zum einen muss es sich um Kosten handeln, die durch die **Tätigkeit des PR** entstehen (vgl. Rn. 3), zum anderen müssen die entstehenden **Kosten notwendig** sein (vgl. Rn. 4). Darüber hinaus verlangt die Rspr. unter Berufung auf den von ihr entwickelten Grundsatz der Verhältnismäßigkeit, dass die Kosten **angemessen** sein müssen (vgl. Rn. 4), und lässt es u. U. zu, dass die Tragung notwendiger und angemessener Kosten mit der Begründung, die **Haushaltsmittel** seien erschöpft, abgelehnt werden kann (vgl. Rn. 7 f.). 2

a) Notwendige Kosten der PR-Tätigkeit

Tätigkeit des PR i. S. d. Abs. 1 S. 1 ist nur diejenige, die zum **gesetzlichen Aufgabenkreis** des PR gehört, also eine Tätigkeit, mit der er seine Rechte wahrnimmt und seine Pflichten erfüllt.[1] Dies ist allein nach **objektiven Gesichtspunkten** festzustellen; ein Ermessen steht dem PR dabei nicht zu.[2] Insoweit gilt das Gleiche wie im Falle des § 43 Abs. 2 S. 1 (vgl. § 43 Rn. 3).[3] 3

Ob die durch eine Tätigkeit des PR entstehenden **Kosten notwendig** sind, ist nicht im Rückblick von einem rein objektiven Standpunkt aus zu beurteilen, sondern es reicht aus, wenn der PR die Kosten im Zeitpunkt der Verursachung bei Würdigung der Umstände nach **pflichtgemäßer Beurteilung** der Sachlage für notwendig halten durfte.[4] Zu beachten hat er dabei nach der Rspr. des *BVerwG* das Gebot der **sparsamen Verwendung öffentlicher Mittel** (vgl. § 6 HGrG, § 7 LHO)[5] und den Grundsatz der **Verhältnismäßigkeit**, nach dem die anfallenden Kosten in einem angemessenen Verhältnis 4

1 *BVerwG* v. 18.6.91 – 6 P 3.90 –, PersR 91, 341 m. w. N.; bestätigt durch *BVerwG* v. 15.4.08 – 6 PB 3.08 –, PersR 08, 448.

2 *BVerwG* v. 18.6.91, a. a. O.

3 Näher dazu Altvater-*Noll*, § 46 Rn. 6 ff.

4 *BVerwG* v. 22.6.62 – VII P 8.61 –, PersV 62, 180, v. 18.6.91, a. a. O., v. 15.4.08, a. a. O., u. v. 24.2.16 – 5 P 2.15.

5 Speziell im Hinblick auf die Einigungsstelle *BVerwG* v. 24.2.16 – 5 P 2.15; v. 25.10.16 – 5 P 7.15 u. 5 P 8.15.

zu dem erstrebten und möglichen Nutzen stehen müssen.[6] Der Maßstab der Verhältnismäßigkeit, gegen den wegen seiner Unbestimmtheit Bedenken bestehen, darf aber nicht dazu verwandt werden, die Kostentragungspflicht der Dienststelle und damit auch die Aktivitäten des PR auf ein unteres Niveau festzuschreiben und die PR-Tätigkeit zu reglementieren. Um dies zu vermeiden, sind bei der vom PR vorzunehmenden Beurteilung noch **weitere Abwägungsgesichtspunkte** zu berücksichtigen: die Ausübung der PR-Tätigkeit als unentgeltliches Ehrenamt nach § 43 Abs. 1, der Grundsatz der vertrauensvollen, partnerschaftlichen Zusammenarbeit nach § 2 Abs. 1 sowie das Benachteiligungsverbot nach § 6 Abs. 1.[7] In dem vom Gesetz vorgegebenen Rahmen steht dem PR ein **Beurteilungsspielraum** zu.[8]

5 Der PR hat selbstständig und **eigenverantwortlich** darüber zu bestimmen, wie er seine Geschäfte führt und die ihm obliegenden Aufgaben wahrnimmt (vgl. § 1 Rn. 25). Es ist deshalb allein seine Sache, über die Notwendigkeit der durch seine Tätigkeit entstehenden Aufwendungen zu entscheiden.[9] Er hat dabei eine den materiellen Vorgaben entsprechende **Abwägungsentscheidung** zu treffen. Ohne eine solche gebotene Abwägungsentscheidung fehlt es nach Ansicht des *BVerwG* an einer wesentlichen Voraussetzung für die Kostentragungspflicht.[10] Obwohl er dazu keiner Zustimmung des Dienststellenleiters bedarf, ist er aufgrund des Gebots der partnerschaftlich **vertrauensvollen Zusammenarbeit** nach § 2 Abs. 1 (vgl. § 2 Rn. 4) jedoch zu einer Absprache mit dem Dienststellenleiter verpflichtet, bevor er außergewöhnliche, weitreichende oder besonders kostspielige Maßnahmen beschließt.[11]

6 Nach der Rspr. des *BVerwG* besteht ein **Prüfungsrecht des Dienststellenleiters** dahingehend, ob die Kosten durch die Wahrnehmung der dem PR gesetzlich übertragenen Aufgaben entstanden sind und ob der PR bei seiner Entscheidung über die Erforderlichkeit und Angemessenheit der entstandenen Kosten die Grenzen seines Beurteilungsspielraums eingehalten hat.[12] Der Dienststellenleiter kann auch dann die Kostenübernahme verweigern, wenn er die Rechtswidrigkeit des vom PR gefassten Beschlusses nicht im

6 Beschl. v. 18.6.91, a.a.O.

7 *OVG NW* v. 4.10.01 – 1 A 531/00.PVB –, PersR 02, 83.

8 Näher dazu Altvater-*Noll*, § 44 a.F. Rn. 9f.

9 *BVerwG* v. 22.6.62, a.a.O., u.v. 29.8.75 – VII P 13.73 –, PersV 76, 305.

10 *BVerwG* v. 24.2.16 – 5 P 2.15 –, PersR 9/16, 40; vgl. Lorenzen-*Hebeler*, § 46 Rn. 18

11 *HessVGH* v. 29.10.86 – BPV TK 39/85 –, PersR 87, 175 Ls.; Altvater-*Noll*, § 46 Rn. 11 m.w.N.

12 Beschl. v. 28.7.89 – 6 P 1.88 –, PersR 89, 297, u.v. 7.12.94 – 6 P 36.93 –, PersR 95, 179.

personalvertretungsrechtlichen Beschlussverfahren hat feststellen lassen.[13] Der Grundsatz der partnerschaftlich vertrauensvollen Zusammenarbeit und das Benachteiligungsverbot schließen jedoch eine zu kleinliche Prüfung von aufgabenbezogenen Aufwendungen des PR aus.[14]

b) Haushaltsmittel

Das *BVerwG* vertritt in seiner Rspr.[15] den in der Kommentarliteratur[16] überwiegend geteilten Standpunkt, kostenwirksame Entscheidungen und Betätigungen des PR unterlägen im Prinzip denselben **haushaltsmäßigen Bindungen**, denen die Dienststelle insgesamt unterworfen sei, weil der PR weder rechtlich verselbständigt noch organisatorisch aus der Dienststelle ausgegliedert sei und demzufolge hinsichtlich der Haushalts- und Wirtschaftsführung einen Teil der Dienststelle bilde. Er sei verpflichtet, seinen voraussehbaren Finanzbedarf rechtzeitig vor Aufstellung des Haushaltsplans bei der Dienststelle geltend zu machen, ggf. einen die Ansätze des Haushaltsplans übersteigenden, unvorhersehbaren und unvermeidlichen Mittelbedarf zwecks Nachbewilligung von Haushaltsmitteln rechtzeitig anzuzeigen und seine Tätigkeiten auf den jeweiligen Mittelbestand einzurichten. 7

Damit stellt das *BVerwG* die vollständige Erfüllung der Kostentragungspflicht der Dienststelle und damit zugleich die vollständige Wahrnehmung der gesetzlichen Aufgaben und Befugnisse des PR letztlich unter einen **Haushaltsvorbehalt**, der im LPVG nicht vorgesehen ist und der mit der Funktion des PR, als Repräsentant der Beschäftigten deren Interessen zu vertreten (vgl. § 1 Rn. 22), nicht zu vereinbaren ist. Dieser Funktion wird nur dann entsprochen, wenn es **Sache des Trägers der Dienststelle** ist, durch geeignete organisatorische und haushaltsrechtliche Vorkehrungen sicherzustellen, dass die Dienststelle ihrer Pflicht zur Kostentragung genügen kann.[17] In Ziff. 10.10 der VwV-Haushaltsvollzug 2022 FinM BW[18] wird z. B. eine Begrenzung auf die verfügbaren Haushaltsmittel nicht verlangt, was der 7a

---

13 *OVG NW* v. 7. 11. 13 – 20 A 2613/12.PVB –, PersV 14, 110, hinsichtlich der für die Teilnahme eines PR-Mitglieds an einer Bildungs- oder Schulungsveranstaltung entstandenen Kosten.

14 *OVG NW* v. 4. 10. 01, a. a. O.

15 Vgl. Beschl. v. 24. 11. 86 – 6 P 3.85 –, PersR 87, 84, sowie v. 26. 2. 03 – 6 P 9.02 – u. – 6 P 10.02 –, PersR 03, 279 bzw. 276.

16 Vgl. insb. Rooschüz-*Abel*, § 41 Rn. 4; Leuze-*Isenburg*, § 41 Rn. 7.

17 Insoweit im Ansatz zu Recht *BVerwG* v. 22. 6. 62 – VII P 8.61 –, PersV 62, 180, sowie ausdrücklich *BayVGH* v. 27. 1. 81 – Nr. 18 C 80 A. 2052 –, PersV 82, 291; vgl. Altvater-*Noll*, § 46 Rn. 13 m. w. N.

18 Verwaltungsvorschriften des Ministeriums für Finanzen zur Haushalts- und Wirtschaftsführung im Haushaltsjahr 2022 (VwV-Haushaltsvollzug 2022) 10, i. d. F. v. 9. 2. 2022, Az.: FM2-0430.0-2/1.

gesetzlichen Regelung näherkommt, als der Rechtsprechung des BVerwG und der h. M.

8 Folgte man demgegenüber weiterhin der bisherigen h. M. (vgl. Rn. 7), würde Folgendes gelten: Einerseits ist der Dienststellenleiter nach § 2 Abs. 1 verpflichtet (vgl. § 2 Rn. 4, 5), den PR rechtzeitig und gleichrangig bei der **Planung** der für seine Tätigkeit bestimmten Mittel und bei der **Bewirtschaftung** dieser Mittel zu beteiligen. Dazu gehört u. a. die Bedarfsermittlung vor Beginn des nächsten Haushaltsjahres sowie ggf. die Zulassung von Mehrausgaben durch Einsparungen bei anderen Ausgabetiteln oder durch Bewilligung überplanmäßiger Ausgaben. Andererseits hat sich der PR grundsätzlich weiterer kostenwirksamer Beschlüsse zu enthalten, wenn die in der Dienststelle für seine Tätigkeit verfügbaren **Haushaltsmittel erschöpft** sind. **Ausnahmen** von diesem Grundsatz gelten jedoch für solche Tätigkeitsbereiche, für die das PersVR strikte Festlegungen trifft, welche die Funktions- und Arbeitsfähigkeit der Personalvertretung sicherstellen und keinen zeitlichen Aufschub dulden, z. B. für die Durchführung einer regelmäßigen PR-Wahl oder die Einlegung einer vom Verwaltungsgerichtshof zugelassenen Rechtsbeschwerde. Auch bei der Entsendung zu bestimmten Schulungsveranstaltungen kommen Ausnahmen in Betracht (vgl. Rn. 23). Liegt ein Ausnahmefall vor, hat die Dienststelle die notwendigen Kosten auch bei Fehlen von Haushaltsmitteln zu übernehmen.[19]

c) Kostenerstattung für die Tätigkeit einzelner Personalratsmitglieder

9 Obwohl Abs. 1 S. 1 nur von der »Tätigkeit des Personalrats« spricht, erstreckt sich die Kostentragungspflicht der Dienststelle auch auf die **Tätigkeit einzelner PR-Mitglieder.**[20] Auch insoweit kommt es darauf an, dass die kostenverursachende Tätigkeit des PR-Mitglieds zum gesetzlichen Aufgabenkreis des PR gehört (vgl. Rn. 3) und dass entweder der PR als Organ oder das PR-Mitglied die entstandenen Kosten im Zeitpunkt ihrer Verursachung nach pflichtgemäßer Beurteilung für notwendig und angemessen halten durfte (vgl. Rn. 4). Diese Entscheidung hat statt des Organs das Mitglied insbesondere dann zu treffen, wenn seine Tätigkeit darin besteht, eine Aufgabe zu erfüllen, die ihm vom Gesetz zur eigenständigen Wahrnehmung zugewiesen ist (wie bei bestimmten Aufgaben des Vorsitzenden; vgl. § 28 Rn. 11b), oder wenn seine Tätigkeit auf einem Beschluss des PR (wie z. B. die Teilnahme an einer Prüfung nach § 71 Abs. 5) oder einer Entscheidung des Vorsitzenden (wie z. B. Erfüllung der Teilnahmepflicht an einer PR-Sitzung) beruht. Da der PR wegen fehlender Vollrechtsfähigkeit (vgl. § 1 Rn. 24) grundsätzlich

19 *BVerwG* v. 26.2.03 – 6 P 9.02 – u. – 6 P 10.02 –, PersR 03, 279 bzw. 276.
20 *BayVGH* v. 23.7.03 – 17 P 03.18 –, PersR 04, 224.

nicht Träger vermögensrechtlicher Ansprüche und Verpflichtungen sein kann, handelt es sich bei den durch seine Tätigkeit entstandenen und von der Dienststelle nach Abs. 1 S. 1 zu tragenden Kosten i. d. R. ohnehin um **Auslagen einzelner PR-Mitglieder.**[21] Etwas anderes gilt ausnahmsweise dann, wenn der **PR** aufgrund seiner Teilrechtsfähigkeit im personalvertretungsrechtlichen Beschlussverfahren einen Rechtsanwalt beauftragt hat und deshalb **allein und unmittelbar Anspruchsverpflichteter** dieses Rechtsanwalts ist (vgl. dazu Rn. 15).[22]

Hat die Dienststelle nach Abs. 1 S. 1 die **Kosten eines PR-Mitglieds** zu tragen 10 und ist dieses entsprechende Verbindlichkeiten eingegangen, hat es gegen die Dienststelle einen **Anspruch auf Freistellung** von der Verbindlichkeit. Wenn es die Verbindlichkeit bereits erfüllt hat, steht ihm ein entsprechender Erstattungsanspruch, d. h. ein **Zahlungsanspruch**, zu.[23] Ist der **PR selbst** eine Verbindlichkeit eingegangen, indem er unter den Voraussetzungen des Abs. 1 S. 1 einen Rechtsanwalt oder ein Beratungsunternehmen beauftragt hat (vgl. Rn. 9, 15), hat er gegen die Dienststelle einen **Anspruch auf Freistellung** von dieser Verbindlichkeit, wenn die Beauftragung erforderlich war.[24] Andernfalls kann der Dienststellenleiter die Kostenübernahme verweigern, so dass das Kostenrisiko zu Lasten des PR geht. Dies ist aber zwischenzeitlich riskant, da der *BGH* und das *BAG*[25] neuerdings eine **Haftung von PR-Mitgliedern**, die den Auftrag erteilt haben, nach § 179 BGB (vollmachtloser Vertreter) anerkennen, es sei denn, das Beratungsunternehmen kannte die mangelnde Erforderlichkeit der Beratung oder musste sie kennen.[26]

d) Reisekosten

Nach **Abs. 1 S. 2** erhalten Mitglieder des PR bei **Reisen**, die zur Erfüllung 11 ihrer Aufgaben notwendig sind, Reisekostenvergütungen nach dem Landesreisekostengesetz (LRKG). Die Vorschriften des LRKG sind wegen der

---

21 *BVerwG* v. 27. 4. 79 – 6 P 24.78 –, PersV 81, 25, u. v. 9. 3. 92 – 6 P 11.90 –, PersR 92, 243.

22 *BVerwG* v. 9. 3. 92, a. a. O., u. v. 19. 12. 96 – 6 P 10.94 –, PersR 97, 309.

23 Vgl. *BAG* v. 27. 3. 79 – 6 ABR 15/77 –, AP Nr. 7 zu § 80 ArbGG 1953; Altvater-*Noll*, § 46 Rn. 20 m. w. N.

24 Näher dazu Altvater-*Noll*, § 21 Rn. 21 ff.

25 *BGH* v. 25. 10. 12 – III ZR 266/11 –, AiB 2013, 385; nachfolgend und bzgl. der Haftung des einzelnen BR-Mitglieds einschränkend: *OLG Frankfurt* v. 16. 12. 13 – 1 U 184/10 –, juris; den aus diesem Verfahren entstandenen und gepfändeten Freistellungsanspruch des BR hat das *BAG* als verjährt abgewiesen: *BAG* v. 18. 11. 20 – 7 ABR 37/19 –, NZA 21, 657.

26 Vgl. *Pätzel*, PersR 13, 190; *Wahlers*, PersV 13, 444.

Eigenart der PR-Tätigkeit jedoch **nur entsprechend anwendbar**.[27] Die Grundregel in § 41 Abs. 1 S. 1 trifft für alle Kosten zu, die durch die Tätigkeit des PR entstehen. Lediglich ein Unterfall sind die Reisekosten, für die § 41 Abs. 1 S. 2 mit der Verweisung auf das LRKG nur eine ergänzende, keinesfalls aber abschließende Regelung enthält.[28] Zwar sind die typisierenden und pauschalierenden Regelungen des LRKG auch bei der Ermittlung des erstattungsfähigen Reisekostenaufwandes von PR-Mitgliedern zugrunde zu legen. Nach § 41 Abs. 1 S. 2 ist i. d. R. davon auszugehen, dass der dort vorgesehene Aufwendungsersatz tatsächlich in vollem Umfang zur Deckung der Aufwendungen zur Verfügung steht. Reicht der Aufwendungsersatz zur Deckung angemessener Unterkunfts- und Verpflegungskosten aber nicht aus, ist die Lücke über die Regelung in § 41 Abs. 1 S. 1 zu schließen. Daher sind auch **Kinderbetreuungskosten** zu erstatten, wenn dem PR-Mitglied wegen durch die PR-Tätigkeit ausgelöster Abwesenheitszeiten außerhalb der persönlichen Arbeitszeit zusätzliche Kosten für die Betreuung der Kinder entstehen.[29]

11a Die Reisen der PR-Mitglieder sind **keine Dienstreisen**, weil keine Dienstgeschäfte wahrgenommen werden.[30] Wegen der Unabhängigkeit des PR (vgl. Rn. 5) bedürfen sie **keiner Genehmigung** oder Anordnung durch den »zuständigen Vorgesetzten« oder den Dienststellenleiter,[31] wobei in Zweifelsfällen eine vorherige Abklärung sinnvoll sein kann. Sie bedürfen **keiner gesonderten Dienstbefreiung**, weil diese bereits nach § 43 Abs. 2 S. 1 erteilt ist (vgl. § 43 Rn. 4).[32] Erforderlich ist aber grundsätzlich ein vom PR zu fassender **Beschluss**[33] und, dem Gebot der partnerschaftlich vertrauensvollen Zusammenarbeit nach § 2 Abs. 1 entsprechend (vgl. § 2 Rn. 4), eine rechtzeitige **Anzeige** an die Dienststelle.[34]

---

27 *BVerwG* v. 21.5.07 – 6 P 5.06 –, PersR 07, 387, u. v. 15.4.08 – 6 PB 3.08 –, PersR 08, 448.

28 *BVerwG* v. 27.1.04 – 6 P 9.03 –, PersR 04, 152; v. 26.2.03 – 6 P 9.02 –, PersR 03, 279.

29 Vgl. für das BetrVG: *BAG* v. 23.6.10 – 7 ABR 103/08 –, NZA 10, 1298; zustimmend: *Ilbertz*, § 47 Rn. 25.

30 Verwaltungsvorschrift des Finanzministeriums zum Landesreisekostengesetz (VwV LRKG) 1, i. d. F. v. 21.6.2021, Az.:1-0371.0-01/20; *BVerwG* v. 22.6.62 – VII P 8.61 –, PersV 62, 180, u. v. 12.6.84 – 6 P 34.82 –, Buchh 238.3A § 44 Nr. 11.

31 *BVerwG* v. 22.6.62, a. a. O., v. 27.4.83 – 6 P 3.81 –, PersV 84, 324, u. v. 12.6.84, a. a. O.

32 Vgl. auch Lorenzen-*Hebeler*, § 46 Rn. 71.

33 *BVerwG* v. 21.7.82 – 6 P 30.79 –, PersV 83, 372.

34 Lorenzen-*Hebeler*, § 46 Rn. 77 m. w. N.

Reisekostenvergütungen erhalten PR-Mitglieder nach Abs. 1 S. 2 nur für solche Reisen, die **zur Erfüllung ihrer Aufgaben notwendig** sind.[35] Ob es sich um eine Reise zur Erfüllung **personalvertretungsrechtlicher Aufgaben** handelt, richtet sich nach **objektiven Kriterien**.[36] Ob eine Reise zur Aufgabenerfüllung **notwendig** ist, bestimmt sich dagegen danach, ob der PR sie nach pflichtgemäßer Prüfung aller Umstände für erforderlich halten durfte.[37] Dabei hat er das Gebot der sparsamen Verwendung öffentlicher Mittel sowie den Grundsatz der Verhältnismäßigkeit zu beachten (vgl. Rn. 4). Bei seiner Entscheidung steht dem PR ein begrenzter **Beurteilungsspielraum** zu.[38] **12**

Nach Abs. 1 S. 2 richtet sich die Abgeltung der **reisebedingten Mehraufwendungen** nach dem – allerdings nur entsprechend anwendbaren – **LRKG**. Dieses gilt ohne gruppenspezifische Differenzierungen unabhängig davon, ob es sich bei den PR-Mitgliedern um Beamte oder Arbeitnehmer handelt.[39] Die im LRKG getroffenen typisierenden und pauschalierenden Regelungen über die Ermittlung des erstattungsfähigen Reisekostenaufwandes und über Art und Umfang der Reisekostenvergütung (z. B. Nutzung des privaten Pkw)[40] sind entsprechend anzuwenden.[41] **13**

Mit Art. 6 Nr. 8 DRG v. 9. 11. 10[42] ist die im früheren Reisekostenrecht enthaltene Staffelung der Reisekostenvergütungen nach Besoldungsgruppen abgeschafft worden.[43] **13a**

Abs. 1 S. 2 ist eine spezielle, die Reisekosten betreffende Bestimmung, die einen **Rückgriff auf die allgemeine Kostenregelung** in Abs. 1 S. 1 nicht **13b**

---

35 *BVerwG* v. 22.6.62, a.a.O., v. 24.10.69 – VII P 14.68 –, PersV 70, 131, u.v. 21.7.82, a.a.O.

36 *BVerwG* v. 27.4.79 – 6 P 24.78 – u. – 6 P 89.78 –, PersV 81, 25 bzw. 23, v. 21.7.82, a.a.O., u.v. 1.8.96 – 6 P 21.93 –, PersR 96, 491.

37 *BVerwG* v. 27.4.79 – 6 P 89.78 –, a.a.O., u.v. 21.7.82 – 6 P 30.79 –, PersV 83, 372.

38 Vgl. Altvater-*Noll*, § 46 Rn. 52 ff. m.w.N.

39 *BVerwG* v. 20.11.03 – 6 PB 8.03 –, PersR 04, 59.

40 *OVG NW* v. 26.3.13 – 20 A 878/12.PVB –, PersV 13, 345: »große« Wegstreckenentschädigung bei Benutzung des Privat-Pkw; vgl. *Janssen*, jurisPR-ArbR 29/2013, Anm. 6; dagegen: *BVerwG* v. 19.6.13 – 6 PB 18.12 –, PersR 13, 409: »kleine« Wegstreckenentschädigung für überwiegend freigestellte PR-Mitglieder bei täglicher Benutzung des Pkw zwischen Dienstort und Wohnort; jetzt differenzierend: *BVerwG* v. 1.3.18 – 5 P 5.17 -: »große« Wegstreckenentschädigung nur, wenn die Nutzung des privaten Kfz im Vergleich zur Inanspruchnahme öffentlicher Verkehrsmittel sowohl absolut als auch im Verhältnis zur Gesamtwegezeit zu einer gewichtigen Zeitersparnis führt.

41 *BVerwG* v. 28.11.12 – 6 P 3.12 –, PersR 13, 170 (Trennungsgeld); v. 27.1.04 – 6 P 9.03 –, PersR 04, 152; zu den Entsprechungen im BRKG vgl. Altvater-*Noll*, § 46 Rn. 58 ff. m.w.N.

42 GBl. S. 793.

43 LT-Dr. 14/6694, S. 563 [zu Nr. 8].

ausschließt. Müssen z. B. freigestellte Mitglieder von Stufenvertretungen und Gesamtpersonalräte von dem ihnen zu bewilligenden Trennungsgeld[44] **Steuern und Sozialabgaben** entrichten, haben sie nach der Rspr. des *BVerwG* Anspruch auf **Ausgleich** der dadurch entstandenen Mehrbelastung.[45]

e) Rechtsanwaltskosten

14 Die Verpflichtung der Dienststelle zur Kostentragung nach Abs. 1 S. 1 erstreckt sich auch auf die notwendigen **Kosten von Rechtsstreitigkeiten** des PR und seiner Mitglieder. Im personalvertretungsrechtlichen Beschlussverfahren können **außergerichtliche Kosten**, insbesondere durch die Beauftragung eines Rechtsanwalts entstehen (vgl. Rn. 15 f.). Diese hat die Dienststelle unter den Voraussetzungen des Abs. 1 S. 1 auch dann zu tragen, wenn sie in dem betreffenden Verfahren obsiegt hat. Die Pflicht zur Tragung von Rechtsanwaltskosten besteht grundsätzlich dann, wenn das Beschlussverfahren in Ausübung einer Tätigkeit des PR geführt wird, die zu seinem gesetzlich vorgegebenen Aufgabenbereich gehört, und der PR nach pflichtgemäßer Beurteilung der objektiven Sachlage die Verfahrenskosten für erforderlich halten durfte.[46] Dasselbe gilt für die anwaltliche Tätigkeit vor Einleitung des gerichtlichen Verfahrens und zur Vermeidung desselben.

15 Ist der **PR als Antragsteller oder sonstiger Beteiligter** an einem gerichtlichen Verfahren zur Durchsetzung, Klärung oder Wahrung seiner gesetzlichen Befugnisse und Rechte beteiligt, kann er dazu grundsätzlich einen **Rechtsanwalt** hinzuziehen, mit dem er aufgrund seiner insoweit bestehenden Teilrechtsfähigkeit einen entsprechenden Vertrag abschließen kann (vgl. Rn. 9). Dafür hat das *BVerwG* **Anforderungen** entwickelt, die der PR bei seiner Entscheidung beachten muss.[47] Dazu gehört **in verfahrensrechtlicher Hinsicht**, dass zunächst ein ernsthafter Einigungsversuch mit dem Dienststellenleiter unternommen wird.[48] Die Rspr. fordert einheitlich, dass der PR für jede Instanz einen gesonderten Beschluss zu treffen hat, damit die Kostenübernahmepflicht hinsichtlich der Anwaltskosten entsteht. Das

---

44 *BVerwG* v. 28. 11. 12 – 6 P 3.12 –, PersR 13, 170 (Trennungsgeld); v. 25. 6. 19 – 1 WB 42/12 –, juris.

45 So in Bezug auf das Trennungsgeld in Gestalt von Trennungsübernachtungsgeld Beschl. v. 27. 1. 04 – 6 P 9.03 –, PersR 04, 152, sowie von Wegstreckenentschädigung Beschl. v. 25. 6. 09 – 6 PB 15.09 –, PersR 09, 414 (vorgehend *VGH BW* v. 3. 3. 09 – PB 15 S 2635/07 –).

46 Vgl. Altvater-*Noll*, § 46 Rn. 25 m. w. N.; *Petschulat*, PersR 10/16 27; *Gliech*, PersR 12/21, 31.

47 Vgl. v. a. Beschl v. 9. 3. 92 – 6 P 11.90 –, PersR 92, 243.

48 *BVerwG* v. 19. 12. 96 – 6 P 10.94 –, PersR 97, 309; *OVG Berlin-Bbg.* v. 18. 4. 13 – OVG 60 PV 13.12 –, PersR 14, 125.

BAG differenziert allerdings für das BetrVG dahingehend, dass der ordnungsgemäße Beschluss zur Durchführung des gerichtlichen Verfahrens den Rechtsanwalt nach § 81 ZPO i.V.m. § 46 Abs. 2 ArbGG zur Abgabe von Prozesserklärungen auch für die Folgeinstanzen **bevollmächtigt**.[49] Eine Pflicht zur Tragung der **Anwaltskosten für die Rechtsmittelinstanzen** wird dadurch jedoch nicht ausgelöst.[50] **In materiell-rechtlicher Hinsicht** darf die Rechtsverfolgung zudem nicht haltlos, d.h. nicht von vornherein offensichtlich aussichtslos,[51] und nicht deshalb mutwillig sein, weil ein prozessual gleichwertiger, aber kostengünstigerer Weg beschritten werden kann.[52]

Zu den nach Abs. 1 S. 1 von der Dienststelle zu tragenden Kosten können 16
auch die **Kosten von Rechtsstreitigkeiten einzelner PR-Mitglieder** gehören, wenn es sich dabei um Verfahren handelt, die ihre **Rechtsstellung** als Mitglied des PR betreffen. Das gilt etwa für ein personalvertretungsrechtliches Beschlussverfahren, das von einem PR-Mitglied als **Antragsteller** in Wahrnehmung seiner mitgliedschaftlichen Rechte betrieben wird, um die Rechtswidrigkeit eines PR-Beschlusses feststellen zu lassen,[53] oder für ein Verfahren, in dem die Nichtwählbarkeit des PR-Mitglieds festgestellt werden soll und in dem dieses somit **Beteiligter** ist. Auch das PR-Mitglied kann sich in solchen Verfahren durch einen von ihm ausgewählten und beauftragten Rechtsanwalt vertreten lassen, wenn es die Hinzuziehung nach pflichtgemäßer Beurteilung der Sachlage für erforderlich halten darf und die Rechtsverfolgung weder haltlos noch mutwillig ist (vgl. Rn. 15).[54] Dies soll allerdings nicht für die Kosten gelten, die einem ausgeschlossenen

49 *BAG* v. 6.11.13 – 7 ABR 84/11 –, NZA-RR 14, 196–201.

50 *BAG* v.18. 3. 15 – 7 ABR 4/13 –, Rn. 12.

51 Vgl. *VGH BW* v. 25.5.93 – PL 15 S 1885/92 –, PersR 94, 227; *BAG* v. 19.3.03 – 7 ABR 15/02 – u.v. 29.7.09 – 7 ABR 95/07 –, AP Nr. 77 u. 93 zu § 40 BetrVG 1972.

52 Vgl. *HessVGH* v. 23.10.03 – 21 TK 3432/02 –, PersR 04, 157; *BAG* v. 29.7.09, a.a.O. Die Dienststelle hat i d.R. nur die **gesetzliche Vergütung** des Rechtsanwalts zu tragen (*BVerwG* v. 29.4.11 – 6 PB 21.10 –, PersR 11, 341 [vorgehend *VGH BW* v. 2.11.10 – PB 15 S 127/10 –, PersR 11, 122]; vgl. Altvater-*Noll*, § 44 a.F. Rn. 34ff.); sie muss Kosten für einen **weiteren** Rechtsanwalt zur Vertretung der **JAV** neben dem PR im Verfahren nach § 48a nur ausnahmsweise übernehmen (vgl. *BAG* v. 18.01.12 – 7 ABR 83/10 –, NZA 12, 683).

53 *BayVGH* v. 23.4.97 – 17 P 97 450 –, PersR 97, 404; vgl. für das BetrVG: *BAG* v. 7.6.16 – 1 ABR 30/14 -: Ein einzelnes BR-Mitglied ist daran gehindert, die Feststellung eines Abstimmungsergebnisses (Nein-Stimmen) durch die Sitzungsleitung im Beschlussverfahren überprüfen zu lassen oder ein bestimmtes Abstimmungsverfahren bei der Beschlussfassung des BR zu fordern, sofern seine persönlich abgegebene Stimme nicht unzutreffend gewertet wurde.

54 *Fischer/Goeres/Gronimus*, § 44 a. F: Rn. 12f.; *Fitting*, § 40 Rn. 64.

PR-Mitglied im **Ausschlussverfahren** nach § 24 Abs. 1 entstanden sind.[55] Streitig ist auch, ob sich die Regelung des Abs. 1 S. 1 auf Kosten von Rechtsstreitigkeiten erstreckt, die (nur) ihren **Ursprung im PersVR** haben. So werden in der Rspr. z. B. außergerichtliche Kosten, die im Zustimmungsersetzungsverfahren erster Instanz bei außerordentlicher Kündigung nach § 47 Abs. 4 entstehen, nicht als erstattungsfähig angesehen, weil das PR-Mitglied in diesen Verfahren lediglich seine persönlichen individualrechtlichen Interessen wahrnehme.[56] Anders beurteilt auch das *BVerwG* mittlerweile die Rechtslage hinsichtlich der Anwaltskosten, die in einer höheren Instanz entstanden sind. Da diese im arbeitsgerichtlichen Urteilsverfahren dem rechtskräftig obsiegenden Arbeitnehmer vom Arbeitgeber nach der allgemeinen Regel des § 91 ZPO zu erstatten sind, gebietet es das Benachteiligungsverbot, dass die Dienststelle dem PR, Wahlvorstandsmitglied oder JAV-Mitglied die in den höheren Instanzen entstandenen Anwaltskosten erstattet, wenn der Auflösungsantrag des öffentlichen Arbeitgebers rechtskräftig abgewiesen wird.[57]

f) Kosten der Einigungsstelle

17 Die Verpflichtung der Dienststelle zur Kostentragung nach Abs. 1 S. 1 erstreckt sich auch auf die notwendigen Kosten einer **anwaltlichen Vertretung des PR vor der Einigungsstelle**, die bei schwierigen Fragen rechtlicher oder tatsächlicher Art, mit denen kein PR-Mitglied oder keiner der vom PR bestellten Beisitzer vertraut ist, in Betracht kommt, wobei der PR eine Abwägungsentscheidung über die Notwendigkeit der Bestellung zu treffen hat.[58] Darüber hinaus kann sie sich auch sonst auf die **anwaltliche Beratung des PR außerhalb eines gerichtlichen Verfahrens**, insb. im Vorfeld eines solchen Verfahrens, erstrecken. Zu Unrecht bejaht die bisherige überwiegende Rspr. dies allerdings nur unter sehr engen Voraussetzungen, zu denen insb. das vorherige Ausschöpfen aller sonstigen Informations- und Beratungsmöglich-

---

55 *BVerwG* v. 26. 10. 62 – VII P 1.62 –, PersV 63, 158, u. v. 28. 4. 67 – VII P 11.66 –, PersV 68, 109; zu Recht a. A. *BAG* v. 19. 4. 89 – 7 ABR 6/88 –, AP Nr. 29 zu § 40 BetrVG 1972.

56 Vgl. *BVerwG* v. 25. 2. 04 – 6 P 12.03 –, PersR 04, 181; Altvater-*Noll*, § 46 Rn. 29, 30 m. w. N.; anders *BAG* v. 31. 1. 90 – 7 ABR 39/89: Kosten sind ab der 2. Instanz erstattungsfähig, wenn die Zustimmung nicht ersetzt wurde.

57 *BVerwG* v. 12. 11. 12 – 6 P 1.12 –, PersR 13, 30.

58 Vgl. *BVerwG* v. 24. 2. 16 – 5 P 2.15 –, PersR 9/16, 40; vgl für das BetrVG: *BAG* v. 14. 2. 96 – 7 ABR 25/95 –, AP Nr. 5 zu § 76a BetrVG 1972; zu eng *HmbOVG* v. 15. 1. 90 – Bs PH 2/89 –, PersV 92, 530, u. *VG Hamburg* v. 16. 8. 91 – 1 VG FL 18/91 –, PersR 92, 28.

keiten durch den PR gehört.[59] Will der PR das Risiko der persönlichen Haftung von PR-Mitgliedern für Beraterkosten vermeiden (siehe Rn. 10) und ist er auf schnelle Entscheidung angewiesen, könnte er erwägen, vor dem Auftrag an einen Sachverständigen die Erforderlichkeit durch einstweilige Verfügung des Verwaltungsgerichts feststellen lassen. Außerdem kann er gegenüber dem Berater ausdrücklich auf die Risiken hinweisen und eine **persönliche Haftung** vertraglich ausschließen. Aus Rechtssicherheitsgründen ist aber eine vorherige Vereinbarung mit dem Dienststellenleiter in jedem Fall vorzuziehen.

g) Externe Sachverständige

18 Obwohl das LPVG keine dem § 80 Abs. 3 BetrVG entsprechende ausdrückliche Regelung enthält, ist es durch § 71 Abs. 1 nicht ausgeschlossen, dass der PR sich der Beratung durch einen **Sachverständigen** bedient, deren notwendige Kosten nach Abs. 1 S. 1 von der Dienststelle zu tragen sind.[60] Der PR muss jedoch auch insoweit zunächst die ihm zur Verfügung stehenden Hilfen zur Informationsbeschaffung und -verarbeitung nutzen, u. a. durch Einholen von Einzelauskünften der Dienststelle, Befragung von sachverständigen Personen aus der Dienststelle oder sonstigen Auskunftspersonen aus der Dienststelle (vgl. § 32 Abs. 7, Rn. 21), Teilnahme an projektbezogenen Schulungsmaßnahmen, Selbstunterrichtung anhand von Fachliteratur und Erkundigungen bei Gewerkschaften.[61]

h) Schulungs- und Bildungsveranstaltungen

19 Nach Abs. 1 sind auch die Kosten, die durch die Teilnahme an einer **Schulungs- und Bildungsveranstaltung** i. S. d. § 44 entstehen, von der Dienststelle zu tragen, soweit diese erforderlich ist (vgl. § 44 Rn. 4 ff.). Dabei ist der vom PR zu fassende Entsendungsbeschluss (vgl. § 44 Rn. 11) die PR-Tätigkeit, die die Kostentragungspflicht der Dienststelle auslöst.[62] Dieser Beschluss muss sich auf die besuchte Veranstaltung beziehen und vor dem Besuch gefasst worden sein.[63] Vermittelt eine Schulungsveranstaltung

---

59 Vgl. u. a. *BVerwG* v. 25. 10. 16 – 5 P 7.15; *SächsOVG* v. 16. 12. 97 – P 5 S 29/96 –, PersR 99, 129, u. *VGH BW* v. 19. 11. 02 – PL 15 S 744/02 –, PersR 03, 204; ferner Altvater-*Noll*, § 46 Rn. 33 m. w. N.

60 *BVerwG* v. 8. 11. 89 – 6 P 7.87 –, PersR 90, 102.

61 *BVerwG* v. 8. 11. 89, a. a. O., u. v. 18. 6. 91 – 6 P 3.90 –, PersR 91, 341; *OVG NW* v. 8. 11. 00 – 1 A 5943/98.PVL –, PersR 01, 211; *VGH BW* v. 19. 11. 02 – PL 15 S 744/02 –, PersR 03, 204; Lorenzen-*Hebeler*, § 46 Rn. 52.

62 *BVerwG* v. 27. 4. 79 – 6 P 45.78 –, PersV 80, 19, v. 7. 12. 94 – 6 P 36.93 –, PersR 95, 179, u. v. 26. 2. 03 – 6 P 9.02 – u. – 6 P 10.02 –, PersR 03, 279 bzw. 276.

63 Vgl. *BAG* v. 8. 3. 00 – 7 ABR 11/98 –, AP Nr. 68 zu § 40 BetrVG 1972.

Kenntnisse, die nur teilweise für die PR-Tätigkeit erforderlich sind, so ist die Dienststelle zur **anteiligen Kostentragung** verpflichtet (vgl. § 44 Rn. 4).[64] **Inhaber des Kostentragungsanspruchs** ist das entsandte PR-Mitglied, dem die Kosten entstanden sind.[65] Der PR kann aber die gerichtliche Feststellung eines Erstattungsanspruchs selbst begehren, wenn dies im Interesse seiner am Verfahren nicht beteiligten Mitglieder geschieht. Es handelt sich dann um einen Fall organschaftlicher Prozessstandschaft.[66] Die Dienststelle darf die Übernahme der Kosten nur ablehnen, wenn aus der Sicht eines objektiven Betrachters die Veranstaltung tatsächlich nicht erforderlich ist, wenn die Kosten in einem unangemessenen Verhältnis zu dem zu erwartenden Schulungseffekt stehen, dass keine gleichwertige kostengünstigere – etwa ortsnähere – Durchführung der Schulungsveranstaltung möglich war[67] oder wenn keine Haushaltsmittel mehr vorhanden sind und der Schulungsbedarf nicht unaufschiebbar ist (vgl. Rn. 7 f., 23).[68]

20 Die **Höhe** der von der Dienststelle zu tragenden Kosten erforderlicher Schulungsveranstaltungen von PR-Mitgliedern richtet sich gem. Abs. 1 S. 2 nach dem entsprechend anzuwendenden LRKG.[69] Die danach zu zahlende **Reisekostenvergütung** umfasst bei Veranstaltungen i. S. d. § 44 i. d. R. **Fahrkostenerstattung** und ggf. Wegstreckenentschädigung nach den §§ 5 und 6 LRKG, zur Abgeltung der Mehraufwendungen für Verpflegung und der Übernachtungskosten **Tage-** und **Übernachtungsgeld** nach den §§ 9 und 10 LRKG sowie die als **Nebenkosten** nach § 14 LRKG zu erstattenden notwendigen Auslagen, bei denen es sich nicht um die **Seminargebühren** des Schulungsveranstalters handelt.[70] I. d. R. reicht das Tagegeld nicht aus, damit angesetzte Verpflegungskosten des Seminarveranstalters bzw. des Tagungshotels auszugleichen. Überschießende Beträge hat die Dienststelle auszugleichen. Anderenfalls wären die betroffenen PR-Mitglieder wegen ihrer PR-Tätigkeit insofern benachteiligt, als sie die mit dieser Tätigkeit notwendig verbundenen und damit dienstlich veranlassten Aufwendungen im Umfang der durch das Tagegeld nicht abgedeckten Kosten selbst tragen müssten. Das widerspricht nicht nur der Pflicht der Dienststelle zur Übernahme der Kosten der PR-Tätigkeit gemäß § 41 Abs. 1 S. 1, sondern auch dem Benach-

64 *BVerwG* v. 14. 6. 06 – 6 P 13.05 –, PersR 06, 468.

65 *BVerwG* v. 27. 4. 79 – 6 P 17.78 –, PersV 81, 161, u. v. 22. 3. 84 – 6 P 5.82 –, PersV 86, 158.

66 *BVerwG* v. 9. 3. 92 – 6 P 11.90 –, PersR 92, 243.

67 *BVerwG* v. 12. 11. 12 – 6 P 4.12 –, PersR 13, 85.

68 *BVerwG* v. 7. 12. 94 – 6 P 36.93 –, PersR 95, 179, u. v. 14. 6. 06 – 6 P 13.05 –, PersR 06, 468.

69 *BVerwG* v. 27. 4. 79, a. a. O.

70 *BVerwG* v. 7. 12. 94 – 6 P 36.93 –, PersR 95, 179, u. v. 26. 2. 03 – 6 P 9.02 – u. – 6 P 10.02 –, PersR 03, 279 bzw. 276.

teiligungsverbot des § 6, wonach PR-Mitglieder nicht schlechter behandelt werden dürfen als vergleichbare Kollegen ohne PR-Amt.[71] Auch würden nicht nur qualifizierte Personen davon abgehalten, ein PR-Amt anzunehmen, sondern auch gewählte Mitglieder, sich nach § 44 ausreichend für ihre Aufgaben schulen zu lassen. Die Pflicht zur Erstattung der Schulungskosten kann der Höhe nach **nicht durch interne Verwaltungsvorschriften begrenzt** werden.[72]

Die **Seminargebühren** gehören auch dann zu den von der Dienststelle zu tragenden Kosten, wenn eine **Gewerkschaft** Schulungsveranstalter ist und wenn nur Gewerkschaftsmitglieder zur Schulung zugelassen sind.[73] Allerdings soll die Kostentragungspflicht der Dienststelle entsprechend der Rspr. des *BAG* aufgrund des koalitionsrechtlichen **Verbots der Gegnerfinanzierung** insoweit eingeschränkt sein, als die Gewerkschaft aus der Schulungsveranstaltung keinen Gewinn erzielen darf.[74] Dieses Verbot soll auch für rechtlich selbständige, jedoch **gewerkschaftsnahe Schulungseinrichtungen** gelten, bei denen die Gewerkschaften kraft satzungsmäßiger Rechte oder personeller Verflechtungen maßgeblichen Einfluss auf den Inhalt, die Organisation und die Finanzierung der Bildungsarbeit nehmen können.[75] 21

Bei der Geltendmachung des Anspruchs auf Übernahme der Schulungskosten hat der PR bzw. das PR-Mitglied im Streitfall die Erstattungsfähigkeit der Kosten **nachzuweisen** und die Kosten für Verpflegung und Übernachtung sowie die Seminargebühren im Einzelnen **aufzuschlüsseln**.[76] 22

Beim **Fehlen von Haushaltsmitteln** sind die Kosten für die Teilnahme an einer erforderlichen Schulungsveranstaltung nach der Rspr. des *BVerwG* nur dann zu übernehmen, wenn der **Schulungsbedarf unaufschiebbar** ist.[77] Dies ist bei einer **Grundschulung** der Fall, wenn der Schulungsanspruch wegen Zeitablaufs unterzugehen droht.[78] Eine **Spezialschulung** ist unauf- 23

---

71 *BVerwG* v. 27. 1. 04 – 6 P 9.03 –, PersR 04, 152 (Rn. 21 nach juris); *BAG* v. 9. 6. 82 – 4 AZR 766/79 –, BAGE 39, 118, 121; v. 26. 9. 90 – 7 AZR 208/89 –, BAGE 66, 85, 93; v. 27. 6. 01 – 7 AZR 496/99 –, BAGE 98, 164, 169.

72 *BVerwG* v. 7. 12. 94, a. a. O.

73 *BVerwG* v. 27. 4. 79 – 6 P 17.78 –, PersV 81, 161.

74 Beschl. v. 15. 1. 92 – 7 ABR 23/90 –, v. 28. 6. 95 – 7 ABR 55/94 –, u. v. 17. 6. 98 – 7 ABR 20/97 –, AP Nrn. 41, 48 u. 61 zu § 40 BetrVG 1972.

75 *BAG* v. 30. 3. 94 – 7 ABR 45/93 –, AP Nr. 42 zu § 40 BetrVG 1972, v. 28. 6. 95, a. a. O., u. v. 17. 6. 98, a. a. O.; vgl. Altvater-*Noll*, § 44 Rn. 38 f.

76 Vgl. *BAG* v. 15. 1. 92, 30. 3. 94, 28. 6. 95 u. 17. 6. 98, jew. a. a. O.; Altvater-*Noll*, § 44 a. F. Rn. 40.

77 Beschl. v. 26. 2. 03 – 6 P 9.02 – u. – 6 P 10.02 –, PersR 03, 279 u. 276.

78 So *BVerwG* v. 26. 2. 03 – 6 P 9.02 –, a. a. O., wonach die Schulung eines im Mai erstmals in den PR gewählten Mitglieds spätestens bis zum Ende des auf das Wahljahr folgenden Kalenderjahres stattfinden muss.

schiebbar, wenn das PR-Mitglied die dort vermittelten Kenntnisse benötigt, um einem akuten Handlungsbedarf auf Seiten des PR zu genügen.[79]

23a Eine dem Meinungs- und Erfahrungsaustausch dienende **Tagung** ist nach der Rspr. nicht als Schulungs- und Bildungsveranstaltung anzusehen.[80] Somit sind die einem PR-Mitglied durch die Teilnahme an einer solchen Tagung entstehenden Kosten keine Schulungskosten i. S. d. § 44 und unter diesem Gesichtspunkt nicht von der Dienststelle zu tragen. Gleichwohl ist die Pflicht zur Kostentragung nach Abs. 1 S. 1 dann zu bejahen, wenn die dem PR-Mitglied entstandenen Teilnahmekosten auf eine Tätigkeit des PR zurückführbar sind und wenn der Besuch der Tagung objektiv zur Erfüllung der Aufgaben des PR und subjektiv für das vom PR entsandte PR-Mitglied erforderlich war.[81]

23b Entstehen einem teilzeitbeschäftigten PR-Mitglied Kosten für die **Fremdbetreuung eines minderjährigen Kindes**, weil es außerhalb seiner persönlichen Arbeitszeit eine notwendige **PR-Tätigkeit** durchführt (z. B. indem es an einer Sitzung des PR teilnimmt), hat die Dienststelle in angemessener Höhe die Kinderbetreuungskosten zu tragen, wenn eine anderweitige Betreuung des Kindes nicht sichergestellt werden kann.[82] Entsprechendes gilt, wenn das teilzeitbeschäftigte PR-Mitglied außerhalb seiner persönlichen Arbeitszeit an einer erforderlichen **Schulungs- und Bildungsveranstaltung** i. S. d. § 44 Abs. 1 S. 2 i. V. m. § 43 Abs. 2 S. 2 teilnimmt.[83]

i) Unfallkosten

24 Erleidet ein **Beamter** anlässlich der Wahrnehmung von Rechten oder der Erfüllung von Pflichten nach dem PersVR einen **Unfall**, der im Sinne der beamtenrechtlichen Unfallfürsorgevorschriften ein Dienstunfall wäre, oder einen **Sachschaden**, der nach § 80 LBG zu ersetzen wäre, finden diese Vorschriften nach § 6 Abs. 2 entsprechende Anwendung (vgl. § 6 Rn. 16 ff., 19). Das muss aus Gründen der Gleichbehandlung in Bezug auf Sachschäden auch bei **Arbeitnehmern** gelten, die gegen Körperschäden in der Gesetzlichen Unfallversicherung versichert sind (vgl. § 6 Rn. 20.).

---

79 So *BVerwG* v. 26. 2. 03 – 6 P 10.02 –, a. a. O.

80 *BVerwG* v. 27. 4. 79 – 6 P 89/78 –, PersV 81, 23, u. v. 14. 11. 90 – 6 P 4.89 –, PersR 91, 29.

81 So *BVerwG* v. 1. 8. 96 – 6 P 21.93 –, PersR 96, 491, zu einer **PR-Konferenz** gem. § 47a Abs. 2 (vgl. § 47a Rn. 14 ff.), u. *HessVGH* v. 24. 2. 05 – 22 TL 2161/03 –, PersR 05, 367, zu einem dem Meinungsaustausch unter Fachleuten dienenden **Fachkongress.**

82 Zum BetrVG nahezu unstreitig; vgl. *BAG* v. 23. 6. 10 – 7 ABR 103/08 –, NZA 10, 1298.

83 Vgl. Altvater-*Noll*, § 46 Rn. 50 m. w. N.

3. Sachaufwand und Büropersonal

(**Abs. 2**) Nach Abs. 2 hat die Dienststelle für die Sitzungen, die Sprechstunden und die laufende Geschäftsführung in erforderlichem Umfang **Räume, Geschäftsbedarf, die üblicherweise in der Dienststelle genutzte Informations- und Kommunikationstechnik und Büropersonal** zur Verfügung zu stellen. Für den Umfang dieses **Überlassungsanspruchs**[84] kommt es wie bei der Grundnorm des Abs. 1 S. 1 darauf an, was der PR bei Würdigung der Umstände, insbesondere seiner Geschäftsbedürfnisse, und unter Beachtung des Gebots der sparsamen Verwendung öffentlicher Mittel und des Grundsatzes der Verhältnismäßigkeit nach **pflichtgemäßer Beurteilung** für erforderlich und angemessen halten darf (vgl. Rn. 4).[85] Dem PR steht auch dabei ein **Beurteilungsspielraum** zu.[86] 25

a) Räumlichkeiten und Büroeinrichtungen

Die Sitzungen, die Sprechstunden und die laufende Geschäftsführung müssen zur **Tätigkeit des PR**, also zu der nach objektiven Kriterien zu beurteilenden Wahrnehmung seiner gesetzlichen Aufgaben gehören (vgl. Rn. 3). Mit **Sitzungen** sind die Sitzungen des Plenums, des Vorstands und etwaiger Ausschüsse des PR gemeint, aber auch (mangels einer speziellen Regelung) die vom PR nach § 50 i. V. m. § 49 Abs. 1 oder Abs. 2 einzuberufenden **Personalversammlungen** einschl. der nach § 49 Abs. 3 durchgeführten getrennten Versammlungen. Die **Sprechstunden** müssen auf der Grundlage des § 40 eingerichtet sein. Der Begriff der **laufenden Geschäftsführung** i. S. d. Abs. 2 ist weiter als der Begriff der laufenden Geschäfte i. S. d. § 28 Abs. 4 S. 1; er umfasst alle zum gesetzlichen Aufgabenkreis des PR gehörenden Tätigkeiten, die keine Sitzungen (bzw. Personalversammlungen) oder Sprechstunden sind. 26

Bei den zur Verfügung zu stellenden Räumen handelt es sich um **Besprechungszimmer** oder **Sitzungssäle** für die durchzuführenden Sitzungen, Versammlungen und Sprechstunden sowie um **Büroräume** für die laufende Geschäftsführung des PR.[87] Lage, Größe, Beschaffenheit und Ausstattung der Räume müssen unter Beachtung des Arbeitsstättenrechts für den jeweiligen Zweck **geeignet**, also funktionsgerecht und benutzbar sein und dem in der Dienststelle üblichen Standard entsprechen. Sie müssen in aller Regel 27

84 Vgl. *BAG* v. 21.4.83 – 6 ABR 70/82 –, AP Nr. 20 zu § 40 BetrVG 1972; *VG Ansbach* v. 6.11.89 – AN 8 P 89.01251 –, PersR 90, 147; Altvater-*Noll*, § 46 Rn. 5.

85 *VGH BW* v. 9.10.01 – PL 15 S 2437/00 –, PersR 02, 126.

86 Vgl. *BAG* v. 12.5.99 – 7 ABR 36/97 – u. v. 9.6.99 – 7 ABR 66/97 –, AP Nr. 65 u. 66 zu § 40 BetrVG 1972.

87 Näher dazu Altvater-*Noll*, § 47 Rn. 9ff.

innerhalb der Dienststelle (im Dienstgebäude) liegen. Ob sie ständig oder (nur) zu bestimmten Zeiten zur Verfügung zu stellen sind, richtet sich nach dem Umfang der erforderlichen Nutzung. Der Dienststellenleiter hat grundsätzlich das Recht zur Auswahl der Räume. Er darf bisher bereitgestellte Räume wieder entziehen, wenn deren Überlassung nicht mehr erforderlich ist oder wenn sie für dienstliche Zwecke benötigt werden. Dann sind gleichwertige, geeignete Räume zur Verfügung zu stellen.[88] Die zum ständigen Gebrauch überlassenen Räume müssen **abschließbar** sein, in den zeitweise zugewiesenen Büroräumen muss sich ein abschließbarer (ausreichend großer) Aktenschrank zur alleinigen Nutzung befinden. Für die Dauer der Nutzung der Räume steht dem PR (i. d. R. seinem Vorsitzenden) das **Hausrecht** zu (vgl. § 30 Rn. 7; § 50 Rn. 5).

b) Sachmittel, Informations- und Kommunikationstechnik

28 Zum **Geschäftsbedarf** gehören – entsprechend dem in der Dienststelle üblichen Standard – alle **Büroeinrichtungen und -gegenstände**, die für die wirksame Wahrnehmung der Geschäfte des PR erforderlich sind,[89] insbesondere Schreibmaterialien, Diktiergeräte (Schreibmaschinen sind zwischenzeitlich als unzumutbar anzusehen, da sie im Allgemeinen nicht mehr in Gebrauch sind und für die elektronische Kommunikation als untauglich ausscheiden), Aktenordner, Stempel, Briefpapier, Briefumschläge und Briefmarken (oder die Mitbenutzung eines Freistemplers) sowie, je nach Größe der Dienststelle, ein eigenes Kopiergerät oder die Mitbenutzung der vorhandenen Kopiergeräte. Der Geschäftsbedarf des PR umfasst auch **Informations- und Kommunikationstechnik** (vgl. Rn. 28a ff.) sowie **Fachliteratur** (vgl. Rn. 31 ff.).

28a Mit dem ÄndG 2013 wurde Abs. 2 insoweit ergänzt, als der PR **die üblicherweise in der Dienststelle genutzte** Informations- und Kommunikationstechnik beanspruchen kann. Die gesetzliche Formulierung dient der Klarstellung,[90] nicht der Einschränkung der bisherigen Ansprüche des PR in Bezug auf die Nutzung der Informations- und Kommunikationstechnik. Daraus ergibt sich, dass dem PR auch weiterhin Informations- und Kommunikationstechnik jedenfalls in dem Umfang zusteht, wie es vor dem ÄndG 2013 in der Rspr. als erforderlich angesehen wurde, selbst wenn im Einzelfall die Dienststelle nicht entsprechend ausgestattet war.[91]

---

88 Altvater-*Noll*, § 47 Rn. 10; unzutreffend daher *VG Hamburg* v. 3.8.12 – 25 FL 8/12.

89 *VGH BW* v. 20.6.89 – 15 S 2123/88 –, PersR 90, 183.

90 LT-Dr. 15/4224, S. 109 [zu § 45].

91 Ausführlich: *Richter*, PersV 19, 9

Der PR hat demzufolge u. a. Anspruch auf einen **Telefonanschluss**, und zwar i. d. R. auf einen eigenen Nebenanschluss und in größeren Dienststellen auf einen eigenen Amtsanschluss (zur Aufzeichnung von Telefondaten vgl. § 6 Rn. 8).[92] Ist die Erreichbarkeit des PR (z. B. bei der Unterbringung der Dienststelle in weit auseinander liegenden Gebäuden) besonders erschwert, kann auch ein Anrufbeantworter oder ein Mobiltelefon erforderlich sein.[93] In größeren Dienststellen mit umfangreichem Briefverkehr ist ein eigenes **Telefaxgerät**, ansonsten die Mitbenutzung der dienststelleneigenen Faxgeräte erforderlich.[94] 29

Zum erforderlichen und angemessenen Geschäftsbedarf des PR gehören zwischenzeitlich auch **Personalcomputer (PC)** nebst Monitoren und Drucker, DVD-Laufwerk sowie Software zur Textverarbeitung und Tabellenkalkulation.[95] Ob **tragbare PCs** (Tablets, Notebooks) in Dienststellen erforderlich sind, kann heutzutage kaum mehr verneint werden, da sich die Preise im Verhältnis zu PCs kaum unterscheiden. Andererseits ist zu berücksichtigen, dass nur mit Laptops bzw. Notebooks für PR-Mitglieder die Möglichkeit gegeben ist, an PR-Sitzungen mittels **Video- oder Telefonkonferenztechnik** teilzunehmen.[96] 30

Wird ein **dienststelleninternes elektronisches Kommunikationssystem (Intranet, E-Mail)** zum Nachrichtenaustausch zwischen Dienststellenleitung und Beschäftigten verwandt, hat der PR Anspruch auf **Mitbenutzung** dieses Systems.[97] Wird in der Dienststelle das **Internet** genutzt, hat der PR nach der auf das PersVR übertragbaren Rspr. des *BAG* zum BetrVG Anspruch auf **Zugang** zum Internet, sofern dessen Nutzung der Informationsbeschaffung durch den PR und damit der Erfüllung der ihm obliegenden personalvertretungsrechtlichen Aufgaben dient und keine berechtigten Interessen der Dienststelle entgegenstehen; ist das der Fall, bedarf es zur Begründung des Anspruchs nicht der Darlegung konkreter, aktuell anstehender Aufgaben, zu deren Erledigung der PR Informationen aus dem Internet 30a

---

92 Z. T. str.; vgl. *BAG* v. 9. 6. 99 – 7 ABR 66/97 –, v. 27. 11. 02 – 7 ABR 36/01 – u. – 7 ABR 33/01 –, AP Nrn. 66, 75 u. 76 zu § 40 BetrVG 1972; *HessVGH* v. 27. 2. 92 – HPV TL 2154/87 –, DB 92, 1787 Ls.

93 Vgl. *OVG NW* v. 3. 7. 95 – 1 A 1690/94.PVB –, PersR 96, 72; *ArbG Frankfurt a. M.* v. 12. 8. 97 – 19 BV 103/97 –, AiB 98, 223.

94 Z. T. str.; vgl. *VG Ansbach* v. 16. 11. 04 – AN 8 P 04.00877 –, juris; *LAG Hamm* v, 14. 5. 97 – 3 TaBV 2/97 –, BB 97, 2052 Ls.; *LAG RP* v. 8. 10. 97 – 8 TaBV 17/97 –, BB 98, 1211 Ls.; *LAG Nds.* v. 27. 5. 02 – 5 TaBV 21/02 –, AiB 03, 555.

95 Z. T. str.; vgl. *BAG* v. 11. 3. 98 – 7 ABR 59/96 –, AP Nr. 57 zu § 40 BetrVG 1972, v. 11. 11. 98 – 7 ABR 57/97 –, PersR 99, 406, v. 12. 5. 99 – 7 ABR 36/97, AP Nr. 65 zu § 40 BetrVG 1972, u. v. 16. 5. 07 – 7 ABR 45/06 –, AP Nr. 90 zu § 40 BetrVG 1972, sowie *VGH BW* v. 9. 10. 01, – PL 15 S 2437/00 –, PersR 02, 126.

96 Bejaht von *HessLAG* v. 14. 3. 22 – 16 TaBV 143/21 –, NZA-RR 22, 420.

97 *BVerwG* v. 27. 10. 09 – 6 P 11.08 –, PersR 10, 74, m. w. N.

benötigt.[98] Nach dem am 1.8.2013 in Kraft getretenen »Gesetz zur Förderung der elektronischen Verwaltung sowie zur Änderung weiterer Vorschriften« (**E-Government-Gesetz – EGovG**)[99] und dem am 17.12.2015 eingeführten »Gesetz zur Förderung der elektronischen Verwaltung des Landes Baden-Württemberg« (**E-Government-Gesetz Baden-Württemberg – EGovG BW**)[100] haben die Behörden der Länder, der Gemeinden und Gemeindeverbände und der sonstigen der Aufsicht des Landes unterstehenden juristischen Personen des öffentlichen Rechts, die Pflicht, für Bürger die Möglichkeit zur elektronischen Kommunikation und für elektronische Bezahlmöglichkeiten sowie entsprechende Internetinformationen anzubieten.[101] Aus diesem Grund haben die Dienststellen, die Teile der elektronischen Kommunikationsmöglichkeiten infolge des EGovG nachholen oder ausbauen, dem PR zumindest entsprechende Kommunikationsmöglichkeiten einzurichten.

c) Fachliteratur

31 Zu der zur Verfügung zu stellenden **Fachliteratur** gehören die für die PR-Arbeit erforderlichen **Texte von Gesetzen, Verordnungen und Verwaltungsvorschriften**, v.a. auf dem Gebiet des Beamten-, Arbeits- und Sozialrechts, sowie der für die Dienststelle maßgebenden **Tarifverträge**, **Unfallverhütungs**- und sonstigen **Arbeitsschutzvorschriften**.[102] Die Möglichkeit zur Mitbenutzung der in der Dienststelle vorhandenen Textausgaben ist nur bei solchen Vorschriften ausreichend, die nur gelegentlich benötigt werden, und auch nur dann, wenn im Bedarfsfall die jederzeitige ungestörte Einsichtnahme möglich ist.[103] Der PR hat das Recht zur Auswahl.[104]

32 Ein **Kommentar zum LPVG** gehört zum »unentbehrlichen Rüstzeug«, das dem PR jederzeit zur Verfügung stehen muss, damit er seine Aufgaben ordnungs- und sachgemäß erfüllen kann.[105] Wie viele Beschäftigte der PR vertritt, ist nicht entscheidend.[106] Da der Kommentar jederzeit ohne Zeitverlust verfügbar sein muss, ist dem PR i.d.R. ein Exemplar als Mindestaus-

98 *BAG* v. 20.1.10 – 7 ABR 79/08 –, AP Nr. 99 zu § 40 BetrVG 1972.
99 BGBl. I 2013, 2749, zuletzt geändert durch Art. 1 des Gesetzes v. 16.7.21, BGBl. I 2941.
100 Gesetz zur Förderung der elektronischen Verwaltung des Landes Baden-Württemberg (E-Government-Gesetz Baden-Württemberg – EGovG BW) v. 17.12.15, GBl. S. 1191.
101 Vgl. *Biewer,* PersR 13, 439.
102 Vgl. Altvater-*Noll*, § 47 Rn. 23.
103 Vgl. Altvater-*Noll*, a.a.O.
104 Vgl. *BAG* v. 24.1.96 – 7 ABR 22/95 –, PersR 96, 457.
105 *BVerwG* v. 25.7.79 – 6 P 29.78 –, PersV 80, 57.
106 *VG Ansbach* v. 8.2.88 – AN 7 P 01727 –, PersV 88, 265.

stattung zur alleinigen Nutzung zu überlassen.[107] Sind mehrere Kommentare erschienen, steht dem PR das Wahlrecht zu.[108] Dabei hat er Anspruch auf einen Kommentar in aktueller Fassung,[109] wenn er wünscht, auch in Papierform.[110]

Vom PR ausgewählte **Kommentare zu anderen Rechtsvorschriften**, ins- 32a
besondere zu den wichtigen arbeits-, sozial-, tarif- und beamtenrechtlichen Vorschriften, gehören jedenfalls dann zum erforderlichen Geschäftsbedarf, wenn der PR diese Erläuterungswerke zur Erfüllung seiner Aufgaben regelmäßig benötigt.[111] Der PR hat auch Anspruch auf von ihm ausgewählte – nicht nur juristische – **Spezialliteratur** zu bestimmten Sachbereichen, in denen ihm wesentliche Beteiligungsrechte zustehen.[112]

Zum erforderlichen Geschäftsbedarf des PR gehört unabhängig von der 33
Größe der Dienststelle und der Zahl der vom PR vertretenen Beschäftigten auch eine für seine Arbeit einschlägige **Fachzeitschrift zum PersVR**.[113] Inhaltlich geeignet ist eine Zeitschrift, die durch aktuelle Veröffentlichungen über die personalvertretungsrechtliche Entwicklung informiert und sich nicht auf die Wiedergabe der Veröffentlichungen eines einzelnen Verbandes beschränkt.[114] Der PR hat das Recht, eine von mehreren geeigneten Fachzeitschriften auszuwählen.[115] Die Ansicht, dass die PR jedenfalls in kleineren Dienststellen auf ein Umlaufverfahren zusammen mit anderen PR und/oder der Dienststelle verwiesen werden könnten,[116] ist nicht sachgerecht.[117]

Zumindest in größeren Dienststellen kann auch die Bereitstellung beamten-, 33a
arbeits- und sozialrechtlicher **Entscheidungssammlungen** erforderlich sein, damit der PR auftretende Rechtsfragen unter Heranziehung einschlägiger Rechtsprechung eigenständig einschätzen kann.[118]

---

107 Lorenzen-*Hebeler*, § 47 Rn. 12 ff., 15; Richardi-*Jacobs*, § 44 a. F. Rn. 87.

108 Vgl. *BAG* v. 26.10.94 – 7 ABR 15/94 –, AP Nr. 43 zu § 40 BetrVG 1972; Lorenzen-*Hebeler*, § 47 Rn. 12.

109 Vgl. Altvater-*Noll*, § 47 Rn. 24 m. w. N.

110 *VG Berlin* v. 7.6.19 – 72 K 12.18 PVB –, ZfPR online 19, Nr. 9, 20.

111 Vgl. Altvater-*Noll*, § 47 Rn. 26 m. w. N.; *BVerwG* v. 21.1.91 – 6 P 13.89 –, PersR 91, 92, zum BAT und MTB II.

112 Vgl. Richardi-*Jacobs*, § 44 a. F. Rn. 90; *Fitting*, § 40 Rn. 122 m. w. N.

113 *BVerwG* v. 29.6.88 – 6 P 18.86 –, PersR 88, 242, v. 5.10.89 – 6 P 10.88 –, PersR 90, 11, u. v. 19.8.94 – 6 P 25.92 –, PersR 94, 522.

114 *BVerwG* v. 29.6.88, a. a. O.

115 Einschränkend *BVerwG* v. 30.1.91 – 6 P 7.89 –, PersR 91, 213.

116 So *BVerwG* v. 30.1.91 u. v. 19.8.94, jew. a. a. O.

117 Vgl. Altvater-*Noll*, § 44 a. F. Rn. 62 m. w. N.

118 Vgl. Altvater-*Noll*, § 44 a. F. Rn. 62a m. w. N.

d) Büropersonal

34 Die Dienststelle hat dem PR auch in erforderlichem Umfang **Büropersonal** zur Verfügung zu stellen.[119] Der frühere Begriff »Schreibkräfte« ist dem üblichen Sprachgebrauch angepasst worden.[120] Mit dem Begriff »Büropersonal« werden die tatsächlich bei der Tätigkeit für den PR anfallenden Arbeiten besser erfasst als zuvor. Die **Aufgaben** einer Bürokraft i. S. d. Abs. 2 umfassen nicht nur die reinen Schreibarbeiten, sondern auch die damit üblicherweise verbundenen Vor- und Nacharbeiten sowie andere Hilfstätigkeiten, nicht jedoch Sachbearbeiteraufgaben.[121] In welchem **Umfang** die Zuweisung von Büropersonal erforderlich ist, hängt vom Arbeitsanfall des PR ab.[122] Dafür können die Größe der Dienststelle und des PR Indizien sein.[123] Darüber hinaus ist zu berücksichtigen, dass der PR nach § 32 Abs. 2 berechtigt ist, ihm zur Verfügung gestelltes Büropersonal zur Erstellung der Niederschrift zu den Sitzungen des PR und seiner Ausschüsse (§ 35 Abs. 3) hinzuzuziehen. Der damit verbundene Zeitaufwand ist bei der Bemessung des Umfangs zusätzlich mit zu berücksichtigen (vgl. § 32 Rn. 3). Außerdem kann der PR berechtigt sein, Beschäftigte als **Kommunikationsbeauftragte** in der Funktion als Hilfspersonen zur Verbesserung der Kommunikation mit den Beschäftigten der Dienststelle zu bestellen.[124] Der PR kann eine Bürokraft nicht eigenständig bestellen.[125] Er hat aber bei der **Auswahl** des Büropersonals ein Mitspracherecht.[126] Die gegenteilige Ansicht[127] verkennt, dass der Einsatz für den PR ein Vertrauensverhältnis zwischen ihm und der

119 Dieser Anspruch kann auch im Rahmen einer einstweiligen Verfügung geltend gemacht werden: *SächsOVG* v. 1. 2. 22 – 9 B 405/21.PL –, juris Rn. 8; v. 29. 4. 97 – P 5 S 40/96 –, PersR 98, 165.

120 LT-Dr. 15/4224, S. 109 [zu § 45].

121 *BVerwG* v. 21. 3. 84 – 6 P 3.82 –, Buchh 238.37 § 40 Nr. 2; *BayVGH* v. 10. 2. 93 – 17 P 92.2698 –, PersR 93, 364; *OVG LSA* v. 30. 7. 03 – 5 L 5/02 –, PersR 03, 508.

122 *SächsOVG* v. 29. 4. 97 – P 5 S 40/96 –, PersR 98, 165; *OVG LSA* v. 30. 8. 00 – A 5 S 4/99 –, PersR 01, 118, u. v. 30. 7. 03, a. a. O.

123 Vgl. *LAG BW* v. 25. 11. 87 – 2 TaBV 3/87 –, AiB 88, 185.

124 Vgl. *BAG* v. 29. 4. 15 – 7 ABR 102/12; *Reich*, PersV 16, 415.

125 *BVerwG* v. 18. 6. 13 – 6 PB 14.13 –, PersR 13, 419: Ein Beschluss des PR, durch welchen ein in der Dienststelle beschäftigter Sachbearbeiter zum Intranetredakteur bestellt wird, ist für die Dienststelle nicht verbindlich und löst somit keine Kostentragungspflicht aus.

126 *HessVGH* v. 20. 2. 80 – HPV TL 23/79 –, PersV 82, 161; Leuze-*Isenburg*, § 41 Rn. 31.

127 *BVerwG* v. 21. 3. 84, a. a. O; *HmbOVG* v. 27. 2. 13 – 8 Bf197/12.PVL –, PersV 13, 379; *SächsOVG* v. 1. 2. 22 – 9 B 405/21.PL –, juris.

Bürokraft erfordert.[128] Jedenfalls kann er eine Bürokraft ablehnen, zu der er kein Vertrauen hat.[129]

4. Bekanntmachungen und Informationseinrichtungen

(Abs. 3) Nach **Abs. 3 S. 1** werden dem PR in allen Dienststellen geeignete **Plätze für Bekanntmachungen und Anschläge** zur Verfügung gestellt. Der PR kann auf Kosten der Dienststelle erforderliche **schriftliche Mitteilungen an die Beschäftigten** verteilen und die Beschäftigten mittels Inanspruchnahme auch über der üblicherweise in der Dienststelle genutzten **Informations- und Kommunikationseinrichtungen** (Rn. 36a) unterrichten. 35

35a In welcher **Anzahl** und an welchen **Stellen** solche Plätze für Bekanntmachungen und Anschläge (Schwarze Bretter) bereitzustellen sind, richtet sich nach der Größe und den räumlichen Verhältnissen der jeweiligen Dienststelle. Die Plätze müssen für alle Beschäftigten leicht zugänglich und gut sichtbar sein.[130] Der PR entscheidet **eigenverantwortlich**, welche Informationen in welcher Form und für welche Zeit er an den Schwarzen Brettern bekannt macht (vgl. Rn. 5).[131] Eine Inhaltskontrolle durch den Dienststellenleiter (in Form einer Vor- oder Nachzensur) ist unzulässig.[132] Er darf eine Bekanntmachung nur dann eigenmächtig entfernen, wenn es der Abwehr einer strafbaren Handlung dient. Im Übrigen ist auf die Inanspruchnahme gerichtlichen Rechtsschutzes – einschl. der Möglichkeit einer einstweiligen Verfügung – beschränkt.[133]

36 Der durch das ÄndG 2013 eingefügte **S. 1 Hs. 2**, wonach der PR erforderliche **schriftliche Mitteilungen an die Beschäftigten** verteilen kann, entspricht sinngemäß Abs. 3 S. 2 a. F., in dem bestimmt war, dass die Dienststelle die Kosten für erforderliche Informationsschriften des PR trägt. Damit ist keine inhaltliche Einschränkung erfolgt, sondern lediglich eine Klarstellung.[134] Mitteilungen an die Beschäftigten können insoweit auch Informationen enthalten, die über den reinen Mitteilungscharakter hinausgehen. Bereits bei der Gesetzesänderung des Abs. 3 S. 2 a. F., hat der Gesetzgeber sich von der Absicht leiten lassen, Informationsschriften neben den Bekanntmachungen an den Schwarzen Brettern als grundsätzlich **gleichberechtigte Informationsform** zuzulassen, soweit sie sich im Rahmen der Aufgaben

128 Vgl. Leuze-*Isenburg*, § 41 Rn. 35.
129 Vgl. *BAG* v. 5. 3. 97 – 7 ABR 3/96 –, AP Nr. 56 zu § 40 BetrVG 1972; ausf. Altvater-*Noll*, § 47 Rn. 34 m. w. N.
130 *HmbOVG* v. 22. 5. 00 – 8 Bf 436/99.PVL –, PersR 01, 43.
131 Altvater-*Noll*, § 48 Rn. 5 f.
132 *VG Frankfurt/Main* v. 1. 3. 21 – 23 K 2552/20.F.PV –, ZfPR online 21, Nr. 7–8, 11.
133 *BVerwG* v. 27. 10. 09 – 6 P 11.08 –, PersR 10, 74.
134 LT-Dr. 15/4224, S. 109 [zu § 45].

und Zuständigkeiten des PR halten und – der Grundnorm des Abs. 1 S. 1 entsprechend – als erforderlich anzusehen sind.[135]

36a Neben den Formen der schriftlichen Information kann der PR, wie in S. 2 klargestellt ist, die üblicherweise in der Dienststelle genutzten **Informations- und Kommunikationseinrichtungen**,[136] z. B. E-Mail oder Intranet, nutzen,[137] wenn er auf diesem Weg die Beschäftigten ebenfalls erreichen kann (vgl. Rn. 30a).[138] Soweit in der Dienststelle üblich, kann dies auch auf dem Wege internetbasierter Kommunikation, wie Blogs, Twitter und Facebook, erfolgen.[139]

37 Informationen in Schriftform (gleich ob in Papierform oder elektronisch) eignen sich v. a. für längere, detaillierte und differenzierte Mitteilungen zu komplexen beteiligungspflichtigen sozialen oder (arbeits-)organisatorischen Angelegenheiten, mit denen der PR (u. U. über einen längeren Zeitraum) befasst ist.[140] Über ihre Herausgabe, ihren Inhalt, ihre Form (auch als Flugblatt) und ihren Umfang sowie den Zeitpunkt ihres (periodischen oder unregelmäßigen) Erscheinens hat der PR **eigenverantwortlich** zu entscheiden (vgl. Rn. 5).

38 Die **Kosten** der Vervielfältigung und Verteilung der **Informationsmedien** hat die Dienststelle zu tragen (S. 2). Der Begriff Informationsmedien beinhaltet nicht nur Informationsschriften (S. 2 a. F.), sondern auch die elektronischen Formen der Informationsvermittlung. Liegt der Inhalt einer Informationsschrift im Aufgabenbereich des PR, darf der Dienststellenleiter den Druck bzw. die Kostenübernahme dafür nur ausnahmsweise aus gewichtigen Gründen, z. B. bei einem Verstoß des Inhalts gegen gesetzliche Bestimmungen, ablehnen.[141] Macht der Dienststellenleiter geltend, eine beabsichtigte Informationsschrift sei ihrem Inhalt nach unzulässig, und lehnt er es deswegen ab, sie in der Dienststelle drucken zu lassen, ist der PR berechtigt, den externen Druck zu veranlassen und die dadurch entstehenden Kosten sodann der Dienststelle gegenüber geltend zu machen sowie den Kostentragungsanspruch ggf. nachträglich gerichtlich klären zu lassen.[142]

---

135 LT-Dr. 11/6312, S. 39 [zu Nr. 18]; die vorausgegangene Rspr. des *VGH BW*, Beschl. v. 6. 9. 88 – 15 S 2018/87 –, PersV 90, 133, die die Herausgabe eines Informationsblatts des PR nur in besonderen Ausnahmefällen für zulässig gehalten hatte, ist gegenstandslos.

136 Näher hierzu *Meyer/Buchholz*, PersR 11, 104, sowie zum BetrVG DKW-*Wedde*, § 40 Rn. 154 ff.

137 LT-Dr. 15/4224, S. 109 [zu § 45].

138 Lorenzen-*Hebeler*, § 48 Rn. 13; Rooschüz-*Abel*, § 41 Rn. 39 f.

139 Altvater-*Noll*, § 48 Rn. 8.

140 Vgl. Lorenzen-*Hebeler*, § 48 Rn. 10.

141 *BVerwG* v. 10. 10. 90 – 6 P 22.88 –, PersR 91, 27, u. v. 27. 10. 09, a. a. O.

142 *OVG NW* v. 11. 3. 94 – 1 A 1423/91.PVL –, PersR 94, 429, u. v. 26. 6. 98 – 1 A 123/96.PVL –, PersR 98, 479.

§ 42 Verbot der Beitragserhebung

Der Personalrat darf für seine Zwecke von den Beschäftigten keine Beiträge erheben oder annehmen.

Vergleichbare Vorschriften:
§ 49 BPersVG; § 41 BetrVG

1 Die Bestimmungen des § 41 sehen vor, dass die Dienststelle die durch die Tätigkeit des PR entstehenden Kosten trägt, die Bestimmungen des § 43 sehen vor, dass durch die PR-Tätigkeit keine Minderung der Dienstbezüge oder des Arbeitsentgelts eintritt. Damit ist die Finanzierung der Tätigkeit des PR gewährleistet, ohne dass er auf Zuwendungen von Beschäftigten oder Dritten angewiesen ist. § 42 verbietet dem PR, für seine Zwecke von den Beschäftigten Beiträge zu erheben oder anzunehmen. Dieses **Verbot** entspricht dem Grundsatz des unentgeltlichen Ehrenamts der PR-Mitglieder (§ 43 Abs. 1) und soll die Unabhängigkeit des PR und die seiner Mitglieder sichern.[1] Ihrem Wortlaut nach gilt die Regelung für Beiträge der **Beschäftigten** i. S. d. § 4. Aufgrund ihrer Zwecksetzung ist die Verbotsvorschrift aber auf die Erhebung und Annahme von Beiträgen von **Dritten** – d. h. von Personen, die keine Beschäftigten sind, und von Organisationen, z. B. politischen Parteien – entsprechend anzuwenden.

2 Das Verbot erstreckt sich nicht nur auf Geldleistungen, sondern auf alle **Zuwendungen**, die der Finanzierung der Tätigkeit des PR dienen. Untersagt sind sowohl die **Erhebung**, also das Einziehen vom PR geforderter Beiträge, als auch die bloße **Annahme**, also die Entgegennahme freiwillig geleisteter Zuwendungen. Verboten ist die Beitragserhebung und -annahme für **Zwecke des PR**. Diese bestehen in der Wahrnehmung seiner gesetzlichen Aufgaben und Befugnisse. Sammlungen des PR oder seiner Mitglieder für **andere Zwecke** sind nicht unzulässig, wenn dabei insbesondere das Neutralitätsgebot des § 69 Abs. 1 S. 2 beachtet (vgl. § 69 Rn. 16) und die Unabhängigkeit des PR (vgl. § 1 Rn. 25) nicht gefährdet wird. Das gilt v. a. für Sammlungen im Rahmen der zwischenmenschlichen Beziehungen der Beschäftigten, z. B. für eine Kranzspende, ein Geburtstagsgeschenk oder für ein Betriebsfest, dessen Organisation der PR übernommen hat.[2] Der PR ist allerdings nicht berechtigt, für solche zwischenmenschlichen Zwecke eine eigene Kasse zu unterhalten.[3] Ausnahmsweise können auch Sammlungen aus außerbetrieblichem Anlass, z. B. für Opfer einer Katastrophe,

1 Vgl. *BVerwG* v. 10. 10. 90 – 6 P 22.88 -, PersR 91, 27; *BAG* v. 14. 8. 02 – 7 ABR 29/01 -, AP Nr. 2 zu § 41 BetrVG 1972; *Steiner*, PersV 19, 325.

2 Vgl. Lorenzen-*Gerhold*, § 45 a. F. Rn. 8 m. w. N.

3 Richardi-*Jacobs*, § 45 a. F. Rn. 11.

zulässig sein.[4] Gewerkschaftsbeiträge dürfen vom PR schon deshalb nicht eingezogen werden, weil das mit dem Gebot der objektiven und neutralen Amtsführung unvereinbar wäre. Dagegen dürfen einzelne PR-Mitglieder außerhalb ihrer PR-Tätigkeit auch in der Dienststelle Gewerkschaftsbeiträge einziehen, da dies nach § 69 Abs. 2 durch das Recht zur gewerkschaftlichen Betätigung gewährleistet ist.[5]

Abschnitt 4
Rechtsstellung der Personalratsmitglieder[1]

§ 43 Allgemeines

(1) Die Mitglieder des Personalrats führen ihr Amt unentgeltlich als Ehrenamt.

(2) [1]Versäumnis von Arbeitszeit, die zur ordnungsmäßigen Durchführung der Aufgaben des Personalrats erforderlich ist, hat keine Minderung der Besoldung oder des Arbeitsentgelts zur Folge. [2]Werden Mitglieder des Personalrats durch die Erfüllung ihrer Aufgaben über ihre individuell maßgebliche Arbeitszeit hinaus beansprucht, so ist ihnen Dienstbefreiung in entsprechendem Umfang zu gewähren.

Vergleichbare Vorschriften:
§§ 50, 51 BPersVG; § 37 Abs. 1 und 2 BetrVG

Inhaltsübersicht Rn.

---

4 Str.; a. A. *Fischer/Goeres/Gronimus/Lechtermann*, § 45 a. F. Rn. 8; wie hier *Fitting*, § 41 Rn. 8; jew. m. w. N.

5 Altvater-*Kröll*, § 49 Rn. 6.

1 Die in LPVG a. F. enthaltene **amtliche Fußnote**, in der **§§ 9, 107, 108 Abs. 1 und § 109 BPersVG** wiedergegeben wurden, wurde im ÄndG 2013 gestrichen. Der Gesetzgeber hat dies damit begründet, dass diese Regelungen inzwischen in das LPVG vollinhaltlich übernommen worden sind: LT-Dr. 15/4224 S. 109 [vor § 47]. Allerdings hat er das lediglich als redaktionelle Änderung bezeichnet, so dass eine Absicht, nunmehr eine von den Regelungen der §§ 9, 107, 108 Abs. 1 und § 109 BPersVG losgelöste, eigenständige gesetzliche Regelung zu schaffen, nicht erkennbar ist. Unabhängig davon gilt nach der Gesetzesbegründung § 108 Abs. 2 BPerVG auch nach der Föderalismusreform für die Länder weiter; LT.-Dr. 15/4224 S. 238 [zu § 82 Abs. 1 Nr. 9]. § 108 Abs. 2 ist in **Anhang 1** erläutert.

1. Vorbemerkung

§ 43 regelt wesentliche Grundfragen der **allgemeinen Rechtsstellung der PR-Mitglieder**. Die Vorschrift wird durch §§ 44 bis 46, die mit dem ÄndG 2013 eingeführt wurden, ergänzt. In engem Zusammenhang mit den §§ 41 und 47 sowie den §§ 6 Abs. 1 u. 2 und 47 Abs. 4 u. 5 sollen die §§ 43 bis 46 die Unabhängigkeit der PR-Mitglieder gewährleisten. Dabei konkretisieren §§ 43 bis 46 die allgemeine Vorschrift des § 6 Abs. 1 durch eigenständige und abschließende Regelungen für die mit der Tätigkeit als PR-Mitglied zusammenhängenden Fragen der Arbeitsbefreiung. Insoweit ist § 6 nicht unmittelbar anzuwenden. Er ist jedoch bei der Auslegung der Spezialvorschriften der §§ 43 bis 46 zu berücksichtigen.[2] 1

2. Unentgeltliches Ehrenamt

(Abs. 1) Die mit § 37 Abs. 1 BetrVG inhaltsgleiche Bestimmung des Abs. 1 stellt den Grundsatz auf, dass das Amt des PR-Mitglieds ein **unentgeltliches Ehrenamt** ist. Das PR-Mitglied soll aus seiner Mitgliedschaft und durch seine Amtstätigkeit weder einen Vorteil haben noch einen Nachteil erleiden. **Unzulässige materielle Besserstellungen** sind z. B.: Zahlung von Dienstbezügen oder Arbeitsentgelt für nicht notwendige Arbeitszeitversäumnis; Freistellung ohne Vorliegen der gesetzlichen Voraussetzungen; Zahlung von Mehrarbeitsvergütung für PR-Tätigkeit in der Freizeit; Zahlung einer höheren Vergütung als an vergleichbare Arbeitnehmer; bevorzugte Höhergruppierung oder Beförderung. **Kein unzulässiger Vorteil** liegt dagegen vor, wenn ein PR-Mitglied, das aufgrund der Wahrnehmung seines Amtes seine bisherige dienstliche Tätigkeit nicht mehr ausüben kann und deswegen auf einem schlechter bezahlten Arbeitsplatz tätig wird, weiterhin das bisherige Arbeitsentgelt erhält. Das Gleiche gilt, wenn unter den Voraussetzungen von Abs. 2 S. 2 ein bezahlter Freizeitausgleich erfolgt. Offen ist die Frage, ob die Zeit der PR-Tätigkeit als **Arbeitszeit** i. S. d. AZG anzusehen ist und damit die Arbeitszeitgrenzen einzuhalten sind. Das *BAG* hat diese Frage ausdrücklich offengelassen, aber – für das BetrVG – entschieden, dass auch dann, wenn die Zeit der Erbringung von Betriebsratstätigkeit arbeitszeitrechtlich nicht als Arbeitszeit anzusehen sein sollte, bei der Beurteilung, ob und wann einem Betriebsratsmitglied die Fortsetzung der Arbeit wegen einer außerhalb seiner persönlichen Arbeitszeit bevorstehenden Betriebsratssitzung **unzumutbar** ist, jedenfalls die in § 5 Abs. 1 ArbZG zum Ausdruck kommende **Wertung** zu berücksichtigen sei, weshalb ein Betriebsratsmitglied, das zwischen zwei Nachtschichten an einer Betriebsratssitzung teilzunehmen habe, berechtigt sei, die Arbeit in der vorherigen Nachtschicht vor dem 2

2 Vgl. Altvater-*Noll*, § 10 Rn. 2.

Ende der Schicht zu einem Zeitpunkt einzustellen, der eine ununterbrochene **Ruhezeit/Erholungszeit von elf Stunden** am Tag ermöglicht, in der weder Arbeitsleistung noch Betriebsratstätigkeit zu erbringen ist.[3] Soweit ein PR-Mitglied aber nicht im Umfang seiner persönlichen vertraglichen Arbeitszeit PR-Tätigkeit erbringt, kann dies zu Abzügen vom Arbeitsentgelt führen, weil eine Freistellung nicht für PR-Tätigkeit genutzt wurde und deshalb der Anspruch auf Dienstbezüge oder Arbeitsentgelt ohne berufliche Arbeitsleistung entfällt.[4] Daher haben auch freigestellte PR-Mitglieder ein Interesse daran, ihre Anwesenheit im Betrieb zu dokumentieren, weshalb die Dienststelle verpflichtet ist, auch diesen die Teilnahme an dem in einer Dienstvereinbarung geregelten Arbeitszeiterfassungssystem zu ermöglichen.[5] Der Anspruch auf Teilnahme an der Zeiterfassung hat jedoch nicht zur Folge, dass die Erbringung von PR-Tätigkeit eine **vergütungspflichtige Arbeitsleistung** darstellt, weshalb nach *BAG* aus eigener Initiative über die persönlichen Arbeitszeiten hinausgehende Anwesenheitszeiten (14 Std./täglich!) weder dem Zeitkonto nach Dienstvereinbarung gutzuschreiben noch durch Dienstbefreiung auszugleichen seien.[6]

3. Arbeitszeitversäumnis und Ausgleich

3 **(Abs. 2)** Die dem § 37 Abs. 2 BetrVG teilweise entsprechende und mit § 46 Abs. 2 S. 1 BPersVG inhaltsgleiche Vorschrift des **Abs. 2 S. 1** bestimmt, dass **Versäumnis von Arbeitszeit**, die zur ordnungsgemäßen Durchführung der Aufgaben des PR erforderlich ist, keine Minderung der Besoldung oder des Arbeitsentgelts zur Folge hat. Der Begriff **Besoldung** bezweckt eine Klarstellung mit Blick auf die in § 1 Abs. 2 und 3 LBesGBW geregelte gesetzliche Definition.[7] Die Regelung geht – wie sich auch aus der Regelung über den Freizeitausgleich in Abs. 2 S. 2 ergibt (vgl. Rn. 6 f.) – davon aus, dass die Aufgaben des PR i. d. R. während der Arbeitszeit wahrgenommen werden. Sie räumt der **Pflicht zur Erfüllung der PR-Aufgaben**, die sich aus dem Amt des PR-Mitglieds ergibt, den **Vorrang** vor der beamtenrechtlichen bzw. arbeitsvertraglichen Pflicht zur Erbringung der Dienst- bzw. Arbeitsleistung ein.[8] Die Regelung des Abs. 2 S. 1 berechtigt die PR-Mitglieder, Arbeitszeit zu versäumen, soweit dies zur ordnungsgemäßen Durchführung der Aufgaben des PR erforderlich ist. Die im Einzelnen durchzuführenden

3 *BAG* v. 18. 1. 17 – 7 AZR 224/15.
4 *BAG* v. 19. 5. 83 – 6 AZR 290/81.
5 *BAG* v. 10. 6. 13 – 7 ABR 22/12.
6 *BAG* v. 28. 9. 16 – 7 AZR 248/14; näher zum unentgeltlichen Ehrenamt Altvater-*Noll*, 50 Rn. 3 ff.
7 GBl. 2010, 793, 826; so die Begründung in LT-Dr. 15/4224 S. 109 [zu § 47].
8 Vgl. *Daniels*, PersR 13, 150.

Aufgaben des PR und seiner Mitglieder ergeben sich in erster Linie aus dem LPVG, aber auch aus anderen Rechtsvorschriften (vgl. vor § 68 Rn. 5 a. E.). Ob es sich bei der Tätigkeit eines PR-Mitglieds um die Wahrnehmung einer Aufgabe des PR handelt, ist nach **objektiven Kriterien** zu entscheiden. Handelt es sich um eine Aufgabe des PR, muss die Arbeitszeitversäumnis zur ordnungsgemäßen Durchführung dieser Aufgabe **erforderlich** sein. Die Erforderlichkeit lässt sich sowohl hinsichtlich der Zahl der tätig werdenden PR-Mitglieder als auch hinsichtlich der Dauer der Arbeitszeitversäumnis nur anhand der **konkreten Umstände** des Einzelfalls beurteilen. Dem PR-Mitglied steht dabei ein großer **Beurteilungsspielraum** zu.[9] Da jedes PR-Mitglied berechtigt und – vom Fall seiner Verhinderung abgesehen – auch verpflichtet ist, an den **Sitzungen des PR** teilzunehmen, ist die dadurch verursachte Arbeitszeitversäumnis stets erforderlich. Es ist allein Sache des PR, darüber zu entscheiden, **welchen PR-Mitgliedern** welche Aufgaben innerhalb des PR zugewiesen werden (vgl. § 35 Rn. 1, § 28 Rn. 12). Auch wenn einzelne Mitglieder freigestellt sind, bleibt es dem PR unbenommen, andere Mitglieder mit der Durchführung bestimmter Aufgaben zu beauftragen.[10] Dementsprechend ist der PR auch frei in der Entscheidung, wen er als Ausschussmitglieder bestellt (§ 35 Rn. 2).

Liegen die Voraussetzungen vor, die das PR-Mitglied zur Arbeitszeitver- 4
säumnis berechtigen, ist es kraft Gesetzes unmittelbar **von der Arbeitspflicht befreit**, ohne dass es dazu einer förmlichen Dienst- oder Arbeitsbefreiung oder Zustimmung des Dienststellenleiters bedarf.[11] Das PR-Mitglied ist allerdings dem Dienstherrn bzw. Arbeitgeber gegenüber i. d. R. verpflichtet, sich rechtzeitig vor Verlassen des Arbeitsplatzes unter Angabe von **Ort, Beginn und voraussichtlicher Dauer** der beabsichtigten PR-Tätigkeit **abzumelden.**[12] Wenn im Einzelfall jedoch eine vorübergehende Umorganisation der Arbeitseinteilung nicht ernsthaft in Betracht kommt, ist das PR-Mitglied nicht verpflichtet, sich abzumelden, sondern muss lediglich der Dienststelle im Nachhinein die Gesamtdauer der PR-Tätigkeit für einen bestimmten Zeitraum mitteilen.[13] Bei der Abmeldung sind Angaben zur

---

9 Vgl. Altvater-*Noll*, § 51 Rn. 9 m. w. N.

10 Näher zu den Voraussetzungen erforderlicher Arbeitszeitversäumnis Altvater-*Noll*, § 51 Rn. 8 – 14.

11 So *BVerwG* v. 12. 6. 84 – 6 P 34.82 –, Buchh 238.3A § 44 Rn. 11; *BAG* v. 19. 9. 85 – 6 AZR 476/83 –, PersR 86, 159; überwiegend auch die Kommentare zum BPersVG, vgl. dazu Altvater-*Noll*, § 51 Rn. 15; a. A. Leuze-*Bieler*, § 43 Rn. 19 ff.; Fischer/Goeres/*Gronimus*, § 46 a. F. Rn. 43 ff., falls es sich nicht um regelmäßige, dem Dienststellenleiter ohnehin bekannte PR-Aufgaben handelt.

12 Vgl. *BAG* v. 15. 3. 95 – 7 AZR 643/94 –, AP Nr. 105 zu § 37 BetrVG; Rooschüz-*Abel*, § 43 Rn. 5.

13 Vgl. *BAG* v. 29. 6. 11 – 7 ABR 135/09 –, AiB 12, 261; Altvater-*Noll*, § 51 Rn. 16.

Art der beabsichtigten PR-Tätigkeit nicht erforderlich, weil daraus Rechtfertigungszwänge entstehen, die die Handlungsfreiheit des PR-Mitglieds beeinträchtigen und sich nachteilig auf die unabhängige Amtsführung auswirken können. Nach Beendigung der PR-Tätigkeit hat sich das PR-Mitglied **zurückzumelden.** Hierfür gilt das Gleiche wie für die Abmeldung.[14] Bei der Ab- und Rückmeldepflicht handelt es nicht nur um eine kollektivrechtliche Obliegenheit aufgrund des Gebots der partnerschaftlich vertrauensvollen Zusammenarbeit, sondern auch um eine arbeitsvertragliche Nebenpflicht.[15]

5 Sind die Voraussetzungen des Abs. 2 S. 1 gegeben, hat das PR-Mitglied für die versäumte Arbeitszeit **Anspruch auf Besoldung**, also auf die in § 1 Abs. 2 und 3 LBesGBW den Beamten und Richtern zustehenden Dienst- und sonstigen Bezüge oder auf **Arbeitsentgelt** (i. S. d. Arbeitsrechts), die es erhalten würde, wenn es weitergearbeitet hätte. Für den Anspruch auf **Arbeitsentgelt** gilt zwingend das **Lohnausfallprinzip**.[16] Danach ist eine **hypothetische Betrachtungsweise** darüber maßgeblich, was der Beschäftigte verdient hätte, wenn er nicht durch die Wahrnehmung von PR-Aufgaben an der Erbringung der Dienst- oder Arbeitsleistung gehindert gewesen wäre. Daraus ergibt sich, dass **Überstunden**, die ohne die PR-Tätigkeit geleistet worden wären, zu vergüten sind, und zwar auch dann, wenn diese nicht regelmäßig anfallen.[17] Wird in der Dienststelle **Gleitzeitarbeit** praktiziert, erstreckt sich der Anspruch auf die Zeitgutschrift über die Kernarbeitszeit hinaus auf die gesamte Gleitzeitspanne. Zu den fortzuzahlenden Bezügen gehören auch alle ohne Arbeitszeitversäumnis angefallenen **Nebenbezüge**, die Bestandteil der Besoldung oder der Arbeitsvergütung sind, wie Erschwernis- und Leistungszulagen, Funktionszulagen[18] sowie Zuschläge für Mehr-, Nacht- oder Sonntagsarbeit. Geldleistungen mit reinem **Aufwendungscharakter**, z. B. Wegegelder, Auslösungen oder Beköstigungszulagen, sind dagegen dann nicht fortzuzahlen, wenn das PR-Mitglied infolge der Arbeitszeitversäum-

---

14 Vgl. *BAG* v. 13. 5. 97 – 1 ABR 2/97 –, AP Nr. 119 zu § 37 BetrVG.

15 *BAG* v. 29. 6. 11 – 7 ABR 135/09 –, AiB 12, 261; Altvater-*Noll*, § 51 Rn. 16.

16 St. Rspr.; vgl. z. B. *BAG* v. 13. 11. 91 – 7 AZR 469/90 –, PersR 92, 418, u. v. 23. 10. 02 – 7 AZR 416/01 –, PersR 03, 247; *BVerwG* v. 13. 9. 01 – 2 C 34.00 –, PersR 02, 162.

17 *BAG* v. 29. 6. 88 – 7 AZR 651/87 –, PersR 89, 51; vgl. aber auch *BAG* v. 8. 11. 17 – 5 AZR 11/17 (Das Begünstigungsverbot des § 78 Satz 2 BetrVG lässt die Vereinbarung einer pauschalen Stundenvergütung zur Abgeltung von BR-Tätigkeiten nicht zu, wenn sie ohne sachlichen Grund wegen der BR-Tätigkeit gewährt wird und zu einer Verdiensterhöhung führt. Entsprechende Vereinbarungen sind gem. § 134 BGB nichtig.); entsprechend auch *BAG* v. 26. 5. 21 – 7 AZR 248/20 –, NZA-RR 22, 44.

18 *BAG* v. 16. 11. 11 – 7 AZR 458/10 –, PersR 12, 176.

nis keine entsprechenden Aufwendungen hat.[19] Ist eine hinreichend klare Aufspaltung einer Leistung zur einen oder anderen Seite nicht möglich, so ist insgesamt kein Aufwendungsersatz anzunehmen.[20]

Die Vorschrift des **Abs. 2 S. 2** bestimmt, dass PR-Mitgliedern, die durch die Erfüllung ihrer Aufgaben **über ihre individuell maßgebliche Arbeitszeit hinaus beansprucht** werden, **Dienstbefreiung** in entsprechendem Umfang zu gewähren ist. Die Vorschrift gilt auch für **freigestellte PR-Mitglieder**, und zwar auch dann, wenn sie nicht nur teilweise, sondern ganz von ihrer dienstlichen Tätigkeit freigestellt sind (str.; vgl. § 45 Rn. 15). Durch die Neuregelung ist nunmehr gesetzlich klargestellt, dass auf die **individuell maßgebliche Arbeitszeit** des jeweiligen PR-Mitglieds abzustellen ist.[21] Abs. 2 S. 2 gilt auch für solche Tätigkeiten, die zwar für sich genommen keine PR-Tätigkeit sind, die jedoch in einem unmittelbar notwendigen und sachlichen Zusammenhang mit dieser stehen. Ein PR-Mitglied, das z. B. aus Anlass einer Sitzung **Reisezeiten** (oder zusätzliche Wegezeiten) außerhalb der Arbeitszeit aufwendet, hat deshalb Anspruch auf Dienstbefreiung in entsprechendem Umfang, ohne dass es darauf ankommt, ob eine entsprechende Dienstreise (oder ein Dienstgang) beamten- oder tarifrechtlich als Arbeitszeit zu behandeln ist.[22] Die gegenteilige Rspr. des *BAG*[23], die offenbar entscheidend darauf abstellt, dass PR-Mitglieder nicht besser gestellt werden sollen als Betriebsratsmitglieder, lässt den abweichenden Wortlaut des § 37 Abs. 3 S. 1 BetrVG außer Acht.[24] 6

Der dem PR-Mitglied zustehende Anspruch auf Dienstbefreiung ist ein **Anspruch aus dem Beamten- oder Arbeitsverhältnis**[25] und steht nicht dem PR zu.[26] Die beamten- bzw. arbeitsrechtlichen **Verjährungsvorschriften** sind deshalb auf ihn ebenso anwendbar wie eine etwaige tarifvertragliche **Ausschlussfrist**. Bei der **Gewährung der Dienstbefreiung** sind die Wünsche des PR-Mitglieds angemessen zu berücksichtigen.[27] Eine **Frist**, innerhalb derer die Dienstbefreiung zu gewähren ist, legt das Gesetz nicht fest. Die 7

19 Vgl. *BAG* v. 27.7.94 – 7 AZR 81/94 –, PersR 95, 142.

20 *BAG* v. 5.4.00 – 7 AZR 213/99 –, AP Nr. 131 zu § 37 BetrVG 1972; näher zur Fortzahlung der Bezüge Altvater-*Noll*, § 51 Rn. 21–23 m. w. N.

21 LT-Dr. 15/4224, S. 109 [zu § 47], unter Verweis auf *BAG* v. 16.2.05 – 7 AZR 95/04; vgl. auch *BAG* v. 22.5.86 – 6 AZR 557/85 –, PersR 87, 107.

22 *BayVGH* v. 27.1.81 – Nr. 18 C 80 A. 1027 –, PersV 82, 289; *LAG Nds.* v. 10.8.83 – 5 Sa 101/83 –, PersR 84, 45; *LAG RP* v. 12.12.84 – 6 Sa 804/84 –, PersR 85, 142.

23 Urt. v. 22.5.86 – 6 AZR 526/83 –, PersR 87, 86; ebenso *OVG MV* v. 10.2.02 – 8 L 120/00 –, ZfPR 03, 139.

24 Näher zum Freizeitausgleich Altvater-*Noll*, § 51 Rn. 25–30.

25 *BAG* v. 26.2.92 – 7 AZR 201/91 –, PersR 92, 468, u. v. 16.4.03 – 7 AZR 423/01 –, AP Nr. 138 zu § 37 BetrVG 1972; str.; vgl. Altvater-*Noll*, § 51 Rn. 31 m. w. N.

26 *BAG* v. 21.3.17 – 7 ABR 17/15.

27 *BAG* v. 15.2.12 – 7 AZR 774/10 –, ZTR 12, 471.

Gewährung muss aber innerhalb einer angemessenen Frist erfolgen. Dafür kann die Jahresfrist des § 67 Abs. 3 S. 2 LBG einen Anhalt bieten.[28] Bei der Beurteilung, ob und wann einem PR-Mitglied die Fortsetzung der Arbeit wegen einer außerhalb seiner persönlichen Arbeitszeit bevorstehenden PR-Sitzung unzumutbar ist, ist die in § 5 Abs. 1 ArbZG zum Ausdruck kommende Wertung zu berücksichtigen. Deshalb ist ein PR-Mitglied, das zwischen zwei Nachtschichten an einer PR-Sitzung teilzunehmen hat, berechtigt, die Arbeit in der vorherigen Nachtschicht vor dem Ende der Schicht zu einem Zeitpunkt einzustellen, der eine ununterbrochene **Erholungszeit von elf Stunden** ermöglicht, in der weder Arbeitsleistung noch PR-Tätigkeit zu erbringen ist.[29] Mangels einer dem § 37 Abs. 3 S. 3 BetrVG vergleichbaren Vorschrift kann eine **Abgeltung** durch Zahlung einer der Mehrarbeitsvergütung entsprechenden Geldleistung nicht erfolgen.

§ 44 Schulungs- und Bildungsmaßnahmen

(1) [1]Die Mitglieder des Personalrats sowie die Ersatzmitglieder, die in absehbarer Zeit in den Personalrat eintreten werden oder regelmäßig zu Sitzungen des Personalrats herangezogen werden, sind unter Fortzahlung der Besoldung oder des Arbeitsentgelts für die Teilnahme an Schulungs- und Bildungsveranstaltungen vom Dienst freizustellen, soweit diese Kenntnisse vermitteln, die für die Tätigkeit im Personalrat erforderlich sind; dabei sind die dienstlichen Interessen angemessen zu berücksichtigen. [2]§ 43 Absatz 2 Satz 2 gilt entsprechend.
(2) [1]Der Vorsitzende des Personalrats sowie einer der stellvertretenden Vorsitzenden haben viermal im Jahr Anspruch auf Besoldungs- oder Entgeltfortzahlung anlässlich der Teilnahme an einer von der zuständigen Gewerkschaft einberufenen Konferenz der Vorsitzenden der Personalräte. [2]Denselben Anspruch haben alle Mitglieder des Personalrats zweimal im Jahr zur Teilnahme an einer gleichen Konferenz. [3]Die persönliche Teilnahme an einer dieser Konferenzen ist durch eine Bescheinigung der zuständigen gewerkschaftlichen Konferenzleitung nachzuweisen. Absatz 1 bleibt unberührt.

Vergleichbare Vorschriften:
Zu Abs. 1: § 54 Abs. 1 BPersVG; § 37 Abs. 6 BetrVG

---

28 Vgl. Altvater-*Noll*, § 51 Rn. 34 m. w. N.
29 *BAG* v. 18.1.17 – 7 AZR 224/15 –, PersR 11/17, 40.

Inhaltsübersicht Rn.

1. Vorbemerkung

Zum gesetzlichen Zusammenhang und zur näheren Auslegung der Vorschriften vgl. § 43 Rn. 1. 1

2. Schulungs- und Bildungsveranstaltungen

(Abs. 1) Nach Abs. 1 Hs. 1 sind die Mitglieder des PR und z. T. Ersatzmitglieder (vgl. Rn. 10) unter Fortzahlung der Besoldung oder des Arbeitsentgelts für die Teilnahme an **Schulungs- und Bildungsveranstaltungen** vom Dienst freizustellen, soweit diese Kenntnisse vermitteln, die für die Tätigkeit im PR erforderlich sind; dabei sind nach Abs. 1 Hs. 2 die dienstlichen Interessen angemessen zu berücksichtigen. Abs. 1 Hs. 1 stimmt inhaltlich mit § 54 Abs. 1 BPersVG überein, der sich wiederum an die Regelung des § 37 Abs. 6 S. 1 BetrVG anlehnt. Die zu Gunsten von Ersatzmitgliedern geltende Regelung in Abs. 1 Hs. 1 hat weder im BPersVG noch im BetrVG eine Entsprechung. Abs. 1 Hs. 2 hat ebenfalls im BPersVG keine ausdrückliche Entsprechung, ist aber mit der Regelung des § 37 Abs. 6 S. 2 BetrVG vergleichbar. Durch Abs. 1 S. 2 wird eine Benachteiligung von Teilzeitbeschäftigten im Falle von Schulungsteilnahmen vermieden. 2

Abs. 1 regelt die **dienst- und arbeitsrechtlichen Fragen** der Teilnahme an Schulungs- und Bildungsveranstaltungen (Freistellung und Fortzahlung der Besoldung oder des Arbeitsentgelts). Ob und wieweit die durch die Teilnahme entstehenden **Kosten** von der Dienststelle zu tragen sind, richtet sich nach § 41 Abs. 1.[1] 2a

Zur Auslegung und Anwendung des Abs. 1 hatte das IM im Einvernehmen mit dem FM zunächst die **Verwaltungsvorschrift** v. 13. 5. 80[2] und nach deren Außerkrafttreten die Verwaltungsvorschrift v. 16. 5. 91[3] erlassen. Letztere ist aufgrund der Anordnung v. 16. 12. 81[4], geändert am 8. 1. 97[5], mit 3

1 Ausführlich dazu: *Däubler*, Der Schulungsanspruch des BR sowie des PR und der SBV, 2022.

2 GABl. S. 475.

3 GABl. S. 601.

4 GABl. 1982 S. 14.

5 GABl. S. 74.

Ablauf des Jahres 1998 außer Kraft getreten. Rooschüz-*Abel*[6] meint, dass der dort abgedruckte **Entwurf** einer neuen (aber nicht erlassenen) Verwaltungsvorschrift (VwV-PersV-Schulung) dennoch als Orientierungshilfe herangezogen werden könne. Dem ist zu widersprechen. Abgesehen davon, dass es sich noch nicht einmal um eine Verwaltungsvorschrift, sondern lediglich um einen nicht weiterverfolgten Entwurf handelt, sind Personalvertretungen und die Gerichte an interne Verwaltungsvorschriften nicht gebunden.[7] Durch die mit dem ÄndG 2013 vorgenommenen gesetzlichen Änderungen, etwa hinsichtlich des Schulungsanspruchs von Ersatzmitgliedern aber auch was die Anrechnung von Schulungszeit auf die Arbeitszeit betrifft, sind die Ausführungen des Entwurfs auch in wesentlichen Punkten überholt.[8]

4 Abs. 1 ermöglicht die Freistellung von Mitgliedern des PR und regelmäßig herangezogenen Ersatzmitgliedern für die Teilnahme an Schulungs- und Bildungsveranstaltungen unter Fortzahlung der Bezüge, soweit diese Kenntnisse vermitteln, die für die Tätigkeit im PR **erforderlich** sind. Der Begriff der Erforderlichkeit ist sach- und personenbezogen zu beurteilen.[9] Die **Sachbezogenheit** stellt auf die objektive Erforderlichkeit für den PR, die **Personenbezogenheit** auf die subjektive Erforderlichkeit für das zu entsendende PR-Mitglied und damit auf dessen Schulungsbedürfnis ab. Danach muss eine Schulungs- und Bildungsveranstaltung **objektiv** von ihrer Thematik her die Vermittlung von Kenntnissen zum Gegenstand haben, die ihrer Art nach für die Tätigkeit des PR benötigt werden. Zum anderen muss sie für das zu entsendende PR-Mitglied **subjektiv** erforderlich sein, weil gerade dieses Mitglied eine Schulung in den Themenbereichen benötigt, die den Gegenstand der Veranstaltung bilden. Ein **Schulungsbedürfnis** kann nicht mit dem Argument verneint werden, das PR-Mitglied könne sich die erforderlichen Kenntnisse durch ein Selbststudium oder durch das Einholen von Informationen bei bereits geschulten PR-Mitgliedern verschaffen.[10] Unter der Voraussetzung der objektiven und subjektiven Erforderlichkeit kommt sowohl die Vermittlung von Kenntnissen in **Grundschulungen** (vgl. Rn. 5) als auch in **Spezialschulungen** (vgl. Rn. 6) in Betracht. Zu den zu vermittelnden Kenntnissen gehören nicht nur **Rechtskenntnisse**, sondern auch **Sachkenntnisse** in den zur Tätigkeit des PR gehörenden Aufgabengebieten sowie **organisatorische und methodische Kenntnisse** über die sachgerechte Gestaltung der PR-Arbeit.[11]

---

6 § 44 Rn. 5.

7 *BVerwG* v. 7. 12. 94 – 6 P 36.93 –, PersR 95, 179; vgl. *Coulin*, PersR 95, 317.

8 Vgl. Leuze-*Bieler*, § 44 Rn. 23

9 Vgl. hierzu und zum Folgenden *BVerwG* v. 7. 12. 94, a. a. O., m. N. seiner älteren Rspr., sowie v. 14. 6. 06 – 6 P 13.05 –, PersR 06, 468.

10 *BVerwG* v. 27. 4. 79 – 6 P 45.78 –, PersV 80, 19.

11 Näher zur Erforderlichkeit von Schulungen Altvater-*Noll*, § 54 Rn. 5–8.

Grundkenntnisse des PersVR sind ihrer Art nach objektiv für jeden PR und subjektiv für jedes PR-Mitglied erforderlich, weil diese Kenntnisse benötigt werden, damit der PR seine gesetzlichen Aufgaben und Befugnisse und das PR-Mitglied seine allgemeinen mitgliedschaftlichen Rechte und Pflichten überhaupt sachgemäß wahrnehmen können. PR-Mitglieder, die erstmals in den PR gewählt sind, können deshalb alsbald nach Beginn ihrer Amtszeit zu einer umfassenden personalvertretungsrechtlichen **Grundschulung** entsandt werden.[12] Bei erstmals gewählten PR-Mitgliedern sind alsbaldige Grundschulungen selbst dann **unaufschiebbar**, wenn der Dienststelle dafür an sich keine **Haushaltsmittel** mehr zur Verfügung stehen (vgl. auch § 41 Rn. 7ff., 23).[13] Es ist **Sache des Trägers der Dienststelle**, durch geeignete organisatorische und haushaltsrechtliche Vorkehrungen sicherzustellen, dass die Dienststelle ihrer Pflicht zur Kostentragung genügen kann.[14] In Ziff. 10.10 der VwV-Haushaltsvollzug 2022 FinM BW[15] wird z.B. eine Begrenzung auf die verfügbaren Haushaltsmittel nicht verlangt. Auch Grundkenntnisse des **allgemeinen Arbeitsrechts** und des **Beamtenrechts** sind für jeden PR und für jedes PR-Mitglied erforderlich. Dies wird in der Rspr. zum PersVR aber noch nicht hinreichend anerkannt. Zwar hat das *BVerwG* unter Aufgabe seiner früheren gänzlich ablehnenden Rspr.[16] inzwischen zugestanden, dass zum einen bei den **Arbeitnehmervertretern** im PR ein Schulungsbedarf eines neu gewählten PR-Mitglieds für Grundkenntnisse im Arbeitsrecht anzuerkennen ist, wenn und soweit die entsprechenden Kenntnisse nicht bereits in einer Grundschulung zum PersVR vermittelt worden sind, und dass zum anderen bei den **Beamtenvertretern** im PR ein vergleichbarer Schulungsbedarf für Grundkenntnisse im Beamtenrecht zu bejahen ist.[17] Bei dieser Differenzierung nach Gruppenvertretern wird davon ausgegangen, dass nach § 34 Abs. 4 nur die Arbeitnehmervertreter oder die Beamtenvertreter in personellen und anderen gruppenspezifischen Angelegenheiten der Arbeitnehmer bzw. der Beamten zur Entscheidung berufen sein sollen, falls getrennte Abstimmung beantragt wird. Das überzeugt nicht, weil auch der Beschlussfassung in Gruppenangelegenheiten stets eine 5

12 *BVerwG* v. 27.4.79, a.a.O; 40 Stunden Grundschulung erforderlich: *VG Braunschweig* v. 25.6.13 – 7 A 205/12 –, PersR 13, 461.

13 *BVerwG* v. 26.2.03 – 6 P 9.02 –, PersR 03, 279.

14 Insoweit im Ansatz zu Recht *BVerwG* v. 22.6.62 – VII P 8.61 –, PersV 62, 180, sowie ausdrücklich *BayVGH* v. 27.1.81 – Nr. 18 C 80 A. 2052 –, PersV 82, 291; vgl. Altvater-*Noll*, § 46 Rn. 13 m.w.N.

15 Verwaltungsvorschriften des Ministeriums für Finanzen zur Haushalts- und Wirtschaftsführung im Haushaltsjahr 2022 (VwV-Haushaltsvollzug 2022) 10, i.d.F. v. 9.2.22, Az.: FM2-0430.0-2/1.

16 Beschl. v. 27.4.79 – 6 P 17.78 –, PersV 81, 161, u.v. 22.7.82 – 6 P 42.79 –, PersV 83, 374.

17 Beschl. v. 14.6.06 – 6 P 13.05 –, PersR 06, 468.

gemeinsame Beratung des gesamten PR vorauszugehen hat, deren Qualität auch vom Sachverstand der nicht abstimmungsberechtigten PR-Mitglieder abhängig ist (vgl. § 34 Rn. 1, 2). Da nach § 34 Abs. 4 in Gruppenangelegenheiten grundsätzlich beide Gruppen gemeinsam beschließen, wenn nicht ausnahmsweise durch Geschäftsordnung oder auf Antrag getrennte Beschlussfassung stattfindet, ist die Rspr. des *BVerwG* auf die Verhältnisse des LPVG BW in seiner jetzigen Fassung nicht mehr übertragbar. Aufgrund der gemeinsamen Entscheidungsbefugnis muss Arbeitnehmern Schulungsbedarf auch im Beamtenrecht, Beamten auch Schulungsbedarf im Recht der Arbeitnehmer zugestanden werden.

6 Grundsätzlich ist die Vermittlung von **Kenntnissen auf Spezialgebieten** für den PR **objektiv erforderlich**, wenn es sich dabei um Kenntnisse auf Sachgebieten handelt, die zur Tätigkeit des PR gehören und mit denen er sich nicht nur am Rande zu befassen hat, und wenn er diese Kenntnisse benötigt, um seine gegenwärtigen oder in naher Zukunft anfallenden gesetzlichen Aufgaben sachgerecht wahrnehmen zu können.[18] Spezialschulungen sind für das zu entsendende PR-Mitglied **subjektiv erforderlich**, wenn es die darin vermittelten Kenntnisse benötigt, um den besonderen Aufgaben, die ihm innerhalb des PR zukommen, gerecht werden zu können (z. B. zur Protokollführung).[19] Für die Teilnahme kommen deshalb v. a. jene PR-Mitglieder in Betracht, die im PR für die betreffenden Sachgebiete zuständig sind. Nicht sachgerecht ist jedoch die Ansicht, i. d. R. sei die subjektive Erforderlichkeit nur bei einem einzigen Mitglied des betroffenen PR gegeben, und dies auch nur dann, wenn kein anderes PR-Mitglied entsprechende Kenntnisse besitze.[20] Solche Einschränkungen widersprechen der autonomen Entscheidungsbefugnis des PR über seine Arbeitsverteilung und sachgerechte Aufgabenwahrnehmung. Das *BVerwG* hat jedoch auch in seiner jüngeren weiterhin nicht überzeugenden Rspr. daran festgehalten, dass die Teilnahme an Spezialschulungen – abhängig von der Größe der Dienststelle sowie von Art und Umfang der beteiligungspflichtigen Angelegenheiten – regelmäßig auf **ein einziges PR-Mitglied oder mehrere einzelne PR-Mitglieder** beschränkt sei, und dies u. a. mit der Fähigkeit von PR-Mitgliedern, sich gegenseitig zu informieren und voneinander zu lernen, sowie mit dem Grundsatz der sparsamen Bewirtschaftung öffentlicher Mittel begründet.[21]

---

18 *BVerwG* v. 25. 6. 92 – 6 P 29.90 –, PersR 92, 364.

19 St. Rspr.; *VGH BW* v. 13. 9. 19 – PB 15 S 985/19 –, ZfPR online 20, Nr. 2, 5 (wg. Schulung zu Protokollführung); bestätigt v. *BVerwG* v. 14. 10. 20 – 5 PB 23.19 –, PersV 21, 231; vgl. *BVerwG* v. 27. 4. 79 – 6 P 17.78 –, a. a. O., u. v. 11. 7. 06 – 6 PB 8.06 –, PersR 06, 428.

20 So aber *BVerwG* v. 27. 4. 79, a. a. O., u, v. 22. 7. 82, a. a. O.

21 Beschl. v. 11. 7. 06, a. a. O.; abl. zu Recht Altvater-*Noll*, § 54 Rn. 13.

Bei Schulungen im Bereich **Arbeitsschutz und Unfallverhütung** bestehen **Besonderheiten**. Im Hinblick darauf, dass der PR in diesem Bereich nicht nur ein Mitbestimmungsrecht (§ 74 Abs. 2 Nr. 7), sondern spezielle Beteiligungsrechte hat, die unabhängig von der Art der Dienststelle kontinuierlich wahrzunehmen sind (§ 70 Abs. 1 Nr. 2, 3; § 71 Abs. 7), hat die Rspr. anerkannt, dass der PR in diesem Bereich **immer Grundkenntnisse** benötigt, ohne dass es eines aktuellen oder absehbaren dienststellen- oder personalratsbezogenen Anlasses bedarf. **Wie viele PR-Mitglieder** auf diesem Gebiet einer Schulung bedürften, sei von der Größe der Dienststelle und der Bedeutung von Arbeitsschutz und Unfallverhütung für die Dienststelle abhängig.[22] Da mit ÄndG 2013 § 74 Abs. 2 Nr. 7 ferner dahingehend erweitert worden ist, dass auch Mitbestimmung bei Maßnahmen zur Verhütung von Gesundheitsgefährdungen und nach § 74 Abs. 2 Nr. 8 Mitbestimmung bei Gesundheitsmanagement, beim betrieblichen Eingliederungsmanagement sowie bei Maßnahmen aufgrund von Feststellungen aus Gefährdungsanalysen eingefügt wurde, haben sich die Aufgaben des PR im Bereich des Arbeits- und Gesundheitsschutzes erheblich erweitert und zu einer kontinuierlichen Aufgabe entwickelt. Daher ist einer weit größeren Zahl von PR-Mitgliedern als bisher ein Schulungsanspruch in diesem Bereich zuzugestehen, damit der PR seine vielfältigen Aufgaben in diesem Bereich ordnungsgemäß erfüllen kann. 7

Zu den **Themen**, die nach bisheriger Rspr. **Gegenstand von Spezialschulungen** sein können, gehören z. B.: Teilgebiete des PersVR (z. B. Protokollführung, vgl. Rn. 6) und des Arbeitsrechts, Stellung der Gewerkschaften in der Dienststelle, Tarifrecht, Eingruppierungsrecht, Allgemeines Gleichbehandlungsgesetz, Arbeitsschutz und Unfallverhütung, Betriebliches Eingliederungsmanagement (BEM), Alkohol und andere Suchtprobleme am Arbeitsplatz, Mobbing, Personalplanung und Arbeitsorganisation, Rationalisierung und EDV, Handlungsmöglichkeiten des PR bei betrieblichen Veränderungsprozessen, Einigungsstellenverfahren, Datenschutz, Kündigungsschutz, Schwerbehindertenrecht, Novellierung des Krankenhausgesetzes (für den Vorsitzenden des PR an einer medizinischen Einrichtung), betriebliche Öffentlichkeitsarbeit, Mediation (mit systematischem Bezug zur Durchführung der PR-Aufgaben), aktuelle Rspr. des BAG und Rhetorik.[23] 8

---

22 *BVerwG* v. 14. 6. 06 – 6 P 13.05 –, PersR 06, 468, m. w. N.

23 Vgl. zum Betrieblichen Eingliederungsmanagement: *ArbG Wiesbaden* v. 5. 1. 12 – 9 BV 5/11 –, n. v.; zum Datenschutz: *LAG Hmb* v. 4. 12. 12 – 4 TaBV 14/11 –, juris; zu Rhetorikschulungen: *BAG* v. 12. 1. 11 – 7 ABR 94/09 –, ArbR 11, 280; zu Schulungen »Aktuelle Rspr.«: *BAG* v. 18. 1. 12 – 7 ABR 73/10 –, AuR 12, 324. Dagegen sind Schulungen zu allgemeinen gewerkschaftlichen, tarifpolitischen und allgemeinpolitischen Themen keine Schulungen, die erforderliche Spezialkenntnisse vermitteln: *VG Düsseldorf* v. 14. 2. 13 – 39 K 7320/11.PVB –, juris; *VG Karlsruhe* v. 23. 3. 12 – PB 12 K 2077/11 –, juris. Näher zur Erforderlichkeit von Spezialschulungen: Altvater-*Noll*, § 54 Rn. 11 ff.

9 Die zulässige **Dauer** der Schulung ergibt sich aus der Erforderlichkeit der Kenntnisvermittlung. Eine allgemein gültige Aussage ist dazu nicht möglich. Die zulässige Dauer hängt im Einzelfall v. a. von Inhalt, Umfang und Schwierigkeit der Thematik, von den dienstlichen Gegebenheiten und vom Kenntnisstand der Schulungsteilnehmer ab. Bei einer **»gemischten« Veranstaltung** fallen nur jene Teile der Veranstaltung unter Abs. 1, die ausschließlich erforderliche Inhalte vermitteln.[24] Die Dauer einer Grundschulung ist nicht auf fünf bis sechs Kalendertage begrenzt[25]: nach dem Besuch einer ersten (von der Dienststelle als erforderlich behandelten) fünftägigen **Grundschulung** ist der Besuch einer weiteren Grundschulung sachlich gerechtfertigt, wenn diese zweite Schulung Wissen vermittelt, das für eine ordnungsgemäße PR-Tätigkeit unentbehrlich ist.[26] Auch bei einer **Spezialschulung** besteht keine schematische Obergrenze.[27]

3. Ersatzmitglieder

10 Neben **Mitgliedern des PR** ist nach Abs. 1 S. 1 2. Alt. auch **Ersatzmitgliedern**, wenn sie in absehbarer Zeit in den PR eintreten werden oder wenn sie regelmäßig zu Sitzungen des Personalrats herangezogen werden, ein Teilnahmerecht an erforderlichen Schulungs- und Bildungsveranstaltungen eingeräumt.[28] Die Rechtsprechung des *VGH* und des *BVerwG*,[29] die vor dem ÄndG 2013 ergangen ist, ist für den Geltungsbereich des LPVG BW insoweit nicht mehr anwendbar. Ab wann der Schulungsanspruch für Ersatzmitglieder, die **in absehbarer Zeit in den PR eintreten** werden oder die **regelmäßig zu Sitzungen des Personalrats herangezogen** werden, entsteht, ist gesetzlich nicht weiter ausgeführt. Insoweit sind die bisher dazu ergangene Rechtsprechung und die vom Gesetzgeber ausdrücklich zitierten Entscheidungen[30] als Maßstab heranzuziehen.

---

24 *BVerwG* v. 14.6.06, a.a.O.

25 *BVerwG* v. 14.11.90 – 6 P 4.89 –, PersR 91, 29.

26 *BVerwG* v. 9.7.07 – 6 P 9.06 –, PersR 07, 434; *HessLAG* v. 14.5.12 – 16 TABV 226/11 –, juris.

27 Näher zur Dauer und Wiederholung von Schulungen Altvater-*Noll*, § 54 Rn. 19–22.

28 LT-Dr. 15/4224, S. 110 [zu § 47a]. Vgl. Rspr.: *OVG HB* v. 1.2.91 – OVG PV-B 1/91 –, PersR 91, 176; *BAG* v. 15.5.86 – 6 ABR 64/83 –, PersR 88, 326, u.v. 19.9.01 – 7 ABR 32/00 –, AP Nr. 9 zu § 25 BetrVG 1972; vgl. i.E. Altvater-*Noll*, § 54 Rn. 23.

29 *BVerwG* v. 27.4.79 – 6 P 4.78 –, PersV 80, 237, u. (für die Zeit vor dem Einrücken in den PR) v. 7.7.93 – 6 P 15.91 –, PersR 93, 457.

30 LT-Dr. 15/4224, S. 110 [zu § 47a] unter Verweis auf *BAG* v. 19.9.01 – 7 ABR 32/00 – und *BayVGH* v. 3.11.93 – 17 P 93.2535; vgl. i.E. Altvater-*Noll*, § 54 Rn. 23.

4. Entsendung und Freistellung

Die Entscheidung darüber, ob ein bestimmtes PR-Mitglied bzw. ein Ersatzmitglied zu einer Schulungs- und Bildungsveranstaltung nach Abs. 1 zu entsenden ist, liegt **in der Hand des PR**. Der von ihm zu fassende **Entsendungsbeschluss** muss außer dem zu entsendenden PR-Mitglied und dem Thema der Veranstaltung auch deren Zeitpunkt, Dauer, Ort und Anbieter festlegen.[31] Der Beschluss begründet zugleich die Pflicht des entsandten PR-Mitglieds, an der Veranstaltung teilzunehmen. Die Entsendung ist kein laufendes Geschäft, das nach § 28 Abs. 4 vom Vorstand vorgenommen werden könnte, sondern bedarf nach § 34 der Beschlussfassung durch das Plenum des PR. Der PR kann die Entscheidung, im Gegensatz zum Betriebsrat, auch nicht auf einen seiner Ausschüsse (§ 35) oder auf den Vorstand (§ 36) übertragen, da es sich um keine Mitbestimmungs- oder Mitwirkungsangelegenheiten handelt. Bevor der PR den Entsendungsbeschluss fasst, hat er zu **prüfen**, ob die konkrete Schulungsveranstaltung hinsichtlich ihres Inhalts sowie ihrer Dauer und ihres Zeitpunkts objektiv für den PR und subjektiv für das auszuwählende und zu entsendende PR-Mitglied erforderlich ist. Dabei steht ihm ein **Beurteilungsspielraum** zu. Es genügt, wenn der PR die Schulung bei pflichtgemäßer Beurteilung der Sachlage für erforderlich halten darf (vgl. Rn. 4, § 43 Rn. 3).[32] Der Beschluss des PR ist **dem Dienststellenleiter** rechtzeitig **mitzuteilen**. Dieser hat – so das *BVerwG* – ebenfalls das Recht und die Pflicht zu einer derartigen Prüfung, obwohl der PR über die Teilnahme an Schulungsveranstaltungen in eigener Verantwortung zu befinden hat.[33] Der PR ist deshalb verpflichtet, »der Dienststelle mit der Übermittlung des Entsendungsbeschlusses alle Informationen zukommen zu lassen, die sie für die Beurteilung benötigt, ob ein verständiger PR mit Blick auf die Interessen der Beschäftigten einerseits und der Belange der Dienststelle andererseits die Teilnahme für erforderlich halten darf«.[34] 11

Die dem Entsendungsbeschluss des PR entsprechende **Freistellung durch die Dienststelle** ist dem vom PR entsandten PR-Mitglied gegenüber auszusprechen und dem PR mitzuteilen. Spricht der Dienststellenleiter die Freistellung aus und sagt er die Übernahme der Kosten zu, so ist er an diese Entscheidungen gebunden.[35] Verweigert er die Freistellung, ist das betreffende PR-Mitglied nicht befugt, von sich aus dem Dienst fernzubleiben.[36] 12

31 *VG Braunschweig* v. 18.1.07 – 9 B 1/07 –, PersR 08, 32.

32 *BVerwG* v. 14.6.06 – 6 P 13.05 –, PersR 06, 468, u.v. 9.7.07, a.a.O.

33 Beschl. v. 25.6.92 – 6 P 29.90 –, PersR 92, 364.

34 *BVerwG* v. 9.7.07, a.a.O.; näher zum Entsendungsbeschluss Altvater-*Noll*, § 54 Rn. 34 – 37.

35 *BVerwG* v. 7.12.94 – 6 P 36.93 –, PersR 95, 179, u.v. 9.7.07 – 6 P 9.06 –, PersR 07, 434.

36 *OVG NW* v. 4.3.93 – CL 33/89 –, PersV 95, 463.

In diesem Fall kann der PR nach § 92 Abs. 1 Nr. 3 und Abs. 2 im **personalvertretungsrechtlichen Beschlussverfahren** vor dem Verwaltungsgericht verlangen, dass die Freistellung ausgesprochen wird. Zur Anrufung des Verwaltungsgerichts ist auch das PR-Mitglied selbst befugt, weil es durch den Entsendungsbeschluss des PR einen Individualanspruch auf die Freistellung erwirbt.[37] Damit die Durchsetzung des Freistellungsanspruchs nicht durch Zeitablauf vereitelt wird, kann auch der Erlass einer **einstweiligen Verfügung** in Betracht kommen.[38]

5. Dienstbefreiung, Fortzahlung der Bezüge, Kosten

13 PR-Mitglieder, die für die Teilnahme an einer Schulungs- und Bildungsveranstaltung freigestellt sind, haben Anspruch auf **Fortzahlung der Besoldung oder des Arbeitsentgelts**. Dafür gilt ebenso wie bei Freistellungen nach § 43 das **Lohnausfallprinzip** (vgl. § 43 Rn. 5, § 45 Rn. 15). Durch **S. 2** ist auch für Schulungsveranstaltungen klargestellt, dass über die individuell maßgebliche Arbeitszeit hinausgehende Schulungszeiten durch **Dienstbefreiung** auszugleichen sind, da notwendige Schulungszeiten als PR-Arbeit gelten und nicht auf die Freizeit angerechnet werden können. Andernfalls wäre dies als Verstoß gegen das Benachteiligungsverbot anzusehen.[39] Die Regelung findet auf **teilzeitbeschäftigte** Teilnehmer und ebenso auf andere Fälle, in denen die individuell maßgebliche Arbeitszeit von Schulungsteilnehmern nicht mit den Schulungszeiten übereinstimmt, etwa bei Beschäftigten im **Schichtdienst**, Anwendung.[40] Die durch die Teilnahme an einer Schulungs- und Bildungsveranstaltung i. S. d. Abs. 1 entstehenden **Kosten** sind nach § 41 Abs. 1 von der Dienststelle zu tragen (näher dazu § 41 Rn. 19 ff.).

6. Teilnahme an Konferenzen der zuständigen Gewerkschaft

14 **(Abs. 2)** Die Vorschrift des Abs. 2, über die Teilnahme von PR-Mitgliedern an gewerkschaftlichen **PR-Konferenzen**, zu der es im BetrVG sowie im BPersVG keine Parallele gibt, unterscheidet zwischen Konferenzen der PR-Vorsitzenden (S. 1; vgl. Rn. 17) und Konferenzen der PR-Mitglieder (S. 2; vgl. Rn. 18). Die Konferenzen müssen von der zuständigen Gewerkschaft einberufen sein. Veranstalter kann nur eine **Gewerkschaft** i. S. d. LPVG (vgl.

---

37 So auch *VGH BW* v. 8. 6. 82 – 15 S 2630/81 –, PersV 83, 468, sowie zum BetrVG unter Hinw. auf die Rspr. des *BAG Fitting*, § 37 Rn. 161 u. 258; im PersVR str.; vgl. Altvater-*Noll*, § 54 Rn. 40 m. w. N.

38 *OVG HB* v. 1. 2. 91 – OVG PV-B 1/91 –, PersR 91, 176.

39 LT-Dr. 15/4224, S. 110 [zu § 47a].

40 Nach dem ÄndG 2013 nicht mehr maßgeblich: *BVerwG* v. 23. 10. 80 – 2 C 43.78 –, PersV 82, 63.

§ 2 Rn. 7) sein, die »**zuständig**« ist. Diese Voraussetzung ist erfüllt, wenn der in der Satzung der Gewerkschaft festgelegte Organisationsbereich sich (auch) auf die Dienststelle mit dem PR erstreckt, dessen Mitglieder zum Teilnehmerkreis der Konferenz gehören. Die **Einberufung** erfolgt dadurch, dass Zeitpunkt, Ort und Tagesordnung der Konferenz den (potenziellen) Teilnehmern von einem zeichnungsberechtigten Mitglied des Vorstands der Gewerkschaft auf Orts-, Bezirks-, Landes- oder Bundesebene (vgl. § 13 Rn. 12) bekannt gegeben werden. Dafür empfiehlt sich die Schriftform.

15 Die von der veranstaltenden Gewerkschaft in der Tagesordnung festzulegenden **Themen** müssen einen Bezug zur PR-Tätigkeit aufweisen. Unter dieser Voraussetzung können die Konferenzen dem PR-übergreifenden gewerkschaftlichen **Informations- und Erfahrungsaustausch** dienen und damit für die Aufgabenwahrnehmung des PR (lediglich) nützlich sein. Sie können aber auch **Kenntnisse vermitteln**, die – ebenso wie Schulungs- und Bildungsveranstaltungen nach Abs. 1 – für die Tätigkeit eines teilnehmenden PR-Mitglieds im PR erforderlich sind.[41]

16 Nach Abs. 2 S. 1 und 2 haben die dort aufgeführten PR-Mitglieder **Anspruch auf Besoldungs- und Entgeltfortzahlung** (vgl. § 43 Rn. 5) anlässlich der Teilnahme an einer der dort bezeichneten Konferenzen. Diesem Anspruch liegt ein **Anspruch auf Arbeitsbefreiung** zugrunde. Dabei handelt es sich um einen Individualanspruch, der von einem Entsendungsbeschluss des PR unabhängig ist (vgl. aber Rn. 19). Im Unterschied zu Abs. 1 und insoweit dem § 43 Abs. 2 S. 1 vergleichbar, schreibt das Gesetz nicht vor, dass es einer Freistellung durch die Dienststelle bedarf. Daraus folgt, dass die Befreiung von der Arbeitspflicht zum Zwecke der Konferenzteilnahme bei Vorliegen der Voraussetzungen des Abs. 1 S. 1 oder 2 grundsätzlich kraft Gesetzes unmittelbar erteilt ist und dass es deshalb – unter Vorlage der Einberufung – lediglich einer **Abmeldung** bei der Dienststelle bedarf (vgl.§ 43 Rn. 4). Falls jedoch der Dienststellenleiter alsbald geltend macht, das PR-Mitglied sei aus zwingenden dienstlichen Gründen unabkömmlich, wird dieses sich darüber nicht hinwegsetzen können, sondern – wie im Falle des Abs. 1 – ggf. eine verwaltungsgerichtliche Klärung herbeiführen müssen (vgl. Rn. 12).

17 Nach Abs. 2 S. 1 sind der Vorsitzende des PR und einer der stellvertretenden Vorsitzenden berechtigt, unter Fortzahlung der Bezüge **viermal im Jahr** an einer **Konferenz der PR-Vorsitzenden** teilzunehmen. Dabei besteht der Anspruch eines der stellvertretenden Vorsitzenden neben dem des Vorsitzenden, also unabhängig davon, ob dieser verhindert ist. **Jahr** i. S. d. Abs. 2 S. 1 und 2 ist nicht das Kalenderjahr, sondern ein Zeitraum von zwölf Monaten, dessen Berechnung sich wiederum an der Amtszeit des PR orientiert (vgl. Rn. 17). Damit können in der regelmäßigen Amtszeit von fünf Jahren bis zu 20 solcher Konferenzen besucht werden. Da das Teilnahmerecht »**vier-**

41 *BVerwG* v. 1.8.96 – 6 P 21.93 –, PersR 96, 491.

mal im Jahr« und nicht »einmal im Vierteljahr« (so noch § 47 Abs. 6 a. F.) besteht, kommt es nicht darauf an, zu welchen Zeitpunkten im Laufe des jeweiligen Jahres die vier in Betracht kommenden Konferenzen terminiert sind.

18 Nach Abs. 2 S. 2 sind **alle PR-Mitglieder** berechtigt, unter Fortzahlung der Bezüge zweimal im Jahr an einer »gleichen Konferenz« teilzunehmen. Damit ist eine von der zuständigen Gewerkschaft einberufene **Konferenz der PR-Mitglieder** gemeint. Zu deren Teilnehmerkreis gehören auch der Vorsitzende und der stellvertretende Vorsitzende des PR. Ersatzmitglieder sind unter den gleichen Voraussetzungen wie nach Abs. 1 teilnahmeberechtigt (vgl. Rn. 2). Konferenzen der PR-Mitglieder können **zusätzlich** zu den Konferenzen der PR-Vorsitzenden stattfinden. Da das Teilnahmerecht »**zweimal im Jahr**« und nicht »einmal im Halbjahr« besteht, gilt das Gleiche, wie bei S. 1 (vgl. Rn. 17). Es kommt auch hier nicht darauf an, zu welchen Zeitpunkten im Laufe des jeweiligen Jahres die zwei in Betracht kommenden Konferenzen terminiert sind.

19 Auch wenn die zum Teilnehmerkreis der jeweiligen Konferenz gehörenden PR-Mitglieder einen individuellen Anspruch auf Teilnahme haben, wird dadurch die **Befugnis des PR** nicht ausgeschlossen, seinerseits durch Beschluss festzulegen, wer aus seiner Sicht sinnvollerweise an einer solchen Konferenz teilnehmen und dort seine Interessen vertreten soll.[42] Fasst er einen derartigen **Entsendungsbeschluss**, kann die Dienststelle nach § 41 Abs. 1 verpflichtet sein, die durch die Teilnahme des entsandten Mitglieds entstehenden Kosten zu tragen, wenn der Besuch der Konferenz objektiv zur Erfüllung der Aufgaben des PR und subjektiv für das vom PR entsandte PR-Mitglied erforderlich ist (vgl. § 41 Rn. 23a).

19a Abs. 2 S. 3 schreibt vor, dass die persönliche Teilnahme an einer Konferenz i. S. d. Abs. 2 S. 1 oder 2 durch eine **Bescheinigung** der zuständigen gewerkschaftlichen Konferenzleitung nachzuweisen ist. Die Vorlage dieser Bescheinigung ist formelle Voraussetzung für die Fortzahlung der Bezüge.

20 Abs. 2 S. 4 stellt klar, dass die in **Abs. 1** getroffene Regelung über die Teilnahme an Schulungs- und Bildungsveranstaltungen von der in Abs. 2 S. 1 und 2 enthaltenen Regelung über die Teilnahme an PR-Konferenzen **unberührt** bleibt. Diese PR-Konferenzen sind mit Schulungs- und Bildungsveranstaltungen nach Abs. 1 nicht gleichzusetzen, weshalb die Teilnahme an PR-Konferenzen die Teilnahme an Schulungs- und Bildungsveranstaltungen nach Abs. 1 nicht ausschließt.[43] Das gilt auch für andere Freistellungsregelungen.[44]

---

42 *BVerwG* v. 1. 8. 96, a. a. O.

43 Leuze-*Bieler*, § 47 a. F. Rn. 76f; in der Kommentierung zu § 44 äußert er sich dazu nicht weiter.

44 Leuze-*Bieler*, § 47 a. F. Rn. 76f; s. dazu Rn. 23.

§ 45 Freistellung

(1) [1]Mitglieder des Personalrats sind auf Antrag des Personalrats von ihrer dienstlichen Tätigkeit freizustellen, wenn und soweit es nach Umfang und Art der Dienststelle zur ordnungsgemäßen Durchführung ihrer Aufgaben erforderlich ist. [2]Sie sind freizustellen in Personalräten mit
fünf Mitgliedern für zwölf Arbeitsstunden in der Woche,
sieben Mitgliedern für 24 Arbeitsstunden in der Woche,
neun Mitgliedern im Umfang eines Vollzeitbeschäftigten,
elf Mitgliedern im Umfang von zwei Vollzeitbeschäftigten,
13 Mitgliedern im Umfang von drei Vollzeitbeschäftigten,
15 Mitgliedern im Umfang von vier Vollzeitbeschäftigten,
17 Mitgliedern im Umfang von fünf Vollzeitbeschäftigten,
19 Mitgliedern im Umfang von sechs Vollzeitbeschäftigten,
21 Mitgliedern im Umfang von sieben Vollzeitbeschäftigten,
23 Mitgliedern im Umfang von acht Vollzeitbeschäftigten,
25 Mitgliedern im Umfang von neun Vollzeitbeschäftigten,
27 Mitgliedern im Umfang von zehn Vollzeitbeschäftigten.
[3]Eine entsprechende Teilfreistellung mehrerer Mitglieder ist zulässig.

(2) Personalrat und Dienststelle können abweichend von Absatz 1 Satz 2 höhere oder niedrigere Freistellungen für die Dauer der Amtszeit des Personalrats vereinbaren.

(3) [1]Maßgebend für die Ermittlung der Freistellungen ist die Zahl der Mitglieder des Personalrats, welche nach § 10 Absatz 1, 3 und 4 einer zum Zeitpunkt der Antragstellung durchzuführenden Wahl des Personalrats zugrunde zu legen wäre. Würde sich nach der Freistellung die Zahl der Mitglieder des Personalrats im Falle einer Neuwahl um mehr als zwei Mitglieder verringern, ist eine aufgrund der bisherigen Mitgliederzahl bewilligte Freistellung zu verringern. [2]Absatz 2 bleibt unberührt.

(4) [1]Bei der Freistellung sind zunächst die von den Gruppenvertretern gewählten Vorstandsmitglieder, so dann die übrigen Vorstandsmitglieder zu berücksichtigen. [2]Bei weiteren Freistellungen sind die im Personalrat vertretenen Wahlvorschläge nach den Grundsätzen der Verhältniswahl zu berücksichtigen; dabei sind die nach Satz 1 freigestellten Vorstandsmitglieder anzurechnen.

Vergleichbare Vorschriften:
§§ 52, 53 BPersVG; § 38 BetrVG

Inhaltsübersicht Rn.

1. Vorbemerkungen

1 Die Vorschrift regelt die generelle Freistellung von PR-Mitgliedern von ihrer dienstlichen Tätigkeit. Die Vorschrift findet nach § 54 Abs. 4 auch auf den GPR[1] Anwendung. Stufenvertretungen haben nach § 55 Abs. 3 Anspruch auf Freistellungen nach Abs. 1 S. 1, nicht jedoch nach der Freistellungsstaffel gemäß Abs. 1 S. 2. Bei Freistellungen nach Abs. 1 haben Stufenvertretungen die Regelungen des Abs. 4 anzuwenden. Mitglieder des APR (§ 58 Abs. 3) haben keinen Anspruch auf Freistellungen nach § 45, Mitglieder der JAV (§ 64 Abs. 1), der Gesamt-JAV(§ 66 Abs. 3) und der Stufen-JAV (§ 66 Abs. 4) auf Freistellungen lediglich nach Abs. 1 S. 1, nicht jedoch nach der Freistellungsstaffel gemäß Abs. 1 S. 2.[2]

2. Generelle Freistellung von der dienstlichen Tätigkeit

2 **(Abs. 1)** Zur ordnungsgemäßen Durchführung der PR-Aufgaben sieht das LPVG außer der in § 43 Abs. 2 S. 1 geregelten vorübergehenden Arbeitsbefreiung, die aus konkretem Anlass, also von Fall zu Fall erfolgt, in S. 1 und S. 2 die generelle **Freistellung** von der dienstlichen Tätigkeit vor. Die Freistellung kommt für regelmäßig anfallende außerhalb der Sitzungen[3] und außerhalb der Besprechungen mit dem Dienststellenleiter[4] wahrzunehmende Aufgaben in Betracht, bei denen die Zeit ihrer Erledigung im Voraus bemessbar ist,[5] insb. für die laufenden Geschäfte (vgl. § 28 Abs. 4 S. 1; dort Rn. 11b) und das Abhalten von Sprechstunden (vgl. § 40 Rn. 3). Den freigestellten PR-Mitgliedern wird die Möglichkeit gegeben, sich besonders eingehend mit den

---

1 *VGH Mannheim* v. 21.9.16 – PL 15 S 689/15: Ist Mitglied des örtlichen PR zugleich Mitglied des GPR, führt eine Vollfreistellung für seine Tätigkeit im GPR allein nicht dazu, dass die Mitgliedschaft im örtlichen PR kraft Gesetzes erlischt oder für die Dauer der Vollfreistellung ruht.

2 Zur Kritik von DGB u. ver.di: LT-Dr. 15/4224, S. 265, 286 [zu § 47b].

3 *VG Frankfurt* v. 25.8.21 – 23 L 1933/21.F.PV –, ZfPR online 22, Nr. 9, S. 11: Die für die Teilnahme an den regelmäßigen Sitzungen des PR aufzuwendende Zeit ist nicht auf den Umfang der teilweisen Freistellung von PR-Mitgliedern von ihrer dienstlichen Tätigkeit anzurechnen.

4 *OVG LSA* v. 20.3.13 – 5 L 5/12 –, PersR 13, 268: Anlassbezogene Besprechungen mit der Dienststellenleitung, deren Häufigkeit und Dauer von den jeweiligen Gesprächsgegenständen abhängt, sollen dabei nicht mitzuzählen sein.

5 *BVerwG* v. 15.6.80 – 6 P 82.78 –, PersV 81, 366, u. v. 22.4.87 – 6 P 29.84 –, PersR 87, 191.

Fragen des PersVR und den vom PR zu bearbeitenden Angelegenheiten zu befassen.[6] Für den **Umfang** der Freistellung enthält Abs. 1 S. 1 eine abstrakte Grundregel. Abs. 1 S. 2 konkretisiert diese Regel durch eine Freistellungsstaffel für PR mit mindestens 5 Mitgliedern (Dienststellen und Außenstellen mit mindestens 51 Regelbeschäftigten), wobei Dienststelle und PR davon abweichend höhere oder niedrigere Freistellungen vereinbaren können (Abs. 2 n. F.). Es kommen sowohl **Vollfreistellungen** als auch nach Arbeitsstunden, -tagen, -wochen oder anderweitig bemessene **Teilfreistellungen** eines oder mehrerer PR-Mitglieder in Betracht. Soweit teilweise freigestellte PR-Mitglieder erforderliche PR-Aufgaben wahrnehmen, die durch die Freistellung nicht abgedeckt sind (z. B. die Teilnahme an Sitzungen), steht ihnen Arbeitsbefreiung nach § 43 Abs. 2 S. 1 zu (vgl. § 43 Rn. 3 ff.).

Nach der **Grundregel des Abs. 1 S. 1** sind Mitglieder des PR auf Antrag des PR von ihrer dienstlichen Tätigkeit freizustellen, wenn und soweit es nach Umfang und Art der Dienststelle zur ordnungsgemäßen Durchführung ihrer Aufgaben **erforderlich** ist. Die Erforderlichkeit der Freistellung nach S. 1 ist anhand der konkreten **Verhältnisse der einzelnen Dienststelle** zu prüfen.[7] Dabei sind die Kriterien **Umfang und Art der Dienststelle** besonders zu berücksichtigen. Dazu gehören v. a.: die Zahl der Beschäftigten, die Zusammensetzung der Beschäftigten (insbesondere die Anteile von jugendlichen und auszubildenden, schwerbehinderten und sonstigen schutzbedürftigen sowie ausländischen Beschäftigten), die Fluktuation der Beschäftigten, die räumliche Ausdehnung der Dienststelle (z. B. die Unterbringung in verschiedenen Dienstgebäuden oder das Vorhandensein nicht verselbständigter Außenstellen, Nebenstellen oder räumlich entfernter Dienststellenteile), die betriebliche Gestaltung der Arbeitszeit (z. B. Arbeit im Schichtbetrieb). In seinem Antrag auf Freistellung muss der PR anhand der konkreten Verhältnisse der Dienststelle **genau darlegen**, welche Aufgaben er zu erledigen hat (z. B. Vorbereitung von Sitzungen, Sprechstunden, Verhandlungen mit dem Dienststellenleiter) und in welchem Umfang diese Aufgaben regelmäßig anfallen.[8] Der erforderliche Umfang der Freistellung kann dabei in Gremien mit weniger als fünf Mitgliedern (Dienststellen mit weniger als 51 Regelbeschäftigten) **nicht durch Rückrechnung** aus der Freistellungsstaffel des Abs. 1 S. 2 ermittelt werden.[9] 3

Abs. 1 S. 2 legt für PR, die nach § 10 mit mindestens fünf Mitgliedern zu besetzen sind (vgl. Abs. 3), eine nach der Anzahl der PR-Mitglieder gestufte **Freistellungsstaffel** fest. Der Freistellungsanspruch knüpft – wie sich aus Abs. 3 ergibt – an der Zahl von PR-Mitgliedern an, die zum Zeitpunkt 4

6 *BVerwG* v. 12. 1. 09 – 6 PB 24.08 –, PersR 09, 126.

7 *BVerwG* v. 22. 4. 87 – 6 P 29.84 –, PersR 87, 191.

8 *BVerwG* v. 22. 4. 87, a. a. O.; *VGH BW* v. 17. 2. 87, a. a. O.

9 *BVerwG* v. 15. 6. 80 – 6 P 82.78 –, PersV 81, 366.

der Antragstellung **bei einer Wahl** nach § 10 Abs. 1, 3 und 4 **zugrunde zu legen wären**. Der Maßstab ist festgelegt worden, weil in Dienststellen mit Außenstellen die dortigen Beschäftigten auch bei Freistellungen des PR mitberücksichtigt werden (Abs. 3 i.V.m. § 10 Abs. 4; vgl. dort Rn. 8a). Auf die tatsächliche Anzahl der Mitglieder, weil etwa die Regelzahl an Mitgliedern nicht erreicht wird oder Mitglieder während der Amtszeit ohne Ersatz ausscheiden, kommt es nicht an.[10] Auf diese Weise wird das Verhältnis gesetzlicher Anzahl der PR-Mitglieder zu Freistellungen betont und losgelöst von schwankenden Beschäftigtenzahlen in einem angemessenen Verhältnis gehalten.[11] Die Anzahl der nach S. 2 gesetzlich festgelegten Freistellungen endet bei zehn Vollzeitbeschäftigten. Darüber hinausgehende Freistellungen bedürfen einer Vereinbarung zwischen PR und Dienststelle (Abs. 2). Der zeitliche Umfang von Freistellungen ist aufgrund der wachsenden Anzahl von Teilzeitbeschäftigten in Dienststellen nach dem **Arbeitszeitumfang von Vollzeitbeschäftigten** zu bemessen. Damit wird vorgebeugt, dass teilzeitbeschäftigte PR-Mitglieder bei Freistellungen unberücksichtigt bleiben, und zwar aus der Befürchtung heraus, dass das dem PR zustehende Freistellungskontingent teilweise verfallen könnte, womit zugleich eine Benachteiligung teilzeitbeschäftigter PR-Mitglieder vermieden werden soll.[12] **S. 3** ergänzt diese Regelung durch die ausdrückliche Bestimmung, dass – anstelle der sich aus der Staffel ergebenden Freistellung jeweils eines vollzeitbeschäftigten PR-Mitglieds – eine **entsprechende Teilfreistellung** mehrerer Mitglieder zulässig ist (Rn. 5). Die Freistellungsstaffel des Abs. 1 S. 2 dient der Verwaltungsvereinfachung. Sie ist **pauschalierender Ausdruck der allgemeinen Grundregel** des Abs. 1 S. 1.[13] Beantragt der PR Freistellungen in dem in der Staffel festgelegten Umfang, so braucht er deshalb **nicht darzulegen**, dass die Freistellungen in diesem Umfang erforderlich sind.[14]

5 **Abs. 1 S. 3** legt wie jetzt auch § 52 Abs. 3 BPersVG ausdrücklich fest, dass anstelle der sich aus der Staffel ergebenden Freistellung jeweils eines PR-Mitglieds eine entsprechende (d.h. anteilige) **Teilfreistellung** mehrerer Mitglieder zulässig ist. Die insoweit einschränkende Rspr. des *BVerwG*[15] ist überholt. Ob und in welchem Maße die Möglichkeit zur Teilfreistellung wahrgenommen wird, ist Sache des PR, der darüber nach seinem Ermessen entscheidet. Das insgesamt zur Verfügung stehende Freistellungsvolumen

---

10 LT-Dr. 15/4224, S. 111 [zu § 47b].
11 LT-Dr. 15/4224, S. 111 [zu § 47b].
12 LT-Dr. 15/4224, S. 111 [zu § 47b].
13 *BVerwG* v. 2.9.96 – 6 P 3.95 –, PersR 96, 498.
14 *VGH BW* v. 17.2.87 – 15 S 1595/86 –, PersV 87, 430.
15 Beschl. v. 25.2.83 – 6 P 15.80 –, PersV 84, 83, u.v. 22.4.87 – 6 P 29.84 –, PersR 87, 191.

darf allerdings nicht überschritten werden,[16] wenn nicht nach Abs. 2 etwas anderes vereinbart ist. Außerdem sind die Regelungen des Abs. 4 über die Aufteilung dieses Volumens (vgl. Rn. 11 ff.) einzuhalten.[17]

Über die **Auswahl** der Freizustellenden entscheidet der PR nach seinem Ermessen. Es ist sachgerecht, wenn er sich dabei an der Eignung und Bereitschaft der in Betracht kommenden Personen zur längerfristigen solidarischen und engagierten Interessenvertretung der Beschäftigten orientiert.[18] Allerdings hat er die in Abs. 4 aufgestellten Regeln für die **Aufteilung** des Freistellungsvolumens und die **Reihenfolge** der freizustellenden PR-Mitglieder zu beachten (vgl. Rn. 11 ff.). 6

3. Vereinbarung über höhere oder niederere Zahl von Freistellungen

(Abs. 2) Nach Abs. 1 S. 2 ist die Zahl der Freistellungen insoweit flexibilisiert worden, als einvernehmliche Abweichungen zwischen PR und Dienststelle vereinbart werden können.[19] Es kommen sowohl **höhere** als auch **niedrigere Freistellungen**[20] in Betracht. Die Form der **Vereinbarung** ist gesetzlich nicht geregelt. Abweichungen können **im Einzelfall** oder auch durch freiwillige **Dienstvereinbarung** vereinbart werden.[21] Obwohl Abs. 2 keine ausdrückliche Bestimmung zum Recht auf Abschluss einer Dienstvereinbarung enthält und § 45 Abs. 2 in § 85 Abs. 1 nicht ausdrücklich aufgeführt ist, ist S. 2 in Verbindung mit der in Fn. 20 zitierten Gesetzesbegründung als Rechtsgrundlage zum Abschluss einer Dienstvereinbarung anzusehen. Einvernehmliche Abweichungen können auch dadurch zustande kommen, dass der PR keinen Freistellungsumfang **geltend macht** oder ein geringeres als ihm zustehendes Freistellungskontingent **beantragt**, etwa aufgrund personeller Engpässe, und die Dienststelle **dieses bewilligt**. Bei höherem Bedarf kommt ein weitergehendes Freistellungskontingent infrage, etwa befristet für ein Projekt oder dauerhaft für die Amtszeit.[22] 7

---

16 Rooschüz-*Abel*, § 45 Rn. 12.

17 *VGH BW* v. 4.3.16 – PL 15 S 1235/15 –, u. v. 24.4.01 – PL 15 S 1419/00 –, PersR 01, 481.

18 Vgl. *BVerwG* v. 22.12.94 – 6 P 12.93 –, PersR 95, 131; anders für das BetrVG: *BAG* v. 24.3.21 – 7 ABR 6/20 –, m. Anm. *Bartl*, AiB 9/21, 48 = NZA 21, 1044.

19 Die zur Vorgängerregelung (§ 47 Abs. 4 a.F.) ergangene Rspr. des *VGH BW* v. 17.2.87 – 15 S 1595/86 –, PersV 87, 430, wonach die Freistellungsstaffel keine höheren Freistellungen zugelassen habe (kritisch dazu *Altvater*, 2. Auflage, § 47 Rn. 11 u. 12), ist mit Abs. 2 hinfällig.

20 Zur Kritik daran vgl. Stellungnahmen von DGB u. ver.di: LT-Dr. 15/4224, S. 265 u. 286 [zu § 47a].

21 LT-Dr. 15/4224, S. 113 [zu § 47a].

22 LT-Dr. 15/4224, S. 113 [zu § 47a].

8 Eine nach Abs. 1 S. 2 abweichende Freistellungsregelung kann nach Abs. 2 immer nur bis längstens **für die jeweilige Dauer der Amtszeit** vereinbart werden. Nach Sinn und Zweck der Regelung ist damit eine Vereinbarung, die die Amtszeit des PR überdauern soll, ausgeschlossen. Damit soll ein späterer PR nicht gebunden werden und frei in seiner Einschätzung sein, wie viel Freistellungen aus seiner Sicht erforderlich sind. Die Vorschrift führt allerdings nicht dazu, den PR bis zum Ablauf seiner Amtszeit an eine geringere Inanspruchnahme der Freistellungen zu binden, wenn er die ihm zustehenden Freistellungen nicht ausschöpft, ohne darüber mit der Dienststelle eine ausdrückliche Vereinbarung getroffen zu haben. Auch wenn in der Gesetzesbegründung verschiedene Formen einvernehmlichen Handelns als Vereinbarung nach Abs. 2 angeführt sind (s. Rn. 7), ist auch hier von dem allgemeinen Grundsatz auszugehen, dass Schweigen keine Zustimmung darstellt, weshalb aus einer vollständigen oder teilweisen Nichtinanspruchnahme der gesetzlichen Freistellungen keine Verzichtserklärung des PR mit Bindungswirkung für die gesamte Amtszeit geschlossen werden kann. Zur Vermeidung von Missverständnissen sollte der PR aber vor einer geringeren Inanspruchnahme von Freistellungen der Dienststelle seinen Vorbehalt für spätere Erhöhungen ausdrücklich erklären.

9 Die Vereinbarung eines höheren Freistellungskontingents ist PR und Dienststelle allerdings nicht völlig freigestellt. Die Regelung gestattet zwar Abweichungen von den für den Regelfall vorgegebenen Freistellungsansprüchen nach Abs. 1 S. 2, jedoch nur im Rahmen des nach Abs. 1 S. 1 auch für abweichende Vereinbarungen weiter geltenden Grundsatzes der **Erforderlichkeit**. Dies ist auch von Bedeutung, soweit der PR aus mehr als 27 Mitgliedern besteht und deswegen einen höheren Bedarf an Freistellungen hat, als in Abs. 1 S. 2 gesetzlich geregelt ist. Der PR hat nach Abs. 1 S. 1 darzulegen, dass weitere Freistellungen im konkreten Einzelfall zur Erbringung gesetzlichen Pflichten nach dem LPVG erforderlich sind (vgl. Rn. 3). Auch lediglich **teilweise Freistellungen** sind insoweit möglich.[23] Einigen sich PR und Dienststelle über beabsichtigte Abweichungen nicht, bleibt es bei der gesetzlichen Regel des Abs. 1 S. 2. Eine Klärung des Anspruchs auf Freistellung im verwaltungsgerichtlichen Beschlussverfahren nach § 92 Abs. 1 Nr. 3 bleibt unberührt.[24]

4. Ermittlung der Freistellungsquote

10 **(Abs. 3)** Die Regelung des S. 1 bestimmt, welche Mitgliederzahl des PR zu welchem Zeitpunkt zur Ermittlung der Freistellungsquote maßgebend ist. Dabei wird auf den **Zeitpunkt der Antragstellung** und nicht auf den Zeit-

23 LT-Dr. 15/4224, S. 113 [zu § 47a].

24 LT-Dr. 15/4224, S. 113 [zu § 47a].

punkt der Wahl, abgestellt. Wann der PR einen Antrag stellt, ist ihm nach dieser Vorschrift ausdrücklich zur freien Entscheidung überlassen (vgl. aber Rn. 7). Sollte der PR zu Beginn der Amtszeit weniger Freistellungen in Anspruch genommen haben, als ihm nach Abs. 1 S. 1 zugestanden hätte oder sollte sich die Zahl der Beschäftigten der Dienststelle während der Amtszeit entsprechend erhöhen, kann er frei entscheiden, wann er weitere Freistellungen beanspruchen will. Die tatsächlich vorhandene Anzahl von PR-Mitgliedern ist dabei unbeachtlich. Es ist zum Zeitpunkt der Antragstellung von einer fiktiven PR-Wahl auszugehen, somit auf die **Zahl der tatsächlich bei der Antragstellung zu wählenden Mitglieder** des PR. Insoweit ist die Anzahl der wahlberechtigten Beschäftigten nach § 10 Abs. 1, 3 und 4 (vgl. § 10 Rn. 7 ff.) zu ermitteln. Der PR hat auf sein Verlangen insoweit gegenüber der Dienststelle einen **Anspruch auf Unterrichtung** (§ 71 Abs. 1). Hat sich die Zahl der wahlberechtigten Beschäftigten der Dienststelle nach der Freistellung dauerhaft soweit verringert, dass sich die Zahl der Mitglieder des PR im Falle einer fiktiven Neuwahl um **mehr** als zwei Mitglieder verringern würde, hat der PR nach S. 2 eine **Reduzierung der Zahl der Freistellungen** hinzunehmen, wenn mit der Dienststelle nichts anderes vereinbart ist (S. 3). Ergäbe die Zahl der wahlberechtigten Beschäftigten lediglich eine Verringerung um bis zu zwei PR-Mitgliedern, führt dies nicht zu einer Verringerung der Freistellungen. Zur Begründung dieser Regelung hat der Gesetzgeber auf die Rspr. des *BVerwG* verwiesen.[25] Die Regelung findet erst dann Anwendung, wenn die bewilligten Freistellungen der bisher maßgeblichen Mitgliederzahl des PR entsprechen, also das Freistellungskontingent vollständig ausgeschöpft ist.[26] Unabhängig von den in S. 1 und 2 enthaltenen Verpflichtungen zur Anpassung (Erhöhung oder Reduzierung) der Freistellungen, können PR und Dienststelle davon nach Abs. 2 **einvernehmlich abweichen** (S. 3).

5. Auswahl der Freizustellenden

(Abs. 4) Nach S. 1 sind zunächst die nach § 28 Abs. 1 **von den Gruppenvertretern gewählten Vorstandsmitglieder** (Gruppenvorstandsmitglieder) zu berücksichtigen.[27] Gibt es gem. § 28 Abs. 1 nur ein Gruppenvorstandsmitglied ist nach S. 1 dieses zu berücksichtigen, ohne dass es einer Wahl bedarf. Bei der Auswahl unter zwei Gruppenvorstandsmitgliedern gibt es keinen 11

25 *BVerwG* v. 9. 6. 08 – 6 PB 12/08 –, PersR 08, 415; LT-Dr. 15/4224, S. 113 [zu § 47].

26 LT-Dr. 15/4224, S. 113 [zu § 47].

27 S. 1 nimmt nicht mehr auf die Wahl des Vorsitzenden und Stellvertreters (§ 32 Abs. 2 a. F.) Bezug. Der Streit, welche Vorstandsmitglieder bei der Freistellung nach § 47 Abs. 3 S. 2 a. F. vorrangig zu berücksichtigen waren, ist damit hinfällig. Zum damaligen Streitstand s. *Altvater*, 2. Auflage, § 47 Rn. 15.

Rangunterschied. Das Gleiche gilt, wenn bei zwei Gruppenvorstandsmitgliedern die Mitgliedschaft im Vorstand unter ihnen statt durch Wahl durch Los entschieden worden ist (vgl. § 28 Rn. 5). Die **übrigen**, gleich aus welchem Grund aus der Mitte des PR gewählten **Vorstandsmitglieder** (§ 28 Abs. 2; s. dort Rn. 5 u. 8) sind nachrangig zu berücksichtigen. Bei der Auswahl zwischen diesen besteht ebenfalls kein Rangunterschied.

12 Nach **Abs. 4 S. 2** sind bei weiteren Freistellungen – unter Anrechnung der nach S. 1 freigestellten Vorstandsmitglieder (vgl. Rn. 11) – die im PR vertretenen **Wahlvorschläge** nach den Grundsätzen der Verhältniswahl zu berücksichtigen. Diese Regelung ist bindend.[28] Sie dient dem Minderheitenschutz.[29] Anders als nach § 53 Abs. 2 BPersVG ist es bei S. 2 unerheblich, ob der PR bei gemeinsamer Wahl im Wege der Verhältniswahl oder der Mehrheitswahl gewählt worden ist oder ob bei Gruppenwahl in beiden Gruppen Verhältniswahl oder Mehrheitswahl oder in den Gruppen teils Verhältniswahl und teils Mehrheitswahl stattgefunden hat (vgl. § 13 Rn. 8 ff.). Da unabhängig davon jedes PR-Mitglied aufgrund eines Wahlvorschlags gewählt worden ist (vgl. Rn. 13), sind »die im PR vertretenen Wahlvorschläge« alle jene Wahlvorschläge, auf denen PR-Mitglieder jeweils als Wahlbewerber benannt waren. In welcher Stärke solche Wahlvorschläge im PR vertreten sind, richtet sich nach der Zahl der auf ihnen benannten PR-Mitglieder, wobei gruppenübergreifend mehrere Wahlvorschläge mit demselben Kennwort als ein einheitlicher Wahlvorschlag zu behandeln sind (vgl. § 28 Rn. 8c). Bei der Berücksichtigung der Wahlvorschläge nach den Grundsätzen der Verhältniswahl ist es sachgerecht, das im Rahmen der PR-Wahl geltende **d'Hondt'sche Höchstzahlverfahren** (vgl. § 7 Abs. 2, § 37 Abs. 1 und § 38 Abs. 1 LPVGWO) anzuwenden und den Wahlvorschlägen mit den jeweiligen Höchstzahlen so lange eine Freistellung, auch in Form von Teilfreistellungen, zuzuteilen, bis das Freistellungsvolumen ausgeschöpft ist (vgl. § 11 Rn. 6). Von den Freistellungen, die danach auf einen bestimmten Wahlvorschlag entfallen, sind dann die auf diesem Wahlvorschlag benannten, bereits nach Abs. 4 S. 1 freizustellenden Vorstandsmitglieder abzuziehen. Bei einer nach § 45 erfolgenden **Teilfreistellung** mehrerer PR-Mitglieder sind die Freistellungsstunden unter den PR-Mitgliedern im Verhältnis der Sitze, die auf die im PR vertretenen Wahlvorschläge entfallen, zu verteilen und die auf die Vorstandsmitglieder entfallenden Freistellungsstunden anzurechnen.[30]

13 Die Vorschriften des Abs. 4 können nicht nur dazu führen, dass der PR darauf beschränkt ist, zwischen einigen wenigen bevorzugt zu berücksichtigenden PR-Mitgliedern auszuwählen, sondern dass sein **Auswahlermessen**

28 *VGH BW* v. 4. 3. 16 – PL 15 S 1235/15.

29 *VGH BW* v. 24. 4. 01 – PL 15 S 1419/00 –, PersR 01, 481.

30 *VGH BW* v. 24. 4. 01, a. a. O.

auf Null reduziert ist. So hat z. B. in Dienststellen mit elf PR-Mitgliedern (601 bis 1000 Regelbeschäftigten) ein aus den Vertretern beider Gruppen bestehender PR im Regelfall keine andere Wahl, als die Freistellung des Vorsitzenden und des stellvertretenden Vorsitzenden zu verlangen, es sei denn, dass eine Gruppe auf einen Vorstand nach § 28 Abs. 1 oder der Vorsitzende oder der stellvertretende Vorsitzende auf die Freistellung verzichten und der PR deshalb bei der zweiten Freistellung zwischen den zwei zugewählten Vorstandsmitgliedern auswählen kann. Der PR ist berechtigt, von Abs. 4 **abzuweichen**, wenn die danach an sich freizustellenden PR-Mitglieder damit einverstanden sind. So ist es z. B. zulässig, dass der PR seinen Anspruch auf Freistellung eines seiner Mitglieder so verwirklicht, dass er die Freistellung zeitlich aufspaltet und alle seine Mitglieder nacheinander für einen befristeten Abschnitt der Amtszeit freistellen lässt, vorausgesetzt, kein Mitglied beanstandet diese »**rollierende Freistellung**«.[31] Falls der PR aber, etwa aus Gründen des Minderheitenschutzes, nicht alternativ rechtmäßig handeln kann, ist er verpflichtet, auch einen nicht mehrheitlich gewünschten Kandidaten auszuwählen, statt auf die Freistellung zu verzichten.[32] Außerdem würde das vom PR einzuhaltende Willkürverbot verletzt, wenn Freistellungen nicht entsprechend dem Zweck der Ermessensermächtigung, die Funktionsfähigkeit des PR zu sichern, sondern ohne hinreichende sachliche Gründe oder gar aus sachfremden Erwägungen gegen den Willen der Betroffenen anderer Wahlvorschläge durch Mehrheitsbeschluss verteilt würden.[33]

6. Beschluss des Personalrats, Entscheidung des Dienststellenleiters

Über die Inanspruchnahme der zulässigen Freistellungen einschl. der Möglichkeit entsprechender Teilfreistellungen, über die Auswahl der Freizustellenden und über den an den Dienststellenleiter zu richtenden **Freistellungsantrag** entscheidet der PR jeweils durch **Beschluss**. Dabei handelt es sich immer um eine gemeinsame Angelegenheit, über die nach § 34 Abs. 4 gemeinsam zu beschließen ist (vgl. § 34 Rn. 10). Zur Freistellung ist eine Entscheidung des **Dienststellenleiters** erforderlich. Diesem steht aber nur ein **eingeschränktes Prüfungsrecht** zu. Er kann die vom PR beantragten Freistellungen nur ablehnen, wenn entweder die Voraussetzungen des Abs. 1 S. 1 oder des Abs. 1 S. 2 nicht vorliegen oder wenn unabweisbare Gründe, die sich aus den von ihm zu vertretenden dienstlichen Belangen oder aus seiner eigenen personalvertretungsrechtlichen Stellung ableiten, der Freistellung eines oder mehrerer der vom PR ausgewählten Mitglieder entgegen- 14

31 *BVerwG* v. 10.5.84 – 6 P 33.83 –, PersR 86, 15.
32 *VGH München* v. 22.4.13 – 17 P 12.1378 –, PersV 13, 348.
33 *VGH BW* v. 30.11.16 – PL 15 S 1080/16 –, ZfPR online 17, Nr. 3, S. 2.

stehen.[34] Die **Dienststelle** hat die **Freistellung** dem vom PR ausgewählten PR-Mitglied gegenüber auszusprechen und dem PR mitzuteilen. Sobald die Freistellung ausgesprochen ist, entbindet sie den Betroffenen – je nach ihrem Umfang – ganz oder teilweise von der Dienst- oder Arbeitspflicht (vgl. Rn. 15). Die Freistellung erfolgt grundsätzlich **für die gesamte Amtszeit** des PR.[35] Sie ist an die Person des jeweiligen PR-Mitglieds gebunden. Scheidet es aus dem PR aus oder ist es zeitweilig verhindert, überträgt die Freistellung sich nicht auf das an seiner Stelle in den PR eintretende **Ersatzmitglied**. Im Fall des **Ausscheidens** hat der PR unter Beachtung von Abs. 4 neu zu beschließen, welches PR-Mitglied künftig freizustellen ist. Ist ein freigestelltes PR-Mitglied nicht nur kurzzeitig verhindert, so kommt ausnahmsweise eine **Ersatzfreistellung** eines anderen PR-Mitglieds in Betracht.[36]

7. Wirkung der Freistellung

15 Die Freistellung eines PR-Mitglieds bewirkt, dass dieses ganz oder teilweise **von seiner dienstlichen Tätigkeit entpflichtet** ist.[37] Die übrigen Pflichten aus dem Dienst- bzw. Arbeitsverhältnis bestehen fort. Das freigestellte PR-Mitglied hat grundsätzlich die in der Dienststelle geltende regelmäßige **Arbeitszeit** einzuhalten.[38] Es ist berechtigt, etwaige Arbeitszeiterfassungsgeräte zu benutzen.[39] Wird in der Dienststelle Gleitzeitarbeit praktiziert, ist es berechtigt, seine PR-Arbeit im Rahmen der geltenden Gleitzeitregelung so wahrzunehmen, wie es ihm zur sachgerechten Aufgabenerfüllung am sinnvollsten erscheint. Wird ein freigestelltes PR-Mitglied durch die Erfüllung seiner Aufgaben über die regelmäßige Arbeitszeit hinaus beansprucht, steht ihm **Freizeitausgleich** nach § 43 Abs. 2 S. 2 zu (vgl. § 43 Rn. 6 f.). Das gilt auch für ein vollständig freigestelltes Mitglied.[40] Mangels Eingliederung in den Dienstablauf kann es selbst festlegen, wann es den Freizeitausgleich nimmt.[41] Das *BAG* hat es zwar dahinstehen lassen, ob die Zeit der Erbringung von PR-Tätigkeit als Arbeitszeit i. S. v. § 2 Abs. 1 ArbZG anzusehen

34 *BVerwG* v. 10. 5. 84, a. a. O.; näher zur Durchführung der Freistellung Altvater-*Noll*, § 52 Rn. 20–25.

35 Zur möglichen Reduzierung der Freistellungen wegen erheblicher Unterschreitung des maßgeblichen Schwellenwertes vgl. *BVerwG* v. 9. 7. 08 – 6 PB 12.08 –, PersR 08, 415.

36 Altvater-*Noll*, § 52 Rn. 26.

37 *BVerwG* v. 14. 6. 90 – 6 P 18.88 –, PersR 90, 290.

38 Vgl. *BAG* v. 20. 8. 02 – 9 AZR 261/01 –, AP Nr. 27 zu § 38 BetrVG 1972.

39 Vgl. *BAG* v. 10. 7. 13 – 7 ABR 22/12 –, PersV 14, 74; *Klimpe-Auerbach*, PersR 4/23, 22.

40 Inzwischen h. M. zum BPersVG, vgl. Altvater-*Noll*, § 52 Rn. 31 m. w. N.; Ilbertz-*Knorz*, § 51 Rn. 4; a. A. Leuze-*Bieler*, § 45 Rn. 35 i. V. m. § 43 Rn. 28.

41 *OVG LSA* v. 26. 6. 95 – L 3/95 – PersR 95, 440.

ist (vgl. § 43 Abs. 1: Ehrenamt) und § 5 Abs. 1 ArbZG (Ruhezeit) deshalb unmittelbar Anwendung findet. Es hat aber dem PR-Mitglied zugestanden, dass bei der Beurteilung, ob die Nichteinhaltung der Ruhezeit wegen bevorstehender PR-Tätigkeit unzumutbar ist, die Wertung des § 5 Abs. 1 ArbZG zu berücksichtigen ist (näher dazu § 43 Rn. 2).[42] Freigestellte PR-Mitglieder haben Anspruch auf die **Besoldung oder das Arbeitsentgelt**, das sie erhalten würden, wenn sie wie bisher weitergearbeitet hätten. Auch insoweit gilt § 43 Abs. 2 S. 1 mit dem **Lohnausfallprinzip** (vgl. § 43 Rn. 5). Ausgangspunkt ist eine **hypothetische Betrachtungsweise**.[43] Dabei sind die Besonderheiten des jeweiligen Vergütungsbestandteils zu berücksichtigen und bei schwankenden Bezügen ist ggf. eine Schätzung nach den Grundsätzen des § 287 Abs. 2 ZPO vorzunehmen.[44] Maßgeblich ist i. d. R. der Zeitpunkt, zu dem das PR-Mitglied noch völlig unbehindert durch sein Amt in vollem Umfang berufstätig war. Das ist grundsätzlich der Zeitpunkt vor Beginn der Freistellung.[45] Das schließt aber nicht aus, dass der beruflichen Entwicklung vergleichbarer Beschäftigter Rechnung zu tragen ist.[46]

§ 46 Benachteiligungsverbot, Berufsbildung freigestellter Mitglieder des Personalrats

(1) Von ihrer dienstlichen Tätigkeit freigestellte Mitglieder des Personalrats dürfen in ihrem beruflichen Werdegang nicht benachteiligt werden.
(2) [1]Von ihrer dienstlichen Tätigkeit freigestellte Mitglieder des Personalrats dürfen von Maßnahmen der Berufsbildung innerhalb und außerhalb der Verwaltung oder des Betriebs nicht ausgeschlossen werden. [2]Innerhalb eines Jahres nach Beendigung der Freistellung eines Personalratsmitglieds ist diesem im Rahmen der Möglichkeiten der Dienststelle Gelegenheit zu geben, eine wegen der Freistellung unterbliebene verwaltungs- oder betriebsübliche Entwicklung nachzuholen. [3]Für Mitglieder des Personalrats, die drei volle aufeinanderfolgende Amtszeiten von ihrer dienstlichen Tätigkeit freigestellt waren, erhöht sich der Zeitraum nach Satz 2 auf zwei Jahre.

Vergleichbare Vorschriften:
§ 52 Abs. 1 S. 2 BPersVG; §§ 38 Abs. 4, 78 BetrVG

---

42 *BAG* v. 18.1.17 – 7 AZR 224/15 –, PersR 11/17, 40.
43 Altvater-*Noll*, § 51 Rnrn. 20 ff. m. w. N.; *BVerwG* v. 30.1.13 – 6 P 5.12 –, PersR 13, 178.
44 *BAG* v. 29.4.15 – 7 AZR 123/13.
45 *BAG* v. 7.2.85 – 6 AZR 72/82 –, AP Nr. 3 zu § 46 a. F. BPersVG.
46 Näheres zu den Wirkungen der Freistellung bei Altvater-*Noll*, § 52 Rn. 26a–33.

Inhaltsübersicht Rn.

1. Verbot der Benachteiligung im beruflichen Werdegang

1 **(Abs. 1)** Der mit § 52 Abs. 1 S. 2 BPersVG inhaltlich übereinstimmende Abs. 1 bestimmt ausdrücklich, dass die von ihrer dienstlichen Tätigkeit freigestellten Mitglieder des PR in ihrem beruflichen Werdegang **nicht benachteiligt** werden dürfen. In § 47 Abs. 3 S. 4 a. F. war in wörtlicher Übereinstimmung mit § 46 Abs. 3 S. 6 BPersVG a. F. die Formulierung »Beeinträchtigung des beruflichen Werdegangs« enthalten. Da mit dem ÄndG 2013 in Abs. 1 keine inhaltliche Änderung zu § 47 Abs. 3 S. 4 a. F. beabsichtigt war,[1] ist davon auszugehen, dass die gleichen Grundsätze wie auch im BPersVG weiter gelten. Auch im BetrVG (§ 78 S. 2) ist bei gleichem Bedeutungsinhalt von »Benachteiligung« die Rede, ohne dass damit eine Schmälerung der Rechte von BR-Mitgliedern im Vergleich zu PR-Mitgliedern verbunden wäre. Hinsichtlich der beruflichen Entwicklung von freigestellten PR-Mitgliedern ist somit kein strengerer Maßstab anzulegen als vor dem ÄndG 2013.

2 Die Vorschrift ist nicht nur ein **Schutzgesetz** i. S. d. § 823 Abs. 2 BGB, sondern auch eine unmittelbar **anspruchsbegründende Norm**, aus der sich ein Unterlassungs- oder Erfüllungsanspruch ergeben kann, der von einem Verschulden unabhängig ist.[2] Träger des Anspruchs ist das jeweilige PR-Mitglied persönlich. Der Anspruch kann mit der Individualklage geltend gemacht werden. Dem PR als Gremium soll nach Auffassung des *BVerwG* die Antragsbefugnis zur gerichtlichen Geltendmachung von Benachteiligungen seiner PR-Mitglieder nicht zustehen.[3] Um eine Beeinträchtigung des beruflichen Werdegangs eines freigestellten PR-Mitglieds zu vermeiden, ist dieser Werdegang im Wege der **fiktiven Laufbahnnachzeichnung** so zu behandeln wie der Werdegang nicht freigestellter Kollegen,[4] die hinsichtlich ihrer Tätigkeit und Qualifikation zum Zeitpunkt der Freistellung[5] ver-

---

1 LT-Dr. 15/4224, S. 113, 114 [zu § 47c].

2 *BAG* v. 26.9.90 – 7 AZR 208/89 –, PersR 91, 305, v. 29.10.98 – 7 AZR 676/96 –, PersR 99, 319, v. 27.6.01 – 7 AZR 496/99 –, PersR 02, 39, u. v. 19.3.03 – 7 AZR 334/02 –, PersR 04, 272.

3 *BVerwG* v. 30.1.13 – 6 P 5.12 –, PersR 13, 178; vgl. Altvater-*Noll*, § 52 Rn. 35.

4 Auch ein Mitglied der Vergleichsgruppe, das zu einem späteren Zeitpunkt in eine andere Behörde versetzt wird, kann weiter vergleichbar sein, *VG Frankfurt/Main* v. 4.3.13 – 9 K 1215/12.F –, PersR 14, 42.

5 Lorenzen-*Hebeler* § 46 a. F. Rn. 190; *OVG Rheinland-Pfalz* v. 22.9.95 – 10 A 10858/95 –, PersV 1997, 30; wohl auch *BVerwG* v. 23.1.20 – 2 C 22.18 –, ZfPR 20, 66; a. A. (Zeitpunkt der Übernahme des PR-Amts): Richardi-*Treber*, § 46 a. F. Rn. 83 m. w. N.

gleichbar waren (Vergleichsgruppenbildung).[6] Soweit dem PR-Mitglied die Referenzgruppe bekannt gegeben wurde, hat es Einwände dagegen zeitnah der Dienststelle mitzuteilen (vgl. § 58 Abs. 2 S. 1 VwGO), da etwaige Fehler zu einem späteren Zeitpunkt nicht mehr angemessen behoben werden können.[7] Die erforderliche Größe der zu bildenden Referenzgruppe ist eine Frage des Einzelfalls.[8] Sie muss aber einschließlich des freigestellten PR-Mitglieds mindestens fünf Personen umfassen.[9] Entsprechendes kann auch bei einem teilweise freigestellten PR-Mitglied erforderlich sein, wenn die Arbeitszeit aufgrund der Teilfreistellung weitgehend reduziert ist.[10] Das Recht eines freigestellten PR-Mitglieds, gegen die Bildung einer Referenzgruppe zum Zweck der fiktiven Laufbahnnachzeichnung Einwände zu erheben, kann im Einzelfall verwirken.[11] Wird ein vergleichbarer Beschäftigter befördert oder höhergruppiert, muss auch eine entsprechende **Beförderung** bzw. **Höhergruppierung** des freigestellten PR-Mitglieds vorgenommen werden, und zwar grundsätzlich auch dann, wenn es an der Freistellung festhält. Die Beförderung eines freigestellten PR-Mitglieds setzt die vorausgegangene fiktive Versetzung auf einen höheren Dienstposten voraus.[12] Ein Anspruch auf rückwirkende Beförderung besteht allerdings nicht.[13] Die fiktive Nachzeichnung der üblichen beruflichen Entwicklung eines freigestellten PR-Mitglieds erstreckt sich auch auf die Teilhabe am **beschleunigten Stufenaufstieg** nach § 17 Abs. 2 S. 1 TVöD, wenn der Arbeitgeber die Verkürzung der Stufenlaufzeit gegen die Intention der TV-Parteien nicht auf Ausnahmefälle beschränkt.[14] Um eine Kollision zwischen dem Erprobungsgebot des Beamtenrechts und dem Benachteiligungsverbot des PersVR aufzulösen, hat das *BVerwG*[15] entschieden, dass freigestellte PR-Mitglieder vor

---

6 *Gronimus,* ZfPR 2019, 15; *BVerwG* v. 11.12.14 – 1 WB 6.13 –, ZfPR 15, 34, u.v. 30.6.14 – 2 B 11.14 –, ZfPR 14, 98; *BAG* v. 31.10.85 – 6 AZR 129/83 –, AP Nr. 5 zu § 46 BPersVG, v. 26.9.90, a.a.O., u.v. 29.10.98, a.a.O.; *OVG NW* v. 14.12.07 – 6 B 1155/07 –, PersR 08, 131.

7 *BVerwG* v. 25.6.14 – 2 B 1.13 –, ZfPR online 15, Nr. 4, S. 6; kein Anspruch im Fall des Einverständnisses mit der Referenzgruppe nach umfassender Information: *BVerwG* v. 6.6.14 – 2 B 75.13 –, Buchholz 449 § 3 SG Nr. 73.

8 *BVerwG* v. 23.12.15 – 2 B 40.14 –, PersR 16, Heft 5, S. 54.

9 *BVerwG* v. 11.12.14 – 1 WB 6.13 –, ZfPR 15, 34; vgl. Ilbertz-*Knorz,* § 52 Rn. 11.

10 I.E. str.; vgl. *BAG* v. 19.3.03, a.a.O., u. *OVG NW* v. 2.3.06 – 1 B 1934/05 –, PersR 06, 527; *OVG Lüneburg,* Beschl. v. 16.12.15 – 5 ME 197/15 –, NVwZ-RR 16, 434; vgl. Ilbertz-*Knorz,* § 52 Rn. 14.

11 *NdsOVG* v. 26.3.13 – 5 LA 210/12 –, PersR 13, 263.

12 *BVerwG* v. 25.6.14 – 2 B 1.13.

13 *BAG* v. 15.5.19 – 7 AZR 255/17 –, PersR 1/20, 42.

14 Ilbertz-*Knorz,* § 52 Rn. 15 a.E.; a.A. *LAG BW* v. 5.8.13 – 1 Sa 33/12 –, PersR 13, 494.

15 *BVerwG* v. 21.9.06 – 2 C 13.05 –, PersR 07, 83.

einer Beförderung nicht ausnahmslos verpflichtet sind, die Aufgaben eines höherwertigen Dienstpostens zum Zwecke der **Erprobung** tatsächlich wahrzunehmen und damit auf die Freistellung zu verzichten, sondern dass stattdessen auch eine »**fiktive Bewährungsfeststellung**« in Betracht kommen kann. Freigestellte PR-Mitglieder haben nur in Ausnahmefällen Anspruch auf **Leistungsvergütung**[16] oder auf Bewilligung einer der verschiedenen Formen der **Leistungsbesoldung** und nur in Ausnahmefällen ein Recht auf ermessensfehlerfreie Entscheidung über ihre Vergabe, z. B. wenn der Beamte in der Zeit vor seiner Freistellung wiederholt eine Form der Leistungsbesoldung (persönlich oder als Teammitglied) für herausragende besondere Leistungen erhalten hat.[17] **Nach Beendigung der Freistellung** kann das bisher freigestellte PR-Mitglied zwar i. d. R. nicht beanspruchen, auf dem vor der Freistellung innegehabten Arbeitsplatz beschäftigt zu werden.[18] Es kann aber verlangen, dass ihm eine Tätigkeit übertragen wird, die der Besoldungs- oder Entgeltgruppe entspricht, die es vor oder während der Freistellung erreicht hat.[19]

2. Berufsbildung und berufliche Entwicklung

3 **(Abs. 2)** Der dem § 38 Abs. 4 BetrVG nachgebildete Abs. 2, für den es im BPersVG keine Entsprechung gibt, enthält Regelungen über die **berufliche Weiterbildung freigestellter PR-Mitglieder**, die diese vor freistellungsbedingten beruflichen Nachteilen schützen sollen. Nach **Abs. 2 S. 1** dürfen freigestellte PR-Mitglieder von Maßnahmen der Berufsbildung innerhalb und außerhalb der Verwaltung **nicht ausgeschlossen** werden. Unter den genannten Maßnahmen außerhalb der Verwaltung sind solche zu verstehen, die die Dienststelle oder übergeordnete Dienststellen üblicherweise zur Berufsbildung der Beschäftigten nutzen.[20] Abs. 2 S. 1 gibt den freigestellten PR-Mitgliedern einen Anspruch darauf, in gleicher Weise berücksichtigt zu werden, wie das der Fall wäre, wenn sie, anstatt freigestellt zu sein, weiterhin ihre dienstliche Tätigkeit ausüben würden.[21]

4 Die Vorschriften des **Abs. 2 S. 2 und 3** gehen davon aus, dass ein freigestelltes PR-Mitglied während seiner Freistellung aus freistellungsbedingten

16 *BAG* v. 26. 8. 20 – 7 AZR 345/18 –, NZA-RR 21, 206, u. – 7 AZR 346/18 –, PersV 21, 139; vorgehend *LAG Berlin-Bbg* v. 17. 5. 18 – 10 Sa 1687/17; dazu *Klimpe-Auerbach*, PersR 4/19, 23.

17 *BVerwG* v. 23. 1. 20 – 2 C 22.18 –, NZA-RR 20, 380.

18 *BVerwG* v. 2. 5. 12 – 6 PB 26.11 –, PersR 12, 422.

19 *BVerwG* v. 9. 7. 08 – 6 PB 12.08 –, PersR 08, 415; näher zum Schutz des beruflichen Werdegangs Freigestellter Altvater-*Noll*, § 52 Rn. 34–43.

20 Vgl. *Fitting*, § 38 Rn. 97.

21 Vgl. DKW-*Wedde*, § 38 Rn. 84.

Gründen nicht in hinreichendem Maße in der Lage war, an Berufsbildungsmaßnahmen i. S. d. S. 1 teilzunehmen. Nach **S. 2** hat ein solches PR-Mitglied Anspruch darauf, **innerhalb eines Jahres nach Beendigung der Freistellung** – also nicht erst nach Beendigung der Mitgliedschaft im PR – im Rahmen der Möglichkeiten der Dienststelle bevorzugt Gelegenheit zu erhalten, eine wegen der Freistellung **unterbliebene verwaltungs- oder betriebsübliche Entwicklung nachzuholen.**[22] In welchem Ausmaß eine verwaltungs- oder betriebsübliche Entwicklung unterblieben und deshalb nachzuholen ist, ist anhand der verwaltungs- oder betriebsüblichen Entwicklung eines vergleichbaren Beschäftigten (vgl. Rn. 2) festzustellen.[23] Im Rahmen der Möglichkeiten der Dienststelle liegen Berufsbildungsmaßnahmen, die nach Art, Dauer und Aufwand vertretbar sind.[24]

S. 3 sieht vor, dass sich der Zeitraum, innerhalb dessen das Nachholen 5
einer unterbliebenen verwaltungs- oder betriebsüblichen Entwicklung beansprucht werden kann, bei solchen PR-Mitgliedern auf zwei Jahre erhöht, die **drei volle aufeinanderfolgende Amtszeiten** freigestellt waren. Eine volle Amtszeit ist grundsätzlich nur die regelmäßige Amtszeit des PR, die nach § 22 Abs. 1 S. 1 seit dem Jahr 2014 fünf Jahre beträgt. Eine verkürzte Amtszeit wegen vorzeitiger Neuwahlen reicht nicht aus. Eine Besonderheit besteht dann, wenn der PR infolge einer vorzeitigen Neuwahl eine verkürzte Amtszeit hatte, die Amtszeit des nachfolgenden PR sich jedoch gemäß § 22 Abs. 3 bis zu den regelmäßigen Neuwahlen hinaus verlängert, so dass bei Gesamtbetrachtung beide Amtszeiten in Summe zwei volle gesetzliche Amtszeiten ausmachen; in diesem Falle sind zwei volle Amtszeiten anzuerkennen.[25] Die geforderten drei vollen Amtszeiten müssen grundsätzlich lückenlos aneinander anschließen.[26]

§ 47 Schutz des Arbeitsplatzes

(1) [1]Mitglieder des Personalrats dürfen gegen ihren Willen nur versetzt werden, wenn dies auch unter Berücksichtigung der Mitgliedschaft im Personalrat aus wichtigen dienstlichen Gründen unvermeidbar ist. [2]Die Versetzung von Mitgliedern des Personalrats gegen ihren Willen bedarf der Zustimmung des Personalrats. [3]Verweigert der Personalrat seine Zustimmung oder äußert er sich nicht innerhalb von drei Arbeitstagen nach Eingang des Antrags, so kann das Verwaltungsgericht die Zustimmung auf Antrag der Dienststelle ersetzen, wenn die Voraussetzungen des Sat-

22 Vgl. DKW-*Wedde*, § 38 Rn. 85.
23 Vgl. *Fitting*, § 38 Rn. 99.
24 Vgl. DKW-*Wedde*, § 38 Rn. 86.
25 Vgl. DKW-*Wedde*, § 38 Rn. 81.
26 Vgl. DKW-*Wedde*, § 38 Rn. 87.

zes 1 vorliegen. [4]In dem Verfahren vor dem Verwaltungsgericht ist das Mitglied des Personalrats Beteiligter.

(2) Absatz 1 gilt entsprechend in den Fällen der Abordnung, der Zuweisung, der Personalgestellung und der mit einem Wechsel des Dienstorts verbundenen oder für eine Dauer von mehr als zwei Monaten vorgesehenen Umsetzung in derselben Dienststelle.

(3) [1]Für Auszubildende in öffentlich-rechtlichen Ausbildungsverhältnissen, Beamte im Vorbereitungsdienst und Beschäftigte in einer dem Vorbereitungsdienst entsprechenden Berufsausbildung gelten die Absätze 1 und 2 sowie die §§ 15 und 16 des Kündigungsschutzgesetzes nicht. [2]Die Absätze 1 und 2 gelten ferner nicht bei den dort genannten Personalmaßnahmen dieser Beschäftigten im Anschluss an den Vorbereitungsdienst oder das Ausbildungsverhältnis.

(4) [1]Die außerordentliche Kündigung von Mitgliedern des Personalrats, die in einem Arbeitsverhältnis stehen, bedarf der Zustimmung des Personalrats. [2]Verweigert der Personalrat seine Zustimmung oder äußert er sich nicht innerhalb von drei Arbeitstagen nach Eingang des Antrags, so kann das Verwaltungsgericht die Zustimmung auf Antrag der Dienststelle ersetzen, wenn die außerordentliche Kündigung unter Berücksichtigung aller Umstände gerechtfertigt ist. [3]In dem Verfahren vor dem Verwaltungsgericht ist das Mitglied des Personalrats Beteiligter.

(5) Die Absätze 1, 2 und 4 gelten entsprechend für Ersatzmitglieder, solange sie nach § 27 Absatz 1 in den Personalrat eingetreten sind.

Vergleichbare Vorschriften:
§§ 55, 127 BPersVG; § 103 BetrVG

Inhaltsübersicht Rn.

1. Vorbemerkungen

Die Vorschrift schützt **Mitglieder des PR** in **Abs. 1** gegen Versetzungen, in **Abs. 2** entsprechend gegen Abordnungen, Zuweisungen, Personalgestellungen und Umsetzungen (vgl. Rn. 4–14a) sowie in **Abs. 4** gegen außerordentliche Kündigungen des Arbeitsverhältnisses (vgl. Rn. 20). **Abs. 3** enthält Sonderregelungen für Auszubildende in öffentlich-rechtlichen Ausbildungsverhältnissen, Beamte im Vorbereitungsdienst und Beschäftigte in einer dem Vorbereitungsdienst entsprechenden Berufsausbildung (vgl. Rn. 15–19). Für Mitglieder des **GPR** sowie des **BPR** und des **HPR** gilt § 47 nach § 54 Abs. 4 bzw. § 55 Abs. 3 in vollem Umfang entsprechend. Dagegen wird für Mitglieder des **APR** in § 58 Abs. 3 S. 1 nur auf Abs. 1 und Abs. 2 verwiesen (vgl. dazu § 58 Rn. 13). Für Mitglieder der **JAV** wird in § 64 S. 2 (mit Maßgaben) auf § 47 Abs. 1, 2 und 4 (nicht aber auf Abs. 3) verwiesen (vgl. dazu § 64 Rn. 14f.). 1

Für **Mitglieder des Wahlvorstands** und für **Wahlbewerber** zur **Wahl des PR** sehen § 15 Abs. 5 und § 20 Abs. 1 S. 3 die entsprechende Geltung von § 47 Abs. 1 S. 1, Abs. 2 sowie Abs. 4 und damit ebenfalls Schutz gegen Versetzungen, Abordnungen, Zuweisungen, Personalgestellungen und Umsetzungen sowie gegen außerordentliche Kündigungen des Arbeitsverhältnisses vor (vgl. § 15 Rn. 7, 10; § 20 Rn. 5 u. 7). Diese Verweisung gilt aufgrund der in § 54 Abs. 4, § 55 Abs. 3 und § 58 Abs. 3 S. 1 enthaltenen uneingeschränkten Bezugnahme auf § 20 auch für die Wahlen des **GPR**, des **BPR** und des **HPR** sowie des **APR**. Für Mitglieder des Wahlvorstands und für Wahlbewerber zur **Wahl der JAV** bestimmt § 64, dass § 47 Abs. 1, Abs. 2 sowie Abs. 4 entsprechend gilt (vgl. § 64 Rn. 14af.). 2

Soweit es sich um Mitglieder der Personalvertretungen und der JAV handelt, trägt das LPVG in § 47 Abs. 1 und 2 (und in den darauf verweisenden Vorschriften) der bisherigen **Rahmenvorschrift** des § 99 Abs. 2 BPersVG Rechnung. Die in § 47 Abs. 1 S. 3 getroffene Regelung, nach der das Verwaltungsgericht die von der Personalvertretung verweigerte Zustimmung ersetzen kann, weicht von dieser Rahmenvorschrift ab und ist mit ihr nicht vereinbar.[1] Die Regelung ist jedoch anzuwenden, solange das Bundesverfassungsgericht sie nicht für nichtig erklärt hat (vgl. § 94 BPersVG).[2] § 99 Abs. 2 BPersVG tritt zum Ablauf des 31.12.2024 außer Kraft (§ 131 BPersVG), wodurch die Gesetzgebungskompetenz für die in § 47 Abs. 1–3 3

1 *Altvater,* § 99 a.F. Rn. 3; a.A. Fischer/Goeres-*Gronimus,* § 99 a.F. Rn. 9; Lorenzen-*Hebeler,* § 99 a.F. Rn. 2.

2 *Altvater,* § 99 a.F. Rn. 3.

getroffenen Regelungen dem Land zufallen. Die Regelungen des § 47 Abs. 4 und 5 unterliegen auch nach Novellierung des BPersVG 2021 der Gesetzgebungskompetenz des Bundes (arbeitsrechtliche Regelungen) und binden über § 127 BPersVG 2021 (§ 127 Rn. 1) die Länder weiter.

2. Schutz vor Versetzungen und anderen Personalmaßnahmen

a) Geschützter Personenkreis

4 **(Abs. 1)** Der Schutz der Mitglieder des PR sowie – kraft Verweisung (vgl. Rn. 1) – der anderen Personalvertretungen und der JAV gegen Versetzungen erstreckt sich, soweit Abs. 3 keine Ausnahmen vorsieht, auf **alle Beschäftigten** unabhängig davon, ob es sich bei ihnen um Beamte oder Arbeitnehmer handelt. Er ist an das Bestehen der **Mitgliedschaft in einer Personalvertretung oder JAV** gebunden. **Ersatzmitglieder** sind nach Abs. 5 (vgl. Rn. 38) geschützt. Ein an das Ende der Mitgliedschaft bzw. Ersatzmitgliedschaft anschließender **nachwirkender Schutz** ist bei Versetzungen und den weiteren in Abs. 2 aufgeführten Personalmaßnahmen (zum Begriff vgl. Abs. 3 S. 2) nicht vorgesehen. Die vor Ablauf der Amtszeit des PR verfügte und erst nach deren Ende wirksam werdende Personalmaßnahme gegenüber einem PR-Mitglied unterliegt bei fehlender Zustimmung des PR jedoch auch weiterhin der Schutzvorschrift des Abs. 1, wenn das PR-Mitglied noch vor Eintritt der Wirksamkeit der Personalmaßnahme erneut in den PR gewählt wird.[3]

b) Zweck des Schutzes

5 Der **Zweck der Schutzvorschrift des Abs. 1** besteht darin, nicht nur den Verlust des PR-Amtes als Folge bestimmter Personalmaßnahmen zu verhindern, sondern darüber hinaus die ungestörte Ausübung dieses Amtes sicherzustellen und die PR-Mitglieder vor dienstlichen Maßnahmen zu bewahren, welche sie dauernd oder vorübergehend an der unabhängigen Ausübung ihres Amtes hindern könnten.[4] Das gilt für die Mitglieder aller Personalvertretungen und der JAV gleichermaßen. Die Vorschrift soll aber nicht nur die Unabhängigkeit des einzelnen Mitglieds, sondern auch die Arbeitsfähigkeit der jeweiligen Personalvertretung oder JAV schützen.[5] Ein Anspruch auf örtliche Nichtversetzbarkeit kann daraus aber nicht abgeleitet werden.[6]

---

3 *BVerwG* v. 18.5.04 – 1 WDS-VR 1.04 –, PersR 05, 322.
4 *BVerwG* v. 27.9.84, a.a.O., u.v. 19.2.87 – 6 P 11.85 –, PersR 87, 167.
5 *BVerwG* v. 18.10.77 – VII P 14.75 –, PersV 79, 70, u.v. 18.5.04, a.a.O.
6 *LAG RP* v. 24.5.12 – 11 Sa 31/12 –, juris.

c) Versetzungen

Abs. 1 nennt als Regelungsgegenstand **Versetzungen**. Wesentliches Merkmal der Versetzung ist der dauerhafte Dienststellenwechsel. Zum Versetzungsbegriff in Bezug auf **Beamte**, vgl. § 75 Rn. 113 ff., zum Versetzungsbegriff in Bezug auf **Arbeitnehmer**, vgl. § 75 Rn. 117 f. Die **weiteren Fälle von Personalmaßnahmen** (zum Begriff s. Rn. 14a), die vom Schutz des Abs. 1 mit umfasst sind, nämlich der Abordnung, Zuweisung, Personalgestellung und Umsetzung sind in Abs. 2 aufgeführt. 6

3. Voraussetzungen

Die in Abs. 1 und 2 aufgeführten Personalmaßnahmen können (1.) **gegen den Willen** des Mitglieds (oder Ersatzmitglieds, Abs. 5) der Personalvertretung (oder der JAV) nur unter weiteren **zwei Voraussetzungen** getroffen werden: (2.) Die Personalmaßnahme muss auch unter Berücksichtigung der Mitgliedschaft (bzw. Ersatzmitgliedschaft) in der jeweiligen Personalvertretung (bzw. JAV) aus wichtigen dienstlichen Gründen unvermeidbar sein (vgl. Rn. 8) und (3.) muss entweder der PR der Maßnahme zugestimmt oder das Verwaltungsgericht die verweigerte oder fehlende Zustimmung der Personalvertretung ersetzt haben (vgl. Rn. 9 ff.). 7

Für die Erfüllung der **ersten (materiellen) Voraussetzung** ist erforderlich, dass »**wichtige dienstliche Gründe**« die beabsichtigte Maßnahme erfordern. Darüber hinaus müssen diese Gründe so schwerwiegend sein, dass die Maßnahme auch unter Berücksichtigung der Mitgliedschaft in der jeweiligen Personalvertretung (oder JAV) »**unvermeidbar**« ist. Das ist nur dann zu bejahen, wenn der Einsatz gerade dieses Mitglieds der Personalvertretung auf einem anderen Dienstposten oder Arbeitsplatz zwingend erforderlich ist, um den Dienstbetrieb aufrechtzuerhalten.[7] 8

Die **zweite (verfahrensmäßige) Voraussetzung** besteht in der **Zustimmung des PR**. Zuständig für deren Erteilung ist die Personalvertretung, zu der die personalvertretungsrechtlichen Beziehungen des Beschäftigten bestehen, der gegen eine vermeidbare in § 47 Abs. 1 oder 2 genannte Personalmaßnahme geschützt werden soll. Das ist die Personalvertretung, der der betroffene Beschäftigte angehört,[8] oder – falls ein Mitglied der JAV betroffen ist – der PR, bei dem die JAV besteht (vgl. Abs. 4; Rn. 31). Der Antrag auf Zustimmung ist (wie im Fall des Abs. 4; Rn. 32) vom **Leiter der Dienststelle** 9

---

7 Vgl. Altvater-*Kröll*, § 55 Rn. 76; Leuze-*Bieler*, § 47 Rn. 16; jew. m. w. N.; *VGH BW* v. 1. 10. 85 – 4 S 2143/84 –, VBlBW 87, 193.

8 *BVerwG* v. 10. 7. 64 – VII P 8.63 –, PersV 64, 228; ausnahmsweise auch der GPR: vgl. *BayVGH* v. 19. 2. 13 – 18 PC 13.24; ausführlich dazu *Rehak*, PersV 12, 4.

zu stellen, die für die Anordnung der beabsichtigten Maßnahme zuständig ist.[9]

4. Verfahren zur Herbeiführung der Zustimmung

10 Das **Verfahren zur Herbeiführung der Zustimmung** der zuständigen Personalvertretung ist ein Verfahren eigener Art, auf das die Vorschriften der §§ 73 und 91 nicht anzuwenden sind.[10] Dafür gelten im Wesentlichen die gleichen Regeln wie für das entsprechende Verfahren nach Abs. 4 S. 1 (vgl. Rn. 31 ff.). Bei der Einleitung des Verfahrens hat der Dienststellenleiter unter Vorlage der erforderlichen Unterlagen im Einzelnen darzulegen, weshalb die beabsichtigte Maßnahme nach seiner Auffassung unvermeidbar ist. Die Frage, ob wichtige dienstliche Gründe vorliegen, ist eine Rechtsfrage, bei deren Beantwortung der Personalvertretung ein **Mitbeurteilungsrecht** zusteht. Soweit dabei Eignung, Befähigung und fachliche Leistung des Beschäftigten zu bewerten sind, steht der Dienststelle ein Beurteilungsspielraum zu, der vom Gericht und – so das *BVerwG*[11] – auch von der Personalvertretung nur beschränkt nachprüfbar ist.[12] Andererseits ist der Personalvertretung ein solcher **Beurteilungsspielraum** bei der Prüfung der weiteren Frage einzuräumen, welche Auswirkungen die Maßnahme auf ihre Arbeitsfähigkeit (bzw. die der JAV) hat und ob die Maßnahme deshalb auch unter Berücksichtigung der Mitgliedschaft in der Personalvertretung (bzw. der JAV) unvermeidbar ist.[13] Bei der von der Personalvertretung zu treffenden Entscheidung handelt es sich um **keine Gruppenangelegenheit** i. S. d. § 34 Abs. 4 S. 2.[14]

11 Falls die zuständige Personalvertretung einer beabsichtigten in § 47 Abs. 1 oder 2 genannten Personalmaßnahme nicht zustimmt, sieht das LPVG, anders als das BPersVG, die Möglichkeit vor, ein **Zustimmungsersetzungsverfahren** beim Verwaltungsgericht durchzuführen (vgl. Rn. 10), das dem in Abs. 4 S. 1 geregelten Verfahren nachgebildet ist (vgl. Rn. 31 ff.). Verweigert die Personalvertretung ausdrücklich die Zustimmung oder äußert sie sich nicht innerhalb der äußerst knappen Frist von drei Arbeitstagen nach Eingang des Antrags des Dienststellenleiters,[15] so kann dieser nach Abs. 1 S. 3 das **Verwaltungsgericht anrufen** und beantragen, die verweigerte

---

9 Vgl. *BVerwG* v. 3.5.99 – 6 P 2.98 –, PersR 99, 494; *VGH BW* v. 28.3.96 – 4 S 3185/95 –, PersV 98, 532 Ls.

10 *BVerwG* v. 29.4.81 – 6 P 34.79 –, PersV 82, 404, u. v. 19.2.87 –, PersR 87, 167.

11 Vgl. Beschl. v. 26.1.94 – 6 P 21.92 –, PersR 94, 213.

12 Vgl. *VGH BW* v. 28.3.96, a. a. O.

13 Vgl. Altvater-*Kröll*, § 55 Rn. 78 m. w. N.; ähnlich Leuze-*Bieler*, § 47 Rn. 19.

14 *BVerwG* v. 18.5.04 – 1 WDS-VR 1.04 –, PersR 05, 322.

15 Krit. dazu Leuze-*Bieler*, § 47 Rn. 23.

oder fehlende Zustimmung zu ersetzen. Das Verwaltungsgericht entscheidet gem. § 92 im **Beschlussverfahren**. An dem Verfahren ist außer dem Dienststellenleiter (als Antragsteller) und der Personalvertretung nach Abs. 1 S. 4 auch das betroffene Mitglied der Personalvertretung beteiligt.[16] Solange das gerichtliche Verfahren nicht rechtskräftig abgeschlossen ist, kann die Personalvertretung ihre **Zustimmung** auch noch **nach Ablauf der Äußerungsfrist** erteilen,[17] was zur Erledigung des gerichtlichen Verfahrens führt.

Das Verwaltungsgericht hat zu **prüfen**, ob für die beabsichtigte Maßnahme 12
»die Voraussetzungen des Satzes 1 vorliegen«, also **tatsächlich unvermeidbar** sind. Dabei darf es nur die **Gründe** berücksichtigen, auf die der Dienststellenleiter seinen an die Personalvertretung gerichteten Zustimmungsantrag gestützt hat.[18] Andere Gründe darf er nur **nachschieben**, wenn er unter Berufung auf diese Gründe erneut und erfolglos die Zustimmung der Personalvertretung beantragt hat. Das Verwaltungsgericht hat eine **Rechtsentscheidung** zu treffen. Dabei hat es sowohl den Beurteilungsspielraum der Dienststelle als auch den der Personalvertretung zu berücksichtigen (vgl. Rn. 10).[19] Hält das Verwaltungsgericht »die Voraussetzungen des Satzes 1« für gegeben, hat es dem Antrag auf Zustimmungsersetzung **stattzugeben**. Der Dienststellenleiter kann die Maßnahme aber erst anordnen, nachdem die gerichtliche Entscheidung rechtskräftig geworden und das ggf. gesondert durchführende Mitbestimmungsverfahren zugunsten der Dienststelle beendet worden ist (vgl. Rn. 13).

5. Mitbestimmungsverfahren nach Zustimmungsersetzung

Falls die beabsichtigte Maßnahme zugleich einen der in § 75 Abs. 1 Nr. 11, 13
Abs. 2 Nr. 1 bis 5 geregelten Tatbestände der Mitbestimmung erfüllt, wird das nach §§ 76 bis 78 unter Beachtung des § 91 durchzuführende **Mitbestimmungsverfahren** durch das in Abs. 1 vorgesehene Zustimmungs- bzw. Zustimmungsersetzungsverfahren nicht ausgeschlossen.[20] Die weitere Durchführung des Mitbestimmungsverfahrens ist jedoch entbehrlich, wenn die nach Abs. 1 erforderliche Zustimmung von der Personalvertretung nicht erteilt und vom Verwaltungsgericht nicht ersetzt worden ist.[21]

---

16 Näher dazu Leuze-*Bieler*, § 47 Rn. 24.

17 *VGH BW* v. 28.3.96 – 4 S 3185/95 –, PersV 98, 532 Ls.

18 Vgl. Lorenzen-*Sachadae*, § 55 Rn. 83 (zum Ersetzungsverfahren im Fall von außerordentlichen Kündigungen).

19 Leuze-*Bieler*, § 47 Rn. 22 f.

20 Vgl. Lorenzen-*Sachadae*, § 55 Rn. 142;

21 Vgl. *VGH BW* v. 1.10.85 – 4 S 2143/84 –, VBlBW 87, 193.

6. Rechtsmittel des betroffenen PR-Mitglieds

14 Auch wenn die Personalvertretung die Zustimmung zu einer in § 47 Abs. 1 oder 2 genannten Personalmaßnahme erteilt oder das Verwaltungsgericht die Zustimmung ersetzt hat, kann der **betroffene Beschäftigte** die Rechtmäßigkeit der Maßnahme im **arbeitsgerichtlichen Urteilsverfahren** oder im **verwaltungsgerichtlichen Klageverfahren** überprüfen lassen.[22] Das PR-Mitglied kann im Übrigen eine verwaltungsgerichtliche Feststellung im Hinblick darauf erstreben, dass es durch eine Versetzung, Abordnung oder Umsetzung in seiner personalvertretungsrechtlichen Rechtsstellung betroffen ist.[23] In diesen Verfahren kann er die Unrichtigkeit einer vom Verwaltungsgericht nach Abs. 1 S. 4 ausgesprochenen rechtskräftigen Zustimmungsersetzung aber nur dann geltend machen, wenn er dazu neue Tatsachen vorträgt (**Präklusionswirkung**; vgl. zu Abs. 4: Rn. 37).

7. Weitere geschützte Personalmaßnahmen (Abs. 2)

14a **Abs. 2** erweitert den Schutz des Abs. 1 vor **Versetzungen** auf die Fälle der **Abordnung**, der **Zuweisung**,[24] der **Personalgestellung**[25] und der mit einem Wechsel des Dienstortes verbundenen oder für eine Dauer von mehr als zwei Monaten vorgesehenen **Umsetzung** in derselben Dienststelle. Was unter diesen **Personalmaßnahmen** zu verstehen ist, richtet sich nach den für das jeweilige Beschäftigungsverhältnis geltenden beamten- oder arbeitsrechtlichen Bestimmungen. Begrifflich handelt es sich grundsätzlich um jene Maßnahmen, die mit gleicher Bezeichnung im Katalog der mitbestimmungspflichtigen Personalangelegenheiten in § 75 Abs. 1 Nr. 11, Abs. 2 Nr. 1 bis 5 (vgl. zu den Begriffen der Versetzung Rn. 6 und § 75 Rn. 112 ff., der Abordnung § 75 Rn. 119 ff., der Zuweisung § 75 Rn. 125 ff., der Personalgestellung § 75 Rn. 128 und der Umsetzung § 75 Rn. 70 ff.). Die in den Mitbestimmungstatbeständen z. T. vorgesehenen **Einschränkungen** gelten jedoch nicht für den Schutz nach Abs. 1. Dieser besteht deshalb auch gegen **Abordnungen**, **Zuweisungen** oder **Personalgestellungen** für die Dauer von nicht mehr als zwei Monaten,[26] gegen vorübergehende, mit einem Wechsel

22 Näher dazu Lorenzen-*Sachadae*, § 55 Rn. 146 ff.; Leuze-*Bieler*, § 47 Rn. 21 ff.

23 Ilbertz-*Kascherus*, § 55 Rn. 68; *VGH BW* v. 30. 3. 99, PersR 99, 275.

24 Vgl. zur Rechtslage vor Einführung der Norm: *OVG NW* v. 20. 6. 11 – 16 B 271/11. PBV – u. v. 5. 9. 12 – 20 A 1903/11. PBV –, PersR 11, 386; *OVG Bln-Bbg* v. 17. 11. 11 – 62 PV 1.11 –, juris; *ArbG Berlin* v. 21. 12. 11 – 33 Ca 12651/11 –, ZfPR 12, 7.

25 *VG Wiesbaden* v. 2. 3. 12 – 22 K 242/12. WI.PV –, PersV 12, 314, ist im Geltungsbereich des LPVG BW nicht mehr relevant.

26 Vgl. Rooschüz-*Abel*, § 47 Rn. 34–38; Leuze-*Bieler*, § 47 Rn. 11 ff.

des Dienstortes verbundene **Umsetzungen** (Abs. 2 Hs. 2)[27] sowie gegen Versetzungen, Abordnungen und gegen mehr als zwei Monate am Dienstort vorgesehene (Abs. 2 Hs. 2) Umsetzungen, die **nicht** zu einem **Ausscheiden aus dem Geschäftsbereich** der Dienststelle führen, für den die jeweilige Personalvertretung oder JAV gebildet ist.[28] Die Frage, ob der für das Vorliegen einer Abordnung notwendige **Wechsel der Dienststelle** vorliegt, ist auf Grundlage des dienstrechtlichen Behördenbegriffs und nicht des personalrechtlichen Dienststellenbegriffs zu klären (näher dazu § 75 Rn. 116 f.).[29] Die **Beendigung einer Abordnung** stellt keine Maßnahme i. S. d. Abs. 2 dar.[30]

Die Vorschriften des Abs. 1 und des Abs. 2 beziehen sich nur auf diejenigen Personalmaßnahmen, die **gegen den Willen** eines Mitglieds (oder Ersatzmitglieds) einer Personalvertretung (oder einer JAV) erfolgen sollen (Rn. 7).[31] **14b**

8. Ausnahmen

(Abs. 3) Für **Auszubildende in öffentlich-rechtlichen Ausbildungsverhältnissen** (entspricht dem Begriff Dienstanfänger in Abs. 3 a. F.), **Beamte im Vorbereitungsdienst und Beschäftigte in einer dem Vorbereitungsdienst entsprechenden Berufsausbildung**[32] (vgl. insgesamt zu diesem Personenkreis § 8 Rn. 15) sieht Abs. 3 Sonderregelungen vor, die sich auf Versetzungen, Abordnungen, Zuweisungen, Personalgestellungen und Umsetzungen (vgl. Rn. 16 f.) sowie auf Kündigungen (vgl. Rn. 19) beziehen. **15**

Abs. 3 S. 1 bestimmt u. a., dass Abs. 1 u. 2 für diese Beschäftigten nicht gelten. Als Mitglied (oder Ersatzmitglied) **des PR** genießen sie deshalb **keinen besonderen Schutz gegen Versetzungen, Abordnungen, Zuweisungen, Personalgestellungen und Umsetzungen**. Damit sind die Zuweisungen dieser Beschäftigten zu den verschiedenen, häufig wechselnden Ausbildungsdienststellen und -plätzen an die Voraussetzungen des Abs. 1 nicht gebunden. Die Berufsausbildung erhält so unbedingten Vorrang vor der Ausübung des **PR**-Amtes.[33] Die Sonderregelung des Abs. 3 S. 1 gilt auf- **16**

27 *BVerwG* v. 29. 4. 81 – 6 P 34.79 –, PersV 82, 404.

28 *BVerwG* v. 29. 4. 81 – 6 P 37.79 –, a. a. O; vgl. Leuze-*Bieler*, § 47 Rn. 14.

29 *BVerwG* v. 19. 3. 2012 – 6 P 6.11 – PersR 12, 270.

30 *BayVGH* v. 22. 2. 22 – 6 CE 21.2766 – PersV 22, 273; Richardi-*Treber*, § 47 a. F. Rn. 72.

31 *BVerwG* v. 18. 10. 77, a. a. O., u. v. 18. 5. 04, a. a. O.

32 Die durch LPVG-ÄndG 2013 vorgenommene redaktionelle Änderung stellt klar, dass es sich um keine Ausbildung nach dem BBiG handeln kann; s. LT-Dr. 15/4224, S. 90 [zu § 11].

33 Vgl. Fischer/Goeres-*Gronimus*, § 47 a. F. Rn. 57.

grund der in § 54 Abs. 4 bzw. § 55 Abs. 3 enthaltenen Verweisungen auf den gesamten § 47 für Mitglieder (oder Ersatzmitglieder) des GPR, des BPR oder des HPR entsprechend. Da in § 58 Abs. 3 S. 1 bzw. § 64 S. 2 nur auf Abs. 1 und Abs. 2 (n. F.) verwiesen wird, findet diese Ausnahmeregelung jedoch **keine Anwendung** auf Mitglieder (oder Ersatzmitglieder) des **APR** oder der **JAV** (vgl. Rn. 1).

17 **Abs. 3 S. 2** legt fest, dass Abs. 1 und 2 auch bei den dort genannten Personalmaßnahmen dieser Beschäftigten, wenn eine solche Maßnahme **im Anschluss an den Vorbereitungsdienst oder das Ausbildungsverhältnis** erfolgt, nicht gelten. Der Zweck dieser Sonderregelung besteht darin, eine an die Ausbildung anschließende und ihr entsprechende Verwendung ohne Verzug zu gewährleisten.[34] Die Sonderregelung des S. 2 schränkt den Schutz des Abs. 1 u. 2 wiederum für Mitglieder (und Ersatzmitglieder) des PR, GPR, BPR und HPR, nicht aber für die des APR und der JAV ein (vgl. Rn. 16).

18 *Nicht besetzt.*

19 Die Vorschriften der **§§ 15 und 16 KSchG** (abgedruckt in Anhang 4) regeln den besonderen Kündigungsschutz im Rahmen der Betriebsverfassung und Personalvertretung.[35] Soweit **Abs. 3 S. 1** bestimmt, dass diese Vorschriften **nicht gelten**, ist dies nur für die in einem privatrechtlichen Ausbildungsverhältnis stehenden **Auszubildenden in öffentlich-rechtlichen Ausbildungsverhältnissen** und **Beschäftigten in einer dem Vorbereitungsdienst entsprechenden Berufsausbildung** sowie für **Beamte im Vorbereitungsdienst**, von Bedeutung (vgl. Rn. 25) Eine entsprechende Regelung für Arbeitnehmer im Bundesdienst enthält **§ 55 Abs. 3 S. 1 BPersVG**. Beide Regelungen sind, weil es hier nicht um eine Einschränkung des Versetzungsschutzes, sondern um eine Einschränkung des Kündigungsschutzes geht, im Hinblick auf den Gleichheitssatz des Art. 3 Abs. 1 GG **verfassungsrechtlich bedenklich**, weil sie sachwidrig erscheinen.[36] Außerdem ist die Regelung wegen Vorrangs des Bundesrechts nach Art. 31 GG (Bundesrecht bricht Landesrecht) als unwirksam anzusehen. Der Landesgesetzgeber ist nicht befugt, zwingendes Kündigungsschutzrecht (§§ 15, 16 KSchG) des Bundes außer Kraft zu setzen.[37]

---

34 Vgl. Fischer/Goeres-*Gronimus*, § 47 a. F. Rn. 60.

35 Vgl. dazu ausf. Altvater-*Kröll*, § 55 Rn. 3 ff.

36 Vgl. dazu Richardi-*Treber*, § 47 a. F. Rn. 87, 95; Jugendvertreter, die im Beamtenverhältnis auf Widerruf einen Vorbereitungsdienst für den gehobenen Dienst absolviert haben, genießen nicht den Weiterbeschäftigungsschutz nach § 56 BPersVG: *BVerwG* v. 30.5.12 – 6 PB 7.12 –, PersR 12, 383 zu § 9 BPersVG; s. auch Altvater-*Kröll*, § 56 Rn. 8.

37 Vgl. Altvater-*Kröll*, § 55 Rn. 84; Richardi-*Treber*, § 47 a. F. Rn. 87, 95, unter Verweis auf *BVerwG* v. 30.4.98 – 6 P 5.97 –, PersR 98, 466; vgl. auch Rn. 22.

9. Schutz vor außerordentlicher Kündigung

a) Vorbemerkungen

(Abs. 4) Nach dieser Vorschrift bedürfen außerordentliche Kündigungen von PR-Mitgliedern, die in einem Arbeitsverhältnis stehen, der Zustimmung des PR. Damit ist die unmittelbar für die Länder geltende Vorschrift des **§ 108 Abs. 1 BPersVG** (gültig bis 31.12.24) bzw. des **§ 127 Abs. 1 BPersVG** (gültig ab 1.1.25) über den **Kündigungsschutz** von Funktionsträgern der Personalvertretung und von Wahlbewerbern ohne inhaltliche Änderung übernommen.[38] Da dem Land dafür keine Gesetzgebungskompetenz zusteht, hat Abs. 4 als landesgesetzliche Vorschrift nur deklaratorische Bedeutung (näher dazu Rn. 22). 20

§ 108 BPersVG (gültig bis 31.12.24), bzw. § 127 Abs. 1 BPersVG (gültig ab 1.1.25) enthalten **unmittelbar für die Länder geltende Vorschriften** (Anhang 1, § 127 BPersVG Rn. 1). Sie entsprechen inhaltlich dem für die Personalvertretungen im Bundesdienst geltenden **§ 55 Abs. 1 BPersVG** und ergänzen die in den **§§ 15, 16 KSchG** enthaltenen Regelungen über den Kündigungsschutz im Rahmen der Betriebsverfassung und Personalvertretung (abgedruckt in Anhang 4). 21

Beim Erlass des BPersVG 1974 hatte der Bund für die Regelungen des § 108 die **Gesetzgebungskompetenz** nach Art. 75 Nr. 1 und Art. 74 Nr. 12 GG a.F. (vgl. § 6 Rn. 1). Diese Vorschriften konnten auch nach der am 1.9.06 in Kraft getretenen **Föderalismusreform I** aufgrund des **Art. 74 Abs. 1 Nr. 12 GG** als Bundesrecht erlassen werden und gelten deshalb gem. **Art. 125b Abs. 1 S. 1 GG** als Bundesrecht fort, ohne dass sie durch Landesrecht ersetzt werden konnten (vgl. Anh. 1, § 126 BPersVG Rn. 2ff.).[39] Wie in den Fällen des § 9 a.F. bis 2013 und des § 48 Abs. 4 bis 8 a.F. bis 2013 hat der Landesgesetzgeber mit dem DRG eine nur **vorbeugende landesgesetzliche Regelung** für den Fall einer vom Bund vorgenommenen späteren Aufhebung des § 108 Abs. 1 BPersVG a.F. (jetzt § 127 Abs. 1) getroffen. Dies hatte zur Folge, dass die Regelung in § 48 Abs. 3 a.F. bis 2013 auch nach dem Ansatz des Landesgesetzgebers nur **deklaratorische Bedeutung** hat (vgl. Anh. 1, § 126 BPersVG Rn. 4ff., § 127 BPersvG Rn. 1). Mit der Streichung der Fußnote zu Abschnitt 4 bei Einführung des ÄndG 2013 ist **nicht davon auszugehen**, dass der Landesgesetzgeber eine eigenständige, die Bestimmung des § 108 BPersVG ersetzende Regelung geschaffen hatte. Dagegen spricht die Gesetzesbegründung zur Streichung der Fußnote vor § 47 F. bis 2013, 22

38 Vgl. LT-Dr. 14/6694, S. 563f.

39 Vgl. für die aktuelle Rechtslage: Begründung des Bundesgesetzgebers zu BPersVG 2021, BR-Drs. 14/21, S. 77f.; zur alten Rechtslage: *Altvater,* § 108 a.F. Rn. 1; Fischer/Goeres-*Gronimus,* § 108 a.F. Rn. 2b; Lorenzen-*Sachadae,* § 108 a.F. Rn. 2; Richardi-*Kersten,* § 108 a.F. Rn. 4.

die lediglich von einer redaktionellen Änderung unter Bezugnahme auf die bereits mit Art. 6 DRG erfolgte »vollinhaltliche Übernahme«[40] der §§ 107 ff. a. F. BPersVG (nicht Ersetzung) spricht (vgl. Rn. 20).[41] Das *BAG* sieht in den Grenzen des § 104 BPersVG landesgesetzliche Regelungen für zulässig an.[42]

b) Schutzbereich: Außerordentliche Kündigungen

23 Arbeitnehmer, die Mitglied einer Personalvertretung, einer JAV oder eines Wahlvorstands oder Wahlbewerber[43] gleich welcher Ebene sind, genießen nach § 15 Abs. 2 S. 1 bzw. Abs. 3 S. 1 KSchG einen besonderen **Kündigungsschutz**. Danach ist die **ordentliche Kündigung** grundsätzlich unzulässig; Ausnahmen gelten insoweit nur für die in § 15 Abs. 4 und 5 KSchG geregelten Fälle der Stilllegung des Betriebes oder einer Betriebsabteilung.[44] Unzulässig ist auch die ordentliche **Änderungskündigung,** und zwar auch dann, wenn es sich um eine **betriebsbedingte** Änderungskündigung entweder als Einzelkündigung oder als Gruppen- oder Massenänderungskündigung handelt.[45] Die **außerordentliche Kündigung** aus wichtigem Grund (einschl. der außerordentlichen Änderungskündigung) ist nach den genannten Vorschriften des KSchG von der »nach dem Personalvertretungsrecht erforderlichen Zustimmung« abhängig. Dieser Vorbehalt wird nach dem Willen des Gesetzgebers durch Abs. 4 ausgefüllt (Rn. 20 bis 22).[46]

c) Schutzzweck

24 Der besondere Kündigungsschutz nach § 15 Abs. 2 S. 1 bzw. Abs. 3 S. 1 KSchG i. V. m. Abs. 4 dient dem **Zweck**, die Wahl der Personalvertretungen und die Kontinuität ihrer Arbeit zu sichern. Die einzelnen Mandatsträger (einschl. der Wahlbewerber als potenzielle Mandatsträger) sollen ihre personalvertretungsrechtlichen Aufgaben und Befugnisse möglichst unabhängig und ohne Furcht vor dem Verlust ihres Arbeitsplatzes ausüben können und die Gremien der Personalvertretung sollen für die Dauer ihrer Amtszeit in

---

40 LT-Dr. 15/4224, S. 109 [zu Nr. 36 (Fußnote)].

41 Die bis zur 2. Auflage bei § 108 Abs. 1 BPersVG erfolgten Erläuterungen werden bei Abs. 4 fortgeführt.

42 *BAG* v. 29. 9. 11 – 2 AZR 451/10 –, PersR 12, 90.

43 Vgl. dazu *Eylert/Rinck*, PersV 18, 284 ff.

44 Vgl. dazu Altvater-*Kröll,* § 55 Rn. 20 ff.

45 *BAG* v. 7. 10. 04 – 2 AZR 81/04 –, AP Nr. 56 zu § 15 KSchG 1969, u. v. 12. 3. 09 – 2 AZR 47/08 –, NZA 09, 1264.

46 Vgl. *BVerwG* v. 9. 7. 80 – 6 P 43.79 –, PersV 81, 370; *BAG* v. 17. 3. 05 – 2 ABR 2/04 –, AP Nr. 56 zu § 15 KSchG 1969.

ihrer personellen Zusammensetzung möglichst unverändert bleiben.[47] Die Vorschriften dienen damit sowohl dem **Individualinteresse** der betroffenen Arbeitnehmer als auch dem Schutz der **Funktionsfähigkeit** der Personalvertretung. Daher darf einem PR-Mitglied vor rechtskräftigem Abschluss eines Zustimmungsersetzungsverfahrens grundsätzlich kein generelles **Hausverbot** erteilt werden.[48]

d) Geschützter Personenkreis

25 Den **Schutz gegen die außerordentliche Kündigung** nach § 15 Abs. 2 S. 1 bzw. Abs. 3 S. 1 KSchG i. V. m. Abs. 4 genießen nur **Arbeitnehmer**. Das sind Beschäftigte, die in einem privatrechtlichen Arbeitsverhältnis stehen oder die sich als zu ihrer Berufsausbildung Beschäftigte in einem privatrechtlichen Ausbildungsverhältnis befinden (vgl. § 4 Rn. 8 ff. u. 24). Ausgenommen sind **DO-Angestellte** (vgl. § 4 Rn. 36), wenn für ihr Dienstverhältnis nach der Dienstordnung beamtenrechtliche Vorschriften gelten, nach denen sie entlassen werden sollen.[49] Außerdem sollen nach Abs. 3 S. 1 diejenigen zu ihrer Berufsausbildung Beschäftigten ausgenommen sein, deren Ausbildung jener der Beamten im **Vorbereitungsdienst** entspricht (krit. Rn. 19). Für personalvertretungsrechtlich tätige **Beamte** kann sich aus dem Benachteiligungsverbot des § 6 Abs. 1 ein relativer Schutz gegen eine Entlassung ergeben (vgl. § 6 Rn. 11).

26 Geschützt sind nach **§ 15 Abs. 2 S. 1 KSchG** Arbeitnehmer, die **Mitglied einer Personalvertretung oder einer JAV** sind. Unter »Personalvertretung« sind PR, GPR, BPR und HPR zu verstehen. Begrifflich gehört auch der APR dazu, wobei ihm allenfalls solche Arbeitnehmer angehören können, für die der besondere Kündigungsschutz nach den §§ 15, 16 KSchG aufgrund der Ausnahmevorschrift des § 47 Abs. 3 S. 1 nicht gelten soll (vgl. Rn. 25). Mit JAV ist auch die GJAV gemeint. Dies ist jedoch i. d. R. praktisch bedeutungslos, weil die GJAV sich aus JAV-Mitgliedern zusammensetzt (vgl. § 66 Rn. 3 f.). Der **Schutz beginnt** mit der Bekanntgabe des Wahlergebnisses (vgl. § 18 i. V. m. § 31 LPVGWO). Er **endet** mit dem Erlöschen der Mitgliedschaft in der Personalvertretung oder der JAV (vgl. § 25, § 62 Abs. 4), und zwar unabhängig davon, worauf das Erlöschen beruht.

27 Nach **§ 15 Abs. 3 S. 1 KSchG** sind auch Arbeitnehmer geschützt, die **Mitglied eines Wahlvorstands** sind (vgl. § 20 Rn. 5). Damit ist jeder Wahl-

47 *BAG* v. 18. 9. 97 – 2 ABR 15/97 –, AP Nr. 35 zu § 103 BetrVG 1972, u. v. 2. 3. 06 – 2 AZR 83/05 –, AP Nr. 61 zu § 15 KSchG 1969; *BVerwG* v. 28. 1. 98 – 6 P 2.97 –, PersR 98, 374, v. 30. 4. 98 – 6 P 5.97 –, PersR 98, 466, u. v. 25. 2. 04 – 6 P 12.03 –, PersR 04, 181.

48 Zur einstweiligen Verfügung dagegen: *VG Mainz* v. 14. 10. 16 – 5 L 989/16.MZ.

49 *BAG* v. 5. 9. 86 – 7 AZR 193/85 –, AP Nr. 27 zu § 15 KSchG 1969.

vorstand zur Wahl einer Personalvertretung oder einer JAV gemeint. Der **Schutz beginnt** mit der Bestellung oder der Wahl des Wahlvorstands. Er **endet** grundsätzlich mit der Bekanntgabe des Wahlergebnisses, ausnahmsweise mit dem bereits vorher eintretenden Verlust des Amtes.[50]

28 **Ersatzmitglieder** sind geschützt, wenn sie anstelle eines ausgeschiedenen oder zeitweilig verhinderten Mitglieds in eine Personalvertretung, eine JAV oder einen Wahlvorstand auf Dauer oder vorübergehend eingerückt sind (vgl. § 27 Abs. 1). Der **Schutz beginnt** an dem Tag, an dem das ordentliche Mitglied ausgeschieden oder erstmals verhindert ist.[51] Liegt am Beginn eines Verhinderungsfalles eine Sitzung des Organs, beginnt der Schutz grundsätzlich schon mit der Ladung, damit sich das Ersatzmitglied vorbereiten kann.[52] Bei einem vorübergehend eingetretenen Ersatzmitglied erstreckt sich der Schutz auf die gesamte Dauer des Vertretungsfalls, also nicht nur auf die Tage, an denen tatsächlich Aufgaben des jeweiligen Organs wahrgenommen werden.[53] Der Schutz **endet** mit dem Ablauf des letzten Tages des Vertretungsfalles.[54] Der besondere Schutz für Ersatzmitglieder bei außerordentlichen Kündigungen ergibt sich aus Abs. 5, der auf Abs. 4 verweist (vgl. Rn. 38).

29 Arbeitnehmer, die **Wahlbewerber** für eine Personalvertretung oder eine JAV sind, gehören zu dem Personenkreis, der nach **§ 15 Abs. 3 S. 1 KSchG** gegen die außerordentliche Kündigung geschützt ist, nach *BAG* jedoch nicht Wahlbewerber für das Amt des Wahlvorstands.[55] Der **Schutz beginnt** mit der Aufstellung des Wahlvorschlags. Dies ist der Fall, sobald ein Wahlvorstand besteht und für den Bewerber entweder ein ordnungsgemäß unterzeichneter Wahlvorschlag einer in der Dienststelle vertretenen Gewerkschaft (vgl. § 13 Rn. 12) oder ein Wahlvorschlag der wahlberechtigten Beschäftigten vorliegt, der die erforderliche Mindestzahl von Stützunterschriften aufweist (vgl. § 13 Abs. 4 bis 7); auf die Einreichung beim Wahlvorstand kommt es nicht an.[56] Der Schutz **endet** mit der Bekanntgabe des Wahlergebnisses (vgl. § 15 Abs. 3 KSchG i. V. m. § 31 LPVGWO).

---

50 Vgl. Altvater-*Kröll*, § 55 Rn. 12.

51 Vgl. *BAG* v. 8.9.11 – 2 AZR 388/10, u. v. 17.1.79 – 5 AZR 891/77.

52 Vgl. *BAG* v. 17.1.79, a. a. O.

53 Vgl. *BAG* v. 8.9.11. – 2 AZR 388/10, u. v. 17.1.79, a. a. O.

54 Vgl. Lorenzen-*Sachadae*, § 15 KSchG Rn. 32.

55 Vgl. *BAG* 31.7.14 – 2 AZR 505/13 –, NZA 15, 245; Altvater-*Kröll*, § 55 Rn. 15 m. w. N.

56 Vgl. *BAG* v. 19.4.12 – 2 AZR 299/11 – ArbRB 12, 297; v. 7.7.11 – 2 AZR 377/10 –, NZA 12, 107; v. 4.3.76 – 2 AZR 620/74 –, AP Nr. 1 zu § 15 KSchG 1969 Wahlbewerber.

10. Nachwirkender Kündigungsschutz ohne Zustimmungserfordernis des PR

Nach dem Ende ihres vollen Kündigungsschutzes nach § 15 Abs. 2 S. 1 bzw. Abs. 3 S. 1 KSchG (vgl. Rn. 26 ff.) genießen die Arbeitnehmer nach **§ 15 Abs. 2 S. 2 bzw. Abs. 3 S. 2 KSchG** grundsätzlich einen **nachwirkenden Kündigungsschutz**. Dieser besteht darin, dass ihnen in einem bestimmten Zeitraum weiterhin nicht ordentlich, sondern nur außerordentlich aus wichtigem Grund gekündigt werden darf, ohne dass eine solche Kündigung aber an eine »nach dem Personalvertretungsrecht erforderliche Zustimmung« gebunden ist.[57] Da Abs. 4 somit nicht anwendbar ist, ist insoweit lediglich das in **§ 87 Abs. 1 Nr. 9** geregelte **Anhörungsrecht** des PR zu beachten (vgl. § 87 Rn. 33). **Welcher PR** zu beteiligen ist, richtet sich dabei nach § 91. **30**

11. Verfahren zur Herbeiführung der Zustimmung der PersV

Das **Verfahren zur Herbeiführung der Zustimmung der zuständigen Personalvertretung** zu einer beabsichtigten außerordentlichen Kündigung nach **Abs. 4** ist kein Verfahren der Mitbestimmung nach §§ 73, 76, sondern ein Verfahren eigener Art, für das auch § 91 nicht gilt. Falls Abs. 4 eingreift, ist § 87 Abs. 1 Nr. 9 nicht anzuwenden.[58] **31**

Das Zustimmungsverfahren ist nach der Rspr. des *BVerwG*[59] von der **Dienststelle** einzuleiten, die für das Aussprechen der außerordentlichen Kündigung zuständig ist. Diese hat unter genauer Angabe der Kündigungsgründe (vgl. Rn. 32) bei der »**zuständigen Personalvertretung**« einen Antrag auf Zustimmung zu stellen. Das ist die Personalvertretung, zu der die personalvertretungsrechtlichen Beziehungen der Person bestehen, die gegen eine ungerechtfertigte außerordentliche Kündigung geschützt werden soll.[60] I. d. R. ist das die Personalvertretung, der der betroffene Beschäftigte angehört.[61] Bei Mitgliedern der JAV oder des Wahlvorstands oder bei Wahlbewerbern ist es die Personalvertretung, bei der die JAV besteht oder für die die Wahl durchgeführt wird. Je nach Lage des Einzelfalles kann die Zustimmung mehrerer Personalvertretungen erforderlich sein.[62] Falls eine zuständige Personalvertretung nicht vorhanden oder funktionsunfähig sein sollte, ist Abs. 4 S. 2 anzuwenden (vgl. Rn. 35).

---

57 *BAG* v. 18.5.06 – 6 AZR 627/05 –, AP Nr. 2 zu § 15 KSchG 1969 Ersatzmitglied; vgl. dazu Altvater-*Kröll*, § 55 Rn. 16 ff.

58 *BVerwG* v. 30.4.98 – 6 P 5.97 –, PersR 98, 466.

59 Beschl. v. 3.5.99 – 6 P 2.98 –, PersR 99, 494.

60 *BVerwG* v. 9.7.80 – 6 P 43.79 –, PersV 81, 370.

61 *BVerwG* v. 25.2.04 – 6 P 12.03 –, PersR 04, 181.

62 *BVerwG* v. 8.12.86 – 6 P 20.84 –, PersR 87, 110.

32 Die Dienststelle hat die Zustimmung der Personalvertretung zu der beabsichtigten außerordentlichen Kündigung unter genauer Angabe der Kündigungsgründe zu **beantragen**. Für die Unterrichtung gelten die gleichen Regeln wie bei der Anhörung des PR nach § 87 Abs. 1 Nr. 9. Diese hat unter Vorlage der erforderlichen Unterlagen ebenso umfassend zu geschehen wie bei einer ordentlichen Kündigung (vgl. § 87 Rn. 33 i.V.m. § 75 Rn. 89).[63] Der Antrag und die Unterrichtung müssen so **rechtzeitig** erfolgen, dass der Dienststellenleiter nach ordnungsgemäßer Durchführung des Zustimmungsverfahrens noch innerhalb der in **§ 626 Abs. 2 BGB** vorgeschriebenen **Ausschlussfrist von zwei Wochen** bei erteilter Zustimmung die Kündigung aussprechen oder bei verweigerter Zustimmung (Abs. 4 S. 2) die Ersetzung der Zustimmung beim Verwaltungsgericht beantragen kann (vgl. Rn. 35 f.).

33 Wenn die Personalvertretung zu dem Zustimmungsantrag der Dienststelle Stellung nehmen will, steht ihr dafür nach Abs. 4 S. 2 eine **Frist von drei Arbeitstagen** zur Verfügung (zur Berechnung der Frist vgl. § 76 Rn. 17). Als Arbeitstage gelten in entsprechender Anwendung des § 55 LPVGWO die Wochentage Montag bis Freitag mit Ausnahme der gesetzlichen Feiertage, Heiligabend und Silvester. Dabei geht es um **keine Gruppenangelegenheit**, weshalb über diese nach § 34 Abs. 4 vom Plenum zu beraten und zu beschließen ist (vgl. § 34 Rn. 8a ff.). Ist ein **Mitglied der JAV** betroffen, so haben deren Mitglieder nach § 32 Abs. 4 S. 2 Beratungs- und Stimmrecht (vgl. § 32 Rn. 8b ff.). Bezieht sich der Zustimmungsantrag auf die Kündigung eines Mitglieds der Personalvertretung oder der JAV, so ist dieses rechtlich verhindert; an seiner Stelle muss gem. § 27 Abs. 1 S. 2 ein **Ersatzmitglied** mitwirken (vgl. auch § 33 Rn. 1 f.).[64]

34 Die Personalvertretung hat – wie sich aus Abs. 4 S. 2 ergibt – bei der Entscheidung über die Erteilung oder Verweigerung seiner Zustimmung zu prüfen, ob die beabsichtigte außerordentliche Kündigung »unter Berücksichtigung aller Umstände gerechtfertigt ist« (vgl. Rn. 36). Hinsichtlich dieser Frage steht ihr ein **Mitbeurteilungsrecht** zu. Dabei hat sie das **Individualinteresse** des betroffenen Arbeitnehmers und die Sicherung der **Funktionsfähigkeit** der Personalvertretung zu berücksichtigen (vgl. Rn. 24). Aufgrund einer bewertenden Beurteilung kann sie beschließen, die Zustimmung zu erteilen oder zu verweigern. Die **Erteilung der Zustimmung** setzt einen wirksamen Beschluss der Personalvertretung voraus,[65] der dem Dienststellenleiter formlos mitgeteilt werden kann.[66] Bei einer **Verweigerung der Zustim-**

63 Vgl. *BAG* v. 23.4.08 – 2 ABR 71/07 –, AP Nr. 56 zu § 103 BetrVG 1972.

64 Vgl. *BAG* v. 26.8.81 – 7 AZR 550/79 – u.v. 23.8.84 – 2 AZR 391/83 –, AP Nrn. 13 u. 17 zu § 103 BetrVG 1972.

65 *BAG* v. 23.8.84, a.a.O.

66 *BAG* v. 4.3.04 – 2 AZR 147/03 –, AP Nr. 50 zu § 103 BetrVG 1972.

mung kann die Personalvertretung zu dem Antrag des Dienststellenleiters schweigen,[67] sie kann aber auch (was zweckmäßig sein kann) ausdrücklich Bedenken geltend machen.

Verweigert die Personalvertretung die Zustimmung ausdrücklich oder äußert sie sich nicht innerhalb von drei Arbeitstagen nach Eingang des Antrags der Dienststelle, so kann diese, vertreten durch ihre Leitung,[68] nach **Abs. 4 S. 2** das **Verwaltungsgericht anrufen** und beantragen, die verweigerte oder fehlende Zustimmung zu ersetzen. Der Antrag muss noch innerhalb der **Ausschlussfrist** des § 626 Abs. 2 BGB beim Verwaltungsgericht eingegangen sein[69] und demnächst zugestellt werden.[70] Ist die an sich zuständige **Personalvertretung nicht, nicht mehr oder noch nicht vorhanden**, hat der Dienststellenleiter sich so zu verhalten, als hätte die vorhandene Personalvertretung die Zustimmung nicht erteilt, und muss deshalb unmittelbar die Ersetzung der fehlenden Zustimmung beim Verwaltungsgericht zu beantragen.[71] Dies gilt auch, wenn eine vorhandene **Personalvertretung funktionsunfähig** ist, z. B. dann, wenn dem einzigen Mitglied eines PR gekündigt werden soll und ein Ersatzmitglied nicht vorhanden ist.[72] 35

Das **Verwaltungsgericht** entscheidet im **personalvertretungsrechtlichen Beschlussverfahren** (vgl. § 92 Rn. 2, 11 ff.). An dem Verfahren ist außer der Dienststellenleitung (als Antragsteller) und der Personalvertretung nach Abs. 4 S. 3 auch das betroffene Mitglied des PR beteiligt, weil das Verfahren auch für dessen Individualrechtsschutz von Bedeutung ist (vgl. Rn. 37). Das Gericht hat zu **prüfen**, ob die beabsichtigte außerordentliche Kündigung »unter Berücksichtigung aller Umstände gerechtfertigt ist«.[73] Dies ist nach der Rspr. des *BAG*[74] der Fall, wenn ein **wichtiger Grund** i. S. d. § 626 Abs. 1 BGB gegeben ist, wobei es bei erforderlicher Interessenabwägung nicht auf die kollektiven Interessen des PR und der Beschäftigten am Verbleib des betroffenen Arbeitnehmers in seiner personalvertretungsrechtlichen Funktion ankommt. Es ist vielmehr allein das Interesse der Dienststelle an der sofortigen Beendigung des Arbeitsverhältnisses gegen das Interesse des Arbeitnehmers an seinem Fortbestand in einer hierauf bezogenen Gesamt- 36

---

67 Vgl. *BAG* v. 18.8.77 – 2 ABR 19/77 –, AP Nr. 10 zu § 103 BetrVG 1972.

68 *VG Gießen* v. 9.12.11 – 1992/11. GI.PV –, juris.

69 *OVG Lüneburg* v. 19.7.89 – 18 OVG L 27/87 –, PersR 90, 342 Ls.; *VGH BW* v. 28.11.95 – PL 15 S 2169/94 –, PersR 96, 439.

70 Lorenzen-*Sachadae,* § 55 Rn. 80.

71 Vgl. *BAG* v. 12.8.76 – 2 AZR 303/75 – u. v. 30.5.78 – 2 AZR 637/76 –, AP Nr. 2 u. 4 zu § 15 KSchG 1969.

72 Vgl. *OVG LSA* v. 5.5.04 – 5 L 6/03 –, PersR 05, 84; *BAG* v. 18.12.82 – 2 AZR 76/81 –, AP Nr. 13 zu § 15 KSchG 1969.

73 *NdsOVG* v. 14.9.11 – 18 LP 15/10 –, PersR 12, 40.

74 Vgl. Beschl. v. 22.8.74 – 2 ABR 17/74 –, AP Nr. 1 zu § 103 BetrVG 1972.

würdigung abzuwägen.[75] Das Verbot der außerordentlichen Kündigung von PR-Mitgliedern nach § 15 Abs. 2 KSchG kann nicht dazu führen, dass die nur mögliche außerordentliche Kündigung unter erleichterten Bedingungen zulässig wird.[76] Allerdings kann eine vorausgehende **Abmahnung** erforderlich sein.[77] Das Verwaltungsgericht hat jene Kündigungsgründe zu prüfen und zu bewerten, die der Dienststellenleiter vorher mit seinem Zustimmungsantrag förmlich an die Personalvertretung herangetragen hat.[78] Der dem PR mitgeteilte Sachverhalt ist in einem Zustimmungsersetzungsverfahren sowohl hinsichtlich der maßgeblichen Tatsachen als auch hinsichtlich ihrer Wertung als Kündigungsgrund maßgeblich.[79] Ein **Nachschieben** von Kündigungsgründen ist (nur) möglich, wenn der Dienststellenleiter unter Berufung darauf erneut und erfolglos die Zustimmung der Personalvertretung beantragt hat.[80] Dies muss ebenso wie die Einführung dieser Gründe in das gerichtliche Verfahren innerhalb der Frist des § 626 Abs. 2 BGB geschehen.[81] Das Gericht hat zu beachten, dass Amtspflichtverletzungen personalvertretungsrechtlicher Funktionsträger deren außerordentliche Kündigung grundsätzlich nicht rechtfertigen können (vgl. § 24 Rn. 7 m. w. N.).[82]

37 Hält das Verwaltungsgericht die außerordentliche Kündigung für gerechtfertigt, hat es dem **Antrag** auf Zustimmungsersetzung **stattzugeben**.[83] Nach dem Eintritt der formellen Rechtskraft oder der Unanfechtbarkeit des Beschlusses muss der Arbeitgeber **unverzüglich kündigen**.[84] Eine neue zweiwöchige Ausschlussfrist nach § 626 Abs. 2 BGB steht ihm dafür nicht zur Verfügung.[85] Mit der rechtskräftigen Zustimmungsersetzung ist für den ggf. nachfolgenden **Kündigungsschutzprozess** die im Grundsatz bindende Fest-

---

75 *BAG* v. 16. 11. 17 – 2 AZR 14/17 –, Rn. 39.
76 So *OVG Bln-Bbg* v. 25. 9. 14 – OVG 61 PV 1.14 –, juris.
77 *OVG Lüneburg* v. 4. 6. 15 – 18 LP 10/14; *OVG Bln-Bbg* v. 25. 9. 14 – OVG 61 PV 1.14.
78 Vgl. *BayVGH* v. 22. 12. 82 – Nr. 17 C 82 A. 1979 –, PersV 84, 159.
79 *OVG Lüneburg* v. 4. 6. 15 – 18 LP 10/14.
80 Vgl. *BVerwG* v. 28. 1. 98 – 6 P 2.97 –, PersR 98, 374; *BAG* v. 23. 4. 08 – 2 ABR 71/07 –, AP Nr. 56 zu § 103 BetrVG 1972.
81 Vgl. Altvater-*Kröll,* § 55 Rn. 54.
82 Str.; vgl. Altvater-*Kröll,* § 55 Rn. 52, m. w. N.; wie hier auch *BAG* v. 23. 10. 08 – 2 ABR 59/07 –, NZA 09, 855, u. v. 9. 9. 15 – 7 ABR 69/13 –, NZA 16, 57, das dem Betriebsratsmitglied das Recht einräumt, im Beschlussverfahren die Entfernung einer Abmahnung zu verlangen.
83 Vgl. *BAG* v. 22. 8. 74 – 2 ABR 17/74 –, AP Nr. 1 zu § 103 BetrVG 1972.
84 Vgl. *BAG* v. 8. 6. 00, EzA § 626 BGB Ausschlussfrist Nr. 15; v. 24. 4. 75 – 2 AZR 118/74 –, AP Nr. 3 zu § 103 BetrVG 1972.
85 Vgl. Altvater-*Kröll,* § 55 Rn. 55 m. w. N.; Lorenzen-*Sachadae,* § 55 Rn. 101; a. A. *Fitting,* § 103 Rn. 46.

stellung getroffen, dass die außerordentliche Kündigung unter Berücksichtigung aller Umstände gerechtfertigt ist.[86] Wegen dieser **Präklusionswirkung** kann der Arbeitnehmer im Kündigungsschutzprozess die Unrichtigkeit der Entscheidung des Verwaltungsgerichts nur dann geltend machen, wenn er neue Tatsachen vorträgt, die im personalvertretungsrechtlichen Beschlussverfahren noch nicht berücksichtigt werden konnten, weil sie erst nach Abschluss dieses Verfahrens entstanden oder bekannt geworden sind.[87]

12. Kündigungsschutz von Ersatzmitgliedern

(Abs. 5) Mit Abs. 5[88] sind auch **Ersatzmitglieder** bei **Personalmaßnahmen** 38
i. S. v. Abs. 1 und 2 nach Abs. 1 ausdrücklich geschützt, wenn und solange sie anstelle eines ausgeschiedenen oder zeitweilig verhinderten Mitglieds in eine Personalvertretung oder eine JAV auf Dauer oder vorübergehend eingerückt sind.[89] Ferner besteht auch für Ersatzmitglieder der besondere **Kündigungsschutz** (vgl. Abs. 4), wenn und solange bei dem verhinderten PR-Mitglied ein tatsächlicher Verhinderungsgrund vorliegt.[90] Der Schutz **beginnt** an dem Tag, an dem das ordentliche Mitglied ausgeschieden oder erstmals verhindert ist. Im Fall des Urlaubs eines Mitglieds setzt er regelmäßig mit dem üblichen Arbeitsbeginn am ersten Urlaubstag des verhinderten ordentlichen Mitglieds ein.[91] Der besondere Schutz steht dem Ersatzmitglied selbst dann zu, wenn während der Vertretungszeit keine Vertretungstätigkeit anfällt.[92] Ersatzmitglieder, die selbst verhindert sind, steht der besondere Kündigungsschutz gemäß Abs. 4 nicht zu, selbst wenn sie bisher regelmäßig zu Sitzungen herangezogen worden sind und auch zukünftig mit ihrer Heranziehung zu rechnen ist.[93]

Zu dem nach Ende der Ersatzmitgliedschaft anschließenden **nachwirkenden Schutz** bei Personalmaßnahmen s. Rn. 4, bei Kündigungen s. Rn. 28 u. 39
30. Nach der Rspr. des *BAG*[94] zum BetrVG tritt der nachwirkende Kündigungsschutz für ein Ersatzmitglied nach § 15 Abs. 1 S. 2 KSchG nur dann

---

86 *BAG* v. 24.4.75, a. a. O.; *BVerwG* v. 15.10.02 – 6 PB 7.02 –, PersR 03, 74.

87 *BAG* v. 11.5.00 – 2 AZR 276/99 –; *BVerwG* v. 15.10.02 – 6 PB 7.02 –, PersR 03, 74, u. v. 25.2.04 – 6 P 12.03 –, PersR 04, 181; vgl. DKW-*Bachner/Deinert,* § 103 Rn. 55; Lorenzen-*Sachadae,* § 55 Rn. 104 f.

88 Vgl. LT-Dr. 15/4224, S. 114 [zu § 48].

89 Vgl. *BVerwG* v. 27.9.84 – 6 P 38.83 –, PersV 86, 468.

90 *BAG* v. 27.9.12 – 2 AZR 955/11 –, PersR 13, 235.

91 Vgl. *BAG* v. 8.9.11 – 2 AZR 388/10 –, NZA 12, 400; vgl. Altvater-*Kröll,* § 55 Rn. 13.

92 Vgl. *BAG* v. 8.9.11, a. a. O.; vgl. Altvater-*Kröll,* a. a. O.

93 *BVerwG* v. 29.4.22 – 5 P 10.20 –, NZA 22, 1633; v. 27.9.84 – 6 P 38.83 –, PersV 86, 468.

94 *BAG* v. 19.4.12 – 2 AZR 233/11 –, NZA 12, 1449; vgl. Altvater-*Kröll,* § 55 Rn. 17.

ein, wenn das Ersatzmitglied in der Vertretungszeit **konkrete Aufgaben** des Betriebsrats tatsächlich wahrgenommen hat.

§ 48 Übernahme Auszubildender

(1) Beabsichtigt die Dienststelle, einen Auszubildenden in einem Berufsausbildungsverhältnis nach dem Berufsbildungsgesetz, dem Krankenpflegegesetz oder dem Hebammengesetz, der Mitglied im Personalrat ist, nach erfolgreicher Beendigung des Berufsausbildungsverhältnisses nicht in ein Arbeitsverhältnis auf unbestimmte Zeit zu übernehmen, so hat sie dies drei Monate vor Beendigung des Berufsausbildungsverhältnisses dem Auszubildenden schriftlich mitzuteilen.
(2) Verlangt ein Auszubildender nach Absatz 1 innerhalb der letzten drei Monate vor Beendigung des Berufsausbildungsverhältnisses schriftlich von der Dienststelle die Weiterbeschäftigung, so gilt zwischen dem Auszubildenden und der Dienststelle im Anschluss an das erfolgreiche Berufsausbildungsverhältnis ein Arbeitsverhältnis auf unbestimmte Zeit als begründet.
(3) Die Absätze 1 und 2 gelten auch, wenn das Berufsausbildungsverhältnis vor Ablauf eines Jahres nach Beendigung der Amtszeit des Personalrats erfolgreich endet.
(4) Die Dienststelle kann spätestens bis zum Ablauf von zwei Wochen nach Beendigung des Berufsausbildungsverhältnisses beim Verwaltungsgericht beantragen,
1. festzustellen, dass ein Arbeitsverhältnis nach den Absätzen 2 oder 3 nicht begründet wird oder
2. das bereits nach den Absätzen 2 oder 3 begründete Arbeitsverhältnis aufzulösen,
wenn Tatsachen vorliegen, aufgrund derer der Dienststelle unter Berücksichtigung aller Umstände die Weiterbeschäftigung nicht zugemutet werden kann. In dem Verfahren vor dem Verwaltungsgericht ist der Personalrat Beteiligter.
(5) Die Absätze 2 bis 4 sind unabhängig davon anzuwenden, ob die Dienststelle ihrer Mitteilungspflicht nach Absatz 1 nachgekommen ist.

Vergleichbare Vorschriften:
§§ 56, 127 BPersVG; § 78a BetrVG

Inhaltsübersicht Rn.

1. Vorbemerkungen

1 Die Vorschrift enthält für die in einem privatrechtlichen Berufsausbildungsverhältnis nach dem BBiG, dem Krankenpflegegesetz oder dem Hebammengesetz stehenden Mitglieder des PR Regelungen über die in Anschluss an das erfolgreiche Berufsausbildungsverhältnis erfolgende Weiterbeschäftigung in einem Arbeitsverhältnis auf unbestimmte Zeit. Für Mitglieder des **GPR** sowie des **BPR** und des **HPR** gilt § 48 nach § 54 Abs. 4 bzw. § 55 Abs. 3 in vollem Umfang entsprechend. Dagegen wird für Mitglieder des **APR** in § 58 Abs. 3 S. 1 nicht auf § 48 verwiesen (vgl. dazu Rn. 3 u. § 58 Rn. 10). Für Mitglieder der **JAV** wird in § 64 S. 2 (mit Maßgaben) auf § 48 verwiesen (vgl. dazu § 64 Rn. 14a). Über die Verweisungen in § 66 Abs. 3 u. 4 finden die Schutzbestimmungen des § 48 auch auf GJAV- und Stufen-JAV-Mitglieder keine Anwendung (vgl. Rn. 3 u. § 66 Rn. 12).

1a Die Regelungen des § 48 stammen aus zwei Gesetzesänderungen. Zunächst waren durch Art. 6 Nr. 10 DRG die bisher unmittelbar für die Länder geltenden Vorschriften des **§ 107 S. 2 i. V. m. § 9 BPersVG** über die **Übernahme von Auszubildenden** ohne inhaltliche Änderung in § 48 Abs. 4 bis 8 LPVG F. bis 2013 übernommen worden.[1] Mit dem ÄndG 2013 wurden die Vorschriften des § 48 Abs. 4 bis 8 LPVG F. bis 2013 sodann in den § 48 n. F. unter redaktionellen Anpassungen ohne inhaltliche Änderung verschoben.[2] Wie in den Fällen des § 6 Abs. 1 und des § 47 Abs. 4 hat der Landesgesetzgeber mit den in Art. 6 DRG erfolgten Änderungen nur eine **vorbeugende landesgesetzliche Regelung** für den Fall einer vom Bund vorgenommenen späteren Aufhebung des § 107 i. V. m. § 9 BPersVG treffen wollen. Das hat zur Folge, dass der Regelung in § 48 Abs. 4 bis 8 a. F. auch nach dem Willen des Landesgesetzgebers nur **deklaratorische Bedeutung** zukommt. Ob mit der Streichung der Fußnote zu Abschnitt 4 bei Einführung des ÄndG 2013 davon auszugehen ist, dass der Landesgesetzgeber nunmehr von einer unmittelbaren Wirkung des § 48 n. F. ausgeht, ist zu bezweifeln (vgl. ausführlich § 47 Rn. 20).[3] Mit dem *BVerwG* ist davon auszugehen, dass für die Weiter-

1 Vgl. LT-Dr. 14/6y694, S. 563 f.
2 Vgl. ausführlich zum Streitstand: *Altvater,* § 94 a. F. Rn. 11; § 107 a. F. Rn. 2.
3 Die bis zur 2. Auflage in Anlage 1 zu § 107 BPersVG erfolgten Erläuterungen sind aus Gründen der besseren Übersichtlichkeit hier fortgeführt.

beschäftigung von Jugendvertretern in Baden-Württemberg weiterhin §§ 9, 107 S. 2 BPersVG anzuwenden sind, zumal zwischen den bundesrechtlichen Regelungen und denen des § 48 keine sachlichen Unterschiede bestehen.[4] Im Übrigen hat der Gesetzgeber in den genannten Gesetzgebungsverfahren zum Ausdruck gebracht, dass er mit den landesrechtlichen Regelungen §§ 9, 107 S. 2 BPersVG unter redaktioneller Anpassung »übernommen«, nicht aber durch eine eigenständige landesgesetzliche Regelung ersetzt hat.[5] Im Rahmen der Novellierung des BPersVG 2021 hat der Bundesgesetzgeber in der Begründung deutlich gemacht, dass er §§ 9, 107 S. 2 BPersVG als Fälle der konkurrierenden Gesetzgebung ansieht (Art. 74 Abs. 1 Nr. 12 GG), für die der Bund auch nach der Föderalismusreform zuständig ist (arbeitsrechtliche Regelungen).[6] Nach § 131 BPersVG 2021 sind §§ 9, 107 S. 2 BPersVG **bis 31.12.2024** weiter verbindlich anzuwenden. **Ab 1.1.2025** gelten die inhaltlich entsprechenden §§ 56, 127 Abs. 2 BPersVG (Erläuterungen zu § 127 BPersVG s. **Anh. 1**) auch als Landesrecht (§ 126 BPersVG).

1b § 48 stimmt mit § 9 BPersVG a.F. und § 56 BPersVG 2021 inhaltlich überein, wobei im BPersVG die Auszubildenden nach dem seit 1.1.2020 geltenden **Pflegeberufegesetz** (PflBG)[7] mit erfasst sind und damit aufgrund der Gesetzgebungskompetenz des Bundes auch in Baden-Württemberg als geschützt anzusehen sind, obwohl dies im LPersVG BW noch nicht nachvollzogen ist.

2. Schutzzweck der Vorschrift

1c Der dem § 78a BetrVG entsprechende § 48 sieht einen besonderen Schutz solcher Mitglieder oder ehemaliger Mitglieder einer Personalvertretung oder JAV vor, die in einem **befristeten Berufsausbildungsverhältnis** nach dem Berufsbildungsgesetz (BBiG), dem Krankenpflegegesetz (KrPflG), dem Hebammengesetz (HebG) oder dem seit 1.1.2020 geltenden **Pflegeberufegesetz** (vgl. Rn. 1b) stehen. Da ihr Ausbildungsverhältnis i.d.R. mit dem Ablauf der Ausbildungszeit bzw. mit dem Bestehen der Abschlussprüfung vor Ablauf der Ausbildungszeit endet, ist ein solcher Schutz erforderlich, damit sie ihr personalvertretungsrechtliches Amt ohne Furcht vor Nachteilen für ihre zukünftige berufliche Entwicklung ausüben können. § 48 enthält deshalb eine im Sozialstaatsprinzip begründete **spezielle Ausformung des Benachteiligungsverbots** des § 6 LPVG und des § 107 S. 1 BPersVG a.F.[8] Der **Schutzzweck** des § 48 hat eine **individualrechtliche** und eine **kollektivrechtliche** Komponente. Zum einen soll § 48 Auszubildende vor Personal-

---

4 Beschl. v. 30.10.13 – 6 PB 19.13 –, PersV 14, 269.
5 LT-Dr. 14/6694, S. 564 [zu Nr. 10 und 14] u. LT-Dr. 15/4224, S. 109 [zu Nr. 36].
6 BR Dr. 14/21, S. 171.
7 Altvater-*Kröll*, § 56 Rn. 2.
8 *BVerwG* v. 15.10.85 – 6 P 13.84 –, PersR 86, 173.

maßnahmen bewahren, die sie an der Ausübung ihrer PR- oder JAV-Arbeit hindern oder ihre Unabhängigkeit in dieser Arbeit beeinträchtigen können: **Schutz der beruflichen Entwicklung vor nachteiligen Folgen der Amtsausübung**. Zum anderen soll § 48, indem er (i. d. R.) zugleich die amtierende Personalvertretung oder JAV vor dauernden oder vorübergehenden Änderungen ihrer Zusammensetzung schützt, auch der Kontinuität von Gremienarbeit dienen: **Schutz der Kontinuität der Vertretungsorgane und ihrer Funktionsfähigkeit**.[9] Bei der Anwendung des § 48 sind beide Schutzzwecke zu beachten. Da jedoch der »Schutz der Ämterkontinuität« (ggf.) nur die mittelbare Folge des Schutzes der beruflichen Entwicklung ist, steht nicht der kollektivrechtliche, sondern der **individualrechtliche Schutz im Vordergrund**, jedenfalls dann, wenn der kollektivrechtliche Schutz im Fall des nachwirkenden Übernahmeschutzes nach § 48 Abs. 3 (und § 78a Abs. 3 BetrVG) keine Rolle mehr spielen kann, was in der Rspr. sowohl des *BAG* zu § 78a BetrVG als auch des *BVerwG* zu § 9 BPersVG bisher nicht hinreichend beachtet wird (vgl. unten Rn. 9). Die Vorschrift ist abschließend, Beteiligungsrechte des PR nach § 47 und nach § 75 Abs. 1 Nr. 12 kommen daneben nicht zur Anwendung.[10]

3. Geschützter Personenkreis

(Abs. 1) Zu dem durch § 48 geschützten Personenkreis gehören »**Auszubildende**«, die in einem Berufsausbildungsverhältnis nach dem BBiG, dem KrPflG, dem HebG oder dem PflBG (vgl. Rn. 1a und b) stehen. Zu den Auszubildenden i. S. d. § 48 gehören nicht nur Personen, die sich in einer Erstausbildung befinden, sondern auch solche, die für einen anerkannten Ausbildungsberuf nach § 60 BBiG umgeschult werden.[11] Nicht dazu gehören dagegen Personen, die in einem **anderen Vertragsverhältnis** i. S. d. § 26 BBiG eingestellt sind, um berufliche Kenntnisse, Fertigkeiten oder Erfahrungen zu erwerben, insb. Anlernlinge, Volontäre oder Praktikanten, sowie Beschäftigte, deren Berufsausbildung in einem **öffentlich-rechtlichen Dienstverhältnis** erfolgt (vgl. § 3 Abs. 2 Nr. 2 BBiG). Auch Mitglieder einer JAV oder einer Personalvertretung, die im Beamtenverhältnis auf Widerruf einen Vorbereitungsdienst für den gehobenen Dienst (vgl. § 8 Rn. 16) absolviert haben, genießen nicht den Schutz nach § 48.[12] 2

---

9 *BVerwG* v. 1.12.03 – 6 P 11.03 –, PersR 04, 60, u. v. 1.11.05 – 6 P 3.05 –, PersR 06, 382.

10 *BVerwG* v. 26.5.15 – 5 P 9.14; *Sächs. OVG* v. 27.10.16 – 8 A 103/16.PB.

11 *BVerwG* v. 31.5.90 – 6 P 16.88 –, PersR 90, 256.

12 *BVerwG* v. 30.5.12 – 6 PB 7.12 –, PersR 2012, 383; *VG Hannover* v. 8.4.19 – 17 A 4016/18 –, ZfPR 20, 16: Vorbereitungsdienst im Beamtenverhältnis auf Widerruf.

2a Nach dem Gesetzeswortlaut erstreckt sich der Schutzbereich des § 48 nicht auf Auszubildende in Berufsausbildungsverhältnissen, die weder im BBiG noch im KrPflG oder HebG, sondern in anderen **Spezialgesetzen** geregelt sind, die auch eine geordnete, in ihren wesentlichen Elementen den Ausbildungen nach dem BBiG, dem KrPflG, dem HebG und dem PflBG vergleichbare Berufsausbildung vorsehen. Das gilt insb. für die nichtakademischen **Gesundheitsfachberufe** Diätassistent, Ergotherapeut, Logopäde, Masseur und medizinischer Bademeister, medizinisch-technischer Assistent, Laborassistent und Radiologieassistent, Orthoptist, pharmazeutisch-technischer Assistent, Physiotherapeut, Podologe, Rettungsassistent und veterinärmedizinisch-technischer Assistent.[13] Für die Auszubildenden in diesen Berufen ist aber nach dem allgemeinen Gleichheitssatz des Art. 3 Abs. 1 GG die **entsprechende Anwendung des § 48** geboten.[14] Eine Schutzlücke besteht des Weiteren auch für Studierende an der Dualen Hochschule Baden-Württemberg, die ihre praktische Ausbildung auf Grund eines Ausbildungsvertrags im Ausbildungsbetrieb ableisten.[15]

3 Die Vorschrift schützt Auszubildende, die **Mitglied im PR** sind. Gemeint sind damit PR, GPR, BPR und HPR. Begrifflich gehört zwar auch der **APR** dazu, dies ist jedoch ohne Bedeutung, weil Auszubildende i.S.d. § 48 nicht zu dem Personenkreis gehören, für den er gebildet werden kann (vgl. § 8 Rn. 16 u. § 58 Rn. 1a). Für Mitglieder der **JAV** wird in § 64 S. 2 (mit Maßgaben) auf § 48 verwiesen (vgl. dazu § 64 Rn. 14a). Für die GJAV und Stufen-JAV ist die Regelung jedoch i.d.R. ohne eigene Bedeutung, weil nach § 66 Abs. 2 u. 4 die örtlichen JAV eines ihrer Mitglieder in die GJAV bzw. Stufen-JAV entsenden (vgl. § 66 Rn. 3f.). Der Schutz beginnt ab dem Tag der Neuwahl, nicht erst ab Amtsbeginn.[16] Die Vorschrift schützt auch Auszubildende, die als **Ersatzmitglied** nur vorübergehend für ein zeitweilig verhindertes ordentliches Mitglied in eine Personalvertretung bzw. JAV eingerückt sind. Die Verhinderung des ordentlichen Mitglieds muss objektiv vorliegen. Entscheidet sich z.B. ein Mitglied der JAV in Anbetracht seiner besonderen Ausbildungssituation dafür, wegen seiner übermäßigen dienstlichen Belastungen den Sitzungen der Personalvertretung fernzubleiben,

13 Nachw. der maßgeblichen Rechtsvorschriften im Verzeichnis der anerkannten Ausbildungsberufe des Bundesinstituts für Berufsbildung 2022: *https://www.bibb.de/dienst/veroeffentlichungen/de/publication/show/17944.*

14 Vgl. Altvater-*Kröll,* § 56 Rn. 9m.w.N. Vgl. aber *VGH BW* v. 29.11.07 – PL 15 1/06 –, juris: Ein im Rahmen einer Ausbildung zur staatlich anerkannten Erzieherin an einer Fachschule für Sozialpädagogik absolviertes einjähriges Berufspraktikum bei einem kommunalen Arbeitgeber vermittelt nicht die Eigenschaft einer Auszubildenden i.S.v. § 9 Abs. 1 a.F. BPersVG.

15 *BAG* v. 17.6.20 – 7 ABR 46/18 –, NZA 20, 1723.

16 *BayVGH* v. 11.12.12 – 17 P 11.2.48 –, PersV 13, 182.

liegt keine Verhinderung im objektiven Sinne vor, die es rechtfertigte, ein Ersatzmitglied zu entsenden, weshalb das Ersatzmitglied dann nicht unter den Schutz des § 48 fällt.[17] Der Schutz besteht für die Dauer des Einrückens.[18] Für die Zeit eines Jahres nach der Beendigung des Vertretungsfalls besteht nachwirkender Übernahmeschutz.[19] **Wahlbewerber** können sich nicht auf den Schutz des § 48 berufen.[20]

4. Erfolgreiche Beendigung des Berufsausbildungsverhältnisses

Im Unterschied zu § 78a BetrVG hängt die Anwendung der Schutzvorschrift 4
des § 48 von der **erfolgreichen Beendigung des Berufsausbildungsverhältnisses** (vgl. Rn. 1c) ab. Diese Voraussetzung liegt dann vor, wenn der Auszubildende (nach dem KrPflG, dem HebG oder dem PflBG) die **staatliche Prüfung** oder (nach dem BBiG) die **Abschlussprüfung bestanden** hat. Das Ausbildungsverhältnis endet grundsätzlich mit dem Ablauf der Ausbildungszeit (§ 21 Abs. 1 S. 1 BBiG; § 14 Abs. 1 KrPflG; § 17 Abs. 1 HebG; § 21 Abs. 1 PflBG), im Falle der Stufenausbildung mit Ablauf der letzten Stufe (§ 21 Abs. 1 S. 2 BBiG). Besteht der Auszubildende bereits vor Ablauf der Ausbildungszeit die Abschlussprüfung, so endet das Berufsausbildungsverhältnis i. S. d. BBiG[21] »mit Bekanntgabe des Ergebnisses durch den Prüfungsausschuss« (§ 21 Abs. 2 BBiG).[22] Besteht der Auszubildende die Abschlussprüfung nicht, so verlängert sich das Berufsausbildungsverhältnis gem. § 21 Abs. 3 BBiG auf sein Verlangen bis zur nächstmöglichen **Wiederholungsprüfung**, höchstens um ein Jahr, wobei es für die Frage des Zeitpunktes des Bestehens entsprechend § 21 Abs. 2 BBiG wiederum auf die Bekanntgabe des Ergebnisses durch den Prüfungsausschuss ankommt.[23] Nach Abbruch der Berufsausbildung, bei fristloser Kündigung oder bei endgültigem Nichtbestehen der Abschlussprüfung endet das Ausbildungsverhältnis ohne Übernahmeschutz.

---

17 *NdsOVG* v. 7. 11. 12 – 17 LP 8/11 –, PersR 2013, 39.

18 *BVerwG* v. 25. 6. 86 – 6 P 27.84 –, PersR 86, 218.

19 *BVerwG* v. 1. 10. 13 – 6 P 6.13 –, PersR 14, 173; *OVG Bln-Bbg* v. 12. 9. 19 – OVG 61 PV 2.18 –, ZfPR online 20, Nr 3, 10.

20 *BVerwG* v. 20. 11. 07 – 6 PB 14.07 –, PersR 08, 80.

21 Seit dessen Neuerlass durch Art. 1 Berufsbildungsreformgesetz v. 23. 3. 05 (BGBl. I S. 931).

22 *BVerwG* v. 12. 10. 09 – 6 PB 28.09 –, PersR 10, 30.

23 Näher dazu Altvater-*Kröll*, § 56 Rn. 11 m. w. N.

5. Mitteilung der Nichtübernahme

5 Beabsichtigt der Arbeitgeber, einen Auszubildenden nach erfolgreicher Beendigung des Berufsausbildungsverhältnisses nicht in ein Arbeitsverhältnis auf unbestimmte Zeit zu übernehmen, so ist er verpflichtet, dies dem Auszubildenden spätestens drei Monate vor Beendigung des Ausbildungsverhältnisses schriftlich mitzuteilen. **Arbeitgeber** ist derjenige, mit dem der Ausbildungsvertrag geschlossen und mit dem bei der Übernahme der Arbeitsvertrag abzuschließen ist.[24] Das ist die sog. Anstellungskörperschaft, im Geltungsbereich des LPVG also das Land oder eine andere der in § 1 LPVG aufgeführten juristischen Personen. Für den Arbeitgeber hat – so das *BVerwG*[25] – derjenige zu handeln, der nach den allgemeinen Regelungen berechtigt ist, die Anstellungskörperschaft in ihrer Arbeitgeberfunktion zu vertreten. Er hat die **schriftliche Mitteilung** zu unterzeichnen (§ 126 Abs. 1 BGB), die dem Auszubildenden spätestens drei Monate vor Beendigung des Ausbildungsverhältnisses (vgl. Rn. 4, 7) zugehen muss (§ 130 Abs. 1 BGB). Die in Abs. 1 festgelegte Mitteilungspflicht des Arbeitgebers hängt mit dem Recht des Auszubildenden nach Abs. 2 zusammen, seinerseits innerhalb von drei Monaten vor Beendigung des Berufsausbildungsverhältnisses schriftlich vom Arbeitgeber die Weiterbeschäftigung zu verlangen. Der Auszubildende kann die Übernahme allerdings auch dann verlangen, wenn der Arbeitgeber seiner Mitteilungspflicht nach Abs. 1 nicht nachgekommen ist, Abs. 5 (vgl. Rn. 19). Besteht der Auszubildende die Abschlussprüfung nicht und verlängert sich das Ausbildungsverhältnis nach § 21 Abs. 3 BBiG (vgl. Rn. 4), so muss ggf. – wiederum unter Beachtung der Dreimonatsfrist – eine **erneute Mitteilung** des Arbeitgebers erfolgen.[26]

6. Unbefristetes Vollzeitarbeitsverhältnis

6 Die Mitteilung des Arbeitgebers muss sich auf ein **Arbeitsverhältnis auf unbestimmte Zeit** beziehen. Darunter ist eine auf Dauer angelegte Vollzeitbeschäftigung zu verstehen, die der Ausbildung des Auszubildenden entspricht und diesen sowohl hinsichtlich der rechtlichen Ausgestaltung des Arbeitsverhältnisses als auch der Bezahlung und der beruflichen Entwicklungsmöglichkeiten einem Beschäftigten gleichstellt, der vom Arbeitgeber für eine **vergleichbare Tätigkeit** ausgewählt und eingestellt wird.[27] Vgl. dazu auch Rn. 9.

---

24 *BVerwG* v. 2.11.94 – 6 P 39.93 –, PersR 95, 170, v. 1.12.03 u.v. 1.11.05, jew. a.a.O., sowie v. 8.7.08 – 6 P 14.07 –, PersR 08, 374.

25 Beschl. v. 18.9.96 – 6 P 16.94 –, PersR 97, 161.

26 Vgl. Altvater-*Kröll*, § 56 Rn. 12 a.E.m.w.N.

27 *BVerwG* v. 15.10.85 – 6 P 13.84 –, PersR 86, 173.

Nimmt der Arbeitgeber die vorgeschriebene **Mitteilung nach Abs. 1 nicht oder nicht fristgerecht** vor und sieht der Auszubildende infolgedessen von einem Weiterbeschäftigungsverlangen ab, so führt dies allein (entgegen der 1. Aufl.) grundsätzlich nicht dazu, dass das Weiterbeschäftigungsverlangen als form- und fristgerecht erklärt anzusehen ist, wie sich aus Abs. 5 ergibt.[28] Der Arbeitgeber kann sich aufgrund des Rechtsgedankens des § 162 Abs. 1 BGB nur dann nicht auf ein fehlendes Weiterbeschäftigungsverlangen berufen, wenn er den Auszubildenden durch die Nichtinformation **bewusst davon abgehalten** hat, das Weiterbeschäftigungsverlangen geltend zu machen.[29] Deshalb empfiehlt es sich, dass der Auszubildende seine **Weiterbeschäftigung in jedem Fall form- und fristgerecht verlangt** (näher dazu Rn. 8 f.). Die Nichtmitteilung durch den Arbeitgeber kann u. U. **Schadensersatzansprüche** des Auszubildenden auslösen.[30] 7

7. Weiterbeschäftigungsverlangen des Auszubildenden

(Abs. 2) Der Auszubildende, der Mitglied einer Personalvertretung oder einer JAV ist, kann **innerhalb der letzten drei Monate** vor der Beendigung des Ausbildungsverhältnisses schriftlich vom Arbeitgeber seine **Weiterbeschäftigung in einem unbefristeten Vollzeitarbeitsverhältnis verlangen**. Ein bereits vor der Dreimonatsfrist erklärtes Weiterbeschäftigungsverlangen ist unwirksam[31] und ist innerhalb der Dreimonatsfrist zu **wiederholen**.[32] Ein vor Fristbeginn gestelltes Weiterbeschäftigungsverlangen kann jedoch nach Auffassung des *BVerwG* ausnahmsweise als fristgerecht gestellt behandelt werden, wenn Arbeitgeber und Auszubildender dies innerhalb der Dreimonatsfrist ausdrücklich oder stillschweigend vereinbart haben[33] oder wenn die Grundsätze von Treu und Glauben dies bei Vorliegen besonderer Umstände gebieten.[34] Solche Umstände hat das *BVerwG* indessen nur dann bejaht, wenn das Verhalten des Arbeitgebers darauf abzielt, den Auszubildenden von einer fristgerechten Wiederholung seines verfrühten Weiterbeschäftigungsverlangens abzuhalten, obwohl die hieraus dem Auszubildenden entstehenden Nachteile für den Arbeitgeber vorhersehbar wa- 8

28 Vgl. *BVerwG* v. 31. 5. 05 – 6 PB 1.05 –, PersR 05, 323, m. w. N.
29 Vgl. Altvater-*Kröll*, § 56 Rn. 14 m. w. N.
30 Altvater-*Kröll*, a. a. O.
31 *BAG* v. 10. 2. 88 – 7 AZR 607/86 –, PersR 88, 161, u. v. 12. 11. 97 – 7 ABR 73/96 –, AP Nr. 31 zu § 78a BetrVG 1972.
32 Vgl. *BVerwG* v. 22. 4. 87 – 6 P 15.83 –, PersR 87, 189.
33 Beschl. v. 2. 11. 94 – 6 P 39.93 –, PersR 95, 170.
34 Beschl. v. 9. 10. 96 – 6 P 20.94 –, PersR 97, 163.

ren und deren Abwendung ihm möglich und zumutbar gewesen wäre.[35] Für die **Berechnung der Dreimonatsfrist** war nach früherer Rspr. sowohl des *BAG*[36] als auch des *BVerwG*[37] auf das Bestehen der Abschlussprüfung abzustellen. Seit der Reform des Berufsbildungsrechts ist dagegen der Tag der **Bekanntmachung des Ergebnisses der bestandenen Abschlussprüfung** durch den Prüfungsausschuss maßgebend (vgl. dazu Rn. 4). Die Dreimonatsfrist ist von diesem Tag an zurückzurechnen. Das Weiterbeschäftigungsverlangen muss, wie in Abs. 2 ausdrücklich festgelegt, **schriftlich erklärt** werden. Damit ist die gesetzliche Schriftform des § 126 BGB gemeint. Das bedeutet, dass die Erklärung des Auszubildenden von diesem eigenhändig durch Namensunterschrift unterzeichnet werden muss; eine Mitteilung per Telefax, E-Mail oder Computerfax genügt nicht.[38]

8a Mit dem form- und fristgerecht erklärten Weiterbeschäftigungsverlangen des Mitglieds der Personalvertretung oder der JAV entsteht im unmittelbaren Anschluss an das erfolgreich beendete Berufsausbildungsverhältnis ein **unbefristetes Vollzeitarbeitsverhältnis** zwischen dem Arbeitgeber und dem Mandatsträger. Es steht allerdings unter dem **Vorbehalt** einer vom Arbeitgeber nach Abs. 4 Nr. 2 beantragten (späteren) **Auflösung durch das Verwaltungsgericht** (näher dazu Rn. 11 ff.).[39] Dieses Arbeitsverhältnis kommt auch dann zustande, wenn der Arbeitgeber bereits vorher nach Abs. 4 Nr. 1 beim Verwaltungsgericht die Feststellung beantragt hat, dass ein Arbeitsverhältnis nicht begründet wird, über diesen Antrag aber bei Beendigung des Ausbildungsverhältnisses noch nicht entschieden ist.[40]

8. Reichweite des Weiterbeschäftigungsanspruchs

9 Das Verlangen nach Abs. 2 erstreckt sich auf die **Weiterbeschäftigung bei dem Arbeitgeber**, und zwar vorrangig (aber nicht allein) bei der Dienststelle, der der Auszubildende angehört. Das *BVerwG* [41] hat allerdings entschieden, dass der Weiterbeschäftigungsanspruch grundsätzlich auf die **Ausbildungsdienststelle** beschränkt sei, also auf die Dienststelle, bei der das Mitglied der Personalvertretung oder der JAV seine Berufsausbildung

---

35 Vgl. *BVerwG* v. 31.5.05 – 6 PB 1.05 –, a.a.O.; krit. dazu Altvater-*Kröll*, § 56 Rn. 14.

36 Urt. v. 31.10.85 – 6 AZR 557/84 –, AP Nr. 15 zu § 78a BetrVG 1972.

37 Beschl. v. 22.4.87, a.a.O.

38 *BVerwG* v. 18.8.10 – 6 P 15.09 –, PersR 10, 488; vgl. Altvater-*Kröll*, § 56 Rn. 16 m.w.N.

39 Vgl. *BVerwG* v. 1.11.05 – 6 P 3.05 –, PersR 06, 382.

40 Vgl. *BAG* v. 11.1.95 – 7 AZR 574/94 –, PersR 95, 223.

41 Insb. *BVerwG* v. 15.10.85, v. 1.11.05, u.v. 5.12.19 – 5 PB 21.19 –, juris.

erhalten hat. Diese Beschränkung entspricht der st. Rspr. des *BAG*[42], die den Weiterbeschäftigungsanspruch nach § 78a BetrVG ausschließlich auf den **Ausbildungsbetrieb** bezieht. Die **restriktive Rspr.** wird im Wesentlichen damit begründet, dass die Pflicht des Arbeitgebers zur Weiterbeschäftigung des Auszubildenden nur bei Fortbestehen des durch § 78a Abs. 1 BetrVG (bzw. § 48 Abs. 1) geschützten Mandats gerechtfertigt sei. Nur dann könnten beide (als gleichrangig angesehene) Schutzzwecke der Norm erreicht werden, also die Gewährleistung der Ämterkontinuität der (in § 78a Abs. 1 BetrVG bzw. § 48 Abs. 1 erfassten) Gremien der Interessenvertretung sowie der Schutz des Amtsträgers vor nachteiligen Folgen bei der Amtsführung während der Berufsausbildung (vgl. oben Rn. 1a). Diese Rspr. ist jedoch **bereits im Ansatz verfehlt**, weil sie verkennt, dass die beiden Schutzzwecke des § 78a BetrVG und des § 48 nicht »gleichberechtigt nebeneinander« stehen, sondern dass zwischen ihnen ein Rangverhältnis besteht, in dem der **Schutz des Auszubildenden vorrangig** und der **Schutz der Ämterkontinuität nachrangig** ist.[43]

Ohne seinen zu kritisierenden Ansatz (vgl. Rn. 9) aufzugeben, hat das **9a** *BVerwG* im Jahr 2009 seine bisherige Rspr. dadurch modifiziert, dass es nun die Besonderheiten einer Mitgliedschaft eines nach § 48 geschützten Auszubildenden in einer **dienststellenübergreifenden Personalvertretung bzw. JAV** berücksichtigt.[44] Danach soll wie folgt zu **differenzieren** sein:

- Bei einem Mitglied eines **örtlichen PR** oder einer **örtlichen JAV** bezieht sich der Weiterbeschäftigungsanspruch allein auf den **Bereich der Ausbildungsdienststelle.** Dabei kommt es (unter dem Aspekt der Wahrung der Ämterkontinuität) auf die gesamte Dienststelle i. S. d. PersVR an, also nicht lediglich auf den Dienststellenteil, in dem die Berufsausbildung durchgeführt wird.[45]
- Bei einem Mitglied einer **Stufenvertretung** (BPR oder HPR) bezieht sich der Weiterbeschäftigungsanspruch dagegen auf **alle Dienststellen im Geschäftsbereich der übergeordneten Dienststelle**, bei der die jeweilige Vertretung (BPR oder HPR) gebildet ist. Zum jeweiligen Geschäftsbereich gehören die übergeordnete Dienststelle selbst (die Behörde der Mittelstufe oder die oberste Dienstbehörde) und alle ihr nachgeordneten Dienststellen (vgl. § 55 Rn. 6). Das Mitglied einer Stufenvertretung hat aber im Verhältnis zu einem Mitglied einer örtlichen Vertretung keinen vorrangigen Weiterbeschäftigungsanspruch.[46]

---

42 Insb. *BAG* v. 15. 11. 06 – 7 ABR 15/06 –, AP Nr. 38 zu § 78a BetrVG 1972, m. w. N.

43 Näher dazu Altvater-*Kröll*, § 9 a. F. Rn. 9 m. w. N.; *Deinert*, AuR 7–8/21, 292 ff.

44 *BVerwG.* v. 19. 1. 09 – 6 P 1.08 –, PersR 09, 205; näher dazu Altvater-*Kröll*, § 56 Rn. 20.

45 Vgl. *HessVGH* v. 25. 6. 09 – 22 A 1895/08.PV –, PersR 09, 463.

46 *BVerwG* v. 12. 10. 09 – 6 PB 28.09 –, PersR 10, 30.

- Bei einem Mitglied eines **GPR** oder einer **GJAV** bezieht sich der Weiterbeschäftigungsanspruch auf **alle Dienststellen im Bereich der Gesamtdienststelle**. Das hat das *BVerwG* zwar bisher nicht ausdrücklich ausgesprochen, ist aber eine Konsequenz aus seiner Rspr. zum Weiterbeschäftigungsanspruch von Mitgliedern von Stufenvertretungen.

9b Das Weiterbeschäftigungsverlangen bezieht sich nicht auf die Beschäftigung an einem bestimmten Arbeitsplatz. Die **Arbeitsbedingungen** in dem sich anschließenden unbefristeten Arbeitsverhältnis haben aber denen **vergleichbarer Arbeitnehmer** mit betriebsüblicher beruflicher Entwicklung zu entsprechen. Die Weiterbeschäftigung hat vorrangig im erlernten Beruf zu erfolgen. Das Mitglied der Personalvertretung oder der JAV darf nicht auf eine **ausbildungsfremde, geringerwertige Beschäftigung** verwiesen werden, wenn es ausbildungsgerecht beschäftigt werden könnte.[47] Der Arbeitgeber kann den Wirkungsbereich des Weiterbeschäftigungsanspruchs auch nicht dadurch einschränken, dass er für die Weiterbeschäftigung besondere Qualifikationsanforderungen aufstellt.[48] Eine freie Planstelle für Beamte aber stellt keine ausbildungsadäquate freie Stelle für die Übernahme als Beschäftigte außerhalb des Beamtenverhältnisses dar.[49] Auch die Entscheidung des kommunalen Haushaltsgebers im Stellenplan über die Aufteilung in Stellen für Beamte und solche für Arbeitnehmer muss nicht zur Verwirklichung des Weiterbeschäftigungsanspruchs rückgängig gemacht werden.[50] Ist allerdings ein freier, ausbildungsgerechter Arbeitsplatz nicht vorhanden und hat sich der Auszubildende in seinem Übernahmeverlangen **hilfsweise** bereit erklärt, auch eine **nicht ausbildungsadäquate Tätigkeit** anzunehmen, so muss der Arbeitgeber prüfen, ob eine anderweitige Beschäftigung möglich ist.[51] Voraussetzung dafür ist, dass der **Auszubildende** dem öffentlichen Arbeitgeber frühzeitig zu erkennen gibt, zu welchen abweichenden Arbeitsbedingungen er sich die Weiterbeschäftigung vorstellt.[52] Der Weiterbeschäftigungsanspruch richtet sich auf ein **unbefristetes Vollzeitarbeitsverhältnis**.[53] Beabsichtigt die Dienststelle, dem Anspruch auf Übernahme in ein unbefristetes Vollzeitarbeitsverhältnis nicht nachzukommen, weil aus betrieblichen Gründen nur ein befristetes oder nur ein Teilzeitarbeitsverhältnis angeboten werden kann, muss sie als Arbeitgeber das Verfahren nach Abs. 4 betreiben (vgl. Rn. 11 ff.). Die Dienststelle muss Teilzeitstellen

---

47 *BVerwG* 9. 3. 17 – 5 P 5.15 –, u. v. 15. 10. 85 – 6 P 13.84 –, PersR 86, 173.
48 *BVerwG* v. 24. 4. 91 – 6 PB 18.90 –, PersR 91, 409.
49 *OVG Magdeburg* v. 20. 3. 13 – 5 L 7/12 –, NZA-RR 13, 501.
50 *BVerwG* v. 8. 7. 13 – 6 PB 11.13 –, PersR 13, 421.
51 *BAG* v. 6. 11. 96 – 7 ABR 54/95 –, PersR 97, 409.
52 *BVerwG* v. 18. 1. 12 – 6 PB 21.11 – PersR 12, 121.
53 *BVerwG* v. 16. 10. 85, a. a. O.; *BAG* v. 13. 11. 87 – 7 AZR 246/87 –, AP Nr. 18 zu § 78a BetrVG 1972.

aber nicht in Vollzeitstellen oder in unbefristete Stellen umwandeln, um den Weiterbeschäftigungsanspruch erfüllen zu können.[54] Befristet vorgenommene Einstellungen auf **Arbeitsplätzen mit Dauerbedarf** können aber einen Weiterbeschäftigungsanspruch begründen (vgl. Rn. 15).[55]

9. Nachwirkender Übernahme- und Weiterbeschäftigungsanspruch

(Abs. 3) Auch **ehemalige Mitglieder** einer Personalvertretung oder JAV haben nach Maßgabe der Abs. 1 und 2 den Übernahmeanspruch, sofern das Berufsausbildungsverhältnis **vor Ablauf eines Jahres** nach Beendigung der Amtszeit erfolgreich endet. Für die Berechnung des einjährigen nachwirkenden Schutzes ist die Beendigung der **persönlichen Mitgliedschaft** in dem jeweiligen personalvertretungsrechtlichen Organ maßgebend; entsprechend § 15 Abs. 2 S. 2 Hs. 2 KSchG ist der nachwirkende Übernahmeschutz jedoch ausgeschlossen, wenn die Beendigung der Mitgliedschaft auf einer gerichtlichen Entscheidung beruht.[56] Der nachwirkende Schutz gilt auch für ein **endgültig nachgerücktes Ersatzmitglied**, das mit dem Einrücken in die Personalvertretung oder JAV zum ordentlichen Mitglied dieses Gremiums geworden ist.[57] Auch ein nur **vorübergehend nachgerücktes Ersatzmitglied** kann den nachwirkenden Schutz in Anspruch nehmen, sofern das Berufsausbildungsverhältnis innerhalb eines Jahres nach dem (letzten) Vertretungsfall erfolgreich abgeschlossen wird[58] und das Ersatzmitglied innerhalb der letzten drei Monate vor Ausbildungsende seine Weiterbeschäftigung beantragt hat.[59] 10

10. Anrufung des Verwaltungsgerichts

(Abs. 4) Der Arbeitgeber kann, sofern die Weiterbeschäftigung nach Abs. 2 oder Abs. 3 verlangt worden ist, den Übergang des Ausbildungsverhältnisses in ein Arbeitsverhältnis nur durch die **Anrufung des Verwaltungsgerichts** 11

---

54 *VG Karlsruhe* v. 22.6.12 – PL 12 K 95/12 –, u.v. 24.3.17 – PL 15 K 3228/16 –, n.v.

55 *BVerwG* v. 5.12.19 – 5 PB 21.19; vorgehend *OVG Bln-Bbg* v. 31.1.19 – OVG 61 PV 6.17.

56 Vgl. *BAG* v. 21.8.79 – 6 AZR 789/77 –, AP Nr. 6 zu § 78a BetrVG 1972.

57 *BVerwG* v. 22.4.87 – 6 P 15.83 –, PersR 87, 189.

58 Vgl. *BAG* v. 15.1.80 – 6 AZR 726/79 –, AP Nr. 8 zu § 78a BetrVG 1972, v. 13.3.86 – 6 AZR 381/85 –, PersR 86, 216; nunmehr auch *BVerwG* 1.10.13 – 6 P 6.13 –, PersR 14, 173 unter Aufgabe seiner bisherigen Rspr.; wie z.B. v. 25.6.86 – 6 P 27.84 –, PersR 86, 218; vgl. auch Altvater-*Kröll,* § 56 Rn. 10 m.w.N.

59 *BVerwG* 1.10.13 – 6 P 6.13 –, PersR 14, 173.

und durch einen für ihn erfolgreichen Ausgang des Gerichtsverfahrens verhindern. Ruft der Arbeitgeber gemäß **Abs. 4** das **Verwaltungsgericht** an, so sind für dessen Besetzung und für das anzuwendende Verfahren die für sonstige Streitigkeiten aus dem LPVG geltenden Vorschriften der §§ 92, 93 maßgebend.[60] Dabei ist das **BVerwG** in letzter Instanz unabhängig davon zuständig, ob dies landesrechtlich eigens geregelt ist.[61] Abs. 4 sieht zwei Arten von möglichen Anträgen des Arbeitgebers vor: einen **Feststellungsantrag** (Nr. 1) und einen **Auflösungsantrag** (Nr. 2). Über diese Anträge ist im **personalvertretungsrechtlichen Beschlussverfahren** zu entscheiden.[62] Der Antrag auf Feststellung, dass ein Arbeitsverhältnis nicht begründet wird, soll das Zustandekommen eines Arbeitsverhältnisses verhindern, während der Antrag, das bereits begründete Arbeitsverhältnis aufzulösen, auf das rechtsgestaltende Eingreifen des Verwaltungsgerichts in das kraft Gesetzes begründete unbefristete Arbeitsverhältnis abzielt.[63]

12 Im Verfahren nach Abs. 4 handelt für den Arbeitgeber wirksam nur derjenige, der ihn gerichtlich zu vertreten hat.[64] Nach st. Rspr. des *BVerwG* muss innerhalb der **zweiwöchigen Ausschlussfrist** des Abs. 4 S. 1 (vgl. dazu Rn. 14) eine verantwortliche Entscheidung desjenigen vorliegen, der den Arbeitgeber gerichtlich vertritt.[65] Diese Voraussetzung ist erfüllt, wenn die innerhalb der Ausschlussfrist eingegangene Antragsschrift vom **gesetzlichen Vertreter des Arbeitgebers** unterzeichnet ist. Eine rechtzeitige Antragstellung ist aber auch durch eine Antragsschrift möglich, die durch einen **nachgeordneten Bediensteten** unterschrieben ist; dieser muss dann allerdings seine Vertretungsbefugnis innerhalb der Ausschlussfrist durch **Vorlage einer Vollmacht** – und zwar **im Original** – nachweisen, die vom gesetzlichen Vertreter des Arbeitgebers unterzeichnet sein muss.[66] Eine Generalprozessvollmacht berechtigt als solche nicht zur Antragstellung, da sie nicht die arbeitsrechtliche Befugnis umfasst, über die Weiterbeschäftigung der Jugendvertreter zu entscheiden und das mit dem Prozessantrag nach

---

60 So das *BVerwG* in st. Rspr.; vgl. Beschl. v. 1.11.05 – 6 P 3.05 –, PersR 06, 382 m. w. N.

61 *BVerwG* v. 30.4.98 – 6 P 5.97 –, PersR 98, 466; vgl. Altvater-*Baunack,* § 127 Rn. 14.

62 *BVerwG* v. 26.6.81 – 6 P 71.78 –, PersV 83, 14, u. v. 26.5.09 – PB 4.09 –, PersR 09, 367.

63 *BVerwG* v. 30.10.87 – 6 P 25.85 –, PersR 88, 47.

64 *BVerwG* v. 1.12.03, a. a. O., u. v. 1.11.05 – 6 P 3.05 –, PersR 06, 382, sowie v. 8.7.08 – 6 P 14.07 –, PersR 08, 374.

65 Vgl. zum Folgenden Altvater-*Kröll,* § 56 Rn. 25 m. w. N

66 *BVerwG* v. 19.8.09 – 6 PB 19.09 –, PersR 09, 420, u. v. 18.9.09 – 6 PB 23.09 –, PersR 09, 509; jew. m. w. N.; das *BAG* stellt diese Anforderung für das BetrVG nicht auf, sieht aber die Rspr. des *BVerwG* für den öffentlichen Dienst für zutreffend an: *BAG* v. 18.9.19 – 7 ABR 44/17 –, NZA 20, 329.

§ 48 Abs. 4 verbundene materiell-rechtliche Gestaltungsrecht auszuüben. Denn ihr allgemeiner, weitgefasster Inhalt lässt nicht erkennen, auf welche materiell-rechtlichen Erklärungen sie sich beziehen soll.[67] Auch eine Generalvollmacht reicht nicht aus.[68] Der gesetzliche Vertreter des öffentlichen Arbeitgebers erfüllt beide Voraussetzungen. Das Gleiche gilt für den Leiter einer nachgeordneten Behörde, wenn der gesetzliche Vertreter seine Befugnisse auf diesen übertragen hat.[69] Bedient sich der Arbeitgeber zur Antragstellung nach Abs. 4 S. 1 eines Rechtsanwalts, muss dieser eine **Originalvollmacht** des gesetzlichen Vertreters der Dienststelle vorlegen.[70] Soll zur gerichtlichen Vertretung des öffentlichen Arbeitgebers **anstelle des Behördenleiters ein Abteilungsleiter** berufen sein, so müssen für eine wirksame Antragstellung nach Abs. 4 S. 1 die **delegierenden Bestimmungen** (wie z. B. Geschäftsordnung, Aufgabenverteilungsplan, Tätigkeitsbeschreibung) entweder **veröffentlicht** sein oder innerhalb der zweiwöchigen Antragsfrist dem Gericht **vorgelegt** werden.[71]

13 Der **Feststellungsantrag** kommt **vor der Beendigung des Ausbildungsverhältnisses** in Betracht. Voraussetzung ist, dass der Auszubildende das Weiterbeschäftigungsverlangen erklärt hat. Für einen Feststellungsantrag, den der Arbeitgeber stellt, bevor der Auszubildende überhaupt seine Weiterbeschäftigung verlangt hat, fehlt anfänglich regelmäßig das Rechtsschutzbedürfnis; es reicht (entgegen der 1. Aufl.) jedoch aus, wenn dieses nachträglich – durch ein Weiterbeschäftigungsverlangen – entsteht, und es spätestens im Zeitpunkt der letzten mündlichen Verhandlung vorliegt.[72] Ein vom Arbeitgeber zulässigerweise und rechtzeitig eingeleitetes Feststellungsverfahren nach Abs. 4 Nr. 1, das bis zur Beendigung des Ausbildungsverhältnisses noch nicht abgeschlossen ist, verhindert indessen nicht den Eintritt der gesetzlichen Fiktion, dass ein Arbeitsverhältnis begründet wird. Wie der Auflösungsantrag nach Abs. 4 Nr. 2 zielt auch der Feststellungsantrag auf eine rechtsgestaltende gerichtliche Entscheidung, die ihre Wirkung erst mit ihrer Rechtskraft für die Zukunft entfaltet.[73]

13a Da ein vom Arbeitgeber rechtzeitig eingeleitetes Feststellungsverfahren nach Abs. 4 Nr. 1 nicht den Eintritt der Fiktion verhindert, dass nach Abs. 2 ein Arbeitsverhältnis begründet wird (vgl. Rn. 13), besteht für jedes Mitglied einer Personalvertretung oder JAV, das die Weiterbeschäftigung form-

---

67 *BVerwG* v. 21. 2. 11 – 6 P 12.10 –, PersR 11, 271.
68 *BVerwG* v. 9. 3. 17 – 5 P 5.15.
69 *BVerwG* v. 9. 3. 17 – 5 P 5.15.
70 *BVerwG* v. 18. 8. 10 – 6 P 15.09 –, PersR 10, 488.
71 *BVerwG* v. 18. 9. 09, a. a. O.
72 *BVerwG* v. 2. 11. 94 – 6 P 39.93 –, PersR 95, 170; vgl. Altvater-*Kröll*, § 56 Rn. 28 m. w. N.
73 *BAG* v. 29. 11. 89 – 7 ABR 67/88 –, PersR 91, 104.

und fristgerecht verlangt hat, ein Anspruch auf **vorläufige, ausbildungsadäquate Beschäftigung**, bis über den Antrag des Arbeitgebers rechtskräftig entschieden ist.[74] Dieser Anspruch kann nach § 2 Abs. 1 Nr. 3 ArbGG im **arbeitsgerichtlichen Urteilsverfahren** geltend gemacht werden; i. d. R. wird auch der Erlass einer **einstweiligen Verfügung** auf vorläufige Weiterbeschäftigung begründet sein.[75]

14 **Nach der Beendigung der Ausbildungszeit** und dem erfolgten Übergang in ein unbefristetes Arbeitsverhältnis kommt grundsätzlich nur der **Auflösungsantrag** in Betracht.[76] Dieser Antrag kann nur **bis zum Ablauf von zwei Wochen** nach Beendigung des Berufsausbildungsverhältnisses gestellt werden. Dabei handelt es sich um eine **Ausschlussfrist**, die nicht verlängerbar ist. Der Antrag, das Arbeitsverhältnis mit dem JAV-Mitglied aufzulösen, hat eine Doppelnatur. Er ist einerseits Prozesshandlung, zum anderen Ausübung eines materiellen, auf das Arbeitsverhältnis bezogenen Gestaltungsrechts.[77] Deshalb kommt auch eine Wiedereinsetzung nach § 233 ZPO in die Frist bei unverschuldeter Fristversäumung nicht in Betracht.[78] Hat der Arbeitgeber bereits vor der Beendigung des Berufsausbildungsverhältnisses einen Feststellungsantrag gestellt, wandelt sich dieser in einen Auflösungsantrag um, ohne dass dies einer förmlichen Antragsänderung bedarf, wenn das Ausbildungsverhältnis während der Laufs des Gerichtsverfahrens endet.[79] Stellt der Arbeitgeber nach der gesetzlichen Begründung des Arbeitsverhältnisses einen Antrag auf Feststellung, dass ein Arbeitsverhältnis auf unbestimmte Zeit nicht begründet worden ist, so ist dieses Begehren als Auflösungsantrag auszulegen, wenn in der Antragsbegründung ausschließlich die Unzumutbarkeit der Weiterbeschäftigung geltend gemacht wird.[80]

14a Das Gericht muss den Auflösungsantrag unter zwei Voraussetzungen **prüfen**: ob ein **Arbeitsverhältnis gem. Abs. 2 zustande gekommen** ist und ob Tatsachen vorliegen, aufgrund derer dem Arbeitgeber unter Berücksichtigung aller Umstände die **Weiterbeschäftigung nicht zugemutet** werden kann.[81] Da nur ein zustande gekommenes Rechtsverhältnis auflösbar ist, kann das Gericht von der Beantwortung der **Vorfrage**, ob ein Arbeitsverhältnis gem. Abs. 2 überhaupt zustande gekommen ist, nicht absehen

74 *BAG* v. 29. 11. 89, a. a. O.; *LAG Bremen* v. 12. 6. 85 – 2 Sa 236/84 –.
75 Teilw. str.; näher dazu Altvater-*Kröll*, § 56 Rn. 29 m. w. N.
76 *BVerwG* v. 26. 6. 81 – 6 P 71.78 –, PersV 83, 14.
77 *BVerwG* v. 21. 2. 11 – 6 P 12.10 –, PersR 11, 271.
78 Vgl. *BVerwG* v. 1. 12. 03 – 6 P 11.03 –, PersR 04, 60.
79 *BVerwG* v. 1. 12. 03, a. a. O.
80 *BVerwG* v. 28. 7. 06 – 6 PB 9.06 –, PersR 06, 429.
81 *BVerwG* v. 31. 5. 90 – 6 P 16.88 –, PersR 90, 256.

(vgl. auch unten Rn. 17).[82] Ist der Auflösungsantrag erfolgreich, endet das Arbeitsverhältnis mit der **Rechtskraft** des Beschlusses, der die Auflösung ausspricht.[83] Bis zu diesem Zeitpunkt hat ein **wirksames Arbeitsverhältnis** bestanden. Bei der Prüfung, ob eine Beschäftigungsmöglichkeit besteht, ist aber auch beim Auflösungsantrag auf den Zeitpunkt abzustellen, zu dem das Berufsausbildungsverhältnis geendet hat.[84]

Das Verwaltungsgericht darf dem Feststellungs- oder Auflösungsantrag des Arbeitgebers nur stattgeben, wenn Tatsachen vorliegen, aufgrund derer ihm unter Berücksichtigung aller Umstände eine **Weiterbeschäftigung nicht zugemutet** werden kann. Das kann nach einer an § 626 BGB orientierten Auslegung nur bei Vorliegen **außerordentlicher Gründe** der Fall sein.[85] Grundsätzlich kommen dabei **schwerwiegende Gründe personenbedingter Art** in Betracht (vgl. auch Rn. 16).[86] **Dringende Gründe betriebsbedingter Art** können die Unzumutbarkeit der Weiterbeschäftigung des Auszubildenden begründen, wenn zum Zeitpunkt der Beendigung des Berufsausbildungsverhältnisses kein ausbildungsadäquater, auf Dauer angelegter und gesicherter freier Arbeitsplatz vorhanden ist, wobei es auf das Vorhandensein einer freien Planstelle nicht notwendig ankommt.[87] Auch **verhaltensbedingte Gründe** können in schwerwiegenden Fällen in Betracht kommen.[88] Derartige Gründe müssen im jeweiligen Einzelfall nachvollziehbar dargetan und im Zweifelsfall vom Arbeitgeber auch bewiesen werden.[89] Die Übernahme eines Auszubildenden ist auch dann unzumutbar, wenn ein ausbildungsadäquater Dauerarbeitsplatz, der von einem rechtswirksamen **Einstellungsstopp** betroffen ist, mit einem Arbeitnehmer aus dem Personalüberhang der unmittelbaren Landesverwaltung besetzt wird.[90] Der Arbeitgeber ist nicht verpflichtet, einen Arbeitsplatz einzurichten, um seiner Weiterbeschäftigungspflicht nachkommen zu können,[91] oder eine Umstrukturierung, 15

---

82 *BVerwG* v. 22.4.87 – 6 P 20.84 –, PersR 87, 191, sowie v. 9.10.96 – 6 P 20.94 – u. – 6 P 21.94 –, PersR 97, 163 u. 165.

83 Vgl. *BAG* v. 15.1.80 – 6 AZR 361/79 –, AP Nr. 9 zu § 78a BetrVG 1972.

84 St. Rspr. des *BVerwG*; vgl. Beschl. v. 12.10.09 – 6 PB 28.09 –, PersR 10, 30.

85 Vgl. *Fitting*, § 78a Rn. 46 m. w. N.; unklar jüngst: *BAG* v. 18.9.19 – 7 ABR 44/17 –, NZA 20, 329.

86 Vgl. *BAG* v. 16.1.79 – 6 AZR 153/77 –, AP Nr. 5 zu § 78a BetrVG 1972.

87 *BVerwG* v. 9.9.99 – 6 P 5.98 –, PersR 00, 156, v. 17.5.00 – 6 P 8.99 –, PersR 00, 419, v. 1.11.05 – 6 P 3.05 –, PersR 06, 382, u. v. 19.1.09 – 6 P 1.08 –, PersR 09, 205; vgl. auch Altvater-*Kröll*, § 56 Rn. 37 m. w. N.

88 *BAG* v. 18.9.19 – 7 ABR 44/17 –, a. a. O.

89 *VG Frankfurt a. M.* v. 16.5.94 – 22 K 4/94 (V) –, PersR 94, 477.

90 *BVerwG* v. 6.9.11 – 6 PB 10.11 –, PersR 11, 450 (Ls.).

91 *BVerwG* v. 15.10.85 – 6 P 13.84 –, PersR 86, 173, u. v. 1.11.05, a. a. O. Vgl. auch *VGH BW* v. 16.9.08 – PL 15 S 533/08 –, PersV 09, 313 (Unzumutbarkeit der Weiterbeschäftigung nach Aufgabenverlagerung durch Art. 1 Abs. 8 VRG).

durch die eine bestehende Stelle in Wegfall gekommen ist, rückgängig zu machen.[92] Jedoch ist es dem Arbeitgeber im Einzelfall zuzumuten, den Auszubildenden auf Dauer in einem Arbeitsverhältnis zu beschäftigen, wenn er innerhalb der **Schutzfrist von drei Monaten** vor der Beendigung des Ausbildungsverhältnisses einen freigewordenen Arbeitsplatz nicht für den Auszubildenden freihält, sondern anderweitig sofort wieder besetzt und dies nicht durch unabdingbare betriebliche Erfordernisse geboten ist.[93] Nicht zu beanstanden ist es, wenn freie Planstellen und Stellen vorrangig mit Beschäftigten besetzt werden, die bei anderen Behörden der Landesverwaltung wegen Aufgabenrückgangs oder wegen Auflösung der Behörde nicht mehr benötigt werden (sog. **Überhangpersonal**).[94] Eine sachgrundlose Befristung eines Arbeitsvertrages in Bezug auf einen Arbeitsplatz für **Daueraufgaben** kann der Zumutbarkeit der Weiterbeschäftigung mit Blick auf den Schutzzweck des § 48 nicht entgegenstehen (vgl. Rn. 9a a. E.).[95] Verlangt ein **Auszubildender** seine Übernahme nach § 47 Abs. 2 und bewirbt sich gleichzeitig auf eine konkrete **Teilzeitstelle**, so ist diese Stelle bei der Prüfung des Vorhandenseins eines geeigneten und besetzbaren Arbeitsplatzes im Rahmen eines Auflösungsantrags des Arbeitgebers zu berücksichtigen.[96]

15a Eine vom **Haushaltsgesetzgeber** für alle freien oder frei werdenden Stellen ausgesprochene **Wiederbesetzungssperre** macht dem Arbeitgeber die Weiterbeschäftigung unzumutbar.[97] Unterliegt die Ausbildungsdienststelle bei der Stellenbewirtschaftung **keinen Vorgaben des Haushaltsgesetzgebers** in Bezug auf berufliche Qualifikation und Fachrichtung (weil ihr im Rahmen eines Systems der dezentralen Verantwortung ein leistungsorientiertes Globalbudget zugewiesen ist), so ist sie bei der Festlegung des Anforderungsprofils der zu besetzenden Stellen durch § 48 nicht gebunden; dessen Wirkung erschöpft sich hier in einer gerichtlichen Missbrauchskontrolle.[98]

16 Stehen für die an einer Weiterbeschäftigung interessierten Ausgebildeten nicht genügend ausbildungsadäquate Arbeitsplätze zur Verfügung, können zu den Gründen persönlicher Art, aus denen eine Weiterbeschäftigung eines (früheren) Mitglieds der Personalvertretung oder der JAV unzumutbar sein

92 *VG Gießen* v. 8. 10. 13 – 5 L 1274/13 –, juris.

93 *BVerwG* v. 1. 11. 05, a. a. O., v. 29. 3. 06 – 6 PB 2.06 –, PersR 06, 308, u. v. 12. 10. 09 – 6 PB 28.09 –, PersR 10, 30; *BAG* v. 12. 11. 97 – 7 ABR 63/96 –, AP Nr. 30 zu § 78a BetrVG 1972.

94 Vgl. *BVerwG* 9. 3. 17 – 5 P 5.15 –, ZfPR online 17, Nr. 6, S. 2.

95 *BVerwG* v. 5. 12. 19 – 5 PB 21.19 –, juris, vorgehend *OVG Bln-Bbg* v. 31. 1. 19 – OVG 61 PV 6.17 –, juris; *BVerwG* v. 30. 10. 13 – 6 PB 19.13 –, PersV 14, 269.

96 *NdsOVG* v. 28. 9. 15 – 18 PL 2/15.

97 *BVerwG* 9. 3. 17 – 5 P 5.15 –, v. 30. 10. 87 – 6 P 25.85 –, PersR 88, 47, v. 13. 3. 89 – 6 P 22.85 –, PersR 89, 132, v. 13. 9. 01 – 6 PB 9.01 –, PersR 01, 524, u. v. 30. 5. 07 – 6 PB 1.07 –, PersR 07, 355.

98 *BVerwG* v. 1. 11. 05, a. a. O.

kann, auch wesentliche Unterschiede in der **Eignung und Befähigung** der Bewerber gehören. Das ergibt sich aus dem in Art. 33 Abs. 2 GG festgelegten Leistungsprinzip, das nach der Rspr. des *BVerwG* neben dem Sozialstaatsprinzip zu beachten ist.[99] Danach gilt Folgendes: Besteht bei einem Leistungsvergleich zwischen dem (früheren) Mitglied der Personalvertretung oder der JAV und seinen Mitbewerbern kein Unterschied, so ist dem Ersteren der Vorrang zu geben, weil sich andernfalls eine Benachteiligung wegen der Tätigkeit in der Personalvertretung oder der JAV nicht ausschließen lässt. Anders ist es dagegen, wenn Mitbewerber **objektiv wesentlich fähiger und geeigneter** sind. Dies ist der Fall, wenn das (frühere) Mitglied der Personalvertretung oder der JAV in der Abschlussprüfung um deutlich mehr als eine Notenstufe schlechter abgeschnitten hat als der schwächste sonstige Bewerber, wobei die Differenz mindestens das 1,33-fache dieser Notenstufe betragen muss. Geht es um die Übernahme eines Mitglieds einer Stufenvertretung (BPR oder HPR), so sind in den Vergleich nicht nur die Bewerber aus der Ausbildungsdienststelle, sondern die Bewerber aus allen Dienststellen, die zum Geschäftsbereich der übergeordneten Dienststelle gehören, einzubeziehen.[100]

Im personalvertretungsrechtlichen Beschlussverfahren kann unabhängig **17** davon, ob der Arbeitgeber den Feststellungs- oder Auflösungsantrag nach Abs. 4 Nr. 1 bzw. 2 gestellt hat, nach § 92 Abs. 1 auch geklärt werden, ob überhaupt ein **Arbeitsverhältnis nach Abs. 2 (oder 3) zustande gekommen** ist.[101] Das *BVerwG*[102] hat unter Hinweis auf eine vom *BAG*[103] erwogene Rechtsprechungsänderung den Standpunkt vertreten, dass – jedenfalls in der Kombination von Haupt- und Hilfsanträgen – neben den in Abs. 4 Nr. 1 und 2 genannten Entscheidungen auch die **Feststellung** begehrt werden kann, dass ein Weiterbeschäftigungsverhältnis wegen Nichtvorliegens der Voraussetzungen des Abs. 2 oder 3 nicht zustande gekommen ist (vgl. oben Rn. 14a). Die weitergehende Frage, ob isolierte Feststellungsanträge des Arbeitgebers oder Feststellungsanträge des Ausgebildeten zum Fehlen bzw. Vorliegen der Voraussetzungen des Abs. 2 und 3 zulässig seien, hat es offengelassen.

---

99 Beschl. v. 9.9.99 – 6 P 5.98 –, PersR 00, 156, u. v. 17.5.00 – 6 P 9.99 –, PersR 00, 421.

100 *BVerwG* v. 19.1.09 – 6 P 1.08 –, PersR 09, 205.

101 Vgl. *Fischer/Goeres/Gronimus/Lechtermann*, § 9 a. F. Rn. 59.

102 *BVerwG* v. 1.10.13 – 6 P 6.13 –, PersV 14, 61; vgl. dazu *Wolf*, PersR 13, 390; *Tamm*, PersV 14, 53; *BVerwG* v. 9.10.96 – 6 P 21.94 –, PersR 97, 165, u. v. 18.8.10 – 6 P 15.09 –, PersR 10, 488 (das Fristerfordernis nach Abs. 4 S. 1 gilt dafür nicht).

103 *BAG* v. 11.1.95 – 7 AZR 574/94 –, PersR 95, 223; offen gelassen *BAG* v. 5.12.07 – 7 ABR 65/06 –, juris.

18 In dem **personalvertretungsrechtlichen Beschlussverfahren**, in dem festgestellt werden soll, dass ein Arbeitsverhältnis nicht begründet wird, oder in dem ein bereits begründetes Arbeitsverhältnis wieder aufgelöst werden soll, ist außer dem **Arbeitgeber** als Antragsteller und dem die Weiterbeschäftigung verlangenden (früheren) **Auszubildenden** auch die **Personalvertretung Beteiligte**. Das gilt unabhängig davon, ob sich das Verfahren gegen das Mitglied der Personalvertretung oder der bei ihr bestehenden JAV richtet. Ist ein Verfahren nach Abs. 4 gegen ein JAV-Mitglied anhängig, so ist neben der Personalvertretung **auch die JAV** beteiligt. Das ergibt sich aus § 64 S. 1 a. E.[104] Die Personalvertretung kann einen Rechtsanwalt bereits im Verfahren 1. Instanz beauftragen. Die Übernahme der Kosten eines weiteren Rechtsanwalts zur Vertretung der JAV kommt entsprechend der Rspr. des *BAG* nicht in Betracht.[105] Die Kosten eines Rechtsanwalts zur Vertretung des (früheren) Auszubildenden sind nur in den höheren Instanzen und (nur) dann zu erstatten, wenn der Auflösungsantrag rechtskräftig abgelehnt wird.[106]

11. Unterlassene Mitteilung durch die Dienststelle

19 **(Abs. 5)** Die Schutzvorschriften der Abs. 2 bis 4 gelten auch dann, wenn der Arbeitgeber seiner in Abs. 1 festgelegten **Mitteilungspflicht nicht nachgekommen** ist. Auch in diesem Fall kann – i. d. R.: muss – der Auszubildende innerhalb der letzten drei Monate vor Beendigung des Berufsausbildungsverhältnisses seine Weiterbeschäftigung verlangen. Tut er dies nicht, weil der Arbeitgeber ihn durch die Nichtinformation **bewusst davon abgehalten** hat, ist er ausnahmsweise so zu stellen, als ob er das Weiterbeschäftigungsverlangen form- und fristgerecht erklärt hätte mit der Folge, dass ein unbefristetes Arbeitsverhältnis zustande gekommen ist (vgl. Rn. 7).

---

104 Rooschüz-*Abel*, § 48 Rn. 17; Leuze-*Bieler* § 48 49.

105 *BAG* v. 18. 1. 12 – 7 ABR 83/10 –, juris.

106 *BVerwG* 12. 11. 12, PersR 13, 30.

Teil 3
Die Personalversammlung

§ 49 Allgemeines

(1) Die Personalversammlung besteht aus den Beschäftigten der Dienststelle.
(2) Kann nach den dienstlichen Verhältnissen, der Eigenart der Dienststelle oder anderen sachlichen Gegebenheiten eine gemeinsame Versammlung aller Beschäftigten nicht stattfinden, so sind Teilversammlungen abzuhalten.
(3) Der Personalrat kann ferner getrennte Versammlungen in bestimmten Verwaltungseinheiten der Dienststelle oder Versammlungen eines bestimmten Personenkreises durchführen.
(4) [1]Auf Beschluss der zuständigen Personalräte kann zur Behandlung gemeinsamer Angelegenheiten eine gemeinsame Personalversammlung mehrerer Dienststellen stattfinden, wenn für sie ein Gesamtpersonalrat gebildet ist oder wenn Dienststellen derselben juristischen Person nach § 1 unter derselben Leitung stehen. [2]Die Personalräte einigen sich zugleich, welcher Vorsitzende eines Personalrats die gemeinsame Personalversammlung leitet.
(5) § 68 Absatz 2 und § 69 Absatz 1 Satz 3 gelten für die Personalversammlung entsprechend.

Vergleichbare Vorschriften:
§ 57 BPersVG; § 42 BetrVG

Inhaltsübersicht Rn.

1. Vorbemerkungen

1 Die gesetzlichen Regelungen der Personalversammlung sind durch das ÄndG 2013 neu strukturiert, zum Teil auch ergänzt und geändert worden.

Aus systematischen Gründen sind Abs. 1 S. 2 a. F. in § 50 Abs. 1 S. 2 und Abs. 1 S. 3 a. F. in § 53 Abs. 1 übernommen worden.[1]

1a Grundsätzlich setzt eine Personalversammlung voraus, dass in der Dienststelle eine Personalvertretung i. S. v. § 10 besteht. Eine **Ausnahme** davon sieht § 16 Abs. 2 Nr. 2 vor, wonach in **personalratsfähigen Dienststellen ohne PR** der Dienststellenleiter auf Antrag von mindestens drei wahlberechtigten Beschäftigten oder einer in der Dienststelle vertretenen Gewerkschaft eine Personalversammlung zur Wahl des Wahlvorstands und zur Bestimmung des Vorsitzes einzuberufen hat.

2 Die Personalversammlung ist ein besonderes **Organ des PersVR.**[2] Als örtliche Einheit der Gesamtheit der Beschäftigten der Dienststelle steht sie dem PR gegenüber. Sie hat den Zweck, die Beschäftigten über die Arbeit des PR zu unterrichten, ihnen weitere mit ihrem Beschäftigungsverhältnis und der Dienststelle zusammenhängende Informationen zu verschaffen und ihnen Gelegenheit zur freien Aussprache und zum Erfahrungsaustausch zu geben. Sie ist damit das **legitime dienststelleninterne Ausspracheforum** der Beschäftigten[3] (vgl. § 52 Rn. 2 ff.). Ihr Zuständigkeitsbereich deckt sich im Wesentlichen mit dem Aufgabenbereich des PR. Darüber hinaus dürfen alle Angelegenheiten behandelt werden, die die Dienststelle oder die Beschäftigten unmittelbar betreffen (vgl. § 52 Rn. 5). Die Personalversammlung ist jedoch **kein dem PR oder dem Dienststellenleiter übergeordnetes Kontrollorgan**. Sie kann dem PR weder Weisungen erteilen noch ihm das Vertrauen entziehen oder ihn gar absetzen oder einzelne PR-Mitglieder abberufen. Die Personalversammlung ist auch nicht befugt, dem Dienststellenleiter ihre Missbilligung auszusprechen.[4] Die Personalversammlung hat auch **keine Entscheidungsbefugnisse**. Ihre Beschlüsse binden gem. § 52 Abs. 3 den PR in seiner Amtsführung nicht. Sie können aber die Arbeit des PR beeinflussen und sollen das auch.[5] Die Personalversammlung ist demnach kein dem PR übergeordnetes Dienststellenparlament und hat keine rechtliche Möglichkeit, durch Beschluss in Form eines Misstrauensvotums den PR oder eines seiner Mitglieder zum Rücktritt zu zwingen. Sie kann nicht neben oder anstelle des PR handeln.

3 Die Personalversammlung i. S. d. §§ 49 ff. ist eine Veranstaltung des PR mit den Beschäftigten. Der **Dienststellenleiter** verstößt gegen den Grundsatz der vertrauensvollen Zusammenarbeit (vgl. § 2 Rn. 4 f.) und gegen das Verbot der Behinderung des PR (vgl. § 6 Rn. 8), wenn er eine von ihm einberu-

---

1 LT-Dr. 15/4224, S. 115 [zu § 49].
2 Altvater-*Kröll*, vor § 57 Rn. 1.
3 *BVerwG* v. 6. 9. 84 – 6 P 17.82 –, PersR 85, 44, u. v. 23. 5. 86 – 6 P 23.83 –, PersR 86, 233.
4 *OVG NW* v. 19. 3. 79 – CL 21/78 –, ZBR 80, 131.
5 *BVerwG* v. 23. 5. 86, a. a. O.

fene Versammlung der Beschäftigten als »Personalversammlung« bezeichnet.[6] Er darf eine von ihm einberufene »**Mitarbeiterversammlung**« auch nicht als Gegenveranstaltung zu einer Personalversammlung i. S. d. LPVG missbrauchen.[7]

4 Die Dienststelle hat nach § 41 Abs. 1 S. 1 die **Kosten** der Personalversammlung zu tragen und nach § 41 Abs. 2 die für ihre Durchführung erforderlichen **Räumlichkeiten** zur Verfügung zu stellen (vgl. § 41 Rn. 2 ff., 26 f.). Davon erfasst sind auch die Kosten für die Anmietung von Räumen außerhalb der Dienststelle, falls keine geeigneten Räume in der Dienststelle zur Verfügung stehen.[8] Wo die Versammlung durchgeführt wird, ist im Einvernehmen mit dem Dienststellenleiter festzulegen. Kommt es darüber zu keiner Einigung, entscheidet der PR nach pflichtgemäßem Ermessen.[9] Zu den Kosten gehören auch **Übersetzer- oder Dolmetscherkosten**, die dadurch veranlasst sind, dass in Dienststellen mit ausländischen Beschäftigten der Tätigkeitsbericht übersetzt oder ein Dolmetscher zu der Personalversammlung hinzugezogen worden ist.[10] Ggf. sind auch die Kosten für die Hinzuziehung eines **Gebärdensprachdolmetschers** von der Dienststelle zu tragen.[11]

2. Beschäftigte der Dienststelle/erweiterter Beschäftigtenbegriff

5 **(Abs. 1)** Die Personalversammlung besteht aus den **Beschäftigten der Dienststelle**. Gemeint sind alle Beschäftigten i. S. d. § 4 mit Ausnahme des Dienststellenleiters (vgl. § 53 Rn. 16). Auf ihre Wahlberechtigung kommt es nicht an. Zur Teilnahme sind auch diejenigen Beschäftigten berechtigt, die zur Zeit der Personalversammlung z. B. wegen Erholungsurlaubs, Mutterschaftsurlaubs, Elternzeit oder Abordnung, Zuweisung bzw. Gestellung in der Dienststelle keinen Dienst versehen.[12] Wegen des Beschäftigtenbegriffs vgl. § 4 Rn. 2 ff. Abzulehnen ist die Auffassung des *BVerwG*, wonach für

---

6 *BVerwG* v. 23. 5. 86, a. a. O.

7 *BAG* v. 27. 6. 89 – 1 ABR 28/88 –, AP Nr. 5 zu § 42 BetrVG 1972; unzutreffend: *VG Köln* v. 23. 2. 10 – 34 L 224/10.PVL –, juris; vgl. Leuze-*Flintrop*, § 49 Rn. 3; DKW-*Berg*, § 42 Rn. 51 m. w. N.

8 *OVG NW* v. 26. 8. 93 – 1 A 21/91.PVL –, PersV 95, 497.

9 Str.; wie hier Altvater-*Kröll*, § 57 Rn. 2 m. w. N; Rooschüz-*Bader*, § 50 Rn. 6; a. A. Leuze-*Flintrop*, § 50 Rn. 7: Letztentscheidung des Dienststellenleiters.

10 Vgl. *LAG Düsseldorf* v. 30. 1. 81 – 16 TaBV 21/80 –, DB 81, 1093; *LAG BW* v. 16. 1. 98 – 5 TaBV 14/96 –, AuR 98, 286; DKW-*Berg*, § 43 Rn. 9.

11 Zu den Kosten eines Vortrags: *BVerwG* v. 28. 6. 91 – 6 P 3.90 –, PersR 91, 341, DVBl. 91, 1213.

12 Differenzierend Leuze-*Flintrop*, § 49 Rn. 6: nur die als sog. Dienststellenzugehörige bezeichneten wahlberechtigten Beschäftigten i. S. v. § 8 Abs. 1 einschließlich der nach Nr. 1 davon Ausgeschlossenen.

das Teilnahmerecht neben der Beschäftigteneigenschaft die Dienststellenzugehörigkeit erforderlich ist und dienststellenzugehörig nur Beschäftigte sein sollen, die in die Dienststelle eingegliedert sind. Dies soll nur der Fall sein, wenn sie dort nach Weisungen des Dienststellenleiters an der Erfüllung öffentlicher Aufgaben mitwirken. Die Annahme, dass mit der Abordnung und der Zuweisung nach länger als drei Monaten (§ 13 Abs. 1 S. 1, Abs. 3 und 4 BPersVG) zugleich eine Ausgliederung aus der Dienststelle stattfinde, trifft im Übrigen angesichts der entgegengesetzten gesetzlichen Regelung in § 4 Abs. 1 S. 2 für das LPVG BW nicht zu.[13]

6 Werden in einer Personalversammlung bei einem **Gericht** oder einer **Staatsanwaltschaft** gemeinsame Angelegenheiten i. S. d. § 30 Abs. 1 LRiStAG behandelt, können die Richter nach § 30 LRiStAG bzw. die Staatsanwälte nach § 89 Abs. 4 i. V. m. § 30 Abs. 5 LRiStAG an einer solchen Versammlung mit den gleichen Rechten wie die Beschäftigten i. S. d. § 4 teilnehmen (vgl. dazu § 31 Rn. 14).

7 Für die Beschäftigten besteht **kein Zwang zur Teilnahme**. Wollen Beschäftigte an der während der Arbeitszeit stattfindenden Personalversammlung nicht teilnehmen, so haben sie stattdessen zu arbeiten, sofern dazu die Möglichkeit besteht (vgl. § 51 Rn. 3).[14] Nicht zur Teilnahme Berechtigte dürfen nicht eingeladen werden. Eine Einladung verstößt gegen die gesetzlichen Pflichten des PR und kann als grobe Pflichtverletzung u. U. zur gerichtlichen Auflösung des PR oder zum Ausschluss aus dem PR führen.

8 Die Beschäftigten dürfen andererseits nicht daran gehindert werden, an der Personalversammlung teilzunehmen, schon gar nicht vom Dienststellenleiter (vgl. § 6 Rn. 8). Zu dessen Aufgaben gehört es deshalb, sicherzustellen, dass möglichst allen Beschäftigten **Gelegenheit zur Teilnahme** geboten wird. Ggf. ist die Dienststelle für die Dauer der Personalversammlung für außenstehende Dritte zu schließen. Nur dann, wenn die Beschäftigten für unabwendbare und unaufschiebbare Einzelaufgaben unabkömmlich sind, ist es zulässig zwischen PR und Dienststellenleiter einen Notdienst zu organisieren.[15] Sind Beamtinnen und Beamte vorläufig des Dienstes enthoben, dann verlieren sie nicht das Recht auf Teilnahme an der Personalversammlung. Sie bleiben trotz der Suspendierung »Beschäftigte«. Das Gleiche gilt auch für Arbeitnehmerinnen und Arbeitnehmer, die von der Erfüllung ihrer Arbeitsleistungspflicht freigestellt worden sind.

8a **Personalversammlungen** sind **immer** als **Präsenzversammlungen** durchzuführen. Anders als § 58 Abs. 1 S. 2 BPersVG sieht das Gesetz keine Mög-

13 *BVerwG* v. 20. 11. 12 – 6 PB 14.12 –, PersR 13, 88.

14 Vgl. auch Leuze-*Flintrop*, § 49 Rn. 8, und Rooschütz-*Bader*, § 51 Rn. 8.

15 *VGH BW* v. 24. 11. 81 – 15 S 323/81; Altvater-*Kröll*, § 57 Rn. 9.

lichkeiten vor, die Personalversammlung mittels Videokonferenz in Nebenstellen oder Teilen der Dienststelle zu übertragen.[16]

Ob bei **pandemiebedingten Versammlungsbeschränkungen** davon abgewichen werdem kann, mag im Hinblick auf das Abklingen der SARS-CoV-2-Pandemie dahinstehen. Jedenfalls hat der Landesgesetzgeber im Zuge der Vorbereitung des »Gesetzes zur Änderung des LRiStAG und des LPVG aus Anlass der SARS-CoV-2« keine Notwendigkeit zu einer Regelung für Personalversammlungen gesehen.[17] 8b

3. Vollversammlung/Teilversammlungen

(Abs. 2) Die Personalversammlung ist **grundsätzlich** als **Vollversammlung** aller Beschäftigten der Dienststelle durchzuführen. Nach Abs. 2 kann davon unter den dort festgelegten Voraussetzungen (vgl. Rn. 12) abgewichen werden. Dann sind ausnahmsweise **Teilversammlungen** einzuberufen, die in ihrer Gesamtheit die Vollversammlung ersetzen und für deren Einberufung und Durchführung die Regelungen über die Vollversammlung entsprechend gelten. 9

Der erste Ausnahmetatbestand entspricht dem des § 57 Abs. 2 BPersVG. Er liegt nach h. M. nur dann vor, wenn die **dienstlichen Verhältnisse** eine Vollversammlung »objektiv unmöglich oder hochgradig unzweckmäßig« erscheinen lassen,[18] z. B. bei großen Dienststellen mit vielen Nebenstellen oder bei Dienststellen, in denen im Schichtdienst gearbeitet wird.[19] Der zweite Ausnahmetatbestand entspricht dem des § 42 Abs. 1 S. 3 BetrVG. Folgt man der Rspr. des *BAG*[20], dann sind mit der **Eigenart der Dienststelle** in erster Linie organisatorisch-technische Besonderheiten angesprochen, wie etwa eine »übergroße« Zahl von Beschäftigten oder voll kontinuierlich arbeitende Schichtbetriebe.[21] Mit der Durchführung der Personalversammlung als Vollversammlung verbundene höhere Kosten, z. B. für das Anmieten von Räumen, rechtfertigen das Ausweichen auf Teilversammlungen nicht.[22] Während die sich überlappenden ersten zwei Ausnahmetatbestände nach h. M. eng auszulegen sind, gibt der dritte Tatbestand dem PR mit dem Kriterium der **anderen sachlichen Gegebenheiten** einen erweiterten Beurteilungsspielraum. 10

---

16 Zur Regelung des § 58 Abs. 1 BPersVG vgl. Altvater-*Kröll*, § 58 Rn. 10–12.
17 Vgl. Drs. 16/9088 v. 20. 10. 20.
18 So Lorenzen-*Hebeler*, § 48 a. F. Rn. 36 m. w. N.
19 Vgl. *Fischer/Goeres/Gronimus/Lechtermann*, § 57 Rn. 40, 41.
20 Vgl. Beschl. v. 9. 3. 76 – 1 ABR 74/74 –, AP Nr. 3 zu § 44 BetrVG 1972.
21 *Fitting*, § 42 Rn. 54 a m. w. N.
22 Str.; wie hier Altvater-*Kröll*, § 57 Rn. 12 m. w. N.

11 Ob die Personalversammlung in Form von Teilversammlungen durchgeführt wird, hat der PR nach **pflichtgemäßem Ermessen** zu entscheiden. Dabei hat er die Teilversammlungen ggf. zeitlich und räumlich so festzulegen, dass dann auch alle Beschäftigten an einer dieser Versammlungen teilnehmen können.[23] **Zur Teilnahme berechtigt** sind die Beschäftigten, für die die jeweilige Teilversammlung einberufen wird sowie **alle PR-Mitglieder**.[24] Denn der PR vertritt die Interessen aller Beschäftigten. Die Auffassung, dass grundsätzlich nur der Vorsitzende des PR und die weiteren Vorstandsmitglieder teilnahmeberechtigt sind,[25] die übrigen PR-Mitglieder ausnahmsweise nur dann, wenn sie dort auch beschäftigt sind oder wenn ein sachlicher Grund vorliegt, behindert die Letzteren in ihrer Amtsführung. Der Dienststellenleiter sowie alle sonstigen in § 53 aufgeführten Personen können an jeder Teilversammlung teilnehmen. Ob die Voraussetzungen für Teilversammlungen vorliegen, muss von Fall zu Fall beurteilt werden. Es muss eine objektive Erforderlichkeit vorliegen (fehlende entsprechend große Räume, Schichtarbeit der Beschäftigten, Unabkömmlichkeit einer größeren Zahl von Beschäftigten wegen Publikumsverkehrs).[26]

4. Getrennte Versammlungen

12 **(Abs. 3)** Die Regelung des Abs. 3 ermöglicht es dem PR, außer den Personalversammlungen nach Abs. 1 bzw. 2 **getrennte Versammlungen** in bestimmten **Verwaltungs- oder Organisationseinheiten** der Dienststelle (z.B. in Ämtern, Abteilungen) oder nur für einen bestimmten **Personenkreis** (z.B. für Ärzte und Pflegepersonal, Beschäftigte im Vollzugsdienst, Sozialarbeiter, Fahrpersonal usw.) durchzuführen (vgl. auch § 65 Rn. 4). Damit ist die bisherige entgegenstehende Rspr. des *VGH BW*[27] überholt. Es handelt sich dabei um besondere Versammlungen, die nicht an die Stelle der in § 51 aufgeführten treten. Vielmehr sind sie zusätzlich möglich. Da nach der Neufassung des § 51 alle Personalversammlungen während der Arbeitszeit stattfinden, bedarf es für die Einberufung getrennter Versammlungen während der Arbeitszeit keines Einvernehmens mit dem Dienststellenleiter darüber. Die in der Vorauflage vertretene Auffassung ist gegenstandslos.[28] Einberufung und Durchführung richten sich nach den entsprechend anzu-

---

23 *VGH BW* v. 15.9.87 – 15 S 3397/86 –, PersV 90, 131.

24 Str.; wie hier Rooschütz-*Bader*, § 49 Rn. 16; einschränkend Leuze-*Flintrop*, § 49 Rn. 13, u. Altvater-*Kröll*, § 57 Rn. 14: nur der Vorstand des PR.

25 Vgl. Lorenzen-*Gerhold*, § 48 Rn. 30 m. w. N.; offengelassen in *BVerwG* v. 5.5.73 – VII P 7.72 –, PersV 74, 85.

26 *OVG NW* v. 31.7.75, ZBR 75, 357

27 Beschl. v. 15.9.87, a.a.O.

28 Vgl. 2. Aufl., Rn. 15 unter Hinweis auf LT-Dr. 11/6312, S. 39 [zu Nr. 19].

wendenden Regelungen über die Vollversammlung in Abs. 1 und den §§ 50 bis 53.[29] Für die Teilnahmeberechtigung gilt das zu den Teilversammlungen Gesagte entsprechend (vgl. Rn. 11).

5. Gemeinsame Personalversammlung mehrerer Dienststellen

(Abs. 4) Der durch das ÄndG 2013 eingefügte Absatz lässt ausdrücklich gemeinsame Personalversammlungen mehrerer Dienststellen zur **Behandlung gemeinsamer Angelegenheiten** in den Fällen zu, in denen entweder ein GPR besteht (Fälle des § 5 Abs. 2), der für die Dienststellen zuständig ist, oder wenn Dienststellen derselben juristischen Person nach § 1 unter derselben Leitung stehen, wie bei einer Gemeinde, die einen Eigenbetrieb führt, da dieser nach der Rspr. personalvertretungsrechtlich grundsätzlich als selbstständige Dienststelle zu behandeln ist (vgl. § 5 Rn. 19).[30] 13

Ob eine gemeinsame Personalversammlung mehrerer Dienststellen stattfindet, haben die **einzelnen PR** nach § 34 Abs. 1 u. 4 S. 1 zu **beschließen**. Sie haben sich nach S. 2 zugleich darüber zu einigen, welcher PR-Vorsitzender die gemeinsame Personalversammlung leitet. 14

Gegenstand der gemeinsamen Personalversammlung können **alle Angelegenheiten i. S. v. § 52** sein. Sie müssen allerdings die Belange der Beschäftigten aller auf der Personalversammlung vertretenen Dienststellen unmittelbar betreffen (Behandlung gemeinsamer Angelegenheiten i. S. v. S. 1). Ob von dieser gesetzlichen Möglichkeit Gebrauch gemacht wird, liegt im pflichtgemäßen Ermessen der zuständigen PR. 15

6. Keine Beeinträchtigung der Arbeit und des Friedens in der Dienststelle

(Abs. 5) Die Vorschriften des § 68 Abs. 2 über die Friedenspflicht (vgl. § 68 Rn. 9 ff.) gelten entsprechend. Das schließt aber nicht aus, dass vom PR oder vom Dienststellenleiter zu verantwortende Missstände zur Sprache gebracht werden können. Die Teilnehmer der Personalversammlung sind berechtigt, auch dazu ihre Meinung frei zu äußern. Ihre Kritik darf jedoch nicht unsachlich oder ehrverletzend sein.[31] Kritik am Verhalten des Dienststellenleiters darf aber nicht durch förmliche »Missbilligungsbeschlüsse« zum Ausdruck gebracht werden.[32] Das Friedensgebot richtet sich an den PR als 16

---

29 Rooschüz-*Bader*, § 49 Rn. 20.

30 *VGH BW* v. 24.7.07 – PL 15 S 3/06 –, juris; v. 27.7.99 – PL 15 S 2927/98 –, PersR 00, 120.

31 *BAG* v. 22.10.64 – 2 AZR 479/63 –, AP Nr. 4 zu § 1 KSchG Verhaltensbedingte Kündigung, u. v. 15.1.86 – 5 AZR 460/84 –, AiB 89, 209 Ls.

32 *OVG NW* v. 19.3.79 – CL 21/78 –, ZBR 80, 131.

Organ. Ihn trifft eine Neutralitätspflicht. Er darf auch auf einer Personalversammlung nicht zum Streik aufrufen und diesen organisieren. Das einzelne Personalratsmitglied kann sich jedoch in seiner Rolle als Beschäftigter an einem gewerkschaftlichen Arbeitskampf beteiligen. Der PR bleibt während des Arbeitskampfes existent und funktionsfähig und kann auch im Arbeitskampf eine Personalversammlung einberufen.[33]

17 Außerdem ist auch das in § 69 Abs. 1 S. 3 geregelte **Verbot parteipolitischer Betätigung** (vgl. § 69 Rn. 17 ff.) zu beachten. Mit § 69 Abs. 1 S. 3 Hs. 2 ist allerdings klargestellt, dass die Behandlung von Tarif-, Besoldungs- und Sozialangelegenheiten durch das Verbot parteipolitischer Betätigung nicht berührt wird. Betreffen solche Angelegenheiten die Dienststelle oder ihre Beschäftigten unmittelbar, dürfen sie auch dann in der Personalversammlung behandelt werden, wenn sie parteipolitischen Charakter aufweisen (ferner § 53 Rn. 1).[34]

§ 50 Einberufung der Personalversammlung

(1) [1]Der Personalrat beruft die Personalversammlung ein und legt die Tagesordnung fest. [2]Der Vorsitzende des Personalrats lädt zur Personalversammlung ein und leitet sie.
(2) Der Personalrat ist auf Wunsch des Leiters der Dienststelle oder eines Viertels der wahlberechtigten Beschäftigten verpflichtet, eine Personalversammlung einzuberufen und den Gegenstand, dessen Beratung beantragt ist, auf die Tagesordnung zu setzen.
(3) Auf Antrag einer in der Dienststelle vertretenen Gewerkschaft muss der Personalrat vor Ablauf von drei Wochen nach Eingang des Antrags eine Personalversammlung einberufen, wenn im vorhergegangenen Kalenderjahr keine Personalversammlung und keine Teilversammlung durchgeführt worden sind.

Vergleichbare Vorschriften:
§ 59 BPersVG; § 43 Abs. 1, 3, 4 BetrVG

Inhaltsübersicht Rn.

33 *BAG* v. 14.2.78, AP Nr. 57 zu Art. 9 GG Arbeitskampf.
34 Vgl. aber *BVerwG* v. 10.3.95 – 6 P 15.93 –, PersR 95, 489, zur Hinzuziehung von Parlamentsabgeordneten.

1. Einberufung der Personalversammlung, Tagesordnung, Tätigkeitsbericht

(Abs. 1) Die Personalversammlung ist stets **vom PR einzuberufen**, es sei denn, es handelt sich um eine nach § 16 Abs. 2 oder § 17 Abs. 3 vom Dienststellenleiter einzuberufende Personalversammlung zur Wahl eines Wahlvorstandes (vgl. § 16 Rn. 2ff.).[1] Das gilt auch für Personalversammlungen, die nach Abs. 2 oder 3 auf Verlangen des Dienststellenleiters, eines Viertels der wahlberechtigten Beschäftigten oder einer in der Dienststelle vertretenen Gewerkschaft einzuberufen sind. Die Nichtbeachtung dieser Vorschrift durch den PR bedeutet im Regelfall eine grobe Vernachlässigung seiner gesetzlichen Pflichten. Der PR hat selbst auf die Einhaltung des Termins zu achten. 1

Für die Einberufung der Personalversammlung ist ein nach den § 34 Abs. 1 u. 4 zu fassender **Beschluss des PR** erforderlich, der eine **Tagesordnung** aufweisen muss. Darin muss bei einer Personalversammlung nach § 52 Abs. 1 zumindest die Erstattung des Tätigkeitsberichts und bei einer nach Abs. 2 verlangten der beantragte Beratungsgegenstand enthalten sein. Die Berichtspflicht obliegt nicht dem PR-Vorsitzenden oder dem Vorstand, sondern dem PR als Gremium. Der Tätigkeitsbericht dient (wie die Personalversammlung selbst) dazu, die Verbundenheit aller Mitarbeiter der Dienststelle zu stärken. Aus diesem Grund muss sein Inhalt die Beschäftigten über die Tätigkeit des PR informieren.[2] Außerdem sind die nach Abs. 2 Antragsberechtigten, also ein Viertel der wahlberechtigten Beschäftigten und der Dienststellenleiter befugt, bei jeder Personalversammlung eine Ergänzung der Tagesordnung zu beantragen, soweit hierdurch die Behandlung der übrigen Tagesordnungspunkte nicht beeinträchtigt wird.[3] Dasselbe Recht steht den nach § 53 Abs. 2 S. 1 Teilnahmeberechtigten zu (vgl. § 53 Abs. 2 S. 3; dazu § 53 Rn. 13). Schließlich kann auch auf der Personalversammlung mit der Mehrheit der Anwesenden beschlossen werden, nicht auf der Tagesordnung stehende Themen zu behandeln.[4] 2

Der PR-Vorsitzende hat den Beschäftigten die Einberufung der Personalversammlung mit **Zeit, Ort und Tagesordnung** in geeigneter Weise rechtzeitig **bekannt zu geben** (vgl. § 41 Rn. 35ff.). Außerdem hat er den in der Dienststelle vertretenen Gewerkschaften und den anderen nach § 53 Abs. 2 Teilnahme- und Entsendungsberechtigten die Einberufung nach § 53 Abs. 2 S. 2 mitzuteilen, im Hinblick auf dessen Teilnahmerecht nach Abs. 4 auch dem Dienststellenleiter. 3

---

1 *BVerwG* v. 23.5.86 – 6 P 23.83 –, PersR 86, 233.
2 *HessVGH* v. 17.5.72, ZBR 73, 123.
3 Vgl. *Fitting*, § 42 Rn. 30.
4 Vgl. Altvater-*Kröll*, § 57 Rn. 4.

4 Ob und wann eine Personalversammlung einberufen wird, entscheidet der PR grundsätzlich nach pflichtgemäßem Ermessen. Es stellt jedoch einen groben **Pflichtverstoß** dar, der nach § 24 Abs. 1 zur gerichtlichen Auflösung des PR führen kann, wenn dieser eine nach Abs. 2 oder 3 beantragte Personalversammlung nicht einberuft.[5] Bei der **Festlegung der zeitlichen Lage** hat der PR die Vorschrift des § 51 Abs. 1 S. 1 zu beachten (vgl. § 51 Rn. 1 u. 2).

5 Der **Vorsitzende des PR**, im Verhinderungsfall der stellvertretende Vorsitzende, **lädt zur Personalversammlung ein** und **leitet** sie (Abs. 1 S. 2), soweit es sich nicht um eine Versammlung zur Wahl des Wahlvorstandes handelt (vgl. § 16 Rn. 5, 6). Als Versammlungsleiter steht ihm das **Hausrecht** zu. Das gilt für den Versammlungsraum einschließlich der Nebenräume und Zugangswege.[6] Das Hausrecht des Dienststellenleiters ist für die Dauer der Versammlung insoweit suspendiert; es kann ihm allenfalls bei nachhaltigen und groben, vom PR-Vorsitzenden nicht unterbundenen Störungen wieder zuwachsen.[7] Der PR-Vorsitzende hat für einen **ordnungsgemäßen Versammlungsablauf** zu sorgen. Er hat insbesondere die Personalversammlung zu eröffnen, das Wort zu erteilen, nicht zum Gegenstand der Versammlung gehörende oder unsachliche Redebeiträge zu unterbinden, die Abstimmungen zu leiten und deren Ergebnis festzustellen und bekannt zu geben sowie nach Behandlung der Tagesordnungspunkte die Versammlung zu schließen (vgl. § 52 Rn. 11).[8] Die Versammlungsleitung kann ihm weder vom PR noch von der Versammlung entzogen werden.

6 Eine Verpflichtung zur **Protokollierung** des Verlaufs gibt es nicht. § 38 Abs. 1 ist auf die Personalversammlung nicht anzuwenden.[9] Es empfiehlt sich aber, eine **Niederschrift** anzufertigen, in der Anregungen, Kritik sowie die gestellten und behandelten Anträge der Teilnehmer stichwortartig aufgeführt sind.[10]

2. Personalversammlung auf Antrag des Dienststellenleiters oder eines Viertels der wahlberechtigten Beschäftigten

7 **(Abs. 2)** Neben der in Abs. 1 geregelten alleinigen Befugnis des PR, eine Personalversammlung einzuberufen, sieht Abs. 2 vor, dass der PR verpflich-

---

5 Vgl. Altvater-*Kröll*, § 57 Rn. 3; *Fischer/Goeres/Gronimus/Lechtermann*, § 59 Rn. 67; *Fitting*, § 43 Rn. 10, 43, 59.

6 *BAG* v. 18.3.64 – 1 ABR 12/63 –, AP Nr. 1 zu § 45 BetrVG, u.v. 13.9.77 – 1 ABR 67/75 –, AP Nr. 1 zu § 42 BetrVG 1972.

7 Vgl. Altvater-*Kröll*, § 57 Rn. 10 m. w. N.

8 Altvater-*Kröll*, § 57 Rn. 10.

9 *NdsOVG* v. 18.3.92 – 17 L 31/90 –, PersR 93, 127.

10 Vgl. Rooschüz-*Bader*, § 50 Rn. 13, § 53 Rn. 5.

tet ist, auf **Antrag des Dienststellenleiters** oder **eines Viertels der wahlberechtigten Beschäftigten** eine Personalversammlung einzuberufen und den Gegenstand, dessen Beratung beantragt ist, auf die Tagesordnung zu setzen. Die Tagesordnung kann allerdings noch um zusätzliche Punkte ergänzt werden.[11] Die Einberufung bedarf ebenfalls eines Beschlusses des PR-Gremiums unter Beachtung der Vorschriften des § 30 Abs. 1 und des § 34 Abs. 1, 2, 4 S. 1 (vgl. Rn. 2). Unter den Voraussetzungen des § 49 Abs. 2 ist auch eine nach Abs. 2 einzuberufende Personalversammlung in Form von Teilversammlungen durchzuführen (vgl. § 49 Rn. 12 ff.). Nach § 51 Abs. 1 finden auch die vom **Dienststellenleiter oder einem Viertel der wahlberechtigten Beschäftigten** beantragten weiteren Personalversammlungen grundsätzlich **während der Arbeitszeit** statt. Neben der Verpflichtung nach § 50 Abs. 2 ist der PR berechtigt, weitere Personalversammlungen einzuberufen, wenn er dies aus nachvollziehbaren sachlichen Gründen für erforderlich hält. Dies kann der Fall sein, wenn im Rahmen der Personalversammlung zur Erstattung des Tätigkeitsberichts aufgrund der anschließenden Diskussion ungenügend Gelegenheit gegeben war, mit den Beschäftigten weitere sie berührende, wichtige Aspekte zu erörtern.

3. Personalversammlung auf Antrag einer Gewerkschaft

(Abs. 3) Hat der PR im vorhergegangenen Kalenderjahr keine Personalversammlung i. S. v. § 49 Abs. 1 oder 2 durchgeführt (also keine Vollversammlung und auch keine Teilversammlungen für alle Beschäftigten), kann nach Abs. 3 jede in der Dienststelle vertretene **Gewerkschaft** (vgl. § 2 Rn. 7 f.) die Einberufung der ausgelassenen **Personalversammlung erzwingen**, auf der der PR dann auch den Tätigkeitsbericht erstatten muss, den er im abgelaufenen Kalenderjahr hätte erstatten sollen.[12] Auch die von der Gewerkschaft erzwungene Personalversammlung findet gemäß § 51 grundsätzlich **während der Arbeitszeit** statt. Der Antrag kann nur gestellt werden, wenn der PR in dem vor dem Antragszeitraum liegenden Kalenderjahr keine Personalversammlung einberufen hat. Es ist ausschließlich auf das Kalenderjahr abzustellen, andere Bezugszeiträume, wie die Amstszeit des PR, können nicht herangezogen werden.[13] 8

Haben im vorhergegangenen Kalenderjahr Teilversammlungen stattgefunden, entfällt das Erzwingungsrecht der Gewerkschaft, wenn sie für alle Beschäftigten durchgeführt worden sind. Der Antrag kann jeweils nach dem 31. Dezember des abgelaufenen Jahres gestellt werden. Nach Antragseingang ist der PR verpflichtet, die ausgelassene Personalversammlung **innerhalb** 9

11 Vgl. i. E. Altvater-*Kröll*, § 59 Rn. 13.

12 Rooschüz-*Bader*, § 50 Rn. 19.

13 Lorenzen-*Hebeler*, § 59 Rn. 30.

von drei Wochen durchzuführen, d. h. nicht nur einzuberufen.[14] Bei der Berechnung der Frist sind § 187 Abs. 1 und § 188 Abs. 1 BGB sowie § 55 S. 2 LPVGWO entsprechend anzuwenden.

§ 51 Durchführung der Personalversammlung

(1) [1]Personalversammlungen finden während der Arbeitszeit statt, soweit nicht die dienstlichen Verhältnisse eine andere Regelung erfordern. [2]Die Teilnahme an der Personalversammlung hat keine Minderung der Besoldung oder des Arbeitsentgelts zur Folge. [3]Soweit Personalversammlungen aus dienstlichen Gründen außerhalb der Arbeitszeit stattfinden müssen, ist den Teilnehmern Dienstbefreiung in entsprechendem Umfang zu gewähren. [4]§ 43 Absatz 2 Satz 2 gilt entsprechend.
(2) Die Kosten, die durch die Teilnahme an Personalversammlungen entstehen, werden in entsprechender Anwendung des Landesreisekostengesetzes erstattet.

Vergleichbare Vorschriften:
§ 60 BPersVG; § 44 Abs. 1 BetrVG

Inhaltsübersicht Rn.

1. Versammlungen während der Arbeitszeit

1 **(Abs. 1)** Nach Abs. 1 finden nunmehr alle Personalversammlungen, auch außerordentliche, gemeinsame oder Teilversammlungen grundsätzlich als **Vollversammlung während der Arbeitszeit** statt. Dies trägt dem Grundsatz Rechnung, dass von den Beschäftigten für die Teilnahme an der Personalversammlung als »demokratischem Forum« kein Arbeitszeitopfer verlangt werden darf. Eine Zustimmung der Dienststelle zur Teilnahme an der Personalversammlung während ihrer Arbeitszeit benötigen die Beschäftigten nicht. Die Teilnahme darf ihnen also weder untersagt noch erschwert werden. Eine Rechtspflicht zur Teilnahme der einzelnen Beschäftigten an einer Personalversammlung besteht nicht. Nehmen Beschäftigte an der Personalversammlung, die während der Arbeitszeit stattfindet, nicht teil, sind sie verpflichtet, Dienst zu verrichten. Die Arbeitszeit i. S. v. Abs. 1 ist die in

---

14 Str.; vgl. Altvater-*Kröll*, § 59 Rn. 20; Leuze-*Flintrop*, § 50 Rn. 29; a. A. Rooschüz-*Bader*, § 50 Rn. 21.

der Dienststelle übliche Arbeitszeit. Das ist die Zeit, während der ein nicht unerheblicher Teil der Belegschaft arbeitet. Diese Zeit muss nicht mit der persönlichen Arbeitszeit der einzelnen Beschäftigten übereinstimmen. Das gilt insbesondere bei Personalversammlungen in einem Schichtbetrieb. Hier wird für einen Teil der Beschäftigten die Versammlung außerhalb der Arbeitszeit stattfinden müssen.[1] Damit wird dem Zweck der Personalversammlung, ein Forum zum Informationsaustausch zwischen den Beschäftigten und dem PR zu bieten, besser als nach der bisherigen gesetzlichen Regelung entsprochen.[2] Unter Arbeitszeit ist die dienstübliche Arbeitszeit zu verstehen,[3] bei gleitender Arbeitszeit die Funktionszeit i. S. v. § 12 AzUVO, nicht dagegen die individuelle Arbeitszeit der Beschäftigten. Nur soweit die in der Eigenart der Dienststelle oder ihres Dienstbetriebs liegenden dienstlichen Verhältnisse eine andere Regelung **erzwingen**, können diese Versammlungen außerhalb der (dienstüblichen) Arbeitszeit durchgeführt werden. Wenn das ausnahmsweise auch nicht möglich ist, liegt es im Ermessen des PR, die Personalversammlung außerhalb der Arbeitszeit als Vollversammlung oder während der Arbeitszeit in Form von **Teilversammlungen** einzuberufen (vgl. § 49 Rn. 12 ff.).[4] Wird in der Dienststelle Schichtdienst geleistet oder überschneiden sich täglich die Dienststundenpläne, soll der PR Teilversammlungen abhalten, damit alle Beschäftigten in ihrer Arbeitszeit an der Personalversammlung teilnehmen können. **Störungen** des Dienstbetriebs rechtfertigen für sich allein betrachtet nicht die Ansetzung der Personalversammlung außerhalb der dienstüblichen Arbeitszeit. Denn als gesetzlich vorgesehener Bestandteil des Arbeitslebens führt sie in jeder Dienststelle zu hinzunehmenden Störungen im Betriebsablauf.[5] Einschränkungen in der Aufgabenerfüllung, die zwangsläufig durch das Einberufen der Personalversammlung während der Arbeitszeit eintreten, sind von der Dienststelle grundsätzlich hinzunehmen.[6] Beeinträchtigungen des Dienstbetriebs sind entsprechend des Grundgedankens aus §§ 2 Abs. 1, 68 Abs. 2 S. 1 jedoch auf das Maß des Unvermeidbaren zu beschränken.[7] So sollen z. B. Personalversammlungen im Schulbereich soweit wie möglich in der unterrichtsfreien Arbeitszeit der Lehrer abgehalten werden (vgl. kritisch dazu § 98 Rn. 15).[8] Die im öffentlichen Interesse liegende ununterbrochene

---

1 *BAG* v. 9. 3. 76 – 1 ABR 74/74 –, AP Nr. 3 zu § 44 BetrVG 1972.
2 LT-Dr. 15/4224, S. 116 [zu § 51].
3 Vgl. *BAG* v. 27. 11. 87 – 7 ABR 29/87 –, AP Nr. 7 zu § 44 BetrVG 1972.
4 Altvater-*Kröll*, § 60 Rn. 4.
5 *BVerwG* v. 25. 6. 84 – 6 P 2.83 –, PersV 84, 500.
6 *BVerwG* v. 13. 3. 12 – 6 PB 23.11 –, PersR 12, 280 Ls.
7 *BVerwG* v. 25. 6. 84, a. a. O.
8 *BVerwG* v. 25. 6. 84, a. a. O.; *VGH BW* v. 30. 10. 01 – PL 15 S 526/01 –, PersR 02, 33.

Aufrechterhaltung der Funktionsfähigkeit bestimmter Dienststellen – z. B. von Krankenhäusern, Polizeidienststellen oder Justizvollzugsanstalten – kann es u. U. erforderlich machen, einen **Notdienst** zu organisieren. Die Gefahr einer Betriebsstörung muss objektiv und unausweichlich sein. Der Hinweis auf das allgemeine Interesse an der Aufrechterhaltung des ungestörten Dienstbetriebs reicht nicht aus, um eine Personalversammlung außerhalb der Arbeitszeit stattfinden zu lassen. Eine gewisse zeitliche Beeinträchtigung des Dienstbetriebs muss als unvermeidbar in Kauf genommen werden.[9]

2 Die Wahl des Zeitpunktes der Personalversammlung liegt im **pflichtgemäßen Ermessen des PR**. Er bedarf dazu keiner Einwilligung des Dienststellenleiters. Es entspricht jedoch dem Grundsatz der vertrauensvollen Zusammenarbeit (vgl. § 2 Rn. 4 ff.), sich mit dem Dienststellenleiter zu verständigen. Kommt eine einvernehmliche Lösung nicht zustande, steht dem PR das **Letztentscheidungsrecht** über den Zeitpunkt zu.[10]

2. Keine Minderung der Besoldung/des Arbeitsentgelts

3 Nach Abs. 1 S. 2 hat die Teilnahme an der Personalversammlung **keine Minderung der Besoldung**[11] **oder des Arbeitsentgelts** zur Folge. Das gilt nach h. M. auch für die Zeiten der Hin- und Rückwege, die während der Arbeitszeit zurückzulegen sind.[12] Für den Anspruch auf Fortzahlung der Bezüge gilt wie im Falle des § 43 Abs. 2 S. 1 das **Lohnausfallprinzip** (vgl. § 43 Rn. 5). Beschäftigte, die der Personalversammlung fernbleiben und währenddessen auch keine Arbeitsleistungen erbringen, verlieren insoweit den Anspruch auf Fortzahlung der Bezüge (vgl. § 49 Rn. 8). Damit soll verhindert werden, dass die Beschäftigten wegen ihrer Teilnahme finanzielle Einbußen erleiden. Nehmen Beschäftigte an unzulässigen Personalversammlungen teil, können Maßregelungen irgendwelcher Art nur erfolgen, wenn sie den Umstand der Gesetzwidrigkeit kannten oder hätten kennen müssen. Streiten sich PR und Dienststelle darüber, ob ein bestimmtes Thema zulässig oder unzulässig war, besteht die Pflicht zur Gehalts- bzw. Lohnfortzahlung selbst dann, wenn das Thema unzulässig war.[13]

---

9 *BVerwG* v. 25. 6. 84 – 6 P 2.83 –, PersV 84, 500; v. 13. 3. 12 – 6 PB 23.11 –, juris, Rn. 7.

10 *BVerwG* v. 12. 12. 05 – 6 P 7.05 –, PersR 06, 122; *OVG NW* v. 4. 9. 89 – CL 36/89 –, PersV 93, 28; Altvater-*Kröll*, § 60 Rn. 7.

11 Mit der Ersetzung des Begriffs »Dienstbezüge« durch den Begriff »Besoldung« wird klargestellt, dass damit auch die »sonstigen Bezüge« i. S. d. Landesbesoldungsgesetzes erfasst werden; LT-Dr. 15/4224, S. 116 [zu § 51].

12 Vgl. Leuze-*Flintrop*, § 51 Rn. 12 m. w. N.

13 Vgl. für das BetrVG: *LAG Bremen* 5. 3. 82 – 1 Sa 374/81 –, DB 82,1573.

3. Versammlungen außerhalb der Arbeitszeit

Soweit Personalversammlungen aus dienstlichen Gründen außerhalb der Arbeitszeit stattfinden müssen (vgl. Rn. 1), ist den Teilnehmern nach Abs. 1 S. 3 **Dienstbefreiung** in entsprechendem Umfang zu gewähren. Der Anspruch auf Freizeitausgleich erstreckt sich nicht auf die Wegezeiten.[14] Anspruch auf Dienstbefreiung besteht auch, wenn eine während der Arbeitszeit begonnene Personalversammlung über die dienstübliche Arbeitszeit hinaus fortgesetzt wird oder soweit Beschäftigte außerhalb ihrer individuellen Arbeitszeit an einer in der dienstüblichen Arbeitszeit stattfindenden Personalversammlung teilnehmen.[15] Durch den nunmehr aufgenommenen Verweis auf § 43 Abs. 2 S. 2 ist klargestellt, dass für den Anspruch auf Freizeitausgleich auf die individuelle Arbeitszeit des jeweiligen Beschäftigten abzustellen ist.[16] Das hat insbesondere Bedeutung für in Teilzeit oder im Schichtdienst Beschäftigte. Die Dienststelle kann einen Nachweis über die Teilnahme verlangen. Der die Personalversammlung leitende PR-Vorsitzende ist ggf. zur Anfertigung eines Teilnehmerverzeichnisses und zur Feststellung der Dauer der Versammlung verpflichtet.[17] 4

4. Kostenerstattung und Unfallschutz

(Abs. 2) Die durch die Teilnahme an Personalversammlungen veranlassten Kosten werden in entsprechender **Anwendung des Landesreisekostengesetzes** (LRKG) erstattet. Einer Anordnung oder Genehmigung durch den zuständigen Vorgesetzten bedarf es nicht. Entsprechend § 3 Abs. 1 S. 1 LRKG besteht Anspruch auf **Reisekostenvergütung** i. S. d. § 4 LRKG zur Abgeltung der durch die Teilnahme an der Versammlung veranlassten Mehraufwendungen. Dazu gehört nicht nur die Fahrkostenerstattung, sondern bei Reisen ggf. auch Tage- und Übernachtungsgeld.[18] Da es sich bei Personalversammlungen um dienstliche Veranstaltungen handelt, sind für Beamte die beamtenrechtlichen Unfallfürsorgebestimmungen anzuwenden; Sachschäden sind nach § 80 LBG zu ersetzen (vgl. § 6).[19] Für Arbeitnehmer besteht gesetzlicher Unfallversicherungsschutz nach § 2 Abs. 1, § 8 Abs. 1 SGB VII. Vom Schutz umfasst sind auch Wegeunfälle. 5

---

14 *BVerwG* v. 28.10.82 – 2 C 1.80 –, PersV 85, 162; Rooschüz-*Bader*, § 51 Rn. 3; Altvater-*Kröll*, § 60 Rn. 12.

15 Vgl. *Fischer/Goeres/Gronimus*, § 51 a.F. Rn. 14.

16 LT-Dr. 15/4224, S. 143 Begründung zu Nummer 43 (§ 51).

17 *Fischer/Goeres/Gronimus*, § 51 a.F. Rn. 15.

18 So auch Rooschüz-*Bader*, § 51 Rn. 11; a.A. Leuze-*Flintrop*, § 51 Rn. 22, die übersieht, dass Abs. 2 anders als § 50 Abs. 1 S. 4 BPersVG nicht auf die Erstattung der Fahrkosten beschränkt ist.

19 Rooschüz-*Bader*, § 51 Rn. 12.

5. Streitigkeiten

6 **Streitigkeiten** über die angesetzte Zeit und den Ort der Personalversammlung sind nach § 92 Abs. 1 Nr. 3, Abs. 2 im **personalvertretungsrechtlichen Beschlussverfahren** vor dem Verwaltungsgericht auszutragen (vgl. § 92 Rn. 9). Ansprüche auf ungeminderte Besoldung bzw. Fortzahlung des Entgelts für die ausgefallene Arbeitszeit nach Abs. 1 S. 2 sind vom einzelnen Beamten im **allgemeinen Verfahren** vor dem Verwaltungsgericht bzw. vom einzelnen Arbeitnehmer im Urteilsverfahren vor dem Arbeitsgericht klageweise geltend zu machen. Dasselbe gilt für Dienstbefreiung und Reisekostenvergütung.[20]

§ 52 Angelegenheiten der Personalversammlung

(1) Der Personalrat soll einmal in jedem Kalenderjahr in einer Personalversammlung einen Tätigkeitsbericht erstatten.
(2) Die Personalversammlung kann alle Angelegenheiten behandeln, die die Dienststelle oder ihre Beschäftigten unmittelbar betreffen, insbesondere wirtschaftliche Angelegenheiten, Tarif-, Besoldungs- und Sozialangelegenheiten sowie Fragen der Gleichstellung von Frauen und Männern.
(3) [1]Die Personalversammlung kann dem Personalrat Anträge unterbreiten und zu seinen Beschlüssen Stellung nehmen. [2]In einer gemeinsamen Personalversammlung wird gemeinsam beraten, Anträge und Stellungnahmen an die Personalräte werden jedoch getrennt von den Beschäftigten der jeweiligen Dienststelle beschlossen.
(4) Der Personalrat unterrichtet die Beschäftigten über die Behandlung der Anträge und den Fortgang der in der Personalversammlung behandelten Angelegenheiten.

Vergleichbare Vorschriften:
§ 59 Abs. 1, § 61 Abs. 1 u. 2 BPersVG; § 45 BetrVG

Inhaltsübersicht Rn.

20 Vgl. *BAG* v. 5. 5. 87 – 1 AZR 292/85 –, AP Nr. 44 zu § 44 BetrVG 1972; Altvater-*Kröll*, § 60 Rn. 18; Richardi-*Weber*, § 50 a. F. Rn. 59.

1. Einberufung – Tätigkeitsbericht

(Abs. 1) Die noch in § 50 Abs. 1 a. F. enthaltene Pflicht des PR, mindestens einmal im Kalenderjahr einen Tätigkeitsbericht zu erstatten, ist nunmehr als Soll-Bestimmung ausgestaltet. Damit soll eine zeitlich flexiblere Handhabung von Personalversammlungen erreicht werden, ohne strikt an das Kalenderjahr oder Kalenderhalbjahr gebunden zu sein.[1] Daraus folgt gleichzeitig, dass der PR **nicht mehr einmal in jedem Kalenderjahr** eine Personalversammlung einberufen muss, auf der er seinen Tätigkeitsbericht zu erstatten hat. Hat allerdings im vorhergegangenen Kalenderjahr weder eine Personalversammlung noch eine Teilversammlung stattgefunden, muss der PR auf Antrag einer in der Dienststelle vertretenen Gewerkschaft binnen drei Wochen nach Antragstellung zwingend eine Personalversammlung einberufen und durchführen (vgl. § 50 Rn. 8), auf der er den Tätigkeitsbericht erstatten muss. 1

Ungeachtet dessen ist der PR allerdings an die Soll-Vorschrift im Regelfall gebunden.[2] Er darf von ihr nur dann abweichen, wenn dafür besondere Gründe vorliegen.[3] 2

Die Personalversammlung nach Abs. 1 dient vorrangig der Erstattung des **Tätigkeitsberichts**. Form und Inhalt dieses Berichts sind mindestens in den Grundzügen vom PR zu **beschließen**.[4] Der Tätigkeitsbericht wird i. d. R. vom PR-Vorsitzenden **vorgetragen**. Der PR kann damit aber auch eines oder mehrere seiner Mitglieder beauftragen. Im Tätigkeitsbericht ist die Arbeit des PR **im Überblick vollständig** wiederzugeben. Insbesondere sind die Beteiligungsangelegenheiten, mit denen er befasst war, ausführlich darzustellen. Über die Bearbeitung der Anregungen und Anträge vorangegangener Personalversammlungen ist zu informieren. Über Maßnahmen der Dienststelle und des PR zu Fragen der Gleichstellung von Mann und Frau sowie der Vereinbarkeit von Familie und Beruf ist zu berichten. Im Tätigkeitsbericht sollen das Verhältnis des PR zur Dienststelle und Meinungsverschiedenheiten mit dem Dienststellenleiter aufgezeigt werden.[5] Sachliche Kritik an Maßnahmen der Dienststelle kann auch mit angemessener Schärfe vorgebracht werden; Beleidigungen haben aber zu unterbleiben.[6] Zum Tätigkeitsbericht gehört auch ein Überblick über die Zusammenarbeit mit den in der Dienststelle vertretenen Gewerkschaften sowie mit den Stufenver- 3

---

1 LT-Dr. 15/4224, S. 117 [zu § 52].

2 Leuze-*Flintrop*, § 52 Rn. 4.

3 Vgl. *Kopp/Ramsauer*, § 40 Rn. 44.

4 *BVerfG* v. 26. 5. 70 – 2 BvR 311/67 –, PersV 70, 260; *BVerwG* v. 8. 10. 75 – VII P 16.75 –, PersV 76, 420; Altvater-*Kröll*, § 59 Rn. 6.

5 *Roggenkamp*, PersR 08, 262, 264.

6 *BDiG* v. 17. 8. 93 – VI BK 8/93 –, PersR 94, 28; *HessVGH* v. 23. 10. 03 – 21 TK 3422/02 –, PersR 04, 155.

tretungen und dem GPR. Bei der Erstattung des Tätigkeitsberichts hat der PR die in § 7 geregelte **Schweigepflicht** (vgl. § 7 Rn. 20, 23 f.) zu beachten, ebenso die nach § 49 Abs. 5 auch für die Personalversammlung geltenden Vorschriften des § 68 Abs. 2 über die **Friedenspflicht** und die des § 69 Abs. 1 S. 3 über das **Verbot parteipolitischer Betätigung** (vgl. § 49 Rn. 16 ff.; § 68 Rn. 9 ff.; § 69 Rn. 17 ff.). Meinungsverschiedenheiten mit der Dienststelle und die Zusammenarbeit des PR mit der Dienststelle und der in der Dienststelle vertretenen Gewerkschaften sollten dargestellt werden, da für die Beschäftigten erkennbar sein muss, welche Position der PR in bestimmten Angelegenheiten eingenommen hat.[7]

4 Nach Erstattung des Tätigkeitsberichts ist den Teilnehmern an der Personalversammlung ausreichend Gelegenheit zu Rückfragen, zu Stellungnahmen und zur **Diskussion** einzuräumen. Eine **schriftliche Vorlage** des Berichts fördert die Aussprache darüber. Erläuterungen und Ergänzungen können nur verweigert werden, wenn dadurch die Schweigepflicht verletzt würde oder wenn dazu eine vorherige Klärung innerhalb des PR erforderlich wäre. Der Tätigkeitsbereicht ist allerdings kein Rechenschaftsbericht. Der PR ist den Beschäftigten keine »Rechenschaft« schuldig. Eine **Entlastung** des PR kommt deshalb nicht in Betracht.[8] Eine Abstimmung über den Tätigkeitsbericht ist weder vorgesehen noch hätte sie irgendeine rechtliche Bedeutung.[9]

5 Der Tätigkeitsbericht ist nicht alleiniger Gegenstand der Personalversammlung. Der PR kann – und muss ggf. auf Antrag der dazu Berechtigten – **weitere Punkte** in die Tagesordnung aufnehmen, die im Übrigen auch von der Personalversammlung selbst erweitert werden kann (vgl. § 53 Rn. 13).

6 Die Personalversammlung ist ein **dienststelleninternes Forum der Information und Aussprache**, auf dem die Beschäftigten ihre Meinung äußern und durch Beschlüsse zum Ausdruck bringen können (vgl. auch § 49 Rn. 1).[10] Sie ist aber kein dem PR übergeordnetes »Dienststellenparlament«. Sie hat deshalb keine rechtliche Möglichkeit, den PR zu einem bestimmten Handeln oder Unterlassen zu verpflichten, ihn oder eines seiner Mitglieder abzuberufen oder durch ein Misstrauensvotum zum Rücktritt zu zwingen. Nach Abs. 3 S. 1 kann sie dem PR jedoch Anträge unterbreiten und zu seinen Beschlüssen Stellung nehmen. Die Beschäftigten haben ein Recht zur Aussprache über den Tätigkeitsbericht. Der PR muss sich auch Rückfragen- und Ergänzungswünschen der Beschäftigten stellen. Es besteht Anspruch auf Beantwortung.[11]

---

7 Altvater-*Kröll*, § 59 Rn. 7.

8 *BVerwG* v. 24. 10. 75 – VII P 11.73 –, PersV 76, 422.

9 *Jordan*, PersR 10/19, 15.

10 *BVerwG* v. 12. 12. 05 – 6 P 7/05 –, PersR 06, 122; Altvater-*Kröll*, vor § 57 Rn. 1.

11 *Ilbertz*, § 59 Rn. 11 m. w. N.

2. Themen der Personalversammlung

7 (**Abs. 2**) Der Hauptzweck der Personalversammlung besteht darin, den **Tätigkeitsbericht** des PR entgegenzunehmen und zu diskutieren sowie dazu Anträge und Stellungnahmen zu beschließen (vgl. Rn. 3 f.). Darüber hinaus dürfen alle **Angelegenheiten** behandelt werden, **die die Dienststelle oder ihre Beschäftigten unmittelbar betreffen**. Angelegenheiten, die die Beschäftigten der Dienststelle unmittelbar angehen, sind v. a. solche, die ihre dienst- oder arbeitsrechtliche Stellung zur Dienststelle, ihre Rechtsstellung gegenüber dem Dienstherrn bzw. Arbeitgeber oder ihre Beschäftigungs- und Arbeitsbedingungen betreffen. Angelegenheiten, die die Dienststelle (aber nicht unbedingt ihre Beschäftigten) unmittelbar betreffen, liegen insbesondere vor, wenn es um deren Aufgabenstellung oder Organisation geht. Da die Personalversammlung als Organ des PersVR ebenso wie der PR der Interessenvertretung der Beschäftigten dient (vgl. § 1 Rn. 22, § 2 Rn. 2), gehören allerdings immer nur solche Gegenstände zu den Angelegenheiten i. S. d. Abs. 2, von denen die Beschäftigten nicht wie jeder Dritte, sondern gerade in ihrer **besonderen Eigenschaft** als Beschäftigte des öffentlichen Dienstes betroffen sind. Dagegen ist es nicht erforderlich, dass die Angelegenheiten einen (unmittelbaren) Bezug zur Aufgabenstellung des PR aufweisen oder das Verhältnis zwischen Beschäftigten und Dienstherrn bzw. Arbeitgeber betreffen.[12]

8 Insbesondere können die in Abs. 2 beispielhaft genannten **wirtschaftlichen, Tarif-, Besoldungs- und Sozialangelegenheiten sowie Fragen der Gleichstellung von Frauen und Männern** behandelt werden. Unter den ausdrücklich in den Themenkatalog aufgenommenen »wirtschaftlichen Angelegenheiten« sind die in § 72 Abs. 3 aufgeführten Angelegenheiten zu verstehen. Dabei dürfen nicht nur bestehende Regelungen – z. B. die Anwendung neuer Tarifverträge, Besoldungsvorschriften oder sozialversicherungsrechtlicher Bestimmungen – angesprochen werden, sondern auch beabsichtigte wirtschaftliche Maßnahmen der Dienststelle oder gesetzliche Regelungen, etwa der Stand von Tarifverhandlungen oder von Gesetzesvorhaben, die sich in der parlamentarischen Beratung befinden.[13] Der erforderliche unmittelbare Bezug zur Dienststelle oder zu ihren Beschäftigten liegt dabei vor, wenn dienststellenübergreifende Vorhaben sich **auch** auf sie auswirken.[14] Entgegen verbreiteter Ansicht[15] ist nur die Behandlung von allgemeinpolitischen Fragen, nicht jedoch die **von tarif-, besoldungs- oder sozialpolitischen**

---

12 Altvater-*Kröll*, § 61 Rn. 4 a. E.; enger aber die h. M.; vgl. *BVerwG* v. 18. 6. 91 – 6 P 3.90 –, PersR 91, 341; *Fischer/Goeres/Gronimus*, § 51 Rn. 11 m. w. N.

13 Vgl. *BVerwG* v. 10. 3. 95 – 6 P 15.93 –, PersR 95, 489.

14 *BVerwG* v. 18. 6. 91, a. a. O.; *Baden*, PersR 09, 348, 351; str.

15 Vgl. Leuze-*Flintrop*, § 52 Rn. 16, 21 m. w. N.

Angelegenheiten ausgeschlossen.[16] Besondere Bedeutung kommt auch den beispielhaft aufgeführten Fragen der **Gleichstellung von Frau und Mann** zu (vgl. § 70 Rn. 25).[17] Halten sich die Themen nicht im zulässigen Rahmen der Personalversammlung, sind sie unzulässig. Der PR muss hierauf achten und ggf. die Diskussion darüber unterbinden.

9 Da die Personalversammlung vorrangig ein Austauschforum zwischen Beschäftigten und PR ist, gibt es keine Themen, die obligatorisch zu behandeln sind.[18]

9a Nach § 49 Abs. 5 gelten zwar die Vorschriften des § 68 Abs. 2 über die **Friedenspflicht** (vgl. § 68 Rn. 9 ff.) entsprechend. Das schließt nicht aus, dass vom PR oder vom Dienststellenleiter zu verantwortende **Missstände** zur Sprache gebracht werden. Die Teilnehmer der Personalversammlung sind berechtigt, auch dazu ihre Meinung **frei zu äußern**. Ihre Kritik darf jedoch nicht unsachlich oder ehrverletzend sein.[19] Kritik am Verhalten des Dienststellenleiters darf allerdings nicht durch förmliche »Missbilligungsbeschlüsse« zum Ausdruck gebracht werden.[20] Die Beschäftigten können auch die Personen kritisieren, die für die Missstände verantwortlich sind. Auswirkungen eines Arbeitskampfes auf die Dienststelle dürfen Diskussionsgegenstand in einer Personalversammlung sein, soweit die Diskussion die Arbeit und den Frieden in der Dienststelle nicht gefährden. Konkrete Arbeitskampfmaßnahmen dürfen in der Personalversammlung allerdings nicht beschlossen werden.

10 Nach § 49 Abs. 5 ist auch das in § 69 Abs. 1 S. 3 geregelte **Verbot parteipolitischer Betätigung** (vgl. § 69 Rn. 17 ff.) zu beachten. Durch § 69 Abs. 1 S. 3 Hs. 2 ist allerdings klargestellt, dass die Behandlung von Tarif-, Besoldungs- und Sozialangelegenheiten hierdurch nicht berührt wird. Betreffen solche Angelegenheiten die Dienststelle oder ihre Beschäftigten unmittelbar, dürfen sie auch dann in der Personalversammlung behandelt werden, wenn sie parteipolitisch gefärbt sind (ferner § 49 Rn. 17).[21] Eine unzulässige parteipolitische Betätigung soll vorliegen, wenn im Wahlkampf ein Spitzenpoli-

---

16 Vgl. Altvater-*Kröll*, § 61 Rn. 5 m. w. N.; vgl. auch *Baden*, PersR 09, 348, 351.

17 Vgl. *Jochmann-Döll*, PersR 12/17 Heft 12.

18 LT-Dr. 15/4224, S. 117 [zu § 52].

19 *BAG* v. 22. 10. 64 – 2 AZR 479/63 –, AP Nr. 4 zu § 1 KSchG Verhaltensbedingte Kündigung, u. v. 15. 1. 86 – 5 AZR 460/84 –, AiB 89, 209 Ls.; zur Meinungsfreiheit im Arbeitsverhältnis allg.: *BAG* v. 12. 1. 06 – 2 AZR 21/05 –, AP Nr. 19 zu Art. 5 GG Meinungsfreiheit.

20 *OVG NW* v. 19. 3. 79 – CL 21/78 –, ZBR 80, 131.

21 Vgl. aber *BVerwG* v. 10. 3. 95 – 6 P 15.93 –, PersR 95, 489, zur Hinzuziehung von Parlamentsabgeordneten.

tiker in seinem Wahlkreis im Rahmen seiner Wahlkampfstrategie ein Referat zu sozialpolitischen Fragen auf einer Personalversammlung hält.[22]

Der Versammlungsleiter (i. d. R. der PR-Vorsitzende) hat darauf zu achten, 11 dass der durch § 52 vorgegebene gesetzliche Rahmen der Personalversammlung eingehalten wird. Er hat die **Behandlung unzulässiger Themen zu unterbinden.** Er muss Teilnehmern, die das nicht beachten, das Wort entziehen und sie ggf. unter Berufung auf sein Hausrecht aus der Personalversammlung verweisen (vgl. § 50 Rn. 5).[23]

3. Anträge und Stellungnahmen

(Abs. 3) Anträge der Personalversammlung nach Abs. 3 S. 1 können sich 12 auf alle Angelegenheiten beziehen, die zu den **Aufgaben und Befugnissen des PR** oder einer anderen (auch) für die Dienststelle zuständigen Personalvertretung gehören. Ist nach § 91 eine **andere Personalvertretung** (BPR, HPR oder GPR) zuständig, hat der PR den Antrag an die zuständige Stufenvertretung oder den GPR weiterzuleiten. **Stellungnahmen** der Personalversammlung können sich auf die vom PR gefassten **Beschlüsse** sowie alle seine **Handlungen** und **Unterlassungen** beziehen.[24] Sie können Bewertungen enthalten und mit Anträgen verknüpft sein. Jede einzelne Dienstkraft kann einen Antrag stellen.[25] Anträge und Stellungnahmen, die seine Zuständigkeit betreffen, darf der PR trotz ihrer rechtlichen Unverbindlichkeit **nicht ignorieren**. Er muss vielmehr nach pflichtgemäßem Ermessen prüfen und entscheiden, ob und ggf. welche Folgerungen er daraus ziehen will. Die Anträge und Stellungnahmen binden den PR zwar nicht. Er hat sich aber im Rahmen seiner Arbeit und Zuständigkeit mit ihnen zu befassen, eine Entscheidung über den weiteren Umgang mit dem Anliegen zu treffen und dies den Beschäftigten mitzuteilen. Das Ignorieren von Voten der Personalversammlung ist pflichtwidrig.[26]

Anträge und Stellungnahmen sind Willenserklärungen der Personalver- 13 sammlung, die durch **Beschluss** zustande kommen. **Antrags- und abstimmungsberechtigt** sind alle zu ihrem Teilnehmerkreis gehörenden Beschäftigten der Dienststelle (vgl. § 49 Rn. 5) mit Ausnahme des Dienststellenleiters (str.; vgl. § 53 Rn. 16). **Beschlussfähig** ist die (ordnungsgemäß einberufene) Personalversammlung unabhängig von der Zahl der anwesenden Beschäftigten. Die Beschlüsse werden mit der **Mehrheit der abgegebe-**

---

22 *BAG* v. 13.9.77 – 1 ABR 67/75 –, AP Nr. 1 zu § 42 BetrVG; krit. dazu nach unserer Auffassung zu Recht DKW-*Berg*, § 45 Rn. 20.

23 Näher dazu Altvater-*Kröll*, § 51 a. F. Rn. 7.

24 Vgl. DKW-*Berg*, § 45 Rn. 25.

25 Vgl. *Fitting*, § 45 Rn. 33 ff.

26 So Lorenzen-*Hebeler*, § 51 a. F. Rn. 9.

nen Stimmen gefasst, wobei Stimmenthaltungen nicht mitzählen.[27] Weitere Befugnisse hat die Personalversammlung nicht. Sie kann weder sich selbst konstituieren, noch ihre Beratungsgegenstände selbst bestimmen. Die Personalversammlung kann auch nicht »an Stelle« des PR handeln.

14 **Abs. 3 S. 2** enthält einen gemeinsame Personalversammlungen betreffenden Zusatz. Danach ist in einer gemeinsamen Personalversammlung zwar die gemeinsame Beratung von Angelegenheiten zulässig. **Anträge an den PR** müssen jedoch **getrennt** von den Beschäftigten einer Dienststelle **beschlossen** und an den jeweils zuständigen PR gerichtet werden. Für Stellungnahmen der Personalversammlung zu Beschlüssen der PR der einzelnen Dienststellen gilt Entsprechendes.[28]

15 **(Abs. 4)** Der eingefügte Absatz soll die Rechte und das Informationsbedürfnis der Beschäftigten stärken. Deshalb schreibt er die **Pflicht des PR zur Unterrichtung** der Beschäftigten über die Behandlung der Anträge und den Fortgang der in der Personalversammlung behandelten Angelegenheiten vor. Wann und wie die Unterrichtung erfolgt, bleibt dem PR überlassen. Jedoch wird die Information spätestens in der folgenden Personalversammlung erfolgen müssen, zumindest in Form einer Unterrichtung über den Sachstand.[29]

§ 53 Nichtöffentlichkeit der Personalversammlung, Teilnahmerechte

(1) Die Personalversammlung ist nicht öffentlich.

(2) [1]An der Personalversammlung können mit beratender Stimme teilnehmen:

1. **je ein Beauftragter der in der Dienststelle vertretenen Gewerkschaften,**
2. **ein Beauftragter der Arbeitgebervereinigung, der die Dienststelle angehört,**
3. **ein beauftragtes Mitglied der Stufenvertretung,**
4. **ein Beauftragter der Dienststelle, bei der die Stufenvertretung besteht,**
5. **ein beauftragtes Mitglied des Gesamtpersonalrats,**
6. **die Schwerbehindertenvertretung,**
7. **ein beauftragtes Mitglied der Jugend- und Auszubildendenvertretung.**

[2]Der Vorsitzende des Personalrats hat die Einberufung der Personalversammlung den Teilnahmeberechtigten mitzuteilen. [3]Die Teilnahme-

---

27 Vgl. Altvater-*Kröll*, § 61 Rn. 14 m. w. N.; a. A. Rooschüz-*Bader*, § 52 Rn. 10, Leuze-*Flintrop*, § 52 Rn. 25: einfache Mehrheit der Anwesenden.

28 LT-Dr. 15/4224, S. 117 [zu § 52]; Rooschüz-*Bader*, § 52 Rn. 11.

29 LT-Dr. 15/4224, S. 117 [zu § 52]; Rooschüz-*Bader*, § 52 Rn. 12.

berechtigten können Änderungen oder Ergänzungen der Tagesordnung beantragen.

(3) [1]Der Personalrat kann der Personalversammlung vorschlagen, dass Beauftragte nach Absatz 2 Satz 1 Nummer 1 und 2 an der Personalversammlung nicht teilnehmen sollen. [2]Über den Ausschluss entscheidet die Personalversammlung mit der Mehrheit der Stimmen der anwesenden Beschäftigten.

(4) [1]Der Leiter der Dienststelle kann an den Personalversammlungen teilnehmen. [2]An den Personalversammlungen, die auf seinen Wunsch einberufen worden sind oder zu denen er ausdrücklich eingeladen worden ist, hat er teilzunehmen. [3]Er kann einen Vertreter der Arbeitgebervereinigung, der die Dienststelle angehört, hinzuziehen; in diesem Fall kann auch je ein Beauftragter der in der Dienststelle vertretenen Gewerkschaften an der Personalversammlung teilnehmen. [4]Der Leiter der Dienststelle kann sich durch einen Beauftragten in der Personalversammlung vertreten lassen, sofern die Personalversammlung nicht auf seinen Wunsch einberufen worden ist.

Vergleichbare Vorschriften:
§ 58 BPersVG; §§ 42 Abs. 1 S. 2, 43 Abs. 2, 46 BetrVG

Inhaltsübersicht Rn.

1. Nichtöffentlichkeit

(Abs. 1) Die Regelung entspricht inhaltlich § 49 Abs. 1 S. 3 a. F. Die Personalversammlung ist **nicht öffentlich**. Sie hat den Charakter einer dienstinternen Veranstaltung und ist nicht für jedermann zugänglich. Dies dient besonders dem Schutz der freien Aussprache. Sie wird zur öffentlichen Versammlung und verliert dadurch ihre Funktion, wenn der Teilnehmerkreis unbestimmt bleibt, insbesondere wenn sie für jedermann zugänglich wäre. Durch das Gebot der Nichtöffentlichkeit sollen sachfremde Einflüsse von der Personalversammlung ferngehalten werden.[1] Auch ist die Personalversammlung 1

1 Fischer-*Gronimus*, § 58 Rn. 15 ff.

vorrangig ein internes Diskussionsforum.[2] Die Teilnehmer sollen ihre gesetzlichen Möglichkeiten unbeeinflusst wahrnehmen können.[3] Außer dem in Abs. 1 S. 1 aufgeführten Kreis der Beschäftigten steht dem Dienststellenleiter, den Beauftragten der in der Dienststelle vertretenen Gewerkschaften und den übrigen in § 53 genannten Personen ein Teilnahmerecht zu. Die Teilnahme weiterer Personen ist nur zulässig, soweit dafür ein sachlicher Grund besteht. **Sachverständige** oder **Auskunftspersonen** können aufgrund eines ordnungsgemäß zustande gekommenen Beschlusses des PR eingeladen werden, wenn deren Anwesenheit im Rahmen der gesetzlichen Zuständigkeit der Personalversammlung (vgl. § 52) sachdienlich erscheint und wenn der innerdienstliche Charakter der Personalversammlung dadurch nicht in Frage gestellt wird.[4] Dienststellenfremde Sachverständige dürfen vom PR jedenfalls dann eingeladen werden, wenn der PR nicht ausreichend über eigene Sachkunde verfügt.[5] Ein **dienststellenfremder Referent** soll allerdings nur dann hinzugezogen werden dürfen, wenn auch kein dienststelleninterner Teilnehmer bereit und in der Lage ist, der Personalversammlung die zu einer sachgerechten Erörterung des Beratungsgegenstandes erforderlichen Informationen zu vermitteln.[6] Außerdem soll es unzulässig sein, wenn der PR – zumal in Wahlkampfzeiten – **Parlamentsabgeordnete** verschiedener politischer Parteien zur Behandlung besoldungs- und sozialpolitischer Fragen hinzuzieht, ohne gleichzeitig sicherzustellen, dass eine ausschließlich sachbezogene Information der Beschäftigten aus aktuellem, gewichtigem Anlass und zu sie konkret und erheblich betreffenden Fragen gewährleistet wird.[7] Die Anwesenheit Externer ist nur für den Zeitraum der Behandlung des jeweiligen Themas, zu dem sie herangezogen werden, zulässig.[8] Die Nichtöffentlichkeit schließt die Anwesenheit von Pressevertretern aus. Das Gebot der Nichtöffentlichkeit der Personalversammlung hat aber keine generelle Verschwiegenheitspflicht der Teilnehmer über deren Ablauf oder Inhalt zu Folge. Einer solchen Verpflichtung unterliegen nach allgemeinen arbeitsrechtlichen Grundsätzen nur solche Informationen, die nach Gesetz oder Bestimmung durch den Arbeitgeber geheimbedürftig

---

2 *BVerwG* v. 6.9.84 – 6 P 17.82 –, PersR 85, 44 = NJW 85, 2843.

3 Altvater-*Kröll*, § 58 Rn. 2 m. w. N.

4 Vgl. *BVerwG* v. 6.9.84 – 6 P 17.82 –, PersR 85, 44, v. 8.11.89 – 6 P 7.87 –, PersR 90, 102, v. 18.6.91 – 6 P 3.90 –, PersR 91, 341, u. v. 10.3.95 – 6 P 15.93 –, PersR 95, 489.

5 *Noll*, PersR 12, 436, 438.

6 *BVerwG* v. 18.6.91, a. a. O.; krit. dazu Altvater-*Kröll*, § 58 Rn. 5; zu eng: Leuze-*Flintrop*, § 53 Rn. 7, der selbst die einschränkende Rspr. des *BVerwG* noch zu weit geht.

7 *BVerwG* v. 10.3.95, a. a. O.

8 *BVerwG* v. 6.9.84 – 6 P 17.82 –, PersR 85, 44 ff.

sind. Deshalb ist grundsätzlich eine nachträgliche Unterrichtung der Presse durch den PR zulässig.[9]

Tonbandaufnahmen oder **Aufzeichnungen auf Bildträger** sind nur ausnahmsweise nach vorheriger Ankündigung und mit dem Einverständnis des Versammlungsleiters sowie derjenigen zulässig, die gefilmt oder deren Wortbeiträge aufgenommen werden sollen.[10] Die Persönlichkeitsrechte der Beschäftigten und damit das Recht auf informationelle Selbstbestimmung sind zu beachten. Unbefugte Aufzeichnungen sind nach § 201 StGB strafbar.[11] Die Anfertigung von **Wortprotokollen durch den Dienststellenleiter** ist unzulässig, es sei denn, **alle** Versammlungsteilnehmer hätten einem solchen Ansinnen vorab zugestimmt.[12] Durch das Führen solcher Protokolle wird nämlich das Recht auf freie Meinungsäußerung in unzulässiger Weise beeinträchtigt. Das Gleiche gilt für die vom Dienststellenleiter vorgenommene **stichwortartige Protokollierung** von Wortbeiträgen einzelner Beschäftigter.[13] Der PR hat die etwa erstellten Ton- und Bilddokumente sorgfältig aufzubewahren. Weder die Dienststelle noch andere dürfen Zugriff auf diese Dokumente haben. Sie sind nach angemessener Zeit – alsbald – zu vernichten. 2

2. Teilnahme von Gewerkschaften und Arbeitgebervereinigung

(Abs. 2) Nach Abs. 2 S. 1 Nr. 1 sind alle in der Dienststelle vertretenen **Gewerkschaften** (vgl. § 2 Rn. 7) berechtigt, Beauftragte mit beratender Stimme in die Personalversammlung zu entsenden. Das Teilnahmerecht bezieht sich auf sämtliche in § 50 aufgeführten Personalversammlungen, seien es Vollversammlungen nach § 49 Abs. 1, Teilversammlungen nach § 49 Abs. 2 oder getrennte Versammlungen i. S. v. § 49 Abs. 3. Jede Gewerkschaft kann **nur einen Beauftragten** entsenden. Die **Auswahl** der Personen obliegt allein ihr (z. B. Tarifspezialisten, Betriebswirte, Juristen). Ggf. müssen sie dem Personalratsvorsitzenden ihre Benennung durch die Gewerkschaft nachweisen.[14] 3

Gehört die Dienststelle einer **Arbeitgebervereinigung** an (vgl. § 2 Rn. 7), ist nach Abs. 2. Nr. 2 auch ein Beauftragter dieser Organisation teilnahmeberechtigt. Damit ist den Koalitionen ein **eigenständiges Recht** zur Teilnahme eingeräumt. 4

---

9 Richardi-*Weber*, § 48 a. F. Rn. 43.

10 I. E. str.; vgl. Altvater-*Kröll*, § 58 Rn. 7 m. w. N.; krit. Leuze-*Flintrop*, § 53 Rn. 8.

11 *LAG München* v. 15. 11. 77 – 5 TaBV 34/77 –, DB 78, 894.

12 Vgl. DKW-*Berg*, § 42 Rn. 26 m. w. N.; *Zieger*, PersR 96, 268.

13 Vgl. DKW-*Berg*, a. a. O.

14 Vgl. *Germelmann/Binkert/Germelmann*, § 46 Rn. 10.

5 Im Unterschied zu den vergleichbaren Regelungen im BPersVG und in den anderen LPersVG kann der PR der Personalversammlung aber vorschlagen, dass die Beauftragten der Gewerkschaften und der Arbeitgebervereinigung nicht teilnehmen sollen (vgl. Rn. 14).

3. Teilnahme der Stufenvertretungen

6 Nach **S. 1 Nr. 2–5** können ein beauftragtes Mitglied der Stufenvertretung oder des GPR sowie ein Beauftragter der Dienststelle, bei der die Stufenvertretung gebildet ist, an der Personalversammlung teilnehmen. Die Errichtung von Stufenvertretungen ist die Folge des hierarchischen Aufbaus der Landesverwaltung.[15] Wenn die Vorschrift von der Teilnahme eines Mitglieds der **Stufenvertretung** spricht, ist nach der Rspr. nur die Stufenvertretung gemeint, die bei der **nächsthöheren Dienststelle** besteht. Dies ist i. d. R. der BPR. Daraus folgt umgekehrt, dass die übernächsten Stufenvertretungen, i. d. R. die HPR, nicht berechtigt sind, Beauftragte zu Personalversammlungen von Dienststellen der unteren Verwaltungsstufe zu entsenden. Ein Recht auf Teilnahme an den Personalversammlungen der eigenen Dienststelle oder der Dienststellen der unteren Verwaltungsstufe besteht für die Mitglieder der Stufenvertretungen nicht.[16] In den zum Wahlbereich eines **GPR** gehörenden Dienststellen (vgl. § 54 Rn. 1 f.) sind ein Mitglied des GPR und ein Mitglied der Stufenvertretung nebeneinander teilnahmeberechtigt.[17] Teilnahmeberechtigt ist auch ein Beauftragter der (nächsthöheren) **Dienststelle, bei der die** (teilnahmeberechtigte) **Stufenvertretung gebildet ist**, nicht aber ein Beauftragter der Gesamtdienststelle.[18] Das Gesetz beschränkt mit der Formulierung »ein beauftragtes Mitglied« das Teilnahmerecht auf jeweils ein Mitglied der entsendungsberechtigten Stufenvertretungen und des GPR sowie nur eines Beauftragten der Dienststellen, bei denen Stufenvertretungen bestehen.[19]

7 Die bislang in § 53 Abs. 3 a. F.[20] geregelten Teilnahmerechte der Schwerbehindertenvertretung und des beauftragten Mitglieds der JAV sind nunmehr

---

15 Vgl. *BVerwG* v. 18. 10. 78 – 6 P 7.78 –, PersV 1979, 500.

16 *BVerwG* v. 18. 3. 81 – 6 P 85.78 –, PersV 82, 237; *VGH BW* v. 15. 10. 91 – 15 S 388/91 –, PersV 92, 357 = PersR 93, 95 (Ls.).

17 Vgl. *BVerwG* v. 30. 7. 10 – 6 P 11.09 –, PersR 10, 400; *OVG NW* v. 10. 6. 94 – 1 A 941/91.PVB –, PersR 96, 27; Altvater-*Kröll*, § 58 Rn. 19; Rooschüz-*Bader*, § 53 Rn. 14.

18 Str.; vgl. Altvater-*Kröll*, § 58 Rn. 209 m. w. N.; a. A. Richardi-*Weber*, § 52 a. F. Rn. 24.

19 Vgl. Altvater-*Kröll*, § 58 Rn. 19 u. 20.

20 Eingefügt durch das ÄndG 1995.

ohne inhaltliche Änderung als Nr. 6 und 7 in den Abs. 2 S. 1 übernommen worden.

Die besondere **Bedeutung** der Nr. 6 liegt v. a. darin, dass nicht alle von der Schwerbehindertenvertretung vertretenen und zu ihnen wahlberechtigten Personen zugleich Beschäftigte i. S. d. LPVG sind und damit auch nicht ausnahmslos zu dem in § 49 Abs. 1 S. 1 festgelegten Teilnehmerkreis der Personalversammlung gehören. Das gilt z. B. für schwerbehinderte Rehabilitanden (vgl. § 4 Rn. 18).[21] Das der Schwerbehindertenvertretung zustehende Teilnahmerecht wird grundsätzlich von der **Vertrauensperson** der schwerbehinderten Menschen wahrgenommen, im Falle der Verhinderung durch ein **stellvertretendes Mitglied** (§ 177 Abs. 1 S. 1 SGB IX). Der Vertrauensperson der schwerbehinderten Menschen ist vom Versammlungsleiter ohne besondere Aufforderung das Wort zu erteilen. **8**

Für die JAV hat die Regelung der Nr. 7 eher **deklaratorische Bedeutung**, da die Beschäftigten i. S. v. § 59 ohnehin wie alle anderen Beschäftigten auch an der Personalversammlung teilnehmen können. Die Restbedeutung der Vorschrift dürfte darin bestehen, dass das beauftragte Mitglied der JAV nicht als Beschäftigter, sondern sich für die JAV als besonderes Organ der Personalverfassung zu Wort melden kann.[22] Die **JAV** bestimmt durch Beschluss (vgl. § 63 Rn. 11), welches Mitglied sie als **Beauftragte** in die Personalversammlung entsendet. Dem Beauftragten der JAV ist vom Versammlungsleiter ohne besondere Aufforderung das Wort zu erteilen. **9**

Nach **Abs. 2 S. 2** hat der PR nunmehr ausnahmslos die Einberufung der Personalversammlung nicht nur den in S. 2 Nr. 1 u. 2 genannten Gewerkschaften und den Arbeitgebervereinigungen mitzuteilen, sondern allen nach S. 2 Teilnahmeberechtigten. Die **Mitteilungspflicht** obliegt dem Vorstand des PR und wird dadurch erfüllt, dass der PR-Vorsitzende die Teilnahmeberechtigten über Zeit, Tagesordnung und Ort der Personalversammlung rechtzeitig schriftlich informiert.[23] Diese Pflicht besteht auch dann, wenn der PR vorschlagen will, dass die nach Nr. 1 u. 2 teilnahmeberechtigten Beauftragten ausgeschlossen werden sollen. Auf das Vorhaben soll hingewiesen werden. **10**

Damit die Beauftragten der nach Abs. 1 S. 1 entsendeberechtigten Organisationen an der Personalversammlung teilnehmen können, muss ihnen der Dienststellenleiter den ungehinderten **Zutritt zur Dienststelle** gestatten. Dies ergibt sich unmittelbar aus Abs. 1 S. 1, der hinsichtlich der Gewerkschaften gegenüber § 2 Abs. 2 eine Sonderregelung enthält (vgl. § 2 Rn. 11). **11**

---

21 *BAG* v. 27.6.01 – 7 ABR 50/99 –, AP Nr. 2 zu § 24 SchwbG 1986.

22 Rooschüz-*Bader*, § 53 Rn. 16.

23 Vgl. Leuze-*Flintrop*, § 53 Rn. 27.

12 Über die **Entsendung** eines ihrer Mitglieder hat die Stufenvertretung bzw. der GPR in jedem Einzelfall durch Beschluss des Plenums zu entscheiden.[24] Auch wenn die Stufenvertretung kein Mitglied entsendet, bleibt es beim Teilnahmerecht eines Beauftragten der Dienststelle, bei der die Stufenvertretung besteht. Der PR-Vorsitzende hat die Stufenvertretung und die Dienststelle, bei der die Stufenvertretung besteht sowie ggf. den GPR über Zeit, Tagesordnung und Ort der Personalversammlung rechtzeitig schriftlich zu **informieren**.

4. Beratendes Stimmrecht für alle Teilnahmeberechtigten

13 **Alle Teilnahmeberechtigten** nehmen nunmehr an der Personalversammlung **mit beratender Stimme** teil. Die in der 2. Aufl. vertretene Gegenmeinung zu § 53 Abs. 1 S. 4 a. F. ist mit der Neuregelung des Abs. 2 gegenstandslos geworden. Das Recht der Gewerkschaftsbeauftragten und der Beauftragten der Arbeitgebervereinigung beschränkt sich nicht auf eine passive, schweigende Teilnahme. Vielmehr dürfen sie an den Personalversammlungen mit beratender Stimme teilnehmen. Sie verfügen damit über ein Rederecht zu allen in der Personalversammlung zu behandelnden Themen. Es fehlt ihnen aber eine Antragsbefugnis und sie haben auch kein Stimmrecht bei Abstimmungen der Personalversammlungen. Das Beratungsrecht bezieht sich auf den gesamten Ablauf einer Personalversammlung. Ihnen muss somit das Wort erteilt werden, damit sie zu anstehenden Fragen Stellung nehmen können. Sie können sich demnach ebenso wie die Beschäftigten zu Wort melden, das Wort ergreifen, Fragen stellen und zur Sache sprechen. Nach Abs. 2 S. 3 steht ihnen auch das Recht zu, Änderungen oder Ergänzungen der Tagesordnung zu beantragen. Ansonsten können sie keine Anträge zur Beschlussfassung stellen (sondern nur anregen) und haben kein Stimmrecht. Sie müssen sich wie die anderen Teilnehmer im Rahmen der Tagesordnung und der durch § 52 Abs. 2 vorgegebenen Aufgabenstellung der Personalversammlung halten und die nach § 49 Abs. 5 geltenden Vorschriften des § 68 Abs. 2 und des § 69 Abs. 1 S. 3 beachten (vgl. § 49 Rn. 16ff.). Zu verbandspolitischer Neutralität sind sie dagegen nicht verpflichtet.[25]

5. Vorschlagsrecht des Personalrates gegen die Teilnahme von Beauftragten der Gewerkschaften und Arbeitgebervereinigungen

14 **(Abs. 3)** Das in Abs. 1 a. F. enthaltene Widerspruchsrecht des PR gegen die Teilnahme von Beauftragten der Gewerkschaften und Arbeitgeberver-

24 *BVerwG* v. 18. 3. 81 – 6 P 85.78 –, a. a. O.

25 Vgl. Altvater-*Kröll*, § 58 Rn. 16 m. w. N.

einigungen ist in ein Vorschlagsrecht des PR abgeschwächt worden. Damit weicht auch die Novelle von § 52 BPersVG ab, der den Gewerkschaftsbeauftragten und Beauftragten einer Arbeitgebervereinigung ein originäres Teilnahmerecht einräumt. Über den Ausschluss entscheidet dann die Personalversammlung mit der Mehrheit der Stimmen der anwesenden Beschäftigten. Die Möglichkeit zum Ausschluss von Beauftragten der Gewerkschaften und Arbeitgebervereinigungen durch Beschluss der Personalversammlung soll jedoch weiterhin erhalten bleiben, da die Personalversammlung keine Veranstaltung dieser Organisationen sei. Insoweit soll auch das Recht auf Koalitionsfreiheit sei nicht tangiert sein.[26] Dennoch ist die Vereinbarkeit der Vorschrift mit Art. 9 Abs. 3 S. 1 GG zu bezweifeln, wonach das Zugangsrecht der Gewerkschaftsbeauftragten zur verfassungsrechtlich geschützten koalitionsmäßigen Betätigungsfreiheit gehört.[27]
Ein Ausschluss von Beauftragten der Arbeitgebervereinigung, der die Dienststelle angehört, durch die Personalversammlung auf Vorschlag des PR kommt aufgrund der vorrangigen Spezialregelung in dem Fall nicht in Betracht, wenn die Dienststellenleitung von ihrer Befugnis nach Abs. 4, die Arbeitgebervereinigung hinzuzuziehen, Gebrauch macht.

Der **Ausschließungsvorschlag des PR** bedarf eines ausdrücklichen nach 15
§ 34 Abs. 1 u. 2 zu fassenden Beschlusses des PR-Gremiums, der im Hinblick auf den in § 2 Abs. 1 festgelegten Grundsatz des Zusammenwirkens mit den Koalitionen (vgl. § 2 Rn. 9) nur bei Vorliegen eines wichtigen Grundes zulässig ist.[28] Unter Beachtung des Schutzes der Koalitionen aus Art. 9 Abs. 3 GG darf sich der Widerspruch auch nicht gegen einzelne Gewerkschaften oder allein gegen die Arbeitgebervereinigung richten. Bei einer von einer Gewerkschaft nach § 50 Abs. 3 erzwungenen Personalversammlung steht dem PR das Vorschlagsrecht nicht zu.[29] Über den Ausschließungsvorschlag hat der PR-Vorsitzende als Versammlungsleiter vor Eintritt in die Tagesordnung abstimmen zu lassen.[30]

6. Teilnahme der Dienststellenleitung

(Abs. 4) Obwohl der **Dienststellenleiter** i. d. R. nach § 4 Beschäftigter i. S. d. 16
LPVG ist, ergibt sich sein Recht zur Teilnahme an der Personalversammlung nicht bereits daraus, sondern aus der Sonderregelung des Abs. 4 S. 1. Damit wird dem Umstand Rechnung getragen, dass der Dienststellenleiter in der

26 LT-Dr. 15/4224, S. 118 [zu § 53].
27 *BAG* v. 22. 6. 10 – 1 AZR 179/09 –, NZA 10, 1365.
28 Vgl. Rooschüz-*Bader*, § 53 Rn. 20.
29 Vgl. Rooschüz-*Bader*, § 53 Rn. 23; Leuze-*Flintrop*, § 53 Rn. 31: unzulässige Rechtsausübung.
30 Vgl. LT-Dr. 11/6312, S. 39 [zu Nr. 20 Buchst. b].

Personalversammlung dem PR und den Beschäftigten als Repräsentant des Dienstherrn bzw. Arbeitgebers (vgl. § 5 Rn. 11 ff.) und nicht als Beschäftigter gegenübersteht.[31] Insoweit ist der Dienststellenleiter Interessenvertreter des Dienstherrn gegenüber den Beschäftigten.[32] Das **Teilnahmerecht** des Dienststellenleiters bezieht sich auf alle Personalversammlungen i. S. d. §§ 49 und 50. Ob er davon Gebrauch macht, entscheidet er nach pflichtgemäßem Ermessen (»kann teilnehmen«). Über Zeit, Ort und Tagesordnung der Personalversammlung hat der Personalratsvorsitzende ihn rechtzeitig zu informieren.[33]

17 Die **Pflicht zur Teilnahme** des Dienststellenleiters ist in **Abs. 4 S. 2** geregelt. Danach hat er an den Personalversammlungen teilzunehmen, die nach § 50 Abs. 2 auf seinen Antrag einberufen worden sind oder zu denen er ausdrücklich eingeladen worden ist. Die Einladung kann vom PR, aber auch von der Personalversammlung ausgesprochen werden.[34] Die Einladung durch den PR setzt eine ordnungsgemäße Beschlussfassung nach § 34 Abs. 1 u. 2 voraus. Kommt der Dienststellenleiter seiner Teilnahmepflicht ohne zwingenden Grund nicht nach, liegt darin eine Dienst-(Arbeits-)pflichtverletzung, die ggf. disziplinarisch bzw. arbeitsrechtlich geahndet werden kann und die den PR zu einer Dienstaufsichtsbeschwerde berechtigt.[35]

18 Grundsätzlich kann sich der Dienststellenleiter nach Abs. 4 S. 4 durch einen **Beauftragten** in der Personalversammlung vertreten lassen. Das gilt aber nicht, wenn die Personalversammlung auf seinen Antrag hin einberufen worden ist. Als Beauftragter kommt in erster Linie der ständige Vertreter in Betracht (vgl. § 5 Rn. 17 f.).

19 Ein Recht der beratenden Teilnahme sieht das Gesetz für den Dienststellenleiter (bzw. seinen Beauftragten) nicht vor. Aus dem Grundsatz der vertrauensvollen partnerschaftlichen Zusammenarbeit (vgl. § 2 Rn. 4 f.) folgt jedoch, dass er nicht nur ein Anwesenheitsrecht, sondern auch ein **Rederecht** hat. Das zieht gleichzeitig seine Verpflichtung nach sich, auf alle Fragen des PR und aus der Personalversammlung einzugehen.[36] Darunter fallen jedoch nicht die Fragen von teilnahmeberechtigen Beauftragten nach Abs. 2 Nr. 1 und 2. Da er nach § 50 Abs. 2 die Einberufung einer Personalversammlung verlangen kann, ist er außerdem berechtigt, **Änderungen oder Ergän-**

---

31 Str.; vgl. Altvater-*Kröll*, § 59 Rn. 17 m. w. N.; a. A. Rooschüz-*Bader*, § 53 Rn. 26; Leuze-*Flintrop*, § 53 Rn. 33.

32 Vgl. *BVerwG* v. 21.10.93 – 6 P 18.91.

33 Altvater-*Kröll*, § 59 Rn. 16.

34 Str.; vgl. i. E. Altvater-*Kröll*, § 59 Rn. 17 m. w. N.; a. A. Leuze-*Flintrop*, § 53 Rn. 36: Einladung nur durch Beschluss des PR.

35 Vgl. Rooschüz-*Bader*, § 53 Rn. 27 m. w. N.; krit. Leuze-*Flintrop*, § 53 Rn. 40.

36 Vgl. Altvater-*Kröll*, § 58 Rn. 18 m. w. N.; a. A. Leuze-*Flintrop*, § 53 Rn. 34.

zungen der Tagesordnung zu beantragen. Darüber hinaus stehen ihm aber **kein Antragsrecht** und erst recht **kein Stimmrecht** zu.[37]

Nimmt der Dienststellenleiter an der Personalversammlung teil, kann er nach Abs. 4 S. 3 einen **Vertreter der Arbeitgebervereinigung**, der die Dienststelle angehört, **hinzuziehen.** Dann kann auch je ein Beauftragter der in der Dienststelle vertretenen **Gewerkschaften** an der Personalversammlung teilnehmen. Das in Abs. 3 S. 1 vorgesehene Vorschlagsrecht des PR zum Ausschluss besteht in diesem Fall nicht. Die Regelung des Abs. 4 S. 3 ist gegenüber Abs. 2 S. 1 Nr. 1 nachrangig und gewinnt nur dann eigenständige Bedeutung, wenn auf Vorschlag des PR die Personalversammlung die Beauftragten der Gewerkschaften und der Arbeitgebervereinigung von der Teilnahme ausgeschlossen hat (vgl. Rn. 14 f.). Der hinzugezogene Vertreter der Arbeitgebervereinigung ist grundsätzlich darauf beschränkt, den Dienststellenleiter zu beraten. Er kann in der Versammlung nur dann zu Wort kommen, wenn er vom Versammlungsleiter oder durch einen Beschluss der Versammlung dazu aufgefordert wird. Das gilt auch für den nach Abs. 4 S. 2 Hs. 2 teilnehmenden Gewerkschaftsbeauftragten.[38] 20

7. Streitigkeiten

Streitigkeiten über die im Zusammenhang mit der Personalversammlung enstehenden Fragen der Teilnahmeberechtigung und der Nichtöffentlichkeit betreffen Fragen der Zuständigkeit und Geschäftsführung des PR. Darüber entscheiden die Verwaltungsgerichte im Beschlussverfahren.[39] 21

37 Str.; vgl. Rn. 8; Altvater-*Kröll*, § 58 Rn. 18; a. A. Rooschüz-*Bader*, § 53 Rn. 26, der das Stimm- und Antragsrecht des Dienststellenleiters aber funktional auf dessen Stellung als schlichter Beschäftigter begrenzt; differenzierend Leuze-*Flintrop*, § 53 Rn. 34, und *Ilbertz*, § 59 Rn. 19.

38 A. A. Rooschüz-*Bader*, § 53 Rn. 28.

39 Vgl. *BVerwG* v. 30. 7. 10 – 6 P 11.09 –, PersR 10, 400.

Teil 4
Gesamtpersonalrat und Stufenvertretungen, Arbeitsgemeinschaften

§ 54 Gesamtpersonalrat

(1) In den Fällen des § 5 Absatz 3 wird neben den einzelnen Personalräten ein Gesamtpersonalrat gebildet.

(2) [1]Die Mitglieder des Gesamtpersonalrats werden von den Beschäftigten der Dienststellen gewählt, für die der Gesamtpersonalrat gebildet wird. [2]Der Gesamtpersonalrat besteht
bis zu 500 in der Regel Beschäftigten aus sieben Mitgliedern,

501 bis 1000 in der Regel Beschäftigten	aus neun Mitgliedern,
1001 bis 3000 in der Regel Beschäftigten	aus elf Mitgliedern,
3001 bis 5000 in der Regel Beschäftigten	aus 13 Mitgliedern,
5001 bis 7500 in der Regel Beschäftigten	aus 15 Mitgliedern,
7501 bis 10 000 in der Regel Beschäftigten	aus 17 Mitgliedern,
10 001 und mehr in der Regel Beschäftigten	aus 19 Mitgliedern.

(3) [1]Im Gesamtpersonalrat erhält jede Gruppe mindestens einen Vertreter. [2]Besteht der Gesamtpersonalrat aus mehr als neun Mitgliedern, erhält jede Gruppe mindestens zwei Vertreter. [3]§ 11 Abs. 5 gilt entsprechend.

(4) Für die Wahl, die Amtszeit und die Geschäftsführung des Gesamtpersonalrats gelten die §§ 8 bis 10 Absatz 2 und 5, § 11 Absatz 1 bis 3, §§ 12 bis 16 Absatz 1, § 17 Absatz 1, 2 und 4, §§ 18 bis 30 und 32 bis 48 mit folgenden Maßgaben entsprechend:

1. Das Wahlrecht kann auch bei Zugehörigkeit zu mehreren Dienststellen, für die der Gesamtpersonalrat gebildet wird, nur einmal ausgeübt werden.
2. An Stelle einer Personalversammlung zur Bestellung des Wahlvorstands übt der Leiter der Dienststelle, bei der der Gesamtpersonalrat errichtet wird, die Befugnis zur Bestellung des Wahlvorstands nach § 16 Absatz 2 und 3 sowie § 17 Absatz 3 aus.
3. Eine beauftragte Person des Personalrats kann an den Sitzungen des Gesamtpersonalrats mit beratender Stimme teilnehmen, wenn Angelegenheiten behandelt werden, die Beschäftigte der Dienststelle betreffen, bei welcher der Personalrat gebildet ist. Die Einladung zu der Sitzung ist dem Personalrat zuzuleiten.

(5) Für die Befugnisse und Pflichten des Gesamtpersonalrats gelten die §§ 68 bis 90 entsprechend.

Vergleichbare Vorschriften:
§§ 93, 94, 95 BPersVG; §§ 47 bis 52 BetrVG

Inhaltsübersicht Rn.

1. Bildung eines Gesamtpersonalrats

1 **(Abs. 1)** Sind Außenstellen, Nebenstellen oder Teile einer Dienststelle nach § 5 Abs. 3 S. 1 zu selbstständigen Dienststellen erklärt oder zu solchen zusammengefasst worden, so hat dies zunächst zur Folge, dass ab der folgenden Wahl in jeder verselbstständigten Teileinheit und in der Hauptdienststelle (einschl. der nicht verselbstständigten Teileinheiten) jeweils ein (örtlicher) PR gebildet wird (vgl. § 5 Rn. 19–27). Darüber hinaus schreibt Abs. 1 **zwingend** vor, dass zusätzlich neben den einzelnen, in der Gesamtdienststelle bestehenden örtlichen PR ein GPR gebildet wird. Das gilt auch dann, wenn die Wahl eines oder mehrerer (örtlicher) PR nicht zustande kommt. Der **GPR** steht auf gleicher Ebene **neben** den einzelnen PR. Er ist ihnen nicht übergeordnet und hat nicht die Stellung einer Stufenvertretung i. S. d. § 55. Daher ist er auch nicht an Mitbestimmungs- oder Mitwirkungsverfahren zu beteiligen, die bei einem örtlichen PR in dessen Zuständigkeitsbereich eingeleitet worden sind. Entsprechend den personalvertretungsrechtlichen Grundsätzen der orts- und sachnahen Repräsentation ist an den Entscheidungen des Dienststellenleiters jeweils die Personalvertretung zu beteiligen, die die von der Entscheidung betroffenen Bediensteten auf der untersten gemeinsamen Ebene repräsentiert.[1] Wie die **Zuständigkeiten** bei der in den §§ 68 bis 90 vorgesehenen Beteiligung der Personalvertretung zwischen dem GPR und den PR verteilt sind, ist in § 91 Abs. 8 festgelegt (vgl. § 91 Rn. 29 f.). Bei Angelegenheiten, die nur die Beschäftigten der Hauptdienststelle betreffen, ist der dort gewählte örtliche PR zu beteiligen.[2]

2 Der GPR kann nur für den Bereich einer einzigen **Gesamtdienststelle** gebildet werden. Da die Eigenbetriebe, mit Ausnahme der Eigenbetriebe, die nicht mehr als 50 Beschäftigte haben und deshalb nicht als selbstständige Dienststelle gelten (§ 5 Abs. 2), einer Gemeinde oder eines Landkreises von der Rspr. als selbstständige Dienststellen i. S. d. § 5 Abs. 1 angesehen werden (vgl. § 5 Rn. 8), ist es grundsätzlich nicht möglich, ohne Weiteres für die gesamte **Gemeindeverwaltung** bzw. das gesamte **Landratsamt** einschl. der Eigenbetriebe der Gemeinde bzw. des Landkreises einen GPR

1 Vgl. *VG Meiningen* v. 21. 1. 03 – 3 P 50032/03.Me –, PersV 04, 277.
2 Vgl. *BVerwG* v. 13. 9. 10 – 6 P 14.09 –, PersR 10, 494.

zu bilden.[3] Dies bedeutet, dass für mehrere von vornherein kraft Gesetzes selbstständige Dienststellen ein GPR nicht gebildet werden kann, und zwar auch dann nicht, wenn diese Dienststellen zum Geschäftsbereich derselben übergeordneten Dienststelle gehören oder an demselben Ort bestehen.[4] Bei beteiligungspflichtigen Maßnahmen, die sich auf alle Beschäftigten der Gemeinde bzw. des Landkreises beziehen, steht dem Bürgermeister bzw. Landrat damit keine die Gesamtheit dieser Beschäftigten repräsentierende gemeinsame Personalvertretung gegenüber. Diese Konsequenz lässt sich allerdings dadurch vermeiden, dass die Eigenbetriebe mit der übrigen Verwaltung der kommunalen Gebietskörperschaft zunächst nach § 5 Abs. 4 zu einer einheitlichen Dienststelle zusammengefasst werden und diese (zusammengefasste) Dienststelle anschließend nach § 5 Abs. 3 S. 1 wiederum in verschiedene selbstständige Dienststellen aufgegliedert wird. Dieser Weg ist durch Art. 4 des Gesetzes v. 30. 7. 09[5] ausdrücklich ermöglicht worden (vgl. § 5 Rn. 19a, 28).[6]

2a Die **Verselbstständigungsfähigkeit einer Teileinheit** hängt von zwei Voraussetzungen ab. Zum einen müssen dort mindestens **fünf Wahlberechigte** beschäftigt sein, von denen drei wählbar sind (vgl. § 10 Abs. 1). Zum anderen muss dort ein **Leiter** vorhanden sein, der als Dienststellenleiter fungieren kann, ohne dass diesem allerdings »personalvertretungsrechtlich relevante Befugnisse« zustehen müssen.[7]

2. Urwahl und Größe des Gesamtpersonalrates

3 **(Abs. 2)** Anders als im BetrVG wird der GPR nicht durch die Entsendung von Mitgliedern der örtlichen PR gebildet. Nach Abs. 2 S. 1 werden seine Mitglieder vielmehr in **Urwahl** von den Beschäftigten der Dienststellen gewählt, für die der GPR gebildet wird. Die **Größe** des GPR ergibt sich aus der in Abs. 2 S. 2 festgelegten Staffel, die auf die Zahl der in der Regel Beschäftigten abstellt (vgl. dazu § 10 Rn. 2). Danach besteht der GPR aus mindestens sieben und höchstens 19 Mitgliedern. Die Mitgliederzahl ist durch das ÄndG 2013 erhöht worden, und zwar von fünf auf neun Mitglieder bei bis zu 1000 Beschäftigten, gestaffelt auf bis zu 19 Mitglieder bei mehr als 10 000 Beschäftigten. Für kleine Gesamtdienststellen ist eine Größenstaffel bei bis zu 500 Beschäftigten von sieben Mitgliedern vorgeschaltet worden. Mit der vergrößerten Mitgliederzahl wird einem Bedürfnis der personal-

3 Vgl. Rooschüz-*Mausner*, § 5 Rn. 62.

4 Vgl. Lorenzen-*Schlatmann*, § 93 Rn. 9.

5 GBl. S. 363.

6 Zur Kritik an der gesetzlichen Regelung vgl. *Altvater*, PersR 10, 287, 291 [unter 2.1.2].

7 *BVerwG* v. 13. 9. 10 – 6 P 14.09 –, PersR 10, 494.

vertretungsrechtlichen Praxis entsprochen und (endlich) der Zuständigkeit des GPR für Maßnahmen, die über den Bereich einer einzigen Dienststelle hinausgehen, Rechnung getragen. Dies sind i. d. R. nicht so sehr die routinemäßigen Personaleinzelfälle, sondern häufiger den Bereich der örtlichen PR übergreifende konzeptionelle Angelegenheiten der Gesamtdienststelle. Die erhöhten Mitgliederzahlen liegen unweit unterhalb der Stufen der örtlichen PR, ab 5001 Beschäftigten allerdings immer noch erheblich darunter und entsprechen deshalb nur zum Teil dem tatsächlichen Bedarf.[8]

(Abs. 3) Für die **Mindestvertretung der Gruppen im GPR** gilt nach Abs. 3 4
S. 1 und 2 eine eigenständige Regelung. Danach erhält jede Gruppe grundsätzlich mindestens einen Vertreter oder, wenn der GPR aus mehr als neun Mitgliedern besteht, mindestens zwei Vertreter. Für Gruppen, denen i. d. R. nicht mehr als fünf Beschäftigte angehören, gilt nach Abs. 3 S. 3 die Ausnahmeregelung des § 11 Abs. 5 entsprechend.

3. Zusammensetzung, Amtszeit, Geschäftsführung

(Abs. 4) Die **allgemeinen Vorschriften** der §§ 1 bis 10 gelten für »Personal- 5
vertretungen« und damit auch für den GPR unmittelbar. Falls der GPR nach § 91 Abs. 8 zuständig ist, gelten nach § 54 Abs. 5 für seine Befugnisse und Pflichten im Bereich der **Beteiligung** die §§ 68 bis 90 entsprechend. Für die **Wahl**, die **Amtszeit** und die **Geschäftsführung** des GPR und die **Rechtsstellung** seiner Mitglieder sind die für den örtlichen PR geltenden, in Abs. 4 S. 1 genannten Vorschriften entsprechend anzuwenden, soweit in Abs. 4 Nr. 1 und 2 nichts anderes bestimmt ist. **Nicht verwiesen** wird dabei auf: **§ 10 Abs. 3 und 4**, weil die Zahl der Mitglieder des GPR in Abs. 2 S. 2 festgelegt ist (vgl. Rn. 3); **§ 11 Abs. 4**, weil die Mindestvertretung der Gruppen in Abs. 3 (der in S. 3 auch auf § 11 Abs. 5 verweist) geregelt ist (vgl. Rn. 7); **§ 17 Abs. 3**, weil für die Bestellung des Wahlvorstands eine spezielle Regelung in Abs. 4 S. 1 Nr. 2 enthalten ist (vgl. Rn. 6); **§ 31**, der ausschließlich für die gemeinsamen Aufgaben von örtlichem PR, Richterrat und Staatsanwaltsrat gilt (vgl. aber § 31 Rn. 10 f., 15). Nach dem LPVG a. F. war nicht auf **§ 47 Abs. 4 a. F.** verwiesen, mit der Folge, dass sich die Freistellung von Mitgliedern des GPR ausschließlich nach dem entsprechend anzuwendenden § 47 Abs. 3 a. F. gerichtet hatte. Mit der Neuregelung durch das ÄndG 2013 wird nunmehr auf die §§ 38 bis 48 verwiesen, so dass die Freistellungsregelung des § 45 jetzt auch für den GPR gilt. Mit der verbindlichen Freistellungsstaffel nach § 45 Abs. 1 S. 2 auch für GPR wird der Aufgabenstellung des GPR entsprochen, die mit denen der örtlichen PR vergleichbar ist, auch wenn sich dessen Zuständigkeiten nur auf einzelne, dienststellenübergreifende Angelegenheiten erstrecken. Mit der Anwendung der verbindlichen Freistellungsstaffel besteht somit für GPR ab

8 LT-Dr. 15/4224, S. 118 [zu § 54 Abs. 2].

neun Mitgliedern, und damit faktisch für jeden GPR, Anspruch auf mindestens eine Freistellung im Umfang einer Vollzeitarbeitskraft.[9]

5a Aus der uneingeschränkten Verweisung auf § 9 Abs. 2 folgt, dass die Leiter der Dienststellen und die anderen in dieser Vorschrift genannten Beschäftigten (vgl. § 9 Rn. 8) auch dann für den GPR nicht wählbar sind, wenn sie ihre für den **Ausschluss der Wählbarkeit** maßgebende Funktion nicht in der Hauptdienststelle, sondern in einer verselbstständigten Teileinheit ausüben.[10]

6 Die Wahl des GPR ist von einem eigens dafür bestellten **Wahlvorstand** durchzuführen. Besteht in der Dienststelle bereits ein GPR, so hat dieser den Wahlvorstand spätestens zwölf Wochen vor Ablauf seiner Amtszeit zu bestellen (Abs. 3 S. 1 i. V. m. § 15 Abs. 1). Hat der GPR diese Pflicht spätestens zehn Wochen vor Ablauf seiner Amtszeit nicht erfüllt, ist der Wahlvorstand nach § 54 Abs. 4 S. 1 Nr. 2 i. V. m. § 16 Abs. 2 nicht von einer Personalversammlung, sondern auf Antrag von mindestens drei Wahlberechtigten oder einer in der Gesamtdienststelle vertretenen Gewerkschaft vom Leiter der Gesamtdienststelle zu bestellen. Das gilt nach § 54 Abs. 4 S. 1 Nr. 2 i. V. m. § 16 Abs. 2 Nr. 2 auch dann, wenn in der Dienststelle kein GPR besteht. Kommt der Wahlvorstand seiner Verpflichtung zur Einleitung sowie Vorbereitung und Durchführung der Wahl nicht nach, hat nach § 54 Abs. 4 S. 1 Nr. 2 i. V. m. § 17 Abs. 3 der Leiter der Gesamtdienststelle von Amts wegen einen neuen Wahlvorstand zu bestellen. Ansonsten sind die Vorschriften, die bei der Wahl des örtlichen PR für den Wahlvorstand gelten, entsprechend anzuwenden (vgl. §§ 15, 17, 18, 19 LPVG; § 51 LPVGWO).

7 Das Wahlrecht kann nach **Abs. 4 Nr. 1** auch bei Zugehörigkeit zu mehreren Dienststellen, für die der GPR gebildet wird, nur einmal ausgeübt werden. Die durch das ÄndG 2013 eingefügte Neuregelung stellt klar, dass das Wahlrecht zum gleichen PR nur einmal ausgeübt werden kann, auch wenn ein Beschäftigter etwa durch Teilzuweisung mehreren Dienststellen angehört.[11]

8 **(Abs. 4 Nr. 3)** Die durch das ÄndG 2013 eingefügte Regelung steht im Zusammenhang mit dem Teilnahmerecht von Beauftragten des GPR an Sitzungen des PR nach § 30 Abs. 5. Vertreter der PR können danach an Sitzungen des GPR teilnehmen, wenn es um die **Belange ihrer eigenen Dienststelle** geht. In Einzelfällen war dies über die Zuziehung als sachkundige Person durch Beschluss des GPR bereits bislang möglich.[12]

9 Die im LPVG enthaltenen Vorschriften über die Wahl des GPR werden ergänzt durch die das **Wahlverfahren** im Einzelnen regelnden Bestimmungen der **Wahlordnung** (LPVGWO), erlassen aufgrund des § 107 Abs. 1 und

---

9 LT-Dr. 15/4224, S. 119 [zu § 54 Abs. 4].

10 Rooschüz-*Mausner*, § 54 Rn. 14.

11 LT-Dr. 15/4224, S. 119 [zu § 54 Abs. 4].

12 LT-Dr. 15/4224, S. 119 [zu § 54 Abs. 4].

abgedruckt im **Anhang 2** (vgl. § 13 Rn. 1, § 115 Rn. 1). Für die Wahl des GPR bestimmt **§ 51 LPVGWO**, dass die Vorschriften für die Wahl des PR (§§ 1–44 LPVGWO) – mit einzelnen Maßgaben – entsprechend gelten. Die Wahl der PR der einzelnen Dienststellen und die Wahl des GPR sollen **möglichst gleichzeitig** durchgeführt werden; ggf. gelten dafür bestimmte Verfahrensgrundsätze (§ 52 Abs. 1 S. 2, Abs. 2 LPVGWO).

10 **(Abs. 5)** Der durch das ÄndG 2013 eingefügte **Abs. 5** entspricht mit redaktionellen Anpassungen § 85 Abs. 9 S. 1 a. F.[13] Für seine Befugnisse und Pflichten finden die Bestimmungen der §§ 68–90 uneingeschränkt Anwendung. Dies betrifft insbesondere die Zusammenarbeit zwischen Dienststelle und Personalvertretung, allgemeine Grundsätze für die Behandlung der Beschäftigten, allgemeine Aufgaben der Personalvertretung, Arbeitsplatzschutzangelegenheiten sowie den Wirtschaftsausschuss, ebenso Mitwirkung, Mitbestimmung und Anhörung.

§ 55 Bezirkspersonalrat und Hauptpersonalrat (Stufenvertretungen)

(1) [1]Für den Geschäftsbereich mehrstufiger Verwaltungen werden Stufenvertretungen gebildet, und zwar bei den Mittelbehörden Bezirkspersonalräte, bei den obersten Dienstbehörden Hauptpersonalräte. [2]Mittelbehörde im Sinne dieses Gesetzes ist die einer obersten Dienstbehörde unmittelbar nachgeordnete Behörde, der andere Dienststellen nachgeordnet sind.

(2) [1]Die Mitglieder des Bezirkspersonalrats werden von den zum Geschäftsbereich der Mittelbehörde, die Mitglieder des Hauptpersonalrats von den zum Geschäftsbereich der obersten Dienstbehörde gehörenden Beschäftigten gewählt. [2]Der Bezirkspersonalrat besteht bei

bis zu 500 in der Regel Beschäftigten	**aus drei Mitgliedern,**
501 bis 1000 in der Regel Beschäftigten	**aus fünf Mitgliedern,**
1001 bis 3000 in der Regel Beschäftigten	**aus sieben Mitgliedern,**
3001 bis 5000 in der Regel Beschäftigten	**aus neun Mitgliedern,**
5001 und mehr in der Regel Beschäftigten	**aus elf Mitgliedern.**

[3]Der Hauptpersonalrat besteht bei

bis zu 500 in der Regel Beschäftigten	**aus fünf Mitgliedern,**
501 bis 1000 in der Regel Beschäftigten	**aus sieben Mitgliedern,**
1001 bis 2000 in der Regel Beschäftigten	**aus neun Mitgliedern,**
2001 bis 3000 in der Regel Beschäftigten	**aus elf Mitgliedern,**
3001 bis 5000 in der Regel Beschäftigten	**aus 13 Mitgliedern,**
5001 bis 10 000 in der Regel Beschäftigten	**aus 15 Mitgliedern,**
10 001 bis 20 000 in der Regel Beschäftigten	**aus 17 Mitgliedern,**
20 001 und mehr in der Regel Beschäftigten	**aus 19 Mitgliedern.**

13 LT-Dr. 15/4224, S. 119 [zu § 54 Abs. 5].

(3) Für die Wahl, die Amtszeit und die Geschäftsführung der Stufenvertretungen gelten die §§ 8 bis 10 Absatz 2 und 5, § 11 Absatz 1 bis 3, §§ 12 bis 16 Absatz 1, § 17 Absatz 1, 2 und 4, §§ 18 bis 30 und 32 bis 45 Absatz 1 Satz 1 und Absatz 4, §§ 46 bis 48 und 54 Absatz 3 und 4 Nummer 1 bis 3mit folgenden Maßgaben entsprechend:

1. **§ 9 Absatz 2 Satz 1 Nummer 2 bis 4gilt nur für die leitenden Beschäftigten der Dienststelle, bei der die Stufenvertretung errichtet ist, sowie für die unmittelbaren Mitarbeiter dieser Beschäftigten, die als Personalsachbearbeiter Entscheidungen vorbereiten.**
2. **Die in § 9 Absatz 2 Satz 1 Nummer 2 bis 4 genannten Personen, die Beschäftigte einer nachgeordneten Dienststelle sind, dürfen als Mitglieder der Stufenvertretung an Personalangelegenheiten der eigenen Dienststelle weder beratend noch entscheidend mitwirken; § 33 Absatz 2 bleibt unberührt.**
3. **Bei der entsprechenden Anwendung des § 19 tritt an die Stelle der Frist von sechs Arbeitstagen die Frist von drei Wochen.**
4. **§ 32 Absatz 5 gilt mit der Maßgabe, dass beim Bezirkspersonalrat die Bezirksschwerbehindertenvertretung, die für die Dienststelle, bei der der Bezirkspersonalrat gebildet ist, zuständig ist, zu beteiligen ist; dies gilt entsprechend für die Beteiligung der Hauptschwerbehindertenvertretung beim Hauptpersonalrat.**
5. **§ 34 Absatz 3 gilt mit der Maßgabe, dass der Vorsitzende alle Angelegenheiten im schriftlichen Umlaufverfahren beschließen lassen kann, wenn nicht im Einzelfall ein Drittel der Mitglieder dem schriftlichen Umlaufverfahren widerspricht.**
6. **Der für die Reisekostenvergütungen nach § 41 Abs. 1 Satz 2 maßgebende Dienstort ist der Sitz der Dienststelle, der das Mitglied der Stufenvertretung angehört.**

(4) Für die Befugnisse und Pflichten der Stufenvertretungen gelten die §§ 68 bis 90 entsprechend.

(5) [1]Die Personalräte oder, wenn solche nicht bestehen, die Leiter der Dienststellen bestellen auf Ersuchen des Bezirks- oder Hauptwahlvorstands die örtlichen Wahlvorstände für die Wahl der Stufenvertretungen. [2]Werden in einer Verwaltung die Personalräte und Stufenvertretungen gleichzeitig gewählt, so führen die bei den Dienststellen bestehenden Wahlvorstände die Wahlen der Stufenvertretungen im Auftrag des Bezirks- oder Hauptwahlvorstands durch. [3]Für die Durchführung der Wahl der Stufenvertretungen bei den Landratsämtern ist der Wahlvorstand für die Wahl des Personalrats beim Landratsamt zuständig.

Vergleichbare Vorschriften:
§§ 88, 89, 90, 91, 92 BPersVG; keine im BetrVG

Inhaltsübersicht Rn.

1. Funktion der Stufenvertretungen

1 Dem **hierarchischen Verwaltungsaufbau** entsprechend können übergeordnete Dienststellen nachgeordneten Dienststellen bindende Weisungen erteilen und sich Entscheidungen vorbehalten, die nachgeordnete Dienststellen betreffen. Um trotzdem eine wirksame und lückenlose Vertretung der Interessen der Beschäftigten zu ermöglichen, sieht das Gesetz vor, dass auf der Ebene übergeordneter Dienststellen **Stufenvertretungen** gebildet werden.[1] Das sind die Bezirkspersonalräte (BPR) bei den Mittelbehörden und die Hauptpersonalräte (HPR) bei den obersten Dienstbehörden.

2 Die **Funktion** der Stufenvertretungen ergibt sich zum einen aus der Weisungsgebundenheit der nachgeordneten Dienststellen, zum anderen aus dem Entscheidungsvorbehalt der übergeordneten Dienststellen.[2] Der **Weisungsgebundenheit** wird dadurch Rechnung getragen, dass die Stufenvertretungen in den Verfahren der Mitbestimmung und Mitwirkung tätig werden können, wenn in einer mitbestimmungs- oder mitwirkungspflichtigen Angelegenheit zwischen einer nachgeordneten Dienststelle und dem dort gebildeten örtlichen PR keine Einigung zustande gekommen ist (§ 77 bzw. § 83 Abs. 1 u. 2). Dem **Entscheidungsvorbehalt** entsprechend ist in Angelegenheiten, in denen die Dienststelle nicht zur Entscheidung befugt ist, an Stelle des PR die bei der übergeordneten Dienststelle gebildete Stufenvertretung zu beteiligen (§ 91 Abs. 2). Es handelt sich hierbei um eine originäre Zuständigkeit, weil über die Maßnahme von vornherein von dem Dienststellenleiter der höheren Dienststelle (Mittelbehörde, oberste Dienstbehörde) zu entscheiden ist. Die Stufenvertretungen sind jedoch **keine übergeordneten Personalvertretungen**. Ihnen stehen keine Aufsichtsbefugnisse gegenüber den Personalvertretungen der nachgeordneten Dienststellen zu. Sie sind auch keine Beschwerdeinstanz für die Beschäftigten dieser Dienststellen.[3] Sie sind – wie alle Personalvertretungen – dem Wohl und den Interessen der Beschäftigten unter Beachtung der dienstlichen Aufgaben verpflichtet. Keine Voraussetzung für die Bildung von Stufenvertretungen

---

1 Vgl. Richardi-*Schwarze*, § 53 a. F. Rn. 3; ferner *BAG* v. 14.12.94 – 7 ABR 14/94 –, PersR 95, 308, m. w. N.

2 Vgl. Richardi-*Schwarze*, § 53 Rn. 8.

3 *BVerwG* v. 24.11.61 – VII P 10.59 –, PersV 62, 62.

ist, dass bei allen nachgeordneten personalratsfähigen Dienststellen auch tatsächlich Personalvertretungen bestehen.[4]

2. Bildung der Stufenvertretungen

3 **(Abs. 1)** Die Regelung des Abs. 1 gilt für den Geschäftsbereich **mehrstufiger Verwaltungen**. Sie geht von dem typischen dreistufigen Aufbau der staatlichen Verwaltung mit obersten Behörden auf der Zentralstufe, Mittelbehörden auf der Mittelstufe und unteren Behörden auf der Unterstufe aus. Ist die Verwaltung **dreistufig** aufgebaut, wird zusätzlich zu den örtlichen PR bei allen Dienststellen je ein BPR bei den Mittelbehörden und ein HPR bei der obersten Dienstbehörde gebildet. Ist sie nur **zweistufig** aufgebaut, wird außer den örtlichen PR nur ein HPR gebildet. Ist sie (wie die Justizverwaltung) **vierstufig** gegliedert, wird auf der Stufe, die der Unterstufe unmittelbar übergeordnet ist, keine Stufenvertretung eingerichtet.

4 Bei den **obersten Dienstbehörden** (das sind die obersten Landesbehörden; vgl. § 5 Rn. 29) ist ein HPR zu bilden, wenn es sich bei ihnen um Dienststellen i. S. d. LPVG handelt, denen mindestens eine Dienststelle nachgeordnet ist. Im Bereich der Landesverwaltung ist dies bei den **Ministerien** und beim **Rechnungshof** der Fall (vgl. §§ 7, 8 Abs. 1, 3 und 4 VwG BW), nicht dagegen beim Landtagspräsidenten, weil ihm keine anderen Dienststellen unterstehen (vgl. § 5 Rn. 4).

5 **Mittelbehörde** i. S. d. LPVG ist nach Abs. 1 S. 2 die einer obersten Dienstbehörde unmittelbar nachgeordnete Behörde, der andere Dienststellen nachgeordnet sind. Bei den Mittelbehörden ist ein BPR zu bilden, und zwar auch dann, wenn ihnen nur eine Dienststelle i. S. d. LPVG untersteht. Im Bereich der Landesverwaltung kann dies außer bei den **Regierungspräsidien** (vgl. Rn. 8) bei den **Landesoberbehörden** und den **höheren Sonderbehörden** der Fall sein (vgl. § 26 Abs. 1 Nr. 2 VwG BW; ferner § 5 Rn. 4). Im Bereich der Rechtspflege trifft dies zu beim **Verwaltungsgerichtshof**, beim **Landesarbeitsgericht** und beim **Landessozialgericht**; für die **Oberlandesgerichte** und die **Generalstaatsanwaltschaften** gilt die Sonderregelung des § 95.

6 Liegen die Voraussetzungen für die Bildung einer Stufenvertretung vor, ist sie, soweit das Gesetz nichts anderes bestimmt (vgl. Rn. 7), für den **gesamten Geschäftsbereich** der obersten Dienstbehörde bzw. der Mittelbehörde zu bilden, auch wenn dieser verschiedene Fachverwaltungen umfasst (vgl. § 5 Rn. 28). Dabei erstreckt sich der Geschäftsbereich einer Behörde nicht nur auf die nachgeordneten Dienststellen, sondern auch auf die eigene Dienststelle.[5] Es ist für die Bildung der Stufenvertretung unerheblich, ob bei allen

4 Vgl. Lorenzen-*Schlatmann*, § 53 a. F. Rn. 15.

5 *BVerwG* v. 14.9.77 – VII P 45.77 –, PersV 80, 102, u.v. 18.10.78 – 6 P 7.78 –, PersV 79, 500.

zum Geschäftsbereich gehörenden Dienststellen die im Gesetz vorgesehenen Personalvertretungen gebildet sind.

Die Regelung des Abs. 1 enthält **zwingendes Recht**. Besondere Vorschriften gelten für die **Justizverwaltung** (§ 95), die **Polizei** (§ 96 Abs. 2) und den **Schulbereich** (§ 98 Abs. 2). 7

Die **Regierungspräsidien** sind allgemeine Verwaltungsbehörden des Landes, die auf der Mittelstufe Aufgaben wahrnehmen, die zu den Geschäftsbereichen mehrerer (fast aller) Ministerien gehören (vgl. §§ 10–14 VwG BW). Nachgeordnet sind ihnen v.a. die Landratsämter (vgl. § 5 Rn. 35f.), aber auch untere Sonderbehörden (vgl. § 26 Abs. 1 Nr. 2 u. Abs. 2 VwG BW). Zwar führt das **Innenministerium** die Dienstaufsicht über die Regierungspräsidien (§ 14 Abs. 1 VwG BW) und die Regierungspräsidien führen die Dienstaufsicht über die Landratsämter (§ 20 Abs. 1 S. 1 VwG BW). Jedoch obliegen dem jeweiligen **Fachministerium** die wesentlichen personalrechtlichen Aufgaben der obersten Dienstbehörde (vgl. § 8 Abs. 4 Nr. 1 VwG BW) für Fachbeamte des höheren Dienstes und vergleichbare Beschäftigte des Landes bei den Landratsämtern (§ 20 Abs. 1 S. 2 VwG BW). Aus diesen **Besonderheiten** ergeben sich Konsequenzen für die Bildung der Stufenvertretungen (wobei für die Polizei und den Schulbereich weitere Ausnahmen gelten; vgl. § 96 Abs. 2 und § 98 Abs. 2): Es ist ein **allgemeiner BPR beim Regierungspräsidium** zu bilden, zu dessen Zuständigkeitsbereich grundsätzlich alle Beschäftigten des Landes beim Regierungspräsidium selbst und bei seinen nachgeordneten Dienststellen gehören. Die Beschäftigten des Regierungspräsidiums selbst gehören außerdem grundsätzlich zur Wählerschaft des **allgemeinen HPR beim Innenministerium.** Dagegen gehören die Beschäftigten des Landes bei den dem Regierungspräsidium nachgeordneten Dienststellen zur Wählerschaft des **HPR bei dem dienstrechtlich jeweils zuständigen Ministerium.**[6] Bezirkspersonalräte können auch gebildet werden,wenn im Geschäftsbereich der Mittelbehörde nur einige,oder gar keine örtlichen Personalräte vorhanden sind. Hauptpersonalräte selbst dann, wenn nicht an allen Mittelbehörden des Ressorts Bezirkspersonalräte existieren.[7] 8

3. Wahlrecht und Wahlverfahren

(Abs. 2) Nach Abs. 2 S. 1 werden die Mitglieder des BPR und des HPR in **Urwahl** von den zum Geschäftsbereich der Mittelbehörde bzw. der obersten Dienstbehörde gehörenden Beschäftigten gewählt. Dafür gelten die in Abs. 3 und 5 (hauptsächlich durch Verweisungen auf andere Vorschriften) normierten Regelungen des **LPVG** (vgl. Rn. 10f., 16) und die Bestimmungen 9

6 Vgl. Rooschüz-*Mausner*, § 55 Rn. 20ff.

7 Vgl. Lorenzen-*Schlatmann*, § 53 a.F. Rn. 15.

der **LPVGWO** (vgl. § 13 Rn. 1, § 115 Rn. 1). Die **Größe** der Stufenvertretungen ergibt sich aus der in Abs. 2 S. 2 eigens festgelegten Staffel, die auf die Zahl der in der Regel Beschäftigten abstellt (vgl. § 10 Rn. 2).

9a Mit dem ÄndG 2013 ist die Mitgliederzahl des **BPR** im oberen Bereich nicht verändert worden. Für **kleinere Geschäftsbereiche** bis zu 1000 in der Regel Beschäftigten ist die **Mitgliederzahl** von sieben auf drei bei bis zu 500 und auf fünf bei 501 bis 1000 Beschäftigten **abgesenkt** worden, und zwar um die Größenrelation zu den HPR zu wahren, bei denen ebenfalls im unteren Beschäftigtenbereich eine Anpassung erfolgt ist. Begründet wird die Absenkung damit, dass ein gleichartig breites und wechselndes Aufgabenspektrum wie bei den Hauptpersonalräten bei Bezirkspersonalräten nicht besteht, die überwiegend mit Personalentscheidungen im nachgeordneten Bereich befasst werden.[8] Danach besteht der BPR aus mindestens drei und höchstens elf Mitgliedern.

9b Mit dem ÄndG 2013 ist die **Mitgliederzahl** des **HPR** im **unteren Bereich** bei bis zu 500 in der Regel Beschäftigten von sieben auf fünf Mitglieder **abgesenkt** worden. Die Mitgliederzahl ist allerdings im **oberen Bereich** auf sieben bei bis zu 1000, auf neun bei 1001 bis 2000, auf elf bei 2001 bis 3000, auf 13 bei 3001 bis 5000, auf 15 bei 5001 bis 10 000 auf 17 bei 10 001 bis 20 000 und auf 19 bei mehr als 20 001 in der Regel Beschäftigten **erhöht** worden. Die höhere Mitgliederzahl berücksichtigt die Zuständigkeit des HPR für Maßnahmen, die über den Bereich einer einzigen Dienststelle hinausgehen, i. d. R. also weniger routinemäßige personelle Einzelmaßnahmen, dafür häufiger übergreifend konzeptionelle Angelegenheiten der obersten Dienstbehörde als Gesamtdienststelle betreffen. Die Erhöhung entspricht den Forderungen der Praxis, die darauf abstellt, dass eine konstruktive Mitarbeit des HPR im Bereich der obersten Dienstbehörde die Verteilung der anfallenden Aufgaben auf einen größeren Personenkreis erfordert.[9]

4. Anwendbare Vorschriften auf die Wahl und Zusammensetzung von Stufenvertretungen

10 **(Abs. 3)** Die **allgemeinen Vorschriften** der §§ 1 bis 10 gelten für »Personalvertretungen« und damit auch für die Stufenvertretungen unmittelbar. Falls diese nach § 55 Abs. 4 zuständig sind, gelten für ihre Befugnisse und Pflichten im Bereich der **Beteiligung** die §§ 68 bis 90 entsprechend. Für die **Wahl**, die **Amtszeit** und die **Geschäftsführung** der Stufenvertretung und die **Rechtsstellung** ihrer Mitglieder sind die in Abs. 3 genannten, teils für den örtlichen PR, teils für den GPR geltenden Vorschriften entsprechend anzuwenden, soweit in Abs. 3 Nr. 1 bis 6 und Abs. 5 nichts anderes bestimmt

8 LT-Dr. 15/4224, S. 119 [zu § 55].
9 LT-Dr. 15/4224, S. 120 [zu § 55].

ist. **Nicht verwiesen** wird dabei auf **§ 10 Abs. 1**, was jedoch auf einem Redaktionsversehen beruhen dürfte, weil die Verweisung auf § 10 Abs. 2 sonst keinen Sinn ergibt; auf **§ 10 Abs. 3 und 4**, weil die Zahl der Mitglieder der Stufenvertretung in Abs. 2 S. 2 festgelegt ist (vgl. Rn. 9); auf **§ 10 Abs. 4**, weil die Mindestvertretung der Gruppen in dem entsprechend anzuwendenden § 54 Abs. 3 (der in S. 3 auch auf § 11 Abs. 5 verweist) geregelt ist (vgl. § 54 Rn. 7); auf **§ 16 Abs. 2 und 3 sowie § 17 Abs. 3**, weil für die Bestellung des Wahlvorstands die für den GPR geltenden Regelungen in **§ 54 Abs. 4 Nr. 1 bis 3** entsprechend anzuwenden sind (vgl. § 54 Rn. 6); auf **§ 31**, der nur für die gemeinsamen Aufgaben von PR, Richter- und Staatsanwaltsrat gilt (vgl. aber § 31 Rn. 12f., 15); **§ 45 Abs. 1 S. 2 und Abs. 2 und 3** mit der Folge, dass es keine Freistellungsstaffelungen gibt und sich die Freistellung von Mitgliedern der Stufenvertretung ausschließlich nach dem entsprechend anzuwendenden § 45 Abs. 1 S. 1 richtet (vgl. § 45 Rn. 3f., 14ff.).

(Abs. 3 Nr. 1, 2) Die in **§ 9 Abs. 2 S. 1 Nr. 2 bis 4 genannten Personen** sind 11
zur Stufenvertretung nur dann nicht wählbar, wenn es sich bei ihnen um Beschäftigte der Dienststelle handelt, bei der die Stufenvertretung gebildet ist. Sind sie dagegen Beschäftigte einer nachgeordneten Dienststelle, ist ihre Wählbarkeit zur Stufenvertretung nicht ausgeschlossen. Als Mitglied der Stufenvertretung dürfen sie jedoch – damit Pflichten- und Interessenkollisionen vermieden werden – an Personalangelegenheiten ihrer eigenen Dienststelle weder beratend noch entscheidend mitwirken **(Abs. 2 S. 1 Nr. 2).**

(Abs. 3 Nr. 3) Die Frist zur Einberufung und Durchführung der **konstituie-** 12
renden Sitzung der Stufenvertretung, für die § 19 entsprechend gilt, beträgt nicht sechs Arbeitstage, sondern **drei Wochen** nach dem Wahltag (vgl. § 19 Rn. 1ff.).

(Abs. 3 Nr. 4) Die **Bezirksschwerbehindertenvertretung** kann an allen Sit- 13
zungen des BPR, die **Hauptschwerbehindertenvertretung** an allen Sitzungen des HPR beratend teilnehmen (Verweis auf § 32 Abs. 5). BPR und HPR haben darüber hinaus nach § 70 Abs. 1 Nr. 5 mit der Bezirks- bzw. Hauptschwerbehindertenvertretung zusammenzuwirken (vgl. § 70 Rn. 18ff.). Zu den gemeinschaftlichen Besprechungen sind sie beratend hinzuzuziehen (§ 68 Abs. 1 S. 6 Nr. 1; § 97 Abs. 7 i.V.m. § 95 Abs. 5 SGB IX; vgl. § 68 Rn. 1).

(Abs. 3 Nr. 5) Anders als PR und GPR (vgl. § 34 Rn. 1) kann die Stufenver- 14
tretung alle Angelegenheiten auch **im schriftlichen Verfahren beschließen**. Ob von dieser Möglichkeit Gebrauch gemacht wird, entscheidet der Vorsitzende (S. 1). Die Beschlussfassung hat jedoch in einer Sitzung zu erfolgen, wenn im Einzelfall ein Drittel der Mitglieder widerspricht (S. 2). Dann muss eine begonnene Abstimmung abgebrochen und die Angelegenheit in die Tagesordnung der nächsten Sitzung aufgenommen werden.[10]

---

10 LT-Dr. 11/6312, S. 40 [zu Nr. 22].

15 **(Abs. 3 Nr. 6)** Nach der bereits durch das ÄndG 1995 eingefügten Bestimmung ist der für die Bemessung der **Reisekostenvergütung** nach § 41 Abs. 1 S. 2 maßgebende Dienstort eines Mitglieds der Stufenvertretung stets der Sitz seiner Stammdienststelle. Dadurch soll sichergestellt werden, dass freigestellte Mitglieder der Stufenvertretung die volle Reisekostenvergütung für die Fahrt zwischen dem Ort ihrer Stammdienststelle und dem Sitz der Stufenvertretung erhalten können.[11] Für das LPVG ist die gegenteilige Rspr. des *BVerwG* damit überholt.[12]

16 **(Abs. 4)** Der durch das ÄndG 2013 eingefügte **Abs. 4** entspricht mit redaktionellen Anpassungen § 85 Abs. 9 S. 1 a. F.[13] Damit ist klargestellt, dass BPR, HPR und GPR die gleichen Befugnisse und Pflichten wie die örtlichen PR haben, wenn sie bei den entsprechenden Maßnahmen zu beteiligen sind. Diese arbeiten also nach den gleichen Prinzipien wie die örtlichen Personalräte. Die Stufenvertretungen können Ausschüsse bilden und im Umlaufverfahren Beschlüsse fassen. Sofern eine Beschlussfassung im Umlaufverfahren erfolgen soll, sind mit dessen Einleitung die JAV und die Schwerbehindertenvertretung zu unterrichten.

17 **(Abs. 5) Die Wahl des BPR** wird vom **Bezirkswahlvorstand,** die des **HPR vom Hauptwahlvorstand** geleitet (§ 45 S. 1, § 50 Abs. 1 LPVGWO). In den einzelnen Dienststellen wird sie im Auftrag und nach den Weisungen des Bezirks- oder Hauptwahlvorstands von **den örtlichen Wahlvorständen** vorbereitet und durchgeführt (§ 47 Abs. 3, § 50 Abs. 1 LPVGWO). Diese sind nach **Abs. 5 S. 1** auf Ersuchen des Bezirks- bzw. Hauptwahlvorstands von dem jeweiligen örtlichen PR oder – soweit ein örtlicher PR nicht vorhanden ist – von dem Leiter der jeweiligen Dienststelle zu bestellen. Letzteres gilt auch dann, wenn ein vorhandener PR untätig bleibt.

18 Die Wahlordnung enthält Bestimmungen über die **gleichzeitige Durchführung mehrerer Wahlen**: In den einzelnen Verwaltungszweigen sollen die Wahlen des HPR und der BPR möglichst gleichzeitig stattfinden, die Wahlen des örtlichen PR und des GPR können gleichzeitig mit den Wahlen der Stufenvertretungen durchgeführt werden; ggf. gelten dafür bestimmte Verfahrensgrundsätze (**§ 52** Abs. 1 S. 1 u. 3, Abs. 2 LPVGWO). Finden in einer Verwaltung die Wahlen zu den örtlichen PR und den Stufenvertretungen gleichzeitig statt, haben die bei den Dienststellen bestehenden Wahlvorstände für die Wahl der örtlichen PR nach Abs. 5 S. 2 im Auftrag des Bezirks- oder Hauptwahlvorstands auch die Wahlen der Stufenvertretungen durchzuführen. Im Fall der nicht gleichzeitigen Wahl der örtlichen PR und der Stufenvertretungen bestellen die jeweiligen Dienststellenleitungen die ört-

---

11 LT-Dr. 11/6312, S. 40 [zu Nr. 22].

12 Vgl. Beschl. v. 14.2.90 – 6 P 13.88 –, PersR 90, 130.

13 LT-Dr. 15/4224, S. 119 [zu § 54 Abs. 5].

lichen Wahlvorstände zur Durchführung der Wahl der Stufenvertretungen. Dies geschieht unabhängig davon, ob ein örtlicher PR besteht oder nicht.

Für die Durchführung der Wahl der Stufenvertretungen bei den Landratsämtern ist nach dem mit dem ÄndG 2013 eingefügten **Abs. 5 S. 3** der **Wahlvorstand** für die Wahl des PR beim Landratsamt zuständig.[14] 19

§ 56 Arbeitsgemeinschaften von Personalvertretungen

(1) Personalvertretungen derselben Verwaltungsstufe, desselben Verwaltungszweigs oder mehrerer Verwaltungen und Betriebe juristischer Personen nach § 1 können zur Behandlung gemeinsam betreffender Angelegenheiten eine Arbeitsgemeinschaft bilden, wenn dies der Wahrnehmung der Befugnisse und Pflichten der einzelnen Personalvertretung förderlich ist.

(2) [1]Der Arbeitsgemeinschaft gehören jeweils der Vorsitzende oder ein anderes von der Personalvertretung bestimmtes Mitglied der beteiligten Personalvertretungen an. [2]In begründeten Fällen ist im Einvernehmen mit der Dienststelle der entsendenden Personalvertretung eine Entsendung mehrerer Mitglieder zulässig.

(3) [1]Die Arbeitsgemeinschaft bestimmt aus ihrer Mitte einen Vorsitzenden und Stellvertreter. [2]Sie gibt sich eine Geschäftsordnung. [3]Für die Rechte und Pflichten der Mitglieder von Personalvertretungen in Arbeitsgemeinschaften und für die Geschäftsführung der Arbeitsgemeinschaften gelten § 30 Absatz 1 Satz 1 und 2, § 32 Absatz 1, § 38 Absatz 1, §§ 42, 43, 67 Absatz 1, § 68 Absatz 2, § 69 Absatz 1 Satz 2 und 3 entsprechend. [4]§ 41 gilt mit der Maßgabe, dass die durch die Entsendung in die Arbeitsgemeinschaft entstehenden notwendigen Kosten von der Dienststelle der jeweils entsendenden Personalvertretung zu tragen sind.

(4) [1]Abweichend von Absatz 2 Satz 1 können die Personalräte bei den Universitätsklinika eine Arbeitsgemeinschaft bilden, der aus jedem Universitätsklinikum bis zu zwei Mitglieder angehören. [2]Auf Antrag des Personalrats ist bei jedem Universitätsklinikum ein Mitglied für bis zu zehn Arbeitsstunden in der Woche von seiner dienstlichen Tätigkeit für die Wahrnehmung von Aufgaben der Arbeitsgemeinschaft freizustellen. [3]Eine entsprechende Teilfreistellung von zwei Mitgliedern ist zulässig. [4]§ 43 Absatz 2 bleibt unberührt.

---

14 Die Neuregelung entspricht einem Bedürfnis der wahlrechtlichen Praxis und soll die Vorbereitung und Durchführung der Wahl von Stufenvertretungen bei den Landratsämtern erleichtern, insbesondere nachdem es einen Wahlvorstand für die Wahl des besonderen Personalrats der Landesbeschäftigten nicht mehr gibt; LT-Dr. 15/4224, S. 120 [zu § 55 Abs. 4].

(5) Die Befugnisse und Aufgaben der Personalvertretungen nach diesem Gesetz bleiben unberührt; die §§ 73 bis 88 finden keine Anwendung.

Vergleichbare Vorschriften:
keine im BPersVG und im BetrVG

Inhaltsübersicht Rn.

1. Vorbemerkungen

1 Die Abs. 1–3, 5 der Vorschrift sind durch das ÄndG 2013 eingefügt worden. Abs. 4 entspricht im Wesentlichen der durch das ÄndG 2013 aufgehobenen Bestimmung des § 94b a. F.

2 Auch bisher haben meist auf **informeller Ebene** außerhalb der Regelungen des LPVG Arbeitsgemeinschaften einzelner PR bestanden. Lediglich § 94b a. F. und § 94c Nr. 1 S. 2 a. F. haben Vorschriften über die Bildung und Geschäftsführung von Arbeitsgemeinschaften enthalten.

2a Mit der Vorschrift ist nunmehr eine Rechtgrundlage für die **Bildung und Geschäftsführung** von Arbeitsgemeinschaften geschaffen worden, die einerseits klarstellt, dass PR-Arbeit auch bei Tätigkeiten in Arbeitsgemeinschaften geschützt ist, z. B. der Unfallschutz, andererseits aber auch die dabei zu beachtenden Pflichten verdeutlicht, wie Neutralitätsgebot und Verschwiegenheitspflicht.[1]

2. Bildung der Arbeitsgemeinschaft

3 **(Abs. 1)** PR derselben Verwaltungsstufe, desselben Verwaltungszweigs oder mehrerer Verwaltungen und Betriebe der Körperschaften, Anstalten und Stiftungen des öffentlichen Rechts nach § 1 können Arbeitsgemeinschaften bilden, um Angelegenheiten, die sie **gemeinsam betreffen**, zu behandeln. Weitere Voraussetzung ist lediglich, dass dies dem Meinungsaustausch in den gemeinsam betreffenden Angelegenheiten förderlich ist.[2] Damit wird der **Informations- und Meinungsaustausch** in den gemeinsam betreffen-

1 LT-Dr. 15/4224, S. 120 [zu § 55a]; Rooschüz-*Mausner*, § 56 Rn. 1.

2 Rooschüz-*Mausner*, § 56 Rn. 3.

den Angelegenheiten gefördert.[3] Arbeitsgemeinschaften bezwecken auch die Abstimmung der PR-Arbeit untereinander und können somit zu deren Qualitätssicherung und -steigerung beitragen.[4]

3. Zusammensetzung der Arbeitsgemeinschaft

(Abs. 2) Die **Zusammensetzung** der Arbeitsgemeinschaften ist in Abs. 2 S. 1 grundsätzlich insofern vorgegeben, als ihnen jeweils der Vorsitzende oder ein anderes vom entsendenden PR bestimmtes Mitglied angehört. Nach S. 2 können allerdings in begründeten Einzelfällen im Einvernehmen mit der Dienststelle des entsendenden PR mehrere Mitglieder bestimmt werden. Da einerseits die Herstellung des Einvernehmens der Dienststelle nicht erzwungen werden kann, andererseits nicht zu erkennen ist, was der Gesetzgeber mit »begründeten Einzelfällen« regeln wollte, wird es in der Praxis auf das Entgegenkommen der beteiligten Dienststellen ankommen, damit mehr als ein Mitglied der beteiligten PR in Arbeitsgemeinschaften entsendet werden können. 4

4. Vorsitz und Geschäftsführung

(Abs. 3) Nach S. 1 bestimmt die Arbeitsgemeinschaft aus ihrer Mitte den Vorsitzenden und den Stellvertreter. Auf deren Gruppenzugehörigkeit kommt es nicht an.[5] Sie hat sich nach S. 2 eine Geschäftsordnung zu geben. § 39 Abs. 1 u. 3 ist entsprechend anzuwenden. Das Gesetz schreibt nur rudimentär vor, in welcher Art und Weise die Arbeitsgemeinschaft tätig wird. Des ungeachtet hat die Arbeitsgemeinschaft die grundlegenden Prinzipien des PersVR zu beachten. Dazu gehört, dass sie wie die Personalvertretungen an die Grundsätze der Zusammenarbeit mit der Dienststelle und des Zusammenwirkens mit den in der Dienststelle vertretenen Gewerkschaften und Arbeitgebervereinigungen gebunden ist (§ 2 Abs. 1). Nach S. 3 gelten für die Rechte und Pflichten der Mitglieder der Arbeitsgemeinschaft und für deren Geschäftsführung die Bestimmungen der § 30 Abs. 1 S. 1 u. 2, § 32 Abs. 1, § 38 Abs. 1, §§ 42, 43, 67 Abs. 1, § 68 Abs. 2, § 69 Abs. 1 S. 2 und 3 entsprechend. Soweit Vorschriften für Personen gelten, die Aufgaben oder Befugnisse nach dem LPVG wahrnehmen oder wahrgenommen haben, sind sie auf Mitglieder der Arbeitsgemeinschaft unmittelbar anwendbar. Das gilt v. a. für § 6 und § 7 LPVG (vgl. dort Rn. 7).[6] Ein gesetzlich geregeltes Zugangsrecht zu den einzelnen Dienststellenleitern oder formalisierte Umgangs- 5

3 LT-Dr. 15/4224, S. 149 [zu § 55a].

4 Rooschüz-*Mausner*, § 56 Rn. 8.

5 Rooschüz-*Mausner*, § 56 Rn. 17.

6 Bez. der Geltung der §§ 6 u. 7 vgl. Rooschüz-*Mausner*, § 56 Rn. 27.

bestimmungen wie in § 68 Abs. 1 gibt es aber ebenso wenig wie normierte Informationspflichten in Anlehnung an § 71 Abs. 1 u. 2.
Die Sitzungen sind **nicht öffentlich**. JAV, Schwerbehindertenvertretung, die Beauftragten für Chancengleichheit und die Leitungen der an der Arbeitsgemeinschaft beteiligten Dienststellen sind zur Teilnahme nicht berechtigt. Dasselbe gilt für die in den Dienststellen vertretenen Gewerkschaften.

5a Die Sitzungen können während anhaltender Beschränkungen des Dienstbetriebs und des Reiseverkehrs in Folge z. B. der Corona-Krise auch per **Telefon- oder Videokonferenzen** durchgeführt werden (§ 34 Abs. 1a; vgl. § 34 Rn. 1a–1g).

5. Kostentragung

5b S. 4 trifft eine eigenständige Regelung über die Kostentragung. Danach gelten die anfallenden notwendigen Kosten für die in die Arbeitsgemeinschaft entsandten Mitglieder jeweils als Kosten der allgemeinen Personalratsarbeit der Dienststelle des entsendenden PR.

6. Sonderregelungen für die Universitätsklinika

6 **(Abs. 4)** Die rechtliche **Verselbstständigung** der **Universitätsklinika** durch das HMG hat dazu geführt, dass deren Beschäftigte grundsätzlich nicht mehr vom HPR beim MWK vertreten werden (vgl. § 100 Rn. 2). Damit war eine übergreifende Personalvertretung, welche die Interessenvertretung durch die örtlichen PR bei den einzelnen Klinika ergänzen könnte, nicht mehr vorhanden. Der Abs. 4 des § 56 gleicht diesen Mangel teilweise aus.

6a **S. 1** ermöglicht den PR der Universitätsklinika, eine **Arbeitsgemeinschaft** zu bilden. Dieser können aus jedem Klinikum bis zu zwei Mitglieder angehören; dabei muss es sich um Mitglieder des jeweiligen PR handeln. Die **Aufgaben** der Arbeitsgemeinschaft nach Abs. 4 legt das Gesetz nicht fest. Aus Abs. 5 S. 1 ergibt sich aber, dass auch die Arbeitsgemeinschaft der PR der Universitätsklinika nicht anstelle der einzelnen PR tätig werden kann. Sie kann jedoch darüber beraten, wie die PR die ihnen obliegenden Aufgaben und Befugnisse wahrnehmen sollen, und damit eine untereinander **abgestimmte Interessenvertretung** fördern.

7 Die Freistellungsvorschriften in S. 2 u. 3 sichern die Arbeitsfähigkeit der Arbeitsgemeinschaft abweichend von Abs. 2 besonders ab. Nach **S. 2** ist auf Antrag des PR bei jedem Universitätsklinikum ein Mitglied für bis zu zehn Arbeitsstunden in der Woche von seiner dienstlichen Tätigkeit für die Wahrnehmung von Aufgaben der Arbeitsgemeinschaft **freizustellen** (zur entsprechenden Regelung in § 45 Abs. 1 S. 1 vgl. § 45 Rn. 3). Dabei sieht **S. 3** ähnlich wie § 45 Abs. 1 S. 2 vor, dass eine entsprechende Teilfreistellung von zwei Mitgliedern zulässig ist (vgl. § 45 Rn. 4). Nach der wegen

der bereits in Abs. 4 S. 2 enthaltenen Verweisung auf § 43 eigentlich überflüssigen Regelung des **S. 4** bleibt § 43 Abs. 2 unberührt. Damit ist wie für die Arbeitsgemeinschaften nach Abs. 1 nochmals ausdrücklich klargestellt, dass **Versäumnis von Arbeitszeit**, die zur ordnungsgemäßen Durchführung der Aufgaben der Arbeitsgemeinschaft erforderlich ist, keine Minderung der Dienstbezüge oder des Arbeitsentgelts zur Folge hat (vgl. § 43 Rn. 3 ff.), und dass eine durch die Erfüllung von Aufgaben der Arbeitsgemeinschaft verursachte, **über die regelmäßige Arbeitszeit hinausgehende Beanspruchung** durch Dienstbefreiung in entsprechendem Umfang auszugleichen ist (vgl. § 43 Rn. 6 f.).

7. Keine Entscheidungsbefugnis

Abs. 5 stellt klar, dass Arbeitsgemeinschaften **nicht anstelle** der entsenden- 8
den **Personalvertretungen** Entscheidungen treffen können. Die Mitbestimmungs-, Mitwirkungs- und Anhörungsrechte sind nach Hs. 2 den Arbeitsgemeinschaften ausdrücklich entzogen. Daraus wird ersichtlich, dass den Arbeitsgemeinschaften lediglich der Informations- und Meinungsaustausch überlassen ist.[7]

§ 57 Arbeitsgemeinschaft der Vorsitzenden der Hauptpersonalräte

(1) [1]Die Vorsitzenden der Hauptpersonalräte bei den obersten Landesbehörden bilden die Arbeitsgemeinschaft der Vorsitzenden der Hauptpersonalräte (ARGE-HPR). [2]Besteht bei einer obersten Landesbehörde kein Hauptpersonalrat, ist der Vorsitzende des Personalrats bei der obersten Landesbehörde Mitglied in der Arbeitsgemeinschaft.

(2) An den Sitzungen der Arbeitsgemeinschaft können teilnehmen:

1. **ein Vertreter der zu einer Arbeitsgemeinschaft zusammengeschlossenen Schwerbehindertenvertretungen bei den obersten Landesbehörden,**
2. **die Vorsitzenden der Personalräte der Dienststellen des Landtags von Baden-Württemberg.**

(3) [1]Die Arbeitsgemeinschaft ist anzuhören vor Entscheidungen

1. **der Landesregierung, welche für die Beschäftigten des Landes in den Geschäftsbereichen der obersten Dienstbehörden unmittelbar belastende Regelungen enthalten,**
2. **oberster Dienstbehörden, welche auch Beschäftigte in den Geschäftsbereichen anderer oberster Dienstbehörden des Landes betreffen,**

7 Rooschüz-*Mausner*, § 56 Rn. 34.

soweit die Entscheidungen in Angelegenheiten nach den §§ 74, 751, 81 und 87 mit Ausnahme von Maßnahmen in einzelnen personellen Angelegenheiten der Beteiligung des Personalrats unterliegen würden, wenn sie von einer Dienststelle für ihre Beschäftigten getroffen würden. [2]Satz 1 gilt nicht, wenn nach beamtenrechtlichen Vorschriften die Spitzenorganisationen der zuständigen Gewerkschaften und Berufsverbände zu beteiligen sind. [3]§ 56 Absatz 5 gilt entsprechend.

(4) [1]Die federführend zuständige oberste Dienstbehörde hört die Arbeitsgemeinschaft rechtzeitig und umfassend zu der beabsichtigten Maßnahme an. [2]Der Arbeitsgemeinschaft sind die erforderlichen Unterlagen vorzulegen. [3]Auf Verlangen der Arbeitsgemeinschaft ist die beabsichtigte Maßnahme mit ihr zu erörtern. [4]Die Arbeitsgemeinschaft übermittelt ihre Stellungnahme der anhörenden obersten Dienstbehörde innerhalb von drei Wochen, sofern nicht einvernehmlich eine andere Frist vereinbart ist; § 91 Absatz 3 gilt sinngemäß.

(5) [1]Die Arbeitsgemeinschaft kann grundsätzliche Angelegenheiten beraten, die für die Beschäftigten von allgemeiner Bedeutung sind und über den Geschäftsbereich einer obersten Dienstbehörde hinausgehen. [2]Sie kann hierzu Vorschläge machen und Stellungnahmen abgeben. [3]Dies gilt auch dann, wenn nach beamtenrechtlichen Vorschriften die Spitzenorganisationen der zuständigen Gewerkschaften und Berufsverbände zu beteiligen sind. [4]Absatz 4 gilt entsprechend.

(6) [1]§ 56 Absatz 3 Satz 1 bis 3 gilt entsprechend. [2]§ 41 gilt mit der Maßgabe, dass die oberste Dienstbehörde, deren Geschäftsbereich der Vorsitzende der Arbeitsgemeinschaft angehört, die notwendigen Kosten für die Geschäftsstelle der Arbeitsgemeinschaft trägt.

Vergleichbare Vorschriften:
§§ 96, 97, 98 BPersVG; Art. 81 BayPVG; § 48 PersVG M-V; § 78 Abs. 6 LPVG NW; § 46 Abs. 1 LPersVG RP; § 46 Abs. 1 MBG Schl-H; § 86 SPersVG; §§ 77a, 77b PersVG LSA; § 82a ThürPersVG; keine im BetrVG.

Inhaltsübersicht Rn.

1. Vorbemerkung

Eine Arbeitsgemeinschaft der HPR war zwar bisher aufgrund von Ministerratsbeschlüssen anerkannt. Als besondere Arbeitsgemeinschaft ist sie nunmehr durch das ÄndG 2013 als Arbeitsgemeinschaft der Vorsitzenden der Hauptpersonalräte bei den obersten Dienstbehörden (ARGE-HPR) auf eine rechtssichere gesetzliche Grundlage gestellt. Ihr wird in **ressortübergreifenden Angelegenheiten**, welche die Beschäftigten unmittelbar belasten und eine förmliche PR-Beteiligung auslösten, wenn es nicht um ressortübergreifende Angelegenheiten ginge, ein **Unterrichtungs- und Anhörungsrecht** eingeräumt. Mitbestimmungsrechte sind der ARGE-HPR dagegen mangels Legitimation aufgrund einer Wahl durch die Beschäftigten nicht zugewiesen.[1] Gleichwohl soll nach der Gesetzesbegründung damit die Vertretung der Interessen der Landesbeschäftigten gegenüber der Landesregierung und den Ministerien nachhaltig gestärkt werden, da die ARGE-HPR unabhängig von Gewerkschaften und Berufsverbänden nach Auffassung des Gesetzgebers die Binnensicht der Beschäftigten vertreten soll. Außerdem soll ein Forum geboten werden, das die Abstimmung und den Erfahrungsaustausch zwischen den Hauptpersonalräten verbessert.[2] 1

2. Zusammensetzung und Teilnahmeberechtigungen

(Abs. 1) Die ARGE-HPR setzt sich aus den **jeweiligen Vorsitzenden der HPR** bei den obersten **Landesbehörden** zusammen. Besteht dort kein HPR, ist der Vorsitzende des (Haus-)PR bei dieser obersten Landesbehörde Mitglied in der Arbeitsgemeinschaft. 2

(Abs. 2) An den Sitzungen der Arbeitsgemeinschaft kann ein **Vertreter der Arbeitsgemeinschaft der Schwerbehindertenvertretungen** bei den obersten Landesbehörden Baden-Württemberg (AGSV BW) teilnehmen (Abs. 2 Nr. 1). Das entspricht dem Teilnahmerecht der Schwerbehindertenvertretung an den Sitzungen der Personalvertretungen nach §§ 32 Abs. 5, 54 Abs. 4 und 55 Abs. 3. Als Vertreter der AGSV BW wird i. d. R. der Vorsitzende teilnehmen. Es ist jedoch nicht ausgeschlossen, dass auch ein anderes Mitglied an seiner Stelle teilnehmen kann.[3] Die dem Landtag zugeordneten Dienststellen gehören nicht zur der Regierung unterstellten Landesverwaltung. Das sind derzeit die Landtagsverwaltung, die Dienststelle des Landesbeauftragten für den Datenschutz sowie die Landeszentrale für politische Bildung. Deshalb können die PR aus dem Geschäftsbereich der Landtagsverwaltung 3

1 LT-Dr. 15/4224, S. 121 [zu § 55b]; Altvater-*Lenders*, § 98 Rn. 12.
2 LT-Dr. 15/4224, S. 121 [zu § 55b].
3 LT-Dr. 15/4224, S. 121, 122, [zu § 55b]; Rooschüz-*Mausner*, § 57 Rn. 5; Altvater-*Lenders*, § 96 Rn. 6.

keine Mitglieder in die ARGE-HPR entsenden.[4] Nach **Abs. 2 Nr. 2** können die PR-Vorsitzenden dieser drei Dienststellen jedoch an den Sitzungen der ARGE-HPR teilnehmen.

3. Anhörungsrechte

4 **(Abs. 3)** Die ARGE-HPR ist nach Abs. 3 vor Entscheidungen der Landesregierung, die für die Beschäftigten in den Geschäftsbereichen der obersten Dienstbehörden unmittelbar belastende Regelungen enthalten (Abs. 3 Nr. 1), sowie vor ressortübergreifenden Entscheidungen oberster Dienstbehörden, die Beschäftigte in den Geschäftsbereichen anderer oberster Dienstbehörden betreffen (Abs. 3 Nr. 2), **anzuhören**. Die ARGE-HPR ist anzuhören, wenn die Entscheidungen in allgemeinen Angelegenheiten nach den §§ 74, 75, 81 und 87 beteiligungspflichtig wären, würden sie von einer Dienststelle für ihre Beschäftigten getroffen. Ausgenommen sind beteiligungspflichtige personelle Einzelmaßnahmen sowie Angelegenheiten, in denen nach beamtenrechtlichen Vorschriften (§ 53 BeamtStG, § 89 LBG) die Spitzenorganisationen der Gewerkschaften und Berufsverbände zu beteiligen sind (Abs. 3 S. 2).[5] Der Verweis auf § 56 Abs. 5 stellt nochmals ausdrücklich klar, dass mit der Einrichtung der ARGE-HPR nicht in die Beteiligungsrechte der Personalvertretungen eingegriffen wird. Auch die Beteiligungsrechte der Personalvertretungen nach § 91 Abs. 5 u. 6 bleiben unberührt.[6] Die ARGE-HPR ist deshalb keine neben den Stufenvertretungen eingerichtete weitere Personalvertretung.[7]

4. Verfahren

5 **(Abs. 4)** Die ARGE-HPR ist von der federführenden obersten Dienstbehörde **rechtzeitig und umfassend** unter Vorlage aller erforderlichen Unterlagen von der beabsichtigten Maßnahme **zu unterrichten und dazu anzuhören** (S. 1 u. 2). Umfang und Zeitpunkt der Unterrichtungspflicht entsprechen denen des § 71 Abs. 1 u. 2. Die ARGE-HPR kann nach S. 3 verlangen, dass die Maßnahme mit ihr erörtert wird. Die ARGE-HPR hat ihre Stellungnahme zu der beabsichtigten Maßnahme der obersten Dienstbehörde, die die beabsichtigte Maßnahme vertritt, innerhalb von drei Wochen zu übermitteln. Abweichende Fristen können nach S. 4 Hs. 2 einvernehmlich vereinbart werden. Aus der Verweisung in S. 5 auf § 91 Abs. 3 ergibt sich, dass

4 LT-Dr. 15/4224, S. 122 [zu § 55b].

5 LT-Dr. 15/4224, S. 122 [zu § 55b]; Rooschüz-*Mausner*, § 57 Rn. 11; zum BPersVG: Altvater-*Lenders*, § 98 Rn. 2 ff.

6 LT-Dr. 15/4224, S. 122 [zu § 55b].

7 So auch Rooschüz-*Mausner*, § 57 Rn. 12.

sich die Frist zur Stellungnahme auf fünf Wochen erhöht, wenn Personalräte anzuhören sind.

5. Weitere Befugnisse in grundsätzlichen Angelegenheiten

(Abs. 5) Über die Unterrichtungs- und Anhörungsrechte hinaus ist die ARGE-HPR berechtigt, grundsätzliche Angelegenheiten, die für die Beschäftigten von allgemeiner Bedeutung sind und über den Geschäftsbereich einer obersten Dienstbehörde hinausgehen, zu **beraten** (S. 1) sowie dazu **Vorschläge zu unterbreiten und Stellungnahmen abzugeben** (S. 2). Dies gilt auch für Angelegenheiten, in denen Beteiligungsrechte der Spitzenorganisationen der Gewerkschaften und Berufsverbände bestehen, etwa bei Anhörungen zu dienstrechtlichen Gesetz- und Verordnungsentwürfen, selbst wenn die PR-Beteiligung nach § 90 ausgeschlossen ist (S. 3). Für den Verfahrensablauf gelten nach S. 5 die Regelungen des Abs. 4 entsprechend. 6

6. Geschäftsführung

(Abs. 6) Wegen der Bestimmung des **Vorsitzenden und des Stellvertreters**, der Nichtöffentlichkeit der Sitzungen, der Notwendigkeit, eine **Geschäftsordnung** zu verabschieden sowie der Rechte und Pflichten der Mitglieder verweist S. 1 auf die Regelungen des **§ 56 S. 1 bis 3** (vgl. dazu § 56 Rn. 5). 7

7. Kostentragung

Wegen der **Kostentragung** verweist S. 2 auf **§ 41** mit der Maßgabe, dass die anfallenden notwendigen Kosten für die Tätigkeit der Geschäftsstelle wie Aufwendungen für Personal und Sachaufwand diejenige oberste Dienstbehörde trägt, der der Vorsitzende angehört. Bislang war mit diesen Kosten das Innenministerium belastet. Dagegen werden die allgemeinen Aufwendungen für die einzelnen Mitglieder der ARGE-HPR (insbesondere Reisekosten, Arbeitszeitausgleich, Freistellung) wie bisher von der obersten Dienstbehörde, deren Geschäftsbereich das jeweilige Mitglied angehört, getragen. Insoweit wird die Verwaltungspraxis, wonach die obersten Dienstbehörden in allgemeinen und ressortübergreifenden Angelegenheiten aufgrund des Ministerratsbeschlusses vom 29. November 1983 beteiligt werden, lediglich nachgezeichnet.[8] 8

8 LT-Dr. 15/4224, S. 122 [zu § 55b]; Rooschüz-*Mausner*, § 57 Rn. 31.

Teil 5
Ausbildungspersonalrat

§ 58

(1) Für Auszubildende in öffentlich-rechtlichen Ausbildungsverhältnissen, Beamte im Vorbereitungsdienst und für Beschäftigte in dem Vorbereitungsdienst entsprechender Berufsausbildung kann das für die Ordnung der Ausbildung zuständige Ministerium im Einvernehmen mit dem Innenministerium durch Rechtsverordnung bestimmen, dass

1. Ausbildungspersonalräte für eine oder mehrere Dienststellen oder für einzelne Ausbildungsbereiche gebildet werden,
2. die Amtszeit abweichend von § 22 Abs. 1 auf eine kürzere Dauer als fünf Jahre, mindestens aber auf die Dauer von einem Jahr, festgesetzt und ein von § 22 Absatz 3 Satz 1 abweichender Zeitraum für die regelmäßigen Wahlen festgelegt wird,
3. von Beteiligungsangelegenheiten des Teils 8 Abschnitt 2 abgesehen werden kann, soweit dies mit Rücksicht auf eine sachgemäße Ausbildung oder sonst aus wichtigen Gründen erforderlich und gesetzlich nichts anderes bestimmt ist.

(2) Wahlberechtigt und wählbar zum Ausbildungspersonalrat sind die Auszubildenden in öffentlich-rechtlichen Ausbildungsverhältnissen, die Beamten im Vorbereitungsdienst und die Beschäftigten in dem Vorbereitungsdienst entsprechender Berufsausbildung der Dienststellen oder des Ausbildungsbereichs, für die der Ausbildungspersonalrat gebildet wird.

(3) [1]Für die Wahl, die Amtszeit, die Geschäftsführung, die Rechte, Pflichten und Aufgaben des Ausbildungspersonalrats und seiner Mitglieder gelten § 8 Absatz 1, § 9 Absatz 1 Nummer 1 und Absatz 2 Nummer 1, § 10 Absatz 1, 3 und 5, §§ 11 bis 14 Absatz 1, §§ 15, 16 Absatz 1, § 17 Absatz 1 und 2, §§ 18 bis 23 Absatz 1 Satz 1 Nummer 2 bis 6, Satz 2 und 3, §§ 24 bis 30, 32 Absatz 1 bis 3, 5 bis 8, §§ 33, 34, 38 bis 44, 47 Absatz 1 und 2, §§ 49 bis 53, 68 bis 71 und 73 bis 88 entsprechend. [2]An Stelle einer Personalversammlung zur Bestellung des Wahlvorstands übt der Leiter der Dienststelle, bei der der Ausbildungspersonalrat gebildet ist, die Befugnis zur Bestellung des Wahlvorstands nach § 16 Absatz 2 und 3 sowie § 17 Absatz 3 aus.

(4) Beschäftigte, die zu einem Ausbildungspersonalrat wahlberechtigt sind, besitzen nicht die Wahlberechtigung und die Wählbarkeit zum Personalrat, zum Gesamtpersonalrat, zu den Stufenvertretungen und zur Jugend- und Auszubildendenvertretung.

(5) § 31 findet mit der Maßgabe Anwendung, dass für die Beratung sozialer Angelegenheiten gemeinsame Sitzungen mit dem Personalrat und dem Richterrat und Staatsanwaltsrat der Dienststelle, deren Leiter auch der Leiter der Dienststelle ist, bei der der Ausbildungspersonalrat gebildet ist, stattfinden können.
(6) Eine Beteiligung bei der Gestaltung von Lehrveranstaltungen sowie bei der Auswahl der Lehrpersonen findet nicht statt.

Vergleichbare Vorschriften:
keine im BPersVG und im BetrVG

Inhaltsübersicht Rn.

1. Vorbemerkungen

§ 58 entspricht mit redaktionellen Anpassungen an die neugefasste Paragraphenfolge **§ 56 a. F.** Diese Vorschrift wurde zum 1. 1. 11 **durch Art. 6 Nr. 13 DRG geändert**. Dabei wurde in Abs. 1 und 2 im Anschluss an § 16 Abs. 5 LBG n. F. der Begriff »Dienstanfänger« durch den Begriff »Auszubildende in öffentlich-rechtlichen Ausbildungsverhältnissen« ersetzt (vgl. § 8 Rn. 18). Außerdem wurde die Aufzählung entsprechend anzuwendender Vorschriften in Abs. 3 S. 1 durch die Hinzufügung des § 47a ergänzt. Schließlich wurden an zwei Stellen redaktionelle Berichtigungen vorgenommen: Erstens wurde in Abs. 3 S. 1 die Angabe »§ 12 Abs. 2 Nr. 2« durch die Angabe »§ 12 Abs. 2« ersetzt und damit die Neufassung des § 12 Abs. 2 durch Art. 2 Nr. 2 ÄndG v. 3. 5. 05[1] nachvollzogen. Zweitens wurde in Abs. 4 die Aufzählung (anderer) Personalvertretungen i. w. S. durch die Streichung der GJAV geändert (vgl. dazu 1. Aufl., Rn. 14). 1

2. Einrichtung von Ausbildungspersonalräten

(Abs. 1) § 11 Abs. 2 bestimmt, dass **Auszubildende in öffentlich-rechtlichen Ausbildungsverhältnissen, Beamte im Vorbereitungsdienst und Beschäftigte in dem Vorbereitungsdienst entsprechender Berufsausbildung** nur bei ihrer **Stammbehörde** wählbar sind (vgl. § 8 Rn. 15 f.). Diese 1a

1 GBl. S. 321.

Vorschrift ist bei der Wahl des GPR (§ 54 Abs. 4 S. 1) sowie des BPR und des HPR (§ 55 Abs. 3) entsprechend anzuwenden. Sie gilt aber nur, soweit sich aus § 58 nichts anderes ergibt. Die Bestimmung eröffnet die Möglichkeit, für Beschäftigte, die zu dem genannten Personenkreis gehören, **Ausbildungspersonalräte** (APR) einzurichten. Die für den Bundesdienst geltenden Vorschriften des BPersVG sehen derartige Sondervertretungen nicht vor, wohl aber fast alle LPVG.[2] Die Grundlage dafür bildet die **Rahmenvorschrift des § 95 Abs. 1 Hs. 2 BPersVG**, die seit der Föderalismusreform I allerdings nur noch übergangsweise fortgilt (vgl. § 94 BPersVG Rn. 11).[3]

2 Abs. 1 **ermächtigt** das für die Ordnung der Ausbildung von Auszubildenden in öffentlich-rechtlichen Ausbildungsverhältnissen, Beamten im Vorbereitungsdienst oder Beschäftigten in dem Vorbereitungsdienst entsprechender Berufsausbildung jeweils zuständige Ministerium, im Einvernehmen mit dem Innenministerium (IM), also mit dessen Einverständnis, durch Rechtsverordnung nach Nr. 1 zu bestimmen, dass und für welchen Zuständigkeitsbereich APR gebildet werden und dabei – von den allgemeinen Vorschriften abweichend – nach Nr. 2 die Amtszeit dieser APR und den Zeitraum ihrer regelmäßigen Wahlen sowie nach Nr. 3 die Fälle ihrer Beteiligung zu regeln. Zurzeit gelten folgende, auf dieser Grundlage erlassene **Verordnungen** (VO):

- VO des Kultusministeriums (KM) über die Bildung von APR im Geschäftsbereich der Kultusverwaltung v. 7. 3. 77,[4]
- VO des Justizministeriums (JuM) über die Errichtung von APR für Rechtsreferendare v. 17. 3. 77,[5]
- VO des IM über APR für die Anwärterinnen und Anwärter des gehobenen Verwaltungsdienstes v. 15. 1. 10,[6]
- VO des Wissenschaftsministeriums (MWK) über die Bildung eines APR für den gehobenen Archivdienst v. 8. 3. 89[7] und
- VO des IM über Ausbildungspersonalräte für die Anwärterinnen und Anwärter des gehobenen Dienstes im digitalen Verwaltungsmanagement und zur Änderung weiterer Vorschriften v. 17. 5. 21.[8]

---

2 Vgl. *Altvater*, § 95 a. F. Rn. 9–9d.

3 *Altvater*, § 95 a. F. Rn. 1a.

4 GBl. 1977, S. 98, zuletzt geändert durch Art. 11 des Gesetzes v. 3. 12. 13 (GBl. S. 329 ff., 360 f.).

5 GBl. 1977 S. 98, zuletzt geändert durch Art. 10 des Gesetzes v. 3. 12. 13 (GBl. S. 329 ff., 360 f.).

6 GBl. 2010 S. 21, zuletzt geändert durch Art. 9 des Gesetzes v. 3. 12. 13 (GBl. S. 329 ff., 360 f.).

7 GBl. S. 143, zuletzt geändert durch Art. 12 des Gesetzes v. 3. 12. 13 (GBl. S. 329 ff., 360 f.).

8 GBl. S. 466.

Die Rechtmäßigkeit einer nach Abs. 1 erlassenen VO kann in einem **Normenkontrollverfahren** nach § 47 VwGO i.V.m. § 4 AGVwGO vom Verwaltungsgerichtshof überprüft werden,[9] wobei dort der für Normenkontrollverfahren zuständige Senat zu entscheiden hat.[10]

3. Zuständigkeitsbereich

(Abs. 1 Nr. 1) Der **Zuständigkeitsbereich** eines APR kann eine oder mehrere Dienststellen oder einzelne Ausbildungsbereiche innerhalb einer oder mehrerer Dienststellen umfassen. Die zurzeit geltenden Verordnungen (vgl. Rn. 2) sehen APR für folgende Zuständigkeitsbereiche vor: 3

- einen APR für **Lehramtsanwärter** an jedem Seminar für Studienreferendare, jedem Institut für Realschullehrer an einer Pädagogischen Hochschule, an jedem Pädagogischen Fachseminar, an der Berufspädagogischen Hochschule Stuttgart und am Fachseminar für Sonderpädagogik in Reutlingen (§ 1 Abs. 1 VO KM; vgl. dazu § 98 Rn. 11),
- einen APR für **Anwärter für den gehobenen Bibliotheksdienst**, die sich im zweiten Ausbildungsjahr befinden, an der Zentralen Ausbildungsstelle für den gehobenen Bibliotheksdienst bei der Landesbibliothek Stuttgart (§ 1 Abs. 2 VO KM),
- einen APR für die einem Landgericht als Stammbehörde zugewiesenen **Rechtsreferendare** bei dem jeweiligen Landgericht (§ 1 VO JuM),
- jeweils einen APR bei der Hochschule für öffentliche Verwaltung und Finanzen Ludwigsburg und bei der Hochschule für öffentliche Verwaltung Kehl für diejenigen **Anwärter des gehobenen Verwaltungsdienstes**, für die die Hochschule Ausbildungsbehörde ist (§ 1 VO IM),
- einen APR für die **Anwärter des gehobenen Archivdienstes** beim Hauptstaatsarchiv (§ 1 VO MWK) und
- jeweils einen APR bei der Hochschule für öffentliche Verwaltung und Finanzen Ludwigsburg und bei der Hochschule für öffentliche Verwaltung Kehl für diejenigen Anwärterinnen und Anwärter des gehobenen Dienstes im digitalen Verwaltungsmanagement, für die die Hochschule Ausbildungsbehörde ist, jeweils ein Ausbildungspersonalrat gebildet (§ 1 VO IM).

4. Amtszeit

(Abs. 1 Nr. 2) Die **Amtszeit** des APR kann abweichend von § 22 Abs. 1 auf eine kürzere Dauer als fünf Jahre, mindestens aber auf die Dauer von einem Jahr, festgesetzt und ein von § 22 Abs. 3 abweichender Zeitraum für 4

9 *VGH BW* v. 9.2.81 – 4 S 1540/80 –, ESVGH 31, 126.

10 *BVerwG* v. 2.4.80 – 6 P 4.79 –, PersV 81, 331.

die **regelmäßigen Wahlen** festgelegt werden. Dementsprechend sehen die geltenden Verordnungen vor, dass die regelmäßige Amtszeit jedes APR ein Jahr beträgt. Die regelmäßigen Wahlen finden in jedem Jahr in jeweils unterschiedlichen Zeiträumen statt. Die Amtszeit endet spätestens am jeweils letzten Tag des Zeitraums der regelmäßigen Wahlen (für die APR bei den Hochschulen für öffentliche Verwaltung [u. Finanzen] folgt dies aus § 22 Abs. 1 S. 3 LPVG u. § 2 Abs. 2 bzw. § 2 Abs. 1 der Verordnungen IM, für die übrigen APR aus § 2 der jeweiligen VO). Die generelle Verkürzung der regelmäßigen Amtszeit auf die kürzest mögliche Dauer von einem Jahr erscheint angesichts der unterschiedlichen Dauer der Ausbildungszeiten einerseits und der Notwendigkeit einer kontinuierlichen Arbeit des APR andererseits nicht sachgerecht.

5. Beteiligung des Ausbildungspersonalrats

5 **(Abs. 1 Nr. 3)** In den Verordnungen über die Bildung von APR kann von **Beteiligungsangelegenheiten des Abschnitts 2** des **Teils 8** des LPVG – d. h. von den Beteiligungsangelegenheiten der **§§ 74, 75, 81, 87** – abgesehen werden, soweit dies mit Rücksicht auf eine sachgemäße Ausbildung oder sonst aus wichtigen Gründen erforderlich und gesetzlich nichts anderes bestimmt ist. Es ist zweifelhaft, ob diese weitgehende Ermächtigungsgrundlage mit dem Bestimmtheitsgebot des Art. 61 Abs. 1 S. 2 LVerf vereinbar ist.

6 Aufgrund des Abs. 1 Nr. 3 sind in den geltenden Verordnungen folgende **Regelungen über die Beteiligung des APR** getroffen worden:

- Die **APR für Lehramtsanwärter** und der **APR für Anwärter für den gehobenen Bibliotheksdienst** werden an den Maßnahmen beteiligt, die nach dem LPVG der Mitbestimmung oder der Mitwirkung unterliegen und von den Dienststellen, bei denen die APR gebildet sind, für die bei ihnen in Ausbildung befindlichen Anwärter getroffen werden (§ 3 S. 1 VO KM). Soweit es sich im Schulbereich um Angelegenheiten handelt, in denen die Dienststellen, bei denen die APR für Lehramtsanwärter bestehen, nicht zur Entscheidung befugt sind, werden nach § 98 Abs. 3 die entsprechenden Lehrerstufenvertretungen beteiligt (vgl. § 98 Rn. 11).
- Die **APR für Rechtsreferendare** sind an Maßnahmen nach §§ 73 bis 87 mit Ausnahme des § 75 Abs. 1 Nr. 4, 6 und 7a zu beteiligen (§ 3 Abs. 2 VO JuM). Eine Beteiligung findet nur an Maßnahmen des Präsidenten des Oberlandesgerichts oder des Landgerichts statt, nicht dagegen an Maßnahmen des JuM und des Landesjustizprüfungsamtes (§ 3 Abs. 3 VO JuM). Dabei tritt an die Stelle der Mitbestimmung generell die Mitwirkung.
- Die **APR für die Anwärter des gehobenen Verwaltungsdienstes** sind an jenen Maßnahmen zu beteiligen, die diese Anwärter berühren und in die Zuständigkeit der jeweiligen Hochschule fallen. An Maßnahmen des

IM und des MWK werden sie nicht beteiligt. In den Fällen der §§ 74 und 75 tritt an die Stelle der Mitbestimmung die Mitwirkung (§ 3 VO IM).

- Der **APR für Anwärter des gehobenen Archivdienstes** ist an Maßnahmen nach §§ 73 bis 87 mit Ausnahme des § 75 Abs. 1 Nr. 4, 6 und 7a zu beteiligen. An die Stelle der Mitbestimmung tritt die Mitwirkung (§ 3 Abs. 2 VO MWK).
- Die **APR für die Anwärter des gehobenen Dienstes im digitalen Verwaltungsmanagement** sind an jenen Maßnahmen zu beteiligen, die diese Anwärter berühren und die in die Zuständigkeit der jeweiligen Hochschule fallen. An Maßnahmen des IM und des MWK werden sie nicht beteiligt. In den Fällen der §§ 74 und 75 tritt an die Stelle der Mitbestimmung die Mitwirkung (§ 3 Abs. 2 VO IM v. 17.5.21).

Schließlich legen die Verordnungen des KM und des MWK ausdrücklich fest, dass der APR insbesondere die in den **§§ 68 bis 71** genannten Aufgaben, Rechte und Pflichten hat (§ 3 S. 2 VO KM u. § 3 Abs. 1 VO MWK), während in der VO des JuM geregelt ist, dass der APR nach den §§ 68 bis 71 beteiligt wird, soweit die Angelegenheit in die Zuständigkeit des Präsidenten des Landgerichts fällt (§ 3 Abs. 1 VO JuM).

Die in den Verordnungen getroffenen Regelungen zur Beteiligung des APR 7
sind zumindest insoweit **bedenklich**, als in ihnen die generelle Ersetzung der Beteiligungsform der Mitbestimmung durch die der Mitwirkung bestimmt ist. Dies dürfte im Widerspruch zu der **Rahmenvorschrift des § 95 Abs. 1 Hs. 2 BPersVG a. F.** stehen, weil die danach möglichen besonderen Regelungen für Beamte im Vorbereitungsdienst und Beschäftigte in entsprechender Berufsausbildung nur unter Beachtung der **Rahmenvorschrift des § 104 BPersVG a. F.** getroffen werden dürfen; die genannten Rahmenvorschriften gelten seit der Föderalismusreform I indessen nur noch übergangsweise fort.[11] Der *VGH BW* hat jedoch einen Verstoß gegen höherrangiges Recht verneint.[12]

Anders als die JAV ist der APR eine **selbstständige Personalvertretung**. Im 8
Rahmen seiner Zuständigkeit stehen ihm und nicht der allgemeinen Personalvertretung die Beteiligungsrechte gegenüber der Dienststelle zu.[13]

11 Vgl. *Altvater*, § 95 a. F. Rn. 1a u. 8; § 104 a. F. Rn. 1, 13 u. 15, jew. m. w. N.; ferner unter *Klimpe-Auerbach*, 4. Aufl., § 94 BPersVG Rn. 11

12 Beschl. v. 9.2.81 – 4 S 1540/80 –, ESVGH 31, 126.

13 Vgl. *VGH BW* v. 18.3.80 – IV 3210/78 –, PersV 82, 163, v. 19.5.81 – 13 S 2362/80 –, PersV 87, 473 Ls., u. v. 22.5.86 – 4 S 1132/86 –, NJW 87, 917; *BVerwG* v. 24.11.86 – 6 P 3.85 –, PersR 87, 84.

6. Wahlberechtigung und Wählbarkeit

9 **(Abs. 2)** Zum APR **wahlberechtigt** und **wählbar** sind diejenigen Auszubildenden in öffentlich-rechtlichen Ausbildungsverhältnissen, Beamten im Vorbereitungsdienst und Beschäftigten in dem Vorbereitungsdienst (vgl. § 8 Rn. 15 f.), die den Dienststellen oder dem Ausbildungsbereich angehören, für die bzw. den der APR gebildet wird. Die Wählbarkeit hängt weder vom Erreichen einer bestimmten Altersgrenze ab (Abs. 3 S. 1 verweist nicht auf § 9 Abs. 1 Nr. 2) noch wird sie durch das Überschreiten einer bestimmten Altersgrenze (vgl. § 60 Abs. 2) ausgeschlossen.

10 **(Abs. 3)** Soweit in Abs. 3 S. 2 und 3 sowie in der nach Abs. 1 erlassenen Verordnung über den jeweiligen APR nichts anderes bestimmt ist, sind die für den allgemeinen PR geltenden, in Abs. 3 S. 1 genannten **Vorschriften des Teils 2, 3 und 8 des LPVG** für die **Wahl**, die **Amtszeit**, die **Geschäftsführung** und die **Rechte, Pflichten und Aufgaben** des APR und seiner Mitglieder entsprechend anzuwenden. Für die Personalvertretung wurde durch den Landesgesetzgeber mit Änderungsgesetz v. 12. 11. 20 § 34 Abs. 1a LPVG eingefügt und die elektronische Sitzungsteilnahme und Beschlussfassung gesetzlich geregelt (vgl. § 34 Rn. 1a–1g). Die Regelung gilt durch die Verweisung auf § 34 auch für den APR. **Nicht verwiesen** wird dabei auf: **§ 8 Abs. 2**, weil das Wahlrecht zum allgemeinen PR durch Abs. 4 ausgeschlossen ist; **§ 9 Abs. 1 Nr. 2** mit der Folge, dass die dort für die Wahl zum allgemeinen PR aufgestellten Wählbarkeitsvoraussetzungen für die APR-Wahl nicht gelten; **§ 9 Abs. 2 Nr. 2–5**, weil die dort genannten Beschäftigten nicht zu dem vom APR vertretenen Personenkreis gehören; **§ 10 Abs. 2**, weil die Dienststellen, bei denen APR gebildet werden, bereits in der nach Abs. 1 erlassenen Verordnung über die Errichtung des jeweiligen APR abschließend festgelegt sind; **§ 23 Abs. 1 S. 1 Nr. 1** mit der Folge, dass eine Neuwahl des APR wegen eines nach der Wahl eintretenden Ansteigens oder Absinkens der Zahl der regelmäßig Beschäftigten nicht in Betracht kommt; **§ 16 Abs. 2 und 3**, weil für die Bestellung des Wahlvorstands spezielle Regelungen in Abs. 3 S. 2 enthalten sind (vgl. Rn. 11); **§ 23 Abs. 2** mit der Folge, dass eine vorzeitige Neuwahl von Gruppenvertretern ausgeschlossen ist; **§ 31**, weil für die Zusammenarbeit des APR mit Richterrat und Staatsanwaltsrat die Sonderregelung des Abs. 5 gilt (vgl. Rn. 16); **§ 37** mit der Folge, dass ein Einspruchsrecht gegen einen Beschluss des APR nicht vorgesehen ist; **§ 45** mit der Folge, dass eine generelle Freistellung von Mitgliedern des APR zur Wahrnehmung seiner Aufgaben nicht vorgesehen ist, und somit es auch nicht zu Benachteiligungen in Folge von Freistellungen kommen kann; **§ 46**, weil § 56 keine Freistellungsstaffeln für APR-Mitglieder vorsieht; **§ 47 Abs. 3 und 4**, weil der Landesgesetzgeber möglicherweise (im Einklang mit dem allerdings nicht für entsprechend anwendbar erklärten § 47 Abs. 3 S. 1) davon ausgegangen ist, dass der besondere Kündigungsschutz nach den §§ 15 und 16 KSchG

auch für jene in einem privatrechtlichen Ausbildungsverhältnis stehenden »Beschäftigten in entsprechender Berufsausbildung« nicht gelten soll, die (zwar) nach § 56 Abs. 1 (jedoch nicht nach den auf seiner Grundlage bisher erlassenen VO) Mitglied eines APR sein könnten (vgl. § 48 Rn. 19). Da der APR eine selbstständige Personalvertretung ist (vgl. Rn. 8), gelten die **allgemeinen Vorschriften der §§ 2, 6, 7 und 67** auch ohne Verweisung für ihn. Das Gleiche gilt für die Vorschriften der **§§ 107 bis 109 BPersVG a. F.**; zu ihrer weiteren Geltung wird auf die Ausführungen zum Schutz der JAV-Mitglieder verwiesen (bei § 64 Rn. 1), allerdings mit der Einschränkung, dass die Anwendbarkeit von § 107 i. V. m. § 9 sowie von § 108 Abs. 1 BPersVG aus den vorstehend zu § 47 Abs. 3, § 48 genannten Gründen ausscheidet. Die fehlende Verweisung auf die §§ 54, 55 und 91 dürfte die Bildung von **Stufenvertretungen** für den Bereich der APR ausschließen. Ausgeschlossen ist durch die eingeschränkte Verweisung in Satz 1 a. E. auch die Bildung eines Wirtschaftsausschusses.

7. Wahlvorstand

Die Wahl des APR ist von einem eigens dafür bestellten **Wahlvorstand** durchzuführen. Besteht in der Dienststelle bereits ein APR, so hat dieser den Wahlvorstand zu bestellen (Abs. 3 S. 1 i. V. m. § 16 Abs. 1). Hat der APR diese Pflicht spätestens zehn Wochen vor Ablauf seiner Amtszeit nicht erfüllt, ist der Wahlvorstand nach Abs. 3 S. 2 i. V. m. § 16 Abs. 2 Nr. 1 nicht von einer Personalversammlung, sondern auf Antrag von mindestens drei Wahlberechtigten oder einer in der Dienststelle vertretenen Gewerkschaft vom Leiter der Dienststelle, bei der der APR gebildet ist, zu bestellen. Das gilt nach Abs. 3 S. 2 i. V. m. § 16 Abs. 2 Nr. 2 auch dann, wenn in der Dienststelle kein APR besteht. Kommt der Wahlvorstand seiner Verpflichtung zur Einleitung sowie zur Vorbereitung und Durchführung der Wahl nicht nach, hat nach Abs. 3 S. 3 i. V. m. § 17 Abs. 3 der Dienststellenleiter von Amts wegen einen neuen Wahlvorstand zu bestellen. Ansonsten sind die Vorschriften, die bei der Wahl des allgemeinen PR für den Wahlvorstand gelten, entsprechend anzuwenden (vgl. §§ 15 bis 21 LPVG; § 53 LPVGWO). 11

Da der APR in seiner Zusammensetzung starken, gelegentlich kurzfristigen Veränderungen unterliegen kann und nach jeder Neuwahl sich überwiegend oder ausschließlich aus Mitgliedern zusammensetzt, die erstmals in einem APR arbeiten, ist regelmäßig »zumindest für einige« der neuen Mitglieder die Teilnahme an **Schulungs- und Bildungsveranstaltungen** i. S. d. § 44 Abs. 1 erforderlich.[14] 12

13 Nach Abs. 3 S. 1 i. V. m. § 47 Abs. 1 und 2, auf die verwiesen wird, dürfen die Mitglieder des APR, abgesehen von entsprechenden Maßnahmen aufgrund

14 Vgl. *BVerwG* v. 24. 11. 86, a. a. O.

der für sie geltenden Ausbildungsordnung, gegen ihren Willen nur **versetzt** oder **abgeordnet** werden, wenn dies aus wichtigen dienstlichen Gründen unvermeidbar ist.

14 **(Abs. 4)** Nach Abs. 4 sind die zu einem APR wahlberechtigten Beschäftigten zu allen **anderen Vertretungsorganen**, die in unmittelbarer Wahl gebildet werden (PR der Stammbehörde, GPR, Stufenvertretungen und JAV), **weder wahlberechtigt noch wählbar**.

15 Da die Bildung von Stufenvertretungen für den Bereich der APR nicht vorgesehen ist (vgl. Rn. 10 a. E.), dürfte der in Abs. 4 festgelegte **Ausschluss des Wahlrechts zu den allgemeinen Stufenvertretungen** jedenfalls dann mit den (übergangsweise fortgeltenden) Rahmenvorschriften des § 95 Abs. 1 Hs. 2 und des § 104 BPersVG (vgl. Rn. 7) nicht in Einklang stehen, wenn dem APR die Beteiligung an Maßnahmen übergeordneter Dienststellen versagt wird, so wie dies in zwei der nach Abs. 1 erlassenen Verordnungen ausdrücklich festgelegt ist (jew. § 3 Abs. 3 VO JuM bzw. § 3 Abs. 1 VO IM; vgl. Rn. 6).[15]

16 **(Abs. 5)** Der Anwendungsbereich des § 31, der i. V. m. § 28 LRiStAG die Wahrnehmung gemeinsamer Aufgaben durch PR, Richter- und Staatsanwaltsrat regelt, wird durch Abs. 5 auf den APR ausgedehnt. Danach können **gemeinsame Sitzungen des APR mit dem PR und dem Richterrat und Staatsanwaltsrat** der Dienststelle, bei der der APR gebildet ist, stattfinden. Dabei handelt es sich nach den geltenden Verordnungen über die Errichtung von APR um das Landgericht und den dort gebildeten APR für Rechtsreferendare (vgl. Rn. 2 f.). Gegenstand solcher gemeinsamen Sitzungen sind soziale Angelegenheiten. Dies sind nicht nur die in § 74 Abs. 1 Nr. 1–4 aufgeführten sozialen Angelegenheiten i. e. S., sondern – dem Begriffsverständnis in § 81 Abs. 1 Nr. 1 entsprechend – alle Angelegenheiten, die die Arbeitsbedingungen der beschäftigten Referendare betreffen (vgl. § 81 Rn. 7).[16] Eine gemeinsame Sitzung ist durchzuführen, wenn nach den für das jeweilige Vertretungsorgan geltenden Rechtsvorschriften neben dem APR auch der PR, der Richterrat oder der Staatsanwaltsrat an einer solchen Angelegenheit zu beteiligen ist.

17 **(Abs. 6)** Gemäß Abs. 6 findet eine Beteiligung des APR an Maßnahmen, die der **Gestaltung von Lehrveranstaltungen** und der **Auswahl von Lehrpersonen** dienen, nicht statt. Damit wird die Beteiligung des APR nach § 75 Abs. 4 Nr. 9a und b teilweise ausgeschlossen. Mit »Gestaltung von Lehrveranstaltungen« ist das Gleiche gemeint wie in § 75 Abs. 3 Nr. 9 (vgl. § 75 Rn. 206). Die »Auswahl von Lehrpersonen« bezieht sich auf alle Personen, die im Rahmen der Ausbildung konkret eine Lehrtätigkeit wahrnehmen.

---

15 A. A. aber *VGH BW* v. 9. 2. 81 – 4 S 1540/80 –, ESVGH 31, 126; Rooschüz-*Mausner*, § 58 Rn. 10.

16 Rooschüz-*Mausner*, § 58 Rn. 36.

Teil 6
Jugend- und Auszubildendenvertretungen, Jugend- und Auszubildendenversammlung

§ 59 Grundsatz

In Dienststellen, bei denen Personalvertretungen gebildet sind und denen in der Regel mindestens fünf wahlberechtigte Beschäftigte angehören, die das 18. Lebensjahr noch nicht vollendet haben oder die sich in einer beruflichen Ausbildung befinden, werden Jugend- und Auszubildendenvertretungen gebildet.

Vergleichbare Vorschriften:
§ 99 BPersVG; § 60 Abs. 1 BetrVG

Die Vorschrift entspricht § 57 Abs. 1 a. F. Da die bisher in Abs. 2 aufgeführten Personengruppen, die in keinem unmittelbares Dienstverhältnis zur Dienststelle stehen, nach der Neuregelung des § 4 bereits in den allgemeinen Beschäftigtenbegriff einbezogen sind, konnte Abs. 2 der a. F. entfallen.[1] 1

Die JAV ist das **personalvertretungsrechtliche Organ** zur Vertretung der Interessen der in § 59 definierten jugendlichen und in einem Ausbildungsverhältnis stehenden Beschäftigten. Das LPVG fasst diesen Personenkreis an verschiedenen Stellen unter der Bezeichnung »**Beschäftigte im Sinne von § 59**« zusammen (vgl. Rn. 3, 5). Im Unterschied zum APR ist die JAV **keine selbständige Personalvertretung** (vgl. § 58 Rn. 8), sondern **integrierter Bestandteil der Personalvertretung.**[2] Sie hat keine eigenen Beteiligungsrechte gegenüber dem Dienststellenleiter und kann die Interessen ihrer Wählerschaft nur im Zusammenwirken mit dem PR vertreten.[3] Dieser ist der JAV jedoch nicht übergeordnet und hat ihr gegenüber keine Weisungsbefugnis.[4] Allerdings steht ihr das Recht auf Selbstorganisation im Rahmen der §§ 62, 63, 65 und 66 zu.[5] Die Zusammenarbeit des PR mit der JAV ist im Katalog der allgemeinen Aufgaben des PR in § 70 Abs. 1 Nr. 7 aufgeführt (vgl. § 70 Rn. 27). 2

1 LT-Dr. 15/4224, S. 123 [zu § 57].
2 Altvater-*Kröll*, vor § 99 Rn. 3.
3 *BVerwG* v. 8.7.77 – VII P 22.75 –, PersV 78, 309, u. v. 19.1.09 – 6 P 1.08 –, PersR 09, 205.
4 Altvater-*Kröll*, vor § 99 Rn. 3.
5 Altvater-*Kröll*, vor § 99 Rn. 5.

3 Eine JAV kann nur in einer **Dienststelle** errichtet werden, **in der ein PR besteht** (zu den Folgen seines nach der Wahl der JAV eintretenden Wegfalls vgl. § 62 Rn. 7a). Die Vorschrift spricht zwar von Dienststellen, bei denen »Personalvertretungen« gebildet sind, gemeint sind damit aber, wie sich aus den weiteren Vorschriften des Teils 6 des Gesetzes ergibt, Dienststellen, in denen nach § 10 Abs. 1 örtliche PR gebildet sind. Eine JAV ist bei einer solchen Dienststelle dann zu bilden, wenn ihr in der Regel mindestens fünf **zur JAV wahlberechtigte Beschäftigte** angehören. Das sind zum einen Beschäftigte, die das 18. Lebensjahr noch nicht vollendet haben, also die dem Sprachgebrauch anderer Gesetze entsprechend (vgl. § 99 BPersVG, § 2 JArbSchG, § 2 Abs. 4 AzUVO) als **jugendliche Beschäftigte** zu bezeichnen sind. Zum anderen sind es Beschäftigte, die sich, ohne dass es (wie nach § 99 BPersVG) auf ihr Lebensalter ankommt, in einer **beruflichen Ausbildung** befinden (vgl. § 60 Abs. 2 S. 2). Dabei handelt es sich um Beschäftigte, die in einem privat- oder öffentlich-rechtlichen Rechtsverhältnis zu ihrer Berufsausbildung beschäftigt werden. Die **Wahlberechtigung** der Beschäftigten i. S. v. § 59 ist in § 60 Abs. 1 geregelt (vgl. § 60 Rn. 1 ff.).

4 Der Dienststelle müssen **»in der Regel« mindestens fünf wahlberechtigte Beschäftigte i. S. d. § 59 Abs. 1** angehören. Das Kriterium »in der Regel« ist dasselbe wie in § 10 Abs. 1 (näher dazu § 10 Rn. 2). Steigt oder sinkt nach einer JAV-Wahl die Zahl der wahlberechtigten Beschäftigten i. S. v. § 59, findet keine Neuwahl statt, weil § 62 Abs. 3 S. 2 nicht auf § 23 Abs. 1 S. 1 Nr. 1 verweist. Sinkt die Zahl der in der Regel wahlberechtigten Beschäftigten i. S. v. § 60 Abs. 1 auf Dauer unter fünf, endet das Amt der JAV (vgl. § 10 Rn. 1 u. § 62 Rn. 7b).[6]

§ 60 Wahlberechtigung, Wählbarkeit

(1) [1]Wahlberechtigt sind die Beschäftigten im Sinne von § 59, soweit sich aus den §§ 58 und 96 nichts anderes ergibt. [2]§ 8 Absatz 1 gilt entsprechend.
(2) [1]Wählbar sind Beschäftigte, die am Wahltag das 26. Lebensjahr noch nicht vollendet haben, soweit sich aus den §§ 58 und 96 nichts anderes ergibt. [2]Die Altersgrenze gilt nicht für Beschäftigte, die sich in einer beruflichen Ausbildung befinden. [3]§ 9 Absatz 1 Nummer 1 und Absatz 2 ist entsprechend anzuwenden.

Vergleichbare Vorschriften:
§ 100 BPersVG; § 61 BetrVG

6 Vgl. Altvater-*Kröll*, § 99 Rn. 3.

(Abs. 1) Nach Abs. 1 S. 1 Hs. 1 sind grundsätzlich alle Beschäftigten i. S. v. § 59 (vgl. dort Rn. 2) zur JAV **wahlberechtigt**. Die Wahlberechtigung muss am **Tag der Wahl** gegeben sein. Erstreckt sich die Stimmabgabe über mehrere Tage, gilt der erste Tag der Wahlhandlung als Wahltag (§ 3 S. 4 LPVGWO). Entscheidend ist, dass der Beschäftigte am (ersten) Tag der Wahl das **18. Lebensjahr noch nicht vollendet** (vgl. § 187 Abs. 2 S. 2 u. § 188 Abs. 2 BGB) oder die **Berufsausbildung noch nicht beendet** hat.[1] Nach S. 2 i. V. m. § 8 Abs. 1 sind nicht wahlberechtigte Beschäftigte, die infolge Richterspruchs das **Recht, in öffentlichen Angelegenheiten zu wählen und zu stimmen**, nicht besitzen (vgl. § 8 Rn. 11) oder die am Wahltag seit mehr als zwölf Monaten **unter Wegfall der Bezüge beurlaubt** sind (vgl. § 8 Rn. 12 f.). Die Wahlberechtigung zur JAV schließt die **Wahlberechtigung zum PR** nicht aus (vgl. § 8 Rn. 4). 1

Das aktive Wahlrecht besteht bei der Dienststelle, in der der Beschäftigte am Tag der Wahl arbeitet. 2

Das aktive Wahlrecht ist nach S. 1 Hs. 2 **ausgeschlossen**, soweit sich aus den §§ 58 und 96 etwas anderes ergibt. Ist ein Beschäftigter zum **APR** wahlberechtigt, ist er nach § 58 Abs. 4 von der Wahl der JAV ausgeschlossen (vgl. § 58 Rn. 14). Polizeibeamte im Vorbereitungs- oder Ausbildungsdienst, die am Wahltag das 18. Lebensjahr vollendet haben, haben nach § 96 Abs. 3 kein Wahlrecht zur JAV (vgl. § 96 Rn. 7). 3

(Abs. 2) Zur JAV **wählbar** sind nach Abs. 2 S. 1 Hs. 1 Beschäftigte i. S. d. § 4, die am Wahltag (vgl. Rn. 1) das **26. Lebensjahr noch nicht vollendet** haben. Dabei ist weder die Zugehörigkeit zum Kreis der Beschäftigten i. S. d. § 59 noch die Wahlberechtigung zur JAV erforderlich. Nach S. 2 gilt die Altersgrenze nicht für Beschäftigte **in einer beruflichen Ausbildung** (vgl. § 59 Rn. 2, 4). Weitere Wählbarkeitsvoraussetzung ist nach S. 3 i. V. m. § 9 Abs. 1 Nr. 1 und Abs. 2, dass die Beschäftigten am Wahltag seit zwei Monaten der **Dienststelle** angehören (vgl. § 9 Rn. 3). 4

Zur JAV **nicht wählbar** sind nach Abs. 2 S. 1 Hs. 2 i. V. m. § 58 Abs. 4 Beschäftigte, die zu einem **APR** wahlberechtigt sind (vgl. § 58 Rn. 14), ferner i. V. m. § 96 Abs. 4 Polizeibeamte im Vorbereitungs- oder Ausbildungsdienst, die am Wahltag das 18. Lebensjahr vollendet haben (vgl. § 96 Rn. 7). Darüber hinaus sind nach Abs. 2 S. 3 diejenigen Beschäftigten nicht wählbar, die die **Wählbarkeitsvoraussetzungen nach § 9 Abs. 1 Nr. 1 nicht erfüllen oder auch nach Abs. 2 zum PR nicht wählbar sind** (näher dazu § 9 Rn. 6 f.). Obwohl Abs. 2 anders als Abs. 1 nicht auf § 8 Abs. 1 verweist, ist ein Beschäftigter, der am Wahltag seit mehr als zwölf Monaten **unter Wegfall der Bezüge beurlaubt** ist, zur JAV nicht wählbar, weil die fehlende Verweisung wohl auf einem Redaktionsversehen beruht. 5

---

1 Näher dazu Altvater-*Kröll*, § 100 Rn. 2–4.

6 Die Wählbarkeit zur JAV schließt die **Wählbarkeit zum PR** nicht aus. Da der für den APR geltende § 58 Abs. 4 im Recht der JAV keine Entsprechung hat, ist eine Doppelmitgliedschaft in der JAV und im PR zulässig. Diese verschafft dem PR-Mitglied, das zugleich JAV-Mitglied ist, allerdings kein doppeltes Stimmrecht in den Angelegenheiten, bei denen die JA-Vertreter nach § 32 Abs. 4 S. 2 Hs. 2 im PR stimmberechtigt sind.[2]

§ 61 Zahl der Mitglieder

(1) Die Jugend- und Auszubildendenvertretung besteht in Dienststellen mit in der Regel

5 bis 20	**Beschäftigten im Sinne von § 59 aus einer Person,**
21 bis 50	**Beschäftigten im Sinne von § 59 aus drei Mitgliedern,**
51 bis 200	**Beschäftigten im Sinne von § 59 aus fünf Mitgliedern,**
mehr als 200	**Beschäftigten im Sinne von § 59 aus sieben Mitgliedern.**

(2) § 14 gilt entsprechend.

Vergleichbare Vorschriften:
§ 101 BPersVG; § 62 BetrVG

1 **(Abs. 1)** Die **Größe der JAV** ergibt sich unmittelbar aus dem Gesetz. Nach der Staffel des Abs. 1 besteht die JAV aus **mindestens einer Person** und **höchstens sieben Mitgliedern.** Maßgebend für die Zahl ihrer Mitglieder ist die Zahl derjenigen **Beschäftigten i. S. v. § 59**, die »**in der Regel**« in der Dienststelle beschäftigt sind (vgl. § 59 Rn. 4 u. § 10 Rn. 2). Stichtag ist der zehnte Arbeitstag vor Erlass des Wahlausschreibens (§ 54 S. 1 i. V. m. § 5 S. 2 LPVGWO; vgl. § 10 Rn. 9). Auf die Zahl der Wahlberechtigten kommt es nicht an. Kann die nach Abs. 1 vorgeschriebene Zahl der JAV-Vertreter mangels ausreichender Wahlbewerber nicht erreicht werden, kann eine JAV auch mit weniger Mitgliedern gewählt werden. In derartigen Fällen besteht die JAV aus der **höchstmöglichen Zahl von Mitgliedern** (vgl. § 10 Rn. 8).

2 **(Abs. 2)** § 14 gilt entsprechend. Danach soll die JAV sich aus Vertretern der verschiedenen **Beschäftigungsarten** zusammensetzen, der die in der Dienststelle vorhandenen Beschäftigten i. S. v. § 59 angehören. Es ist auch sinnvoll, auf eine anteilmäßige Vertretung der verschiedenen **Ausbildungsberufe** in der Dienststelle zu achten. Wird die Soll-Vorschrift des 14 Abs. 1 nicht befolgt, ergibt sich daraus kein Anfechtungsgrund.[1]

3 Anders als für den PR in § 11 Abs. 2 vorgeschrieben, werden die Sitze nicht auf die in der Dienststelle vorhandenen **Gruppen** verteilt. Nach § 62 Abs. 1

---

2 Vgl. Altvater-*Kröll*, § 100 Rn. 18.

1 Altvater-*Kröll*, § 101 Rn. 7.

S. 2 i. V. m. § 11 Abs. 1 S. 1 ist eine anteilmäßige Vertretung von Männern und Frauen in der JAV zwar nicht zwingend vorgeschrieben, jedoch sollen auch in der JAV die Geschlechter entsprechend ihrem Anteil unter den Beschäftigten i. S. v. § 59 vertreten sein. Die **Geschlechter** müssen aber gemäß § 62 Abs. 1 S. 2 i. V. m. § 13 Abs. 5 in den Wahlvorschlägen zur JAV-Wahl entsprechend ihrem Anteil unter den Beschäftigten i. S. v. § 59 mit mindestens so vielen Bewerbern aufgeführt sein wie erforderlich sind, um die anteilige Verteilung der Sitze in der JAV auf Frauen und Männer zu erreichen. Wahlvorschläge, die diesem Erfordernis nicht entsprechen, hat der Wahlvorstand nach näherer Maßgabe der Wahlordnung als gültig zuzulassen, wenn die Abweichung schriftlich begründet wird. Die Begründung ist mit dem Wahlvorschlag bekannt zu geben. Darauf muss im Wahlausschreiben hingewiesen werden (§ 54 S. 2 i. V. m. § 9 Abs. 2 Nr. 11 LPVGWO).

§ 62 Wahlgrundsätze

(1) [1]Der Personalrat bestimmt den Wahlvorstand, den Vorsitzenden und den stellvertretenden Vorsitzenden. [2]§ 11 Absatz 1 und 3, § 13 Absatz 1, 3 und 4 Satz 1, Absatz 5, 6 und 8, § 20 Absatz 1 Satz 1 und 2, Absatz 2 und § 21 gelten entsprechend.

(2) [1]Der Wahlvorstand kann bestimmen, dass die Wahl in Dienststellen mit höchstens 20 in der Regel Beschäftigten im Sinne von § 59 in einer Wahlversammlung stattfindet. [2]Er hat dazu spätestens vier Wochen vor Ablauf der Amtszeit einzuberufen. [3]Gewählt wird in geheimer Wahl nach den Grundsätzen der Mehrheitswahl. [4]Der Vorsitzende des Wahlvorstands leitet die Wahlversammlung, führt die Wahl durch und fertigt über das Ergebnis eine Wahlniederschrift.

(3) [1]Die regelmäßigen Wahlen der Jugend- und Auszubildendenvertretung finden im Wechsel

1. zusammen mit den regelmäßigen Wahlen des Personalrats und
2. sonst in der Zeit vom 1. Oktober bis 31. Januar

statt. [2]§ 22 Absatz 3 Satz 2 und 3 sowie § 23 Absatz 1 Satz 1 Nummer 2 bis 6 gelten entsprechend.

(4) [1]Die regelmäßige Amtszeit der Jugend- und Auszubildendenvertretung beträgt zwei Jahre und sechs Monate. [2]Sie endet spätestens mit Ablauf des letzten Tages des Zeitraums, in dem die regelmäßigen Wahlen der Jugend- und Auszubildendenvertretung stattfinden. [3]§ 22 Absatz 1 Satz 2 und Absatz 2 Satz 1, § 23 Absatz 1 Satz 2 sowie §§ 24 bis 27 gelten entsprechend. [4]Die Mitgliedschaft in der Jugend- und Auszubildendenvertretung erlischt nicht dadurch, dass ein Mitglied im Laufe der Amtszeit das 26. Lebensjahr vollendet oder die Ausbildung beendet.

(5) Besteht die Jugend- und Auszubildendenvertretung aus drei oder mehr Mitgliedern, so wählt sie aus ihrer Mitte einen Vorsitzenden und dessen Stellvertreter.

Vergleichbare Vorschriften:
§ 102 BPersVG; §§ 63, 64 und 65 Abs. 1 i. V. m. § 26 BetrVG

Inhaltsübersicht

1. Wahlvorstand

1 **(Abs. 1)** Abs. 1 S. 1 legt fest, dass der **PR den Wahlvorstand, den Vorsitzenden und den stellvertretenden Vorsitzenden bestimmt**. Da das Gesetz nicht auf die §§ 15 bis 18 verweist, sind die Personalversammlung oder der Dienststellenleiter dazu in keinem Falle befugt. In Anlehnung an § 16 Abs. 1 erscheint es sachgerecht, die Bestimmung des Wahlvorstands **spätestens zwölf Wochen vor Ablauf der Amtszeit** der bestehenden JAV vorzunehmen. Ist die JAV nach Abs. 3 i. V. m. § 23 Abs. 1 Nr. 2, 3 oder 6 zu wählen, hat der PR den Wahlvorstand **unverzüglich** zu bestimmen (vgl. § 15 Rn. 2). Ist die JAV nach Abs. 4 S. 3 i. V. m. § 24 Abs. 1 durch gerichtliche Entscheidung aufgelöst worden oder ist ihre Wahl nach Abs. 1 S. 2 i. V. m. § 21 Abs. 1 angefochten und für ungültig erklärt worden, setzt anstelle des PR der **Vorsitzende der Fachkammer des Verwaltungsgerichts** entsprechend § 24 Abs. 3 bzw. § 21 Abs. 2 den Wahlvorstand für die nach Abs. 3 i. V. m. § 23 Abs. 1 Nr. 4 bzw. 5 durchzuführende Wahl ein.

1a Kommt der PR seiner Verpflichtung nach Abs. 1 S. 1 nicht fristgerecht oder nicht unverzüglich nach, können mindestens drei nach § 60 Abs. 1 Wahlberechtigte, eine in der Dienststelle vertretene Gewerkschaft oder der Dienststellenleiter beim **Verwaltungsgericht** beantragen (§ 92 Abs. 1 Nr. 2, Abs. 2 i. V. m. § 85 Abs. 2 ArbGG), dem säumigen PR durch Erlass einer **einstweiligen Verfügung** aufzugeben, einen Wahlvorstand zu bestellen.[1]

2 Über die **Größe des Wahlvorstands** und die **Auswahl seiner Mitglieder** ist grundsätzlich nach pflichtgemäßem Ermessen zu entscheiden. Obwohl auf § 15 Abs. 1 S. 3 nicht verwiesen ist, sollten nach Möglichkeit beide Geschlechter im Wahlvorstand vertreten sein. Nach § 54 Abs. 1 Nr. 3 LPVGWO

1 Str.; wie hier Rooschüz-*Mausner*, § 62 Rn. 9.

muss der PR mindestens einen Beschäftigten in den Wahlvorstand berufen, der nach § 9 das passive Wahlrecht zum PR besitzt. Nach Abs. 1 S. 1 sind eines der Mitglieder des Wahlvorstands zu seinem **Vorsitzenden** und ein weiteres zum stellvertretenden Vorsitzenden zu bestimmen. Die Bestellung von **Ersatzmitgliedern des Wahlvorstands** ist zulässig und zweckmäßig (vgl. § 15 Rn. 5b).

Über die Bestimmung des Wahlvorstands, seines Vorsitzenden und des stellvertretenden Vorsitzenden entscheidet der PR ggf. nach § 34 durch **Beschluss**. Dabei handelt es sich um eine **gemeinsame Angelegenheit**, über die nach § 34 Abs. 4 der gesamte PR gemeinsam zu beraten und zu beschließen hat (vgl. § 15 Rn. 2), und zugleich um eine **Angelegenheit, die besonders Beschäftigte i. S. v. § 59 betrifft**, so dass – wenn bereits eine JAV besteht – nach § 32 Abs. 4 alle JAV-Mitglieder bei der Beschlussfassung Stimmrecht haben. 3

Der **Wahlvorstand** hat die Wahl der JAV vorzubereiten und durchzuführen. Welche **Aufgaben** ihm dabei im Einzelnen obliegen, ist in der **Wahlordnung** (LPVGWO) festgelegt (abgedruckt im Anhang 1). Nach § 54 S. 1 und 2 LPVGWO sind im Wesentlichen die für die PR-Wahl geltenden Bestimmungen entsprechend anzuwenden. Abweichungen ergeben sich v. a. daraus, dass das Gruppenprinzip für die JAV nicht gilt (vgl. § 61 Rn. 2). Nach § 63 Abs. 5 S. 1 Hs. 2 i. V. m. § 19 hat der Wahlvorstand die Mitglieder der JAV zur **konstituierenden Sitzung** einzuladen (vgl. § 63 Rn. 10). 4

2. Verweisung auf Vorschriften für die PR Wahl

Die folgenden, in Abs. 1 S. 2 genannten **Vorschriften für die Wahl** zum PR gelten für die JAV-Wahl entsprechend: 5

- **§ 11 Abs. 1 und 3**: Danach sollen die Geschlechter entsprechend ihrem Anteil unter den Beschäftigten i. S. v. § 59 in der JAV vertreten sein. Der Wahlvorstand errechnet nach § 11 Abs. 3 die Verteilung der Sitze auf die Geschlechter.
- **§ 13 Abs. 5**: Die **Geschlechter** in den Wahlvorschlägen zur JAV-Wahl müssen entsprechend ihrem Anteil unter den Beschäftigten i. S. v. § 59 mindestens so viele Bewerber enthalten, wie erforderlich sind, um die anteilige Verteilung der Sitze in der JAV auf Frauen und Männer zu erreichen. Wahlvorschläge, die diesem Erfordernis nicht entsprechen, hat der Wahlvorstand nach näherer Maßgabe der Wahlordnung als gültig zuzulassen, wenn die Abweichung schriftlich begründet wird. Die Begründung ist mit dem Wahlvorschlag bekannt zu geben. (§ 62 Abs. 1 S. 2 i. V. m. § 13 Abs. 5). Auf diese Vorschrift muss der Wahlvorstand im Wahlausschreiben hinweisen (§ 54 S. 2 LPVGWO).
- Die JAV wird entsprechend § 13 Abs. 1 **geheim** und **unmittelbar** gewählt (vgl. § 13 Rn. 2 f.). Darüber hinaus muss auch ihre Wahl nach dem un-

geschriebenen Verfassungsrecht des Bundes **allgemein**, **frei** und **gleich** sein (vgl. § 13 Rn. 3a). Da es in der JAV keine Gruppen gibt, findet die Wahl immer als **gemeinsame Wahl** statt.[2] Sie wird entsprechend § 13 Abs. 3 entweder nach den Grundsätzen der **Verhältniswahl** oder nach denen der **Mehrheitswahl** durchgeführt (vgl. § 13 Rn. 8 ff.).

- Entsprechend § 13 Abs. 4 S. 1 können die nach § 60 Abs. 1 wahlberechtigten Beschäftigten und die in der Dienststelle vertretenen Gewerkschaften **Wahlvorschläge** machen (vgl. § 13 Rn. 11 ff.). Entsprechend § 13 Abs. 6 Hs. 1 muss jeder Wahlvorschlag der **Beschäftigten** von mindestens einem Zwanzigstel der Wahlberechtigten unterzeichnet sein, wobei einerseits in jedem Fall die Unterzeichnung durch 50 Wahlberechtigte genügt (§ 13 Abs. 6 Hs. 2 i. V. m. Abs. 4 S. 3) und andererseits Beschäftigte i. S. d. § 9 Abs. 2 S. 1 Nr. 3 und 4 i. V. m. S. 2 Wahlvorschläge weder machen noch unterzeichnen dürfen (§ 13 Abs. 6 Hs. 2 i. V. m. Abs. 4 S. 4). Die Unterzeichnung eines Wahlvorschlags einer **Gewerkschaft** ist in § 54 S. 1 i. V. m. § 12 Abs. 4 LPVGWO geregelt (vgl. § 13 Rn. 12). Entsprechend § 13 Abs. 8 darf ein Wahlbewerber **nur auf** *einem* Wahlvorschlag benannt werden (so auch § 54 S. 1 i. V. m. § 13 Abs. 1 LPVGWO).
- Entsprechend § 20 Abs. 1 S. 1 und 2 darf die JAV-Wahl von niemandem **behindert** oder in einer gegen die guten Sitten verstoßenden Weise **beeinflusst** werden (vgl. § 20 Rn. 1 ff.). Wahlvorstandsmitglieder und Wahlbewerber genießen nach § 15 Abs. 3 KSchG und § 108 Abs. 1 BPersVG (bzw. § 64 S. 3 i. V. m. § 47 Abs. 4) **Kündigungsschutz** (vgl. § 20 Rn. 5 f.) und nach § 64 S. 3 i. V. m. § 47 Abs. 1 S. 1 und 2 **Versetzungs- und Abordnungsschutz** (vgl. § 20 Rn. 7 u. § 64 Rn. 15). Allerdings findet mangels Verweisung auf § 47 Abs. 1 S. 2 ff. bei verweigerter Zustimmung des PR zu Versetzungen und Abordnungen kein gerichtliches Zustimmungsersetzungsverfahren statt.
- Die Dienststelle trägt entsprechend § 20 Abs. 2 die **Kosten** der JAV-Wahl einschließlich der Kosten einer erforderlichen Wahlvorstandsschulung (§ 20 Abs. 2 S. 1; vgl. § 20 Rn. 8). Notwendige Versäumnis der Arbeitszeit zur Ausübung des Wahlrechts oder der Betätigung im Wahlvorstand hat **keine Minderung der Besoldung oder des Arbeitsentgelts** zur Folge (§ 20 Abs. 2 S. 2). Bei einer über die regelmäßige Arbeitszeit hinausgehenden Beanspruchung im Wahlvorstand ist **Dienstbefreiung** in entsprechendem Umfang zu gewähren (§ 20 Abs. 2 S. 2 i. V. m. § 43 Abs. 2 S. 2).
- Die Wahl der JAV kann entsprechend § 21 Abs. 1 beim Verwaltungsgericht **angefochten** werden. Anfechtungsberechtigt sind mindestens drei wahlberechtigte Beschäftigte i. S. v. § 59, der Dienststellenleiter und eine in der Dienststelle vertretene Gewerkschaft (vgl. § 21 Rn. 3 ff.). Er-

---

2 *BVerwG* v. 10. 4. 78 – 6 P 27.78 –, PersV 79, 154.

klärt das Gericht die Wahl für ungültig und wird diese Entscheidung rechtskräftig, dann setzt der Vorsitzende der Fachkammer des Verwaltungsgerichts entsprechend § 21 Abs. 2 S. 1 einen **Wahlvorstand** ein (vgl. § 21 Rn. 14ff.). Zum einen hat dieser Wahlvorstand unverzüglich die »Wiederholungswahl« der JAV (näher dazu § 21 Rn. 15f.) einzuleiten, durchzuführen und das Wahlergebnis festzustellen (§ 21 Abs. 2 S. 2). Zum anderen hat er die der JAV nach dem LPVG zustehenden Befugnisse und Pflichten wahrzunehmen (§ 21 Abs. 2 S. 3).

3. Vereinfachtes Wahlverfahren in Dienststellen mit in der Regel weniger als 21 zur JAV wahlberechtigten Beschäftigten

(Abs. 2) Das ÄndG 2013 ermöglicht es dem Wahlvorstand, in einem vereinfachten Verfahren[3] die Wahlen zur JAV in einer Wahlversammlung durchzuführen, wenn in der Dienststelle höchstens 20 in der Regel Beschäftigte i.S.d. § 59 beschäftigt sind. Der Wahlvorstand hat dazu spätestens vier Wochen vor Ablauf der Amtszeit einzuberufen. Gewählt wird in **geheimer Wahl nach den Grundsätzen der Mehrheitswahl**, da nur eine Person zu wählen ist. Gewählt ist, wer die meisten abgegebenen Stimmen erhält. Eine Mindesteilnehmerzahl ist für die Wahlversammlung nicht vorgeschrieben. Der Vorsitzende des Wahlvorstands leitet die Wahlversammlung, führt die Wahl durch und fertigt über das Ergebnis eine Wahlniederschrift. 6

4. Zeitpunkt der JAV-Wahlen

(Abs. 3) Die **regelmäßigen JAV-Wahlen** finden im Wechsel zusammen mit den regelmäßigen Wahlen des PR und nach Ablauf der Amtszeit von zweieinhalb Jahren dann in der Zeit vom 1. Oktober bis 31. Januar statt. Der **Wahltag** wird jeweils vom Wahlvorstand festgelegt. 7

Außerhalb der Zeit der regelmäßigen JAV-Wahlen (vgl. Rn. 7) ist die JAV nach Abs. 1 S. 2 i.V.m. § 23 Abs. 1 Nr. 2 bis 6 in folgenden Fällen (neu) zu wählen: wenn die Gesamtzahl der JAV-Mitglieder auch nach Eintreten aller vorhandenen Ersatzmitglieder um mehr als ein Viertel der vorgeschriebenen Zahl gesunken ist (§ 23 Abs. 1 S. 1 Nr. 2); wenn die JAV mit der Mehrheit ihrer Mitglieder ihren Rücktritt beschlossen hat (§ 23 Abs. 1 S. 1 Nr. 3); wenn die JAV durch gerichtliche Entscheidung aufgelöst worden ist (§ 23 Abs. 1 S. 1 Nr. 4); wenn die Wahl der JAV erfolgreich angefochten worden ist (§ 23 Abs. 1 S. 1 Nr. 5); wenn in der Dienststelle keine JAV besteht (§ 23 Abs. 1 S. 1 Nr. 6). Bei einer erfolgreichen Wahlanfechtung ist zu beachten, dass die danach stattfindende Wahl der JAV entgegen dem einleitenden Text des § 23 Abs. 1 S. 1 nicht als »Neuwahl«, sondern als »Wiederholungswahl« durch- 8

3 LT-Dr. 15/4224, S. 124 [zu § 60].

zuführen ist (vgl. oben Rn. 5 a. E.). Für die Fälle des § 23 Abs. 1 S. 1 Nr. 2 und 3 ist in § 23 S. 2 i. V. m. § 22 Abs. 2 S. 2 geregelt, dass **die bisherige JAV die Geschäfte weiterführt**, bis die neue JAV gewählt ist. Ob die JAV nach einer zwischenzeitlichen Wahl **im nächsten oder übernächsten Zeitraum der regelmäßigen JAV-Wahlen neu zu wählen** ist, richtet sich nach dem gemäß§ 62 Abs. 3 S. 2 entsprechend anzuwendenden § 22 Abs. 2 S. 2 und 3.

9 **(Abs. 4)** Nach Abs. 4 S. 1 beträgt die **regelmäßige Amtszeit** der JAV zwei Jahre und sechs Monate. Nach Abs. 4 S. 2 i. V. m. § 22 Abs. 1 S. 2 **beginnt** die Amtszeit der neugewählten JAV mit dem Tag der Wahl oder, wenn zu diesem Zeitpunkt noch eine JAV besteht, mit dem Ablauf der Amtszeit dieser JAV (vgl. § 22 Rn. 2); sie **endet** nach Abs. 4 S. 2 spätestens mit Ablauf des letzten Tages des Zeitraums, in dem die regelmäßigen Wahlen der Jugend- und Auszubildendenvertretung stattfinden, also entweder am 31. Januar oder am 31. Juli. **Abweichungen** können sich aus besonderen gesetzlichen Regelungen ergeben (vgl. § 113 Rn. 10a).

10 Ein nach der Wahl der JAV eintretender **Wegfall des PR** führt nicht immer auch zu einem vorzeitigen Ende der Amtszeit der JAV. Dies ergibt sich in den Fällen einer erfolgreichen **Anfechtung der Wahl** oder einer gerichtlichen **Auflösung** des PR nach § 21 Abs. 1 bzw. § 24 Abs. 1 bereits daraus, dass der nach § 21 Abs. 2 S. 1 bzw. § 24 Abs. 2 S. 1 eingesetzte Wahlvorstand nach § 21 Abs. 2 S. 3 bzw. § 24 Abs. 2 S. 3 bis zur Wiederholungswahl bzw. Neuwahl des PR dessen Befugnisse und Pflichten wahrnimmt. Der Wahlvorstand tritt damit auch im Verhältnis zur JAV an die Stelle des PR. Somit bleibt auch die JAV voll funktionsfähig. Ist der PR aus **anderen Gründen** weggefallen mit der Folge, dass nach § 23 Abs. 1 Nr. 6 eine Neuwahl des PR stattzufinden hat (vgl. § 23 Rn. 13), ist die JAV nur vorübergehend in ihrer Funktionsfähigkeit eingeschränkt und kann ihre Arbeit in vollem Umfang wieder aufnehmen, sobald der neue PR gewählt ist. Dabei ist es unerheblich, ob der PR »kurzfristig« oder »längerfristig« ausfällt, weil diese Kriterien für ein daraus abzuleitendes vorzeitiges Ende der Existenz der JAV zu unbestimmt sind und deren regelmäßige Amtszeit mit zwei Jahren und sechs Monaten vergleichsweise kurz bemessen ist.[4] Anders ist es nur, wenn ein dauerhafter Wegfall des PR etwa wegen der **Auflösung der Dienststelle** eintritt (vgl. § 22 Rn. 6); dann fällt auch die JAV weg.

11 Wenn die **Zahl der wahlberechtigten Beschäftigten i. S. v. § 59**, die der Dienststelle in der Regel angehören, nicht nur vorübergehend, sondern auf Dauer **unter fünf absinkt**, endet die Amtszeit der JAV (vgl. § 59 Rn. 3 u. § 10 Rn. 1).

12 Nach **Abs. 4 S. 2 i. V. m. § 24 Abs. 1** kann das Verwaltungsgericht die **Auflösung der JAV** wegen grober Vernachlässigung ihrer gesetzlichen Befugnisse oder wegen grober Verletzung ihrer gesetzlichen Pflichten beschließen.

---

4 Str.; vgl. Altvater-*Kröll*, § 99 Rn. 6 m. w. N.

Antragsberechtigt sind ein Viertel der wahlberechtigten Beschäftigten i. S. v. § 59, eine in der Dienststelle vertretene Gewerkschaft und der Dienststellenleiter, wobei dieser die Auflösung nur wegen grober Verletzung der gesetzlichen Pflichten verlangen kann. Der PR ist nicht antragsbefugt.[5] Ist die JAV aufgelöst, setzt der Vorsitzende der Fachkammer des Verwaltungsgerichts entsprechend § 24 Abs. 3 einen Wahlvorstand ein, für dessen Aufgaben das Gleiche gilt wie für den entsprechend § 21 Abs. 2 einzusetzenden Wahlvorstand (vgl. Rn. 5 a. E.).

5. Ausschluss aus der JAV

Nach **Abs. 4 S. 3 i. V. m. § 24 Abs. 1 und 2** kann das Verwaltungsgericht den **Ausschluss eines JAV-Mitglieds** wegen grober Vernachlässigung seiner gesetzlichen Befugnisse oder wegen grober Verletzung seiner gesetzlichen Pflichten beschließen. Außer denjenigen, die auch die Auflösung der JAV beantragen können (vgl. Rn. 10), ist auch die JAV antragsbefugt, nicht dagegen der PR.[6] 13

Nach **Abs. 4 S. 3 i. V. m. § 25 Abs. 1 erlischt die Mitgliedschaft** in der JAV in den dort genannten Fällen. Ein Erlöschen der Mitgliedschaft in der JAV wegen des Verlustes der Wählbarkeit entsprechend § 25 Abs. 1 Nr. 5 tritt gem. Abs. 4 S. 4 aber nicht dadurch ein, dass ein gewähltes JAV-Mitglied (vor Beginn oder) im Lauf der Amtszeit der JAV das 26. Lebensjahr vollendet oder die Ausbildung beendet.[7] Die Mitgliedschaft eines Beamten in der JAV **ruht** nach Abs. 4 S. 3 i. V. m. § 26 in den dort genannten Fällen. Scheidet ein Mitglied aus der JAV aus oder ist es zeitweilig verhindert, tritt nach Abs. 4 S. 3 i. V. m. § 27 Abs. 1 und 2 ein **Ersatzmitglied** ein. 14

6. Wahl des Vorsitzenden

(**Abs. 5**) Besteht die JAV aus drei oder mehr Mitgliedern, so **wählt** sie in der konstituierenden Sitzung (vgl. Rn. 4) aus ihrer Mitte einen **Vorsitzenden** und einen **stellvertretenden Vorsitzenden**. Dies hat in getrennten Wahlgängen zu geschehen.[8] Auch die zur Wahl Vorgeschlagenen können mitwählen (vgl. § 32 Rn. 6). Über das **Abstimmungsverfahren** entscheidet die JAV. Falls ein JAV-Mitglied dies beantragt, ist **geheim** abzustimmen (näher dazu § 34 Rn. 3). Gewählt ist, wer entsprechend § 34 Abs. 1 (vgl. § 63 Rn. 11) die einfache Mehrheit der Stimmen der anwesenden JAV-Mitglieder erhält 15

5 Vgl. Altvater-*Kröll*, § 102 Rn. 26 m. w. N.
6 Vgl. Altvater-*Kröll*, § 102 Rn. 27 m. w. N.; Richardi-*Gräfl*, § 60 a. F. Rn. 34.
7 Vgl. *BVerwG* v. 28.3.79 – 6 P 86.78 –, PersV 80, 428; *BayVGH* v. 19.12.84 – Nr. 18 C 84 A. 2790 –, PersR 85, 62.
8 Str.; vgl. Altvater-*Kröll*, § 102 Rn. 31 m. w. N.

(vgl. § 28 Rn. 3). Bei Stimmengleichheit entscheidet das Los (vgl. § 28 Rn. 3 u. § 11 Rn. 4). Hat die JAV **ausnahmsweise nur zwei Mitglieder** (vgl. § 61 Rn. 1), ist in entsprechender Anwendung des Abs. 5 ebenfalls ein Vorsitzender und ein stellvertretender Vorsitzender zu wählen. Der Vorsitzende und sein Stellvertreter werden **für die Dauer der Amtszeit** der JAV gewählt. Das ihnen übertragene Amt endet jedoch vorzeitig, wenn sie es **niederlegen** oder wenn es ihnen durch Beschluss der JAV **entzogen** wird. Beides ist jederzeit und ohne Vorliegen besonderer Voraussetzungen möglich. Die JAV hat ggf. mit Wirkung für die restliche Dauer der Amtszeit eine **Neuwahl** durchzuführen (vgl. § 28 Rn. 16). Obwohl diese **Aufgabe** im Gesetz nicht ausdrücklich geregelt ist, hat der Vorsitzende die JAV im Rahmen der von ihr gefassten Beschlüsse zu vertreten und Erklärungen, die der JAV gegenüber abzugeben sind, entgegenzunehmen. Er lädt zu den JAV-Sitzungen ein und leitet deren Sitzungen (§ 63 Abs. 5 S. 1 Hs. 2 i. V. m. § 30 Abs. 1; vgl. § 63 Rn. 10) sowie die Jugend- und Auszubildendenversammlungen (§ 65 Abs. 1 S. 2; vgl. § 63 Rn. 7). Die Bildung eines **Vorstands** ist nicht vorgesehen.

§ 63 Aufgaben der Jugend- und Auszubildendenvertretung

(1) Die Jugend- und Auszubildendenvertretung hat folgende allgemeine Aufgaben:

1. **Maßnahmen, die den Beschäftigten im Sinne von § 59 dienen, insbesondere in Fragen der Berufsbildung und der Übernahme der zu ihrer Berufsausbildung Beschäftigten in ein Arbeits- oder Dienstverhältnis, beim Personalrat zu beantragen,**
2. **darüber zu wachen, dass die zugunsten der Beschäftigten im Sinne von § 59 geltenden Gesetze, Verordnungen, Tarifverträge, Dienstvereinbarungen, Verwaltungsanordnungen, Unfallverhütungsvorschriften und sonstigen Arbeitsschutzvorschriften durchgeführt werden,**
3. **Anregungen und Beschwerden von Beschäftigten im Sinne von § 59, insbesondere in Fragen der Berufsbildung, entgegenzunehmen und, falls sie berechtigt erscheinen, beim Personalrat auf eine Erledigung hinzuwirken; die Jugend- und Auszubildendenvertretung hat die betroffenen Beschäftigten im Sinne von § 59 über den Stand und das Ergebnis der Verhandlungen zu informieren,**
4. **Maßnahmen, die der Gleichstellung von weiblichen und männlichen Beschäftigten im Sinne von § 59 dienen, beim Personalrat zu beantragen,**
5. **die Eingliederung von Beschäftigten im Sinne von § 59 mit Migrationshintergrund in die Dienststelle sowie das Verständnis zwischen Beschäftigten im Sinne von § 59 unterschiedlicher Herkunft zu för-**

dern und entsprechende Maßnahmen beim Personalrat zu beantragen,

6. Maßnahmen, die dem Umweltschutz, dem Klimaschutz oder der sorgsamen Energienutzung in der Dienststelle dienen, beim Personalrat zu beantragen.

(2) [1]An Vorstellungsgesprächen zur Besetzung von ausgeschriebenen Ausbildungsplätzen kann ein Mitglied der Jugend- und Auszubildendenvertretung teilnehmen. [2]An Personalgesprächen mit entscheidungsbefugten Vertretern der Dienststelle kann auf Verlangen von Beschäftigten im Sinne von § 59 ein Mitglied der Jugend- und Auszubildendenvertretung teilnehmen.

(3) Die Zusammenarbeit der Jugend- und Auszubildendenvertretung mit dem Personalrat bestimmt sich nach § 30 Absatz 1 Satz 3 und 4, Absatz 3, § 32 Absatz 4, § 35 Absatz 3 und 5 Satz 1 Nummer 4, § 36 Absatz 2, § 37 Absatz 1 Satz 1 und § 38 Absatz 3.

(4) [1]Zur Durchführung ihrer Aufgaben ist die Jugend- und Auszubildendenvertretung durch den Personalrat rechtzeitig und umfassend zu unterrichten. [2]Vor Organisationsentscheidungen, die beteiligungspflichtige Maßnahmen zur Folge haben, ist die Jugend- und Auszubildendenvertretung durch den Personalrat frühzeitig und fortlaufend zu unterrichten. [3]Die Jugend- und Auszubildendenvertretung kann verlangen, dass ihr der Personalrat die zur Durchführung ihrer Aufgaben erforderlichen Unterlagen einschließlich der Bewerbungsunterlagen aller Bewerber bei Einstellungen von Beschäftigten im Sinne von § 59, soweit dem nicht berechtigte Belange der Bewerber entgegenstehen, zur Verfügung stellt.

(5) [1]Die Jugend- und Auszubildendenvertretung kann nach Verständigung des Personalrats Sitzungen abhalten; §§ 19 und 30 Absatz 1 gelten entsprechend. [2]An den Sitzungen der Jugend- und Auszubildendenvertretung kann ein vom Personalrat beauftragtes Personalratsmitglied teilnehmen.

(6) Die Jugend- und Auszubildendenvertretung oder ein von ihr beauftragtes Mitglied hat das Recht, nach vorheriger Unterrichtung des Personalrats und des Leiters der Dienststelle, Arbeits- und Ausbildungsplätze zu begehen, sofern die aufzusuchenden Beschäftigten im Sinne von § 59 zustimmen und zwingende dienstliche Gründe nicht entgegenstehen.

(7) [1]In Dienststellen mit mehr als 50 Beschäftigten im Sinne von § 59 kann die Jugend- und Auszubildendenvertretung Sprechstunden während der Arbeitszeit einrichten. [2]§ 40 gilt entsprechend. [3]Ein beauftragtes Mitglied des Personalrats kann beratend teilnehmen.

Vergleichbare Vorschriften:
§§ 103, 104 BPersVG; § 60 Abs. 2, §§ 65 bis 68, 70 BetrVG

Inhaltsübersicht Rn.

1. Allgemeine Aufgaben der JAV

1 **(Abs. 1)** Die **Aufgaben** der JAV ergeben sich aus ihrer Bestimmung als **Interessenvertretung** der in § 59 definierten jugendlichen und auszubildenden Beschäftigten (vgl. § 59 Rn. 1). Ihre allgemeinen Aufgaben sind in Abs. 1 konkretisierend beschrieben. Der **Aufgabenkatalog** des Abs. 1 ist jedoch nicht abschließend.[1] Weitere Aufgaben ergeben sich v. a. daraus, dass die Mitglieder der JAV im Rahmen der Willensbildung des PR in **allen Angelegenheiten, die besonders Beschäftigte i. S. v. § 59 betreffen**, mitentscheidend beteiligt sind (vgl. Rn. 6).[2]

2 **(Abs. 1 Nr. 1)** Die JAV kann alle **Maßnahmen** beim PR beantragen, **die** (zumindest auch) **den Beschäftigten i. S. v. § 59 dienen**. Neben den beispielhaft aufgeführten Fragen der **Berufsbildung** (Berufsausbildung, berufliche Fortbildung und Umschulung) können diese Maßnahmen auch **andere Fragen** betreffen, z. B. auch die Gestaltung von Arbeitsplätzen, die Festlegung der Arbeitszeit, den Inhalt und die Durchführung von Beurteilungen, die Teilhabe an Sozialleistungen. Die Aufgabe, die Übernahme der zu ihrer Berufsausbildung Beschäftigten in ein Arbeits- oder Dienstverhältnis beim PR zu beantragen, wurde durch das ÄndG 2013 in Nr. 1 aufgenommen.[3] Die beantragten Maßnahmen müssen grundsätzlich innerhalb der **Zuständigkeit des PR** liegen. Wenn in mehrstufigen Verwaltungen aufgrund der Entscheidungsbefugnis einer übergeordneten Dienststelle nach § 91 Abs. 2 ein BPR oder HPR zuständig ist, sieht § 66 Abs. 4 i. d. F. des ÄndG 2013 vor, BJAV und HJAV zu bilden, so dass diese die Maßnahme beim BPR oder HPR beantragen können. Einem **Antrag** nach Abs. 1 Nr. 1 muss ein entsprechender **Beschluss der JAV** vorausgehen (vgl. Rn. 9 ff.). Der **PR** hat die **Weiterverfolgung** des Antrags nach pflichtgemäßem Ermessen zu prüfen und hierüber zu beschließen. Handelt es sich dabei um eine Angelegenheit, die besonders Beschäftigte i. S. v. § 59 betrifft, nehmen die JAV-Mitglieder nach § 32 Abs. 4 S. 2 an der Willensbildung des PR mit Beratungs- und Stimmrecht teil (vgl. § 32 Rn. 2 ff.). Beschließt der PR, im Sinne der JAV

1 Rooschüz-*Mausner*, § 63 Rn. 1.

2 So wohl auch Leuze-*Mitsch*, § 63 Rn. 6 ff.

3 Vgl. *Schwarzbach*, PersR 09, 151.

nicht tätig zu werden, teilt er dies der JAV mit und begründet ihr gegenüber seine Ablehnung, wenn an der PR-Sitzung, in der der ablehnende Beschluss gefasst worden ist, kein JAV-Mitglied teilgenommen hat. In einem solchen Fall kann jedoch die Mehrheit der JAV nach § 37 Abs. 1 Einspruch erheben (vgl. § 37 Rn. 13).

(Abs. 1 Nr. 2) Die JAV ist berechtigt und verpflichtet, darüber zu wachen, dass die in Abs. 1 Nr. 2 genannten Vorschriften durchgeführt werden. Ihrer Art nach handelt es sich um die gleichen Vorschriften, auf die sich die **Überwachungsaufgabe** des PR nach § 70 Abs. 1 Nr. 2 bezieht (vgl. § 70 Rn. 6 ff.), lediglich mit dem Unterschied, dass sie hier zugunsten der Beschäftigten i. S. v. § 59 gelten. Von besonderer Bedeutung sind dabei die Bestimmungen des Berufsbildungs- und des Jugendarbeitsschutzrechts sowie die einschlägigen Tarifverträge (z. B. TVAöD, TVPöD, TVA-L BBiG oder TVA-L Pflege). Die Einhaltung der in Abs. 1 Nr. 2 genannten Vorschriften hat die JAV auch dann zu überwachen, wenn sie nicht nur Beschäftigte i. S. v. § 59 betreffen. Für die Überwachung ist ein Nachweis des Verdachts einer Verletzung der Vorschrift nicht erforderlich.[4] Ist die JAV nach sorgfältiger Prüfung der Ansicht, dass eine solche Verletzung vorliegt, hat sie den PR einzuschalten, damit dieser für Abhilfe sorgt.[5] 3

(Abs. 1 Nr. 3) Wie die anderen Beschäftigten der Dienststelle können auch die Beschäftigten i. S. v. § 59 nach § 70 Abs. 1 Nr. 4 **Anregungen und Beschwerden** direkt an den PR richten (vgl. § 70 Rn. 15 ff.). Sie können sich nach § 63 Abs. 1 Nr. 3 aber auch an die JAV wenden. Gegenstand der Anregungen und Beschwerden können wie im Falle des § 70 Abs. 1 Nr. 4 persönliche, soziale, organisatorische oder sonstige innerdienstliche Angelegenheiten sein. Die beispielhafte Nennung von Fragen der **Berufsbildung** wie in Abs. 1 Nr. 1 zeigt, dass dieses Thema neben dem des Jugendarbeitsschutzes zum Schwerpunkt der Tätigkeit der JAV gehört. Diese hat die Anregungen und Beschwerden **entgegenzunehmen** und **zu prüfen**, ob sie berechtigt erscheinen. Ist dies nach ihrer Auffassung der Fall, muss sie die Anregungen oder Beschwerden **dem PR vorlegen** und bei ihm **auf eine Erledigung hinwirken**, d. h. sich dafür einsetzen, dass die Sache im Sinne der jeweiligen Beschäftigten behandelt wird. Dabei hat auch der PR die Berechtigung zu prüfen. Bejaht er sie, kommen für ihn je nach der Art des Anliegens verschiedene **Handlungsmöglichkeiten** in Betracht: v. a. ein Antrag auf eine Maßnahme nach § 70 Abs. 1 Nr. 1, ein Initiativantrag nach § 84, eine Anregung nach § 70 Abs. 1 Nr. 4 oder das Hinwirken auf die Erledigung einer Beschwerde durch Verhandlung mit dem Dienststellenleiter nach § 70 Abs. 1 Nr. 4 (vgl. § 70 Rn. 16). Ist der Dienststellenleiter für die Erledigung nicht zuständig, hat der PR die Sache ggf. an die bei der zuständigen Dienststelle be- 4

---

4 Vgl. *BAG* v. 21. 1. 82 – 6 ABR 17/79 –, AP Nr. 1 zu § 70 BetrVG 1972.

5 Leuze-*Mitsch*, § 63 Rn. 11.

stehende Stufenvertretung weiterzuleiten (vgl. Rn. 2). Der PR muss der JAV berichten, wie er die Angelegenheit behandelt hat, und ihr ggf. das Ergebnis seiner Bemühungen mitteilen. Die JAV hat die betroffenen Beschäftigten fortlaufend über den Verfahrensstand und schließlich über die Verhandlungsergebnisse zu **unterrichten**.

5 **(Abs. 1 Nr. 4)** Die Aufgabe, beim PR Maßnahmen zu beantragen, die der Gleichstellung von weiblichen und männlichen **Beschäftigten** i. S. v. § 59 dienen, ist mit der Aufgabe des PR nach § 70 Abs. 1 Nr. 10 vergleichbar (vgl. § 70 Rn. 25). Sie soll dazu dienen, die tatsächliche Gleichberechtigung von Frauen und Männern in der Dienststelle durchzusetzen, z. B. indem die Vereinbarkeit von Familie und Beruf auch für die Beschäftigten i. S. v. § 59 verbessert wird. Da es anders als noch in § 61 Abs. 1 Nr. 4 a. F. nicht nur um den Abbau von Benachteiligungen weiblicher Beschäftigter i. S. v. § 59 geht, ist Voraussetzung für das Antragsrecht nicht mehr, dass nach Einschätzung der JAV Benachteiligungen weiblicher Jugendlicher oder Auszubildender vorliegen.

5a **(Abs. 1 Nr. 5)** Die Verpflichtung, die **Eingliederung** von Beschäftigten i. S. v. § 59 mit Migrationshintergrund in die Dienststelle sowie das Verständnis zwischen Beschäftigten i. S. v. § 59 unterschiedlicher Herkunft zu fördern und entsprechende Maßnahmen beim PR zu beantragen, wurde durch das ÄndG 2013 aufgenommen und dient der Angleichung an die in § 70 Abs. 1 Nr. 6 neu geschaffene inhaltsgleiche Aufgabe des PR.[6]

5b **(Abs. 1 Nr. 6)** Die Aufgabe, Maßnahmen, die dem Umweltschutz, dem Klimaschutz oder der sorgsamen Energienutzung in der Dienststelle dienen, beim PR zu beantragen, ist durch das ÄndG 2013 eingefügt worden. Sie dient der Angleichung an die in § 70 Abs. 1 Nr. 11 ebenfalls neu geschaffene inhaltsgleiche Aufgabe des PR.[7]

2. Teilnahme an Vorstellungs- und Personalgesprächen

5c **(Abs. 2)** Die Regelung, dass an Vorstellungsgesprächen zur Besetzung von ausgeschriebenen Ausbildungsplätzen ein Mitglied der Jugend- und Auszubildendenvertretung teilnehmen kann und dass an Personalgesprächen mit entscheidungsbefugten Vertretern der Dienststelle auf Verlangen von Beschäftigten i. S. v. § 59 ein Mitglied der JAV teilnehmen kann, ist durch das ÄndG 2013 eingefügt worden und bezweckt die Angleichung an die Informations- und Teilnahmerechte des PR.[8]

---

6 LT-Dr. 15/4224, S. 125 [zu § 61].
7 LT-Dr. 15/4224, S. 125 [zu § 61].
8 LT-Dr. 15/4224, S. 125 [zu § 61].

3. Geschäftsführung

(**Abs. 3**) Die für die Geschäftsführung des PR geltenden Vorschriften des § 30 Abs. 1 S. 3 und 4, Abs. 3, § 32 Abs. 4, § 35 Abs. 3 und 5 S. 1 Nr. 4, § 36 Abs. 2, § 37 Abs. 1 S. 1 und § 38 Abs. 3, auf die Abs. 2 verweist, stellen sicher, dass der **PR** die **JAV** in **seine Willensbildung** einbindet, soweit es um Angelegenheiten von Beschäftigten i. S. v. § 59 geht. Die **Zusammenarbeit zwischen JAV und PR** bestimmt sich aber nicht nur nach den in Abs. 2 genannten Bestimmungen. Weitere Regelungen finden sich in Abs. 3 bis 5 (vgl. Rn. 7–11) sowie in § 70 Abs. 1 Nr. 4 und 7 (vgl. § 70 Rn. 17, 22 u. 27).[9] 6

4. Informationsrechte der JAV

(**Abs. 4**) Der Dienststellenleiter kann die JAV zwar unmittelbar unterrichten. 7 Einen **Informationsanspruch** hat sie jedoch nur gegenüber dem PR. Dieser ist nach Abs. 4 S. 1 verpflichtet, von sich aus die JAV so rechtzeitig und umfassend schriftlich oder mündlich zu unterrichten, wie dies zur Durchführung ihrer Aufgaben erforderlich ist. Neu geschaffen ist die wichtige Regelung, dass vor Organisationsentscheidungen, die beteiligungspflichtige Maßnahmen zur Folge haben, die JAV durch den PR frühzeitig und fortlaufend zu unterrichten ist. Dieses Unterrichtungsrecht korrespondiert mit dem neuen Informationsanspruch des PR in § 71 Abs. 2. Im Einzelnen gilt hier nichts anderes als für die Unterrichtung des PR durch den Dienststellenleiter nach § 71 Abs. 1 S. 1, Abs. 2 S. 1 (vgl. § 71 Rn. 18 ff.).

Außerdem hat der PR der JAV gemäß Abs. 4 S. 3 alle erforderlichen **Unterlagen** zur Verfügung zu stellen, wenn sie dies ausdrücklich verlangt. 8 Abgesehen von diesem Verlangen gilt für die Überlassung der Unterlagen auch hier nichts anderes als nach § 71 Abs. 1 S. 2 und Abs. 3 S. 1 (vgl. § 71 Rn. 9 ff.). Die JAV kann alle Unterlagen verlangen, die der PR besitzt oder auf deren Überlassung er gegenüber dem Dienststellenleiter Anspruch hat. Neu eingefügt wurde durch das ÄndG 2013 die Wendung »einschließlich der Bewerbungsunterlagen aller Bewerber bei Einstellungen von Beschäftigten im Sinne von § 59, soweit dem nicht berechtigte Belange der Bewerber entgegenstehen«. Das entspricht der für den PR geschaffenen Regelung des § 71 Abs. 3 S. 1. Geheimhaltungsgründe können einer Vorlage von Unterlagen nicht entgegengesetzt werden, weil auch die Mitglieder der JAV der **Verschwiegenheitspflicht** nach § 7 unterliegen (vgl. § 7 Rn. 7). Auch das LDSG oder das BDSG schränken die Informationsrechte der JAV nicht ein, insbesondere weil die JAV nicht »Dritter« i. S. d. § 6 Abs. 3 LDSG bzw. § 25 BDSG ist (vgl. § 67 Rn. 7).

9 Vgl. insbesondere zur Zusammenarbeit im Bereich der Ausbildung *Rudolph*, PersR 08, 107, u. PersR 11, 109 (111 ff.).

5. Sitzungen und Beschlussfassung

9 **(Abs. 5)** Besteht die JAV aus mehr als einer Person, muss sie zu **Sitzungen** zusammentreten. Abs. 5 S. 1 Hs. 1 legt fest, dass sie diese Sitzungen »nach Verständigung des« (also nicht »mit dem«) PR abhalten kann. Sie bedarf dafür demnach nicht des Einverständnisses oder der vorherigen Abstimmung mit dem PR,[10] sondern sie ist lediglich verpflichtet, den **PR** rechtzeitig über Zeitpunkt und Ort der beabsichtigten Sitzung zu **unterrichten**.[11] Aufgrund der Verweisung auf § 30 Abs. 1 hat auch bei der Anberaumung einer Sitzung der JAV-Vorsitzende auf die dienstlichen Erfordernisse Rücksicht zu nehmen.

10 Für die Sitzungen der JAV legt Abs. 5 S. 1 Hs. 2 fest, dass §§ 19 und 30 Abs. 1 entsprechend gelten. Demnach hat entsprechend § 19 der Wahlvorstand für die JAV-Wahl (vgl. § 62 Rn. 1 ff.) spätestens sechs Arbeitstage nach dem Wahltag die Mitglieder der JAV zur **konstituierenden Sitzung** einzuladen (vgl. § 19 Rn. 3). Er hat die Sitzung zu leiten, bis die JAV aus ihrer Mitte einen Wahlleiter für die in § 62 Abs. 5 vorgeschriebenen Wahlen eines Vorsitzenden und eines Stellvertreters bestellt hat (vgl. dazu § 19 Rn. 4). Nach Durchführung dieser Wahlen (vgl. § 62 Rn. 13) ist die JAV handlungsfähig. Hinsichtlich ihrer **weiteren Sitzungen** ist § 30 Abs. 1 entsprechend anzuwenden. Es ist deshalb Sache des Vorsitzenden der JAV – im Falle seiner Verhinderung seines Stellvertreters – diese Sitzungen nach pflichtgemäßem Ermessen anzuberaumen, ihre Tagesordnung festzulegen, die JAV-Mitglieder und die übrigen Teilnahmeberechtigten (vgl. Rn. 11) rechtzeitig unter Mitteilung dieser Tagesordnung einzuladen und die Sitzungen zu leiten (vgl. § 30 Rn. 4, 7). Dabei hat der Vorsitzende ggf. die Beschlüsse der JAV über die Abhaltung einzelner oder regelmäßiger Sitzungen zu beachten. Da mangels einer Verweisung § 30 Abs. 3 nicht entsprechend gilt, ist der Vorsitzende nicht verpflichtet, auf Antrag der dort Genannten – also auch nicht auf Antrag eines Viertels der Mitglieder der JAV oder des Leiters der Dienststelle – eine Sitzung anzuberaumen. Ein Antragsrecht auf Einberufung einer JAV-Sitzung steht auch dem PR nicht zu.[12] Nach Abs. 5 S. 2 kann jedoch **ein vom PR beauftragtes PR-Mitglied** an den Sitzungen der JAV teilnehmen. Ob der PR von diesem Recht Gebrauch macht und welches seiner Mitglieder er beauftragt, entscheidet er nach pflichtgemäßem Ermessen durch Beschluss.

11 Ebenso wie das BPersVG enthält das LPVG keine die Regelungen des Abs. 5 ergänzenden Vorschriften über die Sitzungen der JAV. Diese Lücke ist durch die **entsprechende Anwendung der für den PR einschlägigen Bestimmungen** zu schließen, wobei zu beachten ist, dass es in der JAV keine Gruppen

---

10 So aber Leuze-*Mitsch*, § 63 Rn. 24.

11 Vgl. *Fischer/Goeres/Gronimus*, § 61 a. F. Rn. 43.

12 Vgl. Altvater-*Kröll*, § 104 Rn. 14 m. w. N.

gibt und dass sie ihre Aufgaben gegenüber dem PR erfüllt. Danach gilt insb. Folgendes: Die Sitzungen der JAV finden i. d. R. **während der Arbeitszeit** statt und sind **nicht öffentlich** (vgl. § 32 Abs. 1 S. 1).
Veranlasst durch die Beschränkungen im Verlauf der Covid-19 Pandemie hat der Gesetzgeber für die Personalvertetung mit Änderungsgesetz v. 12.11.20 § 34 Abs. 1a eingefügt und die elektronische Sitzungsteilnahme und Beschlussfassung gesetzlich geregelt.[13] Danach kann der Vorsitzende die Teilnahme an einer PR-Sitzung mittels **Video- oder Telefonkonferenz** einschließlich online-gestützter Anwendungen oder ähnlicher Verfahren, bei denen eine Identifikation der beteiligten Personen anhand der Stimme oder eines übermittelten Echtzeitbildes oder aufgrund eines separaten individualisierte Zugangs erfolgt, bei Vorliegen besonderer Umstände ausnahmsweise zulassen. Wegen der weiteren Einzelheiten vgl. § 34 Rn. 1a–1g. Die gesetzliche Regelung gilt zwar nur für die Personalvertretungen (vgl. § 34 Rn. 1a), ist aber aufgrund der lückenhaften Regelung in Abs. 5 für die JAV entsprechend anzuwenden.
Der **Dienststellenleiter** oder im Verhinderungsfall sein Beauftragter nimmt nur teil, wenn und soweit er ausdrücklich eingeladen ist (vgl. § 30 Abs. 4). Auf Antrag eines Viertels der JAV-Mitglieder kann von Fall zu Fall je ein Beauftragter der in der JAV – nicht im PR – vertretenen **Gewerkschaften** beratend teilnehmen; in einem solchen Fall kann auch die Teilnahme eines Vertreters der **Arbeitgebervereinigung** in Frage kommen (vgl. § 32 Abs. 3). Die **Schwerbehindertenvertretung** (SBV) ist teilnahmeberechtigt, weil Abs. 5 uneingeschränkt auf § 30 Abs. 1 verweist, wonach u. a. die SBV zu den Sitzungen des PR einzuladen ist.[14] Die **Beauftragte für Chancengleichheit** kann teilnehmen, wenn die JAV dies im Einzelfall beschließt (vgl. § 32 Abs. 6). Ein Teilnahmerecht von **Beauftragten von Stufenvertretungen** (vgl. § 30 Abs. 5) besteht nicht, weil (nur) der PR für die Kommunikation mit diesen Personalvertretungen zuständig ist. Die JAV ist **beschlussfähig**, wenn mindestens die Hälfte ihrer Mitglieder anwesend ist (vgl. § 34 Abs. 2). Ihre **Beschlüsse** werden grundsätzlich mit einfacher Stimmenmehrheit der anwesenden Mitglieder gefasst (vgl. § 34 Abs. 1). Entgegen dem Grundsatz, dass Beschlüsse bei körperlicher Anwesenheit der Sitzungsteilnehmer gefasst werden müssen, kann Beschlussfähigkeit gegeben sein, wenn mindestens die Hälfte der Mitglieder (körperlich oder virtuell) anwesend oder der Sitzung zugeschaltet ist (vgl. § 34 Rn. 2). Zur Stimmabgabe nach der IM-Pandemie-Empfehlung vgl. § 34 Rn. 3. Nicht körperlich anwesende PR-Mitglieder sollen ihre **Stimme schriftlich oder in Textform** (einschließlich E-Mail und Textnachricht) bis spätestens zum Ende der Abstimmung gegen-

13 GBl. 20, S. 1046.

14 Str.; a. A. Altvater-*Kröll*, § 104 Rn. 15, der daruf verweist, dass in § 178 Abs. 4 SGB IX ein Teilnahmerecht an JAV-Sitzungen nicht vorgesehen ist.

über der Sitzungsleitung abgeben können. Zur Zulässigkeit virtueller oder hybrider n Sitzungen c vgl. § 34 Rn. 1a. Die Ausführungen für den PR gelten für die JAV entsprechend, da für die JAV keine gesonderte Regelung getroffen wurde. Ein JAV-Mitglied, das **befangen** ist, darf weder beratend noch entscheidend mitwirken (vgl. § 33). Ein **Einspruchsrecht** entsprechend § 37 besteht nicht. Über jede Sitzung ist eine **Niederschrift** aufzunehmen (vgl. § 38). Sonstige Regelungen über die Sitzungen (und über weitere Fragen der Geschäftsführung) können in einer **Geschäftsordnung** getroffen werden, die die JAV mit der Mehrheit der Stimmen ihrer Mitglieder beschließt (vgl. § 39).

6. Begehung von Arbeits- und Ausbildungsplätzen

12 **(Abs. 6)** Die in Abs. 4 vorgeschriebene Unterrichtung der JAV durch den PR hindert den Dienststellenleiter nicht, die JAV unmittelbar zu informieren (vgl. Rn. 7). Außerdem steht ihr ebenso wie dem PR ein Recht zur **Selbstinformation** zu (vgl. § 70 Rn. 46). Dazu gehört auch das Recht zur **Begehung von Arbeits- und Ausbildungsplätzen**. Es entspricht dem in § 71 Abs. 6 geregelten Begehungsrecht des PR (vgl. § 71 Rn. 30 ff.), unterscheidet sich davon aber in folgenden Punkten: Es erstreckt sich nicht auf die gesamte Dienststelle, sondern bezieht sich auf Arbeits- und Ausbildungsplätze von Beschäftigten i. S. v. § 59. Es steht nicht nur dem Vorsitzenden, sondern der gesamten JAV (oder wahlweise einem von ihr beauftragten Mitglied) zu. Vor seiner Ausübung muss nicht nur der Dienststellenleiter, sondern auch der PR unterrichtet werden. Die aufzusuchenden Beschäftigten i. S. v. § 59 müssen der Begehung in jedem Fall zustimmen.

7. Sprechstunden

13 **(Abs. 7)** Durch das ÄndG 2013 wurde Abs. 7 eingefügt. Danach kann in Dienststellen mit mehr als 50 Beschäftigten i. S. v. § 59 die JAV **Sprechstunden während der Arbeitszeit** einrichten. Die für den PR geltende Vorschrift des § 40 ist entsprechend anzuwenden. Ein beauftragtes Mitglied des PR kann beratend teilnehmen. In § 62 Abs. 1 S. 1 a. F. war noch ohne Rücksicht auf die Größe der JAV auf § 44 a. F. verwiesen. Danach konnte die JAV Sprechstunden während der Arbeitszeit einrichten. Da in der Gesetzesbegründung ausgeführt ist, dass in Anlehnung an die entsprechenden Regelungen für den PR die JAV eigene Sprechstunden abhalten könne, spricht Einiges dafür, dass sich der Gesetzgeber der einschränkenden Regelung des Abs. 7 nicht bewusst war.

14 Die JAV kann die Sprechstunden während der Arbeitszeit einrichten. Ob sie davon Gebrauch machen will, **entscheidet die JAV nach pflichtgemäßem Ermessen** allein. Ein Einverständnis des Dienststellenleiters oder des PR ist

nicht erforderlich. Zeit und Ort der Sprechstunden hat die JAV mit dem Dienststellenleiter abzustimmen. Dessen Einverständnis hat der PR für die JAV einzuholen. Führt die JAV keine eigenen Sprechstunden durch, kann ein von ihr beauftragtes Mitglied an den Sprechstunden des PR teilnehmen (vgl. § 40 Rn. 3).

§ 64 Schutz der Mitglieder der Jugend- und Auszubildendenvertretung

[1]Für die Jugend- und Auszubildendenvertretung gelten §§ 41 bis 45 Absatz 1 Satz 1, § 46 Absatz 1 und § 69 Absatz 1 Satz 3 entsprechend. [2]§ 47 Absatz 1, 2 und 4 sowie § 48 gelten entsprechend mit den Maßgaben, dass die dort aufgeführten Personalmaßnahmen bei Mitgliedern der Jugend- und Auszubildendenvertretung der Zustimmung des Personalrats bedürfen und in dem Verfahren vor dem Verwaltungsgericht auch die Jugend- und Auszubildendenvertretung beteiligt ist. [3]Für Mitglieder des Wahlvorstands und Wahlbewerber gilt § 47 Absatz 1 Satz 1 und Absatz 2 sowie Absatz 4 entsprechend.

Vergleichbare Vorschriften:
§ 105 BPersVG; § 65 Abs. 1, § 69, 103 BetrVG

§ 64 enthält Regelungen über einzelne Fragen der **Geschäftsführung** und Kosten der JAV, über die **Rechtsstellung** ihrer Mitglieder sowie über den **Versetzungs-, Abordnungs- und Kündigungsschutz** der Mitglieder der JAV und des Wahlvorstandes und der Wahlbewerber. Dabei verweist er auf die für den PR und dessen Mitglieder geltenden Vorschriften. Weitere Fragen der Geschäftsführung der JAV sind in den, wenn auch unvollständigen Bestimmungen des § 63 Abs. 5 über die Sitzungen geregelt (vgl. § 63 Rn. 9 ff.). Die Regelungen des § 64 werden ergänzt durch die unmittelbar für die Länder geltenden und in das LPVG in §§ 47, 48 übernommenen Vorschriften des § 127 BPersVG a. F. (vgl. Anhang 1, § 12), wobei § 90, §§ 94 bis 107 S. 1 und § 109 BPersVG a. F. aufgrund der Übergangsregelung des § 131 BPersVG bis 31.12.24 weiter anzuwenden sind, und die ebenfalls **bundeseinheitlichen Vorschriften** im 2. Abschn. des KSchG (vgl. Anhang 4): § 6 mit § 107 S. 1 BPersVG a. F. regelt das **Behinderungs-, Benachteiligungs- und Begünstigungsverbot**, § 48 mit § 127 S. 2 i. V. m. § 56 BPersVG, die **Weiterbeschäftigung** nach Ende des Ausbildungsverhältnisses. Die §§ 15 und 16 KSchG sowie § 47 mit § 127 Abs. 1 BPersVG sehen einen besonderen **Kündigungsschutz** auch für Mitglieder der JAV und des Wahlvorstandes und für Wahlbewerber vor. § 6 mit § 109 BPersVG a. F. regelt die **Unfallfürsorge** der im Beamtenverhältnis stehenden Beschäftigten bei personalvertretungsrechtlichen Tätigkeiten, die sich auch auf die Wahl und die Arbeit 1 der JAV beziehen. Hinzu kommen die Vorschriften des LPVG über die **Verschwiegenheitspflicht** (§ 7) und die **gewerkschaftliche Betätigung** auch in der Dienststelle (§ 69 Abs. 2), die für JAV-Mitglieder ebenfalls unmittelbar gelten.

2 Bereits durch Art. 6 DRG sind die **unmittelbar für die Länder geltenden Vorschriften des BPersVG a. F.** (§§ 107–109) mit einer Ausnahme (§ 108 Abs. 2) inhaltlich unverändert **in das LPVG übernommen worden**. Das ÄndG 2013 hat das Behinderungs-, Benachteiligungs- und Begünstigungsverbot des § 107 S. 1 BPersVG a. F. in **§ 6**, die Vorschriften zur Übernahme von Auszubildenden des § 107 S. 2 i. V. m. § 9 BPersVG a. F. in **§ 48**, die Regelungen des (die §§ 15 und 16 KSchG ergänzenden) § 108 Abs. 1 BPersVG a. F. über den besonderen Kündigungsschutz in **§ 47 Abs. 4** und die Vorschriften über die Unfallfürsorge aus § 109 BPersVG a. F. in **§ 6 Abs. 2 übernommen**. Ergänzt sind diese Übernahmen durch komplettierende Änderungen der **Verweisungsvorschriften** in § 20 Abs. 1 S. 3, § 54 Abs. 4 S. 1, § 55 Abs. 3 S. 1, § 58 Abs. 3 S. 1 und § 64 S. 1 bis 3 LPVG. Damit hat der Landesgesetzgeber jedoch **keine »Ersetzung« von Bundesrecht** vorgenommen, sondern einer durch den Bundesgesetzgeber möglicherweise erfolgenden Aufhebung der genannten Vorschriften des BPersVG vorbeugen wollen (näher dazu vor § 6 Rn. 1 ff.). Deshalb haben auch die neuen landesgesetzlichen Vorschriften in der Fassung des ÄndG 2013 **nach wie vor nur deklaratorische Bedeutung**. Maßgeblich bleiben die inhaltsgleichen **bundesrechtlichen Vorschriften**, allerdings nur wegen der Übergangsvorschrift des § 131 BPersVG und nur bis zum Ablauf des 31. 12. 24. Das folgt nach der ständigen Rspr. des *BVerwG* auch aus der Überschrift zum Zweiten Kapitel des BPersVG (»Unmittelbar für die Länder geltende Vorschriften«).[1] In dem ÄndG 2013 hat der Gesetzgeber zwar die amtliche Fußnote zum 4. Abschnitt entfallen lassen. Ausweislich der Gesetzesbegründung stellt das aber lediglich eine redaktionelle Änderung dar. Mit der bloßen redaktionellen Änderung hat der Gesetzgeber jedoch keine Ersetzung der bundesrechtlich inhaltsgleichen Vorschriften vorgenommen (vgl. § 6 Rn. 2 und § 47 Rn. 20 f.).

3 **(S. 1)** Nach S. 1 i. V. m. § 41 hat die Dienststelle diejenigen durch die Tätigkeit der JAV oder eines ihrer Mitglieder entstehenden **Kosten** zu tragen, die zur Wahrnehmung der gesetzlichen Aufgaben und Befugnisse der JAV notwendig sind (§ 41 Abs. 1 S. 1; vgl. § 41 Rn. 2 ff.). Bei notwendigen Reisen erhalten die JAV-Mitglieder Reisekostenvergütung (§ 41 Abs. 1 S. 2; vgl. § 41 Rn. 11 ff.).

4 Die Dienststelle muss der JAV für die Sitzungen, die Sprechstunden und die laufende Geschäftsführung in erforderlichem Umfang **Räume, Geschäfts-**

1 *BVerwG* v. 1. 11. 05 – 6 P 3.05 –, PersR 06, 382; v. 21. 2. 11 – 6 P 12.10 –, NZA-RR 11, 332; v. 30. 10. 13 – 6 PB 19.13 –, ZfPR online 14, Nr. 9, 2–4; s. auch *VG Karlsruhe* v. 31. 1. 14 – PL 12 K 1682/13 –, juris; *Altvater*, 10. Aufl., § 107 a. F. Rn. 1 ff.

bedarf, die üblicherweise in der Dienststelle genutzte Informations- und Kommunikationstechnik sowie Büropersonal zur Verfügung stellen (§ 41 Abs. 2; vgl. § 41 Rn. 25, 28a, 30a). Dabei ist auch zu prüfen, ob eine Mitbenutzung der dem PR zur Verfügung stehenden Räume oder Sachmittel möglich ist, ohne dass die JAV dadurch behindert wird, was insb. bei den Räumen für die Sitzungen und die Sprechstunden in Betracht kommen kann. Zum Geschäftsbedarf zählt auch die für die Arbeit der JAV erforderliche **Fachliteratur** wie Gesetzestexte und Kommentare der Vorschriften, die für die Beschäftigten i. S. v. § 59 gelten (vgl. § 41 Rn. 31 ff.; § 63 Rn. 3), soweit kein Rückgriff auf die Literatur des PR möglich und zumutbar ist.

Die Dienststelle muss der JAV geeignete Plätze für **Bekanntmachungen** und **Anschläge** zur Verfügung stellen (§ 41 Abs. 3 S. 1; vgl. § 41 Rn. 35). Darüber hinaus hat sie die Kosten für erforderliche **Informationsschriften** der JAV zu tragen (§ 41 Abs. 3 S. 2; § 41 Rn. 36 f.) und der JAV die Nutzung der in der Dienststelle vorhandenen Möglichkeiten der **elektronischen Kommunikation** gestatten (vgl. § 41 Rn. 30, 36a, 37). 5

Nach S. 1 i. V. m. § 42 darf auch die JAV für ihre Zwecke von den Beschäftigten **keine Beiträge** erheben oder annehmen. 6

Für die **Rechtsstellung** der JAV-Mitglieder gelten die Vorschriften der §§ 43 bis 45 Abs. 1 S. 1, 46 Abs. 1, 47 Abs. 1, 2, 4, 48 sowie § 69 Abs. 1 S. 3 entsprechend. Danach führen die JAV-Mitglieder ihr Amt unentgeltlich als **Ehrenamt** (§ 43 Abs. 1; vgl. § 43 Rn. 2). Soweit dies zur ordnungsgemäßen Durchführung der Aufgaben der JAV erforderlich ist, sind sie unter Fortzahlung der Bezüge **von der Arbeitspflicht befreit** (§ 43 Abs. 2 S. 1; vgl. § 43 Rn. 3 ff.). Werden sie durch die Erfüllung ihrer Aufgaben über ihre persönliche regelmäßige Arbeitszeit hinaus beansprucht, ist ihnen **Freizeitausgleich** in entsprechendem Umfang zu gewähren (§ 43 Abs. 2 S. 2; vgl. § 43 Rn. 6 f.). 7

Soweit dies nach Umfang und Art der Dienststelle zur ordnungsgemäßen Durchführung ihrer Aufgaben erforderlich ist, sind JAV-Mitglieder nach S. 1 i. V. m. § 45 Abs. 1 S. 1 von ihrer dienstlichen Tätigkeit ganz oder teilweise **freizustellen** (vgl. § 45 Rn. 2 ff.). Bei einer Teilfreistellung darf die Zeitdauer der Sitzungen der JAV nicht angerechnet werden.[2] Für das **Verfahren** gilt Folgendes: Über den Umfang der erforderlichen Freistellung und über die Frage, welches oder welche ihrer Mitglieder freigestellt werden sollen, beschließt die JAV nach pflichtgemäßem Ermessen. Der PR hat die Freistellungsentscheidung des Dienststellenleiters herbeizuführen. Dazu ist ein Beschluss des PR notwendig, bei dessen Zustandekommen alle JAV-Mitglieder nach § 32 Abs. 4 S. 2 Beratungs- und Stimmrecht haben (vgl. § 32 Rn. 18 ff.). Der PR darf einen Freistellungsantrag der JAV allerdings nicht abändern und mit geändertem Inhalt an die Dienststelle weitergeben. Er muss den 8

2 *BayVGH* v. 27. 1. 88 – Nr. 18 P 87.03600 –, PersV 89, 20.

Antrag vielmehr an die JAV zurückgeben. Diese kann dann entscheiden, ob sie von ihrem Einspruchsrecht nach § 37 Abs. 3 Nr. 2 i. V. m. Abs. 1 und 2 Gebrauch macht oder ihren Freistellungsantrag ändert.[3] Die Freistellung darf nicht zur Beeinträchtigung des **beruflichen Werdegangs** führen (§ 46 Abs. 1; vgl. § 46 Rn. 2). Bei (noch) in Ausbildung stehenden JAV-Mitgliedern bedeutet das auch, dass eine Gefährdung der Ausbildungsziele vermieden werden muss.[4]

9 Die Mitglieder der JAV sind nach S. 1 i. V. m. § 44 Abs. 1 unter Fortzahlung der Bezüge für die Teilnahme an **Schulungs- und Bildungsveranstaltungen** vom Dienst freizustellen, soweit diese Kenntnisse vermitteln, die für die Tätigkeit in der JAV erforderlich sind (vgl. § 44 Rn. 2 ff.). Ob dies der Fall ist, muss nach den gleichen Maßstäben beantwortet werden wie bei Schulungen von PR-Mitgliedern, also nach objektiven und subjektiven Kriterien. Da damit zwangsläufig auch der besonderen Stellung der JAV Rechnung getragen wird, sind strengere Anforderungen nicht zu stellen.[5] Zu den Gegenständen von **Grundschulungen**, die ihrer Art nach objektiv für jede JAV und subjektiv für jedes JAV-Mitglied erforderlich sind, gehören insb. Grundkenntnisse des PersVR unter besonderer Berücksichtigung der für die JAV geltenden Bestimmungen sowie Grundkenntnisse des allgemeinen Arbeitsrechts und des Beamtenrechts einschl. der für die Berufsbildung und den Jugendarbeitsschutz maßgeblichen Vorschriften (z. T. str.; vgl. § 44 Rn. 5 u. 6). Als Gegenstände von **Spezialschulungen** kommen u. a. eingehende Kenntnisse des Berufsbildungs- und Jugendarbeitsschutzrechts in Betracht (vgl. § 44 Rn. 7). **Ersatzmitglieder** der JAV, die in absehbarer Zeit in die JAV eintreten werden oder regelmäßig zu Sitzungen der JAV herangezogen werden, sind nach S. 1 i. V. m. § 44 Abs. 1 unter Fortzahlung der Bezüge für die Teilnahme an Schulungs- und Bildungsveranstaltungen vom Dienst freizustellen, soweit diese Kenntnisse vermitteln, die für die Tätigkeit in der JAV erforderlich sind

10 Für das **Verfahren** der Freistellung gilt Folgendes: Die JAV prüft und beschließt, welches ihrer Mitglieder an einer bestimmten Schulung teilnehmen soll. Teilnehmer und Veranstaltung teilt sie dem PR rechtzeitig mit.[6] Der PR hat dann den **Entsendungsbeschluss** zu fassen (vgl. § 44 Rn. 11), bei dessen Zustandekommen alle JAV-Mitglieder nach §§ 32 Abs. 4 S. 2 Beratungs- und Stimmrecht haben (vgl. § 32 Rn. 17 ff.). Dieser Beschluss begründet die Pflicht des JAV-Mitglieds zur Teilnahme an der Schulungsveranstaltung und ist die Grundlage für die vom Dienststellenleiter zu treffende **Freistellungsentscheidung** (vgl. § 44 Rn. 11). Wird die Freistellung verweigert, so kann

---

3 Str.; wie hier Altvater-*Kröll*, § 105 Rn. 10, 18 m. w. N.

4 Vgl. Altvater-*Kröll*, § 105 Rn. 11.

5 Str.; vgl. Altvater-*Kröll*, § 105 Rn. 15 m. w. N.

6 *VGH BW* v. 18. 6. 96 – PL 15 S 3314/95 –, juris.

nicht die JAV, sondern nur der PR nach § 92 Abs. 1 Nr. 3 und Abs. 2 das Verwaltungsgericht anrufen (vgl. § 44 Rn. 12).[7]

Der Vorsitzende der JAV und sein Stellvertreter haben nach S. 1 i. V. m. § 44 Abs. 2 S. 1 Anspruch darauf, vier Mal im Jahr unter Fortzahlung der Bezüge an einer **gewerkschaftlichen Konferenz der JAV-Vorsitzenden** teilzunehmen. Nach S. 1 i. V. m. § 44 Abs. 2 S. 2 haben alle JAV-Mitglieder einen entsprechenden Anspruch darauf, zweimal im Jahr an einer **gewerkschaftlichen Konferenz der JAV-Mitglieder** teilzunehmen (näher dazu § 44 Rn. 17, 18). Es ist unerheblich, ob das jeweils eingeladene JAV-Mitglied auch Mitglied der veranstaltenden Gewerkschaft ist.[8] **11**

Wie der PR und der Dienststellenleiter hat nach S. 1 i. V. m. § 69 Abs. 1 S. 3 auch die JAV jede **parteipolitische Betätigung** in der Dienststelle zu unterlassen, wobei die Behandlung von Tarif-, Besoldungs- und Sozialangelegenheiten hiervon nicht berührt wird (vgl. § 69 Rn. 17 ff.). **12**

(S. 2) Nach S. 2 gelten die **Schutzvorschriften** des § 47 Abs. 1, 2 und 4 sowie § 48 für JAV-Mitglieder entsprechend. Danach dürfen **Versetzungen**, mit einem Wechsel des Dienstorts verbundene **Umsetzungen** oder **Abordnungen** nur dann gegen den Willen eines JAV-Mitglieds angeordnet werden, wenn dies auch unter Berücksichtigung der Mitgliedschaft in der JAV aus wichtigen dienstlichen Gründen unvermeidbar ist und wenn entweder der PR der Maßnahme zugestimmt oder das Verwaltungsgericht die verweigerte oder fehlende Zustimmung des PR ersetzt hat (§ 47 Rn. 4 ff.). Dieser Schutz gilt auch für eingerückte Ersatzmitglieder. Bei der Beschlussfassung des PR über seine Zustimmung haben die JAV-Mitglieder nach § 32 Abs. 4 S. 2 Beratungs- und Stimmrecht (vgl. § 32 Rn. 16 ff.). Das betroffene und deshalb befangene JAV-Mitglied wird dabei nach § 62 Abs. 4 S. 2 i. V. m. § 27 Abs. 1 S. 2 durch ein Ersatzmitglied ersetzt (vgl. § 63 Rn. 11 i. V. m. § 33 Rn. 1 f.). **13**

Von diesem Versetzungs-, Umsetzungs- und Abordnungsschutz sind auch jene JAV-Mitglieder nicht ausgenommen, die **Auszubildende in öffentlich-rechtlichen Ausbildungsverhältnissen, Beamte im Vorbereitungsdienst** oder **Beschäftigte in entsprechender Berufsausbildung** sind (vgl. § 8 Rn. 18). Das ergibt sich daraus, dass S. 2 **nicht** auf § 47 Abs. 3 verweist (vgl. § 47 Rn. 16).[9] **14**

S. 2 bestimmt, dass auch die für die Mitglieder des PR geltenden § 47 Abs. 1, 2 und 4 sowie § 48 für die Mitglieder der JAV entsprechend gelten. Die in Bezug genommenen Vorschriften des LPVG sind inhaltlich identisch mit den jeweils einschlägigen unmittelbar für die Länder geltenden Vorschriften des **14a**

---

7 *VGH BW* v. 18.6.96, a. a. O.

8 A. A. Leuze-*Mitsch*, § 64 Rn. 8, der übersieht, dass es nicht »seiner bzw. ihrer Gewerkschaft« heißt und dass es der Gewerkschaft freisteht, auch Nichtmitglieder einzuladen.

9 Ebenso Leuze-*Mitsch*, § 64 Rn. 12.

BPersVG: **§ 47 Abs. 4** stimmt inhaltlich überein mit **§ 127 Abs. 1 BPersVG**, der die Vorschriften der §§ 15, 16 KSchG über den besonderen **Kündigungsschutz** im Rahmen der Personalvertretung ergänzt, **§ 48** stimmt mit **§ 127 S. 2 i. V. m. § 56 BPersVG** überein. Die landesgesetzlichen Vorschriften haben noch bis 31.12.24 **nur deklaratorische Bedeutung**, bis dahin sind die bisherigen **bundesrechtlichen Vorschriften maßgeblich** (vgl. oben Rn. 2 sowie § 48 Rn. 1a u. § 6 Rn. 1 ff.).

15 **(S. 3)** Nach S. 3 gelten die Vorschriften des § 47 Abs. 1 S. 1 und Abs. 2 sowie Abs. 4 über den **Schutz vor Versetzungen, Umsetzungen und Abordnungen** für **Wahlvorstandsmitglieder und Wahlbewerber** entsprechend. Seit der Änderung des S. 3 durch Art. 6 Nr. 14 Buchst. c DRG erstreckt sich diese Verweisung auch auf die in § 47 Abs. 4 enthaltene Regelung über den besonderen **Kündigungsschutz**; allerdings bleibt auch insoweit die bundesrechtliche Vorschrift des **§ 108 Abs. 1 BPersVG** noch maßgeblich (vgl. oben Rn. 14a). S. 3 ist mit § 20 Abs. 1 S. 3 wortgleich (auf die Kommentierung zu § 24 Rn. 5–7 wird verwiesen).

§ 65 Jugend- und Auszubildendenversammlung

(1) [1]Die Jugend- und Auszubildendenversammlung besteht aus den Beschäftigten im Sinne von § 59. [2]Sie wird vom Vorsitzenden der Jugend- und Auszubildendenvertretung geleitet. [3]Der Personalratsvorsitzende oder ein vom Personalrat beauftragtes anderes Mitglied soll an der Jugend- und Auszubildendenversammlung teilnehmen.
(2) [1]Die Jugend- und Auszubildendenversammlung soll möglichst unmittelbar vor oder nach einer Personalversammlung stattfinden. [2]Auf Antrag eines Viertels der Beschäftigten im Sinne von § 59 ist die Jugend- und Auszubildendenvertretung verpflichtet, innerhalb von vier Wochen eine Jugend- und Auszubildendenversammlung einzuberufen.
(3) Die für die Personalversammlung geltenden Vorschriften sind sinngemäß anzuwenden.

Vergleichbare Vorschriften:
§ 106 BPersVG; § 71 BetrVG

Inhaltsübersicht Rn.

1. Vorbemerkungen

(Abs. 1) Die Jugend- und Auszubildendenversammlung besteht nach **S. 1** aus den der Dienststelle angehörenden Beschäftigten i. S. v. § 59 und den Mitgliedern der JAV (Jugendliche und auszubildende Dienstkräfte der Dienststelle). Teilnahmeberechtigt sind also alle jugendlichen Beschäftigten bis zur Vollendung des 18. Lebensjahres sowie ohne Rücksicht auf ihr Alter die Auszubildenden, Beamtenanwärter und Praktikanten. 1

Die Jugend- und Auszubildendenversammlung ist ein **dienststelleninternes Ausspracheforum** der Beschäftigten i. S. v. § 59, auf dem diese ihre speziellen Interessen und Probleme diskutieren und Beschlüsse fassen können, die für die JAV zwar rechtlich nicht verbindlich sind, aber für ihre Arbeit gleichwohl von erheblicher Bedeutung sein können (vgl. § 52 Rn. 2). Den Teilnehmenden ist Gelegenheit zu offener Aussprache zu geben. Diskussionen und ggf. Stellung von Anträgen sind erwünscht.[1] Die Jugend- und Auszubildendenversammlung ist keine Untergliederung der Personalversammlung, sondern ist rechtlich eigenständig. § 65 gilt nur für Dienststellen, in denen eine JAV besteht. 1a

Nach **S. 2** wird die Jugend- und Auszubildendenversammlung vom **Vorsitzenden der JAV**, bei dessen Verhinderung vom **stellvertretenden JAV-Vorsitzenden, geleitet**. Als Versammlungsleiter steht ihm das Hausrecht zu (vgl. § 50 Rn. 5). Er hat für einen geordneten Ablauf der Versammlung zu sorgen, insbesondere während der Diskussion das Wort zu erteilen und auf die Einhaltung der Tagesordnung zu achten. Der Dienststellenleitung stehen hinsichtlich der Versammlungsleitung keinerlei Befugnisse zu. 2

Nach **S. 3** soll der **PR-Vorsitzende oder ein vom PR beauftragtes anderes PR-Mitglied** an der Jugend- und Auszubildendenversammlung **teilnehmen**. Über die Teilnahme muss der PR nach pflichtgemäßem Ermessen entscheiden. Im Hinblick auf die vom Gesetz geforderte enge Zusammenarbeit von PR und JAV (vgl. § 63 Abs. 1 Nr. 1, 3 und 4, Abs. 2 bis 6, § 70 Abs. 1 Nr. 4 und 7) ist eine Teilnahme des PR-Vorsitzenden oder eines anderen PR-Mitgliedes in aller Regel geboten. Eine Abwesenheit dürfte daher nur in seltenen Ausnahmefällen gerechtfertigt sein. Der Dienststellenleiter ist berechtigt, an jeder Versammlung teilzunehmen. Er ist unter Mitteilung der Tagesordnung einzuladen. Nimmt der Dienststellenleiter teil, ist ihm auf Verlangen das Wort zu erteilen.[2] Auf Antrag der in der Dienststelle vertretenen Gewerkschaft und eines Beauftragten der Arbeitgebervereinigung sind deren Beauftragte ebenfalls berechtigt, mit beratender Stimme teilzunehmen. Zur Wahrnehmung dieses Rechts sind ihnen rechtzeitig Versammlungsort und Zeit mitzuteilen. Die Tagesordnung ist dieser Mitteilung beizufügen. Sofern 3

1 Vgl. Altvater-*Kröll*, § 106 Rn. 1.
2 Vgl. Altvater-*Kröll*, § 106 Rn. 3.

sie teilnehmen, können sie bis zur Genehmigung der Tagesordnung Änderungen oder Ergänzungen beantragen.

2. Einberufung der Jugend- und Auszubildendenversammlung

4 **(Abs. 2)** Die Jugend- und Auszubildendenversammlungen i. S. d. LPVG können nur **von der JAV einberufen** werden. Sie können nicht durchgeführt werden, wenn in der Dienststelle eine JAV nicht gebildet ist. Allerdings hat der PR dann (aber auch nur dann) das Recht, nach § 49 Abs. 3 getrennte Versammlungen der jugendlichen und/oder auszubildenden Beschäftigten einzuberufen (vgl. § 49 Rn. 12). Über die Einberufung der Jugend- und Auszubildendenversammlungen entscheidet die JAV – wenn sie nicht nur aus einer Person besteht – durch **Beschluss** (vgl. § 49 Rn. 4), der mit dem PR abgestimmt werden sollte. Der JAV-Vorsitzende hat den Beschäftigten i. S. v. § 59 die Einberufung (mit Datum, Uhrzeit, Ort und Tagesordnung) rechtzeitig und in ausreichender Weise **bekannt zu geben** sowie darüber hinaus den PR und die Stellen zu unterrichten, die nach Abs. 3 i. V. m. § 53 ein Teilnahme- oder Entsendungsrecht haben (vgl. Rn. 9). Hierfür können auch die vorhandenen dienststelleninternen Kommunikationsmittel genutzt werden. Nach § 64 S. 1 i. V. m. § 41 Abs. 1 S. 1 bzw. Abs. 2 hat die Dienststelle die **Kosten** der Versammlung zu tragen und die dafür geeigneten Räumlichkeiten zur Verfügung zu stellen (vgl. § 64 Rn. 3). Bei notwendigen Reisen erhalten die Teilnehmer der Versammlung Reisekostenvergütung. Da die JAV-Versammlung in zeitlicher Nähe zur Personalversammlung stattfinden soll, sollten sich JAV und PR über einen entsprechenden Termin verständigen.[3]

5 Zwar ist die **JAV aus eigener Initiative** zur Einberufung einer Versammlung berechtigt. Nach **S. 2**, ist sie aber **auf Antrag eines Viertels der wahlberechtigten Beschäftigten i. S. v. § 59** verpflichtet, eine Versammlung **innerhalb von vier Wochen** einzuberufen und den Gegenstand, dessen Beratung beantragt ist, auf die Tagesordnung zu setzen (vgl. § 50 Rn. 6). Das ist so zu verstehen, dass die Versammlung innerhalb von vier Wochen nach Antragseingang bei der JAV stattzufinden hat (vgl. § 50 Rn. 7). Die einzuberufende Versammlung findet nach Abs. 3 i. V. m. § 51 Abs. 1 S. 1 wie die anderen grundsätzlich während der Arbeitszeit statt (vgl. § 51 Rn. 1). Außerordentliche, gemeinsame oder Teilversammlungen finden grundsätzlich während der Arbeitszeit statt.

3. Ordentliche Versammlungen

6 **(Abs. 3)** Nach dem entsprechend anzuwendenden § 52 soll die JAV **einmal in jedem Kalenderjahr** in einer **Jugend- und Auszubildendenversamm-**

3 Vgl. *OVG Berlin-Brandenburg* v. 29. 11. 12 – VG 61 K 9.12 –, Rn. 19, juris.

lung einen Tätigkeitsbericht erstatten. Die Tagesordnung kann weitere Punkte enthalten und überdies von der Versammlung selbst erweitert werden (vgl. § 50 Rn. 5). Die Versammlung findet nach § 51 Abs. 1 S. 1 grundsätzlich **während der Arbeitszeit** statt (vgl. § 51 Rn. 1 f.). Über den Zeitpunkt beschließt die JAV nach pflichtgemäßem Ermessen. Dabei hat sie zu beachten, dass diese Versammlung nach Abs. 2 S. 1 möglichst **unmittelbar vor oder nach einer Personalversammlung** i. S. d. § 50 Abs. 1 stattfinden soll. Die zeitliche Bindung an die ordentliche Personalversammlung soll erreichen, dass ein wechselseitiger Informationsaustausch möglich ist und sich alle Beschäftigten in der Dienststelle an einen bestimmten Zeitraum für die Abhaltung von Personal- und Jugend- und Auszubildendenversammlung gewöhnen können.

Über Notwendigkeit und Zeitpunkt weiterer Personalversammlungen ent- **6a** scheidet die JAV nach pflichtgemäßem Ermessen, wobei sie zu beachten hat, dass auch diese Versammlungen möglichst unmittelbar vor oder nach einer ordentlichen Personalversammlung anberaumt werden sollen (vgl. Rn. 3). Nur soweit die dienstlichen Verhältnisse es erfordern, können die Versammlungen nach Abs. 3 i. V. m. § 51 Abs. 1 S. 1 ausnahmsweise außerhalb der Arbeitszeit stattfinden (vgl. § 51 Rn. 1).

Nach Abs. 3 i. V. m. § 50 Abs. 3 muss die JAV **auf Antrag einer** in der Dienst- **7** stelle vertretenen **Gewerkschaft** innerhalb von drei Wochen eine Jugend- und Auszubildendenversammlung einberufen, wenn im vorhergegangenen Kalenderjahr keine derartige Versammlung stattgefunden hat (vgl. § 50 Rn. 7). Die Voraussetzung, in der Dienststelle vertreten zu sein, erfüllt eine Gewerkschaft auch dann, wenn ihr nur Beschäftigte angehören, die nicht in § 59 aufgeführt sind.[4] Eine Beschränkung auf nur eine in der Dienststelle vertretene Gewerkschaft ist nicht zulässig. Dies ergibt sich aus § 53 Abs. 4 S. 3. Auch diese Versammlung findet entsprechend § 51 Abs. 1 S. 1 grundsätzlich **während der Arbeitszeit** statt (vgl. § 51 Rn. 1).

Die **JAV ist auf Wunsch des Dienststellenleiters** verpflichtet, eine Ver- **8** sammlung einzuberufen und den Gegenstand, dessen Beratung beantragt ist, auf die Tagesordnung zu setzen (vgl. § 50 Rn. 6).

4. Sinngemäße Anwendung der für die Personalversammlung geltenden Vorschriften

Aufgrund der nach Abs. 3 sinngemäß anzuwendenden Vorschriften für die **9** Personalversammlung gelten für die Jugend- und Auszubildendenversammlung des Weiteren folgende Regelungen: Die Versammlung ist **nicht öffentlich** (§ 53 Abs. 1). Sie ist grundsätzlich als **Vollversammlung** und nur unter den Voraussetzungen des § 49 Abs. 2 in Form von **Teilversammlungen**

4 *VGH BW* v. 21. 3. 88 – 15 S 2438/87 –, ZBR 89, 153.

durchzuführen (vgl. § 49 Rn. 12ff.). Die Teilnahme an den während der Arbeitszeit stattfindenden Versammlungen hat **keine Minderung der Dienstbezüge** oder des Arbeitsentgelts zur Folge (§ 51 Abs. 1 S. 2). Findet eine grundsätzlich während der Arbeitszeit durchzuführende Versammlung aus dienstlichen Gründen außerhalb der Arbeitszeit statt, ist den Teilnehmern **Dienstbefreiung** in entsprechendem Umfang zu gewähren (§ 51 Abs. 1 S. 3). **Kosten**, die durch die Teilnahme an einer Versammlung entstehen, werden von der Dienststelle in entsprechender Anwendung des LRKG erstattet (§ 51 Abs. 2). Die Versammlung kann zum einen dem PR und zum anderen der JAV **Anträge unterbreiten** und zu deren Beschlüssen **Stellung nehmen** (§ 52 Abs. 3 S. 1). Sie darf **alle Angelegenheiten** behandeln, die die Dienststelle und die Beschäftigten i. S. v. § 59 unmittelbar betreffen. Das gilt insb. für Tarif-, Besoldungs- und Sozialangelegenheiten sowie Fragen der Gleichstellung von Frau und Mann (§ 52 S. 2). Dabei reicht es aus, dass es sich um Angelegenheiten handelt, von denen die Beschäftigten i. S. v. § 59 »auch« berührt sind.[5] Die Vorschriften des § 68 Abs. 2 über die **Friedenspflicht** und des § 69 Abs. 1 S. 3 über das **Verbot parteipolitischer Betätigung** gelten für die Versammlung entsprechend (§ 49 Abs. 5). Das Teilnahmerecht von Beauftragten der **Gewerkschaften** und der **Arbeitgebervereinigung** richtet sich sinngemäß nach § 53 Abs. 2 Nr. 1 und 2, Abs. 3 und 4. In Dienststellen, für die nach § 66 eine **GJAV** gebildet ist, kann ein von der GJAV beauftragtes Mitglied an der Versammlung teilnehmen (§ 53 Abs. 2 Nr. 7). In Dienststellen, für die nach § 66 eine **BJAV** oder **HJAV** gebildet ist, kann ein von der Stufenvertretung beauftragtes Mitglied an der Versammlung teilnehmen (§ 53 Abs. 2 Nr. 3). Ein Entsendungsrecht besteht nur für die jeweils nächsthöhere Stufenvertretung, nicht für die übernächste Stufenvertretung.[6] Des Weiteren hat der Beauftragte der Dienststelle, bei der die Stufenvertretung besteht, ein Teilnahmerecht (§ 53 Abs. 2 Nr. 4). Der **Dienststellenleiter** ist berechtigt, an jeder Versammlung teilzunehmen; er ist verpflichtet, an Versammlungen teilzunehmen, die auf seinen Wunsch einberufen sind oder zu denen er ausdrücklich eingeladen ist (§ 53 Abs. 4). Die **Schwerbehindertenvertretung** kann mit beratender Stimme an den Versammlungen teilnehmen (§ 53 Abs. 2 Nr. 6). Nach § 49 Abs. 4 können für mehrere Dienststellen gemeinsame Personalversammlungen durchgeführt werden, soweit Angelegenheiten die Dienststellen oder ihre Beschäftigten unmittelbar gemeinsam betreffen und die dienstlichen Verhältnisse eine gemeinsame Personalversammlung zulassen. Gemeinsame Jugend- und Auszubildendenversammlungen sind daher ebenfalls möglich. Die Jugend- und Auszubildendenvertretungen berufen diese Versammlung gemeinsam ein und verständigen sich darüber, wer diese leitet.

---

5 Vgl. Altvater-*Kröll*, § 106 Rn. 13.

6 *VGH BW* v. 15. 10. 91 – 15 S 388/91.

§ 66 Gesamt-Jugend- und Auszubildendenvertretung, Stufen-Jugend- und Auszubildendenvertretung

(1) Bestehen in den Fällen des § 5 Abs. 3 mehrere Jugend- und Auszubildendenvertretungen, so ist neben diesen eine Gesamt-Jugend- und Auszubildendenvertretung zu bilden.

(2) [1]In die Gesamt-Jugend- und Auszubildendenvertretung entsendet jede Jugend- und Auszubildendenvertretung ein Mitglied. [2]Die Benennung hat in der ersten Sitzung nach der Wahl der Jugend- und Auszubildendenvertretung zu erfolgen. [3]Mindestens ein Ersatzmitglied ist zu benennen. [4]§ 27 Abs. 1 gilt entsprechend. [5]Die Namen und Anschriften der Mitglieder und der Ersatzmitglieder sind dem Vorsitzenden des Gesamtpersonalrats mitzuteilen.

(3) [1]Für die Gesamt-Jugend- und Auszubildendenvertretung gelten § 62 Abs. 3, §§ 63 und 64 Satz 1 entsprechend. [2]Die Mitglieder der Gesamt-Jugend- und Auszubildendenvertretung sind vom Vorsitzenden des Gesamtpersonalrats innerhalb von vier Wochen nach der Wahl der Jugend- und Auszubildendenvertretung zur konstituierenden Sitzung einzuladen; er leitet die Sitzung bis zur Benennung des Vorsitzenden der Gesamt-Jugend- und Auszubildendenvertretung.

(4) [1]Bei den Bezirkspersonalräten können Bezirks-Jugend- und Auszubildendenvertretungen und bei den Hauptpersonalräten Haupt-Jugend- und Auszubildendenvertretungen gebildet werden. [2]Die Absätze 2 und 3 gelten entsprechend.

Vergleichbare Vorschriften:
§ 107 Abs. 2 BPersVG; §§ 72, 73 BetrVG

Inhaltsübersicht Rn.

1. Vorbemerkungen

1 Die dem GPR (§ 54) zugeordnete **Gesamt-Jugend- und Auszubildendenvertretung** (GJAV) wird im Unterschied zu § 107 Abs. 2 BPersVG nicht durch Wahl, sondern durch **Entsendung** von Mitgliedern der im Wahlbereich des GPR bestehenden JAV gebildet (Abs. 2). Bis zum Inkrafttreten des **ÄndG 1995** wurde die GJAV von den jugendlichen und auszubildenden Beschäftigten in unmittelbarer Wahl gewählt (§ 64 S. 2 i.V.m. §§ 58, 60 Abs. 1, 2 a.F.). Die Abschaffung dieser Regelung beruht auf der Erwägung, es solle aus »Vereinfachungsgründen« auf das »aufwendige Wahlverfahren« verzichtet werden.[1] Die Neuregelung über die Benennung der GJAV-Mitglieder entspricht den vergleichbaren Vorschriften des § 72 BetrVG und des § 65 LPersVG RP. Sie steht jedoch nicht in Einklang mit der **Rahmenvorschrift des § 98 Abs. 1 BPersVG**, die aufgrund der Übergangsregelung des § 131 BPersVG bis 31.21.24 weiter gilt, die den Landesgesetzgebern u.a. verbindlich vorschreibt, Regelungen zu treffen, nach denen alle Arten von Personalvertretungen in unmittelbarer Wahl gewählt werden. Das gilt entsprechend für die Bildung der JAV[2] und der GJAV, die die gleiche Rechtsnatur wie die JAV hat.[3] Dies verkennt *Mausner*, der das Benennungsverfahren für »vertretbar« hält.[4] Über die Unvereinbarkeit mit dem Bundesrecht kann allerdings nur das **Bundesverfassungsgericht** entscheiden (vgl. § 94 BPersVG a.F. Rn. 3). Gem. § 131 BPersVG gilt § 98 Abs. 1 BPersVG a.F. bis zum 31.12.24 übergangsweise als Bundesrecht fort, solange und soweit er – wie bislang – nicht durch Landesrecht ersetzt worden ist (vgl. Anh. 1 § 131 BPersVG Rn. 1).[5]

2. Bildung der GJAV

2 **(Abs. 1)** Eine GJAV kann nur **in den Fällen des § 5 Abs. 2** gebildet werden, also im Bereich von Dienststellen, bei denen Außenstellen, Nebenstellen oder Teile der Dienststelle personalvertretungsrechtlich verselbständigt worden sind (vgl. § 5 Rn. 19ff.). Darüber hinaus müssen zwei weitere Voraussetzungen erfüllt sein. Zum einen muss im Bereich der Gesamtdienststelle nach § 54 Abs. 1 ein **GPR gebildet** sein, weil die GJAV ebenso wie die JAV keine selbständige Personalvertretung ist und nur gegenüber dem GPR tätig werden kann (vgl. § 59 Rn. 1 u. unten Rn. 7). Zum anderen müssen

1 LT-Dr. 11/6312, S. 42 [zu Nr. 29].
2 *Fischer/Goeres/Gronimus*, § 98 a.F. Rn. 2; Lorenzen-*Hebeler*, § 98 a.F. Rn. 2a; jew. m.w.N.
3 *Fischer/Goeres/Gronimus*, § 64 a.F. Rn. 22.
4 Rooschüz-*Mausner*, § 66 Rn. 3 u. 4.
5 *Altvater*, § 98 a.F. Rn. 1.

im Bereich der Gesamtdienststelle »mehrere«, d. h. **mindestens zwei JAV bestehen.**[6]

3. Entsendung in die GJAV

(Abs. 2) Nach Abs. 2 S. 1 entsendet jede JAV eines ihrer Mitglieder in die GJAV. Die **Größe der GJAV** hängt mithin von der Anzahl der bestehenden JAV ab: Bestehen in der Gesamtdienststelle z. B. zwei JAV, besteht die GJAV aus zwei Mitgliedern. Nach Abs. 2 S. 2 muss die JAV ihr in die GJAV zu entsendendes **Mitglied** in ihrer konstituierenden Sitzung (§ 66 Abs. 3 S. 1, § 63 Abs. 5 S. 1 Hs. 2 i. V. m. § 19) benennen. Dies erfolgt durch einfachen Beschluss.[7] Außerdem ist gem. Abs. 2 S. 3 **mindestens ein Ersatzmitglied** für die GJAV zu benennen. Über die Anzahl der zu benennenden Ersatzmitglieder und über die Reihenfolge ihres Nachrückens entscheidet die JAV nach pflichtgemäßem Ermessen. Reicht die Zahl der ordentlichen JAV-Mitglieder für die Benennung als GJAV-Ersatzmitglied nicht aus, kann sie dafür auch auf Ersatzmitglieder der JAV selbst zurückgreifen; dabei ist sie allerdings an die Reihenfolge dieser Ersatzmitglieder gebunden (vgl. § 62 Abs. 2 S. 2 i. V. m. § 27 Abs. 2; § 54 S. 1 i. V. m. § 31 Abs. 2 Nr. 5 LPVGWO). Nach Abs. 2 S. 4 i. V. m. § 27 Abs. 1 tritt das Ersatzmitglied – bei mehreren Ersatzmitgliedern jenes, das nach der festgelegten Reihenfolge nachrückt – an die Stelle des ordentlichen GJAV-Mitglieds, wenn dieses ausscheidet oder zeitweilig verhindert ist (vgl. § 27 Rn. 1). Nach Abs. 2 S. 5 müssen die Namen und Anschriften der GJAV-Mitglieder und der GJAV-Ersatzmitglieder **dem Vorsitzenden des GPR mitgeteilt** werden. Diese Aufgabe obliegt dem Vorsitzenden der entsendenden JAV. 3

4. Mitgliedschaft in der GJAV

Die **Mitgliedschaft in der GJAV** ist an die Mitgliedschaft in der JAV gebunden. Sie endet ohne Weiteres, wenn die JAV-Mitgliedschaft nach § 62 Abs. 2 S. 3 i. V. m. § 25 Abs. 1 **erlischt**. Für die Ersatzmitgliedschaft in der GJAV gilt Entsprechendes (vgl. § 25 Rn. 1). Außerdem kann die Mitgliedschaft oder Ersatzmitgliedschaft dadurch beendet werden, dass das entsandte Mitglied sein Amt in der GJAV **niederlegt** oder dass es durch Beschluss der JAV aus der GJAV **abberufen** wird (vgl. § 73 Abs. 2 i. V. m. § 49 BetrVG); insoweit gilt das Gleiche wie für Funktionen innerhalb derselben Personalvertretung (vgl. § 28 Rn. 7, 16). Ein **Ausschluss** aus der GJAV aufgrund einer gerichtlichen Entscheidung nach § 24 Abs. 1 und 2 ist mangels Verweisung hingegen nicht möglich. 4

---

6 Rooschüz-*Mausner*, § 66 Rn. 2.

7 LT-Dr. 11/6312, a. a. O.

5. Amtszeit

5 **(Abs. 3)** Mangels Verweisung auf § 62 Abs. 2 S. 1 trifft das Gesetz **keine Regelung über die Amtszeit** der GJAV. Das entspricht der Rechtslage nach dem BetrVG, wonach die in dessen Geltungsbereich zu bildende GJAV nach ihrer konstituierenden Sitzung als Dauereinrichtung ohne feste Amtszeit besteht.[8] Andererseits ist den Bestimmungen in Abs. 2 S. 5 und Abs. 3 S. 2 zu entnehmen, dass die nach dem LPVG zu bildende GJAV nicht nur einmal zu einer konstituierenden Sitzung zusammentreten soll, sondern dass dies regelmäßig wiederkehrend »nach der Wahl der Jugend- und Auszubildendenvertretung« zu geschehen hat (vgl. Rn. 9 f.). Dabei ist der Gesetzgeber wohl davon ausgegangen, dass alle an der Bildung der GJAV beteiligten JAV turnusmäßig in jedem Zeitraum der regelmäßigen JAV-Wahlen neu gewählt und danach alle Mitglieder und Ersatzmitglieder der GJAV neu entsandt bzw. benannt werden mit der Folge, dass dann auch der GJAV-Vorsitzende und sein Stellvertreter erneut gewählt werden müssen. Aus der zeitlichen Begrenzung der Mitgliedschaft der der GJAV angehörenden Personen ergibt sich indessen nur, dass auch die Amtszeit ihres Vorsitzenden und die seines Stellvertreters begrenzt ist, nicht jedoch, dass das Organ GJAV eine Amtszeit hat.[9] Das Amt des Organs GJAV endet vielmehr erst dann, wenn die in Abs. 1 festgelegten Voraussetzungen für seine Bildung entfallen.[10]

6. Vorsitz und Stellvertretung

6 Nach Abs. 3 S. 1 i. V. m. § 62 Abs. 3 wählt die GJAV aus ihrer Mitte einen **Vorsitzenden** und dessen **Stellvertreter** (vgl. § 62 Rn. 13). Das gilt auch dann, wenn die GJAV nur aus zwei Mitgliedern besteht. Die Wahl erfolgt in der nach Abs. 3 S. 2 einzuberufenden konstituierenden Sitzung (vgl. Rn. 9).

7. Zuständigkeit

7 Die GJAV ist **keine selbstständige Personalvertretung**. Sie hat die Interessen der Beschäftigten i. S. v. § 59 auf der Ebene der Gesamtdienststelle ausschließlich gegenüber dem GPR wahrzunehmen (vgl. § 59 Rn. 1). Die **allgemeinen Aufgaben** der GJAV sind gem. Abs. 3 S. 1 in dem entsprechend anzuwendenden § 63 Abs. 1 beschrieben, wobei an die Stelle der dort aufgeführten Organe JAV und PR die GJAV und der GPR treten. Da die GJAV dem GPR zugeordnet ist, ist es sachgerecht, die **Zuständigkeiten** zwischen

---

8 DKW-*Wenckebach/Dornberger*, § 72 Rn. 18.

9 A. M. Rooschüz-*Mausner*, § 66 Rn. 24.

10 Vgl. *Fitting*, § 72 Rn. 13, § 47 Rn. 26.

ihr und der JAV entsprechend § 91 Abs. 8 S. 1 abzugrenzen.[11] Für die **Zusammenarbeit zwischen GJAV und GPR** gelten gemäß Abs. 3 S. 1 die Regelungen in § 63 Abs. 3 bis 4 sowie § 30 Abs. 1 S. 3 und 4, Abs. 3, § 32 Abs. 4, § 35 Abs. 3 und 5 S. 1 Nr. 4, § 36 Abs. 2, § 37 Abs. 1 S. 1 und § 38 Abs. 3. entsprechend. Für die **Sitzungen der GJAV** gelten nach Abs. 3 S. 1 die Bestimmungen des § 63 Abs. 5 und kraft Verweisung die des § 19 und § 30 Abs. 1 entsprechend. An den Sitzungen der GJAV kann ein vom GPR beauftragtes GPR-Mitglied teilnehmen. Die GJAV insgesamt oder ein von ihr beauftragtes Mitglied hat, wie die JAV, entsprechend der von Abs. 3 S. 1 in Bezug genommenen Regelung des § 63 Abs. 6 das Recht, **Ausbildungs- und Arbeitsplätze zu begehen**. Da nicht auf § 65 verwiesen ist, kann eine von der GJAV einberufene **gemeinsame Jugend- und Auszubildendenversammlung (§ 49 Abs. 4)**, an der alle in der Gesamtdienststelle tätigen jugendlichen und auszubildenden Beschäftigten i. S. d. § 59 teilnehmen könnten, nicht stattfinden.

8. Geschäftsführung und Rechtsstellung

8 Aufgrund der Verweisung des Abs. 3 S. 1 auf § 64 S. 1 gelten die folgenden, dort in Bezug genommenen, die **Geschäftsführung** und **Rechtsstellung** des PR und seiner Mitglieder regelnden Bestimmungen auch für die GJAV entsprechend: § 40 (Sprechstunden, in Gesamtdienststellen mit regelmäßig mehr als 50 Beschäftigten i. S. d. § 59, § 41 (Kosten), § 42 (Verbot der Beitragserhebung), § 43 (Rechtsstellung), § 44 (Schulungs- und Bildungsmaßnahmen), § 45 Abs. 1 S. 1 (Freistellung), § 46 Abs. 1 (Benachteiligungsverbot) sowie § 69 Abs. 1 S. 3 (Unterlassung parteipolitischer Betätigung). Da Abs. 3 S. 1 nicht auf § 64 S. 2 verweist, geht das LPVG davon aus, dass es für den **Versetzungs-, Abordnungs**-, Übernahme- und Kündigungsschutz der GJAV-Mitglieder einer solchen Verweisung nicht bedarf, weil die GJAV-Mitglieder insoweit bereits in ihrer Eigenschaft als JAV-Mitglieder nach § 64 S. 2 (und damit auch nach dem dort in Bezug genommenen § 47 Abs. 1, 2 und 4) sowie § 48 geschützt sind (näher dazu und zu den weiterhin maßgeblichen bundesrechtlichen Vorschriften zum Übernahme- und Kündigungsschutz § 64 Rn. 13–14a).

9. Konstituierung

9 Nach Abs. 3 S. 2 Hs. 1 hat der Vorsitzende des GPR die Mitglieder der GJAV zur **konstituierenden Sitzung** einzuladen, in der die GJAV nach Abs. 3 S. 1 i. V. m. § 62 Abs. 3 ihren Vorsitzenden und dessen Stellvertreter wählt (vgl. Rn. 6). Eine derartige Sitzung hat nicht nur stattzufinden, wenn die GJAV

11 Rooschüz-*Mausner*, § 66 Rn. 18.

erstmals gebildet wird, sondern auch, wenn die Amtszeit des Vorsitzenden einer bereits bestehenden GJAV und die seines Stellvertreters geendet haben. Unabhängig davon ist eine solche Sitzung turnusmäßig stets nach Abschluss der regelmäßigen JAV-Wahlen durchzuführen (vgl. Rn. 5), und zwar auch dann, wenn in dem jeweiligen Wahlzeitraum nicht alle an der Bildung der GJAV beteiligten JAV neu gewählt worden sind.

10. Ladung

10 Nach Abs. 3 S. 2 Hs. 1 sind die Mitglieder der GJAV »innerhalb von vier Wochen nach der Wahl der Jugend- und Auszubildendenvertretung« vom Vorsitzenden des GPR zur konstituierenden Sitzung einzuladen. Die Regelung lässt jedoch nicht klar erkennen, welcher Zeitpunkt für den **Beginn der Einladungsfrist** maßgeblich ist. Dies ist nur dann unproblematisch, wenn die **Wahlen aller** an der Bildung der GJAV **beteiligten JAV am selben Tag** (oder an denselben Tagen) stattfinden. Ist dies der Fall, beginnt die Einladungsfrist am ersten Arbeitstag nach dem für alle JAV einheitlichen Wahltag (ggf. nach dem einheitlichen letzten Wahltag). Dabei ist es unerheblich, ob es sich um erstmalige oder erneute Wahlen handelt, ob diese innerhalb oder außerhalb des Zeitraums der regelmäßigen JAV-Wahlen durchgeführt werden und ob bereits eine GJAV besteht oder erstmals gebildet werden soll. Probleme ergeben sich jedoch dann, wenn die an der Bildung der GJAV beteiligten JAV **nicht alle am selben Tag gewählt** werden. In diesen Fällen wird es i. d. R. sachgerecht sein, für den Beginn der Einladungsfrist auf den **(letzten) Wahltag der zuletzt gewählten JAV** abzustellen. Die Frist für die Einladung zur konstituierenden Sitzung **endet mit Ablauf von vier Wochen** nach dem (letzten) Wahltag. Anders als nach § 19 für den PR ist nicht vorgeschrieben, dass die Sitzung innerhalb der Frist stattzufinden hat. Den **Zeitpunkt der Sitzung** hat der GPR-Vorsitzende nach pflichtgemäßem Ermessen festzulegen. Dabei hat er darauf zu achten, dass die GJAV infolge der Nichtbesetzung der Positionen des GJAV-Vorsitzenden und seines Stellvertreters möglichst nicht funktionsunfähig wird.[12] Nach Abs. 3 S. 2 Hs. 2 **leitet** der GPR-Vorsitzende die konstituierende Sitzung, bis der Vorsitzende der GJAV gewählt ist. Dieser hat sodann die Wahl seines Stellvertreters zu leiten.

11. Wegfall des Vorsitzenden und des Stellvertreters

11 Abs. 3 S. 2 Hs. 1 ist entsprechend anzuwenden, wenn **unabhängig von zuvor durchgeführten JAV-Wahlen** sowohl der Vorsitzende der GJAV als auch dessen Stellvertreter (z. B. durch Abberufung aus der GJAV) weggefallen sind und deshalb eine Sitzung zu ihrer Neuwahl einberufen werden muss.

12 Vgl. DKW-*Wedde*, § 29 Rn. 6.

In diesem Fall hat der Vorsitzende des GPR **unverzüglich** einzuladen. Ist dagegen nur der stellvertretende Vorsitzende neu zu wählen, hat der Vorsitzende der GJAV die Sitzung einzuberufen, in der die Neuwahl vorzunehmen ist, und diese Sitzung zu leiten. Entsprechendes gilt, wenn nur der Vorsitzende neu zu wählen ist, wobei der stellvertretende Vorsitzende der GJAV die Sitzung leitet, bis der Vorsitzende gewählt ist und dieser dann die Sitzungsleitung übernehmen kann.

12. BJAV und HJAV

(**Abs. 4**). Mit dem ÄndG 2013 ist nunmehr wie in § 64 Abs. 1 BPersVG die **12**
Möglichkeit geschaffen, dass bei den **Bezirkspersonalräten** Bezirks-Jugend- und Auszubildendenvertretungen und bei den **Hauptpersonalräten** Haupt-Jugend- und Auszubildendenvertretungen gebildet werden, und zwar »bedarfsabhängig«.[13] Der Gesetzgeber lässt sich nicht näher darüber aus, wer den Bedarf an einer JAV-Stufenvertretung feststellt. Nach Sinn und Zweck der durch die JAV vermittelten Vertretung der Interessen der Beschäftigten i. S. v. § 59 kommen dafür nur die örtlichen JAV im Bezirk der Mittelbehörden bzw. der obersten Dienstbehörden i. S. v. § 55 Abs. 1 in Betracht. Die in die JAV-Stufenvertretungen zu entsendenden Mitglieder sind allerdings nicht bereits in den konstituierenden Sitzungen der örtlichen JAV zu benennen, weil zunächst zu ermitteln ist, ob überhaupt Bedarf an einer Stufenvertretung besteht. In entsprechender Anwendung des § 91 Abs. 3 hören die BPR und HPR die örtlichen JAV darüber an, ob JAV-Stufenvertretungen gebildet werden sollen. Lässt sich danach ein entsprechender Bedarf feststellen, fordern BPR und HPR die örtlichen JAV unter angemessener Fristsetzung auf, ihre Vertreter für die JAV-Stufenvertretungen zu benennen. Zu den konstituierenden Sitzungen laden sodann die Vorsitzenden der BPR und HPR innerhalb von vier Wochen nach Fristablauf ein. Der Vorsitzende der jeweiligen Personalvertretung leitet die Sitzung bis zur Benennung des Vorsitzenden der JAV-Stufenvertretung (§ 66 Abs. 3 S. 2 u. 3). Für die Geschäftsführung und die Aufgaben der Jugend- und Auszubildendenstufenvertretungen gelten im Übrigen die für die GJAV anzuwendenden Abs. 2 und 3 entsprechend; der Begriff GJAV ist in diesem Zusammenhang durch die Begriffe BJAV bzw. HJAV zu ersetzen.

---

13 LT-Dr. 15/4224, S. 124 [zu § 64].

Teil 7
Datenschutz

§ 67

(1) [1]Die Personalvertretungen haben bei der Verarbeitung personenbezogener Daten die datenschutzrechtlichen Vorschriften zu beachten und treffen die zu deren Einhaltung erforderlichen ergänzenden Regelungen für ihre Geschäftsführung in eigener Verantwortung. [2]Der Dienststelle sind die getroffenen Maßnahmen auf Verlangen mitzuteilen.
(2) [1]Die Personalvertretungen dürfen personenbezogene Daten speichern, soweit und solange dies zur Erfüllung ihrer Aufgaben erforderlich ist. [2]Nach Abschluss der Maßnahme, an der die Personalvertretung beteiligt war, sind die ihr in diesem Zusammenhang zur Verfügung gestellten personenbezogenen Daten zu löschen und Unterlagen mit personenbezogenen Daten der Dienststelle zurückzugeben.
(3) [1]Unabhängig von Absatz 2 dürfen Personalvertretungen zur Erfüllung ihrer Aufgaben Grunddaten der Beschäftigten speichern. [2]Dazu zählen Namen, Funktion sowie ihre Bewertung, Besoldungs- oder Entgeltgruppe, Geburts-, Einstellungs- und Ernennungsdatum, Rechtsgrundlage und Dauer der Befristung des Arbeitsverhältnisses, Datum der letzten Beförderung, Höher- oder Rückgruppierung, Beurlaubung und Teilzeitbeschäftigung. [3]Die Dienststelle stellt den Personalvertretungen diese Grunddaten auf aktuellem Stand zur Verfügung. [4]Vorher zur Verfügung gestellte Grunddaten sind unverzüglich zu löschen.
(4) Personenbezogene Daten in Niederschriften sind spätestens am Ende des achten Jahres ab der Speicherung zu löschen.

Vergleichbare Vorschriften:
§ 69 BPersVG; § 79a BetrVG

Inhaltsübersicht Rn.

1. Vorbemerkungen

Der gesetzliche Schutz personenbezogener Daten ist durch die Verordnung EU 2016/679 des Europäischen Parlaments und des Rates vom 27.4.16 zum Schutz natürlicher Personen bei der Verarbeitung personenbezogener Daten, zum freien Datenverkehr und zur Aufhebung der Richtlinie 95/46/EG (DSGVO) grundlegend neu gestaltet worden.[1] Die Bestimmungen der DSGVO sind seit 25.5.18 unmittelbar geltendes Recht u.a. für die Datenverarbeitung durch öffentliche Stellen in Baden-Württemberg. Demzufolge trifft das neugefasste LDSG[2] nach § 1 lediglich ergänzende Regelungen zur Durchführung der DSGVO. Öffentliche Stellen sind nach § 2 Abs. 1 LDSG Behörden und sonstige Stellen des Landes, der Gemeinden und Gemeindeverbände und der sonstigen der Aufsicht des Landes unterstehenden juristischen Personen des öffentlichen Rechts. § 15 des LDSG regelt die Zulässigkeit der Verarbeitung von personenbezogenen Beschäftigtendaten.[3] 1

1 ABl. EU 2016 L 119/1.

2 Gesetz v. 12.6.18, GBl. 18, 173, gültig ab: 21.6.18.

3 **§ 15 Datenverarbeitung bei Dienst- und Arbeitsverhältnissen** (1) Personenbezogene Daten von Bewerberinnen und Bewerbern sowie Beschäftigten dürfen verarbeitet werden, soweit dies zur Eingehung, Durchführung, Beendigung oder Abwicklung des jeweiligen Dienst- oder Arbeitsverhältnisses oder zur Durchführung innerdienstlich planerischer, organisatorischer, personeller, sozialer oder haushalts- und kostenrechnerischer Maßnahmen, insbesondere zu Zwecken der Personalplanung und des Personaleinsatzes, erforderlich oder in einer Rechtsvorschrift, einem Tarifvertrag oder einer Dienst- oder Betriebsvereinbarung (Kollektivvereinbarung) vorgesehen ist. Die Verarbeitung ist auch zulässig, wenn sie zur Ausübung oder Erfüllung der sich aus einem Gesetz, einem Tarifvertrag oder einer Kollektivvereinbarung ergebenden Rechte und Pflichten der Interessenvertretung der Beschäftigten erforderlich ist.
(2) Besondere Kategorien personenbezogener Daten dürfen für Zwecke des Beschäftigungsverhältnisses verarbeitet werden, soweit die Verarbeitung erforderlich ist, um den Rechten und Pflichten der öffentlichen Stellen oder der betroffenen Person, auch aufgrund von Kollektivvereinbarungen, auf dem Gebiet des Dienst- und Arbeitsrechts sowie des Rechts der sozialen Sicherheit und des Sozialschutzes zu genügen und kein Grund zu der Annahme besteht, dass das schutzwürdige Interesse der betroffenen Person an dem Ausschluss der Verarbeitung überwiegt.(3) Im Zusammenhang mit der Begründung eines Dienst- oder Arbeitsverhältnisses ist die Erhebung personenbezogener Daten einer Bewerberin oder eines Bewerbers bei dem bisherigen Dienstherrn oder Arbeitgeber nur zulässig, wenn die betroffene Person eingewilligt hat. Satz 1 gilt entsprechend für die Übermittlung personenbezogener Daten an künftige Dienstherren oder Arbeitgeber.(4) Auf die Verarbeitung von Personalaktendaten von Arbeitnehmerinnen und Arbeitnehmern sowie Auszubildenden in einem privatrechtlichen Ausbildungsverhältnis finden die für Beamtinnen und Beamte geltenden Vorschriften des § 50 des Beamtenstatusgesetzes und der §§ 83 bis 88

1a Die Regelungen des § 67 betreffen die **Verarbeitung personenbezogener Daten durch die Personalvertretungen** und dienen ebenso wie die Vorschriften der DSGVO, des LDSG und des BDSG dem Schutz der Grundrechte und Grundfreiheiten der Beschäftigten und deren Recht auf Schutz ihrer persönlichen Daten im Kontext ihrer Tätigkeit in der Dienststelle (Art. 1 Abs. 2 DSGVO). Personenbezogene Daten sind nach Art. 4 Abs. 1 DSGVO alle Informationen, die sich auf eine identifizierte oder identifizierbare natürliche Person beziehen. Identifizierbar i. d. S. ist eine natürliche Person, wenn sie direkt oder indirekt, insbesondere mittels Zuordnung zu einer Kennung wie einem Namen, zu einer Kennnummer, zu Standortdaten, zu einer Online-Kennung oder zu einem oder mehreren besonderen Merkmalen, die Ausdruck der physischen, physiologischen, genetischen, psychischen, wirtschaftlichen, kulturellen oder sozialen Identität dieser natürlichen Person sind, identifiziert werden kann. Auch pseudonymisierte Daten i. S. d. Art. 4 Nr. 5 DSGVO, das sind personenbezogene Daten, die ohne Hinzuziehung zusätzlicher Informationen nicht mehr einer spezifischen betroffenen Person zugeordnet werden können, bleiben grundsätzlich personenbezogene Daten.[4]

---

des Landesbeamtengesetzes entsprechende Anwendung, es sei denn, besondere Rechtsvorschriften oder tarifliche Vereinbarungen gehen vor.

(5) Zur Aufdeckung von Straftaten und schwerwiegenden Pflichtverletzungen dürfen personenbezogene Daten von Beschäftigten nur dann verarbeitet werden, wenn zu dokumentierende tatsächliche Anhaltspunkte den Verdacht begründen, dass die betroffene Person im Beschäftigungsverhältnis eine Straftat oder schwerwiegende Pflichtverletzung begangen hat, die Verarbeitung zur Aufdeckung erforderlich ist und das schutzwürdige Interesse der oder des Beschäftigten an dem Ausschluss der Verarbeitung nicht überwiegt, insbesondere Art und Ausmaß im Hinblick auf den Anlass nicht unverhältnismäßig sind.

(6) Die Verarbeitung biometrischer Daten von Beschäftigten zu Authentifizierungs- und Autorisierungszwecken ist untersagt, es sei denn, die betroffene Person hat ausdrücklich eingewilligt oder sie ist durch Dienst- oder Betriebsvereinbarung geregelt und für die Datenverarbeitung besteht jeweils ein dringendes dienstliches Bedürfnis.

(7) Eine Überwachung von Beschäftigten mit Hilfe optisch-elektronischer Einrichtungen zum Zwecke der Verhaltens- und Leistungskontrolle ist unzulässig. Absatz 5 bleibt unberührt. Für sonstige technische Einrichtungen gilt Absatz 1 entsprechend; die öffentliche Stelle muss geeignete Maßnahmen treffen, um sicherzustellen, dass insbesondere die in Artikel 5 der Verordnung (EU) 2016/679 dargelegten Grundsätze für die Verarbeitung personenbezogener Daten eingehalten werden.

(8) Beschäftigte sind alle bei öffentlichen Stellen beschäftigten Personen unabhängig von der Rechtsform des Beschäftigungsverhältnisses. Die Beteiligungsrechte der Interessenvertretungen der Beschäftigten bleiben unberührt.

4 Lorenzen-*Gerhold*, § 69 Rn. 11.

Sinn und Zweck des Datenschutzes ist, bei der Verarbeitung personenbezogener Daten Beeinträchtigungen des **Persönlichkeitsrechts** des Einzelnen beim Umgang mit seinen personenbezogenen Daten möglichst zu vermeiden bzw. in den Fällen der gesetzlich zugelassenen Fälle auf das für den Eingriff unbedingt Erforderliche zu beschränken. Angesichts der Risiken, denen die Persönlichkeit der Beschäftigten aufgrund der enormen Möglichkeiten der modernen Datenverarbeitungstechniken ausgesetzt ist, geht es zum einen darum, sich bereits bei der Erhebung und Verarbeitung von Personaldaten auf das unumgängliche Minimum zu beschränken (Grundsatz der Datenvermeidung und Datensparsamkeit, vgl. Rn. 14) und zum anderen effiziente Kontrollrechte (auch in der Person des Beschäftigten selbst) einzurichten.[5] Die Regelungen des § 67 geben allgemeine Datenschutzgrundsätze wieder. Insbesondere werden die Personalvertretungen durch Klarstellungen datenschutzrechtlicher Ermächtigungen und Verpflichtungen verstärkt auf den Datenschutz bei der Verarbeitung personenbezogener Daten verpflichtet. § 67 gilt für alle **Personalvertretungen** i. w. S., also für PR, APR, GPR, Stufenvertretungen sowie die Stufen-JAV und GJAV.[6] **1b**

Das in BW geltende **allgemeine Datenschutzrecht** findet sich in der DSGVO sowie teils im **Bundesdatenschutzgesetz** (BDSG) v. 30. 6. 17,[7] teils im **Landesdatenschutzgesetz** (LDSG) v. 12. 6. 18.[8] **2**

Für die meisten zum **Geltungsbereich des LPVG** gehörenden Dienststellen und die bei ihnen gebildeten Personalvertretungen gelten die Vorschriften des **LDSG**, zu dessen Anwendungsbereich grundsätzlich die Behörden und sonstigen öffentlichen Stellen des Landes, der Gemeinden und Gemeindeverbände und der sonstigen der Aufsicht des Landes unterstehenden juristischen Personen des öffentlichen Rechts gehören (§ 2 Abs. 1 LDSG). **3**

Soweit öffentliche Stellen als Unternehmen mit eigener Rechtspersönlichkeit am Wettbewerb teilnehmen, sind – wenn es sich dabei nicht um Zweckverbände handelt – nach § 2 Abs. 6 LDSG die für nicht-öffentliche Stellen geltenden Vorschriften des **BDSG** entsprechend anzuwenden. Derartige **öffentlich-rechtliche Wettbewerbsunternehmen** sind v. a. die Sparkassen, die Landesbank BW und die Landesbausparkasse BW, nicht jedoch – mangels eigener Rechtspersönlichkeit – kommunale Krankenhäuser, Verkehrs- oder Versorgungsbetriebe, die als Eigenbetriebe geführt werden. **3a**

Verantwortlicher i. S. d. Art. 4 Nr. 7 DSGVO ist nach § 2 Abs. 1 S. 2 LDSG zwar die öffentliche Stelle selbst. Da aber der PR in seinem Zuständigkeitsbereich personenbezogene Daten für sich selbst verarbeitet, ist er insoweit und zwar nur soweit auch Verantwortlicher. Denn er entscheidet in diesem **4**

5 *BAG* v. 22. 10. 86 – 5 AZR 660/85 –, NZA 87, 415.
6 LT-Dr. 11/6312, S. 43 [zu Nr. 30].
7 BGBl. I S. 2097.
8 GBl. 18, S. 173, in Kraft seit 21. 6. 18; s. dazu auch *Altvater*, PersR 7–8/19, 22.

beschränkten Rahmen auch über die Zwecke und Mittel der Verarbeitung personenbezogener Daten.[9] Dafür spricht auch die Regelung in Abs. 1 S. 1, wonach die Personalvertretungen die zur Einhaltung der datenschutzrechtlichen Vorschriften erforderlichen ergänzenden Regelungen für ihre Geschäftsführung in eigener Verantwortung treffen.[10] Ansonsten ist der PR unselbstständiger Teil der (verantwortlichen) Dienststelle.

4a Um einen effektiven Datenschutz zu gewährleisten, sind als **Kontrollstellen** im BDSG und im LDSG externe und interne Beauftragte für den Datenschutz vorgesehen. Als externe Kontrollstelle ist im Anwendungsbereich des LDSG die/der **Landesbeauftragte für den Datenschutz** und Informationsfreiheit – LfDI – (§§ 20 ff. LDSG), für den Südwestrundfunk (SWR) die/der **Rundfunkbeauftragte für den Datenschutz**[11] (§ 27 LDSG) eingerichtet. Die oder der LfDI ist zuständige Aufsichtsbehörde i. S. d. Art. 51 Abs. 1 DSGVO. Sie oder er ist zugleich Aufsichtsbehörde für den Datenschutz für nichtöffentliche Stellen nach § 40 BDSG und damit (gem. § 2 Abs. 6 LDSG) auch bei **öffentlich-rechtlichen Wettbewerbsunternehmen**. Die Hauptaufgabe des LfDI bzw. des Rundfunkbeauftragten besteht darin, bei den öffentlichen Stellen bzw. beim SWR die Einhaltung der Vorschriften des LDSG und anderer Vorschriften über den Datenschutz zu kontrollieren. Seit dem 25. 5. 18 besteht nach Art. 37 Abs. 1a DSGVO i. V. m. § 5 BDSG für öffentliche Stellen (also insbesondere für Behörden) die unabdingbare Verpflichtung, einen behördlichen Datenschutzbeauftragten zu benennen. Für nichtöffentliche Stellen ergibt sich die Verpflichtung, soweit sie i. d. R. mindestens zehn Personen ständig mit der automatisierten Verarbeitung personenbezogener Daten beschäftigen. Automatisierte Datenverarbeitung in diesem Sinne ist die Erhebung, Verarbeitung oder Nutzung personenbezogener Daten mittels z. B. PCs, Tablets oder Smartphones. Das BDSG weicht hinsichtlich der Bestellpflicht vom Verarbeitungsbegriff des Art. 4 Nr. 2 DSGVO ab.[12] Der behDSB hat die Aufgabe, die öffentliche Stelle bei der Ausführung der DSGVO, des LDSG sowie anderer Vorschriften über den Datenschutz zu unterstützen. Bei **öffentlich-rechtlichen Wettbewerbsunternehmen** folgt die Verpflichtung aus § 38 BDSG. Bei der **Bestellung und Abberufung des behDSB bzw. betrDSB** hat der PR nach § 75 Abs. 4 Nr. 1b **mitzubestimmen**.

---

9 Str. Altvater-*Herget*, § 10 a. F. Rn. 39; *LfDI BW*, 34. Tätigkeitsbericht 18, 37; *Wytibul*, NZA 17, 413; a. M. wohl *Kiesche*, PersR 4/19, 15; *HessLAG* v. 10. 12. 18 – 16 TaBV 130/18: Betriebsrat Teil der verantwortlichen Stelle.

10 Rooschüz-*Abel*, § 67 Rn. 3.

11 Art. 1, 2 Abs. 1 der Satzung über die/den Rundfunkbeauftragten für den Datenschutz beim SWR v. 25. 3. 22.

12 LfDI BW Praxisratgeber I, 7.

Die DSGVO, das LDSG und ggf. das BDSG sind **zugunsten der Beschäftigten geltende Gesetz**, über dessen Durchführung die Personalvertretung nach § 70 Abs. 1 Nr. 2 zu wachen hat (vgl. § 70 Rn. 6 ff.).[13] Das gilt auch für bereichsspezifische Datenschutzvorschriften außerhalb des LDSG bzw. des BDSG,[14] so z. B. für das Personalaktendatenrecht in § 50 BeamtStG und den §§ 83 bis 88 LBG (vgl. Rn. 11), für das LSÜG (vgl. § 88 Rn. 1 f.) sowie für die Vorschriften zur Gendiagnostik im Arbeitsleben in den §§ 19 bis 22 GenDG und in § 53 Abs. 4 bis 6 LBG.[15] 5

Das **Überwachungsrecht** nach § 70 Abs. 1 Nr. 2 wird durch die Kontrollaufgaben des behDSB bzw. betrDSB nicht eingeschränkt. Die Personalvertretung hat vielmehr auch darauf zu achten, dass dieser seine Tätigkeit ordnungsgemäß und weisungsfrei ausübt.[16] Auch ein Mitglied einer Personalvertretung kann zum behDSB bestellt werden; beide Funktionen sind miteinander vereinbar.[17] Auch bei der Wahrnehmung seiner Beteiligungsrechte, insbesondere seiner **Mitbestimmung** nach § 75 Abs. 4 Nr. 3, 5, 11, 13, 16, hat der PR auf die Einhaltung des Datenschutzrechts zu achten. Das Gleiche gilt für die **Mitwirkung** nach § 81 Abs. 1 Nr. 1 bei der Vorbereitung einer Verwaltungsanordnung zur Festlegung des Aufgabenkreises des behDSB bzw. betrDSB.[18] 5a

Damit die Personalvertretung ihre Aufgaben und Befugnisse auf dem Gebiet des Datenschutzes sachgerecht wahrnehmen kann, ist sie auf umfassende, differenzierte und aktuelle **Informationen über das Datenschutzrecht** angewiesen. Hinweise auf die maßgeblichen Rechtsvorschriften, auf den technischen und organisatorischen Datenschutz, auf weitere Materialien und Publikationen sowie Links zu weiteren **Informationsquellen** finden sich u. a. auf den Internetseiten des Bundesbeauftragten für den Datenschutz und die Informationsfreiheit (BfDI; *www.bfdi.bund.de*) sowie des LfDI BW (*www.baden-wuerttemberg.datenschutz.de*) und des Ministerium für Inneres, für Digitalisierung und Kommunen Baden-Württemberg (*https://im.baden-wuerttemberg.de/de/sicherheit/datenschutz/*). Die (seit Mitte der 1990er Jahre dort eingestellten) **Tätigkeitsberichte** (TB) dieser externen Kontrollstellen enthalten regelmäßig auch Ausführungen zum Personalwesen und zum richtigen Umgang mit Beschäftigtendaten.[19] Das Zentral- 6

13 *BVerwG* v. 26. 3. 85 – 6 P 31.82 –, PersR 86, 95; *BAG* v. 17. 3. 87 – 1 ABR 59/85 –, AP Nr. 29 zu § 80 BetrVG 1972.

14 Vgl. Lorenzen-*Gerhold*, § 69 Rn. 15 u. 24.

15 LT-Dr. 14/6694, S. 427 [zu § 53].

16 Vgl. *Fitting*, § 80 Rn. 7.

17 Für Betriebsratsmitglieder vgl. *BAG* v. 23. 3. 11 – 10 AZR 562/09 –, NZA 11, 1036; ebenso *Fitting*, § 80 Rn. 7.

18 Eine Mitwirkung des PR ist nach dem BPersVG nach wie vor nicht vorgesehen; vgl. Lorenzen-*Gerhold*, § 69 Rn. 35 a. E.

19 Vgl. z. B. 30. TB des BfDI 2021; 38. TB des LfDI BW (Jan.) 2023.

archiv für Tätigkeitsberichte des Bundes- und der Landesdatenschutzbeauftragten und der Aufsichtsbehörden für den Datenschutz – ZAfTDa – bei der Stiftung Datenschutz stellt die seit 1971 erschienenen Tätigkeitsberichte der genannten Stellen sowie weitere Tätigkeitsberichte wie des Europäischen Datenschutzbeauftragten, des Europäischen Datenschutzausschusses und der noch nach Art. 29 RL 95/46/EG (vgl. Rn. 2) eingerichteten Arbeitsgruppe für den Schutz von Personen bei der Verarbeitung personenbezogener Daten) zum Abruf zur Verfügung (*www.zaftda.de/*).

7 Weder durch das LDSG noch durch das BDSG werden die im LPVG geregelten **Rechte der Personalvertretung** eingeschränkt. Als bereichsspezifische Regelung des Dienstrechts geht das LPVG dem allgemeinen Datenschutzrecht vor (§ 2 Abs. 3 LDSG; § 1 Abs. 2 BDSG). Das gilt auch für die **Informationspflicht der Dienststelle** nach § 71 Abs. 1 S. 1 und 2 (vgl. § 71 Rn. 40). Die Personalvertretung ist Bestandteil der Dienststelle, bei der sie gebildet ist (vgl. § 1 Rn. 27), und somit unselbständiger **Teil der »verantwortlichen Stelle«** (vgl. Rn. 4)[20] und kein »Dritter« i. S. d. § 6 Abs. 3 LDSG bzw. § 25 BDSG. Der **Datenfluss** zwischen Dienststelle und Personalvertretung ist deshalb **keine Übermittlung** i. S. d. § 6 LDSG bzw. § 25 BDSG. Das gilt auch für den Informationsfluss zwischen PR und JAV.[21]

8 § 67 enthält ebenso wie andere den Datenschutz berührende Vorschriften des LPVG (vgl. Rn. 5) **bereichsspezifische Datenschutzvorschriften.** Bei seiner Auslegung ist von der DSGVO und vom allgemeinen Datenschutzrecht des Landes auszugehen. Das gilt v. a. für dessen **Begriffsbestimmungen** (vgl. § 75 Rn. 236).

2. Verpflichtung zur Beachtung des Datenschutzes

9 **(Abs. 1)** Nach Abs. 1 haben die Personalvertretungen bei der Verarbeitung personenbezogener Daten die datenschutzrechtlichen Vorschriften zu beachten.[22] **Personenbezogene Daten** sind nach Art. 4 Nr. 1 DSGVO alle Informationen, die sich auf eine »identifizierte oder identifizierbare natürliche Person« (»betroffene Person«) beziehen. (vgl. § 75 Rn. 237). **Verarbeitung personenbezogener Daten** ist nach Art. 4 Nr. 2 DSGVO jeder mit oder ohne Hilfe automatisierter Verfahren ausgeführter Vorgang oder jede solche Vorgangsreihe im Zusammenhang mit personenbezogenen Daten wie das Erheben, das Erfassen, die Organisation, das Ordnen, die Speicherung, die Anpassung oder Veränderung, das Auslesen, das Abfragen, die Verwendung, die Offenlegung durch Übermittlung, Verbreitung oder eine andere Form der Bereitstellung, den Abgleich oder die Verknüpfung, die Einschränkung,

---

20 *BAG* v. 3. 6. 03 – 1 ABR 19/02 –, AP Nr. 1 zu § 89 BetrVG 1972.
21 Vgl. Altvater-*Herget*, § 69 Rn. 16.
22 Vgl. auch *BAG* v. 12. 8. 09 – 7 ABR 15/08 –, AP Nr. 2 zu § 34 BetrVG 1972.

das Löschen oder die Vernichtung. Für die Anwendung des Abs. 1 sind die landesrechtlichen Begriffsbestimmungen maßgeblich (vgl. Rn. 8).

Für die Anwendung des Abs. 1 kommt es nicht darauf an, auf welche Wei- **10**
se die Personalvertretung die personenbezogenen Daten erhalten hat. Die Daten können ihr im Rahmen der **Unterrichtung durch die Dienststelle** nach § 71 Abs. 1 S. 1 und 2 zur Verfügung gestellt worden sein (vgl. Rn. 7). Sie können ihr aber auch auf anderem Wege, z. B. in der Sprechstunde, zur Kenntnis gelangt oder von ihr im Rahmen ihres Rechts zur **Selbstinformation**, z. B. durch Befragungen der Beschäftigten, etwa bei Arbeitsplatzbesuchen (vgl. § 71 Rn. 31, 33), erhoben, also gezielt beschafft worden sein. Über die **Verarbeitungstechnik** (Verwendung von Akten, nicht automatisierten oder automatisierten Dateien) entscheidet die Personalvertretung nach pflichtgemäßem Ermessen. Für die **automatisierte Datenverarbeitung** – die durch Einsatz eines elektronischen Datenverarbeitungssystems programmgesteuert durchgeführt wird – hat die Dienststelle der Personalvertretung nach § 41 Abs. 2 in erforderlichem Umfang Hard- und Software zur Verfügung zu stellen (vgl. § 41 Rn. 28a, 30a).

Da die Personalvertretung unselbständiger Teil der »verantwortlichen **11**
Stelle« ist (vgl. Rn. 7), sind die von ihr nach Abs. 1 zu beachtenden **datenschutzrechtlichen Vorschriften** dieselben, die auch für die Dienststelle gelten. Diese Vorschriften sind im allgemeinen und bereichsspezifischen Datenschutzrecht enthalten. Das **allgemeine Datenschutzrecht** findet sich in der DSGVO, daneben für öffentlich-rechtliche Wettbewerbsunternehmen im BDSG, für sonstige öffentliche Stellen im LDSG (vgl. Rn. 2 f.). Besonders wichtig sind hier die Vorschriften über **technische und organisatorische Maßnahmen** (Art. 24 DSGVO, § 3 LDSG; § 64 BDSG; vgl. Rn. 12), über die **Datenverarbeitung bei Dienst- und Arbeitsverhältnissen** (vgl. § 15 LDSG) bzw. die **Datenerhebung, -verarbeitung und -nutzung für Zwecke von Beschäftigungsverhältnissen** (vgl. § 26 BDSG)[23] und über die **Rechte des Betroffenen** (vgl. Art. 12–23 DSGVO).[24] **Bereichsspezifisches Datenschutzrecht** ist z. B. enthalten im Beamtenstatusgesetz und Landesbeamtengesetz, in Tarifverträgen, Dienstvereinbarungen oder dienststelleninternen Vorschriften.[25] Von besonderer Bedeutung sind die Regelungen in § 50 BeamtStG und den §§ 83 bis 88 LBG über das **Personalaktendatenrecht** der Beamten, insb. § 83 LBG über die Erhebung personenbezogener Daten, § 87 Abs. 3 S. 3 LBG, über den Anspruch auf Ausdruck automatisiert gespeicherter Personalaktendaten und § 87 Abs. 5 S. 1 LBG über die Mitteilung bei erstmaliger Speicherung von Personalaktendaten in automatisierten Dateien und über die Benachrichtigung bei wesentlichen Änderungen. Nach

23 ErfK-*Franzen*, § 12 BDSG Rn. 1 u. § 26 BDSG Rn. 1 ff.
24 DSGVO Kapitel III, Art. 12 ff.
25 LT-Dr. 11/6312, S. 43 [zu Nr. 30].

§ 15 Abs. 4 LDSG finden auf die Verarbeitung von Personalaktendaten von Arbeitnehmern sowie Auszubildenden in einem privatrechtlichen Ausbildungsverhältnis die für Beamte geltenden Vorschriften des § 50 BeamtStG und der §§ 83 bis 88 LBG entsprechende Anwendung, es sei denn, besondere Rechtsvorschriften oder tarifliche Vereinbarungen (etwa § 3 Abs. 6 TV-L oder § 3 Abs. 5 TVöD) gehen vor.[26] Bereichspezifische Vorschriften haben **Vorrang** vor den allgemeinen Datenschutzvorschriften (§ 2 Abs. 3 LDSG; § 1 Abs. 2 BDSG).[27]

12 Nach **Abs. 1** treffen die Personalvertretungen die zur Einhaltung der datenschutzrechtlichen Vorschriften erforderlichen **ergänzenden Regelungen** für ihre Geschäftsführung in eigener Verantwortung.[28] Sie haben – durch Beschluss des Plenums – die **technischen und organisatorischen Maßnahmen** festzulegen, die erforderlich sind, um eine den maßgeblichen Vorschriften entsprechende Datenverarbeitung zu gewährleisten (§ 3 LDSG; § 64 BDSG).[29] Für die **automatisierte Verarbeitung** personenbezogener Daten sind die zu treffenden **Kontrollmaßnahmen** in § 3 LDSG aufgeführt.[30] Für die **Verarbeitung** personenbezogener Daten **in nicht automatisierten Dateien oder in Akten** (Art. 25 DSGVO) sind insb. Maßnahmen zu treffen, um zu verhindern, dass Unbefugte bei der Bearbeitung, der Aufbewahrung, dem Transport und der Vernichtung auf die Daten zugreifen können.[31] In der Gesetzesbegründung[32] sind **beispielhaft** folgende Regelungen benannt:

- ob und auf welche Weise den Mitgliedern der Personalvertretung vor Sitzungen Unterlagen mit personenbezogenen Daten zugeleitet werden;
- dass Unterlagen mit besonders schutzbedürftigen Daten nur in der Sitzung zur Einsicht bereitgehalten, mündlich bekannt gegeben oder ausgeteilt werden;
- dass Unterlagen mit personenbezogenen Daten, die Mitgliedern der Personalvertretung vor oder bei Sitzungen überlassen werden, nach der Sitzung an den Vorsitzenden der Personalvertretung zurückzugeben sind;
- wer für die Erteilung von Auskünften und die Berichtigung, Sperrung und Löschung der beim PR gespeicherten Daten von Beschäftigten zuständig ist.

13 Bei personenbezogenen Daten, die die Dienststelle der Personalvertretung nach § 71 Abs. 1 S. 1 oder 2 zur Verfügung gestellt hat, kann diese davon

26 Vgl. LT-Dr. 12/4899, S. 47 f. [zu Nr. 33].
27 Zum Beamtenrecht vgl. *BVerwG* v. 27.2.03 – 2 C 10.02 –, NJW 03, 3217.
28 Vgl. *BAG* v. 12.8.09 – 7 ABR 15/08 –, AP Nr. 2 zu § 34 BetrVG 1972.
29 Vgl. *Gola/Heckmann*, BDSG, § 64 Rn. 39 ff.
30 Vgl. *Gola/Heckmann*, BDSG, § 1 Rn. 11 ff.; *Schierbaum*, PersR 02, 499, 505 f.
31 S. Art. 2 Abs. 1 DSGVO.
32 LT-Dr. 11/6312, S. 43 [zu Nr. 30].

ausgehen, dass sie **rechtmäßig erhoben** und gespeichert worden sind.[33] Will die Personalvertretung selbst personenbezogene Daten erheben, deren Kenntnis zur Erfüllung ihrer Aufgaben erforderlich ist, ist dies aufgrund der für die Datenverarbeitung bei Dienst- und Arbeitsverhältnissen geltenden Vorschriften (vgl. Rn. 11) zulässig.[34] Folgt man dem nicht, so sind die Vorschriften in Art. 6 Abs. 1a, Art. 7 DSGVO (Einwilligung) maßgeblich. Danach dürfen personenbezogene Daten, die nicht aus allgemein zugänglichen Quellen entnommen werden, beim Betroffenen nur nach dessen Information (Art. 13 DSGVO) bzw. mit dessen Einwilligung erhoben werden.

3. Datenvermeidung und Datensparsamkeit

Die Personalvertretung hat sich an den Grundsätzen der **Datenvermeidung** 14
und Datensparsamkeit (vgl. Rn. 1) zu orientieren. Sie hat sorgfältig zu prüfen, ob es ausreicht, die Daten der Betroffenen in anonymisierter oder pseudonymisierter Form zu verarbeiten.[35] Mitglieder der Personalvertretung, die personenbezogene Daten verarbeiten, haben das **Datengeheimnis** zu wahren (§ 3 Abs. 2 LDSG; § 53 BDSG; vgl. § 10 Rn. 25). Sie dürfen diese Daten nur zur Erfüllung personalvertretungsrechtlicher Aufgaben verwenden und Dritten nicht unbefugt bekannt geben. Das gilt auch für die Weitergabe an die Gewerkschaften[36] (vgl. aber auch § 7 Rn. 19, § 32 Rn. 12) oder an eine für den Arbeitsschutz zuständige Behörde[37] (ferner § 71 Rn. 38).

4. Verantwortlichkeit des Personalrats

Die Personalvertretungen treffen die zur Einhaltung der datenschutzrecht- 15
lichen Vorschriften erforderlichen ergänzenden Regelungen **in eigener Verantwortung**. Anders als in § 69 BPersVG und in § 79a BetrVG trifft § 67 keine Regelung, wonach die Personalvertretung Teil der verantwortlichen Stelle i. S. d. datenschutzrechtlichen Vorschriften ist. Sie unterliegen zwar der **externen Kontrolle** durch den **LfDI** (vgl. Rn. 4), jedoch **keiner internen Kontrolle** durch den **behDSB bzw. betrDSB**.[38] Letzteres deshalb, weil der

33 Vgl. *Schierbaum*, a. a. O., 501.

34 Vgl. DKW-*Buschmann*, § 79a Rn. 13; a. A. Leuze-*Flintorp*, § 67 Rn. 21 f.; jew. m. w. N.

35 Vgl. Lorenzen-*Gerhold*, § 69 Rn. 32; DKW-*Buschmann*, § 79a Rn. 14.

36 BfD, 18. TB (BT-Dr. 14/5555), S. 131.

37 Vgl. *BAG* v. 3. 6. 03 – 1 ABR 19/02 –, AP Nr. 1 zu § 89 BetrVG 1972.

38 So für den Betriebsrat *BAG* v. 11. 11. 97 – 1 ABR 21/97 –, AP Nr. 1 zu § 36 BDSG (a. F.); für den PR offengelassen in *BVerwG* v. 4. 9. 90 – 6 P 28.87 –, PersR 90, 329; in der Literatur str.; wie hier u. a. Rooschüz-*Abel*, § 67 Rn. 3; DKW-*Buschmann*, § 79a Rn. 21, 22, 23 unter Hinweis auf Art. 39 DSGVO; *Hitzelberger-Kijima*, öAT

behDSB bzw. betrDSB **nicht neutral** ist und weil dem PR bei seiner Bestellung und Abberufung zwar ein **Initiativrecht nach § 75 Abs. 4 Nr. 1b**, aber nur ein **eingeschränktes Mitbestimmungsrecht** zusteht.

16 Damit die Personalvertretung ihrer Eigenverantwortung gerecht werden kann, ist es sinnvoll, dass sie eine **freiwillige Selbstkontrolle** organisiert und praktiziert. Dies kann in der Weise geschehen, dass sie eines ihrer Mitglieder zum »**personalvertretungsinternen Datenschutzbeauftragten**« i. S. v. Art. 37 DSGVO bestellt oder dass sie im Einvernehmen mit dem Dienststellenleiter dem **behDSB bzw. betrDSB** den widerruflichen Auftrag erteilt, personalvertretungsinterne Kontrollaufgaben wahrzunehmen und dabei gegenüber dem Dienststellenleiter Stillschweigen zu bewahren.[39] Unabhängig davon kann sie den behDSB bzw. betrDSB im Bedarfsfall als **Berater** oder **Sachverständigen** hinzuziehen[40] (ferner § 41 Rn. 18).

17 Hinsichtlich des Verzeichnisses der automatisierten Verfahren, mit denen personenbezogene Daten verarbeitet werden – **Verzeichnis von Verarbeitungstätigkeiten** (früher: Verfahrensverzeichnis) –, das nach Art. 30 DSGVO von der verantwortlichen Stelle zu erstellen und dem behDSB bzw. betrDSB zur Verfügung zu stellen ist,[41] ist zu differenzieren. Soweit die Dienststelle der Personalvertretung nach § 41 Abs. 2 Hard- und Software bereitgestellt hat (vgl. § 41 Rn. 30, 31), sind die darauf bezogenen Angaben in das Verzeichnis von Verarbeitungstätigkeiten der verantwortlichen Stelle aufzunehmen.[42] Soweit es jedoch um Angaben geht, die nur die Personalvertretung machen kann, hat diese eine entsprechende Übersicht zu führen.[43]

17a Nach Abs. 1 S. 2 hat die Personalvertretung auf Verlangen der Dienststelle die nach S. 1 getroffenen Maßnahmen **mitztuteilen**. Damit wird die Dienststelle in die Lage versetzt, ihrerseits den Verpflichtungen nach der DSGVO nachzukommen. Hält die Dienststelle die von der Personalvertretung getroffenen Maßnahmen für unzureichend oder gar für gesetzeswidrig, hat sie im Rahmen des Zusammenarbeitsgebots der §§ 2, 68 Abs. 1, ggf. unter Zuziehung des behDSB, auf die Personalvertretung einzuwirken, damit die Maßnahmen dann gesetzeskonform getroffen werden. Bei der Mitteilungspflicht

---

18,136; a. A. u. a. Leuze-*Flintorp*, § 67 Rn. 11 ff.; Lorenzen-*Gerhold*, § 69 Rn. 36 f.; *Simitis/Drewes*, DSGVO Art. 39 Rn. 27, 28; *Gola/Schomerus*, § 4f Rn. 28, § 4g Rn. 11; jew. m. w. N.

39 Vgl. *Schierbaum*, PersR 02, 499, 504 f.; DKW-*Buschmann*, § 79a Rn. 21 a. E.

40 Vgl. *BAG* v. 4.6.87 – 6 ABR 63/85 –, AP Nr. 30 zu § 80 BetrVG 1972; *OVG NW* v. 8.11.00 – 1 A 5943/98.PVL –, PersR 01, 211.

41 Vgl. *Paal/Pauly/Martini*, DS-GVO BDSG 2018, Art. 30 Rn. 5.

42 Vgl. Rooschüz-*Abel*, § 67 Rn. 11.

43 Vgl. i. E. *Schierbaum*, a. a. O., 505; *Kiesche*, PersR 4/19, 15.

auf Verlangen der Dienststelle handelt es sich um eine Informationspflicht, die kein Kontrollrecht über die getroffenen Maßnahmen darstellt.[44]

Der PR hat beim Einsatz von **Video- oder Telefonkonferenz-Tools** während 17b
nach § 34 Abs. 1a zugelassener Teilnahmen mittels Video- oder Telefonkonferenztechnik an einer Sitzung den **Schutz personenbezogener Daten** zu beachten.

Bei der Nutzung eines Tools muss der PR beachten, dass **datensparsame** 17c
Voreinstellungen vorgenommen, für die Durchführung der Konferenz **nicht benötigte Funktionalitäten ausgeschaltet** und **notwendige Zugangsbeschränkungen eingerichtet** bzw. genutzt werden.

Unbedingt ist auszuschließen, dass einzelne Teilnehmer die vom Vorstand 17d
eingerichteten Einstellungen ändern. Die **Trackingfunktionen** müssen ausgeschaltet sein, um eine unzulässige Überwachung der Beschäftigten oder deren Arbeitszeiten zu verhindern.

Die Aufzeichnung des Web-Meetings ist unzulässig. Für die Konferenz erforderliche Dokumente und/oder Präsentationen sind zuvor oder im Nachgang per E-Mail zu versenden.

Die **Zugangsbeschränkungsfunktionen sind mittels Passworts** einzurichten, um zu verhindern, dass sich unter Verstoß gegen die Nichtöffentlichkeit der Personalratssitzung auch nach § 34 Abs. 1a unberechtigte Zuhörer/Teilnehmer einwählen. **Aufzeichnungen, Chatverläufe und andere Dokumentationen** sind nach § 34 Abs. 1a S. 2 unzulässig.

Der PR hat zusätzlich eine **Datenschutzfolgenabschätzung** vorzunehmen, 17e
in der die Risiken für die Rechte und Freiheiten der Betroffenen und die entsprechenden Schutzmaßnahmen beschrieben werden. Auch ist allen Teilnehmern einer Videokonferenz vorab eine **Datenschutzinformation** zur Verfügung stellen, in der insbesondere die Verarbeitungstätigkeiten im Zusammenhang mit dem Einsatz des Konferenz-Tools erklärt werden. Da die Nutzung der Anwendung eine Datenverarbeitung darstellt, muss der Personalrat ein **Verarbeitungsverzeichnis** hierüber führen.

Es wird empfohlen, sich wegen der Einzelheiten des Einsatzes von Video- 17f
oder Telefonkonferenz-Tools mit dem **behördlichen Datenschutzbeauftragten,** ggf. auch mit der Dienststelle abzustimmen.

Da die Personalvertretung die datenschutzrechtlichen Vorschriften in eige- 17g
ner Verantwortung einhalten und sich dabei selbst kontrollieren muss, ist sie verpflichtet, den Datenschutz bei ihrer Arbeit effektiv und effizient mit allen erforderlichen Datenschutzvorkehrungen zu organisieren. Art. 5 Abs. 2 und Art. 24 DSGVO sieht eine »Rechenschaftspflicht« vor, die auch für die Personalvertretung gilt. Es empfiehlt sich, dafür ein **Datenschutzmanagementsystem** (DSMS) einzurichten.[45]

44 Leuze-*Flintorp*, § 67 Rn. 27.

45 Dazu näher *Kiesche*, PersR 4/19, 15.

5. Speicherung personenbezogener Daten

18 **(Abs. 2)** Die Abs. 2 bis 4 enthalten Regelungen über die **Speicherung personenbezogener Daten** durch die Personalvertretungen. Nach der Grundnorm des **Abs. 2 S. 1** – die einen **allgemeinen datenschutzrechtlichen Grundsatz** wiederholt – dürfen die Personalvertretungen personenbezogene Daten (nur) speichern, soweit und solange dies zur Erfüllung ihrer Aufgaben erforderlich ist. Diese Grundnorm wird durch die Vorschriften in Abs. 2 S. 2 sowie in Abs. 3 und 4 konkretisiert. »**Speichern**« ist das Erfassen, Aufnehmen oder Aufbewahren von personenbezogenen Daten auf einem Datenträger zum Zweck ihrer weiteren Verarbeitung i. S. v. § 46 Nr. 2 BDSG. In welchem Umfang und für welche Dauer die Speicherung erforderlich ist, hängt von der Aufgabe ab, für deren Erfüllung die Daten benötigt werden. Wie in § 71 Abs. 1 S. 1 und 2 sind in Abs. 2 S. 1 **alle Aufgaben** gemeint, die der Personalvertretung nach dem LPVG oder nach anderen Vorschriften obliegen (vgl. § 71 Rn. 3 ff.). Für den Maßstab der **Erforderlichkeit** kommt es auf den Standpunkt einer »objektiven Personalvertretung« an (vgl. ebd.); diese hat nach **pflichtgemäßem Ermessen** zu entscheiden.

19 **Abs. 2 S. 2** trifft eine konkretisierende Regelung hinsichtlich der **Dauer der Speicherung** solcher personenbezogener Daten, die der Personalvertretung in Zusammenhang mit einer Maßnahme, an der sie beteiligt war, zur Verfügung gestellt worden sind. Die Vorschrift bezieht sich auf Maßnahmen, die nach den §§ 73 bis 87 i. V. m. § 91 der Beteiligung der jeweiligen Personalvertretung unterliegen.

19a Die Personalvertretung kann davon ausgehen, dass es sich bei den personenbezogenen Daten, die die Dienststelle nach § 71 Abs. 1 oder im Rahmen der jeweiligen Beteiligungsverfahren zur Verfügung stellt, um rechtmäßig erhobene und gespeicherte Daten handelt (s. Rn. 13).[46]

19b Das Gesetz geht davon aus, dass die Personalvertretung personenbezogene Daten, die sie in Zusammenhang mit einer derartigen Maßnahme erhalten hat, nach deren Abschluss nicht mehr benötigt, und schreibt einerseits vor, dass diese Daten von der Personalvertretung zu **löschen,** d. h. unkenntlich zu machen sind, andererseits, dass entsprechende Unterlagen (nicht von der Personalvertretung vernichtet, sondern) der Dienststelle **zurückzugeben** sind.[47] Als Zeitpunkt des Löschens bzw. der Rückgabe nennt das Gesetz den »**Abschluss der Maßnahme**«. Diese Formulierung ist allerdings nicht zweifelsfrei. Sachgerecht dürfte es sein, auf den Zeitpunkt abzustellen, von dem an die konkrete Angelegenheit, in der die Personalvertretung beteiligt worden ist, aus der Sicht beider Seiten abgeschlossen ist. Das dürfte i. d. R. der Zeitpunkt sein, in dem die beabsichtigte Maßnahme getroffen oder

46 Altvater-*Herget*, § 69 Rn. 16 m. w. N.

47 Vgl. Rooschüz-*Abel*, § 67 Rn. 18.

endgültig von ihr abgesehen wird. Bei Meinungsverschiedenheiten über die ordnungsgemäße Beteiligung, die nach § 92 in einem Beschlussverfahren vor dem Verwaltungsgericht ausgetragen werden, ist jedoch erst der rechtskräftige Abschluss dieses Verfahrens als maßgeblicher Zeitpunkt anzusehen. Bis dahin entscheidet die Personalvertretung nach Abs. 1 unter Beachtung der datenschutzrechtlichen Vorschriften in eigener Verantwortung darüber, wie sie die zur Verfügung gestellten maßnahmebezogenen Daten verarbeitet. Das gilt auch für die **Verarbeitungstechnik**. Können die maßnahmebezogenen personenbezogenen Daten für die künftige Aufgabenerfüllung erforderlich sein, so ist es unbedenklich, wenn die Personalvertretung sie **anonymisiert** (vgl. Rn. 14) und in dieser Form weiter verarbeitet.

Für die Dauer der Speicherung von personenbezogenen Daten, die die Personalvertretung **außerhalb von Beteiligungsverfahren** i. S. d. Abs. 2 S. 2 (vgl. Rn. 19) erhalten hat, ist – falls nicht Abs. 3 oder 4 eingreift – ausschließlich die Grundnorm des Abs. 2 S. 1 maßgeblich. Das gilt z. B. für die Behandlung von Beschwerden und Anregungen nach § 70 Abs. 1 Nr. 4 sowie für Listen über Freistellungen nach § 45 Abs. 1 und über Teilnehmer an Schulungs- und Bildungsveranstaltungen nach § 44 Abs. 1 und über nach § 79 Abs. 1 zu benennende Beisitzer in Einigungsstellen.[48] 20

6. Verarbeitung (Speicherung) von Grunddaten

(Abs. 3) Nach Abs. 3 Hs. 1 dürfen Personalvertretungen **Grunddaten** der Beschäftigten **auf Dauer speichern**. Auf die Größe der Dienststelle oder des Geschäftsbereichs, für die bzw. den die Personalvertretung gebildet ist, kommt es dabei nicht an. Einer Einwilligung der Beschäftigten bedarf es nicht.[49] Macht die Personalvertretung von der Möglichkeit der Speicherung der Grunddaten in automatisierten Dateien Gebrauch, hat sie die Beschäftigten nach § 87 Abs. 5 LBG bei erstmaliger Speicherung über die Art der zu ihrer Person gespeicherten Daten und danach bei wesentlichen Änderungen zu informieren.[50] 21

Grunddaten sind personenbezogene Daten, die der Personalvertretung zur Erleichterung ihrer Aufgabenerfüllung ständig zur Verfügung stehen sollen. Abs. 3 Hs. 2 bestimmt, dass bei **Beschäftigten nach § 4 Abs. 1** (vgl. dort Rn. 2–15) folgende Daten zu den Grunddaten zählen:[51] Name (d. h. Vor- und Nachname), Funktion sowie ihre Bewertung (d. h. tatsächlich ausgeübte Tätigkeit in der Dienststelle, wie z. B. Sachbearbeiter oder Referent) sowie 22

48 Vgl. Rooschüz-*Abel*, § 67 Rn. 19.

49 Die Entscheidung des *BVerwG* v. 4. 9. 90 – 6 P 286.87 –, PersR 90, 329, ist für das LPVG nicht zu beachten; Rooschüz-*Abel*, § 67 Rn. 20.

50 Vgl. Rooschüz-*Abel*, § 67 Rn. 22 a. E.

51 Vgl. Rooschüz-*Abel*, § 67 Rn. 20.

ihre besoldungs- oder tarifrechtliche Bewertung (unabhängig von der tatsächlichen Bezahlung des Beschäftigten), Besoldungs- oder Entgeltgruppe (in die der Beschäftigte eingereiht ist; vgl. Rn. 22a), Geburts-, Einstellungs- und Ernennungsdatum, Rechtsgrundlage und Dauer der Befristung des Arbeitsverhältnisses (vgl. Rn. 22a) sowie Datum der letzten Beförderung, Höher- oder Rückgruppierung; des Weiteren Beurlaubung und Teilzeitbeschäftigung.

22a Mit der Verwendung des Begriffs »Entgeltgruppe« hat der Gesetzgeber eine redaktionelle Anpassung an die wichtigsten Tarifverträge des öffentlichen Dienstes (TV-L und TVöD) vorgenommen. In der Änderung liegt keine Einschränkung der Speicherungsbefugnis des PR. Bisher gespeicherte Daten zu Vergütungs- und Lohngruppen dürfen weiterhin gespeichert werden, solange die Voraussetzungen dafür gegeben sind.[52] Die – einer gewerkschaftlichen Forderung entsprechende – Einbeziehung der Daten über die Befristung des Arbeitsverhältnisses in die zur dauerhaften Speicherung zugelassenen Grunddaten ist erfolgt, weil »befristete Arbeitsverhältnisse an Bedeutung gewonnen haben« und die Angaben darüber »für die langfristige Personalratsarbeit eine wichtige Information darstellen«.[53] Die weitergehende Forderung, auch Daten über die organisatorische Zuordnung der Beschäftigten in die Aufzählung der Grunddaten in Abs. 3 Hs. 2 aufzunehmen, ist dagegen u. a. mit der Begründung abgelehnt worden, es sei unumstritten, dass der PR die dienststellenintern gebräuchliche Bürokommunikationstechnik (z. B. E-Mail oder Intranet) im Rahmen seiner Aufgabenstellung und unter Beachtung der Wirtschaftlichkeit und Sparsamkeit nutzen könne[54] (vgl. auch § 41 Rn. 4, 30a).

23 Die **Dienststelle** hat der Personalvertretung die Grunddaten nach § 71 Abs. 1 S. 1 und 2 **zur Verfügung zu stellen** und sie auf dem Laufenden zu halten. In welcher Form dies geschieht, bestimmt sie unter Beachtung des § 2 Abs. 1. Der Personalvertretung kann im Interesse einer möglichst hohen Aktualität ein auf die Grunddaten beschränkter direkter **Zugriff** auf den Datenbestand der Dienststelle erlaubt werden.[55] Die **Aktualisierung** der nach Abs. 3 gespeicherten Grunddaten obliegt der Personalvertretung. Dazu gehört auch die unverzügliche Löschung der Daten ausgeschiedener Beschäftigter.

---

52 LT-Dr. 14/6694, S. 565 [zu Nr. 15].

53 LT-Dr. 14/6694, a. a. O.

54 LT-Dr. 14/6694, S. 725 [zu 2.6.7].

55 BfD, 15. TB (BT-Dr. 13/1150), S. 57; Rooschüz-*Abel*, § 67 Rn. 21.

7. Löschung personenbezogener Daten aus Niederschriften

(Abs. 4) Hinsichtlich personenbezogener Daten, die in **Niederschriften** 24
nach § 38 enthalten sind (vgl. § 38 Rn. 2), bestimmt Abs. 4, dass diese Daten spätestens am **Ende des achten Jahres** ab der Speicherung zu löschen sind. Unter »**Löschen**« ist das Unkenntlichmachen zu verstehen (vgl. Rn. 19), z. B. durch Schwärzen der Daten in der in Papierform erstellten Niederschrift oder durch Löschen in der elektronischen Fassung. Mit »Jahr« ist das **Kalenderjahr** gemeint,[56] so dass z. B. Daten in Niederschriften aus dem Jahr 2023 spätestens am 31. 12. 31 zu löschen sind.

56 So auch Rooschüz-*Abel*, § 67 Rn. 23.

Teil 8
Beteiligung des Personalrats

Abschnitt 1
Allgemeines

Vorbemerkungen vor § 68

Inhaltsübersicht Rn.

1. Beteiligungsrechte im Überblick

1 **Teil 8** des LPVG regelt die **Beteiligung** des PR. Mit dem ÄndG 2013 wurden die bisher drei Abschnitte auf zwei reduziert. **Abschnitt 1** (§§ 68–72) knüpft an die grundlegende Vorschrift des § 2 Abs. 1 mit dem Grundsatz der partnerschaftlich vertrauensvollen Zusammenarbeit an und regelt die für die Beteiligung geltenden allgemeinen Rechte und Pflichten der Personalvertretung und allgemeinen Pflichten der Dienststelle. **Abschnitt 2** (§§ 73–90) ist grundlegend mit dem Ziel neu gegliedert worden, die Verfahrensvorschriften mit den jeweiligen materiellen Beteiligungsrechten zu verbinden. Er ist unterteilt in die Vorschriften zur Mitbestimmung (§§ 73–79), zur Mitwirkung (§§ 80–83) und zur Anhörung (§§ 86–87). Außerdem enthält er Vorschriften zum Initiativrecht des PR (§ 84), zu Dienstvereinbarungen (§ 85), zur Durchführung von Entscheidungen (§ 88), zur Zuständigkeit in nicht gestuften Verwaltungen (§ 89) sowie zum Verhältnis zu anderen Beteiligungsrechten (§ 90). Die Zuständigkeit des PR und die **Verteilung der Zuständigkeiten** zwischen den Personalvertretungen in mehrstufigen Verwaltungen und in personalvertretungsrechtlich aufgegliederten Dienststellen sind in **Teil 9** des LPVG (§ 91) geregelt. **Modifikationen** der Beteiligungsvorschriften der Teile 8 und 9 sind enthalten in den Vorschriften über die Behandlung von **Verschlusssachen** (Teil 11: § 94), in den besonderen Vorschriften für die **Justizverwaltung** (Teil 12: § 95), für die **Polizei** und das Landesamt für **Verfassungsschutz** (Teil 13: §§ 96, 97), für Dienststellen, die **bildenden, wissenschaftlichen und künstlerischen Zwecken** dienen (Teil 14: §§ 98–103), für die **Forstverwaltung** (§ 104) sowie in den Vorschriften über den **Südwestrundfunk** (Teil 16: §§ 105–112).

Der **Begriff der Beteiligung** i.S.d. der Teile 8 und 9 des LPVG ist als Oberbegriff zu verstehen, der verschiedene Beteiligungsarten umfasst, insbesondere die Formen der Mitbestimmung, Mitwirkung und Anhörung.[1] Dagegen ist die bloße Information noch keine Beteiligung,[2] weil sie dem PR keine Möglichkeit gibt, auf die Willensbildung der Dienststelle Einfluss zu nehmen.[3] Der Begriff der Beteiligung ist enger als die Begriffe »Aufgaben oder Befugnisse« in den §§ 6 und 7 Abs. 1 LPVG.[4] **Aufgaben** des PR, die nicht zur Beteiligung i.S.d. §§ 68 bis 90 gehören, sind auch **in anderen Vorschriften des LPVG** (so z.B. in § 15 Abs. 1 S. 1 [Bestellung des Wahlvorstands] und § 50 Abs. 1 [Einberufung einer Personalversammlung und Erstattung eines Tätigkeitsberichts]) sowie **außerhalb des LPVG** (vgl. Rn. 5 a.E.) festgelegt. Davon abgesehen sind die **Beteiligungstatbestände** in den §§ 73 bis 90 **erschöpfend** und **zwingend** geregelt.[5] Eine **außergesetzliche Erweiterung oder Einschränkung** der Beteiligungsrechte oder eine über das Gesetz hinausgehende Selbstbindung der Verwaltung ist ausgeschlossen.[6] Entsprechende Dienstvereinbarungen sind nach den §§ 3 und 85 LPVG unzulässig (vgl. § 3 Rn. 1ff.). Da die Beteiligungsrechte zur **Vertretung der Interessen der Beschäftigten** vorgesehen sind (vgl. § 1 Rn. 22 u. § 2 Rn. 3ff.), kann der PR auf die Ausübung dieser Rechte **nicht verzichten**, sondern hat sie nach pflichtgemäßem Ermessen wahrzunehmen. So kann er nicht dem Arbeitgeber das alleinige Gestaltungsrecht über einen mitbestimmungspflichtigen Tatbestand einräumen.[7] 2

Die Beteiligungsvorschriften sind ebenso wie die anderen Vorschriften des LPVG nach den **Regeln der Auslegung** zu interpretieren, die für alle Gesetze gelten. Sie sind deshalb nach ihrem Wortlaut, Sinn und Zweck, systematischen Zusammenhang und ihrer Entstehungsgeschichte auszulegen.[8] Lassen die anerkannten Auslegungsregeln mehrere Deutungen zu, so ist eine Auslegung geboten, die mit dem GG und der LVerf in Einklang steht. Diese **verfassungskonforme Auslegung** findet ihre Grenze aber dort, wo sie zu dem Wortlaut und dem klar erkennbaren Willen des Gesetzgebers 3

---

1 *BVerwG* v. 12.1.62 – VII P 1.60 –, PersV 62, 160.

2 So aber *BAG* v. 9.5.80 – 7 AZR 376/78 –, AP Nr. 2 zu § 108 BPersVG a.F.

3 Altvater-*Noll*, vor § 62 Rn. 5.

4 Zum Begriff der Beteiligung vgl. Altvater-*Noll*, vor § 62 Rn. 5ff.; Lorenzen-*Rehak*, vor §§ 75–81 a.F. Rn. 11.

5 *BVerwG* v. 28.2.58 – VII P 19.57 –, BVerwGE 6, 220, u.v. 26.1.68 – VII P 8.67 –, PersV 68, 136; Lorenzen-*Rehak*, vor §§ 75–81 a.F. Rn. 11.

6 *BVerwG* v. 11.12.91 – 6 P 5.91 –, PersR 92, 104.

7 Vgl. *BAG* v. 26.4.05 – 1 AZR 76/04 –, AP Nr. 12 zu § 87 BetrVG 1972; Altvater-*Noll*, vor § 62 Rn. 8; Altvater-*Lenders*, § 70 Rn. 62, jew. m.w.N.

8 Vgl. *Jarass/Pieroth*, Einl. Rn. 5ff.

in Widerspruch treten würde.[9] Verwendet das LPVG fest umrissene **Begriffe aus anderen Rechtsgebieten**, ist bei seiner Anwendung von diesen Begriffen auszugehen, es sei denn, es bestünden Anhaltspunkte für ein vom Gesetzgeber gewolltes abweichendes Verständnis der jeweiligen Begriffe.[10] Werden in den Beteiligungstatbeständen gleichlautende Begriffe aus einschlägigen **tarifvertraglichen und beamtenrechtlichen Vorschriften** verwendet, so kann grundsätzlich auf deren Verständnis und ihre Definitionen zurückgegriffen werden. Soweit es der mit der Beteiligung des PR verfolgte Gesetzeszweck jedoch gebietet, muss bei der personalvertretungsrechtlichen Beurteilung von dem tarifvertraglichen bzw. beamtenrechtlichen Verständnis abgewichen werden.[11] Hinsichtlich der Heranziehung der **Rspr. der Arbeitsgerichte zum BetrVG** ist nach der Rspr. des *BVerwG*[12] wie folgt zu differenzieren: Zwischen PersVR und BetrVR bestehen wesentliche **Strukturunterschiede**, die es rechtfertigen können, Parallelnormen in beiden Rechtsgebieten jeweils unterschiedlich auszulegen.[13] Wegen der nicht zu leugnenden **Affinitäten** beider Rechtsgebiete kann aber eine klare oder geklärte Rechtslage im BetrVR **Vorbildfunktion** für das PersVR entfalten, soweit für eine Abweichung sachliche Gründe nicht ersichtlich sind.[14]

4 Im Bereich der Beteiligung kann auch die analoge Anwendung **zivilrechtlicher Grundsätze** in Betracht kommen, zumal das Gebot der vertrauensvollen Zusammenarbeit (§ 2 Abs. 1) auch als Ausprägung des Grundsatzes von **Treu und Glauben** (§ 242 BGB) verstanden werden kann. Dazu gehört als Unterfall des **Verbots der unzulässigen Rechtsausübung** auch das **Verbot widersprüchlichen Verhaltens** und damit auch die **Verwirkung**. Ein Recht ist verwirkt, wenn der Berechtigte es längere Zeit hindurch nicht geltend gemacht hat und der Verpflichtete sich darauf eingerichtet hat und sich nach dem gesamten Verhalten des Berechtigten auch darauf einrichten durfte, dass dieser das Recht auch in Zukunft nicht mehr geltend machen werde. Hinsichtlich der Anwendung des Grundsatzes der Verwirkung im PersVR ist jedoch folgende Differenzierung notwendig: Eine Verwirkung von **Beteiligungsrechten** kann nicht eintreten, weil diese materiell im In-

9 Vgl. *Jarass/Pieroth*, Art. 20 Rn. 34; ferner *BVerfG* v. 24.5.95 – 2 BvF 1/92 –, PersR 95, 483 [488, zu D. I].

10 Vgl. *BVerwG* v. 13.2.76 – VII 4.75 –, PersV 77, 183, v. 6.4.84 – 6 P 39.83 –, Buchholz 238.36 § 78 Nr. 4, v. 3.7.90 – 6 P 10.87 –, PersR 90, 295, v. 28.5.02 – 6 P 9.01 –, PersR 02, 340, u. v. 12.9.02 – 6 P 11.01 –, PersR 03, 39.

11 *BVerwG* v. 12.9.05 – 6 P 1.05 –, PersR 06, 72, u. v. 27.8.08 – 6 P 3.08 –, PersR 08, 500.

12 Vgl. Beschl. v. 17.12.03 – 6 P 7.03 –, PersR 04, 106 [110, zu 4 h) cc)].

13 So auch *GmS-OBG* v. 11.3.87 – 6/86 –, PersR 87, 263 m. krit. Anm. *Wendeling-Schröder.*

14 Vgl. *Richter*, PersR 93, 54.

teresse der Beschäftigten bestehen (zur Unzulässigkeit eines Verzichts vgl. Rn. 2 a. E.). Verwirkt werden können deshalb nur **verfahrensrechtliche Befugnisse**.[15]

Teil 8 des LPVG sieht folgende **Formen der Beteiligung** vor: 5

- die **Mitbestimmung (§§ 73 bis 79)**, deren Verfahren in den §§ 72 bis 79 geregelt ist und bei der zwei Varianten zu unterscheiden sind: die **grundsätzlich uneingeschränkte Mitbestimmung (§ 74)** und die **eingeschränkte Mitbestimmung (§ 75)**;
- die **Mitwirkung (§§ 80 bis 83)**, deren Verfahren in §§ 82 und 83 geregelt ist sowie bei besonderen Personengruppen in Angelegenheiten, bei denen die Mitbestimmung zur Mitwirkung herabgestuft ist (§ 75 Abs. 6);
- die **Anhörung (§§ 86, 87)**;
- das in § 84 geregelte **Initiativrecht**;
- die **speziellen Beteiligungsrechte** nach § 71 Abs. 4 an Personal- und Beurteilungsgesprächen sowie an allgemeinen Besprechungen zur Abstimmung einheitlicher Beurteilungsgrundsätze, bei verwaltungsinternen Prüfungen für Beschäftigte der Dienststelle nach § 71 Abs. 5 sowie in § 71 Abs. 7 in Arbeitsplatzschutzangelegenheiten und nach § 89 Abs. 2 zur Teilnahme an Sitzungen des Hauptorgans einer kommunalen Körperschaft;
- die **allgemeinen Aufgaben** nach § 69 Abs. 1 S. 1 und § 70 Abs. 1.

Zu den im LPVG geregelten Beteiligungsrechten kommen **spezielle Beteiligungsrechte außerhalb des LPVG** hinzu. Diese bestehen v. a. bezüglich der Beschäftigung und Integration schwerbehinderter Menschen nach §§ 151, 185 SGB IX (vgl. § 70 Rn. 23–25) sowie in Fragen des Arbeitsschutzes (vgl. § 71 Rn. 34 ff.).[16]

Durch das **Einverständnis des oder der betroffenen Beschäftigten** mit einer beabsichtigten Maßnahme der Dienststelle wird das jeweilige Beteiligungsrecht des PR nicht ausgeschlossen, weil dessen generelle Aufgabenstellung bei der Wahrnehmung sowohl kollektiver als auch individueller Interessen darin besteht, darauf hinzuwirken, dass zugunsten der Beschäftigten ein Rechtszustand aufrechterhalten oder hergestellt wird, der mit Rücksicht auf die einzelnen Regelwerke und den Gleichbehandlungsgrundsatz angezeigt ist.[17] Das gilt, wenn nichts anderes bestimmt ist, auch bei personellen Einzelmaßnahmen. Allerdings hängt die Beteiligung des PR in bestimmten Fällen der Mitbestimmung und Mitwirkung von einem **Antrag des Beschäftigten** ab (vgl. § 75 Abs. 3, § 76 Abs. 2 Nr. 1 und 2, § 81 Abs. 2). Ein solcher Antrag ist nach § 76 Abs. 2 Nr. 1 und 2 bei **besonderen Gruppen** 6

---

15 Vgl. *BVerwG* v. 9. 12. 92 – 6 P 16.91 –, PersR 93, 212; Altvater-*Noll*, vor § 62 Rn. 7.

16 Zu weiteren Beteiligungsrechten vgl. *Pulte*, DÖD 07, 217.

17 Vgl. *BVerwG* v. 24. 10. 01 – 6 P 13.00 –, PersR 02, 21, u. v. 19. 9. 05 – 6 P 1.05 –, PersR 06, 72; Altvater-*Baden*, § 75 Rn. 151.

von Beschäftigten in bestimmten Personalangelegenheiten immer erforderlich. Außerdem ist bei besonderen Personengruppen die Mitbestimmung oder Mitwirkung nach § 75 Abs. 5 und § 81 Abs. 2 S. 2 ganz ausgeschlossen oder wird die Mitbestimmung nach § 75 Abs. 5 in den dort aufgeführten Beteiligungstatbeständen durch die Mitwirkung ersetzt.

7 Erfüllt eine beabsichtigte Maßnahme der Dienststelle mehrere Beteiligungstatbestände, die mit unterschiedlich starken Beteiligungsrechten verknüpft sind, so stellt sich die Frage, wie die **Konkurrenz zwischen den Beteiligungsrechten** zu lösen ist. Nach der Rspr. des *BVerwG*[18] sind die Beteiligungsrechte **grundsätzlich nebeneinander** gegeben. Danach ist der PR beim Zusammentreffen verschiedenartiger Beteiligungsrechte regelmäßig in allen in Betracht kommenden Beteiligungsformen zu beteiligen. Dies sollte jedoch nach der älteren Rspr. des *BVerwG* dann nicht gelten, wenn der Gesetzgeber aus verfassungsrechtlichen Gründen zur Wahrung der **Funktionsfähigkeit der Verwaltung** das stärkere Beteiligungsrecht nicht habe gewähren wollen. In einem solchen Fall werde **das stärkere durch das schwächere Beteiligungsrecht verdrängt**, wenn es um eine organisatorische Maßnahme gehe, die über den innerdienstlichen Bereich hinauswirke und auf die nach außen zu erfüllenden Aufgaben der Dienststelle in nicht nur unerheblicher Weise einwirke. Unter dieser Voraussetzung sollte das stärkere Beteiligungsrecht auch dann zurücktreten, wenn es sich dabei nur um ein eingeschränktes Mitbestimmungsrecht handelte.[19] Diese einschränkende Rspr. ist jedoch **überholt**.[20]

8 Wird eine **beteiligungspflichtige Maßnahme ohne oder bei mangelhafter Beteiligung** der zuständigen Personalvertretung getroffen, so ist zwischen personalvertretungs- sowie arbeits- bzw. beamtenrechtlichen **Rechtsfolgen** zu unterscheiden. Die **Personalvertretung** kann nach § 92 Abs. 1 Nr. 3, Abs. 2 im personalvertretungsrechtlichen Beschlussverfahren vor dem Verwaltungsgericht die Feststellung beantragen, dass ihr Beteiligungsrecht durch die Maßnahme verletzt ist.[21] Ist die Maßnahme tatsächlich und rechtlich rücknehmbar oder abänderbar, hat sie einen verfahrensrechtlichen Anspruch darauf, dass der Dienststellenleiter nachträglich ein gesetzmäßiges Beteiligungsverfahren einleitet oder fortsetzt, und kann diesen Anspruch mit einem Feststellungsantrag zur entsprechenden Verpflichtung des

---

18 Vgl. Beschl. v. 17.7.87 – 6 P 6.85 –, PersR 87, 220.

19 So *BVerwG* v. 7.2.80 – 6 P 35.78 –, PersV 80, 238, u.v. 17.7.87, a.a.O.; ebenso *VGH BW* v. 18.12.01 – PL 15 S 612/01 –, PersR 02, 402; zuletzt *BVerwG* v. 11.12.12 – 6 P 2.12 –, PersR 13, 135.

20 *BVerwG* v. 28.1.04 – 6 PB 10.03 –, PersR 04, 179 unter Verweis auf *BVerwG* v. 7.2.80, a.a.O.; Altvater-*Noll*, vor § 62 Rn. 22 m.w.N.

21 Vgl. Altvater-*Baden*, § 108 Rn. 77ff.

Dienststellenleiters geltend machen.[22] Zur Abwendung einer drohenden Verletzung ihres Beteiligungsrechts kann sie den Erlass einer einstweiligen Verfügung verfahrensrechtlichen Inhalts beantragen, mit welcher der Dienststellenleiter verpflichtet wird, das Beteiligungsverfahren einzuleiten oder fortzusetzen (vgl. § 73 Rn. 15, § 92 Rn. 14).[23] Welche Rechtsfolgen eine Verletzung des Beteiligungsrechts für die getroffene Maßnahme und damit für die von ihr betroffenen **Beschäftigten** hat, hängt von der Rechtsnatur der Maßnahme und der Art des Beteiligungsrechts ab. **Arbeitsrechtliche Maßnahmen**, die den Arbeitnehmer belasten, sind bei Verletzung des Beteiligungsrechts grundsätzlich unwirksam. **Beamtenrechtliche Maßnahmen**, insbesondere Verwaltungsakte, sind grundsätzlich zwar wirksam, jedoch rechtswidrig und anfechtbar (näher zur Mitbestimmung § 73 Rn. 13 ff., zur Mitwirkung § 80 Rn. 10 u. zur Anhörung § 86 Rn. 4).

2. Verfassungsrechtliche Grundlagen und Grenzen der Mitbestimmung

Die Mitbestimmung der Beschäftigten in Betrieben und Verwaltungen ist **9** im Grundgesetz zwar nicht ausdrücklich vorgesehen und garantiert. Nach zutreffender Auslegung ist aber der **Gesetzgeber verfassungsrechtlich legitimiert und verpflichtet,** in den Betrieben privaten Rechts eine Betriebsverfassung sowie in den Betrieben und Verwaltungen öffentlichen Rechts eine Personalvertretung zu schaffen und aufrechtzuerhalten, die jeweils so ausgestaltet ist, dass die von den Beschäftigten gewählten Repräsentationsorgane (Betriebsräte und Personalvertretungen) die Arbeitsbedingungen der Beschäftigten mitgestalten können[24] (vgl. Rn. 11). Die verfassungsrechtlichen Grundlagen für diese Mitbestimmung sind das **Sozialstaatsprinzip** (Art. 20 Abs. 1, 28 Abs. 1 GG) sowie die Schutzpflicht des Staates für die **Grundrechte der Beschäftigten**, insbesondere die Grundrechte aus Art. 1 Abs. 1, Art. 2 Abs. 1, Art. 5 Abs. 1 und Art. 12 Abs. 1 GG (vgl. § 1 Rn. 23).

Die – gem. Art. 125a Abs. 1 GG i. V. m. § 131 BPersVG bis 31. 12. 2024 als **10** Bundesrecht fortgeltende – **Rahmenvorschrift des § 104 S. 3 BPersVG** bestimmt, dass Entscheidungen, die wegen ihrer Auswirkungen auf das Gemeinwesen wesentlicher Bestandteil der Regierungsgewalt sind, nicht den Stellen entzogen werden dürfen, die der Volksvertretung verantwortlich sind, und enthält einen beispielhaften Katalog der Angelegenheiten, in denen ein **Letztentscheidungsrecht der Einigungsstelle** nicht vorgesehen werden

22 U. a. *BVerwG* v. 15. 3. 95 – 6 P 31.93 –, PersR 95, 423, u. v. 2. 2. 09 – 6 P 2.08 –, PersR 09, 164.

23 Altvater-*Baden*, § 108 Rn. 77, 208 ff.

24 Für den öffentlichen Dienst offengelassen in *BVerfG* v. 27. 3. 79 – 2 BvL 2/77 –, PersV 79, 328, u. v. 24. 5. 95 – 2 BvF 1/92 –, PersR 95, 483 [488, zu D. I].

darf.[25] Die Vorschrift knüpft an das **Urt. des** *BVerfG* v. 27.4.59 – 2 BvF 2/58 –[26] an, mit dem die §§ 59 bis 61 des Bremischen PersVG v. 3.12.57[27] für nichtig erklärt worden waren, soweit sie in den Fällen der Mitbestimmung des PR in personellen Angelegenheiten der Beamten die Letztentscheidung der Einigungsstelle vorsahen.

11 Das ***BVerfG*** hat im **Beschl. v. 24.5.95**[28] zur Verfassungswidrigkeit des Mitbestimmungsgesetzes Schleswig-Holstein (MBG SH) v. 11.12.90[29] gesagt, das Grundgesetz lasse Raum für eine Beteiligung des PR zur Wahrung der Belange der Beschäftigten und zur Mitgestaltung ihrer Arbeitsbedingungen, gebe dem Gesetzgeber aber nicht vor, wie er innerhalb des ihm »gesetzten Rahmens« die Beteiligung im Einzelnen ausgestalte. Während es auf die unteren Grenzen der Beteiligung (i.S. eines verfassungsrechtlichen Minimums) nicht näher eingegangen ist, hat es andererseits sehr detaillierte Vorgaben zu den oberen Grenzen (i.S. eines verfassungsrechtlichen Maximums) gemacht. Dabei ist es einem rein **staatsrechtlichen Ansatz** gefolgt und hat in Abweichung vom bisherigen Inhalt der Rahmenvorschrift des § 104 S. 3 BPersVG a.F.[30] die **oberen Grenzen verfassungsrechtlich zulässiger Mitbestimmung** grundsätzlich neu bestimmt. Der wesentliche Inhalt der Entscheidungsgründe lässt sich wie folgt zusammenfassen:

- In der freiheitlichen Demokratie gehe alle Staatsgewalt vom Volke aus. Deshalb bedürfe die **Ausübung von Staatsgewalt** in Form jeglichen amtlichen Handelns mit Entscheidungscharakter der demokratischen Legitimation. Das demokratische Prinzip lasse es zwar zu, dass der Staat (einschl. der Kommunen) seinen Beschäftigten eine – in gewissem Umfang auch mitentscheidende – Beteiligung zur Wahrung ihrer Belange und zur Mitgestaltung ihrer Arbeitsbedingungen einräume. Dem Gesetzgeber seien dabei aber durch das **Erfordernis hinreichender demokratischer Legitimation** Grenzen gesetzt.
- In welcher Art und in welchen Fällen die Mitbestimmung oder eine andere Form der Beteiligung der Personalvertretung verfassungsrechtlich zulässig sei, müsse unter Würdigung der Bedeutung der betei-

25 Vgl. hierzu u. zum Folgenden Altvater-*Noll*, vor § 62 Rn. 9, 19ff.
26 BVerfGE 9, 268.
27 GBl. S. 161.
28 2 BvF 1/92, PersR 95, 483 [488, zu D. I].
29 GVOBl. S. 577.
30 § 104 S. 3 BPersVG a.F. entfällt vorbehaltlich § 131 BPersVG ersatzlos, Altvater-*Noll*, vor § 62 Rn. 18. Nach dem Übergang der Gesetzgebungskompetenz auf die Länder im Zuge der Föderalismusreform (Wegfall von Art. 75 GG) entfällt die Möglichkeit einer Rahmengesetzgebung. Übergangsweise gelten die §§ 95 bis 106 a.F. gem. Art. 125a Abs. 1 GG fort, bis die Länder eigene entsprechende Regelungen erlassen haben; es wird vorsorglich in § 131 BPersVG eine Übergangsfrist bis Ende 2024 eingeräumt.

ligungspflichtigen Maßnahmen sowohl für die Arbeitssituation der Beschäftigten und deren Dienstverhältnis als auch für die Erfüllung des Amtsauftrags bestimmt werden: Die Mitbestimmung dürfe sich einerseits nur auf innerdienstliche Maßnahmen erstrecken und nur so weit gehen, wie die spezifischen in dem Beschäftigungsverhältnis angelegten Interessen der Angehörigen der Dienststelle sie rechtfertigten (**Schutzzweckgrenze**). Andererseits verlange das Demokratieprinzip für die Ausübung von Staatsgewalt bei Entscheidungen von Bedeutung für die Erfüllung des Amtsauftrags jedenfalls, dass die Letztentscheidung eines dem Parlament verantwortlichen Verwaltungsträgers gesichert sei (**Verantwortungsgrenze**).

- Bei der Regelung von Angelegenheiten, die in ihrem Schwerpunkt die Beschäftigten in ihrem Beschäftigungsverhältnis beträfen, typischerweise aber nicht oder nur unerheblich die Wahrnehmung von Amtsaufgaben gegenüber dem Bürger berührten (»**Gruppe a**«), gestatte das Demokratieprinzip eine weitreichende Mitwirkung der Beschäftigten. Hierzu seien soziale Angelegenheiten, wie sie in § 79 Abs. 2 BPersVG umschrieben seien, und etwa der in § 80 Abs. 1 (ausgenommen Nr. 21) BPersVG umschriebene Kreis innerdienstlicher Angelegenheiten zu rechnen [vergleichbar § 74 Abs. 1 Nr. 1 und 2, § 76 Abs. 4 sowie § 74 Abs. 1 Nr. 5 und 6, Abs. 2 Nr. 1, 2, 5, 6, 7, 9, 10; § 75 Abs. 4 Nr. 1–7 (im Arbeitnehmerbereich), §§ 6 und 9 sowie § 81 Abs. 1 Nr. 5]. Der Gesetzgeber könne vorsehen, dass solche Maßnahmen an die Mitbestimmung der Personalvertretung gebunden und, sofern Dienststelle und Personalvertretung nicht zu einer Einigung gelangen, der **Entscheidung einer weisungsunabhängigen Einigungsstelle** überlassen würden. Auch in diesen Fällen müssten aber Entscheidungen, die im Einzelfall wegen ihrer Auswirkungen auf das Gemeinwohl wesentlicher Bestandteil der Regierungsgewalt seien, einem parlamentarisch verantwortlichen Amtsträger vorbehalten bleiben. Dies könne in Gestalt eines **Evokationsrechts** geschehen, also eines Rechts, die Entscheidung an sich zu ziehen (»**Legitimationsniveau 1**«).
- Maßnahmen, die den Binnenbereich des Beschäftigungsverhältnisses beträfen, die Wahrnehmung des Amtsauftrags jedoch typischerweise nicht nur unerheblich berührten (»**Gruppe b**«), bedürften eines höheren Maßes an demokratischer Legitimation. Zu solchen Maßnahmen seien etwa die in § 78 Abs. 1 Nr. 12, § 80 Abs. 1 Nr. 21 und § 84 Abs. 1 Nr. 1 BPersVG genannten Maßnahmen zu rechnen [vergleichbar § 75 Abs. 4 Nr. 7 und 11, § 81 Abs. 1 Nr. 1]. Die Kompetenz einer **Einigungsstelle** zur abschließenden Entscheidung könne hier nur unter der Voraussetzung hingenommen werden, dass die **Mehrheit ihrer Mitglieder uneingeschränkt personell demokratisch legitimiert** sei und die Entscheidung darüber hinaus von einer Mehrheit der so legitimierten Mit-

glieder getragen werde **oder** dass ein **Letztentscheidungsrecht eines parlamentarisch verantwortlichen Amtsträgers** vorgesehen werde, dessen Ausübung insoweit nicht von der Darlegung abhängig gemacht werden dürfe, dass der jeweilige Mitbestimmungsfall wegen seiner Auswirkungen auf das Gemeinwohl Bestandteil der Regierungsgewalt sei (»**Legitimationsniveau 2**«).

- Innerdienstliche Maßnahmen, insbesondere organisatorische, personelle und – in Einzelfällen – soziale Maßnahmen, die schwerpunktmäßig die Erledigung von Amtsaufgaben beträfen, unvermeidlich aber auch die Interessen der Beschäftigten berührten (»**Gruppe c**«), seien stets von so großer Bedeutung für die Erfüllung des Amtsauftrags, dass die parlamentarische Verantwortlichkeit der Regierung für sie keine substantielle Einschränkung erfahren dürfe. Solche Maßnahmen dürften nicht auf Stellen zur Alleinentscheidung übertragen werden, die Parlament und Regierung nicht verantwortlich seien. Sollten in diesen Fällen Personalvertretung und Einigungsstelle in die Willensbildung und Entscheidungsfindung einbezogen werden, so könne dies – jedenfalls auf der letzten Stufe – allenfalls in der Form der **eingeschränkten Mitbestimmung** geschehen (vgl. § 75 Abs. 3 BPersVG [vergleichbar § 78 Abs. 4]). Die Entscheidung der **Einigungsstelle** dürfe nur den Charakter einer **Empfehlung an die zuständige Dienstbehörde** haben. Zu den hier in Rede stehenden Maßnahmen gehörten insbesondere solche der Personalpolitik, also alle Maßnahmen, die den Rechtsstatus von Beamten, Angestellten und Arbeitern (jetzt: Arbeitnehmern) des öffentlichen Dienstes beträfen (vgl. z. B. §§ 78 Abs. 1, 84 Abs. 1 Nr. 2 bis 5, 85 BPersVG [vergleichbar §§ 75 bis 77, § 79 Abs. 3 Nr. 15, § 80 Abs. 1 Nr. 2, 5 und 6 LPVG i. d. F. bis 31. 12. 10 bzw. § 75 Abs. 1–3, § 81 Abs. 2 LPVG i. d. F. des ÄndG 2013]), sowie alle organisatorischen Maßnahmen der Dienststelle, die für die Wahrnehmung des Amtsauftrags von erheblicher Bedeutung seien (»**Legitimationsniveau 3**«).
- Die Verfassung gebe weder ein bestimmtes Mitbestimmungsmodell noch im Einzelnen die Abgrenzung der Bereiche vor, in denen innerdienstliche Maßnahmen nur unerhebliche, nicht nur unerhebliche und schließlich erhebliche Auswirkungen auf die Wahrnehmung der Aufgaben der öffentlichen Verwaltung hätten. Dem **Gesetzgeber** verbleibe **Entscheidungsspielraum** auch insoweit, als er der unterschiedlichen Bedeutung von Maßnahmen im Bereich der Verwaltung für die Erfüllung des Amtsauftrags durch unterschiedliche Formen der Beteiligung der Personalvertretung an ihrem Zustandekommen Rechnung tragen könne.

Der Beschluss beinhaltet **erhebliche Einschränkungen der Mitbestimmung**. Er ist unter verschiedenen Aspekten zu kritisieren.[31] Aus dieser **Kritik**

31 Vgl. u. a. *Rinken*, PersR 99, 523.

ist zusammenfassend hervorzuheben, dass das *BVerfG* weit über den Anlassfall hinaus undifferenzierte Barrieren gegen bewährte Mitbestimmungsstrukturen gezogen hat.[32]

12 Nach § 31 Abs. 1 BVerfGG erstreckt sich die **Bindungswirkung** der Entscheidung des *BVerfG* v. 24.5.95 (a.a.O. [Rn. 3, 11]) unmittelbar nur auf das Land Schleswig-Holstein. Hinsichtlich ihrer tragenden Gründe bindet die Entscheidung zwar die Verfassungsorgane auch des Bundes und der anderen Länder. Jedoch wird dazu überwiegend mit zutreffenden Gründen die Ansicht vertreten, dass der Gesetzgeber zu einer bedingungslosen wortgetreuen Umsetzung der Entscheidung nicht verpflichtet ist, sondern dass er vielmehr, ohne das *BVerfG* zu brüskieren, die sich aus der Verfassung ergebenden Folgerungen eigenverantwortlich zu konkretisieren hat.[33] In diesem Rahmen besteht durchaus ein erheblicher **gesetzgeberischer Handlungsspielraum,** der sich insbesondere auf das Mitbestimmungsmodell, die Abgrenzung der mitbestimmungspflichtigen Angelegenheiten und ihre Zuordnung zu den Legitimationsstufen, das Initiativrecht und das Evokationsrecht bezieht.[34]

13 Unter (teilweiser) Berufung auf die Entscheidung des *BVerfG* v. 24.5.95 (a.a.O. [Rn. 3, 11]) haben außer dem Land Schleswig-Holstein (im Jahr 1999) und dem Land Baden-Württemberg (im Jahr 2010 [vgl. Rn. 18]) zehn weitere Länder ihr PersVG novelliert (NI 1997; SN 1998; HE 1999; RP 2000; TH 2001; ST 2003; HH 2006; BY u. NW 2007; BE 2008).[35] Für das BPersVG hat der Bund bisher keine Konsequenzen gezogen.[36] Die **Novellierungen außerhalb Baden-Württembergs** weisen – mit einer beachtenswerten Abweichung (vgl. dazu Rn. 14) – im Wesentlichen **zwei Gemeinsamkeiten** auf. Erstens ist in **Personalangelegenheiten der Angestellten und Arbeiter** (inzwischen meistens: der Arbeitnehmer) statt der bisherigen vollen (oder uneingeschränkten) Mitbestimmung nur noch eine **eingeschränkte Mitbestimmung** in der Form vorgesehen, dass die Einigungsstelle lediglich eine Empfehlung an die endgültig entscheidende oberste Dienstbehörde (in HH an den Senat, in SH an die zuständige Dienststelle) beschließen kann.[37] Zweitens ist die insbesondere in bestimmten **sozialen Angelegenheiten** im Grundsatz weiterhin vorgesehene uneingeschränkte Mitbestimmung durch ein **Evokationsrecht** der obersten Dienstbehörde oder der Landesregierung oder einer vergleichbaren Stelle abgeschwächt. Dieses Recht besteht darin,

32 Vgl. *Rinken*, a.a.O., 524 ff.; Altvater-*Noll*, vor § 62 Rn. 16; Richardi-*Kersten*, § 104 a.F. Rn. 21 f.; jew. m.w.N.

33 *Rinken*, a.a.O., 526 f. [zu III]; Richardi-*Kersten*, § 104 a.F. Rn. 27.

34 Vgl. *Rinken*, a.a.O., 527 ff.; *Altvater-Noll*, vor § 62 Rn. 20 m.w.N.

35 Vgl. Altvater-*Baden*, Einl. Rn. 28 m. N.

36 Vgl. *Battis*, PersV 05, 286.

37 Vgl. Altvater-*Baden*, § 78 Rn. 13.

die Entscheidung der Einigungsstelle ganz oder teilweise aufzuheben und eine davon abweichende eigene endgültige Entscheidung treffen zu können, wenn die Entscheidung (im Einzelfall) wegen ihrer Auswirkungen auf das Gemeinwohl (oder Gemeinwesen) wesentlicher Bestandteil der Regierungsgewalt (oder Regierungsverantwortung) ist bzw. die Regierungsverantwortung wesentlich berührt.[38]

14 Die Novellierung des PersVG **Berlin** durch das Gesetz v. 17.7.08 (GVBl. S. 206) stimmt mit den vorherigen vergleichbaren Novellierungen der PersVG der anderen Länder darin überein, dass auch in Berlin anstelle der bisherigen uneingeschränkten Mitbestimmung jetzt die (nur) **grundsätzlich uneingeschränkte Mitbestimmung** gilt (§ 83 Abs. 3 S. 4 BlnPersVG n. F.). Damit ist diese Variante der Mitbestimmung, die im MBG SH sowie in zwei weiteren LPersVG (für BB u. MV) bereits vor der Entscheidung des *BVerfG* v. 24.5.95 (a.a.O. [Rn. 3, 11]) vorgesehen war, **in nunmehr 14 Bundesländern** gesetzlich ausdrücklich festgelegt.[39] Soweit es jedoch um die Mitbestimmung in **Personalangelegenheiten der Arbeitnehmer** geht, weist des PersVG Berlin im Vergleich zu den anderen bereits früher novellierten LPersVG (und auch zum LPVG BW) eine bedeutsame **Abweichung** auf. Zum einen sind in Berlin **nicht alle diese Angelegenheiten** von der bisher uneingeschränkten Mitbestimmung zur **eingeschränkten Mitbestimmung** herabgestuft worden, sondern nur die Einstellung und Kündigung derjenigen Arbeitnehmer, die in ihrer Tätigkeit zeitlich überwiegend hoheitsrechtliche Befugnisse i.S.d. Art. 33 Abs. 4 GG ausüben (§ 87 Nr. 1 u. 8 BlnPersVG), sowie die Versetzung aller Arbeitnehmer (§ 86 Abs. 3 S. 1 Nr. 1 BlnPersVG). Zum anderen ist die eingeschränkte Mitbestimmung so ausgestaltet, dass die Einigungsstelle nicht darauf beschränkt ist, lediglich eine Empfehlung an die endgültig entscheidende oberste Dienstbehörde zu beschließen, sondern dass die oberste Dienstbehörde – bzw. für die Körperschaften, Anstalten und Stiftungen des öffentlichen Rechts die Aufsichtsbehörde – binnen eines Monats nach Zustellung des Beschlusses der Einigungsstelle die Entscheidung des Senats von Berlin beantragen kann (§ 81 Abs. 2 BlnPersVG); dabei handelt es sich um ein **Evokationsrecht**, dessen Ausübung nicht davon abhängt, dass der jeweilige Mitbestimmungsfall wegen seiner Auswirkungen auf das Gemeinwesen wesentlicher Bestandteil der Regierungsverantwortung ist.[40]

15 Hinsichtlich der **anderen PersVG,** die vom jeweiligen Gesetzgeber an die geänderten verfassungsgerichtlichen Maßstäbe **(noch) nicht angepasst** worden sind, hält das ***BVerwG*** in neuerer st. Rspr. aufgrund **richterlicher**

---

38 Vgl. Altvater-*Baden*, § 78 Rn. 14.

39 Vgl. Altvater-*Baden*, § 78 Rn. 15.

40 Vgl. Germelmann-*Binkert*, § 81 Rn. 21 ff. u. § 83 Rn. 39 ff.

Rechtsfortbildung eine **verfassungskonforme Handhabung** für geboten.[41] Soweit es sich um die Mitbestimmung bei Tatbeständen handelt, welche zugleich in bedeutsamer Weise die nach außen gerichtete Erfüllung von Dienststellenaufgaben betreffen, geht es von einer unbeabsichtigten Gesetzeslücke aus, die dadurch zu schließen ist, dass an die Stelle der vollen Mitbestimmung im Wege der Analogie die für Personalangelegenheiten der Beamten vorgesehene eingeschränkte Mitbestimmung tritt.[42] Das soll auch für Tatbestände gelten, die nach der Rspr. des *BVerfG* grundsätzlich der vollen Mitbestimmung zugänglich sind, im Einzelfall aber die Regierungsverantwortung berühren.[43]

3. Entwicklung der Mitbestimmung in Baden-Württemberg

Bis in die Mitte der 90er Jahre hinein war die Entwicklung des LPersVR in Baden-Württemberg[44] – von Ausnahmen abgesehen – durch die **Ausweitung und Verstärkung** der Beteiligungsrechte der Personalvertretung gekennzeichnet. Das gilt insbesondere für die Mitbestimmung. **16**

- Wie das vom Bundesgesetzgeber erlassene PersVG 1955 sah die **ursprüngliche Fassung des LPVG BW v. 30. 6. 58** in den §§ 59 bis 71 die als **Mitwirkung und Mitbestimmung** ausgestaltete förmliche Beteiligung des PR sowohl in sozialen Angelegenheiten i. w. S. als auch in Personalangelegenheiten vor, ergänzt durch die Mitwirkung in organisatorischen Angelegenheiten. Die Mitbestimmung mit Letztentscheidung einer neutralen Einigungsstelle (bestehend aus der gleichen Anzahl von Beisitzern beider Seiten und einem unparteiischen Vorsitzenden) erstreckte sich zum einen auf **soziale Angelegenheiten** (Beginn und Ende der täglichen Arbeitszeit und der Pausen, Auszahlung der Dienstbezüge und Arbeitsentgelte, allgemeine Grundsätze für den Urlaubsplan, Durchführung der Berufsausbildung für Angestellte und Arbeiter, Errichtung und Verwaltung von Wohlfahrtseinrichtungen, Aufstellung von Entlohnungsgrundsätzen [§ 65]) und zum anderen auf **Personalangelegenheiten der Angestellten und Arbeiter** (Höher- und Rückgruppierung sowie – auf Antrag des Bediensteten – Versetzung zu einer anderen Dienststelle [§ 69]). Eine

---

41 Vgl. nur zum LPVG BW: Beschl. v. 18.5.04 – 6 P 13.03 –, PersR 04, 349, u.v. 13.10.09 – 6 P 15.08 –, PersR 09, 501; ferner Altvater-*Noll*, vor § 62 Rn. 21 m. w. N.

42 Vgl. *Büge*, PersR 03, 171; *v. Roetteken*, PersR 03, 331 [zu I]; zur Kritik Altvater-*Noll*, vor § 62 Rn. 21.

43 *BVerwG* v. 30.6.05 – 6 P 9.04 –, PersR 05, 416.

44 Die Gesetze zur Änderung des LPVG und die Bekanntmachungen seiner Neufassung sind mit Angabe von Fundstellen sowie ergänzenden Literaturhinweisen nachgewiesen bei § 116 Rn. 2 f.

vergleichbare **volle Mitbestimmung** gab es bis in die 60er Jahre hinein außer im Bund nur noch in Berlin und in Bremen (in diesem Bundesland mit der weit darüber hinausgehenden Befugnis des PR, in allen – im Gesetz nur beispielhaft aufgeführten – sozialen und personellen Angelegenheiten gleichberechtigt unter Einschluss eines Initiativrechts mitzubestimmen; allerdings modifiziert durch die Herabstufung zur eingeschränkten Mitbestimmung in den personellen Angelegenheiten der Beamten durch Urt. des *BVerfG* v. 27.4.59, a.a.O. [Rn. 10]).[45]

- Durch das **ÄndG v. 22.4.68** wurden die Vorschriften über die Beteiligung in **sozialen Angelegenheiten** neu gefasst. Einerseits wurde dabei in den in § 64 genannten sozialen Angelegenheiten die Mitwirkung festgelegt, andererseits in § 65 geregelt, dass der PR »in allen übrigen sozialen Angelegenheiten« (voll) mitzubestimmen hatte, und zwar »insbesondere« in den Fällen, die in einem in Abs. 1 Nr. 1 bis 8 enthaltenen Katalog aufgeführt waren. Dieser enthielt im Vergleich zu § 65 Abs. 1 a.F. weitere Tatbestände (Gewährung von Unterstützungen und sozialen Zuwendungen, jedoch nur auf Antrag des Bediensteten [Nr. 1], sowie Maßnahmen zur Hebung der Arbeitsleistung und Erleichterung des Arbeitsablaufs [Nr. 2]).
- Im Anschluss an den Erlass des BPersVG 1974 wurde das LPVG durch das **ÄndG v. 8.7.75** umfassend novelliert und durch die Bek. v. 1.10.75 in der von da an geltenden Fassung mit neuer Paragrafenfolge bekannt gemacht. Zum einen wurden die Beteiligungsformen aufgefächert. Zusätzlich zu der bisherigen **vollen Mitbestimmung** wurde die **eingeschränkte Mitbestimmung** (mit Empfehlung der Einigungsstelle und endgültiger Entscheidung der obersten Dienstbehörde bzw. des entsprechenden obersten Organs) eingeführt (§ 69 Abs. 4 S. 3, 4). Als reaktive Form der Mitbestimmung wurde zudem (in § 70) das Initiativrecht des PR geschaffen: als **volles Initiativrecht** (mit Letztentscheidung der Einigungsstelle) und als **eingeschränktes Initiativrecht** (mit endgültiger Entscheidung der obersten Dienstbehörde ohne vorherige Einschaltung der Einigungsstelle). Zum anderen wurden die **mitbestimmungs-, mitwirkungs- und anhörungspflichtigen Angelegenheiten** nach dem Enumerationsprinzip neu strukturiert, u.a. mit umfangreichen und im Vergleich zum vorherigen Recht erheblich **erweiterten Katalogen** der voll mitbestimmungspflichtigen Personalangelegenheiten der Angestellten und Arbeiter (§ 76), sozialen Angelegenheiten (§ 78) und sonstigen Angelegenheiten (§ 79 Abs. 1 n.F.) sowie der eingeschränkt mitbestimmungspflichtigen Personalangelegenheiten der Beamten (§ 75) und sonstigen Angelegenheiten (§ 79 Abs. 3). Dabei wurden – abweichend vom BPersVG (§ 78 Abs. 1 Nr. 19 u. 20 i.V.m. § 75 Abs. 3) – Maßnah-

45 Vgl. Altvater-*Baden*, Einl. Rn. 15 m. w. N.

men zur Hebung der Arbeitsleistung und Erleichterung des Arbeitsablaufs (wie bisher) sowie (zusätzlich) die Einführung grundsätzlich neuer Arbeitsmethoden in die volle Mitbestimmung einbezogen (§ 79 Abs. 1 Nr. 9 u. 10 n. F.).

- Mit dem **ÄndG v. 14.7.86** wurde der Katalog der eingeschränkt mitbestimmungspflichtigen sonstigen Angelegenheiten durch den Tatbestand »Einführung, Anwendung oder wesentliche Änderung der **automatisierten Verarbeitung personenbezogener Daten der Beschäftigten**« (§ 79 Abs. 3 Nr. 13) erweitert.
- Auch mit dem **ÄndG v. 21.12.95** und mit Art. 2 Landesgleichberechtigungsgesetz vom gleichen Tage (worauf die Bek. der Neufassung des LPVG v. 1.2.96 folgte) wurden die **Kataloge der beteiligungspflichtigen Angelegenheiten** durch zahlreiche neue Tatbestände nochmals **ausgeweitet**. In Anlehnung an das BPersVG (§ 75 Abs. 3 Nr. 12, 13, 15 BPersVG a. F.)[46] wurden einige Tatbestände (Aufstellung von Sozialplänen, Regelung der Ordnung in der Dienststelle, Teilaspekte des behördlichen Vorschlagswesens) **von der eingeschränkten zur vollen Mitbestimmung heraufgestuft** (§ 79 Abs. 1 Nr. 11–13). Andererseits wurden aber auch bereits erste Folgerungen aus dem Beschl. des *BVerfG* v. 24.5.95 (a.a.O. [Rn. 3, 11]) gezogen, v.a. indem erstmals (in § 79 Abs. 3 Nr. 15) ein **Katalog nur eingeschränkt mitbestimmungspflichtiger Personalangelegenheiten der Angestellten und Arbeiter** geschaffen wurde, in dem (unter Buchst. a bis e) fünf neu eingeführte Tatbestände und (unter Buchst. f bis g) zwei (gem. § 76 Abs. 1 Nr. 5 u. 6 a. F.) bisher voll mitbestimmungspflichtige und nur leicht modifizierte Fälle zusammengefasst wurden.[47]

Bei der Verabschiedung des ÄndG v. 21.12.95 (vgl. Rn. 16 a.E.) stellte der **17** **Landtag** in seiner Sitzung am **13.12.95** ausdrücklich fest, »dass das bisher geltende Landespersonalvertretungsgesetz aufgrund des Beschlusses des Bundesverfassungsgerichts vom 24. Mai 1995 überprüft und in den Punkten, in denen sich ein Widerspruch zum Beschluss ergibt, geändert werden muss«; dabei ging er – so IM *Birzele* (SPD) – davon aus, dass es für den Landesgesetzgeber sinnvoll sei, die anstehende Überprüfung und (bis Ende 1996 erwartete, aber niemals erfolgte) Änderung der Rahmenvorschriften des Bundes abzuwarten.[48] Noch bei der Beratung des Gesetzentwurfs der Fraktionen der CDU und der FDP/DVP für das LPersVR-ÄndG 2005 verwies ein Vertreter des in der Landesregierung für das PersVR federführenden Innenministeriums im Innenausschuss des Landtags am **21.9.05** auf »eine gewisse Vorreiterfunktion« des Bundes und erklärte, das Land habe

46 Jetzt in § 79 Abs. 1 Nr. 5, § 80 Abs. 1 Nr. 14, 18 BPersVG n. F. geregelt.

47 LT-Dr. 11/6902, S. 31.

48 LT-Dr. 11/6902, S. 31 [Abschnitt II]; LT-PlPr. 11/77, S. 6485 ff. [6493].

bisher die Position vertreten, »abzuwarten, bis der Bund gehandelt hat, und dann zu folgen«. Da das damals geltende LPVG (entsprechend der Rspr. des *BVerwG* [vgl. Rn. 15]) verfassungskonform angewandt werden könne, sei es nicht verfassungswidrig.[49] In der zweiten Beratung des Gesetzentwurfs für das LPersVR-ÄndG 2005 in der Sitzung des Landtags am **5. 10. 05** waren sich aber alle Redner darüber einig, dass ein über dieses Gesetz hinausgehender **weiterer Novellierungsbedarf** bestehe. Dabei hob der Abg. *Gall* als Sprecher der SPD-Fraktion ebenso wie der IM *Rech* (CDU) hervor, es werde Aufgabe des Landtags in seiner **nächsten Legislaturperiode** sein, sich auch im Hinblick auf die Verfassungsrechtsprechung zur Mitbestimmung mit einer umfassenden und grundlegenden Novellierung des LPVG zu beschäftigen.[50]

18 Mit der Vorlage ihres Gesetzentwurfs für das **Dienstrechtsreformgesetz** hatte die von CDU und FDP/DVP getragene Landesregierung ihre bisherige abwartende Position aufgegeben und trotz der bis zum 21. Juli 2022 ausgebliebenen Novellierung des BPersVG grundlegende Änderungen des LPVG vorgeschlagen, mit denen »für partielle Teile der vollen Mitbestimmung die Anpassung an die … [Rspr. des BVerfG] vorgenommen werden [soll], soweit dies … unumgänglich ist«.[51] Der Landtag hat den von der Landesregierung vorgeschlagenen Änderungen des LPersVR in der Schlussabstimmung am 27. 10. 10 ohne Modifikationen mehrheitlich zugestimmt.[52] Sie sind neben anderen Änderungen des LPVG in **Art. 6 DRG v. 9. 11. 10** enthalten (vgl. § 94 BPersVG Rn. 11) und sahen insbesondere Folgendes vor:

- die Einführung eines **Evokationsrechts** der obersten Dienstbehörde (oder einer vergleichbaren Stelle) in Bezug auf einen die Beteiligten grundsätzlich bindenden »Beschluss der Einigungsstelle, der im Einzelfall wegen seiner Auswirkungen auf das Gemeinwesen wesentlicher Bestandteil der Regierungsgewalt ist« (§ 69 Abs. 4 S. 5, 6, § 71 Abs. 5 S. 2 LPVG 2010), und damit die Umwandlung der bisherigen vollen Mitbestimmung zur **grundsätzlich uneingeschränkten Mitbestimmung**;
- die Zusammenfassung aller mitbestimmungspflichtigen **Personalangelegenheiten** der Beschäftigten in einer **einzigen Vorschrift** (§ 75 LPVG 2010) und die Zuordnung aller dieser Angelegenheiten zur **eingeschränkten Mitbestimmung** (§ 69 Abs. 4 S. 3, 4, § 71 Abs. 5 S. 2 LPVG 2010), was mit der Herabstufung der (nach dem Gesetzestext) bisher noch vollen Mitbestimmung in wesentlichen Personalangelegenheiten der Arbeitnehmer zur eingeschränkten Mitbestimmung verbunden ist;

49 LT-Dr. 13/4467, S. 2.
50 LT-PlPr. 13/99, S. 7077 ff. [7078 bzw. 7080].
51 LT-Dr. 14/6694. S. 384.
52 LT-PlPr. 14/102, S. 7251 ff. [7271].

- die Herabstufung der (nach dem Gesetzestext) bisher noch vollen Mitbestimmung bei »**Maßnahmen zur Hebung der Arbeitsleistung und Erleichterung des Arbeitsablaufs**« sowie bei »**Einführung grundsätzlich neuer Arbeitsmethoden**« zur **eingeschränkten Mitbestimmung** (Verlagerung aus § 79 Abs. 1 Nr. 9 u. 10 a. F. in § 79 Abs. 3 Nr. 15 u. 16 LPVG 2010);
- die Herabstufung der Mitwirkung bei der ordentlichen **Kündigung des Arbeitsverhältnisses während der Probezeit** zur **Anhörung** (§ 77 Abs. 3 S. 1 LPVG 2010);
- die Einführung des Rechts der Dienststelle zur jederzeitigen **außerordentlichen Kündigung einer Dienstvereinbarung**, »soweit Regelungen wegen ihrer Auswirkungen auf das Gemeinwesen die Regierungsverantwortung wesentlich berühren« (§ 73 Abs. 3 LPVG 2010).

Mit diesen tiefgreifenden und einschneidenden Änderungen hat der Landesgesetzgeber sämtliche in der Entscheidung des *BVerfG* v. 24. 5. 95 (a. a. O. [Rn. 3, 11]) vorgezeichneten Restriktionen der Mitbestimmung buchstabengetreu umgesetzt, ohne seine Möglichkeiten zu eigenverantwortlicher Konkretisierung der verfassungsrechtlichen Anforderungen wahrzunehmen, und ist mit der Einräumung eines Rechts der Dienststelle zur außerordentlichen Kündigung einer Dienstvereinbarung noch darüber hinausgegangen. Den **Bedarf für eine Weiterentwicklung der Mitbestimmung**, der aus dem Wandel von Verwaltungsstrukturen und Beschäftigungsbedingungen resultiert, hat der Gesetzgeber dagegen ignoriert.

Der im März 2011 neugewählte Landtag war bestrebt, dem personalvertretungsrechtlichen Reformbedarf durch eine Novellierung des LPVG zu entsprechen und die zum Teil erheblichen Einschnitte in die Mitbestimmungsrechte durch **Art. 6 des DRG v. 9. 11. 10** zu revidieren, das LPVG an die modernen Erfordernisse der Verwaltung und die berechtigten Interessen der Beschäftigten nach aktiver Teilhabe an der Gestaltung ihrer Arbeitsbedingungen anzupassen, die eingetretenen Entwicklungen in den Dienst- und Beschäftigungsverhältnissen sowie der Informations- und Bürokommunikationstechnologie aufzugreifen und das Personalvertretungsrecht sowie die Mitbestimmungsrechte zeitgemäß auszugestalten.[53] **19**

Mit dem **ÄndG 2013** ist das nur zum Teil gelungen. Die **Unterrichtungs- und Teilnahmerechte** der Personalvertretung sind **gestärkt** und in Richtung einer prozessbegleitenden Information und Beteiligung **ausgebaut** worden (§ 71 Abs. 1–4). Zwecks frühzeitiger und regelmäßiger Unterrichtung der Personalvertretung über die wirtschaftliche und finanzielle Lage und Entwicklung der Dienststelle besteht für Dienststellen mit mindestens 151 Beschäftigten in Anlehnung an § 106 BetrVG für die Personalvertretung **20**

53 LT-Dr. 15/4224, S. 1 [Zielsetzungen].

das Recht, die Einrichtung eines Wirtschaftsausschusses zu beantragen (§ 72).[54]

21 Die **abgestuften Beteiligungsformen** der grundsätzlich uneingeschränkten und der eingeschränkten Mitbestimmung, der Mitwirkung und der Anhörung sind dagegen **beibehalten** worden. Zur Einführung einer umfassenden Mitbestimmung bei allen personellen, sozialen, organisatorischen und sonstigen innerdienstlichen Maßnahmen, die die Beschäftigten der Dienststelle insgesamt, Gruppen von ihnen oder einzelne Beschäftigte betreffen oder sich auf sie auswirken wie sie etwa in § 51 MBG SH vorgesehen ist, wollte sich der Gesetzgeber nicht durchringen Die Beteiligungsangelegenheiten sind vielmehr weiterhin enumerativ aufgeführt.

22 Allerdings sind zahlreiche **neue Beteiligungstatbestände** eingeführt, bisherige präzisiert und einer stärkeren Beteiligungsform zugeordnet worden.[55] Die Vorverlagerung der mitbestimmungspflichtigen Maßnahme (§ 73 Abs. 1 S. 2) ermöglicht die rechtzeitige Einbindung der Personalvertretung in »prozessmäßige Verfahrensabläufe«.[56] Die Verfahren der Mitbestimmung und Mitwirkung sind durch neue Fristenregelungen und Absprachemöglichkeiten flexibel gestaltet (§ 76 Abs. 6–8, § 82 Abs. 4 S. 2).

23 In **Personalangelegenheiten** bleibt es bei der **eingeschränkten Mitbestimmung** als stärkste Beteiligungsform (§ 75 Abs. 1–3, § 78 Abs. 4). Zudem führt der ausgeweitete Katalog der antragsabhängigen Tatbestände in § 75 Abs. 3 zu einer erheblichen Einschränkung der Mitbestimmung, zumal nach § 76 Abs. 10 in den Fällen des § 75 Abs. 3 Nr. 2 und 6 das Stufenverfahren des § 77 und das Einigungsstellenverfahren des § 78 ausgeschlossen sind. Andererseits ist der Katalog abschließender Zustimmungsverweigerungs- bzw. Einwendungsgründe der §§ 82 und 77 a. F. entfallen. Lediglich zur Klarstellung ist geregelt, dass Ablehnungsgründe, die offenkundig keinen unmittelbaren Bezug zu den Mitbestimmungs- bzw. Mitwirkungsangelegenheiten haben, unbeachtlich sind (§ 76 Abs. 9 S. 1, § 82 Abs. 4 S. 1).

24 **Verfehlt** ist die in § 73 Abs. 2 geschaffene Möglichkeit, dass der PR seine **Zustimmung** zu Maßnahmen in zuvor festgelegten **Einzelfällen** oder für zuvor festgelegte Fallgruppen von Maßnahmen **vorab erteilen** kann. Ließe sich der PR darauf ein, würden nicht nur die Einspruchsrechte nach § 37 beseitigt, sondern auch auf eine sachgerechte einzelfallbezogene Interessenvertretung verzichtet.

24a In den Fällen der uneingeschränkten Mitbestimmung ist am Evokationsrecht festgehalten, die Zuständigkeit für die Ausübung dieses Rechts jedoch

---

54 *Altvater*, PersR 7–8/14, S. 23; *Melzer*, PersR 5/14, 204 ff. (zu V.).

55 *Altvater*, a. a. O.; *Melzer*, a. a. O. (zu VIII.).

56 LT-Dr. 15/4224, S. 134 [zu Nr. 62 (Abschnittsüberschrift)].

im Bereich der Landesverwaltung von der obersten Dienstbehörde auf die Landesregierung übertragen worden (§ 78 Abs. 2 und 3).[57]

Das für die allgemeinen Aufgaben des PR bestehende **Antragsrecht** ist dadurch **gestärkt** worden, dass der Dienststellenleiter zu den Anträgen innerhalb von drei Wochen schriftlich Stellung nehmen soll und schriftlich eingereichte Anträge und Vorschläge des PR mit Begründung schriftlich ablehnen muss (§ 70 Abs. 2). Das förmliche Initiativrecht des PR ist für Mitbestimmungstatbestände erweitert worden; auch sind Mitwirkungsfälle einbezogen (§ 84). Im selben Umfang sind nunmehr auch Dienstvereinbarungen zulässig, soweit eine gesetzliche oder tarifliche Regelung nicht besteht und soweit es nicht um Arbeitsbedingungen geht, die (ohne Öffnungsklausel) durch Tarif geregelt sind oder üblicherweise geregelt werden (§ 85 Abs. 1 und 2). 25

Neu geregelt ist schließlich die **Kündbarkeit** von Dienstvereinbarungen, die **Nachwirkung** beendeter Dienstvereinbarungen sowie die **Ausübung des »Evokationsvorbehalts«**, der nur noch bei gekündigten oder ausgelaufenen Dienstvereinbarungen zulässig ist (§ 85 Abs. 4–6).[58] 26

§ 68 Zusammenarbeit zwischen Dienststelle und Personalvertretung

(1) [1]Der Leiter der Dienststelle oder sein Beauftragter und die Personalvertretung treten mindestens einmal im Vierteljahr zu gemeinschaftlichen Besprechungen zusammen. [2]In ihnen soll auch die Gestaltung des Dienstbetriebs behandelt werden, insbesondere alle Vorgänge, die die Beschäftigten wesentlich berühren. [3]Der Leiter der Dienststelle und die Personalvertretung können einvernehmlich zweimal im Jahr von den gemeinschaftlichen Besprechungen absehen, wenn wirtschaftliche Angelegenheiten im Wirtschaftsausschuss ausreichend behandelt worden sind. [4]Sofern in der Dienststelle kein Wirtschaftsausschuss besteht, soll die Dienststelle die Personalvertretung in den gemeinschaftlichen Besprechungen mindestens zweimal im Jahr über die von einem Wirtschaftsausschuss zu behandelnden Angelegenheiten unterrichten. [5]Sie haben über strittige Fragen mit dem ernsten Willen zur Einigung zu verhandeln und Vorschläge für die Beilegung von Meinungsverschiedenheiten zu machen. [6]Zu den gemeinschaftlichen Besprechungen sind beratend hinzuzuziehen:

57 LT-Dr. 15/4224, S. 150 [zu § 74 Abs. 2 S. 3–6].

58 LT-Dr. 15/4224, S. 156 [zu § 80 Abs. 4–6]; s. auch *Altvater*, PersR 14, 23, und *Melzer*, PersR 14, 204 ff. (zu X.).

1. die Schwerbehindertenvertretung,
2. ein Mitglied der Jugend- und Auszubildendenvertretung, das von dieser benannt wird, wenn Angelegenheiten behandelt werden, die besonders Beschäftigte im Sinne von § 57 betreffen,
3. die Beauftragte für Chancengleichheit, wenn Angelegenheiten behandelt werden, die besonders die Gleichstellung von Frauen und Männern betreffen.

(2) [1]Dienststelle und Personalvertretung haben alles zu unterlassen, was geeignet ist, die Arbeit und den Frieden der Dienststelle zu beeinträchtigen. [2]Insbesondere dürfen Dienststelle und Personalvertretung keine Maßnahmen des Arbeitskampfs gegeneinander durchführen. [3]Arbeitskämpfe tariffähiger Parteien werden hierdurch nicht berührt.
(3) Außenstehende Stellen dürfen erst angerufen werden, wenn eine Einigung in der Dienststelle nicht erzielt worden ist.

Vergleichbare Vorschriften:
§§ 2 Abs. 2 u. 3, 65 BPersVG; § 74 Abs. 1, 2 S. 1, 2 BetrVG

Inhaltsübersicht Rn.

1. Vorbemerkung

1 Die Regelungen des § 68 konkretisieren und ergänzen den Grundsatz der **partnerschaftlich vertrauensvollen Zusammenarbeit** zwischen Dienststelle und Personalvertretung (vgl. § 2 Rn. 2ff.). In Abs. 1 verwendet das Gesetz den Begriff »**Personalvertretung**« i. e. S. und meint damit außer dem örtlichen PR auch APR, GPR, BPR, und HPR (klargestellt in §§ 58 Abs. 3 S. 1, 55 Abs. 4 und 54 Abs. 5). Neu eingefügt ist in Abs. 1 S. 6, der die §§ 66 Abs. 1 S. 4 und 41 Abs. 4 a. F. ersetzt und diese Bestimmungen aus systematischen Gründen hier zusammenführt. Danach sind zu den gemeinschaftlichen Besprechungen auch die **Schwerbehindertenvertretung** hinzuzuziehen (so auch schon in der a. F.), ein Mitglied der **JAV und GJAV**, wenn Angelegenheiten Beschäftigter i. S. d. § 59 behandelt werden, sowie die **Beauftragte für Chancengleichheit**, sofern Gleichstellungsfragen Gegenstand der gemeinsamen Gespräche sind. Die Neuregelung räumt der Schwerbehindertenvertretung, den Jugend- und Auszubildendenvertretun-

gen sowie der Gleichstellungsbeauftragten nicht nur ein Teilnahmerecht, sondern auch eine **beratende Stimme** ein.
Die Abs. 2 und 3 gelten uneingeschränkt für alle Personalvertretungen i. w. S., also auch für JAV, GJAV, BJAV und HJAV. »**Dienststelle**« i. S. d. § 68 ist stets die Dienststelle, bei der die jeweilige Personalvertretung besteht.

2. Gemeinschaftliche Besprechungen (Abs. 1)

a) Verfahren

2 **(Abs. 1)** Nach Abs. 1 S. 1 treten der Leiter der Dienststelle oder sein Beauftragter und die Personalvertretung mindestens einmal im Vierteljahr zu **gemeinschaftlichen Besprechungen** zusammen. Bereits mit dem ÄndG 1995 ist die Regelung als **Muss-Vorschrift** ausgestaltet worden, weil die vorherige Soll-Vorschrift »mangels Bereitschaft der Dienststellenleitung zu solchen Gesprächen immer wieder zu Schwierigkeiten geführt hat«.[1] Es widerspräche dem Willen des Gesetzgebers, die Besprechungen nicht **mindestens einmal im Vierteljahr** durchzuführen.[2] Andererseits ist aus dem Wort »mindestens« zu folgern, dass in einem Vierteljahr bei Bedarf auch eine oder mehrere **zusätzliche** gemeinschaftliche Besprechungen stattfinden können. Dafür genügt es, dass eine der beiden Seiten den Bedarf geltend macht. Nur wenn ein solches Verlangen rechtsmissbräuchlich sein sollte, braucht die andere Seite ihm nicht zu entsprechen. Mit **Vierteljah**r ist nicht das Jahreskalendervierteljahr gemeint, sondern ein Zeitraum von drei Monaten, der sich an der Amtszeit des PR orientiert, so dass das erste Vierteljahr die ersten drei Monate der Amtszeit umfasst, das zweite Vierteljahr die folgenden drei Monate usw.

2a Neu eingeführt wurde in S. 3 die Möglichkeit, dass Dienststellenleiter und Personalvertretung **einvernehmlich** zweimal im Jahr von den Besprechungen absehen können, wenn die entsprechenden Themen im **Wirtschaftsausschuss** (§ 72) ausreichend behandelt worden sind. Ist kein Wirtschaftsausschuss gebildet, soll die Personalvertretung im Rahmen der Vierteljahresgespräche mindestens zweimal im Jahr durch die Dienststelle über die von einem Wirtschaftsausschuss zu behandelnden Angelegenheiten unterrichtet werden. Dadurch wird für Dienststellen ohne besondere wirtschaftliche Ausprägung oder für kleinere Dienststellen die Möglichkeit geschaffen, auch ohne Wirtschaftsausschuss auszukommen.[3]

3 **Teilnehmer** der gemeinschaftlichen Besprechungen sind einerseits der Leiter der Dienststelle oder sein Beauftragter als Repräsentant des Arbeit-

1 LT-Dr. 11/6312, S. 44 [zu Nr. 31].
2 A. A. Leuze-*Mitsch*, § 68 Rn. 2.
3 Vgl. LT-Dr. 15/4224, S. 128 [zu § 66].

gebers bzw. Dienstherrn und andererseits die Personalvertretung als Repräsentantin der Beschäftigten (vgl. § 2 Rn. 2). Anders als in § 8 S. 2 BPersVG n. F. ist die Verhinderung des **Dienststellenleiters** für dessen Vertretung durch seinen **Beauftragten** im LPVG nicht zwingend vorgeschrieben (vgl. § 5 Rn. 17 f.). Es stünde aber mit der Bedeutung der gemeinschaftlichen Besprechungen nicht im Einklang, falls sich der Dienststellenleiter dabei nicht nur dann vertreten lassen würde, wenn er durch unvorhergesehene Umstände tatsächlich an der Teilnahme gehindert ist.[4] Die generelle Möglichkeit der Entsendung eines Vertreters ist abzulehnen, da dies dem Grundsatz der partnerschaftlich vertrauensvollen Zusammenarbeit (§ 2) widerspricht und es dem Dienststellenleiter ermöglicht, ständig wechselnde Vertreter zu entsenden. Der Aufbau und die Pflege eines Vertrauensverhältnisses wären dadurch erschwert. Ist der Dienststellenleiter ausnahmsweise verhindert, muss er einen kompetenten und entscheidungsbefugten Gesprächspartner als Beauftragten entsenden.

3a Auf der Seite der **Personalvertretung** nehmen **alle Mitglieder** (gemäß § 27 Abs. 1 S. 2 ggf. vertreten durch Ersatzmitglieder) an der Besprechung teil.[5] Werden gemeinsame Aufgaben von Personalvertretung und Richter- bzw. Staatsanwaltsrat besprochen, so sind die in die Personalvertretung **entsandten Mitglieder des Richter- bzw. Staatsanwaltsrats** entsprechend § 31 Abs. 1 wie Mitglieder der Personalvertretung teilnahmeberechtigt. Der Teilnehmerkreis der gemeinschaftlichen Besprechungen ist gesetzlich grundsätzlich **abschließend** geregelt.[6]

4 Werden in einer **gemeinschaftlichen Besprechung** zwischen Dienststellenleiter und PR nach § 68 Abs. 1 Themen behandelt, die besonders Beschäftigte i. S. v. § 59 betreffen (vgl. § 37 Rn. 2), hat der PR nur noch ein Mitglied der JAV und nicht wie nach § 61 Abs. 4 a. F. die gesamte JAV hinzuziehen. Der PR-Vorsitzende muss die JAV rechtzeitig einladen, wenn bereits vor Beginn der Besprechung feststeht, dass ein Fall des § 68 Abs. 1 S. 6 Nr. 2 vorliegt. Stellt sich das erst während einer Besprechung heraus, ist die JAV noch kurzfristig hinzuzuziehen. Ist dies nicht möglich, muss der fragliche Besprechungspunkt abgesetzt und in der nächstfolgenden Besprechung unter Beteiligung des entsandten Mitglieds der JAV behandelt werden. Das anwesende JAV-Mitglied kann sich in gleicher Weise wie die PR-Mitglieder am Gespräch beteiligen.

---

4 So auch *VG Sigmaringen* v. 14. 9. 11 – PL 11 K 1291/11; a. A. allerdings *VGH BW* v. 7. 5. 13 – PL 15 S 2845/11 –, der allein Wortlaut und Systematik berücksichtigt (im Umkehrschluss aus § 37 Abs. 3 BPersVG, der wie § 8 BPersVG ausdrücklich den Tatbestand der Verhinderung des Dienststellenleiters für die Beauftragung vorsieht); vgl. auch Leuze-*Mitsch*, § 68 Rn. 12.

5 *BVerwG* v. 5. 8. 83 – 6 P 11.81 –, PersR 845, 31; Leuze-*Mitsch*, § 68 Rn. 12.

6 *BVerwG* v. 5. 8. 83, a. a. O.; *BAG* v. 14. 4. 88 – 6 ABR 28/86 –, PersR 88, 327.

Die gemeinschaftlichen Besprechungen sollen einen offenen und unbefangenen, auf die Verständigung beider Seiten abzielenden Informations- und Meinungsaustausch ermöglichen (vgl. Rn. 7 f.). Deshalb und im Hinblick auf die gesetzliche Festlegung des Teilnehmerkreises (vgl. Rn. 3) sind sie **nicht öffentlich**. Nur im beiderseitigen Einvernehmen zwischen Dienststellenleiter und Personalvertretung können **andere Personen** hinzugezogen werden,[7] z. B. sachbearbeitende Beschäftigte, Sachverständige und Auskunftspersonen, der Sprecher der Freiwilligen nach § 10 BFDG, Beauftragte von Gewerkschaften oder Arbeitgebervereinigungen. Ein allseitiges Einverständnis mit der Folge, dass der Widerspruch nur eines Teilnahmeberechtigten (z. B. der Vertrauensperson der schwerbehinderten Menschen) die Hinzuziehung verhindert,[8] ist dagegen weder erforderlich noch sachgerecht.[9] Ggf. muss die Personalvertretung durch Beschluss entscheiden, ob (im Einvernehmen mit dem Dienststellenleiter) eine andere Person hinzugezogen werden kann. 5

Für die **Einberufung und Durchführung** der gemeinschaftlichen Besprechungen enthält das Gesetz keine Vorschriften. **Ort** und **Zeitpunkt** sind zwischen Dienststellenleiter und Personalvertretung zu vereinbaren.[10] Das Gleiche gilt für die Frage, ob die **Leitung** dem Dienststellenleiter oder dem PR-Vorsitzenden obliegen soll, wobei ein turnusmäßiger Wechsel zweckmäßig ist. Empfehlenswert sind eine **Tagesordnung** und eine **Niederschrift**, in der die wesentlichen Inhalte der Besprechung festgehalten werden. Die Personalvertretung kann die Beschäftigten in einer **Bekanntmachung** darüber informieren, welche Vorgänge, die die Beschäftigten berühren, besprochen worden sind; der Gesprächsverlauf unterliegt jedoch der Schweigepflicht (vgl. § 7 Rn. 20).[11] 6

Die gemeinschaftliche Besprechung kann im **zeitlichen Zusammenhang mit einer Sitzung der Personalvertretung** abgehalten werden, also vorher oder nachher stattfinden. Sie kann jedoch nicht als Teil – also nicht »im Rahmen« – einer solchen Sitzung durchgeführt werden.[12] 6a

7 *BAG* v. 14. 4. 88, a. a. O.

8 So aber Leuze-*Mitsch*, § 68 Rn. 14; Rooschüz-*Gerstner-Heck*, § 68 Rn. 7.

9 So wohl auch *BVerwG* v. 5. 8. 83, a. a. O.: »gegenseitig« statt »einseitig«, u. *BAG* v. 14. 4. 88, a. a. O.: »die Partner der Personalverfassung [sind] berechtigt«.

10 *OVG NW* v. 4. 10. 90 – CL 42/88 –, PersR 91, 95.

11 *OVG Bln* v. 25. 10. 95 – OVG PV (Bln) 15.94 –, PersR 96, 396.

12 Vgl. *OVG NW* v. 4. 10. 90, a. a. O.; *Fischer/Goeres/Gronimus*, § 66 a. F. Rn. 5a m. w. N.; a. A. wohl Rooschüz-*Gerstner-Heck*, § 68 Rn. 6; Lorenzen-*Gerhold*, § 65 Rn. 14 m. w. N.

b) Gegenstand

7 **Gegenstand** der gemeinschaftlichen Besprechung können entsprechend § 52 Abs. 2 **alle Angelegenheiten** sein, die die Dienststelle oder ihre Beschäftigten und die Personalvertretung unmittelbar betreffen (vgl. § 52 Rn. 5). In Abs. 1 S. 2 sind die **Gestaltung des Dienstbetriebs,** insb. alle Vorgänge, die die Beschäftigten wesentlich berühren, (nur) beispielhaft hervorgehoben. Dazu gehören auch Angelegenheiten, die schwerpunktmäßig die Erledigung von **Amtsaufgaben** betreffen, aber unvermeidlich auch die Interessen der Beschäftigten berühren.[13] Es kann sich um Angelegenheiten handeln, die für **alle Beschäftigten**, für **Gruppen** von ihnen oder für **einzelne** Beschäftigte bedeutsam sind oder werden können. Aus § 69 Abs. 1 S. 3 Hs. 2 ist zu schließen, dass dazu **Tarif-, Besoldungs- und Sozialangelegenheiten** auch dann gehören können, wenn sie (partei-)politischen Charakter haben (vgl. § 52 Rn. 6, 8).[14] Auch Angelegenheiten, die nach den §§ 74 ff. der **Beteiligung** des PR unterliegen, können erörtert werden (vgl. § 73 Rn. 15). Die Vorschriften des § 91 gelten auch für die gemeinschaftlichen Besprechungen (vgl. § 91 Rn. 1). Ist der Dienststellenleiter in einer bestimmten Frage **nicht entscheidungsbefugt**, so schließt dies aber nicht aus, dass er sich der Angelegenheit annimmt.[15]

8 Nach Abs. 1 S. 3 haben Dienststellenleiter und Personalvertretung über **strittige Fragen** mit dem ernsten Willen zur Einigung zu verhandeln und Vorschläge für die Beilegung von Meinungsverschiedenheiten zu machen. Beide Seiten haben eine **Einlassungs- und Erörterungspflicht**.[16] Sie sollen bei Kontroversen eine Konfliktlösung suchen, die den Interessen beider Seiten gerecht wird (vgl. § 2 Rn. 3 f.). Es besteht jedoch **keine »Kompromisspflicht«**.[17] Auch nach intensiven Einigungsversuchen an einer als richtig erkannten Meinung festzuhalten, ist keine Pflichtverletzung.[18] Eine Pflichtverletzung liegt jedoch in der Weigerung, bei einer Streitfrage überhaupt ernsthaft in Verhandlungen miteinander zu treten.[19]

---

13 Zu eng Lorenzen-*Gerhold*, § 65 Rn. 19.

14 Str.; vgl. Richardi-*Gräfl*, § 66 a. F. Rn. 9; a. A. *Fischer/Goeres/Gronimus*, § 66 a. F. Rn. 9.

15 Nach Leuze-*Mitsch*, § 68 Rn. 6, steht es im Ermessen des Dienststellenleiters, ob er sich bei der vorgesetzten Dienststelle für das Anliegen einsetzt.

16 Vgl. *Richardi*-Gräfl, § 66 a. F. Rn. 10.

17 Vgl. Leuze-*Mitsch*, § 68 Rn. 11; Richardi-*Gräfl*, a. a. O.

18 Vgl. *OVG NW* v. 22. 10. 79 – CL 57/78 –; Lorenzen-*Gerhold*, § 65 Rn. 20 m. w. N.

19 Vgl. Richardi-*Gräfl*, a. a. O.

3. Personalvertretungsrechtliche Friedenspflicht (Abs. 2)

a) Friedenspflicht

(Abs. 2) Nach Abs. 2 S. 1 haben Dienststelle und Personalvertretung alles zu unterlassen, was geeignet ist, die Arbeit und den Frieden der Dienststelle zu beeinträchtigen. Dieses Gebot, das in Abs. 2 S. 2 durch das Verbot des Arbeitskampfes konkretisiert wird (vgl. Rn. 12 ff.), soll zusammen mit dem Verbot der parteipolitischen Betätigung in § 69 Abs. 1 S. 3 (vgl. § 69 Rn. 17 ff.) die **personalvertretungsrechtliche Friedenspflicht** sichern. Diese ergänzt das Gebot der vertrauensvollen Zusammenarbeit in § 2 Abs. 1 und ist ein Ausdruck der Konzeption des PersVR, die unterschiedlichen Interessen des Dienststellenleiters und der Personalvertretung nur in den Formen und Verfahren zu verfolgen, die das Gesetz dafür vorsieht oder zulässt (vgl. § 2 Rn. 2 ff.). Das Gebot des Abs. 2 S. 1 richtet sich einerseits an die für die **Dienststelle** handelnden Personen, also an den Dienststellenleiter und seine Vertreter und Beauftragten (vgl. § 5 Rn. 11 ff.), andererseits an die **Personalvertretung** als Organ und an ihre einzelnen Mitglieder, allerdings an Letztere nur in ihrer Eigenschaft als Organmitglieder, nicht etwa in ihrer Eigenschaft als Beschäftigte. Es gilt für die **Personalversammlung** und die **Jugend- und Auszubildendenversammlung** entsprechend (vgl. § 52 Rn. 7; § 65 Rn. 9). 9

Das Gebot des Abs. 2 S. 1 dient dem **Zweck**, die Arbeit und den Frieden der Dienststelle vor Beeinträchtigungen zu schützen. Mit »**Arbeit der Dienststelle**« ist der Dienstbetrieb in seiner Gesamtheit gemeint. Sein ungestörter Ablauf soll gewährleistet werden, damit die Dienststelle funktionsfähig bleibt und die ihr obliegenden Aufgaben erfüllen kann. Unter »**Frieden der Dienststelle**« ist das störungsfreie Zusammenleben in der Dienststelle zu verstehen, und zwar sowohl das zwischen Dienststellenleiter einerseits und PR sowie Beschäftigten andererseits als auch das der Beschäftigten untereinander. Da beide Schutzgüter summarisch und nicht kumulativ aufgeführt sind, ist alles zu unterlassen, was geeignet ist, die Arbeit der Dienststelle **oder** den Frieden der Dienststelle zu beeinträchtigen. Unter »alles« sind dabei **alle Betätigungen** zu verstehen. Zu unterlassen und damit verboten sind (anders als nach § 74 Abs. 2 S. 2 BetrVG) nicht nur Betätigungen, die tatsächlich eine **Beeinträchtigung** der Arbeit oder des Friedens der Dienststelle verursachen. Verboten sind vielmehr bereits Betätigungen, die (nur) **geeignet** sind, eine solche Beeinträchtigung hervorzurufen. Erforderlich ist eine **konkrete Gefahr**, die nur dann vorliegt, wenn aufgrund konkreter Anhaltspunkte mit hoher Wahrscheinlichkeit alsbald eine Beeinträchtigung zu erwarten ist, was insbesondere dann der Fall sein kann, wenn eine vergleichbare Betätigung 10 schon einmal zu einer solchen Störung geführt hat.[20] Abs. 2 S. 1 enthält ein **Unterlassungsgebot**, aber kein Handlungsgebot. Die Personalvertretung ist deshalb nicht verpflichtet, aktiv darauf hinzuwirken, dass die Beschäftigten die Arbeit oder den Frieden der Dienststelle nicht beeinträchtigen.[21]

11 Betätigungen, die geeignet sind, die **Arbeit der Dienststelle** zu beeinträchtigen, sind insbesondere einseitige Handlungen des PR, durch die dieser entgegen § 83 Abs. 3 in den Dienstbetrieb eingreift (vgl. § 83 Rn. 6), z. B. indem er dazu auffordert, bestimmte Arbeiten nicht mehr zu verrichten oder bestimmte Weisungen des Dienststellenleiters nicht mehr zu befolgen.[22] Dem PR ist es jedoch nicht untersagt, die Beschäftigten darauf hinzuweisen, dass arbeitsschutzrechtliche Vorschriften einzuhalten sind (vgl. § 68 Abs. 1 Nr. 2a) oder bestimmte Anordnungen wegen Verletzung seiner Beteiligungsrechte rechtswidrig sind (vgl. § 70 Rn. 14). Betätigungen, die geeignet sind, den **Frieden der Dienststelle** zu beeinträchtigen, können v. a. dann gegeben sein, wenn Dienststellenleiter und PR Auseinandersetzungen führen, die entweder keine Grundlage im Geschehen der Dienststelle haben oder die nicht in den vom Gesetz vorgesehenen oder zugelassenen Formen erfolgen, außerdem, wenn die Beteiligungsrechte des PR wiederholt missachtet werden, wenn eine Seite in den Zuständigkeitsbereich der anderen Seite eingreift oder wenn sie über die andere Seite bewusst wahrheitswidrige Behauptungen verbreitet.[23] Keine unzulässigen Betätigungen i. S. d. Abs. 2 S. 1 liegen vor, wenn die Personalvertretung im Rahmen ihrer **gesetzlichen Aufgaben und Befugnisse** tätig wird, und zwar auch dann, wenn dies zu Unruhe in der Dienststelle führt oder den Dienststellenleiter stört.[24]

b) Arbeitskämpfe

12 Abs. 2 S. 2 schreibt vor, dass Dienststelle und Personalvertretung insbesondere **keine Maßnahmen des Arbeitskampfes gegeneinander** durchführen dürfen. Da dies bereits aus Abs. 2 S. 1 ableitbar ist, hat Abs. 2 S. 2 nur konkretisierende und klarstellende Bedeutung. Das Arbeitskampfverbot richtet sich an die gleichen **Adressaten** wie das Unterlassungsgebot des Abs. 2 S. 1 (vgl. Rn. 9). Dem Dienststellenleiter und seinen Vertretern und Beauftragten einerseits sowie der Personalvertretung und ihren einzelnen Mitgliedern

20 Vgl. Leuze-*Mitsch*, § 68 Rn. 16; Lorenzen-*Hebeler*, § 2 Rn. 76; Richardi-*Gräfl*, § 66 a. F. Rn. 14.

21 Str.; a. A. u. a. Leuze-*Mitsch*, § 68 Rn. 16; Lorenzen-*Hebeler*, § 2 Rn. 74; Richardi-*Gräfl*, § 66 a. F. Rn. 14; wie hier *Fitting*, § 74 Rn. 14, 28; jew. m. w. N.

22 Vgl. *Fitting*, § 74 Rn. 30; *OVG RP* v. 26. 1. 82 – 5 A 10/81 –, PersV 83, 27.

23 Vgl. Richardi-*Gräfl*, § 66 a. F. Rn. 13 ff.; *Fitting*, § 74 Rn. 31af.; DKW-*Berg*, § 74 Rn. 48; zu Beispielen aus der Rspr. Altvater-*Berg*, § 2 Rn. 25 f.

24 Vgl. DKW-*Berg*, § 74 Rn. 49; *Fitting*, § 74 Rn. 36.

(und auch der Personalversammlung und der Jugend- und Auszubildendenversammlung) andererseits sind Arbeitskampfmaßnahmen untersagt, die den anderen Teil zu einem bestimmten personalvertretungsrechtlichen oder sonstigen Verhalten zwingen sollen.[25] Verboten sind **alle Maßnahmen des Arbeitskampfes,** nicht nur Streik und Aussperrung, sondern auch alle anderen kollektiven Maßnahmen zur Störung der Arbeitsbeziehungen, durch die die Gegenseite absichtlich unter Druck gesetzt werden soll, um ein bestimmtes Ziel zu erreichen.[26]

Nach Abs. 2 S. 3 werden **Arbeitskämpfe tariffähiger Parteien** durch das personalvertretungsrechtliche Arbeitskampfverbot **nicht berührt**. Tariffähige Parteien sind zum einen die Gewerkschaften, zum anderen die Arbeitgeberverbände oder einzelne Arbeitgeber (vgl. § 2 Rn. 6 f.). Die Zulässigkeit dieser Arbeitskämpfe richtet sich allein nach den von der Rspr. entwickelten arbeitskampfrechtlichen Grundsätzen.[27] Die **Personalvertretung als Organ** darf sich daran **nicht beteiligen.**[28] Sie darf solche Arbeitskämpfe weder unterstützen noch behindern. Das gilt auch für die einzelnen **Mitglieder der Personalvertretung** in ihrer Eigenschaft als Organmitglieder.[29] In ihrer Eigenschaft **als Arbeitnehmer und Gewerkschaftsmitglieder** können sie sich aber – unabhängig davon, ob sie nach § 45 Abs. 1 freigestellt sind – wie jeder andere Arbeitnehmer der Dienststelle an einem rechtmäßigen Arbeitskampf **beteiligen.**[30] Allerdings dürfen sie ihr Amt in der Personalvertretung **nicht missbräuchlich** einsetzen.[31] 13

Die **Rechtsstellung der Personalvertretung** wird durch einen Arbeitskampf i. S. d. Abs. 2 S. 3 grundsätzlich nicht berührt. Die **einzelnen Mitglieder** der Personalvertretung bleiben mit allen Rechten und Pflichten **im Amt,**[32] und zwar auch dann, wenn sie am Arbeitskampf beteiligt sind.[33] Während des Arbeitskampfes bleibt die **Personalvertretung** als Organ **funktionsfähig** 14

25 Vgl. *BAG* v. 17. 12. 76 – 1 AZR 772/75 –, u. v. 7. 6. 88 – 1 AZR 372/86 –, AP Nr. 52 und 106 zu Art. 9 GG Arbeitskampf; Lorenzen-*Hebeler*, § 2 Rn. 77; DKW-*Berg*, § 74 Rn. 16.

26 Vgl. *Fitting*, § 74 Rn. 12; Richardi-*Gräfl*, § 66 a. F. Rn. 17 f.

27 Vgl. dazu *Berg/Platow/Schoof/Unterhinninghofen*, Teil 3 Rn. 425; *Klimpe-Auerbach*, PersR 08, 51.

28 *BVerwG* v. 27. 10. 09 – 6 P 11.08 –, PersR 10, 74; vgl. Richardi-*Gräfl*, § 66 a. F. Rn. 20; DKW-*Berg*, § 74 Rn. 22.

29 Vgl. *BAG* v. 21. 2. 78 – 1 ABR 54/76 –, AP Nr. 1 zu § 74 BetrVG 1972, u. v. 10. 12. 02 – 1 ABR 7/02 –, AP Nr. 59 zu § 80 BetrVG 1972.

30 Vgl. Altvater-*Berg*, § 2 Rn. 29; Richardi-*Gräfl*, § 66 a. F. Rn. 21; *Fitting*, § 74 Rnrn. 16, 16 a.

31 Enger die überwiegende Meinung zum BetrVG; vgl. *Fitting*, § 74 Rn. 15; noch enger *BVerwG* v. 23. 2. 94 – 1 D 65.91 –, PersR 94, 515.

32 Vgl. *Fitting*, § 74 Rn. 17.

33 Vgl. Leuze-*Mitsch*, § 68 Rn. 21.

und hat ihre Aufgaben und Befugnisse weiterhin wahrzunehmen, also insb. Sitzungen, Sprechstunden und ggf. Personalversammlungen durchzuführen sowie die laufenden Geschäfte zu führen.[34] Damit streikende oder ausgesperrte PR-Mitglieder ihr Amt ausüben können, darf ihnen der **Zutritt zur Dienststelle** nicht verwehrt werden.[35]

15 Auch die **Beteiligungsrechte** der Personalvertretung bleiben während des Arbeitskampfes grundsätzlich bestehen. Nach der st. Rspr. des *BAG* zum BetrVG sollen einzelne Beteiligungsrechte des Betriebsrats allerdings dann **arbeitskampfbedingten Einschränkungen** unterliegen,[36] wenn die Gefahr besteht, dass der Betriebsrat eine dem Arbeitgeber im Arbeitskampf sonst mögliche Abwehrmaßnahme verweigert und dadurch zum Nachteil des Arbeitgebers in das Kampfgeschehen eingreift, was z. B. bei bestimmten Einstellungen und Versetzungen sowie vorübergehenden Änderungen der betriebsüblichen Arbeitszeit angenommen wird.[37] Diese Rspr. ist abzulehnen, weil der Gesetzgeber trotz Kenntnis des Konflikts zwischen Arbeitskampf und Mitbestimmung keine arbeitskampfbezogenen Sonderregelungen für das BetrVR getroffen hat.[38] Das gilt auch für das PersVR.[39] Im Übrigen ist anerkannt, dass die **Unterrichtungsansprüche** des Betriebsrats bzw. PR auch während des Arbeitskampfes nicht entfallen.[40] Die Regelung von **Notdienstarbeiten** (Notstands- und Erhaltungsarbeiten), die während des Arbeitskampfes zu leisten sind, ist keine Aufgabe der Personalvertretung, sondern Sache der kämpfenden Gewerkschaft und des Arbeitgebers.[41]

4. Außenstehende Stellen (Abs. 3)

16 Nach Abs. 3 dürfen **außenstehende Stellen** erst angerufen werden, wenn eine Einigung in der Dienststelle nicht erzielt worden ist. Die Vorschrift gilt einerseits für den Dienststellenleiter und seine Vertreter und Beauftragten, andererseits für die Personalvertretung und ihre Mitglieder. Sie verdeutlicht, dass bei Meinungsverschiedenheiten zwischen ihnen zunächst die **dienststelleninternen Möglichkeiten zur Verständigung auszuschöpfen** sind.

34 Vgl. Richardi-*Gräfl*, § 66 a. F. Rn. 27; DKW-*Berg*, § 74 Rn. 31.
35 Vgl. DKW-*Berg*, § 74 Rn. 39.
36 Vgl. Beschl. v. 10. 12. 02, a. a. O., m. w. N.
37 Vgl. DKW-*Berg*, § 74 Rn. 38 a; *Fitting*, § 74 Rn. 19 ff.; jew. m. w. N.
38 Vgl. DKW-*Berg*, a. a. O.
39 Vgl. Lorenzen-*Hebeler*, § 2 Rn. 82; Leuze-*Mitsch*, § 68 Rn. 21; *Klimpe-Auerbach*, PersR 08, 51, 55; *VG Ansbach* v. 26. 4. 93 – AN 7 P 92.02065 –, PersR 93, 372; a. A. Richardi-*Gräfl*, § 66 a. F. Rn. 27.
40 Vgl. *BAG* v. 10. 12. 02 – 1 ABR 7/02 –, a. a. O.; Richardi-*Gräfl*, a. a. O.
41 Str.; vgl. *BAG* v. 31. 1. 95 – 1 AZR 142/94 –, AP Nr. 135 zu Art. 9 GG Arbeitskampf; DKW-*Berg*, § 74 Rn. 43 m. w. N.

Erst wenn dies trotz ernsthafter Bemühungen erfolglos geblieben ist, kommt die Anrufung anderer, außerhalb der Dienststelle stehender Stellen in Betracht. Im Hinblick darauf sind außenstehende Stellen i. S. d. Abs. 3 nur solche **externen Einrichtungen**, denen vom Gesetz die Kompetenz zugewiesen ist, im Nichteinigungsfall Streitigkeiten zwischen Dienststelle und Personalvertretung beizulegen.[42] Dazu gehören insb. die übergeordneten Dienststellen und die bei ihnen gebildeten Stufenvertretungen, die Einigungsstelle und die Gerichte.[43] Unter dem **Anrufen** dieser Stellen ist deren Einschaltung zur Vermittlung oder Entscheidung zu verstehen, nicht jedoch zur Beratung oder Auskunft.[44] **Keine außenstehenden Stellen** i. S. d. Abs. 3 sind: **Gewerkschaften** und **Arbeitgebervereinigungen**;[45] der **Landesbeauftragte für den Datenschutz**;[46] der **Landtag**, an den sich aufgrund des allgemeinen Petitionsrechts nach Art. 2 Abs. 1 LVerf i. V. m. Art. 17 GG jedes einzelne PR-Mitglied, aber auch der PR als Gremium wenden kann.[47]

Obwohl die **Medien** (Presse, Hörfunk, Fernsehen und Internet) nicht zu **17**
den außenstehenden Stellen gehören, weil ihnen keine streitschlichtende Funktion zukommt,[48] ist der Zugang des PR zu dieser dienststellenexternen Öffentlichkeit (v. a. durch Pressemitteilungen oder -konferenzen) nicht ohne Weiteres zulässig, sondern bedarf einer besonderen Interessenabwägung. Grundsätzlich ist die dienststellenexterne Öffentlichkeit dem PR zugänglich, wenn die Angelegenheit in seinen Zuständigkeitsbereich fällt, eine Einigung in der Dienststelle versucht, aber nicht erreicht worden ist, die Initiative des PR für den Dienststellenleiter aus dem Grundsatz der partnerschaftlich vertrauensvollen Zusammenarbeit heraus nicht überraschend kommt, die Schweigepflicht (§ 7 Rn. 20) und die Friedenspflicht (vgl. Rn. 9 ff.) nicht

---

42 *OVG NW* v. 27.6.83 – CB 18/82 –, PersV 84, 464; *HessVGH* v. 23.11.88 – BPV TK 3408/87 –, ZTR 89, 159.

43 Vgl. Lorenzen-*Hebeler*, § 2 Rn. 90, 91.

44 Vgl. Lorenzen-*Hebeler*, § 2 Rn. 92, 93.

45 *BayVGH* v. 27.1.81 – Nr. 18 C 80 A. 1026 –, PersV 82, 287; *OVG NW* v. 27.6.83, a. a. O.; Lorenzen-*Hebeler*, § 2 Rn. 95; Rooschüz-*Gerstner-Heck*, § 68 Rn. 20; a. A. Leuze-*Mitsch*, § 68 Rn. 26 unter Aufgabe der noch in der Voraufl. zu § 66 a. F. vertretenen Auffassung v. *Bieler*.

46 Vgl. *Gola/Schomerus*, § 21 Rn. 2 (PR hat »kein originäres Anrufungsrecht« i. S. v. § 21 BDSG, darf aber »um Beratung ersuchen«); BT-Dr. 11/6458 [12. TB des BfD], S. 32; Rooschüz-*Gerstner-Heck*, a. a. O.; Lorenzen-*Hebeler*, § 2 Rn. 94 f.; a. A. Leuze-*Mitsch*, a. a. O.

47 Letzteres str.; vgl. Altvater-*Berg*, § 2 Rn. 35 m. w. N.; einschränkend Rooschüz-*Gerstner-Heck*, Rn. 20, die darauf hinweist, dass weder der Dienststelle noch dem PR das Petitionsrecht nach Art. 17 GG zusteht.

48 A. A. *Ilbertz*, § 2 Rn. 24.

verletzt wird und nicht gegen das Gebot der objektiven und neutralen Amtsführung (vgl. § 69 Rn. 16) verstoßen wird.[49]

§ 69 Allgemeine Grundsätze für die Behandlung der Beschäftigten

(1) [1]Dienststelle und Personalvertretung haben darüber zu wachen, dass alle Angehörigen der Dienststelle nach Recht und Billigkeit behandelt werden, insbesondere, dass jede Benachteiligung von Personen aus rassistischen Gründen oder wegen ihrer ethnischen Herkunft, ihrer Abstammung oder sonstigen Herkunft, ihrer Nationalität, ihrer Religion oder Weltanschauung, ihrer Behinderung, ihres Alters, ihrer politischen oder gewerkschaftlichen Betätigung oder Einstellung oder wegen ihres Geschlechts oder ihrer sexuellen Identität unterbleibt. [2]Dabei müssen sie sich so verhalten, dass das Vertrauen der Beschäftigten in die Objektivität und Neutralität ihrer Amtsführung nicht beeinträchtigt wird. [3]Der Leiter der Dienststelle und die Personalvertretung haben jede parteipolitische Betätigung in der Dienststelle zu unterlassen; die Behandlung von Tarif-, Besoldungs- und Sozialangelegenheiten wird hierdurch nicht berührt.
(2) Soweit sich Beschäftigte, die Aufgaben nach diesem Gesetz wahrnehmen, auch in der Dienststelle für ihre Gewerkschaft betätigen, gilt Absatz 1 Satz 2 und 3 entsprechend.
(3) Die Personalvertretung hat sich für die Wahrung der Vereinigungsfreiheit der Beschäftigten einzusetzen.

Vergleichbare Vorschriften:
§ 2 Abs. 4, § 9 Abs. 4, 5 BPersVG; § 74 Abs. 2 S. 3, Abs. 3, § 75 Abs. 1 BetrVG

Inhaltsübersicht Rn.

---

49 Vgl. *Helmes*, PersR 86, 45; Altvater-*Berg*, § 2 Rn. 36 m. w. N.

1. Vorbemerkung

Die amtliche Überschrift des § 69 ist unvollständig. Die Vorschrift enthält in **Abs. 1 S. 1** – neu gefasst und erweitert durch Art. 6 Nr. 16 DRG v. 9.11.10 – ein auf die Behandlung der Angehörigen der Dienststelle gerichtetes Überwachungsgebot (vgl. Rn. 2 ff.), in **Abs. 1 S. 2** ein Gebot der Objektivität und Neutralität (vgl. Rn. 16), in **Abs. 1 S. 3** ein Verbot parteipolitischer Betätigung in der Dienststelle (vgl. Rn. 17 ff.), in **Abs. 2** eine Regelung zur gewerkschaftlichen Betätigung in der Dienststelle (vgl. Rn. 23 ff.) und in **Abs. 3** ein Gebot zur Wahrung der Koalitionsfreiheit (vgl. Rn. 29). 1

2. Überwachungsgebot (Abs. 1 S. 1)

(Abs. 1 S. 1) Nach Abs. 1 S. 1 haben Dienststelle und Personalvertretung darüber zu wachen, dass alle Angehörigen der Dienststelle nach Recht und Billigkeit behandelt werden. Dieses **Überwachungsgebot** richtet sich an die für die **Dienststelle** handelnden Personen, also an den Dienststellenleiter und seine Vertreter und Beauftragten (vgl. § 5 Rn. 11 ff.), sowie an die **Personalvertretung** als Organ und an ihre einzelnen Mitglieder, wenn und soweit diese personalvertretungsrechtliche Aufgaben wahrnehmen. Dabei sind unter »Personalvertretung« sowohl der örtliche **Personalrat (PR)** als auch **AusbildungsPR** (§ 58 Abs. 3 S. 1)**, GesamtPR** (§ 54 Abs. 5)**, Bezirks- und HauptPR (§ 55 Abs. 4)** zu verstehen, nicht jedoch die Jugend- und Auszubildendenvertretung (JAV), die GesamtJAV und die Stufen-JAV. Obwohl in § 64 S. 1 und § 66 Abs. 3 S. 1 (unmittelbar oder mittelbar) nur auf § 69 Abs. 1 S. 3 verwiesen ist, sind die Grundsätze des § 69 auch für die Arbeit der JAV verbindlich.[1] 2

a) Anwendungsbereich

aa) Verpflichtete des Abs. 1 S. 1

Das Gebot des Abs. 1 S. 1 bezieht sich auf die Behandlung **aller Angehörigen der Dienststelle**. Dieser Personenkreis entspricht nach der Neufassung des § 4 dem dort normierten Beschäftigtenbegriff. Erforderlich ist jedenfalls 3

1 Str.; wie hier. u.a. Leuze-*Bieler*, § 67 a.F. Rn. 2; Rooschüz-*Gerstner-Heck*, § 69 Rn. 1; *Ilbertz/Widmaier/Sommer*, § 67 a.F. Rn. 1; Richardi-*Gräfl*, § 67 a.F. Rn. 3; grundsätzlich auch Lorenzen-*Gerhold*, § 67 a.F. Rn. 3.

bei fehlender Eigenschaft als Beamte oder Arbeitnehmer ein Minimum an Rechtsbeziehungen zwischen dem Träger der Dienststelle und der in der Dienststelle tätigen Person, auf deren Grundlage diese Person **vergleichbar einem Beschäftigten von der Dienststelle eingesetzt** wird.[2] Dazu gehören auch Helfer im freiwilligen sozialen oder ökologischen Jahr, Freiwillige im Bundesfreiwilligendienst und erwerbsfähige Leistungsberechtigte i. S. d. § 16d Abs. 7 SGB II (sog. MAE-Kräfte, vgl. auch § 4 Rn. 31) sowie solche Personen, die von der Dienststelle aufgrund eines Gestellungs- oder Arbeitnehmerüberlassungsvertrages wie eigene Beamte oder Arbeitnehmer bzw. Auszubildende eingesetzt werden (vgl. § 75 Rn. 16 ff.). Nicht dazu gehören jedoch Arbeitnehmer eines anderen Arbeitgebers (z. B. Bau- oder Montagearbeitnehmer), die von diesem aufgrund eines mit dem Träger der Dienststelle abgeschlossenen Werk- oder Dienstvertrages als Erfüllungsgehilfen in der Dienststelle eingesetzt werden. Dem Wortlaut nach gilt das Gebot des Abs. 1 S. 1 nicht für Personen, die **noch nicht** oder **nicht mehr** Angehörige der Dienststelle sind.[3] Es ist im Hinblick auf § 6 Abs. 1 S. 2 AGG jedoch auch bei Entscheidungen über die Einstellung **externer Bewerber**[4] (vgl. § 75 Rn. 14 u. § 87 Rn. 5) und bei Entscheidungen über Ansprüche **ausgeschiedener Beschäftigter** aus einer betrieblichen Altersversorgung zu beachten (vgl. § 74 Rn. 50).

bb) Begünstigte des Abs. 1 S. 1

4 Das Gebot des Abs. 1 S. 1 dient dem **Schutz der Angehörigen der Dienststelle** in ihrer Eigenschaft als abhängig Beschäftigte i. w. S. Es begründet für den Dienststellenleiter und seine Vertreter und Beauftragten sowie für die Personalvertretung und ihre Mitglieder **die Pflicht und das Recht zur Überwachung** der Einhaltung der in der Vorschrift genannten allgemeinen Grundsätze. Beide Seiten müssen gemeinsam, aber auch jeweils für sich für die Einhaltung dieser Grundsätze Sorge tragen und sich bei deren Verletzung um Abhilfe bemühen (vgl. § 70 Rn. 14).[5] Das schließt für Arbeitgeber und Personalvertretung auch die Verpflichtung mit ein, bei ihrem eigenen Handeln die Einhaltung der Grundsätze des § 69 zu beachten, z. B. beim Abschluss von Dienstvereinbarungen.[6] Dabei kann die Personalvertretung **unabhängig von konkreten Anlässen oder Beschwerden** betroffener Beschäftigter aktiv werden. Allerdings enden ihre Befugnisse dort, wo individuelle Rechte einzelner Beschäftigter berührt sind, die der Einzelne selbst

---

2 Ähnlich Leuze-*Bieler*, § 67 a. F. Rn. 4; Rooschüz-*Gerstner-Heck*, § 69 Rn. 2.
3 Vgl. *Fitting*, § 75 Rn. 16.
4 Richardi-*Gräfl*, § 67 a. F. Rn. 7.
5 *BVerwG* v. 27. 7. 83 – 6 P 42.80 –, PersV 85, 66.
6 ErfK-*Kania*, § 75 BetrVG Rn. 4.

in Anspruch nehmen und verteidigen kann.[7] Damit die Personalvertretung ihre Überwachungsaufgabe erfüllen kann, hat die Dienststelle ihr nach § 71 Abs. 1 S. 1 und 2 alle erforderlichen **Informationen** zur Verfügung zu stellen. Insoweit gilt das Gleiche wie für die Wahrnehmung der Überwachungsbefugnis nach § 70 Abs. 1 Nr. 2 (vgl. § 70 Rn. 13, 6 ff.). Auch bei ihren **eigenen Entscheidungen** dürfen Dienststellenleiter und Personalvertretung nicht gegen die Grundsätze des Abs. 1 S. 1 verstoßen.[8]

b) Umfang und Inhalt

aa) Recht und Billigkeit

Das Gebot des Abs. 1 S. 1 bezieht sich auf die Behandlung der Angehörigen 5
der Dienststelle nach **Recht und Billigkeit**. Unter **Recht** ist die Gesamtheit des zugunsten der Dienststellenangehörigen geltenden geschriebenen und ungeschriebenen Rechtsnormenbestands zu verstehen, insbesondere die Gesetze i.S.d. § 2 Abs. 1 sowie die Normen in Tarifverträgen und Dienstvereinbarungen (vgl. § 2 Rn. 6, § 73 Rn. 1), aber auch Gewohnheitsrecht und gesetzesvertretendes Richterrecht.[9] Die Beachtung des Rechts erfordert ein Verhalten, das in jeder Beziehung dem geltenden Recht entspricht, insbesondere dadurch, dass die Rechtsansprüche der Dienststellenangehörigen anerkannt und erfüllt werden.[10] Mit **Billigkeit** ist die Gerechtigkeit im Einzelfall gemeint. Ihre Beachtung besteht darin, dass auf die berechtigten persönlichen, sozialen und wirtschaftlichen Belange des einzelnen Dienststellenangehörigen Rücksicht genommen wird, soweit dies im Rahmen des geltenden Rechts unter Wahrung der Funktionsfähigkeit der Dienststelle und der berechtigten Interessen anderer Dienststellenangehöriger möglich ist.[11] Erhebliche Bedeutung kommt diesem Grundsatz zu, wenn Ermessensentscheidungen zu treffen sind, bei Beamten nach § 45 BeamtStG und bei Arbeitnehmern nach § 315 Abs. 3 S. 1 BGB.

---

7 Richardi-*Gräfl*, § 67 a.F. Rn. 9.

8 Vgl. *BAG* v. 23.3.10 – 1 AZR 832/08 –, AP Nr. 55 zu § 75 BetrVG 1972, zu Vereinbarungen, durch die Arbeitnehmer aufgrund der in § 75 Abs. 1 BetrVG (entsprechend § 67 Abs. 1 S. 1 BPersVG bzw. LPVG) aufgeführten Merkmale (näher dazu Rn. 7 ff.) benachteiligt werden.

9 Richardi-*Gräfl*, § 67 a.F. Rn. 8.

10 Vgl. Leuze-*Bieler*, § 67 a.F. Rn. 6; *Fitting*, § 75 Rn. 25.

11 Vgl. Leuze-*Bieler*, a.a.O.; Richardi-*Gräfl*, § 67 a.F. Rn. 8; *Fitting*, § 75 Rn. 26 f.

bb) Rechtsquellen des Gleichbehandlungsgrundsatzes

6 Wichtige Bestandteile des Gebots zur Behandlung der Dienststellenangehörigen nach Recht und Billigkeit sind die **Grundsätze der Gleichbehandlung** abhängig Beschäftigter. In Betracht kommen:

- der **allgemeine Gleichheitssatz des Art. 3 Abs. 1 GG**, der eine Ungleichbehandlung ohne sachlichen Grund verbietet, der **Gleichberechtigungssatz des Art. 3 Abs. 2 GG**, der nicht nur eine ungleiche Behandlung von Männern und Frauen verbietet, sondern auch einen Auftrag zur Förderung der Gleichberechtigung enthält, und der **spezielle Gleichheitssatz des Art. 3 Abs. 3 GG**, der eine Benachteiligung oder Bevorzugung nach bestimmten, ausdrücklich genannten Merkmalen verbietet;[12]
- das **Diskriminierungsverbot des Art. 9 Abs. 3 S. 2 GG**, wonach Abreden, die das in Art. 9 Abs. 3 S. 1 GG gewährleistete Grundrecht der Koalitionsfreiheit einschränken oder zu behindern suchen, nichtig und hierauf gerichtete Maßnahmen rechtswidrig sind;[13]
- die **speziellen Gleichheitssätze des Art. 33 Abs. 2 und 3 GG,** die die eignungswidrige Ungleichbehandlung beim Zugang zu öffentlichen Ämtern bzw. die religiöse oder weltanschauliche Ungleichbehandlung bei der Zulassung zu öffentlichen Ämtern und bei den im öffentlichen Dienst erworbenen Rechten verbieten;[14]
- der im Privatrecht wurzelnde **arbeitsrechtliche Gleichbehandlungsgrundsatz**, der auch für Arbeitsverhältnisse im öffentlichen Dienst gilt[15] und der jede unsachliche Differenzierung zum Nachteil einzelner Arbeitnehmer oder Arbeitnehmergruppen verbietet, auch wenn sie nicht aus den Gründen des Art. 3 Abs. 3 GG erfolgt;[16]
- das in § 4 TzBfG geregelte **Verbot der Diskriminierung teilzeit- und befristet beschäftigter Arbeitnehmer**. Eine Auswahlrichtlinie i. S. d. § 75 Abs. 4 Nr. 6 (§ 80 Abs. 1 Nr. 12 BPersVG), die etwa bei der Bestimmung des auswahlrelevanten Personenkreises für Versetzungen ausschließlich daran anknüpft, ob das Arbeitsverhältnis zuvor befristet war, verstößt gegen § 4 Abs. 2 TzBfG und § 2 Abs. 4 BPersVG.[17]

7 Der mit »insbesondere« beginnende Satzteil des Abs. 1 S. 1 enthält eine **Konkretisierung des Grundsatzes von Recht und Billigkeit**. In der durch Art. 6 Nr. 16 DRG (vgl. Rn. 1) geschaffenen neuen Fassung wird zum einen »jede Benachteiligung« (statt »jede unterschiedliche Behandlung«) verboten,

---

12 Vgl. *Jarass/Pieroth*, Art. 3 Rn. 1 ff., 78 ff., 114 ff.
13 Vgl. ErfK-*Dieterich*, Art. 9 GG Rn. 43 ff.
14 Vgl. *Jarass/Pieroth*, Art. 33 Rn. 9 ff.
15 ErfK-*Schmidt*, Art. 3 GG Rn. 29.
16 Vgl. Fischer-*Lechtermann*, § 2 Rn. 86; Richardi-*Gräfl*, § 67 a. F. Rn. 12; KZD-*Zwanziger*, § 92 Rn. 23 ff.
17 *BAG* v. 10. 7. 13 – 10 AZR 915/12 –, NZA 13, 1142.

zum anderen ist die bisherige beispielhafte Aufzählung verbotener Unterscheidungsmerkmale durch eine entsprechende **beispielhafte Aufzählung unzulässiger Benachteiligungsgründe** ersetzt worden, in der zusätzlich weitere Merkmale (»rassistische Gründe« sowie ethnische Herkunft, Weltanschauung, Behinderung, Alter und sexuelle Identität) aufgeführt sind. Abs. 1 S. 1 ist nahezu wortgleich mit dem durch Art. 3 Abs. 4 des Gesetzes zur Umsetzung europäischer Richtlinien zur Verwirklichung des Grundsatzes der Gleichbehandlung v. 14. 8. 06[18] § 67 Abs. 1 S. 1 BPersVG a. F.[19] Die einzige Abweichung besteht darin, dass es im LPVG nicht »aus Gründen ihrer Rasse«, sondern – um den negativ besetzten Begriff der »Rasse« zu vermeiden – »aus rassistischen Gründen« heißt.[20] § 2 Abs. 4 BPersVG verzichtet konsequent auf das Merkmal »Rasse«. Die Verwendung des Begriffs »Rasse« oder »rassisch« in einem Rechtstext ist **problematisch,** da zur Subsumtion Kriterien entwickelt werden müssen, die eine scheinbar legitimierende Wirkung entfalten können.[21]

cc) Formen der Benachteiligung

Bei der Überwachung der Einhaltung der in Abs. 1 S. 1 hervorgehobenen **Benachteiligungsverbote** haben Dienststellenleiter und PR insbesondere die Bestimmungen des **Allgemeinen Gleichbehandlungsgesetzes (AGG)** zu beachten, das nicht nur für die Arbeitnehmer (§ 6 Abs. 1 u. 2 AGG), sondern gemäß § 24 AGG entsprechend auch für die Beamten des Landes und der seiner Aufsicht unterstehenden Körperschaften, Anstalten und Stiftungen des öffentlichen Rechts gilt. Nach § 17 Abs. 1 AGG sind Dienststellenleitung und Personalvertretung ausdrücklich aufgefordert, im Rahmen ihrer Aufgaben und Handlungsmöglichkeiten an den in § 1 AGG aufgeführten Zielen mitzuwirken. Den Begriffsbestimmungen des § 3 AGG, die aus den Antidiskriminierungsvorschriften der EG übernommen sind, lässt sich entnehmen, dass sowohl die unmittelbare als auch die mittelbare Benachteiligung verboten ist. Eine **unmittelbare Benachteiligung** liegt vor, wenn eine Person wegen eines in Abs. 1 S. 1 genannten Grundes eine weniger günstige Behandlung erfährt, als eine andere Person in einer vergleichbaren Situation erfährt, erfahren hat oder erfahren würde (vgl. § 3 Abs. 1 S. 1 AGG). Eine **mittelbare Benachteiligung** liegt vor, wenn dem Anschein nach neutralen Vorschriften, Kriterien oder Verfahren Personen wegen eines in Abs. 1 S. 1 genannten Grundes gegenüber anderen Personen in besonderer Weise be- 7a

18 BGBl. I S. 1897.

19 § 2 Abs. 4 BPersVG; hier entfällt lediglich das Merkmal »Rasse«. Im Übrigen bleibt die Norm in der Sache unverändert.

20 LT-Dr. 14/6694, S. 565 [zu Nr. 16].

21 So zu Recht ErfK-*Schlachter*, § 1 AGG Rn. 4.

nachteiligen können, es sei denn, die betreffenden Vorschriften, Kriterien oder Verfahren sind durch ein rechtmäßiges Ziel sachlich gerechtfertigt und die Mittel sind zur Erreichung dieses Ziels angemessen und erforderlich (vgl. § 3 Abs. 2 AGG). Eine Benachteiligung kann auch in einer **Belästigung** bestehen. Das ist grundsätzlich dann der Fall, wenn unerwünschte Verhaltensweisen, die mit einem in Abs. 1 S. 1 genannten Grund in Zusammenhang stehen, bezwecken oder bewirken, dass die Würde der betreffenden Person verletzt und ein von Einschüchterungen, Anfeindungen, Erniedrigungen, Entwürdigungen oder Beleidigungen gekennzeichnetes Umfeld geschaffen wird (vgl. § 3 Abs. 3 AGG). Dabei muss aber die Schwelle zur bloßen Lästigkeit überschritten werden.[22] Beispielhaft ist ein Fall, in dem die mit ausländerfeindlichen und rassistischen Schmierereien versehenen Toilettentüren nicht ausgetauscht wurden. Alleine das Nichtentfernen der Schmierereien reichte nicht für eine Belästigung aus.[23] Es ist auch erforderlich, dass das negative Verhalten von einer gewissen Dauer ist. Ein einzelner Vorfall reicht für eine Belästigung daher regelmäßig nicht aus.[24] Vielmehr wollte der Gesetzgeber mit der Belästigung den umgangssprachlichen Begriff des »Mobbings« abdecken.[25]

Der den Schutz der Beschäftigten vor Benachteiligung betreffende Abschn. 2 des AGG enthält **Ausnahmeregelungen über die zulässige unterschiedliche Behandlung** wegen beruflicher Anforderungen, wegen der Religion oder der Weltanschauung und wegen des Alters (§§ 8–10 AGG). Außerdem ist nach der im Allgemeinen Teil des AGG platzierten Vorschrift über **positive Maßnahmen** eine unterschiedliche Behandlung auch zulässig, wenn durch geeignete und angemessene Maßnahmen bestehende Nachteile wegen eines in § 1 AGG genannten Grundes verhindert oder ausgeglichen werden sollen (§ 5 AGG).

c) Anknüpfungspunkte der Benachteiligung

8 Die Wendung »**aus rassistischen Gründen oder wegen ihrer ethnischen Herkunft**« soll einen möglichst lückenlosen Schutz vor ethnisch motivierter Benachteiligung gewährleisten (vgl. BT-Dr. 16/1780, S. 30 f., zur entsprechenden Formulierung »aus Gründen der Rasse oder …«). **Rassistische Gründe** beruhen auf der (unzutreffenden) ideologischen Vorstellung, dass sich aus bestimmten lebenslänglichen und vererblichen äußerlichen Erscheinungsmerkmalen von Menschen (wie z. B. Hautfarbe oder Körperbau)

22 *BAG* v. 24.9.09 – 8 AZR 705/08 –, NZA 10, 390 m. w. N.

23 *BAG* v. 24.9.09 – 8 AZR 705/08 –, NZA 10, 387.

24 *BAG* v. 25.10.07 – 8 AZR 593/06 –, NZA 08, 225; v. 24.9.09 – 8 AZR 705/08 –, NZA 10, 390; v. 18.5.17 – 8 AZR 74/16 –, NZA 17, 1541.

25 BeckOK-*Roloff*, § 3 AGG Rn. 29.

die Existenz unterschiedlicher und ungleichwertiger menschlicher Rassen ergebe und dass dies die Diskriminierung andersrassiger Menschen legitimiere.[26] Mit dem Merkmal **ethnische Herkunft** soll vor Benachteiligung wegen des Herkommens aus ethnischen Gruppen, also aus Bevölkerungsteilen mit gemeinsamer Herkunft, Geschichte, Kultur oder Zusammengehörigkeitsgefühl, geschützt werden.[27] **Abstammung** meint die biologische Herkunft, die **sonstige Herkunft**, das Herkommen aus einer bestimmten sozialen Schicht sowie die eheliche oder nichteheliche Geburt.[28] Das im Unterschied zu Art. 3 Abs. 3 S. 1 GG in Abs. 1 S. 1 nicht genannte Merkmal der **Heimat** ist ein Unterfall der Herkunft, nämlich die örtliche Herkunft nach Geburt oder Ansässigkeit.[29]

Unter der (in Art. 3 Abs. 3 S. 1 GG nicht aufgeführten) **Nationalität** ist 9
die Staatsangehörigkeit, ggf. auch die Staatenlosigkeit, zu verstehen.[30] Einschränkungen des Verbots der Ungleichbehandlung wegen der Nationalität ergeben sich jedoch aus dem **Beamtenrecht**. Dieses sieht in § 7 Abs. 1 Nr. 1 BeamtStG vor, dass in das Beamtenverhältnis nur berufen werden darf, wer Deutscher i. S. d. Art. 116 GG ist oder die Staatsangehörigkeit eines bestimmten anderen Staates besitzt, und zwar eines anderen Mitgliedstaates der EU, eines anderen Vertragsstaates des Abkommens über den EWR (Island, Lichtenstein, Norwegen) oder eines Drittstaates (z. B. der Schweiz[31]), dem Deutschland und die EU vertraglich einen entsprechenden Anspruch auf Anerkennung der Berufsqualifikation eingeräumt haben. Von dieser Grundregel sind folgende Abweichungen vorgeschrieben oder zugelassen: Zum einen dürfen nach § 7 Abs. 2 BeamtStG nur Deutsche in ein Beamtenverhältnis berufen werden, »wenn die Aufgaben es erfordern« (vgl. Art. 45 Abs. 4 AEUV). Zum anderen können nach § 7 Abs. 3 BeamtStG Ausnahmen von § 7 Abs. 1 Nr. 1 und Abs. 2 BeamtStG zugelassen werden, wenn für die Gewinnung des Beamten ein dringendes dienstliches Interesse besteht oder wenn bei der Berufung von Mitarbeitern des wissenschaftlichen und künstlerischen Personals andere wichtige Gründe vorliegen.[32]

---

26 Vgl. Richardi-*Gräfl*, § 67 a. F. Rn. 15, u. *Fitting*, § 75 Rn. 63, jew. m. w. N.

27 ErfK-*Schlachter*, § 1 AGG Rn. 4.

28 *Jarass/Pieroth*, Art. 3 Rn. 122 u. 126.

29 *Jarass/Pieroth*, Art. 3 Rn. 125.

30 Richardi-*Gräfl*, § 67 a. F. Rn. 19; DKW-*Berg*, § 75 Rn. 19.

31 Die Schweiz ist weder EU- noch EWR-Mitglied, sie ist aber durch eine Reihe von bilateralen Verträgen mit der EU verbunden. In vielen Bereichen sind Schweizer Staatsangehörige daher EU-Bürgerinnen/EU-Bürgern gleichgestellt.

32 Vgl. zum Ganzen *Battis*, § 7 Rn. 3 ff.; *Reich*, § 7 Rn. 3 ff.

10 Den Merkmalen **Religion und Weltanschauung** ist gemeinsam, dass ihnen eine Gewissheit über bestimmte Aussagen zum Weltganzen sowie zur Herkunft und zum Ziel menschlichen Lebens zugrunde liegt.[33]

»[D]abei legt die Religion eine den Menschen überschreitende und umgreifende (›transzendente‹) Wirklichkeit zugrunde, während sich die Weltanschauung auf innerweltliche (›immanente‹) Bezüge beschränkt.«[34]

In der 3. Aufl. wurde noch vertreten, dass es bei der Religion im Gegensatz zur Weltanschauung auf die Zugehörigkeit zu einer Kirche bzw. Glaubensgemeinschaft ankommt.[35] Diese Ansicht ist problematisch, weil das Zugehörigkeitserfordernis weder aus dem GG noch aus der Rspr. hierzu abgeleitet werden kann. Religiöse Einstellungen sind sehr persönlich und können nicht am Zugehörigkeitsgefühl zu einer bestimmten Gemeinschaft bewertet werden. Das *BVerfG* sagt sogar ausdrücklich, dass es auf die Größe oder Relevanz einer Gemeinschaft nicht ankommt.[36] Die Zugehörigkeit zu einer bestimmten Gemeinschaft kann daher kein relevantes Kriterium sein.[37]

11 Das Verbot der Benachteiligung wegen der **Behinderung** entspricht den verfassungsrechtlichen Verboten in Art. 3 Abs. 3 S. 2 GG und Art. 2 LVerf. Der Begriff der Behinderung ist in § 2 Abs. 1 SGB IX und § 2 L-BGG definiert.[38] Danach sind Menschen behindert, wenn ihre körperliche Funktion, geistige Fähigkeit oder seelische Gesundheit mit hoher Wahrscheinlichkeit länger als sechs Monate von dem für das Lebensalter typischen Zustand abweicht und daher ihre Teilhabe am Leben in der Gesellschaft beeinträchtigt ist. Eine Schwerbehinderung i. S. d. § 2 Abs. 2 SGB IX ist nicht erforderlich.[39] Das für schwerbehinderte Menschen geltende Benachteiligungsverbot des § 164 Abs. 2 SGB IX ist von dem Verbot nach Abs. 1 S. 1 zu unterscheiden.[40] Das Benachteiligungsverbot erstreckt sich auch auf nicht behinderte Menschen, die wegen ihrer Verbindung zu einem Behinderten benachteiligt werden (»**drittbezogene Benachteiligung**«).[41]

---

33 *BVerwG* v. 27.3.92 – C 21/90, NJW 1992, 2497; auch: BVerfGE 32, 98, 108 [*BVerfG* 19.10.71 – 1 BvR 387/65]; BVerwGE 37, 344, 363 [*BVerwG* 23.3.71 – I C 54/66]; 61, 152, 154, 156 [*BVerwG* 14.11.80 – 8 C 12/79].

34 *BVerwG* v. 27.3.92 – C 21/90 –, NJW 92, 2497 m. w. N.; zustimmend: BeckOK-*Roloff*, § 1 AGG Rn. 6 (Stand: 12.4.18).

35 In Übereinstimmung mit: ErfK-*Schlachter*, § 1 AGG Rn. 7 f.; Altvater-*Berg*, § 2 Rn. 50 m. w. N.

36 *BVerwG* v. 19.10.71 – 1 BvR 387/65 –, NJW 72, 329.

37 Vgl. auch: Richardi-*Richardi/Muschmann*, § 75 a. F. Rn. 25.

38 Vgl. BT-Dr. 16/1780, S. 31.

39 Vgl. Fischer-*Lechtermann*, § 2 Rn. 99.

40 ErfK-*Schlachter*, § 1 AGG Rn. 9 f.

41 Vgl. *EuGH* v. 17.7.08 – C-303/06 –, NZA 08, 932; *Fitting*, § 75 Rn. 60a, 73a m. w. N.

Der Begriff **Alter** meint jedes Lebensalter.[42] Das auf dieses Merkmal bezogene Verbot des Abs. 1 S. 1 soll vor Benachteiligungen schützen, die an das jeweils konkrete Lebensalter anknüpfen, betrifft also nicht nur ältere Beschäftigte.[43] Eine unterschiedliche Behandlung wegen des Alters ist nur unter den Voraussetzungen von § 5, § 8 Abs. 1 oder § 10 AGG zulässig.[44] 11a

Unter **politischer Betätigung oder Einstellung** ist (anders als in Abs. 1 S. 3) nicht nur eine parteipolitische (vgl. Rn. 17 ff.), sondern jegliche politische Betätigung oder Einstellung zu verstehen, also auch eine solche, die parteiunabhängig erfolgt oder besteht. Das Benachteiligungsverbot des Abs. 1 S. 1 bezieht sich sowohl auf das »Haben« politischer Überzeugungen (**Einstellung**) als auch auf das Verhalten, mit dem diese Überzeugungen geäußert und umgesetzt werden (**Betätigung**). Auch den Angehörigen des öffentlichen Dienstes ist die politische Betätigung nicht untersagt. Dazu gehören ggf. auch die Mitgliedschaft und die Mitarbeit in einer politischen Partei oder in einer anderen politischen Vereinigung. Allerdings haben Beamte nach § 33 Abs. 2 BeamtStG bei politischer Betätigung diejenige **Mäßigung und Zurückhaltung** zu wahren, die sich aus ihrer Stellung gegenüber der Allgemeinheit und aus der Rücksicht auf die Pflichten ihres Amtes ergeben.[45] Dieses Gebot soll nach der Rspr. des *BAG* auch für Arbeitnehmer des öffentlichen Dienstes gelten.[46] Außerdem müssen **Beamte** sich durch ihr gesamtes Verhalten zu der freiheitlichen demokratischen Grundordnung i. S. d. GG bekennen und für deren Erhaltung eintreten (§ 33 Abs. 1 S. 3 BeamtStG).[47] Auch für **Arbeitnehmer** im öffentlichen Dienst besteht unabhängig von tarifvertraglichen Regelungen (z. B. § 41 S. 2 TVöD-BT-V) eine aus Art. 33 Abs. 2 GG abzuleitende Verfassungstreuepflicht.[48] 12

Das in Abs. 1 S. 1 enthaltene Benachteiligungsverbot wegen **gewerkschaftlicher Betätigung oder Einstellung** entspricht dem verfassungsrechtlichen Diskriminierungsverbot des Art. 9 Abs. 3 S. 2 GG (vgl. Rn. 6).[49] Das Adjektiv »**gewerkschaftlich**« bezieht sich auf Gewerkschaften i. S. d. Arbeits- 13

---

42 ErfK-*Schlachter*, § 1 AGG Rn. 11 f.

43 Vgl. BT-Dr. 16/1780, S. 31.

44 Näher zum Verbot der Altersdiskriminierung Altvater-*Berg*, § 2 Rn. 54–62; DKW-*Berg*, § 75 Rn. 23 ff. m. w. N.

45 Vgl. *Battis*, § 60 Rn. 17 ff.; *Reich*, § 33 Rn. 9.

46 Urt. v. 2. 3. 82 – 1 AZR 694/79 –, AP Nr. 8 zu Art. 5 Abs. 1 GG Meinungsfreiheit; krit. dazu PK-BAT-*Bruse*, § 8 Rn. 20.

47 Näher zu dieser überwiegend als »politische Treuepflicht« bezeichneten, verfassungsrechtlich durch Art. 33 Abs. 2 und 5 GG vorgegebenen **Verfassungstreuepflicht** *Battis*, § 7 Rn. 10 ff., § 60 Rn. 13 ff., jew. m. w. N.

48 Näher dazu PK-TVöD-*Pieper*, § 41 Rn. 8 ff., u. Altvater-*Berg*, § 2 Rn. 63, jew. m. w. N.

49 Für die zum Geltungsbereich des LPVG gehörenden Beamten in § 52 S. 2 BeamtStG konkretisiert (vgl. BT-Dr. 16/4027, S. 35 [zu § 53]).

rechts einschl. solcher Vereinigungen, die sich ausschließlich aus Beamten zusammensetzen und die mit Ausnahme der Tariffähigkeit und Streikbereitschaft alle sonstigen Voraussetzungen des arbeitsrechtlichen Gewerkschaftsbegriffs erfüllen (vgl. § 2 Rn. 7). Zur gewerkschaftlichen **Betätigung** gehört z. B. die Übernahme von Funktionen in gewerkschaftlichen Gremien, das Tätigwerden als gewerkschaftliche Vertrauensperson, die Teilnahme an gewerkschaftlichen Aktionen oder das Verteilen gewerkschaftlichen Informations- und Werbematerials. Zur gewerkschaftlichen **Einstellung** gehören nicht nur gewerkschaftliche Überzeugungen, sondern auch Handlungen, mit denen diese Überzeugungen nach außen kundgetan werden, wie z. B. das Vertreten von gewerkschaftlichen Positionen in Personalversammlungen oder in Publikationen. Nach h. M. soll das Kriterium der gewerkschaftlichen Einstellung auch die Ablehnung von gewerkschaftlichem Engagement umfassen.[50] Nach der Rspr. des *BVerfG*[51] und des *BAG*[52] sowie der h. M. in der Literatur[53] schützt Art. 9 Abs. 3 GG auch die **negative Koalitionsfreiheit**, also das Recht, einer Gewerkschaft fernzubleiben oder aus ihr auszutreten.[54] Kein Verstoß gegen das Benachteiligungsverbot des Abs. 1 S. 1 liegt jedoch vor, wenn den tarifgebundenen Arbeitnehmern das im **Tarifvertrag** vereinbarte Arbeitsentgelt, den nichttarifgebundenen dagegen ein niedrigeres Entgelt gezahlt wird, weil sich dies aus der Wirkung des Tarifvertrages ergibt, der auf dem Prinzip der Tarifgebundenheit beruht.[55]

14 Das in Abs. 1 S. 1 enthaltene Verbot der Benachteiligung wegen des **Geschlechts** entspricht dem speziellen verfassungsrechtlichen Gleichheitssatz des Art. 3 Abs. 3 S. 1 GG (vgl. Rn. 6). Dabei kommt dem Verbot der **mittelbaren Benachteiligung** besondere Bedeutung zu (vgl. oben Rn. 7).[56] Unzulässige mittelbare Benachteiligungen liegen i. d. R. vor, wenn zum Nachteil von Teilzeitbeschäftigten differenziert wird.[57] Nach dem Geschlecht **differenzierende Regelungen** sind nur ausnahmsweise zulässig, »soweit sie zur Lösung von Problemen, die ihrer Natur nach nur entweder bei Männern oder bei Frauen auftreten können, zwingend erforderlich sind«.[58] Dagegen können funktionale Unterschiede zwischen den Geschlechtern, die

---

50 Vgl. u. a. Leuze-*Bieler*, § 67 a. F. Rn. 11; Fischer-*Lechtermann*, § 2 Rn. 109; Richardi-*Gräfl*, § 67 a. F. Rn. 27.

51 Urt. v. 1.3.79 – 1 BvR 532/77 u. a. – sowie Beschl. v. 14.6.83 – 2 BvR 488/80 – u. v. 23.4.86 – 2 BvR 487/80 –, BVerfGE 50, 290, sowie 64, 208, u. 73, 261.

52 Beschl. v. 29.11.67 – GS 1/67 –, AP Nr. 13 zu Art. 9 GG.

53 Vgl. ErfK-*Dieterich*, Art. 9 GG Rn. 32 ff. m. w. N.

54 A. A. u. a. DKW-*Berg*, § 75 Rn. 42a m. w. N.

55 Vgl. Altvater-*Berg*, § 2 Rn. 64 m. w. N.

56 Ferner *Jarass/Pieroth*, Art. 3 Rn. 85 ff.; ErfK-*Schmidt*, Art. 3 GG Rn. 85 f.

57 Vgl. *Fitting*, § 75 Rn. 116 f.

58 *BVerfG* v. 28.1.92 – 1 BvR 1025/82 u. a. –, PersR 92, 166; vgl. ErfK-*Schmidt*, Art. 3 GG Rn. 88 f.

durch die überkommene Rollenverteilung in Familie und Arbeitswelt bestimmt sind, Differenzierungen grundsätzlich nicht mehr rechtfertigen, es sei denn, dass es darum geht, diese Rollenverteilung durch Regelungen zu überwinden, die Frauen begünstigen sollen.[59] Das ergibt sich aus dem verfassungsrechtlichen **Gleichberechtigungssatz des Art. 3 Abs. 2 GG**. Dieser begründet eine grundrechtliche Schutzpflicht zugunsten der Frauen und enthält den bindenden Auftrag, die Gleichberechtigung der Geschlechter in der gesellschaftlichen Wirklichkeit durchzusetzen, insbesondere, indem faktische Nachteile, die typischerweise Frauen treffen, durch begünstigende Regelungen ausgeglichen werden.[60] Der Erfüllung dieses Verfassungsauftrags dienen das **Chancengleichheitsgesetz** (vgl. zum Gesetzesziel § 1 ChancenG), die Regelungen in **§ 70 Abs. 1 Nr. 10** und **§ 75 Abs. 4 Nr. 19** (vgl. § 70 Rn. 30, § 75 Rn. 261) sowie die des **AGG**.[61] Zu der von Dienststelle und Personalvertretung zu überwachenden Einhaltung des Verbots der geschlechtsbezogenen Ungleichbehandlung gehört es auch, **sexuelle Belästigungen** von Dienststellenangehörigen nicht zuzulassen (vgl. § 3 Abs. 4 AGG).[62] Anders als bei der Belästigung i. S. d. § 3 Abs. 3 AGG ist bereits ein einmaliger Vorfall für das Vorliegen einer sexuellen Belästigung ausreichend.[63]

Das Verbot der Benachteiligung wegen der **sexuellen Identität** war bis zur Neufassung des Abs. 1 S. 1 im Verbot der Benachteiligung wegen des Geschlechts mit enthalten. Es bezieht sich auf diejenige sexuelle Ausrichtung, die als identitätsprägend wahrgenommen wird, und soll homosexuelle Männer und Frauen ebenso schützen wie transsexuelle, bisexuelle und heterosexuelle Menschen.[64] Nach dem Willen des Gesetzgebers sollen vom Begriff der sexuellen Identität auch zwischengeschlechtliche Menschen erfasst sein.[65] **14a**

Die **Aufzählung unzulässiger Benachteiligungsgründe** in Abs. 1 S. 1 ist nur **beispielhaft**. Das Überwachungsgebot erstreckt sich auch darauf, dass Benachteiligungen aus **anderen Gründen** unterbleiben. Das gilt z. B. für die **Sprache**.[66] Die Festlegung des Deutschen als Amtssprache und seine Kenntnis als Eignungsvoraussetzung wird jedoch nicht ausgeschlossen.[67] **15**

---

59 Vgl. ErfK-*Schmidt*, a. a. O.

60 *BVerfG* v. 28. 1. 92, a. a. O., u. v. 24. 1. 95 – 1 BvL 18/93 –, BVerfGE 92, 91; vgl. ErfK-*Schmidt*, Art. 3 Rn. 81 ff.

61 Vgl. *Busch*, PersR 06, 322; 08, 284; generell zum Frauengleichstellungsrecht *Horstkötter*, PersR 09, 242.

62 DKW-*Berg*, § 75 Rn. 44; ErfK-*Schlachter*, § 3 AGG Rn. 16 ff. m. w. N.

63 *BAG* v. 29. 6. 17 – 2 AZR 302/16 –, NJW 17, 3019.

64 ErfK-*Schlachter*, § 1 AGG Rn. 13 f. m. w. N.

65 Vgl. BT-Dr. 16/1780, S. 31.

66 Fischer-*Lechtermann*, § 2 Rn. 85; Richardi-*Gräfl*, § 67 a. F. Rn. 14.

67 ErfK-*Schmidt*, Art. 3 GG Rn. 73; vgl. auch *BAG* v. 28. 1. 10 – 2 AZR 764/08 –, AP Nr. 4 zu § 3 AGG, zur gerechtfertigten Anforderung, die deutsche Schriftsprache zu beherrschen.

Des Weiteren bezieht sich das Überwachungsgebot auf die Beachtung des in § 21 GenDG bzw. § 75 Abs. 2 LBG normierten arbeitsrechtlichen und beamtenrechtlichen Benachteiligungsverbots. Der Inhalt dieser Vorschriften besteht im Wesentlichen darin, dass Arbeitnehmer und Beamte in ihrem Arbeits- oder Dienstverhältnis nicht wegen ihrer oder der **genetischen Eigenschaften** einer genetisch verwandten Person benachteiligt werden dürfen.[68]

3. Objektivität und Neutralität (Abs. 1 S. 2)

16 **(Abs. 1 S. 2)** Nach Abs. 1 S. 2 müssen »sie«, d. h. Dienststelle und Personalvertretung, sich »dabei«, nämlich bei der Wahrnehmung ihrer in Abs. 1 S. 1 geregelten Überwachungsaufgabe, so verhalten, dass das Vertrauen der Beschäftigten in die **Objektivität und Neutralität** ihrer Amtsführung nicht beeinträchtigt wird. Für die **Personalvertretung** ergibt sich dieses Gebot bereits daraus, dass sie die Repräsentantin aller Beschäftigten der Dienststelle ist (vgl. § 1 Rn. 22).[69] Sie muss deshalb alles unterlassen, was Zweifel an ihrer objektiven und neutralen Amtsführung aufkommen lassen könnte. Das gilt auf der anderen Seite auch für den **Dienststellenleiter**, der sich wegen seiner Funktion als Repräsentant des Arbeitgebers und Dienstherrn gegenüber den Beschäftigten strikt neutral zu verhalten hat (vgl. § 20 Rn. 3). Im Verhältnis zueinander besteht zwischen Personalvertretung und Dienststellenleiter jedoch ein funktionaler Interessengegensatz, der sie auch bei der Wahrnehmung ihrer Überwachungsaufgabe gem. Abs. 1 S. 1 zu »Gegenspielern« macht (vgl. § 2 Rn. 2).[70]

4. Verbot parteipolitischer Betätigung (Abs. 1 S. 3)

a) Verpflichtete des Abs. 1 S. 3

17 **(Abs. 1 S. 3)** Nach Abs. 1 S. 3 haben der Leiter der Dienststelle und die Personalvertretung grundsätzlich jede **parteipolitische Betätigung** in der Dienststelle zu unterlassen. Die Vorschrift gilt einerseits für den **Dienststellenleiter** sowie für seine **Vertreter** und **Beauftragten**, die in dieser Funktion ebenfalls für die Dienststelle handeln (vgl. Rn. 2). Andererseits gilt sie für die **Personalvertretung** als Organ und für ihre einzelnen **Mitglieder** in ihrer Eigenschaft als Organmitglieder (vgl. § 68 Rn. 9). Unter »Personalvertretung« sind nicht nur wie in Abs. 1 S. 1 örtlicher **PR, APR, GPR, BPR und HPR** zu

---

68 Vgl. BT-Dr. 16/10532, S. 39 [zu § 21], u. LT-Dr. 14/6694, S. 441 [zu § 75]; ausf. zu den arbeitsrechtlichen Regelungen des GenDG *Fischinger*, NZA 10, 65.

69 *BVerwG* v. 10. 10. 90 – 6 P 22.88 –, PersR 91, 27, m. w. N.

70 *BVerwG* v. 21. 10. 93 – 6 P 18.91 –, PersR 94, 165.

verstehen, sondern aufgrund der Verweisungen in § 64 S. 1 und § 66 Abs. 3 S. 1, Abs. 4 auch **JAV und GJAV sowie BJAV u. HJAV**. Außerdem gilt Abs. 1 S. 3 für die **Personalversammlung** und die **Jugend- und Auszubildendenversammlung** entsprechend (vgl. § 52 Rn. 8; § 65 Rn. 9).

b) Zweck des Abs. 1 S. 3

Das Verbot der parteipolitischen Betätigung in der Dienststelle dient ebenso wie die Friedenspflicht nach § 68 Abs. 2 dem **Zweck**, die Arbeit und den Frieden der Dienststelle vor Beeinträchtigungen zu schützen (vgl. § 68 Rn. 10). Da das Gesetz den von Abs. 1 S. 3 erfassten Organen und Organmitgliedern eine parteipolitische Betätigung in der Dienststelle generell untersagt, sieht es darin eine **abstrakte Gefahr für die Arbeit oder den Frieden der Dienststelle** und lässt diese genügen.[71] Eine konkrete Gefährdung des Friedens in der Dienststelle ist somit nicht erforderlich. Nach der Rspr. des *BVerfG*[72] ist die Vorschrift verfassungsrechtlich unbedenklich.[73] 18

c) Inhalt und Umfang

Die **parteipolitische Betätigung** ist von der politischen Betätigung i. S. d. Abs. 1 S. 1 zu unterscheiden (vgl. Rn. 12). Gemeint ist die Betätigung für oder gegen eine **politische Partei**. Dabei handelt es sich um Parteien i. S. d. Art. 21 GG und des § 2 PartG einschl. verbotener verfassungswidriger Parteien sowie um sog. Rathausparteien und kommunale Wählervereinigungen, nicht jedoch Bürgerinitiativen, da sie sich lediglich aus Anlass bestimmter konkreter Vorgänge bilden.[74] Das *BAG*[75] sieht dagegen bereits in dem Eintreten für eine »**politische Richtung**« eine nach Abs. 1 S. 3 verbotene Betätigung.[76] Das ist jedoch abzulehnen, weil damit die politische Betätigung schlechthin untersagt und die im BetrVG (vgl. § 75 Abs. 1 und § 118 Abs. 1 Nr. 1), in den PersVG (vgl. § 2 Abs. 4 S. 1, 2 und Abs. 5 BPersVG) und in anderen Gesetzen (vgl. § 60 Abs. 2 BBG, § 33 Abs. 2 BeamtStG, § 15 SG) vorgenommene Unterscheidung zwischen politischer und parteipolitischer Betätigung auf- 19

71 Z. T. str.; vgl. Leuze-*Bieler*, § 67 a. F. Rn. 18; Lorenzen-*Gerhold*, § 67 a. F. Rn. 13c; *Fitting*, § 74 Rn. 37 m. w. N.

72 Beschl. v. 28. 4. 76 – 1 BvR 71/73 –, BVerfGE 42, 133.

73 Krit. dazu u. a. DKW-*Berg*, § 74 Rn. 27 f.

74 Z. T. str.; vgl. *Fitting*, § 74 Rn. 46 f. m. w. N.; enger DKW-*Berg*, § 74 Rn. 34.

75 Beschl. v. 21. 2. 78 – 1 ABR 54/76 – u. v. 12. 6. 86 – 6 ABR 67/84 –, AP Nr. 1 u. 5 zu § 74 BetrVG.

76 Zust. die h. M.; vgl. u. a. Leuze-*Bieler*, § 67 a. F. Rn. 16; Rooschüz-*Gerstner-Heck*, § 69 Rn. 9.

gehoben wird.[77] Eine **Aufforderung zur Teilnahme an politischen Wahlen oder Abstimmungen** ist keine parteipolitische Betätigung.[78]

20 Verboten ist eine **Betätigung** mit parteipolitischem Inhalt. Darunter sind Formen der **Agitation und Propaganda** für oder gegen eine politische Partei zu verstehen, nicht jedoch das schlichte Äußern einer bestimmten Meinung im Gespräch.[79] Dafür spricht, dass die Dienststelle »kein grundrechtsfreier Raum«[80] ist. Der Meinungsfreiheit des Dienststellenleiters bzw. der Mitglieder des PR wäre mit einer kompletten Abschottung vom politischen Diskurs, wie sie teilweise gefordert wird,[81] nicht genüge getan.

Unter das Verbot fallen z. B. das Verteilen von Flugblättern und Zeitungen, das Aushängen von Plakaten, das Organisieren von Veranstaltungen, das Sammeln von Unterschriften oder Geld.[82] Abs. 1 S. 3 enthält ebenso wie § 68 Abs. 2 S. 1 (nur) ein **Unterlassungsgebot** (vgl. § 68 Rn. 10). Grundsätzlich ist deshalb nur die aktive Unterstützung oder eindeutige Billigung einer parteipolitischen Betätigung unzulässig.[83] Da Abs. 1 S. 3 unmittelbar oder entsprechend auch für **Organe** gilt (Personalvertretungen, Jugend- und Auszubildendenvertretungen, Personalversammlung, Jugend- und Auszubildendenversammlung), dürfen die jeweiligen Sitzungs- oder Versammlungsleiter eine solche Betätigung innerhalb dieser Organe aber nicht dulden (vgl. § 52 Rn. 9).[84] Den Mitgliedern dieser Organe ist die parteipolitische Betätigung nur in ihrer Eigenschaft als **Organmitglieder** untersagt. Die Betätigung darf deshalb nicht in unmittelbarem Zusammenhang mit ihrer Amtstätigkeit stehen, also z. B. nicht bei der Durchführung der Sprechstunde oder der Leitung der Personalversammlung erfolgen.[85]

21 Das Verbot des Abs. 1 S. 3 gilt für die parteipolitische Betätigung »**in der Dienststelle**«. Damit sind die Räumlichkeiten der Dienststelle gemeint.[86] Bei einer dienststellenübergreifenden Personalvertretung (APR, GPR, BPR und HPR sowie GJAV, BJAV, HJAV) sind alle Dienststellen einbezogen, die zum Wahlbereich der Personalvertretung gehören. Nach Ansicht des *BAG*[87] ist auch die Betätigung **in unmittelbarer Nähe** der Dienststelle erfasst, wenn sie mit dem Ziel des Hineinwirkens in die Dienststelle erfolgt, so z. B. bei

77 Vgl. u. a. DKW-*Berg*, § 74 Rn. 28; *Fitting*, § 74 Rn. 50.
78 *BAG* v. 17.3.10 – 7 ABR 95/08 –, AP Nr. 12 zu § 74 BetrVG 1972.
79 Vgl. Fischer-*Lechtermann*, § 2 Rn. 145; auch: Rooschüz-*Gerstner-Heck*, § 69 Rn. 10.
80 Rooschüz-*Gerstner-Heck*, § 69 Rn. 10.
81 Vgl. Leuze-*Bieler*, § 67 a. F. Rn. 16 m. w. N.
82 Vgl. Leuze-*Bieler*, § 67 a. F. Rn. 17; DKW-*Berg*, § 74 Rn. 34.
83 Vgl. *Fitting*, § 74 Rn. 45.
84 Fischer-*Lechtermann*, § 2 Rn. 149.
85 Vgl. *Fitting*, § 74 Rn. 39, 43.
86 Vgl. *Fitting*, § 74 Rn. 51.
87 Beschl. v. 21.2.78 – 1 ABR 54/76 –, AP Nr. 1 zu § 74 BPersVG.

Verteilung von Flugblättern vor den Eingängen. **Außerhalb des räumlichen Bereichs** der Dienststelle(n) gilt das Verbot des Abs. 1 S. 3 nicht.[88]

Abs. 1 S. 3 Hs. 2 legt ausdrücklich fest, dass die **Behandlung von Tarif-, Besoldungs- und Sozialangelegenheiten** durch das grundsätzliche Verbot der parteipolitischen Betätigung in der Dienststelle nicht berührt wird. **Tarifangelegenheiten** sind jene Gegenstände, die in den für die Dienststelle maßgebenden Tarifverträgen geregelt werden. **Besoldungsangelegenheiten** betreffen die Regelungen über die Bezüge der Beamten und sonstigen Beschäftigten in öffentlich-rechtlichen Dienstverhältnissen. Der Begriff der **Sozialangelegenheiten** umfasst alle Regelungen, die die Rechtsstellung und den Schutz der Beschäftigten betreffen. Die Behandlung dieser Angelegenheiten kann sich auf **bestehende oder beabsichtigte Regelungen** beziehen. Dabei dürfen sich Dienststellenleiter und Personalvertretung unter Beachtung der **Friedenspflicht** nach § 68 Abs. 2 auch mit Auffassungen der politischen Parteien (vgl. Rn. 19) auseinandersetzen (zur Personalversammlung vgl. § 52 Rn. 8).[89] 22

5. Gewerkschaftliche Betätigung (Abs. 2)

(Abs. 2) Diese Vorschrift ermöglicht einerseits Beschäftigten, die Aufgaben nach dem LPVG wahrnehmen, sich nicht nur außerhalb, sondern auch innerhalb der Dienststelle **gewerkschaftlich zu betätigen.** Sie legt andererseits im Unterschied zum BPersVG durch die Verweisung auf Abs. 1 S. 2 und 3 ausdrücklich fest, dass bei der gewerkschaftlichen Betätigung in der Dienststelle das Gebot der Objektivität und Neutralität der personalvertretungsrechtlichen Amtsführung (vgl. Rn. 26) und das Verbot parteipolitischer Betätigung (vgl. Rn. 27) entsprechend gelten. Damit hat das LPVG im Wesentlichen (nur) die Rspr. des *BVerwG* zu § 67 Abs. 2 BPersVG a. F. (jetzt in der Sache unverändert in § 9 Abs. 4 BPersVG geregelt) übernommen (vgl. Rn. 26).[90] 23

a) Begünstigte des Abs. 2

Abs. 2 gilt für **Beschäftigte, die »Aufgaben« nach dem LPVG wahrnehmen**. Dazu gehören: die Mitglieder und eingetretenen Ersatzmitglieder der Personalvertretungen i. w. S. (einschließlich der Jugend- und Auszubilden- 24

88 Vgl. DKW-*Berg*, § 74 Rn. 38; *Fitting*, § 74 Rn. 53; anders die h. M. im PersVR (vgl. u. a. Leuze-*Bieler*, § 67 a. F. Rn. 19; Rooschüz-*Gerstner-Heck*, § 69 Rn. 11; Richardi-*Gräfl*, § 67 a. F. Rn. 45 m. w. N.), die mit dem Gesetzeswortlaut aber nicht vereinbar ist.

89 Vgl. Leuze-*Bieler*, § 67 a. F. Rn. 22; Fischer-*Lechtermann*, § 2 Rn. 145.

90 Vgl. Beschl. v. 22. 8. 91 – 6 P 10.90 –, PersR 91, 417, m. w. N.

denvertretungen) sowie der Wahlvorstände, die Wahlhelfer, der Versammlungsleiter einer Personalversammlung zur Wahl eines Wahlvorstands, der Dienststellenleiter und seine Vertreter und Beauftragten sowie die Mitglieder der Einigungsstelle.

b) Inhalt und Umfang

25 Zu der in Abs. 2 als zulässig vorausgesetzten **gewerkschaftlichen Betätigung** gehören auch in der Dienststelle alle Handlungen und Maßnahmen, die vom Grundrecht der Koalitionsfreiheit nach Art. 9 Abs. 3 GG geschützt sind. Dieser Schutz bezieht sich nach der neueren Rspr. des *BVerfG*[91] nicht nur auf einen Kernbereich der Koalitionsbetätigung, sondern umfasst **alle koalitionsspezifischen Verhaltensweisen** (vgl. Rn. 13) einschl. der Wahlwerbung vor PR- und JAV-Wahlen (vgl. § 20 Rn. 3) und der Mitgliederwerbung[92] sowie der Teilnahme am Streik (vgl. § 68 Rn. 13). Zum Schutzbereich des Art. 9 Abs. 3 GG gehören darüber hinaus alle Betätigungen, die dem Zweck der Koalitionen dienen, die Arbeits- und Wirtschaftsbedingungen zu wahren und zu fördern. Die Wahl der Mittel, die die Koalitionen zur Erfüllung ihrer Aufgaben für geeignet halten, bleibt grundsätzlich ihnen überlassen. Die freie Darstellung der in den Koalitionen organisierten Gruppeninteressen ist Bestandteil der durch Art. 9 Abs. 3 GG gewährleisteten Betätigungsfreiheit.[93]
Problematisch dabei ist, ob Beamten ebenfalls ein Streikrecht aus Art. 9 Abs. 3 GG zusteht. Bisher war anerkannt, dass dies wegen der »hergebrachten Grundsätze des Berufsbeamtentums« aus Art. 33 Abs. 5 GG nicht der Fall ist.[94]
Durch das Urteil des *EGMR*[95] zu Art. 11 EMRK könnten sich allerdings Änderungen ergeben. Dort stellt der *EGMR* fest, dass es zwar möglich ist, das Streikrecht für Beamte einzuschränken, aber nur unter der Voraussetzung, dass diese hoheitliche Aufgaben wahrnehmen und es ein dringendes soziales Bedürfnis für das Verbot gibt.[96] Ein generelles Streikverbot für alle Beamten

---

91 Beschl. v. 14.11.95 – 1 BvR 601/92 –, PersR 96, 131.

92 *BVerfG* v. 14.11.95, a.a.O.

93 *BVerfG* v. 6.2.07 – 1 BvR 978/05 –, NZA 07, 394.

94 So die ganz h.M. seit BVerfGE 8, 1, 17 = NJW 58, 1228; BVerfGE 44, 249, 264 = NJW 77, 1869; BVerfGE 119, 247 (264) = NVwZ 07, 1396 = JuS 08, 548 (Hufen); *Isensee*, Beamtenstreik, 1971; *Lecheler*, in: Isensee/Kirchhof, HdB StaatsR V, 3. Aufl. 2007, § 10 Rn. 43; *Bauer*, in: Dreier, GG, 3. Aufl. 2013, Art. 9 Rn. 100; vgl. auch § 52 BeamtStG und § 116 BBG.

95 *EGMR* (III. Sektion), Urteil v. 21.4.09 – 68959/01 –, Enerji Yapi-Yol Sen/Türkei, NZA 10, 1423.

96 *EGMR*, NZA 10, 1424f.

verstoße dagegen gegen Art. 11 EMRK.[97] Das bedeutet, dass hier ein Konflikt zwischen der EMRK und dem GG besteht.[98] Das *BVerwG* kommt nach dem gescheiterten Versuch der EMRK-konformen Auslegung von Art. 33 Abs. 5 GG zu dem Schluss, dass nur durch ein Tätigwerden des Gesetzgebers der Konflikt aufgelöst werden kann.[99]

Das nach Abs. 2 i. V. m. Abs. 1 S. 2 zu beachtende **Gebot der Objektivität und Neutralität** der Amtsführung (vgl. Rn. 16) beschränkt die **Art und Weise der koalitionsspezifischen Betätigung.**[100] Nach der **Rspr. des** *BVerwG* [101] müssen Mitglieder der Personalvertretung bei ihrer gewerkschaftlichen Betätigung alles vermeiden, was geeignet ist, die Stellung der Personalvertretung als Repräsentantin der Gesamtheit der Beschäftigten und als neutrale Sachwalterin ihrer Interessen zweifelhaft erscheinen zu lassen, und dürfen insbesondere keinen Beschäftigten mit dem Ziel des Anschlusses an eine Gewerkschaft unter Druck setzen. Die an sich zulässige **Werbung** durch einen Beschäftigten i. S. d. Abs. 2 sieht das *BVerwG*[102] dann als unzulässig an, wenn sie **nachhaltig** erfolgt und im Zusammenhang mit ihr **Druck** auf den Beschäftigten ausgeübt wird. Diese Rspr. **überzeugt nicht.**[103] Denn sie unterscheidet nicht hinreichend zwischen der Ausübung der personalvertretungsrechtlichen und der gewerkschaftlichen Funktion und vernachlässigt den Aspekt, dass die Doppelfunktion in der Dienststelle ohnehin bekannt ist. Ein Verstoß gegen das Gebot der Objektivität und Neutralität ist nur dann gegeben, wenn ein Beschäftigter seine gewerkschaftliche Betätigung mit seiner personalvertretungsrechtlichen Funktion **verknüpft**, indem er z. B. sein Engagement als PR-Mitglied für bestimmte Belange eines Beschäftigten davon abhängig macht, dass dieser vorher einer Gewerkschaft beitritt,[104] oder indem er Räume oder Sachmittel, die dem PR zur Verfügung stehen, für gewerkschaftliche Werbezwecke nutzt.[105] 26

Gewerkschaftliche Betätigung ist keine parteipolitische Betätigung.[106] Das in Abs. 1 S. 3 geregelte **Verbot parteipolitischer Betätigung** richtet sich nicht 27

97 *EGMR*, NZA 10, 1424 f.

98 Zusammenfassend zur Problematik: *Hufen*, JuS 16, 88; ausführlicher: *Rothballer*, NZA 10, 1119.

99 *BVerwG* v. 27. 2. 14 – 2 C 1.13 –, NVwZ 14, 741 ff.; v. 26. 2. 15 – 2 B 6.15 –, NVwZ 15, 811 f.

100 Näher dazu *Plander*, PersR 86, 25.

101 Beschl. v. 22. 8. 91 – 6 P 10.90 –, PersR 91, 417.

102 A. a. O.

103 Krit. auch Leuze-*Bieler*, § 67 a. F. Rn. 29; im Wesentlichen zust. jedoch Fischer-*Lechtermann*, § 9 Rn. 58 ff.; Lorenzen-*Gerhold*, § 67 a. F. Rn. 21a; Richardi-*Gräfl*, § 67 a. F. Rn. 51.

104 *Plander*, a. a. O., 26; *Däubler*, Gewerkschaftsrechte, Rn. 471 ff., 769 ff.

105 *Plander*, a. a. O.; *Fitting*, § 74 Rn. 70.

106 *BVerwG* 1. 10. 65 – VII P 1.65 –, PersV 66, 21.

an die in der Dienststelle vertretenen Gewerkschaften (vgl. Rn. 17). Gleichwohl wird es durch die Verweisung des Abs. 2 auf Abs. 1 S. 3 auf die in Abs. 2 genannten Beschäftigten ausgedehnt. Das erscheint nicht plausibel, zumal die Behandlung von Tarif-, Besoldungs- und Sozialangelegenheiten durch das Verbot nicht berührt wird (vgl. Rn. 22).

28 Abs. 2 regelt lediglich die gewerkschaftliche Betätigung »**in der Dienststelle**«. Damit ist wie in Abs. 1 S. 3 ihr räumlicher Bereich gemeint (vgl. Rn. 21). Allerdings darf auch eine gewerkschaftliche Betätigung **außerhalb der Dienststelle** nicht mit der personalvertretungsrechtlichen Funktion verquickt werden. So darf z. B. ein PR-Mitglied nicht versuchen, einen Beschäftigten für seine Gewerkschaft mit dem Hinweis zu werben, nur wenn er seiner Organisation beitrete, könne er als PR-Mitglied etwas für ihn tun. Das wäre **Amtsmissbrauch** und schon deshalb unzulässig.[107]

6. Wahrung der Vereinigungsfreiheit (Abs. 3)

29 **(Abs. 3)** Nach Abs. 3 hat sich die Personalvertretung für die **Wahrung der Vereinigungsfreiheit** der Beschäftigten einzusetzen. Damit ist die durch Art. 9 Abs. 3 GG gewährleistete **Koalitionsfreiheit** gemeint, die auch den Arbeitnehmern im öffentlichen Dienst[108] und den Beamten zusteht (vgl. auch § 52 BeamtStG).[109] Die in Abs. 3 festgelegte **Verpflichtung der Personalvertretung** ist ausdrücklich nur ihr auferlegt und besteht in erster Linie **gegenüber dem Dienststellenleiter**. Nach h. M. – die auch die negative Koalitionsfreiheit als durch Art. 9 Abs. 3 GG geschützt ansieht (vgl. Rn. 13) – hat sich die Personalvertretung auch dafür einzusetzen, dass das Recht, einer Gewerkschaft fernzubleiben oder aus ihr auszutreten, respektiert wird.[110] Die Verpflichtung aus Abs. 3 gilt für alle Personalvertretungen i. e. S., also für **PR, APR, GPR, BPR und HPR**, nicht jedoch für die Jugend- und Auszubildendenvertretungen (vgl. Rn. 2). Sie obliegt der jeweiligen **Personalvertretung als Organ** und **ihren Mitgliedern** in ihrer personalvertretungsrechtlichen Funktion.

---

107 Vgl. Altvater-*Berg*, § 9 Rn. 61; zu weitgehend *HessVGH* v. 11.11.87 – BPV TK 852/87 –, PersR 88, 77; dagegen zu Recht *Plander*, PersR 89, 59.

108 *BVerfG* v. 2.3.93 – 1 BvR 1213/85 –, PersR 93, 284.

109 *BVerfG* v. 30.11.65 – 2 BvR 54/62 –, BVerfGE 19, 303.

110 Vgl. Leuze-*Bieler*, § 67 a. F. Rn. 30; Rooschüz-*Gerstner-Heck*, § 69 Rn. 13.

§ 70 Allgemeine Aufgaben der Personalvertretung

(1) Die Personalvertretung hat folgende allgemeine Aufgaben:

1. Maßnahmen zu beantragen, die der Dienststelle und ihren Angehörigen oder im Rahmen der Aufgabenerledigung der Dienststelle der Förderung des Gemeinwohls dienen,
2. darüber zu wachen, dass die zugunsten der Beschäftigten geltenden Gesetze, Verordnungen, Tarifverträge, Dienstvereinbarungen, Verwaltungsanordnungen, Unfallverhütungsvorschriften und sonstigen Arbeitsschutzvorschriften durchgeführt werden und Anforderungen an die Barrierefreiheit nachgekommen wird,
3. auf die Verhütung von Unfall- und Gesundheitsgefahren zu achten, die für den Arbeitsschutz zuständigen Behörden, die Träger der gesetzlichen Unfallversicherung und die übrigen in Betracht kommenden Stellen durch Anregungen, Beratung und Auskunft bei der Bekämpfung von Unfall- und Gesundheitsgefahren zu unterstützen und sich für den Arbeitsschutz einzusetzen,
4. Anregungen und Beschwerden von Beschäftigten und der Jugend- und Auszubildendenvertretung entgegenzunehmen und, falls sie berechtigt erscheinen, durch Verhandlung mit dem Leiter der Dienststelle auf ihre Erledigung hinzuwirken; der Personalrat hat die betroffenen Beteiligten über das Ergebnis der Verhandlungen zu unterrichten,
5. im Zusammenwirken mit der Schwerbehindertenvertretung die Eingliederung und berufliche Entwicklung schwerbehinderter Beschäftigter und sonstiger Hilfsbedürftiger, insbesondere älterer Personen, in die Dienststelle zu fördern und für eine ihren Fähigkeiten und Kenntnissen entsprechende Beschäftigung zu sorgen,
6. an der Weiterentwicklung der interkulturellen Kompetenz der Verwaltung mitzuwirken und die Eingliederung von Beschäftigten mit Migrationshintergrund in die Dienststelle sowie das Verständnis zwischen Beschäftigten unterschiedlicher Herkunft zu fördern,
7. mit der Jugend- und Auszubildendenvertretung zur Förderung der Belange der Beschäftigten im Sinne von § 59 eng zusammenzuarbeiten,
8. Einrichtungen und Angebote der Dienststelle zur Kinderbetreuung anzuregen und vorzuschlagen,
9. Wahrung der Interessen der Beschäftigten in Telearbeit sowie auf einem sonstigen Arbeitsplatz außerhalb der Dienststelle,
10. Maßnahmen zu beantragen, die der Gleichstellung von Frauen und Männern dienen,

11. Maßnahmen zu beantragen, die dem Umweltschutz, dem Klimaschutz oder der sorgsamen Energienutzung in der Dienststelle dienen.

(2) [1]Reicht die Personalvertretung schriftlich oder elektronisch Anträge oder Vorschläge nach Absatz 1 ein, soll der Leiter der Dienststelle innerhalb von drei Wochen schriftlich oder elektronisch Stellung nehmen oder, wenn die Einhaltung der Frist nicht möglich ist, einen schriftlichen oder elektronischen Zwischenbescheid erteilen. [2]Die Ablehnung schriftlicher oder elektronischer Anträge und Vorschläge hat der Leiter der Dienststelle schriftlich oder elektronisch zu begründen.

Vergleichbare Vorschriften:
§ 62 BPersVG; § 80 BetrVG

Inhaltsübersicht Rn.

1. Vorbemerkung

1 Der Inhalt des § 70 wird durch die amtliche Überschrift nur teilweise wiedergegeben. Die Vorschrift regelt in **Abs. 1** die allgemeinen Aufgaben der Personalvertretung (vgl. Rn. 2 ff.) und im neu eingefügten **Abs. 2** das Verfahren bei schriftlichen Anträgen der Personalvertretung gemäß Abs. 1.
Der Regelungsgehalt des früheren **§ 68 Abs. 2** (die Informationspflichten der Dienststelle gegenüber der Personalvertretung) findet sich nunmehr in **§ 71 Abs. 1**, der des früheren **§ 68 Abs. 3** (Teilnahme eines Mitglieds der Personalvertretung an Beurteilungsgesprächen) in **§ 71 Abs. 4** und der des

früheren **§ 68 Abs. 4** (Begehung der Dienststelle und das Aufsuchen von Beschäftigten an ihrem Arbeitsplatz) in **§ 71 Abs. 6**.
»**Personalvertretung**« i. S. d. § 70 sind im Rahmen ihrer in § 91 geregelten Zuständigkeit sowohl der örtliche **PR** als auch **APR, GPR, BPR und HPR** (klargestellt in § 58 Abs. 3 S. 1 u. § 55 Abs. 4), nicht aber die JAV und GJAV, deren allgemeine Aufgaben und Informationsrechte in § 63 bzw. in § 66 Abs. 3 S. 1 i. V. m. § 63 geregelt sind. Im Folgenden wird i. d. R. der Begriff »**Personalrat**« **(PR)** verwendet.

2. Allgemeine Aufgaben (Abs. 1)

Die in Abs. 1 aufgeführten **allgemeinen Aufgaben** stehen neben den Beteiligungsrechten nach den §§ 73 bis 90. Sie geben dem PR die Befugnis, innerhalb seines Zuständigkeitsbereichs von sich aus zur Vertretung der Interessen der Beschäftigten auch in den Fällen tätig zu werden, für die eine spezielle Beteiligung nicht vorgesehen ist.[1] Sie eröffnen dem PR breite Handlungsspielräume. Initiativen, mit denen z. B. personelle Maßnahmen zugunsten einzelner, namentlich benannter Beschäftigter vorgeschlagen werden, sind dabei nicht ausgeschlossen.[2] Ein besonderes Verfahren ist für die Wahrnehmung der allgemeinen Aufgaben nicht vorgeschrieben (vgl. Rn. 5, 16). Im neuen Abs. 2 ist jedoch das Verfahren geregelt, das bei schriftlichen Anträgen des PR zur Anwendung kommt (vgl. Rn. 26). 2

Die Vorschriften des § 91 über die Verteilung der **Zuständigkeiten** zwischen verschiedenen Personalvertretungen gelten auch für die Wahrnehmung der allgemeinen Aufgaben i. S. d. Abs. 1 (vgl. § 91 Rn. 1). Initiativen des PR müssen sich deshalb auf diejenigen Angelegenheiten beschränken, in denen der Leiter der Dienststelle zur Entscheidung befugt ist.[3] Liegt die Entscheidungsbefugnis bei einer anderen Dienststelle kann der PR jedoch bei der dort bestehenden zuständigen Personalvertretung anregen, eine Initiative zu ergreifen.[4] 3

a) Antragsrecht (Abs. 1 Nr. 1)

Die in **Abs. 1 Nr. 1** normierte Grundaufgabe des PR, aus der sich alle weiteren Aufgaben nach Nr. 2 bis 11 ableiten lassen, ist mit dem ÄndG 2013 auf Maßnahmen erstreckt, die der Dienststelle und ihren Angehörigen oder im 4

1 Vgl. *BVerwG* v. 26. 2. 60 – VII P 4.59 –, PersV 60, 152, u. v. 7. 3. 83 – 6 P 27.80 –, PersV 84, 241.
2 Vgl. *BVerwG* v. 24. 10. 01 – 6 P 13.00 –, PersR 02, 21; Leuze-*Mitsch*, § 70 Rn. 4.
3 *BVerwG* v. 13. 12. 74 – VII P 4.73 –, PersV 75, 178.
4 *BVerwG* v. 24. 10. 69 – VII P 9.68 –, PersV 70, 107; weitergehend Richardi-*Gräfl*, § 68 a. F. Rn. 11.

Rahmen der Aufgabenerledigung der Dienststelle der Förderung des Gemeinwohls dienen. Die Personalvertretung vertritt demnach die Interessen der Beschäftigten grundsätzlich umfassend. An der Aufgabenerfüllung und am Auftrag zur Gemeinwohlförderung der Dienststelle wirkt der PR zwar nicht unmittelbar mit. Soweit jedoch die Beschäftigten in ihrer Gesamtheit mit der Gemeinwohlförderung betraut sind, ist eine Befassung des PR auch mit derartigen Themen zulässig. Denn der PR hat seine Aufgaben nicht isoliert, sondern auch im Blick auf die gesellschaftlich orientierte Aufgabenerfüllung der Dienststelle wahrzunehmen, und zwar stets im Sinne einer umfassenden Berücksichtigung der Belange der von ihm vertretenen Beschäftigten.[5] Dieses **allgemeine Antragsrecht** muss sich auf Maßnahmen beziehen, die bestimmten Belangen der Angehörigen der Dienststelle dienen. **Angehörige der Dienststelle** sind nach der Neufassung alle Beschäftigten i. S. d. § 4 (vgl. § 69 Rn. 3). Den Belangen der Angehörigen der Dienststelle »**dienen**« alle Maßnahmen, die dazu bestimmt sind, die Situation dieser Personen in bestimmten Belangen zu verbessern.[6] Eine Beschränkung auf soziale oder persönliche Belange innerdienstlicher Art enthält die Neufassung nicht mehr. Vielmehr entspricht der Wortlaut nun § 62 BPersVG. In Betracht kommen danach Maßnahmen, die der Dienststelle **und** ihren Angehörigen dienen. Sinnvollerweise ist dies trotz des Wortlauts dahingehend zu interpretieren, dass die Maßnahmen entweder der Dienstelle **oder** ihren Angehörigen dienen können.[7] Anderenfalls könnte der Dienststellenleiter die Befassung mit dem Antrag immer ablehnen, wenn sie seiner Meinung nach die Aufgabenerfüllung der Dienststelle gefährdet. Sinn und Zweck der Neufassung ist nämlich die Ausweitung der Maßnahmen, nicht ihre Beschränkung.[8] Maßnahmen i. S. d. Abs. 1 Nr. 1 können sich auf die Gesamtheit der Dienststellenangehörigen oder auf Gruppen von ihnen, aber auch auf **einzelne Personen** beziehen. Das gilt auch dann, wenn es sich um gerichtlich durchsetzbare individualrechtliche Belange handelt.[9]

5 Für einen **Antrag** nach Abs. 1 Nr. 1 ist ein **Beschluss des Plenums** des PR erforderlich.[10] Der Antrag kann beim Dienststellenleiter **jederzeit schriftlich in Textform oder mündlich** gestellt werden. Dieser hat sich mit dem Antrag zu befassen. Will er ihm nicht entsprechen, ist es nach § 68 Abs. 1 S. 5 geboten, dass beide Seiten über die strittigen Fragen mit dem ernsten Willen zur Einigung **verhandeln** (vgl. § 68 Rn. 8). Kann eine Einigung nicht

---

5 LT-Dr. 15/4224, S. 128 [zu § 68].

6 Vgl. Leuze-*Mitsch*, § 70 Rn. 9.

7 So auch Richardi-*Gräfl*, § 68 a. F. Rn. 7.

8 Vgl. die Gesetzesbegründung in der LT-Dr. 15/4224, S. 128 [zu § 68].

9 Str.; wie hier u. a. Leuze-*Mitsch*, § 70 Rn. 8; Altvater-*Herget*, § 62 Rn. 4 a. E.; a. A. u. a. Richardi-*Gräfl*, § 68 a. F. Rn. 8; jew. m. w. N.

10 Vgl. Altvater-*Herget*, § 62 Rn. 5 m. w. N.; a. A. *Lorenzen*, § 68 a. F. Rn. 13.

erzielt werden, so ist das Recht nach Nr. 1 ausgeschöpft. Ein Stufenverfahren kann nicht durchgeführt werden.[11] Nach dem neu gefassten Abs. 2 muss die Dienststelle jedoch auf schriftliche Anträge zeitnah reagieren und eine schriftliche Begründung abgeben (vgl. Rn. 26).

Das Initiativrecht des PR ist auf Angelegenheiten beschränkt, in denen der Dienststellenleiter die **Entscheidungsbefugnis** hat.[12] Ist die übergeordnete Dienststelle zuständig, kann der PR bei der zuständigen Stufenvertretung anregen, die entsprechenden Anträge zu stellen. Stellt der PR den Antrag bei seinem Dienststellenleiter und ist dieser nicht entscheidungsbefugt, so hat er den Antrag an die übergeordnete Dienststelle weiterzuleiten.[13] **5a**

b) Überwachung (Abs. 1 Nr. 2)

aa) Inhalt

Nach **Abs. 1 Nr. 2** hat der PR die allgemeine Aufgabe, darüber zu wachen, dass die zugunsten der Beschäftigten geltenden Gesetze, Verordnungen, Tarifverträge, Dienstvereinbarungen, Verwaltungsanordnungen, Unfallverhütungsvorschriften und sonstigen Arbeitsschutzvorschriften durchgeführt werden. Zusätzlich sind mit dem ÄndG 2013 die Anforderungen an die Barrierefreiheit besonders verankert worden. Denn der Barrierefreiheit kommt bei der Gestaltung des Arbeitsumfelds zunehmend mehr Bedeutung zu. Sie zielt ganz allgemein auf die Zugänglichmachung und Nutzbarkeit von Anlagen und Systemen sowie das generelle Design von Gebrauchsgegenständen vielerlei Art für alle Beschäftigten ab, unabhängig von individuellen Voraussetzungen, also nicht nur für schwerbehinderte Beschäftigte (vgl. Rn. 11a).[14] Diese **Überwachungsbefugnis** soll sicherstellen, dass alle **Rechts- und Verwaltungsvorschriften** zugunsten der Beschäftigten auch tatsächlich eingehalten und angewendet werden. Das Merkmal »**zugunsten der Beschäftigten**« ist weit auszulegen.[15] Es ist nicht nur bei Vorschriften zu bejahen, die den Schutz der Beschäftigten bezwecken, sondern auch bei denen, die sich zugunsten der Beschäftigten auswirken können.[16] Soweit es um die Beachtung der Gleichbehandlungsgrundsätze und Benachteiligungs- **6**

---

11 *BVerwG* v. 20.1.93 – 6 P 21.90 –, PersR 93, 310.

12 *BVerwG* v. 13.12.74 – VII P 4.73 –, PersV 75, 178.

13 So auch Rooschüz-*Gerstner-Heck*, § 70 Rn. 5.

14 LT-Dr. 15/4224, S. 128 [zu § 68].

15 Vgl. *BAG* v. 19.10.99 – 1 ABR 75/98 –, AP Nr. 58 zu § 80 BetrVG 1972.

16 Vgl. *BAG* v. 17.3.87 – 1 ABR 59/85 –, PersR 88, 73; *Fitting*, § 80 Rn. 6; Richardi-*Gräfl*, § 68 a.F. Rn. 16; in *BVerwG* v. 27.7.83 – 6 P 42.80 –, PersV 85, 66, offengelassen bei Regelungen, die den Beschäftigten »lediglich gewisse Vorteile bringen«.

verbote geht, können sich die Befugnisse nach Abs. 1 Nr. 2 und nach § 69 Abs. 1 S. 1 (vgl. dort Rn. 5 ff.) überschneiden.

7 Zugunsten der Beschäftigten geltende **Gesetze und Verordnungen** sind Rechtsvorschriften, die enthalten sein können im Grundgesetz, in der Verfassung des Landes, in den vom Bund und vom Land erlassenen formellen Gesetzen und Rechtsverordnungen, in den öffentlich-rechtlichen Satzungen von Körperschaften, Anstalten und Stiftungen des öffentlichen Rechts sowie im unmittelbar anzuwendenden Recht der EU.[17] Den Gesetzen und Verordnungen gleichgestellt sind die von der Rspr. entwickelten **allgemeinen arbeitsrechtlichen Grundsätze**.[18] Der PR kann prüfen, ob **Einzelarbeitsverträge** mit zwingenden Arbeitsschutzvorschriften, insbesondere mit dem Gleichbehandlungsgrundsatz, in Einklang stehen.[19] **Formulararbeitsverträge** hat er auf ihre Vereinbarkeit mit dem Recht der Allgemeinen Geschäftsbedingungen zu prüfen[20] (zur Mitbestimmung bei Formulararbeitsverträgen vgl. § 75 Rn. 190 ff.).

8 Hinsichtlich der für die Arbeitnehmer der Dienststelle geltenden **Tarifverträge** erstreckt sich die Überwachung sowohl auf die normativen Bestimmungen als auch auf die schuldrechtlichen Regelungen, soweit sie sich zugunsten der Arbeitnehmer auswirken können.[21] Sie bezieht sich auch auf nachwirkende Tarifnormen.[22] Bei fehlender Allgemeinverbindlichkeit werden Inhalts-, Abschluss- und Beendigungsnormen auch dann als zugunsten der Arbeitnehmer geltende Tarifverträge angesehen, wenn ihre Anwendung auf einer generellen einzelvertraglichen Vereinbarung beruht.[23] Das ist im öffentlichen Dienst des Landes die Regel. Ein Tarifvertrag kann die Überwachungsaufgabe des PR nach Abs. 1 Nr. 2 nicht aufheben oder einschränken.[24]

9 Die zugunsten der Beschäftigten geltenden **Dienstvereinbarungen** unterliegen der Überwachung durch den örtlichen PR auch dann, wenn sie für einen größeren Bereich gelten (vgl. § 85 Rn. 20). Die Überwachungsbefugnis bezieht sich nur auf die die Beschäftigten begünstigenden Regelungen.[25] In-

---

17 Näher dazu Altvater-*Herget*, § 62 Rn. 7 m. w. N.
18 Vgl. Richardi-*Gräfl*, § 68 a. F. Rn. 17; DKW-*Buschmann*, § 80 Rn. 7.
19 *BAG* v. 30. 9. 08 – 1 ABR 54/07 –, AP Nr. 71 zu § 80 BetrVG 1972.
20 *BAG* v. 16. 11. 05 – 7 ABR 12/05 –, AP Nr. 64 zu § 80 BetrVG 1972.
21 Vgl. *BAG* v. 11. 7. 72 – 1 ABR 2/72 –, AP Nr. 1 zu § 80 BetrVG 1972; a. A. Leuze-*Mitsch*, § 70 Rn. 17.
22 Vgl. ErfK-*Kania*, § 80 BetrVG Rn. 4.
23 Vgl. *BAG* v. 18. 9. 73 – 1 ABR 7/73 – u. v. 6. 5. 03 – 1 ABR 13/02 –, AP Nr. 3 u. 61 zu § 80 BetrVG 1972.
24 Vgl. *BAG* v. 21. 10. 03 – 1 ABR 39/02 –, AP Nr. 62 zu § 80 BetrVG 1972.
25 *BVerwG* v. 27. 7. 83 – 6 P 42.80 –, PersV 85, 66.

soweit sind **Einheitsregelungen** von Arbeitsbedingungen aufgrund gleichlautender Arbeitsverträge den Dienstvereinbarungen gleichzustellen.[26]

Verwaltungsanordnungen i. S. d. PersVR sind verwaltungsintern verbindliche Regelungen, die die Dienststellen in Wahrnehmung ihrer Aufgaben als Dienstherr oder Arbeitgeber gegenüber ihren Beschäftigten getroffen haben (vgl. § 81 Rn. 3 ff.). Sie unterliegen auch dann der Überwachung durch den PR, wenn sie selbst keine Regelungen zugunsten der Beschäftigten treffen, wohl aber Bestimmungen zur Ausführung entsprechender Rechtsvorschriften enthalten. 10

Die von den Trägern der gesetzlichen Unfallversicherung nach § 15 Abs. 1 bis 4 SGB VII als autonomes Recht erlassenen **Unfallverhütungsvorschriften** sind ein Instrument der Prävention, das dazu dient, Arbeitsunfälle, Berufskrankheiten und arbeitsbedingte Gesundheitsgefahren zu verhüten und für eine wirksame Erste Hilfe zu sorgen. **Sonstige Arbeitsschutzvorschriften** sind enthalten im Arbeitsschutzgesetz, in den Arbeitsschutzverordnungen sowie in weiteren Vorschriften des technischen und des sozialen Arbeitsschutzes (vgl. § 71 Rn. 34 ff.). Dazu gehören auch **Vorschriften des Umweltschutzes**, soweit sie gegenüber den Beschäftigten schützende Wirkungen entfalten.[27] 11

Nunmehr hat der PR darüber zu wachen, dass den **Anforderungen an die Barrierefreiheit** nachgekommen wird. Barrierefrei sind gemäß § 4 BGG bauliche und sonstige Anlagen, Verkehrsmittel, technische Gebrauchsgegenstände, Systeme der Informationsverarbeitung, akustische und visuelle Informationsquellen und Kommunikationseinrichtungen sowie andere gestaltete Lebensbereiche, wenn sie für behinderte Menschen in der allgemein üblichen Weise, ohne besondere Erschwernis und grundsätzlich ohne fremde Hilfe zugänglich und nutzbar sind. Die besondere Verankerung der Barrierefreiheit soll dabei nicht nur dem Schutz schwerbehinderter Beschäftigter dienen, sondern generell **allen Beschäftigten** den Zugang zu und die Nutzung von Gebrauchsgegenständen erleichtern (vgl. Rn. 6). 11a

bb) Grenzen und Umfang

Beabsichtigt die Dienststelle eine Maßnahme, die nach den §§ 74, 75, 81 und 87 der **Mitbestimmung, Mitwirkung oder Anhörung** des PR unterliegt, so hat dieser bei der Ausübung seines speziellen Beteiligungsrechts auch darauf zu achten, dass die für die jeweilige Maßnahme geltenden einschlägigen Rechts- und Verwaltungsvorschriften eingehalten werden. Das *BVerwG*[28] zieht daraus den Schluss, dass das spezielle Beteiligungsrecht in seinem An- 12

26 Vgl. *Fitting*, § 80 Rn. 12.
27 Vgl. *Fitting*, § 80 Rn. 9.
28 Beschl. v. 20. 3. 02 – 6 P 6.01 –, PersR 02, 302.

wendungsbereich die allgemeine Aufgabe nach Abs. 1 Nr. 2 auch dann **verdrängt,** wenn es sich um ein antragsabhängiges Recht handelt, das mangels eines Antrags des unmittelbar betroffenen Beschäftigten nicht zum Zuge kommt (vgl. § 75 Rn. 130). Diese Rspr. überzeugt nicht, weil sie zwischen allgemeinen Aufgaben und speziellen Beteiligungsrechten nicht hinreichend unterscheidet.

13 Die Überwachungsbefugnis nach Abs. 1 Nr. 2 und nach § 69 Abs. 1 S. 1 (vgl. dort Rn. 2 ff.) macht den PR zwar nicht zu einem dem Dienststellenleiter übergeordneten **Kontrollorgan**, dem es obliegt, die Aufgabenerfüllung und den inneren Betrieb der Dienststelle allgemein zu überwachen.[29] Als Kollektivorgan der Beschäftigten, das auch und vorrangig dafür Sorge zu tragen hat, dass die gemeinsamen rechtlichen und sozialen Belange der Beschäftigten nach Recht und Billigkeit gewahrt werden, benötigt er jedoch den **Überblick** über alle Fakten und Vorhaben, die diese Belange berühren, um Rechtsverstößen und Unbilligkeiten nach Möglichkeit bereits im Vorfeld entgegenwirken zu können.[30] Die Dienststelle hat dem PR deshalb gemäß § 71 Abs. 1 alle **Informationen** zur Verfügung zu stellen, die **erforderlich** sind, damit er seine Überwachungsbefugnis wahrnehmen kann (vgl. Rn. 29 ff.). In Sachzusammenhängen, die normalerweise außerhalb des Blickfelds des PR und der Beschäftigten liegen, braucht der PR nicht darzulegen, weshalb er eine Information benötigt.[31] So wird z. B. ein konkreter Anlass nicht verlangt für den Einblick in die Listen über die Bruttolöhne und -gehälter der Beschäftigten,[32] für die Unterrichtung über die Gewährung von Leistungszulagen[33] und für die dauerhafte Aushändigung von Personalbedarfsberechnungen und Stellenplänen an den PR-Vorsitzenden.[34] Denn die Wahrnehmung der Überwachungsaufgaben verlangt ein von einem bestimmten Anlass unabhängiges, vorbeugendes Tätigwerden. Dementsprechend soll der PR in die Lage versetzt werden, etwaigen Rechtsverstößen bereits im Vorfeld effektiv entgegenwirken zu können.[35] Allerdings hat der PR in Sachzusammenhängen, die im Blickfeld des PR und der Beschäftigten liegen, nur dann einen Informationsanspruch, wenn ein bestimmter, sach-

---

29 *BVerwG* v. 21. 9. 84 – 6 P 24.83 –, ZBR 85, 58, v. 27. 2. 85 – 6 P 9.84 –, PersR 85, 124, v. 29. 8. 90 – 6 P 30.87 –, PersR 90, 301, v. 27. 11. 91 – 6 P 24.90 –, PersR 92, 153, v. 22. 12. 93 – 6 P 15.92 –, PersR 94, 78, u. v. 22. 4. 98 – 6 P 4.97 –, PersR 98, 461.

30 *BVerwG* v. 27. 2. 85 u. v. 22. 12. 93, jew. a. a. O. sowie v. 18. 3. 08 – 6 PB 19.07 –, PersR 09, 167.

31 *BVerwG* v. 22. 12. 93, a. a. O.

32 *BVerwG* v. 27. 2. 85 u. v. 22. 4. 98, jew. a. a. O.

33 *BVerwG* v. 22. 12. 93, a. a. O.

34 *BVerwG* v. 23. 1. 02 – 6 P 5.01 –, PersR 02, 201.

35 *BVerwG* v. 19. 3. 14 – 6 P 1.13 –, PersR 1/15, 48.

lich rechtfertigender Anlass vorliegt.[36] In diesen Fällen kann davon ausgegangen werden, dass dem PR »Verstöße und Unbilligkeiten ihren Anlässen nach wenigstens in Anhaltspunkten erkennbar sind oder ihm doch Anlässe zu entsprechender Besorgnis von den betroffenen Beschäftigten regelmäßig mitgeteilt werden«.[37]

cc) Rechtsverfolgung

Stellt der PR **Verstöße** gegen zugunsten der Beschäftigten geltende Rechts- 14
oder Verwaltungsvorschriften fest, hat er dies schriftlich oder mündlich beim Dienststellenleiter zu **beanstanden** und auf Abhilfe zu dringen.[38] Hat er damit keinen Erfolg, müssen die Beschäftigten ihre **individualrechtlichen Ansprüche** ggf. selbst beim Arbeitgeber bzw. Dienstherrn geltend machen und gerichtlich durchsetzen.[39] Der PR hat kein Klagerecht gegen Maßnahmen des Dienststellenleiters, die dieser gegenüber Beschäftigten erlässt.[40] Auch für die Prozessvertretung von Beschäftigten ist der PR nicht zuständig. Er hat die Betroffenen jedoch auf festgestellte Missstände aufmerksam zu machen und sie auf die Möglichkeit der Inanspruchnahme der Gerichte und des gewerkschaftlichen Rechtsschutzes hinzuweisen[41] (zu den Grenzen zulässiger rechtlicher Hilfestellung vgl. § 40 Rn. 4).

c) Arbeitsschutz und Unfallverhütung (Abs. 1 Nr. 3)

Die mit dem ÄndG 2013 eingefügte Regelung entspricht den bislang in § 83 14a
Ab. 1 a. F. normierten allgemeinen Aufgaben beim **Arbeitsschutz**. Sie sind ohne inhaltliche Änderung mit den anderen allgemeinen Aufgaben der Personalvertretung zusammengeführt und als neuer Abs. 3 gefasst worden.[42] Die Vorschrift sieht weitreichende Befugnisse des PR vor. Er hat auf die Verhütung von Unfall- und Gesundheitsgefahren zu achten, die bei der Bekämpfung von Unfall- und Gesundheitsgefahren dafür in Betracht kommenden Stellen zu unterstützen und sich für den Arbeitsschutz und die Unfallverhütung einzusetzen. Die Bestimmung verpflichtet den PR nicht nur, sich in der Dienststelle für den Arbeitsschutz und die Unfallverhütung einzusetzen, sondern auch, mit den hierfür außerhalb der Dienststelle zu-

36 Altvater-*Herget*, § 62 Rn. 12.
37 *BVerwG* v. 22.12.93, a.a.O.
38 *BAG* v. 28.5.02 – 1 ABR 32/01 –, AP Nr. 39 zu § 87 BetrVG 1972 Ordnung des Betriebes.
39 *VGH BW* v. 23.7.85 – 15 S 3062/84 –, ZBR 86, 90.
40 *BVerwG* v. 28.8.08 – 6 PB 19.08 –, PersR 08, 458.
41 Vgl. DKW-*Buschmann*, § 80 Rn. 219.
42 LT-Dr. 15/4224, S. 129 [zu § 68].

ständigen Einrichtungen Kontakt aufzunehmen und diese durch Anregung, Beratung und Auskunft zu unterstützen.

aa) Vorschriften

14b **Vorschriften über den Arbeitsschutz und die Unfallverhütung** können in Gesetzen, Rechtsverordnungen, Unfallverhütungsvorschriften, Tarifverträgen, Dienstvereinbarungen und Verwaltungsanordnungen enthalten sein. Soweit in Rechtsvorschriften zur Konkretisierung der in ihnen enthaltenen arbeitsschutzrechtlichen Regelungen auf allgemein anerkannte Regeln der Technik verwiesen wird, ist auch die Einhaltung der damit in Bezug genommenen sicherheitstechnischen Normen Gegenstand der Überwachungsaufgabe des PR. Bei Verweisungen auf die gesicherten arbeitswissenschaftlichen Erkenntnisse, den Stand der Technik, den Stand von Wissenschaft und Technik oder grundlegende Sicherheits- und Gesundheitsanforderungen gilt Entsprechendes. Von besonderer Bedeutung sind das **Arbeitsschutzgesetz** (ArbSchG) und die auf seiner Grundlage erlassenen Arbeitsschutzverordnungen (z. B. ArbStättV, BetrSichV)[43] und das Landesnichtraucherschutzgesetz (LNRSchG).[44] Wichtige Vorschriften des **technischen Arbeitsschutzes** sind z. B. enthalten im Geräte- und Produktsicherheitsgesetz, Chemikaliengesetz, Atomgesetz und Gentechnikgesetz sowie in ergänzenden Rechtsverordnungen. Wichtige Vorschriften des **sozialen Arbeitsschutzes** beziehen sich v. a. auf die Arbeitszeit (ArbZG bzw. §§ 4 ff. AzUVO) sowie auf besonders schutzbedürftige Personengruppen (JArbSchG bzw. § 77 Abs. 3 LBG i. V. m. §§ 6, 17, 49 u. 50 AzUVO; MuSchG bzw. § 46 BeamtStG u. § 76 LBG i. V. m. §§ 32 ff. AzUVO; besondere Regelungen zur Teilhabe schwerbehinderter Menschen in Teil 2 des SGB IX). Ein **Verzeichnis** der Arbeitsschutzvorschriften des Bundes ist in dem von der Bundesregierung nach § 25 SGB VII alljährlich zu erstattenden Bericht über den Stand von Sicherheit und Gesundheit bei der Arbeit und über das Unfall- und Krankheitsgeschehen in der Bundesrepublik Deutschland enthalten.[45] Außerdem dokumentiert die Gewerbeaufsicht Baden-Württemberg die einschlägigen Vorschriften des Bundes und des Landes auf ihrer Internetseite.[46]

15 **Spezielle Beteiligungsrechte** des PR in Fragen des Arbeitsschutzes sind auch **außerhalb des LPVG** geregelt, u. a. im Arbeitsschutzgesetz (§ 10

43 Näher dazu Altvater-*Herget*, § 68 Rn. 3 m. w. N.

44 Zum vergleichbaren BNichtrSchG vgl. Altvater-*Herget*, § 68 Rn. 17a.

45 Vgl. Bericht über den Stand im Jahr 2021, Anhang 1, auf der Internetseite der *Bundesanstalt für Arbeitsschutz und Arbeitsmedizin [BAuA]*: *https://doi.org/10.21934/baua:bericht20220718.*

46 S. *https://gewerbeaufsicht.baden-wuerttemberg.de/arbeitsschutzrecht-vorschriften.*

Abs. 2), Arbeitszeitgesetz (§ 6 Abs. 4 S. 2 u. 3), Bundes-Immissionsschutzgesetz (§ 55 Abs. 1a, § 58c) und Kreislaufwirtschafts- und Abfallgesetz (§ 55 Abs. 3), in der Biostoffverordnung (§ 12 Abs. 4), Gentechnik-Sicherheitsverordnung (§ 21 Abs. 3), Atomrechtlichen Sicherheitsbeauftragten- und Meldeverordnung (§ 4 Abs. 2) und Strahlenschutzverordnung (§ 71).

Dabei handelt es sich nicht nur um **Rechte**, sondern auch um **Pflichten** des 16
PR. Sie sind sowohl vom **PR insgesamt** als auch von den von ihm beauftragten **einzelnen Mitgliedern** wahrzunehmen. Über die Ausübung seiner Befugnisse entscheidet der PR nach pflichtgemäßem Ermessen. Er kann, wenn er dies für zweckmäßig hält, dazu auch einen **Ausschuss** bilden (vgl. § 35 Rn. 1 ff.).

Die in Abs. 1 Alt. 1 geregelte **Unterstützungsbefugnis** des PR bezieht 17
sich auf »die für den Arbeitsschutz zuständigen Behörden, die Träger der gesetzlichen Unfallversicherung und die übrigen in Betracht kommenden Stellen«. Welche **Behörden für die Überwachung des Arbeitsschutzes** in Baden-Württemberg i. E. zuständig sind, ist in verschiedenen Verordnungen des Landes geregelt (u. a. GewOZuVO, ArbSchGZuVO, JArbSchGZuVO, ArbZZuVO). Für die Überwachung im Rahmen der Gewerbeaufsicht sind dies seit dem Inkrafttreten des Verwaltungsstruktur-Reformgesetzes am 1. 1. 05 nicht mehr die bisherigen staatlichen Gewerbeaufsichtsämter, sondern teils, jeweils für ihr Gebiet, die Gemeinden der Stadtkreise und die Landratsämter als untere Verwaltungsbehörden, sowie teils die Regierungspräsidien. **Träger der gesetzlichen Unfallversicherung** sind im Geltungsbereich des LPVG für den Landes- und Kommunalbereich grundsätzlich die Unfallkasse Baden-Württemberg sowie für die übrigen Bereiche verschiedene Berufsgenossenschaften, insb. die Verwaltungs-Berufsgenossenschaft. Bei den **übrigen in Betracht kommenden Stellen** i. S. d. Abs. 1 Nr. 3 handelt es sich um alle sonstigen Stellen, zu deren Aufgaben in Bezug auf die Dienststelle ebenfalls die Bekämpfung von Unfall- und Gesundheitsgefahren gehört. Dabei kann es sich um Stellen außerhalb der eigenen Dienststelle handeln – in mehrstufigen Verwaltungen v. a. die oberste Dienstbehörde oder eine von ihr beauftragte Stelle –, aber auch um zur eigenen Dienststelle gehörende Einrichtungen und Personen. Dies sind neben dem Dienststellenleiter insbesondere Betriebsärzte (vgl. § 75 Rn. 171 ff.), Sicherheitsbeauftragte, Fachkräfte für Arbeitssicherheit, Beauftragte für Biologische Sicherheit und Strahlenschutzbeauftragte (vgl. § 75 Rn. 174 ff.) sowie ggf. andere Verantwortliche oder Beauftragte für bestimmte Sicherheits- bzw. Gefährdungsbereiche wie der kerntechnische Sicherheitsbeauftragte oder der Betriebsbeauftragte für Immissionsschutz oder für Abfälle.

bb) Rechte und Pflichten des PR

18 Der PR hat die in Betracht kommenden Stellen bei der Bekämpfung von Unfall- und Gesundheitsgefahren durch Anregung, Beratung und Auskunft zu **unterstützen**.[47] Dabei kann er **aus eigener Initiative** tätig werden und grundsätzlich alle der Unterstützung dienenden Aktivitäten entfalten. Soll eine Anregung des PR an eine **außenstehende Stelle** darauf abzielen, diese zum Einschreiten zu veranlassen, so setzt dies nach § 68 Abs. 3 voraus, dass der PR zunächst den Dienststellenleiter eingeschaltet und (erfolglos) versucht hat, mit ihm eine Einigung zu erzielen (vgl. § 68 Rn. 16).[48] Da der PR zur Unterstützung der in Betracht kommenden Stellen verpflichtet ist (vgl. Rn. 4), unterliegen seine Mitglieder diesen gegenüber insoweit nicht der Verschwiegenheitspflicht nach § 7 (vgl. dort Rn. 17).

19 Darüber hinaus hat der PR sich für die Durchführung der Vorschriften über den Arbeitsschutz und die Unfallverhütung **einzusetzen**.[49] Diese Verpflichtung besteht sowohl gegenüber dem Dienststellenleiter als auch gegenüber den Beschäftigten der Dienststelle. Der PR muss sich aus eigener Anschauung über den Stand des Arbeitsschutzes in der Dienststelle informieren. Dazu darf er ohne Vorliegen eines konkreten Anlasses allgemeine **Betriebsbegehungen** durchführen oder einzelne **Arbeitsplätze aufsuchen** (vgl. § 71 Rn. 30 ff.) und auch unangekündigte **Stichproben** vornehmen. **Beschwerden und Anregungen** von Beschäftigten, die nicht offensichtlich unbegründet sind, hat der PR nachzugehen. Den **Dienststellenleiter** hat er auf Gefahrenquellen und Missstände hinzuweisen und mit ihm über Abhilfe zu beraten. Der PR muss auf **die Beschäftigten** einwirken, damit sie die Vorschriften über den Arbeitsschutz und die Unfallverhütung einhalten. Dies kann v. a. durch Hinweise in der Personalversammlung, am Schwarzen Brett, in Informationsschriften, in Gesprächen mit (einzelnen) Beschäftigten und in der Zusammenarbeit mit der JAV geschehen.

d) Behandlung von Anregungen und Beschwerden (Abs. 1 Nr. 4)

20 Nach **Abs. 1 Nr. 4** hat der PR die allgemeine Aufgabe, **Anregungen und Beschwerden von Beschäftigten und der JAV** entgegenzunehmen und auf ihre Erledigung hinzuwirken. **Beschwerden von Beschäftigten** sind Eingaben einzelner oder mehrerer Beschäftigter, die Missstände kritisieren und Abhilfe verlangen. Beschwerdegegenstand können individuelle Beeinträchtigungen sein, z. B. durch den Dienststellenleiter oder andere Beschäftigte, aber auch allgemeine Missstände im gesamten Bereich der personellen, so-

---

47 Näher zum Folgenden Altvater-*Herget,* § 68 Rn. 16.

48 *BAG* v. 3.6.03 – 1 ABR 19/02 –, AP Nr. 1 zu § 89 BetrVG 1972.

49 Näher zum Folgenden Altvater-*Herget,* § 68 Rn. 17.

zialen, organisatorischen und sonstigen innerdienstlichen Angelegenheiten, und zwar auch dann, wenn schwerpunktmäßig die Erledigung von Amtsaufgaben betroffen ist (vgl. vor § 68 Rn. 7 u. 11).[50] Nicht erforderlich ist »ein gewisses persönliches Betroffensein des beschwerdeführenden Beschäftigten«.[51] **Anregungen von Beschäftigten** sind Vorschläge und Anträge, die unabhängig von einer Beschwerde an den PR gerichtet werden können und unstreitig ein persönliches Betroffensein nicht voraussetzen.[52] Sie können sich auf alle personellen, sozialen, organisatorischen und sonstigen innerdienstlichen Angelegenheiten beziehen.

21 Die Anregungen und Beschwerden können **schriftlich** oder **mündlich** vorgebracht werden. Sie sind im **Plenum des PR** zu behandeln.[53] Dieses hat zunächst zu prüfen, ob der PR nach § 91 für die Behandlung **zuständig** ist (vgl. § 91 Rn. 3). Trifft dies nicht zu, hat er die Anregung oder Beschwerde nach einem entsprechenden Beschluss entweder **zurückzugeben** oder sie an die zuständige Personalvertretung **weiterzuleiten** und »die betroffenen Beteiligten« (d.h. den oder die Einleger) über die Abgabe zu informieren.[54] Ist der PR zuständig, hat er zu prüfen und durch Beschluss zu entscheiden, ob die Beschwerde **berechtigt** (bzw. die Anregung sinnvoll) erscheint. Verneint er die Berechtigung, hat er die betroffenen Beteiligten darüber zu informieren. Bejaht er sie, hat er bei einer Anregung, je nach der Art des Anliegens, verschiedene **Handlungsmöglichkeiten**: Initiativantrag nach § 84 Abs. 1 oder 2, Antrag nach Abs. 1 Nr. 1, Anregung nach Abs. 1 Nr. 3 oder Hinwirken auf die Erledigung der Anregung durch **Verhandlung mit dem Dienststellenleiter**. Bei einer Beschwerde dürfte nur Letzteres in Betracht kommen. Zieht sich die Sache hin, hat der PR die betroffenen Beteiligten über den Stand der Verhandlungen zu unterrichten (vgl. § 80 Abs. 1 Nr. 3 BetrVG). Falls kein Initiativantrag nach § 84 gestellt wird, ist die **Entscheidung des Dienststellenleiters** abschließend.[55] Nachdem der Dienststellenleiter dem PR seine Entscheidung mitgeteilt hat, ist dieser verpflichtet, die betroffenen Beteiligten »über das Ergebnis der Verhandlungen« zu **unterrichten**. Damit ist das Verfahren nach Abs. 1 Nr. 3 abgeschlossen.

22 Abs. 1 Nr. 3 stellt in Anlehnung an § 80 Abs. 1 Nr. 3 BetrVG und in Ergänzung des § 63 Abs. 1 Nr. 3 (vgl. § 63 Rn. 4) klar, dass der PR **Anregungen**

50 Enger Leuze-*Mitsch*, § 70 Rn. 29.

51 So aber *Lorenzen*, § 68 a.F. Rn. 25; wie hier Richardi-*Gräfl*, § 68 a.F. Rn. 25.

52 Vgl. *Fischer/Goeres/Gronimus*, § 68 a.F. Rn. 16.

53 *BVerwG* v. 20.3.59 – VII P 8.58 –, PersV 59, 187.

54 Vgl. *BVerwG* v. 24.10.69 – VII P 9.68 –, PersV 70, 107.

55 Vgl. Rooschüz-*Gerstner-Heck*, § 70 Rn. 17; weitergehend *Fischer/Goeres/Gronimus*, § 68 a.F. Rn. 14; Richardi-*Gräfl*, § 68 a.F. Rn. 28.

und Beschwerden der JAV ebenso zu behandeln hat wie Anregungen und Beschwerden von Beschäftigten.[56]

e) Eingliederung der schwerbehinderten Beschäftigten und sonstigen Hilfsbedürftigen (Abs. 1 Nr. 5)

23 Nach **Abs. 1 Nr. 5** hat der PR die allgemeine Aufgabe, die Eingliederung und berufliche Entwicklung schwerbehinderter Beschäftigter und sonstiger Hilfsbedürftiger, insb. älterer Personen, zu fördern. **Schwerbehinderte Beschäftigte** i. S. d. LPVG sind schwerbehinderte und diesen gleichgestellte behinderte Menschen i. S. d. §§ 2, 151 SGB IX. **Sonstige Hilfsbedürftige** sind Personen, die aufgrund ihrer Lebenssituation oder der Verhältnisse in der Dienststelle besonderen Gefährdungen ausgesetzt sind und besonderer Hilfe bedürfen, um einen geeigneten Arbeitsplatz erlangen oder behalten zu können.[57] Wer zu den **älteren Personen** gehört, ist von Fall zu Fall unter Berücksichtigung des Altersaufbaus in der Dienststelle sowie der Arbeitsanforderungen und altersbedingt nachlassenden Leistungsfähigkeit zu bestimmen.[58] Die **Eingliederung** Hilfsbedürftiger in die Dienststelle umfasst insb. die Einstellung, die Zuweisung einer angemessenen Tätigkeit, die Einarbeitung auf dem übertragenen Arbeitsplatz und die Eingewöhnung in das Arbeitsumfeld. Zur **beruflichen Entwicklung** gehört die Teilnahme an geeigneten Maßnahmen der beruflichen Bildung i. S. § 81 Abs. 1 Nr. 5 (vgl. § 81 Rn. 25 ff.) sowie der berufliche Aufstieg. Dem PR obliegt es, die Eingliederung und berufliche Entwicklung Hilfsbedürftiger dadurch zu **fördern,** dass er nach Abs. 1 Nr. 2 über die Einhaltung spezifischer Schutzvorschriften wacht, bei der Wahrnehmung seiner speziellen Beteiligungsrechte nach den §§ 74, 75, 81, 87 und nach Abs. 1 Nr. 3 die besondere Schutzbedürftigkeit Hilfsbedürftiger beachtet sowie mittels seines Initiativrechts nach § 84 und seines allgemeinen Antragsrechts nach Abs. 1 Nr. 1, Abs. 3 geeignete Förderungsprogramme und -maßnahmen vorschlägt. Dabei hat er dafür zu sorgen, dass die Hilfsbedürftigen bei der Einstellung und im Laufe ihrer beruflichen Entwicklung jeweils eine **ihren Fähigkeiten und Kenntnissen entsprechende Beschäftigung** erhalten. Die Aufgaben nach Abs. 1 Nr. 5 können sich auf **generelle Regelungen** oder auf **Einzelmaßnahmen** beziehen. Bei der Wahrnehmung der Aufgaben nach Abs. 1 Nr. 5 hat der PR an der Verwirklichung des in § 1 AGG genannten Ziels mitzuwirken (§ 17

---

56 Vgl. LT-Dr. 11/6312, S. 44 [zu Nr. 32].

57 Vgl. Leuze-*Mitsch*, § 70 Rn. 32; *Fischer/Goeres/Gronimus*, § 68 a. F. Rn. 18a; DKW-*Buschmann*, § 80 Rn. 56, 57.

58 Vgl. Leuze-*Mitsch*, § 70 Rn. 32, § 70 Rn. 32; *Fischer/Goeres/Gronimus*, § 68 a. F. Rn. 18a.

Abs. 1 AGG) und darauf zu achten, dass der Dienststellenleiter seine in den §§ 11, 12 AGG normierten Organisationspflichten erfüllt.[59]

Soweit es sich um schwerbehinderte Menschen handelt, hat der PR seine Förderungsaufgaben im **Zusammenwirken mit der Schwerbehindertenvertretung** wahrzunehmen (vgl. § 32 Abs. 5). Auch nach § 176 SGB IX obliegt ihm die Aufgabe, die Eingliederung schwerbehinderter Menschen zu fördern. Er hat insbesondere darauf zu achten, dass die dem Arbeitgeber nach den §§ 154, 155 und 164–167 SGB IX obliegenden **Verpflichtungen zur Beschäftigung und Integration schwerbehinderter Menschen** erfüllt werden. Darüber hinaus soll er auf die Wahl der Schwerbehindertenvertretung hinwirken.[60] Zu den **Verwaltungsanordnungen**, auf deren Einhaltung der PR nach Abs. 1 Nr. 2 zu achten hat, gehört ggf. die »Gemeinsame Verwaltungsvorschrift aller Ministerien und des Rechnungshofs über die Beschäftigung schwerbehinderter Menschen in der Landesverwaltung« v. 24. 6. 13.[61] 24

Die zuvor in Abs. 1 Nr. 5 a. F. aufgeführte Aufgabe des PR, im Zusammenwirken mit der Schwerbehindertenvertretung **Maßnahmen zur beruflichen Förderung schwerbehinderter Menschen** zu beantragen, hat keine eigenständige Bedeutung, weil sie bereits in der Abs. 1 Nr. 5 genannten Aufgabe enthalten ist.[62] 25

f) Interkulturelle Kompetenz (Abs. 1 Nr. 6)

Nach **Abs. 1 Nr. 6** hat der PR die allgemeine Aufgabe, an der Weiterentwicklung der interkulturellen Kompetenz der Verwaltung mitzuwirken und die Eingliederung von **Beschäftigten mit Migrationshintergrund** in die Dienststelle und das Verständnis zwischen Beschäftigten unterschiedlicher Herkunft zu fördern. Als interkulturell kompetent werden i. d. R. Menschen bezeichnet, die in interkulturellen Begegnungssituationen auf der Grundlage eigenen interkulturellen Wissens, eigener Fähigkeiten und Einstellungen angemessen kommunizieren.[63] Während der PR nach § 69 Abs. 1 S. 1 darüber zu wachen hat, dass jede unterschiedliche Behandlung von Personen wegen ihrer Nationalität unterbleibt (vgl. § 69 Rn. 9), ist er nach Abs. 1 Nr. 6 berechtigt und verpflichtet, durch aktives Handeln dazu beizutragen, dass Beschäftigte, die die deutsche Staatsangehörigkeit nicht besitzen, ihren deutschen Kollegen auch tatsächlich gleichgestellt werden. Der PR hat sich deshalb für 26

---

59 Vgl. Richardi-*Gräfl*, § 68 a. F. Rn. 36.

60 Näher dazu Richardi-*Gräfl*, § 68 a. F. Rn. 37–43; *Rudolph*, PersR 11, 109.

61 GABl. S. 322.

62 LT-Dr. 15/4224, S. 129 [zu § 68].

63 S. dazu etwa *Reinecke/von Bernstorff*, Interkulturelle Kompetenz als Fachkompetenz, Empfehlungen zur Weiterentwicklung von Anforderungsprofilen, Berliner Hefte zur interkulturellen Verwaltungspraxis, 2012.

die **Eingliederung** Beschäftigter mit Migrationshintergrund in die Dienststelle einzusetzen. Zu dieser Integration gehört insb. der Abbau sprachlicher Verständigungsprobleme. Darüber hinaus hat der PR auf ein besseres **Verständnis** zwischen Beschäftigten unterschiedlicher Herkunft hinzuwirken. Dazu gehört der Abbau unbegründeter wechselseitiger Vorurteile ebenso wie das Vorgehen gegen betriebliche Erscheinungsformen von Ausländerfeindlichkeit.[64]

g) Zusammenarbeit mit der JAV (Abs. 1 Nr. 7)

27 Nach **Abs. 1 Nr. 7** hat der PR die allgemeine Aufgabe, **mit der JAV** zur Förderung der Belange der Beschäftigten i. S. v. § 59 **eng zusammenzuarbeiten**. Durch diese Zusammenarbeit soll eine wirksame Vertretung der spezifischen Interessen der jugendlichen und auszubildenden Beschäftigten gewährleistet werden. Zur **Förderung der Belange der Beschäftigten i. S. v. § 59** hat der PR aktiv darauf hinzuwirken, dass die JAV, wo immer das Gesetz dies vorsieht, auch tatsächlich gebildet wird (vgl. § 80 Abs. 1 Nr. 5 BetrVG). Die durch Abs. 1 Nr. 7 vorgegebene enge Zusammenarbeit erschöpft sich nicht darin, die einschlägigen Einzelvorschriften des LPVG (vgl. § 63 Rn. 6) einzuhalten, sondern sie soll die gesamte Beziehung beider Organe bestimmen.[65] Der PR hat die JAV insbesondere in allen Angelegenheiten der jugendlichen und auszubildenden Beschäftigten zu beraten und ihr sachdienliche Hinweise zur Wahrnehmung ihrer Aufgaben zu geben.[66] Er kann von ihr auch Vorschläge und Stellungnahmen anfordern (vgl. § 80 Abs. 1 Nr. 5 BetrVG) und hat diese Voten dann (unter Beteiligung der JAV) in seine Meinungs- und Willensbildung einzubeziehen.

h) Kinderbetreuung (Abs. 1 Nr. 8)

28 Hier hat der PR die Aufgabe, Einrichtungen und Angebote der Dienststelle zur Kinderbetreuung anzuregen und vorzuschlagen. Der Gesetzgeber ist davon ausgegangen, dass die gezielte Förderung von Frauen (Abs. 1 Nr. 10, vgl. Rn. 25) neben den eigentlichen Personalmaßnahmen »flankierende« Maßnahmen erfordert, »um den Frauen eine Arbeitsaufnahme oder Wieder- oder Weiterbeschäftigung zu ermöglichen«.[67] Einrichtungen und Angebote zur Kinderbetreuung dienen aber auch dem in § 1 S. 3 ChancenG festgelegten Ziel einer besseren Vereinbarkeit von Familie und Beruf für

---

64 Vgl. *Lorenzen*, § 68 a. F. Rn. 37; DKW-*Buschmann*, § 80 Rn. 66 f.; *Pakirnus*, PersR 95, 193.

65 Vgl. *Lorenzen*, § 68 a. F. Rn. 38.

66 Vgl. *BAG* v. 10.5.74 – 1 ABR 47/73 –, AP Nr. 2 zu § 65 BetrVG 1972.

67 LT-Dr. 11/6312, S. 45.

Frauen und Männer und können von erziehenden Müttern und Vätern genutzt werden.[68] Einrichtungen i. S. v. Abs. 1 Nr. 8 sind v. a. der Dienststelle zur Verfügung stehende Plätze in Kindergärten, Kinderkrippen und anderen Tageseinrichtungen von Trägern der Jugendhilfe, Gemeinden, Zweckverbänden oder privat-gewerblichen Trägern (vgl. § 1 KiTaG), aber auch Einrichtungen in den Räumlichkeiten der Dienststelle, etwa Räume zum Stillen und Wickeln von Kindern oder Kinderhochstühle in Kantinen.[69] Sind Verhandlungen mit Dritten zur Vorhaltung solcher Einrichtungen erforderlich, können sie vom PR geführt werden, wenn dies mit der Dienststelle vereinbart ist (vgl. § 88 Rn. 4).[70] Sind Kinderbetreuungseinrichtungen Sozialeinrichtungen i. S. d. § 74 Abs. 2 Nr. 6, steht dem PR ein Mitbestimmungsrecht und nach § 84 Abs. 2 ein Initiativrecht zu.

i) Beschäftigte in Telearbeit (Abs. 1 Nr. 9)

Die Regelung verpflichtet den PR, die Interessen der »**Beschäftigten in Telearbeit sowie auf einem sonstigen Arbeitsplatz außerhalb der Dienststelle**« zu wahren, Bei ihnen handelt es sich um Beschäftigte i. S. v. § 4, »die ihre Arbeit nicht in der Dienststelle, sondern zu Hause oder an einem anderen Ort, der mit der Dienststelle elektronisch verbunden ist, verrichten (Telearbeit)«, nicht dagegen um Heimarbeiter, arbeitnehmerähnliche Personen oder Selbständige.[71] Damit ist klargestellt, dass alle Beschäftigten i. S. d. § 4 gemeint sind, die Telearbeit leisten.[72] Da sie aufgrund ihrer aus der Dienststelle ausgelagerten Arbeit mit besonderen Problemen konfrontiert sind, hat der PR den Auftrag, sich für die Wahrung ihrer spezifischen Interessen einzusetzen. Außerdem ist er bei der Einführung und Ausgestaltung der Telearbeit nach § 87 Abs. 1 Nr. 5 anzuhören und hat bei bestimmten Aspekten dieser Arbeitsform mitzuwirken (vgl. § 81 Abs. 1 Nr. 4). 29

j) Gleichstellung von Frauen und Männern (Abs. 1 Nr. 10)

Nach dieser Vorschrift hat der PR die allgemeine Aufgabe, Maßnahmen zu beantragen, die der **Gleichstellung von Frauen und Männern** dienen.[73] Während der PR nach § 69 Abs. 1 S. 1 darüber zu wachen hat, dass jede unterschiedliche Behandlung von Personen wegen ihres Geschlechts unterbleibt (vgl. § 69 Rn. 14), hat er nach Abs. 1 Nr. 10 die Befugnis, entsprechend 30

---

68 Vgl. Rooschüz-*Gerstner-Heck*, § 70 Rn. 25.
69 Vgl. Rooschüz-*Gerstner-Heck*, a. a. O.
70 Vgl. Rooschüz-*Gerstner-Heck*, a. a. O.
71 LT-Dr. 11/6312, S. 45 [zu Nr. 32 Buchst. a Doppelbuchst. dd].
72 Vgl. Rooschüz-*Gerstner-Heck*, § 70 Rn. 26.
73 Vgl. LT-Dr. 11/6212, S. 32.

dem Verfassungsauftrag des Art. 3 Abs. 2 S. 2 GG initiativ zu werden und bei der Dienststelle **Maßnahmen zu beantragen**, die auf die tatsächliche Durchsetzung der Gleichberechtigung von Frauen und Männern und auf die Beseitigung bestehender Nachteile abzielen.[74] Dazu gehören, soweit nicht die Mitbestimmung nach § 75 Abs. 4 Nr. 2 oder 19 eingreift (vgl. § 75 Rn. 179 f. u. 261 f.), Initiativen zum Chancengleichheitsplan (§§ 5–7 ChancenG) und zu weiteren Maßnahmen zur Verwirklichung der Chancengleichheit (§§ 9–12 ChancenG), zu familiengerechter Arbeitszeit[75] und (darüber hinaus) zur Vereinbarkeit von Beruf und Familie (§§ 13–15 ChancenG) sowie zur Bestellung der Beauftragten für Chancengleichheit, ihrer Stellvertreterin und der Ansprechpartnerin (§ 16 ChancenG). Eine intensive **Zusammenarbeit zwischen dem PR und der Beauftragten für Chancengleichheit**, die über die Einhaltung der Einzelvorschriften in § 30 Abs. 1 S. 3 und Abs. 3 S. 1 sowie § 32 Abs. 6 hinausgeht (vgl. § 30 Rn. 4, 14; § 32 Rn. 20c), ist sinnvoll und notwendig.[76] Der PR kann seine Zustimmung zu einer Maßnahme mit der Begründung verweigern, der Beauftragten für Chancengleichheit sei keine Gelegenheit zur aktiven Teilnahme an der anstehenden Entscheidung gegeben worden.[77] Die Rechte der Personalvertretungen bleiben von den Aufgaben und Rechten der Beauftragten für Chancengleichheit unberührt (§ 21 Abs. 5 ChancenG).

k) Umwelt- und Klimaschutz (Abs. 1 Nr. 11)

31 Durch das ÄndG 2013 eingefügt wurde die Aufgabe des PR, Maßnahmen zu beantragen, die **dem Umweltschutz, dem Klimaschutz oder der sorgsamen Energienutzung in der Dienststelle** dienen. Damit ist der in Abs. 1 Nr. 2 ff. aufgeführte Katalog von aus der Grundnorm der Nr. 1 abgeleiteten Fallbeispielen um ein weiteres zeitgemäßes Beispiel erweitert. Es muss sich dabei um Maßnahmen handeln, die in der Dienststelle durchgeführt werden sollen und die Bezug zu den Belangen der Beschäftigten haben.

3. Behandlung von Anträgen durch die Dienststelle (Abs. 2)

32 Neu geschaffen ist durch das ÄndG 2013 eine Regelung über den Umgang der Dienststellenleitung mit schriftlichen Anträgen oder Vorschlägen des PR nach Abs. 1. Es handelt sich um eine Ausprägung des Gebots der partnerschaftlich vertrauensvollen Zusammenarbeit. Zu schriftlichen Anträgen

---

74 Vgl. *Horstkötter*, PersR 09, 242.

75 Vgl. dazu *BAG* v. 16.12.08 – 9 AZR 893/07 –, AP Nr. 27 zu § 8 TzBfG.

76 *BVerwG* v. 22.7.03 – 6 P 3.03 –, PersR 03, 495; näher dazu *Horstkötter*, PersR 08, 191.

77 *BVerwG* v. 20.3.96 – 6 P 7.94 –, PersR 96, 319.

des PR soll der Dienststellenleiter binnen **drei Wochen schriftlich** oder elektronisch[78] Stellung nehmen oder einen schriftlichen Zwischenbescheid erteilen. Die Frist entspricht derjenigen, die auch dem PR in förmlichen Verfahren zur Verfügung steht.[79] Die **Ablehnung** schriftlicher Anträge ist **schriftlich oder elektronisch[80] zu begründen**. Können sich beide Seiten nicht einigen, entscheidet über die schriftlichen Anträge des PR der Dienststellenleiter endgültig.

§ 71 Unterrichtungs- und Teilnahmerechte der Personalvertretung, Arbeitsplatzschutzangelegenheiten

(1) [1]Die Personalvertretung ist zur Durchführung ihrer Aufgaben rechtzeitig und umfassend zu unterrichten. [2]Ihr sind die hierfür erforderlichen Unterlagen vorzulegen. [3]Personalaktendaten dürfen nur mit Zustimmung des Beschäftigten und nur von den von ihm bestimmten Mitgliedern der Personalvertretung eingesehen werden.

(2) [1]Vor Organisationsentscheidungen, die beteiligungspflichtige Maßnahmen zur Folge haben, ist die Personalvertretung frühzeitig und fortlaufend zu unterrichten. [2]An Arbeitsgruppen, die der Vorbereitung derartiger Entscheidungen dienen, können Mitglieder der Personalvertretung beratend teilnehmen.

(3) [1]Bei Einstellungen von Beschäftigten sind der Personalvertretung auf Verlangen die Bewerbungsunterlagen aller Bewerber vorzulegen, soweit dem nicht berechtigte Belange der Bewerber entgegenstehen. [2]An Vorstellungs- oder Eignungsgesprächen, welche die Dienststelle im Rahmen geregelter oder auf Übung beruhender Auswahlverfahren zur Auswahl unter mehreren Bewerbern durchführt oder durchführen lässt, kann ein Mitglied der Personalvertretung, das von dieser benannt ist, teilnehmen.

(4) [1]An Personalgesprächen mit entscheidungsbefugten Vertretern der Dienststelle sowie an Beurteilungsgesprächen im Sinne von § 51 Absatz 2 Satz 1 des Landesbeamtengesetzes kann auf Verlangen des Beschäftigten ein Mitglied der Personalvertretung teilnehmen. [2]An allgemeinen Besprechungen zur Abstimmung einheitlicher Beurteilungsmaßstäbe vor regelmäßigen Beurteilungen im Sinne von § 51 Absatz 1 des Landesbeamtengesetzes kann ein Mitglied der Personalvertretung, das von dieser benannt ist, teilnehmen. [3]Die Gesamtergebnisse regelmäßiger Beurteilungen im Sinne von § 51 des Landesbeamtengesetzes sind der Personalvertretung anonymisiert mitzuteilen. [4]Dienstliche Beurteilungen sind

---

78 Die elektronische Form wird durch Art. 21 Nr. 2 des Gesetzes zum Abbau verzichtbarer Formerfordernisse v. 11. 2. 20, GBl. S. 37, 40, ermöglicht.

79 LT-Dr. 15/4224, S. 129 [zu § 68].

80 S. Fn. 78.

auf Verlangen des betroffenen Beschäftigten der Personalvertretung zur Kenntnis zu geben.

(5) [1]Bei Prüfungen, die eine Dienststelle für Beschäftigte ihres Bereichs abnimmt, ist einem Mitglied der für diesen Bereich zuständigen Personalvertretung, das von dieser benannt ist, die Anwesenheit zu gestatten. [2]Dies gilt nicht für die Beratung.

(6) Der Vorsitzende oder ein beauftragtes Mitglied der Personalvertretung hat jederzeit das Recht, nach vorheriger Unterrichtung des Leiters der Dienststelle, die Dienststelle zu begehen und, sofern die Beschäftigten zustimmen, diese an ihrem Arbeitsplatz aufzusuchen, wenn zwingende dienstliche Gründe nicht entgegenstehen.

(7) [1]Die Dienststelle und die für den Arbeitsschutz zuständigen Behörden, die Träger der gesetzlichen Unfallversicherung und die übrigen in Betracht kommenden Stellen sind verpflichtet, bei allen im Zusammenhang mit dem Arbeitsschutz oder der Unfallverhütung stehenden Besichtigungen und Fragen und bei Unfalluntersuchungen die Personalvertretung oder die von ihr bestimmten Mitglieder der Personalvertretung derjenigen Dienststelle hinzuzuziehen, in der die Besichtigung oder Untersuchung stattfindet. [2]Die Dienststelle hat der Personalvertretung unverzüglich die den Arbeitsschutz oder die Unfallverhütung betreffenden Auflagen und Anordnungen der in Satz 1 genannten Stellen mitzuteilen. [3]An den Besprechungen der Dienststelle mit den Sicherheitsbeauftragten nach § 22 Absatz 2 des Siebten Buches Sozialgesetzbuch nehmen von der Personalvertretung beauftragte Mitglieder der Personalvertretung teil. [4]Die Personalvertretung erhält die Niederschriften über die Untersuchungen, Besichtigungen und Besprechungen, zu denen sie nach den Sätze 1 und 3 hinzuzuziehen ist. [5]Die Dienststelle hat der Personalvertretung eine Durchschrift der nach § 193 Absatz 5 Satz 1 des Siebten Buches Sozialgesetzbuch von der Personalvertretung mit zu unterschreibenden Unfallanzeige oder des nach beamtenrechtlichen Vorschriften zu erstattenden Berichts auszuhändigen.

Vergleichbare Vorschriften:
§§ 66, 67, 68 BPersVG; §§ 80, 89, 99 BetrVG

Inhaltsübersicht Rn.

1. Vorbemerkungen

Der mit dem ÄndG 2013 eingefügte § 71 sollte den Informationsgleichstand von Dienststelle und PR gewährleisten, ohne den eine vertrauensvolle partnerschaftliche Zusammenarbeit nicht denkbar ist. Die Informationspflicht der Dienststelle bezieht sich auf alle dem PR zugewiesenen Aufgaben, nicht nur auf förmliche Beteiligungsverfahren, sondern auch auf allgemeine Aufgaben und auf seine Überwachungsfunktion. Der PR ist zwar kein Aufsichtsorgan, hat aber darüber zu wachen, dass in der Dienststelle die Belange der Beschäftigten nach Recht und Billigkeit gewahrt werden und benötigt deshalb umfassende Informationen, um Rechtsverstößen und Unbilligkeiten möglichst schon im Vorfeld entgegenwirken zu können. Durch einen eigenen Paragraphen, der neben dem Informationsanspruch (Abs. 1) auch Unterrichtungs- und Teilnahmerechte (Abs. 2 bis 4), das Recht des PR auf Anwesenheit bei Prüfungen (Abs. 5), das Recht des PR zur Arbeitsplatzbegehung (Abs. 6) und die Zusammenarbeit beim Arbeitsschutz (Abs. 7) enthält, wird dies besonders herausgestellt. Abs. 1 entspricht § 68 Abs. 2 a. F. Die überwiegend neuen Abs. 2 bis 4 stellen die Unterrichtungs- und Teilnahmerechte des PR klar und stärken sie im Sinne prozessbegleitender Informationsrechte und Beteiligungen.[1] 1

§ 71 gilt für **alle Personalvertretungen**, also GPR, APR, Stufenvertretungen und die Jugend- und Auszubildendenvertretungen. 2

1 Vgl. LT-Dr. 15/4224, S. 129 f. [zu § 68a].

2. Informationspflicht der Dienststelle (Abs. 1)

a) Allgemeines

3 Die Personalvertretung ist zur Durchführung ihrer Aufgaben **rechtzeitig und umfassend zu unterrichten**. Nach S. 2 sind ihr die hierfür erforderlichen Unterlagen vorzulegen. Die von der Dienststelle zu erfüllende Informationspflicht korrespondiert mit einem entsprechenden Informationsanspruch des PR.[2] Beide dienen dem Zweck, dem PR durch die Information über alle jeweils bedeutsamen Tatsachen und Gesichtspunkte die rechtzeitige und sachkundige Erfüllung der Aufgaben zu ermöglichen, die ihm nach dem LPVG oder nach anderen Vorschriften obliegen.[3] Die Information und die in ihrem Rahmen erfolgende Vorlage von Unterlagen müssen jeweils im Zusammenhang mit einer bestimmten Aufgabe stehen, die der PR ohne die Information nicht oder nur unvollkommen wahrnehmen könnte.[4] Dabei muss der PR so unterrichtet werden, dass er über den gleichen Informationsstand wie die Dienststelle verfügt[5] (vgl. Rn. 4). Hinsichtlich der Erforderlichkeit der Information kommt es auf den Standpunkt einer »objektiven Personalvertretung« an, wobei ausschlaggebend ist, was sie nach Lage der Dinge bei verständiger Würdigung für erforderlich halten darf.[6] Aus dem Grundsatz der vertrauensvollen Zusammenarbeit, des gegenseitigen Vertrauens und der gegenseitigen Offenheit folgt, dass die Personalvertretung einen Informationsanspruch zur präventiven Kontrolle auch bezüglich der Beachtung ihrer Beteiligungsrechte nur bei Vorliegen eines bestimmten, sachlich gerechtfertigten Anlasses hat und sie den Dienststellenleiter über diesen Anlass unterrichten muss.[7]

4 Spezielle Informationsrechte stehen dem PR z. B. bei der Nichtdurchführung von Maßnahmen, die der PR gebilligt hat oder die auf seinen Antrag zustande gekommen sind, zur Verfügung (vgl. § 88 Abs. 2), bezüglich des Arbeits-

---

2 Vgl. *BAG* v. 30. 9. 08 – 1 ABR 54/07 –, NZA 09, 502.

3 *BVerwG* v. 11. 2. 81 – 6 P 3.79 –, Buchh 238.36 § 67 Nr. 3, u. – 6 P 44.79 –, PersV 81, 320, v. 27. 7. 83 – 6 P 42.80 –, PersV 85, 86, u. v. 27. 11. 91 – 6 P 24.90 –, PersR 92, 153.

4 *BVerwG* v. 21. 2. 80 – 6 P 77.78 –, PersV 80, 278, v. 11. 2. 81, a. a. O., v. 21. 9. 84 – 6 P 24.83 –, Buchh 238.3A § 68 Nr. 5, v. 27. 2. 85 – 6 P 9.84 –, PersR 85, 124, v. 27. 11. 91, a. a. O., v. 22. 4. 98 – 6 P 4.97 –, PersR 98, 461, v. 20. 3. 02 – 6 P 6.01 –, PersR 02, 302, u. v. 12. 8. 09 – 6 PB 18.09 –, PersR 09, 416; *VGH BW* v. 16. 6. 92 – 15 S 918/91 –, PersR 93, 170.

5 *VGH BW* v. 24. 6. 97 – PL 15 S 261/96 –, PersR 98, 36.

6 *BVerwG* v. 26. 1. 94 – 6 P 21.92 –, PersR 94, 213, u. v. 9. 10. 96 – 6 P 1.94 –, PersR 97, 116.

7 So *VGH BW* v. 7. 5. 18 – PL 15 S 976/17 –, ZfPR 18, 103; vgl. auch *OVG Berlin-Brandenburg* v. 31. 1. 19 – 61 PV 5.17 –, juris; *BVerwG* v. 29. 8. 90 – 6 P 30.87 –, PersR 90, 301.

und Umweltschutzes in § 71 Abs. 7 (vgl. Rn. 34ff.) sowie in Vorschriften außerhalb des LPVG (vgl. § 70 Rn. 15). Außerdem bestehen Informationspflichten des Arbeitgebers über Teilzeitarbeit und befristete Beschäftigung nach § 7 Abs. 4 und § 20 TzBfG[8] sowie über Vermittlungsvorschläge und über Bewerbungen schwerbehinderter Menschen und dazu getroffene Entscheidungen nach § 164 Abs. 1 S. 4 und 9 SGB IX.[9]

Einschränkungen des Informationsrechts gelten nach § 94 Abs. 5 bei der 5
Behandlung von Verschlusssachen (vgl. § 94 Rn. 8) und nach § 97 Nr. 3 für das Landesamt für Verfassungsschutz (vgl. § 97 Rn. 4).

Obwohl das Gesetz zur Form der Unterrichtung nach Abs. 1 S. 1 nichts sagt, 6
ist die **Schriftform** aus Gründen der Klarheit i. d. R. angebracht und bei umfangreichen und komplexen Tatbeständen geboten.[10] In welcher Weise die erforderlichen Unterlagen nach Abs. 2 S. 2 vorzulegen sind, hängt von der Art der Unterlage und der Häufigkeit ihrer Verwendung ab (vgl. Rn. 11). Die Dienststelle hat ihrer Informationspflicht von sich aus nachzukommen.[11] Hält der PR die gegebenen Informationen für nicht ausreichend, kann er eine entsprechende Ergänzung verlangen. Auch Informationen zur Durchführung seiner allgemeinen Aufgaben sind dem PR grundsätzlich unaufgefordert zur Verfügung zu stellen. Da der PR in diesem Aufgabenfeld meistens aus eigenem Entschluss aktiv wird und sein Informationsbedürfnis für die Dienststelle u. U. nicht ohne Weiteres erkennbar ist, muss er seinen Informationsanspruch ggf. geltend machen. Weshalb er die Information benötigt, braucht er dabei nur dann darzulegen, wenn es um die Überwachung nach § 69 Abs. 1 S. 1 oder § 70 Abs. 1 Nr. 1 hinsichtlich solcher Sachzusammenhänge geht, die im Blickfeld des PR oder der Beschäftigten liegen.[12] Nach der Rspr. des *BVerwG*[13] besteht in diesem Bereich die Informationspflicht der Dienststelle nur unter der Voraussetzung, dass der PR einen **sachlich rechtfertigenden Anlass** für sein Informationsbedürfnis darlegt. Mit den Informationen soll der PR jedoch in die Lage kommen, in eigener Verantwortung zu prüfen, ob auf Grund eines bestimmten Geschehensablaufs in der Dienststelle Aufgaben auf ihn zukommen und ob er deswegen tätig werden soll.[14] Er hat also auch dann Anspruch auf solche Informationen, die es ihm erst ermöglichen zu überprüfen, ob ihm überhaupt Überwachungs- oder Betei-

8 Vgl. ErfK-*Preis*, § 7 TzBfG Rn. 9f.; ErfK-*Müller-Glöge*, § 20 TzBfG Rn. 1f.; DHZ-*Lakies*, § 114 Rn. 37.

9 Vgl. Wedde-*Müller-Wenner*, SGB IX, § 164 Rn. 2.

10 Vgl. *BAG* v. 30.9.08 – 1 ABR 54/07 –, AP Nr. 71 zu § 80 BetrVG 1972.

11 Richardi-*Gräfl*, § 68 a.F. Rn. 58, 73.

12 *BVerwG* v. 22.12.93 – 6 P 15.92 –, PersR 94, 78; vgl. Rn. 13; Altvater-*Herget*, § 66 Rn. 4.

13 *BVerwG* v. 22.12.93 – 6 P 15.92 –, PersR 94, 78.

14 *Fitting*, § 80 Rn. 51.

ligungsrechte zukommen. Nach der zutreffenden Rspr. des *BAG* genügt es demnach, wenn eine gewisse Wahrscheinlichkeit dafür spricht, dass gesetzliche Aufgaben vorliegen, zu deren Wahrnehmung der PR die verlangten Informationen benötigt.[15] Allerdings reicht der Einwand des PR, er sei nicht hinreichend über eine beabsichtigte Maßnahme unterrichtet worden nicht, wenn die Begründung dazu ausschließlich abstrakte Kommentierungen der gesetzlichen Unterrichtungspflicht des Dienststellenleiters enthält. Erforderlich sind vielmehr einzelfallbezogene Ausführungen.[16]
Streitigkeiten, die die Informations- und Vorlagepflichten der Dienststelle gegenüber dem PR betreffen, sind im personalvertretungsrechtlichen Beschlussverfahren zu entscheiden.[17] Dabei ist regelmäßig der PR antragsberechtigt.[18] Antragsberechtigt können aber auch diejenigen PR-Mitglieder sein, denen im Falle des Abs. 1 S. 3 der betreffende Beschäftigte das Einsichtsrecht in seine Personalakte eingeräumt hat.[19] Ein Verpflichtungsantrag ist zur Durchsetzung des Informationsanspruchs in einer noch nicht abgeschlossenen Angelegenheit zu stellen. Der Erlass einer einstweiligen Verfügung gem. § 85 Abs. 2 ArbGG ist bei Eilbedürftigkeit möglich. Ein Verfügungsgrund ist gegeben, wenn davon auszugehen ist, dass der PR auch zukünftig nicht vollumfänglich unterrichtet wird.[20] Darauf kann regelmäßig aufgrund des bisherigen Verhaltens sowie der geäußerten Rechtsauffassung der Dienststelle geschlossen werden. Ein Feststellungsantrag kommt nach der Erledigung des konkreten Streitfalls in Betracht.[21]

b) Rechtzeitige und umfassende Unterrichtung (Abs. 1 S. 1)

7 Nach Abs. 1 S. 1 ist der PR **rechtzeitig** zu unterrichten. Die Unterrichtung über eine von der Dienststelle beabsichtigte beteiligungspflichtige Maßnahme muss zu einem Zeitpunkt erfolgen, in dem die Maßnahme noch gestaltungsfähig ist und nicht bereits durch Vorentscheidungen vollendete Tatsachen geschaffen worden sind.[22] Ist für die Stellungnahme des PR

---

15 *BAG* v. 19.10.99 – 1 ABR 75/98 –, AP Nr. 58 zu § 80 BetrVG 1972, sowie v. 6.5.03 – 1 ABR 13/02 –, AP Nr. 61 zu § 80 BetrVG 1972, und v. 30.9.08 – 1 ABR 54/07 –, AP Nr. 71 zu § 80 BetrVG 1972; Altvater-*Herget*, § 66 Rn. 4; vgl. dazu auch den Überblick bei Richardi-*Gräfl*, § 68 a. F. Rn. 57.
16 *BVerwG* v. 29.1.96 – 6 P 38.93 –, AP Nr. 63 zu § 75 BPersVG.
17 Altvater-*Herget*, § 66 Rn. 25.
18 *BVerwG* v. 10.2.09 – 6 PB 25.08.
19 Altvater-*Herget*, § 66 Rn. 25.
20 Altvater-*Herget*, § 66 Rn. 25.
21 *BVerwG* v. 26.1.94 – 6 P 21.92; Altvater-*Herget*, § 66 Rn. 25 a. E.
22 Vgl. *BVerwG* v. 20.6.05 – 1 WB 60.04 –, PersR 05, 458 (zur Anhörung), u. v. 18.3.08 – 6 PB 19.07 –, PersR 09, 167 (zur Mitwirkung); Richardi-*Gräfl*, § 68 a. F. Rn. 59.

eine Äußerungsfrist festgelegt (wie in § 76 Abs. 6, in § 82 Abs. 4 sowie in § 87 Abs. 3), erfolgt die Unterrichtung nur dann rechtzeitig, wenn der PR spätestens zugleich mit dem Zustimmungsantrag bzw. der Bekanntgabe der beabsichtigten Maßnahme **alle** erforderlichen Informationen erhält. Dabei sind nach dem Grundsatz der partnerschaftlich vertrauensvollen Zusammenarbeit (vgl. § 2 Rn. 4) insbesondere bei umfangreichen und komplexen Vorhaben und bei solchen, die längerfristig geplant werden, Informationen schon vorher erforderlich.[23] Zur Durchführung der Überwachungsaufgaben nach § 69 Abs. 1 S. 1 und der allgemeinen Aufgaben nach § 70 Abs. 1 muss die Dienststelle den PR so zeitnah unterrichten, dass diesem die wirksame Wahrnehmung dieser Aufgaben nicht erschwert oder gar unmöglich gemacht wird.[24]

Nach Abs. 1 S. 1 ist der PR **umfassend** zu unterrichten. Dafür ist entscheidend, was eine »objektive Personalvertretung« nach Lage der Dinge für erforderlich halten darf (vgl. Rn. 3). Davon ausgehend muss der PR über alle entscheidenden Tatsachen und Gesichtspunkte informiert werden, deren Kenntnis für die sachgerechte und uneingeschränkte Wahrnehmung seiner jeweils anstehenden Aufgabe von Bedeutung sein kann.[25] Bei einer beteiligungspflichtigen beabsichtigten Maßnahme hat die Dienststelle einen »identischen Informationsstand« herzustellen[26] (zu den Besonderheiten bei Kündigungen vgl. § 75 Rn. 77 ff.). 8

c) Vorlage von Unterlagen (Abs. 1 S. 2)

Nach Abs. 1 S. 2 sind dem PR die für dessen Unterrichtung **erforderlichen Unterlagen vorzulegen**. Dabei handelt es sich um sämtliche in stofflicher Form verkörperte oder abrufbare Informationsmaterialien gleich welcher Zusammensetzung,[27] also nicht nur Unterlagen in Papierform, sondern z. B. auch Daten, die in elektronischen Datenverarbeitungssystemen gespeichert sind.[28] 9

Die von der Dienststelle zu erfüllende Vorlagepflicht und der ihr entsprechende Vorlageanspruch des PR bestehen grundsätzlich unter den gleichen Voraussetzungen und in gleichem Umfang wie Informationspflicht und Informationsanspruch nach Abs. 2 S. 1 (vgl. Rn. 3). Dabei kommt es neben der 10

23 Str.; wie hier Leuze-*Mitsch*, § 71 Rn. 11; a. A. die h. M., vgl. *Fischer/Goeres/Gronimus*, § 68 a. F. Rn. 28 m. w. N.
24 Vgl. Richardi-*Gräfl*, § 68 a. F. Rn. 60.
25 *BVerwG* v. 10. 8. 87 – 6 P 22.84 –, PersR 88, 18.
26 *BVerwG* v. 26. 1. 94 – 6 P 21.92 –, PersR 94, 213.
27 Vgl. DKW-*Buschmann*, § 80 Rn. 112.
28 Vgl. *BAG* v. 17. 3. 83 – 6 ABR 33/80 –, AP Nr. 18 zu § 80 BetrVG 1972, u. v. 30. 9. 08 – 1 ABR 54/07 –, AP Nr. 71 zu § 80 BetrVG 1972.

Erforderlichkeit der Vorlage auch auf die **Vorlagefähigkeit** der Unterlagen an.[29] Diese kann durch Rechtsvorschriften ausgeschlossen sein, so z. B. bei Personalakten (Abs. 1 S. 3) oder Sicherheits- und Sicherheitsüberprüfungsakten (§ 19 LSÜG). Die Vorlagepflicht erstreckt sich auf Unterlagen, die in der Dienststelle vorhanden sind oder von ihr jederzeit erstellt oder beschafft werden können.[30] Dabei kommt es nicht darauf an, ob die Dienststelle zur Führung der Unterlagen verpflichtet ist.[31] Nicht vorlagepflichtig sind Unterlagen, die lediglich der verwaltungsinternen Vorbereitung einer Entscheidung des Dienststellenleiters dienen.[32] Anders ist es jedoch, wenn interne Unterlagen über die Verarbeitung bereits vorhandener Erkenntnisse einen eigenständigen Informationsgehalt haben.[33]

11 Nicht nur der Umfang, sondern auch die Ausgestaltung der Vorlagepflicht ist nach dem Maßstab der Erforderlichkeit zu beurteilen. Wie die Dienststelle dieser Pflicht nachzukommen hat, hängt deshalb davon ab, wie eingehend und wie häufig sich der PR mit der Unterlage befassen muss. Die Möglichkeiten reichen von der Gewährung von Einblick in die Unterlagen über deren befristete Überlassung bis zu deren dauerhafter Aushändigung.[34] Grundsätzlich sind die Unterlagen dem PR als Gremium vorzulegen. Steht dem PR aus datenschutzrechtlichen Gründen lediglich ein Einsichtsrecht zu, empfiehlt es sich, dieses von einem oder einigen wenigen PR-Mitgliedern wahrnehmen zu lassen.[35] Die Einsicht nehmenden PR-Mitglieder dürfen sich Notizen machen, die Unterlagen aber weder vollständig abschreiben noch fotokopieren.[36] Bei der Einsichtnahme dürfen keine Personen anwesend sein, die den PR überwachen oder mit seiner Überwachung beauftragt sind.[37]

12 Beispiele für besonders bedeutsame **vorlagepflichtige Unterlagen**: Personalbedarfsberechnung und Stellenplan;[38] Personalbewirtschaftungslisten;[39] Bruttolohn- und -gehaltslisten,[40] und zwar auch, wenn die Listen in

29 *BVerwG* v. 26. 1. 94, a. a. O.

30 Vgl. Lorenzen-*Gerhold*, § 66 Rn. 34; Richardi-*Gräfl*, § 68 a. F. Rn. 77; enger *BAG* v. 30. 9. 08, a. a. O.

31 *BVerwG* v. 26. 2. 60 – VII P 4.59 –, PersV 60, 152, u. v. 26. 1. 94, a. a. O.

32 *BVerwG* v. 27. 11. 91 – 6 P 24.90 –, PersR 92, 153.

33 *BVerwG* v. 26. 1. 94, a. a. O.

34 *BVerwG* v. 23. 1. 02 – 6 P 5.01 –, PersR 02, 201.

35 Vgl. *BVerwG* v. 27. 2. 85 – 6 P 9.84 –, PersR 85, 124; Lorenzen-*Gerhold*, § 66 Rn. 34 m. w. N.

36 *BVerwG* v. 22. 12. 93 – 6 P 15.92 –, PersR 94, 78.

37 Vgl. *BAG* v. 16. 8. 95 – 7 ABR 63/94 –, AP Nr. 53 zu § 80 BetrVG 1972.

38 *BVerwG* v. 23. 1. 02, a. a. O.

39 *BVerwG* v. 26. 2. 60 – VII P 4.59 –, PersV 60, 152.

40 *BVerwG* v. 27. 2. 85, a. a. O., v. 22. 4. 98 – 6 P 4.97 –, PersR 98, 461, u. v. 16. 2. 10 – 6 P 5.09 –, PersR 10, 204, u. v. 16. 5. 12 – 6 PB 2.12 –, NZA-RR 12, 609.

einer EDV-Anlage gespeichert sind;[41] Liste der Empfänger von Leistungszulagen;[42] Bewerbungsunterlagen aller internen und externen Bewerber bei beteiligungspflichtigen personellen Maßnahmen, denen eine Auswahl unter mehreren Personen zugrunde liegt;[43] ferner interne Unterlagen, in denen vorhandene Erkenntnisse oder eingeholte Auskünfte zur Eignung, Befähigung und fachlichen Leistung von Bewerbern zusammengestellt und abgewogen werden;[44] Unterlagen über Daten und Noten von Prüfungen und Beurteilungen;[45] Stellungnahmen der Beauftragten für Chancengleichheit[46] (vgl. § 70 Rn. 30).[47]

d) Einsicht in Personalakten (Abs. 1 S. 3)

aa) Personalakten

Die in Abs. 1 S. 2 getroffene Regelung über die Vorlage von Unterlagen gilt 13 **nicht für Personalakten**. Diese dürfen nur unter den Voraussetzungen des Abs. 1 S. 3 von Mitgliedern der Personalvertretung eingesehen werden (vgl. Rn. 15). Das Personalaktenrecht der Beamten des Landes und der seiner Aufsicht unterstehenden Körperschaften, Anstalten und Stiftungen des öffentlichen Rechts ist in § 50 BeamtStG und §§ 83–88 LBG geregelt (vgl. Rn. 14, 14a). Für die Arbeitnehmer bestehen nur fragmentarische tarifvertragliche Bestimmungen, etwa in § 3 Abs. 6 TV-L oder § 3 Abs. 5 TVöD. Nach der Rspr. des *BAG* handelt es sich bei Personalakten um eine chronologische Sammlung von Schriftstücken, die die persönlichen und dienstlichen Verhältnisse des Beschäftigten betreffen und in einem inneren Verhältnis zu dem Dienstverhältnis stehen.[48] Allgemeiner Ansicht nach finden auf die Verarbeitung ihrer Personalaktendaten die genannten beamtenrechtlichen Vorschriften entsprechende Anwendung (vgl. unten Rn. 14b u. § 67 Rn. 11).

§ 50 S. 1 BeamtStG legt (ebenso wie § 106 Abs. 1 S. 4 BBG) für die Beamten 14 den materiellen Personalaktenbegriff als maßgeblich fest.[49] Danach gehören

41 *BAG* v. 17.3.83 – 6 ABR 33/80 –, AP Nr. 18 zu § 80 BetrVG 1972.

42 *BVerwG* v. 22.12.93, a.a.O.

43 *BVerwG* v. 11.2.81 – 6 P 3.79 –, Buchh 238.36 § 67 Nr. 3; *BAG* v. 17.6.08 – 1 ABR 20/07 –, AP Nr. 46 zu § 99 BetrVG 1972 Versetzung.

44 *BVerwG* v. 26.1.94 – 6 P 21.92 –, PersR 94, 213.

45 *VGH BW* v. 24.6.97 – PL 15 S 261/96 –, PersR 98, 36.

46 *BVerwG* v. 20.3.96 – 6 P 7.94 –, PersR 96, 319.

47 Weitere Beispiele bei Altvater-*Herget*, § 66 Rn. 11.

48 *BAG* v. 16.11.10 – 9 AZR 573/09 –, NZA 11, 453; Conze-*Karb*, Personalakten, Rn. 2361; *Herfs-Röttgen*, NZA 13, 478.

49 Vgl. LT-Dr. 14/6694, S. 444 f. [zum 5. Abschn. des 6. Teils des LBG]; *Battis*, § 106 Rn. 6.

zur Personalakte alle den Beamten betreffenden Unterlagen, soweit sie mit dem Dienstverhältnis in einem unmittelbaren inneren Zusammenhang stehen. Diese Unterlagen sind (entsprechend der datenschutzrechtlichen Terminologie) als **Personalaktendaten** definiert. Es kommt nicht darauf an, ob die Unterlagen in Papierform oder in elektronischer Form registriert und aufbewahrt werden.[50] Andere Unterlagen – die keine Personalaktendaten sind – dürfen (was in § 106 Abs. 1 S. 5 BBG klargestellt ist) nicht in die Personalakte aufgenommen werden. Demnach sind Unterlagen, die besonderen, von der Person und dem Dienstverhältnis sachlich zu trennenden Zwecken dienen, nicht Bestandteil der Personalakte.[51] Dazu gehören neben den (in § 106 Abs. 1 S. 6 BBG beispielhaft aufgeführten) Prüfungs-, Sicherheits- und Kindergeldakten auch Unterlagen über Stellenausschreibungen, Auswahlverfahren, Stellenbeschreibungen und -bewertungen sowie über die Geschäftsverteilung.[52] Die Disziplinarakte erfüllt die Voraussetzungen des materiellen Personalaktenbegriffs. Solange das Disziplinarverfahren im Gange ist, wird sie aber formell gesondert geführt (vgl. auch § 81 Rn. 37).[53] Die Personalaktendaten können nach sachlichen Gesichtspunkten in einen Grunddatenbestand und Teildatenbestände gegliedert werden; Personalaktendaten über Beihilfe, Heilfürsorge und Heilverfahren sowie Disziplinarverfahren sind stets als Teildatenbestände zu führen (§ 88 Abs. 1 LBG).[54]

bb) Individualrecht auf Einsicht

14a Die Beamten haben ein **Recht auf Einsicht** in alle über sie gespeicherten Personalaktendaten (§ 87 Abs. 1 LBG); allerdings ist dem Beamten statt der Einsichtnahme ausnahmsweise **Auskunft** zu erteilen, wenn dessen Daten mit Daten Dritter oder geheimhaltungsbedürftigen Daten derart verbunden sind, dass ihre Trennung nicht oder nur mit unverhältnismäßig hohem Aufwand verbunden ist (§ 87 Abs. 4 LBG). § 110 Abs. 1 BBG sieht weitergehend ein Recht des Beamten »auf Einsicht in seine vollständigen Personalakten« sowie (in Abs. 2) ein mit Einschränkungen verknüpftes und (u. U. durch ein Auskunftsrecht ersetztes) »Recht auf Einsicht auch in andere Akten, die personenbezogene Daten über ihn enthalten und für sein Dienstverhältnis verarbeitet werden«, vor. **Bevollmächtigten des Beamten** ist Einsicht zu gewähren, soweit dienstliche Gründe nicht entgegenstehen (§ 87 Abs. 2 LBG). Die in inhaltlicher Übereinstimmung mit dem weiterhin geltenden § 109 BBG geregelte Anhörungspflicht zu ungünstigen Bewertungen ist mit

50 LT-Dr. 14/6694, a. a. O.

51 LT-Dr. 14/6694, a. a. O.

52 Vgl. Lorenzen-*Gerhold*, § 66 Rn. 48; Richardi-*Gräfl*, § 68 a. F. Rn. 97.

53 *BVerwG* v. 8. 5. 06 – 1 DB 1.06 –, RiA 06, 235, m. w. N.

54 Vgl. dazu LT-Dr. 14/6694, S. 448 f.

Anpassungen an die datenschutzrechtliche Terminologie nunmehr in § 87 Abs. 5 LBG geregelt. Dieser bestimmt, dass Beamte zu Beschwerden, Behauptungen und Bewertungen, die für sie ungünstig sind oder ihnen nachteilig werden können, vor deren Speicherung als Personalaktendaten zu hören sind und dass, soweit eine Speicherung erfolgt, hierzu die Äußerung des Beamten zu den Personalaktendaten zu speichern ist.

Für Arbeitnehmer, für deren Arbeitsverhältnisse die Normen des **TVöD** oder des **TV-L** gelten, regeln diese Tarifverträge das **Einsichtsrecht** »in ihre vollständigen Personalakten« durch den Arbeitnehmer selbst oder einen hierzu schriftlich Bevollmächtigten (§ 3 Abs. 5 TVöD; § 3 Abs. 6 S. 1–3 TV-L). Der TV-L regelt darüber hinaus, dass die Beschäftigten über Beschwerden und Behauptungen tatsächlicher Art, die für sie ungünstig sind oder ihnen nachteilig werden können, vor Aufnahme in die Personalakten gehört werden müssen und dass ihre Äußerung zu den Personalakten zu nehmen ist (§ 3 Abs. 6 S. 4, 5 TV-L). Eine solche Anhörungspflicht ist im TVöD (im Unterschied zu § 13 Abs. 2 BAT und § 13a Abs. 2 MTArb) nicht ausdrücklich geregelt; gleichwohl ist eine entsprechende Nebenpflicht des Arbeitgebers zu bejahen.[55] § 3 Abs. 5 TVöD und § 3 Abs. 6 TV-L enthalten keine Definition des Begriffs der Personalakte. Nach arbeitsrechtlichen Grundsätzen gilt jedoch auch hier der materielle Personalaktenbegriff (vgl. Rn. 13).[56] 14b

cc) Personalvertretungsrechtliche Regelung zur Einsichtnahme

Die in Abs. 1 S. 3 getroffene personalvertretungsrechtliche Regelung über die Einsichtnahme in Personalakten steht neben dem individualrechtlichen Recht der Beschäftigten auf Einsicht »in alle über sie gespeicherten Personalaktendaten« bzw. »in ihre vollständigen Personalakten« (vgl. Rn. 14a, 14b). Abgesehen von diesen Individualrechten und von sonstigen gesetzlich geregelten Einsichtsrechten dürfen Personalakten nach S. 3 nur mit Zustimmung des Beschäftigten und nur von den von ihm bestimmten Mitgliedern der Personalvertretung eingesehen werden. Dafür ist eine im Einzelfall erfolgte vorherige Zustimmung (d. h. eine Einwilligung i. S. d. § 183 BGB) erforderlich. Sie muss dem Dienststellenleiter gegenüber ausdrücklich erteilt werden.[57] Um Fehlinformationen auszuschließen, erstreckt sich die Zustimmung grundsätzlich auf die gesamten Personalakten.[58] Sie bezieht sich auch auf die Personalaktendaten, die in elektronischen Datenbanken gespeichert sind.[59] Der Beschäftigte kann einem, mehreren oder allen PR-Mitgliedern 15

55 Vgl. PK-TVöD-*Guth*, § 3 Rn. 64: Fürsorgepflicht.
56 Vgl. PK-TVöD-*Guth*, § 3 Rn. 51 ff.; *Müller-Landshuter*, Rn. 743 ff.
57 Vgl. Lorenzen-*Gerhold*, § 66 Rn. 54.
58 Vgl. Lorenzen-*Gerhold*, § 66 Rn. 52.
59 Vgl. *Fischer/Goeres/Gronimus*, § 68 a. F. Rn. 32.

die Einsicht gestatten.[60] Die Personalakten dürfen den zur Einsichtnahme ermächtigten PR-Mitgliedern nicht überlassen werden.[61] Diese können sich Notizen zur Gedächtnisstütze machen, dürfen aber keine Abschriften oder Kopien anfertigen.[62] Sie sind zur Verschwiegenheit verpflichtet, und zwar nach § 7 Abs. 1 S. 2 auch gegenüber denjenigen PR-Mitgliedern, denen die Einsichtnahme nicht gestattet worden ist, können aber, soweit dies für die Wahrnehmung der Aufgaben des PR erforderlich ist, die gewonnenen Erkenntnisse in Form von Schlussfolgerungen in die Beratung des PR einbringen (vgl. § 7 Rn. 12).

16 Stimmt ein Beschäftigter nach Abs. 1 S. 3 der Einsicht in seine Personalakten nicht zu, so ist der Dienststellenleiter nach Abs. 1 S. 1 gleichwohl berechtigt und verpflichtet, auch **ohne Einwilligung** des Beschäftigten Auskünfte aus den Personalakten zu geben, soweit dies zur Wahrnehmung einer bestimmten Aufgabe des PR erforderlich ist.[63] Die fehlende Einwilligung des Betroffenen steht der Auskunftserteilung nicht entgegen, weil der PR nicht als »Dritter« handelt, wenn und soweit er an einer personellen Maßnahme beteiligt ist[64] (vgl. § 67 Rn. 7). Der PR ist auch aus datenschutzrechtlicher Sicht Teil der verantwortlichen Stelle, nämlich der Dienststelle. Er darf ohne besonderen Erlaubnistatbestand im Sinne des BDSG die von der Dienststelle erhobenen und an ihn weitergeleiteten Daten nutzen. Einer Einwilligung der Arbeitnehmer in einen Zugriff des PR auf ihre Personaldaten bedarf es datenschutzrechtlich daher im Allgemeinen nicht.[65] Die Ausübung der Rechte nach dem LPVG durch den PR ist grundsätzlich nicht von der Einwilligung der Arbeitnehmer abhängig. Dabei sind die unerlässlichen Informationen im Rahmen des für den jeweiligen Beschäftigten Vertretbaren unter Berücksichtigung der Erfordernisse der Geschäftsführung des PR »in möglichst schonender Weise« zu erteilen.[66] Die Rechtsprechung des *BVerwG*[67] zum Personalvertretungsrecht spricht sich (zu) weitgehend für das Erfordernis einer Einwilligung aus, wenn es um die Erlangung sensibler personenbezogener Daten von Arbeitnehmern im Rahmen eines Informationsanspruchs geht. Das *BVerwG* bejahte das Erfordernis einer Einwilligung für den Un-

---

60 Vgl. Lorenzen-*Gerhold*, a. a. O.

61 Vgl. *BVerwG* v. 27. 2. 85 – 6 P 9.84 –, PersR 85, 124.

62 Vgl. *Fischer/Goeres/Gronimus*, § 68 a. F. Rn. 32a.

63 *BVerwG* v. 20. 3. 59 – VII P 11.58 –, BVerwGE 8, 219, v. 12. 1. 60 – VII P 1.60 –, PersV 62, 160, u. v. 26. 1. 94 – 6 P 21.92 –, PersR 94, 213.

64 *BVerwG* v. 26. 1. 94, a. a. O.; *VGH BW* v. 24. 6. 97 – PL 15 S 261/96 –, PersR 98, 36.

65 So zu Recht *Kort*, NZA 10, 1267 zum BetrVG.

66 *BVerwG* v. 26. 1. 94, a. a. O.; vgl. Leuze-*Mitsch*, § 71 Rn. 33; Lorenzen-*Gerhold*, § 66 Rn. 57.

67 *BVerwG* v. 29. 8. 90, PersR 90, 301; so vgl. *Kort*, NZA 10, 1267

terrichtungsanspruch über das Bestehen einer Schwangerschaft. In dieselbe Richtung geht eine Entscheidung des *ArbG Berlin* vom 19.12.07.[68]

Durch das **allgemeine Datenschutzrecht** im LDSG oder BDSG (vgl. § 67 Rn. 2) wird das Informationsrecht des PR – das an die Voraussetzungen des Abs. 1, insbesondere den Maßstab der Erforderlichkeit gebunden ist – nicht ausgeschlossen oder eingeschränkt. Als bereichsspezifische Regelung des Dienstrechts geht es einem etwa weiterreichenden Datenschutz vor[69] (vgl. § 67 Rn. 7). 17

3. Organisationsentscheidungen (Abs. 2)

Die mit dem ÄndG 2013 eingefügte Bestimmung ergänzt den Anspruch des PR aus Abs. 1 S. 1 auf rechtzeitige und umfassende Unterrichtung um die Verpflichtung der Dienststelle, den PR »frühzeitig und fortlaufend« vor Organisationsentscheidungen der Dienststelle, die beteiligungspflichtige Maßnahmen zur Folge haben, zu unterrichten. Die dem § 65 Abs. 1 S. 2 LPVG NW nachgebildete Regelung stellt neben den Unterrichtungspflichten aus § 68 Abs. 1 S. 4 und den Berichts- und Beratungspflichten aus § 72 dem Wirtschaftsausschuss gegenüber einen weiteren Schritt zur Umsetzung der **EU-Richtlinie vom 11.3.2002/14/EG** dar.[70] Bei Organisationsentscheidungen muss die Information des PR wesentlich früher als bei sonstigen mitbestimmungspflichtigen Maßnahmen i.S.d. §§ 74 ff. ansetzen, damit der PR die kollektiven Interessen der Gesamtheit der Beschäftigten nachhaltig in die Entscheidungsprozesse der Dienststelle einbringen kann. Die später ggf. erforderlich werdenden förmlichen Beteiligungsverfahren setzen dafür zu spät an. Deshalb ist mit der Regelung ein Instrument prozessbegleitender Mitbestimmung geschaffen worden.[71] 18

Organisationsentscheidungen können z.B. die Umstrukturierung von Behörden oder die Einführung neuer Führungsmechanismen sein.[72] Die frühzeitige Unterrichtung ist erforderlich, um die kollektiven Interessen der Gesamtheit der Beschäftigten noch in der Phase der Meinungsbildung einbringen zu können. Die förmlichen Beteiligungsverfahren (z.B. § 74 Abs. 2 Nr. 9; § 75 Abs. 2; § 81 Abs. 1 Nr. 2, 4, 7; § 87 Abs. 1 Nr. 4, 5, 8) setzen zu spät 19

---

68 *ArbG Berlin* v. 19.12.07) – 76 BV 13504/07 –, DB 08, 536.

69 *BVerwG* v. 22.12.93 – 6 P 15.92 –, PersR 94, 78, v. 9.10.96 – 6 P 1.94 –, PersR 97, 116, u.v. 23.1.02 – 6 P 5.01 –, PersR 02, 201.

70 Richtlinie 2002/14/EG des Europäischen Parlaments und des Rates zur Festlegung eines allgemeinen Rahmens für die Unterrichtung und Anhörung der Arbeitnehmer in der europäischen Gemeinschaft vom 11.3.02; s. auch *Welkoborsky*, PersR 13, 14.

71 LT-Dr. 15/4224, S. 130 [zu § 68a].

72 LT-Dr. 15/4224, a.a.O.

an. Auch wenn der neu gefasste § 73 Abs. 1 S. 2 ein Mitbestimmungsrecht schon für Handlungen vorsieht, die eine mitbestimmungspflichtige Maßnahme vorwegnehmen oder festlegen, geht der Regelungsgehalt des Abs. 2 S. 1 weiter. Er umfasst alle Organisationsentscheidungen, die beteiligungspflichtige Maßnahmen nach sich ziehen und beschränkt sich insoweit nicht auf die Mitbestimmung.

20 Die Unterrichtung muss **frühzeitig** erfolgen; d.h. der PR muss in die Lage versetzt werden, an der verwaltungsinternen Meinungsbildung teilzunehmen und entsprechend Einfluss zu nehmen (»prozessbegleitende Mitbestimmung«[73]).

21 Gem. **Abs. 2 S. 2** können Mitglieder der Personalvertretung an **Arbeitsgruppen**, die der Vorbereitung von Entscheidungen nach Abs. 2 S. 1 dienen, beratend teilnehmen. Das gilt aber nur für den Fall, dass solche Arbeitsgruppen tatsächlich gebildet werden. Die Vorschrift enthält keine Pflicht für die Dienststelle, eine entsprechende Arbeitsgruppe auch einzusetzen.

4. Teilnahmerecht am Einstellungsverfahren (Abs. 3)

a) Bewerbungsunterlagen (Abs. 3 S. 1)

22 Dem PR sind bei **Einstellungen** von Beschäftigten **auf Verlangen** die Bewerbungsunterlagen aller Bewerber vorzulegen, also auch derjenigen Bewerber, die von der Dienststelle nicht für die Einstellung vorgesehen sind, und derjenigen, die noch nicht Beschäftigte i.S.d. § 4 sind. Nur so kann der PR prüfen, ob die Dienststelle die Auswahl im Rahmen der gesetzlichen Vorgaben (insbesondere nach dem Prinzip der Bestenauslese gem. Art. 33 Abs. 2 GG) getroffen hat und damit seine Überwachungsfunktion gemäß § 70 Abs. 1 Nr. 2 wahrnehmen.

22a Die mit dem ÄndG 2013 erfolgte Neufassung schränkt die Informationspflicht der Dienststelle entscheidend dadurch ein, dass nunmehr die Bewerbungsunterlagen **aller Bewerber** nur noch auf Verlangen des PR **und** soweit berechtigte Belange der Bewerber dem nicht entgegenstehen, vorzulegen sind. Damit weicht das Gesetz von der Rspr. und h.M. ab, wonach grundsätzlich die Unterlagen **aller internen und externen Bewerber** unaufgefordert vorzulegen sind.[74]

22b Bewerbungsunterlagen sind alle im Zusammenhang mit der Bewerbung um die betreffende Stelle vom Bewerber selbst eingereichten Unterlagen (also Bewerbungsschreiben, Zeugnisse, Teilnahmebestätigungen, Lebenslauf, Lichtbild, Angaben über den Gesundheitszustand u.Ä.). Zu den vorlagepflichtigen Bewerbungsunterlagen gehören auch solche Unterlagen, die erst

---

73 LT-Dr. 15/4224, a.a.O.

74 *VGH* BW v. 24.6.97 – PL 15 S 261/96 –, PersR 98, 36; *Zimmerling*, ZfPR 07, 115.

der Arbeitgeber im Rahmen des Bewerbungsverfahrens über die Bewerber hergestellt hat.[75] Die Einschränkung der »Erforderlichkeit« (wie § 99 Abs. 1 S. 1 BetrVG) ist in Abs. 3 nicht enthalten.

22c Eingeschränkt wird das Recht des PR darüber hinaus mit der Neufassung durch angeblich »**entgegenstehende berechtigte Belange« der Bewerber**. Darüber, was unter »berechtigten Belangen« zu verstehen ist, schweigt das Gesetz. Die Dienststelle ist nicht berechtigt, die Unterlagen einzelner Bewerber zurückzuhalten, sondern nur dazu verpflichtet, die Unterlagen in der das Persönlichkeitsrecht der Beschäftigten schonendsten Weise zur Verfügung zu stellen. D.h., dass die Unterlagen z.B. nur zur Einsicht bereitgehalten werden können.[76] Das Informationsrecht des PR geht dabei einem etwa weiter reichenden Datenschutz vor.[77] Das ergibt sich auch daraus, dass der PR nicht »Dritter« i.S.d. Art. 4 Nr. 10 EU-DSGVO ist (vgl. Rn. 16). Keinesfalls kann damit aber die Vorlage solcher Unterlagen verweigert werden, die für die Mitbeurteilung des PR erforderlich sind, ob die Grundsätze der Bestenauslese gewahrt sind. Damit wäre die durch das Recht der Bewerber, die Einsicht des PR in ihre Personalakten zu verweigern, bereits geschwächten Beteiligungstatbestände bei personellen Einzelmaßnahmen nochmals entscheidend entwertet.

b) Vorstellungs- und Eignungsgespräche (Abs. 3 S. 2)

23 **Abs. 3 S. 2** berechtigt ein Mitglied des PR, an **Vorstellungs- oder Eignungsgesprächen** teilzunehmen, welche die Dienststelle im Rahmen geregelter oder auf Übung beruhender Auswahlverfahren zur Vorbereitung mitbestimmungspflichtiger Maßnahmen, insbesondere Einstellungen oder Aufstieg, durchführt. Das gilt auch dann, wenn die Dienststelle ein externes Unternehmen mit der Durchführung des Auswahlverfahrens betraut. Das PR-Mitglied kann aktiv an den Gesprächen teilnehmen, insbesondere auch Fragen stellen. Es handelt sich jedoch nicht um ein gestaltendes Teilnahmerecht, d.h. die Beratung über die Eignung des jeweiligen Bewerbers ist Sache der Dienststelle.[78] Der *VGH BW* hat entschieden, dass ein Teilnahmerecht des PR an Vorstellungs- oder Eignungsgesprächen auf solche Fälle beschränkt ist, die im weiteren Verlauf zu einer mitbestimmungspflich-

---

75 *BAG* v. 14.12.04 – 1 ABR 55/03 –, NZA 05, 827; s. im Einzelnen dazu eine Aufzählung vorzulegender Unterlagen bei Altvater-*Herget*, § 66 Rn. 11 unter dem Spiegelstrich – bei beteiligungspflichtigen personellen Maßnahmen.

76 Vgl. Rooschüz-*Gerstner-Heck*, § 71 Rn. 22; anders *Fitting*, § 99 Rn. 181 (Aushändigung für höchstens eine Woche).

77 *BVerwG* v. 9.10.96 – 6 P 1.94 –, PersR 97, 116; vgl. auch Rooschüz-*Gerstner-Heck*, a.a.O. m.w.N. zur Rspr.

78 Vgl. LT-Dr. 15/4224, S. 130 [zu § 68a].

tigen Personalmaßnahme führen.[79] Obwohl der Wortlaut und die Gesetzessystematik für ein solches beschränktes Teilnahmerecht offen sind, spricht eine grammatikalische Auslegung zunächst wohl dafür, eine Beschränkung abzulehnen.[80] Eine historische Auslegung ergibt mit Blick auf die Gesetzesbegründung, dass das Teilnahmerecht zur Vorbereitung mitbestimmungspflichtiger Maßnahmen vorgesehen ist.[81] Weiter begründet der *VGH*, dass die teleologische Auslegung nach dem Sinn und Zweck der Vorschrift dieses Ergebnis bestätigt, denn im Rahmen mitbestimmungspflichtiger Maßnahmen ist es sinnvoll und zweckmäßig, die prozessbegleitenden Informationsrechte und Beteiligungen des PR frühzeitig zuzulassen, um ggf. Unstimmigkeiten und zeit- und arbeitskraftraubende Konfrontationen im Einigungsstellenverfahren zu vermeiden.[82] Im Gegensatz dazu ist bei einer bloßen Mitwirkung kein Einigungszwang vorgesehen, was dazu führt, dass es kein Einigungsstellenverfahren gibt. Damit führt entsprechend der Ansicht der Rspr. sowohl die historische als auch die teleologische Auslegung zu dem Ergebnis, das Teilnahmerecht des PR an Vorstellungs- oder Eignungsgesprächen auf solche Fälle zu beschränken, die im weiteren Verlauf zu einer mitbestimmungspflichtigen Personalmaßnahme führen.

5. Teilnahmerecht an Personalgesprächen (Abs. 4)

24 **Abs. 4 S. 1** sieht vor, dass ein Mitglied der Personalvertretung auf Verlangen des zu beurteilenden Beschäftigten an **Personalgesprächen** mit entscheidungsbefugten Vertretern der Dienststelle sowie an Beurteilungsgesprächen i. S. v. § 51 Abs. 2 LBG teilnehmen kann. § 51 Abs. 2 LBG bestimmt in S. 1, dass Beurteilungen dem Beamten bekannt zu geben und auf Verlangen mit ihm zu besprechen sind. Soll an diesem Gespräch auf Wunsch des Beamten ein Mitglied der Personalvertretung teilnehmen, hat der Beamte dies dem Dienststellenleiter oder dem das Gespräch Führenden mitzuteilen. Teilnehmen kann ein Mitglied des örtlichen PR oder ggf. (gemäß § 91 Abs. 2) ein Mitglied der Stufenvertretung bei der für die Beurteilung zuständigen übergeordneten Dienststelle.[83] Das für die Teilnahme vorgesehene Mitglied der Personalvertretung ist nicht von dieser, sondern von dem zu beurteilenden Beamten zu benennen. Der Beamte soll durch die Teilnahme »die Gelegenheit erhalten, sich bereits in diesem Stadium allgemein oder für mögliche Gegendarstellungen von der Personalvertretung unterstützen zu lassen«.[84]

79 *VGH BW* v. 30. 11. 16 – PL 15 S 31/16 –, PersR 3/17, 38.
80 *VGH BW* v. 30. 11. 16 – PL 15 S 31/16 –, a. a. O.
81 Vgl. LT-Dr. 15/4224, S. 130 [zu § 68a].
82 *VGH BW* v. 30. 11. 16 – PL 15 S 31/16 –, a. a. O.
83 Vgl. Rooschüz-*Gerstner-Heck*, § 71 Rn. 26.
84 LT-Dr. 11/6312, S. 45 [zu Nr. 32 Buchst. b].

Falls Regelungen über die dienstliche Beurteilung von Arbeitnehmern dem § 51 Abs. 2 LBG vergleichbare Bestimmungen enthalten, ist die Vorschrift des Abs. 3 aufgrund ihres Schutzzwecks zumindest entsprechend anzuwenden. Das ÄndG 2013 stellt klar, dass das Teilnahmerecht von Mitgliedern des PR auch für sonstige Personalgespräche, insbesondere Vorstellungs-, Einstellungs- oder Auswahlgespräche gilt.

S. 2 räumt dem PR das Recht ein, einem von ihm benannten Mitglied an **allgemeinen Besprechungen** (z. B. Schulungen, Informationsveranstaltungen oder vergleichbare Veranstaltungen, in denen über die bei Beurteilungen zu beachtenden Bestimmungen und Rechtsprechung unterrichtet wird) zur Abstimmung einheitlicher Beurteilungsmaßstäbe als Vorbereitung zu den Beurteilungsrunden gemäß § 51 LBG teilzunehmen. Die Beurteilungsergebnisse einzelner Beschäftigter sind auf Verlangen des Beschäftigten dem PR zur Kenntnis zu geben. Die Gesamtergebnisse regelmäßiger Beurteilungen i. S. d. § 51 LBG (also Gesamturteil, -punktezahl, -note) sind der Personalvertretung anonymisiert mitzuteilen. 24a

Geht es um Jugendliche und Auszubildende, kommen der **JAV** gemäß § 63 Abs. 2 entsprechende Beteiligungsrechte zu. 24b

Nach **Abs. 4 S. 5** sind **dienstliche Beurteilungen** dem PR zur Kenntnis zu geben, wenn der betroffene Beschäftigte es verlangt. 24c

6. Anwesenheitsrecht bei Prüfungen (Abs. 5)

a) Allgemeines

Die Regelung entspricht § 80 Abs. 4 a. F. mit der Erweiterung auf **Prüfungen für alle Beschäftigten**. Ein vom PR benanntes Mitglied kann nunmehr auch bei Prüfungen, die die Dienststelle für Beamte ihres Bereichs abnimmt, anwesend sein. Prüfungen im Sinne der Regelung sind nach der Rspr. alle von der Dienststelle vorzunehmenden, in einem förmlichen Verfahren geregelten Feststellungen des Kenntnisstands und der Fähigkeiten der Beschäftigten.[85] Für diese Prüfungen ist ein Anwesenheitsrecht eines Mitglieds des für diesen Bereich zuständigen PR vorgesehen. Vergleichbare Vorschriften mit durchweg abweichendem Inhalt finden sich in § 80 BPersVG und mit einer Ausnahme in den PersVG der anderen Länder.[86] 25

b) Prüfungen

Der **Begriff** der Prüfung ist weit auszulegen. Er umfasst unabhängig von der Bezeichnung alle mit dem beruflichen Fortkommen in Verbindung 26

85 LT-Dr. 15/4224, S. 131 [zu § 68a].

86 Vgl. Altvater-*Baden*, § 67 Rn. 16–18.

stehenden und in einem förmlichen Verfahren geregelten Feststellungen von persönlichen und fachlichen Eigenschaften und Fähigkeiten.[87] Keine Prüfungen i. S. d. Abs. 4 sind Vorstellungsgespräche, die dazu dienen, einen unmittelbaren Eindruck von der Persönlichkeit von Bewerbern zu gewinnen,[88] formlose Kolloquien im Rahmen der Bewerberauslese,[89] formlose Gespräche zwischen dem Dienststellenleiter oder seinem Beauftragten und einem Beschäftigten zur Feststellung seiner Kenntnisse und Fähigkeiten,[90] Unterrichtsvisitationen durch Beamte der Schulaufsichtsbehörde bei Lehrern[91] sowie Arbeitsplatzüberprüfungen hinsichtlich der verrichteten Tätigkeit und der Richtigkeit der Eingruppierungen.[92]

27 Das Anwesenheitsrecht bezieht sich auf Prüfungen, die eine Dienststelle »für Beschäftigte« abnimmt. Damit erfolgt durch das ÄndG 2013 eine **Ausweitung des Teilnahmerechts auf Beamte**. Mit »Bereich« ist der Geschäftsbereich der die Prüfung abnehmenden Dienststelle gemeint (vgl. § 55 Rn. 6).[93] Die Prüfungsteilnehmer müssen Beschäftigte i. S. d. § 4 der die Prüfung abnehmenden Dienststelle sein oder einer ihr nachgeordneten Dienststelle angehören. Außerdem muss es sich um eine »verwaltungsinterne Prüfung« handeln, deren Wirkungen sich im Falle ihres Bestehens wie Nichtbestehens auf den Bereich der Dienststelle beschränken.[94] Diese Voraussetzung liegt z. B. nicht vor bei den von Prüfungsausschüssen nach dem BBiG abgenommenen Zwischen- und Abschlussprüfungen in anerkannten Ausbildungsberufen[95] und bei den staatlichen Prüfungen, mit denen die Ausbildung der (Kinder-)Krankenschwestern und (Kinder-)Krankenpfleger, der Hebammen und Entbindungspfleger und der Altenpflegerinnen und Altenpfleger abschließen.[96] Werden Prüfungen von einer ressortübergreifenden Einrichtung abgenommen, kann eine Beteiligung nach Abs. 5 i. d. R. dann erfolgen, wenn die Dienststelle noch einen gewissen Einfluss auf die Gestaltung und den Ablauf des Verfahrens sowie die Bestellung der

---

87 *BVerwG* v. 14. 5. 63 – VII P 9.62 –, PersV 63, 232, v. 10. 7. 64 – VII P 4.63 –, ZBR 64, 346, v. 6. 12. 78 – 6 P 2.78 –, PersV 79, 504, v. 31. 1. 79 – 6 P 19.78 –, PersV 80, 418, u. v. 25. 3. 09 – 6 P 8.08 –, PersR 09, 325.

88 *BVerwG* v. 6. 12. 78, a. a. O.

89 *OVG NW* v. 8. 5. 61 – CB 1/61 –, PersV 62, 223.

90 Rooschüz-*Gerstner-Heck*, § 71 Rn. 32.

91 *OVG RP* v. 16. 10. 85 – 2 A 14/85 –, ZBR 86, 22; Rooschüz-*Gerstner-Heck*, § 71 Rn. 32.

92 Vgl. *BVerwG* v. 6. 2. 79 – 6 P 20.78 –, PersV 80, 421.

93 *BVerwG* v. 10. 7. 64, a. a. O., u. v. 11. 6. 75 – VII P 3.73 –, Buchh 238.3 § 57 Nr. 8, u. v. 25. 3. 09, a. a. O.

94 Vgl. *BVerwG* v. 8. 10. 84 – 6 P 40.83 –, PersV 85, 73.

95 Vgl. *Lakies/Malottke*, §§ 37–50; *Altvater*, PersR 95, 405.

96 Vgl. *BVerwG* v. 6. 1. 86 – 6 PB 10.85 –, Sabottig ES Nr. 682 Ls.

Prüfer behält. Gleiches gilt auch, wenn eine andere Institution im Auftrag der Dienststelle die Prüfung abnimmt.[97]

c) Beratende Teilnahme

aa) Zuständiger Personalrat

Zuständiger PR i. S. d. Abs. 5 ist die Personalvertretung, die bei der Dienststelle besteht, die die Prüfung abnimmt oder in deren Auftrag sie abgenommen wird. Handelt es sich dabei um eine übergeordnete Dienststelle, bei der eine Stufenvertretung gebildet ist, ist die Frage, ob die Stufenvertretung (BPR oder HPR) oder der Haus-PR zu beteiligen ist, nach § 91 Abs. 2 zu beantworten.[98] Der zuständige PR bestimmt, welches (»eigene«) PR-Mitglied zur Wahrnehmung des Anwesenheitsrechts benannt wird. Er entscheidet darüber gem. § 34 Abs. 4 durch gemeinsamen Beschluss.[99] Für die Auswahl des zu benennenden Mitglieds stellt das Gesetz keine persönlichen Voraussetzungen auf.[100] Der PR ist jedoch gehalten, das Mitglied zu entsenden, welches nach Qualifikation und Erfahrung am ehesten geeignet erscheint.[101] Die Benennung kann von Fall zu Fall oder generell für bestimmte Arten von Prüfungen erfolgen.[102] Ist das benannte PR-Mitglied verhindert, kann es ohne weitere Beschlussfassung durch das nach § 27 in den PR eintretende Ersatzmitglied vertreten werden, wenn dies in dem Benennungsbeschluss oder in der Geschäftsordnung bereits so festgelegt ist.[103] Das vom PR ausgewählte PR-Mitglied ist dem Dienststellenleiter zu benennen, der das dem Vorsitzenden der Prüfungskommission mitzuteilen hat. Beide sind verpflichtet, dem PR-Mitglied die Anwesenheit bei der Prüfung zu gestatten.[104] Das Anwesenheitsrecht hängt nicht davon ab, ob die Prüfungsteilnehmer einverstanden sind.[105] 28

97 *BVerwG* v. 23. 10. 70 – VII 4.70 –, PersV 71, 138, u. v. 25. 3. 09 – 6 P 8.08 –, PersR 09, 325.

98 *BVerwG* v. 25. 3. 09, a. a. O.; vgl. Rooschüz-*Gerstner-Heck*, § 71 Rn. 33.

99 *BVerwG* v. 18. 6. 65 – VII P 12.64 –, PersV 65, 229.

100 Vgl. *BayVGH* v. 21. 9. 79 – Nr. 18. C-545/79 –, PersV 80, 341; Lorenzen-*Hebeler*, § 67 Rn. 22.

101 *BVerwG* v. 25. 3. 09, a. a. O.

102 Vgl. Lorenzen-*Hebeler*, § 67 Rn. 20.

103 *BayVGH* v. 13. 4. 88 – Nr. 18 P 88.00852 –, PersV 89, 23.

104 Vgl. Lorenzen-*Hebeler*, § 67 Rn. 22 m. w. N.

105 Vgl. Altvater-*Baden*, § 67 Rn. 8 m. w. N.

bb) Inhalt und Umfang der beratenden Teilnahme

29 Nach der Rspr. des *BVerwG* zu dem insoweit mit Abs. 5 übereinstimmenden § 57 Abs. 3 PersVG 1955 besteht der Zweck des Anwesenheitsrechts allein in der »psychologischen Rückwirkung« auf die Prüflinge, indem es zu deren Beruhigung und zur Erzielung einer von Examensangst unbelasteten Leistung beitragen soll.[106] Nach Abs. 5 S. 2 ist ein Recht zur Anwesenheit an der Beratung ausgeschlossen. Ein Recht zur Einflussnahme auf die Gestaltung der Prüfungsbedingungen und des Prüfungsablaufs kann aus dem Anwesenheitsrecht (anders als aus dem in § 80 BPersVG normierten, weitergehenden Beteiligungsrecht[107]) nicht abgeleitet werden. Daraus folgt aber nicht, dass das Recht zur Anwesenheit nach Abs. 5 auf den mündlichen Teil der Prüfung beschränkt ist.[108] Der in der »psychologischen Rückwirkung« auf die Prüflinge liegende Zweck des Anwesenheitsrechts verlangt nämlich auch, dass das vom PR benannte PR-Mitglied beim schriftlichen Teil und ggf. beim (zusätzlich oder anstelle des mündlichen Teils vorgesehenen) praktischen Teil der Prüfung anwesend sein darf.[109]

7. Begehungsrecht (Abs. 6)

30 Mit der aus § 68 Abs. 4 a. F. übernommenen Regelung wird »unter Berücksichtigung der Rechtsprechung klargestellt«, unter welchen Voraussetzungen Mitglieder der Personalvertretung die **Dienststelle begehen** und die **Beschäftigten am Arbeitsplatz aufsuchen** dürfen.[110] Die zur Zeit des Erlasses der Vorschrift vorliegende und seither unveränderte Rspr. zu PersVG ohne entsprechende Spezialregelung ist widersprüchlich, soweit es um die Frage geht, ob ein Einvernehmen mit dem Dienststellenleiter erforderlich ist.[111]

31 Unter **Begehung** der Dienststelle ist die prüfende Besichtigung der Diensträume, insbesondere der Arbeitsräume und der Arbeitsplätze zu verstehen. Ihr kommt für den Arbeitsschutz und die Unfallverhütung besondere Bedeutung zu. Beim **Aufsuchen** von Beschäftigten an ihrem Arbeitsplatz geht

---

106 Beschl. v. 20.3.59 – VII P 11.58 –, BVerwGE 8, 219, v. 14.5.63 – VII P 9.62 –, PersV 63, 232, v. 10.7.64 – VII P 4.63 –, ZBR 64, 346, u.v. 18.6.65 – VII P 12.64 –, PersV 65, 229; ebenso zu § 80 BPersVG: Beschl. v. 31.1.79 – 6 P 19.78 –, PersV 80, 418.

107 Vgl. dazu *BVerwG* v. 25.3.09 – 6 P 8.08 –, PersR 09, 325.

108 So noch *BVerwG* v. 18.6.65 – VII P 12.64 –, PersV 65, 229, u.v. 31.1.79 – 6 P 19.78 –, PersV 80, 418; Leuze-*Mitsch*, § 71 Rn. 46.

109 Vgl. *BVerwG* v. 25.3.09, a.a.O.; Altvater-*Baden*, § 67 Rn. 14.

110 Vgl. LT-Dr. 11/6312, S. 46 [zu Nr. 32 Buchst. b].

111 Verneint vom *BAG* v. 17.1.89 – 1 AZR 805/87 –, PersR 89, 138, bejaht vom *BVerwG* v. 9.3.90 – 6 P 15.88 –, PersR 90, 177, und vom *VGH BW* v. 8.9.92 – PL 15 S 130/92 –, PersV 95, 121; vgl. Altvater-*Herget*, § 66 Rn. 22–24.

es dagegen vorrangig um das Gespräch mit dem einzelnen an seinem Arbeitsplatz anwesenden Beschäftigten, v. a., um sich bei ihm zu unterrichten oder ihn zu beraten. Nach Abs. 6 besteht ein Recht zum Arbeitsplatzbesuch, »sofern die Beschäftigten zustimmen«. Erforderlich ist eine im Einzelfall erteilte vorherige Zustimmung, ohne dass dafür eine bestimmte Form vorgeschrieben ist.[112] Dieser Zustimmung bedarf es aber nicht für die bei der Begehung der Dienststelle stattfindende Inaugenscheinnahme einzelner Arbeitsplätze.[113]

Das Begehungsrecht nach Abs. 6 hat »der Vorsitzende oder ein beauftragtes Mitglied der Personalvertretung«. Es handelt sich demnach um Befugnisse, die in erster Linie dem PR-Vorsitzenden zustehen (vgl. § 29 Rn. 8). Sie können von einem anderen PR-Mitglied nur dann ausgeübt werden, wenn dieses vom Vorsitzenden damit beauftragt ist.[114] Die Rechte nach Abs. 6 bestehen einerseits jederzeit, also auch während der Arbeitszeit, andererseits aber nur, wenn zwingende dienstliche Gründe nicht entgegenstehen. Solche Gründe können allerdings nur in seltenen Fällen vorliegen, nämlich nur dann, wenn »eine nicht unerhebliche Störung der Ordnung und des Arbeitsablaufs zu besorgen ist oder der Besuch offensichtlich rechtsmissbräuchlich wäre«.[115] Sind solche Gründe ausnahmsweise gegeben, kann der Dienststellenleiter der Begehung oder dem Besuch zu der dafür vorgesehenen Zeit widersprechen und eine Verschiebung des Termins oder einen anderen zeitlichen Ablauf vorschlagen;[116] er kann jedoch nicht auf die Inanspruchnahme der Sprechstunde des PR verweisen.[117] Damit er sein Widerspruchsrecht ausüben kann, ist seine vorherige Unterrichtung vorgeschrieben. Dabei hat der PR ihm mitzuteilen, zu welcher Zeit welche Diensträume begangen bzw. welcher Arbeitsplatz aufgesucht werden soll. Er muss aber nicht im Einzelnen darlegen, aus welchem Anlass dies geschehen soll und aus welchen Gründen er dies für erforderlich hält.[118] Einen etwaigen Widerspruch muss der Dienststellenleiter – bzw. sein Vertreter – dem PR kurzfristig mitteilen. Geschieht dies nicht, kann die Begehung oder der Besuch erfolgen, weil die Ausübung des Rechts bereits »nach vorheriger Unterrichtung« des Dienststellenleiters zulässig ist und es der Herstellung eines Einvernehmens mit ihm nicht bedarf.[119] 32

112 Vgl. LT-Dr. 11/6312, a. a. O.
113 Rooschüz-*Gerstner-Heck*, § 71 Rn. 36.
114 Vgl. LT-Dr. 11/6312, a. a. O.
115 LT-Dr. 11/6312, a. a. O.
116 Vgl. *BVerwG* v. 9. 3. 90, a. a. O.
117 LT-Dr. 11/6312, a. a. O.
118 LT-Dr. 11/6312, a. a. O.
119 Verkannt von Leuze-*Mitsch*, § 71 Rn. 47.

33 Neben der Ausübung der Begehungs- und Besuchsrechte nach Abs. 4 hat der PR weitere Möglichkeiten der **Selbstinformation**. Sie bestehen v.a. in der Abhaltung der Sprechstunden (vgl. § 40), der Durchführung der Personalversammlungen (vgl. § 52), der Durchführung von Fragebogenaktionen unter den Beschäftigten,[120] dem Einholen von Auskünften bei außenstehenden Stellen (vgl. § 68 Rn. 16), der Beratung durch die Gewerkschaften (vgl. § 2 Rn. 9) sowie der Heranziehung von Auskunftspersonen und Sachverständigen (vgl. § 32 Rn. 1 u. 21; § 41 Rn. 18).

8. Beteiligung am Arbeitsschutz (Abs. 7)

a) Informationspflicht (Abs. 7 S. 1)

34 Die Regelung entspricht § 83 Abs. 2 bis 5 a.F. Die Regelungen über Teilnahme- und Informationsrechte des PR in **Arbeitsschutzangelegenheiten** sind hierher übernommen und so mit den anderen Informations- sowie Teilnahme- und Beteiligungsrechten ohne inhaltliche Änderung zusammengeführt worden.[121] Die im Bereich des Arbeitsschutzes bestehenden Mitbestimmungs- und Initiativrechte des PR (§ 74 Abs. 2 Nr. 7, § 75 Abs. 4 Nr. 1a, c u. d i.V.m. § 84 Abs. 1) und seine allgemeine Überwachungsaufgabe (§ 70 Abs. 1 Nr. 2 u. 3) werden durch die in Abs. 7 geregelten speziellen Beteiligungsrechte in Arbeitsplatzschutzangelegenheiten ergänzt. Alle diese Rechte des PR dienen dem Zweck, einen effektiven und optimalen Arbeitsschutz zu gewährleisten. Zu diesem Schutz ist der Arbeitgeber gegenüber den Arbeitnehmern nach den §§ 618, 619 BGB, der Dienstherr gegenüber den Beamten nach § 45 BeamtStG und § 77 LBG verpflichtet, wobei diese Schutzpflichten jeweils unter Beachtung der Rechtsvorschriften des öffentlich-rechtlichen Arbeitsschutzes zu erfüllen sind. Die alleinige Verantwortung des für die Dienststelle handelnden Dienststellenleiters (vgl. § 5 Rn. 11 ff.) wird durch die Aufgaben und Befugnisse des PR nicht berührt. Auch das in Abs. 1 geregelte allgemeine Unterrichtungsrecht des PR (vgl. Rn. 6 ff.) wird durch die in Abs. 7 festgelegten speziellen Informationsrechte ergänzt.[122] Nach Abs. 7 S. 1 sind sowohl der Dienststellenleiter als auch die für den Arbeitsschutz zuständigen Behörden, die Träger der gesetzlichen Unfallversicherung sowie die übrigen in Betracht kommenden Stellen (vgl. § 70 Rn. 14b) verpflichtet, den PR oder die von ihm bestimmten PR-Mitglieder bei allen im Zusammenhang mit dem Arbeitsschutz oder der Unfallverhütung stehenden Besichtigungen und Fragen und bei Unfalluntersuchungen hinzuziehen. Die Besichtigungen brauchen nicht auf den

---

120 *VGH BW* v. 8.9.92 – PL 15 S 130/92 –, PersV 95, 121.

121 LT-Dr. 15/4224, S. 131 [zu § 68a].

122 Näher zum Folgenden Altvater-*Herget*, § 68 Rn. 18.

Arbeitsschutz oder die Unfallverhütung abzuzielen, sondern es reicht aus, dass diese Gegenstände auch eine Rolle spielen. Bei Unfalluntersuchungen kommt es nicht darauf an, ob sich der Unfall im Innen- oder Außendienst ereignet hat oder ob dabei ein Beschäftigter einen Körper- oder Sachschaden erlitten hat.[123] »Fragen« i. S. d. Abs. 7 S. 1 sind alle sonstigen Fragen, die im Zusammenhang mit dem Arbeitsschutz oder der Unfallverhütung stehen.[124] Die Behandlung solcher Fragen ist z. B. gegeben bei Untersuchungen von Gefahrstoffbelastungen in Arbeitsräumen[125] oder bei Befragungen von Beschäftigten zu Arbeitsschutzzwecken, etwa zum Zwecke einer Gefährdungsbeurteilung nach § 5 ArbSchG.[126]

Hinsichtlich der Hinzuziehung zu Besichtigungen und zu Unfalluntersu- **35**
chungen enthält Abs. 7 S. 1 eine besondere Zuständigkeitsregelung. Danach ist immer der PR hinzuzuziehen, der bei der Dienststelle besteht, in der die Besichtigung oder Untersuchung stattfindet. Für die Hinzuziehung zur Behandlung von »Fragen« des Arbeitsschutzes oder der Unfallverhütung gelten dagegen die in § 91 **festgelegten allgemeinen Regeln über die Verteilung der Zuständigkeiten** zwischen den Personalvertretungen.[127]

b) Unterrichtungspflicht (Abs. 7 S. 2)

Nach Abs. 7 S. 2 hat der Dienststellenleiter dem PR unverzüglich die den **36**
Arbeitsschutz und die Unfallverhütung betreffenden **Auflagen und Anordnungen** der in S. 1 genannten Stellen mitzuteilen.[128] Anordnungen können Verwaltungsakte externer Stellen oder verwaltungsinterne Anweisungen sein. Auflagen sind mit einem Verwaltungsakt oder einer internen Anweisung als Nebenbestimmung verbundene Anordnungen, durch die dem Adressaten ein bestimmtes Tun, Dulden oder Unterlassen vorgeschrieben wird. Die Unterrichtungspflicht nach Abs. 7 S. 2 soll ebenso wie die Informationspflichten nach Abs. 7 S. 1 dazu beitragen, dass der PR seine Unterstützungsaufgabe nach § 70 Abs. 1 Nr. 3 wirksam erfüllen kann. Im Hinblick darauf ist eine weite Auslegung des Abs. 7 S. 2 geboten. Der Dienststellenleiter hat den PR deshalb auch über Stellungnahmen und Berichte der in § 70 Abs. 1 Nr. 3 genannten Stellen zu unterrichten, die den Arbeitsschutz oder die Unfallverhütung betreffen. Die Unterrichtung des PR muss unverzüglich – d. h. ohne schuldhaftes Zögern (§ 121 Abs. 1 S. 1 BGB) – erfolgen. Wegen ihrer

123 *BVerwG* v. 8. 12. 61 – VII P 7.59 – u. v. 5. 2. 71 – VII P 15.70 –, Buchh 238.3 § 68 Nr. 1 u. 2.
124 *BVerwG* v. 14. 10. 02 – 6 P 7.01 –, PersR 03, 113.
125 *OVG NW* v. 29. 1. 99 – 1 A 2762/97.PVL –, PersR 99, 360.
126 *BVerwG* v. 14. 10. 02, a. a. O.
127 *BVerwG* v. 14. 10. 02, a. a. O.; Lorenzen-*Ramm*, § 68 Rn. 57.
128 Näher zum Folgenden Altvater-*Herget*, § 68 Rn. 20.

Bedeutung sind schriftliche Anordnungen und Auflagen dem PR in Kopie auszuhändigen.[129]

c) Besprechungen mit Sicherheitsbeauftragten (Abs. 7 S. 3)

37 S. 3 nimmt auf den die Aufgaben des oder der Sicherheitsbeauftragten (bei deren Bestellung und Abberufung der PR nach § 75 Abs. 4 Nr. 1c mitbestimmt) regelnden § 22 Abs. 2 SGB VII ausdrücklich Bezug. Die Vorschrift lautet:

»Die Sicherheitsbeauftragten haben den Unternehmer bei der Durchführung der Maßnahmen zur Verhütung von Arbeitsunfällen und Berufskrankheiten zu unterstützen, insbesondere sich von dem Vorhandensein und der ordnungsgemäßen Benutzung der vorgeschriebenen Schutzeinrichtungen und persönlichen Schutzausrüstungen zu überzeugen und auf Unfall- und Gesundheitsgefahren für die Versicherten aufmerksam zu machen.«

Führt der Dienststellenleiter nach dieser Vorschrift Besprechungen mit dem oder den Sicherheitsbeauftragten durch, so haben vom PR beauftragte PR-Mitglieder nach Abs. 7 S. 3 das Recht, daran teilzunehmen. Das gilt unabhängig davon, auf wessen Initiative diese Besprechungen angesetzt werden. Damit die PR-Mitglieder ihr **Teilnahmerecht** wahrnehmen und sich vorbereiten können, ist der PR über die Besprechungstermine rechtzeitig zu informieren.

d) Niederschriften (Abs. 7 S. 4)

38 Nach Abs. 7 S. 4 hat der PR Anspruch darauf, die **Niederschriften** über Untersuchungen, Besichtigungen und Besprechungen, zu denen er nach S. 1 und 3 hinzuzuziehen war (vgl. Rn. 35 und 37), zu erhalten. Das gilt auch dann, wenn der PR sein Teilnahmerecht nicht wahrgenommen hat. Die Niederschrift ist dem PR von der Stelle zu überlassen, die sie angefertigt hat. Eine Verpflichtung zur Anfertigung von Niederschriften ist in S. 4 nicht festgelegt. Sie kann sich aber aus anderen Vorschriften ergeben.[130]

e) Unfallanzeige (Abs. 7 S. 5)

39 Abs. 7 S. 5 setzt voraus, dass bei Dienstunfällen und bei Versicherungsfällen der gesetzlichen Unfallversicherung grundsätzlich eine **Unfallanzeige** zu fertigen ist. Für Dienstunfälle ergibt sich dies aus § 62 Abs. 3 LBeamtVGBW.

---

129 Vgl. Lorenzen-*Ramm*, § 68 Rn. 59.

130 Vgl. Altvater-*Herget*, § 68 Rn. 22.

Danach hat der Dienstvorgesetzte – i. d. R. der Dienststellenleiter – jeden Unfall sofort zu untersuchen und darüber der nächsthöheren Dienststelle zu berichten. Eine Unterzeichnung dieses Berichts durch den PR sieht das Gesetz nicht vor. Nach S. 5 ist dem PR jedoch eine Durchschrift des Berichts auszuhändigen. Für die Anzeige eines Versicherungsfalls der gesetzlichen Unfallversicherung gilt § 193 SGB VII. In ihren für die Personalvertretung wichtigsten Teilen lautet diese Vorschrift wie folgt:

»(1) [1]Die Unternehmer haben Unfälle von Versicherten in ihren Unternehmen dem Unfallversicherungsträger anzuzeigen, wenn Versicherte getötet oder so verletzt sind, dass sie mehr als drei Tage arbeitsunfähig werden. [2]…
(2) Haben Unternehmer im Einzelfall Anhaltspunkte, dass bei Versicherten ihrer Unternehmen eine Berufskrankheit vorliegen könnte, haben sie diese dem Unfallversicherungsträger anzuzeigen.
(3) …
(4) [1]Die Anzeige ist binnen drei Tagen zu erstatten, nachdem die Unternehmer von dem Unfall oder von den Anhaltspunkten für eine Berufskrankheit Kenntnis erlangt haben. [2]Der Versicherte kann vom Unternehmer verlangen, dass ihm eine Kopie der Anzeige überlassen wird.
(5) [1]Die Anzeige ist vom Betriebs- oder Personalrat mit zu unterzeichnen; bei Erstattung der Anzeige durch Datenübertragung ist anzugeben, welches Mitglied des Betriebs- oder Personalrats vor der Absendung von ihr Kenntnis genommen hat. [2]Der Unternehmer hat die Sicherheitsfachkraft und den Betriebsarzt über jede Unfall- und Berufskrankheitenanzeige in Kenntnis zu setzen. [3]Verlangt der Unfallversicherungsträger zur Feststellung, ob eine Berufskrankheit vorliegt, Auskünfte über gefährdende Tätigkeiten von Versicherten, haben die Unternehmer den Betriebs- oder Personalrat über dieses Auskunftsersuchen unverzüglich zu unterrichten.
(6) [aufgehoben]
(7) …
(8) …
(9) …«

Der Inhalt der Anzeige, ihre Form und die Art und Weise ihrer Übermittlung sowie die Empfänger, die Anzahl und der Inhalt der Durchschriften sind in der Unfallversicherungs-Anzeigeverordnung (UVAV) v. 23. 1. 02[131], zuletzt geändert durch Art. 459 der Verordnung v. 31. 10. 06,[132] geregelt. Nach § 193 Abs. 5 S. 1 SGB VII hat der PR die Anzeige mit zu unterzeichnen, ohne dass er dadurch für den Inhalt mitverantwortlich wird. Für den PR handelt dabei unabhängig von der Gruppenzugehörigkeit des Verletzten der

131 BGBl. I S. 554.
132 BGBl. I S. 2407.

PR-Vorsitzende (vgl. § 29 Abs. 2 S. 1). Der PR ist berechtigt, ggf. seine abweichende Sicht des Unfallgeschehens darzulegen.[133] Der Dienststellenleiter hat dem PR eine Durchschrift der Unfallanzeige auszuhändigen.

§ 72 Wirtschaftsausschuss

(1) [1]In Dienststellen ab einer Größe der Personalvertretung von mindestens sieben Mitgliedern soll auf Antrag der Personalvertretung ein Wirtschaftsausschuss gebildet werden. [2]Der Wirtschaftsausschuss hat die Aufgabe, wirtschaftliche Angelegenheiten der Dienststelle zu beraten und die Personalvertretung zu unterrichten. [3]Die Befugnisse und Aufgaben der Personalvertretungen nach diesem Gesetz bleiben unberührt.

(2) Die Dienststelle hat den Wirtschaftsausschuss rechtzeitig und umfassend über die wirtschaftlichen Angelegenheiten unter Vorlage der erforderlichen Unterlagen zu unterrichten, soweit dadurch nicht die Dienst- oder Betriebs- und Geschäftsgeheimnisse gefährdet werden, sowie die sich daraus ergebenden Auswirkungen auf die Personalplanung darzustellen.

(3) Zu den wirtschaftlichen Angelegenheiten im Sinne von Absatz 1 gehören insbesondere

1. **die wirtschaftliche und finanzielle Lage der Dienststelle,**
2. **Veränderungen der Produktpläne,**
3. **beabsichtigte Investitionen,**
4. **beabsichtigte Partnerschaften mit Privaten,**
5. **die Stellung der Dienststelle in der Gesamtdienststelle,**
6. **beabsichtigte Rationalisierungsmaßnahmen,**
7. **Einführung neuer Arbeits- und Managementmethoden,**
8. **Fragen des Umweltschutzes, des Klimaschutzes oder der sorgsamen Energienutzung in der Dienststelle,**
9. **Verlegung von Dienststellen oder Dienststellenteilen,**
10. **Auflösung, Neugründung, Zusammenlegung oder Teilung der Dienststelle oder von Dienststellenteilen,**
11. **Zusammenarbeit mit anderen Dienststellen,**
12. **sonstige Vorgänge und Vorhaben, welche das wirtschaftliche Leben der Dienststelle und die Interessen der Beschäftigten der Dienststelle wesentlich berühren können.**

(4) [1]Der Wirtschaftsausschuss besteht aus mindestens drei und höchstens sieben Mitgliedern, die der Dienststelle angehören müssen, darunter mindestens einem Mitglied der Personalvertretung. [2]Ersatzmitglieder können bestellt werden. Die Mitglieder des Wirtschaftsausschusses sollen die zur Erfüllung ihrer Aufgaben erforderliche fachliche und

133 Vgl. DKW-*Buschmann*, § 89 Rn. 50.

persönliche Eignung besitzen. [3]Sie werden im Einvernehmen mit der Personalvertretung für die Dauer ihrer Amtszeit von der Dienststelle bestellt und können jederzeit abberufen werden. [4]Der Vorsitzende der Personalvertretung beruft die Mitglieder des Wirtschaftsausschusses zur konstituierenden Sitzung ein und leitet die Sitzung, bis der Wirtschaftsausschuss aus seiner Mitte einen Vorsitzenden gewählt hat. [5]§ 43 Absatz 2 gilt für die Mitglieder des Wirtschaftsausschusses entsprechend.

(5) Der Wirtschaftsausschuss soll einmal im Vierteljahr zusammentreten.

(6) [1]Der Leiter der Dienststelle oder eine von ihm beauftragte Person nimmt an den Sitzungen des Wirtschaftsausschusses teil; weitere sachkundige Beschäftigte können hinzugezogen werden. [2]An den Sitzungen des Wirtschaftsausschusses können darüber hinaus beratend teilnehmen:

1. **die Schwerbehindertenvertretung,**
2. **ein Mitglied der Jugend- und Auszubildendenvertretung, das von dieser benannt wird, wenn Angelegenheiten behandelt werden, die besonders Beschäftigte im Sinne von § 59 betreffen,**
3. **die Beauftragte für Chancengleichheit, wenn Angelegenheiten behandelt werden, die besonders die Gleichstellung von Frauen und Männern betreffen.**

Vergleichbare Vorschriften:
keine im BPersVG; § 79 HmbPersVG; § 65a LPVG NW; § 60a NPersVG; § 68a ThürPersVG; §§ 106–108 BetrVG

Inhaltsübersicht

1. Vorbemerkungen

Das Gremium **Wirtschaftsausschuss** ist durch das Änderungsgesetz 2013 in das LPVG eingefügt worden. Öffentliche Verwaltungen werden nicht nur in wirtschaftlichen (Landes-/und oder Eigenbetrieben), sondern auch mehr und mehr in den klassischen Verwaltungsbereichen von wirtschaftlichen Rahmenbedingungen beeinflusst. Insbesondere aus den in 1 den letzten Jahren eingeführten und aus der Betriebswirtschaft entlehnten Neuen Steuerungsinstrumenten gewinnt die Verwaltung Erkenntnisse, die sie zur Grundlage für Entscheidungen mit (weitreichenden) Folgen für die Beschäftigten nimmt. Da sich der Wirtschaftsausschuss in der privatwirtschaftlichen Mitarbeiterbeteiligung bewährt hat, ist es sachgerecht, die Einrichtung eines Wirtschaftsausschusses auch im Personalvertretungsbereich zu ermöglichen. Durch den Wirtschaftsausschuss als **Beratungs- und Informationsgremium** an der Schnittstelle zwischen Dienststelle und Personalvertretung wird die Personalvertretung in die Lage versetzt, komplexe wirtschaftliche für die Dienststelle maßgebliche Zusammenhänge auch nachzuvollziehen. Durch das regelmäßige Befassen mit wirtschaftlichen Themen können so Informationen angemessen geprüft, aus kollektiver Beschäftigtensicht bewertet und eventuelle Risiken aufgezeigt werden. Die Gesetzesbegründung richtet sich an der Begründung des Entwurfs zu § 65a LPVG NW aus. Anders als im Gesetzgebungsverfahren des ÄndG 2013[1] beruht in NW die Einführung des Wirtschaftsausschusses auf einem breiten politischen Konsenst.[2]

1a Der Wirtschaftsausschuss hat sich seit Jahrzehnten in der Praxis des BetrVG bewährt und wird von den Sozialpartnern allgemein anerkannt. Deshalb ist der Wirtschaftsausschuss bewusst den Regelungen des **§ 106 BetrVG** entsprechend **nachgebildet** worden.[3]

1b Durch die Einführung des Wirtschaftsausschusses und der damit einhergehenden Unterrichtungsansprüche ist für das Personalvertretungsrecht des Landes die Richtlinie 2002/14/EG des Europäischen Parlaments und des Rates zur Festlegung eines allgemeinen Rahmens für die Unterrichtung und Anhörung der Arbeitnehmer in der Europäischen Gemeinschaft vom 11.3.02 erstmalig ausreichend umgesetzt worden.[4] Die Frist für die Um-

---

1 Die kommunalen Spitzenverbände und die Vertreter der Sparkassenverbände haben sich vehement gegen die Einführung eines Wirtschaftsausschusses ausgesprochen; der SWR hat zudem noch die Einführung einer Tendenzklausel entsprechend § 118 BetrVG gefordert; s. LT-Dr. 15/4224, S. 210–211 [3.1 102 zu Nr. 61 (§ 68b)].

2 LT-Dr. NW 15/2218, S. 66.

3 LT-Dr. 15/4224, S. 130 [zu § 68b]: »Öffentliche Verwaltungen sind besonders in Betrieben, fortschreitend auch in den klassischen Verwaltungsbereichen von wirtschaftlichen Rahmenbedingungen beeinflusst. Aus betriebswirtschaftlichen Steuerungsinstrumenten werden Erkenntnisse gewonnen, die Grundlage für Entscheidungen mit Folgen für die Beschäftigten werden können. Es erscheint daher sachgerecht, bewährte Gremien aus der privatwirtschaftlichen Mitarbeiterbeteiligung unter Anerkennung der Besonderheiten der öffentlichen Verwaltungen in das Landespersonalvertretungsgesetz zu übernehmen …«

4 Für NW s. auch *Welkoborsky*, PersR 13, 14 unter V.

setzung der RL war nach Art. 11 der RL allerdings bereits seit 23. 3. 05 abgelaufen.

Allerdings hätte sich nach der RL 2002/14 EG der Gesetzgeber veranlasst sehen müssen, die Grenze für die Bildung eines Wirtschaftsausschusses deutlich niedriger, nämlich auf 50 Beschäftigte, anzusetzen.[5] 1c

Abs. 1 regelt die Bildung des Wirtschaftsausschusses, **Abs. 2** seine Aufgaben der Unterrichtung und Beratung wirtschaftlicher Angelegenheiten; **Abs. 3** umreißt diese Angelegenheiten; **Abs. 4** bestimmt die Zusammensetzung und Geschäftsführung, **Abs. 5** die Sitzungsintervalle, **Abs. 6** die Teilnahmeberechtigten an den Sitzungen. 2

Verweise auf den Wirtschaftsausschuss finden sich in §§ 7 Abs. 1 Nr. 8, 68 Abs. 1. 3

2. Einrichtung des Wirtschaftsausschusses

(**Abs. 1**) Der Wirtschaftsausschuss kann auf Antrag der Personalvertretung auch gegen den Willen deren Leiters in Dienststellen gebildet werden, in denen der PR aus mindestens sieben Mitgliedern besteht. Es kommt auf die **gesetzliche Zahl der Mitglieder** nach § 10 Abs. 3 an. In der Dienststelle müssen demnach in der Regel mindestens 151 Beschäftigte tätig sein. Es gilt der gesetzliche Beschäftigtenbegriff des § 4. Auf die Wahlberechtigung nach § 8 kommt es nicht an. Bei einem GPR kann ein Wirtschaftsausschuss gemäß § 54 Abs. 2 auch gebildet werden, wenn in einzelnen oder in allen verselbständigten Dienststellen in der Regel weniger als 151 Beschäftigte tätig sind (vgl. § 54 Abs. 2 mit § 72 Abs. 1). Einvernehmlich kann ein Wirtschaftsausschuss auch in kleineren Dienststellen eingerichtet werden.[6] 4

Ein Wirtschaftsausschuss kann ausnahmslos in allen Dienststellen eingerichtet werden, die **über mindestens 151 Beschäftigte** verfügen. Der Gesetzgeber hat bewusst davon abgesehen, Ausnahmen etwa für wissenschaftliche, kulturelle oder Einrichtungen der Krankenversorgung vorzusehen. Insbesondere können sich Universitäten und Universitätsklinika nicht auf die Wissenschaftsfreiheit des Art. 5 Abs. 3 GG berufen (vgl. auch § 99 Rn. 2a).[7] Ebenso wenig schließt die Freiheit der Berichterstattung durch Rundfunk nach Art. 5 Abs. 1 S. 2 GG die Einrichtung eines Wirtschaftsausschusses beim SWR aus. 4a

5 Fricke-*Dierßen*, § 60a NPersVG Rn. 5; DKW-*Däubler*, § 106 Rn. 27.

6 LT-Dr. 15/4224, S. 132 [zu § 68b].

7 *VG Sigmaringen* v. 2. 8. 17 – PL 11 K 590/16 –, PersV 18, 65 (rkr.); Fricke-*Dierßen*, § 60a NPersVG Rn. 2.

3. Hilfsorgan des Personalrats

5 Bei dem Wirtschaftsausschuss handelt es sich nicht um eine Personalvertretung oder ein Gremium einer Personalvertretung, sondern um eine **Einrichtung eigener Art**, die die wirtschaftlichen Angelegenheiten der Dienststelle i. S. v. § 72 Abs. 3 beraten und den PR darüber unterrichten soll. Dazu kann sich der Wirtschaftsausschuss auch fachlicher Berater aus der Dienststelle bedienen, mit denen die anstehenden wirtschaftlichen Angelegenheiten erörtert werden. Insoweit ist § 72 Abs. 1 S. 3 als klarstellender Zusatz zu verstehen, wonach Befugnisse und Aufgaben der Personalvertretungen durch die Tätigkeit des Wirtschaftsausschusses unberührt bleiben.[8]

5a Der Wirtschaftsausschuss hat **keine eigene Entscheidungskompetenz**, sondern ist ein **Hilfsorgan** der Personalvertretung: Er

- dient als Beratungs- und Unterrichtungsgremium des PR bei der Dienststellenleitung;
- fordert Informationen bei der Dienststellenleitung an;
- bewertet, analysiert und interpretiert die eingeholten Informationen;
- unterrichtet den PR über die Beratungen mit der Dienststelle und die ihm erteilten Informationen über die wirtschaftlichen Angelegenheiten;
- erläutert dem PR die Informationen.

6 Der Wirtschaftsausschuss ist verpflichtet, dem PR **unverzüglich**, also ohne schuldhaftes Zögern (§ 121 BGB), **vollständig** über die Sitzungen und Beratungen mit der Dienststelle zu berichten. Eine Geheimhaltungspflicht gegenüber dem PR besteht gemäß § 7 S. 2 Nr. 8 nicht. Aus § 7 Abs. 1 S. 1 ergibt sich aber, dass die Mitglieder des Wirtschaftsausschusses ansonsten zur Verschwiegenheit verpflichtet sind.

4. Unterrichtungsrechte des Wirtschaftsausschusses im Allgemeinen

7 **(Abs. 2)** Aus der Aufgabe des Wirtschaftsausschusses als Beratungs- und Unterrichtungsorgan in wirtschaftlichen Angelegenheiten mit der Dienststelle und der Unterrichtung des PR ergeben sich die in Abs. 3 geregelten Informationsansprüche des Wirtschaftsausschusses. Über die **wirtschaftlichen Angelegenheiten** muss die Dienststelle den Wirtschaftsausschuss **rechtzeitig, umfassend und unter Vorlage der erforderlichen Unterlagen** unterrichten, und zwar ohne dass es einer besonderen Aufforderung des Wirtschaftsausschusses bedarf. Außerdem muss sie dem Wirtschaftsausschuss die sich daraus ergebenden Auswirkungen auf die Personalplanung (§ 81 Abs. 1 Nr. 6) darstellen.

---

8 LT-Dr. 15/4224, S. 132 [zu § 68b].

8 **Rechtzeitig** bedeutet, dass PR und Wirtschaftsausschuss noch auf die Willensbildung der Dienststelle Einfluss nehmen können. Die **Unterlagen** müssen ggf. schon vor den Sitzungen (§ 72 Abs. 5 und 6) dem Wirtschaftsausschuss zur Verfügung gestellt werden, um eine angemessene Vorbereitung zu ermöglichen. **Umfassend** sind die Informationen nur, wenn PR und Wirtschaftsausschuss damit zu einer sachgemäßen Beratung und Erarbeitung eigener Vorschläge in die Lage versetzt werden. Zudem muss die Unterrichtung auch verständlich sein.[9]

9 Nach **Abs. 1 S. 1 letzter Hs.** bestehen die Unterrichtungspflichten der Dienststelle gegenüber dem Wirtschaftsausschuss nur insoweit, als dadurch **nicht Dienst- oder Betriebs- und Geschäftsgeheimnisse gefährdet** werden. Dienstgeheimnisse betreffen Vorgänge innerhalb der öffentlichen Verwaltung, die nicht in die Dienststellenöffentlichkeit und schon gar nicht in die allgemeine Öffentlichkeit geraten dürfen, z. B. Beschaffungsvorhaben größeren Ausmaßes, Bauleitplanungen, Umwandlungen. Betriebsgeheimnisse beziehen sich z. B. auf den technischen Bereich, etwa Herstellungs- oder medizinische Verfahren. Diese werden in öffentlichen Unternehmen und Einrichtungen außerhalb der Forschungen an Universitäten, Großforschungseinrichtungen oder Universitätskliniken selten vorkommen. Unter Geschäftsgeheimnissen einer Dienststelle sind Tatsachen und Erkenntnisse von wirtschaftlicher und kaufmännischer Bedeutung zu verstehen. Geheimnisse i. S. v. S. 1 Hs. 2 führen allerdings nicht ohne weiteres dazu, dass die Unterrichtungspflicht wegfällt. Hinzutreten muss vielmehr noch ein entsprechender Gefährdungstatbestand, der von der Dienststelle darzulegen ist. Ein objektiver Gefährdungstatbestand liegt dann vor, wenn die völlige Geheimhaltung einer bestimmten Tatsache erforderlich ist, um den Bestand und die Entwicklung einer Dienststelle zu gewährleisten. Ein subjektiver Gefährdungstatbestand kann sich etwa ergeben, wenn Gründe in der Person eines oder mehrerer Mitglieder des Wirtschaftsausschusses die Weitergabe von Geheimnissen verbieten.[10]

5. Unterrichtungsrechte des Wirtschaftsausschusses im Einzelnen

10 **(Abs. 3)** Die Unterrichtungspflicht der Dienststelle über wirtschaftliche Angelegenheiten erstreckt sich insbesondere auf folgende Bereiche:

Nr. 1 Wirtschaftliche und finanzielle Lage der Dienststelle: Dazu gehören alle Informationen, die für die Aufgabenerfüllung der Dienststelle und deren Planung von Bedeutung sind, soweit sie wirtschaftliche und finanzielle Auswirkungen haben, wie Haushaltspläne oder Haushaltsentwicklungspläne.

---

9 *Cremer*, PersR 12, 208 m. w. N.

10 *Welkoborsky u. a.*, § 65a Rn. 3 letzter Absatz.

Zum Haushaltsplan gehören die Darstellung der Einnahmen und Ausgaben, Übersichten über Planstellen, Gewinn- und Verlustrechnungen,[11] dazu

- Aufstellung der aktuellen Personalkosten,
- Entgeltlisten,
- Verrechnungssätze für Personal- und andere Kosten,
- Stellenbeschreibungen, Stellenprofile,
- Unterlagen zur Personalbedarfsrechnung (z. B. Normzeiten, Zeit- und Mengenstatistiken, Prognosen),
- Übersichten über unbesetzte Stellen,
- Überstundenlisten,
- Fehlzeitenlisten,
- Statistiken über die Fluktuation von Beschäftigten,
- Einsatz von Fremdfirmen, Personalgestellung, Leiharbeitnehmern etc.,

sowie die Beschreibung der Auswirkungen auf z. B.

- Beschäftigung,
- Einkommen,
- Qualifikation und Qualifizierungsbedarf,
- Arbeitsbedingungen.

Nr. 2 Veränderungen der Produktpläne: Darunter sind alle Änderungen der Aufgabenstellung der Dienststelle zu verstehen, letztendlich Änderungen der Art oder Form der Leistungserbringung durch die Dienststelle.[12]

Nr. 3 Beabsichtigte Investitionen: Das sind Projekte oder Einzelinvestitionen, die der Aufgabenerledigung der Dienststelle dienen. Zu informieren ist der Wirtschaftsausschuss auch über die Finanzierung der Investitionen.[13]

Nr. 4 Beabsichtigte Partnerschaften mit Privaten: Gemeint sind Fälle der sog. »Public Private Partnership (PPP)«, also Kooperationen mit privaten Investoren bei der staatlichen Aufgabenerfüllung insbesondere bei der Errichtung und Bewirtschaftung öffentlicher Infrastruktureinrichtungen, z. B. Landes- oder Kreisstraßen, Bäder, Schulgebäude. Dabei bleibt anders als bei Privatisierungen die Erfüllung der öffentlichen Aufgaben in der Verantwortung des öffentlich rechtlichen Trägers.[14]

Nr. 5 Stellung der Dienststelle in der Gesamtdienststelle: Der Wirtschaftsausschuss soll hier Informationen über die Wertigkeit der Dienststelle im Gefüge der Gesamtdienststelle erhalten, weil sie Auswirkungen auf die Personalplanung haben kann. Deshalb ist über die im Rahmen der Gesamtdienststelle zur Verfügung stehenden Haushaltsmittel und Haushaltspläne zu unterrichten.

---

11 *Welkoborsky u. a.*, § 65a Rn. 4 (zu Nr. 1).
12 *Welkoborsky u. a.*, § 65a Rn. 4 (zu Nr. 2).
13 *Welkoborsky u. a.*, § 65a Rn. 4 (zu Nr. 3).
14 *Welkoborsky u. a.*, § 65a Rn. 4 (zu Nr. 4).

Nr. 6 Beabsichtigte Rationalisierungsmaßnahmen: Es ist über alle Vorhaben zu informieren, die auf die Steigerung der Wirtschaftlichkeit der Dienststelle ausgerichtet sind. Die Unterrichtungspflicht erstreckt sich auf den Umfang der Rationalisierungsvorhaben, den wirtschaftlichen Nutzen und insbesondere die personellen Auswirkungen.[15]

Nr. 7 Einführung neuer Arbeits- und Managementmethoden: Unter Arbeitsmethoden sind Arbeitsablaufmodelle zu verstehen, die zur Erfüllung der gestellten Aufgaben geleistet werden müssen; unter Managementmethoden Maßnahmen, die sich auf die Systematisierung der Führung der Dienststelle beziehen. Es ist über Art und Umfang der Planungen und ihre Auswirkungen auf die Arbeitsplätze zu informieren.[16]

Nr. 8 Fragen des Umweltschutzes, des Klimaschutzes oder der sorgsamen Energienutzung in der Dienststelle: In Anlehnung an § 70 Abs. 1 Nr. 11 sind darunter alle personellen und organisatorischen Maßnahmen sowie alle auf dienstliche Bauten, Räume, technischen Anlagen, Arbeitsverfahren, Arbeitsabläufen und Arbeitsplätzen ausgerichtete Maßnahmen, die dem Umweltschutz, Klimaschutz und der sorgsamen Energienutzung dienen. Hierzu gehören auch die Erarbeitung eines Umwelt- und Klimaschutzaudits und Maßnahmen zur Einhaltung der Bestimmungen des BImSchG.[17]

Nr. 9 Verlegung von Dienststellen oder Dienststellenteilen: Der Wirtschaftsausschuss ist insbesondere über Auswirkungen auf die Beschäftigungsverhältnisse wie Anfahrtswege, Erreichbarkeit mit öffentlichen Verkehrsmitteln zu unterrichten.[18]

Nr. 10 Auflösung, Neugründung, Zusammenlegung oder Teilung der Dienststelle oder von Dienststellenteilen: Diese Vorhaben können erhebliche Auswirkungen auf die Arbeitsplätze der Dienststelle haben. Es ist auch über die Konsequenzen für die betroffenen Personalratsgremien zu informieren.[19]

Nr. 11 Zusammenarbeit mit anderen Dienststellen: Darunter ist u. a. die dienststellenübergreifende Zusammenarbeit mit anderen Diebsstellen desselben oder eines anderen öffentlich rechtlich organisierten Trägers zwecks Bündelung der Aufgabenerfüllung zu verstehen, beispielsweise bei der Bildung gemeinsamer Einrichtungen nach § 44b SGB II (Jobcenter).[20]

Nr. 12 Sonstige Vorgänge und Vorhaben, welche das wirtschaftliche Leben der Dienststelle und die Interessen der Beschäftigten der Dienststelle wesentlich berühren können. Hierbei handelt es sich sowohl um eine

15 *Welkoborsky u. a.*, § 65a Rn. 4 (zu Nr. 6).
16 *Welkoborsky u. a.*, § 65a Rn. 4 (zu Nr. 7).
17 *Welkoborsky u. a.*, § 65a Rn. 4 (zu Nr. 8).
18 *Welkoborsky u. a.*, § 65a Rn. 4 (zu Nr. 9).
19 *Welkoborsky u. a.*, § 65a Rn. 4 (zu Nr. 10).
20 *Welkoborsky u. a.*, § 65a Rn. 4 (zu Nr. 11).

weit auszulegende Generalklausel[21] als auch um einen Auffangtatbestand für nicht unter Nr. 1–12 einzuordnende wirtschaftliche Angelegenheiten, die Auswirkungen auf die Beschäftigten der Dienststelle haben können.

11 Insbesondere hat sich der Wirtschaftsausschuss auch mit den in der Landesverwaltung eingesetzten **Neuen Steuerungsinstrumenten** zu befassen, z. B. mit

- der Kosten- und Leistungsrechnung (KLR),
- dem Controlling (inkl. Berichtswesen),
- Fragen der Budgetierung,
- der Bildung von Produkten (Produkthaushalt),
- der Einführung produktorientierter Ziele und Kennzahlen,
- der Doppik,
- dem Kontraktmanagement und
- dem Benchmarking.

In welchem Umfang Neue Steuerungsinstrumente in öffentlichen Verwaltungen konkret eingeführt und genutzt werden, ist dem Wirtschaftsausschuss offenzulegen.

12 Der Wirtschaftsausschuss hat zu prüfen, ob die Angaben der Dienststelle korrekt sind:

- Sind die genannten Zahlen korrekt?
- Sind die angegebenen Änderungen korrekt berechnet und dargestellt?
- Stimmt die Begründung mit der wirtschaftlichen Lage (KLR) überein?
- Widersprechen sich die Aussagen zur Investitions-, Kapazitäts-, oder Dienstleistungsplanung?
- Gibt es stille Reserven?
- Wie war z. B. die Entwicklung der Personalintensität bzw. Personalkostenquote in den letzten Jahren?

6. Zusammensetzung des Wirtschaftsausschusses

13 **(Abs. 4)** Der Wirtschaftsausschuss **besteht aus mindestens drei und höchstens sieben Mitgliedern**, die der Dienststelle angehören müssen, darunter mindestens einem Mitglied der Personalvertretung; Ersatzmitglieder können bestellt werden. Der PR entsendet ein Mitglied und beschließt darüber nach § 34. Gegen den Entsendebeschluss kann die Dienststelle nichts einwenden. Die übrigen **sachkundigen** Mitglieder (mindestens zwei, höchstens sechs) werden von der Dienststelle **im Einvernehmen mit dem PR** bestellt. Der PR kann lediglich sein Einvernehmen zur Bestellung versagen. Nach dem Wortlaut kann er aber eine bestimmte Anzahl oder die Bestellung von ihm vorgeschlagener Mitglieder nicht erzwingen. Jedoch muss sich die Dienststelle im Rahmen der partnerschaftlich vertrauensvollen Zusammen-

21 *Welkoborsky u. a.*, § 65a Rn. 4 (zu Nr. 12).

arbeit mit dem PR über diese Fragen abstimmen. Sie muss Personalvorschläge des PR entgegennehmen, ernsthaft prüfen und der eigenen Entscheidung zu Grunde legen.[22]

Umgekehrt stehen dem PR bei **Abberufungsentscheidungen** der Dienststelle die gleichen Befugnisse zu. Der PR kann die Abberufung eines Mitglieds nicht erzwingen, er kann die Abberufung gegen seinen Willen aber verhindern. Die Dienststelle kann Mitglieder des Wirtschaftsausschusses ohne Einvernehmen des PR weder bestellen noch abberufen.[23] Im Konfliktfall kann der PR im verwaltungsgerichtlichen Beschlussverfahren nach § 92 klären lassen, ob z. B die von der Dienststelle verweigerte Bestellung vom PR vorgeschlagener Mitglieder für den Wirtschaftsausschuss auf Ermessensfehlern oder einem Verstoß gegen den Grundsatz der partnerschaftlich vertrauensvollen Zusammenarbeit beruht. 13a

Sollte es zu **unüberbrückbaren Meinungsverschiedenheiten** über die Bestellung der weiteren Mitglieder des Wirtschaftsausschusses kommen, kann der PR immer noch von der Einrichtung des Wirtschaftsausschusses absehen. In diesem Fall ist die Dienststelle verpflichtet, den PR über alle wirtschaftlichen Angelegenheiten i. S. d. Abs. 3 zweimal jährlich im Rahmen der gemeinschaftlichen Besprechungen nach § 68 Abs. 1 S. 4 zu unterrichten und darüber mit ihm zu beraten. Für diesen Fall ist zu empfehlen, dass der PR einen entsprechenden **Ausschuss** nach § 35 Abs. 1 bildet, der die entsprechenden Beratungen vorbereitet. Zudem kann der PR nach Unterrichtung der Dienststellenleitung auch sachverständige Personen aus der Dienststelle und sonstige Auskunftspersonen nach § 32 Abs. 7 zu seiner Unterstützung hinzuziehen. Des Einvernehmens der Dienststellenleitung bedarf es nicht. 14

Die **Bestellung** erfolgt grundsätzlich für die jeweilige **Amtsperiode des PR**. Der Antrag auf Einrichtung des Wirtschaftsausschusses ist für jede Amtsperiode neu zu stellen. 15

7. Konstituierung des Wirtschaftsausschusses

Die **Konstituierung** des Wirtschaftsausschusses ist in Anlehnung an die in § 19 geregelte des PR ausgestaltet. Der PR-Vorsitzende beruft die Mitglieder zur konstituierenden Sitzung ein und leitet die Sitzung, bis der Wirtschaftsausschuss aus seiner Mitte den Vorsitzenden gewählt hat. Der Verweis auf § 43 Abs. 2 stellt klar, dass Versäumnis von Arbeitszeit, die Mitgliedern zur Erfüllung ihrer Arbeit im Ausschuss entsteht, keine Minderung von Besoldung oder Arbeitsentgelt zur Folge hat; ggf. ist in entsprechendem Umfang Dienstbefreiung zu gewähren. 16

22 Rooschüz-*Bader*, § 72 Rn. 14.
23 A. A. wohl *Melzer*, PersR 14, 201.

16a Beschäftigte, die Aufgaben und Befugnisse nach § 72 wahrnehmen, werden nicht als Mitglieder einer Personalvertretung tätig. Die Vorschriften über die Rechtsstellung der Personalratsmitglieder, z. B. zum Schutz des Arbeitsplatzes nach § 47 sind nicht anzuwenden. Für Ausschussmitglieder gelten aber die Regelungen über das Behinderungs-, Benachteiligungs- und Begünstigungsverbot (§ 6), die Verschwiegenheitspflicht (§ 7) unmittelbar, da sie Aufgaben oder Befugnisse nach dem LPVG wahrnehmen.[24] Die Bestellung eines PR-Mitglieds zum Mitglied des Wirtschaftsausschusses lässt seine personalvertretungsrechtliche Stellung unberührt.

8. Geschäftsführung und Beschlussfassung

17 **(Abs. 5)** Die kontinuierliche Unterrichtung der Personalvertretung erfordert, dass der Wirtschaftsausschuss regelmäßig zu **Sitzungen und Beratungen** mit der Dienststelle zusammentritt. Nach der Sollvorschrift des Abs. 5 wird grundsätzlich ein **vierteljährlicher Turnus** als angemessen und ausreichend erachtet. Seltenere oder häufigere Sitzungen sind aber nicht ausgeschlossen. Darüber entscheidet der Wirtschaftsausschuss autonom. Die Sitzungen finden grundsätzlich während der Arbeitszeit seiner Mitglieder statt. Zu den Sitzungen lädt der Vorsitzende des Wirtschaftsausschusses ein. Da der Dienststellenleiter oder eine von ihm beauftragte Person zur Teilnahme an den Sitzungen verpflichtet ist, sollten die Sitzungstermine mit ihm abgesprochen werden.

18 **Geschäftsführung und Beschlussfassung** des Ausschusses richtet sich nach den Grundsätzen der § 32 bis 34. Der Wirtschaftsausschuss sollte auch eine **Geschäftsordnung** entsprechend § 39 beschließen.

19 Falls die Dienststellenleitung entgegen ihrer Verpflichtung den Wirtschaftsausschuss nicht unaufgefordert rechtzeitig und umfassend über wirtschaftliche Angelegenheiten unter Vorlage der entsprechenden Unterlagen unterrichtet, sollte der Wirtschaftsausschuss insbesondere folgende Informationen **anfordern**:

- Unterlagen zum Jahresabschluss (z. B. Bilanz, Gewinn- und Verlustrechnung, Anhang mit Lagebericht und Erläuterungen, Bericht des Wirtschaftsprüfers, Berichte an den Stiftungsrat),
- aktuelle Ist-Zahlen (z. B. Vermögensbestand, Anlagevermögen),
- interne Betriebsergebnisrechnungen (z. B. betriebswirtschaftliche Auswertung, Deckungsbeitragsrechnung, kurzfristige Erfolgsrechnung),
- interne Planungsunterlagen (z. B. Umsatz- und Absatzpläne, Budgets und Kostenpläne, Investitionsplanung, Liquiditätsplanung),
- Aufstellungen über den Einsatz von Fremdfirmen und die Fremdvergabe von Aufträgen.

24 LT-Dr. 15/4224, S. 133 [zu § 68b].

Im Falle der Nrn. 2, 4, 6, 7, 9 und 10
- Berechnungen und Analysen über beabsichtigte die Änderungen,
- Berechnungen über den wirtschaftlichen Nutzen,
- Berechnungen über langfristige Folgen der Änderungen,
- Vorher-Nachher-Berechnungen,
- Analysen über die Auswirkungen auf die Abläufe, die Arbeitsverfahren etc.
- ggf. Unterlagen über Umwandlungen (z. B. Eröffnungsbilanz, Insolvenzbilanz, Teilungsbilanz).

Der Wirtschaftsausschuss sollte Vorgaben und Behauptungen nicht einfach hinnehmen, sondern **überprüfen** (z. B. die Glaubwürdigkeit von Kostenprognosen). Er sollte Berechnungen der Dienststellenleitung sorgfältig nachrechnen. Ggf. sollte er selbst aktiv werden, um Informationen von außerhalb zu beschaffen.

9. Teilnahmerechte an den Sitzungen des Wirtschaftsausschusses

(Abs. 6) Die **Sitzungen** sind grundsätzlich **nicht öffentlich**. Der Leiter der 20
Dienststelle oder eine von ihm beauftragte Person sind verpflichtet, an den Sitzungen teilzunehmen. Der Ausschuss kann weitere sachkundige Beschäftigte hinzuziehen. Außerdem sind mit beratender Stimme teilnahmeberechtigt
- die Schwerbehindertenvertretung (Abs. 6 S. 2 Nr. 1),
- ein von der JAV benanntes Mitglied, soweit Angelegenheiten behandelt werden, die besonders Beschäftigte i. S. v. § 59 betreffen (Abs. 6 S. 2 Nr. 2),
- die Beauftragte für Chancengleichheit, wenn Angelegenheiten behandelt werden, die besonders die Gleichstellung der Männer und Frauen betreffen (Abs. 6 S. 2 Nr. 3).

Da diesen Personen bereits nach § 68 Abs. 1 offensteht, an den gemeinschaftlichen Besprechungen zwischen Personalvertretung und Dienststellenleitung mit beratender Stimme teilzunehmen, ist es konsequent, ihnen das Teilnahmerecht auch an Sitzungen des Wirtschaftsausschusses einzuräumen. Wie bei § 68 Abs. 1 besteht kein Teilnahmerecht von Vertretern der in der Dienststelle vertretenen Gewerkschaften oder eines Vertreters der Arbeitgebervereinigung, der die Dienststelle angehört.

Abschnitt 2
Mitbestimmung, Mitwirkung und Anhörung

§ 73 Mitbestimmung

(1) [1]Soweit eine Maßnahme der Mitbestimmung des Personalrats unterliegt, kann sie nur mit seiner Zustimmung getroffen werden. [2]Eine Maßnahme im Sinne von Satz 1 liegt bereits dann vor, wenn durch eine Handlung eine mitbestimmungspflichtige Maßnahme vorweggenommen oder festgelegt wird.
(2) [1]Der Personalrat kann seine Zustimmung zu Maßnahmen in zuvor festgelegten Einzelfällen oder für zuvor festgelegte Fallgruppen von Maßnahmen vorab erteilen. [2]Die Bestimmung der Maßnahmen erfolgt für die Dauer der Amtszeit des Personalrats in der Geschäftsordnung; die Bestimmung kann jederzeit geändert oder widerrufen werden. [3]Die Fälle, in denen die Vorabzustimmung in Anspruch genommen worden ist, sind dem Personalrat jeweils in der nächsten Sitzung bekanntzugeben.

Vergleichbare Bestimmungen:
§ 70 BPersVG; § 87 Abs. 2, § 94 Abs. 1 S. 2 und 3, § 95 Abs. 1 S. 2 und 3, § 97 Abs. 2 S. 2 und 3, § 98 Abs. 4 bis 6, § 99 Abs. 1, 3 und 4, §§ 100, 101, 112 Abs. 2 bis 5, § 112a BetrVG

Inhaltsübersicht Rn.

1. Vorbemerkungen

1 § 73 regelt die **Mitbestimmung** des PR. Abs. 1 S. 1 schreibt vor, dass eine mitbestimmungspflichtige Maßnahme nur mit Zustimmung des PR getroffen werden kann (vgl. Rn. 4 ff.) und stellt in S. 2 klar, dass eine Maßnahme i. S. v. S. 1 auch dann schon vorliegt, wenn durch eine Handlung eine mitbestimmungspflichtige Maßnahme vorweggenommen oder festgelegt wird.[1] Abs. 2 wurde durch das ÄndG 2013 eingefügt und ermöglicht es dem PR, seine Zustimmung in zuvor festgelegten Einzelfällen oder für zuvor festgelegte Fallgruppen von Maßnahmen vorab zu erteilen.

1a Welche **Angelegenheiten** der Mitbestimmung unterliegen, ist in den §§ 74 und 75 festgelegt, wobei die Abweichungen für besondere Gruppen von Be-

1 LT-Dr. 15/4224, S. 134 [zu § 69]; dazu auch Altvater-*Lenders*, § 70 Rn. 5.

schäftigten in § 75 Abs. 5 und 6 sowie in den besonderen Vorschriften in § 99 Abs. 2 und 3, § 103 und § 110 sowie für den APR (vgl. § 58 Rn. 5ff.) zu beachten sind. Die Fälle der Zustimmung nach § 47 Abs. 3 bzw. § 108 Abs. 1 BPersVG und nach § 47 Abs. 1 sowie des Einvernehmens nach § 10 Abs. 2 und § 40 Abs. 1 gehören nicht dazu. **Abs. 1** schreibt vor, dass eine mitbestimmungspflichtige Maßnahme nur mit Zustimmung des PR getroffen werden kann (vgl. Rn. 4ff.). **Abs. 2** ermöglicht dem PR, die Zustimmung zu Maßnahmen in bestimmten Einzelfällen oder Fallgruppen vorab zu erteilen (vgl. Rn. 16). Welche Rechtsfolgen eine **Verletzung des Mitbestimmungsrechts** hat, legt das LPVG nicht fest (vgl. Rn. 13ff).

Ebenso wie das BPersVG und die anderen LPersVG gebraucht das LPVG den Begriff der Mitbestimmung für **zwei verschiedene Beteiligungsformen**. Sie werden einerseits als volle (oder uneingeschränkte) Mitbestimmung (§ 74 i.V.m. § 78 Abs. 2), andererseits als eingeschränkte Mitbestimmung (jetzt § 75 i.V.m. § 78 Abs. 5) bezeichnet. Beide Formen unterscheiden sich durch die Art des Verfahrensabschlusses bei Nichteinigung zwischen Personalvertretung und Dienststelle im Einigungsstellenverfahren des § 78 (vgl. dort Rn. 2ff. und 9). § 78 Abs. 2 schränkt allerdings die uneingeschränkte Mitbestimmung aus verfassungsrechtlichen Gründen insoweit ein, als die oberste Dienstbehörde einen Beschluss, der im Einzelfall wegen seiner Auswirkungen auf das Gemeinwesen wesentlicher Bestandteil der Regierungsverantwortung ist, der Landesregierung zur unverzüglichen Entscheidung vorlegen kann (sog. **Evokationsrecht**). Bis zum ÄndG 2013 entschied die oberste Dienststelle gemäß § 69 Abs. 4 S. 3 a.F. endgültig; mit der Novellierung ist das Letztentscheidungsrecht auf die Landesregierung übertragen worden. Laut Gesetzesbegründung wird damit der Ausnahmecharakter des Evokationsrechts unterstrichen.[2] Mit der abgeschwächten, aber im Einzelfall immer noch möglichen Durchbrechung der Bindungswirkung des Beschlusses der Einigungsstelle bleibt von der uneingeschränkten Mitbestimmung lediglich die **grundsätzlich uneingeschränkte Mitbestimmung**. Trotz dieser Abschwächung des vollen Mitbestimmungsrechts bleibt es aber dabei, dass zwischen zwei Formen der Mitbestimmung zu differenzieren ist und dass der Unterschied zwischen ihnen verfahrensrechtlich erst nach der Anrufung der Einigungsstelle bedeutsam wird. Im **vorher durchzuführenden Stufenverfahren** besteht zwischen grundsätzlich uneingeschränkter Mitbestimmung und eingeschränkter Mitbestimmung **kein Unterschied**. Auch stehen sich in diesem Verfahren der für die Dienststelle handelnde Dienststellenleiter (vgl. § 5 Rn. 11) und der PR wie bisher als grundsätzlich **gleichberechtigte Partner** gegenüber.[3] 2

2 LT-Dr. 15/4224, S. 150 [zu § 74].

3 *BVerwG* v. 12.3.86 – 6 P 5.85 –, PersR 86, 116.

3 Unter »**Personalrat**« i.S.d. § 73 ist grundsätzlich der örtliche PR bei der betroffenen Dienststelle zu verstehen. Da jedoch nach den Vorschriften des § 91 die Erstzuständigkeit beim BPR, HPR oder GPR liegen kann und in diesem Fall die Vorschriften des § 73 entsprechend gelten, ist mit »Personalrat« immer die jeweils **erstzuständige Personalvertretung** gemeint. In umgebildeten oder neu errichteten Dienststellen kann auch eine Übergangspersonalvertretung zuständig sein (vgl. § 113 Rn. 1ff.).

2. Zustimmungserfordernis (Abs. 1)

a) Zustimmung

4 **(Abs. 1)** Soweit eine Maßnahme (vgl. dazu Rn. 8ff.) der Mitbestimmung des PR unterliegt, kann sie nur mit seiner Zustimmung getroffen werden. Ob und wieweit eine Maßnahme **mitbestimmungspflichtig** ist, richtet sich grundsätzlich nach den §§ 74 und 75 (vgl. Rn. 1a). Die mitbestimmungspflichtige Maßnahme bedarf der **Zustimmung der zuständigen Personalvertretung**. Dabei kommt es (zunächst) auf die Zustimmung des örtlichen PR oder des an seiner Stelle als **erstzuständige Personalvertretung** zu beteiligenden BPR, HPR oder GPR an (vgl. Rn. 3). Hat jedoch in einer mehrstufigen Verwaltung die erstzuständige Personalvertretung bei einer nachgeordneten Dienststelle die Zustimmung verweigert und wird nach § 77 das Stufenverfahren durch Einschalten der übergeordneten Dienststelle fortgesetzt, so geht die Zuständigkeit auf die **im Instanzenzug zu beteiligende Stufenvertretung** über (vgl. Rn. 30ff.). Handelt es sich dabei um den BPR bei einer Mittelbehörde und verweigert auch dieser die Zustimmung, so geht die Zuständigkeit bei Fortsetzung des Verfahrens auf den HPR über, so dass es dann auf dessen Zustimmung ankommt (vgl. Rn. 36). Die **Zustimmung** der jeweils zuständigen Personalvertretung kann **ausdrücklich erteilt** werden. Sie kann aber auch **als erteilt gelten**, wenn sie nicht innerhalb der Äußerungsfrist des § 76 Abs. 9 rechtlich beachtlich verweigert wird (vgl. Rn. 23ff.). Wird die Zustimmung von der (ggf. zuletzt) zuständigen Personalvertretung ordnungsgemäß verweigert, so kann nach Anrufung der Einigungsstelle gemäß § 78 Abs. 1 und 2 die **fehlende Zustimmung ersetzt** werden, entweder (bei grundsätzlich uneingeschränkter Mitbestimmung) durch einen bindenden Beschluss der **Einigungsstelle** oder (ausnahmsweise) durch eine kraft Evokationsrechts getroffene endgültige Entscheidung der **Landesregierung** oder (bei eingeschränkter Mitbestimmung) durch einen (der Auffassung der obersten Dienstbehörde folgenden) Beschluss der **Einigungsstelle** oder durch eine nach vorheriger Empfehlung der Einigungsstelle getroffene endgültige Entscheidung der **obersten Dienstbehörde** (vgl. § 78 Rn. 7ff.). Eine Ersetzung der fehlenden Zustimmung durch

eine gerichtliche Entscheidung (entsprechend § 99 Abs. 4, § 100 Abs. 2 und 3 BetrVG) ist nicht vorgesehen.

Die in Abs. 1 vorgeschriebene Zustimmung des PR muss zu dem Zeitpunkt vorliegen, zu dem die der Mitbestimmung unterliegende Maßnahme getroffen wird.[4] Erforderlich ist also eine **vorherige Zustimmung**. Eine nachträgliche Zustimmung i. S. einer Genehmigung (entsprechend § 184 Abs. 1 BGB) ist nicht zulässig.[5] Eine Ausnahme besteht nur insoweit, als die Dienststelle bei Maßnahmen, die der Natur der Sache nach keinen Aufschub dulden, nach § 88 Abs. 4 auch ohne Zustimmung des PR zunächst vorläufige Regelungen treffen kann (vgl. dort Rn. 8 ff.). 5

Soweit es sich um Maßnahmen aus dem Bereich des Verwaltungsrechts, insb. des Beamtenrechts, handelt, deren Rechtmäßigkeit nach Durchführung eines Vorverfahrens im Verwaltungsrechtsweg überprüfbar sind, wird die Auffassung vertreten, eine vorherige Zustimmung des PR sei auch dann noch erfolgt, wenn diese **bis zum Erlass des Widerspruchsbescheides** herbeigeführt werde.[6] Dabei wird auf die Rspr. des *BVerwG* verwiesen, wonach die vor der Verfügung über die Entlassung eines Beamten unterbliebene Mitwirkung (anders als die Anhörung) noch während des Widerspruchsverfahrens mit heilender Wirkung nachgeholt werden könne.[7] Bei Maßnahmen, bei denen ein Letztentscheidungsrecht der Einigungsstelle nicht gegeben ist, bestehen jedoch gegen die Bejahung der Nachholbarkeit Bedenken, weil die Beteiligung so zur bloßen Formsache abgewertet werden kann.[8] Abzulehnen ist sie jedenfalls bei sofort vollziehbaren Entscheidungen, insb. bei Abordnungen und Versetzungen, bei denen der Widerspruch nach § 54 Abs. 4 BeamtStG keine aufschiebende Wirkung hat. 6

b) Beabsichtigte Maßnahme

Gegenstand des Mitbestimmungsverfahrens ist die **beabsichtigte Maßnahme** der Dienststelle. Eine **Maßnahme** ist jede Handlung oder Entscheidung, die das Beschäftigungsverhältnis oder die Arbeitsbedingungen der Beschäftigten oder eines einzelnen Beschäftigten betrifft oder sich darauf auswirkt und die bei einer Personalentscheidung deren bzw. dessen Rechts- 7

---

4 *BAG* v. 20. 2. 02 – 7 AZR 707/00 –, PersR 02, 355.

5 *BVerwG* v. 15. 11. 95 – 6 P 2.94 –, PersR 96, 278; *BAG* v. 20. 2. 02, a. a. O.

6 *SächsOVG* v. 15. 12. 93 – 2 S 343/93 –, PersR 94, 137; *OVG NW* v. 22. 3. 96 – 1 B 353/96 –, PersR 97, 252; Lorenzen-*Gerhold*, § 70 Rn. 29; Richardi-*Weber*, § 69 a. F. Rn. 10.

7 *BVerwG* v. 1. 12. 82 – 2 C 59.81 –, PersV 85, 296, v. 24. 11. 83 – 2 C 9.82 –, DVBl. 84, 437, v. 9. 5. 85 – 2 C 23.83 –, PersR 86, 55, u. v. 24. 9. 92 – 2 C 6.92 –, PersR 93, 73.

8 Vgl. Altvater-*Lenders*, § 70 Rn. 11.

stand berührt.[9] Dabei kann es sich um eine **Einzelmaßnahme** oder eine **generelle Regelung**, auch in Form einer **Dienstvereinbarung**, handeln.[10] Keine Maßnahme ist der Erlass einer obersten Dienstbehörde, der sich darin erschöpft, den nachgeordneten Dienststellen eine oder mehrere **Weisungen** zu erteilen, und ihnen auf dieser Grundlage die Durchführung überlässt (vgl. auch Rn. 9).[11] Eine Maßnahme ist i.d.R. dadurch gekennzeichnet, dass sie auf eine **Veränderung** des bestehenden Zustands abzielt, was bei einem **Unterlassen** nicht der Fall ist. Eine **negative Entscheidung**, die in der Unterlassung oder Ablehnung einer Veränderung des bestehenden Rechtszustandes besteht, ist deshalb grundsätzlich keine Maßnahme.[12] Etwas anderes gilt aber dann, wenn das Gesetz eine negative Entscheidung als mitbestimmungspflichtigen Tatbestand aufführt (vgl. z.B. § 5 Abs. 3 Nr. 5, 6 und 14). Ob sich die Beteiligung des PR sowohl auf **begünstigende** als auch auf **belastende Maßnahmen** der Dienststelle erstreckt, lässt sich nicht pauschal, sondern nur anhand einer Interpretation des jeweiligen Mitbestimmungstatbestands beantworten.[13] Handlungen, die lediglich der **Vorbereitung** einer Maßnahme dienen, sind grundsätzlich noch keine Maßnahme (vgl. Rn. 11). Jedoch ist die Regelung des S. 2 zu beachten. Das gilt auch für **umsetzungsbedürftige Weisungen** einer übergeordneten Dienststelle oder einer anderen externen Stelle[14] oder zwischen hierarchisch strukturierten Organen der Dienststellenleitung.[15]

8 Durch das ÄndG 2013 wurde in S. 2 klargestellt, dass unter den Maßnahmenbegriff i.S.d. Abs. 1 S. 1 auch **Vorentscheidungen** fallen, die eine Maßnahme vorwegnehmen oder unmittelbar festlegen,[16] sie z.B. so vorbereiten, dass sie sich nach einer gewissen Dauer wie von selbst vollzieht,[17] oder bei Handlungen, die Weichen stellende Vorwirkungen entfalten.[18] Eine **Vor-**

---

9 *BVerwG* v. 18.12.96 – 6 P 6.94 –, PersR 97, 210, v. 16.11.99 – 6 P 9.98 –, PersR 00, 199, v. 28.3.01 – 6 P 4.00 –, PersR 01, 343, v. 29.1.03 – 6 P 15.01 –, PersR 03, 156, v. 18.5.04 – 6 P 13.03 –, PersR 04, 349, u.v. 2.12.10 – 6 PB 17.10 –, PersR 11, 83.

10 *BVerwG* v. 17.12.03, a.a.O.

11 *BVerwG* v. 2.9.09 – 6 PB 22.09 –, PersR 09, 458.

12 *BVerwG* v. 1.8.83 – 6 P 8.81 –, PersV 85, 68, v. 12.8.83 – 6 P 9.81 –, PersV 85, 248, v. 18.12.96, a.a.O., u.v. 29.1.03, a.a.O.; *VGH BW* v. 4.4.00 – PL 15 S 2836/99 –, PersR 01, 35.

13 *BVerwG* v. 9.1.08 – 6 PB 15.07 –, PersR 08, 216.

14 *BVerwG* v. 13.12.74 – VII P 4.73 –, PersV 75, 178.

15 *BVerwG* v. 18.12.96, a.a.O.

16 *BVerwG* v. 30.11.82 – 6 P 10.80 –, PersV 83, 411, v. 22.2.91 – 6 PB 10.90 –, PersR 91, 282, v. 27.11.91 – 6 P 24.90 –, PersR 92, 153, v. 18.12.96. a.a.O., u.v. 18.3.08 – 6 PB 19.07 –, PersR 09, 167.

17 *BVerwG* v. 19.12.75 – VII 15.74 –, PersV 76, 457.

18 *BVerwG* v. 26.1.00 – 6 P 2.99 –, PersR 00, 243, u.v. 2.12.10, a.a.O.

wegnahme liegt dann vor, wenn die Handlung bereits in allen Einzelheiten der Maßnahme entspricht und die eigentliche Maßnahme nur noch vollzieht, was bereits entschieden ist (z. B. die vorläufige Bestellung als Schulleiter; die Übertragung einer höher oder niedriger zu bewertenden Tätigkeit, die Versetzung zum Zweck der Erprobung).[19] Eine Maßnahme wird **festgelegt**, wenn die Handlung zwar nicht schon der späteren Maßnahme entspricht (wie bei der Vorwegnahme), aber bereits solche Dispositionen trifft, dass mit einer hohen Wahrscheinlichkeit eine bestimmte Maßnahme erfolgt.[20] Keine vorweggenommene oder festgelegte Maßnahme stellt die Ausgestaltung einer einzuführenden Software dar – Maßnahme ist allein die Implementierung derselben.[21] Mit der Aufnahme der bereits früher herrschenden Ansicht in Rechtsprechung und Literatur in das Gesetz ist für Rechtsklarheit gesorgt.

Die Vorentscheidungen im in Rn. 8 beschriebenen Sinne sind abzugrenzen **8a**
von lediglich **vorbereitenden Handlungen**, wie z. B. Arbeitsplatzüberprüfungen, Einstellungs- und Vorstellungsgespräche oder eine bloße Stellenbewertung im öffentlichen Dienst.[22] Bei diesen hat der PR kein Mitbestimmungsrecht, jedoch seit der Novellierung 2013 ggf. Unterrichtungs- und Teilnahmerechte gemäß § 71, die ihn schon in den Prozess der dienststelleninternen Willensbildung einbinden sollen (vgl. § 71 Rn. 18 bis 23).

Auch eine **versuchsweise** vorgenommene Maßnahme unterliegt der Mitbestimmung.[23] Im Übrigen kann auch **faktisches Handeln** des Dienststellenleiters eine mitbestimmungspflichtige Maßnahme sein.[24]

Erforderlich ist eine **Maßnahme der Dienststelle**. Dabei muss es sich um **9**
eine eigenverantwortliche Maßnahme des **Dienststellenleiters** (vgl. § 5 Rn. 11) oder um eine ihm zuzurechnende Maßnahme handeln.[25] Zuzurechnen sind ihm Entscheidungen, die aufgrund einer **Delegation** von Befugnissen von nachgeordneten Beschäftigten oder von personalvertretungsrechtlich nicht verselbständigten Organisationseinheiten der Dienststelle getroffen werden.[26] So sind dem Bürgermeister als Dienststellenleiter einer Gemeinde auch Maßnahmen zuzurechnen, die sich aus der Geschäftsord-

---

19 Vgl. Richardi-*Weber*, § 69 a. F. Rn. 6.

20 Vgl. Rooschüz-*Bader*, § 73 Rn. 15 und 16.

21 *VG Stuttgart* v. 7. 4. 21 – PL 22 K 4037/20 –, ZfPR online 22, Nr. 3, S. 10.

22 Vgl. Richardi-*Weber*, § 69 a. F. Rn. 6a.

23 *BVerwG* v. 15. 12. 78 – 6 P 13.78 –, PersV 80, 145; *VGH BW* v. 30. 6. 92 – 15 S 1578/91 –, PersR 93, 173.

24 *VG Bln* v. 20. 9. 06 – VG 61 A 7.06 –, PersR 07, 43, zur Einführung und Änderung eines Konzepts über Gesundheitszirkel.

25 *BVerwG* v. 27. 11. 91 – 6 P 24.90 –, PersR 92, 153.

26 *BVerwG* v. 2. 3. 93 – 6 P 34.91 –, PersR 93, 266, u. v. 16. 4. 08 – 6 P 8.07 –, PersR 08, 418; *OVG NW* v. 20. 1. 00 – 1 A 128/98.PVL –, PersR 00, 456.

nung des Gemeinderats ergeben, sofern davon – mindestens mittelbar – Beschäftigte der Gemeinde betroffen sind.[27] Das gilt auch für Maßnahmen, die ohne Wissen und Wollen des Dienststellenleiters getroffen werden, weil dieser dafür verantwortlich ist, dass »unautorisierte« Entscheidungen unterbleiben.[28] Der Dienststellenleiter einer nachgeordneten Dienststelle trifft seine Entscheidungen innerhalb der Dienststelle und nach außen **eigenverantwortlich** auch dann, wenn sein Handeln ganz oder teilweise von **internen Weisungen** einer übergeordneten Dienststelle bestimmt wird.[29] Nur wenn diese eine unmittelbar gestaltende Anordnung trifft, die der nachgeordneten Dienststelle keinen eigenen Entscheidungsspielraum lässt und von ihr lediglich umgesetzt wird, fehlt es an einer Maßnahme der nachgeordneten Dienststelle (vgl. § 91 Rn. 4).[30] Entsprechendes gilt für Maßnahmen, die **auf Veranlassung anderer Behörden** vorgenommen werden (vgl. § 75 Rn. 228).[31] Auch die Anwendung von **Richtlinien eines kommunalen Arbeitgeberverbandes** lässt die Eigenverantwortlichkeit der Dienststelle unberührt.[32] Eine eigenverantwortliche Maßnahme der Dienststelle liegt auch dann vor, wenn zu der Maßnahme das Einverständnis oder die **Zustimmung einer anderen Behörde** erforderlich ist[33] oder wenn der Träger Dienststelle damit eine schuldrechtliche Verpflichtung in einem rechtskräftigen **gerichtlichen Urteil** oder einem **gerichtlichen Vergleich** erfüllt.[34] Ob eine Maßnahme der Dienststelle vorliegt, hängt nicht davon ab, ob diese dazu **befugt** ist; es reicht aus, dass sie eine eigene Befugnis in Anspruch nimmt (vgl. § 91 Rn. 4).

10 Eine lediglich **normvollziehende Entscheidung** ist auch dann eine Maßnahme der Dienststelle, wenn die anzuwendende gesetzliche oder tarifvertragliche Regelung der Dienststelle keinen Entscheidungsspielraum ein-

---

27 *VG Sigmaringen* v. 2.8.17 – PL 11 K 499/17 –, ZfPR online 18, Nr. 9, S. 24.

28 Str., ebenso Richardi-*Weber*, § 69 a.F. Rn. 8a; a.A. *BVerwG* v. 15.11.95 – 6 P 2.94 –, PersR 96, u.v. 9.9.10 – 6 PB 12.10 –, PersR 10, 459; Rooschüz-*Bader*, § 76 Rn. 4; wie hier *OVG NW* v. 20.3.97 – 1 A 3775/94.PVL –, PersR 97, 253; Ilbertz-*Widmaier*, § 70 Rn. 3.

29 *BVerwG* v. 16.6.89 – 6 P 10.86 –, PersR 89, 296, v. 10.3.92 – 6 P 13.91 –, PersR 92, 247, u.v. 30.3.09 – 6 PB 29.08 –, PersR 09, 332.

30 *BVerwG* v. 10.3.92 u.v. 30.3.09, jew. a.a.O.

31 *BVerwG* v. 2.8.89 – 6 P 5.88 –, PersR 89, 303; v. 28.11.12 – 6 P 11.11 –, PersR 13, 130; vgl. auch *BAG* v. 26.5.88 – 1 ABR 9/87 –, AP Nr. 14 zu § 87 BetrVG 1972 Ordnung des Betriebes.

32 *OVG NW* v. 3.7.86 – CL 23/85 –, PersR 87, 176 Ls.

33 *BVerwG* v. 22.9.67 – VII P 14.66 –, Pers 68, 113, u.v. 26.1.94 – 6 P 21.92 –, PersR 94, 213.

34 *BVerwG* v. 25.8.88 – 6 P 36.85 –, PersR 88, 298.

räumt;[35] sieht der Gesetzgeber bei derartigen Maßnahmen die Mitbestimmung des PR vor, dann besteht diese in einer zusätzlichen Kontrolle der Richtigkeit der Rechtsanwendung.[36] Dagegen fehlt es an einer Maßnahme, wenn ein Sachverhalt **unmittelbar durch Gesetz oder Tarifvertrag geregelt** ist und es deshalb zum Vollzug der Rechtsnorm keines Ausführungsaktes der Dienststelle bedarf.[37]

Eine Maßnahme ist **beabsichtigt**, sobald die Dienststelle aufgrund ihrer in- 11
ternen Willensbildung den Entschluss gefasst hat, sie nach Abschluss des Mitbestimmungsverfahrens durchzuführen, also dann, wenn der **Willensbildungsprozess der Dienststelle abgeschlossen** ist.[38] Sobald die beabsichtigte Maßnahme feststeht, ist das **formelle Mitbestimmungsverfahren einzuleiten**. Von Ausnahmen bei Vorentscheidungen (vgl. Rn. 8) und Organisationsentscheidungen i. S. v. § 71 Abs. 2 abgesehen, hat der PR keinen Anspruch darauf, an den die Maßnahme **vorbereitenden Handlungen** beteiligt zu werden.[39] Das gilt auch für die **dienststelleninterne Willensbildung**, die dem Entschluss zu einer Maßnahme vorausgeht. An **Vorstellungsgesprächen** mit Bewerbern kann nach § 71 Abs. 3 S. 2 allerdings ein Personalratsmitglied teilnehmen, nach § 71 Abs. 4 ist dies bei **Personalgesprächen** auf Verlangen des Beschäftigten möglich. Die Rspr. hat z. B. ein Recht des PR verneint, an **Arbeitsplatzüberprüfungen** zur Feststellung der Merkmale für die Eingruppierung teilzunehmen.[40] Das schließt allerdings nicht aus, dass die Dienststelle den PR an solchen Veranstaltungen teilnehmen lässt und dass zwischen ihr und dem PR bereits vor dem Beginn des offiziellen Beteiligungsverfahrens **informelle Gespräche** geführt werden,[41] was v. a. bei komplexen Maßnahmen sinnvoll ist. Das formelle Mitbestimmungsverfahren ist **möglichst frühzeitig einzuleiten**.[42] Damit soll verhindert werden, dass das Mitbestimmungsrecht durch später kaum noch zu ändernde,

---

35 *BVerwG* v. 29. 8. 01 – 6 P 10.00 –, PersR 01, 521, v. 12. 8. 02 – 6 P 17.01 –, PersR 02, 473, v. 18. 5. 04 – 6 P 13.03 –, PersR 04, 349, u. v. 16. 4. 08 – 6 P 8.07 –, PersR 08, 418.

36 *BVerwG* v. 13. 2. 76 – VII P 4.75 –, PersV 77, 183, u. v. 6. 10. 92 – 6 P 22.90 –, PersR 93, 74; bedenklich deshalb *BVerwG* v. 9. 10. 91 – 6 P 21.89 –, PersR 92, 20.

37 *BVerwG* v. 13. 2. 76, a. a. O., v. 17. 6. 92 – 6 P 17.91 –, PersR 92, 451, u. v. 16. 4. 08, a. a. O.

38 *BVerwG* v. 22. 9. 67 – VII P 14.66 –, PersV 68, 113, v. 6. 12. 78 – 6 P 2.78 –, PersV 79, 504, v. 11. 2. 81 – 6 P 44.79 –, PersV 81, 320, v. 30. 8. 85 – 6 P 20.83 –, PersR 85, 184, u. v. 18. 3. 08 – 6 PB 19.07 –, PersR 09, 167.

39 *BVerwG* v. 18. 12. 96 – 6 P 6.94 –, PersR 97, 210.

40 *BVerwG* v. 6. 12. 78 – 6 P 2.78 –, PersV 79, 504, u. v. 6. 2. 79 – 6 P 20.78 –, PersV 80, 421; ebenso zu Arbeitsplatzbesprechungen *VGH BW* v. 29. 12. 70 – IX 1094/70 –, PersV 72, 72.

41 *BVerwG* v. 27. 11. 91 – 6 P 24.90 –, PersR 92, 153.

42 *BVerwG* v. 26. 1. 94 – 6 P 21.92 –, PersR 94, 213.

vermeintlich beteiligungsfreie Vorentscheidungen eingeschränkt und weitgehend ausgehöhlt wird.[43] Ggf. ist der PR bereits vor Erteilung des Einverständnisses bzw. der Zustimmung einer **anderen Behörde** zu beteiligen.[44] Führt deren Einschaltung zu einer Änderung der beabsichtigten Maßnahme, ist er erneut einzuschalten.[45] Hat ein **anderes Verwaltungsorgan** als der Dienststellenleiter – z. B. das Hauptorgan einer kommunalen Gebietskörperschaft – über die Maßnahme zu entscheiden, hat der Dienststellenleiter das Mitbestimmungsverfahren bereits vor dessen Entscheidung einzuleiten (vgl. § 89 Rn. 10).

c) Verletzung des Mitbestimmungsrechts

12 Nach Abs. 1 kann eine der Mitbestimmung des PR unterliegende Maßnahme nur mit dessen Zustimmung getroffen werden. Daraus folgt, dass das **Mitbestimmungsrecht** durch eine von der Dienststelle getroffene mitbestimmungspflichtige Maßnahme – die keine vorläufige Regelung i. S. d. § 88 Abs. 4 ist – dann **verletzt** wird, wenn die **Zustimmung** der zuständigen Personalvertretung zu dieser Maßnahme **nicht erteilt** worden ist und nicht als erteilt gilt und auch durch einen bindenden Beschluss der Einigungsstelle oder durch eine kraft Evokationsrechts der Landesregierung oder des obersten Organs getroffene endgültige Entscheidung **nicht ersetzt** worden ist. Das Mitbestimmungsrecht kann aber auch dann verletzt sein, wenn zwar die Zustimmung der zuständigen Personalvertretung zu der Maßnahme erteilt worden ist oder als erteilt gilt oder ersetzt worden ist, jedoch das **Mitbestimmungsverfahren nicht rechtmäßig durchgeführt** worden ist. Das gilt jedenfalls für Verstöße gegen zwingende Verfahrensvorschriften, die im **Zuständigkeits- und Verantwortungsbereich der Dienststelle** liegen.[46] Verfahrensverstöße im **Bereich des PR** stellen dagegen schon deshalb grundsätzlich keine Verletzung des Mitbestimmungsrechts dar, weil dessen Tätigkeit weder den Weisungen noch der Rechtsaufsicht des Dienststellenleiters unterliegt (vgl. § 1 Rn. 25).[47] Hat jedoch die Dienststelle selbst dazu beigetragen, dass das Verfahren des PR fehlerhaft war, kann sie sich mit Rücksicht auf das Gebot der partnerschaftlich vertrauensvollen Zusammen-

---

43 *BVerwG* v. 18. 3. 08, a. a. O., m. w. N.

44 *BVerwG* v. 26. 1. 94, a. a. O.

45 Lorenzen-*Gerhold*, § 70 Rn. 33.

46 *BVerwG* v. 10. 2. 09 – 6 PB 25.08 –, PersR 09, 203; vgl. Richardi-*Weber*, § 69 a. F. Rn. 117.

47 *BVerwG* v. 14. 7. 86 – 6 P 12.84 –, PersR 86, 233, und v. 21. 4. 92 – 6 P 8.90 –, PersR 92, 304; *BAG* v. 3. 2. 82 – 7 AZR 907/79 –, PersV 84, 32, m. w. N.

arbeit (§ 2 Abs. 1) auf den Verfahrensverstoß nicht berufen.[48] Gleiches gilt im Hinblick auf die Bindung der vollziehenden Gewalt an Recht und Gesetz (Art. 20 Abs. 3 GG, Art. 25 Abs. 2 LVerf) auch dann, wenn der Verfahrensverstoß des PR für den Dienststellenleiter offenkundig war.[49]

Welche **Rechtsfolgen** eine Verletzung des Mitbestimmungsrechts für die mitbestimmungswidrig getroffene Maßnahme auslöst, legt das LPVG ebenso wenig fest wie das BPersVG oder das BetrVG. Da zwischen dem **Privatrecht** und dem **öffentlichem Recht** grundlegende Unterschiede bestehen, ist zwischen privatrechtlichen, insbesondere arbeitsrechtlichen, und öffentlich-rechtlichen, insbesondere beamtenrechtlichen, Maßnahmen zu unterscheiden:[50] **13**

- Für den Bereich des **Arbeitsrechts** folgte die Rspr. des *BAG* zunächst ebenso wie die überwiegende Meinung in der Literatur zum BetrVR und PersVR der Theorie der **Wirksamkeitsvoraussetzung**.[51] Danach werden die unter Verletzung des Mitbestimmungsrechts vorgenommenen **rechtsgeschäftlichen Handlungen des Arbeitgebers**, insbesondere alle arbeitsrechtlichen Personalmaßnahmen, als unwirksam angesehen.[52] Diese Rspr. hat das *BAG* später **modifiziert**. So hat etwa der *5. Senat*[53] entschieden, ein unter Verstoß gegen das Mitbestimmungsrecht bei der **Einstellung** abgeschlossener **Arbeitsvertrag** sei voll wirksam; jedoch dürfe der Arbeitgeber den Arbeitnehmer nicht beschäftigen, solange die Zustimmung des Betriebsrats oder PR nicht vorliege, und sei nach § 615 Abs. 1 BGB gleichwohl zur Zahlung des vertragsgemäßen Arbeitsentgelts verpflichtet. Der *Große Senat*[54] hat **differenziert**: Soweit die Durchführung mitbestimmungspflichtiger Maßnahmen den Arbeitnehmer belaste, sei die Unwirksamkeitsfolge eine geeignete Sanktion. Im Übrigen müssten die Rechtsfolgen jedoch den unterschiedlichen Fallgestaltungen angepasst werden. Dabei hat der *Große Senat* sich offenbar von dem **Grundgedanken** leiten lassen, dass dem Arbeitgeber aus einer betriebsverfassungs- bzw. personalvertretungsrechtlichen Pflichtwidrigkeit kein Rechtsvorteil im Rahmen des Arbeitsverhältnisses erwachsen

---

48 Vgl. *BAG* v. 24.6.04 – 2 AZR 461/03 –, AP Nr. 144 zu § 102 BetrVG 1972; Lorenzen-*Gerhold*, § 70 Rn. 138.

49 *BAG* v. 6.10.05 – 2 AZR 316/04 –, AP Nr. 150 zu § 102 BetrVG 1972, u.v. 18.4.07 – 7 AZR 293/06 –, PersR 07, 451 Os.; Lorenzen-*Gerhold*, § 70 Rn. 138; offengelassen in *BVerwG* v. 13.10.86 – 6 P 14.84 –, PersR 87, 40.

50 Näher zum Folgenden Altvater-*Lenders*, § 70 Rn. 53–66.

51 Vgl. Richardi-*Weber*, § 69 a.F. Rn. 121 m.w.N.

52 Vgl. Lorenzen-*Gerhold*, § 70 Rn. 128.

53 Urt. v. 2.7.80 – 5 AZR 56/79 –, AP Nr. 5 zu § 101 BetrVG 1972, u.v. 2.7.80 – 5 AZR 1241/79 –, PersV 82, 368.

54 Beschl. v. 16.9.86 – GS 1/82 –, AP Nr. 17 zu § 77 BetrVG 1972.

dürfe.[55] Auf dieser Linie liegen auch zahlreiche neuere Entscheidungen des *BAG*.[56] Danach ist die tatsächlich durchgeführte Mitbestimmung **Wirksamkeitsvoraussetzung für Maßnahmen oder Rechtsgeschäfte, die den Arbeitnehmer belasten**.[57]

- **Verwaltungsakte des Dienstherrn**, mit denen dieser i. d. R. Personalmaßnahmen im Bereich des **Beamtenrechts** trifft, haben nach den Regeln des allgemeinen Verwaltungsrechts einen besonderen Bestandsschutz. Sie sind grundsätzlich auch dann wirksam, wenn sie rechtswidrig – z. B. unter Verstoß gegen das Mitbestimmungsrecht des PR – zustande gekommen sind. **Nichtig** und damit unwirksam sind sie nur ausnahmsweise, v. a. dann, wenn sie an einem besonders schwerwiegenden Fehler leiden und dies offenkundig ist (§ 44 Abs. 1 LVwVfG). Eine Offenkundigkeit liegt aber bei einer Verletzung des Mitbestimmungsrechts i. d. R. nicht vor. Jedoch ist ein rechtswidriger belastender Verwaltungsakt vor dem Verwaltungsgericht **anfechtbar**, wobei zur Anfechtung i. d. R. allerdings nur der betroffene Beamte berechtigt ist (§ 42 Abs. 2 VwGO). Handelt es sich nicht um eine Ernennung oder einen ernennungsähnlichen Akt, kann ein mitbestimmungswidrig zustande gekommener rechtswidriger Verwaltungsakt ggf. auch nach seiner Unanfechtbarkeit ganz oder teilweise mit Wirkung für die Zukunft oder für die Vergangenheit **zurückgenommen** werden, ein begünstigender Verwaltungsakt allerdings nur unter Einschränkungen (§ 48 LVwVfG). Dazu ist die Dienststelle im Rahmen des rechtlich Möglichen verpflichtet, wenn das Verwaltungsgericht im personalvertretungsrechtlichen Beschlussverfahren festgestellt hat, dass das Mitbestimmungsrecht des PR nicht beachtet wurde (vgl. Rn. 14).

Für die Beurteilung der Rechtsfolgen **anderer mitbestimmungswidriger Maßnahmen**, die weder rechtsgeschäftliche Handlungen des Arbeitgebers noch Verwaltungsakte des Dienstherrn sind, ist der **Grundsatz** maßgebend, dass eine personalvertretungsrechtliche Pflichtwidrigkeit der Dienststelle **keinen Rechtsvorteil** im Rahmen des Beschäftigungsverhältnisses geben darf.[58] Das erfordert Sanktionen, die – auf die jeweilige Fallgestaltung zugeschnitten – die **Schutzfunktion der Mitbestimmung gewährleisten**.

55 Vgl. Richardi-*Weber*, § 69 a. F. Rn. 122.

56 Vgl. z. B. Urt. v. 26. 4. 88 – 3 AZR 168/86 –, AP Nr. 16 zu § 87 BetrVG 1972 Altersversorgung; v. 20. 8. 91 – 1 AZR 326/90 –, AP Nr. 50 zu § 87 BetrVG 1972 Lohngestaltung; v. 3. 12. 91 – GS 2/90 –, AP Nr. 51 zu § 87 BetrVG 1972 Lohngestaltung; v. 13. 4. 94 – 7 AZR 412/94 –, PersR 94, 382; v. 20. 2. 02 – 7 AZR 707/00 –, PersR 02, 355; v. 10. 3. 09 – 1 AZR 55/08 –, NZA 09, 684.

57 Vgl. Richardi-*Weber*, § 69 a. F. Rn. 122–127.

58 Vgl. Richardi-*Weber*, § 69 a. F. Rn. 122–127.

Welche Sanktionen jeweils geboten sind, ist noch nicht abschließend geklärt.[59]

Ist eine der Mitbestimmung des PR unterliegende Maßnahme ohne dessen Beteiligung durchgeführt worden und wird im **personalvertretungsrechtlichen Beschlussverfahren** später rechtskräftig festgestellt, dass das Mitbestimmungsrecht des PR wegen der unterlassenen Beteiligung verletzt worden ist, dann hat nach st. Rspr. des *BVerwG*[60] der Dienststellenleiter – unter der Voraussetzung, dass dies rechtlich und tatsächlich möglich ist – **entweder** die mitbestimmungspflichtige **Maßnahme rückgängig zu machen** (oder abzuändern) **oder** aber das **Mitbestimmungsverfahren nachzuholen**.[61] Nach der Rspr. des *BVerwG* ist die Verpflichtung zur Rückgängigmachung nicht nur objektiv-rechtlicher Natur.[62] So kann der Dienststellenleiter zur Erfüllung dieser Verpflichtung, die aus der Bindung der vollziehenden Gewalt an Gesetz und Recht (Art. 20 Abs. 3 GG, Art. 25 Abs. 2 LVerf) abgeleitet wird, im Rahmen der Dienstaufsicht gezwungen werden.[63] Auch einen damit korrespondierenden einklagbaren **Rechtsanspruch des PR auf Rückgängigmachung** der Maßnahme hat das *BVerwG* entgegen anderslautender Meinungen nicht stets **verneint**. Verpflichtungsaussprüche im personalvertretungsrechtlichen Beschlussverfahren hat das Gericht vielmehr anerkannt, wenn und soweit das Personalvertretungsrecht dem PR eine durchsetzungsfähige Rechtsposition einräumt.[64] Der PR hat danach bei feststehendem Mitbestimmungsrecht einen gerichtlich durchsetzbaren Anspruch auf Einleitung bzw. Fortführung eines Mitbestimmungsverfahrens.[65] Auch hat das *BVerwG* die Zulässigkeit einstweiliger Verfügungen anerkannt, durch welche der Dienststellenleiter verpflichtet wird, das Beteiligungsverfahren einzuleiten oder fortzuführen.[66] Von seiner langjährig vertretenen Auffassung, das personalvertretungsrechtliche Beschlussverfahren sei ein nur »objektives Verfahren«, ist der Senat nach eigener Bekundung der Sache nach spätestens mit dem Beschluss vom 15. 3. 95[67] abgerückt. Einen **vorbeugenden Anspruch auf Unterlassung** der Maßnahme, der im per- 14

---

59 Vgl. Altvater-*Lenders*, § 70 Rn. 61.

60 Vgl. u. a. *BVerwG* v. 15. 3. 95 – 6 P 31.93 –, PersR 95, 423, v. 11. 5. 11 – 6 P 4.10 –, PersR 11, 438.

61 Vgl. Altvater-*Lenders*, § 70 Rn. 65 m. w. N.

62 Vgl. *BVerwG* v. 11. 5. 11 – 6 P 4.10 –, a. a. O.

63 So bereits *BVerwG* v. 15. 12. 78 – 6 P 13.78 –, PersV 80, 145.

64 Vgl. BVerwG v. 11. 5. 11 – 6 P 4.10 –, PersR 11, 438, v. 27. 1. 04 – 6 P 9.03 –, u. v. 29. 6. 04 – 6 PB 3.04 –, PersR 04, 355.

65 *BVerwG* v. 11. 5. 11 – 6 P 4.10 –, PersR 11, 438; v. 15. 3. 95 – 6 P 31.93 –, PersR 95, 423; s. dazu ausf. *Baden*, PersR 13, 18.

66 *BVerwG* v. 27. 7. 90 – 6 PB 12.89 –, PersR 90, 297; *Albers*, PersV 1993, 487.

67 – 6 P 31.93 –, PersR 95, 423, v. 28. 6. 00 – 6 P 1.00 –, BVerwGE 111, 259 (262 f.) = PersR 20, 507.

sonalvertretungsrechtlichen Beschlussverfahren, ggf. auch im Wege der einstweiligen Verfügung, gerichtlich durchgesetzt werden könnte, lehnt das *BVerwG* bislang aber ab.[68] Insoweit bleibt es den jeweils **betroffenen Beschäftigten** vorbehalten, sich gegen derartige Maßnahmen individuell im **arbeitsgerichtlichen Urteilsverfahren** oder im **verwaltungsgerichtlichen Klageverfahren** zur Wehr zu setzen.

15 Die **Pflicht des Dienststellenleiters zur Nachholung eines** gesetzwidrig unterlassenen **Mitbestimmungsverfahrens** wird vom *BVerwG* bejaht. Dem PR steht ein entsprechendes Recht in der Gestalt eines **Anspruchs auf Erfüllung dieser Verfahrenspflicht** des Dienststellenleiters zu.[69] Demnach kann der PR die nachträgliche Einleitung des Mitbestimmungsverfahrens notfalls auch in einem personalvertretungsrechtlichen Beschlussverfahren vor dem Verwaltungsgericht durchsetzen. Außerdem kann er im Hinblick auf den verfassungsrechtlich gebotenen effektiven Rechtsschutz den **Erlass einer einstweiligen Verfügung verfahrensrechtlichen Inhalts** erwirken, mit dem der Dienststellenleiter verpflichtet wird, das Mitbestimmungsverfahren einzuleiten oder einstweilen fortzusetzen.[70] Umgekehrt lehnt die st. Rspr. des *BVerwG* bislang die Möglichkeit ab, im einstweiligen Verfügungsverfahren einen Anspruch auf Unterlassung der Maßnahme durchzusetzen.[71] Dies wird zu Recht kritisiert.[72] Ein Anspruch auf Unterlassung mitbestimmungspflichtiger Maßnahmen ist wie im Betriebsverfassungsrecht, wo die Rspr. des *BAG* den Unterlassungsanspruch auf Grundlage von § 23 Abs. 3 BetrVG anerkennt[73], notwendig, um die Mitbestimmungsrechte des PR entsprechend zu sichern.

3. Vorabzustimmung (Abs. 2)

16 **(Abs. 2)** Der neu eingefügte Abs. 2 gibt dem PR die Möglichkeit der **Vorabzustimmung**, d. h., er kann seine Zustimmung zu Maßnahmen in zuvor festgelegten Einzelfällen und für zuvor festgelegte Fallgruppen von Maßnahmen vorab erteilen. Weil das *BVerwG* sich in seiner bisherigen Rspr. ent-

---

68 Vgl. insb. Beschl. v. 15. 12. 78, a. a. O., u. v. 29. 10. 91 – 6 PB 19.91 –, PersR 92, 24; ebenso *VGH BW* v. 2. 7. 02 – PL 15 S 2497/01 –, PersR 03, 76; zur Kritik vgl. Altvater-*Lenders*, § 70 Rn. 64.

69 U. a. Beschl. v. 15. 3. 95, a. a. O. (Rn. 50), u. v. 2. 2. 09 – 6 P 2.08 –, PersR 09, 164; *VGH BW* v. 18. 8. 06 – PL 15 S 6/06.

70 Vgl. Altvater-*Baden*, § 108 Rn. 209 ff.

71 *BVerwG* v. 15. 12. 78 – 6 P 13.78 –, PersV 80, 145.

72 Vgl. z. B. Altvater-*Lenders*, § 70 Rn. 64 m. w. N.

73 Vgl. *Fitting*, § 87 Rn. 596.

gegen der Gesetzesbegründung durchaus festgelegt hat,[74] ist die Frage, ob eine Zustimmungserteilung ohne gesetzliche Regelung im Voraus möglich ist, eindeutig zu verneinen. Rechtsunsicherheit, der mit der Neuregelung begegnet werden sollte, bestand nicht.[75]
Die Gesetzesbegründung betont zwar den Ausnahmecharakter dieser Norm, da das Prinzip der Gremiumsberatung und -entscheidung vorgehe und nicht durch extensive Ausschöpfung der nunmehr gegebenen Möglichkeit unterlaufen werden soll. Allerdings soll dem PR die Möglichkeit eingeräumt werden, in Routinefällen die Geschäftsführung zu erleichtern. Dennoch sollte der PR von dieser Möglichkeit keinen Gebrauch machen, weil er sich ansonsten der Möglichkeit, in Einzelfällen aus begründetem Anlass seine Zustimmung zu verweigern, begibt. Des Weiteren wird damit den Gruppenvertretern, der JAV und der Schwerbehindertenvertretung das Einspruchsrecht nach § 37 vorab genommen, was nicht zu rechtfertigen ist.

Für die Vorabzustimmung kommen einerseits zuvor festgelegte Einzelfälle, 17
andererseits zuvor festgelegte Fallgruppen von Maßnahmen in Betracht. Voraussetzung ist, dass sie ihrem Wesen nach einfach gelagert sind und routinemäßig entschieden werden können. Welche Maßnahmen bzw. Maßnahmengruppen dies sein können, legt der PR für die Dauer seiner Amtszeit in der **Geschäftsordnung** fest (S. 2). Will der PR von der Möglichkeit der Vorabzustimmung Gebrauch machen, so muss er eine Geschäftsordnung erlassen, was ihm gemäß § 39 Abs. 1 grundsätzlich freisteht. Durch das Erfordernis einer Geschäftsordnungsregelung wird sichergestellt, dass die Mehrheit des PR und der Gruppen eine solche Vorgehensweise an sich und die im Einzelnen geregelten Fälle mitträgt.

Die Festlegung erfolgt für die **Dauer der Amtszeit des PR** und ist jeder- 18
zeit änderbar bzw. widerruflich (S. 3). Die **Änderung** oder der **Widerruf** der Festlegung bedürfen einer geschäftsordnungsgemäßen Beschlussfassung nach § 39 Abs. 1, ansonsten sieht § 73 Abs. 2 S. 2 keine weiteren Voraussetzungen vor. Aus der Regelung des S. 3 wird deutlich, dass nur der PR durch die Regelung privilegiert werden soll. Keinesfalls kann die Dienststelle verlangen oder erwarten, dass der PR von der Möglichkeit Gebrauch macht.[76]

Die Dienststelle hat gemäß Abs. 2 S. 3 dem PR die Fälle, in denen sie von 19
der Vorabzustimmung Gebrauch gemacht hat, jeweils in der nächsten Sitzung **bekanntzugeben**. Dies versetzt den PR in die Lage, die praktische Anwendung der Vorabzustimmung zu beobachten und ggf. zu korrigieren, also

74 *BVerwG* v. 3.2.93 – 6 P 28.91 –, PersR 93, 260; v. 7.4.10 – 6 P 6.09 –, PersR 10, 312.

75 Anders die Gesetzesbegründung, LT-Dr. 15/4224, S. 134 f. [zu § 69].

76 LT-Dr. 15/4224, S. 135 [zu § 69].

ggf. für die Zukunft durch eine Änderung der Geschäftsordnungsregelung seine Vorabzustimmung rückgängig zu machen.[77]

Synopse zu den §§ 74, 75, 81 und 87

LPVG 2015	LPVG 2013	LPVG 2010	BPersVG 1974	BPersVG 2021	BetrVG
Uneingeschränkte Mitbestimmung					
§ 74 Abs. 1 Nr. 1	§ 70 Abs. 1 Nr. 1	§ 78 Abs. 1 S. 1 Nr. 1	§ 75 Abs. 2 S. 1 Nr. 1	§ 79 Abs. 1 Nr. 1	–
§ 74 Abs. 1 Nr. 2	§ 70 Abs. 1 Nr. 2	§ 78 Abs. 1 S. 1 Nr. 2 Hs. 2	§ 75 Abs. 2 S. 1 Nr. 2 Hs. 2	§ 79 Abs. 1 Nr. 2 Hs. 3	§ 87 Abs. 1 Nr. 9 Hs. 2
§ 74 Abs. 1 Nr. 3	§ 70 Abs. 1 Nr. 3	§ 78 Abs. 1 S. 1 Nr. 2 Hs. 1	§ 75 Abs. 2 S. 1 Nr. 2 Hs. 1	§ 79 Abs. 1 Nr. 2 Hs. 1, 1. Alt.	§ 87 Abs. 1 Nr. 9 Hs. 1, 1. Alt.
§ 74 Abs. 1 Nr. 4	§ 70 Abs. 1 Nr. 4	§ 78 Abs. 1 S. 1 Nr. 2 Hs. 1	§ 75 Abs. 2 S. 1 Nr. 2 Hs. 1	§ 79 Abs. 1 Nr. 2 Hs. 1, 2. Alt.	§ 87 Abs. 1 Nr. 9 Hs. 1, 2. Alt.
§ 74 Abs. 1 Nr. 5	§ 70 Abs. 1 Nr. 5	§ 79 Abs. 1 S. 1 Nr. 3	§ 75 Abs. 3 Nr. 3, 1. Alt.	§ 80 Abs. 1 Nr. 6 Hs. 1	§ 87 Abs. 1 Nr. 5, 1. Alt.
§ 74 Abs. 1 Nr. 6	§ 70 Abs. 1 Nr. 6	§ 79 Abs. 1 S. 1 Nr. 4	§ 75 Abs. 3 Nr. 3, 2. Alt.	§ 80 Abs. 1 Nr. 6 Hs. 2	§ 87 Abs. 1 Nr. 5, 2. Alt.
§ 74 Abs. 2 Nr. 1	§ 70 Abs. 2 Nr. 1	§ 79 Abs. 1 S. 1 Nr. 12	§ 75 Abs. 3 Nr. 15	§ 80 Abs. 1 Nr. 18	§ 87 Abs. 1 Nr. 1
§ 74 Abs. 2 Nr. 2	§ 70 Abs. 2 Nr. 2	§ 79 Abs. 1 S. 1 Nr. 1	§ 75 Abs. 3 Nr. 1	§ 80 Abs. 1 Nr. 1	§ 87 Abs. 1 Nr. 2
§ 74 Abs. 2 Nr. 3	§ 70 Abs. 2 Nr. 3	–	–	§ 80 Abs. 1 Nr. 3	–
§ 74 Abs. 2 Nr. 4	§ 70 Abs. 2 Nr. 4	–	–	§ 80 Abs. 1 Nr. 2	§ 87 Abs. 1 Nr. 3
§ 74 Abs. 2 Nr. 5	§ 70 Abs. 2 Nr. 5	§ 79 Abs. 1 S. 1 Nr. 5	§ 75 Abs. 3 Nr. 4	§ 80 Abs. 1 Nr. 8	§ 87 Abs. 1 Nr. 10, 11
§ 74 Abs. 2 Nr. 6	§ 70 Abs. 2 Nr. 6	§ 79 Abs. 1 S. 1 Nr. 6	§ 75 Abs. 3 Nr. 5	§ 79 Abs. 1 Nr. 4	§ 87 Abs. 1 Nr. 8
§ 74 Abs. 2 Nr. 7	§ 70 Abs. 2 Nr. 7	§ 79 Abs. 1 S. 1 Nr. 8	§ 75 Abs. 3 Nr. 11	§ 80 Abs. 1 Nr. 16	§ 87 Abs. 1 Nr. 7

77 LT-Dr. 15/4224, a. a. O.

LPVG 2015	LPVG 2013	LPVG 2010	BPersVG 1974	BPersVG 2021	BetrVG
§ 74 Abs. 2 Nr. 8	§ 70 Abs. 2 Nr. 8	–	–	§ 80 Abs. 1 Nr. 17	–
§ 74 Abs. 2 Nr. 9	§ 70 Abs. 2 Nr. 9	§ 79 Abs. 1 S. 1 Nr. 11	§ 75 Abs. 3 Nr. 13	§ 79 Abs. 1 Nr. 5	§ 112 Abs. 1 S. 2, Abs. 4, 5, § 112a
§ 74 Abs. 2 Nr. 10	§ 70 Abs. 2 Nr. 10	§ 79 Abs. 1 S. 1 Nr. 13	§ 75 Abs. 3 Nr. 12	§ 80 Abs. 1 Nr. 14	§ 87 Abs. 1 Nr. 12
§ 74 Abs. 3	§ 70 Abs. 3	§ 79 Abs. 1 S. 2	§ 75 Abs. 4	§ 80 Abs. 2	–
Eingeschränkte Mitbestimmung					
§ 75 Abs. 1 Nr. 1	§ 71 Abs. 1 Nr. 1	§ 75 Abs. 1 Nr. 1	§ 76 Abs. 1 Nr. 1	§ 78 Abs. 1 Nr. 1	–
§ 75 Abs. 1 Nr. 2	§ 71 Abs. 1 Nr. 2	§ 75 Abs. 1 Nr. 2 (keine Mitbest. bei Neben-abreden)	§ 75 Abs. 1 Nr. 1 (keine Mitbest. bei Neben-abreden, Zeit- u. Zweck-befristung)	§ 78 Abs. 1 Nr. 1 (keine Mitbest. bei Neben-abreden, Zeit- u. Zweck-befristung)	§ 99 Abs. 1 (keine Mitbest. bei Neben-abreden, Zeit- u. Zweck-befristung)
§ 75 Abs. 1 Nr. 3	§ 71 Abs. 1 Nr. 3	§ 75 Abs. 1 Nr. 3	§ 75 Abs. 1 Nr. 2	§ 78 Abs. 1 Nr. 4	§ 99 Abs. 1
§ 75 Abs. 1 Nr. 4	§ 71 Abs. 1 Nr. 4	§ 75 Abs. 1 Nr. 4	§ 76 Abs. 1 Nr. 2	§ 78 Abs. 1 Nr. 2	–
§ 75 Abs. 1 Nr. 5	§ 71 Abs. 1 Nr. 5	§ 80 Abs. 1 Nr. 4	–	–	–
§ 75 Abs. 1 Nr. 6	§ 71 Abs. 1 Nr. 6	§ 75 Abs. 1 Nr. 5	§ 76 Abs. 1 Nr. 3	§ 78 Abs. 1 Nr. 3, 2. Alt.	–
§ 75 Abs. 1 Nr. 7	§ 71 Abs. 1 Nr. 7	–	–	§ 78 Abs. 1 Nr. 3, 1. Alt.	–
§ 75 Abs. 1 Nr. 7a	§ 71 Abs. 1 Nr. 7a	§ 75 Abs. 1 Nr. 6	§ 75 Abs. 1 Nr. 2	§ 78 Abs. 1 Nr. 3, 1. Alt.	§ 99 Abs. 1
§ 75 Abs. 1 Nr. 7b	§ 71 Abs. 1 Nr. 7b	§ 80 Abs. 1 Nr. 8b	–	–	§ 99 Abs. 1, § 95 Abs. 3
§ 75 Abs. 1 Nr. 8	§ 71 Abs. 1 Nr. 8	§ 80 Abs. 1 Nr. 8a	–	–	§ 99 Abs. 1, § 95 Abs. 3

LPVG 2015	LPVG 2013	LPVG 2010	BPersVG 1974	BPersVG 2021	BetrVG
§ 75 Abs. 1 Nr. 9	§ 71 Abs. 1 Nr. 9	–	–	–	–
§ 75 Abs. 1 Nr. 10	§ 71 Abs. 1 Nr. 10	–	–	–	–
§ 75 Abs. 1 Nr. 11	§ 71 Abs. 1 Nr. 11	§ 75 Abs. 1 Nr. 8	§ 75 Abs. 1 Nr. 3, § 76 Abs. 1 Nr. 4	§ 78 Abs. 1 Nr. 6	§ 99 Abs. 1, § 95 Abs. 3
§ 75 Abs. 1 Nr. 12	§ 71 Abs. 1 Nr. 12	§ 77 Abs. 1	§ 79 Abs. 1 (Mitwirkung)	§ 85 (Mitwirkung)	§ 102 Abs. 1 bis 4, 6
§ 75 Abs. 2	§ 71 Abs. 1a	§ 75 Abs. 2 (teilweise)	–	–	–
§ 75 Abs. 2 Nr. 1	§ 71 Abs. 1a Nr. 1	§ 75 Abs. 1 Nr. 9	§ 75 Abs. 1 Nr. 3, § 76 Abs. 1 Nr. 4	§ 78 Abs. 1 Nr. 5	§ 99 Abs. 1, § 95 Abs. 3
§ 75 Abs. 2 Nr. 2	§ 71 Abs. 1a Nr. 2	§ 75 Abs. 1 Nr. 10	§ 75 Abs. 1 Nr. 4, § 76 Abs. 1 Nr. 5	§ 78 Abs. 1 Nr. 7, 1. Alt.	–
§ 75 Abs. 2 Nr. 3	§ 71 Abs. 1a Nr. 3	§ 75 Abs. 1 Nr. 11	§ 75 Abs. 1 Nr. 4a, § 76 Abs. 1 Nr. 5a	§ 78 Abs. 1 Nr. 7, 2. Alt.	–
§ 75 Abs. 2 Nr. 4	§ 71 Abs. 1a Nr. 4	–	–	§ 78 Abs. 1 Nr. 7, 3. Alt.	–
§ 75 Abs. 2 Nr. 5	§ 71 Abs. 1a Nr. 5	–	–	–	–
§ 75 Abs. 3	§ 71 Abs. 2	–	–	–	–
§ 75 Abs. 3 Nr. 1	§ 71 Abs. 2 Nr. 1	§ 80 Abs. 1 Nr. 3 (nur bei Beamten)	–	–	–
§ 75 Abs. 3 Nr. 2	§ 71 Abs. 2 Nr. 1	§ 75 Abs. 1 Nr. 7	–	–	–
§ 75 Abs. 3 Nr. 3	§ 71 Abs. 2 Nr. 3	§ 75 Abs. 1 Nr. 12	§ 75 Abs. 1 Nr. 6, § 76 Abs. 1 Nr. 6	§ 78 Abs. 1 Nr. 9	–

LPVG 2015	LPVG 2013	LPVG 2010	BPersVG 1974	BPersVG 2021	BetrVG
§ 75 Abs. 3 Nr. 4	§ 71 Abs. 2 Nr. 4	–	–	–	–
§ 75 Abs. 3 Nr. 5	§ 71 Abs. 2 Nr. 5	§ 75 Abs. 1 Nr. 13	§ 75 Abs. 1 Nr. 7, § 76 Abs. 1 Nr. 7	§ 79 Abs. 1 Nr. 10	–
§ 75 Abs. 3 Nr. 6	§ 71 Abs. 2 Nr. 6	§ 75 Abs. 1 Nr. 14	§ 76 Abs. 1 Nr. 8, betrifft nur Beamte	§ 79 Abs. 1 Nr. 11, betrifft nur Beamte	–
§ 75 Abs. 3 Nr. 7	§ 71 Abs. 2 Nr. 7	§ 75 Abs. 1 Nr. 14	–	–	–
§ 75 Abs. 3 Nr. 8	§ 71 Abs. 2 Nr. 8	–	–	–	–
§ 75 Abs. 3 Nr. 9	§ 71 Abs. 2 Nr. 9	§ 79 Abs. 3 Nr. 3	§ 76 Abs. 2 Nr. 9	§ 78 Abs. 1 Nr. 15; auf Antrag, s. Abs. 2	–
§ 75 Abs. 3 Nr. 10	§ 71 Abs. 2 Nr. 10	§ 80 Abs. 1 Nr. 6	§ 78 Abs. 1 Nr. 4	§ 84 Abs. 1 Nr. 5 (Mitwirkung)	–
§ 75 Abs. 3 Nr. 11	§ 71 Abs. 1 Nr. 11	–	–	–	–
§ 75 Abs. 3 Nr. 12	§ 71 Abs. 2 Nr. 12	§ 80 Abs. 1 Nr. 7	§ 78 Abs. 1 Nr. 5	§ 84 Abs. 1 Nr. 6, 1. Alt. (Mitwirkung)	–
§ 75 Abs. 3 Nr. 13	§ 71 Abs. 2 Nr. 13	–	–	§ 84 Abs. 1 Nr. 6, 2. Alt. (Mitwirkung)	–
§ 75 Abs. 3 Nr. 14	§ 71 Abs. 2 Nr. 14	§ 75 Abs. 1 Nr. 15	§ 76 Abs. 1 Nr. 9	§ 78 Abs. 1 Nr. 8	–
§ 75 Abs. 4 Nr. 1a	§ 71 Abs. 3 Nr. 1a	§ 79 Abs. 3 Nr. 1	§ 75 Abs. 3 Nr. 10, § 76 Abs. 2 S. 1 Nr. 4	§ 78 Abs. 1 Nr. 8	§ 9 Abs. 3 ASiG
§ 75 Abs. 4 Nr. 1b	§ 71 Abs. 3 Nr. 1b	§ 79 Abs. 3 Nr. 2	–	–	–

LPVG 2015	LPVG 2013	LPVG 2010	BPersVG 1974	BPersVG 2021	BetrVG
§ 75 Abs. 4 Nr. 1c	§ 71 Abs. 3 Nr. 1c	§ 79 Abs. 3 Nr. 2	–	–	§ 9 Abs. 3 ASiG
§ 75 Abs. 4 Nr. 1d	§ 71 Abs. 3 Nr. 1d	–	–	–	–
§ 75 Abs. 4 Nr. 1e	§ 71 Abs. 3 Nr. 1e	–	–	–	–
§ 75 Abs. 4 Nr. 2	§ 71 Abs. 3 Nr. 2	§ 79 Abs. 3 Nr. 18	–	–	–
§ 75 Abs. 4 Nr. 3	§ 71 Abs. 3 Nr. 3	§ 79 Abs. 3 Nr. 4	§ 75 Abs. 3 Nr. 8, § 76 Abs. 2 S. 1 Nr. 2	§ 80 Abs. 1 Nr. 15	§ 94 Abs. 1
§ 75 Abs. 4 Nr. 4	§ 71 Abs. 3 Nr. 4	§ 79 Abs. 3 Nr. 5	§ 75 Abs. 3 Nr. 9, § 76 Abs. 2 S. 1 Nr. 3	§ 80 Abs. 1 Nr. 11	§ 94 Abs. 2 Hs. 2
§ 75 Abs. 4 Nr. 5	§ 71 Abs. 3 Nr. 5	§ 79 Abs. 3 Nr. 6	–	–	§ 94 Abs. 2
§ 75 Abs. 4 Nr. 6a) bis d)	§ 71 Abs. 3 Nr. 6	§ 79 Abs. 3 Nr. 7; § 80 Abs. 1 Nr. 10	§ 76 Abs. 2 S. 1 Nr. 8	§ 80 Abs. 1 Nr. 11	§ 95 Abs. 1, 2
§ 75 Abs. 4 Nr. 6 e) bis g)	§ 71 Abs. 3 Nr. 6	§ 79 Abs. 3 Nr. 7; § 80 Abs. 1 Nr. 10	–	–	–
§ 75 Abs. 4 Nr. 7	§ 71 Abs. 3 Nr. 7	§ 79 Abs. 3 Nr. 8	–	–	§ 93
§ 75 Abs. 4 Nr. 8	§ 71 Abs. 3 Nr. 8	–	§ 75 Abs. 3 Nr. 14	§ 78 Abs. 1 Nr. 12	–
§ 75 Abs. 4 Nr. 9a	§ 71 Abs. 3 Nr. 9a	§ 79 Abs. 3 Nr. 9	§ 75 Abs. 3 Nr. 6	§ 80 Abs. 1 Nr. 9	§ 98 Abs. 1
§ 75 Abs. 4 Nr. 9b	§ 71 Abs. 3 Nr. 9b	§ 79 Abs. 3 Nr. 10	–	–	–
§ 75 Abs. 4 Nr. 9c	§ 71 Abs. 3 Nr. 9c	–	–	–	–
§ 75 Abs. 4 Nr. 10	§ 71 Abs. 3 Nr. 10	§ 79 Abs. 3 Nr. 11	§ 76 Abs. 2 S. 1 Nr. 6	§ 80 Abs. 1 Nr. 10	§ 97 Abs. 1, 2

LPVG 2015	LPVG 2013	LPVG 2010	BPersVG 1974	BPersVG 2021	BetrVG
§ 75 Abs. 4 Nr. 11	§ 71 Abs. 3 Nr. 11	§ 79 Abs. 3 Nr. 12	§ 75 Abs. 3 Nr. 17	§ 80 Abs. 1 Nr. 21	§ 87 Abs. 1 Nr. 6
§ 75 Abs. 4 Nr. 12	§ 71 Abs. 3 Nr. 12	§ 79 Abs. 3 Nr. 13	§ 75 Abs. 3 Nr. 16	§ 80 Abs. 1 Nr. 4	§ 90 Abs. 1 Nr. 4, Abs. 2
§ 75 Abs. 4 Nr. 13	§ 71 Abs. 3 Nr. 13	§ 79 Abs. 3 Nr. 14	–	–	–
§ 75 Abs. 4 Nr. 14	§ 71 Abs. 3 Nr. 14	§ 79 Abs. 3 Nr. 15	§ 76 Abs. 2 S. 1 Nr. 5	§ 80 Abs. 1 Nr. 19	–
§ 75 Abs. 4 Nr. 15	§ 71 Abs. 3 Nr. 15	§ 79 Abs. 3 Nr. 16	§ 76 Abs. 2 S. 1 Nr. 7	§ 80 Abs. 1 Nr. 20	§ 111 S. 3 Nr. 5
§ 75 Abs. 4 Nr. 16	§ 71 Abs. 3 Nr. 16	–	–	–	–
§ 75 Abs. 4 Nr. 17	§ 71 Abs. 3 Nr. 17	§ 80 Abs. 1 Nr. 11	-–	–	§ 111 S. 3 Nr. 4
§ 75 Abs. 4 Nr. 18	§ 71 Abs. 3 Nr. 18	–	–	–	–
§ 75 Abs. 4 Nr. 19	§ 71 Abs. 3 Nr. 19	§ 79 Abs. 3 Nr. 17	§ 76 Abs. 2 S. 1 Nr. 10; erheblich weitergehend	§ 80 Abs. 1 Nr. 13; erheblich weitergehend	§ 80 Abs. 1 Nr. 2a, 2b, § 92 Abs. 3
§ 75 Abs. 5	§ 71 Abs. 4	§ 81	§ 77 Abs. 1, § 78 Abs. 2 S. 1, 2	§ 78 Abs. 4	§ 5 Abs. 3, 4, §§ 105, 118 Abs. 1
§ 75 Abs. 6	§ 71 Abs. 4a	§ 81	–	–	–
§ 75 Abs. 7	§ 71 Abs. 5	§ 77 Abs. 1, 2	§ 79 Abs. 1, 2	§ 85 Abs. 1 S. 4 und Abs. 2	§ 102 Abs. 5 bis 6
§ 75 Abs. 8	§ 71 Abs. 6	–	–	–	–
Mitwirkung					
§ 81 Abs. 1 Nr. 1	§ 76 Abs. 1 Nr. 1	§ 80 Abs. 1 Nr. 1	§ 78 Abs. 1 Nr. 1	§ 84 Abs. 1 Nr. 1	–
§ 81 Abs. 1 Nr. 2	§ 76 Abs. 1 Nr. 2	§ 80 Abs. 1 Nr. 2, § 80 Abs. 3 Nr. 5	§ 78 Abs. 1 Nr. 2	§ 84 Abs. 1 Nr. 2	§§ 111 bis 113

LPVG 2015	LPVG 2013	LPVG 2010	BPersVG 1974	BPersVG 2021	BetrVG
§ 81 Abs. 1 Nr. 3	§ 76 Abs. 1 Nr. 3	§ 80 Abs. 3 Nr. 6	–	§ 84 Abs. 1 Nr. 3	–
§ 81 Abs. 1 Nr. 4	§ 76 Abs. 1 Nr. 4	im Wesentlichen § 80 Abs. 3 Nr. 7	–	§ 80 Abs. 1 Nr. 5; Mitbe stimmung (Einführung von Arbeitsformen außer halb der Dienststelle	–
§ 81 Abs. 1 Nr. 5	§ 76 Abs. 1 Nr. 5	§ 80 Abs. 1 Nr. 9	§ 75 Abs. 3 Nr. 7, § 76 Abs. 2 S. 1 Nr. 1	§ 78 Abs. 1 Nr. 13; Mitbestimmung	§ 98 Abs. 3
§ 81 Abs. 1 Nr. 6	§ 76 Abs. 1 Nr. 6	§ 80 Abs. 3 Nr. 1	§ 78 Abs. 3 S. 3	§ 87 Abs. 3 S. 3; Anhörung	§ 92 Abs. 1, 2
§ 81 Abs. 1 Nr. 7	§ 76 Abs. 1 Nr. 7	§ 80 Abs. 1 Nr. 11	–	–	
§ 81 Abs. 1 Nr. 8	§ 76 Abs. 1 Nr. 8	§ 80 Abs. 1 Nr. 12	–	–	–
§ 81 Abs. 2 Nr. 1	§ 76 Abs. 2 Nr. 1	§ 80 Abs. 1 Nr. 5	§ 78 Abs. 1 Nr. 3	§ 84 Abs. 1 Nr. 4	–
§ 81 Abs. 2 Nr. 2	§ 76 Abs. 2 Nr. 2	§ 80 Abs. 1 Nr. 8c	–	–	–
Anhörung					
§ 87 Abs. 1 Nr. 1	§ 82 Abs. 1 Nr. 1	§ 80 Abs. 3 Nr. 2	§ 78 Abs. 3 S. 3	§ 87 Abs. 1 S. 3	§ 92 Abs. 1, 2
§ 87 Abs. 1 Nr. 2	§ 82 Abs. 1 Nr. 2	§ 80 Abs. 3 Nr. 3	§ 78 Abs. 3 S. 1, 2	§ 87 Abs. 1 S. 1	§ 92 Abs. 1, 2
§ 87 Abs. 1 Nr. 3	§ 82 Abs. 1 Nr. 3	§ 80 Abs. 3 Nr. 4	§ 78 Abs. 4	§ 87 Abs. 2	§ 90 Abs. 1 S. 1
§ 87 Abs. 1 Nr. 4	§ 82 Abs. 1 Nr. 4	–	–	–	–
§ 87 Abs. 1 Nr. 5	§ 82 Abs. 1 Nr. 5	§ 80 Abs. 3 Nr. 7	–	–	–

LPVG 2015	LPVG 2013	LPVG 2010	BPersVG 1974	BPersVG 2021	BetrVG
§ 87 Abs. 1 Nr. 6	§ 82 Abs. 1 Nr. 6	§ 80 Abs. 3 Nr. 8	–	–	–
§ 87 Abs. 1 Nr. 7	§ 82 Abs. 1 Nr. 7	§ 80 Abs. 3 Nr. 9	–	–	–
§ 87 Abs. 1 Nr. 8	§ 82 Abs. 1 Nr. 8	§ 80 Abs. 3 Nr. 10	–	–	–
§ 87 Abs. 1 Nr. 9	§ 82 Abs. 1 Nr. 9	§ 77 Abs. 3 S. 1	§ 79 Abs. 3	§ 86 S. 1	§ 102 Abs. 1 S. 1
§ 87 Abs. 2	§ 82 Abs. 2	–	–	–	–
§ 87 Abs. 3	§ 82 Abs. 3	§ 77 Abs. 3 S. 2–4	§ 79 Abs. 3	§ 86 S. 2 u. 3	§ 102 Abs. 1 S. 2, Abs. 2 S. 3

§ 74 Angelegenheiten der uneingeschränkten Mitbestimmung

(1) Der Personalrat hat mitzubestimmen über die

1. **Gewährung von Unterstützungen, Vorschüssen, Darlehen und entsprechenden sozialen Zuwendungen,**
2. **allgemeine Festsetzung der Nutzungsbedingungen für Wohnungen, über die die Beschäftigungsdienststelle verfügt oder für die die Beschäftigungsdienststelle ein Vorschlagsrecht hat,**
3. **Zuweisung von Wohnungen nach Nummer 2,**
4. **Kündigung von Wohnungen nach Nummer 2,**
5. **Aufstellung des Urlaubsplans,**
6. **Festsetzung der zeitlichen Lage des Erholungsurlaubs für einzelne Beschäftigte, wenn zwischen dem Leiter der Dienststelle und den beteiligten Beschäftigten kein Einverständnis erzielt wird.**

(2) Der Personalrat hat, soweit eine gesetzliche oder tarifliche Regelung nicht besteht, mitzubestimmen über

1. **Regelungen der Ordnung in der Dienststelle und des Verhaltens der Beschäftigten,**
2. **Beginn und Ende der täglichen Arbeitszeit und der Pausen sowie die Verteilung der Arbeitszeit auf die einzelnen Wochentage,**
3. **Einführung, Anwendung, wesentliche Änderung und Aufhebung von Arbeitszeitmodellen,**
4. **Anordnung von Mehrarbeit oder Überstunden, Bereitschaftsdienst und Rufbereitschaft,**
5. **Fragen der Gestaltung des Entgelts innerhalb der Dienststelle für Arbeitnehmer, insbesondere durch Aufstellung von Entgeltgrund-**

sätzen, die Einführung und Anwendung von neuen Entgeltmethoden und deren Änderung sowie die Festsetzung der Akkord- und Prämiensätze und vergleichbarer leistungsbezogener Entgelte, sowie entsprechende Regelungen innerhalb der Dienststelle für Beamte,

6. **Errichtung, Verwaltung, wesentliche Änderung und Auflösung von Sozialeinrichtungen ohne Rücksicht auf ihre Rechtsform,**
7. **Maßnahmen zur Verhütung von Dienst- und Arbeitsunfällen, Berufskrankheiten und sonstigen Gesundheitsschädigungen sowie von Gesundheitsgefährdungen,**
8. **Maßnahmen des behördlichen oder betrieblichen Gesundheitsmanagements einschließlich vorbereitender und präventiver Maßnahmen, allgemeine Fragen des behördlichen oder betrieblichen Eingliederungsmanagements, Maßnahmen aufgrund von Feststellungen aus Gefährdungsanalysen,**
9. **Aufstellung von Sozialplänen einschließlich Plänen für Umschulungen zum Ausgleich oder zur Milderung von wirtschaftlichen Nachteilen, die den Beschäftigten infolge von Rationalisierungsmaßnahmen entstehen,**
10. **Grundsätze über die Bewertung von anerkannten Vorschlägen im Rahmen des behördlichen oder betrieblichen Vorschlagswesens.**

(3) Muss für Gruppen von Beschäftigten die tägliche Arbeitszeit nach Erfordernissen, die die Dienststelle nicht voraussehen kann, unregelmäßig und kurzfristig festgesetzt werden, so beschränkt sich die Mitbestimmung nach Absatz 2 Nummer 2 und 4 auf die Grundsätze für die Aufstellung der Dienstpläne.

Vergleichbare Vorschriften:
s. Synopse vor § 74

Inhaltsübersicht Rn.

1. Vorbemerkungen

§ 74 in der Fassung des ÄndG 2013 führt nunmehr abschließend alle Angelegenheiten zusammen, die der grundsätzlich **uneingeschränkten** Mitbestimmung unterliegen. Es handelt sich dabei durchweg um Angelegenheiten, die den Amtsauftrag der Dienststelle nur unwesentlich berühren.[1] 1
Angelegenheiten, die früher teilweise der **vollen Mitbestimmung** des PR unterlagen, aber, seit dem Inkrafttreten des DRG am 1.1.11 gemäß § 69 Abs. 4 S. 1, 3 u. 4 a.F. i.V.m. § 71 Abs. 5 S. 2 a.F. nur noch Gegenstand der **grundsätzlich uneingeschränkten Mitbestimmung** waren (vgl. § 73 Rn. 2), sind in den Mitbestimmungstatbeständen des § 74 enthalten und unterliegen weiterhin der **grundsätzlich uneingeschränkten Mitbestimmung**. Wegen des in § 78 Abs. 2 S. 3 im ÄndG 2013 beibehaltenen, allerdings abgeänderten Evokationsrechts bleibt es dabei, dass die Landesregierung oder in nicht gestuften Verwaltungen das in § 89 Abs. 1 Nr. 1 u. 3 aufgeführte oberste Organ auch in den Fällen der uneingeschränkten Mitbestimmung nach einem Beschluss der Einigungsstelle endgültig entscheidet, wenn die eigentlich verbindliche Entscheidung der Einigungsstelle wegen ihrer Auswirkungen auf das Gemeinwohl wesentlicher Bestandteil der Regierungsverantwortung ist (vgl. § 78 Rn. 8). Abgesehen von der Verlagerung der Ausübung des Evokationsrechts auf die Landesregierung, hat sich die Rechtslage auch durch das ÄndG 2013 nicht entscheidend geändert (zum Evokationsrecht im Einzelnen vgl. § 78 Rn. 7ff.). Diese Konzeption entsprach bis 2021 der Struktur des BPersVG. Dort wurde die normenbezogene Differenzierung allerdings im Zuge der Novellierung aufgegeben.[2] § 74 gilt – unabhängig von der Zugehörigkeit zu einer der beiden Gruppen – für **alle Beschäftigten** i.S.d. § 4. Die Neufassung des BPersVG verzichtet nun ebenfalls bei der grundsätzlich uneingeschränkten Mitbestimmung gem. §§ 75 Abs. 1, 79, 80 Abs. 1 Nr. 1–9, 14–18 auf eigenständige Regelungen für Beamtinnen und Beamte. Bei der Wahrnehmung seines Mitbestimmungsrechts hat der PR v.a. auf die **Gleich-**

1 LT-Dr. 15/4224, S. 135 [zu § 70].

2 BPersVG v. 9.6.21, BGBl. I, 1614.

behandlung der Beschäftigten und die angemessene Berücksichtigung ihrer sozialen Belange zu achten.[3]
Über die Festsetzung allgemeiner Nutzungsbedingungen zugewiesener Wohnungen nach Abs. 1 S. 1 Nr. 2 und Urlaubsregelungen nach Nr. 5 und 6 sowie über die kollektiven Angelegenheiten der Abs. 2 und 3 können gemäß § 85 Abs. 1 S. 1 **Dienstvereinbarungen** geschlossen werden (vgl. § 85 Rn. 2). Zusätzlich werden diese Beteiligungstatbestände noch durch das in § 84 Abs. 1 S. 1 normierte Initiativrecht des PR verstärkt.

2. Soziale Angelegenheiten

2 **Abs. 1** bildet die »Mitbestimmung in sozialen Angelegenheiten« des § 78 a. F. ab. Die dort geregelten Angelegenheiten stehen nicht unter Gesetzes- oder Tarifvorbehalt. Hier hat der PR immer mitzubestimmen. Zu beachten sind jedoch Antrags-/Widerspruchsrechte der Betroffenen nach § 76 Abs. 2 Nr. 2 und 3 (vgl. § 76 Rn. 8, 12).

a) Vorschüsse, Darlehen, Zuwendungen

3 **(Abs. 1 Nr. 1)** Das Mitbestimmungsrecht nach Nr. 1 besteht nicht nur bei der **Gewährung sozialer Zuwendungen**, sondern – trotz des missverständlichen Wortlauts – auch dann, wenn ein entsprechender Antrag eines Beschäftigten **abgelehnt** oder eine bereits gewährte Leistung **entzogen** werden soll.[4] Die Gegenmeinung von Leuze-*Flintorp*[5] widerspricht dem Schutzzweck der Vorschrift (vgl. Rn. 1). Der PR bestimmt bei **Einzelmaßnahmen** mit.[6] Werden hierzu Verwaltungsanordnungen oder Richtlinien erlassen, besteht bei deren Vorbereitung i. d. R. ein Mitwirkungsrecht nach § 81 Abs. 1 Nr. 1, das die Mitbestimmung nach § 74 Abs. 1 Nr. 1 allerdings nicht verdrängen kann (vgl. auch § 81 Rn. 3 ff.).[7]

4 **Unterstützungen** sind einmalige oder laufende Geldleistungen, die zur Behebung einer sozialen Notlage bestimmt sind und auf die kein Rechtsanspruch besteht.[8] Ihre Gewährung richtet sich im Bereich des Landes nach den Unterstützungsgrundsätzen (UGr) des FM v. 27.9.06.[9] **Vorschüsse** sind freiwillige Vorauszahlungen auf Dienstbezüge bzw. auf Lohn

---

3 *BVerwG* v. 15.3.95 – 6 P 23.93 –, PersR 95, 334.
4 *BVerwG* v. 12.7.68 – VII P 10.67 –, PersV 68, 277; *LAG Berlin* v. 21.2.89 – 3 Sa 101/88 –, ZTR 89, 247; Altvater-*Baden*, § 79 Rn. 4 m. w. N.
5 § 74 Rn. 7.
6 *OVG NW* v. 6.11.85 – CL 21/84 –, PersR 87, 43 Ls.
7 *BVerwG* v. 1.9.04 – 6 P 3.4 –, PersR 04, 437; Rooschüz-*Gerstner-Heck*, § 81Rn. 3.
8 *BVerwG* v. 12.7.68, a. a. O., u. v. 21.3.80 – 6 P 79.78 –, PersV 81, 329.
9 GABl. 2006, S. 431.

oder Gehalt, die an Beschäftigte gewährt werden können, die durch besondere Umstände zu unabwendbaren und aus den laufenden Bezügen nicht zu finanzierenden Ausgaben gezwungen sind. Für die Beschäftigten des Landes gelten die Vorschussrichtlinien (VR) des FM v. 28.1.08.[10] **Darlehen** sind finanzielle Leistungen, die auf der Grundlage eines Darlehensvertrages erbracht werden, in dem der Beschäftigte sich zur Rückzahlung in einem Betrag oder in Raten mit oder ohne Zinsen verpflichtet (§§ 488ff. BGB). Nach der Rspr. des *BVerwG* unterliegen sie nur dann der Mitbestimmung, wenn sie sich als Sonderform der Unterstützung darstellen, also wegen in der Person des Beschäftigten liegender, ausschließlich sozialer Gründe gewährt werden, was z.B. bei Familienheimdarlehen nicht zutrifft.[11] **Entsprechende soziale Zuwendungen** sind nach h.M. Leistungen, die nach ihrer Zweckbestimmung mit Unterstützungen, Vorschüssen und Darlehen vergleichbar sind, also ebenfalls freiwillig aus ausschließlich individuellen sozialen Gründen gewährt werden.[12] Nicht mitbestimmungspflichtig ist insb. die Gewährung von Beihilfen (§ 78 LBG; BVO), von Leistungen nach LRKG, LUKG oder LTGVO, von Essenszuschüssen an alle Beschäftigten[13] oder von Billigkeitszuwendungen bei Sachschäden.[14]

Bei Entscheidungen nach § 74 Abs. 1 S. 1 Nr. 1 hat der PR mitzubestimmen, **4a**
sofern der Beschäftigte die Beteiligung beantragt (§ 76 Abs. 2 S. 1 Nr. 2 LPVG, vgl. § 76 Rn. 3a). Diese Regelung ist im Zuge der Einführung der DSGVO verschärft worden. Zuvor bestimmte der PR immer dann mit, wenn die betroffenen Beschäftigten nicht widersprachen. Der Gesetzgeber hatte das Widerspruchsrecht mit dem freiwilligen Charakter der Zuwendungen begründet.[15] In der Gesetzesbegründung der abermals verschärften Neuregelung heißt es, das bisherige Widerspruchsrecht genüge den Anforderungen der DSGVO an die Datenverarbeitung auf Grundlage einer Einwilligung nicht.[16] Der rechtzeitige, vor Einleitung des Mitbestimmungsverfahrens zu veranlassende Hinweis[17] des Dienststellenleiters auf das Antragsrecht, gewinnt hierdurch an Bedeutung. Der Hinweis auf das Antragsrecht muss die dem Beschäftigten zustehende Wahlmöglichkeit beinhalten: gem. § 76

10 GABl. S. 84, ber. S. 211.

11 Beschl. v. 21.3.80, a.a.O., u.v. 30.3.89 – 6 P 8.86 –, PersR 89, 159 m. krit. Anm. *Lemcke*; a.A. Richardi-*Kaiser/Annuß*, § 75 a.F. Rn. 165.

12 Vgl. Altvater-*Baden*, § 79 Rn. 8; a.A. Richardi-*Kaiser/Annuß*, § 75 a.F. Rn. 167.

13 *OVG NW* v. 6.11.85, a.a.O.

14 Vgl. VwV des FM zu § 102 LBG u. zu § 14 LRiG v. 30.12.86 (GABl. 1987 S. 61), neu erlassen am 30.12.03 (GABl. 2004 S. 241), seit Inkrafttreten des DRG am 1.1.11 überholt durch § 80 LBG n.F. u. §§ 8, 14 LRiStAG; ferner *BVerwG* v. 30.3.89, a.a.O.

15 LT-Dr. 11/6312, S. 54 [zu Nr. 40 Buchst. b. u. c.].

16 LT-Dr. 16/3930, S. 136 [zu Art. 19 Nr. 3].

17 Vgl. Altvater-*Baden*, § 79 Rn. 9, unter Verweis auf § 84 Rn. 78.

Abs. 4 kann er anstelle der Beteiligung des gesamten PR auch beantragen, dass nur der **Vorstand** mitbestimmen soll. Dieser hat dann an Stelle des Plenums zu beschließen. Da es sich bei der Mitbestimmung nach Abs. 1 nicht um Gruppenangelegenheiten handelt (vgl. § 34 Rn. 8aff.), sind alle Vorstandsmitglieder zur Beschlussfassung befugt.[18] Zur Verschwiegenheitspflicht vgl. § 7 Rn. 6, 12.

b) Nutzungsbedingungen für Wohnungen

5 **(Abs. 1 S. 1 Nr. 2)** Der Begriff der **Wohnungen** i. S. d. Abs. 1 S. 1 Nr. 2 entspricht dem der Wohnräume in § 87 Abs. 1 Nr. 9 BetrVG. Es handelt sich dabei um Räume jeder Art, die zum Wohnen geeignet und bestimmt sind, ohne dass es darauf ankommt, ob es sich um eine abgeschlossene Wohnung oder um einzelne Wohnräume handelt, ob die Wohnung von einzelnen oder mehreren Personen belegt ist, ob sie kurz- oder langfristig oder entgeltlich oder kostenlos überlassen wird.[19] Zu den Wohnungen gehören begrifflich auch **Dienst- oder Werkdienstwohnungen**. Nach h. M. handelt es sich bei den sie betreffenden Entscheidungen aber grundsätzlich nicht um soziale Angelegenheiten, weil ihre Zuweisung ein ausschließlich im dienstlichen Interesse liegender Vorgang sei und die Dienststelle i. d. R. über keinen mitbestimmungsfähigen Entscheidungsspielraum verfüge[20] (vgl. auch Rn. 8 ff. sowie § 75 Rn. 136 f.).

6 Das Mitbestimmungsrecht bezieht sich auf Wohnungen, über die die Beschäftigungsdienststelle verfügt oder für die sie ein Vorschlagsrecht hat. **Beschäftigungsdienststelle** ist diejenige Dienststelle im organisationsrechtlichen Sinne (vgl. § 75 Rn. 113), welcher der von der Entscheidung betroffene Beschäftigte angehört. Die Beschäftigungsdienststelle **»verfügt«** über eine Wohnung, wenn sie die rechtliche oder tatsächliche Möglichkeit hat, deren Nutzungsberechtigten verbindlich auszuwählen. Diese Verfügungsbefugnis kann sich daraus ergeben, dass die Wohnung sich im **Eigentum** des Trägers der Beschäftigungsdienststelle befindet oder dass diese – falls ein Dritter Eigentümer ist – ein **Besetzungsrecht** hat.[21] Verfügt eine andere Dienststelle über die Wohnung, ist das Mitbestimmungsrecht gegeben, wenn die Be-

---

18 A. A. Rooschüz-*Bader*, § 76 Rn. 32.

19 Vgl. Richardi-*Kaiser/Annuß*, § 75 a. F. Rn. 182; *Fitting*, § 87 Rn. 392 f.; bejahend für Wohnheimplätze in einem Personalwohnheim: *OVG NW* v. 6. 3. 97 – 1 A 1094/94.PVL –, PersR 97, 456; verneinend für Unterkunftsräume in einer Fortbildungsstätte: *BayVGH* v. 29. 7. 87 – Nr. 17 C 87.01659 –, PersR 88, 138 Ls.

20 Vgl. *BVerwG* v. 21. 3. 85 – 6 P 18.82 –, PersR 86, 54 m. krit. Anm. *Sabottig*, u. v. 16. 11. 87 – 6 P 5.86 –, PersR 88, 71.

21 *BVerwG* v. 25. 9. 84 – 6 P 25.83 –, ZBR 85, 60, u. v. 15. 3. 95 – 6 P 23.93 –, PersR 95, 334.

schäftigungsdienststelle ein **Vorschlagsrecht** hat. Dieses besteht darin, der verfügenden Dienststelle die Vergabe der Wohnung an einen bestimmten Beschäftigten vorschlagen zu können, ohne dass die verfügende Dienststelle daran gebunden sein muss.[22]

Bei den in § 74 Abs. 1 S. 1 Nr. 2 aufgeführten Entscheidungen steht das Mitbestimmungsrecht grundsätzlich nur dem **PR der Beschäftigungsdienststelle** zu. Liegt ein Fall des § 5 Abs. 2 vor, ist nach § 81 Abs. 8 der **GPR** zuständig (vgl. § 91 Rn. 29f.). Im Hinblick auf die Tatbestandsfassung des Abs. 1 S. 1 Nr. 2 kommt dagegen die Zuständigkeit einer **Stufenvertretung** nach § 91 Abs. 2 oder 6 nicht in Betracht. 7

Das **Mitbestimmungsrecht** bei der **allgemeinen Festsetzung der Nutzungsbedingungen** der Wohnungen – das nach § 85 Abs. 1 S. 1 auch durch den Abschluss einer Dienstvereinbarung ausgeübt werden kann (vgl. Rn. 1 ff.) – bezieht sich auf die **erstmalige** Festsetzung und auf die **Änderung** bereits bestehender Festsetzungen. Dienst- oder Werkdienstwohnungen klammert die h. M. davon aus, weil ihre Nutzung allein aufgrund dienstlicher Notwendigkeit erfolge.[23] Hierdurch wird die Mitbestimmung des PR bei Dienst- oder Werkdienstwohnungen nicht gänzlich ausgeschlossen, denn die Nr. 3 und 4 beziehen sich auch auf diesen Bereich; darüber hinaus greift auf den Antrag des Betroffenen i. d. R. die eingeschränkte Mitbestimmung nach § 75 Abs. 2 Nr. 3. 8

Nutzungsbedingungen sind alle vertraglichen Regelungen der gegenseitigen Rechte und Pflichten der Vertragsparteien, die in ihrer Gesamtheit das Nutzungsverhältnis ausmachen.[24] 9

Allgemeine Festsetzungen sind alle Entscheidungen, die darauf abzielen, den Gebrauch der bereitgehaltenen Wohnungen einheitlich zu regeln.[25] Dazu zählen v. a. die inhaltliche Festlegung von Formularmietverträgen und Hausordnungen,[26] aber auch die Aufstellung allgemeiner Grundsätze für die Mietzinsbildung und für Mieterhöhungen, wobei der PR allerdings eine haushaltsrechtlich nicht vorgesehene Subventionierung nicht durchsetzen kann[27] und die §§ 557 bis 561 BGB zu beachten sind.[28] Hat die Beschäftigungsdienststelle eine Wohnungsbaugesellschaft mit der Verwaltung beauftragt, ändert das nichts an der Mitbestimmungspflichtigkeit, solange

22 Rooschüz-*Gerstner-Heck*, § 74 Rn. 8.

23 *BVerwG* v. 21. 3. 85 – 6 P 18.82 –, PersR 86, 54; a. A. Richardi-*Kaiser/Annuß*, § 75 a. F. Rn. 103.

24 *BAG* v. 13. 3. 73 – 1 ABR 16/72 –, AP Nr. 1 zu § 87 BetrVG 1972 Werkmietwohnungen; *BVerwG* v. 7. 7. 93 – 6 P 8.91 –, PersR 93, 555.

25 *BVerwG* v. 7. 7. 93, a. a. O.

26 *VGH BW* v. 23. 10. 90 – 15 S 2962/89 –, BWVPr 91, 114.

27 *BVerwG* v. 15. 3. 95 – 6 P 23.93 –, PersR 95, 334.

28 Richardi-*Kaiser/Annuß*, § 75 a. F. Rn. 192.

das Letztentscheidungsrecht bei der Dienststelle verbleibt.[29] Ist sie nicht selbst Vermieter, hat der PR nur mitzubestimmen, soweit die Dienststelle Einflussrechte gegenüber dem Vermieter hat.[30]

c) Zuweisung von Wohnungen

10 **(Abs. 1 Nr. 3)** Der Begriff der **Zuweisung** beinhaltet alle Entscheidungen, die auf die Begründung eines Mietverhältnisses oder sonstigen Nutzungsverhältnisses gerichtet sind, und ist deshalb als die **Verschaffung des Nutzungsrechts** an den die Wohnung bildenden Räumen anzusehen.[31] Dazu gehört auch die **Einweisung in eine Dienst- oder Werkdienstwohnung** (vgl. Rn. 5, 9), wenn die Beschäftigungsdienststelle unter mehreren solcher Wohnungen oder unter mehreren Berechtigten auszuwählen hat.[32] Dagegen ist die Zuweisung von Wohnungen, die keine Dienst- oder Werkdienstwohnungen sind, auch dann mitbestimmungspflichtig, wenn keine Auswahlentscheidung zwischen Beschäftigten oder zwischen Wohnungen zu treffen ist.[33] Das Mitbestimmungsrecht nach Abs. 1 Nr. 3 bezieht sich immer auf die Verschaffung des Nutzungsrechts an **bereits zur Verfügung stehenden Wohnungen**, also nicht darauf, dass überhaupt Wohnungen für die Beschäftigten bereitgestellt werden.[34] Werden aus einem einheitlichen Bestand ohne feste Zuordnung Wohnungen sowohl an Beschäftigte als auch an andere Personen vergeben, so ist die Vergabe von Wohnungen an **Nicht-Beschäftigte** auch dann mitbestimmungspflichtig, wenn sich kein Beschäftigter beworben hat.[35]

d) Kündigung von Wohnungen

11 **(Abs. 1 Nr. 4)** Der Tatbestand der **Kündigung** erstreckt sich auf alle Maßnahmen der Beschäftigungsdienststelle, die darauf abzielen, eine **Beendi-**

29 *BVerwG* v. 15.3.95, a.a.O.
30 Richardi-*Kaiser/Annuß*, § 75 a.F. Rn. 193, 197; Altvater-*Baden*, § 79 Rn. 13.
31 *BVerwG* v. 16.11.87, a.a.O.; Altvater-*Baden*, § 79 Rn. 14; a.A. Richardi-*Kaiser/Annuß*, § 75 a.F. Rn. 187: die vorgelagerte Entscheidung über die Person des Begünstigten.
32 *BVerwG* v. 16.11.87, a.a.O.; *OVG NW* v. 9.9.99 – 1 A 648/97.PVL –, PersR 00, 115.
33 *OVG NW* v. 9.6.06 – 1 A 1030/05.PVL –, PersR 06, 481.
34 *BVerwG* v. 15.3.95 – 6 P 23.93 –, PersR 95, 334; *LAG Hamm* v. 8.2.96 – 17 Sa 759/95 –, PersR 96, 324.
35 Vgl. *BAG* v. 28.7.92 – 1 ABR 22/92 –, AP Nr. 7 zu § 87 BetrVG 1972 Werkmietwohnungen; *HessVGH* v. 26.1.83 – HPV TL 36/81 –, PersV 89, 42 Ls.; Richardi-*Kaiser/Annuß*, § 75 a.F. Rn. 186; a.A. *OVG NW* v. 16.1.84 – CL 42/82 –, PersV 86, 474 Ls.; Leuze-*Flintorp*, § 74 Rn. 10.

gung des Nutzungsverhältnisses (durch die Beschäftigungsdienststelle selbst, den dazu berechtigten Vermieter oder die verfügende Dienststelle) herbeizuführen.[36] Die **Kündigung bzw. der Widerruf der Zuweisung einer (Werk-)Dienstwohnung** ist zwar grundsätzlich nicht mitbestimmungspflichtig (vgl. Rn. 9), wohl aber, nachdem die Entwidmung der (Werk-) Dienstwohnung erfolgt ist.[37] Handelt es sich um einen einheitlichen Bestand von Wohnungen ohne feste Zuordnung zu Beschäftigten einerseits und **anderen Personen** andererseits, unterliegt die Kündigung jeder dieser Wohnungen der Mitbestimmung.[38] Erfasst sind auch Kündigungen, die erst nach wirksamer Beendigung des Dienst- oder Arbeitsverhältnisses erfolgen.[39] Nach § 76 Abs. 2 Nr. 2 ist der PR bei der Kündigung von Wohnungen nur **auf Antrag** des Beschäftigten zu beteiligen. Dieser ist vom Dienststellenleiter von der beabsichtigten Maßnahme rechtzeitig vorher in Kenntnis zu setzen und entsprechend § 76 Abs. 3 gleichzeitig auf sein Antragsrecht hinzuweisen (vgl. auch § 76 Rn. 14 f.). Nach § 76 Abs. 4 kann der Beschäftigte die Beteiligung auf den **PR-Vorstand** beschränken (vgl. Rn. 4).

Die Beteiligung des PR bei der Wohnungsfürsorge ist in Abs. 1 S. 1 Nr. 2 bis 11a
4 **nicht abschließend geregelt**. Werden Wohnungen in Form einer **Sozialeinrichtung** betrieben, so steht dem PR bei der Errichtung, Verwaltung und Auflösung auch das **Mitbestimmungsrecht nach Abs. 2 Nr. 6** zu.[40]

e) Aufstellung des Urlaubsplans

(Abs. 1 Nr. 5) Die Vorschrift ist aus § 79 Abs. 3 Nr. 3 a. F. unverändert über- 12
nommen. Die Mitbestimmung bei der **Aufstellung des Urlaubsplans** dient dem **Zweck**, die Urlaubswünsche der einzelnen Beschäftigten untereinander auszugleichen und mit den dienstlichen Erfordernissen in Einklang zu bringen. Sie bezieht sich nicht nur auf den Erholungsurlaub, sondern grundsätzlich auf **jede Form von Urlaub**, soweit dieser planbar ist und soweit nicht spezielle Beteiligungstatbestände (§ 75 Abs. 3 Nr. 6) eingreifen.[41] Der **Rechtsanspruch** auf den jeweiligen Urlaub und dessen **Dauer** wird dabei

36 Vgl. Altvater-*Baden*, § 79 Rn. 16; Lorenzen-*Rehak*, § 79 Rn. 25; z. T. a. A. *Fischer/Goeres/Gronimus*, § 75 a. F. Rn. 66; Richardi-*Kaiser/Annuß*, § 75 Rn. 188.

37 *OVG NW* v. 9. 9. 99 – 1 A 648/97.PVL –, PersR 00, 115.

38 *BAG* v. 28. 7. 92, a. a. O.

39 Vgl. DKW-*Klebe*, § 87 Rn. 291 m. w. N.; a. A. *OLG Frankfurt a. M.* v. 14. 8. 92 – 20 REMiet 1/92 –, PersR 94, 223; Richardi-*Kaiser/Annuß*, § 75 a. F. Rn. 185.

40 *BVerwG* v. 24. 4. 92 – 6 P 33.90 –, PersR 92, 308 (zum Umbau eines Personalwohnhauses); vgl. dazu auch Rn. 52 ff.; ferner zur Mitbestimmung bei der Erhöhung der Mieten *BVerwG* v. 20. 12. 00 – 6 P 3.00 –, PersR 01, 153, sowie bei der zentralen Wohnraumbewirtschaftung *Battis/Schlenga*, PersR 93, 245.

41 Vgl. Lorenzen-*Rehak*, § 80 Rn. 108; Richardi-*Kaiser/Annuß*, § 75 a. F. Rn. 282; a. A. *Fischer/Goeres/Gronimus*, § 75 a. F. Rn. 82; Ilbertz-*Kascherus*, § 80 Rn. 54.

vorausgesetzt. Er ergibt sich i.d.R. aus Gesetz (u.a. § 71 LBG u. §§ 21 ff. AzUVO für Beamte, BUrlG u. § 19 JArbSchG für Arbeitnehmer) oder Tarifvertrag (z.B. §§ 26 ff. TVöD/TV-L).

13 Der **Urlaubsplan** ist die Festlegung der zeitlichen Lage des Urlaubs der Beschäftigten der Dienststelle im Urlaubsjahr und die Regelung der Urlaubsvertretung.[42] Seine Aufstellung dient dazu, die Urlaubszeiten so zu koordinieren, dass die **Interessen der Beschäftigten** möglichst gleichrangig berücksichtigt werden und dass der **Dienstbetrieb** möglichst wenig durch Urlaub und Personalausfälle gestört wird.[43] Soll ein mit Zustimmung des PR zustande gekommener Urlaubsplan später **geändert** werden, ist auch das mitbestimmungspflichtig,[44] selbst dann, wenn nur ein einzelner Beamter dies beantragt.[45]

14 Auch die **Aufstellung allgemeiner Urlaubsgrundsätze** unterliegt der Mitbestimmung, wenn sie die Grundlage für die Aufstellung des Urlaubsplans bildet und ihr deshalb vorausgeht.[46] Allgemeine Urlaubsgrundsätze enthalten **abstrakte und generelle Regeln**, nach denen bei der Urlaubsplanung zu verfahren ist. Sie können sich beziehen auf die Erfassung der Urlaubswünsche (z.B. durch Verwendung einer Urlaubsliste), die Kriterien zur Berücksichtigung dieser Wünsche, die Verteilung des Urlaubs, die Einrichtung von Betriebsferien, die Urlaubsvertretungen und das Verfahren der Urlaubserteilung.[47] Sie können auch für **mehrere Jahre** aufgestellt werden.[48] Die spätere **Änderung** dieser Grundsätze ist ebenfalls mitbestimmungspflichtig.[49] Allerdings können die Grenzen zwischen Urlaubsplänen und Urlaubsgrundsätzen durchaus fließend sein. Von den Regelungen zur Koordinierung der konkreten Urlaubszeiten der Beschäftigten sind diejenigen Maßnahmen der Dienststelle zu unterscheiden, die sich auf den ordnungsgemäßen Dienstbetrieb als solchen beziehen, der eigentlichen Urlaubsplanung deshalb vorgeschaltet sind und für diese zugleich den Rahmen abstecken. Die Festlegung einer Mindestpräsenz durch die Dienststelle unterliegt nach streit-

---

42 Vgl. *OVG NW* v. 17.2.00 – 1 A 697/98.PVL –, PersR 01, 29; DKW-*Klebe*, § 87 Rn. 146.

43 *BVerwG* v. 19.1.93 – 6 P 19.90 –, PersR 93, 167; *OVG NW* v. 17.2.00, a.a.O.; *VGH BW* v. 20.6.00 – PL 15 S 2134/99 –, PersR 00, 431.

44 Altvater-*Dierßen*, § 80 Rn. 55 a.E.

45 *VG Frankfurt* v. 24.8.20 – 22 K 1366/20.F.PV –, juris (zu § 75 Abs. 3 Nr. 3 BPersVG a.F.), n rkr. (nachgehend *Hess. VGH* – 21 A 2326/20.PV-, noch nicht abgeschlossen).

46 *OVG NW* v. 17.2.00 – 1 A 697/98.PVL –, PersR 01, 29; Richardi-*Kaiser/Annuß*, § 75 Rn. 284, 288; offengelassen in *BVerwG* v. 23.8.07 – 6 P 7.06 –, PersR 07, 476.

47 Vgl. Lorenzen-*Rehak*, § 80 Rn. 116; *Fitting*, § 87 Rn. 195 ff.

48 Vgl. *BAG* v. 28.7.81 – 1 ABR 79/79 –, AP Nr. 2 zu § 87 BetrVG 1972 Urlaub.

49 Vgl. *Fitting*, § 87 Rn. 201.

barer Auffassung des *OVG Sachsen-Anhalt* nicht der Mitbestimmung.[50] Dem entgegen hat der Bundesgesetzgeber den Konflikt zugunsten der Mitbestimmung gelöst und § 80 Abs. 1 Nr. 6 BPersVG um die Mitbestimmung bei den »allgemeinen Urlaubsgrundsätzen« erweitert.

Die Streitfrage, ob eine aus unabweisbarer dienstlicher Notwendigkeit angeordnete Urlaubssperre für bestimmte Zeiträume als eine vorausgehende organisatorische und damit nicht mitbestimmungspflichtige Maßnahme anzusehen ist, hat sich erledigt.[51] Mit dem ÄndG 2013 hat der Gesetzgeber die **Anordnung von Urlaubssperren** aus arbeitsorganisatorischen Gründen geregelt und in § 75 Abs. 4 Nr. 18 der eingeschränkten Mitbestimmung unterworfen (vgl. § 75 Rn. 260). Damit ist auch die Rspr. des *VGH BW* dazu hinfällig,[52] der verkannt hat, dass mit derartigen Festlegungen die Planbarkeit der Urlaubserteilung auf die dafür verbleibenden »Restzeiträume« eingeschränkt wird und es im Konfliktfall letztlich Sache der Einigungsstelle ist, die dienstlichen Notwendigkeiten angemessen zu berücksichtigen.[53] Das gilt auch für den umgekehrten Fall einer angeordneten **zeitweiligen Schließung** der Dienststelle mit der Folge, dass in dieser Zeit Urlaub zu nehmen ist.[54] Die Anweisung, den Urlaub grundsätzlich in den Schulferien zu nehmen, kommt der Anordnung von Dienststellenferien bzw. Urlaubssperren für die an Schulen eingesetzten Beschäftigten gleich und unterfällt somit nicht der Mitbestimmung nach § 74 Abs. 1 Nr. 5[55], allerdings der Mitbestimmung nach § 75 Abs. 4 Nr. 18. 15

f) Festsetzung des Urlaubs

(Abs. 1 Nr. 6) Die Vorschrift ist aus § 79 Abs. 3 Nr. 4 a. F. unverändert übernommen. Danach hat der PR bei Meinungsverschiedenheiten zwischen Dienststellenleiter und den Betroffenen über die **Festsetzung der zeitlichen Lage des Erholungsurlaubs** mitzubestimmen. Diese Regelung bezieht sich im Unterschied zu Abs. 1 Nr. 5 (vgl. Rn. 12 ff.) ausdrücklich nur auf den Erholungsurlaub. Mit der Festsetzung der zeitlichen Lage des Erholungsurlaubs **für die einzelnen Beschäftigten** wird eine Entscheidung über die 16

---

50 *OVG Magdeburg* v. 28. 1. 20 – 6 L 2/18 –, juris (zu § 75 Abs. 3 Nr. 3 BPersVG a. F.).

51 *BVerwG* v. 19. 1. 93 – 6 P 19.90 –, PersR 93, 167.

52 Beschl. v. 20. 6. 00 – PL 15 S 2134/99 – (Rn. 34 nach juris), PersR 00, 431.

53 Vgl. *Sabottig*, PersR 93, 168; *v. Roetteken*, PersR 01, 315, 326; *Fischer/Goeres/Gronimus*, § 75 a. F. Rn. 83a; Richardi-*Kaiser/Annuß*, § 75 a. F. Rn. 283, 290; DKW-*Klebe*, § 87 Rn. 143.

54 Richardi-*Kaiser/Annuß*, § 75 a. F. Rn. 283, 289; vgl. auch DKW-*Klebe*, § 87 Rn. 143, u. *Fitting*, § 87 Rn. 197, zur Einrichtung von **Betriebsferien**.

55 Vgl. *Hess. VGH* v. 9. 7. 20 – 22 B 347/20.PV –, juris (zu § 75 Abs. 3 Nr. 3 BPersVG a. F.).

konkrete Urlaubsbewilligung getroffen. Damit wird einem Urlaubsantrag entweder in vollem Umfang stattgegeben oder er wird teilweise oder in vollem Umfang abgelehnt. Die Bestimmung erfasst alle drei Fallgestaltungen.[56] Wird bei der Vorbereitung einer Entscheidung des Dienststellenleiters über die Festsetzung der zeitlichen Lage des Urlaubs zwischen diesem und den jeweils beteiligten Beschäftigten **kein Einverständnis** erzielt, hat der PR in dem betreffenden Einzelfall mitzubestimmen. Sobald sich also herausstellt, dass ein Einzelfall i. S d. Abs. 1 Nr. 6 vorliegt, hat der Dienststellenleiter das Mitbestimmungsverfahren einzuleiten. Eine abschlägige Entscheidung gegen den Willen des betroffenen Beschäftigten ist rechtswidrig, wenn ihr der PR oder die Einigungsstelle nicht zugestimmt hat. Werden die Urlaubswünsche des betroffenen Beschäftigten mit Zustimmung des PR oder in einem Spruch der Einigungsstelle nicht berücksichtigt, können die Betroffenen allerdings eine gerichtliche Klärung herbeiführen. Dabei führt die Ablehnung des PR nicht automatisch zu einem Anordnungsanspruch, da eine derzeit nicht mögliche Ablehnung nicht zur Erteilung führt, sondern es allenfalls bei dem Zwischenzustand der Unentschiedenheit belässt.[57] Ein Beamter kann nach Durchführung des Vorverfahrens (§§ 68 ff. VwGO) Verpflichtungsklage beim VG erheben, ein Arbeitnehmer Leistungsklage beim ArbG. Klagen auf Urlaubsbewilligung sind bereits vor Abschluss des Mitbestimmungsverfahrens zulässig.[58] Der **Zweck** dieser Mitbestimmung besteht darin, unter Beachtung der Grundsätze des § 69 Abs. 1 eine gerechte Abwägung der Bedürfnisse und Wünsche des Betroffenen zu den Vorstellungen anderer Beschäftigter und zu den dienstlichen Erfordernissen zu gewährleisten.[59] Das LPVG BW bezieht den Mitbestimmungstatbestand nicht – wie das BPersVG – auf Arbeitnehmer.[60] Es verwendet vielmehr den Begriff »Beschäftigte« und schließt die Beamten damit nicht aus dem Geltungebereich des Mitbestimmungstatbestandes aus (vgl. § 4 Rn. 5, 25 ff. und 33 ff.). Das Mitbestimmungsrecht ist auch dann gegeben, wenn ein Urlaubsplan nicht aufgestellt oder nur ein Beschäftigter betroffen ist.[61]

56 *OVG RP* v. 30.4.14 – 5 A 10136/14 –, NZA-RR 14, 457; *VG Sigmaringen* v. 7.11.08 – 11 K 1505/08 –, BeckRS 2008, 40655.

57 *VG Berlin* v. 18.5.18 – 26 L 149.18 –, juris.

58 Altvater-*Dierßen*, § 80 Rn. 58.

59 *VG Stade* v. 25.8.89 – 3 A 82/89 –, PersR 89, 338.

60 *VG Berlin* v. 18.5.18 – 26 L 149.18 –, juris.

61 *VG Stade*, a. a. O.; vgl. Richardi-*Kaiser/Annuß*, § 75 a. F. Rn. 291; DKW-*Klebe*, § 87 Rn. 149.

3. Sonstige Angelegenheiten

a) Allgemeines

(**Abs. 2**) In Abs. 2 sind die Beteiligungsangelegenheiten der uneingeschränkten Mitbestimmung zusammengefasst, die unter Gesetzes- oder Tarifvorbehalt stehen.[62] Es handelt sich um Angelegenheiten, die ursprünglich der **vollen Mitbestimmung** unterlagen, seit dem Inkrafttreten des DRG am 1.1.11 aber (gemäß § 69 Abs. 4 S. 1, 3 u. 4 i.V.m. § 71 Abs. 5 S. 2 a.F.) nur noch Gegenstand der **grundsätzlich uneingeschränkten Mitbestimmung** waren und geblieben sind (vgl. Rn. 1 und § 73 Rn. 2ff.). Verstärkt wird das Mitbestimmungsrecht durch das in § 84 geregelte Initiativrecht u.a. bei Maßnahmen nach Abs. 2 und 3. Außerdem können gemäß § 85 Abs. 1 S. 1 über Gegenstände u.a. der Mitbestimmung nach Abs. 2 und 3 **Dienstvereinbarungen** abgeschlossen werden (vgl. § 85 Rn. 2f.). In Abs. 2 finden sich weite Teile der Bestimmungen des § 79 Abs. 1 a.F. wieder sowie einige neue Beteiligungstatbestände (Nr. 3, 4, 8). Soweit sich aus der Fassung einzelner Tatbestände nichts anderes ergibt, gilt § 74 – unabhängig von der Zugehörigkeit zu einer der beiden Gruppen – für **alle Beschäftigten** i.S.d. § 4. 17

Der Katalog des Abs. 2 enthält allgemeine Angelegenheiten, die durch einen **kollektiven Bezug** gekennzeichnet sind. Nur ausnahmsweise (z.B. wie im Fall des Abs. 1 S. 1 Nr. 6) betreffen die hier geregelten Angelegenheiten nur einzelne Beschäftigte. Ein kollektiver Bezug liegt immer dann vor, wenn sich eine Regelungsfrage stellt, die die Interessen der Beschäftigten unabhängig von der Person und den individuellen Wünschen des Einzelnen berührt. Dabei ist die Zahl der betroffenen Beschäftigten nicht erheblich, sondern allenfalls ein Indiz für das Vorliegen eines kollektiven Bezugs.[63] Ein kollektiver Bezug liegt deshalb nicht nur vor, wenn die Angelegenheit alle Beschäftigten der Dienststelle oder eine funktional abgegrenzte Gruppe von Beschäftigten betrifft, sondern auch dann, wenn sie sich nur auf einen einzelnen Beschäftigten auf einem bestimmten Dienstposten oder Arbeitsplatz bezieht und im Hinblick auf Regelungsanlass und -inhalt nicht durch die individuellen Umstände des einzelnen Beschäftigten oder Beschäftigungsverhältnisses bedingt ist.[64] Für die Abgrenzung kommt es nicht darauf an, ob die (von der Dienststelle beabsichtigte oder vom PR beantragte) Maßnahme **auf Dauer** angelegt ist oder sich (wie z.B. eine Arbeitszeitregelung für einen bestimmten Tag) auf einen **einmaligen Tatbestand** bezieht (vgl. 18

62 LT-Dr. 15/4224, S. 136 [zu § 70].

63 So unter Verwendung des bedeutungsgleichen Begriffs des kollektiven Tatbestandes auch *BVerwG* v. 12.8.02 – 6 P 17.01 –, PersR 02, 473, unter Hinw. auf die Rspr. des *BAG* zu § 87 BetrVG.

64 Vgl. DKW-*Klebe*, § 87 Rn. 22; *Fitting*, § 87 Rn. 14ff.

auch § 85 Rn. 8).[65] Auch kommt es nicht darauf an, ob der oder die betroffenen einzelnen Beschäftigten sich mit einer beabsichtigten mitbestimmungspflichtigen Maßnahme **einverstanden** erklären, indem sie etwa eine Änderung des Arbeitsvertrages vereinbaren oder einer Einzelanweisung des Dienststellenleiters zustimmen.[66] Das Mitbestimmungsrecht ist auch nicht dadurch ausgeschlossen, dass eine Angelegenheit nur **probeweise** geregelt werden soll (hierzu auch § 73 Rn. 8a).[67]

19 Die **Reichweite der Mitbestimmung** ist für jeden Mitbestimmungstatbestand gesondert zu klären.[68] Die in Abs. 2 enthaltenen Angelegenheiten sind so unterschiedlich, dass sich ihnen nicht das übergeordnete Auslegungsprinzip entnehmen lässt, die Mitbestimmung erstrecke sich nur auf **formelle**, nicht aber auf **materielle Arbeitsbedingungen**.[69]

20 Erfüllt eine Maßnahme **mehrere Tatbestände** der Mitbestimmung oder sonstigen Beteiligung, so bestehen die damit verknüpften Beteiligungsrechte grundsätzlich nebeneinander (vgl. vor § 68 Rn. 7). In der Praxis wird dieser Fall durch die Neufassung und Erweiterung der Beteiligungstatbestände um Arbeitszeitregelungen häufiger eintreten. Hier stehen etwa Abs. 2 Nr. 2, der inhaltlich § 79 Abs. 1 S. 1 Nr. 1 a.F. entspricht, Nr. 3, der dem personalvertretungsrechtlichen Bedürfnis Rechnung trägt, auch flexibel gestaltete Arbeitszeiträume der uneingeschränkten Mitbestimmung zu unterstellen und Nr. 4, der eine Klärung im Hinblick auf die Beteiligung bei zusätzlichen Heranziehungen herbeiführt[70], nebeneinander.

21 Die **Form der Ausübung der Mitbestimmung** richtet sich nach dem Charakter der zu regelnden Angelegenheit und nach der beabsichtigten Wirkung der vorgesehenen Maßnahme. Für eine generelle Regelung mit normativer Wirkung kommt nach § 85 Abs. 1 S. 1 der Abschluss einer **Dienstvereinbarung** in Betracht (vgl. § 85 Rn. 1, 4, 9). Möglich ist auch eine generelle Regelung durch eine mit Zustimmung des PR oder auf seinen Antrag erlassene **Anordnung** des Dienststellenleiters[71] oder eine von diesem getroffene **Einzelmaßnahme**, der der PR zugestimmt oder die er beantragt hat.[72] In diesen Fällen entfalten allerdings weder die generelle Regelung noch die Einzelmaßnahme normative Wirkungen.

---

65 Vgl. *Fitting*, § 87 Rn. 16.

66 Vgl. *Fitting*, § 87 Rn. 18.

67 Vgl. *BVerwG* v. 15.12.78 – 6 P 13.78 –, PersV 80, 145, zu einem befristeten Betriebsversuch; DKW-*Klebe*, § 87 Rn. 31 m. w. N.

68 *BVerwG* v. 9.1.08 – 6 PB 15.07 –, PersR 08, 216.

69 *BVerwG* v. 9.12.98 – 6 P 6.97 –, PersR 99, 265, u. v. 30.6.05 – 6 P 9.04 –, PersR 05, 416.

70 LT-Dr. 15/4224, S. 136 [zu § 70].

71 *BVerwG* v. 19.5.03 – 6 P 16.02 –, PersR 03, 314.

72 Vgl. Altvater-*Dierßen*, § 80 Rn. 6.

Nach dem Eingangssatz des Abs. 2 hat der PR nur mitzubestimmen, soweit eine (zwingende) gesetzliche oder tarifliche Regelung nicht besteht. Dieser **Gesetzes- und Tarifvertragsvorrang** wird damit gerechtfertigt, dass bei einer (abschließenden) gesetzlichen und/oder tariflichen Regelung bereits ein für die Beschäftigten angemessener Interessenausgleich herbeigeführt ist, der nicht zur Disposition im Mitbestimmungsverfahren stehen soll.[73] (vgl. auch Rn. 59 ff.). Außerdem fehlt es in den Fällen, in denen der Dienstherr oder Arbeitgeber aufgrund einer gesetzlichen oder tarifvertraglichen Regelung selbst **keine eigene Gestaltungsmöglichkeit mehr** besitzt, an einem Ansatz für eine eigenständige Regelung durch PR und Dienststellenleiter.[74] 22

b) Gesetzes- und Tarifvorrang

Eine **gesetzliche Regelung** i. S. d. Abs. 2 liegt vor, wenn sie in einem **Gesetz im materiellen Sinn** enthalten ist.[75] Der Begriff des Gesetzes ist dabei derselbe wie in § 2 Abs. 1 (vgl. § 2 Rn. 6). Keine Gesetze in diesem Sinne sind gesetzesvertretendes Richterrecht,[76] das Haushaltsgesetz (str.; vgl. § 85 Rn. 3, § 79 Rn. 29) oder Verwaltungsvorschriften.[77] **Regelungen ohne Rechtssatzcharakter** sperren die Mitbestimmung auch dann nicht, wenn es sich bei ihnen um **Verwaltungsvorschriften** handelt, die vom IM oder FM (insb. gem. § 4 Abs. 7 LBG) ressortübergreifend erlassen worden sind,[78] weil weder der PR noch die Einigungsstelle als weisungsunabhängige Organe an derartige Regelungen gebunden sind.[79] Auch Verwaltungsvorschriften der Landesregierung nach Art. 61 Abs. 2 LVerf sind nicht geeignet, die Mitbestimmung zu sperren (vgl. § 91 Rn. 26). **Richtlinien eines Arbeitgeberverbandes**, z. B. des KAV, sind ebenfalls keine gesetzliche Regelung und einer solchen auch nicht gleichgestellt.[80] 23

Eine **tarifliche Regelung** i. S. d. Abs. 1 und 3 muss in einem **Tarifvertrag** i. S. d. TVG[81] enthalten sein, der nicht nur üblicherweise, sondern auch 24

---

73 *BVerwG* v. 7. 4. 08 – 6 PB 1.08 –, PersR 08, 450; vgl. auch *BAG* v. 22. 7. 08 – 1 ABR 40/07 –, AP Nr. 14 zu § 87 BetrVG 1972; Richardi-*Kaiser/Annuß*, § 75 a. F. Rn. 213; DKW-*Klebe*, § 87 Rn. 36 ff. m. w. N.

74 *BAG* v. 22. 7. 08, a. a. O.

75 *BVerwG* v. 7. 4. 08, a. a. O., m. w. N.

76 Str.; wie hier DKW-*Klebe*, § 87 Rn. 33; a. A. Richardi-*Kaiser*, § 75 a. F. Rn. 214; jew. m. w. N.

77 Vgl. Leuze-*Flintrop*, § 74 Rn. 20; Richardi-*Kaiser/Annuß*, a. a. O.

78 So aber z. B. *Fischer/Goeres/Gronimus*, § 75 a. F. Rn. 71.

79 Vgl. *BVerwG* v. 2. 9. 09 – 6 PB 22.09 –, PersR 09, 458, u. v. 17. 2. 10 – 6 PB 43.09 –, PersR 10, 208.

80 Vgl. *OVG NW* v. 3. 7. 86 – CL 23/85 –, PersV 89, 28.

81 Vgl. Altvater-*Berg*, § 2 Rn. 16 ff.

tatsächlich für die Dienststelle gilt. In zeitlicher Hinsicht muss es sich um einen Tarifvertrag handeln, der **in Kraft** ist. Ein beendeter Tarifvertrag, dessen Rechtsnormen gemäß § 4 Abs. 5 TVG (nur) nachwirken, löst nach h. M. den in den Eingangssätzen von Abs. 1 und 3 geregelten Tarifvorbehalt nicht aus.[82] Die Dienststelle **muss** zum **räumlichen, betrieblichen und fachlichen Geltungsbereich** gehören, die Beschäftigten, auf die sich die anstehende Angelegenheit bezieht, zum **persönlichen Geltungsbereich** des Tarifvertrags.[83] Außerdem ist eine **Tarifbindung** erforderlich, wobei es bei einem nicht allgemeinverbindlichen Tarifvertrag grundsätzlich ausreicht, dass der Arbeitgeber tarifgebunden ist.[84]

24b Bei **Tarifkonkurrenz** hatte nach bisheriger Rechtslage jeder Tarifvertrag, dessen Geltungsbereich zumindestens Teile der Dienststelle erfasste, die **Sperrwirkung des Tarifvorrangs** ausgelöst.[85] Nach der Rechtslage seit Geltung des Tarifeinheitsgesetzes in **§ 4a TVG** löst die gesetzliche Regelung des Grundsatzes der Tarifeinheit die Sperrwirkung des Tarifvertrags nur noch der Mehrheitstarifvertrag aus.[86]

25 Nur eine **zwingende** gesetzliche oder tarifvertragliche Regelung kann die Mitbestimmung nach Abs. 2 ausschließen[87] und dies auch nur dann, wenn darin ein **Sachverhalt abschließend geregelt** ist, es also zum Vollzug keines Ausführungsaktes mehr bedarf.[88] Ist jedoch die Einzelmaßnahme dem Dienststellenleiter überlassen, unterliegt dessen Entscheidung einer vom PR im Wege der Mitbestimmung auszuübenden Richtigkeitskontrolle.[89]

---

82 Vgl. *BAG* v. 24.2.87 – 1 ABR 18/85 –, AP Nr. 21 zu § 77 BetrVG 1972; *VGH BW* v. 19.5.87 – 15 S 1773/86 –, PersV 89, 224; Altvater-*Dierßen*, § 80 Rn. 10.

83 Vgl. *BAG* v. 21.1.03 – 1 ABR 9/02 –, AP Nr. 2 zu § 21a BetrVG 1972.

84 Vgl. *BVerwG* v. 2.2.09 – 6 P 2.08 –, PersR 09, 164; ausführlich Altvater-*Dierßen*, § 80 Rn. 12ff., insbes. zu den Auswirkungen des Tarifeinheitsgesetzes; a: A. Richardi-*Kaiser/Annuß*, § 75 a.F. Rn. 216, die darauf abstellt, dass die Sperrwirkung auch gegenüber nichtorganisierten Arbeitnehmern diesen den Schutz der erzwingbaren Mitbestimmung versagen würde, ohne dass an seine Stelle der Tarifschutz träte. Da tatsächlich die angesprochene Schutzlücke auch dadurch geschlossen werden kann, dass die Anwendung des einschlägigen TV einzelvertraglich vereinbart wird, besteht im Bereich des LPVG i. d. R. keine Schutzlücke, weil das im Bereich des Landes und der Kommunen regelmäßig der Fall ist, vgl. auch Altvater-*Dierßen*, § 80 Rn. 12.

85 Altvater-*Dierßen*, § 80 Rn. 15.

86 Altvater-*Dierßen*, § 80 Rn. 15, unter Hinweis auf die Kommentierung zu § 63 BPersVG Rn. 18.

87 Vgl. Lorenzen-*Rehak*, § 80 Rn. 14; *Fitting*, § 87 Rn. 33, 44.

88 St. Rspr. des *BVerwG*, vgl. v. 18.5.04 – 6 P 13.03 –, PersR 04, 349, v. 1.6.07 – 6 PB 4.07 –, PersR 07, 356, v. 16.4.08 – 6 P 8.07 –, PersR 08, 418, v. 2.2.09, a.a.O., u.v. 10.6.11 – 6 PB 2.11 –, PersR 11, 484.

89 *BVerwG* v. 29.8.01 – 6 P 10.00 –, PersR 01, 521, v. 12.8.02 – 6 P 17.01 –, PersR 02, 473, u.v. 18.5.04, a.a.O.

Das gilt auch bei **rein normvollziehenden Maßnahmen** ohne Ermessenspielraum,[90] erst recht aber bei Maßnahmen, die auf der **Anwendung einer Ermessensvorschrift** beruhen, welche der Dienststelle einen mehr oder minder großen Gestaltungsspielraum einräumt.[91] Im Übrigen können die Tarifvertragsparteien die Mitbestimmung des PR nicht durch ein **einseitiges Bestimmungsrecht des Arbeitgebers** ersetzen.[92]

Der **Gesetzes- und Tarifvertragsvorbehalt** (vgl. Rn. 22 ff.) ist bei der Mitbe- **26**
stimmung in Arbeitszeitfragen (Nr. 2–4) von erheblicher praktischer Bedeutung. Bei den Beamten sind insbesondere § 67 LBG und die AzUVO zu beachten, bei den Arbeitnehmern die Arbeitsschutzgesetze (ArbZG, MuSchG, JArbSchG) und die jeweils einschlägigen Tarifverträge (z. B. §§ 6–11 TVöD/TV-L). Die **Dauer der regelmäßigen wöchentlichen Arbeitszeit** ist für die Beamten durch § 4 AzUVO und für die Arbeitnehmer i. d. R. durch Tarifvertrag (z. B. § 6 Abs. 1 S. 1 TVöD/TV-L) für **Vollzeitbeschäftigte** festgelegt. Hier muss die Mitbestimmung so erfolgen, dass die gesetzlich bzw. tarifvertraglich festgelegte wöchentliche (regelmäßige) Arbeitszeit auch tatsächlich eingehalten wird.[93] Im Ergebnis gilt dies grundsätzlich auch für **Teilzeitbeschäftigte**. Bei ihnen ist die Dauer der regelmäßigen Wochenarbeitszeit durch Verwaltungsakt des Dienstherrn oder Vereinbarung mit dem Arbeitgeber festgelegt; dabei handelt es sich um personelle Einzelmaßnahmen, bei denen die in § 75 Abs. 3 Nr. 2 und 6 normierten besonderen Mitbestimmungstatbestände zum Zuge kommen können (vgl. § 75 Rn. 132 u. 142 ff.). Der PR hat bei der Ausübung seines Mitbestimmungsrechts nach Abs. 2 S. 1 Nr. 2 (auch) darauf hinzuwirken, dass die beabsichtigten Arbeitszeitregelungen der arbeitszeitrechtlichen Rechtslage entsprechen, und muss bei drohenden Überschreitungen der gesetzlichen Höchstarbeitszeiten seine Zustimmung verweigern.[94]

c) Ordnung in der Dienststelle und Verhalten der Beschäftigten

(Abs. 2 Nr. 1) Die Regelung ist ohne inhaltliche Änderung aus § 79 Abs. 1 **27**
S. 1 Nr. 12 a. F. in Abs. 2 Nr. 1 übernommen worden und ist mit § 75 Abs. 3 Nr. 15 BPersVG wortgleich. Die Bestimmung legt fest, dass der PR bei der

90 *BVerwG* v. 12. 8. 02 u. v. 1. 6. 07, jew. a. a. O.

91 *BVerwG* v. 15. 12. 94 – 6 P 19.92 –, PersR 95, 207; a. A. Leuze-*Flintrop*, § 74 Rn. 20, jedoch ohne Hinw. auf die entgegenstehende Rspr. des *BVerwG*; einschränkend auch *Fischer/Goeres/Gronimus*, § 75 a. F. Rn. 71.

92 Vgl. *BAG* v. 18. 4. 89 – 1 ABR 100/87 –, AP Nr. 18 zu § 87 BetrVG 1972 Tarifvorrang, sowie v. 21. 9. 93 – 1 ABR 16/93 – u. v. 17. 11. 98 – 1 ABR 12/98 –, AP Nr. 62 u. 79 zu § 87 BetrVG 1972 Arbeitszeit; *Fitting*, § 87 Rn. 51.

93 *BVerwG* v. 30. 6. 05 – 6 P 9.04 –, PersR 05, 416.

94 *VGH BW* v. 1. 4. 03 – PL 15 S 2688/02 –, PersR 03, 366.

Regelung der **Ordnung in der Dienststelle** und des **Verhaltens der Beschäftigten** mitzubestimmen hat. Nach st. Rspr. des *BVerwG* handelt es sich dabei um einen **einheitlichen Mitbestimmungstatbestand**, der sich auf die Gesamtheit der allgemeinen Verhaltensmaßregeln erstreckt, die das Miteinander der Beschäftigten und den Gebrauch der ihnen von der Dienststelle zur Verfügung gestellten Gegenstände ordnen.[95] Das Vorliegen zweier unterschiedlicher Tatbestände wird verneint, weil jede Regelung des Verhaltens der Beschäftigten auch eine bestimmte Ordnung in der Dienststelle schaffe, wie umgekehrt jede Regelung der Ordnung ein bestimmtes Verhalten der Beschäftigten verlange.[96] Regelungen, mit denen etwa durch Ausübung des Weisungsrechts nach § 106 GewO die Erbringung der den Beschäftigten obliegenden Arbeitsleistungen konkretisiert wird, werden als mitbestimmungsfrei angesehen.[97] Geben Regelungen sowohl das allgemeine dienstliche Verhalten als auch die Art und Weise der Dienstausübung vor, unterscheidet die Rspr., welcher Regelungsbereich im Vordergrund steht.[98] In den Grundzügen folgt das *BVerwG* der Rspr. des *BAG* zur Mitbestimmung des Betriebsrats bei »Fragen der Ordnung des Betriebs und des Verhaltens der Arbeitnehmer im Betrieb« nach § 87 Abs. 1 Nr. 1 BetrVG, die zwischen einem **mitbestimmungspflichtigen Ordnungsverhalten** und einem **mitbestimmungsfreien Arbeitsverhalten** trennt[99] und bei dieser Unterscheidung auf den **objektiven Regelungszweck** abstellt, der sich nach dem Inhalt der Maßnahme und der Art des zu beeinflussenden betrieblichen Geschehens bestimmt.[100] Die **einschränkende Rspr.** des *BAG* zur Auslegung des § 87 Abs. 1 Nr. 1 BetrVG ist schon deshalb zu **kritisieren**, weil sie eine klare Linie vermissen lässt.[101] Dieser Einwand ist auch gegenüber der Rspr. des *BVerwG* zur Auslegung der entsprechenden Vorschriften des PersVR zu erheben.

28 Zwischen *BVerwG* und *BAG* ist streitig, ob der PR nach Abs. 2 Nr. 1 nur bei **generellen Regelungen**, wie z. B. bei der Aufstellung einer Disziplinarordnung, zu beteiligen ist[102] oder auch im **Einzelfall**, wie etwa bei der Ver-

---

95 *BVerwG* v. 19. 5. 03 – 6 P 16.02 –, PersR 03, 314, m. w. N.; vgl. auch *VGH BW* v. 9. 5. 00 – PL 15 S 2514/99 –, PersR 00, 291.

96 *BVerwG* v. 30. 12. 87 – 6 P 20.82 –, PersR 88, 53.

97 *BVerwG* v. 19. 5. 03, a. a. O.

98 *BVerwG* v. 7. 7. 93 – 6 P 4.91 –, PersR 93, 491, m. w. N.

99 *BVerwG* v. 23. 8. 07 – 6 P 7.06 –, PersR 07, 476, u. v. 20. 5. 10 – 6 PB 3.10 –, juris.

100 *BAG* v. 11. 6. 02 – 1 ABR 46/01 –, AP Nr. 38 zu § 87 BetrVG 1972 Ordnung des Betriebes, u. v. 22. 7. 08 – 1 ABR 40/07 –, AP Nr. 14 zu § 87 BetrVG 1972.

101 Näher dazu DKW-*Klebe*, § 87 Rn. 55.

102 So *BVerwG* v. 11. 11. 60 – VII P 9.59 –, PersV 61, 103, v. 6. 2. 79 – 6 P 20.78 –, PersV 80, 421, u. v. 23. 8. 82 – 6 P 45.79 –, PersV 83, 375; zust. Leuze-*Flintrop*, § 74 Rn. 23; *Fischer/Goeres/Gronimus* § 75 a. F. Rn. 108; Ilbertz-*Kascherus*, § 80 Rn. 156 f.; Lorenzen-*Rehak*, § 80 Rn. 336; Rooschüz-*Gerstner-Heck*, § 74 Rn. 19;

hängung einer Disziplinarmaßnahme.[103] Das *BVerwG* begründet seine Ansicht v.a. damit, dass im Unterschied zu den maßgeblichen Vorschriften des PersVR in § 87 Abs. 1 Nr. 1 BetrVG nicht der Begriff der »Regelung« (sondern der Begriff »Fragen«) verwendet werde und dieser Tatbestand deshalb weiter gefasst sei.[104] Der Landesgesetzgeber hat dazu auch in dem ÄndG 2013 keine Regelung getroffen.

Streitig ist auch, ob Maßnahmen nicht technischer Art, die der **Überwachung der Beschäftigten** dienen, der Mitbestimmung nach Abs. 2 Nr. 1 unterliegen. Dies wird von der h.M. insbesondere deshalb abgelehnt, weil andernfalls die Mitbestimmung bei der Einführung und Anwendung technischer Kontrolleinrichtungen nach § 75 Abs. 4 Nr. 11 (vgl. § 75 Rn. 218ff.) überflüssig wäre.[105] 29

Der PR hat darüber mitzubestimmen, **ob** eine Regelung i.S.d. Abs. 2 Nr. 1 getroffen und **wie** sie inhaltlich ausgestaltet sein soll.[106] Bei der Ausübung seines Mitbestimmungsrechts hat er u.a. die in § 69 Abs. 1 geregelten allgemeinen **Grundsätze für die Behandlung der Beschäftigten** (vgl. § 69 Rn. 5ff.) sowie deren **Persönlichkeitsrechte** zu beachten.[107] Das Mitbestimmungsrecht beinhaltet nicht die Kompetenz, die Beschäftigten mit **Kosten** zu belasten.[108] Es berechtigt auch nicht dazu, in deren außerdienstliche, **private Lebensführung** einzugreifen.[109] Das Mitbestimmungsrecht kann allerdings auch bestehen, wenn es um das Verhalten der Beschäftigten **außerhalb der Betriebsstätte bzw. Dienststätte**, etwa gegenüber Kunden und Lieferanten bzw. Bürgern, geht.[110] 30

---

abw. Richardi-*Kaiser/Annuß*, § 75 a.F. Rn. 498, 511: Mitbestimmung nur bei kollektiven Maßnahmen bzw. Tatbeständen.

103 So *BAG* v. 25.2.66 – 4 AZR 179/63 –, AP Nr. 8 zu § 66 PersVG, u.v. 7.4.92 – 1 AZR 322/91 –, PersR 92, 420, im Anschluss an seine st. Rspr. zu § 87 Abs. 1 Nr. 1 BetrVG; zust. Richardi-*Kaiser/Annuß*, § 75 a.F. Rn. 498, 511.

104 Beschl. v. 23.8.82, a.a.O.; näher dazu Altvater-*Dierßen*, § 80 Rn. 165.

105 *BAG* v. 23.10.84 – 1 ABR 2/83 –, AP Nr. 8 zu § 87 BetrVG 1972 Ordnung des Betriebes; abl. auch *BVerwG* v. 13.8.92 – 6 P 20.91 –, PersR 92, 505; dagegen zu Recht DKW-*Klebe*, § 87 Rn. 57 m.w.N.

106 *Fischer/Goeres/Gronimus*, § 75 a.F. Rn. 108 c; Richardi-*Kaiser/Annuß* § 75 a.F. Rn. 500.

107 Vgl. u.a. *BAG* v. 11.7.00 – 1 AZR 551/99 –, AP Nr. 16 zu § 87 BetrVG 1972 Sozialeinrichtung.

108 *BAG* v. 11.7.00, a.a.O., v. 15.7.06 – 1 AZR 578/05 –, AP Nr. 31 zu § 77 BetrVG 1972 Betriebsvereinbarung, u.v. 13.2.07 – 1 ABR 18/06 –, AP Nr. 40 zu § 87 BetrVG 1972 Ordnung des Betriebs; vgl. *Fitting*, § 87 Rn. 71.

109 Vgl. *BVerwG* v. 7.7.93 – 6 P 4.91 –, PersR 93, 491; *BAG* v. 28.5.02 – 1 ABR 32/01 –, AP Nr. 39 zu § 87 BetrVG 1972 Ordnung des Betriebes, m.w.N.

110 *BAG* v. 22.7.08 – 1 ABR 40/07 –, AP Nr. 14 zu § 87 BetrVG 1972.

31 **Beispiele** für Regelungen, bei denen die Rspr. nach Abs. 2 Nr. 1 (oder einer entsprechenden Vorschrift) die **Mitbestimmung bejaht** hat:[111] Einführung oder Änderung der Anwendung von Stechuhren (str.); Anwesenheitskontrollen bei gleitender Arbeitszeit (str.); Verbot, den Betrieb während der Pausen zu verlassen; Rauchverbote; Alkoholverbote (str.); Anordnungen allgemeiner Alkoholtests; Maßnahmen zum Schutz vor sexueller Belästigung am Arbeitsplatz; Verbot des Radiohörens am Arbeitsplatz; Nutzung der Telefonanlage für Privatgespräche; Privatnutzung von Internet und E-Mail; Regelung zur Benutzung von Parkplätzen, welche die Dienststelle zur Verfügung gestellt hat; Bekleidungsvorschriften; Einführung von Namensschildern auf der Dienstkleidung; Einführung von Mitarbeitergesprächen mit Zielvereinbarung;[112] Regelung von Vorgesetzten-Mitarbeiter-Gesprächen als Instrument einer Personalentwicklungsplanung; Ethik-Richtlinien; Verwaltungsvorschrift zur Förderung des Steuerns von Dienstkraftfahrzeugen durch Selbstfahrer; Arztbesuche während der Arbeitszeit; formalisierte Krankengespräche (str.); generelle Vorlage von Arbeitsunfähigkeitsbescheinigungen schon für den ersten Tag; formularmäßige Anforderung ärztlicher Bescheinigungen bei Fortsetzungserkrankungen; Einführung eines Sicherheitswettbewerbs, der zu sicherheitsbewusstem Verhalten anregen soll; Einführung standardisierter Verfahren zum Beschwerderecht nach § 13 Abs. 1 S. 1 AGG; Anordnung über die Meldung des Verdachts von Unregelmäßigkeiten; Anordnungen über Tor- bzw. Taschenkontrollen; Anweisung, zum Zwecke der Sicherheitsüberprüfung Fingerabdrücke nehmen zu lassen; Aufstellung einer Disziplinarordnung; Verhängung einer Disziplinarmaßnahme (str.; vgl. Rn. 27).

31a Regelungen des Dienstherrn für das Verhalten bei Unfällen mit Dienstfahrzeugen sollen nicht mitbestimmungspflichtig sein. Damit soll er lediglich die den Beschäftigten obliegenden Leistungspflichten konkretisieren oder kontrollieren und rein diensttechnische Regelungen, die den Ablauf des Dienstbetriebs gestalten, treffen.[113] Zu weiteren Beispielen, bei denen die Rspr. eine Mitbestimmung verneint hat, vgl. Altvater-*Dierßen*, § 80 Rn. 246.

31b Für die Regelung und Festsetzung von **Betriebsbußen** als Ausdruck betrieblicher Strafgewalt gibt es keine gesetzliche Grundlage.[114] Das *BAG* bejaht allerdings das Recht der Betriebspartner zur Aufstellung einer Bußordnung und zur Verhängung von Betriebsbußen und leitet das aus der den

---

111 Näher dazu Altvater-*Dierßen*, § 80 Rn. 245; Lorenzen-*Rehak*, § 80 Rn. 340 ff.; Richardi-*Kaiser/Annuß*, § 75 a. F. Rn. 507; DKW-*Klebe*, § 87 Rn. 62 ff.; *Fitting*, § 87 Rn. 72 ff.

112 *VGH BW* v. 9. 5. 00 – PL 15 S 2514/99 –, PersR 00, 291; *VG Karlsruhe* v. 7. 3. 97 – 16 K 1413/96 –, PersR 97, 407.

113 *LAG RP* v. 1. 2. 21 – 3 TaBV 11/20 –, juris zu § 75 Abs. 3 Nr. 15 BPersVG a. F.

114 DKW-*Klebe*, § 87 Rn. 69 m. w. N.; *Richardi*, BetrVG, § 87 Rn. 219, 221.

Betriebspartnern in § 87 Abs. 1 Nr. 1 BetrVG gewährten Befugnis, Fragen der Ordnung des Betriebes und des Verhaltens der Arbeitnehmer im Betrieb gemeinsam und in der Regel durch Betriebsvereinbarung normativ zu regeln, ab.[115] Nach h. M. soll auch die Normsetzungsbefugnis des PR und des Dienststelleiters soweit reichen, dass Betriebsstrafenordnungen als Dienstvereinbarungen abgeschlossen werden können.[116]

Vom Abschluss solcher Dienstvereinbarungen ist abzuraten. Sieht man sie als zulässig an, muss die Dienstvereinbarung rechtsstaatlichen Grundsätzen genügen.[117]

In Disziplinar- bzw. Betriebsstrafenordnungen können aber Sanktionen nur gegenüber Arbeitnehmern vereinbart werden, nicht jedoch gegenüber Beamten, weil für Disziplinarmaßnahmen das LDG[118] abschließende Regelungen enthält.[119] **31c**

d) Tägliche Arbeitszeit sowie Verteilung auf die Wochentage

(Abs. 2 Nr. 2) Die Regelung ist ohne inhaltliche Änderung aus § 79 Abs. 1 S. 1 Nr. 1 a. F. übernommen worden und ist mit § 80 Abs. 1 Nr. 1 BPersVG wortgleich und mit § 87 Abs. 1 Nr. 2 BetrVG fast wortgleich. Die Regelung bezieht sich auf **den Beginn und das Ende der täglichen Arbeitszeit und der Pausen** sowie die **Verteilung der Arbeitszeit auf die einzelnen Wochentage**. Die Mitbestimmung in diesen Angelegenheiten dient dem **Zweck**, die Interessen der Beschäftigten an der Lage ihrer Arbeitszeit und damit zugleich ihrer Freizeit zur Geltung zu bringen.[120] Der Mitbestimmung unterliegen **nicht nur generelle Regelungen**, die für die Beschäftigten der Dienststelle insgesamt oder für eine aus mehreren Personen bestehende und nach abstrakten Merkmalen festgelegte und abgegrenzte Gruppe von Beschäftigten gelten sollen,[121] sondern **alle kollektiven Tatbestände**, also alle Regelungen, die durch einen kollektiven Bezug gekennzeichnet sind **32**

---

115 *BAG* v. 17. 10. 89 – 1 ABR 100/88 –, AiB 90, 258.

116 *BVerwG* v. 11. 11. 60 – VII P 9.59 –, PersV 61, 103; Lorenzen-*Rehak*, § 80 Rn. 336; Richardi-*Kaiser/Annuß*, § 75 a. F. Rn. 510; a. A. DKW-*Klebe*, § 87 Rn. 71 m. w. N.

117 Kritisch dazu auch Altvater-*Dierßen*, § 80 Rn. 170; *Fitting*, § 87 Rnrn. 86 ff.

118 Landesdisziplinargesetz v. 14. 10. 08, GBl. 2008, 343.

119 Richardi-*Kaiser/Annuß*, § 75 a. F. Rn. 510.

120 Vgl. *BVerwG* v. 12. 8. 02 – 6 P 17.01 –, PersR 02, 473, u. v. 30. 6. 05 – 6 P 9.04 –, PersR 05, 416; *BAG* v. 15. 12. 92 – 1 ABR 38/92 –, AP Nr. 7 zu § 14 AÜG, u. v. 14. 11. 06 – 1 ABR 5/06 –, AP Nr. 121 zu § 87 BetrVG 1972 Arbeitszeit; DKW-*Klebe*, § 87 Rn. 81, u. *Fitting*, § 87 Rn. 89, jew. m. w. N.

121 So das *BVerwG* in seiner älteren Rspr., z. B. im Beschl. v. 2. 6. 92 – 6 P 14.90 –, PersR 92, 359.

(vgl. dazu Rn. 18).[122] Die Mitbestimmung nach Abs. 2 Nr. 2 bezieht sich auf die **Einführung**, die **Änderung** und die **Aufhebung** von Arbeitszeitregelungen.[123] Ihr unterliegen nicht nur Regelungen, die **auf Dauer** angelegt sind, sondern auch solche, die lediglich **vorübergehend** gelten sollen (vgl. Rn. 18).[124] Das gilt auch für eine Regelung, die sich auf einen einzigen Tag beschränkt.[125]

33 Aus dem Wortlaut der gesetzlichen Regelung ist wie beim BPersVG und BetrVG nicht ersichtlich, was unter **Arbeitszeit** i. S. d. Mitbestimmungstatbestandes zu verstehen ist. Das *BVerwG* hat den **Begriff** zunächst strikt **arbeitszeitrechtlich** und auf die Zeiten begrenzt, in denen die Beschäftigten die ihnen obliegende Dienstleistung erbringen müssen.[126] Diese zu enge Betrachtungsweise[127] hat das *BVerwG* zwischenzeitlich ausdrücklich aufgegeben und hat sich der neueren Rspr. des *BAG* angeschlossen.[128] Ungeachtet dessen hat der Gesetzgeber mit dem ÄndG 2013 in Nr. 4 ausdrücklich den Mitbestimmungstatbestand »Anordnung von Mehrarbeit oder Überstunden, Bereitschaftsdienst und Rufbereitschaft« eingeführt (vgl. Rn. 40 ff.). Wegen dieser gesetzlichen Neuregelung ist nunmehr der Mitbestimmungstatbestand der Nr. 2 insoweit einzugrenzen, als der PR über die Lage der täglichen »Arbeitszeit« mitzubestimmen hat, wobei darunter die Zeit zu verstehen ist, während derer der Arbeitnehmer die von ihm in einem bestimmten zeitlichen Umfang vertraglich geschuldete Arbeitsleistung tatsächlich erbringen soll.[129]

34 Das Mitbestimmungsrecht über **Beginn und Ende der täglichen Arbeitszeit** beinhaltet nicht nur die Mitbestimmung über die **Lage**, sondern auch die **Dauer der täglichen Arbeitszeit**, weil beides untrennbar miteinander verbunden ist.[130] Dagegen hat der PR nach h. M. über die **Dauer der wö-**

---

122 Vgl. hierzu auch *BVerwG* v. 30. 6. 05, a. a. O., u. v. 12. 9. 05 – 6 P 1.05 –, PersR 06, 72.

123 Richardi-*Kaiser/Annuß*, § 75 a. F. Rn. 236.

124 Richardi-*Kaiser/Annuß*, a. a. O.

125 *BVerwG* v. 9. 10. 91 – 6 P 12.90 –, PersR 92, 16; *NdsOVG* v. 31. 7. 08 – 18 LP 1/07 –, PersR 09, 25.

126 Beschl. v. 1. 6. 87 – 6 P 8.85 –, PersR 87, 244, v. 26. 4. 88 – 6 P 19.86 –, PersR 88, 186, v. 8. 1. 01 – 6 P 6.00 –, PersR 01, 154, v. 12. 8. 02 – 6 P 17.01 –, PersR 02, 473, v. 23. 8. 07 – 6 P 7.06 –, PersR 07, 476.

127 Zur Kritik vgl. § 79 Rn. 11 der Vorauflage.

128 *BVerwG* v. 4. 9. 12 – 6 P 10.11. – PersR 12, 464; *BAG* v. 23. 1. 01 – 1 ABR 36/00 –, PersR 01, 350.

129 *BAG* v. 14. 11. 06 – 1 ABR 5/06 –, NZA 07, 458.

130 So auch die h. M.; vgl. *BVerwG* v. 4. 4. 85 – 6 P 37.82 –, PersR 86, 17; *BAG* v. 28. 9. 88 – 1 ABR 41/87 –, AP Nr. 29 zu § 87 BetrVG 1972 Arbeitszeit.

chentlichen Arbeitszeit nicht mitzubestimmen.[131] Diese ist für **Vollzeitbeschäftigte** durch gesetzliche oder tarifliche Regelung vorgegeben, für **Teilzeitbeschäftigte** ist sie durch Verwaltungsakt des Dienstherrn oder Vereinbarung mit dem Arbeitgeber festgelegt (vgl. Rn. 33).

Der Tatbestand »**Verteilung der Arbeitszeit auf die einzelnen Wochentage**« **35**
hat klarstellende Bedeutung. Er bezieht sich insbesondere auf die Regelung der Frage, an wie vielen und an welchen Wochentagen gearbeitet werden soll, ob die Verteilung der i. d. R. vorgegebenen wöchentlichen Arbeitszeit auf diese Tage gleichmäßig oder ungleichmäßig erfolgen und wie ggf. eine unterschiedliche Verteilung vorgenommen werden soll.[132] Wenn wegen der Anordnung von freiwillig geleisteter Mehrarbeit oder Überstunden entsprechend dem Anlassfall an Samstagen, Sonntagen oder Werkfeiertagen gearbeitet werden soll, ist dieser Mitbestimmungstatbestand betroffen.[133] Allerdings soll der freiwillige Einsatz einzelner Beschäftigter außerhalb des Arbeitszeitrahmens an Wochenenden nicht der Mitbestimmungspflicht unterliegen.[134] Nach der Rspr. des *BVerwG* setzt die Mitbestimmungspflicht nach § 80 Abs. 1 Nr. 1 BPersVG einen »kollektiven Tatbestand« voraus. Ein solcher liegt immer dann vor, wenn sich eine Regelungsfrage stellt, die die Interessen der Beschäftigten unabhängig von der Person und den individuellen Wünschen des Einzelnen berührt. Die Zahl der betroffenen Beschäftigten ist nicht erheblich, sondern allenfalls ein Indiz dafür, dass ein kollektiver Tatbestand vorliegt.[135]

Krankenhausdienstpläne unterliegen dem Mitbestimmungstatbestand, **35a**
wenn und soweit von der Dienststelle keine generellen und langfristigen Regelungen zur Arbeitszeitaufteilung getroffen und der Mitbestimmung unterstellt oder im Rahmen einer Dienstvereinbarung zusammen mit dem PR festgelegt worden sind. Auch in diesen Fällen wird aber die Einteilung der individuellen Arbeitszeit des einzelnen Beschäftigten nicht von der Mitbestimmung mitumfasst.[136]

Die Mitbestimmung erstreckt sich auch auf **Beginn und Ende der Pausen** **36**
sowie deren zeitliche Aufteilung.[137] Das sind im Voraus festgelegte Unterbre-

---

131 *BVerwG* v. 20.7.84 – 6 P 16.83 –, PersR 85, 61, v. 4.4.85, a.a.O., u.v. 30.6.05 – 6 P 9.04 –, PersR 05, 416; *BAG* v. 18.10.94 – 1 AZR 503/93 –, PersR 95, 220.

132 Näher dazu Altvater-*Dierßen*, § 80 Rn. 29.

133 Vgl. *OVG Berlin-Brandenburg* v. 6.3.18 – OVG 62 PV 4.17 –, juris zu § 75 Abs. 3 Nr. 1 a.F., der die Klarstellung »Verteilung auf die einzelnen Wochentage« nicht enthält.

134 *OVG Lüneburg* v.30.10.20 – 17 LP 1/20 –, juris (zu § 75 Abs. 3 Nr. 1 BPersVG a.F.).

135 *BVerwG* v. 12.9.05 –6 P 1.05 – juris (zu § 75 Abs. 3 Nr. 1 BPersVG a.F.).

136 *VGH BW* v. 14.11.18 – PL S 660/17 –, ZfPR online 19, Nr. 7–8, S. 4; Rn. 64.

137 *HmbOVG* v. 22.5.00 – 8 Bf 50/99.PVL u.a. –, PersR 01, 303.

chungen der Arbeitszeit, in denen die Beschäftigten weder Arbeit zu leisten noch sich dafür bereitzuhalten haben.[138] Die h. M. hat als Pausen i. S. d. Abs. 2 S. 1 Nr. 2 lange Zeit nur **unbezahlte Ruhepausen** angesehen,[139] nicht jedoch bezahlte Unterbrechungen der Arbeitszeit. Dienen solche Pausen (z. B. bei der Bildschirmarbeit) dem Arbeitsschutz, sind sie jedoch nach Abs. 2 S. 1 Nr. 7 mitbestimmungspflichtig.[140] Soweit es sich um Pausen i. S. d. Abs. 2 S. 1 Nr. 2 handelt, ist nicht nur die Festlegung ihrer **Lage**, sondern auch ihrer **Dauer** mitbestimmungspflichtig.[141] Inzwischen hat das *BAG* allerdings anerkannt, dass auch **vergütungspflichtige tarifliche Kurzpausen** als Pausen i. S. d. dem Abs. 2 S. 1 Nr. 2 entsprechenden § 87 Abs. 1 Nr. 2 BetrVG anzusehen sind, allerdings mit der Einschränkung, dass die Mitbestimmung auf die Festlegung der zeitlichen **Lage** dieser Pausen beschränkt ist.[142] Die Anrechnung von Ruhepausen auf die Arbeitszeit unterliegt nicht der arbeitszeitbezogenen Mitbestimmung des PR.[143]

37 Die Mitbestimmung des PR bei der Verteilung der Arbeitszeit und der Pausen der **Teilzeitbeschäftigten** entspricht der der Vollzeitbeschäftigung. Abgesehen davon, dass die Dauer der regelmäßigen wöchentlichen Arbeitszeit bei Teilzeitbeschäftigten i. d. R. mitbestimmungsfrei vorgegeben ist (vgl. Rn. 34), hat der PR insbesondere mitzubestimmen über die Mindestdauer der täglichen Arbeitszeit und die Höchstzahl der Arbeitstage pro Woche, über die Regelung der Frage, ob und in welcher Weise die tägliche Arbeitszeit in Schichten geleistet werden soll, und über die Dauer und Lage der Pausen.[144] Eine vorübergehende Verlängerung der regelmäßigen individuellen Arbeitszeit ist mitbestimmungspflichtig[145] (vgl. Rn. 40). § 8 TzBfG, der den Anspruch des Arbeitnehmers auf Verringerung seiner vertraglichen vereinbarten Arbeitszeit regelt, begründet keinen Gesetzesvorbehalt i. S. d. Eingangssatzes des Abs. 1.[146]

38 Unter Bezugnahme auf die Rahmenvorschrift des § 104 S. 3 a. F. BPersVG und die Rspr. des *BVerfG* zu den **verfassungsrechtlichen Grenzen** der Mitbestimmung (vgl. vor § 68 Rn. 10, 15) hat die verwaltungsgerichtliche Rspr. ein Mitbestimmungsrecht bei an sich mitbestimmungspflichtigen Maß-

---

138 Vgl. *BAG* v. 23. 9. 92 – 4 AZR 562/91 –, AP Nr. 6 zu § 3 AZO Kr.

139 Vgl. *BAG* v. 28. 7. 81 – 1 ABR 65/79 –, AP Nr. 3 zu § 87 BetrVG 1972 Arbeitszeit; *BVerwG* v. 8. 1. 01 – 6 P 6.00 –, PersR 01, 154.

140 *BVerwG* v. 8. 1. 01, a. a. O.

141 Vgl. *HmbOVG* v. 22. 5. 00, a. a. O.

142 Beschl. v. 1. 7. 03 – 1 ABR 20/02 –, AP Nr. 103 zu § 87 BetrVG 1972 Arbeitszeit.

143 *BVerwG* v. 17. 12. 20 – 5 PB 7.20 –, juris (zu § 75 Abs. 3 Nr. 1 BPersVG a. F.).

144 Vgl. *BAG* v. 13. 10. 87 – 1 ABR 10/86 – u. v. 18. 2. 03 – 9 AZR 164/02 –, AP Nr. 24 u. 109 zu § 87 BetrVG 1972 Arbeitszeit.

145 *BAG* v. 24. 4. 07 – 1 ABR 47/06 –, AP Nr. 124 zu § 87 BetrVG 1972 Arbeitszeit.

146 *BAG* v. 24. 6. 08 – 9 AZR 313/07 –, AP Nr. 8 zu § 117 BetrVG 1972.

nahmen i. S. d. Abs. 2 Nr. 2 dann verneint, wenn diese hinsichtlich der Aufgabenerfüllung gegenüber dem Bürger wesentliche Auswirkungen hatten und der Gesetzgeber für einen solchen Einzelfall kein Evokationsrecht der parlamentarisch verantwortlichen Stelle vorgesehen hat.[147] Verneint wurde die arbeitszeitbezogene Mitbestimmung insb. bei **schulorganisatorischen Maßnahmen**: beim Lehrerstundenplan[148] sowie bei **sonstigen organisatorischen Maßnahmen.**[149] Diese Rspr. ist seit der Einführung des Evokationsrechts mit den Regelungen in § 69 Abs. 4 S. 3 u. 4 a. F. durch Art. 6 Nr. 18 Buchst. b DRG überholt (vgl. oben Rn. 1 u. § 73 Rn. 2, 40 f.). Der Gesetzgeber hat das Evokationsrecht in den Fällen des § 74 in § 78 Abs. 2 aufrechterhalten.

Die **Tarifvertragsparteien** können Abweichungen von Vorschriften des **39** ArbZG zulassen (für bestimmte Vorschriften über die **werktägliche Arbeitszeit und arbeitsfreie Zeiten** geregelt in § 7 Abs. 1, 2 u. 2a ArbZG, für bestimmte Vorschriften über die **Sonn- und Feiertagsruhe** in § 12 ArbZG). Die **Abweichungen** können entweder in einem Tarifvertrag oder aufgrund eines Tarifvertrags in einer Betriebs- oder **Dienstvereinbarung** zugelassen werden (zur personalvertretungsrechtlichen Zulässigkeit solcher Dienstvereinbarungen nach § 85 Abs. 1 S. 2, vgl. dort Rn. 2 a. E.). Von der zweiten Möglichkeit ist in § 6 Abs. 4 TVöD/TV-L teilweise Gebrauch gemacht worden.

e) Arbeitszeitmodelle

(Abs. 2 Nr. 3) Die mit dem ÄndG 2013 eingefügte Regelung der Nr. 3 soll **40** entsprechend einem Bedürfnis der personalvertretungsrechtlichen Praxis zur Klarstellung beitragen, dass nicht nur feste Arbeitszeitgrenzen von dem Mitbestimmungstatbestand erfasst werden, sondern auch flexible Arbeitszeiträume, insbesondere die der gleitenden Arbeitszeit und ähnlicher Arbeitszeitmodelle.[150] Aufgrund unterschiedlicher Organisationsstrukturen, Mitarbeiterinteressen, Herausforderungen auf dem Arbeitsmarkt und bei der Personaleinsatzplanung ergeben sich ganz unterschiedliche spezifische Möglichkeiten für eine zeitgemäße Arbeitszeitgestaltung. Eine optimale Entkoppelung von Arbeits- und Betriebszeiten hat das Ziel, die Wettbewerbs-

---

147 *BVerwG* v. 28. 3. 01 – 6 P 4.00 –, PersR 01, 343, u. v. 3. 12. 01 – 6 P 12.00 –, PersR 02, 163; krit. dazu *v. Roetteken*, PersR 02, 363, 373 u. 376 f.

148 Vgl. *BVerwG* v. 23. 12. 82 – 6 P 36.79 –, PersV 83, 413, v. 7. 3. 83 – 6 P 27.80 –, PersV 84, 241, u. v. 3. 12. 01, a. a. O.; *HessVGH* v. 30. 3. 88 – HPV TL 337/84 –, PersV 90, 37 Ls.

149 Vgl. *VGH BW* v. 23. 6. 98 – PL 15 S 40/98 –, PersR 99, 31, u. v. 19. 10. 99 – PL 15 S 326/99 –, PersR 00, 25.

150 LT-Dr. 15/4224, S. 136 [zu § 70].

fähigkeit und Effizienz zu sichern und die Wünsche der Beschäftigten zu berücksichtigen.[151] Auch der Bundesgesetzgeber hat die Mitbestimmung bei Einführung, Änderung und Aufhebung von Arbeitszeitmodellen nunmehr geregelt (§ 80 Abs. 1 Nr. 3 BPersVG) und führt zur Begründung aus, dass er die Mitbestimmungspflichtigkeit damit sichtbarer macht und der gewachsenen Bedeutung flexibler Arbeitszeitmodelle und -systeme für die Beschäftigten Rechnung trägt.[152] Die hierdurch ermöglichte Zeitautonomie sei ein wesentlicher kollektiver Belang der Beschäftigten bei der Vereinbarkeit von Familie, Pflege und Beruf (§ 62 Nr. 6 BPersVG). Im Unterschied zu § 74 Abs. 2 Nr. 3 ist die Anwendung von Arbeitszeitmodellen im BPersVG nicht umfasst, so dass die Regelung dort ausdrücklich ausschließlich kollektiven Bezug hat und personelle Einzelmaßnahmen nicht umfasst. Die Bedeutung dieser Regelung kann anhand vieler gerichtlich geklärter Varianten der Mitbestimmung nachvollzogen werden. Bisher kamen in der Praxis der Mitbestimmung des PR in folgenden Varianten besondere Bedeutung zu:[153] bei der Aufstellung und Änderung von **Dienstplänen**;[154] bei der Einführung und Ausgestaltung sowie der Änderung und dem Abbau von **Schichtarbeit**;[155] bei der Einführung und Ausgestaltung der **gleitenden Arbeitszeit**;[156] bei der Festlegung von **Arbeitszeitfenstern**;[157] bei der Einführung und Ausgestaltung von **Bereitschaftsdiensten**.[158] Die pandemiebedingte Verlängerung der Schichtzeit auf 12 Stunden in einem Universitätsklinikum weist den erforderlichen kollektiven Bezug auf und unterliegt der Mitbestimmungskompetenz des PR gem. Abs. 2 Nr. 2 und 3. Die Covid-19-ArbZV stellt keine unbedingte und sich selbst vollziehende Rechtsnorm dar, die den Gesetzesvorrang des § 74 Abs. 1 1. Hs. auslöst und damit einer Mitbestimmungs-

---

151 *Hellert*, Arbeitszeitmodelle der Zukunft, 2. Aufl., S. 69.

152 BT-Dr. 14/21, S. 141 [zu § 80].

153 Vgl. zum Folgenden Altvater-*Dierßen*, § 80 Rn. 31 m. w. N.

154 Vgl. *BVerwG* v. 12.3.86 – 6 P 5.85 –, PersR 86, 116, u.v. 2.3.93 – 6 P 34.91 –, PersR 93, 266; *BAG* v. 23.3.99 – 1 ABR 33/98 –, AP Nr. 80 zu § 87 BetrVG 1972 Arbeitszeit.

155 Vgl. *BVerwG* v. 15.2.88 – 6 P 29.85 –, PersR 88, 130, u.v. 2.3.93, a.a.O.; *BAG* v. 26.3.91 – 1 ABR 43/90 –, PersR 91, 310, sowie v. 28.5.02 – 1 ABR 40/01 – u.v. 22.7.03 – 1 ABR 28/02 –, AP Nr. 96 u. 108 zu § 87 BetrVG 1972 Arbeitszeit; hinsichtlich der Einführung a. A. *Fischer/Goeres/Gronimus*, § 75 a. F. Rn. 75.

156 Vgl. *BVerwG* v. 9.10.91 – 6 P 21.89 –, PersR 92, 20; hinsichtlich der Einführung sowie von Details die Mitbestimmung einschränkend Leuze-*Flintrop*, § 74 Rn. 37.

157 *OVG NW* v. 28.1.20 – 20 A 4194/18.PVB –, juris (zu § 75 Abs. 3 Nr. 1 BPersVG a.F.).

158 Vgl. *BAG* v. 22.7.03, a.a.O., zu Arbeitszeitkonten; *OVG BE* v. 23.4.09 – 62 PV 4.07 –, PersR 09, 372.

kompetenz des PR entgegenstünde.[159] Die Mitbestimmung nach Nr. 3 ermöglicht es, zu den genannten Arbeitszeitmodellen Dienstvereinbarungen abzuschließen (vgl. Rn. 42).

Die Mitbestimmung über Arbeitszeitmodelle bezieht sich auf ihre Einführung, Anwendung, wesentliche Änderung und Aufhebung. Gemeint ist also nicht nur die Frage, **ob** ein neues Arbeitszeitmodell eingeführt werden soll, sondern auch **wie** es konkret ausgestaltet wird und **wie** (z. B. zwingend oder freiwillig) **sowie auf wen** es angewandt wird. Die baden-württembergische Regelung, die die Anwendung von Arbeitszeitmodellen beinhaltet, hätte in der vom *OVG NW*[160] entschiedenen und durch das *BVerwG*[161] bestätigten Fallkonstellation zu einem anderen Ergebnis geführt. **Wesentlich** und damit mitbestimmungspflichtig ist eine Änderung dann, wenn der betroffene Personenkreis vergrößert oder verkleinert werden soll, wenn sich die Frage der Freiwilligkeit verändern soll oder wenn Möglichkeiten der Beschäftigten, ihre individuelle Arbeitszeit eigenverantwortlich festzulegen, eingeschränkt werden sollen. Auch die Aufhebung von Arbeitszeitmodellen ist mitbestimmungspflichtig. Das ist zum Schutze der Beschäftigten schon deshalb geboten, damit den betroffenen Beschäftigten genügend Zeit eingeräumt wird, wegen der veränderten Bedingungen u. U. auch im privaten Bereich (Stichwort Vereinbarkeit von Beruf und Familie), entsprechende organisatorische Veränderungen vorzunehmen, ihren ggf. abweichend vom bisherigen Arbeitszeitmodell geregelten arbeitsvertraglichen Verpflichtung ausreichend nachkommen zu können. Die Einrichtung von Vertrauensarbeitszeit für eine einzelne Beschäftigte weist nicht den für eine Mitbestimmungspflicht erforderlichen kollektiven Tatbestand auf.[162] Allerdings dürfte die Einrichtung von Vertrauensarbeitszeit ohne zu dokumentierende Zeiterfassung und arbeitgeberseitige Kontrolle wegen Verstoßes gegen die Bestimmungen der RL 2003/88/EG unzulässig sein.[163] **41**

Die im TVöD und TV-L aufgeführten **weiteren Öffnungsklauseln** für Betriebs- bzw. Dienstvereinbarungen (vgl. Rn. 39) betreffen u. a. die Einführung von Rahmenarbeitszeiten in Form eines **wöchentlichen Arbeits-** **42**

159 *VG Sigmaringen* v. 23. 11. 20 – PL 11 K 2474/20 –, NZA-RR 21, 157 (rkr.).

160 *OVG NRW* v. 28. 1. 20 – 20 A 4194/18.PVB –, juris (zu § 75 Abs. 3 Nr. 1 BPersVG a. F.).

161 *BVerwG* v. 14. 12. 20 – 5 PB 4.20 –, juris (zu § 75 Abs. 3 Nr. 1 BPersVG a. F.); in diesem Fall hatte die Dienststelle ein mit dem PR für Mautkontrolleure vereinbartes Arbeitszeitmodell bei der Berechnung der Arbeitszeit an Fortbildungstagen nicht angewendet. Weil es nur um die Anwendung ging und keine neuen Arbeitszeitfenster eröffnet worden seien, sollte es an einer mitbestimmungspflichtigen Festlegung fehlen.

162 *OVG Magdeburg* v. 25. 5. 21 – 6 L 3/20 –, juris (zu § 75 Abs. 3 Nr. 1 BPersVG a. F.).

163 *EuGH* v. 14. 5. 19 – C-55/18 –, NZA 19, 683.

zeitkorridors (§ 6 Abs. 6 S. 1), einer **täglichen Rahmenzeit** (§ 6 Abs. 7 S. 1) zur Ermöglichung individueller Gleitzeit und die Einrichtung eines **Arbeitszeitkontos** (§ 10 Abs. 1 S. 1). Bei diesen Regelungsgegenständen handelt es sich ebenfalls um Arbeitszeitmodelle, sie liegen daher im Rahmen des Mitbestimmungstatbestandes des Abs. 2 S. 1 Nr. 3.

42a Dasselbe gilt für die Beteiligung des Personalrats bei der Einführung von Kurzarbeit nach dem Tarifvertrag zur Regelung der Kurzarbeit im Bereich der Vereinigung der kommunalen Arbeitgeberverbände (**TV Covid**). Der Tarifvertrag regelt alle Fragen, die nach dem Baden-Württembergischen LPVG nicht mitbestimmungspflichtig wären, abschließend: das Entgelt (Höhe des Aufstockungsbetrags, Berechnungsgrundlage, Auswirkungen auf Leistungen), den Urlaub, betriebsbedingte Kündigungen/Wiedereinstellungsanspruch. Über die Bereiche, die durch den TV Covid nicht abschließend geregelt werden (können), verständigen sich Arbeitgeber und Betriebsrat gem. § 2 Abs. 2 TV Covid im Rahmen der Mitbestimmungsrechte. Im Zuständigkeitsbereich der Personalräte verständigen sich Arbeitgeber und der Personalrat über die nähere Ausgestaltung der Kurzarbeit im Rahmen der Reichweite der Beteiligungsrechte nach den jeweiligen landesrechtlichen Personalvertretungsgesetzen. Angesichts der bereits abschließenden o. g. Fragen bleibt für die Mitbestimmung des PR insbesondere die Frage des Umfangs der vorübergehenden Arbeitszeitverkürzung und die Frage der betroffenen Bereiche nach § 3 TV Covid. Mithin muss im Betrieb oder der Dienststelle die Frage beantwortet werden, für wen das neue Arbeitszeitmodell gelten soll und wie es ausgestaltet wird. Diese Fragen sind von § 74 Abs. 2 Nr. 3 umfasst. Damit ist der Abschluss einer Dienstvereinbarung nicht nur gem. § 85 Abs. 1 zulässig, sondern darüber hinaus auch empfehlenswert. So kann zugleich sichergestellt und nachgewiesen werden, dass der PR im Antragsverfahren bei der BA gem. § 99 SGB III (vgl. § 2 Abs. 1 TV Covid) ordnungsgemäß beteiligt wurde.

f) Mehrarbeit, Überstunden, Bereitschaftsdienst und Rufbereitschaft

43 (**Abs. 2 Nr. 4**) Außer der Arbeitszeit im eigentlich rechtlichen Sinne sind im Hinblick auf den **Schutzzweck der Mitbestimmung** (vgl. Rn. 31) auch solche Zeiten als Arbeitszeit anzusehen, in denen die Beschäftigten über ihre **Freizeit** nur eingeschränkt disponieren können.[164] Demnach gehören zur Arbeitszeit im Sinne der gesetzlichen Regelungen nach dem ArbZG auch die

---

164 So zu Recht *BAG* v. 21.12.82 – 1 ABR 14/81 – u. v. 29.2.00 – 1 ABR 15/99 –, AP Nr. 9 u. 81 zu § 87 BetrVG 1972 Arbeitszeit, sowie v. 23.1.01 – 1 ABR 36/00 –, PersR 01, 350.

verschiedenen **Formen von Bereitschaften.**[165] Der PR hat somit auch mitzubestimmen bei der Einführung und Festlegung der zeitlichen Lage von **Arbeitsbereitschaft** sowie von **Bereitschaftsdienst**[166] und **Rufbereitschaft.**[167] Mit den Regelungen des mit dem ÄndG 2013 eingefügten Abs. 2 Nr. 4 ist kraft Gesetzes klargestellt, dass vorhersehbare Festlegungen von Mehrarbeit und Überstunden, die schon bisher der Mitbestimmung unterlagen,[168] **und** die Anordnung von Mehrarbeit oder Überstunden, Bereitschaftsdienst und Rufbereitschaft mitbestimmungspflichtig sind. Geregelt wird mit dem neuen Beteiligungstatbestand die Mitbestimmung bei vorhersehbaren Festlegungen von Mehrarbeit und Überstunden, Bereitschaftsdienst und Rufbereitschaft.[169] Tarifgebundene Musikschullehrer müssen ihren Urlaub gem. § 52 Nr. 3 TVöD in der unterrichtsfreien Zeit nehmen. Hierdurch entsteht eine Urlaubssperre für die Zeit außerhalb der Ferien, deren Festlegung wegen des Tarifvorrangs nicht der Mitbestimmung nach § 74 Abs. 2 Nr. 4 unterliegt. Auch § 75 Abs. 4 Nr. 18 greift in diesem Fall nicht, da es sich nicht um arbeitsorganisatorische, sondern um tarifliche Gründe handelt, wegen derer die Urlaubssperre angeordnet ist. Im Übrigen geht die Rspr. davon aus, dass für Lehrer an einer kommunalen Musikschule nichts anderes gelte als für »ordentliche« Lehrer an einer staatlichen Schule, für deren Arbeitszeitregelungen nur eine sehr eingeschränkte Mitbestimmung besteht.[170] Bei den Musikschullehrern ist es zudem üblich, den sog. »Ferienüberhang«, der aus der Länge der Ferienzeit entsteht – während der auch kein Musikschulunterricht erteilt wird –, durch Erhöhung der Deputatsstunden auf die Schulzeit umzulegen, was i. d. R. durch Entscheidung des Schulleiters geschieht und ebenfalls nicht der Mitbestimmung unterliegt.[171]

Nicht von Abs. 2 Nr. 4 erfasst ist die **nicht vorhersehbare Heranziehung zum Dienst**. Nicht vorhersehbar ist auch die Anordnung von Mehrarbeit, die durch die Erfordernisse des Betriebsablaufs bedingt ist und die Maßnahmen des Dienststellenleiters alternativlos erscheinen lassen.[172] Für diese

---

165 Teilw. str.; vgl. zum Folgenden Altvater-Dierßen § 80 Rn. 35 ff. m. w. N.

166 Vgl. *BAG* v. 22. 7. 03 – 1 ABR 28/02 –, AP Nr. 108 zu § 87 BetrVG 1972 Arbeitszeit; *BVerwG* v. 28. 3. 01 – 6 P 4.00 –, PersR 01, 343.

167 Offengelassen in *BVerwG* v. 23. 8. 07 – 6 P 7.06 –, PersR 07, 476.

168 LT-Dr. 15/4224, S. 136 [zu § 70].

169 LT-Dr. 15/4224, a. a. O.

170 *VG Darmstadt* v. 30. 7. 19 – 23 K 458/19.DA –, juris (zu § 74 Abs. 1 Nr. 9 PersVG HE).

171 *VG Darmstadt* v. 30. 7. 19, a. a. O.; vgl. auch *BAG* v. 9. 11. 10 – 1 AZR 147/09; *OVG Sachsen* v. 16. 8. 10 – PL 9 A 223/09; *VGH BW* v. 20. 6. 00 – PL 15 S 2134/99, alle juris.

172 *BVerwG* v. 12. 9. 05 – 6 P 1.5 – juris (zu § 75 Abs. 3 Nr. 1 BPersVG a. F.), ebenso *VG München* v. 27. 10. 20 – M 14 PE 20.5405 –, juris (zu § 75 Abs. 3 Nr. 1 BPersVG a. F.).

gilt weiterhin die Mitbestimmung bei der Festlegung von Grundsätzen für die Aufstellung von Dienstplänen nach Absatz 3.[173] Auch hier hat der Bundesgesetzgeber mit derselben Intention nachgezogen und in § 80 Abs. 1 Nr. 2 BPersVG eine um die Dienstbereitschaft ergänzte, ansonsten gleiche Regelung getroffen.[174]

44 Gegenstand der Mitbestimmung ist sowohl die **Anordnung ob, als auch in welchem Umfang** Mehrarbeit bzw. Überstunden zu leisten sind.[175] Auch wenn der Dienststellenleiter die Ableistung der Mehrarbeit oder Überstunden als **freiwillig** bezeichnet, wird dadurch der in Abs. 2 Nr. 4 vorausgesetzte **kollektive Tatbestand** (vgl. Rn. 32) nicht in Frage gestellt.[176] Zur Abgrenzung benennt das *BVerwG* den Fall, dass die Dienststelle ohne ein entsprechendes dienstliches Erfordernis Überstunden von einem einzelnen Beschäftigten auf dessen Wunsch entgegennimmt, etwa weil dieser aus persönlichen Gründen Arbeitsbefreiung zu einem späteren Zeitpunkt anstrebt.[177] Einbezogen in den Mitbestimmungstatbestand ist auch der Fall, dass die Arbeitszeit von **Teilzeitbeschäftigten** vorübergehend verlängert werden soll.[178] **Auch hier gilt**: Ob die vorübergehende Veränderung der Dauer der Arbeitszeit vom Arbeitgeber einseitig vorgenommen oder mit den betroffenen Arbeitnehmern vereinbart wird, ist für das Mitbestimmungsrecht ohne Bedeutung.[179] Wird das Mitbestimmungsrecht verletzt, steht dem PR ein Unterlassungsanspruch zu.[180] Besteht **keine Möglichkeit zur zeitlichen Disposition**, weil der Zeitpunkt der Mehrarbeit bzw. Überstunden so eng mit ihrer Anordnung verknüpft ist, dass beides nicht voneinander getrennt werden kann, so führt dies nicht zum Wegfall des Mitbestimmungsrechts,[181] sondern dieses beschränkt sich auf die Anordnung und es entfällt lediglich in Bezug auf die zeitliche Lage der Mehrarbeit bzw. Überstunden.[182] Der **Schutzzweck** der Mitbestimmung bei der Anordnung von Mehrarbeit bzw. Überstunden besteht v. a. darin, physische und psychische Überbeanspruchungen sowie unzumutbare Freizeitverluste der be-

173 LT-Dr. 15/4224, a. a. O.

174 BT-Dr. 14/21, S. 140 [zu § 80].

175 Beschl. v. 3. 12. 01 u. v. 30. 6. 05, jew. a. a. O.; offengelassen in *BAG* v. 10. 10. 06 – 1 AZR 822/05 –, PersR 07, 209.

176 *BVerwG* v. 30. 6. 05, a. a. O.; *BAG* v. 24. 4. 07 – 1 ABR 47/06 –, AP Nr. 124 zu § 87 BetrVG 1972 Arbeitszeit.

177 *OVG Berlin-Brandenburg* v. 6. 3. 18 – OVG 62 PV 4.17 –, juris.

178 Vgl. *BAG* v. 16. 7. 91 – 1 ABR 69/90 – u. v. 23. 7. 96 – 1 ABR 13/96 –, AP Nr. 44 u. 68 zu § 87 BetrVG 1972 Arbeitszeit, sowie v. 24. 4. 07, a. a. O.

179 *BAG* v. 24. 4. 07 – 1 ABR 47/06 –, BAGE 122, 127–133 (zu § 87 Abs. 1 Nr. 3 BetrVG).

180 *ArbG Erfurt* v. 13. 8. 21 – 7 BV 26/20 –, juris (zu § 87 Abs. 1 Nr. 3 BetrVG).

181 So noch *BVerwG* v. 9. 10. 91 – 6 P 12.90 –, PersR 92, 16.

182 Richardi-*Kaiser/Annuß*, § 75 Rn. 252.

troffenen Beschäftigten zu verhindern.[183] Will die Dienststelle zunächst nur regeln, dass, von wem und in welchem Höchstumfang zusätzliche Arbeitsstunden geleistet werden müssen, und die Entscheidung über die zeitliche Lage dieser Arbeitsstunden erst später treffen, so hat der PR bereits bei der »**Grundanordnung**« mitzubestimmen.[184] Da der Fall einer Verringerung der Arbeitszeit weder in § 74 Abs. 2 Nr. 2 noch in Abs. 2 Nr. 4 aufgeführt ist, verneint das *BAG* ein Mitbestimmungsrecht des PR bei der Entscheidung über **das Ob und den Umfang von Kurzarbeit**.[185] Hierzu wurden aber kurz nach Ausbruch der SARS-CoV2-Pandemie tarifvertragliche Regelungen für den öffentlichen Dienst (insb. Kommunen, Staatstheater Baden-Württemberg) getroffen (vgl. Rn. 42a). Im Hinblick auf den Schutzzweck der Mitbestimmung bei der Anordnung von Mehrarbeit bzw. Überstunden wird deren **vollständiger Abbau** als nicht mitbestimmungspflichtig angesehen,[186] wohl aber deren **teilweiser Abbau**.[187]

44a Unter Bezug auf die Rahmenvorschrift des § 104 S. 3 BPersVG a. F. und die Rspr. des *BVerfG* zu den **verfassungsrechtlichen Grenzen** der Mitbestimmung (vgl. vor § 68 Rn. 10, 15) hatte die verwaltungsgerichtliche Rspr. ein Mitbestimmungsrecht bei an sich mitbestimmungspflichtigen Maßnahmen i. S. d. Abs. 2 Nr. 2 dann verneint, wenn diese hinsichtlich der Aufgabenerfüllung gegenüber dem Bürger wesentliche Auswirkungen hatten und der Gesetzgeber für einen solchen Einzelfall kein Evokationsrecht der parlamentarisch verantwortlichen Stelle vorgesehen hat.[188] Verneint wurde die arbeitszeitbezogene Mitbestimmung insb. bei **schulorganisatorischen Maßnahmen**: beim Lehrerstundenplan[189] sowie bei **sonstigen organisatorischen Maßnahmen**.[190] Seine Rspr. hat das *BVerwG* allerdings spätestens mit seiner Entscheidung vom 30. 6. 2005 aufgegeben.[191] Zudem dürfte die

183 *BVerwG* v. 6. 10. 92 – 6 P 25.90 –, u. v. 30. 6. 05, a. a. O.; *BAG* v. 21. 11. 78 – 1 ABR 67/76 –, AP Nr. 2 zu § 87 BetrVG 1972 Arbeitszeit.

184 *BVerwG* v. 12. 9. 05 – 6 P 1.05 –, PersR 06, 72.

185 Urt. v. 10. 10. 06 – 1 AZR 822/05 –, PersR 07, 209 m. w. N.

186 Vgl. *BAG* v. 25. 10. 77 – 1 AZR 452/74 –, AP Nr. 1 zu § 87 BetrVG 1972 Arbeitszeit; *BVerwG* v. 6. 10. 92 – 6 P 25.90 –, PersR 93, 77; krit. dazu DKW-*Klebe*, § 87 Rn. 114, 115.

187 Vgl. *BVerwG* v. 24. 2. 03 – 6 P 12.02 –, PersR 2003; Richardi-*Kaiser/Annuß*, § 75 a. F. Rn. 251; DKW-*Klebe*, § 87 Rn. 115.

188 *BVerwG* v. 28. 3. 01 – 6 P 4.00 –, PersR 01, 343, u. v. 3. 12. 01 – 6 P 12.00 –, PersR 02, 163; krit. dazu *v. Roetteken*, PersR 02, 363, 373 u. 376 f.

189 Vgl. *BVerwG* v. 23. 12. 82 – 6 P 36.79 –, PersV 83, 413, v. 7. 3. 83 – 6 P 27.80 –, PersV 84, 241, u. v. 3. 12. 01, a. a. O.; *HessVGH* v. 30. 3. 88 – HPV TL 337/84 –, PersV 90, 37 Ls.

190 Vgl. *VGH BW* v. 23. 6. 98 – PL 15 S 40/98 –, PersR 99, 31, u. v. 19. 10. 99 – PL 15 S 326/99 –, PersR 00, 25.

191 *BVerwG* v. 30. 6. 05 – 6 P 9.04 –, PersR 05, 416.

entgegenstehende Rspr. des *VGH BW*[192] im Land BW seit der Einführung des Evokationsrechts (mit der Einfügung der Regelungen in § 69 Abs. 4 S. 3 u. 4 a. F. LPVG durch Art. 6 Nr. 18 Buchst. b DRG; nunmehr § 78 Abs. 2 S. 2) gegenstandslos sein (vgl. Rn. 1 u. § 73 Rn. 2, 40 f.).

g) Gestaltung des Entgelts

45 **(Abs. 2 Nr. 5)** Die Regelung entspricht unter redaktioneller Anpassung § 79 Abs. 1 S. 1 Nr. 5 a. F. und stellt zunächst klar, dass der Mitbestimmungstatbestand auch für entsprechende Regelungen für Beamte gilt, zum Beispiel für Grundsätze über die Vergabe von Leistungsprämien. Der mit § 80 Abs. 2 Nr. 5 BPersVG nahezu inhaltsgleiche Abs. 2 Nr. 5 sieht die Mitbestimmung des PR bei der **Gestaltung des Entgelts innerhalb der Dienststelle** vor. Der Mitbestimmungstatbestand ist den Tatbeständen des § 87 Abs. 1 Nr. 10 und 11 BetrVG nachgebildet und hat im Wesentlichen den gleichen Regelungsgehalt.[193] Gegenstand des Mitbestimmungsrechts ist nicht die konkrete, absolute Höhe des Arbeitsentgelts, sondern die Strukturformen des Entgelts einschließlich ihrer näheren Vollzugsformen, d. h. die abstrakt-generellen Grundsätze der Entgeltfindung.[194] Das Mitbestimmungsrecht soll die Arbeitnehmer vor einer einseitig an den Interessen des Arbeitgebers ausgerichteten Lohngestaltung schützen, für ein angemessenes und durchsichtiges Entgeltgefüge sorgen und die **innerbetriebliche Entgeltgerechtigkeit** gewährleisten.[195] Das gilt auch für das Mitbestimmungsrecht des PR.[196]

45a Mit dem Zusatz »sowie entsprechender Regelungen innerhalb der Dienststelle für Beamte« in S. 1 klargestellt, dass sich die Vorschrift trotz der Verwendung des Begriffs der »Entgeltgestaltung« nicht nur auf Arbeitnehmer, sondern auf **alle Beschäftigten**, also auch auf Beamte, bezieht. Unter »**Entgelt**« sind deshalb alle Formen der Vergütung einschließlich der Besoldung der Beamten zu verstehen, die den Beschäftigten aus Anlass des Beschäftigungsverhältnisses gewährt werden. Dazu gehören das eigentliche Arbeitsentgelt der Arbeitnehmer und die Dienstbezüge der Beamten sowie zusätzliche (auch freiwillige) soziale Geldleistungen oder geldwerte Leistungen (Vergünstigungen, Dienst- oder Sachleistungen). Kein »Entgelt« sind

192 *VGH BW* v. 19. 10. 99, a. a. O.
193 *BAG* v. 28. 7. 98 – 3 AZR 357/97 –, PersR 99, 218; *BVerwG* v. 9. 12. 98 – 6 P 6.97 –, PersR 99, 265, u. v. 21. 3. 05 – 6 PB 8.04 –, PersR 05, 237.
194 *BVerwG* v. 24. 1. 19 – 5 PB 4.18 –, juris (zu § 75 Abs. 3 Nr. 4 BPersVG a. F.).
195 St. Rspr. des *BAG*; vgl. *Fitting*, § 87 Rn. 414 m. N.
196 *BAG* v. 28. 7. 98, a. a. O.; *BVerwG* v. 20. 11. 08 – 6 P 17.07 –, PersR 09, 73.

dagegen Zahlungen, mit denen Auslagen ersetzt werden sollen, wie Reise- oder Umzugskosten.[197]

Das Arbeitsentgelt der Arbeitnehmer des öffentlichen Dienstes und die Besoldung der Beamten sind weitgehend durch Tarifverträge bzw. durch Gesetze und Verordnungen geregelt. Für die Mitbestimmung nach Abs. 2 Nr. 5 kommt deshalb dem **Vorrang tarifvertraglicher bzw. gesetzlicher Vorschriften** erhebliche praktische Bedeutung zu (vgl. Rn. 22 ff.). Dieser Vorrang besteht allerdings nur, soweit eine abschließende und vollständige, aus sich heraus anwendbare Regelung vorliegt, die ein einseitiges Bestimmungsrecht des Arbeitgebers bzw. Dienstherrn ausschließt.[198] So trifft z. B. der TV-Ärzte für den vom TV erfassten Beschäftigtenkreis eine vollständige, umfassende und erschöpfende Regelung der Entgeltansprüche, so dass der **Tarifvorbehalt des Eingangssatzes des Abs. 2** eingreift und aus diesem Grunde das Mitbestimmungsrecht nach Abs. 2 Nr. 5 ausgeschlossen ist. Der Ausschluss erfasst auch die Beteiligung an Dienstanweisungen, die nur Vorgaben zur Auslegung staatlich erlassenen oder tarifvertraglich vereinbarten Rechts trifft. Diese sind auch keine Verwaltungsanordnung i. S. v. § 81 Abs. 1 Nr. 1 (§ 90 Nr. 2 BlnPersVG), weil sie nicht gestaltend in die Belange der Beschäftigten eingreifen.[199] Werden hingegen von der Dienststellenleitung Eingruppierungsregeln fixiert, kann die Feststellung einer mitbestimmungspflichtigen Maßnahme nicht zweifelhaft sein, wenn diese Aspekte der Eingruppierung beinhalten.[200] Soweit also ein Regelungsspielraum besteht, den die Dienststellenleitung nutzen möchte, hat der PR ein **umfassendes Mitbestimmungsrecht** in allen Fragen der Lohngestaltung innerhalb der Dienststelle, ohne dass es darauf ankommt, ob es sich dabei um formelle oder materielle Arbeitsbedingungen handelt[201] (vgl. Rn. 19). Erlässt die oberste Dienstbehörde selbst eine Eingruppierungsrichtlinie, die dem Dienststellenleiter keinerlei eigenen Gestaltungsspielraum für eine personalvertretungsrechtliche Maßnahme zu Fragen der Lohngestaltung überlässt, muss sie zur Vermeidung einer Beteiligungslücke zuvor die Stufenvertretung beteiligen.[202] War die Stufenvertretung beteiligt, steht dem örtlichen PR kein Mitbestimmungsrecht mehr zu.[203] 46

197 Näher dazu *v. Roetteken*, PersR 94, 309, 315; Richardi-*Kaiser/Annuß*, § 75 a. F. Rn. 304; DKW-*Klebe*, § 87 Rn. 296 ff.; jew. m. w. N.

198 So z. B. *BAG* v. 25.7.96 – 6 AZR 179/95 –, PersR 97, 262.

199 *BVerwG* v. 7.2.12 – 6 P 26.10 –, PersR 12, 213 (Rn. 17).

200 *OVG Berlin-Brandenburg* v. 13.2.20 – OVG 62 PV 2.19 –, juris; zum Ganzen entsprechend *BVerwG* v. 20.11.08 – 6 P 17.07 – juris, Rn. 40.

201 *BVerwG* v. 9.12.98, a. a. O.

202 *VG Berlin* v. 13.2.19 – 71 K 6.18 PVB –, juris (zu § 75 Abs. 3 Nr. 4 BPersVG a. F.).

203 *VGH BW* v. 20.7.20 – PB 15 S 897/20 –, juris (zu § 75 Abs. 3 Nr. 4 BPersVG a. F.).

Allerdings soll sich die Mitbestimmung nicht auf den **Dotierungsrahmen** beziehen, d.h. nicht auf die »Entgelthöhe«, die sich aus der Summe aller Leistungen des Arbeitgebers bzw. Dienstherrn ergibt.[204] Dem kommt v.a. bei freiwilligen Leistungen auch deshalb erhebliche Bedeutung zu, weil die Einigungsstelle gem. § 79 Abs. 5 S. 4 an das Haushaltsgesetz und den damit verknüpften Haushaltsplan gebunden ist (vgl. Rn. 48, 55, 65; § 79 Rn. 29).[205]

47 Die Formulierung »Entgeltgestaltung innerhalb der Dienststelle« hat den gleichen Inhalt wie die Formulierung »betriebliche Lohngestaltung« in § 87 Abs. 1 Nr. 10 BetrVG. Sie soll klarstellen, dass die Mitbestimmung sich nicht auf die individuelle Lohngestaltung erstreckt, sondern auf **kollektive Tatbestände** bezieht.[206] Dafür genügt es, wenn abstrakt-generelle Regelungen getroffen werden sollen.[207] Die Formulierung »Entgeltgestaltung innerhalb der Dienststelle« bedeutet aber nicht, dass die Mitbestimmung bei **dienststellenübergreifenden Regelungen** entfällt.[208] An einer Regelung für den Geschäftsbereich einer übergeordneten Dienststelle ist nach § 91 Abs. 2 ggf. die bei der zuständigen Dienststelle gebildete Stufenvertretung zu beteiligen (vgl. § 91 Rn. 5ff.).

48 **Gegenstand des Mitbestimmungsrechts** bei »Fragen der Entgeltgestaltung innerhalb der Dienststelle« ist nicht die konkrete, absolute Höhe des Arbeitsentgelts. Gegenstand sind nach st.Rspr. des *BVerwG* vielmehr die **Strukturformen des Entgelts** einschließlich ihrer **näheren Vollzugsformen**, also die abstrakt-generellen Grundsätze der Entgeltfindung.[209] Zu den danach mitbestimmungspflichtigen Entgeltfindungsregelungen gehört die Bestimmung der Vergütungs- oder Entgeltgruppen und die Festlegung der Vergütungsgruppenmerkmale, da solche Bestimmungen bzw. Festlegungen Entscheidungen über die Wertigkeit der jeweiligen Arbeitnehmertätigkeiten im Verhältnis zueinander enthalten.[210] Sie sind nämlich für die Wahrung der Lohn- und Verteilungsgerechtigkeit unter den Beschäftigten von erheblicher Bedeutung. Die inhaltliche Ausgestaltung von Vergütungsgruppen und Vergütungsgruppenmerkmalen nach abstrakten Kriterien wird daher

---

204 *BVerwG* v. 9.12.98, a.a.O., u.v. 14.3.00 – 6 PB 23.99 –, n.v.; *VGH BW* v. 12.12.00 – PL 15 S 1212/00 –, PersR 01, 218, u.v. 13.11.01 – PL 15 S 523/00 –, PersR 02, 127.

205 Richardi-*Kaiser/Annuß*, § 75 a.F. Rn. 301.

206 *BAG* v. 24.1.06 – 3 AZR 484/04 –, AP Nr. 15 zu § 2 BetrAVG.

207 *BAG* v. 28.7.98 u. *BVerwG* v. 21.3.05, jew. a.a.O.

208 *BAG* v. 28.7.98 u.v. 20.11.08, jew. a.a.O.; noch verkannt von *BAG* v. 27.5.87 – 4 AZR 613/86 – u. – 4 AZR 548/86 –, PersR 88, 20 u. 110 Ls.; vgl. Altvater-*Dierßen*, § 80 Rn. 63 m.w.N.

209 *BVerwG* v. 25.4.14 – 6 P 17.13 –, NZA-RR 14, 503; v. 20.11.08 – 6 P 17.07 –, PersR 09, 73 m.w.N.

210 *BVerwG* v. 25.4.14 – 6 P 17.13 –, a.a.O.

vom Mitbestimmungsrecht erfasst.[211] Um solche Ausgestaltungen handelt es sich auch bei Regelungen von Lehrer-Richtlinien. Abs. 2 S. 1 Nr. 5 enthält eine beispielhafte Aufzählung von Elementen der **Entgeltgestaltung**, woraus folgt, dass dieser **Oberbegriff** auch noch andere Inhalte haben kann.[212] **Entlohnungsgrundsätze** sind die Prinzipien, nach denen das »Entgelt« (vgl. Rn. 45) festgelegt wird.[213] Dabei geht es um das System, nach dem das Entgelt bemessen werden soll und (mit Ausnahme der Entgelthöhe) um dessen Ausformung, also (jeweils unter Beachtung des Vorrangs tarifvertraglicher bzw. gesetzlicher Vorschriften) im Wesentlichen um die Einführung und Ausgestaltung von Zeit- oder Leistungsentgelt oder einer Kombination von beidem. Die Aufstellung von Entlohnungsgrundsätzen beinhaltet auch deren Änderung.[214] Die Mitbestimmung bei der Aufstellung von Entlohnungsgrundsätzen nach Abs. 2 Nr. 5 setzt voraus, dass überhaupt Grundsätze aufgestellt werden. Werden den Beschäftigten übertarifliche Leistungen gewährt, ohne dass dafür zugleich abstrakt-generelle Kriterien festgelegt werden, kann der PR sein Mitbestimmungsrecht nur im Wege des Initiativrechts nach § 84 Abs. 1 S. 1 durchsetzen, das sich (auch) auf die Mitbestimmung bei der Entgeltgestaltung erstreckt. Mit dem Initiativrecht hat es der PR in der Hand, die Aufstellung von Verteilungsgrundsätzen gegenüber dem Dienststellenleiter zu erzwingen. Der Dienststellenleiter kann sich somit der Mitbestimmung des PR bei der Entgeltgestaltung nicht dadurch entziehen, dass er übertarifliche Leistungen nur im Wege individueller Entscheidungen erbringt.[215] **Entlohnungsmethoden** bestimmen die Art und Weise der (technischen) Durchführung des gewählten Entlohnungssystems.[216] Dazu gehören auch abstrakt-generelle Regeln zur Berücksichtigung von Zeiten einer förderlichen vorherigen Berufstätigkeit für die Stufenzuordnung bei Neueinstellungen nach § 16 Abs. 2 S. 3 TVöD (VKA) bzw. § 16 Abs. 2 S. 4 TV-L[217] (s. auch § 75 Abs. 1 Nr. 3).

Bei **freiwilligen Leistungen** des Arbeitgebers bzw. Dienstherrn ist die Mitbestimmung nach der Rspr. des *BAG* und des *BVerwG* an den vorgegebenen **Dotierungsrahmen** gebunden (vgl. Rn. 46). Die Arbeitgeberverbände des öffentlichen Dienstes sowie TVöD/TV-L räumen immer häufiger die Mög- 49

211 *BVerwG* v. 25.4.14 – 6 P 17.13 –, a. a. O.; *BAG* v. 23.6.09 – 1 AZR 214/08 –, AP Nr. 45 zu § 77 BetrVG 1972 Betriebsvereinbarung.

212 Näher dazu Altvater-*Dierßen*, § 80 Rn. 64–67 m. w. N.

213 *BVerwG* v. 20.3.80 – 6 P 72.78 –, PersV 81, 296.

214 *BVerwG* v. 20.11.08 – 6 P 17.07 –, a. a. O.

215 *BVerwG* v. 28.5.09 – 6 PB 5.09 –, PersR 09, 365; *BayVGH* v. 8.2.10 – 17 P 09.1217 –, PersR 10, 452.

216 *BVerwG* v. 20.3.80, a. a. O., u. v. 9.12.98 – 6 P 6.97 –, PersR 99, 265.

217 *BVerwG* v. 13.10.09 – 6 P 15.08 –, PersR 09, 501, u. v. 7.3.11 – 6 P 15.10 –, PersR 11, 210.

lichkeit ein, sog. arbeitsmartktpolitische Zulagen zu gewähren. In diesen Fällen dürfen Arbeitgeber und Dienstherr mitbestimmungsfrei darüber entscheiden, ob sie eine solche Leistung erbringen und welche finanziellen Mittel sie dafür zur Verfügung stellen. Der Zweck ist hier vordefiniert – außerhalb des öffentlichen Diesnstes haben Arbeitgeber zusätzlich die Möglichkeit, den Zweck, den sie mit der Leistung verfolgen und wie sie den begünstigten Personenkreis abstrakt eingrenzen wollen, zu definieren. Innerhalb des so gesetzten Rahmens unterliegen die Aufstellung und Änderung der **Grundsätze zur Verteilung** der zur Verfügung gestellten Mittel auf die Beschäftigten der Dienststelle (bzw. der Dienststellen des Geschäftsbereichs) der Mitbestimmung des PR. Werden die bisher vorhandenen **Haushaltsmittel nicht mehr bereitgestellt**, ist die vollständige Zahlungseinstellung gegenüber allen bisher begünstigten Beschäftigten nicht mitbestimmungspflichtig.[218] Wird jedoch die Summe der verfügbaren **Mittel lediglich gekürzt**, so hat der PR bei der dann notwendig werdenden **Änderung der Verteilungsgrundsätze** mitzubestimmen;[219] etwas anderes gilt nur dann, wenn die Leistungen bei allen bisherigen Empfängern **gleichmäßig gekürzt** werden.[220] Die **Anrechnung einer Tariferhöhung auf übertarifliche Zulagen** ist mitbestimmungsfrei, wenn sie das Zulagenvolumen völlig aufzehrt oder wenn die Tariferhöhung vollständig und gleichmäßig auf die Vergütung sämtlicher Arbeitnehmer angerechnet wird[221] oder wenn der Arbeitgeber die bisherigen Verteilungsgrundsätze beachtet und diese sich durch die Anrechnung nicht verändern.[222] Mitbestimmungspflichtig ist eine Anrechnung, wenn sich durch sie bestehende Verteilungsrelationen ändern und für die Neuregelung innerhalb des vorgegebenen Dotierungsrahmens (vgl. Rn. 45) ein Gestaltungsspielraum besteht.[223] Mitbestimmungsfrei ist die Festlegung und Veränderung des Dotierungsrahmens für AT-Angestellte. Mangels Tarifbindung leistet der Arbeitgeber in diesem Fall sämtliche Vergütungsbestandteile freiwillig, d. h. ohne hierzu normativ verpflichtet zu sein. Nur für die Ausgestaltung, also den Verteilungs- und Leistungsplan, bedarf es der Zustimmung des PR.[224] Durch die Entscheidung, die Gehälter der AT-Stufen

---

218 *BAG* v. 25.7.96 – 6 AZR 774/95 –, PersR 97, 264, zum Widerruf einer Ballungsraumzulage.

219 *BAG* v. 25.7.96, a. a. O.

220 *BAG* v. 3.12.91 – GS 2/90 –, AP Nr. 51 zu § 87 BetrVG 1972 Lohngestaltung, u. v. 27.1.04 – 1 AZR 105/03 –, AP Nr. 35 zu § 64 ArbGG 1969.

221 *BAG* v. 1.11.05 – 1 AZR 355/04 –, AP Nr. 16 zu § 33 BAT, u. v. 27.8.08 – 5 AZR 820/07 –, AP Nr. 36 zu § 307 BGB.

222 *BAG* v. 1.11.05, a. a. O.

223 *BAG* v. 10.3.09 – 1 AZR 55/08 –, AP Nr. 134 zu § 87 BetrVG 1972 Lohngestaltung.

224 *BAG* v. 18.10.11 – 1 AZR 376/10 –, Rn. 13, juris.

nicht entsprechend der Steigerung des Tarifvertrags anzuheben, werden weder die Lohngestaltung noch die Entlohnungsgrundsätze für die AT-Angestellten verändert.[225] Als mitbestimmungsfrei ist auch die Entscheidung angesehen worden, eine freiwillige Leistung **ab einem bestimmten Zeitpunkt für einen** von der bisherigen Regelung **noch nicht erfassten Personenkreis nicht mehr** vorzusehen.[226] Das überzeugt jedoch nicht, weil auch bei einer **Stichtagsregelung** die Grundsätze für die Verteilung der Mittel für die nicht gänzlich weggefallene freiwillige Leistung geändert werden.[227]

Da Entgelt i.S.d. Abs. 2 S. 1 Nr. 5 auch Leistungen der **betrieblichen Altersversorgung** sind, ist auch deren Regelung eine Frage der Entgeltgestaltung.[228] Der Regelungsgegenstand »Altersversorgung« ist im Hinblick auf die Bindung an den vorgegebenen Dotierungsrahmen (vgl. Rn. 46) jedoch nur »**teilmitbestimmt**«.[229] Die Leistungen sind nur insoweit mitbestimmungspflichtig, als es um die Verteilung der zur Verfügung gestellten Mittel geht.[230] Mitbestimmungspflichtig sind insbesondere der Leistungsplan und die Heranziehung der Arbeitnehmer zu Beiträgen,[231] nicht jedoch die Wahl des Durchführungsweges und die Auswahl des Versorgungsträgers.[232] Beim Abbau einer planwidrigen Überversorgung kann die Änderung der bisherigen Gesamtversorgungsobergrenze mitbestimmungspflichtig sein.[233] **50**

Der Unterfall der **Festsetzung der Akkord- und Prämiensätze und vergleichbarer leistungsbezogener Entgelte** entspricht dem Tatbestand des § 87 Abs. 1 Nr. 11 BetrVG. Der Zusatz »einschließlich der Geldfaktoren« wurde im ÄndG 2013 gestrichen. Damit kann der PR keinen Einfluss mehr auf die Entgelthöhe nehmen. Festgelegt wird die Mitbestimmung bei der Ausgestaltung der Entlohnungsgrundsätze und -methoden leistungsbezogener Entgelte.[234] Damit soll zum einen sichergestellt werden, dass die von **51**

---

225 *LAG Hamburg* v. 16.5.18 – 6 Sa 40/17 –, juris.

226 *VGH BW* v. 12.12.00 – PL 15 S 1212/00 –, PersR 01, 218, u. v. 13.11.01 – PL 15 S 523/00 –, PersR 02, 127, zum Ausschluss von Beihilfen bei allen neu eingestellten Arbeitnehmern.

227 Vgl. *BAG* v. 28.2.06 – 1 ABR 4/05 –, AP Nr. 127 zu § 87 BetrVG 1972 Lohngestaltung; näher dazu Altvater-*Dierßen*, § 80 Rn. 70 unter Hinw. auf *BAG* v. 26.8.08 – 1 AZR 354/07 –, AP Nr. 15 zu § 87 BetrVG 1972, u. *BVerwG* v. 20.11.08 – 6 P 17.07 –, PersR 09, 73.

228 *BAG* v. 23.9.97 – 3 AZR 529/96 –, PersR 98, 122, u. v. 27.6.06 – 3 AZR 255/05 –, AP Nr. 49 zu § 1 BetrAVG Ablösung; näher dazu *Fitting*, § 87 Rn. 468 ff.

229 *BAG* v. 13.11.07 – 3 AZR 191/06 –, AP Nr. 336 zu § 613a BGB.

230 *BAG* v. 9.12.08 – 3 AZR 384/07 –, AP Nr. 22 zu § 9 BetrAVG.

231 *BAG* v. 13.11.07, a.a.O.

232 *BAG* v. 29.7.03 – 3 ABR 34/02 –, AP Nr. 18 zu § 87 BetrVG 1972 Sozialeinrichtung.

233 *BAG* v. 28.7.98 – 3 AZR 357/97 –, PersR 99, 218.

234 Näher dazu Altvater-*Dierßen*, § 80 Rn. 72–75 m.w.N.

den Beschäftigten erwartete Zusatzleistung sachgerecht bewertet wird und in einem angemessenen Verhältnis zu dem erzielbaren Mehrverdienst steht, zum anderen, dass die Beschäftigten nicht »zu einem Raubbau ihrer Kräfte« genötigt und dadurch vor Überforderung geschützt werden.[235]

52 Dem Akkord- oder Prämienlohn **vergleichbare leistungsbezogene Entgelte** sind alle Entgelte, bei denen eine vom Beschäftigten erbrachte Leistung gemessen und mit einer Normal- oder Bezugsleistung verglichen wird und bei denen sich die Höhe der Vergütung nach dem Verhältnis der Leistung des Beschäftigten zur Bezugsleistung bemisst.[236] Mitbestimmungspflichtig kann danach z. B. die Ausgestaltung von **Zulagen** sein, mit denen besondere Leistungen entgolten werden sollen, z. B. von **Schreibprämien** für Angestellte in Schreibdiensten,[237] oder die Aufstellung von Kriterienkatalogen für **Leistungsprämien** zur Abgeltung von herausragenden besonderen Einzelleistungen (§ 76 LBesGBW). Das gilt auch für die Aufstellung allgemeiner Regeln für den **leistungsbezogenen Stufenaufstieg**[238] (§ 17 Abs. 2 TVöD/ TV-L), insbesondere von Maßstäben zur Feststellung überdurchschnittlicher bzw. unterdurchschnittlicher Leistungen.[239] Vergleichbare leistungsbezogene Entgelte i. S. d. Abs. 1 S. 1 Nr. 5 sind auch **Leistungsentgelte** nach § 18 TVöD (VKA).[240] § 18 TVöD regelt den Rahmen und legt wesentliche Details für die Gewährung des Leistungsentgelts fest, Abs. 6 bestimmt darüber hinaus, dass die weitere Ausgestaltung durch einvernehmliche Betriebs- bzw. Dienstvereinbarung geregelt werden muss. Für die Inhalte der Dienstvereinbarung enthält § 18 Abs. 6 TVöD (VKA) eine beispielhafte Auflistung regelungsbedürftiger Detailfragen. Nach der Begriffsbestimmung des § 38 TVöD liegt eine einvernehmliche Dienstvereinbarung nur ohne Entscheidung der Einigungsstelle vor. Kommt eine Dienstvereinabrung nicht zustande, kann sich der Dienststellenleiter der Mitbestimmung nicht etwa dadurch entziehen, dass er freiwillige oder übertarifliche Leistungen nur im Wege individueller Entscheidungen gewährt.[241] Im Bereich des TV-L wurde das Leistungsentgelt nach § 18 wieder abgeschafft, geblieben ist in § 40 Nr. 6 TV-L eine Regelung zu § 18 für Beschäftigte in Drittmittelbereichen der Hochschulen und Forschungseinrichtungen. Für die Ausgestaltung dieses Leistungsentgelts ist

---

235 *BAG* v. 15. 5. 01 – 1 ABR 39/00 –, AP Nr. 17 zu § 87 BetrVG 1972 Prämie; *BVerwG* v. 23. 12. 82 – 6 P 19.80 –, PersV 83, 506.

236 Vgl. *BAG* v. 22. 10. 85 – 1 ABR 67/83 –, AP Nr. 3 zu § 87 BetrVG 1972 Leistungslohn, u. v. 15. 5. 01, a. a. O.

237 *BVerwG* v. 23. 12. 82, a. a. O.

238 *VG Berlin* v. 17. 11. 20 – 72 K 11/20 PVB –, juris (zu § 75 Abs. 3 Nr. 4 BPersVG a. F.); *BVerwG* v. 7. 3. 11 – 6 P 15.10 –.

239 *BVerwG* v. 13. 10. 09 – 6 P 15.08 –, PersR 09, 501.

240 Altvater-*Dierßen*, § 80 Rn. 75.

241 *BVerwG* v. 28. 5. 09 PersR 09, 365; *BayVGH* v. 23. 11. 09 – 17 P 08.384 –, juris.

eine Dienstvereinbarung nicht vorgeschrieben. Um eine transparente Vergabe zu gewährleisten, ist sie dennoch empfehlenswert.

h) Sozialeinrichtungen

53 **(Abs. 2 S. 1 Nr. 6)** Der Mitbestimmungstatbestand »**Errichtung, Verwaltung, wesentliche Änderung und Auflösung von Sozialeinrichtungen ohne Rücksicht auf ihre Rechtsform**« ist dem Tatbestand des § 75 Abs. 3 Nr. 5 BPersVG nachgebildet und ist mit dem Tatbestand des § 87 Abs. 1 Nr. 8 BetrVG vergleichbar.[242] **Sozialeinrichtungen** sind auf Dauer angelegte, von der Dienststelle geschaffene Einrichtungen, die objektiv dem **Zweck** dienen, den Beschäftigten soziale Vorteile zukommen zu lassen.[243] Erforderlich ist eine »**Einrichtung**«, d.h. ein »zweckgebundenes Sondervermögen«, das der Verwaltung bedarf.[244] Die **Rechtsform** der Einrichtung ist nicht entscheidend. Es kann sich um einen unselbständigen Teil der Dienststelle, eine verselbständigte Dienststelle, eine nicht rechtsfähige Personenvereinigung (z.B. GbR), eine juristische Person des Privatrechts (z.B. e.V.) oder des öffentlichen Rechts (Körperschaft, Anstalt oder Stiftung) handeln.[245] In jedem Fall muss aber eine von der Dienststelle (allein oder gemeinsam mit anderen) geschaffene und getragene Einrichtung bestehen. Bei einer verselbständigten Einrichtung ist das nur dann zu bejahen, wenn die Dienststelle einen **rechtlich abgesicherten, richtungweisenden Einfluss** auf die Verwirklichung der Zwecke der Einrichtung nehmen kann.[246] Das ist bei **Selbsthilfeeinrichtungen** der Beschäftigten nicht der Fall.[247]

54 Das Mitbestimmungsrecht des PR bezieht sich (abweichend von § 87 Abs. 1 Nr. 8 BetrVG) auch auf Sozialeinrichtungen, deren **Wirkungsbereich** nicht nur die eigene Dienststelle und evtl. weitere Dienststellen im Geschäftsbereich derselben Gesamtdienststelle oder übergeordneten Dienststelle umfasst, sondern sich auch auf außerhalb dieses Bereichs liegende Dienststellen, auch solche anderer Rechtsträger, oder auch auf privatrechtlich organisierte Betriebe erstreckt.[248] Dabei reicht es aus, dass jedenfalls auch Beschäftigten

242 Vgl. Richardi-*Kaiser/Annuß*, § 75 a.F. Rn. 324.

243 *BVerwG*, st.Rspr., vgl. Beschl. v. 24.4.92 – 6 P 33.90 –, PersR 92, 308, u.v. 9.11.98 – 6 P 1.98 –, PersR 99, 125.

244 *BAG* v. 9.7.85 – 1 AZR 631/80 –, PersR 86, 75, u.v. 10.2.09 – 1 ABR 94/07 –, AP Nr. 21 zu § 87 BetrVG Sozialeinrichtung; vgl. Richardi-*Kaiser/Annuß*, § 75 a.F. Rn. 325; DKW-*Klebe*, § 87 Rn. 262 m. w. N.

245 Vgl. Lorenzen-*Rehak*, § 79 Rn. 47.

246 *BVerwG* v. 28.6.00 – 6 P 1.00 –, PersR 00, 507.

247 *BVerwG* v. 12.7.84 – 6 P 14.83 –, ZBR 85, 28.

248 *BVerwG* v. 15.12.78 – 6 P 10.78 –, PersV 80, 105.

der Dienststelle daraus entsprechende Vorteile zukommen.[249] Andererseits kann der Wirkungsbereich auch auf bestimmte Teile der Dienststelle oder bestimmte (abstrakt-generell abgegrenzte) Gruppen von Beschäftigten begrenzt sein.[250] Der begünstigte **Personenkreis** muss grundsätzlich aus den **Beschäftigten** der Dienststelle bzw. des größeren oder kleineren Wirkungskreises der Einrichtung bestehen. Begünstigte können auch **ehemalige** Beschäftigte sowie **Familienangehörige** und **Hinterbliebene** von Beschäftigten sein.[251] Auch **anderen Personen** kann je nach den Umständen des Einzelfalls eine gelegentliche oder auch regelmäßige Mitnutzung der Einrichtung (z. B. Einnahme von Kantinenessen) gestattet sein.[252] Anders ist es, wenn für die Beschäftigten lediglich die tatsächliche Möglichkeit besteht, eine ansonsten der **Allgemeinheit** zugängliche Einrichtung mitzubenutzen.[253] Die **sozialen Vorteile**, die den Beschäftigten (und den ihnen gleichstehenden Personen) durch die Sozialeinrichtung zukommen, müssen **zusätzlich** zum Arbeitsentgelt bzw. zur Besoldung gewährt werden.[254] Ob die Leistungen unentgeltlich erbracht werden, ist dagegen unerheblich.[255]

55 **Beispiele für Sozialeinrichtungen**: Behördenkantinen, Beschäftigtenparkplätze, Kindertages- und Betreuungseinrichtungen[256], Küchen, Verkaufsstellen zum Einkauf verbilligter Waren, Verkaufsautomaten, Werksverkehr mit Bussen, Wohnheime und Personalwohnhäuser (nicht jedoch eine einzelne Wohnung), Altenheime, Bibliotheken, Fortbildungseinrichtungen, Sportanlagen, Erholungs- und Ferienheime, Kleiderkassen, Unterstützungskassen, Einrichtungen einer zusätzlichen Altersversorgung.[257]

56 **Inhalt der Mitbestimmung** sind Errichtung, Verwaltung wesentliche Änderung und Auflösung von Sozialeinrichtungen. Damit ist eine **lückenlose**

---

249 *BVerwG* v. 24.4.92 – 6 P 33.90 –, PersR 92, 308.

250 Vgl. *BVerwG* v. 16.9.77 – VII P 10.75 –, PersV 79, 63.

251 Vgl. *BVerwG* v. 5.2.71 – VII P 12.70 –, PersV 72, 36; Richardi-*Kaiser/Annuß*, § 75 a. F. Rn. 328; *Fitting*, § 87 Rn. 356, 357, 358.

252 Vgl. *BVerwG* v. 9.11.98 – 6 P 1.98 –, PersR 99, 125; *BAG* v. 11.7.00 – 1 AZR 551/99 –, AP Nr. 16 zu § 87 BetrVG 1972 Sozialeinrichtung; *OVG NW* v. 8.3.89 – CL 23/87 –, PersR 89, 234; *BayVGH* v. 10.2.93 – 17 P 92.3742 –, PersR 93, 363.

253 Vgl. *VGH BW* v. 15.5.84 – 15 S 277/83 –, n.v., v. 21.10.86 – 15 S 2122/85 –, PersV 90, 124, v. 19.1.93 – PL 15 S 2849/92 –, PersR 93, 559, u. v. 25.2.97 – PL 15 S 2464/95 –, PersR 97, 402.

254 Vgl. *BAG* v. 11.7.00, a. a. O.

255 Vgl. *BAG* v. 11.7.00, a. a. O., u. v. 10.2.09 – 1 ABR 94/07 –, AP Nr. 21 zu § 87 BetrVG Sozialeinrichtung.

256 LT-Dr. 15/4224, S. 136 [zu § 70].

257 Näher dazu Altvater-*Baden*, § 79 Rn. 26 f.; *Fischer/Goeres/Gronimus*, § 75 a. F. Rn. 89; Lorenzen-*Rehak*, § 79 Rn. 52; Richardi-*Kaiser/Annuß*, § 75 a. F. Rn. 331; DKW-*Klebe*, § 87 Rn. 281; *Fitting*, § 87 Rn. 360; jew. m. w. N.

Beteiligung des PR gewährleistet.[258] Allerdings ist die Mitbestimmung dadurch begrenzt, dass die Dienststelle und gemäß § 79 Abs. 5 S. 4 auch die Einigungsstelle an das **Haushaltsgesetz** (bzw. die Haushaltssatzung) und den Haushaltsplan[259] sowie an den vorgegebenen **Dotierungsrahmen**[260] (vgl. auch Rn. 46, 48, 65) gebunden sind. Die Mitbestimmung bei der **Errichtung** bezieht sich auf die Frage, ob eine Sozialeinrichtung geschaffen, welchem Zweck sie dienen, welche Organisations- und Rechtsform sie haben, wie ihr Wirkungskreis abgegrenzt und wie sie ausgestaltet sein soll.[261] Unter Errichtung ist insbesondere die **erstmalige Schaffung** einer Einrichtung zu verstehen. Als **wesentlichen Änderungen** sind Änderungen ihres Zwecks, ihrer Organisations- oder Rechtsform, ihres Wirkungskreises oder ihrer Ausgestaltung, soweit es sich dabei nicht um Verwaltung oder Auflösung handelt, zu verstehen.[262] Dazu gehört z. B. auch die **Privatisierung** einer bisher öffentlich-rechtlich verfassten Einrichtung.[263] Die Mitbestimmung bei der **Verwaltung** erstreckt sich auf alle Maßnahmen, welche die innere Organisation der Einrichtung wie Unterhaltung, laufender Betrieb und Leistungen sowie ihre Geschäftsführung betreffen.[264] Mitbestimmungspflichtig ist z. B. auch die (pandemiebdingte) Einschränkung des Leistungsangebots einer Betriebskantine und die Umstellung der Essensauisgabe auf »Take-away-Betrieb«.[265] Soweit in einer **Dienstvereinbarung** nichts anderes festgelegt ist (vgl. dazu Rn. 54), ist jede **einzelne Verwaltungsmaßnahme** mitbestimmungspflichtig,[266] ggf. auch Abschluss, Inhalt und Kündigung eines Pachtvertrages.[267] Unter **Auflösung** ist die Aufgabe einer bestehenden Sozialeinrichtung oder die Aufgabe des maßgeblichen Einflusses der Dienststelle (vgl. Rn. 53) zu verstehen.[268] Mitbestimmungspflichtig sind die Ent-

---

258 *BVerwG* v. 9. 11. 98 – 6 P 1.98 –, PersR 99, 125.

259 Lorenzen-*Rehak*, § 79 Rn. 68.

260 Vgl. *BVerwG* v. 7. 11. 69 – VII P 11.68 –, PersV 70, 187; *VGH BW* v. 24. 11. 81 – 15 S 1394/81 –, PersV 83, 277.

261 Vgl. DKW-*Klebe*, § 87 Rn. 270; *Fitting*, § 87 Rnrn. 354 ff.

262 *BVerwG* v. 9. 11. 98, a. a. O.

263 Vgl. *BVerwG* v. 9. 11. 98, a. a. O., u. v. 28. 6. 00 – 6 P 1.00 –, PersR 00, 507; *VG Stuttgart* v. 27. 10. 93 – PL 22 K 11/93 –, PersR 94, 234.

264 *BVerwG* v. 24. 4. 92 – 6 P 33.90 –, PersR 92, 308; *HmbOVG* v. 11. 6. 01 – 8 Bf 424/00.PVL –, PersR 02, 121, m. w. N.

265 *VG Sigmaringen* v. 15. 2. 21 – PL 11 K 2615/20 –, ZfPR online 21, Nr. 7–8, S. 15.

266 *NdsOVG* v. 9. 9. 94 – 17 L 133/94 –, PersR 94, 565; *HmbOVG* v. 11. 6. 01, a. a. O.; vgl. *Fitting*, § 87 Rn. 377 f.

267 Vgl. *HessVGH* v. 12. 10. 59 – BPV 6/58 –, AP Nr. 1 zu § 67 PersVG; *Fitting*, § 87 Rn. 378.

268 Richardi-*Kaiser/Annuß*, § 75 a. F. Rn. 334.

scheidung zur Auflösung sowie die Maßnahmen zu deren Vorbereitung und Abwicklung.[269]

57 Für die **Ausübung des Mitbestimmungsrechts** nach Abs. 2 Nr. 6 gelten grundsätzlich die allgemeinen Vorschriften. Wegen der **Verwaltung** können Dienststellenleiter und PR sich jedoch – insbesondere in einer **Dienstvereinbarung** (vgl. § 85 Rn. 2, 4) – auf Abweichungen verständigen.[270] So kann bei einer rechtlich unselbstständigen Einrichtung ein **gemeinsamer, paritätisch besetzter Ausschuss** gebildet und diesem die Entscheidung über die einzelnen Verwaltungsmaßnahmen übertragen werden.[271] Auch der **PR allein** kann mit der Verwaltung beauftragt werden.[272] Hierzu müssen ihm von der Dienststelle die erforderlichen Ressoucen (insbesondere zusätzliche Freistellung, Kassenführung) zur Verfügung gestellt werden. Bei einer **verpachteten Sozialeinrichtung** kann der PR sein Mitbestimmungsrecht nicht dem Pächter, sondern nur dem Dienststellenleiter gegenüber ausüben. Dieser ist dann verpflichtet, seine Befugnisse aus dem Pachtvertrag nur unter Beachtung der Mitbestimmungsrechte des PR wahrzunehmen.[273] Diese **zweistufige Lösung** kommt auch bei einer **rechtlich selbstständigen Sozialeinrichtung** (vgl. Rn. 53) in Betracht.[274] Hier kann auch eine sog. **organschaftliche Lösung** vereinbart werden. Dabei entsendet der PR Vertreter in die paritätisch zu besetzenden Organe der Einrichtung, in denen über die mitbestimmungspflichtigen Maßnahmen nicht gegen den Widerspruch der Vertreter des PR abschließend entschieden wird.[275] Zur Beteiligung der Personalvertretung bei **dienststellenübergreifenden Sozialeinrichtungen** sowie zum Verhältnis der für die Mitbestimmung nach Abs. 2 S. 1 Nr. 6 zuständigen Personalvertretung zu dem **in der Sozialeinrichtung gebildeten PR** (oder Betriebsrat) vgl. Altvater-*Baden*, § 79 Rn. 35 f. m. w. N.

---

269 Vgl. Lorenzen-*Rehak*, § 79 Rn. 66; Richardi-*Kaiser/Annuß*, a. a. O.; a. A. *Fischer/Goeres/Gronimus*, § 75 Rn. 91.

270 Vgl. Lorenzen-*Rehak*, § 79 Rn. 70.

271 Vgl. *BAG* v. 13. 3. 73 – 1 ABR 16/72 –, AP Nr. 9 zu § 87 BetrVG 1972 Werkmietwohnungen; *Fitting*, § 87 Rn. 383.

272 Vgl. *BAG* v. 24. 4. 86 – 6 AZR 607/83 –, AP Nr. 9 zu § 87 BetrVG 1972 Sozialeinrichtung; Lorenzen-*Rehak*, § 79 Rn. 61; DKW-*Klebe*, § 87 Rn. 222 m. w. N.

273 Vgl. Richardi-*Kaiser/Annuß*, § 75 Rn. 341; *Fitting*, § 87 Rn. 371.

274 Vgl. *BVerwG* v. 18. 5. 94, a. a. O.

275 Vgl. *BAG* v. 26. 4. 88 – 3 AZR 168/86 –, AP Nr. 16 zu § 87 BetrVG 1972 Altersversorgung; *BVerwG* v. 16. 9. 77 – VII P 10.75 –, PersV 79, 63, u. v. 24. 11. 83 – 6 P 21.81 –, PersV 86, 24; Richardi-*Kaiser/Annuß*, § 75 a. F. Rn. 339.

i) Maßnahmen zur Verhütung von Unfällen und Gesundheitsgefährdungen

(Abs. 2 Nr. 7) Der Mitbestimmungstatbestand »**Maßnahmen zur Verhütung von Dienst- und Arbeitsunfällen, Berufskrankheiten und sonstigen Gesundheitsschädigungen sowie von Gesundheitsgefährdungen**« stimmt im Wesentlichen mit dem Tatbestand des § 80 Abs. 1 Nr. 16 BPersVG überein, weil die in Abs. 2 S. 1 Nr. 7 enthaltene zusätzliche Nennung der Berufskrankheiten keine erweiternde, sondern nur klarstellende Bedeutung hat. Mit dem ÄndG 2013 wurde die Vorschrift um die Mitbestimmung bei Maßnahmen zur Verhütung von Gesundheitsgefahren erweitert. Diese Erweiterung dient dem Zweck, den Mitbestimmungstatbestand an den Arbeitsschutz anzupassen, der nicht nur Gesundheitsschädigungen, sondern auch Gesundheitsgefahren vermeiden soll.[276] 58

Mitbestimmungspflichtig sind sowohl **allgemeine Regelungen** und Anweisungen, die die gesamte Dienststelle oder Dienststellenteile oder eine Gruppe von Beschäftigten betreffen, als auch **Einzelmaßnahmen**, wie eine Schutzmaßnahme für einen bestimmten Arbeitsplatz oder einen einzelnen, besonders schutzbedürftigen Beschäftigten.[277] Das Mitbestimmungsrecht des PR besteht nicht nur wie das des Betriebsrats nach § 87 Abs. 1 Nr. 7 BetrVG »**im Rahmen der gesetzlichen Vorschriften**«, sondern auch dann, wenn der Dienststellenleiter aus freien Stücken eine Maßnahme beabsichtigt.[278] Dementsprechend kann der PR aufgrund seines uneingeschränkten Initiativrechts gemäß § 84 Abs. 1 S. 1 über den gesetzlichen Rahmen hinausgehende Maßnahmen vorschlagen.[279] Die für den Arbeitsschutz im öffentlichen Dienst geltenden Gesetze können allerdings im Hinblick auf den **Gesetzesvorbehalt** im Eingangssatz des Abs. 2 ggf. die Mitbestimmung ausschließen (vgl. Rn. 25), so z. B. bei den Beschäftigungsverboten nach §§ 3 bis 6 MuSchG.[280] 59

Nach st. Rspr. des *BVerwG*[281] sollen nur diejenigen Maßnahmen mitbestimmungspflichtig sein, die darauf **abzielen**, das Risiko von Gesundheitsschädigungen oder Unfällen innerhalb der Dienststelle zu mindern oder einen effektiven Arbeits- und Gesundheitsschutz zu gewährleisten.[282] 60

276 LT-Dr. 15/4224, S. 136/137 [zu § 70].

277 *BVerwG* v. 18.5.94 – 6 P 27.92 –, PersR 94, 466; Lorenzen-*Rehak*, § 80 Rn. 308; a. A. Richardi-*Kaiser/Annuß*, § 75 a. F. Rn. 428.

278 *BVerwG* v. 18.5.94, a. a. O.

279 Vgl. Altvater-*Dierßen*, § 80 Rn. 152; Richardi-*Kaiser/Annuß*, § 75 a. F. Rn. 443.

280 *BVerwG* v. 19.5.92 – 6 P 5.90 –, PersR 92, 361.

281 Vgl. Beschl. v. 8.1.01 – 6 P 6.00 –, PersR 01, 154; krit. dazu Altvater-*Dierßen*, § 80 Rn. 165.

282 Vgl. Beschl. v. 19.5.03 – 6 P 16.02 –, PersR 03, 314, wonach eine die Unfallverhütung bezweckende Teilregelung einer Verwaltungsvorschrift jedenfalls dann

61 **Inhaltlich** erstreckt sich die Mitbestimmung nach **Abs. 2 S. 1 Nr. 7** nicht nur auf Maßnahmen, die das Verhalten von Beschäftigten betreffen, sondern auch auf organisatorische, technische, medizinische und personelle Maßnahmen. Zu den das **Verhalten** regelnden Maßnahmen gehören z. B. Sicherheitsanweisungen und Unfallschutzvorschriften,[283] dem Nichtraucherschutz dienende Rauchverbote unter Beachtung der Regelungen in § 5 ArbStättV und im LNRSchG, ferner Alkoholverbote[284] sowie Maßnahmen gegen Mobbing. Zu den organisatorischen Maßnahmen rechnen zum einen die **Organisation des Arbeitsschutzes** in der Dienststelle betreffende, so z. B. die Entscheidung über die Beauftragung freiberuflicher Betriebsärzte[285] oder über den Anschluss an einen überbetrieblichen arbeitsmedizinischen und sicherheitstechnischen Dienst,[286] die Bildung eines Arbeitsschutzausschusses (§ 11 ASiG) oder die Einführung eines Konzepts über Gesundheitszirkel.[287] Zum anderen sind aber auch dem Arbeitsschutz dienende Maßnahmen der **Arbeitsorganisation** mitbestimmungspflichtig. Dazu gehört etwa die Organisation des täglichen Arbeitsablaufs der Bildschirmarbeit, z. B. eine Regelung über die Gewährung bezahlter Kurzpausen,[288] auch die Schließung von Hochschulgebäuden wegen der Corona-Pandemie.[289] **Technische Maßnahmen** können in der Anordnung und Einrichtung von Arbeitsschutzvorrichtungen bestehen,[290] z. B. in der Bereitstellung persönlicher Schutzausrüstungen.[291] **Medizinische Maßnahmen** sind z. B. nähere, die einschlägigen Vorschriften der Arbeitsstättenverordnung (ArbStättV), Anhang Nr. 6 konkretisierende Regelungen über die Untersuchung der Augen und des Sehvermögens oder über die Zuzahlung bei Arbeitsplatzbrillen für die in der Bildschirmarbeit tätigen oder dafür vorgesehenen Beschäftigten.[292] **Personelle Maßnahmen**, die in der Bestellung oder Abberufung von Personen bestehen, die damit beauftragt sind, den Dienststellenleiter bei der Durch-

---

der Mitbestimmung unterliegt, wenn die Teilregelung nicht nur von untergeordneter Bedeutung ist.

283 *BAG* v. 16.6.98 – 1 ABR 68/97 –, AP Nr. 7 zu § 87 BetrVG 1972 Gesundheitsschutz; *OVG NW* v. 9.6.06 – 1 A 1492/05.PVL –, PersR 06, 478.

284 *OVG NW* v. 4.5.87 – CL 20/85 –, PersR 88, 104; einschränkend aber *BVerwG* v. 11.3.83 – 6 P 25.80 –, PersV 84, 318.

285 *BVerwG* v. 25.1.95 – 6 P 19.93 –, PersR 95, 300.

286 Vgl. *BAG* v. 10.4.79 – 1 ABR 34/77 –, AP Nr. 1 zu § 87 BetrVG 1972 Arbeitssicherheit; *VG Oldenburg* v. 4.11.04 – 9 A 4325/04 –, PersR 05, 245.

287 *VG Berlin* v. 20.9.06 – VG 61 A 7.06 –, PersR 07, 43.

288 *BVerwG* v. 8.1.01 – 6 P 6.00 –, PersR 01, 154.

289 *VGH BW* v. 7.12.20 – PL 15 S 3286/20 –, NZA RR 21, 151, allerdings nicht die Öffnung aus demselben Anlass als actus contrarius.

290 *BVerwG* v. 18.5.94 – 6 P 27.92 –, PersR 94, 466.

291 Vgl. *VGH BW* v. 27.9.94 – PL 15 S 2844/93 –, PersR 95, 214.

292 Vgl. Altvater-*Dierßen*, § 80 Rn. 157.

führung des gesundheitlichen Arbeitsschutzes zu unterstützen, sind nach Abs. 2 S. 1 Nr. 7 mitbestimmungspflichtig, sofern nicht spezielle Mitbestimmungstatbestände eingreifen.[293] Nicht mitbestimmungspflichtig war bislang nach Ansicht des *BVerwG*[294] eine zu Arbeitsschutzzwecken durchgeführte, der **Gefährdungsbeurteilung** nach § 5 ArbSchG dienende **Befragung von Beschäftigten** der Dienststelle, weil die Befragung keine Maßnahme i. S. d. § 73 Abs. 1 und 2 sei und der PR jedenfalls im Vorfeld von konkreten Arbeitsschutzmaßnahmen nur die in § 70 Abs. 1 Nr. 3 vorgesehenen speziellen Informations- und Anregungsrechte habe (vgl. § 70 Rn. 8).[295] Dieser Argumentation ist nach der Anpassung des Mitbestimmungstatbestandes an den Arbeitsschutz und der expliziten Nennung der Verhütung von Gesundheitsgefahren die Grundlage entzogen. Insbesondere im Zusammenhang mit dem ebenfalls neu eingefügten § 70 Abs. 1 Nr. 3, auf den in der Gesetzesbegründung ausdrücklich hingewiesen wird,[296] muss davon ausgegangen werden, dass eine Erweiterung des Mitbestimmungstatbestandes erfolgt ist. Außerdem ist zu berücksichtigen, dass eine Verhütung von Gesundheitsgefahren z. B. im Bereich von psychischen Belastungen bereits dadurch erreicht werden kann, dass diese offen angesprochen werden – auch in Frageform. Es ist also durchaus denkbar, dass bereits ein entsprechender Fragebogen eine Maßnahme i. S. d. § 73 Abs. 1 S. 2 darstellt, die der Mitbestimmung nach Abs. 2 Nr. 7 unterliegt.

j) Maßnahmen des Gesundheitsmanagements

(Abs. 2 Nr. 8) Mit dem ÄndG 2013 sind die **Maßnahmen des Gesundheitsmanagements** einschließlich vorbereitender und präventiver Maßnahmen, allgemeiner Fragen des Eingliederungsmanagements und Maßnahmen aufgrund von Feststellungen aus Gefährdungsanalysen in den Mitbestimmungskatalog aufgenommen worden. Die aus Bestrebungen zur Vermeidung von Gesundheitsgefährdungen heraus entwickelten Mitbestimmungstatbestände sollen der Gesundheitsvorsorge in der Dienststelle Rechnung tragen.[297] Im Kern geht es darum, den gesamten Entwicklungsprozess der beabsichtigten Planung zur Verwirklichung des Arbeits- und Gesundheitsschutzes mit in die Mitbestimmung einzubeziehen. Deshalb sind in Nr. 8 62

293 *BVerwG* v. 18. 5. 94, a. a. O., u. v. 14. 10. 02 – 6 P 7.01 –, PersR 03, 113.

294 Beschl. v. 14. 10. 02, a. a. O.

295 Weitergehend zu § 87 Abs. 1 Nr. 7 BetrVG: *BAG* v. 8. 6. 04 – 1 ABR 13/03 –, AP Nr. 13 zu § 87 BetrVG 1972 Gesundheitsschutz. Vgl. auch *VG Dresden* v. 31. 3. 10 – 9 L 118/10 –, PersR 11, 263, zur Mitbestimmung bei Befragungen von Beschäftigten wegen krankheitsbedingter Ausfallzeiten.

296 LT-Dr. 15/4224, S. 136 [zu § 70].

297 LT-Dr. 15/4224, S. 136 [zu § 70].

vorbereitende und präventive Maßnahmen ausdrücklich aufgeführt. Entgegen der Rechtsprechung des *BVerwG*[298] hat der PR auch bei Gefärdungsbeurteilungen nach § 5 ArbSchG i. V. m. § 3 ArbStättV und ASR V3[299] mitzubestimmen, und zwar bereits deshalb, weil nach Abs. 2 Nr. 8 Maßnahmen nach Gefährdungsanalysen aufgeführt sind und im Übrigen nach § 73 Abs. 1 S. 2 der Begriff der Maßnahme auf Vorbereitungshandlungen erstreckt wird.

63 Die Regelung des Abs. 2 Nr. 8 bezieht sich auf »alle Maßnahmen, die nach ihrer Zielrichtung auf Unfallverhütung und Gesundheitsschutz am Arbeitsplatz gerichtet sind und darauf abzielen, das Risiko von Gesundheitsgefahren oder Unfällen innerhalb der Dienststelle zu vermeiden«. Erfasst werden danach Arbeitsschutzmaßnahmen, die nach gesetzlicher Vorschrift oder aus freiem Ermessen des Dienststellenleiters ergriffen werden sollen, um die Beschäftigten allgemein zu schützen oder konkrete Gefahren abzuwenden ebenso wie alle Maßnahmen der Unfallverhütung und des Gesundheitsschutzes, wobei es nicht darauf ankommt, ob diese allgemein oder nur im Einzelfall wirken. Der Mitbestimmung unterliegt jede behördenseitige Regelung in Ausführung der gesetzlichen Bestimmungen zum Arbeits-, Unfall- und Gesundheitsschutz.[300] Maßnahmen vorbereitender Art sind danach alle Vorbereitungshandlungen, die im Hinblick auf die spätere Maßnahme zur Verhütung von Dienst- und Arbeitsunfällen und sonstigen Gesundheitsbeschädigungen durch die Dienststelle ergriffen werden.[301] Mit der frühzeitigen Beteiligung des PR an den Maßnahmen zum Schutze ihrer Gesundheit soll das Erfahrungswissen der Beschäftigten bzw. ihrer Interessenvertretungen bei der Festlegung problemadäquater Schwerpunkte der arbeitsmedizinischen und sicherheitstechnischen Betreuung berücksichtigt werden, um eine möglichst hohe Effizienz des betrieblichen Arbeits- und Gesundheitsschutzes zu erreichen. In diesem Zusammenhang ist der PR nicht nur gehalten, die Dienststellenleitung bei der vorbeugenden Bekämpfung von Unfall- und Gesundheitsgefahren zu unterstützen, sondern erforderlichenfalls auch korrigierend Einfluss zu nehmen.[302]

64 Der Schwerpunkt des Mitbestimmungstatbestands liegt insgesamt gesehen im Bereich der Prävention. Maßnahmen der Prävention betreffen häufig das

---

298 *BVerwG* v. 14. 10. 02 – 6 P 7.01 –, NZA-RR 03, 273, und v. 5. 3. 12 – 6 PB 25.11 –, NZA-RR 12, 447.

299 Technische Regeln für Arbeitsstätten V3 v. Juli 2017 der Bundesanstalt für Arbeitsschutz und Arbeitsmedizin.

300 *VG Düsseldorf* v. 24. 10. 14 – 34 K 5306/13. PLV zur vergleichbaren Bestimmung des § 72 Abs. 4 Nr. 7 LPVG NW.

301 Vgl. *Neubert/Sandfort/Lorenz/Kochs*, LPVG NW, 11. Aufl. 2012, § 72 S. 521; *Welkoborsky u. a.*, § 72 Rn. 129.

302 *VG Düsseldorf* v. 24. 10. 14 – 34 K 5306/13. PLV; *BVerwG* v. 18. 5. 94 – 6 P 27.92 –, PersR 94, 466.

Verhalten von Beschäftigten. Hier besteht die Gefahr, dass die Persönlichkeitsrechte der Beschäftigten verletzt werden. Deshalb ist die Mitbestimmung bereits bei den ersten Überlegungen zu Maßnahmen des Gesundheitsmanagements erforderlich. So dürften **Befragungen von Beschäftigten**, die aufgrund der Art der Fragestellung nicht bereits Maßnahmen i. S. v. § 73 sind (vgl. Rn. 60), jedenfalls als vorbereitende Maßnahmen nach Abs. 2 Nr. 8 mitbestimmungspflichtig sein. Geht es bei einer schriftlichen Befragung von Beschäftigten nicht um Gesundheitsthemen, greift die eingeschränkte Mitbestimmung nach § 75 Abs. 4 Nr. 3.

Die Mitbestimmung bei Maßnahmen des **Eingliederungsmanagements** 65
bezieht sich auf »allgemeine Fragen«. Nicht mitbestimmungspflichtig ist die Festlegung der bei einem konkreten Beschäftigten durchzuführenden Eingliederungsmaßnahmen.[303] Unberührt bleibt die Verpflichtung der Dienststelle, einem Mitglied des PR regelmäßig die Namen der Beschäftigten mitzuteilen, denen ein betriebliches Eingliederungsmanagement anzubieten ist, und ihm Einsicht in das Hinweisschreiben an die betroffenen Beschäftigten zu gewähren.[304] In der Praxis hat es sich als sehr sinnvoll erwiesen, mit dem PR eine DV zum betrieblichen Eingliederungsmanagemnt zu schließen. Auch betriebliche Konfliktberatungsstellen, Mediationsangebote und die Anwendung weiterer Sozialtechniken fallen unter die Mitbestimmung bei Maßnahmen des Gesundheitsmanagements.

k) Sozialpläne

(Abs. 2 Nr. 9) Nach der aus § 79 Abs. 1 Nr. 1 a. F. übernommenen und mit 66
§ 75 Abs. 3 Nr. 13 BPersVG wortgleichen Regelung hat der PR mitzubestimmen bei der **Aufstellung von Sozialplänen** »einschließlich Plänen für Umschulungen zum Ausgleich oder zur Milderung von wirtschaftlichen Nachteilen, die dem Beschäftigten infolge von Rationalisierungsmaßnahmen entstehen«. Der **Zweck** dieses Mitbestimmungsrechts besteht darin, den individualrechtlichen Schutz der Beschäftigten vor Eingriffen in ihr Beschäftigungsverhältnis kollektivrechtlich zu ergänzen und zu erweitern.[305] Das Mitbestimmungsrecht setzt für die Aufstellung eines Sozialplans die Planung oder Durchführung einer **Rationalisierungsmaßnahme** voraus. Was unter einer solchen Maßnahme zu verstehen ist, sagt das Gesetz nicht. Nach Ansicht des *BVerwG* ist entscheidendes Merkmal einer solchen Maßnahme, dass durch sie die Leistungen der Dienststelle durch eine zweckmäßige Gestaltung von Arbeitsabläufen verbessert werden sollen, indem

303 Rooschüz-*Gerstner-Heck*, § 74 Rn. 57; ausf. *Düwell*, NZA 21, 1614.

304 *BVerwG* v. 2.9.12 – 6 P 5.11 –, PersR 12, 508; s. auch *Baden*, PersR 13, 436.

305 *BVerwG* v. 26.3.86 – 6 P 38.82 –, PersV 86, 510; *v. Roetteken*, PersR 94, 552; Richardi-*Kaiser/Annuß*, § 75 a. F. Rn. 458.

der Aufwand an menschlicher Arbeit oder auch an Zeit, Energie, Material und Kapital herabgesetzt wird.[306] Diese Definition ist jedoch zu eng, weil damit bestimmte **Varianten** der Rationalisierung nicht erfasst werden. Das gilt v. a. für Maßnahmen mit dem Ziel einer relativen Kostensenkung, insb. für Maßnahmen, mit denen auf eine geänderte Nachfrage nach Dienstleistungen reagiert wird. Dem *BVerwG* ist deshalb nicht zu folgen, wenn es personalwirtschaftliche Maßnahmen, die den Personalbedarf »lediglich an die vorhandenen Gegebenheiten anpassen« sollen (z. B. an eine geänderte allgemeine Marktsituation), nicht als Rationalisierungsmaßnahmen ansieht.[307] Auch die räumliche Zusammenlegung von Dienststellen kann eine Rationalisierungsmaßnahme sein, wenn sie dazu dient, Arbeitsabläufe effizienter und kostengünstiger zu organisieren.

67 Die **Rationalisierungsmaßnahme** ist **Voraussetzung**, nicht Gegenstand der Mitbestimmung nach Abs. 2 Nr. 9. Allerdings kann die Rationalisierungsmaßnahme nach anderen Vorschriften der **Beteiligung** des PR unterliegen. Nach den Umständen des jeweiligen Einzelfalls kommen v. a. in Betracht: die Mitbestimmung nach § 75 Abs. 4 Nr. 14 und 15, die Mitwirkung nach § 81 Abs. 1 Nr. 2, 3 und 7, die Anhörung nach § 87 Abs. 1 Nr. 5. Außerdem ist der PR bei den **personellen Einzelmaßnahmen** zu beteiligen, die **zur Umsetzung** der Rationalisierungsmaßnahme getroffen werden sollen.

68 Die **Schließung einer Betriebskrankenkasse** durch das Bundesversicherungsamt ist nach Auffassung des *BVerwG* keine sozialplanpflichtige Rationalisierungsmaßnahme, weil die staatliche Aufsichtsbehörde, die die Schließung per Verwaltungsakt nach § 153 SGB V verfügt, nicht zum Dienststellensystem der Betriebskrankenkasse gehört. Ihre Schließungsverfügung sei daher eine externe Entscheidung, die schon deswegen keine Rationalisierungsmaßnahme im Sinne des Mitbestimmungstatbestandes sein könne.[308]

69 Unter **Sozialplan** i. S. d Nr. 9 ist die Gesamtheit der Regelungen zu verstehen, mit denen **die wirtschaftlichen Nachteile ausgeglichen oder gemildert** werden sollen, die einzelnen oder mehreren Beschäftigten infolge einer Rationalisierungsmaßnahme entstehen. Entscheidend ist der Inhalt des Plans, nicht seine Bezeichnung.[309] Welche Nachteile unter welchen Voraussetzungen und in welchem Ausmaß ausgeglichen oder gemildert werden sollen, steht im **Ermessen** des Dienststellenleiters und des PR oder, falls diese sich nicht einigen können, der im weiteren Verfahren beteiligten Stellen, letztlich der Einigungsstelle. Die Regelungen eines Sozialplans können sich auf einen

306 Beschl. v. 17. 6. 92 – 6 P 17.91 –, PersR 92, 451.

307 Näher dazu Altvater-*Baden*, § 79 Rn. 38 m. w. N.

308 *BVerwG* v. 28. 11. 12 – 6 P 11.11 –, PersR 13, 130 (zu § 75 Abs. 3 Nr. 13 BPersVG); s. auch Altvater-*Baden*, § 79 Rn. 38.

309 *VGH BW* v. 18. 9. 90 – 15 S 2484/89 –, PersR 91, 144.

einzigen Beschäftigten beschränken und sich sowohl auf **Arbeitnehmer** als auch auf **Beamte** beziehen. Mögliche **Inhalte** eines Sozialplans können alle Regelungen sein, die auf den Ausgleich oder die Milderung der durch die jeweilige Rationalisierungsmaßnahme entstehenden wirtschaftlichen Nachteile gerichtet sind. In Betracht kommen u. a.: Regelungen zur Sicherung der bisherigen Vergütung, Abfindungen für ausscheidende Beschäftigte oder bei Verlust sozialer Leistungen, Ausgleichsleistungen bei Umsetzungen und Versetzungen wie z. B. die Anrechnung von Wegezeiten auf die Arbeitszeit, Ersatz zusätzlicher Aufwendungen wie Reisekostenerstattung, Trennungsentschädigung und Übernahme von Umzugskosten, Ausschluss der Kündigung von bereitgestelltem Wohnraum ebenso wie Hilfen bei der Beschaffung von Wohnraum, Einrichtung eines vom Arbeitgeber bzw. Dienstherrn unterhaltenen Personalverkehrs für die Fahrten zwischen Wohnung und Dienststelle.[310]

Die ausdrücklich genannten **Pläne für Umschulungen** können Bestandteil **70**
von Sozialplänen sein. Sie können sich nicht nur auf Umschulungen i. e. S. beziehen, also nicht nur auf Maßnahmen, die (so die Definition in § 1 Abs. 5 BBiG) zu einer anderen beruflichen Tätigkeit befähigen sollen, sondern auch auf Maßnahmen der beruflichen Fortbildung (vgl. § 75 Abs. 4 Nr. 10). Sie können die Art und den Inhalt von beruflichen Bildungsmaßnahmen, den Teilnehmerkreis und die Modalitäten der Durchführung einschließlich der Kostentragung und der bezahlten Freistellung von der Arbeit regeln.[311]

Ein Sozialplan i. S. d. Nr. 9 ist nicht an das jeweilige Haushaltsgesetz und den **71**
damit verknüpften **Haushaltsplan** gebunden.[312] Da die Mitbestimmung bei Sozialplänen eine gesetzliche Erweiterung der Fürsorgepflicht des Arbeitgebers bzw. Dienstherrn ist, die darauf beruht, dass der einzelne Beschäftigte die aufgrund von Rationalisierungsmaßnahmen erfolgenden Eingriffe in sein Beschäftigungsverhältnis nicht abwehren kann, handelt es sich bei den Leistungen aus dem Sozialplan um gesetzliche Pflichtleistungen (vgl. Rn. 66). Diese Verbindlichkeiten werden nach § 3 Abs. 2 HGrG bzw. LHO durch den Haushaltsplan nicht aufgehoben und dürfen nach § 28 Abs. 2 HGrG bzw. § 51 LHO auch dann geleistet werden, wenn dafür Ausgabemittel nicht besonders zur Verfügung gestellt sind.[313] Das **Gesamtvolumen des Sozialplans** muss so bemessen sein, dass dieser seine Funktion erfüllen kann, wirtschaftliche Nachteile auszugleichen oder zu mildern.[314]

---

310 Näher dazu Altvater-*Baden*, § 79 Rn. 42 f. m. w. N.

311 Vgl. Richardi-*Kaiser/Annuß*, § 75 a. F. Rn. 478; *v. Roetteken*, PersR 94, 552, 556.

312 Str.; wie hier u. a. Richardi-*Kaiser/Annuß*, § 75 a. F. Rn. 474; a. A. z. B. Lorenzen-*Rehak*, § 79 Rn. 87.

313 Vgl. Altvater-*Baden*, § 79 Rn. 46 m. w. N.

314 Vgl. *BAG* v. 24. 8. 04 – 1 ABR 23/03 –, AP Nr. 174 zu § 112 BetrVG 1972.

72 Für die **Ausgestaltung** eines Sozialplans besteht ein **weiter Gestaltungsspielraum** (vgl. Rn. 66). Zu beachten ist aber der **Vorrang gesetzlicher Regelungen** (vgl. Rn. 22 ff.), wozu auch die Grundsätze des § 69 Abs. 1 S. 1 (dazu § 69 Rn. 2–15) gehören.[315] **Altersdifferenzierungen** in Sozialplänen sind nach Maßgabe des § 10 S. 3 Nr. 6 AGG zulässig.[316] Leistungen dürfen nicht vom Verzicht auf eine Kündigungsschutzklage abhängig gemacht werden.[317] Für **Beamte** ergibt sich aus den Vorschriften von § 3 Abs. 2 LBesGBW sowie § 3 Abs. 2 LBeamtVGBW, dass **besoldungs- und versorgungsrechtliche Regelungen** grundsätzlich nicht in einen Sozialplan aufgenommen werden können. Etwas anderes gilt insoweit nur hinsichtlich der Regelungsinhalte solcher Vorschriften, die ein Ermessen einräumen oder die konkretisierungsfähig und -bedürftig sind. Dagegen schließt das **Reise- und Umzugskostenrecht** auch abstrakt-generelle Sonderregelungen in Sozialplänen nach Abs. 2 Nr. 9 nicht aus, wenn diese in einer Dienstvereinbarung festgelegt werden.[318] Zu beachten ist auch der **Vorrang tarifvertraglicher Regelungen** (vgl. Rn. 22 ff.). Seit dem 1. Januar 2022 ist hier im Bereich des Bundes der Digitalisierungstarifvertrag (DigiTV) zu beachten. Wegen ihres ausgedehnten Geltungsbereichs kommt im Übrigen insbesondere den **Tarifverträgen über den Rationalisierungsschutz** für Angestellte, für Arbeiter des Bundes und der Länder sowie für Arbeiter gemeindlicher Verwaltungen, jew. v. 9. 1. 87, i. d. F. v. 29. 10. 01, Bedeutung zu.[319] Diese Tarifverträge legen allerdings ausdrücklich fest, dass die Beteiligungsrechte der Personalvertretung nicht berührt werden. Daraus ist abzuleiten, dass die Tarifverträge nur Mindeststandards festschreiben und es zulassen, dass sowohl konkretisierende als auch weitergehende Leistungen in einem nach Abs. 2 Nr. 9 aufzustellenden Sozialplan festgelegt werden können.[320]

73 Damit der Schutzzweck der Mitbestimmung (vgl. Rn. 66) so gut wie möglich erreicht werden kann, ist eine **frühzeitige Beteiligung** des PR erforderlich. Dieser kann – ggf. durch Ausübung seines Initiativrechts nach § 84 Abs. 1 – bereits dann die Aufstellung eines Sozialplans verlangen, wenn die Rationalisierungsmaßnahme sich noch in der **Vorbereitungsphase** befindet. Dafür reicht es aus, dass der Dienststellenleiter im Prinzip zu einer bestimmten Rationalisierungsmaßnahme entschlossen ist.[321] Das folgt i. Ü. auch aus dem neu gefassten § 73 Abs. 1 S. 2.

---

315 Vgl. Richardi-*Kaiser/Annuß*, § 75 a. F. Rn. 474.

316 *BAG* v. 23. 3. 10 – 1 AZR 823/08 –, AP Nr. 55 zu § 75 BetrVG 1972.

317 *BAG* v. 31. 5. 05 – 1 AZR 254/04 –, AP Nr. 175 zu § 112 BetrVG 1972.

318 Näher dazu *v. Roetteken*, PersR 94, 552, 559 f.; a. A. *BVerwG* v. 16. 4. 13 – 6 P 11.12 –, PersR 13, 377 u. a. wegen § 44 TVöD BT-V.

319 Vgl. KZD-*Mayer*, § 132 Rn. 172 ff. m. w. N.

320 Str.; wie hier *v. Roetteken*, a. a. O.; a. A. Richardi-*Kaiser/Annuß*, § 75 a. F. Rn. 462.

321 Vgl. Altvater-*Baden*, § 79 Rn. 51 m. w. N.

Sofern nicht die in § 85 Abs. 2 geregelte Sperre durch tarifliche oder tarifübliche Regelung entgegensteht (vgl. § 85 Rn. 4 ff.), empfiehlt es sich, den Sozialplan als **Dienstvereinbarung** nach § 85 Abs. 1 aufzustellen, weil die in ihm enthaltenen Regelungen dann als Rechtsnormen mit unmittelbarer und zwingender Wirkung bestehen, die von den Beschäftigten selbst gegenüber dem Arbeitgeber bzw. Dienstherrn geltend gemacht und im Streitfall von den Arbeitnehmern vor dem Arbeitsgericht bzw. von den Beamten vor dem Verwaltungsgericht durchgesetzt werden können (vgl. § 85 Rn. 1, 17).[322] Ein Sozialplan in Form einer Dienstvereinbarung kann durch Abschluss einer neuen Dienstvereinbarung mit Wirkung für die Zukunft geändert werden, wobei in Rechtspositionen der Betroffenen nur unter Beachtung der Grundsätze des Vertrauensschutzes und der Verhältnismäßigkeit eingegriffen werden kann.[323] 74

l) Voschlagswesen

(**Abs. 2 Nr. 10**) Der Mitbestimmungstatbestand »**Grundsätze über die Bewertung von anerkannten Vorschlägen im Rahmen des behördlichen oder betrieblichen Vorschlagwesens**« ist aus § 79 Abs. 1 Nr. 13 a. F. übernommen und entspricht dem Mitbestimmungstatbestand im § 66 Nr. 8 PersVG BB, § 66 Abs. 1 Nr. 15 NPersVG, § 72 Abs. 4 Nr. 8 LPVG NW. Zu dem Vorschlagswesen gehören alle systematischen Bestrebungen zur Anregung, Sammlung und Bewertung von **Verbesserungsvorschlägen**, die von einzelnen oder mehreren Beschäftigten **außerhalb** ihres eigentlichen Pflichtenkreises freiwillig unterbreitet werden. Die Vorschläge müssen die Vereinfachung, Erleichterung, Beschleunigung oder sichere Gestaltung der Arbeit in der Dienststelle bezwecken und können den technischen, kaufmännischen, organisatorischen und sozialen Bereich einschl. der menschengerechten Arbeitsgestaltung betreffen.[324] Keine Verbesserungsvorschläge in diesem Sinne sind nach h. M. patent- oder gebrauchsmusterfähige **Erfindungen** von Beschäftigten, weil das Gesetz über Arbeitnehmererfindungen (ArbNErfG) v. 25. 7. 57[325] dazu abschließende Regelungen enthält, die nach den §§ 40, 41 ArbNErfG grundsätzlich auch für Arbeitnehmer im öffentlichen Dienst und für Beamte gelten.[326] Für **qualifizierte technische Verbesserungsvorschläge** enthält das ArbNErfG dagegen keine abschließenden 75

322 Altvater-*Baden*, § 79 Rn. 52 m. w. N.

323 Vgl. *BAG* v. 5. 10. 00 – 1 AZR 48/00 –, AP Nr. 141 zu § 112 BetrVG 1972; Altvater-*Baden*, § 79 Rn. 54 m. w. N.

324 Vgl. Richardi-*Kaiser/Annuß*, § 75 a. F. Rn. 450; DKW-*Klebe*, § 87 Rn. 364; *Fitting*, § 87 Rn. 546 ff.

325 BGBl. I S. 756; vgl. auch Altvater-*Dierßen*, § 80 Rn. 130.

326 Vgl. Lorenzen-*Rehak*, § 80 Rn. 257.

Regelungen, sondern lediglich Vorschriften über die Vergütung des Arbeitnehmers bzw. Beamten, welche die Mitbestimmung im Übrigen nicht ausschließen (§§ 1, 3, 20, 40 Nr. 2, § 41 ArbNErfG).[327]

76 **Gegenstand der Mitbestimmung** des PR ist die Erstellung von **Grundsätzen** über die Bewertung von anerkannten Verbesserungsvorschlägen. Dabei handelt es sich um die erstmalige **Aufstellung**, die spätere **Änderung** oder die **Aufhebung** von **abstrakt-generellen Regelungen**, die sich auf die Maßstäbe und die Art sowie das Verfahren der Bewertung beziehen.[328] Die Mitbestimmung dient dem **Zweck**, unter Beachtung der Vorschriften des § 69 Abs. 1 eine gerechte Bewertung der Vorschläge sicherzustellen.[329] **Nicht mitbestimmungspflichtig** sind die Einführung eines behördlichen Vorschlagswesens, die Grundsätze der Annahme und Anerkennung von Vorschlägen, die Entscheidung darüber, ob und in welchem Umfang finanzielle Mittel für die Honorierung zur Verfügung gestellt werden,[330] sowie die mit der Annahme, Anerkennung, Bewertung, Prämierung und Verwertung verbundenen Einzelfallentscheidungen.[331] Unterliegt aber die Grundentscheidung zur Einführung eines Vorschlagswesens nicht der Mitbestimmung der Personalvertretung, so gilt Entsprechendes auch für die nachfolgende Grundentscheidung zur Abschaffung eines zuvor eingeführten Vorschlagswesens (»actus contrarius«).[332] Allerdings kann der PR nach § 84 Abs. 1 die Einrichtung eines betrieblichen bzw. behördlichen Vorschlagswesens beantragen.[333]

4. Unregelmäßige und kurzfristige Festsetzung der Arbeitszeit

77 **(Abs. 3)** Die mit § 75 Abs. 4 BPersVG übereinstimmende und aus § 79 Abs. 1 S. 2 a. F. übernommene Bestimmung enthält eine **Sonderregelung** für die arbeitszeitbezogene Mitbestimmung nicht vorhersehbarer Heranziehungen zum Dienst. Insoweit werden die Mitbestimmungstatbestände des Abs. 2 Nr. 2 bis 4 eingeschränkt.

Die Mitbestimmung gilt für **Gruppen** von Beschäftigten, die sich **funktional** insbesondere nach der beruflichen Qualifikation, der in der Dienst-

---

327 Vgl. DKW-*Klebe*, § 87 Rn. 361; a. A. die h. M. zum BPersVG, vgl. statt aller Richardi-*Kaiser/Annuß* § 75 a. F. Rn. 451.

328 Vgl. Richardi-*Kaiser/Annuß*, § 75 a. F. Rn. 453; z. T. a. A. *Fischer/Goeres/Gronimus*, § 75 a. F. Rn. 102.

329 Vgl. Leuze-*Flintrop*, § 74 Rn. 70.

330 Vgl. auch Altvater-*Dierßen*, § 80 Rn. 131; *Fitting*, § 87 Rn. 557 m. w. N.

331 Vgl. Rooschüz-*Gerstner-Heck*, § 74 Rn. 60, Richardi-*Kaiser/Annuß*, § 75 a. F. Rn. 448, 453; *Fischer/Goeres/Gronimus*, a. a. O.

332 *BayVGH* v. 4. 7. 17 – 18 P 16.2000.

333 Altvater-*Dierßen*, § 80 Rn. 131 a. E.

stelle auszuübenden Tätigkeit oder der Zugehörigkeit zu einer bestimmten Gliederungseinheit der Dienststelle abgrenzen lassen.[334] Die Sonderregelung betrifft Fälle, in denen für solche Gruppen nach Erfordernissen, die die Dienststelle nicht voraussehen kann, eine **unregelmäßige und kurzfristige Festsetzung der täglichen Arbeitszeit** vorgenommen werden muss. Liegt ein solcher Fall vor, ist die in Abs. 2 Nr. 2 bis 4 vorgesehene Mitbestimmung auf die **Grundsätze für die Aufstellung der Dienstpläne** beschränkt. Die Beschränkung tritt nur dann ein, wenn der Zeitraum zwischen der Festsetzung der Arbeitszeiten im Dienstplan und seinem Inkrafttreten so knapp bemessen ist, dass ein **ordnungsgemäßes Mitbestimmungsverfahren nicht mehr möglich** ist.[335] Im Einzelnen müssen dabei folgende Voraussetzungen erfüllt sein:[336] Es ist erforderlich, die Arbeitszeit **unregelmäßig**, nämlich zu unterschiedlichen Zeitpunkten, festzusetzen; die Festsetzung der Arbeitszeit erfolgt **kurzfristig**, weil die Zeitspanne zwischen dem Bekanntwerden der Notwendigkeit dieser Festsetzung und ihrem Inkrafttreten knapp bemessen ist; die erforderliche Arbeitszeitregelung ist nicht planbar, weil die Erfordernisse der unregelmäßigen und kurzfristigen Festsetzung der Arbeitszeit für die Dienststelle **nicht voraussehbar** sind.[337] Für die Einschränkung der Mitbestimmung reicht nicht, dass Arbeitszeiten unregelmäßig und kurzfristig festzusetzen sind. Vielmehr müssen sie unregelmäßig auftreten und damit nicht planbar sein.[338] Wird eine Dienststelle häufig mit besonderen Ereignissen konfrontiert, die besondere Arbeitszeitregelungen erfordern, ist davon auszugehen, dass sie die Notwendigkeit der Anordnung von Überstunden usw. rechtzeitig voraussehen kann, so dass rechtzeitig ein entsprechender Dienstplan nach Abs. 2 Nr. 1 und 4 zu vereinbaren ist.[339] Die Voraussetzungen des Abs. 3 liegen insbesondere nicht vor, wenn die Dienststelle vom Schichtdienst zu einem regelmäßigen Bereitschaftsdienst übergehen will.[340]

Gegenstand der Mitbestimmung nach Abs. 3, ist die **Festlegung der Grundsätze** für die Aufstellung der Dienstpläne, »insbesondere für die Anordnung von Dienstbereitschaft, Mehrarbeit oder Überstunden« außerhalb des planbaren Teils der Arbeitszeit.[341] Dabei handelt es sich um Varianten von Arbeitszeitregelungen, die ohne das Vorliegen der Voraussetzungen des 78

334 Vgl. *BVerwG* v. 2.6.92 – 6 P 14.90 –, PersR 92, 359; *BAG* v. 23.1.01 – 1 ABR 36/00 –, PersR 01, 350; Altvater-*Dierßen*, § 80 Rn. 207 m. w. N.

335 *BVerwG* v. 28.3.01 – 6 P 4.00 –, PersR 01, 343.

336 Vgl. dazu *BVerwG* v. 16.12.60 – VII P 6.59 –, PersV 61, 131, sowie v. 9.10.91 – 6 P 21.89 –, PersR 92, 20, u. v. 3.12.01 – 6 P 12.00 –, PersR 02, 163.

337 *VGH BW* v. 14.11.18 – PL 15 S 660/17 –, ZfPR online 19, Nr. 7–8, S. 4; Rn. 54.

338 *BVerwG* v. 9.10.91 – 6 P 12.90 –, PersR 92, 16.

339 Richardi-*Kaiser/Annuß*, § 75 a. F. Rn. 257.

340 *BVerwG* v. 28.3.01, a. a. O.

341 Vgl. *BAG* v. 23.1.01 – 1 ABR 36/00 –, PersR 01, 350.

Abs. 3 nach Abs. 2 Nr. 2 bis 4 mitbestimmungspflichtig wären.[342] Zu den mitbestimmungspflichtigen Grundsätzen gehören z. B. die Kriterien für die Auswahl der heranzuziehenden Beschäftigten und für die Reihenfolge ihrer Heranziehung, ferner – unter Beachtung des Gesetzes- und Tarifvorrangs (vgl. Rn. 22 ff.) – der Umfang und das Höchstmaß ihrer Inanspruchnahme sowie Fragen des Ausgleichs bzw. der Abgeltung von Mehrarbeit oder Überstunden.

79 Erlässt die Dienststelle aus welchen Gründen auch immer keine Grundsätze, kann der PR nach § 84 Abs. 1 von sich aus die Initiative zur Aufstellung von Grundsätzen durch die Dienststelle ergreifen und damit auf dem Erlass entsprechender Grundsätze **bestehen**.[343]

§ 75 Angelegenheiten der eingeschränkten Mitbestimmung

(1) Der Personalrat hat mitzubestimmen in Personalangelegenheiten der Beschäftigten, die voraussichtlich länger als zwei Monate Beschäftigte sein werden, bei

1. **Begründung des Beamtenverhältnisses, mit Ausnahme der Fälle, in denen das Beamtenverhältnis auf Widerruf nach Ablegung oder dem endgültigen Nichtbestehen der für die Laufbahn vorgeschriebenen Prüfung aufgrund von Rechtsvorschriften endet,**
2. **Einstellung von Arbeitnehmern, Übertragung der auszuübenden Tätigkeit bei der Einstellung, Nebenabreden zum Arbeitsvertrag, Zeit- oder Zweckbefristung des Arbeitsverhältnisses,**
3. **Ein-, Höher-, Um- oder Rückgruppierung einschließlich Stufenzuordnung sowie Verkürzung und Verlängerung der Stufenlaufzeit nach Entgeltgrundsätzen, Bestimmung der Fallgruppe innerhalb einer Entgeltgruppe, soweit jeweils tarifvertraglich nichts anderes bestimmt ist, übertariflicher Eingruppierung,**
4. **Beförderung, horizontalem Laufbahnwechsel,**
5. **Zulassung zum Aufstieg einschließlich der Zulassung zur Eignungsfeststellung für den Aufstieg,**
6. **zwei Monate überschreitender Übertragung von Dienstaufgaben eines Amtes mit höherem oder niedrigerem Grundgehalt,**
7. **zwei Monate überschreitender Übertragung einer Tätigkeit, die**
   a) **den Tätigkeitsmerkmalen einer höheren oder niedrigeren Entgeltgruppe entspricht als die bisherige Tätigkeit,**

---

342 Vgl. *BVerwG* v. 2.3.93 – 6 P 34.91 –, PersR 93, 266; *VGH BW* v. 14.11.18 – PL 15 S 660/17 –, ZfPR online 19, Nr. 7–8, S. 4.

343 *VGH BW* v. 8.9.92 – 15 S 2807/91 –, PersR 93, 336 (Ls.); *BVerwG* v. 9.10.91 – 6 P 12.90 –, PersR 92, 16.

b) einen Anspruch auf Zahlung einer Zulage auslöst, sowie Widerruf einer solchen Übertragung,

8. zwei Monate überschreitender Übertragung einer anderen Tätigkeit,
9. erneuter Übertragung von Dienstaufgaben eines Amtes oder der auszuübenden Tätigkeit nach Rückkehr aus der Beurlaubung von längerer Dauer,
10. wesentlicher Änderung des Arbeitsvertrags, ausgenommen der Änderung der arbeitsvertraglich vereinbarten Arbeitszeit,
11. Umsetzung innerhalb der Dienststelle, wenn sie mit einem Wechsel des Dienstorts verbunden ist,
12. ordentlicher Kündigung durch die Dienststelle.

(2) Der Personalrat der abgebenden Dienststelle und, soweit dort bestehend, der Personalrat der aufnehmenden Dienststelle haben in Personalangelegenheiten jeweils mitzubestimmen bei

1. Versetzung von Beschäftigten, die voraussichtlich länger als zwei Monate Beschäftigte sein werden, zu einer anderen Dienststelle,
2. Abordnung für die Dauer von mehr als zwei Monaten, mit Ausnahme der Abordnung von Beamten für die Erfüllung von Aufgaben nach dem Landesdisziplinargesetz,
3. Zuweisung für die Dauer von mehr als zwei Monaten,
4. Personalgestellung für die Dauer von mehr als zwei Monaten,
5. Abordnung auch für die Dauer von weniger als zwei Monaten, sofern sie sich unmittelbar an eine vorangegangene Abordnung anschließt; entsprechendes gilt für die Zuweisung oder Personalgestellung.

(3) Der Personalrat bestimmt in Personalangelegenheiten der Beschäftigten nur auf deren Antrag mit bei

1. Verlängerung der Probezeit,
2. Änderung der arbeitsvertraglich vereinbarten Arbeitszeit für die Dauer von mehr als zwei Monaten,
3. Anordnungen gegenüber Beschäftigten, welche die Freiheit in der Wahl der Wohnung beschränken,
4. Ablehnung eines Antrags auf Telearbeit oder auf Einrichtung eines Arbeitsplatzes außerhalb der Dienststelle, sofern diese Arbeitsform tarifvertraglich oder durch Dienstvereinbarung besteht,
5. Versagung oder Widerruf der Genehmigung einer Nebentätigkeit, Erteilung von Auflagen zu Nebentätigkeitsgenehmigungen, Untersagung einer Nebentätigkeit,
6. Ablehnung eines Antrags auf Teilzeitbeschäftigung oder Urlaub ohne Dienstbezüge oder Arbeitsentgelt, Widerruf der Bewilligung,
7. Ablehnung eines Antrags auf Altersteilzeit,
8. Herabsetzung der Anwärterbezüge oder Unterhaltsbeihilfe,

9. Geltendmachung von Ersatzansprüchen gegen Beschäftigte,
10. Entlassung von Beamten auf Probe oder auf Widerruf, wenn sie die Entlassung nicht selbst beantragt haben,
11. Abschluss von Aufhebungs- oder Beendigungsverträgen, wenn der Arbeitnehmer die Auflösung des Arbeitsverhältnisses nicht selbst beantragt hat; entsprechendes gilt für die Beendigung von öffentlich-rechtlichen Ausbildungsverhältnissen,
12. Ablehnung des Antrags auf vorzeitige Versetzung in den Ruhestand oder vorzeitiger Versetzung in den Ruhestand, wenn der Beamte die Versetzung nicht selbst beantragt hat,
13. Feststellung der begrenzten Dienstfähigkeit, wenn der Beamte die Feststellung nicht selbst beantragt hat,
14. Ablehnung des Antrags auf Hinausschiebung des Eintritts in den Ruhestand wegen Erreichens der Altersgrenze.

(4) Der Personalrat hat, soweit eine gesetzliche oder tarifliche Regelung nicht besteht, mitzubestimmen über

1. Bestellung und Abberufung von
   a) Vertrauens- und Betriebsärzten,
   b) behördlichen Datenschutzbeauftragten,
   c) Fachkräften für Arbeitssicherheit, Sicherheitsbeauftragten, Beauftragten für biologische Sicherheit, Fachkräften und Beauftragten für den Strahlenschutz,
   d) Hygienebeauftragten,
   e) Beauftragten des Arbeitgebers für schwerbehinderte Menschen,
2. Widerruf der Bestellung der Beauftragten für Chancengleichheit oder ihrer Stellvertreterin,
3. Inhalt von Personalfragebögen, mit Ausnahme von solchen im Rahmen der Rechnungsprüfung, Inhalt von Fragebögen für Mitarbeiterbefragungen,
4. Beurteilungsrichtlinien,
5. Inhalt und Verwendung von Formulararbeitsverträgen,
6. Erlass von Richtlinien über die personelle Auswahl
   a) bei Einstellungen,
   b) bei Versetzungen,
   c) bei Höher-, Rück- oder Umgruppierungen,
   d) bei Kündigungen,
   e) für Beförderungen und horizontalen Laufbahnwechsel nach Absatz 1 Nummer 4,
   f) bei beförderungsähnlichen Übertragungen anderer Tätigkeiten und Übertragungen von Tätigkeiten, die einen Anspruch auf Zahlung einer Zulage auslösen,

g) für die Zulassung zum Aufstieg einschließlich Zulassung zur Eignungsfeststellung für den Aufstieg,

7. Erlass von Richtlinien über Ausnahmen von der Ausschreibung von Dienstposten für Beamte und Aufstellung von allgemeinen Grundsätzen über die Durchführung von Stellenausschreibungen für Arbeitnehmer einschließlich Inhalt, Ort und Dauer,
8. Absehen von der Ausschreibung eines Dienstpostens für Beamte, der nach gesetzlichen Vorschriften, einer Richtlinie nach Nummer 7 oder einer Dienstvereinbarung auszuschreiben wäre,
9. allgemeine Fragen zur Durchführung der beruflichen Ausbildung mit Ausnahme der Gestaltung von Lehrveranstaltungen
   a) bei Arbeitnehmern einschließlich der Bestellung und Abberufung der Ausbilder und Ausbildungsleiter bei Ausbildungen im Sinne des Berufsbildungsgesetzes, des Krankenpflegegesetzes und des Hebammengesetzes,
   b) der Beamten einschließlich der Bestellung und Abberufung der Ausbilder und Ausbildungsleiter,
   c) von Studierenden der Dualen Hochschule, von Studierenden, die ein nach einer Studienordnung vorgeschriebenes Praktikum leisten, oder von Volontären,
10. allgemeine Fragen der beruflichen Fortbildung, Weiterbildung, Umschulung, Einführung in die Aufgaben einer anderen Laufbahn und Qualifizierungsmaßnahmen im Rahmen der Personalentwicklung,
11. Einführung und Anwendung technischer Einrichtungen, die dazu geeignet sind, das Verhalten und die Leistung der Beschäftigten zu überwachen,
12. Gestaltung der Arbeitsplätze,
13. Einführung, Anwendung oder wesentliche Änderung oder wesentliche Erweiterung technischer Einrichtungen und Verfahren der automatisierten Verarbeitung personenbezogener Daten der Beschäftigten, mit Ausnahme der Einführung und Anwendung automatisierter Verfahren für amtliche Statistiken beim Statistischen Landesamt, soweit diese von Dienststellen außerhalb des Geltungsbereichs dieses Gesetzes erstellt und unter dortiger Mitbestimmung der Personalvertretung freigegeben worden sind,
14. Maßnahmen, die zur Hebung der Arbeitsleistung und Erleichterung des Arbeitsablaufs geeignet sind, sowie deren wesentliche Änderung oder wesentliche Ausweitung,
15. Einführung grundsätzlich neuer Arbeitsmethoden, wesentliche Änderung oder wesentliche Ausweitung bestehender Arbeitsmethoden,

16. Einführung, wesentliche Änderung oder wesentliche Ausweitung der Informations- und Kommunikationsnetze,
17. Einführung grundsätzlich neuer Formen der Arbeitsorganisation und wesentliche Änderungen der Arbeitsorganisation,
18. Anordnung von Urlaubssperren aus arbeitsorganisatorischen Gründen,
19. Erstellung und Anpassung des Chancengleichheitsplans.

(5) Es gelten nicht

1. Absätze 1 bis 3 Nummer 1 bis 3, 5 bis 7, 10, 12, 14 für
   a) Beamtenstellen und Beamte der Besoldungsgruppe A 16 und höher, bei den obersten Dienstbehörden des Landes der Besoldungsgruppe B 3 und höher sowie jeweils für entsprechende Arbeitnehmerstellen und Arbeitnehmer,
   b) Landräte, Bürgermeister und Beigeordnete,
   c) leitende Beschäftigte öffentlich-rechtlicher Kreditinstitute; welche Beschäftigten leitende Beschäftigte öffentlich-rechtlicher Kreditinstitute sind, entscheidet die zuständige oberste Aufsichtsbehörde,
2. Absatz 1 Nummer 1 für die Begründung des Beamtenverhältnisses bei
   a) Polizeiobermeistern und Polizeioberkommissaren und Kriminaloberkommissaren,
   b) Lehrern an allgemeinbildenden und beruflichen Schulen,
3. Absatz 1 Nummer 11 und Absatz 2 für nicht beamtete Lehrer.

(6) An die Stelle der Mitbestimmung tritt, soweit in Absatz 5 nichts anderes bestimmt ist, die Mitwirkung

1. in den Fällen der Absätze 1, 2 und 3 Nummer 2, 3, 5 bis 7 und 14 bei
   a) Leitern von Dienststellen im Sinne dieses Gesetzes,
   b) Rektoren an Grund-, Haupt-, Werkreal-, Real-, Gemeinschafts- und entsprechenden sonderpädagogischen Bildungs- und Beratungszentren,
   c) Abteilungsleitern bei den Regierungspräsidien, Landesoberbehörden und höheren Sonderbehörden,
   d) den Ersten Landesbeamten bei den Landratsämtern,
2. in den Fällen des Absatzes 1 Nummer 11 und des Absatzes 2 bei
   a) Beamten des allgemeinen Vollzugsdienstes und des Werkdienstes bei den Justizvollzugseinrichtungen,
   b) Polizeibeamten,
   c) Beschäftigten des Landesamts für Verfassungsschutz.

(7) [1]Wird trotz anderslautender Empfehlung der Einigungsstelle nach § 78 Absatz 4 eine ordentliche Kündigung ausgesprochen, ist dem Arbeitnehmer mit der Kündigung eine Abschrift der Empfehlung der Eini-

gungsstelle zuzuleiten. [2]Hat der Arbeitnehmer im Falle des Satzes 1 nach dem Kündigungsschutzgesetz Klage auf Feststellung erhoben, dass das Arbeitsverhältnis durch die Kündigung nicht aufgelöst ist, so muss die Dienststelle auf Verlangen des Arbeitnehmers diesen nach Ablauf der Kündigungsfrist bis zum rechtskräftigen Abschluss des Rechtsstreits bei unveränderten Arbeitsbedingungen weiterbeschäftigen. [3]Auf Antrag der Dienststelle kann das Arbeitsgericht sie durch einstweilige Verfügung von der Verpflichtung zur Weiterbeschäftigung nach Satz 2 entbinden, wenn

1. **die Klage des Arbeitnehmers keine hinreichende Aussicht auf Erfolg bietet oder mutwillig erscheint oder**
2. **die Weiterbeschäftigung des Arbeitnehmers zu einer unzumutbaren wirtschaftlichen Belastung der Dienststelle führen würde oder**
3. **die Verweigerung der Zustimmung des Personalrats offensichtlich unbegründet war.**

(8) [1]Tritt nach einer Rechtsvorschrift im Falle der ordentlichen Kündigung des Arbeitnehmers durch die Dienststelle an die Stelle der Mitbestimmung die Mitwirkung, so ist dem Arbeitnehmer mit der Kündigung eine Abschrift der Stellungnahme des Personalrats zuzuleiten, sofern der Personalrat nach § 82 Absatz 4 Satz 1 Einwendungen gegen die Kündigung erhoben hat, es sei denn, dass die Stufenvertretung nach Verhandlung nach § 83 Absatz 1 Satz 4 und 5 die Einwendungen nicht aufrechterhalten hat. [2]Bis zur endgültigen Entscheidung der übergeordneten Dienststelle nach § 83 Absatz 1 Satz 4 und 5 oder der obersten Dienstbehörde nach § 83 Absatz 2 oder des nach § 89 Absatz 1 zuständigen Organs kann die Kündigung nicht ausgesprochen werden. [3]Absatz 7 Satz 2 und 3 sowie § 76 Absatz 2 gelten entsprechend.

Vergleichbare Vorschriften:
s. Synopse vor § 74

Inhaltsübersicht Rn.

1. Vorbemerkungen

1 In der durch das ÄndG 2013 neu gestalteten Vorschrift sind nunmehr alle Beteiligungsangelegenheiten der eingeschränkten Mitbestimmung (vgl. § 78 Abs. 4) zusammengefasst. Danach beschließt die Einigungsstelle, wenn sie sich nicht der Auffassung der obersten Dienstbehörde anschließt, eine **Empfehlung** an diese. Die oberste Dienstbehörde entscheidet sodann endgültig. Es handelt sich dabei um Angelegenheiten, die den Amtsauftrag der Dienststelle berühren, insbesondere weil die Dienststelle den Beschäftigten gegenüber als Außenstehende auftritt.[1] Es geht insbesondere um **personelle Angelegenheiten**, die durch Verwaltungsakte (Beamte) oder arbeitsvertragliche Vereinbarungen (Arbeitnehmer) erfolgen.
Die Mitbestimmungsfälle des § 75 a. F. sind weitgehend in den **Abs. 1–3** enthalten, die Mitbestimmungstatbestände aus § 79 a. F., soweit sie nicht in die grundsätzlich uneingeschränkte Mitbestimmung nach § 74 übernommen worden sind sowie neue Mitbestimmungsangelegenheiten, in **Abs. 4**. In den **Abs. 5 und 6** sind Ausnahmen und Einschränkungen der Mitbestimmung für bestimmte Personengruppen geregelt. In **Abs. 7 und 8** sind Regelungen über die Rechtsstellung gekündigter Arbeitnehmer nach Abschluss entsprechenden Mitbestimmungs- bzw. Mitwirkungsverfahren enthalten.
Der Bundesgesetzgeber hat die in § 76 a. F. enthaltene Zusammenfassung von Beteiligungsangelegenheiten in der Novelle vom 9. 6. 21[2] aufgegeben.

1 LT-Dr. 15/4224, S. 137 [zu § 71].
2 BPersVG v. 9. 6. 21, BGBl. I 1614.

Maßnahmen, die nur der eingeschränkten Mitbestimmung unterliegen, befinden sich nun in den §§ 78 Abs. 1 und 80 Abs. 1 Nr. 10 bis 13 und 19 bis 21 BPersVG. Das ergibt sich aus § 75 Abs. 3 BPersVG.

1a Der die Ausübung der Mitbestimmungsrechte einschränkende **Katalog der Zustimmungsverweigerungsgründe** des § 82 a. F. ist **entfallen**.

2. Personalangelegenheiten

2 **(Abs. 1)** Die Bestimmungen des Abs. 1 wurden aus § 75 Abs. 1 a. F. und zusammen mit der aus der Mitwirkungsnorm des § 77 a. F. in die Mitbestimmung angehobenen Beteiligung des PR bei ordentlichen Kündigungen außerhalb der Probezeit übernommen. In den Fällen des Abs. 1 greift die Mitbestimmung nur dann ein, wenn die **Beschäftigung** voraussichtlich **länger als zwei Monate** andauern soll. War bislang die Mitbestimmung lediglich in einzelnen Tatbeständen z. B. in § 75 Abs. 1 Nr. 2 a. F. von einer Prognose über die Beschäftigungsdauer (drei Monate) abhängig, stehen nunmehr alle Mitbestimmungstatbestände des Abs. 1 unter dem Vorbehalt, dass die von beabsichtigten Maßnahme Betroffenen voraussichtlich länger als zwei Monate in der Dienststelle beschäftigt sein werden. Damit tritt einerseits durch die Verkürzung des Prognosezeitraums auf einheitlich zwei Monate eine Stärkung der Mitbestimmung ein, andererseits aber durch die Ausweitung der Mindestdauer auf alle Tatbestände eine nicht unerhebliche Beschränkung der Mitbestimmungsrechte. Die Einschränkung überzeugt im Hinblick auf den Schutzzweck der Mitbestimmung (vgl. Rn. 14) in rechtspolitischer Hinsicht nicht. Nach der Gesetzesbegründung[3] soll die Beschäftigung in der Dienststelle eine gewisse Stetigkeit voraussetzen, ehe die Interessen der Belegschaft und der Einzelnen von personalvertretungsrechtlicher Bedeutung sein können.[4] Insbesondere beim systematischen Einsatz kurzzeitiger personeller Einzelmaßnahmen wird die Wahrnehmung der Interessen sowohl der Betroffenen als auch der Belegschaft durch den PR verhindert, wenn sich die Mitbestimmung allein auf die arbeitsvertragliche Regelung bezieht. Auf diese Weise würde § 75 Abs. 1 S. 1 zu einem Einfallstor für den Ausschluss der Mitbestimmung.[5] Zu Recht geht das *VG Sigmaringen* daher davon aus, dass es bei der Beurteilung, ob der Beschäftigte »voraussichtlich länger als zwei Monate Beschäftigter sein wird« nicht auf die arbeitsvertragliche Regelung, sondern auf die Dauer der voraussichtlichen Beschäftigung ankommt[6] (s. auch Rn. 23). Praktische Bedeutung erlangt die Mindest-

3 LT-Dr. 15/4224, S. 137 [zu § 71 Abs. 1].
4 LT-Dr. 15/4224, S. 137 [zu § 71].
5 *Melzer*, PersR 6/22, 29 ff.
6 *VG Sigmaringen* v. 11. 1. 22 – PL 11 K 375/20 (Beschwerde eingelegt beim *VGH BW* – PL 15 S 410/22).

beschäftigungsdauer in der Regel nur bei Arbeitnehmern, da Beamte regelmäßig für einen längeren Zeitraum angestellt werden.[7]

Bei den in Abs. 1 aufgeführten **Personalangelegenheiten** geht es um **personelle Einzelmaßnahmen**, die sich auf **Beschäftigte** der Dienststelle (§ 4) beziehen. Dabei kann es sich um beamten- oder arbeitsrechtliche Maßnahmen handeln, welche die Dienstverhältnisse von **Beamten** oder die Rechtsverhältnisse von **Arbeitnehmern** betreffen. Der PR hat hinsichtlich der in Abs. 1 genannten Maßnahmen nach § 78 Abs. 4 ein **eingeschränktes Mitbestimmungsrecht** (vgl. § 78 Rn. 11). Anders als in § 77 Abs. 1 BPersVG vorgesehen, bleibt es auch nach der Neuregelung des § 84 dabei, für die Fälle des Abs. 1 dem PR kein Initiativrecht einzuräumen. Der Gesetzgeber schließt das Initiativrecht in personellen Einzelmaßnahmen aus, weil der PR nicht Anwalt einzelner Beschäftigter sei, die ihre Einzelansprüche selbständig geltend machen könnten.[8] 3

Der **Katalog des Abs. 1** ist für den **Mitbestimmungsbereich abschließend**. Das LPVG enthält aber **weitere beteiligungspflichtige Personalangelegenheiten**: zum einen solche der **Beamten**, die nach § 81 Abs. 2 Nr. 1 der Mitwirkung und nach § 87 Abs. 1 Nr. 9 der Anhörung des PR unterliegen, zum anderen solche der **Arbeitnehmer**, die gemäß § 81 Abs. 2 Nr. 2 der Mitwirkung und gemäß § 87 Abs. 1 Nr. 2 der Anhörung des PR bedürfen. 3a

Wer i. S. d. LPVG **Beamter** ist oder als solcher gilt, definiert das Gesetz in § 4 Abs. 3. Wer i. S. d. LPVG **Arbeitnehmer** ist oder als solcher gilt, bestimmt es in § 4 Abs. 4. Zu den Arbeitnehmern i. S. d. LPVG gehören auch die **DO-Angestellten** (vgl. § 4 Rn. 8a). Daraus folgt, dass in ihren Personalangelegenheiten der PR nach Abs. 1 grundsätzlich dann mitzubestimmen hat, wenn es um die diejenigen dort aufgeführten Maßnahmen geht, die (auch) auf Arbeitnehmer zugeschnitten sind. Denn bei dem Recht der DO-Angestellten handelt es sich trotz dessen Anlehnung an das Beamtenrecht materiell um Arbeitsrecht.[9] Es ist jedoch sachgerecht, die in § 75 für Beamte vorgesehenen Mitbestimmungstatbestände dann auf DO-Angestellte entsprechend anzuwenden, wenn Abs. 1 keine vergleichbaren Tatbestände für Arbeitnehmer enthält, wie das z. B. bei einer Beförderung der Fall ist.[10] 4

In den **Abs. 5 und 6** sind für die dort jeweils bezeichneten **besonderen Gruppen** von Beschäftigten verschiedene **Abweichungen** von Abs. 1 festgelegt. Nach Abs. 5 ist sie ganz ausgeschlossen und nach Abs. 6 ist sie zur Mitwirkung herabgestuft (vgl. Rn. 263 ff., 275 ff.). Abweichende Regelungen 5

---

7 LT-Dr. 15/4224, S. 137 [zu § 71]; Rooschüz-*Gerstner-Heck*, § 75 Rn. 6.

8 LT-Dr. 15/4224, S. 155 [zu § 79].

9 *BAG* v. 20. 2. 08 – 10 AZR 440/07 –, AP Nr. 272 zu § 611 BGB Gratifikation = PersR 08, 179 Os.

10 Str.; vgl. Altvater-*Baden*, § 78 Rn. 28, und Altvater-*Baunack*, § 114 Rn. 66; jew. m. w. N.

finden sich auch in den **besonderen Vorschriften** von § 99 Abs. 2 und 3, § 103 und § 110.

6 Das **Verfahren der Mitbestimmung** ist in § 76 geregelt.

a) Begründung des Beamtenverhältnisses

7 **(Abs. 1 Nr. 1)** Die Norm wurde aus § 75 Abs. 1 a. F. unverändert übernommen. Nach der bis zum Inkrafttreten des DRG geltenden Fassung des § 75 Abs. 1 Nr. 1 hatte der PR in Personalangelegenheiten der Beamten grundsätzlich bei der »Einstellung« mitzubestimmen. Nach der Neufassung dieser Vorschrift ist stattdessen die »**Begründung des Beamtenverhältnisses**« Gegenstand der Mitbestimmung (im Übrigen PersVR so bisher nur in § 87 Abs. 1 Nr. 1 HmbPersVG normiert). In der Begründung dieser Gesetzesänderung wird zum einen darauf hingewiesen, dass § 8 Abs. 1 Nr. 1 BeamtStG den Begriff der »Einstellung« nicht mehr gebraucht – im Unterschied zum vorher maßgeblichen § 9 Abs. 1 Nr. 1 LBG a. F. mit der Formulierung »Begründung des Beamtenverhältnisses (Einstellung)« –, zum anderen heißt es, eine inhaltliche Änderung sei damit nicht verbunden.[11] Die Definitionen des Begriffs der »Einstellung« im alten und neuen Landesbeamtenrecht sind allerdings nicht deckungsgleich. Während die (durch Art. 63 S. 2 Nr. 5 DRG außer Kraft gesetzte) Landeslaufbahnverordnung bestimmte: »Einstellung ist die Begründung eines Beamtenverhältnisses« (§ 2 LVO), heißt es nun in § 18 Abs. 1 LBG n. F.: »Die Begründung eines Beamtenverhältnisses auf Probe oder auf Lebenszeit oder die Umwandlung eines Beamtenverhältnisses auf Widerruf in ein solches Beamtenverhältnis (Einstellung) …«.

8 Zur Begründung des Beamtenverhältnisses bedarf es einer **Ernennung**, die durch Aushändigung einer Ernennungsurkunde mit einem gesetzlich bestimmten Inhalt erfolgt (§ 8 Abs. 1 Nr. 1 und Abs. 2 BeamtStG). Die Ernennung ist ein rechtsgestaltender formgebundener bedingungsfeindlicher und mitwirkungsbedürftiger Verwaltungsakt, der die Grundlagen der Rechtsstellung des Beamten (seinen Status) festlegt.[12] Die Zustimmung des zu Ernennenden ist Wirksamkeitsvoraussetzung der Ernennung.[13] Die **Mitbestimmung** bei der **Begründung des Beamtenverhältnisses** bezieht sich nach der st. Rspr. des *BVerwG* zum Tatbestand der Einstellung[14] wie im Falle Einstellung von Arbeitnehmern nach Abs. 1 Nr. 2 auf die einzustellende Person und die von ihr auszuübende Tätigkeit und dient in erster Linie dem **Zweck**, die Interessen der in der Dienststelle (bereits) tätigen Beschäftigten zu wahren und sachwidrigen Benachteiligungen vorzubeugen. Vom Mit-

---

11 LT-Dr. 14/6694, S. 567 [zu Abs. 1 Nr. 1].

12 *Battis*, § 10 Rn. 2.

13 *Battis*, § 10 Rn. 6.

14 Vgl. Beschl. v. 30. 9. 83 – 6 P 4.82 –, PersV 85, 167.

bestimmungstatbestand nicht umfasst ist die bei Beamtinnen und Beamten auf Probe oder auf Lebenszeit vorzunehmende Erstfestsetzung von Erfahrungsstufen (§§ 27, 28 BBesG).[15]

Die Mitbestimmung nach Abs. 1 Nr. 1 ist nicht nur bei der **erstmaligen Begründung eines Beamtenverhältnisses** gegeben, sondern auch bei der **Begründung eines weiteren Beamtenverhältnisses** zu demselben Dienstherrn (vgl. § 4 Abs. 3 Buchst. b BeamtStG i.V.m. § 8 LBG) oder einem anderen Dienstherrn (vgl. § 22 Abs. 2 u. 3 BeamtStG) und bei der **erneuten Begründung eines Beamtenverhältnisses**, so z.B., wenn im Anschluss an ein zuvor beendetes Beamtenverhältnis auf Widerruf ein (neues) Beamtenverhältnis auf Probe begründet[16] oder wenn ein wegen Dienstunfähigkeit in den Ruhestand versetzter und wieder dienstfähig gewordener Beamter (nach § 29 Abs. 1 bis 3 BeamtStG, § 43 Abs. 4 LBG) reaktiviert wird.[17] Trotz dessen vorheriger Beschäftigung ist auch die **Übernahme eines Arbeitnehmers** in das Beamtenverhältnis – die zum Erlöschen des Arbeitsverhältnisses zum Dienstherrn führt (§ 9 Abs. 3 LBG) – ein Fall der (erstmaligen) Begründung des Beamtenverhältnisses und deshalb nach Abs. 1 Nr. 1 mitbestimmungspflichtig.[18] Auch eine Begründung des Beamtenverhältnisses, auf die der Bewerber – z.B. aufgrund einer rechtsverbindlichen Zusicherung – einen **Anspruch** hat, ist mitbestimmungspflichtig.[19] **9**

Für die Mitbestimmung bei der Begründung des Beamtenverhältnisses kommt es auf die **Art des zu begründenden Beamtenverhältnisses** grundsätzlich nicht an; es kann sich um ein Beamtenverhältnis auf Lebenszeit, auf Zeit, auf Probe, auf Widerruf oder als Ehrenbeamter handeln (vgl. § 4 Rn. 43). Allerdings bestimmt der PR bei der Begründung eines **Beamtenverhältnisses auf Zeit** nach § 76 Abs. 2 Nr. 1b nur mit, wenn der zu Ernennende dies beantragt. Außerdem sind nach der (insoweit an § 22 Abs. 4 BeamtStG angepassten) Neufassung des Abs. 1 Nr. 1 durch Art. 22 DRG (vgl. Rn. 8) jene Fälle von der Mitbestimmung ausgenommen, in denen das **Beamtenverhältnis auf Widerruf** nach Ablegung der Laufbahnprüfung oder dem endgültigen Nichtbestehen der für die Laufbahn vorgeschriebenen Prüfung aufgrund von Rechtsvorschriften endet.[20] Solche Regelungen gelten u.a. für Sekretäranwärter (§ 10 Abs. 2 APrOVw mD[21]), Regierungsinspektor- **10**

---

15 *BVerwG*, Beschl. v. 24.11.15 – 5 P 13.14 –, PersR 3/16, 46

16 Vgl. *BVerwG* v. 4.9.95 – 6 P 20.93 –, PersR 96, 115.

17 *HessVGH* v. 29.11.94 – 1 TG 3059/94 –, PersR 95, 252.

18 *BVerwG* v. 2.6.93 – 6 P 3.92 –, PersR 93, 450; *VG Braunschweig* v. 28.9.09 – 9 A 2/09 –, PersR 10, 79; vgl. *BAG* v. 18.5.06 – 6 AZR 15/05 –, ZTR 07, 219 = PersR 06, 486 Ls.

19 *Günther*, ZBR 82, 193, 197.

20 Vgl. LT-Dr. 14/6694, S. 567 [zu Abs. 1 Nr. 1].

21 V. 3.9.13, GBl. S. 278

anwärter (§ 17 Abs. 3 APrOVw gD[22]), Verwaltungsreferendare (§ 6 Abs. 3 APrOVwhD[23]), Polizeimeisteranwärter, Polizeikommissaranwärter und Kriminalkommissaranwärter (§ 8 LVOPol[24]) sowie Rechtspflegeranwärter (§ 11 Abs. 3 APrORpfl[25]) und Notaranwärter (§ 14 Abs. 3 APrONot[26]). Die Begründung des öffentlich-rechtlichen Ausbildungsverhältnisses von **Dienstanfängern** und **Rechtsreferendaren** ist personalvertretungsrechtlich der Begründung des Beamtenverhältnisses gleichzustellen, weil dieser Personenkreis als Beamte i. S. d. § 4 Abs. 3 behandelt wird (vgl. § 4 Rn. 46; § 8 Rn. 18). Jedoch ist bei Rechtsreferendaren die Mitbestimmung ausgeschlossen, weil der Vorbereitungsdienst mit Ablauf des Tages endet, an welchem ihnen eröffnet wird, dass sie die Zweite juristische Staatsprüfung mit Erfolg abgelegt oder bei der ersten Wiederholung nicht bestanden haben (§ 5 Abs. 3 JAG). Bei Dienstanfängern entfällt die Mitbestimmung, weil ihr Ausbildungsverhältnis kraft Rechtsvorschrift mit der Berufung in das Beamtenverhältnis auf Widerruf endet (§ 5 Abs. 2 S. 1 APrOVw mD; § 15 Abs. 2 Nr. 1 APrOVw gD) und nur die Vorstufe dieses nach Ablegung der Laufbahnprüfung (oder dem endgültigen Nichtbestehen der für die Laufbahn vorgeschriebenen Prüfung) endenden Beamtenverhältnisses bildet.[27] Bei der Begründung des Beamtenverhältnisses von **Polizeimeistern** und **-kommissaren** bestimmt der PR nach **Abs. 5 Nr. 2a** nicht mit (vgl. Rn. 6). Gleiches gilt bei der Einstellung von **Lehrern** an allgemeinbildenden und beruflichen Schulen nach **Abs. 5 Nr. 2b**.

11 Die **Umwandlung des Beamtenverhältnisses** in ein solches anderer Art, die nach § 8 Abs. 1 Nr. 2 BeamtStG ebenfalls einer Ernennung bedarf, ist auch personalvertretungsrechtlich grundsätzlich keine Begründung des Beamtenverhältnisses. Das gilt aber nicht für die Umwandlung des Beamtenverhältnisses **auf Widerruf in ein solches auf Probe**, zum einen, weil diese Maßnahme jetzt nach der Legaldefinition in § 18 Abs. 1 LBG n. F. eine Einstellung ist (vgl. Rn. 5) und schon vorher von Merkmalen geprägt war, die der Einstellung i. S. d. Beamtenrechts und des PersVR weitgehend entsprachen,[28] zum anderen, weil der Gesetzgeber durch die Ersetzung des Begriffs der Einstellung in Abs. 1 Nr. 1 keine inhaltliche Änderung des Mitbestimmungstatbestandes vornehmen wollte (vgl. Rn. 5). Die **Übertragung von Dienstaufgaben an einen Beamten nach Beendigung einer Beurlaubung von längerer Dauer**

22 V. 15. 4. 14, GBl. S. 222.
23 V. 22. 6. 82, GBl. S. 152.
24 V. 26. 11. 14, GBl. S. 736.
25 V. 27. 7. 11, GBl. S. 429.
26 V. 11. 2. 94, GBl. S. 50.
27 Ähnlich Rooschüz-*Gerstner-Heck*, § 75 Rn. 11.
28 *BVerwG* v. 28. 10. 02 – 6 P 13.01 –, PersR 03, 117; vgl. Altvater-*Baden*, § 78 Rn. 16 m. w. N.

war bislang nicht mitbestimmungspflichtig, weil es dazu weder einer Neubegründung des Beamtenverhältnisses noch einer ihr vergleichbaren Umwandlung bedarf.[29] Nach dem ÄndG 2013 ist dieser Sachverhalt nunmehr vom Mitbestimmungstatbestand des **Abs. 1 Nr. 9** umfasst. Der bei der Umbildung von Körperschaften nach § 16 BeamtStG (länderübergreifend) oder § 26 LBG (innerhalb Baden-Württembergs) kraft Gesetzes durch **Übertritt** erfolgende Wechsel des Dienstherrn[30] ist bereits mangels einer Maßnahme i. S. d. § 73 Abs. 1 (vgl. § 73 Rn. 7 ff.) der Mitbestimmung entzogen.[31]

Der in § 75 Abs. 1 Nr. 1 LPVG a. F. aufgeführte Fall der **Anstellung**, die vormals in § 6 Abs. 1 LVO als »eine Ernennung unter erstmaliger Verleihung eines Amts …« definiert war, ist kein beamtenrechtlicher Ernennungstatbestand mehr. Stattdessen bestimmt § 8 Abs. 3 BeamtStG, dass mit der Begründung des Beamtenverhältnisses auf Probe, auf Lebenszeit und auf Zeit gleichzeitig ein Amt verliehen wird.[32] Mit ihrem Wegfall ist die Anstellung als eigenständiger Mitbestimmungstatbestand ersatzlos entfallen.[33] **12**

Der in **Abs. 5 Nr. 1a bis c** aufgeführte Personenkreis (Besoldungsgruppe A 16 und höher, Landräte, Bürgermeister, Beigeordnete und Leiter öffentlicher Kreditinstitute) ist von der Mitbestimmung ausgenommen. Bei den in **Abs. 6 Nr. 1a bis d** genannten Personen (Dienststellenleiter, Schulrektoren, Abteilungsleiter in PR u. Ä. und die ersten Landesbeamten bei den Landratsämtern) tritt an die Stelle der Mitbestimmung die Mitwirkung. **13**

b) Einstellung

(Abs. 1 Nr. 2) Die Norm ist aus § 75 Abs. 1 Nr. 2 a. F. mit Änderungen übernommen. Die Vorschrift umfasst **vier Regelungsfälle**: erstens »**Einstellung von Arbeitnehmern**«, zweitens »**Übertragung der auszuübenden Tätigkeiten bei der Einstellung**«, drittens »**Nebenabreden zum Arbeitsvertrag**« und viertens »**Zeit- oder Zweckbefristung des Arbeitsverhältnisses**«. Die Fälle eins, zwei und vier sind wortgleich mit § 75 Abs. 1 Nr. 2 a. F. Obwohl die Tatbestandsfassung des vierten Falls anders als die des zweiten Falls den Zusatz »bei der Einstellung« nicht enthält, steht auch der vierte Fall im Zusammenhang damit, weil auch die spätere Festlegung einer erstmaligen oder einer geänderten Zeit- oder Zweckbefristung eines bereits bestehenden Arbeitsverhältnisses mitbestimmungsrechtlich zugleich als Einstellung zu behandeln ist.[34] **14**

---

29 Vgl. *VGH BW* v. 27. 9. 94 – PL 15 S 2803/93 –, BWVPr 96, 117 Ls.

30 Vgl. LT-Dr. 14/6694, S. 414 [vor §§ 26–30].

31 Rooschüz-*Gerstner-Heck*, Rn. 12.

32 BT-Dr. 16/4027, S. 23 [zu § 8 Abs. 1 u. 3].

33 LT-Dr. 14/6694, S. 567 [zu Abs. 1 Nr. 1].

34 LT-Dr. 14/6694, S. 567 [zu Abs. 1 Nr. 2].

aa) Eingliederung in die Dienststelle

15 **(Abs. 1 Nr. 2, 1. Fall)** Die Mitbestimmung bei der **Einstellung von Arbeitnehmern** bezieht sich nach der Rspr. des *BVerwG* auf die einzustellende Person, auf die von ihr auszuübenden Tätigkeiten und auf die mit der Übertragung der Tätigkeiten verbundene Eingruppierung[35] (vgl. Rn. 20 ff.). Dabei sollen in erster Linie die kollektiven Interessen der in der Dienststelle bereits tätigen Beschäftigten gewahrt werden.[36] Im Hinblick darauf ist es unerheblich, ob die einzustellende Person durch die Einstellung die Eigenschaft eines Arbeitnehmers i. S. d. Arbeitsrechts erlangt.[37] Unter Einstellung ist grundsätzlich die **Eingliederung** eines Arbeitnehmers in die Dienststelle zu verstehen, die regelmäßig durch die tatsächliche Aufnahme der vorgesehenen Tätigkeit (Arbeit oder Ausbildung) bewirkt wird. Mit dem ÄndG 2013 ist der Beschäftigtenbegriff erweitert worden, und zwar unabhängig davon, ob ein Dienst-, Arbeits- oder Auszubildendenverhältnis besteht (vgl. § 4 Abs. 1 S. 1). Diejenigen Beschäftigten, die nicht Beamte i. S. d. § 4 Abs. 3 sind, gelten als Arbeitnehmer i. S. d. LPVG (§ 4 Abs. 4 S. 2). Die Eingliederung erfolgt durch tatsächliche Aufnahme der vorgesehenen Arbeit im Rahmen der Arbeitsorganisation der Dienststelle. Zusätzlich ist ein rechtliches Band erforderlich, durch welches ein Weisungsrecht der Dienststelle – verbunden mit entsprechenden Schutzpflichten – und eine korrespondierende Weisungsgebundenheit des Beschäftigten – verbunden mit entsprechenden Schutzrechten – hergestellt wird. Im Regelfall wird die Rechtsbeziehung zur Dienststelle durch Begründung eines Beamten- oder Arbeitsverhältnisses hergestellt. Als Grundlage für die Eingliederung kommen aber auch **mehrseitige Rechtsbeziehungen** in Betracht[38] (vgl. Rn. 17 ff.).

16 Auf die **Art des Arbeitsverhältnisses** kommt es bei der Einstellung nicht an. Neben dem »**Normalarbeitsverhältnis**« eines unbefristet eingestellten vollzeitbeschäftigten Arbeitnehmers mit fester Arbeitszeit in einer Betriebsstätte kommen alle **Sonderformen** des Arbeitsverhältnisses in Betracht: namentlich das befristete, Probe-, Aushilfs-, Teilzeit-, flexible Teilzeit- und Telearbeitsverhältnis, das Arbeitsverhältnis einer Abrufkraft oder aufgrund eines Rahmenvertrages,[39] das Arbeitsverhältnis aufgrund einer Maßnahme zur Teilhabe am Arbeitsmarkt nach § 16i SGB II (vgl. § 4 Rn. 10); ferner das **Ausbildungsverhältnis** eines Auszubildenden nach dem Berufsbildungs-

---

35 Beschl. v. 30. 9. 83 – 6 P 4.82 –, PersV 85, 167.

36 *BVerwG* v. 3. 2. 93 – 6 P 28.91 –, PersR 93, 260, u. v. 22. 10. 07 – 6 P 1.07 –, PersR 08, 23.

37 *BVerwG* v. 6. 9. 95 – 6 P 9.93 –, PersR 96, 118, sowie v. 21. 3. 07 – 6 P 4.06 – u. – 6 P 8.06 –, PersR 07, 301 bzw. 309.

38 *BVerwG* v. 12. 4. 06 – 6 PB 1.06 –, PersR 06, 389.

39 Vgl. *BAG* v. 28. 4. 92 – 1 ABR 73/91 –, AP Nr. 98 zu § 99 BetrVG 1972; *BVerwG* v. 3. 2. 93, a. a. O.

gesetz, dem Krankenpflegegesetz oder dem Hebammengesetz oder einem vergleichbaren Spezialgesetz für einen nichtakademischen Gesundheitsfachberuf sowie das vergleichbare Rechtsverhältnis eines Umschülers, Anlernlings, Volontärs oder Praktikanten (vgl. § 4 Rn. 11).

Die **Rechtsbeziehungen** zwischen dem Träger der Dienststelle und der ein- 17
zustellenden Person müssen nicht dem Muster eines vollständigen zweiseitigen Arbeitsvertrages entsprechen. Nach der Rspr. des *BVerwG* setzt allerdings jede Einstellung und jede Eingliederung einen **Mindestbestand** an arbeitsvertraglichen oder sonstigen Rechtsbeziehungen voraus, die arbeitsrechtlich bedeutsam sind.[40] Dieser Mindestbestand ist bei einer **Arbeitnehmerüberlassung** auch auf der Grundlage mehrseitiger Rechtsbeziehungen gegeben, wenn auch die aufnehmende Dienststelle und der aufzunehmende Arbeitnehmer daran beteiligt sind und wenn in ihrem Verhältnis zueinander diejenigen arbeitsvertraglichen Rechte und Pflichten bestehen, die das Bild der Eingliederung prägen. Das sind insbesondere ein **Weisungsrecht** der aufnehmenden Dienststelle, verbunden mit entsprechenden Schutzpflichten, sowie eine **Weisungsgebundenheit** des aufzunehmenden Arbeitnehmers, verbunden mit entsprechenden Schutzrechten. Derartige Rechtsbeziehungen sind im Falle der Aufnahme eines **Leiharbeitnehmers** in die entleihende Dienststelle zu bejahen,[41] und zwar unabhängig davon, ob dies im Rahmen eines unechten oder echten Leiharbeitsverhältnisses geschieht (vgl. § 4 Rn. 8 sowie unten Rn. 18). Die gleichen Voraussetzungen wie bei der Aufnahme von Leiharbeitnehmern gelten auch sonst beim **Einsatz von Fremdpersonal**. Wird ein bei einer Drittfirma angestellter Arbeitnehmer nicht auf der Grundlage eines vom Träger der Dienststelle mit der Drittfirma abgeschlossenen Werk- oder Dienstvertrages als Erfüllungsgehilfe tätig, der dabei den Weisungen der Drittfirma unterliegt, sondern wird er von der Dienststelle ihren Vorstellungen und Zielen gemäß wie ein eigener Arbeitnehmer eingesetzt, indem sie die Zeit, den Ort und die Art der zu verrichteten Tätigkeit bestimmt, so liegt ein **Arbeitnehmerüberlassungsvertrag** und damit eine Einstellung vor.[42]

Dem Einsatz von (echten und unechten) **Leiharbeitnehmern** in der Dienst- 18
stelle liegen Arbeitnehmerüberlassungsverträge zugrunde, die zwischen dem Verleiher und dem Träger der entleihenden Dienststelle abgeschlossen werden. Vor dem Abschluss dieser Verträge ist der PR nach § 87 Abs. 1 Nr. 8 anzuhören (vgl. § 87 Rn. 21 f., 26). Die **Eingliederung** eines Leiharbeitneh-

40 Beschl. v. 20.5.92 – 6 P 4.90 –, PersR 92, 405, v. 15.3.94 – 6 P 24.92 –, PersR 94, 288, v. 27.8.97 – 6 P 7.95 –, PersR 98, 22, u. v. 12.4.06 – 6 PB 1.06 –, PersR 06, 389.

41 *BVerwG* v. 20.5.92, a.a.O., u.v. 4.9.95 – 6 P 32.93 –, PersR 95, 525.

42 *BVerwG* v. 6.9.95 – 6 P 9.93 –, PersR 96, 118, u.v. 8.1.03 – 6 P 8.02 –, PersR 04, 148.

mers in die Dienststelle, die **durch Arbeitsaufnahme nach Weisung des Dienststellenleiters** erfolgt, ist eine Einstellung i. S. v. Abs. 1 Nr. 2 (s. o. Rn. 15). Das ist bei unechten Leiharbeitnehmern allerdings nicht aus § 14 Abs. 4 i. V. m. Abs. 3 S. 1 AÜG – und der darauf abstellenden Rspr. zu § 78 Abs. 1 Nr. 1 BPersVG[43] – abzuleiten, weil § 14 Abs. 1 bis 3 AÜG mangels des Verweises in § 14 Abs. 4 AÜG auf entsprechende landesrechtliche Regelung im Geltungsbereich des LPVG nicht unmittelbar anwendbar ist (vgl. dazu § 9 Rn. 2). Vielmehr ist darauf abzustellen, dass wegen des Fehlens arbeitsvertraglicher Beziehungen zwischen der entleihenden Dienststelle und dem Leiharbeitnehmer erst der konkrete weisungsgebundene Arbeitseinsatz in der Dienststelle als **Eingliederung** anzusehen und damit als Einstellung zu werten ist (im Unterschied zur Einstellung von Abrufkräften, bei der die Mitbestimmung für dieselbe Person und denselben Arbeitsplatz vor der Aufnahme in die Abrufliste durchzuführen ist).[44] Allerdings ändert dies nichts daran, dass nur eine voraussichtlich länger als zwei Monate dauernde Beschäftigung eines Leiharbeitnehmers nach Abs. 1 Nr. 2 mitbestimmungspflichtig ist (vgl. Rn. 19).[45]

19 Der **Einsatz von Personen aufgrund eines Gestellungsvertrages** ist dann eine Einstellung, wenn die gestellten Personen so in die Dienststelle eingegliedert sind, dass diese aufgrund des Gestellungsvertrages ihnen gegenüber die für ein Arbeitsverhältnis typischen Weisungsbefugnisse bezüglich des Arbeitseinsatzes nach Art, Zeit und Ort hat.[46] Wird ein Arbeitnehmer aufgrund der **»Personalgestellung« gem. § 4 Abs. 3 S. 1 TVöD/TV-L** in einer anderen Dienststelle eingesetzt,[47] ist der PR dieser Dienststelle nach Abs. 1 Nr. 2 zu beteiligen (zur Mitbestimmung des PR der abgebenden Dienststelle gemäß Abs. 2 Nr. 4 vgl. Rn. 128 ff.). Andere gestellte Personen (mit Ausnahme der Gastschwestern des DRK) müssen nach h. M.[48] keine Arbeitnehmer i. S. d. allgemeinen Arbeitsrechts sein.[49] Für die Personen, die aufgrund eines Gestellungsvertrages als **Krankenschwestern/Krankenpfleger** und **Kinderkrankenschwestern/Kinderkrankenpfleger** oder als **Religionslehrer** an Schulen in der Dienststelle weisungsgebunden beschäftigt werden sollen, gilt dies schon deshalb, weil sie nach § 4 Abs. 1 Nr. 1 weisungsgebunden in der Dienststelle beschäftigt sind und daher als

---

43 *BVerwG* v. 7.4.10 – 6 P 6.09 –, PersR 10, 312 (zu § 75 Abs. 1 Nr. 1 BPersVG a. F.).

44 Vgl. *BVerwG* v. 3.2.93 – 6 P 28.91 –, PersR 93, 260.

45 Zur entsprechenden Rechtslage in Berlin vgl. *VG Berlin* v. 21.12.10 – 62 K 3/10-PVL –, PersR 11, 392 [n. rkr.].

46 Vgl. *BAG* v. 22.4.97 – 1 ABR 74/96 –, AP Nr. 18 zu § 99 BetrVG 1972 Einstellung.

47 Hier liegt gem. § 1 Abs. 3 Nr. 2b AÜG keine Arbeitnehmerüberlassung vor.

48 Vgl. Altvater-*Baden*, § 78 Rn. 55 m. w. N.

49 *BVerwG* v. 27.8.97, a. a. O.

Beschäftigte gelten. Auch soweit es sich um **Auszubildende** für die Berufe **Gesundheits- und Krankenpfleger(in)** sowie **Gesundheits- und Kinderkrankenpfleger(in)** handelt, die aufgrund eines Gestellungsvertrages in der Dienststelle weisungsgebunden beschäftigt werden sollen (vgl. § 59 Rn. 4), hat der PR bei der Einstellung mitzubestimmen, weil sie nach § 4 Abs. 1 Nr. 2 als Beschäftigte anzusehen sind.

Auch die Eingliederung **anderer Personen** als der bisher genannten (vgl. Rn. 16 ff.) ist als Einstellung anzusehen, wenn diese nach den für ein Arbeitsverhältnis typischen Weisungen der Dienststelle wie eigene Arbeitnehmer eingesetzt werden. Das gilt u. a. für den Einsatz von **Freiwilligen im Bundesfreiwilligendienst** (vgl. § 4 Rn. 23). Gegenstand der Mitbestimmung ist der dem Bundesamt für Familie und zivilgesellschaftliche Aufgaben vorzulegende gemeinsame Vorschlag der Dienststelle und des Freiwilligen für den Abschluss der in § 8 BFDG vorgesehenen Vereinbarung zwischen dem Bund und dem Freiwilligen.[50] Im freiwilligen sozialen oder ökologischen Jahr bezieht sich die Mitbestimmung entsprechend auf die Vereinbarung nach § 11 JFDG. Wegen des Ausschlusstatbestands des § 4 Abs. 2 Nr. 3 gilt das aber nicht für **ehrenamtlich tätige Personen**.[51] **20**

Auch der aufgrund des § 16 d Abs. 1 u. 7 SGB II (vor dem 1. 1. 09: § 16 Abs. 3 SGB II) erfolgende Einsatz erwerbsfähiger Leistungsberechtigter zur Verrichtung von im öffentlichen Interesse liegenden, zusätzlichen Arbeiten (»**MAE-Kräfte, Ein-Euro-Jobber**«) in der Dienststelle unterliegt unter dem Gesichtspunkt der Einstellung der Mitbestimmung des PR[52] (vgl. auch § 4 Rn. 23). Für die Mitbestimmung kommen hier zwei Anknüpfungspunkte in Betracht: die Stellung des Antrags auf Bewilligung pauschaler Förderleistungen für die Schaffung von Arbeitsgelegenheiten, wenn die Dienststelle dabei dem Leistungsträger für den geplanten Arbeitseinsatz schon bestimmte Hilfebedürftige benennen will, oder die Entscheidung der Dienststelle über einen im Zusammenhang mit der Bewilligung von Förderleistungen vom Leistungsträger gemachten Vorschlag über die Beschäftigung bestimmter Hilfebedürftiger.[53] Unstreitiger Schutzzweck der Mitbestimmung **21**

---

50 Vgl. *BAG* v. 19. 6. 01 – 1 ABR 25/00 –, AP Nr. 35 zu § 99 BetrVG 1972 Einstellung (zu den an das Bundesamt für den Zivildienst zu richtenden Antrag der Dienststelle auf Zuweisung eines bestimmten Zivildienstleistenden nach dem ZDG).

51 Anders für das LPVG NW: *OVG NW* v. 27. 10. 99 – 1 A 5193/97.PVL –, PersR 00, 117 (Angehörige der Freiwilligen Feuerwehr in Feuerwachen); für das BetrVG: *BAG* v. 12. 11. 02 – 1 ABR 60/01 –, AP Nr. 43 zu § 99 BetrVG 1972 (DRK-Mitglieder auf Krankenkraftwagen).

52 *BVerwG* v. 21. 3. 07 – 6 P 4.06 – und – 6 P 8.06 –, a. a. O.; ebenso zur Mitbestimmung des Betriebsrats: *BAG* v. 2. 10. 07 – 1 ABR 60/06 –, AP Nr. 54 zu § 99 BetrVG 1972 Einstellung.

53 Näher dazu Altvater-*Baden*, § 80 Rn. 57.

ist die Wahrung der kollektiven Interessen der vorhandenen Beschäftigten (vgl. Rn. 25). Deren Arbeitspätze dürfen durch den Einsatz von zusätzlichen Kräften weder verdrängt noch verhindert werden. Dementsprechend muss die nach § 16d Abs. 4 SGB II erforderliche Wettbewerbsneutralität nicht nur bezogen auf den allgemeinen Arbeitsmarkt, sondern explizit auch auf die konkrete Dienststelle geprüft werden. Diese Prüfung obliegt dem PR im Rahmen seines Mitbestimmungsrechts bei der Einstellung. Sind die Voraussetzungen einer rechtskonformen Arbeitsgelegenheit nicht gegeben, kann er seine Zustimmung verweigern.

22 Die Aufnahme einer Tätigkeit als **freier Mitarbeiter** ist grds. keine mitbestimmungspflichtige Einstellung, weil er sich nicht in einer weisungsabhängigen Stellung befindet und es deshalb zugleich an der Eingliederung fehlt.[54] Bei arbeitnehmerähnlichen Personen i. S. d. § 12a TVG liegt eine mitbestimmungspflichtige Einstellung vor, da sie gemäß § 4 Abs. 1 Nr. 1 Beschäftigte sind (vgl. § 4 Rn. 14, 19 ff.).

23 Eine mitbestimmungspflichtige Einstellung liegt grundsätzlich nur bei der **erstmaligen Eingliederung** in die Dienststelle vor. Spätere personelle Maßnahmen können allerdings aufgrund des Schutzzwecks der Mitbestimmung trotz vorangegangener Eingliederung ebenfalls als Einstellung anzusehen sein.[55] Denn bei bestimmten **Änderungen des Beschäftigungsverhältnisses** kann sich die Frage der Zustimmungsverweigerung des PR neu und unter anderen Gesichtspunkten als bei der Ersteinstellung stellen. Diesem Umstand hat der Gesetzgeber mit dem ÄndG 2013 im neuen Mitbestimmungstatbestand in Abs. 1 Nr. 10 Rechnung getragen (vgl. Rn. 69).

23a Die **Verlängerung eines befristeten Arbeitsverhältnisses** und die **Umwandlung eines befristeten in ein unbefristetes Arbeitsverhältnis** sind wie eine **Neueinstellung** zu bewerten.[56]

23b Die nicht nur geringfügige **Aufstockung der regelmäßigen wöchentlichen Arbeitszeit** eines Teilzeitbeschäftigungsverhältnisses,[57] die **Umwandlung eines Teilzeit- in ein Vollzeitarbeitsverhältnis**,[58] nicht jedoch die Umwandlung eines Vollzeit- in ein Teilzeitarbeitsverhältnis nach dem Alters-

---

54 *OVG NW* v. 1. 12. 05 – 1 A 5002/04.PVL –, PersR 06, 171, u. nachgehend *BVerwG* v. 12. 4. 06 – 6 PB 1.06 –, PersR 06, 389, zum Einsatz einer Honorarkraft als Musiklehrer.

55 *BVerwG* v. 23. 3. 99 – 6 P 10.97 –, PersR 99, 395.

56 *BVerwG* v. 13. 2. 79 – 6 P 48.78 –, PersV 80, 234, v. 1. 2. 89 – 6 P 2.86 –, PersR 89, 198, u. v. 15. 11. 95 – 6 P 2.94 –, PersR 96, 278; *BAG* v. 23. 6. 09 – 1 ABR 30/08 –, AP Nr. 59 zu § 99 BetrVG 1972 Einstellung.

57 *BVerwG* v. 23. 3. 99, a. a. O.; vgl. *BAG* v. 25. 1. 05 – 1 ABR 59/03 –, AP Nr. 114 zu § 87 BetrVG 1972 Arbeitszeit, u. v. 15. 5. 07 – 1 ABR 32/06 –, AP Nr. 30 zu § 1 BetrVG 1972 Gemeinsamer Betrieb.

58 *BVerwG* v. 2. 6. 93 – 6 P 3.92 –, PersR 93, 450.

teilzeitgesetz,[59] sind als eine wesentliche, sich über mindestens zwei Monate erstreckende Veränderung der Arbeitszeit, die bislang in § 75 Abs. 1 Nr. 2 a. F. geregelt war, nunmehr gemäß Abs. 3 Nr. 2 **nur noch auf Antrag mitbestimmungspflichtig** (vgl. Rn. 132).

Die während der **Elternzeit** aufgrund einer nachträglichen Vereinbarung erfolgende Aufnahme einer vorübergehenden Tätigkeit mit verringerter Stundenzahl auf dem bisherigen Arbeitsplatz,[60] die **Übernahme eines Auszubildenden** in ein Arbeitsverhältnis,[61] die **Weiterbeschäftigung eines Beamten** nach dem Eintritt in den Ruhestand als Arbeitnehmer (vgl. Rn. 164) sowie die endgültige **Übernahme eines abgeordneten Beschäftigten**, wenn das Arbeitsverhältnis mit der abgebenden Dienststelle aufgelöst wird,[62] stellen ebenfalls Einstellungen i. S. d. Nr. 2 dar.[63] 24

Keine Einstellung ist die **Verlängerung eines unbefristeten Arbeitsvertrags** über die Regelaltersgrenze hinaus durch Hinausschieben des Beendigungszeitpunktes gem. § 41 Satz 3 SGB VI. Es liegt in der Konstellation des § 41 Satz 3 SGB VI auch keine »Nebenabrede« oder eine »Zeit- oder Zweckbefristung« vor.[64] 24a

Im Unterschied zur Weiterbeschäftigung von Auszubildenden liegt die **Weiterbeschäftigung eines Mitglieds einer JAV** nach § 48 bzw. § 127 Abs. 2 i. V. m. § 56 BPersVG nicht der Mitbestimmung des PR. Die Mitbestimmung des PR bei Einstellung setzt voraus, dass die Einstellung auf einer Entscheidung der Dienststelle beruht, die er selbst verantwortet.[65] Nur unter dieser Voraussetzung kann ein Vorgang als Maßnahme und damit als mitbestimmungspflichtige Einstellung angesehen werden. Gemessen daran fehlt es im Falle der Weiterbeschäftigung eines Mitglieds der JAV nach Maßgabe des § 48 Abs. 2 i. V. m. Abs. 1 an einer mitbestimmungspflichtigen Einstellung, weil die dafür erforderliche Begründung eines rechtlichen Bandes mit dem Auszubildenden nicht auf eine eigenverantwortliche Entscheidung der Dienststelle zurückzuführen ist. Verlangt ein in einem Berufsausbildungsverhältnis u. a. nach dem BBiG stehender Beschäftigter (Auszubildender), der Mitglied unter anderem einer JAV ist, innerhalb der letzten drei Monate vor Beendigung des Berufsausbildungsverhältnisses schriftlich von dem Arbeitgeber seine Weiterbeschäftigung (1.), so gilt gem. § 48 Abs. 2 i. V. m. Abs. 1 zwischen dem Auszubildenden und dem Arbeitgeber im Anschluss 24b

59 *BVerwG* v. 22. 6. 01 – 6 P 11.00 –, PersR 01, 422.

60 *BAG* v. 28. 4. 98 – 1 ABR 63/97 –, AP Nr. 22 zu § 99 BetrVG 1972 Einstellung; *BVerwG* v. 12. 6. 01 – 6 P 11.00 –, PersR 01, 422.

61 Vgl. *Fitting*, § 99 Rn. 52.

62 Vgl. *Fischer/Goeres/Gronimus*, § 75 a. F. Rn. 14.

63 Altvater-*Baden*, § 78 Rn. 39 m. w. N.

64 *VGH BW* v. 10. 11. 16 – PL 15 S 2083/15 –, juris.

65 *BVerwG* v. 21. 3. 07 – 6 P 4.06 –, BVerwGE 128, 212, Rn. 23.

an das erfolgreiche Berufsausbildungsverhältnis ein Arbeitsverhältnis auf unbestimmte Zeit als begründet (2.). Die Fiktion der Begründung eines Arbeitsverhältnisses ist gesetzlich abschließend geregelt; eines normvollziehenden Ausführungsaktes der Dienststelle bedarf es nicht (3.). Dass dem PR ein Mitbestimmungsrecht nach § 75 Abs. 1 Nr. 2 Alt. 1 nicht zusteht, hindert diesen nicht, seine unabhängig davon bestehenden Mitbestimmungsrechte nach § 75 Abs. 1 Alt. 2 und 3 sowie § 75 Abs. 1 Nr. 3 effektiv wahrzunehmen (4.)[66].

25 Die **Mitbestimmung** bei der Einstellung bezieht sich nach st. Rspr. des *BVerwG* auf die **Eingliederung in die Organisation der Dienststelle**.[67] Schutzzweck der Mitbestimmung ist vornehmlich die Berücksichtigung der kollektiven Interessen der bereits dort tätigen Beschäftigten.[68] Inwieweit auch die Bewerber, die diesen Status ja erst noch erlangen wollen, durch die Mitbestimmung geschützt werden sollen, ist noch nicht eindeutig geklärt. Zu Recht hat das *BVerwG* angenommen, dass der PR, wenn im Ausschreibungsverfahren das AGG verletzt wurde, die Zustimmung verweigern kann.[69] Der schlüssigen Argumentation des *BVerwG* folgend gilt die Annahme, dass sich die Mitbestimmung bei der Einstellung auch auf das Bewerbungsverfahren beziehen kann. Für das Personalvertretungsrecht in Baden-Württemberg gilt das nach dem Wegfall der Zustimmungsverweigerungsgründe (vgl. § 76 Rn. 27) erst recht. Eindeutig dazu rechnet das *BVerwG* seither die Mitbestimmung bei der zur Einstellung vorgesehenen Person, die von ihr auszuübende Tätigkeit und die mit der Übertragung der Tätigkeit verbundene tarifliche Bewertung, die Eingruppierung. Das seien die **Modalitäten der Einstellung**, auf die der PR einwirken könne. Dagegen sei das mit der Einstellung in aller Regel zu begründende **Beschäftigungsverhältnis nicht** Gegenstand der Mitbestimmung, und zwar weder hinsichtlich der Art (Beamten- oder Arbeitsverhältnis) noch in Bezug auf seinen Inhalt (namentlich Befristung oder Nichtbefristung, Vollzeit- oder Teilzeitbeschäftigung, Verteilung der Arbeitstage eines Teilzeitbeschäftigten auf die einzelnen Wochentage[70]). Der Arbeitsvertrag unterliege, soweit nicht Rechtsvorschriften oder tarifvertragliche Regelungen seinen Inhalt unmittelbar festlegten oder doch vorherbestimmten, der Vereinbarung der Vertragsparteien. Deren Gestaltungsfreiheit solle grundsätzlich durch die Mitbestimmung nicht eingeengt werden. Die Einstellung in ihrer Gesamtheit

66 Vgl. *BVerwG* v. 26.5.2015 – 5 P 9.14 –, juris (zu § 9 BPersVG a. F.).

67 Vgl. hierzu und zum Folgenden Beschl. v. 30.9.83 – 6 P 4.82 –, PersV 85,167, u. – 6 P 11.83 –, PersV 86, 466, v. 17.8.89 – 6 P 11.87 –, PersR 89, 327, sowie v. 2.6.93, a. a. O.; krit. zu dieser Rspr. *Plander*, AuR 84, 161; *Rohr*, PersR 90, 93.

68 *BVerwG* v. 21.3.07 – 6 P 4.06 –, juris.

69 *BVerwG* v. 17.9.19 – 5 P 6.18, juris (zu § 75 Abs. 1 Nr. 1 a. F.).

70 Beschl. v. 12.9.83 – 6 P 1.82 –, PersV 85, 163.

bilde grundsätzlich einen **einheitlichen Tatbestand**, der sich regelmäßig nicht in weitere Mitbestimmungsfälle zergliedern lasse. Eine Ausnahme bilde lediglich die Eingruppierung, wobei sich der Anspruch auf die (der ausgeübten Tätigkeit) entsprechende Eingruppierung unmittelbar aus dem Tarifvertrag ergebe (vgl. aber Rn. 26).

Von dem in der Rspr. des *BVerwG* entwickelten Verständnis des Mitbestimmungstatbestandes der Einstellung (vgl. Rn. 25) weichen die Regelungen des LPVG jedoch in mehrfacher Hinsicht ab. Drei Modalitäten dieses Tatbestandes sind in **gesonderten Tatbeständen** verselbständigt: in Abs. 1 Nr. 2, 2. Fall die **Übertragung der auszuübenden Tätigkeiten** (vgl. Rn. 27), in Abs. 1 Nr. 2, 3. Fall die **Nebenabreden zum Arbeitsvertrag**, in Abs. 1 Nr. 2, 4. Fall die **Zeit- oder Zweckbefristung des Arbeitsvertrages** (vgl. Rn. 30 ff.) sowie in Abs. 1 Nr. 3 die **Eingruppierung einschließlich Stufenzuordnung usw.** (vgl. Rn. 28 f.). Das gilt gemäß Abs. 3 Nr. 2 auch für die **Änderung der arbeitsvertraglich vereinbarten Arbeitszeit für die Dauer von mehr als zwei Monaten** (Mitbestimmung nur auf Antrag des Beschäftigten), allerdings nicht für deren erstmalige Festlegung (vgl. Rn. 133). 26

bb) Übertragung der auszuübenden Tätigkeit

(Abs. 1 Nr. 2, 2. Fall) Der 2. Fall stellt (ebenso § 75 Abs. 1 Nr. 2 a. F.) klar, dass der PR bei der Einstellung von Arbeitnehmern auch bezüglich der **Übertragung der auszuübenden Tätigkeiten** mitbestimmt[71] (vgl. Rn. 25 f.). Gegenstand der Mitbestimmung sind die Tätigkeiten, die dem Arbeitnehmer im Zusammenhang mit seiner Einstellung vom Arbeitgeber zugewiesen werden sollen. Die auszuübenden Tätigkeiten sind die (Informations-)Grundlage der sich daraus ergebenden Eingruppierung. Die Übertragung der auszuübenden Tätigkeit kann auch Auswirkungen auf die Arbeitsbedingungen vorhandener Beschäftigter haben. Liegen bei der Einstellung erwebsfähiger Leistungsberechtigter die Voraussetzungen nach § 16d Abs. 2–4 SGB II grundsätzlich vor, muss an dieser Stelle das Augenmerk des PR darauf gerichtet sein, dass im Einzelfall auch wirklich nur die zusätzlichen Aufgaben übertragen werden. Dies rechtfertigt, einen eigenen Unterfall zu bilden. Der PR muss deshalb bei Einstellungen sein Augenmerk auf diesen in der Praxis häufig wenig beachteten Fall richten. 27

cc) Nebenabreden

(Abs. 1 Nr. 2, 3. Fall) Der mit dem ÄndG 2013 neu aufgenommene Fall unterwirft **Nebenabreden zum Arbeitsvertrag** der Mitbestimmung. Die Nebenabrede muss nicht anlässlich der Einstellung getroffen werden, damit die 28

71 LT-Dr. 11/6312, S. 51 [zu § 76 Abs. 1 Nr. 1].

Mitbestimmung greift. Nebenabreden, die oftmals für das Arbeitsverhältnis entscheidende Bedeutung haben, können nicht zuletzt im Interesse der Gleichbehandlung der Beschäftigten einen kollektiven Bezug aufweisen,[72] weshalb die Mitbestimmung des PR zum Schutz der Beschäftigten geboten ist. Die Hauptpflichten eines Arbeitsverhältnisses, nämlich Arbeitsleistung und Entgeltzahlung (§ 611a BGB), können grundsätzlich nicht zum Gegenstand einer Nebenabrede gemacht werden. Die Zusage eines übertariflichen Entgelts oder die Änderung der wöchentlichen Arbeitszeit sind deshalb keine Nebenabreden. Es handelt sich vielmehr um Vertragsänderungen.[73]

29 Nach den Tarifverträgen des öffentlichen Dienstes sind Nebenabreden nur wirksam, wenn sie schriftlich vereinbart werden (§ 2 Abs. 3 S. 1 TVöD, § 2 Abs. 3 S. 1 TV-L). Es handelt sich um eine **gesetzliche Schriftform** i. S. v. § 126 BGB, da zu den Rechtsnormen nach Art. 2 EGBGB auch der normative Teil von Tarifverträgen (§ 1 Abs. 1 TVG) gehört.[74]

Nebenabreden sind als einzelvertragliche Vereinbarungen nur dann möglich, wenn nicht die Hauptleistungspflichten betroffen sind oder wenn sie tariflich vorgesehen oder zulässig sind, wie z. B.

- Pauschalierung von Stundenvergütungen und Zeitzuschlägen (§ 24 Abs. 6 TVöD),
- Verzicht auf Probezeit oder Abkürzung der Probezeit (§ 2 Abs. 4 TVöD),
- Vereinbarung einer Pauschvergütung,
- Vereinbarung der Pflegesätze bei Gewährung von Diätverpflegung,
- Regelung der Arbeitszeit bei Lehrkräften.

Des Weiteren können **Nebenabreden über zusätzliche Vereinbarungen** getroffen werden, die jedoch nicht gegen zwingende gesetzliche Vorschriften, den TVöD, TV-L oder andere zwingende Tarifvorschriften verstoßen dürfen, wie z. B.

- Vereinbarung einer außertariflichen Zulage,
- Verpflichtung zur Rückzahlung von Ausbildungskosten für den Fall vorzeitigen Ausscheidens aus dem Arbeitsverhältnis,
- Gewährung von Fahrtkostenersatz,
- Gewährung eines Verpflegungszuschusses (die Veröffentlichung von entsprechenden Richtlinien ersetzt die vorgeschriebene Schriftform nicht),
- Gewährung von Trennungsentschädigung,
- Pauschalierung von Schmutz- und Erschwerniszuschlägen,
- Vereinbarung einer Zuschusszahlung zu den Beiträgen von Beschäftigten an einen Kranken- und Unterstützungsverein,
- Gewährung eines Essenszuschusses,

72 LT-Dr. 15/4224, S. 138 [zu § 71].

73 *Conze*, Personalbuch Arbeits- und Tarifrecht öffentlicher Dienst, Rn. 2127 ff.

74 *Conze*, a. a. O., Rn. 2131.

- Zahlung einer monatlichen Zulage, die zwar tariflich geregelt ist, jedoch einem Beschäftigten gewährt wird, der nicht zum tariflich festgelegten anspruchsberechtigten Personenkreis gehört,
- unentgeltlicher Transport zu und von der Arbeitsstätte,
- Zusage einer Lehrgangsteilnahme durch den Arbeitgeber,
- Vereinbarung über die Nutzung eines Dienstwagens,
- Vereinbarung über eine Dienstwohnung.

Die Bedeutung der Nebenabreden wird durch das **neue Nachweisgesetz** verringert. Hiernach müssen seit dem 1. August 2022 bereits im Arbeitsvertrag selbst umfassende Festlegungen zu Höhe und Zusammensetzung des Arbeitsentgelts, Pauschalierungen, Überstunden, Ruhezeiten, Schichtsystemen, betrieblicher Altersversorgung und vom Arbeitgeber bereitgestellten Fortbildungen in Schriftform i. S. d. § 126 Abs. 1 BGB gefasst werden.

dd) Befristung

(Abs. 1 Nr. 2, 4. Fall) Nach **Abs. 1 Nr. 2, 4. Fall** hat der PR (ebenso wie nach dem bis zum Inkrafttreten des DRG geltenden wortgleichen § 79 Abs. 3 Nr. 15 Buchst. b a. F.) bei der **Zeit- oder Zweckbefristung des Arbeitsverhältnisses** mitzubestimmen. Nach § 20 TzBfG hat der Dienststellenleiter (vgl. § 5 Rn. 11) den PR über die Anzahl der befristet beschäftigten Arbeitnehmer und ihren Anteil an der Gesamtbelegschaft der Dienststelle zu informieren.[75] Diese Daten gehören zu den Grunddaten und dürfen vom PR gemäß § 67 Abs. 3 gespeichert werden. Vergleichbare Vorschriften sind weder im BPersVG noch im BetrVG, wohl aber in drei **anderen LPersVG** enthalten (BB: § 63 Abs. 1 Nr. 4; NW: § 72 Abs. 1 S. 1 Nr. 1 n. F.[76]; RP: § 78 Abs. 2 Nr. 2). Die Mitbestimmung bei der Einstellung nach Abs. 1 Nr. 2 an sich erstreckt sich nicht auf die Frage, ob der Arbeitsvertrag befristet oder unbefristet abzuschließen ist[77] (vgl. Rn. 23). Da die Befristung die **Schutzinteressen der Beschäftigten** in erheblichem Maß tangiert, hat der Landesgesetzgeber sie ebenfalls der Mitbestimmung unterworfen.[78] Damit der Mitbestimmungszweck nicht unterlaufen wird, greift der Ausschluss der Mitbestimmung bei Befristungen mit einer kürzeren Dauer als zwei Monaten (Abs. 1 S. 1) nur in wenigen denkbaren Fallkonstellationen, etwa bei der befristeten Einstellung von Aushilfen, um einen kurzfristigen, zwei Monate nicht überdauernden Arbeitskräftebedarf zu befriedigen (s. dazu auch Rn. 2).[79] Denn die Re- 30

75 Vgl. DDZ-*Wroblewski*, § 20 TzBfG Rn. 2.
76 § 72 Abs. 1 Nr. 1 LPVG NRW i. d. F. des Gesetzes v. 5. 7. 11, GVBl. S. 348; *Welkoborsky u. a.*, § 72 Rn. 20.
77 *BVerwG* v. 19. 9. 83 – 6 P 32.80 –, Buchh 238.37 § 72 Nr. 8.
78 LT-Dr. 11/6312, S. 51 [zu § 76 Abs. 1 Nr. 2].
79 *Melzer*, PersR 6/22, 39; vgl auch *VG Sigmaringen* v. 11. 1. 22 – PL 11 K 3750/20.

gelung soll (auch) den **Interessen des einzustellenden Arbeitnehmers** an dauerhaften Bindungen Rechnung tragen.[80] Der Dienststellenleiter hat dem PR den Befristungsgrund mitzuteilen.[81] Der PR kann der Begründung eines aus Sachgründen befristeten Arbeitsverhältnisses wirksam mit dem Argument widersprechen, dass eine solche Befristung (rein tatsächlich) unzweckmäßig sei. Das Mitbestimmungsrecht des PR aus Abs. 1 Nr. 2 bezieht sich auf die inhaltliche Ausgestaltung des Arbeitsverhältnisses und schränkt in zulässiger Weise die insoweit bestehende personal- und haushaltspolitische Organisationsgewalt des Arbeitgebers ein. Es berechtigt den PR zu prüfen, ob die beabsichtigte Befristung den Grundsätzen der arbeitsgerichtlichen Befristungskontrolle genügt (Rechtmäßigkeitskontrolle). Daneben soll dem PR nach dem Willen des Landesgesetzgebers die Möglichkeit eröffnet werden, auch bei Vorliegen eines die Befristung rechtfertigenden sachlichen Grundes darauf Einfluss nehmen zu können, ob im Interesse des Arbeitnehmers nicht gleichwohl von einer Befristung des Arbeitsverhältnisses abgesehen und ein unbefristeter Arbeitsvertrag abgeschlossen werden kann (Zweckmäßigkeitskontrolle). Danach ist Zweck der Mitbestimmung bei der Befristung von Arbeitsverhältnissen zum einen, dem PR ein Mitprüfungsrecht einzuräumen, ob überhaupt ein sachlicher Grund für eine Befristung gegeben ist, und zum anderen ein Mitentscheidungsrecht, ob beim Vorliegen eines eine Befristung rechtfertigenden sachlichen Grundes der Arbeitsvertrag tatsächlich befristet werden soll. Das Mitbestimmungsrecht bezieht sich auf die inhaltliche Ausgestaltung des Arbeitsvertrags und ist nicht auf die tatsächliche Umsetzung der arbeitsvertraglichen Vereinbarung beschränkt. Es dient dem »Schutzinteresse der Bediensteten«, mithin (auch) dem Schutz des Arbeitnehmers und soll seinem Interesse an einer dauerhaften Bindung Rechnung tragen. Nach dem Willen des Landesgesetzgebers soll der Arbeitgeber nur mit Zustimmung des PR eine Befristungsabrede treffen können. Ohne die Zustimmung des PR ist ihm diese Vertragsgestaltung verwehrt.[82] Will der Arbeitgeber von der Möglichkeit der sachgrundlosen Befristung nach § 14 Abs. 2 TzBfG Gebrauch machen, hat er dem PR mitzuteilen, weshalb er kein unbefristetes oder kein befristetes Arbeitsverhältnis mit einem Sachgrund aus dem Katalog des § 14 Abs. 1 TzBfG begründen will. Einerseits soll der PR auch hier prüfen, ob die beabsichtige Befristung arbeitsrechtlich zulässig ist. Andererseits soll er auch bei arbeitsrechtlicher Zulässigkeit darauf Einfluss nehmen können, ob von der beabsichtigten Befristung abgesehen und ein unbefristeter Arbeitsvertrag oder ein Arbeitsvertrag mit

---

80 *BAG* v. 8.7.98 – 7 AZR 308/97 –, PersR 98, 483, u. v. 20.2.02 – 7 AZR 707/00 –, PersR 02, 355.

81 *ArbG Freiburg* v. 13.5.14 – 11 Ca 255/13 –, NZA-RR 14, 616.

82 *VGH BW* v. 24.1.17 – PL 15 S 153/15 –, juris; Parallelentscheidung *VGH BW* v. 24.1.17 – PL 15 S 154/15 –, juris.

längerer Laufzeit abgeschlossen werden kann.[83] Dabei hat der PR auch die **kollektiven Interessen der bereits Beschäftigten** zu berücksichtigen.[84]

§ 3 Abs. 1 TzBfG beschreibt, was unter Zeit- oder Zweckbefristung des Arbeitsverhältnisses zu verstehen ist. Danach liegt eine **Zeitbefristung** vor, wenn die Dauer eines auf bestimmte Zeit geschlossenen Arbeitsvertrages (befristeter Arbeitsvertrag) kalendermäßig bestimmt ist (kalendermäßig befristeter Arbeitsvertrag). Eine **Zweckbefristung** ist gegeben, wenn sich die Dauer eines befristeten Arbeitsvertrages aus Art, Zweck oder Beschaffenheit der Arbeitsleistung ergibt (zweckbefristeter Arbeitsvertrag). Nach Auffassung des *BAG*[85] ist auch eine **Doppelbefristung** möglich, die darin besteht, dass eine Zweckbefristung mit einer Zeitbefristung (in Form einer kalendermäßig bestimmten Höchstdauer) kombiniert wird. Während die Beendigung des Arbeitsverhältnisses bei der Zeit- oder Zweckbefristung von vornherein sicher ist, hängt sein Fortbestand bei einem auflösend bedingten Arbeitsvertrag von einem zukünftigen Ereignis ab, von dem ungewiss ist, ob es überhaupt eintreten wird. Da der Arbeitnehmer dabei noch schutzbedürftiger ist als beim befristeten Arbeitsverhältnis, stellt § 21 TzBfG die **auflösende Bedingung** der Zeit- und Zweckbefristung gleich.[86] Das muss auch für die Mitbestimmung des PR gelten.[87] 31

Die Mitbestimmungstatbestände der **Einstellung** nach Abs. 1 Nr. 2, 1. Fall und der **Befristung** des Arbeitsverhältnisses nach Abs. 1 Nr. 2, 4. Fall bestehen **nebeneinander**.[88] Obwohl beide Sachverhalte i. d. R. zusammenfallen, sind sie mitbestimmungsrechtlich gesondert zu bewerten. Das hat u. a. zur Folge, dass der PR berechtigt ist, zwar der Einstellung zuzustimmen, aber die Zustimmung zur Befristung zu verweigern.[89] 32

Schließt der Arbeitgeber mit dem Arbeitnehmer einen befristeten Arbeitsvertrag unter **Verletzung des Mitbestimmungsrechts** des PR nach Abs. 1 Nr. 2, 4. Fall, ist die vereinbarte **Befristung unwirksam**.[90] Das gilt auch dann, wenn einer beabsichtigten Übernahme ins Beamtenverhältnis ein be- 33

83 *OVG NW* v. 29. 1. 97 – 1 A 3151/93.PVL –, PersR 97, 368; *BAG* v. 8. 7. 98 u. v. 20. 2. 02, jew. a. a. O.
84 *OVG NW* v. 29. 1. 97, a. a. O.; *Plander*, PersR 06, 54, 57.
85 *BAG* v. 27. 6. 01 – 7 AZR 157/00 –, ZTR 02, 187, sowie v. 16. 7. 08 – 7 AZR 322/07 – u. v. 22. 4. 09 – 7 AZR 768/07 –, jew. juris.
86 Vgl. DDZ-*Wroblewski*, § 21 TzBfG Rn. 6, 7.
87 Vgl. *Seidel*, PersVG Bbg, § 63 Rn. 4, S. 159 m. w. N.
88 Vgl. *BAG* v. 13. 4. 94 – 7 AZR 651/93 –, PersR 94, 382.
89 *VGH BW*, Beschl. v. 24. 1. 17 – PL 15 S 153/15 –, juris; Parallelentscheidung *VGH BW*, Beschl. v. 24. 1. 17 – PL 15 S 154/15 –, juris.
90 Vgl. *BAG* v. 20. 2. 02 – 7 AZR 707/00 –, PersR 02, 355, u. v. 18. 6. 08 – 7 AZR 214/07 –, AP Nr. 50 zu § 14 TzBfG, jew. m. w. N.

fristetes Arbeitsverhältnis vorgeschaltet werden soll und der PR dabei entgegen Abs. 1 Nr. 2, 4. Fall nicht beteiligt worden ist.[91]

Auch die **nicht ordnungsgemäße Beteiligung** des PR führt zur **Unwirksamkeit der Befristungsabrede**, da sich der Arbeitgeber nicht rechtswirksam auf einen Befristungsgrund stützen kann, den er dem PR vorher pflichtwidrig nicht mitgeteilt hat.[92]

Eine zuvor erteilte Zustimmung des PR zu einer Befristung ist im Übrigen keine Blankozustimmung im Rahmen einer vom Arbeitgeber festgelegten Höchstbefristungsdauer.[93] Der Verzicht des PR auf Stellungnahme führt nicht zum vorzeitigen Eintritt der Zustimmungsfiktion. Auch in der Mitteilung eines Verzichts auf eine Stellungnahme liegt keine Zustimmung i. S. d. § 76 Abs. 9. Eine Abkürzung der Äußerungsfrist durch den PR und einen darauf beruhenden vorzeitigen Eintritt der Zustimmungsfiktion lässt das Gesetz nur in dringenden Fällen oder im Einvernehmen zwischen PR und Dienststellenleitung zu. Ein solches Einvernehmen kann nicht konkludent vereinbart werden. Eine vor Ablauf der Frist getroffene Befristungsabrede ist mithin auch dann unwirksam, wenn der PR erklärt hat, keine Stellungnahme abzugeben.[94]

34 Der PR ist nach Abs. 1 Nr. 2, 1. und 4. Fall nicht nur bei der **Ersteinstellung** und der damit verknüpften erstmaligen Befristung des Arbeitsverhältnisses zu beteiligen, sondern ebenso bei der **Verlängerung eines befristeten Arbeitsverhältnisses**, bei der die Beteiligung unter den Aspekten der erneuten Einstellung und der erneuten Befristung stattzufinden hat (vgl. Rn. 23a). Bei der **Umwandlung eines befristeten in ein unbefristetes Arbeitsverhältnis** hat der PR nur nach Abs. 1 Nr. 2, 1. Fall mitzubestimmen. Das Gleiche gilt für einen **Aufhebungsvertrag mit Auslauffrist**, wenn ein Beendigungszeitpunkt festgelegt werden soll, der weit in der Zukunft liegt.[95] Auf welcher **Rechtsgrundlage** die beabsichtigte Befristung beruht, ist für die Mitbestimmung nach Abs. 1 Nr. 2, 4. Fall ohne Bedeutung. Nach wie vor nicht zwingend in der Mitbestimmung des PR ist der Bereich des öffentlichen Dienstes mit den höchsten Befristungsquoten. Bei der Befristung wissenschaftlich Beschäftigter erfolgt die Mitbestimmung auch nach der Novellierung 2013 nur auf deren Antrag.

---

91 *LAG BW* v. 15.2.07 – 3 Sa 50/06 –, Justiz 08, 29.

92 *ArbG Freiburg* v. 13.5.14 – 11 Ca 255/13 –, NZA-RR 14, 616.

93 Vgl. *LAG Bln-Bbg* v. 1.10.08 – 15 Sa 1036/08 –, NZA-RR 09, 287; *BAG* v. 27.9.00 – 7 AZR 412/99 –, PersR 01, 123; v. 8.7.98 – 7 AZR 308/97 –, PersR 98, 483.

94 *BAG* v. 21.3.18 – 7 AZR 408/16 –, juris.

95 *BAG* v. 12.1.00 – 7 AZR 48/99 –, BB 00, 1197.

c) Eingruppierung

(Abs. 1 Nr. 3) Die Regelung ist mit Änderungen aus § 75 Abs. 1 Nr. 3 a. F. übernommen worden. Die Vorschrift gilt ausschließlich für Arbeitnehmer. Der **spezielle Tarifvorbehalt erstreckt** sich nach dem eindeutigen Wortlaut des Abs. 1 Nr. 3 auf die vier Fälle der Ein-, Höher- Um- und Rückgruppierung. Es gibt keine Anhaltspunkte dafür, dass der (erweiterte) spezielle Tarifvorbehalt noch relevant ist. Nach st. Rspr. des *VGH BW* sollte der Tarifvorbehalt in § 76 Abs. 1 Nr. 1 a. F. die Mitbestimmung bei der Eingruppierung in den Fällen nicht zum Zuge kommen lassen, in denen der jeweils anzuwendende Tarifvertrag die **Tarifautomatik** vorsah.[96] Das *BVerwG* hat diese Sichtweise jedoch zu Recht nicht übernommen, sondern entschieden, dass die Mitbestimmung bei der Eingruppierung in den Fällen der Tarifautomatik nicht ausgeschlossen ist.[97] Es hat aus dem Wortlaut der Norm, rechtssystematischen Gesichtspunkten und der Entstehungsgeschichte des LPVG insgesamt überzeugend abgeleitet, der Landesgesetzgeber habe bei Einführung des Mitbestimmungstatbestandes im Jahre 1975 **äußerst vorsorglich v. a. für den Fall fehlender Bewährung** den Tarifvertragsparteien gestatten wollen, die Mitbestimmung bei Eingruppierung zu beseitigen oder einzuschränken (vgl. auch § 3 Rn. 2a). Darauf seien die Tarifvertragsparteien aber **nicht zurückgekommen.**[98] Es ist zu erwarten, dass dies auch in Zukunft in Bezug auf die Tatbestände der Ein-, Höher- Um- und Rückgruppierung nicht geschehen wird. 35

Einstellung nach Abs. 1 Nr. 2 und **Eingruppierung** nach Abs. 1 Nr. 3 sind mitbestimmungsrechtlich getrennte Maßnahmen (vgl. Rn. 26). Eingruppierung ist die **Einreihung eines Arbeitnehmers in ein kollektives Entgeltschema.**[99] Ein kollektives Entgeltschema ist dadurch gekennzeichnet, dass es die Zuordnung der Arbeitnehmer nach bestimmten, generell beschriebenen Merkmalen vorsieht. Meist erfolgt die Zuordnung nach bestimmten Tätigkeitsmerkmalen, bisweilen aber auch nach anderen Kriterien, wie etwa dem Lebensalter oder der Dauer der Dienststellenzugehörigkeit.[100] Das maßgebliche Entgeltschema ist i. d. R. durch Tarifvertrag vorgegeben. Das gilt auch, wenn ein Tarifvertrag einzelvertraglich in Bezug genommen 36

96 Beschl. v. 3.6.80 – 13 S 85/80 –, ZBR 81, 232 Ls., v. 14.5.85 – 15 2947/84 –, ZBR 86, 93, u. v. 7.9.93 – PL 15 S 2710/92 –, PersR 94, 170; dieser Rspr. folgend 1. Aufl. dieses Kommentars, dort § 76 Rn. 15.

97 *BVerwG* v. 13.10.09 – 6 P 15.08 –, PersR 09, 501.

98 *BVerwG* v. 13.10.09, a. a. O.

99 *BVerwG* v. 22.10.07 – 6 P 1.07 –, PersR 08, 23, v. 27.8.08 – 6 P 3.08 –, PersR 08, 500, v. 13.10.09 – 6 P 15.08 –, PersR 09, 501, u. v. 7.3.11 – 6 P 15.10 –, PersR 11, 210, jew. m. w. N.

100 *BVerwG* v. 27.5.09 – 6 P 9.09 –, PersR 09, 408, m. w. N.

wird.[101] Der Normzweck besteht darin, den PR an denjenigen Maßnahmen zu beteiligen, die Änderungen des Vergütungs- oder Lohnanspruchs eines Beschäftigten zur Folge haben.[102] Eine Eingruppierung kann nicht nur (als **erstmalige Eingruppierung**) bei der **Einstellung** notwendig werden. Das Mitbestimmungsrecht ist auch verletzt, wenn der Dienststellenleiter der gemeinsamen Einrichtung erstmalig zugewiesene Arbeitnehmer ohne Beteiligung des PR in konkrete Tätigkeiten einweist und ihnen damit verbundene Aufgaben zuweist.[103] Mitzubestimmen hat der PR auch (als **Neueingruppierung**) bei der **Übertragung neuer Aufgaben**, die zur Schaffung eines neuen, bisher noch nicht bewerteten Arbeitsplatzes geführt hat,[104] insbesondere wenn der Arbeitsplatz durch die Veränderung eine neue, andere Prägung erhält[105] oder bei der **Überleitung in ein neues kollektives Entgeltsystem.**[106] Letzteres gilt auch in den Fällen der Überleitung der am 30. 9./1. 10. 05 bzw. 31. 10./1. 11. 06 im Geltungsbereich des BAT, MTL II und BMT-G II beschäftigten Arbeitnehmer in den Geltungsbereich des TVöD-VKA bzw. des TV-L durch den **TVÜ-VKA** bzw. den **TVÜ-Länder** sowie bei der Einführung der **Entgeltordnungen zum TV-L v. 2. 1. 12 und der Entgeltordnung (VKA) v. 29. 4. 16.**[107]

37 Gelten die einschlägigen Tarifverträge des öffentlichen Dienstes, so ergibt sich die Eingruppierung i. d. R. unmittelbar (d. h. automatisch) aus der Anwendung der tariflichen Normen **(Tarifautomatik)**. Beispielhaft dafür sind die Regelungen der §§ 12 Abs. 2 TV-L und TVöD-VKA, die bestimmen, dass die/der Beschäftigte in der Entgeltgruppe eingruppiert ist, deren Tätigkeitsmerkmalen die gesamte von ihr/ihm nicht nur vorübergehend auszuübende Tätigkeit entspricht.[108] Der mitbestimmungsrechtlich bedeutsame Akt der Einreihung in eine Vergütungs- oder Lohngruppe oder in eine Entgeltgruppe besteht aufgrund der Tarifautomatik in der bloßen Anwendung des Tarifvertrages und hat somit nur deklaratorische Bedeutung. Soweit für die Eingruppierung die Tarifautomatik maßgeblich ist, gibt die Mitbestimmung bei der Eingruppierung dem PR (lediglich) ein Recht zur **Kontrolle der**

---

101 Richardi-*Kaiser/Annuß*, § 75 a. F. Rn. 38.

102 *OVG Berlin-Brandenburg* v. 5. 9. 19 – OVG 62 PV 15.18 –, juris (zu § 75 Abs. 1 Nr. 2 BPersVG a. F.); s. auch *Lorenzen-Rehak*, § 78 Rn. 165.

103 *BVerwG* v. 19. 2. 19 – 5 P 7.17 –, juris (zu § 75 Abs. 1 Nr. 2 BPersVG a. F.).

104 *BVerwG* v. 8. 12. 99 – 6 P 3.98 –, PersR 00, 106, u. v. 11. 11. 09 – 6 PB 25.09 –, PersR 10, 169.

105 *BVerwG* v. 8. 11. 11 – 6 P 23.10 – juris Rn. 21 m. w. N.; Altvater-*Baden*, § 78 Rn. 120; Lorenzen-*Rehak*, § 78 Rn. 163

106 *BAG* v. 11. 11. 97 – 1 ABR 29/97 – u. v. 3. 5. 06 – 1 ABR 2/05 –, AP Nr. 27 u. 31 zu § 99 BetrVG Eingruppierung.

107 *BAG* v. 22. 4. 09 – 4 ABR 14/08 –, AP Nr. 38 zu § 99 BetrVG Eingruppierung; vgl. Altvater-*Baden*, § 78 Rn. 120 m. w. N.

108 Vgl. PK-TVöD-*Hamer*, § 13 TVöD, § 22 BAT Rn. 12 m. w. N.

Richtigkeit der Einreihung.[109] Da es sich um einen Akt strikter Rechtsanwendung handelt, steht dem PR insoweit kein Mitgestaltungsrecht, sondern nur ein **Mitbeurteilungsrecht** zu.[110] Dabei soll der PR mitprüfend darauf achten, dass die beabsichtigte Eingruppierung mit dem anzuwendenden Tarifvertrag (oder dem sonst anzuwendenden Entgeltsystem) im Einklang steht. Er soll v.a. auf die Wahrung des Tarifgefüges achten und verhindern, dass durch eine unsachliche Beurteilung einzelne Arbeitnehmer bevorzugt oder benachteiligt werden.[111] Die Mitbestimmungspflicht kann auch nicht unter Hinweis darauf abgelehnt werden, dass der Dienststellenleiter seine bisherige Eingruppierung bestätigt habe. Denn in der Eingruppierung ist auch eine Verlautbarung des Dienststellenleiters enthalten, die dem Arbeitnehmer eine bestimmte Tätigkeit zuordnet.[112]

In § 15 Abs. 1 S. 2 TVöD/TV-L wird der Begriff »eingruppiert« der Entgeltgruppe zugeordnet. Vom Wortlaut her wird die **Zuordnung zu einer Stufe der Entgeltgruppe** von der Eingruppierung im tarifvertraglichen Sinn zwar nicht erfasst. Gleichwohl hat das *BVerwG* die Mitbestimmung bei der Stufenzuordnung nach **§ 16 Abs. 2 S. 1 bis 3 TV-L** zu Recht bejaht und dies v.a. damit begründet, dass der Stufenzuordnung eine wesentliche, eigenständige Bedeutung für die Bemessung der Grundvergütung zukommt und sich deshalb von der (mitbestimmungsfreien) Zuordnung zu den Lebensaltersstufen der Vergütungsgruppen bzw. zu den Lohnstufen der Lohngruppen nach altem Tarifrecht unterscheidet.[113] **38**

Auf diese Rspr. hat der Gesetzgeber reagiert und die Stufenzuordnung generell sowie die Verkürzung und Verlängerung der Stufenlaufzeit nach Entgeltgrundsätzen der Mitbestimmung unterworfen. **38a**

Deshalb erstreckt sich die Mitbestimmung bei der Stufenzuordnung auch auf die entsprechenden Bestimmungen in **§ 16 Abs. 2 S. 1, 2 und Abs. 2a S. 1 TVöD (VKA)**. In den Fällen des **§ 16 Abs. 2 S. 4 TV-L** (sowie § 16 Abs. 3 S. 4 TVöD [Bund] und wohl auch **§ 16 Abs. 2 S. 3 TVöD [VKA]**) und kommt die Mitbestimmung demnach entgegen den Ausführungen des *BVerwG* **nicht erst** dann zum Zuge, wenn die Dienststelle gemäß § 74 Abs. 2 Nr. 5 (vgl. § 74 **38b**

109 *BVerwG* v. 13.2.76 – VII P 4.75 –, PersV 77, 183, v. 3.6.77 – VII P 8.75 –, PersV 78, 245, u, v. 6.10.92 – 6 P 22.90 –, PersR 93, 74.

110 *BVerwG* v. 24.5.06 – 6 PB 16.05 –; vgl. auch *BAG* v. 3.5.06, a.a.O.; v. 30.5.90 – 4 AZR 74/90 –, PersR 90, 270.

111 *BVerwG* v. 27.8.08 – 6 P 3.08 –, PersR 08, 500.

112 *BVerwG* v. 20.3.17 – 5 PB 1.16 –, juris.

113 *BVerwG* v. 27.8.08, a.a.O.; v. 27.8.08 – 6 P 11.07 –, PersR 09, 38, sowie – zu § 16 Abs. 2, 3 S. 1–3 TVöD [Bund] – v. 7.3.11 – 6 P 15.10 –, PersR 11, 210; zum Hintergrund Altvater-*Baden*, § 78 Rn. 123–131 m.w.N.

Rn. 46) **Grundsätze zur Anrechnung einer förderlichen Berufstätigkeit** beschlossen hat.[114]

Sind die Voraussetzungen des **§ 16 Abs. 2 S. 4 TV-L** (bzw. § 16 Abs. 3 S. 4 TVöD [Bund] und dementsprechend **§ 16 Abs. 2 S. 3 TVöD [VKA]**) erfüllt, ist es dem Arbeitgeber zwar freigestellt, ob er bei Neueinstellungen darüber hinaus zusätzliche Stufen gewähren will. Für die Mitbestimmung bei der Eingruppierung kann es keine Rolle spielen, ob das kollektive Entgeltschema zwingende Vorgaben im Sinne einer Tarifautomatik enthält oder ob die Entgeltordnung Gestaltungs-, Auslegungs-, Ermessens- oder Beurteilungsspielräume für die Eingruppierungsentscheidung des Arbeitgebers vorsieht.[115] Will der Arbeitgeber ohne Grundsätze mittels individueller Entscheidungen Einstufungen nach § 16 Abs. 2 S. 4 TV-L (bzw. § 16 Abs. 2 S. 3 TVöD [VKA]) vornehmen, ist seine Entscheidung mitbestimmungspflichtig. Die Mitbestimmung bezweckt hier, auf der gleichmäßigen Behandlung der Beschäftigten nach § 69 S. 1 zu bestehen.

38c Zudem kann der PR die Aufstellung von (nach § 74 Abs. 2 Nr. 5) mitbestimmten Grundsätzen im Wege des Initiativrechts nach § 84 Abs. 1 durchsetzen.[116]

39 Auch das **Erreichen der nächsten Stufe nach Ende der regulären Stufenlaufzeit** gemäß § 16 Abs. 3 S. 1, Abs. 4 S. 3 Hs. 1 TV-L (bzw. § 16 Abs. 3 S. 1, Abs. 4 S. 3 Hs. 1 TVöD [VKA]) unterliegt entgegen der Auffassung des *BVerwG* der Mitbestimmung bei der Eingruppierung (oder Höhergruppierung; vgl. Rn. 43). Ob es sich hierbei um in großer Zahl zu bewältigende Routinevorgänge handelt, bei denen regelmäßig nicht mit Anwendungsproblemen zu rechnen ist, hat angesichts der ausdrücklichen Aufnahme der Stufenzuordnung in den Mitbestimmungstatbestand des Abs. 1 Nr. 3 keine Bedeutung. Auch kann der PR für eine gelegentliche Fehlerkorrektur nicht auf die **allgemeine Überwachungsaufgabe** nach § 70 Abs. 1 Nr. 2 verwiesen werden.[117]

40 Mit dem ÄndG 2013 wurden auch die Verkürzung und Verlängerung der Stufenlaufzeit der Mitbestimmung unterworfen, da dem **leistungsbezogenen Stufenaufstieg** nach dem Wegfall des Bewährungsaufstiegs und in Bereichen, in denen Fachkräftemangel besteht, eine größere tarifliche Bedeutung zukommt. Es geht konkret um die gemäß § 17 Abs. 2 TVöD bzw.

---

114 Entgegen *BVerwG* v. 13.10.09 – 6 P 15.08 –, PersR 09, 501, zu § 76 Abs. 1 Nr. 1 LPVG a. F., u. v. 7.3.11 – 6 P 15.10 –, PersR 11, 210, zu § 75 Abs. 1 Nr. 2 BPersVG a. F.

115 So auch *VG Frankfurt a. M.* v. 1.3.10 – 23 K 4011/09. F. PV –, PersR 10, 214 (aufgehoben durch *HessVGH* v. 7.4.11 – 22 A 819/10. PV –); krit auch *Baden*, PersR 10, 52.

116 *BVerwG* v. 28.5.09 – 6 PB 5.09 –, PersR 09, 365, u. v. 7.3.11, a. a. O.

117 Entgegen *BVerwG* v. 13.10.09 – 6 P 15.08 –, PersR 09, 501.

TV-L, also um die in das **Ermessen** des Arbeitgebers gestellte Verkürzung oder Verlängerung der erforderlichen Zeit für das Erreichen der Stufen 4 bis 6 bei erheblich über oder unter dem Durchschnitt liegenden Leistungen. Aus der Formulierung »Verkürzung und Verlängerung der Stufenlaufzeiten nach **Entgeltgrundsätzen**« folgt, dass unter Berücksichtigung der Ausführungen des Beschlusses des *BVerwG* v. 13. 10. 09[118] die Mitbestimmung anders als bei der Stufenzuordnung an sich erst dann eintritt, wenn der Arbeitgeber etwa mit Zustimmung des PR eine abstrakt-generelle Regelung zur Ausfüllung der tariflichen Ermächtigung zur Verkürzung oder Verlängerung der Stufenlaufzeiten erlässt. In diesen Fällen ist eine **zweistufige Mitbestimmung** zu bejahen: auf der **ersten Stufe** nach **§ 74 Abs. 2 S. 1 Nr. 5** bei der **Aufstellung abstrakt-genereller Regelungen** zur Definition einer Durchschnittsleistung und der Voraussetzungen, unter denen diese Durchschnittsleistung erheblich über- oder unterschritten wird und auf der **zweiten Stufe** nach **Abs. 1 Nr. 3** bei der Eingruppierung immer dann, wenn aufgrund einer abstrakt-generellen Regelung im **Einzelfall** über die Verkürzung oder Verlängerung der Stufenlaufzeit entschieden werden soll.[119]

Nach dem **2., 3. und 4. Regelungsfall des Abs. 1 Nr. 3** hat der PR bei der **Höher- Um- und Rückgruppierung** mitzubestimmen. Dabei handelt es sich bei dem 2. und 4. Regelungsfall um zwei Varianten der **Umgruppierung**, die von der Eingruppierung zu unterscheiden sind (vgl. dazu Rn. 36 ff.). Höher- Um- und Rückgruppierung betreffen die **Zuordnung zu einer anderen Entgeltgruppe** als der, die in der Eingruppierung festgelegt worden ist.[120] Bis zur Einführung des in § 79 Abs. 3 Nr. 15 Buchst. c LPVG a. F. normierten Mitbestimmungstatbestandes der Höher- oder Rückgruppierung durch das ÄndG 1995 konnte der PR (anders als in § 75 Abs. 1 Nr. 2 BPersVG vorgesehen) bei der Höhergruppierung nicht[121] und bei der Rückgruppierung nach § 76 Abs. 1 Nr. 2 a. F. nur dann mitbestimmen, wenn es sich um eine Herabgruppierung im Einverständnis mit dem Arbeitnehmer handelte (vgl. 1. Aufl., § 76 Rn. 20). 41

Ebenso wie bei der (erstmaligen) Eingruppierung (vgl. Rn. 36) dient die Mitbestimmung bei der Höher-, Um- und Rückgruppierung der **Kontrolle der Richtigkeit** dieser Maßnahme in dem Sinne, dass die jeweils maßgebliche Entgeltordnung in gleichen oder vergleichbaren Fällen einheitlich und gleichmäßig angewendet und damit auch die »Lohngerechtigkeit« in der Dienststelle und die Durchschaubarkeit der in ihr vorhandenen Eingruppierungen gewahrt werden. Das Mitbestimmungsrecht beinhaltet somit 42

---

118 Beschl. v. 13. 10. 09, a. a. O.

119 Vgl. Altvater-*Baden*, § 78 Rn. 126 m. w. N.

120 *BAG* v. 21. 3. 95 – 1 ABR 46/94 –, PersR 95, 498; *BVerwG* v. 30. 4. 01 – 6 P 9.00 –, PersR 01, 382; jew. m. w. N.

121 *VGH BW* v. 21. 1. 97 – PL 15 S 1951/95 –, PersR 98, 66.

ein **Mitbeurteilungsrecht** bei der Zuordnung einer zugewiesenen Tätigkeit zu einer bestimmten Entgeltgruppe. Damit der PR seiner Kontrollfunktion gerecht werden kann, darf er die für diese Aufgabe erforderlichen Daten, die ihm die Dienststelle zur Verfügung stellen muss, gemäß § 67 Abs. 3 speichern. Zu den erforderlichen Daten gehören hierbei insbesondere die Arbeitsplatzbeschreibung, die Bildung der Arbeitsvorgänge und deren Bewertung durch den Arbeitgeber sowie die vorgesehenen zeitlichen Anteile der übertragenen Tätigkeiten.

43 Eine mitbestimmungspflichtige **Höhergruppierung** kann unter verschiedenen Gesichtspunkten in Betracht kommen: v. a. bei einer nicht nur vorübergehenden **Übertragung einer höher zu bewertenden Tätigkeit**, die ihrerseits nach Abs. 1 Nr. 7a mitbestimmungspflichtig ist, soweit die Übertragung zwei Monate überschreitet (vgl. Rn. 61 ff., 62), als Akt der förmlichen Bestätigung dieser Maßnahme;[122] ohne ausdrückliche Zuweisung beim **Hineinwachsen** in eine höher zu bewertende Tätigkeit;[123] bei gleichbleibender Tätigkeit, weil eine bislang gezahlte Vergütung als zu niedrig erkannt wird, als **korrigierende Höhergruppierung**[124] oder bei der Erfüllung **persönlicher Eingruppierungsvoraussetzungen**, z. B. beim Bestehen einer Prüfung.[125] Die bei gleichbleibender Tätigkeit im Wege des **Bewährungs- oder Fallgruppenaufstiegs** erfolgende Höhergruppierung[126] gibt es in dem Geltungsbereichen des TVöD und des TV-L – mit Ausnahme von Besitzstandsregelungen – seit dem 1. 10. 05 bzw. 1. 11. 06 nicht mehr (§ 17 Abs. 5 S. 1 i. V. m. § 8 TÜV-VKA bzw. TVÜ-Länder).[127] Zwar keine Höhergruppierung aber ein Fall der mitbestimmungspflichtigen Stufenzuordnung ist der **nach Ende der regulären Stufenlaufzeit** erfolgende **Stufenaufstieg** innerhalb der Entgeltgruppe, in die der Arbeitnehmer eingruppiert ist, bei dem es sich um einen von der Einordnung in die Entgeltgruppe losgelösten selbstständigen Vorgang (»**isolierte Stufenzuordnung**«) handelt[128] (vgl. Rn. 39). Wesentliche **Bestandteile** der Höhergruppierung sind die Feststellung der vorgesehenen **Entgeltgruppe** und die Ermittlung des für die Einreihung in diese Gruppe maßgeblichen **Zeitpunkts**, wobei beides Gegenstand der Richtigkeitskontrolle des PR ist.[129] Die Mitbestimmung bei der Höhergruppierung erstreckt sich auch auf die **Stufenzuordnung** nach **§ 17 Abs. 4 S. 1 TV-L bzw. § 17**

---

122 *VGH BW* v. 21. 1. 97, a. a. O.

123 Vgl. Lorenzen-*Rehak*, § 78 Rn. 163; Richardi-*Kaiser/Annuß*, § 75 a. F. Rn. 51.

124 *BVerwG* v. 6. 10. 92 – 6 P 22.90 –, PersR 93, 74.

125 *BVerwG* v. 3. 6. 77 – VII P 8.75 –, PersV 78, 245.

126 *BVerwG* v. 17. 4. 70 – VII P 8.69 –, PersV 70, 277.

127 Vgl. Altvater-*Baden*, § 78 Rn. 136.

128 Entgegen *BVerwG* v. 13. 10. 09 – 6 P 15.08 –, PersR 09, 501.

129 *BVerwG* v. 6. 10. 92, a. a. O.

Abs. 5 TVöD, die zeitgleich mit der Einordnung in die höhere Entgeltgruppe stattfindet.[130]

Eine mitbestimmungspflichtige **Rückgruppierung** kann v.a. in folgenden Fällen vorkommen: als zweiter Akt bei einer nicht nur vorübergehenden **Übertragung einer niedriger zu bewertenden Tätigkeit**, die ihrerseits nach Abs. 1 Nr. 7a) mitbestimmungspflichtig ist (vgl. Rn. 61 ff., 63) oder als **korrigierende Rückgruppierung**, wenn infolge des Absinkens der Wertigkeit der bisherigen Tätigkeit die höhere Eingruppierung unrichtig geworden oder wenn von Anfang an irrtümlich zu hoch eingruppiert worden ist.[131] Dabei ist eine korrigierende Rückgruppierung auch dann mitbestimmungspflichtig, wenn sie durch einen gleichzeitig erfolgenden Bewährungsaufstieg in die alte Vergütungsgruppe ausgeglichen wird.[132] Die Mitbestimmung bei der Rückgruppierung erstreckt sich auch auf die **Stufenzuordnung** nach **§ 17 Abs. 4 S. 4 TV-L** bzw. **§ 17 Abs. 4 S. 5 TVöD**, die zeitgleich mit der Einordnung in die niedrigere Entgeltgruppe stattfindet.[133] Die Rückgruppierung bedarf einer **Änderung des Arbeitsvertrages.**[134] Soll diese im Wege der **einvernehmlichen Vertragsänderung** erfolgen, hat der PR nach Abs. 1 Nr. 3 allein unter dem Gesichtspunkt der Rückgruppierung mitzubestimmen, wobei das Änderungsangebot die mitbestimmungspflichtige Maßnahme darstellt.[135] Soll sie im Wege der **Änderungskündigung** durchgesetzt werden, steht dem PR neben dem Mitbestimmungsrecht nach Abs. 1 Nr. 3 auch das Mitbestimmungsrecht nach Abs. 1 Nr. 12 bzw. das Mitwirkungsrecht nach Abs. 6 zu (vgl. Rn. 77 ff.). **44**

Die **übertarifliche Eingruppierung** ist im Unterschied zu § 75 Abs. 1 Nr. 2 BPersVG im **vierten Regelungsfall des Abs. 1 Nr. 3** als gesonderter Mitbestimmungstatbestand vorgesehen. Sie ist gegeben, wenn einem Arbeitnehmer ein Entgelt zugesagt ist, das höher ist als das Entgelt, das der von ihm auszuübenden Tätigkeit gemäß § 12 Abs. 1 TV-L bzw. § 17 TVÜ-VKA bzw. der Entgeltgruppe des an sich anzuwendenden Tarifvertrages entspricht. Mitbestimmungspflichtig ist auch die **außertarifliche Eingruppierung** von Arbeitnehmern, die nicht unter den persönlichen Geltungsbereich des an sich einschlägigen Tarifvertrags fallen (z.B. § 1 Abs. 2 Buchst. c TVöD/TV-L); das gilt auch dann, wenn der außertarifliche Bereich nicht gestuft, **45**

---

130 *BVerwG* v. 13.10.09, a.a.O.

131 *BVerwG* v. 17.4.70, a.a.O.; *BAG* v. 30.5.90 – 4 AZR 74/90 –, PersR 90, 270, v. 26.8.92 – 4 AZR 210/92 –, PersR 93, 132, u.v. 16.2.00 – 4 AZR 62/99 –, PersR 01, 173.

132 *BVerwG* v. 10.7.95 – 6 P 14.93 –, PersR 95, 491.

133 *BVerwG* v. 13.10.09, a.a.O.

134 Vgl. Lorenzen-*Rehak*, § 78 Rn. 119 m.w.N.

135 Lorenzen-*Rehak*, § 78 Rn. 122.

sondern einheitlich gestaltet ist.[136] Dabei ist Eingruppierung i. S. d. Abs. 1 Nr. 2 jeweils die **erstmalige** über- oder außertarifliche Eingruppierung. Sie kann zusammen mit der Einstellung oder zu einem späteren Zeitpunkt nach vorheriger tariflicher Eingruppierung – und ohne dass sich die übertragene Tätigkeit ändern muss – erfolgen.[137] Die Mitbestimmung kann jedoch nach Abs. 5 ausgeschlossen sein (vgl. Rn. 263 ff., 266).

46 Die Mitbestimmung bei der Eingruppierung nach Abs. 1 Nr. 3 beschränkt sich auf den **Vorgang der Eingruppierung**, bei dem das Entgeltsystem selbst als vorgegeben vorausgesetzt ist. Ist das Entgeltsystem nicht tarifvertraglich geregelt, erstreckt sich die Mitbestimmung unter dem Gesichtspunkt der Eingruppierung nicht auf die Aufstellung, Ausgestaltung oder Änderung des Entgeltsystems, welches der Arbeitgeber nach internen Verwaltungsrichtlinien oder allgemeiner Verwaltungsübung zugrunde legt[138] (zur Mitbestimmung gemäß § 74 Abs. 2 Nr. 5 vgl. § 74 Rn. 47). Soweit der PR bei der **Eingruppierung** aus Anlass der **Einstellung** mitbestimmt, kann er – weil es sich um **zwei getrennt zu beurteilende Mitbestimmungstatbestände** handelt – je nach Fallgestaltung die Zustimmung zur Einstellung erteilen, die zur Eingruppierung jedoch verweigern.[139] Geschieht dies, ist der Arbeitgeber nicht gehindert, den Arbeitnehmer einzustellen und ihm so lange vorläufig Arbeitsentgelt zu zahlen, bis das Mitbestimmungsverfahren über die Eingruppierung abgeschlossen ist.[140] Entsprechendes gilt dann, wenn die Eingruppierung eines bereits beschäftigten Arbeitnehmers als **Neueingruppierung aufgrund der Übertragung anderer Aufgaben** notwendig wird (vgl. dazu Rn. 65).

d) Beförderung, Laufbahnwechsel

47 **(Abs. 1 Nr. 4)** Die Norm wurde mit Änderungen aus § 75 Abs. 1 S. 4 a. F. übernommen. Nach dieser nur für Beamte geltenden Vorschrift hat der PR mitzubestimmen bei der **Beförderung und beim horizontalem Laufbahnwechsel**. Nach § 20 LBG ist unter Beförderung eine Ernennung, durch die einer Beamtin oder einem Beamten ein anderes Amt mit höherem Grundgehalt verliehen wird, zu verstehen. Mit Inkrafttreten des **DRG** ist die Vor-

---

136 Vgl. *Fitting*, § 99 Rn. 94; a. A. Richardi-*Kaiser/Annuß*, § 75 a. F. Rn. 39.

137 Vgl. *BAG* v. 12.12.06 – 1 ABR 13/06 –, AP Nr. 32 zu § 99 BetrVG 1972 Eingruppierung; Altvater-*Baden*, § 78 Rn. 132 a. E. m. w. N.

138 *BVerwG* v. 15.2.88 – 6 P 21.85 –, PersR 88, 101, u. v. 14.6.95 – 6 P 43.93 –, PersR 95, 428.

139 *BAG* v. 10.2.76 – 1 ABR 49/76 – u. v. 20.12.88 – 1 ABR 68/87 –, AP Nr. 4 u. 62 zu § 99 BetrVG 1972; *BVerwG* v. 8.12.99 – 6 P 3.98 –, PersR 00, 106, u. v. 22.10.07 – 6 P 1.07 –, PersR 08, 23; *VGH BW* v. 7.9.93 – PL 15 S 2710/92 –, PersR 94, 170.

140 *BVerwG* v. 8.12.99 u. v. 22.10.07, jew. a. a. O.

schrift mit folgenden Änderungen an die Stelle von § 75 Abs. 1 Nr. 2 a.F. getreten: Die bisher als Mitbestimmungsfall ausgestaltete »Übertragung eines anderen Amts mit höherem Endgrundgehalt ohne Änderung der Amtsbezeichnung« wird jetzt nach § 20 Abs. 1 LBG vom Begriff der Beförderung umfasst und deshalb in Abs. 1 Nr. 4 nicht mehr gesondert aufgeführt. Hinsichtlich des Laufbahnwechsels wird klargestellt, dass damit der »horizontale Laufbahnwechsel« nach § 21 LBG gemeint ist, denn der vertikale Laufbahnwechsel (Aufstieg) ist zugleich eine Beförderung oder »die Verleihung eines Amtes mit anderer Amtsbezeichnung beim Wechsel der Laufbahngruppe« und insoweit ohnehin als Mitbestimmungsfall erfasst.[141]

Die in § 4 Abs. 3 Buchst. b BeamtStG i.V.m. § 8 LBG geregelte **Übertragung eines Amts mit leitender Funktion im Beamtenverhältnis auf Probe** ist nicht nur inhaltlich eine Beförderung, sondern kann – anders als im Bund[142] – auch mitbestimmungsrechtlich von Bedeutung sein, weil sie sich auch auf bestimmte Ämter des BesGr. A 15 bezieht (vgl. Anh. LBG [zu § 8 Abs. 1] Abschn. A Nr. 3 u. Abschn. C Nr. 20, 46, 47); der Fall wird im Hinblick auf die weitere Begründung eines Beamtenverhältnisses auch von Abs. 1 Nr. 1 erfasst (vgl. Rn. 9). Auch wenn der Beamte, z.B. wegen einer rechtsverbindlichen Zusicherung, einen **Anspruch** auf die Beförderung oder eine ihr gleichstehende Maßnahme hat, ist der PR nach Abs. 1 Nr. 4 zu beteiligen.[143] Die Mitbestimmung entfällt auch dann nicht, wenn es sich um die Beförderung eines unter Wegfall der Bezüge **beurlaubten** und auf einer sog. Leerstelle geführten Beamten handelt, weil dieser trotz der nach § 8 Abs. 1 Nr. 2 vorübergehend entfallenen Wahlberechtigung weiterhin Beschäftigter der Dienststelle bleibt.[144] 48

Ein **Laufbahnwechsel** kann mit einem Wechsel der Laufbahngruppe verbunden sein. Findet ein solcher **(vertikaler) Laufbahnwechsel** durch Aufstieg statt (§ 22 LBG), unterliegt er auch unter dem Aspekt der **Beförderung** (vgl. Rn. 47) oder dem des beförderungsgleichen Laufbahngruppenwechsels der Mitbestimmung. Sind Laufbahnen so miteinander verzahnt, dass das Spitzenamt der niedrigeren Laufbahngruppe mit dem Eingangsamt der nächsthöheren Laufbahngruppe gleichwertig ist und erfolgt der Aufstieg aus dem Spitzenamt, ändert sich durch die Verleihung des Eingangsamts der nächsthöheren Laufbahngruppe nicht das Grundgehalt, sondern nur die Amtsbezeichnung. 49

Der in Abs. 1 Nr. 4 weiterhin ausdrücklich genannte Tatbestand des **horizontalen Laufbahnwechsels** ist ein Wechsel in eine andere Laufbahn mit 50

---

141 LT-Dr. 14/6694, S. 567f. [zu Abs. 1 Nr. 4].

142 Vgl. Altvater-*Baden*, § 78 Rn. 70.

143 *Günther*, ZBR 82, 193, 198.

144 *BVerwG* v. 15.11.06 – 6 P 1.06 –, PersR 07, 119 (anders noch *BVerwG* v. 29.1.93 – 6 P 2.92 –, PersR 93, 221); vgl. Altvater-*Baden*, § 78 Rn. 69 m.w.N.

anderer Fachrichtung aber in der gleichen Laufbahngruppe.[145] Er ist nur zulässig, wenn der Beamte die Befähigung für die neue Laufbahn besitzt (§ 21 LBG).[146] Ist dieser Laufbahnwechsel nicht mit einer Beförderung verbunden, bedarf es dazu zwar eines Verwaltungsakts, aber keiner Ernennung.[147]

51 Spaltet der Dienstherr eine Beförderung (oder eine der Beförderung gleichstehende Maßnahme) in zwei getrennte Vorgänge auf, hat dies auch eine **Aufspaltung des Mitbestimmungsrechts** zur Folge, wenn der erste Vorgang bereits eine Vorentscheidung für den zweiten Vorgang enthält.[148] Ein solcher Fall liegt z. B. vor, wenn einem Beamten ein Beförderungsdienstposten (also ein konkret-funktionales Amt mit höherem Grundgehalt als sein bisheriges statusrechtliches Amt) zum Zweck seiner Erprobung und (bei Bewährung) späteren Beförderung übertragen wird.[149] Dabei ist der PR zweimal zu beteiligen: zunächst bei der (vorentscheidenden) **Übertragung des Beförderungsdienstpostens** und danach bei der später erfolgenden **Beförderung**. Wird ein Beförderungsdienstposten zum Zweck der Erprobung und späteren Beförderung übertragen, ist auch die erste Variante des Tatbestands des Abs. 1 Nr. 6 gegeben (vgl. Rn. 53 ff.).[150] Die Entscheidung, ein Stellenbesetzungsverfahren endgültig abzubrechen und von der beabsichtigten Beförderung oder Übertragung einer höherwertigen Tätigkeit ganz abzusehen, ist keine mitbestimmungspflichtige Maßnahme.[151]

e) Aufstieg

52 **(Abs. 1 Nr. 5)** Die Norm ist aus § 80 Abs. 4 a. F. übernommen und zum Mitbestimmungstatbestand hochgestuft worden. Der PR hat mitzubestimmen bei der **Zulassung zum Aufstieg einschließlich der Zulassung zur Eignungsfeststellung** bei Beamten. Ein vergleichbarer Tatbestand ist in den meisten **anderen LPersVG** enthalten, so u. a. wortgleich in § 79 Abs. 2 Nr. 4 LPersVG RP.[152] Der **Aufstieg** ist ein Laufbahnwechsel, der mit einem Wechsel der Laufbahngruppe verbunden ist (vgl. Rn. 47 f.). Bei ihm tritt der Beamte in die nächsthöhere Laufbahn derselben Fachrichtung über, auch wenn die (in § 15 LBG festgelegten) Bildungsvoraussetzungen dieser Laufbahn nicht vorliegen (§ 22 Abs. 1 LBG). Die Ministerien können im Rahmen

---

145 LT-Dr. 14/6694, S. 407 [zu § 21].
146 Vgl. Lorenzen-*Rehak*, § 78 Rn. 92.
147 Vgl. *Fischer/Goeres/Gronimus*, § 76 a. F. Rn. 14.
148 *BVerwG* v. 28. 4. 67 – VII P 12.65 –, PersV 67, 275; Richardi-*Kersten*, § 76 Rn. 21.
149 *BayVGH* v. 20. 7. 83 – 18 C 83 A. 483 –.
150 Altvater-*Baden*, § 78 Rn. 76 m. w. N.; ferner *BVerwG* v. 15. 12. 78 – 6 P 13.78 –, PersV 80, 145.
151 *OVG NW* v. 10. 3. 21 – 1 B 179/21 –, juris (zu § 76 BPersVG a. F.).
152 Vgl. Altvater-*Baden*, § 78 Rn. 75.

ihres Geschäftsbereichs durch Rechtsverordnung im Benehmen mit dem IM ein Verfahren zur **Feststellung der Eignung** für den Aufstieg und laufbahnspezifische Voraussetzungen für den Aufstieg festlegen (§ 22 Abs. 4 LBG). Da Zulassungen zum Aufstieg und zur Eignungsfeststellung wichtige **Vorentscheidungen** über die Verleihung eines Amtes der neuen Laufbahn sind, hat der Gesetzgeber diese »Grundsatzentscheidungen« der **Mitbestimmung** des PR unterworfen.[153] Dabei hat der PR vorrangig auf die Einhaltung aller einschlägigen Vorschriften zu achten.

f) Übertragung von Dienstaufgaben eines anderen Amtes

53 **(Abs. 1 Nr. 6)** Nach dieser für Beamte geltenden Vorschrift hat der PR mitzubestimmen bei »**zwei Monate überschreitender Übertragung von Dienstaufgaben eines Amtes mit höherem oder niedrigerem Grundgehalt**«. Die Vorschrift ist durch das **DRG** (vgl. Rn. 1) aus § 75 Abs. 1 Nr. 3 a. F. übernommen und dabei nur redaktionell geändert worden (»Grundgehalt« statt »Endgrundgehalt«). Bei dem Mitbestimmungstatbestand kommt es nach der Rspr. des *BVerwG*[154] nicht auf die »bisherige Tätigkeit« (den bisherigen Dienstposten) des Beamten an, maßgebliche **Vergleichsgröße** sind vielmehr die Dienstaufgaben des ihm verliehenen statusrechtlichen Amtes (vgl. Rn. 7 ff.). Danach bezieht sich die Steigerungsform »**höher oder niedriger**« darauf, ob die dem Beamten zu übertragenden Dienstaufgaben dem ihm (bisher) verliehenen statusrechtlichen Amt entsprechen oder höher oder niedriger als dieses zu bewerten sind.[155] Während sich die erste Tatbestandsvariante (mit der Steigerungsform »höher«) auf Fälle beschränkt, in denen sich das statusrechtliche Amt des betroffenen Beamten nicht ändert, erfasst die zweite Variante (mit der Steigerungsform »niedriger«) auch die Fälle, in denen ein niedrigeres statusrechtliches Amt übertragen wird (vgl. Rn. 58).

54 Ob das konkret-funktionale Amt (der Dienstposten), dessen Dienstaufgaben übertragen werden sollen, ein solches mit höherem oder niedrigerem Grundgehalt als das (bisherige) statusrechtliche Amt des Beamten ist, hängt von einem **Vergleich der Besoldungsgruppen** ab, denen diese Ämter besoldungs- und haushaltsmäßig zugeordnet sind. Die **Planstellenbewirtschaftung** erfolgt grundsätzlich in der Weise, dass die der Dienststelle zugewiesenen Stellen bestimmten Dienstposten fest zugeordnet sind. In diesen **Standardfällen** ist die Stellenbewertung im Stellenplan der Dienst-

153 LT-Dr. 11/6312, S. 50 f. [zu § 75 Abs. 2 Nr. 2].

154 Beschl. v. 12.3.90 – 6 P 32.87 –, PersR 90, 135.

155 *BVerwG* v. 12.3.90, a.a.O.; a.A. *VG Frankfurt a.M.* v. 22.2.95 – 9 G 3738/94 [1] –, PersR 95, 259; näher dazu und zur Entwicklung der Rspr. Altvater-*Baden*, § 78 Rn. 105.

stelle maßgebend.[156] Da bereits die Zuweisung der Planstelle einer höheren Besoldungsgruppe die Übertragung einer höher zu bewertenden Tätigkeit darstellt, greift das Mitbestimmungsrecht auch dann ein, wenn sich der Aufgabenkreis des Beamten durch die Übertragung der höher zu bewertenden Tätigkeit nicht verändert.[157] Für die Wertigkeit des zu übertragenden Dienstpostens kommt es dann darauf an, welcher Besoldungsgruppe er im Stellenplan zugeordnet ist.[158] Anders ist es jedoch, wenn die »**Topfwirtschaft**« praktiziert wird. Sie ist dadurch gekennzeichnet, dass die Stellen nicht bindend bestimmten Dienstposten zugeordnet sind, sondern von Fall zu Fall dort verwendet werden, wo eine Beförderungsmöglichkeit ausgeschöpft werden soll.[159] In derartigen Fällen ist hinsichtlich der Wertigkeit des zu übertragenden Dienstpostens auf eine Bewertung der Gesamtumstände abzustellen.[160] Wird in einer Dienststelle die sog. Topfwirtschaft praktiziert, besteht das Mitbestimmungsrecht, wenn einem Beamten, der nicht nach der Besoldungsgruppe A 15 BBesO besoldet ist und bislang einen gebündelten, nach den Besoldungsgruppen A 13 bis A 15 BBesO bewerteten Dienstposten innehat, ein fest nach der Besoldungsgruppe A 15 BBesO bewerteter und nicht mit einer Planstelle hinterlegter Dienstposten übertragen wird.[161]

55 Der **Schutzzweck** der Mitbestimmung gemäß Abs. 1 Nr. 6 ist nach der Rspr. *BVerwG*[162] **unterschiedlich** zu beurteilen: Bei der **ersten Tatbestandsvariante**, der zwei Monate überschreitenden Übertragung von Dienstaufgaben eines Amts mit **höherem** Grundgehalt, besteht er darin, eine möglichst frühzeitige Beteiligung des PR in Angelegenheiten sicherzustellen, in denen eine Vorentscheidung über die nach Abs. 1 Nr. 4 mitbestimmungspflichtige Beförderung liegen kann.[163] Dabei soll die Mitbestimmung dem Schutz der nicht berücksichtigten Beamten dienen, nicht aber dem Schutz der Beförderungschancen des ausgewählten Beamten.[164] Bei der **zweiten Tatbestandsvariante**, der zwei Monate überschreitenden Übertragung von Dienstaufgaben eines Amts mit **niedrigerem** Grundgehalt, liegt der Schutzzweck der Mitbestimmung darin, den Beamten vor Eingriffen in sein Recht am bisherigen statusrechtlichen Amt zu schützen, und zwar zum

---

156 *VGH BW* v. 22.1.91 – 15 S 1906/90 –, PersR 92, 39 Ls.

157 Vgl. *BVerwG* v. 26.11.79 – 6 P 6.79 –, Buchholz 238.37 § 72 PersVG NW Nr. 4 = PersV 1981, 286 = ZBR 1980, 323.

158 Vgl. Lorenzen-*Rehak*, § 78 Rn. 127 m. w. N.

159 Vgl. dazu auch *VG Frankfurt a. M.* v. 22.2.95, a. a. O.

160 *BVerwG* v. 16.9.94 – 6 P 32.92 –, PersR 95, 16, v. 8.12.99 – 6 P 10.98 –, PersR 00, 202, u. v. 7.7.08 – 6 P 13.07 –, PersR 08, 381; vgl. Altvater-*Baden*, § 78 Rn. 105.

161 *OVG NW* v. 6.7.20 – 20 A 4217/18.PVB –, juris (zu § 76 Abs. 1 Nr. 3 BPersVG a. F.).

162 Beschl. v. 12.3.90 – 6 P 32.87 –, PersR 90, 135.

163 *BVerwG* v. 7.7.08, a. a. O., m. w. N.

164 Krit. Altvater-*Baden*, § 78 Rn. 107.

einen vor der Übertragung von Dienstaufgaben, die gegenüber seinem abstrakten Aufgabenbereich (der dem bisherigen, unveränderten statusrechtlichen Amt entspricht) »unterwertig« sind, zum anderen vor dem darüber hinausgehenden Eingriff der Versetzung in ein statusrechtlich niedrigeres Amt. Aber auch bei der zweiten Variante soll die Mitbestimmung nicht dazu dienen, die Beförderungschancen eines Beamten zu schützen, die sich aus der vorherigen Übertragung von Dienstaufgaben eines Amts ergeben, das im Vergleich zu seinem bisherigen statusrechtlichen Amt höher zu bewerten ist und die dadurch geschmälert werden können, dass dem Beamten wieder Dienstaufgaben dieses statusrechtlichen Amts übertragen werden sollen.[165] Dem PR soll ermöglicht werden, bei der jeweils maßgeblichen Auswahlentscheidung die Beachtung des Gleichbehandlungs- und des Leistungsgrundsatzes zu kontrollieren und darauf hinzuwirken, dass die Konkurrenten vor unzulässigen Benachteiligungen geschützt werden.[166]

Eine beabsichtigte **Übertragung** von Dienstaufgaben **eines Amts mit höherem Grundgehalt** ist i. d. R. gegeben, wenn dem Beamten ein anderer Dienstposten zugewiesen werden soll, der einer **höheren Besoldungsgruppe** zugeordnet ist als sein statusrechtliches Amt (vgl. Rn. 48). Letzteres ist auch dann der Fall, wenn im Stellenplan die Planstelle des zu übertragenden Dienstpostens mit der Besoldungsgruppe des Beamten und auch mit der nächsthöheren Besoldungsgruppe ausgewiesen ist (sog. **gebündelte Planstelle**),[167] des Weiteren, wenn es sich bei dem zuzuweisenden Dienstposten deshalb um ein Amt mit höherem Grundgehalt handelt, weil es mit einer (als Bestandteil des Grundgehalts geltenden) **Amtszulage** verbunden ist (vgl. § 43 Abs. 2 LBesGBW). Bei der **Zuweisung eines Dienstpostens** kommt es darauf an, welche Dienstaufgaben tatsächlich übertragen werden sollen.[168] Der Tatbestand ist auch dann erfüllt, wenn dem Beamten die einer höheren Besoldungsgruppe zugeordnete **Planstelle zugewiesen** wird, ohne dass sich sein Aufgabenkreis verändert, weil dies die entscheidende Vorstufe einer Beförderung sein kann.[169] Wird die »**Topfwirtschaft**« praktiziert (vgl. Rn. 54), ist der Mitbestimmungstatbestand gegeben, wenn dem Beamten ein 56

165 Vgl. Altvater-*Baden*, § 78 Rn. 107, m. w. N.; a. A. *VG Frankfurt a. M.* v. 22.2.95 – 9 G 3738/94 [1] –, PersR 95, 259.

166 Vgl. *BVerwG* v. 8.12.99 – 6 P 10.98 –, juris, Rn. 25, m. w. N., sowie Richardi-*Kersten*, § 76 a. F. Rn. 16 und 26.

167 Zur Zulässigkeit der Dienstpostenbündelung (Dientspostenbündelung bedarf eines sachlichen Grundes): *BVerfG* v. 16.12.15 – 2 BvR 1958/13 –, NVwZ 16, 682; i.Ü. s. *BVerwG* v. 8.12.99 – 6 P 10.98 –, PersR 00, 202; v. 28.8.08 – 6 P 12.07 –, PersR 08, 453; Richardi-*Kersten*, § 76 a. F. Rn. 27.

168 *VGH BW* v. 26.4.94 – PL 15 S 234/93 –, ZBR 95, 53.

169 *BVerwG* v. 26.11.79 – 6 P 6.79 –, PersV 81, 286, u. v. 8.12.99, a. a. O.; *BayVGH* v. 30.6.99 – 18 P 97.1451 –, PersR 00, 249; *OVG NW* v. 5.7.01 – 1 A 4182/99. PVB –, PersR 02, 81.

intern höher bewerteter (d.h. einem Amt mit einem höheren Grundgehalt entsprechender) Dienstposten übertragen wird, dem jederzeit nach Maßgabe der haushaltsrechtlichen Verfügbarkeit eine entsprechende (höhere) Planstelle zugeordnet werden kann.[170] Von dem Sonderfall der »Topfwirtschaft« abgesehen, soll dagegen eine lediglich **interne Umbewertung** eines Dienstpostens ohne Änderung der für ihn ausgeworfenen Planstelle nicht mitbestimmungspflichtig sein.[171]

57 Die **Übertragung** von Dienstaufgaben eines Amts mit höherem Grundgehalt unterliegt nur dann der Mitbestimmung, wenn sie **zwei Monate überschreitet**. Insoweit hat der Gesetzgeber den bislang verwendeten Begriff *»nicht nur vorübergehend«* konkretisiert.

58 Der Beamte hat grundsätzlich Anspruch auf eine seinem bisherigen statusrechtlichen Amt entsprechende Beschäftigung, also auf einen amtsgemäßen Aufgabenkreis.[172] Ohne seine Zustimmung darf ihm diese Beschäftigung weder entzogen noch darf er auf Dauer unterwertig beschäftigt werden.[173] Eingriffe in dieses Recht sind nur aufgrund ausdrücklicher gesetzlicher Regelung oder in einer Notsituation zulässig.[174] Handelt es sich bei diesen Eingriffen um die nicht nur vorübergehende **Übertragung** von Dienstaufgaben **eines Amts mit niedrigerem Grundgehalt**, hat der PR nach Abs. 1 Nr. 5 mitzubestimmen.[175] Dieser Tatbestand liegt zum einen vor, wenn einem Beamten zur **Vermeidung seiner Versetzung in den Ruhestand wegen Dienstunfähigkeit** nach § 44 Abs. 3 BBG unter Beibehaltung seines Amts innerhalb seiner Laufbahngruppe eine geringerwertige Tätigkeit übertragen werden soll.[176] Zum anderen ist er bei **statusmindernden Versetzungen** gegeben (§ 24 Abs. 2 S. 3 LBG; § 15 BeamStG; § 28 Abs. 3 S. 1 BBG).[177] Erfolgt eine statusmindernde Versetzung zu einer anderen Dienststelle, ist auch der Mitbestimmungstatbestand des Abs. 2 Nr. 1 gegeben (vgl. Rn. 112).

59 Der Mitbestimmungstatbestand des Abs. 1 Nr. 6 ist nach h.M. **nicht** erfüllt, wenn einem Beamten **wieder Dienstaufgaben des ihm verliehenen statusrechtlichen Amtes übertragen** werden, nachdem er zuvor Dienst-

---

170 *OVG NW* v. 3.5.04 – 1 B 333/04 –, PersR 05, 78; *v. Roetteken*, PersR 98, 395, 397 m. w.N.; Richardi-*Kersten*, § 76 a.F. Rn. 28.

171 *BVerwG* v. 30.10.79 – 6 P 61.78 –, PersV 81, 244, v. 7.7.08 – 6 P 13.07 –, PersR 08, 381, u.v. 2.12.09 – 6 PB 33.09 –, PersR 10, 85; krit. dazu *v. Roetteken*, PersR 02, 363, 366.

172 Vgl. *Battis*, § 27 Rn. 3, 9.

173 *BVerwG* v. 25.10.07 – 2 C 30.07 –, PersR 08, 72.

174 Vgl. *BVerwG* v. 10.5.84 – 2 C 18.82 –, AuR 85, 164 m. Anm. *Mayer*; *BVerfG* v. 2.3.93 – 1 BvR 1213/85 –, PersR 93, 284; *Lörcher*, PersR 93, 241.

175 *BVerwG* v. 2.12.09 – 6 PB 33.09 –, PersR 10, 85.

176 Vgl. *Battis*, § 44 Rn. 19; *Fischer/Goeres/Gronimus*, § 76 Rn. 17.

177 Vgl. *Battis*, § 28 Rn. 21; Altvater-*Baden*, § 78 Rn. 34.

aufgaben eines Amts mit höherem Grundgehalt wahrgenommen hatte[178] (vgl. auch Rn. 53, 56). Derartige Maßnahmen können auch nach anderen Vorschriften (insbesondere nach Abs. 1 Nr. 11, Abs. 2 Nr. 1 oder 2) mitbestimmungspflichtig sein. Kein Fall des Abs. 1 Nr. 6 ist die nach § 30 Abs. 1 S. 1 LDG zulässige **Disziplinarmaßnahme der Zurückstufung** (Versetzung in ein Amt derselben Laufbahn mit geringerem Grundgehalt), die nur im Disziplinarverfahren verhängt werden kann, an dem der PR nicht beteiligt ist (vgl. § 81 Rn. 37).

g) Übertragung einer anders eingruppierten Tätigkeit

(Abs. 1 Nr. 7) Die Regelung betrifft nur Arbeitnehmer. Sie ist mit Änderungen und Ergänzungen aus § 75 Abs. 1 Nr. 6 a. F. übernommen worden. Das zeitlich nicht näher bestimmte Tatbestandsmerkmal »nicht nur vorübergehend« ist durch die Formulierung »**zwei Monate überschreitende Tätigkeit**« ersetzt worden. Hierdurch ist zwar eindeutig festgelegt, ab welcher Übertragungsdauer der PR zu beteiligen ist. In der Praxis bereiten aber insbesondere die Fälle Probleme, bei denen die Dauer der Maßnahme bei ihrer Einleitung noch nicht geklärt ist, etwa im Fall einer Krankeitsvertretung. In einer solchen Konstellation ist der PR auch bei planmäßig kürzeren Übertragungen gem. § 71 Abs. 1 rechtzeitig und umfassend zu unterrichten. Nur so kann die Einleitung des Mitbestimmungsverfahrens dann, wenn sich doch eine zwei Monate überschreitende Übertragungsdauer abzeichnet, ohne zeitlichen Verzug erfolgen. Das Merkmal liegt vor bei einer Übertragung auf Dauer, aber auch zur Erprobung, weil dem Dienstherrn dabei lediglich die Möglichkeit vorbehalten bleibt, die Übertragung bei Nichtbewährung zurückzunehmen.[179] 60

aa) Höhere Entgeltgruppe

(Abs. 1 Nr. 7a) Es wird die Übertragung einer Tätigkeit gefordert, »die den Tätigkeitsmerkmalen einer höheren oder einer niedrigeren Entgeltgruppe entspricht als die bisherige Tätigkeit«. Vergleichbare Tatbestände enthalten zwei andere LPersVG (§ 78 Abs. 2 Nr. 4 LPersVG RP und § 72 Abs. 1 S. 1 Nr. 4 LPVG NW). Der Mitbestimmungstatbestand ist enger gefasst als der entsprechende Tatbestand des § 75 Abs. 1 Nr. 2 BPersVG »Übertragung einer höher oder niedriger zu bewertenden Tätigkeit«. Das gilt sowohl für die Dauer als auch für den Inhalt der mitbestimmungspflichtigen Maßnahmen. Damit ist, im Unterschied zu § 75 Abs. 1 Nr. 2 BPersVG, die erforderliche **höhere oder geringere Wertigkeit** der zu übertragenden Tätigkeit insoweit 61

178 *BVerwG* v. 12.3.90 – 6 P 32.87 –, PersR 90, 135.
179 *BVerwG* v. 14.12.62 – VII P 3.62 –, PersV 63, 206.

einschränkend konkretisiert, als diese Tätigkeit bereits im Zeitpunkt ihrer Übertragung einer höheren oder niedrigeren **Entgeltgruppe** zugeordnet sein muss als die bisherige Tätigkeit. Ein Mitbestimmungsfall nach Abs. 1 Nr. 7a liegt **nicht** vor, wenn einem Arbeitnehmer eine Tätigkeit übertragen wird, die zwar zur Zahlung einer tätigkeits- oder funktionsbezogenen **Zulage** führt, jedoch nicht den Tätigkeitsmerkmalen einer höheren oder einer niedrigeren Entgeltgruppe (bzw. Vergütungs- oder Lohngruppe) entspricht; das gilt umgekehrt auch für den Entzug einer Tätigkeit, die den Wegfall einer solchen Zulage zur Folge hat.[180] Allerdings ist diese Fallgestaltung nunmehr nach Abs. 1 Nr. 7b mitbestimmungspflichtig.

61a Der Gegenstand der Mitbestimmung steht im Zusammenhang mit dem **beruflichen Aufstieg.**[181] Die Beteiligung nach Abs. 1 Nr. 7a soll die Behandlung aller Arbeitnehmer nach Recht und Billigkeit gewährleisten und verhindern, dass einzelne Arbeitnehmer zu Unrecht bevorzugt, andere zu Unrecht benachteiligt werden. Der PR hat gemäß § 69 S. 1 (vgl. dort Rn. 1 ff.) auf die Einhaltung des Gleichbehandlungsgrundsatzes und des Leistungsgrundsatzes zu achten.[182]

62 Die **Übertragung einer höher zu bewertenden Tätigkeit** besteht i. d. R. in der Zuweisung eines anderen Arbeitsplatzes oder in der Erweiterung des bisherigen Aufgabengebietes mit der Folge, dass die neue Gesamttätigkeit einer höheren (ggf. tariflichen) Entgeltgruppe entspricht.[183] Dazu gehört auch die auf die Korrektur einer bisher unterwertigen Beschäftigung abzielende **korrigierende Übertragung** einer anderen Tätigkeit auf einem dafür geschaffenen neuen Dienstposten.[184] Die Übertragung einer höher zu bewertenden Tätigkeit bedarf einer **Änderung des Arbeitsvertrages**, die i. d. R. im gegenseitigen Einvernehmen (durch schriftliche Mitteilung des Arbeitgebers mit stillschweigendem Einverständnis des Arbeitnehmers) erfolgt.[185] Die rechtlich einwandfreie, auf Dauer erfolgte Übertragung einer höherwertigen Tätigkeit löst – falls der anzuwendende Tarifvertrag dies vorsieht – die Tarifautomatik (Rn. 37) und damit eine **Höhergruppierung** aus (vgl. Rn. 43).[186] Diese unterliegt bereits nach Abs. 1 Nr. 3 2. Fall der Mitbestimmung (vgl.

180 Vgl. *BAG* v. 17. 1. 79 – 4 AZR 463/77 –, AP Nr. 3 zu § 36 BAT, zum Schichtführer; *BVerwG* v. 3. 6. 77 – VII P 3.76 –, PersV 78, 247, u. *BAG* v. 11. 6. 80 – 4 AZR 437/78 –, AP Nr. 6 zu § 9 MTB II, zum Vorhandwerker; *BVerwG* v. 3. 6. 77 – VII P 2.76 –, Buchh 238.3 A § 75 Nr. 2, u. *BAG* v. 10. 11. 92 – 1 AZR 185/92 –, PersR 93, 134, zum Vorarbeiter.

181 *BVerwG* v. 27. 5. 09 – 6 P 18.08 –, PersR 09, 357.

182 *BVerwG* v. 27. 5. 09, a. a. O. (zur Zustimmungsverweigerung nach § 77 Abs. 2 Nr. 1 BPersVG).

183 Vgl. Lorenzen-*Rehak*, § 78 Rn. 110.

184 *HmbOVG* v. 5. 3. 99 – 7 Bf 107/98. PVB –, PersR 99, 460.

185 Vgl. Altvater-*Baden*, § 78 Rn. 94 m. w. N.

186 *Fischer/Goeres/Gronimus*, § 75 a. F. Rn. 21.

Rn. 43 ff.). Die Mitbestimmung bezieht sich damit bei dieser Fallgestaltung auf **zwei voneinander zu trennende Maßnahmen**, nämlich auf die Übertragung der höherwertigen Tätigkeit und auf deren tarifliche Zuordnung. Auch wenn die Mitbestimmung beim Übertragungsakt und diejenige bei der Höhergruppierung im Normalfall zeitlich zusammenfallen,[187] kann der PR einerseits der Übertragung der Tätigkeit zustimmen und andererseits der tariflichen Höhergruppierung widersprechen.[188]

bb) Niedrigere Entgeltgruppe

Die **Übertragung einer Tätigkeit, die den Tätigkeitsmerkmalen einer niedrigeren Entgeltgruppe entspricht**, besteht i. d. R. in der Zuweisung eines anderen Arbeitsplatzes oder in der Veränderung des bisherigen Aufgabengebietes mit der Folge, dass die Gesamttätigkeit nunmehr einer niedrigeren (ggf. tariflichen) Entgeltgruppe entspricht.[189] Wie die Rückgruppierung bedarf sie einer einvernehmlichen Änderung des Arbeitsvertrages. Ist der Arbeitnehmer dazu nicht bereit, kann die Dienststelle die beabsichtigte Übertragung nur mittels einer gemäß **Abs. 1 Nr. 12 mitbestimmungspflichtigen Änderungskündigung**[190] durchsetzen (vgl. dazu Rn. 87). Sie unterliegt auch dann der Mitbestimmung, wenn **keine Rückgruppierung** erfolgen, also die bisherige Eingruppierung (übertariflich) beibehalten werden soll, oder wenn die Maßnahme Ergebnis eines arbeitsgerichtlichen **Vergleichs** ist.[191] Auch bei der **einvernehmlichen** Übertragung einer niedriger zu bewertenden Tätigkeit hat der PR mitzubestimmen.[192] 63

cc) Tätigkeit, die eine Zulage auslöst

(Abs. 1 Nr. 7b) Die Norm wurde aus § 80 Abs. 1 Nr. 8b a. F. übernommen und von der Mitwirkung zur eingeschränkten Mitbestimmung hochgestuft. Danach bestimmt der PR nunmehr mit bei dauernder oder vorübergehender, zwei Monate überschreitender Übertragung einer Tätigkeit, die einen Anspruch auf **Zahlung einer Zulage** auslöst, sowie Widerruf einer solchen Übertragung. Vergleichbare Vorschriften sind auch in **anderen LPersVG** enthalten (§ 87 Nr. 3 BlnPersVG, § 65 Abs. 2 Nr. 2 NPersVG und § 78 Abs. 2 Nr. 5 LPersVG RP). Die Mitbestimmung nach Abs. 1 Nr. 7 Buchst. b ermöglicht es dem PR, bei der Übertragung von Tätigkeiten, die zur Zahlung 64

187 *BVerwG* v. 28. 8. 08 – 6 P 12.07 –, PersR 08, 453.
188 *NdsOVG* v. 21. 11. 94 – 18 L 1329/94 –, PersR 95, 217.
189 Vgl. Lorenzen-*Rehak*, § 78 Rn. 190.
190 *BAG* v. 24. 4. 96 – 4 AZR 976/94 –, PersR 96, 378.
191 Vgl. *Fischer/Goeres/Gronimus*, § 75 a. F. Rn. 28.
192 *BAG* v. 12. 5. 04 – 4 AZR 338/03 –, PersR 05, 289.

einer Zulage oder zu ihrem Wegfall führen, auf eine gerechte Behandlung der Beschäftigten zu achten.[193] Zulagen i. S. d. Abs. 1 Nr. 7b sind alle **Arten von Zulagen**, deren Zahlung von der Ausübung einer bestimmten Tätigkeit abhängig ist, v. a. Funktionszulagen, die an die Wahrnehmung bestimmter Aufgaben gefunden sind, wie etwa in der Pflege oder dem Sozial- und Erziehungsdienst. Auch Zulagen für die vertretungsweise Wahrnehmung einer höher zu bewertenden Tätigkeit (vgl. § 14 TVöD i. V. m. § 18 TVÜ-VKA; § 14 TV-L i. V. m. § 18 TVÜ-Länder) und Zulagen, die wegen der äußeren Umstände der Arbeitsleistung gezahlt werden – z. B. Wechselschicht- und Schichtzulagen oder Schmutz-, Gefahren- und Erschwerniszuschläge (vgl. §§ 8 u. 19 TVöD i. V. m. § 23 TVÜ-VKA; §§ 8 u. 19 TV-L) –, gleichgültig, ob es sich um tarifliche, über- oder außertarifliche Zulagen handelt.[194] Die Zahlung einer sog. IT-Zulage ist zwar an die Tätigkeit in der IT geknüpft, aber es besteht kein Anspruch des Einzelnen darauf, eine solche Zulage zu erhalten. Dementsprechend löst die Übertragung einer Tätigkeit in der IT nicht zwingend die Zulage aus. Es handelt sich um eine durch Arbeitgeberrichtlinien konkretisierte freiwillige Zahlung (siehe hierzu § 74 Rn. 49). Mitbestimmungspflichtig ist der Akt der auf Dauer angelegten oder der, für mehr als zwei Monate erfolgenden **Übertragung** der die Zahlung der Zulage auslösenden Tätigkeit, z. B. die Bestellung zum Schichtführer oder Vorarbeiter, sowie der **Widerruf** einer solchen Übertragung.[195]

h) Übertragung einer anderen Tätigkeit

65 **(Abs. 1 Nr. 8)** Die Bestimmung ist aus § 80 Abs. 1 Nr. 8 a. F. übernommen und von der Mitwirkung zur Mitbestimmung hochgestuft worden. Danach hat der PR mitzubestimmen bei **zwei Monate überschreitender Übertragung einer anderen Tätigkeit**. Vergleichbare Tatbestände enthalten § 78 Abs. 2 Nr. 4 LPersVG RP und **§ 99 BetrVG** (hinsichtlich [betriebsinterner] Versetzungen i. S. d. § 95 Abs. 3 BetrVG). Es erscheint sachgerecht, den Begriff der Übertragung einer anderen Tätigkeit in **Anlehnung an den Umsetzungsbegriff** auszulegen,[196] oder entsprechend des **Begriffs der Versetzung** nach § 95 Abs. 3 BetrVG. Danach ist unter Übertragung einer anderen Tätigkeit die **Zuweisung eines anderen Arbeitsbereichs** zu verstehen, unabhängig davon, ob dieser höhere, niedrigere oder gleichwertige Anforderungen an den Arbeitnehmer stellt.[197] Da der Arbeitsbereich durch die Aufgabe und die Verantwortung sowie die Art der Tätigkeit und ihre Einordnung in den

---

193 LT-Dr. 11/6312, S. 53 [zu § 76 Abs. 2 Nr. 2].

194 Vgl. Leuze-*Flintorp*, § 75 Rn. 79.

195 Vgl. Leuze-*Flintorp*, § 75 Rn. 79.

196 So Leuze-*Flintorp*, § 75 Rn. 80.

197 Vgl. *Fitting*, § 99 Rn. 123.

betrieblichen Arbeitsablauf gekennzeichnet ist, liegt bei einer vom Arbeitgeber vorgenommenen Änderung eines dieser Merkmale die Zuweisung eines anderen Arbeitsbereichs vor, wobei die Veränderung so erheblich sein muss, dass sich das **Gesamtbild der Tätigkeit ändert** mit der Folge, dass die neue Tätigkeit vom Standpunkt eines mit den betrieblichen Verhältnissen vertrauten Beobachters als eine andere angesehen werden kann.[198] Zu einem ähnlichen Ergebnis gelangt man, wenn man an die Rspr. des *BVerwG* zur Umsetzung anknüpft, wonach es darauf ankommt, dass der veränderte Arbeitsplatz eine **andere Prägung** erhält als der bisherige Arbeitsplatz.[199]

Die Mitbestimmung nach Abs. 1 Nr. 8 bezieht sich auf **jede Übertragung** 66 einer anderen Tätigkeit, wenn sie **für die Dauer von mehr als zwei Monaten** erfolgen soll. Wird eine Übertragung von ursprünglich geringerer Dauer über zwei Monate hinaus verlängert, greift mit der Verlängerung die Mitbestimmungspflicht ein. Gleiches gilt, wenn eine den Zweimonatszeitraum von Anfang an überschreitende Übertragung weiter ausgedehnt wird. Hinsichtlich der Aneinanderreihung von mehreren, auf nicht mehr als zwei Monate befristeten Übertragungen gilt das zur Mitbestimmung bei Kettenabordnungen Gesagte entsprechend (vgl. Rn. 129).

i) Rückkehr aus der Beurlaubung

(Abs. 1 Nr. 9) Die **erneute Übertragung von Dienstaufgaben eines Amtes** 67 **oder der auszuübenden Tätigkeit nach Rückkehr aus der Beurlaubung von längerer Dauer** ist mit dem ÄndG 2013 als neuer Mitbestimmungstatbestand aufgenommen worden. Damit wird dem Umstand Rechnung getragen, dass eine erneute Übertragung eines Dienstpostens oder Arbeitsplatzes nach Rückkehr aus einer längeren Beurlaubung, etwa zur Kinderbetreuung, in seiner Auswirkung auf die Beschäftigten der Dienststelle einer Neueinstellung gleichkommen kann.[200] Wie lange eine Beurlaubung mindestens gedauert haben muss, damit die Voraussetzung »von längerer Dauer« erfüllt ist, lässt der Gesetzgeber offen. Aus der entsprechenden Regelung in § 72 LBG lässt sich eine Untergrenze nicht entnehmen; aus den angeführten Beispielen lässt sich jedoch schließen, dass es sich um einen Zeitraum handeln muss, dessen Länge die maximale Dauer des Erholungs- und Zusatzurlaubs nach §§ 21 ff. AzUVO überschreitet. Zudem liegt es nahe, an den Zeitraum anzuknüpfen, der nach § 8 Abs. 1 Nr. 2 und 3 zum Verlust der Wahlberechtigung führt. Eine Beurlaubung »von längerer Dauer« läge somit ab zwölf Monaten vor.[201]

198 Vgl. *Fitting*, § 99 Rn. 124 ff. m. w. N.
199 *BVerwG* v. 18. 12. 96 – 6 P 8.95 –, PersR 97, 364.
200 LT-Dr. 15/4224, S. 139 [zu § 71].
201 So auch Rooschüz-*Gerstner-Heck*, § 75 Rn. 44.

68 Der in der Praxis ebenso auftretende Fall der **Rückkehr aus einer Erkrankung** von längerer Dauer ist nicht normiert. In diesem Fall kommen die Auswirkungen auf die Beschäftigten ebenfalls einer Neueinstellung gleich. Auch die wieder einzugliedernden Betroffenen sind mindestens insoweit ebenso schutzbedürftig, als sie vor Überlastung und Überforderung zu schützen sind. Die Rückkehr aus einer Erkrankung von längerer Dauer unterfällt deshalb ebenfalls dem Schutzzweck der Regelung entsprechend der Mitbestimmung nach Nr. 9.

j) Änderung des Arbeitsvertrages

69 **(Abs. 1 Nr. 10)** Die »**wesentliche Änderung des Arbeitsvertrages, ausgenommen der Änderung der arbeitsvertraglich vereinbarten Arbeitszeit**« ist mit dem ÄndG 2013 als neuer Mitbestimmungstatbestand aufgenommen worden. Der Mitbestimmungstatbestand berücksichtigt, dass eine wesentliche Änderung des Arbeitsvertrages dieselben Wirkungen wie eine Einstellung haben kann.[202] Unerheblich ist, ob die Initiative zur Änderung des Arbeitsvertrages vom Beschäftigten oder vom Arbeitgeber ausgeht.[203] Soweit die arbeitsvertraglich vereinbare Arbeitszeit geändert werden soll, etwa der Übergang zu einer Teilzeitbeschäftigung, geht die antragsabhängige Befassung des PR nach Abs. 3 Nr. 2 vor[204] (vgl. Rn. 132). Auf die Möglichkeit der Antragstellung muss der Beschäftigte gemäß § 76 Abs. 3 hingewiesen werden.

k) Umsetzung innerhalb der Dienststelle

70 **(Abs. 1 Nr. 11)** Gemäß Abs. 1 Nr. 11 bestimmt der PR mit bei der »**Umsetzung innerhalb der Dienststelle, wenn sie mit einem Wechsel des Dienstorts verbunden ist**«. Die für Beamte (vgl. Rn. 71) und Arbeitnehmer (vgl. Rn. 72) gleichermaßen geltende Vorschrift ist mit dem ÄndG 2013 ohne inhaltliche Änderung von § 75 Abs. 1 Nr. 8 a.F. in die Nr. 11 übernommen worden. Umsetzung ist die wesentliche Änderung des Aufgabenbereichs. Die Änderung kann inhaltlicher Natur sein oder sich auf den Grad der Verantwortung beziehen.

71 Die **Umsetzung eines Beamten** ist in den Beamtengesetzen nicht geregelt.[205] Sie ist grundsätzlich kein Verwaltungsakt, sondern eine innerbehördliche Organisationsmaßnahme.[206] Sie beruht auf dem **Weisungsrecht des Dienst-**

---

202 LT-Dr. 15/4224, S. 139 [zu § 71].

203 LT-Dr. 15/4224, S. 139 [zu § 71]; Rooschüz-*Gerstner-Heck*, § 75 Rn. 45.

204 LT-Dr. 15/4224, S. 139 [zu § 71].

205 Vgl. LT-Dr. 14/6694, S. 412 [zum Vierten Teil].

206 Vgl. *Battis*, § 28 Rn. 4.

herrn und liegt vor, wenn dem Beamten **innerhalb derselben Behörde ein anderer Dienstposten** (anderes Amt im konkret-funktionalen Sinne) zugewiesen wird, die Zuweisung das statusrechtliche Amt und das Amt im abstrakt-funktionalen Sinne zwar nicht berührt,[207] der Aufgabenbereich durch den neuen Dienstposten aber eine neue Prägung aufweist, oder wenn der Dienstposten – wiederum ohne Änderung des beamtenrechtlichen Status – durch **wesentliche Änderungen des Aufgabenbereichs** eine neue, andere Prägung erhält.[208] Auch personalvertretungsrechtlich liegt eine Umsetzung bei einem **Wechsel des Dienstpostens** vor. Dazu bedarf es einer Abberufung vom bisherigen Dienstposten und der Zuweisung eines anderen Dienstpostens.[209] Diese Voraussetzungen liegen nicht vor, wenn lediglich eine Arbeitseinheit in ein anderes Dienstgebäude verlegt wird[210] oder wenn sich das Aufgabengebiet des von einer Umorganisation betroffenen Beamten nicht ändert.[211] Eine **Teilumsetzung** ist als personalvertretungsrechtliche Umsetzung anzusehen, wenn der entzogene Aufgabenteil prägend für den Dienstposten gewesen ist und der Dienstposten durch den neuen Aufgabenbereich eine neue, andere Prägung erhält.[212]

Die **Umsetzung eines Arbeitnehmers** besteht in der **Zuweisung eines anderen, gleich bewerteten Arbeitsplatzes innerhalb derselben Dienststelle**.[213] Die arbeitsrechtlichen Voraussetzungen von Umsetzungen sind in den **Tarifverträgen** i. d. R. (so auch im TVöD und TV-L) nicht ausdrücklich festgelegt.[214] Es kann jedoch sein, dass der im Tarifvertrag definierte Begriff der Versetzung auch die Umsetzung i. S. d. Abs. 1 Nr. 11 umfasst (so z. B. früher § 67 Nr. 41 BMT-G II). In diesem Fall gelten für Umsetzungen die gleichen Voraussetzungen wie für Versetzungen. Soweit keine tarifvertraglichen Regelungen zum Zuge kommen, beruht die Umsetzung von Arbeitnehmern auf dem **Direktionsrecht des Arbeitgebers**, das die Befugnis umfasst, im Rahmen des Arbeitsvertrages Art, Ort und Zeit der Arbeitsleistung des Arbeitnehmers nach billigem Ermessen näher zu bestimmen (§ 106 GewO).[215] Ein kompletter Austausch des bisherigen Tätigkeitsbereichs ist für eine Umsetzung nicht erforderlich. Es reicht aus, dass der neue Arbeits- 72

207 *BVerwG* v. 16. 6. 00 – 6 P 6.99 –, PersR 00, 416.
208 *BVerwG* v. 30. 3. 09 – 6 PB 29.08 –, PersR 09, 332; zu den Amtsbegriffen vgl. *Battis*, § 10 Rn. 8–12.
209 *BVerwG* v. 18. 12. 96 – 6 P 8.95 –, PersR 97, 364.
210 *BVerwG* v. 27. 7. 79 – 6 P 25.78 –, PersV 81, 73.
211 *OVG NW* v. 16. 11. 78 – CL 14/78 –, PersV 80, 282.
212 *BVerwG* v. 18. 12. 96, a. a. O., v. 22. 7. 03 – 6 P 3.03 –, PersR 03, 495, u. v. 30. 3. 09, a. a. O.
213 *BVerwG* v. 16. 6. 00, a. a. O.
214 Lorenzen-*Rehak*, § 78 Rn. 257.
215 Vgl. KZD-*Lakies*, § 23 Rn. 20 ff.

platz eine andere Prägung aufweist. In diesem Falle handelt es sich um eine mitbestimmungspflichtige **Teilumsetzung**.[216] Eine mitbestimmungspflichtige **Rückumsetzung** liegt vor, wenn ein Arbeitnehmer zunächst umgesetzt wurde und er dann wieder auf seinen alten oder einen neuen Arbeitsplatz umgesetzt wird.[217]

73 Im Unterschied zur Versetzung vollzieht sich die Umsetzung sowohl von Beamten als auch von Arbeitnehmern **innerhalb der Dienststelle**. Dabei ist der Begriff der Dienststelle wie im Falle der Versetzung **im verwaltungsorganisationsrechtlichen Sinne** zu verstehen (vgl. Rn. 113 ff.).[218] Die Umsetzung ist nur dann mitbestimmungspflichtig, wenn sie mit einem **Wechsel des Dienstorts** verbunden ist. Das ist nur bei Dienststellen möglich, die auf verschiedene Dienstorte aufgeteilt sind,[219] wobei es auf eine Verselbständigung nach § 5 Abs. 2 nicht ankommt.[220] Dienstort ist jeweils die politische Gemeinde, in der sich die Hauptdienststelle, eine Außenstelle, eine Nebenstelle oder ein (sonstiger) Dienststellenteil befindet.[221] Da Abs. 1 Nr. 11 anders als § 78 Abs. 1 Nr. 6 BPersVG keinen einschränkenden Zusatz (nämlich: »neuer Dienstort außerhalb des Einzugsgebiets im Sinne des Umzugskostenrechts«) enthält, kommt es nicht darauf an, wie weit ein Dienststellenteil vom bisherigen Dienstort entfernt ist. Auf Tätigkeiten, die **ihrer Natur nach** an wechselnden Dienstorten ausgeübt werden, wie das z. B. beim örtlich wechselnden Einsatz von Baukolonnen der Fall ist, ist Abs. 1 Nr. 11 nicht anwendbar.[222]

74 Nach bislang h. M. soll eine Umsetzung i. S. d. Abs. 1 Nr. 11 nur dann vorliegen, wenn sie **auf Dauer angelegt** ist.[223] Das erscheint jedoch zu eng, weil der Begriff der Umsetzung als solcher nicht nur auf Dauer angelegte Maßnahmen beinhaltet (vgl. § 47 Rn. 6). Das *BVerwG* hat seine bisherige Rechtsprechung mittlerweile geändert. Demnach ist die Mitbestimmung des PR bei Umsetzungen mit Dienstortwechsel nach der Gesetzesfassung des § 76 Abs. 1 Nr. 4 Alt. 2 BPersVG a. F. nicht auf »dauerhafte« bzw. »auf Dauer angelegte« Umsetzungen beschränkt.[224] Das Fehlen einer zeitlichen Regelung

---

216 *BVerwG* v. 18. 12. 96, v. 22. 7. 03 u. v. 30. 3. 09, jew. a. a. O.

217 *OVG Hamburg* v. 15. 8. 96 – OVG Bs PB 3/95 –, PersR 96, 399.

218 *OVG NW* v. 29. 1. 99 – 1 A 2617/97.PVL –, PersR 99, 311; Lorenzen-*Rehak*, § 78 Rn. 256; Leuze-*Flintrop*, § 75 Rn. 84.

219 Vgl. Lorenzen-*Rehak*, a. a. O.

220 Leuze-*Flintrop*, § 75 Rn. 83.

221 Vgl. für den Geltungsbereich des BPersVG: *Fischer/Goeres/Gronimus*, § 75 a. F. Rn. 41; Lorenzen-*Rehak*, § 78 Rn. 265.

222 Vgl. *Fischer/Goeres/Gronimus*, § 75 a. F. Rn. 42.

223 *BVerwG* v. 10. 10. 91 – 6 P 23.90 –, PersR 92, 301; v. 18. 12. 96 – 6 P 8.95 –, PersR 97, 364; *VGH BW* v. 16. 9. 03 – PL 15 S 1104/03 –, PersR 04, 113.

224 *BVerwG* v. 16. 9. 19 – 5 P 5.18 –, NVwZ-RR 20, 315 (zu § 76 Abs. 1 Nr. 4 BPersVG a. F.).

in § 76 Abs. 1 Nr. 4 Alt. 2 BPersVG a. F. sei als »beredtes Schweigen« dahingehend zu qualifizieren, dass mit einem Dienstortwechsel verbundene Umsetzungen innerhalb der Dienststelle unabhängig von ihrer Geltungsdauer der Mitbestimmung des PR bedürfen. Damit muss nicht mehr auf die Vergleichbarkeit mit der Mitbestimmung bei der Abordnung nach Abs. 2 Nr. 2 verwiesen werden und nur solche Umsetzungen als mitbestimmungsfrei angesehen werden, die für die Dauer von **nicht mehr als zwei Monaten** vorgenommen werden sollen. Die Mitbestimmung ist bei jeder Umsetzung durchzuführen.[225]

Der **Schutzzweck** der Mitbestimmung bei der Umsetzung stimmt mit 75
dem bei der Versetzung überein (vgl. Abs. 2 Nr. 1). Das Mitbestimmungsrecht nach Abs. 1 Nr. 11 besteht deshalb auch dann, wenn der betroffene Beschäftigte mit der Umsetzung **einverstanden** ist[226] oder wenn dieser als Funktionsträger der Personalvertretung den **besonderen Umsetzungsschutz** nach § 47 Abs. 1 genießt (vgl. § 47 Rn. 13). Werden in der Dienststelle zu besetzende Stellen üblicherweise ausgeschrieben, besteht das Mitbestimmungsrecht bei Absehen von der Ausschreibung von Dienstposten auch dann, wenn die Besetzung der Dienstposten im Wege des Tausches der Dienstposten unter zwei (oder mehr) Beamten erfolgen soll.[227]

Ist die Dienststelle im verwaltungsorganisationsrechtlichen Sinne, inner- 76
halb derer die Umsetzung stattfindet, zugleich Dienststelle i. S. d. PersVR, so ist der für die Ausübung des Mitbestimmungsrechts **zuständige PR** – soweit sich aus § 91 nichts Abweichendes ergibt – ohne Weiteres der (einzige) bei dieser Dienststelle gebildete PR. Ist die Umsetzung mit einem Wechsel des Dienstortes verbunden und liegt der neue Dienstort wesentlich weiter von der Wohnung des Beamten entfernt, gehört dies zu den besonders zu berücksichtigenden Folgen. Etwaige gesundheitlichen Probleme müssen geprüft und gewürdigt werden, wie dies entsprechend in tatsächlich vergleichbaren Fällen auch bei Versetzungen geschieht.[228] Ist die Umsetzung nicht nur mit einem Dienstortwechsel, sondern auch mit einem **Wechsel der Dienststelle i. S. d. PersVR** verbunden, so ist die Situation mit jener der Versetzung vergleichbar und deshalb **Abs. 2** entsprechend anwendbar.[229]

---

225 So auch Richardi-*Kaiser/Annuß* § 75 a. F. Rn. 82; a. M. Rooschüz-*Gerstner-Heck*, § 75 Rn. 47; *VGH BW* v. 16. 9. 03 – PL 15 S 1104/03 –, PersR 04, 113: Umsetzung für die Dauer von 2 Monaten soll das Mitbestimmungsrecht noch nicht auslösen.

226 *OVG NW* v. 25. 3. 99 – 1 A 4470/98.PVL –, PersR 00, 80; Lorenzen-*Rehak*, § 78 Rn. 228 (für den Fall der Versetzung); Richardi-*Kaiser/Annuß*, § 75 a. F. Rn. 83.

227 *OVG NW* v. 27. 4. 17 – 20 A 2953/15.PVB –, juris.

228 *Hamburgisches OVG* v. 4. 6. 21 – 5 Bs 46/21 –, juris (zu § 76 Abs. 1 Nr. 4 BPersVG a. F.).

229 Vgl. *BVerwG* v. 16. 6. 00 – 6 P 6.99 –, PersR 00, 416.

l) Kündigung

77 (**Abs. 1 Nr. 12**) Der PR ist bei jeder **ordentlichen Kündigung** durch die Dienststelle zu beteiligen. Die Beteiligungsnorm ist mit dem ÄndG 2013 aus § 77 Abs. 1 a. F. mit Änderungen übernommen und von der Mitwirkung zur Mitbestimmung hochgestuft worden. Sie regelt die förmliche Beteiligung des PR bei der ordentlichen Kündigung des Arbeitsverhältnisses eines Arbeitnehmers durch den Arbeitgeber. Seit der Änderung des § 77 a. F. durch Art. 6 Nr. 24 DRG besteht jedoch eine bedeutsame Abweichung von § 85 Abs. 1 BPersVG: § 87 sieht in Abs. 1 Nr. 9 (bzw. die Vorgängernorm des § 77 Abs. 3) seitdem vor, dass der PR vor »der Beendigung des Arbeitsverhältnisses während der Probezeit« (nur) anzuhören ist.

78 Die bisher in § 77 Abs. 3 a. F. geregelte Beteiligung bei der **Entlassung** eines Beamten, ist jetzt in § 87 Abs. 1 Nr. 9 geregelt und beschränkt sich wie bisher auf fristlose Entlassungen durch Verwaltungsakt nach § 23 BeamtStG. Die Beteiligung im anderen Fall der (nicht fristlosen) Entlassung eines Beamten ist in Abs. 3 Nr. 10 (zuvor in § 80 Abs. 1 Nr. 6 a. F.) geregelt (vgl. Rn. 151).

79 Die Regelung über die Beteiligung des PR bei der Kündigung erlangt ebenso wie die Regelung des § 102 BetrVG über die Beteiligung des Betriebsrats besondere Bedeutung dadurch, dass sie mit dem **individuellen Kündigungsschutz** verknüpft ist und diesen durch die für die Länder unmittelbar geltende Vorschrift des § 128 BPersVG verstärkt.[230] Ist nämlich der PR vor Kündigungsausspruch nicht beteiligt worden, ist eine vom Arbeitgeber ausgesprochene ordentliche oder außerordentliche Kündigung **unwirksam**; ist er fehlerhaft beteiligt worden, gilt das Gleiche (vgl. Anh. I, § 128 Rn. 2 u. 3).

80 Nach § 77 Abs. 1 S. 3 a. F. konnte der PR nur aus bestimmten Gründen Einwendungen gegen eine ordentliche Kündigung erheben. Diese bisher vorgegebenen eingeschränkten Kataloggründe für Einwendungen sind entfallen. Nach § 76 Abs. 9 muss der PR seine Zustimmungsverweigerung zwar schriftlich unter Angabe der Gründe mitteilen. Die Gründe müssen aber nur noch einen sachlichen Bezug zur Mitbestimmungsangelegenheit aufweisen (siehe im Einzelnen Rn. 96). Aufgrund der Zuordnung der **ordentlichen Kündigung** zur eingeschränkten Mitbestimmung kann eine ordentliche Kündigung **ohne vorherige Zustimmung des PR oder der Stufenvertretung im Bereich der Landesbehörden nicht erfolgen (§ 73 Abs. 1)**. Ist zwischen PR und oberster Dienstbehörde keine Einigung zu erzielen, kann jede Seite nach § 78 Abs. 1 die Einigungsstelle anrufen, die nach § 78 Abs. 4 eine Empfehlung an die oberste Dienstbehörde ausspricht, wenn sie sich nicht der Auffassung der obersten Dienstbehörde anschließt. Die oberste Dienstbehörde entscheidet dann endgültig, ohne an die Empfehlung der

---

230 DKW-*Bachner/Deinert*, § 102 Rn. 2.

Einigungsstelle gebunden zu sein (§ 78 Abs. 4 S. 3). Die Entscheidung ist zu begründen und den beteiligten Personalvertretungen bekanntzugeben (§ 78 Abs. 4 S. 3).

In nicht gestuften Verwaltungen tritt an die Stelle der obersten Dienstbehörde das in den jeweiligen Verfassungen vorgesehene oberste Organ, an die Stelle der Stufenvertretung der PR und an die Stelle der Landesregierung das oberste Organ (§ 89). 80a

Die förmliche Beteiligung des PR bei der Beendigung des Arbeitsverhältnisses besteht grundsätzlich nur bei der **Kündigung durch den Arbeitgeber**, also nur bei der (beabsichtigten) einseitigen empfangsbedürftigen Willenserklärung des Arbeitgebers, durch die das Arbeitsverhältnis für die Zukunft aufgelöst werden soll. Alle **anderen Beendigungsarten** sind dagegen grundsätzlich **beteiligungsfrei**, insbesondere: die **eigene Kündigung** des Arbeitnehmers; die Geltendmachung der **Nichtigkeit** und die **Anfechtung** des Arbeitsvertrages;[231] die Beendigung des befristeten Arbeitsverhältnisses durch **Zeitablauf**,[232] wobei jedoch bei unwirksamer Befristung in einer Nichtverlängerungsanzeige des Arbeitgebers[233] zugleich eine beteiligungspflichtige (vorsorgliche) Kündigung liegen kann;[234] die Beendigung des **Berufsausbildungsverhältnisses** gemäß § 21 BBiG, § 21 PflBG[235] bzw. § 37 HebG;[236] der Eintritt einer **auflösenden Bedingung**,[237] z.B. der Eintritt der verminderten Erwerbsfähigkeit nach § 33 Abs. 2 TVöD bzw. TV-L oder das Erreichen der Altersgrenze nach § 33 Abs. 1 Buchst. a TVöD bzw. TV-L; die Beendigung des Arbeitsverhältnisses durch **gerichtliche Entscheidung**,[238] z.B. nach § 48 Abs. 4 (vgl. dort Rn. 11 ff.). 81

Der Abschluss eines **Aufhebungsvertrages**[239] war nach § 77 a.F. beteiligungsfrei. Durch das ÄndG 2013 ist nach **Abs. 3 Nr. 11** der Abschluss eines Aufhebungsvertrages der Mitbestimmung auf Antrag unterworfen, sofern der Arbeitnehmer die Auflösung nicht selbst beantragt hat.

Für die Beendigung des Arbeitsverhältnisses eines **DO-Angestellten** (vgl. § 4 Rn. 48) kommt das arbeitsrechtliche Instrument der Kündigung oder das beamtenrechtlich ausgestaltete Instrument der Entlassung in Betracht (vgl. § 354 RVO). Bei beabsichtigter ordentlicher oder außerordentlicher Kündigung richtet sich die Beteiligung des PR wie bei sonstigen Arbeitnehmern 82

---

231 *BVerwG* v. 9.2.79, a.a.O.; vgl. DDZ-*Däubler*, Einl. Rn. 161, 162.
232 Vgl. DDZ-*Wroblewski*, Kommentierung zu § 14 TzBfG.
233 Vgl. *BVerwG* v. 29.1.03 – 6 P 15.01 –, PersR 03, 156.
234 DKW-*Bachner/Deinert*, § 102 Rn. 23.
235 Pflegeberufegesetz v. 17.7.17, BGBl. I, 2581.
236 Hebammengesetz v. 22.11.19, BGBl. I, 1759.
237 Vgl. DDZ-*Wroblewski*, Kommentierung zu § 21 TzBfG.
238 Vgl. DDZ-*Däubler*, Einl. Rn. 163 ff.
239 *BVerwG* v. 9.2.79 – 6 P 26.78 –, PersV 80, 426; vgl. KZD-*Bachner*, § 85.

nach Nr. 12 bzw. § 87 Abs. 1 Nr. 9. Bei beabsichtigter Entlassung sind die für Beamte ggf. geltenden Beteiligungstatbestände, wobei zu beachten ist, dass es keine DO-Verträge auf Probe oder Widerruf mehr gibt. §§ 81 Abs. 2 Nr. 1, 87 Abs. 1 Nr. 9 sind entsprechend anzuwenden (str.[240]; vgl. § 47 Rn. 25). Da nach § 358 RVO seit dem 1.1.1993 keine Verträge mehr mit Angestellten abgeschlossen werden dürfen, die der Dienstordnung unterstehen sollen, laufen diese beamtenrechtsähnlichen Arbeitsverhältnisse allerdings aus.

83 Bestehen die Bindungen eines »**ehemaligen« Dienststellenangehörigen** fort und erfordert der Schutzzweck der Beteiligung des PR dessen Tätigwerden, ist der PR auch bei Kündigungen und Entlassungen solcher Beschäftigter zu beteiligen.[241]

84 Durch Abs. 1 Nr. 12 werden **andere Vorschriften** über die Beteiligung des PR bei Kündigungen nicht berührt. Bei der außerordentlichen Kündigung von Mitgliedern der Personalvertretungen, der JAV, der Wahlvorstände sowie von Wahlbewerbern richtet sich die Beteiligung nach **§ 47 Abs. 4 i. V. m. § 127 BPersVG** (vgl. § 47 Rn. 20ff., Anh. 1, § 127 Rn. 2). Bei der Kündigung eines schwerbehinderten Menschen, die nach den §§ 168 und 174 SGB IX der Zustimmung des Integrationsamtes bedarf, hat diese Behörde nach **§ 170 Abs. 2 SGB IX** u.a. eine Stellungnahme des PR einzuholen;[242] die Beteiligung des PR im Mitbestimmungs- oder Anhörungsverfahren wird dadurch nicht ersetzt.

85 Die **ordentliche Kündigung** setzt im Unterschied zur außerordentlichen Kündigung keinen »wichtigen Grund« voraus und wird i.d.R. unter Einhaltung einer (gesetzlichen, tariflichen oder einzelvertraglichen) Kündigungsfrist zu einem bestimmten Termin ausgesprochen.[243] Die Mitbestimmung besteht auch dann, wenn der betroffene Arbeitnehmer nach Ablauf der Probezeit **keinen Kündigungsschutz** nach dem KSchG genießt.[244]

86 Aufgrund der Einschränkung des Geltungsbereichs in Abs. 5 Nr. 1a bis c sind jedoch die dort aufgeführten **Arbeitnehmer mit hoher Vergütung oder in leitender Funktion** (mit Vergütungen entsprechend Besoldungsgruppe A 16 und höher, angestellte Landräte, Bürgermeister, Beigeordnete und Leiter öffentlicher Kreditinstitute) von der Mitbestimmung ausgenommen; vgl. Rn. 263ff.). Für die in § 76 Abs. 2 Nr. 1a und c genannten Beschäftigten greift die eingeschränkte Mitbestimmung nur auf deren **Antrag** ein. Betroffen sind Dienststellenleiter und Personalverantwortliche (Nr. 1a),

---

240 *BAG* v. 2.12.99 – 2 AZR 724/98 –, PersR 00, 336.

241 *BVerwG* v. 10.1.08 – 6 P 5.07 –, PersV 08, 313 = PersR 08, 342 Ls.

242 Vgl. DDZ-*Söhngen*, §§ 170, 171 SGB IX Rn. 11.

243 Vgl. DDZ-*Däubler*, Einl. Rn. 124ff.

244 *BAG* v. 12.3.86 – 7 AZR 20/83 –, AP Nr. 23 zu Art. 33 Abs. 2 GG, u.v. 18.5.94 – 2 AZR 920/93 –, AP Nr. 64 zu § 102 BetrVG 1972.

sowie Beschäftigte mit überwiegend wissenschaftlicher und künstlerischer Tätigkeit (Nr. 2c).

Mitbestimmungspflichtig ist mit Ausnahme der nach § 87 Abs. 1 Nr. 9 nur anhörungspflichtigen Kündigung während der Probezeit (vgl. § 87 Rn. 28 ff.) **jede Art der ordentlichen Kündigung**. Dazu gehören auch: 87

- die **Kündigung vor Vertragsantritt**;[245]
- die **Änderungskündigung**,[246] da auch sie zur Beendigung des Arbeitsverhältnisses führt, wenn der Arbeitnehmer mit der vom Arbeitgeber angebotenen Änderung der Arbeitsbedingungen nicht einverstanden ist.[247] Soll im Wege der Änderungskündigung eine Rückgruppierung erfolgen, eine niedriger zu bewertende Tätigkeit übertragen oder eine Umsetzung oder eine Versetzung herbeigeführt werden, besteht nicht nur das Mitbestimmungsrecht nach Abs. 1 Nr. 12, sondern auch nach **Abs. 1 Nr. 3, 7, 8, 10, 11 Abs. 2 Nr. 1**;
- die **Kündigung während eines Arbeitskampfes** jedenfalls dann, wenn sie aus anderen als arbeitskampfbedingten Gründen erfolgt[248] (zu »Kampfkündigungen« vgl. § 87 Rn. 30);
- die **Kündigung in einem Eilfall**. In einem solchen Fall kommt lediglich die Abkürzung der Äußerungsfrist des PR nach § 76 Abs. 6 S. 2 in Betracht (vgl. § 76 Rn. 20). Eine Kündigung kann als vorläufige Regelung nach § 88 Abs. 4 nicht ausgesprochen werden, weil sie als einseitige empfangsbedürftige Willenserklärung mit Zugang wirksam wird (§ 130 BGB) und außerdem als rechtsgestaltende Maßnahme rechtlich vollendete Tatsachen schaffen würde (vgl. § 88 Rn. 10). Die Absicht, das Arbeitsverhältnis eines Angestellten in der Wartezeit des § 1 Abs. 1 KSchG zu kündigen, ist kein dringender Fall, der die Abkürzung der Anhörungsfrist des PR rechtfertigt[249];
- die **vorsorgliche Kündigung**;[250]
- die **erneute Kündigung**, die bei gleichem Sachverhalt einer bereits ausgesprochenen Kündigung folgt;[251]

---

245 Vgl. DDZ-*Callsen*, § 622 BGB Rn. 59.

246 Vgl. DDZ-*Zwanziger/Wollgast*, § 2 KSchG Rn. 146 ff.

247 *BAG* v. 3.11.77 – 2 AZR 277/76 –, AP Nr. 1 zu § 75 a.F., u.v. 10.3.82 – 4 AZR 158/79 –, AP Nr. 2 § 2 KSchG 1969; *BVerwG* v. 9.12.98 – 6 P 6.97 –, PersR 99, 265.

248 *BAG* v. 6.3.79 – 1 AZR 866/77 –, AP Nr. 20 zu § 102 BetrVG 1972.

249 *LAG Schleswig-Holstein* v. 27.10.20 – 2 Sa 146 öD/20 –, juris (zu § 69 Abs. 2 BPersVG a.F.).

250 Vgl. Lorenzen-*Sachadae*, § 85 Rn. 27.

251 *BAG* v. 5.9.02 – 2 AZR 523/01 –, PersR 03, 123, v. 12.1.06 – 2 AZR 179/05 –, AP Nr. 54 zu § 1 KSchG 1969 Verhaltensbedingte Kündigung, u.v. 3.4.08 – 2 AZR 965/06 –, AP Nr. 159 zu § 102 BetrVG 1972.

- die **verabredete Kündigung**, bei der Arbeitgeber und Arbeitnehmer mündlich übereinkommen, dass eine Kündigung durch den Arbeitgeber erfolgen und eine Abwicklungsvereinbarung abgeschlossen werden soll;[252]
- die **betriebsbedingte Kündigung mit Abfindungsanspruch nach § 1a KSchG**;
- die (nicht zur Beendigung des Arbeitsverhältnisses führende und nur ausnahmsweise zulässige) **Teilkündigung**, mit der der Arbeitgeber einzelne Vertragsbedingungen ändern will.[253]

88 Ist ein Arbeitnehmer »unkündbar«, weil die ordentliche Kündigung ihm gegenüber durch Arbeitsvertrag oder Tarifvertrag ausgeschlossen ist (vgl. z. B. § 34 Abs. 2 TVöD bzw. TV-L), so kann ausnahmsweise eine unter Einhaltung der (fiktiven) ordentlichen Kündigungsfrist auszusprechende **außerordentliche Kündigung gegenüber dem ordentlich unkündbaren Arbeitnehmer** zulässig sein. Eine solche Kündigung steht hinsichtlich der Beteiligung des PR einer ordentlichen Kündigung gleich.[254] Das gilt auch für die **außerordentliche Änderungskündigung**.[255]

89 Das **Verfahren der Mitbestimmung** richtet sich nach § 76, § 71 Abs. 1 S. 1. Danach hat der Dienststellenleiter den PR rechtzeitig und umfassend über die beabsichtigte Kündigung zu **unterrichten**.[256] Der notwendige Inhalt der Unterrichtung richtet sich nach dem Sinn und Zweck der Anhörung. Dieser besteht darin, den PR in die Lage zu versetzen, sachgerecht auf den Arbeitgeber einzuwirken.[257] Im Einzelnen sind folgende **Angaben** erforderlich:[258] die zweifelsfreie Benennung der **Person** des zu kündigenden Arbeitnehmers und die Angabe seiner grundlegenden **sozialen Daten**;[259] die **Art der Kündigung**, d. h. die klarstellende Angabe, dass es sich um eine ordentliche Kün-

---

252 *BAG* v. 28.6.05 – 1 ABR 25/04 –, AP Nr. 146 zu § 102 BetrVG 1972.

253 Vgl. ErfK-*Müller-Glöge*, § 620 BGB Rn. 49; *BAG* v. 27.4.21 – 9 AZR 383/19 (A) –, NZA 2021, 1183 (Abberufung eines Datenschutzbeauftragten); bereits v. 13.3.07 – 9 AZR 612/05 –, AP Nr. 1 zu § 4f BDSG = PersR 07, 266 Ls. (Widerruf der Bestellung eines Datenschutzbeauftragten); Altvater-*Dierßen*, § 85 Rn. 11 zum Sonderkündigungsschutz des Datenschutzbeauftragten nach § 38 BDSG: *BAG* v. 25.8.22 – 2 AZR 225/20 –, NZA 22, 1457.

254 *BAG* v. 5.2.98 – 2 AZR 227/97 –, PersR 98, 387, v. 18.10.00 – 2 AZR 627/99 –, PersR 01, 125, v. 15.7.04 – 2 AZR 376/03 –, NZA 05, 523, v. 12.1.06 – 2 AZR 242/05 –, AP Nr. 158 zu § 102 BetrVG 1972, u. v. 20.3.14 – 2 AZR 288/13 –, NZA-RR 15, 16.

255 Vgl. DDZ-*Däubler*, § 626 BGB Rn. 22, 246.

256 *BAG* v. 4.3.81 – 7 AZR 104/79 –, AP Nr. 1 zu § 77 LPVG Baden-Württemberg.

257 *LAG BW* v. 26.8.16 – 1 Sa 14/16 –, juris.

258 Näher dazu Altvater-*Dierßen*, § 85 Rn. 15.

259 *BAG* v. 6.10.05 – 2 AZR 280/04 –, AP Nr. 154 zu § 102 BetrVG 1972, u. v. 23.4.09 – 6 AZR 516/08 –, PersR 10, 164.

digung handelt (oder um eine außerordentliche Kündigung mit Auslauffrist eines ordentlich unkündbaren Arbeitnehmers [vgl. Rn. 88]); ferner, ob die Kündigung innerhalb oder außerhalb der Probezeit ausgesprochen werden soll, ob es sich um eine Beendigungs- oder Änderungskündigung handelt und (bei Anwendbarkeit des KSchG) ob eine personen-, verhaltens- oder betriebsbedingte Kündigung erfolgen soll; bei der Kündigung eines schwerbehinderten Menschen, ob der **Antrag auf Zustimmung des Integrationsamtes** gestellt worden ist; die für den zu kündigenden Arbeitnehmer geltende **Kündigungsfrist**, wenn diese dem PR nicht bereits bekannt ist;[260] der beabsichtigte **Kündigungstermin**, d. h. der Termin, zu dem die Kündigung wirksam werden soll,[261] es sei denn, dass der Arbeitgeber die Kündigung alsbald nach Abschluss des Mitbestimmungsverfahrens zum nächstmöglichen Termin aussprechen will;[262] die nach Ansicht des Arbeitgebers maßgeblichen **Kündigungsgründe** (vgl. Rn. 90).

Zur ordnungsgemäßen Unterrichtung des Betriebsrats über die **Kündigungsgründe** lassen sich der Rspr. des *BAG* folgende Grundsätze entnehmen, die auf das PersVR übertragbar sind:[263] Der Arbeitgeber entscheidet, auf welche Gründe er eine Kündigung stützen will (**subjektive Determination**). Der Dienststellenleiter muss dem PR nur diejenigen **Gründe mitteilen**, die nach seiner subjektiven Sicht die Kündigung rechtfertigen und für seinen Kündigungsentschluss maßgebend sind.[264] In seiner neueren Rspr. hat das *BAG* gewisse »Nuancierungen« des Grundsatzes der subjektiven Determinierung vorgenommen. So darf der Arbeitgeber ihm bekannte Umstände, die sich bei objektiver Betrachtung zugunsten des Arbeitnehmers auswirken können, der Personalvertretung nicht deshalb vorenthalten, weil sie für seinen eigenen Kündigungsentschluss nicht von Bedeutung waren. In diesem Sinne ist die Personalratsanhörung – ausgehend vom subjektiven Kenntnisstand des Arbeitgebers – auch objektiv, d. h. durch den Sinn und Zweck der Anhörung determiniert.[265] Er kann nachträglich die Kündigung auf einzel- 90

260 *BAG* v. 29. 3. 90 – 2 AZR 420/89 – u. v. 16. 9. 93 – 2 AZR 267/93 –, AP Nr. 56 u. 62 zu § 102 BetrVG 1972.

261 *BAG* v. 4. 3. 81, a. a. O.

262 *BAG* v. 29. 1. 86 – 7 AZR 257/84 –, AP Nr. 42 zu § 102 BetrVG 1972, u. v. 27. 4. 06 – 2 AZR 426/05 –, PersR 06, 398 Ls.

263 *BAG* v. 27. 3. 03 – 2 AZR 699/01 –, PersR 04, 322, v. 23. 11. 04 – 2 AZR 38/04 –, AP Nr. 70 zu § 1 KSchG 1969 Soziale Auswahl; näher dazu Altvater-*Dierßen*, § 85 Rn. 17 m. w. N.

264 St. Rspr. des *BAG*; vgl. Urt. v. 11. 7. 91 – 2 AZR 119/91 –, AP Nr. 57 zu § 102 BetrVG 1972, u. v. 23. 6. 09 – 2 AZR 474/07 –, AP Nr. 47 zu § 626 BGB Verdacht strafbarer Handlung.

265 *BAG* v. 19. 11. 15 – 2 AZR 217/15; v. 16. 7. 15 – 2 AZR 15/15; v. 23. 10. 14 – 2 AZR 736/13 –, juris.

ne, dem PR bereits mitgeteilte Tatsachen beschränken.[266] Der Dienststellenleiter darf die dem PR mitzuteilenden Gründe i. d. R. nicht nur pauschal, schlagwort- oder stichwortartig bezeichnen, sondern er muss den von ihm als maßgebend erachteten Sachverhalt dem PR unter Angabe von Tatsachen **näher beschreiben**.[267] Er ist zur **wahrheitsgemäßen Information** verpflichtet.[268] Dem PR sind auch **gegen die Kündigung sprechende Tatsachen** mitzuteilen.[269] Der Sachverhalt, der zum Kündigungsentschluss des Dienststellenleiters geführt hat, ist so zu beschreiben, dass der PR **ohne zusätzliche eigene Nachforschungen** in die Lage versetzt wird, die Stichhaltigkeit der Kündigungsgründe zu prüfen.[270] Die vorstehenden Grundsätze gelten auch dann, wenn der zu kündigende Arbeitnehmer **keinen Kündigungsschutz** nach dem KSchG genießt.[271] Gilt für den zu kündigendenArbeitnehmer das KSchG, sind alle der Begründung des **gesetzlichen Kündigungsgrundes** zugrunde liegenden Tatsachen – d. h. alle Tatbestandsmerkmale einer personen-, verhaltens- oder betriebsbedingten Kündigung – anzugeben.[272] Die Verpflichtung des Dienststellenleiters zur Darlegung der Kündigungsgründe besteht **ausnahmsweise** nicht, wenn der PR bei der Einleitung des Mitbestimmungsverfahrens bereits über den **erforderlichen und aktuellen Kenntnisstand** verfügt, um über die konkret beabsichtigte Kündigung eine Stellungnahme abgeben zu können.[273] Auch dann muss der Dienststellenleiter dem PR i. d. R. jedoch ausdrücklich mitteilen, warum er den bekannten Tatsachen kündigungserhebliche Bedeutung zumisst.

91 Bei einer beabsichtigten **Änderungskündigung** hat der Dienststellenleiter dem PR das Änderungsangebot und die Gründe für die beabsichtigte Änderung der Arbeitsbedingungen mitzuteilen.[274] Will er sich eine Beendigungskündigung vorbehalten und dazu eine erneute Beteiligung des PR ersparen,

---

266 *BAG* v. 27. 11. 08 – 2 AZR 98/07 –, AP Nr. 90 zu § 1 KSchG 1969.

267 *BAG* v. 11. 7. 91, a. a. O.

268 *BAG* v. 18. 5. 94 – 2 AZR 920/93 u. v. 22. 9. 94 – 2 AZR 31/94 –, AP Nr. 64 u. 68 zu § 102 BetrVG 1972; v. 9. 3. 95 – 2 AZR 461/94 –, NZA 95, 678; v. 16. 9. 04 – 2 AZR 511/03 –, AP Nr. 142 zu § 102 BetrVG 1972; v. 23. 6. 09, a. a. O.

269 *BAG* v. 2. 11. 83 – 7 AZR 65/82 –, AP Nr. 29 zu § 102 BetrVG 1972.

270 *BAG* v. 11. 7. 91, a. a. O., v. 7. 11. 02 – 2 AZR 493/01 –, PersR 03, 451, v. 26. 7. 07 – 8 AZR 769/06 –, AP Nr. 324 zu § 613a BGB.

271 *BAG* v. 18. 5. 94, a. a. O., v. 22. 9. 05 – 2 AZR 366/04 –, AP Nr. 24 zu § 130 BGB, u. v. 23. 4. 09 – 6 AZR 516/08 –, PersR 10, 164.

272 Näher dazu Altvater-*Dierßen*, § 85 Rn. 18 m. w. N.

273 *BAG* v. 27. 6. 85 – 2 AZR 412/84 –, AP Nr. 37 zu § 102 BetrVG 1972, u. v. 20. 5. 99 – 2 AZR 532/98 –, AP Nr. 5 zu § 1 KSchG 1969 Namensliste, sowie v. 26. 7. 07 u. v. 23. 4. 09, jew. a. a. O.; *LAG Köln* v. 19. 7. 10 – 5 Sa 604/10 –, NZA-RR 10, 642.

274 *BAG* v. 30. 11. 89 – 2 AZR 197/89 –, AP Nr. 53 zu § 102 BetrVG 1972.

muss er zugleich verdeutlichen, dass er im Falle der Ablehnung des Änderungsangebots eine Beendigungskündigung beabsichtigt.[275]

Ein **Nachschieben von Kündigungsgründen** ist i. d. R. nicht zulässig, weil der PR sich vor Ausspruch der Kündigung damit nicht befassen konnte.[276] Es ist wie folgt zu differenzieren: Gründe und Tatsachen, die bereits vor Ausspruch der Kündigung bestanden und dem Arbeitgeber bekannt waren, die er aber dem PR nicht mitgeteilt hat, dürfen nicht nachgeschoben werden, und zwar auch dann nicht, wenn der PR aufgrund der ihm mitgeteilten Gründe zugestimmt hat.[277] Gründe und Tatsachen, die dem Arbeitgeber im Zeitpunkt der Unterrichtung des PR bekannt sind oder zumindest noch vor Ausspruch der Kündigung bekannt werden, dürfen im Kündigungsschutzprozess nur verwertet werden, wenn sie dem PR noch vor Ausspruch der Kündigung mitgeteilt werden, wobei hinsichtlich dieser weiteren Gründe und Tatsachen alle Fristen des Mitbestimmungsverfahrens neu zu laufen beginnen.[278] Gründe und Tatsachen, die im Zeitpunkt der Kündigung bereits entstanden waren, dem Arbeitgeber jedoch erst nach dem Ausspruch der Kündigung bekannt werden, dürfen im Kündigungsschutzprozess nachgeschoben werden, wenn in Bezug auf diese Gründe und Tatsachen ein erneutes Mitbestimmungsverfahren durchgeführt wird.[279] 92

Eine bestimmte **Form** der Unterrichtung ist nicht vorgeschrieben. Schon aus Beweisgründen empfiehlt sich aber eine schriftliche Information.[280] Das *BAG* ist der Ansicht, der Arbeitgeber brauche dem Betriebsrat über die erforderlichen Tatsachenangaben hinaus keine **Unterlagen** vorzulegen.[281] Dieser Rspr. ist für das LPVG (und das BPersVG) nicht zu folgen, weil die allgemeine Vorschrift des § 71 Abs. 1 S. 2 schon mangels einer spezialgesetzlichen Regelung auch für die Information des PR im Rahmen seiner förmlichen Beteiligung gilt (vgl. § 71 Rn. 9 ff., § 76 Rn. 18).[282] Zur Unterrichtung des PR aus **Personalakten** vgl. § 71 Rn. 15. 93

---

275 *BAG* v. 30.11.89, a.a.O.; vgl. Lorenzen-*Sachadae*, § 85 Rn. 62; DKW-*Bachner/Deinert*, § 102 Rn. 110.

276 Näher dazu Altvater-*Dierßen*, § 85 Rn. 25–27 m. w. N.

277 *BAG* v. 18.12.80 – 2 AZR 1006/78 –, v. 1.4.81 – 7 AZR 1003/78 – u. v. 11.4.85 – 2 AZR 239/84 –, AP Nr. 22, 23 u. 39 zu § 102 BetrVG 1972; v. 26.9.91 – 2 AZR 132/91 –, AP Nr. 28 zu § 1 KSchG 1969 Krankheit.

278 Vgl. *BAG* v. 6.2.97 – 2 AZR 265/96 –, AiB 97, 668; Lorenzen-*Sachadae*, § 85 Rn. 61.

279 *BAG* v. 18.12.80 u. v. 11.4.85, jew. a.a.O.; str.; vgl. Altvater-*Dierßen*, § 85 Rn. 26 m. w. N.

280 Vgl. Lorenzen-*Sachadae*, § 85 Rn. 66.

281 Urt. v. 26.1.95 – 2 AZR 386/94 –, AP Nr. 69 zu § 102 BetrVG 1972, v. 6.2.97, a.a.O. u. v. 27.3.03 – 2 AZR 699/01 –, PersR 04, 322; a.A. DKW-*Bachner/Deinert*, § 102 Rn. 50; *Fitting*, § 102 Rn. 26.

282 A.A. Lorenzen-*Sachadae*, § 85 Rn. 63.

94 Das Mitbestimmungsverfahren muss gegenüber der **zuständigen Personalvertretung** eingeleitet werden. Geschieht dies nicht, ist die trotzdem ausgesprochene Kündigung unwirksam. Welche Personalvertretung zuständig ist, ergibt sich v.a. aus den Vorschriften des § 91. Nach § 91 Abs. 1 ist der **(örtliche) PR** der Dienststelle, welcher der zu kündigende Arbeitnehmer als Beschäftigter angehört, (nur) dann zuständig, wenn der Leiter dieser Dienststelle zum Kündigungsausspruch auch befugt ist (vgl. § 91 Rn. 3f.). Eine solche Befugnis kann nach Absprache mit einer zentralen Personalstelle auch dezentral vorliegen. Ist dies nicht der Fall, folgt die Zuständigkeit einer **anderen Personalvertretung** aus § 91 Abs. 2, 4, 6 oder 8. Eine Besonderheit besteht nach § 91 Abs. 7 für neu errichtete Dienststellen, bei denen einem entscheidungsbefugten Dienststellenleiter noch kein PR gegenübersteht (vgl. § 91 Rn. 27). Zuständig kann nur ein PR sein, dessen **Amtszeit** nach § 22 zum Zeitpunkt seiner Beteiligung bereits begonnen hat und noch nicht abgelaufen ist.[283]

95 Für die **Meinungs- und Willensbildung des PR** gelten die allgemeinen Vorschriften, insbesondere die des § 34. Nach § 102 Abs. 2 S. 4 BetrVG soll der Betriebsrat, soweit dies erforderlich erscheint, vor seiner Stellungnahme **den betroffenen Arbeitnehmer hören**. Eine vergleichbare Vorschrift findet sich in § 32 Abs. 8. Für die Willensbildung ist es erforderlich und sinnvoll, dass der PR vor seiner Beschlussfassung auch dem betroffenen Arbeitnehmer Gelegenheit gibt, seine Sicht zu der Kündigungsbegründung darzulegen.

96 Stimmt der PR der ordentlichen Kündigung nicht zu, hat er der Dienststelle nach § 76 Abs. 9 S. 1 die **Gründe schriftlich** mitzuteilen (vgl. § 76 Rn. 27). Er kann Einwendungen jeglicher Art anführen, soweit diese einen unmittelbaren Bezug zum Mitbestimmungstatbestand haben.

96a Nach form- und fristgerecht erhobener Zustimmungsverweigerung (vgl. Rn. 80) richten sich **Fortgang und Abschluss des Mitbestimmungsverfahrens** nach den Vorschriften des § 77. **Legt der PR einer nachgeordneten Dienststelle** die Angelegenheit der zuständigen übergeordneten Dienststelle nach § 77 **fristgerecht vor**, hat diese – falls sie an der Kündigungsabsicht festhält – die bei ihr bestehende Stufenvertretung mit der Angelegenheit zu befassen (vgl. § 77 Rn. 16). Die **Stufenvertretung** entscheidet in eigener Verantwortung darüber, ob sie der beantragten Maßnahme zustimmt. **Legt der PR** oder die Dienststelle die Angelegenheit jedoch **nicht fristgerecht vor**, ist das Verfahren mit Ablauf der Vorlagefrist abgeschlossen. Da für die Maßnahme die Zustimmung des PR dann nicht erteilt ist, kann die Kündigungsmaßnahme nicht getroffen werden (§ 73 Abs. 1 S. 1).

96b Bei **Körperschaften, Anstalten und Stiftungen** gilt Entsprechendes, wenn der PR oder die Dienststelle davon absehen, nach § 89 fristgerecht die Ent-

---

283 Vgl. *BAG* v. 28.9.83 – 7 AZR 266/82 –, AP Nr. 1 zu § 21 BetrVG 1972.

scheidung des Hauptorgans bzw. des entsprechenden Beschlussorgans oder des zuständigen Ausschusses des jeweiligen Organs zu beantragen.

Wie bereits in Rn. 80 ausgeführt, ist der Einwendungskatalog des **§ 77 Abs. 1 S. 3 a. F.** entfallen. Da der Gesetzgeber mit dem ÄndG 2013 die Mitbestimmung insgesamt verbessern wollte, kann der ehemalige Katalog allenfalls noch als beispielhaft für die Beurteilung herangezogen werden, ob die Gründe der Zustimmungsverweigerung einen sachlichen Bezug zur Kündigungsmaßnahme aufweisen und mithin beachtlich sind.[284] Ebenso hilfreich sind für den PR und dessen Argumentation die in der Rechtsprechung zum KSchG entwickelten Kriterien.[285] 97

Nicht besetzt. 98–109

3. Beidseitige Befassung

(Abs. 2) Das ÄndG 2013 fasst in diesem neuen Absatz die Personalangelegenheiten zusammen, die eine Befassung der Personalvertretungen sowohl der die Maßnahme treffenden (abgebenden) Dienststelle, als auch der aufnehmenden Dienststelle auslösen. Beidseitige Befassung war bereits in § 75 Abs. 2 S. 1 Hs. 1 a. F. geregelt. Im Unterschied zur bisherigen Regelung muss nunmehr der PR der abgebenden Dienststelle, der beim Weggang eines Beschäftigten die kollektiven Interessen der verbleibenden Beschäftigten zu berücksichtigen hat, regelmäßig und nicht nur auf Antrag des Beschäftigten beteiligt werden. Außerdem bleibt der von Maßnahmen nach Nr. 2–5 Betroffene noch Beschäftigter der abgebenden Dienststelle.[286] Der PR der aufnehmenden Dienststelle hat (soweit existent) demgegenüber die Interessen der dort Beschäftigten zu vertreten.[287] 110

Die **Mitbestimmung** des PR der abgebenden Dienststelle bezieht sich auf die vom Leiter dieser Dienststelle beabsichtigte **Verfügung**, die des PR der aufnehmenden Dienststelle auf die vom Leiter dieser Dienststelle beabsichtigte **Einverständniserklärung.**[288] Die PR sind jeweils vom Leiter ihrer Dienststelle zu beteiligen, der PR der aufnehmenden Dienststelle also nicht etwa vom Leiter der abgebenden Dienststelle.[289] Für die Frage, ob der PR für die Wahrnehmung eines Mitbestimmungsrechts zuständig und zu beteiligen ist, kommt es grundsätzlich nicht darauf an, ob der Dienststellenleiter nach den 111

---

284 Wegen der zulässigen Einwendungen gegen die Kündigungsmaßnahme wird insoweit auf die Ausführungen in der 2. Aufl. zu § 77 a. F. Rn. 20–25 verwiesen.

285 Siehe etwa *Däubler/Deinert/Zwanziger*, KSchR.

286 LT-Dr. 15/4224, S. 139 [zu § 71 Abs. 1a].

287 Zur Doppelwirkung der Maßnahmen nach Abs. 2 siehe auch *BVerwG* v. 16.9.94 – 6 P 32.92 – u. – 6 P 33.93 –, PersR 95, 16 u. 20.

288 *VGH BW* v. 29.8.89 – 15 S 94/89 –, PersV 92, 447.

289 Rooschüz-*Gerstner-Heck*, § 75 Rn. 73.

zuständigkeitsregelnden oder organisationsrechtlichen Vorschriften für den Erlass der Maßnahme zuständig ist. Maßgeblich für die Zuständigkeit des PR ist grundsätzlich allein, ob der Leiter der Dienststelle, bei der er gebildet worden ist, eine der Mitbestimmung des PR unterliegende Maßnahme zu treffen beabsichtigt.[290] Die **Vorschriften des § 91** bleiben von der Regelung des Abs. 2 S. 1 unberührt. Das hat v. a. Bedeutung für **mehrstufige Verwaltungen**, für deren Geschäftsbereich nach § 55 Stufenvertretungen gebildet sind.[291] Findet eine Maßnahme nach Abs. 2 zwischen **Dienststellen verschiedener Dienstherren** statt, von denen einer nicht zum Geltungsbereich des LPVG gehört, richtet sich die Beteiligung des PR bei der Dienststelle, die zum Geltungsbereich eines **anderen PersVG** gehört, nach den für diese Dienststelle geltenden Vorschriften. Im Fall der Zuweisung i. S. d. Nr. 3 richtet sich die Beteiligung einer **Interessenvertretung der Beschäftigten der aufnehmenden Einrichtung** nach den für diese Einrichtung geltenden Bestimmungen.[292] Bei der Abordnung, Überlassung oder Zuweisung eines Arbeitnehmers zu einem Betrieb privaten Rechts hat der dortige Betriebsrat ebenso wie bei einer Zuweisung nach **§ 99 BetrVG** mitzubestimmen.[293]

a) Versetzung

112 **(Abs. 2 Nr. 1)** Gem. Abs. 2 Nr. 1 bestimmt der PR mit bei der »**Versetzung von Beschäftigten, die voraussichtlich länger als zwei Monate Beschäftigte sein werden, zu einer anderen Dienststelle**«. Die für Beamte (vgl. Rn. 113 ff.) und Arbeitnehmer (vgl. Rn. 117) gleichermaßen geltende Vorschrift ist mit dem Zusatz »von Beschäftigten die voraussichtlich länger als zwei Monate Beschäftigte sein werden«, ansonsten ohne inhaltliche Änderung aus § 75 Abs. 1 Nr. 9 a. F. hierhin verschoben worden.
Das wesentliche Merkmal der mitbestimmungspflichtigen Versetzung ist der dauerhafte **Dienststellenwechsel**.[294] Der **Schutzzweck** der Mitbestimmung besteht darin, sowohl die individuellen Interessen des in seinem dienstlichen und privaten Bereich unmittelbar betroffenen Beschäftigten als auch die kollektiven Interessen der Beschäftigten der abgebenden und der aufnehmenden Dienststelle zu wahren.[295]

---

290 *BVerwG* v. 31. 1. 17 – 5 P 10.15 –, BVerwGE 157, 266–277.

291 Vgl. Altvater-*Baden*, § 78 Rn. 155.

292 Richardi-*Kersten*, § 76 a. F. Rn. 66.

293 Vgl. *BAG* v. 23. 6. 09 – 1 ABR 30/08 –, AP Nr. 59 zu § 99 BetrVG 1972 Einstellung; *Fitting*, § 99 Rn. 78.

294 *BVerwG* v. 30. 3. 09 – 6 PB 29.08 –, PersR 09, 332, u. v. 11. 11. 09 – 6 PB 25.09 –, PersR 10, 169.

295 *BVerwG* v. 4. 6. 93 – 6 P 33.91 –, PersR 94, 22, u. v. 27. 9. 93 – 6 P 4.93 –, PersR 93, 495.

Die **Versetzung der Beamten**, die zum Geltungsbereich des LBG gehören (vgl. § 4 Rn. 43), ist für Versetzungen innerhalb Baden-Württembergs in § 24 LBG geregelt. Für länderübergreifende Versetzungen und für Versetzungen zum Bund gilt § 15 BeamtStG (mit Ergänzungen in § 24 Abs. 5 LBG). Versetzungen vom Bund in den Geltungsbereich des LBG richten sich nach § 28 BBG.[296] § 24 Abs. 1 LBG enthält (inhaltsgleich mit § 28 Abs. 1 BBG) erstmals eine **Legaldefinition** des Versetzungsbegriffs. Danach ist eine Versetzung die auf Dauer angelegte Übertragung eines anderen Amtes bei einer anderen Dienststelle desselben oder eines anderen Dienstherrn. Die Versetzung ist ein **Verwaltungsakt**, über dessen Erlass der Dienstherr nach pflichtgemäßem Ermessen entscheidet. Sie kann (bei Beamten im Geltungsbereich des LBG) nach Maßgabe des § 24 Abs. 2 LBG oder des § 15 Abs. 1 und 2 BeamtStG auf Antrag oder aus dienstlichen Gründen erfolgen. Die Legaldefinition erfasst die **Versetzung im organisationsrechtlichen Sinne**. Diese ist nach st. Rspr. des *BVerwG* gem. § 78 Abs. 1 Nr. 5 BPersVG und damit auch gemäß Abs. 2 Nr. 1 mitbestimmungspflichtig.[297] Das gilt auch dann, wenn eine solche Versetzung lediglich die zwingende **Folge einer generellen organisatorischen Entscheidung** ist, die eine übergeordnete Dienststelle unter Beteiligung der Stufenvertretung getroffen hat und die von den nachgeordneten Dienststellen im Wege personeller Einzelmaßnahmen – mit oder ohne Entscheidungsspielraum – umzusetzen ist. In solchen Fällen obliegt es dem örtlichen PR, im Rahmen seiner Mitbestimmung nach Abs. 2 Nr. 1 die Rechtmäßigkeit der beabsichtigten Versetzung zu überprüfen[298] (vgl. § 91 Rn. 4). 113

Mit einer **Versetzung im organisationsrechtlichen Sinne** wird dem Beamten bei einer anderen Dienststelle i. d. R. (nur) ein anderes (seinem statusrechtlichen Amt entsprechendes) Amt im abstrakt-funktionalen Sinne (und dementsprechend ein anderes Amt im konkret-funktionalen Sinne) übertragen, wobei es nicht darauf ankommt, ob der Aufgabenkreis, den der Beamte bei der neuen Dienststelle erhält, sich von demjenigen unterscheidet, den er bei seiner alten Dienststelle wahrgenommen hat.[299] Es kann aber auch sein, dass dem Beamten bei der neuen Dienststelle ein anderes statusrechtliches Amt übertragen wird, so dass der Regelfall der organisationsrechtlichen Versetzung mit dem Sonderfall einer **Versetzung im statusrechtlichen Sinne** zusammenfallen kann.[300] Dass eine derartige statusberührende oder statusmindernde Versetzung bereits nach Abs. 1 Nr. 4 bzw. 6 der Mitbestimmung 114

---

296 Vgl. LT-Dr. 14/6694, S. 412 [zu § 24].

297 *BVerwG* v. 30. 3. 09, a. a. O., m. w. N.

298 *BVerwG* v. 30. 3. 09, a. a. O.

299 *BVerwG* v. 30. 3. 09 – 6 PB 29.08 –, PersR 09, 332 (zu § 76 Abs. 1 Nr. 4 BPersVG a. F.).

300 Altvater-*Baden*, § 78 Rn. 145.

unterliegt (vgl. Rn. 41 ff., 51), lässt die **Mitbestimmung nach Abs. 2 Nr. 1** schon deshalb nicht entfallen, weil an der Maßnahme außer dem PR der aufnehmenden auch der PR der abgebenden Dienststelle beteiligt sein kann (vgl. Rn. 111 ff.). Außerdem kann der PR durchaus Gründe haben, einer der mitbestimmungspflichtigen Maßnahmen zuzustimmen und einer anderen die Zustimmung zu verweigern.

115 Werden **Beamte auf Widerruf**, die noch kein statusrechtliches Amt (und demnach auch noch kein abstrakt-funktionales Amt) innehaben, einer anderen Dienststelle organisatorisch zugeordnet, so ist diese Zuordnung wegen des Schutzzwecks der Mitbestimmung (vgl. Rn. 112) als mitbestimmungspflichtige Versetzung i. S. d. Abs. 2 Nr. 1 anzusehen.[301]

116 Nach der Rspr. des *BVerwG* ist der Begriff der **anderen Dienststelle** i. S. d. Abs. 2 Nr. 1 nicht im personalvertretungsrechtlichen, sondern **im verwaltungsorganisationsrechtlichen Sinne** zu verstehen.[302] Folgt man dem, dann liegt z. B. bei einem Wechsel eines Beamten innerhalb einer Dienststelle im organisationsrechtlichen Sinne (z. B. von der Hauptdienststelle zu einer nach § 5 Abs. 3 verselbständigten Außenstelle) keine mitbestimmungspflichtige Versetzung vor,[303] sondern nur eine Umsetzung, die allerdings bei gleichzeitigem Wechsel des Dienstorts nach Abs. 1 Nr. 11 der Mitbestimmung unterliegen kann (vgl. Rn. 70). Ein Wechsel der Dienststelle reicht für die Bejahung einer Versetzung nicht aus, wenn es an der **Fortführung des Beamtenverhältnisses** fehlt.[304] Soll dagegen einem Beamten aus Anlass seiner **Rückkehr aus einer Beurlaubung** eine Tätigkeit bei einer anderen als der bisherigen Dienststelle zugewiesen werden, ist dies nach Abs. 2 Nr. 1 beteiligungspflichtig, weil das Dienstverhältnis zum Rechtsträger der Dienststelle während der Beurlaubung fortdauert und die organisatorische Zugehörigkeit zur »alten« Dienststelle erhalten bleibt.[305] Die **Änderung des Dienstorts** ist kein Tatbestandsmerkmal der Versetzung.[306] Auch die beamtenrechtlich nicht ausdrücklich geregelte, aber gleichwohl zulässige **Teilversetzung** ist mitbestimmungspflichtig.[307] Bei einer **Abordnung mit dem Ziel der Ver-**

---

301 Str.; a. A. *OVG NW* v. 26.11.03 – 1 A 1094/01.PVL –, PersR 04, 356, zum LPVG NW für die im Rahmen der Ausbildung erfolgende Überweisung von Beamten im **Vorbereitungsdienst** zu einer anderen Dienststelle.

302 Beschl. v. 6.4.84 – 6 P 39.83 –, Buchh 238.36 § 78 Nr. 4, v. 16.6.00 – 6 P 6.99 –, PersR 00, 416, u. v. 11.11.09 – 6 PB 25.09 –, PersR 10, 169; ebenso *VGH BW* v. 27.9.94 – PL 15 S 2803/93 –, BWVPr 96, 117 Ls.

303 *BVerwG* v. 11.11.09, a. a. O.; vgl. Altvater-*Baden*, § 78 Rn. 147; Rooschüz-*Gerstner-Heck*, § 75 Rn. 69 ff.; Leuze-*Flintrop*, § 75 Rn. 102 m. w. N.

304 *BVerwG* v. 29.3.93 – 6 P 19.91 –, PersR 93, 268, zur Ernennung eines Beamten zum Richter kraft Auftrags.

305 *BVerwG* v. 15.11.06 – 6 P 1.06 –, PersR 07, 119.

306 *HessVGH* v. 22.10.86 – HPV TL 327/84 –, PersR 87, 175.

307 *OVG NW* v. 27.3.98 – 1 A 1/96.PVL –, PersR 98, 528.

setzung besteht ein Mitbestimmungsrecht nach Abs. 2 Nr. 1, weil mit dieser Maßnahme bereits eine Vorentscheidung für die spätere (ebenfalls mitbestimmungspflichtige) Versetzung getroffen wird[308] (vgl. ferner Rn. 51). Das gilt auch dann, wenn die durch die Abordnung herbeigeführte probeweise Übertragung eines Dienstpostens für eine Dauer von nicht mehr als zwei Monaten erfolgt.[309]

Im Bereich des öffentlichen Dienstes wird unter der **Versetzung von Arbeitnehmern** die vom Arbeitgeber veranlasste, auf Dauer bestimmte Beschäftigung bei einer anderen Dienststelle (oder einem anderen Betrieb) desselben Arbeitgebers unter Fortsetzung des bestehenden Arbeitsverhältnisses verstanden (Protokollerklärung Nr. 2 zu § 4 Abs. 1 TVöD/TV-L).[310] Die **arbeitsrechtlichen Voraussetzungen** einer Versetzung sind i. d. R. in dem jeweils anzuwendenden Tarifvertrag geregelt.[311] Nach § 4 Abs. 1 S. 1 TVöD/TV-L ist sie nur aus dienstlichen oder betrieblichen Gründen zulässig.[312] Die Versetzung ist eine einseitige, rechtsgeschäftliche Handlung, die durch das **Direktionsrecht** des Arbeitgebers gedeckt ist,[313] das sich aus dem Arbeitsvertrag oder aus dem jeweiligen Tarifvertrag ergeben kann, wobei Letzteres der Regelfall ist (vgl. § 4 Abs. 1 TVöD/TV-L). Steht dem Arbeitgeber ein solches Direktionsrecht nicht zu, bedarf die Versetzung einer Änderung des Arbeitsvertrages, die im Einvernehmen mit dem Arbeitnehmer vorgenommen oder durch Änderungskündigung herbeigeführt werden kann, wobei diese Kündigung nach Abs. 1 Nr. 12 der Mitbestimmung unterliegt (vgl. Rn. 77 ff.). Auch nach der Rspr. des *BAG* ist der Begriff der **anderen Dienststelle** im verwaltungsorganisationsrechtlichen Sinne zu verstehen[314] (vgl. Rn. 116). Die Versetzung setzt nicht voraus, dass der **Dienstort** sich ändert (vgl. Rn. 116). Sie kann auch vorliegen, wenn die **Arbeitsaufgabe** gleich bleibt.[315] Auch eine **Teilversetzung** fällt unter Abs. 2 Nr. 1 (vgl. Rn. 116). Anders als die Abordnung (vgl. dazu Rn. 119) ist die Versetzung i. S. d. PersVR eine **nicht nur vorübergehende Maßnahme**. Auch »langandauernde befristetete Versetzungen« stellen rechtlich Abordnungen dar.[316] Wird dennoch anstelle 117

308 *BVerwG* v. 18.9.84 – 6 P 19.83 –, PersR 86, 36; vgl. auch *OVG BE* v. 27.2.01 – OVG 60 PV 14.99 –, PersR 01, 477, u. v. 26.6.01 – OVG 60 PV 20.00 –, PersR 02, 343.

309 Vgl. *Fischer/Goeres/Gronimus*, § 76 Rn. 21.

310 *BVerwG* v. 11.11.09 – 6 PB 25.09 –, PersR 10, 169; *BAG* v. 14.7.10 – 10 AZR 84/09 –, AuR 10, 398 m. w. N.

311 Richardi-*Kaiser/Annuß*, § 75 a. F. Rn. 74.

312 Vgl. Altvater-*Baden*, § 78 Rn. 162 m. w. N.

313 *BAG* v. 20.1.60 – 4 AZR 267/59 –, AP Nr. 8 zu § 611 BGB Direktionsrecht.

314 *BAG* v. 22.1.04 – 1 AZR 495/01 –, PersR 05, 162.

315 *BVerwG* v. 19.2.87 – 6 P 11.85 –, PersR 87, 167, u. v. 30.3.09 – 6 PB 29.08 –, PersR 09, 332.

316 Altvater-*Baden*, § 78 Rn. 160 a. E.

einer Abordnung längerfristig eine »befristete Versetzung« vorgenommen, wäre diese Maßnahme zur Vermeidung einer Beteiligungslücke nach Abs. 2 Nr. 1 mitbestimmungspflichtig.[317]

118 Da das Mitbestimmungsrecht nach Abs. 2 Nr. 1 nicht nur dem Schutz des Betroffenen dient, greift es auch dann ein, wenn er mit der Versetzung **einverstanden** ist oder sie sogar selbst beantragt hat.[318] Widerspricht der PR einer Versetzung mit der Begründung, dass er die Auswahlentscheidung mangels Vorlage von Unterlagen nicht nachvollziehen kann und weil die Versetzung andere Beschäftigte benachteiligen könnte, kann der Dienststellenleiter diese Zustimmungsverweigerung nicht als unbeachtlich ansehen, wenn er keine weitere Begründung oder Unterlagen vorlegt.[319] Es wird nicht dadurch ausgeschlossen, dass der betroffene Beschäftigte als Funktionsträger der Personalvertretung den **besonderen Versetzungsschutz** nach § 47 Abs. 1 genießt (vgl. § 47 Rn. 13).

b) Abordnung

119 (**Abs. 2 Nr. 2**) Nach dieser Regelung bestimmt der PR bei der »**Abordnung für die Dauer von mehr als zwei Monaten**« mit. Die für Beamte (vgl. Rn. 106) und Arbeitnehmer (vgl. Rn. 107) geltende Vorschrift ist durch das ÄndG 2013 ohne inhaltliche Änderung von § 75 Abs. 1 Nr. 10 a. F. hierher verschoben worden. Die Abordnung ist wie die Versetzung durch einen **Dienststellenwechsel** gekennzeichnet (vgl. Rn. 112) – mit der Besonderheit, dass bei Arbeitnehmern statt eines Wechsels zwischen zwei Dienststellen auch ein Wechsel von einer Dienststelle zu einem Betrieb privaten Rechts in Betracht kommen kann (vgl. Rn. 121). Sie unterscheidet sich von der Versetzung aber v. a. durch ihre **vorübergehende Natur** (vgl. Rn. 120 f.). Der **Schutzzweck** der Mitbestimmung bei der Abordnung stimmt mit dem bei der Versetzung überein (vgl. Rn. 112). Das Mitbestimmungsrecht nach Abs. 2 Nr. 2 besteht dementsprechend auch dann, wenn der Beschäftigte mit der Abordnung **einverstanden** ist oder wenn dieser als Funktionsträger der Personalvertretung zusätzlich den **besonderen Abordnungsschutz** nach § 47 Abs. 1 genießt (vgl. Rn. 118). Nach Abs. 2 S. 1 bestimmen bei einer Abordnung wie bei einer Versetzung sowohl der **PR der aufnehmenden** als auch der **PR der abgebenden Dienststelle** mit.

120 Die **Abordnung der Beamten**, die zum Geltungsbereich des LBG gehören (vgl. § 4 Rn. 43), ist für Abordnungen innerhalb Baden-Württembergs in § 25 LBG geregelt. Für länderübergreifende Abordnungen und für Abord-

---

317 Altvater-*Baden*, § 78 Rn. 160 a. E; *Fischer/Goeres/Gronimus*, § 75 a. F. Rn. 35.

318 Vgl. Altvater-*Baden*, § 78 Rn. 161 m. w. N.; Lorenzen-*Rehak* § 78 Rn. 228.

319 *VG Berlin* v. 3. 7. 19 – 71 K 9.18 PVB –, juris (zu § 75 Abs. 1 Nr. 3 BPersVG a. F); vgl. auch *BVerwG* v. 7. 4. 10 – 6 P 6.09 –, BVerwGE 136, 271, und juris, Rn. 20.

nungen zum Bund gilt § 14 BeamtStG (mit Ergänzungen in § 25 Abs. 5 LBG). Versetzungen vom Bund in den Geltungsbereich des LBG richten sich nach § 27 BBG.[320] § 25 Abs. 1 S. 1 LBG enthält (inhaltsgleich mit § 27 Abs. 1 S. 1 BBG) erstmals eine **Legaldefinition** des Abordnungsbegriffs. Danach ist eine Abordnung die vorübergehende Übertragung einer (grundsätzlich) dem Amt des Beamten entsprechenden Tätigkeit bei einer anderen Dienststelle desselben oder eines anderen Dienstherrn unter Beibehaltung der Zugehörigkeit zur bisherigen Dienststelle. Die Abordnung ist ein **Verwaltungsakt**, über dessen Erlass der Dienstherr nach pflichtgemäßem Ermessen entscheidet. Sie kann (bei Beamten im Geltungsbereich des LBG) nach Maßgabe des § 25 Abs. 1 S. 2 und Abs. 2 bis 4 LBG oder des § 14 Abs. 1 bis 3 BeamtStG auf Antrag oder aus dienstlichen Gründen ganz oder teilweise erfolgen. Durch die Abordnung wird das abstrakt-funktionale und das statusrechtliche Amt bei der bisherigen Dienststelle (der abgebenden bzw. Stammdienststelle) nicht berührt.[321] Allerdings kann eine Abordnung gem. § 25 Abs. 2 S. 1 bzw. 2 LBG oder § 14 Abs. 2 S. 1 bzw. 2 BeamtStG aus dienstlichen Gründen auch zu einer Tätigkeit erfolgen, die nicht dem abstrakt-funktionalen Amt und auch nicht dem statusrechtlichen Amt des Beamten entspricht. Die in § 25 Abs. 1 S. 2 LBG und § 14 Abs. 1 BeamtStG ausdrücklich zugelassene **Teilabordnung** besteht darin, dass der Beamte für einen Teil seiner Arbeitszeit vorübergehend einer anderen Dienststelle zugewiesen wird.[322] Die Ernennung eines Beamten zum **Richter kraft Auftrags** ist keine Abordnung, weil dieser damit für das bisher wahrgenommene beamtenrechtliche Amt nicht mehr zur Verfügung steht.[323] Wie bei der Versetzung ist der Begriff der **anderen Dienststelle** nach der Rspr. des *BVerwG* auch bei der Abordnung im verwaltungsorganisationsrechtlichen Sinne zu verstehen[324] (vgl. Rn. 116). Die **Änderung des Dienstorts** ist kein Tatbestandsmerkmal der Abordnung.[325] Bei seiner Tätigkeit in der aufnehmenden Dienststelle ist der Beamte den Weisungen der dortigen Vorgesetzten unterworfen. **Beamtenrechtliche Entscheidungen**, welche die neue Tätigkeit betreffen, hat der Dienstvorgesetzte der aufnehmenden Dienststelle, andere beamtenrechtliche Entscheidungen der Dienstvorgesetzte der Stammdienststelle zu treffen. Die beamtenrechtlichen Vorschriften über die Abordnung gelten nur für Beamte, die ein Amt im abstrakt-funktionalen

---

320 Vgl. LT-Dr. 14/6694, S. 413 [zu § 25].

321 Vgl. *BVerwG* v. 12.9.02 – 6 P 11.01 –, PersR 03, 39, sowie *Battis*, § 27 Rn. 5, jew. m.w.N.

322 Vgl. *BVerwG* v. 28.5.02 – 6 P 9.01 –, PersR 02, 340, sowie *Battis*, § 27 Rn. 7, jew. m.w.N.

323 *BVerwG* v. 29.3.93 – 6 P 19.91 –, PersR 93, 268.

324 *BVerwG* v. 28.5.02 u. v. 12.9.02, jew. a.a.O.

325 *OVG NW* v. 3.7.86 – CL 46/84 –, PersR 87, 87.

Sinn bekleiden. Dies ist bei **Beamten auf Widerruf** nur der Fall, wenn ihnen ausnahmsweise ein solches Amt verliehen worden ist.[326] Personalvertretungsrechtlich ist ihre vorübergehende »Überweisung« zu einer anderen als ihrer Stammdienststelle aber grundsätzlich der Abordnung gleichzustellen, weil auch diese Beamten wegen der durch die Überweisung eintretenden persönlichen Belastungen schutzbedürftig sind. Das soll jedoch dann nicht gelten, wenn Beamte auf Widerruf im **Vorbereitungsdienst** zur Ausbildung an andere Dienststellen überwiesen werden, weil dies Inhalt ihres Beamtenverhältnisses ist.[327]

121 Nach den das Arbeitsrecht des öffentlichen Dienstes prägenden Tarifverträgen (TV-L und TVöD) wird unter der **Abordnung von Arbeitnehmern** die vom Arbeitgeber veranlasste vorübergehende Beschäftigung bei einer anderen Dienststelle oder einem anderen Betrieb desselben oder eines anderen Arbeitgebers unter Fortsetzung des bestehenden Arbeitsverhältnisses verstanden (Protokollerklärung Nr. 1 zu § 4 Abs. 1 TV-L/TVöD); dabei ist ein anderer Arbeitgeber nur ein Arbeitgeber, bei dem der TV-L bzw. der TVöD zur Anwendung kommt (Umkehrschluss aus der Begriffsbestimmung der Zuweisung in Protokollerklärung zu § 4 Abs. 2 TV-L/TVöD; vgl. unten Rn. 124).[328] Damit unterscheidet sich die Abordnung i. S. d. TV-L bzw. TVöD von der (in der Protokollerklärung Nr. 2 zu § 4 Abs. 1 TV-L/TVöD definierten) Versetzung zum einen durch ihre vorübergehende Natur und die Aufrechterhaltung des arbeitsrechtlichen Bandes zur abgehenden Dienststelle[329] sowie zum anderen dadurch, dass sie auch in den Bereich eines (allerdings an den TV-L bzw. TVöD gebundenen) anderen Arbeitgebers erfolgen kann. Da zum betrieblichen Geltungsbereich des TV-L bzw. des TVöD auch Betriebe des privaten Rechts gehören, deren Inhaber Mitglied eines Mitgliedsverbandes der TdL bzw. der VKA ist,[330] steht auch fest, dass eine Abordnung auch von einer Dienststelle i. S. d. LPVG BW zu einem Betrieb i. S. d. BetrVG (und umgekehrt) arbeitsrechtlich möglich ist. Im Hinblick darauf ist i. S. d. PersVR unter einer Abordnung eines Arbeitnehmers eine Anordnung des Arbeitgebers zu verstehen, durch die dem Arbeitnehmer vorübergehend ein Arbeitsplatz bei einer anderen Dienststelle im Geltungsbereich des LPVG BW, eines anderen LPersVG oder des BPersVG – nach Maßgabe des jeweils anzuwendenden Tarifvertrags – bei einem (anderen) Betrieb im Geltungsbereich des BetrVG zugewiesen wird. Die Einbeziehung des Wechsels zu einem Betrieb privaten Rechts in den personalvertretungsrechtlichen Regelungsfall der Abordnung ist durch die Tatbestandsfassung des Abs. 1 Nr. 10 gedeckt,

326 *Battis*, § 27 Rn. 8.

327 Str.; vgl. *OVG NW* v. 26.11.03 – 1 A 1094/01.PVL –, PersR 04, 356.

328 Vgl. auch PK-TVöD-*Guth*, § 4 Rn. 11.

329 Vgl. *Fischer/Goeres/Gronimus*, § 75 a. F. Rn. 47.

330 Vgl. PK-TVöD-*Guth*, § 1 Rn. 16.

weil diese – anders als die Fassung des Abs. 1 Nr. 9 – die Wendung »zu einer anderen Dienststelle« nicht enthält. Die Änderung des Dienstorts ist kein Tatbestandsmerkmal der Abordnung (vgl. Rn. 120). Die **arbeitsrechtlichen Voraussetzungen** einer Abordnung sind i. d. R. in dem jeweils anzuwendenden Tarifvertrag geregelt. Nach § 4 Abs. 1 S. 1 TVöD/TV-L ist sie ebenso wie die Versetzung nur aus dienstlichen oder betrieblichen Gründen zulässig (vgl. Rn. 117). Die Abordnung ist eine einseitige, rechtsgeschäftliche Handlung, die im **Direktionsrecht** des Arbeitgebers wurzelt.[331] Dieses kann sich aus dem Arbeitsvertrag oder aus dem jeweiligen Tarifvertrag ergeben, wobei Letzteres der Regelfall ist (vgl. Rn. 117).

Die Abordnung von Beamten und von Arbeitnehmern ist nur dann **mitbestimmungspflichtig**, wenn sie **für die Dauer von mehr als zwei Monaten** erfolgen soll. Das gilt auch für die **Teilabordnung**.[332] Wird eine Abordnung von ursprünglich geringerer Dauer über zwei Monate hinaus **verlängert**, ist die Verlängerung mitbestimmungspflichtig.[333] Gleiches gilt, wenn eine den Zweimonatszeitraum von Anfang an überschreitende Abordnung weiter ausgedehnt wird. Die **Aufhebung** einer Abordnung ist dagegen nicht mitbestimmungspflichtig. Eine dem **Ziel der Versetzung** dienende Abordnung ist unabhängig von ihrer Dauer nicht nach Abs. 2 Nr. 2, sondern nach Abs. 2 Nr. 1 mitbestimmungspflichtig (vgl. Rn. 116). Bei **Kettenabordnungen** (aneinander gereihten Kurzabordnungen) für eine ununterbrochene Dauer von mehr als zwei Monaten unterliegen **alle Abordnungen, die den Zweimonatszeitraum überschreiten**, unabhängig von deren Dauer der Mitbestimmung. Unbeachtlich ist, ob sie nacheinander zu verschiedenen Dienststellen erfolgen, ebenso, ob zwischen ihnen ein Feiertag, ein arbeitsfreies Wochenende oder ein Urlaub liegt. Auch bei »**unechten Kettenabordnungen**«, bei denen verschiedene Beschäftigte nacheinander zu derselben Dienststelle in das gleiche Tätigkeitsfeld abgeordnet werden, ist der PR nach Abs. 2 Nr. 2 zu beteiligen. 122

Wird ein Beschäftigter zur **Erfüllung von Aufgaben nach dem Landesdisziplinargesetz** abgeordnet, so wird der PR nicht nach Abs. 2 Nr. 2 beteiligt. Diese einschränkende Vorschrift wurde ursprünglich durch Art. 3 Nr. 1 LDNOG eingefügt. Sie soll die Beschleunigung des Einsatzes von Beamten anderer Behörden bei der Durchführung bzw. Unterstützung eines Disziplinarverfahrens ermöglichen. Die Mitbestimmung des PR bei einer derart zweckgebundenen (Teil-)Abordnung hält der Gesetzgeber für nicht gerechtfertigt, weil »weder bei der abgebenden noch bei der aufnehmenden Dienststelle die Personalstruktur wesentlich oder auf Dauer geändert« werde.[334] 123

331 *BAG* v. 24. 1. 73 – 4 AZR 104/72 –, AP Nr. 63 zu §§ 22, 23 BAT.
332 *BVerwG* v. 28. 5. 02 – 6 P 9.01 –, PersR 02, 340.
333 *BVerwG* v. 7. 2. 80 – 6 P 87.78 –, PersV 81, 292.
334 LT-Dr. 14/2996, S. 128 f. [zu Art. 3 Nr. 1].

c) Zuweisung

124 **(Abs. 2 Nr. 3)** Der PR hat nach dieser Vorschrift bei einer **Zuweisung für die Dauer von mehr als zwei Monaten** mitzubestimmen. Die für Beamte und Arbeitnehmer geltende Vorschrift des § 75 Abs. 1 Nr. 11 a.F. ist mit dem ÄndG 2013 unverändert in Abs. 2 Nr. 3 übernommen worden. Zuvor war § 75 Abs. 1 Nr. 11 a.F. mit Inkrafttreten des DRG an die Stelle des § 75 Abs. 1 Nr. 7 a.F. und des § 79 Abs. 3 Nr. 15 Buchst. g a.F. getreten, wobei die Zitierung des § 123a BRRG ersatzlos entfallen ist, weil sich inzwischen (so die Begründung des RegE des DRG) die Zuweisung zu einem eingeführten Rechtsinstitut im Beamtenstatusrecht entwickelt hat und in Tarifverträgen eigenständige Definitionen des Begriffs bestehen.[335] In ihrer **Wirkung** auf die Beschäftigten ähneln die auf Dauer angelegte Zuweisung der Versetzung und die vorübergehend erfolgende Zuweisung der Abordnung. Der **Schutzzweck** der Mitbestimmung entspricht dem bei der Versetzung und der Abordnung (vgl. Rn. 112 und 119). Eine Zuweisung setzt eine freie, ausgeschriebene Stelle voraus. Ist nicht ausgeschlossen, dass bereits Fehler bei der Vorauswahl des Bewerberfeldes im Hinblick auf den Ausschreibungstext, die Tätigkeitsbeschreibung, die zeitliche Dimension der zu besetzenden Stelle (Vollzeit/Teilzeit) sowie die Berücksichtigung von Schwerbehinderten auf die Auswahlentscheidung selbst durchschlugen, weil sich Stellensuchende gegen eine Bewerbung entschieden oder sich die Sichtung des Bewerberfeldes und die Vorauswahl für die Auswahlgespräche auf möglicherweise fehlerhafte Leistungsanforderungen an die Bewerber stützte, und damit letztendlich auch das Recht auf gleichen Zugang zu jedem öffentlichen Amt nach Eignung, Befähigung und fachlichen Leistung gem. Art. 33 Abs. 2 GG verletzt wurde, ist nicht von der Hand zu weisen, dass dem PR in Bezug auf Unterlagen, die sich auf die der Auswahlentscheidung selbst vorangehenden Schritte beziehen, ein Einsichts- und in Bezug auf deren Rechtmäßigkeit ein Prüfungsrecht zusteht.[336]

125 Die **Zuweisung der Beamten**, die zum Geltungsbereich des LBG (und der Beamtengesetze der übrigen Länder) gehören (vgl. § 4 Rn. 48), richtet sich nach den abschließenden Regelungen in **§ 20 BeamtStG**.[337] Diese Vorschrift ist (zusammen mit dem für die Bundesbeamten geltenden, weitgehend identischen § 29 BBG) an die Stelle des vormals einheitlich und unmittelbar geltenden § 123a BRRG getreten.[338] § 20 BeamtStG sieht folgende Möglichkeiten der »**Zuweisung einer Tätigkeit bei einer anderen Einrichtung**«

335 LT-Dr. 14/6694, S. 568 [zu Nr. 11] u. S. 562 [zu Art. 6 Nr. 4 Buchst. a].

336 *Sächsisches OVG* v. 6.5.21 – 8 A 2/20.PB –, juris (zu § 75 Abs. 1 Nr. 4a BPersVG a.F.).

337 LT-Dr. 14/6694, S. 412 [zum Vierten Teil].

338 BT-Dr. 16/4027, S. 26 [zu § 21].

vor: Nach **§ 20 Abs. 1 BeamtStG** kann Beamten mit ihrer Zustimmung vorübergehend ganz oder teilweise eine (ihrem Amt entsprechende) Tätigkeit bei einer **öffentlichen Einrichtung ohne Dienstherrneigenschaft** oder bei einer **öffentlich-rechtlichen Religionsgemeinschaft** (»im dienstlichen oder öffentlichen Interesse«) oder bei einer **anderen (privaten) Einrichtung** (»wenn öffentliche Interessen es erfordern«) zugewiesen werden. **§ 20 Abs. 2 BeamtStG** sieht die Möglichkeit vor, Beamten einer Dienststelle, die ganz oder teilweise in eine **öffentlich-rechtlich organisierte Einrichtung ohne Dienstherrneigenschaft** oder eine **privatrechtlich organisierte Einrichtung der öffentlichen Hand** umgewandelt wird, auch ohne ihre Zustimmung – und nicht nur vorübergehend – ganz oder teilweise eine (ihrem Amt entsprechende) Tätigkeit bei dieser Einrichtung zuzuweisen, »wenn öffentliche Interessen es erfordern«.[339] **§ 20 Abs. 3 BeamtStG** bestimmt ausdrücklich, dass bei allen Arten der Zuweisung die Rechtsstellung der Beamten unberührt bleibt.

TV-L und TVöD enthalten jeweils in **§ 4 Abs. 2 und 3** mit § 20 BeamtStG **vergleichbare Bestimmungen**. Beide Tarifverträge verstehen unter der **Zuweisung von Arbeitnehmern** die – unter Fortsetzung des bestehenden Arbeitsverhältnisses erfolgende – **vorübergehende Beschäftigung bei einem Dritten** im In- und Ausland, bei dem der TV-L bzw. der TVöD nicht zur Anwendung kommt (Protokollerklärung zu § 4 Abs. 2 TV-L/TVöD). Nach § 4 Abs. 2 S. 1 TV-L/TVöD kann Beschäftigten im dienstlichen/betrieblichen oder öffentlichen Interesse mit ihrer Zustimmung vorübergehend eine mindestens gleich vergütete Tätigkeit bei einem Dritten zugewiesen werden, wobei nach § 4 Abs. 2 S. 2 TV-L/TVöD die Zustimmung nur aus wichtigem Grund verweigert werden kann und nach § 4 Abs. 2 S. 3 TV-L/TVöD die Rechtsstellung der Beschäftigten unberührt bleibt.[340] Die Regelung in **§ 4 Abs. 2 TV-L/TVöD** ist als tarifrechtliche **Parallelbestimmung zu § 20 Abs. 1 BeamtStG** anzusehen.[341] 126

Die Zuweisung von Beamten und von Arbeitnehmern ist nur dann **mitbestimmungspflichtig**, wenn sie **für die Dauer von mehr als zwei Monaten** vorgenommen werden soll (vgl. Rn. 112). Nach Abs. 2 S. 1 haben der **PR der abgebenden Dienststelle und der aufnehmenden Dienststelle** mitzubestimmen. In welchem Umfang und in welcher Weise bzw. ob überhaupt ein Organ der Interessenvertretung der Beschäftigten der **aufnehmenden Einrichtung** zu beteiligen ist, bestimmt sich nach den für diese Einrichtung geltenden Vorschriften. Bei der Zuweisung in einen Betrieb im Geltungs- 127

339 Näher zu den möglichen Varianten Altvater-*Baden*, § 78 Rn. 196.
340 Vgl. PK-TVöD-*Guth*, § 4 Rn. 28 ff.
341 Vgl. Altvater-*Baden*, § 78 Rn. 200 m. w. N.

bereich des BetrVG hat der Betriebsrat nach § 99 BetrVG unter dem Gesichtspunkt der Einstellung mitzubestimmen.[342]

d) Personalgestellung

128 **(Abs. 2 Nr. 4)** Der neu geschaffene Mitbestimmungstatbestand führt das Personalveränderungsinstrument der **Personalgestellung** in neueren Tarifverträgen in Anlehnung an die Nr. 2 und 3 ein und schließt dadurch eine formale Regelungslücke.[343]

128a Die Zulässigkeit der Personalgestellung ist umstritten. Zwar ist nach § 1 Abs. 3 Nr. 2 b AÜG die Personalgestellung nach § 4 Abs. 3 TVöD/§ 4 Abs. 3 TV-L vom Anwendungsbereich des AÜG insofern ausgeschlossen, als eine Personalgestellung nach der Entscheidung des deutschen Gesetzgebers **keine erlaubnispflichtige Arbeitnehmerüberlassung** darstellt.[344] Ob die Herausnahme der Personalgestellung aus dem Geltungsbereich des AÜG gegen die RL 2008/104/EG verstößt, ist seit langem umstritten. Das *BAG* hat die Privilegierung der Personalgestellung nach § 4 Abs. 3 TVöD dem *EuGH* zur Prüfung vorgelegt, ob die Regelung oder inhaltsgleiche Regelungen in den Tarifverträgen des öffentlichen Dienstes des Bundes und der Länder Arbeitnehmerüberlassung i. S. d. RL 2008/104/EG ist und damit grundsätzlich in ihren Anwendungsbereich fällt.[345]

128b Die jeweils in **§ 4 Abs. 3 TV-L bzw. TVöD** geregelte **Personalgestellung** ist nach der Protokollerklärung zu dieser Bestimmung die – unter Fortsetzung des bestehenden Arbeitsverhältnisses erfolgende – **auf Dauer angelegte Beschäftigung bei einem Dritten**, deren Modalitäten zwischen dem Arbeitgeber und dem Dritten vertraglich geregelt werden. Voraussetzung dafür ist, dass die Aufgaben der gestellten Beschäftigten vom Arbeitgeber auf einen Dritten (i. d. R.) endgültig verlagert werden. Nach § 4 Abs. 3 S. 1 TV-L/TVöD haben die betroffenen Beschäftigten ihre arbeitsvertraglich geschuldete Arbeitsleistung auf Verlangen des Arbeitgebers, also ohne ihre Zustimmung, bei dem Dritten zu erbringen, in dessen Organisationsbereich die Aufgaben der Beschäftigten verlagert werden.[346] Die Personalgestellung ist die tarifvertragliche **Entsprechung zu § 20 Abs. 2 BeamtStG**, die (wie bereits der vor-

---

342 Vgl. *BAG* v. 23. 6. 09 – 1 ABR 30/08 –, AP Nr. 59 zu § 99 BetrVG 1972 Einstellung; Richardi-*Kersten*, § 76 a. F. Rn. 66.

343 LT-Dr. 15/4224, S. 140 [zu § 71].

344 *Trebeck*, ArbRAktuell 21, 463.

345 *BAG*, Vorlagebeschl. v. 16. 6. 21 – 6 AZR 390/20 A –, NZA 21, 1269.

346 Vgl. PK-TVöD-*Guth*, § 4 Rn. 40 ff. Krit. zum Weisungsrecht nach § 4 Abs. 3 TV-L/TVöD *Schubert*, PersR 11, 64 [68]; dieses verneinend *LAG Düsseldorf* v. 23. 9. 08 – 12 Sa 357/09 –, n. v. (rkr. durch Rücknahme der Revision beim BAG – 10 AZR 785/09 – am 25. 3. 11).

malige § 123a Abs. 2 BRRG) die »Zuweisung bei Privatisierung«[347] ermöglicht. Deshalb und im Hinblick auf den Schutzzweck der Mitbestimmung ist auch die Personalgestellung i. S. d. § 4 Abs. 3 TV-L/TVöD als ein besonderer Fall der Zuweisung i. S. d. PersVR anzusehen,[348] dem der Gesetzgeber durch die Aufnahme der Regelung in Abs. 2 Nr. 4 Rechnung getragen hat.

e) Verlängerung von Abordnung oder Zuweisung

(Abs. 2 Nr. 5) Der neue Mitbestimmungstatbestand gewährleistet bei sog. **Kettenabordnungen** (vgl. Rn. 122), **Zuweisungen und Personalgestellungen** die Mitbestimmung des PR. Im Gegensatz zu kurzfristigen oder in der Dauer auf weniger als zwei Monate beschränkten einmaligen Abordnungen, Zuweisungen oder Personalgestellungen besteht im Falle einer sich unmittelbar anschließenden Verlängerung der Maßnahme ausreichend Gelegenheit, die personalvertretungsrechtliche Mitbestimmung herbeizuführen. Wäre dies in Ausnahmefällen dennoch nicht durchführbar, könnte bei Vorliegen der Voraussetzungen eine vorläufige Maßnahme getroffen werden.[349] 129
Kettenabordnungen im Sinne aneinander gereihten Kurzabordnungen nach Abs. 2 Nr. 5 sind auch dann mitbestimmungspflichtig, wenn der Zweimonatszeitraum insgesamt nicht überschritten ist. Denn ab dessen Überschreitung unterliegen alle weiteren Abordnungen, auch unter zwei Monaten, ohnehin der Mitbestimmung nach Abs. 2 Nr. 2. Unbeachtlich ist auch, ob sie nacheinander zu verschiedenen Dienststellen erfolgen, ebenso, ob zwischen ihnen ein Feiertag, ein arbeitsfreies Wochenende oder ein Urlaub liegt.[350] Auch bei **»unechten Kettenabordnungen«**, bei denen verschiedene Beschäftigte nacheinander zu derselben Dienststelle in das gleiche Tätigkeitsfeld abgeordnet werden, ist der PR nach Abs. 2 Nr. 5 zu beteiligen.[351]
Die Vorschrift gilt nach Hs. 2 entsprechend für die **Zuweisung** und die **Personalgestellung**.

4. Beteiligung auf Antrag des Betroffenen

(Abs. 3) In Abs. 3 sind die Mitbestimmungstatbestände in personellen Angelegenheiten der Beschäftigten zusammengefasst, die für die Beteiligung des PR **einen Antrag des betroffenen Beschäftigten voraussetzen**. Es soll 130

347 *Battis*, § 29 Rn. 3.

348 Str.; vgl. Altvater-*Baden*, § 78 Rn. 205; *Fischer/Goeres/Gronimus*, § 75 a. F. Rn. 49b; Lorenzen-*Rehak*, § 78 Rn. 314.

349 LT-Dr. 15/4224, S. 140 [zu § 71].

350 *VGH* BW v. 7. 12. 93 – PB 15 S 203/93 –, PersR 94, 372; *HessVGH* v. 17. 11. 05 – 22 TL 807/05 –, PersR 06, 311.

351 Näher dazu Altvater-*Baden*, § 78 Rn. 186, 193 m. w. N.

sich dabei um Mitbestimmungsangelegenheiten handeln, in denen bei typisierender Betrachtung das kollektive Interesse aller Beschäftigten hinter den Individualinteressen zurücktritt. Der Gesetzgeber hält das Antragserfordernis in diesen Fällen, ungeachtet der für PR geltenden Verschwiegenheitspflicht, im Interesse der Beschäftigten vor Preisgabe eventuell schutzwürdiger persönlicher Verhältnisse und Motive für ihre Handlungen gegenüber einem größeren Personenkreis, für sachgerecht. Die Beschäftigten sollen daher selbst entscheiden, ob sie den PR in ihrer Angelegenheit beteiligen wollen.[352] Die Gesetzesbegründung überzeugt nicht. Die vor dem ÄndG 2013 nicht antragsabhängigen Mitbestimmungsfälle berühren durchaus kollektive Angelegenheiten, mit erheblichen Auswirkungen auf andere Beschäftigte. Die Sicherung einheitlicher Kriterien kann auch in diesen Fällen nur durch antragsunabhängige Mitbestimmung erfolgen.[353]

130a Ungeklärt ist darüber hinaus, ob und wie weit die Rspr. zum Aussschluss der Mitbestimmung und der damit verbundenen Auswirkung auf die Unterrichtungsrechte des PR zu § 78 Abs. 4 BPersVG auf § 75 Abs. 3 übertragen werden kann. Das *BVerwG* vertritt die Auffassung, dass sich der PR in Angelegenheiten, in denen er gem. § 78 Abs. 4 BPersVG von der Mitbestimmung ausgeschlossen ist, nicht auf sein allgemeines Wächteramt berufen kann, um die Unterrichtung und Vorlage von Unterlagen zu erzwingen.[354] Das ist nicht ohne weiteres auf die in § 75 Abs. 3 normierten Mitbestimmungsrechte auf Antrag übertragbar. Das BPersVG normiert in § 78 Abs. 3 das Antragserfordernis für einen ausdrücklich aufgeführten engen Personenkreis. Die an den Antrag geknüpfte Beteiligung des PR soll die Unabhängigkeit des in § 15 Abs. 2 BPersVG genannten Personenkreises der leitenden Beschäftigten gegenüber dem PR sicherstellen.[355] Müssten diese Beschäftigten in ihren eigenen Personalangelegenheiten eine von ihnen nicht gewünschte Mitbestimmung des PR in Rechnung stellen, so bestünde Anlass zu der Besorgnis, dass sie bei Entscheidungen in den ihnen übertragenen Personalangelegenheiten möglicherweise eine sachlich nicht gerechtfertigte Rücksicht auf die Zielsetzungen des PR nähmen.[356] Für einen vergleichbaren Personenkreis sieht das LPVG Baden-Württemberg in § 75 Abs. 5 und 6 überhaupt keine Mitbestimmung bzw. nur die Mitwirkung vor.

---

352 LT-Dr. 15/4224, S. 140 [zu § 71].

353 Vgl. dazu die berechtigten Forderungen des DGB und ver. di in ihren Stellungnahmen, LT-Dr. 15/4224, S. 270 und 289 [zu § 71].

354 *BVerwG* v. 29.9.20 – 5 P 11.19 –, juris (zu § 77 Abs. 1 BPersVG a. F.).

355 *BVerwG* v. 20.3.02 – 6 P 6.01 –, juris (zu § 77 Abs. 1 BPersVG a. F.); vgl auch *BVerwG* v. 11.3.82 – 6 P 8.80 –, BVerwGE 65, 127, 130.

356 *BVerwG* v. 20.3.02, a.a.O.; v. 21.10.93 – 6 P 18.91 –, Buchh 251.8 § 81 RhPPersVG Nr. 1 S. 4

Daneben gilt im BPersVG das Antragsrecht für wissnenschaftliche und künstlerische Beschäftigte. Diese Regelung wird als »Tendenzschutz für Bedienstete mit überwiegend wissenschaftlicher und künstlerischer Tätigkeit« bezeichnet.[357] Demgemäß hat die Rspr. den Zweck der Bestimmung darin gesehen, bei diesen Beschäftigten durch die Beschränkung der Beteiligung des PR bei personellen Maßnahmen die Freiheit von Kunst und Wissenschaft, Forschung und Lehre zu gewährleisten.[358] Für diese Beschäftigtengruppe enhält das LPVG in Teil 14 ausführliche Sonderregelungen (vgl. §§ 99 ff.)

Im Gegensatz dazu bezieht sich das Antragserfordernis in § 75 Abs. 3 auf Mitbestimmungstatbestände. Die Beschäftigten sollen es selbst in der Hand haben, über die in den Nr. 1 bis 14 genannten Aspekte ihrer Tätigkeit allein mit dem Arbeitgeber zu verhandeln. Sie haben weder eine besondere Stellung innerhalb der Dienststelle noch gibt es eine Besonderheit in der Art ihrer Tätigkeit. Vielmehr sind gerade solche Beschäftigte betroffen, die sich in einem besonderen Abhängigkeitsverhältnis zum Arbeitgeber befinden und dadurch besonders schutzbedürftig sind, insbesondere Beschäftigte in der Probezeit. Dort, wie auch in allen anderen Konstellationen des Abs. 3, bei denen es um die Frage der Beendigung oder des Beendigungszeitpunkts des Beschäftigungsverhältnisses geht, sind auch die kollektiven Interessen der übrigen Beschäftigten betroffen, denn es geht hier um die Eingliederung in die Organisation der Dienststelle. **130b**

Die Rspr. zum BPersVG kann wegen der großen Unterschiede in den Regelungen zur Mitbestimmung auf Antrag daher nicht ohne weiteres auf das LPVG BW übertragen werden. Vielmehr ist das Verhältnis der aufgabenbezogenen Überwachungsfunktion nach § 70 Abs. 1 mit dem nur auf Antrag bestehenden Mitbestimmungsrecht so in Einklang zu bringen, dass sowohl die kollektiven Interessen der Beschäftigten als auch das persönliche Schutzinteresse der Beschäftigten gewahrt werden. Sachgerecht wäre es, § 76 Abs. 3, demgemäß die Betroffenen von der Dienststelle von der beabsichtigten Maßnahme **rechtzeitig** unter Einräumung einer angemessenen Überlegungs- und Erklärungsfrist[359] vorher in Kenntnis zu setzen und gleichzeitig auf ihr Antragsrecht **hinzuweisen** sind, auf den PR auszudehnen. Der Hinweis sollte sinnvollerweise schriftlich erfolgen.[360] Der PR sollte zudem **130c**

357 BT-Dr. 7/1373, S. 6 [zu § 74b].

358 *BVerwG* v. 20.3.02 – 6 P 6.01 –, juris (zu § 77 Abs. 1 BPersVG a. F.); vgl. auch *BVerwG* v. 7.10.88 – 6 P 30.85 –, BVerwGE 80, 265, 267; v. 7.12.94 – 6 P 29.92 –, BVerwGE 97, 159, 163; vgl. ferner *BVerfG* v. 27.3.9 – 2 BvL 2/77 –, BVerfGE 51, 43, 59.

359 Rooschüz-*Gerstner-Heck*, § 75 Rn. 81, hält in Anlehnung an die Beteiligungsfrist des § 76 Abs. 6 S. 1 drei Wochen für angemessen, § 76 Rn. 29.

360 Rooschüz-*Gerstner-Heck*, § 75 Rn. 81.

darüber unterrichtet wird, dass und welcher Beschäftigte wegen einer der in § 75 Abs. 3 genannten Personalmaßnahmen auf sein Antragsrecht hingewiesen wurde. So bleibt das persönliche Schutzinteresse derer, die keine Mitbestimmung des PR wünschen, dennoch gewahrt.

a) Verlängerung der Probezeit

131 **(Abs. 3 Nr. 1)** Die Regelung entspricht dem Mitwirkungstatbestand des § 80 Abs. 1 Nr. 3 a.F. Mit dem ÄndG 2013 ist die Angelegenheit zur eingeschränkten Mitbestimmung aufgewertet worden. Nach Nr. 1 bestimmt der PR bei der **Verlängerung der Probezeit bei Beamten** mit. Vergleichbare Vorschriften finden sich in **anderen LPersVG**, wobei teils eine Mitwirkung (z.B. in Art. 76 Abs. 1 S. 1 Nr. 4 BayPVG), teils eingeschränkte Mitbestimmung (z.B. in § 79 Abs. 2 Nr. 2 LPersVG RP) vorgesehen ist. Die **Probezeit** der Beamten ist die Zeit im Beamtenverhältnis auf Probe nach § 4 Abs. 3 Buchst. a BeamtStG, während der sich der Beamte in den Aufgaben einer Laufbahn, deren Befähigung er besitzt, bewähren soll (§ 19 Abs. 1 S. 1 LBG). Kann die Bewährung bis zum Ablauf der Probezeit noch nicht festgestellt werden, kann die Probezeit bis auf höchstens fünf Jahre **verlängert** werden (§ 19 Abs. 6 LBG). Bei der Feststellung, ob der Beamte sich bewährt hat, steht dem Dienstherrn ein Beurteilungsspielraum zu.[361] Über die Verlängerung entscheidet der Dienstherr nach pflichtgemäßem **Ermessen**.[362] Die **Mitbestimmung** des PR soll gewährleisten, dass über die Verlängerung der Probezeit ausschließlich nach Eignung, Befähigung und fachlicher Leistung entschieden wird und dass eine Verlängerung, die zur Feststellung der Bewährung nicht erforderlich ist, unterbleibt.[363] Mitbestimmungspflichtig ist jede beabsichtigte **Verlängerungsverfügung**, auch eine wiederholende Verfügung. Die Entscheidung, von einer Verlängerung wegen der nicht mehr zu erwartenden Bewährung abzusehen,[364] ist nach Nr. 1 nicht mitbestimmungspflichtig. Allerdings unterliegt die darauffolgende Entlassung aus dem Beamtenverhältnis nach Abs. 3 Nr. 10 der Mitbestimmung (vgl. Rn. 151).

b) Änderung der Arbeitszeit

132 **(Abs. 3 Nr. 2)** Die Regelung bei »**Änderung der arbeitsvertraglich vereinbarten Arbeitszeit für die Dauer von mehr als zwei Monaten**« entspricht im Wesentlichen dem antragsunabhängigen Mitbestimmungsfall des § 75

---

361 Vgl. *Battis*, § 11 Rn. 8.

362 Vgl. LT-Dr. 14/6694, S. 404 [zu § 19 Abs. 6].

363 Vgl. Leuze-*Flintorp*, § 75 Rn. 124.

364 Vgl. *Battis*, a.a.O.

Abs. 1 Nr. 7a. F, beschränkt dazu noch auf Fälle »für die Dauer von mehr als zwei Monaten«. Das Eingreifen der Mitbestimmung ab einer Mindestdauer von zwei Monaten soll der Dienststelle z. B. ermöglichen, auf kurzfristige Arbeitsspitzen ohne vorheriges eventuell langwieriges Mitbestimmungsverfahren reagieren zu können.[365] Nach dem durch das DRG aufgehobenen § 79 Abs. 3 Nr. 15 Buchst. d a. F. hatte der PR über »Personalangelegenheiten der Arbeitnehmer« bei »Änderung der vertraglich vereinbarten Arbeitszeit« mitzubestimmen. Mit der durch das DRG geänderten Fassung des Mitbestimmungstatbestandes in § 75 Abs. 1 Nr. 7 a. F. sollte – so die Begr. des RegE des DRG – auch klargestellt werden, dass die Änderung der Arbeitszeit durch eine Änderung des Arbeitsvertrages vorgenommen werden muss.[366] Eine vergleichbare Vorschrift ist weder im BPersVG noch im BetrVG, wohl aber im **LPersVG RP** (§ 78 Abs. 2 Nr. 8) enthalten.

Die Regelung ändert nichts daran, dass sich die Mitbestimmung des PR bei der Einstellung nicht auf die erstmalige arbeitsvertragliche Festlegung der Arbeitszeit erstreckt (vgl. Rn. 25, 26). Über jede spätere (durch Arbeitsvertrag vorzunehmende) Änderung der arbeitsvertraglich vereinbarten Arbeitszeit hat der PR jedoch nach Abs. 3 Nr. 2 mitzubestimmen. Das gilt sowohl für eine Erhöhung oder Verringerung der **Gesamtarbeitszeit** als auch für eine Änderung der **Lage der Arbeitszeit**,[367] und zwar unabhängig davon, ob die jeweilige Änderung **auf Dauer** oder **vorübergehend** gelten soll. Die **Umwandlung eines Vollzeitarbeitsverhältnisses in ein Teilzeitarbeitsverhältnis**, z. B. in ein Altersteilzeitarbeitsverhältnis nach dem AltTZG bzw. dem TV FlexAZ, ist zwar keine Einstellung i. S. d. Abs. 1 Nr. 2 (vgl. Rn. 4), wohl aber ein Anwendungsfall des Abs. 3 Nr. 2. Ob die **Initiative** zu der Änderung vom Arbeitnehmer oder von der Dienststelle ausgeht, ist unerheblich (vgl. auch Rn. 25, 26 und 69). 133

Das Mitbestimmungsrecht des PR ist schließlich entscheidend dadurch weiter eingeschränkt, dass nach § 76 Abs. 10 für den Fall, dass zwischen PR und Dienststelle keine Einigung erzielt werden kann, die **Dienststelle** unter Ausschluss des Stufen- und Einigungsstellenverfahrens der §§ 77 und 78 **endgültig entscheidet**. Damit ist dieser Mitbestimmungstatbestand qualitativ eher mit der eingeschränkten Mitwirkung ohne Stufenverfahren vergleichbar. 134

c) Wahl der Wohnung bzw. des Wohnortes

(Abs. 3 Nr. 3) Die Regelung entspricht dem antragsunabhängigen Mitbestimmungsfall des § 75 Abs. 1 Nr. 12 a. F. »Anordnungen, welche die **Frei-** 135

365 LT-Dr. 15/4224, S. 140 [zu § 71].

366 LT-Dr. 14/6694, S. 568 [zu Nr. 7].

367 Vgl. LT-Dr. 11/6312, S. 52 [zu § 76 Abs. 1 Nr. 4].

heit in der Wahl der Wohnung beschränken«, sind nunmehr nur noch auf Antrag des Beschäftigten mitbestimmungspflichtig. Die Regelung betrifft Beamte und Arbeitnehmer.

136 Gegenüber **Beamten** kommen Anordnungen i. S. d. Abs. 3 Nr. 3 nach § 54 Abs. 2 oder 3 LBG in Betracht. Nach **§ 54 Abs. 2 LBG** können Beamte angewiesen werden, ihre **Wohnung innerhalb einer bestimmten Entfernung** von der Dienststelle zu nehmen, wenn die dienstlichen Verhältnisse (nicht jedoch fiskalische Gründe) es erfordern. Diese Voraussetzung kann insb. bei Beamten vorliegen, zu deren Dienstaufgaben es gehört, bei Eintritt bestimmter Ereignisse auch außerhalb der üblichen Dienstzeiten kurzfristig in der Dienststelle erscheinen und tätig werden zu können.[368] Auf die in § 92 Abs. 2 LBG a. F. (und für Bundesbeamte weiterhin in § 72 Abs. 2 BBG) eingeräumte Möglichkeit für eine Anweisung, eine Dienstwohnung zu beziehen, hat der Gesetzgeber mit dem DRG verzichtet, weil mit der VwV des FM vom 8. 11. 07[369] die Dienstwohnungen des Landes ab 1. 1. 08 in funktionsgebundene Werkmietwohnungen umgewandelt und die Landesdienstwohnungsvorschriften aufgehoben worden sind.[370] Nach **§ 54 Abs. 3 LBG** sind **Beamte des Polizeivollzugsdienstes** (i. S. d. § 59 Nr. 2 PolG u. §§ 1, 2 LVOPol) auf Anordnung ihrer obersten Dienstbehörde (oder einer durch Rechtsverordnung bestimmten nachgeordneten Behörde oder Dienststelle) verpflichtet, in einer (unentgeltlich gewährten) **Gemeinschaftsunterkunft** zu wohnen, wobei dies für Fälle, in denen diese Verpflichtung aus persönlichen, insbesondere familiären Gründen eine Härte für diese Polizeibeamten bedeuten würde, Ausnahmen vorzusehen sind.[371] Die **Mitbestimmung** nach Abs. 3 Nr. 3 bezieht sich nur auf eine **Anweisung nach § 54 Abs. 2 LBG**, sondern auch auf eine **Anordnung nach § 54 Abs. 3 LBG**, weil auch bei Letzterer die »Residenzpflicht« nicht unmittelbar durch die gesetzliche Vorschrift festgelegt ist.[372]

137 Gegenüber **Arbeitnehmern** liegen Anordnungen, welche die Freiheit in der Wahl der Wohnung beschränken, dann vor, wenn ihnen vorgeschrieben wird, ihre Wohnung innerhalb einer bestimmten Entfernung von der Dienststelle zu nehmen oder eine vom Arbeitgeber zur Verfügung gestellte Wohnung zu beziehen. Ob und inwieweit solche Anordnungen arbeitsrechtlich zulässig sind, ist fraglich.[373] Eine den beamtenrechtlichen Vorschriften vergleichbare gesetzliche Ermächtigung besteht dafür nicht. Die Befugnis

368 Vgl. Lorenzen-*Rehak*, § 78 Rn. 330, 332 ff.; *Battis*, § 72 Rn. 4.

369 GABl. S. 541.

370 VwV des FM vom 8. 11. 07 (GABl. S. 541); LT-Dr. 14/6694, S. 428 [zu § 54].

371 LT-Dr. 14/6694, S. 428 f. [zu § 54].

372 *VG Köln* v. 10. 8. 89 – 15 K 2095/88 –, ZBR 90, 92; Altvater-*Baden*, § 78 Rn. 219 m. w. N.; a. A. Leuze-*Flintrop*, § 75 Rn. 133.

373 Vgl. Lorenzen-*Rehak*, § 78 Rn. 331.

zu einer Anordnung i. S. d. Abs. 3 Nr. 3 kann im **Einzelarbeitsvertrag** ausdrücklich vereinbart werden.[374] Ein **Tarifvertrag** kann die Verpflichtung eines Arbeitnehmers zur Begründung eines Wohnsitzes am Ort seiner Tätigkeit begründen, wenn dieser Verpflichtung ein durch die Besonderheit des Arbeitsverhältnisses begründetes berechtigtes Interesse des Arbeitgebers zugrunde liegt.[375] Die im öffentlichen Dienst geltenden Tarifverträge enthalten i. d. R. keine derartigen Bestimmungen. Falls der Arbeitgeber einzelvertraglich oder tarifvertraglich zu einer **Anordnung zum Bezug einer Wohnung** befugt ist, bezieht sich die Mitbestimmung des PR auf die Erteilung einer solchen Anordnung.[376] Außerdem kann nach § 74 Abs. 1 Nr. 3 ein Mitbestimmungsrecht unter dem Aspekt der **Zuweisung** einer Wohnung gegeben sein (vgl. § 74 Rn. 10).

d) Ablehnung von Telearbeit

(Abs. 3 Nr. 4) Der mit dem ÄndG 2013 eingeführte Mitbestimmungstatbestand berücksichtigt die flexiblere Arbeitsform der **Telearbeit** u. Ä. in der Personalratsarbeit, allerdings nur, wenn dem Antrag eines Beschäftigten nicht entsprochen werden soll.[377] Außerdem setzt die Bestimmung voraus, dass die Arbeitsform der Telearbeit oder die Errichtung eines Arbeitsplatzes außerhalb der Dienststelle tarifvertraglich oder in einer Dienstvereinbarung geregelt sind. Der TVöD und der TV-L sehen diesbezüglich keine Regelungen vor. Aus dieser weiteren Einschränkung der Mitbestimmung wird der kollektive Bezug der Regelung deutlich. Unverständlich bleibt deshalb die Herausnahme des Tatbestands aus der antragsunabhängigen Mitbestimmung, zumal das Thema nicht zuletzt durch die vorübergehende Verpflichtung zur mobilen Arbeit während der Corona-Pandemie und die dadurch entstandene Dynamik in der Debatte zu **flexiblen Arbeitsmodellen** immer höhere Bedeutung gewinnt. Die fehlenden gesetzlichen Regelungen müssen durch Dienstvereinbarungen kompensiert werden. Die Umsetzung der Dienstvereinbarungen zu flexiblen Arbeitszeitmodellen nur dann kontrollieren zu können, wenn die Beschäftigten einen entsprechenden Antrag stellen, bringt das Kräfteverhältnis bei der Überwachung gemeinsam vereinbarter Regelungen in einer Dienststelle in ein unnötiges Ungleichgewicht. Denn es liegt im kollektiven Interesse, den Gesundheitsschutz und die Einhaltung der Regelungen zur Arbeitszeit auch in mobilen Arbeitsformen zu gewährleisten. 138

---

374 Vgl. Altvater-*Baden*, § 78 Rn. 221.

375 *BAG* v. 7. 6. 06 – 4 AZR 316/05 –, AP Nr. 15 zu § 611 BGB Hausmeister.

376 Str.; näher dazu Altvater-*Baden*, § 78 Rn. 222 m. w. N.

377 LT-Dr. 15/4224, S. 141 [zu § 71].

e) Nebentätigkeit

139 **(Abs. 3 Nr. 5)** Nach dieser Regelung bestimmt der PR mit bei **Versagung oder Widerruf der Genehmigung, Erteilung von Auflagen zu Nebentätigkeitsgenehmigungen** oder bei **Untersagung** einer **Nebentätigkeit** mit. Die Vorschrift ist aus dem antragsunabhängigen § 75 Abs. 1 Nr. 13 a. F. übernommen, ergänzt durch die Einfügung »Erteilung von Auflagen zu Nebentätigkeitsgenehmigungen«. Sie gilt für Beamte und Arbeitnehmer. Bereits mit Inkrafttreten des DRG wurde das neugestaltete Nebentätigkeitsrecht von TVöD und TV-L für Arbeitnehmer durch die Variante »Untersagung einer Nebentätigkeit« bei der Beteiligung des PR berücksichtigt.[378]

140 Für die **Beamten** i. S. d. LBG bestimmt § 40 BeamtStG, dass eine Nebentätigkeit grundsätzlich (nur) anzeigepflichtig ist, aber unter Erlaubnis- oder Verbotsvorbehalt zu stellen ist, soweit sie geeignet ist, dienstliche Interessen zu beeinträchtigen. Auf dieser Grundlage ist das Nebentätigkeitsrecht durch Landesrecht geregelt: durch die §§ 60 bis 65 LBG sowie die Landesnebentätigkeitsverordnung (LNTVO)[379] und die Hochschulnebentätigkeitsverordnung (HNTVO)[380]. Dabei geht das DRG von der grundsätzlichen Genehmigungspflicht aus, hält im Wesentlichen auch an den bisherigen materiellen Zulässigkeitskriterien fest und beschränkt sich im Übrigen auf anpassende und die Verfahrensvorschriften modifizierende Regelungen.[381] Die in den landesrechtlichen Vorschriften geregelten Entscheidungen über Genehmigung, Versagung und Widerruf einer Nebentätigkeit werden mittels (gebundener) Verwaltungsakte getroffen, für deren Erlass ein Ermessen nicht eingeräumt ist.[382] Der PR hat nach Abs. 3 Nr. 5 **mitzubestimmen**, wenn der Dienstherr die beantragte Genehmigung einer Nebentätigkeit **versagen** oder eine erteilte bzw. allgemein als erteilt geltende Genehmigung ganz oder teilweise **widerrufen** will. Um die betroffenen Beamten vor ungerechtfertigter Behandlung zu schützen, gilt das auch dann, wenn der Dienstherr die Nebentätigkeit **nur teilweise oder mit Auflagen oder Bedingungen genehmigen** oder eine nicht genehmigungspflichtige Nebentätigkeit ganz oder teilweise **untersagen** will.[383] Nicht mitbestimmungspflichtig sind dagegen die Erteilung der Genehmigung sowie die Anordnung zur Übernahme und der Entzug einer angeordneten Nebentätigkeit.[384] Nunmehr einbezogen ist

378 LT-Dr. 14/6694, S. 568 f. [zu Nr. 13].

379 I. d. F. v. 28. 12. 72, GBl. 73, S. 57, zuletzt geändert 2017 durch die 9. Anpassungsverordnung, GBl. 99, 123.

380 V. 30. 6. 82, GBl. S. 388 (zuletzt geändert durch Art. 58 DRG).

381 Vgl. LT-Dr. 14/6694, S. 377 u. 431–436.

382 Vgl. *Battis*, § 99 Rn. 22, § 100 Rn. 17; *Fischer/Goeres/Gronimus*, § 76 a. F. Rn. 29c.

383 Vgl. *Fischer/Goeres/Gronimus*, § 76 a. F. Rn. 29a, 29c m. w. N.; Richardi-*Kersten*, § 76 a. F. Rn. 79.

384 *Fischer/Goeres/Gronimus*, § 76 a. F. Rn. 29, 29 d.

die Erteilung von Auflagen zu Nebentätigkeitsgenehmigungen, weil diese Wirkungen wie eine Teiluntersagung haben kann.[385]

Die für die **Nebentätigkeit von Arbeitnehmern** geltenden Rechtsnormen unterscheiden sich von denen des Beamtenrechts (vgl. Rn. 140) entscheidend. Im Hinblick auf die durch Art. 12 Abs. 1 GG geschützte Berufsfreiheit ist eine Nebentätigkeit nach **allgemeinem Arbeitsrecht** nur dann untersagt, wenn dadurch vorrangige betriebliche Interessen des Arbeitgebers beeinträchtigt werden.[386] Anders als § 11 BAT, wonach die für die Beamten des Arbeitgebers jeweils geltenden Bestimmungen sinngemäß Anwendung fanden, enthält **§ 3 Abs. 4 TVöD bzw. TV-L** eigenständige Regelungen, die die Ausübung einer Nebentätigkeit nicht mehr unter einen Erlaubnisvorbehalt stellen. Diese Regelungen sehen in S. 1 und 2 vor, dass **Tarifbeschäftigte** eine **Nebentätigkeit gegen Entgelt** ihrem Arbeitgeber rechtzeitig vorher schriftlich anzuzeigen haben und dass der Arbeitgeber eine solche Nebentätigkeit untersagen oder mit Auflagen versehen kann, wenn sie geeignet ist, die Erfüllung der arbeitsvertraglichen Pflichten des Arbeitnehmers oder berechtigte Interessen des Arbeitgebers zu beeinträchtigen.[387] Wie Abs. 2 Nr. 5 bestimmt, erstreckt sich die Mitbestimmung des PR (auch) auf die **Untersagung** einer (beantragten) Genehmigung. Das gilt auch für die Erteilung von **Auflagen** über Art und Umfang der beabsichtigten oder bereits ausgeübten Nebentätigkeiten einschl. etwaiger Vorgaben über ihre zeitliche Lage oder Begrenzung, weil derartige Auflagen eine teilweise Untersagung beinhalten.[388] 141

f) Teilzeit, unbezahlter Urlaub

(Abs. 3 Nr. 6) Nach dieser Vorschrift hat der PR mitzubestimmen bei der **Ablehnung eines Antrags auf Teilzeitbeschäftigung oder Urlaub ohne Dienstbezüge oder Arbeitsentgelt sowie bei Widerruf der Bewilligung**. Die Vorschrift ist im Wesentlichen aus dem antragsunabhängigen § 75 Abs. 1 Nr. 14 a. F. übernommen und um den Fall »Widerruf der Bewilligung« erweitert worden. Der in § 75 Abs. 1 Nr. 14 a. F. enthaltene einschränkende Verweis auf **§§ 69, 70 und 72 LBG** ist gestrichen. Daraus folgt, dass in den Mitbestimmungstatbestand auch unbezahlte Beurlaubungen aufgrund anderer als statusrechtlicher Rechtsgrundlagen einbezogen sind.[389] 142

---

385 LT-Dr. 15/4224, S. 141 [zu § 71].

386 *BAG* v. 28.2.02 – 6 AZR 33/01 –, ZTR 02, 429, m. w. N.; KZD-*Zwanziger*, § 120 Rn. 1 ff.

387 Näher dazu PK-TVöD-*Guth*, § 3 Rn. 20–31.

388 Vgl. Altvater-*Baden*, § 78 Rn. 228 m. w. N.; s. auch LT-Dr. 15/4224, S. 141 [zu § 71].

389 LT-Dr. 15/4224, S. 141 [zu § 71].

Die Vorschrift gilt – in unterschiedlichen Varianten – für Beamte und für Arbeitnehmer. Während es für Beamte Entsprechungen in § 78 Abs. 1 Nr. 11 BPersVG und in allen **LPersVG** – teils aufgrund der Allzuständigkeit des PR (HB u. SH), teils gem. ausdrücklich Normierung[390] – gibt, finden sich vergleichbare Vorschriften für Arbeitnehmer zwar nicht im BetrVG und im BPersVG, wohl aber in den meisten LPersVG.[391]

143 Bei den **Beamten** bezieht sich die Mitbestimmung nach Abs. 3 Nr. 6 auf die Ablehnung eines Antrags auf Teilzeitbeschäftigung oder Urlaub ohne Fortzahlung der Bezüge ohne Beschränkung auf beamtenrechtliche Rechtsvorschriften. Alle Arten der unbezahlten Freistellung vom Dienst einschließlich ihrer Verlängerung werden nur auf Antrag bewilligt. Über den Antrag wird durch **Verwaltungsakt** entschieden, der im Falle der Bewilligung ein begünstigender, im Falle der Ablehnung oder der nur teilweisen Stattgabe des Antrags dagegen ein belastender Verwaltungsakt ist.

144 Nach § 79 Abs. 3 Nr. 15 Buchst. e a. F. hatte der PR in Personalangelegenheiten der **Arbeitnehmer** bei der »Ablehnung eines Antrags auf Teilzeitbeschäftigung oder Urlaub ohne Fortzahlung des Arbeitsentgelts« mitzubestimmen. Die Neuregelung entspricht dieser Norm. Die in § 75 Abs. 1 Nr. 14 i. d. F. des DRG enthaltene Einschränkung auf Beurlaubungen **aufgrund »entsprechender tariflicher Vorschriften«** ist entfallen.

145 Die Vorschrift bezieht sich – wie bereits ausgeführt – auf alle Anträge auf Teilzeitbeschäftigung oder Urlaub ohne Fortzahlung des Arbeitsentgelts, unabhängig von der Rechtsgrundlage, auf die sie gestützt sind. Die **Mitbestimmung** des PR nach Abs. 3 Nr. 6 bezieht sich nicht auf die Bewilligung, sondern allein auf die **Ablehnung eines Antrags** auf unbezahlte Freistellung vom Dienst oder unbezahlten Urlaub. Der PR hat bei der Ausübung seines Mitbestimmungsrechts zu prüfen, ob die Voraussetzungen für die von der Dienststelle beabsichtigte Ablehnung eines Antrags auf Freistellung gegeben sind. Der **Zweck der Mitbestimmung** besteht insbesondere darin, die Ablehnung eines Antrags zu erschweren und damit familien-, arbeitsmarkt- sowie allgemeine beamten- und tarifpolitische Ziele zu fördern. Für die Mitbestimmung kommt es nicht darauf an, ob es sich um einen **Erstantrag** oder einen **Verlängerungsantrag** handelt. Der PR hat, wenn der Betroffene dies beantragt, auch dann mitzubestimmen, wenn einem Antrag **nur teilweise entsprochen** und er damit zugleich teilweise abgelehnt werden soll.[392] Ebenfalls mitbestimmungspflichtig ist die **Ablehnung der beantragten Än-**

---

390 Vgl. *Altvater*, 10. Aufl., § 76 a. F. Synopse 4.

391 Vgl. *Altvater*, 10. Aufl., § 75 a. F. Rn. 288.

392 Vgl. Leuze-*Flintrop*, § 75 Rn. 148; *Fischer/Goeres/Gronimus*, § 76 a. F. Rn. 31.

derung einer bereits bewilligten Freistellung[393] sowie der **Widerruf** oder die **Rücknahme** einer erteilten Bewilligung.[394]

146 Kommt über eine beantragte **Teilzeitbeschäftigung** keine Einigung zustande, entscheidet die Dienststelle gem. § 76 Abs. 10 endgültig. Stufen- und Einigungsstellenverfahren sind allerdings nur im Fall der Nichteinigung über **Teilzeitbeschäftigung** ausgeschlossen (s. auch Rn. 134).[395]

g) Altersteilzeit

147 **(Abs. 3 Nr. 7)** Die Regelung des Mitbestimmungstatbestandes »Ablehnung eines Antrags auf Altersteilzeit« entspricht mit redaktioneller Anpassung dem antragsunabhängigen § 75 Abs. 1 Nr. 14 a. F., soweit dieser die Ablehnung von Altersteilzeit geregelt hat.

Die Vorschrift betrifft Beamte und Arbeitnehmer. Einen rechtlichen bzw. tarifvertraglichen Anspruch auf Altersteilzeit haben insbesondere Schwerbehinderte. Die ATZ für Beamte ist in § 70 LBG geregelt. Die tarifvertragliche Regelung des Landes Baden-Württemberg mit der dbb Tarifunion (TV ATZ BW) entspricht dieser Regelung inhaltlich nicht nur, sondern bezieht sich seit ihrer Verlängerung 2016 auch auf sie. Eine Altersteilzeitregelung kann demnach im Tarifbereich des Landes nur solange abgeschlossen werden, wie es die entsprechende Regelung für Beamte gibt (§ 2 Abs. 4 TV ATZ BW). Im Bereich des TVöD ist der TV FlexAZ zu beachten.

Stellt die Dienststelle die Entscheidung über einen Antrag auf Freistellung mit der Begründung **zurück**, dass eine für die Bewilligung gesetzlich vorgeschriebene Altersgrenze noch nicht erreicht sei, so soll dies der mitbestimmungspflichtigen Ablehnung eines Antrags nicht gleichstehen.[396]

h) Herabsetzung der Anwärterbezüge oder der Unterhaltsbeihilfe

148 **(Abs. 3 Nr. 8)** Die Mitbestimmung bei der **Herabsetzung von Anwärterbezügen oder Unterhaltsbeihilfe** von Beschäftigten, die eine Ausbildung für eine Beamtenlaufbahn absolvieren, ist mit dem ÄndG 2013 neu aufgenommen worden. Die Vorschrift betrifft Beamte auf Widerruf im Vorbereitungsdienst (Anwärter). Sie erhalten nach § 70 LBesGBW Anwärterbezüge, die nach § 84 LBesGBW gekürzt werden können, wenn der (Lehramts-)Anwärter die Laufbahn- oder Zwischenprüfung nicht besteht oder sich die Ausbildung aus einem anderen vom Anwärter zu vertretenden Grund verzögert.

393 Vgl. *Fischer/Goeres/Gronimus*, a. a. O.

394 Str.; wie hier Altvater-*Baden*, § 239 Rn. 74; a. A. z. B. Leuze-*Flintrop*, § 75 Rn. 149.

395 Rooschüz-*Gerstner-Heck*, § 75 Rn. 104, schließt zu Unrecht das Stufenverfahren für alle Fälle der Nr. 6 aus, Rn. 105.

396 *VGH BW* v. 25. 10. 94 – PL 15 S 427/93 –, PersV 97, 260.

Die Vorschrift findet auch für Rechtsreferendare Anwendung. Bei ihnen ergibt sich die Herabsetzungsmöglichkeit aus § 4 der VO des Ministeriums für Finanzen und Wirtschaft über die Gewährung von Unterhaltsbeihilfen für Rechtsreferendare v. 27.6.11.[397] Als wesentliche Personalmaßnahme ist der Tatbestand der Mitbestimmung zugeordnet worden.

i) Regress gegen Beschäftigte

149 **(Abs. 3 Nr. 9)** Die Regelung entspricht § 79 Abs. 3 Nr. 3 und Abs. 4 a. F. Nach dieser mit § 76 Abs. 2 Nr. 9 BPersVG wortgleichen Vorschrift hat der PR über die **Geltendmachung von Ersatzansprüchen gegen einen Beschäftigten** mitzubestimmen. Der Tatbestand umfasst sowohl das Stadium der Prüfung und Feststellung, ob überhaupt ein Ersatzanspruch gegen einen Beschäftigten besteht, als auch den weiteren Schritt der Prüfung der Rechtmäßigkeit der Durchsetzung des festgestellten Ersatzanspruchs.[398] Dabei steht dem PR eine vollständige **rechtliche Mitbeurteilung** zu.[399] Da er bei der Auslegung der anzuwendenden Rechtsvorschriften, der Festlegung des Grades der Fahrlässigkeit, insbesondere in Fällen schadensgeneigter Arbeit, bzw. der Bewertung einer fehlenden Beurteilung und der rechtlichen Würdigung der tatsächlichen Umstände zu anderen Ergebnissen gelangen kann als die Dienststelle, hat seine Beteiligung nicht nur formalen Charakter.[400] Zu den Ersatzansprüchen i. S. d. Abs. 2 Nr. 9 gehören unstreitig **Schadensersatzansprüche**, die der Dienstherr bzw. Arbeitgeber gegen einen Beschäftigten geltend machen will (bei Beamten gem. § 48 BeamtStG u. § 59 LBG; bei Arbeitnehmern ggf. gem. § 3 Abs. 7 TVöD/TV-L, § 56 TVöD-BT-K [VKA], sonst gem. §§ 276 ff., 619a, 823 ff. BGB[401]). Ansprüche auf **Rückzahlung überzahlter Dienstbezüge** (vgl. § 15 LBesGBW; §§ 812 ff. BGB)[402] gehören nach h. M. zwar nicht zu den Ersatzansprüchen i. S. d. Abs. 3 Nr. 9,[403] jedoch ist der PR zu beteiligen, wenn eine Überzahlung maßgeblich auf einer Pflichtwidrigkeit des Beschäftigten beruht und deshalb statt eines Bereicherungsanspruchs ein Schadensersatzanspruch geltend gemacht werden soll.[404]

397 RefUBeihVO BW 2011, GBl. S. 389.

398 *BVerwG* v. 19.12.90 – 6 P 24.88 –, PersR 91, 133.

399 Vgl. *HmbOVG* v. 25.11.97 – OVG Bs PH 5/96 –, PersR 98, 473.

400 So aber Rooschüz-*Gerstner-Heck*, § 75 Rn. 113.

401 Vgl. *Lorenzen-Rehak*, § 78 Rn. 420; KZD-*Lakies*, § 62 Rn. 23 ff.

402 Dazu KZD-*Litzig*, § 46, u. PK-TVöD-*Görg*, § 37 Rn. 51 ff.

403 *BVerwG* v. 27.1.06 – 6 P 5.05 –, PersR 06, 212 (gegen *HmbOVG* v. 10.1.05 – 8 Bf 222/04.PVL –, PersR 05, 327); *BayVGH* v. 14.7.93 – 18 P 93.1164 –, PersR 93, 563, m. w. N.; Leuze-*Flintrop*, § 75 a. F. Rn. 159; Rooschüz-*Gerstner-Heck*, § 75 Rn. 112.

404 *BVerwG* v. 27.1.06 u. *BayVGH* v. 14.7.93, jew. a. a. O.; Leuze-*Flintrop*, § 75 Rn. 159 a. E.; *Fischer/Goeres/Gronimus*, § 76 a. F. Rn. 53a.

Der Tatbestand des Abs. 3 Nr. 9 liegt vor, sobald sich die Dienststelle dazu entschlossen hat, einen Ersatzanspruch gegen einen Beschäftigten geltend zu machen (vgl. § 73 Rn. 11).[405] Dabei ist die **Form der Geltendmachung** ohne Bedeutung.[406] Es kommt v. a. die **Aufrechnung**, die Erhebung einer **Leistungsklage** und gegenüber einem Beamten der Erlass eines **Leistungsbescheides** in Betracht. Es genügt aber auch die **Mitteilung** der Dienststelle an den Beschäftigten, dass sie einen bestimmten Anspruch gegen ihn für gegeben hält, ohne dass dies mit einer Zahlungsaufforderung verbunden sein muss.[407]

Die **Verjährung** von Ersatzansprüchen richtet sich nach den allgemeinen Verjährungsvorschriften des Bürgerlichen Rechts (§§ 195, 199 Abs. 3 BGB). Sie wird durch die Einleitung des Mitbestimmungsverfahrens nicht gehemmt. Das gilt auch für eine tarifvertragliche **Ausschlussfrist**.[408] Um die drohende Verjährung abzuwenden, kann nach der Rspr. des *BVerwG*[409] gegenüber einem Beamten ein Leistungsbescheid als **vorläufige Regelung** i. S. d. § 88 Abs. 4 erlassen werden, wenn die Vollstreckung bis zum Abschluss des Mitbestimmungsverfahrens ausgesetzt wird[410] (vgl. § 88 Rn. 8 ff.). 150

j) Entlassung von Beamten auf Probe und auf Widerruf

(Abs. 3 Nr. 10) Die Vorschrift ist aus § 80 Abs. 1 Nr. 6 a. F. übernommen und von der Mitwirkung zur Mitbestimmung hochgestuft. Nach dieser mit § 84 Abs. 1 Nr. 5 BPersVG wortgleichen Vorschrift bestimmt der PR bei der **Entlassung von Beamten auf Probe oder auf Widerruf** (§ 4 Abs. 3 bzw. 4 BeamtStG) mit, wenn sie die Entlassung nicht selbst beantragt haben. 151

Unter dieser Voraussetzung erstreckt sich die Mitbestimmung nach Abs. 3 Nr. 10 grundsätzlich auf jede nicht auf eigenem Antrag des Beamten beruhende, durch **Verwaltungsakt** erfolgende Entlassung, also nicht nur auf die **fakultative Entlassung** (§ 23 Abs. 2 bis 4 S. 1 BeamtStG), sondern auch auf die **obligatorische Entlassung** nach § 23 Abs. 1 Nr. 2 und 3 BeamtStG.[411] Nicht erfasst werden die Fälle der Entlassung kraft Gesetzes nach § 22 Be-

---

405 Vgl. *OVG NW* v. 25. 2. 80 – CL 28/79 –, RiA 80, 194.

406 Richardi-*Kersten*, § 76 a. F. Rn. 134.

407 *BVerwG* v. 24. 4. 02 – 6 P 4.01 –, PersR 02, 398, u. v. 2. 6. 10 – 6 P 9.09 –, PersR 10, 354.

408 ErfK-*Preis*, §§ 194–218 BGB Rn. 57; zweifelnd *Fischer/Goeres/Gronimus*, § 76 a. F. Rn. 55.

409 Beschl. v. 25. 10. 79 – 6 P 53.78 –, PersV 81, 203.

410 Lorenzen-*Rehak*, § 78 Rn. 421.

411 Str.; vgl. Altvater-*Baden*, § 84 Rn. 63 m. w. N.; Rooschüz-*Gerstner-Heck*, § 75 Rn. 114 a. E.; Lorenzen-*Ramm*, § 84 Rn. 72; grundsätzlich abl. auch Leuze-*Flintorp*, § 75 Rn. 166.

amtStG. Nur wenn die Entlassung **ohne Einhaltung einer Frist** erfolgen soll, ist der PR nicht im Verfahren der Mitbestimmung, sondern nach § 87 Abs. 1 Nr. 9 im Wege der **Anhörung** zu beteiligen (vgl. § 87 Rn. 27 ff., 31).

k) Aufhebungs- und Beendigungsverträge

152 **(Abs. 3 Nr. 11)** Der Mitbestimmungstatbestand bei »**Abschluss von Aufhebungs- oder Beendigungsverträgen**«, ist mit ÄndG 2013 eingefügt worden. Nach der Gesetzesbegründung[412] soll in Anlehnung an Nr. 10 auch die Beendigung des Arbeitsverhältnisses von **Arbeitnehmern** und Beschäftigten in öffentlich-rechtlichen **Ausbildungsverhältnissen** als wesentliche Personalmaßnahme der eingeschränkten Mitbestimmung unterliegen, **wenn die Entlassung nicht vom Beschäftigten selbst ausgeht**. Damit werden die Artbeitnehmer vor unüberlegten oder voreiligen Beendigungsvereinbarungen geschützt.

153 Da der betroffene Arbeitnehmer rechtzeitig – also vor Eintritt in die Vertragsverhandlungen – nach § 76 Abs. 3 sowohl über die beabsichtigte Beendigung des Arbeitsverhältnisses mittels Aufhebungs- oder Beendigungsvetrags in Kenntnis zu setzen, als auch über sein Recht, die Beteiligung des PR zu beantragen hinzuweisen ist, führen Verstöße der Dienststelle dagegen zur Unwirksamkeit der abgeschlossenen Vereinbarung (§ 73 Rn. 13).[413]

154–159 *Nicht besetzt.*

l) Vorzeitige Versetzung in den Ruhestand

160 **(Abs. 3 Nr. 12)** Die Vorschrift ist aus § 80 Abs. 1 Nr. 7 a. F. übernommen und von der Mitwirkung zur (eingeschränkten) Mitbestimmung hochgestuft worden. Diese ursprünglich mit § 78 Abs. 1 Nr. 5 BPersVG a. F. wortgleiche Vorschrift hatte bereits durch Art. 6 Nr. 26 Buchst. a DRG eine neue Fassung erhalten. Die Norm bei »vorzeitiger Versetzung in den Ruhestand« wurde seit dieser Neufassung auf zwei Fälle reduziert:[414] Sie besteht jetzt zum einen bei **Ablehnung des Antrags** von Beamten **auf vorzeitige Versetzung in den Ruhestand** (erster Regelungsfall, der von einer Initiative des Beamten ausgeht), zum anderen »bei vorzeitiger Versetzung in den Ruhestand, **wenn der Beamte die Versetzung nicht selbst beantragt hat**« (zweiter Regelungsfall, der eine Initiative der Dienststelle voraussetzt) und setzt einen **Antrag des Beamten** voraus (vgl. Rn. 130). Der **erste Regelungsfall** liegt vor, wenn eine »**Versetzung in den Ruhestand auf Antrag**« (Inanspruchnahme der sog. Antragsaltersgrenze gemäß § 40 LBG) oder eine von einem Beamten

---

412 LT-Dr. 15/4224, S. 141 [zu § 71 Abs. 2 Nr. 11].

413 S. dazu auch Altvater-*Lenders*, § 70 Rn. 54 ff.

414 Vgl. LT-Dr. 14/6694, S. 571 [zu Nr. 26 Buchst. a].

(auf Lebenszeit, auf Zeit oder auf Probe) formlos (gemäß § 49 LBG) beantragte **Versetzung in den Ruhestand wegen Dienstunfähigkeit** (§§ 26, 28 BeamtStG; § 44 LBG)[415] **abgelehnt** werden soll. Der **zweite Regelungsfall** liegt vor, wenn eine **Versetzung in den Ruhestand wegen Dienstunfähigkeit** bei einem Beamten (auf Lebenszeit, auf Zeit oder auf Probe) ohne Antrag des Beamten **von Amts wegen** (als sog. Zwangspensionierung) vorgenommen werden soll. Als vorzeitige Versetzung in den Ruhestand i. S. d. zweiten Regelungsfalls des § 75 Abs. 3 Nr. 12 ist auch die von Amts wegen beabsichtigte **Entlassung** des Beamten auf Lebenszeit **wegen Dienstunfähigkeit** anzusehen, die nach § 23 Abs. 1 S. 1 Nr. 2 BeamtStG dann erfolgt, wenn der Beamte wegen der Nichterfüllung einer versorgungsrechtlichen Wartezeit nicht in den Ruhestand oder einstweiligen Ruhestand versetzt werden kann.[416] Begrifflich wird auch die von Amts wegen vorgesehene **Versetzung** in den **einstweiligen Ruhestand** vom zweiten Regelungsfall des Abs. 3 Nr. 12 erfasst. Betrifft sie nach § 30 Abs. 1 BeamtStG und § 42 Abs. 1 LBG die dort definierten **politischen Beamten**, ist die Mitbestimmung nach Abs. 5 Nr. 1a allerdings ausgeschlossen (vgl. Rn. 264). Anders ist es jedoch, wenn andere Beamte – für die Abs. 5 Nr. 1a nicht gilt – bei der **Auflösung oder Umbildung von Behörden oder Körperschaften** in den einstweiligen Ruhestand versetzt werden (§ 31 BeamtStG, § 42 Abs. 2 bis 4 LBG).[417]

m) Begrenzte Dienstfähigkeit

(Abs. 3 Nr. 13) Der mit ÄndG 2013 neu aufgenommene Mitbestimmungstatbestand bezieht sich auf die statusrechtliche **Feststellung der begrenzten Dienstfähigkeit, wenn der Beamte die Feststellung nicht selbst beantragt hat**. Es handelt sich um einen eigenständigen Tatbestand, der neben Nr. 12 steht. Obwohl in der Praxis meist beide Umstände zusammentreffen, wäre die Festellung der begrenzten Dienstfähigkeit vom Mitbestimmungstatbestand der Ablehung des Antrags auf vorzeitige Versetzung in den Ruhestand ohne eigenständige Regelung nicht umfasst.[418] Schutzzweck der Regelung ist das Interesse des betroffenen Beamten an der Höhe der Besoldung. Wird gemäß § 27 Abs. 1 BeamtStG von der vorzeitigen Versetzung in den Ruhestand abgesehen, weil der Beamte noch teilweise dienstfähig ist, wird die Arbeitszeit des Beamten wegen einer (nicht von ihm beantragten) Feststellung verminderter Dienstfähigkeit herabgesetzt (§ 27 Abs. 2 BeamtStG). Damit geht natürlich auch die entsprechende Absenkung der Besoldung einher. 161

415 LT-Dr. 14/6694, S. 423 [zu § 44, vor Abs. 1 a. E.].

416 *BVerwG* v. 9. 12. 99 – 2 C 4.99 –, PersR 00, 210; vgl. LT-Dr. 14/6694, S. 417 [zum 3. Abschn.]; Altvater-*Baden*, § 84 Rn. 68.

417 Vgl. Altvater-*Baden*, § 84 Rn. 69.

418 *OVG Berlin-Brandenburg* v. 14. 3. 16 – OVG 61 PV 1.15 –, juris.

Dies kann den Lebensstandard des Beamten und damit auch das Alimentationsprinzip tangieren. Der Schutzzweck wird in den Fällen des § 43 Abs. 2 S. 2 LBG nicht berührt, da mit dieser Form der begrenzten Dienstfähigkeit keine Besoldungseinbußen einhergehen. Die Mitbestimmung soll daher nicht gelten, wenn Beamten zur Vermeidung der Feststellung der begrenzten Dienstunfähigkeit Funktionen übertragen werden, welche die besonderen gesundheitlichen Anforderungen für den Polizeivollzugsdienst, den Einsatzdienst der Feuerwehr und den Justizvollzugsdienst nicht uneingeschränkt erfordern.[419]

n) Hinausschieben des Eintritts in den Ruhestand

162 **(Abs. 3 Nr. 14)** Gem. Abs. 3 Nr. 14 hat der PR mitzubestimmen bei der »**Ablehnung des Antrags auf Hinausschiebung des Eintritts in den Ruhestand wegen Erreichens der Altersgrenze**«. Die Vorschrift wurde aus § 75 Abs. 1 Nr. 15 a. F. übernommen. Die nur für Beamte geltende Vorschrift ist bereits mit Inkrafttreten des DRG angepasst worden, weil seitdem die Initiative für die Verlängerung der Lebensarbeitszeit nicht mehr von der Dienststelle, sondern stets vom Beamten ausgeht: Eine **Hinausschiebung** des Eintritts des Ruhestands **erfordert stets** einen **Antrag des Beamten** (§ 39 S. 1 LBG).

163 Der Beamte auf Lebenszeit (und der Beamte auf Zeit) tritt mit Erreichen der **Altersgrenze** in den Ruhestand (§§ 25 u. 6 BeamtStG). Bei Geburt ab dem Jahr 1964 erreicht der Beamte die **Regelaltersgrenze** mit Ablauf des Monats, in dem er das 67. Lebensjahr vollendet (§ 36 Abs. 1 LBG). Die Regelaltersgrenze für die Geburtsjahrgänge 1947 bis 1963 wird nach Maßgabe der Übergangsbestimmungen in Art. 62 § 3 DRG vom 65. auf das 67. Lebensjahr angehoben. Gehört der Beamte einer Beamtengruppe an, für die eine andere als die Regelaltersgrenze gilt, ist diese **besondere Altersgrenze** maßgeblich (vgl. § 36 Abs. 2 bis 4 LBG). Der Beamte auf Lebenszeit (bzw. auf Zeit) tritt **kraft Gesetzes** mit dem Ablauf des Monats in den Ruhestand ein, in dem er die für ihn maßgebliche Altersgrenze erreicht (vgl. § 36 Abs. 1 LBG). Nach § 39 LBG ist es aber zulässig, den Eintritt in den Ruhestand **auf Antrag des Beamten** bis zu einem Jahr, jedoch nicht länger als bis zum Ablauf des Monats, in dem der Beamte das 68. Lebensjahr vollendet, **hinauszuschieben**, wenn dies im dienstlichen Interesse liegt. Nur wenn die Dienststelle eine Ermessensentscheidung treffen kann, weil ein dienstliches Interesse besteht,[420] und sie einem solchen Antrag nicht stattgeben, sondern den **Antrag ablehnen** will, hat der PR nach Abs. 3 Nr. 14 mitzubestimmen, und dies nach Abs. 3 S. 1 auch nur dann, wenn der Beamte die Mitbestimmung **beantragt** (vgl. Rn. 130).

---

419 LT-Dr. 15/4224, S. 142 [zu § 71].

420 *OVG NW* v. 27. 9. 19 – 1 B 1314/19 –, juris (zu § 76 Abs. 1 Nr. 9 a. F.).

Soll ein in den Ruhestand eingetretener **Beamter als Arbeitnehmer** in der Dienststelle weiterbeschäftigt werden, ist der PR nach Abs. 1 Nr. 2 zu beteiligen.[421] Das gilt auch dann, wenn er aufgrund eines **Werk- oder Dienstvertrages** weiterhin für die Dienststelle tätig sein und dabei wie ein eigener Arbeitnehmer der Dienststelle eingesetzt werden soll (vgl. Rn. 165). 164

Ob der PR bei Verweigerung der Weiterbeschäftigung durch den Dienstherrn auf Antrag des Arbeitnehmers analog § 75 Abs. 3 Nr. 14 LPVG eingeschaltet werden könnte, ist bislang gerichtlich nicht geklärt.[422] Zwar ist bei einer **Weiterbeschäftigung eines Arbeitnehmers über die Altersgrenze hinaus** ein neuer Arbeitsvertrag abzuschließen. Dieser unterliegt jedoch nicht der Mitbestimmung nach Abs. 1 Nr. 2, da nach der herrschenden Auslegung des Begriffs der Einstellung die tatsächliche Eingliederung eines Beschäftigten in der Dienststelle maßgebend ist. Eine solche ist hier nicht erforderlich, da Beschäftigte, die einen Verlängerungswunsch haben, bereits in die Dienststelle eingegliedert sind. Die Verlängerung eines unbefristeten Arbeitsvertrags über die Regelaltersgrenze hinaus durch Hinausschieben des Beendigungszeitpunktes stellt schließlich auch keine »Zeit- oder Zweckbefristung des Arbeitsverhältnisses« i. S. v. Nr. 2 dar[423] (vgl. Rn. 24a). Wird ein früherer Arbeitnehmer nach Erreichen der Altersgrenze aufgrund eines **Werk- oder Dienstvertrages** weiterhin für die Dienststelle tätig, dann ist die Aufnahme dieser Tätigkeit nur dann keine Einstellung i. S. d. Abs. 1 Nr. 2, wenn er dabei nicht wie ein eigener Arbeitnehmer i. S. d. § 4 Abs. 4 eingesetzt wird (vgl. Rn. 17).[424] 165

Hinsichtlich der in Abs. 5 genannten Beschäftigten sind **Mitbestimmung und Mitwirkung** (Abs. 6) **ausgenommen**. Im Hinblick auf die in Abs. 6 genannten Beschäftigten tritt, soweit sie nicht von Abs. 5 erfasst sind, an die Stelle der Mitbestimmung die Mitwirkung. 166

5. Mitbestimmung, soweit eine gesetzliche oder tarifliche Regelung nicht besteht

(Abs. 4) Nach Abs. 4 Eingangssatz steht dem PR ein (auch hier gem. § 78 Abs. 4 eingeschränktes) Mitbestimmungsrecht zu, soweit eine (zwingende) gesetzliche oder tarifliche Regelung nicht besteht. Der Eingangssatz des Abs. 4 entspricht inhaltlich der Regelung des § 74 Abs. 2 Eingangssatz. Danach hat der PR nur mitzubestimmen, soweit eine (zwingende) gesetzliche oder tarifliche Regelung nicht besteht. Außerdem fehlt in den Fällen, in denen der Dienstherr oder Arbeitgeber aufgrund einer (abschließenden) 167

---

421 Leuze-*Flintrop*, § 75 Rn. 185.

422 *VGH BW* v. 10. 11. 16 – PL 15 S 2083/15 –, juris.

423 *VGH BW* v. 10. 11. 16 – PL 15 S 2083/15 –, juris.

424 So auch *Fischer/Goeres/Gronimus*, § 75 a. F. Rn. 51.

gesetzlichen oder tarifvertraglichen Regelung selbst keine eigene Gestaltungsmöglichkeit besitzt, an einem Ansatz für eine eigenständige Regelung durch PR und Dienststellenleiter. Wegen der Einzelheiten, insbesondere der Reichweite der gesetzlichen Regelung, wird ergänzend auf § 74 Rn. 22 ff. verwiesen. Hinsichtlich der Mitbestimmungstatbestände in Abs. 4 besteht ein Initiativrecht des PR (§ 84 Abs. 1). Außerdem können die Gegenstände nach § 85 Abs. 1 als Dienstvereinbarung geregelt werden.

168 Eine **gesetzliche Regelung** i. S. d. Abs. 4 besteht, wenn sie in einem **Gesetz im materiellen Sinn** enthalten ist. Der Begriff des Gesetzes ist dabei derselbe wie in § 2 Abs. 1 (vgl. § 2 Rn. 6). Keine Gesetze in diesem Sinne sind demnach gesetzesvertretendes Richterrecht, das Haushaltsgesetz (str.) oder Verwaltungsvorschriften. **Regelungen ohne Rechtssatzcharakter** sperren die Mitbestimmung auch dann nicht, wenn es sich bei ihnen um **Verwaltungsvorschriften** handelt, die vom IM oder FM (insbesondere gemäß § 4 Abs. 7 LBG) ressortübergreifend erlassen worden sind, weil weder der PR noch die Einigungsstelle als weisungsunabhängige Organe an derartige Regelungen gebunden sind. Auch Verwaltungsvorschriften der Landesregierung nach Art. 61 Abs. 2 LVerf sind nicht geeignet, die Mitbestimmung zu sperren (vgl. § 91 Rn. 26). **Richtlinien eines Arbeitgeberverbandes**, z. B. des KAV, sind ebenfalls keine gesetzliche Regelung und einer solchen auch nicht gleichgestellt.[425]

169 Eine **tarifliche Regelung** i. S. d. Abs. 4 muss in einem **Tarifvertrag** i. S. d. TVG[426] enthalten sein, der nicht nur üblicherweise, sondern tatsächlich für die Dienststelle gilt. In zeitlicher Hinsicht muss es sich um einen Tarifvertrag handeln, der **in Kraft** ist. Ein beendeter Tarifvertrag, dessen Rechtsnormen gem. § 4 Abs. 5 TVG (nur) nachwirken, löst nach h. M. den in den Eingangssätzen von Abs. 4 geregelten Tarifvorbehalt nicht aus.[427] In inhaltlicher Hinsicht ist erforderlich, dass die Dienststelle zum **räumlichen, betrieblichen und fachlichen Geltungsbereich** und die Beschäftigten, auf die sich die anstehende Angelegenheit bezieht, zum **persönlichen Geltungsbereich** des Tarifvertrags gehören.[428] Außerdem ist eine **Tarifbindung** erforderlich, wobei es bei einem nicht allgemeinverbindlichen Tarifvertrag grundsätzlich ausreicht, dass der Arbeitgeber tarifgebunden ist.[429]

169a Kollidieren in der Dienststelle mehrere Tarifverträge (**Tarifkonkurrenz**) hatte nach bisheriger Rechtslage jeder Tarifvertrag, dessen Geltungsbereich

---

425 Vgl. *OVG NW* v. 3. 7. 86 – CL 23/85 –, PersV 89, 28.

426 Vgl. Altvater-*Berg*, § 2 Rn. 16 ff.

427 Vgl. *BAG* v. 24. 2. 87 – 1 ABR 18/85 –, AP Nr. 21 zu § 77 BetrVG 1972; *VGH BW* v. 19. 5. 87 – 15 S 1773/86 –, PersV 89, 224; Altvater-*Dierßen*, § 80 Rn. 10 m. w. N.

428 Vgl. *BAG* v. 21. 1. 03 – 1 ABR 9/02 –, AP Nr. 2 zu § 21a BetrVG 1972.

429 Vgl. *BVerwG* v. 2. 2. 09 – 6 P 2.08 –, PersR 09, 164; Altvater-*Berg*, § 75 a. F. Rn. 115b.

zumindestens Teile der Dienststelle erfasst, die **Sperrwirkung des Tarifvorrangs** ausgelöst.[430] Nach der Rechtslage seit Geltung des Tarifeinheitsgesetzes in **§ 4a TVG** löst die gesetzliche Regelung des Grundsatzes der Tarifeinheit die Sperrwirkung des Tarifvertrags nur noch der **Mehrheitstarifvertrag** aus.[431]

Nur eine **zwingende** gesetzliche oder tarifvertragliche Regelung kann die Mitbestimmung nach Abs. 4 ausschließen.[432] Außerdem muss im Tarifvertrag der **Sachverhalt unmittelbar und abschließend geregelt** sein, so dass es zum Vollzug keines Ausführungsaktes bedarf.[433] Ist jedoch die Einzelmaßnahme dem Dienststellenleiter überlassen, unterliegt dessen Entscheidung einer vom PR im Wege der Mitbestimmung auszuübenden Richtigkeitskontrolle. Das gilt auch bei **rein normvollziehenden Maßnahmen** ohne Ermessenspielraum, erst recht aber bei Maßnahmen, die auf der **Anwendung einer Ermessensvorschrift** beruhen, welche der Dienststelle einen mehr oder minder großen Gestaltungsspielraum einräumt.[434] Im Übrigen können die Tarifvertragsparteien die Mitbestimmung des PR nicht durch ein **einseitiges Bestimmungsrecht des Arbeitgebers** ersetzen.[435] 170

a) Bestellungen und Abberufungen

aa) Vertrauens- und Betriebsärzte

(Abs. 4 Nr. 1a) Das (eingeschränkte) Mitbestimmungsrecht steht dem PR bei der Bestellung und Abberufung von Vertrauens- und Betriebsärzten zu. **Vertrauensärzte** sind Ärzte, die im Auftrag des Arbeitgebers den Gesundheitszustand oder die Arbeitsfähigkeit von Arbeitnehmern untersuchen, damit der Arbeitgeber Entscheidungen treffen kann, die vom Vorliegen medizinischer Tatbestände abhängen.[436] Bei dem beauftragten Arzt nach § 3 Abs. 4 S. 2 TVöD und § 3 Abs. 5 S. 2 TV-L handelt es sich der Sache nach um einen Vertrauensarzt i. S. d. Abs. 4 Nr. 1a.[437] Gesetzliche Regelungen über 171

430 Altvater-*Dierßen*, § 80 Rn. 15.

431 Altvater-*Dierßen*, § 80 Rn. 15, unter Hinweis auf § 63 Rn. 18.

432 Vgl. Lorenzen-*Rehak*, § 80 Rn. 7 ff.; *Fitting*, § 87 Rn. 43, 49.

433 *BVerwG*, st. Rspr., vgl. Beschl. v. 18. 5. 04 – 6 P 13.03 –, PersR 04, 349, v. 1. 6. 07 – 6 PB 4.07 –, PersR 07, 356, v. 16. 4. 08 – 6 P 8.07 –, PersR 08, 418, u. v. 2. 2. 09, a. a. O.

434 *BVerwG* v. 15. 12. 94 – 6 P 19.92 –, PersR 95, 207; Leuze-*Flintrop*, § 75 Rn. 187, 188.

435 Vgl. *BAG* v. 18. 4. 89 – 1 ABR 100/87 –, AP Nr. 18 zu § 87 BetrVG 1972 Tarifvorrang, sowie v. 21. 9. 93 – 1 ABR 16/93 – u. v. 17. 11. 98 – 1 ABR 12/98 –, AP Nr. 62 u. 79 zu § 87 BetrVG 1972 Arbeitszeit; *Fitting*, § 87 Rn. 56.

436 Lorenzen-*Rehak*, § 78 Rn. 411.

437 Altvater-*Berg*, § 78 Rn. 267.

Vertrauensärzte bestehen nicht. Der Arbeitgeber ist zu ihrer Bestellung nicht verpflichtet.[438] Dagegen besteht nach § 16 i. V. m. § 2 Abs. 1 ASiG eine Verpflichtung zur Bestellung von **Betriebsärzten**, soweit dies im Hinblick auf die Art der Dienststelle und die damit für die Beschäftigten verbundenen Unfall- und Gesundheitsgefahren, die Zahl der Beschäftigten und ihre Zusammensetzung und die Organisation der Dienststelle erforderlich ist.[439] Zwar ist das ASiG im öffentlichen Dienst nicht unmittelbar anwendbar. Es schreibt aber in seinem § 16 vor, dass in Verwaltungen und Betrieben des öffentlichen Rechts ein den Grundsätzen dieses Gesetzes gleichwertiger, wenn auch nicht gleichartiger, arbeitsmedizinischer und sicherheitstechnischer Arbeitsschutz zu gewährleisten ist.[440] Die Betriebsärzte haben die Aufgabe, den Arbeitgeber beim Arbeitsschutz und der Unfallverhütung in allen Fragen des Gesundheitsschutzes zu unterstützen (vgl. § 3 ASiG). Die Verpflichtung zu ihrer Bestellung kann dadurch erfüllt werden, dass »eigene« Beschäftigte bestellt werden, dass freiberuflich tätige Ärzte verpflichtet werden oder dass die Dienststelle an einen überbetrieblichen arbeitsmedizinischen Dienst angeschlossen wird (vgl. § 2 Abs. 3 S. 2 und 4 sowie § 19 ASiG). Bei dieser die Organisation des Arbeitsschutzes betreffenden Frage steht dem PR nach § 74 Abs. 2 Nr. 7 ein grundsätzlich uneingeschränktes Mitbestimmungs- und Initiativrecht zu (vgl. § 74 Rn. 58 f.).

172 **Gegenstand der Mitbestimmung** nach Abs. 4 Nr. 1a und damit auch des Initiativrechts sind die Bestellung und die Abberufung eines Vertrauens- oder Betriebsarztes. Die **Bestellung** besteht in der dauerhaften Übertragung der Funktion eines solchen Arztes an einen bestimmten Beschäftigten,[441] die **Abberufung** in der Entziehung dieser Funktion. Die Mitbestimmung nach Abs. 4 Nr. 1a soll gewährleisten, dass nur solche Personen als Vertrauens- oder Betriebsärzte eingesetzt werden, die auch das **Vertrauen der Beschäftigten** haben.[442] Bei seiner Ausübung hat der PR insbesondere darauf zu achten, dass die jeweils maßgeblichen Rechtsvorschriften, v. a. die qualifikatorischen Anforderungen eingehalten werden. Die mit der Bestellung oder der Abberufung verknüpfte **arbeits- oder beamtenrechtliche Personalmaßnahme** unterliegt der Beteiligung des PR nach der dafür jeweils maßgeblichen Vorschrift. So ist er z. B. im Falle der **Einstellung** nach § 75 Abs. 1 Nr. 1 oder 2 zu beteiligen.[443]

---

438 Leuze-*Fintrop*, § 75 Rn. 190.

439 Vgl. *Zander*, PersR 90, 63; *Fischer/Goeres/Gronimus*, § 75 a. F. Rn. 99.

440 *BVerwG* v. 25. 1. 95 – 6 P 19.93 –, PersR 95, 300; *BAG* v. 15. 12. 09 – 9 AZR 769/08 –, PersR 10, 348; *VGH BW* v. 11. 3. 10 – PL 15 S 1773/08 –, PersR 10, 455.

441 Vgl. *OVG NW* v. 10. 12. 03 – 1 A 556/02.PVL –, PersR 04, 227; Richardi-*Kaiser/Annuß*, § 75 a. F. Rn. 417.

442 Lorenzen-*Rehak*, § 78 Rn. 414; *BVerwG* v. 25. 1. 95, a. a. O.

443 Lorenzen-*Rehak*, § 78 Rn. 412.

Abs. 4 Nr. 1a ist im Hinblick auf die Verpflichtung oder Entpflichtung eines **freiberuflich tätigen Arztes** als Betriebsarzt ebenfalls anzuwenden. Zwar ist dieser Fall nicht explizit genannt. Schutzzweck der Vorschrift des Abs. 4 Nr. 1a ist jedoch, dass Ärzte als Vertrauens- oder Betriebsärzte bestellt werden, die nicht nur das Vertrauen des Arbeitgebers, sondern auch das Vertrauen der Beschäftigten haben. Der Schutzzweck könnte umgangen werden, wenn die Form der Beauftragung des Arztes (Einstellung, Bestellung oder Verpflichtung) darüber entscheiden könnte, ob dem PR ein Beteiligungsrecht zusteht und wenn ja, in welcher Form.[444] 173

bb) Weitere Fachkräfte

(Abs. 4 Nr. 1b–e) Nach Abs. 4 Nr. 1b–e hat der PR bei der **Bestellung und Abberufung von** bestimmten, ausdrücklich genannten **Beauftragten und Fachkräften** mitzubestimmen, deren jeweilige Aufgabe (jedenfalls auch) darin besteht, den Dienstherrn bzw. Arbeitgeber bei der Erfüllung von Schutzpflichten zu unterstützen, die diesem gegenüber den Beschäftigten obliegen. Für Inhalt und Zweck der Mitbestimmung gilt das zu Abs. 4 Nr. 1a Ausgeführte entsprechend (vgl. Rn. 171). Das Mitbestimmungsrecht besteht auch dann, wenn es sich bei dem Beauftragten oder der Fachkraft nicht um einen Beschäftigten der Dienststelle handelt. Soweit die für die Bestellung oder Abberufung geltenden Rechtsvorschriften eine Anhörung des PR vorsehen, wird diese durch das in Abs. 4 Nr. 1 geregelte Mitbestimmungsrecht verstärkt. Ist die Bestellung oder Abberufung mit einer arbeits- oder beamtenrechtlichen Personalmaßnahme verknüpft, steht dem PR ggf. auch das für diese Maßnahme vorgesehene Beteiligungsrecht zu. 174

(Abs. 4 Nr. 1b) Beauftragte für den Datenschutz sind nach § 5 BDSG zu bestellende **Datenschutzbeauftragte öffentlicher Stellen** (vgl. § 67 Rn. 3 f.). Ist der Beauftragte Arbeitnehmer und ist die Tätigkeit als behDSB bzw. betrDSB arbeitsvertraglich vereinbart, kann die Abberufung gemäß § 6 Abs. 3 S. 4 BDSG nur bei gleichzeitiger Teilkündigung dieser arbeitsvertraglichen Sonderaufgabe erfolgen.[445] Bei dieser Teilkündigung ist der PR nach § 75 Abs. 1 Nr. 12 zu beteiligen (vgl. Rn. 87). 175

(Abs. 4 Nr. 1c) Fachkräfte für Arbeitssicherheit sind Sicherheitsingenieure, -techniker und -meister (§ 5 Abs. 1 ASiG). Nach § 16 ASiG sind sie auch im Bereich des öffentlichen Dienstes zu bestellen, soweit dies aufgrund einer 176

444 Im Ergebnis ebenso: Leuze-*Fintrop*, § 75 Rn. 189 (dort Abs. 2); Rooschüz-*Gerstner-Heck*, § 75 Rn. 129.

445 *BAG* v. 13.3.07 – 9 AZR 612/05 –, AP Nr. 1 zu § 4f BDSG = PersR 07, 266 Ls.; aber keine Teilkündigung erforderlich, wenn die Bestellung nicht ausdrücklich arbeitsvertraglich vereinbart wurde; *BAG* v. 23.3.11, AiB 012, 65; vgl. ErfK-*Franzen*, § 4f BDSG Rn. 8.

dienststellenbezogenen Prüfung der in § 5 Abs. 1 ASiG festgelegten Kriterien erforderlich ist.[446] Das zur Bestellung von Betriebsärzten Gesagte gilt insoweit entsprechend (vgl. Rn. 172 f.). Sie haben die Aufgabe, den Arbeitgeber beim Arbeitsschutz und der Unfallverhütung in allen Fragen der Arbeitssicherheit einschließlich der menschengerechten Gestaltung der Arbeit zu unterstützen (vgl. § 6 ASiG).

176a **Sicherheitsbeauftragte** sind nach dem Recht der Gesetzlichen Unfallversicherung grundsätzlich in Dienststellen mit regelmäßig mehr als 20 Beschäftigten von dem (als »Unternehmer« handelnden) Leiter der Dienststelle zu bestellen (§ 22 Abs. 1 SGB VII). Ihre Zahl wird vom Unfallversicherungsträger bestimmt (§ 15 Abs. 1 Nr. 7 SGB VII). Sie haben die Aufgabe, den Unternehmer bei der Durchführung der Maßnahmen zur Verhütung von Arbeitsunfällen und Berufskrankheiten zu unterstützen (§ 22 Abs. 2 SGB VII). Die Teilnahme des PR an Besprechungen mit ihnen ist in § 71 Abs. 7 geregelt. Ist ein Mitglied des PR zugleich als Sicherheitsbeauftragter bestellt, sind etwaige Freistellungsansprüche für jede Funktion gesondert zu betrachten. Handelt es sich um Sicherheitsbeauftragte, deren Aufgaben sich ausschließlich auf Versicherte i. S. d. § 2 Abs. 1 Nr. 8 SGB VII (Kinder in Tageseinrichtungen, Schüler und Studierende) und damit nicht auf Beschäftigte beziehen, hat der PR nach Abs. 4 Nr. 1c nicht mitzubestimmen.[447]

176b **Beauftragte für Biologische Sicherheit** sind in der Gentechnik-Sicherheitsverordnung (GenTSV) vorgesehen. Danach hat der Betreiber i. S. d. § 3 Nr. 7 GenTG (z. B. eine juristische Person, die eine gentechnische Anlage betreibt) einen oder mehrere Beauftragte für Biologische Sicherheit zu bestellen (§ 16 Abs. 1 GenTSV). Der Beauftragte oder der aus mehreren Beauftragten bestehende Ausschuss für Biologische Sicherheit hat den Betreiber zu beraten und die Erfüllung der Aufgaben des Projektleiters (dem die unmittelbare Planung, Leitung und Beaufsichtigung einer gentechnischen Arbeit oder Freisetzung obliegt) zu überprüfen (§ 3 Nr. 8 GenTG, § 18 GenTSV) sowie auf Verlangen des PR auch diesen zu beraten (§ 18 Abs. 1 Nr. 2 GenTSV).

176c **Strahlenschutzbeauftragte** sind in den Anwendungsbereichen der Strahlenschutzverordnung (StrlSchV) und der Röntgenverordnung (RöV) vorgesehen. Danach hat der jeweilige Strahlenschutzverantwortliche (vgl. § 31 Abs. 1 StrlSchV, § 13 Abs. 1 RöV), soweit dies für die Gewährleistung des Strahlenschutzes bei der jeweiligen Tätigkeit bzw. für den sicheren Betrieb der Röntgeneinrichtungen oder Störstrahler erforderlich ist, für die Leitung und Beaufsichtigung dieser Tätigkeit bzw. dieses Betriebes die erforderliche Anzahl von Strahlenschutzbeauftragten zu bestellen (§ 31 Abs. 2, 3 StrlSchV, § 13 Abs. 2, 3 RöV). Diese haben v. a. dafür zu sorgen, dass bestimmte

---

446 *BAG* v. 15. 12. 09 – 9 AZR 769/08 –, PersR 10, 348; *VGH BW* v. 11. 3. 10 – PL 15 S 1773/08 –, PersR 10, 455; *Kiesche*, PersR 10, 328.

447 *BVerwG* v. 18. 5. 94 – 6 P 27.92 –, PersR 94, 466.

Schutzvorschriften eingehalten werden (§ 33 Abs. 2, 3 StrlSchV, § 15 Abs. 2 RöV), und dabei auch mit dem PR zusammenzuarbeiten, ihn über wichtige Angelegenheiten des Strahlenschutzes zu unterrichten und ihn auf Verlangen in diesen Angelegenheiten zu beraten (§ 32 Abs. 4 StrlSchV, § 14 Abs. 4 RöV).

(Abs. 4 Nr. 1d) Hygienebeauftragte üben insbesondere in Krankenhäusern Funktionen aus, die für Beschäftigte dieselben Auswirkungen und dieselbe Bedeutung haben wie die anderen Sicherheitsbeauftragten.[448] Die Vorschrift ist durch das ÄndG 2013 eingefügt worden. Nach der Verordnung des Sozialministeriums über die Hygiene und Infektionsprävention in medizinischen Einrichtungen (MedHygVO Bad.-Württ.) v. 20.7.12 sind die **hygienebeauftragten Ärztinnen und Ärzte** Ansprechpersonen und Multiplikatoren und unterstützen das Hygienefachpersonal in ihren Verantwortungsbereichen. Sie wirken bei der Einhaltung der Regeln der Hygiene und Infektionsprävention mit und regen Verbesserungen der Hygienepläne und Funktionsabläufe an. Sie wirken außerdem bei den hausinternen Fortbildungen des Krankenhauspersonals in der Krankenhaushygiene mit. Für die Wahrnehmung ihrer Aufgaben sind sie im erforderlichen Umfang freizustellen.[449] Das Mitbestimmungsrecht umfasst nur die Bestellungen nach § 5 MedHygVO. 177

(Abs. 4 Nr. 1e) Beauftragte des Arbeitgebers für schwerbehinderte Menschen: Nach § 181 SGB IX bestellt der Arbeitgeber einen Inklusionsbeauftragten, der ihn in Angelegenheiten schwerbehinderter Menschen verantwortlich vertritt; falls erforderlich, können mehrere Beauftragte bestellt werden. Der Beauftragte soll nach Möglichkeit selbst ein schwerbehinderter Mensch sein. Der Beauftragte achtet vor allem darauf, dass dem Arbeitgeber obliegende Verpflichtungen erfüllt werden. So hat er insbesondere darauf zu achten, dass die Beschäftigungspflichtquote hinsichtlich schwerbehinderter Menschen bzw. diesen Gleichgestellten erfüllt wird (§ 154 SGB IX); er muss prüfen, ob freie Arbeitsplätze mit schwerbehinderten Menschen besetzt werden können (§ 164 Abs. 1 SGB IX) und er muss dafür Sorge tragen, dass schwerbehinderte Menschen möglichst behindertengerecht beschäftigt werden (§ 164 Abs. 4 SGB IX). Der Inklusionsbeauftragte arbeitet eng mit der Schwerbehindertenvertretung und dem PR zusammen (§ 182 Abs. 1 SGB IX, § 70 Abs. 1 Nr. 5 LPVG). Er ist Ansprechpartner auf Arbeitgeberseite für Behörden, insbesondere Verbindungsperson für das Integrationsamt und die Agentur für Arbeit (§ 182 Abs. 2 SGB IX). Für öffentliche Stellen sprechen das Behindertengleichstellungsgesetz (BGG) und die Barrierefreie-Informationstechnik-Verordnung (BITV 2.0) mittlerweile eine eindeutige Sprache: Alle Träger öffentlicher Gewalt sind verpflichtet, ihre **digitalen** 178

448 LT-Dr. 15/4224, S. 142 [zu § 71].

449 MedHygVO BW v. 20.7.12, GBl. 2012, 510.

Angebote barrierefrei zu gestalten. Auch diese Aufgabe kann vom Beauftragten des Arbeitgebers für schwerbehinderte Menschen übernommen werden. Die Zuordnung ist nicht zwingend, ebenso kann der Arbeitgeber diese Verpflichtung etwa dem Beauftragten für Datenschutz übertragen.

178a Ob **Behindertenbeauftragte nach dem L-BGG**[450] von Abs. 4 Nr. 1e erfasst sind, ist der Gesetzesbegründung zur Novellierung des L-BGG nicht zu entnehmen. Der Behindertenbeauftragte nach dem L-BGG hat die Aufgabe, die Sensibilisierung für die Belange von Menschen mit Behinderungen in den Behörden vor Ort zu stärken, aber auch als Ombuds- und Anlaufstelle für Menschen mit Behinderungen und deren Angehörige tätig zu werden. Eine »Sensibilisierung in Behörden« beinhaltet zwangsläufig das Einwirken und die Beeinflussung der in diesen Behörden tätigen Beschäftigten. Insofern hat der Behindertenbeauftragte Auswirkung auf die Beschäftigten. Der Wirkungsbereich des Behindertenbeauftragten nach L-BGG spricht dafür, seine Bestellung der Mitbestimmung zu unterstellen. Dem steht die Formulierung »Beauftragter des Arbeitgebers« nicht entgegen – mit ihr soll insbesondere die Abgrenzung zum gewählten Schwerbehindertenvertreter der Beschäftigten verdeutlicht werden. Wie auch den übrigen in Abs. 4 Nr. 1 genannten Beauftragten handelt der Behindertenbeauftragte nach L-BGG in seinem Verantwortungsbereich weisungsfrei und unabhängig.
Unberührt bleibt in den Fällen, in denen ein hauptamtlicher Behindertenbeauftragter neu eingestellt wird, die ohnehin erforderliche Mitbestimmung nach Abs. 1 Nr. 2.

b) Widerruf der Bestellung der Beauftragten für Chancengeichheit

179 **(Abs. 4 Nr. 2) Widerruf der Bestellung der Beauftragten für Chancengleichheit**: Die Regelung ist aus § 79 Abs. 3 Nr. 18 a. F. mit Änderungen übernommen worden. Insbesondere ist eine Ausweitung auf die Stellvertreterin der Chancengleichheitsbeauftragten geregelt. **Vergleichbare Mitbestimmungsrechte** sind nur in zwei **anderen LPersVG** (HE: § 74 Abs. 1 Nr. 3; RP: § 80 Abs. 2 Nr. 9) vorgesehen. Bestellung (einschließlich Erlöschen der Bestellung, Widerruf und Neubestellung), Rechtsstellung sowie Aufgaben und Rechte der Beauftragten für Chancengleichheit sind im **Dritten und Vierten Abschnitt (§§ 15–27) des Chancengleichheitsgesetzes** geregelt (vgl. § 32 Rn. 20c–e).

180 Seit der **Neufassung der Vorschrift** durch das Chancen-ArtG v. 11. 10. 05[451] wird der PR nicht mehr bei der Bestellung der Beauftragten für Chancengleichheit beteiligt. Begründet wurde der **Wegfall der Mitbestimmung** bei einer **Bestellung ohne förmliches Wahlverfahren** damit, dass § 16 Abs. 1

450 LT-Dr. 15/6290.

451 LT-Dr. 13/4483, S. 52 f. [zu Art. 3 Nr. 3].

ChancenG die Wahl als gesetzlichen Regelfall vorsehe.[452] Diese Begründung ist fragwürdig, weil § 17 Abs. 4 ChancenG eine von der Dienststelle vorzunehmende Bestellung in zwei Fällen ohne vorherige Wahl vorsieht: Zum einen kann die Dienststelle, wenn sich nur eine zur Ausübung dieses Amtes bereite Beschäftigte findet, diese zur Beauftragten für Chancengleichheit bestellen, zum anderen kann sie § 17 Abs. 4 S. 2 ChancenG auch einen Mann zum Beauftragten für Chancengleichheit bestellen, wenn sich keine zur Ausübung dieses Amtes bereite weibliche Beschäftigte findet. Zutreffender dürfte die Begründung sein, dass mit dem Chancen-ArtG (u.a.) »die Deregulierung des Verfahrens zur Bestellung« erfolgen solle.[453] Auch wenn die Dienststelle in den Fällen des § 17 Abs. 4 ChancenG eine Beauftragte oder einen Beauftragten für Chancengleichheit ohne Beteiligung des PR bestellen kann, hat der PR nach § 70 Abs. 1 Nr. 2 gleichwohl die **allgemeine Aufgabe**, darüber zu wachen, dass bei der Bestellung die maßgeblichen Bestimmungen des ChancenG eingehalten werden, weil es sich dabei um zugunsten der Beschäftigten geltende Rechtsvorschriften handelt (vgl. § 70 Rn. 6ff.).[454] Ein Mitglied des PR kann vom Arbeitgeber nicht zum Beauftragten für Chancengleichheit bestellt werden, da der Arbeitgeber dieser Person damit wegen § 9 Abs. 2 Nr. 5 das Personalratsmandat entziehen würde (vgl. § 9 Rn. 11).

Seit der Neufassung der Vorschrift durch das Chancen-ArtG (vgl. Rn. 180) **181**
ist (nur noch) die »Abberufung« der Beauftragten für Chancengleichheit mitbestimmungspflichtig. Das ist nur der **Widerruf der Bestellung**, wie das ÄndG 2013 klarstellt. Das kann die Dienststellenleitung gemäß § 18 Abs. 2 ChancenG nur auf Verlangen der Beauftragten oder wegen grober Verletzung ihrer gesetzlichen Verpflichtungen vornehmen. Der **Widerruf** ist nach Abs. 4 Nr. 2 auch dann mitbestimmungspflichtig, wenn er auf Verlangen der Beauftragten erfolgen soll,[455] und zwar unabhängig davon, ob der Bestellung eine Wahl gemäß § 16 Abs. 1 S. 1 ChancenG vorausgegangen ist. Wie in den Fällen der Abberufung nach Abs. 4 Nr. 1 soll die Mitbestimmung des PR im Fall des Abs. 4 Nr. 2 gewährleisten, dass bei dem Widerruf der Bestellung der Beauftragten für Chancengleichheit oder ihrer Stellvertreterin (vgl. § 16 Abs. 1 S. 1 u. § 18 Abs. 4 S. 1 ChancenG) die einschlägigen Rechtsvorschriften beachtet werden (vgl. Rn. 179, 180). Entsprechend des Schutzzwecks der Vorschrift besteht die Mitbestimmung beim Widerruf der Bestellung auch in den Fällen, in denen der Widerruf auf Antrag der Beauftragten selbst erfolgen soll.[456]

---

452 LT-Dr. 13/4483, S. 52f. [zu Art. 3 Nr. 3].

453 LT-Dr. 13/4483, S. 1 [zu A].

454 *BVerwG* v. 20.3.96 – 6 P 7.94 –, PersR 96, 319.

455 Ebenso Rooschüz-*Gerstner-Heck*, § 75, Rn. 134.

456 Rooschüz-*Gerstner-Heck*, § 75 Rn. 134.

181a Keine Mitbestimmung besteht bei der **Abberufung der Ansprechpartnerin i.S.d. § 16 Abs. 1 S. 4 ChancenG**, weil ihr nicht die Rechte einer Beauftragten für Chancengleichheit eingeräumt sind.

c) Fragebögen

182 **(Abs. 4 Nr. 3)** Nach Abs. 4 Nr. 3 hat der PR mitzubestimmen über den **Inhalt von Personalfragebögen, mit Ausnahme von solchen im Rahmen der Rechnungsprüfung**, sowie über den **Inhalt von Fragebögen für Mitarbeiterbefragungen**. Die Vorschrift wurde aus § 79 Abs. 3 Nr. 4 a.F. übernommen und ist um den »Inhalt der Fragebögen für Mitarbeiterbefragungen« ergänzt worden. Die Vorschrift bezieht sich auf Personalfragebogen für **alle Beschäftigten**, und zwar einschließlich der jeweiligen **Bewerber**.[457] Der PR hat bezüglich des **Inhalts von Personalfragebogen** mitzubestimmen, nicht aber bei der Frage, ob solche Fragebogen eingeführt oder abgeschafft werden sollen. Auch die Änderung des Inhalts eines bereits verwendeten Personalfragebogens ist mitbestimmungspflichtig.[458] Die Mitbestimmung soll sicherstellen, dass **keine beamten- oder arbeitsrechtlich unzulässigen Fragen** gestellt werden. Sie verstärkt den Schutz der **Persönlichkeitsrechte** der Beschäftigten,[459] und dient mittelbar auch der Sicherung gleicher **Zugangsrechte** zum öffentlichen Dienst und der **Gleichbehandlung** von Beschäftigten und Bewerbern.[460] Der PR kann seine Zustimmung zum Inhalt eines Personalfragebogens auch dann verweigern, wenn er bestimmte Fragen für nicht **notwendig** oder **zweckmäßig** hält.[461] Die ordnungsgemäße Beteiligung des PR hat allerdings **nicht** zur Folge, dass arbeitsrechtlich **unzulässige Fragen zulässig** werden.[462]

183 Ein **Personalfragebogen** ist ein formularmäßig gefasster Erhebungsbogen mit Fragen zur Person, zu den persönlichen Verhältnissen, dem beruflichen Werdegang, den fachlichen Kenntnissen und sonstigen Fähigkeiten eines Beschäftigten oder Bewerbers.[463] Anlass und Zweck seiner Verwendung sind für die Beteiligung des PR nicht entscheidend.[464] Personalfragebogen sind

---

457 *BVerwG* v. 22. 12. 93 – 6 P 11.92 –, PersR 94, 81.

458 Vgl. Lorenzen-*Rehak*, § 80 Rn. 297; *OVG NW* v. 22. 5. 86 – CL 14/85 –, PersV 88, 534.

459 *BVerwG* v. 22. 12. 93, a. a. O.

460 Vgl. *Dehe*, PersR 86, 87; a. A. Richardi-*Kaiser/Annuß*, § 75 a. F. Rn. 378.

461 Lorenzen-*Rehak*, § 80 Rn. 296; Richardi-*Kaiser/Annuß*, § 75 a. F. Rn. 393.

462 Richardi-*Kaiser/Annuß*, § 75 a. F. Rn. 396.

463 *BVerwG* v. 15. 2. 80 – 6 P 80.78 –, PersV 81, 294, v. 26. 3. 85 – 6 P 31.82 –, PersR 86, 95, v. 16. 12. 87 – 6 P 32.84 –, PersR 88, 51, v. 2. 8. 89 – 6 P 5.88 –, PersR 89, 303, v. 22. 12. 93, a. a. O., u. v. 19. 5. 03 – 6 P 16.02 –, PersR 03, 314.

464 Leuze-*Flintrop*, § 75 Rn. 200.

nicht nur **Fragebogen i. e. S.**, in denen schriftlich gestellte Fragen von einem Beschäftigten oder Bewerber schriftlich beantwortet werden. Zu ihnen gehören auch **standardisierte Fragenkataloge**, anhand derer ein Dritter einen Beschäftigten oder Bewerber mündlich befragt und dessen mündliche Antworten schriftlich vermerkt.[465] Das Gleiche gilt, wenn die Antworten über ein Datensichtgerät in einen Datenträger eingegeben oder auf andere Weise technisch festgehalten werden.[466] Werden bei **Mitarbeitergesprächen** im Rahmen von **Zielvereinbarungssystemen** Gesprächsformulare und Fragenkataloge eingesetzt, ist auch dies nach Abs. 4 Nr. 3 mitbestimmungspflichtig.[467] Nach der Rspr. des *BVerwG*[468] und der ihr folgenden h. M.[469] ist die formularmäßige (bzw. standardisierte) Erhebung von personenbezogenen Daten aber nur dann mitbestimmungspflichtig, wenn der Dienstherr bzw. Arbeitgeber dadurch Erkenntnisse über den Beschäftigten gewinnt, die ihm **noch nicht bekannt** oder in diesem Umfang noch nicht bekannt waren.[470]

Erhebungsbogen zur **Arbeitsplatzbeschreibung**, die ohne Rücksicht auf 184
den Inhaber des Arbeitsplatzes **rein sachbezogene Fragen** zu Inhalt, Umfang und Bedeutung der dort zu verrichtenden Tätigkeiten enthalten, sind keine mitbestimmungspflichtigen Personalfragebogen.[471] Dabei werden allerdings arbeitsplatzbezogene Fragen dann als zugleich personenbezogene betrachtet, wenn sich aus den Antworten zumindest mittelbar **Rückschlüsse auf die Eignung oder Leistung** der Befragten ziehen lassen.[472] Dies ist bei Stelleninterviews, die als Grundlage für die Stellenbewertung dienen, i. d. R. der Fall. Auch Fragebögen, die verwendet werden, um die leistungsorientierte Bezahlung gem. § 18 TVöD ausschütten zu können, zählen dazu. Die **Abgrenzung** zwischen mitbestimmungsfreier Arbeitsplatzbeschreibung und mitbestimmungspflichtigem Personalfragebogen ist nach dem Inhalt des Erhebungsbogens vorzunehmen.[473] Enthält er sowohl personen- als auch sachbezogene Fragen, will das *BVerwG*[474] die Mitbestimmung des PR davon abhängig machen, dass die personenbezogenen Fragen »überwiegen«.

465 *BAG* v. 21. 9. 93 – 1 ABR 28/93 –, AP Nr. 4 zu § 94 BetrVG 1972.

466 Vgl. DKW-*Wankel*, § 94 Rn. 3; *Fitting*, § 94 Rn. 8.

467 Vgl. *Däubler*, NZA 05, 793, 794 f.; *Hinrichs*, PersR 06, 238 [241]; a. A. *VG Karlsruhe* v. 7. 3. 97 – 16 K 1413/96 –, PersR 97, 407.

468 Beschl. v. 26. 3. 85, v. 2. 8. 89 u. v. 19. 5. 03, jew. a. a. O.

469 Vgl. Richardi-*Kaiser/Annuß*, § 75 a. F. Rn. 383 m. w. N.

470 Vgl. auch *HessVGH* v. 14. 11. 90 – BPV TK 974/90 –, PersR 92, 251; krit. dazu Altvater-*Berg*, § 80 Rn. 141; *Dehe*, PersR 86, 87.

471 *BVerwG* v. 6. 2. 79 – 6 P 20.78 –, PersV 80, 421, sowie v. 15. 2. 80 u. v. 26. 3. 85, jew. a. a. O.

472 *BVerwG* v. 2. 8. 89, a. a. O.

473 *HessLAG* v. 26. 1. 89 – 9 SaGa 1583/88 –, PersR 90, 52.

474 Beschl. v. 16. 12. 87 – 6 P 32.84 –, PersR 88, 51.

Da dies jedoch dem Schutzzweck der Mitbestimmung (vgl. Rn. 182) nicht gerecht wird,[475] muss der personenbezogene Teil des Erhebungsbogens stets mitbestimmungspflichtig sein.[476]

185 Der Inhalt von **Personalfragebogen »im Rahmen der Rechnungsprüfung«** ist schon seit dem ÄndG 1995 aus dem Tatbestand ausgeklammert. Damit ist der die Mitbestimmung auch in solchen Fällen bejahenden Rspr.[477] die Grundlage entzogen worden. Die Ausnahmeregelung ist im Hinblick auf den Schutzzweck der Mitbestimmung (vgl. Rn. 182) jedoch eng auszulegen. Diese ist deshalb nur ausgeschlossen, wenn es sich um Fragebogen handelt, die im Rahmen der Rechnungsprüfung durch einen vom Dienststellenleiter **unabhängigen Dritten** verwendet werden (z. B. durch den Rechnungshof, die Staatlichen Rechnungsprüfungsämter, die Gemeindeprüfungsanstalt oder die Rechnungsprüfungsämter der Stadtkreise, der Landkreise und der Großen Kreisstädte) und wenn die gegebenen Antworten nur für **Zwecke der Rechnungsprüfung** genutzt werden dürfen.

186 **Inhalt von Fragebögen für Mitarbeiterbefragungen**: Der Tatbestand ist durch das ÄndG 2013 aufgenommen worden. Die Zielsetzungen für Befragungen der Mitarbeiter sind vielfältig und können verschiedenartig sein: Wichtig ist für Arbeitgeber u. a., Einblick in das Betriebsklima zu gewinnen, die allgemeine Situation und das Image des Unternehmens aus Sicht der Mitarbeiter zu erfassen, Anhaltspunkte für gestalterische Maßnahmen (z. B. Arbeits- und Betriebsabläufe, -bedingungen) zu erhalten, Mitarbeiter zum Mitdenken anzuregen und die Kommunikation zwischen Mitarbeitern und Führungskräften zu stärken. Oft werden Information und Kommunikation im Unternehmen, Entgelt, Arbeitszufriedenheit, Abteilungsklima und Zusammenarbeit mit Kollegen sowie Karriere und Weiterbildungsmöglichkeiten abgefragt. Mitarbeiterbefragungen liefern eine Faktenbasis. Veränderungsmaßnahmen werden eher akzeptiert, wenn sie vorher durch eine Mitarbeiterbefragung absichert werden. Eine Mitarbeiterbefragung ist aus arbeitsrechtlicher Sicht grundsätzlich unproblematisch, da hier lediglich Informationen hinsichtlich der Arbeitsbedingungen, der Arbeitszufriedenheit oder einfach Anregungen der Arbeitnehmer ermittelt werden. Anders ist dies bei Personalfragebögen (vgl. Rn. 183 f.), insbesondere, wenn personenbezogene Daten ermittelt werden sollen. Bei Mitarbeiterbefragungen ist streng darauf zu achten, dass die Teilnahme **freiwillig und anonym** erfolgt, also keine Rückschlüsse auf die beantwortenden Personen möglich sind. Ein besonderes Augenmerk ist auf diese Problematik zu legen, wenn die Be-

---

475 So auch *VGH BW* v. 2. 3. 93 – PL 15 S 2133/92 –, PersR 93, 360.

476 *Fischer/Goeres/Gronimus*, § 75 a. F. Rn. 96a; Richardi-*Kaiser/Annuß*, § 75 a. F. Rn. 384.

477 *VGH BW* v. 8. 12. 87 – 15 S 1890/87 –, PersR 88, 189; *BVerwG* v. 2. 8. 89 – 6 P 5.88 –, PersR 89, 303.

antwortung über elektronische Kommunikationsmittel erfolgt. Auch hier müssen Zuordnungsmöglichkeiten ausgeschlossen sein.

Dient die Mitarbeiterbefragung der **Analyse von Gesundheitsgefährdungen** oder gesundheitsgefährdenden Verhaltensweisen, unterliegt sie grundsätzlich der uneingeschränkten Mitbestimmung nach § 74 Abs. 2 Nr. 8 (vgl. § 74 Rn. 62). **186a**

Der PR hat bezüglich des **Inhalts von** Fragebögen für Mitarbeiterbefragungen mitzubestimmen, nicht aber bei der Frage, ob solche Fragebogen eingeführt oder abgeschafft werden sollen. Auch die Änderung des Inhalts eines bereits verwendeten Fragebogens zur Mitarbeiterbefragung ist mitbestimmungspflichtig.[478] **187**

d) Beurteilungsrichtlinien

(Abs. 4 Nr. 4) Der Tatbestand ist aus § 79 Abs. 3 Nr. 5 a. F. unverändert übernommen worden. Die Mitbestimmung über **Beurteilungsrichtlinien** bezieht sich auf **alle Beschäftigten**. Die dienstliche Beurteilung der **Beamten** nach den Kriterien Eignung, Befähigung und fachliche Leistung ist gesetzlich vorgeschrieben und ausgestaltet (§ 51 Abs. 1 und 2 LBG sowie BeurtVO[479]). Dagegen ist die dienstliche Beurteilung von **Arbeitnehmern** nicht gesetzlich und i. d. R. auch nicht tarifvertraglich geregelt. Nach der Rspr. des *BAG*[480] ist sie jedoch grundsätzlich zulässig, soweit sie sich auf Eignung, Befähigung und fachliche Leistung beschränkt. Mit einer **Beurteilung** sollen Verwendungsmöglichkeiten festgestellt und Beförderungsentscheidungen vorbereitet werden.[481] Sie soll ein möglichst objektives und vollständiges Bild der Person, der Tätigkeit und der Leistung des Beurteilten vermitteln.[482] Beurteilungsrichtlinien sind **allgemeine Regeln**, die die **Objektivierung der Beurteilung** fördern und die **Einhaltung des Gleichheitssatzes** gewährleisten sollen.[483] Darin besteht auch der vorrangige **Schutzzweck der Mitbestimmung** nach Abs. 4 Nr. 4, die aber auch dazu dienen soll, den zu beurteilenden Beschäftigten in seiner **Persönlichkeitssphäre** zu **188**

---

478 Vgl. Lorenzen-*Rehak*, § 80 Rn. 296; *OVG NW* v. 22. 5. 86 – CL 14/85 –, PersV 88, 534.

479 VO der Landesregierung über die dienstliche Beurteilung der Beamtinnen und Beamten (Beurteilungsverordnung – BeurtVO) v. 16. 12. 14, GBl. S. 778.

480 V. 28. 3. 79 – 5 AZR 80/77 –, AP Nr. 3 zu § 75 BPersVG, v. 10. 3. 82 – 5 AZR 927/79 –, AP Nr. 1 zu § 13 BAT, sowie v. 18. 11. 08 – 9 AZR 865/07 – (zu formalisierten Regelbeurteilungen) u. v. 18. 8. 09 – 9 AZR 617/08 –, AP Nr. 2 und 3 zu § 611 BGB Personalakte.

481 *BAG* v. 18. 8. 09, a. a. O.

482 *BAG* v. 18. 8. 09, a. a. O.

483 *BVerwG* v. 11. 12. 91 – 6 P 20.89 –, PersR 92, 202.

schützen.[484] Werden im Rahmen eines **Zielvereinbarungssystems, z. B. zur Bemessung der leistungsorientierten Bezahlung,** abstrakte Kriterien für die Feststellung der Zielerreichung und für das anzuwendende Verfahren festgelegt, handelt es sich um eine Richtlinie i. S. d. Abs. 4 Nr. 4.[485] Bei der **Beurteilung im Einzelfall** besteht kein Mitbestimmungsrecht.[486] Nach § 71 Abs. 4 ist jedoch auf Verlangen des zu beurteilenden Beschäftigten ein Mitglied der Personalvertretung an **Beurteilungsgesprächen** i. S. d. § 51 Abs. 2 S. 1 LBG zu beteiligen (vgl. § 71 Rn. 24).

189 Der PR hat sowohl bei der **erstmaligen Aufstellung** als auch bei der **späteren Änderung** von Beurteilungsrichtlinien mitzubestimmen. Dabei ist es unerheblich, wie eine solche Richtlinie **bezeichnet** wird und ob sie **schriftlich** oder **mündlich** erlassen werden soll.[487] Auch **ergänzende** Bestimmungen zu einer vorhandenen Beurteilungsrichtlinie sind mitbestimmungspflichtig, wenn sie mehr als nur erläuternder Natur sind.[488] Soweit der Gesetzesvorbehalt oder ein etwaiger Tarifvertragsvorbehalt nicht eingreift (vgl. Rn. 167), können außer (weiteren) **Beurteilungskriterien** und der **Bewertungsmethode** auch Regelungen des **Beurteilungsverfahrens** Gegenstand von Beurteilungsrichtlinien sein.[489] Regelungen über **Leistungskontrollen nichttechnischer Art im Vorfeld** von Beurteilungen unterliegen dann der Mitbestimmung, wenn solche Leistungskontrollen in einem einheitlichen Vorgang mit Leistungsbewertungen einhergehen und sich dieser Vorgang als unmittelbare Vorwegnahme eines wesentlichen Teils der nachfolgenden Beurteilung darstellt oder wenn das spätere Gesamtergebnis in vergleichbarer Weise bestimmend geprägt wird.[490] Wurde beim Erlass einer Richtlinie das **Mitbestimmungsrecht des PR verletzt**, ist diese Richtlinie rechtswidrig. Eine auf ihrer Grundlage vorgenommene Beurteilung ist fehlerhaft. Der betroffene Arbeitnehmer hat einen Anspruch auf Entfernung einer solchen Beurteilung aus der Personalakte und auf deren Nichtverwertung bei Entscheidungen über personelle Maßnahmen.[491] Das gilt nach der Neuordnung des beamtenrechtlichen Personalakten- bzw. Personalaktendatenrechts auch

---

484 *BVerwG* v. 11. 12. 91, a. a. O.; Richardi-*Kaiser/Annuß*, § 75 a. F. Rn. 399.

485 Altvater-*Dierßen*, § 80 Rn. 109 m. w. N.; a. A. *VGH BW* v. 9. 5. 00 – PL 15 S 2514/99 –, PersR 00, 291; *VG Karlsruhe* v. 7. 3. 97 – 16 K 1413/96 –, PersR 97, 407: Mitbestimmungspflichtig gem. § 74 Abs. 2 Nr. 1.

486 *VG Bremen* v. 6. 2. 89 – BV 4/88 –, PersR 89, 279, m. w. N.

487 *BVerwG* v. 11. 12. 91 – 6 P 20.89 –, PersR 92, 202.

488 *BVerwG* v. 15. 2. 80 – 6 P 84.78 –, PersV 80, 241, u. v. 11. 12. 91, a. a. O.

489 *BVerwG* v. 11. 12. 91, a. a. O.; vgl. auch *OVG NW* v. 10. 2. 79 – CL 16/79 –, PersV 80, 290, u. v. 12. 2. 87 – CB 4/85 –, PersR 87, 267.

490 *BVerwG* v. 11. 12. 91, a. a. O.; zu weiteren Beispielen aus der Rspr. vgl. Altvater-*Dierßen*, § 80 Rn. 106, 108.

491 Vgl. *BAG* v. 28. 3. 79 – 5 AZR 80/77 –, AP Nr. 3 zu § 75 BPersVG; Richardi-*Kaiser/Annuß*, § 75 a. F. Rn. 408; *Fitting*, § 94 Rn. 35; jew. m. w. N.

für einen betroffenen Beamten: § 86 Abs. 3 S. 1 Nr. 1 LBG gibt dem Beamten einen Anspruch auf Löschung von falschen Bewertungen.[492] Der PR kann die ordnungsgemäße Anwendung der Beurteilungsrichtlinien unter den Voraussetzungen des § 71 Abs. 4 auf Verlangen des Beschäftigten mitverfolgen.

e) Formulararbeitsverträge

(Abs. 4 Nr. 5) Der Tatbestand ist aus § 79 Abs. 3 Nr. 6 a. F. übernommen 190 worden. Der mit dem ÄndG 1995 geschaffene Mitbestimmungstatbestand »**Inhalt und Verwendung von Formulararbeitsverträgen**« hat im PersVR nur eine Entsprechung in § 78 Abs. 3 Nr. 1 **LPersVG RP**. Er geht weiter als § 94 Abs. 2 BetrVG, der u. a. ein Mitbestimmungsrecht des Betriebsrats »für persönliche Angaben in schriftlichen Arbeitsverträgen, die allgemein für den Betrieb verwendet werden sollen«, vorsieht und damit verhindern soll, dass das in § 94 Abs. 1 BetrVG geregelte Mitbestimmungsrecht bei Personalfragebogen umgangen wird.[493] Das Mitbestimmungsrecht aus Abs. 4 Nr. 5 gilt für **Arbeitnehmer**, aber auch für **Auszubildende** in einem privatrechtlichen Ausbildungsverhältnis, weil auf den Berufsausbildungsvertrag die für den Arbeitsvertrag geltenden Rechtsvorschriften grundsätzlich anzuwenden sind (§ 10 Abs. 2 BBiG). Die Mitbestimmung nach Abs. 4 Nr. 5 bezieht sich deshalb auch auf Formularausbildungsverträge. Zur Überprüfung von (Einzel- und) Formulararbeitsverträgen nach § 70 Abs. 1 Nr. 2 vgl. § 70 Rn. 7.

Im Unterschied zu Einzelarbeitsverträgen, die zwischen dem Arbeitgeber 191 und dem einzelnen Arbeitnehmer individuell ausgehandelt werden, sollen **Formulararbeitsverträge**, mit denen arbeitgeberseitig vorformulierte Arbeitsvertragsmuster gemeint sind, hinsichtlich ihres Inhalts und ihrer Verwendung nach dem Willen des Gesetzgebers der Mitbestimmung des PR unterliegen.[494] Dabei besteht der mitbestimmungspflichtige »**Inhalt**« von Formulararbeitsverträgen aus all jenen Arbeitsbedingungen, die vom Arbeitgeber in dessen Arbeitsvertragsmustern formularmäßig vorgegeben werden sollen. Durch die Ausweitung regelungsbedürftiger Arbeitsbedingungen nach § 2 des ab dem 1. 8. 2022 geltenden NachwG wird sich der Umfang der mitbestimmungspflichtigen Formulierungen deutlich vergrößern. Unter mitbestimmungspflichtiger »**Verwendung**« von Formulararbeitsverträgen ist der vom Arbeitgeber beabsichtigte Einsatz solcher Arbeitsvertragsmuster beim Abschluss von Arbeitsverträgen mit allen Arbeitnehmern oder mit bestimmten Gruppen zu verstehen. Die Mitbestimmung erstreckt sich demnach darauf, **ob überhaupt und ggf. mit welchen Arbeitnehmer-**

492 Vgl. *Fischer/Goeres/Gronimus*, § 76 a. F. Rn. 42a [zu § 112 Abs. 1 S. 1 Nr. 1 BBG].
493 Vgl. *Fitting*, § 94 Rn. 27.
494 Vgl. LT-Dr. 11/6312, S. 56 [zu Nr. 6].

gruppen und mit welchem Inhalt Formulararbeitsverträge abgeschlossen werden sollen. Da zwischen dem Arbeitgeber und den einzelnen Arbeitnehmern bei der Vereinbarung der Arbeitsbedingungen i. d. R. kein Verhandlungsgleichgewicht gegeben ist, besteht der **Zweck der Mitbestimmung** nach Abs. 4 Nr. 5 darin, die Arbeitnehmer davor zu schützen, dass der Arbeitgeber das Instrument der Formulararbeitsverträge zur einseitigen Durchsetzung seiner Interessen nutzt. Damit wird der **individualrechtliche Schutz der Arbeitnehmer verstärkt.**[495] Im Hinblick darauf kann der PR bei der Ausübung seines Mitbestimmungsrechts v. a. darauf achten, dass die zu verwendenden Formulararbeitsverträge **keine überraschenden, mehrdeutigen oder unangemessen benachteiligenden Klauseln** enthalten (vgl. § 70 Rn. 7). Im Hinblick auf das Schutzbedürfnis der Arbeitnehmer ist es allerdings unbefriedigend und inkonsequent, dass bei **ressortübergreifenden allgemeinen Regelungen** durch das FM mangels einer zuständigen Personalvertretung eine **Beteiligungslücke** besteht (vgl. § 91 Rn. 26), die der Gesetzgeber bewusst in Kauf genommen hat.[496]

192 Die Mitbestimmung des PR nach Abs. 4 Nr. 5 soll nach dem Willen des Gesetzgebers (vgl. Rn. 191) – anders als § 94 Abs. 2 BetrVG (vgl. Rn. 190) – nicht nur verhindern, dass die in Abs. 4 Nr. 3 vorgesehene Mitbestimmung über den Inhalt von Personalfragebogen umgangen wird. **Abzulehnen** sind die Gegenmeinung von Leuze-*Flintrop*[497] und die ihr im Ergebnis folgende Rspr. des *VGH BW*.[498] Danach soll der mitbestimmungspflichtige »Inhalt« von Formulararbeitsverträgen »nur den abstrakten Inhalt der Arbeitsvertragsvordrucke (betreffen), also etwa die Frage, welche Rubriken sie enthalten sollen und welche persönlichen Angaben danach vom Arbeitnehmer bei Abschluss des Arbeitsvertrages zu erfolgen haben«.[499] Diese im Wege »teleologischer Reduktion« vorgenommene Einschränkung[500] verfehlt den Schutzzweck des Mitbestimmungstatbestandes, weil sie nicht die Vertragsfreiheit schützt, sondern die einseitige Interessendurchsetzung durch den Arbeitgeber begünstigt. Da dem PR in den Fällen von Abs. 4 Nr. 5 nur die eingeschränkte Mitbestimmung zusteht, lässt sich die restriktive Rspr. des *VGH* auch nicht auf die Rspr. des *BVerfG*[501] stützen (vgl. vor § 68 Rn. 11).

---

495 Vgl. zur Anwendung der in den §§ 305 ff. BGB enthaltenen Vorschriften über die Kontrolle Allgemeiner Geschäftsbedingungen gem. § 310 Abs. 4 S. 2 und 3 BGB ErfK-*Preis*, §§ 305–310 BGB Rn. 1 ff. m. w. N.

496 LT-Dr. 11/6312, a. a. O.

497 Siehe § 75 Rn. 206.

498 Beschl. v. 12. 12. 00 – PL 15 S 1212/00 –, PersR 01, 218, u. v. 13. 11. 01 – PL 15 S 523/00 –, PersR 02, 127.

499 Beschl. v. 12. 12. 00, a. a. O.

500 Beschl. v. 13. 11. 01, a. a. O.

501 Beschl. v. 24. 5. 95 – 2 BvF 1/92 –, PersR 95, 483.

f) Richtlinien über die personelle Auswahl

(Abs. 4 Nr. 6) Nach dieser dem § 95 Abs. 1 S. 1 BetrVG nachgebildeten und mit § 76 Abs. 2 Nr. 8 BPersVG vergleichbaren Vorschrift hat der PR mitzubestimmen über den **Erlass von Richtlinien über die personelle Auswahl bei Einstellungen, Versetzungen, Höher-, Rück- oder Umgruppierungen** sowie bei **Kündigungen**. 193

Auswahlrichtlinien enthalten **abstrakt-generelle Regelungen** (vgl. Rn. 194ff.). Sie bezwecken, die auf ihrer Grundlage getroffenen Einzelentscheidungen zu versachlichen und für die davon Betroffenen besser durchschaubar zu machen.[502] Solche Richtlinien sind Grundsätze, die für eine Mehrzahl von personellen Entscheidungen positiv oder negativ vorweg festlegen, welche Kriterien im Zusammenhang mit den zu beachtenden fachlichen und persönlichen Voraussetzungen und sozialen Gesichtspunkten in welcher Weise zu berücksichtigen sind.[503] Abs. 4 Nr. 6a–d beziehen sich auf alle **Beschäftigten**, die von den in dieser Vorschrift genannten Personalmaßnahmen betroffen sein können.

Während bei Arbeitnehmern alle Maßnahmen nach Abs. 4 Nr. 6a–d in Betracht kommen, gilt dies bei **Beamten** nur für zwei dieser Maßnahmen: zum einen für Einstellungen (d.h. für die Fälle der »Begründung des Beamtenverhältnisses« gemäß § 75 Abs. 1 Nr. 1 (vgl. Rn. 7ff.), zum anderen für Versetzungen (vgl. Rn. 112ff.). Bei **Beamten** hat der PR darüber hinaus seit dem ÄndG 2013 nach Abs. 4 Nr. 6e–g (vgl. Rn. 197f.) bei **Beförderungen** (vgl. Rn. 41) und bei **horizontalem Laufbahnwechsel nach Abs. 1 Nr. 4** (Abs. 4 Nr. 6e), bei **beförderungsähnlichen** Übertragungen anderer Tätigkeiten und Übertragungen von Tätigkeiten, die einen Anspruch auf Zahlung einer Zulage auslösen (Abs. 4 Nr. 6f) sowie bei **Zulassung zum Aufstieg** einschließlich Zulassung zur Eignungsfeststellung für den Aufstieg (Abs. 4 Nr. 6g) mitzubestimmen, wohingegen ihm in diesen Fällen nach § 80 Abs. 1 Nr. 10 a.F. allenfalls ein Mitwirkungsrecht zustand.

Der PR hat nach Abs. 4 Nr. 6 darüber mitzubestimmen, **ob** eine Auswahlrichtlinie erlassen werden[504] und welchen **Inhalt** sie haben soll. Hinsichtlich des Inhalts erstreckt sich seine Mitbestimmung nicht nur auf die Festlegung aller, mehrerer oder einzelner **Entscheidungskriterien**, sondern auch auf das **Verfahren**, in dem das Vorliegen dieser Entscheidungsvoraussetzungen festgestellt wird.[505] Dabei handelt es sich aber nur um eine **Annexkompetenz**, die dann eingreift, wenn materielle Auswahlkriterien festgelegt 194

502 *BVerwG* v. 5.9.90 – 6 P 27.87 –, PersR 90, 332.
503 *BVerwG* v. 19.5.03 – 6 P 16.02 –, PersR 03, 314, m.w.N.
504 Insoweit a.A. Rooschüz-*Gerstner-Heck*, § 75 Rn. 142.
505 *BVerwG* v. 5.9.90 u.v. 19.5.03, jew. a.a.O.

werden.[506] Auswahlrichtlinien können (mit Zustimmung des PR) als **Anordnung** des Dienststellenleiters erlassen oder als **Dienstvereinbarung** abgeschlossen werden (§ 85 Abs. 1).

aa) Richtlinien für Einstellungen, Versetzungen, Höher-, Rück- oder Umgruppierungen

195 **(Abs. 4 Nr. 6a–c)** In Auswahlrichtlinien für **Einstellungen, Versetzungen, Höher-, Rück- oder Umgruppierungen** können u. a. folgende **Kriterien** festgelegt werden: in **fachlicher** Hinsicht v. a. Schulbildung, Berufsbildung, abgelegte Prüfungen, erworbene Kenntnisse und Fertigkeiten, beruflicher Werdegang,[507] aber auch das Anforderungsprofil;[508] in **persönlicher** Hinsicht z. B. Alter, Zuverlässigkeit, arbeitsmedizinische Anforderungen, Berücksichtigung von Frauen in Bereichen, in denen sie unterrepräsentiert sind;[509] in **sozialer** Hinsicht z. B. Familienstand, Unterhaltspflichten, bei Versetzungen, Höher-, Rück- oder Umgruppierungen Dauer der Zugehörigkeit zur Dienststelle, ferner Umsetzung der Grundsätze des § 69 Abs. 1 S. 1 und des § 70 Abs. 1 Nr. 5 und 6.[510] Nach der Rspr. des *BVerwG*[511] müssen sich **Verfahrensregelungen** auf einen Bewerberkreis beziehen, der im geregelten Verfahrensgang jeweils schon vorhanden ist; dem kann für die Festlegung des Anforderungsprofils nicht gefolgt werden, weil dadurch auch die Bewerberauswahl gesteuert wird. Abgesehen davon kann in Verfahrensregelungen v. a. Folgendes festgelegt werden: zu verwertende Unterlagen, Durchführung von Eignungstests (einschl. Erstellung von Testbogen, Definition von Wertungspunkten und Ergebnisberichten), Gewichtung der Auswahlgesichtspunkte, Bestimmung der mit der Durchführung und Bewertung zu beauftragenden Personen.[512] Auswahlrichtlinien müssen das grundrechtsgleiche Recht auf **gleichen Zugang zu öffentlichen Ämtern** (Art. 33 Abs. 2 GG) gewährleisten.[513] Daraus ergibt sich ein Recht auf eine rechtsfehlerfreie Durchführung der Bewerberauswahl, das durch eine als Dienstvereinbarung erlassene Auswahlrichtlinie (vgl. Rn. 194) nicht eingeschränkt werden kann.[514] Die

---

506 *BVerwG* v. 19. 5. 03, a. a. O.

507 Vgl. *Fitting*, § 95 Rn. 22 m. w. N.

508 Str.; wie hier *Fitting*, a. a. O.; DKW-*Wankel*, § 95 Rn. 5 f.; a. A. *BAG* v. 31. 5. 83 – 1 ABR 6/80 – u. v. 31. 1. 84 – 1 ABR 63/81 –, AP Nr. 2 und 3 zu § 95 BetrVG 1972; *OVG NW* v. 8. 11. 88 – CL 43/86 –, PersR 89, 330; *VGH BW* v. 15. 5. 97 – PB 15 S 145/97 –, PersR 97, 403; Rooschüz-*Gerstner-Heck*, § 75 Rn. 143.

509 Vgl. *Fitting*, a. a. O.

510 Vgl. *Fitting*, a. a. O.

511 Beschl. v. 5. 9. 90 – 6 P 27.87 –, PersR 90, 332.

512 Vgl. *Fitting*, § 95 Rn. 21 m. w. N.

513 Vgl. *Jarass/Pieroth*, Art. 33 Rn. 7 ff.

514 *BAG* v. 23. 1. 07 – 9 AZR 492/06 –, AP Nr. 83 zu § 233 ZPO 1977.

Bezeichnung »**Umgruppierungen**« ist aus dem BetrVG übernommen. Der Umgruppierung nach § 99 BetrVG entspricht auch die Höher- und Rückgruppierung nach § 75 Abs. 1 Nr. 3. Bei der Umgruppierung i. S. d. (mit § 75 Abs. 4 Nr. 6c LPVG vergleichbaren) § 95 Abs. 1 S. 1 BetrVG geht es aber um die der Umgruppierung vorgelagerte personelle Auswahl und damit um die **Übertragung einer anders bewerteten Tätigkeit**.[515] Dem entspricht im LPVG eine **personelle Maßnahme i. S. d. § 75 Abs. 1 Nr. 7a**, also die nicht nur vorübergehende Übertragung einer Tätigkeit, die den Tätigkeitsmerkmalen einer höheren oder niedrigeren Entgeltgruppe entspricht als die bisherige Tätigkeit. Denn die auf Umgruppierungen bezogenen Richtlinien i. S. v. § 75 Abs. 4 Nr. 6c betreffen nicht den Vorgang der Umgruppierung als Subsumtion und Rechtsanwendung, sondern sollen die personelle Auswahl zum Zwecke einer sich anschließenden Umgruppierung steuern.[516]

bb) Richtlinien für Kündigungen

(Abs. 4 Nr. 6d) Auswahlrichtlinien für **Kündigungen** können für alle Arten **196**
von Kündigungen erlassen werden, wobei sie für betriebsbedingte Kündigungen die größte praktische Bedeutung haben.[517] Sie dienen v. a. dazu, die nach § 1 KSchG zu berücksichtigenden Auswahlkriterien zu konkretisieren.[518] Legt eine Richtlinie fest, wie im Falle der Kündigung aus dringenden betrieblichen Erfordernissen bei der Auswahl von Arbeitnehmern die sozialen Gesichtspunkte nach § 1 Abs. 3 S. 1 KSchG (Dauer der Betriebszugehörigkeit, Lebensalter, Unterhaltspflichten, Schwerbehinderung) im Verhältnis zueinander zu bewerten sind, bedeutet dies für den Kündigungsschutz der betroffenen Arbeitnehmer, dass nach § 1 Abs. 4 KSchG die soziale Auswahl im Kündigungsschutzprozess nur auf grobe Fehlerhaftigkeit überprüft werden kann.[519] Grob fehlerhaft ist eine Gewichtung der Sozialdaten dann, wenn sie jede Gewichtung vermissen lässt, z. B. einzelne Sozialdaten nicht, eindeutig unzureichend oder mit eindeutig überhöhter Bedeutung berücksichtigt.[520] Eine Richtlinie i. S. d. Abs. 4 Nr. 6d i. V. m. § 1 Abs. 4 KSchG kann die gesetzlichen Anforderungen an eine Sozialauswahl (§ 1 Abs. 3 KSchG)

---

515 *BAG* v. 10.12.02 – 1 ABR 27/01 –, AP Nr. 42 zu § 95 BetrVG 1972.

516 *BVerwG* v. 21.3.05 – 6 PB 8.04 –, PersR 05, 237: mitbestimmungspflichtig »ist nicht die Frage, wie umgruppiert wird, sondern wer umgruppiert wird«.

517 Str.; vgl. DKW-*Wankel*, § 95 Rn. 22, 30; *Fischer/Goeres/Gronimus*, § 76 a. F. Rn. 52; jew. m. w. N.

518 Vgl. *BAG* v. 26.7.05 – 1 ABR 29/04 –, AP Nr. 43 zu § 95 BetrVG 1972; *Fitting*, § 95 Rn. 23 ff. m. w. N.

519 Vgl. *BAG* v. 18.10.06 – 2 AZR 473/05 –, AP Nr. 50 zu § 95 BetrVG 1972.

520 *BAG* v. 5.6.08 – 2 AZR 907/06 –, AP Nr. 179 zu § 1 KSchG 1969 Betriebsbedingte Kündigung.

nicht verdrängen. So kann sie die (Nicht-)Vergleichbarkeit von Arbeitnehmern nicht vorgeben.[521]

cc) Richtlinien für Beamte

197 **(Abs. 4 Nr. 6e–g)** Auswahlrichtlinien i. S. d. Abs. 4 Nr. 6e–g betreffen ausschließlich Beamte. Sie können sich auf folgende personelle Einzelmaßnahmen beziehen: nach Nr. 6e auf **Beförderungen** und auf den **horizontalen Laufbahnwechsel** nach Abs. 1 Nr. 4, Abs. 4 Nr. 6f bei **beförderungsähnlichen** Übertragungen anderer Tätigkeiten und Übertragungen von Tätigkeiten, die einen **Anspruch auf Zahlung einer Zulage** auslösen, sowie Abs. 4 Nr. 6 g für die **Zulassung zum Aufstieg** einschließlich Zulassung zur Eignungsfeststellung für den Aufstieg.

Die Mitbestimmung erstreckt sich darauf, **ob** eine Auswahlrichtlinie erlassen wird und welchen **Inhalt** sie haben soll. Wie bei Richtlinien gem. Abs. 4 Nr. 6a–d bezieht sich die Beteiligung hinsichtlich des Inhalts auf die Festlegung von **Entscheidungskriterien** und auf das **Verfahren**, in dem das Vorliegen dieser Entscheidungsvoraussetzungen festgestellt wird (näher dazu Rn. 195). Dabei ist der durch die Laufbahnvorschriften vorgegebene Rahmen zu beachten (vgl. § 2 Rn. 6). Die erlassenen Richtlinien haben den Charakter von **Verwaltungsanordnungen**.

198 **(Abs. 4 Nr. 6e)** Nach dieser Vorschrift bestimmt der PR beim Erlass von **Richtlinien über die personelle Auswahl für Beförderungen** und von **Richtlinien über horizontalen Laufbahnwechsel nach Abs. 1 Nr. 4** mit. Die Vorschrift entspricht hinsichtlich der Voraussetzungen dem Mitwirkungstatbestand des § 80 Abs. 1 Nr. 10a a. F.[522] Regelungsziel ist die Beteiligung des PR am gesamten Vorgang der Beförderung – von den allgemeinen Kriterien bis hin zur konkreten personellen Einzelmaßnahme gemäß § 75 Abs. 1 Nr. 4. Mit Abs. 4 Nr. 6e teilweise vergleichbare Vorschriften finden sich in einigen **anderen LPersVG** (HH: § 88 Abs. 1 Nr. 26; HE: § 77 Abs. 2 Nr. 4; MV: § 68 Abs. 1 Nr. 19; NI: § 75 Abs. 1 Nr. 10; RP: § 79 Abs. 3 Nr. 4 Buchst. b).

199 **(Abs. 4 Nr. 6f) Beförderungsähnliche Tätigkeitsübertragungen** sind mit dem ÄndG 2013 neu in die Mitbestimmung aufgenommen worden. Damit trägt der Gesetzgeber einem Bedürfnis der personalvertretungsrechtlichen Praxis Rechnung. Insbesondere im Hinblick auf die Gewährung von Zulagen besteht unter dem Gesichtspunkt der Gleichbehandlung ein hohes Interesse an nachvollziehbaren und transparenten Regelungen, die allen Beschäftigten gleichermaßen die Zugangsmöglichkeit zu einem Anspruch auf Zulagen gewähren.

---

521 *BAG* v. 5. 6. 08, a. a. O.

522 LT-Dr. 15/4224, S. 144 [zu § 71].

(Abs. 4 Nr. 6 g) Die Vorschrift entspricht hinsichtlich der Voraussetzungen § 80 Abs. 1 Nr. 10b a. F. Als Folgeänderung zu Abs. 1 Nr. 5 ist nicht nur die Personalmaßnahme im Einzelfall, sondern schon der Erlass von **allgemeinen Richtlinien für die Auswahl der Beschäftigten** mitbestimmungspflichtig.[523] 200

g) Ausschreibung von Dienstposten und Stellen

(Abs. 4 Nr. 7) Die Vorschrift enthält zwei Mitbestimmungstatbestände, die selbständig nebeneinanderstehen. Für beide gilt außerdem, dass Stellen grundsätzlich in der Dienststelle sowie öffentlich auszuschreiben sind, »soweit Frauen in einzelnen Bereichen geringer repräsentiert sind« (§ 8 Abs. 1 ChancenG). Der erste Tatbestand (»**Erlass von Richtlinien über Ausnahmen von der Ausschreibung von Dienstposten für Beamte**«) knüpft an die beamtenrechtlichen Vorschriften über Stellenausschreibungen an (§ 11 LBG). Danach ist den Dienststellen lediglich für die Ausschreibung freier **Beförderungsdienstposten** ein gewisser Entscheidungsspielraum eingeräumt (§ 11 Abs. 2 LBG). Sollen in diesem Rahmen über Ausnahmen von der Ausschreibung **Richtlinien** erlassen werden, hat der PR mitzubestimmen.[524] Richtlinien enthalten **allgemeine Grundsätze** für die zu treffenden Einzelentscheidungen. Sie sollen eine gleichmäßige Ausschreibungspraxis gewährleisten.[525] Die **Mitbestimmung** erstreckt sich darauf, ob Richtlinien erlassen werden und welchen Inhalt sie haben sollen. Mitbestimmungspflichtig ist dabei die Festlegung **genereller Ausnahmen** von der (öffentlichen oder behördeninternen) Ausschreibung, ggf. aber auch die Bestimmung von **Kriterien**, nach denen im Einzelfall über das Absehen von der Ausschreibung entschieden werden soll. **Einzelfallentscheidungen** über das Absehen von der Ausschreibung unterliegen mit dem ÄndG 2013 der Mitbestimmung nach Abs. 4 Nr. 8 (vgl. Rn. 203). 201

Ebenfalls keine Entsprechung im BPersVG hat der zweite Tatbestand »**Aufstellung von allgemeinen Grundsätzen über die Durchführung von Stellenausschreibungen für Arbeitnehmer**« einschließlich Inhalt, Ort und Dauer. Die Norm ist aus § 79 Abs. 3 Nr. 8 a. F. übernommen worden. Sie ist nahezu wortgleich mit § 78 Abs. 3 Nr. 5 **LPersVG RP**. Da für freie Stellen von Arbeitnehmern (mit Ausnahme der Pflicht aus § 8 Abs. 1 ChancenG, vgl. Rn. 201) keine gesetzlichen und i. d. R. auch keine tarifvertraglichen Ausschreibungspflichten bestehen, verfügen die Dienststellen hier über einen weiten Entscheidungsspielraum. Soll dieser durch die Aufstellung **allgemeiner Grundsätze** über die Durchführung von Stellenausschreibungen 202

523 LT-Dr. 15/4224, S. 144 [zu § 71].

524 LT-Dr. 11/6312, S. 56 [zu Nr. 8].

525 LT-Dr. 11/6312, a. a. O.

ausgefüllt werden, hat der PR mitzubestimmen. Aus dem Begriff »**Durchführung**« ergibt sich, dass sich die Mitbestimmung nicht auf das »Ob«, sondern auf das »**Wie**« der Ausschreibungen bezieht, also nicht darauf, unter welchen Voraussetzungen auszuschreiben ist, sondern mit welchem Inhalt und in welcher Art und Weise Stellenausschreibungen durchzuführen sind. Insoweit sind diese Grundsätze **in jeder Hinsicht** mitbestimmungspflichtig, also unabhängig davon, ob sie von »maßgeblicher« oder »untergeordneter Bedeutung« sind.[526] Sie können v.a. Regeln über Inhalte, Art, Ort, Form und Dauer der Ausschreibungen enthalten. Bei der Aufstellung der Grundsätze müssen **gesetzliche Vorgaben** beachtet werden (vgl. dazu § 11 i.V.m. § 7 Abs. 1 AGG, § 7 Abs. 1 TzBfG sowie § 8 Abs. 2 u. 4 ChancenG i.V.m. § 11 Abs. 2 und 3 LBG). Die **einzelne Stellenausschreibung** ist nicht mitbestimmungspflichtig. Verstößt sie jedoch gegen das AGG, kann eine darauf basierende Bewerberauswahl vom PR abgelehnt werden (vgl. Rn. 25).

202a Ort und Art der Veröffentlichung einer Ausschreibung sowie die damit einhergehende Festlegung ihres Adressatenkreises bzw. Verbreitungsbereiches gehören zu den mitbestimmungsfreien Modalitäten der Ausschreibung.[527]

h) Absehen von der Ausschreibung

203 (**Abs. 4 Nr. 8**) Der Mitbestimmungstatbestand **Absehen von der Ausschreibung eines Dienstpostens für Beamte, der nach gesetzlichen Vorschriften, einer Richtlinie nach Nummer 7 oder einer Dienstvereinbarung auszuschreiben wäre**, ist durch das ÄndG 2013 neu aufgenommen worden. Er entspricht mit Abweichungen dem Tatbestand des § 78 Abs. 1 Nr. 12 BPersVG.[528] Er betrifft **Einzelfallentscheidungen** über das Absehen von der Ausschreibung der Mitbestimmung. Die Vorschrift soll sicherstellen, dass die geltenden Ausschreibungskriterien eingehalten werden. Ein bloßes Interessenbekundungsverfahren stellt regelmäßig keine Ausschreibung dar.[529] Der PR wird durch Abs. 4 Nr. 8 in seiner Überwachungsfunktion gestärkt. Die Zustimmungsverweigerung des PR zum Absehen von der Stellenausschreibung ist nicht unbeachtlich.[530] Über Inhalt, Zeit und Ort von vorzunehmenden Stellenausschreibungen im Einzelfall soll im Hinblick auf die Festlegung des zur Aufgabenerfüllung notwendigen Anforderungsprofils hingegen allein die Dienststelle entscheiden.[531] Werden in der Dienststel-

---

526 A. A. Leuze-*Flintrop*, § 75 Rn. 219.
527 *BVerwG* v. 29.9.20 – 5 P 7.19 –, juris.
528 Dazu Altvater-*Baden*, § 78 Rn. 241 ff.
529 *VG Hannover* v. 26.10.16 – 16 A 256/15 –, juris.
530 *VG Berlin* v. 19.7.18 – 71 K 5.18 PVB –, juris.
531 LT-Dr. 15/4224, S. 144 [zu § 71].

le zu besetzende Stellen üblicherweise ausgeschrieben, besteht das Mitbestimmungsrecht bei Absehen von der Ausschreibung von Dienstposten auch dann, wenn die Besetzung der Dienstposten im Wege des Tausches der Dienstposten unter zwei (oder mehr) Beamten erfolgen soll.[532]

i) Berufsausbildung

(Abs. 4 Nr. 9) Nach Abs. 4 Nr. 9 hat der PR über **allgemeine Fragen zur Durchführung der Berufsausbildung mit Ausnahme der Gestaltung von Lehrveranstaltungen** mitzubestimmen. Die Mitbestimmungstatbestände des Abs. 4 Nr. 9a und b sind aus § 79 Abs. 3 Nr. 9 und 10 a. F., die lediglich der Mitwirkung unterfielen, entnommen, wobei der Tatbestand nach § 79 Abs. 3 Nr. 10 a. F. bei der Durchführung der Berufsausbildung der **Beamten** auf **allgemeine** Fragen beschränkt war. Der Tatbestand im Bereich der **Arbeitnehmer** bezog sich allerdings in § 79 Abs. 3 Nr. 9 a. F. bereits auf die »Durchführung« und damit auch auf Entscheidungen, die im Einzelfall festlegten, wo und in welchem Rahmen Abschnitte der Berufsausbildung von dem Auszubildenden abzuleisten sind.[533] Durch die Übernahme der tatbestandlichen Begrenzung auf »allgemeine Fragen« in den Einleitungssatz des Abs. 4 Nr. 9 wurde dem Wortlaut nach durch das ÄndG 2013 auch die Mitbestimmung bei Arbeitnehmern entsprechend beschränkt. Nach der Gesetzesbegründung[534] zu Abs. 4 Nr. 9a entspricht die Regelung jedoch § 79 Abs. 3 Nr. 9 a. F. und enthält lediglich Klarstellungen sowie eine redaktionelle Anpassung als Bedürfnis der personalvertretungsrechtlichen Praxis ohne inhaltliche Änderung. Da keine inhaltliche Änderung durch den Gesetzgeber beabsichtigt war, ist von einem Redaktionsversehen auszugehen und bei der Berufsausbildung hinsichtlich der Arbeitnehmer die Norm wie die des § 75 Abs. 4 Nr. 9a ohne die Einschränkung auf allgemeine Fragen anzuwenden. Daneben steht dem PR nach § 81 Abs. 1 Nr. 5 bei der Auswahl von Teilnehmern an Maßnahmen der Berufsausbildung ein Mitwirkungsrecht zu (vgl. § 81 Rn. 25 ff.). Die **berufliche Ausbildung** ist ein Teilbereich der Berufsbildung, der insbesondere von der beruflichen Fortbildung zu unterscheiden ist (vgl. § 1 Abs. 1 BBiG; Rn. 212). Gegenstand der Berufsausbildung ist die Vermittlung beruflicher Handlungsfähigkeit und damit jener beruflichen Fertigkeiten, Kenntnisse und Fähigkeiten, die für die Ausübung eines Berufes notwendig sind (vgl. § 1 Abs. 3 S. 1 BBiG).[535] Berufliche Ausbildung i. S. d. Abs. 4 Nr. 9 ist nicht nur die erstmalige Ausbildung, sondern 204

532 *OVG NW* v. 27.4.17 – 20 A 2953/15.PVB –, juris; *VG Köln* v. 13.11.15 – 33 K 6031/14.PVB –, juris.

533 S. 2. Aufl., § 79 Rn. 87 m. w. N.

534 LT-Dr. 15/4224, S. 144 [zu § 71 Abs. 3 Nr. 9a].

535 *BVerwG* v. 15.5.91 – 6 P 10.89 –, PersR 91, 287.

auch die **berufliche Umschulung**, die zu einer anderen beruflichen Tätigkeit befähigen soll (vgl. § 1 Abs. 5 BBiG; Rn. 216).

205 Gegenstand der Mitbestimmung nach Abs. 4 Nr. 9 ist die »**Durchführung der beruflichen Ausbildung**«, soweit eine gesetzliche oder tarifvertragliche Regelung nicht besteht, wobei die Mitbestimmung im Arbeitnehmerbereich nicht auf allgemeine Fragen beschränkt ist (Rn. 204). Da die Berufsausbildung weitgehend gesetzlich geregelt ist – z. B. durch das BBiG und die auf seiner Grundlage als Rechtsverordnungen erlassenen Ausbildungsordnungen – kommt dem **Gesetzesvorbehalt** im Eingangssatz des Abs. 4 (vgl. Rn. 167 ff.) erhebliche Bedeutung zu. Fragen, die die Durchführung der Berufsausbildung betreffen, umfassen nach der Rspr. des *BVerwG* nicht nur **Regelungen genereller Art**, die als Verwaltungsanordnungen ergehen, sondern auch **Entscheidungen**, die **im Einzelfall** festlegen, wo und in welchem Rahmen Abschnitte der Berufsausbildung von dem Auszubildenden abzuleisten sind.[536] Dabei geht es um die Frage, **wie** der einzelne Auszubildende auszubilden ist.[537] Die Entscheidung, zu welchem konkreten Ausbildungsplatz er entsandt wird, ist nach dieser Rspr. jedoch von der Mitbestimmung ausgenommen,[538] so dass der PR nur über die Art der Ausbildungs- bzw. Arbeitsplätze mitbestimmen kann, auf denen die Ausbildung stattfinden soll. Nach Ansicht des *BVerwG* setzt die Mitbestimmung voraus, dass die beabsichtigte Maßnahme darauf gerichtet ist, **unmittelbar** in die Gestaltung oder Durchführung der Berufsausbildung einzugreifen.[539] Bejaht hat das *BVerwG* dies etwa bei der Festlegung des **zeitlichen Ablaufs** der Berufsausbildung, bei der Bestimmung des **Ortes** und der **Räumlichkeiten**, in denen sie durchgeführt wird, und bei der Regelung der Art und Weise, wie die Auszubildenden innerhalb der ausbildenden Dienststellen **eingegliedert** werden.[540] Das Merkmal der Unmittelbarkeit dürfte auch zu bejahen sein bei der Festlegung von Ausbildungsabschnitten, die in anderen Dienststellen oder privat-rechtlich organisierten Einrichtungen absolviert werden sollen,[541] sowie bei Regelungen über das Führen und Überwachen von schriftlichen **Ausbildungsnachweisen** (Berichtsheften) sowie über die Einführung interner **Zwischenprüfungen**, regelmäßiger **Beurteilungen** und **Kontrollen** des Ausbildungsstandes,[542] aber auch bei der Entscheidung über die generelle Nutzung der gesetzlichen Möglichkeiten zur **Abkür-**

536 Beschl. v. 10. 11. 99 – 6 P 12.98 –, PersR 00, 70.
537 *BVerwG* v. 10. 11. 99, a. a. O.
538 *BVerwG* v. 15. 12. 72 – VII P 4.71 –, PersV 73, 111, u. v. 10. 11. 99, a. a. O.
539 Beschl. v. 24. 3. 98 – 6 P 1.96 –, PersR 98, 331, u. v. 10. 11. 99, a. a. O.; krit. dazu *v. Roetteken*, PersR 99, 419 [431]; 00, 299 [309]; Altvater-*Dierßen*, § 80 Rn. 83.
540 *BVerwG* v. 24. 3. 98 u. v. 10. 11. 99, jew. a. a. O.
541 Im Ergebnis auch Richardi-*Kaiser/Annuß*, § 75 a. F. Rn. 352.
542 Vgl. Lorenzen-*Rehak*, § 80 Rn. 194 ff.; *Fitting*, § 98 Rn. 5.

zung der Ausbildungszeit.[543] Das *BVerwG* hat jedoch den unmittelbaren Ausbildungsbezug verneint bei der Festlegung, ob und in welcher Anzahl haupt- oder nebenamtliche **Ausbilder** tätig werden sollen,[544] sowie bei der Zuteilung bestimmter **Ausbildungsquoten** an nachgeordnete Dienststellen.[545] Erfolgt die Berufsausbildung in einem **Ausbildungsverbund**, hat der PR in entsprechender Anwendung von Abs. 4 Nr. 5 beim Abschluss der Vereinbarung über den Ausbildungsverbund insoweit mitzubestimmen, als Regelungen über die spätere Durchführung der Berufsausbildung getroffen werden.[546]

Die **Gestaltung der Lehrveranstaltungen** ist von der Mitbestimmung nach Abs. 4 Nr. 9 ausdrücklich **ausgenommen**. Das gilt auch für Beamte. Nach der Rspr. des *BVerwG* sind »**Lehrveranstaltungen**« alle Unterweisungen, Anleitungen und Einweisungen im Rahmen der Ausbildung, die das zur Erreichung des Ausbildungsziels notwendige Wissen sowie die erforderlichen praktischen Kenntnisse und Erfahrungen vermitteln, während ihre »**Gestaltung**« alle Maßnahmen betrifft, die den Inhalt und Umfang sowie den Ablauf der Ausbildung festlegen oder in sonstiger Weise regeln wollen.[547] Damit die Mitbestimmung bei der Durchführung der Berufsausbildung nicht völlig ausgehöhlt wird, ist jedoch eine enge Auslegung des Ausnahmetatbestandes geboten, nach der nur diejenigen Teile der Ausbildung als »Lehrveranstaltungen« zu betrachten sind, die **unmittelbar die Vermittlung der Ausbildungsinhalte** betreffen, nämlich die zu behandelnden Themen und die Art und Weise ihrer Darbietung.[548] 206

aa) Arbeitnehmer

(Abs. 4 Nr. 9a) Die Mitbestimmung nach Abs. 4 Nr. 9a bezieht sich auf die **berufliche Ausbildung »bei Arbeitnehmern«**. Darunter sind alle Personen zu verstehen, die in einem privatrechtlichen Ausbildungsverhältnis zu ihrer Berufsausbildung beschäftigt werden (vgl. § 4 Rn. 24) und nach § 4 Abs. 4 als Arbeitnehmer i.S.d. LPVG gelten (vgl. § 4 Rn. 41). Das ÄndG 1995 hat die Mitbestimmung auf die **Bestellung und Abberufung der Ausbilder und** 207

---

543 Vgl. *BAG* v. 24.8.04 – 1 ABR 28/03 –, AP Nr. 12 zu § 98 BetrVG 1972.

544 *BVerwG* v. 24.3.98, a.a.O.

545 *BVerwG* v. 10.11.99, a.a.O.; ähnlich *VGH BW* v. 14.11.89 – 15 S 382/89 –, PersV 90, 486: keine Mitbestimmung über die Frage, ob, wann und mit wie vielen Plätzen welche Lehrgänge in der Krankenpflegeausbildung durchgeführt werden.

546 Vgl. *BAG* v. 18.4.00 – 1 ABR 28/99 –, AP Nr. 9 zu § 98 BetrVG 1972; *Fitting*, 27. Aufl., § 98 Rn. 6.

547 Beschl. v. 24.3.98 – 6 P 1.96 –, PersR 98, 331.

548 So zu Recht *v. Roetteken*, PersR 99, 419 [431]; zu eng dagegen *HmbOVG* v. 29.9.98 – OVG Bs PH 6/96 –, PersR 99, 175.

Ausbildungsleiter ausgedehnt, allerdings nur bei Ausbildungen i. S. d. BBiG, des KrPflG und des HebG (vergleichbar § 78 Abs. 2 Nr. 17 **LPersVG RP** [ohne Einschränkung auf diese drei Gesetze]). **Ausbilder** ist eine Person, die vom Ausbildenden (der im öffentlichen Dienst immer eine juristische Person ist und schon deshalb nicht selbst ausbilden kann) ausdrücklich damit beauftragt ist, Auszubildende auszubilden (vgl. § 14 Abs. 1 Nr. 1, §§ 28–30 BBiG). **Ausbildungsleiter** ist i. d. R. ein Beschäftigter, der Verwaltungsaufgaben im Bereich der Berufsausbildung wahrzunehmen, die Ausbilder und Auszubildenden zu beraten und zu betreuen sowie die Ausbildung zu überwachen hat. Der PR hat bei jeder einzelnen **Bestellung** und **Abberufung** eines Ausbilders oder Ausbildungsleiters mitzubestimmen. Dafür gilt das zu Abs. 4 Gesagte entsprechend (vgl. Rn. 167 ff.).

bb) Beamte

208 **(Abs. 4 Nr. 9b)** Der Mitbestimmungstatbestand »**allgemeine Fragen zur Durchführung der beruflichen Ausbildung der Beamten** einschließlich der Bestellung und Abberufung der Ausbilder und Ausbildungsleiter« wurde mit dem ÄndG 1995 in das LPVG aufgenommen; das BPersVG enthält – anders als einige **andere LPersVG**[549] – keine vergleichbare Bestimmung. Das in § 79 Abs. 3 Nr. 10 a. F. geregelte Mitwirkungsrecht ist nach Übernahme in Abs. 4 Nr. 9b durch das ÄndG 2013 ein Mitbestimmungsrecht. Der Tatbestand bezieht sich auf die berufliche Ausbildung der »**Beamten**«. Darunter sind die in § 4 Abs. 3 definierten Beschäftigten zu verstehen, also nicht nur die Beschäftigten, die nach den Bestimmungen der Beamtengesetze Beamte »sind« (vgl. § 4 Rn. 32 ff.), sondern auch jene Auszubildenden in öffentlich-rechtlichen Ausbildungsverhältnissen, die nach § 4 Abs. 3 als Beamte i. S. d. LPVG »gelten« (vgl. § 4 Rn. 40). Die **Berufsausbildung der Beamten** (i. S. d. § 4 Abs. 3) besteht darin, ihnen jenen Grundstock an theoretischen und praktischen Kenntnissen und Fähigkeiten zu vermitteln, der für den Eintritt in eine Laufbahn erforderlich ist.[550] Entsprechend der Umschulung bei Arbeitnehmern ist auch die **Einführung in die Aufgaben einer anderen Laufbahn**, welche die für diese Laufbahn notwendigen Kenntnisse und Fähigkeiten vermitteln soll, als Berufsausbildung i. S. d. Abs. 4 Nr. 9b anzusehen[551] (vgl. auch Rn. 205 u. 207). Die Berufsausbildung der Beamten ist weitgehend gesetzlich geregelt. Die wichtigsten **gesetzlichen Rechtsvorschriften** finden sich in § 16 Abs. 1 LBG und in den nach § 16 Abs. 2 LBG als Rechtsverordnungen erlassenen Ausbildungs- und Prüfungsordnungen. Soweit eine

---

549 Vgl. *Altvater*, 10. Aufl., § 75 a. F. Rn. 318.

550 *BVerwG* v. 10. 2. 67 – VII P 6.66 –, PersV 67, 179.

551 Vgl. *BVerwG* v. 10. 2. 67, a. a. O.

gesetzliche Regelung besteht, kann der PR wegen des **Gesetzesvorbehalts** im Eingangssatz des Abs. 4 nicht mitbestimmen (vgl. Rn. 167).

Anders als nach Abs. 4 Nr. 9a hat der PR nach Abs. 4 Nr. 9b nur über »**allgemeine Fragen**« zur Durchführung der beruflichen Ausbildung mitzubestimmen. Die Mitbestimmung bezieht sich deshalb nur auf **Regelungen genereller Art**, deren Gegenstand die **Durchführung der beruflichen Ausbildung** der Beamten ist. Es kann sich dabei z. B. um die Festlegung der Ausbildungsstationen, die Integration der Auszubildenden in die ausbildenden Dienststellen, die Einführung interner Prüfungen oder die Schließung von Ausbildungseinrichtungen handeln.[552] Dabei ist die Mitbestimmung auf die »**dienststelleninterne Ausbildung**« beschränkt,[553] also auf die Ausbildung in den jeweiligen »Ausbildungsstellen« der beteiligten Verwaltungen, und erstreckt sich deshalb insb. nicht auf das Studium an den Fachhochschulen für den öffentlichen Dienst (§ 69 LHG). Der Zusatz »**einschließlich der Bestellung und Abberufung der Ausbilder und Ausbildungsleiter**« (vgl. Rn. 207) besagt, dass der PR auch insoweit über **allgemeine Fragen** mitzubestimmen hat. Ein Mitbestimmungsrecht bei den im Einzelfall beabsichtigten Bestellungen oder Abberufungen steht ihm jedoch nicht zu. Nach § 58 Abs. 6 ist der **APR** weder bei der Gestaltung von Lehrveranstaltungen (vgl. Rn. 206) noch bei der Auswahl der Lehrpersonen zu beteiligen (vgl. § 58 Rn. 17). 209

cc) Studierende

(Abs. 4 Nr. 9c) Der PR hat nach Abs. 4 Nr. 9c über allgemeine Fragen zur Durchführung der beruflichen Ausbildung **von Studierenden der Dualen Hochschule, von Studierenden, die ein nach einer Studienordnung vorgeschriebenes Praktikum leisten, oder von Volontären** mitzubestimmen. Den Mitbestimmungstatbestand hat das ÄndG 2013 neu geschaffen. Die berufspraktische Ausbildung von Studierenden, Volontären und ähnlichen Personen in der Dienststelle ist der Ausbildung von Beamten oder Arbeitnehmern in der Sache vergleichbar, weshalb die Regelung allgemeiner Fragen der Ausbildung in Anlehnung an die der anderen Beschäftigten in die Mitbestimmung einbezogen ist[554] (vgl. Rn. 204 ff.). 210

j) Fragen der Fort- und Weiterbildung

(Abs. 4 Nr. 10) Die Norm ist aus § 79 Abs. 3 Nr. 11 a. F. mit Ergänzungen übernommen worden. Danach hat der PR mitzubestimmen über »**all-** 211

552 LT-Dr. 11/6312, S. 56 [zu Nr. 10].
553 LT-Dr. 11/6312, a. a. O.
554 LT-Dr. 15/4224, S. 144 [zu § 71].

gemeine Fragen der beruflichen Fortbildung, Weiterbildung, Umschulung und Einführung in die Aufgaben einer anderen Laufbahn und Qualifizierungsmaßnahmen im Rahmen der Personalentwicklung«. Die Erweiterung um Qualifizierungsmaßnahmen, die im Rahmen einer strukturierten Personalentwicklung von der Dienststelle veranlasst werden, trägt dem Umstand Rechnung, dass angesichts von Fachkräftemangel und Nachwuchssorgen des öffentlichen Dienstes in den öffentlichen Verwaltungen vermehrt strukturierte Personalentwicklung betrieben wird. Diese Maßnahmen müssen den übrigen Qualifizierungsmaßnahmen gleichgestellt werden. Der PR hat darüber zu wachen, dass keine Ungleichgewichte bei der Verteilung der für die Maßnahmen zur Verfügung stehenden Mittel auf bestimmte Beschäftigtengruppen entstehen. Bei der Auswahl von Teilnehmern an Fortbildungs- sowie Weiterbildungsveranstaltungen steht dem PR nach § 81 Abs. 1 Nr. 5 ein Mitwirkungsrecht zu (vgl. § 81 Rn. 25 ff.).

212 Die **berufliche Fortbildung** ist ein Teilbereich der Berufsbildung (vgl. § 1 Abs. 1 BBiG). Nach **berufsbildungsrechtlicher Definition** soll sie es ermöglichen, die durch die Berufsausbildung erworbene berufliche Handlungsfähigkeit zu erhalten und anzupassen oder zu erweitern und beruflich aufzusteigen (§ 1 Abs. 4 BBiG).[555] Nach **beamtenrechtlicher Terminologie** soll sie dazu dienen, insbesondere die Fach-, Methoden- und sozialen Kompetenzen für die Aufgaben des übertragenen Dienstpostens zu erhalten und fortzuentwickeln sowie ergänzende Qualifikationen für höher bewertete Dienstposten und für die Wahrnehmung von Führungsaufgaben zu erwerben (§ 50 S. 1 LBG). Demnach versteht das für Arbeitnehmer geltende Berufsbildungsrecht ebenso wie das für Beamte maßgebliche Recht unter beruflicher Fortbildung sowohl **Anpassungsfortbildung** als auch **Aufstiegsfortbildung**. Diesem Verständnis wird die **verwaltungsgerichtliche Rspr.** nicht vollständig gerecht, weil sie die Anpassungsfortbildung nur z. T. als mitbestimmungspflichtig ansieht. Nach Ansicht des *BVerwG*[556] betrifft die Fortbildung alle Maßnahmen, die an den vorhandenen Wissensgrundstock anknüpfen, fachliche und berufliche Kenntnisse vertiefen und aktualisieren und die ein Mehr an Kenntnissen vermitteln, als für den Eintritt in die Laufbahn bzw. für die Befähigung zur Ausübung der dem Beschäftigten übertragenen Arbeit erforderlich ist.[557] Dabei wird u. a. verlangt, dass die Fortbildung es dem Teilnehmer ermöglicht, Kenntnisse und Fähigkeiten zu erwerben, die über die bloße fehlerfreie und ordnungsgemäße Wahrnehmung seiner jetzigen Aufgabe hinausgehen und ihm eine zusätzliche Qualifikation

---

555 Vgl. BT-Dr. 15/3980, S. 42 [zu § 1].

556 Beschl. v. 27. 11. 91 – 6 P 7.90 –, PersR 92, 147, m. w. N.

557 Vgl. auch *BVerwG* v. 19. 9. 88 – 6 P 28.85 –, PersR 88, 300, u. v. 17. 10. 02 – 6 P 3.02 –, PersR 03, 116; *VGH BW* v. 31. 3. 92 – 15 S 551/91 –, PersR 93, 129.

vermitteln.[558] Dagegen wird eine **fachliche Unterrichtung** zur Aufrechterhaltung des bisherigen, bereits durch die Ausbildung erworbenen Leistungsstandes oder zur Einführung in technische, organisatorische oder rechtliche Neuerungen des Dienstbetriebs als mitbestimmungsfrei angesehen.[559] Dem kann jedoch nicht gefolgt werden, soweit es nicht nur um die **Einweisung** eines Beschäftigten an einem bestimmten Arbeitsplatz oder Arbeitsgerät geht.[560]

Die Mitbestimmung bei der beruflichen Fortbildung dient dem **Zweck**, für eine gerechte Verteilung der Fortbildungschancen zu sorgen.[561] Sie bezieht sich auf »**allgemeine Fragen**«. Gegenstand der Mitbestimmung sind demnach **generelle Regelungen** insbesondere über das Fortbildungsangebot der Dienststelle, die Art der Durchführung und den sachlichen und zeitlichen Umfang der Fortbildungsmaßnahmen, die Festlegung des Teilnehmerkreises und die Grundsätze für die Auswahl der Teilnehmer, die Teilnehmerzahlen und die Teilnahmebedingungen sowie die Zuständigkeit für Organisation und Auswahl.[562] Zu den mitbestimmungspflichtigen allgemeinen Fragen gehören auch die Grundsätze für die Auswahl der Teilnehmer an Fortbildungsveranstaltungen, nicht jedoch die im Einzelfall zu treffenden Auswahlentscheidungen, die gem. § 81 Abs. 1 Nr. 5 nur mitwirkungspflichtig sind (vgl. § 81 Rn. 27). Regelungen der Kostenerstattung und des Freizeitausgleichs im Zusammenhang mit der Teilnahme an Fortbildungsveranstaltungen sollen dagegen nicht mitbestimmungspflichtig sein, weil sie keine **unmittelbare Regelung** einer allgemeinen Frage der Fortbildung beinhalten[563] (zum Kriterium der Unmittelbarkeit vgl. auch Rn. 205). Diese Rspr. ist aber **zu eng**. Im Hinblick auf den **Schutzzweck** der Mitbestimmung (die gerechte Verteilung der Fortbildungschancen zu gewährleisten) muss sich die Mitbestimmung (wie bei Fragen der Entgeltgestaltung nach § 74 Abs. 2 Nr. 5) zumindest auch auf die allgemeine Frage erstrecken, nach welchen Grundsätzen die für die Fortbildung zur Verfügung stehenden Mittel auf die Beschäftigten der Dienststelle verteilt werden (vgl. § 74 Rn. 45).[564] 213

---

558 *BVerwG* v. 27.11.91, a.a.O.

559 Beispiele in *BVerwG* v. 27.11.91 u.v. 17.10.02 sowie *VGH BW* v. 31.3.92, jew. a.a.O.; *OVG NW* v. 24.8.77 – CL 3/77 –, PersV 80, 156; *HessVGH* v. 10.1.90 – BPV TK 3242/89 –, PersR 91, 60.

560 Weitergehend auch *VG Frankfurt a.M.* v. 10.9.07 – 23 L 1680/07 –, PersR 07, 527; vgl. Altvater-*Dierßen*, § 80 Rn. 91.

561 Vgl. *BVerwG* v. 7.3.95 – 6 P 7.93 –, PersR 95, 332.

562 *OVG NW* v. 11.11.82 – CL 11/81 –, ZBR 83, 310; *VGH BW* v. 31.3.92, a.a.O.

563 *OVG NW* v. 27.10.99 – 1 A 5100/97.PVL –, PersR 00, 169; vgl. auch *BVerwG* v. 15.12.94 – 6 P 19.92 –, PersR 95, 207; *OVG Bln* v. 13.2.98 – OVG 60 PV 11.96 –, PersR 98, 476.

564 Altvater-*Dierßen*, § 80 Rn. 93.

214 Die Beteiligungsrechte des PR zur näheren Ausgestaltung der im **TVöD und TV-L** enthaltenen **tarifvertraglichen Bestimmungen zur Qualifizierung** sind nicht in § 5 Abs. 2 TVöD/TV-L festgelegt, sondern durch die einschlägigen Vorschriften des LPVG vorgegeben und in den Tarifverträgen vorausgesetzt,[565] und zwar im Einzelnen: hinsichtlich der Qualifizierungsmaßnahmen nach § 5 Abs. 3 S. 1 Buchst. a, b und d TVöD/TV-L (**Erhaltungsqualifizierung, Fort- und Weiterbildung, Wiedereinstiegsqualifizierung**) durch die Tatbestände des **§ 75 Abs. 4 Nr. 10** und des **§ 81 Abs. 1 Nr. 5** sowie hinsichtlich der in § 5 Abs. 3 S. 1 Buchst. c TVöD/TV-L aufgeführten **Qualifizierung für eine andere Tätigkeit** durch die Tatbestände des **§ 74 Abs. 2 Nr. 9 und § 75 Abs. 4 Nr. 9a und 10**.
Der **Digitalisierungstarifvertrag des Bundes** geht hier weiter. Er macht konkrete Vorgaben, was in einer Dienstvereinbarung zur Qualifizierung zu regeln ist, u. a. muss es zunächst ein Gesprächsangebot geben. Dieses ist zu dokumentieren und wenn Qulifizierungsbedarf festgestellt wird, muss dem Beschäftigten eine Maßnahme angeboten werden. Regelungsbedürftig ist demenstprechend z. B. die Frage, wer an den Qualifizierungsgesprächen teilnimmt. Dem PR kommt außerdem bei der Burteilung der Frage, ob ein Qualifizierungsangebot geeignet ist, eine wichtige Aufgabe zu.
Der Digitalisierungstarifvertrag stellt fest, was auch allgemein gilt: Beschäftigte in Elternzeit oder während einer Beurlaubung haben ebenfalls Anspruch darauf, an Qualifizierungsmaßnahmen teilzunehmen.

215 Der Begriff der (beruflichen) **Weiterbildung** ist nach st. Rspr. des *BVerwG* personalvertretungsrechtlich gleichbedeutend mit dem Begriff der (beruflichen) Fortbildung.[566] Seine zusätzliche Erwähnung im Tatbestand des Abs. 4 Nr. 10 dient deshalb lediglich der Klarstellung.

216 Nach § 1 Abs. 5 BBiG soll eine **berufliche Umschulung** von Arbeitnehmern zu einer anderen, bisher nicht erlernten beruflichen Tätigkeit qualifizieren.[567] Ihr entspricht bei Beamten die **Einführung in die Aufgaben einer anderen Laufbahn** (vor der Änderung durch Art. 6 Nr. 25 Buchst. b Doppelbuchst. aa DRG: die »Unterweisung in einer anderen Laufbahn«; diese Einführung soll einen horizontalen oder vertikalen Laufbahnwechsel ermöglichen (vgl. § 21 Abs. 2 S. 1 u. § 22 Abs. 4 S. 2 LBG; zur Mitbestimmung bei den zwei Varianten des Laufbahnwechsels vgl. § 75 Rn. 44). Die Mitbestimmung bei der Umschulung bzw. Einführung erstreckt sich auf **allgemeine Fragen**. Hierfür gelten die Erläuterungen zur beruflichen Fortbildung (vgl. Rn. 213) entsprechend, allerdings mit der Besonderheit, dass sich bei **Arbeitnehmern** die Mitbestimmung über die **Durchführung** der beruflichen Umschulung

---

565 Näher zum Folgenden Altvater-*Dierßen*, § 80 Rn. 94.

566 Beschl. v. 10. 2. 67 – VII P 6.66 –, PersV 67, 179, v. 19. 10. 83 – 6 P 16.81 –, Buchh 238.31 § 79 Nr. 4, u. v. 19. 9. 88 – 6 P 28.85 –, PersR 88, 300.

567 Vgl. BT-Dr. 15/3980, S. 42 f. [zu § 1].

nach **Abs. 4 Nr. 9a** richtet und insoweit nicht auf allgemeine Fragen beschränkt (vgl. Rn. 204 f.) und dass bei **Beamten** für die Mitbestimmung über **allgemeine Fragen der Durchführung** der Einführung **Abs. 4 Nr. 9b** maßgeblich ist (vgl. Rn. 208).

Eine Maßnahme der beruflichen Bildung i. S. v. Abs. 4 Nr. 10 ist auch dann mitbestimmungspflichtig, wenn sie nicht von der Dienststelle selbst, sondern **von einem Dritten durchgeführt** wird, und zwar auch dann, wenn dies nicht im Auftrag der Dienststelle oder nicht nur zweckgerichtet für Beschäftigte der Dienststelle geschieht.[568] Dabei hat der PR insoweit mitzubestimmen, wie die Dienststelle über die Regelung der anstehenden allgemeinen Fragen mitentscheiden kann. Ob diese dabei einen entscheidenden Einfluss hat, ist unerheblich.[569] **217**

k) Technische Einrichtungen, die zur Leistungs- und Verhaltenskontrolle geeignet sind

(Abs. 4 Nr. 11) Die Regelung entspricht im Wesentlichen § 79 Abs. 3 Nr. 12 a. F. Mit der klarstellenden Änderung des Mitbestimmungstatbestandes wird nicht mehr nur der Bestimmungszweck hervorgehoben, sondern auf die **tatsächlich mögliche Wirkung** technisch basierter Überwachungsmaßnahmen abgestellt.[570] Die Vorschrift des Abs. 4 Nr. 11 über die Mitbestimmung bei der »**Einführung und Anwendung technischer Einrichtungen, die dazu geeignet sind, das Verhalten und die Leistung der Beschäftigten zu überwachen**«, ist nahezu wortgleich mit § 75 Abs. 3 Nr. 17 BPersVG und mit § 87 Abs. 1 Nr. 6 BetrVG. Alle drei Vorschriften sind wegen ihres identischen Schutzzwecks übereinstimmend auszulegen.[571] Der Schutzzweck besteht darin, Beeinträchtigungen und Gefahren für die Gewährleistung der **Persönlichkeitsrechte** der Beschäftigten am Arbeitsplatz, die von der Verhaltens- und Leistungskontrolle mittels automatisierter, insbesondere elektronischer Aufzeichnungs- und Überwachungssysteme und dem damit verbundenen Überwachungs- und Anpassungsdruck ausgehen, auf das erforderliche Maß zu beschränken.[572] Der Tatbestand des Abs. 4 Nr. 11 kann sich mit **anderen Mitbestimmungstatbeständen** überschneiden, v. a. mit § 74 Abs. 2 Nr. 1 sowie § 75 Abs. 4 Nr. 3, 12 bis 16. **218**

568 *OVG NW* v. 11. 11. 82 – CL 11/81 –, ZBR 83, 310.

569 A. A. Rooschüz-*Gerstner-Heck*, § 75 Rn. 157 a. E.

570 LT-Dr. 15/4224, S. 145 [zu § 71].

571 Vgl. *BVerwG* v. 16. 12. 87 – 6 P 32.84 –, PersR 88, 51; *VGH BW* v. 12. 12. 00 – PL 15 S 518/00 –, PersR 01, 219; Richardi-*Kaiser/Annuß*, § 75 a. F. Rn. 536.

572 *BVerwG* v. 29. 9. 04 – 6 P 4.04 –, PersR 04, 483, m. w. N.; zu den Rechtsfolgen der Verletzung des Mitbestimmungsrechts vgl. Altvater-*Berg*, § 75 a. F. Rn. 270 m. w. N.

219 **Gegenstände der Überwachung** i. S. d. Abs. 4 Nr. 11 sind das Verhalten und die Leistung der Beschäftigten. **Verhalten** ist jedes Tun oder Unterlassen im dienstlichen oder außerdienstlichen Bereich, **Leistung** ist die vom Arbeitnehmer oder Beamten in Erfüllung seiner arbeitsvertraglichen bzw. dienstlichen Pflicht geleistete Arbeit.[573] Da beide Sachverhalte in den Mitbestimmungstatbestand einbezogen sind, ist eine klare Abgrenzung zwischen **Verhaltens**- und **Leistungsdaten** nicht erforderlich. Entscheidend ist vielmehr, dass Informationen erhoben werden, die – ggf. in Verbindung mit anderen Informationen – eine Beurteilung von Verhalten oder Leistung eines Beschäftigten ermöglichen.[574] Die Überwachung kann sich auf **einzelne Aspekte** des Verhaltens oder der Leistung beschränken.[575] Verhaltens- oder Leistungsdaten lassen sich z. B.: aus elektronischer Aufzeichnung des Beginns und Endes der täglichen Arbeitszeit, Mehrarbeit und Überstunden, Fehlzeiten, Krankheiten, aus Telefongesprächen, E-Mail-Verkehr, Nutzungsdaten dienstlicher PCs, Mobilfunkgeräten, insbesondere Smartphones, Video- und Audiosystemen, aus der Kantinen- oder Automatennutzung, mittels Datenscreenings[576], GPS-Datenerfassung, Bewegungsprofile über Transponder-Systeme, technischer Aufzeichnung des Verhaltens auf Parkplätzen der Dienststelle auf unüberschaubare, durch die Schutzbestimmungen des BDSG und des LDSG nur partiell einzugrenzende Weise, ermitteln.[577] Auch **Statusdaten** (insbesondere Vor- und Zuname, Geschlecht, Personenstand, Anschrift, Ausbildung, beruflicher Werdegang) und **Betriebsdaten** (etwa über Materialverbrauch, Störungen, Wartungszeiten) können durch Verknüpfung mit anderen Daten Aussagen über Verhalten oder Leistung ermöglichen.[578]

220 **Technische Einrichtungen** i. S. v. Abs. 4 Nr. 11 sind alle Geräte und Anlagen, die unter Verwendung nicht menschlicher, sondern anderweitig erzeugter Energie, mit den Mitteln der Technik, insbesondere der Elektronik, eine selbständige Leistung erbringen[579] und die deshalb eine **eigenständige Kontrollwirkung** entfalten.[580] Gemeint sind demnach alle Geräte und Anlagen, die auf technischem Wege Daten direkt übermitteln (z. B. Fernseh-

573 Vgl. Lorenzen-*Rehak*, § 80 Rn. 380; *Fitting*, § 87 Rn. 221.

574 Vgl. Lorenzen-*Rehak*, a. a. O.

575 *BVerwG* v. 31. 8. 88 – 6 P 21.86 –, PersR 88, 271; Richardi-*Kaiser/Annuß*, § 75 a. F. Rn. 539.

576 Präventive Screenings von Beschäftigtendaten sind als anlassunabhängige Leistungs- und Verhaltenskontrollen unzulässig, vgl. *Brink/Schmidt*, MMR 10, 592.

577 Vgl. *Fitting*, § 87 Rn. 223.

578 Vgl. Lorenzen-*Rehak*, § 80 Rn. 380; *Fitting*, § 87 Rn. 222; DKW-*Klebe*, § 87 Rn. 182.

579 *BVerwG* v. 31. 8. 88, a. a. O.

580 Vgl. Richardi-*Kaiser/Annuß*, § 75 a. F. Rn. 538; *Fitting*, § 87 Rn. 227; krit. dazu DKW-*Klebe*, § 87 Rn. 168.

kameras oder Kameras in Mobilfunkgeräten), aufzeichnen (z. B. Video-/Mobilfunkkameras) oder verarbeiten, also sichten, ordnen und miteinander verknüpfen (z. B. EDV-Anlagen). Dabei kann es sich um **optische, akustische, mechanische** oder **elektronische** Geräte oder Anlagen handeln, die anonym kontrollieren.[581] Ob die technischen Einrichtungen **automatisch** arbeiten oder **manuell** bedient werden, ob sie **stationär** oder **mobil** eingesetzt sind und ob ihr **Einsatzbereich** die gesamte Dienststelle, ein Teil der Dienststelle oder ein einzelner Arbeitsplatz ist, ist unerheblich.[582] Auf die **Dauer** ihrer Verwendung kommt es ebenfalls nicht an.[583] Die Überwachung von Beschäftigten mit Hilfe **optisch-elektronischer Einrichtungen** zum Zwecke der **Verhaltens-und Leistungskontrolle** ist nach § 15 Abs. 7 i. V. m. Abs. 5 LDSG nur zur Aufdeckung von Straftaten und schwerwiegenden Pflichtverletzungen und nur dann zulässig, wenn zu dokumentierende tatsächliche Anhaltspunkte den Verdacht begründen, dass die betroffenen Personen im Beschäftigungsverhältnis eine Straftat oder schwerwiegende Pflichtverletzung begangen haben und dass die Verarbeitung der dadurch erhobenen Daten zur Aufdeckung erforderlich ist und das schutzwürdige Interesse der oder des Beschäftigten an dem Ausschluss der Verarbeitung nicht überwiegt, insbesondere Art und Ausmaß im Hinblick auf den Anlass nicht unverhältnismäßig sind.

Die technische Einrichtung muss dazu »**geeignet**« sein, das Verhalten oder **220a**
die Leistung der Beschäftigten zu überwachen. Nach der am Schutzzweck (vgl. Rn. 218) orientierten objektiv-finalen Betrachtungsweise ist diese Voraussetzung bereits erfüllt, wenn die Einrichtung nach ihrer Konstruktion oder konkreten Verwendungsweise eine Überwachung von Verhalten oder Leistung der Beschäftigten ermöglicht. Danach genügt es, dass sie zur Überwachung lediglich **objektiv »geeignet**« (i. S. v. dazu technisch in der Lage) ist, ohne dass der Dienststellenleiter bei ihrer Einführung und Anwendung subjektiv die Absicht hat, sie zu diesem Zweck einzusetzen, wie nunmehr in Abs. 4 Nr. 11 i. d. F. des ÄndG 2013 klargestellt ist.[584] Demnach ist es auch unerheblich, ob die Überwachung nur ein **Nebeneffekt** der technischen Einrichtung ist[585] oder ob der **Dienststellenleiter versichert**, er werde von

---

581 *VG Ansbach*, v. 30. 8. 17 – AN 7 P 17.01180 –, juris, keine Mitbestimmung bei Einführung eines Video-Dolmetschersystems.

582 *Fitting*, § 87 Rn. 225.

583 Richardi-*Kaiser/Annuß*, § 75 a. F. Rn. 539; *Fitting*, a. a. O.; *BAG* v. 10. 7. 79 – 1 ABR 97/77 –, AP Nr. 4 zu § 87 BetrVG 1972 Überwachung; zu eng *BVerwG* v. 29. 8. 01 – 6 P 10.00 –, PersR 01, 521.

584 *BVerwG* v. 16. 12. 87 – 6 P 32.84 –, PersR 88, 51, v. 8. 11. 89 – 6 P 7.87 –, PersR 90, 102, v. 13. 8. 92 – 6 P 20.91 –, PersR 92, 505, u. v. 23. 9. 92 – 6 P 26.90 –, PersR 93, 28; vgl. *BAG* v. 22. 7. 08 – 1 ABR 40/07 –, AP Nr. 14 zu § 87 BetrVG 1972, m. w. N.

585 Richardi-*Kaiser/Annuß*, § 75 a. F. Rn. 541; *Fitting*, § 87 Rn. 226.

den bestehenden, nicht beabsichtigten Überwachungsmöglichkeiten keinen Gebrauch machen.[586] Die Entscheidung des *BAG*, eine vom Arbeitgeber betriebene Facebookseite, die es den Nutzern von Facebook ermöglicht, über die Funktion »Besucher-Beiträge« Postings zum Verhalten und zur Leistung der beschäftigten Arbeitnehmer einzustellen, der Mitbestimmung zu unterwerfen,[587] ist in Literatur und Rechtsprechung sehr umstritten.[588]

221 **EDV-Anlagen** sind nach der Rspr. des *BVerwG* zur Überwachung geeignet, wenn sie mit einem entsprechenden Programm versehen sind oder »ohne weiteres, d. h. ohne unüberwindliche Hindernisse«, mit einem solchen Programm versehen werden können[589] oder wenn sie selbst unmittelbar die Überwachung ermöglichen.[590] Müssen sie erst entsprechend programmiert werden, soll der PR erst dann zu beteiligen sein, wenn der Dienststellenleiter Maßnahmen ergreift, die eine Verhaltens- oder Leistungskontrolle konkret ermöglichen sollen.[591] Diese Rspr. ist jedoch schon deshalb zu eng, weil nach der Installation der Anlage erfolgende Maßnahmen des Dienststellenleiters für den PR kaum kontrollierbar sind.[592] Sie bedarf auch – ebenso wie die Rspr. des *BAG*[593] – aufgrund der fortgeschrittenen Entwicklung der Computertechnologie einer Revision dahin, dass die Überwachungseignung immer dann zu bejahen ist, wenn überhaupt personenbezogene Daten verarbeitet werden und diese zumindest in der Zusammenschau zu Aussagen über das Verhalten oder die Leistung der Beschäftigten geeignet sind.[594]

222 Unter Überwachung ist sowohl das **Sammeln und Aufzeichnen** von Informationen als auch das **Auswerten** bereits vorliegender Informationen zu verstehen.[595] Für die Mitbestimmung nach Abs. 4 Nr. 11 ist es unerheblich, ob die erhobenen Daten sofort (**in einem Arbeitsgang**) oder erst später (**zeitversetzt**) ausgewertet werden.[596] Es reicht aber auch aus, wenn lediglich ein **Teil des Überwachungsvorgangs** mittels einer technischen Einrichtung erfolgt, also entweder nur die Erhebung verhaltens- oder leistungsbezogener

---

586 *BVerwG* v. 16. 12. 87, a. a. O.

587 *BAG* v. 13. 12. 16 – 1 ABR 7/15 –, juris (zu § 87 Abs. 1 Nr. 6 BetrVG).

588 Abweichend von *BAG* v. 13. 12. 16 – 1 ABR 7/15 –, a. a. O.: *OVG Berlin-Brandenburg* v. 4. 8. 21 – OVG 62 PV 5/20 –, juris (zu § 75 Abs. 1 Nr. 17 a. F. m. w. N.).

589 Beschl. v. 27. 11. 91 – 6 P 7.90 –, PersR 92, 147.

590 Beschl. v. 2. 2. 90 – 6 PB 11.89 –, PersR 90, 113.

591 Beschl. v. 27. 11. 91, a. a. O., u. v. 23. 9. 92 – 6 P 26.90 –, PersR 93, 28; zust. Richardi-*Kaiser/Annuß*, § 75 a. F. Rn. 543.

592 Ilbertz-*Kascherus*, § 80 Rn. 198.

593 Vgl. dazu DKW-*Klebe*, § 87 Rn. 187.

594 DKW-*Klebe*, § 87 Rn. 187, 183.

595 *BAG* v. 22. 7. 08 – 1 ABR 40/07 –, AP Nr. 14 zu § 87 BetrVG 1972; vgl. hierzu u. zum Folgenden *Fitting*, § 87 Rn. 218.

596 *BAG* v. 10. 7. 79 – 1 ABR 50/78 –, AP Nr. 3 zu § 87 BetrVG 1972 Überwachung (Fahrtenschreiber).

Daten (z. B. durch eine Videokamera) oder nur die Auswertung der entsprechenden auf nichttechnischem Wege (z. B. durch Tätigkeitsberichte) erhobenen Daten.[597] Es kommt auch nicht darauf an, ob die zur Datenverarbeitung eingesetzte technische Einrichtung im Eigentum des Dienstherrn bzw. Arbeitgebers steht oder ob sie sich in den Räumen der Dienststelle befindet.[598] Auch die **Einschaltung eines Dritten**, z. B. eines im Auftrag der Dienststelle tätig werdenden externen Rechenzentrums, kommt in Betracht.[599]

Die erhobenen oder verarbeiteten verhaltens- oder leistungsbezogenen **223**
Daten müssen **einzelnen Beschäftigten** zugeordnet werden können[600] bzw. zuzuordnen sein. Die Mitbestimmung wird jedoch nicht dadurch ausgeschlossen, dass der Beschäftigte die Möglichkeit hat, das Kontrollgerät abzuschalten, weil dies Rückschlüsse auf das Verhalten zulässt.[601] In der technischen Erhebung oder Auswertung von Verhaltens- oder Leistungsdaten, die auf eine **Arbeitsgruppe** in ihrer Gesamtheit bezogen sind, liegt dann eine mitbestimmungspflichtige Überwachung, wenn der Überwachungsdruck auf die einzelnen Gruppenmitglieder durchschlägt.[602]

Beispiele technischer Überwachungseinrichtungen:[603] Zeiterfassungsgeräte **224**
und -systeme, Zugangskontrollanlagen,[604] Fernseh-, Film- und Videoanlagen, Fotokopiergeräte mit Code-Nummer für einzelne Benutzer, automatische Telefondatenerfassungsanlagen, ISDN-Anlagen, Mobiltelefone (insbesondere Smartphones), Personal-Computer (wenn mit seiner Hilfe einzelnen Beschäftigten zuzuordnende Verhaltens- oder Leistungsdaten ausgewertet werden), Telearbeitsplätze im Onlinebetrieb, Internet- und Intranet-Anschlüsse, Personalabrechnungs- und Personalinformationssysteme, E-Mail-Programme.

Unter **Einführung** einer technischen Überwachungseinrichtung ist die Ge- **225**
samtheit aller Maßnahmen zur Vorbereitung der geplanten Anwendung zu

---

597 *BAG* v. 14.9.84 – 1 ABR 23/82 –, AP Nr. 9 zu § 87 BetrVG 1972 Überwachung; *BVerwG* v. 16.12.87 – 6 P 32.84 –, PersR 88, 51, v. 9.12.92 – 6 P 16.91 –, PersR 93, 212, u. v. 29.8.01 – 6 P 10.00 –, PersR 01, 521; näher dazu *Fitting*, § 87 Rn. 238 ff. m. w. N.

598 *BVerwG* v. 29.8.01, a. a. O.

599 Vgl. Richardi-*Kaiser/Annuß*, § 75 a. F. Rn. 544; *Fitting*, § 87 Rn. 250 m. w. N.

600 Vgl. Richardi-*Kaiser/Annuß*, § 75 a. F. Rn. 540; *BAG* v. 10.4.84 – 1 ABR 69/82 –, AP Nr. 7 zu § 87 BetrVG 1972 Ordnung des Betriebes; *VGH BW* v. 6.10.81 – 15 S 218/81 –, AP Nr. 1 zu § 79 LPVG Baden-Württemberg.

601 Vgl. *BAG* v. 14.5.74 – 1 ABR 45/73 –, AP Nr. 1 zu § 87 BetrVG 1972 Überwachung.

602 Vgl. *BAG* v. 18.2.86 – 1 ABR 21/84 – u. v. 26.7.94 – 1 ABR 6/94 –, AP Nr. 13 und 26 zu § 87 BetrVG 1972 Überwachung; Richardi-*Kaiser/Annuß*, a. a. O.; näher dazu DKW-*Klebe*, § 87 Rn. 179 jew. m. w. N.

603 Vgl. zum Folgenden Altvater-*Dierßen*, § 80 Rn. 197 m. w. N.

604 *VG Köln* v. 12.2.16 – 33 K 6903/14.PVB.

verstehen.[605] Dazu gehören insbesondere die Entscheidung über das »Ob« der Einrichtung,[606] über ihre Ausgestaltung (bei EDV-Anlagen z. B. über Hard- und Software), über Ort, Zweckbestimmung und Wirkungsweise sowie über den Zeitraum der Installation.[607] Dies gilt auch bei der **probeweisen** Einführung.[608] Unter **Anwendung** ist die allgemeine Handhabung der eingeführten Einrichtung zu verstehen,[609] und zwar auch dann, wenn sie ohne Mitbestimmung des PR eingeführt worden ist.[610] Sie betrifft den Einsatz der Überwachungseinrichtung und der dadurch bewirkten Überwachungsmaßnahmen.[611] Dazu gehört v. a. die Art und Weise, wie sie tatsächlich zur Kontrolle eingesetzt wird,[612] bei einer EDV-Anlage insbesondere, welche Daten wie verarbeitet werden, wer Zugriff darauf hat, wie sie geschützt und gelöscht werden.[613] **Änderungen der Anwendung** sind ebenfalls mitbestimmungspflichtig. Sie können darin bestehen, dass die Überwachung gegenständlich erweitert, auf andere Personen ausgedehnt oder durch eine andere Art und Weise der Verwendung verschärft und intensiviert wird.[614] Bei EDV-Anlagen liegen mitbestimmungspflichtige Änderungen vor, wenn vorhandene Programme geändert, durch zusätzliche Module ergänzt oder Computer (zusätzlich) vernetzt werden.[615] Die Einführung eines neuen, aber von anderen Systemen nicht abweichenden, einfachen EDV-Programms soll den Mitbestimmungstatbestand hingegen nicht erfüllen.[616] Eine vom Dienststellenleiter beabsichtigte **Abschaffung** ist nicht mitbestimmungspflichtig.[617]

226 Das in § 84 Abs. 1 vorgesehene **Initiativrecht** des PR ist hinsichtlich seiner Reichweite umstritten. Im Hinblick auf den Schutzzweck des Mitbestimmungstatbestandes wird es von der Rspr. des *BVerwG* hinsichtlich

---

605 Vgl. DKW-*Klebe*, § 87 Rn. 170 f.

606 A. A. Ilbertz-*Kascherus*, § 80 Rn. 195 m. w. N.; *VG Ansbach* v. 30. 8. 17 – AN 7 P 17.01180.

607 Vgl. *Fitting*, § 87 Rn. 248; zur umfassenden Information des PR vgl. Altvater-*Dierßen*, § 80 Rn. 202.

608 Vgl. z. B. *OVG NW* v. 30. 10. 96 – 1 A 2348/93.PVL –, PersR 97, 212; Ilbertz-*Kascherus*, § 80 Rn. 200; Richardi-*Kaiser/Annuß*, § 75 a. F. Rn. 546.

609 Vgl. Richardi-*Kaiser/Annuß*, § 75 a. F. Rn. 547; *Fitting*, § 87 Rn. 249.

610 *BAG* v. 18. 2. 86 – 1 ABR 21/84 –, AP Nr. 13 zu § 87 BetrVG 1972 Überwachung.

611 *BAG* v. 27. 1. 04 – 1 ABR 7/03 –, AP Nr. 40 zu § 87 BetrVG 1972 Überwachung, und v. 22. 7. 08 – 1 ABR 40/07 –, AP Nr. 14 zu § 87 BetrVG 1972.

612 *BAG* v. 22. 7. 08, a. a. O.

613 Vgl. DKW-*Klebe*, § 87 Rn. 173.

614 *BVerwG* v. 13. 8. 92 – 6 P 20.91 –, PersR 92, 505.

615 Vgl. DKW-*Klebe*, a. a. O.

616 *VG Ansbach* v. 25. 2. 21 – AN 7 P 19.01334 –, juris (zu § 75 Abs. 3 Nr. 16 a. F.).

617 *BAG* v. 28. 11. 89 – 1 ABR 97/88 –, AP Nr. 4 zu § 87 BetrVG 1972 Initiativrecht; Richardi-*Kaiser/Annuß*, § 75 a. F. Rn. 546; a. A. *Fitting*, § 87 Rn. 251.

wesentlicher Änderungen der Überwachungseinrichtung, die den Überwachungsdruck für die Beschäftigten reduzieren sollen, sowie hinsichtlich der **Abschaffung** einer bestehenden Einrichtung bejaht,[618] hinsichtlich der **Einführung** jedoch verneint.[619]

Ist eine bestimmte Überwachungseinrichtung **gesetzlich oder tarifvertraglich vorgeschrieben**, entfällt die Mitbestimmung aufgrund des Eingangssatzes des Abs. 4 insoweit, als die Einrichtung im Rahmen der gesetzlichen oder tarifvertraglichen Regelung verwendet wird (vgl. Rn. 167 f.).[620] 227

Der PR wird nur an **Maßnahmen der Dienststelle** (bei der er gebildet ist) beteiligt (vgl. § 73 Rn. 9 u. § 91 Rn. 3 f.). Entsprechendes gilt grundsätzlich auch für den ggf. an die Stelle des PR tretenden BPR bzw. HPR oder GPR (vgl. § 91 Rn. 5 ff. bzw. 29 f.). Anders ist es, wenn ein Beschäftigter der Dienststelle in seiner Eigenschaft als **Hilfsbeamter der Staatsanwaltschaft** im Rahmen strafrechtlicher Ermittlungen auf Anordnung der Staatsanwaltschaft tätig wird[621] oder wenn der in der Anwendung seiner arbeitsmedizinischen Fachkunde unabhängige **Betriebsarzt** im weisungsfreien Bereich eine Überwachungsmaßnahme trifft.[622] 228

l) Gestaltung der Arbeitsplätze

(Abs. 4 Nr. 12) Nach dem mit § 79 Abs. 3 Nr. 13 a. F. und mit § 75 Abs. 3 Nr. 16 BPersVG wortgleichen Abs. 4 Nr. 12 hat der PR über die **Gestaltung der Arbeitsplätze** mitzubestimmen. Der **Zweck** der Mitbestimmung besteht darin, die Beschäftigten durch eine menschengerechte Gestaltung der Arbeitsplätze vor Überbeanspruchung oder Gefährdung ihrer körperlichen und seelischen Gesundheit zu schützen[623] (vgl. auch Rn. 242). Das Mitbestimmungsrecht des PR ist bei jeder Arbeitsplatzgestaltung gegeben und 229

---

618 Beschl. v. 29.9.04 – 6 P 4.04 –, PersR 04, 483.

619 So für ein elektronisches Zeiterfassungssystem Beschl. v. 29.9.04, a. a. O.; ebenso *BAG* v. 28.11.89 – 1 ABR 97/88 –, AP Nr. 4 zu § 87 BetrVG 1972 Initiativrecht; Richardi-*Kaiser/Annuß*, § 75 a. F. Rn. 549; a. A. *VG Frankfurt a. M.* v. 16.6.03 – 23 L 621/03 (V) –, PersR 03, 371; DKW-*Klebe*, § 87 Rn. 166; *Fitting*, § 87 Rn. 251, mit guten Gründen für ein umfassendes Initiativrecht des BR bei technischer Überwachung: *Byers*, RdA 14, 37.

620 Ferner *BAG* v. 10.7.79 – 1 ABR 50/78 –, AP Nr. 3 zu § 87 BetrVG 1972 Überwachung (Fahrtenschreiber), u. v. 12.1.88 – 1 AZR 352/86 –, PersR 89, 15, zur Aufzeichnung von Daten mittels Fahrtenschreiber und zu deren Nutzung.

621 *VGH BW* v. 7.12.93 – PB 15 S 334/93 –, PersR 94, 229, m. w. N.; zur Abgrenzung von verwaltungsinternen Ermittlungen vgl. *BVerwG* v. 31.8.88 – 6 P 21.86 –, PersR 88, 271.

622 *VGH BW* v. 12.12.00 – PL 15 S 518/00 –, PersR 01, 219.

623 *BVerwG* v. 30.8.85 – 6 P 20.83 –, PersR 85, 184, u. v. 19.5.03 – 6 P 16.02 –, PersR 03, 314.

erheblich weiter gefasst als das »**korrigierende Mitbestimmungsrecht« des Betriebsrats** nach § 91 BetrVG.[624] Der dem **Arbeitsschutz** dienende Mitbestimmungstatbestand des § 74 Abs. 2 Nr. 7 (vgl. § 74 Rn. 58 ff.) und der den **arbeitsplatzspezifischen Gesundheitsschutz** bezweckende Tatbestand des Abs. 4 Nr. 12 überschneiden sich.[625] Entfällt die Mitbestimmung aufgrund des **Gesetzes- oder Tarifvertragsvorbehalts** im Eingangssatz des Abs. 4 (z. B. wegen Eingreifens einer vollständigen Regelung in der ArbStättV; vgl. oben Rn. 167 ff.), hat der PR dann gem. § 70 Abs. 1 Nr. 2 darüber zu wachen, dass die einschlägigen gesetzlichen oder tarifvertraglichen Bestimmungen auch eingehalten werden[626] (vgl. § 70 Rn. 6 ff.).

230 **Arbeitsplatz** i. S. d. Abs. 4 Nr. 12 ist der **räumliche Bereich**, in dem der Beschäftigte tätig ist, einschließlich seiner unmittelbaren Umgebung.[627] Arbeitsplätze **innerhalb der Räumlichkeiten der Dienststelle** sind alle Bereiche, in denen von einem oder mehreren Beschäftigten zugleich oder nacheinander einzelne Arbeitsschritte oder ineinander greifende Arbeitsvorgänge verrichtet werden.[628] Zum Arbeitsplatz gehören auch die damit verbundenen Einrichtungsgegenstände und Arbeitsmittel einschl. solcher technischer Anlagen, die von mehreren Beschäftigten benutzt werden.[629] Räume, in denen keine Arbeit geleistet wird (z. B. Pausenräume), sind keine Arbeitsplätze.[630] Der Arbeitsplatz kann auch **außerhalb der Dienststelle** bestehen, z. B. bei der Telearbeit eines Fernarbeitnehmers in dessen Wohnung (vgl. § 70 Rn. 24 und § 75 Abs. 3 Nr. 4).[631] Er kann sich auch **im Freien** oder **in einem Fahrzeug** befinden und in der Weise beweglich sein, dass der Beschäftigte **an verschiedenen Orten** die ihm zufallende Arbeitsleistung erbringen muss.[632]

231 Die Mitbestimmung über die **Gestaltung der Arbeitsplätze** bezieht sich auf bereits vorhandene und künftig einzurichtende Arbeitsplätze.[633] Gegenstand der Mitbestimmung ist die **Ausgestaltung** der räumlichen und technischen Bedingungen, unter denen die konkreten Arbeitsaufgaben zu

---

624 Vgl. Richardi-*Kaiser/Annuß*, § 75 a. F. Rn. 520; *Fitting*, § 91 Rn. 1 f.

625 Richardi-*Kaiser/Annuß*, § 75 a. F. Rn. 430, 516.

626 *BVerwG* v. 27. 11. 91 – 6 P 7.90 –, PersR 92, 147.

627 *BVerwG* v. 15. 12. 78 – 6 P 13.78 – u. – 6 P 18.78 –, PersV 80, 145 u. 151, u. v. 19. 5. 03, a. a. O.

628 *BVerwG* v. 30. 8. 85, a. a. O.

629 *BVerwG* v. 30. 8. 85, a. a. O.

630 *BVerwG* v. 17. 2. 86 – 6 P 21.84 –, PersR 86, 194, u. v. 16. 12. 92 – 6 P 29.91 –, PersR 93, 164; *VGH BW* v. 3. 4. 84 – 15 S 92/83 –, ZBR 84, 345.

631 Lorenzen-*Rehak*, § 80 Rn. 92; Richardi-*Kaiser/Annuß*, § 75 a. F. Rn. 521.

632 *BVerwG* v. 19. 5. 03, a. a. O.

633 *BVerwG* v. 30. 8. 85 – 6 P 20.83 –, PersR 85, 184, v. 17. 7. 87 – 6 P 6.85 –, PersR 87, 220, u. v. 16. 12. 92, a. a. O.

erfüllen sind.[634] Darunter fällt die räumliche Unterbringung des Arbeitsplatzes, die Ausstattung mit Einrichtungsgegenständen und Arbeitsmitteln einschließlich ihrer Beschaffenheit und räumlichen Anordnung sowie die Ausschaltung, Abwendung oder Milderung von Beeinträchtigungen durch nachteilige Einflüsse, die vom Arbeitsplatz selbst oder der Arbeitsumgebung ausgehen.[635] Die Gestaltung muss einen **kollektiven Bezug**[636] haben, was nicht zutrifft, wenn sie allein individuellen Bedürfnissen eines einzelnen Beschäftigten dient.[637]

Aus dem Schutzzweck der Mitbestimmung (vgl. Rn. 229) hat das *BVerwG* **232** abgeleitet, dass nur solche Festlegungen mitbestimmungspflichtig seien, die wegen ihrer Eigenart oder wegen ihrer Auswirkungen auf den betroffenen Beschäftigten objektiv geeignet seien, das **Wohlbefinden** oder die **Leistungsfähigkeit** dieses Beschäftigten zu beeinflussen, und deshalb aus dieser Sicht **unbedeutende Umstellungen** aus der Mitbestimmung ausgeklammert, unabhängig davon, ob der dort Beschäftigte sie subjektiv als belastend empfindet.[638] Das ist nicht überzeugend, weil nicht nur Voraussetzung, sondern (auch) Gegenstand der Mitbestimmung ist, die Einflüsse einer Maßnahme auf Wohlbefinden und Leistungsfähigkeit der Betroffenen zu prüfen und daraus ggf. die gebotenen Folgerungen zu ziehen.[639]

Die Mitbestimmung kann sich auf die **Umgestaltung** vorhandener Arbeits- **233** plätze oder die **erstmalige Ausgestaltung** neu einzurichtender Arbeitsplätze beziehen. Hinsichtlich der Einrichtung **neuer Arbeitsplätze** liegt nach der Rspr. des *BVerwG* eine die Mitbestimmung auslösende beabsichtigte Maßnahme der Dienststelle i. S. d. § 73 Abs. 1 vor (vgl. § 73 Rn. 11), wenn sich Planungen in der Weise verfestigen, dass greifbare Anstalten zur Einrichtung (bauliche Maßnahmen, Bestellung von Geräten usw.) getroffen werden sollen (Beschl. v. 30. 8. 85, a. a. O.).[640] Im Falle des **Umzugs** der Dienststelle in neue angemietete (und wohl auch eigene) Räume hat das *BVerwG* die Aufstellung von **Raumplänen** als mitbestimmungspflichtige Maßnahme zur Gestaltung von Arbeitsplätzen angesehen, allerdings unter der einschrän-

---

634 *BVerwG* v. 30. 8. 85, a. a. O., u. v. 25. 8. 86 – 6 P 16.84 –, PersR 86, 235.

635 *BVerwG* v. 25. 8. 86 u. v. 17. 7. 87, jew. a. a. O.

636 Vgl. dazu Altvater-*Dierßen*, § 80 Rn. 3.

637 Vgl. auch Altvater-*Dierßen*, § 80 Rn. 43.

638 Beschl. v. 30. 8. 85 – 6 P 20.83 –, PersR 85, 184, v. 17. 7. 87 – 6 P 6.85 –, PersR 87, 220, u. v. 16. 12. 92 – 6 P 29.91 –, PersR 93, 164; zust. *Fischer/Goeres/Gronimus*, § 75 a. F. Rn. 111; Lorenzen-*Rehak*, § 80 Rn. 93; Richardi-*Kaiser/Annuß*, § 75 a. F. Rn. 525.

639 Vgl. Altvater-*Dierßen*, § 80 Rn. 44; *Altvater*, Anm. zu *BVerwG* v. 30. 8. 85 – 6 P 20.83 –, PersR 85, 184 (186); abl. auch Ilbertz-*Kascherus*, § 80 Rn. 45; krit. Leuze-*Flintrop*, § 75 Rn. 248.

640 Beschl. v. 30. 8. 85, a. a. O.

kenden Voraussetzung (vgl. Rn. 232), dass damit nicht unbedeutende Veränderungen des jeweiligen Arbeitsplatzes vorgenommen werden sollen.[641]

234 Ist die Gestaltung der Arbeitsplätze mit **baulichen Veränderungen** verbunden (vgl. Rn. 233), kann das Mitbestimmungsrecht nach Abs. 4 Nr. 12 in **Konkurrenz** zu dem **Anhörungsrecht** nach § 87 Abs. 1 Nr. 3 und 4 treten (vgl. § 87 Rn. 9 ff.). Grundsätzlich bestehen die Beteiligungsrechte nebeneinander. Nach der älteren Rspr. des *BVerwG* sollte das Mitbestimmungsrecht jedoch dann hinter das Anhörungsrecht zurücktreten, wenn mit der Planung und Durchführung von Neu-, Um- und Erweiterungsbauten organisatorische Vorstellungen mit nicht unerheblichen Auswirkungen auf die **nach außen zu erfüllenden Aufgaben** der Dienststelle verwirklicht werden sollten; diese Rspr. ist einerseits überholt,[642] andererseits durch das ÄndG 2013 infolge der Neuordnung der Tatbestände zu unterschiedlichen Beteiligungsgraden berücksichtigt. Daraus folgt, dass die Beteiligungsrechte nach Einführung des ÄndG 2013 nebeneinander Anwendung finden, ohne dass eine Einschränkung einzelner Tatbestände erfolgt.

m) Verarbeitung personenbedingter Daten

235 **(Abs. 4 Nr. 13)** Nach Abs. 4 Nr. 13 hat der PR mitzubestimmen über »Einführung, Anwendung oder wesentliche Änderung oder wesentliche Erweiterung technischer Einrichtungen und Verfahren der **automatisierten Verarbeitung personenbezogener Daten** der Beschäftigten, **mit Ausnahme der Einführung und Anwendung automatisierter Verfahren für amtliche Statistiken beim Statistischen Landesamt, soweit diese von Dienststellen außerhalb des Geltungsbereichs dieses Gesetzes erstellt und unter dortiger Mitbestimmung der Personalvertretung freigegeben worden sind**«. Während das BetrVG und das BPersVG keine **vergleichbaren Vorschriften** enthalten, finden sich vergleichbare in den meisten **anderen LPersVG.**[643] Der **Zweck** der Mitbestimmung besteht darin, die Beschäftigten davor zu schützen, dass sie durch die Verarbeitung ihrer personenbezogenen Daten durch den Arbeitgeber bzw. Dienstherrn in ihrem vom allgemeinen Persönlichkeitsrecht umfassten Recht auf informationelle Selbstbestimmung beeinträchtigt werden.[644] Der Tatbestand des Abs. 4 Nr. 13 kann sich mit dem des Abs. 4 Nr. 12 **überschneiden** (vgl. Rn. 229 ff.).

---

641 *BVerwG* v. 16. 12. 92, a. a. O.; krit. zur restriktiven Rspr. beim Umzug Richardi-*Kaiser/Annuß*, § 75 a. F. Rn. 527.

642 Beschl. v. 17. 7. 87, a. a. O.; so auch *VGH BW* v. 18. 12. 01 – PL 15 612/01 –, PersR 02, 402; vgl. vor § 66 Rn. 7 u. Altvater-*Dierßen*, § 80 Rn. 47, jew. m. w. N.

643 Vgl. Altvater-*Dierßen*, § 80 Rn. 236.

644 *BVerfG* v. 15. 12. 83 – 1 BvR 209/83 u. a. –, BVerfGE 65, 1; LT-Dr. 9/3110, S. 13 f. [zu Nr. 12].

Der Mitbestimmungstatbestand ist eine **bereichsspezifische Datenschutznorm.**[645] Bei seiner Auslegung ist auf das im Anwendungsbereich des LPVG maßgebliche allgemeine Datenschutzrecht und dessen **Begriffsbestimmungen** zurückzugreifen,[646] also insbesondere auf die DSGVO, auf die Vorschriften des LDSG und ausnahmsweise (bei öffentlich-rechtlichen Wettbewerbsunternehmen) auf die des BDSG (vgl. § 67 Rn. 2 f.). Dabei kommt es auf die **jeweils aktuellen datenschutzrechtlichen Vorschriften** an, weil nur dies der vom Gesetzgeber gewollten kollektivrechtlichen Verstärkung des Datenschutzes zur vollen Wirksamkeit verhilft.[647] 236
Von den Bereichsausnahmen abgesehen unterliegt jegliche automatisierte Personaldatenverarbeitung der Mitbestimmung des PR. Auf die Zweckverfolgung kommt es nicht an. Die Bestimmung ergänzt den gesetzlichen Datenschutz.[648]

Personenbezogene Daten sind Einzelangaben über persönliche oder sachliche Verhältnisse einer bestimmten oder bestimmbaren natürlichen Person (Art. 4 Nr. 1 DSGVO, § 46 Nr. 1 BDSG, § 2 LDSG). Persönliche Verhältnisse sind Angaben, die eine Person identifizieren und charakterisieren, wie Name, Anschrift, Geburtsdatum, Personenstand, aber auch Werturteile und nonverbale Angaben, z. B. Fotografien und Fingerabdrücke.[649] Sachliche Verhältnisse sind Angaben über einen Sachverhalt, der sich auf eine Person bezieht, etwa über ein Telefongespräch mit einem Dritten.[650] Abs. 4 Nr. 13 bezieht sich auf personenbezogene Daten der **Beschäftigten** i. S. d. LPVG (vgl. § 4). Ob diese Daten zugleich Personalaktendaten i. S. d. § 50 S. 2 BeamtStG sind (vgl. § 71 Rn. 14), ist ebenso unerheblich[651] wie der Zusammenhang, in dem diese Daten verarbeitet werden.[652] 237

Verarbeitung personenbezogener Daten ist das Erheben, Speichern, Verändern, Übermitteln, Nutzen, Sperren und Löschen personenbezogener Daten (Art. 4 Nr. 2 DSGVO; vgl. § 67 Rn. 9).[653] Personenbezogene Daten von Beschäftigten dürfen nur unter Beachtung des § 15 LDSG bzw. § 26 BDSG verarbeitet werden (vgl. § 67 Rn. 11). 238

---

645 Vgl. *OVG NW* v. 20. 1. 00 – 1 A 128/98.PVL –, PersR 00, 456 (zu § 72 Abs. 3 Nr. 1 LPVG NW).

646 *OVG NW* v. 20. 1. 00, a. a. O.

647 Zu § 72 Abs. 3 Nr. 1 LPVG NW ebenso *Welkoborsky*, LPVG NW, 3. Aufl., § 72 Rn. 72; im Ansatz a. A. *OVG NW* v. 20. 1. 00, a. a. O., m. w. N.

648 *Welkoborsky u. a.*, § 72 Rn. 72 ff.

649 Vgl. Däubler-*Weichert*, DSGVO, Art. 4 Rn. 6.

650 Vgl. Däubler-*Weichert*, DSGVO, Art. 4 Rn. 29.

651 Vgl. Däubler-*Weichert*, DSGVO, Art. 4 Rn. 32.

652 Vgl. *Welkoborsky u. a.*, § 72 Rn. 72 ff., zur Bereichsausnahme s. dort Rn. 79; a. A. *OVG NW* v. 29. 11. 00 – 1 A 2014/98.PVL –, PersR 01, 305.

653 Zu eng Leuze-*Flintrop*, § 75 Rn. 254, die das Mitbestimmungsrecht erst bei der Datenverarbeitung einsetzen lassen will.

238a Abs. 4 Nr. 13 bezieht sich auf die **automatisierte Verarbeitung** personenbezogener Daten der Beschäftigten. Eine Datenverarbeitung ist automatisiert, wenn sie durch Einsatz eines elektronischen Datenverarbeitungssystems programmgesteuert durchgeführt wird. Abs. 4 Nr. 13 erstreckt sich auch auf die automatisierte Verarbeitung personenbezogener Daten in Bezug auf »Besoldungs-, Gehalts-, Lohn-, Versorgungs- und Beihilfeleistungen sowie Jubiläumszuwendungen«, weil das LPVG BW – anders als etwa das LPVG NW in § 72 Abs. 3 Nr. 1 – eine **derartig weite Bereichsausnahme nicht** vorsieht (siehe aber Rn. 241a). Bei der nicht automatisierten Erhebung von Daten mittels **Personalfragebogen** hat der PR nach Abs. 4 Nr. 3 mitzubestimmen (vgl. Rn. 182 ff.).

239 Hinsichtlich der automatisierten Verarbeitung personenbezogener Daten der Beschäftigten hat der PR bei den **vier Varianten** »Einführung, Anwendung oder wesentliche Änderung oder wesentliche Erweiterung technischer Einrichtungen und Verfahren« mitzubestimmen. Dabei bezieht sich die Wendung »technischer Einrichtungen und Verfahren« auf alle vier Varianten. »**Technische Einrichtungen**« sind die zum EDV-System gehörenden technischen Geräte und sonstigen Anlagen (vgl. auch Rn. 220). Unter »**Verfahren**« sind nicht nur die einzusetzenden Programme zu verstehen, sondern alle beim Einsatz des EDV-Systems anzuwendenden Regeln, insbesondere die Regeln über technische und organisatorische Maßnahmen zur Sicherstellung des Datenschutzes nach § 3 LDSG.

240 Unter »**Einführung**« ist die Gesamtheit aller Maßnahmen zur Vorbereitung der geplanten Anwendung zu verstehen, insb. die Entscheidung über das »Ob« der automatisierten Verarbeitung bestimmter personenbezogener Daten, über die Festlegung der zu verwendenden Hard- und Software, über die Zweckbestimmung, die Wirkungsweise und den Zeitraum des Einsatzes der zu nutzenden Programme (Systementscheidung für die automatisierte Personaldatenerfassung).[654] Mit »**Anwendung**« ist die allgemeine Handhabung der automatisierten Verarbeitung gemeint.[655] Dazu gehört auch die (neue) Festlegung der Formen und Phasen der Datenverarbeitung.[656]

241 Eine »**Änderung**« liegt vor, wenn der Nutzungsgrad des EDV-Systems durch neue Anwendungs- und Auswertungsmöglichkeiten verändert wird.[657] Eine »**Erweiterung**« ist gegeben, wenn die Nutzungsmöglichkeiten ausgedehnt, insbesondere der Umfang der verarbeiteten Daten erweitert werden.[658] Als

---

654 Vgl. *Germelmann*, § 85 Rn. 282; *Welkoborsky u. a.*, § 72 Rn. 75; zu eng *OVG NW* v. 20. 1. 00 – 1 A 128/98.PVL –, PersR 00, 456: erstmalige Aufnahme der automatisierten Verarbeitung, u. Leuze-*Flintrop* § 75 Rn. 255.

655 So auch *OVG NW* v. 20. 1. 00, a. a. O.; Leuze-*Flintrop* a. a. O.

656 *OVG NW* v. 6. 12. 90 – CL 21/88 –, PersR 91, 173.

657 Vgl. *Germelmann*, § 85 Rn. 283; *OVG NW* v. 20. 1. 00, a. a. O.

658 Vgl. *Germelmann*, a. a. O.; *OVG NW* v. 20. 1. 00, a. a. O.

»**wesentlich**« ist eine Änderung oder Erweiterung von substantieller Bedeutung anzusehen, die dann zu bejahen ist, wenn die beabsichtigte Maßnahme geeignet ist, in die Rechte der Beschäftigten stärker als bisher einzugreifen.[659]

Der Mibestimmungstatbestand umfasst nach seinem Sinn und Zweck **241a**
auch die Einführung oder Änderung des »**Dateisystems**« nach Art. 4 Nr. 6 DSGVO, zu dem jede strukturierte Sammlung personenbezogener Daten, die nach bestimmten Kriterien zugänglich sind, gehört, unabhängig davon, ob diese Sammlung zentral, dezentral oder nach funktionalen oder geografischen Gesichtspunkten geordnet geführt wird.

Die mit dem ÄndG 2013 eingefügte **Bereichsausnahme »Einführung** **241b**
und Anwendung automatisierter Verfahren für amtliche Statistiken beim Statistischen Landesamt, soweit diese von Dienststellen außerhalb des Geltungsbereichs dieses Gesetzes erstellt und unter dortiger Mitbestimmung der Personalvertretung freigegeben worden sind«, entspricht nach der Gesetzesbegründung einem Bedürfnis der Praxis beim Statistischen Landesamt. Die Mehrzahl der beim Statistischen Landesamt für Statistiken eingesetzten EDV-Programme wird von Dienststellen außerhalb Baden-Württembergs entwickelt. Die von Dienststellen außerhalb Baden-Württembergs entwickelten Programme werden bereits dort im Beteiligungsverfahren mit den dortigen PR abgestimmt. Die erneute Beteiligung des PR beim Statistischen Landesamt vor ihrem Einsatz ist aufwändig und verzögert möglicherweise die Aufgabenerfüllung. Den Schutzinteressen der Beschäftigten, z. B. bezogen auf erhöhte Leistungsanforderungen, Verhaltens- und Leistungskontrolle ist entsprochen, wenn sie im Rahmen eines entsprechenden Beteiligungsverfahrens eines anderen Landes oder des Bundes sichergestellt sind.[660] Aufgrund der weitgehenden Rechtsgleichheit der Beteiligungsvorschriften bei Bund und Ländern erscheint die Ausnahme von der Mitbestimmung vertretbar. Im Umkehrschluss findet nach der Gesetzesbegründung diese Ausnahme allerdings dann keine Anwendung, wenn eine qualitativ dem Landesrecht vergleichbare Beteiligung außerhalb Baden-Württembergs nicht stattgefunden hat. Programme, die vom Statistischen Landesamt Baden-Württemberg selbst entwickelt wurden, unterliegen weiterhin der Mitbestimmung, auch wenn das Mitbestimmungsverfahren bereits in einem anderen Land durchgeführt worden ist.[661]

---

659 Vgl. *Welkoborsky u. a.*, § 72 Rn. 78; zu Beispielen für eine wesentliche Änderung: *OVG NW* v. 30. 10. 02 – 1 A 1483/00.PVL –, PersR 03, 122, für eine wesentliche Erweiterung: *OVG NW* v. 20. 1. 00, a. a. O.

660 LT-Dr. 15/4224, S. 145 [zu § 71].

661 LT-Dr. 15/4224, S. 145 [zu § 71].

n) Veränderung der Abeitsleistung oder der Arbeitsabläufe

242 **(Abs. 4 Nr. 14)** Die Regelung entspricht im Wesentlichen § 79 Abs. 3 Nr. 15 a. F., wobei der bisherige Mitbestimmungstatbestand auf wesentliche Änderungen und Ausweitungen erstreckt wurde. Außerdem soll künftig nicht weiter allein auf den Bestimmungszweck, sondern auf die **tatsächlich mögliche Wirkung** der Maßnahmen abgestellt werden.[662] Bereits mit dem DRG sind diese Angelegenheiten aus der vollen Mitbestimmung herausgenommen und der eingeschränkten Mitbestimmung zugeordnet worden (vgl. Rn. 246).[663] Uneingeschränkte Mitbestimmung besteht für diese Tatbestände noch in Bremen (§ 63 Abs. 1 Buchst. b) und im Saarland (§ 78 Abs. 1 Nr. 9);[664] nach der Rspr. des *BVerwG* gilt jedoch auch dort aufgrund verfassungskonformer Auslegung nur die eingeschränkte Mitbestimmung (vgl. vor § 68 Rn. 15).[665]

242a Der § 80 Abs. 1 Nr. 19 BPersVG teilweise entsprechende Abs. 4 Nr. 14 enthält alternativ aufgeführte selbständige Mitbestimmungstatbestände: in der **ersten Alternative** »Maßnahmen zur Hebung der Arbeitsleistung«, in der **zweiten Alternative** »Maßnahmen zur Erleichterung des Arbeitsablaufs«[666] sowie in der **dritten Alternative** die wesentliche Änderung und in der **vierten Alternative** die wesentliche Ausweitung der ersten beiden Alternativen. Nach der (allerdings zu kurz greifenden) Rspr. des *BVerwG*[667] ist diesen Tatbeständen (sowie denen des Abs. 4 Nr. 12 und 15) gemeinsam, dass sie ausschließlich den **Schutz des einzelnen Beschäftigten bei der Arbeit** zum Gegenstand haben, nicht aber dem **Rationalisierungsschutz** dienen sollen.[668] Die Tatbestände des Abs. 4 Nr. 14 sowie die Tatbestände des Abs. 4 Nr. 11, 12, und 15 können sich **überschneiden**.

243 Nach der Rspr. des *BVerwG*[669] ist der Tatbestand »**Maßnahmen zur Hebung der Arbeitsleistung**« wie folgt auszulegen:[670] Unter **Arbeitsleistung** ist der körperliche Einsatz und der geistige Aufwand zu verstehen, den der Beschäftigte erbringen muss, um das ihm abverlangte Arbeitsergebnis in qualitativer und quantitativer Hinsicht zu erzielen. **Hebung der Arbeitsleistung**

---

662 LT-Dr. 15/4224, S. 145 [zu § 71].

663 LT-Dr. 14/6694, S. 570.

664 Vgl. Altvater-*Dierßen*, § 80 Rn. 230.

665 Beschl. v. 18.5.04 – 6 P 13.03 –, PersR 04, 349.

666 *BVerwG* v. 15.12.78 – 6 P 13.78 –, PersV 80, 145; *OVG NW* v. 28.8.84 – CL 17/83 –, ZBR 85, 119.

667 Beschl. v. 30.8.85 – 6 P 20.83 –, PersR 85, 184.

668 Vgl. Altvater-*Dierßen*, § 80 Rn. 171.

669 Vgl. u.a. Beschl. v. 28.12.98 – 6 P 1.97 –, PersR 99, 271, v. 18.5.04 – 6 P 13.03 –, PersR 04, 349, v. 1.9.04 – 6 P 3.04 –, PersR 04, 437, u.v. 9.1.08 – 6 PB 15.07 –, PersR 08, 216.

670 Näher dazu Altvater-*Dierßen*, § 80 Rn. 172 m.w.N.

ist die erhöhte Inanspruchnahme des oder der betroffenen Beschäftigten, zu der solche Maßnahmen typischerweise führen. Diese kann in gesteigerten körperlichen Anforderungen oder in einer vermehrten geistig-psychischen Belastung bestehen. Nach der bisherigen Rspr. des *BVerwG* (zu § 79 Abs. 3 Nr. 16 a. F.) kam es im Regelfall auf die **Zielgerichtetheit** der Maßnahme an, die nur dann vorlag, wenn deren unmittelbarer und zum Ausdruck gebrachter Zweck in der Hebung der Arbeitsleistung bestand.[671] **Maßnahmen »zur« Hebung** der Arbeitsleistung waren danach Maßnahmen, die darauf »abzielten«, die Effektivität der Arbeit in der vorgegebenen Zeit qualitativ oder quantitativ zu fördern, d. h. die Güte oder Menge der zu leistenden Arbeit zu steigern. Fehlte eine entsprechende (unzweideutig oder sinngemäß zum Ausdruck gebrachte) Absichtserklärung, lag der Mitbestimmungstatbestand ausnahmsweise trotzdem vor, wenn die Hebung zwangsläufig und für die Betroffenen unausweichlich mit der Maßnahme verbunden war.[672] Die schwierige und strittige Auseinandersetzung um die Frage der Zielgerichtetheit der Maßnahme ist nun erledigt. Durch das ÄndG 2013 wurde mit der Einfügung der Worte »**geeignet sind**« durch den Gesetzgeber klargestellt, dass es nicht auf den Bestimmungszweck ankommt, sondern dass auf die **tatsächlich mögliche Wirkung** der Maßnahmen abgestellt werden muss.[673] Die Maßnahme muss also »**geeignet**« sein, die Arbeitsleistung zu heben und den Arbeitsablauf zu erleichtern. Nach der am Schutzzweck (vgl. Rn. 242) orientierten objektiv-finalen Betrachtungsweise ist diese Voraussetzung bereits erfüllt, wenn die Maßnahme objektiv dazu dienen kann, den Arbeitsablauf zu erleichtern und die Arbeitsleistung zu heben. Der Dienststellenleiter muss bei ihrer Einführung und Umsetzung subjektiv nicht die Absicht haben, sie zu diesem Zweck einzusetzen (vgl. Abs. 4 Nr. 11; Rn. 220a).

Maßnahmen zur Hebung der Arbeitsleistung können **technischer oder organisatorischer Natur** sein.[674] Sie können in **allgemeinen Dienstanweisungen** oder in **Einzelanordnungen** enthalten sein. Die Maßnahmen müssen sich auf die Arbeitsleistung beziehen. Erforderlich ist eine **Leistungsverdichtung** innerhalb einer bestimmten Zeiteinheit, also mehr Arbeitsmenge in gleicher Zeit oder gleiche Arbeitsmenge in weniger Zeit.[675] Ob eine Hebung der Arbeitsleistung vorliegt, ist durch einen **Vergleich der** auf dem 244

671 *BVerwG* v. 28. 12. 98 – 6 P 1.97 –, PersR 99, 271.

672 Krit. zu den mit dieser Rspr. verbundenen Anwendungsproblemen und Rechtsunsicherheiten: Altvater-*Dierßen*, § 80 Rn. 173, 179.

673 LT-Dr. 15/4224, S. 145 [zu § 71].

674 Vgl. *VGH BW* v. 3. 7. 79 – XIII 4008/78 –, PersV 82, 18, v. 27. 11. 84 – 15 S 3059/83 –, ZBR 85, 175, u. v. 21. 1. 97 – PL 15 S 2110/95 –, PersR 97, 217.

675 *BVerwG* v. 23. 1. 96 – 6 P 54.93 –, PersR 96, 199.

konkreten Arbeitsplatz oder Dienstposten anfallenden **Arbeitsbelastung vor und nach der Maßnahme** festzustellen.[676]

245 Nach der Rspr. des *BVerwG*[677] ist der Tatbestand »**Maßnahmen zur Erleichterung des Arbeitsablaufs**« wie folgt auszulegen:[678] **Arbeitsablauf** ist die funktionelle, räumliche und zeitliche Abfolge der verschiedenen unselbständigen Arbeitsvorgänge (Arbeitsschritte) und der äußere Verlauf jedes einzelnen dieser Arbeitsvorgänge. Maßnahmen zur **Erleichterung des Arbeitsablaufs** sind Maßnahmen, die in den Hergang der Arbeit eingreifen, um dem Beschäftigten einzelne Verrichtungen zu erleichtern, etwa durch Vereinfachung der zu erfüllenden Arbeitsaufgabe oder durch die Gestellung von technischen Hilfsmitteln. Die Maßnahmen müssen **geeignet sein** (vgl. Rn. 243), Art oder Maß der Beanspruchung eines oder mehrerer Beschäftigter zu mindern, um[679] die gewonnene Arbeitszeit durch Übertragung zusätzlicher Aufgaben nutzen zu können, mit der Folge, dass die rationellere Gestaltung des Arbeitsablaufs typischerweise zu einer **höheren Beanspruchung** der daran beteiligten Beschäftigten führt.[680]

245a Die Mitbestimmung nach Abs. 4 Nr. 14 erstreckt sich nicht auf Handlungen, die nur der **Vorbereitung von später beabsichtigten Maßnahmen** zur Hebung der Arbeitsleistung dienen. Das gilt z. B. für Leistungskontrollen mittels Strichlisten[681] oder für Arbeitsplatzuntersuchungen,[682] bei denen jedoch Beteiligungsrechte nach Abs. 4 Nr. 3 oder 11 (vgl. Rn. 182 u. 218 ff.) oder § 87 Abs. 1 Nr. 6 (vgl. § 87 Rn. 16 ff.) bestehen können. **Befristete oder probeweise eingeführte Maßnahmen** sind jedoch beteiligungspflichtig.[683] Die Mitbestimmung erstreckt sich nunmehr auch auf **wesentliche Änderungen und Ausweitungen** der Maßnahmen. Mit dieser Regelung wird deutlich gemacht, dass das Mitbestimmungsrecht, auch wenn es bereits ausgeübt wurde, neu auflebt, wenn die Maßnahme geändert oder (im Volumen der bisherigen Tätigkeit oder auf andere Beschäftigte) ausgedehnt wird. Ferner unterfällt damit jede bereits in der Dienststelle bestehende Maßnahme, die die Arbeitsleistung hebt oder erleichtert, unter die Mitbestimmung, wenn sie geändert oder ausgedehnt wird. Allerdings unterfällt nicht jede Änderung oder Ausweitung einer Maßnahme der Mitbestimmung. Sie muss hinsichtlich der Auswirkungen für die Beschäftigten das Maß der Unerheblichkeit überschreiten.

---

676 *BayVGH* v. 8. 9. 93 – 18 P 93.2226 –, PersR 94, 172; *VGH BW* v. 21. 1. 97, a. a. O.
677 Vgl. Beschl. v. 30. 8. 85 – 6 P 20.83 –, PersR 85, 184.
678 Näher dazu Altvater-*Dierßen*, § 80 Rn. 181 m. w. N.
679 So im Beschl. v. 19. 6. 90 – 6 P 3.87 –, PersR 90, 259.
680 *BVerwG* v. 19. 5. 03 – 6 P 16.02 –, PersR 03, 314.
681 *VGH BW* v. 14. 12. 82 – 15 S 1489/82 –, VBlBW 83, 308.
682 *VGH BW* v. 11. 3. 80 – XIII 402/79 –, ZBR 81, 231 Ls.
683 Richardi-*Kersten*, § 76 a. F. Rn. 142.

o) Arbeitsmethoden

(Abs. 4 Nr. 15) Der Mitbestimmungstatbestand entspricht § 79 Abs. 3 Nr. 16 a.F., wobei mit dem ÄndG 2013 die Mitbestimmung auch auf Fälle **wesentlicher Änderung oder Ausweitung bestehender Arbeitsmethoden** erweitert worden ist. Der Mitbestimmungstatbestand »Einführung grundsätzlich neuer Arbeitsmethoden« wurde 2010 durch Art. 6 Nr. 25 Buchst. a und b Doppelbuchst. cc DRG in § 79 Abs. 1 S. 1 Nr. 10 LPVG gestrichen und wortgleich in § 79 Abs. 3 Nr. 16 a.F. eingefügt und damit wie die nunmehr in § 75 Abs. 4 Nr. 14 platzierten Tatbestände aus der uneingeschränkten Mitbestimmung herausgenommen und der eingeschränkten Mitbestimmung zugeordnet (vgl. Rn. 242). Er entspricht dem Tatbestand des § 80 Abs. 1 Nr. 20 BPersVG,[684] der zwar das Adjektiv »grundlegend« enthält, damit aber inhaltlich nicht abweicht. Die uneingeschränkte Mitbestimmung ist für diesen Tatbestand noch im Saarland (§ 78 Abs. 1 Nr. 10) vorgesehen;[685] nach der Rspr. des *BVerwG* gilt jedoch auch dort aufgrund verfassungskonformer Auslegung nur die eingeschränkte Mitbestimmung (vgl. Rn. 242 und vor § 68 Rn. 15). Die Mitbestimmung nach Abs. 4 Nr. 15 dient nach der (zu engen) Rspr. des *BVerwG*[686] ausschließlich dem **Schutz des einzelnen Beschäftigten bei der Arbeit** (vgl. Rn. 242a). **Überschneidungen** mit den Tatbeständen des Abs. 4 Nr. 11, 12 und 14 sind möglich. Nach der Rspr. des *BVerwG* fallen unter den Begriff der **Arbeitsmethode** die Regeln, welche die Ausführung des Arbeitsablaufs (vgl. Rn. 245) durch den Menschen bei einem bestimmten Arbeitsverfahren betreffen und besagen, in welcher Art und Weise der Mensch an dem Arbeitsablauf beteiligt ist bzw. sein soll.[687] Ob eine »**neue**« **Arbeitsmethode** eingeführt wird, ist aus der Sicht derjenigen Beschäftigten zu beurteilen, welche die Arbeitsmethode anzuwenden haben.[688] Um eine »**grundsätzlich neue**« Arbeitsmethode handelt es sich, wenn eine neue Arbeitsmethode für die von ihr betroffenen Beschäftigten ins Gewicht fallende körperliche oder geistige Auswirkungen hat.[689] Soll eine grundsätzlich neue Arbeitsmethode zunächst nur **probeweise** eingeführt werden, so ist auch dies mitbestimmungspflichtig.[690] Mit der Wendung »**wesentliche Änderung** 246

684 Näher dazu Altvater-*Dierßen*, § 80 Rn. 182ff. m.w.N.

685 Vgl. Altvater-*Dierßen*, § 80 Rn. 231.

686 Beschl. v. 30.8.85 – 6 P 20.83 –, PersR 85, 184.

687 Beschl. v. 15.12.78 – 6 P 13.78 –, PersV 80, 145, v. 30.8.85, a.a.O., v. 30.1.86 – 6 P 19.84 –, PersR 86, 132, v. 14.3.86 – 6 P 10.83 – PersR 86, 195, u.v. 27.11.91 – 6 P 7.90 –, PersR 92, 147.

688 *BVerwG* v. 27.11.91, a.a.O.

689 *BVerwG* v. 30.8.85, a.a.O., u.v. 27.11.91, a.a.O.; *VGH BW* v. 11.12.01 – PL 15 S 1865/01 –, NZA-RR 02, 389.

690 So zu einem Betriebsversuch *BVerwG* v. 15.12.78, a.a.O., und zu einem Modellversuch *BVerwG* v. 7.2.80 – 6 P 35.78 –, PersV 80, 238.

oder Ausweitung bestehender Arbeitsmethoden« wird deutlich gemacht, dass das Mitbestimmungsrecht neu auflebt, wenn eine Arbeitsmethode geändert oder (z. B. im Volumen der bisherigen Tätigkeit oder auf andere Beschäftigte) ausgedehnt wird, auch wenn es bereits ausgeübt worden war. Ferner unterfällt damit jede bereits in der Dienststelle bestehende Arbeitsmethode der Mitbestimmung, wenn sie geändert oder ausgedehnt wird und in Bezug auf die bisherige Beschäftigung neu ist. Allerdings unterfällt nicht jede Änderung oder Ausweitung einer Arbeitsmethode der Mitbestimmung. Sie muss hinsichtlich der Auswirkungen für die Beschäftigten das Maß der Unerheblichkeit überschreiten.
Abzugrenzen ist der Mitbestimmungstatbestand von § 74 Abs. 2 Nr. 7. Zur Abgrenzung kann die bei einer Änderung der Arbeitsmethoden nach § 5 Abs. 3 Nr. 4 ArbSchG zu erstellende **Gefährdungsbeurteilung** herangezogen werden.

p) Informations- und Kommunikationsnetze

247 **(Abs. 4 Nr. 16)** Der Mitbestimmungstatbestand »**Einführung, wesentliche Änderung oder wesentliche Ausweitung der Informations- und Kommunikationsnetze**« ist durch das ÄndG 2013 eingefügt worden. Nach der Gesetzesbegründung[691] haben sowohl die Einführung, als auch die wesentliche Ausweitung oder wesentliche Änderung der Informations- und Kommunikationsnetze für die Beschäftigten erhebliche Auswirkung für die Arbeitsabläufe und auf die Belastungen der Beschäftigten, weshalb sie der Mitbestimmung unterworfen werden. Informations- und Kommunikationsnetze spielen insgesamt und damit auch im beruflichen Alltag eine immer größere Rolle. Der PR hat zur Wahrung der Rechte der Beschäftigten dabei zu prüfen, welche Auswirkungen die neuen technischen Möglichkeiten für die Beschäftigten bei der Aufgabenerfüllung haben, aber auch, welche datenschutzrechtlichen Vorgaben ggf. zu beachten und inwieweit die Persönlichkeitsrechte der Beschäftigten betroffen sind. Bei diesem Tatbestand kann es demzufolge zu Überschneidungen mit den Nr. 11, 12, 13, 14 und 15 kommen. Nicht selten ergibt sich aus der Einführung oder Ausweitung der Informations- und Kommunikationsnetze ein hoher Schulungsbedarf. Auch kann es erforderlich sein, dass sich der PR durch einen Sachverständigen unterstützen lässt, um den Anforderungen der Mitbestimmung gerecht werden zu können.

691 LT-Dr. 15/4224, S. 146 [zu § 71 Abs. 3 Nr. 16].

q) Arbeitsorganisation

(Abs. 4 Nr. 17) Einführung grundsätzlich neuer Formen der Arbeitsorganisation und wesentlicher Änderungen der Arbeitsorganisation. 248
Die Norm ist ein neuer Mitbestimmungstatbestand, der den Mitwirkungstatbestand nach § 81 Abs. 1 Nr. 7 (davor § 80 Abs. 1 Nr. 11 a. F.) ergänzt. Vergleichbare Tatbestände der Mitbestimmung bei »Maßnahmen zur Änderung der Arbeitsorganisation« finden sich in vier anderen LPersVG (BB: § 65 Nr. 5; MV: § 70 Abs. 1 Nr. 4; NW: § 72 Abs. 3 Nr. 4; ST: § 69 Nr. 5). Das Mitbestimmungsrecht nach § 75 Abs. 4 Nr. 17 soll die Beschäftigten vor Überlastung und Überforderung schützen.[692] Sind Maßnahmen i. S. d. § 75 Abs. 4 Nr. 17 zugleich Maßnahmen i. S. d. § 75 Abs. 4 Nr. 15 oder 16 kommen diese Mitbestimmungstatbestände ebenfalls zur Anwendung.
Grundsätzlich unterliegen neue Formen der Arbeitsorganisation und wesentliche Änderungen der Arbeitsorganisation, die sich jeweils i. d. R. in der Geschäftsverteilung ausdrücken, der eingeschränkten Mitbestimmung, weil sie die Gesamtheit der Beschäftigten nicht nur beiläufig betreffen. Hingegen sollen wegen der unteilbaren Verantwortung für die Aufgabenerfüllung durch die Dienststelle alle weiteren Maßnahmen der Arbeitsorganisation, der Arbeitsinhalte, der Arbeitsgestaltung, der Arbeitsumgebung und der Arbeitsbedingungen nicht mitbestimmungspflichtig sein.[693]

Unter **Arbeitsorganisation** wird die planmäßige Regelung der Arbeitsausführung zur Erfüllung der Aufgaben der Dienststelle durch deren Beschäftigte verstanden.[694] Darunter fallen alle zur Erfüllung der Dienstaufgaben erforderlichen Regelungen über das Arbeitsverfahren und die Arbeitsabläufe.[695] Mit **Arbeitsverfahren** ist v. a. die technische Art und Weise der Erledigung einer Arbeitsaufgabe gemeint, die insbesondere durch die dabei eingesetzten Arbeitsmittel gekennzeichnet ist.[696] Unter **Arbeitsablauf** ist die funktionelle, räumliche und zeitliche Abfolge der verschiedenen unselbständigen Arbeitsvorgänge zu verstehen.[697] Die im Tatbestand des § 80 Abs. 1 Nr. 11 LPVG a. F. (jetzt § 81 Abs. 1 Nr. 7) enthaltenen Hervorhebungen der **Planungs- und Gestaltungsmittel** sowie der **Zahl der einzusetzenden Beschäftigten** stellen klar, dass auch Geschäftsverteilungspläne und die Festlegung der Zahl der Beschäftigten, die jeweils zur Aufgabenerfüllung einzusetzen sind, bei der Mitwirkung nach § 81 Abs. 1 Nr. 7 belassen worden sind, also nicht in die Mitbestimmung übernommen wurden. 249

---

692 LT-Dr. 11/6312, S. 57 f. [zu § 79 Abs. 5 Nr. 5].

693 LT-Dr. 15/4224, S. 146 [zu § 71 Abs. 3 Nr. 17].

694 *VGH BW* v. 24. 4. 01 – PL S 15 2420/00 –, PersR 01, 431; *OVG NW* v. 30. 1. 03 – 1 A 5763/00.PVL –, PersR 03, 414.

695 LT-Dr. 11/6312, a. a. O.

696 Vgl. *Fischer/Goeres/Gronimus*, § 78 a. F. Rn. 40a; *Fitting*, 27. Aufl., § 90 Rn. 23.

697 *BVerwG* v. 30. 8. 85 – 6 P 20.83 –, PersR 85, 184.

250 Die Mitbestimmung des PR wird durch eine von der Dienststelle beabsichtigte **Maßnahme** (vgl. § 73 Rn. 7) zur Regelung der Arbeitsorganisation ausgelöst.[698] Dem PR steht allerdings mit dem ÄndG 2013 auch ein eigenes Initiativrecht nach § 84 Abs. 1 zu. Da der Tatbestand des Abs. 4 Nr. 17 auch die Einführung und im Unterschied zu anderen LPersVG nicht nur deren Änderung betrifft (vgl. Rn. 248), bezieht sich die Mitbestimmung bei einer neu zu errichtenden Dienststelle auf die **erstmalige Schaffung der Arbeitsorganisation** dieser Dienststelle, bei einer bereits vorhandenen Dienststelle auf jede wesentliche Änderung der bestehenden Arbeitsorganisation, wie nun durch das ÄndG 2013 klargestellt ist. Dabei kann eine Änderung der Behördenorganisation auch eine Änderung der Arbeitsorganisation einschließen oder auslösen und unter diesem Aspekt mitbestimmungspflichtig sein, was allerdings vom *OVG NW*[699] und *VGH BW*[700] verkannt wird.[701]

251–259 *Nicht besetzt.*

r) Urlaubssperren

260 **(Abs. 4 Nr. 18)** Die Mitbestimmung bei der **Anordnung von Urlaubssperren aus arbeitsorganisatorischen Gründen** ist durch das ÄndG 2013 eingefügt worden. Die Anordnung von Urlaubssperren für alle oder Gruppen von Beschäftigten ist eine arbeitsorganisatorische Maßnahme, die nach der Gesetzesbegründung zur Erfüllung des Amtsauftrags der Dienststelle notwendig ist, die Beschäftigten aber nicht nur beiläufig betrifft.[702] Damit hat der Gesetzgeber der Rspr. zur bisherigen Rechtslage insofern Rechnung getragen, als er die Anordnung von Urlaubssperren nicht als Bestandteil der Urlaubsplanung und somit nicht als nach § 74 Abs. 1 Nr. 5 u. 6 uneingeschränkt mitbestimmungspflichtig betrachtet. Nach der Rspr. des *BVerwG* war eine aus unabweisbarer dienstlicher Notwendigkeit angeordnete Urlaubssperre für bestimmte Zeiträume nicht Bestandteil der Urlaubsplanung, sondern eine vorausgehende organisatorische und damit nicht mitbestimmungspflichtige Maßnahme.[703] Das sollte auch für Festlegungen von Zeiten gelten, in denen Beschäftigte mit bestimmten Funktionen keinen Urlaub planen sollen.[704] Diese Rspr., der auch der *VGH BW*[705] und ein Teil der *Literatur* gefolgt war, verkennt jedoch, dass mit derartigen Festlegungen die Planbar-

---

698 Vgl. *OVG NW* v. 20. 1. 03 – 1 A 5763/00.PVL –, PersR 03, 414.

699 Vgl. Beschl. v. 21. 6. 89 – CL 3/88 –, PersV 93, 28, u. v. 20. 1. 03, a. a. O.

700 Beschl. v. 24. 4. 01 – PL S 15 2420/00 –, PersR 01, 431.

701 *v. Roetteken*, PersR 02, 363, 377.

702 LT-Dr. 15/4224, S. 146 zu [Nr. 18].

703 *BVerwG* v. 19. 1. 93 – 6 P 19.90 –, PersR 93, 167.

704 *OVG NW* v. 17. 2. 00, a. a. O.

705 Beschl. v. 20. 6. 00 – PL 15 S 2134/99 –, PersR 00, 431.

keit der Urlaubserteilung auf die dafür verbleibenden »Restzeiträume« eingeschränkt wird und es im Konfliktfall letztlich Sache der Einigungsstelle ist, die dienstlichen Notwendigkeiten angemessen zu berücksichtigen.[706] Das hat der Gesetzgeber erkannt und entsprechend im ÄndG 2013 geregelt. Wegen der erheblichen Auswirkungen, die eine Urlaubssperre auf die Urlaubsplanung der Beschäftigten hat, besteht nun in diesen Fällen zumindest die eingeschränkte Mitbestimmung des PR. Die entgegenstehende Rspr. des *VGH BW* ist insoweit gegenstandslos. Das gilt auch für den umgekehrten Fall einer angeordneten **zeitweiligen Schließung** der Dienststelle mit der Folge, dass in dieser Zeit Urlaub zu nehmen sei.[707]

s) Chancengleichheitsplan

(Abs. 4 Nr. 19) Die Regelung entspricht § 79 Abs. 3 Nr. 17 LPVG a. F. **261**
ohne inhaltliche Änderung. Nach dieser durch Art. 2 Nr. 10 Landesgleichberechtigungsgesetz (LGlG) v. 21. 12. 95[708] als Abs. 3 Nr. 16 in § 84 LPVG eingefügten, durch Art. 3 Nr. 3 Buchst. a Chancengleichheits-Artikelgesetz (Chancen-ArtG) v. 11. 10. 05[709] geänderten und durch Art. 6 Nr. 25 Buchst. b Doppelbuchst. dd DRG v. 9. 11. 10[710] mit der Nr. 17 (a. F.) versehenen Vorschrift hat der PR mitzubestimmen bei der **Erstellung und Anpassung des Chancengleichheitsplans** (vor der Änderung durch das Chancen-ArtG: des Frauenförderplans). Erstellung und Inhalt des Chancengleichheitsplans sind grundsätzlich in den §§ 5 und 6 **Chancengleichheitsgesetz** (ChancenG) geregelt (zur Entstehung dieses Gesetzes vgl. § 30, § 32 Rn. 9 m. w. N.). Dieses Gesetz hat allerdings einen sehr viel engeren Geltungsbereich, als er für das LPVG in dessen § 1 festgelegt ist. Nur für die Behörden und Gerichte des Landes gilt es uneingeschränkt (§ 3 Abs. 1 Nr. 1 u. 4 ChancenG). Für den Südwestrundfunk gilt es dem Sinne nach (§ 3 Abs. 1 Nr. 5 ChancenG), für zahlreiche Körperschaften, Anstalten und Stiftungen des öffentlichen Rechts sowie die Hochschulen des Landes und das Karlsruher Institut für Technologie nur nach Maßgabe folgender Vorschriften: § 3 Abs. 1 Nr. 2 und 3 ChancenG (vgl. § 4 LHG) bzw. § 16 KITG. Für Gemeinden, Landkreise

---

706 Vgl. *Sabottig*, PersR 93, 168; *v. Roetteken*, PersR 01, 315, 326; *Fischer/Goeres/Gronimus*, § 75 a. F. Rn. 83a; Richardi-*Kaiser/Annuß*, § 75 a. F. Rn. 283, 290; DKW-*Klebe*, § 87 Rn. 143 ff.; Lorenzen-*Rehak*, § 80 117; Ilbertz-*Kascherus*, § 80 Rn. 59; a. A. Rooschüz-*Gerstner-Heck*, § 74 Rn. 11 (Anordnung einer Urlaubssperre grds. nicht mitbestimmungspflichtig).

707 Richardi-*Kaiser/Annuß* § 75 a. F. Rn. 283, 289 f.; vgl. auch DKW-*Klebe*, § 87 Rn. 143 ff, u. *Fitting*, 27. Aufl., § 87 Rn. 196, zur Einrichtung von Betriebsferien.

708 GBl. S. 890.

709 GBl. S. 650.

710 GBl. S. 793.

und sonstige kommunale Körperschaften und Anstalten finden ausschließlich die Sonderregelungen seiner §§ 23 und 24 ChancenG Anwendung (§ 3 Abs. 2 ChancenG).

262 Der PR hat sowohl bei der **Erstellung** als auch bei der **Anpassung** des Chancengleichheitsplans i. S. v. § 5 ChancenG **mitzubestimmen**. Der Mitbestimmungstatbestand ist auch dann gegeben, wenn die Erstellung oder Anpassung – wie im Bereich der Gemeinden, Landkreise und sonstigen kommunalen Körperschaften nach § 24 ChancenG – nicht zwingend vorgeschrieben ist.[711] Das Mitbestimmungsrecht soll dazu dienen, »die Umsetzung der frauenspezifischen Belange (…) sicherzustellen«, und besteht neben den Beteiligungs- und Mitspracherechten der Beauftragten für Chancengleichheit[712] (vgl. § 30, § 32 Rn. 9, 10). Damit nach Möglichkeit ein von allen Beteiligten getragenes einvernehmliches Ergebnis erreicht wird, ist es erforderlich, außer der Beauftragten für Chancengleichheit auch den PR bereits in der **Planungsphase** einzubeziehen. Die Auffassung, mitbestimmungspflichtig sei nur der endgültig erstellte, bereits mit der Beauftragten für Chancengleichheit abgestimmte Chancengleichheitsplan,[713] ist weder mit dem Wortlaut noch mit dem in der Gesetzesbegründung zum Ausdruck gebrachten Zweck des Mitbestimmungsrechts vereinbar. Gegenstand der Mitbestimmung ist nicht nur der erstellte oder angepasste Plan (wenn auch in der Entwurfsfassung), sondern der Vorgang seiner Erstellung oder Anpassung. Auch unvorhergesehene Ereignisse, die kurzfristig Maßnahmen erfordern, die den Zielen des Bundesgleichstellungsgesetzes zur Vereinbarkeit von Familie, Pflege und Berufstätigkeit dienen, unterfallen entsprechend der gesetzgeberischen Intention der Mitbestimmung nach diesem Tatbestand. So stellt bspw. eine an § 56 Abs. 1a IfSG orientierte Sonderurlaubsregelung eine Maßnahme zur Durchsetzung der tatsächlichen Gleichberechtigung dar.[714] Unabhängig von der Mitbestimmung beim Chancengleichheitsplan kann der PR auch nach § 70 Abs. 1 Nr. 10 Maßnahmen beantragen, die der Gleichstellung von Frauen und Männern dienen.

6. Ausschluss der Mitbestimmung

263 **(Abs. 5) Nach Abs. 5** ist für bestimmte herausgehobene Personengruppen mit hohem Verdienst und/oder leitender Funktion die **Mitbestimmung** des PR bei den in den Nr. 1 bis 3 genannten Fällen von § 75 **ausgeschlossen**. In der mit dem ÄndG 2013 gefassten Bestimmung sind nunmehr (im Zusammenspiel mit Abs. 6) die Ausnahmefälle von der Mitbestimmung systema-

---

711 Rooschüz-*Gerstner-Heck*, § 75 Rn. 212.

712 So zur vormaligen Frauenvertreterin LT-Dr. 11/6212, S. 32 [zu Nr. 10].

713 Rooschüz-*Gerstner-Heck*, § 75 Rn. 212.

714 *VG Berlin* v. 17.11.20 – 72 K 10/20 PVB –, juris (zu § 76 Abs. 2 Nr. 10 a. F.).

tisch zusammengefasst, allerdings ohne die schwerpunktmäßigen Sonderbereiche der Hochschulen und des Rundfunks.[715] Die in Abs. 5 genannten Personengruppen sind bezüglich der jeweils aufgeführten Mitbestimmungstatbestände ebenso von der Mitwirkung des PR (Abs. 6) ausgenommen.

a) Personalangelegenheiten von Beschäftigten mit hoher Vergütung und leitender Funktion

(Abs. 5 Nr. 1) In den **Personalangelegenheiten nach Abs. 1, 2 und 3 Nr. 1** 264
bis 3, 5 bis 7, 10, 12, 14 ist die dort vorgesehene Mitbestimmung, **ausgeschlossen** für Beamtenstellen und Beamte der BesGr. A 16 und höher bei den obersten Dienstbehörden des Landes der Besoldungsgruppe B 3 und höher sowie für entsprechende Arbeitnehmerstellen und Arbeitnehmer, für Landräte, Bürgermeister und Beigeordnete sowie für leitende Beschäftigte öffentlich-rechtlicher Kreditinstitute. Der Katalog ist nicht abschließend. Entscheidend ist die Funktionswertigkeit der Stelle (vgl. Rn. 266). Nach h. M. soll die Vorschrift sicherstellen, dass bei herausgehobenen Positionen **unabhängige Personalentscheidungen** getroffen werden.[716]

Soweit in Abs. 5 Nr. 1 **Beamte der BesGr. A 16 und höher sowie Beamte** 265
bei den obersten Dienstbehörden des Landes der Besoldungsgruppe B 3 und höher aufgeführt sind, werden aus der Beteiligung zum einen Personalmaßnahmen für Beamte, die ein statusrechtliches Amt der BesGr. A 16 oder der LBesO B bereits innehaben, zum anderen aber auch Beförderungen (vgl. Rn. 40 f.), mit denen ein Amt der BesGr. A 16 oder höher verliehen werden soll, ausgeschlossen. Soweit Beamtenstellen der BesGr. A 16 und höher sowie bei den obersten Dienstbehörden des Landes der Besoldungsgruppe B 3 und höher genannt sind, ist zu beachten, dass der Begriff der Beamtenstelle eine Eigenschöpfung des PersVR ist, bei der nicht lediglich auf die Besoldung, sondern v. a. auf den Amtsinhalt abzustellen ist.[717] Davon ausgehend kommen solche Fälle des Ausschlusses der Beteiligung in Betracht, in denen jemand, der ein statusrechtliches Amt unterhalb der BesGr. A 16 innehat, in eine Beamtenstelle ab BesGr. A 16 einrücken soll. Ein derartiger Fall liegt immer vor, wenn ein Beamter der BesGr. A 15 befördert werden soll.[718] Vom Ausschluss der Beteiligung ist nicht nur der Tatbestand der Beförderung nach § 75 Abs. 1 Nr. 4 (vgl. Rn. 47 f.) betroffen, sondern auch

---

715 LT-Dr. 15/4224, S. 146 [zu § 71].

716 *BVerwG* v. 2. 10. 78 – 6 P 11.78 –, PersV 79, 464, v. 20. 3. 02, a. a. O., u. v. 12. 1. 06 – 6 P 6.05 –, PersR 06, 164; *BAG* v. 7. 12. 00 – 2 AZR 532/99 –, PersR 01, 221; krit. zu der Grenzziehung bei BesGr. A 16 z. B. Lorenzen-*Rehak*, § 78 Rn. 480. m. w. N.; Richardi-*Kaiser/Annuß*, § 77 a. F. Rn. 22.

717 *BVerwG* v. 7. 7. 08 – 6 P 13.07 –, PersR 08, 381.

718 *BVerwG* v. 7. 7. 08, a. a. O.

der Tatbestand der nicht nur vorübergehenden Übertragung von Dienstaufgaben eines Amtes mit höherem Grundgehalt (im Folgenden: »einer höherwertigen Tätigkeit«) nach § 75 Abs. 1 Nr. 6 (vgl. Rn. 53 ff.). Dabei gilt der Ausschluss der Mitbestimmung für alle Sachverhaltsvarianten dieses Tatbestands, nämlich dann, wenn (1.) die Beförderung zugleich mit der Übertragung der höherwertigen Tätigkeit ausgesprochen wird, wenn (2.) der Beamte in eine Planstelle der BesGr. A 16 eingewiesen wird, seine Beförderung aber für einen späteren Zeitpunkt in Aussicht gestellt wird, oder wenn (3.) ohne Zuordnung einer entsprechenden Planstelle der Beförderung eines Beamten, der sich bereits in der BesGr. A 15 befindet, auf sonstige Weise ganz wesentlich vorgegriffen wird.[719] Nicht ausgeschlossen ist der Fall, dass nach der ohne gleichzeitige Beförderung erfolgten Übertragung von Aufgaben einer Beamtenstelle der BesGr. A 16 oder höher eine andere Personalmaßnahme (z. B. Versetzung) getroffen werden soll.[720]

266 Die in **Abs. 5 Nr. 1a** aufgeführten »**entsprechenden Arbeitnehmer**« sind Arbeitnehmer, die eine Funktion ausüben, die der eines Beamten der BesGr. A 16 oder höher sowie **bei den obersten Dienstbehörden des Landes der Besoldungsgruppe B 3 und höher** gleichwertig ist.[721] Dementsprechend kommt es bei den »**entsprechenden Arbeitnehmerstellen**« auf die **Funktionsgleichwertigkeit** mit Beamtenstellen der BesGr. A 16 und höher, bei den obersten Dienstbehörden des Landes auf die Besoldungsgruppe B 3 und höher an.[722] Der Funktionsvergleich ist an Hand einfach zu überschauender Kriterien vorzunehmen. Umfangreiche und zeitraubende Ermittlungen von hohem Komplexitätsgrad verfehlen dieses Ziel. Als solche Kriterien kommen etwa der Rang der Führungsebene, der Stellenplan, die Zahl der betroffenen Angestellten im Verhältnis zur Gesamtzahl der Beschäftigten oder ein im Verhältnis zum Vorstand eigenständig wahrzunehmender Aufgabenbereich in Frage. Die Gesamtwürdigung der Tätigkeit des leitenden Angestellten muss letztlich ergeben, dass der betreffende Angestellte mit der auf ihn entfallenden Aufgabe und Funktion (mit) einen maßgeblichen Führungseinfluss (z. B. wirtschaftlicher, technischer, kaufmännischer, organisatorischer, personeller Art) besitzt, indem er maßgebliche Entscheidungen entweder selbst trifft oder zumindest mittelbar maßgeblich beeinflusst.

---

719 *BVerwG* v. 7. 7. 08, a. a. O.

720 Vgl. Leuze-*Flintorp*, § 75 Rn. 277; Lorenzen-*Rehak*, § 78 Rn486; Ilbertz-*Widmaier*, § 78 Rn. 119–119c; a. A. *Fischer/Goeres/Gronimus*, § 77 a. F. Rn. 13a.

721 Leuze-*Flintorp*, § 75 Rn. 277.

722 *BVerwG* v. 9. 11. 62 – VII P 13.61 –, PersV 63, 205, v. 7. 11. 75 – VII P 8.74 –, PersV 77, 20, v. 2. 10. 78 – 6 P 11.78 –, PersV 79, 464, v. 12. 1. 06 – 6 P 6.05 –, PersR 06, 164, u. v. 7. 7. 08, a. a. O.; *VG Karlsruhe* v. 24. 5. 13 – PL 12 K 2403/12 –, ZfPR 2013, 112, *BAG* v. 7. 12. 00 – 2 AZR 532/99 –, PersR 01, 221; näher dazu Altvater-*Baden*, § 78 Rn. 307.

(Abs. 5 Nr. 1b) Wer zu dem von Abs. 5 Nr. 1b erfassten Personenkreis der **Landräte** (§§ 37 ff. LKrO), **Bürgermeister** (§§ 42 ff. GemO) und **Beigeordneten** (§§ 49 ff. GemO) gehört, ist in den für sie maßgeblichen Vorschriften der Landkreis- bzw. Gemeindeordnung festgelegt. 267

(Abs. 5 Nr. 1c) Dagegen entscheidet nach **Abs. 5 Nr. 1c** die zuständige oberste Aufsichtsbehörde, welche Beschäftigte **leitende Beschäftigte öffentlich-rechtlicher Kreditinstitute** sind. 268

b) Begründung des Beamtenverhältnisses bei Polizeiobermeistern, -oberkommissaren, Kriminaloberkommissaren und Lehrern

(Abs. 5 Nr. 2) Nach Abs. 5 Nr. 2 entfällt bei Polizeimeistern und Polizeikommissaren und Lehrern an allgemeinbildenden und beruflichen Schulen die Mitbestimmung des PR nach Abs. 1 Nr. 1 nur bei der **Begründung des Beamtenverhältnisses**. Die Regelung entspricht mit redaktioneller Anpassung § 90 Abs. 3 S. 1 und § 92 Abs. 1 erster Regelungsfall a. F. ohne inhaltliche Änderung. Das im Schulbereich praktizierte Listenverfahren sei auf der Grundlage der vertrauensvollen Zusammenarbeit entwickelt worden. Eine förmliche Mitbestimmung des PR bei den Massenverfahren zu den jährlichen Einstellungsterminen würde nach der Einschätzung der am Gesetzgebungsverfahren beteiligten Ministerien diesen mit Routinearbeiten bei bis zu 5000 Lehrereinstellungen jährlich belasten, die an den Schuljahresbeginn gebundenen Einstellungen und damit einhergehend letztlich die Unterrichtsversorgung gefährden. Im Polizeibereich gilt Ähnliches, auch hier handelt es sich zu Ausbildungsbeginn um »massenhafte« Einstellungsverfahren nach vorgegebenen Richtlinien.[723] 269

(Abs. 5 Nr. 2a) Die Mitbestimmung des PR im Falle der Begründung des Beamtenverhältnisses ist bei **Polizeimeistern und Polizeikommissaren** ausgenommen. Die Vorschrift gilt nur für Polizeibeamte i. S. d. § 59 Nr. 2 PolG und § 1 LVOPol. 270

(Abs. 5 Nr. 2b) Die Mitbestimmung des PR im Falle der Begründung des Beamtenverhältnisses ist ferner bei **Lehrern an allgemeinbildenden und beruflichen Schulen** ausgenommen. Zu diesen **Schulen** zählen alle zum Geltungsbereich des Schulgesetzes gehörenden öffentlichen Schulen i. S. v. § 2 SchG. Nach § 4 Abs. 1 SchG sind das die Grundschule, die Hauptschule und die Werkrealschule, die Realschule, das Gymnasium, die Gemeinschaftsschule, das Kolleg, die Berufsschule, die Berufsfachschule, das Berufskolleg, die Berufsoberschule, die Fachschule und das sonderpädagogische Bildungs- und Beratungszentrum. 271

Lehrer an allgemeinbildenden und beruflichen Schulen sind im Landesdienst, nicht aber im Dienst der Schulträger stehende Beschäftigte an diesen 272

723 LT-Dr. 15/4224, S. 226/227 [3.1 145 zu Nr. 64].

Schulen (vgl. § 98 Rn. 1), die durch das Erteilen von Unterricht an der Verwirklichung des Erziehungs- und Bildungsauftrags der jeweiligen Schule mitwirken. Dazu gehören die staatlich geprüften Lehrer für Grund- und Hauptschulen, für Real- und Sonderschulen, die Assessoren des Lehramts an Gymnasien und an beruflichen Schulen, die staatlich geprüften Fachlehrer für musisch-technische Fächer, die staatlich geprüften Fachlehrer und Technischen Lehrer für sonderpädagogische Bildungs- und Beratungszentren sowie die staatlich geprüften Technischen Lehrer an beruflichen Schulen. Zu den Lehrern gehören auch sonstige Lehrkräfte, die zwar nicht die Lehrbefähigung für die Verwendung an öffentlichen Schulen erworben haben, die jedoch mit dem Bestehen der für sie vorgeschriebenen staatlichen Prüfung die Befähigung zum Erteilen von Unterricht im jeweiligen Fach nachgewiesen haben. **Keine Lehrer** sind dagegen die sonstigen pädagogischen Beschäftigten i. S. d. § 98 Abs. 4 (vgl. § 98 Rn. 13) sowie Beschäftigte, die sich in der Ausbildung zu einem Lehrerberuf befinden, also die Lehreranwärter, Studienreferendare, Fachlehreranwärter und Technischen Lehreranwärter.

273 Die **Begründung des Beamtenverhältnisses auf Widerruf** von Anwärtern bzw. Referendaren ist bereits in Abs. 1 Nr. 1 von der Mitbestimmung ausgeschlossen, weil die Verordnungen über den Vorbereitungsdienst für die Laufbahnen der Lehrer festlegen, dass dieses Beamtenverhältnis nach Ablegung der Laufbahnprüfung oder dem endgültigen Nichtbestehen der für die Laufbahn vorgeschriebenen Prüfung endet (vgl. Rn. 10). Werden Lehrer **als Arbeitnehmer eingestellt**, ist die Mitbestimmung nach Abs. 1 Nr. 2 weiterhin nicht ausgeschlossen.

c) Umsetzung von Lehrern

274 **(Abs. 5 Nr. 3)** Nach Abs. 5 Nr. 3 sind beamtete Lehrer von der Mitbestimmung des PR bei bestimmten **Umsetzungen**, **Versetzungen** und **Abordnungen usw.** (Abs. 1 Nr. 11 und Abs. 2) ausgenommen. Bereits in § 92 Abs. 1 a. F. bestand kein Mitbestimmungsrecht nach den entsprechenden Vorschriften des LPVG bei »nicht beamteten Lehrern« (also bei Lehrern mit Arbeitnehmerstatus), im Gegensatz zu »beamteten Lehrern« (nach erster Verleihung eines Amtes). Diese Unterscheidung ist mit dem ÄndG 2013 fortgeführt worden. Abs. 5 Nr. 2b bezieht sich ausschließlich auf **beamtete Lehrer**, wohingegen Abs. 5 Nr. 3 ausschließlich **nicht beamtete Lehrer** erfasst. Für diese unterschiedliche Behandlung der Beschäftigten lässt sich weder in den Gesetzgebungsmaterialien zu den vorangegangenen Gesetzesanpassungen,[724] noch in der Gesetzesbegründung zum ÄndG 2013,[725] noch

724 Vgl. dazu ausf.: 2. Aufl.-*Klimpe-Auerbach*, § 92 Rn. 5.

725 LT-Dr. 15/4224, S. 147 [zu § 71] und S. 227 [3.1 146 zu Nr. 64].

in der Literatur eine überzeugende Begründung finden. Sinn und Zweck der unterschiedlichen Behandlung von Umsetzungen, Versetzungen und Abordnungen usw. der beamteten Lehrer einerseits, der nicht beamteten Lehrer (der Arbeitnehmer) andererseits erschließt sich nicht. Mangels nachvollziehbarer Begründbarkeit der Ungleichbehandlung aller als Lehrer beschäftigten Beamten einerseits und Arbeitnehmer andererseits sind die Ausnahmeregelungen in Abs. 5 insoweit nach wie vor willkürlich und verstoßen damit gegen Art. 3 Abs. 1 GG[726] (zu den Konsequenzen vgl. § 94 BPersVG Rn. 12).

7. Mitwirkung statt Mitbestimmung

(Abs. 6) In der mit dem ÄndG 2013 eingeführten Regelung sind **Ausnahmefälle** systematisch zusammengeführt worden, in denen an die Stelle der Mitbestimmung die **Mitwirkung** tritt, jedoch ohne die Sonderbereiche der Hochschulen (geregelt in § 99) und des Rundfunks (geregelt in § 110).[727] Soweit die in Abs. 5 genannten Personengruppen sich mit den Personengruppen nach Abs. 6 überschneiden, ist der Ausschluss der Mitbestimmung nach Abs. 5 für diese vorrangig zu beachten. 275

(Abs. 6 Nr. 1a-d) Soweit die Mitbestimmung des PR in den **Personalangelegenheiten nach § 75** nicht bereits nach Abs. 5 ganz ausgeschlossen ist, wird sie bei folgenden Beschäftigten durch die **Mitwirkung** ersetzt: bei **Leitern von Dienststellen** i. S. d. LPVG (vgl. § 5 Rn. 11 ff.) – nicht aber bei deren ständigen Vertretern –, bei **Rektoren** an Grund-, Haupt-, Werkreal-, Realschulen und entsprechenden sonderpädagogischen Bildungs- und Beratungszentren (§§ 5, 6, 7 und 15 SchG), bei **Abteilungsleitern** bei den Regierungspräsidien (Anh. zu § 8 Abs. 1 LBG, A. 2), den Landesoberbehörden und höheren Sonderbehörden (Anh. zu § 8 Abs. 1 LBG, A. 3) sowie bei den **Ersten Landesbeamten** bei den Landratsämtern (Anh. zu § 8 Abs. 1 LBG, A. 5). Handelt es sich bei diesen Beschäftigten zugleich um solche i. S. v. § 76 Abs. 2 (in § 9 Abs. 2 S. 1 Nr. 2 und 3 bezeichneten Beschäftigte [der Leiter der Dienststelle und sein ständiger Vertreter; Beschäftigte, die zu selbstständigen Entscheidungen in Personalangelegenheiten der Dienststelle befugt sind]; Beamte auf Zeit; Beschäftigte mit überwiegend wissenschaftlicher oder künstlerischer Tätigkeit), wirkt der PR nur mit, wenn sie es **beantragen** (§ 76 Abs. 2 Nr. 1). Der Grund für die Herabstufung der Mitbestimmung zur Mitwirkung liegt darin, dass der Gesetzgeber die von den Beschäftigten eingenommenen **herausgehobenen Positionen** als so bedeutsam ansieht, dass er der Personalvertretung bei den Entscheidungen in den Personalangelegenheiten dieser Beschäftigten keinen mitbestimmenden Einfluss 276

726 Vgl. dazu ausf.: 2. Aufl.-*Klimpe-Auerbach*, § 92 Rn. 5.

727 LT-Dr. 15/4224, S. 147 [zu § 71].

einräumen will. Das **Verfahren der Beteiligung** richtet sich in diesen Fällen ausschließlich nach § 82.

277 (**Abs. 6 Nr. 2**) Die im Katalog des Abs. 1 Nr. 11 und des Abs. 2 der mitbestimmungspflichtigen Personalangelegenheiten aufgeführten Fälle der **Umsetzung, Versetzung, Abordnung, Zuweisung und Personalgestellung** unterliegen nach der besonderen Vorschrift des Abs. 6 Nr. 2[728] bei den in Abs. 6 Nr. 2a–c genannten Personengruppen nur der **Mitwirkung**. Das Verfahren der Beteiligung und das Stufenverfahren richten sich in allen Fällen des Abs. 2 ausschließlich nach §§ 82 und 83.

277a (**Abs. 6 Nr. 2a**) Betroffen sind die Beamten des allgemeinen Vollzugsdienstes und Werkdienstes bei den Justizvollzugseinrichtungen. Die Vorschrift gilt für alle **Justizvollzugseinrichtungen** des Landes (zurzeit Justizvollzugsanstalten, Jugendarrestanstalten, Justizvollzugskrankenhaus, Sozialtherapeutische Anstalt und Justizvollzugsschule [vgl. Rubrik »Justizvollzug« unter *www.jum.baden-wuerttemberg.de*]), aber nur für die dort beschäftigten **Beamten des allgemeinen Vollzugsdienstes und Werkdienstes**, nicht dagegen für andere Beschäftigte, z. B. nicht für Beamte des psychologischen, pädagogischen, kirchlichen, medizinischen Dienstes, des Sozialdienstes oder des Verwaltungsdienstes.[729]

278 (**Abs. 6 Nr. 2b**) Abs. 6 Nr. 2b legt fest, dass die in Abs. 1 Nr. 11 und in Abs. 2 aufgeführten Fälle der **Umsetzung, Versetzung, Abordnung, Zuweisung und Personalgestellung** bei Polizeibeamten nicht der Mitbestimmung, sondern nur der Mitwirkung unterliegen. Die Vorschrift entspricht den Regelungen der §§ 90 Abs. 3 S. 2, 89 Abs. 2 a. F. (vgl. 2. Auflage, § 89 Rn. 2, § 90 Rn. 6). Sie gilt nur für **Polizeibeamte** i. S. d. § 59 Nr. 2 PolG und § 1 LVOPol.

279 (**Abs. 6 Nr. 2c**) Die Regelung betrifft die **Beschäftigten des Landesamts für Verfassungsschutz**. Es kann sich beim Landesamt für Verfassungsschutz, ähnlich wie bei der Polizei oder im Strafvollzug, die Notwendigkeit einer schnell umzusetzenden Personalveränderungsmaßnahme (z. B. im Sicherheitsbereich) ergeben, weshalb in den Fällen des Abs. 1 Nr. 11 und des Abs. 2 (Umsetzung innerhalb der Dienststelle mit Dienstortswechsel, Versetzung, Abordnung, Zuweisung, Personalgestellung) an die Stelle der Mitbestimmung die Mitwirkung tritt.

8. Kündigung entgegen der Empfehlung der Einigungsstelle

280 (**Abs. 7**) Die Regelung entspricht § 77 Abs. 1 S. 4 und Abs. 2 a. F. mit Anpassungen an das Mitbestimmungsverfahren als Folgeänderung aufgrund

728 Die Regelungen waren durch Art. 6 Nr. 33 DRG in § 89 Abs. 2 a. F. und § 90 Abs. 3 S. 2 redaktionell angepasst worden; vgl. LT-Dr. 13/6694, S. 572 [zu Nr. 33].

729 Vgl. Leuze-*Flintorp*, § 75 Rn. 284.

der Zuordnung der **ordentlichen Kündigung** von Arbeitnehmern zur Mitbestimmung (Abs. 1 Nr. 12). Da mit dem ÄndG 2013 die ordentliche Kündigung der Mitbestimmung des PR unterliegt, kann sie ohne seine Zustimmung und ohne Zustimmung der Stufenvertretung erst nach einer Entscheidung der Einigungsstelle ausgesprochen werden. Die Einigungsstelle kann eine Empfehlung an die oberste Dienstbehörde aussprechen, diese entscheidet sodann endgültig, ohne an die Empfehlung der Einigungsstelle gebunden zu sein. Die Entscheidung ist zu begründen und der Einigungsstelle sowie den beteiligten Personalvertretungen bekannt zu geben (§ 78 Abs. 4 S. 3). Kündigt die Dienststelle, obwohl die Einigungsstelle eine anderslautende Empfehlung abgegeben hat, kann der gekündigte Arbeitnehmer unter der Voraussetzung, dass er innerhalb der Dreiwochenfrist nach Kündigungszugang gemäß § 4 KSchG Kündigungsschutzklage erhoben hat, den Anspruch auf Weiterbeschäftigung bis zur rechtskräftigen Erledigung des Rechtsstreits geltend machen.

(Abs. 7 S. 1) Wird **trotz anderslautender Empfehlung** der Einigungsstelle gemäß § 78 Abs. 4 eine **ordentliche Kündigung** ausgesprochen, ist dem Arbeitnehmer mit der Kündigung eine Abschrift der Empfehlung der Einigungsstelle zuzuleiten. Die Empfehlung der Einigungsstelle kann dem Arbeitnehmer ggf. in einem Kündigungsschutzprozess nützlich sein; auch im Hinblick auf die sozialrechtlichen Folgen einer arbeitgeberseitigen Kündigung (Sperrzeit u. a.). **281**

(Abs. 7 S. 2) Der **personalvertretungsrechtliche Weiterbeschäftigungsanspruch** nach **Abs. 7 S. 2** setzt voraus, dass eine **ordentliche Kündigung** (vgl. Rn. 76 f.) oder eine **außerordentliche Kündigung gegenüber einem ordentlich unkündbaren Arbeitnehmer mit einer (der fiktiven ordentlichen Kündigungsfrist entsprechenden) Frist** (vgl. Rn. 78) ausgesprochen worden ist, dass die Einigungsstelle empfohlen hat, die Kündigungsmaßnahme nicht durchzuführen, der Arbeitnehmer **rechtzeitig** (vgl. Rn. 280) **Kündigungsschutzklage** erhoben hat[730] und dass der gekündigte Arbeitnehmer die Weiterbeschäftigung **verlangt** (vgl. Rn. 283). **282**

Der Arbeitnehmer muss vom Arbeitgeber deutlich erkennbar die **Weiterbeschäftigung verlangen.**[731] Auch wenn dafür eine bestimmte **Form** nicht vorgeschrieben ist, empfiehlt sich die Schriftform. Obwohl das Gesetz für die Geltendmachung eine **Frist** nicht festlegt, verlangt das *BAG*, dass dies spätestens am ersten Arbeitstag nach Ablauf der Kündigungsfrist erfolgen muss.[732] **283**

730 Vgl. Lorenzen-*Sachadae*, § 85 Rn. 183, 184.
731 Vgl. Lorenzen-*Sachadae*, § 85 Rn. 184; Richardi-*Benecke*, § 79 a. F. Rn. 91.
732 Urt. v. 11.5.00 – 2 AZR 54/99 –, AP Nr. 13 zu § 102 BetrVG Weiterbeschäftigung.

284 Liegen die Voraussetzungen des Weiterbeschäftigungsanspruchs vor, kann der Arbeitnehmer verlangen, dass er nach Ablauf der Kündigungsfrist bis zum rechtskräftigen Abschluss des Rechtsstreits »**bei unveränderten Arbeitsbedingungen« weiterbeschäftigt** wird. Das bedeutet, dass er so zu stellen ist, als ob die Kündigung nicht ausgesprochen worden wäre.[733] Dem Arbeitnehmer dürfen **keine Leistungen vorenthalten** werden, von denen gekündigte Arbeitnehmer sonst u. U. ausgeschlossen werden dürfen.[734] Die Zeit der Weiterbeschäftigung ist auf die **Dauer der Betriebszugehörigkeit** anzurechnen.[735] Der Arbeitnehmer ist nach h. M. wie bisher **tatsächlich zu beschäftigten**.[736] Bei PR-Wahlen ist er aktiv und passiv **wahlberechtigt**.[737] Während der Zeit der Weiterbeschäftigung kann er **besondere Schutzrechte** erwerben, z. B. den besonderen Kündigungsschutz nach § 15 Abs. 2 KSchG i. V. m. §§ 47 Abs. 4, 108 Abs. 1 BPersVG, § 9 MuSchG oder § 168 SBG IX.[738]

284a **Lehnt die Dienststelle es ab**, den Arbeitnehmer nach Abs. 7 S. 2 weiter zu beschäftigen, kann er seinen Anspruch vor dem Arbeitsgericht im Urteilsverfahren durch **Klage** oder durch einen Antrag auf Erlass einer **einstweiligen Verfügung** geltend machen.[739]

285 **(Abs. 7 S. 3)** Auf Antrag der Dienststelle kann das Arbeitsgericht nach Abs. 7 S. 3 sie durch einstweilige Verfügung **ausnahmsweise von der Weiterbeschäftigungspflicht entbinden**, wenn einer der in S. 3 Nr. 1 bis 3 abschließend aufgeführten Gründe vorliegt.[740] Diese Gründe sind im Zweifel zugunsten des Arbeitnehmers auszulegen.

285a **(S. 3 Nr. 1)** Die Kündigungsschutzklage bietet nur dann **keine hinreichende Aussicht auf Erfolg**, wenn eine summarische Prüfung ergibt, dass sie offensichtlich oder doch mit hinreichender Wahrscheinlichkeit keinen Erfolg haben wird. **Mutwillig** erscheint sie nur, wenn eine »verständige Partei« ihr Recht nicht in gleicher Weise verfolgen würde, was nur äußerst selten der Fall sein dürfte.

285b **(S. 3 Nr. 2)** Eine **unzumutbare wirtschaftliche Belastung** der Dienststelle kann im Geltungsbereich des PersVR nur ganz ausnahmsweise in Betracht

---

733 Vgl. DKW-*Bachner/Deinert*, § 102 Rn. 302.

734 Str.; ebenso DKW-*Bachner/Deinert*, a. a. O.; a. A. *Fitting*, § 102 Rn. 114; Lorenzen- *Sachadae*, § 85 Rn. 187.

735 Vgl. DKW-*Bachner/Deinert*, § 102 Rn. 303; Lorenzen-*Sachadae*, § 85 Rn. 188; a. A. *Fitting*, § 102 Rn. 115.

736 Vgl. *BAG* v. 26. 5. 77 – 2 AZR 632/76 –, AP Nr. 5 zu § 611 BGB Beschäftigungspflicht.

737 Vgl. Lorenzen-*Sachadae*, § 85 Rn. 190; Richardi-*Benecke*, § 79 a. F. Rn. 97.

738 Vgl. DKW-*Bachner/Deinert*, § 102 Rn. 305.

739 Näher dazu Altvater-*Dierßen*, § 85 Rn. 57 m. w. N.

740 Näher dazu Altvater-*Dierßen*, § 85 Rn. 59 ff. m. w. N.

kommen. Die durch die Weiterbeschäftigung verursachten wirtschaftlichen Belastungen der Dienststelle müssen so schwerwiegend sein, dass ihre wirtschaftliche Existenz durch die Vergütungszahlung infrage gestellt ist, mangels Beschäftigungsmöglichkeiten die Arbeitsleistungen sinnlos sind oder wenn der Dienstbetrieb vollkommen eingestellt bzw. die Dienststelle ersatzlos aufgelöst ist. Dass die Arbeitskraft des Arbeitnehmers nicht mehr benötigt wird, reicht für sich allein betrachtet nicht aus.[741] Denn das ist bei jeder betriebsbedingten Kündigung der Fall. Unzumutbarkeitsgründe in der Person des gekündigten Arbeitnehmers kann die Dienststelle angesichts der eindeutigen gesetzlichen Ausnahmeregelung nicht geltend machen.

(S. 3 Nr. 3) Eine **offensichtlich unbegründete Zustimmungsverweigerung** **285c**
des PR liegt nur dann vor, wenn sich dessen Grundlosigkeit bei unbefangener Beurteilung geradezu aufdrängt. Da mit dem Wegfall der Zustimmungsverweigerungsgründe nach § 82 a. F. die Zustimmungsverweigerung nicht mehr an Kataloggründe gebunden ist, kann der PR die Zustimmung zur beantragten Kündigungsmaßnahme aus jedem sachlichen Grund verweigern, der nicht offensichtlich außerhalb des Mitbestimmungstatbestands liegt. Der PR darf sich allerdings nicht auf eine nur formelhafte Begründung beschränken, sondern muss den Bezug zum konkreten Kündigungsfall erkennbar machen.[742]

Die Weiterbeschäftigungspflicht des Arbeitgebers kann auch **auf andere** **286**
Weise als durch gerichtliche Entbindung mittels einstweiliger Verfügung nach Abs. 7 S. 3 entfallen, z. B. durch Aufhebungsvertrag oder Klagerücknahme.

Der Weiterbeschäftigungsanspruch endet spätestens mit dem **rechtskräf-** **287**
tigen Abschluss des Kündigungsrechtsstreits. Obsiegt der Arbeitnehmer, wird das bisherige Arbeitsverhältnis nahtlos fortgesetzt. Wird dagegen seine Klage abgewiesen, endet das Weiterbeschäftigungsverhältnis mit der Rechtskraft des Urteils.[743]

Das **Verfahren der Mitbestimmung** richtet sich nach §§ 76–78. Nach § 76 **288**
Abs. 1 i. V. m. § 71 Abs. 1 S. 1 hat der Dienststellenleiter den PR rechtzeitig und umfassend über die beabsichtigte Kündigung zu **unterrichten**.[744] Nach § 76 Abs. 5 kann der PR im Rahmen der Mitbestimmung verlangen, dass die Dienststelle die beabsichtigte **Maßnahme begründet**. Unabhängig davon ob der PR verlangt, dass die beabsichtigte Kündigung begründet wird, ergibt sich die Pflicht der Dienststelle zur vollständigen Unterrichtung des PR aus § 108 Abs. 2 BPersVG. Eine fehlerhafte Beteiligung des PR, was auch bei dessen unvollständigen Unterrichtung der Fall ist, führt danach zur Un-

---

741 Für den Bereich des BetrVG vgl. *Fitting*, § 102 Rn. 119.

742 *BVerwG* v. 29. 1. 96 – 6 P 38.93 –, PersR 96, 239; Altvater-*Lenders*, § 70 Rn. 46.

743 Näher dazu Altvater-*Dierßen*, § 85 Rn. 64 m. w. N.

744 *BAG* v. 4. 3. 81 – 7 AZR 104/79 –, AP Nr. 1 zu § 77 LPVG Baden-Württemberg.

wirksamkeit der Kündigung.[745] Im Einzelnen sind folgende **Angaben** erforderlich:[746] die zweifelsfreie Benennung der **Person** des zu kündigenden Arbeitnehmers und die Angabe seiner grundlegenden **sozialen Daten**;[747] die **Art der Kündigung**, d.h. die klarstellende Angabe, dass es sich um eine ordentliche Kündigung handelt (oder um eine außerordentliche Kündigung eines ordentlich unkündbaren Arbeitnehmers [vgl. Rn. 89 ff.]); ferner, ob es sich um eine Beendigungs- oder Änderungskündigung handelt und (bei Anwendbarkeit des KSchG) ob eine personen-, verhaltens- oder betriebsbedingte Kündigung erfolgen soll; bei der Kündigung eines schwerbehinderten Menschen, ob der **Antrag auf Zustimmung des Integrationsamtes** gestellt worden ist; die für den zu kündigenden Arbeitnehmer geltende **Kündigungsfrist**, wenn diese dem PR nicht bereits bekannt ist;[748] der beabsichtigte **Kündigungstermin**, d.h. der Termin, zu dem die Kündigung wirksam werden soll,[749] es sei denn, dass der Arbeitgeber die Kündigung alsbald nach Abschluss des Mitwirkungsverfahrens zum nächstmöglichen Termin aussprechen will;[750] die nach Ansicht des Arbeitgebers maßgeblichen **Kündigungsgründe**.

289 Hat der PR der beabsichtigten Kündigung nicht zugestimmt, richten sich **Fortgang und Abschluss des Mitbestimmungsverfahrens** nach den Vorschriften der §§ 77, 78. Legt die **nachgeordnete Dienststelle** die Angelegenheit der zuständigen übergeordneten Dienststelle nach § 77 Abs. 1 **fristgerecht vor**, hat diese – falls sie an der Kündigungsabsicht festhält – die Angelegenheit der bei ihr bestehenden Stufenvertretung vorzulegen (vgl. § 77 Abs. 2). Die **Stufenvertretung** entscheidet in eigener Verantwortung darüber, ob sie die vom PR ausgesprochene Zustimmungsverweigerung aufrechterhält oder ob sie (zusätzlich) andere Gründe der Zustimmungsverweigerung geltend macht.

9. Mitwirkung bei der Kündigung

290 **(Abs. 8)** Bezüglich der in § 75 Abs. 6 Nr. 1a–d genannten Personengruppen tritt im Falle der ordentlichen Kündigung des Arbeitnehmers durch die Dienststelle an die Stelle der Mitbestimmung die **Mitwirkung**. Sofern der PR

---

745 *BAG* v. 5.2.81 – 2 AZR 1135/78 –, AP Nr. 1 zu § 72 LPVG NRW.

746 Näher dazu Altvater-*Dierßen*, § 85 Rn. 16.

747 *BAG* v. 6.10.05 – 2 AZR 280/04 –, AP Nr. 154 zu § 102 BetrVG 1972, u.v. 23.4.09 – 6 AZR 516/08 –, PersR 10, 164.

748 *BAG* v. 29.3.90 – 2 AZR 420/89 – u.v. 16.9.93 – 2 AZR 267/93 –, AP Nr. 56 u. 62 zu § 102 BetrVG 1972.

749 *BAG* v. 4.3.81, a.a.O.

750 *BAG* v. 29.1.86 – 7 AZR 257/84 –, AP Nr. 42 zu § 102 BetrVG 1972, u.v. 27.4.06 – 2 AZR 426/05 –, PersR 06, 398 Ls.

nach § 82 Abs. 4 S. 1 (richtigerweise muss es wohl Abs. 5 heißen; der Verweis auf Abs. 4 S. 1 ist sinnlos) Einwendungen gegen die Kündigung erhoben hat, ist dem Arbeitnehmer mit der Kündigung eine Abschrift der **Stellungnahme des PR zuzuleiten**, es sei denn, dass die Stufenvertretung nach Verhandlung gemäß § 83 Abs. 1 S. 4 und 5 die Einwendungen nicht aufrechterhalten hat. Bis zur endgültigen Entscheidung der übergeordneten Dienststelle nach § 83 Abs. 1 S. 4 und 5 oder der obersten Dienstbehörde nach § 83 Abs. 2 oder des nach § 89 Abs. 1 zuständigen Organs **kann die Kündigung nicht ausgesprochen werden**. Die **Weiterbeschäftigungspflicht** nach Abs. 7 S. 2 (s. Rn. 282) und die **Entbindungsmöglichkeit** der Dienststelle davon gemäß Abs. 7 S. 3 (s. Rn. 285 ff.), sowie § 76 Abs. 2, wonach bei Arbeitnehmern, die in der dort bezeichneten Position sind, der PR nur auf deren **Antrag** zu beteiligen ist, gelten entsprechend (Abs. 8 S. 3).

Hat die Personalvertretung gegen eine ordentliche Kündigung nach § 82 291
Abs. 4 und 5 ordnungsgemäß Einwendungen erhoben, so hat der gekündigte Arbeitnehmer nach Abs. 8 S. 3 i. V. m. Abs. 7 S. 2 während des Kündigungsschutzprozesses Anspruch auf **vorläufige Weiterbeschäftigung** (vgl. Rn. 282 ff.). Sind diese Einwendungen begründet, so ist die Kündigung nach § 1 Abs. 2 S. 2 oder 3 KSchG sozial ungerechtfertigt, ohne dass es einer Interessenabwägung zwischen den Arbeitsvertragsparteien bedarf; es liegt dann ein **absoluter Sozialwidrigkeitsgrund** vor.[751]

Ist die Personalvertretung nicht beteiligt worden, ist eine vom Arbeitgeber 292
ausgesprochene ordentliche Kündigung nach § 108 Abs. 2 BPersVG **unwirksam**; ist sie fehlerhaft beteiligt worden (siehe z. B. Rn. 288), gilt das Gleiche.

Das **Verfahren der Mitwirkung** richtet sich nach § 82. Nach § 82 Abs. 1 293
i. V. m. § 70 Abs. 1 S. 1 hat der Dienststellenleiter den PR rechtzeitig und umfassend über die beabsichtigte Kündigung zu **unterrichten** (siehe Rn. 288).[752] Erhebt der PR gegen die Kündigung **Einwendungen**, hat er sie der Dienststelle nach § 82 Abs. 5, 6 unter Angabe der **Gründe** schriftlich mitzuteilen (vgl. § 82 Rn. 7 ff.). Der PR kann Einwendungen jeglicher Art erheben.[753] Die Einwendungen dürfen aber nicht offenkundig keinen unmittelbaren Bezug zu den Mitwirkungsangelegenheiten haben (§ 82 Abs. 4 S. 1).

Nach fristgerecht erhobenen Einwendungen richten sich **Fortgang und** 294
Abschluss des Mitwirkungsverfahrens nach den Vorschriften des §§ 82, 83. **Legt der PR einer nachgeordneten Dienststelle** die Angelegenheit der zuständigen übergeordneten Dienststelle nach § 83 **fristgerecht vor**, hat diese – falls sie an der Kündigungsabsicht festhält – die bei ihr bestehende

751 Vgl. DDZ-*Deinert*, § 1 KSchG Rn. 376.

752 *BAG* v. 4. 3. 81 – 7 AZR 104/79 –, AP Nr. 1 zu § 77 LPVG Baden-Württemberg.

753 Str.; ebenso Lorenzen-*Sachadae*, § 85 Rn. 200; Richardi-*Benecke*, § 79 a. F. Rn. 41, 53.

Stufenvertretung mit der Angelegenheit zu befassen (vgl. § 83 Rn. 3). Die **Stufenvertretung** entscheidet in eigener Verantwortung darüber, ob sie die vom PR erhobenen Einwendungen aufrechterhält, ob sie (zusätzlich) andere Einwendungen erhebt oder den Antrag der obersten Dienstbehörde vorlegt. **Legt der PR** die Angelegenheit jedoch **nicht fristgerecht vor**, so ist das Verfahren mit Ablauf der Vorlagefrist abgeschlossen. Die Einwendungen werden dadurch allerdings nicht aufgehoben, sondern behalten ihre damit verbundenen Rechtswirkungen.[754] Bei **Körperschaften, Anstalten und Stiftungen** gilt Entsprechendes, auch wenn der PR davon absieht, nach § 89 fristgerecht die Entscheidung des Hauptorgans bzw. des entsprechenden Beschlussorgans oder des zuständigen Ausschusses des jeweiligen Organs zu beantragen.

295 Wird dem Arbeitnehmer gekündigt, obwohl der PR nach § 82 Abs. 5 S. 1 ordnungsgemäß Einwendungen gegen die Kündigung erhoben hat, ist der Arbeitgeber nach **Abs. 8 S. 1** verpflichtet, dem Arbeitnehmer mit der Kündigung eine **Abschrift der Stellungnahme des PR** zuzuleiten. Diese Verpflichtung besteht aber dann nicht, wenn die **Stufenvertretung** nach Verhandlung nach § 83 Abs. 1 S. 4 und 5 die **Einwendungen des PR nicht aufrechterhalten** oder **unbeachtliche bzw. gar keine Einwendungen** vorgebracht hat.[755] Hat die Stufenvertretung zwar die ursprünglichen Einwendungen nicht aufrechterhalten, aber stattdessen andere, aber beachtliche Einwendungen erhoben,[756] ist dem Arbeitnehmer eine Abschrift der Stellungnahme der Stufenvertretung zuzuleiten.[757]

296 Die Verpflichtung nach Abs. 8 S. 1 bezieht sich immer auf die von der **zuletzt beteiligten Personalvertretung** eingelegten oder aufrechterhaltenen beachtlichen Einwendungen. Sie entfällt nicht, wenn der PR (oder der BPR) von der nach § 83 Abs. 1 S. 1 möglichen Vorlage an die übergeordnete Dienststelle (bzw. die oberste Dienstbehörde) abgesehen hat.[758]

297 **(Abs. 8 S. 2)** Erst wenn das **Mitwirkungsverfahren abgeschlossen** ist, kann der Arbeitgeber die beabsichtigte **Kündigung aussprechen**. Abgeschlossen ist das Mitwirkungsverfahren, wenn der PR innerhalb der Äußerungsfrist des § 82 Abs. 4 S. 1 keine Einwendungen erhoben hat, seine Einwendungen die Stufenvertretung nach Verhandlung nach § 83 Abs. 1 S. 1 nicht aufrechterhält oder die Einwendungen offenkundig keinen unmittelbaren Bezug zur Kündigungsangelegenheit aufweisen. Wird von der zuständigen Personalvertretung die Kündigungsangelegenheit der übergeordneten Dienststelle

754 Vgl. Lorenzen-*Sachadae*, § 85 Rn. 102.

755 Vgl. *Fischer/Goeres/Gronimus*, § 79 a. F. Rn. 15a, 16.

756 Vgl. *Fischer/Goeres/Gronimus*, § 79 a. F. Rn. 17.

757 Unzutreffend dagegen Leuze-*Flintorp*, § 75 Rn. 295, die eine Mitteilungspflicht des Dienststellenleiters in diesem Fall verneint.

758 Ferner Richardi-*Benecke*, § 79 a. F. Rn. 82.

vorgelegt, kann bis zur endgültigen Entscheidung der übergeordneten oder der obersten Dienstbehörde bzw. des nach § 89 Abs. 1 zuständigen Organs die Kündigung nicht rechtswirksam ausgesprochen werden.[759] Die Regelung schließt aber nicht aus, dass das Mitwirkungsverfahren auch ohne eine solche Entscheidung beendet werden kann.

Hat die Personalvertretung gegen eine ordentliche Kündigung nach § 82 **298**
Abs. 5 S. 1 Einwendungen erhoben und hat die Stufenvertretung die Einwendungen aufrechterhalten, so hat der gekündigte Arbeitnehmer während des Kündigungsschutzprozesses unter den gleichen Voraussetzungen wie nach Abs. 7 **Anspruch auf vorläufige Weiterbeschäftigung** (siehe Rn. 282 ff.).

§ 76 Einleitung, Verfahren der Mitbestimmung

(1) Die Dienststelle unterrichtet den Personalrat von der beabsichtigten Maßnahme und beantragt seine Zustimmung.

(2) [1]Der Personalrat bestimmt, soweit in § 75 Absatz 5 und 6 nichts anderes bestimmt ist, nur mit

1. in den Personalangelegenheiten nach § 75 Absatz 1 und 2 der
   a) in § 9 Absatz 2 Satz 1 Nummer 2 und 3 bezeichneten Beschäftigten,
   b) der Beamten auf Zeit,
   c) der Beschäftigten mit überwiegend wissenschaftlicher oder künstlerischer Tätigkeit,

2. in den Angelegenheiten des § 74 Absatz 1 Nummer 4,
   wenn die betroffenen Beschäftigten es beantragen. [2]§ 75 Absatz 3 bleibt unberührt.

(3) In den Fällen von Absatz 2 sowie von § 75 Absatz 3 sind die Beschäftigten von der beabsichtigten Maßnahme rechtzeitig vorher in Kenntnis zu setzen; gleichzeitig sind sie auf ihr Antrags- oder Widerspruchsrecht hinzuweisen.

(4) In den Angelegenheiten nach § 74 Absatz 1 Nummer 1 und 4 bestimmt auf Verlangen der betroffenen Beschäftigten nur der Vorstand mit.

(5) Der Personalrat kann verlangen, dass die Dienststelle die beabsichtigte Maßnahme begründet.

(6) [1]Der Beschluss des Personalrats über die beantragte Zustimmung ist der Dienststelle innerhalb von drei Wochen mitzuteilen. [2]In dringenden Fällen kann die Dienststelle diese Frist auf eine Woche abkürzen. [3]Personalrat und Dienststelle können für die Dauer der Amtszeit des Personalrats abweichende Fristen vereinbaren.

---

759 Zur Mitteilung der endgültigen Entscheidung an die Personalvertretung vgl. *BAG* v. 5. 10. 95 – 2 AZR 909/94 –, PersR 96, 76.

(7) Die Dienststelle kann die Fristen im Einzelfall verlängern oder in begründeten Fällen im Einvernehmen mit dem Personalrat abkürzen.

(8) [1]Aufgrund eines Beschlusses des Vorstands kann der Vorsitzende des Personalrats bei der Dienststelle im Einzelfall eine längere Frist beantragen. [2]Dabei ist die Dauer der Fristverlängerung zu benennen und ihre Erforderlichkeit zu begründen. [3]Soweit keine andere Frist bewilligt wird, verlängert sich die Frist um drei Arbeitstage. [4]Entscheidet die Dienststelle nicht innerhalb von drei Arbeitstagen nach Zugang über den Antrag, gilt die Fristverlängerung im beantragten Umfang als bewilligt. [5]Der Antrag kann nicht wiederholt werden.

(9) [1]Die Maßnahme gilt als gebilligt, wenn nicht der Personalrat innerhalb der geltenden Frist die Zustimmung unter Angabe der Gründe schriftlich oder elektronisch verweigert oder die angeführten Gründe offenkundig keinen unmittelbaren Bezug zu den Mitbestimmungsangelegenheiten haben. [2]Soweit dabei Beschwerden oder Behauptungen tatsächlicher Art vorgetragen werden, die für einzelne Beschäftigte ungünstig sind oder ihnen nachteilig werden können, hat die Dienststelle diesen Beschäftigten Gelegenheit zur Äußerung zu geben; die Äußerung ist aktenkundig zu machen.

(10) Kommt bei Arbeitnehmern in den Fällen des § 75 Absatz 3 Nummer 2 über die beantragte Verringerung der arbeitsvertraglich vereinbarten Arbeitszeit und in den Fällen des § 75 Absatz 3 Nummer 6 über die beantragte Teilzeitbeschäftigung eine Einigung nicht zustande, entscheidet die Dienststelle endgültig; die §§ 73 und 74 finden keine Anwendung.

Vergleichbare Vorschriften:
§ 70 Abs. 2 u. 3 BPersVG; keine im BetrVG

Inhaltsübersicht Rn.

1. Mitbestimmungsverfahren (Abs. 1)

Die Regelung entspricht § 69 Abs. 2 S. 1 a. F. Wie bisher wird das Mitbestimmungsverfahren dadurch **eingeleitet**, dass die Dienststelle den PR von der beabsichtigten Maßnahme unterrichtet und seine Zustimmung beantragt. Eine bestimmte **Form** ist dafür nicht vorgeschrieben. Aus Beweisgründen empfiehlt sich jedoch die Schriftform. Erforderlich sind eine **umfassende Unterrichtung** (vgl. Rn. 2) und ein **verbindlicher Zustimmungsantrag**.[1] Die Einleitung des Verfahrens hat durch den **Dienststellenleiter**, seinen **ständigen Vertreter** oder einen **anderen vertretungsberechtigten Beauftragten** des Dienststellenleiters zu erfolgen (vgl. § 5 Rn. 11, 17, 18). Ist die Dienststelle **fehlerhaft vertreten**, muss der PR dies innerhalb der Äußerungsfrist des Abs. 6 **rügen**, damit er sich im weiteren Verfahren darauf berufen kann (vgl. Rn. 17). Da das Initiativrecht grundsätzlich bei der Dienststelle liegt, entscheidet der Dienststellenleiter, ob und wann ein solcher Antrag gestellt werden soll.[2] Allerdings kann sich der Dienststellenleiter der Mitbestimmung des PR nicht dadurch entziehen, dass er mitbestimmungsbedürftige abstrakt-generelle Regelungen nur im Wege individueller Entscheidungen erbringt, denn dann kann der PR sein Mitbestimmungsrecht im Wege des Initiativrechts nach § 84 durchsetzen.[3] Zur **Entgegennahme** der Erklärungen des Dienststellenleiters (oder seines Vertreters), mit denen das Mitbestimmungsverfahren eingeleitet (und betrieben) wird, ist der Vorsitzende des PR befugt (vgl. § 29 Rn. 9). In der bloßen Übermittlung von Unterlagen oder Entwürfen kann noch kein das Mitbestimmungsverfahren auslösender Zustimmungsantrag gesehen werden.[4] 1

Gegenstand des Mitbestimmungsverfahrens ist die **beabsichtigte Maßnahme** der Dienststelle. Eine Maßnahme ist jede Handlung oder Entscheidung, die das Beschäftigungsverhältnis oder die Arbeitsbedingungen der Beschäftigten oder eines einzelnen Beschäftigten betrifft oder sich darauf

1 *VGH BW* v. 4.6.91 – 15 S 3176/90 –, PersV 92, 352.
2 Rooschüz-*Bader*, § 76 Rn. 2.
3 *BVerwG* v. 25.5.09 – 6 PB 5/09 –, NZA-RR 09, 453.
4 *VGH BW* v. 4.6.91 – 15 S 3176/90 –, PersV 92, 352.

auswirkt und die bei einer Personalentscheidung deren bzw dessen Rechtsstand berührt.[5] Es kann sich dabei sowohl um Einzelmaßnahmen als auch um generelle Regelungen, bspw. eine Dienstvereinbarung, handeln.[6]

2 **Für die Unterrichtung** des PR nach Abs. 1 gelten die Vorschriften des § 71 Abs. 1, wonach die Personalvertretung zur Durchführung ihrer Aufgaben rechtzeitig und umfassend und unter Vorlage der hierfür erforderlichen Unterlagen zu unterrichten ist (näher dazu § 71 Rn. 3).[7] Die Unterrichtung soll dem PR die Kenntnisse vermitteln, die er zu einer sachgerechten Entscheidung über den Gegenstand des Mitbestimmungsverfahrens benötigt.[8] Dazu gehört eine **genaue Bezeichnung** der beabsichtigten Maßnahme.[9] Die Unterrichtung muss so **umfassend** erfolgen, dass der PR alle entscheidenden Gesichtspunkte kennt, die für seine Meinungs- und Willensbildung von Bedeutung sein können.[10] Im Einzelfall richtet sich der Umfang der Unterrichtung des PR jeweils danach, für welche Maßnahme die Zustimmung beantragt wird.[11] Dabei kommt es v. a. auf den Schutzzweck der Mitbestimmung an.[12] Die Informationspflicht des Dienststellenleiters besteht in dem – nach objektiven Kriterien zu ermittelnden – Umfang, in welchem die Personalvertretung zur Durchführung ihrer Aufgaben die Kenntnis der Unterlagen benötigt. Dazu kann auch die Vorlage der Dokumentation von Vorstellungsgesprächen gehören.[13] Die Unterrichtung darf **keine unzutreffenden Behauptungen** enthalten.[14] Eine nur ungenaue Unterrichtung macht das Verfahren jedoch nicht fehlerhaft, wenn die Dienststelle dem PR die entsprechenden Unterlagen zur Verfügung gestellt hat. Die Unterrichtungspflicht korrespondiert mit dem Informationsanspruch, von dem der PR im Zweifel auch Gebrauch machen und weitere Informationen einfordern muss.[15] Zu den nach § 71 Abs. 1 S. 1 vorzulegenden **Unterlagen** gehört ggf. auch ein von der Dienststelle eingeholtes Gutachten eines Sachverständigen.[16] Die Dienststelle hat die erforderlichen Unterlagen **von sich aus** vorzulegen. Die Unterrichtung ist nur dann **rechtzeitig**, wenn der PR mit dem Antrag auf Zustimmung zu der Maßnahme alle erforderlichen Infor-

5 Altvater-*Lenders*, § 70 Rn. 13 m. w. N.
6 Altvater-*Lenders*, § 70 Rn. 13.
7 *BVerwG* v. 26. 1. 94 – 6 P 21.92 –, PersR 94, 213.
8 *BVerwG* v. 10. 8. 87 – 6 P 22.84 –, PersR 88, 18.
9 *VGH BW* v. 12. 4. 83 – 15 S 744/82 –, ZBR 84, 216.
10 *BVerwG* v. 10. 8. 87, a. a. O.
11 *BVerwG* v. 10. 8. 87, a. a. O.
12 *BVerwG* v. 26. 1. 94, a. a. O.; *VGH BW* v. 24. 6. 97 – PL 15 S 261/96 –, PersR 98, 36.
13 *OVG Saarland*, Beschl. v. 10. 8. 21 – 5 A 264/20.
14 *OVG NW* v. 22. 3. 96 – 1 B 353/96 –, PersR 96, 365 = 97, 252; *OVG BE* v. 18. 12. 02 – 4 S 41.02 –, PersR 03, 163.
15 *VG Karlsruhe* v. 10. 3. 22 – DL 17 K 1218/21.
16 *BVerwG* v. 8. 11. 89 – 6 P 7.87 –, PersR 90, 102.

mationen erhält. Geschieht dies erst nachträglich, beginnt die **Äußerungsfrist** des Abs. 6 erst mit dem Zeitpunkt zu laufen, zu dem der PR ausreichend unterrichtet worden ist (vgl. Rn. 18).

2. Einschränkungen der Mitbestimmung (Abs. 2)

Abs. 2 Nr. 1 der Regelung entspricht im Wesentlichen unter redaktioneller 3
Anpassung an die neue Paragrafenfolge und mit Folgeänderungen aufgrund der Einführung neuer Mitbestimmungstatbestände § 81 S. 1 a. F.; Nr. 2 und 3 entsprechen unter redaktionellen Änderungen § 78 Abs. 2 S. 1 und 2 a. F.

a) Vorbehalt des § 75 Abs. 5, 6

Abs. 2 schränkt die Mitbestimmung insoweit ein, als in den in Abs. 2 S. 1 3a
Nr. 1 und 2 genannten Fällen das Mitbestimmungsrecht des PR nur dann besteht, wenn die betroffenen Beschäftigten es **beantragen** bzw. im Falle des Abs. 2 Nr. 3 wenn die betroffenen Beschäftigten nicht widersprechen. Die Regelung steht unter dem **Vorbehalt**, dass das Mitbestimmungsrecht nicht bereits durch § 75 Abs. 5 und 6 ausgeschlossen bzw. zum Mitwirkungsrecht herabgestuft ist. Beantragt ein Beschäftigter die Mitbestimmung des PR gemäß § 76 Abs. 2, so ist vorab zu prüfen, ob ein Fall von § 75 Abs. 5 bzw. 6 vorliegt. Ist dies der Fall, dann besteht kein Mitbestimmungsrecht. Die Mitbestimmung gemäß Abs. 2 S. 1 ist auch dann von einem Antrag des Beschäftigten abhängig, wenn diesem eine dort erfasste Aufgabe erst übertragen werden soll.[17] Selbstverständlich sind auch Beschäftigte umfasst, die die betreffende Stellung bereits innehaben.

b) Personalangelegenheiten nach Nr. 1 und 2

Nr. 1: Das Mitbestimmungsrecht des PR ist in den Personalangelegenheiten 4
des § 75 Abs. 1 und 2 dann von einem Antrag des betroffenen Beschäftigten abhängig, wenn es sich **a)** um in § 9 Abs. 2 S. 1 Nr. 2 und 3 bezeichnete Beschäftigte (d. h. den Leiter der Dienststelle, seinen ständigen Vertreter sowie Beschäftigte, die zu selbstständigen Entscheidungen in Personalangelegenheiten der Dienststelle befugt sind), **b)** um Beamte auf Zeit und **c)** um Beschäftigte mit überwiegend wissenschaftlicher oder künstlerischer Tätigkeit handelt.

17 Vgl. *BVerwG* v. 20. 3. 02 – 6 P 6.01 –, PersR 02, 302.

aa) Personenkreis des § 9 Abs. 2 Nr. 1 (Nr. 1a)

5 In den Fällen des **Abs. 2 Nr. 1a** steht dahinter der Gedanke, durch die an den Antrag geknüpfte Beteiligung des PR die Unabhängigkeit des genannten Personenkreises gegenüber dem PR sicherzustellen (»**Gegenspieler-Funktion**«). Müssten diese Beschäftigten in ihren eigenen Personalangelegenheiten eine von ihnen nicht gewünschte Mitbestimmung des PR in Rechnung stellen, so bestünde Anlass zu der Besorgnis, dass sie bei Entscheidungen in den ihnen übertragenen Personalangelegenheiten möglicherweise eine sachlich nicht gerechtfertigte Rücksicht auf die Zielsetzungen des PR nehmen.[18]

bb) Beamte auf Zeit (Nr. 1b)

6 In **Abs. 2 Nr. 1b** geht der **Gesetzgeber** davon aus, dass **Beamte auf Zeit** zeitlich begrenzt und damit in geringerer Intensität als andere Beschäftigte in die Dienststelle integriert sind.[19]

cc) Überwiegend wissenschaftliche oder künstlerische Arbeit (Nr. 1c)

7 **Abs. 2 Nr. 1c** unterwirft das Mitbestimmungsrecht von **Beschäftigten mit überwiegend wissenschaftlicher oder künstlerischer Tätigkeit** dem Antragserfordernis. Es soll dazu dienen, die Freiheit von Kunst und Wissenschaft, Forschung und Lehre zu gewährleisten. Die wissenschaftliche bzw. künstlerische Tätigkeit ist dann überwiegend, wenn die übertragenen Aufgaben im Wissenschafts- bzw. Kunstbereich angesiedelt sind und der Beschäftigte diese eigenverantwortlich und schwerpunktmäßig erfüllt (vgl. § 99).

Eine Tätigkeit ist als **wissenschaftlich** anzusehen, wenn sie nach Aufgabenstellung und anzuwendender Arbeitsmethode darauf angelegt ist, neue Erkenntnisse zu gewinnen und zu verarbeiten, die der Sicherung und Ausweitung des Erkenntnisstandes in einer wissenschaftlichen Disziplin dienen. Das Wesentliche der **künstlerischen** Tätigkeit ist die freie schöpferische Gestaltung, in der Eindrücke, Erfahrungen, Erlebnisse des Künstlers durch das Medium einer bestimmten Formensprache zu unmittelbarer Anschauung gebracht werden. Unverzichtbares Merkmal sowohl der wissenschaftlichen als auch der künstlerischen Tätigkeit ist das Erbringen **selbständiger schöpferischer Leistungen**, wobei auch die Wiedergabe eines Kunstwerks eine künstlerische Tätigkeit sein kann. Eine wissenschaftliche oder künstlerische Tätigkeit kann auch **gemeinsam mit anderen** oder **unter der Leitung ei-**

---

18 *BVerwG* v. 20.3.02 – 6 P 6.01 –, a.a.O.
19 *BVerwG* v. 20.3.02 – 6 P 6.01 –, a.a.O.

nes anderen ausgeübt werden, z. B. Als Musiker in einem Kulturorchester. **Sondervorschriften** enthält das LPVG für **Hochschulen** und andere **Forschungsstätten** in § 99 Abs. 2 und 3 (vgl. § 99 Rn. 9 ff.), für das **KIT** in § 101 Nr. 9 (vgl. dort Rn. 22), für **Theater und Orchester** in § 103 (vgl. dort Rn. 1 ff.) sowie für den **Südwestrundfunk** in § 110 Abs. 3 (vgl. § 110 Rn. 5).

dd) Wohnungskündigung (Nr. 2)

Das **Antragserfordernis** erstreckt sich gemäß Abs. 2 Nr. 2 auch auf die Angelegenheiten des § 74 Abs. 1 Nr. 4, also auf die Mitbestimmung bei der Kündigung von Wohnungen, über die die Beschäftigungsdienststelle verfügt oder für die sie ein Vorschlagsrecht hat (vgl. § 74 Abs. 1 Nr. 2). Da hier unter Umständen persönliche Angelegenheiten des Beschäftigten eine Rolle spielen, soll es dem Beschäftigten selbst überlassen bleiben, ob er diese dem PR zugänglich machen will oder nicht. 8

ee) Antragstellung

Der **Antrag** ist in allen Fällen des Abs. 2 beim für die beabsichtigte Maßnahme zuständigen **Dienststellenleiter** zu stellen, da dieser wissen muss, ob er das Mitbestimmungsverfahren beim PR einleiten muss oder nicht. Richtet der Beschäftigte den Antrag dagegen ausschließlich an den PR, so genügt das nicht;[20] leitet der PR den Antrag dann aber unverzüglich weiter, ist der Antrag wirksam gestellt. Das Gesetz sieht für den Antrag weder **Form** noch **Frist** vor. Auch wenn die Schriftform zu empfehlen ist, dürfen hier keine überzogenen Anforderungen an den Beschäftigten gestellt werden. Gibt dieser klar zu erkennen, dass er die Beteiligung des PR wünscht, ist dies als Antrag zu werten. Äußert er sich in unklarer Weise, ist er durch den Dienststellenleiter oder den PR zu einer klaren Äußerung aufzufordern. 9

In zeitlicher Hinsicht sollte der Antrag **alsbald** nach der Information durch den Dienststellenleiter über die geplante Maßnahme gestellt werden. Richardi-*Kaiser/Annuß*[21] halten eine Frist von etwa 14 Tagen für angemessen. Rooschüz-*Bader*[22] hält richtigerweise aufgrund des neu eingefügten § 73 Abs. 1 S. 2 auch einen vorsorglichen Antrag für möglich, wenn sich die Maßnahme schon abzeichnet. Zu weit geht allerdings die Auffassung, dass eine Antragstellung auch nach Vollzug der Maßnahme möglich sein soll, wenn diese noch ohne Probleme korrigiert werden kann.[23] Dies kann nur dann 10

---

20 Richardi-*Kaiser/Annuß*, § 77 a. F. Rn. 16 m. w. N.

21 Richardi-*Kaiser/Annuß*, § 77 a. F. Rn. 15.

22 Rooschüz-*Bader*, § 76 Rn. 17.

23 Rooschüz-*Bader*, a. a. O.

gelten, wenn dem Beschäftigten nicht genügend Bedenkzeit zwischen Information und Vollzug der Maßnahme eingeräumt wurde.

11 **Antragsberechtigt** ist, wer von der Maßnahme betroffen ist. Bei einer Personalentscheidung mit **mehreren Bewerbern** (z. B. bei einer Einstellung), bei der nur eine Person einen Antrag auf Beteiligung gestellt hat, beschränkt sich die Beteiligung auf diese Person. Nach Ansicht des *BVerwG*[24] hat der PR in diesem Fall keinen Anspruch auf Vorlage von Bewerbungsunterlagen, wenn der von der Dienststelle vorgeschlagene Bewerber keinen Antrag auf Beteiligung gestellt hat. Zweckmäßig ist allerdings, wenn die Dienststelle bereits zu Beginn eines Stellenbesetzungsverfahrens sämtliche Bewerber danach fragt, ob sie den Mitbestimmungsantrag stellen. Dabei gebietet es Sinn und Zweck des Antragserfordernisses, dass sich die Entscheidung, von der Beteiligung des PR abzusehen (vgl. Rn. 5 ff.), gegenüber den Mitbestimmungsanträgen der erfolglosen Konkurrenten durchsetzt.

12 *Nicht besetzt.*

c) Vorbehalt des § 75 Abs. 3

13 Nach **Abs. 2 S. 2** bleiben die Regelungen des § 75 Abs. 3 unberührt. Damit wird klargestellt, dass auch die dort aufgeführten Angelegenheiten nur auf Antrag des Beschäftigten der Mitbestimmung des PR unterliegen. Die Aufzählung in Abs. 2 ist somit nicht als abschließend zu betrachten.

3. Informations- und Hinweispflicht (Abs. 3)

14 **Abs. 3** regelt im 1. Hs. die Pflicht des Dienststellenleiters, den Beschäftigten über die geplante Maßnahme **rechtzeitig in Kenntnis** zu setzen, in Hs. 2 die Verpflichtung, ihn auf sein Antrags- bzw. Widerspruchsrecht hinzuweisen. Dem Beschäftigten muss eine angemessene **Überlegungsfrist** eingeräumt werden, deren Dauer von der Dringlichkeit der beabsichtigten Maßnahme abhängt. I. d. R. sollte dem Beschäftigten in Anlehnung an Abs. 6 S. 1 eine Frist von drei Wochen gesetzt werden, verbunden mit der Mitteilung, dass im Fall der Nichtäußerung davon ausgegangen wird, die Mitbestimmung werde nicht beantragt.[25] Im Einzelfall kann die Dienststelle bei eilbedürftigen Maßnahmen auch eine kürzere Frist zur Stellungnahme einräumen, diese sollte aber entsprechend Abs. 6 S. 2 eine Woche nicht unterschreiten. Dem Beschäftigten muss noch genügend Zeit verbleiben, sich zu informieren und ggf. auch Rechtsrat einzuholen. Verstößt die Dienststelle gegen Abs. 3, gelten die allgemeinen Regeln zur rechtswidrig unterlassenen Beteiligung. Wird

---

24 *BVerwG* v. 20. 3. 02 – 6 P 6.01 –, PersR 02, 302.

25 Für eine kürzere Frist von 14 Tagen: Richardi-*Kaiser/Annuß*, § 77 a. F. Rn. 15.

der Antrag nachgeholt, ist das Mitbestimmungsverfahren auch nach Vollzug der Maßnahme – sofern sie noch korrigierbar ist – nachzuholen.

4. Mitbestimmung nur des Vorstands auf Verlangen (Abs. 4)

Abs. 4 regelt, dass in den Fällen des § 74 Abs. 1 Nr. 1 und 4 auf Verlangen des Beschäftigten nur der Vorstand mitbestimmt. Dies bietet dem Beschäftigten – neben der Durchführung des regulären Mitbestimmungsverfahrens und dem Unterlassen desselben – noch eine dritte Möglichkeit. In den Fällen des **§ 74 Abs. 1 Nr. 1 (Gewährung von Unterstützungen, Vorschüssen, Darlehen und entsprechenden sozialen Zuwendungen)** besteht grundsätzlich das Mitbestimmungsrecht des PR. Will der Beschäftigte diese ausschalten, muss er widersprechen (Abs. 2 S. 1 Nr. 3). Der Widerspruch führt zur Beendigung des Mitbestimmungsverfahrens. Der Beschäftigte kann aber auch verlangen, dass lediglich der PR-Vorstand sich mit der Angelegenheit befasst. In dem Fall ist das Mitbestimmungsverfahren nur noch unter Beteiligung des Vorstands fortzuführen. In den Fällen des **§ 74 Abs. 1 Nr. 1 (Kündigung von Wohnungen)** findet ein Mitbestimmungsverfahren überhaupt erst statt, wenn der Beschäftigte den entsprechenden Antrag stellt (Abs. 2 S. 1 Nr. 2). Wenn nur der Vorstand beteiligt werden soll, muss der Betroffene das entweder in dem Antrag selbst oder zu einem späteren Zeitpunkt separat klar zum Ausdruck bringen. Abs. 4 enthält nicht ausdrücklich eine Hinweispflicht auf die Antragsmöglichkeit, dass nur der PR-Vorstand mitbestimmen soll. Die Hinweispflicht muss aber richtigerweise auch entsprechend der Regelung in Abs. 3 bestehen.[26] 15

5. Verlangen einer Begründung (Abs. 5)

Der PR kann von der Dienststelle eine **Begründung** der beabsichtigten Maßnahme verlangen. Diese muss v. a. aufzeigen, warum der Entschluss zu der beabsichtigten Maßnahme zustande gekommen ist. Außerdem muss sie auf die Vor- und Nachteile der Entscheidung für die Dienststelle und die Beschäftigten eingehen und die Maßnahme in einen Gesamtzusammenhang einordnen. Für das Verlangen und für die Begründung ist keine bestimmte **Form** vorgeschrieben; beides kann mündlich oder schriftlich erfolgen. Auf den Ablauf der **Äußerungsfrist** des Abs. 6 hat das Verlangen keinen Einfluss; der PR kann bei nicht oder unzureichend abgegebener Begründung jedoch die **Zustimmung verweigern** (vgl. Rn. 27). 16

26 So auch Rooschüz-*Bader*, § 76 Rn. 35.

6. Äußerungsfrist des Personalrats (Abs. 6)

a) Regelmäßige Äußerungsfrist (Abs. 6 S. 1)

17 Die **Äußerungsfrist**, innerhalb derer der PR seinen Beschluss über die beantragte Zustimmung der Dienststelle mitzuteilen hat, beträgt nach **Abs. 6 S. 1** grundsätzlich drei Wochen. Der PR kann die Zustimmung verweigern oder die Zustimmung – ggf. auch durch bewusstes Schweigen – erteilen.[27] Für die **Berechnung der Frist** gelten die Regelungen der **§§ 187 und 188 BGB**. Für den **Beginn der Äußerungsfrist** kommt es auf den **Zugang des Zustimmungsantrags** bei dem PR an (vgl. aber Rn. 18). Bei der Berechnung der Dreiwochenfrist ist zu beachten, dass der Tag des Zugangs zwar nicht mitgerechnet wird (§ 187 Abs. 1 BGB), das Fristende aber an dem Tag liegt, der durch seine Benennung dem Tag entspricht, an dem der Zugang des die Äußerungsfrist in Gang setzenden Antrags fällt. Z. B. Zugang am Mittwoch, den 6. Mai (Fristbeginn Donnerstag, den 7. Mai) – Fristende in drei Wochen am Mittwoch, den 27. Mai (§ 188 Abs. 2 BGB).[28] Wird der Antrag **mündlich** gestellt, ist er mit der Erklärung gegenüber dem Vorsitzenden oder, falls dieser verhindert ist, gegenüber dem stellvertretenden Vorsitzenden des PR zugegangen (vgl. § 29 Rn. 8, 11). Wird er **schriftlich** gestellt, ist er dann zugegangen, wenn er so in den Bereich des Vorsitzenden oder des PR als Gremium gelangt ist, dass der Vorsitzende bzw. der PR unter normalen Verhältnissen die Möglichkeit hat, von dem Inhalt der Erklärung Kenntnis zu nehmen (§ 130 Abs. 1 S. 1 BGB).

18 Für den Beginn der Äußerungsfrist des PR ist der Eingang eines **ordnungsgemäß gestellten Antrags** der Dienststelle auf Zustimmung des PR zu der beabsichtigten Maßnahme erforderlich. Das ist dann der Fall, wenn der Antrag vom Dienststellenleiter oder von einer zu seiner Vertretung befugten Person unterschrieben ist (vgl. Rn. 9) und dem PR gleichzeitig die für seine Meinungs- und Willensbildung erforderlichen Informationen und Unterlagen übermittelt werden (vgl. Rn. 14). Der PR muss eine **fehlerhafte Vertretung** allerdings innerhalb der Äußerungsfrist **rügen**, damit er sich der Dienststelle gegenüber darauf berufen kann.[29] Bei rechtzeitiger Rüge beginnt die Äußerungsfrist erst dann zu laufen, wenn der Mangel geheilt ist. Bei fehlender oder verspäteter Rüge wird der Mangel nicht nur für das weitere Mitbestimmungsverfahren unbeachtlich, sondern auch im Verhältnis zwischen dem Arbeitgeber bzw. Dienstherrn und dem betroffenen Beschäftigten. Bei **unzureichender Information** ist der PR u. U. gehalten, noch innerhalb der Äußerungsfrist ergänzende Informationen zu verlangen; das gilt insbesondere dann, wenn der Dienststellenleiter dem PR eine auf

27 Rooschüz-*Bader*, § 76 Rn. 39.

28 Insoweit missverständlich Rooschüz-*Bader*, § 72 Rn. 45.

29 Altvater-*Lenders*, § 70 Rn. 33.

den ersten Blick vollständige Information gegeben hat, die nach Meinung des PR aber unzulänglich ist. Ist der PR nicht oder nicht zureichend informiert und hat er diesen Mangel, falls notwendig, gerügt, so beginnt die Äußerungsfrist erst dann zu laufen, wenn er ausreichend unterrichtet ist. Ist die Frage der vollständigen Unterrichtung zwischen den Beteiligten streitig, empfiehlt es sich für den PR, vorsorglich und rechtzeitig die **Zustimmung zu verweigern** (vgl. Rn. 27) und dabei näher darzulegen, dass die Dienststelle über wesentliche Umstände nicht unterrichtet hat. Verweigert der PR endgültig die Zustimmung, soll es nach Ansicht des *OVG NW* nicht darauf ankommen, ob die Äußerungsfrist durch die erforderliche umfassende Unterrichtung in Lauf gesetzt worden ist, sondern nur noch darauf, ob die tatsächlich abgegebene Verweigerung mit einer beachtlichen Begründung erfolgt ist.[30] Sofern der PR seine Zustimmungsverweigerung nicht auch auf die unzureichende Information stütze, solle eine nachträgliche Geltendmachung der unzureichenden Unterrichtung ausgeschlossen sein.

b) Gesetzliche Friständerung (Abs. 6 S. 2)

Nach **Abs. 6 S. 2** kann die Dienststelle **in dringenden Fällen** die Äußerungsfrist des PR von drei Wochen auf **eine Woche** abkürzen. Dies ist nur zulässig, wenn außergewöhnliche Umstände vorliegen, insbesondere dann, wenn der dringende Entscheidungsbedarf durch von der Dienststelle nicht beeinflussbare und nicht voraussehbare Entwicklungen entstanden ist.[31] Die Abkürzung der Frist ist dem PR gleichzeitig mit dem Zustimmungsantrag **mitzuteilen** und ihm gegenüber zu **begründen**. Liegt nach Ansicht des PR kein dringender Fall vor, muss er der Fristverkürzung innerhalb von einer Woche **widersprechen**; außerdem kann er vor Ablauf der regulären Frist die **Zustimmung verweigern**. Auf einen **kürzeren Zeitraum** als eine Woche kann die Frist nicht verkürzt werden. Bei Unaufschiebbarkeit der Sache kann die Dienststelle unter den Voraussetzungen des § 88 Abs. 4 eine **vorläufige Regelung** treffen. 19

Ist eine **Stufenvertretung** oder der **GPR** als erstzuständige Personalvertretung zu beteiligen und hat diese einem PR Gelegenheit zur Äußerung zu geben, führt das zu einer gesetzlichen **Verlängerung der Fristen** des Abs. 6 auf fünf Wochen (§ 91 Abs. 3 und 8 S. 4; vgl. § 91 Rn. 14, 30). Entsprechendes gilt im Bereich der **Universitätsklinika** nach § 100 S. 4 Hs. 2 (vgl. § 100 Rn. 4, 5) und der **Führungsakademie BW** nach § 102 S. 3 i. V. m. § 100 S. 4 (vgl. § 102 Rn. 2). Bei einem **Aussetzungsantrag** der Mehrheit der Vertreter einer Gruppe, der Schwerbehindertenvertretung oder der Mehrheit der JAV 20

---

30 *OVG Münster* v. 31. 5. 01 – 1 A 2277/99.PVL.

31 *BVerwG* v. 15. 11. 95 – 6 P 4.94; Altvater-*Lenders*, § 70 Rn. 39.

verlängert sich die Äußerungsfrist des PR nach § 37 Abs. 1 S. 3 um die Dauer der Aussetzung, also **um eine Woche** (vgl. § 37 Rn. 8).

c) Vereinbarte Friständerung (Abs. 6 S. 3)

21 **Abs. 6 S. 3** sieht nunmehr vor, dass PR und Dienststelle für die Dauer einer Amtszeit **einvernehmlich abweichende Fristen** vereinbaren können. Nach bisher herrschender Ansicht wurden die in § 69 Abs. 2 S. 3 und 4 a. F. geregelten Fristen als Ausschlussfristen angesehen, die auch einvernehmlich nicht verändert werden können (vgl. Vorauflage, dort § 69 Rn. 19). Dies lässt das Gesetz nun ausdrücklich zu, um individuellen Belangen der Dienststelle und des PR Rechnung zu tragen.

Inhalt der Vereinbarung kann die Festlegung abweichender Fristen für alle künftigen Mitbestimmungsverfahren sein, es können aber auch für einzelne Mitbestimmungstatbestände unterschiedliche oder gar keine abweichenden Fristen vereinbart werden. Im Gegensatz zu Abs. 7, der die Abkürzung von Fristen im konkreten Einzelfall vorsieht, können hier die Mitbestimmungsverfahren in abstrakt-genereller Weise geregelt werden.

Die vereinbarten Fristen sollten sich als Obergrenze an der 5-Wochen-Frist des § 91 orientieren und als Untergrenze an der Wochenfrist des Abs. 6 S. 1, wobei dies nur als Anhaltspunkt dienen kann. Es können jedoch auch längere bzw. kürzere Fristen vereinbart werden, sofern dies nicht einer Aushebelung des Mitbestimmungsrechts gleichkommt.[32] Zu beachten ist hierbei, dass allenfalls eine Wochenfrist wie in Abs. 6 S. 2 sichern kann, dass der PR umfassend informiert wird, damit ausreichend Zeit für die Beratung und Beschlussfassung verbleibt. Kürzere Fristen sollten deshalb nicht vereinbart werden. Der Gesetzgeber geht allerdings in seiner Begründung davon aus, dass moderne Kommunikationsmittel einen schnellen Informationsausschluss gewährleisten.[33]

Wie eine solche Vereinbarung im Hinblick auf die **Form** konkret aussehen soll, lässt das Gesetz offen. Aus Gründen der Rechtssicherheit sollte sie schriftlich erfolgen; das ist aber nicht zwingend.[34]

Sowohl der Dienststellenleiter als auch der PR können die **Initiative** zu einer Vereinbarung gemäß Abs. 6 S. 3 ergreifen. Die Vereinbarung abweichender Fristen ist längstens für die **Dauer einer Amtszeit** möglich. Sinn der Regelung ist, flexibel auf die Bedürfnisse der Praxis zu reagieren. Demzufolge ist auch eine einvernehmliche Aufhebung der abweichenden Vereinbarung vor dem Ende der Amtszeit möglich. Es empfiehlt sich, solche Vereinbarun-

---

32 Rooschüz-*Bader*, § 76 Rn. 55.

33 LT-Dr. 15/4224, S. 149 [zu § 72].

34 Rooschüz-*Bader*, § 76 Rn. 53.

gen als Geschäftsordnungsbeschlüsse nach § 39 Abs. 1 mit der Mehrheit der Stimmen der Mitglieder des PR zu fassen.

7. Friständerung im Einzelfall (Abs. 7)

Abs. 7 regelt im Gegensatz zu Abs. 6 S. 3 (vgl. Rn. 21) die **Verlängerung oder Verkürzung der in Abs. 6 S. 1 geregelten Fristen** in konkreten Einzelfällen. Eine längere Frist kann die Dienststelle jederzeit einseitig bestimmen, da hierdurch dem PR keine Nachteile entstehen. Die Fristverlängerung muss allerdings vor Ablauf der gesetzlichen Frist erfolgen, da ansonsten die Fiktionswirkung des Abs. 9 S. 1 eintritt.[35] Eine Verkürzung der Frist ist nur mit dem Einverständnis des PR möglich. Die Dienststelle muss hierfür einen nachvollziehbaren Grund nennen. Verweigert der PR sein Einverständnis, bleibt der Dienststelle noch die Möglichkeit des Abs. 6 S. 2. Hierfür ist allerdings ein **dringender** Grund erforderlich (vgl. Rn. 19). Geht die Dienststelle irrtümlich von einer wirksamen Abkürzung der Frist aus und führt die Maßnahme durch, weil ihrer Meinung nach die Äußerungsfrist abgelaufen und damit die Zustimmungsfiktion des Abs. 9 eingetreten ist, so kann der PR hiergegen im Beschlussverfahren nach § 92 vorgehen und beantragen, dass das Mitbestimmungsverfahren fortgesetzt wird. Ein nach Abs. 7 mangels Einvernehmens des PR fehlgeschlagener Versuch der Fristverkürzung kann nicht in eine Abkürzungserklärung nach Abs. 6 S. 2 umgedeutet werden, auch nicht, wenn die Dienststelle in ihrem Antrag dringende Gründe genannt hat; denn aus Gründen der Rechtssicherheit muss klar sein, welches Verfahren die Dienststelle wählt.[36] 22

8. Fristverlängerungsantrag des PR (Abs. 8)

Abs. 8 regelt wie Abs. 7 die Möglichkeit einer **Fristverlängerung** im Einzelfall. Der PR-Vorsitzende kann diese auf Grundlage eines **Vorstandsbeschlusses** beantragen. Er muss dabei die Dauer der gewünschten Verlängerung benennen und die Erforderlichkeit begründen. Die Dienststelle hat hierauf mehrere **Reaktionsmöglichkeiten** mit unterschiedlichen Folgen: Stimmt sie zu, dann gilt die beantragte Frist. Äußert sie sich innerhalb von drei Tagen nicht, dann gilt ebenfalls die beantragte Frist als bewilligt (S. 4). Lehnt die Dienststelle den Antrag ab, verlängert sich die Frist gleichwohl um drei Arbeitstage. Das ergibt sich aus dem Wortlaut des S. 3: »… Soweit keine andere Frist bewilligt wird, …« Diese Rechtsfolge tritt aber nur unter den Voraussetzungen des Abs. 8 S. 1 und 2 ein. Eine Wiederholung des Antrags schließt S. 5 aus. 23

---

35 Rooschüz-*Bader*, § 76 Rn. 59.

36 Rooschüz-*Bader*, § 76 Rn. 65.

Der Gesetzgeber begründet die Neuregelung damit, dass den Bedürfnissen der personalvertretungsrechtlichen Praxis entgegengekommen werden soll.[37] Ob die Regelung hierzu tatsächlich beiträgt, scheint fraglich. Sie ist umständlich und für den PR aufwändig. Immerhin kann in den Fällen, in denen nicht gemäß Abs. 7 S. 1 mit der Dienststelle ein Einvernehmen über eine Fristverlängerung erzielt werden kann, ein Aufschub von drei Tagen gewonnen werden.

9. Zustimmungsverweigerung (Abs. 9)

a) Zustimmungsfiktion (Abs. 9 S. 1)

24 Die **Entscheidung über den Zustimmungsantrag** der Dienststelle hat der PR nach pflichtgemäßem Ermessen zu treffen. Dabei handelt es sich um eine Befugnis, die nicht vom Vorstand, sondern vom **Plenum des PR** wahrzunehmen ist (vgl. § 28 Rn. 11b). Das gilt nur dann nicht, wenn nach Abs. 4 auf Verlangen des betroffenen Beschäftigten nur der **Vorstand** mitbestimmt (vgl. Rn. 15). Für die Beratung und Beschlussfassung des Plenums gelten die allgemeinen Vorschriften, insbesondere § 38. Der PR kann betroffene Beschäftigte anhören (vgl. Rn. 28). Falls das Plenum oder ggf. der Vorstand nicht beschließt, gegenüber der Dienststelle keine Erklärung abzugeben (vgl. Rn. 23), hat der **Vorsitzende des PR** – nach § 29 Abs. 2 S. 2 ggf. gemeinsam mit einem der Gruppe angehörenden Vorstandsmitglied – der Dienststelle den vom Plenum bzw. Vorstand gefassten Beschluss des PR mitzuteilen (vgl. § 29 Rn. 9 ff.). Während die **Zustimmung** mündlich oder schriftlich und ohne Angabe von Gründen erklärt werden kann, ist in **Abs. 9 S. 1** vorgeschrieben, dass die **Verweigerung der Zustimmung** schriftlich oder elektronisch unter Angabe der Gründe erfolgen muss, wobei zur Wahrung der Schriftform auch ein Telefax ausreicht.[38] Die Zustimmungsverweigerung muss der Dienststelle **vor Ablauf der Äußerungsfrist** (vgl. Rn. 19–23) zugehen. Eine mündliche Erklärung muss gegenüber dem Dienststellenleiter oder einer zu seiner Vertretung befugten Person abgegeben werden (vgl. Rn. 1). Eine **schriftliche Erklärung** geht mit der Aushändigung an eine

37 LT-Dr. 15/4224, S. 149 [zu § 72].

38 Vgl. *BAG* v. 11.6.02 – 1 ABR 43/01 –, AP Nr. 118 zu § 99 BetrVG 1972; die Streitfrage, ob für die Erfüllung des Schriftlichkeitsgebots in Abs. 2 S. 5 eine Mitteilung per E-Mail genügt, wenn diese den Erfordernissen der Textform des § 126b BGB entspricht, hat sich durch Art. 21 Nr. 2 des Gesetzes zum Abbau verzichtbarer Formerfordernisse v. 11.2.20, GBl. S. 37, 40 erledigt; das *BAG* lässt in den fristgebundenen Fällen des § 99 BetrVG Zustimmungverweigerungen per E-Mail schon seit Jahren zu; vgl. *BAG* v. 10.3.09 – 1 ABR 93/07 –, NZA 09, 622.

dieser Personen[39] oder mit dem Eingang bei der hierfür in der Dienststelle eingerichteten Stelle zu.[40]

25 Erklärt der PR ausdrücklich seine **Zustimmung** zu der beabsichtigten Maßnahme, so ist das Mitbestimmungsverfahren mit dem Zugang dieser Erklärung auch dann abgeschlossen, wenn die Äußerungsfrist erst später abläuft. Sieht er von einer Erklärung ab, dann gilt sein **Schweigen** gem. Abs. 9 S. 1 nach Ablauf der Äußerungsfrist (vgl. Rn. 19–23) als Zustimmung. Erklärt der PR ausdrücklich, er werde sich zu der beabsichtigten Maßnahme nicht äußern, dann gilt die Maßnahme auch dann erst nach Ablauf der Äußerungsfrist als gebilligt, wenn dieser **Hinweis auf eine Nicht-Stellungnahme** vom PR für abschließend erklärt wird.[41] Sobald die Zustimmung erklärt ist oder als erteilt gilt, ist die Dienststelle **berechtigt, die beabsichtigte Maßnahme zu treffen**. Sie ist dazu aber grundsätzlich nicht verpflichtet (vgl. § 88 Rn. 2).

26 Eine Zustimmung unter **Bedingungen** oder mit **Einschränkungen** steht jedenfalls dann einer **Ablehnung** gleich, wenn die Dienststelle die Bedingungen oder Einschränkungen nicht akzeptiert (vgl. § 150 Abs. 2 BGB).[42] Davon zu unterscheiden ist die **befristete Zustimmung** für die Dauer eines Pilotprojekts, weil hier die Maßnahme selbst zeitlich begrenzt ist.[43]

27 Die **Verweigerung der Zustimmung** kann nach Abs. 9 S. 1 nur schriftlich unter Angabe der Gründe erfolgen. Da mit dem ÄndG 2013 die nach §§ 75 und 80 Abs. 1 Nr. 5 a.F. erforderlichen Zustimmungsverweigerungsgründe entfallen sind, kann der PR nunmehr die Zustimmung in allen Angelegenheiten aus jedem sachlichen Grund, der nicht offensichtlich außerhalb des Mitbestimmungstatbestandes liegt, verweigern. Die erforderliche Angabe von Gründen dient der **Information des Dienststellenleiters**. Sie soll es ihm ermöglichen zu erkennen, welche Einwendungen der PR gegen die beabsichtigte Maßnahme erhebt und auf welchen Erwägungen sie beruhen,[44] und ihn so in die Lage versetzen, sich über sein weiteres Vorgehen klar zu werden. Die Begründung genügt den rechtlichen Anforderungen, wenn sie deutlich macht, auf welchen **Mitbestimmungstatbestand** der PR seine Zustimmungsverweigerung stützt und mit welchem Ziel er eine Einigung anstrebt. Dabei kann er seiner Ablehnung auch andere als die von der Dienststelle angenommenen Mitbestimmungstatbestände zugrunde legen.[45] Der PR darf sich nicht auf eine nur formelhafte Begründung beschränken, son-

39 Vgl. *OVG NW* v. 10.2.99 – 1 A 800/97.PVL –, PersR 99, 316.
40 Vgl. *OVG Berlin* v. 31.7.91 – OVG PV Bln 27.88 –, PersR 92, 270 Ls.
41 *BAG* v. 28.1.10 – 2 AZR 50/09 –, PersR 10, 305.
42 *Fischer/Goeres/Gronimus*, § 69 a.F. Rn. 10d.
43 *OVG NW* v. 19.2.86 – CL 28/84 –, PersV 87, 203.
44 *BVerwG* v. 18.4.86 – 6 P 31.84 –, PersR 86, 134.
45 *BVerwG* v. 12.3.86 – 6 P 5.85 –, PersR 86, 116, u.v. 18.4.86, a.a.O.

dern muss den konkreten Anlass und damit auch den **Bezug zum konkreten Einzelfall** erkennbar machen.[46] An die Formulierung der Begründung im Einzelnen sind keine allzu hohen Anforderungen zu stellen.[47]

28 Ein **Verstoß** der Dienststelle **gegen die Vorschriften über das Mitbestimmungsverfahren** ist nach h. M. kein Zustimmungsverweigerungsgrund, weil die Maßnahme selbst nicht gegen das LPVG verstößt.

29 Nach Abs. 9 S. 1 sind Gründe, die offenkundig keinen unmittelbaren Bezug zu den Mitbestimmungsangelegenheiten haben, unbeachtlich. Dem PR ist es nicht gestattet, von einer Mitbestimmungsbefugnis ohne inhaltlichen Bezug zu einem von der Maßnahme berührten gesetzlichen Mitbestimmungstatbestand Gebrauch zu machen. An einem derartigen Bezug fehlt es, wenn die von dem PR angeführten Gründe sich dem gesetzlichen Mitbestimmungstatbestand offensichtlich nicht mehr zuordnen lassen oder sie sich in allgemeinen formelhaften Wendungen erschöpfen, die keinen Bezug zu dem konkreten Fall mehr erkennen lassen.[48] Der PR kann die Zustimmung auch aus Zweckmäßigkeitserwägungen verweigern[49] Nach **st. Rspr. des** *BVerwG*[50] darf der **Dienststellenleiter** die vom PR angegebenen Gründe darauf **prüfen**, ob sie sich dem in Anspruch genommenen Mitbestimmungstatbestand zuordnen lassen (vgl. Rn. 27). Kommt der Dienststellenleiter dabei trotz Anlegen eines großzügigen Maßstabs zu dem Ergebnis, das sei offensichtlich nicht der Fall, soll er berechtigt sein, sich über die Verweigerung der Zustimmung hinwegzusetzen. Die Rspr. des *BVerwG* – der die Instanzgerichte[51] und die h. M. in der Literatur folgen[52] – ist zu kritisieren, weil sie dazu führt, dass Dienststellenleiter quasi als **Richter in eigener Sache** darüber entscheiden können, ob sie Mitbestimmungsverfahren weiterführen oder abbrechen. **Stattdessen** ist daran festzuhalten, dass die Entscheidung über die Beachtlichkeit der Begründung des PR im weiteren Mitbestimmungsverfahren getroffen werden muss.[53]

---

46 *BVerwG* v. 29. 1. 96 – 6 P 38.93 –, PersR 96, 239.

47 *VG BW* v. 24. 1. 17 – PL 15S 154/15.

48 *VG BW* v. 24. 1. 17 – PL 15S 154/15; Rooschüz-*Bader*, § 76 Rn. 82.

49 *VG BW* v. 24. 1. 17 – PL 15S 154/15 (vgl. Anm. *Reinke*, PersR 10/17, 55).

50 Z. B. Beschl. v. 20. 6. 86 – 6 P 4.83 –, PersR 86, 197; zuletzt Beschl. v. 30. 4. 01 – 6 P 9.00 –, PersR 01, 382, u. v. 15. 11. 06 – 6 P 1.06 –, PersR 07, 119.

51 Vgl. z. B. *OVG NW* v. 31. 5. 01 – 1 A 2277/99.PVL –, PersR 02, 215.

52 Vgl. *Fischer/Goeres/Gronimus*, § 69 a. F. Rn. 12a ff., u. Richardi-*Weber*, § 69 a. F. Rn. 48 f., jew. m. w. N.

53 Vgl. Altvater-*Lenders*, § 70 Rn. 49.

b) Anhörung der Betroffenen (Abs. 9 S. 2)

Die Dienststelle hat dem **betroffenen Beschäftigten** gemäß **Abs. 9 S. 2** Gelegenheit zur Äußerung zu geben, also ihn **anzuhören**, soweit »dabei« Beschwerden oder Behauptungen tatsächlicher Art vorgetragen werden, die für einen Beschäftigten ungünstig sind oder ihm nachteilig werden können. Die Vorschrift dient ebenso wie § 87 Abs. 4 LBG dem **Persönlichkeitsschutz.**[54] Sie bezieht sich auf negative Äußerungen, die der PR in einer schriftlichen Erklärung gegenüber der Dienststelle vorgetragen hat. Das gilt nach dem Wortlaut der Vorschrift für die Erklärung der **Zustimmungsverweigerung**, nach ihrem Zweck aber auch für die Erklärung der **Zustimmung.**[55] Die **Anhörung** ist von der **Dienststelle** durchzuführen. Sie bezieht sich auf **negative Äußerungen**, die »**tatsächlicher Art**« sind, sich also auf Sachverhalte beziehen, und damit nicht auf Beurteilungen und Wertungen aufgrund solcher Fakten.[56] Insoweit weicht Abs. 9 S. 2 von § 87 Abs. 5 LBG ab.[57] Die Stellungnahme des Beschäftigten bedarf nicht der Schriftform, sie ist jedoch, wenn sie mündlich abgegeben wird, schriftlich festzuhalten und nach Abs. 9 S. 2 Hs. 2 **aktenkundig** zu machen. Sie ist dem betreffenden Vorgang beizufügen. Werden die negativen Äußerungen als Personalaktendaten gespeichert, so ist auch die Gegenäußerung des Beschäftigten zu den Personalaktendaten zu speichern (vgl. § 87 Abs. 5 S. 2 LBG). Die Anhörungspflicht der Dienststelle nach Abs. 9 S. 2 schließt eine **Anhörung des betroffenen Beschäftigten durch den PR** nicht aus (vgl. § 32 Rn. 1, 22).[58] 30

10. Ausschluss des Stufenverfahrens (Abs. 10)

Abs. 10 bestimmt, dass in den Fällen des § 75 Abs. 3 Nr. 2 (Änderung der vertraglich vereinbarten Arbeitszeit für die Dauer von über zwei Monaten) und § 75 Abs. 3 Nr. 6 (Ablehnung eines Antrags auf Teilzeitbeschäftigung), in denen ein Mitbestimmungsrecht des PR auf Antrag besteht und eine Einigung zwischen PR und Dienststelle nicht zustande kommt, abweichend von §§ 77 und 78 nicht das Stufenverfahren eingeleitet bzw. die Einigungsstelle angerufen werden kann, sondern der Dienststelle das **Letztentscheidungsrecht** zukommt. Diese Ausnahme zu den allgemeinen Regelungen trägt der Rechtsfolge des § 8 Abs. 5 S. 2 und 3 TzBfG Rechnung, wonach die Verringerung bzw. die Verteilung der Arbeitszeit entsprechend den Wünschen 31

---

54 Vgl. Lorenzen-*Gerhold*, § 70 Rn. 91; *Battis*, § 109 Rn. 2.

55 Vgl. Altvater-*Lenders*, § 70 Rn. 51 m. w. N.

56 Vgl. Altvater-*Lenders*, a. a. O.

57 Vgl. *Battis*, § 109 Rn. 3.

58 *BAG* v. 19. 9. 85 – 6 AZR 476/83 –, PersR 86, 159; *OVG NW* v. 4. 3. 93 – CL 25/89 –, PersR 93, 400.

des Arbeitnehmers als festgelegt gilt, wenn der Arbeitgeber nicht spätestens einen Monat vor dem gewünschten Beginn diese in Textform ablehnt.[59]

§ 77 Stufenverfahren der Mitbestimmung

(1) [1]Kommt eine Einigung nicht zustande, so kann die Dienststelle oder der Personalrat die Angelegenheit binnen drei Wochen auf dem Dienstweg der übergeordneten Dienststelle, bei der eine Stufenvertretung besteht, vorlegen. [2]Legt die Dienststelle die Angelegenheit der übergeordneten Dienststelle vor, so teilt sie dies dem Personalrat unter Angabe der Gründe mit.
(2) [1]Die übergeordnete Dienststelle hat die Angelegenheit der bei ihr gebildeten Stufenvertretung innerhalb von fünf Wochen vorzulegen. [2]§ 76 Absatz 1 und 5 bis 9 gilt entsprechend.
(3) [1]Können sich die übergeordnete Dienststelle und die Stufenvertretung nicht einigen, so kann die übergeordnete Dienststelle oder die Stufenvertretung die Angelegenheit binnen drei Wochen der obersten Dienstbehörde vorlegen. [2]Absatz 1 Satz 2 und Absatz 2 Satz 2 gelten entsprechend.

Vergleichbare Vorschriften:
§ 71 BPersVG; keine im BetrVG

1 Die Regelungen des § 77 entsprechen unter Berücksichtigung redaktioneller und Folgeänderungen aufgrund der Neuregelung der Beteiligungsfristen § 69 Abs. 3 S. 1 bis 3, 5 und 6 LPVG a. F.

2 **(Abs. 1)** Falls eine Einigung über eine von der Dienststelle beabsichtigte mitbestimmungspflichtige Maßnahme zwischen ihr und dem PR oder einer anderen erstzuständigen Personalvertretung (also in den Fällen, in denen gemäß § 91 die Erstzuständigkeit beim BPR, HPR oder GPR liegt) nicht zustande kommt, kann das Mitbestimmungsverfahren – von Ausnahmen abgesehen (vgl. Rn. 2) – im Stufenverfahren fortgesetzt werden. Eine Einigung ist dann nicht zustande gekommen, wenn der PR nach § 76 Abs. 9 innerhalb der Äußerungsfristen des § 76 Abs. 6 eine rechtlich beachtliche Zustimmungsverweigerung erklärt hat (vgl. § 76 Rn. 27–29).

3 Für den Fall der Nichteinigung sieht Abs. 1 vor, dass in mehrstufigen Verwaltungen die Dienststelle oder der PR die Angelegenheit binnen **drei Wochen** auf dem Dienstweg der übergeordneten Dienststelle vorlegen kann, bei der eine Stufenvertretung besteht. Dabei ist ggf. die zur Entscheidung befugte nächst übergeordnete Dienststelle anzurufen, also entweder die Mittelbehörde, bei der ein BPR besteht, oder die oberste Dienstbehörde, bei der

59 LT-Dr. 15/4224, S. 150 [zu § 72].

der HPR besteht (vgl. § 55 Rn. 4ff.). Bei den in § 91 Abs. 4 geregelten Fällen sind Besonderheiten zu beachten (vgl. § 91 Rn. 15ff.). Hat das Mitbestimmungsverfahren auf der Zentralstufe zwischen der obersten Dienstbehörde und einer bei ihr bestehenden Personalvertretung (PR, GPR oder HPR) begonnen, kann es nur nach § 78 Abs. 1 mit der Anrufung der Einigungsstelle fortgesetzt werden. Hat die erste Phase des Verfahrens zwischen einer nach § 5 Abs. 2 verselbständigten Teileinheit einer Dienststelle und dem dortigen PR stattgefunden, kann die Gesamtdienststelle nicht angerufen werden, weil der GPR keine Stufenvertretung ist (vgl. § 54 Rn. 1). Bei einstufigen Verwaltungen gilt § 89.

Nach **Abs. 1 S. 1** sind beide Beteiligte der ersten Phase des Mitbestimmungsverfahrens zur Vorlage berechtigt, also sowohl die Dienststelle als auch der PR. Für die Vorlage des PR ist ein Beschluss des Plenums oder (gemäß § 76 Abs. 4) des Vorstands erforderlich (vgl. § 76 Rn. 15). Die Vorlage ist immer an die jeweils anzurufende übergeordnete Dienststelle (vgl. Rn. 3) zu richten, nicht an die dort gebildete Stufenvertretung. Dabei haben beide Seiten den Dienstweg einzuhalten. Dienststellen, die im hierarchischen Aufbau der Verwaltung zwischen der Ausgangsdienststelle und der anzurufenden Dienststelle liegen, dürfen nicht übersprungen werden. Bei einer Vorlage des PR führt der Dienstweg allerdings nicht über den »eigenen« Dienststellenleiter.[1] Die Vorlage bedarf der Schriftform. Dies ergibt sich aus dem Wortlaut »vorlegen«. Ihr Inhalt ist nicht ausdrücklich festgelegt. Erforderlich ist zumindest eine umfassende Unterrichtung über die beabsichtigte Maßnahme sowie die Angabe der Gründe und des Tages der Zustimmungsverweigerung des PR. Legt die Dienststelle die Angelegenheit vor, so hat sie dies nach **S. 2** dem PR unter Angabe der Gründe mitzuteilen. Legt der PR die Sache vor, entspricht es dem Grundsatz der partnerschaftlich vertrauensvollen Zusammenarbeit (vgl. § 2 Rn. 4), dass er die Dienststelle in entsprechender Weise unterrichtet.[2] Für die Unterrichtung der anderen Seite empfiehlt sich die Schriftform. Solange die übergeordnete Dienststelle das Stufenverfahren noch nicht eingeleitet hat (vgl. Rn. 6), ist eine Rücknahme der Vorlage zulässig. Trotz der Vorlage können Dienststelle und PR, solange das förmliche Mitbestimmungsverfahren noch nicht abgeschlossen ist, nach § 68 Abs. 1 S. 5 weiterhin versuchen, eine Einigung zu erzielen. Gelingt das, so wird das weitere Verfahren damit gegenstandslos. 4

Die Vorlage hat innerhalb einer Frist von drei Wochen zu erfolgen. Eine Fristverlängerung kann nach § 91 Abs. 3, nach bzw. entsprechend § 100 S. 4 oder nach § 37 Abs. 1 S. 3 eintreten (vgl. Rn. 21). Für die Berechnung der Frist gilt das Gleiche wie bei der Äußerungsfrist nach § 76 Abs. 6 S. 1 (vgl. 5

1 Altvater-*Lenders*, § 71 Rn. 5; Richardi-*Weber*, § 69 a.F. Rn. 66; a.A. *BVerwG* v. 20.1.93 – 6 P 21.90 –, PersR 93, 310; Rooschüz-*Bader*, § 73 Rn. 2.

2 Richardi-*Weber*, § 69 a.F. Rn. 66.

§ 76 Rn. 17). Die Frist ist gewahrt, wenn die Vorlage **vor Ablauf der Vorlagefrist abgesandt**, also auf den Dienstweg gebracht wird. Der Absendetag sollte aktenkundig gemacht werden.[3] Wird die Vorlagefrist versäumt, ist das Mitbestimmungsverfahren abgeschlossen und die beabsichtigte Maßnahme hat zu unterbleiben. Auf einen neuen Zustimmungsantrag der Dienststelle nach Fristablauf muss sich der PR nach der Rspr. des *BVerwG* und dem Großteil der Literatur auch dann einlassen, wenn sich die Sach- oder Rechtslage nicht geändert hat.[4] Dies erscheint problematisch, da nicht auszuschließen ist, dass die Dienststelle eine ihr günstige Konstellation im PR abwartet und die Angelegenheit dann nochmals zur Zustimmung vorlegt.[5] Ein erneuter Antrag ohne Änderung der Sach- und Rechtslage muss daher nach hier vertretener Auffassung nur dann vom PR behandelt werden, wenn sich eine Pflicht hierzu aufgrund besonderer Umstände aus dem Grundsatz der vertrauensvollen Zusammenarbeit ergibt.

6 **(Abs. 2)** Die angerufene übergeordnete Dienststelle entscheidet, ob das Mitbestimmungsverfahren fortgesetzt werden soll. Sie kann die nachgeordnete Dienststelle anweisen, die Zustimmungsverweigerung des PR zu akzeptieren und damit das Verfahren zu beenden. Entschließt sie sich zur Fortsetzung, ist sie nach Abs. 2 S. 1 verpflichtet, die Angelegenheit der bei ihr gebildeten Stufenvertretung (BPR oder HPR) innerhalb von **fünf Wochen** vorzulegen. Die Frist, für deren Berechnung das Gleiche gilt wie bei der Frist nach § 76 Abs. 6 S. 1 (vgl. § 76 Rn. 17), beginnt am ersten Arbeitstag nach dem Zugang der Vorlage bei der übergeordneten Dienststelle zu laufen. Es handelt sich um eine Ausschlussfrist. Wird sie versäumt, so ist das Mitbestimmungsverfahren abgeschlossen. **S. 2** stellt allerdings klar, dass § 76 Abs. 1 und 5 bis 9 entsprechend gelten. Damit sind auch im Stufenverfahren Fristverlängerung, Fristverkürzung und Vereinbarungen abweichender Fristen zulässig (vgl. im Einzelnen § 76 Rn. 19–23).

7 Im Verfahren nach **Abs. 2 S. 2** kann die übergeordnete Dienststelle die von der nachgeordneten Dienststelle beabsichtigte Maßnahme auch mit abgeändertem Inhalt vorlegen. Die Stufenvertretung ist in den Fällen des § 73 anders als bei § 91 Abs. 3 nicht verpflichtet, den PR der nachgeordneten Dienststelle anzuhören. Denn eine Verpflichtung zur Anhörung des örtlichen PR gilt nur, wenn die Stufenvertretung im Rahmen ihrer Erstzuständigkeit beteiligt wird. Sie kann allerdings dem PR Gelegenheit zur Äußerung geben, wenn sie dies für sinnvoll hält. Eine solche Anhörung führt dann jedoch nicht zu der in § 91 Abs. 3 S. 2 geregelten Verlängerung der Äußerungsfrist der Stufenvertretung. Diese ist weder an die Zustimmungs-

---

3 Altvater-*Lenders*, § 71 Rn. 7.

4 *BVerwG* v. 11.4.91 – 6 P 9.89; v. 12.9.11 – 6 PB 13.11; Richardi-*Weber*, § 69 a.F. Rn. 69; Rooschüz-*Bader*, § 69 Rn. 7.

5 Vgl. Ilbertz-*Widmaier*, § 71 Rn. 1a.

verweigerung noch an ein späteres Votum des PR gebunden, sondern entscheidet in eigener Verantwortung.

Das Stufenverfahren beginnt erst dann, wenn die übergeordnete Dienststelle der Stufenvertretung die beabsichtigte Maßnahme **formell** zur Unterrichtung und Zustimmung zugeleitet hat. Zu diesem Zeitpunkt gehen mit der Beteiligungszuständigkeit auch die an eine beachtliche Zustimmungsverweigerung anknüpfenden verfahrensrechtlichen Rechte der erstzuständigen Personalvertretung auf die Stufenvertretung über. Wird das Mitbestimmungsverfahren vor diesem Zeitpunkt abgebrochen, kann nur der erstzuständige PR die Verletzung von Mitbestimmungsrechten vor dem Verwaltungsgericht geltend machen. Erfolgt der Abbruch erst nach Zuleitung an die Stufenvertretung, ist diese hierfür zuständig.[6] 8

Abs. 3 trifft eine Regelung für den Fall, dass sich in einer mehr als zweistufigen Verwaltung die nach Abs. 1 angerufene Mittelbehörde und der BPR in dem nach Abs. 1 durchgeführten Stufenverfahren nicht einigen können. In diesem Fall können die Mittelbehörde oder der BPR die Angelegenheit binnen drei Wochen der obersten Dienstbehörde vorlegen. Gem. Abs. 3 S. 2 gelten die Regelungen des Abs. 1 S. 2 und Abs. 2 S. 2 entsprechend. Für Form und Inhalt der Vorlage sowie für den Lauf und die Einhaltung der Vorlagefrist gilt das zu Abs. 1 Ausgeführte entsprechend (vgl. Rn. 2 f.), wobei auch hier eine Verlängerung der Frist nach § 91 Abs. 3 nicht in Betracht kommen kann (vgl. Rn. 5). Legt die Mittelbehörde die Angelegenheit vor, so hat sie dies dem BPR unter Angabe der Gründe mitzuteilen. Legt der BPR die Sache vor, entspricht es dem Grundsatz der vertrauensvollen Zusammenarbeit, dass er die Mittelbehörde entsprechend unterrichtet (vgl. Rn. 2). Die oberste Dienstbehörde entscheidet, ob das Mitbestimmungsverfahren fortgesetzt werden soll. Entschließt sie sich dazu, hat sie die Angelegenheit dem bei ihr gebildeten HPR vorzulegen (vgl. Rn. 4). Bei dem weiteren Verfahren handelt es sich um ein zweites Stufenverfahren und um die dritte Phase des gesamten Mitbestimmungsverfahrens. Gem. Abs. 3 S. 2 i. V. m. Abs. 2 S. 2 sind die für das Ausgangsverfahren geltenden Vorschriften des § 76 Abs. 1 und 5 bis 9 entsprechend anzuwenden (vgl. § 76 Rn. 19–23). Erteilt auch der HPR nicht die Zustimmung zu der beantragten Maßnahme, so ist das Stufenverfahren beendet und die Einigungsstelle kann angerufen werden (§ 78). 9

Eine direkte Anrufung der Einigungsstelle in einstufigen Verwaltungen (§ 89) ohne Durchführung des Stufenverfahrens widerspricht hingegen dem Normzweck, nämlich vor Anrufung der Einigungsstelle noch einen Einigungsversuch zwischen Dienststelle und Personalvertretung vorzuschalten, um hierdurch unnötige Einigungsstellenverfahren zu vermeiden. 10

6 Altvater-*Lenders*, § 70 Rn. 11.

Dies ist auch durch den Grundsatz der vertrauensvollen Zusammenarbeit geboten.[7]

§ 78 Einigungsstellenverfahren

(1) Ergibt sich zwischen der obersten Dienstbehörde und der bei ihr bestehenden zuständigen Personalvertretung keine Einigung, so kann jede Seite die Einigungsstelle anrufen.
(2) [1]In den Fällen des § 74 entscheidet die Einigungsstelle endgültig. [2]Ihr Beschluss bindet die Beteiligten, soweit er eine Entscheidung im Sinne von § 79 Absatz 5 enthält. [3]Die oberste Dienstbehörde kann einen Beschluss der Einigungsstelle, der im Einzelfall wegen seiner Auswirkungen auf das Gemeinwesen wesentlicher Bestandteil der Regierungsverantwortung ist, unverzüglich nach seiner Zustellung der Landesregierung zur endgültigen Entscheidung vorlegen. [4]Der Einigungsstelle und der bei der obersten Dienstbehörde bestehenden zuständigen Personalvertretung ist Gelegenheit zu geben, innerhalb von zwei Wochen zu der Vorlage an die Landesregierung Stellung zu nehmen. [5]Eine Stellungnahme ist der Landesregierung zur Kenntnis zu bringen. [6]Die Entscheidung der Landesregierung ist den Beteiligten durch die oberste Dienstbehörde bekanntzugeben.
(3) An die Stelle der Landesregierung tritt in Angelegenheiten der Dienststellen des Landtags von Baden-Württemberg der Präsident des Landtags und in Angelegenheiten des Rechnungshofs Baden-Württemberg der Präsident des Rechnungshofs.
(4) [1]In den Fällen des § 75 beschließt die Einigungsstelle, wenn sie sich nicht der Auffassung der obersten Dienstbehörde anschließt, eine Empfehlung an diese. [2]Die oberste Dienstbehörde entscheidet sodann endgültig. [3]Die Entscheidung ist zu begründen und der Einigungsstelle und den beteiligten Personalvertretungen bekanntzugeben.

Vergleichbare Vorschriften:
§§ 72, 75 BPersVG; § 76 Abs. 1, 5 S. 1 BetrVG

Inhaltsübersicht Rn.

7 *VGH BW* v. 27.11.19 – PL 15 S 1260/19 –, PersR 6/20, 62, m. Praxishinweis *Lenders*, a. a. O., 67.

1. Anrufung der Einigungsstelle (Abs. 1)

Die Regelung des **Abs. 1** entspricht mit redaktionellen Änderungen inhaltlich § 69 Abs. 4 S. 1 a. F. Danach kann die **Einigungsstelle angerufen** werden, wenn sich zwischen der obersten Dienstbehörde und der bei ihr bestehenden »zuständigen Personalvertretung« oder – in Körperschaften, Anstalten und Stiftungen – zwischen dem nach § 89 Abs. 1 zuständigen Organ oder seinem Ausschuss und dem »Personalrat« **keine Einigung ergeben** hat. Diese Voraussetzung liegt vor, wenn die im bisherigen Mitbestimmungsverfahren zuletzt zuständige Personalvertretung nach § 76 Abs. 9 S. 1 oder nach § 77 Abs. 3 eine rechtlich beachtliche Zustimmungsverweigerung erklärt hat (vgl. § 76 Rn. 24ff., § 77 Rn. 9). Die Einigungsstelle wird nicht von Amts wegen tätig. Wenn sie nicht auf Dauer eingerichtet ist, muss sie für jeden Streitfall neu gebildet werden (vgl. 79 Rn. 2, 19). **Beteiligte** sind einerseits die oberste Dienstbehörde oder bei Körperschaften, Anstalten und Stiftungen das oberste Organ, dessen Ausschuss oder die Aufsichtsbehörde, andererseits in der gestuften Verwaltung die zuletzt zuständige Personalvertretung, in der nichtgestuften Verwaltung der PR. Die **Anrufung** der Einigungsstelle besteht in der Erklärung, deren Entscheidung herbeiführen zu wollen. Eine bestimmte Form ist dafür nicht vorgeschrieben. Die Personalvertretung hat ggf. einen Beschluss des Plenums (§ 34) oder in den Fällen d. § 76 Abs. 4 des Vorstands zu fassen. Eine Anrufungsfrist sieht das Gesetz nicht vor. Durch längere Untätigkeit kann jedoch das Anrufungsrecht **verwirkt** werden.[1] Dass der Gesetzgeber jedoch eine möglichst schnelle Durchführung des Einigungsstellenverfahrens will, ergibt sich daraus, dass die Beisitzer und die Person für den Vorsitz der Einigungsstelle binnen zwei Wochen nach der Anrufung bestellt werden müssen und die Einigungsstelle binnen zwei Monaten nach der Anrufung entscheiden soll (§ 79 Abs. 4). Die Nichtbeachtung dieser Bestimmungen hat auf die Wirksamkeit der Entscheidung aber keinen Einfluss.[2] 1

2. Entscheidung der Einigungsstelle in den Fällen des § 74 (Abs. 2)

a) Entscheidung der Einigungsstelle (Abs. 2 S. 1, 2)

Abs. 2 S. 1 regelt die **Entscheidungsbefugnis** der Einigungsstelle in den Fällen der **uneingeschränkten Mitbestimmung des § 74**. Hier entscheidet die Einigungsstelle grundsätzlich und mit bindender Wirkung für alle Beteiligten endgültig. Ihre Entscheidung kann also nicht mehr in Frage gestellt werden. Sie beendet das Mitbestimmungsverfahren. 2

Abs. 2 S. 2 bestimmt, dass der (zugestellte) Beschluss die Beteiligten – also die oberste Dienstbehörde **oder das in § 89 Abs. 1** genannte Organ und die 3

1 Leuze-*Bieler*, § 69 a. F. Rn. 37.

2 Leuze-*Bieler*, a. a. O.; Rooschüz-*Bader*, § 79 Rn. 26.

zuständige Personalvertretung – grundsätzlich bindet. Das gilt aber nicht für die Fälle der grundsätzlich uneingeschränkten Mitbestimmung, in denen die oberste **Dienstbehörde oder das in § 89 Abs. 1 S. 1 genannte Organ den Spruch der Einigungsstelle der Landesregierung oder sich selbst zur endgültigen Entscheidung vorlegen kann** (von den Umständen des Einzelfalls abhängiges Evokationsrecht; vgl. Rn. 5ff.), und nicht für die Fälle der eingeschränkten Mitbestimmung, in denen die Einigungsstelle nur eine Empfehlung beschließen kann (vgl. Rn. 9). Der Spruch der Einigungsstelle bindet die Beteiligten allerdings nur, »soweit er eine Entscheidung im Sinne des § 79 enthält«. Das ist nur der Fall, soweit er sich gemäß § 79 Abs. 5 S. 2 im Rahmen der geltenden Rechtsvorschriften hält und den Beteiligten zugestellt wird (vgl. § 79 Rn. 29, 31). Ist einer der Beteiligten der Ansicht, der Beschluss sei rechtswidrig, darf er ihn nicht übergehen, sondern muss ein verwaltungsgerichtliches Verfahren zu seiner Überprüfung einleiten (vgl. Rn. 4).[3]

4 Die Rechtmäßigkeit eines Beschlusses – der nicht nur eine Empfehlung ausspricht – kann nach § 92 Abs. 1 Nr. 3, Abs. 2 auf Antrag eines der Beteiligten im personalvertretungsrechtlichen Beschlussverfahren überprüft werden.[4] Die gerichtliche Überprüfung erstreckt sich darauf, ob der Beschluss in einem ordnungsgemäßen Verfahren zustande gekommen ist, ob er sich in dem durch die beabsichtigte oder beantragte Maßnahme bestimmten Rahmen des Mitbestimmungsverfahrens hält und ob er nicht gegen geltende Rechtsvorschriften verstößt.[5] Ein Beschluss mit lediglich empfehlendem Charakter ist gerichtlich nicht überprüfbar, weil er keine Verbindlichkeit beansprucht.[6] Ergibt die gerichtliche Überprüfung, dass der Beschluss rechtswidrig ist, kann das Verwaltungsgericht seine Unwirksamkeit feststellen oder ihn aufheben.[7] Sind nur einzelne Bestimmungen des Spruchs der Einigungsstelle unwirksam, ist die teilweise Unwirksamkeit festzustellen oder der Beschluss teilweise aufzuheben, wenn der verbleibende Teil noch ein sinnvolles Ganzes darstellt.[8] Das Gericht kann die fehlende Zustimmung zu

---

3 Str.; vgl. Altvater-*Lenders*, § 74 Rn. 19 m.w.N.; a.A. *Fischer/Goeres/Gronimus*, § 71 a.F. Rn. 26a.

4 *BVerwG* v. 13.2.76 – VII P 9.74 – u. – VII P 4.75 –, PersV 77, 179 bzw. 183, v. 21.10.83 – 6 P 24.81 –, PersV 85, 432, v. 27.2.86 – 6 P 32.82 –, PersV 86, 329, u.v. 19.12.90 – 6 P 24.88 –, PersR 91, 133.

5 Vgl. Lorenzen-*Gerhold*, § 74 Rn. 37.

6 *BVerwG* v. 24.1.01 – 6 PB 15.00 –, PersR 01, 204, u.v. 24.5.06 – 6 PB 16.05 –, juris.

7 *BVerwG* v. 13.2.76 – VII P 9.74 – u.v. 19.12.90, jew. a.a.O.; *OVG Hamburg* v. 21.1.97 – OVG Bs PH 1/95 –, PersR 97, 367; abw. Richardi-*Weber*, § 71 a.F. Rn. 51: Der Beschluss ist per se unwirksam, soweit er gegen geltende Rechtsvorschriften verstößt; er muss also nicht wie ein nur anfechtbarer Verwaltungsakt erst aufgehoben werden.

8 Vgl. *BAG* v. 30.8.95 – 1 ABR 4/95 –, AP Nr. 29 zu § 87 BetrVG 1972 Überwachung, u.v. 26.8.08 – 1 ABR 16/07 –, NZA 08, 1187.

einer Maßnahme aber weder ersetzen noch die Verpflichtung der Einigungsstelle zur Ersetzung aussprechen.[9] Ist der Beschluss rechtsunwirksam, ist die Einigungsstelle (außer bei Feststellung ihrer Unzuständigkeit) verpflichtet, das Verfahren wieder aufzugreifen und fortzusetzen.[10]

Nicht besetzt. 5

Nach Abs. 2 S. 1 **entscheidet die Einigungsstelle**, ob die Dienststelle die beabsichtigte Maßnahme wie beantragt oder mit Einschränkungen durchführen darf. Das gilt aber immer nur grundsätzlich. Seit der Änderung des Abs. 4 durch Art. 6 Nr. 18 DRG sind die **Einschränkungen der Beschlusskompetenz** der Einigungsstelle in **Abs. 2 S. 2** (für die Form der grundsätzlich uneingeschränkten Mitbestimmung; vgl. Rn. 2) und in **Abs. 4** (für die Form der eingeschränkten Mitbestimmung; vgl. Rn. 11) geregelt. 6

b) Evokationsrecht (Abs. 2 S. 3–6)

Das grundsätzliche Recht der Einigungsstelle, endgültig zu entscheiden, wird eingeschränkt durch die Regelungen des **Abs. 2 S. 3 bis 6** (»**Evokationsrecht**«). Es wurde 2010 durch Art. 6 DRG eingefügt und soll den Beschluss des *BVerfG* vom 24. 5. 1995[11] (vgl. vor § 68 Rn. 11) umsetzen. Trotz vielfacher Kritik an der dadurch erfolgten Beschränkung der personalvertretungsrechtlichen Mitbestimmung hat der Gesetzgeber im ÄndG 2013 an dem Evokationsrecht mit der Begründung festgehalten, dass Entscheidungen, die im Einzelfall wegen ihrer Auswirkungen auf das Gemeinwohl wesentlicher Bestandteil der Regierungsgewalt sind, nach der Entscheidung des *BVerfG* einem demokratisch legitimierten Amtsträger vorbehalten bleiben müssten.[12] Um den **Ausnahmecharakter des Evokationsrechts** zu unterstreichen, ist mit dem ÄndG 2013 allerdings die Zuständigkeit für die Ausübung des Evokationsrechts von der obersten Dienstbehörde auf die **Landesregierung** übertragen worden. Außerdem muss der Einigungsstelle und der beteiligten Personalvertretung Gelegenheit gegeben werden, innerhalb von zwei Wochen zu der Vorlage Stellung zu nehmen. Die Stellungnahme ist der Landesregierung bzw. dem obersten Organ zur Kenntnis zu bringen (Abs. 2 S. 4 und 5). 7

Das Evokationsrecht bezieht sich auf einen Beschluss, der »**im Einzelfall wegen seiner Auswirkungen auf das Gemeinwesen wesentlicher Bestandteil der Regierungsverantwortung**« ist. Was darunter zu verstehen ist, erscheint sehr zweifelhaft. Die in der weggefallenen rahmenrechtlichen 8

9 *OVG NW* v. 20. 1. 82 – CL 33/80 –, RiA 82, 216.

10 Str.; vgl. *BAG* v. 30. 1. 90 – 1 ABR 2/89 –, AP Nr. 41 zu § 87 BetrVG 1972 Lohngestaltung; *Fitting*, § 76 Rn. 162 f. m. w. N.

11 2 BvF 1/92 –, PersR 1995, 483.

12 LT-Dr. 15/4224, S. 150, 151 [zu § 74].

Vorschrift des § 104 S. 3 BPersVG a. F.[13] beispielhaft genannten Vorgaben (personelle Angelegenheiten der Beamten, Gestaltung von Lehrveranstaltungen und organisatorische Angelegenheiten)[14] sind im Landesrecht bereits dadurch berücksichtigt, dass sie nach dem LPVG nicht in die grundsätzlich uneingeschränkte Mitbestimmung einbezogen sind. Das *BVerfG* erklärt in einem Beschluss, dass sich die personalvertretungsrechtliche Mitbestimmung einerseits nur auf innerdienstliche Maßnahmen erstrecken und nur so weit gehen darf, als die spezifischen in dem Beschäftigungsverhältnis angelegten Interessen der Angehörigen der Dienststelle dies rechtfertigen (Schutzzweckgrenze).[15] Andererseits verlange das Demokratieprinzip für die Ausübung von Staatsgewalt bei Entscheidungen von Bedeutung für die Erfüllung des Amtsauftrags jedenfalls, dass die Letztentscheidung eines dem Parlament verantwortlichen Verwaltungsträgers gesichert ist (Verantwortungsgrenze).[16] Es ist deshalb davon auszugehen, dass für eine Evokation nur solche seltenen Ausnahmefälle in Betracht kommen, in denen eine Letztentscheidung durch die Landesregierung zur Wahrung des Demokratieprinzips unabweisbar notwendig ist.[17] Liegt diese Voraussetzung ausnahmsweise vor, kann die oberste Dienstbehörde bzw. das oberste Organ den Beschluss der Einigungsstelle gemäß Abs. 2 S. 3 **unverzüglich**, also entsprechend § 121 BGB ohne schuldhaftes Zögern, nach seiner Zustellung der Landesregierung vorlegen. Dies räumt ihr ein gewisses Prüfungs- und Überlegungsrecht ein, welches aber zwei Wochen nicht überschreiten sollte.[18] Die Formulierung »kann … vorlegen« schließt aus, eine Rechtspflicht der obersten Dienstbehörde bzw. dem obersten Organ zur Vorlage anzunehmen.[19]

9 Gemäß **Abs. 2 S. 4** ist der Einigungsstelle und der bei der obersten Dienstbehörde bestehenden Personalvertretung **Gelegenheit zur Stellungnahme** zu der Vorlage zu geben. Diese hat binnen zwei Wochen zu erfolgen und ist der Landesregierung zur Kenntnis zu bringen (Abs. 2 S. 5). Diese Aus-

13 Nach dem Übergang der Gesetzgebungskompetenz auf die Länder im Zuge der Föderalismusreform (u. a. Art. 75 aufgehoben durch das Gesetz zur Änderung des Grundgesetzes v. 28. 8. 06 [BGBl. I S. 2034] mit Wirkung v. 1. 9. 06) entfällt die Möglichkeit einer Rahmengesetzgebung. Übergangsweise gelten die §§ 95 bis 106 a. F. gem. Art. 125a Abs. 1 GG fort, bis die Länder eigene entsprechende Regelungen erlassen haben. Den Ländern ist in § 131 BPersVG 2021 eine Übergangsfrist bis 31. 12. 24 eingeräumt.

14 Vgl. *Altvater,* 10. Aufl., § 104 a. F. Rn. 20 ff.

15 *BVerfG* v. 24. 5. 95 – 2 BvF 1/92 –, NVwZ 1996, 574.

16 *BVerfG* v. 24. 5. 95 – 2 BvF 1/92 –, NVwZ 1996, 574.

17 So auch *Welkoborsky u. a.*, § 66 Rn. 23.

18 Vgl. Rooschüz-*Bader,* § 78 Rn. 10.

19 A. A. Rooschüz-*Bader*, § 78 Rn. 11, der der obersten Dienstbehörde **kein Ermessen** einräumen will, da dies nicht im Einklang mit den Vorgaben des Beschlusses des *BVerfG* v. 24. 5. 95 stünde.

gestaltung des Verfahrens, die neu in das ÄndG 2013 aufgenommen wurde, stärkt die Entscheidung der Einigungsstelle im Vergleich zu der früheren Regelung. Die Landesregierung **gibt** ihre Entscheidung den Beteiligten durch die oberste Dienstbehörde **bekannt**.

3. Dienststelle des Landtags und des Rechnungshofs (Abs. 3)

Abs. 3 regelt als notwendige Folgeregelung zu Abs. 2 S. 3, dass an die Stelle der Landesregierung in Angelegenheiten des Landtags bzw. des Rechnungshofs jeweils der **Präsident** tritt. Aufgrund der unabhängigen Stellung von Landtag und Rechnungshof kommt ein Evokationsrecht der Landesregierung hier nicht in Frage, sondern geht auf den Präsidenten über. Die anderen Vorschriften des Abs. 2 gelten aber gleichwohl. 10

4. Entscheidung der Einigungsstelle in den Fällen des § 75 (Abs. 4)

Die Bestimmung regelt die Entscheidungsbefugnis der Einigungsstelle in den Fällen der eingeschränkten Mitbestimmung (vgl. § 75). Sie ist dadurch gekennzeichnet, dass die **Einigungsstelle** nur dann endgültig entscheidet, wenn sie sich der Auffassung der obersten Dienstbehörde oder des nach § 89 Abs. 1 S. 1 zuständigen Organs oder seines Ausschusses anschließt.[20] Andernfalls beschließt sie lediglich eine **Empfehlung** an die oberste Dienstbehörde bzw. das zuständige Organ oder seinen Ausschuss. Sodann **entscheidet die oberste Dienstbehörde** (bzw. das Organ oder der Ausschuss) **endgültig**, wobei sie die Empfehlung zwar zu würdigen hat, aber daran nicht gebunden ist. In den Fällen der eingeschränkten Mitbestimmung kann die Personalvertretung die Letztentscheidung der obersten Dienstbehörde als solche im personalvertretungsrechtlichen Beschlussverfahren **verwaltungsgerichtlich** nicht überprüfen lassen.[21] Sie kann jedoch gerichtlich klären lassen, ob ihr Mitbestimmungsrecht durch die Letztentscheidung der obersten Dienstbehörde wegen nicht ordnungsgemäßer Durchführung des vorausgegangenen Mitbestimmungsverfahrens, insbesondere wegen unzureichender Unterrichtung, verletzt worden ist.[22] 11

Der durch das ÄndG 2013 eingefügte **S. 3** stellt klar, dass die endgültige Entscheidung der obersten Dienstbehörde zu begründen und sowohl der Einigungsstelle als auch den beteiligten Personalvertretungen bekannt zu geben ist. Dies ist Ausfluss des Grundsatzes der vertrauensvollen Zusammenarbeit (§ 2 Abs. 1) und soll für Transparenz sorgen.[23] 12

---

20 Vgl. *BVerwG* v. 17.12.03 – 6 P 7.03 –, PersR 04, 106.
21 *BVerwG* v. 31.8.09 – 6 PB 21.09 –, PersR 09, 510.
22 *BVerwG* v. 10.2.09 – 6 PB 25.08 –, PersR 09, 203.
23 LT-Dr. 15/4224, S. 151 [zu § 74].

§ 79 Einigungsstelle

(1) [1]Die Einigungsstelle wird, soweit sich aus Absatz 2 nichts Abweichendes ergibt, von Fall zu Fall bei der obersten Dienstbehörde gebildet. [2]Sie besteht aus je drei Beisitzern, die von der obersten Dienstbehörde und der bei ihr bestehenden zuständigen Personalvertretung bestellt werden, und einer unparteiischen Person für den Vorsitz, auf die sich beide Seiten einigen. [3]Die Beisitzer sowie die Person für den Vorsitz sind innerhalb von zwei Wochen nach Anrufung der Einigungsstelle zu bestellen. [4]Die Person für den Vorsitz muss die Befähigung zum Richteramt besitzen oder die Voraussetzungen des § 110 Satz 1 des Deutschen Richtergesetzes erfüllen. [5]Kommt eine Einigung über die Person für den Vorsitz nicht zustande, so bestellt sie der Präsident des Verwaltungsgerichtshofs. [6]Unter den Beisitzern, die von der Personalvertretung bestellt werden, muss sich je ein Beamter und ein Arbeitnehmer befinden, es sei denn, die Angelegenheit betrifft lediglich die Beamten oder die Arbeitnehmer.
(2) [1]Aufgrund einer Dienstvereinbarung kann die Einigungsstelle auf Dauer, längstens bis zum Ablauf der Amtszeit der zuständigen Personalvertretung gebildet werden. [2]Absatz 1 gilt mit der Maßgabe entsprechend, dass zwischen der obersten Dienstbehörde und der zuständigen Personalvertretung Einigung über die unparteiische Person für den Vorsitz für die vereinbarte Amtszeit erzielt wird.
(3) [1]Die Verhandlung der Einigungsstelle ist nicht öffentlich. [2]Der obersten Dienstbehörde und der zuständigen Personalvertretung ist Gelegenheit zur mündlichen Äußerung zu geben. [3]Im Einvernehmen mit den Beteiligten kann die Äußerung schriftlich erfolgen.
(4) [1]Die Einigungsstelle soll binnen zwei Monaten nach der Anrufung durch einen Beteiligten entscheiden. [2]Die Einigungsstelle ist beschlussfähig, wenn die Person für den Vorsitz und mindestens drei Beisitzer anwesend sind. [3]Bestellt eine Seite innerhalb der in Absatz 1 Satz 3 genannten Frist keine Beisitzer oder bleiben Beisitzer trotz rechtzeitiger Einladung der Sitzung fern, so entscheiden die Person für den Vorsitz und die erschienenen Beisitzer allein.
(5) [1]Die Einigungsstelle entscheidet durch Beschluss. [2]Sie kann den Anträgen der Beteiligten auch teilweise entsprechen. [3]Der Beschluss wird mit einfacher Stimmenmehrheit gefasst; bei Stimmengleichheit entscheidet die Stimme der Person für den Vorsitz. [4]Er muss sich im Rahmen der geltenden Rechtsvorschriften, insbesondere des Haushaltsgesetzes, halten. [5]Der Beschluss ist den Beteiligten zuzustellen.

Vergleichbare Vorschriften:
§§ 73, 74 BPersVG, § 76 Abs. 2, 3, 5 S. 2, 3 und 4 BetrVG

Inhaltsübersicht

1. Vorbemerkung

1 § 79 regelt die Bildung, die Zusammensetzung und das Verfahren der **Einigungsstelle** und die Wirkung ihrer Beschlüsse. Die Bestimmung entspricht im Wesentlichen § 71 Abs. 1 a.F. Ihre **Aufgabe** ist es, in einem von der Dienststelle nach § 76 Abs. 1 oder vom PR nach § 84 Abs. 1 S. 1 eingeleiteten Mitbestimmungsverfahren, in dem eine Einigung zwischen der obersten Dienstbehörde und der zuletzt beteiligten Personalvertretung andererseits nicht zustande gekommen ist, eine grundsätzlich bindende Entscheidung zu treffen oder eine Empfehlung abzugeben.[1] Die Einigungsstelle ist eine Schiedsstelle besonderer Art, die als **personalvertretungsrechtliches Organ** sowohl vom Dienstherrn bzw. Arbeitgeber als auch von der Personalvertretung **unabhängig** ist.[2] Ihre Beschlüsse sind i.d.R. einer **gerichtlichen Kontrolle** der Rechtmäßigkeit unterworfen (vgl. Rn. 33).[3]

2. Bildung und Zusammensetzung der Einigungsstelle (Abs. 1)

a) Bildung der Einigungsstelle (Abs. 1 S. 1)

2 Grundsätzlich wird die Einigungsstelle nach **Abs. 1 S. 1 von Fall zu Fall** gebildet. Sie kann aber auch nach Abs. 2 durch Dienstvereinbarung auf Dauer gebildet werden (vgl. Rn. 19 ff.). Wird von dieser Möglichkeit kein Gebrauch gemacht, ist sie immer für jeden einzelnen **konkreten Streitfall** zu bilden (vgl. § 78 Rn. 1 ff.; § 84 Rn. 11). Die Bildung einer **gemeinsamen Einigungsstelle** ist nach § 91 Abs. 6 S. 3 bei Einzelmaßnahmen vorgesehen, die sich auf

1 *BVerwG* v. 10.3.87 – 6 P 17.85 –, PersR 87, 171.

2 *BVerfG* v. 27.4.59 – 2 BvF 2/58 –, BVerfGE 9, 268; *BVerwG* v. 13.2.76 – VII P 9.74 – u. – VII P 4.75 –, PersV 77, 179 bzw. 183, sowie v. 9.10.91 – 6 P 1.90 –, PersR 92, 52.

3 *BVerwG* v. 19.12.90 – 6 P 24.88 –, PersR 91, 133, m.w.N.

Dienststellen in den Geschäftsbereichen mehrerer oberster Dienstbehörden erstrecken.

3 Nach dem Wortlaut des Abs. 1 S. 1 wird die Einigungsstelle **bei der obersten Dienstbehörde** (vgl. § 5 Rn. 29) gebildet. Das gilt zweifelsfrei im Bereich der **Verwaltungen, Betriebe und Gerichte des Landes**, weil in diesem Bereich die oberste Dienstbehörde stets die letzte im bisherigen Mitbestimmungsverfahren beteiligte Stelle des Dienstherrn bzw. Arbeitgebers ist und sie demnach auch das Recht zur Anrufung der Einigungsstelle hat (vgl. § 78 Rn. 1). Für den Bereich der **Körperschaften, Anstalten und Stiftungen** des öffentlichen Rechts ist die gesetzliche Regelung dagegen nicht eindeutig, weil in diesem Bereich auf der Arbeitgeberseite nicht die oberste Dienstbehörde (z. B. bei der Gemeinde nicht der Bürgermeister) die letzte im bisherigen Mitbestimmungsverfahren beteiligte und zur Anrufung der Einigungsstelle berechtigte Stelle ist, sondern das in § 89 Abs. 1 S. 1 genannte Organ (bei der Gemeinde also der Gemeinderat). Da nach § 89 Abs. 1 S. 1 **das in § 89 Abs. 1 genannte Organ in den Fällen der §§ 77, 78 und 79** an die Stelle der obersten Dienstbehörde tritt, ist diese Stelle sowohl für die Anrufung der Einigungsstelle als auch für die Bestellung der Beisitzer der »Arbeitgeberbank« zuständig. Im Bereich der Körperschaften, Anstalten und Stiftungen ist die Einigungsstelle auch bei dem **obersten Organ**, bei einem **beschließenden Ausschuss** dieses Organs oder bei der **Aufsichtsbehörde** zu bilden.[4]

4 Die Einigungsstelle ist im **Zusammenwirken** zwischen der obersten Dienstbehörde und »der bei ihr bestehenden zuständigen Personalvertretung« zu bilden. Die **zuständige Personalvertretung** ist die im konkreten Streitfall nach § 78 Abs. 1 zur Anrufung der Einigungsstelle berechtigte Personalvertretung (vgl. § 78 Rn. 1). Bei der **obersten Dienstbehörde** kann dies der HPR oder der Haus-PR oder – bei personalvertretungsrechtlicher Verselbständigung von Teilen der obersten Dienstbehörde auch – der PR eines verselbständigten Dienststellenteils oder der GPR sein, bei einer **Körperschaft, Anstalt oder Stiftung** der PR der Dienststelle (ggf. auch der PR eines Eigenbetriebes), der PR eines verselbständigten Dienststellenteils oder der GPR.

5 Besteht zwischen den beiden Seiten **Streit über das Vorliegen der Voraussetzungen** für die Bildung der Einigungsstelle – insbesondere, weil eine Seite das Vorliegen einer mitbestimmungspflichtigen Angelegenheit oder einer rechtlich beachtlichen Zustimmungsverweigerung verneint –, so muss darüber nach h. M. in der Literatur zunächst gemäß § 92 bs. 1 Nr. 3, Abs. 2 von den **Verwaltungsgerichten** im **personalvertretungsrechtlichen Beschlussverfahren** entschieden werden.[5] Nachdem das *BVerwG* entgegen

---

4 Leuze-*Bieler*, § 71 a. F. Rn. 4.

5 Vgl. Lorenzen-*Gerhold*, § 73 Rn. 12.

seiner vorherigen Rspr.[6] im Beschl. v. 12.3.86[7] die Ansicht vertreten hatte, dass die Entscheidung über diese Vorfrage der Einigungsstelle obliege, hat es daran im Folgenden »jedenfalls nicht im Sinne einer Ausschließlichkeit der Kompetenz der Einigungsstelle festgehalten« und »ausdrücklich klargestellt, dass ... diese Frage selbstverständlich im personalvertretungsrechtlichen Beschlussverfahren durch die Verwaltungsgerichte geklärt werden kann«.[8] Damit ist jedoch nicht gesagt, dass die Einigungsstelle bei einem Streit über die Frage ihrer Zuständigkeit in keinem Fall gebildet werden könnte.[9] Handelt es sich um einen Streit zwischen der obersten Dienstbehörde (bzw. »dem in § 89 Abs. 1 Satz 1 genannten Organ«) und »der bei ihr bestehenden zuständigen Personalvertretung« (vgl. Rn. 3), so hat insoweit vielmehr **das Gleiche** zu gelten **wie im Bereich des BetrVR**.[10] Dort kann einerseits die Frage der Zuständigkeit in jedem Verfahrensstand zur arbeitsgerichtlichen Entscheidung gestellt werden.[11] Andererseits kann die Bildung der Einigungsstelle von einer der beiden Seiten aber nur dann verhindert werden, wenn die **Zuständigkeit offensichtlich nicht gegeben** ist.[12] Liegt dieser Ausnahmefall nicht vor, hat die Einigungsstelle über die Frage ihrer Zuständigkeit selbst zu befinden.[13] Verneint sie ihre Zuständigkeit, hat sie das Verfahren einzustellen.[14] Bejaht sie dagegen ihre Zuständigkeit, hat sie das Verfahren fortzusetzen und kann dieses bis zur Entscheidung im arbeitsgerichtlichen Beschlussverfahren nur dann aussetzen, wenn beide Seiten damit einverstanden sind.[15]

b) Zusammensetzung der Einigungsstelle (Abs. 1 S. 2–6)

Die Einigungsstelle besteht nach Abs. 1 S. 2 aus **sieben Mitgliedern:** sechs 6
Beisitzern, die je zur Hälfte von beiden Seiten bestellt werden (vgl. Rn. 7 ff.), und einer unparteiischen Person für den Vorsitz, auf die sich beide Seiten einigen (vgl. Rn. 11 f.; zur Sonderregelung des § 94 Abs. 3 vgl. § 94 Rn. 6).

---

6 Beschl. v. 14.6.68 – VII P 9.66 –, PersV 68, 264, u.v. 19.9.83 – 6 P 32.80 –, BVerwGE 68, 30.

7 6 P 5.85 –, PersR 86, 116.

8 Beschl. v. 2.2.90 – 6 PB 13.89 –, PersR 90, 114; ebenso Beschl. v. 27.7.90 – 6 PB 12.89 –, PersR 90, 297.

9 Vgl. *BVerwG* v. 28.8.08 – 6 PB 19.08 –, PersR 08, 458, zum Mitbestimmungsverfahren in der »Endphase«; näher hierzu u. zum Folgenden Altvater-*Lenders*, § 73 Rn. 5 a. E.

10 Im Ergebnis wie hier Richardi-*Weber*, § 71 a. F. Rn. 28 u. 37.

11 Vgl. *Fitting*, § 76 Rn. 183 m. w. N.

12 Vgl. *Fitting*, § 76 Rn. 31.

13 *Fitting*, § 76 Rn. 113.

14 *Fitting*, § 76 Rn. 113.

15 *Fitting*, § 76 Rn. 115.

aa) Die Beisitzer

7 Von Ausnahmen abgesehen (vgl. Rn. 9 f.) stellt das Gesetz für die Bestellung der **Beisitzer** keine besonderen persönlichen oder sachlichen Voraussetzungen auf. Es geht davon aus, dass die Beisitzer im Unterschied zur »Person für den Vorsitz« nicht unparteiisch sind, sondern die gegensätzlichen Interessen des Dienstherrn bzw. Arbeitgebers einerseits und der Beschäftigten andererseits vertreten.[16] Entscheidend ist, dass sie das **Vertrauen** der sie bestellenden Seite haben.[17] Die Beisitzer sind jedoch **an Weisungen und Aufträge nicht gebunden** und auch kein »verlängerter Arm« der sie bestellenden Seite, sondern sollen mit einer gewissen inneren Unabhängigkeit bei der Schlichtung eines Streitfalls mitwirken, zu dessen Beilegung beide Seiten allein nicht in der Lage waren.[18] Die Tätigkeit der Einigungsstelle ist auf das Erarbeiten von Kompromissen und das Erreichen einer für beide Seiten annehmbaren Konfliktlösung ausgerichtet.[19] Die Beisitzer dürfen demnach nicht mangels entsprechender Kenntnisse und Erfahrung und wegen fehlender Kompromissbereitschaft offensichtlich ungeeignet sein.[20] Von der Bestellung als Beisitzer ist eine Person entsprechend § 33 Abs. 1 wegen **Befangenheit** dann ausgeschlossen, wenn die Entscheidung des Streitfalls ihr selbst oder einer der in § 33 Abs. 1 S. 1 Nr. 1 bis 4 genannten Personen einen unmittelbaren Vor- oder Nachteil bringen kann (vgl. § 33 Rn. 1).[21]

8 Für die Auswahl der **Beisitzer der »Arbeitgeberbank«** enthält das LPVG keine Vorgaben. Die obersten Dienstbehörden im Landesbereich haben jedoch die Vorschriften des § 12 ChancenG zu beachten, wonach Frauen und Männer zu gleichen Anteilen berücksichtigt werden sollen. Die Benannten brauchen keine Beschäftigten des öffentlichen Dienstes zu sein.[22]

9 Über die Bestellung der **Beisitzer der »Personalratsbank«** entscheidet die **zuständige Personalvertretung** durch **Beschluss** des Plenums oder (gemäß § 76 Abs. 4) des Vorstands. Dabei sind nach § 34 Abs. 4 in einer gemeinsamen Angelegenheit alle Mitglieder der Personalvertretung, in einer Angelegenheit, die lediglich die Angehörigen einer Gruppe betrifft, nur die Vertreter dieser Gruppe zur Beschlussfassung berufen. Bei der **Auswahl** der Beisitzer sind die Vorgaben des Abs. 1 S. 6 zu beachten und, wenn die Interessenvertretung der Richter oder Staatsanwälte berührt ist, auch die des § 24b LRiStAG (vgl. Rn. 10). **Grundsätzlich** muss sich unter den zu

---

16 Vgl. Lorenzen-*Gerhold*, § 73 Rn. 27.

17 Vgl. *Fitting*, § 76 Rn. 14a; *BVerwG* v. 21.6.82 – 6 P 13.79 –, PersV 83, 239.

18 Vgl. *BAG* v. 27.6.95 – 1 ABR 3/95 – u. v. 29.1.02 – ABR 18/01 –, AP Nr. 1 u. 19 zu § 76 BetrVG 1972 Einigungsstelle.

19 *BAG* v. 13.5.15 – 2 ABR 38/14 –, NZA 16, 116.

20 Vgl. *BAG* v. 13.5.15 – 2 ABR 38/14 –, NZA 16, 116; *Fitting*, § 76 Rn. 14a.

21 Germelmann-*Binkert*, § 82 Rn. 39.

22 Vgl. *Fischer/Goeres/Gronimus*, § 71 a.F. Rn. 9.

bestellenden Beisitzern nach Abs. 1 S. 6 Hs. 1 **je ein Beamter und ein Arbeitnehmer** befinden. Dabei muss es sich um Beschäftigte des öffentlichen Dienstes, nicht aber um solche der vom Streitfall betroffenen Dienststelle(n) handeln.[23] Die Vorgabe im Hs. 1 des Abs. 1 S. 6 soll gewährleisten, dass bei der Meinungs- und Willensbildung der Einigungsstelle in jedem Falle auch gruppenspezifische Interessen berücksichtigt werden.[24] Diese Vorgabe gilt nach Abs. 1 S. 6 Hs. 2 nicht bei einer Angelegenheit, die »lediglich die Beamten oder die Arbeitnehmer (betrifft)«, also nicht in Gruppenangelegenheiten. Hier werden schon durch die als Gruppenbeschluss zu treffende Auswahlentscheidung der Personalvertretung die Interessen der unmittelbar betroffenen Gruppe gewahrt.[25] Ist die Personalvertretung durch Abs. 1 S. 6 Hs. 1 nicht gebunden – so in einer gemeinsamen Angelegenheit hinsichtlich des dritten Beisitzers oder in einer Gruppenangelegenheit i. d. R. hinsichtlich aller drei Beisitzer –, kann sie über die Auswahl an sich frei entscheiden und z. B. auch einen Gewerkschaftssekretär oder einen Rechtsanwalt bestellen;[26] allerdings können sich im Hinblick auf die Kostenfolgen insoweit Einschränkungen ergeben (vgl. Rn. 18).

In den in §§ 74, 75 Abs. 3 Nr. 9, Abs. 4 Nr. 1, 3 bis 18, § 76 Abs. 2 Satz 1 Nr. 2 **10** und 3, Abs. 3 und 4 aufgeführten allgemeinen und sozialen Angelegenheiten, die sowohl Richter als auch Beschäftigte des Gerichts betreffen (gemeinsame Angelegenheiten, § 30 Abs. 1 LRiStAG und § 31 LPVG) werden die vom PR zu bestellenden Beisitzer der Einigungsstelle auf Grund gemeinsamer Beschlussfassung bestellt; ein Beisitzer muss ein auf Lebenszeit ernannter Richter sein (§ 24b Abs. 2 LRiStAG; vgl. § 31 Rn. 4 ff., 13). Das gilt nach § 89 Abs. 4 S. 1 LRiStAG in einer gemeinsamen Angelegenheit, die sowohl Beschäftigte i. S. d. LPVG als auch **Staatsanwälte** betrifft, entsprechend (vgl. § 31 Rn. 15).

Nach dem ÄndG 2013 werden die Beisitzer – ebenso wie der Vorsitzende **10a** (vgl. Rn. 12) – »innerhalb von zwei Wochen nach Anrufung der Einigungsstelle« bestellt. Die **fristgebundene Bestellung der Beisitzer** soll die Einigungsstelle in die Lage versetzen, möglichst schnell entscheiden zu können und dient damit der Verfahrensbeschleunigung.[27] Für die Berechnung der **Frist von zwei Wochen** gilt das zu § 76 Abs. 6 Ausgeführte entsprechend (vgl. § 76 Rn. 17). Die Frist beginnt am ersten Arbeitstag nach dem Tag zu laufen, an dem die erste der beiden Seiten der anderen Seite gegenüber erklärt hat, die Entscheidung der Einigungsstelle herbeiführen zu wollen. Unabhängig davon, ob die tatsächliche Bestellung der Beisitzer bis zum Ablauf

23 Vgl. *Fischer/Goeres/Gronimus*, § 71 a. F. Rn. 11.
24 Vgl. Lorenzen-*Gerhold*, § 73 Rn. 24.
25 Vgl. *Fischer/Goeres/Gronimus*, § 71 a. F. Rn. 10a.
26 Vgl. Lorenzen-*Gerhold*, § 73 Rn. 25.
27 LT-Dr. 14/6694, S. 566 [zu Nr. 20].

der Frist erfolgt ist, kann das **weitere Verfahren nach Fristablauf** mit der Bestellung der unparteiischen Person für den Vorsitz (vgl. Rn. 11 f.) fortgesetzt werden.[28] **Weigert sich eine Seite**, die von ihr zu bestimmenden Beisitzer zu bestellen, obwohl die Einigungsstelle nicht offensichtlich unzuständig ist, so kann diese auch ohne die Beisitzer dieser Seite gebildet und tätig werden (vgl. Rn. 26).

bb) Der/Die Vorsitzende

11 Die unparteiische **Person für den Vorsitz** – d.h. der oder die Vorsitzende – wird grundsätzlich von beiden Seiten gemeinsam bestellt. Bei der Erfüllung der Funktion der Einigungsstelle (vgl. Rn. 1) nimmt sie eine **Schlüsselposition** ein, weil sie die Verhandlungen zu leiten hat und das Ergebnis der Beratungen wegen der Parität der Beisitzer mit ihrer Stimme entscheidend beeinflussen kann. Nach Abs. 1 S. 4 muss sie die Befähigung zum Richteramt (vgl. § 5 DRiG) besitzen oder die Voraussetzungen des mit Wirkung v. 1.8.21 aufgehobenen § 110 S. 1 DRiG[29] erfüllen. Die **Befähigung zum Richteramt** ist in den §§ 5 und 109 DRiG sowie in Art. 1 Nr. 6 u. 7 des Gesetzes zur Reform der Juristenausbildung v. 11.7.02[30] definiert. Ihr ist unter den Voraussetzungen des § 110 S. 1 DRiG[31] die **Befähigung zum höheren Verwaltungsdienst** gleichgestellt. Die für die Bestellung darüber hinaus vorgeschriebene **Unparteilichkeit** ist nur dann gegeben, wenn der Vorsitzende von beiden Seiten unabhängig handeln kann und vom Ausgang des Verfahrens weder unmittelbar noch mittelbar betroffen ist. **Kriterien** für die Bestellung sollten außer der vorgeschriebenen Qualifikation und Unparteilichkeit v.a. die Fähigkeit zur Kommunikation und Mediation, die Kenntnis des PersVR sowie Rechts- und Fachkenntnisse sein, die sich auf den konkreten Streitgegenstand beziehen.[32] Zum Vorsitzenden darf nach § 4 Abs. 2 Nr. 5 DRiG auch ein **Richter** bestellt werden, entsprechend § 99 Abs. 1 S. 5 ArbGG ein Richter der Arbeits- oder Verwaltungsgerichtsbarkeit

28 LT-Dr. 14/6694, a.a.O.

29 Aufgehoben durch Art. 4 Nr. 6 des Gesetzes zur Modernisierung des notariellen Berufsrechts und zur Änderung weiterer Vorschriften vom 25.6.21 (BGBl. I S. 2154) mit Wirkung vom 1.8.21.

30 BGBl. I S. 2592.

31 In § 110 S. 1 DRiG hieß es: »Wer bis zum Inkrafttreten dieses Gesetzes nach mindestens dreijährigem Studium der Rechtswissenschaft an einer Universität und dreijähriger Ausbildung im öffentlichen Dienst durch Ablegen der gesetzlich vorgeschriebenen Prüfungen die Befähigung zum höheren Verwaltungsdienst erworben hat, kann auch nach Inkrafttreten dieses Gesetzes zum Richter in der Verfassungsgerichtsbarkeit, Verwaltungsgerichtsbarkeit und Sozialgerichtsbarkeit ernannt werden.«

32 Vgl. Lorenzen-*Gerhold*, § 73 Rn. 15; DKW-*Berg*, § 76 Rn. 20.

allerdings nur dann, wenn aufgrund der Geschäftsverteilung ausgeschlossen ist, dass er mit der Überprüfung, der Auslegung oder der Anwendung des Spruchs der Einigungsstelle befasst wird.

Nach § 71 Abs. 1 S. 3 a. F. war **beiden Seiten** aufgegeben, die Person für den Vorsitz **innerhalb von zehn Arbeitstagen** nach der Bestellung der Beisitzer zu bestellen. Das ÄndG 2013 regelt die Bestellungsfristen neu und lässt die Bestellung der Beisitzer und des Vorsitzenden parallel laufen. Auch der Vorsitzende ist daher binnen **zwei Wochen** nach Anrufung der Einigungsstelle zu bestellen (zur Fristberechnung vgl. Rn. 10a; § 76 Rn. 17). Hierdurch ist eine schnellere Entscheidung der Einigungsstelle möglich. Kommt eine Einigung beider Seiten über die Person des Vorsitzenden bis zum Ablauf der in Abs. 1 S. 3 festgelegten Frist von zwei Wochen nicht zustande, so bestellt nach Abs. 1 S. 5 der **Präsident des Verwaltungsgerichtshofs** die Person für den Vorsitz. Die Einschaltung des Präsidenten kann schon zu einem **früheren Zeitpunkt** erfolgen, wenn feststeht, dass sich beide Seiten auf die Person für den Vorsitz nicht einigen können. Jede der beiden Seiten kann einen entsprechenden **Antrag** stellen und dabei Vorschläge unterbreiten. Der Präsident hat zu prüfen, ob die Voraussetzungen für seine Entscheidung vorliegen, insb. ob die Einigung beider Seiten gescheitert ist. Die Bestellung der Person für den Vorsitz darf er entsprechend § 99 Abs. 1 S. 2 ArbGG nur dann verweigern, wenn die Einigungsstelle offensichtlich unzuständig ist.[33] Der Präsident hat nach Möglichkeit eine Person zu bestellen, die das Vertrauen beider Seiten hat. Die Entscheidung hat zügig zu erfolgen. Sie ist kein Akt der Rechtsprechung, sondern eine behördeninterne Verwaltungsmaßnahme, die nicht gesondert anfechtbar ist.[34] 12

cc) Rechtsstellung der Mitglieder

Die als Mitglieder der Einigungsstelle ausgewählten Personen können die **Übernahme des Amts** als Beisitzer oder Vorsitzender **ablehnen**, soweit sie dazu nicht aufgrund dienstlicher Weisung verpflichtet sind, und das angenommene Amt jederzeit **niederlegen**.[35] Außerdem können bestellte Beisitzer von ihrer Seite jederzeit **abberufen** und durch eine andere Person ersetzt werden.[36] Im Einvernehmen beider Seiten kann auch der Vorsitzende jederzeit **ausgetauscht** werden, wenn er nicht vom Präsidenten des Verwaltungsgerichtshofs bestellt worden ist.[37] 13

---

33 Vgl. *BAG* v. 22.10.91 – 1 ABR 6/91 –, PersR 92, 110; *Fischer/Goeres/Gronimus*, § 71 a. F. Rn. 12a m. w. N.

34 Vgl. Altvater-*Lenders*, § 15 Rn. 15 m. w. N.

35 Vgl. Lorenzen-*Gerhold*, § 73 Rn. 28.

36 Vgl. Lorenzen-*Gerhold*, § 73 Rn. 30.

37 Vgl. Lorenzen-*Gerhold*, a. a. O.

14 Ändert sich während des Einigungsstellenverfahrens der **Beschäftigtenstatus** eines von der Personalvertretung bestellten Beisitzers – insb. dadurch, dass ein Arbeitnehmer zum Beamten ernannt wird – und führt dies dazu, dass die »Personalratsbank« entgegen Abs. 1 S. 6 Hs. 1 nicht mehr mit je einem Beamten und einem Arbeitnehmer besetzt ist, so hat dies zwar nicht den automatischen Wegfall des Amtes des Beisitzers zur Folge, bei dem der Statuswechsel eingetreten ist.[38] Die Personalvertretung hat jedoch unverzüglich durch mindestens einen Austausch die dem Gesetz entsprechende Besetzung der »Personalratsbank« wieder herzustellen.

15 Um Verfahrensverzögerungen zu vermeiden, die durch das **Ausscheiden** oder die zeitweilige **Verhinderung** von Mitgliedern der Einigungsstelle entstehen können, ist es zulässig und sinnvoll, sowohl für den Vorsitzenden als auch für die Beisitzer vorsorglich **Ersatzmitglieder** zu bestellen.[39] Bis zu ihrem Nachrücken dürfen sie bei den Verhandlungen und Beratungen der Einigungsstelle nicht anwesend sein.

16 Endet die Amtszeit der zuständigen Personalvertretung während des bereits begonnenen Verfahrens, so ist die Einigungsstelle berechtigt und verpflichtet, diesen »**Überhangfall**« in unveränderter Besetzung abzuschließen.[40] Die neue Personalvertretung tritt in das Verfahren ein. An Stellungnahmen und Anträge der bisherigen Personalvertretung ist sie nicht gebunden.[41]

17 Die Mitglieder der Einigungsstelle sind **Inhaber eines öffentlichen Amtes**.[42] Sie gehören zu den Personen, die Aufgaben oder Befugnisse nach dem PersVR wahrnehmen. Deshalb unterliegen sie der **Verschwiegenheitspflicht** nach § 7 und genießen den **Schutz** des § 6.[43] Handelt es sich um PR-Mitglieder, sind die Vorschriften des § 43 Abs. 2 über Versäumnis von Arbeitszeit und Freizeitausgleich anzuwenden.[44]

18 Entsprechend § 41 trägt die oberste Dienstbehörde bzw. die jeweilige Körperschaft, Anstalt oder Stiftung die **Kosten** der Einigungsstelle.[45] Dazu gehört nicht nur die Bereitstellung von Räumen, Geschäftsbedarf und Büropersonal, sondern auch die Zahlung von Reisekostenvergütungen, von sonstigem Aufwendungsersatz und ggf. von Honoraren. **Honoraransprüche**

---

38 So aber *Fischer/Goeres/Gronimus*, § 71 a. F. Rn. 11a: Verlust des Beisitzermandats per se; Lorenzen-*Gerhold*, § 73 Rn. 29.
39 Vgl. Lorenzen-*Gerhold*, § 73 Rn. 28.
40 Vgl. Rooschüz-*Bader*, § 79 Rn. 33.
41 Vgl. Lorenzen-*Gerhold*, § 73 Rn. 31.
42 *BVerwG* v. 9. 10. 91 – 6 P 1.90 –, PersR 92, 52.
43 Vgl. Altvater-*Lenders*, § 73 Rn. 21; Lorenzen-*Gerhold*, § 73 Rn. 33.
44 Vgl. Altvater-*Lenders*, § 73 Rn. 21; Lorenzen-*Gerhold*, § 73 Rn. 36.
45 *BVerwG* v. 9. 10. 91, a. a. O.

kommen beim Vorsitzenden und bei externen Beisitzern in Betracht.[46] Zu den Kosten der **anwaltlichen Vertretung** der Personalvertretung vor der Einigungsstelle vgl. § 41 Rn. 17.

3. Auf Dauer gebildete Einigungsstelle (Abs. 2)

Nach Abs. 1 S. 1 wird die Einigungsstelle grundsätzlich von Fall zu Fall gebildet (vgl. Rn. 2). Der durch das ÄndG 1995 eingefügte § 71 Abs. 2 a. F., jetzt § 79 Abs. 2 hat aber die Möglichkeit eröffnet, die **Einigungsstelle auch auf Dauer**, längstens bis zum Ablauf der Amtszeit der zuständigen Personalvertretung einzurichten.[47] Ob davon Gebrauch gemacht wird, hängt vom gemeinsamen Willen der obersten Dienstbehörde oder des in § 89 Abs. 1 S. 1 genannten Organs einerseits (vgl. Rn. 3) und der jeweils zuständigen Personalvertretung andererseits (vgl. Rn. 4) ab. Ggf. ist nach § 85 eine **Dienstvereinbarung** abzuschließen. Bestehen bei der obersten Dienstbehörde oder der Körperschaft, Anstalt oder Stiftung mehrere Personalvertretungen, ist jeweils gesondert zu prüfen, ob die Einigungsstelle auf Dauer gebildet werden soll. So kann es z. B. sinnvoll sein, eine Dienstvereinbarung mit dem HPR, nicht aber mit dem Haus-PR abzuschließen. 19

Für die durch Dienstvereinbarung zu bildende Einigungsstelle gelten nach Abs. 2 S. 2 die **Vorschriften des Abs. 1** mit der Maßgabe entsprechend, dass zwischen der obersten Dienstbehörde (oder dem in § 89 Abs. 1 S. 1 genannten Organ) und der zuständigen Personalvertretung für die vereinbarte Amtszeit **Einigung über die unparteiische Person für den Vorsitz** erzielt wird. Dabei ist es auch zulässig, zwei Personen für den Vorsitz zu bestimmen, die sich in einem festgelegten Turnus abwechseln. Für die Bestimmung der **Beisitzer** und von **Ersatzmitgliedern** gilt Entsprechendes. Alle Mitglieder und Ersatzmitglieder sind **namentlich** zu bestimmen. Festzulegen ist auch der **Zeitraum**, für den die Einigungsstelle gebildet wird. In dieser Zeit ist die auf Dauer gebildete Einigungsstelle für alle zwischen den Beteiligten auftretenden Streitfälle zuständig. Die Dienstvereinbarung kann auch Fragen der **Geschäftsordnung** regeln.[48] 20

Bestreitet eine der beiden Seiten – entweder die oberste Dienstbehörde (bzw. das in § 89 Abs. 1 S. 1 genannte Organ; vgl. Rn. 3) oder die »bei ihr bestehende zuständige Personalvertretung« (vgl. Rn. 4) – in einem konkreten Fall, dass **die Voraussetzungen zur Anrufung** der Einigungsstelle vorliegen, so kann diejenige Seite, welche das Vorliegen der Voraussetzungen zur Anrufung bejaht, **die auf Dauer gebildete Einigungsstelle anrufen**. Diese 21

---

46 Näher hierzu *BVerwG* v. 9. 10. 91, a. a. O.; *VGH BW* v. 15. 5. 84 – 15 S 1780/83 –, ZBR 85, 121; Altvater-*Lenders*, § 73 Rn. 22 m. w. N.

47 Vgl. LT-Dr. 11/6312, S. 49 [zu Nr. 35].

48 Vgl. Rooschüz-*Bader*, § 79 Rn. 17.

kann die anrufende Stelle dann nicht auf eine zunächst herbeizuführende gerichtliche Klärung verweisen, sondern muss **selbst prüfen und entscheiden**, ob sie ihre Zuständigkeit für gegeben hält. Falls sie ihre Zuständigkeit verneint, hat sie den Antrag abzulehnen, falls sie ihre Zuständigkeit bejaht, ist sie zur Sachbehandlung des Antrags verpflichtet (vgl. Rn. 5).[49]

4. Verfahren der Einigungsstelle (Abs. 3)

22 Das Gesetz enthält nur wenige Vorschriften über das **Verfahren** der Einigungsstelle. **Gesetzlich vorgegeben** sind: die Nichtöffentlichkeit der Verhandlung in Abs. 3 S. 1 (vgl. Rn. 23), das Äußerungsrecht der Beteiligten in Abs. 3 S. 2 und 3 (vgl. Rn. 24), die Entscheidung durch Beschluss in Abs. 5 S. 1 (vgl. Rn. 26 ff.), die Zustellung des Beschlusses in Abs. 5 S. 5 (vgl. Rn. 31) und (als Soll-Vorschrift) die Entscheidung binnen zwei Monaten in Abs. 4 S. 1 (vgl. Rn. 39). Abs. 4 S. 2 und3 enthält die durch das ÄndG 2013 neu eingefügte Regelung zur Beschlussfähigkeit der Einigungsstelle (vgl. Rn. 26). Soweit das Gesetz und ggf. die Dienstvereinbarung gemäß Abs. 2 keine Vorgaben enthalten, regelt die Einigungsstelle unter Beachtung grundlegender **rechtsstaatlicher Regeln** ihr Verfahren nach **eigenem Ermessen**.[50] Sie kann ihre Verfahrensregeln in einer **Geschäftsordnung** festlegen.

23 Nach Abs. 3 S. 1 ist die Verhandlung **nicht öffentlich**. An ihr können grundsätzlich nur die Mitglieder der Einigungsstelle teilnehmen. Da nach Abs. 3 S. 2 der obersten Dienstbehörde oder dem in § 89 Abs. 1 S. 1 genannten Organ und der zuständigen Personalvertretung Gelegenheit zur mündlichen Äußerung zu geben ist, können insoweit die **Vertreter der Beteiligten** zeitweise an der Verhandlung teilnehmen; ggf. gilt das auch für die Seite, die keine Beisitzer bestellt hat.[51] Bei schwierigen Fragen tatsächlicher oder rechtlicher Art kann sich die zuständige Personalvertretung durch einen **Rechtsanwalt** oder einen **Gewerkschaftsbeauftragten** vertreten lassen (vgl. § 41 Rn. 17). **Einzelne Beschäftigte**, deren Personalangelegenheiten Verhandlungsgegenstand sind, können gehört werden.[52] Auch die Anhörung von **Zeugen** und **Sachverständigen** ist zulässig (vgl. Rn. 25). Zur Anfertigung des Protokolls kann in entsprechender Anwendung des § 32 Abs. 2 eine zur Verschwiegenheit verpflichtete **Schreibkraft** hinzugezogen werden.[53]

---

49 *VG Köln* v. 4.7.94 – 33 K 1670/92.PVB –, PersR 94, 479.

50 *HessVGH* v. 14.8.85 – HPV TL 1038/85 –, ZBR 86, 62; *OVG Lüneburg* v. 5.4.87 – 19 OVG L 10/85 –, PersR 88, 196 Ls.; *OVG NW* v. 20.12.89 – CL 28/87 –, PersV 91, 177.

51 Richardi-*Weber*, § 71 a.F. Rn. 30.

52 Vgl. Lorenzen-*Gerhold*, § 74 Rn. 17.

53 Ebenso Lorenzen-*Gerhold*, § 74 Rn. 18; a.A. Rooschüz-*Bader*, § 79 Rn. 21.

Die in Abs. 3 S. 2 vorgeschriebene **Äußerung der Beteiligten** (vgl. Rn. 23) kann nach Abs. 3 S. 3 im Einvernehmen mit ihnen schriftlich erfolgen. Dazu ist die Zustimmung beider Seiten erforderlich. Die schriftliche Äußerung ist allen Mitgliedern der Einigungsstelle zu eröffnen. Die mündliche Äußerung erschöpft sich auch nicht in der bloßen Anhörung durch den Vorsitzenden oder einen Beisitzer der Einigungsstelle, sondern vor dem Gremium.[54] Zur Äußerung gehört auch das Stellen der **Anträge** (vgl. Rn. 27). 24

Die Einigungsstelle hat den **Sachverhalt aufzuklären**. Dazu hat ihr die oberste Dienstbehörde (oder das in § 89 Abs. 1 S. 1 genannte Organ) dieselben **Informationen** zu erteilen, zu denen sie nach § 71 Abs. 1 auch gegenüber der Personalvertretung verpflichtet ist (vgl. § 71 Rn. 3 ff.). Hinsichtlich der Personalakten gilt § 71 Abs. 1 S. 3 entsprechend (vgl. § 71 Rn. 15), bei Verschlusssachen § 94 Abs. 5 (vgl. § 94 Rn. 8). Die Einigungsstelle kann auch **Beweise erheben**, insbesondere **Zeugen** und **Sachverständige** anhören, allerdings nur dann, wenn diese dazu bereit sind; zu einer Beeidigung oder zur Abnahme einer Versicherung an Eides statt ist sie nicht befugt.[55] 25

5. Entscheidung der Einigungsstelle (Abs. 4)

Gemäß **Abs. 4** »**soll**« die Einigungsstelle binnen einer Frist von zwei Monaten nach der Anrufung durch einen Beteiligten entscheiden. Die Nichtbeachtung dieser Soll-Vorschrift hat auf die Wirksamkeit der Entscheidung keinen Einfluss.[56] Die Regelung entspricht § 69 Abs. 4 S. 2 a. F. Durch das ÄndG 2013 eingefügt wurde eine Regelung zur **Beschlussfähigkeit** der Einigungsstelle. Diese ist gegeben, wenn die Person für den Vorsitz und mindestens drei Beisitzer anwesend sind. Abs. 4 S. 3 ermöglicht zudem die **Entscheidung der Einigungsstelle** auch dann, wenn eine Seite innerhalb der Zwei-Wochen-Frist des Abs. 1 S. 3 **keine Beisitzer bestellt**, oder wenn diese trotz rechtzeitiger Einladung der **Sitzung fernbleiben**. Einer entsprechenden Anwendung des § 76 Abs. 5 S. 2 BetrVG bedarf es nach der Neuregelung nun nicht mehr. Voraussetzung ist allerdings, dass Beschlussfähigkeit i. S. d. Abs. 4 S. 2 gegeben ist. Der Gesetzeswortlaut lässt kein Ermessen der erschienenen Mitglieder der Einigungsstelle erkennen. Abs. 4 S. 3 kann und soll zur Beschleunigung des Verfahrens beitragen, so dass immer, wenn eine Seite keine Beisitzer bestellt oder diese der Verhandlung trotz ordnungsgemäßer Ladung fernbleiben, der Vorsitzende und die erschienenen Mitglieder allein entscheiden müssen.[57] 26

---

54 *Fischer/Goeres/Gronimus*, § 71 a. F. Rn. 18b.

55 Z. T. str.; vgl. Altvater-*Lenders*, § 74 Rn. 6 m. w. N.; a. A. Leuze-*Bieler*, § 71 a. F. Rn. 12.

56 So auch Rooschüz-*Bader*, § 79 Rn. 26.

57 Rooschüz-*Bader*, § 79 Rn. 29, rät dazu von der Möglichkeit, auch ohne Beisitzer einer Seite zu entscheiden, nur zurückhaltend Gebrauch zu machen, z. B. wenn erkennbar eine Verzögerungsabsicht der anderen Seite besteht.

6. Beschluss der Einigungsstelle (Abs. 5)

27 Nach **Abs. 5 S. 1** entscheidet die Einigungsstelle durch Beschluss, wobei der Beschlussfassung (wie für den Bereich der Betriebsverfassung in § 76 Abs. 3 S. 2 BetrVG ausdrücklich festgelegt) eine mündliche Beratung vorauszugehen hat. Die Einigungsstelle ist grundsätzlich nur dann beschlussfähig, wenn alle ihre Mitglieder anwesend sind. Das gilt aber dann nicht, wenn eine Seite keine Beisitzer bestellt hat oder die von ihr bestellten Beisitzer trotz rechtzeitiger Einladung der Sitzung fernbleiben oder sich weigern, an der Abstimmung teilzunehmen. In einem solchen Fall sind gemäß § 79 Abs. 4 S. 2 der Vorsitzende und drei Beisitzer (i. d. R. die der anderen Seite) allein zur Beschlussfassung befugt, weil andernfalls eine Seite die Entscheidung der Einigungsstelle und den Abschluss des Mitbestimmungsverfahrens blockieren könnte.[58] Entsprechendes gilt, wenn ein Beisitzer trotz rechtzeitiger Einladung der Sitzung fernbleibt oder sich weigert, an der Abstimmung teilzunehmen. Nach Abs. 5 S. 3 wird der Beschluss mit **einfacher Stimmenmehrheit** gefasst. Diese liegt vor, wenn die Zahl der Ja-Stimmen größer ist als die der Nein-Stimmen. Eine Stimmenthaltung soll an sich nicht zulässig sein. Erfolgt sie trotzdem, zählt sie bei der Berechnung der Stimmenmehrheit nicht mit.[59] Durch das ÄndG 2013 ist mit dem eingefügten S. 2 Hs. 2 klargestellt, dass bei Stimmengleichheit die Stimme der Person für den Vorsitz entscheidet.

28 Bevor die Einigungsstelle in der Sache entscheidet, hat sie über ihre Zuständigkeit zu befinden (vgl. Rn. 5, 21). Bejaht sie diese, hat sie über die zur Sache gestellten Anträge der Beteiligten zu beschließen. Nach Abs. 5 S. 2 kann sie diesen Anträgen auch teilweise entsprechen. Sie darf aber nicht mehr und auch nichts anderes zusprechen als beantragt worden ist, sondern muss sich innerhalb der Bandbreite bewegen, die durch die divergierenden Anträge abgesteckt ist.[60]

29 Nach Abs. 5 S. 4 muss sich der Beschluss im Rahmen der geltenden Rechtsvorschriften, insb. des Haushaltsgesetzes, halten. Rechtsvorschriften sind die Gesetze i. S. d. § 2 und die Rechtsnormen der für den Streitfall einschlägigen Tarifverträge (vgl. § 2 Rn. 6). Die Hervorhebung des Haushaltsgesetzes hat klarstellende Bedeutung. Grundsätzlich dürfen Ausgaben, soweit sie nicht

---

58 Ebenso Richardi-*Weber*, § 71 a. F. Rn. 29; Rooschüz-*Bader*, § 79 Rn. 28; Germelmann-*Binkert*, § 83 Rn. 26; a. A. *OVG BB* v. 1.4.04 – 6 A 329/02.PVL –, PersV 04, 472; *Fischer/Goeres/Gronimus*, § 71 a. F. Rn. 21; Ilbertz-*Widmaier*, § 74 Rn. 7, wobei zu beachten ist, dass § 74 Abs. 3 BPersVG keine dem Abs. 4 S. 2 u. 3 entsprechende Regelungen enthält.

59 Str.; wie hier u. a. *BAG* v. 17.9.91 – 1 ABR 23/91 –, AP Nr. 59 zu § 112 BetrVG 1972; Altvater-*Lenders*, § 74 Rn. 9; Richardi-*Weber*, § 71 a. F. Rn. 35; a. A. u. a. Lorenzen-*Gerhold*, § 74 Rn. 19.

60 *BVerwG* v. 17.12.03 – 6 P 7.03 –, PersR 04, 106.

auf Gesetz oder Tarifvertrag beruhen, nur geleistet werden, soweit hierfür in dem mit dem Haushaltsgesetz oder der Haushaltssatzung verknüpften Haushaltsplan entsprechende Mittel bereitgestellt sind.[61] Etwas anderes gilt allerdings für den Sozialplan i. S. d. § 74 Abs. 2 Nr. 9, der nicht an den jeweiligen Haushaltsplan gebunden ist (str.; vgl. § 74 Rn. 71). Zulässig ist auch ein Beschluss, der unter dem Vorbehalt der Finanzierbarkeit gefasst wird und die Verwaltung dazu verpflichtet, sich um die Schaffung der notwendigen haushaltsmäßigen Voraussetzungen zu bemühen.[62]

30 Ob die Einigungsstelle eine grundsätzlich endgültige Entscheidung treffen oder nur eine Empfehlung beschließen kann, richtet sich nach § 78 Abs. 2 und 4 (vgl. § 78 Rn. 2 und 11).

31 Der Beschluss der Einigungsstelle bedarf der Schriftform.[63] Als »Beschluss« ist allein die Beschlussformel anzusehen; diese muss von allen Mitgliedern der Einigungsstelle unterzeichnet sein.[64] Fehlende Unterschriften können nachgeholt werden.[65] Eine schriftliche Begründung ist nicht vorgeschrieben.[66] Sie ist jedoch empfehlenswert.[67] Letzteres gilt v. a. dann, wenn der Beschluss eine Empfehlung an die endgültig entscheidende Stelle ausspricht. Es genügt, dass die schriftliche Begründung vom Vorsitzenden unterschrieben wird.[68]

32 **Nach Abs. 5 S. 5** ist der Beschluss den Beteiligten zuzustellen. Ob dies entsprechend den Vorschriften des Verwaltungszustellungsgesetzes geschehen muss, erscheint zweifelhaft.[69] Die Einigungsstelle kann jedenfalls eine andere Form der Zustellung wählen. Es reicht aus, dass den Beteiligten eine schriftliche Ausfertigung des Beschlusses zugeleitet wird und dass der Zugang nachgewiesen werden kann.[70] Mit der Zustellung ist das Mitbestimmungsverfahren abgeschlossen.[71]

---

61 Vgl. *BVerwG* v. 5.2.60 – VII P 4.58 –, PersV 60, 155, v. 9.7.80 – 6 P 73.78 –, PersV 81, 369, u. v. 9.11.98 – 6 P 1.98 –, PersR 99, 125.

62 Vgl. Lorenzen-*Gerhold*, § 77 Rn. 35, § 74 Rn. 24.

63 *BVerwG* v. 10.3.87 – 6 P 17.85 –, PersR 87, 171, u. v. 20.12.88 – 6 P 34.85 –, PersR 89, 49.

64 *BVerwG* v. 10.3.87 u. v. 20.12.88, jew. a. a. O.

65 *OVG NW* v. 20.12.89 – CL 28/87 –, PersV 91, 177; *HmbOVG* v. 21.1.97 – OVG Bs PH 1/95 –, PersR 97, 367.

66 *BVerwG* v. 10.3.87 u. v. 20.12.88, jew. a. a. O.

67 *BVerwG* v. 9.7.80 – 6 P 73.78 –, PersV 81, 369, u. v. 20.12.88, a. a. O.

68 *BVerwG* v. 10.3.87, a. a. O.

69 Dafür Rooschüz-*Bader*, § 79 Rn. 40; dagegen zu Recht Leuze-*Bieler*, § 71 a. F. Rn. 19; vgl. auch Altvater-*Lenders*, § 74 Rn. 13, *Fischer/Goeres/Gronimus*, § 71 a. F. Rn. 24b m. w. N.

70 Vgl. Lorenzen-*Gerhold*, § 74 Rn. 28 m. w. N.; Leuze-*Bieler*, § 71 a. F. Rn. 19.

71 *BVerwG* v. 17.3.87 – 6 P 15.85 –, PersR 87, 188.

33 Die Rechtmäßigkeit eines Beschlusses – der nicht nur eine Empfehlung ausspricht – kann nach § 92 Abs. 1 Nr. 3, Abs. 2 auf Antrag eines der Beteiligten im personalvertretungsrechtlichen Beschlussverfahren überprüft werden.[72] Die gerichtliche Überprüfung erstreckt sich darauf, ob der Beschluss in einem ordnungsgemäßen Verfahren zustande gekommen ist, ob er sich in dem durch die beabsichtigte oder beantragte Maßnahme bestimmten Rahmen des Mitbestimmungsverfahrens hält und ob er nicht gegen geltende Rechtsvorschriften verstößt.[73] Ein Beschluss mit lediglich empfehlendem Charakter ist gerichtlich nicht überprüfbar, weil er keine Verbindlichkeit beansprucht.[74] Ergibt die gerichtliche Überprüfung, dass der Beschluss rechtswidrig ist, kann das Verwaltungsgericht seine Unwirksamkeit feststellen oder ihn aufheben.[75] Sind nur einzelne Bestimmungen des Spruchs der Einigungsstelle unwirksam, ist die teilweise Unwirksamkeit festzustellen oder der Beschluss teilweise aufzuheben, wenn der verbleibende Teil noch ein sinnvolles Ganzes darstellt.[76] Das Gericht kann die fehlende Zustimmung zu einer Maßnahme aber weder ersetzen noch die Verpflichtung der Einigungsstelle zur Ersetzung aussprechen.[77] Ist der Beschluss rechtsunwirksam, ist die Einigungsstelle (außer bei Feststellung ihrer Unzuständigkeit) verpflichtet, das Verfahren wieder aufzugreifen und unter Vermeidung der gerichtlich festgestellten Rechtsfehler oder anderer Mängel fortzusetzen.[78]

§ 80 Mitwirkung

Soweit der Personalrat an Entscheidungen mitwirkt, ist ihm die beabsichtigte Maßnahme rechtzeitig bekanntzugeben und auf Verlangen mit ihm zu erörtern.

---

72 *BVerwG* v. 13.2.76 – VII P 9.74 – u. – VII P 4.75 –, PersV 77, 179 bzw. 183, v. 21.10.83 – 6 P 24.81 –, PersV 85, 432, v. 27.2.86 – 6 P 32.82 –, PersV 86, 329, u.v. 19.12.90 – 6 P 24.88 –, PersR 91, 133.

73 Vgl. Lorenzen-*Gerhold*, § 74 Rn. 37.

74 *BVerwG* v. 24.1.01 – 6 PB 15.00 –, PersR 01, 204, u.v. 24.5.06 – 6 PB 16.05 –, juris.

75 *BVerwG* v. 13.2.76 – VII P 9.74 – u.v. 19.12.90, jew. a.a.O.; *HmbOVG* v. 21.1.97 – OVG Bs PH 1/95 –, PersR 97, 367; abw. Richardi-*Weber*, § 71 a.F. Rn. 51: Der Beschluss ist per se unwirksam, soweit er gegen geltende Rechtsvorschriften verstößt; er muss also nicht wie ein nur anfechtbarer Verwaltungsakt erst aufgehoben werden.

76 Vgl. *BAG* v. 30.8.95 – 1 ABR 4/95 –, AP Nr. 29 zu § 87 BetrVG 1972 Überwachung, u.v. 26.8.08 – 1 ABR 16/07 –, NZA 08, 1187.

77 *OVG NW* v. 20.1.82 – CL 33/80 –, RiA 82, 216.

78 *BVerwG* v. 4.6.10 – 6 PB 4.10 –, PersR 10, 361, unter Hinweis auf *BAG* v. 30.1.90 – 1 ABR 2/89 –, AP Nr. 41 zu § 87 BetrVG 1972 Lohngestaltung; s. auch Altvater-*Lenders*, § 75 Rn. 22 a.E.; *Fitting*, § 76 Rn. 162 jeweils m.w.N.

Vergleichbare Vorschriften:
§ 81 Abs. 1 BPersVG; keine im BetrVG

1 Die Regelung entspricht mit redaktionellen Anpassungen § 71 Abs. 3 LPVG a. F.

2 Die Mitwirkung steht als **detailliert ausgestaltetes Beratungsrecht** zwischen Mitbestimmung (vgl. § 73) und Anhörung (vgl. § 86). Einerseits ist sie schwächer als die Mitbestimmung, weil die jeweils zuständigen Stellen des Arbeitgebers bzw. Dienstherrn in jedem Falle ohne Einschaltung der Einigungsstelle die endgültige Entscheidung treffen. Andererseits ist sie stärker als die Anhörung, weil die Personalvertretung in einem in §§ 82 und 83 geregelten, mehrstufig angelegten Verfahren die Entscheidung der obersten Dienstbehörde oder in Körperschaften, Anstalten und Stiftungen (§ 89) des obersten Organs oder eines Ausschusses dieses Organs herbeiführen kann. Nach der Rspr. des *BVerwG* ist die Mitwirkung ein formalisiertes Instrument, das der Personalvertretung ermöglichen soll, sich in besonders nachdrücklicher Weise Gehör zu verschaffen, indem es sicherstellt, dass sie nicht nur formal angehört wird, sondern dass ihre Vorstellungen in die Entscheidung darüber einbezogen werden, ob und wie bestimmte Regelungen und Maßnahmen getroffen werden.[1] Durch das ÄndG 2013 eingeführt wurde in § 84 Abs. 1 ein Initiativrecht des PR auch in den Fällen der Mitwirkung.[2]

3 Welche **Angelegenheiten** der Mitwirkung unterliegen, ist in **§ 81** nunmehr abschließend geregelt. Außerdem tritt gemäß § 75 Abs. 6 bei den unter Nr. 1 aufgeführten Beschäftigten in den Fällen des § 75 Abs. 1, 2 und 3 Nr. 2, 3, 5 bis 7 und 14 sowie bei den unter Nr. 2 aufgeführten Beschäftigten in den Fällen des § 75 Abs. 1 Nr. 11 und des Abs. 2, gemäß § 99 Abs. 3 bei wissenschaftlichen und künstlerischen Hilfskräften an Hochschulen i. S. v. § 57 S. 1 und bei studentischen Hilfskräften an Hochschulen i. S. v. § 57 Abs. 2 in den Fällen des § 75 Abs. 1, Nr. 1 bis 4, 6, 7 a, 11, § 75 Abs. 2 und 3 Nr. 2, 3, 5, 7, 14 sowie gemäß § 110 Abs. 2 bei den dort aufgeführten Beschäftigten des SWR in den Fällen des § 75 Abs. 1 Nr. 2, 3, 7a, 11, § 75 Abs. 2 Nr. 1, 2, 3, § 75 Abs. 3 Nr. 2, 3, 5 an die Stelle der Mitbestimmung die Mitwirkung. Schließlich sehen die gemäß § 58 Abs. 1 Nr. 3 erlassenen Verordnungen für APR für die von ihnen erfassten Beschäftigten i. d. R. vor, dass an die Stelle der Mitbestimmung generell die Mitwirkung tritt (vgl. § 58 Rn. 2, 5 ff.). In den Fällen des § 81 Abs. 2 ist die Mitwirkung von einem Antrag des Beschäftigten abhängig (vgl. § 81 Rn. 35 ff.). **Einleitung** und **Verfahren** der Mitwirkung sind in § 83 geregelt.

1 *BVerwG* v. 6. 2. 87 – 6 P 9.85 –, PersR 87, 165, u. v. 22. 3. 90 – 6 P 17.88 –, PersR 90, 225; Altvater-*Herget*, § 81 Rn. 2.

2 Vgl. Altvater-*Herget*, § 81 Rn. 23.

4 Unter »**Personalrat**« i. S. d. § 80 ist immer die jeweils **erstzuständige Personalvertretung** zu verstehen, in umgebildeten oder neu errichteten Dienststellen ggf. eine Übergangspersonalvertretung (vgl. § 113).

5 Soweit der PR an Entscheidungen mitwirkt, kann die beabsichtigte Maßnahme erst nach Abschluss eines **ordnungsgemäß durchgeführten Mitwirkungsverfahrens** (vgl. § 82) getroffen werden. Handelt es sich dabei um verwaltungsrechtliche, insb. beamtenrechtliche Entscheidungen, deren Rechtmäßigkeit nach Durchführung eines Vorverfahrens im Verwaltungsrechtsweg überprüfbar sind, soll die vor ihrem Erlass unterbliebene Mitwirkung noch während des **Widerspruchsverfahrens** mit heilender Wirkung nachgeholt werden können.[3] Dagegen bestehen jedoch die gleichen Einwände wie bei eingeschränkt mitbestimmungspflichtigen Maßnahmen (vgl. § 73 Rn. 6). Die Beteiligung wird hierdurch zur bloßen Formsache abgewertet.[4] Abzulehnen ist diese Auffassung jedenfalls bei sofort vollziehbaren Entscheidungen, insbesondere bei Abordnungen und Versetzungen, bei denen der Widerspruch nach § 54 Abs. 4 BeamtStG keine aufschiebende Wirkung hat.

6 Gegenstand des Mitwirkungsverfahrens ist die **beabsichtigte Maßnahme** der Dienststelle. Dafür gilt das zur Mitbestimmung Ausgeführte entsprechend (vgl. § 73 Rn. 7–11). Nach dem ÄndG 2013 sind auch Dienstvereinbarungen in Angelegenheiten der Mitwirkung zulässig (vgl. § 85 Abs. 1). Das Mitwirkungsverfahren ist dadurch **einzuleiten**, dass die Dienststelle dem PR die beabsichtigte Maßnahme rechtzeitig **bekannt gibt**. Dies hat durch den **Dienststellenleiter**, seinen ständigen Vertreter oder einen anderen vertretungsberechtigten Beauftragten des Dienststellenleiters zu geschehen (vgl. § 5 Rn. 11, 17 f.; § 73 Rn. 9). Eine bestimmte **Form** ist für die Bekanntgabe nicht vorgeschrieben; aus Beweisgründen empfiehlt sich aber die Schriftform. Wie bei der Mitbestimmung ist nach § 71 Abs. 1 auf jeden Fall eine **rechtzeitige und umfassende Unterrichtung** unter Vorlage der hierfür erforderlichen Unterlagen geboten (vgl. § 71 Rn. 3). Die Bekanntgabe der beabsichtigten Maßnahme ist nur dann **rechtzeitig**, wenn der PR dabei auch alle erforderlichen Informationen erhält. Geschieht dies erst nachträglich, beginnt die **Äußerungsfrist** des § 82 Abs. 4 erst mit dem Zeitpunkt zu laufen, zu dem der PR ausreichend unterrichtet worden ist.

7 Die beabsichtigte Maßnahme ist auf Verlangen des PR mit ihm zu erörtern. Eine **Erörterung** kommt immer dann in Betracht, wenn die Maßnahme nicht von vornherein unstrittig ist. Verlangt der PR sie, ist sie auch dann durchzuführen, wenn die Dienststelle sie als nicht notwendig ansieht (vgl. Rn. 8). Die Erörterung besteht in einer ausführlichen Diskussion, in der das

---

3 *BVerwG* v. 24.11.83 – 2 C 9.82 –, DVBl. 84, 437; vgl. Altvater-*Berg*, § 72 a. F. Rn. 5 m. w. N.

4 Vgl. Altvater-*Lenders*, § 70 Rn. 11.

Für und Wider des Vorhabens gründlich dargelegt und abgewogen wird. Dabei ist nach § 68 Abs. 1 S. 5 mit dem ernsten Willen zur Einigung zu verhandeln (vgl. § 68 Rn. 8). Die auf Verständigung angelegte Erörterung muss »**ergebnisoffen**« sein.[5]

Nach h. M. soll die Erörterung auch **schriftlich** stattfinden können,[6] wobei allerdings klargestellt werden muss, dass die einseitige schriftliche Unterrichtung des PR oder dessen bloße schriftliche Anhörung noch keine schriftliche Erörterung beinhaltet.[7] Das in der Verständigung beider Seiten bestehende Ziel der Erörterung ist i. d. R. aber nur durch eine **mündliche** Aussprache zu erreichen.[8] Von dem Grundsatz des mündlichen Gesprächs unter Anwesenden kann deshalb nur unter besonderen Umständen oder mit Zustimmung des PR abgewichen werden.[9] Eine mündliche Erörterung hat jedenfalls dann stattzufinden, wenn der PR mit einem schriftlichen Verfahren nicht einverstanden ist.[10]

Für das **Erörterungsverlangen** ist ein Beschluss des PR erforderlich; etwas anderes gilt nur, wenn die Ausübung der Mitwirkungsbefugnisse nach **§ 36 Abs. 1** auf den Vorstand übertragen worden ist. Einem innerhalb der Äußerungsfrist des § 82 Abs. 4 ausgesprochenen Verlangen hat die Dienststelle auch dann, wenn es nicht weiter begründet ist, ohne schuldhaftes Zögern zu entsprechen.[11] Der **Fristenlauf** kann jedoch weder durch das Verlangen noch durch die Erörterung selbst beeinflusst werden. Die Erörterung kann u. U. auch nach Ablauf der Äußerungsfrist stattfinden oder abgeschlossen werden.[12] **8**

Die Erörterung ist kein laufendes Geschäft i. S. d. § 28 Abs. 4 (vgl. § 28 Rn. 11b). **Teilnehmer** sind deshalb einerseits der **PR in seiner Gesamtheit** und andererseits der **Dienststellenleiter** oder sein Vertreter. Die Hinzuziehung **weiterer Personen** bedarf des Einvernehmens beider Seiten (vgl. § 68 Rn. 4).[13] Über den **Zeitpunkt und Ort** haben beide Seiten einvernehmlich zu entscheiden. Die Erörterung kann im Rahmen einer gemeinschaftlichen **9**

---

5 *BVerwG* v. 18. 3. 08 – 6 PB 19.07 –, PersR 09, 167.

6 *BVerwG* v. 26. 7. 84 – 1 D 57.83 –, PersV 86, 110, u. v. 27. 1. 95 – 6 P 22.92 –, PersR 95, 185; vgl. Altvater-*Herget*, § 81 Rn. 8.

7 So *BVerwG* v. 27. 1. 95, a. a. O., gegen *VGH BW* v. 16. 6. 92 – 15 S 496/91 –, PersR 93, 169.

8 So auch *BAG* v. 24. 6. 04 – 2 AZR 208/03 –, PersR 05, 208, u. v. 15. 8. 06 – 9 AZR 571/05 –, PersR 07, 164.

9 So *BVerwG* v. 17. 2. 09 – 1 WB 37.08 –, PersV 09, 296 = PersR 09, 278 Ls.

10 *BVerwG* v. 27. 1. 95, a. a. O.

11 *BVerwG* v. 27. 1. 95, a. a. O.

12 *BVerwG* v. 27. 1. 95, a. a. O.

13 *OVG NW* v. 22. 1. 86 – CL 42/83 –, PersV 87, 162; abw. zum Mitbestimmungsverfahren nach dem LPVG NW (unter Hinw. auf dessen § 63 S. 4) *BVerwG* v. 23. 11. 10 – 6 P 2.10 –, PersR 11, 78: Berechtigung des Dienststellenleiters zur

Besprechung nach § 68 Abs. 1 S. 1, einer gesonderten Besprechung oder einer PR-Sitzung nach § 30 Abs. 4 stattfinden. Falls der PR bereits Einwendungen erhoben und die Erörterung nach Ablauf der Äußerungsfrist stattgefunden hat (vgl. Rn. 8), muss er entscheiden, ob er die Einwendungen noch aufrechterhalten will. Allerdings kann der PR gemäß § 36 Abs. 1 seine Befugnisse in Mitwirkungsangelegenheiten mit Ausnahme der Fälle des § 81 Abs. 2 auf den Vorstand übertragen. Die Erörterung findet dann zwischen Vorstand und Dienststellenleiter oder seinem Vertreter statt.[14]

10 Welche **Rechtsfolgen** eine Verletzung des Mitwirkungsrechts für die mitwirkungswidrig getroffene Maßnahme auslöst, legt das LPVG ebenso wenig fest wie das BPersVG oder das BetrVG. Im Grundsatz gilt das Gleiche wie bei einer Verletzung des Mitbestimmungsrechts (vgl. § 73 Rn. 13 ff.). Bei einer **Verletzung des Mitwirkungsrechts** des PR ist die Maßnahme nicht grundsätzlich nichtig oder unwirksam. Jedenfalls kann der PR gemäß § 92 Abs. 1 Nr. 3 das **Verwaltungsgericht** anrufen mit dem Antrag, die Dienststelle zur Nachholung der Mitwirkung zu verurteilen bzw. festzustellen, dass die Maßnahme der Mitwirkung des PR unterlag. Bei Verwaltungsakten führt die fehlende Mitwirkung zur **Anfechtbarkeit**, wobei eine Heilung bis Ablauf des Widerspruchsverfahrens möglich sein soll (vgl. Rn. 3). Im Übrigen kommt auch eine **Dienstaufsichtsbeschwerde** gegen den Dienststellenleiter in Betracht, wenn dieser den PR vorsätzlich nicht beteiligt.

§ 81 Angelegenheiten der Mitwirkung

(1) Der Personalrat wirkt mit bei

1. **Vorbereitung von Verwaltungsanordnungen einer Dienststelle für die innerdienstlichen, sozialen oder persönlichen Angelegenheiten der Beschäftigten ihres Geschäftsbereichs,**
2. **Auflösung, Einschränkung, Erweiterung, Verlegung oder Zusammenlegung von Dienststellen oder wesentlichen Teilen von ihnen,**
3. **nicht nur vorübergehender Übertragung wesentlicher Arbeiten oder wesentlicher Aufgaben, die bisher üblicherweise durch Beschäftigte der Dienststelle wahrgenommen werden, durch Vergabe oder Privatisierung,**
4. **Einrichtung von Telearbeitsplätzen oder sonstigen Arbeitsplätzen außerhalb der Dienststelle,**
5. **Auswahl der Beschäftigten zur Teilnahme an Maßnahmen der Berufsausbildung, an Fortbildungs- sowie Weiterbildungsveranstal-**

Hinzuziehung von Beschäftigten, die für Personal- und Organisationsangelegenheiten zuständig sind.

14 Leuze-*Flintorp*, § 80 Rn. 7.

tungen, an Qualifizierungsmaßnahmen im Rahmen der Personalentwicklung,
6. Grundsätzen der Personalplanung,
7. Arbeitsorganisation einschließlich der Planungs- und Gestaltungsmittel und der Zahl der einzusetzenden Beschäftigten, mit Ausnahme der Erstellung von Stundenplänen an allgemeinbildenden und beruflichen Schulen,
8. Grundsätzen der Arbeitsplatz- oder Dienstpostenbewertung.

(2) Der Personalrat wirkt auf Antrag der Beschäftigten mit bei
1. Erlass von Disziplinarverfügungen oder schriftlichen Missbilligungen gegen Beamte,
2. Erteilung schriftlicher Abmahnungen gegen Arbeitnehmer.
§ 75 Absatz 5 Nummer 1 gilt entsprechend.

Vergleichbare Vorschriften:
§ 84 BPersVG; s. auch Synopse vor § 74

Inhaltsübersicht Rn.

1. Vorbemerkung

Seit der Bekanntmachung der Neufassung des LPVG v. 1.2.96 wurde § 80 a.F. viermal **geändert**: durch Art. 1 Nr. 16 **LPersVR-ÄndG 2005** (vgl. § 5 Rn. 1 ff. u. unten Rn. 25, 78), durch Art. 3 Nr. 2 **LDNOG** (vgl. § 75 Rn. 78 u. unten Rn. 20 ff., 45), durch Art. 6 Nr. 26 **DRG** (vgl. § 94 BPersVG Rn. 11 u. unten Rn. 24) und zuletzt durch das **ÄndG 2013**. 1

2. Mitwirkungstatbestände

2 (**Abs. 1**) In Abs. 1 sind im Wesentlichen die Angelegenheiten aufgeführt, die der Mitwirkung des PR unterliegen. Insoweit sind durch das ÄndG 2013 die Regelungen des § 80 Abs. 1 a. F. übernommen worden. Abs. 1 enthält einen Katalog von **Mitwirkungstatbeständen**, der durch **§§ 75 Abs. 6, 99 Abs. 3 und 110 Abs. 2** ergänzt wird. Abs. 2 fordert für die Mitwirkungstatbestände des Abs. 2 zusätzlich einen Antrag des Beschäftigten.

Das **Verfahren** der **Mitwirkung** ist in § 82 umfassend geregelt. Einschränkende Regelungen finden sich in § 82 Abs. 2 (vgl. Rn. 43 ff.).

a) Vorbereitung von Verwaltungsanordnungen (Nr. 1)

3 (**Nr. 1**) Nach dieser mit § 84 Abs. 1 Nr. 1 BPersVG inhaltsgleichen Vorschrift wirkt der PR mit bei der **Vorbereitung von Verwaltungsanordnungen** einer Dienststelle für die innerdienstlichen, sozialen oder persönlichen Angelegenheiten der Beschäftigten ihres Geschäftsbereichs. Nach § 90 ist das Mitwirkungsrecht jedoch ausgeschlossen, wenn es sich um Verwaltungsanordnungen handelt, bei deren Vorbereitung nach § 53 BeamtStG, § 89 LBG die Spitzenorganisationen der zuständigen Gewerkschaften zu beteiligen sind (vgl. § 90 Rn. 1 ff.).

4 Die h. M.[1] versteht unter einer **Verwaltungsanordnung i. S. d. PersVR** jede Regelung, die die Dienststelle in Wahrnehmung ihrer Aufgaben als Dienstherr oder Arbeitgeber gegenüber allen ihren Beschäftigten, jedenfalls aber gegenüber einer unbestimmten Zahl von ihnen trifft, ohne dass es auf die **Form** der Regelung ankommt.[2] Entsprechend der unterschiedlichen Praxis der Verwaltungen kann auch die **Bezeichnung** unterschiedlich sein (z. B. Erlass, Verfügung, Rundschreiben). Ebenso wie eine Verwaltungsanordnung i. S. d. Verwaltungsrechts[3] ist auch eine Verwaltungsanordnung i. S. d. PersVR durch ihre **verwaltungsinterne Verbindlichkeit** gekennzeichnet. Diese wird i. d. R. nur dann bejaht, wenn die Anordnung von den Beschäftigten ein Tun oder Unterlassen verlangt oder ihnen Befugnisse einräumt oder entzieht.[4] Die Anordnung muss **allgemein gültigen Charakter** für den Geschäftsbereich der Dienststelle haben und darf sich deshalb bei der Regelung eines konkreten Sachverhalts nicht an einen abgegrenzten, eindeutig und klar bestimmbaren engen Personenkreis richten.[5] Aus der

---

1 Vgl. Leuze-*Flintorp*, § 81 Rn. 2; Rooschüz-*Gerstner-Heck*, § 81 Rn. 4; jew. m. w. N.

2 *BVerwG* v. 6. 2. 87 – 6 P 9.85 –, PersR 87, 165, v. 22. 3. 90 – 6 P 17.88 –, PersR 90, 225, v. 19. 5. 03 – 6 P 16.02 –, PersR 03, 314, v. 1. 9. 04 – 6 P 3.04 –, PersR 04, 437, u. v. 16. 4. 08 – 6 P 8.07 –, PersR 08, 418.

3 Vgl. dazu Altvater-*Baden*, § 84 Rn. 10.

4 *BVerwG* v. 23. 7. 85 – 6 P 13.82 –, PersR 86, 57.

5 *VG Stuttgart* v. 12. 2. 18 – 10 K 1859/18.

Nennung der »innerdienstlichen, sozialen und persönlichen Angelegenheiten der Beschäftigten« wird gefolgert, dass eine Regelung i. S. d. Abs. 1 Nr. 1 allein das **(Innen-)Verhältnis** betreffen muss, in dem die Dienststelle als »**Arbeitgeber**« und die Beschäftigten als »**Arbeitnehmer**« zueinander stehen.[6] Da Verwaltungsanordnungen »für die« innerdienstlichen, sozialen und persönlichen Angelegenheiten der Beschäftigten mitwirkungspflichtig sind, wird außerdem verlangt, dass es sich dabei um Anordnungen handeln muss, deren **ausdrücklicher und alleiniger Zweck** es ist, Angelegenheiten aus den genannten Bereichen unmittelbar zu regeln. Deshalb soll sich die Mitwirkung auf Anordnungen, welche die Art und Weise der Erfüllung der Aufgaben der Dienststelle im Verhältnis zu Außenstehenden betreffen, auch dann nicht erstrecken, wenn sich diese Anordnungen mittelbar im innerdienstlichen, sozialen oder persönlichen Bereich auf die Beschäftigten der Dienststelle auswirken[7] (zu den jeweiligen Streitständen s. Rn. 5 und 6).

Es überzeugt allerdings nicht, wenn die h. M. die Mitwirkung nach Abs. 1 **5**
Nr. 1 auf Anordnungen beschränkt, die alle Beschäftigten oder zumindest eine unbestimmte Anzahl von ihnen betreffen, und damit Anordnungen ausklammert, die sich »an einen abgegrenzten, eindeutig und klar bestimmbaren engen Personenkreis« richten.[8] Zum einen bereitet die Unterscheidung zwischen einer unbestimmten und einer bestimmbaren Anzahl von **Adressaten** erhebliche praktische Schwierigkeiten und führt zu kaum nachvollziehbaren und unbefriedigenden Ergebnissen.[9] Zum anderen entfällt die Sinnhaftigkeit der Mitwirkung nicht lediglich deshalb, weil eine Verwaltungsanordnung bestimmbare Beschäftigte betrifft. Der verwaltungsrechtliche Begriff der Verwaltungsanordnung umfasst auch abstrakt-spezielle Anordnungen, also solche, die sich nur an bestimmte Adressaten wenden. Auch das Argument, in Abs. 1 Nr. 1 sei nicht von Angelegenheiten »von Beschäftigten«, sondern »der Beschäftigten« die Rede, trägt nicht, weil aus dieser Formulierung im Anschluss an die neuere Rspr. des *BVerwG*[10] zur Mitbestimmung in Arbeitszeitfragen lediglich gefolgert werden kann, dass ein **kollektiver Tatbestand** gegeben sein muss, was immer dann zu bejahen ist, wenn eine Regelung die Interessen der Beschäftigten unabhängig von der Person und den individuellen Wünschen des Einzelnen berührt (vgl. § 75 Rn. 2). Es überzeugt auch

---

6 *BVerwG* v. 6.2.87 – 6 P 9.85 –, PersR 87, 165, u. v. 16.4.08 – 6 P 8.07 –, PersR 08, 418.

7 *BVerwG* v. 6.2.87 – 6 P 9.85 –, PersR 87, 165.

8 Vgl. *BVerwG* v. 23.7.85 – 6 P 13.82 –, PersR 86, 57, u. v. 31.7.90 – 6 P 19.88 –, PersR 90, 299; *VGH BW* v. 17.7.90 – 15 S 1183/89 –, PersR 91, 394 Ls., u. v. 9.5.00 – PL 15 S 2514/99 –, PersR 00, 291; Lorenzen-*Ramm*, § 84 Rn. 7 m. w. N.

9 Vgl. einerseits *BVerwG* v. 22.3.90 – 6 P 17.88 –, PersR 90, 225, andererseits *BVerwG* v. 31.7.90 – 6 P 19.88 –, PersR 90, 299.

10 *BVerwG* v. 12.8.02 – 6 P 17.01 –, PersR 02, 473.

nicht, Anordnungen, welche die Art und Weise der **Erfüllung der Aufgaben der Dienststelle im Verhältnis zu Außenstehenden** betreffen, auch dann aus der Mitwirkung herauszunehmen, wenn sich diese Anordnungen mittelbar im innerdienstlichen, sozialen oder persönlichen Bereich auf die Beschäftigten der Dienststelle auswirken.[11] Abgesehen davon, dass damit rechtsmissbräuchliches Handeln begünstigt wird, ist das wesentliche Argument der h. M., der Personalvertretung dürfe auf die Erfüllung der der Dienststelle vom Gesetz oder auf gesetzlicher Grundlage gestellten Aufgaben »keine Einwirkungsmöglichkeit« eingeräumt werden,[12] nicht haltbar. Der Rspr. des *BVerfG*[13] zu den Grenzen der Personalvertretung ist vielmehr zu entnehmen, dass innerdienstliche Maßnahmen, die schwerpunktmäßig die Erledigung von Amtsaufgaben betreffen, aber unvermeidlich auch die Interessen der Beschäftigten berühren, zwar nicht der vollen, wohl aber der eingeschränkten Mitbestimmung und damit erst recht der Mitwirkung unterliegen können (vgl. vor § 68 Rn. 11). Inzwischen hat auch das *BVerwG* entschieden, dass die Mitbestimmung und damit auch die schwächere Mitwirkung des PR bei der Vorbereitung von Verwaltungsanordnungen nur dann ausgeschlossen ist, wenn die in Rede stehende Verwaltungsanordnung keinen innerdienstlichen Charakter aufweist.[14] Dies hat es auch in seiner Entscheidung vom 11. 12. 2012 nochmals verdeutlicht: Auch innerdienstliche Maßnahmen, die erhebliche Auswirkungen auf die Erledigung des Amtsauftrags haben, sind nicht der Beteiligung des PR zu entziehen, sondern es kommt entscheidend darauf an, ob die Letztentscheidungsbefugnis bei der demokratisch legitimierten Stelle verbleibt. Dies ist beim Mitwirkungsrecht der Fall.[15]

6 Streitig ist weiterhin, ob eine Verwaltungsanordnung i. S. d. Abs. 1 Nr. 1 auch in einer Anordnung zu sehen ist, die zwar interne Angelegenheiten der Beschäftigten betrifft, aber nur **Ausführungsbestimmungen** zu bereits vorliegenden Regelungen enthält und diese erläutert. Dies wird von der h. M. mit der Begründung verneint, mit solchen Bestimmungen sei keine eigenständige Regelung beabsichtigt oder sie würden nicht gestaltend in die Rechtsstellung der Beschäftigten eingreifen.[16] Dieser Ansicht ist nicht zu

---

11 So *BVerwG* v. 23. 7. 85 – 6 P 13.82 –, PersR 86, 57 u. v. 6. 2. 87 – 6 P 9.85 –, PersR 87, 165; Rooschüz-*Gerstner-Heck*, § 81 Rn. 5.

12 *BVerwG* v. 6. 2. 87 – 6 P 9.85 –, PersR 87, 165.

13 *BVerfG* v. 24. 5. 95 – 2 BvF 1/92 –, PersR 95, 483.

14 *BVerwG* v. 19. 5. 03 – 6 P 16.02 –, PersR 03, 314, u. v. 16. 4. 08 – 6 P 8.07 –, PersR 08, 418; zust. Lorenzen-*Ramm*, § 84 Rn. 21.

15 *BVerwG* v. 27. 2. 20 – 5 P 1.19 –, PersV 20, 310, v. 25. 6. 19 – 5 P 3.18 –, ZfPR 20, 2; v. 11. 12. 12 – 6 P 2.12 –, PersR 13, 135.

16 Vgl. Leuze-*Flintorp*, § 81 Rn. 4; Rooschüz-*Gerstner-Heck*, § 81 Rn. 4, jew. m. w. N.; *BVerwG* v. 27. 2. 20 – 5 P 1.19 –, PersV 20, 310; v. 7. 2. 12 – 6 P 26.10 –, PersR 12, 213.

folgen, weil es nur auf das Vorliegen einer verwaltungsintern **verbindlichen Anordnung** für die Angelegenheiten der Beschäftigten ankommen kann. Um eine solche Anordnung handelt es sich auch bei einer ausschließlich auslegenden Regelung, weil die Dienststelle die Beschäftigten an eine bestimmte, von ihr für zutreffend gehaltene Anwendung der interpretierten Vorschriften binden will.[17] So ist z. B. ein Runderlass einer übergeordneten Dienststelle, durch den ein Tarifvertrag mit erläuternden Bemerkungen bekannt gegeben wird, mitwirkungspflichtig.[18] Wird dagegen der bloße Text einer unmittelbar geltenden (tarifvertraglichen) Bestimmung bekannt gegeben, stellt dies keine Regelung mit verwaltungsintern anordnendem Charakter dar.[19] Auch wenn eine **bloße Rechtsansicht** geäußert wird, deren Befolgung dem Beschäftigten erkennbar freisteht, liegt keine Verwaltungsanordnung vor.[20] Andererseits sind auch **Anordnungen an personalverwaltende Dienststellen** mitwirkungspflichtig, weil gerade dadurch eine einheitliche Verwaltungspraxis bei personellen Einzelmaßnahmen erreicht werden soll.[21]

Mögliche Gegenstände von Verwaltungsanordnungen i. S. d. Abs. 1 Nr. 1 sind »**die innerdienstlichen, sozialen oder persönlichen Angelegenheiten**« der Beschäftigten. Die drei Merkmale »innerdienstlich«, »sozial« und »persönlich« stehen als **gleichrangige Alternativen** nebeneinander. Entsprechend der vom *BVerfG* (vgl. Rn. 5) definierten Schutzzweckgrenze sind alle Angelegenheiten erfasst, welche die **spezifischen Interessen der Beschäftigten** berühren, die in ihrem Beschäftigungsverhältnis angelegt sind.[22] Dabei kommt es nicht darauf an, ob die Einzelmaßnahmen, die diesen Angelegenheiten zugerechnet werden können, nach anderen Vorschriften des LPVG der Mitbestimmung, Mitwirkung oder Anhörung unterliegen.[23] **Soziale Angelegenheiten** sind nach Ansicht des *BVerwG*[24] alle Maßnahmen, welche den in § 78 Abs. 1 S. 1 a. F. und jetzt § 74 Abs. 1 Nr. 1 bis 5 genannten Angelegenheiten entsprechen. Im Hinblick auf die Übernahme des Begriffs aus § 58 PersVG 1955 erscheint allerdings ein an § 66 PersVG 1955 anknüpfendes, weniger enges Verständnis eher zutreffend, 7

---

17 Str.; wie hier *OVG Bln* v. 22. 9. 76 – OVG PV Bln. 23.75 –; a. A. *BVerwG* v. 2. 1. 86 – 6 P 16.82 –, Buchh 238.31 § 80 Nr. 2; *VGH BW* v. 26. 2. 85 – 15 S 873/84 –, ZBR 85, 258.

18 So *BVerwG* v. 14. 12. 62 – VII P 5.62 –, PersV 63, 208.

19 *BVerwG* v. 22. 3. 90 – 6 P 17.88 –, PersR 90, 225.

20 Vgl. Altvater-*Baden*, § 84 Rn. 14 m. w. N.

21 A. A. *VGH BW* v. 20. 4. 93 – PB 15 S 879/92 –, PersV 95, 131.

22 Vgl. *BVerwG* v. 19. 5. 03 – 6 P 16.02 –, PersR 03, 314, u. v. 16. 4. 08 – 6 P 8.07 –, PersR 08, 418.

23 Vgl. *BVerwG* v. 6. 2. 87 – 6 P 9.85 –, PersR 87, 165.

24 *BVerwG* v. 16. 4. 08 – 6 P 8.07 –, PersR 08, 418.

wonach soziale Angelegenheiten die Arbeitsbedingungen der Beschäftigten im weitesten Sinne betreffen,[25] und zwar einschließlich der nach § 74 Abs. 2 Eingangssatz (nur) der Mitbestimmung und nach § 85 Abs. 2 (nur) der Regelung durch Dienstvereinbarung entzogenen Arbeitsentgelte und sonstigen Arbeitsbedingungen, die durch Tarifvertrag geregelt sind bzw. üblicherweise geregelt werden.[26] Beispielsweise fallen hierunter die Abschaffung verbilligter Fahrausweise oder die Festlegung von Maßstäben für die Gewährung von Sonderurlaub.[27] **Persönliche Angelegenheiten** sind zumindest alle Maßnahmen, welche den einzelnen Beschäftigten unmittelbar an seinem Beschäftigungsverhältnis berühren.[28] Wiederum weniger eng betrachtet, handelt es sich um alle Angelegenheiten, die den Status der Beschäftigten als Beamte oder als Arbeitnehmer sowie, ebenfalls im weitesten Sinne, ihre dienstliche Stellung und Verwendung betreffen, z. B. die Durchführung von Mitarbeitergesprächen, die Einführung von Personalentwicklungskonzepten oder der Erlass von Führungsrichtlinien.[29] **Innerdienstliche Angelegenheiten** sind alle sonstigen Angelegenheiten, welche die spezifischen Interessen der Beschäftigten berühren, und zwar auch organisatorische Angelegenheiten. Für innerdienstliche Maßnahmen ist typisch, dass durch sie behördenintern die Voraussetzungen für die Wahrnehmung des Amtsauftrages geschaffen werden.[30] Innerdienstliche Angelegenheiten ist ein Oberbegriff, welcher allen Beteiligungstatbeständen zugrunde liegt, und zugleich ein Auffangbegriff mit lückenschließender Funktion.[31] Als Beispiele sind Anordnungen zur Nutzung von Dienstkraftfahrzeugen oder zur Regelung der Geschäftsverteilung oder der Zeichnungsbefugnis zu nennen.[32]

8 Wird der Inhalt einer Verwaltungsanordnung von einem **Mitbestimmungstatbestand** erfasst, so steht dem PR das entsprechende Mitbestimmungsrecht zu.[33] Das kann bei den meisten in § 74 und 75 aufgeführten Tatbeständen zutreffen, wenn diese auf abstrakt-generelle Regelungen zugeschnitten sind.[34] Dabei kommt es nicht darauf an, ob die Verwaltungsanordnung

---

25 So Richardi-*Benecke*, § 78 a. F. Rn. 6.

26 Vgl. *BVerwG* v. 22. 3. 90 – 6 P 17.88 –, PersR 90, 225, u. v. 16. 4. 08 – 6 P 8.07 –, PersR 08, 418; Beispiele bei Altvater-*Baden*, § 84 Rn. 18; abzulehnen ist die Ansicht des *VGH BW* (Beschl. v. 23. 11. 93 – PL 15 S 3020/92 –, BWVPr 94, 286 Ls.), »arbeitsbezogene Maßnahmen« seien ausgeklammert.

27 Altvater-*Baden*, § 84 Rn. 18 m. w. N.

28 So das *BVerwG* v. 16. 4. 08 – 6 P 8.07 –, PersR 08, 418.

29 Vgl. Richardi-*Benecke*, § 78 a. F. Rn. 7; Beispiele bei Altvater-*Baden*, § 84 Rn. 18.

30 *BVerwG* v. 19. 5. 03 – 6 P 16.02 –, PersR 03, 314, u. v. 1. 9. 04 – 6 P 3.04 –, PersR 04, 437; Beispiele bei Altvater-*Baden*, § 84 Rn. 18.

31 *BVerwG* v. 16. 4. 08 – 6 P 8.07 –, PersR 08, 418; Richardi-*Benecke*, § 78 a. F. Rn. 7.

32 Altvater-*Baden*, § 84 Rn. 18 m. w. N.

33 *BVerwG* v. 19. 5. 03 – 6 P 16.02 –, PersR 03, 314.

34 *BVerwG* v. 1. 9. 04 – 6 P 3.04 –, PersR 04, 437.

ähnlich wie eine Einzelmaßnahme unmittelbar eine mitbestimmungspflichtige Angelegenheit regelt.[35] Das Mitwirkungsrecht nach Abs. 1 Nr. 1 kommt (nur) dort zum Zuge, wo der Inhalt einer Verwaltungsanordnung von speziellen Mitbestimmungsrechten nicht erfasst wird. Darüber hinaus kann es in den Fällen eingreifen, in denen eine Verwaltungsanordnung nur in Teilaspekten Mitbestimmungsrechte berührt, so dass es dann im Übrigen bei einem Mitwirkungsrecht verbleibt.[36]

Das Mitwirkungsrecht nach Abs. 1 Nr. 1 erstreckt sich auf die **Vorbereitung** **9**
von Verwaltungsanordnungen. Das bedeutet, dass der PR bereits im Entwurfsstadium zu beteiligen ist.[37]

Das Mitwirkungsrecht entfällt bei Verwaltungsanordnungen, bei deren Vor- **9a**
bereitung nach § 53 BeamtStG und § 89 LBG die Spitzenorganisationen der zuständigen Gewerkschaften zu beteiligen sind (vgl. hierzu ausführlich die Kommentierung zu § 90).

b) Auflösung, Einschränkung, Erweiterung, Verlegung oder Zusammenlegung von Dienststellen (Nr. 2)

(Nr. 2) Nach dieser Vorschrift wirkt der PR mit bei der **Auflösung, Ein-** **10**
schränkung, Erweiterung, Verlegung oder Zusammenlegung von Dienststellen oder wesentlichen Teilen von ihnen. Das bisherige Anhörungsrecht bei der Erweiterung von Dienststellen wurde durch das ÄndG 2013 von § 80 Abs. 3 Nr. 5 a. F. nach § 81 Abs. 1 Nr. 2 zur Mitwirkung hochgestuft (vgl. Rn. 15). Die Beschäftigten haben ein Interesse daran, bei organisatorischen Maßnahmen i. S. d. Nr. 2 vor dem Verlust ihres Arbeitsplatzes und vor der Verschlechterung ihrer Arbeits- und Lebensbedingungen geschützt zu werden. Der **Zweck des Mitwirkungsrechts** besteht deshalb v. a. darin, diese Schutzinteressen bereits vor der organisatorischen Grundentscheidung zur Geltung zu bringen.[38]

Die Rspr. sieht in Nr. 2 eine **Spezialvorschrift**, die die Beteiligung des PR **11**
an den in ihr bezeichneten organisatorischen Maßnahmen abschließend regelt und Mitbestimmungsrechte hinsichtlich einzelner Aspekte und Folgen dann ausschließt, wenn damit im Ergebnis dem PR ein mitbestimmender

---

35 *BVerwG* v. 24. 4. 02 – 6 P 3.01 –, PersR 02, 395, u. v. 19. 5. 03 – 6 P 16.02 –, PersR 03, 314; anders noch die früher überwiegende Ansicht; weiterhin Leuze-*Flintorp*, § 81 Rn. 5.

36 *BVerwG* v. 19. 5. 03 – 6 P 16.02 –, PersR 03, 314 u. v. 10. 1. 06 – 6 P 10.04 –, PersR 06, 345.

37 Vgl. Leuze-*Flintorp*, § 81 Rn. 7; Lorenzen-*Ramm*, § 84 Rn. 28.

38 Vgl. *BVerwG* v. 30. 9. 87 – 6 P 19.85 –, PersR 88, 70, u. v. 18. 3. 08 – 6 PB 19.07 –, PersR 09, 167; *VGH BW* v. 29. 6. 99 – PL 15 S 1670/98 –, PersR 99, 505.

Einfluss auf die Umorganisation als solche eingeräumt würde.[39] Die Beteiligungsrechte an den **personellen Einzelmaßnahmen**, die sich aus der Entscheidung über die Umorganisation ergeben (z. B. Versetzungen, Umsetzungen oder Kündigungen), bleiben aber unberührt, selbst wenn der PR der organisatorischen Maßnahme mitgewirkt (oder ihr zugestimmt) hat.[40] Das gilt insbesondere für die Mitbestimmungsrechte nach § 75 Abs. 1 bis 3, die Mitwirkungsrechte nach § 81 Abs. 2, die Anhörungsrechte nach § 87 Abs. 1 Nr. 9 und die Zustimmungsrechte nach § 47 Abs. 1 sowie nach § 47 Abs. 4 (bzw. § 127 Abs. 1 BPersVG). Auch die Mitbestimmung bei der Aufstellung von **Sozialplänen** nach § 74 Abs. 2 Nr. 9 wird nicht ausgeschlossen (vgl. § 74 Rn. 63 ff.). Wird eine in Nr. 2 bezeichnete organisatorische Veränderung durch **Gesetz, Rechtsverordnung oder öffentlich-rechtliche Satzung** vorgenommen, so wird der PR zwar an der organisatorischen Grundsatzentscheidung nicht beteiligt, wohl aber an den zu ihrer Umsetzung erforderlichen Maßnahmen der Dienststelle oder (in mehrstufigen Verwaltungen) der übergeordneten Dienststellen, soweit diese Maßnahmen Tatbestände erfüllen, die in den §§ 74, 75, 81, 87 geregelt sind.[41]

12 **Dienststellen** i. S. d. Nr. 2 sind die in § 5 Abs. 1 aufgeführten Organisationseinheiten (zur Maßgeblichkeit des Verwaltungsorganisationsrechts vgl. auch § 75 Rn. 116). Außenstellen, Nebenstellen oder Teile einer Dienststelle, die nach § 5 Abs. 2 personalvertretungsrechtlich verselbständigt sind, werden dadurch nicht zu Dienststellen i. S. d. Nr. 2.[42] Als **wesentlicher Teil einer Dienststelle** dürfte entsprechend der h. M. zum Begriff des wesentlichen Betriebsteils i. S. d. § 111 S. 3 Nr. 1 BetrVG[43] eine abgrenzbare Organisationseinheit anzusehen sein, die entweder einen erheblichen Teil der Beschäftigten umfasst oder für die ganze Dienststelle von wesentlicher Bedeutung ist.[44] Maßstab der **quantitativen Betrachtung** sind dabei die in § 17 Abs. 1 KSchG festgelegen Zahlenwerte mit der Maßgabe, dass mindestens 5 Prozent der Gesamtbelegschaft in dem Dienststellenteil tätig sein müssen.[45] Eine **qualitative Betrachtung**, die verlangt, dass die ganze Dienststelle durch den Fortfall oder die Veränderung des Dienststellenteils wesensmäßig zu einer anderen Dienststelle wird, erscheint dagegen zu eng.[46]

---

39 *BVerwG* v. 16. 12. 92 – 6 P 29.91 –, PersR 93, 164; *VGH BW* v. 29. 6. 99, a. a. O.

40 *BVerwG* v. 19. 2. 87 – 6 P 11.85 –, PersR 87, 167; *NdsOVG* v. 12. 11. 08 – 17 LP 25/07 –, PersR 09, 27.

41 Vgl. Altvater-*Baden*, § 84 Rn. 36 m. w. N.

42 Vgl. *Fischer/Goeres/Gronimus*, § 78 a. F. Rn. 12; Lorenzen-*Ramm*, § 84 Rn. 36.

43 Vgl. *Fitting*, § 111 Rn. 69 f. m. w. N.

44 Ähnlich *BVerwG* v. 30. 9. 87, a. a. O.

45 *BAG* v. 6. 12. 88 – 1 ABR 47/87 –, AP Nr. 26 zu § 111 BetrVG 1972.

46 So aber *BVerwG* v. 30. 9. 87 u. *VGH BW* v. 29. 6. 99, jew. A. a. O.; näher dazu Altvater-*Baden*, § 84 Rn. 28.

Die **Auflösung** der Dienststelle entspricht der Stilllegung des Betriebes i. S. d. § 111 S. 3 Nr. 1 BetrVG. Sie besteht darin, dass die Aufgaben der Dienststelle entweder vollständig ersatzlos wegfallen oder vollständig auf eine andere Dienststelle übertragen werden. Ist eine Dienststelle von Anfang an nur für einen genau bestimmten Zeitraum eingerichtet worden, so ist die mit dem **Fristablauf** eintretende Beendigung ihrer Tätigkeit keine Auflösung i. S. d. Nr. 2. Nicht gleichzustellen ist dem wegen der Ungewissheit des Zeitpunkts seines Eintretens der Fall der **Zweckerreichung**.[47] Wird das Personal der Dienststelle von einem anderen Dienstherrn bzw. Arbeitgeber unter Fortbestand der Dienststelle übernommen, liegt keine Auflösung, sondern lediglich ein **Inhaberwechsel** vor.[48] Geht die Dienststelle jedoch auf einen privatrechtlichen Inhaber über, ist darin eine Auflösung zu sehen, weil sie durch diese **Privatisierung** ihre personalvertretungsrechtliche Existenz verliert.[49] 13

Die **Einschränkung** der Dienststelle entspricht der Einschränkung des Betriebes i. S. d. § 111 S. 3 Nr. 1 BetrVG, die nach st. Rspr. des *BAG* gegeben ist, wenn die »Leistungsfähigkeit« des Betriebes herabgesetzt wird.[50] Dem ist auch für das PersVR zu folgen. Eine Einschränkung i. S. d. Nr. 2 kann zum einen in einer erheblichen **Verminderung des sachlichen oder örtlichen Aufgabenbereichs** der Dienststelle bestehen,[51] zum anderen aber auch in einer erheblichen **Personalreduzierung**.[52] Letzteres ist dann zu bejahen, wenn die gleichen quantitativen Dimensionen erreicht werden, die auch für die (quantitative) Betrachtung der Wesentlichkeit eines Dienststellenteils maßgebend sind (vgl. Rn. 12). 14

Nach Nr. 2 wirkt der PR bei der **Erweiterung von Dienststellen** mit. Das bisherige Anhörungsrecht bei der Erweiterung von Dienststellen ist durch das ÄndG 2013 von § 80 Abs. 3 Nr. 5 a. F. zur Mitwirkung hochgestuft worden. Im RegE des ÄndG 1995 heißt es zu § 80 Abs. 3 Nr. 5 a. F. (jetzt Abs. 1 Nr. 2), dass sie über § 80 Abs. 3 Nr. 4 a. F. (jetzt Abs. 1 Nr. 3) hinaus »alle Maßnahmen in die Anhörungspflicht (jetzt Mitwirkung) ein(bezieht), die zu einer Erweiterung der Dienststelle führen, also auch die Anmietung neuer Räume«.[53] Damit ist klargestellt, dass **jede räumliche Erweiterung** der Dienststelle der Mitwirkung nach Nr. 2 unterliegt. Soweit es sich dabei 15

47 A. A. *Fischer/Goeres/Gronimus*, § 78 a. F. Rn. 14; Leuze-*Flintorp*, § 81 Rn. 16.

48 Vgl. *OVG LSA* v. 5. 4. 00 – A 5 S 2/99 –, PersV 00, 509.

49 Vgl. Altvater-*Baden*, § 84 Rn. 29; Rooschüz-*Gerstner-Heck*, § 81 Rn. 14a; Lorenzen-*Ramm*, § 84 Rn. 38; Richardi-*Benecke*, § 78 a. F. Rn. 15; a. A. Leuze-*Flintorp*, § 81 Rn. 16; *Fischer/Goeres/Gronimus*, a. a. O.; Ilbertz-*Widmaier*, § 84 Rn. 14c.

50 Vgl. DKW-*Däubler*, § 111 Rn. 58; *Fitting*, § 111 Rn. 63 ff.; jew. m. w. N.

51 Vgl. *Fischer/Goeres/Gronimus*, § 78 a. F. Rn. 15; Lorenzen-*Ramm*, § 84 Rn. 40.

52 Insoweit a. A. *Fischer/Goeres/Gronimus*, a. a. O.; Leuze-*Flintorp*, § 81 Rn. 17.

53 LT-Dr. 11/6312, S. 58 [zu § 79 Abs. 6 Nr. 4].

um die **Anmietung von Diensträumen** handelt, gibt es dafür in zwei **anderen LPersVG** (NI: § 75 Abs. 1 Nr. 9; NW: § 75 Abs. 1 Nr. 3) entsprechende Vorschriften. Der Tatbestand des Nr. 2 hat jedoch einen **weitergehenden Inhalt**. Ebenso wie der wortgleiche Tatbestand in § 84 S. 1 Nr. 5 LPersVG RP und der entsprechende (u. a. die Erweiterung von Dienststellen »oder wesentlichen Teilen von ihnen« erfassende) Tatbestand in § 88 Abs. 1 Nr. 30 HmbPersVG ist der Tatbestand »Erweiterung von Dienststellen« auch **im organisatorischen Sinne** zu verstehen und bildet insoweit das **Gegenstück zur Einschränkung von Dienststellen**, die ebenfalls nach Nr. 2 mitwirkungspflichtig ist (vgl. Rn. 10 ff.). Er liegt deshalb auch dann vor, wenn eine **erhebliche Erweiterung des sachlichen oder örtlichen Aufgabenbereichs** der Dienststelle[54] oder eine **erhebliche Personalaufstockung** erfolgen soll, wobei i. E. mit umgekehrtem Vorzeichen die für die Einschränkung geltenden Kriterien maßgeblich sind (vgl. dazu Rn. 14).

16 Eine **Verlegung** der Dienststelle liegt vor, wenn sich ihre örtliche Lage ändert. Das *BVerwG*[55] hält eine erhebliche Ortsveränderung für erforderlich. Dieser Rspr. ist insoweit zu folgen, als geringfügige Veränderungen des Standorts – wie z. B. der Umzug auf die andere Straßenseite – noch nicht ausreichen.[56]

17 Von einer **Zusammenlegung** von Dienststellen ist auszugehen, wenn – je unter Verlust der organisatorischen Selbstständigkeit – eine Dienststelle in eine andere vollständig eingegliedert wird oder wenn mindestens zwei Dienststellen zu einer neuen Dienststelle verschmolzen werden.[57] Nicht darunter fallen organisatorische Änderungen innerhalb einer Dienststelle, z. B. die Zusammenlegung von Sachgebieten, Referaten o. Ä.[58]

c) Übertragung wesentlicher Aufgaben durch Vergabe oder Privatisierung (Nr. 3)

18 (**Nr. 3**) Der Tatbestand der »**nicht nur vorübergehenden Übertragung wesentlicher Arbeiten oder wesentlicher Aufgaben, die bisher üblicherweise durch Beschäftigte der Dienststelle wahrgenommen werden, durch Vergabe oder Privatisierung**« ist mit dem ÄndG 2013 von der Anhörung (§ 80 Abs. 3 Nr. 6 a. F.) zur Mitwirkung hochgestuft worden. Dazu heißt es im RegE des ÄndG 1995 u. a., dem PR solle vor der Auslagerung von

---

54 Ähnlich Rooschüz-*Gerstner-Heck*, § 81 Rn. 16.

55 Beschl. v. 27. 7. 79 – 6 P 25.78 –, PersV 81, 73.

56 Vgl. auch *BAG* v. 17. 8. 82 – 1 ABR 40/80 –, AP Nr. 11 zu § 111 BetrVG 1972; *OVG Hamburg* v. 8. 11. 99 – 8 Bs 368/99.PVL –, PersR 00, 252; zu eng z. B. *Leuze*, § 80 a. F. Rn. 15; Lorenzen-*Ramm*, § 84 Rn. 45.

57 Leuze-*Flintorp*, § 81 Rn. 20; Rooschüz-*Gerstner-Heck*, § 81 Rn. 18.

58 *Leuze*, § 80 a. F. Rn. 16; Leuze-*Flintorp*, § 81 Rn. 17.

Arbeit und Aufgaben der Dienststelle Gelegenheit gegeben werden, zum **Schutz der Betroffenen** möglichst frühzeitig Gegenvorstellungen erheben oder entsprechende soziale Absicherungen beantragen zu können.[59] Der mit der Vergabe oder Privatisierung verbundene Wegfall von Arbeiten ist geeignet, weitreichende personelle Maßnahmen nach sich zu ziehen, die für die Beschäftigten der Dienststelle extrem nachteilig sind, und berührt deshalb deren spezifische Interessen.[60] Vergleichbare Beteiligungstatbestände finden sich in sieben **anderen LPersVG** (BB: § 68 Abs. 2 Nr. 2; HE: § 81 Abs. 1 S. 1; NI: § 75 Abs. 1 Nr. 7; NW: § 72 Abs. 4 Nr. 22; RP: § 84 Nr. 7; SL: § 84 Nr. 7; SN: § 77 Nr. 3[61]).
Wegen der Bedeutung von Privatisierung und dauerhaften Vergaben von Arbeiten an Externe für die Belegschaft sind diese Maßnahmen nunmehr der Mitwirkung unterstellt worden. Gegenüber dem bisherigen Anhörungsfall soll jedoch auf wesentliche Arbeiten und wesentliche Aufgaben sowie die Stetigkeit der Übertragung abgestellt werden, damit nicht jede kleinere Maßnahme, etwa die kurzzeitige Übertragung einer Aufgabe des Bauhofs auf einen Handwerker oder Heranziehung Externer wegen vorübergehendem Krankheitsausfalls eines Beschäftigten, jeweils das Mitwirkungsrecht auslöst, sondern nur Maßnahmen erfasst werden, die wesentliche Dauerwirkung für die Beschäftigten haben und personelle Konsequenzen für die Dienststelle haben könnten.[62]

Der Tatbestand der Nr. 3 erfasst neben der Auslagerung von **Arbeiten**, also **19**
von Tätigkeiten zur Erfüllung von Aufgaben, auch die Auslagerung von **Aufgaben**, zu deren Erfüllung Arbeiten verrichtet werden. Zu den Arbeiten oder Aufgaben, die bisher »durch Beschäftigte der Dienststelle wahrgenommen« werden, gehören **alle in der Dienststelle anfallenden Tätigkeitsfelder**, die vergabe- oder privatisierungsfähig sind.[63] Das Tatbestandsmerkmal »**bisher**« hat die gleiche Bedeutung wie das Merkmal »**üblicherweise**« in den vergleichbaren Tatbeständen anderer LPersVG.[64] Dabei kommt es darauf an, ob die fraglichen Arbeiten oder Aufgaben **in regelmäßiger Weise** durch Beschäftigte der Dienststelle wahrgenommen wurden.[65] Das gilt, um eine Umgehung des Anhörungsrechts durch »**schleichende« Auslagerung** zu verhindern, auch dann, wenn die den Arbeiten oder Aufgaben zuzuordnen-

---

59 LT-Dr. 11/6312, S. 58 f. [zu § 79 Abs. 6 Nr. 5].
60 *BVerwG* v. 15.10.03 – P 8.03 –, PersR 04, 33.
61 Vgl. *Altvater*, § 84 Rn. 89 m. w. N.
62 So die Gesetzesbegründung in LT-Dr. 15/4224, S. 152 [zu § 76 Abs. 1 Nr. 3].
63 *BVerwG* v. 15.10.03, a. a. O.; *OVG NW* v. 8.3.89 – CL 37/87 –, PersR 89, 277.
64 *Trümner*, in: Blanke/Trümner, Rn. 649; *Baden*, in: Blanke/Fedder, Teil 5 Rn. 119.
65 *BVerwG* v. 15.10.03, a. a. O.; vgl. *Trümner*, a. a. O., Rn. 645; *Baden*, a. a. O., Rn. 114.

den Arbeitsplätze zuletzt nicht mehr besetzt waren.[66] Andererseits ist das Merkmal »bisher« nicht gegeben, wenn **neuartige** Arbeiten oder Aufgaben ausgelagert werden sollen.[67] Die übertragenen Arbeiten und Aufgaben müssen **wesentlich** sein, d. h., sie müssen aktuell ein Arbeitsvolumen bilden, dessen Wegfall sich auf bestehende Beschäftigungsverhältnisse dauerhaft auswirken kann.[68]

20 Der Tatbestand der Nr. 3 erstreckt sich auf zwei **alternative Formen der Auslagerung**, die Vergabe und die Privatisierung. Entsprechend der Rspr. des *HessVGH*[69] zu § 81 Abs. 1 S. 1 HPVG lassen sich beide Formen wie folgt unterscheiden: Eine **Privatisierung** liegt vor, wenn Arbeiten und Aufgaben auf einen oder verschiedene private Rechtsträger verlagert werden; es findet ein Rechtsträgerwechsel statt, der dazu führt, dass die Dienststelle die »dienstrechtliche übergeordnete Verantwortung und Aufsicht« bezüglich der Erfüllung der Aufgaben an den privaten Rechtsträger verliert. Bei einer **Vergabe** werden zwar auch Arbeiten oder Aufgaben auf einen Dritten verlagert, die Dienststelle behält jedoch die übergeordnete Verantwortung. Der **Adressat** einer Privatisierung kann eine natürliche oder eine juristische Person des Privatrechts oder eine Personengesellschaft sein.[70] Das gilt auch bei einer Vergabe, bei der aber auch jeder sonstige Dritte in Betracht kommt, also auch eine organisatorisch selbstständige öffentlich-rechtliche Einrichtung, z. B. eine andere Dienststelle.[71] Folgt man der Rspr. des *HessVGH*, erfasst der Begriff Privatisierung die Varianten **Aufgabenprivatisierung** und **Organisationsprivatisierung.**[72] Ob er auch die **funktionale Privatisierung** – Public-Private-Partnership –[73] erfasst, erscheint zweifelhaft. Falls man dies verneint, ist aber die Auslagerungsform der **Vergabe** gegeben. Ob eine Privatisierung bzw. Vergabe vorliegt, hängt von der **Sichtweise der Dienststelle** ab. Es ist deshalb unerheblich, ob die Arbeiten oder Aufgaben, die auf einen privaten Rechtsträger oder sonstigen Dritten

---

66 *OVG NW* v. 9. 11. 87 – CL 4/87 –, PersR 88, 302; *HessVGH* v. 16. 9. 93 – HPV TL 243/93 –, PersR 94, 326, u. v. 26. 4. 94 – TL 2815/93 –, PersR 95, 87.

67 Vgl. *Trümner*, a. a. O., Rn. 622; *Baden*, a. a. O., Rn. 166; vgl. *OVG NW* v. 20. 1. 00 – 1 A 2193/98.PVL –, PersR 00, 460.

68 *VGH BW* v. 11. 7. 17 – PL 15 S 565/16 –, juris.

69 Beschl. V. 26. 1. 95 – TL 2312/94 –, PersR 95, 255, u. v. 25. 9. 03 – 22 TL 2639/02 –, PersR 04, 74.

70 Vgl. *Trümner*, a. a. O., Rn. 655; *Baden*, a. a. O., Rn. 127.

71 *Trümner*, a. a. O., Rn. 612 u. 639; *Baden*, a. a. O., Rn. 158; abw. Aber *HessVGH* v. 25. 9. 03, a. a. O., für die Umwandlung eines Regiebetriebs in einen Eigenbetrieb.

72 Vgl. *Sterzel*, in: Blanke/Fedder, Teil 2, Rn. 137 ff.; *HessVGH* v. 1. 6. 94 – TL 864/94 –, PersR 94, 431.

73 Vgl. *Sterzel*, a. a. O., Rn. 141 ff.

verlagert werden, von diesem erstmals ausgeführt werden oder schon bisher zu seinen traditionellen Tätigkeitsfeldern zählen.[74]

Es kommt nicht darauf an, ob es sich bei den ausgelagerten Arbeiten oder Aufgaben um ein gesamtes Tätigkeitsfeld oder um einen Teil davon handelt. Es muss sich um wesentliche Arbeiten oder Aufgaben handeln, wobei aber eine bestimmte **Größenordnung** nicht vorausgesetzt ist.[75] Ob die Vergabe oder Privatisierung mit dem Abbau von Arbeitsplätzen in der Dienststelle verbunden ist oder für deren Beschäftigte belastende personelle Maßnahmen nach sich zieht, ist ebenfalls unerheblich; es genügt die Verlagerung des **Arbeitsvolumens**.[76] Mitwirkungspflichtig ist nicht nur die **dauernde**, sondern auch die nicht nur **vorübergehende** Verlagerung von wesentlichen Arbeiten oder Aufgaben mit personellen Konsequenzen für die Dienststelle auf einen Dritten.[77] Dies jedenfalls dann, wenn ihre Dauer geeignet ist, die Üblichkeit der bisherigen Praxis entfallen zu lassen, und die Rückkehr zu dieser nach Ablauf der Frist ungewiss ist.[78] 21

Gegenstand der Mitwirkung sind die **Grundentscheidung** darüber, ob überhaupt eine Vergabe bzw. Privatisierung stattfinden soll, sowie die darauf beruhenden **Detailentscheidungen** über die Umsetzung und Ausgestaltung des Vorhabens.[79] Die Mitwirkung bezieht sich also sowohl auf umfassende als auch auf einzelne Vergabe- bzw. Privatisierungsentscheidungen.[80] Bei einer **sukzessiven Auslagerung** ist der PR nach seiner Beteiligung bei der generellen Entscheidung jedenfalls dann bei der Einzelvergabe erneut zu beteiligen, wenn dabei neue beteiligungsrelevante Gesichtspunkte eine Rolle spielen.[81] Die Mitwirkung hat so **frühzeitig** zu erfolgen, dass der PR die beabsichtigte Maßnahme noch beeinflussen kann. Über das i. d. R. komplexe Vorhaben ist er umfassend unter Vorlage schriftlicher Unterlagen zu **unterrichten**.[82] In seiner **Stellungnahme** kann er alle Gesichtspunkte ansprechen, die ihm zur Beeinflussung des Vorhabens als geeignet erscheinen.[83] Bei **personellen Einzelmaßnahmen**, die sich bei der Umsetzung der Vergabe oder Privatisierung ergeben können, hat der PR nach den für diese Maßnahmen 22

74 *BVerwG* v. 15. 10. 03 – P 8.03 –, PersR 04, 33.
75 *HessVGH* v. 16. 9. 93 – HPV TL 243/93 –, PersR 94, 326, u. v. 26. 4. 94 – TL 2815/93 –, PersR 95, 87.
76 *BVerwG* v. 15. 10. 03, a. a. O.
77 LT-Dr. 15/4224, S. 152 [zu § 76 Abs. 1 Nr. 3].
78 *VGH BW* v. 11. 7. 17 – PL 15 S 565/16 –, juris.
79 Vgl. *Trümner*, a. a. O., Rn. 671.
80 Zu eng Rooschüz-*Gerstner-Heck*, § 81 Rn. 23.
81 *HessVGH* v. 25. 9. 03 – 22 TL 2639/02 –, PersR 04, 74; zu eng *OVG NW* v. 25. 3. 99 – 1 A 4469/98.PVL –, PersR 00, 81.
82 Vgl. *Trümner*, a. a. O., Rn. 669; *Baden*, a. a. O., Rn. 176.
83 Vgl. *Trümner*, a. a. O., Rn. 672; *Baden*, a. a. O., Rn. 178.

geltenden Vorschriften mitzubestimmen. Das gilt auch für die Aufstellung von **Sozialplänen** nach § 74 Abs. 2 Nr. 9.

d) Einrichtung von externen Arbeitsplätzen (Nr. 4)

23 **(Nr. 4)** Nach § 80 Abs. 3 Nr. 7 a. F. war der PR bei **räumlicher Auslagerung von Arbeit aus der Dienststelle** lediglich anzuhören. Der Mitwirkungstatbestand **Einrichtung von Telearbeitsplätzen oder sonstigen Arbeitsplätzen außerhalb der Dienststelle** entspricht dem Inhalt nach im Wesentlichen dieser Regelung. Er ist durch das ÄndG 2013 in Nr. 4 zur Mitwirkung hochgestuft. Vergleichbare Vorschriften gibt es in sechs **anderen LPersVG** (BB: § 65 Nr. 4; NW: § 72 Abs. 3 Nr. 6; RP: § 80 Abs. 2 Nr. 13; SL: § 84 Nr. 4; SN: § 81 Abs. 2 Nr. 11; ST: § 69 Nr. 4). Eine **Auslagerung** i. S. d. Nr. 4 liegt vor, wenn die davon betroffenen Beschäftigten ihre Arbeit nicht mehr in den Räumen der Dienststelle, sondern in anderen Räumen, insbesondere in ihrer Wohnung erledigen.[84] Das kommt v. a. bei der **Telearbeit** vor, die jetzt ausdrücklich aufgeführt ist. Die **Mitwirkung** erstreckt sich auf das »**Ob**« und das »**Wie**« der räumlichen Auslagerung, im Falle der Telearbeit also auf deren **Einführung** und **Ausgestaltung**, insbesondere auf deren Gestaltungsformen (häuslich, alternierend, mobil oder in Telecentern) und ihre Modalitäten.[85] Nach § 30 Abs. 2 ChancenG sollen **Telearbeitsplätze** bevorzugt durch Beschäftigte mit Familienpflichten im Rahmen der dienstlichen Möglichkeiten besetzt werden.[86] Bestimmte Aspekte der Telearbeit unterliegen darüber hinaus der **Mitbestimmung** des PR, z. B. nach § 74 Abs. 2 Nr. 2 und 3 sowie § 75 Abs. 3 Nr. 4 sowie § 75 Abs. 4 Nr. 11 bis 13. Die speziellen Beteiligungsrechte in **Arbeitsplatzschutzangelegenheiten** nach § 70 Abs. 1 Nr. 3 stehen dem PR auch hinsichtlich der Telearbeit zu.

24 Telearbeit kann im Rahmen eines Arbeits- oder Beamtenverhältnisses, der Heimarbeit oder einer selbständigen (freiberuflichen) Tätigkeit erfolgen.[87] Die Mitwirkung nach Nr. 4 bezieht sich auf die räumliche Auslagerung der Arbeit von Beschäftigten i. S. d. § 4, insbesondere von **Telebeschäftigten** (vgl. § 4 Rn. 10; § 70 Rn. 24). **In Heimarbeit Beschäftigte** – Heimarbeiter oder Hausgewerbetreibende (§ 1 Abs. 1, § 2 Abs. 1 und 2 HAG) – können nach der Änderung des Beschäftigtenbegriffs des § 4 Beschäftigte sein,

84 LT-Dr. 11/6312, S. 59 [zu § 79 Abs. 6 Nr. 6].

85 Näheres bei *Kamp*, Telearbeit, 2000; *Raffelsiefen*, PersR 01, 139; *Fitting*, § 5 Rn. 193 ff. m. w. N.

86 Zur Einrichtung von Telearbeitsplätzen nach pflichtgemäßem Ermessen und zum Anspruch der einzelnen Beschäftigten auf eine fehlerfreie Ermessensentscheidung des Dienstherrn vgl. *BVerwG* v. 31. 1. 08 – 2 C 31.06 –, PersR 08, 212.

87 Vgl. *Fitting*, § 5 Rn. 200.

insbesondere wenn sie in der Hauptsache für die Dienststelle tätig sind.[88] Die Verlagerung von Arbeit auf in Heimarbeit Beschäftigte ebenso wie auf selbständig Tätige ist kein Anwendungsfall des Nr. 4, sondern unterliegt als **»Vergabe« nach Abs. 1 Nr. 3** der Mitwirkung des PR (vgl. Rn. 18 ff.).

e) Auswahl zur Teilnahme an Bildungsmaßnahmen (Nr. 5)

(**Nr. 5**) Der PR wirkt mit bei der **Auswahl der Teilnehmer an Maßnahmen der Berufsausbildung und an Fortbildungs- sowie Weiterbildungsveranstaltungen und an Qualifizierungsmaßnahmen im Rahmen der Personalentwicklung**. Die Mitwirkung gilt für Beamte und Arbeitnehmer gleichermaßen. In ihrem Umfang vergleichbare Beteiligungstatbestände finden sich in **drei anderen LPersVG** (BB: § 63 Abs. 1 Nr. 22; HH: § 88 Abs. 1 Nr. 19; RP: § 78 Abs. 2 Nr. 16). Der **Zweck der Mitwirkung** besteht darin, allen interessierten und geeigneten Beschäftigten einen gleichmäßigen Zugang zu den genannten Maßnahmen und Veranstaltungen zu ermöglichen und dabei ggf. auch andere potenzielle Interessenten zu benennen.[89] Die Mitwirkung nach Nr. 4 bezieht sich auf die Beschäftigten i. S. d. § 4. 25

Die in Nr. 5 verwendeten Begriffe »**Maßnahmen**« und »**Veranstaltungen**« haben die gleiche Bedeutung und sind austauschbar, weil unter Bildungsmaßnahmen alle Veranstaltungen zu verstehen sind, die Lernprozesse vermitteln und vollziehen.[90] Der Begriff der **Berufsausbildung** i. S. d. Abs. 1 Nr. 5 umfasst die Berufsausbildung der Beschäftigten i. S. d. § 4. Dagegen sind die in Nr. 5 als Synonyme verwendeten Begriffe der **Fort- und Weiterbildung** nicht mit denen der beruflichen Fort- und Weiterbildung i. S. d. § 75 Abs. 4 Nr. 10 identisch, sondern haben einen darüber hinausgehenden Inhalt, weil das einschränkende Attribut »beruflich« fehlt. Der Mitwirkungstatbestand der Nr. 5 bezieht sich deshalb auf **alle weiterbildenden Veranstaltungen**, also auch auf solche der politischen und allgemeinen Weiterbildung.[91] **Form, Dauer und zeitliche Lage** der Bildungsmaßnahmen sind für die Mitwirkung unerheblich.[92] Einbezogen sind auch Veranstaltungen, die mit einem qualifizierten **Abschluss** enden.[93] **Veranstalter** kann außer der Dienststelle auch eine andere Einrichtung sein, wenn die Dienststelle 26

---

88 So auch *Leuze*, § 80 a. F. Rn. 100, in der Kommentierung von *Flintorp* zu § 81 wird dazu keine Stellung genommen.

89 *BVerwG* v. 19. 9. 88 – 6 P 28.85 –, PersR 88, 300, v. 7. 3. 95 – 6 P 7.93 –, PersR 95, 332, u. v. 29. 1. 03 – 6 P 16.01 –, PersR 03, 191; vgl. Altvater-*Baden*, § 78 Rn. 263 m. w. N.

90 Vgl. *Fitting*, § 98 Rn. 37a.

91 Vgl. *Fitting*, a. a. O.; a. A. Leuze-*Flintorp*, § 81 Rn. 31 a. E.

92 Vgl. Lorenzen-*Rehak*, § 78 Rn. 387.

93 Richardi-*Kaiser/Annuß*, § 75 a. F. Rn. 367.

Teilnehmer benennen kann, auch wenn es sich dabei nur um Vorschläge handelt, über die die Einrichtung dann verbindlich entscheidet;[94] die Teilnahme Dritter ist unschädlich.[95]

27 Die Mitwirkung nach Nr. 5 bezieht sich auf generelle Regelungen[96] und auf Einzelmaßnahmen.[97] Gegenstand **genereller Festlegungen** können v. a. die Kriterien sein, die der im Einzelfall zu treffenden Entscheidung über die Auswahl zugrunde zu legen sind, sowie das Verfahren, in dem das Vorliegen der Entscheidungsvoraussetzungen festzustellen ist.[98] Dazu gehört auch die Einführung und Ausgestaltung eines **Assessment-Centers**.[99] Hinsichtlich genereller Regelungen für die Auswahl der Teilnehmer an Maßnahmen der beruflichen Fort- und Weiterbildung wird das Mitwirkungsrecht nach Nr. 5 von dem stärkeren **Mitbestimmungsrecht nach § 75 Abs. 4 Nr. 10** überlagert.[100] Es kommt aber zum Zuge bei generellen Regelungen für alle anderen Weiterbildungsveranstaltungen und für alle Maßnahmen der Berufsausbildung. Außerdem ist bei allen Bildungsmaßnahmen i. S. d. Nr. 5 grundsätzlich jede **Einzelmaßnahme** mitwirkungspflichtig, also jede konkrete Benennung eines oder mehrerer Beschäftigter als Teilnehmer an einer konkreten Veranstaltung.[101] Etwas anderes gilt nur dann, wenn aufgrund der Ausschreibung nur ein bestimmter Beschäftigter für die Bildungsmaßnahme in Betracht kommen kann[102] oder wenn aus einem Kreis interessierter Beschäftigter alle zu der Veranstaltung zugelassen werden sollen.[103] Auch dann, wenn sich nur ein einziger Beschäftigter beworben hat, es jedoch in der Dienststelle weitere Interessenten gibt, die die geforderten Voraussetzungen für die Teilnahme erfüllen, ist eine Auswahlentscheidung zu treffen.[104] Gegenstand der Mitwirkung bei einer Einzelmaßnahme ist der Auswahlvorschlag der Dienststelle.[105] In der Entscheidung der Dienststelle, für eine bestimmte Veranstaltung keinen Teilnehmer zu benennen, liegt keine Auswahlentscheidung.[106]

94 Vgl. Lorenzen-*Rehak*, a. a. O.
95 Vgl. Richardi-*Kaiser/Annuß*, § 75 a. F. Rn. 369.
96 A. A. Leuze-*Flintorp*, § 81 Rn. 33.
97 Vgl. Lorenzen-*Rehak*, § 78 Rn. 391.
98 *BVerwG* v. 29. 1. 03 – 6 P 16.01 –, PersR 03, 191.
99 *BVerwG* v. 29. 1. 03, a. a. O.
100 Vgl. Rooschüz-*Gerstner-Heck*, § 81 Rn. 26.
101 Lorenzen-*Rehak*, a. a. O.
102 *BVerwG* v. 7. 3. 95 – 6 P 7.93 –, PersR 95, 332.
103 *OVG Bremen* v. 18. 9. 90 – OVG PV-B 2/90 –, PersR 91, 394.
104 *VG Greifswald* v. 16. 12. 04 – 7 A 3584/03 –, PersR 05, 329.
105 *OVG NW* v. 23. 10. 86 – CL 51/84 –, PersV 89, 29.
106 *OVG NW* v. 29. 1. 85 – CL 40/83 –, PersV 86, 472 Ls.; *OVG BE* v. 18. 10. 90 – OVG PV Bln 7.89 –, PersR 91, 395.

Soweit die Ansicht vertreten wird, dass die Zuweisung eines Beschäftigten zu einer Bildungsveranstaltung ohne erneute Beteiligung des PR nachträglich (aus dienstlichen oder persönlichen Gründen) **aufgehoben** werden könne,[107] ist dem nicht ohne weiteres zu folgen. Falls durch die Aufhebung der Zuweisung eines Beschäftigten die ursprüngliche Auswahlentscheidung wegen fortbestehender Zuweisung anderer Beschäftigter nicht gänzlich gegenstandslos, sondern lediglich modifiziert wird, liegt eine (beabsichtigte) **Korrektur der Auswahlentscheidung** vor, die wiederum der Mitwirkung des PR bedarf. 28

f) Grundsätze der Personalplanung (Nr. 6)

(Nr. 6) Grundsätze der Personalplanung: Der Mitwirkungstatbestand ist durch das ÄndG 2013 neu geschaffen worden. Im Gegensatz zu konkreten Personalplanungen, zu denen der PR nur anzuhören ist (§ 87 Abs. 1 Nr. 1; vgl. § 87 Rn. 3), hat er bei der Aufstellung von Grundsätzen, die den Personalplanungen zugrunde liegen, mitzuwirken.[108] 29

g) Arbeitsorganisation (Nr. 7)

(Nr. 7) Nach dieser bereits durch das ÄndG 1995 in § 80 Abs. 1 Nr. 11a. F: eingeführten Vorschrift wirkt der PR mit bei der »**Arbeitsorganisation einschließlich der Planungs- und Gestaltungsmittel und der Zahl der einzusetzenden Beschäftigten mit Ausnahme der Erstellung von Stundenplänen an allgemeinbildenden und beruflichen Schulen**«. Vergleichbare Tatbestände der Mitbestimmung bei »Maßnahmen zur Änderung der Arbeitsorganisation« finden sich in vier **anderen LPersVG** (BB: § 65 Nr. 5; MV: § 70 Abs. 1 Nr. 4; NW: § 72 Abs. 3 Nr. 4 und Abs. 4 Nr. 21; ST: § 69 Nr. 5). Das **Mitwirkungsrecht** nach Nr. 7 soll die Beschäftigten vor Überlastung und Überforderung schützen.[109] Sind Maßnahmen i. S. d. Nr. 7 zugleich Maßnahmen i. S. d. § 75 Abs. 4 Nr. 14 oder 15, geht das stärkere (eingeschränkte) **Mitbestimmungsrecht** dem schwächeren Mitwirkungsrecht vor.[110] 30

Unter **Arbeitsorganisation** wird die planmäßige Regelung der Arbeitsausführung zur Erfüllung der Aufgaben der Dienststelle durch deren Beschäftigte verstanden.[111] Darunter fallen alle zur Erfüllung der Dienstaufgaben 31

107 So *Fischer/Goeres/Gronimus*, § 75 a. F. Rn. 95b; Lorenzen-*Rehak*, § 78 Rn. 398; Richardi-*Kaiser/Annuß*, § 75 a. F. Rn. 371.

108 LT-Dr. 15/4224, S. 153 [zu § 76 Abs. 1 Nr. 6].

109 LT-Dr. 11/6312, S. 57 f. [zu § 79 Abs. 5 Nr. 5].

110 LT-Dr. 11/6312, ebd.

111 *VGH BW* v. 24. 4. 01 – PL S 15 2420/00 –, PersR 01, 431; *OVG NW* v. 30. 1. 03 – 1 A 5763/00.PVL –, PersR 03, 414.

erforderlichen Regelungen über das Arbeitsverfahren und die Arbeitsabläufe.[112] Mit **Arbeitsverfahren** ist v.a. die technische Art und Weise der Erledigung einer Arbeitsaufgabe gemeint, die insbesondere durch die dabei eingesetzten Arbeitsmittel gekennzeichnet ist.[113] Unter **Arbeitsablauf** ist die funktionelle, räumliche und zeitliche Abfolge der verschiedenen unselbständigen Arbeitsvorgänge zu verstehen.[114] Die im Tatbestand enthaltenen Hervorhebungen der **Planungs- und Gestaltungsmittel** sowie der **Zahl der einzusetzenden Beschäftigten** sollen klarstellen, dass auch Geschäftsverteilungspläne und die Festlegung der Zahl der Beschäftigten, die jeweils zur Aufgabenerfüllung einzusetzen sind, der Mitwirkung nach Nr. 7 unterliegen.[115] Die einschränkende Rspr. des *OVG NW* zu § 72 Abs. 3 Nr. 5 LPVG NW a.F. (vgl. dazu Rn. 38), die die Arbeitsverteilung aus dem Begriff der Arbeitsorganisation ausklammert,[116] ist damit insoweit für das LPVG BW ohne Bedeutung. Im **Geschäftsverteilungsplan** wird festgelegt, welche Beschäftigten für die Erledigung welcher Aufgaben zuständig sind.[117] Er ist von anderen planerischen Elementen der Verwaltungsorganisation, insbesondere vom Organisationsplan und vom Stellenplan, zu unterscheiden, die als solche nach dem LPVG BW nicht beteiligungspflichtig sind, da – im Unterschied zu einigen anderen LPersVG (z.B. HH: § 87 Abs. 5) – ein entsprechender Beteiligungstatbestand fehlt.

32 Die Mitwirkung des PR wird durch eine von der Dienststelle beabsichtigte **Maßnahme** (vgl. § 80 Rn. 6) zur Regelung der Arbeitsorganisation ausgelöst.[118] Da der Tatbestand der Nr. 7 die »Arbeitsorganisation« und im Unterschied zu anderen LPersVG nicht nur deren Änderung betrifft (vgl. Rn. 309), bezieht sich die Mitwirkung bei einer neu zu errichtenden Dienststelle auf die **erstmalige Schaffung der Arbeitsorganisation** dieser Dienststelle, bei einer bereits vorhandenen Dienststelle auf **jede Änderung der bestehenden Arbeitsorganisation**. Dabei kann eine Änderung der Behördenorganisation auch eine Änderung der Arbeitsorganisation einschließen oder auslösen und unter diesem Aspekt mitwirkungspflichtig sein, was vom *OVG NW*[119] und *VGH BW*[120] verkannt wird.[121]

---

112 LT-Dr. 11/6312, a.a.O.; *VGH BW* v. 12.3.02 – PL 15 S 978/01 –, PersR 03, 326; Rooschüz-*Gerstner-Heck*, § 81 Rn. 28.

113 Vgl. *Fischer/Goeres/Gronimus*, § 78 a.F. Rn. 40a; *Fitting*, § 90 Rn. 23.

114 *BVerwG* v. 30.8.85 – 6 P 20.83 –, PersR 85, 184.

115 LT-Dr. 11/6312, a.a.O.

116 Vgl. *OVG NW* v. 30.1.03 – 1 A 5763/00 PersR 03, 414 m.w.N.

117 *BVerwG* v. 27.8.97 – 6 P 10.95 –, PersR 98, 108.

118 Vgl. *OVG NW* v. 30.1.03 – 1 A 5763/00 –, PersR 03, 414.

119 Vgl. Beschl. v. 21.6.89 – CL 3/88 –, PersV 93, 28, u.v. 30.1.03 – 1 A 5763/00 –, PersR 03, 414.

120 Beschl. v. 24.4.01, a.a.O.

121 *v. Roetteken*, PersR 02, 363, 377.

Ausgeschlossen von der Mitwirkung ist die **Erstellung von Stundenplänen an allgemeinbildenden und beruflichen Schulen**. Die Ausnahme wurde durch das ÄndG 2013 aus § 92 Abs. 2 a. F. in Nr. 7 übernommen. Diese Vorschrift bestimmt, dass bei der **Erstellung von Stundenplänen** die in Nr. 7 unter dem Gesichtspunkt der Arbeitsorganisation an sich vorgesehene Mitwirkung entfällt. Damit soll (so die Begr. des RegE des ÄndG 1995 zu § 92 Abs. 2 a. F.) der Besonderheit entsprochen werden, dass es sich bei den als Geschäftsverteilungspläne zu wertenden Stundenplänen um jährlich neu zu erstellende Pläne handele, für die bei den vorgegebenen zeitlichen Rahmenbedingungen ein geordnetes Mitwirkungsverfahren nicht durchgeführt werden könne, ohne den staatlichen Erziehungs- und Bildungsauftrag ernsthaft zu gefährden.[122] Bereits zuvor hatte das *BVerwG*[123] entschieden, dass die Aufstellung von Stundenplänen der Lehrer keine nach § 79 Abs. 1 Nr. 1 a. F. (jetzt § 74 Abs. 2 Nr. 2) mitbestimmungspflichtige Arbeitszeitregelung sei, u. a. deshalb, weil dies die (damals »uneingeschränkte«) Mitbestimmung über den Gesamtstundenplan impliziere und damit die nach außen zu erfüllenden Aufgaben der Schule in nicht unerheblicher Weise beeinflusse, was aufgrund der Rahmenvorschrift des § 104 S. 3 BPersVG a. F. unzulässig sei (überholt seit der Einführung des Evokationsrechts der Landesregierung bzw. des obersten Organs; vgl. § 74 Rn. 38). Mit dem ÄndG 1995 sind die Beteiligungsrechte des PR noch weiter eingeschränkt worden, indem bei Aufstellung der Stundenpläne nicht nur die Mitbestimmung nach § 74 Abs. 2 Nr. 2, sondern zusätzlich noch die Mitwirkung nach § 80 Abs. 1 Nr. 11 a. F. ausgeschlossen worden ist, und das nicht etwa nur klarstellend.[124] Mit der Übernahme der Einschränkung in den § 81 Abs. 1 Nr. 7 bleibt die Einschränkung weiterhin aufrechterhalten. 33

h) Grundsätze der Arbeitsplatz- und Dienstpostenbewertung

(Nr. 8) Nach der durch das ÄndG 1995 in § 80 Abs. 1 a. F. eingeführten Vorschrift wirkt der PR mit bei **Grundsätzen der Arbeitsplatz- oder Dienstpostenbewertung**. Vergleichbare Vorschriften (teilw. zur »Stellenbewertung«) finden sich in neun **anderen LPersVG** (BE: § 90 Nr. 5; BB: § 68 Abs. 3 Nr. 2; HB: § 88 Abs. 1 Nr. 27; HE: § 81 Abs. 2; NI: § 75 Abs. 1 Nr. 9; NW: § 72 Abs. 4 S. 1 Nr. 19; RP: § 80 Abs. 2 Nr. 17; SL: § 78 Abs. 1 Nr. 18; TH: § 75 Abs. 3 S. 1 Nr. 8). Die Mitwirkung nach Nr. 8 bezieht sich auf den von Arbeitnehmern jeweils besetzten **Arbeitsplatz** im funktionalen Sinne und auf den von Beamten jeweils besetzten **Dienstposten** im Sinne 34

122 LT-Dr. 11/6312, S. 61 [zu Nr. 51]; dem folgend Rooschüz-*Gerstner-Heck*, § 81 Rn. 29: Sicherstellung der termingerechten Stundenplanerstellung.

123 *BVerwG* v. 23.12.82 – 6 P 36.79 –, PersV 83, 413.

124 So aber Leuze-*Flintorp*, § 81 Rn. 40.

des konkret-funktionalen Amtes (vgl. § 75 Rn. 51). Die **Arbeitsplatz- oder Dienstpostenbewertung** ist die Zuordnung der auf einem Arbeitsplatz oder Dienstposten wahrzunehmenden Tätigkeit zu einer Entgeltgruppe oder einer Besoldungsgruppe. Mitwirkungspflichtig sind die **Grundsätze** dieser Bewertung. Das sind allgemeine Regeln v.a. über die Methodik des Bewertungsverfahrens, die Bewertungsmerkmale, die Bestimmungsgrößen und deren Gewichtung,[125] aber auch darüber, wann, von wem, in welchem Umfang und in welcher Form die Bewertungen vorgenommen werden. Regelungen, die sich nur auf die Erfassung und Darstellung der Tätigkeit beziehen, sollen nicht dazugehören.[126] Sowohl die **erstmalige Aufstellung** von Grundsätzen als auch deren **Änderung** unterliegen der Mitwirkung.[127] Bei der Aufstellung und Änderung der Grundsätze sind die einschlägigen gesetzlichen Vorschriften und tarifvertraglichen Bestimmungen zu beachten (vgl. § 2 Rn. 6). Dies sind bei den Beamten die **besoldungsrechtlichen Vorschriften** (insbesondere § 20 LBesGBW), bei den Arbeitnehmern i.d.R. die Bestimmungen über die **Tarifautomatik** (vgl. § 75 Rn. 37). Diese normativen Vorgaben schließen die Mitwirkung über Grundsätze für im Einzelfall vorzunehmende normvollziehende Maßnahmen aber nicht aus.[128]

3. Antragsabhängige Mitwirkung

a) Disziplinarverfügungen und schriftliche Missbilligungen (Nr. 1)

35 **Abs. 2** beinhaltet die antragsabhängige Mitwirkung des PR. Dabei ist zu beachten, dass § 82 Abs. 2 i.V.m. § 83 im Rahmen der antragsabhängigen Mitwirkung das Stufenverfahren ausschließt (siehe § 82). Dies ist aus Zeitgründen sinnvoll.

35a **(Nr. 1)** Der PR wirkt mit bei **Erlass von Disziplinarverfügungen oder schriftlichen Missbilligungen bei Beamten**. Die Mitwirkung hängt nach Abs. 2 S. 1 davon ab, dass der Beamte einen **Antrag auf Beteiligung** des PR stellt. Das Antragsrecht soll die Persönlichkeitssphäre des Beamten schützen.[129] Die Regelung des § 76 Abs. 3, wonach der Beschäftigte von der beabsichtigten Maßnahme rechtzeitig vorher in Kenntnis zu setzen und gleichzeitig auf sein Antragrecht hinzuweisen ist, gilt gemäß § 82 Abs. 2 entsprechend. Das Stufenverfahren des § 83 ist durch § 82 Abs. 2 ausgeschlossen. Für **Beamte i.S.d. § 75 Abs. 5 Nr. 1** ist die Mitwirkung gemäß § 81 Abs. 2 S. 2 ausgeschlossen. Die gegen die Beteiligung des PR erhobenen **ver-**

---

125 LT-Dr. 11/6312, S. 58 [zu § 79 Abs. 5 Nr. 6].

126 *OVG NW* v. 4.10.90 – CL 13/98 –.

127 Vgl. *Leuze*, § 80 a.F. Rn. 73; *Flintorp* äußert sich in der Kommentierung zu § 81 Rn. 41 ff. dazu nicht mehr.

128 A.A. Leuze-*Flintorp*, § 81 Rn. 42 f.

129 *BVerwG* v. 14.1.88 – 2 B 64.87 –, PersR 88, 336.

fassungs- und beamtenrechtlichen Bedenken[130] sind unbegründet, weil der PR ebenso wie bei vergleichbaren, rechtlich eingegrenzten Beteiligungsfällen im Wege der Mitwirkung eine zusätzliche Richtigkeitskontrolle ausüben soll, die der Einhaltung der maßgeblichen Rechtsvorschriften dient und damit sowohl im individuellen Interesse des unmittelbar betroffenen Beamten wie auch im kollektiven Interesse aller Beschäftigten liegt.

Beamte begehen ein Dienstvergehen, wenn sie schuldhaft die ihnen oblie- **36**
genden Pflichten verletzen (§ 47 Abs. 1 S. 1 BeamtStG). Das Nähere über die **Verfolgung von Dienstvergehen** ist im **Landesdisziplinargesetz** (LDG) geregelt (§ 47 Abs. 3 BeamtStG). Dieses wurde als Art. 1 des Gesetzes zur Neuordnung des Landesdisziplinarrechts (LDNOG) v. 14. 10. 08[131] verkündet.[132] Zusammen mit ergänzenden Vorschriften über das gerichtliche Verfahren in Teil 1 Abschn. 2 des als Art. 15 LDNOG neu erlassenen Gesetzes zur Ausführung der Verwaltungsgerichtsordnung (AGVwGO) hat das LDG am 22. 10. 08 die bisherige Landesdisziplinarordnung (LDO) abgelöst. Mit der Neuordnung wurde die vormalige Trennung von förmlichem und nichtförmlichem Disziplinarverfahren aufgegeben. Die reformierten Regelungen zum **behördlichen Disziplinarverfahren** sind im LDG normiert. Für Einleitung, Durchführung und Abschluss dieses Verfahrens ist die (untere) Disziplinarbehörde – i. d. R. der Dienstvorgesetzte (§ 4 S. 1 Nr. 3 u. § 5 Abs. 1 Nr. 2 LDG; § 3 Abs. 3 LBG; §§ 3–9 BeamtZuVO) – zuständig. Die Einleitung des Verfahrens erfolgt von Amts wegen (§ 8 LDG) oder auf Antrag des Beamten (§ 9 LDG). Als Abschluss des Verfahrens kommen insb. in Betracht: die Beendigung des Verfahrens (z. B., wenn das Beamtenverhältnis durch Entlassung beendet ist; § 36 LDG), die Einstellung des Verfahrens (z. B., wenn ein Dienstvergehen nicht erwiesen ist; § 37 LDG) oder der Ausspruch von **Disziplinarmaßnahmen** (§ 38 LDG). Disziplinarmaßnahmen sind (nach der Schwere des Dienstvergehens gestaffelt) Verweis, Geldbuße, Kürzung der Bezüge, Zurückstufung und Entfernung aus dem Beamtenverhältnis (§ 25 Abs. 1 LDG); sie sind jeweils nach gesetzlichen Bemessungstatbeständen (§§ 26–31 LDG) zu bemessen. Sämtliche Disziplinarmaßnahmen können – teilw. mit Zustimmung der höheren Disziplinarbehörde (i. d. R. der Ernennungsbehörde [vgl. § 4 Abs. 1 S. 1 Nr. 2 LDG; ErnG]) oder (u. a. bei kommunalen Körperschaften) der Rechtsaufsichtsbehörde – durch **Disziplinarverfügung** ausgesprochen werden, die mit Begründung, Kostenentscheidung und Rechtsbehelfsbelehrung zu versehen ist (§ 38 LDG). Dagegen kann der Beamte unmittelbar **Anfechtungsklage** vor dem Verwaltungsgericht erheben. Die dort (für Angelegenheiten nach dem LDG) gebildete

130 *Leuze*, § 80 a. F. Rn. 19; *Flintorp* äußert sich dazu in der Kommentierung zu § 81 Rn. 45 ff. nicht.

131 GBl. S. 343.

132 Vgl. LT-Dr. 14/2996, S. 52 [Begr. des RegE, AT].

Disziplinarkammer (§§ 7, 14 AGVwGO) entscheidet nach den Vorschriften der VwGO über die Rechtmäßigkeit der Disziplinarverfügung.

37 Für die antragsabhängige **Mitwirkung beim Erlass von Disziplinarverfügungen** spielt es keine Rolle, ob das Disziplinarverfahren von Amts wegen oder auf Antrag des Beamten eingeleitet worden war. Kein Gegenstand der Mitwirkung sind die Einleitung (§§ 8–10 LDG) und die Durchführung des Verfahrens einschl. der in seinem Rahmen vorzunehmenden Ermittlungen (§§ 11–20 LDG), etwaige vorläufige Maßnahmen (§§ 21–24 LDG) sowie die Feststellung der Beendigung des Verfahrens (§ 36 LDG) oder der Erlass einer Einstellungsverfügung (§ 37 LDG). Der PR ist jedoch bei der Einleitung des Mitwirkungsverfahrens nach § 71 Abs. 1 S. 1 über das Ergebnis der Vorermittlungen umfassend zu **unterrichten** (vgl. § 76 Rn. 3; § 71 Rn. 3 ff.). Zu den dabei nach § 71 Abs. 1 S. 2 vorzulegenden **Unterlagen** gehören der Sache nach die Ermittlungsakten einschließlich etwaiger Beiakten, wie z. B. der Strafakten.[133] Da es sich bei den **Disziplinarakten** jedoch um Personalaktendaten handelt (vgl. § 71 Rn. 13 ff.), gelten für die Einsichtnahme durch Mitglieder des PR die einschränkenden Bestimmungen des § 71 Abs. 1 S. 3. Falls der betroffene Beamte der Einsichtnahme nicht zustimmt, wird dem PR auch bei beantragter Mitwirkung dann nur das wesentliche Ergebnis der Ermittlungen mitzuteilen sein.[134]

38 Durch Art. 3 Nr. 2 LDNOG (vgl. Rn. 36) war § 80 Abs. 2 S. 4 Hs. 2 a. F. eingefügt worden, der bestimmte, dass § 72 Abs. 4, 5 und 8 a. F. in den Fällen des Abs. 1 Nr. 5a. F (jetzt § 81 Abs. 2) keine Anwendung findet. Die Regelung ist inhaltlich durch das ÄndG 2013 in § 82 Abs. 2 übernommen worden. Die Regelung legt fest, dass das Stufenverfahren des § 83 keine Anwendung findet. Da das Verfahren nach § 89 Abs. 1 auf der Regelung des Stufenverfahrens nach § 83 aufbaut, entfällt damit auch die Grundlage für das Verfahren nach § 89 Abs. 1. Insoweit war das **Mitwirkungsverfahren** bereits nach der bisherigen Rechtslage **entscheidend modifiziert**: Es war und ist nicht möglich, das Mitwirkungsverfahren in mehrstufigen Verwaltungen als Stufenverfahren oder bei Körperschaften, Anstalten oder Stiftungen des öffentlichen Rechts durch Anrufung des Hauptorgans oder des entsprechenden Beschlussorgans fortzusetzen.

39 Zudem schließt **§ 36 Abs. 1 Hs. 2** die bei den Mitwirkungstatbeständen des § 81 Abs. 1 ansonsten zulässige Übertragung der Beteiligungsbefugnisse auf den Vorstand des PR aus. Mit dieser Modifikation werden (so die Begr. des RegE des LDNOG) insbesondere Folgerungen aus der Konzentration der Disziplinarkompetenzen beim unmittelbaren Dienstvorgesetzten sowie aus der besonderen Bedeutung der statusberührenden Disziplinarmaßnahmen

133 Vgl. Leuze-*Flintorp*, § 81 Rn. 47.

134 Näher dazu Altvater-*Baden*, § 84 Rn. 46.

(Kürzung der Bezüge, Zurückstufung und Entfernung aus dem Beamtenverhältnis) gezogen.[135]

40 **Missbilligende Äußerungen** eines Dienstvorgesetzten (Zurechtweisungen, Ermahnungen, Rügen und dergleichen), die nicht ausdrücklich als Verweis bezeichnet werden, sind, auch wenn sie schriftlich ausgesprochen werden, keine Disziplinarmaßnahmen. Sie sind auch nach dem Erlass des LDNOG (vgl. Rn. 36) weiterhin zulässig.[136] Im Unterschied zum früheren § 6 Abs. 2 LDO und zu § 6 S. 2 BDG sind sie in der den Verweis regelnden Vorschrift des § 27 LDG nicht mehr aufgeführt. Dies beruht auf der Einschätzung, dass die erforderliche Abgrenzung dieser Äußerungen zum Verweis durch den neuen Normtext (»eine ausdrücklich als Verweis bezeichnete, schriftliche Rüge«) gewährleistet sei.[137] **Schriftliche Missbilligungen bei Beamten** bleiben nach Abs. 2 Nr. 1 – mit den zuvor (bei Rn. 38) angesprochenen Besonderheiten und Modifikationen – der **antragsabhängigen Mitwirkung** des PR unterworfen (vgl. Rn. 35). Das ist sachgerecht, weil auch diese Maßnahmen disziplinarischen Charakter haben.[138] Eine **Missbilligung** liegt vor, wenn ein Dienstvorgesetzter einem Beamten eine Dienstpflichtverletzung durch ein bestimmtes in der Vergangenheit liegendes Verhalten vorhält und ihm schriftlich kundgibt, dass er dieses Fehlverhalten missbilligt.[139] **Schriftlich** ist sie jedenfalls ausgesprochen, wenn sie in der äußeren Form eines an den Beamten gerichteten Schreibens erfolgt.[140]

b) Abmahnungen

41 **(Nr. 2)** Entgegen der Gesetzesbegründung entspricht die Regelung des Abs. 2 nur dem Wortlaut nach § 80 Abs. 1 Nr. 8 Buchst. c S. 1 a. F. Denn mit der Neufassung des Stufenverfahrens in § 82 Abs. 2 ist auch für den Mitwirkungstatbestand des § 81 Abs. 2 Nr. 2 festgelegt, dass das Stufenverfahren des § 83 keine Anwendung findet. Damit ist das **Mitwirkungsverfahren entscheidend bei Abmahnungen eingeschränkt**: Es ist nunmehr nicht mehr möglich, das Mitwirkungsverfahren in mehrstufigen Verwaltungen als Stufenverfahren oder bei Körperschaften, Anstalten oder Stiftungen des öffentlichen Rechts durch Anrufung des Hauptorgans oder des entsprechenden Beschlussorgans fortzusetzen (vgl. auch Rn. 38). Die für die bislang nur auf Disziplinarverfügungen oder schriftlichen Missbilligungen anzuwendende Modifikation abgestellte Begründung, wonach insbesondere Folgerungen

135 LT-Dr. 14/2996, S. 129 f. [zu Art. 3 Nr. 2].
136 So die Begr. Des RegE in LT-Dr. 14/2996, S. 91 [zu § 27].
137 LT-Dr. 14/2996, a. a. O.
138 Vgl. *Köhler/Baunack*, § 6 Rn. 4.
139 *VGH BW* v. 17. 3. 87 – 4 S 2975/85 –, PersV 88, 177 (»Misskundgebung«).
140 *VGH BW* v. 19. 5. 81 – 13 S 2362/80 –, ZBR 82, 191.

aus der Konzentration der Disziplinarkompetenzen beim unmittelbaren Dienstvorgesetzten sowie aus der besonderen Bedeutung der statusberührenden Disziplinarmaßnahmen (Kürzung der Bezüge, Zurückstufung und Entfernung aus dem Beamtenverhältnis) gezogen worden sind,[141] kann auf die Erteilung einer Abmahnung nicht zutreffen. Nachdem in der Gesetzesbegründung ausgeführt ist,[142] dass es sich um eine redaktionelle Anpassung handelt, darf ein Versehen des Gesetzgebers nicht ausgeschlossen werden.

42 Nach Nr. 2 wirkt der PR **auf Antrag des Beschäftigten** bei **Erteilung schriftlicher Abmahnungen** mit. Das LPersVG RP (§ 78 Abs. 2 Nr. 15) enthält einen vergleichbaren (durch Art. 1 Nr. 29 Buchst. a Doppelbuchst. dd des Gesetzes v. 28. 9. 10[143] auf mündliche Abmahnungen ausgedehnten) Tatbestand der antragsabhängigen Mitbestimmung, während **andere LPersVG** entsprechende Tatbestände der antragsabhängigen oder antragsunabhängigen Mitwirkung oder der Anhörung vorsehen.[144] Der **Schutzzweck** der Beteiligung des PR ergibt sich daraus, dass die Abmahnung grundsätzlich Voraussetzung einer auf Störungen im sog. Leistungsbereich, aber auch im sog. Vertrauensbereich gestützten verhaltensbedingten Kündigung des Arbeitsverhältnisses ist,[145] die Tragweite der Abmahnung jedoch von vielen Arbeitnehmern verkannt wird.[146]

43 Eine **Abmahnung** liegt vor, wenn der Arbeitgeber in einer für den Arbeitnehmer hinreichend deutlich erkennbaren Art und Weise ein bestimmtes konkret bezeichnetes Verhalten des Arbeitnehmers beanstandet – **Dokumentationsfunktion** – und dies mit dem Hinweis verbindet, dass sich das beanstandete Verhalten im Wiederholungsfall auf den Bestand des Arbeitsverhältnisses auswirken, also zu einer Kündigung führen kann – **Warnfunktion** –.[147] Die Abmahnung ist von der **Ermahnung** zu unterscheiden, der keine Warnfunktion zukommt[148] und die ohne Beteiligung des PR ausgesprochen werden kann. Auch von der **Betriebsbuße**, die eine auf der Grundlage einer Betriebsbußenordnung erfolgende, einen Verstoß gegen die betriebliche Ordnung sanktionierende disziplinarische nach § 74 Abs. 2

---

141 LT-Dr. 14/2996, S. 129 f. [zu Art. 3 Nr. 2].

142 LT-Dr. 15/4224, S. 153 [zu § 76 Abs. 2 S. 1 Nr. 2] und S. 154 [zu § 77 Abs. 2].

143 GVBl. S. 292.

144 Z. B. § 74 Abs. 2 LPVG NW; vgl auch Altvater-*Baden*, § 84 Rn. 97 a. E.

145 Vgl. DHZ-*Altmann*, § 79 Rn. 16 f.; DDZ-*Deinert*, § 314 BGB Rn. 11 ff. m. w. N.

146 Vgl. *OVG NW* 12. 6. 95 – 1 A 2179/92.PVL –, PersR 96, 71.

147 Vgl. DHZ-*Altmann*, § 79 Rn. 11 ff.; *OVG NW* v. 11. 3. 92 – 1 A 621/91.PVL –, PersR 93, 144 Ls., u. v. 12. 6. 95, a. a. O.

148 Vgl. DHZ-*Altmann*, § 79 Rn. 5.

Nr. 1 **mitbestimmungspflichtige** Maßnahme des Arbeitgebers darstellt, ist die Abmahnung abzugrenzen.[149]

Obwohl Abmahnungen auch mündlich erteilt werden können,[150] bezieht sich Abs. 2 Nr. 2 nur auf die Erteilung **schriftlicher Abmahnungen**. Beabsichtigt der Arbeitgeber eine solche Abmahnung, ist der betroffene **Arbeitnehmer** davon **in Kenntnis setzen** und auf sein Recht, die Mitwirkung des PR zu beantragen, hinzuweisen (§ 82 Abs. 2 i.V.m. § 76 Abs. 3; vgl. § 76 Rn. 14). Beantragt der Arbeitnehmer die Mitwirkung des **PR**, ist dieser nach § 71 Abs. 1 S. 1 und 2 über die beabsichtigte Abmahnung **umfassend zu unterrichten**. Dazu gehört die vollständige Darlegung des Sachverhalts und seiner Würdigung,[151] insbesondere eine Begründung dafür, weshalb eine Abmahnung für erforderlich und verhältnismäßig angesehen wird. Dabei ist dem PR nach § 71 Abs. 1 S. 2 auch der Text der Abmahnung vorzulegen.[152] Wird der PR nicht oder nicht ordnungsgemäß beteiligt oder wird der Beschäftigte nicht auf das Antragsrecht hingewiesen, ist die Erteilung der Abmahnung unwirksam mit der Folge, dass sie aus der Personalakte zu entfernen ist.[153] 44

4. Ausschluss entsprechend § 75 Abs. 5 Nr. 1

Abs. 2 S. 2 verweist auf die Regelung des § 75 Abs. 5 Nr. 1. Deshalb ist die Mitwirkung bei der Erteilung schriftlicher Abmahnungen gegenüber **Arbeitnehmern, die eine Funktion ausüben, die der eines Beamten der BesGr. A 16 oder höher gleichwertig ist, ausgeschlossen.**[154] **Dementsprechend kommt es bei den »entsprechenden Arbeitnehmerstellen«** auf die **Funktionsgleichwertigkeit** mit Beamtenstellen der BesGr. A 16 und höher an (vgl. § 75 Rn. 266).[155] 45

---

149 Nach der Rspr. des *BAG* unterliegt die Buße ebenso wie die ihr zugrunde liegende Betriebsbußenordnung nach § 87 Abs. 1 S. 1 Nr. 1 BetrVG der Mitbestimmung des BR; Nachweise bei *Fitting*, § 87 Rn. 75 ff.

150 Vgl. DHZ-*Altmann*, § 79 Rn. 7.

151 *OVG NW* v. 12.6.95 – 1 A 2179/92.PVL –, PersR 96, 71.

152 *OVG NW* v. 12.6.95, a.a.O., ist insoweit nicht einschlägig.

153 Vgl. auch *Ruppert/Lautenbach*, LPersVG RP, § 78 Rn. 225

154 Leuze-*Flintorp*, § 75 Rn. 276 ff.

155 *BVerwG* v. 9.11.62 – VII P 13.61 –, PersV 63, 205, v. 7.11.75 – VII P 8.74 –, PersV 77, 20, v. 2.10.78 – 6 P 11.78 –, PersV 79, 464, v. 12.1.06 – 6 P 6.05 –, PersR 06, 164, u.v. 7.7.08, a.a.O.; *BAG* v. 7.12.00 – 2 AZR 532/99 –, PersR 01, 221; näher dazu Altvater-*Baden*, § 78 Rn. 307.

§ 82 Einleitung, Verfahren der Mitwirkung

(1) Die Dienststelle unterrichtet den Personalrat über die beabsichtigte Maßnahme.

(2) In den Fällen des § 81 Absatz 2 gilt § 76 Absatz 3 entsprechend, § 83 findet keine Anwendung.

(3) Der Personalrat kann verlangen, dass die Dienststelle die beabsichtigte Maßnahme begründet.

(4) [1]Äußert sich der Personalrat nicht innerhalb von drei Wochen, hält er bei Erörterung seine Einwendungen oder Vorschläge nicht aufrecht oder haben sie offenkundig keinen unmittelbaren Bezug zu den Mitwirkungsangelegenheiten, so gilt die beabsichtigte Maßnahme als gebilligt. [2]§ 76 Absatz 6 Satz 2 und 3, Absatz 7 und 8 gilt entsprechend.

(5) Erhebt der Personalrat Einwendungen, so hat er der Dienststelle die Gründe mitzuteilen. § 76 Absatz 9 Satz 2 gilt entsprechend.

(6) Entspricht die Dienststelle den Einwendungen des Personalrats nicht oder nicht in vollem Umfang, so teilt sie dem Personalrat ihre Entscheidung unter Angabe der Gründe schriftlich oder elektronisch mit.

Vergleichbare Vorschriften:
§ 81 BPersVG; keine im BetrVG

Inhaltsübersicht Rn.

1. Unterrichtungspflicht der Dienststelle (Abs. 1)

1 **Abs. 1** verpflichtet die Dienststelle, den PR über die beabsichtigte Maßnahme zu **unterrichten**. Dies ist mehr als die bloße Bekanntgabe. Es ist der Maßstab des § 71 Abs. 1 S. 1 zugrunde zu legen. Der PR muss in die Lage versetzt werden, sich über die beabsichtigte Maßnahme ein umfassendes Bild zu machen. Eine Maßnahme ist jede Handlung oder Entscheidung, die das Beschäftigungsverhältnis oder die Arbeitsbedingungen der Beschäftigten oder eines einzelnen Beschäftigten betrifft oder sich darauf auswirkt und die bei einer Personalentscheidung deren bzw. dessen Rechtsstand berührt (vgl. § 76 Rn. 1).[1]

1 Altvater-*Herget*, § 81 Rn. 7 m. w. N.

2. Mitwirkung auf Antrag (Abs. 2)

Abs. 2 Hs. 1 erklärt für die Fälle der Mitwirkung auf Antrag (§ 81 Abs. 2) § 76 Abs. 3 entsprechend für anwendbar, d.h., die Beschäftigten sind von der beabsichtigten Maßnahme rechtzeitig vorher **in Kenntnis zu setzen** und zugleich **auf ihr Antragsrecht hinzuweisen** (vgl. § 76 Rn. 14). 2
Abs. 2 Hs. 2 schließt für die Fälle der Mitwirkung auf Antrag das Stufenverfahren aus. Dies ist deswegen sinnvoll, weil die Mitwirkungstatbestände des § 81 Abs. 2 (Erlass von Disziplinarverfügungen oder schriftlichen Missbilligungen gegen Beamte sowie die Erteilung schriftlicher Abmahnungen gegen den Arbeitnehmer) eine zeitnahe Durchführung der Maßnahme erfordern, um Wirkung entfalten zu können.

3. Verlangen einer Begründung (Abs. 3)

3 Die Dienststelle hat auf Verlangen des PR die beabsichtigte Maßnahme zu **begründen**. Die Begründung muss v.a. aufzeigen, warum der Entschluss zu der beabsichtigten Maßnahme zustande gekommen ist. Außerdem muss sie auf die Vor- und Nachteile der Entscheidung für die Dienststelle und die Beschäftigten eingehen und die Maßnahme in einen Gesamtzusammenhang einordnen. Weder für das Verlangen noch für die Begründung ist eine bestimmte **Form** vorgeschrieben. Beides kann mündlich oder schriftlich erfolgen (vgl. § 76 Rn. 16).

4. Äußerungsfrist und Zustimmungsfiktion (Abs. 4)

4 Dem PR steht nach Abs. 4 S. 1 eine **Äußerungsfrist** von grundsätzlich drei Wochen zur Verfügung. Sie beginnt am ersten Arbeitstag nach der vollständigen Unterrichtung über die von der Dienststelle beabsichtigte Maßnahme zu laufen.[2] Für ihre Berechnung gilt das Gleiche wie bei der Frist des § 76 Abs. 6 S. 1 (vgl. § 76 Rn. 17ff.). Der Fristenlauf wird weder durch das Erörterungsverlangen nach § 80 noch durch die Erörterung selbst gehemmt oder unterbrochen.[3] Nach § 76 Abs. 6 S. 2 und 3 kann die Dienststelle **in dringenden Fällen** die Äußerungsfrist auf **eine Woche** abkürzen (vgl. § 76 Rn. 19). **Fristverlängerungen** können sich aus § 91 Abs. 3, § 100 S. 4, § 102 S. 3 oder § 37 Abs. 1 S. 3 ergeben (vgl. § 76 Rn. 20). Nach der neuen Gesetzeslage können die Äußerungsfristen wie in den Fällen der Mitbestimmung gemäß § 76 Abs. 6 S. 3 (vgl. § 76 Rn. 214f.), auf den Abs. 4 S. 2 verweist, auch in den Angelegenheiten der Mitwirkung durch Vereinbarung zwischen

2 *BAG* v. 14.1.93 – 2 AZR 387/92 –, PersR 93, 406; *BVerwG* v. 27.1.95 – 6 P 22.92 –, PersR 95, 185.

3 *BAG* v. 14.1.93 u. *BVerwG* v. 27.1.95, jew. a.a.O.

Dienststellenleiter und PR abweichend vereinbart werden. Im Einzelfall kann gemäß Abs. 4 i.V.m. § 76 Abs. 7 die Dienststelle einvernehmlich mit dem PR längere Fristen festlegen; gemäß Abs. 4 i.V.m. § 76 Abs. 8 kann der PR eine Fristverlängerung beantragen (§ 76 Abs. 8; vgl. § 76 Rn. 23).

5 Über seine **Stellungnahme** zu der beabsichtigten Maßnahme entscheidet der PR durch **Beschluss**. Dies kann nach, aber auch vor oder ohne Erörterung geschehen. Die in § 72 Abs. 8 a.F. enthaltene Möglichkeit des PR, seine Befugnisse in Mitwirkungsangelegenheiten auf den Vorstand zu übertragen, ist im ÄndG 2013 nunmehr in § 36 Abs. 1 geregelt und für die Fälle des § 81 Abs. 2 entfallen.

6 Die Maßnahme gilt gemäß Abs. 4 S. 1 als **gebilligt**, wenn der PR sich innerhalb der Dreiwochenfrist (vgl. Rn. 4) nicht äußert, der Maßnahme ausdrücklich zustimmt, er bei Erörterung seine Einwendungen oder Vorschläge nicht aufrechterhält oder diese offenkundig keinen unmittelbaren Bezug zu den Mitwirkungsangelegenheiten haben (vgl. § 76 Rn. 29).

Erklärt der PR ausdrücklich seine **Zustimmung** – was auch in der Weise erfolgen kann, dass er bereits erhobene Einwendungen nach Erörterung nicht aufrechterhält (vgl. § 80 Rn. 7) –, ist das Mitwirkungsverfahren abgeschlossen, sobald die Erklärung der Dienststelle zugegangen ist. Erklärt der PR ausdrücklich, er werde sich zu der beabsichtigten Maßnahme nicht äußern, dann gilt die Maßnahme auch dann erst nach Ablauf der Äußerungsfrist als gebilligt, wenn dieser **Hinweis auf eine Nicht-Stellungnahme** vom PR für abschließend erklärt wird.[4] **Schweigt** der PR zu der Maßnahme, dann gilt diese ebenso erst nach Ablauf der Äußerungsfrist des Abs. 4 S. 1 oder 2 als gebilligt.

5. Einwendungen des Personalrats (Abs. 5)

7 Will der PR **Einwendungen** erheben, dann hat dies nach **S. 1** unter Mitteilung der **Gründe** zu geschehen. Dabei kann der PR für seine Einwendungen grundsätzlich jeden sachlichen Grund angeben[5] und auch Gegenvorschläge unterbreiten.[6] Die Dienststelle darf die angeführten Gründe nicht deshalb als unbeachtlich behandeln, weil sie der Ansicht ist, sie seien untauglich (str.; vgl. § 76 Rn. 29).[7] Vielmehr sind sie nur dann unbeachtlich, wenn sie jeglichen Bezug zu der konkreten Maßnahme vermissen lassen, oder nur allgemein oder formelhaft vorgetragen werden (vgl § 76 Rn. 29).[8] Es reicht

---

4 *BAG* v. 28.1.10 – 2 AZR 50/09 –, PersR 10, 305.

5 *LAG RP* v. 26.2.88 – 6 TaBV 27/87 –, PersR 88, 166.

6 Str.; vgl. Altvater-*Herget*, § 81 Rn. 12; a.A. *Fischer/Goeres/Gronimus*, § 72 a.F. Rn. 11; Leuze-*Flintorp*, § 82 Rn. 12.

7 Leuze-*Flintorp*, § 82 Rn. 12.

8 *VG BW* v. 24.1.17 – PL 15S 154/15.

dagegen für die Annahme der Unbeachtlichkeit nicht aus, dass die Einwendungen nicht ganz schlüssig bzw. nicht widerspruchsfrei sind.

Für die Einwendungen und ihre Begründung ist grundsätzlich keine bestimmte **Form** vorgeschrieben.[9] Lediglich für die Mitwirkung bei ordentlichen Kündigungen im Ausnahmefall des § 75 Abs. 6 ergibt sich aus § 75 Abs. 1 Nr. 12 i. V. m. Abs. 6, dass Einwendungen schriftlich oder elektronisch erhoben und begründet werden müssen. Aber auch sonst ist es zweckmäßig, eine schriftliche oder elektronische Stellungnahme oder eine in Textform abzugeben.[10] 8

Werden in der Stellungnahme des PR Beschwerden oder Behauptungen tatsächlicher Art vorgetragen, die für einen Beschäftigten ungünstig sind oder ihm nachteilig werden können, hat die Dienststelle dem **betroffenen Beschäftigten** nach Abs. 5 S. 2 i. V. m. § 76 Abs. 9 S. 2 **Gelegenheit zur Äußerung** zu geben und die Äußerung aktenkundig zu machen (vgl. § 76 Rn. 30). 9

6. Nichtberücksichtigung von Einwendungen (Abs. 6)

Abs. 6 regelt den Fall, dass die Dienststelle den Einwendungen des PR nicht oder nur teilweise entspricht. **Entspricht sie den Einwendungen nicht** oder nicht in vollem Umfang, so hat sie dem PR ihre Entscheidung unter Angabe der Gründe schriftlich oder elektronisch **mitzuteilen**.[11] Da der interne Schriftverkehr dazu dient, die objektiv notwendigen Informationen zweifelsfrei auszutauschen, zeitgerecht zu reagieren und gleichzeitig die Gegenstände von Erklärungen und deren Begründung für alle Seiten nachvollziehbar zu dokumentieren, ist mit der Änderung des Abs. 6 nun klargestellt, dass dies auch mit einfacher E-Mail erfolgen kann.[12] Dies soll willkürliche Entscheidungen verhindern und dem PR ggf. die Prüfung ermöglichen, ob er nach **§ 83 Abs. 1** das **Verfahren als Stufenverfahren fortsetzen** will (vgl. § 83 Rn. 5), indem er innerhalb der dort festgelegten Frist von i. d. R. drei Wochen nach Zugang der Mitteilung die Angelegenheit der dafür zuständigen übergeordneten Stelle mit dem Antrag auf Entscheidung vorlegt.[13] Macht der PR von dieser Möglichkeit keinen Gebrauch, ist die Dienststelle nach Ablauf der Frist zur Durchführung der Maßnahme berechtigt. Kommt 10

---

9 Vgl. Leuze-*Flintorp*, a. a. O.; a. A. Rooschüz-*Gerstner-Heck*, § 82 Rn. 12, die darauf abstellt, dass im Stufenverfahren des § 83 die Angelegenheit schriftlich der übergeordneten Dienststelle vorzulegen ist.

10 Vgl. Altvater-*Herget* u. Leuze-*Flintorp*, jew. a. a. O.

11 Vgl. Altvater-*Herget*, § 81 Rn. 14.

12 Begründung des Gesetzes zum Abbau verzichtbarer Formerfordernisse LT-Drs. 16/7352, S. 39 ff. [zu Art. 21].

13 Vgl. *Fischer/Goeres/Gronimus*, § 72 a. F. Rn. 14.

eine Fortsetzung des Verfahrens nicht in Betracht, weil die nach § 83 Abs. 1 entscheidende Dienststelle eine oberste Dienstbehörde im Bereich der Landesverwaltung ist, so ist das Mitwirkungsverfahren mit dem Zugang der Mitteilung beim PR **abgeschlossen**.

11 Das **Mitwirkungsrecht** des PR wird **verletzt**, wenn die Dienststelle eine mitwirkungsbedürftige Maßnahme trifft, ohne dass die zuständige Personalvertretung zuvor ordnungsgemäß beteiligt worden ist. Nach § 128 BPersVG ist eine durch den Arbeitgeber in den Ausnahmefällen des § 75 Abs. 8 ausgesprochene **Kündigung des Arbeitsverhältnisses eines Beschäftigten unwirksam**, wenn die Personalvertretung nicht beteiligt worden ist; das gilt auch für die fehlerhafte Beteiligung. Welche Rechtsfolgen eine Verletzung des Mitwirkungsrechts für die **sonstigen mitwirkungsbedürftigen Maßnahmen** hat, legt das Gesetz nicht ausdrücklich fest. Insoweit gilt im Grundsatz das Gleiche wie bei einer Verletzung der Mitbestimmungsrechte (vgl. § 73 Rn. 17 ff.).[14]

§ 83 Stufenverfahren der Mitwirkung

(1) [1]Der Personalrat einer nachgeordneten Dienststelle kann die Angelegenheit binnen drei Wochen nach Zugang der Mitteilung der Dienststelle, dass Einwendungen nicht oder nicht in vollem Umfang berücksichtigt werden, auf dem Dienstweg der übergeordneten Dienststelle, bei der eine Stufenvertretung besteht, mit dem Antrag auf Entscheidung vorlegen. [2]Der Personalrat leitet der Dienststelle eine Abschrift des Antrags zu. [3]Die übergeordnete Dienststelle hat die Angelegenheit der Stufenvertretung innerhalb von fünf Wochen vorzulegen. [4]Die übergeordnete Dienststelle entscheidet nach Verhandlung mit der Stufenvertretung. [5]§ 82 Absatz 1 und 3 bis 6 gilt entsprechend.

(2) [1]Die Stufenvertretung kann die Angelegenheiten binnen drei Wochen der obersten Dienstbehörde vorlegen. [2]Absatz 1 Satz 2, 4 und 5 gilt entsprechend.

(3) Ist ein Antrag nach Absatz 1 oder 2 gestellt, so ist die beabsichtigte Maßnahme bis zur Entscheidung der angerufenen Dienststelle auszusetzen.

Vergleichbare Vorschriften:
§ 82 BPersVG; keine im BetrVG

Inhaltsübersicht Rn.

14 Näher dazu Altvater-*Herget*, § 81 Rn. 15 ff.

1. Vorbemerkungen

§ 83 ist durch das ÄndG 2013 als eigenständige Vorschrift geschaffen worden. Die Regelungen der Abs. 1 und 2 entsprechen mit redaktionellen Änderungen § 72 Abs. 4 a. F. Die neuen Fristenregelungen sind an die des Mitbestimmungsverfahrens des § 76 Abs. 6 bis 8 n. F. angepasst. Die Regelung des Abs. 3 entspricht mit redaktioneller Anpassung § 72 Abs. 6 a. F. 1

2. Vorlage an die übergeordneten Dienststelle (Abs 1)

Die Fortsetzung des Mitwirkungsverfahrens nach einer den Einwendungen des PR nicht oder nicht in vollem Umfang entsprechenden Entscheidung der Dienststelle ist für den Bereich mehrstufiger Verwaltungen in Abs. 1 geregelt. Die Bestimmung sieht vor, dass der PR einer nachgeordneten Dienststelle binnen **drei Wochen**, nachdem ihm die Mitteilung nach **§ 82 Abs. 6** zugegangen ist (vgl. § 82 Rn. 10), die Angelegenheit derjenigen übergeordneten Dienststelle mit dem Antrag auf Entscheidung vorlegen kann, bei der eine Stufenvertretung besteht. Dabei kann die Vorlage entweder an die Mittelbehörde oder die oberste Dienstbehörde zu richten sein. Anders als nach § 77 Abs. 1 S. 1 ist nur der PR zur Vorlage berechtigt. Dafür ist ein Beschluss des Plenums erforderlich.[1] Die Vorlage ist der anzurufenden Dienststelle auf dem Dienstweg zuzuleiten (vgl. § 77 Rn. 4). Sie bedarf der Schriftform. Da es sich auch in diesem Fall um einen Vorgang der innerdienstlichen Kommunikation handelt, dürfte die Vorlage in elektronischer Form ausreichen (vgl. § 82 Rn. 10).[2] Ihr Inhalt ist nicht ausdrücklich festgelegt. Es dürfte ausreichen, wenn mit dem »Antrag auf Entscheidung« der Streitfall benannt und durch die Übersendung der mit Gründen versehenen Einwendungen des PR und einer Abschrift der Mitteilung der ablehnenden Entscheidung der Dienststelle verdeutlicht wird, dass die angerufene Dienststelle eine Entscheidung treffen soll (eine [umfassende] Begründung ist nicht erforderlich).[3] Nach **Abs. 1 S. 2** hat der PR seiner Dienststelle eine Abschrift des Antrags zuzuleiten. 2

Die Vorlagefrist von **drei Wochen** beginnt am ersten Arbeitstag nach dem Tag zu laufen, an welchem dem PR die Mitteilung der Dienststelle nach **§ 82 Abs. 6** zugegangen ist. Sie ist gewahrt, wenn die Vorlage vor Ablauf der Vorlagefrist abgesandt wird. Fristverlängerungen können sich nach § 91 Abs. 3, § 100 S. 4, § 102 S. 2 oder § 37 Abs. 1 S. 3 ergeben (vgl. § 76 Rn. 20). 3

1 *BVerwG* v. 26. 10. 73 – VII P 6.72 –, PersV 74, 147.
2 Vgl. Altvater-*Herget*, § 82 Rn. 1.
3 Str.; vgl. Altvater-*Herget*, § 82 Rn. 1 m. w. N.

Mit der Vorlage nach Abs. 1 S. 1 geht die Entscheidungsbefugnis auf die **übergeordnete Dienststelle** über.[4] Diese hat nach Abs. 1 S. 3 die Angelegenheit der bei ihr gebildeten Stufenvertretung (BPR oder HPR) **innerhalb von fünf Wochen vorzulegen** (vgl. § 77 Rn. 6). Wird diese Frist **versäumt**, so ist das Mitwirkungsverfahren abgeschlossen mit der Folge, dass die beabsichtigte Maßnahme zu unterbleiben hat. Die übergeordnete Dienststelle kann aber auch bereits vor Ablauf der Frist die nachgeordnete Dienststelle **anweisen, den Einwendungen des PR zu entsprechen** und damit das Verfahren beenden. Die Vorschrift des **Abs. 1 S. 4**, wonach die übergeordnete Dienststelle nach Verhandlung mit der Stufenvertretung entscheidet, kommt erst zum Zuge, wenn der Stufenvertretung die Angelegenheit innerhalb der Frist des Abs. 1 S. 3 vorgelegt wird. Dabei kann die übergeordnete Dienststelle die von der nachgeordneten Dienststelle beabsichtigte Maßnahme auch **mit abgeändertem Inhalt** vorlegen. Das gilt auch dann, wenn damit eine neue mitwirkungs- oder mitbestimmungspflichtige Maßnahme verbunden ist (vgl. auch § 77 Rn. 7).[5] Mit dieser Vorlage geht die Beteiligungszuständigkeit auf die Stufenvertretung über (vgl. § 77 Rn. 8). Diese ist über die beabsichtigte Maßnahme vollständig zu unterrichten (vgl. § 80 Rn. 6). Für die »**Verhandlung« mit der Stufenvertretung** gelten nach Abs. 1 S. 5 die Vorschriften des § 82 Abs. 1 und 3 bis 6 entsprechend (vgl. § 82 Rn. 1, 3 ff.). Zur »Verhandlung« gehört ggf. auch eine auf Verlangen der Stufenvertretung durchzuführende Erörterung (vgl. § 82 Rn. 7 f.), weil diese ein für das gesamte Mitwirkungsverfahren charakteristisches prozedurales Element ist.[6] Entspricht die übergeordnete Dienststelle den **Einwendungen der Stufenvertretung** nicht oder nicht in vollem Umfang, so hat sie entsprechend § 82 Abs. 6 der Stufenvertretung ihre Entscheidung unter Angabe der Gründe schriftlich oder elektronisch mitzuteilen (s. o. Rn. 2).[7]

3. Vorlage an die oberste Dienstbehörde (Abs. 2)

4 **Abs. 2 S. 1** trifft eine Regelung für den Fall, dass in einer mehr als zweistufigen Verwaltung die nach **Abs. 1 S. 1** angerufene **Mittelbehörde** in dem nach **Abs. 1 S. 4** durchgeführten Stufenverfahren den Einwendungen des **BPR** nicht oder nicht in vollem Umfang entsprochen hat. In diesem Fall kann der BPR die Angelegenheit binnen **drei Wochen** der **obersten Dienstbehörde vorlegen**. Für Form und Inhalt der Vorlage sowie für den Lauf und die Einhaltung der Vorlagefrist gelten die Erläuterungen zu Abs. 1 S. 1 und

4 *BAG* v. 6. 8. 02 – 1 ABR 47/01 –, PersR 03, 41.

5 *BAG* v. 6. 8. 02, a. a. O.

6 Vgl. *BVerwG* v. 27. 1. 95 – 6 P 22.92 –, PersR 95, 185.

7 Vgl. Altvater-*Herget*, § 82 Rn. 1; s. auch *Fischer/Goeres/Gronimus*, § 72 a. F. Rn. 19.

2 entsprechend (vgl. Rn. 2, 3), wobei hier eine Verlängerung der Frist nach § 91 Abs. 3 nicht mehr in Betracht kommen kann. Nach Abs. 2 S. 1 i. V. m. Abs. 1 S. 2 hat der BPR der Mittelbehörde eine Abschrift seines Antrags auf Entscheidung zuzuleiten. Die oberste Dienstbehörde entscheidet, ob das Mitwirkungsverfahren fortgesetzt werden soll. Entschließt sie sich dazu, hat sie die Angelegenheit dem bei ihr gebildeten **HPR vorzulegen**. Über den Zeitpunkt der Vorlage entscheidet sie nach pflichtgemäßem Ermessen (vgl. § 77 Rn. 7). Für das weitere Verfahren – bei dem es sich um ein **zweites Stufenverfahren** handelt – sind gemäß Abs. 2 S. 2 die für das erste Stufenverfahren geltenden Regelungen (Abs. 1 S. 2, 4 und 5) entsprechend anzuwenden (vgl. Rn. 2).

Kommt es mit dem HPR zu **keiner Einigung**, entscheidet die **oberste** 5
Dienstbehörde endgültig.

Die **Fortsetzung des Mitwirkungsverfahrens** nach einer den Einwendun- 6
gen des PR nicht oder nicht in vollem Umfang entsprechenden Entscheidung der Dienststelle ist für den Bereich der Gemeinden und Landkreise sowie der übrigen der Aufsicht des Landes unterstehenden **Körperschaften, Anstalten und Stiftungen** des öffentlichen Rechts in **§ 89 Abs. 1** geregelt.

Bei **Gemeinden und Landkreisen** kann der PR nach § 89 Abs. 1 S. 1 Nr. 1 die 7
Entscheidung des **Hauptorgans** (also des Gemeinderats oder des Kreistags) oder desjenigen **Ausschusses** des Hauptorgans beantragen, dem dafür die Zuständigkeit übertragen ist. Die Regelung kommt dann zum Zuge, wenn das Hauptorgan oder der Ausschuss nicht ohnehin für die Entscheidung über die beabsichtigte Maßnahme zuständig ist. Für den vom PR zu stellenden **Antrag auf Entscheidung** gilt das Gleiche wie für den Antrag nach § 83 Abs. 1 S. 1 (vgl. Rn. 3 ff.). Falls das Hauptorgan oder der Ausschuss den Einwendungen des PR nicht oder nicht in vollem Umfang entspricht, ist ihm die **Entscheidung** entsprechend § 82 Abs. 6 unter Angabe der Gründe schriftlich mitzuteilen.

Besteht bei der Gemeinde oder dem Landkreis ein **GPR** und ist dieser nicht 8
ohnehin nach § 91 Abs. 8 zu beteiligen, hat das Hauptorgan oder der Ausschuss nach § 89 Abs. 1 S. 2 den GPR vor seiner Entscheidung zu hören.

Für die **übrigen Körperschaften, Anstalten und Stiftungen** kann auf die 9
Ausführungen zu Rn. 7 verwiesen werden. Bei ihnen kann der PR das dem Hauptorgan der Gemeinden und Landkreise **entsprechende Beschlussorgan** oder denjenigen Ausschuss dieses Organs anrufen, dem die Zuständigkeit für die zu treffende Entscheidung übertragen ist. Entsprechendes Beschlussorgan ist das für die Geschäftsführung zuständige **oberste Organ**. Ist ein solches Organ nicht vorhanden, kann nach § 89 Abs. 1 S. 1 Nr. 1 die **Aufsichtsbehörde** angerufen werden. Diese entscheidet nach Anhörung der Dienststelle und des PR.

In Zweifelsfällen bestimmt die **oberste Landesbehörde** die anzurufende 10
Stelle (§ 89 Abs. 1 Nr. 1 letzter Hs.).

4. Aussetzung der beabsichtigten Maßnahme (Abs. 3)

11 Haben PR oder Stufenvertretung einen Antrag nach **§ 83 Abs. 1 oder 2** gestellt, ist die **beabsichtigte Maßnahme** bis zur Entscheidung der angerufenen Dienststelle (bzw. des in § 89 Abs. 1 bezeichneten Organs oder seines Ausschusses) **auszusetzen**. Damit ist gemeint, dass die Durchführung der beabsichtigten Maßnahme bis auf Weiteres zurückzustellen ist.[8] Diese Regelung soll gewährleisten, dass die Dienststelle vor endgültigem Abschluss des Mitwirkungsverfahrens keine vollendeten Tatsachen schafft. Auch vorbereitende Maßnahmen, die die beabsichtigte Maßnahme ganz oder teilweise vorwegnehmen, sind unzulässig.[9] Dienststelle und PR können auch nach Stellung eines Antrags nach Abs. 1 oder 2 **versuchen**, gemäß § 68 Abs. 1 S. 4 eine **Einigung zu erzielen**. Gelingt ihnen das vor Abschluss des förmlichen Verfahrens, so wird dieses damit gegenstandslos.

12 Nach § 88 Abs. 4 darf die Dienststelle bei Maßnahmen, die der Natur der Sache nach keinen Aufschub dulden, vor der endgültigen Entscheidung **vorläufige Regelungen** treffen (vgl. § 88 Rn. 8 ff.).

§ 84 Antrag des Personalrats

(1) [1]Der Personalrat kann eine Maßnahme, die nach § 74 Absatz 1 Nummer 2, 5 und 6, Absatz 2 und 3, § 75 Absatz 4 und § 81 Absatz 1 seiner Mitbestimmung oder Mitwirkung unterliegt, schriftlich oder elektronisch beim Leiter der Dienststelle beantragen; der Antrag ist zu begründen. [2]§ 70 Absatz 2 Satz 1 gilt entsprechend.
(2) [1]Entspricht der Leiter der Dienststelle dem Antrag nicht oder nicht in vollem Umfang, so teilt er dem Personalrat die Entscheidung unter Angabe der Gründe schriftlich oder elektronisch mit. [2]Das weitere Verfahren bestimmt sich nach der Art der beantragten Maßnahme und dem dafür vorgesehenen Verfahren nach den §§ 77 bis 79 und 83.
(3) § 70 Absatz 1 bleibt unberührt.

Vergleichbare Vorschriften:
§ 77 BPersVG; § 87 Abs. 2, § 91 S. 2 und 3, §§ 93, 95 Abs. 2, § 97 Abs. 2 S. 2, 3, § 98 Abs. 4 bis 6, §§ 104, 112 Abs. 2 bis 5 und § 112a BetrVG

Inhaltsübersicht Rn.

---

8 Lorenzen-*Gerhold*, § 72 a. F. Rn. 35; Richardi-*Weber*, § 72 a. F. Rn. 43.
9 Vgl. Lorenzen-*Gerhold*, § 72 a. F. Rn. 35.

1. Initiativrecht des Personalrats (Abs. 1)

§ 84 regelt das **Antragsrecht** des PR. Ziel ist es, dem PR grundsätzlich in allen der Mitbestimmung oder Mitwirkung unterliegenden Angelegenheiten ein Initiativrecht einzuräumen. Der PR soll seine Beteiligungsrechte aktiv und nicht nur auf Veranlassung der Dienststelle ausüben können. Dies stärkt den Grundsatz der partnerschaftlich vertrauensvollen Zusammenarbeit zwischen Dienststelle und PR. Das Initiativrecht soll die Beteiligungsrechte des PR allerdings nicht erweitern. Eine einmal getroffene Entscheidung kann dadurch nicht abgeändert werden; auch kann eine bereits durch die Dienststelle an den PR herangetragene Maßnahme durch das Initiativrecht nicht mit anderem Inhalt versehen werden.[1] 1

§ 84 legt ein förmliches Antragsrecht des PR in bestimmten mitbestimmungspflichtigen und mitwirkungspflichtigen Angelegenheiten fest. Es wird in Rspr. und Literatur i.d.R. als **Initiativrecht** bezeichnet. Von dem allgemeinen Antragsrecht des PR nach § 70 Abs. 1 Nr. 1 (vgl. § 70 Rn. 4f.) unterscheidet sich das Initiativrecht in zweierlei Hinsicht: Inhaltlich ist es weniger umfassend, weil es sich nur auf die in Abs. 1 und 2 bezeichneten Angelegenheiten der Mitbestimmung und Mitwirkung bezieht. Verfahrensmäßig ist es jedoch stärker ausgestaltet, weil eine Initiative des PR in diesen Angelegenheiten ein förmliches Beteiligungsverfahren in Gang setzt. Dabei sind wie bei der Mitbestimmung **zwei Beteiligungsformen** vorgesehen, die sich v.a. durch die Art des Verfahrensabschlusses bei Nichteinigung zwischen Personalvertretung und Dienststelle unterscheiden. Bei dem in Abs. 1 geregelten **grundsätzlich uneingeschränkten Initiativrecht** ist das Verfahren im Wesentlichen so ausgestaltet wie das Verfahren der grundsätzlich uneingeschränkten Mitbestimmung und dadurch gekennzeichnet, dass im Nichteinigungsfall die Einigungsstelle grundsätzlich abschließend entscheidet, der obersten Dienstbehörde (oder einer vergleichbaren Stelle) jedoch ein Evokationsrecht zusteht (vgl. Rn. 6–12). Bei dem **eingeschränkten Initiativrecht** in den Fällen des § 75 Abs. 4 entspricht das Verfahren dem der eingeschränkten Mitbestimmung, weil die Einigungsstelle gem. § 78 Abs. 4 nur eine Empfehlung an die oberste Dienstbehörde bzw. an das nach § 89 Abs. 1 zuständige Organ aussprechen kann, während über Anträge, die der Mitwirkung nach § 81 Abs. 1 unterliegen, die oberste Dienstbehörde bzw. das nach § 89 Abs. 1 zuständige Organ ohne vorherige Einschaltung der Einigungsstelle endgültig entscheidet. 2

Das Initiativrecht verwirklicht in besonderer Weise den Grundsatz der **gleichberechtigten Partnerschaft** von PR und Dienststellenleiter.[2] Es ermöglicht dem PR die **Ausübung von Mitbestimmungs- und Mitwir-** 3

1 Vgl. Münchner Handbuch für Arbeitsrecht-*Germelmann*, § 362 Rn. 42.

2 *BVerwG* v. 20.1.93 – 6 P 21.90 –, PersR 93, 310.

kungsrechten in aktiver Form, erweitert diese in inhaltlicher Hinsicht aber nicht.[3] Da das Initiativrecht und die ihm entsprechenden Mitbestimmungs- und Mitwirkungsrechtet inhaltlich »symmetrisch« sind,[4] kann der PR aufgrund seines Initiativrechts deshalb nur eine Maßnahme beantragen, deren **Gegenstand im Rahmen eines in Abs. 1 aufgeführten Beteiligungstatbestandes** liegt und dessen Sinn und Zweck entspricht.[5] Für einen Initiativantrag in den in Abs. 1 aufgeführten Fällen der §§ 74 und 75 ist kein Raum, soweit die Mitbestimmung durch die in den Eingangssätzen des § 74 Abs. 2 und § 75 Abs. 4 geregelten **Gesetzes- oder Tarifvertragsvorbehalt** ausgeschlossen ist. **Innerdienstliche Weisungen** übergeordneter Dienststellen stehen dem Initiativrecht dagegen nicht entgegen.[6] Falls die Durchführung einer vom PR beantragten Maßnahme zusätzliche **Kosten** mit sich bringt, hängt die Zulässigkeit eines entsprechenden Initiativantrags nicht davon ab, dass bereits im Zeitpunkt der Antragstellung die haushaltsrechtlichen Voraussetzungen positiv festgestellt werden. Die Überprüfung der haushaltsrechtlichen Rechtslage hat vielmehr bei Abschluss des Beteiligungsverfahrens zu erfolgen, also in den Mitbestimmungsfällen des Abs. 1 ggf. durch die Einigungsstelle, in den Mitwirkungsfällen durch die oberste Dienstbehörde oder das nach § 89 Abs. 1 zuständige Organ oder seinen Ausschuss.[7]

4 Nach st. Rspr. des *BVerwG* soll mit dem Initiativrecht in erster Linie sichergestellt werden, dass durch mitbestimmungspflichtige Maßnahmen zu regelnde Angelegenheiten **nicht gänzlich oder unnötig lange ungeregelt** bleiben, weil die Dienststelle sich ihrer trotz bestehender Regelungsbedürftigkeit nicht oder nicht rechtzeitig annimmt.[8] Nach diesem Verständnis dient das Initiativrecht v. a. dem Zweck, **die Dienststelle zum Handeln zu zwingen**, wenn sie nicht selbst initiativ wird.[9] Das Initiativrecht soll deshalb nicht dafür in Anspruch genommen werden können, der bereits getroffenen Entscheidung einer zuständigen Behörde einen anderen Vorschlag entgegenzusetzen, auch wenn es ganz oder teilweise an einer wirksamen Bekanntmachung fehlt.[10] Es soll auch nicht dafür eingesetzt werden können, »einer erkennbar bevorstehenden Entscheidung mit einem Vorschlag anderen In-

---

3 *BVerwG* v. 6. 10. 92 – 6 P 25.90 –, PersR 93, 77, m. w. N.

4 *BVerwG* v. 29. 9. 04 – 6 P 4.04 –, PersR 04, 483.

5 *BVerwG* v. 6. 10. 92, a. a. O., v. 24. 3. 98 – 6 P 1.96 –, PersR 98, 331, v. 29. 9. 04, a. a. O., u. v. 9. 1. 08 – 6 PB 15.07 –, PersR 08, 216.

6 *BVerwG* v. 20. 1. 93, a. a. O.

7 *BVerwG* v. 24. 10. 01 – 6 P 13.00 –, PersR 02, 21.

8 Vgl. Beschl. v. 13. 2. 76 – VII P 9.74 –, PersV 77, 179, v. 26. 10. 83 – 6 P 6.83 –, PersV 85, 477, v. 22. 2. 91 – 6 PB 10.90 –, PersR 91, 282, u. v. 24. 10. 01, a. a. O.

9 *BVerwG* v. 24. 10. 01, a. a. O.

10 *BVerwG* v. 22. 2. 91, a. a. O.

halts zuvorzukommen«.[11] Dem ist jedoch nicht zu folgen, weil der Dienststellenleiter das Initiativrecht dann durch die zögerliche Behandlung einer Angelegenheit unterlaufen könnte.[12] Erst wenn der Dienststellenleiter nach § 73 Abs. 1 die Zustimmung des PR zu einer einschlägigen Maßnahme beantragt hat, ist die Inanspruchnahme des Initiativrechts ausgeschlossen.

Gegenstand eines Initiativantrags muss eine **Maßnahme** sein. Darunter ist das Gleiche zu verstehen wie bei der Mitbestimmung nach § 73 und der Mitwirkung nach § 80. Dabei kann es sich – je nach dem Beteiligungstatbestand – um eine **Einzelmaßnahme** oder eine **generelle Regelung** handeln.[13] Soweit nach § 85 Abs. 1 und 2 eine **Dienstvereinbarung** zulässig ist, kann auch deren Abschluss beantragt werden. 5

Der **örtliche PR** kann aufgrund seines Initiativrechts gemäß § 91 Abs. 1 nur eine Maßnahme beantragen, die der **Leiter der Dienststelle**, bei der dieser PR gebildet ist, in eigener Verantwortung **für die Beschäftigten dieser Dienststelle** treffen kann.[14] Nach den Vorschriften des § 91 kann anstelle des örtlichen PR der betroffenen Dienststelle auch der BPR, HPR oder GPR als **erstzuständige Personalvertretung** zu einem Initiativantrag an den Leiter der Dienststelle berechtigt sein, bei der diese Personalvertretung besteht. **Entfällt die Zuständigkeit** der Dienststelle zur Regelung einer Angelegenheit, so entfällt auch das Initiativrecht mit der Folge, dass die Dienststelle oder die »Stufendienststelle« das Beteiligungsverfahren abbrechen kann.[15] Ist der örtliche PR nicht zuständig, kann er versuchen, die Stufenvertretung oder den GPR für einen Initiativantrag zu interessieren. 6

Die **Gegenstände** des erheblich erweiterten Initiativrechts sind in **Abs. 1 S. 1** enumerativ und damit abschließend aufgezählt: 7

- § 74 Abs. 1 Nr. 2, 5 und 6
- § 74 Abs. 2 und 3 (uneingeschränkte Mitbestimmung)
- § 75 Abs. 4 (eingeschränkte Mitbestimmung)
- § 81 Abs. 1 (Mitwirkung)

Ausgenommen sind damit personelle Einzelmaßnahmen, wie Einstellungen, Beförderungen, Höhergruppierungen oder Versetzungen einzelner Personen. Der PR soll durch das Initiativrecht nicht als »Anwalt« einzelner Be-

---

11 *BVerwG* v. 22.2.91, a.a.O.; ebenso *NdsOVG* v. 16.2.00 – 18 L 4470/97 –, PersV 00, 412; *VG Sigmaringen* v. 18.6.99 – P 9 K 3/99 –, PersR 99, 405.

12 Ilbertz-*Widmaier*, § 84 Rn. 3.

13 *BVerwG* v. 24.10.01, a.a.O.

14 *BVerwG* v. 19.12.75 – VII P 15/74 – PersV 1976, 457; *VGH BW* v. 26.4.94 – PL 15 S 162/93 –, PersR 94, 561 = PersV 95, 1388.

15 *VGH BW* v. 8.5.90 – 15 S 3129/89 –, VBlBW 90, 342; die Änderung der Zuständigkeit darf aber nur unter Beachtung von Recht und Gesetz vorgenommen werden (*BAG* v. 19.5.92 – 1 AZR 418/91 –, PersR 92, 422; dazu *Coulin*, ZTR 93, 65).

schäftigter fungieren, die ihre Einzelansprüche selbständig geltend machen können.

8 Der PR hat die Maßnahme **schriftlich** beim Leiter der Dienststelle oder seinem Vertreter zu **beantragen** und den Antrag zu **begründen**. Mündliche Anträge setzen das Mitbestimmungsverfahren nicht in Gang. Ob ein Antrag gestellt werden soll, entscheidet der PR durch **Beschluss** nach den Grundsätzen des § 34.

9 Eine bestimmte **Frist** ist im Gesetz nicht vorgesehen. Es soll aber nach der Gesetzesbegründung die allgemeine Reaktionspflicht auf Anträge des PR des **§ 70 Abs. 2 S. 1 entsprechend** herangezogen werden (vgl. § 70 Rn. 32). Der Dienststellenleiter soll danach zu Anträgen oder Vorschlägen des PR und im hier maßgeblichen Fall der Geltendmachung eines Initiativrechts binnen **drei Wochen** schriftlich Stellung nehmen bzw., wenn dies nicht möglich ist, einen schriftlichen Zwischenbescheid erteilen.

2. Weiteres Verfahren (Abs. 2)

10 **Abs. 2** regelt die Folgen einer ganz oder teilweise ablehnenden Entscheidung der Dienststelle. Zunächst hat der Dienststellenleiter dem PR seine Entscheidung schriftlich mitzuteilen und zu begründen (Abs. 2 S. 1). Die Dienststellenleitung entspricht einem Initiativantrag des PR dann nicht, wenn sie über einen bloßen Sachstandshinweis hinaus ausdrücklich oder konkludent abschließend kundtut, dem Antrag nicht nachkommen zu wollen. Hat die Dienststellenleitung einmal über den Initiativantrag entschieden, kann sie nicht durch ein nachfolgendes Überdenken und eine sich anschließende Prüfung das Verfahren gewissermaßen in den vorigen Stand zurückversetzen und wieder an sich ziehen.[16] Das weitere Verfahren bestimmt sich nach der Art der beantragten Maßnahme und dem entsprechenden, gesetzlich hierfür vorgesehenen Verfahren (Abs. 2 S. 2).

11 Bei den **Mitbestimmungsangelegenheiten** (§ 74 Abs. 1 Nr. 2, 5 und 6, Abs. 2 und 3, § 75 Abs. 4) ist zunächst gemäß § 77 das Stufenverfahren durchzuführen. Kommt auch im Stufenverfahren eine Einigung nicht zustande, kann gemäß §§ 78, 79 die Einigungsstelle angerufen werden. Diese entscheidet in den Fällen der **uneingeschränkten Mitbestimmung** grundsätzlich endgültig (vgl. § 78 Abs. 2 S. 1), wobei im Ausnahmefall, wenn der Beschluss der Einigungsstelle wegen seiner Auswirkungen auf das Gemeinwesen wesentlicher Bestandteil der Regierungsverantwortung ist, die oberste Dienststelle den Beschluss der Landesregierung zur endgültigen Entscheidung vorlegen kann.
In den Fällen der **eingeschränkten Mitbestimmung** (§ 75 Abs. 4) ist ebenfalls das Stufenverfahren zu durchlaufen. Kommt es dabei zu keiner Eini-

16 *BVerwG* v. 24.11.21 – 5 P 5.20 –, ZfPR 22, 66.

gung, kann die Einigungsstelle angerufen werden. Diese beschließt gemäß § 78 Abs. 4 eine Empfehlung. Der Letztentscheid liegt in diesem Fall bei der obersten Dienstbehörde bzw. dem nach § 89 Abs. 1 zuständigen obersten Organ.
In den Angelegenheiten der **Mitwirkung** (§ 81 Abs. 1) kann das Stufenverfahren gemäß § 83 i. V. m. § 82 durchgeführt werden. Die Einigungsstelle kann hier jedoch nicht angerufen werden. Wenn im Stufenverfahren keine Einigung erzielt wird, entscheidet die oberste Dienstbehörde bzw. das nach § 88 Abs. 1 zuständige oberste Organ endgültig.

3. Allgemeine Aufgaben des Personalrats (Abs. 3)

Nach **Abs. 3** bleibt § 70 Abs. 1 unberührt. Damit wird klargestellt, dass das 12
förmliche Initiativrecht in Bezug auf Maßnahmen, die der Mitbestimmung oder der Mitwirkung unterliegen, von den allgemeinen Aufgaben des § 70 Abs. 1 und dem damit verbundenen Antragsrecht des Abs. 2 zu unterscheiden ist. Im Hinblick auf die dort aufgeführten allgemeinen Aufgaben kommt allein das in § 70 geregelte Verfahren zur Anwendung. Die Regelungen des § 84 Abs. 1 und 2 beziehen sich ausschließlich auf die in § 84 Abs. 1 S. 1 ausdrücklich aufgeführten Tatbestände der Mitbestimmung und Mitwirkung.

§ 85 Dienstvereinbarungen

(1) [1]Dienstvereinbarungen sind in allen Angelegenheiten der Mitbestimmung nach § 74 Absatz 1 Nummer 2, 5 und 6, Absatz 2 und 3, § 75 Absatz 4 und Mitwirkung nach § 81 Absatz 1 zulässig, soweit eine gesetzliche oder tarifliche Regelung nicht besteht. [2]Sie sind ferner zulässig, soweit dieses Gesetz oder tarifvertragliche Vereinbarungen Dienstvereinbarungen vorsehen.
(2) [1]Arbeitsentgelte und sonstige Arbeitsbedingungen, die durch Tarif geregelt sind oder üblicherweise geregelt werden, können nicht Gegenstand einer Dienstvereinbarung sein. [2]Dies gilt nicht, wenn tarifvertragliche Vereinbarungen den Abschluss ergänzender Dienstvereinbarungen ausdrücklich zulassen.
(3) Dienstvereinbarungen werden durch Dienststelle und Personalrat gemeinsam beschlossen, sind schriftlich niederzulegen, von beiden Seiten zu unterzeichnen und in geeigneter Weise bekanntzumachen.
(4) Dienstvereinbarungen, die für einen größeren Bereich gelten, gehen Dienstvereinbarungen für einen kleineren Bereich vor.
(5) Sofern nichts anderes vereinbart ist, können Dienstvereinbarungen von beiden Seiten jederzeit mit einer Frist von drei Monaten gekündigt werden.

(6) [1]In Angelegenheiten der uneingeschränkten Mitbestimmung nach § 74 Absatz 1 Nummer 2, 5 und 6 sowie Absatz 2 und 3 kann die Weitergeltung einer gekündigten oder abgelaufenen Dienstvereinbarung über eine bestimmte Dauer vereinbart werden. [2]Ist keine Vereinbarung über die Dauer der Weitergeltung getroffen, endet die Weitergeltung mit Ablauf der Amtszeit des Personalrats, der zum Zeitpunkt der Kündigung oder des Auslaufens der Dienstvereinbarung amtiert hat.
(7) [1]Weitergeltende Regelungen einer gekündigten oder abgelaufenen Dienstvereinbarung können jederzeit ganz oder teilweise aufgehoben werden, soweit diese Regelungen wegen ihrer Auswirkungen auf das Gemeinwesen die Regierungsverantwortung wesentlich berühren. [2]§ 78 Absatz 2 Satz 3 bis 6 und Absatz 3 gilt entsprechend.

Vergleichbare Bestimmungen:
§ 63 BPersVG; § 77 Abs. 2 bis 6, § 88 BetrVG

Inhaltsübersicht Rn.

1. Zulässigkeit von Dienstvereinbarungen (Abs. 1)

a) Rechtsnatur und Zweck

1 Die im LPVG (und im BPersVG) vorgesehenen **Dienstvereinbarungen** sind den im BetrVG geregelten Betriebsvereinbarungen nachgebildet.[1] Nach

1 Vgl. hierzu u. zum Folgenden Altvater-*Berg*, § 63 Rn. 1af.

überwiegender und zutreffender Ansicht handelt es sich bei Betriebsvereinbarungen und Dienstvereinbarungen um Verträge, die – unter Beachtung des staatlichen Rechts und des grundsätzlichen Vorrangs des Tarifvertrages – ähnlich dem Tarifvertrag **Rechtsnormen** für die Arbeitnehmer des Betriebes bzw. die Beschäftigten der Dienststelle schaffen und die Rechte und Pflichten der vertragschließenden Partner (Betriebsrat und Arbeitgeber bzw. PR und Dienststellenleiter) regeln können. Dabei wird die Betriebsvereinbarung als privatrechtlicher Vertrag und die Dienstvereinbarung als **öffentlich-rechtlicher Vertrag** angesehen.[2]
In mitbestimmungspflichtigen Angelegenheiten haben Dienstvereinbarungen v. a. den **Zweck**, die Beteiligung des PR in einer Vielzahl von Einzelfällen mit gleichem sachlichen Gegenstand zu erübrigen.[3] Unter der Voraussetzung, dass die Dienstvereinbarung gegenständlich nicht außerhalb eines der in Abs. 1 S. 1 aufgeführten Mitbestimmungstatbestände liegen darf, stellt sich ihr Abschluss als **vorweggenommene Mitbestimmung** dar.[4] Für alle gegenwärtig und künftig davon abgedeckten Fälle ist die Mitbestimmung damit abgegolten.[5] Dabei ist die Dienstvereinbarung eine gleichwertige, neben Zustimmung und Zustimmungsverweigerung stehende Handlungsform, also eine **Modalität der Ausübung der Mitbestimmung**. Dienststellenleiter und PR sollen erwägen, ob der Abschluss einer Dienstvereinbarung zweckmäßiger ist als die Aneinanderreihung von mitbestimmungspflichtigen Einzelfallregelungen.[6] Allerdings können Dienstvereinbarungen nicht nur **generelle Regelungen** mit Dauerwirkung enthalten, sondern auch **kollektive Einzelfallregelungen** mit zeitlich begrenzter Wirkung treffen, z. B. eine kollektive Arbeitszeitregelung für einen bestimmten Tag.[7]

b) Anwendungsbereich

Während grundsätzlich alle zur funktionellen Zuständigkeit des Betriebsrats gehörenden Fragen Gegenstand von Betriebsvereinbarungen sein können,[8] lässt das LPVG ebenso wie das BPersVG, aber anders als in anderen LPersVG,[9] Dienstvereinbarungen nur für die in Abs. 1 S. 1 abschließend 2

2 Vgl. statt vieler Rooschüz-*Gerstner-Heck*, § 85 Rn. 3.
3 *BVerwG* v. 17. 12. 03 – 6 P 7.03 –, PersR 04, 106.
4 *BVerwG* v. 1. 11. 83 – 6 P 28.82 –, PersV 85, 473, u. v. 30. 3. 09 – 6 PB 29.08 –, PersR 09, 332.
5 *BVerwG* v. 8. 7. 83 – 6 P 1.81 –, PersV 85, 65, u. v. 26. 3. 86 – 6 P 38.82 –, PersV 86, 510.
6 *BVerwG* v. 1. 11. 83, a. a. O., u. v. 9. 12. 92 – 6 P 16.91 –, PersR 93, 212, m. w. N.
7 Vgl. Lorenzen-*Ramm*, § 63 Rn. 15.
8 Vgl. *Fitting*, § 77 Rn. 45 ff.
9 Bln, Brem, Hmb, Nds, NW, M-V, SchlH; vgl. dazu Altvater-*Berg*, § 63 Rn. 52.

genannten **Gegenstände** zu. Allerdings ist der Kreis dienstvereinbarungsfähiger Mitbestimmungs- und Mitwirkungstatbestände durch das ÄndG 2013 erheblich ausgeweitet worden, und zwar wohl in Anlehnung an die Regelung in § 76 Abs. 1 S. 1 LPVG Rheinland-Pfalz soweit sie nicht lediglich Einzelmaßnahmen betreffen.

- Dienstvereinbarungen, die nicht dem in **Abs. 1** abschließend aufgeführten Katalog entsprechen, sind nichtig.[10]
- Folgende kollektivrechtliche Beteiligungstatbestände können in einer Dienstvereinbarung geregelt werden: Angelegenheiten, die der uneingeschränkten Mitbestimmung nach § 74 Abs. 1 Nr. 2, 5, und 6, Abs. 2 und 3 unterfallen. Nicht einer Regelung im Rahmen einer Dienstvereinbarung zugänglich sind die Gewährung von Unterstützungen etc. (§ 74 Abs. 1 Nr. 1) sowie Zuweisung und Kündigung einer Wohnung (§ 74 Abs. 1 Nr. 3 und 4).
- Angelegenheiten, die in den Kreis der eingeschränkten Mitbestimmung nach § 75 Abs. 4 fallen; nicht einer Regelung im Rahmen einer Dienstvereinbarung zugänglich sind Angelegenheiten, die sich auf einzelne Personen beziehen (§ 75 Abs. 1 und 2).
- Angelegenheiten, die der Mitwirkung nach § 81 Abs. 1; nicht einer Regelung im Rahmen einer Dienstvereinbarung zugänglich sind Angelegenheiten nach § 81 Abs. 2 wie Disziplinarverfügungen, schriftliche Missbilligungen und schriftliche Abmahnungen.

2a Dienstvereinbarungen sind nach **Abs. 1 S. 2** ferner zulässig, sofern das LPVG selbst oder tarifvertragliche Vereinbarungen diese vorsehen.

- § 79 Abs. 2 sieht beispielsweise vor, dass eine Einigungsstelle auf Dauer gebildet werden kann, sofern zwischen der obersten Dienstbehörde und der zuständigen Personalvertretung eine Einigung über die unparteiische Person für den Vorsitz erzielt wird.[11] Eine Bestellung durch den Präsidenten des Verwaltungsgerichtshofes ist in diesem Fall nicht möglich.
- Durch die Öffnungsklausel »soweit (...) tarifvertragliche Vereinbarungen Dienstvereinbarungen vorsehen« wird der Anwendungsbereich für Dienstvereinbarungen erweitert. Es muss sich um keine Angelegenheiten handeln, die nach dem LPVG der Mitbestimmung oder Mitwirkung der Personalvertretung unterliegen. Es liegt also in der Hand der Tarifvertragsparteien, Dienstvereinbarungen in einem erheblich größeren Umfang als Gestaltungselement zu nutzen.

---

10 *BVerwG* v. 12.7.84 – 6 P 14.3 –, ZBR 85, 28.

11 Rooschüz-*Gerstner-Heck*, § 85 Rn. 7.

c) Gesetzes- und Tarifvorbehalt

Dienstvereinbarungen in den in Abs. 1 S. 1 aufgeführten mitbestimmungs- und mitwirkungspflichtigen Angelegenheiten stehen unter einem **doppelten Vorbehalt**. Zum einen sind Dienstvereinbarungen nach dem Eingangssatz von **§ 85 Abs. 1 S. 1** nur zulässig, soweit eine **abschließende gesetzliche oder tarifliche Regelung** nicht besteht (vgl. Rn. 4 ff.). Zum anderen können Arbeitsentgelte und sonstige Arbeitsbedingungen, die durch Tarif geregelt sind oder üblicherweise geregelt werden, nach **Abs. 2 S. 1** nicht Gegenstand einer Dienstvereinbarung sein (Rn. 10 ff.), es sei denn, ein Tarifvertrag lässt den Abschluss ergänzender Dienstvereinbarungen ausdrücklich zu (**Abs. 2 S. 2**; vgl. Rn. 2a). 3

Nach Abs. 1 S. 1 Hs. 2 sind Dienstvereinbarungen zulässig, soweit eine (zwingende) gesetzliche oder tarifliche Regelung nicht besteht. Diesem **Gesetzes- und Tarifvertragsvorbehalt** liegt die Annahme zugrunde, dass die Interessen der Beschäftigten durch die jeweilige gesetzliche oder tarifliche Regelung bereits hinreichend geschützt sind und keines weiteren Schutzes u. a. durch Regelungen in Dienstvereinbarungen bedürfen[12] (vgl. auch § 74 Rn. 22 ff., § 75 Rn. 167 ff.). Außerdem fehlt es, wenn der Dienstherr oder Arbeitgeber aufgrund einer gesetzlichen oder tarifvertraglichen Regelung selbst **keine Gestaltungsmöglichkeit mehr** besitzt, an einem Ansatz für eine eigenständige Regelung durch PR und Dienststellenleiter.[13] 4

Eine **gesetzliche Regelung** i. S. d. Abs. 1 S. 1 Hs. 2 liegt vor, wenn sie in einem **Gesetz im materiellen Sinn** enthalten ist.[14] Der Begriff des Gesetzes ist dabei derselbe wie in § 2 Abs. 1 (vgl. § 2 Rn. 6). Keine Gesetze in diesem Sinne sind demnach gesetzesvertretendes Richterrecht,[15] das Haushaltsgesetz (str.) oder Verwaltungsvorschriften.[16] **Regelungen ohne Rechtssatzcharakter** sperren Dienstvereinbarungen auch dann nicht, wenn es sich bei ihnen um **Verwaltungsvorschriften** handelt, die vom IM oder FM (insbesondere gemäß § 4 Abs. 7 LBG) ressortübergreifend erlassen worden sind,[17] weil weder der PR noch die Einigungsstelle als weisungsunabhängige Organe an derartige Regelungen gebunden sind.[18] Auch Verwaltungsvor- 5

---

12 *BVerwG* v. 7.4.08 – 6 PB 1.08 –, PersR 08, 450; vgl. *BAG* v. 22.7.08 – 1 ABR 40/07 –, AP Nr. 14 zu § 87 BetrVG 1972; Richardi-*Kaiser/Annuß*, § 75 a. F. Rn. 213; DKW-*Klebe*, § 87 Rn. 32, 36 m. w. N.

13 *BAG* v. 22.7.08, a. a. O.

14 *BVerwG* v. 7.4.08, a. a. O., m. w. N.

15 Str.; wie hier DKW-*Klebe*, § 87 Rn. 33; a. A. Richardi-*Kaiser/Annuß*, § 75 a. F. Rn. 214; jew. m. w. N.

16 Vgl. Leuze-*Flintorp*, § 85 Rn. 11; Richardi-*Kaiser/Annuß*, a. a. O.

17 So aber z. B. *Fischer/Goeres/Gronimus*, § 75 a. F. Rn. 71.

18 Vgl. *BVerwG* v. 2.9.09 – 6 PB 22.09 –, PersR 09, 458, u. v. 17.2.10 – 6 PB 43.09 –, PersR 10, 208.

schriften der Landesregierung nach Art. 61 Abs. 2 LVerf sind nicht geeignet, Dienstvereinbarungen zu sperren (vgl. § 91 Rn. 26).

6 Eine **tarifliche Regelung** i. S. d. Abs. 1 und 3 muss in einem **Tarifvertrag** i. S. d. TVG[19] enthalten sein, der anders als in Abs. 2 nicht nur üblicherweise, sondern tatsächlich für die Dienststelle gilt. In zeitlicher Hinsicht muss es sich um einen Tarifvertrag handeln, der **in Kraft** ist. Ein beendeter Tarifvertrag, dessen Rechtsnormen gemäß § 4 Abs. 5 TVG (nur) nachwirken, löst nach h. M. den in Abs. 1 S. 1 Hs. 2 geregelten Tarifvorbehalt nicht aus,[20] jedoch kann eine Dienstvereinbarung nach Abs. 2 wegen Tarifüblichkeit ausgeschlossen sein (vgl. Rn. 11). In inhaltlicher Hinsicht ist erforderlich, dass die Dienststelle zum **räumlichen, betrieblichen und fachlichen Geltungsbereich** und die Beschäftigten, auf die sich die anstehende Angelegenheit bezieht, zum **persönlichen Geltungsbereich** des Tarifvertrags gehören.[21] Außerdem ist eine **Tarifbindung** erforderlich, wobei es bei einem nicht allgemeinverbindlichen Tarifvertrag grundsätzlich ausreicht, dass der Arbeitgeber tarifgebunden ist.[22]

6a Kollidieren in der Dienststelle mehrere Tarifverträge (**Tarifpluralität**), hatte nach bisheriger Rechtslage jeder Tarifvertrag, dessen Geltungsbereich zumindest Teile der Dienststelle erfasst, die Sperrwirkung des Tarifvorrangs ausgelöst.[23] Nach der Rechtslage seit Geltung des Tarifeinheitsgesetzes in **§ 4a TVG** löst die gesetzliche Regelung des **Grundsatzes der Tarifeinheit** die Sperrwirkung des Tarifvertrags nur noch der Mehrheitstarifvertrag aus.[24] Der verdrängte Minderheitstarifvertrag ist dann für die Dauer der normativen Geltung des Mehrheitstarifvertrages vor einer Beeinträchtigung durch Dienstvereinbarungen nicht geschützt.

7 Nur eine **zwingende** gesetzliche oder tarifvertragliche Regelung kann Dienstvereinbarungen nach Abs. 1 ausschließen[25] und dies auch nur dann, wenn darin ein **Sachverhalt unmittelbar geregelt** ist, es also zum Vollzug keines Ausführungsaktes mehr bedarf.[26] Ist jedoch die Einzelmaßnahme dem Dienststellenleiter überlassen, unterliegt dessen Entscheidung einer vom PR im Wege der Mitbestimmung auszuübenden Richtigkeitskontrol-

19 Vgl. Altvater-*Berg*, § 63 Rn. 6 ff.

20 Vgl. *BAG* v. 24. 2. 87 – 1 ABR 18/85 –, AP Nr. 21 zu § 77 BetrVG 1972; *VGH BW* v. 19. 5. 87 – 15 S 1773/86 –, PersV 89, 224; Altvater-*Berg*, § 63 Rn. 6.

21 Vgl. *BAG* v. 21. 1. 03 – 1 ABR 9/02 –, AP Nr. 2 zu § 21a BetrVG 1972.

22 Vgl. *BVerwG* v. 2. 2. 09 – 6 P 2.08 –, PersR 09, 164; Altvater-*Berg*, § 63 Rn. 8.

23 Altvater-*Berg*, § 63 Rn. 15; *BAG* v. 27. 1. 10 – 4 AZR 549/08 –, NZA 10, 1068.

24 Altvater-*Berg*, § 63 Rn. 15.

25 Vgl. Lorenzen-*Ramm*, § 63 Rn. 8–9; *Fitting*, § 87 Rn. 44.

26 *BVerwG*, st. Rspr., vgl. Beschl. v. 18. 5. 04 – 6 P 13.03 –, PersR 04, 349, v. 1. 6. 07 – 6 PB 4.07 –, PersR 07, 356, v. 16. 4. 08 – 6 P 8.07 –, PersR 08, 418, u. v. 2. 2. 09, a. a. O.

le.[27] Das gilt auch bei **rein normvollziehenden Maßnahmen** ohne Ermessenspielraum,[28] erst recht aber bei Maßnahmen, die auf der **Anwendung einer Ermessensvorschrift** beruhen, welche der Dienststelle einen mehr oder minder großen Gestaltungsspielraum einräumt.[29] Im Übrigen können die Tarifvertragsparteien die Mitbestimmungsrechte des PR nicht durch ein **einseitiges Bestimmungsrecht des Arbeitgebers** ersetzen.[30]

Nicht besetzt. 8

d) Initiativrecht

Die **Initiative** zum Abschluss einer Dienstvereinbarung kann vom Dienststellenleiter oder vom PR ausgehen.[31] Der Abschluss einer Dienstvereinbarung zur Regelung einer **mitbestimmungspflichtigen Angelegenheit** ist eine Maßnahme i. S. d. PersVR.[32] Für ihr Zustandekommen gelten die entsprechenden **Verfahrensvorschriften**. Will der **Dienststellenleiter initiativ** werden, so hat er dem PR nach § 76 Abs. 1 einen entsprechenden Vorschlag zu unterbreiten. Da die Dienstvereinbarung Vertragscharakter hat (vgl. Rn. 1), besteht hier insoweit eine Besonderheit, als eine nicht fristgemäße Äußerung des PR entgegen § 76 Abs. 9 nicht als Zustimmung, sondern als Ablehnung gilt.[33] Kommt eine Einigung nicht zustande, kann das Verfahren nach §§ 77, 78 bis zur Einschaltung der Einigungsstelle fortgesetzt werden (vgl. Rn. 7). Der PR kann über das allgemeine Antragsrecht nach § 70 Abs. 1 Nr. 1 und insbesondere über sein Initiativrecht nach § 84 die Verhandlungen über den Abschluss einer Dienstvereinbarung einleiten. Der PR kann aber auch, ohne einen Antrag nach § 70 Abs. 1 Nr. 1 oder § 84 gestellt zu haben, in einem **laufenden Mitbestimmungsverfahren**, das vom Dienststellenleiter mit dem Antrag auf Zustimmung zu einer Einzelmaßnahme eingeleitet worden ist, fordern, über bestimmte Gesichtspunkte der beabsichtigten Maßnahme eine Dienstvereinbarung abzuschließen.[34] 9

---

27 *BVerwG* v. 29. 8. 01 – 6 P 10.00 –, PersR 01, 521, v. 12. 8. 02 – 6 P 17.01 –, PersR 02, 473, u. v. 18. 5. 04, a. a. O.

28 *BVerwG* v. 12. 8. 02 u. v. 1. 6. 07, jew. a. a. O.

29 *BVerwG* v. 15. 12. 94 – 6 P 19.92 –, PersR 95, 207; a. A. Leuze-*Flintorp*, § 85 Rn. 13, jedoch ohne Hinw. auf die entgegenstehende Rspr. des *BVerwG*; einschränkend auch *Fischer/Goeres/Gronimus*, § 75 a. F. Rn. 71.

30 Vgl. *BAG* v. 18. 4. 89 – 1 ABR 100/87 –, AP Nr. 18 zu § 87 BetrVG 1972 Tarifvorrang, sowie v. 21. 9. 93 – 1 ABR 16/93 – u. v. 17. 11. 98 – 1 ABR 12/98 –, AP Nr. 62 u. 79 zu § 87 BetrVG 1972 Arbeitszeit.

31 *BVerwG* v. 1. 11. 83, a. a. O.

32 *BVerwG* v. 17. 12. 03, a. a. O.

33 Vgl. *HessVGH* v. 23. 9. 93 – HPV TL 1957/92 –, PersR 94, 32.

34 *BVerwG* v. 9. 12. 92 u. v. 17. 12. 03, jew. a. a. O.

2. Einschränkung der Zulässigkeit von Dienstvereinbarungen (Abs. 2)

a) Ausschluss von Dienstvereinbarungen

10 Die Vorschrift schränkt die **Zulässigkeit von Dienstvereinbarungen** ein. Sie ist mit der des **§ 63 Abs. 1 S. 2 und 3 BPersVG** inhaltsgleich. Sie bezieht sich ebenso wie § 63 Abs. 1 S. 2 und 3 BPersVG auf alle Dienstvereinbarungen.[35] Darin liegt ein Unterschied zu der entsprechenden Vorschrift des **§ 77 Abs. 3 BetrVG**, die nach der Rspr. des *BAG* nicht für Betriebsvereinbarungen in Angelegenheiten der zwingenden Mitbestimmung nach § 87 Abs. 1 BetrVG gilt.[36] Der **Zweck** des Abs. 2 (und des § 63 Abs. 1 S. 2 und 3 BPersVG) besteht aber ebenso wie der des § 77 Abs. 3 BetrVG darin, die **Funktionsfähigkeit der Tarifautonomie** zu gewährleisten, indem er den Tarifvertragsparteien den Vorrang zur Regelung von Arbeitsbedingungen einräumt.[37] Die Regelungssperre des Abs. 2 soll sicherstellen, dass die durch Art. 9 Abs. 3 GG verfassungsrechtlich geschützte Tarifautonomie und gewerkschaftliche Betätigungsfreiheit durch kollektive Regelungen innerhalb der Dienststellen (und Betriebe) nicht beeinträchtigt oder ausgehöhlt wird.[38]

11 Die **Sperrwirkung** des Abs. 2 S. 1 bezieht sich auf die Regelung von Arbeitsentgelten und sonstigen Arbeitsbedingungen. Unter **Arbeitsentgelten** sind alle Leistungen zu verstehen, die der Arbeitgeber den Arbeitnehmern im Rahmen des Arbeitsvertrages schuldet. Mit **sonstigen Arbeitsbedingungen** sind alle anderen Regelungen gemeint, die i. S. v. § 1 Abs. 1 und § 4 Abs. 1 TVG zu den Inhaltsnormen des Tarifvertrages gehören können.[39] Arbeitsentgelte oder sonstige Arbeitsbedingungen sind **durch Tarifvertrag geregelt**, wenn die Dienststelle und ihre Arbeitnehmer zum räumlichen, betrieblichen, fachlichen und persönlichen Geltungsbereich eines bestehenden einschlägigen Tarifvertrags gehören, ohne dass es darauf ankommt, ob der Arbeitgeber und die Arbeitnehmer tarifgebunden sind.[40] Es handelt sich also nicht lediglich um eine Wiederholung des Tarifvorbehalts, der bereits in Abs. 1 S. 1 Hs. 2 als Schranke der Dienstvereinbarung und außerdem in

35 Altvater-*Berg*, § 63 Rn. 4a.

36 Vgl. Beschl. v. 3. 12. 91 – GS 2/90 –, AP Nr. 51 zu § 87 BetrVG 1972 Lohngestaltung; zust. u. a. DKW-*Berg*, § 77 Rn. 132, u. *Fitting*, § 77 Rn. 109 ff., jew. m. w. N.; zur Nichtanwendbarkeit dieser Rspr. auf das BPersVG vgl. Richardi-*Kaiser/Annuß*, § 75 a. F. Rn. 222.

37 Vgl. *BAG* v. 22. 3. 05 – 1 ABR 64/03 –, AP Nr. 26 zu § 4 TVG Geltungsbereich, u. v. 23. 5. 07 – 10 AZR 295/06 –, AP Nr. 2 zu § 83 LPVG Hamburg, jew. m. w. N.

38 Vgl. DKW-*Berg*, § 77 Rn. 126; *Fitting*, § 77 Rn. 67 ff.; jew. m. w. N.

39 *BAG* v. 9. 4. 91 – 1 AZR 406/90 –, AP Nr. 1 zu § 77 BetrVG 1972 Tarifvorbehalt; vgl. Richardi-*Kaiser/Annuß*, § 75 a. F. Rn. 219; DKW-*Berg*, § 77 Rn. 129; *Fitting*, § 77 Rn. 71; a. A. u. a. Leuze-*Flintorp*, § 85 Rn. 14.

40 Vgl. *BAG* v. 22. 3. 05 und v. 23. 5. 07, jew. a. a. O.

den Eingangssätzen von § 74 Abs. 2 und § 75 Abs. 4 als Schranke der Mitbestimmung festgelegt ist (vgl. Rn. 4 ff.). Arbeitsentgelte oder sonstige Arbeitsbedingungen werden **durch Tarifvertrag üblicherweise geregelt**, wenn diese Arbeitsbedingungen zwar zurzeit nicht tariflich geregelt sind, sich ein einschlägiger Tarifvertrag aber eingebürgert hat, weil die Arbeitsbedingungen bereits in mehreren aufeinander folgenden Tarifverträgen oder in einem einmalig abgeschlossenen Tarifvertrag mit längerer Laufzeit geregelt waren und davon auszugehen ist, dass die Tarifvertragsparteien die Angelegenheit erneut tariflich regeln wollen.[41] Bloße zeitliche Geltungslücken verhindern daher die Sperrwirkung nicht. Sie entfällt aber, wenn mit Sicherheit feststeht, dass in Zukunft eine Frage nicht mehr tariflich geregelt wird, indem die Tarifvertragsparteien ausdrücklich oder konkludent zu erkennen geben, dass sie die Angelegenheit nicht mehr regeln wollen.[42]

Nach der Rspr. sind Dienstvereinbarungen, die der Sperrwirkung des § 85 Abs. 2 unterfallen, nicht nichtig, sondern schwebend unwirksam.[43] Dabei soll Abs. 2 eine kompetenzgestaltende Norm sein und sei deshalb nicht mit einer Verbotsnorm nach § 134 BGB gleichzusetzen. Da Abs. 2 S. 2 ausdrücklich die Zulassung von Dienstvereinbarungen durch tarifliche Regelungen (sog. Öffnungsklauseln) vorsieht, wird deutlich, dass die Tarifvertragsparteien selbst entscheiden können, abweichende Dienstvereinbarungen zuzulassen.[44] Die Tarifvertragsparteien können die Sperrwirkung demnach nachträglich durch einen rückwirkenden Tarifvertrag aufheben.[45] Die Sperrwirkung entfaltet sich auch, wenn ein Dienstvereinbarungen ausschließender Tarifvertrag zeitlich erst nach einer Dienstvereinbarung wirksam wurde.[46] Die Dienstvereinbarung wird dann durch den Tarifvertrag verdrängt und ist unwirksam, sofern sich aus dem Tarifvertrag nicht ergibt, dass die Dienstvereinbarung fortgelten soll.[47] Weiterhin sind auch Dienstvereinbarungen unwirksam, die sich auf den Inhalt beschränken, tarifliche oder tarifübliche Regelungen zu übertragen, so dass der Tarifvertrag auf nicht organisierte oder anders organisierte Arbeitnehmer ausgedehnt werden würde.[48]

---

41 Altvater-*Berg*, § 63 Rn. 18; Richardi-*Kaiser/Annuß*, § 75 a. F. Rn. 221; DKW-*Berg*, § 77 Rn. 149; *Fitting*, § 77 Rn. 90; jew. m. w. N.; weitergehend Richardi-*Kaiser/Annuß*, § 75 a. F. Rn. 221.

42 Richardi-*Kaiser/Annuß*, § 75 a. F. Rn. 221; *Fitting*, § 77 Rn. 93.

43 Vgl. *BVerwG* v. 9. 3. 12 – 6 P 27.10; Altvater-*Berg*, § 63 Rn. 19.

44 Vgl. *BVerwG* v. 9. 3. 12 – 6 P 27.10; Altvater-*Berg*, § 63 Rn. 21.

45 Vgl. *BVerwG* v. 9. 3. 12 – 6 P 27.10; *BAG* v. 20. 4. 99 – 1 AZR 631/98 –, AP Nr. 20 zu § 134 BGB; Altvater-*Berg*, § 63 Rn. 21.

46 Vgl. Altvater-*Berg*, § 63 Rn. 21.

47 Vgl. *BAG* v. 13. 3. 12 – 1 AZR 659/10 –, AP Nr. 27 zu § 77 BetrVG 1972, NZA 12, 990; v. 21. 1. 03 – 1 ABR 9/02 –, AP Nr. 1 zu § 21a BetrVG 1972, NZA 03, 1097; v. 31. 7. 14 – 6 AZR 955/12 –, NZA-RR 14, 614.

48 Vgl. Altvater-*Berg*, § 63 Rn. 20; *Fitting*, § 77 Rn. 98.

b) Tarifliche Öffnungsklausel

12 Nach Abs. 2 S. 2 gilt die Sperrwirkung einer tariflichen oder tarifüblichen Regelung nicht, wenn der Tarifvertrag den Abschluss ergänzender Dienstvereinbarungen ausdrücklich zulässt. Eine derartige **tarifliche Öffnungsklausel** kann nur von den Parteien des Tarifvertrages vereinbart werden, der für Dienstvereinbarungen geöffnet werden soll.[49] Erforderlich ist eine ausdrückliche Zulassung in einer klaren und eindeutigen positiven Bestimmung.[50] Eine etwaige tarifliche Öffnungsklausel gilt auch für nichttarifgebundene Arbeitgeber und Arbeitnehmer.[51] **»Ergänzende« Dienstvereinbarungen** können Regelungen enthalten, welche die Ausführung und Anwendung der Tarifregelung näher gestalten.[52] Nach der Rspr. des *BAG*[53] können die Tarifvertragsparteien aber auch **abweichende Dienstvereinbarungen** zulassen.[54] Die Tarifvertragsparteien entscheiden **autonom, ob** sie ergänzende (oder abweichende) Dienstvereinbarungen für bestimmte Gegenstände zulassen und ob sie diese **generell oder mit Einschränkungen** erlauben.[55] Sie können vorschreiben, dass solche Dienstvereinbarungen nur bei Erfüllung bestimmter **inhaltlicher Voraussetzungen** abgeschlossen werden dürfen. Außerdem können sie nähere Bestimmungen für ihr **Zustandekommen** festlegen, insbesondere den Abschluss einer Dienstvereinbarung von ihrer vorherigen **Unterrichtung** oder sogar von ihrer **Zustimmung** abhängig machen. Sie können auch nur **einvernehmliche Dienstvereinbarungen** ohne Entscheidung der Einigungsstelle zulassen.[56] Tarifliche Öffnungsklauseln sind **betriebsverfassungsrechtliche Normen** i. S. d. § 1 Abs. 1 TVG, die nach Ablauf des ermächtigenden Tarifvertrages kraft **Nachwirkung** gem. § 4 Abs. 5 TVG weiter gelten.[57] Während des Zeitraums dieser Nachwirkung gelten auch ergänzende Dienstvereinbarungen i. S. v. Abs. 2 S. 2 weiter und können ggf. geändert werden.[58]

---

49 Vgl. *BAG* v. 20. 4. 99 – 1 AZR 631/98 –, AP Nr. 12 zu § 77 BetrVG 1972 Tarifvorbehalt.

50 Vgl. *BAG* v. 20. 12. 61 – 4 AZR 213/60 –, AP Nr. 7 zu § 59 BetrVG, u. v. 29. 10. 02 – 1 AZR 573/01 –, AP Nr. 18 zu § 77 BetrVG 1972 Tarifvorbehalt; *Fitting*, § 77 Rn. 117.

51 DKW-*Berg*, § 77 Rn. 150.

52 Vgl. *Fitting*, § 77 Rn. 120.

53 U. a. *BAG* v. 14. 2. 89 – 1 AZR 97/88 –, AP Nr. 8 zu § 87 BetrVG 1972 Akkord.

54 Zust. *Fitting*, § 77 Rn. 121; krit. DKW-*Berg*, § 77 Rn. 152 ff.; jew. m. w. N.

55 Vgl. zum Folgenden *Fitting*, § 77 Rn. 122 m. w. N.

56 Näher dazu Altvater-*Berg*, § 63 Rn. 22.

57 *Fitting*, § 77 Rn. 123.

58 DKW-*Berg*, § 77 Rn. 157.

3. Verfahren und Form (Abs. 3)

a) Schriftform

Die Bestimmung sieht für den Regelfall vor, dass Dienstvereinbarungen durch Dienststelle und PR »**gemeinsam beschlossen**« werden (**einvernehmliche Dienstvereinbarungen**). Daraus ergibt sich, dass eine solche Dienstvereinbarung durch den Austausch **übereinstimmender Willenserklärungen** beider Seiten zustande kommt.[59] Dazu ist auf der Seite des PR ein Beschluss erforderlich, der insbesondere unter Beachtung des § 34 zu fassen ist. Der Inhalt der Dienstvereinbarung ist **schriftlich niederzulegen** und von beiden Seiten **zu unterzeichnen**. Dies hat nach § 126 Abs. 2 S. 1 BGB auf derselben Urkunde einerseits durch den Dienststellenleiter oder seinen Vertreter, andererseits nach § 29 Abs. 2 durch den PR-Vorsitzenden oder dessen Stellvertreter und in Gruppenangelegenheiten ggf. zusätzlich durch ein der Gruppe angehörendes Vorstandsmitglied zu geschehen. Bei Nichteinhaltung der Schriftform ist die Dienstvereinbarung **nichtig** (§ 125 S. 1 BGB). Die darin enthaltenen Übereinkünfte können aber als **Abreden ohne normativen Charakter** gleichwohl für Dienststelle und PR verbindlich sein.[60] 13

Wegen ihres Vertragscharakters kann die Dienstvereinbarung grundsätzlich nur dadurch zustande kommen, dass PR und Dienststellenleiter sich über den Inhalt einig werden oder wenn – bei Fortführung des Mitbestimmungsverfahrens – eine Einigung zwischen der zuletzt beteiligten Personalvertretung und dem zuletzt beteiligten Dienststellenleiter (bzw. dem in § 89 Abs. 1 genannten Organ) erzielt wird. Gemäß § 78 besteht in mitbestimmungspflichtigen Angelegenheiten immer die **Befugnis der Einigungsstelle, die Zustimmung** des PR zu einer vom Dienststellenleiter vorgeschlagenen Dienstvereinbarung **zu ersetzen**.[61] Für Initiativanträge des PR (§ 84) hat die Einigungsstelle eine entsprechende Befugnis, soweit sie nach § 74 Abs. 4 S. 1 zur **grundsätzlich endgültigen Entscheidung** berufen ist. Bei ihrer Beschlussfassung muss sich die Einigungsstelle innerhalb der Bandbreite bewegen, die durch die divergierenden Anträge der Beteiligten abgesteckt ist (vgl. § 79 Rn. 28). Soweit sie zur grundsätzlich endgültigen Entscheidung befugt ist, **ersetzt ihr Spruch die fehlende Einigung** zwischen dem zuletzt beteiligten Dienststellenleiter (bzw. Organ) und der zuletzt beteiligten Personalvertretung,[62] es sei denn, dass nach § 78 Abs. 4 S. 2 die Landesregierung oder das in § 89 Abs. 1 genannte Organ ihr von den Umständen des Einzelfalls abhängiges **Evokationsrecht** ausübt (vgl. § 78 Rn. 2 und 6). Findet eine 14

59 Vgl. *Fischer/Goeres/Gronimus*, § 73 a. F. Rn. 11 ff. m. w. N.

60 Vgl. Altvater-*Berg*, § 63 Rn. 26 m. w. N.

61 *BVerwG* v. 17.12.03 – 6 P 7.03 –, PersR 04, 106.

62 *BVerwG* v. 17.12.03 – 6 P 7.03 –, PersR 04, 106.

rechtmäßige Evokation nicht statt, hat der Spruch der Einigungsstelle die **Bedeutung einer Dienstvereinbarung.**[63] Dem Dokumentationszweck der Regelung des Abs. 3 über die schriftliche Niederlegung der Dienstvereinbarung und ihre Unterzeichnung von beiden Seiten wird durch die **schriftliche Abfassung** des Beschlusses der Einigungsstelle Rechnung getragen.[64]

b) Bekanntgabe

15 Dienstvereinbarungen sind in geeigneter Weise **bekannt zu machen**. Zweck der Vorschrift ist, die Beschäftigten über den Abschluss der Dienstvereinbarung zu informieren, damit sie ggf. ihre Rechte ausüben und Ansprüche ableiten können. Dies hat gemäß § 88 Abs. 1 durch den Dienststellenleiter zu erfolgen. Die Form der Bekanntmachung muss gewährleisten, dass die Beschäftigten – einschließlich der neu eingestellten – sich ohne besondere Umstände mit dem Inhalt der Dienstvereinbarung vertraut machen können.[65] Ergänzend ist § 2 Abs. 1 Nr. 15 Nachweisgesetz zu beachten, wonach der Arbeitgeber den Beschäftigten die maßgeblichen Dienstvereinbarungen angeben muss. Eine Verletzung dieser Pflicht kann Schadensersatzansprüche begründen.[66] Die Bekanntmachung ist aber keine Voraussetzung für die Wirksamkeit der Dienstvereinbarung.[67] Zuzugestehen ist zwar, dass nach dem Wortlaut (»sind … in geeigneter Weise bekanntzumachen«) und der Qualität der Dienstvereinbarung als Normenvertrag, der dem rechtsstaatlichen Grundsatz der Normenpublizität genügen muss, eher für die Bekanntgabe als Wirksamkeitsvoraussetzung spricht. Allerdings hat der Gesetzgeber keine gesetzlichen Regelungen über Form und Verfahren der Publikation geschaffen. Mithin bliebe es bei einer konstitutiven Bedeutung der Bekanntmachung häufig unsicher, ob eine Dienstvereinbarung als wirksam zu Stande gekommen angesehen werden kann oder nicht. Dies kann vom Gesetzgeber nicht beabsichtigt gewesen sein.[68]

16 Sofern die Dienstvereinbarung den Zeitpunkt ihres **Inkrafttretens** nicht festlegt, tritt sie mit ihrem Abschluss – d.h. mit ihrer Unterzeichnung durch beide Seiten (vgl. Rn. 6) – in Kraft. Für einen ihr gleichzustellenden Beschluss der Einigungsstelle (vgl. Rn. 7) gilt dies entsprechend mit der

---

63 Teilw. str.; vgl. Altvater-*Berg*, § 63 Rn. 29 m. w. N.

64 *BVerwG* v. 17.12.03, a.a.O.; vgl. Richardi-*Weber*, § 73 a.F. Rn. 14: Analogie zu § 77 Abs. 2 S. 2 Hs. 2 BetrVG.

65 Vgl. *Fischer/Goeres/Gronimus*, § 73 a.F. Rn. 14; *Fitting*, § 77 Rn. 25.

66 Vgl. m.w.N. und Erläuterungen zur Schadensersatzpflicht betr. Betriebsvereinbarungen: *Fitting*, § 77 Rn. 26.

67 Str.; wie hier nunmehr auch Leuze-*Flintorp*, § 85 Rn. 17; wie hier Altvater-*Berg*, § 63 Rn. 30 m.w.N., Rooschüz-*Gerstner-Heck*, § 85 Rn. 14; *Fitting* § 77 Rn. 25a.

68 So auch *BVerwG* v. 9.3.12 – 6 P 27.10 –, PersR 12, 265.

Maßgabe, dass es auf die Unterzeichnung des Beschlusses ankommt. Die Dienstvereinbarung (bzw. der Beschluss der Einigungsstelle) ist ein der Betriebsvereinbarung wesensverwandter kollektivrechtlicher **Akt dienststelleninterner Rechtsetzung** für die Dienststelle und deren Beschäftigte.[69] Die Vorschriften der §§ 305 ff. BGB, die für die Gestaltung rechtsgeschäftlicher Schuldverhältnisse in **Allgemeinen Geschäftsbedingungen** eine **Inhaltskontrolle** i. S. einer Angemessenheitskontrolle vorsehen, sind nach § 310 Abs. 4 S. 1 BGB auf (Tarifverträge, Betriebs- und) Dienstvereinbarungen nicht anzuwenden.[70]

c) Rechtswirkung

Entsprechend § 77 Abs. 4 S. 1 BetrVG gelten die in der Dienstvereinbarung enthaltenen Rechtsnormen für die Dienststelle und deren Beschäftigte (vgl. § 4) in der Weise **unmittelbar** und **zwingend**, dass alle gegenwärtig oder künftig in der Dienststelle Beschäftigten vom Dienststellenleiter nach ihren Vorschriften behandelt werden müssen.[71] Die **unmittelbare Wirkung** besteht nach h. M. darin, dass die normativen Regelungen der Dienstvereinbarung wie ein Gesetz von außen auf die Arbeits- und Beamtenverhältnisse der Beschäftigten der Dienststelle einwirken, ohne Inhalt der einzelnen Beschäftigungsverhältnisse zu werden. Die **zwingende Wirkung** verpflichtet nach h. M. nur den Arbeitgeber bzw. Dienstherrn. Sie bedeutet, dass in Einzelvereinbarungen nur zugunsten der Beschäftigten von den normativen Regelungen der Dienstvereinbarung abgewichen werden kann (vgl. Rn. 18). Werden Beschäftigten durch Dienstvereinbarung Rechte eingeräumt, so ist entsprechend § 77 Abs. 4 S. 2 und 3 BetrVG ein **Verzicht** auf sie grundsätzlich nur mit Zustimmung des PR zulässig und eine **Verwirkung** dieser Rechte ausgeschlossen.[72] Ein Verzicht ist auch ohne Zustimmung des PR zulässig, wenn sich der Beschäftigte bei einem Günstigkeitsvergleich durch die den Verzicht enthaltende Vereinbarung insgesamt besser stellt.[73] 17

Aus dem **Günstigkeitsprinzip** (vgl. Rn. 17) folgt, dass bereits vor Inkrafttreten der Dienstvereinbarung getroffene ungünstigere Einzelvereinbarungen während der Geltungsdauer der Dienstvereinbarung – einschließlich 18

69 *BVerwG* v. 17. 12. 03, a. a. O., v. 1. 9. 04 – 6 P 3.04 –, PersR 04, 437, u. v. 7. 4. 08 – 6 PB 1.08 –, PersR 08, 450.

70 *BAG* v. 1. 2. 06 – 5 AZR 187/05 –, AP Nr. 28 zu § 77 BetrVG 1972 Betriebsvereinbarung.

71 *BVerwG* v. 25. 6. 03 – 6 P 1.03 –, PersR 03, 361; vgl. hierzu u. zum Folgenden Altvater-*Berg*, § 63 Rn. 31.

72 Vgl. Altvater-*Berg*, a. a. O., m. w. N.

73 *BAG* v. 27. 1. 04 – 1 AZR 148/03 –, AP Nr. 166 zu § 112 BetrVG 1972.

eines etwaigen Nachwirkungszeitraums (vgl. Rn. 30) – verdrängt werden.[74] Arbeitsvertraglich begründete Ansprüche der Arbeitnehmer auf Sozialleistungen, die auf eine vom Arbeitgeber gesetzte **Einheitsregelung** oder eine **Gesamtzusage** zurückgehen, können durch eine nachfolgende Dienstvereinbarung in den Grenzen von Recht und Billigkeit aber nur beschränkt werden, wenn die Neuregelung insgesamt bei kollektiver Betrachtung nicht ungünstiger ist oder wenn die vertragliche Einheitsregelung den Vorbehalt enthält, dass eine spätere betriebliche Regelung den Vorrang haben soll.[75] Außerdem muss die Ablösung einer materiellen Rechtskontrolle standhalten, z. B. den Grundsätzen der Verhältnismäßigkeit und des Vertrauensschutzes entsprechen.[76] Die Ablösbarkeit einer **betrieblichen Übung** durch eine verschlechternde Dienstvereinbarung richtet sich nach denselben Regeln wie die Ablösbarkeit einer Gesamtzusage.[77]

19 Mit dem Abschluss der Dienstvereinbarung ist die Mitbestimmung des PR nach den einschlägigen Mitbestimmungstatbeständen abgegolten (vgl. Rn. 4). Maßnahmen, die in **Vollzug** einer Dienstvereinbarung vorgenommen werden, sind nicht mitbestimmungspflichtig.[78] Soll eine Dienstvereinbarung **abgeändert** werden, muss dies in gleicher Weise geschehen wie der Abschluss selbst; die einseitige Abänderung ist somit unzulässig.[79] Sie kann auch nicht mittels einer vorläufigen Regelung i. S. d. § 88 Abs. 4 vorgenommen werden.[80]

4. Dienstvereinbarungen für einen größeren Bereich (Abs. 4)

20 Dienstvereinbarungen, die für einen **größeren Bereich** gelten, gehen denen für einen kleineren Bereich vor. Eine für einen größeren Bereich geltende Dienstvereinbarung ist aber nur dann vorrangig, wenn sie den **gleichen Gegenstand** regelt wie die Dienstvereinbarung für einen kleineren Bereich und es sich dabei um eine positive Regelung (also nicht um die bloße Aufhebung einer Regelung) handelt. Dabei es ist unerheblich, ob die für den größeren Bereich geltende Dienstvereinbarung für die Beschäftigten **ungünstiger** ist als die Dienstvereinbarung für den kleineren Bereich.[81] Dienstvereinbarun-

---

74 *BAG* v. 21. 9. 89 – 1 AZR 454/88 –, AP Nr. 43 zu § 77 BetrVG, u. v. 14. 2. 91 – 8 AZR 166/90 –, AP Nr. 10 zu § 3 TVG.

75 *BAG* v. 16. 9. 86 – GS 1/82 –, AP Nr. 17 zu § 77 BetrVG; näher dazu DKW-*Berg*, § 77 Rn. 38 ff.

76 *BAG* v. 23. 10. 01 – 3 AZR 74/01 –, AP Nr. 33 zu § 1 BetrAVG Ablösung.

77 *BAG* v. 18. 3. 03 – 3 AZR 101/72 –, AP Nr. 41 zu § 1 BetrAVG Ablösung.

78 *BVerwG* v. 26. 3. 86 – 6 P 38.82 –, PersV 86, 510.

79 *BVerwG* v. 26. 3. 86, a. a. O.

80 Vgl. *VG Hamburg* v. 12. 1. 90 – 1 VG FB 15/89 –, PersR 90, 191.

81 Vgl. *Fischer/Goeres/Gronimus*, § 73 a. F. Rn. 17b.

gen für einen größeren Bereich können **Öffnungsklauseln** für ergänzende oder konkretisierende Dienstvereinbarungen für einen kleineren Bereich vorsehen.[82] Außerdem können sie als **Rahmendienstvereinbarungen** abgeschlossen werden, die auf die Ausfüllung durch Dienstvereinbarungen für kleinere Bereiche angelegt sind.[83] Eine Dienstvereinbarung, die zwischen einer übergeordneten Dienststelle mit der dortigen Stufenvertretung mit Wirkung für den gesamten Geschäftsbereich zustande gekommen ist, gilt im Falle der **Umorganisation** der Verwaltung fort, wenn die von der Dienstvereinbarung erfassten Dienststellen erhalten bleiben oder wenn der Dienststellenorganismus im Wesentlichen unverändert bleibt und so seine Identität wahrt.[84] Die verdrängten (für den kleineren Bereich abgeschlossenen) Dienstvereinbarungen werden ganz oder teilweise kraft Gesetzes unwirksam.[85]

Dienstvereinbarungen, die für einen **größeren Bereich** gelten, kommen bei 21 Dienststellen, bei denen eine Stufenvertretung (vgl. § 55, insbesondere Abs. 4 i. V. m. §§ 68 bis 90) oder ein GPR § 54, gebildet ist, in Betracht. Gemäß § 91 muss der GPR oder die Stufenvertretung zuständig sein. Der **räumlich-sachliche Geltungsbereich** einer Dienstvereinbarung ist der Bereich, für den sie abgeschlossen ist. Die Dienstvereinbarung wird mit der Dienststelle, bei der der GPR oder die Stufenvertretung gebildet ist, beschlossen. Hier besteht ein Äußerungsrecht gemäß § 91 Abs. 3 S. 1 und Abs. 8 S. 3 der örtlichen PR der einzelnen nachgeordneten Dienststellen. Die örtlichen PR der einzelnen (nachgeordneten) Dienststellen sind also zu hören.[86]

Der Dienststellenleiter ist nach § 88 Abs. 1 verpflichtet, rechtswirksam zu- 22 stande gekommene Dienstvereinbarungen, soweit sie nicht ausnahmsweise durch vorrangige Dienstvereinbarungen verdrängt werden (vgl. Rn. 21), so **durchzuführen**, wie sie abgeschlossen worden sind.[87] Streitigkeiten zwischen PR und Dienststellenleiter über das Bestehen oder Nichtbestehen von Dienstvereinbarungen sind nach § 92 Abs. 1 Nr. 4, Abs. 2 im Beschlussverfahren vor dem Verwaltungsgericht auszutragen. Das gilt auch für ihre **Auslegung** und **Durchführung**. Der PR hat einen gerichtlich durchsetzbaren Anspruch gegen den Dienststellenleiter, Maßnahmen zu unterlassen, die einer Dienstvereinbarung widersprechen.[88] Mit der Neufassung (vgl. Rn. 23)

82 Vgl. Leuze-*Flintorp*, § 85 Rn. 23.

83 Vgl. *OVG Bln-Bbg* v. 23.4.09 – 62 PV 4.07 –, PersR 09, 372.

84 *BVerwG* v. 25.6.03 – 6 P 1.03 –, PersR 03, 361.

85 Vgl. Rooschüz-*Gerstner-Heck*. § 85 Rn. 16.

86 Rooschüz-*Gerstner-Heck*, § 85 Rn. 15.

87 *BAG* v. 18.1.05 – 3 ABR 21/04 –, AP Nr. 24 zu § 77 BetrVG 1972 Betriebsvereinbarung.

88 *VGH BW* v. 17.5.88 – 15 S 1889/87 –, ZBR 89, 95, unter Hinw. auf *BAG* v. 10.11.87 – 1 ABR 55/86 –, AP Nr. 24 zu § 77 BetrVG 1972.

durch das ÄndG 2013 ist in **Abs. 6** die Weitergeltung eingeschränkt worden. Danach kann die Weitergeltung einer gekündigten oder abgelaufenen Dienstvereinbarung entsprechend § 78 Abs. 2 S. 3 bis 6, Abs. 3 (Evokationsrecht) beseitigt werden. Ob die Voraussetzungen eines solchen Vorgehens vorliegen, kann die Personalvertretung gerichtlich überprüfen lassen.[89] Damit ist das bislang geltende generelle, einseitige und fristlose Evokationskündigungsrecht der Dienststelle beseitigt und auf das ordentliche fristgebundene Kündigungsrecht umgestellt worden (vgl. Rn. 23).

5. Beendigung der Dienstvereinbarung (Abs. 5)

a) Arten der Beendigung

23 Die **Beendigung und Weitergeltung** von Dienstvereinbarungen ist im LPVG durch das ÄndG 2013 jetzt in den Abs. 4 bis 6 geregelt. Damit wurden zur Rechtsklarheit einige Regelungslücken geschlossen.

23a Die Beendigung kann aus verschiedenen Gründen erfolgen, u. a. durch **Kündigung** (vgl. Rn. 24), durch einen zwischen PR und Dienststellenleiter vereinbarten **Aufhebungsvertrag** (vgl. Rn. 29), durch **Fristablauf** oder **Zweckerreichung** oder durch Abschluss einer **vorrangigen Dienstvereinbarung** für einen größeren Bereich (vgl. Rn. 20). Außerdem kann eine Dienstvereinbarung jederzeit durch eine **neue Dienstvereinbarung** über denselben Gegenstand ersetzt werden, und zwar i. d. R. auch dann, wenn die neue (für die Zukunft geltende) Regelung ungünstiger als die alte sein sollte. Denn im Verhältnis von jüngeren und älteren gleichrangigen Normen gilt grundsätzlich die **Zeitkollisionsregel**. Grenzen dieses **Ablöseprinzips** ergeben sich aber aus **höherrangigem Recht**, insb. aus den grundrechtlich geschützten Positionen der Beschäftigten und aus den durch das Rechtsstaatsprinzip verbürgten Grundsätzen der Verhältnismäßigkeit und des Vertrauensschutzes. Danach können bereits entstandene Ansprüche der Beschäftigten durch eine neue Dienstvereinbarung grundsätzlich nicht geschmälert oder aufgehoben werden.[90]

24 Die Dienstvereinbarung endet grundsätzlich auch dann, wenn während ihrer Laufzeit zum selben Gegenstand ein **Gesetz** oder ein **Tarifvertrag** (mit möglicherweise auch ungünstigerer Regelung) in Kraft tritt (vgl. Rn. 4 ff.). Etwas anderes kann ausnahmsweise dann gelten, wenn die gesetzliche oder tarifvertragliche Regelung nicht zwingend oder nicht abschließend ist oder wenn der Tarifvertrag eine Öffnungsklausel enthält bzw. wenn er davon aus-

---

89 Rooschüz-*Bader*, § 92 Rn. 11.

90 Vgl. *BAG* v. 15.11.00 – 5 AZR 310/99 –, AP Nr. 84 zu § 77 BetrVG 1972, v. 28.6.05 – 1 AZR 213/04 –, AP Nr. 25 zu § 77 BetrVG 1972 Betriebsvereinbarung, u. v. 10.2.09 – 3 AZR 653/07 –, NZA 09, 796, jew. m. w. N.

geht, dass bestehende Dienstvereinbarungen so lange fortgelten sollen, bis sie wirksam gekündigt worden sind.[91] Durch den Ablauf der Amtszeit des PR oder den Wechsel des Dienststellenleiters wird die Dienstvereinbarung grundsätzlich nicht beendet; dies hat keinen Einfluss auf die Wirksamkeit der Dienstvereinbarung[92] (vgl. Rn. 27).

b) Geltung der Dienstvereinbarung in Bezug zur Dienststelle

Die Geltung der Dienstvereinbarung hängt grundsätzlich von der **Fortexistenz der Dienststelle** ab.[93] Mit deren **Untergang** enden deshalb grundsätzlich auch die für sie abgeschlossenen Dienstvereinbarungen. Ob und unter welchen Voraussetzungen dies auch dann gilt, wenn eine Eingliederung in eine andere Dienststelle oder eine Zusammenlegung mit einer anderen Dienststelle erfolgt oder wenn ein bisher nach § 5 Abs. 3 verselbständigter Dienststellenteil seine personalvertretungsrechtliche Selbständigkeit verliert, ist umstritten.[94] In allen Fällen des Untergangs gelten aber diejenigen Dienstvereinbarungen weiter, die im Hinblick auf diesen Untergang abgeschlossen wurden oder die auch oder gerade in diesem Falle (noch) Bedeutung haben, insbesondere Dienstvereinbarungen über Sozialpläne. 25

Wird die Dienststelle einem **anderen Rechtsträger** zugeordnet, gilt die Dienstvereinbarung fort, wenn dabei die Identität der Dienststelle erhalten bleibt.[95] Führt ein solcher Wechsel zu einem Übergang der Dienststelle vom Geltungsbereich des LPVG in den eines **anderen PersVG**, gelten die Dienstvereinbarungen weiter, soweit sie auch nach diesem Gesetz zulässig sind. Bei einer **Privatisierung** können die Dienstvereinbarungen im Hinblick auf ihre kollektivrechtliche Wesensverwandtschaft (vgl. Rn. 1) als Betriebsvereinbarungen i. S. d. BetrVG bzw. können bei einer Überführung privatrechtlicher Unternehmen in eine Einrichtung i. S. d. § 1 als Dienstvereinbarungen fortbestehen.[96] 26

Dienstvereinbarungen enden nicht dadurch, dass ein **Wechsel des Dienststellenleiters** oder eine **Neuwahl des PR** stattfindet.[97] Das gilt auch bei einem kurz- oder längerfristigen **Wegfall des PR** sowie bei einem **Verlust** 27

91 *BAG* v. 11. 1. 83 – 3 AZR 433/80 –, AP Nr. 5 zu § 36 BAT; *BVerwG* v. 25. 1. 85 – 6 P 7.84 –, PersR 87, 59.

92 Rooschüz-*Gerstner-Heck*, § 85 Rn. 17.

93 *BVerwG* v. 25.6.03 – 6 P 1.03 –, PersR 03, 361.

94 Vgl. dazu Altvater-*Berg*, § 63 Rn. 41 m. w. N.

95 *BVerwG* v. 25.6.03, a. a. O.; vgl. hierzu und zum Folgenden Altvater-*Berg*, § 63 Rn. 42 m. w. N.

96 Zur Zulässigkeit eines entsprechenden Landesgesetzes vgl. *BAG* v. 23.11.04 – 9 AZR 639/03 –, PersR 05, 331.

97 Vgl. *Fischer/Goeres/Gronimus*, § 73 a. F. Rn. 23 m. w. N.

der PR-Fähigkeit der Dienststelle.[98] Auch ein **Wegfall der Entscheidungsbefugnis** des Dienststellenleiters ist für den Fortbestand unerheblich[99] (vgl. Rn. 24b).

c) Kündigung

28 Enthält die Dienstvereinbarung eine Kündigungsregelung, kann sie **ordentlich gekündigt** werden, insbesondere unter Einhaltung der vereinbarten **Frist**. Fehlt eine solche Bestimmung, kann die Dienstvereinbarung mit einer Frist **von drei Monaten** von beiden Seiten gekündigt werden, ohne dass es dafür eines rechtfertigenden Grundes (sog. freie Kündigung) bedarf.[100] Die Kündigung einer Dienstvereinbarung bedarf also **keiner Begründung**, es sei denn, dass die Dienstvereinbarung selbst die materiellen Voraussetzungen im Einzelnen näher regelt und damit die Möglichkeit einer »freien« Kündigung einschränkt.[101] Das **Recht auf fristlose Kündigung** aus wichtigem Grund kann nicht ausgeschlossen werden und bedarf keiner besonderen gesetzlichen Regelung. Eine fristlose Kündigung ist nur zulässig, wenn Gründe vorliegen, die unter Berücksichtigung aller Umstände und unter Abwägung der Interessen der Betroffenen (Dienstherr bzw. Arbeitgeber, PR und Beschäftigte) ein Festhalten an der Dienstvereinbarung bis zum Ablauf der Kündigungsfrist nicht zumutbar erscheinen lassen. Eine **Teilkündigung**, die **gesetzlich nicht geregelt** ist, kommt ausnahmsweise und nur dann in Betracht, wenn sie in der Dienstvereinbarung ausdrücklich zugelassen ist oder einen selbständigen Teilkomplex betrifft.[102]

28a Die **Kündigungserklärung einer Dienstvereinbarung** bedarf keiner besonderen Form, sie muss aber unmissverständlich und eindeutig sein.[103] Mithin kann die Kündigung einer Dienstvereinbarung auch mündlich und dann aber unmissverständlich und eindeutig erfolgen.[104] Davon ist aus Gründen

---

98 Str.; vgl. Altvater-*Berg*, § 63 Rn. 44 m. w. N.

99 *Fischer/Goeres/Gronimus*, § 73 a. F. Rn. 23.

100 *BAG* v. 17.8.04 – 3 AZR 189/03 –, NZA 05, 128 Os., u. v. 23.5.07 – 10 AZR 295/06 –, NZA 07, 940; zum Vertrauensschutz bislang Begünstigter hinsichtlich des Fortbestands erworbener Anwartschaften auf betriebliche Altersversorgung vgl. *BAG* v. 11.5.99 – 3 AZR 21/98 – u. v. 19.9.06 – 1 ABR 58/05 –, AP Nr. 6 und 10 zu § 1 BetrAVG Betriebsvereinbarung.

101 So auch *Fitting*, § 77 Rn. 146 für die Betriebsvereinbarung in § 77 Abs. 5 BetrVG.

102 Vgl. *BAG* v. 6.11.07 – 1 AZR 826/06 –, NZA 08, 422; im Einzelnen für die Betriebsvereinbarung *Fitting*, § 77 Rn. 153, mit differenzierter Darstellung der Rsp. und Literatur.

103 So auch für Betriebsvereinbarungen *BAG* v. 19.02.08 – 1 AZR 114/07 –, NZA-RR 08, 412; a. A. Rooschüz-*Gerstner-Heck*, § 85 Rn. 20.

104 *BAG* v. 19.2.08 – 1 AZR 114/07 –, AP Nr. 41 zu § 77 BetrVG 1972; Altvater-*Berg*, § 63 Rn. 40; a. A. Rooschüz-*Gerstner-Heck*, a. a. O.

der Rechtssicherheit und aus Beweisgründen aber abzuraten. Die Kündigung sollte in der Praxis also unbedingt schriftlich erfolgen.
Die Schriftform der Kündigung ist jedoch dann zu beachten, wenn das in der **Dienstvereinbarung selbst** vorgesehen ist (§ 125 S. 2 BGB). Aus Gründen der Rechtssicherheit und aus Beweisgründen sollte die Schriftform der Kündigung in der Praxis in jeder Dienstvereinbarung vereinbart werden.

d) Aufhebungsvertrag

Die Dienstvereinbarung endet durch einen jederzeit zulässigen **Aufhebungsvertrag**, der als »actus contrarius« zu Abs. 2 i. V. m. § 126 Abs. 1 i. V. m. § 125 S. 1 BGB sowie wegen des Normcharakters der Dienstvereinbarung der Schriftform bedarf. Mündliche Aufhebungsverträge sind unwirksam; die Dienstvereinbarung kann dadurch nicht beendet werden.[105] 29
Die Vertragsparteien der Dienstvereinbarung können beim Verwaltungsgericht klären lassen, ob die Dienstvereinbarung wirksam – und wenn ja zu welchem Zeitpunkt – beendet wurde.[106]

6. Nachwirkung (Abs. 6)

Mit dem durch das ÄndG 2013 eingefügten Abs. 6 ist nunmehr die Frage der **Nachwirkung** der Dienstvereinbarung klargestellt. Unter Nachwirkung ist die **Weitergeltung** der Bestimmungen der Dienstvereinbarung über die Beendigung durch Kündigung oder Ablauf (vgl. Abs. 5) hinaus zu verstehen[107] (vgl. Rn. 23). Nur in den in Abs. 6 S. 1 aufgeführten Fällen der **uneingeschränkten Mitbestimmung** kann die Nachwirkung und deren Dauer vereinbart werden. Ist über die Weitergeltungsdauer keine Vereinbarung getroffen, endet nach Abs. 6 S. 2 die Weitergeltung mit Ablauf der Amtszeit des PR, der zum Zeitpunkt der Kündigung bei Ablauf der Dienstvereinbarung amtiert hat. 30

Ist eine Weitergeltung **nicht ausdrücklich** vereinbart, so endet die Geltung der Dienstvereinbarung mit deren Beendigung durch Kündigung oder Ablauf. Aus Abs. 6 lässt sich der Rückschluss ziehen, dass die Vertragsparteien bei Dienstvereinbarungen im Rahmen des Abs. 1, also in Angelegenheiten, die der eingeschränkten Mitbestimmung oder der Mitwirkung des PR unterliegen, keine Nachwirkung vereinbaren können.[108] 31

---

105 So auch *Fitting*, § 77 Rn. 143 m. w. N., für Betriebsvereinbarungen.
106 So auch Rooschüz-*Gerstner-Heck*, § 85 Rn. 21.
107 Vgl. Rooschüz-*Gerstner-Heck*, § 85 Rn. 23.
108 Rooschüz-*Gerstner-Heck*, § 85 Rn. 25.

7. Evokationsvorbehalt (Abs. 7)

32 Aufgrund der Entscheidung des *BVerfG* zum Mitbestimmungsgesetz SH[109] stehen **nachwirkende Regelungen** einer Dienstvereinbarung unter **Evokationsvorbehalt** (das Recht der obersten Dienstbehörde bzw. der Landesregierung, eine an sich bindende Entscheidung an sich zu ziehen und selbst zu entscheiden; siehe § 78 Abs. 2 S. 2). Weitergeltende Regelungen einer abgelaufenen oder gekündigten Dienstvereinbarung (vgl. Rn. 30) können also aufgehoben werden. Ermöglicht wird das Recht, die Weitergeltung einer gekündigten oder abgelaufenen Dienstvereinbarung zu beseitigen, gemäß **Abs. 7 S. 1**, »soweit Regelungen wegen ihrer Auswirkungen auf das Gemeinwesen die **Regierungsverantwortung** wesentlich berühren«. Diese Voraussetzung dürfte allerdings nur in seltenen Ausnahmefällen gegeben sein, zumal davon auszugehen ist, dass die Arbeitgeberseite bereits beim Abschluss einer Dienstvereinbarung geprüft hat, ob und wieweit dadurch die Regierungsverantwortung wesentlich tangiert ist. Das Aufhebungsrecht erstreckt sich dabei **nur auf die nachwirkenden Regelungen, welche die Regierungsverantwortung wesentlich berühren**. Liegt diese Voraussetzung nicht bei allen Regelungen der Dienstvereinbarung vor, ist nur eine entsprechende **Teilaufhebung** zulässig. Gem. Abs. 7 S. 1 laufen die weitergeltenden Regelungen mit dem Zugang der Erklärung der Aufhebung aus. Dadurch wird eine ansonsten in Betracht kommende (vgl. Rn. 17) **Nachwirkung beseitigt**.

33 Nach **Abs. 7 S. 2** gelten die Vorschriften zur Einigungsstelle des § 78 Abs. 2 S. 3 bis 6 und Abs. 3 entsprechend. Liegen die Voraussetzungen zur Beseitigung der Nachwirkung einer Dienstvereinbarung ausnahmsweise vor, kann die Dienststelle die Dienstvereinbarung jederzeit der Landesregierung oder dem zuständigen Organ nach § 89 Abs. 1 zur Entscheidung über die Aufhebung der Nachwirkung vorlegen. Dieses **außerordentliche Vorlagerecht** steht derjenigen Dienststelle zu, die auf der Arbeitgeberseite Vertragspartner der weitergeltenden Dienstvereinbarung ist. Die Landesregierung oder das zuständige oberste Organ entscheidet, nachdem dem betroffenen PR Gelegenheit zur Stellungnahme binnen zwei Wochen eingeräumt worden ist, dann über die Vorlage der Dienststelle.

§ 86 Anhörung des Personalrats

Soweit der Personalrat anzuhören ist, ist ihm die Angelegenheit rechtzeitig bekanntzugeben und ausreichend Gelegenheit zur Äußerung zu geben.

---

109 *BVerfG* v. 24.5.95 – 2 BvF 1/92 –, PersR 95, 483; vgl. dazu die grundlegende Anmerkung *v. Roetteken*, NVwZ 96, 552.

Vergleichbare Vorschriften:
§§ 86, 87 BPersVG; § 102 Abs. 1 S. 1 BetrVG

Bislang war anders als in den Fällen der Mitbestimmung und Mitwirkung das Verfahren der Anhörung nur in den Fällen des § 77 Abs. 3 a. F. insoweit geregelt, als nach S. 2 die **Entlassungs- bzw. Kündigungsmaßnahme** zu **begründen** war und nach S. 3 der PR **Bedenken** der Dienststelle unverzüglich, spätestens innerhalb von drei Arbeitstagen unter Angabe der Gründe schriftlich **mitzuteilen** hatte. 1

Im ÄndG 2013 sind nunmehr in § 86 zur Klarstellung die **wichtigsten Voraussetzungen** für eine angemessene Anhörung geregelt. Sie berücksichtigen die Grundsätze vertrauensvoller partnerschaftlicher Zusammenarbeit i. S. von § 2 Abs. 1 und stellen auf den grundsätzlichen Informationsanspruch des PR aus § 71 Abs. 1 S. 1 ab.[1] Daneben enthält für die Fälle der fristlosen Entlassung, der Kündigung innerhalb der Probezeit und der außerordentlichen Kündigung der dem § 77 Abs. 3 S. 2 und 3 a. F. entsprechende § 87 Abs. 3 weiterhin einzelne über § 86 hinausgehende Verfahrensregelungen (vgl. § 87 Rn. 33 ff.). 2

Das Anhörungsverfahren wird dadurch eingeleitet, dass der Dienststellenleiter den PR über die beabsichtigte Maßnahme unterrichtet und ihm **Gelegenheit zur Stellungnahme** gibt. Die Unterrichtung hat nach § 71 Abs. 1 S. 1 und 2 rechtzeitig und umfassend und unter Vorlage der erforderlichen Unterlagen zu erfolgen (vgl. § 71 Rn. 3 ff.). Da das Gesetz für die Tatbestände des § 87 Abs. 1 Nr. 1 bis 8 keine **Äußerungsfrist** des PR vorschreibt, kann der Dienststellenleiter eine solche Frist nach pflichtgemäßem Ermessen festlegen. Diese Frist muss unter Berücksichtigung der Besonderheiten der jeweiligen Maßnahme so bemessen sein, dass dem PR ausreichend Zeit für seine Meinungs- und Willensbildung zur Verfügung steht. Die Anhörung muss **rechtzeitig** erfolgen, d. h. so frühzeitig, dass der PR mit einer Stellungnahme noch Einfluss auf die abschließende Willensbildung der Dienststelle nehmen kann.[2] Falls der PR eine **Erörterung** wünscht, ist sie – dem Gebot der vertrauensvollen Zusammenarbeit entsprechend (vgl. § 2 Rn. 4 f.) – durchzuführen.[3] Erhebt der PR Bedenken, hat der Dienststellenleiter diese zu prüfen und kann erst danach seine **Entscheidung** über die beabsichtigte Maßnahme treffen. Mit dieser Entscheidung ist das **Anhörungsverfahren** dann auch in mehrstufigen Verwaltungen **beendet**. 3

Hinsichtlich der in § 87 Abs. 1 Nr. 1 bis 8 geregelten Tatbestände ist in der Rspr. bislang nicht geklärt, welche **Rechtsfolgen** die unterbliebene oder 4

1 LT-Dr. 15/4224, S. 157 [zu § 81].

2 *BVerwG* v. 27.11.91 – 6 P 24.90 –, PersR 92, 153, v. 20.6.05 – 1 WB 60.04 –, PersR 05 458, u. v. 18.3.08 – 6 PB 19.07 –, PersR 09, 167.

3 LT-Dr. 11/6312, S. 58 [zu § 79 Abs. 6].

fehlerhaft durchgeführte Anhörung für die jeweilige Maßnahme hat. Auf jeden Fall aber ist das Anhörungsverfahren fehlerfrei nachzuholen, solange die Entscheidung über die beabsichtigte Maßnahme noch nicht vollzogen ist.[4] Auch kann der PR im personalvertretungsrechtlichen Beschlussverfahren nach § 92 Abs. 1 Nr. 3 feststellen lassen, dass eine ordnungsgemäße Anhörung hätte erfolgen müssen, um so zu einer Klärung zukünftiger Konfliktfälle zu gelangen.[5]

5 Nach § 128 BPersVG sind allerdings auch **Kündigungen während der Probezeit und außerordentliche Kündigungen (§ 82 Abs. 1 Nr. 9) unwirksam,** wenn der PR nicht (oder nicht ordnungsgemäß) angehört worden ist[6] (vgl. Anh. 1 § 128 BersVG Rn. 2).

§ 87 Angelegenheiten der Anhörung

(1) Der Personalrat ist anzuhören

1. **bei Personalplanungen,**
2. **bei Personalanforderungen zum Haushaltsvoranschlag vor der Weiterleitung; gibt der Personalrat einer nachgeordneten Dienststelle zu den Personalanforderungen eine Stellungnahme ab, so ist diese mit den Personalanforderungen der übergeordneten Dienststelle vorzulegen,**
3. **bei Raumbedarfsanforderungen für Neu-, Um- und Erweiterungsbauten von Diensträumen vor der Weiterleitung; Nummer 2 Halbsatz 2 gilt entsprechend,**
4. **bei Bauplanprojekten und Anmietungen,**
5. **bei räumlicher Auslagerung von Arbeit aus der Dienststelle,**
6. **bei der Festlegung von Verfahren und Methoden von Wirtschaftlichkeits- und Organisationsuntersuchungen, mit Ausnahme von solchen im Rahmen der Rechnungsprüfung,**
7. **bei der Auswahl und Beauftragung von Gutachten für Wirtschaftlichkeits- und Organisationsuntersuchungen nach Nummer 6,**
8. **beim Abschluss von Arbeitnehmerüberlassungs- oder Arbeitnehmergestellungsverträgen,**
9. **vor Kündigungen von Arbeitsverhältnissen während der Probezeit, bei fristlosen Entlassungen und außerordentlichen Kündigungen.**

(2) In den Fällen des Absatzes 1 Nummer 1 bis 8 gilt § 70 Absatz 2 mit der Maßgabe, dass anstelle der Schriftform auch die mündliche Unterrichtung in einer Sitzung des Personalrats erfolgen kann.

---

4 Vgl. Altvater-*Baden*, § 86Rn. 8, § 87 Rn. 3, 4 m. w. N.

5 Vgl. Altvater-*Baden*, § 87 Rn. 4.

6 Vgl. auch Altvater-*Baunack*, § 128 Rn. 1 ff.

(3) [1]In den Fällen des Absatzes 1 Nummer 9 hat die Dienststelle die beabsichtigte Maßnahme zu begründen. [2]Hat der Personalrat Bedenken, so hat er sie unter Angabe der Gründe der Dienststelle unverzüglich, spätestens jedoch innerhalb von drei Arbeitstagen schriftlich oder elektronisch mitzuteilen. [3]§ 75 Absatz 5 Nummer 1 gilt entsprechend.

Vergleichbare Vorschriften:
§ 87 BPersVG; s. Synopse vor § 74

Inhaltsübersicht Rn.

1. Angelegenheiten der Anhörung (Abs. 1)

1 Die in § 87 enthaltenen Anhörungstatbestände wurden bis auf zwei Ausnahmen (Nr. 2 und 3) erst durch das ÄndG 1995 eingeführt. Mit dem ÄndG 2013 wurden die Anhörungstatbestände aus § 80 Abs. 3 Nr. 2–10 a. F und § 77 Abs. 3 S. 1 übernommen und zusammengeführt. Der Anhörungstatbestand des § 80 Abs. 3 Nr. 1 a. F. wurde in den **Mitbestimmungstatbestand** des § 75 Abs. 1 Nr. 3 überführt.

2 Das Verfahren für die **Anhörung** ist in dem ÄndG 2013 in § 86 geregelt. Darüber hinaus enthält für die Fälle der fristlosen Entlassung, ordentlichen Kündigung und der außerordentlichen Kündigung Abs. 3 eigene Verfahrensregelungen (vgl. Rn. 38 f.).

a) Personalplanung (Nr. 1)

3 Bei **Personalplanungen** ist der PR anzuhören. Personalplanung ist eine **Prognose**, die unter Berücksichtigung aller maßgeblichen Faktoren mit hinreichender Wahrscheinlichkeit den Bedarf an Personal für einen bestimmten Zeitraum zu ermitteln versucht.[1] Sie umfasst neben der **Personal-**

---

1 *BVerwG* v. 2.3.83 – 6 P 12.80 –, PersV 84, 240.

bedarfsplanung auch die **Personalbeschaffungsplanung**, die **Personalentwicklungsplanung** und die **Personaleinsatzplanung**[2] und ggf. auch die **Personalabbauplanung**.[3] Die Personalbedarfsplanung ermittelt, ob der Nettopersonalbedarf positiv (Personalknappheit) oder negativ ist (Personalüberschuss).[4] Der Personalentwicklungsplan hingegen befasst sich mit der Frage, wie das Personal der Beschäftigten innerhalb der Dienststelle ausgeschöpft werden kann.[5] Das Anhörungsrecht verdrängt nicht die Mitbestimmung bei sich daraus ergebenden personellen Einzelmaßnahmen.[6]

b) Personalanforderung zum Haushaltsvoranschlag (Nr. 2)

4 Die mit § 87 Abs. 1 S. 1 und 2 BPersVG inhaltsgleiche Vorschrift der Nr. 2 bestimmt in Hs. 1, dass der PR bei **Personalanforderungen zum Haushaltsvoranschlag** vor der Weiterleitung anzuhören ist, und in Hs. 2, dass die vom PR abgegebene Stellungnahme einer nachgeordneten Dienststelle mit den Personalanforderungen der übergeordneten Dienststelle vorzulegen ist. Während Hs. 1 für alle Verwaltungen gilt, ist Hs. 2 nur in mehrstufigen Verwaltungen anzuwenden.

5 Will die Dienststelle im Rahmen des Verfahrens zur Vorbereitung des Haushaltsplans in ihrem Haushaltsvoranschlag Personal anfordern, so ist nach **Nr. 2 Hs. 1** der PR vor der Weiterleitung dieser **Personalanforderungen** anzuhören.[7] Unter Personalanforderungen ist **jede Anmeldung eines personellen Mehrbedarfs** zu verstehen.[8] Dazu können gehören: zusätzliche Planstellen für Beamte und Stellen für Arbeitnehmer, Hebungen von Planstellen und Stellen, Umwandlungen von Stellen in Planstellen und umgekehrt, Streichung oder Verlängerung bestehender kw-Vermerke, Aufstockung von Geldtiteln für die Bezahlung bestimmter Arten von Beschäftigten wie beamtete Hilfskräfte, Widerrufsbeamte und Aushilfskräfte.[9] Der PR ist auch dann anzuhören, wenn die Dienststelle von möglichen Personalanforderungen **absehen** will.[10] Besteht die Möglichkeit, **während des laufenden Haushaltsjahres** bei entsprechender Einsparung an anderer Stelle die Aus-

---

2 LT-Dr. 11/6312, S. 58 [zu § 79 Abs. 6 Nr. 1]; *BVerwG* v. 2.3.83, a.a.O., u.v. 23.1.02 – 6 P 5.01 –, PersR 02, 201; Lorenzen-*Ramm*, § 87 Rn. 16 m.w.N.

3 Vgl. *Fischer/Goeres/Gronimus*, § 78 a.F. Rn. 32.

4 Richardi-*Benecke*, § 78 a.F. Rn. 53.

5 Richardi-*Benecke*, § 78 a.F. Rn. 54.

6 *BVerwG* v. 21.3.07 – 6 P 4.06 –, PersR 07, 301 u.v. 30.3.09 – 6 PB 29.08 –, PersR 09, 332.

7 *BVerwG* v. 2.3.83 – 6 P 12.80 –, PersV 84, 240.

8 *BVerwG* v. 2.3.83, a.a.O.

9 *BVerwG* v. 23.1.02 – 6 P 5.01 –, PersR 02, 201; Lorenzen-*Ramm*, § 87 Rn. 9.

10 Lorenzen-*Ramm*, § 87 Rn. 10; a.A. *Fischer/Goeres/Gronimus*, § 78 a.F. Rn. 31a.

bringung neuer Planstellen oder Stellen oder deren Hebung zu beantragen, ist die Anhörung des PR ebenfalls geboten.[11]

Die **Anhörung** des PR hat **vor der Weiterleitung** der Personalanforderungen zu erfolgen. Bei nachgeordneten Dienststellen in der **Landesverwaltung** ist die Weiterleitung an die nächsthöhere Dienststelle, bei obersten Dienstbehörden an das FM gemeint. **Welcher PR** anzuhören ist, ergibt sich aus den allgemeinen Vorschriften des § 91 Abs. 1, 2 und 8. Die Anhörung muss so **rechtzeitig** stattfinden, dass der PR die Personalanforderungen oder die Personalplanung eingehend prüfen kann,[12] und die jeweilige Dienststelle die Stellungnahme des PR noch berücksichtigen und die ihr gesetzte Frist zur Weiterleitung ihres Voranschlags einhalten kann. Der PR ist gemäß § 71 Abs. 1 S. 1 und 2 rechtzeitig und umfassend **unter Vorlage der erforderlichen Unterlagen** zu **unterrichten**. Dazu gehören die personalplanerischen Daten, welche die Dienststelle der Ermittlung der von ihr beabsichtigten Personalanforderungen zugrunde legt.[13] 6

Der Weiterleitung von Personalanforderungen zum Haushaltsvoranschlag im Bereich des Landes entspricht bei der **Gemeinde** (dem Landkreis) die **Zuleitung des Entwurfs der Haushaltssatzung** und ihrer Bestandteile (Haushaltsplan einschließlich Stellenplan) zur Beratung und Beschlussfassung **an den Gemeinderat** (Kreistag). Bevor dies geschieht, ist der PR (ggf. nach § 91 Abs. 8 der GPR) **anzuhören.**[14] 7

Gibt der PR einer **nachgeordneten Dienststelle in der Landesverwaltung** zu den Personalanforderungen seiner Dienststelle eine **Stellungnahme** ab, so ist diese nach **Nr. 1 Hs. 2** zusammen mit den Personalanforderungen **der übergeordneten Dienststelle vorzulegen**. Das hat auch dann zu geschehen, wenn die Dienststelle die Auffassung des PR berücksichtigt hat.[15] In dreistufigen Verwaltungen ist es sinnvoll, dass die Mittelbehörden zusätzlich zu der Stellungnahme des BPR die ihnen zugegangenen Stellungnahmen der örtlichen PR (bzw. der GPR) an die oberste Dienstbehörde weiterleiten; ob sie dazu verpflichtet sind, ist umstritten.[16] 8

---

11 *Fischer/Goeres/Gronimus*, a. a. O.

12 *BVerwG* v. 27.11.91 – 6 P 24.90 –, PersV 92, 228.

13 Vgl. *Fischer/Goeres/Gronimus*, § 78 a.F. Rn. 33; zur Vorlage des Berechnungswerks vgl. *BVerwG* v. 1.10.93 – 6 P 7.91 –, PersR 93, 557; *OVG BE* v. 30.8.96 – OVG 70 PV 6.93 –, PersR 97, 121.

14 Vgl. Leuze-*Flintorp*, § 87 Rn. 9.

15 Leuze-*Flintorp*, § 87 Rn. 10, Altvater-*Baden*, § 87 Rn. 9.

16 Vgl. Altvater-*Baden*, § 87 Rn. 9 m. w. N.; abl. u. a. Leuze-*Flintorp*, § 87 Rn. 8.

c) Raumbedarfsanforderungen (Nr. 3)

9 Die Vorschrift bestimmt in Hs. 1, dass der PR bei **Raumbedarfsanforderungen für Neu-, Um- und Erweiterungsbauten von Diensträumen** vor der Weiterleitung anzuhören ist. Sie legt in Hs. 2 mit der Verweisung auf Abs. 1 Nr. 2 Hs. 2 fest, dass die vom PR einer nachgeordneten Dienststelle abgegebene Stellungnahme mit den Raumbedarfsanforderungen der übergeordneten Dienststelle vorzulegen ist. Hs. 1 gilt für alle, Hs. 2 nur für mehrstufige Verwaltungen. Inhaltlich stimmt die Regelung mit Art. 76 Abs. 3 S. 3 BayPVG überein. Das Anhörungsrecht soll es dem PR ermöglichen, dafür zu sorgen, dass Neu-, Um- und Erweiterungsbauten von Diensträumen mit den Anforderungen an eine **menschengerechte Arbeitsumgebung** in Einklang stehen.[17] Es kann mit dem Mitbestimmungsrecht nach § 75 Abs. 3 Nr. 12 **konkurrieren** (vgl. § 75 Rn. 202).

10 **Neu-, Um- und Erweiterungsbauten** i. S. d. **Nr. 3** sind alle Baumaßnahmen, die nicht nur der Erhaltung der baulichen Substanz dienen, wobei es auf den Umfang der Veränderung nicht ankommt.[18] **Diensträume** sind sowohl **Arbeitsräume** als auch alle anderen baulichen Einrichtungen, die für Arbeitsplatz, -ablauf und -umgebung von Bedeutung sind.[19] Dies sind **alle zur Arbeitsstätte gehörenden baulichen Einrichtungen**, nämlich Verkehrswege, Fluchtwege, Notausgänge, Lager-, Maschinen- und Nebenräume, Sanitärräume, Pausen- und Bereitschaftsräume, Erste-Hilfe-Räume und Unterkünfte für Beschäftigte (vgl. § 2 Abs. 4 ArbStättV). Ob die Gebäude, in denen sich die Diensträume befinden, im **Eigentum** des Trägers der Dienststelle stehen, ist unerheblich. **Raumbedarfsanforderungen** sind alle Arten von Anforderungen zu Neu-, Um- und Erweiterungsbauten von Diensträumen.[20] Es kommt nicht darauf an, ob sie **innerhalb oder außerhalb der Haushaltsplanung** abgegeben werden, auch nicht ob sie **in schriftlicher oder mündlicher Form** erfolgen.[21]

11 Die **Anhörung** des PR hat **vor der Weiterleitung** der Raumbedarfsanforderungen zu erfolgen. Sie muss so **frühzeitig** stattfinden, dass die Vorstellungen des PR bei der Planung berücksichtigt werden können. Der PR ist entsprechend § 71 Abs. 1 S. 1 und 2 rechtzeitig und umfassend unter Vorlage der erforderlichen Unterlagen zu **unterrichten**. Dazu gehören alle einschlägigen **Planungsunterlangen**.[22] Leitet die Dienststelle ihre Raumbe-

17 Vgl. *Fischer/Goeres/Gronimus*, § 78 a. F. Rn. 37.

18 Vgl. Lorenzen-*Ramm*, § 87 Rn. 22 m. w. N.; z. T. a. A. *Fischer/Goeres/Gronimus*, § 78 a. F. Rn. 38, Leuze-*Flintorp*, § 87 Rn. 11, u. Rooschüz-*Gerstner-Heck*, § 87 Rn. 4.

19 Vgl. Lorenzen-*Ramm*, § 87 Rn. 22; Richardi-*Benecke*, § 78 a. F. Rn. 58.

20 *VGH BW* v. 3. 9. 91 – 15 S 243/91 –, PersV 92, 354.

21 Z. T. a. A. *VGH BW* v. 3. 9. 91, a. a. O.; wie hier Leuze-*Flintorp*, § 87 Rn. 11.

22 Vgl. Altvater-*Baden*, § 87 Rn. 15.

darfsanforderungen an eine **übergeordnete Dienststelle** weiter, hat sie (gemäß Abs. 1 Nr. 3 Hs. 2 i. V. m. Abs. 1 Nr. 2 Hs. 2) ggf. auch eine von ihrem PR dazu abgegebene **Stellungnahme** mit vorzulegen (vgl. Rn. 8). Der PR hat zwar keinen Anspruch auf Teilnahme an **Erörterungen und Verhandlungen**, die die Dienststelle anlässlich der Planung einer baulichen Maßnahme **mit einer außenstehenden Stelle** führt.[23] Er hat aber aufgrund seines **allgemeinen Antragsrechts** nach § 68 Abs. 1 Nr. 1 die Möglichkeit, beim Dienststellenleiter zu beantragen, dass dieser bei der außenstehenden Stelle für bestimmte Lösungen eintritt.[24]

d) Bauplanungsprojekte und Anmietung (Nr. 4)

Die Bestimmung ist mit dem ÄndG 2013 eingefügt und stellt bei **Bauplanungsprojekten und Anmietungen** einen neuen Anhörungstatbestand für Baumaßnahmen und Anmietungen auf, da diese für die räumliche Unterbringung der Beschäftigten der Dienststelle erhebliche Auswirkungen haben können.[25] Der PR ist noch in der Planungsphase[26] und bei Anmietungen vor Abschluss des Mietvertrags anzuhören. 12

e) Räumliche Auslagerung von Arbeit aus der Dienststelle (Nr. 5)

Der PR ist bei **räumlicher Auslagerung von Arbeit aus der Dienststelle** anzuhören. Vergleichbare Vorschriften gibt es in sechs **anderen LPersVG** (BB: § 65 Nr. 4; NW: § 72 Abs. 3 Nr. 6 [mitbestimmungspflichtig] und § 75 Abs. 1 Nr. 5; RP: § 80 Abs. 2 Nr. 13; SL: § 84 Nr. 4; SN: § 81 Abs. 2 Nr. 11; ST: § 69 Nr. 4). Der Sinn dieser Vorschrift ist es, die Interessen der Beschäftigten an der Erhaltung ihrer dienststellenbezogenen Arbeitsplätze, deren Verlust durch Umorganisations- und Rationalisierungsmaßnahmen droht, zu schützen. Weiterhin soll darauf hingewirkt werden, dass die betroffenen Beschäftigten in den hausinternen Informationsfluss miteingebunden und dass die arbeitschutzrechtlichen Vorschriften gewahrt werden.[27] Eine **Auslagerung** i. S. d. Nr. 5 liegt vor, wenn die davon betroffenen Beschäftigten ihre Arbeit nicht mehr in den Räumen der Dienststelle, sondern in anderen Räumlichkeiten erledigen.[28] Die **Anhörung** erstreckt sich auf das »**Ob**« und das »**Wie**« der räumlichen Auslagerung. Mit dem ÄndG 2013 wurde die Einrichtung von Telearbeitsplätzen oder sonstigen Arbeitsplätzen außerhalb der 13

23 *VGH BW* v. 3. 9. 91, a. a. O.
24 *VGH BW* v. 3. 9. 91, a. a. O.
25 LT-Dr. 15/4224, S. 157 [zu § 82 Abs. 1 Nr. 4].
26 Rooschüz-*Gerstner-Heck*, § 87 Rn. 5.
27 Vgl. *Ruppert/Lautenbach*, PersVG Rheinland-Pfalz, § 80 Rn. 245.
28 LT-Dr. 11/6312, S. 59 [zu § 79 Abs. 6 Nr. 6].

Dienststelle zum Mitwirkungstatbestand (vgl § 81 Abs. 1 Nr. 4) hochgestuft. Der Anhörungstatbestand der Nr. 5 ist damit nur dann von Bedeutung, wenn stärkere Beteiligungsrechte, etwa bei der Einrichtung oder Ablehnung der Einrichtung eines Telearbeitsplatzes (§ 75 Abs. 2 Nr. 6, § 81 Abs. 1 Nr. 4), nicht eingreifen.[29]

14 Die Verlagerung von Arbeit auf in Heimarbeit Beschäftigte ist kein Anwendungsfall der Nr. 5, sondern unterliegt als »Einrichtung eines sonstigen Arbeitsplatzes außerhalb der Dienststelle« der Mitwirkung nach § 81 Abs. 1 Nr. 4, wenn sie in der Hauptsache für die Dienststelle tätig sind.[30] Wird Arbeit auf selbständig Tätige verlagert, unterliegt das als »Vergabe« nach § 81 Abs. 1 Nr. 3 der Mitwirkung des PR (vgl. § 81 Rn. 18 ff.).

f) Festlegung von Verfahren und Methoden (Nr. 6)

15 Der PR ist bei der **Festlegung von Verfahren und Methoden von Wirtschaftlichkeits- und Organisationsuntersuchungen** anzuhören, allerdings mit Ausnahme von solchen im Rahmen der Rechnungsprüfung (vgl. Rn. 19). Die Vorschrift wird durch Abs. 1 Nr. 7 ergänzt (vgl. Rn. 18). Vergleichbare Vorschriften gibt es in fünf **anderen LPersVG** (HE: § 81 Abs. 1 S. 1; Nds: § 75 Abs. 1 Nr. 7; NW: § 73 Nr. 5; RP: § 80 Abs. 2 Nr. 14; SL: § 83 Abs. 1 Nr. 8). Da Wirtschaftlichkeits- und Organisationsuntersuchungen i. d. R. zu Veränderungen der Arbeitsorganisation und zu weiteren Maßnahmen führen, die meistens mit erheblichen **Belastungen für die Beschäftigten** und mit Gefährdungen ihrer bisherigen Arbeitsbedingungen verbunden sind, soll der PR bereits auf die im Vorfeld stattfindenden Untersuchungen Einfluss nehmen können.[31]

16 **Organisationsuntersuchungen** (oder -prüfungen) i. S. d. Nr. 6 sollen feststellen, in welchem Zustand sich die Organisation der Dienststelle oder von Dienststellenteilen (i. d. R. die Aufbau- und Ablauforganisation) befindet und ob sie den an sie gestellten Anforderungen entspricht. **Wirtschaftlichkeitsuntersuchungen** (oder -prüfungen) sollen feststellen, welches Verhältnis zwischen eingesetzten Mitteln und angestrebtem Zweck besteht und ob es sich dabei, gemessen an den Vorgaben für Art, Umfang und Güte der zu erbringenden Verwaltungsleistungen, um ein relativ günstiges Verhältnis handelt. Beide Arten von Untersuchungen, die im Allgemeinen miteinander verknüpft sind,[32] verfolgen i. d. R. das **Ziel**, durch Arbeitsuntersuchungen Organisationsmuster zu entwickeln, die entweder der Verbesserung der

---

29 LT-Dr. 15/4224 S. 157 [zu § 82 Abs. 1 Nr. 5].

30 Leuze-*Flintorp*, § 87 Rn. 14.

31 Vgl. LT-Dr. 11/6312, S. 59 [zu § 79 Abs. 6 Nr. 7]; *OVG NW* v. 10.3.99 – 1 A 1190/97.PVL –, PersR 99, 362.

32 Vgl. Leuze-*Flintorp*, § 87 Rn. 15.

Verwaltungsleistungen und damit der Effektivität der Verwaltung oder der Rationalisierung und damit der Einsparung von Mitteln dienen.[33] Die Art und Weise der Untersuchungen wird durch die Festlegung der jeweils anzuwendenden **Verfahren und Methoden** bestimmt. Dazu gehören z. B. die Techniken des Konzeptentwurfs sowie bei Kosten-Nutzen-Analysen die Bewertungs- und Auswahltechniken,[34] bei der Arbeitszeiterfassung ggf. auch die Zeitmessung mit der Stoppuhr.[35]

Die **Anhörung** des PR erstreckt sich auf die **Festlegung** von Verfahren und Methoden von Untersuchungen (vgl. Rn. 15), nicht nur (wie gemäß § 81 Abs. 1 S. 1 HPVG) auf die »allgemeinen Festlegungen«. Sie bezieht sich auf **jede Untersuchung**, auch auf eine einmalige.[36] Gegenstand der Untersuchung kann die Prüfung der Wirtschaftlichkeit oder der Organisation sein.[37] Sie kann die **Dienststelle insgesamt** oder **Teile der Dienststelle** betreffen[38] oder sich auf **einzelne Beschäftigte** beschränken.[39] Der **Grund** für die Untersuchung ist unerheblich.[40] Es kommt auch nicht darauf an, ob die Untersuchung nur eine **Analyse** der vorhandenen Strukturen und Abläufe liefern oder auch **Vorschläge** zu deren Änderung enthalten soll.[41] Die **Unterrichtung des PR** durch die Dienststelle nach § 71 Abs. 1 S. 1 und 2 hat sich u. a. auf das Konzept, die Ziele, die inhaltliche Ausgestaltung, den zeitlichen Ablauf und die Modalitäten der Untersuchung einschließlich der mit ihr verbundenen Auswirkungen auf die Beschäftigten und deren Einbeziehung zu erstrecken.[42] Sollen bei Untersuchungen i. S. d. Nr. 6 Verfahren und Methoden eingesetzt werden, die unter einen **Mitbestimmungstatbestand** fallen, so hat der PR insoweit mitzubestimmen. Das gilt v. a. für Personalfragebogen und für technische Überwachungseinrichtungen nach § 75 Abs. 3 Nr. 3 bzw. 11. 17

Die Anhörung nach Nr. 6 beschränkt sich nicht auf Untersuchungen »durch Dritte« (anders § 73 Nr. 5 LPVG NW u. § 83 Abs. 1 Nr. 8 SPersVG). Es kommt deshalb grundsätzlich nicht darauf an, wer die Untersuchung durchführen soll. **Gutachter** können auch Beschäftigte oder Einrichtungen der Dienststelle sein.[43] Eine Ausnahme gilt nur für Untersuchungen »**im Rah-** 18

33 *OVG NW* v. 29. 1. 99 – 1 A 6323/96.PVL –, PersR 99, 310, u. v. 10. 3. 99, a. a. O.
34 Vgl. LT-Dr. 11/6312, a. a. O.
35 *HessVGH* v. 21. 3. 96 – 22 TL 2434/95 –, PersR 96, 443.
36 *HessVGH* v. 21. 3. 96, a. a. O.
37 *HessVGH* v. 21. 3. 96, a. a. O.
38 *OVG NW* v. 10. 3. 99 – 1 A 1190/97.PVL –, PersR 99, 362; krit.: Leuze-*Flintorp*, § 87 Rn. 16.
39 *HessVGH* v. 21. 3. 96, a. a. O.
40 *OVG NW* v. 10. 3. 99, a. a. O.
41 *v. Roetteken*, PersR 00, 299, 314.
42 Vgl. Leuze-*Flintorp*, § 87 Rn. 16.
43 Vgl. Leuze-*Flintorp*, § 87 Rn. 15.

men der Rechnungsprüfung«, die ausdrücklich ausgeklammert sind. Dabei handelt es sich um Untersuchungen, die zum Zwecke der Rechnungsprüfung durch eine dafür zuständige unabhängige Stelle durchgeführt werden. Das Anhörungsrecht ist nicht ausgeschlossen, wenn die Prüfungsbehörde im Rahmen ihrer Beratungsfunktion auf Veranlassung der untersuchten Dienststelle tätig werden soll.[44]

g) Auswahl und Beauftragung von Gutachten (Nr. 7)

19 Der PR ist auch anzuhören bei der **Auswahl und Beauftragung** »von Gutachten für Wirtschaftlichkeits- und Organisationsuntersuchungen nach Nummer 6«. Dabei beruht es offenbar auf einem bisher nicht korrigierten Redaktionsversehen, dass es »von Gutachten« statt »**von Gutachtern**« heißt (vgl. § 80 Abs. 2 Nr. 15 LPersVG RP). Die Anhörung bezieht sich nicht nur auf allgemeine Regelungen (wie z.B. in den Fällen von § 74 Abs. 2 Nr. 10, § 75 Abs. 4 Nr. 6 und 7, § 81 Abs. 1 Nr. 6), sondern auf die Auswahl und Beauftragung bei **jeder einzelnen Untersuchung** (vgl. Rn. 17). Bei der **Auswahl** erstreckt sie sich auf die Frage, welche Person(en) oder Institution(en) mit der Erstellung eines oder mehrerer Gutachten beauftragt werden soll(en) (vgl. Rn. 18), bei der **Beauftragung** darauf, zu welchen Konditionen das oder die Gutachten in Auftrag gegeben werden sollen.

h) Abschluss von Arbeitnehmerüberlassungs- oder Arbeitnehmergestellungsverträgen (Nr. 8)

20 Der PR ist beim Abschluss von **Arbeitnehmerüberlassungs- oder Arbeitnehmergestellungsverträgen** anzuhören. Vergleichbare Tatbestände der Mitbestimmung finden sich in vier **anderen LPersVG** (BB: § 66 Nr. 14; NI: § 66 Abs. 1 Nr. 14; NW: § 72 Abs. 4 S. 1 Nr. 20 [Mitbestimmung]; RP: § 80 Abs. 2 Nr. 16). Die Anhörung des PR nach Nr. 8 soll v.a. der Wahrung der Interessen der vorhandenen Beschäftigten dienen.[45] Sie bezieht sich auf Verträge, auf deren Grundlage »**fremde**« **Personen** in der Dienststelle eingesetzt oder »**eigene**« **Beschäftigte** der Dienststelle zu Dritten entsandt werden sollen.[46] Die mittels der Anhörung **zu schützenden Interessen der Beschäftigten** bestehen beim Einsatz von Fremdpersonal v.a. darin, dass die notwendige Einstellung neuer »regulärer« Beschäftigter oder mögliche Umsetzung vorhandener Beschäftigter nicht unterbleibt und dass soziale Probleme zwischen eigenen und fremden Beschäftigten vermieden werden. Bei der Entsendung eigener Beschäftigter geht es insb. darum, dass diese

44 Rooschüz-*Gerstner-Heck*, § 87 Rn. 7.

45 LT-Dr. 11/6312, S. 59 [zu § 79 Abs. 6 Nr. 9].

46 Vgl. Blanke-*Trümner*, Rn. 695; Blanke/Fedder-*Baden*, Teil 5 Rn. 209.

zu angemessenen Bedingungen erfolgt und dass zusätzliche Belastungen der nicht entsandten Beschäftigten verhindert, gemildert oder ausgeglichen werden.[47]

Arbeitnehmerüberlassung liegt vor, wenn ein Arbeitgeber (Verleiher) einem Dritten (Entleiher) einen Arbeitnehmer (Leiharbeitnehmer) zur Arbeitsleistung überlässt.[48] Dabei wurde bislang zwischen gewerbsmäßiger und nicht gewerbsmäßiger Arbeitnehmerüberlassung unterschieden; das **Arbeitnehmerüberlassungsgesetz** (AÜG) galt nur für die **gewerbsmäßige** Arbeitnehmerüberlassung (die »unechte Leiharbeit«). Die **EU-Leiharbeitsrichtlinie** (RL 2008/104/EG des Europäischen Parlaments und des Rates v. 19. 11. 08[49]) hat jedoch einen **weiteren Anwendungsbereich**, der natürliche und juristische Personen erfasst, die eine **wirtschaftliche Tätigkeit** ausüben, unabhängig davon, ob sie Erwerbzwecke verfolgen oder nicht (Art. 1 Abs. 2 a. a. O.). Im Anschluss daran hat das der Umsetzung der Leiharbeitsrichtlinie dienende »Erste Gesetz zur Änderung des Arbeitnehmerüberlassungsgesetzes – Verhinderung von Missbrauch der Arbeitnehmerüberlassung« v. 28. 4. 11[50] den Anwendungsbereich des AÜG mit Wirkung vom 1. 12. 11 entsprechend ausgedehnt, indem es den engeren Begriff »gewerbsmäßig« durch die Formulierung »im Rahmen ihrer wirtschaftlichen Tätigkeit« ersetzt hat (§ 1 Abs. 1 S. 1 AÜG n. F.).[51] In dem **Dreiecksverhältnis** der Beteiligten bestehen ein durch den **Arbeitnehmerüberlassungsvertrag** zwischen Verleiher und Entleiher zustande gekommenes Überlassungsverhältnis, ein durch Arbeitsvertrag zwischen Verleiher (»Vertragsarbeitgeber«) und Leiharbeitnehmer begründetes **Arbeitsverhältnis** und ein ohne vertragliche Beziehungen zwischen Entleiher (»Beschäftigungsarbeitgeber«) und Leiharbeitnehmer zustande gekommenes **Beschäftigungsverhältnis**, in dem der Entleiher gegenüber dem Leiharbeitnehmer gewisse Arbeitgeberrechte und -pflichten, insbesondere das Weisungsrecht hinsichtlich der Ausführung der Arbeit, und der Leiharbeitnehmer gegenüber dem Entleiher gewisse Arbeitnehmerrechte und -pflichten, insbesondere die Pflicht zur Erbringung der Arbeitsleistung, hat. Personalvertretungsrechtlich sind Leiharbeitnehmer **Beschäftigte** der entleihenden Dienststelle und ggf. auch Beschäftigte der verleihenden Dienststelle (vgl. § 4 Rn. 8). Die **Anhörung** nach Nr. 8 bezieht sich auf **alle Arbeitnehmerüberlassungsverträge**, unabhängig davon, ob sie die unechte oder echte Leiharbeit betreffen und ob der Träger der Dienststelle dabei Entleiher oder Verleiher ist. Es kommt auch nicht darauf an, wie der beabsichtigte Vertrag bezeichnet ist und ob er 21

47 Vgl. Fricke-*Thommes*, § 66 Rn. 94, 95.
48 Vgl. zum Folgenden Schaub-*Koch*, § 120 Rn. 4 ff.; ErfK-*Roloff*, § 2 AÜG Rn. 11 ff.
49 ABl. L 327 v. 5. 12. 08, S. 9.
50 BGBl. I S. 642.
51 Vgl. dazu *Leuchten*, NZA 11, 608 [zu II m. w. N.].

(bei Arbeitnehmerüberlassung i. S. d. AÜG) einen Hinweis auf die Erlaubnis nach § 1 AÜG enthält; entscheidend ist vielmehr, ob der Verleiher dem Entleiher nach dem Vertragsinhalt Arbeitskräfte überlässt, die der Entleiher nach eigenen betrieblichen Erfordernissen einsetzen kann.[52]

22 Die **herkömmliche Gestellung von Personal** unterscheidet sich von der Arbeitnehmerüberlassung v. a. dadurch, dass sie nicht mit einer Aufspaltung der Arbeitgeberposition in einen »Vertragsarbeitgeber« und einen »Beschäftigungsarbeitgeber« verbunden ist. Für sie ist typisch, dass der Gesteller nicht nur für die Vergütung, sondern auch für den Einsatz und die Überwachung des gestellten Personals selbst sorgt.[53] **Gestellungsverträge** kommen in unterschiedlichen Varianten vor. Es kann sich auch um Verträge zwischen dem Träger der Dienststelle und einer weltlichen oder religiösen Gemeinschaft handeln, welcher die zum Arbeitseinsatz in der Dienststelle zur Verfügung gestellten Personen als Mitglieder angehören, z. B. um Verträge mit einer **Schwesternorganisation des DRK** oder einer **Kirche**. Obwohl diese Personen nach h. M. keine Arbeitnehmer sind, sind sie nach § 4 Abs. 1 als **Beschäftigte** der Dienststelle.

23 Eine **neuere Variante** von **Personalgestellungsverträgen** betrifft den Einsatz von Arbeitnehmern, die bei einem Betriebsübergang dem Übergang ihres Arbeitsverhältnisses auf den neuen privaten Arbeitgeber widersprochen haben und diesem mit oder ohne ihre Zustimmung zur Verfügung gestellt werden, wobei es sich bei fehlender Zustimmung um eine **Dienstleistungsüberlassung** handelt.[54] Im Falle der Privatisierung kann auch die Dienstleistungsüberlassung von Beamten erfolgen.[55] Die **Anhörung** nach Nr. 8 bezieht sich aber nur auf **Arbeitnehmergestellungsverträge**.

24 In den Geltungsbereichen des **TVöD** und des **TV-L** ist **Personalgestellung** (unter Fortsetzung des bestehenden Arbeitsverhältnisses) die auf Dauer angelegte Beschäftigung bei einem Dritten, wobei die Modalitäten dieser Personalgestellung zwischen dem Arbeitgeber und dem Dritten vertraglich geregelt werden (Protokollerklärung jeweils zu § 4 Abs. 3 TVöD/TV-L). Für einen derartigen **Personalgestellungsvertrag** kommen verschiedene **Gestaltungsformen** in Betracht, insb. die Dienstleistungsüberlassung, bei der das Weisungsrecht beim (öffentlichen) »Vertragsarbeitgeber« verbleibt, oder die Arbeitnehmerüberlassung, bei der das Weisungsrecht auf den (privaten) »Einsatzarbeitgeber« übergeht.[56] Die **Anhörung** erstreckt sich auf beide Gestaltungsformen.

52 *OVG NW* v. 12. 3. 07 – 1 A 2037/05.PVL –, PersR 07, 393.
53 Vgl. *Trümner*, a. a. O., Rn. 696; *Baden*, a. a. O., Rn. 210.
54 Vgl. *Blanke*, Rn. 874 f., 880 ff., 897.
55 Vgl. *Blanke*, a. a. O., Rn. 943, 948, 963 ff.
56 Näher dazu Blanke/Fedder-*Gronimus/Kröll*, Teil 6 Rn. 362 ff.

Das *BAG* hat allerdings die umstrittene Privilegierung der Personalgestellung nach § 4 Abs. 3 TVöD/TV-L dem *EuGH* zur Prüfung vorgelegt, ob die Regelung oder inhaltsgleiche Regelungen in den Tarifverträgen des öffentlichen Dienstes des Bundes und der Länder Arbeitnehmerüberlassung i. S. der RL 2008/104/EG ist und damit grundsätzlich in ihren Anwendungsbereich fällt.[57] **24a**

Gegenstand der **Anhörung** nach Nr. 8 ist der Abschluss des jeweiligen Arbeitnehmerüberlassungs- oder Arbeitnehmergestellungsvertrages. Dabei geht es um die Frage, ob ein **Vertragsabschluss** erfolgen soll,[58] um die **Art der Arbeiten**, für die Arbeitnehmer überlassen oder gestellt werden sollen, und um die **Konditionen** des Vertrages.[59] Dabei hat der PR ggf. auch zu **prüfen**, ob der Vertrag den Anforderungen des § 12 Abs. 1 AÜG entspricht, und sich zu vergewissern, ob der Verleiher die erforderliche Erlaubnis nach § 1 Abs. 1 S. 1 AÜG besitzt.[60] Die **Bestimmung der Personen**, die überlassen oder gestellt werden sollen, unterliegt (entgegen der 1. Auflage.) ebenfalls der Anhörung, weil erst der tatsächliche Einsatz in der Dienststelle als **Einstellung** i. S. d. Mitbestimmungstatbestandes des § 75 Abs. 1 Nr. 2 angesehen werden kann und andernfalls eine Beteiligungslücke entstünde (vgl. § 75 Rn. 14ff.). Ihre Entsendung zu einem Dritten kann insbesondere als **Abordnung** oder **Zuweisung** nach § 75 Abs. 2 Nr. 2 oder 3 mitbestimmungspflichtig sein (vgl. § 75 Rn. 119ff. [121], 124ff.). Der Anhörungstatbestand nach Nr. 8 und die genannten Mitbestimmungstatbestände schließen sich nicht gegenseitig aus.[61] **25**

i) Kündigung und Entlassung (Nr. 9)

Nach dem durch Art. 6 Nr. 24 DRG geänderten Abs. 3 S. 1 ist der PR vor der **Beendigung des Arbeitsverhältnisses in der Probezeit**, vor **fristlosen Entlassungen** von Beamten und vor **außerordentlichen Kündigungen** von Arbeitnehmern anzuhören. Das Verfahren der **Anhörung** ist nicht in einer gesonderten Vorschrift, sondern fragmentarisch in Abs. 2 und 3 geregelt. Aufgrund der Verweisung in Abs. 3 S. 4 auf § 75 Abs. 4 Nr. 1 sind die dort bezeichneten **Beamten und Arbeitnehmer mit hoher Besoldung bzw. Vergütung oder in leitender Funktion** von der Anhörung ausgenommen. **26**

Der Anhörungstatbestand »**Beendigung des Arbeitsverhältnisses während der Probezeit**« ist durch Art. 6 Nr. 24 DRG (vgl. vor § 68 Rn. 18) eingeführt **27**

---

57 *BAG,* Vorlagebeschluss v. 16. 6. 21 – 6 AZR 390/20 A –, NZA 21, 1269.

58 Vgl. Leuze-*Flintorp*, § 87 Rn. 21.

59 Vgl. *Trümner*, a. a. O., Rn. 698; *Baden*, a. a. O., Rn. 213, jew. m. w. N.

60 Vgl. *Welkoborsky u. a.*, § 72 Rn. 168; a. A. Leuze-*Flintorp*, § 87 Rn. 21, die meint, zur Überprüfung sei ausschließlich der Dienststellenleiter zuständig.

61 Vgl. *OVG NW* v. 12. 3. 07 – 1 A 2037/05.PVL –, PersR 07, 393.

worden. Die während der Probezeit ausgesprochene außerordentliche Kündigung (ebenso wie andere außerordentliche Kündigungen) war schon vor dem DRG anhörungspflichtig (vgl. Rn. 31). Mit Art. 6 Nr. 24 DRG hat der Landesgesetzgeber auch die während der Probezeit ausgesprochene ordentliche Kündigung des Arbeitsverhältnisses aus der damaligen Mitwirkung herausgenommen. Er hat für diese Reduzierung des personalvertretungsrechtlichen Schutzes der betroffenen Arbeitnehmer Gründe der Verfahrensbeschleunigung genannt.[62] Im Unterschied zum BPersVG enthalten auch acht **andere LPersVG** vergleichbare Sondertatbestände und sehen dafür das für die außerordentlichen Kündigung jeweils geltende schwächere Beteiligungsrecht vor; und zwar teils für die »Beendigung« (BY: Art. 77 Abs. 3; HH: § 87 Abs. 3 S. 1 bis 3; SL: § 80 Abs. 3; ST: § 67 Abs. 2 [jew. Anhörung]), teils für die »Kündigung« des Arbeitsverhältnisses während der Probezeit (HE: § 78 Abs. 2; SN: § 73 Abs. 6 [jew. Anhörung]; BB: § 68 Abs. 1 Nr. 2; NI: § 75 Abs. 1 Nr. 3 [jew. Mitwirkung statt Mitbestimmung]).

28 Die **Probezeit** von Beschäftigten, die **Arbeitnehmer** i. S. d. LPVG »sind«, kann im Arbeitsvertrag (auch im befristeten Arbeitsverhältnis) vereinbart[63] oder durch Tarifvertrag geregelt sein, was insbesondere im TV-L und TVöD der Fall ist. Im unbefristeten Arbeitsverhältnis gelten nach § 2 Abs. 4 S. 1 TV-L/TVöD die ersten sechs Monate der Beschäftigung als Probezeit, soweit nicht eine kürzere Zeit vereinbart ist; die Kündigungsfrist beträgt nach § 34 Abs. 1 S. 1 TV-L/TVöD bis zum Ende des sechsten Monats seit Beginn des Arbeitsverhältnisses zwei Wochen zum Monatsschluss.[64] Nach § 30 Abs. 4 TV-L/TVöD gelten bei befristeten Arbeitsverträgen ohne sachlichen Grund (§ 14 Abs. 2, 2a und 3 TzBfG) die ersten sechs Wochen und bei befristeten Arbeitsverträgen mit sachlichem Grund (§ 14 Abs. 1 TzBfG) die ersten sechs Monate als Probezeit; innerhalb der Probezeit kann der Arbeitsvertrag mit einer Frist von zwei Wochen zum Monatsschluss gekündigt werden.[65] Bei Beschäftigten, die sich in einer **beruflichen Ausbildung** für eine Arbeitnehmertätigkeit befinden und die deshalb gemäß § 4 Abs 4 als Arbeitnehmer i. S. d. LPVG »gelten«, sind die Regelungen im **Berufsbildungsgesetz** und (teilw. davon abweichend) in den vergleichbaren Gesetzen für die Ausbildung in den nichtakademischen Gesundheitsfachberufen maßgeblich. Nach § 20 BBiG beginnt das Berufsausbildungsverhältnis mit der Probezeit; diese muss mindestens einen Monat und darf höchstens vier Monate betragen;[66] nach § 3 Abs. 1 TVA-L BBiG bzw. TVAöD – BT BBiG – beträgt sie drei Monate. Davon abweichend bestimmen z. B. § 20 PflBg (sowie § 3 Abs. 1

62 LT-Dr. 14/6694, S. 569 [zu Nr. 24].

63 *BAG* v. 24. 1. 08 – 6 AZR 519/07 –, AP Nr. 64 zu § 622 BGB.

64 Vgl. *Görg/Guth*, TVöD, § 2 Rn. 15, § 34 Rn. 3.

65 Vgl. *Görg/Guth*, TVöD, § 34 Rn. 3.

66 Vgl. Wedde-*Lakies*, BBiG, § 20 Rn. 3 ff.

TVA-L Pflege bzw. TVAöD – BT Pflege –), dass die Probezeit der Auszubildenden für die Berufe Gesundheits- und Krankenpfleger/in, Gesundheits- und Kinderkrankenpfleger/in, Entbindungspfleger/in sowie Altenpfleger/in sechs Monate beträgt. Nach § 22 Abs. 1 BBiG und § 22 Abs. 1 PflBG (sowie § 3 Abs. 2 TVA-L BBiG bzw. TVAöD – BT BBiG – und § 3 Abs. 2 TVA-L Pflege bzw. TVAöD – BT Pflege –) kann das Ausbildungsverhältnis während der Probezeit jederzeit ohne Einhalten einer Kündigungsfrist gekündigt werden.[67]

Der Anhörungstatbestand »Kündigung des Arbeitsverhältnisses während 29 der Probezeit« erfasst jede vom Arbeitgeber (bzw. Ausbildenden insbesondere i. S. d. § 10 Abs. 1 BBiG) beabsichtigte **ordentliche Kündigung**, die dem gekündigten Beschäftigten gegenüber (noch) **während des Laufs der Probezeit** ausgesprochen werden soll. Dabei kommt es nicht darauf an, ob das Arbeitsverhältnis (oder Ausbildungsverhältnis) durch die Kündigung vor dem oder zu dem Ablauf der Probezeit oder erst danach enden soll, wobei eine Auslauffrist im Ausbildungsverhältnis nicht unangemessen lang bemessen sein darf.[68] Dagegen erstreckt sich der Anhörungstatbestand nicht auf sog. **Wartezeitkündigungen**, die außerhalb der Probezeit, aber vor Erfüllung der für den Kündigungsschutz nach dem KSchG maßgeblichen Wartezeit nach § 1 Abs. 1 KSchG erfolgen sollen,[69] weil Probezeit und Wartezeit nicht identisch sind.

Eine **außerordentliche Kündigung** beendet das Arbeitsverhältnis vorzeitig 30 und ohne Beachtung der sonst geltenden Kündigungsfristen. Nach § 626 Abs. 1 BGB kann sie nur aus **wichtigem Grund** und nach § 626 Abs. 2 BGB nur innerhalb einer **Frist von zwei Wochen** erfolgen, die mit dem Zeitpunkt beginnt, »in dem der Kündigungsberechtigte von den für die Kündigung maßgebenden Tatsachen Kenntnis erlangt«.[70] Fällt das Arbeitsverhältnis unter einen **Tarifvertrag**, gelten für die außerordentliche Kündigung ggf. dessen Bestimmungen. Von § 626 BGB dürfen diese jedoch nicht zum Nachteil des Arbeitnehmers abweichen.[71] Die außerordentliche Kündigung erfolgt i. d. R. **fristlos**. Jedoch steht es dem Arbeitgeber frei, die Kündigung erst nach einer **Auslauffrist** wirksam werden zu lassen, die i. d. R. kürzer ist als die bei der ordentlichen Kündigung einzuhaltende Frist.[72] Von der außer-

---

67 Vgl. Wedde-*Lakies*, BBiG, § 22 Rn. 2.

68 *BAG* v. 21. 4. 66 – 2 AZR 264/65 –, AP Nr. 1 zu § 53 BAT, u. v. 10. 11. 88 – 2 AZR 26/88 –, AP Nr. 8 zu § 15 BBiG; vgl. PK-TVöD-*Guth*, § 34 Rn. 20; teilw. a. A. Wedde-*Lakies*, BBiG, § 22 Rn. 2.

69 Vgl. DDZ-*Deinert*, § 1 KSchG Rn. 23 ff.

70 Näher dazu DDZ-*Däubler*, § 626 BGB Rn. 335 ff.

71 Vgl. *BAG* v. 19. 1. 73 – 2 AZR 103/72 –, AP Nr. 5 zu § 626 BGB Ausschlussfrist; ferner DDZ-*Däubler*, § 626 BGB Rn. 369.

72 Vgl. DDZ-*Däubler*, § 626 BGB Rn. 16 ff.

ordentlichen Kündigung mit Auslauffrist ist die **befristete** außerordentliche Kündigung zu unterscheiden, die gegenüber einem ordentlich unkündbaren Arbeitnehmer in Betracht kommen kann; sie unterliegt nicht der Anhörung, sondern der Mitbestimmung des PR nach § 75 Abs. 1 Nr. 12. Nach abzulehnender Rspr. des *BAG* sollen »**Kampfkündigungen**«, d. h. außerordentliche fristlose Kündigungen als Gegenmaßnahme des Arbeitgebers auf rechtswidrige Arbeitsniederlegungen, der Anhörung des Betriebsrats – und dementsprechend auch der des PR – nicht unterliegen[73] (ferner § 68 Rn. 15). Die **außerordentliche Kündigung des Berufsausbildungsverhältnisses** ist geregelt in § 22 Abs. 2 bis 4 BBiG (bzw. in § 22 PflBG, § 20 AltPflG, § 38 HebG). Danach kann das Ausbildungsverhältnis nach der Probezeit vom Ausbildenden nur aus einem wichtigen Grund ohne Einhaltung einer Kündigungsfrist gekündigt werden, wobei die Anforderungen höher sind als nach § 626 BGB.[74]

31 Die **fristlose Entlassung** betrifft die Beendigung des Beamtenverhältnisses durch **Verwaltungsakt** in den Fällen, die nicht von § 75 Abs. 2 Nr. 10 erfasst werden, weil eine Frist nicht gewährt wird.[75] Sie kommt bei Beamten auf Probe oder auf Widerruf (§ 4 Abs. 3 u. 4 BeamtStG) in Betracht. **Beamte auf Probe** können nach § 23 Abs. 3 S. 1 Nr. 1 BeamtStG i. V. m. § 31 Abs. 4 S. 4 LBG »mit Bekanntgabe der Entlassungsverfügung« und somit fristlos entlassen werden, wenn sie eine Handlung begehen, die im Beamtenverhältnis auf Lebenszeit mindestens eine Kürzung der Dienstbezüge zur Folge hätte (§ 29 LDG). **Beamte auf Widerruf** können nach § 23 Abs. 4 S. 1 und 2 BeamtStG grundsätzlich »jederzeit« entlassen werden, u. a. auch dann und auch fristlos, wenn dies bei einem Beamten auf Probe wegen eines Dienstvergehens möglich wäre.

2. Form der Unterrichtung des Personalrats (Abs. 2)

32 In den Fällen des Abs. 1 Nr. 1 bis 8 gilt § 70 Abs. 2 mit der Maßgabe, dass anstelle der Schriftform auch die **mündliche Unterrichtung** in einer Sitzung des PR erfolgen kann. Durch den Verweis auf § 70 Abs. 2 wird die Dienststelle grundsätzlich verpflichtet,[76] zu Äußerungen des PR zeitnah Stellung zu nehmen. Dies entspricht schon dem Gebot der partnerschaftlich vertrauensvollen Zusammenarbeit. Abweichend von § 70 Abs. 2 ist jedoch auch eine mündliche Stellungnahme oder mündliche Begründung der Ablehnung in

73 Urt. v. 14.2.78 – 1 AZR 76/76 –, AP Nr. 58 zu Art. 9 GG Arbeitskampf; vgl. DKW-*Bachner/Deinert*, § 102 Rn. 43 m. w. N.

74 Näher dazu DDZ-*Wroblewski*, § 22 BBiG Rn. 15 ff.; Wedde-*Lakies*, BBiG, § 22 Rn. 4 ff.

75 Vgl. *BVerwG* v. 9.5.85 – 2 C 28.83 –, PersR 86, 55.

76 LT-Dr. 15/4224, S. 158 [zu § 82 Abs. 2].

einer Sitzung des PR möglich. Die Schriftlichkeit soll angesichts der oftmals komplexen Zusammenhänge nicht gefordert werden, um ausufernden Schriftwechsel zu vermeiden.[77]

3. Verfahren in den Fällen des Abs. 1 Nr. 9 (Abs. 3)

Das **Verfahren der Anhörung nach Nr. 9** wird dadurch **eingeleitet**, dass 33
der Dienststellenleiter – oder ein anderer, zu seiner Vertretung berechtigter Beschäftigter der Dienststelle (vgl. § 5 Rn. 18) – dem zuständigen PR (vgl. § 75 Rn. 84) die beabsichtigte Kündigung bzw. Entlassung **mitteilt**. Dabei hat er den PR nach § 75 Abs. 1 S. 1 und 2 über die beabsichtigte Maßnahme zu unterrichten und sie nach Abs. 3 S. 2 zu **begründen**. Dies hat unter Vorlage der erforderlichen Unterlagen ebenso umfassend zu geschehen wie bei einer ordentlichen Kündigung (vgl. § 75 Rn. 79 ff.).[78] Der Dienststellenleiter hat auch bei einer außerordentlichen Kündigung entsprechend dem Grundsatz der subjektiven Determination alle von ihm für erforderlich gehaltenen Gründe zu benennen.[79] Obwohl eine bestimmte **Form** der Unterrichtung nicht vorgeschrieben ist, empfiehlt sich die Schriftform (vgl. § 75 Rn. 93).[80] Für das **Nachschieben** von Kündigungsgründen gelten die gleichen Grundsätze wie bei der ordentlichen Kündigung (vgl. § 75 Rn. 92).

Die **Anhörung** des PR besteht darin, dass er zu der beabsichtigten Maßnah- 34
me Stellung nehmen kann. Es entspricht dem Gebot der partnerschaftlich vertrauensvollen Zusammenarbeit (vgl. § 2 Rn. 4), auf Wunsch des PR eine vorherige **Erörterung** mit dem Dienststellenleiter durchzuführen.[81] Der PR ist nach Abs. 3 S. 2 verpflichtet, **unverzüglich** – d. h. ohne schuldhaftes Zögern (§ 121 Abs. 1 S. 1 BGB) – über seine Stellungnahme zu entscheiden; **Bedenken** hat er dem Dienststellenleiter unter Angabe der Gründe spätestens innerhalb von **drei Arbeitstagen schriftlich oder elektronisch** (vgl. § 82 Rn. 10) mitzuteilen. Für die Berechnung der Frist gilt das Gleiche wie im Verfahren der Mitbestimmung oder Mitwirkung (vgl. § 76 Rn. 17; § 82 Rn. 10). Die Äußerungsfrist ist nach h. M. eine nicht verlängerbare **Ausschlussfrist**.[82] Sie kann vom Dienststellenleiter nicht einseitig verkürzt werden.[83] Der Dienststellenleiter hat die mitgeteilten Bedenken des PR zu **prüfen** und danach zu **entscheiden**, ob er an der beabsichtigten Maßnahme

77 LT-Dr. 15/4224, S. 158 [zu § 82 Abs. 2].
78 Altvater-*Dierßen*, § 86 Rn. 6.
79 *BAG* v. 21.6.01 – 2 AZR 30/00.
80 Ferner Lorenzen-*Sachadae*, § 86 Rn. 33.
81 Vgl. Altvater-*Dierßen*, § 86 Rn. 8 m. w. N.
82 Vgl. Altvater-*Dierßen*, § 86 Rn. 8 m. w. N.
83 Vgl. Altvater-*Dierßen*, a. a. O.; *Fischer/Goeres/Gronimus*, § 79 a. F. Rn. 22b; DKW-*Bachner/Deinert*, § 102 Rn. 184; a. A. Lorenzen-*Sachadae*, § 86 Rn. 37.

festhalten oder von ihr absehen will.[84] Damit ist das Anhörungsverfahren beendet.

35 Ist die Personalvertretung entgegen Abs. 1 Nr. 9 **nicht oder nicht fehlerfrei angehört** worden, so ist nach § 128 BPersVG die gleichwohl ausgesprochene anhörungspflichtige **Kündigung unwirksam**.[85] Dagegen ist die **Entlassungsverfügung** zwar ein wirksamer, aber ein **rechtswidriger und anfechtbarer Verwaltungsakt**.[86] Allerdings ist die fristlose Entlassung nicht schon dann rechtswidrig, wenn ihr statt des Anhörungsverfahrens ein Mitwirkungsverfahren vorausgegangen ist, weil es sich dabei um die stärkere Beteiligungsform handelt.[87] Aus dem gleichen Grund ist eine anhörungspflichtige Kündigung nicht deshalb unwirksam, weil der PR im Mitbestimmungsverfahren (und dabei fehlerfrei) beteiligt worden ist. Ist der PR nur angehört worden, so ist die **Umdeutung** einer unwirksamen außerordentlichen Kündigung in eine ordentliche Kündigung grundsätzlich ebenso wenig möglich[88] wie die Umdeutung einer fristlosen in eine fristgemäße Entlassung.[89] Etwas anderes soll nach der bedenklichen Rspr. des *BAG* jedoch ausnahmsweise dann gelten, wenn der PR der beabsichtigten außerordentlichen Kündigung bzw. fristlosen Entlassung ausdrücklich und vorbehaltslos zugestimmt hat.[90] Die Kündigung ist grundsätzlich auch dann unwirksam, wenn der Dienststellenleiter sie bereits vor Ablauf der Äußerungsfrist des PR ausgesprochen hat, ohne deren Stellungsnahme abzuwarten.[91] Eine nachträgliche Zustimmung des PR heilt diesen Mangel nicht.[92]

§ 88 Durchführung von Entscheidungen, vorläufige Regelungen

(1) Entscheidungen, an denen der Personalrat beteiligt war, führt die Dienststelle durch, es sei denn, dass im Einzelfall etwas anderes vereinbart ist.

(2) Wird eine Maßnahme, welcher der Personalrat zugestimmt hat, die durch den Personalrat als gebilligt gilt oder die auf Antrag des Personalrats zustande gekommen ist, von der Dienststelle nicht oder nicht in an-

---

84 Altvater-*Dierßen*, § 86 Rn. 9; *Fischer/Goeres/Gronimus*, a. a. O.

85 Vgl. Altvater-*Baunack*, § 128 Rn. 23 ff.

86 *BVerwG* v. 1. 12. 82 – 2 C 59.81 –, PersV 85, 296, v. 9. 5. 85 – 2 C 28.83 –, PersR 86, 55, u. v. 24. 9. 92 – 2 C 6.92 –, PersR 93, 73; Altvater-*Dierßen*, § 86 Rn. 11.

87 *OVG NW* v. 24. 3. 88 – 12 A 854/86 –, DÖD 88, 269.

88 *BAG* v. 12. 2. 73 – 2 AZR 116/72 –, AP Nr. 6 zu § 626 BGB Ausschlussfrist.

89 *VGH BW* v. 21. 11. 89 – 4 S 2258/89 –, PersV 90, 493.

90 *BAG* v. 23. 10. 08 – 2 AZR 388/07 –, AP Nr. 217 zu § 626 BGB, bzw. *BVerwG* v. 24. 9. 92 – 2 C 6.92 –, PersR 93, 73; näher dazu Altvater-*Dierßen*, § 86 Rn. 10 f. m. w. N.

91 Vgl. *BAG* v. 13. 11. 75 – 2 AZR 610/74 –, AP Nr. 7 zu § 102 BetrVG 1972.

92 Vgl. *BAG* v. 28. 2. 74 – 2 AZR 455/73 –, AP Nr. 2 zu § 102 BetrVG 1972.

gemessener Zeit durchgeführt, unterrichtet diese den Personalrat unter Angabe der Gründe.

(3) Der Personalrat darf nicht durch einseitige Handlungen in den Dienstbetrieb eingreifen.

(4) [1]Die Dienststelle kann bei Maßnahmen, die der Natur der Sache nach keinen Aufschub dulden, bis zur endgültigen Entscheidung vorläufige Regelungen treffen. [2]Sie hat dem Personalrat die vorläufige Regelung mitzuteilen und zu begründen und unverzüglich das Verfahren

1. in Mitbestimmungsangelegenheiten nach §§ 76 bis 78 Absatz 1,

2. in Mitwirkungsangelegenheiten nach §§ 82 und 83

einzuleiten oder fortzusetzen.

Vergleichbare Vorschriften:
Abs. 1 und 3: § 64 BPersVG; Abs. 2: keine im BPersVG und BetrVG; Abs. 4: §§ 76, 83 BPersVG, keine im BetrVG

Inhaltsübersicht Rn.

1. Durchführung von Entscheidungen (Abs. 1)

Dem Leiter der Dienststelle obliegt die verantwortliche Leitung des gesamten Dienstbetriebes. Als Repräsentant des Dienstherrn und öffentlichen Arbeitgebers steht ihm in der Dienststelle das Direktionsrecht zu (vgl. § 5 Rn. 11 f.). Die Beteiligungsrechte des PR schränken seine Entscheidungsfreiheit zwar ein, sie ändern aber nichts an seiner Befugnis, getroffene Entscheidungen durchzuführen. Auch wenn eine Maßnahme nach § 69 Abs. 1 nur mit Zustimmung des PR zulässig ist, ergibt sich daraus kein Mitdirektionsrecht des PR. In Abs. 1 Hs. 1 wird dies durch den Grundsatz klargestellt, dass die Dienststelle – genauer: der für sie handelnde Dienststellenleiter – auch die Entscheidungen durchführt, an denen der PR beteiligt war. Das gilt unabhängig davon, ob die durchzuführende Entscheidung von der Dienststelle selbst, einer übergeordneten Dienststelle, einem zuständigen Organ des Rechtsträgers der Dienststelle oder der Einigungsstelle getroffen worden ist, ob ihr eine Dienstvereinbarung zugrunde liegt und ob die Beteiligung ordnungsgemäß erfolgt ist.[1] Eine Beteiligung i. S. d. Vorschrift meint alle im 1

1 Näher dazu *Fischer/Goeres/Gronimus*, § 74 a. F. Rn. 4 ff.

LPersVG enthaltenen Beteiligungsformen, also die Mitbestimmung, Mitwirkung, Anhörung und auch Tätigkeiten des PR nach § 70 Abs. 1.[2] Entscheidungen i. S. v. § 88 sind solche der Verwaltung oder der Einigungsstelle.[3]

2 Hat der PR einer vom Dienststellenleiter beabsichtigten Maßnahme zugestimmt, dann ist dieser berechtigt, sie durchzuführen. Der PR hat aber grundsätzlich keinen Anspruch darauf, dass dies geschieht.[4] Anders ist es, wenn eine Dienstvereinbarung besteht oder nachwirkt (vgl. § 85 Rn. 22) oder wenn der Dienststellenleiter, eine übergeordnete Dienststelle oder das zuständige Organ des Rechtsträgers der Dienststelle eine vom PR nach § 70 Abs. 1 Nr. 1 und 8 oder § 84 vorgeschlagene sonstige Maßnahme zugesagt oder wenn die Einigungsstelle eine solche Maßnahme nach § 78 Abs. 2 S. 1 mit bindender Wirkung für die Beteiligten beschlossen hat. In einem derartigen Fall besteht eine Durchführungspflicht des Dienststellenleiters.[5]

3 Der Grundsatz des Abs. 1 Hs. 1 gilt nicht für den Vollzug von Entscheidungen, die nach dem Gesetz in die alleinige Zuständigkeit des PR oder seines Vorsitzenden fallen.[6] Dazu gehören insb. die Einberufung und Durchführung von PR-Sitzungen (§§ 30 und 32), die Bekanntmachungen am »Schwarzen Brett« und die Herausgabe von Informationsschriften (§ 45 Abs. 3) sowie die Einberufung und Durchführung von Personalversammlungen (§§ 49 bis 53).

4 Nach Abs. 1 Hs. 2 kann im Einzelfall vereinbart werden, dass der PR Entscheidungen durchführt, an denen er beteiligt war. Derartige abweichende Vereinbarungen sind zwischen Dienststellenleiter und PR abzuschließen. Da sie nur »im Einzelfall« geschlossen werden können, haben sie Ausnahmecharakter und können die Durchführungskompetenz nicht generell auf den PR übertragen. Erforderlich ist ein Beschluss des PR. Da die Vereinbarung nach Abs. 1 Hs. 2 keine Dienstvereinbarung i. S. d. § 80 ist und für sie keine bestimmte Form vorgeschrieben ist, kann sie auch mündlich geschlossen werden.[7] Die Gegenstände einer abweichenden Vereinbarung legt das Gesetz nicht fest. In Betracht kommen v. a. soziale Angelegenheiten i. w. S., insbesondere bei der Verwaltung von Sozialeinrichtungen (§ 74 Abs. 2 Nr. 6), bei Maßnahmen zur Eingliederung bestimmter Personengruppen (§ 70 Abs. 1 Nr. 5 und 6) und bei der Umsetzung von nach § 70 Abs. 1 Nr. 1 beantragten Maßnahmen, zu denen auch betriebliche Gemeinschaftsveranstaltungen gehören können. Die Verantwortung des Dienststellenleiters

---

2 Richardi-*Weber*, § 74 a. F. Rn. 3.
3 Richardi-*Weber*, a. a. O.
4 *BVerwG* v. 15.11.95 – 6 P 2.94 –, PersR 96, 278.
5 Vgl. Altvater-*Berg*, § 64 Rn. 1b.
6 Vgl. *Fischer/Goeres/Gronimus*, § 74 a. F. Rn. 5.
7 Vgl. *Fischer/Goeres/Gronimus*, § 74 a. F. Rn. 6.

und die daran ggf. anknüpfende Haftung des Rechtsträgers der Dienststelle werden durch eine Vereinbarung nach Abs. 1 Hs. 2 nicht aufgehoben.[8]

2. Unterlassene oder verzögerte Durchführung gebilligter Maßnahmen (Abs. 2)

Nach der Neuregelung hat die Dienststelle die Pflicht, den PR bei Maßnahmen, an denen er beteiligt war und die nicht bzw. nicht binnen angemessener Frist durchgeführt werden, darüber unter Angabe der Gründe zu unterrichten. Damit wird der Grundsatz der vertrauensvollen und partnerschaftlichen Zusammenarbeit konkretisiert und dem PR ein Informationsrecht zugebilligt. Vollzieht der Dienststellenleiter die Maßnahme nicht, obwohl er dazu objektiv in der Lage wäre, hat der PR die Möglichkeit, eine Dienstaufsichtsbeschwerde zu erheben oder beim Verwaltungsgericht ein personalvertretungsrechtliches Beschlussverfahren nach § 92 Abs. 1 Nr. 3 einzuleiten.[9] 5

3. Verbot einseitiger Handlungen (Abs. 3)

Die Vorschrift stellt klar, dass ohne Einverständnis des Dienststellenleiters einseitige Eingriffe des PR in den Dienstbetrieb nicht zulässig sind. Dem PR ist es auch dann untersagt, den Beschäftigten Weisungen zu erteilen oder Weisungen des Dienststellenleiters zu widerrufen, wenn dieser durch sein Tun oder Unterlassen gegen Rechtsvorschriften verstößt. Liegt ein solcher Fall vor, kann der PR jedoch Dienstaufsichtsbeschwerde erheben oder, falls er in seinen Rechten verletzt wird, nach § 86 ein personalvertretungsrechtliches Beschlussverfahren vor dem Verwaltungsgericht einleiten und bei Eilbedürftigkeit den Erlass einer einstweiligen Verfügung beantragen.[10] Abs. 3 gilt nicht für die Amtshandlungen des PR (vgl. Rn. 3). Unzulässig wäre es aber z. B., Sprechstunden ohne das nach § 40 Abs. 1 S. 2 erforderliche Einvernehmen über deren Zeit und Ort abzuhalten. 6

Handelt der PR oder ein PR-Mitglied dem Verbot des Abs. 3 zuwider, kann darin eine nach § 24 Abs. 1 zu einem Auflösungs- bzw. Ausschlussverfahren führende grobe Pflichtverletzung liegen. Nach h. M. sollen wegen eines gleichzeitigen Verstoßes gegen die Pflichten aus dem Dienst- oder Arbeitsverhältnis zusätzlich disziplinar- bzw. arbeitsrechtliche Konsequenzen in Betracht kommen.[11] Das ist im Hinblick auf § 6 LPVG jedoch abzulehnen (vgl. § 24 Rn. 7). Ob der Rechtsträger der Dienststelle einen Schadensersatz- 7

8 Vgl. *Fischer/Goeres/Gronimus*, § 74 a. F. Rn. 6a.
9 Rooschüz-*Gerstner-Heck*, § 88 Rn. 4b.
10 Vgl. *Fischer/Goeres/Gronimus*, § 74 a. F. Rn. 7 ff.
11 Vgl. Richardi-*Weber*, § 74 a. F. Rn. 11 m. w. N.

anspruch gegenüber einem einzelnen PR-Mitglied haben kann, richtet sich nach den allgemeinen Vorschriften (§ 823 Abs. 1, § 826 BGB). Allerdings ist das Verbot des Abs. 3 kein Schutzgesetz i. S. d. § 823 Abs. 2 BGB, weil es keine Individualinteressen schützt.[12]

4. Vorläufige Regelungen (Abs. 4)

8 Die mit dem ÄndG 2013 eingefügte Regelung entspricht unter redaktionellen Anpassungen § 69 Abs. 5 und § 72 Abs. 7 a. F. ohne inhaltliche Änderung. Nach **S. 1** darf die Dienststelle bei Maßnahmen, die der Natur der Sache nach keinen Aufschub dulden, ohne Zustimmung des PR bis zur endgültigen Entscheidung **vorläufige Regelungen** treffen. Dabei handelt es sich um eine **eng auszulegende Ausnahmevorschrift**. Einerseits soll sie es der Dienststelle ermöglichen, bis zum Abschluss des Mitbestimmungsverfahrens vorläufige Regelungen zu treffen, soweit diese unabweisbar erforderlich sind, um einem vorrangigen und unaufschiebbaren Allgemeininteresse Rechnung zu tragen, andererseits soll sie sicherstellen, dass die Mitbestimmung auch unter diesen besonderen Bedingungen gewährleistet bleibt.[13] Dabei müssen sowohl die materiell-rechtlichen Voraussetzungen des Abs. 4 S. 1 vorliegen (vgl. Rn. 9–11) als auch die formal-rechtlichen Anforderungen des Abs. 4 S. 2 erfüllt werden (vgl. Rn. 13).

a) Materiell-rechtliche Voraussetzungen (Abs. 4 S. 1)

9 Vorläufige Regelungen sind nur bei **Maßnahmen** zulässig, **»die der Natur der Sache nach keinen Aufschub dulden«**. Diese Voraussetzung liegt nach st. Rspr. des *BVerwG* vor, wenn die Maßnahme trotz der fehlenden Zustimmung des PR eine vorläufige Regelung erfordert, um die Erfüllung von Pflichten und Aufgaben der Dienststelle im öffentlichen Interesse sicherzustellen.[14] Die Unaufschiebbarkeit bedeutet mehr als bloße Eilbedürftigkeit, der die Dienststelle i. d. R. mit der Möglichkeit zur Verkürzung der Äußerungsfristen nach §§ 76 Abs. 6 S. 2, 77 Abs. 2 S. 2, 82 Abs. 4 S. 2, 83 Abs. 1 S. 5 Rechnung tragen kann (vgl. § 76 Rn. 19). Ob eine Maßnahme unaufschiebbar ist, soll ausschließlich nach objektiven Gegebenheiten zum Zeitpunkt des Erlasses der vorläufigen Regelung zu beurteilen sein und nicht danach, ob die Unaufschiebbarkeit die Folge vorausgegangener Versäumnisse ist, die u. a. in der schuldhaft verzögerten Einleitung oder Durchführung des

12 Vgl. Richardi-*Weber*, § 74 a. F. Rn. 12.

13 *BVerwG* v. 19. 4. 88 – 6 P 33.85 –, PersR 88, 158.

14 *BVerwG* v. 25. 10. 79 – 6 P 53.78 –, PersV 81, 203, v. 20. 7. 84 – 6 P 16.83 –, PersR 85, 61, v. 14. 3. 89 – 6 P 4.86 –, PersR 89, 230, v. 16. 12. 92 – 6 P 6.91 –, PersR 93, 123, u. v. 2. 8. 93 – 6 P 20.92 –, PersR 93, 395.

Mitbestimmungsverfahrens bestehen können.[15] Begründet wird dies insbesondere damit, dass die Funktionsfähigkeit der Verwaltung sichergestellt werden müsse. Das überzeugt jedoch nicht, weil eine pflichtwidrig herbeigeführte »hausgemachte« Unaufschiebbarkeit nicht in der »Natur der Sache« liegt und das Instrument der vorläufigen Regelung in einem solchen Fall zur Umgehung des Mitbestimmungsrechts missbraucht werden kann.

Eine vorläufige Regelung i. S. d. Abs. 4 hängt nicht nur von ihrer Unaufschiebbarkeit ab, sondern auch davon dass der zu regelnde Sachverhalt seinem Gegenstand nach eine einstweilige Regelung zulässt, die weder rechtlich noch tatsächlich vollendete Tatsachen schafft (d. h. **keine bestandskräftige Vorwegnahme der Hauptsache** bedeutet).[16] Ausgeschlossen sind deshalb rechtsgestaltende Maßnahmen wie z. B. die vorbehaltlose unbefristete Einstellung von Bewerbern, die Ernennung von Beamten, die Kündigung von Wohnraum, die Rückgruppierung von Arbeitnehmern oder die Versetzung zu einer anderen Dienststelle.[17] Das Gleiche gilt für Rechtserklärungen, die mit Zugang wirksam werden, wie die Kündigung von Arbeitsverhältnissen. Dagegen soll eine Abordnung zulässig sein, weil sie ihrer Rechtsnatur nach bereits eine vorläufige Maßnahme ist.[18] Ausgeschlossen ist auch die Anordnung, an bestimmten Tagen Überzeitarbeit zu leisten, weil damit ein irreversibler Tatbestand geschaffen wird (vgl. aber Rn. 11).[19] **10**

Nach der Rspr. des *BVerwG* zur Ausgestaltung vorläufiger Regelungen[20] müssen diese sich zeitlich wie sachlich auf das unbedingt Notwendige beschränken und deshalb i. d. R. in der Sache so weit hinter der beabsichtigten endgültigen Maßnahme zurückbleiben, dass eine wirksame Ausübung des Mitbestimmungsrechts noch möglich bleibt. **Ausnahmsweise sollen diese Grenzen aber überschritten werden dürfen**, wenn die beabsichtigte Maß- **11**

---

15 *BVerwG* v. 25. 10. 79, a. a. O., v. 20. 7. 84, a. a. O., u. v. 4. 2. 92 – 6 PB 20.91 –, Buchh 251.4 § 81 Nr. 1; *VGH BW* v. 20. 4. 93 – PB 15 S 2869/92 –, PersR 93, 500; *BayVGH* v. 8. 9. 93 – 18 P 93.2374 –, PersR 94, 132; *HmbOVG* v. 22. 5. 00 – 8 Bf 660/98.PVL –, PersR 01, 40; *OVG NW* v. 27. 10. 99 – 1 A 3216/97.PVL –, PersR 00, 168, unter Aufgabe seiner bisher abw. Rspr. im Beschl. v. 22. 5. 86 – CL 4/85 –, PersV 91, 34; ferner *OVG NW* v. 28. 1. 03 – 1 B 1681/02.PVL –, PersR 04, 64; *OVG LSA* v. 13. 8. 09 – 5 L 17/06 –, PersR 09, 465.

16 *BVerwG* v. 20. 7. 84, a. a. O., v. 19. 4. 88, a. a. O., u. v. 22. 8. 88 – 6 P 27.85 –, PersR 88, 269.

17 *OVG HB* v. 21. 3. 91 – 2 B 36/91 –, PersV 93, 87; Rooschüz-*Gerstner-Heck*, § 88 Rn. 8.

18 *OVG RP* v. 10. 11. 78 – 2 B 251/78 –; *OVG SL* v. 1. 12. 78 – III W 1 616/78 –.

19 *BVerwG* v. 20. 7. 84 – 6 P 16.83 –, PersR 85, 61; *OVG NW* v. 9. 8. 89 – CB 29/87 –, PersR 90, 29.

20 *BVerwG* v. 19. 4. 88 – 6 P 33.85 –, PersR 88, 158, v. 22. 8. 88 – 6 P 27.85 –, PersR 88, 269, v. 14. 3. 89 – 6 P 4.86 –, PersR 89, 230 sowie v. 16. 12. 92 – 6 P 6.91 –, PersR 93, 123, u. – 6 P 27.91 –, PersR 93, 217.

nahme der Natur der Sache nach Einschränkungen überhaupt nicht zulässt (so z. B. bei Arbeitszeitänderungen in Katastrophenfällen) und wenn die durch die Mitbestimmung eintretende Verzögerung nicht bloß den geordneten Dienstbetrieb beeinträchtigen, sondern zu einer Schädigung oder konkreten Gefährdung überragender Gemeinschaftsgüter oder -interessen führen würde.[21] So hat das *VG Sigmaringen* die Einführung von 12-Stunden-Schichten in einer Klinik aus Anlass der Corona-Pandemie, der der PR zuvor die Zustimmung verweigert hatte, nicht als vorläufige Maßnahme i. S. d. § 88 Abs. 4 gebilligt.[22]

Die Zulassung endgültiger Regelungen lässt sich weder mit dem Wortlaut (»vorläufig«) noch mit dem Zweck des Abs. 4 vereinbaren, der auch darin besteht, die Mitbestimmung zu schützen.[23]

12 Unter den Voraussetzungen von **Abs. 4 S. 1** (vgl. Rn. 9–11) kann eine vorläufige Regelung **vor oder nach der Einleitung des Mitbestimmungsverfahrens und ggf. in jeder Phase dieses Verfahrens** getroffen werden. **Zuständig** dafür ist immer die Dienststelle, die die endgültige Maßnahme beabsichtigt.[24] Falls sich die für den Erlass der vorläufigen Regelung maßgebenden Verhältnisse ändern, ist die Regelung anzupassen, wobei eine Rücknahme oder Einschränkung, aber auch eine Verlängerung oder Ausweitung zulässig sein kann.[25]

b) Formal-rechtliche Anforderungen (Abs. 4 S. 2)

13 Nach **Abs. 4 S. 2** hat die Dienststelle dem PR »die vorläufige Regelung **mitzuteilen** und zu **begründen** und **zusätzlich unverzüglich das Verfahren gemäß §§ 76 bis 78 Abs. 1** (in Mitbestimmungsangelegenheiten) und **§§ 82 und 83** (in Mitwirkungsangelegenheiten) **einzuleiten oder fortzusetzen**«. Die Mitteilung besteht darin, dem PR die vorläufige Regelung in vollem Wortlaut zur Kenntnis zu bringen.[26] Die Begründung muss eingehend und sachbezogen sein.[27] Mitteilung und Begründung müssen **sofort** erfolgen. Das Mitbestimmungsverfahren ist einzuleiten oder ggf. in der Phase fortzusetzen, in der es sich zum Zeitpunkt der Anordnung der vorläufigen Regelung befindet, und zwar unverzüglich, d. h. ohne schuldhaftes Zögern

21 So bei Gefährdung der Volksgesundheit *OVG RP* v. 21. 6. 88 – 5 A 1/88 –, PersR 89, 331 Ls.

22 *VG Sigmaringen* v. 23. 11. 20 – PL 11 K 2474/20 –, NZA-RR 21, 157-.

23 Vgl. *Pieper*, PersR 90, 123.

24 *OVG LSA* v. 2. 4. 04 – 5 L 10/03 –, PersR 04, 320.

25 *BVerwG* v. 16. 12. 92 – 6 P 6.91 –; *VGH BW* v. 20. 4. 93, jew. a. a. O.

26 *OVG Hamburg* v. 1. 12. 94 – OVG Bs PH 2/92 –, PersR 95, 342.

27 *VGH BW* v. 26. 11. 91 – 15 S 2471/91 –, PersR 92, 258; *OVG LSA* v. 2. 4. 04 – 5 L 11/03 –, PersV 04, 349.

(§ 121 Abs. 1 S. 1 BGB), i. d. R. in Anlehnung an die Frist des § 87 Abs. 3 S. 2 spätestens am dritten Arbeitstag nach der Anordnung.[28] Alle Möglichkeiten einer Verfahrensbeschleunigung müssen ausgeschöpft werden. Dabei muss das Verfahren umso nachdrücklicher betrieben werden, je kürzer der Zeitraum ist, für den die vorläufige Regelung gelten soll.[29] Werden die formalrechtlichen Anforderungen des Abs. 4 S. 2 nicht erfüllt, ist oder wird die vorläufige Regelung rechtswidrig und ist unverzüglich aufzuheben.[30] Gleiches gilt, wenn die Zustimmung zu der beabsichtigten endgültigen Maßnahme endgültig verweigert und nicht ersetzt wird.[31]

§ 89 Zuständigkeit in nicht gestuften Verwaltungen

(1) [1]In Gemeinden und Gemeindeverbänden sowie sonstigen Körperschaften, Anstalten und Stiftungen des öffentlichen Rechts tritt in Verfahren nach den § 77 Absatz 3, §§ 78, 79 Absatz 1 Satz 2 und Absatz 3 sowie § 83 Absatz 2 an die Stelle

1. der obersten Dienstbehörde das in ihrer Verfassung vorgesehene oberste Organ oder ein Ausschuss dieses Organs oder, wenn ein solches nicht vorhanden ist, die Aufsichtsbehörde; in Zweifelsfällen bestimmt die zuständige oberste Landesbehörde die anzurufende Stelle,

2. der Stufenvertretung der Personalrat,

3. der Landesregierung das Organ nach Nummer 1.

[2]Besteht ein Gesamtpersonalrat, ist dieser zu hören.

(2) [1]Stehen soziale oder personelle Angelegenheiten der Beschäftigten, über die zwischen dem Personalrat und der Dienststelle keine Einigung besteht, in der Sitzung des Hauptorgans einer Gemeinde, eines Gemeindeverbandes, eines Zweckverbandes oder eines anderen öffentlich-rechtlichen Verbandes kommunaler Gebietskörperschaften zur Beratung an, so ist der Vorsitzende des Personalrats zur Darlegung der Auffassung des Personalrats in nicht öffentlicher Sitzung zu laden. [2]Das Gleiche gilt für Ausschüsse der Hauptorgane oder für vergleichbare Gremien, die aufgrund ihrer Satzung oder Verfassung als Beschlussorgan vorgesehen sind.

Vergleichbare Vorschriften:
Abs. 1: § 71 Abs. 1 S. 3 BPersVG; keine im BetrVG

---

28 Lorenzen-*Gerhold*, § 76 Rn. 18.

29 *BVerwG* v. 16. 12. 92 – 6 P 6.91 –, PersR 93, 123.

30 Vgl. *OVG LSA* v. 2. 4. 04 – 5 L 10/03 –, PersR 04, 320, u. v. 5. 10. 05 – 5 L 11/04 –, PersR 06, 169; näher dazu Altvater-*Lenders*, § 76 Rn. 8 a. E. m. w. N.

31 *OVG LSA* v. 2. 4. 04, a. a. O.

Inhaltsübersicht Rn.

1. Abweichende Verfahrens- und Zuständigkeitsregelungen (Abs. 1)

1 Die bislang in § 69 Abs. 3 S. 4 und § 72 Abs. 5 a. F. geregelten besonderen Zuständigkeitszuweisungen für Kommunen und andere Körperschaften, Anstalten und Stiftungen des öffentlichen Rechts unter Landesaufsicht in Mitbestimmungs- und Mitwirkungsfällen sind durch das ÄndG 2013 **zusammengeführt** worden. Der PR einer Kommune kann eine Angelegenheit binnen drei Wochen dem in der Verfassung vorgesehenen Organ oder einem Ausschuss dieses Organs vorlegen. Das folgt aus der Verweisung in § 89 Abs. 1 S. 1 auf § 83 Abs. 2. Inhaltlich ist im Vergleich zur bisherigen Regelung in § 72 Abs. 5 a. F. keine Änderung erfolgt.[32] Sinn und Zweck der Regelung ist es, auch in nicht gestuften Verwaltungen der Anrufung der Einigungsstelle noch einen Einigungsversuch zwischen Dienststelle und Personalvertretung vorzuschalten, um hierdurch unnötige Einigungsstellenverfahren zu vermeiden.[33]

2 **Abs. 1 S. 1** enthält eine Sonderregelung für Gemeinden, Landkreise und sonstige **Körperschaften, Anstalten und Stiftungen** des öffentlichen Rechts (sog. nicht gestufte Verwaltungen). Kommt in diesem Bereich eine Einigung zwischen Dienststelle und PR nicht zustande (vgl. § 78 Rn. 1), so ist grundsätzlich das in der Verfassung der jeweiligen juristischen Person vorgesehene oberste Organ oder ein Ausschuss dieses Organs anzurufen. Diese Regelung ist dann anzuwenden, wenn das oberste Organ oder sein Ausschuss nicht ohnehin für die Entscheidung über die beabsichtigte Maßnahme zuständig ist (vgl. Rn. 3). Das »**oberste Organ**« ist das »für die Geschäftsführung« zuständige oberste Organ.[34] Die »**Verfassung**« der meisten Körperschaften, Anstalten und Stiftungen ist in einem Gesetz oder in einer Satzung geregelt. Danach ist z. B. bei den Gemeinden der Gemeinderat (§ 24 GemO) und bei den Landkreisen der Kreistag (§ 19 LKrO) oberstes Organ i. S. d. Abs. 1 S. 1 Nr. 1. Die Möglichkeit, statt des obersten Organs einen **Ausschuss dieses Organs** als anzurufende Stelle vorzusehen, kommt für Dienststellen mit einer größeren Zahl von Beschäftigten in Betracht, wobei nur ein beschließender Ausschuss bestimmt werden kann (vgl. auch Abs. 1 S. 2).[35] Ist

32 LT-Dr. 15/4224, S. 159 [zu § 83a].

33 *VGH BW* v. 27. 11. 19 – PL 15 S 1260/19 –, PersR 6/20, 62.

34 *VGH BW* v. 19. 10. 99 – PL 15 S 1167/99 –, PersR 00, 27.

35 Vgl. Leuze-*Bieler*, 19. Ergänzungslieferung Okt. 11, § 69 a. F. Rn. 32; Rooschüz-*Bader*, § 89 Rn. 8.

ein oberstes Organ nicht vorhanden, ist die **Aufsichtsbehörde** anzurufen. Diese ist im staatlichen Organisationsrecht bestimmt, für öffentlich-rechtliche Stiftungen z. B. in den §§ 3, 20 StiftG. In Zweifelsfällen – v. a. dann, wenn aus historischen Gründen eindeutige Festlegungen fehlen – wird die anzurufende Stelle von der zuständigen **obersten Landesbehörde** bestimmt (vgl. §§ 7 ff. LVG i. V. m. Bek. über die Abgrenzung der Geschäftsbereiche der Ministerien).

Die Regelungen des Abs. 1 S. 1 beziehen sich nicht nur auf die **anzurufende Stelle, sondern auf sämtliche Verfahrensvorschriften** der §§ 77 Abs. 1, 78, 79 Abs. 1 S. 2 und Abs. 3 sowie § 83 Abs. 2, die auch bei Körperschaften, Anstalten und Stiftungen anzuwenden sind, allerdings mit der Maßgabe, dass dort keine Stufenvertretungen existieren und ein etwaiger GPR nicht die Stellung einer Stufenvertretung hat (vgl. § 54 Rn. 1). Für das Vorlagerecht von Dienststelle und PR (bzw. GPR), für Form und Inhalt der Vorlage sowie für den Lauf und die Einhaltung der Vorlagefrist gilt deshalb das zu § 77 Abs. 3 S. 1 und § 83 Gesagte entsprechend (vgl. § 77 Rn. 1 ff.). 3

Entschließt das angerufene oberste Organ sich dazu, das Mitbestimmungsverfahren fortzusetzen, hat es die Angelegenheit der **erstzuständigen Personalvertretung** (PR oder GPR) innerhalb von **fünf** Wochen **erneut vorzulegen** (vgl. § 77 Rn. 4 ff. § 83 Rn. 2 ff., 6 f.). 4

Im **Stufenverfahren der Mitwirkung nach § 83** entscheidet das oberste Organ nach erneuten Verhandlungen mit dem PR endgültig (§ 83 Abs. 1 S. 4). 5

Können sich oberstes Organ und PR im **Stufenverfahren der Mitbestimmung** nicht einigen, kann jede Seite oder die Aufsichtsbehörde (falls ein oberstes Organ nicht vorhanden ist) die Einigungsstelle anrufen. Das **weitere Verfahren** richtet sich dann nach §§ 78 und 79. Die Einigungsstelle wird beim obersten Organ und nicht bei der Verwaltungsspitze der Kommunen und Körperschaften, Anstalten und Stiftungen des öffentlichen Rechts gebildet. 6

Die Ausübung des sog. **Evokationsrechts** nach § 78 Abs. 2 S. 3 bis 6, das in der Landesverwaltung die Landesregierung ausübt, ist bei den aufgeführten juristischen Personen auf das in ihrer Verfassung jeweils vorgesehene oberste Organ (Hauptorgan) **übertragen** worden. Wegen der Auswirkungen auf das Gemeinwesen handelt es sich um keine Angelegenheiten der laufenden Verwaltung oder der Geschäftsführung.[36] 7

(Abs. 1 S. 2) Besteht in den in S. 1 aufgeführten Einrichtungen ein GPR, so ist dieser anzuhören. Die Regelung bezieht sich **nicht auf die Fälle**, in denen der GPR **nach § 91 Abs. 8 S. 2** im Beteiligungsverfahren **erstzuständig** ist. Vielmehr schließt die Regelung die Annahme aus, den GPR als Stufenvertretung anzusehen. Die Anhörung bezweckt, dass auch die Belange der im 8

36 LT-Dr. 15/4224, S. 159 [zu § 83a].

Beteiligungsverfahren vom PR nicht vertretenen Beschäftigten im Entscheidungsprozess berücksichtigt werden.[37] Zur Anhörung ist die Dienststelle im Falle der Nichteinigung mit dem (örtlichen) PR zu Beginn des Stufenverfahrens[38] nach § 77 Abs. 1 verpflichtet. Ihr steht insoweit kein Ermessen zu. Im Einigungsstellenverfahren kann der GPR verlangen, angehört zu werden.

2. Soziale und personelle Angelegenheiten der Beschäftigten (Abs. 2)

9 Die Regelung des Abs. 2 wurde durch das **ÄndG 1995** als § 83a in das LPVG eingefügt. Er hat die vorherige, dem Beschl. des *BVerwG* v. 14.1.83 – 6 P 93.78 –[39] zugrunde liegende Rechtslage teilweise geändert. **Vergleichbare Vorschriften** finden sich in den PersVG verschiedener Länder (BB: § 92 Abs. 1 und 2; MV: § 82 Abs. 1 und 2; NI: § 107 Abs. 2; RP: § 88 Abs. 4; SL: § 87 Abs. 5; SH: § 83 Abs. 1 und 2).

10 Die Vorschrift gilt für die **Gemeinden** und **Landkreise** und für die öffentlich-rechtlichen **Verbände** dieser kommunalen Gebietskörperschaften. Das sind neben den ausdrücklich genannten Zweckverbänden auch die Verwaltungsgemeinschaften benachbarter Gemeinden eines Landkreises, die Nachbarschaftsverbände, die Regionalverbände, insb. der »Verband Region Stuttgart«, der Kommunale Versorgungsverband BW und der Kommunalverband für Jugend und Soziales BW (vgl. § 1 Rn. 5). **Verwaltungsorgane** der kommunalen Gebietskörperschaften sind als **Hauptorgan** der Gemeinderat bzw. der Kreistag sowie (u. a.) als **Leiter der Verwaltung** der Bürgermeister bzw. der Landrat (§§ 23, 24, 42, 44 GemO, §§ 18, 19, 37, 42 LKrO). Die Verbände der kommunalen Gebietskörperschaften haben entsprechende Organe: Hauptorgan ist die Verbandsversammlung (beim Kommunalen Versorgungsverband BW der Verwaltungsrat), Leiter der Verbandsverwaltung ist bei den Zweckverbänden, den Verwaltungsgemeinschaften, den Nachbarschaftsverbänden, den Regionalverbänden und beim Kommunalverband für Jugend und Soziales BW der Verbandvorsitzende, beim »Verband Region Stuttgart« der Regionaldirektor, beim Kommunalen Versorgungsverband BW der Direktor (§ 12 Abs. 1, § 13 Abs. 1, § 16 Abs. 1 GKZ; § 60 Abs. 1 GemO; §§ 5, 9, 10 NVerbG; §§ 34, 35 Abs. 1, § 39 LplG; §§ 5–7 JSVG; §§ 17, 18, 23, 24 GKV; §§ 6, 7, 17 GVRS).

11 **Dienststellenleiter** ist jeweils der **Leiter der Verwaltung** der Gebietskörperschaft bzw. der Verbandsverwaltung, also der Bürgermeister, der Landrat, der Verbandvorsitzende bzw. der Regionaldirektor oder Direktor (vgl. § 5

37 Rooschüz-*Bader*, § 89 Rn. 19.

38 Rooschüz-*Bader*, § 89 Rn. 20.

39 PersV 84, 30.

Rn. 11 ff.). Er ist alleiniger **Partner des PR.**[40] Das gilt grundsätzlich auch dann, wenn beteiligungspflichtige Angelegenheiten vom **Hauptorgan** der Körperschaft, also vom Gemeinderat, vom Kreistag bzw. von der Verbandsversammlung oder vom Verwaltungsrat, oder von einem der Ausschüsse des Hauptorgans oder von einem vergleichbaren Gremium beraten und beschlossen werden. Deshalb hat der PR dem Dienststellenleiter gegenüber ggf. seine Einwendungen und Bedenken vorzubringen, wobei der Dienststellenleiter verpflichtet ist, sie vollständig und objektiv dem Hauptorgan bzw. dem beschließenden Ausschuss oder Gremium mitzuteilen.

Nach der früheren Rspr. des *BVerwG*[41] hatte der PR auch dann kein Recht, **12** an Sitzungen des Hauptorgans bzw. des beschließenden Ausschusses oder des vergleichbaren Gremiums teilzunehmen oder beauftragte Mitglieder dorthin zu entsenden, wenn dort über beteiligungspflichtige Angelegenheiten beraten und beschlossen werden sollte. Das hat sich durch die Einfügung des § 83a a. F. geändert, soweit es sich um **soziale oder personelle Angelegenheiten der Beschäftigten** handelt, über die zwischen dem PR und der (durch ihren Leiter vertretenen) Dienststelle keine Einigung besteht. Gemeint sind dabei nicht nur Fälle, in denen der PR ein Mitbestimmungs- oder Mitwirkungsrecht hat, sondern alle sozialen und personellen Angelegenheiten, die die Beschäftigten betreffen (vgl. auch § 91 Rn. 19),[42] und zwar unabhängig davon, ob sie sich auf einen oder mehrere Beschäftigte beziehen.

Für die Fälle, in denen zwischen PR und Dienststellenleiter **streitige soziale** **13** **oder personelle Angelegenheiten** der Beschäftigten vom Hauptorgan behandelt werden sollen, sieht S. 1 vor, dass der Vorsitzende des PR in die **Sitzung des Hauptorgans** zu laden ist, in der die streitige Angelegenheit zur Beratung ansteht. Die **Ladung** ist vom Vorsitzenden des Hauptorgans vorzunehmen. Sie ist an den Vorsitzenden des PR zu richten und hat rechtzeitig vor der Sitzung zu erfolgen. Das Recht zur Teilnahme an der Sitzung des Hauptorgans steht allein dem **PR-Vorsitzenden** zu. Das gilt auch dann, wenn es sich bei der streitigen Angelegenheit um eine Gruppenangelegenheit i. S. d. § 34 Abs. 4 handelt. Ist der PR-Vorsitzende verhindert, wird er vom **stellvertretenden PR-Vorsitzenden** vertreten (vgl. § 29). Dem PR-Vorsitzenden (bzw. dem stellvertretenden PR-Vorsitzenden) ist Gelegenheit zu geben, die **Auffassung des PR** zu der streitigen Angelegenheit darzulegen. Den Inhalt dieses Vortrags hat der PR jedenfalls in den Grundzügen durch einen nach § 34 zu fassenden Beschluss festzulegen.[43] Es liegt im Ermessen des Hauptorgans, den Vortrag des PR-Vorsitzenden nicht nur zur Kennt-

40 *BVerwG* v. 14. 1. 83, a. a. O.
41 Beschl. v. 14. 1. 83, a. a. O.
42 LT-Dr. 11/6312, S. 60 [zu Nr. 45].
43 Vgl. Rooschüz-*Bader*, § 89 Rn. 26.

nis zu nehmen, sondern diesem Fragen zur Erläuterung und Vertiefung zu stellen.[44] Während des Vortrags und einer anschließenden Befragung hat die Sitzung des Hauptorgans **nicht öffentlich** stattzufinden. Das Recht der Teilnahme des PR-Vorsitzenden ist auf die Zeit der Abgabe seiner Erklärung und seiner Befragung begrenzt und erstreckt sich nicht auf die Zeit der Beratung und Beschlussfassung des Hauptorgans.[45]

14 S. 2 trifft eine Regelung für die Fälle, in denen zwischen PR und Dienststelle streitige soziale oder personelle Angelegenheiten der Beschäftigten nicht in den Hauptorganen selbst, sondern in solchen **Ausschüssen** der Hauptorgane oder in vergleichbaren Gremien behandelt werden, die aufgrund ihrer Satzung oder Verfassung als Beschlussorgan vorgesehen sind. In diesen Fällen gilt für die Teilnahme des PR-Vorsitzenden an den einschlägigen Sitzungen der Ausschüsse bzw. Gremien das Gleiche wie für dessen Teilnahme an den Sitzungen des Hauptorgans.

§ 90 Verhältnis zu anderen Beteiligungsrechten

Die Personalvertretungen werden bei Maßnahmen, bei deren Vorbereitung nach § 53 des Beamtenstatusgesetzes und § 89 des Landesbeamtengesetzes die Spitzenorganisationen der zuständigen Gewerkschaften zu beteiligen sind, sowie beim Erlass von Rechtsverordnungen und Satzungen nicht beteiligt.

Vergleichbare Vorschriften:
§ 84 Abs. 1 Nr. 1 BPersVG; keine im BetrVG

1 Die durch Art. 6 Nr. 30 DRG redaktionell geänderte Vorschrift schließt die Beteiligung der Personalvertretungen bei Maßnahmen aus, bei deren Vorbereitung nach **§ 53 BeamtStG und § 89 LBG** die Spitzenorganisationen der zuständigen Gewerkschaften zu beteiligen sind. Diese beamtenrechtlichen Vorschriften – die an die Stelle von § 120 LBG a. F. getreten sind und deren Entsprechung für die Beamten des Bundes sich in § 118 BBG findet – lauten wie folgt:

§ 53 BeamtStG:
»Beteiligung der Spitzenorganisationen
[1]Bei der Vorbereitung gesetzlicher Regelungen der beamtenrechtlichen Verhältnisse durch die obersten Landesbehörden sind die Spitzenorganisationen der zuständigen Gewerkschaften und Berufsverbände zu beteiligen. [2]Das Beteiligungsverfahren kann auch durch Vereinbarung ausgestaltet werden.«

---

44 Vgl. Leuze-*Wörz*, 12. Ergänzungslieferung Sept. 01, § 83a a. F. Rn. 10.
45 Leuze-*Wörz*, a. a. O.

§ 89 LBG:
»Beteiligung der Gewerkschaften und Berufsverbände
(1) Die obersten Landesbehörden und die Spitzenorganisationen der zuständigen Gewerkschaften und Berufsverbände im Land wirken bei der Vorbereitung allgemeiner Regelungen der beamtenrechtlichen Verhältnisse nach Maßgabe der folgenden Absätze vertrauensvoll zusammen.
(2) [1]Bei der Vorbereitung von Regelungen der beamtenrechtlichen Verhältnisse durch Gesetz oder Rechtsverordnung ist den Spitzenorganisationen der beteiligten Gewerkschaften und Berufsverbände im Land innerhalb einer angemessenen Frist Gelegenheit zur Stellungnahme zu geben. [2]Sie sind erneut mit einer angemessenen Frist zu beteiligen, wenn Entwürfe nach der Beteiligung wesentlich verändert oder auf weitere Gegenstände erstreckt worden sind. [3]Schriftliche Stellungnahmen sind auf Verlangen der Spitzenorganisationen der beteiligten Gewerkschaften und Berufsverbände im Land zu erörtern. [4]Auf deren Verlangen sind nicht berücksichtigte Vorschläge bei Gesetzentwürfen dem Landtag und bei Verordnungsentwürfen dem Ministerrat bekannt zu geben.
(3) Absatz 2 gilt bei der Vorbereitung von Verwaltungsvorschriften der Landesregierung entsprechend, wenn die Verwaltungsvorschrift Fragen von grundsätzlicher Bedeutung regelt.
(4) [1]Das Innenministerium und das Finanzministerium kommen mit den Spitzenorganisationen der Gewerkschaften und Berufsverbände im Land regelmäßig zu Gesprächen über allgemeine Regelungen beamtenrechtlicher Verhältnisse und grundsätzliche Fragen des Beamtenrechts zusammen (Grundsatzgespräche). [2]Gegenstand der Grundsatzgespräche können auch einschlägige aktuelle Tagesfragen oder vorläufige Hinweise auf Gegenstände späterer konkreter Beteiligungsgespräche sein.«

Die durch das ÄndG 2013 klarstellend erfolgte Ergänzung trägt der Rspr. des **2**
BVerwG[1] Rechnung, dass die Personalvertretungen an materieller Gesetzgebung nicht zu beteiligen sind, weil das zur Aufgabenstellung der Legislative gehört, der Personalvertretungen nicht zugeordnet sind.[2]

Die in § 53 BeamtStG und § 89 LBG (sowie § 118 BBG) geregelte **Beteiligung** wird **als Ausgleich** dafür gesehen, dass die beamtenrechtlichen **3**
Dienstverhältnisse nach h. M nicht auf der Grundlage des Tarif- und Streikrechts geregelt werden können.[3] Die Beteiligungsrechte stehen den Spitzenorganisationen der zuständigen Gewerkschaften und Berufsverbände zu. Während die **Gewerkschaften** Vereinigungen von Arbeitnehmern und Beamten oder auch nur von Beamten zur Wahrung und Förderung der

1 Beschluss v. 7.4.08 – 6 PB 1.08 –, PersR 08, 450.
2 LT-Dr. 15/4224, S. 159 [zu § 84].
3 Vgl. BT-Dr. 16/4027, S. 35 [zu § 54]; *Battis*, § 118 Rn. 1; ErfK-*Linsenmaier*, Art. 9 GG Rn. 190.

Arbeits- und Wirtschaftsbedingungen ihrer Mitglieder sind (vgl. § 2 Rn. 7), sind **Berufsverbände** aus Beamten oder aus Beamten und Angehörigen gleichartiger Privatberufe bestehende Vereinigungen, die berufsständisch geprägt und somit auch keine Gewerkschaften i. S. d. LPVG sind. **Zuständig** i. S. d. § 53 BeamtStG und § 89 LBG sind solche Gewerkschaften und Berufsverbände, denen nach ihrer Satzung Beamte angehören, auf die sich die beteiligungspflichtigen Regelungen beziehen. Inhaber des Beteiligungsrechts sind allerdings nicht diese Fachgewerkschaften oder Fachverbände selbst, sondern diejenigen **Spitzenorganisationen** (d. h. Zusammenschlüsse von Fachgewerkschaften bzw. -verbänden) **im Land**, denen (auch) die zuständigen Fachgewerkschaften bzw. -verbände angehören und die nach ihrer Satzung in den Fragen des Beamtenrechts die Interessen der Gesamtbeamtenschaft auf Landesebene vertreten. Dabei handelt es sich um den DGB Bezirk Baden-Württemberg und den Beamtenbund Baden-Württemberg (BBW). Diese Spitzenorganisationen sind auch dann zu beteiligen, wenn sich die beabsichtigte Regelung lediglich auf bestimmte Gruppen von Beamten bezieht.[4]

4 **Allgemeine Regelungen** i. S. d. § 89 Abs. 1 LBG liegen vor, wenn sie in ihrem Inhalt die **Rechtsbeziehungen zwischen Beamten und Dienstherren** betreffen und in Form von Gesetzen, Rechtsverordnungen oder Verwaltungsvorschriften erlassen werden sollen. Die Spitzenverbände werden gem. § 89 Abs. 2 S. 1 LBG bei der Vorbereitung von Regelungen der beamtenrechtlichen Verhältnisse durch **Gesetz** oder **Rechtsverordnung** beteiligt. Dabei ist die Pflicht zur Beteiligung nicht mehr – wie nach § 120 LBG a. F. – auf Fragen von grundsätzlicher Bedeutung beschränkt.[5] Sollen beamtenrechtliche Verhältnisse jedoch durch **Verwaltungsvorschriften** geregelt werden, sind die Spitzenorganisationen weiterhin nur zu beteiligen, wenn es sich dabei um **Fragen von grundsätzlicher Bedeutung** handelt (§ 89 Abs. 3 LBG). Ob eine als Verwaltungsvorschrift vorbereitete allgemeine Regelung Fragen von grundsätzlicher Bedeutung regelt, ist nach der Rspr. des *BVerwG* danach zu beurteilen, ob sie aufgrund einer unmittelbar oder wenigstens mittelbar ressortübergreifenden Wirkung erhebliche Belange der gesamten Beamtenschaft berührt.[6]

5 Allgemeine Regelungen i. S. v. § 53 BeamtStG und § 89 LBG werden von **obersten Landesbehörden** (vgl. § 5 Rn. 4) vorbereitet. Die beim Staatsministerium, bei den Ministerien und dem Rechnungshof bestehenden **Personalvertretungen** werden nach § 90 bei der Vorbereitung der fraglichen Regelungen auch dann **nicht beteiligt**, wenn diese nach dem LPVG an sich

---

4 Vgl. *OVG NW* v. 14. 10. 93 – 1 A 904/90 –, PersR 94, 190.

5 LT-Dr. 14/6694, S. 449 [zu § 89].

6 Beschl. v. 10. 1. 06 – 6 P 10.04 –, PersR 06, 345 (unter Aufhebung von *VGH BW* v. 30. 9. 04 – PL 15 S 2470/03 –, PersR 05, 160).

beteiligungspflichtig wären, was insbesondere nach § 81 Abs. 1 Nr. 1 der Fall sein könnte (vgl. § 81 Rn. 3 ff.). Dabei kommt es allein darauf an, dass die Spitzenorganisationen nach § 53 BeamtStG und § 89 LBG »zu beteiligen sind«, nicht ob sie tatsächlich beteiligt werden.[7]

---

7 Vgl. Leuze-*Wörz*, § 84 a. F. Rn. 9 m. w. N.

Teil 9
Zuständigkeit des Personalrats, des Gesamtpersonalrats und der Stufenvertretungen

§ 91

(1) Der Personalrat wird an den Maßnahmen beteiligt, die die Dienststelle, bei der er gebildet ist, für ihre Beschäftigten trifft.
(2) In Angelegenheiten, in denen die Dienststelle nicht zur Entscheidung befugt ist, ist an Stelle des Personalrats die bei der zuständigen Dienststelle gebildete Stufenvertretung zu beteiligen.
(3) Vor einem Beschluss in Angelegenheiten, die einzelne Beschäftigte oder Dienststellen betreffen, gibt die Stufenvertretung dem Personalrat Gelegenheit zur Äußerung. In diesem Fall erhöhen sich die Beteiligungsfristen auf fünf Wochen; § 76 Absatz 6 Satz 2 findet Anwendung. § 76 Absatz 6 Satz 3 sowie Absatz 7 und 8 gilt entsprechend.
(4) Werden im Geschäftsbereich mehrstufiger Verwaltungen personelle oder soziale Maßnahmen von einer Dienststelle getroffen, bei der keine für eine Beteiligung zu diesen Maßnahmen zuständige Personalvertretung vorgesehen ist, so ist die Stufenvertretung bei der nächsthöheren Dienststelle, zu deren Geschäftsbereich die entscheidende Dienststelle und die von der Entscheidung Betroffenen gehören, zu beteiligen.
(5) Soweit der Ministerpräsident Maßnahmen für Beschäftigte des Geschäftsbereichs einer anderen obersten Dienstbehörde als des Staatsministeriums trifft, die der Beteiligung der Personalvertretung unterliegen, wird die zuständige Personalvertretung beim Vorschlag der obersten Dienstbehörde an den Ministerpräsidenten beteiligt.
(6) [1]Bei Einzelmaßnahmen, in denen die Entscheidung von einer Dienststelle getroffen wird, die zum Geschäftsbereich einer anderen obersten Dienstbehörde gehört als die, auf die sich die Maßnahme erstreckt, ist der Personalrat der Dienststelle, auf deren Beschäftigte sich die Maßnahme erstreckt, zu beteiligen. [2]Erstreckt sich die Einzelmaßnahme auf mehrere Dienststellen, ist der Personalrat jeder dieser Dienststellen zu beteiligen. [3]Erstreckt sich eine Maßnahme auf Dienststellen mehrerer oberster Dienstbehörden, wird bei der obersten Dienstbehörde, zu der die hauptnutzende Stelle gehört, eine gemeinsame Einigungsstelle gebildet.
(7) Ist eine Dienststelle neu errichtet und ist bei ihr ein Personalrat noch nicht gebildet worden, ist auf die Dauer von längstens sechs Monaten die

bei der übergeordneten Dienststelle gebildete Stufenvertretung zu beteiligen.
(8) [1]Besteht ein Gesamtpersonalrat, so ist dieser zu beteiligen, wenn die Maßnahme über den Bereich einer Dienststelle hinausgeht. [2]Soweit der Gesamtpersonalrat zuständig ist, ist er an Stelle der Personalräte der Dienststellen zu beteiligen. [3]Vor einem Beschluss in Angelegenheiten, die einzelne Beschäftigte oder Dienststellen betreffen, gibt der Gesamtpersonalrat dem Personalrat Gelegenheit zur Äußerung. [4]Absatz 3 Satz 2 und 3 gilt entsprechend.

Vergleichbare Vorschriften:
§§ 92, 95 BPersVG; § 50 BetrVG

Inhaltsübersicht Rn.

1. Vorbemerkung

Die Vorschriften des § 91 wurden mit dem ÄndG 2013 in Abs. 3, 6 und 8 **1**
geändert; Abs. 9 wurde aufgehoben, seine Regelungsinhalte in § 54 Abs. 5 und § 55 Abs. 4 sowie in § 91 Abs. 6 verschoben.
§ 91 regelt die Zuständigkeit des PR (Abs. 1) sowie die **Verteilung der Zuständigkeiten** zwischen den Personalvertretungen in mehrstufigen Verwaltungen (Abs. 2–7) und in personalvertretungsrechtlich aufgegliederten Dienststellen (Abs. 8). Sie ergänzen die Bestimmungen der §§ 54 und 55 und beziehen sich auf alle Fälle, in denen die Personalvertretung tätig werden kann, also nicht nur auf die Angelegenheiten der Beteiligung nach den §§ 73 bis 90, sondern auch auf die allgemeinen Aufgaben nach den §§ 68 bis 72 (vgl. § 54 Abs. 5).[1] In den Fällen der Mitbestimmung und Mitwirkung legen sie die **Erstzuständigkeit** der Personalvertretungen fest. Kommt in diesen Fällen eine Einigung zwischen Dienststelle und (erstzuständiger) Personalvertretung nicht zustande, ist die Beteiligung dieser und anderer Personalvertretungen in dem dann möglichen weiteren Verfahren, insbesondere im

1 Vgl. *BVerwG* v. 12.8.09 – 6 PB 18.09 –, PersR 09, 416, m. w. N.

Instanzenzug in mehrstufigen Verwaltungen, in den §§ 76–79 und 82–83 normiert.

2 Von § 91 **abweichende Regelungen** enthält das Gesetz für die Behandlung von Verschlusssachen in § 94 Abs. 4 S. 1; für die Duale Hochschule in § 99 Abs. 4 S. 3 und für den SWR in § 112 Abs. 1 S. 2 (vgl. § 94 Rn. 7, § 99 Rn. 14 u. § 112 Rn. 2).

2. Zuständigkeit des örtlichen Personalrats (Abs. 1)

3 Anders als das BPersVG legt das LPVG in Abs. 1 ausdrücklich fest, dass der PR an den Maßnahmen beteiligt wird, die die Dienststelle, bei der dieser PR gebildet ist, für ihre Beschäftigten trifft. Mit »**Personalrat**« ist hier der örtliche PR – bei Mittelbehörden und obersten Dienstbehörden der sog. Haus-PR – gemeint. Seine in Abs. 1 geregelte Zuständigkeit hängt von zwei Voraussetzungen ab, in denen grundlegende Prinzipien des PersVR zum Ausdruck kommen. Erstens muss es sich um Maßnahmen für Beschäftigte der Dienststelle handeln, bei der der PR gebildet ist. Dies entspricht dem **Repräsentationsgrundsatz**, der besagt, dass der PR (nur) die zu dieser Dienststelle und damit zu seiner Wählerschaft gehörenden Beschäftigten repräsentiert (vgl. § 1 Rn. 22) und (nur) zu deren Interessenvertretung legitimiert ist. Zweitens muss es sich um Maßnahmen handeln, die die Dienststelle trifft, bei der der PR gebildet ist. Darin kommt der **Grundsatz der Partnerschaft** von Dienststelle und PR zum Ausdruck, nach dem sich der Wirkungsbereich des PR (nur) auf Maßnahmen der Dienststelle erstreckt, bei der er besteht.

4 Ob es sich um eine Maßnahme der Dienststelle handelt, bei der der PR gebildet ist, hängt grundsätzlich davon ab, ob die Dienststelle insoweit **zur Entscheidung befugt** ist. Die Dienststelle muss nicht das Alleinentscheidungsrecht innehaben, es reicht aus, wenn sie im Ergebnis richtungsweisenden Einfluss auf die Entscheidung Dritter hat.[2] Dies ist in den für die jeweilige Dienststelle geltenden Rechts- und Verwaltungsvorschriften geregelt. Für die Zuständigkeit des PR kommt es darauf an, ob die Dienststelle befugt ist, eine Entscheidung mit **Außenwirkung** zu treffen. Ob sie dabei an Weisungen einer übergeordneten Dienststelle gebunden ist oder deren Zustimmung einholen muss oder ob eine übergeordnete Dienststelle die Entscheidung intern vorbereitet hat, ist unerheblich.[3] Nur wenn eine übergeordnete Dienst-

---

2 So bei der Auswahl und Inbetriebnahme von Rauchmeldeanlagen in einem **angemieteten** Objekt: *OVG NW* v. 29.6.12 – 20 A 632/10.PVL –, PersR 13, 373; vgl. *Faber*, PersR 13, 358.

3 *BVerwG* v. 22.9.67 – VII P 14.66 –, PersV 68, 113, v. 5.2.71 – VII P 16.70 –, PersV 71, 269, v. 24.9.85 – 6 P 21.83 –, PersR 87, 149, u. v. 20.1.93 – 6 P 21.90 –, PersR 93, 310; *BAG* v. 14.12.94 – 7 ABR 14/94 –, PersR 95, 308.

stelle eine **unmittelbar gestaltende Anordnung** trifft, die der nachgeordneten Dienststelle keinen eigenen Entscheidungsspielraum lässt, fehlt es an einer Maßnahme der nachgeordneten Dienststelle, an der der örtliche PR beteiligt werden könnte.[4] Dies ist der Fall, wenn sich das Handeln der übergeordneten Dienststelle nicht in einer internen Weisung erschöpft, sondern im Wege des **Selbsteintritts** der nachgeordneten Dienststelle die Zuständigkeit für die Regelung entzieht (vgl. dazu auch unten Rn. 6–6b).[5] Beabsichtigt die Dienststelle, eine nach außen wirkende Entscheidung zu treffen, reicht es für die Bejahung der Zuständigkeit des PR i. d. R. aus, dass sie damit eine eigene **Entscheidungsbefugnis in Anspruch nimmt**.[6] Trifft die Dienststelle eine einheitliche Maßnahme im Sinne einer Grundentscheidung oder eines Gesamtkonzepts, so ist ein Anspruch des PR auf Beteiligung an den darin zusammengefassten Einzelmaßnahmen i. d. R. dann ausgeschlossen, wenn das Gesamtkonzept als solches Gegenstand eines Beteiligungstatbestands ist.[7] Bei AN eines Dienstherren, die einem Dritten im Wege der Personalgestellung überlassen werden, ist der PR der Stammdienststelle nur dann für die Beteiligung an einer Maßnahme des Dritten zuständig, wenn dem Leiter ein Letztentscheidungsrecht über die Maßnahme zusteht.[8]

3. Zuständigkeit der Stufenvertretung (Abs. 2)

In Angelegenheiten, in denen die Dienststelle, deren Beschäftigte betroffen sind, nicht zur Entscheidung befugt ist, kann der bei ihr bestehende örtliche PR nach Abs. 1 nicht beteiligt werden, weil dies dem Grundsatz der Partnerschaft widerspräche (vgl. Rn. 3). Steht die Entscheidungsbefugnis in diesen Angelegenheiten jedoch einer **übergeordneten Dienststelle** zu, bei der eine Stufenvertretung besteht (also der Mittelbehörde oder der obersten Dienstbehörde), ist nach Abs. 2 an Stelle des bei der nachgeordneten Dienststelle gebildeten PR die bei der zuständigen Dienststelle bestehende **Stufenvertretung** (also der BPR bzw. der HPR) zu beteiligen. Diese Regelung steht im Einklang mit dem Repräsentationsgrundsatz, weil die Beschäftigten der nachgeordneten Dienststelle (auch) zur Wählerschaft der Stufenvertretung gehören, aber auch mit dem Grundsatz der Partnerschaft, weil die Stufen- 5

4 *BVerwG* v. 10.3.92 – 6 P 13.91 –, PersR 92, 247; v. 17.5.17 – 5 P 2.16.

5 So *BVerwG* v. 30.3.09 – 6 PB 29.08 –, PersR 09, 332, unter Hinw. auf *BVerwG* v. 16.6.89 – 6 P 10.86 –, PersR 89, 296, v. 22.2.91 – 6 PB 8.90 –, PersR 91, 409 Ls., u. v. 10.3.92, a. a. O.

6 *BVerwG* v. 23.7.79 – 6 P 28.78 –, PersV 81, 70, u. v. 7.8.96 – 6 P 29.93 –, PersR 96, 493.

7 *VGH BW* v. 11.7.17 – PL 15 S 565/16 –, ZfPR online 18, Nr. 5, S. 5.

8 *VGH BW* v. 4.3.16 – PL 15 S 408/15 –, PersR 6/17, 58 (Ls.).

vertretung an Maßnahmen der Dienststelle beteiligt wird, bei der sie gebildet ist.

6 Die Regelung des Abs. 2 ist dadurch gekennzeichnet, dass die Beteiligungsbefugnis der Personalvertretung der **Entscheidungszuständigkeit** der Dienststelle folgt.[9] Maßgeblich ist auch hier, dass die übergeordnete Dienststelle eine nach außen wirkende eigene Entscheidung trifft (vgl. Rn. 4). Dies ist auch dann der Fall, wenn die Entscheidung umfassend durch die davon betroffene nachgeordnete Dienststelle vorbereitet und deren Entscheidungsvorschlag ohne Änderung von der übergeordneten Dienststelle übernommen wird.[10]

6a Eine **unmittelbar gestaltende Anordnung** mit Außenwirkung (vgl. Rn. 4) liegt **nicht** vor, wenn die übergeordnete Dienststelle **generelle Weisungen** für Personalangelegenheiten erlässt, die von den nachgeordneten Dienststellen im Wege personeller Einzelmaßnahmen mit oder ohne Entscheidungsspielraum **umzusetzen** sind.[11] Bei einem derartigen »Dualismus von genereller Weisung und Ausführung im Einzelfall« findet – wenn es dabei um ein und dieselbe Maßnahme geht (vgl. Rn. 6b) – die **Beteiligung** der Personalvertretung (zunächst) nicht auf der Anordnungsebene, sondern **nur auf der Ausführungsebene** statt.[12] Das Mitbestimmungsrecht wird dadurch nicht ausgehöhlt: Da eine (z. B.) von der obersten Dienstbehörde erteilte Weisung zwar von den nachgeordneten Dienststellen zu befolgen ist, aber die dort gebildeten **Personalvertretungen nicht bindet**, kann der Mitbestimmungsfall bei fehlender Einigung gemäß § 77 ins Stufenverfahren vor der obersten Dienstbehörde gelangen, wo der HPR dann das auf ihn übergegangene Mitbestimmungsrecht ausüben kann.[13]

6b Die **Zuständigkeiten** der Stufenvertretungen einerseits sowie der örtlichen PR andererseits **schließen sich gegenseitig aus**, sofern es um die Beteiligung an **ein und derselben Maßnahme** geht.[14] Letzteres ist aber nicht der Fall, wenn die übergeordnete Dienststelle **generelle Maßnahmen** erlässt und die nachgeordneten Dienststellen auf dieser Grundlage **konkretisierende Maßnahmen** ergreifen, so z. B. dann, wenn die oberste Dienstbehörde mit dem HPR nach § 75 Abs. 4 Nr. 6 Auswahlrichtlinien vereinbart und eine nachgeordnete Dienststelle eine von dieser Richtlinie erfasste personelle Einzelmaßnahme i. S. v. § 75 Abs. 1 treffen will. Dann hat der örtliche PR bei

---

9 *BVerwG* v. 20. 1. 93 u. *BAG* v. 14. 12. 94, jew. a. a. O.

10 *BVerwG* v. 7. 8. 96, a. a. O., u. v. 21. 12. 01 – 6 P 1.01 –, PersR 02, 168.

11 *BVerwG* v. 30. 3. 09 – 6 PB 29.08 –, PersR 09, 332, u. v. 2. 9. 09 – 6 PB 22.09 –, PersR 09, 458.

12 *BVerwG* v. 30. 3. 09, a. a. O.

13 *BVerwG* v. 2. 9. 09, a. a. O.

14 *BVerwG* v. 2. 9. 09, a. a. O.

der personellen Einzelmaßnahme mitzubestimmen und zu prüfen, ob diese Maßnahme gegen die Richtlinie verstößt.[15]

Die **Beteiligungsbefugnis der Stufenvertretung** kann sich auf Angelegenheiten beziehen, die **einzelne nachgeordnete Dienststellen** oder **mehrere oder alle Dienststellen des Geschäftsbereichs** der Mittelbehörde oder obersten Dienstbehörde betreffen. Da sich der Geschäftsbereich einer Behörde nicht nur auf die nachgeordneten Dienststellen, sondern auch auf die eigene Dienststelle erstreckt (vgl. § 55 Rn. 6), ist in Angelegenheiten, die den gesamten Geschäftsbereich oder mehrere seiner Dienststellen einschließlich der Mittelbehörde oder obersten Dienstbehörde selbst betreffen, der BPR oder HPR auch an Stelle des Haus-PR bei der Mittelbehörde bzw. obersten Dienstbehörde zu beteiligen. 7

In personalvertretungsrechtlicher Hinsicht nimmt der **Leiter der Mittelbehörde oder der obersten Dienstbehörde** eine **Doppelfunktion** wahr. Einerseits steht er für den örtlichen Bereich dieser Dienststelle als Dienststellenleiter dem Haus-PR gegenüber, andererseits steht er für den gesamten Geschäftsbereich als Leiter dieses Bereichs der Stufenvertretung gegenüber. Im Hinblick darauf ist die **Abgrenzung der Zuständigkeiten von Haus-PR und Stufenvertretung** dann problematisch, wenn es sich um Angelegenheiten handelt, die nur die Mittelbehörde oder die oberste Dienstbehörde betreffen. Das *BVerwG*[16] und die h. M. in der Literatur[17] vertreten dazu den Standpunkt, dass Abs. 2 lediglich eine **Ersatzzuständigkeit der Stufenvertretung** vorsieht, die nur dann gegeben ist, wenn die Dienststelle nicht zur Entscheidung befugt ist und deshalb eine (dem Prinzip der Partnerschaft von Dienststelle und PR widersprechende) Beteiligung des örtlichen PR ausscheidet. Danach ist stets der Haus-PR und nicht die Stufenvertretung zu beteiligen, wenn die fragliche Angelegenheit nur die Mittelbehörde oder die oberste Dienstbehörde betrifft.[18] 8

4. Äußerungsrecht des örtlichen Personalrats (Abs. 3)

(Abs. 3) Die Fristen der Vorschrift wurden mit dem ÄndG 2013 an die Regelungen der §§ 76, 77, 82 und 83 angepasst (Rn. 14). Nach Abs. 3 Hs. 1 **gibt die Stufenvertretung dem PR Gelegenheit zur Äußerung**, bevor sie 9

---

15 *BVerwG* v. 2. 9. 09, a. a. O.

16 St. Rspr. seit Beschl. v. 14. 4. 61 – VII P 8.60 –, PersV 61, 256; vgl. Beschl. v. 16. 9. 94 – 6 P 33.93 –, PersR 95, 20.

17 Vgl. Lorenzen-*Ramm*, § 92 Rn. 14 m. w. N.; a. A. Altvater-*Baden*, § 92 Rn. 17.

18 Zu den Konsequenzen vgl. z. B. *BVerwG* v. 19. 12. 75 – VII P 15.74 –, PersV 76, 457, v. 7. 2. 80 – 6 P 87.78 –, PersV 81, 292, v. 16. 9. 94, a. a. O., v. 13. 9. 02 – 6 P 4.02 –, PersR 02, 515, v. 20. 8. 03 – 6 C 5.03 –, PersR 04, 151, v. 15. 7. 04 – 6 P 1.04 –, PersR 04, 396; näher dazu Altvater-*Baden*, § 92 Rn. 18 ff.

in Angelegenheiten, die einzelne Beschäftigte oder Dienststellen betreffen, einen Beschluss fasst. Diese Vorschrift ist anzuwenden, wenn die Stufenvertretung aufgrund ihrer **Erstzuständigkeit** an Stelle des PR zu beteiligen ist, nicht dagegen, wenn sie im Instanzenzug des Mitbestimmungs- oder Mitwirkungsverfahrens eingeschaltet wird.[19] Die Vorschrift dient einem doppelten **Zweck**. Zum einen soll die Stufenvertretung zusätzliche Informationen erhalten, die dem beschäftigtennäheren PR zur Verfügung stehen. Zum anderen soll der von der förmlichen Beteiligung ausgeschlossene PR zu Wort kommen und Stellung nehmen können.[20]

10 **Angelegenheiten, die einzelne Beschäftigte betreffen**, liegen v. a. in den Fällen der uneingeschränkten Mitbestimmung nach § 74 Abs. 1 Nr. 1 bis 4 und 6, der eingeschränkten Mitbestimmung nach § 75 Abs. 1, 2 und 3, Abs. 4 Nr. 1 und 2, der Mitwirkung nach § 81 Abs. 2 Nr. 1, 2 und 5 sowie der Anhörung nach § 87 Abs. 1 Nr. 9 vor. Sie können auch im Rahmen der allgemeinen Aufgaben nach den §§ 69 und 70, insbesondere nach § 70 Abs. 1 Nr. 4, gegeben sein.[21] Ob diese Angelegenheiten einen oder mehrere einzelne Beschäftigte betreffen, ist unerheblich. Entscheidend ist allein, dass Beschäftigte als Einzelpersonen betroffen sind.[22] **Angelegenheiten, die einzelne Dienststellen betreffen**, liegen vor, wenn nicht alle Dienststellen betroffen sind, die zum Geschäftsbereich der übergeordneten Dienststelle gehören, bei der die Stufenvertretung besteht.[23]

11 Der PR, dem Gelegenheit zur Äußerung zu geben ist, ist der PR, der nach Abs. 2 – oder auch nach Abs. 4 (vgl. dazu Rn. 15 ff.) – von der Beteiligung ausgeschlossen ist. Das ist i. d. R. der **örtliche PR** der nachgeordneten, nicht zur Entscheidung befugten Dienststelle, die von der anstehenden Angelegenheit betroffen ist oder zu der die Beschäftigten gehören, die betroffen sind. Gehören die betroffenen Beschäftigten mehreren Dienststellen an oder sind mehrere Dienststellen betroffen, ist den örtlichen PR aller dieser Dienststellen Gelegenheit zur Äußerung zu geben. Besteht bei der betroffenen nachgeordneten Dienststelle ein **GPR**, ist entweder diesem oder einem der bei der Dienststelle bestehenden PR Gelegenheit zur Äußerung zu geben, je nachdem, welche dieser Personalvertretungen nach Abs. 8 S. 1 beteiligungsbefugt wäre (vgl. Rn. 29), wenn die Entscheidungsbefugnis bei

---

19 Str.; wie hier u. a. Lorenzen-*Ramm*, § 92 Rn. 39; Leuze-*Wörz*, § 85 a. F. Rn. 26; a. A. *Fischer/Goeres/Gronimus*, § 82 a. F. Rn. 11a.

20 *BVerwG* v. 8. 7. 77 – VII P 19.75 –, PersV 78, 278, v. 16. 9. 94 – 6 P 33.93 –, PersR 95, 20, u. v. 2. 10. 00 – 6 P 11.99 –, PersR 01, 80.

21 Vgl. *BVerwG* v. 15. 7. 04, a. a. O., u. v. 12. 8. 09, a. a. O.

22 Altvater-*Baden*, § 92 Rn. 24 m. w. N.; z. T. a. A. *Fischer/Goeres/Gronimus*, § 82 a. F. Rn. 11.

23 *BVerwG* v. 15. 7. 04, a. a. O.

der nachgeordneten Dienststelle läge.[24] Hat danach die Stufenvertretung den GPR zu hören, kann dieser wiederum nach Abs. 8 S. 3 verpflichtet sein, seinerseits einen oder mehrere der bei der Dienststelle bestehenden PR anzuhören (vgl. Rn. 30). Betrifft eine von der obersten Dienstbehörde zu entscheidende Angelegenheit (nur) den gesamten Geschäftsbereich einer einzelnen Mittelbehörde, hat der HPR ausnahmsweise den **BPR** anzuhören. Ein Instanzenzug zwischen HPR und örtlichem PR über den BPR ist dagegen nicht einzuhalten.[25]

Die Stufenvertretung **gibt** dem PR **Gelegenheit zur Äußerung**, indem sie ihn über die anstehende Angelegenheit unterrichtet und ihn zu einer Äußerung auffordert.[26] Dabei genügt die Stufenvertretung ihrer **Informationspflicht**, wenn sie den Zustimmungsantrag des Dienststellenleiters vollständig an den PR weiterleitet. Die Stufenvertretung kann dem PR eine angemessene **Frist** setzen. Die Einschaltung des PR gehört zu den laufenden Geschäften, deren Führung nach § 55 Abs. 3 i. V. m. § 28 Abs. 4 dem Vorstand der Stufenvertretung obliegt. Der PR hat das Recht, eine **Stellungnahme** abzugeben; er ist dazu jedoch nicht verpflichtet.[27] Diese bedarf eines Beschlusses des **Plenums des PR**. Obwohl das Gesetz für die Einschaltung des PR und für dessen Stellungnahme eine bestimmte **Form** nicht vorschreibt, ist für beides die Schriftform zu empfehlen. Die Stufenvertretung ist an die Äußerung des angehörten PR **nicht gebunden**, sondern entscheidet nach eigenem pflichtgemäßem Ermessen, ob und in welchem Umfang sie dessen Anregungen Rechnung trägt. 12

Die Verpflichtung der Stufenvertretung zur Anhörung des PR ist zwingend vorgeschrieben. Sie betrifft jedoch nur das Binnenverhältnis dieser Personalvertretungen und besteht deshalb nur als **interne Ordnungsvorschrift**. Wird die Anhörung fehlerhaft oder gar nicht durchgeführt, berührt dies weder die Wirksamkeit des Beschlusses der Stufenvertretung noch die der Entscheidung der Mittelbehörde oder der obersten Dienstbehörde.[28] Der Verstoß gegen diese Vorschrift kann jedoch eine grobe Pflichtverletzung i. S. d. § 24 Abs. 1 sein. 13

Hat die Stufenvertretung dem PR nach Abs. 3 Hs. 1 Gelegenheit zur Äußerung zu geben, führt dies nach Abs. 3 Hs. 2 zu einer **Verlängerung der Beteiligungsfristen der** §§ **76, 77, 82, 83**, nicht aber der Frist des § 87 Abs. 1 14

24 *BVerwG* v. 8.7.77 – VII P 19.75 –, PersV 78, 278, u. v. 2.10.00 – 6 P 11.99 –, PersR 01, 80; ferner *BVerwG* v. 15.7.04 – 6 P 1.04 –, PersR 04, 396: maßgeblich ist die fiktive Zuständigkeitsverteilung zwischen dem GPR und den PR in der Gesamtdienststelle.

25 Rooschüz-*Gerstner-Heck*, § 91 Rn. 10.

26 Vgl. hierzu und zum Folgenden *BVerwG* v. 2.10.00, a. a. O.

27 Vgl. Altvater-*Baden*, § 92 Rn. 29 m. w. N.; a. A. Ilbertz-*Knorz*, § 92 Rn. 20.

28 Vgl. *BVerwG* v. 24.11.83 – 2 C 28.82 –, PersV 87, 74.

Nr. 9. Die Verlängerung der Beteiligungsfristen auf das Eineinhalbfache (§ 85 Abs. 3 a. F.) ist entfallen und ersetzt worden durch die Verlängerung der Fristen der §§ 76, 77, 82 (über die Verweisung in Abs. 4 S. 2), 83 (über die Verweisung in Abs. 1 S. 4), auf **fünf Wochen**, wenn nichts anderes vereinbart ist. Zu beachten ist allerdings, dass die Dienststelle nach Abs. 3 S. 2 Hs. 2 i. V. m. § 76 Abs. 6 S. 2 in **dringenden Fällen** die Frist auf **eine Woche abkürzen** kann (vgl. näher § 76 Rn. 19). Die Abkürzung der Frist ist nur zulässig, wenn außergewöhnliche Umstände vorliegen, insbesondere dann, wenn der dringende Entscheidungsbedarf durch von der Dienststelle nicht beeinflussbare und nicht vorhersehbare Entwicklungen entstanden ist.[29] Diese Frist verlängert sich nicht durch den Umstand, dass die Stufenvertretung dem PR nach Abs. 3 Hs. 1 Gelegenheit zur Äußerung gegeben hat. Der Gesetzgeber hat die Einführung dieser knappen Frist damit begründet, dass verkürzte Verfahrensfristen die Entscheidungsfähigkeit der Dienststellen verbesserten und dazu beigetrügen, dass die Dienststellen erforderliche Maßnahmen zügig umsetzen könnten.[30] Nach S. 3 i. V. m. § 76 Abs. 6 S. 3 können die Stufenvertretung und Dienststelle für die Dauer der Amtszeit der Stufenvertretung **abweichende Fristen vereinbaren** (vgl. näher § 76 Rn. 21). Nach S. 3 i. V. m. § 76 Abs. 7 kann die **Dienststelle** in einzelnen Beteiligungsfällen jederzeit[31] **einseitig eine Frist verlängern**; im begründeten Einzelfall kann die Dienststelle eine Frist auch **abkürzen**, allerdings nur, wenn die Stufenvertretung im Voraus dazu ihr Einverständnis erklärt hat (vgl. näher § 76 Rn. 22). Nach S. 3 i. V. m. § 76 Abs. 8 kann der **Vorsitzende der Stufenvertretung** im Einzelfall eine längere Frist, die im Antrag zu bestimmen und deren Erforderlichkeit zu begründen ist, **beantragen**. Entscheidet die Dienststelle nicht innerhalb von drei Arbeitstagen nach Zugang über den Antrag, gilt die Fristverlängerung im beantragten Umfang als bewilligt. Ist ein entsprechender Antrag gestellt, verlängert sich die Frist zumindest um drei Arbeitstage, es sei denn, die Dienststelle bewilligt eine längere Frist. Der Antrag kann nicht wiederholt werden (vgl. näher § 76 Rn. 23).

5. Auffangzuständigkeit der Stufenvertretung (Abs. 4)

15 Die Vorschrift des **Abs. 4** stimmt wörtlich mit der Regelung des § 92 Abs. 4 BPersVG überein. Sie soll Beteiligungslücken schließen, die entstehen können, wenn von dem typischen **dreistufigen hierarchischen Aufbau** der staatlichen Verwaltung, an den die Einrichtung der Stufenvertretungen

---

29 *BVerwG* 15. 11. 1995 – 6 P 4.94 – PersR 1996, 157.

30 LT-Dr. 15/4224, S. 160 [zu § 85] unter Berufung auf *BVerfG* v. 24. 5. 1995, PersR 95, 483–489.

31 Vgl. Begründung LT-Dr. 15/4224, S. 160 [zu § 85].

nach § 55 anknüpft, **abgewichen** wird.[32] Solche Abweichungen können in **unterschiedlichen Varianten** vorkommen. Dabei kann zum einen der **hierarchische Aufbau durchbrochen** sein, wenn es einer Mittelbehörde obliegt, bestimmte Angelegenheiten nicht nur für den eigenen Geschäftsbereich, sondern auch für die Bereiche anderer Mittelbehörden zu entscheiden oder wenn auf der Mittelstufe oder der Zentralstufe Dienststellen eingerichtet sind, die dazu befugt sind, Entscheidungen mit Wirkung für andere, ihnen nicht nachgeordnete Dienststellen zu treffen (z.B. sog. Zentraldienststellen).[33] Zum anderen kann der **Verwaltungsaufbau in mehr als drei Stufen gegliedert** sein mit der Folge, dass zwischen der Mittel- und der Unterstufe mindestens eine weitere Verwaltungsebene existiert, auf der sog. Zwischendienststellen eingerichtet sind, die einer Behörde der Mittelstufe nachgeordnet und Behörden der Unterstufe übergeordnet sind. Letzteres ist in der Justizverwaltung der Fall (vgl. Rn. 20).

Bei den in Rn. 15 genannten **entscheidungsbefugten Dienststellen** (bei den **16**
zentralen Dienststellen, den Mittelbehörden, den nicht als Mittelbehörden eingerichteten Dienststellen auf der Mittelstufe und den Zwischendienststellen) ist jeweils ein örtlicher PR zu bilden, bei den Mittelbehörden darüber hinaus ein BPR. Der örtliche PR ist jedoch nur legitimiert, die Beschäftigten der eigenen Dienststelle zu vertreten, ebenso wie der BPR nur die Beschäftigten des Geschäftsbereichs der eigenen Mittelbehörde vertreten kann. Eine dienststellenübergreifende, einer Stufenvertretung vergleichbare Personalvertretung, die auch die Beschäftigten jener Dienststellen vertreten kann, die von Entscheidungen der in Rn. 15 genannten Dienststellen betroffen sind, fehlt dort jedoch. Für eine Beteiligung an derartigen Entscheidungen ist bei den entscheidenden Dienststellen somit **keine zuständige Personalvertretung** vorgesehen.

Falls personelle oder soziale Maßnahmen von einer Dienststelle getroffen **17**
werden, bei der keine für eine Beteiligung an diesen Maßnahmen zuständige Personalvertretung vorgesehen ist, bestimmt Abs. 4, dass die **Stufenvertretung bei der nächsthöheren Dienststelle**, zu deren Geschäftsbereich die entscheidende Dienststelle und die von der Entscheidung Betroffenen gehören, zu beteiligen ist. Diese Stufenvertretung ist zur Interessenvertretung der betroffenen Beschäftigten legitimiert, weil diese (auch) zu ihrer Wählerschaft gehören. Damit ist der Repräsentationsgrundsatz gewahrt (vgl. Rn. 3 u. 5).

Das Beteiligungsverfahren ist in den Fällen des Abs. 4 nicht vom Leiter der **18**
Mittelbehörde oder der obersten Dienstbehörde durchzuführen, bei der die Stufenvertretung besteht, sondern vom **Leiter der entscheidungsbefugten**

32 Richardi-*Schwarze*, § 82 a.F. Rn. 38.
33 Altvater-*Baden*, § 92 Rn. 41.

Dienststelle.[34] Um einen personalvertretungsfreien Raum zu vermeiden, wird damit der Partnerschaftsgrundsatz (vgl. Rn. 3) durchbrochen. Nach Abs. 3 ist die Stufenvertretung verpflichtet, dem **ausgeschlossenen PR** Gelegenheit zur Äußerung zu geben (vgl. Rn. 11). Kommt im Mitbestimmungs- oder Mitwirkungsverfahren eine Einigung nicht zustande, kann im **Instanzenzug** nach § 77 Abs. 1 S. 1 bzw. § 83 Abs. 1 die übergeordnete Dienststelle eingeschaltet werden, bei der die Stufenvertretung besteht, die zuvor bereits aufgrund ihrer Erstzuständigkeit nach Abs. 4 beteiligt worden ist. Das hat zur Folge, dass diese Stufenvertretung erneut, nun aber vom Leiter der Mittel- bzw. der obersten Dienstbehörde zu beteiligen ist.[35]

19 Die Regelung des Abs. 4 ist für **personelle oder soziale Maßnahmen** vorgesehen. Sie gilt aber aufgrund ihrer Entstehungsgeschichte und ihres Zwecks für **alle beteiligungspflichtigen Angelegenheiten.**[36]

20 Für die **Justizverwaltung** ergeben sich aus Abs. 4 insb. folgende Konsequenzen: Bei beteiligungspflichtigen Maßnahmen, die der Präsident des Landgerichts für die Beschäftigten bei den zum Landgerichtsbezirk gehörenden Amtsgerichten und Notariaten treffen will, ist der BPR beim Oberlandesgericht zu beteiligen (vgl. § 95 Rn. 1).

21 Abs. 4 ist nur dann anzuwenden, wenn bei der zur Entscheidung über beteiligungspflichtige Maßnahmen befugten Dienststelle eine für eine Beteiligung an diesen Maßnahmen zuständige **Personalvertretung nicht vorgesehen** ist. Die Vorschrift greift aber nicht ein, wenn eine vorgesehene Personalvertretung nicht besteht oder nicht funktionsfähig ist (vgl. § 1 Rn. 21). Die in Abs. 4 geregelte **Auffangzuständigkeit** beinhaltet demnach **keine generelle Ersatzzuständigkeit** für nicht gebildete Personalvertretungen.[37] Eine derartige Zuständigkeit der Stufenvertretung bei der übergeordneten Dienststelle besteht nur in dem in Abs. 7 geregelten Ausnahmefall (vgl. Rn. 27 f.).

6. Maßnahmen des Ministerpräsidenten (Abs. 5)

22 **(Abs. 5)** Mit Abs. 5 vergleichbare Vorschriften finden sich lediglich in vier anderen LPersVG (BB: § 75 Abs. 4; NI: § 79 Abs. 3 S. 1; NW: § 78 Abs. 1 S. 2, 3; SH: § 60 Abs. 4). Er enthält eine Regelung für die Fälle, in denen der **Ministerpräsident** der Beteiligung der Personalvertretung unterliegende Maßnahmen für Beschäftigte trifft, die nicht dem Geschäftsbereich des Staatsministeriums (vgl. § 5 Rn. 4) angehören, sondern dem **Geschäftsbereich einer anderen obersten Dienstbehörde**. Dabei kann es sich z. B. um die nach § 75 Abs. 1 Nr. 4 (i. V. m. § 75 Abs. 4 Nr. 1) mitbestimmungspflichtige

---

34 Altvater-*Baden*, § 92 Rn. 46.

35 Vgl. Altvater-*Baden*, § 92 Rn. 46.

36 Vgl. Altvater-*Baden*, § 92 Rn. 47; Leuze-*Wörz*, § 85 a. F. Rn. 26.

37 Richardi-*Schwarze*, § 82 a. F. Rn. 41.

Beförderung von Beamten bis zu der BesGr. A 15 (bzw. bei obersten Dienstbehörden bis zur Besoldungsgruppe B 2) handeln (vgl. §§ 1 und 2 S. 1 Nr. 1 Buchst. a ErnG). Zur Vermeidung einer Beteiligungslücke sieht Abs. 5 vor, dass die **zuständige Personalvertretung bei der obersten Dienstbehörde**, zu deren Geschäftsbereich die betroffenen Beschäftigten gehören, bei dem **Vorschlag** beteiligt wird, den diese Behörde dem Ministerpräsidenten unterbreitet. Gegenstand des Beteiligungsverfahrens (einschließlich eines nach §§ 78 Abs. 1 evtl. durchzuführenden Verfahrens vor der Einigungsstelle) ist damit nicht die beabsichtigte Entscheidung selbst, sondern der vorausgehende Vorschlag. Die dabei zu beteiligende **zuständige Personalvertretung** kann der bei der vorschlagenden obersten Dienstbehörde gebildete Haus-PR oder der dort bestehende HPR sein (vgl. Rn. 8).

7. Ressortübergreifende Einzelmaßnahmen (Abs. 6)

(Abs. 6) Für Abs. 6, der durch das ÄndG 1995 eingefügt wurde, gibt es nur in drei anderen LPersVG vergleichbare Vorschriften (BY: Art. 80 Abs. 4; RP: § 53 Abs. 3; SH: § 60 Abs. 3). Er soll eine Beteiligungslücke bei **ressortübergreifenden Einzelmaßnahmen** schließen. Die Regelung bezieht sich auf alle an sich beteiligungspflichtigen Einzelmaßnahmen, in denen die Entscheidung von einer Dienststelle getroffen wird, die zum Geschäftsbereich einer anderen obersten Dienstbehörde gehört als die Dienststelle oder Dienststellen, auf deren Beschäftigte sich die Maßnahme erstreckt.[38] Aufgrund des Repräsentationsgrundsatzes kann der PR der entscheidungsbefugten Dienststelle nicht beteiligt werden, da andere als die von ihr vertretenen (repräsentierten) Beschäftigten von der Maßnahme betroffen sind.[39] Allerdings kann angesichts des Partnerschaftsprinzips aber auch der PR der von der Maßnahme betroffenen Dienststelle nicht eingeschaltet werden, weil die Maßnahme nicht von einer Dienststelle entschieden wurde, für die sie gebildet wurde. Damit endet die Reichweite der Mitbestimmung grundsätzlich an der Grenze der obersten Dienstbehörde. Mit Regelung des Abs. 6 werden diese beiden Grundsätze ausnahmsweise durchbrochen. Um auch bei diesen Maßnahmen die Beteiligung sicherzustellen, sieht Abs. 6 die Beteiligung des PR der Dienststelle oder der PR aller Dienststellen vor, auf deren Beschäftigte sich die Maßnahme erstreckt. Dabei handelt es sich um den **örtlichen PR der nutzenden Dienststelle** oder ggf. die örtlichen PR aller nutzenden Dienststellen. 23

Der **Leiter jeder nutzenden Dienststelle** hat den bei ihr bestehenden örtlichen PR zu beteiligen. Dabei muss er **im Einvernehmen mit der entscheidungsbefugten Dienststelle** handeln. Kommt im Mitbestimmungs- oder 24

38 Vgl. LT-Dr. 11/6312, S. 60 [zu Nr. 47].

39 Vgl. Personalvertretungsrecht Rheinland-Pfalz: *Lautenbach u.a*, § 53 Rn. 21.

Mitwirkungsverfahren eine Einigung nicht zustande, kann im **Instanzenzug** nach § 77 Abs. 1 S. 1 bzw. § 83 Abs. 1 S. 1 die übergeordnete Dienststelle eingeschaltet werden, bei der eine Stufenvertretung besteht. Bei mitbestimmungspflichtigen Maßnahmen kann nach § 78 Abs. 1 ggf. die Einigungsstelle angerufen werden (vgl. Rn. 25). Auch die im Stufenverfahren ggf. beteiligten Leiter der Mittelbehörde und der obersten Dienstbehörde müssen im Einvernehmen mit der entscheidungsbefugten Dienststelle **handeln**.

25 Erstreckt sich die mitbestimmungspflichtige Maßnahme auf eine oder mehrere Dienststellen im Geschäftsbereich nur einer obersten Dienstbehörde, ist die **Einigungsstelle** nach § 79 Abs. 1 bei dieser obersten Dienstbehörde zu bilden. Erstreckt sich die Maßnahme jedoch auf Dienststellen in den Geschäftsbereichen mehrerer oberster Dienstbehörden, ist nach S. 3 n. F., der durch das ÄndG 2013 von Abs. 9 S. 2 a. F. nach Abs. 6 verschoben worden ist, eine **gemeinsame Einigungsstelle** bei der obersten Dienstbehörde zu bilden, zu der die hauptnutzende Dienststelle gehört.[40] Welche Dienststelle das ist, hängt von den Umständen des Einzelfalls ab. Bei der Bildung der Einigungsstelle haben die oberste Dienstbehörde und die bei ihr bestehende zuständige Personalvertretung (je nach Fallgestaltung der HPR oder der Haus-PR) die Belange jener ressortfremden Dienststellen und Personalvertretungen angemessen zu berücksichtigen, die am bisherigen Verfahren beteiligt gewesen sind.[41]

26 Werden von einer obersten Dienstbehörde keine Einzelmaßnahmen, sondern andere Maßnahmen zugleich für die Geschäftsbereiche anderer oberster Dienstbehörden getroffen, ist Abs. 6 nicht anwendbar.[42] Damit sind **ressortübergreifende allgemeine Regelungen** mangels einer dafür geltenden Vorschrift des LPVG der Beteiligung der Personalvertretung entzogen. Das gilt auch für **Entscheidungen der Landesregierung.**[43] Im Hinblick auf die **Ressortleitungsbefugnis jedes Ministers** (Art. 49 Abs. 1 S. 4 LVerf) sind dem jeweiligen Minister indessen alle Handlungen als von ihm beabsichtigte Maßnahmen zuzurechnen, die zur Umsetzung ressortexterner oder -übergreifender Entscheidungen getroffen werden sollen. Handelt es sich dabei um **Umsetzungsakte** in Angelegenheiten, die nach den §§ 73 bis 90 der Beteiligung unterliegen, ist daran die bei dem jeweiligen Ministerium bestehende, nach § 91 zuständige Personalvertretung zu beteiligen.[44]

40 LT-Dr. 11/6312, a. a. O.

41 LT-Dr. 11/6312, a. a. O.

42 LT-Dr. 11/6312, a. a. O.

43 Vgl. dazu *VGH BW* v. 8. 5. 90 – 15 S 2410/89 –, PersR 90, 373; *BAG* v. 19. 5. 92 – 1 AZR 418/91 –, PersR 92, 422; *Coulin*, PersR 90, 359.

44 Vgl. *BVerwG* v. 7. 5. 81 – 6 P 35.79 –, Buchh 238.38 § 60 Nr. 1, u. v. 19. 10. 83 – 6 P 16.81 –, Buchh 238.31 § 79 Nr. 4; *BAG* v. 19. 5. 92, a. a. O.; *VG Berlin* v. 27. 8. 02 – VG 72 A 3.02 –, PersR 03, 424.

8. Vorläufige Zuständigkeit bei neu errichteten Dienststellen (Abs. 7)

(Abs. 7) Der durch das ÄndG 1995 eingefügte Abs. 7 ist wortgleich mit § 53 Abs. 5 LPersVG RP und § 82 Abs. 7 ThürPersVG.[45] Abs. 7 soll eine personalratsfreie Zeit in **neu errichteten Dienststellen**, in denen ein **PR noch nicht gebildet** ist, vermeiden.[46] Dabei ist es unerheblich, ob eine Dienststelle durch den Zusammenschluss bereits bestehender oder von Teilen solcher Dienststellen entstanden oder völlig neu geschaffen worden ist.[47] Abs. 7 ist allerdings nur dann anwendbar, wenn weder ein Übergangs-PR gem. § 113 zuständig ist noch eine Übergangsregelung in einem anderen Gesetz oder in einer gem. § 113 Abs. 4 erlassenen Verordnung eingreift (vgl. § 106 Rn. 3ff., 9f.). Ist dies nicht der Fall, ist nach Abs. 7 an Stelle des noch nicht gebildeten PR die bei der übergeordneten Dienststelle gebildete Stufenvertretung zu beteiligen. Damit ist die **Stufenvertretung bei der nächsthöheren Dienststelle** gemeint, also entweder der dort bestehende BPR oder HPR. Sie wird als (örtlicher) PR auf der untersten Ebene tätig. Das Gesetz weicht auch hier von dem Partnerschaftsprinzip ab.[48] Die **Ersatzzuständigkeit** der Stufenvertretung endet grundsätzlich mit Beginn der Amtszeit des neu gewählten PR (vgl. § 22 Rn. 2). Sie ist jedoch auf **längstens sechs Monate** seit der Errichtung der Dienststelle – d.h. seit dem ersten Tag ihres Bestehens – begrenzt. 27

Ist eine **Mittelbehörde neu errichtet** und ist bei ihr ein **BPR** noch nicht gebildet worden, so ist Abs. 7 entsprechend anwendbar, falls keine andere Regelung eingreift.[49] 28

9. Zuständigkeit des Gesamtpersonalrats (Abs. 8)

(Abs. 8) Abs. 8 S. 1 regelt die **Verteilung der Zuständigkeiten zwischen den PR und dem GPR** in personalvertretungsrechtlich aufgegliederten Dienststellen (für den SWR gilt jedoch § 112 Abs. 1 S. 2 u. 3). Im Gegensatz zu § 95 Abs. 1 BPersVG übernimmt das LPVG dafür nicht die in Abs. 2 getroffene Regelung für die Verteilung der Zuständigkeiten zwischen örtlichem PR und Stufenvertretungen, sondern trifft eine **eigenständige Regelung**, die sich (wenn auch nicht überall völlig identisch) auch in anderen LPersVG findet (BE: § 54 Abs. 1 S. 1 u. 3; HB: § 50 Abs. 1; HH: § 56 Abs. 4; MV: § 74 Abs. 1; SL: § 55 Abs. 3; SH: § 61 Abs. 1). Diese legt fest, dass der GPR zu betei- 29

45 Zu ähnlichen Vorschriften anderer LPersVG vgl. Altvater-*Baden*, § 92 Rn. 61, 62.

46 LT-Dr. 11/6312, S. 60 [zu Nr. 47].

47 Rooschüz-*Gerstner-Heck*, § 91 Rn. 21.

48 Vgl. Personalvertretungsrecht Rheinland-Pfalz: *Lautenbach u.a*, § 53 Rn. 23.

49 Vgl. Rooschüz-*Gerstner-Heck*, § 91 Rn. 21.

ligen ist, wenn die Maßnahme über den Bereich einer personalvertretungsrechtlichen Dienststelle hinausgeht. Damit wird nicht wie in Abs. 2 auf die Zuständigkeit des Leiters der personalvertretungsrechtlichen Dienststelle abgestellt, sondern auf diese Dienststelle als solche.[50] Beabsichtigt der Leiter der Gesamtdienststelle (der zugleich Leiter der Hauptdienststelle ist) eine Maßnahme, die nur eine der im Bereich der Gesamtdienststelle bestehenden personalvertretungsrechtlichen Dienststellen (z. B. eine verselbständigte Nebenstelle) betrifft, so beschränkt sich die Maßnahme auf diese Dienststelle und geht nicht darüber hinaus. An der beabsichtigten Maßnahme ist dann nicht der GPR, sondern der bei der personalvertretungsrechtlichen Dienststelle gebildete PR zu beteiligen.

29a Durch den mit dem ÄndG 2013 eingefügten S. 2 hat der Gesetzgeber festgelegt, dass der GPR im Rahmen seiner Zuständigkeit an Stelle der PR der Dienststellen entscheidet. Damit sind nach dem Willen des Gesetzgebers Doppelbefassungen nicht mehr zulässig.[51]

30 Es ist nicht ausgeschlossen, dass eine Maßnahme, für die der GPR nach Abs. 8 S. 1 zuständig ist (vgl. Rn. 29), zugleich einzelne Beschäftigte oder einzelne Dienststellen (besonders) betrifft.[52] In einem solchen Fall ist Abs. 8 S. 3 anzuwenden, der den GPR verpflichtet, den durch seine Beteiligungsbefugnis **ausgeschlossenen PR einzuschalten** und ihm Gelegenheit zur Äußerung zu geben, bevor er in der anstehenden Angelegenheit einen Beschluss fasst. Diese Regelung entspricht – auch hinsichtlich der durch das ÄndG 2013 geänderten Regelung zu den im Beteiligungsverfahren nach §§ 76 und 82 einzuhaltenden Fristen und deren Verlängerung bzw. Verkürzung – vollinhaltlich der des Abs. 3 (näher dazu Rn. 9 ff.).

31 **Abs. 9** wurde mit dem ÄndG 2013 aufgehoben (vgl. Rn. 1).

50 *BVerwG* v. 26. 11. 82 – 6 P 18.80 –, PersV 83, 158.

51 LT-Dr. 15/4224, S. 160 [zu § 85].

52 *BVerwG* v. 26. 11. 82, a. a. O.

Teil 10
Gerichtliche Entscheidungen

§ 92 [Zuständigkeit und Verfahren der Verwaltungsgerichte]

(1) Die Verwaltungsgerichte entscheiden außer in den Fällen der §§ 21, 24, 47 Absatz 1 und 4, § 48 Absatz 4 sowie § 64 Satz 2 über
1. Wahlberechtigung und Wählbarkeit,
2. Wahl, Amtszeit und Zusammensetzung der Personalvertretungen und der in den § 59 genannten Vertretungen,
3. Zuständigkeit und Geschäftsführung der Personalvertretungen,
4. Bestehen oder Nichtbestehen von Dienstvereinbarungen.
(2) Die Vorschriften des Arbeitsgerichtsgesetzes über das Beschlussverfahren gelten entsprechend.

Vergleichbare Vorschriften:
§ 108 BPersVG; für das BetrVG § 2a Abs. 1 Nr. 1, Abs. 2, §§ 80 bis 96a ArbGG

Inhaltsübersicht

1. Allgemeines

1 § 92 ist infolge der Umgestaltung des LPVG durch Art. 6 **DRG** (vgl. vor § 68 Rn. 1) geändert worden. Die Regelungen aus § 56, § 127 Abs. 1 und 2 BPersVG waren bereits) in die Bestimmungen des § 48 Abs. 3 und 7 LPVG a.F. übernommen worden. Das hat im **Eingangssatz von § 92 Abs. 1** eine Umstellung der entsprechenden Zitierungen zur Folge gehabt (Art. 6 Nr. 31 DRG).[1] Die Änderung durch das ÄndG 2013 ist lediglich eine Folgeänderung. In der Sache hat sich an der ausschließlichen Zuständigkeit der Verwaltungsgerichte in personalvertretungsrechtlichen Streitigkeiten nichts geändert.

1a Das PersVR ist **öffentliches Recht** (vgl. § 1 Rn. 26). Für Streitigkeiten auf diesem Gebiet ist nach der Generalklausel des § 40 Abs. 1 S. 1 VwGO grundsätzlich der **Verwaltungsrechtsweg** eröffnet. Das gilt auch für Streitigkeiten auf dem Gebiet des **LPVG**. Die in § 40 Abs. 1 S. 2 VwGO enthaltene Befugnis des Landesgesetzgebers, öffentlich-rechtliche Streitigkeiten auf dem Gebiet

1 LT-Dr. 14/6694, S. 572.

des Landesrechts einem anderen Gericht zuzuweisen, war für den Bereich des LPVG durch § 106 BPersVG a. F. ausgeschlossen gewesen.[2] Diese Rahmenvorschrift galt nach der Föderalismusreform I v. 1. 9. 06 gem. Art. 125b Abs. 1 S. 1 GG als (durch Landesrecht nicht ersetzbares) Bundesrecht fort, weil dem Bund gem. Art. 74 Abs. 1 Nr. 1 GG auf den Gebieten der Gerichtsverfassung und des gerichtlichen Verfahrens die Kompetenz zur konkurrierenden Gesetzgebung zustand. (vgl. § 94 BPersVG Rn. 10 a. F.).[3] § 92 Abs. 1 a.F gab demnach lediglich die durch Bundesrecht vorgegebene Rechtslage wieder.

Nach Art. 125a Abs. 1 GG hatte zwar § 106 BPersVG a. F. als Bundesrecht fortgegolten, streitig war seitdem aber, ob mit der Föderalismusreform I § 106 BPersVG a. F. durch Landesrecht ersetzt werden könnte.

Die Lösung dieser unterschiedlichen Rechtsansichten findet sich jetzt im neuen BPersVG. § 106 BPersVG a. F. wird spätestens zum 31. 12. 24 ersatzlos gegenstandslos (vgl. § 131 BPersVG n. F.). Spätestens ab dem 1. 1. 25 steht damit die Regelungskompetenz den Bundesländern selbst zu. Dieses Gestaltungsrecht öffnet die Option, die Rechtswegzersplitterung zwischen öffentlichem Dienst und Privatwirtschaft abzumildern. Die Zuweisung der Zuständigkeit der Arbeitsgerichte in landespersonalvertretungsrechtlichen Angelegenheiten durch ein Landesgesetz könnte diese Zweiteilung ablösen. Dies könnte im Hinblick auf die langen Verfahrensdauern vor den Verwaltungsgerichten einen effektiveren Rechtsschutz verwirklichen.

Für die Arbeitsgerichtsbarkeit dürfte auch § 92 Abs. 2 LPVG sprechen, der die Bestimmungen des arbeitsgerichtlichen Beschlussverfahrens an die Stelle der Verfahrensregelungen der VwGO setzt. Die Arbeitsgerichte dürften angesichts ihrer Routine bei der Bewältigung der Beschlussverfahren nach § 2a ArbGG eher als die Verwaltungsgerichte in der Lage sein, einen effektiven Rechtsschutz für personalvertretungsrechtliche Streitigkeiten herzustellen.[4]

2 Bereits länger sieht § 187 Abs. 2 VwGO vor, dass die Länder für das Gebiet des PersVR **von der VwGO abweichende Vorschriften** über die Besetzung und das Verfahren der Verwaltungsgerichte und des Oberverwaltungsgerichts erlassen können. Dies ist durch § 92 Abs. 2 und § 93 geschehen. Während § 92 Abs. 2 bestimmt, dass die Vorschriften der §§ 80 bis 96a ArbGG über das **Beschlussverfahren** entsprechend gelten (vgl. Rn. 11 ff.), sieht § 93 vor, dass für die nach dem LPVG zu treffenden Entscheidungen bei den Verwaltungsgerichten **Fachkammern** und beim Verwaltungsgerichtshof ein **Fachsenat** für Personalvertretungssachen zu bilden sind. Damit hat der Landesgesetzgeber bezüglich der Aufspaltung der Rechts-

2 *BVerwG* v. 16. 12. 77 – 7 P 27.77 –, PersV 79, 151.

3 *Altvater*, § 106 a. F. Rn. 1 m. w. N.

4 So auch *Feldmann/Wirlitsch*, NZA 22, 1317; Altvater-*Baden*, § 108 Rn. 3, 5, 6.

wege für das BetrVR einerseits und das PersVR andererseits im Prinzip den rechtspolitischen Kompromiss des Bundesgesetzgebers übernommen, der sich nicht bewährt hat.[5]

Auf das Beschlussverfahren vor den Verwaltungsgerichten findet nicht die Verwaltungsgerichtsordnung (VwGO) Anwendung. In der Praxis wird dies häufig in Verfahren des vorläufigen Rechtsschutzes (einstweilige Anordnung/einstweilige Verfügung) verwechselt (vgl. §§ 123 ff. VwGO, §§ 935 ff. ZPO). § 92 Abs. 2 stellt vielmehr die ausschlaggebende Brücke zum ArbGG und zur ZPO dar. **2a**

Anders als §§ 108 Abs. 1, 109 BPersVG ist in § 92 Abs. 1 nicht ausdrücklich geregelt, dass im dritten Rechtszug das **Bundesverwaltungsgericht** zuständig ist. Durch die uneingeschränkte Verweisung des § 92 Abs. 2 auf die Vorschriften des ArbGG über das arbeitsgerichtliche Beschlussverfahren findet die Rechtsbeschwerde an das BVerwG als dritter Instanz aber nach § 92 ArbGG in entsprechender Anwendung statt.[6] **3**

2. Sachliche Zuständigkeit

(Abs. 1) Die Angelegenheiten aus dem LPVG, über die die Fachkammern der Verwaltungsgerichte im Beschlussverfahren entscheiden, sind in Abs. 1 aufgeführt. Dieser **Katalog der sachlichen Zuständigkeit** ist abschließend, verbietet es jedoch nicht, auftretende Lücken durch Analogie zu schließen.[7] Außerdem hindert die ausschließliche sachliche Zuständigkeit der verwaltungsgerichtlichen Fachspruchkörper als Personalvertretungsgerichte **andere Gerichte** – auch die im Verfahren nach der VwGO entscheidenden Verwaltungsgerichte – nicht daran, Fragen des PersVR als **Vorfragen** zu entscheiden. So hat z. B. das Arbeitsgericht im Kündigungsschutzprozess zu prüfen und zu entscheiden, ob der PR ordnungsgemäß nach § 74 Abs. 1 Nr. 12, § 87 Abs. 1 Nr. 9 beteiligt worden ist, wenn der gekündigte Arbeitnehmer geltend macht, dass die Kündigung des Arbeitgebers wegen unterbliebener oder mangelhafter Beteiligung des PR nach § 108 Abs. 2 BPersVG unwirksam ist. Entsprechendes gilt für das Verwaltungsgericht im verwaltungsgerichtlichen Klageverfahren, wenn z. B. ein entlassener Beamter auf Probe sich mit der Anfechtungsklage gegen seine Entlassung wendet und geltend macht, der PR sei nach § 75 Abs. 3 Nr. 10 nicht oder fehlerhaft beteiligt worden. Umgekehrt müssen auch die Verwaltungsgerichte in personalvertretungsrechtlichen Beschlussverfahren über nicht zu ihrer Zuständigkeit gehörende – v. a. arbeits- und beamtenrechtliche – Rechtsfragen als Vorfragen entscheiden, wenn das in einer Personalvertretungssache erforderlich **4**

5 Siehe dazu ausf. Altvater-*Baden*, § 108 Rn. 2, 3; Richardi-*Treber*, § 83 a. F. Rn. 2.
6 *BVerwG* v. 18. 10. 63 – VII P 2.63 –, PersV 64, 13.
7 Vgl. Altvater-*Baden*, § 108 Rn. 9; Richardi-*Treber*, § 83 a. F. Rn. 7.

ist.[8] Das folgt aus § 17 Abs. 2 S. 1 GVG, wonach das Gericht des zulässigen Rechtswegs den Rechtsstreit unter allen in Betracht kommenden rechtlichen Gesichtspunkten zu entscheiden hat. Der Katalog des Abs. 1 umfasst keine der **Normenkontrolle** nach § 47 VwGO vergleichbare Zuständigkeit, schließt andererseits aber ein Normenkontrollverfahren nach § 47 VwGO i. V. m. § 4 AGVwGO vor dem dafür zuständigen Senat des Verwaltungsgerichtshofs nicht aus (vgl. § 58 Rn. 2).

5 In Abs. 1 sind die **Fälle** aufgeführt, in denen bereits an anderer Stelle – nämlich in den **§§ 21, 24, 47 Abs. 1 und 4, § 48 Abs. 4 sowie § 64 S. 2** – bestimmt ist, dass darüber die Verwaltungsgerichte entscheiden. Auch in diesen Fällen werden die Verwaltungsgerichte im Beschlussverfahren nach den Regelungen des ArbGG tätig.[9]

6 **(Abs. 1 Nr. 1)** Streitigkeiten über die **Wahlberechtigung** (vgl. § 8) und die **Wählbarkeit** (vgl. § 9) zu den Personalvertretungen (PR, GPR, BPR, HPR und APR) und zur JAV (vgl. § 60) können auch unabhängig von einer Wahlanfechtung (vgl. § 21) aufkommen (vgl. § 21 Rn. 19). Nach Ablauf der Anfechtungsfristen führen Entscheidungen darüber aber nicht zur Unwirksamkeit von PR-Wahlen. Stellt das Verwaltungsgericht jedoch die Nichtwählbarkeit eines PR-Mitglieds fest, führt das gemäß § 25 Abs. 1 Nr. 11 zum Amtsverlust des Betroffenen (vgl. § 25 Rn. 11).[10] Zur Wahlberechtigung gehören auch Streitigkeiten darüber, welcher **Gruppe** i. S. d. § 4 Abs. 3 und 4 ein Wahlberechtigter angehört,[11] sowie über die **Abstimmungsberechtigung** in einer Vorabstimmung nach § 12 Abs. 1 oder § 13 Abs. 2 S. 1.[12] Da wahlberechtigt und wählbar nur Beschäftigte i. S. v. § 4 sind, fällt auch der Streit über die **Beschäftigteneigenschaft** unter Nr. 1; dasselbe gilt für die Bestellung zum **Mitglied eines Wahlvorstands** nach § 16 Abs. 1.[13] Jeder Betroffene kann bei Vorliegen des Rechtsschutzinteresses ein Beschlussverfahren einleiten.[14]

7 **(Abs. 1 Nr. 2)** Die Zuständigkeit für Streitigkeiten über **Wahl, Amtszeit und Zusammensetzung** bezieht sich nicht nur auf die in Abs. 1 Nr. 2 aufgeführten **Personalvertretungen** (PR, GPR, BPR, HPR und APR) und auf die über § 59 einbezogene **JAV**, sondern auch auf die in § 66 Abs. 1 und 4 vorgesehenen **GJAV und Stufen-JAV**, die durch Entsendung von JAV-Mit-

---

8 Vgl. Altvater-*Baden*, § 108 Rn. 7.
9 Vgl. *BVerwG* v. 9.7.80 – 6 P 43.79 –, PersV 81, 370.
10 Altvater-*Baden*, § 108 Rn. 15.
11 Vgl. *BVerwG* v. 5.5.78 – 6 P 8.78 –, PersV 79, 286.
12 Vgl. Altvater-*Baden*, § 108 Rn. 14.
13 Altvater-*Baden*, § 108 Rn. 14.
14 *BVerwG* v 2.11.94 – 6 P 28.92 –, PersR 95, 83; v. 23.9.04 – 6 P 5.04 –, PersR 04, 481.

gliedern gebildet werden und die keine eigenständigen Amtszeiten haben (vgl. § 66 Rn. 1, 5).

Unter Streitigkeiten über die **Wahl** sind alle Streitigkeiten über Voraussetzungen und Durchführung einer Wahl zu verstehen, soweit sie sich nicht auf die Wahlberechtigung oder die Wählbarkeit beziehen (vgl. dazu Rn. 6). Dazu gehören insbesondere Auseinandersetzungen darüber, ob in einer Dienststelle überhaupt ein PR gewählt werden kann (§§ 5, 10 Abs. 1, 2), über vorzeitige Neuwahlen (§ 23), die Größe des PR (§ 10 Abs. 3, 4), die Verteilung der Sitze auf die Gruppen (§§ 11, 12 Abs. 1), Fragen der Bestellung des Wahlvorstands und seiner Amtsführung (§§ 15–19) einschließlich seiner Unterstützung durch die Dienststelle (§ 1 Abs. 2 WO), die Gültigkeit und Wirkung von Vorabstimmungen (§ 12 Abs. 1, § 13 Abs. 2, § 4 WO), Streitigkeiten aus Anlass der Behinderung oder sittenwidrigen Beeinflussung von Wahlen (§ 20 Abs. 1), über die Kostentragungspflicht der Dienststelle (§ 20 Abs. 2) sowie Fragen über den Verbleib der Wahlunterlagen (§ 32 WO).[15] Nach Ablauf der Anfechtungsfrist des § 21 Abs. 1 können Streitigkeiten über die Wahl zulässigerweise nur dann ausgetragen werden, wenn dafür ausnahmsweise ein Rechtsschutzinteresse besteht.[16] Ein Antrag auf Feststellung der Nichtigkeit einer Wahl ist allerdings auch nach Ablauf der Anfechtungsfrist jederzeit möglich[17] (vgl. § 21 Rn. 2). Streitigkeiten über die **Amtszeit** beziehen sich auf Dauer, Beginn und Ende der Amtszeit der Personalvertretungen einschl. der JAV, der GJAV und Stufen-JAV sowie der Mitgliedschaft in diesen Gremien. Streitigkeiten über die **Zusammensetzung** der Personalvertretungen sowie der JAV, der GJAV und Stufen-JAV betreffen insbesondere Fragen des Ruhens der Mitgliedschaft, der zeitweiligen Verhinderung eines Mitglieds und des vorübergehenden Nachrückens eines Ersatzmitglieds. Auch die Zusammensetzung des Wahlvorstands wird erfasst. Streitigkeiten über die Richtigkeit der Verteilung der Sitze auf die Gruppen sind jedoch dem Wahlanfechtungsverfahren vorbehalten. 8

(Abs. 1 Nr. 3) Die Zuweisung der Entscheidungsbefugnis über Streitigkeiten, soweit sie die **Zuständigkeit und Geschäftsführung der Personalvertretungen** betreffen, ist als **Generalklausel** zu verstehen.[18] Sie erfasst alle personalvertretungsrechtlichen Streitigkeiten, die den Verwaltungsgerichten nicht schon ausdrücklich in Abs. 1 Nr. 1, 2 und 4 (sowie in den eingangs aufgeführten Vorschriften) zugewiesen sind. Zur **Zuständigkeit** der Personalvertretungen gehört alles, was mit den Aufgaben und Befugnissen der Personalvertretungen i. w. S., also von PR, GPR, BPR, HPR, APR, JAV, GJAV und Stufen-JAV (vgl. § 1 Rn. 20), zu tun hat. Anders als im § 108 Abs. 1 Nr. 4 9

15 Dazu ausf. Altvater-*Baden*, § 108 Rn. 16, 17.

16 Vgl. *Fischer/Goeres/Gronimus/Lechtermann*, § 108 Rn. 63.

17 *BVerwG* v. 18. 1. 90 – 6 P 8.88 –, PersR 90, 108.

18 Vgl. Altvater-*Baden*, § 108 Rn. 19 ff.

BPersVG[19] sieht das Gesetz keine ausdrückliche Zuständigkeitszuweisung für Streitigkeiten im Zusammenhang mit dem Verfahren vor der Einigungsstelle (vgl. § 79 Rn. 33) und der Aufhebung eines Beschlusses der Einigungsstelle durch die Landesregierung auf Vorlage der obersten Dienstbehörde vor (vgl. § 78 Rn. 7). Diese Fälle fallen ungeachtet dessen unter die Generalklausel des Abs. 1 Nr. 3. Mit Streitigkeiten über die **Geschäftsführung** der Personalvertretungen i. w. S. sind ansonsten in erster Linie interne Angelegenheiten wie die Bildung und Zusammensetzung des Vorstands, Anwendung der Vorschriften über Einladung, Tagesordnung und Nichtöffentlichkeit der PR-Sitzungen, über Beratung, Abstimmung und Beschlussfassung und die Teilnahme von Ersatzmitgliedern sowie Fragen der Protokollführung und Geschäftsordnung gemeint (§§ 28–39). Dazu zählen auch Fragen der Einrichtung und Abhaltung von Sprechstunden (§ 40), der Einberufung und Durchführung der Personalversammlung (§§ 49–53) sowie der Jugend- und Auszubildendenversammlung (§ 65). Das Beschlussverfahren dient darüber hinaus auch der Durchsetzung konkreter Rechtspositionen des PR und nicht nur der Klärung von Zuständigkeiten. Deshalb kann der PR die Unterlassung mitbestimmungswidrigen Verhaltens des Dienststellenleiters und Leistungsansprüche wie die Verpflichtung zur Rückgängigmachung mitbestimmungswidrig in Gang gesetzter Maßnahmen oder die Fortsetzung rechtswidrig abgebrochener Verfahren der Mitbestimmung gerichtlich geltend machen.[20] Im Unterschied zum BPersVG ist der Begriff der **Rechtsstellung** in Abs. 1 **Nr. 3** nicht aufgeführt. Das ist jedoch unschädlich, weil die Rechtsstellung der Personalvertretungen und ihrer Mitglieder (§§ 43–48) vom Oberbegriff der Geschäftsführung mit umfasst wird.[21] Die Generalklausel des Abs. 1 Nr. 3 erstreckt sich auf alle Streitigkeiten über die personalvertretungsrechtlichen Aufgaben und Befugnisse der in der Dienststelle vertretenen **Gewerkschaften**, z. B. nach § 2 Abs. 2, § 32 Abs. 4, § 37 Abs. 1 S. 2 oder § 53, insb. ob und in welchem Umfang ihnen das Zugangsrecht nach § 2 Abs. 2 oder das Teilnahmerecht an Personalratssitzungen oder Personalversammlungen zusteht.[22] Dagegen sind die Verwaltungsgerichte nicht berufen, im Beschlussverfahren über **Ansprüche von Beschäftigten aus dem Arbeits- oder Beamtenverhältnis** zu entscheiden, und zwar auch dann nicht, wenn diese Ansprüche aus einer Tätigkeit im Rahmen des LPVG herrühren. Dabei geht es insb. um Entgeltansprüche wegen Versäumung der Arbeitszeit (§§ 43 Abs. 2, 44), Ersatzansprüche aus § 6 Abs. 2 und Streitig-

19 S. dazu ausf. Altvater-*Baden*, § 108 Rn. 30, 31 m. w. N.

20 *Baden*, PersR 13, 18; *BVerwG* v. 11.5.11 – 6 P 4.10 –, PersR 11, 438, unter Hinweis auf den Beschl. v. 15.3.95 – 6 P 31.93 – PersR 95, 423.

21 Vgl. Altvater-*Baden*, § 108 Rn. 19 m. w. N.

22 Vgl. Altvater-*Baden*, § 108 Rn. 23.

keiten über Laufbahnnachzeichnungen.[23] Diese Ansprüche sind entweder nach § 2 Abs. 1 Nr. 3 Buchst. a ArbGG im **Urteilsverfahren vor dem Arbeitsgericht** geltend zu machen[24] oder nach § 54 BeamtStG in dem nach den Vorschriften der VwGO durchzuführenden **Klageverfahren vor dem Verwaltungsgericht** zu verfolgen.[25]

(Abs. 1 Nr. 4) Die Zuständigkeit für Streitigkeiten über das Bestehen oder Nichtbestehen von **Dienstvereinbarungen** bezieht sich auf Fragen des wirksamen Abschlusses, des Inhalts und der Kündigung von Dienstvereinbarungen und auf die Auslegung und Durchführung ihrer Bestimmungen.[26] Bedeutung behält diese Zuständigkeitszuweisung noch wegen des in § 85 Abs. 7 verbliebenen Rechts der Dienststelle zur entfristeten Aufhebung der Weitergeltung gekündigter oder abgelaufener Dienstvereinbarungen, »soweit diese Regelungen wegen ihrer Auswirkungen auf das Gemeinwesen die Regierungsverantwortung wesentlich berühren« (vgl. zum durch das mit Art. 6 Nr. 21 Buchst. b DRG in § 73 Abs. 3 a. F. eingeführte Recht der Dienststelle zur fristlosen Kündigung von bestehenden DV: Vorauflage, § 73 Rn. 18). Das Vorliegen der entsprechenden Tatbestandsvoraussetzungen ist in vollem Umfang nachzuprüfen. Die Verwaltungsgerichte haben das Vorliegen der entsprechenden Tatbestandsvoraussetzungen für eine entfristete Beseitigung der Weitergeltung auf Antrag des PR in vollem Umfang nachzuprüfen.[27] **Ansprüche einzelner Beschäftigter** aus einer Dienstvereinbarung können nicht, auch nicht vom PR, vor dem Verwaltungsgericht im Beschlussverfahren geltend gemacht werden, sondern sind von den Beschäftigten selbst, je nach ihrem Status im Urteilsverfahren vor dem Arbeitsgericht oder als Beamte im Klageverfahren vor dem Verwaltungsgericht zu verfolgen (vgl. Rn. 9).[28] Die angerufenen Gerichte haben die Wirksamkeit der Dienstvereinbarung als Vorfrage selbst zu prüfen. Eine vom Verwaltungsgericht im Beschlussverfahren bereits getroffene rechtskräftige Entscheidung wirkt allerdings auch gegenüber den einzelnen Beschäftigten.[29] 10

Nicht unter Abs. 1 fallen Streitigkeiten, die die **Schwerbehindertenvertretung** betreffen. Denn ihr Tätigwerden beruht nicht auf dem PersVR, 10a

23 Altvater-*Baden*, § 108 Rn. 29.

24 *BAG* v. 31.10.85 – 6 AZR 129/83 –, AP Nr. 5 zu § 46 BPersVG, u. v. 26.9.90 – 7 AZR 208/89 –, PersR 91, 305.

25 *BVerwG* v. 7.11.91 – 1 WB 160/90 –, PersR 92, 195, u. v. 21.9.06 – 2 C 13.05 –, PersR 07, 83.

26 Str.; so auch Altvater-*Baden*, § 108 Rn. 32 m. w. N.; Rooschüz-*Bader*, § 92 Rn. 11; a. A. *OVG NW* v. 27.1.95 – 1 A 3556/92.PVL –, PersR 95, 383; Leuze-*Widmaier*, § 86 a. F. Rn. 23.

27 Rooschüz-*Bader*, § 92 Rn. 11.

28 *BAG* v. 17.10.89 – 1 ABR 75/88 –, AP Nr. 53 zu § 112 BetrVG 1972; Altvater-*Baden*, § 108 Rn. 34.

29 Vgl. *BAG* v. 17.2.92 – 10 AZR 448/91 –, AP Nr. 1 zu § 84 ArbGG 1979.

sondern auf den §§ 176 bis 183 SGB IX. Nach **§ 2a Abs. 1 Nr. 3a ArbGG** i. d. F. v. 19.6.01[30] sind die **Arbeitsgerichte** ausschließlich zuständig für Angelegenheiten aus den §§ 177, 178, 222 SGB IX.[31] Dazu gehört auch das in § 177 Abs. 6 SGB IX geregelte Verfahren über die **Anfechtung der Wahl zur Schwerbehindertenvertretung**, und zwar auch dann, wenn es sich um eine Schwerbehindertenvertretung des öffentlichen Dienstes handelt.[32] Auch Streitigkeiten über die **Kostentragungspflicht der Dienststelle** (§ 179 Abs. 8 SGB IX) **oder über den Freistellungsanspruch der Vertrauensperson** der schwerbehinderten Menschen (§ 179 Abs. 4 S. 2 SGB IX) sind im arbeitsgerichtlichen Beschlussverfahren zu entscheiden.[33] Andererseits hat die Schwerbehindertenvertretung ihre **Rechte aus dem LPVG** gegen den PR im verwaltungsgerichtlichen Beschlussverfahren geltend zu machen.[34]

3. Beschlussverfahren

11 **(Abs. 2)** Für das Verfahren der Verwaltungsgerichte als Personalvertretungsgerichte gelten die Vorschriften der §§ 80 bis 96a ArbGG über das **Beschlussverfahren** entsprechend, die auf die Vorschriften des arbeitsgerichtlichen Urteilsverfahrens der §§ 46 bis 79 ArbGG verweisen. Besonderheiten des PersVR sind zu berücksichtigen.

12 Das Beschlussverfahren wird nur **auf Antrag** eingeleitet. Der Antrag kann schriftlich oder zur Niederschrift der Geschäftsstelle des Verwaltungsgerichts gestellt werden.[35] Es besteht kein Anwaltszwang.[36] Das LPVG regelt nur in § 21 Abs. 1, § 24 Abs. 1, § 47 Abs. 1, 2 und 4, § 48 Abs. 4 die Antragsbefugnis ausdrücklich. In allen anderen personalvertretungsrechtlichen Konfliktfällen ist antragsbefugt, wer in seinen Rechten, Befugnissen oder Aufgaben nach dem LPVG unmittelbar betroffen ist, eine personalvertretungsrechtliche Rechtsposition beansprucht, deren Umfang oder Inhalt einer gerichtlichen Klärung bedarf oder deren Beeinträchtigung er nur mit

---

30 BGBl. I S. 1046.

31 *VG Berlin* v. 8.7.03 – VG 62 A 11/03 –, PersV 04, 110; a. A. bei Streit über den Umfang der Freistellung einer Vertrauensperson der schwerbehinderten Menschen *OVG NW* v. 6.8.02 – 1 E 141/02 PVL –, PersR 03, 83.

32 *BAG* v. 29.7.09 – 7 ABR 25/08 –, PersR 09, 493; v. 22.3.12 – 7 AZB 51/11 –, NZA 12, 690 (Anfechtung der Wahl einer Gesamtschwerbehindertenvertretung).

33 *BAG* v. 30.3.10 – 7 AZB 32/09 –, NZA 10, 668 = PersR 10, 266 Ls (Kostentragung); *ArbG Berlin* v. 7.3.13 – 33 BV 14898/12 –, juris (Freistellung).

34 *VG Frankfurt a. M.* v. 16.10.03 – 23 LG 5583/03 (V) –, ZfPR 04, 201, für Streitigkeiten über das Teilnahmerecht der Schwerbehindertenvertretung an PR-Sitzungen; vgl. Altvater-*Baden*, § 108 Rn. 36.

35 Zum notwendigen Inhalt der Antragsschrift vgl. Altvater-*Baden*, § 108 Rn. 71 ff.

36 Zur Prozessvertretung vgl. Altvater-*Baden*, § 108 Rn. 112 ff.

Hilfe des Gerichts abwehren kann.[37] Unabhängig von der Antragstellung sind i. d. R. der PR und der Dienststellenleiter in jedem Beschlussverfahren notwendig **Beteiligte**. In der Dienststelle vertretene Gewerkschaften sind i. d. R. als Antragsteller beteiligt, einzelne PR-Mitglieder, die JAV und die Schwerbehindertenvertretung können ebenfalls Beteiligte sein.[38] In den Versetzungs- und Abordnungs- sowie Kündigungs- und Weiterbeschäftigungsverfahren nach § 47 Abs. 1, 2 und 4, § 48 Abs. 4 sind die betroffenen PR- und JAV-Mitglieder immer beteiligt.

Für den Antrag ist ein entsprechendes **Rechtsschutzinteresse** erforderlich. **13**
Die gerichtliche Entscheidung muss für die Beteiligten von konkreter und praktischer Bedeutung sein. Das ist bei Leistungsanträgen regelmäßig der Fall. Bei **Feststellungsanträgen** muss noch ein konkretes anlassbezogenes **Feststellungsinteresse** (§ 256 ZPO) hinzutreten.[39] Hat sich der Konflikt erledigt, z. B. weil der Ausgangsfall nicht mehr gestaltbar ist oder sich durch Zeitablauf erledigt hat, muss **Wiederholungsgefahr** hinzutreten. Das wird z. B. dann der Fall sein, wenn der Dienststellenleiter sich generell weigert, den PR bei kurzfristiger Anordnung von Mehrarbeit oder beim Einsatz von Leiharbeitnehmern zu beteiligen. Das Beschlussverfahren unterscheidet sich vom Urteilsverfahren dadurch, dass es nicht vom Parteibegriff des allgemeinen Zivilprozesses ausgeht. Es sieht nicht vor, dass sich im Verfahren gegenerische Parteien gegenüberstehen, sondern es geht von einem Antragsteller aus, während der Antragsgegner fehlt. Insoweit gleicht es dem Verfahren der freiwilligen Gerichtsbarkeit. Statt Beklagte treten Beteiligte auf, die aber als Betroffene trotzdem Anträge stellen und Rechtsmittel einlegen können.

Einstweilige Verfügungen sind nach § 86 Abs. 2 i. V. m. § 92 Abs. 2 ArbGG, **14**
§§ 935, 940 ZPO grundsätzlich zulässig. Das gilt auch für die Sicherung von Beteiligungsrechten des PR.[40] Der einstweilige Rechtsschutz ist Bestandteil des verfassungsrechtlich gewährleisteten effektiven Rechtsschutzes.[41]

Im Verfahren gilt nach § 83 Abs. 1 ArbGG im Rahmen der gestellten Anträge **15**
der **Untersuchungsgrundsatz**, d. h. der zur Entscheidung stehende Sachverhalt ist von Amts wegen zu ermitteln.[42] Die Beteiligten sind verpflichtet, an der Sachverhaltsaufklärung mitzuwirken (§ 83 Abs. 1 S. 2 ArbGG).

Zur Vertiefung wird auf die **eingehenden Erläuterungen** in Altvater-*Baden*, **16**
§ 108 Rn. 37 ff., verwiesen.

---

37 Altvater-*Baden*, § 108 Rn. 44.

38 Näher dazu Altvater-*Baden*, § 108 Rn. 100 ff.

39 Altvater-*Baden*, § 108 Rn. 86 ff.

40 Richardi-*Treber*, § 83 a. F. Rn. 128.

41 *BVerfG* v. 19. 10. 77 – 2 BvR 42/76 –, BVerfGE 46, 166; *BVerwG* v. 27. 7. 90 – 6 PB 12/09 –, PersR 90, 297; *VGH BW* v. 11. 12. 01 – PL 15 S 1865/01 –, NZA-RR 02, 389; Richardi-*Treber*, § 83 a. F. Rn. 127 f.; Altvater-*Baden*, § 108 Rn. 207 ff.

42 Richardi-*Treber*, § 83 a. F. Rn. 41.

§ 93 [Fachkammern und Fachsenat]

(1) Für die nach diesem Gesetz zu treffenden Entscheidungen sind bei den Verwaltungsgerichten Fachkammern und beim Verwaltungsgerichtshof ein Fachsenat zu bilden.

(2) [1]Die Fachkammer besteht aus einem Vorsitzenden und ehrenamtlichen Richtern, der Fachsenat aus dem Vorsitzenden, Richtern und ehrenamtlichen Richtern. [2]Die ehrenamtlichen Richter müssen Beschäftigte des Landes oder einer der Aufsicht des Landes unterstehenden Körperschaft, Anstalt oder Stiftung des öffentlichen Rechts sein. [3]Sie werden je zur Hälfte von

1. den unter den Beschäftigten vertretenen Gewerkschaften und
2. den obersten Landesbehörden oder den von diesen bestimmten Stellen und den kommunalen Landesverbänden

vorgeschlagen und vom Justizministerium berufen. [4]Für die Berufung und Stellung der Beisitzer und ihre Heranziehung zu den Sitzungen gelten die Vorschriften des Arbeitsgerichtsgesetzes über Arbeitsrichter und Landesarbeitsrichter entsprechend.

(3) [1]Die Fachkammer wird tätig in der Besetzung mit einem Vorsitzenden und je zwei nach Absatz 2 Satz 3 Nr. 1 und 2 vorgeschlagenen und berufenen ehrenamtlichen Richtern. [2]Unter den in Absatz 2 Satz 3 Nr. 1 bezeichneten ehrenamtlichen Richtern muss sich je ein Beamter und ein Arbeitnehmer befinden.

(4) [1]Der Fachsenat wird tätig in der Besetzung mit einem Vorsitzenden, zwei Richtern und je einem nach Absatz 2 Satz 3 Nr. 1 und 2 vorgeschlagenen und berufenen ehrenamtlichen Richter. [2]Einer der ehrenamtlichen Richter muss Beamter und einer Arbeitnehmer sein.

Vergleichbare Vorschriften:
§ 109 BPersVG; keine im BetrVG

Inhaltsübersicht Rn.

1. Vorbemerkungen

1 Die Vorschrift ist seit der Bekanntmachung der Neufassung des LPVG v. 1.2.96 zweimal **geändert** worden: durch Art. 1 Nr. 18 **LPersVR-ÄndG 2005** (vgl. Rn. 10f.) und durch Art. 6 Nr. 32 **DRG** (vgl. vor § 68 Rn. 18 u. unten Rn. 6). Sie enthält **von der VwGO teilweise abweichende Regelungen der Gerichtsverfassung** über die Besetzung der Verwaltungsgerichte der

ersten und zweiten Instanz in den Verfahren des LPVG.[1] Danach sind bei den Verwaltungsgerichten des Landes besondere **Fachkammern** und beim Verwaltungsgerichtshof ein besonderer **Fachsenat** für Landespersonalvertretungssachen einzurichten. In der ersten Instanz besteht die Kammer aus einem Berufsrichter als Vorsitzenden und vier ehrenamtlichen Richtern. Der Fachsenat setzt sich aus einem Vorsitzenden, zwei Berufsrichtern und zwei ehrenamtlichen Richtern zusammen. Die Besetzung des zuständigen Senats des Bundesverwaltungsgerichts richtet sich dagegen nach § 10 Abs. 3 VwGO.

Nach § 184 VwGO i. V. m. § 1 Abs. 1 AGVwGO führt das **Oberverwaltungsgericht** die Bezeichnung »Verwaltungsgerichtshof Baden-Württemberg«. Es hat seinen Sitz in Mannheim. Die Zuweisung personalvertretungsrechtlicher Streitigkeiten an die Verwaltungsgerichte (§ 92 Abs. 1) und die Bereitstellung der besonderen Verfahrensform des zunächst einmal arbeitsgerichtlich entwickelten Beschlussverfahrens hierfür (§ 92 Abs. 2) bringen für die Verwaltungsgerichtsbarkeit nicht nur in verfahrensrechtlicher Hinsicht Besonderheiten. Sie verlangen auch eine abweichende, den Eigenheiten des Beschlussverfahrens Rechnung tragende Gerichtsorganisation, die teilweise von den Regelungen der Verwaltungsgerichtsordnung (VwGO) abweicht.[2] 2

2. Bildung von Fachkammern und Fachsenaten

(Abs. 1) Je eine Fachkammer ist bei den **Verwaltungsgerichten** Stuttgart, Karlsruhe, Freiburg und Sigmaringen für deren Gerichtsbezirke gemäß § 1 Abs. 2 AGVwGO gebildet. Die Fachkammern und der Fachsenat für Landespersonalvertretungssachen sind nicht identisch mit den Fachkammern und dem Fachsenat für Bundespersonalvertretungssachen, die nach § 109 Abs. 1 S. 1 BPersVG gebildet sind. Beim **Bundesverwaltungsgericht**, das im dritten Rechtszug entscheidet (vgl. § 92 Rn. 4), sind keine besonderen Spruchkörper zu bilden. Hier weist das Präsidium im Geschäftsverteilungsplan einem der nach § 10 Abs. 2 VwGO gebildeten Senate die Sachen aus dem Gebiet des PersVR zu (§ 4 S. 1 VwGO i. V. m. § 21e GVG). Von 1978 bis 2014 war das der 6. Senat, danach der 5. Senat, der u. a. für alle Personalvertretungssachen zuständig ist. Nach § 10 Abs. 3 VwGO entscheidet das BVerwG in der Besetzung mit fünf Berufsrichtern, bei Beschlüssen außerhalb der mnündlichen Verhandlung mit drei Berufsrichtern. 3

1 Richardi-*Treber*, § 84 a. F. Rn. 1.

2 Vgl. *BVerwG* v. 1. 11. 01 – 6 P 10.01 –, PersR 02, 73.

3. Berufung und Stellung der ehrenamtlichen Richterinnen und Richter

4 **(Abs. 2)** Die **ehrenamtlichen Richter** müssen nach Abs. 2 S. 2 **Beschäftigte** des Landes oder einer der Aufsicht des Landes unterstehenden Körperschaft, Anstalt oder Stiftung des öffentlichen Rechts sein, also nach den §§ 1 und 4 zum sachlichen und persönlichen Geltungsbereich des LPVG gehören. Nach Abs. 2 S. 4 gelten für ihre Berufung, Stellung und für ihre Heranziehung zu den Sitzungen die **Vorschriften der §§ 20 bis 31 und 37 bis 39 ArbGG** über Arbeits- und Landesarbeitsrichter entsprechend, nach Abs. 2 S. 3 Nr. 1 und 2 mit der Maßgabe, dass diese Richter **je zur Hälfte** auf Vorschlag der unter den Beschäftigten vertretenen Gewerkschaften (vgl. Rn. 5) sowie der obersten Landesbehörden (oder der von diesen bestimmten Stellen) und der kommunalen Landesverbände (vgl. Rn. 6) vom JuM berufen werden. Die Berufung erfolgt aufgrund von Vorschlagslisten. § 26 ArbGG sieht Schutzbestimmungen für die ehrenamtlichen Richter vor. Niemand darf in der Übernahme oder Ausübung des Amtes beschränkt oder benachteiligt werden. Die Ablehnung eines ehrenamtlichen Beisitzers als Gerichtsperson ist zwar grundsätzlich möglich, nicht jedoch mit der Begründung, Mitglied einer Gewerkschaft oder eines Verbandes zu sein.[3]

5 **Gewerkschaften** (vgl. § 2 Rn. 7) sind vorschlagsberechtigt, wenn sie im Bezirk des jeweiligen Gerichts unter den dort Beschäftigten vertreten sind. Dabei genügt es für das Vertretensein, wenn die Gewerkschaft ein einziges Mitglied im Bezirk des jeweiligen Gerichts aufweist.[4] Werden mehrere Vorschlagslisten eingereicht, hat das JuM die ehrenamtlichen Richter »in angemessenem Verhältnis unter billiger Berücksichtigung der Minderheiten« aus den Vorschlagslisten zu entnehmen (§ 20 Abs. 2 ArbGG). Dabei hat es die unterschiedliche Bedeutung und Stärke der Gewerkschaften, insb. ihre Mitgliederzahl, im jeweiligen Bezirk zu berücksichtigen.[5] An die Reihenfolge der in der jeweiligen Vorschlagsliste Benannten ist es grundsätzlich gebunden.[6] Die Entscheidung über die Berufung oder Nichtberufung eines ehrenamtlichen Richters unterliegt der gerichtlichen Überprüfung durch die Verwaltungsgerichte. Klagebefugt ist die vorschlagsberechtigte Vereinigung, die geltend machen kann, durch die Entscheidung in ihren Vorschlagsrechten betroffen zu sein.[7]

---

3 Vgl. *VG Gießen* v. 10.2.88, PersV 88, 224; *OVG Saarbrücken* v. 16.2.60 – AS 7, 405.

4 Vgl. Altvater-*Baden*, § 109 Rn. 16.

5 Vgl. Altvater-*Baden*, § 109 Rn. 19.

6 Vgl. Lorenzen-*Rehak*, § 109 Rn. 19.

7 *Gliech*, SächsPersVG, § 89 Rn. 6.

Vorschlagsberechtigte **oberste Landesbehörden** sind im Hinblick auf ihre Funktion als oberste Dienstbehörden die Ministerien und der Rechnungshof (vgl. § 5 Rn. 4, 29). Mit der durch Art. 6 Nr. 32 DRG (vgl. Rn. 1) in Abs. 2 S. 3 Nr. 2 eingefügten Wendung »oder den von diesen bestimmten Stellen« hat die **Delegation** des Vorschlagsrechts auf eine andere Stelle (z. B. auf ein Regierungspräsidium) eine Rechtsgrundlage erhalten.[8] Vorschlagsberechtigte **kommunale Landesverbände** sind Städtetag, Landkreistag und Gemeindetag BW. Auch aus den Vorschlagslisten der genannten Behörden und Verbände sind die ehrenamtlichen Richter »in angemessenem Verhältnis unter billiger Berücksichtigung der Minderheiten« zu entnehmen. Dabei kommt es v. a. auf die Zahl der im jeweiligen Gerichtsbezirk bestehenden Dienststellen und ihrer Beschäftigten an.[9] Die Reihenfolge der Benennungen ist zu beachten (vgl. Rn. 5). 6

Die **Zahl** der zu berufenden ehrenamtlichen Richter hat das JuM nach pflichtgemäßem Ermessen festzulegen. Dabei hat es sich am voraussichtlichen Bedarf zu orientieren.[10] Im Hinblick auf Abs. 3 S. 2 (vgl. Rn. 10) hat es auch darauf zu achten, dass aus den Vorschlagslisten der Gewerkschaften eine ausreichende Zahl von Beamten und Arbeitnehmern berufen wird. Das gilt bei den Berufungen für den Fachsenat im Hinblick auf Abs. 4 S. 2 (vgl. dazu Rn. 11) auch für die auf Vorschlag der obersten Landesbehörden und kommunalen Landesverbände zu berufenden ehrenamtlichen Richter. Die vorschriftsmäßige Besetzung der Fachkammer bzw. des Fachsenats muss gewährleistet sein. Die Heranziehung zu den einzelnen Sitzungen sollte nicht zu selten erfolgen.[11] 7

Die Vorschriften des § 21 Abs. 1 bis 4 und des § 37 ArbGG über die **persönlichen Voraussetzungen** für die Berufung zum ehrenamtlichen Richter gelten entsprechend. Die Bestimmungen der §§ 22, 23 ArbGG werden durch Abs. 2 S. 2 verdrängt. Deshalb müssen die ehrenamtlichen Richter Beschäftigte des Landes oder einer der Aufsicht des Landes unterstehenden Körperschaft, Anstalt oder Stiftung des öffentlichen Rechts sein (vgl. Rn. 4).[12] Die Berufung erfolgt auf die Dauer von **fünf Jahren** (§ 20 Abs. 1 S. 1 ArbGG). Die **Rechtsstellung** der ehrenamtlichen Richter ergibt sich aus den entsprechend anzuwendenden §§ 26 bis 28 ArbGG und aus den unmittelbar geltenden §§ 44 bis 45a DRiG. Nach § 27 ArbGG sind ehrenamtliche Richter ihres Amtes zu entheben, wenn sie die freiheitliche demokratische, rechts- und 8

---

8 Vgl. LT-Dr. 14/6694, S. 572 [zu Nr. 32].

9 Vgl. Fischer-*Gronimus*, § 109 Rn. 73.

10 Rooschüz-*Bader*, § 93 Rn. 4; Lorenzen-*Rehak*, § 109 Rn. 19.

11 Vgl. Lorenzen-*Rehak*, § 109 Rn. 19.

12 Rooschüz-*Bader*, § 93 Rn. 4; Altvater-*Baden*, § 109 Rn. 20.

sozialstaatliche Ordnung des GG ablehnen und bekämpfen.[13] Ehrenamtliche Richter bei der Fachkammer müssen das 25. Lebenjahr, beim Fachsenat das 30. Lebenjahr vollendet haben (§ 21 Abs. 1 S. 1, § 37 Abs. 1 ArbGG). Sie sind wie die Berufsrichter **unabhängig** und haben das Beratungsgeheimnis zu wahren (§ 45 Abs. 1 i. V. m. § 43 DRiG). Sie haben Anspruch auf **Entschädigung** in Form von Fahrtkostenersatz, Aufwandsentschädigung, Ersatz für sonstige Aufwendungen, Entschädigung für Zeitversäumnis, für Nachteile bei der Haushaltsführung sowie für Verdienstausfall (§§ 15–18 JVEG). Vom Amt des ehrenamtlichen Richters ist ausgeschlossen, wer in Folge Richterspruchs die Fähigkeit zur Bekleidung öffentlicher Ämter nicht besitzt (§ 21 Abs. 2 Nr. 1 ArbGG). Ausgeschlossen ist auch, wer wegen einer vorsätzlichen Tat zu einer Freiheitsstrafe von mehr als sechs Monaten verurteilt worden ist (§ 21 Abs. 2 Nr. 1 ArbGG), oder wer das Wahlrecht zum Deutschen Bundestag nicht besitzt (§ 21 Abs. 2 Nr. 3 ArbGG). Da dieses Wahlrecht an die Eigenschaft als Deutscher i. S. d. Art. 116 Abs. 1 GG gekoppelt ist, scheiden damit Nichtdeutsche als ehrenamtliche Richter aus.[14]

9 Für die **Heranziehung** der ehrenamtlichen Richter **zu den Sitzungen** gelten die §§ 31 und 39 ArbGG entsprechend. Danach hat der Vorsitzende der **Fachkammer** im Voraus für ein Geschäftsjahr, also vor dessen Beginn, oder vor Beginn der Amtszeit der neu berufenen Richter **drei Listen** der ehrenamtlichen Richter aufzustellen, nach denen diese herangezogen werden: eine Liste für jene, die von den obersten Landesbehörden und den kommunalen Landesverbänden vorgeschlagen wurden, eine Liste für die von den Gewerkschaften vorgeschlagenen Beamten und eine Liste für die von den Gewerkschaften vorgeschlagenen Arbeitnehmer. Die Reihenfolge der einzutragenden Richter ist dabei so festzulegen, dass sowohl eine unterschiedliche Behandlung als auch willkürliche Abweichungen im Einzelfall unterbleiben. Das kann z. B. nach Alphabet oder mittels Auslosung erfolgen. Für die Heranziehung von Vertretern bei unvorhergesehener Verhinderung kann außerdem eine **Hilfsliste** aufgestellt werden. Für den Vorsitzenden des **Fachsenats** gilt mit zwei Abweichungen Entsprechendes: Im Hinblick auf die Regelung des Abs. 4 (vgl. Rn. 11) sind hier **vier Listen** erforderlich, weil auch bei den von den obersten Landesbehörden und den kommunalen Landesverbänden Vorgeschlagenen zwischen Beamten einerseits sowie Arbeitnehmern andererseits unterschieden werden muss. Wegen des Gebots des gesetzlichen Richters (Art. 101 Abs. 1 S. 2 GG) muss der Vorsitzende dabei nach im Vorhinein feststehenden, objektiven und nachprüfbaren Kriterien verfahren.[15] § 31 Abs. 2 ArbGG gestattet die Aufstellung einer Hilfsliste, in die

---

13 *LAG BaWü* v. 11. 1. 08 – 1 SHa 47/07 –, AuR 08, 114, bestätigt durch *BVerfG* v. 6. 5. 08 – 2 BvR 337/08 –, NZA 08, 962; Altvater-*Baden*, § 109 Rn. 24.

14 Vgl. Altvater-*Baden*, § 109 Rn. 12.

15 *BVerwG* v. 20. 2. 14 – 8 B 64.13 –, juris.

diejenigen ehrenamtlichen Richter aufgenommen werden können, die am Gerichtssitz oder in der Nähe wohnen. Dadurch können kurzfristig bei unvorhergesehener Verhinderung Vertreter – auch telefonisch – herangezogen werden. Die ehrenamtlichen Richter sind vor ihrer ersten Dienstleistung in öffentlicher Sitzung durch den Vorsitzenden zu vereidigen (§ 45 Abs. 2 S. 1 DRiG). Sie sind den Berufsrichtern vollkommen gleichberechtigt. Die richterliche Unabhängigkeit nach Art. 97 GG gilt für sie vollumfänglich. Sie haben das Beratungsgeheimnis zu wahren (§ 45 Abs. 1 S. 2 DRiG)[16] und dürfen in der Übernahme oder Ausübung ihres Amtes nicht beschränkt oder behindert werden (§ 26 ArbGG). Die Heranziehung der ehrenamtlichen Richter zu den einzelnen Sitzungen liegt nicht im Ermessen des Vorsitzenden. Sie sind nach der Reihenfolge der Listenregelungen zu entnehmen (§§ 31, 39 ArbGG).

(Abs. 3) Inhaltsgleich mit § 109 Abs. 2 BPersVG legt Abs. 3 fest, wie die **Fachkammer** bei ihrem Tätigwerden besetzt sein muss. Nach Abs. 3 S. 1 wird sie tätig in der Besetzung mit **einem Vorsitzenden** und **vier ehrenamtlichen Richtern**, von denen zwei nach Abs. 2 S. 3 Nr. 1 von den Gewerkschaften sowie zwei nach Abs. 2 S. 3 Nr. 2 von den obersten Landesbehörden oder den kommunalen Landesverbänden vorgeschlagen worden sind. Dabei muss sich nach Abs. 3 S. 2 unter den von den Gewerkschaften Vorgeschlagenen ein Beamter und ein Arbeitnehmer befinden. Ist eine Wahl zum PR für ungültig erklärt worden (§ 21 Abs. 2) oder ist ein PR aufgelöst (§ 24 Abs. 3), setzt der Vorsitzende der Personalvertretungskammer allerdings allein einen Wahlvorstand ein. Soweit die nach § 92 Abs. 2 entsprechend anzuwendenden Vorschriften des ArbGG wie z. B. § 80 Abs. 2 S. 1 i. V. m. § 53 Abs. 1, § 81 Abs. 2 S. 2, § 83a vorsehen, dass der **Vorsitzende allein** bestimmte Entscheidungen trifft, bleibt es bei der arbeitsgerichtlichen Regelung. Um die Heranziehung der Beisitzer der Seite der Arbeitnehmer/Beamte zu erleichtern, ist es zweckmäßig, aus den Vorschlägen der Gewerkschaften zwei Listen aufzustellen (eine für Beamte und eine für Arbeitnehmer), aus denen je ein Richter entnommen wird, so dass zusammen mit der Liste der Richter der Verwaltungsseite insgesamt drei Listen vorhanden sind.[17] 10

(Abs. 4) Für den **Fachsenat** trifft Abs. 4 eine von § 109 Abs. 2 BPersVG abweichende Regelung. Der Senat wird nach Abs. 4 S. 1 tätig in der Besetzung mit **drei Berufsrichtern**, nämlich dem **Vorsitzenden und zwei weiteren Richtern** sowie **zwei ehrenamtlichen Richtern**, von denen einer nach Abs. 2 S. 3 Nr. 1 von den Gewerkschaften und einer nach Abs. 2 S. 3 Nr. 2 von den obersten Landesbehörden bzw. den kommunalen Landesverbänden vorgeschlagen worden ist. Dabei muss nach Abs. 4 S. 2 immer einer der ehrenamtlichen Richter Beamter und einer Arbeitnehmer sein, ohne dass 11

16 Richardi-*Treber*, § 84 a. F. Rn. 11.

17 Vgl. Altvater-*Baden*, § 109 Rn. 41.

es (im Unterschied zu Abs. 3 S. 2) darauf ankommt, von welcher Seite diese Richter vorgeschlagen worden sind. Die im ArbGG (z. B. in § 87 Abs. 2 S. 1 i. V. m. § 64 Abs. 7 u. § 53 Abs. 1) festgelegten Befugnisse des Vorsitzenden zur **alleinigen Entscheidung** bleiben auch hier unberührt (vgl. Rn. 10).

Teil 11
Vorschriften für die Behandlung von Verschlusssachen

§ 94

(1) [1]Soweit eine Angelegenheit, an der eine Personalvertretung zu beteiligen ist, als Verschlusssache mindestens des Geheimhaltungsgrads »VS-VERTRAULICH« eingestuft ist, tritt an die Stelle der Personalvertretung ein Ausschuss. [2]Dem Ausschuss gehört höchstens je ein in entsprechender Anwendung des § 28 Abs. 1 gewählter Vertreter der im Personalrat vertretenen Gruppen an. [3]Die Mitglieder des Ausschusses müssen nach den dafür geltenden Bestimmungen ermächtigt sein, Kenntnis von Verschlusssachen des in Betracht kommenden Geheimhaltungsgrads zu erhalten. [4]Personalvertretungen bei Dienststellen, die Mittelbehörden nachgeordnet sind, bilden keinen Ausschuss; an ihre Stelle tritt der Ausschuss des Bezirkspersonalrats.

(2) Wird der zuständige Ausschuss nicht rechtzeitig gebildet, ist der Ausschuss der bei der Dienststelle bestehenden Stufenvertretung oder, wenn dieser nicht rechtzeitig gebildet wird, der Ausschuss der bei der obersten Dienstbehörde bestehenden Stufenvertretung zu beteiligen.

(3) [1]Die Einigungsstelle besteht in den in Absatz 1 Satz 1 bezeichneten Fällen aus je einem Beisitzer, der von der obersten Dienstbehörde und der nach § 78 Absatz 1 zuletzt beteiligten Personalvertretung bestellt wird, und einem unparteiischen Vorsitzenden, die nach den dafür geltenden Bestimmungen ermächtigt sind, von Verschlusssachen des in Betracht kommenden Geheimhaltungsgrads Kenntnis zu erhalten. [2]§ 78 Absatz 2 und 3, § 79 Absatz 1 Satz 1 bis 5, Absatz 2 bis 5 und § 89 Absatz 1 Satz 1 Nummer 1 gelten entsprechend.

(4) [1]§ 32 Absatz 4 bis 6 und § 91 Absatz 3 sowie die Vorschriften über die Beteiligung der Gewerkschaften und Arbeitgebervereinigungen in § 32 Absatz 3 und § 37 Absatz 1 sind nicht anzuwenden. [2]Angelegenheiten, die als Verschlusssache mindestens des Geheimhaltungsgrads »VS-VERTRAULICH« eingestuft sind, werden in der Personalversammlung nicht behandelt.

(5) [1]Die oberste Dienstbehörde kann anordnen, dass in den Fällen des Absatzes 1 Satz 1 dem Ausschuss und der Einigungsstelle Unterlagen nicht vorgelegt und Auskünfte nicht erteilt werden dürfen, soweit dies zur Vermeidung von Nachteilen für das Wohl der Bundesrepublik Deutschland oder eines ihrer Länder oder auf Grund internationaler

Verpflichtungen geboten ist. [2]Im Verfahren nach § 92 sind die gesetzlichen Voraussetzungen für die Anordnung glaubhaft zu machen.

Vergleichbare Vorschriften:
§ 125 BPersVG; keine im BetrVG

Inhaltsübersicht Rn.

1. Vorbemerkungen

1 § 94 regelt die Beteiligung der Personalvertretungen in Angelegenheiten, die der Geheimhaltung unterliegen und als Verschlusssachen mindestens des Geheimhaltungsgrades »VS-VERTRAULICH« eingestuft sind. **Verschlusssachen** sind im öffentlichen Interesse geheimhaltungsbedürftige Tatsachen, Gegenstände oder Erkenntnisse, die entsprechend ihrer Schutzbedürftigkeit von einer amtlichen Stelle oder auf deren Veranlassung in bestimmte Geheimhaltungsgrade eingestuft sind (§ 4 LSÜG)[1]. Dem Gesetzgeber erscheint die Vorschrift über die Verschwiegenheitspflicht nach § 7 i. V. m. den dort bestehenden Strafvorschriften (§ 7 Rn. 27) für nicht ausreichend (§§ 203, 353b StGB), daher können Verschlusssachen nicht nach den sonstigen Vorschriften des LPVG behandelt werden. § 1 Abs. 2 Nr. 1 LSÜG legt fest, dass Personen, die Zugang zu bestimmten Verschlusssachen haben oder ihn sich verschaffen können, eine sicherheitsempfindliche Tätigkeit ausüben. § 1 Abs. 1 LSÜG regelt die Voraussetzungen und das Verfahren zur Überprüfung solcher Personen.

2. Bildung und Funktion des VS-Ausschusses

2 **(Abs. 1)** An beteiligungspflichtigen Angelegenheiten, die als Verschlusssache des Geheimhaltungsgrades »VS-NUR FÜR DEN DIENSTGEBRAUCH« eingestuft sind, wird die gesamte Personalvertretung beteiligt. Insoweit bestehen keine Besonderheiten. Dagegen wird anstelle der Personalvertretung ein **Ausschuss** tätig, wenn es sich um Angelegenheiten der Geheimhaltungsgrade »VS-VERTRAULICH«, »GEHEIM« oder »STRENG GEHEIM«

1 Gesetz über die Sicherheitsüberprüfung aus Gründen des Geheim- und Sabotageschutzes und den Schutz von Verschlusssachen (Landessicherheitsüberprüfungsgesetz – LSÜG) v. 12. 2. 96, GBl. 96, 159.

handelt. Sofern die für die Beteiligung zuständige Personalvertretung einen solchen VS-Ausschuss bilden kann (vgl. Rn. 5), wird dieser aus der Mitte des PR gebildet. Ihm können **nur Mitglieder des PR** angehören, und zwar höchstens je ein Vertreter der im PR vertretenen Gruppen. Die Vertreter jeder im PR vertretenen Gruppe wählen das auf sie entfallende Ausschussmitglied. Die Mitglieder des Ausschusses müssen ermächtigt sein, **Kenntnis von Verschlusssachen** des jeweils in Betracht kommenden Geheimhaltungsgrades zu erhalten. Hat eine Gruppe kein Mitglied, das diese Voraussetzungen erfüllt, so ist sie im Ausschuss nicht vertreten. Wenn kein Mitglied der jeweiligen Gruppe die Voraussetzungen erfüllt, so wird der Ausschuss nicht gebildet und eine Beteiligung des Personalrats findet dann nicht statt. Diese **Ermächtigung** kann nur erteilt werden, wenn sich die Betroffenen einer vorherigen Sicherheitsüberprüfung – die ihrer Zustimmung bedarf – unterziehen (§ 2 Abs. 1 S. 1 und 2 LSÜG). Die Zuständigkeit des Ausschusses hängt allein von der Einstufung einer Angelegenheit als mindestens »VS-VERTRAULICH« ab, nicht davon, ob eine solche Einstufung tatsächlich rechtmäßig war. Allerdings kann in einem Disziplinarverfahren überprüft werden, ob die Einstufung des dem Beamten betreffenden Vorgangs in einem Geheimhaltungsgrad zu dem Zweck erfolgt ist, die Angelegenheit dem Plenum der Personalvertretung zu entziehen.[2]

Der VS-Ausschuss kann für die gesamte **Amtszeit** des PR oder **von Fall zu Fall** gebildet werden. Im Hinblick auf Abs. 2 ist angeraten, die Bildung des Ausschusses für die ganze Amtszeit vorzunehmen. Für die **Geschäftsführung** des Ausschusses sind die für die Geschäftsführung des PR geltenden Vorschriften (§§ 28–42) mit Ausnahme der in Abs. 4 S. 1 aufgeführten Bestimmungen (§ 32 Abs. 4 bis 6, § 91 Abs. 3, § 32 Abs. 3, § 37 Abs. 1) entsprechend anzuwenden. Die Mitglieder des Ausschusses sind verpflichtet, über alle Angelegenheiten, die ihnen in Wahrnehmung ihrer Ausschusstätigkeit bekannt werden, **Stillschweigen** auch gegenüber den anderen Mitgliedern der Personalvertretung, gegenüber der vorgesetzten Dienststelle, der bei ihr gebildeten Stufenvertretung und dem GPR zu wahren (vgl. § 7 Abs. 1 S. 2). Abs. 1 gilt für alle Arten der **Beteiligung**. Auch eine sinngemäße Wiedergabe vor den genannten Gremien ist ausgeschlossen. Der Verstoß gegen die Verschwiegenheitspflicht kann neben der Strafverfolgung wegen Verletzung von Privat- und Dienstgeheimnissen (§§ 203, 353b StGB) auch zur strafrechtlichen Verfolgung wegen Landesverrats und Gefährdung der äußeren Sicherheit (§§ 93–99 StGB) führen. Deren Formen und Verfahren richten sich grundsätzlich nach den allgemeinen Vorschriften. In Abs. 3 bis 5 sind jedoch einzelne Beschränkungen vorgesehen (vgl. Rn. 6 ff.). Eine Geschäftsordnung für den Ausschuss ist nicht ausdrücklich vorgesehen, aber möglich. 3

2 *BVerwG* v. 24. 1. 85, AuR 86, 350.

4 In dreistufig aufgebauten Verwaltungen bilden PR und GPR bei **Dienststellen, die Mittelbehörden nachgeordnet sind** (vgl. § 55 Abs. 1), nach Abs. 1 S. 4 keinen VS-Ausschuss. Anstelle dieser Personalvertretungen wird **der vom BPR gebildete VS-Ausschuss** tätig.

3. Nicht rechtzeitige Bildung des Ausschusses

5 **(Abs. 2)** Die Vorschrift regelt die Ersatzzuständigkeiten der VS-Ausschüsse der Stufenvertretungen. Der in mehrstufigen Verwaltungen anwendbare Abs. 2 erweitert die sich aus Abs. 1 S. 1 und 4 ergebenden **Zuständigkeiten der von den Stufenvertretungen gebildeten VS-Ausschüsse**. Seinem Wortlaut nach bezieht sich Abs. 2 auf solche Fälle, in denen der an sich zuständige VS-Ausschuss **nicht rechtzeitig gebildet** wird. Der Zweck der Vorschrift, Beteiligungslücken zu vermeiden, spricht jedoch dafür, sie dann entsprechend anzuwenden, wenn der an sich zuständige Ausschuss – aus welchen Gründen auch immer – **überhaupt nicht gebildet** werden kann.[3] Dieser Ausschuss verfügt über eine Ersatzzuständigkeit in allen Angelegenheiten, für die der normalerweise zu bildende Ausschuss zuständig wäre (z. B. weil kein Vertreter über die erforderliche Ermächtigung zur Kenntnisnahme von Verschlusssachen des in Betracht kommenden Geheimhaltungsgrades verfügt). Nicht geregelt ist, bis zu welchem Zeitpunkt der Ausschuss gebildet werden muss. Die Ersatzzuständigkeit besteht auch dann, wenn der zuständige Ausschuss nicht gebildet werden kann, z. B. weil kein Vertreter über die erforderliche Ermächtigungzur Kenntnisnahme von Verschlusssachen des in Betracht kommenden Geheimhaltungsgrades verfügt. Dies ergibt sich aus Sinn und Zweck der Vorschrift, Beteiligungslücken auch und gerade im sensiblen Bereich der Geheimhaltungsvorschriften zu vermeiden.[4]

4. Besetzung der Einigungsstelle

6 **(Abs. 3)** Abs. 3 schreibt eine von § 79 Abs. 1 S. 2 abweichende **Zusammensetzung der Einigungsstelle** vor. Diese besteht aus nur **drei Mitgliedern**, die **alle** berechtigt sein müssen, von Verschlusssachen des in Betracht kommenden Geheimhaltungsgrades Kenntnis zu erhalten.[5] Für die Herkunft der Mitglieder der Einigungsstelle gibt es keine eigene Vorschrift. Danach kann es sich sowohl um Verwaltungsangehörige handeln, als auch um Personen ausserhalb der Dienststelle. Nach §§ 24–31 LSÜG dürfen auch Personen, die

3 Str.; vgl. Altvater-*Herget*, § 125 Rn. 13 m. w. N.; a. A. u. a. Leuze-*Flintrop*, § 94 Rn. 10; Rooschüz-*Bader*, § 94 Rn. 9, die in einem solchen Fall die Beteiligung der Personalvertretung entfallen lassen wollen.

4 S. dazu auch Altvater-*Herget*, § 125 Rn. 13 mit weiteren Beispielen.

5 Näher dazu Altvater-*Herget*, § 125 Rn. 14.

zu einer sicherheitsempfindlichen Tätigkeit bei einer nichtöffentlichen Stelle ermächtigt sind, von VS-Sachen Kenntnis erhalten. Entfällt die Geheimhaltungsbedürftigkeit nach Anrufung einer Einigungsstelle für VS-Sachen, so ist das Verfahren vor der dann gem. § 79 regulär besetzten Einigungsstelle weiter zu führen.[6]

5. Personenkreis

(Abs. 4) Nach Abs. 4 S. 1 sind die dort genannten Vorschriften bei der Behandlung von Angelegenheiten, die als Verschlusssachen mindestens des Geheimhaltungsgrades »VS-VERTRAULICH« eingestuft sind, **nicht anzuwenden**. Ein Vertreter der JAV, die Schwerbehindertenvertretung und die Beauftragte für Chancengleichheit haben kein Recht zur beratenden Teilnahme an Sitzungen des VS-Ausschusses.[7] 7

Nach Abs. 4 S. 2 können Angelegenheiten, die in die Zuständigkeit des VS-Ausschusses fallen, nicht in einer **Personalversammlung** behandelt werden. Über sie darf dort weder berichtet werden noch dürfen Anfragen dazu beantwortet werden. Der Personenkreis, dem Informationen zu geheimhaltungsbedürftigen Angelegenheiten zugänglich sind, ist in § 94 abschließend geregelt (höchstens je ein Vertreter der im PR vertretenen Gruppen).

Ein Vertreter der JAV, die Schwerbehindertenvertretung und die Beauftragte für Chancengleichheit haben somit kein Recht zur Teilnahme an Sitzungen des VS-Ausschusses.[8]

6. Einschränkung des Informationsrechtes

(Abs. 5) Die **Informationsrechte** des VS-Ausschusses richten sich grundsätzlich nach § 71 Abs. 1. Das gilt auch für die gem. Abs. 3 gebildete Einigungsstelle. Nach Abs. 5 S. 1 kann die oberste Dienstbehörde jedoch die Anordnung treffen, dass dem Ausschuss und der Einigungsstelle Unterlagen nicht vorgelegt und Auskünfte nicht erteilt werden dürfen, soweit dies geboten ist, um Nachteile für das Wohl der Bundesrepublik Deutschland oder eines ihrer Länder zu vermeiden oder internationale Verpflichtungen (z. B. im Rahmen der NATO) zu erfüllen. Die Einschränkung besteht insofern, als sich die Übergabe von Unterlagen nach dem Grad der jeweiligen Geheimhaltungsstufe bestimmt. Sofern also eine Verschlussache als »VS-GEHEIM« eingestuft wurde, sind alle Unterlagen der gleichen und darunter liegenden Stufen vorzulegen. Unterlagen eines höheren Grades sind dann vorzulegen, wenn die Ausschussmitglieder auch für die Kenntnisnahme des höheren 8

---

6 Altvater-*Herget*, § 125 Rn. 14a; Lorenzen-*Schlatmann*, § 93 a. F. Rn. 33.

7 Altvater-*Herget*, § 125 Rn. 15.

8 Vgl. Altvater-*Herget*, § 125 Rn. 15.

Geheimhaltungsgrades ermächtigt sind. Die Anordnung der obersten Dienstbehörde kann nur in Bezug auf ein konkretes Beteiligungsverfahren ergehen. Die Rechtmäßigkeit der Anordnung kann der Ausschuss durch das Verwaltungsgericht überprüfen lassen. In einem nach § 92 geführten personalvertretungsrechtlichen Beschlussverfahren vor dem **Verwaltungsgericht** braucht die oberste Dienstbehörde nach Abs. 5 S. 2 allerdings nicht zu beweisen, sondern nur glaubhaft zu machen, dass die gesetzlichen Voraussetzungen für die Anordnung vorgelegen haben (z. B. durch eidesstattliche Versicherung). Verweigert sie dabei dem Gericht gegenüber die Vorlage von Akten oder Urkunden oder die Erteilung von Auskünften, ist entsprechend § 99 Abs. 2 VwGO in einem »**In-camera-Verfahren**« – einem Zwischenverfahren vor einem gemäß § 189 VwGO beim Verwaltungsgerichtshof oder Bundesverwaltungsgericht gebildeten Fachsenat – zu entscheiden, ob die Verweigerung rechtmäßig ist.[9]

9 S. dazu *BVerfG* v. 27. 10. 99 – 1 BvR 385/90 –, BVerfGE 101,106 = NJW 00, 1175. Vgl. Altvater-*Herget*, § 125 Rn. 16a. m. w. N; a. A. Rooschüz-*Bader*, § 94 Rn. 15 unter Hinweis darauf, dass Regelungen der VWGO im personalvertretungsrechtlichen Beschlussverfahren nicht anzuwenden ist.

Teil 12
Besondere Vorschriften für die Justizverwaltung

§ 95

Für den Geschäftsbereich eines Oberlandesgerichts und der in seinem Bezirk bestehenden Staatsanwaltschaften wird eine gemeinsame Stufenvertretung (Bezirkspersonalrat beim Oberlandesgericht) gebildet.

Vergleichbare Vorschriften:
keine im BPersVG und im BetrVG

Die Vorschrift modifiziert für den Bereich der beiden Oberlandesgerichte 1
und der beiden Generalstaatsanwaltschaften des Landes die Regelung des § 55 über die Bildung der Stufenvertretungen.

Wäre § 55 Abs. 1 für die Justizverwaltung unverändert anzuwenden, müsste 2
bei den Oberlandesgerichten Stuttgart und Karlsruhe je ein BPR für jedes **Oberlandesgericht** und die ihm nachgeordneten Gerichte und Behörden und je ein BPR für die **Generalstaatsanwaltschaften Stuttgart** und **Karlsruhe** und die ihr nachgeordneten Staatsanwaltschaften errichtet werden. Die Vorschrift schreibt jedoch vor, dass für den Geschäftsbereich jedes der beiden Oberlandesgerichte und der in seinem Bezirk jeweils bestehenden Staatsanwaltschaften eine **gemeinsame Stufenvertretung** ein **BPR beim jeweiligen Oberlandesgericht** gebildet wird. Zum Zuständigkeitsbereich dieses BPR gehören: das jeweilige Oberlandesgericht selbst, die in seinem Geschäftsbereich liegenden Landgerichte und Amtsgerichte sowie die in seinem Bezirk bestehende Generalstaatsanwaltschaft mit den nachgeordneten Staatsanwaltschaften.

Nicht zu seinem Zuständigkeitsbereich gehören die Justizvollzugsanstalten, die unmittelbar der Dienstaufsicht des Justizministeriums unterstehen (vgl. § 16 Abs. 1 AGGVG, § 19 JVollzGB I).

Als **Dienststellenleiter** stehen dem BPR sowohl der Präsident des jewei- 3
ligen Oberlandesgerichts als auch der entsprechende Generalstaatsanwalt gegenüber (vgl. § 5 Rn. 11 f., 16), und zwar jeweils für deren Zuständigkeitsbereiche.

Teil 13 Besondere Vorschriften für die Polizei und für das Landesamt für Verfassungsschutz

§ 96 Polizei

(1) [1]§ 5 Absatz 3 findet auf das Polizeipräsidium Einsatz, das Präsidium Technik, Logistik, Service der Polizei und auf die Hochschule für Polizei Baden-Württemberg nur mit der Maßgabe Anwendung, dass Außenstellen, Nebenstellen und Teile der Dienststelle räumlich weit von der Hauptdienststelle entfernt liegen. [2]Im Übrigen findet § 5 Absatz 3 auf Polizeidienststellen keine Anwendung.

(2) [1]Die Beschäftigten der Polizeidienststellen und Einrichtungen für den Polizeivollzugsdienst wählen einen Hauptpersonalrat der Polizei beim Innenministerium. [2]Dieser kann gemeinsam mit dem beim Innenministerium gebildeten allgemeinen Hauptpersonalrat beraten, soweit beide Hauptpersonalräte zu beteiligen sind; eine gemeinsame Beschlussfassung findet jedoch nicht statt.

(3) Polizeibeamte im Vorbereitungs- oder Ausbildungsdienst, die am Wahltag das 18. Lebensjahr vollendet haben, besitzen nicht die Wahlberechtigung und die Wählbarkeit zur Jugend- und Auszubildendenvertretung.

(4) [1]Werden im Geschäftsbereich der Polizei Maßnahmen von einer dem Innenministerium nachgeordneten Polizeidienststelle oder Einrichtung für den Polizeivollzugsdienst getroffen, die sich auf Beschäftigte anderer Polizeidienststellen oder Einrichtungen für den Polizeivollzugsdienst erstrecken, wird der Hauptpersonalrat der Polizei beteiligt. [2]§ 91 Absatz 1 und 4 findet keine Anwendung.

Vergleichbare Vorschriften:
§ 111 BPersVG; keine im BetrVG

Inhaltsübersicht Rn.

1. Allgemeines

Mit dem **PolSG2020** v. 26.3.19[1] ist das Projekt »Polizeistruktur 2020« zum 2.9.20 offiziell abgeschlossen. Zudem ist das Polizeigesetz durch das Gesetz v. 6.10.20[2] auch mit Auswirkungen auf die Polizeistruktur geändert worden. 1

Durch das **Polizeistrukturreformgesetz** (PolRG)[3] war tief in die Strukturen der Polizei in Baden-Württemberg eingegriffen worden. Auch die Regelungen über die Personalvertretungen im Bereich der Polizei sind durch Art. 2, 12 und 37 PolRG geändert worden. Effektivere Organisationsstrukturen und bessere räumliche Zuschnitte sollen für mehr Sicherheit sorgen. 1a

Die bisherigen vier Landespolizeidirektionen bei den Regierungspräsidien sind mit den bisherigen 37 Polizeidirektionen nunmehr zu **13 regionalen Polizeipräsidien** (Polizeidienststellen i.S.d. § 5 Abs. 1) verschmolzen und unmittelbar an das Landespolizeipräsidium im Innenministerium angebunden worden. 1b

Die bisherigen Einsatzeinheiten der Bereitschaftspolizei sowie aller Spezialeinheiten der Polizei, der Polizeihubschrauberstaffel, der Wasserschutzpolizei und der Polizeireiterstaffel sind in dem **Polizeipräsidium Einsatz** zusammengefasst worden.

Die technische Aufgabenwahrnehmung für die Entwicklung, Koordination und Beschaffung sowie für den Betrieb polizeilicher Führungs- und Einsatzmittel und Informations- und Kommunikationstechnik sowie der polizeiärztliche Dienst sind im **Präsidium Technik, Logistik, Service der Polizei** gebündelt.

Die polizeiliche Aus- und Fortbildung sowie Personalgewinnung mit den bisher drei Bildungseinrichtungen (Polizeischulen der Bereitschaftspolizei, Hochschule für Polizei Villingen-Schwenningen und Akademie der Polizei Baden-Württemberg) ist bei einem Bildungsträger, der **Hochschule für Polizei Baden-Württemberg** konzentriert worden, der die Aufgaben eines Präsidiums Bildung als staatliche Aufgabe zugeordnet worden ist.

Demzufolge hat **Art. 1 § 1 PolRG** bestimmt, dass mit Wirkung zum 1.1.14 als neue Polizeidienststellen und -einrichtungen die regionalen Polizeipräsidien sowie (als Sonderpräsidien) das Polizeipräsidium Einsatz und das Präsidium Technik, Logistik, Service der Polizei errichtet, die Aufgaben der bisherigen Polizeidienststellen und -einrichtungen auf die neuen Strukturen 1c

1 Gesetz zur Umsetzung der Polizeistruktur 2020 (Polizeistrukturgesetz 2020 – PolSG2020), GBl. S. 93.

2 Polizeigesetz (PolG), verkündet als Art. 1 des Gesetzes zur Umsetzung der Richtlinie (EU) 2016/680 für die Polizei in Baden-Württemberg und zur Änderung weiterer polizeirechtlicher Vorschriften vom 6.10.20, GBl. S. 735.

3 Gesetz zur Umsetzung der Polizeistrukturreform (Polizeistrukturreformgesetz – PolRG) v. 23.7.13, GBl. S. 233.

übertragen und die bisherigen Dienststellen und Einrichtungen (mit Ausnahme des Landeskriminalamts und der Hochschule für Polizei) aufgelöst worden sind. Wegen der weiteren Einzelheiten und dem Text des PolRG wird auf die Erläuterungen der Voraufl. zu § 96 verwiesen.

1d Nach Art. 2 § 3 Abs. 2 Polizeistrukturgesetz 2020 finden abweichend von den in § 22 Abs. 1 geregelten Personalratswahlen die nächsten Wahlen in den regionalen Polizeipräsidien, dem Polizeipräsidium Einsatz, dem Präsidium Technik, Logistik, Service der Polizei, der Hochschule für Polizei Baden-Württemberg und dem Landeskriminalamt sowie die Wahl des Hauptpersonalrats der Polizei in der Zeit vom vom 1. April bis 31. Juli 2025 statt. Die Amtszeiten der gem. Art. 2 § 3 Abs. 1 des Polizeistrukturgesetzes im Jahr 2020 regelmäßig gewählten PR und des Hauptpersonalrats der Polizei verkürzen sich entsprechend bis zum Tag der Neuwahl; § 22 Abs. 1 S. 3 LPVG findet entsprechende Anwendung. Für außerordentlich gewählte PR findet § 22 Abs. 3 S. 2 und 3 LPVG entsprechende Anwendung.

1e Die für die Polizei geltenden besonderen Vorschriften in § 90 a. F. sind durch Art. 12 PolRG geändert und an die seit dem 1. 1. 14 geltende Polizeistruktur angepasst worden.[4]

2. Polizeidienststellen/Einschränkung der personalvertretungsrechtlichen Verselbstständigung

2 **(Abs. 1)** § 115 PolG i. d. F. des Gesetzes v. 6. 10. 20 bestimmt, dass das Land für den Polizeivollzugsdienst als »Polizeidienststellen« die regionalen Polizeipräsidien, das Polizeipräsidium Einsatz und das Landeskriminalamt sowie als »Einrichtungen« die Hochschule für Polizei Baden-Württemberg und das Präsidium Technik, Logistik, Service der Polizei unterhält. Dabei handelt es sich ausnahmslos um **Dienststellen i. S. d. § 5 Abs. 1**. Der neu gefasste § 96 Abs. 1 bestimmt in S. 1, dass der die personalvertretungsrechtliche Verselbstständigung regelnde § 5 Abs. 3 lediglich auf die Sonderpräsidien und die Hochschule für Polizei und nur mit der Maßgabe Anwendung findet, dass Außenstellen, Nebenstellen und Teile der Dienststelle räumlich weit von der Hauptdienststelle entfernt liegen.

3 Nach S. 2 findet im Übrigen § 5 Abs. 3 auf Polizeidienststellen keine Anwendung. In dem Bereich der Polizei außerhalb der Sonderpräsidien und der Hochschule für Polizei ist eine personalvertretungsrechtliche **Verselbstständigung** von Teileinheiten (Außenstellen, Nebenstellen und Teile einer Dienststelle) deshalb nicht statthaft.

4 Daraus folgt **zwingend**, dass es zur Bildung eines **GPR** im Bereich der Polizei gem. § 54 Abs. 1 nur bei den Sonderpräsidien und der Hochschule für Polizei kommen kann.

---

4 Vgl. zu Rn. 1–1e *Altvater*, PersR 7–8/14, S. 23 ff.

3. Wegfall der Bezirkspersonalräte/Mittelinstanzen

(Abs. 2) Mit dem Vollzug der Polizeistrukturreform zum 1.1.14 gibt es im Bereich der Polizei **keine Mittelinstanzen und keine besonderen BPR** mehr. Mithin ist die Ebene des BPR entfallen. Somit führt das personalvertretungsrechtliche Stufenverfahren von der örtlichen Dienststelle unmittelbar zum Innenministerium.[5] Nach dem neu gefassten § 96 Abs. 2 besteht abweichend von § 55 Abs. 2 als besondere Stufenvertretung dort der beim Innenministerium gebildete HPR der Polizei, der von den Beschäftigten der Polizeidienststellen und Einrichtungen für den Polizeivollzugsdienst gewählt wird. Diese Beschäftigten sind auch zum HPR der Polizei wählbar.[6] Damit sind für den Wahlkreis des **Innenministeriums zwei HPR** gebildet, nämlich der HPR der Polizei und der HPR für die übrigen Beschäftigten der Innenverwaltung. Der HPR der Polizei kann gemeinsam mit dem beim Innenministerium gebildeten allgemeinen HPR beraten, soweit beide Hauptpersonalräte zu beteiligen sind. **Eine gemeinsame Beschlussfassung ist nach Abs. 2 S. 2 Hs. 2** aber **ausgeschlossen**. Der HPR der Polizei und der HPR der übrigen Beschäftigten können jedoch nach gemeinsamer Beratung in getrennten Abstimmungen übereinstimmende Beschlüsse fassen. 5

§ 90 Abs. 3 a. F. ist entfallen. Dessen Regelungen sind aus systematischen Gründen nach § 75 Abs. 5 Nr. 2a und Abs. 6 Nr. 2b **verschoben** worden. 6

(Abs. 3) Abweichend von § 60 sind **Polizeibeamte im Vorbereitungs- oder Ausbildungsdienst**, die am Wahltag das 18. Lebensjahr vollendet haben (vgl. § 9 Rn. 5), zur **JAV** weder wahlberechtigt noch wählbar. 7

(Abs. 4) Die mit Art. 12 PolRG eingeführte Bestimmung enthält eine **Sonderregelung** für den Fall, dass im Geschäftsbereich der Polizei Maßnahmen von einer dem Innenministerium nachgeordneten Polizeidienststelle oder Einrichtung für den Polizeivollzugsdienst getroffen werden, die sich auf Beschäftigte anderer Polizeidienststellen oder Einrichtungen für den Polizeivollzugsdienst erstrecken. An solchen dienststellenübergreifenden Maßnahmen, bei denen es sich insbesondere um organisatorische Entscheidungen bei Großeinsätzen handeln kann, ist der HPR der Polizei zu beteiligen.[7] § 91 Abs. 1 und 4 findet keine Anwendung. 8

4. Polizeistrukturgesetz 2020 (PolSG 2020)

Das Gesetz zur Umsetzung der Polizeistruktur 2020 (Polizeistrukturgesetz 2020 – PolSG 2020) soll einer Optimierung der Orts- und Bürgernähe der Polizei dienen. Dies ist die Konsequenz aus dem Evalutionsbericht vom 9

---

5 Vgl. Rooschüz-*Bader*, § 96 Rn. 2.

6 So auch Rooschüz-*Bader*, § 96 Rn 5, 6.

7 LT-Dr. 15/3496, S. 55 [zu Art. 12 Nr. 3].

April 2017 zur Polizeistrukturreform von 2013. Vorgesehen ist eine **Änderung der äußeren Aufbauorganisation** der Polizei Baden-Württemberg durch das sog. »Dreizehnermodell« im Bereich der regionalen Polizeipräsidien mit Wirkung zum 1. Januar 2020. Hierbei wurde das Polizeipräsidium Tuttlingen **aufgelöst**, der regionale Zuschnitt der Polizeipräsidien Karlsruhe, Konstanz und Reutlingen **verändert** und die Polizeipräsidien Pforzheim und Ravensburg **neu gebildet**.
Art. 1 § 1 ordnet die Auflösung des Polizeipräsidiums Tuttlingen sowie die Errichtung der Polizeipräsidien Pforzheim und Ravensburg an.
§ 2 regelt einen Aufgabenübergang. Die Aufgaben der Polizeipräsidien Karlsruhe, Konstanz und Tuttlingen gehen, soweit sich nach Maßgabe dieses Gesetzes eine anderweitige räumliche Zuordnung der Zuständigkeitsbereiche ergibt, auf das für den jeweiligen Land- und Stadtkreis künftig zuständige regionale Polizeipräsidium über.
Art. 2 des Poliizeistrukturgesetzes 2020 enthält **Übergangsregelungen** für **Personalräte, Schwerbehindertenvertretung** sowie für die **Beauftragten der Chancengleichheit** bei regionalen Polizeipräsidien.
Bei den Polizeipräsidien Karlsruhe, Konstanz, Pforzheim, Ravensburg und Reutlingen werden die dem PR nach dem LPVG zustehenden Aufgaben, Befugnisse und Pflichten **bis zur Neuwahl des PR** nach Maßgabe der §§ 2 bis 4 wahrgenommen.

10 § 2 regelt in Abs. 1 für die Polizeipräsidien Pforzheim und Ravensburg die jeweilige Bildung eines **Übergangspersonalrates**. Dies gilt auch für den Wegfall des zum Zeitpunkt des Inkrafttretens dieses Gesetzes bestehenden PR für das Polizeipräsidium Konstanz.
§ 2 Abs. 2 regelt für den Fall, dass für den PR beim Polizeipräsidium Karlsruhe diesem **mehr** Mitglieder angehören als ihm nach § 10 Abs. 3 und 4 zustehen, solange keine Ersatzmitglieder für dauerhaft ausscheidende Mitglieder eintreten, bis die Mitgliederzahl nach § 10 Abs. 3 und 4 erreicht ist. Für den Fall, dass die Zahl der Mitglieder des PR nach § 2 Abs. 2 **geringer** als ihm nach § 10 Abs. 3 und 4 zusteht, treten bis zum Erreichen dieser Mitgliederzahlt Beschäftigte hinzu, die am Tag vor dem Inkrafttreten dieses Gesetzes **nächste Ersatzmitglieder** des PR beim Polizeipräsidium Karlsruhe waren.
§ 2 Abs. 2 des Gesetzesentwurfes schafft somit einen **Ausgleich** für die Zahl der Mitglieder der PR nach § 10 Abs. 3 und 4. § 2 Abs. 3 regelt Entsprechendes für den PR beim Polizeipräsidium Reutlingen. Treten Beschäftigte des Polizeipräsidiums hinzu, die am Tag vor dem Inkrafttreten dieses Gesetzes Mitglied des PR beim Polizeipräsidium Tuttlingen waren, gilt Folgendes: Scheiden Mitglieder dauerhaft aus dem Personalrat aus, treten solange **keine** Ersatzmitglieder ein, bis die Mitgliederzahl nach § 10 Abs. 3 und 4 erreicht ist.

§ 2 Abs. 4 bestimmt, dass den Übergangspersonalräten bei den Polizeipräsidien Konstanz, Pforzheim und Ravensburg die Beschäftigten des jeweiligen PR angehören, die am Tag vor dem Inkrafttreten dieses Gesetzes Mitglied eines PR waren. Ist die Zahl der tatsächlichen und in den Übergangspersonalrat eintretenden Mitglieder bisheriger PR **geringer** als Mitglieder dem PR nach § 10 Abs. 3 und 4 zustehen würden, treten bis zum Erreichen der Mitgliederzahl Beschäftigte hinzu, die am Tag vor dem Inkrafttreten dieses Gesetzes Ersatzmitglied des PR beim jeweiligen Polizeipräsidium waren. Das **lebensälteste** Mitglied des Übergangspersonalrates nimmt die **Aufgaben des Wahlvorstandes** nach § 19 wahr. In den Übergangspersonalräten sollen, soweit möglich, **beide Gruppen** und **beide Geschlechter** entsprechend § 11 vertreten sein. § 23 Abs. 2 findet keine Anwendung. Dies bedeutet für den Fall, dass nach dem Eintreten sämtlicher Ersatzmitglieder vorab in der Dienststelle vorhandene Gruppen nicht mehr ergänzt werden können, **keine neuen** Vertreter für den Rest der Amtszeit des Personalrates nachgewählt werden. Damit werden übergangsweise die Interessen der Beschäftigten in den in ihrem **Zuschnitt veränderten** und **neu** gebildeten regionalen Polizeipräsidien wahrgenommen. In den Dienststellen die lediglich **umgebildet** werden, behalten die **vorhandenen** Personalvertretungen ihre Rechtsstellung. Der örtliche Personalrat beim Polizeipräsidium Tuttlingen ist zum 31. 12. 19 aufgelöst. 11

Die Polizeipräsidien Pforzheim und Ravensburg entstanden durch **Verkleinerung** bzw. **Veränderung** anderer Dienststellen. Für die beiden neuen Dienststellen i. S. v. § 5 Abs. 1 gab es vom Errichtungstag an noch **keinen neu gewählten PR**. Diese personalratslose Zeit konnte auch nicht durch § 91 Abs. 7 geschlossen werden, wonach der **HPR** der Polizei auf die Dauer von längstens sechs Monaten eine **Ersatzzuständigkeit** gehabt hätte. Das Gesetz gibt aber der Lösung den Vorzug, eine Vertretung aus eigenen Beschäftigten zu sichern. Aus den übergegangenen Beschäftigten in die neuen Polizeipräsidien sind die Mitglieder und Ersatzmitglieder der Personalräte mit **befristeter** Amtszeit als **Übergangspersonalräte** ausgestatttet und bis spästestens zu den in Art. 2 § 3 Abs. 1 für die Zeit vom 1.10. bis 31. 12. 20 angesetzten Personalratswahlen gebildet worden. 12

Ein befriedigender Lösungsansatz ergibt sich auch nicht aus § 113. Die Regelungen der Vorschrift des § 113 erfassen nur die Eingliederung bzw. den Zusammenschluss vollständiger Dienststellen. § 113 erfasst jedoch gerade nicht die Bildung einer neuen Dienststelle durch Teilung anderer Dienststellen. Das Gesetz gibt der Figur des Übergangspersonalrates auch für den Fall des Polizeipräsidiums Karlsruhe den Vorzug gegenüber vorzeitigen Neuwahlen nach § 23 Abs. 1 S. 1 Nr. 1. Nach § 23 Abs. 1 Nr. 1 hätte der PR des Polizeipräsidiums Karlsruhe neu gewählt werden müssen, wenn mit Ablauf von 20 Monaten nach der Wahl die Zahl der in der Regel Beschäftigten um **ein Drittel gesunken gewesen wäre**. Zwar war das Polizeipräsidium Karls- 13 ruhe erheblich verkleinert. Durch den sinkenden Personalbestand wardie Zahl der Mitglieder im künftigen PR den üblichen Regelungen des LPVG hinsichtlich der Mitgliederzahl eines PR nach § 10 Abs. 3 und 4 angepasst. Soweit diese Zahl aber durch beim Polizeipräsidium Karlsruhe verbleibende Mitglieder des Personalrates (Karlsruhe) in seiner bis zum 31. Dezember 2019 bestehenden Zusammensetzung überschritten war, erhöhte sie sich entsprechend. Durch die mit der Umsetzung der Polizeistruktur 2020 verbundene Umorganisation hatte der PR seine Aufgabe nicht verlieren sollen.

14 Beim Polizeipräsidium Reutlingen war ein **Übergangspersonalrat nicht erforderlich**. Die aus dem Polizeipräsidium Tuttlingen übergehenden Personalratsmitglieder traten als **zusätzliche** Mitglieder zum PR beim Polizeipräsidum Reutlingen hinzu. Im Gegenzug traten Ersatzmitglieder für das dauerhafte Ausscheiden eines Personalratsmitgliedes so lange **nicht** in diesen PR ein, bis dieser wieder die Normzahl an Mitgliedern nach § 10 Abs. 3 und 4 erreicht hatte (vgl. Art. § 2 Abs. 3 PolSG 2020).

15 Insgesamt war durch das Gesetz **sichergestellt**, dass in **allen drei Polizeipräsidien arbeitsfähige Übergangspersonalräte in angemessener Größe** vorhanden waren, auch wenn die Mitgliederzahl entsprechend § 10 Abs. 3 und 4 nicht erreicht war. Für den Fall, dass mehr Mitglieder bisheriger PR in die entsprechenden Übergangspersonalräte eingetreten waren, ist es bei der **höheren** Mitgliederzahl geblieben. Das Gesetz hat eine exakte proporzgerechte Gruppen- und Geschlechtervertretung in den PR für die relativ kurze Amtsdauer eines Übergangspersonalrates nicht für zwingend notwendig gehalten.

16 Das Gesetz enthält keine besonderen Regelungen zur Erhaltung von Freistellungen. Das Gesetz spielt damit auf die Regelung des **§ 45 Abs. 2** an. PR und Dienststelle können nach dieser Vorschrift abweichend von Abs. 1 Satz 2 **höhere** und **niedrigere** Freistellungen für die Dauer der Amtszeit des PR vereinbaren. Ein gesetzlich vorgegebener Freistellungsumfang nach § 45 Abs. 1 S. 2 gilt nur noch, wenn sich Dienststelle und PR **nicht einigen**.

17 Art. 2 § 4 enthält Regelungen für die **Schwerbehindertenvertretungen**. Bei den Polizeipräsidien **Pforzheim** und **Ravensburg sind übergangsweise** bis zur Wahl einer örtlichen Schwerbehindertenvertretung, längstens bis zum 30. November 2020, die Aufgaben und Befugnisse weiter wahrgenommen worden. Gem. § 180 Abs. 7 i. V. m. § 178 Abs. 1 S. 4 und 5 SGB IX waren die Aufgaben und Befugnisse durch die herangezogenen **stellvertretenden Mitglieder der Hauptschwerbehindertenvertretung** der Polizei wahrzunehmen. Zu berücksichtigen ist dabei, dass die Wahl der Schwerbehindertenvertretung **jederzeit** nach § 1 Abs. 1 der Wahlordnung der Schwerbehindertenvertretung durch die Hauptschwerbehindertenvertretung der Polizei eingeleitet werden kann. Alternativ kann die Einleitung auch dadurch stattfinden, wenn mindestens **drei Wahlberechtigte**, oder der Leiter der

Dienststelle eine Versammlung zur Wahl eines Wahlvorstandes einberuft. In diesem Fall wählt die Versammlung einen **Versammlungsleiter**. Bei Vorliegen der Voraussetzungen für das **vereinfachte Wahlverfahren** (§ 18 Schwerbehindertenwahlordnung) lädt die Hauptschwerbehindertenvertretung der Polizei oder auf Antrag von mindestens drei Wahlberechtigten, den Leiter der Dienststelle zur Wahlversammlug ein.

18 In den neu gebildeten Dienststellen ist es grundsätzlich beim gesetzlichen Übergang der Aufgaben der Schwerbehindertenvertretung auf die Hauptschwerbehindertenvertretung verblieben. Die Hauptschwerbehindertenvertretung hat die Möglichkeit der **Delegation** an ein geeignetes stellvertretendes Mitglied erhalten.

Nach der Reform hat jede Dienststelle ohne Schwerbehindertenvertretung jederzeit die Möglichkeit der Wahl einer Schwerbehindertenvertretung gem. § 177 Abs. 5 Nr. 3 SGB IX.

19 In den **umgebildeten** Dienststellen haben die **vorhandenen** Schwerbehindertenvertretungen ihre Rechtsstellung behalten. Eine Mandatslöschung wäre nur dann eingetreten, wenn die Schwerbehindertenvertretung einschließlich aller stellvertretenden Mitglieder im Zuge der Reform aus der betreffenden Dienststelle ausgeschieden wäre. Im Übrigen ist es bei den Regelungen des SGB IX geblieben. Das Amt der Schwerbehindertenvertretung beim Polizeipräsidium Tuttlingen hat allerdings **mit der Auflösung dieser Dienststelle geendet**.

20 Art. 2 § 5 enthält **Sonderregelungen für die Beauftragte für Chancengleichheit**. Nach Abs. 3 hatten die Leitungen der Polizeipräsidien Pforzheim und Ravensburg innerhalb von drei Monaten nach Inkrafttreten des Gesetzes für ihre Dienststellen einen Wahlvorstand zur Durchführung der Wahl der Beauftragten für Chancengleichheit und ihrer Stellvertreterin gem. § 7 Abs. 1 der Verordnung der Landesregierung über die Wahl der Beauftragten für Chancengleichheit zu bestellen, der dann das Wahlverfahren unverzüglich einzuleiten hatte. Die Stellen der Beauftragten für Chancengleichheit und der Stellvertreterin waren bis spätestens sechs Monate nach Inkrafttreten dieses Gesetzes neu zu besetzen.

§ 97 Landesamt für Verfassungsschutz

Für das Landesamt für Verfassungsschutz gilt dieses Gesetz mit folgenden Abweichungen:

1. **Der Leiter des Landesamts für Verfassungsschutz kann nach Anhörung des Personalrats bestimmen, dass Beschäftigte, bei denen dies wegen ihrer dienstlichen Aufgaben dringend geboten ist, nicht an Personalversammlungen teilnehmen.**

2. **Die Vorschriften über eine Beteiligung von Vertretern oder Beauftragten der Gewerkschaften und Arbeitgebervereinigungen (§ 32 Absatz 3, § 37 Absatz 1, § 53) sind nicht anzuwenden.**
3. **Bei der Beteiligung der Stufenvertretung und der Einigungsstelle sind Angelegenheiten, die lediglich Beschäftigte des Landesamts für Verfassungsschutz betreffen, wie Verschlusssachen des Geheimhaltungsgrads »VS-VERTRAULICH« zu behandeln, soweit nicht die zuständige Stelle etwas anderes bestimmt.**

Vergleichbare Vorschriften:
§ 113 BPersVG; keine im BetrVG

Inhaltsübersicht Rn.

1. Vorbemerkungen

1 Das Landesamt für Verfassungsschutz (LfV) ist eine dem Ministerium des Innern, für Digitalisierung und Kommunen unterstehende **Landesoberbehörde** (§ 2 Abs. 1 LVSG, § 23 Abs. 2 LVG). Es ist eine Dienststelle i. S. d. § 5 Abs. 1, bei der nach § 10 Abs. 1 ein **örtlicher PR** gebildet wird. Falls Teileinheiten des LfV nach § 5 Abs. 3 verselbständigt werden, ist nach § 54 ein **GPR** zu bilden. Die Beschäftigten des LfV gehören zur Wählerschaft des **allgemeinen HPR beim Innenministerium**, zu dem sie unter den gleichen Voraussetzungen wie die Beschäftigten der anderen zum Zuständigkeitsbereich des HPR gehörenden Dienststellen wahlberechtigt und wählbar sind. Die allgemeinen Regelungen des LPVG gelten für das LfV nur, soweit in der besonderen Vorschrift von § 97 **keine Einschränkungen oder Ausschlüsse** vorgeschrieben sind. Die Abweichungen sind abschließend in § 97 aufgezählt. Sinn und Zweck der Abweichungen der Nr. 1 bis 3 ist die Sicherung der Funktionsfähigkeit des LfV und eines effektiven Geheimschutzes. In Deutschland gibt es wegen des Trennungsgebots der Polizei von den Nachrichtendiensten keinen bundeseinheitlichen Verfassungschutz. Der Bund unterhält das Bundesamt für Verfassungsschutz BfV mit Sitz in Köln mit einem zweiten Standort in Berlin, die 16 Bundesländer verfügen über eigene Verfassungsschutzbehörden.

2. Einschränkung der Teilnahme an Personalversammlungen

2 **(Nr. 1)** Nach § 49 Abs. 1 besteht die **Personalversammlung** aus den Beschäftigten der Dienststelle. Das gilt auch für das LfV. Der Leiter des LfV

kann jedoch – nach Anhörung des PR (oder des nach § 94 Abs. 1 ggf. an die Stelle des PR tretenden VS-Ausschusses) – das **Recht zur Teilnahme** an Personalversammlungen für »Beschäftigte, bei denen dies wegen ihrer dienstlichen Aufgaben dringend geboten ist«, **einschränken**. Dem PR sind rechtzeitig die Tatsachen mitzuteilen, die aus Sicht der Dienststelle der Teilnahme eines oder mehrerer Beschäftigten an der Personalversammlung entgegenstehen.[1] Dabei ist ein strenger Maßstab anzulegen. Soweit der PR Bedenken erhebt, sind sie mit dem ernsten Willen zur Einigung zu besprechen. Der Ausschluss ist auf den Einzelfall beschränkt, weil es sich hier um einen wesentlichen Eingriff in die Rechte der Beschäftigten handelt. Das Teilnahmeverbot kann daher nur für einzelne Beschäftigte und nur für eine konkrete Personalversammlung, nicht jedoch für Gruppen von Beschäftigten und nicht für künftige Personalversammlungen ausgesprochen werden.[2] Gegen die Anordnung des Ausschlusses der Teilnahme des Beschäftigten an der Personalversammlung können der PR und der Beschäftigte Dienstaufsichtsbeschwerde beim Innenminister erheben.[3] Sie ist weder beamtenrechtliche Weisung noch Ausübung des arbeitsrechtlichen Weisungsrechts nach § 106 GewO, sondern beruht auf einem dem Leiter des LfV vom Gesetz eingeräumten Gestaltungsrecht mit unmittelbarer Wirkung auf die personalvertretungsrechtliche Stellung des Betroffenen.[4] Die Anordnung ist **verwaltungsgerichtlich überprüfbar**.[5] Da die Personalversammlungen ohnehin nicht öffentlich stattfinden, können sich Nachteile aus der Teilnahme des Beschäftigten für die Tätigkeit des LfV wohl nur dann ergeben, wenn das Beschäftigungsverhältnis als solches nicht offenbar werden soll oder der Beschäftigte von seiner Aufgabenerledigung unabkömmlich ist. Soweit es sich dabei um Angelegenheiten handelt, die mindestens in den Geheimhaltungsgrad »VS-VERTRAULICH« eingestuft sind, richtet sich die Beteiligung nach § 94.

3. Gewerkschaftsrechte

(Nr. 2) Nach Nr. 2 finden bestimmte Vorschriften über die Beteiligung von Vertretern oder Beauftragten der **Gewerkschaften** und der **Arbeitgebervereinigungen** keine Anwendung. Einzeln aufgeführt sind: § 32 Abs. 3, § 37 3

1 Leuze-*Flintorp*, § 97 Rn. 7.
2 Altvater-*Baunack*, § 113 Rn. 5 m.w.N.; anders die h.M.; Leuze-*Flintorp*, § 97 Rn. 6.
3 Leuze-*Flintorp*, § 97 Rn. 9.
4 Altvater-*Baunack*, § 113 Rn. 5
5 Str.; vgl. Altvater-*Baunack*, § 113 Rn. 5; a.A. u.a. Leuze-*Flintorp*, § 97 Rn. 9.

Abs. 1 und § 53.[6] Dies betrifft die Teilnahme an Sitzungen der beauftragten Personen der im Personalrat vertretenen Gewerkschaft und die beratende Teilnahme an der Personalratssitzung und gilt auch für den Beauftragten der Arbeitgebervereinigung, der die Dienststelle angehört. Die übrigen Vorschriften, die das Zusammenwirken von Dienststelle und Personalvertretung mit den Gewerkschaften und Arbeitgebervereinigungen regeln (§ 2 Abs. 1), die den Gewerkschaften Befugnisse einräumen (z. B. § 2 Abs. 2, § 13 Abs. 4, § 21 Abs. 1, § 24 Abs. 1 und § 50 Abs. 3) und die die gewerkschaftliche Betätigung von Beschäftigten betreffen (wie § 69 Abs. 2), bleiben unberührt.[7] Die Regelung der Nr. 2 ist unter dem Aspekt der Koalitionsfreiheit (Art 9 Abs. 3 GG) verfassungsrechtlich bedenklich.

4. Beteiligung von Stufenvertretung und Einigungsstelle

4 **(Nr. 3)** Sofern die **Stufenvertretung** (der allgemeine HPR beim IM) oder die **Einigungsstelle** in Angelegenheiten beteiligt wird, die lediglich Beschäftigte des LfV betreffen, werden diese Angelegenheiten auch dann, wenn sie nicht als Verschlusssachen mindestens des Geheimhaltungsgrades »VS-VERTRAULICH« eingestuft sind, wie **Verschlusssachen** dieses Geheimhaltungsgrades behandelt, soweit die zuständige Stelle (das IM als oberste Dienstbehörde) nicht etwas anderes bestimmt. Geschieht dies nicht, richtet sich die Beteiligung des HPR und der Einigungsstelle nach § 94. Das bedeutet, dass an die Stelle der Stufenvertretung (hier: Hauptpersonalrat) der besondere Ausschuss tritt. Von der Behandlung als Verschlusssache kann das IM als die zuständige Stelle Ausnahmen erlassen. Allerdings ermöglichen diese Ausnahmen kein anderes Verfahren. Vielmehr wird das sonstige gesetzliche Verfahren, nämlich die Beteiligung des HPR, sowie die Zusammensetzung der Einigungsstelle in Gang gesetzt.[8]

---

6 § 32 Abs. 3 betrifft die Teilnahme an Sitzungen der beauftragten Personen der im Personalrat vertretenen Gewerkschaft und die beratende Teilnahme an der Personalratssitzung; § 37 Abs. 1 Nr. 2 betrifft das Verständigungshilfeersuchen bei einer Gewerkschaft, bezogen auf Beschlüsse des Personalrates, die möglicherweise erhebliche Beeinträchtigungen wichtiger Interessen beinhalten; § 53 betrifft die Teilnahme an nicht öffentlichen Personalversammlungen der in der Dienststelle vertretenen Gewerkschaft mit beratender Stimme; dies gilt auch für den Beauftragten der Arbeitgebervereinigung, die der Dienststelle angehört.

7 Str.; vgl. Altvater-*Baunack*, § 113 Rn. 7 m. w. N.; a. A. u. a. Leuze-*Flintorp*, § 97, Rn. 12.

8 Vgl. Lorenzen-*Schlatmann*, § 87 a. F. Rn. 11.

Teil 14
Besondere Vorschriften für Dienststellen, die bildenden, wissenschaftlichen und künstlerischen Zwecken dienen

§ 98 Personalvertretungen im Schulbereich

(1) [1]Für Grund-, Haupt-, Werkreal-, Real-, Gemeinschafts- und entsprechende sonderpädagogische Bildungs- und Beratungszentren sowie Schulkindergärten mit Ausnahme der sonderpädagogischen Bildungs- und Beratungszentren mit Internat und der diesen angegliederten Schulkindergärten werden besondere Personalräte bei den unteren Schulaufsichtsbehörden gebildet. [2]Für Lehrer an Schulen besonderer Art sowie an Schulen, die in einen Verbund von Schularten oder einen Schulversuch einbezogen sind, kann das Kultusministerium eine hiervon abweichende Regelung treffen, sofern an der Schule auch Lehrer der in Absatz 2 Satz 1 Nr. 2 oder 3 aufgeführten Schularten unterrichten. [3]§ 5 Abs. 3 findet keine Anwendung.

(2) [1]Die beamteten und nichtbeamteten Lehrer der

1. Grund-, Haupt-, Werkreal-, Real-, Gemeinschafts- und entsprechenden sonderpädagogischen Bildungs- und Beratungszentren sowie Schulkindergärten,
2. Gymnasien und Kollegs,
3. beruflichen Schulen einschließlich der beruflichen Gymnasien

wählen je besondere Stufenvertretungen bei den oberen Schulaufsichtsbehörden und beim Kultusministerium. [2]Absatz 1 Satz 2 gilt entsprechend. [3]Die besonderen Stufenvertretungen können gemeinsam und zusammen mit der bei der Dienststelle gebildeten allgemeinen Stufenvertretung beraten, soweit alle jeweils gemeinsam beratenden Stufenvertretungen zu beteiligen sind; eine gemeinsame Beschlussfassung mehrerer Stufenvertretungen findet jedoch nicht statt.

(3) In Angelegenheiten der in Ausbildung zu einem Lehrerberuf stehenden Beschäftigten, in denen die Dienststelle nicht zur Entscheidung befugt ist, werden die entsprechenden Lehrerstufenvertretungen beteiligt.

(4) Das sonstige pädagogisch tätige Personal ist Lehrern im Sinne dieser Vorschrift gleichgestellt.

(5) [1]Werden im Geschäftsbereich des Kultusministeriums Maßnahmen vom Zentrum für Schulqualität und Lehrerbildung oder vom Institut für Bildungsanalysen Baden-Württemberg getroffen, die sich auf Beschäftig-

te anderer Dienststellen erstrecken, wird der zuständige Hauptpersonalrat beteiligt. [2]§ 91 Absatz 1 und 4 finden keine Anwendung.

Vergleichbare Vorschriften:
keine im BPersVG und im BetrVG

Inhaltsübersicht Rn.

1. Öffentliche Schulen

1 **Öffentliche Schulen** (vgl. § 2 SchG) sind nach § 23 Abs. 1 S. 1 SchG nichtrechtsfähige öffentliche Anstalten. Sie werden entweder als **Anstalt gemischter Art** von einer Gemeinde, einem Landkreis, einem Regional- oder Schulverband gemeinsam mit dem Land oder als **Anstalt des Landes** vom Land allein getragen (§ 2 Abs. 1 S. 2 SchG). Im Regelfall werden die öffentlichen Schulen in der Form einer Anstalt gemischter Art geführt. Hier ist das Land nur für die inneren Schulangelegenheiten zuständig. Die Gebiets- oder Verbandskörperschaft (Schulträger) verwaltet die äußeren Schulangelegenheiten, stellt das Verwaltungs- und das sonstige nicht lehrende Personal und trägt die sächlichen Schulkosten. Ob eine Schule eine Anstalt gemischter Art oder eine Anstalt des Landes ist, hängt davon ab, wer die sächlichen Kosten der Schule trägt und deshalb als **Schulträger** gilt (vgl. §§ 27–31 SchG). Das Land ist Schulträger der Gymnasien in Aufbauform mit Internat, der Kollegs und der sonderpädagogischen Bildungs- und Beratungszentren mit Internat (§ 29 Abs. 1 SchG). Es kann auch Schulträger von Versuchsschulen und von Schulen besonderer pädagogischer Prägung oder besonderer Bedeutung sein, sowie von Schulen, die zwar diese Voraussetzungen nicht erfüllen, deren Schulträger jedoch bisher das Land war (§ 29 Abs. 2 SchG). Die **Lehr-**

kräfte an den öffentlichen Schulen stehen in jedem Falle im Beamten- oder Arbeitsverhältnis zum Land (§ 38 Abs. 1 SchG).

2 Die öffentlichen Schulen unterstehen der **staatlichen Schulaufsicht** (vgl. § 32 Abs. 1 SchG). Die Aufsicht wird von den Schulaufsichtsbehörden wahrgenommen. **Untere Schulaufsichtsbehörde** für die Grund-, Haupt-, Werkreal- und Real-, Gemeinschaftsschulen sowie die entsprechenden sonderpädagogischen Bildungs- und Beratungszentren[1] mit Ausnahme der sonderpädagogischen Bildungs- und Beratungszentren mit Internat ist nach Art. 1 VRWG[2] seit 1.1.09 wieder das als untere Sonderbehörde eingerichtete Staatliche Schulamt (§ 33 SchG; Sitze und Bezirke der 21 Staatlichen Schulämter in § 1 VO v. 6.11.73,[3] zul. geänd. durch Art. 28 VRWG). **Obere Schulaufsichtsbehörde** ist das Regierungspräsidium (§ 34 SchG), **oberste Schulaufsichtsbehörde** das Kultusministerium (§ 35 SchG).

2. Vorschriften für den Aufbau der Personalvertretungen im Schulbereich

2a Wie die meisten anderen LPersVG enthält § 98 besondere Vorschriften für den Aufbau der **Personalvertretungen im Schulbereich**.[4] Parallel zur Einführung der **Werkrealschule** durch das Gesetz v. 30.7.09,[5] der **Gemeinschaftsschule** durch das Gesetz v. 24.4.12[6] sowie den sonderpädagogischen Bildungs- und Beratungszentren, die sonderschulpflichtigen Kindern und Jugendlichen in einem ersten Schritt Zutritt zu einem System der inklusiven Beschulung, das die Wahlfreiheit der Erziehungsberechtigten zwischen Beschulung an den allgemeinen Schulen auf der einen und an sonderpädagogischen Bildungs- und Beratungszentren an Stelle der Sonderschulen eröffnet,[7] sind die Vorschriften des § 98 Abs. 1 S. 1 und Abs. 2 S. 1 Nr. 1 in der Weise geändert worden, dass die neuen Schularten in die dort getroffenen Regelungen einbezogen worden sind.[8]

---

1 Durch das Gesetz zur Änderung des Schulgesetzes für Baden-Württemberg und anderer Vorschriften v. 21.7.15, GBl. S. 645 sind an die Stelle der Sonderschulen und Heimsonderschulen die sonderpädagogischen Bildungs- und Beratungszentren bzw. die sonderpädagogischen Bildungs- und Beratungszentren mit Internat getreten.

2 Gesetz zur Weiterentwicklung der Verwaltungsstrukturreform (Verwaltungsstrukturreform-Weiterentwicklungsgesetz – VRWG) v. 14.10.08, GBl. S. 313.

3 GBl. S. 424.

4 Vgl. dazu Altvater-*Baunack*, § 131 Rn. 28–32; Leuze-*Wörz*, § 98 Rn. 1.

5 GBl. S. 365.

6 Gesetz zur Änderung des Schulgesetzes für Baden-Württemberg und anderer Gesetze v. 24.4.12, GBl. S. 209.

7 LT-Dr. 15/6963, S. 3 [Einführungsbegründung].

8 Vgl. *Altvater*, PersR 10, 287, 291 f. m. w. N. und PersR 13, 303, 305 f.

3 **(Abs. 1)** Soweit im LPVG nichts anderes bestimmt ist, sind die Schulen nach § 5 Abs. 1 **Dienststellen** i. S. d. LPVG, bei denen nach § 10 Abs. 1 jeweils ein **örtlicher PR** gebildet wird. Ist die Schule eine **Anstalt des Landes**, wird der PR von allen ihren Beschäftigten (Lehrern, sonstigen pädagogisch tätigen Beschäftigten, Verwaltungspersonal, Hausmeister, Reinigungskräften usw.) gewählt. Ist sie dagegen eine **Anstalt gemischter Art**, wird der bei ihr zu bildende PR nur von den im Dienst des Landes stehenden Beschäftigten, das sind die Lehrer und die sonstigen pädagogisch tätigen Beschäftigten (Lehrkräfte), gewählt. Die im Dienst des Schulträgers stehenden Beschäftigten wählen den beim Schulträger gebildeten PR (und ggf. GPR) mit.[9] Da Abs. 1 besondere Vorschriften für die der Aufsicht der unteren Schulaufsichtsbehörde unterstehenden Schulen enthält, gelten die **allgemeinen Vorschriften** des LPVG für die übrigen Schulen, also für Gymnasien, sonderpädagogischen Bildungs- und Beratungszentren mit Internat mit den ihnen angegliederten Schulkindergärten, Kollegs, Berufsschulen, Berufsfachschulen, Berufskollegs, Berufsoberschulen und Fachschulen (vgl. § 4 Abs. 1 SchG).

3. Besondere Personalräte bei den unteren Schulbehörden

4 Abs. 1 S. 1 sieht vor, dass für **Grund-, Haupt**-, Werkreal-, Real-, Gemeinschafts- und entsprechende sonderpädagogischen Bildungs- und Beratungszentren sowie die bei ihnen nach § 20 SchG eingerichteten Schulkindergärten nicht örtliche PR bei den einzelnen Schulen, sondern **besondere PR bei den unteren Schulaufsichtsbehörden** – also bei den Staatlichen Schulämtern (vgl. Rn. 2) – gebildet werden. Von dieser Regelung sind lediglich die sonderpädagogischen Bildungs- und Beratungszentren mit Internat und die ihnen angegliederten Schulkindergärten ausgenommen. Damit erstreckt sich die Sonderregelung auf alle Schulen, die der Aufsicht der unteren Schulaufsichtsbehörde unterstehen. Da es sich dabei um Anstalten gemischter Art handelt, werden die besonderen PR nur von den **im Dienst des Landes stehenden Beschäftigten** der Schulen im jeweiligen Schulamtsbezirk gewählt.

5 Abs. 1 S. 2 sieht vor, dass das KM für Lehrer an Schulen besonderer Art sowie an Schulen, die in einen Verbund von Schularten oder einen Schulversuch einbezogen sind, eine von Abs. 1 S. 1 abweichende Regelung treffen kann, sofern an der Schule auch Lehrkräfte der in Abs. 2 S. 1 Nr. 2 oder 3 aufgeführten Schularten (also der Gymnasien und Kollegs oder der beruflichen Schulen einschl. der beruflichen Gymnasien) unterrichten. Aufgrund dieser Ermächtigung i. V. m. § 107 SchulG hat das KM die VwV v. 31. 10. 88[10] – ge-

9 Vgl. Rooschüz-*Abel*, § 98 Rn. 2.

10 K. u. U. S. 778.

ändert durch Art. 2 VwV v. 11.11.09[11] – erlassen. Danach wird sowohl an **Schulen besonderer Art** i. S. v. § 107 SchG (d.h. der Staudinger-Gesamtschule Freiburg im Breisgau, der Internationalen Gesamtschule Heidelberg und der Integrierten Gesamtschule Mannheim-Herzogenried) als auch an **Schulen, die in einen Verbund von Schularten einbezogen sind und eine gymnasiale Abteilung umfassen**, jeweils ein **gemeinsamer örtlicher PR** für alle dort unterrichtenden Lehrer gebildet (Abschn. I Nr. 1 VwV v. 31. 10. 88, a. a. O.). Dies gilt für **Orientierungsstufen als selbständige Schulen mit einer gymnasialen Niveaugruppe** und die dort unterrichtenden Lehrkräfte entsprechend (Abschn. I Nr. 3 VwV v. 31. 10. 88, a. a. O.).

Nach Abs. 1 S. 3 sind die allgemeinen Bestimmungen des § 5 Abs. 3 über die **Verselbständigung** von Außenstellen, Nebenstellen und Teilen einer Dienststelle im Schulbereich **nicht anwendbar**. 6

Durch die in Abs. 1 S. 1 vorgesehene Bildung besonderer PR bei den unteren Schulaufsichtsbehörden werden die daran beteiligten Schulen zu einer einzigen Dienststelle i. S. d. LPVG zusammengefasst. Daraus ergibt sich die Frage, ob eine innerhalb dieses Bereichs vorgenommene **Versetzung beamteter Lehrer** (vgl. § 75 Rn. 272 ff) **von einer Schule zu einer anderen Schule** i. S. d. § 75 Abs. 2 Nr. 1 als Versetzung zu einer anderen Dienststelle oder i. S. d. § 75 Abs. 1 Nr. 11 als Umsetzung innerhalb der Dienststelle mitbestimmungspflichtig ist. Der *VGH BW*[12] hat entschieden, dass nach § 75 Abs. 1 Nr. 4 a. F. (= § 75 Abs. 2 Nr. 1) nur eine Versetzung an eine andere Dienststelle i. S. d. LPVG mitbestimmungspflichtig sei, und hat die Mitbestimmung bei der Versetzung von einer Grund- an eine Hauptschule verneint, sofern damit kein Wechsel des Dienstortes verbunden ist.[13] Die Entscheidung übersieht, dass der Tatbestand des § 75 Abs. 2 Nr. 1 vom dienstrechtlichen Begriff der Versetzung ausgeht, der nicht durch einen eigenständigen personalvertretungsrechtlichen Versetzungsbegriff ersetzt werden kann (vgl. auch § 75 Rn. 112 ff.).[14] 7

4. Besondere Stufenvertretungen

(Abs. 2) Von § 55 abweichend legt Abs. 2 S. 1 fest, dass die beamteten und nicht beamteten **Lehrer** (und die ihnen nach Abs. 5 gleichgestellten sons- 8

11 K. u. U. S. 223.

12 Beschl. v. 31. 1. 84 – 4 S 1323/82 –; dem zust. Leuze-*Wörz*, § 98 Rn. 11.

13 Ebenso Leuze-*Wörz*, § 98 Rn. 11.

14 So auch *HessVGH* v. 10. 11. 94 – TL 884/94 –, PersR 95, 212, zu dem insoweit wortgleichen § 77 Abs. 1 Nr. 2 Buchst. c HPVG a. F.; zum umgekehrten Fall bei einer personalvertretungsrechtlichen Aufspaltung einer einheitlichen Dienststelle i. S. d. Beamtenrechts: *BVerwG* v. 11. 12. 91 – 6 P 5.91 –, PersR 92, 104, u. *VGH BW* v. 27. 9. 94 – PL 15 2803/93 –, BWVPr 96, 117 Ls.

tigen pädagogisch tätigen Personen) jeweils für sich **besondere Stufenvertretungen** wählen: die Lehrer der **Grund-, Haupt**-, Werkreal-, Real-, Gemeinschafts- und entsprechenden sonderpädagogischen Bildungs- und Beratungszentren sowie Schulkindergärten einen BPR Grund-, Haupt-, Real- und Sonderschulen bei jeder oberen Schulaufsichtsbehörde (also beim jeweils zuständigen Regierungspräsidium [vgl. Rn. 2], dort intern jeweils bei der Abt. 7 [Schule und Bildung]) und einen HPR Grund-, Haupt-, Real-, Gemeinschaftsschulen und sonderpädagogischen Bildungs- und Beratungszentren beim KM, die Lehrer der **Gymnasien und Kollegs** einen BPR Gymnasien bei jeder oberen Schulaufsichtsbehörde und einen HPR Gymnasien beim KM sowie die Lehrer der **beruflichen Schulen einschl. der beruflichen Gymnasien** einen BPR Berufliche Schulen bei jeder oberen Schulaufsichtsbehörde und einen HPR Berufliche Schulen beim KM.

9 Nach Abs. 2 S. 2 ist Abs. 1 S. 2 entsprechend anzuwenden. Aufgrund dessen hat das KM eine von Abs. 2 S. 1 abweichende Regelung für Lehrer an **Schulen besonderer Art** sowie an **Schulen, die in einen Verbund von Schularten einbezogen sind und eine gymnasiale Abteilung umfassen**, erlassen (VwV v. 31. 10. 88, a. a. O., Abschn. I Nr. 3, zul. geänd. durch VwV v. 11. 11. 09;[15] vgl. Rn. 5). Danach wählen die Lehrer dieser Schulen zu den Stufenvertretungen der Lehrer an Gymnasien und Kollegs, sofern sie eine Prüfung für das Lehramt an Gymnasien, für das Lehramt an der Unter- und Mittelstufe der Gymnasien oder für das höhere Lehramt an beruflichen Schulen abgelegt haben oder die Amtsbezeichnung »Gymnasialrat« führen, während die übrigen Lehrer zu den Stufenvertretungen der Lehrer an Grund-, Haupt-, Werkreal-, Real-, Gemeinschafts- und entsprechenden sonderpädagogischen Bildungs- und Beratungszentren sowie Schulkindergärten wählen. Auf Orientierungsstufen als selbstständige Schulen mit einer gymnasialen Niveaugruppe und die dort unterrichtenden Lehrkräfte finden die Regelungen für Lehrer an Schulen besonderer Art entsprechende Anwendung.[16]

10 Nach Abs. 2 S. 3 können die bei der oberen Schulaufsichtsbehörde bzw. beim KM bestehenden besonderen Stufenvertretungen der Lehrer **gemeinsam und zusammen mit der bei der Dienststelle gebildeten allgemeinen Stufenvertretung beraten**, soweit alle jeweiligen Stufenvertretungen zu beteiligen sind. In die gemeinsame Beratung kann demnach und ggf. auch die beim Regierungspräsidium bzw. beim KM gebildete allgemeine Stufenvertretung einbezogen werden. Eine gemeinsame Beschlussfassung mehrerer Stufenvertretungen ist nicht zulässig. Allerdings können die Gremien nach gemeinsamer Beratung jeweils inhaltlich gleichlautende Beschlüsse fassen.[17]

15 K. u. U. S. 223/2009.

16 VwV v. 31. 10. 88, a. a. O.

17 Leuze-*Wörz*, § 98 Rn. 31.

5. Personalvertretungen der in Ausbildung zu einem Lehrerberuf stehenden Beschäftigten

a) Keine Ausbildungspersonalräte für Lehreranwärter an Grund- und Hauptschulen, Realschullehreranwärter an den staatlichen Seminaren für Didaktik und Lehrerbildung

(Abs. 3) Die Personalvertretung der **in Ausbildung zu einem Lehrerberuf stehenden Beschäftigten** ist unterschiedlich geregelt. Für die Lehramtsanwärter (**Lehreranwärter an Grund- und Hauptschulen, Realschullehreranwärter**) an den staatlichen Seminaren für Didaktik und Lehrerbildung gibt es keine Ausbildungspersonalräte. Für diese Lehramtsanwärter sind gemäß § 8 Abs. 2 S. 2 die Schulen, denen sie zugewiesen sind, **Stammbehörden** i. S. d. LPVG (Abschn. I Nr. 2 VwV v. 27. 10. 05[18]; vgl. § 8 Rn. 17). Sie sind nach § 8 Abs. 2 S. 1 (nur) bei ihrer Stammbehörde wahlberechtigt. Damit gehören sie zur Wählerschaft der nach Abs. 1 S. 1 und Abs. 2 S. 1 jeweils gebildeten besonderen Personalvertretungen bei der unteren Schulaufsichtsbehörde (PR), bei der oberen Schulaufsichtsbehörde (BPR) und beim KM (HPR) und werden von diesen Personalvertretungen nach den allgemeinen Vorschriften des LPVG vertreten. 11

b) Bildung von Ausbildungspersonalräten

Für die **anderen Lehramtsanwärter**, das sind Lehramtsanwärter an den Seminaren für Studienreferendare, Lehramtsanwärter an den Instituten für Reallehrer an den pädagogischen Hochschulen, Lehramtsanwärter an an den pädagogischjen Fachseminaren sowie Lehramtsanwärter an dem Seminar für Fachpädagogik, werden nach der VO des KM v. 7. 3. 77[19] **Ausbildungspersonalräte (APR)** gebildet. Durch VwV v. 23. 4. 07[20] sind den staatlichen Seminaren für Didaktik und Lehrerbildung die Aufgaben der Ausbildung, Fort- und Weiterbildung übertragen. Sie sind gebildet für Grund- und Hauptschulen, Realschulen, Gymnasien, Berufliche Schulen, sonderpädagogische Bildungs- und Beratungszentren und als Fachseminare für die Fachlehrer in Ausbildung. Dort sind jeweils APR zu bilden (vgl. § 58 Rn. 3). Die APR werden nach den allgemeinen Vorschriften an den Maßnahmen **beteiligt**, die nach dem LPVG der Mitbestimmung oder Mitwirkung unterliegen und die von den in § 1 VO bezeichneten Dienststellen für die bei ihnen in Ausbildung befindlichen Anwärter getroffen werden (vgl. § 58 Rn. 6). Diese Regelung wird durch Abs. 3 ergänzt. Soweit es sich um Angelegenheiten handelt, in denen die Dienststellen, bei denen die APR 11a

18 GABl. S. 781.

19 GBl. S. 98.

20 K. u. U. 07, S. 93 u. 142.

bestehen, nicht zur Entscheidung befugt sind, werden die entsprechenden, nach Abs. 2 S. 1 gebildeten **Lehrerstufenvertretungen** beteiligt, obwohl sie von den betroffenen Anwärtern nicht mitgewählt werden. Bei Lehramtsanwärtern, die bei ihrer Stammbehörde wahlberechtigt sind, ergibt sich die Beteiligung der Lehrerstufenvertretungen bereits aus § 91 Abs. 2.

6. Sonstiges pädagogisch tätiges Personal

12 **(Abs. 4)** Nach Abs. 4 ist das **sonstige pädagogisch tätige Personal** den Lehrern i. S. d. § 98 gleichgestellt. Diese Vorschrift ist v. a. für sonderpädagogisches oder erzieherisches Personal an Schulkindergärten und sonderpädagogischen Bildungs- und Beratungszentren mit Internat von Bedeutung.

7. Kostentragung

13 Im Unterschied zu **anderen LPersVG** (BB: § 91 Abs. 2; HE: § 93 Abs. 3 u. 4; MV: § 80 Abs. 2; SH: § 81 Nr. 1; TH: § 92 Nr. 1 Buchst. c) enthält das **LPVG** für die Personalvertretungen im Schulbereich keine besondere Vorschrift über die **Kostentragung**. Insoweit ist wie folgt zu **differenzieren**: Die Schulaufsicht für die **Grund-, Haupt**-, Werkreal-, Real-, Gemeinschafts- und sonderpädagogische Bildungs- und Beratungszentren liegt seit 1. 1. 09 einheitlich bei den Staatlichen Schulämtern als unteren Sonderbehörden des Landes (vgl. Rn. 2). Bei jedem Staatlichen Schulamt wählen nach Abs. 1 S. 1 die Lehrer aller im Schulamtsbezirk bestehenden Schulen dieser Schularten einen besonderen PR und werden damit zu jeweils besonderen Dienststellen i. S. d. LPVG zusammengefasst (vgl. Rn. 4). Deshalb hat das Land allein die Kosten dieser Personalvertretungen zu tragen. Bei den Schulen der **übrigen Schularten**, die in Abs. 1 S. 1 nicht aufgeführt sind und nicht der Aufsicht der Staatlichen Schulämter unterstehen, sind örtliche PR zu bilden, die ausschließlich das Lehrerpersonal repräsentieren und nur von ihm gewählt werden (vgl. Rn. 3). Allerdings sind für solche Schulen, die als Anstalten gemischten Rechts von einer Gebiets- oder Verbandskörperschaft und vom Land gemeinsam getragen werden (vgl. Rn. 1), die Kosten zwischen Schulträger und Land aufzuteilen. Entsprechend dem Grundgedanken der **Schullastenverteilung** nach § 15 FAG erscheint es sachgerecht, aus der Schulträgerschaft der Gebiets- oder Verbandskörperschaft abzuleiten, dass diese auch die Kosten für den Sachaufwand des PR gemäß § 41 Abs. 2 und 3 zu tragen hat. Alle anderen Kosten einschl. Reisekosten und Kosten der Teilnahme an Schulungs- und Bildungsveranstaltungen sind dagegen dem Land zuzuordnen.[21]

---

21 So auch Leuze-*Wörz*, § 98 Rn. 15, 18 ff.

Bei den Mitgliedern der nach Abs. 1 S. 1 und 2 gebildeten **besonderen PR bei den unteren Schulaufsichtsbehörden** (vgl. Rn. 4f.) können **reisekostenrechtliche Probleme** daraus erwachsen, dass der Wohnort des PR-Mitglieds, der Ort der Schule, deren Beschäftigter es ist, und der Ort der Schulaufsichtsbehörde, bei dem der PR besteht, auseinanderfallen. Handelt es sich um ein voll freigestelltes PR-Mitglied, wird es nach der Rspr. des *BVerwG*[22] reisekostenrechtlich so behandelt, als ob es an den Sitz des PR abgeordnet wäre, mit der Folge, dass es bei täglicher Rückkehr an den Wohnort nach § 41 Abs. 1 S. 2 LPVG i. V. m. § 22 Abs. 1 LRKG und § 6 LTGVO lediglich Fahrkostenersatz und einen Verpflegungszuschuss je Arbeitstag erhält (vgl. § 41 Rn. 13 m. w. N.). Entsprechendes gilt, wenn es sich um ein PR-Mitglied handelt, das zum weitaus überwiegenden Teil seiner dienstlichen Tätigkeit freigestellt ist.[23] Für Mitglieder der Stufenvertretungen trifft § 55 Abs. 3 Nr. 6 eine abschließende Sonderregelung; bei ihnen ist der für die Reisekostenvergütung maßgebliche Dienstort der Sitz der Stammdienststelle (vgl. § 55 Rn. 14). Bei der Einführung dieser Regelung hat der Gesetzgeber offenbar übersehen, dass bei freigestellten Mitgliedern der besonderen PR bei den unteren Schulaufsichtsbehörden ein identischer Sachverhalt vorliegt. Bei ihnen ist § 55 Abs. 3 Nr. 6 im Wege der Gesetzesanalogie entsprechend anzuwenden. 14

8. Personalversammlungen

Einige LPersVG enthalten für den Schulbereich besondere Vorschriften über den Zeitpunkt der **Personalversammlungen** (HE: § 93 Abs. 1 S. 1; NI: § 100 S. 1; ST: § 91; TH: § 92 Nr. 1 Buchst. b). Darin ist im Wesentlichen festgelegt, dass die Personalversammlungen (grundsätzlich) während der unterrichtsfreien Zeit stattfinden. Da das LPVG eine vergleichbare Vorschrift nicht enthält, sind in BW auch für den Schulbereich die allgemeinen Bestimmungen anzuwenden (vgl. § 51 Rn. 1 ff.). Davon kann auch durch eine Verwaltungsvorschrift gem. § 107 Abs. 3 nicht abgewichen werden (vgl. § 107 Rn. 2). § 51 Abs. 1 hat keinen ausfüllungsbedürftigen Regelungsinhalt, sondern bestimmt abschließend, dass Personalversammlungen grundsätzlich während der Arbeitszeit stattfinden (vgl § 51 Rn. 1). Die vom KM erlassene VwV v. 31. 1. 02[24] i. d. F. von Art. 1 VwV v. 11. 11. 09[25] zur zeitlichen Lage von Personalversammlungen im Bereich der Grund-, Haupt-, Werkreal-, Real- und Sonderschulen bindet deshalb weder die PR noch die Gerichte.[26] Allerdings 15

22 Vgl. Beschl. v. 14. 2. 90 – 6 P 13.88 –, PersR 90, 130.
23 *VGH BW* v. 30. 6. 92 – 15 S 2778/91 –, PersR 93, 191.
24 K. u. U. S. 191.
25 K. u. U. S. 223.
26 Str., a. A. Leuze-*Wörz*, § 98 Rn. 16 a. E.

hat der *VGH BW* aus § 2 Abs. 1 abgeleitet, dass Personalversammlungen soweit wie möglich in der unterrichtsfreien Arbeitszeit der Lehrer abzuhalten sind.[27]

9. Arbeitszeitanordnungen bei Ausfall von Lehrpersonal

16 Von praktischer Bedeutung für die Praxis der Personalvertretungen der Lehrer ist der Umfang der Mitbestimmung bei **Arbeitszeitanordnungen** einschließlich Anordnung von Mehrarbeit bei **Ausfall von Lehrerpersonal** (§ 74 Abs. 2 Nr. 2, Abs. 3). Nach der Rspr. des *BVerwG* sind u. a. von der Anordnung von Mehrarbeit bzw. Überstunden ist in solchen Fällen ein bestimmter Kreis von Angehörigen des öffentlichen Dienstes betroffen, nämlich die Lehrerinnen und Lehrer, für die es berufstypisch sein soll, die notwendige Vertretung kurzfristig verhinderter Kollegen zu übernehmen.[28] Das führt jedoch nicht dazu, dass die arbeitszeitbezogene Mitbestimmung der PR ersatzlos entfällt. Sie verlagert sich vielmehr von der – individuellen oder generellen – Arbeitszeitanordnung auf den Abschluss einer Dienstvereinbarung über Grundsätze für die Aufstellung von Dienstplänen (§ 74 Abs. 3). Plötzlich auftretende unvorhersehbare Ausfälle können aber nur dann angenommen werden, wenn innerhalb der Beteiligungsfristen des § 76 Abs. 6 keine Stellungnahme des PR möglich ist. Dabei kann es sich von vorneherein nur um Zeiträume unterhalb einer Wochenfrist handeln. Denn für Eilfälle sieht das Gesetz ohnehin besondere Regelungsmöglichkeiten vor. Der Dienststellenleiter kann gemäß § 88 Abs. 4 vorläufige Regelungen treffen und sodann das Mitbestimmungsverfahren ggf. unter Abkürzung der Frist zur Stellungnahme nach § 76 Abs. 6 auf eine Woche einleiten.

17 Zudem kann der PR über sein Initiativrecht nach § 84 Abs. 1 den **Abschluss einer Dienstvereinbarung erzwingen**, in der die Voraussetzungen und die Dienstplangestaltung für Arbeitszeitanordnungen bei Ausfall von Lehrerpersonal im Einzelnen geregelt sind.

10. Beteiligung des zuständigen Hauptpersonlrats bei Maßnahmen des Zentrums für Schulqualität und Lehrerbildung (ZLS) oder des Instituts für Bildungsanalysen Baden-Württemberg (IBBW)

18 Um die Leistungsfähigkeit und die Qualität des baden-württembergischen Bildungssystems auf lange Sicht zu verbessern, hat der Gesetzgeber mit dem Gesetz zur Umsetzung des Qualitätskonzepts für die öffentlichen Schulen in BW v. 19. 2. 19[29] u. a. die Auflösung die Auflösung des Landesinstituts für

27 Beschl. v. 30. 10. 01 – PL 15 S 526/01 –, PersR 02, 33.

28 Beschl. v. 3. 12. 01 – 6 P 12.00 –, NZA-RR 02, 666.

29 GBl. 19, 37.

Schulentwicklung und der Landesakademie für Fortbildung und Personalentwicklung an Schulen und an deren Stelle die Einrichtung des Instituts für Bildungsanalysen Baden-Württemberg (IBBW) und des Zentrums für Schulqualität und Lehrerbildung (ZSL) **mit Wirkung vom 1.3.19** beschlossen.

Mit dem Gesetz sind zwei neue Dienststellen errichtet worden, die im Rahmen ihrer Querschnittszuständigkeit auch über Maßnahmen mit Folgewirkungen gegenüber Beschäftigten anderer Dienststellen im Land entscheiden. Für derartige dienststellenübergreifende Maßnahmen ist bei der die Maßnahme treffenden Dienststelle (ZSL/IBBW) insoweit i.d.R. keine Personalvertretung zuständig, weil die betroffenen Beschäftigten nicht diesen Dienststellen angehören. Zur **Vermeidung einer personalvertretungsrechtlichen Beteiligungslücke** ist der neue **Abs. 5** eingefügt worden. Er stellt klar, dass umfassend bei allen dienststellenübergreifenden Maßnahmen des ZSL bzw. IBBW der entsprechend zuständige Hauptpersonalrat (schulisch bzw. außerschulisch) anstelle mehrerer örtlicher PR originär zu beteiligen ist, und das nicht nur in personellen und sozialen Angelegenheiten, sondern in allen in Frage kommenden Beteiligungsangelegeneheiten.[30] 19

In **Abs. 5 S. 2** ist geregelt, dass unter Ausschluss der Zuständigkeitsregelungen des § 91 Abs. 1–4 die zuständigen **HPR** (schulicher und außerschulischer) bei den entsprechenden Maßnahmen an Stelle der örtlichen PR mitbestimmen bzw. mitwirken und anzuhören sind. 20

§ 99 Besondere Vorschriften für Lehre und Forschung

(1) Dieses Gesetz gilt nicht für

1. **Hochschullehrer und Hochschullehrer am KIT, vor Inkrafttreten des Landeshochschulgesetzes vom 1. Januar 2005 eingestellte Hochschuldozenten, Gastprofessoren, Oberassistenten, Oberingenieure, wissenschaftliche und künstlerische Assistenten sowie Akademische Mitarbeiter und Akademische Mitarbeiter am KIT, denen jeweils Aufgaben in Forschung und Lehre zur selbstständigen Wahrnehmung übertragen sind, ferner Lehrbeauftragte an Hochschulen,**
2. **die in Lehre und Forschung tätigen habilitierten Personen sowie solche Personen, die die Einstellungsvoraussetzungen als Professor erfüllen, an Forschungsstätten, die nicht wissenschaftliche Hochschulen sind; das KIT ist keine solche Forschungsstätte.**

(2) § 75 Absatz 1 Nummer 2 und 3 findet keine Anwendung auf Beschäftigte, die als

1. **Akademische Mitarbeiter an Hochschulen, soweit sie nicht unter Absatz 1 Nummer 1 fallen,**

30 S. dazu die Gesetzesbegründung, Dr. 16/5422, S. 52, 53.

2. nicht habilitierte Akademische Mitarbeiter an Forschungsstätten, die nicht wissenschaftliche Hochschulen sind,

3. Akademische Mitarbeiter am KIT, soweit sie nicht unter Absatz 1 Nummer 1 fallen

a) als Doktoranden angenommen sind oder nach Abschluss der Promotion bis zu einer Dauer von drei Jahren jeweils zur Förderung der eigenen wissenschaftlichen Qualifizierung oder

b) erstmalig

in einem befristeten Arbeitsverhältnis eingestellt werden sollen.

(3) [1]Bei wissenschaftlichen und künstlerischen Hilfskräften an Hochschulen im Sinne von § 57 Satz 1 des Landeshochschulgesetzes sowie bei studentischen Hilfskräften an Hochschulen im Sinne von § 57 Satz 2 des Landeshochschulgesetzes tritt an die Stelle der Mitbestimmung die Mitwirkung, in den Personalangelegenheiten nach § 75 Abs. 1 Nummer 1, 2, 3 für alle Regelungsfälle, ausgenommen die Fallgruppenbestimmung, Nummer 4, 6, 7 Buchstabe a und Nummer 11, Absatz 2 und 3 Nummer 2, 3, 5 bis 7 und 14 jedoch nur, wenn sie die Beteiligung des Personalrats beantragen. [2]Bei Personalangelegenheiten dieser Beschäftigten nach § 75 Abs. 1 Nr. 3 für den Regelungsfall der der Fallgruppenbestimmung, Nummer 5, 7 Buchstabe b und Nummer 8 sowie Absatz 3 Nummer 1 ist der Personalrat nur zu beteiligen, wenn sie es beantragen.

(4) [1]Die Studienakademien der Dualen Hochschule sind Dienststellen im Sinne des § 5 Abs. 3. [2]Der Gesamtpersonalrat bei der Dualen Hochschule führt die Bezeichnung »Hochschulpersonalrat«. [3]§ 91 Abs. 8 Satz 1 und 2 gilt mit der Maßgabe, dass der Hochschulpersonalrat auch bei Maßnahmen zu beteiligen ist, die von den zentralen Organen der Hochschule getroffen werden.

Vergleichbare Vorschriften:
keine im BPersVG; § 118 Abs. 1 Nr. 1 BetrVG

Inhaltsübersicht Rn.

1. Vorbemerkungen

Seit der Neufassung des LPVG v. 1.2.96 ist die Vorschrift mehrfach **geändert** worden (vgl. § 116 Rn. 23), nämlich durch Art. 10 des Gesetzes zur Änderung hochschulrechtlicher Vorschriften v. **6.12.99**,[1] durch Art. 8 des Zweiten Hochschulrechtsänderungsgesetzes (2. HRÄG) v. **1.1.05**,[2] durch Art. 6 des Gesetzes zur Umsetzung der Föderalismusreform im Hochschulbereich v. **20.11.07**,[3] durch Art. 6 des Zweiten Gesetzes zur Umsetzung der Föderalismusreform im Hochschulbereich v. **3.12.08**,[4] durch Art. 4 des KIT-Zusammenführungsgesetzes v. **14.7.09**,[5] durch Art. 6 des Dienstrechtsreformgesetzes (DRG) v. **9.11.10**[6] und durch das Zweite Gesetz zur Weiterentwicklung des Karlsruher Instituts für Technologie.[7] §§ 14 und 15 des KITG sind durch Art. 1 Nr. 5 und 6 des 2. KIT Weiterentwicklungsgesetzes v. 4.2.21 geändert worden. Die Unterscheidung zwischen dem wissenschaftlichen Personal des Universitätsbereichs und dem wissenschaftlichen Personal des Großforschungsbereichs entfällt. Gem. Art. 8 Abs. 3 des 2. KIT-WG fanden die §§ 14 und 15 des KIT-Gesetzes in der vor Inkrafttreten nach Abs. 1 geltenden Fassung bis zum Inkrafttreten der Art. 2 bis 5 dieses Gesetzes weiterhin entsprechend Anwendung. Nach Art. 8 Abs. 3 2. Hs. dieses Gesetzes gilt nunmehr als Großforschungsbereich die Großforschungsaufgabe, als Universitätsbereich gilt die Universitätsaufgabe. 1

Nach Art. 8 Abs. 2 des 2. KIT-WG ist der Zeitpunkt des Inkrafttretens der Art. 2 bis 5 vom Wissenschaftsministerium im Einvernehmen mit dem Finanzministerium durch Rechtsverordnung auf den 1.1.23 bestimmt worden.[8] Art. 5 enthält die Änderungen der §§ 99 und 101. Für die Zeit der Übergangsphase verweisen wir auf die Kommentierungen in der 4. Auflage. 1a

Die besonderen Vorschriften des § 99 enthalten – neben spezifischen Regelungen für die Organisation der Personalvertretung bei der Dualen Hochschule (vgl. Rn. 12ff.) – v.a. Sonderregelungen für das **wissenschaftliche und künstlerische Personal** an **Hochschulen** (vgl. Rn. 3) und an **Forschungsstätten, die nicht wissenschaftliche Hochschulen sind** (vgl. Rn. 7). Ein Teil des wissenschaftlichen und künstlerischen Personals wird aus dem 2

1 GBl. S. 517.
2 GBl. S. 1.
3 GBl. S. 505.
4 GBl. S. 435.
5 GBl. S. 317.
6 GBl. S. 793.
7 Zweites KIT-Weiterentwicklungsgesetz – 2. KIT-WG v. 4.2.21, GBl. S. 21, 83.
8 Verordnung des Wissenschaftsministeriums zur Bestimmung des Zeitpunkts nach Art. 8 Abs. 1 S. 1 des Zweiten KIT-Weiterentwicklungsgesetzes sowie weiterer nach dem KIT-Gesetz zu bestimmender Zeitpunkte v. 12.12.22, GBl. S. 677.

persönlichen Geltungsbereich des LPVG völlig ausgenommen (Abs. 1). Das ÄndG 2013 hat den bis dahin bestandenen **völligen Ausschluss der Beteiligungsrechte** der Personalvertretung für die Beschäftigten, die im Geltungsbereich des LPVG verbleiben, allerdings **entscheidend eingegrenzt**. Nach der Neuregelung des Abs. 2 sind die **Akademischen Mitarbeiter** nunmehr grundsätzlich auch in personellen Angelegenheiten in die allgemein für Beschäftigte i. S. d. § 4 übliche Mitbestimmung, Mitwirkung und Anhörung einbezogen. Nur bei Beschäftigten, die **als Akademische Mitarbeiter** oder als **nicht habilitierte Akademische Mitarbeiter an Forschungsstätten** außerhalb wissenschaftlicher Hochschulen sowie am KIT in einem **befristeten Arbeitsverhältnis eingestellt werden sollen**, ist es in den Fällen der Einstellung und Eingruppierung einschließlich der mit der Einstellung und Eingruppierung notwendigerweise verbundenen Maßnahmen, wie Nebenabreden zum Arbeitsvertrag, Zeit- und Zweckbefristung des Arbeitsverhältnisses (§ 75 Abs. 1 Nr. 2) und der Eingruppierung oder der Stufenzuordnung (§ 75 Abs. 1 Nr. 3), beim Ausschluss der Mitbestimmung geblieben. Diese Differenzierung zwischen beamteten und unbefristeten Beschäftigten einerseits und befristeten Beschäftigten andererseits ist damit begründet worden, dass sich zeitliche Verzögerungen bei der Einstellung und der Eingruppierung durch (berechtigte) Mitbestimmungs-, Stufen- und Einigungsstellenverfahren im wissenschaftlichen Bereich insbesondere bei Drittmittelprojekten so gravierend auswirken, dass Projekte nicht mehr oder nur stark verzögert begonnen werden können.[9] Der Ausschluss von der Mitbestimmung beschränkt sich ausschließlich auf die personellen Einzelmaßnahmen bei der Einstellung. Sind die befristet beschäftigten Akademischen Mitarbeiter eingestellt und eingruppiert, gilt § 75 Abs. 1 Nr. 2 und 3 – wie bei den unbefristeten Akademischen Mitarbeitern – in vollem Umfang, d. h. findet beispielsweise nach der Einstellung eine Höhergruppierung statt oder ändert sich die auszuübende Tätigkeit, sind diese Maßnahmen mitbestimmungspflichtig.[10] Bei den wissenschaftlichen und künstlerischen Hilfskräften an Hochschulen i. S. v. § 57 S. 1 und bei den studentischen Hilfskräften i. S. v. § 57 S. 2 LHG ist es bei den Einschränkungen der Beteiligungsrechte des PR geblieben (Abs. 3).

2a Das LPVG verwendet die in § 99 genannten **Begriffe** in ihrer hochschulrechtlichen Bedeutung.[11] Mit den Sonderregelungen soll der **Schutz der Freiheit von Kunst und Wissenschaft, Forschung und Lehre** (Art. 5 Abs. 3 S. 1 GG) gewährleistet werden. Dieser Schutz erfordert es jedoch nicht, ganze Kreise wissenschaftlich oder künstlerisch Beschäftigter völlig aus

9 LT-Dr. 15/4326, S. 22, 23.

10 LT-Dr. 15/4326, S. 22, 23.

11 *VGH BW* v. 17.7.90 – 15 S 1360/89 –, PersR 91, 171, u. v. 18.6.96 – PL 15 S 2009/95 –, PersR 96, 398.

dem PersVR herauszunehmen. Wissenschafts- und Kunstfreiheit kann sich nicht nur im quasi rechtsfreien Raum entfaltenwie es sich *Mitsch*[12] vorstellt. Vielmehr sind auch im Schutzbereich der Freiheit von Kunst und Wissenschaft, Forschung und Lehre die Interessen der an den Hochschulen tätigen Beamten und Arbeitnehmer zu berücksichtigen. Der PR hat keine wissenschaftlichen oder künstlerischen Aufgaben wahrzunehmen, sondern mit der Vertretung der Interessen der Beschäftigten in innerdienstlichen, sozialen und personellen Angelegenheiten seinen verfassungsrechtlich ebenso geschützten, im Sozialstaatsprinzip des GG wurzelnden Auftrag zu erfüllen.[13] Soweit es um echte Tendenzangelegenheiten geht, hätte es ausgereicht, die Mitbestimmungsrechte des PR zu niedrigeren Beteiligungsrechten herabzustufen, wie es in Abs. 3 erfolgt ist. Die Sonderregelung des Abs. 1 ist durch die – gem. Art. 125a Abs. 1 GG i. V. m. § 131 BPersVG bis 31. 12. 24 als Bundesrecht fortgeltende – Rahmenvorschrift des § 95 Abs. 1 Hs. 2 BPersVG a. F. nicht gedeckt (Anh. 1 § 131 BPersVG Rn. 17).[14]

Gegen die Einrichtung von Wirtschaftsausschüssen in Hochschuldienst- **2b**
stellen werden verfassungsrechtliche Bedenken vorgebracht. Da der Wirtschaftsausschuss als Schnittstelle zwischen Dienststelle (Hochschule) und Personalvertretung als Beratungs- und Informationsgremium bei wirtschaftlichen Angelegenheiten auftritt, Informationen prüfen und Risiken aufzeigen soll, kämen dem Wirtschaftsausschuss – wenn auch »nur« in Form eines Beratungsrechts – verfassungswidrige Einwirkungsmöglichkeiten auf Entscheidungsprozesse der Hochschule zu. Beteilige sich z. B. der Wirtschaftsausschuss im Rahmen der Planung eines Neubaus einer Universitätsbibliothek und der damit verbundenen Verlegung sowie räumlichen Veränderung von Lehrstühlen (»beabsichtigte Investitionen« und »Verlegung von Dienststellen« i. S. v. § 72 Abs. 3 Nr. 3 und 5), liege die wissenschaftliche Relevanz auf der Hand. Eine verfassungskonforme Einrichtung des Wirtschaftsausschusses könne nur dadurch erreicht werden, dass der (vom Geltungsbereich des LPVG ausgeschlossenen) Gruppe der Hochschullehrer ein maßgebender Einfluss auf den Wirtschaftsausschuss (paritätische Besetzung mit Hochschullehrern) eingeräumt werde.[15] Die vorgebrachten Einwände gehen jedoch an der Sache vorbei. Auf die Entscheidung der Hochschule, ob Investitionen, Raumverlagerungen, Institute aufgelöst, mit anderen Hoch-

---

12 Leuze-*Mitsch*, § 99 Rn. 1.

13 *BVerwG* v. 18.3.81 – 6 P 17.79 –, PersV 82, 280; *BVerfG* v. 24.3.82 – 1 BvR 906/81 –, PersV 82, 284.

14 *Vgl. Altvater*, 10. Aufl., § 95 a. F. Rn. 1a u. 15 m. w. N., und Altvater-*Baunack*, § 131 Rn. 33; für noch weitergehende Ausnahmen dagegen Leuze-*Mitsch*, § 99 Rn. 1 f. m. w. N.

15 *Schubert/Tarantino*, OdW (1) 2015, 11 ff., 20; s. auch *Löwisch/Mandler*, OdW (2) 2014, 75, 77.

schulen zusammengearbeitet wird, haben weder Wirtschaftsausschuss noch PR irgendeinen Einfluss. Zu informieren und beraten sind lediglich die Auswirkungen auf die vom PR vertretenen Beschäftigten. Im Übrigen hat das *VG Sigmaringen* entschieden, dass ein Wirtschaftsausschuss auch in einem Universitätsklinikum auf Antrag des PR zu bilden ist.[16]

2c Auch die Befürchtung, dass etwa Personalvertretungen durch Ausübung ihrer Beteiligungsrechte mittelbar in die wissenschaftliche oder künstlerische Arbeit eingreifen könnten, ist irreal (das von Leuze-*Mitsch*[17] angeführte Beispiel der verzögerten Besetzung einer Institutssekretärinnenstelle lässt keinerlei Bezug zur geschützten Wissenschaftsfreiheit erkennen).

2. Hochschulen

3 **Hochschulen** i. S. d. LPVG sind die in § 1 Abs. 2 LHG aufgezählten staatlichen Hochschulen (Universitäten, Pädagogische Hochschulen, Kunsthochschulen, Fachhochschulen, die Duale Hochschule Baden-Württemberg und die besonderen nach § 69 LHG errichteten Fachhochschulen für den öffentlichen Dienst [Hochschulen für angewandte Wissenschaften]). Bis auf die Hochschule für Polizei Baden-Württemberg mit Sitz in Villingen-Schwenningen (Hochschule; §§ 13 Abs. 1 S. 2 ErrichtVO v. 24. 4. 79,[18] zul. geänd. durch Art. 18 PolRG v. 23. 7. 13[19]; vgl. § 96 Rn. 1a) und die Fachhochschule Schwetzingen – Hochschule für Rechtspflege – (§ 3 Abs. 1 ErrichtVO v. 5. 12. 78[20]), die (anders als die Hochschule für öffentliche Verwaltung Kehl und die Hochschule für öffentliche Verwaltung und Finanzen Ludwigsburg) keine Rechtsfähigkeit besitzen, sind sie rechtsfähige **Körperschaften** des öffentlichen Rechts und zugleich **staatliche Einrichtungen** (§ 8 Abs. 1 S. 1, § 69 Abs. 2 Nr. 1 LHG). Die an den Hochschulen aus Mitteln des Staatshaushaltsplans Beschäftigten stehen in einem unmittelbaren Dienst- oder Arbeitsverhältnis zum Land BW (§ 11 Abs. 1 LHG). Die Hochschulen nehmen ihre Angelegenheiten unter der Rechtsaufsicht des Wissenschaftsministeriums (MWK) wahr (§ 67 Abs. 1 LHG). Neben den anderen staatlichen Aufgaben unterliegen grundsätzlich auch die Personalangelegenheiten der **Fachaufsicht** des MWK (§ 67 Abs. 2 S. 1 LHG). Die Hochschulen sind nach § 5 Abs. 1 **Dienststellen** i. S. d. LPVG (vgl. § 5 Rn. 9). Bei ihnen wird (abgesehen von der Ausnahme des Abs. 4; vgl. Rn. 13) nach § 10 Abs. 1 grundsätzlich jeweils ein **PR** gebildet. Als staatliche Einrichtungen sind sie der obersten Dienstbehörde MWK unmittelbar nachgeordnet. Nach § 55 Abs. 1 und 2

16 *VG Sigmaringen* v. 2. 8. 17 – PL 11 K 590/16 –, PersV 18, 65 (rkr.).
17 Leuze-*Mitsch*, § 99 Rn. 1.
18 GBl. S. 206.
19 Polizeistrukturreformgesetz, GBl. S. 233.
20 GBl. S. 618.

wählen die Beschäftigten der Hochschulen (bis auf die Beschäftigten der vier Fachhochschulen für den öffentlichen Dienst) ebenso wie die Beschäftigten der anderen zum Geschäftsbereich des MWK gehörenden Dienststellen den **HPR beim MWK**.

Da nach § 13 Abs. 1 KITG das KIT Dienstherrn- und Arbeitgebereigenschaft **3a** besitzt und das Recht hat, Beamte und privatrechtlich Beschäftigte zu haben, gelten die Ausführungen unter Rn. 3 am Ende nur für die Arbeitnehmer, die dem Übergang ihres Arbeitsverhältnisses vom Land auf das KIT im Zuge des KIT-WG vom 12.5.12[21] zum 1.1.13 widersprochen haben und damit Beschäftigte des Landes geblieben sind (vgl. dazu § 101 Rn. 29).

3. Ausschluss der Hochschullehrer vom Geltungsbereich des LPVG

(Abs. 1) Das **LPVG gilt nicht** für die in Abs. 1 Nr. 1 bis 3 aufgeführten Personen. Sie gehören damit nicht zu den Beschäftigten i. S. d. § 4. Die Rechte und Befugnisse, die das LPVG den Beschäftigten zuweist, stehen ihnen nicht zu. Zu den Personalvertretungen sind sie weder wahlberechtigt noch wählbar. In ihren Angelegenheiten haben die Personalvertretungen keine Beteiligungsrechte. **4**

(Abs. 1 Nr. 1) Für folgende an den **Hochschulen** (vgl. Rn. 3) hauptberuflich tätige Angehörige des wissenschaftlichen und künstlerischen Personals (§§ 44–57 LHG) findet das LPVG keine Anwendung: **Hochschullehrer und Hochschullehrer am KIT**[22], d. h. Professoren, Tenure-Track-Professoren, Juniorprofessoren und Dozenten, (§ 44 Abs. 1 Nr. 1 u. Abs. 3, §§ 46–51b LHG); »**vor Inkrafttreten des Landeshochschulgesetzes vom 1. Januar 2005 eingestellte Hochschuldozenten, Gastprofessoren, Oberassistenten, Oberingenieure, wissenschaftliche und künstlerische Assistenten**« (vgl. dazu Rn. 6); diejenigen **Akademischen Mitarbeiter**, denen Aufgaben in Forschung und Lehre zur selbständigen Wahrnehmung übertragen sind, d. h. denen wissenschaftliche oder künstlerische Dienstleistungen nach Maßgabe ihrer Dienstaufgabenbeschreibung zur selbständigen Wahrnehmung von Aufgaben in der Lehre (sog. professorale Aufgaben) übertragen sind (§ 44 Abs. 1 Nr. 2 u. Abs. 3, § 52 Abs. 1 S. 4–6 LHG); ferner **Lehrbeauftragte** (§ 44 Abs. 2 Nr. 4, § 56 LHG). Die zum sonstigen wissenschaftlichen Personal gehörenden **Honorarprofessoren** und **Privatdozenten** (§ 44 Abs. 2 Nr. 1, 2, § 55 Abs. 1 LHG) sind ebenso wie die nach Inkrafttreten des LHG eingestellten **Gastprofessoren** (§ 44 Abs. 2 Nr. 3, § 55 Abs. 2 LHG [vgl. Rn. 6]) in Abs. 1 Nr. 1 nicht aufgeführt. Da sie nicht in einem Beamten- oder Arbeitsverhältnis zur jeweiligen Hochschule stehen, sind sie bereits nach **5**

21 KIT-Weiterentwicklungsgesetz v. 22.5.12, GBl. S. 327.

22 Das sind nach § 14 Abs. 1 Nr. 1 KITG Universitätsprofessorinnen und Universitätsprofessoren am KIT, Juniorprofessorinnen und Juniorprofessoren am KIT.

§ 4 keine Beschäftigten i. S. d. LPVG. Zu den von der Geltung des LPVG ausgenommenen Personen gehören auch die an der **Hochschule für Polizei** hauptberuflich tätigen Lehrkräfte des höheren Polizeivollzugsdienstes, die in Angelegenheiten von Forschung und Lehre sowie der Hochschulselbstverwaltung den Professoren gleichgestellt sind (§ 12 Abs. 2 ErrichtVO [vgl. Rn. 3]).

6 Weiterhin aufgeführt sind in Abs. 1 Nr. 1 auch **Angehörige weggefallener Kategorien des wissenschaftlichen und künstlerischen Personals**, die vor dem Inkrafttreten des LHG v. 1. 1. 05 (d. h. gem. Art. 28 des 2. HRÄG: vor dem 6. 1. 05) eingestellt worden sind: **Hochschuldozenten** (vgl. §§ 71, 71d UG; §§ 51d, 51e PHG; §§ 51c, 51d KHG), **Gastprofessoren** (vgl. § 81 UG; § 52 PHG; § 57 KHG; § 50 Abs. 3 FHG), **Oberassistenten** und **Oberingenieure** (vgl. §§ 71a, 71b UG; §§ 51a, 51b KHG) sowie **wissenschaftliche und künstlerische Assistenten** (vgl. §§ 69, 71 UG; §§ 51a, 51c PHG; §§ 49, 51 KHG). Der Grund für die weitere Einbeziehung in die Regelung des Abs. 1 Nr. 1 liegt darin, dass die bisherigen Stelleninhaber noch bis zum Ablauf ihrer befristeten Arbeits- bzw. Beamtenverhältnisse tätig sind.[23]

4. Ausschluss der in Lehre und Forschung tätigen habilitierten Personen vom Geltungsbereich des LPVG

7 **(Abs. 1 Nr. 2)** An **Forschungsstätten, die nicht wissenschaftliche Hochschulen sind**, sind zwei Personalkategorien von den Geltung des LPVG ausgenommen: erstens **die in Lehre und Forschung tätigen habilitierten Personen**, also Personen, denen aufgrund erfolgreicher Habilitation die Lehrbefugnis für ein bestimmtes wissenschaftliches Fach verliehen ist und die damit das Recht zur Führung der Bezeichnung »Privatdozent« haben (vgl. § 39 Abs. 3 LHG) und denen an der Forschungsstätte Aufgaben der Lehre und der Forschung obliegen; zweitens **Personen, die die Einstellungsvoraussetzungen als Professor erfüllen** (vgl. § 47 LHG). **Forschungsstätten i. S. v. Abs. 1 Nr. 2**, die nach § 1 zum sachlichen Geltungsbereich des LPVG gehören, sind z. B. die Stiftungen Deutsches Krebsforschungszentrum in Heidelberg und Kiepenheuer-Institut für Sonnenphysik in Freiburg.

8 Der durch das KIT-Zusammenführungsgesetz (Art. 4 Nr. 1 Buchst. a Doppelbuchst. b) angefügte Hs. 2: »**das Karlsruher Institut für Technologie (KIT) ist keine solche Forschungsstätte**«, ist bei isolierter Betrachtung missverständlich. Im Hinblick auf die in Nr. 2 Hs. 1 enthaltene Nennung der »Forschungsstätten, die nicht wissenschaftliche Hochschulen sind«, bezieht sich die Regelung in Hs. 2 aber nicht auf das KIT als solches, sondern allein auf seine **Großforschungsaufgabe** (näher dazu § 101 Rn. 1, 6). Die Regelung ist angesichts der Neufassung des § 2 Abs. 1 KITG, wonach das KIT

23 LT-Dr. 13/3640, S. 250 [zu Art. 8 Nr. 1 Buchst. a].

die Aufgabe einer Universität (Universitätsaufgabe) und die Aufgabe einer Großforschungseinrichtung nach Art. 91b Abs. 1 GG (Großforschungsaufgabe) nach näherer Maßgabe des KITG wahrnimmt, sowie des neuen § 14a Abs. 1 Nr. 2 KITG, wonach die Hochschullehrer am KIT auch an Forschung und Entwicklung im Rahmen der Großforschungsaufgabe mitwirken, überflüssig geworden.

5. Ausschluss der Mitbestimmung bei sonstigem befristet einzustellendem wissenschaftlichen Personal in den Fällen der Einstellung und Eingruppierung, Zeit- und Zweckbefristung oder der Stufenzuordnung

(Abs. 2 S. 1) Für die in Abs. 2 S. 1 Nr. 1, 2 und aufgeführten Beschäftigten, **die nicht in einem befristeten Arbeitsverhältnis eingestellt werden sollen**, ist das LPVG nunmehr grundsätzlich **uneingeschränkt** anzuwenden. 9

Für die in einem befristeten Arbeitsverhältnis eingestellten Beschäftigten i. S. v. Abs. 2 S. 1 Nr. 1 und 2 und die in Nr. 3 aufgeführten befristet beschäftigten akademischen Mitarbeiter i. S. v. § 14b KITG, ist die Mitbestimmung nunmehr nur noch bei ihrer erstmaligen Einstellung und bei als Doktoranden oder nach Abschluss ihrer Promotion bis zu einer Dauer von drei Jahren jeweils zur Förderung der eigenen wissenschaftlichen Qualifizierung (sog. PostDocs) angenommenen akademischen Mitarbeitern jeweils bei der Einstellung und Eingruppierung einschließlich der damit notwendigerweise verbundenen Maßnahmen, wie Nebenabreden zum Arbeitsvertrag, Zeit- und Zweckbefristung des Arbeitsverhältnisses (§ 75 Abs. 1 Nr. 2) und bei der Stufenzuordnung (§ 75 Abs. 1 Nr. 3) ausgeschlossen (vgl. Rn. 2). 9a

Mit dem Wegfall des Mitbestimmungsausschlusses beim von Abs. 2 nicht erfassten akademischen Mittelbau gewinnt die bisher nur als Auffangnorm bedeutsame Bestimmung des § 76 Abs. 2 Nr. 1c) erhebliches Gewicht. Danach bestimmt der PR für diesen Personenkreis in allen Angelegenheiten des § 75 Abs. 1 und 2 nur mit, wenn die Beschäftigten die Mitbestimmung beantragen. Allerdings ist Abs. 2 S. für Akademische Mitarbeiter i. S. § 99 Abs. 2 lex spezialis und verdrängt den allgemeineren § 76 Abs. 2, der nur für den außeruniversitären und den Bereich außerhalb des KIT anzuwenden ist. 9b

Der Ausschluss der Mitbestimmung in den Fällen des § 75 Abs. 1 Nr. 2 und 3 nach **Abs. 2 S. 1 Nr. 1** trifft die mit befristeten Arbeitsverträgen einzustellenden hauptberuflichen Akademischen Mitarbeiter an **Hochschulen** (vgl. Rn. 3), die nicht bereits nach Abs. 1 Nr. 1 vom Geltungsbereich des LPVG ausgenommen sind (vgl. Rn. 7). **Akademische Mitarbeiter** sind Beamte und Arbeitnehmer, denen im Rahmen der Aufgabenerfüllung der Hochschule weisungsgebundene wissenschaftliche oder künstlerische Dienstleistungen obliegen, im Bereich der Medizin auch Tätigkeiten der Krankenversorgung 9c

(§ 44 Abs. 1 Nr. 2 u. Abs. 3, § 52 Abs. 1 S. 1–3, Abs. 6–8 LHG). Für die Abgrenzung zu den sonstigen (nichtwissenschaftlichen und nichtkünstlerischen) Mitarbeitern kommt es nicht auf die vorausgesetzte Qualifikation an, sondern auf die zu erfüllende Funktion. Welcher Organisationseinheit der Hochschule sie zugeordnet sind, ist dafür unerheblich.[24] Früher als **Lehrkräfte für besondere Aufgaben** bezeichnete Beschäftigte sind nach § 52 Abs. 6 bis 8 LHG nunmehr weitgehend den Akademischen Mitarbeitern zugeordnet.

9d Der Ausschluss der Mitbestimmung in den Fällen des § 75 Abs. 1 Nr. 2 und 3 gilt nach **Abs. 2 S. 1 Nr. 2** auch für die **nicht habilitierten Akademischen Mitarbeiter** an **Forschungsstätten, die nicht wissenschaftliche Hochschulen sind** (vgl. Rn. 5, 7). Sie sind den Akademischen Mitarbeitern an Hochschulen gleichgestellt.

10 **(Abs. 2 S. 1 Nr. 3)** Der Ausschluss der Mitbestimmung in den Fällen des § 75 Abs. 1 Nr. 2 und 3 gilt nach **Abs. 2 S. 1 Nr. 3** auch für die **akademischen Mitarbeiter i. S. v. § 14b Abs. 1 Nr. 2 KITG**, wenn sie befristet eingestellt werden und die nach Maßgabe ihrer Dienstaufgabenbeschreibung weisungsgebundene Mitwirkung an Forschung und Entwicklung bei der Erfüllung der Großforschungsaufgabe im Rahmen der Vorgaben und Entscheidungen der Organe des KIT und der Leitung der Einheit, der sie zugeordnet sind, sowie die weisungsgebundene Mitwirkung in Einheiten nach § 12 KITG wahrnehmen. § 14b Abs. 1 Nr. 1 KITG verweist bei den akademischen Mitarbeitern mit Universitätsaufgaben auf den im Wesentlichen inhaltsgleichen § 52 LHG.

10a Vom Ausschluss der Mitbestimmung in den Fällen des § 75 Abs. 1 Nr. 2 und 3 erfasst sind des Weiteren die als Doktoranden angenommenen akademischen Mitarbeiter sowie die nach Abschluss ihrer Promotion bis zu einer Dauer von drei Jahren jeweils zur Förderung der eigenen wissenschaftlichen Qualifizierung (sog. PostDocs) befristet beschäftigten akademischen Mitarbeiter.

10b Allerdings ist zu beachten, dass in den Fällen, in denen nach Abs. 2 eine Befristung nicht beabsichtigt ist, die Regelung des § 76 Abs. 2 Nr. 1c anzuwenden ist, wonach der PR bei überwiegend wissenschaftlich Beschäftigten nur mitbestimmt, wenn die betroffenen Beschäftigten es beantragen.[25]

---

24 Leuze-*Mitsch*, § 99 Rn. 12 m. w. N.; a. A. *OVG NW* v. 14. 2. 90 – CL 10/88 –, PersR 91, 234.

25 *VGH BW* v. 7. 5. 18 – PL 15 S 977/17 –, ZfPR online 18, Nr. 9, 23.

6. Herabstufung der Beteiligungsrechte bei wissenschaftlichen und künstlerischen sowie studentischen Hilfskräften an Hochschulen

(Abs. 3) Die Aufnahme des beamteten und in unbefristeten Arbeitsverträgen beschäftigten akademischen Mittelbaus in die Mitbestimmung, Mitwirkung und Anhörung ohne entsprechende Korrekturen der Einschränkungen in Abs. 3 führt im Gefüge des § 99 Abs. 2 und 3 zu einer erheblichen Schieflage. Es ist nicht nachzuvollziehen, weshalb nur Beschäftigte mit qualifiziertem Hochschulabschluss grundsätzlich in den vollen Schutzbereich der Mitbestimmung, Mitwirkung und Anhörung einbezogen worden sind, während bei den wesentlich schutzbedürftigeren wissenschaftlichen und künstlerischen Hilfskräften es der Gesetzgeber bei den Einschränkungen der Beteiligungsrechte belassen hat.[26] Für **wissenschaftliche und künstlerische Hilfskräfte an Hochschulen i. S. v. § 57 S. 1 LHG** sowie für **studentische Hilfskräfte an Hochschulen i. S. v. § 57 S. 2 LHG** ist das LPVG grundsätzlich anwendbar. Jedoch sind auch bei ihnen die Beteiligungsrechte des PR erheblich eingeschränkt. Soweit in den allgemeinen Vorschriften die Mitbestimmung vorgesehen ist, wird sie nach Abs. 3 S. 1 generell zur **Mitwirkung** herabgestuft. Das Beteiligungsverfahren richtet sich insoweit ausschließlich nach §§ 77, 78. Das Initiativrecht nach § 84 Abs. 1 entfällt nicht, weil die dort aufgeführten an sich mitbestimmungspflichtigen Maßnahmen noch der dem Initiativrecht unterfallenden Mitwirkung unterliegen. Allerdings kommt es im Stufenverfahren nach § 78 zur Alleinentscheidung des MWK als oberster Dienstbehörde. Auch können nach § 85 Abs. 1 in den dort aufgeführten Angelegenheiten keine **Dienstvereinbarungen** ggf. über die Einschaltung der Einigungsstelle abgeschlossen werden, die auch für wissenschaftliche und künstlerische sowie studentische Hilfskräfte gelten.[27] In den Personalangelegenheiten nach § 75 Abs. 1 Nr. 1, 2, 3 für alle Regelungsfälle, ausgenommen die Fallgruppenbestimmung, Nr. 4, 6, 7 Buchstabe a und Nr. 11, Abs. 2 und 3 Nr. 2, 3, 5 bis 7 und 14 sowie nach § 75 Abs. 1 Nr. 3 für den Regelungsfall der Fallgruppenbestimmung, Nr. 5, 7 Buchstabe b und Nr. 8 sowie Abs. 3 Nr. 1 wirkt der PR zudem nur dann mit, wenn die Betroffenen dessen Beteiligung **beantragen**. 11

26 S. dazu auch die Kritik von Rooschüz-*Bader*, § 99 Rn. 7; völlig unkritisch dagegen Leuze-*Mitsch*, § 99 Rn. 18, der darüber hinaus in Rn. 19 die Auffassung vertritt, selbst die Mitwirkung des PR verstoße gegen die Wissenschaftsfreiheit.

27 Vgl. Altvater-*Dierßen*, Anh. VII B Rn. 46, zur vergleichbaren Konstellation zu dem Unterzeichnungsprotokoll zu Art. 56 Abs. 9 Zusatzabkommen NATO-Truppenstatut.

7. Personalvertretungsrechtliche Sonderstellung der Dualen Hochschule Baden-Württemberg

12 (Abs. 4) Eine **personalvertretungsrechtliche Sonderstellung** nimmt die **Duale Hochschule Baden-Württemberg** mit Sitz in Stuttgart ein. Sie ist aus den bisherigen Berufsakademien hervorgegangen. Errichtet worden ist sie vom Land mit Wirkung vom 1.3.09 (§ 1 Abs. 1 DH-ErrichtG, verkündet als Art. 1 des Zweiten Gesetzes zur Umsetzung der Föderalismusreform im Hochschulbereich [vgl. Rn. 1]). Die bisherigen, als nicht rechtsfähige Anstalten des Landes organisierten und über das ganze Land verteilten acht **Studienakademien** sind an acht Standorten angesiedelte, rechtlich unselbstständige örtliche Untereinheiten der Dualen Hochschule geworden (§ 1 Abs. 2 DH-ErrichtG, § 27a LHG). Diese besteht aus zwei Ebenen: der **zentralen Ebene** mit den Organen Vorstand, Senat und Aufsichtsrat in Stuttgart sowie der **örtlichen Ebene** mit den Organen Rektor, Hochschulrat und Akademischer Senat an den acht Standorten der Studienakademien.

13 In **Abs. 4 S. 1** werden die **Studienakademien** der Dualen Hochschule zu **Dienststellen i. S. d. § 5 Abs. 3** erklärt. Ihre Beschäftigten wählen nach § 10 Abs. 1 jeweils einen **örtlichen PR**. Damit wird die Fortführung der vormaligen Praxis gewährleistet.[28] Die Verwaltung bei den zentralen Organen der Dualen Hochschule in Stuttgart (vgl. Rn. 12) ist mit der personalvertretungsrechtlichen Verselbständigung der Studienakademien zur **Hauptdienststelle** geworden.[29]

14 Wegen der Verweisung auf § 5 Abs. 3 (vgl. Rn. 13) ist bei der Dualen Hochschule nach § 54 Abs. 1 ein **GPR** zu bilden, der nach § 54 Abs. 2 S. 1 von allen Beschäftigten der Dualen Hochschule zu wählen ist (vgl. § 54 Rn. 1, 3). Abweichend von § 54 Abs. 1 heißt der GPR »**Hochschulpersonalrat**«. Die allgemeine Vorschrift des § 91 Abs. 8 S. 1, die die **Verteilung der Zuständigkeiten** zwischen Hochschulpersonalrat und örtlichen PR regelt (vgl. § 91 Rn. 29), wird durch **Abs. 4 S. 3** in der Weise modifiziert, dass der **Hochschulpersonalrat** auch bei Maßnahmen zu beteiligen ist, die von den **zentralen Organen** der Hochschule getroffen werden. Somit ist der Hochschulpersonalrat auch dann zuständig, wenn eine Maßnahme eines zentralen Organs nur einzelne Studienakademien betrifft. Der Grund für diese Regelung liegt in der Sondersituation der Dualen Hochschule, die u. a. durch zahlreiche Entscheidungsbefugnisse der Zentrale in Stuttgart gekennzeichnet ist.[30] Die bisherige Sonderregelung zur Größe des Hochschulpersonalrats

28 Vgl. LT-Dr. 14/3390, S. 105 [zu Art. 6 Nr. 2].
29 Vgl. LT-Dr. 14/3390, S. 77 [zu § 11 Abs. 4].
30 LT-Dr. 14/3390, a. a. O.

bei der Dualen Hochschule ist wegen der Neuregelung in § 54 Abs. 2 S. 2, die erhöhte Sitzzahlen für alle GPR vorsieht, entfallen.[31]

Die Duale Hochschule ist wie die meisten Hochschulen eine rechtsfähige Körperschaft des öffentlichen Rechts und zugleich staatliche Einrichtung (§ 1 Abs. 1 DH-ErrichtG). Ihre Beschäftigten gehören deshalb nach § 55 Abs. 1 und 2 auch zur Wählerschaft des **HPR beim MWK** (vgl. Rn. 3). 15

§ 100 Besondere Vorschriften für Beschäftigte an Hochschulen mit Aufgaben an einem Universitätsklinikum

[1]Akademische Mitarbeiter an Hochschulen, soweit sie nicht unter § 99 Absatz 1 Nummer 1 fallen, und nicht habilitierte Akademische Mitarbeiter an Forschungsstätten, die nicht wissenschaftliche Hochschulen sind, sowie Beschäftigte an Hochschulen im Sinne von § 99 Absatz 3, die Aufgaben im Universitätsklinikum erfüllen, gelten auch als Beschäftigte des Universitätsklinikums; entsprechende Beschäftigte sind auch Arbeitnehmer an Hochschulen, die nach § 12 Absatz 1 Satz 4 des Universitätsklinika-Gesetzes vom 24. November 1997 (GBl. S. 474) nicht auf das Universitätsklinikum übergeleitet wurden und ihre Dienste beim Universitätsklinikum erbringen. [2]Die Beschäftigteneigenschaft bei der Hochschule bleibt unberührt. [3]In Personalangelegenheiten der in Satz 1 genannten Beschäftigten gibt die zuständige Personalvertretung dem Personalrat des Universitätsklinikums Gelegenheit zur Äußerung. [4]In diesem Fall erhöhen sich die Beteiligungsfristen auf fünf Wochen; § 76 Absatz 6 Satz 2 findet Anwendung. [5]§ 76 Absatz 6 Satz 3 sowie Absatz 7 und 8 gilt entsprechend. [6]§ 91 Absatz 3 Satz 1 bleibt unberührt.

Vergleichbare Vorschriften:
keine im BPersVG und im BetrVG

Inhaltsübersicht Rn.

1. Vorbemerkungen

Die **§§ 94a und 94b a. F.** sind durch Art. 3 Nr. 2 des Gesetzes zur Reform der Hochschulmedizin (**Hochschulmedizinreform-Gesetz – HMG**) 1

31 LT-Dr. 15/4224, S. 162 [zu § 94].

v. 24.11.97[1] in das LPVG eingefügt worden. Seitdem ist **§ 94a** zweimal geändert worden. Art. 8 Nr. 2 des Zweiten Gesetzes zur Änderung hochschulrechtlicher Vorschriften (**Zweites Hochschulrechtsänderungsgesetz – 2. HRÄG**) v. 1. 1 05[2] hat eine redaktionelle Folgeänderung in § 94a S. 1 gebracht (Ersetzung der Angabe »§ 94 Abs. 2 bis 4« durch die Angabe »§ 94 Abs. 2 und 3«). Art. 5 des Gesetzes zur Reform der Universitätsmedizin und zur Änderung des Landeshochschulgesetzes und weiterer Gesetze (**Universitätsmedizingesetz – UniMedG**) v. 7.2.11[3] hat die Überschrift geändert, S. 1 neu gefasst und S. 3 Hs. 1 geändert (näher dazu Rn. 6ff.). Die **Änderungen des § 94a (und des § 94b) durch Art. 5 UniMedG** sind nach dessen Art. 9 Abs. 1 am Tag nach der (am 14.2.11 erfolgten) Verkündung im Gesetzblatt und somit **am 15.2.11 in Kraft getreten**. Art. 9 Abs. 4 UniMedG enthielt jedoch **Übergangsbestimmungen**, nach denen die §§ 94a und 94b i.d.F. des Art. 5 UniMedG grundsätzlich erst »**ab dem jeweiligen Errichtungszeitpunkt der Körperschaft für Universitätsmedizin**« gelten sollten (vgl. Rn. 9). Die nach der Wahl des 15. Landtags am 27.3.11 gebildete Koalition aus BÜNDNIS 90/DIE GRÜNEN und SPD sah jedoch in dem von der damaligen Landtagsmehrheit aus CDU und FDP im Februar 2011 durchgesetzten UniMedG eine »**falsche Weichenstellung**« für die baden-württembergische Hochschulmedizin und hat das UniMedG weitgehend durch das UniMedRüG v. 28.11.11 rückabgewickelt.[4] Damit ist der vor dem Inkrafttreten des UniMedG geltende Rechtszustand weitgehend wiederhergestellt worden, allerdings mit Ausnahme der Regelung zur Einbeziehung der »Widersprecher« (vgl. Rn. 5, 8, 9) in den Kreis der Beschäftigten des Universitätsklinikums.

2. Universitätsklinika als rechtsfähige Anstalten des öffentlichen Rechts der Universitäten

2 Durch das am 1.1.98 in Kraft getretene Hochschulmedizinreform-Gesetz (vgl. Rn. 1) sind die **Universitätsklinika** Freiburg, Heidelberg, Tübingen und Ulm in vom Land errichtete **rechtsfähige Anstalten des öffentlichen Rechts der Universitäten** umgewandelt worden, die der Rechtsaufsicht des Wissenschaftsministeriums (MWK) unterstehen (vgl. § 1 Abs. 1 S. 1 u. § 3 UKG). Da die Universitätsklinika seitdem keine dem MWK nachgeordneten Dienststellen sind, gehören ihre Beschäftigten nicht mehr zur Wählerschaft des HPR beim MWK (vgl. § 99 Rn. 3). Eine Ausnahme gilt für das wissen-

1 GBl. S. 474.
2 GBl. S. 1.
3 GBl. S. 47.
4 Gesetz zur Rückabwicklung des Universitätsmedizingesetzes (UniMed-Rückabwicklungsgesetz – UniMed RüG) vom 28.11.11, GBl. S. 501.

schaftliche Personal nach § 100 S. 1 (vgl. Rn. 3). **Leiter der Dienststelle** i. S. d. LPVG (vgl. § 5 Rn. 11 ff.) ist der Leitende Ärztliche Direktor, der sich durch den Kaufmännischen Direktor vertreten lassen kann (§ 10 Abs. 3 UKG). Der Vorstand des Universitätsklinikums (§ 10 Abs. 1, 2 UKG) ist das in der Verfassung der Anstalt vorgesehene **oberste Organ** i. S. v. § 89 Abs. 1 S. 1 Nr. 1 (vgl. § 89 Rn. 2).[5]

3. Zuständigkeit der Personalräte an den Klinika und den Universitäten

3 Das Universitätsklinikum hat mit der Universität, insbesondere mit deren Medizinischer Fakultät, eng zusammenzuarbeiten (§ 7 UKG, § 27 LHG). Das **wissenschaftliche Personal der Universitäten**, auch soweit es bei dem rechtlich unselbständigen Universitätsklinikum beschäftigt war, ist nicht auf das rechtlich selbständige Universitätsklinikum übergeleitet worden (vgl. § 12 Abs. 1 S. 1 UKG). § 53 Abs. 1 LHG legt jedoch fest, dass es gemäß seinem Dienstverhältnis verpflichtet ist, im Universitätsklinikum Aufgaben der Krankenversorgung und sonstige Aufgaben auf dem Gebiet des öffentlichen Gesundheitswesens und der Schulen für nichtärztliche medizinische Berufe zu erfüllen. Diesem Umstand trägt § 100 Rechnung. Nehmen Angehörige des wissenschaftlichen Personals an einer Universität, das sind Akademische Mitarbeiter an Hochschulen, soweit sie nicht unter § 99 Abs. 1 Nr. 1 fallen, und nicht habilitierte Akademische Mitarbeiter an Forschungsstätten, die nicht wissenschaftliche Hochschulen sind, sowie Beschäftigte an Hochschulen im Sinne von § 99 Abs. 3, Aufgaben im Universitätsklinikum wahr, gelten sie nach **S. 1 auch** als **Beschäftigte des Klinikums**. Diese Voraussetzung ist bei Akademischen Mitarbeitern, die nicht unter § 99 Abs. 1 fallen (vgl. § 99 Rn. 8), bei den befristet eingestellten Akademischen Mitarbeitern nach § 99 Abs. 2 sowie nach § 99 Abs. 3 bei wissenschaftlichen und studentischen Hilfskräften (vgl. § 99 Rn. 9) gegeben. Nach **S. 2** bleiben die als Beschäftigte des Klinikums geltenden Personen **weiterhin Beschäftigte der Universität**. Sie haben damit das aktive und passive Wahlrecht sowohl zum PR des Klinikums als auch zum PR der Universität und zum HPR beim MWK und werden von diesen Personalvertretungen – je nach deren Zuständigkeit – vertreten.

4. Beteiligungsfristen

4 Für den Fall, dass der PR der Universität oder der HPR beim MWK in **Personalangelegenheiten** jener Beschäftigten der Universität beteiligt wird, die Aufgaben im Universitätsklinikum erfüllen und die deshalb nach S. 1 auch als

5 *VGH BW* v. 19. 10. 99 – PL 15 S 1167/99 –, PersR 00, 27.

Beschäftigte des Klinikums gelten, schreibt **S. 3** vor, dass die zuständige Personalvertretung, also der PR der Universität oder der HPR beim MWK, dem PR des Universitätsklinikums **Gelegenheit zur Äußerung** gibt. Dies führt nach **S. 4** zur Erhöhung der im Beteiligungsverfahren zu beachtenden **Fristen** auf **fünf Wochen**. Darüber hinaus ist in **S. 6** klargestellt, dass **§ 91 Abs. 3 S. 1 unberührt** bleibt. Daraus folgt, dass der HPR beim MWK, wenn er nach § 91 Abs. 2 zuständig ist, in Personalangelegenheiten der in S. 1 genannten Beschäftigten auch dem PR der Universität Gelegenheit zur Äußerung gibt.

5 Zu beachten ist allerdings, dass die Dienststelle nach S. 4 Hs. 2 i. V. m. § 76 Abs. 6 S. 2 in **dringenden Fällen** die Frist auf **eine Woche abkürzen** kann (vgl. näher § 76 Rn. 19). Die Abkürzung der Frist ist nur zulässig, wenn außergewöhnliche Umstände vorliegen, insbesondere dann, wenn der dringende Entscheidungsbedarf durch von der Dienststelle nicht beeinflussbare und nicht vorhersehbare Entwicklungen entstanden ist. Diese Frist verlängert sich nicht durch den Umstand, dass die zuständige Personalvertretung dem PR nach S. 4 Hs. 1 Gelegenheit zur Äußerung gegeben hat. Nach S. 5 i. V. m. § 72 Abs. 6 S. 3 können die Stufenvertretung und Dienststelle für die Dauer der Amtszeit der Stufenvertretung **abweichende Fristen vereinbaren** (vgl. näher § 76 Rn. 21). Nach S. 3 i. V. m. § 76 Abs. 7 kann die **Dienststelle** in einzelnen Beteiligungsfällen jederzeit[6] **einseitig eine Frist verlängern**; im begründeten Einzelfall kann die Dienststelle eine Frist auch **abkürzen**, allerdings nur, wenn die Stufenvertretung im Voraus dazu ihr Einverständnis erklärt hat (vgl. näher § 76 Rn. 22). Nach S. 5 i. V. m. § 76 Abs. 7 kann die Äußerungsfrist im Einzelfall verlängert oder im Einvernehmen mit der zuständigen Personalvertretung verkürzt werden. Nach S. 5 i. V. m. § 76 Abs. 8 kann der Vorsitzende der zuständigen Personalvertretung im Einzelfall eine längere Frist, die im Antrag zu bestimmen und deren Erforderlichkeit zu begründen ist, **beantragen**. Der Antrag kann nicht wiederholt werden (vgl. näher § 76 Rn. 23).

5. Widersprecher

6 In **Art. 49 Nr. 1 Buchst. b UniMed-RüG** ist für § 100 (§ 94a a. F.) geregelt, dass auch diejenigen Beschäftigten an Hochschulen, die 1997 dem Übergang ihrer Arbeitsverhältnisse auf ein Universitätsklinikum widersprochen haben und deshalb nach § 12 Abs. 1 S. 4 UKG nicht auf das Universitätsklinikum übergeleitet worden sind, auch als Beschäftigte des Universitätsklinikums gelten. Diese nicht zum wissenschaftlichen Personal der Universität gehörenden, als »**Widersprecher**« bezeichneten Arbeitnehmer stehen weiterhin in einem Arbeitsverhältnis zum Land. § 12 Abs. 1 S. 4 UKG schreibt vor, dass das jeweilige Universitätsklinikum verpflichtet ist, diese »Widersprecher« aufgrund einer entsprechenden schriftlichen Mitteilung des Landes

6 Vgl. Begründung LT-Dr. 15/4224, S. 160 [zu § 85].

zu beschäftigen, und dass diese verpflichtet sind, bei dem Universitätsklinikum ihre Dienste zu erbringen. Damit haben die »Widersprecher« trotz ihres fortbestehenden Arbeitsverhältnisses zum Land dem Universitätsklinikum gegenüber die gleichen arbeitsrechtlichen Verpflichtungen zu erfüllen wie die wissenschaftlichen Beschäftigten und gelten deshalb auch als **Beschäftigte des Universitätsklinikums**. Auch ihnen steht damit das aktive und passive Wahlrecht sowohl zum PR des Klinikums als auch zum PR der Universität und zum HPR beim MWK zu. Sie werden von diesen Personalvertretungen – je nach deren Zuständigkeit – vertreten. Die bis zum Inkrafttreten des Art. 9 Abs. 4 S. 2 UniMedG am 15. 2. 11 klaffende planwidrige Gesetzeslücke[7] ist damit geschlossen worden. Die entgegenstehende Rspr. des *VGH BW*[8] ist gegenstandslos.[9]

§ 101 Besondere Vorschriften für das Karlsruher Institut für Technologie

Für das KIT gilt dieses Gesetz nach Maßgabe der folgenden Vorschriften:

1. **[1]Im KIT sind**
    a) **die Einrichtungen, Institute und sonstigen Stellen des KIT in Garmisch-Patenkirchen,**
    b) **die Einrichtungen, Institute und sonstigen Stellen des KIT im Übrigen**

    jeweils eine Dienststelle im Sinne von § 5 Absatz 3. [2]§ 56 Absatz 4 findet entsprechende Anwendung. [3]Leiter der Dienststellen ist der Vorstandsvorsitzende des KIT.
2. **Der Personalrat bei der Dienststelle nach Nummer 1 Buchst. b besteht aus 37 Mitgliedern.**
3. **Abweichend von § 28 Absatz 2 Satz 1 wählt der Personalrat neun weitere Mitglieder in den Vorstand.**
4. **Auf Antrag des Personalrats sind bis zu 13 Mitglieder des Personalrats bei der Dienststelle nach Nummer 1 Buchstabe b von ihrer dienstlichen Tätigkeit freizustellen.**
5. **Der Personalrat kann bis zu vier Mal in jedem Kalenderjahr eine Personalversammlung einberufen.**
6. **Die Jugend- und Auszubildendenvertretung bei der Dienststelle nach Nummer 1 Buchst. b besteht aus 13 Jugend- und Auszubildendenvertretern; sie kann bis zu viermal in jedem Kalenderjahr eine Jugend- und Auszubildendenversammlung einberufen.**

---

7 Vgl. *Blanke*, PersR 00, 249, 351 m. w. N.

8 Beschl. v. 10. 5. 04 – PL 15 S 1844/03 –, PersV 04, 342.

9 Leuze-*Flintorp*, § 100 Rn. 3, 5; a. A. Rooschüz-*Bader*, § 100 Rn. 9.

7. **Der Leiter der Dienststelle oder sein Beauftragter und die Personalvertretungen treten mindestens einmal im Monat zu gemeinschaftlichen Besprechungen zusammen.**
8. **a) [1]Vor der Vorlage einer Angelegenheit nach § 77 oder § 83 ist ein Schlichtungsversuch zu unternehmen, der abgesehen von Verfahren nach § 76 Absatz 6 Satz 2 oder § 82 Absatz 4 Satz 2 auf Antrag des Personalrats oder der Dienststelle vor einer Schlichtungsstelle erfolgt. [2]Ein Antrag hemmt die Frist nach § 77 Absatz 1 Satz 1 oder § 83 Absatz 1 Satz 1.**
   b) [1]In Angelegenheiten nach § 74 Absatz 1 Nummer 6, § 75 Absatz 1 Nummer 1 bis 8, 11 und 12, Absatz 2, Absatz 3 Nummer 1 bis 3, 5 bis 7, 9, 10, 12 und 14, § 81 Absatz 1 Nummer 5 und Absatz 2 wird eine ständige Schlichtungsstelle eingerichtet. [2]Das Nähere zur Bildung der Schlichtungsstelle, zum Verfahren und zu Einigungsvorschlägen der Schlichtungsstelle ist durch eine Dienstvereinbarung zu regeln. [3]Einigen sich die Personalvertretungen und die Dienststelle nicht auf eine Dienstvereinbarung, trifft nach entsprechender Anwendung des Verfahrens nach § 77 das Wissenschaftsministerium endgültig die Bestimmungen.
9. **[1]In den Personalangelegenheiten nach § 75 Absatz 1 Nummern 1, 4, 6 bis 8 und 11, Absatz 2 und Absatz 3 Nummer 2, 3, 5 bis 7 und 14 der Akademischen Mitarbeiter am KIT im Sinne von § 99 Absatz 2 Nummer 3 wird, auch in Verfahren nach § 76 Absatz 6 Satz 2 und § 82 Absatz 4 Satz 2, an Stelle der Vorlage nach § 77 oder § 83 das Verfahren nach Nummer 8 durchgeführt, auch ohne dass es eines Antrags des Akademischen Mitarbeiters am KIT bedarf. [2]In diesen Fällen kann durch Dienstvereinbarung ein von § 76 Absatz 1, 5 bis 9, §§ 80 und 82 Absatz 4 bis 6 abweichendes Verfahren vereinbart werden.**
10. **[1]Arbeitnehmer des Landes am KIT gelten auch als Beschäftigte des KIT. [2]In deren Angelegenheiten gibt der Hauptpersonalrat beim Wissenschaftsministerium dem Personalrat des KIT Gelegenheit zur Äußerung.**
11. **[1]Der Personalrat kann von Fall zu Fall beschließen, dass ein Mitglied des Hauptpersonalrats beim Wissenschaftsministerium berechtigt ist, mit beratender Stimme an den Sitzungen des Personalrats teilzunehmen. [2]Ebenso kann ein Mitglied des Hauptpersonalrats beim Wissenschaftsministerium sowie ein Vertreter des Wissenschaftsministeriums an den Personalversammlungen teilnehmen.**

Vergleichbare Vorschriften:
keine im BPersVG und im BetrVG

Inhaltsübersicht Rn.

1. Vorbemerkungen

Mit dem **KIT-Zusammenführungsgesetz** v. 14. 7. 09[1] waren zunächst die **Universität Karlsruhe** (staatliche Hochschule in der Rechtsform einer rechtsfähigen KdöR und zugleich staatliche Einrichtung) und die außeruniversitäre **Forschungszentrum Karlsruhe GmbH** (FZK GmbH) mit Wirkung vom 1. 10. 09 im **Karlsruher Institut für Technologie (KIT)** in einheitlicher Rechtsform als Körperschaft des öffentlichen Rechts nach baden-württembergischen Landesrecht und zugleich staatliche Einrichtung zusammengeführt worden.[2] Mit dem KIT-WG[3] v. 22. 5. 12 sind die Selbständigkeit des KIT erweitert und seine Handlungsspielräume in wissenschaftlicher, finanztechnischer und personalrechtlicher Hinsicht vergrößert worden. Mit dieser 1

1 GBl. S. 317, nach dessen Art. 7 in Kraft getreten am 25. 7. 09.

2 Vgl. *Altvater*, PersR 10, 287, 288.

3 Gesetz zur Weiterentwicklung des Karlsruher Instituts für Technologie (KIT-Weiterentwicklungsgesetz – KIT-WG) v. 22. 5. 12, GBl. S. 327. Nach dessen Art. 9 im Wesentlichen am 26. 5. 12 in Kraft getreten. Zum Gesetzgebungsverfahren vgl. LT-Dr. 15/1495 v. 27. 3. 12 und 15/1655 v. 8. 5. 12; s. auch *Altvater*, PersR 13, 303 ff., 306.

in Deutschland bislang einmaligen Fusion einer staatlichen Hochschule mit einer nationalen Großforschungseinrichtung ist vom Land und dem Bund als Zuwendungsgeber mittels Verwaltungsvereinbarung die deutschlandweit größte Forschungs- und Lehreinrichtung mit über 10 000 Beschäftigten und einem Jahresetat von über 700 Mio. – gegründet und damit das Nebeneinander von Universität und außeruniversitärer Forschung beendet worden.[4] Da nach Art. 91b Abs. 1 S. 1 Nr. 1 GG zwar Bund und Land bei der Förderung von Forschungseinrichtungen »außerhalb von Hochschulen« zusammenarbeiten können, nicht aber im eigentlichen Hochschulbereich, darf das KIT nicht umfassend Hochschule des Landes sein. Deshalb besteht die **Trennung** zwischen **Universität und Großforschung** insbesondere **im Finanzierungs- und Vermögensbereich** fort. Dem KIT sind die **zwei Bereiche** Universität mit ihren universitären Aufgaben und Großforschungsbereich mit den bisherigen FZK-Aufgaben zugeordnet, die nach § 1 Abs. 1 KITG das KIT als Aufgabe einer Universität (Universitätsaufgabe) und als Aufgabe einer Großforschungseinrichtung nach Art. 91b Abs. 1 GG (Großforschungsaufgabe) nach näherer Maßgabe des KITG wahrnimmt. Nach § 2 Abs. 1 KITG richtet sich die Erfüllung der Universitätsaufgabe nach dem LHG in der jeweils geltenden Fassung, soweit es im KITG für anwendbar erklärt wird. Bei der Wahrnehmung der Universitätsaufgabe ist das KIT Universität gemäß § 1 Abs. 2 Nr. 1 LHG. Nach § 2 Abs. 3 KITG nimmt das KIT die Großforschungsaufgabe auf der Grundlage und nach Maßgabe des Art. 91b Abs. 1 GG und des Verwaltungsabkommens zwischen Bund und Ländern über die Errichtung einer Gemeinsamen Wissenschaftskonferenz vom 11. 9. 07[5] wahr. Zur Wahrnehmung der Großforschungsaufgabe betreibt das KIT im Interesse der Allgemeinheit Forschung und Entwicklung **zu friedlichen Zwecken** vorwiegend auf dem Gebiet der Technik und ihrer Grundlagen. Unbeschadet der nach dem KIT-WG eröffneten Möglichkeiten und Pflichten zur Zusammenarbeit und zur Schaffung gemeinsamer Bereiche erfüllt das KIT gemäß § 2 Abs. 4 KITG seine Aufgaben jeweils in den rechtlich unselbständigen Bereichen Universität (Universitätsbereich) und Großforschung (Großforschungsbereich). Der Großforschungsbereich ist nicht Hochschule im Sinne des Hochschulrechts. Im Rahmen der durch das KIT-WG eröffneten Möglichkeiten und unter Beachtung der sich aus Art. 91b Abs. 1 GG ergebenden Bedingungen schafft sich das KIT in Wahrnehmung der ihm nach § 3 KITG übertragenen Selbstverwaltung die zur Erfüllung seiner Aufgaben geeigneten Strukturen. Nach § 18 KITG sind zwei rechtlich unselbständige Sondervermögen gebildet. Für den Großforschungsbereich ist das Sondervermögen Großforschung als Sondervermögen des KIT gebildet, das vom übrigen Vermögen des KIT sowie von

4 Vgl. hierzu und zum Folgenden LT-Dr. 14/4600, S. 1 ff. [zu A u. B], 39 ff. [zu I].
5 BAnz. S. 7787.

dessen Rechten und Verbindlichkeiten getrennt zu halten ist. Das vom Land Baden-Württemberg dem KIT gemäß Art. 2 § 5 des KIT-WG übertragene Vermögen ist ein Sondervermögen des KIT (Sondervermögen Universität). Es ist vom übrigen Vermögen des KIT sowie von dessen Rechten und Verbindlichkeiten getrennt zu halten. Im **Außenverhältnis** tritt das KIT einheitlich auf. Die **Selbstverwaltungsorgane und Gremien** (Vorstand, Aufsichtsrat, Senat) sind für beide Bereiche einheitlich bestellt bzw. gewählt. Auch repräsentiert der **PR der Dienststelle Karlsruhe** gemäß § 101 Nr. 1 Buchst. b (vgl. Rn. 3) alle Beschäftigten im Universitäts- und Großforschungsbereich (mit Ausnahme der Beschäftigten der in § 101 Nr. 1 Buchst. a bezeichneten Dienststelle in Garmisch-Partenkirchen sowie des gemäß § 99 Abs. 1 vom Geltungsbereich des LPVG ausgenommenen Personenkreises).

Das KIT-Zusammenführungsgesetz enthält in Art. 1 das Gesetz über das Karlsruher Institut für Technologie (**KIT-Gesetz** – KITG), das den Status, die Ziele und Aufgaben sowie die Organisation und die Arbeit des KIT regelt, in Art. 2 das Gesetz zur Errichtung des Karlsruher Instituts für Technologie (**KIT-Errichtungsgesetz** – KIT-ErrichtG) mit der Errichtungsanordnung, den Regelungen über die Gründungsorgane und sonstigen Übergangsregelungen sowie in weiteren Artikeln ergänzende Vorschriften, so in Art. 4 **Änderungen des LPVG** mit folgenden Regelungen: Änderungen und Ergänzungen der besonderen Vorschriften für Forschung und Lehre in **§ 94 a. F.** (und zwar Abs. 1 Nr. 2 Hs. 2 u. Nr. 3 sowie Abs. 2 S. 2; vgl. dort Rn. 7, 8, 10), die Einfügung der besonderen Vorschriften für das KIT in **§ 94c a. F.** sowie die Umnummerierung des bisherigen § 94c in **§ 94d a. F.** Art. 6 Nr. 37 **DRG** hat § 94c a. F. **redaktionell geändert**. 2

2. Geltung des LPVG

Nach dem **Eingangssatz des § 101 i. d. F. v. 12. 3. 15** gilt auch für das KIT das LPVG, allerdings nur nach Maßgabe der in den folgenden Nrn. 1 bis 11 enthaltenen Vorschriften. 2a

3. Rechtsaufsicht über das KIT

Das KIT unterliegt der **Rechtsaufsicht** des Wissenschaftsministeriums, das diese für den Großforschungsbereich im Einvernehmen mit dem Bundesministerium für Bildung und Forschung ausübt; auf die bisher für den Universitätsbereich existierenden Fachaufsichtsrechte hat das Land weitgehend verzichtet (§ 19 Abs. 2 KITG).[6] 3

---

6 LT-Dr. 15/1495, S. 37 [zu Nr. 13 – § 19 – zu Abs. 2 KIT-WG]; *Altvater*, PersR 13, 303, 306.

4. Rechtsform und Struktur des KIT

3a In der Regelung über die Rechtsnatur des KIT in § 3 Abs. 1 KITG ist der Zusatz »und zugleich staatliche Einrichtung« entfallen. Es heißt jetzt: *»Das KIT ist eine rechtsfähige Körperschaft des öffentlichen Rechts. Es hat das Recht der Selbstverwaltung im Rahmen dieses Gesetzes [des KITG] und handelt, auch in Weisungsangelegenheiten, in eigenem Namen.«*[7]

4 Nach § 13 Abs. 1 S. 1 KITG verfügt das KIT nunmehr einheitlich für den Universitätsbereich und den Großforschungsbereich über eigene **Dienstherrnfähigkeit und Arbeitgebereigenschaft**; es hat das Recht, Beamte und privatrechtlich Beschäftigte zu haben.

5. Überleitung des Personals

5 Die **Überleitung des Personals** des Landes ist in Art. 2 §§ 1 und 2 KIT-WG geregelt. Danach sind die Beamten des Landes, die zum 1. 1. 13 auf Stellen des KIT geführt wurden, zu diesem Zeitpunkt kraft Gesetzes in den Dienst des KIT übergetreten (Art. 2 § 1 Abs. 1 S. 1 KIT-WG).

6 Die beim KIT beschäftigten Arbeitnehmer des Landes einschließlich der beim KIT zu ihrer Ausbildung Beschäftigten sind grundsätzlich zum 1. 1. 13 Arbeitnehmer und Auszubildende des KIT geworden (Art. 2 § 2 Abs. 1 S. 1 KIT-WG). Da jedoch § 613a BGB entsprechend anzuwenden war, konnten die Arbeitnehmer dem **Übergang ihres Arbeitsverhältnisses** widersprechen (Art. 2 § 2 Abs. 1 S. 3 und 4 KIT-WG), wobei abweichend von § 613a Abs. 6 BGB die Widerspruchsfrist von einem Monat auf drei Monate erstreckt worden ist.

6. Sonderstellung der Widersprecher

6a Nach Art. 2 § 2 Abs. 2 KIT-WG ist das KIT verpflichtet, die sog. Widersprecher aufgrund einer entsprechenden schriftlichen Mitteilung des Landes zu beschäftigten. Diese Arbeitnehmer sind ihrerseits verpflichtet, ihre Dienste beim KIT nach den dort geltenden Regelungen zu erbringen.

Für die Widersprecher bleibt das KIT weiterhin »zugleich staatliche Einrichtung des Landes« i. S. d. § 3 Abs. 1 KITG i. d. F. vor Inkrafttreten des KIT-WG. Nach Art. 2 § 2 Abs. 3 S. 1 und 2 KIT-WG nimmt das KIT für diese Beschäftigten die Arbeitgeberfunktion als Landesaufgabe unter der

---

7 Die mit dieser Gesetzesänderung intendierte Stärkung der Autonomie des KIT soll dieses »jedoch nicht von den Pflichten entbinden, die aus der parlamentarischen Verantwortung herrühren« (LT-Dr. 15/1495, S. 22, 4. Abs. von oben, s. auch *Altvater*, PersR 13, 303, 306.

Fachaufsicht des Wissenschaftsministeriums nach den für die Universitäten allgemein geltenden Vorschriften wahr.[8]

7. Besondere personalvertretungsrechtliche Regelungen im KITG

Bei den im KITG bereits vor dem KIT-WG enthaltenen besonderen **personalvertretungsrechtlichen Vorschriften** (s. dazu Rn. 10ff) haben sich weitere Änderungen ergeben. Die bisherige Regelung in § 13 Abs. 4 KITG a. F. über die Beteiligung der Personalvertretung bei geplanten Betriebsänderungen ist nunmehr wortgleich in § 13 Abs. 11 KITG n. F. enthalten. Hinzugekommen sind das Verfahren der Mitbestimmung und Mitwirkung betreffende Regelungen in § 13 Abs. 9 KITG. Sie gehen davon aus, dass grundsätzlich alle der Beteiligung des PR unterliegenden Entscheidungen nunmehr innerhalb des KIT fallen.[9] 7

Als das nach § 89 Abs. 1 S. 1 Nr. 1 zuständige oberste Organ und das nach § 89 Abs. 1 S. 1 Nr. 1 und 2 zuständige Beschlussorgan entscheidet nach § 13 Abs. 9 S. 1 KITG ein vom Aufsichtsrat eingesetzter **Ausschuss** auf Antrag des KIT-Vorstands oder des PR. Nach § 13 Abs. 9 S. 2–4 KITG gehören diesem Ausschuss vier Mitglieder des Aufsichtsrats an, darunter der Vertreter des Bundes und des Landes im Aufsichtsrat. Die Vertreter von Bund und Land können sich jeweils durch Stellvertreter im Aufsichtsrat vertreten lassen. Der Aufsichtsrat wählt aus seiner Mitte die beiden anderen Mitglieder des Ausschusses; der Ausschuss wählt aus seiner Mitte einen Vorsitzenden. Nach § 13 Abs. 9 S. 5 KITG ist dem KIT-Vorstand und PR in den Beratungen des Ausschusses Gelegenheit zur Äußerung zu geben. 8

Abweichend von der Regelung in § 13 Abs. 9 S. 1 KITG ist für Entscheidungen nach § 78 Abs. 2 S. 2 LPVG jedoch nach § 13 Abs. 9 S. 6 Hs. 1 KITG das **oberste Organ** der **Aufsichtsrat** und nicht der vom Aufsichtsrat eingesetzte Ausschuss Letztentscheidungen aufgrund des Evokationsrechts stehen danach immer nur dem gesamten Aufsichtsrat als oberstem Organ zu.[10] 9

In **§ 5 Abs. 6 KITG** ist geregelt, dass beim Vorstand ein **Gemeinsamer Ausschuss** aus Mitgliedern des Vorstands und gleich vielen Vertretern der Arbeitnehmerschaft, die vom PR entsandt werden, gebildet wird, sofern der Vorstand oder der PR dies verlangen. In den Ausschuss sollen mindestens sechs Mitglieder entsandt werden. In dem Ausschuss sind in vertrauensvoller Zusammenarbeit Vorgänge und Vorhaben, welche die **Interessen der Arbeitnehmer** des KIT wesentlich berühren können, zu erörtern. Dazu zählen insb. die finanzielle Lage des KIT, Rationalisierungsvorhaben, Einführung neuer Arbeitsmethoden, Verlegung, Einschränkung oder Still- 10

8 *Altvater*, PersR 13, 303, 306.

9 LT-Dr. 15/1495, S. 27 [zu § 13 Abs. 9].

10 LT-Dr. 15/1495, S. 27 [zu § 13 Abs. 9]; *Altvater*, PersR 13, 303, 307.

legung von Teilen des KIT sowie die Änderung der Betriebsorganisation. Über die entsprechenden Vorgänge und Vorhaben hat der Vorstand den Ausschuss rechtzeitig und umfassend zu informieren. Einzelheiten sind in einer einvernehmlich zu vereinbarenden **Geschäftsordnung** zu regeln. Wird darüber kein Einvernehmen erzielt, kann die **Schlichtungsstelle** nach § 101 Nr. 8 angerufen werden. Die Regelung kompensiert den Wegfall der Informationsstränge der wissenschaftlichen und wissenschaftlich-technischen Mitarbeiter im Aufsichtsrat und eines Betriebsratsmitglieds im Wissenschaftlich-technischen Rat des FZK.[11] Der Gemeinsame Ausschuss entspricht in seinen Funktionen dem Wirtschaftsausschuss nach § 72.

11 **§ 13 Abs. 11 KITG** enthält eine über § 74 Abs. 2 Nr. 9 erheblich hinausgehende Regelung über **Sozialpläne**. Für den Fall geplanter **Betriebsänderungen**, durch die Beschäftigten des KIT wirtschaftliche Nachteile entstehen, sieht die Regelung vor, dass sich der Vorstand des KIT und die Personalvertretung auf Maßnahmen zum Ausgleich oder zur Milderung dieser Nachteile einigen. Kommt eine Einigung nicht zustande, gibt die **Schlichtungsstelle nach § 101 Nr. 8** auf Antrag eines Beteiligten eine **Empfehlung** zur Streitbeilegung ab. Wird die Empfehlung in Form eines »Schiedsspruchs« nicht von beiden Seiten angenommen, **entscheidet** auf Antrag eines Beteiligten **das Wissenschaftsministerium**, und zwar soweit der Großforschungsbereich betroffen ist, im Einvernehmen mit dem Bundesministerium für Bildung und Forschung. Schlichtungsstelle und Wissenschaftsministerium haben vorrangig eine gütliche Einigung zu versuchen.[12] Die Regelung des § 13 Abs. 11 KITG ersetzt die betriebsverfassungsrechtlichen Bestimmungen des § 112 BetrVG, die für das FZK bis zur Gründung des KIT bestanden haben. Sie berücksichtigt die besondere Schutzbedürftigkeit der Beschäftigten im Großforschungsbereich, der im Unterschied zur klassischen Hochschule stark betrieblich organisiert ist und durch die Einbindung in die Programmforschung der Helmholtz-Gesellschaft stärker Betriebsänderungen ausgesetzt ist.[13]

12 Nach **Art. 6 § 1 KIT-WG** kann abweichend von § 7 Abs. 1 S. 1 bis 9 KITG das Wissenschaftsministerium im Einvernehmen mit dem Bundesministerium für Bildung und Forschung auf Vorschlag des PR einen Vertreter des öffentlichen Lebens als **weiteres Aufsichtsratsmitglied** bis zum Ende der Amtszeit der Mehrheit der zum Zeitpunkt des Inkrafttretens dieses Gesetzes bereits bestellten Mitglieder des Aufsichtsrats bestellen.

13 Nach Art. 6 § 2 KIT-WG gilt die zwischen dem Wissenschaftsministerium und dem HPR beim Wissenschaftsministerium geschlossene **Rahmen-Dienstvereinbarung über Einführung, Einsatz und Ausbau der Infor-**

---

11 LT-Dr. 14/4600, S. 47; *Altvater*, PersR 10, 287, 290 [Fn. 56].

12 LT-Dr. 14/4600, S. 52; *Altvater*, PersR 10, 287, 290.

13 LT-Dr. 14/4600, S. 52.

mations- und Kommunikationstechnik in den Universitäten des Landes Baden-Württemberg v. 16.12.99 als zwischen dem PR des KIT und dem KIT geschlossen weiter.

8. Dienststellen

(Nr. 1 S. 1) Im KIT sind nach Nr. 1 **zwei Dienststellen** i.S.v. § 5 Abs. 1 eingerichtet. Das bisher zum FZK gehörende Institut für Atmosphärische Umweltforschung **in Garmisch-Partenkirchen**, das nach der Fusion unter dem Namen »Institute of Meteorology and Climate Research – Atmospheric Environmental Research (IMK-IFU)« geführt wird, bildet nach **Buchst. a** die eine Dienststelle in Garmisch-Partenkirchen, die Einrichtungen, Institute und sonstigen Stellen des KIT aus dem Universitäts- und Großforschungsbereich **im Übrigen** nach **Buchst. b** die andere. In beiden Dienststellen werden **jeweils eigene PR** gebildet. 14

(Nr. 1 S. 2) Die Errichtung eines GPR ist (anders als für eine vergleichbare Konstellation von Dienststellen beim SWR gemäß § 105) nicht vorgesehen. Stattdessen können die beiden PR eine **Arbeitsgemeinschaft** entsprechend § 56 Abs. 4 bilden (vgl. im Übrigen § 56 Rn. 4ff.). 15

9. Dienststellenleiter

(Nr. 1 S. 3) Leiter der beiden Dienststellen ist der Vorstandsvorsitzende des KIT (vgl. § 5 Abs. 1 S. 2 Nr. 1, Abs. 2 S. 1 u. § 6 Abs. 1 S. 1 KITG). 16

10. Abweichende Regelungen (Personalrat)

(Nr. 2–6) Das KIT ist mit mehr als 10000 Beschäftigten eine der größten KdöR im Land. Deswegen und wegen der weiter bestehenden Unterteilung der Aufgaben und Zwecke des KIT in Universitätsaufgaben und Großforschungsaufgaben mit unterschiedlichen voneinander abgegrenzten Finanzströmen sowie wegen der zahlreichen Standorte bestehen im KIT besondere Verhältnisse, die zur Herstellung und Aufrechterhaltung einer effektiven Interessenvertretung der Beschäftigten durch PR und JAV erhebliche **Modifikationen des LPVG** erfordern.[14] Die Abweichungen sollen darüber hinaus eine mit der Überführung der Interessenvertretung des Großforschungsbereichs vom BetrVG in das PersVR des Landes einhergehende »relevante Schlechterstellung des Personals … in Bezug auf die personalvertretungsrechtliche Stellung« vermeiden.[15] 17

---

14 LT-Dr. 14/4600, S. 66f. [Vorbem. zu § 94c Nr. 2–6].

15 LT-Dr. 14/4600, S. 66 [zu Art. 4 Nr. 2]; *Altvater*, PersR 10, 287, 289.

a) Größe des PR

18 **(Nr. 2)** Gemäß Nr. 2 besteht der **PR bei der Dienststelle nach Nr. 1 Buchst. b** (im Folgenden: **KIT-PR**), in der alle Einrichtungen des KIT mit Ausnahme des IMK-IFU zusammengefasst sind, abweichend von § 10 Abs. 3 aus **37 Mitgliedern**, womit der Größe und Komplexität des KIT Rechnung getragen wird. Die Mitgliederzahl der KIT-PR der Hauptdienststelle entspricht der eines Betriebsrats in vergleichbaren Unternehmens der Privatwirtschaft.[16] Für den PR des IMK-IFU gilt die allgemeine Regelung des § 10 Abs. 3.

b) Weitere Vorstandsmitglieder

19 **(Nr. 3)** Der PR setzt sich aus **Vertretern der Gruppen der Arbeitnehmer und Beamten** zusammen. Nach § 28 Abs. 1 S. 3 wählen die Vertreter jeder Gruppe das auf sie entfallende Vorstandsmitglied (vgl. § 28 Rn. 5 f.). Nach der Wahl der **zwei Gruppenvorstandsmitglieder** wählt der PR gemäß Nr. 3 aber abweichend von § 28 Abs. 2 aus seiner Mitte nicht nur zwei, sondern **neun weitere Vorstandsmitglieder**. Obwohl in Nr. 3 (anders als in Nr. 2 und 4) nicht ausdrücklich von »der Dienststelle nach Nummer 1 Buchst. b« gesprochen wird, ist er nur für den dort bestehenden **KIT-PR** von praktischer Bedeutung, weil der beim IMK-IFU gebildete PR wegen der Zahl der dort Beschäftigten nicht »elf oder mehr Mitglieder« hat. Mit der Vergrößerung des Vorstands wird der KIT-PR in die Lage versetzt, den wegen der Anzahl der Beschäftigten von über 10 000 zu erwartenden hohen Arbeitsanfall arbeitsteilig bewältigen zu können.[17]

c) Erweiterte Freistellungen

20 **(Nr. 4)** Wegen der Probleme, die beim Zusammenwachsen der unterschiedlicher Strukturen einer Landesuniversität und einer GmbH erwartet wurden, hat der Gesetzgeber für den PR insbesondere in den ersten Jahren mit erhöhtem Arbeitsaufwand gerechnet, der mit den allgemeinen Freistellungsmöglichkeiten nicht zu bewältigen ist.[18] Deshalb sind auf Antrag des **KIT-PR** abweichend von § 45 Abs. 1 nicht nur zehn Mitglieder, sondern **bis zu 13 Mitglieder** von ihrer dienstlichen Tätigkeit **freizustellen**. Diese Freistellungsmöglichkeiten entsprechen den Regelungen in § 38 Abs. 1 S. 1 und 2 BetrVG.

---

16 LT-Dr. 14/4600, S. 67; *Altvater*, PersR 10, 287, 289.

17 LT-Dr. 14/4600, S. 67.

18 LT-Dr. 14/4600, a. a. O.

d) Weitere Personalversammlungen

(Nr. 5) Die PR beider Dienststellen können nach Nr. 5 abweichend von der Grundregelung des § 52 Abs. 1 im Kalenderjahr nicht nur eine, sondern bis zu vier ordentliche **Personalversammlungen** einberufen, auf denen sie jeweils ihre Tätigkeitsberichte zu erstatten haben[19] (vgl. § 52 Rn. 1–3). Damit wird der erhöhte Informationsbedarf der Beschäftigten aufgrund der besonderen Größe, der räumlichen Trennungen innerhalb des KIT und der Probleme beim Zusammenwachsen der Einrichtungen berücksichtigt.[20] 21

11. Abweichende Regelungen (Jugend- und Auszubildendenvertretung)

(Nr. 6) Die **JAV bei der Dienststelle nach Nr. 1 Buchst. b** (im Folgenden: **KIT-JAV**) setzt sich nach **Nr. 6 S. 1** abweichend von § 61 Abs. 1 unabhängig von der Anzahl der in der Regel »Beschäftigten im Sinne von § 59« aus **13 Jugend- und Auszubildendenvertretern** zusammen. Aufgrund des im Großforschungsbereich hohen Anteils an Jugendlichen und Auszubildenden und des damit einhergehenden erhöhten Arbeitsanfalls für die KIT-JAV ist die Anzahl ihrer Mitglieder an die Regelung des § 62 Abs. 1 BetrVG angeglichen worden.[21] Abweichend von § 65 Abs. 3 i. V. m. § 52 Abs. 1 können nach **Nr. 6 S. 2** bis zu vier **Jugend- und Auszubildendenversammlungen** im Kalenderjahr einberufen werden. Damit wird auch dem im JAV-Bereich der Dienststelle nach Nr. 1 Buchst. b bestehenden erhöhten Arbeitsanfall und dem dadurch bedingten Informationsbedarf der Jugendlichen und Auszubildenden entsprochen.[22] 22

12. Monatsgespräche statt Vierteljahresgespräche

(Nr. 7) Die in Nr. 7 abweichend von § 68 Abs. 1 S. 1 statt als Vierteljahresgespräche als **Monatsgespräche** ausgestalteten **gemeinschaftlichen Besprechungen** zwischen dem Leiter der Dienststelle (also dem Vorstandsvorsitzenden; vgl. Rn. 5) oder seinem Beauftragten einerseits und den Personalvertretungen (also dem PR der jeweiligen Dienststelle) andererseits sollen neben der vertrauensvollen Zusammenarbeit v. a. das Zusammenwachsen der zwei Bereiche Universität und Großforschung begleiten und unterstützen. Für das IMK-IFU in Garmisch-Partenkirchen kann der Institutsleiter als Beauftragter des Vorstandsvorsitzenden entsprechend der Übung im FZK die Monatsgespräche führen.[23] 23

---

19 *Altvater*, PersR 10, 287, 289.
20 LT-Dr. 14/4600, a. a. O.
21 LT-Dr. 14/4600, a. a. O.
22 LT-Dr. 14/4600, a. a. O.
23 LT-Dr. 14/4600, S. 67 f.

13. Einrichtung und Funktion der Schlichtungsstelle

a) Abwandlung des Stufenverfahrens

24 **(Nr. 8 Buchst. a)** Als Ausgleich für den Wegfall der letztentscheidenden Einigungsstelle nach § 76 BetrVG ist eine **Schlichtungsstelle vor Ort** eingeführt worden. Mit dem Schlichtungsverfahren werden die Vorschriften der §§ 77 und 83 über die **Verfahren der Mitbestimmung und Mitwirkung abgewandelt**. Bei Nichteinigung zwischen Dienststelle und PR ist vor der nach § 77 Abs. 1 bzw. § 83 Abs. 1 in Betracht kommenden Vorlage einer Angelegenheit an den nach § 13 Abs. 9 S. 1 KITG vom Aufsichtsrat eingesetzten Ausschuss ein »**Schlichtungsversuch**« zu unternehmen und damit **vor Einleitung des Stufenverfahrens** das Schlichtungsverfahren zwischengeschaltet.[24] Der Ablauf des Schlichtungsversuchs ist förmlich ausgestaltet. Die Schlichtung wird **auf Antrag des PR oder der Dienststelle** eingeleitet. Mit der Antragstellung werden die **Vorlagefristen** des § 77 Abs. 1 S. 1 bzw. § 83 Abs. 1 S. 1 bis zur Beendigung des Verfahrens vor der Schlichtungsstelle **gehemmt** (Nr. 8 Buchst. a S. 2).[25] Durch den Verweis auf § 76 Abs. 6 Satz 2 und § 82 Abs. 4 S. 2 in Nr. 8 Buchst. a S. 1 hat der Gesetzgeber von der Dienststelle **als dringend deklarierte Fälle** vom Schlichtungsverfahren mit der Begründung **ausgenommen**, es solle nicht zusätzlich zum Stufenverfahren eine weitere, nicht mehr vertretbare zeitliche Verzögerung herbeigeführt werden.[26] Damit sind die Schlichtungsmöglichkeiten vor Ort allerdings nicht unerheblich geschwächt worden. Das Schlichtungsverfahren zielt ab auf einen **Spruch der Schlichtungsstelle**, mit dessen Bekanntgabe das Schlichtungsverfahren endet. Mangels einer dies ausdrücklich festlegenden gesetzlichen Regelung bindet der Spruch die Beteiligten nicht, sondern hat für beide Seiten lediglich **empfehlenden Charakter**. Die Durchführung des Schlichtungsverfahrens hängt davon ab, dass eine der beiden Seiten (PR oder Dienststelle) einen entsprechenden Antrag stellt. **Unterbleibt eine Antragstellung** in einem nicht für dringend erklärten Fall, so ist die Durchführung des Stufenverfahrens unzulässig.

b) Ständige Schlichtungsstelle

25 **(Nr. 8 Buchst. b)** In den **Angelegenheiten nach § 74 Abs. 1 Nr. 6, § 75 Abs. 1 Nr. 1 bis 8, 11 und 12, Abs. 2, Abs. 3 Nr. 1 bis 3, 5 bis 7, 9, 10, 12 und 14, § 81 Abs. 1 Nr. 5 und Abs. 2** wird eine **ständige Schlichtungsstelle** eingerichtet. Das soll der Beschleunigung des Schlichtungsverfahrens

24 *Altvater*, PersR 10, 287, 290.

25 *Altvater*, a. a. O.

26 LT-Dr. 14/4600, S. 68.

dienen.[27] In den übrigen Fällen bilden die Beteiligten von Fall zu Fall eine Schlichtungsstelle. Die nähere **Ausgestaltung des Schlichtungsverfahrens** ist grundsätzlich dem PR und dem Dienststellenleiter überlassen. Das Nähere zur Bildung der Schlichtungsstelle, zu ihrem Verfahren und zu ihren Einigungsvorschlägen ist nach Nr. 8 Buchst. b S. 2 durch eine **Dienstvereinbarung** zu regeln. Diese kann sich an den Regelungen zum Einigungsstellenverfahren orientieren.[28] Können sich die Beteiligten über den Abschluss einer Dienstvereinbarung nicht einigen, setzt – nach einem entsprechend § 73 i. V. m. § 89 Abs. 1 S. 1 Nr. 1 und 2 durchzuführenden Stufenverfahren – das **Wissenschaftsministerium** die Verfahrensbestimmungen fest (Nr. 8 Buchst. b S. 3).

14. Einschätzung des Schlichtungsverfahrens

Die Einrichtung des Schlichtungsverfahrens hat sich in der Praxis seit 2009 26
bewährt. In allen Fällen konnte die Schlichtungsstelle die zwischen PR und Dienststelle intern nicht lösbaren Streitigkeiten letztlich mit Zustimmung beider Seiten einer Lösung zuführen. Seit 2009 ist es nach übereinstimmender Auskunft des PR und der Dienststelle in keinem der in die Zuständigkeit der Schlichtungsstelle fallenden Fälle zu einem Stufenverfahren gekommen.

15. Schlichtungsverfahren in Personalangelegenheiten der akademischen Mitarbeiter am KIT

(Nr. 9) Da die bisherigen Personalkategorien der »Akademischen Mitarbei- 27
ter« und der »wissenschaftlichen Mitarbeiter« im Zuge des 2. KIT-WG mit Wirkung vom 31. 12. 22 entfallen sind,[29] und es seitdem nur noch die **zusammengeführte Personalkategorie** der »Akademischen Mitarbeiterinnen und Mitarbeiter am KIT« gemäß § 14b KITG gibt, ist die Regelung angepasst worden. Trotz der Vereinheitlichung der Personalkategorien besteht am KIT aufgrund seiner Eigenschaft als Universität und als außeruniversitäre Großforschungseinrichtung in der Helmholtz-Gemeinschaft mit zwei gleichrangigen unterschiedlichen Aufgaben auch weiterhin eine Sondersituation

27 LT-Dr. 14/4600, a. a. O.

28 LT-Dr. 14/4600, a. a. O.

29 Nach der Rechtsverordnung des Wissenschaftsministeriums zur Bestimmung des Zeitpunkts nach Art. 8 Abs. 1 S. 1 des 2. KIT-WG sowie weiterer nach dem KIT-Gesetz zu bestimmender Zeitpunkte v. 12. 12. 22 (GBl. S. 677) ist der Zeitpunkt des Inkrafttretens der Art. 2 bis 5 im Einvernehmen mit dem Finanzministerium auf den 1. 1. 2023 bestimmt worden. Art. 5 des 2. KIT-Weiterentwicklungsgesetzes enthält die Änderungen der §§ 99 und 101 LPVG.

(zu den besonderen Zielen und Aufgaben des KIT s. §§ 1 und 2 KITG i. d. F. des 2. KIT-WG). Die bisherigen Regelungen für die wissenschaftlichen Mitarbeiter im Großforschungsbereich sind daher nicht völlig entfallen; sie sind jedoch an die Weiterentwicklung des KIT angepasst worden.

27a Da das KIT auch außeruniversitäre Großforschungseinrichtung ist, besteht ein Bedürfnis nach differenzierten und mit den anderen Helmholtz-Gemeinschaften vergleichbaren Regelungen. Die Regelungen in Nr. 9 finden demnach ausnahmslos Anwendung auf die **Promovenden**, die **Post-Doktoranden** bis drei Jahre nach Abschluss der Promotion und die **Akademischen Mitarbeiter am KIT** im Verlauf der erstmaligen befristeten Einstellung (§ 99 Abs. 2 Nr. 3).

27b Da für diese Beschäftigtengruppen nach § 99 Abs. 2 Nr. 3 die **Mitbestimmung** nach § 75 Abs. 1 Nr. 2 und 3 **ausgeschlossen** ist, ist der Verweis auf § 75 Abs. 1 beschränkt auf die Nr. 1, 4, 6 bis 8 und 11.

27c In allen Fällen der Nr. 9, also auch in Fällen des **Abs. 2 und Abs. 3 Nr. 2, 3, 5 bis 7 und 14** wird das langwierigere Stufenverfahren (und ggf. das Einigungsstellenverfahren nach § 79) **ausschließlich** durch das kürzere und in der Praxis im KIT bewährte **Schlichtungsverfahren ersetzt.**

27d Abweichend von § 75 Abs. 3 Eingangssatz bedarf es in den Fällen der Nr. 2, 3, 5 bis 7 und 14 dazu auch **keines Antrags** des akademischen Mitarbeiters.

27e Ansonsten sind diese akademischen Mitarbeiter aus der Mitbestimmung oder Mitwirkung des PR nicht herausgenommen.[30]

16. Schlichtungsverfahren anstelle des Stufenverfahrens

28 Der Verweis in Nr. 9 S. 1 auf § 76 Abs. 6 S. 2 und § 82 Abs. 4 S. 2 bedeutet, dass **auch in »dringenden Fällen«** das Schlichtungsverfahren exklusiv und **anstelle des Stufenverfahrens** stattfindet.[31] Anders als in den Angelegenheiten nach Nr. 8 **bedarf es keines Antrags**. Nr. 9 S. 2 ermöglicht es, durch **Dienstvereinbarung** von dem Verfahren und den Fristen der § 76 Abs. 1, 5 bis 9, § 80 sowie § 82 Abs. 4 bis 6 **abzuweichen**. Das soll der Verfahrensvereinfachung und -beschleunigung dienen. Nach Nr. 9 S. 1 wird »anstelle der Vorlage nach § 77 oder § 83 das Verfahren nach Nummer 8 durchgeführt«. Daraus folgt, dass auch in den Fällen der Nr. 9 der am Ende des Schlichtungsverfahrens stehende **Spruch der Schlichtungsstelle** für beide Seiten lediglich **empfehlenden Charakter** hat (vgl. Rn. 20). Da das Gesetz für diese Fälle nicht ausdrücklich festlegt, welche Stelle die Befugnis zur **endgültigen Entscheidung** über die beabsichtigte mitbestimmungs- oder mitwirkungspflichtige Maßnahme hat, ist davon auszugehen, dass diese Be-

30 Näher hierzu und zum Folgenden LT-Dr. 14/4600, S. 68, sowie die Gesetzesbegründung zum 2. KIT-WG, LT-Dr. 16/9420, S. 100–101.

31 LT-Dr. 14/4600, S. 68 f.

fugnis bei der nach § 13 Abs. 8 KIT-G bestimmten obersten Dienstbehörde nach § 89 Abs. 1 S. 1 Nr. 1 ein auf Antrag des Vorstands oder des PR vom **Aufsichtsrat eingesetzter Ausschuss**, liegt. Das ergibt sich daraus, dass das Schlichtungsverfahren in den Fällen der Nr. 9 in jeder Hinsicht anstelle aller weiteren Verfahrensschritte stattfindet, die nach dem Ausgangsverfahren »normalerweise« unter Beteiligung der Personalvertretung möglich sind. Das Schlichtungsverfahren ersetzt deshalb im Mitbestimmungsverfahren auch das Verfahren vor der Einigungsstelle und im Mitwirkungsverfahren auch die Verhandlung des Aufsichtsrats mit dem PR.[32] Es ersetzt aber nicht die nur in Ausnahmefällen erst danach gemäß § 78 Abs. 2 S. 1 zu treffende endgültige Entscheidung des Aufsichtsrats als oberstem Organ i. S. v. § 89 Abs. 1 S. 1 Nr. 1 und 3.

17. Rechtsstellung der Widersprecher

(Nr. 10 S. 1) Da Arbeitnehmer des Landes am KIT auch als Beschäftigte des KIT gelten, ist gewährleistet, dass die am KIT beschäftigten »Widersprecher« nach Art. 2 § 2 Abs. 1 S. 3 KIT-WG das **aktive und passive Wahlrecht** zum **PR** des KIT haben.[33] Als Beschäftigte des Landes besitzen sie zusätzlich das aktive und passive Wahlrecht zum **HPR** beim Wissenschaftsministerium, da das KIT für diese Widersprecher weiterhin »zugleich staatliche Einrichtung des Landes« i. S. d. § 3 Abs. 1 des KITG in der vor Inkrafttreten des KIT-WG geltenden Fassung ist (s. oben) und dieser HPR auch in Angelegenheiten der Widersprecher zuständig ist. Wird der HPR in diesen Angelegenheiten beteiligt, gibt er dem PR des KIT Gelegenheit zur Äußerung. In diesem Fall erhöhen sich gemäß § 91 Abs. 3 die Beteiligungsfristen auf fünf Wochen. Ansonsten gilt § 91 Abs. 3 S. 2 Hs. 2 und S. 3.[34] 29

18. Sonstige Regelungen

(Nr. 11) Der PR des KIT kann von Fall zu Fall beschließen, dass ein Mitglied des HPR beim Wissenschaftsministerium berechtigt ist, mit **beratender Stimme** an den Sitzungen des PR teilzunehmen. Ebenso kann ein Mitglied des HPR beim Wissenschaftsministerium an den Personalversammlungen des KIT teilnehmen; Letzteres gilt auch für einen Vertreter des Wissenschaftsministeriums.[35] 30

---

32 Rooschüz-*Bader*, § 101 Rn. 23.
33 LT-Dr. 15/1495, S. 40 [zu Art. 3 § 94c Nr. 10]; *Altvater*, PersR 12, 303, 307.
34 *Altvater*, PersR 12, 303, 307; Rooschüz-*Bader*, § 101 Rn. 28.
35 *Altvater*, PersR 12, 303, 307.

§ 102 Besondere Vorschriften für die Führungsakademie Baden-Württemberg

[1]Die bei der Führungsakademie Baden-Württemberg tätigen Landesbeamten gelten auch als Beschäftigte des Staatsministeriums. [2]Die Beschäftigteneigenschaft bei der Führungsakademie bleibt unberührt. [3]§ 100 Satz 3 bis 5 gilt entsprechend.

Vergleichbare Vorschriften:
keine im BPersVG und im BetrVG

1 Die **Führungsakademie** Baden-Württemberg wurde 1986 zunächst als nicht rechtsfähige Anstalt des öffentlichen Rechts mit der Kernaufgabe der Auswahl und Fortbildung besonders qualifizierter Nachwuchskräfte des Landes beim Staatsministerium eingerichtet. Hinzugekommen sind seither weitere **Aufgaben** wie die Fortbildung von Führungskräften sowie die Konzeption und Durchführung von Organisations- und Personalentwicklungsaufgaben.[1] Die Führungsakademie ist erst durch Gesetz zur Neuorganisation der Führungsakademie des Landes Baden-Württemberg v. 6.2.01[2] (im Folgenden: FüAkG) als **rechtsfähige Anstalt des öffentlichen Rechts** mit dem Recht zur Selbstverwaltung und zugleich **staatliche Einrichtung** errichtet worden. Sie untersteht der Rechtsaufsicht des Landes, die vom Staatsministerium ausgeübt wird (§ 13 FüAkG). Die an der Führungsakademie beschäftigten **Arbeitnehmer** stehen in einem unmittelbaren Arbeitsverhältnis zu ihr (§ 12 FüAkG). Die **Beamten** stehen mangels Dienstherrnfähigkeit der Führungsakademie in einem unmittelbaren Dienstverhältnis zum Land BW (§ 11 FüAkG). Das Staatsministerium ist oberste Dienstbehörde dieser Landesbeamten. Die Führungsakademie ist nach § 5 Abs. 1 eine **Dienststelle** i.S.d. LPVG, bei der nach § 10 Abs. 1 ein PR gebildet wird. Zu diesem PR sind die bei der Führungsakademie Beschäftigten i.s. § 4 gemäß §§ 8 und 9 wahlberechtigt und wählbar.

2 Die **besonderen personalvertretungsrechtlichen Vorschriften** für die Führungsakademie sind durch Art. 2 Nr. 5 des Gesetzes v. 3.5.05[3] als **§ 94c** eingefügt worden; dieser ist durch Art. 4 Nr. 3 des Gesetzes v. 14.7.09[4] ohne sonstige Änderung **§ 94d a.F.** geworden. Die Vorschrift ist durch das ÄndG 2013 inhaltlich nicht verändert worden. Da das Staatsministerium als oberste Dienstbehörde der **bei der Führungsakademie tätigen Landesbeamten** Entscheidungen in deren Angelegenheiten trifft,[5] bestimmt S. 1, dass diese

1 LT-Dr. 12/5671, S. 10f. [zu II].
2 GBl. S. 114.
3 GBl. S. 321.
4 GBl. S. 317.
5 Vgl. LT-Dr. 13/3783, S. 27 [zu Nr. 5].

Landesbeamten auch als **Beschäftigte des Staatsministeriums** gelten. S. 2 verfügt, dass ihre **Beschäftigteneigenschaft bei der Führungsakademie** davon unberührt bleibt. Da sie personalvertretungsrechtlich auch als Beschäftigte des Staatsministeriums gelten, räumt das Gesetz den Beamten der Führungsakademie ein **doppeltes Wahlrecht** ein, nämlich neben ihrem fortbestehenden aktiven und passiven Wahlrecht zum PR bei der Führungsakademie auch die **Wahlberechtigung und Wählbarkeit** zum (Haus-)PR beim Staatsministerium. Nach S. 3 i. V. m. **§ 100 S. 3** hat der PR beim Staatsministerium dem PR bei der Führungsakademie in Personalangelegenheiten dieser Beamten **Gelegenheit zur Äußerung** zu geben. Die Beteiligungsfristen erhöhen sich dann auf **fünf Wochen**. In dringenden Fällen kann die Frist auf eine Woche abgekürzt werden (vgl. § 100 S. 4). Die Möglichkeit, abweichende Fristen zu vereinbaren, sowie das Recht, Fristverlängerung zu verlangen, bestehen auch hier (vgl. § 100 S. 5).

§ 103 Besondere Vorschriften für Theater und Orchester

Die § 74 Absatz 1 Nummer 5, 6, Absatz 2 Nummer 2, 4 und 5, § 75 Absatz 1 Nummer 1 bis 8, 11 und 12, Absatz 2, Absatz 3 Nummer 1 bis 3, 5 bis 7, 10, 12 und 14, Absatz 4 Nummer 12, 14 und 15, § 81 Absatz 1 Nummer 2 und 7, Absatz 2 sowie § 87 Absatz 1 Nummer 2 und 9 gelten nicht für künstlerische Mitglieder von Theatern und Orchestern.

Vergleichbare Vorschriften:
keine im BPersVG; § 118 Abs. 1 Nr. 1 BetrVG

Die bereits durch Art. 6 Nr. 38 DRG redaktionell geänderte Vorschrift 1
schließt die in den allgemeinen Vorschriften des LPVG vorgesehene **Beteiligung der Personalvertretung für künstlerische Mitglieder von Theatern und Orchestern** bei der Aufstellung des Urlaubsplans und der Festsetzung der zeitlichen Lage des Erholungsurlaubs für einzelne Beschäftigte (§ 74 Abs. 1 Nr. 5, 6), der Mitbestimmung über Beginn und Ende der täglichen Arbeitszeit usw., der Anordnung von Mehrarbeit, Entgeltfragen (§ 74 Abs. 2 Nr. 2, 4, 5), bei allen personellen Einzelmaßnahmen des § 75 Abs. 1 Nr. 1–8, bei Umsetzung und ordentlicher Kündigung (§ 75 Abs. 1 Nr. 11 u. 12), bei Versetzung, Abordnung, Zuweisung und Personalgestellung (§ 75 Abs. 2), in Fällen der Personalangelegenheiten, in denen der PR nur auf Antrag der Beschäftigten mitbestimmt (§ 75 Abs. 3 Nr. 1–3, 5–7, 10, 12 u. 14), bei der Gestaltung der Arbeitsplätze, bei Maßnahmen zur Hebung der Arbeitsleistung sowie bei Einführung grundsdätzlich neuer Arbeitsmethoden (§ 75 Abs. 4 Nr. 12, 14, 15), bei der Auflöung ihres Theaters oder Orchesters, bei der Gestaltung der Arbeitsorganisation (§ 81 Abs. 1 Nr. 2 u. 7), beim Erlass von Disziplinarverfügungen und der Erteilung schriftlicher Abmahnungen

(§ 81 Abs. 2) sowie bei Personalanforderungen zum Haushaltsvorschlag und bei fristlosen Entlassungen (§ 87 Abs. 1 Nr. 2 und 9) bei den sie betreffenden Einzelmaßnahmen aus und schränkt damit den durch das PersVR ansonsten gewährleisteten kollektiven Schutz der betroffenen Beschäftigten erheblich ein. Mit dem ÄndG 2013 sind lediglich Folgeänderungen unter Einbeziehung neu geschaffener Mitbestimmungstatbestände vorgenommen worden.

2 Für die **künstlerischen Mitglieder** der von Trägern i. S. d. § 1 betriebenen Theater und Orchester sind die **uneingeschränkte Mitbestimmung** in den Fällen des § 74 Abs. 1 Nr. 5, 6, Abs. 2 Nr. 2, 4 und 5, die **Mitbestimmung in Personalangelegenheiten** in den Fällen des § 75 Abs. 1 Nr. 1 bis 8, 11 und 12, Abs. 2, Abs. 3 Nr. 1 bis 3, 5 bis 7, 10, 12 und 14, Abs. 4 Nr. 12, 14 und 15), die **Mitwirkung** in den Fällen des § 81 Abs. 1 Nr. 2 und 7, Abs. 2 sowie die **Anhörung** in den Fällen des § 87 Abs. 1 Nr. 2 und 9 **ausgeschlossen**. Die Regelungen des § 76 Abs. 2 Nr. 1c treten insoweit zurück. **Nicht ausgeschlossen** sind dagegen die allgemeinen Regelungen zur Beteiligung der Personalvertretung in den §§ 68 bis 72.[1] Deshalb hat z. B. ein Bühnenpersonalrat Anspruch auf Einblick in die nicht anonymisierten Listen der Vergütungen für Solomitglieder und künstlerische Bühnentechniker, um so seine allgemeinen Aufgaben aus § 69 Abs. 1 S. 1 und § 70 Abs. 1 Nr. 2 erfüllen zu können.[2]

3 § 103 soll der Verwirklichung der in Art. 5 Abs. 3 S. 1 GG gewährleisteten **Kunstfreiheit**, und zwar in deren Funktion als wertentscheidende Grundsatznorm, dienen.[3] **Vergleichbare Sondervorschriften** für Beschäftigte an Theatern und Orchestern, die aber i. d. R. weniger einschneidend sind, finden sich in folgenden **anderen LPersVG**: BY Art. 78 Abs. 1 Buchst. d und e; BE § 89 Abs. 2 S. 2; HE § 104 Abs. 3; NI § 106; NW § 72 Abs. 1 S. 2 Hs. 2 Nr. 3; TH § 89 Nr. 2.[4]

4 **Theater** sind Einrichtungen zur Aufführung von dramatischen, musikalischen oder choreographischen Bühnenwerken. Im Geltungsbereich des LPVG gehören dazu die als nichtrechtsfähige Anstalten des öffentlichen Rechts oder als Landesbetriebe organisierten Staatstheater, die von den Gemeinden eingerichteten städtischen Theater und die von kommunalen Zweckverbänden getragenen Landesbühnen.

5 **Orchester** sind Instrumentalensembles, die aus mehreren Musikern bestehen und i. d. R. von einem Dirigenten geleitet werden. Dabei kann es sich um selbständige Orchester handeln oder um Orchester, die von einer anderen Einrichtung, insbesondere von einem Theater unterhalten werden.

---

1 *BVerwG* v. 16. 2. 10 – 6 P 5.09 –, PersR 10, 204.

2 *BVerwG* v. 16. 2. 10, a. a. O.

3 *BVerwG* v. 7. 12. 94 – 6 P 29.92 –, PersR 95, 293.

4 Vgl. *Altvater*, § 95 a. F. Rn. 16, 16a.

§ 103 ist unabhängig davon anzuwenden, ob Theater oder Orchester nach § 5 eigene **Dienststellen** oder unselbständige **Teile einer Dienststelle** i. S. d. LPVG sind.

Die **künstlerischen Mitglieder** unterscheiden sich von den anderen Mitgliedern eines Theaters oder Orchesters dadurch, dass sie künstlerische Leistungen erbringen. Das ist dann zu bejahen, wenn es zu ihren vertraglichen Aufgaben gehört, eigene schöpferische künstlerische Leistungen in die Gestaltung eines Kunstwerks einzubringen.[5] Dabei ist eine ausschließliche künstlerische Tätigkeit nicht verlangt. Anders als nach § 76 Abs. 2 Nr. 1c (vgl. § 76 Rn. 7) ist es auch nicht erforderlich, dass der künstlerische Anteil der Tätigkeit die anderen, nicht künstlerischen Anteile in zeitlicher oder anderer Hinsicht überwiegt. Vielmehr kommt es lediglich darauf an, dass die Tätigkeit im Sinne einer Untergrenze zumindest **auch** durch künstlerische Anteile geprägt ist, und zwar so, dass die künstlerische Mitgestaltung nicht nur in ganz seltenen und vom Gewicht her geringfügigen Fällen gefordert ist.[6] 6

5 Leuze-*Flintorp*, § 103 Rn. 4.

6 *BVerwG* v. 7.12.94 – 6 P 29.92 –, PersR 95, 293; s. auch *LAG BW* v. 31.1.18 – 11 Sa 30/17 –, juris; Rooschüz-*Bader*, § 103 Rn. 2.

Teil 15
Besondere Vorschriften für die Forstverwaltung

§ 104 Beschäftigte der Abteilung Forstdirektion der Regierungspräsidien

Die Beschäftigten der Abteilung Forstdirektion der Regierungspräsidien sind Beschäftigte in den Geschäftsbereichen des Innenministeriums und des Ministeriums Ländlicher Raum.

Vergleichbare Vorschriften:
keine im BPersVG und im BetrVG

1 Der durch das ÄndG 2013 unverändert gebliebene § 104 soll sicherstellen, dass die Beschäftigten der Abteilung Forstdirektion des Regierungspräsidiums die **Beschäftigteneigenschaft** i. S. d. LPVG sowohl im **Geschäftsbereich des IM** als auch im **Geschäftsbereich des MLR** haben.[1] Die Regelung gilt für die Fachbeamten in den Laufbahnen des Forstdienstes und vergleichbare Arbeitnehmer, einschl. der den Forstdirektionen zugeordneten Waldarbeiter, sowie sonstige Fach- und Verwaltungsbeschäftigte, deren Planstellen und Stellen im MLR bewirtschaftet werden. Außer zum PR und allgemeinen BPR beim jeweiligen Regierungspräsidium sind diese Beschäftigten wahlberechtigt und wählbar sowohl zum **allgemeinen HPR beim IM** als auch zum **HPR beim MLR**.[2] Sie werden – je nachdem, ob in einer sie betreffenden Angelegenheit das IM oder das MLR zur Entscheidung befugt ist – gemäß § 91 Abs. 2 entweder vom HPR beim IM oder vom HPR beim MLR vertreten. Dabei hat der HPR beim MLR gemäß § 91 Abs. 3 vor einem Beschluss in Angelegenheiten, die nur die Forstdirektionen oder einzelne ihrer Beschäftigten betreffen, dem PR beim jeweiligen Regierungspräsidium Gelegenheit zur Stellungnahme zu geben.

2 Mit dem ÄndG 2013 wurden die Regelungen des § 96 a. F. über das Ausscheiden der Waldarbeiter aus dem PR und über besondere Regelungen des Ruhens ihrer Mitgliedschaft in § 25 Abs. 3 und § 26 Abs. 4 übernommen. § 96 a. F. ist in Folge dessen ersatzlos weggefallen.[3]
Nachdem der ehemalige § 97 aufgrund der Neustrukturierung der Forstverwaltung und der Straßenbauverwaltung durch Art. 18 Nr. 5 VRG zum

1 Vgl. hierzu u. zum Folgenden LT-Dr. 14/2999, S. 76 [zu Art. 11].
2 Rooschüz-*Bader*, § 104 Rn. 1.
3 LT-Dr. 15/4224, S. 65, 164 [zu § 96].

1.1.05 aufgehoben worden war[4], wurde er in seiner gegenwärtigen Fassung durch **Art. 11 VRWG** zum 1.1.09 wieder eingefügt. Die seit 1.1.09 bis zum 1.1.20 geltende Regelung hatte folgenden organisatorischen Hintergrund: Die **Landesforstverwaltung** als Einheitsforstverwaltung sowohl hoheitliche als auch fiskalische Aufgaben in allen Waldbesitzarten (sowohl im Staatswald als auch im Körperschaftswald und im Privatwald).

Zum 1.1.2020 wurde der bisherige fiskalische Landesbetrieb Forst BW (Bestandteil der Einheistforstverwaltung) in die **Forst Baden-Württemberg** überführt. Diese ist als selbständiges Unternehmen nicht mehr Teil der Landesforstverwaltung (durch Nr. 15 Buchstabe b Gesetz zur Umsetzung der Neuorganisation der Forstverwaltung Baden-Württemberg geregelte Neufassung von § 45 Abs. 6 LWaldG)[5]. Mit dem Gesetz über die Anstalt des öffentlichen Rechts Forst Baden-Württemberg (Forst BW-Gesetz – ForstBWG) wurde die Waldbewirtschaftung des Staatswaldes ab dem 1.1.2020 der Forst Baden-Württemberg übertragen (§ 1 ForstBWG).[6] Die Rechtsaufsicht verbleibt beim Ministerium Ländlicher Raum (§ 5 ForstBWG).[7] Die Abteilung der Forstdirektion des Regierungspräsidiums Freiburg, zuständig auch für die Regierungsbezirke Karlsruhe, Stuttgart und Tübingen, bleibt aber (auch haushalts- und stellenmäßig) in das Regierungspräsidium eingegliedert.[8] Um die Einbeziehung des Personals der Abteilung Forstdirektion in die **Gesamtplanung** der Landesforstverwaltung zu gewährleisten, sind dem MLR die Stellen der Beschäftigten dieser Abteilungen zur **Bewirtschaftung** (einschl. Personalplanung und -steuerung) übertragen (auch für die auf Sachmitteln des Epl. 08 geführten Waldarbeiter), und zwar mit der Maßgabe, dass die Wahrnehmung der Bewirtschaftungsbefugnis im Benehmen mit dem Regierungspräsidium erfolgt (Art. 31 S. 2 VRWG). Für **Personalmaßnahmen**, welche die Beschäftigten der Abteilung Forstdirektion betreffen, ist auf oberster Ebene nicht das Innenministerium (IM), das die Dienstaufsicht über die Regierungspräsidien führt, sondern das **MLR zuständig** (§ 14 Abs. 1 S. 2 LVG). Für die Beamten der Forstdirektion des Regierungspräsidiums ist der MLR höherer und nächsthöherer Dienstvorgesetzter, der Regierungspräsident ist unmittelbarer Dienstvorgesetzter (§ 7 Abs. 4 bzw. § 3 Abs. 2 Nr. 1 BeamtZuVO).[9] Forst Baden-Württemberg besitzt gem. § 19 Abs. 1 ForstBWG eine eigenständige Dienstherrenfähigkeit sowie die Ar- 3

4 Vgl. LT-Dr. 13/3201, S. 289 [zu Nr. 5].

5 LT-Dr. 16/5982, S. 77 [zu Nr. 16 Buchstabe b].

6 Vgl. LT-Drs. 16/6246, S. 10.

7 LT-Dr. 16/6246, S. 12.

8 § 62 LWaldG verlagert die Zuständigkeit von vormals zwei (Freiburg und Tübingen) auf jetzt nur noch ein Regierungspräsidium, vgl. LT-Drs. 62/5982, S. 85 [zu Nr. 28, Änderung des § 62].

9 Vgl. LT-Dr. 14/2999, S. 54 [zu Art. 3].

beitgeber-Eigenschaft. Forst Baden-Württemberg ist oberste Dienstbehörde i. S. d. § 77 Abs. 3. Oberstes Organ nach § 89 Abs. 1 Nr. 1 ist die oder der Vorstandsvorsitzende. Die Vertretung der Beschäftigten der Forst Baden-Württemberg erfolgte zunächst durch einen 19-köpfigen Übergangspersonalrat, welcher aus allen Beschäftigten, die ein Personalratsmandat (egal welcher Vertretungsebene) in die neue AöR »mitbringen« gebildet wird (vgl. § 7 Gesetz zur Regelung des Personalübergangs auf die AöR).[10] Die Amtszeit des Übergangspersonalrats war bis zum 31. 12. 2020 befristet.

---

10 LT-Drs. 16/6246, S. 19 ff.

Teil 16
Südwestrundfunk

§ 105 Allgemeines

Dieses Gesetz gilt für den Südwestrundfunk nach Maßgabe der folgenden Vorschriften.

Vergleichbare Vorschriften:
§ 116 BPersVG (Deutsche Welle); § 118 Abs. 1 S. 1 Nr. 2 BetrVG

Inhaltsübersicht Rn.

1. Vorbemerkungen

Die gegenwärtige Fassung des Teils 16 des LPVG (§§ 105–112) beruht auf **Art. 4 des Gesetzes zu dem Staatsvertrag über den Südwestrundfunk** (SWRG) v. 21.7.97[1] und ist gem. Art. 8 Abs. 1 SWRG seit 1.10.98 in Kraft. 1

Im Jahr 2013 ist der SWRStV 97 mit dem am 3.7.13 unterzeichneten Staatsvertrag über den Südwestrundfunk (nachfolgend SWRStV 13) zum 1.1.14 novelliert worden.[2] An den grundlegenden Bestimmungen über Aufgabe und Rechtsform des SWR, über dessen Sitz, den Sitz und den Dienstort des Intendanten sowie über das anzuwendende PersVG hat sich an sich nichts geändert. Die Regelung in § 38 SWRStV 97 ist nunmehr in § 38 Abs. 1 SWRStV 13 (nachfolgend: SWRStV) zu finden. Die gegenwärtige Fassung ergibt sich aus dem SWR-Änderungsstaatsvertrag vom 1./9. April 2015,[3] 1a

1 GBl. S. 297.

2 Baden-Württemberg: Gesetz v. 3.12.13, GBl. S. 314 und Bek. v. 8.1.14, GBl. S. 75; Rheinland-Pfalz: Landesgesetz v. 20.12.13, GVBl. S. 557; *Altvater*, PersR 7–8/14, S. 23 ff.

3 Staatsvertrag zur Änderung des Staatsvertrags über den Südwestrundfunk v. 1. und 9.4.15 (SWR-Änderungsstaatsvertrag), BW Bekanntmachung des Staatsministeriums, GBl. S. 747; Rheinland-Pfalz: Landesgesetz v. 15.6.15, GVBl. S. 108.

womit die beteiligten Länder den Vorgaben des BVerfG im sog. ZDF Urteil v. 25. 3. 14[4] für den SWR Rechnung getragen haben (Rn. 1b).

2. Redaktionsstatut

1b Der durch einen Abs. 2 ergänzte § 38 sieht nun vor, dass ein vom Intendanten mit Zustimmung des Rundfunkrates aufzustellendes Redaktionsstatut länderübergreifend die Mitwirkungsrechte der »Programmbeschäftigten« in Programmangelegenheiten regelt. Programmbeschäftigte sind nach dem Wortlaut des § 38 Abs. 2 S. 4 die angestellten Redakteure sowie arbeitnehmerähnliche ständige freie Mitarbeiter im Programmbereich.[5] Dem Redaktionsstatut – Stand 15. 10. 14 – hat der Rundfunkrat am 20. 3. 15, dem geänderten Statut am 10. 12. 21 zugestimmt. Damit sind auch die Änderungen in Kraft gesetzt. Das Redaktionsstatut regelt die innere Presse- bzw. Rundfunkfreiheit der in § 5 des Statuts aufgeführten Programmbeschäftigten und die Einrichtung eines Redaktionsrats (näher dazu § 110 Rn. 4). Nach § 11 des Redaktionsstatuts bleiben die Beteiligungsrechte des PR unberührt. In Angelegenheiten, für die auch der PR zuständig ist, kann der Redaktionsrat eine Empfehlung an den PR beschließen. Das *BVerfG* hat in seinem Urteil zum ZDF-Staatsvertrag vom 25. 3. 14[6] (ZDF-Urteil) wesentliche Grundsätze zur verfassungskonformen Zusammensetzung der Gremien der öffentlich-rechtlichen Rundfunkanstalten unter den Gesichtspunkten der Staatsferne, des Vielfaltsgebots, der Aktualität, der Gleichstellung sowie zur Sicherung der Unabhängigkeit und Weisungsfreiheit der Gremienmitglieder aufgestellt. Mit dem Staatsvertrag zur Änderung des Staatsvertrags über den Südwestrundfunk (SWR-Änderungsstaatsvertrag)[7] ist den Vorgaben des BVerfG für den SWR Rechnung getragen worden. Die Änderungen haben keine Auswirkungen auf die besonderen Bestimmungen des LPVG zum SWR.

1c Darüber hinaus sind die Rechte der Personalvertretung in zwei Punkten erweitert worden. Nach § 17 Abs. 3 Hs. 2 SWRStV können zwei Mitglieder der Personalvertretung, und zwar eines aus jedem Land, an den Sitzungen des Rundfunkrats beratend[8] teilnehmen können. Gem. § 20 Abs. 1 S. 5 und

4 1 BvF 1/11, 1 BvF 4/111 –, NVwZ 14, 867.

5 *Altvater*, PersR 7–8/14, 23 ff.

6 1 BvF 1/11, 1 BvF 4/111 –, NVwZ 14, 867.

7 Staatsvertrag zur Änderung des Staatsvertrags über den Südwestrundfunk v. 1. und 9. 4. 15 (SWR-Änderungsstaatsvertrag), BW Bekanntmachung des Staatsministeriums, GBl. S. 747; Rheinland-Pfalz: Landesgesetz v. 15. 6. 15, GVBl. S. 108.

8 Nach § 17 Abs. 3 Hs. 2 SWRStV ist ihnen auf Verlangen zu Angelegenheiten ihres Aufgabenbereichs das Wort zu erteilen.

Abs. 2 S. 3 SWRStV entsendet die Personalvertretung in den Verwaltungsrat zwei Mitglieder, und zwar eines aus jedem Land sowie jeweils eine Frau und einen Mann.[9]

Die von den Ländern Baden-Württemberg und Rheinland-Pfalz erlassenen Zustimmungsgesetze[10] enthalten zwar keine Änderungen des LPVG. Jedoch sind durch das gleichzeitig zum Baden-württembergischen Gesetz vom 3. 12. 13 beschlossene und ausgefertigte ÄndG 2013[11] in Art. 1 Nr. 86 bis 88 Änderungen der den SWR betreffenden §§ 107, 110 und 111 LPVG erfolgt. 1d

3. Der SWR als Zwei-Länder-Anstalt unter dem Geltungsbereich des LPVG

Der SWR hat als **öffentlich-rechtliche Rundfunkanstalt** in den Ländern Baden-Württemberg und Rheinland-Pfalz den Süddeutschen Rundfunk (SDR) und den Südwestfunk (SWF) abgelöst, die nach § 41 des Staatsvertrages über den SWR (SWRStV 97) im SWR aufgegangen sind. 2

Der »Südwestrundfunk« (SWR) ist eine gemeinnützige rechtsfähige Anstalt des öffentlichen Rechts zur Veranstaltung von Rundfunk in den Ländern Baden-Württemberg und Rheinland-Pfalz. Nach § 38 Abs. 1 i. V. m. § 1 Abs. 1 Satz 3 SWRStV findet das **LPVG BW** in seiner jeweils gültigen Fassung für den SWR Anwendung (vgl. § 1 Rn. 9). Das Gesetz gilt für alle Dienststellen und Einrichtungen des SWR, unabhängig davon, ob sie sich in Baden-Württemberg befinden. Das trifft nicht nur für Dienststellen und Einrichtungen in Rheinland-Pfalz zu, sondern auch für außerhalb der beiden Bundesländer liegende Betriebsstätten (vgl. § 1 Rn. 17). Nach § 105 sind die allgemeinen Vorschriften des LPVG nur anzuwenden, wenn die **besonderen Vorschriften der §§ 105 bis 112** davon nicht abweichen. 2a

Für die **Wahl** der beim SWR zu bildenden **Personalvertretungen**, für ihre **Amtszeit**, **Geschäftsführung** und **Rechtsstellung** sowie ihre **Beteiligung** gelten die allgemeinen Vorschriften des LPVG nach Maßgabe der §§ 105 bis 112. Da beim SWR keine Personen beschäftigt werden, die nach § 4 Abs. 3 Beamte sind oder als solche gelten, sind die Regelung des § 4 Abs. 3 und 4 über die Einteilung der Beschäftigten in zwei Gruppen und die aus dem **Gruppenprinzip** resultierenden zahlreichen Einzelvorschriften des LVPG im Bereich des SWR **gegenstandslos**. 3

9 *Altvater*, a. a. O.

10 Vgl. Rn 2.

11 Gesetz zur Änderung des Landespersonalvertretungsgesetzes, des Landesrichter- und -staatsanwaltsgesetzes und anderer Vorschriften v. 3. 12. 13, GBl. S. 329, ber. 2014 S. 76.

§ 106 Dienststellen

(1) Beim Südwestrundfunk wird an jedem der drei Sitze eine Dienststelle im Sinne dieses Gesetzes gebildet:
1. **Der Dienststelle in Baden-Baden sind alle Beschäftigten zugeordnet, die überwiegend am Sitz in Baden-Baden und außerhalb des Sendegebiets des Südwestrundfunks tätig sind.**
2. **Der Dienststelle in Stuttgart sind alle sonstigen Beschäftigten zugeordnet, die überwiegend in Baden-Württemberg tätig sind.**
3. **Der Dienststelle in Mainz sind alle Beschäftigten zugeordnet, die überwiegend in Rheinland-Pfalz tätig sind.**

(2) § 5 Absatz 3 findet keine Anwendung.

(3) [1]Leiter der Dienststellen ist der Intendant. [2]Er entscheidet in allen Fällen, in denen nach diesem Gesetz der Leiter der Dienststelle, die übergeordnete Dienststelle und die oberste Dienstbehörde zur Entscheidung befugt sind.

Vergleichbare Vorschriften:
§ 116 Abs. 1 S. 1 bis 3 BPersVG; keine im BetrVG

Inhaltsübersicht Rn.

1. Dienststellen des SWR

1 **(Abs. 1)** Der SWR hat nach § 1 Abs. 1 S. 2 SWRStV seinen Sitz in Baden-Baden, Mainz und Stuttgart. Die Regelung des Abs. 1 legt zwingend fest, dass an jedem der drei Sitze eine **Dienststelle** i. S. d. § 5 Abs. 1 gebildet wird. Sie verdrängt die allgemeine Regelung des § 5 Abs. 1. Damit steht zugleich fest, dass nach § 10 Abs. 1 in jeder der drei Dienststellen ein **(örtlicher) PR** und nach § 59 eine **JAV** gebildet wird. Als dienststellenübergreifende Personalvertretung ist in § 112 ein **GPR** vorgesehen. Mit der Regelung des Abs. 1 hat der Gesetzgeber das PersVR der dezentralen Struktur der Rundfunkanstalt angepasst. Auch ist auf länderspezifische Belange und im SWF gewachsene Strukturen Rücksicht genommen worden.

2. Zuordnung der Beschäftigten zu den Dienststellen und Ausschluss weiterer Verselbständigungen

2 Die in Abs. 1 Nr. 1 bis 3 vorgeschriebene **Zuordnung der Beschäftigten zu den drei Dienststellen** entspricht der in § 2 Abs. 1 und 2 SWRStV ge-

regelten Untergliederung des SWR. Die Zuordnung hängt davon ab, wo der Schwerpunkt der vertraglichen Beziehungen zum SWR liegt: entweder in Baden-Baden oder außerhalb von Baden-Württemberg und Rheinland-Pfalz (Nr. 1), in Baden-Württemberg (Nr. 2) oder in Rheinland-Pfalz (Nr. 3). »**Überwiegend tätig**« sind die Beschäftigten i. d. R. an dem Ort, wo sie aufgrund ihres Arbeitsvertrags zeitlich mehr als die Hälfte ihrer regelmäßigen Arbeitszeit leisten. Das muss aber nicht so sein. Werden z. B. Abteilungen oder Aufgaben in bestimmten Dienststellen zentralisiert, kann es zu Verschiebungen in der Zuordnung kommen, auch wenn sich der Ort der Arbeitsleistung nicht ändert. Ansonsten führt eine nicht nur vorübergehende räumliche Verlagerung des Arbeitsbereichs zur Zuordnung zu einer anderen der drei Dienststellen. Der Zuordnungsbegriff ist organisatorisch, nicht individualrechtlich oder i. S. d. Ausschlusses von Mitbestimmungsrechten der PR zu verstehen. Kommt es zur räumlichen Verlagerung eines Arbeitsbereichs in den Bereich einer anderen Dienststelle, sind bei den sich daraus ergebenden personellen Folgeerscheinungen die personalvertretungsrechtlichen Beteiligungsrechte insbesondere aus § 75 zu beachten. Die Konsequenzen aus einer geänderten Zuordnung treten nicht kraft Gesetzes ein, sondern bedürfen gesonderter Maßnahmen, z. B. einer Versetzungsanordnung (die in der 1. Aufl. vertretene Meinung, dass es keines besonderen Zuordnungsakts bedarf, ist bereits in der 2. Aufl. aufgegeben worden).

(Abs. 2) Die Bestimmungen des § 5 Abs. 3 über die Möglichkeiten der **Verselbständigung** von Außenstellen, Nebenstellen und Teilen einer Dienststelle, z. B. von Studios und Korrespondentenbüros, sind gem. Abs. 2 nicht anwendbar. Das gilt auch für die in § 5 Abs. 4 vorgesehene Möglichkeit der **Zusammenfassung** mehrerer Dienststellen, weil Abs. 1 abschließend die im Bereich des SWR zu bildenden drei Dienststellen bestimmt. 3

3. Rechtsstellung des Indendanten

(Abs. 3) Die **Intendantin**/Der **Intendant** des SWR nimmt nach Abs. 3 eine Doppelfunktion wahr. Nach S. 1 ist sie/er **Leiterin/Leiter aller drei Dienststellen**. Sie oder er steht damit als Repräsentant/in des Arbeitgebers sowohl den PR der drei Dienststellen als auch dem GPR gegenüber (vgl. § 5 Rn. 11). Nach S. 2 sind ihr oder ihm zusätzlich die Entscheidungsbefugnisse übertragen, die in den allgemeinen Regelungen des LPVG der **übergeordneten Dienststelle** oder der **obersten Dienstbehörde** zugewiesen sind. Daraus ergibt sich, dass der in den allgemeinen Vorschriften der §§ 77 und 83 vorgesehene Ablauf im Mitbestimmungs- und Mitwirkungsverfahren entfällt (vgl. § 111 Rn. 1 f.).[1] Zudem ist der Intendantin oder dem Intendanten noch 4

---

1 S. auch Altvater-*Baunack*, § 116 Rn. 7 zu den vergleichbaren Strukturen der Deutschen Welle.

die Funktion des »obersten Organs« i. S. d. § 89 Abs. 1 S. 1 an Stelle des Rundfunk- bzw. Verwaltungsrats zugewiesen[2] (unten § 111 Rn. 1).

5 Allerdings kann die Intendantin/der Intendant das **Evokationsrecht** gegen Beschlüsse der Einigungsstelle aus § 78 Abs. 2 S. 2 nicht ausüben, weil ihr/ihm nach Abs. 3 S. 2 lediglich die Befugnisse der übergeordneten Dienststelle und der obersten Dienstbehörde, nicht aber die der Landesregierung i. S. d. § 89 Abs. 1 S. 1 Nr. 3 zugestanden sind. Deshalb muss die Intendantin/der Intendant nach § 78 Abs. 2 S. 2 einen Beschluss der Einigungsstelle, der seiner Ansicht nach wegen seiner Auswirkungen auf das Gemeinwesen wesentlicher Bestandteil des gesetzlichen Auftrags des SWR ist, *»durch die Herstellung und Verbreitung seiner Angebote in Hörfunk, Fernsehen und Internet als Medium und Faktor des Prozesses freier individueller und öffentlicher Meinungsbildung zu wirken und dadurch die demokratischen, sozialen und kulturellen Bedürfnisse der Gesellschaft zu erfüllen«* (§ 3 Abs. 1 SWRStV), den Landesregierungen zur endgültigen Entscheidung vorlegen.[3]

6 Für das **Mitbestimmungsverfahren** sieht § 111 vor, dass sowohl die Intendantin/der Intendant als auch die Personalvertretungen die Einigungsstelle anrufen können, wenn eine Einigung mit ihnen nicht zustande kommt.

6a Obwohl das Gesetz für das **Mitwirkungsverfahren** keine ausdrückliche Regelung für den Fall trifft, dass der PR gegen eine beabsichtigte Maßnahme Einwendungen erhoben hat und die Intendantin/der Intendant ihnen nicht oder nicht in vollem Umfang entspricht, ergibt sich aus den umfassenden personalvertretungsrechtlichen Funktionen der Intendantin/des Intendanten, dass diese/dieser nach § 89 Abs. 1 i. V. m. §§ 83 Abs. 2, 82 Abs. 6 dem PR seine Entscheidung unter Angabe der Gründe schriftlich mitteilt und dass damit das Mitwirkungsverfahren beendet ist.

7 Soweit das LPVG eine Vertretung des Dienststellenleiters zulässt (vgl. § 5 Rn. 17), kann sich auch die Intendantin/der Intendant vertreten lassen. Die **Vertretung** richtet sich nach § 25 Abs. 4 SWRStV. Danach wird die Intendatin/der Intendant im Falle seiner Verhinderung von dem Direktor eines Landessenders im jährlichen Wechsel vertreten.

§ 107 Beschäftigte

[1]Beschäftigte des Südwestrundfunks im Sinne dieses Gesetzes sind

1. **die durch Arbeitsvertrag unbefristet oder auf Zeit fest angestellten Personen einschließlich die zu ihrer Berufsausbildung durch Ausbildungsvertrag Beschäftigten,**
2. **arbeitnehmerähnliche Personen nach § 12a des Tarifvertragsgesetzes.**

---

2 Vgl. Leuze-*Flintorp*, § 106 Rn. 6.

3 So auch Rooschüz-*Bader*, § 106 Rn. 6.

[2]Beschäftigte im Sinne dieses Gesetzes sind nicht die Mitglieder der Geschäftsleitung.

Vergleichbare Vorschriften:
§ 116 Abs. 4 BPersVG; keine im BetrVG

1 Der durch das ÄndG 2013 neu gefasste § 107 trifft für den SWR teilweise von § 4 abweichende Regelungen über den Kreis der Personen, die **Beschäftigte** i. S. d. LPVG sind. Nach dem Wortlaut des S. 1 sind dies – soweit keine andere Vorschrift des Gesetzes anzuwenden ist – Personen, die vom SWR aufgrund eines Arbeitsvertrages unbefristet oder zeitlich befristet fest angestellt sind. Wie in der vergleichbaren Vorschrift des § 116 Abs. 4 S. 1 BPersVG sind auch die **zu ihrer Berufsausbildung durch Ausbildungsvertrag Beschäftigten** aufgeführt. Das hat allerdings nur klarstellende Bedeutung, weil sie bereits im Wege der Auslegung in den Beschäftigtenbegriff nach § 100 Abs. 1 der bisherigen Fassung einzubeziehen waren.[1]

2 § 107 Nr. 1 schließt § 4 nicht generell aus, sondern modifiziert ihn nur insoweit, als er den in § 4 Abs. 1 S. 1 Nr. 2 enthaltenen Begriff »Beschäftigte« durch den Begriff »**die durch Arbeitsvertrag unbefristet oder auf Zeit fest angestellten Beschäftigten**« ersetzt.[2] Die Formulierung entspricht den Bestimmungen des § 116 Abs. 4 S. 1 BPersVG, Art. 83 Nr. 1 BayPVG, § 112 LPersVG RP. Die Wendung »fest angestellt« grenzt den Personenkreis der Beschäftigten i. S. d. § 107 S. 1 Nr. 1 von dem der sog. freien Mitarbeiter ab, die in Nr. 2 nunmehr ausdrücklich als arbeitnehmerähnliche Personen nach § 12a TVG in den Kreis der Beschäftigten aufgenommen worden sind (vgl. Rn. 3).

Auch die noch nach § 100 Abs. 2 Nr. 2 a. F. ausgeschlossenen **Personen, die aufgrund eines Arbeitsvertrages auf Produktionsdauer beschäftigt sind**, gehören nunmehr zu den Beschäftigten des SWR.

3 Die im SWR eingesetzten **Leiharbeitnehmer** erbringen weisungsgebundene Arbeitsleistungen in Erfüllung der Aufgaben des SWR als Anstalt des öffentlichen Rechts und sind deshalb Beschäftigte sowohl nach § 4 Abs. 1 S. 1 Nr. 1 als auch nach § 107 S. 1 Nr. 1 (vgl. § 4 Rn. 12; str.).[3]

3a Für den **Ausschluss** der Leiharbeitnehmer aus dem Kreis der Beschäftigten und damit aus dem Personenkreis, der zum Schutzbereich der Personalvertretungen beim SWR gehört, gibt es keine Anhaltspunkte. Insbesondere werden dadurch die besonders durch die Rundfunkfreiheit geschützten Gewährleistungen des Art. 5 Abs. 2 GG bereits deshalb nicht tangiert, weil

1 LT-Dr. 15/4224, S. 164 zu Nr. 86 (§ 100), s. auch 2. Auflage § 100 Rn. 1.
2 Im Ergebnis ebenso Leuze-*Flintorp*, § 107 Rn. 3; Rooschüz-*Bader*, § 107 Rn. 1.
3 *Klimpe-Auerbach*, PersR 10, 437.

die Leiharbeitnehmer ersichtlich nicht mit Tätigkeiten betraut sind, die mit dem Programmauftrag des SWR zu tun haben.

3b Ohne Belang ist es, dass der SWR mit den überlassenen Arbeitnehmern **keine Arbeitsverträge** abschließt. Der Abschluss eines Arbeitsvertrages mit dem SWR ist nicht unabdingbare Voraussetzung für die Annahme eines Beschäftigungsverhältnisses, sondern die weisungsgebunden in die Arbeitsorganisation des SWR erfolgte **Eingliederung und Betätigung**; letztlich ihr Status als Arbeitnehmer i. S. d. § 611a Abs. 1 BGB.

3c Daran ändert auch der **Wortlaut des § 107 Abs. 1** nichts. Mit der Vorgängernorm des § 100 Abs. 1 LPVG a. F. hatte der Gesetzgeber nämlich vorrangig eine Abgrenzung der abhängigen von der selbständigen Tätigkeit vorgenommen. Diese Regelung entsprach ersichtlich dem § 90 Nr. 5 BPersVG a. F., wonach Beschäftigte der Deutschen Welle i. S. d. BPersVG diejenigen Personen waren, die durch Arbeitsvertrag befristet oder unbefristet angestellt waren.

3d Ausschließlicher **Sinn und Zweck der Regelung** des § 100 a. F. war der Ausschluss der sog. freien oder festen freien Mitarbeiter des SWR i. S. d. § 12a TVG, die in anderen Personalvertretungsrechten bereits ausdrücklich in den Kreis der Beschäftigten aufgenommen waren (z. B. § 106 HPVG für den Hess. Rundfunk, §§ 4 Abs. 1 und 112 LPVG RP für das ZDF; § 55 WDR-Gesetz i. V. m. § 5 Abs. 1 PersVG NRW) und die Zuordnung dieses Personenkreises zur Gruppe der Arbeitnehmer.

3e Dieser **Abgrenzungszweck** ist durch die Neufassung des § 4 und des § 107 LPVG BW durch das Gesetz vom 3. 12. 13 i. d. F. des Gesetzes v.12. 3. 15 dadurch weitgehend **gegenstandslos** geworden, dass sowohl in § 4 Abs. 1 S. 1 Nr. 1 als auch in § 107 Nr. 2 S. 1 **arbeitnehmerähnliche Personen** i. S. d. § 12a TVG in den Kreis der Beschäftigten aufgenommen worden sind. Auch mit der Neufassung des BPersVG im Jahre 2021 ist dieser Personenkreis in § 116 Abs. 4 S. 2 BPersVG 2021 in den Kreis der Beschäftigten (der Deutschen Welle) aufgenommen worden.

4 Personen, die vorwiegend zu ihrer **Heilung, Wiedereingewöhnung, sittlichen Besserung oder Erziehung** beschäftigt werden, sind bereits nach § 4 Abs. 3 aus dem Kreis der Beschäftigten i. S. d. LPVG ausgenommen (vgl. Rn. 1; ferner § 4 Rn. 18).

5 **(S. 1 Nr. 2)** Soweit es sich um die in Nr. 2 genannten **arbeitnehmerähnlichen Personen** handelt, ist darin lediglich eine Konkretisierung der durch S. 1 modifizierten allgemeinen Vorschrift des § 4 Abs. 1 S. 1 Nr. 1 zu sehen. Mit arbeitnehmerähnlichen Personen sind die vom Tarifvertrag für arbeitnehmerähnliche Personen des SWR v. 26. 10. 18 (TV A SWR) nach § 12a TVG Erfassten gemeint, die vom SWR wirtschaftlich abhängig und einem Arbeitnehmer vergleichbar sozial schutzbedürftig sind (sog. »feste Freie«). Das Gleiche gilt aber auch für sonstige freie Mitarbeiter, die im Hinblick auf

die Rspr. des *BVerfG*[4] und des *BAG*[5] nicht als Arbeitnehmer aber als sozial wie Arbeitnehmer schutzbedürftig anzusehen sind. Die Einbeziehung der arbeitnehmerähnlichen Personen in den Kreis der Beschäftigten erfolgt ausnahmslos, also auch dann, wenn sie maßgeblich und verantwortlich an der Programmgestaltung mitwirken (vgl. § 110 Rn. 6).[6]

(S. 2) Nach S. 2 sind die dort aufgeführten Personen **nicht Beschäftigte** 6
i. S. d. LPVG. Zu den Mitgliedern der **Geschäftsleitung** gehören die Intendantin oder der Intendant, die Direktorinnen oder die Direktoren der Landessender sowie sieben weitere Direktorinnen oder Direktoren,[7] ohne dass es auf die Art ihrer arbeitsrechtlichen Beziehungen zum SWR ankommt.

§ 108 Wählbarkeit

§ 9 gilt mit der Maßgabe, dass auch die Leiter der Außenstudios und Korrespondentenbüros nicht wählbar sind.

Vergleichbare Vorschriften:
§ 116 Abs. 4 S. 4 BPersVG; keine im BetrVG

§ 108 erweitert den in § 9 Abs. 2 festgelegten Kreis der nicht wählbaren 1
Beschäftigten (vgl. § 9 Rn. 7) um die **Leiter der Außenstudios und Korrespondentenbüros**. Dadurch sollen Interessenkollisionen, die sich aus ihren Leitungsfunktionen ergeben können, vermieden werden.[1] Anders als die aus dem Kreis der Beschäftigten nach § 107 S. 2 Ausgeschlossenen – das sind der Intendant und die übrigen Mitglieder der **Geschäftsleitung** des SWR (vgl. § 107 Rn. 2) – gehören sie nach den §§ 4 und 107 S. 1 zum Kreis der Beschäftigten und sind nach § 8 wahlberechtigt.[2]

---

4 Vgl. Beschl. v. 13. 1. 82 – 1 BvR 848/77 u. a. –, AP Nr. 1 zu Art. 5 Abs. 1 GG Rundfunkfreiheit.

5 Vgl. Urt. v. 13. 1. 83 – 5 AZR 149/82 –, AP Nr. 42 zu § 611 BGB Abhängigkeit.

6 A. M. Rooschüz-*Bader*, § 107 Rn. 3, der sich zu Unrecht auf die LT-Dr. 15/4224, S. 164 zu Nr. 86 (§ 100) beruft und dabei übersieht, dass im Gesetzgebungsverfahren der Absatz 3 des § 103 (=§ 110 i. d. F. vom 12. 3. 2015) des Gesetzesentwurfs um einen Satz 3 ergänzt worden ist, wonach bei Beschäftigten nach § 100 (= § 107 i. d. F. vom 12. 3. 15) Satz 1 Nummer 2 § 71 (= § 75 i. d. F. vom 12. 3. 15) Absatz 1 bis 3 keine Anwendung findet, soweit sie unmittelbar an der Programmgestaltung mitwirken.

7 Organisationsverfügung des derzeitigen Intendanten v. 17. 9. 21.

1 Rooschüz-*Bader*, § 108 Rn. 1.

2 Leuze-*Flintorp*, zu § 108.

§ 109 Kosten

§ 41 Absatz 1 Satz 2 findet mit der Maßgabe Anwendung, dass an die Stelle des Landesreisekostengesetzes die Reisekostenordnung des Südwestrundfunks tritt und die Reisekostenvergütungen nach der Reisekostenstufe, die für Abteilungsleiter des Südwestrundfunks gilt, zu bemessen sind.

Vergleichbare Vorschriften:
§ 116 Abs. 5 BPersVG; keine im BetrVG

1 § 109 weicht von der für die Zahlung von **Reisekostenvergütungen** an Mitglieder des PR geltende Vorschrift des § 41 Abs. 1 S. 2 insoweit ab, als die Bezugnahme auf das Landesreisekostengesetz (LRKG)[1] durch die Verweisung auf die **Reisekostenordnung** des SWR ersetzt wird und die Reisekostenvergütungen der PR-Mitglieder nach der **Reisekostenstufe** zu bemessen sind, die für Abteilungsleiter des SWR gilt. Die aufgrund Ziff. 600 des MTV für den SWR abgeschlossene **Dienstvereinbarung über die Gewährung von Reisekostenvergütung** v. 17. 5. 00 sieht keine Reisekostenstufen vor. Das gilt inzwischen auch im Landesreisekostenrecht (vgl. § 41 Rn. 13a). Im Übrigen ist § 41 im Bereich des SWR ausnahmslos anzuwenden.

§ 110 Besondere Gruppen von Beschäftigten

(1) Bei Beschäftigten, deren Funktion nicht mehr von den Merkmalen des Gehaltstarifs des Südwestrundfunks erfasst ist und deren Gehalt über der höchsten Tarifgruppe liegt, wird der Personalrat in den Fällen der § 74 Absatz 1 Nummer 1 bis 4 und 6, Absatz 2 Nummer 1, 9 und 10, § 75 Absatz 1 Nummer 2, 3, 7, 8 und 11, Absatz 2 Nummer 1 bis 3, Absatz 3 Nummer 2, 3, 5 bis 7 und 9, Absatz 4 Nummer 3 bis 6 Buchstabe a und Nummer 11 bis 13 und § 81 Absatz 2 Nummer 2 nicht beteiligt.
(2) Bei im Programmbereich Beschäftigten der höchsten Gehaltsgruppe des Tarifvertrages des Südwestrundfunks tritt in den Fällen des § 75 Abs. 1 Nummer 2, 3, 7 Buchstabe a und Nummer 11, Absatz 2 Nummer 1 bis 3 und Absatz 3 Nummer 2, 3, 5 bis 7 an die Stelle der Mitbestimmung des Personalrats die Mitwirkung.
(3) [1]Bei Beschäftigten nach § 107 Satz 1 Nummer 1 mit überwiegend wissenschaftlicher oder künstlerischer Tätigkeit sowie bei Beschäftigten, die maßgeblich und verantwortlich an der Programmgestaltung beteiligt sind, bestimmt der Personalrat in den Fällen des § 75 Absatz 1 Nummer 2,

1 Gesetz zur Neufassung des Landesreisekostengesetzes (LRKG) v. 4. 2. 21, GBl. S. 111.

3, 7 Buchstabe a und Nummer 11, Absatz 2 Nummer 1 bis 3 und Absatz 3 Nummer 2, 3, 5 bis 7 nur mit, wenn sie dies beantragen; sie sind von der beabsichtigten Maßnahme rechtzeitig vorher in Kenntnis zu setzen und gleichzeitig auf ihr Antragsrecht hinzuweisen. [2]Bei Beschäftigten nach § 107 Satz 1 Nummer 2 findet § 75 Absatz 1 bis 3 keine Anwendung, soweit sie unmittelbar an der Programmgestaltung mitwirken.

Vergleichbare Vorschriften:
§ 116 Abs. 6 BPersVG; § 5 Abs. 3, § 118 Abs. 1 Nr. 2 BetrVG

Inhaltsübersicht Rn.

1. Vorbemerkungen

1 Die allgemeinen Vorschriften über die **Beteiligung des PR** (§§ 68–90) gelten für den SWR mit den **Besonderheiten**, die sich aus dem Fehlen von Beamten und der Gegenstandslosigkeit des Gruppenprinzips (vgl. § 105 Rn. 3) sowie aus den umfassenden personalvertretungsrechtlichen Funktionen des Intendanten (vgl. § 106 Rn. 4 f., § 111 Rn. 1) ergeben.

2 § 110 sieht darüber hinaus sowohl den **Ausschluss** als auch **Einschränkungen** der Beteiligung des PR in personellen, sozialen und sonstigen Angelegenheiten besonderer (in Abs. 1 bis 3 jeweils bezeichneter) Gruppen von Beschäftigten. In **Abs. 1** werden die förmlichen Beteiligungsrechte (Mitbestimmung, Mitwirkung, Anhörung) in den aufgeführten Fällen völlig ausgeschlossen (vgl. Rn. 3). In **Abs. 2** wird die Mitbestimmung in Personalangelegenheiten in den aufgeführten Fällen zur Mitwirkung herabgestuft (vgl. Rn. 4). In **Abs. 3 S. 1** wird sie in den aufgeführten Fällen von einem Antrag des betroffenen Arbeitnehmers abhängig gemacht (vgl. Rn. 5). In Abs. 3 S. 2 wird die Mitbestimmung in Personalangelegenheiten nach § 75 Abs. 1 bis 3 für arbeitnehmerähnliche Personen i. S. v. § 107 S. 1 Nr. 2 ausgeschlossen, soweit sie unmittelbar an der Programmgestaltung mitwirken (vgl. Rn. 6).

2. Ausschluss der Mitbestimmung

3 **(Abs. 1)** Die Beteiligung entfällt nach Abs. 1 in den dort aufgeführten Fällen bei Beschäftigten, deren Funktion nicht mehr von den Merkmalen des Gehaltstarifs des SWR erfasst ist und deren Gehalt über der höchsten Tarifgruppe liegt. Diese Regelung knüpft an die allgemeine Vorschrift des **§ 75 Abs. 5 Nr. 1 Buchst. a und c** an und überträgt deren **Grundgedanken** (vgl.

§ 75 Rn. 265 ff.) auf die tariflichen Gegebenheiten im SWR. Vergleicht man die Organisations- und Gehaltsstruktur des SWR mit den Leitungsebenen in den oberen Landesbehörden der beiden Bundesländer, so sind Beamte in BesGr. A 16 und Arbeitnehmer in der EntGr. 15 Ü von ihrer Funktion her mit den außertariflichen Führungskräften über VergGr. 14 des Gehaltstarifs des SWR durchaus vergleichbar. Der Wegfall der Beteiligung hängt sowohl von der **außertariflichen Funktion** als auch von dem **die höchste tarifliche Vergütung übersteigenden Gehalt** ab. Vom Vergütungstarifvertrag zur Gehaltsstruktur und den in der Anlage 2 dazu aufgeführten Vergütungsgruppenmerkmalen werden Beschäftigte nicht mehr erfasst, deren Funktion oberhalb der Leitungsebene großer und/oder besonders wichtiger Abteilungen liegt, die der VergGr. 14 mit der Tätigkeitsbezeichnung Abteilungsleiter/in zugeordnet sind. Das betrifft im Wesentlichen die unmittelbar unterhalb der Geschäftsleitung (Intendant, sieben Direktoren und Justitiar [§ 30 SWRStV; vgl. § 107 Rn. 6]) angesiedelten Führungskräfte. **Angelegenheiten, in denen eine förmliche Beteiligung entfällt**, sind nicht nur die beteiligungspflichtigen **Personalangelegenheiten** der Arbeitnehmer (§ 75 Abs. 1 Nr. 2, 3, 7, 8 und 11, Abs. 2 Nr. 1 bis 3, Abs. 3 Nr. 2, 3, 5 bis 7 und 9, § 81 Ab. 2 S. 1 Nr. 2), sondern auch die **sozialen Angelegenheiten** (§ 74 Abs. 1 Nr. 1 bis 4, Abs. 2 Nr. 1, 9 und 10,) und bestimmte **sonstige Angelegenheiten** (§ 74 Abs. 1 Nr. 6, § 75 Abs. 4 Nr. 3 bis 6 Buchst. a und Nr. 11 bis 13).

3. Mitwirkung an Stelle der Mitbestimmung

4 **(Abs. 2)** Die Vorschrift des Abs. 2 lehnt sich an **§ 75 Abs. 6** an. Sie schreibt vor, dass bei im Programmbereich Beschäftigten der höchsten Gehaltsgruppe des Tarifvertrages des SWR in den **Personalangelegenheiten** des **§ 75 Abs. 1 Nr. 2, 3, 7 Buchst. a und Nr. 11, Abs. 2 Nr. 1 bis 3 und Ab. 3 Nr. 2, 3, 5 bis 7** an die Stelle der Mitbestimmung die **Mitwirkung** des PR tritt. Das Verfahren der Beteiligung richtet sich in diesen Fällen ausschließlich nach § 82 (vgl. § 106 Rn. 6). Von Abs. 2 erfasst sind die der **höchsten Gehaltsgruppe** – der VergGr. 14 – des Vergütungstarifvertrags zur Gehaltsstruktur zugeordneten Abteilungsleiter großer und/oder besonders wichtiger Abteilungen (vgl. Rn. 3), wenn sie **zugleich im Programmbereich Beschäftigte** sind. Das aufgrund § 38 SWRStV (vgl. § 105 Rn. 1a) verabschiedete Redaktionsstatut beschreibt in § 2 Nr. 1 als Programmbeschäftigte des SWR *»angestellte Redakteur*innen in den Programmbereichen, dort tätige Hauptabteilungs-, Abteilungs- und Redaktionsleiter*innen sowie deren Stellvertreter*innen, Moderator*innen, Korrespondent*innen, Reporter*innen, Dramaturg*innen, Regisseur*innen und Redaktions-Volontär*innen im Sinne der tarifvertraglichen Regelungen des SWR«* sowie in Nr. 2 *»arbeitnehmerähnliche freie Mitarbeiter*innen der Beschäftigtenkreise A und B im Sinne des Tarifvertrages für arbeitnehmerähnliche Personen (TV A SWR), die im Sinne von Nr. 1 an der*

Programmgestaltung beim SWR beteiligt sind«.[1] Dabei kommt es nicht auf einen programmgestaltenden Inhalt der auszuübenden Tätigkeit an, sondern auf die organisatorische Zugehörigkeit ihrer Abteilungsleiterfunktion zum Programmbereich.[2] Zu diesem Bereich gehören die Programmdirektionen Kultur und Iinformation[3] sowie innerhalb der Landessenderdirektionen die mit der Programmgestaltung befassten Untergliederungen, nicht jedoch die Direktion Technik und Produktion, die Verwaltungsdirektion sowie die Juristische Direktion. Die Regelung des Abs. 2 ist **abschließend** und **verdrängt** sowohl § 75 Abs. 6 als auch § 110 Abs. 3.

4. Mitbestimmung auf Antrag

(Abs. 3 S. 1) Diese Vorschrift ist lex specialis zu **§ 76 Abs. 2 Nr. 1 Buchst. c.** 5
Sie sieht für die **Personalangelegenheiten** in den Fällen des **§ 75 Abs. 1 Nr. 2, 3, 7 Buchst. a und Nr. 11, Abs. 2 Nr. 1 bis 3 und Ab. 3 Nr. 2, 3, 5 bis 7** bei den aufgeführten Beschäftigten eine nur **auf Antrag** der Betroffenen eintretende **eingeschränkte Mitbestimmung** vor. Zu dem von Abs. 3 erfassten Personenkreis gehören nur Beschäftigte, die weder unter Abs. 1 noch unter Abs. 2 fallen. Es muss sich ausschließlich (wie nach § 76 Abs. 2 Nr. 1 Buchst. c) um **Beschäftigte mit überwiegend wissenschaftlicher oder künstlerischer Tätigkeit** (vgl. § 76 Rn. 7) oder um **maßgeblich und verantwortlich an der Programmgestaltung beteiligte Personen** handeln (zum Begriff der »Programmbeschäftigten« allg. vgl. Rn. 4). Mit der zweiten Alternative knüpft das Gesetz an die Rspr. des *BVerfG* und des *BAG* zu den arbeitsrechtlichen Konsequenzen der Rundfunkfreiheit an.[4] Danach *»gehören zu den programmgestaltenden Mitarbeitern diejenigen, die, typischerweise ihre eigene Auffassung zu politischen, wirtschaftlichen, künstlerischen oder anderen Sachfragen, ihre Fachkenntnisse und Informationen, ihre individuelle künstlerische Befähigung und Aussagekraft in die Sendung einbringen, wie dies bei Regisseuren, Moderatoren, Kommentatoren, Wissenschaftlern und Künstlern der Fall ist«.*[5] Beschäftigte, die zwar an der Programmgestaltung beteiligt sind, aber aufgrund ihnen erteilter inhaltlicher Weisungen nicht selbständig gestalten oder eigenverantwortlich handeln können, gehören

---

1 Redaktionsstatut, Stand 10.12.21.

2 Vgl. Altvater-*Baunack*, § 90 a. F. Rn. 25; str.

3 §§ 9 und 10 der Organisationsverfügung des Intendanten vom 17.9.21.

4 *BVerfG* v. 13.1.82 – 1 BvR 848/77 u. a. –, AP Nr. 1 zu Art. 5 Abs. 1 GG Rundfunkfreiheit; *BAG* v. 13.1.83 – 5 AZR 149/82 –, AP Nr. 42 zu § 611 BGB Abhängigkeit; vgl. Altvater-*Baunack*, § 116 Rn. 33.

5 *BAG* v. 19.1.00 – 5 AZR 644/98 –, AP Nr. 33 zu § 611 BGB Rundfunkfreiheit = PersR 00, 297 Ls.; v. 4.12.13 – 7 AZR 457/12 –, NZA 14, 1018; s. auch *Bruns*, RdA 08, 135.

ebenso wenig dazu wie Personen, die zwar fernseh- und hörfunktypische Tätigkeiten ausüben, deren Aufgaben jedoch in der technischen Realisation der Sendungen bestehen oder die betriebstechnischer oder administrativer Art sind.[6] Beabsichtigt die Dienststelle eine Personalmaßnahme nach § 75 Abs. 1 Nr. 2, 3, 7 Buchst. a und Nr. 11, Abs. 2 Nr. 1 bis 3 und Abs. 3 Nr. 2, 3, 5 bis 7, die einen Beschäftigten i. S. d. Abs. 3 Hs. 1 betrifft, hat sie den Betroffenen nach Abs. 3 Hs. 2 i. V. m. § 76 Abs. 3 zuvor darüber rechtzeitig **in Kenntnis zu setzen** und ihn gleichzeitig **auf sein Antragsrecht hinzuweisen** (vgl. § 76 Rn. 14 f.). Hat der betroffene Beschäftigte die **Mitbestimmung beantragt**, richtet sich das weitere Verfahren nach §§ 76, 78 i. V. m. § 111. Kommt eine Einigung zwischen Intendant und PR nicht zustande, liegt nach § 78 Abs. 4 i. V. m. § 106 Abs. 3 S. 2 die Befugnis zur **Letztentscheidung** – nach Empfehlung der Einigungsstelle – beim Intendanten (vgl. § 78 Rn. 11, § 106 Rn. 4 f., § 111 Rn. 1 f.).

5. Weiterer Ausschluss der Mitbestimmung

6 **(Abs. 3 S. 2) Die** mit dem ÄndG 2013 eingefügte Vorschrift schließt die Mitbestimmung des PR b**ei Beschäftigten nach § 107 S. 1 Nr. 2 (arbeitnehmerähnliche Personen nach § 12a TVG) in allen Fällen des § 75 Abs. 1 bis 3 aus, soweit sie unmittelbar an der Programmgestaltung mitwirken**. Im Gesetzgebungsverfahren war zunächst beabsichtigt, die auf der Basis des § 12a TVG als sog. »feste Freie« beim SWR tätigen Personen sowie Personen, die nur auf Produktionsdauer beschäftigt sind, aus dem Kreis der Beschäftigten i. S. v. § 107 herauszuhalten, soweit sie **maßgeblich und verantwortlich an der Programmgestaltung mitwirken**.[7] Nach übereinstimmenden Stellungnahmen des Intendanten und des GPR ist dieser Personenkreis vom Geltungsbereich des § 107 S. 1 nicht ausgeschlossen worden, sondern es sind bei den sog. »festen Freien« lediglich zentrale Mitbestimmungstatbestände in personellen Angelegenheiten des § 75 Abs. 1 bis 3 von der Mitbestimmung ausgenommen worden. Betroffen sind auch hier Programmbeschäftigte i. S. v. § 2 Nr. 2 des Redaktionsstatuts des SWR, wenn sie **unmittelbar an der Programmgestaltung mitwirken.** Es kommt im Gegensatz zu den Programmbeschäftigten des S. 1 Hs. 2 bei ihnen nicht darauf an, dass sie an der Programmgestaltung verantwortlich beteiligt sind. Eine unmittelbare Beteiligung an der Programmgestaltung beim SWR reicht aus.

---

6 *BAG* v. 25. 8. 20 – 9 AZR 373/19 –, NZA 20, 1537, Rn. 24.v. 17. 4. 13 – 10 AZR 272/12 –, NZA 13, 903; *LAG Berlin-Brandenburg* v. 13. 4. 18 – 2 Sa 1565/17 –, ZUM 18, 895; Altvater-*Baunack,* § 116 Rn. 28a. E. m. w. N.

7 LT-Dr. 15/4224, S. 164 [zu § 100].

§ 111 Einigungsstelle

Kommt zwischen Dienststelle und Personalrat eine Einigung nicht zustande, kann von jeder Seite die Einigungsstelle angerufen werden; die §§ 77, 78 Absatz 1 Satz 1 und § 89 Absatz 1 finden keine Anwendung.

Vergleichbare Vorschriften:
§ 72 BPersVG; § 76 BetrVG

1 Aufgrund der **personalvertretungsrechtlichen Befugnisse der Intendantin oder des Intendanten** (vgl. § 106 Rn. 4) und des Ausschlusses des § 89 Abs. 1 nach § 111 Hs. 2 liegen die Voraussetzungen für das im **Mitbestimmungsverfahren** nach §§ 77, 78 Abs. 1 S. 1 vorgesehene Stufenverfahren beim SWR nicht vor. Nach § 111 S. 1 kann deshalb die **Einigungsstelle** unmittelbar **angerufen** werden, wenn zwischen der Dienststellenleitung und dem PR keine Einigung über eine der Mitbestimmung unterliegende Maßnahme zustande kommt. Da das allgemeine Stufenverfahren des § 77 i.V.m. § 89 Abs. 1 nach § 111 Hs. 2 keine Anwendung findet und die Intendantin bzw. der Intendant nach § 106 Abs. 3 damit der Funktion der obersten Dienstbehörde ausgestattet ist, hat auch das nach der Verfassung des SWR vorgesehene »oberste Organ« – je nach Aufgabenstellung der Rundfunkrat oder der Verwaltungsrat (vgl. §§ 13, 15 und 21 SWRStV 13) – im Verfahren vor der Einigungsstelle keine Befugnisse und ist auch nicht zu beteiligen.

2 Im Übrigen sind die Vorschriften des § 79 über die **Bildung, Zusammensetzung und Verhandlung** sowie Beschlussfassung der Einigungsstelle mit der Maßgabe anzuwenden, dass die Intendantin oder der Intendant an die Stelle des in § 89 Abs. 1 Nr. 1 genannten (obersten) Organs tritt.

3 Für die **Entscheidungen** der Einigungsstelle gilt § 78 Abs. 2 S. 1 und 4 uneingeschränkt. Das Evokationsrecht nach § 78 Abs. 2 S. 2 steht der Intendantin oder dem Intendanten nicht zu. Will sie oder er einen an sich nach § 78 Abs. 2 S. 2 grundsätzlich bindenden Beschluss der Einigungsstelle in Angelegenheiten des § 74 nicht hinnehmen, muss sie oder er ihn unverzüglich nach Zustellung der Landesregierung zur endgültigen Entscheidung vorlegen (vgl. § 106 Rn 5).[1]

4 In Angelegenheiten der eingeschränkten Mitbestimmung nach § 75 gibt die Einigungsstelle eine **Empfehlung** an die Intendantin oder den Intendanten in der Funktion als oberster Dienstbehörde i.S.v. § 106 Abs. 3 ab, wenn sie sich nicht seiner Auffassung in der Funktion als Dienststellenleiter anschließt. Die Intendantin oder der Intendant entscheidet sodann endgültig. Die Entscheidung ist zu begründen und der Einigungsstelle und der beteiligten Personalvertretung bekanntzugeben (§ 78 Abs. 4).[2]

---

1 So auch Rooschüz-*Bader*, § 111 Rn. 6.

2 Rooschüz-*Bader*, § 111 Rn. 7.

§ 112 Gesamtpersonalrat

(1) [1]Beim Südwestrundfunk wird ein Gesamtpersonalrat gebildet, der aus elf Mitgliedern besteht. [2]Er ist zuständig für die Behandlung von Angelegenheiten, die mehrere Dienststellen gemeinsam betreffen und nicht von den einzelnen Personalräten innerhalb ihrer Dienststelle geregelt werden können. [3]Soweit der Gesamtpersonalrat zuständig ist, ist er anstelle der Personalräte der Dienststellen zu beteiligen.
(2) Kommt eine Einigung mit dem Gesamtpersonalrat nicht zustande, gilt § 111 entsprechend.

Vergleichbare Vorschriften:
§ 116 Abs. 2 BPersVG; §§ 47 bis 52 BetrVG

Inhaltsübersicht

1. Bildung und Zusammensetzung des Gesamtpersonalrats

1 **(Abs. 1)** Abs. 1 ersetzt die Regelungen in § 54 Abs. 1 und 2 S. 2 sowie § 91 Abs. 8 über die Bildung und die Zuständigkeit eines **dienststellenübergreifenden GPR**. Im Bereich des SWR stehen die Dienststellen nicht im Verhältnis von Haupt- und Nebenstellen zueinander, sondern gleichrangig und gleichberechtigt nebeneinander, allerdings nach § 106 Abs. 3 S. 1 mit derselben Dienststellenleitung, nämlich der Intendantin oder dem Intendanten (vgl. § 106 Rn. 4). In S. 1 Hs. 2 ist festgelegt, dass der GPR beim SWR unabhängig von der Anzahl der dort in der Regel Beschäftigten aus **elf Mitgliedern** besteht. Nach dem insoweit anzuwendenden § 54 Abs. 2 S. 1 wird der GPR von den Beschäftigten aller drei Dienststellen des SWR gewählt. Die Amtszeit des GPR ist von der Amtszeit der örtlichen PR der drei Dienststellen unabhängig, weil es an der sonst aus § 5 Abs. 3 herrührenden Abhängigkeit von Nebenstellen zu einer Hauptdienststelle fehlt.[1]

2. Zuständigkeit des Gesamtpersonalrats

2 Die Regelung des Abs. 1 S. 2 über die **Zuständigkeit** des GPR weicht von der des § 91 Abs. 8 ab. Sie ist mehr mit der Abgrenzungsbestimmung des § 50

1 Altvater-*Baunack*, § 116 Rn. 9.

Abs. 1 S. 1 BetrVG vergleichbar, welche die Zuständigkeiten des Gesamtbetriebsrats regelt. Die Zuständigkeit des GPR hängt von **zwei Voraussetzungen** ab: Zum einen muss es sich um eine Angelegenheit handeln, die mehrere Dienststellen gemeinsam betrifft. Zum anderen darf diese Angelegenheit nicht von den einzelnen PR innerhalb ihrer Dienststelle geregelt werden können. Beide Voraussetzungen müssen **kumulativ** vorliegen.[2] Von einer **Angelegenheit, die mehrere Dienststellen gemeinsam betrifft**, ist auszugehen, wenn sie den SWR insgesamt oder mindestens zwei seiner Dienststellen gleichermaßen erfasst.[3] Die zweite Voraussetzung – das Vorliegen einer (mehrere Dienststellen gemeinsam betreffenden) **Angelegenheit, die nicht von den einzelnen PR innerhalb ihrer Dienststelle geregelt werden kann** – hat nicht »nur noch zusätzlich klarstellende Bedeutung«,[4] sondern bestimmt, dass die Vertretung durch den PR der Dienststelle wegen ihrer größeren Beschäftigtennähe Vorrang vor der des GPR haben soll.[5] Die fehlende Regelungsmöglichkeit der einzelnen PR ist allerdings bereits dann anzunehmen, wenn eine einheitliche Regelung innerhalb des SWR zwingend erforderlich ist, weil eine unterschiedliche Regelung sachlich oder rechtlich nicht zu rechtfertigen wäre.[6] Soweit der GPR nach Abs. 1 S. 2 zuständig ist, ist er nach Abs. 1 S. 3 **anstelle der PR** der Dienststellen zu beteiligen. Für eine Anwendung des § 91 Abs. 8 S. 2 ist kein Raum.[7]

3. Bildung einer Gesamtjugendvertretung

Im Unterschied zu § 116 Abs. 3 BPersVG enthalten die besonderen Vorschriften für den SWR keine Regelung über die Bildung einer **GJAV**. Wäre § 66 Abs. 1 unmittelbar anzuwenden, könnte eine GJAV nicht gebildet werden, weil § 5 Abs. 3 im Bereich des SWR nicht anwendbar ist (vgl. § 106 Rn. 3). Sachliche Gründe, den jugendlichen und auszubildenden Beschäftigten beim SWR ein dem GPR zugeordnetes Organ zur Vertretung ihrer spezifischen Interessen zu versagen, sind aber nicht ersichtlich. Es ist deshalb von einer Gesetzeslücke auszugehen, die dadurch zu schließen ist, dass § 66 Abs. 1 mit der Maßgabe entsprechend angewandt wird, dass die Bildung der GJAV lediglich davon abhängt, dass mindestens zwei JAV und der GPR bestehen. § 66 Abs. 2 und 3 ist auch im Bereich des SWR ohne Ausnahme 3

2 Vgl. DKW-*Deinert*, § 50 Rn. 25; *Fitting*, § 50 Rn. 15–17.
3 Vgl. DKW-*Deinert*, § 50 Rn. 28; *Fitting*, § 50 Rn. 18.
4 So aber Leuze-*Flintorp*, § 112 Rn. 2.
5 Vgl. DKW-*Deinert*, § 50 Rn. 41.
6 Vgl. i. E. *Fitting*, § 50 Rn. 20–27 m. N. der Rspr. des *BAG*; zu Einzelfällen s. auch DKW-*Deinert*, § 50 Rn. 65 ff.
7 Rooschüz-*Bader*, § 112 Rn. 3; a. A. Leuze-*Flintorp*, § 112 Rn. 3.

anwendbar. Für die Abgrenzung der Zuständigkeiten zwischen GJAV und JAV ist dagegen Abs. 1 S. 2 und 3 (also nicht § 91 Abs. 8 S. 1) entsprechend anzuwenden.

4. Bildung einer Gesamtschwerbehindertenvertretung

4 Die Regelung des Abs. 1 zieht für den Bereich des SWR die Bildung einer **Gesamtschwerbehindertenvertretung** nach sich. Das ergibt sich aus der Bestimmung des § 180 Abs. 1 SGB IX. Die Aufgaben und Befugnisse dieser Vertretung richten sich nach § 180 Abs. 6 SGB IX.

5. Einigungsstellenverfahren

5 **(Abs. 2)** Nach dem das **Mitbestimmungsverfahren** betreffenden Abs. 2 gilt § 111 entsprechend, wenn in einer zur Zuständigkeit des GPR gehörenden Angelegenheit eine Einigung mit dem GPR nicht zustande kommt. In einem solchen Fall können sowohl der GPR als auch die Intendantin oder der Intendant unter Ausschluss des Stufenverfahrens die Einigungsstelle anrufen (vgl. § 111 Rn. 1). Der Intendantin oder dem Intendanten ist dabei die Funktion des »obersten Organs« i. S. d. § 89 Abs. 1 S. 1 an Stelle des Rundfunk- bzw. Verwaltungsrats zugewiesen.[8] Das Evokationsrecht gegen Beschlüsse der Einigungsstelle aus § 78 Abs. 2 S. 2 kann sie oder er nicht ausüben, weil ihr oder ihm nach § 106 Abs. 3 S. 2 lediglich die Befugnisse der obersten Dienstbehörde, nicht aber die der Landesregierung i. S. d. § 89 Abs. 1 S. 1 Nr. 3 zustehen (vgl. § 106 Rn. 4 und 5).

5a Will die Intendantin oder der Intendant sich einem Einigungsstellenspruch mit an sich bindender Wirkung nicht beugen, weil eine Letztentscheidung durch die Landesregierungen zur Wahrung des Demokratieprinzips und der Rundfunkfreiheit unabweisbar notwendig ist (vgl § 78 Rn. 8),[9] muss der Beschluss der Einigungsstelle gemäß § 78 Abs. 2 S. 3 **unverzüglich**, also entsprechend § 121 BGB ohne schuldhaftes Zögern, nach seiner Zustellung der jeweiligen nach § 37 SWRStV im zweijährigen Wechsel rechtsausfsichtführenden Landesregierung von Baden-Württemberg oder Rheinland-Pfalz zur Entscheidung nach § 77 Abs. 2 vorgelegt werden.

6. Mitwirkungsverfahren

6 Der GPR kann gegen eine beabsichtigte mitwirkungspflichtige Maßnahme Einwendungen unter Mitteilung der Gründe innerhalb der Äußerungsfrist

---

8 Vgl. Leuze-*Wörz*, § 105 a. F. Rn. 6.

9 So auch *Welkoborsky u. a.*, § 66 Rn. 23.

des § 82 Abs. 4 erheben. Will die Intendantin oder der Intendant ihnen nicht oder nicht in vollem Umfang entsprechen, folgt aus den umfassenden personalvertretungsrechtlichen Funktionen der Intendantin oder des Intendanten, dass sie oder er nach § 89 Abs. 1 i. V. m. § 82 Abs. 6 dem GPR die Entscheidung unter Angabe der Gründe schriftlich oder elektronisch mitteilt und dass damit das Mitwirkungsverfahren beendet ist (vgl. § 106 Rn. 6).

Teil 17 Schlussvorschriften

§ 113 Übergangspersonalrat, Regelungen für Umbildungen von Dienststellen

(1) [1]Werden Dienststellen im Sinne von § 5 Abs. 1 vollständig in eine andere Dienststelle eingegliedert oder zu einer neuen Dienststelle zusammengeschlossen, wird ein Übergangspersonalrat gebildet. [2]Ihm gehören an:

1. bei einer Eingliederung
   der Personalrat der aufnehmenden Dienststelle, die Vorstände und die nicht einem Vorstand angehörenden stellvertretenden Vorsitzenden der Personalräte der eingegliederten Dienststellen,
2. bei einem Zusammenschluss
   die Vorstände und die nicht einem Vorstand angehörenden stellvertretenden Vorsitzenden der Personalräte der zusammengeschlossenen Dienststellen.

[3]Besteht ein Gesamtpersonalrat, treten in den Übergangspersonalrat statt der Mitglieder des Personalrats die entsprechenden Mitglieder des Gesamtpersonalrats ein. [4]Das lebensälteste Mitglied des Übergangspersonalrats nimmt die Aufgaben nach § 19 wahr. [5]Ersatzmitglieder sind die nicht eingetretenen Mitglieder und Ersatzmitglieder jeweils für die Mitglieder aus ihrem bisherigen Personalrat. [6]Bei einer Eingliederung tritt der Übergangspersonalrat an die Stelle des Personalrats oder, wenn ein solcher besteht, des Gesamtpersonalrats der aufnehmenden Dienststelle. [7]Im Übrigen gelten für den Übergangspersonalrat die Vorschriften dieses Gesetzes für Personalräte entsprechend.

(2) [1]Die Amtszeit des Übergangspersonalrats endet mit der Neuwahl eines Personalrats, spätestens mit Ablauf eines Jahres von dem Tag an gerechnet, an dem er gebildet worden ist. [2]Die Amtszeit wird über ein Jahr hinaus verlängert, wenn binnen weiterer fünf Monate regelmäßige Personalratswahlen stattfinden. [3]§ 23 Absatz 1 Nummer 1 findet keine Anwendung.

(3) [1]Wird aus Teilen des Geschäftsbereichs eines Ministeriums oder mehrerer Ministerien ein Ministerium neu gebildet, ist bis zur Wahl eines Personalrats, längstens jedoch auf die Dauer von sechs Monaten nach der Bekanntmachung der Landesregierung über die Abgrenzung der Geschäftsbereiche der Ministerien, der Personalrat bei dem Ministerium zu beteiligen, aus welchem die meisten Beschäftigten zu dem neu gebildeten Ministerium übergegangen sind. [2]Bei gleicher Anzahl übergegangener

Beschäftigter oder in Zweifelsfällen bestimmen die Ministerien, welche die maßgeblichen Geschäftsbereiche abgegeben haben, einvernehmlich den zu beteiligenden Personalrat; die Personalräte sind vor der Bestimmung anzuhören. [3]Befinden sich unter den übergegangenen Beschäftigten des neu gebildeten Ministeriums Beschäftigte, die unmittelbar vor der Bildung des neuen Ministeriums Mitglied in einem Personalrat waren, treten diese Beschäftigten bei der Behandlung von Angelegenheiten des neu gebildeten Ministeriums zu dem zu beteiligenden Personalrat mit Stimmrecht hinzu.

(4) [1]Bei Umbildungen von Dienststellen nach Absatz 1 bilden die bisherigen Jugend- und Auszubildendenvertretungen eine Übergangs-Jugend- und Auszubildendenvertretung. [2]Absatz 1 Satz 3 bis 7 und Absatz 2 und 2a gelten entsprechend.

(5) [1]Die Ministerien werden ermächtigt, für ihren Geschäftsbereich und die von ihnen beaufsichtigten Körperschaften, Anstalten und Stiftungen des öffentlichen Rechts im Benehmen mit dem Innenministerium durch Rechtsverordnung Vorschriften zu erlassen, welche die Personalvertretung und ihre Wahl insoweit sicherstellen oder erleichtern, als dies erforderlich ist, um Erschwernisse auszugleichen, die bei der Neubildung, Eingliederung oder Auflösung von Dienststellen entstehen, wenn andere als die in Absatz 1 genannten Umbildungen vorgenommen oder zugleich Übergangsbestimmungen für Stufenvertretungen in demselben Geschäftsbereich getroffen werden. [2]Ist kein Ministerium zuständig, erlässt das Innenministerium die Rechtsverordnung. [3]Es können dabei insbesondere Bestimmungen getroffen werden über

1. die Bildung von Übergangspersonalvertretungen, höchstens mit einer Amtszeit entsprechend Absatz 2,
2. die vorübergehende Fortführung der Geschäfte durch nicht weiterbestehende Personalvertretungen für längstens sechs Monate,
3. die Zuordnung von Mitgliedern von Personalvertretungen nicht weiterbestehender oder umgebildeter Dienststellen zu anderen Personalvertretungen,
4. die Voraussetzungen und den Zeitpunkt für die Neuwahl der Personalvertretungen,
5. die Änderung der Amtszeit der Personalvertretungen bis zu höchstens einem Jahr,
6. die Bestellung von Wahlvorständen.

Vergleichbare Vorschriften:
§ 29 BPersVG; §§ 21a, 21b BetrVG

Inhaltsübersicht Rn.

1. Vorbemerkungen

1 § 113 ist durch Art. 2 Nr. 6 des Gesetzes v. 3.5.05[1] **neu gefasst** worden, um außerordentliche PR-Wahlen unmittelbar nach der Umbildung von Dienststellen zu vermeiden und die Zahl von Rechtsverordnungen als Folge von Eingliederungen oder Zusammenlegungen von Dienststellen zu verringern.[2] Vergleichbare Vorschriften finden sich nun im neu geschaffenen **§ 29 BPersVG 2021**, ebenso in fast allen **anderen LPersVG**.[3] Mit dem ÄndG 2013 wurden die bisherigen Regelungen ergänzt und Abs. 3 für Fälle einer Neubildung eines Ministeriums eingefügt.[4]

2 Die **Abs. 1, 2 und 4** beziehen sich auf Veränderungen, bei denen von einer Umbildung in Form einer Eingliederung oder eines Zusammenschlusses **alle beteiligten Dienststellen vollständig betroffen** sind. Außerdem finden Abs. 1, 2 und 4 in allen Fällen der **Umwandlung** in selbstständige **Kommunalanstalten** nach § 48 LKrO, § 102aff. GemO Anwendung, wenn kein Fall einer Rekommunalisierung von Kapitalgesellschaften i.S.d. § 102c Abs. 3 GemO vorliegt.[5] Abs. 1, 2 und 4 gelten somit auch im Falle der Umwandlung von Eigenbetrieben in Kommunalanstalten. **Abs. 3** regelt den Fall der Neubildung eines Ministeriums, der von Abs. 1 nicht erfasst ist. **Abs. 5** enthält eine Ermächtigung zum Erlass von Rechtsverordnungen zur Sicherstellung oder Erleichterung der Personalvertretung und ihrer Wahl, wenn andere als die in Abs. 1 genannten Umbildungen vorgenommen werden. Werden in mehrstufigen Verwaltungen gleichzeitig auch Übergangsvorschriften für Stufenvertretungen getroffen, soll aufgrund des Abs. 5 für den

---

1 GBl. S. 321.

2 LT-Dr. 13/3783, S. 27ff. [zu Nr. 6].

3 Vgl. Altvater-*Herget*, § 29 Rn. 4.

4 LT-Dr. 15/4224, S. 165 [zu § 106].

5 Vgl. LT Dr. 15/7610, S. 43; *Altvater*, PersR 7–8/16, 37.

gesamten Verwaltungsbereich **eine alle Stufen erfassende einheitliche Regelung** geschaffen werden können.[6]

2. Eingliederung oder Zusammenschluss von Dienststellen

(Abs. 1) S. 1 sieht vor, dass kraft Gesetzes ein **Übergangs-PR** gebildet wird, 3
wenn **Dienststellen** i. S. v. § 5 Abs. 1 (§ 5 Rn. 4 ff.) vollständig – also nicht nur Teile von ihnen – in eine andere Dienststelle eingegliedert oder zu einer neuen Dienststelle zusammengeschlossen werden.

Eingliederung und Zusammenschluss sind Unterfälle der Zusammenlegung 3a
i. S. v. § 81 Abs. 1 Nr. 2 (vgl. § 81 Rn. 17) und § 72 Abs. 3 Nr. 10 (vgl. § 72 Rn. 10), wobei die Eingliederung wiederum ein Unterfall des Zusammenschlusses von Dienststellen ist. Zur Unterscheidung von Eingliederung und Zusammenschluss kann es angemessen sein, der Auswirkung der Zusammenfassung (der Dienststellen) auf die Zusammensetzung der Beschäftigten in der neuen Einheit maßgebliches Gewicht beizumessen. Danach kann eine **Eingliederung** vorliegen, wenn die aufnehmende Dienststelle wesentlich größer ist. Als Abgrenzungskriterium, was als wesentlich größer anzusehen ist, kann die gesetzliche Wertung für die Pflicht zur Neuwahl eines PR herangezogen werden (§ 23 Abs. 1 Nr. 1). Wird bei der Zusammenlegung die Schwelle des § 23 Abs. 1 Nr. 1 nicht erreicht, liegt keine Eingliederung, sondern ein **Zusammenschluss** i. S. d. § 113 Abs. 1 vor.[7]

Abs. 1 S. 2 regelt die **Zusammensetzung** des Übergangs-PR. Dieser besteht 3b
bei einer Eingliederung aus allen Mitgliedern des PR der aufnehmenden Dienststelle und aus denjenigen Mitgliedern der PR der eingegliederten Dienststellen, die in diesen PR Vorstandsmitglieder oder (ohne Vorstandsmitglied zu sein) stellvertretende Vorsitzende waren. **Bei einem Zusammenschluss** besteht er nur aus den Vorstandsmitgliedern und den (nicht dem Vorstand angehörenden) stellvertretenden Vorsitzenden der PR der zusammengeschlossen Dienststellen. Die nicht in den Übergangs-PR eintretenden Mitglieder der PR der beteiligten Dienststellen und die bisherigen Ersatzmitglieder dieser PR werden nach Abs. 1 S. 6 zu **Ersatzmitgliedern** des Übergangs-PR. Sie rücken gemäß § 27 ggf. für diejenigen Mitglieder des Übergangs-PR nach, die aus derselben Dienststelle vor der Umbildung stammen.[8]

---

6 LT-Dr. 13/3783, a. a. O.

7 Wiese-*Kreutz*, GK-BetrVG, § 21a Rn. 2.

8 LT-Dr. 13/3783, a. a. O.

3. Rechtsfolgen bei Bestehen eines Gesamtpersonalrats

4 **Besteht ein GPR**, so treten nach Abs. 1 S. 3 statt der Mitglieder des PR die entsprechenden Mitglieder des GPR in den Übergangs-PR ein. Dabei sind – wie in der Gesetzesbegründung[9] dargelegt – folgende Fallgestaltungen zu unterscheiden:

- **Bei Eingliederung:** Besteht bei der aufnehmenden Dienststelle ein GPR, bleiben die PR bei Haupt-, Außen- und Nebenstellen unverändert erhalten, lediglich der bisherige GPR wird in den Übergangs-PR übergeleitet. Dieser ist künftig immer dann zu beteiligen, wenn Maßnahmen geplant sind, die über den Bereich einer einzelnen Haupt-, Außen- und Nebenstelle hinausgehen – und hat demnach die **Stellung eines Übergangs-GPR** (vgl. § 91 Rn. 29f.). Besteht bei eingegliederten Dienststellen ein GPR, gehen die Haupt-, Außen- und Nebenstellen mit der Dienststelle unter und damit auch alle Personalvertretungen; lediglich die Vorstände und stellvertretenden Vorsitzenden der GPR wechseln kraft Gesetzes in den Übergangs-PR.
- **Bei Zusammenschluss:** Die Haupt-, Außen- und Nebenstellen der zusammengeschlossen Dienststellen gehen mit den Dienststellen unter und damit auch alle Personalvertretungen; lediglich die Vorstände und stellvertretenden Vorsitzenden der GPR wechseln kraft Gesetzes in den Übergangs-PR.

4. Konstituierung des Übergangspersonalrats

5 Der Übergangs-PR muss sich schon seiner neuen Zusammensetzung wegen **konstituieren**. Dafür bestimmt **Abs. 1 S. 4**, dass das **lebensälteste Mitglied** des Übergangs-PR die **Aufgaben nach § 19** wahrnimmt. Es hat dabei die Aufgaben wahrzunehmen, die sonst dem Wahlvorstand obliegen (vgl. § 19 Rn. 1ff.). Innerhalb von sechs Arbeitstagen nach der Eingliederung oder dem Zusammenschluss hat es die erste Sitzung des Übergangs-PR einzuberufen und diese zu leiten, bis der Übergangs-PR aus seiner Mitte einen Wahlleiter bestellt hat.[10]

5. Untergang des Personalrats bei Eingliederung

6 **S. 5** bestimmt, dass bei einer **Eingliederung** der Übergangs-PR an die Stelle des (damit untergehenden) PR (bzw. GPR) der aufnehmenden Dienststelle tritt. Für den **Zusammenschluss** bedarf es einer solchen Bestimmung nicht, weil der damit verbundene Untergang der bisherigen Dienststellen zugleich

9 LT-Dr. 13/3783, a.a.O.
10 Vgl. LT-Dr. 13/3783, a.a.O.

zum Untergang aller Personalvertretungen führt (vgl. Rn. 4). Die **Rechte und Pflichten des Übergangs-PR** sind umfassend. Sie erstrecken sich auf alle gesetzlichen Aufgaben und Befugnisse des PR bzw. GPR. Dazu gehört auch die **Bestellung eines Wahlvorstands** zur Wahl eines neuen PR bzw. GPR, die nach pflichtgemäßem Ermessen so rechtzeitig vorzunehmen ist, dass die Neuwahl vor dem in Abs. 2 festgelegten spätesten Ende seiner Amtszeit (vgl. Rn. 7) abgeschlossen ist.

6. Rechtliche Stellung des Übergangspersonalrats

S. 7 stellt klar, dass ein kraft Gesetzes für eine Übergangszeit gebildeter Übergangs-PR die gleiche rechtliche Stellung und die gleichen Aufgaben, Befugnisse und Pflichten hat, wie ein durch Wahl legitimierter PR. Nach der Gesetzesbegründung sollen durch S. 7 Unsicherheiten in der Praxis beseitigt werden, insbesondere dass der **SBV** Teilnahme- und Schutzrechte ebenso wie einem PR zustehen.[11] Entsprechendes muss dann für auch andere gelten, die ein Teilnahmerecht an PR-Sitzungen haben, z. B. die Beauftragte für Chancengleichheit (zum Teilnahmerecht der JAV s. Rn. 8). **6a**

7. Amtszeit des Übergangspersonalrats

(Abs. 2) Die Bestimmung regelt die **Amtszeit** des Übergangs-PR. Nach Abs. 2 S. 1 **endet** sie mit der **Neuwahl** eines PR (vgl. § 22 Rn. 2), spätestens mit **Ablauf eines Jahres** von dem Tag an gerechnet, an dem er gebildet worden ist. Für den Beginn der Jahresfrist kommt es nicht auf den Tag der Konstituierung des Übergangs-PR an, sondern auf den Tag der (durch die Eingliederung oder den Zusammenschluss bewirkten) Bildung der neuen Dienststelle, weil schon an diesem Tag der Übergangs-PR kraft Gesetzes entstanden ist.[12] Nach Abs. 2 S. 2 wird die Amtszeit über ein Jahr hinaus **verlängert**, wenn **binnen weiterer fünf Monate regelmäßige PR-Wahlen** stattfinden. Die Amtszeit endet dann mit der Neuwahl, spätestens mit Ablauf des Zeitraums dieser regelmäßigen PR-Wahlen. Findet die Neuwahl innerhalb eines Jahres vor den nächsten regelmäßigen PR-Wahlen statt, ist die erneute Wahl nach **§ 22 Abs. 3 S. 2** erst im übernächsten Zeitraum der regelmäßigen PR-Wahlen durchzuführen (vgl. § 22 Rn. 7 f.).[13] **§ 23 Abs. 1 Nr. 1**, der eine Neuwahl bei einer erheblichen Veränderung der Beschäftigtenzahl vorsieht (vgl. § 23 Rn. 2), findet gem. Abs. 2 S. 3 keine Anwendung. **7**

11 LT-Dr. 15/4224, S. 165 [zu § 106].

12 So auch Rooschüz-*Bader*, § 113 Rn. 15.

13 LT-Dr. 13/3783, S. 27 ff. [zu Nr. 6].

8. Ersatzzuständigkeit bei Neubildung eines Ministeriums

7a **(Abs. 3)** Bei Neubildung eines Ministeriums, die oftmals in Folge einer Regierungsumbildung erfolgt, finden i.d.R. die Vorschriften über die vollständige Eingliederung oder den Zusammenschluss von Dienststellen (nach Abs. 1) keine Anwendung.[14] Um eine personalvertretungslose Zeit in einem neu gebildeten Ministerium zu vermeiden, ohne dass dazu eine besondere Rechtsverordnung nach Abs. 5 erlassen werden muss, räumt Abs. 3 S. 1 dem **PR des Ministeriums, aus dem die meisten Beschäftigten** in das neu gebildete Ministerium übergehen, eine befristete Vertretungsbefugnis für die neue Dienststelle ein. Bei gleicher Stärke des übergegangenen Personalkörpers oder in Zweifelsfällen, etwa wenn aufgrund noch ausstehender Personalveränderungsmaßnahmen die Zahl übergehender Beschäftigter noch nicht feststeht, haben sich die **abgebenden Ministerien** gemäß S. 2 nach **Anhörung der beteiligten PR** auf einen PR zu **einigen**, den sie als zuständig bestimmen. Die Wahl eines eigenen PR bei dem neu gebildeten Ministerium beendet die Ersatzzuständigkeit des bisherigen PR (S. 1). Die Ersatzzuständigkeit endet, wenn bei dem neu gebildeten Ministerium innerhalb von **sechs Monaten** kein Personalrat gewählt ist. Die Frist für die Vertretungsdauer beginnt nach S. 1 mit dem Zeitpunkt der Bekanntmachung der Landesregierung über die Abgrenzung der Geschäftsbereiche der Ministerien, nicht mit deren Wirksamkeit. Sofern unter den Beschäftigten des neu gebildeten Ministeriums Mitglieder eines bisherigen PR sind, nehmen diese nach S. 3 in Angelegenheiten dieses Ministeriums an der Sitzung des Übergangs-PR mit Stimmrecht teil. Dabei kann es sich nach der Gesetzesbegründung auch um Beschäftigte handeln, die bisher in dem die Ersatzzuständigkeit ausübenden PR nicht Mitglied waren, sondern aus einem anderen Geschäftsteil des neuen Ministeriums stammen.

9. Jugend- und Auszubildendenvertretungen

8 **(Abs. 4)** Bei Umbildungen von Dienststellen nach Abs. 1 – d.h. bei deren vollständiger Eingliederung in eine andere Dienststelle oder bei ihrem vollständigen Zusammenschluss (vgl. Rn. 3) – bilden die bisherigen JAV nach Abs. 4 S. 1 eine **Übergangs-JAV**. Dafür gelten die Vorschriften für den Übergangs-PR in Abs. 1 S. 3 bis 7, Abs. 2 und 3 entsprechend, nicht jedoch die Regelung des Abs. 1 S. 2 mit der Folge, dass die Übergangs-JAV aus allen Mitgliedern der bisherigen JAV besteht. Die Übergangs-JAV hat ggf. entsprechend Abs. 1 S. 3 die Stellung einer **Übergangs-GJAV**.

---

14 LT-Dr. 15/4224, S. 165 [zu § 106].

10. Ermächtigung zum Erlass von Rechtsverordnungen

(Abs. 5) Werden andere als die in Abs. 1 bezeichneten (vollständigen) Umbildungen von Dienststellen vorgenommen[15] oder werden bei Umbildungen i. S. v. Abs. 1 zugleich Übergangsbestimmungen für Stufenvertretungen in demselben Geschäftsbereich getroffen, so sind die jeweiligen **Ministerien für ihren Geschäftsbereich**, allerdings **im Benehmen mit dem Innenministerium** (IM) ermächtigt, durch **Rechtsverordnung** Vorschriften zur **Sicherstellung oder Erleichterung der Personalvertretung und ihrer Wahl** zu erlassen. Die Regelungskompetenz besteht auch für die von dem jeweiligen Ministerium beaufsichtigten Körperschaften, Anstalten und Stiftungen des öffentlichen Rechts. Sofern kein Ministerium zuständig ist, besteht nach S. 2 für das Innenministerium die Auffangzuständigkeit. Anders als die Vorschriften der Abs. 1 bis 4 gilt die Verordnungsermächtigung des Abs. 4 für **alle Arten von Personalvertretungen** (PR, GPR, BPR, HPR und APR sowie JAV, Stufen-JAV und GJAV). Die möglichen **Regelungsgegenstände** sind in Abs. 5 S. 3 beispielhaft aufgeführt (vgl. Rn. 10a).[16] Die Ermächtigung des IM ist im Hinblick auf das Bestimmtheitsgebot des Art. 61 Abs. 1 S. 2 LVerf aber dadurch begrenzt, dass die Bestimmungen nach Abs. 5 S. 1 **erforderlich** sein müssen, um Erschwernisse auszugleichen, die sich für die Personalvertretung aus der Umbildung ergeben. Daraus folgt, dass es z. B. unzulässig wäre, gesetzliche Vorschriften über die Beteiligung des PR für nicht oder für nur eingeschränkt anwendbar zu erklären. Außerdem dürfen Verordnungen nach Abs. 5 nur für eine **Übergangszeit** gelten, die den zeitlichen Rahmen des Abs. 2 nicht überschreiten darf. 9

Der Gesetzgeber kann personalvertretungsrechtliche Übergangsregelungen, 10 die bei der Umbildung von Dienststellen erforderlich sind, auch in einem **Gesetz im formellen Sinn** festlegen, dessen Regelungen den Vorschriften der Abs. 1 bis 3 vorgehen und Verordnungen i. S. v. Abs. 5 entbehrlich machen.[17] **§ 91 Abs. 7**, der lediglich eine vorübergehende Ersatzzuständigkeit der Stufenvertretung vorsieht (vgl. § 91 Rn. 27 f.), ist keine gesetzliche Regelung, die eine Verordnung nach Abs. 5 ausschließt. Sie ist nur dann anzuwenden, wenn keine Umbildung i. S. v. Abs. 1 S. 1 vorliegt und personalvertretungsrechtliche Übergangsvorschriften weder in einem Gesetz im formellen Sinne noch in einer Rechtsverordnung i. S. v. Abs. 4 erlassen worden sind.[18]

15 Z. B. Ausgliederung eines Teils einer Körperschaft unter Umbildung in einen Eigenbetrieb, vgl. GBl. BW 2021, S. 418.

16 Vgl. Verordnung des Innenministeriums zur Sicherstellung der Personalvertretung beim Eigenbetrieb »Gebäudemanagement Landkreis Böblingen« v. 20. 4. 21, GBl. 2021, S. 418.

17 Vgl. LT-Dr. 13/3783, a. a. O.

18 Vgl. Rooschüz-*Bader*, § 113 Rn. 25; Rooschüz-*Gerstner-Heck*, § 91 Rn. 21.

10a Dementsprechend ist die in **S. 3** enthaltene beispielhafte Aufzählung möglicher **Regelungsgegenstände** (vgl. Rn. 9) einer Sicherstellungsverordnung auch im Hinblick auf eine einheitliche Verfahrensweise bei mehreren Verordnungsgebern zeitlich eingeschränkt.[19] Der Gesetzgeber weist zur Begründung ausdrücklich darauf hin, dass eine Sicherstellungsverordnung der Übergangspersonalvertretung nicht dieselbe Legitimation verleihen kann, wie die Wahl durch die Beschäftigten. Eine Sicherstellungsverordnung hat nach S. 3 n. F. bei der Bildung eines Übergangs-PR die Höchstzeiten für eine Amtszeit entsprechend Abs. 2 zu beachten, also bei der Festlegung eines Restmandats zur Weiterführung der Geschäfte durch nicht weiterbestehende Personalvertretungen die zeitliche Begrenzung auf längstens sechs Monate (S. 3 Nr. 2) und bei Änderung (Verlängerung) der Amtszeit der Personalvertretungen die Begrenzung bis zu höchstens einem Jahr.

11. Restmandat des Personalrats

11 Von § 113 unberührt bleibt das **Restmandat** des PR einer aufgelösten Dienststelle. Dieses besteht darin, bestimmte mit dem Wegfall der Dienststelle verbundene, noch fortbestehende Aufgaben abzuwickeln. Dazu kann z. B. die Ausübung des Mitbestimmungsrechts bei der Aufstellung eines Sozialplans nach § 74 Abs. 2 Nr. 9 gehören, aber auch die Geltendmachung von Kostenerstattungsansprüchen einzelner PR-Mitglieder nach § 41 Abs. 1. Diese Aufgaben gehen auf den PR (oder Übergangs-PR) der neuen Dienststelle nicht über, weil dieser nicht der Rechts- oder Funktionsnachfolger des PR der aufgelösten Dienststelle ist.[20] Die rechtliche Existenz eines PR, der durch die Auflösung der Dienststelle weggefallen ist, wird zur Wahrnehmung des Restmandats, u. a. zur Durchführung von personalvertretungsrechtlichen Beschlussverfahren, fingiert.[21] Für den öffentlichen Dienst des Bundes sieht § 29 BPersVG nunmehr ein Restmandat ausdrücklich vor.[22]

§ 114 Wahlordnung, Verwaltungsvorschriften

(1) Zur Regelung der in den §§ 8 bis 20, 22, 23, 54, 55 und 58 bis 62 bezeichneten Wahlen erlässt die Landesregierung durch Rechtsverordnung Vorschriften über

---

19 LT-Dr. 15/4224, S. 166 [zu § 106]. Durch die zeitlichen Begrenzungen sollen nach dem Willen des Gesetzgebers auch Wertungswidersprüche zu Abs. 2 und § 91 Abs. 7 vermieden werden.

20 Vgl. *BVerwG* v. 3. 10. 83 – 6 P 23.81 –, Buchh 238.3A § 83 Nr. 22; *BayVGH* v. 5. 4. 95 – 18 P 94.2942 –, PersR 95, 436.

21 *BVerwG* v. 11. 7. 96 – 6 P 45.95 –, PersR 97, 22.

22 Vgl. dazu Altvater-*Herget*, § 29 Rn. 14, 15 m. w. N.

1. **die Vorbereitung der Wahl, insbesondere die Aufstellung der Wählerlisten und die Errechnung der Vertreterzahl,**
2. **die Frist für die Einsichtnahme in die Wählerlisten und die Erhebung von Einsprüchen,**
3. **die Vorschlagslisten und die Frist für ihre Einreichung,**
4. **das Wahlausschreiben und die Fristen für seine Bekanntmachung,**
5. **die Stimmabgabe,**
6. **die Feststellung des Wahlergebnisses und die Fristen für seine Bekanntmachung,**
7. **die Aufbewahrung der Wahlakten,**
8. **die Nutzung elektronischer Informations- und Kommunikationstechnik, insbesondere für die Bekanntmachungen des Wahlvorstands, die Vorbereitung der Wahl und die Ermittlung und Feststellung des Wahlergebnisses.**

(2) Absatz 1 gilt entsprechend für die Vorabstimmungen nach § 12 Absatz 1 und § 13 Absatz 2.

(3) Die zur Ausführung dieses Gesetzes erforderlichen Verwaltungsvorschriften erlässt das zuständige Ministerium im Einvernehmen mit dem Innenministerium.

Vergleichbare Vorschriften:
§ 129 BPersVG; § 126 BetrVG

(Abs. 1, 2) In Abs. 1 wird die **Landesregierung** ermächtigt, durch **Rechtsverordnung** Vorschriften zur Regelung der in den §§ 8 bis 20, 22, 23, 54, 55 und 58 bis 62 bezeichneten **Wahlen** zu erlassen. Dabei handelt es sich um die Wahlen des PR (§§ 8 bis 20), des GPR (§ 54), des BPR und des HPR (§ 55), des APR (§ 58) und der JAV (§§ 59–62). In Abs. 2 ist klargestellt, dass Abs. 1 für die **Vorabstimmungen** nach § 12 Abs. 1 und § 13 Abs. 2 entsprechend gilt. Aufgrund der Ermächtigung in Abs. 1 ist die **Wahlordnung** zum Landespersonalvertretungsgesetz (LPVGWO) v. 14.10.96[1], zul. geänd. durch Art. 1 der Verordnung der Landesregierung zur Änderung der Wahlordnung zum LPVG vom 28.1.2014[2], erlassen worden. Die Wahlordnung ist am 12.3.15 neu bekannt gemacht worden.[3] Sie ist im **Anhang 2** abgedruckt. Die LPVGWO ist der **Wahlordnung zum Bundespersonalvertretungsgesetz** (BPersVWO) i.d.F. v. 1.12.94[4], zuletzt geändert durch 1

1 GBl. S 677.
2 GBl. S. 67.
3 GBl. S. 260.
4 BGBl. I S. 3653.

Art. 23 des Gesetzes v. 9.6.21[5], nachgebildet. Sie stimmt damit allerdings nicht in jeder Hinsicht überein, insbesondere nicht mit den Regelungen zur Mehrheits- und Verhältniswahl. Soweit dies aber der Fall ist, können zur Klärung von Zweifelsfragen die Erläuterungen der BPersVWO herangezogen werden.[6]

2 Mit dem ÄndG 2013 ist die Vorschrift um die Nr. 8 ergänzt worden. Weil der bisherige Ausschluss elektronischer Verfahrensschritte nicht mehr einer im Wahlverfahren von Personalvertretungen modernen Arbeitsumgebung in den meisten Dienststellen entsprach, ist einem Bedürfnis der Praxis nachgekommen worden, die bislang ausschließlich schriftlich zugelassenen Verfahren durch die Nutzung elektronischer Medien zu vereinfachen und zu beschleunigen. Um dem Bestimmtheitsgebot nachzukommen, ist die Ermächtigung zum **Erlass der Wahlordnung** mit der neuen Nr. 8 um die Zulassung elektronischer Formen der Information der Beschäftigten und der Kommunikation von Wahlorganen erweitert worden.[7]

3 **(Abs. 3)** Im Unterschied zum BPersVG legt Abs. 3 fest, dass das jeweils **zuständige Ministerium** im Einvernehmen mit dem **Innenministerium** die zur Ausführung des LPVG erforderlichen **Verwaltungsvorschriften** erlässt. Vergleichbare Regelungen finden sich lediglich in vier **anderen LPersVG** (BY: Art. 90 Abs. 1; BE: § 98 Abs. 2; RP: § 125 Abs. 2; SL: § 115 Abs. 3). Die Verwaltungsvorschriften haben aber nur verwaltungsinterne **Bedeutung**. Sie binden weder die Personalvertretungen noch die Gerichte.[8] Etwas anderes gilt nur, soweit das Gesetz ausdrücklich dazu ermächtigt, eine bestimmte Sachfrage durch Verwaltungsvorschrift zu regeln; solche Ermächtigungen finden sich in § 8 Abs. 2 S. 2 und § 98 Abs. 1 S. 2 (vgl. § 8 Rn. 15 u. § 98 Rn. 5). Derartige Verwaltungsvorschriften können jedoch im Rahmen eines gerichtlichen Verfahrens – z. B. eines personalvertretungsrechtlichen Beschlussverfahrens gem. § 92 – auf ihre Vereinbarkeit mit dem LPVG und anderen Rechtsvorschriften überprüft werden.

§ 115 Religionsgemeinschaften

Dieses Gesetz findet keine Anwendung auf Religionsgemeinschaften und ihre karitativen und erzieherischen Einrichtungen, die kraft Satzung Teil einer Religionsgemeinschaft sind, ohne Rücksicht auf ihre Rechtsform; ihnen bleibt die selbständige Ordnung eines Personalvertretungsrechts überlassen.

---

5 BGBl. I S. 1614.

6 Vgl. z. B. die Kommentierung bei Altvater-*Noll* und Altvater-*Baunack/Noll*, Anh. I.

7 LT-Dr. 15/4224, S. 166 [zu § 107].

8 Vgl. *BVerwG* v. 7.12.94 – 6 P 36.93 –, PersR 95, 179; *Coulin*, PersR 95, 317.

Vergleichbare Vorschriften:
§ 1 Abs. 2 BPersVG; § 118 Abs. 2 BetrVG

Während **§ 118 Abs. 2 BetrVG** bestimmt, dass auf die privatrechtlichen Religionsgemeinschaften und die in privater Rechtsform geführten karitativen und erzieherischen Einrichtungen der Religionsgemeinschaften das BetrVG keine Anwendung findet, regelt **§ 1 Abs. 2 BPersVG**, dass das BPersVG nicht für die öffentlich-rechtlichen Religionsgemeinschaften und deren öffentlich-rechtlich organisierte Einrichtungen karitativer und erzieherischer Art gilt. Der durch das ÄndG 1995 in das LPVG eingefügte **§ 115 LPVG** stimmt inhaltlich mit § 1 Abs. 2 BPersVG überein und hat trotz Verschiebung des § 112 BPersVG a. F. als Schlussvorschrift in der Funktion als damit für die Länder geltende Rechtsnorm, die diese am Erlass abweichender personalvertretungsrechtlicher Vorschriften gehindert hat,[1] wegen Art. 140 GG i. V. m. Art. 137 Abs. 1, 3 WRV als durch Landesrecht nicht abänderbares Bundesverfassunmgsrecht weiterhin nur deklaratorische Bedeutung.[2] Die Ausnahmevorschriften des § 1 Abs. 2 BPersVG und des § 115 LPVG gelten nicht für **kirchliche Wirtschaftsbetriebe**.[3] Dennoch sind öffentlich-rechtlich organisierte Wirtschaftsbetriebe mit Sitz in Baden-Württemberg in den Geltungsbereich des LPVG nicht einbezogen, weil § 1 LPVG zu eng gefasst ist (vgl. § 1 Rn. 15).[4] 1

Nach dem zweiten Halbsatz des § 1 Abs. 2 BPersVG und des § 115 LPVG bleibt den Religionsgemeinschaften die **selbständige Ordnung eines PersVR** überlassen. Dabei ist es ihnen freigestellt, ob sie die Bestimmungen des BPersVG oder des LPVG ganz oder teilweise für sinngemäß anwendbar erklären oder ob sie eigenständige Regelungen treffen. Die **römisch-katholische Kirche** und die **evangelischen Kirchen** haben durch autonome kirchengesetzliche Regelungen jeweils ein eigenes **Mitarbeitervertretungsrecht** erlassen.[5] 2

§ 116 Inkrafttreten

(1) [1]Dieses Gesetz tritt am 1. August 1958 in Kraft mit Ausnahme des § 87, der erst am 1. November 1958 in Kraft tritt.[1] [2]Bis dahin sind für

1 Vgl. *Altvater*, § 112 a. F. Rn. 1 ff. m. w. N.; Leuze-*Flintorp*, § 115 Rn. 1.
2 Fischer-*Gronimus*, § 1 Rn. 96; LT-Dr. 11/6312, S. 62 [zu Nr. 58].
3 Vgl. *BayVGH* v. 13. 9. 89 – Nr. 17 89.00759 –, PersR 90, 72, u. v. 16. 6. 99 – 17 P 98.1241 –, PersR 00, 20.
4 Altvater-*Dierßen*, § 1 Rn. 62.
5 Vgl. Altvater-*Dierßen*, § 1 Rn. 68 ff. m. w. N.

1 [Amtliche Fußnote:] Diese Vorschrift betrifft das Inkrafttreten des Gesetzes in der ursprünglichen Fassung vom 30. Juni 1958 (GBl. S. 175).

die nach diesem Gesetz zu treffenden Entscheidungen die bestehenden Verwaltungsgerichte und Verwaltungsgerichtshöfe nach den zur Zeit geltenden verwaltungsgerichtlichen Verfahrensvorschriften zuständig.
(2) *Nicht abgedruckt.*

Vergleichbare Vorschriften:
Art. 25 des Gesetzes zur Novellierung des BPersVG; §§ 130, 131 BPersVG; §§ 129, 132 BetrVG

1 Der in die Bekanntmachung der Neufassung des LPVG BW v. 1.2.1996 übernommene Paragraf stammt aus der ursprünglichen Fassung des Gesetzes, dem **Personalvertretungsgesetz für das Land Baden-Württemberg (Landespersonalvertretungsgesetz) v. 30.6.1958.**[2] Er ist durch Zeitablauf gegenstandslos geworden. Das gilt sowohl für die in Abs. 1 S. 1 getroffene Regelung über das **Inkrafttreten** dieses Gesetzes als auch für die in Abs. 1 S. 2 enthaltene **Übergangsvorschrift** und auch für die in Abs. 2 festgelegte **Aufhebung vertretungsrechtlicher Vorschriften**, die von den früheren Ländern Württemberg-Baden, Baden und Württemberg-Hohenzollern erlassen worden waren.

2 Das Stammgesetz v. 30.6.1958 (vgl. Rn. 1) wurde in der Folgezeit **wiederholt geändert und neu bekannt gemacht**, und zwar durch:
- § 84 des Landesrichtergesetzes (LRiG) v. 25.2.1964 (GBl. S. 79),
- das Gesetz zur Änderung des Landespersonalvertretungsgesetzes v. 22.4.1968 (GBl. S. 149),
- die Bekanntmachung der **Neufassung** des Personalvertretungsgesetzes für das Land Baden-Württemberg (Landespersonalvertretungsgesetz) v. **27.5.1968** (GBl. S. 207),
- Art. 9 des Gesetzes zur Anpassung des Landesrechts an das Erste Gesetz zur Reform des Strafrechts v. 7.4.1970 (GBl. S. 124),
- Art. I Nr. 3 des Gesetzes über die Änderung von Zuständigkeiten der Ministerien v. 14.3.1972 (GBl. S. 65),
- § 2 des Gesetzes zur Änderung des Landesrichtergesetzes v. 14.3.1972 (GBl. S. 85),
- das Gesetz zur Änderung des Personalvertretungsgesetzes für das Land Baden-Württemberg (Landespersonalvertretungsgesetz – LPVG –) v. 8.7.1975 (GBl. S. 525),
- die Bekanntmachung der **Neufassung** des Personalvertretungsgesetzes für das Land Baden-Württemberg (Landespersonalvertretungsgesetz – LPVG –) v. **1.10.1975** (GBl. S. 693),
- das Gesetz zur Änderung des Landespersonalvertretungsgesetzes v. 14.12.1976 (GBl. S. 623),

---
2 GBl. S. 175.

- § 142 Abs. 3 des Gesetzes über die Universitäten im Lande Baden-Württemberg (Universitätsgesetz – UG –) v. 22. 11. 1977 (GBl. S. 473),
- Art. 1 Nr. 26 des Gesetzes zur Anpassung von Gesetzen an die geänderten Geschäftsbereiche der Ministerien v. 30. 5. 1978 (GBl. S. 286),
- Art. 7 des Sechsten Gesetzes zur Änderung des Landesbeamtengesetzes v. 9. 12. 1980 (GBl. S. 595),
- Art. 2 des Gesetzes zur Regelung der Personalvertretung der Arbeitnehmer des Südwestfunks v. 21. 11. 1983 (GBl. S. 705),
- Art. 5 der Verordnung des Innenministeriums zur Anpassung des Landesrechts an die geänderten Geschäftsbereiche und Bezeichnungen der Ministerien v. 19. 3. 1985 (GBl. S. 71),
- das Gesetz zur Änderung des Landespersonalvertretungsgesetzes v. 14. 7. 1986 (GBl. S. 222),
- Art. 2 des Gesetzes zur Änderung des Schulgesetzes für Baden-Württemberg, des Landespersonalvertretungsgesetzes und des Landesbesoldungsgesetzes v. 22. 2. 1988 (GBl. S. 53),
- Art. 2 der Dritten Verordnung des Innenministeriums zur Anpassung des Landesrechts an die geänderten Geschäftsbereiche und Bezeichnungen der Ministerien (3. Anpassungsverordnung) v. 13. 2. 1989 (GBl. S. 101),
- das Gesetz zur Änderung des Landespersonalvertretungsgesetzes v. 29. 10. 1990 (GBl. S. 317),
- die Bekanntmachung der **Neufassung** des Landespersonalvertretungsgesetzes v. **20. 12. 1990** (GBl. S. 37),
- das Gesetz zur Änderung des Landespersonalvertretungsgesetzes v. 21. 12. 1995 (GBl. S. 879),
- Art. 2 des Gesetzes zur Durchsetzung der tatsächlichen Gleichberechtigung von Frauen und Männern (Landesgleichberechtigungsgesetz – LGlG –) v. 21. 12. 1995 (GBl. S. 890),
- die Bekanntmachung der **Neufassung** des Landespersonalvertretungsgesetzes v. **1. 2. 1996** (GBl. S. 205),
- Art. 1 des Gesetzes zur Änderung des Landespersonalvertretungsgesetzes v. m 12. 2. 1997 (GBl. S. 26),
- Art. 4 des Gesetzes zu dem Staatsvertrag über den Südwestrundfunk vom 21. 7. 1997 (GBl. S. 297),
- Art. 3 des Hochschulmedizinreform-Gesetzes v. 24. 11. 1997 (GBl. S. 474, 481),
- Art. 4 des Gesetzes zur Änderung des Landesbeamtengesetzes und anderer Vorschriften v. 15. 12. 1997 (GBl. S. 522, 532),
- Art. 10 des Gesetzes zur Änderung hochschulrechtlicher Vorschriften v. 6. 12. 1999 (GBl. S. 517, 609),
- Art. 5 des Gesetzes zur Neuordnung der Straßenbauverwaltung v. 19. 11. 2002 (GBl. S. 439, 441),

- Art. 18 des Verwaltungsstruktur-Reformgesetzes v. 1.7.2004 (GBl. S. 469, 487),
- Art. 8 des Zweiten Hochschulrechtsänderungsgesetzes v. 1.1.2005 (GBl. S. 1, 63),
- Art. 2 des Gesetzes zur Änderung des Landesbeamtengesetzes, des Landespersonalvertretungsgesetzes und anderer Vorschriften v. 3.5.2005 (GBl. S. 321, 324),
- Art. 3 des Gesetzes zur Verwirklichung der Chancengleichheit von Frauen und Männern im öffentlichen Dienst des Landes Baden-Württemberg und zur Änderung anderer Gesetze v. 11.10.2005 (GBl. S. 650, 657),
- Art. 1 des Gesetzes zur Änderung des Landespersonalvertretungsrechts v. 11.10.2005 (GBl. S. 658),
- Art. 6 des Gesetzes zur Umsetzung der Föderalismusreform im Hochschulbereich v. 20.11.2007 (GBl. S. 505, 515),
- Art. 11 des Verwaltungsstrukturreform-Weiterentwicklungsgesetzes v. 14.10.2008 (GBl. S. 313, 324),
- Art. 3 des Gesetzes zur Neuordnung des Landesdisziplinarrechts v. 14.10.2008 (GBl. S. 343, 354),
- Art. 6 des Zweiten Gesetzes zur Umsetzung der Föderalismusreform im Hochschulbereich v. 3.12.2008 (GBl. S. 435, 457),
- Art. 4 des KIT-Zusammenführungsgesetzes v. 14.7.2009 (GBl. S. 317, 331),
- Art. 4 des Gesetzes zur Änderung des Landesverwaltungsverfahrensgesetzes und anderer Gesetze v. 30.7.2009 (GBl. S. 363, 365),
- Art. 3 des Gesetzes zur Änderung des Schulgesetzes für Baden-Württemberg und anderer Gesetze v. 30.7.2009 (GBl. S. 365, 367),
- Art. 6 des Dienstrechtsreformgesetzes v. 9.11.2010 (GBl. S. 793, 955),
- Art. 5 des Universitätsmedizingesetzes v. 7.2.2011 (GBl. S. 47, 63),
- Art. 4 des UniMed-Rückabwicklungsgesetzes v. 22.11.2011 (GBl. S. 501, 503),
- Art. 35 der Achten Verordnung des Innenministeriums zur Anpassung des Landesrechts an die geänderten Geschäftsbereiche und Bezeichnungen der Ministerien v. 25.1.2012 (GBl. S. 65, 69),
- Art. 4 des Gesetzes zur Änderung des Schulgesetzes für Baden-Württemberg und anderer Gesetze v. 24.4.2012 (GBl. S. 209, 212),
- Art. 3 des KIT-Weiterentwicklungsgesetzes v. 22.5.2012 (GBl. S. 327, 333),
- Art. 12 des Polizeistrukturreformgesetzes v. 23.7.2013 (GBl. S. 233, 239),
- Art. 1 des Gesetzes zur Änderung des Landespersonalvertretungsgesetzes, dem Landesrichter- und -staatsanwaltsgesetzes und anderer Vorschriften v. 3.12.2013 (GBl. S. 329, ber. 2014 S. 76) und
- die Bekanntmachung der **Neufassung** des Landespersonalvertretungsgesetzes **v. 12.3.2015** (GBl. S. 221), dieses geändert durch

- Art. 4 des Gesetzes vom 21.7.2015 (GBl. S. 645, 653), betreffend §§ 75 und 98,
- Art. 2 des Gesetzes vom 6.10.2015 (GBl. S. 842, 851), betreffend §§ 31, 54 und 55 und
- Art. 19 des Gesetzes vom 12.6.2018 (GBl. S. 173, 191), betreffend §§ 32, 71 und 76,
- Art. 30 des Gesetzes vom 19.2.2019 (GBl. S. 37, 52), betreffend § 98,
- Art. 21 des Gesetzes vom 11.2.2020 (GBl. S. 37, 40),
- Art. 2 und 4 des Gesetzes vom 12.11.2020 (GBl. S. 1046, 1047, betreffend §§ 34–36,
- Art. 5 des Gesetzes vom 4.2.2021 (GBl. S. 83, 110), betreffend §§ 99 und 101, i. V. m. Art. 8 Abs. 2 des Zweiten Gesetzes zur Weiterentwicklung des Karlsruher Instituts für Technologie (Zweites KIT-Weiterentwicklungsgesetz – 2. KIT-WG) vom 4.2.2021 (GBl. S. 83, 111),
- Art. 3 der Verordnung vom 21.12.2021 (GBl. 2022, S. 1), betreffend § 104 und
- Art. 5 des Gesetzes über die Anpassung von Dienst- und Versorgungsbezügen in Baden-Württemberg 2022 und zur Änderung dienstrechtlicher Vorschriften (BVAnp-ÄG 2022) vom 15.11.2022 (GBl. S. 540, 548).

Literaturhinweise: Zum Stammgesetz v. 30.6.58: *Rooschütz*, PersV 58/59, 61; zum ÄndG v. 8.7.75: *Schwarz/Killinger*, PersV 76, 281; zum ÄndG v. 14.7.86: *Altvater*, PersR 87, 91; zum ÄndG v. 21.12.95: *Frank/Goericke*, PersR 95, 13, u. *Frank*, PersR 96, 140; zum DRG v. 9.11.10: *Altvater*, PersR 11, 309 [zu 2.1.1]; zum ÄndG v. 27.11.13: *Melzer*, PersR 14, 201; *Braun*, RiA 14, 49. *Kutzki*, öAT 2014, 71. 3

Dokumentation der Entwicklung des PersVR in den Ländern seit dem Jahr 2003 (unter Einbeziehung der LPersVG und ergänzender landesrechtlicher Vorschriften): *Altvater*, PersR 06 Heft 7 [Beil. 1/2006]; 07, 279 [281]; 08, 290; 09, 297 [298]; 10, 287 [288]; 11, 309; 12, 301, 13, 303 [305–308], PersR 7–8/14, 23 [23–28 f.] 7–8/16, 34 ff.; 7–8/17, 29 ff.; 7–8/18, 23 ff.; 7–8/19, 22 ff.; 6/2020; 7–8/2020; 10/2020; 6/2021; 7–8/2021.

Überblick über die Entwicklung der Mitbestimmung in Baden-Württemberg: Vorbem. vor § 68 Rn. 16–26.

Anhang 1
Bundespersonalvertretungsgesetz (BPersVG)

vom 9. Juni 2021 (BGBl. I S. 1614)

– Auszüge mit Erläuterungen –

Teil 2
Für die Länder geltende Vorschriften

§ 126 Anwendungsbereich

Dieser Teil gilt für die Personalvertretungen in den Ländern.

Die Regelung bestimmt in Abgrenzung zu § 1 Abs. 1 BPersVG den Anwendungsbereich des Teils 2. **Teil 2** enthält nur noch **zwei** für die Personalvertretungsgesetze der Länder **unmittelbar und zwingend geltende Vorschriften**, nämlich § 127 BPersVG über den besonderen Schutz von Funktionsträgern und § 128 BPersVG über die Beteiligung der Personalvertretungen bei Kündigungen. 1

Die **Vorschriften des Grundgesetzes über die Gesetzgebung des Bundes** wurden, soweit sie für das Gebiet der Personalvertretung bedeutsam sind, **zweimal geändert:** durch das am 15. 11. 94 in Kraft getretene Gesetz v. 27. 10. 94[1] und durch das am 1. 9. 06 in Kraft getretene Gesetz v. 28. 8. 06.[2] Nachdem das **Änderungsgesetz des Jahres 1994** zunächst die Voraussetzungen für die Rahmengesetzgebung des Bundes verschärft hatte, hat das **Änderungsgesetz des Jahres 2006** (Föderalismusreform I) die Rahmengesetzgebung als Typus der Gesetzgebung des Bundes aufgehoben und zugleich dessen Kompetenzen zur Gesetzgebung auf dem Gebiet der Personalvertretung in den Ländern weitgehend reduziert. 2

Das **Recht der Personalvertretungen** im öffentlichen Dienst gehört nach der Rspr. des *BVerfG* nicht zum »Arbeitsrecht einschließlich der Betriebsverfassung« i. S. d. Art. 74 Nr. 12 GG a. F. (= Art. 74 Abs. 1 Nr. 12 GG F. 1994), 3

1 BGBl. I S. 3146.
2 BGBl. I S. 2034.

das dem Bereich der konkurrierenden Gesetzgebung des Bundes zugeordnet ist. Es bildet vielmehr einen **Teil des öffentlichen Dienstrechts.**[3]

4 Die **Föderalismusreform I** durch das Gesetz v. 28.08.06[4] hat die **Gesetzgebungskompetenzen zwischen Bund und Ländern neu verteilt**. Der zum Bereich der konkurrierenden Gesetzgebung des Bundes gehörende Kompetenztitel »Arbeitsrecht einschließlich der Betriebsverfassung« (**Art. 74 Abs. 1 Nr. 12 GG a. F. und n. F.**) ist ebenso wie der zum Bereich der ausschließlichen Gesetzgebung des Bundes gehörende Kompetenztitel »die Rechtsverhältnisse der im Dienste des Bundes und der bundesunmittelbaren Körperschaften des öffentlichen Rechtes stehenden Personen« (**Art. 73 Nr. 8 GG a. F. = Art. 73 Abs. 1 Nr. 8 GG n. F.**) unverändert geblieben. Jedoch ist mit dem Gesetz v. 28. 8. 06 die **Rahmengesetzgebung** als Typus der Gesetzgebung des Bundes durch die Aufhebung des Art. 75 GG a. F. **weggefallen** und damit auch die Befugnis des Bundes, unter den Voraussetzungen des Art. 72 GG a. F. über »die Rechtsverhältnisse der im öffentlichen Dienste der Länder, Gemeinden und anderen Körperschaften des öffentlichen Rechtes stehenden Personen« Rahmenvorschriften für die Gesetzgebung der Länder zu erlassen (**Art. 75 Abs. 1 S. 1 Nr. 1 GG a. F.**). An die Stelle des Art. 75 Abs. 1 Nr. 1 GG a. F. ist **Art. 74 Abs. 1 Nr. 27 GG n. F.** getreten. Danach hat der Bund nur noch die **konkurrierende Gesetzgebung** über »die Statusrechte und -pflichten der Beamten der Länder, Gemeinden und anderen Körperschaften des öffentlichen Rechts sowie der Richter in den Ländern mit Ausnahme der Laufbahnen, Besoldung und Versorgung«.

5 Von dieser Restgesetzgebungskompetenz hat der Bundesgesetzgeber lediglich im Gesetz zur Regelung des Statusrechts der Beamtinnen und Beamten in den Ländern (**Beamtenstatusgesetz** – BeamtStG) v. 17. 6. 08[5] – geändert durch Art. 15 Abs. 16 DNeuG v. 5. 2. 09[6] – in § 51 Gebrauch gemacht. Dort heißt es: »Die Bildung von Personalvertretungen zum Zweck der vertrauensvollen Zusammenarbeit zwischen der Behördenleitung und dem Personal ist unter Einbeziehung der Beamtinnen und Beamten zu gewährleisten.«[7] Diese Regelung verpflichtet die Länder (nur) zur **Gewährleistung einer Personalvertretung, die das gesamte Personal (Beamte und Arbeitnehmer) repräsentiert**, und lässt die Bildung gesonderter Personalvertretungen für die beiden Statusgruppen **(Beamte und Arbeitnehmer)** nicht zu.[8] Im Übrigen ist die Bundesregierung jedoch davon ausgegangen, dass die Kom-

---

3 Beschl v. 3. 10. 57 – 2 BvL 7/56 –, BVerfGE 7, 120.
4 BGBl. I S. 2034.
5 BGBl. I S. 1010.
6 BGBl. I S. 160.
7 Näher dazu *Reich*, § 51 Rn. 1 ff.
8 Vgl. BT-Dr. 16/4027, S. 35 [zu § 52 des Gesetzesentwurfs der Bundesregierung]; Altvater-*Baunack*, § 126 Rn. 7.

petenz zur materiellen Gestaltung des PersVR bei den Ländern liegt.[9] Soweit die Gewährleistung der Personalvertretung die **Arbeitnehmer** betrifft, hat der Bund die Gesetzkompetenz dafür allerdings nach **Art. 74 Abs. 1 Nr. 12 GG** (»Arbeitsrecht einschließlich der Betriebsverfassung«). Da § 51 BeamtStG – mit Ausnahme der (durch Art. 74 Abs. 1 Nr. 27 GG gedeckten) Einbeziehung der Beamten – zur Ausgestaltung der Personalvertretung keine Vorgaben macht, handelt es sich in Bezug auf die Arbeitnehmer um eine die Besonderheiten des öffentlichen Dienstes nicht berührende allgemeine arbeitsrechtliche Vorschrift, die wegen ihrer Beschränkung auf eine »reine Existenzgarantie«[10] kompetenzrechtlich unbedenklich ist.

Der durch das Gesetz v. 28.8.06[11] neugefasste **Art. 125a Abs. 1 GG** bestimmt, dass Recht, das als Bundesrecht erlassen worden ist, aber (u. a. wegen der Aufhebung des Art. 75 GG) **nicht mehr als Bundesrecht erlassen werden könnte**, als Bundesrecht fortgilt (S. 1), jedoch durch Landesrecht ersetzt werden kann (S. 2). Diese Übergangsvorschriften sind maßgebend, soweit die §§ 94 bis 109 BPersVG a. F. nicht auf andere (seit dem 1.9.06 bestehende) Kompetenztitel gestützt werden konnten. Soweit dies nicht der Fall ist, gelten die genannten Vorschriften des BPersVG so lange als Bundesrecht weiter (mit der Folge, dass ihnen widersprechendes Landesrecht nach Art. 31 GG nichtig ist, bis sie **vom Landesgesetzgeber ersetzt** werden. 6

Der Gesetzgeber hat mit der **Übergangsvorschrift** des § 131 BPersVG nunmehr bestimmt, dass die Fortgeltung der §§ 90, 94 bis 107 S. 1 und § 109 BPersVG a. F. mit Ablauf des **31.12.2024** endet. Damit wird den Ländern ausreichend Gelegenheit für ggf. notwendige Regelungen in den Landesgesetzen eingeräumt.[12] Die Ersetzung des Bundesrechts erfordert bis dahin, dass der Landesgesetzgeber die Materie in eigener Verantwortung regelt; dabei ist er nicht gehindert, ein weitgehend mit dem bisherigen Bundesrecht gleich lautendes Landesrecht zu erlassen.[13] Der Landesgesetzgeber ist auch befugt, die Ersetzung des Bundesrechts auf den abgrenzbaren Teilbereich einer Materie zu beschränken, soweit dabei eine unübersichtliche Gemengelage von Bundes- und Landesrecht vermieden wird.[14] Die Ersetzung kann nicht in einer Änderung des Bundesrechts, wohl aber in dessen bloßer Aufhebung bestehen.[15] Der maßgeblichen landesrechtlichen Norm 7

9 BT-Dr. 16/4027, S. 40 [zu C, letzter Abs.].

10 BT-Dr. 16/4027, ebd.

11 BGBl. I S. 2034.

12 BT-Dr. 19/26820, S. 138 [zu § 131].

13 *BVerfG* v. 9.6.04 – 1 BvR 636/02 –, NJW 04, 2363; vgl. auch *BVerwG* v. 29.10.09 – 2 C 82.08 –, NVwZ-RR 10, 243.

14 *BVerwG* v. 23.6.10 – 6 P 8.09 –, PersR 10, 442.

15 Vgl. hierzu und zum Folgenden *Jarass/Pieroth*, Art. 125a Rn. 8.

muss aber zu entnehmen sein, dass eine Ersetzung vorgenommen wird.[16] Macht ein Landesgesetzgeber von dieser Ersetzungskompetenz Gebrauch, so gilt dies nur für das jeweilige Land. In den anderen Ländern, welche die fraglichen Vorschriften des BPersVG (noch) nicht ersetzt (oder aufgehoben) haben, gelten diese aber als partikulares Bundesrecht weiter.

8 Mit dem Gesetz zur Reform des öffentlichen Dienstrechts (**Dienstrechtsreformgesetz – DRG**) v. 9. 11. 10[17] hat der Gesetzgeber des Landes **Baden-Württemberg** Folgerungen daraus gezogen, dass im Rahmen der Föderalismusreform I die Gesetzgebungskompetenzen des Bundes und der Länder neu geordnet worden sind. Das gilt ohne Zweifel für die in Art. 1 bis 3 DRG enthaltenen Hauptgegenstände des DRG (also das neue Landesbeamtengesetz [LBG], das Landesbesoldungsgesetz Baden-Württemberg [LBesGBW] und das Landesbeamtenversorgungsgesetz Baden-Württemberg [LBeamtVGBW]). Für die in Art. 6 DRG normierten **Änderungen des LPVG BW** gilt dies aber nur eingeschränkt. Diese Änderungen (die sich auf 39 von bisher insgesamt 114 Paragrafen des LPVG bezogen) sollten v. a. folgenden Zielen dienen: **rechtssystematische Angleichung an das neue Dienstrecht** durch notwendige Anpassungen an das BeamtStG (vgl. Rn. 5), an das neue LBG und an Entwicklungen in anderen Rechtsgebieten;[18] **Anpassung an die Rechtsprechung des** *BVerfG*[19] (näher dazu vor § 68 Rn. 11 ff., 18); **Übernahme unmittelbar für die Länder geltender Vorschriften des BPersVG.**[20] Zur Realisierung des letztgenannten Ziels wurden folgende **Schutzvorschriften**, die im BPersVG a. F. im Zweiten Kapitel des Zweiten Teils als unmittelbar für die Länder geltende Vorschriften normiert waren, inhaltlich unverändert in das LPVG übernommen: das **Verbot der Behinderung, Benachteiligung und Begünstigung** aus § 107 S. 1 BPersVG a. F. in § 9a a. F. LPVG; der Schutz durch **Übernahme von Auszubildenden** nach erfolgreicher Beendigung des Berufsausbildungsverhältnisses in ein Arbeitsverhältnis auf unbestimmte Zeit aus § 107 S. 2 und § 9 BPersVG a. F. = § 127 in § 48 Abs. 4 bis 8 a. F. LPVG; der **Schutz vor außerordentlicher Kündigung** aus § 108 Abs. 1 BPersVG a. F. = § 127 Abs. 2 i. V. m. § 56 BPersVG in § 48 Abs. 3 a. F. LPVG; der Schutz durch entsprechende Anwendung der **beamtenrechtlichen Unfallfürsorgebestimmungen** aus § 109 BPersVG

---

16 Vgl. dazu *BVerwG* v. 23. 6. 10, a. a. O.: keine Ablösung der Bestimmungen des Zweiten Teils des BPersVG durch das vom Land Berlin erlassene Siebte Gesetz zur Änderung des PersVG v. 17. 7. 08 (GVBl. S. 206), das in seinem Schwerpunkt die Anpassung des Berliner PersVR an die Rspr. des BVerfG zum demokratischen Prinzip betraf.

17 GBl. S. 793.

18 Vgl. LT-Dr. 14/6694, S. 384.

19 Beschl. v. 24. 5. 95 – 2 BvF 1/92 –, PersR 1995, 483.

20 Vgl. LT-Dr. 14/6694, S. 386 f.

a. F. in § 47a a. F. LPVG. Zur Begründung der Übernahme der vorgenannten Vorschriften hat die Landesregierung im Gesetzgebungsverfahren unter Hinweis auf die Föderalismusreform I u. a. erklärt, damit solle auch »**dem Wegfall von Schutzvorschriften vorgebeugt**« werden, falls der Bund die Vorschriften des BPersVG in absehbarer Zeit aufheben sollte.[21] Dieser Fall tritt gem. § 131 BPersVG nunmehr mit dem Ablauf des 31.12.24 tatsächlich ein.

§ 127 Besonderer Schutz von Funktionsträgern

(1) [1]Die außerordentliche Kündigung von Mitgliedern der Personalvertretungen, der Jugendvertretungen oder der Jugend- und Auszubildendenvertretungen, der Wahlvorstände sowie von Wahlbewerberinnen und Wahlbewerbern, die in einem Arbeitsverhältnis stehen, bedarf der Zustimmung der zuständigen Personalvertretung. [2]Verweigert die zuständige Personalvertretung ihre Zustimmung oder äußert sie sich nicht innerhalb von drei Arbeitstagen nach Eingang des Antrags, so kann das Verwaltungsgericht sie auf Antrag der Leiterin oder des Leiters der Dienststelle ersetzen, wenn die außerordentliche Kündigung unter Berücksichtigung aller Umstände gerechtfertigt ist. [3]In dem Verfahren vor dem Verwaltungsgericht ist die betroffene Person Beteiligte.
(2) Auf Auszubildende, die Mitglied einer Personalvertretung oder einer Jugend- und Auszubildendenvertretung sind, ist § 56 anzuwenden.

Vergleichbare Vorschriften:
§ 78a, § 103 Abs. 1 und 2 BetrVG

Der bislang in § 108 Abs. 1 BPersVG a. F. und § 107 S. 2 BPersVG a. F. geregelte Schutz personalvertretungsrechtlicher Funktionsträger in Form des Übernahmeschutzes Auszubildender, des Kündigungsschutzes von Personalratsmitgliedern sowie von Wahlbewerberinnen und Wahlbewerbern bleibt als **zwingende Vorgabe** für die Länder erhalten. Es handelt sich um arbeitsrechtliche Regelungen, für die dem Bund auch nach der Föderalismusreform die Gesetzgebungskompetenz in Form konkurrierenden Gesetzgebungszuständigkeit (Art. 74 Abs. 1 Nr. 12 GG) zusteht.[1] 1

Abs. 1 enthält eine Vorschrift zum Schutz gegen die außerordentliche Kündigung von Funktionsträgern der Personalvertretung und von Wahlbewerbern, die in einem Arbeitsverhältnis stehen. Er entspricht inhaltlich dem für die Personalvertretungen im Bundesdienst geltenden **§ 55 Abs. 1** 2

21 LT-Dr. 14/6694, S. 387 [zu A. 2 a. E.].

1 Begründung des Regierungsentwurfs BT-Dr. 19/26820, S. 147 [zu § 127]; Altvater-*Baunack*, § 127 Rn. 3

BPersVG und ergänzt die in den **§§ 15, 16 KSchG** enthaltenen Regelungen über den Kündigungsschutz im Rahmen der Betriebsverfassung und Personalvertretung (abgedruckt in Anh. 4).

3 **Abs. 2** regelt **mittels Verweises** auf **§ 56 BPersVG** den Übernahmeschutz der Auszubildenden, die Mitglied einer Personalvertretung oder einer Jugend- und Auszubildendenvertretung sind.

4 **(Abs. 1)** Die bis zur 2. Aufl. dieses Basiskommentars hier erfolgten weiteren Erläuterungen werden aus Gründen der besseren Übersichtlichkeit nunmehr in § 47 Rn. 20 ff. fortgeführt (s. dort).

5 **(Abs. 2)** Der an sich für die Personalvertretungen im Bundesdienst geltende **§ 56 BPersVG** gilt nach der weiterhin unmittelbar für die Länder geltenden Vorschrift des **§ 127 Abs. 2 BPersVG** für die Personalvertretungen in den Ländern entsprechend. Die in § 9 BPersVG a. F. getroffenen Regelungen sind durch Art. 6 Nr. 10 DRG und unter redaktioneller Anpassung in **§ 48 n. F. LPVG** übernommen worden.[2] Da der Landesgesetzgeber nur **vorbeugende landesgesetzliche Regelungen** für den Fall einer vom Bund vorgenommenen späteren Aufhebung des § 107 S. 2 BPersVG a. F. treffen wollte, haben diese landesgesetzlichen Regelungen im Hinblick auf die Übergangsvorschrift des § 131 BPersVG weiterhin bis zum Ablauf des 31. 12. 24 nur deklaratorischen Charakter (näher dazu Anh. 1, § 126 BPersVG Rn. 8). § 56 BPersVG gilt deshalb auch im Geltungsbereich des LPVG BW wie die Vorgängervorschrift des § 9 BPersVG a. F. unmittelbar.[3]

§ 128 Beteiligung bei Kündigungen

Eine durch den Arbeitgeber ausgesprochene Kündigung des Arbeitsverhältnisses einer oder eines Beschäftigten ist unwirksam, wenn die Personalvertretung nicht beteiligt worden ist.

Vergleichbare Vorschrift:
§ 102 Abs. 1 S. 3 BetrVG

1 Die Regelung entspricht § 108 Abs. 2 BPersVG a. F. Die Unwirksamkeit der Kündigung des Arbeitsverhältnisses ohne Beteiligung der Personalvertretung ist eine arbeitsrechtliche Regelung, die der **konkurrierenden Gesetzgebungskompetenz des Bundes** aus Art. 74 Abs. 1 Nr. 12 GG unterliegt.

2 Die dem § 85 BPersVG entsprechende Vorschrift des § 128 BPersVG bestimmt, dass eine durch den Arbeitgeber ausgesprochene (ordentliche oder außerordentliche) **Kündigung** des Arbeitsverhältnisses einer oder eines

---

2 Vgl. LT-Dr. 14/6694, S. 563 f. [zu Nr. 10].

3 Vgl. *BVerwG* v. 30. 10. 13 – 6 PB 19.13 –, ZfPR online 14, Nr. 9, 2–4; s. auch *VG Karlsruhe* v. 31. 1. 14 – PL 12 K 1682/13 –, juris.

Beschäftigten **unwirksam** ist, wenn die **Personalvertretung nicht beteiligt** worden ist. Nach der Rspr. des *BVerfG*[1] enthält diese Vorschrift lediglich eine bundeseinheitliche Regelung der Rechtsfolge (Unwirksamkeit) der im Einzelfall unterbliebenen Beteiligung der Personalvertretung. Ob und wie die Personalvertretung an einer (nicht dem § 128 BPersVG unterfallenden) Kündigung zu beteiligen ist, richtet sich hingegen nach dem jeweiligen LPersVG. Im Geltungsbereich des LPVG gilt § 128 BPersVG demnach für alle **ordentlichen Kündigungen**, bei denen der PR nach § 75 Abs. 1 Nr. 12 LPVG mitzubestimmen hat, sowie für alle **außerordentlichen Kündigungen**, vor denen er entweder nach § 87 Abs. 1 Nr. 9 LPVG anzuhören ist oder die nach § 15 Abs. 2 S. 1 bzw. Abs. 3 S. 1 KSchG i. V. m. § 127 Abs. 1 BPersVG der Zustimmung der Personalvertretung oder einer die Zustimmung ersetzenden verwaltungsgerichtlichen Entscheidung bedürfen.

Ist die Personalvertretung durch die Dienststelle **fehlerhaft beteiligt** wor- 3
den, dann steht das der Nichtbeteiligung grundsätzlich gleich.[2] Wird das Beteiligungsverfahren nicht durch den Dienststellenleiter oder (im Falle seiner Verhinderung) durch eine andere, zu seiner Vertretung befugte Person (vgl. § 5 LPVG Rn. 11–18), sondern stattdessen durch einen **personalvertretungsrechtlich nicht zuständigen Beschäftigten** eingeleitet, so führt dies allerdings nicht zur Unwirksamkeit der Kündigung, wenn der PR den Fehler nicht gerügt, sondern zu der beabsichtigten Kündigung abschließend Stellung genommen hat.[3] Hat der Dienststellenleiter den PR **unzureichend unterrichtet**, ist die Kündigung grundsätzlich unwirksam.[4] Eine unvollständige Information über die Kündigungsgrunde hat aber nach dem Grundsatz der subjektiven Determination nur zur Folge, dass der Arbeitgeber die Kündigung im Kündigungsschutzprozess nur auf die dem PR mitgeteilten (und in Ausnahmefällen zulässigerweise nachgeschobenen) Gründe stützen kann (vgl. § 75 LPVG Rn. 90, 92). Nach Ansicht des *BAG*[5] soll die Kündigung auch dann nicht unwirksam sein, wenn die oberste Dienstbehörde es entgegen § 81 Abs. 3 BPersVG **unterlassen** hat, **der Personalvertretung ihre Entscheidung unter Angabe der Gründe schriftlich mitzuteilen**; diese Ausnahme gilt aber nicht, wenn eine nachgeordnete Dienststelle gegen diese Mitteilungspflicht verstoßen hat, weil dem PR dadurch die in § 82 Abs. 1 BPersVG vorgesehene Möglichkeit zur Vorlage an die übergeordnete Dienststelle genommen wird. Grundsätzlich unwirksam

1 Beschl. v. 27.3.79 – 2 BvL 2/77 –, PersV 79, 328.

2 *BAG* v. 29.10.98 – 2 AZR 61/98 –, PersR 99, 135, u. v. 12.3.09 – 2 AZR 251/07 –, PersR 10, 67.

3 *BAG* v. 25.2.98 – 2 AZR 226/97 –, PersR 98, 298.

4 Vgl. *BAG* v. 5.2.81 – 2 AZR 1135/78 –, AP Nr. 1 zu § 72 LPVG NRW.

5 *BAG* v. 5.10.95 – 2 AZR 900/94 –, PersR 96, 76; kritisch dazu: Altvater-*Dierßen*, § 85 Rn. 66.

ist die Kündigung insbesondere dann, wenn der Arbeitgeber sie bereits **vor Ablauf der Äußerungsfrist der Personalvertretung ausgesprochen** hat, ohne deren Stellungnahme abzuwarten.[6] Auch die nachträgliche Zustimmung der Personalvertretung heilt den Mangel nicht.[7] Beteiligt die Dienststelle eine **nicht zuständige Personalvertretung**, dann ist die Kündigung bereits deshalb unwirksam.[8]

4 Ein **Fehler der Personalvertretung in ihrem Verantwortungsbereich** (der z.B. darin bestehen kann, dass statt der zuständigen Gruppe das gesamte Gremium abstimmt oder der Vorstand anstelle des Plenums zustimmt), beeinträchtigt die Wirksamkeit der Kündigung selbst dann nicht, wenn der Arbeitgeber im Zeitpunkt der Kündigung weiß oder nach den Umständen vermuten kann, dass die Behandlung der Angelegenheit durch den PR nicht fehlerfrei erfolgt ist.[9] Etwas anderes kann ausnahmsweise dann gelten, wenn der **Arbeitgeber den Fehler** bei der Willensbildung des PR durch unsachgemäßes Verhalten **selbst veranlasst bzw. beeinflusst** hat[10] oder wenn in Wahrheit **keine Stellungnahme des Gremiums PR**, sondern erkennbar z.B. nur eine persönliche Äußerung des PR-Vorsitzenden vorliegt.[11]

---

6 *BAG* v. 13.11.75 – 2 AZR 610/74 – u. v. 3.4.08 – 2 AZR 965/06 –, AP Nr. 7 u. 159 zu § 102 BetrVG 1972.

7 *BAG* v. 28.2.74 – 2 AZR 455/73 –, AP Nr. 2 zu § 102 BetrVG 1972.

8 *BAG* v. 3.2.82 – 7 AZR 791/79 –, AP Nr. 1 zu § 77 LPVG Bayern.

9 *BAG* v. 16.1.03 – 2 AZR 707/01 –, NZA 03, 927.

10 *BAG* v. 24.6.04 – 2 AZR 461/03 –, AP Nr. 22 zu § 620 BGB Kündigungserklärung.

11 *BAG* v. 6.10.05 – 2 AZR 316/04 –, AP Nr. 150 zu § 102 BetrVG 1972, u. v. 12.3.09 – 2 AZR 251/07 –, PersR 10, 67.

Teil 3
Schlussvorschriften

§ 131 Übergangsregelung für die Personalvertretungen in den Ländern

Die §§ 90, 94 bis 107 Satz 1 und § 109 des Bundespersonalvertretungsgesetzes vom 15. März 1974 (BGBl. I S. 693), das zuletzt durch Artikel 2 des Gesetzes vom 25. Mai 2020 (BGBl. I S. 1063) geändert worden ist, sind bis zum Ablauf des 31. Dezember 2024 weiter anzuwenden.

Inhaltsübersicht Rn.

1. Vorbemerkungen

Die Rahmenvorschriften und die unmittelbar für die Länder geltenden Vorschriften des abgelösten BPersVG (§§ 94 bis 109 a. F.) gelten, soweit sie nicht in das neue BPersVG übernommen worden sind, vorerst fort. 1
Die **Übergangsregelungen** treten nach Art. 25 Abs. 2 des Gesetzes erst mit dem Ablauf des **31. 12. 2024** außer Kraft. Die Länder haben damit ausreichend Zeit, etwaige Regelungslücken zu schließen, die in ihren Landespersonalvertretungsgesetzen mit Außerkrafttreten des BPersVG 1974 unter Umständen entstehen.[1]

Wegen der für das Land unmittelbar geltenden Vorschriften des Teils 2 des BPersVG wird auf die Ausführungen zu **§§ 127, 128 BPersVG** verwiesen. 2

2. Bis 31. 12. 2024 weitergeltende Rahmenvorschriften für die Landesgesetzgebung

§ 95 a. F. [Personalvertretungen, Jugend- und Auszubildendenvertretungen, Schwerbehindertenvertretung] 3
(1) In den Verwaltungen und Betrieben der Länder, Gemeinden, Gemeindeverbände und der sonstigen nicht bundesunmittelbaren Körperschaften, Anstalten und Stiftungen des öffentlichen Rechts sowie in den Gerichten der

1 Vgl. BT-Dr. 16/4027, S. 148 [zu § 131 des Gesetzesentwurfs der Bundesregierung].

Länder werden Personalvertretungen gebildet; für Beamte im Vorbereitungsdienst und Beschäftigte in entsprechender Berufsausbildung, Staatsanwälte, Polizeibeamte und Angehörige von Rundfunk- und Fernsehanstalten sowie von Dienststellen, die bildenden, wissenschaftlichen oder künstlerischen Zwecken dienen, können die Länder eine besondere Regelung unter Beachtung des § 104 vorsehen.

(2) [1]In den einzelnen Dienststellen ist die Bildung von Jugend- und Auszubildendenvertretungen vorzusehen. [2]Einem Vertreter der Jugend- und Auszubildendenvertretung ist die Teilnahme an allen Sitzungen der Personalvertretung mit beratender Stimme zu gestatten. [3]Die Länder haben zu regeln, in welchen Fällen der gesamten Jugend- und Auszubildendenvertretung ein Teilnahmerecht mit beratender Stimme und in welchen Fällen ihr das Stimmrecht in der Personalvertretung einzuräumen ist.

(3) Der Schwerbehindertenvertretung ist die Teilnahme an allen Sitzungen der Personalvertretung zu gestatten.

4 Auf die Ausführungen von Altvater-*Baunack*, § 131 Rn. 4 ff. wird verwiesen.

5 **§ 96 a. F. [Aufgaben der Gewerkschaften und Arbeitgeberverbände]**

Die Aufgaben der Gewerkschaften und der Vereinigungen der Arbeitgeber werden durch das Personalvertretungsrecht nicht berührt.

6 Auf die Ausführungen von Altvater-*Baunack*, § 131 Rn. 51 ff. wird verwiesen.

7 **§ 97 a. F. [Verbot abweichender Regelung]**

Durch Tarifvertrag oder Dienstvereinbarung darf eine von den gesetzlichen Vorschriften abweichende Regelung des Personalvertretungsrechts nicht zugelassen werden.

8 Auf die Ausführungen von Altvater-*Baunack*, § 131 Rn. 55 ff. wird verwiesen.

9 **§ 98 a. F. [Wahlgrundsätze, Gruppenrechte]**

(1) Die Personalvertretungen werden in geheimer und unmittelbarer Wahl und bei Vorliegen mehrerer Wahlvorschläge nach den Grundsätzen der Verhältniswahl gewählt.

(2) Sind in einer Dienststelle Angehörige verschiedener Gruppen wahlberechtigt, so wählen die Angehörigen jeder Gruppe ihre Vertreter in getrennten Wahlgängen, sofern nicht die Mehrheit der Wahlberechtigten jeder Gruppe in getrennter geheimer Abstimmung die gemeinsame Wahl beschließt.

(3) Über Angelegenheiten, die nur die Angehörigen einer Gruppe betreffen, kann die Personalvertretung nicht gegen den Willen dieser Gruppe beschließen.
(4) Die Geschlechter sollen in den Personalvertretungen und den Jugend- und Auszubildendenvertretungen entsprechend dem Zahlenverhältnis vertreten sein.

Auf die Ausführungen von Altvater-*Baunack*, § 131 Rn. 57ff. wird verwiesen. **10**

§ 99 a. F. [Schutz der Personalvertretungen und Jugend- und Auszubildendenvertretungen] **11**
(1) Wahl und Tätigkeit der Personalvertretungen und der Jugendvertretungen oder der Jugend- und Auszubildendenvertretungen dürfen nicht behindert oder in einer gegen die guten Sitten verstoßenden Weise beeinflusst werden.
(2) Mitglieder der Personalvertretungen und der Jugendvertretungen oder der Jugend- und Auszubildendenvertretungen dürfen gegen ihren Willen nur versetzt oder abgeordnet werden, wenn dies aus wichtigen dienstlichen Gründen auch unter Berücksichtigung der Mitgliedschaft in der Personalvertretung oder der Jugendvertretung sowie der Jugend- und Auszubildendenvertretung unvermeidbar ist und die Personalvertretung zustimmt.

Auf die Ausführungen von Altvater-*Baunack*, § 131 Rn. 72ff. wird verwiesen. **12**

§ 100 a. F. [Ehrenamt, Verbot wirtschaftlicher Nachteile, Kostentragung] **13**
(1) Die Mitglieder der Personalvertretungen führen ihr Amt unentgeltlich als Ehrenamt.
(2) Durch die Wahl und die Tätigkeit der Personalvertretungen dürfen den Beschäftigten wirtschaftliche Nachteile nicht entstehen.
(3) Die durch die Wahl und die Tätigkeit der Personalvertretungen entstehenden Kosten trägt die Verwaltung.

Auf die Ausführungen von Altvater-*Baunack*, § 131 Rn. 76ff. wird verwiesen. **14**

§ 101 a. F. [Sitzungen, Schweigepflicht, Unterlagen] **15**
(1) Die Sitzungen der Personalvertretungen sind nicht öffentlich.
(2) Personen, die Aufgaben oder Befugnisse nach dem Personalvertretungsrecht wahrnehmen oder wahrgenommen haben, haben über die ihnen dabei bekannt gewordenen Angelegenheiten und Tatsachen Stillschweigen zu bewahren.
(3) [1]Den Personalvertretungen sind auf Verlangen die zur Durchführung ihrer Aufgaben erforderlichen Unterlagen zur Verfügung zu stellen. [2]Personalakten

dürfen Mitgliedern der Personalvertretungen nur mit Zustimmung des Beschäftigten vorgelegt werden.

16 Auf die Ausführungen von Altvater-*Baunack*, § 131 Rn. 80 ff. wird verwiesen.

17 **§ 102 a. F. [Neuwahlen, Auflösung, Ausschluss]**

(1) Die Personalvertretungen sind in angemessenen Zeitabständen neu zu wählen.

(2) [1]Die Personalvertretungen können wegen grober Vernachlässigung ihrer gesetzlichen Befugnisse oder wegen grober Verletzung ihrer gesetzlichen Pflichten durch gerichtliche Entscheidung aufgelöst werden. [2]Das Gleiche gilt für den Ausschluss einzelner Mitglieder.

18 Auf die Ausführungen von Altvater-*Baunack*, § 131 Rn. 88 ff. wird verwiesen.

19 **§ 103 a. F. [Überwachungspflicht]**

Die Personalvertretungen haben darauf hinzuwirken, dass die zugunsten der Beschäftigten geltenden Vorschriften und Bestimmungen durchgeführt werden.

20 Auf die Ausführungen von Altvater-*Baunack*, § 131 Rn. 94 ff. wird verwiesen.

21 **§ 104 a. F. [Beteiligungsrechte]**

[1]Die Personalvertretungen sind in innerdienstlichen, sozialen und personellen Angelegenheiten der Beschäftigten zu beteiligen; dabei soll eine Regelung angestrebt werden, wie sie für Personalvertretungen in Bundesbehörden in diesem Gesetz festgelegt ist. [2]Für den Fall der Nichteinigung zwischen der obersten Dienstbehörde und der zuständigen Personalvertretung in Angelegenheiten, die der Mitbestimmung unterliegen, soll die Entscheidung einer unabhängigen Stelle vorgesehen werden, deren Mitglieder von den Beteiligten bestellt werden. [3]Entscheidungen, die wegen ihrer Auswirkungen auf das Gemeinwesen wesentlicher Bestandteil der Regierungsgewalt sind, insbesondere Entscheidungen in personellen Angelegenheiten der Beamten,
über die Gestaltung von Lehrveranstaltungen im Rahmen des Vorbereitungsdienstes einschließlich der Auswahl der Lehrpersonen
und in organisatorischen Angelegenheiten,
dürfen jedoch nicht den Stellen entzogen werden, die der Volksvertretung verantwortlich sind.

22 Auf die Ausführungen von Altvater-*Baunack*, § 131 Rn. 97 ff. wird verwiesen.

§ 105 a. F. [Gleichheitsgrundsatz, politische Betätigung] 23

[1]Die Personalvertretungen haben gemeinsam mit dem Leiter der Dienststelle für eine sachliche und gerechte Behandlung der Angelegenheiten der Beschäftigten zu sorgen. [2]Insbesondere darf kein Beschäftigter wegen seiner Abstammung, Religion, Nationalität, Herkunft, politischen oder gewerkschaftlichen Betätigung oder Einstellung, wegen seines Geschlechtes oder wegen persönlicher Beziehungen bevorzugt oder benachteiligt werden. [3]Der Leiter der Dienststelle und die Personalvertretung haben jede parteipolitische Betätigung in der Dienststelle zu unterlassen; die Behandlung von Tarif-, Besoldungs- und Sozialangelegenheiten wird hierdurch nicht berührt.

Auf die Ausführungen von Altvater-*Baunack*, § 131 Rn. 133 ff. wird verwiesen. 24

§ 106 a. F. [Zuständigkeit der Verwaltungsgerichte] 25

Zu gerichtlichen Entscheidungen sind die Verwaltungsgerichte berufen.

Auf die Ausführungen von Altvater-*Baunack*, § 131 Rn. 136 ff. wird verwiesen. 26

§ 107 a. F. [Behinderungs-, Benachteiligungs- und Begünstigungsverbot, Weiterbeschäftigungspflicht] 27

[1]Personen, die Aufgaben oder Befugnisse nach dem Personalvertretungsrecht wahrnehmen, dürfen darin nicht behindert und wegen ihrer Tätigkeit nicht benachteiligt oder begünstigt werden; dies gilt auch für ihre berufliche Entwicklung. [2]§ 9 gilt entsprechend.

§ 107 S. 2 a. F. ist in § 127 Abs. 2 aufgegangen. 28

Die Regelung in **§ 107 S. 1 a. F.** ist nicht in das novellierte BPersVG übernommen worden, obwohl sie ebenso wie die der §§ 108 und 109 keine von den Landesgesetzgebern erst umzusetzenden Rahmenvorschriften, sondern **unmittelbar geltende Rechtsnorm** war. Bei ihrem Erlass im Jahr 1974 ergab sich die **Gesetzgebungskompetenz des Bundes** nicht nur aus **Art. 75 Nr. 1 GG a. F.**, sondern auch aus **Art. 74 Nr. 12 GG a. F.**, soweit die Vorschriften Arbeitnehmer betreffen und einen arbeitsrechtlichen Inhalt haben, sowie aus **Art. 74a GG a. F.**, soweit die Vorschriften die Besoldung und Versorgung von Beamten regeln.[2] Satz 1 a. F. gilt nach der Novelle des BPersVG 2021 befristet bis zum 31. 12. 24 weiter. 29

Die Vorschriften der §§ 107 bis 109 BPersVG a. F. sind sinngemäß bereits mit der Übertragung in die §§ 6, 47 und 48 LPVG in das LPVG übernommen worden. Sie haben bis zum 31. 12. 24 weiterhin nur deklaratorische Bedeu- 30

---

2 Altvater-*Baunack*, § 131 Rn. 143 m. w. N.

tung. Daran ändert auch nicht, dass sie nunmehr nicht mehr in **amtlichen Fußnoten** zum LPVG wiedergegeben sind.

31 Der in § 107 S. 2 a. F. aufgeführte § 9 a. F. ist gemäß § 127 Abs. 2 BPersVG **mit der Verweisung auf § 56 BPersVG n. F. bereits jetzt für das LPVG unmittelbar geltendes Recht** (vgl. Anh. 1, § 127 BPersVG Rn. 3).

32 **§ 109 a. F. [Unfallfürsorge]**

Erleidet ein Beamter anlässlich der Wahrnehmung von Rechten oder Erfüllung von Pflichten nach dem Personalvertretungsrecht einen Unfall, der im Sinne der beamtenrechtlichen Unfallfürsorgevorschriften ein Dienstunfall wäre, so finden diese Vorschriften entsprechende Anwendung.

33 § 109 a. F. wie § 107 a. F. enhalten zurzeit noch **unmittelbar geltendes Recht**. Beim Erlass des BPersVG 1974 hatte der Bund für diese Regelung die **Gesetzgebungskompetenz** nach Art. 75 Nr. 1 und Art. 74a GG a. F. (vgl. Rn. 29). Mit der am 1. 9. 06 in Kraft getretenen **Föderalismusreform I** sind diese Kompetenztitel aber aufgehoben worden. Die Vorschrift des § 109 a. F. kann seitdem nicht mehr als Bundesrecht erlassen werden. Nach Art. 125a Abs. 1 GG gilt sie aber als Bundesrecht fort, solange und soweit sie nicht durch Landesrecht ersetzt worden ist (vgl. § 126 BPersVG Rn. 6).[3] Durch Art. 6 Nr. 9 DRG hat der baden-württembergische **Landesgesetzgeber** den Inhalt des § 109 BPersVG in den **§ 47a a. F. (= § 6 Abs. 2 n. F.) LPVG** übernommen. Wie in den Fällen des § 9a sowie des § 48 Abs. 3 und 4 bis 8 a. F. LPVG hat er allerdings auch insoweit eine nur **vorbeugende landesgesetzliche Regelung** für den Fall der vom Bundesgesetzgeber nunmehr vorgenommenen Aufhebung des § 109 BPersVG a. F. mit Wirkung zum 31. 12. 2024. Daraus folgt, dass die nunmehr in § 6 Abs. 2 LPVG n. F. enthaltene **Regelung über Unfälle** (nicht dagegen die Regelung über Sachschäden) bis dahin nur **deklaratorische Bedeutung** hat (vgl. § 126 BPersVG Rn. 8).

---

3 Altvater-*Baunack*, § 131 Rn. 145 m. w. N.

Anhang 2
Wahlordnung zum Landespersonalvertretungsgesetz (LPVGWO)

vom 28. Januar 2014 (GBl. S. 67),
in der Fassung vom 12. März 2015 (GBl. S. 260)

Teil 1
Wahl des Personalrats

Abschnitt 1
Gemeinsame Vorschriften über die Vorbereitung und die Durchführung der Wahl

§ 1 Wahlvorstand, Wahlhelfer

(1) [1]Der Wahlvorstand führt die Wahl des Personalrats durch. [2]Er kann wahlberechtigte Beschäftigte als Wahlhelfer zu seiner Unterstützung bestellen. § 20 Absatz 2 Satz 2, § 41 Absatz 1 Satz 2 und § 43 Absatz 2 Satz 2 des Gesetzes gelten für die Wahlhelfer entsprechend.
(2) [1]Die Dienststelle hat den Wahlvorstand bei der Erfüllung seiner Aufgaben zu unterstützen, insbesondere die notwendigen Unterlagen zur Verfügung zu stellen und, wenn erforderlich, zu ergänzen sowie die erforderlichen Auskünfte zu erteilen. [2]Für die Vorbereitung und Durchführung der Wahl hat die Dienststelle in erforderlichem Umfang Räume, den Geschäftsbedarf, die üblicherweise in der Dienststelle genutzte Informations- und Kommunikationstechnik und Büropersonal zur Verfügung zu stellen.
(3) [1]Der Wahlvorstand macht die Namen seiner Mitglieder und der Ersatzmitglieder für das jeweilige Mitglied in der durch den Personalrat bestimmten Reihenfolge unverzüglich nach seiner Wahl oder Bestellung in der Dienststelle bekannt. [2]Die Zusammensetzung des Wahlvorstands ist bis zur Bekanntmachung des Wahlergebnisses auszuhängen; § 2 Absatz 2 gilt entsprechend. [3]Im Bereich der Forstverwaltung können die Namen der Mitglieder und Ersatzmitglieder des Wahlvorstands den Waldarbeitern, wenn ein Aushang nicht möglich ist, auch in sonstiger geeigneter Weise bekanntgegeben werden.

(4) [1]Der Wahlvorstand fasst seine Beschlüsse mit einfacher Stimmenmehrheit seiner Mitglieder. [2]Der Wahlvorstand ist beschlussfähig, wenn alle Mitglieder anwesend sind; die Stellvertretung durch Ersatzmitglieder, wenn Mitglieder ausgeschieden oder zeitweilig verhindert sind, ist zulässig.

§ 2 Bekanntmachungen des Wahlvorstands

(1) [1]Bekanntmachungen des Wahlvorstands sind an einer geeigneten Stelle oder an mehreren solchen Stellen auszuhängen. [2]Räumlich getrennte Teile, Außenstellen oder Nebenstellen von Dienststellen und Dienststellen, die nach § 5 Absatz 4 des Gesetzes mit einer anderen Dienststelle zusammengefasst oder nach § 10 Absatz 2 des Gesetzes einer anderen Dienststelle zugeteilt sind, sowie Schulen und Schulkindergärten, für die nach § 98 Absatz 1 des Gesetzes besondere Personalräte bei den unteren Schulaufsichtsbehörden gebildet werden, sind dabei besonders zu berücksichtigen.
(2) [1]Bekanntmachungen des Wahlvorstands können zusätzlich elektronisch mittels der in der Dienststelle üblicherweise genutzten Informations- und Kommunikationstechnik vorgenommen werden. [2]In diesem Fall genügt es, die Bekanntmachung an einer geeigneten Stelle in der Hauptdienststelle und, falls davon abweichend, am dienstlichen Sitz des Vorsitzenden des Wahlvorstands auszuhängen; in der elektronischen Fassung der Bekanntmachung ist anzugeben, an welchem Ort der schriftliche Aushang erfolgt. [3]Eine ausschließliche elektronische Bekanntmachung ist nur zulässig, wenn alle wahlberechtigten Beschäftigten der Dienststelle über einen eigenen Zugang zur üblicherweise in der Dienststelle genutzten Informations- und Kommunikationstechnik verfügen. [4]Bei der Bekanntmachung in elektronischer Form sind technische oder programmtechnische Vorkehrungen zu treffen, dass die Bekanntmachungen des Wahlvorstands nicht durch andere Personen als Mitglieder des Wahlvorstands verändert werden können. [5]Dies gilt für die elektronische Übermittlung von Bekanntmachungen des Wahlvorstands an andere Stellen entsprechend, wofür sichere Übertragungswege zu nutzen und Dateiformate zu verwenden sind, deren Veränderung einen unverhältnismäßig hohen Aufwand erfordert.

§ 3 Ort und Zeit der Wahl

[1]Der Wahlvorstand bestimmt den Ort, den Tag (Wahltag) und die Zeit der Wahl. [2]Er hat dabei auf die Belange der Dienststelle und der Beschäftigten Rücksicht zu nehmen. [3]Wenn die besonderen Verhältnisse einer Dienststelle es erfordern, kann er die Wahl in einem Zeitraum von höchstens vier aufeinanderfolgenden Tagen durchführen. [4]Als Wahltag im Sinne des Gesetzes und dieser Wahlordnung gilt in diesem Fall der erste Tag der Wahlhandlung.

§ 4 Vorabstimmungen

Der Wahlvorstand macht gleichzeitig mit der Bekanntmachung nach § 1 Absatz 3 bekannt, dass Vorabstimmungen über

1. eine von § 11 des Gesetzes abweichende Verteilung der Mitglieder des Personalrats auf die Gruppen (§ 12 Absatz 1 des Gesetzes) oder
2. die Durchführung gemeinsamer Wahl (§ 13 Absatz 2 des Gesetzes)

nur berücksichtigt werden, wenn ihr Ergebnis dem Wahlvorstand binnen sechs Arbeitstagen nach der Bekanntmachung nach § 1 Absatz 3 vorliegt und dem Wahlvorstand glaubhaft gemacht wird, dass das Ergebnis unter Leitung eines aus mindestens drei wahlberechtigten Beschäftigten bestehenden Abstimmungsvorstands in geheimen und in nach Gruppen getrennten Abstimmungen zustande gekommen ist und dem Abstimmungsvorstand mindestens ein Mitglied jeder in der Dienststelle vertretenen Gruppe angehört hat.

§ 5 Feststellung der Zahl der Beschäftigten und der Anteile der Geschlechter

[1]Der Wahlvorstand stellt die Zahl der in der Regel Beschäftigten und ihre Verteilung auf die Gruppen (§ 4 Absatz 3 und 4 des Gesetzes) sowie die Anteile von Frauen und Männern an den in der Regel Beschäftigten und in den Gruppen fest. [2]Maßgebend für die Feststellungen ist der zehnte Arbeitstag vor Erlass des Wahlausschreibens. [3]Der Wahlvorstand legt dabei den zu dem Stichtag absehbaren Beschäftigtenstand zugrunde, der voraussichtlich über die Hälfte der Amtszeit des Personalrats in der Dienststelle vorhanden sein wird. [4]Übersteigt die Zahl der in der Regel Beschäftigten 50 nicht, stellt der Wahlvorstand außerdem die Zahl der wahlberechtigten Beschäftigten fest.

§ 6 Wählerverzeichnis

(1) [1]Der Wahlvorstand stellt ein Verzeichnis der wahlberechtigten Beschäftigten (Wählerverzeichnis) getrennt nach den Gruppen der Beamten und der Arbeitnehmer auf (§ 11 Absatz 2 des Gesetzes). [2]Er hat das Wählerverzeichnis bis zum Abschluss der Wahlhandlung auf dem Laufenden zu halten und zu berichtigen.

(2) [1]Das Wählerverzeichnis kann in schriftlicher Form einer Wählerliste oder einer Wählerkartei oder bis zum Beginn der Wahlhandlung in elektronischer Form einer Wählerdatei geführt werden. [2]Der Wahlvorstand kann bestimmen, dass für jede Gruppe ein besonderes Wählerverzeichnis anzulegen ist. [3]Das Gleiche gilt für Außenstellen, Nebenstellen und Teile einer Dienststelle. [4]Schriftliche Wählerlisten müssen gebunden oder geheftet sein.

[5]Bei schriftlichen Wählerkarteien müssen die Behälter, in denen die Karteikarten aufbewahrt werden, verschließbar und mit einer Vorrichtung versehen sein, die jede einzelne Karteikarte festhält und die unberechtigte Entnahme oder Einfügung von Karteikarten unmöglich macht. [6]Elektronische Wählerdateien können als Liste, Tabelle oder Datenbank geführt werden, dabei darf die Schreibberechtigung für Änderungen in der Wählerdatei nur den Mitgliedern des Wahlvorstands eingeräumt sein und jede Änderung muss protokolliert werden und nachverfolgbar aufgezeichnet sein.

(3) [1]Das Wählerverzeichnis muss folgende Angaben enthalten:
1. laufende Nummer
2. Familiennamen
3. Vornamen
4. Geburtstag der Wahlberechtigten
5. Amts- oder Funktionsbezeichnung
6. Vermerk über Stimmabgabe,
7. Bemerkungen.

[2]Im Wählerverzeichnis sind ferner die Anteile von Frauen und Männern an den in der Regel Beschäftigten innerhalb der Gruppen der Beamten und Arbeitnehmer anzugeben (§ 11 Absatz 1 des Gesetzes); wird für jede Gruppe ein besonderes Wählerverzeichnis angelegt, kann sich die Angabe auf die Anteile innerhalb dieser Gruppe beschränken. [3]In das Wählerverzeichnis kann außerdem die Bezeichnung der Dienststelle der Wahlberechtigten aufgenommen werden. [4]In der Spalte 7 dürfen Bemerkungen, die sich auf die Änderung des Wählerverzeichnisses beziehen, nur vom Beginn der Auflegungsfrist ab eingetragen werden. [5]Die Bemerkungen sind mit Datum und Unterschrift des vollziehenden Bediensteten zu versehen; bei Führung als elektronische Wählerdatei tritt an die Stelle der Unterschrift ein unverwechselbares, zuvor vom Wahlvorstand für seine Mitglieder festgelegtes Namenskürzel. [6]Bei einem Wegfall der Wahlberechtigung darf der Grund nur durch Anführung der Rechtsgrundlage vermerkt werden.

(4) [1]Das Wählerverzeichnis ist mindestens zwölf Arbeitstage vor dem Wahltag bis zum zweiten Arbeitstag vor dem Wahltag während der Dienststunden zur Einsicht der Beschäftigten aufzulegen. [2]In räumlich getrennten Teilen, Außenstellen oder Nebenstellen von Dienststellen und in Dienststellen, die nach § 5 Absatz 4 des Gesetzes mit einer anderen Dienststelle zusammengefasst oder nach § 10 Absatz 2 des Gesetzes einer anderen Dienststelle zugeteilt sind, sowie in Schulen und in Schulkindergärten, für die nach § 98 Absatz 1 des Gesetzes besondere Personalräte bei den unteren Schulaufsichtsbehörden gebildet werden, können statt der Urschrift des Wählerverzeichnisses Abschriften hiervon aufgelegt werden. [3]In den aufgelegten Fertigungen des Wählerverzeichnisses darf der Geburtstag der Wahlberechtigten nicht enthalten sein. [4]Die Auflegung durch Gewährung von Einsicht in die elektronisch geführte Wählerdatei ist nicht zulässig.

(5) Jeder Beschäftigte kann innerhalb der Auflegungsfrist (Absatz 4 Satz 1) beim Wahlvorstand schriftlich Einspruch gegen die Richtigkeit des Wählerverzeichnisses einlegen.
(6) [1]Über den Einspruch entscheidet der Wahlvorstand unverzüglich. [2]Die Entscheidung ist dem Beschäftigten, der den Einspruch eingelegt hat, und dem durch den Einspruch Betroffenen unverzüglich, spätestens am Arbeitstag vor dem Wahltag (§ 3), schriftlich mitzuteilen. [3]Ist der Einspruch begründet, hat der Wahlvorstand das Wählerverzeichnis zu berichtigen.

§ 7 Verteilung der Personalratssitze auf die Gruppen

(1) [1]Der Wahlvorstand ermittelt die Zahl der zu wählenden Mitglieder des Personalrats (§ 10 Absatz 3 und 4 des Gesetzes). [2]Besteht der Personalrat aus mindestens drei Mitgliedern und ist keine andere Gruppeneinteilung beschlossen worden (§ 12 des Gesetzes), so errechnet der Wahlvorstand die Verteilung der Personalratssitze auf die Gruppen nach § 11 Absatz 2 bis 5 des Gesetzes.
(2) [1]Bei der Verteilung der Sitze auf die Gruppen nach den Grundsätzen der Verhältniswahl (§ 11 Absatz 3 des Gesetzes) ist das d'Hondt'sche Höchstzahlverfahren anzuwenden. [2]Hierzu werden die Zahlen der der Dienststelle angehörenden Beamten und Arbeitnehmer (§ 5) nebeneinandergestellt und der Reihe nach durch 1, 2, 3 usw. geteilt. [3]Auf die jeweils höchste Teilzahl (Höchstzahl) wird so lange ein Sitz zugeteilt, bis alle Personalratssitze (§ 10 Absatz 3 und 4 des Gesetzes) verteilt sind. [4]Jede Gruppe erhält so viele Sitze, wie Höchstzahlen auf sie entfallen. [5]Ist bei gleichen Höchstzahlen nur noch ein Sitz zu verteilen, so entscheidet das Los.
(3) [1]Entfallen bei der Verteilung der Sitze nach Absatz 2 auf eine Gruppe weniger Sitze, als ihr nach § 11 Absatz 4 des Gesetzes mindestens zustehen, so erhält sie die in § 11 Absatz 4 des Gesetzes vorgeschriebene Zahl von Sitzen. [2]Die Zahl der Sitze der anderen Gruppe vermindert sich entsprechend um die ihr zuletzt zugeteilten Sitze.
(4) Ist auch innerhalb der Nachfrist (§ 16) bei Gruppenwahl für eine Gruppe kein gültiger Wahlvorschlag eingegangen oder sind bei gemeinsamer Wahl für eine Gruppe keine Bewerber gültig vorgeschlagen (§ 16 Absatz 2 und 4), fallen alle Sitze der anderen Gruppe zu.

§ 8 Anteilige Vertretung nach Geschlechtern

[1]Besteht der Personalrat aus mindestens drei Mitgliedern, so ermittelt der Wahlvorstand nach den Grundsätzen der Verhältniswahl, wie viele Sitze im Personalrat auf Frauen und Männer entfallen sollen. [2]Sind beide Gruppen im Personalrat vertreten, ermittelt der Wahlvorstand nach den Grundsätzen der Verhältniswahl, wie viele Sitze in der jeweiligen Gruppe, der mehr als

ein Sitz im Personalrat zusteht, auf Frauen und Männer entfallen sollen. [3]§ 7 Absatz 2 gilt entsprechend.

§ 9 Wahlausschreiben

(1) [1]Nach Ablauf der in § 4 bestimmten Frist, spätestens zwei Monate vor dem Wahltag, erlässt der Wahlvorstand ein Wahlausschreiben. [2]Es soll von sämtlichen Mitgliedern des Wahlvorstands unterschrieben werden.

(2) Das Wahlausschreiben muss enthalten:

1. den Ort und den Tag seines Erlasses,
2. den Tag, die Zeit und den Ort der Wahl (§ 17 Absatz 1 Satz 2 des Gesetzes),
3. die nach § 5 Satz 1 ermittelte Zahl der Beschäftigten und, sofern der Personalrat aus mindestens drei Mitgliedern besteht, ihre Verteilung auf die Gruppen der Beamten und Arbeitnehmer, sowie die nach § 5 Satz 4 ermittelte Zahl der Wahlberechtigten,
4. die Zahl der zu wählenden Mitglieder des Personalrats und, sofern der Personalrat aus mindestens drei Mitgliedern besteht, ihre Verteilung auf die Gruppen der Beamten und Arbeitnehmer (§ 7),
5. die Angabe der Anteile der Frauen und Männer an den in der Regel Beschäftigten innerhalb der Gruppen der Beamten und Arbeitnehmer (§ 11 Absatz 1 des Gesetzes),
6. die Angabe, wie viele Sitze im Personalrat und in den Gruppen auf Frauen und Männer entfallen sollen (§ 8),
7. Angaben darüber, ob die Beamten und Arbeitnehmer ihre Vertreter in getrennten Wahlgängen wählen (Gruppenwahl) oder gemeinsame Wahl beschlossen worden (§ 4 Nummer 2) oder gesetzlich vorgesehen ist (§ 13 Absatz 2 des Gesetzes),
8. die Angabe, wo und wann das Wählerverzeichnis oder Abschriften des Wählerverzeichnisses zur Einsicht aufliegen (§ 6 Absatz 4),
9. den Hinweis, dass nur Beschäftigte wählen können, die in das Wählerverzeichnis eingetragen sind (§ 20 Absatz 1),
10. den Hinweis, wo und wann das Landespersonalvertretungsgesetz und diese Wahlordnung zur Einsicht aufliegen oder in elektronischer Form eingesehen werden können (§ 10),
11. den Hinweis, dass Frauen und Männer im Personalrat entsprechend ihren Anteilen an den in der Regel Beschäftigten der Dienststelle und in den Gruppen entsprechend ihrem Anteil an den in der Regel beschäftigten Gruppenangehörigen vertreten sein sollen (§ 11 Absatz 1 des Gesetzes),
12. den Hinweis, dass Einsprüche gegen das Wählerverzeichnis nur innerhalb der Auflegungsfrist (§ 6 Absatz 4 Satz 1) schriftlich beim Wahl-

vorstand eingelegt werden können; Tag und Uhrzeit des Ablaufs der Auflegungsfrist (§ 6 Absatz 4 Satz 1 und Absatz 5) sind anzugeben,

13. die Aufforderung, Wahlvorschläge innerhalb von zwölf Arbeitstagen nach dem Erlass des Wahlausschreibens während der Dienststunden beim Wahlvorstand einzureichen; Tag und Uhrzeit des Ablaufs der Einreichungsfrist (§ 11 Absatz 2) sind anzugeben,
14. einen Hinweis auf den Inhalt der Wahlvorschläge (§§ 12, 13),
15. die Mindestzahl der wahlberechtigten Beschäftigten, von denen ein von den Wahlberechtigten eingereichter Wahlvorschlag unterzeichnet sein muss (§ 13 Absatz 4, 6 und 7 des Gesetzes) und den Hinweis, dass jeder Beschäftigte für die Wahl des Personalrats nur auf einem Wahlvorschlag benannt werden kann (§ 13 Absatz 1), sowie den Hinweis, dass ein von einer in der Dienststelle vertretenen Gewerkschaft eingereichter Wahlvorschlag nur der Unterschrift eines zeichnungsberechtigten Mitglieds des Vorstands dieser Gewerkschaft auf Orts-, Bezirks-, Landes- oder Bundesebene bedarf (§ 12 Absatz 4),
16. den Hinweis, dass nur rechtzeitig eingereichte Wahlvorschläge berücksichtigt werden (§ 15 Absatz 5 Nummer 1) und dass nur gewählt werden kann, wer in einen bekanntgemachten Wahlvorschlag aufgenommen ist (§ 18 Absatz 2 Satz 2 Nummer 2),
17. den Ort, an dem die Wahlvorschläge bekanntgemacht werden,
18. einen Hinweis auf die Möglichkeit der Briefwahl (§ 23) und gegebenenfalls auf deren Anordnung in den Fällen des §§ 24 und 25,
19. den Ort und die Zeit der Stimmenauszählung und der Sitzung des Wahlvorstands, in der das Wahlergebnis abschließend festgestellt wird.

(3) [1]Der Wahlvorstand macht das Wahlausschreiben am Tag des Erlasses in der Dienststelle bekannt. [2]Das Wahlausschreiben ist bis zur Bekanntmachung des Wahlergebnisses auszuhängen; § 2 Absatz 2 gilt entsprechend.

(4) [1]Wahlberechtigten Beschäftigten, die für längere Dauer beurlaubt, abgeordnet, zugewiesen oder aus sonstigen Gründen nicht in der Dienststelle beschäftigt sind, soll der Wahlvorstand eine Abschrift des Wahlausschreibens übersenden. [2]Die Übersendung kann auch in geeigneter elektronischer Form erfolgen. [3]Von der Übersendung an die wahlberechtigten Beschäftigten im Sinne von Satz 1 in der Kultusverwaltung kann der Wahlvorstand, insbesondere bei Wahlen zu schulischen Personalvertretungen absehen, wenn das Wahlausschreiben nach § 2 Absatz 2 elektronisch bekanntgemacht wird und für diese Beschäftigten Zugang zu dieser Form der Bekanntmachung besteht.

(5) Offenbare Unrichtigkeiten des Wahlausschreibens können vom Wahlvorstand jederzeit berichtigt werden.

(6) Mit Erlass des Wahlausschreibens ist die Wahl eingeleitet.

§ 10 Auflegung des Landespersonalvertretungsgesetzes und der Wahlordnung

[1]Der Wahlvorstand legt vom Tag des Erlasses des Wahlausschreibens bis zur Bekanntmachung des Wahlergebnisses das Landespersonalvertretungsgesetz und diese Wahlordnung zur Einsicht der Beschäftigten auf oder macht bekannt, wo sie in elektronischer Form abgerufen werden können. [2]§ 2 gilt entsprechend.

§ 11 Wahlvorschläge, Einreichungsfrist

(1) Zur Wahl des Personalrats können die wahlberechtigten Beschäftigten und die in der Dienststelle vertretenen Gewerkschaften Wahlvorschläge machen.
(2) [1]Wahlvorschläge sind innerhalb von zwölf Arbeitstagen nach dem Erlass des Wahlausschreibens während der Dienststunden beim Wahlvorstand schriftlich einzureichen. [2]Bei Gruppenwahl sind für die einzelnen Gruppen getrennte Wahlvorschläge einzureichen.

§ 12 Inhalt der Wahlvorschläge

(1) Jeder Wahlvorschlag soll mindestens doppelt so viele Bewerber enthalten, als

1. bei Gruppenwahl Gruppenvertreter,
2. bei gemeinsamer Wahl, sofern mindestens drei Personalratsmitglieder zu wählen sind, Gruppenvertreter, im übrigen Personalratsmitglieder zu wählen sind.

(2) [1]Jeder Wahlvorschlag muss mindestens so viele Bewerber enthalten, wie erforderlich sind, um die anteilige Verteilung der Sitze im Personalrat und innerhalb der Gruppen auf Frauen und Männer zu erreichen (§ 8). [2]Entspricht der Wahlvorschlag diesem Erfordernis nicht, ist die Abweichung schriftlich zu begründen.
(3) [1]Die Namen der einzelnen Bewerber sind auf dem Wahlvorschlag untereinander aufzuführen und mit fortlaufenden Nummern zu versehen. [2]Außer dem Familiennamen sind der Vorname, die Amts- oder Funktionsbezeichnung, die Gruppenzugehörigkeit und, soweit Sicherheitsbedürfnisse nicht entgegenstehen, die Dienststelle, bei der der Bewerber beschäftigt ist, anzugeben. [3]Vorschläge für die Stimmabgabe (Stimmenhäufung) dürfen die Wahlvorschläge nicht enthalten. [4]Bei gemeinsamer Wahl sind in dem Wahlvorschlag die Bewerber nach Gruppen zusammenzufassen, sofern mindestens drei Personalratsmitglieder zu wählen sind.
(4) Ein von einer in der Dienststelle vertretenen Gewerkschaft eingereichter Wahlvorschlag bedarf der Unterschrift eines zeichnungsberechtigten Mit-

glieds des Vorstands der Gewerkschaft auf Orts-, Bezirks-, Landes- oder Bundesebene.

(5) [1]Aus dem Wahlvorschlag der wahlberechtigten Beschäftigten soll zu ersehen sein, welcher der Unterzeichner zur Vertretung des Wahlvorschlags gegenüber dem Wahlvorstand und zur Entgegennahme von Erklärungen und Entscheidungen des Wahlvorstands berechtigt ist (Vertreter des Wahlvorschlags) und wer ihn im Fall seiner Verhinderung vertritt. Fehlt eine Angabe hierüber, so gilt der an erster Stelle stehende Unterzeichner als berechtigt. [2]Er wird von dem an zweiter Stelle stehenden Unterzeichner vertreten. [3]Auf einem von einer in der Dienststelle vertretenen Gewerkschaft eingereichten Wahlvorschlag (Absatz 4) kann die Gewerkschaft je einen in der Dienststelle Beschäftigten, der Mitglied der Gewerkschaft ist, als Vertreter des Wahlvorschlags und dessen Stellvertreter benennen; wird ein Vertreter des Wahlvorschlags nicht benannt, gilt der Unterzeichner des Wahlvorschlags als Vertreter des Wahlvorschlags.

(6) Mitglieder des Wahlvorstands können nicht Vertreter eines Wahlvorschlags oder deren Stellvertreter sein.

(7) Der Wahlvorschlag kann mit einem Kennwort versehen sein.

§ 13 Sonstige Erfordernisse

(1) Jeder Bewerber kann für die Wahl des Personalrats nur auf einem Wahlvorschlag benannt werden.

(2) Dem Wahlvorschlag ist die schriftliche Zustimmung der in ihm aufgeführten Bewerber zur Aufnahme in den Wahlvorschlag beizufügen.

(3) [1]Jeder Beschäftigte, der berechtigt ist, Wahlvorschläge zu machen und zu unterzeichnen (§ 13 Absatz 4 Satz 1 und 4 des Gesetzes), kann seine Unterschrift zur Wahl des Personalrats rechtswirksam nur für einen Wahlvorschlag abgeben. [2]Die Unterzeichner eines Wahlvorschlags haben ihrer Unterschrift ihre Amts- oder Funktionsbezeichnung und die Bezeichnung der Dienststelle, bei der sie beschäftigt sind, beizufügen. [3]Die Namen sind in Block- oder Maschinenschrift zu wiederholen.

(4) Eine Verbindung von Wahlvorschlägen ist unzulässig.

§ 14 Vorprüfung der Wahlvorschläge durch den Wahlvorstand

(1) [1]Der Vorsitzende des Wahlvorstands vermerkt auf den Wahlvorschlägen den Tag und die Uhrzeit des Eingangs. [2]Im Fall des Absatzes 2 und des § 15 Absatz 4 ist auch der Zeitpunkt des Eingangs des berichtigten Wahlvorschlags zu vermerken. [3]Maßgebend ist jeweils der Zugang des Wahlvorschlags in Schriftform.

(2) [1]Etwaige Mängel hat der Vorsitzende des Wahlvorstands dem Vertreter des Wahlvorschlags unverzüglich, spätestens am Arbeitstag nach dem Ab-

lauf der Einreichungsfrist unter Rückgabe des Wahlvorschlags mitzuteilen; dabei hat er ihn aufzufordern, die Anstände unverzüglich zu beseitigen. [2]Fehlen die erforderlichen Unterschriften oder Zustimmungserklärungen oder sind sie oder der ganze Wahlvorschlag unter einer Bedingung abgegeben, können diese Anstände, unbeschadet der Bestimmungen des § 15 Absatz 4, nach Ablauf der Einreichungsfrist nicht mehr behoben werden. [3]Der berichtigte Wahlvorschlag muss spätestens am dritten Arbeitstag nach Ablauf der Einreichungsfrist wieder eingereicht sein.
(3) Unterschriften unter einem Wahlvorschlag und Zustimmungserklärungen von Bewerbern können nicht zurückgenommen werden.

§ 15 Beschlussfassung über die Wahlvorschläge

(1) [1]Der Wahlvorstand prüft unverzüglich, spätestens unmittelbar nach Ablauf der in § 14 Absatz 2 Satz 3 genannten Frist, die Wahlvorschläge, insbesondere
1. die Einhaltung der Einreichungsfrist (§ 11 Absatz 2),
2. bei Wahlvorschlägen der wahlberechtigten Beschäftigten die Unterschriften der Unterzeichner und ihre Wahlberechtigung sowie ihre Berechtigung, Wahlvorschläge zu machen oder zu unterzeichnen (§ 13 Absatz 4 Satz 1 und 4 des Gesetzes),
3. die Angabe einer Reihenfolge der Bewerber sowie das Vorliegen der Zustimmungserklärungen,
4. die Einhaltung des Verbots der Unterzeichnung mehrerer Wahlvorschläge für dieselbe Wahl durch einen Wahlberechtigten und der Aufnahme eines Bewerbers in mehrere Wahlvorschläge für dieselbe Wahl,
5. die Einhaltung des Verbots von Stimmenhäufungsvorschlägen im Wahlvorschlag (§ 12 Absatz 3 Satz 3),
6. die ausreichende Benennung von Frauen und Männern, um die anteilige Vertretung der Geschlechter im Personalrat und in den Gruppen zu erreichen, oder das Vorliegen einer schriftlichen Begründung für ein Abweichen von dem Erfordernis.

[2]Hat der Wahlvorstand bei einem von einer Gewerkschaft eingereichten Wahlvorschlag Zweifel an der Vertretungsberechtigung des Unterzeichners oder ob die Gewerkschaft unter den Beschäftigten der Dienststelle vertreten ist, also mindestens ein Mitglied unter den Beschäftigten der Dienststelle hat, so hat die Gewerkschaft den Nachweis binnen drei Arbeitstagen nach Aufforderung durch den Wahlvorstand zu führen.
(2) [1]In den Wahlvorschlägen sind die Bewerber zu streichen,
1. die so unvollständig bezeichnet sind, dass Zweifel über ihre Person bestehen können,
2. deren Zustimmungserklärung fehlt oder nicht rechtzeitig oder unter einer Bedingung vorgelegt worden ist,

3. die offensichtlich nicht wählbar sind.

[2]Stimmenhäufungsvorschläge sind zu streichen.

(3) [1]Der Wahlvorstand hat Bewerber, die mit ihrer schriftlichen Zustimmung von mehreren Wahlvorschlägen für diese Wahl benannt worden sind, aufzufordern, innerhalb von drei Arbeitstagen zu erklären, auf welchem Wahlvorschlag sie benannt bleiben wollen. [2]Gibt ein Bewerber diese Erklärung nicht fristgerecht ab, so wird er von sämtlichen Wahlvorschlägen gestrichen.

(4) [1]Hat ein Wahlberechtigter mehr als einen Wahlvorschlag unterzeichnet, ist sein Name unter allen eingereichten Wahlvorschlägen zu streichen. [2]Wahlvorschläge, die danach nicht mehr die erforderliche Anzahl Unterschriften aufweisen, sind vom Wahlvorstand dem Vertreter des Wahlvorschlags mit der Auflage, die fehlenden Unterschriften binnen drei Arbeitstagen nachzubringen, zurückzugeben.

(5) Als ungültig zurückzuweisen sind Wahlvorschläge,

1. die nicht rechtzeitig eingereicht worden sind,
2. die eine Bedingung enthalten,
3. die nicht ordnungsgemäß, insbesondere nicht von der erforderlichen Zahl Wahlberechtigter oder nicht von einem zeichnungsberechtigten Mitglied des Vorstands der Gewerkschaft auf Orts-, Bezirks-, Landes- oder Bundesebene unterzeichnet sind (§ 13 Absatz 4, 6 und 7 des Gesetzes, § 12 Absatz 4),
4. die die Reihenfolge der Bewerber nicht zweifelsfrei erkennen lassen,
5. die im Falle des Absatzes 4 nicht rechtzeitig oder ohne Behebung des Mangels wieder eingereicht worden sind,
6. bei denen die Gewerkschaft die nach Absatz 1 Satz 2 vom Wahlvorstand verlangten Nachweise nicht binnen drei Arbeitstagen erbringt,
7. die ohne schriftliche Begründung keine ausreichende Zahl von Frauen und Männern enthalten, um die anteilige Vertretung der Geschlechter im Personalrat und in den Gruppen zu erreichen (§ 13 Absatz 5 des Gesetzes, § 8).

(6) Wird ein Wahlvorschlag zurückgewiesen oder wird ein Bewerber oder ein Stimmenhäufungsvorschlag gestrichen, sind die getroffenen Entscheidungen dem Vertreter des Wahlvorschlags sowie dem betroffenen Bewerber unverzüglich gegen Unterschrift zu eröffnen oder sonst zuzustellen.

§ 16 Nachfrist für die Einreichung von Wahlvorschlägen

(1) [1]Ist nach Ablauf der in § 11 Absatz 2, § 14 Absatz 2 Satz 3 und § 15 Absatz 1 Satz 2 und Absatz 4 und 5 Nummer 6 genannten Fristen bei Gruppenwahl nicht für jede Gruppe mindestens ein gültiger Wahlvorschlag oder bei gemeinsamer Wahl überhaupt kein gültiger Wahlvorschlag eingegangen oder sind bei gemeinsamer Wahl zwar gültige Wahlvorschläge eingegangen,

aber für eine Gruppe, der nach § 11 des Gesetzes mindestens ein Sitz zusteht, keine Bewerber gültig benannt worden, so macht der Wahlvorstand dies sofort durch Aushang an den gleichen Stellen, an denen das Wahlausschreiben ausgehängt ist, bekannt. [2]Gleichzeitig fordert er zur Einreichung von Wahlvorschlägen während der Dienststunden innerhalb einer Nachfrist von sechs Arbeitstagen auf.

(2) [1]Im Falle der Gruppenwahl weist der Wahlvorstand in der Bekanntmachung darauf hin, dass eine Gruppe keine Vertreter in den Personalrat wählen kann und die ihr zustehenden Sitze der anderen Gruppe zufallen, wenn bis zum Ablauf der Nachfrist für jene kein gültiger Wahlvorschlag eingeht; liegt von beiden Gruppen kein gültiger Wahlvorschlag vor, weist der Wahlvorstand auch darauf hin, dass der Personalrat nicht gewählt werden kann, wenn nicht mindestens ein gültiger Wahlvorschlag eingeht. [2]Im Falle gemeinsamer Wahl weist der Wahlvorstand darauf hin, dass, falls bis zum Ablauf der Nachfrist kein gültiger Wahlvorschlag eingeht,

1. der Personalrat nicht gewählt werden kann,
2. für die Gruppe, für die keine Bewerber gültig benannt wurden, keine Vertreter in den Personalrat gewählt werden können.

(3) Für nachgereichte Wahlvorschläge gelten die §§ 14 und 15 entsprechend.

(4) Gehen auch innerhalb der Nachfrist gültige Wahlvorschläge nicht oder nicht für alle Gruppen ein, so macht der Wahlvorstand sofort bekannt

1. bei Gruppenwahl, wenn nur für eine Gruppe kein gültiger Wahlvorschlag eingereicht wurde, und bei gemeinsamer Wahl im Falle des Absatzes 2 Satz 2 Nummer 2
   a) für welche Gruppe keine Vertreter gewählt werden können,
   b) dass alle Sitze der anderen Gruppe zufallen (§ 7 Absatz 4),
2. bei Gruppenwahl und bei gemeinsamer Wahl, wenn kein gültiger Wahlvorschlag eingereicht wurde, dass die Wahl nicht stattfinden kann.

§ 17 Reihenfolge der Wahlvorschläge

[1]Der Wahlvorstand versieht die gültigen Wahlvorschläge in der Reihenfolge ihres Eingangs mit Ordnungsnummern. [2]Ist ein Wahlvorschlag berichtigt worden (§ 14 Absatz 2, § 15 Absatz 4), so ist der Zeitpunkt, zu dem der berichtigte Wahlvorschlag eingegangen ist, maßgebend. [3]Sind mehrere Wahlvorschläge gleichzeitig eingegangen, so entscheidet das Los über die Reihenfolge.

§ 18 Bekanntmachung der Wahlvorschläge

(1) [1]Unverzüglich nach Beschlussfassung über die Wahlvorschläge (§§ 15 und 16 Absatz 3), spätestens jedoch fünf Arbeitstage vor dem Wahltag,

macht der Wahlvorstand die zugelassenen Wahlvorschläge bekannt. [2]Enthält ein zugelassener Wahlvorschlag keine ausreichende Zahl von Frauen und Männern, um die anteilige Vertretung der Geschlechter im Personalrat und in den Gruppen zu erreichen, ist die dazu abgegebene Begründung mit dem jeweiligen Wahlvorschlag bekanntzumachen (§ 13 Absatz 5 des Gesetzes, § 15 Absatz 1 Nummer 6). [3]Die Wahlvorschläge, gegebenenfalls mit dazu abgegebener Begründung, sind bis zur Bekanntmachung des Wahlergebnisses auszuhängen; § 2 Absatz 2 gilt entsprechend. [4]Mehrere zugelassene Wahlvorschläge sind in der Bekanntmachung in der Reihenfolge ihrer Ordnungsnummern (§ 17) aufzuführen. [5]Bei Wahlvorschlägen, die mit einem Kennwort versehen sind, ist auch dieses anzugeben. [6]Die Namen der Unterzeichner der Wahlvorschläge werden nicht bekanntgegeben.

(2) [1]In der Bekanntmachung ist auf die jeweils in Betracht kommenden Vorschriften des § 20 Absatz 4 hinzuweisen. [2]Außerdem ist darauf hinzuweisen, dass der Wahlberechtigte

1. nur mit amtlichen Stimmzetteln und amtlichen Stimmzettelumschlägen (§ 21) abstimmen darf,
2. nur solche Bewerber wählen darf, die in einen der bekanntgemachten Wahlvorschläge aufgenommen sind,
3. in der Art abzustimmen hat, dass er durch Ankreuzen von Namen, Beifügen einer Zahl oder auf sonstige Weise zweifelsfrei zu erkennen gibt, für welche Bewerber er stimmt und wie viele Stimmen er ihnen gibt (§ 20 Absatz 3).

§ 19 Sitzungsniederschriften

[1]Der Wahlvorstand fertigt über jede Sitzung, in der über die Anlegung des Wählerverzeichnisses (§ 6 Absatz 2 Satz 2 und 3), die Ermittlung der Zahl der zu wählenden Personalratsmitglieder (§ 10 des Gesetzes) und die Verteilung der Personalratssitze auf die Gruppen (§ 7) sowie die anteilige Vertretung nach Geschlechtern (§ 8), über Einsprüche gegen das Wählerverzeichnis (§ 6 Absatz 5 und 6), über die Zulassung oder Reihenfolge von Wahlvorschlägen (§§ 15, 16 Absatz 3 und § 17) oder über die Gewährung von Nachfristen (§ 16) entschieden wird, eine Niederschrift. [2]Sie soll von sämtlichen Mitgliedern des Wahlvorstands unterzeichnet werden.

§ 20 Ausübung des Wahlrechts

(1) Wählen kann nur, wer in das Wählerverzeichnis eingetragen ist.

(2) Das Wahlrecht wird durch persönliche Abgabe eines amtlichen Stimmzettels in einem amtlichen Stimmzettelumschlag (§ 22), ausnahmsweise durch Briefwahl (§§ 23 bis 25) ausgeübt.

(3) Der Wähler gibt seine Stimmen in der Weise auf dem Stimmzettel (§ 21) ab, dass er durch Ankreuzen von Namen, Beifügen einer Zahl oder auf sonstige Weise zweifelsfrei zu erkennen gibt, für welche Bewerber er stimmt und wie viele Stimmen er ihnen gibt.
(4) [1]Jeder Wähler kann so viele Stimmen abgeben, als bei Gruppenwahl Vertreter der Gruppe, der er angehört, bei gemeinsamer Wahl Personalratsmitglieder zu wählen sind. [2]Bei gemeinsamer Wahl kann er für die Bewerber der einzelnen Gruppen nur so viele Stimmen abgeben, als Vertreter dieser Gruppen zu wählen sind. [3]Der Wähler ist nicht gebunden, eine bestimmte Anzahl von Stimmen an Bewerber eines bestimmten Geschlechts zu vergeben.

§ 21 Stimmzettel, Stimmzettelumschläge, Wählerverzeichnis

(1) [1]Abgestimmt wird mit amtlichen Stimmzetteln; für ihre Herstellung hat der Wahlvorstand zu sorgen. [2]Bei Gruppenwahl müssen die Stimmzettel für jede Gruppe, bei gemeinsamer Wahl alle Stimmzettel dieselbe Größe, Farbe, Beschaffenheit und Beschriftung haben. [3]Sie dürfen keine besonderen Merkmale (Zeichen, Falten, Flecken, Risse und dergleichen) aufweisen und müssen die Bezeichnung der Dienststelle, für die der Personalrat gewählt werden soll, enthalten.
(2) [1]Die Stimmzettelumschläge sind vom Wahlvorstand bereitzustellen (amtlicher Stimmzettelumschlag). [2]Sie müssen undurchsichtig sein; im Übrigen gilt Absatz 1 Satz 2 und 3 entsprechend.
(3) [1]Vor Beginn der Wahlhandlung hat der Wahlvorstand das Wählerverzeichnis in Form einer elektronischen Wählerdatei abzuschließen, auszudrucken und zu heften oder zu binden. [2]Der Wahlhandlung ist das Wählerverzeichnis in schriftlicher Form zugrunde zu legen. [3]Entsprechendes gilt für besondere Wählerverzeichnisse für Gruppen sowie für Außenstellen, Nebenstellen und Teile einer Dienststelle.

§ 22 Wahlhandlung

(1) [1]Der Wahlvorstand trifft Vorkehrungen, dass der Wähler den Stimmzettel im Wahlraum unbeobachtet kennzeichnen und in den Stimmzettelumschlag legen kann. [2]Für die Aufnahme der Umschläge sind Wahlurnen zu verwenden. [3]Vor Beginn der Stimmabgabe sind die Wahlurnen vom Wahlvorstand zu verschließen. [4]Sie müssen so eingerichtet sein, dass die eingeworfenen Umschläge nicht vor Öffnung der Wahlurne entnommen werden können. [5]Findet Gruppenwahl statt, so kann die Wahlhandlung nach Gruppen getrennt durchgeführt werden; in jedem Falle sind jedoch getrennte Wahlurnen zu verwenden.

(2) [1]Ein Wähler, der durch körperliches Gebrechen in der Stimmabgabe behindert ist, bestimmt eine Person seines Vertrauens, deren er sich bei der Stimmabgabe bedienen will, und gibt dies dem Wahlvorstand bekannt. [2]Die Hilfeleistung hat sich auf die Erfüllung der Wünsche des Wählers zur Stimmabgabe zu beschränken. [3]Die Vertrauensperson darf gemeinsam mit dem Wähler die Wahlzelle aufsuchen, soweit dies zur Hilfeleistung erforderlich ist. [4]Die Vertrauensperson ist zur Geheimhaltung der Kenntnisse verpflichtet, die sie bei der Hilfeleistung von der Wahl eines anderen erlangt hat. [5]Wahlbewerber, Mitglieder des Wahlvorstands und Wahlhelfer dürfen nicht zur Hilfeleistung herangezogen werden.

(3) Solange der Wahlraum zur Stimmabgabe geöffnet ist, müssen mindestens zwei Mitglieder des Wahlvorstands im Wahlraum anwesend sein; sind Wahlhelfer bestellt (§ 1 Absatz 1), genügt die Anwesenheit eines Mitglieds des Wahlvorstands und eines Wahlhelfers.

(4) [1]Vor Einwurf des Stimmzettelumschlags in die Wahlurne ist festzustellen, ob der Wähler im Wählerverzeichnis eingetragen ist. [2]Ist dies der Fall, prüft der Vorsitzende des Wahlvorstands oder das von ihm mit der Entgegennahme der Stimmzettelumschläge beauftragte Mitglied des Wahlvorstands den Stimmzettelumschlag. [3]Nichtamtliche Stimmzettelumschläge und Stimmzettelumschläge, die mit einem Kennzeichen versehen sind oder einen von außen wahrnehmbaren Gegenstand enthalten, sind zurückzuweisen. [4]Im anderen Falle wirft der Wahlberechtigte oder mit dessen Zustimmung der Vorsitzende des Wahlvorstands oder das von ihm mit der Entgegennahme der Stimmzettelumschläge beauftragte Mitglied des Wahlvorstands den Stimmzettelumschlag sofort ungeöffnet in die Wahlurne. [5]Die Stimmabgabe ist im Wählerverzeichnis zu vermerken.

(5) [1]Wird die Wahlhandlung unterbrochen oder wird das Wahlergebnis nicht unmittelbar nach Abschluss der Wahlhandlung festgestellt, so hat der Wahlvorstand für die Zwischenzeit die Wahlurne so zu verschließen und aufzubewahren, dass der Einwurf oder die Entnahme von Stimmzetteln unmöglich ist. [2]Bei Wiedereröffnung der Wahl oder bei Entnahme der Stimmzettel zur Stimmenzählung hat sich der Wahlvorstand davon zu überzeugen, dass der Verschluss unversehrt ist.

(6) [1]Nach Ablauf der für die Durchführung der Wahlhandlung festgesetzten Zeit dürfen nur noch die Wahlberechtigten abstimmen, die sich in diesem Zeitpunkt im Wahlraum befinden. [2]Sodann erklärt der Wahlvorstand die Wahlhandlung für beendet.

(7) Über Zweifelsfragen, die sich bei der Wahlhandlung ergeben, entscheidet der Wahlvorstand.

(8) Der Wahlraum muss allen Beschäftigten während der Dauer der Wahlhandlung zugänglich sein.

§ 23 Briefwahl

(1) [1]Einem wahlberechtigten Beschäftigten, der im Wählerverzeichnis eingetragen ist, hat der Wahlvorstand auf Antrag
1. die Stimmzettel und den Stimmzettelumschlag,
2. eine vorgedruckte, vom Wähler abzugebende Erklärung, in der dieser gegenüber dem Wahlvorstand versichert, dass er den Stimmzettel persönlich gekennzeichnet hat oder, soweit unter den Voraussetzungen des § 22 Absatz 2 erforderlich, durch eine Person seines Vertrauens hat kennzeichnen lassen, sowie
3. einen Wahlbriefumschlag, der die Anschrift des Wahlvorstands und als Absender den Namen und die Anschrift des wahlberechtigten Beschäftigten sowie den Vermerk »Briefwahl« trägt,

auszuhändigen oder zu übersenden. [2]Auf Antrag ist auch ein Abdruck des Wahlausschreibens (§ 9) und der etwa ergangenen Ergänzungen und Berichtigungen (§ 9 Absatz 5, § 16 Absatz 4) auszuhändigen oder zu übersenden. [3]Der Wahlbriefumschlag ist so zu gestalten, dass er für den Beschäftigten kostenfrei durch die Post befördert werden kann. [4]Der Wahlvorstand soll dem Wähler ferner ein Merkblatt über die Art und Weise der Briefwahl (Absatz 2) aushändigen oder übersenden. [5]Der Wahlvorstand hat die Aushändigung oder Übersendung im Wählerverzeichnis zu vermerken.

(2) [1]Im Falle der Briefwahl gibt der Wähler seine Stimme in der Weise ab, dass er im verschlossenen Wahlbriefumschlag den unverschlossenen Stimmzettelumschlag, der den gemäß § 20 Absatz 3 ausgefüllten Stimmzettel enthält, sowie die in Absatz 1 Satz 1 Nummer 2 genannte, mit Datum und Unterschrift des Wählers versehene Erklärung so rechtzeitig durch die Post an den Wahlvorstand absendet oder dem Vorsitzenden des Wahlvorstands oder im Falle seiner Verhinderung einem von ihm bestimmten Mitglied des Wahlvorstands übergibt, dass er bei diesem spätestens bei Ablauf der für die Wahlhandlung festgesetzten Zeit vorliegt. [2]Der Wähler kann, soweit unter den Voraussetzungen des § 22 Absatz 2 erforderlich, die in Satz 1 bezeichneten Tätigkeiten durch eine Person seines Vertrauens verrichten lassen.

(3) [1]Der Wahlvorstand hat die eingegangenen Wahlbriefe bis zum Wahltag ungeöffnet unter Verschluss zu halten. [2]Vor Abschluss der Wahlhandlung prüft er die eingegangenen Wahlbriefe. [3]Dabei darf der Stimmzettelumschlag nicht geöffnet werden. [4]Ein Wahlbrief ist zurückzuweisen, wenn
1. er nicht bis zum Ablauf der für die Durchführung der Wahlhandlung festgelegten Zeit eingegangen ist,
2. er unverschlossen eingegangen ist,
3. der Stimmzettelumschlag als nichtamtlich erkennbar, mit einem Kennzeichen versehen ist oder einen von außen wahrnehmbaren Gegenstand enthält,
4. der Stimmzettelumschlag im Wahlbrief verschlossen ist,

5. der Stimmzettel nicht in einen Stimmzettelumschlag gelegt ist,
6. die in Absatz 1 Satz 1 Nummer 2 genannte vorgedruckte Erklärung nicht vorliegt oder unvollständig ist.

(4) In den Fällen des Absatzes 3 Satz 4 liegt eine Stimmabgabe nicht vor.

(5) [1]Die zurückgewiesenen Wahlbriefe sind samt ihrem Inhalt auszusondern und im Falle des Absatzes 3 Satz 4 Nummer 1 ungeöffnet, im Übrigen ohne Öffnung des Stimmzettelumschlags samt ihrem Inhalt verpackt und versiegelt als Anlagen der Wahlniederschrift beizufügen. [2]Die zurückgewiesenen Wahlbriefe sind einen Monat nach Bekanntmachung des Wahlergebnisses, im Falle des Absatzes 3 Satz 4 Nummer 1 ungeöffnet, im Übrigen ohne Öffnung des Stimmzettelumschlags zu vernichten. [3]Ist die Wahl angefochten, so sind sie einen Monat nach rechtskräftigem Abschluss des Wahlanfechtungsverfahrens zu vernichten.

(6) Nach der Prüfung eines jeden Wahlbriefs wirft, wenn der Wahlbrief nicht zurückgewiesen werden musste, der Vorsitzende des Wahlvorstands oder das von ihm beauftragte Mitglied des Wahlvorstands den Stimmzettelumschlag nach Vermerk der Stimmabgabe im Wählerverzeichnis ungeöffnet in die Wahlurne.

§ 24 Wahl bei Außenstellen, Nebenstellen und Teilen von Dienststellen

(1) [1]Für die Beschäftigten von Außenstellen, Nebenstellen oder Teilen einer Dienststelle, die räumlich weit von dieser entfernt liegen und nicht zu selbstständigen Dienststellen nach § 5 Absatz 3 des Gesetzes erklärt sind, soll der Wahlvorstand die Wahlhandlung in diesen Stellen durchführen oder die Briefwahl anordnen. [2]Ist wegen der geringen Zahl der Wahlberechtigten das Wahlgeheimnis gefährdet, so hat der Wahlvorstand anzuordnen, dass der Inhalt der hierbei verwendeten Wahlurnen vor Feststellung des Wahlergebnisses mit dem Inhalt der bei der allgemeinen Wahlhandlung verwendeten Wahlurnen vermischt wird.

(2) [1]Absatz 1 findet sinngemäß Anwendung auf Dienststellen, die mit einer anderen Dienststelle desselben Verwaltungszweigs zusammengefasst (§ 5 Absatz 4 und § 98 Absatz 1 des Gesetzes) oder einer benachbarten Dienststelle zugeteilt (§ 10 Absatz 2 des Gesetzes) worden sind.

§ 25 Wahl von Beschäftigten außerhalb der Dienststelle

[1]Für die wahlberechtigten Beschäftigten, die für längere Dauer beurlaubt, abgeordnet, zugewiesen oder aus sonstigen Gründen nicht in der Dienststelle beschäftigt sind, kann der Wahlvorstand die Briefwahl anordnen. [2]§ 24 Absatz 1 Satz 2 gilt entsprechend.

§ 26 Feststellung des Wahlergebnisses

(1) [1]Das Wahlergebnis wird vom Wahlvorstand nach Beendigung der Wahlhandlung und nach Einwurf der in § 23 Absatz 6 genannten Stimmzettelumschläge in die Wahlurnen unverzüglich ermittelt. [2]Wenn besondere Gründe es erfordern, kann der Wahlvorstand die Ermittlung des Wahlergebnisses unterbrechen; dabei sind die Wahlunterlagen unter Verschluss zu nehmen.

(2) [1]Vor dem Öffnen der Wahlurne werden alle nicht benützten Stimmzettelumschläge und Stimmzettel vom Wahltisch entfernt. [2]Sodann werden die Stimmzettelumschläge der Wahlurne entnommen und ungeöffnet gezählt. [3]Zugleich wird die Zahl der Stimmabgabevermerke im Wählerverzeichnis festgestellt. [4]Ergibt sich dabei auch nach wiederholter Zählung keine Übereinstimmung, so ist dies in der Wahlniederschrift anzugeben und soweit möglich zu erläutern.

(3) Nach der Zählung der Stimmzettelumschläge und der Abstimmungsvermerke entnimmt der Wahlvorstand die Stimmzettel den Stimmzettelumschlägen und prüft ihre Gültigkeit.

(4) Der Wahlvorstand stellt die Zahl der gültigen und ungültigen Stimmzettel und der gültigen und ungültigen Stimmen fest.

(5) [1]Über Stimmzettel und Stimmen, die zu Zweifeln über ihre Gültigkeit Anlass geben, beschließt der Wahlvorstand. [2]Stimmzettelumschläge und Stimmzettel, über die der Wahlvorstand Beschluss fassen musste, sind der Wahlniederschrift (§ 29) anzuschließen. [3]Dies gilt auch für Stimmzettel, auf denen einzelne Stimmen für ungültig erklärt werden.

(6) Die Sitzung, in der das Wahlergebnis festgestellt wird, muss den Beschäftigten zugänglich sein.

§ 27 Ungültige Stimmzettel

(1) [1]Ungültig sind Stimmzettel,

1. die nicht in einem amtlichen Stimmzettelumschlag abgegeben worden sind,
2. die in einem gekennzeichneten Stimmzettelumschlag abgegeben worden sind,
3. die sich in einem Stimmzettelumschlag, der beleidigende Bemerkungen für Bewerber, Dritte oder Behörden enthält, befinden,
4. die nicht als amtlich erkennbar sind,
5. die ganz durchgestrichen oder ganz durchgerissen sind,
6. die beleidigende Bemerkungen für Bewerber, Dritte oder Behörden enthalten.

[2]Die auf ungültigen Stimmzetteln abgegebenen Stimmen werden weder als gültige noch als ungültige Stimmen gezählt.

(2) [1]Mehrere in einem Stimmzettelumschlag enthaltene Stimmzettel gelten als ein Stimmzettel,

1. wenn sie gleichlautend sind oder
2. wenn nur einer von ihnen eine Stimmabgabe enthält.

[2]Bei der Verhältniswahl gilt dies auch, wenn mehrere Stimmzettel eine Stimmabgabe enthalten und die höchstzulässige Stimmenzahl (§ 20 Absatz 4 Satz 1) insgesamt nicht überschritten ist. [3]Trifft keine dieser Voraussetzungen zu, gelten die mehreren in einem Stimmzettelumschlag enthaltenen Stimmzettel als ein ungültiger Stimmzettel.

(3) Ein Stimmzettelumschlag, der keinen Stimmzettel enthält, gilt als ungültiger Stimmzettel.

§ 28 Ungültige Stimmen

[1]Ungültig sind Stimmen,

1. bei denen nicht erkennbar ist, für welchen Bewerber sie abgegeben wurden,
2. die für Personen abgegeben worden sind, deren Name nicht lesbar oder nicht unzweifelhaft erkennbar ist, oder denen gegenüber eine Verwahrung oder ein Vorbehalt beigefügt ist,
3. die für Personen abgegeben worden sind, die auf keinem bekanntgemachten Wahlvorschlag aufgeführt sind.

[2]Ungültige Stimmen sind bei der Ermittlung des Wahlergebnisses nicht anzurechnen.

§ 29 Wahlniederschrift

(1) [1]Der Wahlvorstand fertigt eine Wahlniederschrift; sie soll von sämtlichen Mitgliedern des Wahlvorstands unterzeichnet werden. [2]Die Wahlniederschrift hat insbesondere zu enthalten:

1. die Namen der Mitglieder des Wahlvorstands,
2. die während der Wahlhandlung und der Feststellung des Wahlergebnisses gefassten Beschlüsse,
3. die Zahl der in das Wählerverzeichnis, bei Gruppenwahl für jede Gruppe, bei gemeinsamer Wahl insgesamt, eingetragenen Wahlberechtigten,
4. den Zeitpunkt des Beginns und Endes der Wahl,
5. bei Gruppenwahl die Zahl der Wahlberechtigten jeder Gruppe, bei gemeinsamer Wahl die Gesamtzahl der Wahlberechtigten, die an der Wahl teilgenommen haben,
6. bei Gruppenwahl die Zahlen der von jeder Gruppe abgegebenen Stimmzettel und Stimmen, bei gemeinsamer Wahl die Zahl aller abgegebenen Stimmzettel und Stimmen,

7. bei Gruppenwahl die Zahlen der von jeder Gruppe abgegebenen gültigen Stimmzettel und Stimmen, bei gemeinsamer Wahl die Zahl aller abgegebenen gültigen Stimmzettel und Stimmen,
8. die Zahl der ungültigen Stimmzettel,
9. die für die Gültigkeit oder Ungültigkeit zweifelhafter Stimmzettel oder Stimmen maßgebenden Gründe,
10. die Namen der gewählten Bewerber sowie die Namen und die Reihenfolge der als Ersatzmitglieder der Personalratsmitglieder festgestellten Bewerber.

(2) Besondere Vorkommnisse bei der Wahlhandlung oder der Feststellung des Wahlergebnisses sind in der Niederschrift zu vermerken.

§ 30 Benachrichtigung der gewählten Bewerber

Der Wahlvorstand benachrichtigt die als Personalratsmitglieder Gewählten unverzüglich schriftlich von ihrer Wahl.

§ 31 Bekanntmachung des Wahlergebnisses

(1) [1]Der Wahlvorstand macht die Namen der als Personalratsmitglieder gewählten Bewerber in der Dienststelle bekannt. [2]Das Wahlergebnis ist für die Dauer von zwei Wochen an den gleichen Stellen wie das Wahlausschreiben auszuhängen; § 2 Absatz 2 gilt entsprechend.

(2) Die Bekanntmachung des Wahlergebnisses hat zu enthalten:
1. die Gesamtzahl der in das Wählerverzeichnis eingetragenen Wahlberechtigten,
2. die Gesamtzahl der Wahlberechtigten, die an der Wahl teilgenommen haben,
3. die Gesamtzahlen der gültigen und ungültigen Stimmzettel,
4. die Gesamtzahl der gültigen Stimmen,
5. die Namen und die Reihenfolge der gewählten Bewerber und der Ersatzmitglieder.

(3) Bei Gruppenwahl sind die Angaben für jede Gruppe getrennt zu machen.

(4) Dem Leiter der Dienststelle, den in der Dienststelle vertretenen Gewerkschaften und den Vertretern der sonstigen gültigen Wahlvorschläge ist eine Abschrift der Wahlniederschrift (§ 29) zu übersenden.

§ 32 Aufbewahrung der Wahlunterlagen

Die Wahlunterlagen (Niederschriften, Bekanntmachungen, Stimmzettel usw.) werden vom Personalrat mindestens bis zur Durchführung der nächsten Personalratswahl in schriftlicher Form aufbewahrt; elektronisch gespeicherte Daten und Wahlunterlagen sind unverzüglich zu löschen, sobald die Gültigkeit oder Ungültigkeit der Wahl feststeht.

Abschnitt 2
Besondere Vorschriften für die Verhältniswahl

§ 33 Stimmabgabe bei Verhältniswahl

[1]Findet Verhältniswahl statt, so kann der Wähler Bewerber innerhalb der gleichen Gruppe aus anderen Wahlvorschlägen übernehmen (panaschieren) und innerhalb der Gesamtzahl der für jede Gruppe zulässigen Stimmen einem Bewerber bis zu drei Stimmen geben (kumulieren). [2]Hierauf ist in der Bekanntmachung der Wahlvorschläge (§ 18) hinzuweisen.

§ 34 Stimmzettel bei Verhältniswahl

(1) [1]Die Stimmzettel sind als Einzelstimmzettel für jeden Wahlvorschlag, bei Gruppenwahl auch für jede Gruppe herzustellen. [2]Sind die Einzelstimmzettel nur durch Perforation getrennt, so sind die Wahlvorschläge in der Reihenfolge ihrer Ordnungsnummer (§ 17) anzuordnen. [3]Bei Wahlvorschlägen, die mit einem Kennwort versehen sind, ist auch dieses anzugeben.

(2) [1]Die Stimmzettel müssen die Ordnungsnummer und die Bewerber in der vorgeschlagenen Reihenfolge unter Angabe von Familienname, Vorname und Amts- oder Funktionsbezeichnung enthalten. [2]Bei Gruppenwahl müssen die Stimmzettel ferner die Angabe der Gruppe und bei gemeinsamer Wahl die Angabe der Gruppenzugehörigkeit des einzelnen Bewerbers enthalten. [3]Weiter müssen sie Hinweise darauf enthalten,

1. dass der Wähler nur einen Stimmzettel abgeben soll,
2. wie viele Stimmen jeder Wähler abgeben kann (§ 20 Absatz 4),
3. dass die Bewerber, die gewählt werden, durch ein zu ihrem Namen gesetztes Kreuz, durch Beifügen einer Zahl oder auf sonstige Weise zweifelsfrei zu bezeichnen sind (§ 20 Absatz 3),
4. dass der Wähler Bewerber anderer Wahlvorschläge übernehmen (panaschieren) kann (§ 33),
5. dass der Wähler einem Bewerber innerhalb der Gesamtzahl der für jede Gruppe zulässigen Stimmen durch Beifügen einer Zahl bis zu drei Stimmen geben (kumulieren) kann (§ 33),
6. wie viele Frauen und Männer im Personalrat vertreten sein sollen (§ 8),
7. dass Personen, die auf keinem Wahlvorschlag aufgeführt sind, nicht gewählt werden können.

§ 35 Ungültige Stimmen bei Verhältniswahl

Bei Verhältniswahl sind auch Stimmen ungültig, die einem Bewerber im Wege der Stimmenhäufung über die zulässige Häufungszahl hinaus oder durch Beifügung einer nicht lesbaren Häufungszahl zugewendet werden.

§ 36 Streichung überzähliger Stimmen bei Verhältniswahl

[1]Stehen bei Verhältniswahl nach Streichung ungültiger Stimmen (§§ 28, 35) mehr Stimmen auf dem Stimmzettel als Bewerber insgesamt oder Bewerber einer bestimmten Gruppe zu wählen sind, so werden die über die zulässige Zahl hinaus abgegebenen Stimmen gestrichen. [2]Dabei sind in der Reihenfolge von hinten die Einzelstimmen und sodann die Stimmenhäufungen der Bewerber, die zwei Stimmen erhalten haben, und sodann erforderlichenfalls deren verbleibende Einzelstimme so lange in der Reihenfolge von hinten zu streichen, bis die zulässige Gesamtstimmenzahl nicht mehr überschritten ist. [3]Entfällt auf die dann verbleibenden Bewerber mit je drei Stimmen noch eine zu hohe Gesamtstimmenzahl oder sind von vornherein gleiche Stimmenzahlen in der Weise gehäuft, dass die Gesamtstimmenzahl zu hoch ist, so sind zunächst in der Reihenfolge von hinten die Stimmenhäufungen zu verringern, dann zu streichen und erforderlichenfalls auch Einzelstimmen zu streichen.

§ 37 Ermittlung der gewählten Gruppenvertreter bei Gruppenwahl

(1) [1]Bei Gruppenwahl sind die einer Gruppe zustehenden Sitze auf die einzelnen Wahlvorschläge der Gruppe nach dem d'Hondt'schen Höchstzahlverfahren zu verteilen. [2]Hierzu werden die auf sämtliche Bewerber eines jeden Wahlvorschlags entfallenden Stimmen zusammengezählt, die Gesamtstimmenzahlen der einzelnen Wahlvorschläge nebeneinandergestellt und der Reihe nach durch 1, 2, 3 usw. geteilt. [3]Auf die jeweils höchste Teilzahl (Höchstzahl) wird so lange ein Sitz zugeteilt, bis alle der Gruppe zustehenden Sitze (§ 7) verteilt sind. [4]Ist bei gleichen Höchstzahlen nur noch ein Sitz oder sind bei drei gleichen Höchstzahlen nur noch zwei Sitze zu verteilen, so entscheidet das Los. [5]Stimmen, die für einen Bewerber abgegeben worden sind, der vom Wähler aus einem anderen Wahlvorschlag übernommen worden ist, sind zugunsten des Wahlvorschlags, auf dem er benannt ist, zu zählen.

(2) [1]Innerhalb der Wahlvorschläge werden die Sitze auf die Bewerber in der Reihenfolge der von ihnen erreichten Stimmenzahlen zugeteilt. [2]Dabei sind die durch Übernahme eines Bewerbers in einen anderen Wahlvorschlag von diesem erlangten Stimmen mitzuzählen. [3]Haben mehrere Bewerber die gleiche Stimmenzahl erhalten, entscheidet die Reihenfolge der Benennung

im Wahlvorschlag. [4]Die Bewerber, auf die kein Sitz entfällt, sind in der Reihenfolge der von ihnen erreichten Stimmenzahlen als Ersatzmitglieder ihres Wahlvorschlags festzustellen.

(3) [1]Enthält ein Wahlvorschlag weniger Bewerber, als ihm nach der Zahl der auf ihn entfallenen Höchstzahlen Sitze zustehen würden, so fallen die überschüssigen Sitze den übrigen Wahlvorschlägen in der Reihenfolge der nächsten Höchstzahlen zu. [2]Soweit auch die übrigen Wahlvorschläge nicht genügend Bewerber enthalten, bleiben die überschüssigen Sitze unbesetzt.

§ 38 Ermittlung der gewählten Gruppenvertreter bei gemeinsamer Wahl

(1) [1]Bei gemeinsamer Wahl sind die den einzelnen Gruppen zustehenden Sitze auf die verschiedenen Wahlvorschläge nach dem d'Hondt'schen Höchstzahlverfahren zu verteilen. [2]Hierzu werden innerhalb der Wahlvorschläge die auf Bewerber gleicher Gruppenzugehörigkeit entfallenen Stimmen zusammengezählt, die Gesamtstimmenzahlen der Bewerber gleicher Gruppenzugehörigkeit aus den verschiedenen Wahlvorschlägen nebeneinandergestellt und der Reihe nach durch 1, 2, 3 usw. geteilt. [3]Auf die jeweils höchste Teilzahl (Höchstzahl) wird so lange ein Sitz zugeteilt, bis alle der jeweiligen Gruppe zustehenden Sitze (§ 7) verteilt sind. [4]Ist bei gleichen Höchstzahlen nur noch ein Sitz oder sind bei drei gleichen Höchstzahlen nur noch zwei Sitze zu verteilen, so entscheidet das Los. [5]Stimmen, die für einen Bewerber abgegeben worden sind, der vom Wähler aus einem anderen Wahlvorschlag übernommen worden ist, sind zugunsten des Wahlvorschlags, auf dem er benannt ist, zu zählen.

(2) [1]Innerhalb der Wahlvorschläge werden die den einzelnen Gruppen zugefallenen Sitze auf die Bewerber der entsprechenden Gruppe in der Reihenfolge der von ihnen erreichten Stimmenzahlen zugeteilt. [2]§ 37 Absatz 2 Satz 2 bis 4 gilt entsprechend.

(3) [1]Enthält ein Wahlvorschlag weniger Bewerber einer Gruppe als dieser nach der Zahl der auf sie entfallenen Höchstzahlen Sitze zustehen würden, so fallen die überschüssigen Sitze den Bewerbern derselben Gruppe auf den übrigen Wahlvorschlägen in der Reihenfolge der nächsten Höchstzahlen dieser Gruppe zu. [2]§ 37 Absatz 3 Satz 2 findet Anwendung.

§ 39 Wahlniederschrift und Bekanntmachung des Wahlergebnisses bei Verhältniswahl

(1) Die Wahlniederschrift (§ 29) muss im Falle der Verhältniswahl auch die Zahl der für jeden Wahlvorschlag und für jeden Bewerber abgegebenen gültigen Stimmen sowie die Errechnung der Höchstzahlen und die Verteilung

der Sitze auf die Wahlvorschläge und Bewerber, bei gemeinsamer Wahl auch auf die Gruppen, enthalten.
(2) Die Bekanntmachung des Wahlergebnisses (§ 31) muss in diesem Falle die Zahl der für jeden Wahlvorschlag und für jeden Bewerber abgegebenen gültigen Stimmen enthalten.

Abschnitt 3
Besondere Vorschriften für die Mehrheitswahl

§ 40 Stimmabgabe bei Mehrheitswahl

[1]Findet Mehrheitswahl statt, so kann der Wähler jedem Bewerber nur eine Stimme geben. [2]Hierauf ist in der Bekanntmachung der Wahlvorschläge (§ 18) hinzuweisen.

§ 41 Stimmzettel bei Mehrheitswahl

(1) Ist ein Bewerber oder sind mehrere Bewerber auf Grund eines Wahlvorschlags zu wählen, so werden die Bewerber aus dem Wahlvorschlag in unveränderter Reihenfolge unter Angabe von Familienname, Vorname, Amts- oder Funktionsbezeichnung in den Stimmzettel übernommen.
(2) Ist ein Bewerber auf Grund mehrerer Wahlvorschläge zu wählen, so werden die Bewerber aus den Wahlvorschlägen in alphabetischer Reihenfolge unter Angabe von Familienname, Vorname, Amts- oder Funktionsbezeichnung in den Stimmzettel übernommen.
(3) [1]Bei Gruppenwahl müssen die Stimmzettel ferner die Angabe der Gruppe und bei gemeinsamer Wahl die Angabe der Gruppenzugehörigkeit des einzelnen Bewerbers enthalten. [2]Weiter müssen sie Hinweise darauf enthalten,

1. dass der Wähler nur einen Stimmzettel abgeben kann,
2. wie viele Stimmen jeder Wähler abgeben kann (§ 20 Absatz 4),
3. dass jedem Bewerber nur eine Stimme gegeben werden kann (§ 40),
4. dass die Bewerber, die gewählt werden, durch ein zu ihrem Namen gesetztes Kreuz oder auf sonstige Weise zweifelsfrei zu bezeichnen sind (§ 20 Absatz 3),
5. wie viele Frauen und Männer im Personalrat vertreten sein sollen (§ 8),
6. dass Personen, die auf keinem Wahlvorschlag aufgeführt sind, nicht gewählt werden können.

§ 42 Ungültige Stimmzettel und ungültige Stimmen bei Mehrheitswahl

(1) Ist ein Bewerber auf Grund mehrerer Wahlvorschläge zu wählen und sind auf dem Stimmzettel Stimmen für mehr als einen Bewerber abgegeben worden, so ist der Stimmzettel ungültig.
(2) [1]Bei Mehrheitswahl sind auch Stimmen ungültig, die einem Bewerber im Wege der Stimmenhäufung zugewendet wurden. [2]In diesem Falle bleibt eine der zugewendeten Stimmen gültig.

§ 43 Ermittlung der gewählten Bewerber bei Mehrheitswahl

(1) [1]Sind mehrere Bewerber auf Grund eines Wahlvorschlags zu wählen, so sind
1. bei Gruppenwahl die Bewerber in der Reihenfolge der jeweils höchsten auf sie entfallenen Stimmenzahlen gewählt,
2. bei gemeinsamer Wahl die den einzelnen Gruppen zustehenden Sitze mit den Bewerbern dieser Gruppe in der Reihenfolge der jeweils höchsten auf sie entfallenen Stimmenzahlen zu besetzen.

[2]Bei gleicher Stimmenzahl entscheidet das Los. [3]Für jede Gruppe sind die Bewerber, auf die kein Sitz entfällt, in der Reihenfolge der von ihnen erreichten Stimmenzahlen als Ersatzmitglieder festzustellen.
(2) [1]Ist ein Bewerber auf Grund mehrerer Wahlvorschläge zu wählen, so ist der Bewerber gewählt, der die meisten Stimmen erhalten hat. [2]Absatz 1 Satz 2 findet entsprechend Anwendung. [3]Bewerber, auf die kein Sitz entfällt, sind in der Reihenfolge der von ihnen erreichten Stimmenzahlen als Ersatzmitglieder festzustellen.
(3) Sind mehrere Bewerber auf Grund eines Wahlvorschlags zu wählen und sind nach Streichung ungültiger Stimmen (§§ 28, 42 Absatz 2) mehr Stimmen auf dem Stimmzettel als Bewerber insgesamt oder Bewerber einer bestimmten Gruppe zu wählen sind, so ist eine entsprechende Anzahl von Stimmen in der Reihenfolge von hinten zu streichen.
(4) Ist ein Bewerber auf Grund eines Wahlvorschlags zu wählen, so gelten die Absätze 1 und 3 entsprechend.

§ 44 Wahlniederschrift und Bekanntmachung des Wahlergebnisses bei Mehrheitswahl

(1) Die Wahlniederschrift (§ 29) muss im Falle der Mehrheitswahl auch die Zahl der auf jeden Bewerber entfallenen gültigen Stimmen enthalten.
(2) Die Bekanntmachung des Wahlergebnisses (§ 31) muss in diesen Fällen die Zahlen der auf die einzelnen Bewerber entfallenen gültigen Stimmen enthalten.

Teil 2
Wahl der Stufenvertretungen und des Gesamtpersonalrats

Abschnitt 1
Wahl des Bezirkspersonalrats

§ 45 Vorschriften über die Wahl des Bezirkspersonalrats

(1) Für die Wahl des Bezirkspersonalrats gelten die §§ 1 bis 44 entsprechend, soweit in den §§ 46 bis 49 nichts anderes bestimmt ist.
(2) [1]Mitteilungen zwischen den Wahlvorständen können elektronisch mittels der in der Dienststelle und zwischen Dienststellen üblicherweise genutzten Informations- und Kommunikationstechnik übermittelt werden, soweit die Schriftform nicht vorgeschrieben ist oder sich aus der Natur der Sache ergibt, insbesondere bei der Übermittlung der Wahlniederschriften. [2]Für die Übermittlung sind sichere Übertragungswege zu nutzen und Dateiformate zu verwenden, deren Veränderung einen unverhältnismäßig hohen Aufwand erfordert, jedoch dem örtlichen Wahlvorstand die Möglichkeit zur Ergänzung lässt (§ 48 Absatz 3).

§ 46 Bezirkswahlvorstand

[1]Der Bezirkswahlvorstand leitet die Wahl des Bezirkspersonalrats. [2]Er hat insbesondere

1. den Wahltag (§ 3) und den Tag des Erlasses des Wahlausschreibens (§ 48) zu bestimmen,
2. auf Grund der Mitteilungen der örtlichen Wahlvorstände festzustellen, welche Beschäftigten durch Abordnung, Zuweisung oder Personalgestellung mehreren Dienststellen im Geschäftsbereich der Mittelbehörde, bei welcher der Bezirkspersonalrat zu bilden ist, als Beschäftigte zugehören, zu bestimmen, bei welcher Dienststelle diese Beschäftigten zur Wahl des Bezirkspersonalrats berechtigt sind, und dies den örtlichen Wahlvorständen aller für die Wahlausübung in Frage kommenden Dienststellen rechtzeitig vor der Wahl zur Berücksichtigung im Wählerverzeichnis mitzuteilen,
3. auf Grund der Mitteilungen der örtlichen Wahlvorstände die Zahl der in der Regel Beschäftigten und ihre Verteilung auf die Gruppen (§ 4 Absatz 3 und 4 des Gesetzes) festzustellen (§ 5); der Bezirkswahlvorstand legt dabei den am zehnten Arbeitstag vor Erlass des Wahlausschreibens

bei den Dienststellen, für die der Bezirkspersonalrat zu wählen ist, absehbaren Beschäftigtenstand zugrunde, der voraussichtlich über die Hälfte der Amtszeit des Bezirkspersonalrats vorhanden sein wird,

4. die Zahl der zu wählenden Mitglieder des Bezirkspersonalrats und ihre Verteilung auf die Gruppen der Beamten und Arbeitnehmer zu ermitteln (§ 55 des Gesetzes und § 7 dieser Wahlordnung),
5. auf Grund der Mitteilungen der örtlichen Wahlvorstände die Anteile von Frauen und Männern an den in der Regel Beschäftigten innerhalb der Gruppen der Beamten und Arbeitnehmer (§ 11 Absatz 1 des Gesetzes) festzustellen (§ 5); der Bezirkswahlvorstand legt dabei den am zehnten Arbeitstag vor Erlass des Wahlausschreibens bei den Dienststellen, für die der Bezirkspersonalrat zu wählen ist, absehbaren Beschäftigtenstand zugrunde, der voraussichtlich über die Hälfte der Amtszeit des Bezirkspersonalrats vorhanden sein wird,
6. auf Grund der Anteile von Frauen und Männern nach der Nummer 5 zu ermitteln, wie viele Sitze im Bezirkspersonalrat und in den Gruppen auf Frauen und Männer entfallen sollen (§ 8),
7. das Wahlausschreiben zu erlassen (§ 48),
8. das Landespersonalvertretungsgesetz und diese Wahlordnung zur Einsicht der Beschäftigten bereitzustellen (§ 10),
9. die Wahlvorschläge entgegenzunehmen und zu prüfen, über sie Beschluss zu fassen und sie bekanntzumachen (§§ 11 bis 18),
10. die Stimmzettel und die Stimmzettelumschläge bereitzustellen und den örtlichen Wahlvorständen rechtzeitig vor der Wahl in ausreichender Zahl zur Verfügung zu stellen (§ 21),
11. die ihm von den örtlichen Wahlvorständen nach § 47 Absatz 7 übermittelten versiegelten Briefumschläge mit den Stimmzettelumschlägen entgegenzunehmen, sie auf ihre Unversehrtheit zu prüfen, ihnen die Stimmzettelumschläge zu entnehmen und diese nach einem entsprechenden Vermerk in der Wahlniederschrift ungeöffnet in eine Wahlurne einzuwerfen sowie nach Eingang der Wahlniederschriften aller an der Wahl des Bezirkspersonalrats beteiligten Dienststellen die Wahlurne zu öffnen und die Zahl der auf die einzelnen Bewerber entfallenen gültigen Stimmen nach § 26 zu ermitteln,
12. die von den örtlichen Wahlvorständen gefertigten Wahlniederschriften und die weiteren mit den Wahlniederschriften vorzulegenden Unterlagen zu prüfen, erforderlichenfalls zu berichtigen und hierüber eine Niederschrift zu fertigen (§ 29),
13. das Wahlergebnis festzustellen (Nummer 11 und §§ 37, 38 und 43) und bekanntzumachen (§ 31) sowie die Gewählten unverzüglich schriftlich von ihrer Wahl zu benachrichtigen (§ 30) und sie zur ersten Sitzung des Bezirkspersonalrats einzuberufen (§§ 19 und 55 Absatz 3 des Gesetzes).

§ 47 Örtlicher Wahlvorstand

(1) Kommt der Personalrat einer Dienststelle seiner Verpflichtung, einen örtlichen Wahlvorstand zu bestellen (§ 55 Absatz 5 Satz 1 des Gesetzes), nach Aufforderung durch den Bezirkswahlvorstand nicht unverzüglich nach, so hat auf Antrag des Bezirkswahlvorstands der Leiter der Dienststelle den örtlichen Wahlvorstand zu bestellen.

(2) [1]Der örtliche Wahlvorstand macht die Namen seiner Mitglieder und der Ersatzmitglieder für das jeweilige Mitglied in der durch den Personalrat bestimmten Reihenfolge sowie die Namen der Mitglieder des Bezirkswahlvorstands und der Ersatzmitglieder für das jeweilige Mitglied in der durch den Bezirkspersonalrat bestimmten Reihenfolge unverzüglich nach seiner Bestellung in der Dienststelle bekannt. [2]Die Zusammensetzung des Wahlvorstands ist bis zur Bekanntmachung des Wahlergebnisses auszuhängen; § 2 Absatz 2 gilt entsprechend.

(3) [1]Der örtliche Wahlvorstand hat die Wahl des Bezirkspersonalrats im Auftrag und nach den Weisungen des Bezirkswahlvorstands in der Dienststelle vorzubereiten und durchzuführen. [2]Er kann wahlberechtigte Beschäftigte als Wahlhelfer zu seiner Unterstützung bestellen.

(4) Für die Durchführung der Wahl des Bezirkspersonalrats bei den Landratsämtern ist der Wahlvorstand für die Wahl des Personalrats beim Landratsamt als örtlicher Wahlvorstand zuständig (§ 55 Absatz 5 Satz 3 des Gesetzes).

(5) Der örtliche Wahlvorstand hat insbesondere

1. den Ort und die Zeit der Wahl in der Dienststelle zu bestimmen (§§ 3 und 46 Satz 2 Nummer 1),
2. die Zahl der in der Dienststelle in der Regel Beschäftigten und ihre Verteilung auf die Gruppen (§ 4 Absatz 3 und 4 des Gesetzes) festzustellen (§ 5) und diese Zahlen unverzüglich dem Bezirkswahlvorstand mitzuteilen; der örtliche Wahlvorstand legt dabei den am zehnten Arbeitstag vor Erlass des Wahlausschreibens absehbaren Beschäftigtenstand zugrunde, der voraussichtlich über die Hälfte der Amtszeit des Bezirkspersonalrats vorhanden sein wird,
3. mitzuteilen, welche Beschäftigten auf Grund Abordnung, Zuweisung oder Personalgestellung welchen anderen Dienststellen im Geschäftsbereich der Mittelbehörde, bei welcher der Bezirkspersonalrat zu bilden ist, ebenfalls als Beschäftigte zugehören,
4. die Anteile der Frauen und Männer an den in der Regel Beschäftigten innerhalb der Gruppen (§ 11 Absatz 1 des Gesetzes) festzustellen (§ 5) und diese Zahlen unverzüglich dem Bezirkswahlvorstand mitzuteilen,
5. das Wählerverzeichnis aufzustellen, aufzulegen, es bis zum Abschluss der Wahlhandlung auf dem Laufenden zu halten und zu berichtigen

und über etwaige Einsprüche gegen die Richtigkeit des Wählerverzeichnisses zu entscheiden (§ 6),

6. das Wahlausschreiben des Bezirkswahlvorstands zu ergänzen und unverzüglich in der Dienststelle bekanntzumachen; das ergänzte Wahlausschreiben ist bis zur Bekanntmachung des Wahlergebnisses auszuhängen; § 2 Absatz 2 gilt entsprechend (§ 9 Absatz 3, § 48 Absatz 3),
7. das Landespersonalvertretungsgesetz und diese Wahlordnung zur Einsicht durch die Beschäftigten aufzulegen oder bekanntzumachen, wo sie in elektronischer Form abgerufen werden können (§ 10),
8. das zur ordnungsmäßigen Durchführung der Wahlhandlung sowie der Briefwahl Erforderliche in der Dienststelle zu veranlassen (§§ 22 bis 25),
9. unverzüglich nach Abschluss der Wahlhandlung die Zahl der auf die einzelnen Bewerber entfallenen gültigen Stimmen festzustellen (§ 26), eine Wahlniederschrift nach § 29 Absatz 1 Satz 2 Nummer 1 bis 9 und Absatz 2 zu fertigen, diese mit den zurückgewiesenen Wahlbriefen (§ 23 Absatz 3 Satz 4) und mit den Stimmzettelumschlägen und den Stimmzetteln, über die der Wahlvorstand beschließen musste (§ 26 Absatz 5), unverzüglich dem Bezirkswahlvorstand als Übergabeeinschreiben oder auf andere sichere Weise zu übersenden und die übrigen in der Dienststelle entstandenen Wahlunterlagen mit einer Abschrift der Wahlniederschrift dem örtlichen Personalrat zur Aufbewahrung zu übergeben; die Wahlniederschrift ohne Anlagen kann zusätzlich elektronisch übermittelt werden (§ 45 Absatz 2),
10. das vom Bezirkswahlvorstand festgestellte Wahlergebnis bekanntzumachen; das Wahlergebnis ist für die Dauer von zwei Wochen an den gleichen Stellen wie das Wahlausschreiben auszuhängen; § 2 Absatz 2 gilt entsprechend (§ 31 Absatz 1).

(6) Der örtliche Wahlvorstand soll wahlberechtigten Beschäftigten, die für längere Dauer beurlaubt, abgeordnet, zugewiesen oder aus sonstigen Gründen nicht in der Dienststelle beschäftigt sind, eine Abschrift des von ihm ergänzten Wahlausschreibens übersenden (§ 9 Absatz 4).

(7) [1]Haben bei Gruppenwahl in einer Dienststelle bei einer Gruppe weniger als zehn Wahlberechtigte dieser Gruppe ihre Stimme abgegeben, so hat der örtliche Wahlvorstand nach Erfüllung seiner in § 26 Absatz 2 genannten Aufgaben die Stimmzettelumschläge ungeöffnet in einem versiegelten Briefumschlag der Wahlniederschrift, in die ein entsprechender Vermerk aufzunehmen ist, anzuschließen und mit dieser und den in Absatz 5 Nummer 9 genannten weiteren Unterlagen unverzüglich dem Bezirkswahlvorstand als Übergabeeinschreiben oder auf andere sichere Weise zu übersenden. [2]Für die andere Gruppe bleibt Absatz 5 Nummer 9 unberührt. [3]Satz 1 gilt entsprechend, wenn bei gemeinsamer Wahl in einer Dienststelle weniger als zehn Wahlberechtigte ihre Stimme abgegeben haben.

§ 48 Wahlausschreiben

(1) Spätestens zwei Monate vor dem Wahltag erlässt der Bezirkswahlvorstand ein Wahlausschreiben; es soll von sämtlichen Mitgliedern des Bezirkswahlvorstands unterschrieben werden.

(2) Das Wahlausschreiben muss enthalten:

1. Ort und Tag seines Erlasses,
2. den Tag der Wahl (§ 3),
3. die nach § 5 festgestellte Zahl der Beschäftigten und ihre Verteilung auf die Gruppen der Beamten und Arbeitnehmer,
4. die Zahl der zu wählenden Mitglieder des Bezirkspersonalrats und ihre Verteilung auf die Gruppen der Beamten und Arbeitnehmer (§ 7),
5. die Angabe der Anteile der Frauen und Männer an den in der Regel Beschäftigten innerhalb der Gruppen der Beamten und Arbeitnehmer (§ 11 Absatz 1 des Gesetzes),
6. die Angabe, wie viele Sitze im Bezirkspersonalrat und in den Gruppen auf Frauen und Männer entfallen sollen (§ 8),
7. Angaben darüber, ob die Beamten und Arbeitnehmer ihre Vertreter in getrennten Wahlgängen wählen (Gruppenwahl) oder ob gemeinsame Wahl beschlossen worden ist (§ 4 Nummer 2),
8. den Hinweis, dass die wahlberechtigten Beschäftigten nur bei der Dienststelle, zu der sie am Wahltag gehören, wählen können und dass die wahlberechtigten Beschäftigten, die mehreren Dienststellen zugehören, nur bei einer Dienststelle, zu der sie am Wahltag gehören, denselben Bezirkspersonalrat wählen können (§ 55 Absatz 3 in Verbindung mit § 54 Absatz 4 Nummer 1 des Gesetzes),
9. den Hinweis, dass nur Beschäftigte wählen können, die in das Wählerverzeichnis eingetragen sind (§ 20 Absatz 1),
10. den Hinweis, dass Frauen und Männer im Bezirkspersonalrat entsprechend ihren Anteilen an den in der Regel Beschäftigten und in den Gruppen entsprechend ihrem Anteil an den in der Regel beschäftigten Gruppenangehörigen vertreten sein sollen (§ 11 Absatz 1 des Gesetzes),
11. die Aufforderung, Wahlvorschläge innerhalb von zwölf Arbeitstagen nach dem Erlass des Wahlausschreibens während der Dienststunden beim Bezirkswahlvorstand einzureichen; Tag und Uhrzeit des Ablaufs der Einreichungsfrist (§ 11 Absatz 2) sind anzugeben,
12. einen Hinweis auf den Inhalt der Wahlvorschläge und die mit den Wahlvorschlägen einzureichenden Nachweise (§§ 12, 13 und 49),
13. die Mindestzahl von wahlberechtigten Beschäftigten, von denen ein Wahlvorschlag unterzeichnet sein muss (§ 13 Absatz 4, 6 und 7 des Gesetzes) und den Hinweis, dass jeder Bewerber für die Wahl des Bezirkspersonalrats nur auf einem Wahlvorschlag benannt werden kann (§ 13 Absatz 8 des Gesetzes),

14. den Hinweis, dass nur rechtzeitig eingereichte Wahlvorschläge berücksichtigt werden (§ 15 Absatz 5 Nummer 1) und dass nur gewählt werden kann, wer in einen der bekanntgemachten Wahlvorschläge aufgenommen ist (§ 18 Absatz 2 Satz 2 Nummer 2),
15. einen Hinweis auf die Möglichkeit der Briefwahl (§ 23),
16. den Ort und die Zeit der Sitzung des Bezirkswahlvorstands, in der das Wahlergebnis abschließend festgestellt wird.

(3) Der örtliche Wahlvorstand ergänzt das Wahlausschreiben durch die folgenden Angaben:

1. Ort und Zeit der Wahl (§ 3),
2. die Angabe, wo und wann das Wählerverzeichnis oder eine Abschrift des Wählerverzeichnisses zur Einsicht aufliegen (§ 6 Absatz 4 Satz 1),
3. den Hinweis, wo und wann das Landespersonalvertretungsgesetz und diese Wahlordnung zur Einsicht aufliegen oder in elektronischer Form eingesehen werden können (§ 10),
4. den Hinweis, dass Einsprüche gegen das Wählerverzeichnis nur innerhalb der Auflegungsfrist (§ 6 Absatz 4 Satz 1) schriftlich beim örtlichen Wahlvorstand eingelegt werden können; Tag und Uhrzeit des Ablaufs der Auflegungsfrist (§ 6 Absatz 4 Satz 1 und Absatz 5) sind anzugeben,
5. den Ort, an dem die Wahlvorschläge in der Dienststelle bekanntgemacht werden,
6. einen etwaigen Hinweis auf die Anordnung der Briefwahl nach §§ 24 und 25,
7. den Ort und die Zeit der Stimmenauszählung,
8. im Falle der gleichzeitigen Durchführung mehrerer Wahlen einen Hinweis, dass die Stimmzettel für jede Wahl in einem besonderen Stimmzettelumschlag abzugeben sind (§ 52 Absatz 2 Nummer 3) und dass die in § 23 Absatz 3 Satz 4 Nummer 6 vorgeschriebene Erklärung für alle gleichzeitig durchgeführten Wahlen in einer Erklärung zusammengefasst werden kann.

(4) Der örtliche Wahlvorstand vermerkt auf dem Wahlausschreiben den ersten und den letzten Tag des Aushangs.

§ 49 Wahlvorschläge

[1]In den Wahlvorschlägen sind, soweit Sicherheitsgründe nicht entgegenstehen, auch die Dienststellen, bei denen die Bewerber beschäftigt sind, anzugeben. [2]Dem Wahlvorschlag ist für jeden Bewerber und für jeden Unterzeichner eine Bescheinigung des örtlichen Wahlvorstands über seine Aufnahme in das Wählerverzeichnis und über seine Gruppenzugehörigkeit beizufügen.

Abschnitt 2
Wahl des Hauptpersonalrats

§ 50 Entsprechende Anwendung der Vorschriften über die Wahl des Bezirkspersonalrats

(1) Für die Wahl des Hauptpersonalrats gelten die §§ 45 bis 49 entsprechend, soweit in den Absätzen 2 bis 4 nichts anderes bestimmt ist.

(2) Der Hauptwahlvorstand kann die bei den Mittelbehörden bestehenden Bezirkswahlvorstände beauftragen,
1. die von den örtlichen Wahlvorständen im Bereich der Mittelbehörde festzustellenden Zahlen der in der Regel Beschäftigten und ihre Verteilung auf die Gruppen zusammenzustellen,
2. die Zahl der im Bereich der Mittelbehörde in der Regel Beschäftigten getrennt nach Gruppen der Beamten und Arbeitnehmer sowie die Anteile der Frauen und Männer an den wahlberechtigten Beschäftigten innerhalb der Gruppen festzustellen,
3. die in § 46 Satz 2 Nummer 11 genannten Aufgaben zu übernehmen und hierüber eine besondere Niederschrift zu fertigen,
4. die bei den Dienststellen im Bereich der Mittelbehörde festgestellten Abstimmungsergebnisse zusammenzustellen, auf Grund der Wahlniederschriften und der mit diesen vorzulegenden Unterlagen zu prüfen und erforderlichenfalls zu berichtigen,
5. die Bekanntmachungen des Hauptwahlvorstands an die örtlichen Wahlvorstände im Bereich der Mittelbehörden weiterzuleiten.

(3) Im Falle des Absatzes 2 hat der Bezirkswahlvorstand
1. die örtlichen Wahlvorstände darüber zu unterrichten, dass die in Absatz 2 genannten Angaben an ihn zu senden sind,
2. über die Nachprüfung und die Zusammenstellung der Abstimmungsergebnisse eine Niederschrift zu fertigen,
3. dem Hauptwahlvorstand jeweils unverzüglich als Übergabeeinschreiben oder auf andere sichere Weise die in Absatz 2 Nummer 1 und 2 genannten Zusammenstellungen, die Niederschrift nach Absatz 2 Nummer 3 und die Niederschrift über die Prüfung und die Zusammenstellung der Abstimmungsergebnisse zu übersenden.

(4) [1]Besteht in einer Mittelbehörde bei der Wahl des Hauptpersonalrats kein Bezirkswahlvorstand, so hat auf Antrag des Hauptwahlvorstands der Bezirkspersonalrat drei wahlberechtigte Beschäftigte aus dem Geschäftsbereich der Mittelbehörde zum Bezirkswahlvorstand und einen von diesen zum Vorsitzenden des Bezirkswahlvorstands zu bestellen. [2]Sind im Geschäftsbereich der Mittelbehörde Angehörige verschiedener Gruppen beschäftigt, so muss jede Gruppe im Bezirkswahlvorstand vertreten sein. [3]Besteht bei einer Mittelbehörde kein Bezirkspersonalrat oder entspricht

dieser dem Antrag des Hauptwahlvorstands auf Bestellung eines Bezirkswahlvorstands nicht, so hat auf Antrag des Hauptwahlvorstands der Leiter der Mittelbehörde den Bezirkswahlvorstand zu bestellen; die Sätze 1 und 2 gelten im Übrigen entsprechend. [4]Für jedes Mitglied des Bezirkswahlvorstands können Ersatzmitglieder der jeweiligen Gruppe bestellt werden (§ 15 Absatz 3 des Gesetzes).

Abschnitt 3
Wahl des Gesamtpersonalrats

§ 51 Entsprechende Anwendung von Vorschriften

[1]Für die Wahl des Gesamtpersonalrats gelten die Vorschriften der §§ 1 bis 44 entsprechend. [2]Der Wahlvorstand für die Wahl des Gesamtpersonalrats kann die Personalräte der an der Wahl des Gesamtpersonalrats beteiligten Dienststellen beauftragen, jeweils für ihren Bereich örtliche Wahlvorstände zu bestellen. [3]In diesem Falle gelten § 45 Absatz 2 und die §§ 46 bis 49 entsprechend mit der Maßgabe, dass der Wahlvorstand für die Wahl des Gesamtpersonalrats auf die Vorlage der in § 49 Satz 2 genannten Nachweise allgemein verzichten kann, wenn er sich auf andere Weise bei der Prüfung der Wahlvorschläge Gewissheit über die Eintragung der Unterzeichner der Wahlvorschläge und der Bewerber in das Wählerverzeichnis verschaffen kann.

Abschnitt 4
Gleichzeitige Durchführung mehrerer Wahlen

§ 52 Verfahrensgrundsätze

(1) [1]In den einzelnen Verwaltungszweigen sollen die Wahl des Hauptpersonalrats und die Wahl der Bezirkspersonalräte möglichst gleichzeitig stattfinden. [2]Ebenso sollen die Wahl des Personalrats der einzelnen Dienststellen und die Wahl des Gesamtpersonalrats möglichst gleichzeitig durchgeführt werden. [3]Die Wahlen des Personalrats und des Gesamtpersonalrats können auch gleichzeitig mit den Wahlen der Stufenvertretungen durchgeführt werden.

(2) Werden mehrere der in Absatz 1 genannten Wahlen gleichzeitig durchgeführt, gilt folgendes:

1. für alle Wahlen ist in jeder Dienststelle ein gemeinsames Wählerverzeichnis aufzustellen,

2. die Stimmabgabe ist für jede Wahl im Wählerverzeichnis in einer besonderen Spalte zu vermerken,
3. für jede Wahl sind besondere Stimmzettel und besondere Stimmzettelumschläge zu verwenden; sie müssen für jede Wahl von anderer Farbe sein und die Wahl, für die sie zu verwenden sind, einwandfrei bezeichnen,
4. für jede Wahl sind besondere Wahlurnen zu verwenden, die mit einem deutlich sichtbaren Hinweis auf die Wahl, für die sie verwendet werden, versehen sein müssen,
5. für jede Wahl ist eine besondere Wahlniederschrift zu fertigen,
6. das Abstimmungsergebnis für die Wahl des Hauptpersonalrats ist zuerst zu ermitteln, dann das Abstimmungsergebnis für die Wahl des Bezirkspersonalrats, dann das Abstimmungsergebnis für die Wahl des Gesamtpersonalrats; das Abstimmungsergebnis für die Wahl des Personalrats ist zuletzt zu ermitteln,
7. bei der Briefwahl ist in jedem Falle nur ein Wahlbriefumschlag zu verwenden; die in § 23 Absatz 3 Satz 4 Nummer 6 vorgeschriebene Erklärung kann für alle gleichzeitig durchgeführten Wahlen in einem Vordruck zusammengefasst werden,
8. liegt bei Briefwahl ein Zurückweisungsgrund nach § 23 Absatz 3 Satz 4 Nummer 3 bis 6 nur für einzelne Wahlen vor, so ist der Wahlbrief nur für diese Wahlen zurückzuweisen.

Teil 3
Wahl des Ausbildungspersonalrats und der Jugend- und Auszubildendenvertretung

§ 53 Wahl des Ausbildungspersonalrats

Auf die Vorbereitung und Durchführung der Wahl des Ausbildungspersonalrats finden die §§ 1 bis 44 entsprechende Anwendung.

§ 54 Wahl der Jugend- und Auszubildendenvertretung

(1) Sofern nicht nach § 62 Absatz 2 des Gesetzes eine Wahlversammlung stattfindet, finden auf die Vorbereitung und Durchführung der Wahl der Jugend- und Auszubildendenvertretung die §§ 1 bis 44 mit folgenden Maßgaben entsprechende Anwendung:

1. die Mitglieder der Jugend- und Auszubildendenvertretung werden in gemeinsamer Wahl gewählt,
2. die Vorschriften über die Gruppenwahl gelten nicht,
3. dem Wahlvorstand muss mindestens ein nach § 9 des Gesetzes in den Personalrat wählbarer Beschäftigter angehören.

(2) [1]Erfolgt die Wahl nach § 62 Absatz 2 des Gesetzes in einer Wahlversammlung der wahlberechtigten Beschäftigten im Sinne von § 59 des Gesetzes, wird in geheimer Wahl mit Stimmzetteln nach den Grundsätzen der Mehrheitswahl auf Grund von Wahlvorschlägen, die aus der Mitte der Teilnehmer an der Wahlversammlung gemacht werden können, gewählt. [2]Die Einzelheiten des Wahlverfahrens bestimmt der Wahlvorstand in sinngemäßer Anwendung der Vorschriften über die Mehrheitswahl. [3]Das Wahlergebnis ist unverzüglich nach Abschluss der Wahlhandlung in der Wahlversammlung festzustellen. [4]Im Anschluss an die Wahlversammlung sind die Gewählten unverzüglich schriftlich zu benachrichtigen und ist das Wahlergebnis in der Dienststelle bekanntzumachen.

Teil 4
Schlussvorschriften

§ 55 Berechnung von Fristen

[1]Auf die Berechnung der in dieser Wahlordnung bestimmten Fristen finden die §§ 186 bis 193 des Bürgerlichen Gesetzbuchs entsprechende Anwendung. [2]Arbeitstage im Sinne dieser Wahlordnung sind die Wochentage Montag bis Freitag mit Ausnahme der gesetzlichen Feiertage, Heiligabend und Silvester.

§ 56 Inkrafttreten[1]

Diese Verordnung tritt am Tage nach ihrer Verkündung in Kraft. Gleichzeitig tritt die Wahlordnung zum Landespersonalvertretungsgesetz in der Fassung vom 3. Januar 1977 (GBl. S. 1), zuletzt geändert durch Artikel 2 der Verordnung vom 24. Juni 1991 (GBl. S. 480), außer Kraft.

---

1 Diese Vorschrift betrifft das Inkrafttreten der Verordnung in der ursprünglichen Fassung vom 14. Oktober 1996 (GBl. S. 677).

Anhang 3
Landesrichter- und -staatsanwaltsgesetz (LRiStAG)

in der Fassung vom 22. Mai 2000 (GBl. S. 504), zuletzt geändert durch Art. 1 des Gesetzes vom 18. Oktober 2022 (GBl. S. 518)

– Auszüge –

Zweiter Abschnitt
Richtervertretungen

Erster Titel
Allgemeines

§ 15 Richterräte und Präsidialräte

Bei den Gerichten werden als Richtervertretungen errichtet:

1. Richterräte (Richterrat einschließlich Gesamtrichterrat, Bezirksrichterrat, Landesrichter- und -staatsanwaltsrat) für die Beteiligung der Richter an allgemeinen und sozialen Angelegenheiten,
2. Präsidialräte für die Beteiligung an Personalangelegenheiten der Richter.

§ 16 Rechtsstellung der Mitglieder

(1) Die Mitglieder der Richtervertretungen sind ehrenamtlich tätig.

(2) Die Mitglieder der Richtervertretungen dürfen in der Ausübung ihrer Befugnisse nicht behindert und wegen ihrer Tätigkeit nicht benachteiligt oder begünstigt werden.

(3) [1]Die Mitglieder der Richtervertretungen sind auf Antrag der Richtervertretung von ihren dienstlichen Tätigkeiten freizustellen, wenn und soweit es zur ordnungsgemäßen Durchführung der Aufgaben der Richtervertretung erforderlich ist. [2]Zuständig für die Freistellungsentscheidung ist die Dienststelle, bei der die jeweilige Richtervertretung angesiedelt ist.

(4) Erleidet ein Richter anlässlich der Wahrnehmung von Rechten oder Erfüllung von Pflichten nach diesem Abschnitt einen Unfall, der im Sinne der

beamtenrechtlichen Unfallfürsorgevorschriften ein Dienstunfall wäre, oder erfährt er einen Sachschaden, der nach § 80 des Landesbeamtengesetzes zu ersetzen wäre, so finden diese Vorschriften entsprechende Anwendung.

§ 17 Amtszeit

(1) [1]Die regelmäßige Amtszeit der Richtervertretungen beträgt fünf Jahre. [2]Sie beginnt mit dem Tag der Wahl oder, wenn zu diesem Zeitpunkt noch eine Richtervertretung besteht, mit dem Ablauf der Amtszeit dieser Richtervertretung. [3]Die Amtszeit endet spätestens am 31. Juli des Jahres, in dem die regelmäßigen Wahlen der Richtervertretungen stattfinden.
(2) [1]Die regelmäßigen Wahlen der Richtervertretungen finden alle fünf Jahre in der Zeit vom 1. April bis 31. Juli statt. [2]Fand außerhalb dieses Zeitraums eine Wahl einer Richtervertretung statt, so ist die Richtervertretung in dem auf die Wahl folgenden nächsten Zeitraum der regelmäßigen Wahlen der Richtervertretungen neu zu wählen, wenn die Amtszeit der Richtervertretung zu Beginn des für die regelmäßigen Wahlen der Richtervertretungen festgelegten Zeitraums mehr als ein Jahr betragen hat. [3]War ihre Amtszeit kürzer, so ist die Richtervertretung erst in dem übernächsten Zeitraum der regelmäßigen Wahlen der Richtervertretungen neu zu wählen.
(3) Ist nach Ablauf der Amtszeit eine neue Richtervertretung nicht gewählt, führt die Richtervertretung die Geschäfte weiter, bis die neue Richtervertretung gewählt ist, längstens jedoch vier Monate.

§ 18 Verbot der Amtsausübung

Ein Mitglied einer Richtervertretung, dem die Führung seiner Amtsgeschäfte nach § 35 des Deutschen Richtergesetzes vorläufig untersagt ist, darf während der Dauer der Untersagung seine Tätigkeit in der Richtervertretung nicht ausüben.

§ 19 Rechtsweg

(1) [1]Für Rechtsstreitigkeiten aus der Bildung und Tätigkeit der Richtervertretungen steht der Rechtsweg zu den Verwaltungsgerichten offen. [2]Für das Verfahren gelten die Vorschriften des Arbeitsgerichtsgesetzes über das Beschlussverfahren entsprechend.
(2) Bei Rechtsstreitigkeiten aus der gemeinsamen Beteiligung von Richterrat und Personalrat entscheiden die Verwaltungsgerichte nach den Verfahrensvorschriften und in der Besetzung des § 92 Absatz 2 und des § 93 des Landespersonalvertretungsgesetzes.

§ 19a Justizweite Anhörung

(1) [1]Ungeachtet der Beteiligung der Richtervertretungen kann die oberste Dienstbehörde die Richter und die Spitzenorganisationen der Berufsverbände der Richter im Land unmittelbar zu justizpolitischen Themen von landesweiter Bedeutung anhören. [2]Im Fall einer Anhörung unterrichtet die oberste Dienstbehörde die Richter und die Spitzenorganisationen der Berufsverbände der Richter im Land frühzeitig über beabsichtigte Maßnahmen und gibt ausreichend Gelegenheit zur Stellungnahme. [3]Die oberste Dienstbehörde macht die wesentlichen Ergebnisse der Anhörung auf geeignete Weise bekannt.
(2) Kommt es nach einer Anhörung nach Absatz 1 zu einer wesentlichen Änderung der beabsichtigten Maßnahmen, sind die Richter und die Spitzenorganisationen der Berufsverbände der Richter im Land erneut anzuhören.
(3) Schriftliche Stellungnahmen der Spitzenorganisationen der Berufsverbände der Richter im Land sowie des Landesrichter- und -staatsanwaltsrats sind auf Verlangen zu erörtern.

Zweiter Titel
Richterräte

§ 20 Bildung der Richterräte

(1) [1]Bei jedem Gericht, bei dem in der Regel mindestens drei Richter beschäftigt sind, wird ein Richterrat gebildet. [2]Gerichte, bei denen die Voraussetzungen des Satzes 1 nicht vorliegen, können durch die oberste Dienstbehörde einem anderen Gericht des gleichen Gerichtszweigs zugeteilt werden. [3]Bei einem Gericht kann ein Richterrat auch dann gebildet werden, wenn erst durch Zuteilung die Voraussetzungen des Satzes 1 erreicht werden. [4]Mehrere Gerichte des gleichen Gerichtszweigs können ferner durch die oberste Dienstbehörde zu einem Gericht im Sinne dieser Vorschrift zusammengefasst werden. [5]Die oberste Dienstbehörde kann auch Teile eines Gerichts zu einem selbstständigen Gericht im Sinne dieser Vorschrift erklären.
(2) Bei jedem Obergericht des Landes mit Ausnahme des Finanzgerichts wird für den jeweiligen Geschäftsbereich ein Bezirksrichterrat gebildet.
(3) Für alle Gerichtszweige und Staatsanwaltschaften wird bei der obersten Dienstbehörde ein gemeinsamer Landesrichter- und -staatsanwaltsrat gebildet.

§ 20a Zusammensetzung der Richterräte

(1) Der Richterrat besteht bei Gerichten mit in der Regel
1. drei bis 20 wahlberechtigten Richtern aus einer Person,
2. 21 bis 50 wahlberechtigten Richtern aus drei Mitgliedern,
3. über 50 wahlberechtigten Richtern aus fünf Mitgliedern.

(2) Der Bezirksrichterrat besteht aus fünf Mitgliedern.

(3) Der Landesrichter- und -staatsanwaltsrat besteht aus acht Richtern und zwei Staatsanwälten.

§ 20b Zuständigkeit der Richterräte

Zuständig ist nach Maßgabe dieses Gesetzes
1. der Richterrat in Angelegenheiten, die die Richter des Gerichts oder der Gerichte betreffen, für das oder die der Richterrat gebildet ist,
2. der Bezirksrichterrat in Angelegenheiten, die sich über den örtlichen Zuständigkeitsbereich eines Richterrats hinaus erstrecken oder in denen sich ein Richterrat und das jeweilige Gericht nicht einigen,
3. der Landesrichter- und -staatsanwaltsrat in Angelegenheiten der obersten Dienstbehörde von justizweiter Bedeutung.

§ 21 Wahlgrundsätze

(1) Die Mitglieder des Richterrats werden von den Richtern aus ihrer Mitte geheim und unmittelbar gewählt.

(2) Die Wahl wird nach den Grundsätzen der Verhältniswahl durchgeführt. Wird nur ein Wahlvorschlag eingereicht oder besteht der Richterrat nur aus einer Person, so findet Mehrheitswahl statt.

(3) Soweit dieses Gesetz nichts anderes bestimmt, gelten für Wahl und Amtszeit des Richterrats die Vorschriften des Landespersonalvertretungsgesetzes entsprechend.

§ 21a Wahlrecht

(1) [1]Für die Wahl der Mitglieder des Richterrats sind alle Richter wahlberechtigt und wählbar, die am Wahltag bei einem Gericht beschäftigt sind, für das der Richterrat gebildet wird. [2]Der Präsident, sein ständiger Vertreter und der aufsichtführende Richter eines Gerichts sind nicht wählbar.

(2) [1]Ein an ein Gericht abgeordneter Richter wird für den Richterrat des Gerichts, an das er abgeordnet ist, wahlberechtigt und wählbar, wenn er am Wahltag dem neuen Gericht seit zwei Monaten angehört. [2]Zu diesem Zeitpunkt verliert er seine Wahlberechtigung und Wählbarkeit für den Richterrat des bisherigen Gerichts.

(3) Ein Richter, der an eine andere Dienststelle abgeordnet oder ohne Dienstbezüge beurlaubt ist, verliert Wahlberechtigung und Wählbarkeit für den Richterrat, sobald die Abordnung oder Beurlaubung länger als drei Monate gedauert hat.
(4) Richter auf Probe und Richter kraft Auftrags, die bei einer Staatsanwaltschaft oder einer anderen Behörde verwendet werden, verlieren ihre Wahlberechtigung und ihre Wählbarkeit für den Richterrat in dem Zeitpunkt, in dem sie einer dieser Behörden zur Verwendung zugewiesen werden.
(5) [1]Ist ein Mitglied des Richterrats aus einem in Absatz 2 Satz 1, Absatz 3 Satz 1 oder Absatz 4 Satz 1 genannten Grund an dem bisherigen Gericht nicht mehr tätig, so ruht seine Mitgliedschaft ab diesem Zeitpunkt. [2]Kehrt der Richter nach Ablauf von zwölf Monaten nicht an das bisherige Gericht zurück, scheidet er aus dem Richterrat aus.

§ 21b Wahlverfahren

(1) [1]Zur Vorbereitung der Wahl beruft der Präsident oder der aufsichtführende Richter des Gerichts, bei dem der Richterrat gebildet wird, eine Versammlung der wahlberechtigten Richter ein. [2]Die Versammlung wird von dem lebensältesten Richter als Vorsitzendem geleitet. [3]Sie bestellt einen Wahlvorstand. [4]Der Wahlvorstand besteht aus drei Richtern, wenn dem Richterrat mindestens drei Mitglieder angehören; er führt die Wahl durch.
(2) [1]In den Fällen, in denen der Richterrat nur aus einem Mitglied besteht, beschließt die Versammlung die Einzelheiten des Wahlverfahrens. [2]Sie kann auch beschließen, dass die Wahl in der gleichen Versammlung durchgeführt wird.
(3) [1]Besteht der Richterrat aus mindestens drei Mitgliedern, gelten für die Wahl die Vorschriften der Verordnung über eine Wahlordnung zum Landesrichter- und -staatsanwaltsgesetz, sofern die Versammlung nichts anderes beschließt. [2]Die wahlberechtigten Richter können Wahlvorschläge machen. [3]Die Wahlvorschläge müssen von einem Zehntel der wahlberechtigten Richter, jedoch mindestens von drei Wahlberechtigten unterzeichnet sein.
(4) Ort und Zeit der Versammlung sowie deren Gegenstand sind allen wahlberechtigten Richtern mindestens zwei Wochen vorher mitzuteilen; dabei ist in den Fällen des Absatzes 2 darauf hinzuweisen, dass auch die Durchführung der Wahl in der gleichen Versammlung beschlossen werden kann.
(5) [1]Über den Verlauf der Versammlung ist eine Niederschrift anzufertigen. [2]Diese muss die Bestellung des Wahlvorstandes und in den Fällen des Absatzes 2 auch die Wahlordnung und das Ergebnis einer durchgeführten Wahl enthalten. [3]Die Niederschrift ist vom Vorsitzenden und, sofern eine Wahl durchgeführt worden ist, auch vom Wahlvorstand zu unterzeichnen.

(6) In den Fällen, in denen eine vorzeitige Neuwahl erforderlich ist, ist die Versammlung der wahlberechtigten Richter unter Einhaltung der in Absatz 4 vorgesehenen Frist unverzüglich, im Übrigen auf einen Zeitpunkt spätestens sechs Wochen vor Ablauf der Amtszeit des Richterrats einzuberufen.

§ 21c Anfechtung der Wahl

[1]Unter den Voraussetzungen und innerhalb der Frist des § 21 Absatz 1 des Landespersonalvertretungsgesetzes können drei wahlberechtigte Richter oder der Präsident beziehungsweise sein ständiger Vertreter beziehungsweise der aufsichtführende Richter des Gerichts, bei dem der Richterrat gebildet ist, die Wahl anfechten. [2]Gehören einem Gericht weniger als fünf wahlberechtigte Richter an, so sind zwei Wahlberechtigte zur Anfechtung berechtigt.

§ 22 Geschäftsführung

(1) [1]Besteht der Richterrat aus mehreren Mitgliedern, so wählen sie aus ihrer Mitte mit einfacher Stimmenmehrheit einen Vorsitzenden und einen Stellvertreter. [2]Der Vorsitzende führt die laufenden Geschäfte und vertritt den Richterrat im Rahmen der von diesem gefassten Beschlüsse.
(2) [1]Die Beschlüsse des Richterrats werden mit einfacher Stimmenmehrheit der anwesenden Mitglieder gefasst. [2]Bei Stimmengleichheit ist ein Antrag abgelehnt. [3]Der Richterrat ist beschlussfähig, wenn mindestens die Hälfte seiner Mitglieder anwesend ist; Stellvertretung durch Ersatzmitglieder ist zulässig. [4]Der Vorsitzende kann in einfach gelagerten Angelegenheiten im schriftlichen oder elektronischen Umlaufverfahren beschließen lassen, wenn kein Mitglied des Richterrats diesem Verfahren widerspricht; sämtliche Mitglieder müssen Gelegenheit zur Abstimmung erhalten.
(2a) [1]Der Vorsitzende des Richterrats kann alle oder einzelne Mitglieder des Richterrats sowie sonstige teilnahmeberechtigte Personen zur Teilnahme mittels Video- oder Telefonkonferenztechnik an einer Sitzung zulassen, wenn

1. vorhandene Einrichtungen genutzt werden, die durch die Dienststelle zur dienstlichen Nutzung freigegeben sind und die datenschutzrechtlichen Voraussetzungen erfüllen,
2. der Richterrat geeignete organisatorische Maßnahmen trifft, um sicherzustellen, dass Dritte vom Inhalt der Sitzung keine Kenntnis nehmen können, und
3. vorbehaltlich einer abweichenden Regelung in der Geschäftsordnung nicht ein Viertel der Mitglieder des Richterrats unverzüglich nach Bekanntgabe der Absicht des Vorsitzenden zum Einsatz von Video- oder Telefonkonferenztechnik diesem gegenüber widerspricht.

[2]Eine Aufzeichnung ist unzulässig. [3]Richterratsmitglieder sowie sonstige teilnahmeberechtigte Personen, die mittels Video- oder Telefonkonferenztechnik an der Sitzung teilnehmen, gelten als anwesend.
(3) [1]Sonstige Bestimmungen über die Geschäftsführung kann der Richterrat in einer Geschäftsordnung treffen. [2]Im Übrigen gelten für die Geschäftsführung des Richterrats ebenso wie für die Verschwiegenheitspflicht der Mitglieder des Richterrats die Bestimmungen des Landespersonalvertretungsgesetzes entsprechend.

§ 23 Beteiligungsgrundsätze

(1) Gericht und Richterrat arbeiten im Rahmen der Rechtsvorschriften zur Erfüllung der dienstlichen Aufgaben und zum Wohle der Richter unter Berücksichtigung der Belange der anderen Beschäftigten partnerschaftlich und vertrauensvoll zusammen.
(2) [1]Der Richterrat ist zur Wahrnehmung seiner Aufgaben rechtzeitig und umfassend zu unterrichten. [2]Ihm sind die hierfür erforderlichen Unterlagen vorzulegen. [3]Personalaktendaten dürfen nur mit Zustimmung des betroffenen Richters und nur von den von ihm bestimmten Mitgliedern der Richtervertretung eingesehen werden.
(3) Gericht und Richterrat sollen regelmäßig zu gemeinschaftlichen Besprechungen zusammentreten.
(4) Im Übrigen gelten für die Zusammenarbeit zwischen Gericht und Richterrat und die allgemeinen Aufgaben des Richterrats die §§ 69 und 70 des Landespersonalvertretungsgesetzes entsprechend.

§ 23a Mitbestimmung

(1) Der Richterrat hat in folgenden Angelegenheiten mitzubestimmen:
1. Regelung der Ordnung im Gericht und des Verhaltens der Richter,
2. Errichtung, Verwaltung, wesentliche Änderung und Auflösung von Sozialeinrichtungen ohne Rücksicht auf ihre Rechtsform,
3. Maßnahmen zur Verhütung von Dienstunfällen, Berufskrankheiten und sonstigen Gesundheitsschädigungen sowie von Gesundheitsgefährdungen, auch im Rahmen der Umsetzung des Sicherheitskonzepts des Gerichts,
4. Maßnahmen des behördlichen Gesundheitsmanagements einschließlich vorbereitender und präventiver Maßnahmen, allgemeine Fragen des behördlichen Eingliederungsmanagements sowie Maßnahmen aufgrund von Feststellungen aus Gefährdungsanalysen,
5. Aufstellung des Urlaubsplans,

6. Festsetzung der zeitlichen Lage des Erholungsurlaubs für einzelne Richter, wenn zwischen dem Gericht und den beteiligten Richtern kein Einverständnis erzielt wird.

(2) [1]Der Richterrat hat in folgenden Angelegenheiten eingeschränkt mitzubestimmen:

1. Bestellung und Abberufung von Vertrauens- und Betriebsärzten,
2. Bestellung und Abberugung von behördlichen Datenschutzbeauftragten sowie Fachkräften für Arbeitssicherheit,
3. Widerruf der Bestellung der Beauftragten für Chancengleichheit oder ihrer Stellvertreterin,
4. Inhalt von Personalfragebögen, mit Ausnahme von solchen im Rahmen der Rechnungsprüfung, Inhalt von Fragebögen für Mitarbeiterbefragungen,
5. allgemeine Fragen der Fortbildung der Richter,
6. Einführung und Anwendung technischer Einrichtungen, die dazu geeignet sind, das Verhalten und die Leistung der Richter zu überwachen,
7. Gestaltung der Arbeitsplätze,
8. Einführung, Anwendung, wesentliche Änderung oder wesentliche Erweiterung technischer Einrichtungen und Verfahren der automatisierten Verarbeitung personenbezogener Daten der Richter,
9. Maßnahmen, die zur Hebung der Arbeitsleistung und Erleichterung des Arbeitsablaufs geeignet sind, sowie deren wesentliche Änderung oder wesentliche Ausweitung,
10. Einführung grundsätzlich neuer Arbeitsmethoden, wesentliche Änderung oder wesentliche Ausweitung bestehender Arbeitsmethoden,
11. Einführung, wesentliche Änderung oder wesentliche Ausweitung der Informations- und Kommunikationsnetze,
12. Einführung grundsätzlich neuer Formen der Arbeitsorganisation und wesentliche Änderungen der Arbeitsorganisation,
13. Ablehnung eines Antrags auf Einrichtung eines Telearbeitsplatzes oder eines sonstigen Arbeitsplatzes außerhalb des Gerichts,
14. Geltendmachung von Ersatzansprüchen.

[2]In den Fällen des Satzes 1 Nummer 13 und 14 wird der Richterrat nur auf Antrag des betroffenen Richters beteiligt; dieser ist von der beabsichtigten Maßnahme rechtzeitig vorher in Kenntnis zu setzen und auf sein Antragsrecht hinzuweisen.

§ 23b Mitwirkung und Anhörung

(1) [1]Der Richterrat wirkt in folgenden Angelegenheiten mit:

1. Vorbereitung von Verwaltungsanordnungen eines Gerichts für die innerdienstlichen, sozialen oder persönlichen Angelegenheiten der Richter des Gerichts,

2. Auswahl der Richter für die Teilnahme an Fortbildungsveranstaltungen, wenn mehr Bewerbungen vorhanden sind, als Plätze zur Verfügung stehen.

[2]In den Fällen des Satzes 1 Nummer 2 wird der Richterrat nur auf Antrag des betroffenen Richters beteiligt; dieser ist von der beabsichtigten Maßnahme rechtzeitig vorher in Kenntnis zu setzen und auf sein Antragsrecht hinzuweisen.

(2) Der Richterrat ist in folgenden Angelegenheiten anzuhören:

1. Raumbedarfsanforderungen für Neu-, Um- und Erweiterungsbauten von Diensträumen vor der Weiterleitung; gibt der Richterrat zu den Raumbedarfsanforderungen eine Stellungnahme ab, so ist diese mit den Raumbedarfsanforderungen der übergeordneten Dienststelle vorzulegen,
2. Bauplanungsprojekte und Anmietungen,
3. Festlegung von Verfahren und Methoden von Wirtschaftlichkeits- und Organisationsuntersuchungen, mit Ausnahme von solchen im Rahmen der Rechnungsprüfung,
4. Auswahl und Beauftragung von Gutachten für Wirtschaftlichkeits- und Organisationsuntersuchungen nach Nummer 3.

§ 24 Verfahren der Mitbestimmung

(1) Soweit eine Maßnahme der Mitbestimmung des Richterrats unterliegt, kann sie nur mit seiner Zustimmung getroffen werden.

(2) Das Gericht unterrichtet den Richterrat von der beabsichtigten Maßnahme und beantragt seine Zustimmung.

(3) Der Richterrat kann verlangen, dass das Gericht die beabsichtigte Maßnahme begründet.

(4) [1]Der Beschluss des Richterrats über die beantragte Zustimmung ist dem Gericht innerhalb von drei Wochen mitzuteilen. [2]In dringenden Fällen kann das Gericht diese Frist auf eine Woche abkürzen. [3]Richterrat und Gericht können für die Dauer der Amtszeit des Richterrats abweichende Fristen vereinbaren.

(5) Das Gericht kann die Fristen im Einzelfall verlängern oder in begründeten Fällen im Einvernehmen mit dem Richterrat abkürzen.

(6) [1]Der Richterrat kann bei dem Gericht im Einzelfall eine längere Frist beantragen. [2]Dabei ist die Dauer der Fristverlängerung zu benennen und ihre Erforderlichkeit zu begründen. [3]Soweit keine andere Frist bewilligt wird, verlängert sich die Frist um drei Arbeitstage. [4]Entscheidet das Gericht nicht innerhalb von drei Arbeitstagen nach Zugang über den Antrag, gilt die Fristverlängerung im beantragten Umfang als bewilligt. [5]Der Antrag kann nicht wiederholt werden.

(7) [1]Die Maßnahme gilt als gebilligt, wenn nicht der Richterrat innerhalb der geltenden Frist die Zustimmung unter Angabe der Gründe schriftlich verweigert oder die angeführten Gründe offenkundig keinen unmittelbaren Bezug zu den Mitbestimmungsangelegenheiten haben. [2]Soweit dabei Beschwerden oder Behauptungen tatsächlicher Art vorgetragen werden, die für einzelne Richter ungünstig sind oder ihnen nachteilig werden können, hat das Gericht diesen Richtern Gelegenheit zur Äußerung zu geben; die Äußerung ist aktenkundig zu machen.
(8) [1]Der Richterrat kann eine Maßnahme, die seiner Mitbestimmung unterliegt, mit Ausnahme der in § 23a Absatz 2 Satz 1 Nummer 13 und 14 genannten Maßnahmen, schriftlich bei dem Gericht beantragen; der Antrag ist zu begründen. [2]Das Gericht soll innerhalb von drei Wochen zu dem Antrag schriftlich Stellung nehmen oder, wenn die Einhaltung der Frist nicht möglich ist, einen schriftlichen Zwischenbescheid erteilen. [3]Eine Ablehnung der beantragten Maßnahme und ein Zwischenbescheid sind zu begründen.
(9) [1]Das Gericht kann bei Maßnahmen, die der Natur nach keinen Aufschub dulden, bis zur endgültigen Entscheidung vorläufige Regelungen treffen. [2]Es hat dem Richterrat die vorläufige Regelung mitzuteilen und zu begründen und unverzüglich das Mitbestimmungsverfahren einzuleiten oder fortzusetzen.

§ 24a Verfahren bei Nichteinigung

(1) [1]Kommt in einer mitbestimmungspflichtigen Angelegenheit eine Einigung nicht zustande, so kann das Gericht oder der Richterrat die Angelegenheit binnen drei Wochen dem übergeordneten Obergericht, bei dem ein Bezirksrichterrat besteht, vorlegen. [2]Legt das Gericht die Angelegenheit dem übergeordneten Obergericht vor, so teilt es dies dem Richterrat unter Angabe der Gründe mit.
(2) [1]Das übergeordnete Obergericht hat die Angelegenheit dem bei ihm gebildeten Bezirksrichterrat innerhalb von fünf Wochen vorzulegen. [2]§ 24 Absätze 2 bis 7 gilt entsprechend.
(3) [1]Ergibt sich zwischen dem übergeordneten Obergericht und dem bei ihm bestehenden Bezirksrichterrat keine Einigung, so kann jede Seite die zuständige Einigungsstelle anrufen. [2]Das Recht zur Anrufung der Einigungsstelle besteht auch, wenn sich in einer mitbestimmungspflichtigen Angelegenheit ein bei einem Obergericht bestehender Richterrat und das jeweilige Obergericht nicht einigen können.
(4) [1]In den Fällen des § 23a Absatz 1 entscheidet die Einigungsstelle endgültig. [2]Der zuständige Minister ist befugt, den Beschluss der Einigungsstelle ganz oder teilweise aufzuheben und endgültig zu entscheiden, wenn der Beschluss gegen geltendes Recht verstößt oder durch ihn der Amtsauftrag, für

eine geordnete Rechtspflege zu sorgen, nicht nur unerheblich berührt wird; im Übrigen ist der Beschluss bindend.

(5) [1]In den Fällen des § 23a Absatz 2 beschließt die Einigungsstelle, wenn sie sich nicht der Auffassung des Obergerichts anschließt, eine Empfehlung an dieses. [2]Das Obergericht entscheidet sodann endgültig. [3]Die Entscheidung ist zu begründen und den Beteiligten bekanntzugeben.

§ 24b Einigungsstelle

(1) [1]Bei jedem Obergericht des Landes wird eine Einigungsstelle von Fall zu Fall gebildet. [2]Sie besteht aus je drei Beisitzern, die von dem Obergericht im Einvernehmen mit der obersten Dienstbehörde und von der zuständigen Richtervertretung bestellt werden, und einer unparteiischen Person für den Vorsitz, auf die sich beide Seiten einigen. [3]Die Beisitzer sowie die Person für den Vorsitz sind innerhalb von zwei Wochen nach Anrufung der Einigungsstelle zu bestellen. [4]Die Person für den Vorsitz muss die Befähigung zum Richteramt besitzen. [5]Kommt eine Einigung über die Person für den Vorsitz nicht zustande, so bestellt sie der Präsident des Verfassungsgerichtshofs. [6]Soweit der Präsident des Staatsgerichtshofs selbst im Hauptamt als Präsident dem betroffenen Obergericht vorsteht, entscheidet der Vizepräsident des Verfassungsgerichtshofs beziehungsweise der weitere Vertreter des Präsidenten.

(2) In gemeinsamen Angelegenheiten nach § 30 werden die von der Personalvertretung nach § 79 des Landespersonalvertretungsgesetzes zu bestellenden Beisitzer der Einigungsstelle aufgrund gemeinsamer Beschlussfassung bestellt; ein Beisitzer muss ein auf Lebenszeit ernannter Richter sein.

(3) [1]Die Verhandlungen der Einigungsstelle sind nicht öffentlich. [2]Dem Obergericht und der zuständigen Richtervertretung ist Gelegenheit zur mündlichen Äußerung zu geben. [3]Im Einvernehmen mit den Beteiligten kann die Äußerung schriftlich oder elektronisch erfolgen.

(4) [1]Die Einigungsstelle soll binnen zwei Monaten nach der Anrufung durch einen Beteiligten entscheiden. [2]Die Einigungsstelle ist beschlussfähig, wenn die Person für den Vorsitz und mindestens drei Beisitzer anwesend sind. [3]Bestellt eine Seite innerhalb der in Absatz 1 Satz 3 genannten Frist keine Beisitzer oder bleiben Beisitzer trotz rechtzeitiger Einladung der Sitzung fern, so entscheiden die Person für den Vorsitz und die erschienenen Beisitzer allein.

(5) [1]Die Einigungsstelle entscheidet durch Beschluss. [2]Sie kann den Anträgen der Beteiligten auch teilweise entsprechen. [3]Der Beschluss wird mit einfacher Stimmenmehrheit gefasst; bei Stimmengleichheit entscheidet die Stimme der Person für den Vorsitz. [4]Der Beschluss muss sich im Rahmen

der geltenden Rechtsvorschriften, insbesondere des Haushaltsgesetzes, halten. [5]Er ist zu begründen und den Beteiligten zuzustellen.

§ 25 Verfahren der Mitwirkung

(1) Eine der Mitwirkung des Richterrats unterliegende Maßnahme darf nur nach Durchführung des Mitwirkungsverfahrens vorgenommen werden.
(2) [1]Das Gericht unterrichtet den Richterrat rechtzeitig über die beabsichtigte Maßnahme. [2]Der Richterrat kann verlangen, dass das Gericht die beabsichtigte Maßnahme mit ihm erörtert.
(3) [1]Äußert sich der Richterrat nicht innerhalb von drei Wochen, hält er bei Erörterung seine Einwendungen oder Vorschläge nicht aufrecht oder haben sie offenkundig keinen unmittelbaren Bezug zu den Mitwirkungsangelegenheiten, so gilt die beabsichtigte Maßnahme als gebilligt. [2]§ 24 Absatz 4 Sätze 2 und 3, Absätze 5 und 6 gilt entsprechend.
(4) [1]Erhebt der Richterrat Einwendungen, so hat er dem Gericht die Gründe mitzuteilen. [2]§ 24 Absatz 7 Satz 2 gilt entsprechend.
(5) Entspricht das Gericht den Einwendungen des Richterrats nicht oder nicht in vollem Umfang, so teilt es dem Richterrat seine Entscheidung unter Angabe der Gründe schriftlich mit.
(6) [1]Der Richterrat eines nachgeordneten Gerichts kann die Angelegenheit binnen drei Wochen nach Zugang der Mitteilung des Gerichts, dass Einwendungen nicht oder nicht in vollem Umfang berücksichtigt werden, auf dem Dienstweg dem übergeordneten Obergericht, bei dem ein Bezirksrichterrat besteht, mit dem Antrag auf Entscheidung vorlegen. [2]Der Richterrat leitet dem Gericht eine Abschrift des Antrags zu. [3]Das übergeordnete Obergericht hat die Angelegenheit dem Bezirksrichterrat innerhalb von fünf Wochen vorzulegen. [4]Das übergeordnete Obergericht entscheidet nach Verhandlung mit dem Bezirksrichterrat. [5]Absätze 2 bis 5 gelten entsprechend. [6]Ist ein Antrag nach Satz 1 gestellt, so ist die beabsichtigte Maßnahme bis zur Entscheidung des angerufenen Obergerichts auszusetzen.
(7) § 24 Absätze 8 und 9 gilt entsprechend.

§ 26 Verfahren der Anhörung

(1) Soweit der Richterrat anzuhören ist, ist ihm die Angelegenheit rechtzeitig bekanntzugeben und ausreichend Gelegenheit zur Äußerung zu geben.
(2) [1]Äußert sich der Richterrat schriftlich, soll das Gericht innerhalb von drei Wochen schriftlich Stellung nehmen oder, wenn die Einhaltung der Frist nicht möglich ist, einen schriftlichen Zwischenbescheid erteilen. [2]Die Ablehnung schriftlicher Vorschläge hat das Gericht schriftlich zu begrün-

den. [3]Anstelle der Schriftform kann auch die mündliche Unterrichtung in einer Sitzung des Richterrats erfolgen.

§ 27 Dienstvereinbarungen

(1) [1]Dienstvereinbarungen sind zulässig, soweit Rechtsvorschriften nicht entgegenstehen. [2]Sie werden durch das Gericht und den Richterrat gemeinsam beschlossen, sind schriftlich niederzulegen, von beiden Seiten zu unterzeichnen und in geeigneter Weise bekanntzumachen.
(2) Dienstvereinbarungen, die für einen größeren Bereich gelten, gehen Dienstvereinbarungen für einen kleineren Bereich vor.
(3) Sofern nichts anderes vereinbart ist, können Dienstvereinbarungen von beiden Seiten jederzeit mit einer Frist von drei Monaten gekündigt werden.

§ 28 Bezirksrichterrat

(1) [1]Die Mitglieder des Bezirksrichterrats werden von den Richtern, die dem Geschäftsbereich des jeweiligen Obergerichts des Landes angehören, gewählt. [2]Nicht wählbar sind die Präsidenten und deren ständige Vertreter, für den Bereich der Fachgerichtsbarkeiten daneben die Direktoren und deren ständige Vertreter, wenn ihnen die Dienstaufsicht über Richter obliegt. [3]Aufsichtführende Richter einer nachgeordneten Dienststelle dürfen als Mitglieder der Stufenvertretung an Angelegenheiten der eigenen Dienststelle weder beratend noch entscheidend mitwirken. [4]Im Übrigen gelten für die Wahl die §§ 21 bis 21c entsprechend. [5]Eine Versammlung der Richter zur Bestellung des Wahlvorstandes findet nicht statt. [6]Der Wahlvorstand wird von dem Präsidenten des Obergerichts, bei dem der Bezirksrichterrat gebildet wird, bestellt. [7]Auch die Spitzenorganisationen der Berufsverbände der Richter im Land können Wahlvorschläge machen. [8]Diese müssen von einem zeichnungsberechtigten Mitglied des Vorstands der Spitzenorganisation unterzeichnet sein. [9]Machen wahlberechtigte Richter Wahlvorschläge, ist dem Erfordernis in § 21b Absatz 3 Satz 3 in jedem Falle durch die Unterzeichnung von dreißig Wahlberechtigten genügt. [10]Für die Geschäftsführung des Bezirksrichterrats gilt § 22 mit der Maßgabe entsprechend, dass der Vorsitzende alle Angelegenheiten im schriftlichen oder elektronischen Umlaufverfahren beschließen lassen kann, wenn nicht im Einzelfall ein Mitglied dem schriftlichen Umlaufverfahren widerspricht.
(2) [1]In Angelegenheiten, in denen der Bezirksrichterrat nach § 20b Nummer 2 zu beteiligen ist, gelten die §§ 23 bis 24, 25 Absätze 1 bis 5 und 7 sowie §§ 26 und 27 entsprechend. [2]In Fällen der Nichteinigung in Mitbestimmungsangelegenheiten ist nach Maßgabe von § 24a Absatz 3 Satz 1, Absätze 4 und 5 sowie § 24b zu verfahren.

§ 29 Landesrichter- und -staatsanwaltsrat

(1) [1]Als richterliche Mitglieder des Landesrichter- und -staatsanwaltsrats werden jeweils zwei Mitglieder und jeweils mindestens zwei Ersatzmitglieder von jedem Bezirksrichterrat der ordentlichen Gerichtsbarkeit, jeweils ein Mitglied und jeweils mindestens ein Ersatzmitglied von den Bezirksrichterräten der Verwaltungs-, Arbeits- und Sozialgerichtsbarkeit sowie ein Mitglied und mindestens ein Ersatzmitglied von den Richterräten der Finanzgerichtsbarkeit aus dem Kreis ihrer Mitglieder geheim und unmittelbar gewählt. [2]Für die staatsanwaltschaftlichen Mitglieder gilt § 89 Absatz 2 Satz 1. [3]Die Gremien beschließen jeweils die Einzelheiten des Wahlverfahrens und beauftragen ein Mitglied mit der Durchführung der Wahl. [4]Die Vorsitzenden der Bezirksrichterräte haben dem Vorsitzenden des Landesrichter- und -staatsanwaltsrats der vorangehenden Wahlperiode die neu gewählten Mitglieder des Landesrichter- und -staatsanwaltsrats unverzüglich nach deren Wahl mitzuteilen. [5]Spätestens drei Wochen nach Zugang aller Mitteilungen beruft dieser die neu gewählten Mitglieder des Landesrichter- und -staatsanwaltsrats zur Vornahme der vorgeschriebenen Wahlen ein und leitet die Sitzung, bis der Landesrichter- und -staatsanwaltsrat aus seiner Mitte einen Wahlleiter bestellt hat. [6]Im Übrigen gelten für Wahl und Amtszeit des Landesrichter- und -staatsanwaltsrats die Vorschriften des Landespersonalvertretungsgesetzes entsprechend.

(2) [1]Für die Geschäftsführung des Landesrichter- und -staatsanwaltsrats gilt § 22 mit der Maßgabe entsprechend, dass der Vorsitzende alle Angelegenheiten im schriftlichen oder elektronischen Umlaufverfahren beschließen lassen kann, wenn nicht im Einzelfall ein Mitglied dem schriftlichen Umlaufverfahren widerspricht. [2]Ausgenommen bei Wahlen haben bei der Beschlussfassung innerhalb des Landesrichter- und -staatsanwaltsrats die vier Mitglieder der ordentlichen Gerichtsbarkeit jeweils doppeltes und die vier Mitglieder der anderen Gerichtsbarkeiten jeweils einfaches Stimmgewicht. [3]Für die staatsanwaltschaftlichen Mitglieder gilt § 89 Absatz 2 Satz 2. [4]Jedes Mitglied kann seine in der Beratung vertretene abweichende Meinung zu der Beschlussfassung des Landesrichter- und -staatsanwaltsrats in einem Sondervotum niederlegen. [5]Das Sondervotum ist der obersten Dienstbehörde bekanntzugeben, wenn das betreffende Mitglied dies bei dem Vorsitzenden des Landesrichter- und -staatsanwaltsrats beantragt.

§ 29a Beteiligung des Landesrichter- und -staatsanwaltsrats

(1) Der Landesrichter- und -staatsanwaltsrat hat in folgenden Angelegenheiten von justizweiter Bedeutung mitzubestimmen:

1. Einführung und Änderung von Sicherheitskonzeptionen,
2. Grundsätze des Gesundheitsmanagements.

(2) Der Landesrichter- und -staatsanwaltsrat hat nach Maßgabe von § 29b Absatz 2 Satz 4 in folgenden Angelegenheiten eingeschränkt mitzubestimmen:

1. Einführung grundsätzlich neuer Arbeitsmethoden oder Formen der Arbeitsorganisation sowie wesentliche Änderung der Arbeitsmethoden oder Arbeitsorganisation, auch im Rahmen der Informations- und Kommunikationstechnik,
2. Erlass und Änderung von Beurteilungsrichtlinien,
3. grundsätzliche Fragen der Fortbildung,
4. Erstellung und Anpassung des Chancengleichheitsplans.

(3) Der Landesrichter- und -staatsanwaltsrat wirkt in folgenden Angelegenheiten mit:

1. Einführung und Änderung von Personalentwicklungskonzepten,
2. grundsätzliche Fragen der Einrichtung von Telearbeitsplätzen oder sonstigen Arbeitsplätzen außerhalb der Dienststelle.

(4) Bei der Aufstellung von Grundsätzen für die Personalbedarfsberechnung für den richterlichen und staatsanwaltschaftlichen Dienst ist der Landesrichter- und -staatsanwaltsrat anzuhören.

§ 29b Verfahren der Beteiligung des Landesrichter- und -staatsanwaltsrats

(1) In Angelegenheiten, in denen der Landesrichter- und -staatsanwaltsrat nach § 20b Nummer 3 zu beteiligen ist, gelten die §§ 23, 24, 25 Absätze 1 bis 5 und 7 sowie §§ 26 und 27 entsprechend.

(2) [1]Ergibt sich in einer mitbestimmungspflichtigen Angelegenheit zwischen der obersten Dienstbehörde und dem Landesrichter- und -staatsanwaltsrat keine Einigung, so kann jede Seite die bei der obersten Dienstbehörde zu bildende Einigungsstelle anrufen. [2]Für die bei der obersten Dienstbehörde zu bildende Einigungsstelle gilt § 24b entsprechend. [3]Für die Beteiligungsangelegenheiten nach § 29a Absatz 1 gilt § 24a Absatz 4 entsprechend. [4]Für die Beteiligungsangelegenheiten nach § 29a Absatz 2 gilt § 24a Absatz 5 entsprechend.

§ 30 Gemeinsame Angelegenheiten

(1) Sind an einer Angelegenheit sowohl der Richterrat als auch der Personalrat beteiligt (gemeinsame Angelegenheiten), so entsendet der Richterrat für die gemeinsame Beschlussfassung Mitglieder in den Personalrat.

(2) [1]Die Zahl der entsandten Mitglieder des Richterrats muss zu der Zahl der Richter im gleichen Verhältnis stehen wie die Zahl der Mitglieder des Personalrats zu der Zahl der wahlberechtigten Beschäftigten des Gerichts. [2]Jedoch entsendet der Richterrat mindestens die in § 11 Absatz 4 und 5 des

Landespersonalvertretungsgesetzes bestimmte Zahl von Mitgliedern. [3]Ist die Zahl der nach Satz 1 zu entsendenden Richter größer als die Zahl der Mitglieder des Richterrats, so sind, soweit vorhanden, Ersatzmitglieder im erforderlichen Umfang heranzuziehen.
(3) Bei der entsprechenden Anwendung des § 37 des Landespersonalvertretungsgesetzes gelten die in den Personalrat entsandten Mitglieder des Richterrats als Vertreter einer Gruppe.
(4) Für den Bezirksrichterrat und den Landesrichter- und -staatsanwaltsrat gelten Absätze 1 bis 3 entsprechend.
(5) Soweit gemeinsame Angelegenheiten behandelt werden, können die Richter an den Personalversammlungen der Gerichte mit den gleichen Rechten wie die anderen Bediensteten teilnehmen.

§ 31 Gesamtrichterrat

(1) In den Fällen des § 20 Absatz 1 Satz 5 kann durch Beschluss der einzelnen Richterräte neben diesen ein Gesamtrichterrat errichtet werden.
(2) [1]Besteht ein Gesamtrichterrat, so ist dieser zu beteiligen, wenn eine Maßnahme über den Bereich eines selbstständigen Gerichts im Sinne von § 20 Absatz 1 Satz 5 hinausgeht. [2]Soweit der Gesamtrichterrat zuständig ist, ist er an Stelle der einzelnen Richterräte zu beteiligen. [3]Vor einem Beschluss in Angelegenheiten, die einzelne Richter oder selbstständige Gerichte im Sinne von § 20 Absatz 1 Satz 5 betreffen, gibt der Gesamtrichterrat dem Richterrat Gelegenheit zur Äußerung.
(3) Die Mitglieder des Gesamtrichterrats werden von den Richtern des Gerichts gewählt, für das der Gesamtrichterrat gebildet wird.
(4) [1]Die Vorschriften der §§ 16 bis 19, 20 bis 27 und 30 finden auf den Gesamtrichterrat und seine Mitglieder entsprechende Anwendung. [2]Eine Versammlung der Richter zur Bestellung des Wahlvorstandes findet nicht statt. [3]Für die Wahl gelten mit Ausnahme der Vorschriften über die Gruppenwahl die Vorschriften der Wahlordnung zum Landespersonalvertretungsgesetz entsprechend. [4]Der Wahlvorstand wird vom Präsidenten oder aufsichtführenden Richter des Gerichts, für den der Gesamtrichterrat gebildet wird, bestellt. [5]In gemeinsamen, zu seiner Zuständigkeit gehörenden Angelegenheiten ist der Gesamtrichterrat für die Entsendung der Mitglieder in den Personalrat oder Gesamtpersonalrat zuständig.
…

Fünfter Abschnitt Staatsanwälte

…

Zweiter Titel Vertretung der Staatsanwälte

§ 88 Bildung und Aufgaben der Staatsanwaltsräte und des Hauptstaatsanwaltsrats

(1) [1]Bei jeder Staatsanwaltschaft oder selbstständigen Zweigstelle wird ein Staatsanwaltsrat, bei jeder Generalstaatsanwaltschaft wird ferner für den jeweiligen Geschäftsbereich ein Bezirksstaatsanwaltsrat gebildet. [2]In den Angelegenheiten der Staatsanwälte hat der Staatsanwaltsrat die Aufgaben des Richterrats, der Bezirksstaatsanwaltsrat die Aufgaben des Bezirksrichterrats.

(2) § 23a Absatz 1 gilt mit der Maßgabe, dass die Staatsanwaltsräte auch mitbestimmen über

1. Beginn und Ende der täglichen Arbeitszeit und der Pausen sowie die Verteilung der Arbeitszeit auf die einzelnen Wochentage,
2. Einführung, Anwendung, wesentliche Änderung und Aufhebung von Arbeitszeitmodellen,
3. Anordnung von Mehrarbeit und Überstunden.

(3) [1]Beim Justizministerium wird ein Hauptstaatsanwaltsrat gebildet. [2]Der Hauptstaatsanwaltsrat hat in Angelegenheiten der Staatsanwälte die Aufgaben des Präsidialrats.

(4) Ungeachtet der Beteiligung der Staatsanwaltsvertretungen gilt für die Staatsanwälte § 19a entsprechend.

§ 89 Zusammensetzung der Staatsanwaltsräte und des Hauptstaatsanwaltsrats

(1) [1]Die bei jeder Staatsanwaltschaft zu bildenden Staatsanwaltsräte bestehen bei Staatsanwaltschaften mit in der Regel

1. drei bis 20 wahlberechtigten Staatsanwälten aus einer Person,
2. 21 bis 50 wahlberechtigten Staatsanwälten aus drei Mitgliedern,
3. über 50 wahlberechtigten Staatsanwälten aus fünf Mitgliedern.

[2]Der Bezirksstaatsanwaltsrat besteht aus fünf Mitgliedern.

(2) [1]Von den beiden staatsanwaltschaftlichen Mitgliedern des Landesrichter- und -staatsanwaltsrats wird jeweils ein Mitglied und jeweils mindestens

ein Ersatzmitglied von jedem Bezirksstaatsanwaltsrat aus dem Kreis seiner Mitglieder unmittelbar und geheim gewählt. [2]Ausgenommen bei Wahlen haben bei der Beschlussfassung innerhalb des Landesrichter- und -staatsanwaltsrats die beiden staatsanwaltschaftlichen Mitglieder jeweils doppeltes Stimmgewicht.

(3) Der beim Justizministerium zu bildende Hauptstaatsanwaltsrat besteht aus fünf von den Staatsanwälten gewählten Mitgliedern.

(4) [1]Für die Staatsanwaltsräte gelten die Vorschriften über den Richterrat, für die Bezirksstaatsanwaltsräte die Vorschriften über den Bezirksrichterrat entsprechend. [2]Für den Hauptstaatsanwaltsrat gelten die Vorschriften über den Präsidialrat entsprechend mit der Maßgabe, dass der Hauptstaatsanwaltsrat aus seiner Mitte mit einfacher Mehrheit einen Vorsitzenden und einen Stellvertreter wählt; wählbar ist jedes Mitglied.

(5) Zu den Staatsanwälten im Sinne dieses Titels gehören auch die bei der Staatsanwaltschaft beschäftigten Richter auf Probe und Richter kraft Auftrags.

Anhang 4
Kündigungsschutzgesetz (KSchG)

in der Fassung der Bekanntmachung vom 25. August 1969 (BGBl. I S. 1317), zuletzt geändert durch Art. 2 des Gesetzes vom 14. Juni 2021 (BGBl. I S. 1762)

– Auszüge –

Zweiter Abschnitt
Kündigungsschutz im Rahmen der Betriebsverfassung und Personalvertretung

§ 15 Unzulässigkeit der Kündigung

(1) *[Absatz 1 enthält Regelungen über den Kündigungsschutz im Rahmen der Betriebsverfassung.]*
(2) [1]Die Kündigung eines Mitglieds einer Personalvertretung, einer Jugend- und Auszubildendenvertretung oder einer Jugendvertretung ist unzulässig, es sei denn, dass Tatsachen vorliegen, die den Arbeitgeber zur Kündigung aus wichtigem Grund ohne Einhaltung einer Kündigungsfrist berechtigen, und dass die nach dem Personalvertretungsrecht erforderliche Zustimmung vorliegt oder durch gerichtliche Entscheidung ersetzt ist. [2]Nach Beendigung der Amtszeit der in Satz 1 genannten Personen ist ihre Kündigung innerhalb eines Jahres, vom Zeitpunkt der Beendigung der Amtszeit an gerechnet, unzulässig, es sei denn, dass Tatsachen vorliegen, die den Arbeitgeber zur Kündigung aus wichtigem Grund ohne Einhaltung einer Kündigungsfrist berechtigen; dies gilt nicht, wenn die Beendigung der Mitgliedschaft auf einer gerichtlichen Entscheidung beruht.
(3) [1]Die Kündigung eines Mitglieds eines Wahlvorstands ist vom Zeitpunkt seiner Bestellung an, die Kündigung eines Wahlbewerbers vom Zeitpunkt der Aufstellung des Wahlvorschlags an, jeweils bis zur Bekanntgabe des Wahlergebnisses unzulässig, es sei denn, dass Tatsachen vorliegen, die den Arbeitgeber zur Kündigung aus wichtigem Grund ohne Einhaltung einer Kündigungsfrist berechtigen, und dass die nach § 103 des Betriebsverfassungsgesetzes oder nach dem Personalvertretungsrecht erforderliche Zustimmung vorliegt oder durch eine gerichtliche Entscheidung ersetzt ist.

[2]Innerhalb von sechs Monaten nach Bekanntgabe des Wahlergebnisses ist die Kündigung unzulässig, es sei denn, dass Tatsachen vorliegen, die den Arbeitgeber zur Kündigung aus wichtigem Grund ohne Einhaltung einer Kündigungsfrist berechtigen; dies gilt nicht für Mitglieder des Wahlvorstands, wenn dieser durch gerichtliche Entscheidung durch einen anderen Wahlvorstand ersetzt worden ist.

(3a) *[Absatz 3a enthält Regelungen über den Kündigungsschutz im Rahmen der Betriebsverfassung.]*

(3b) *[Absatz 3b enthält Regelungen über den Kündigungsschutz im Rahmen der Betriebsverfassung.]*

(4) Wird der Betrieb stillgelegt, so ist die Kündigung der in den Absätzen 1 bis 3a genannten Personen frühestens zum Zeitpunkt der Stilllegung zulässig, es sei denn, dass ihre Kündigung zu einem früheren Zeitpunkt durch zwingende betriebliche Erfordernisse bedingt ist.

(5) [1]Wird eine der in den Absätzen 1 bis 3 genannten Personen in einer Betriebsabteilung beschäftigt, die stillgelegt wird, so ist sie in eine andere Betriebsabteilung zu übernehmen. [2]Ist dies aus betrieblichen Gründen nicht möglich, so findet auf ihre Kündigung die Vorschrift des Absatzes 4 über die Kündigung bei Stilllegung des Betriebs sinngemäß Anwendung.

§ 16 Neues Arbeitsverhältnis; Auflösung des alten Arbeitsverhältnisses

[1]Stellt das Gericht die Unwirksamkeit der Kündigung einer der in § 15 Abs. 1 bis 3a genannten Personen fest, so kann diese Person, falls sie inzwischen ein neues Arbeitsverhältnis eingegangen ist, binnen einer Woche nach Rechtskraft des Urteils durch Erklärung gegenüber dem alten Arbeitgeber die Weiterbeschäftigung bei diesem verweigern. [2]Im Übrigen finden die Vorschriften des § 11 und des § 12 Satz 2 bis 4 entsprechende Anwendung.

Anhang 5
Bürgerliches Gesetzbuch (BGB)

in der Fassung vom 2. Januar 2002 (BGBl. I S. 42, ber. S. 2909 und BGBl. I 2003, S. 738), zuletzt geändert durch Art. 1 des Gesetzes vom 14. März 2023 (BGBl. 2023 Nr. 72)

– Auszüge –

Buch 1
Allgemeiner Teil

Abschnitt 4
Fristen, Termine

§ 186 Geltungsbereich

Für die in Gesetzen, gerichtlichen Verfügungen und Rechtsgeschäften enthaltenen Frist- und Terminsbestimmungen gelten die Auslegungsvorschriften der §§ 187 bis 193.

§ 187 Fristbeginn

(1) Ist für den Anfang einer Frist ein Ereignis oder ein in den Lauf eines Tages fallender Zeitpunkt maßgebend, so wird bei der Berechnung der Frist der Tag nicht mitgerechnet, in welchen das Ereignis oder der Zeitpunkt fällt.
(2) [1]Ist der Beginn eines Tages der für den Anfang einer Frist maßgebende Zeitpunkt, so wird dieser Tag bei der Berechnung der Frist mitgerechnet. [2]Das Gleiche gilt von dem Tage der Geburt bei der Berechnung des Lebensalters.

§ 188 Fristende

(1) Eine nach Tagen bestimmte Frist endigt mit dem Ablauf des letzten Tages der Frist.
(2) Eine Frist, die nach Wochen, nach Monaten oder nach einem mehrere Monate umfassenden Zeitraum – Jahr, halbes Jahr, Vierteljahr – bestimmt

ist, endigt im Falle des § 187 Abs. 1 mit dem Ablauf desjenigen Tages der letzten Woche oder des letzten Monats, welcher durch seine Benennung oder seine Zahl dem Tage entspricht, in den das Ereignis oder der Zeitpunkt fällt, im Falle des § 187 Abs. 2 mit dem Ablauf desjenigen Tages der letzten Woche oder des letzten Monats, welcher dem Tage vorhergeht, der durch seine Benennung oder seine Zahl dem Anfangstag der Frist entspricht.
(3) Fehlt bei einer nach Monaten bestimmten Frist in dem letzten Monat der für ihren Ablauf maßgebende Tag, so endigt die Frist mit dem Ablauf des letzten Tages dieses Monats.

§ 189 Berechnung einzelner Fristen

(1) Unter einem halben Jahr wird eine Frist von sechs Monaten, unter einem Vierteljahr eine Frist von drei Monaten, unter einem halben Monat eine Frist von 15 Tagen verstanden.
(2) Ist eine Frist auf einen oder mehrere ganze Monate und einen halben Monat gestellt, so sind die 15 Tage zuletzt zu zählen.

§ 190 Fristverlängerung

Im Falle der Verlängerung einer Frist wird die neue Frist von dem Ablauf der vorigen Frist an berechnet.

§ 191 Berechnung von Zeiträumen

Ist ein Zeitraum nach Monaten oder nach Jahren in dem Sinne bestimmt, dass er nicht zusammenhängend zu verlaufen braucht, so wird der Monat zu 30, das Jahr zu 365 Tagen gerechnet.

§ 192 Anfang, Mitte, Ende des Monats

Unter Anfang des Monats wird der erste, unter Mitte des Monats der 15., unter Ende des Monats der letzte Tag des Monats verstanden.

§ 193 Sonn- und Feiertag; Sonnabend

Ist an einem bestimmten Tage oder innerhalb einer Frist eine Willenserklärung abzugeben oder eine Leistung zu bewirken und fällt der bestimmte Tag oder der letzte Tag der Frist auf einen Sonntag, einen am Erklärungs- oder Leistungsort staatlich anerkannten allgemeinen Feiertag oder einen Sonnabend, so tritt an die Stelle eines solchen Tages der nächste Werktag.

Stichwortverzeichnis

Bei Hinweisen auf das LPVG bezeichnen die halbfett gedruckten arabischen Zahlen (ggf. mit Buchstabenzusatz) den jeweiligen Paragrafen und die mager gedruckten Zahlen die jeweilige Randnummer der Kommentierung (Beispiel: **79** 125 = § 79 LPVG Rn. 125).